D1404803

DICTIONNAIRE BIOGRAPHIQUE DU CANADA

DICTIONNAIRE BIOGRAPHIQUE DU CANADA

DICTIONARY OF CANADIAN BIOGRAPHY

GENERAL EDITORS

GEORGE W. BROWN
1959–1963

DAVID M. HAYNE
1965–1969

FRANCESS G. HALPENNY
1969–

DIRECTEURS GÉNÉRAUX ADJOINTS

MARCEL TRUDEL
1961–1965

ANDRÉ VACHON
1965–1971

JEAN HAMELIN
1973–

LES PRESSES DE L'UNIVERSITÉ LAVAL

UNIVERSITY OF TORONTO PRESS

DICTIONNAIRE BIOGRAPHIQUE DU CANADA

VOLUME IV

DE 1771 A 1800

LES PRESSES DE L'UNIVERSITÉ LAVAL

L'ÉQUIPE DU DICTIONNAIRE

QUÉBEC

HUGUETTE FILTEAU, MICHEL PAQUIN directeurs des recherches

GÉRARD GOYER assistant principal

MARIE-CÉLINE BLAIS, PIERRE DUFOUR, FRANCE GALARNEAU, GÉRALD KAMP, JAMES LAMBERT, THÉRÈSE P. LEMAY, JACQUELINE ROY assistants

JEAN-PIERRE ASSELIN assistant à l'édition

TORONTO

MARY P. BENTLEY supervisory editor, JANE E. GRAHAM associate editor

DAVID A. CHARTERS, ROBERT L. FRASER, GUS RICHARDSON, STUART R. J. SUTHERLAND manuscript editors

PHYLLIS CREIGHTON translations editor

JOAN E. MITCHELL bibliographer

TRADUCTEURS Janine Matuszewski, Jacques Poulin, André Vachon

Dépôt légal (Québec), premier trimestre 1980
Édition originale : ISBN 2-7637-6899-7
Édition laurentienne : ISBN 2-7637-6900-4
ISSN 0420-0446

TABLE DES MATIÈRES

INTRODUCTION vii

REMERCIEMENTS xiii

NOTICE D'EMPLOI xv

Les Acadiens
N. E. S. Griffiths xvii

L'incorporation de la province de Québec dans l'Empire britannique, 1763–1791 xxxiv
Ire partie : *de la Proclamation royale à l'Acte de Québec*
Pierre Tousignant

Glossaire des noms de peuples autochtones liv

BIOGRAPHIES 3

SIGLES 864

BIBLIOGRAPHIE GÉNÉRALE 865

COLLABORATEURS 903

IDENTIFICATION DES PERSONNAGES 913

INDEX 923

INTRODUCTION

LE PRÉSENT VOLUME, qui porte le numéro IV, est le sixième publié par le *Dictionnaire biographique du Canada/Dictionary of Canadian biography*. Le volume I, paru en 1966, inaugurait la série en présentant les personnages morts entre l'an 1000 et 1700 ; le volume II, lancé en 1969, était consacré aux personnages morts entre 1701 et 1740 et le volume III, publié en 1974, aux personnages décédés entre 1741 et 1770. En 1972, cet ordre chronologique et numérique fut rompu par la parution du volume X, consacré aux personnages morts entre 1871 et 1880 ; ce volume fut entrepris grâce à une subvention spéciale de la Commission du Centenaire. Le travail s'est poursuivi sur la période du XIXe siècle en même temps que l'on continuait les recherches sur le XVIIIe. Le volume IX (1861–1870) fut publié au début de 1977 et le volume XI (1881–1890) est actuellement sous presse. L'équipe du DBC/DCB consacre donc maintenant tous ses efforts à poursuivre la préparation des volumes V, VI, VII et VIII, couvrant la période 1801–1860 et, par la suite, elle entend compléter son programme de publication pour le XIXe siècle avec le volume XII. Les lecteurs pourront consulter l'introduction du volume IX pour de plus amples informations sur ce programme.

L'introduction du volume I faisait état du legs généreux de M. James Nicholson (1861–1952) et rappellait la mise sur pied de l'édition française du *Dictionnaire* avec l'appui et sous l'égide de l'université Laval. Le DBC/DCB, tout en poursuivant la réalisation de ce projet bilingue de grande envergure, a maintenu les critères et les normes de travail et de sélection exposés au début du volume I. Sous la rubrique Remerciements du présent volume, on fait mention de l'appui financier accru qu'a reçu le DBC/DCB en 1973 de la part du Conseil des Arts du Canada. Cette aide a été maintenue et amplifiée depuis par le Conseil de recherches en sciences humaines du Canada, ce qui a permis au DBC/DCB de poursuivre ses efforts selon l'esprit et la manière de ses fondateurs.

Les 504 biographies de ce volume, dont la longueur varie de 600 à 10 000 mots, sont l'œuvre de 255 auteurs, francophones et anglophones. Ceux-ci ont été invités à collaborer en raison de leurs connaissances historiques, tant au niveau de la période que des personnages étudiés dans le présent volume. Tous ont été incités à s'en tenir aux directives contenues dans les *Instructions générales* que le DBC/DCB envoie à chaque collaborateur. Ces directives contiennent ce paragraphe important :

> En rédigeant leurs biographies, les auteurs veilleront particulièrement aux points suivants :
>
> 1) Leurs exposés devront être exacts, précis et basés, autant que possible, sur des sources de première main et dignes de foi.

2) Ils éviteront les simples énumérations de faits et de dates ou les compilations d'études déjà existantes sur le sujet.
3) Ils tâcheront de tracer de façon vivante l'image de leur personnage et de son œuvre, au sein de son époque et des événements auxquels il a pu être mêlé.

Les articles soumis sont examinés soigneusement par le personnel spécialisé du DBC/DCB, en collaboration avec l'auteur, puis sont traduits soit en français, soit en anglais. Finalement, les deux manuscrits, français et anglais, sont assemblés et remis à l'imprimeur.

Le volume IV couvre une période de 30 ans et réunit un grand nombre de personnages qui furent témoins des grands bouleversements qui se produisirent alors en Amérique du Nord. Les personnes vivant en 1771 et au delà allaient subir les séquelles de la guerre de la Succession d'Autriche et de la guerre de la Conquête ; bon nombre d'entre elles y avaient pris part et plus nombreuses encore furent celles que ces événements affectèrent ; après 1763, un nouveau gouvernement et de nouvelles relations avec le vieux continent allaient modifier la vie des habitants de la vallée du Saint-Laurent. Autre conséquence de ces guerres, on réunissait sous un même pouvoir toute la région des Maritimes. Après un bref intermède, survint la guerre d'Indépendance américaine qui modifia davantage la configuration politique et la structure administrative de l'Amérique du Nord britannique. Ceux qui moururent avant 1800 avaient déjà observé les effets de l'arrivée des Loyalistes dans les Maritimes et dans la province de Québec (divisée en Bas et Haut-Canada en 1791), de l'adoption de nouvelles formes de gouvernement dans toutes les colonies, des changements résultant de la désorganisation des liens commerciaux solidement établis entre la France et la Nouvelle-France et de l'élaboration de nouveaux rapports avec les marchands britanniques. Après ces années de bouleversements, les colonies de l'Amérique du Nord britannique, dont la population était en pleine expansion, se préoccupèrent grandement de la mise en place d'un gouvernement, d'une société et d'un réseau de commerce dans le cadre des frontières délimitées par les conflits de la dernière moitié du XVIIIe siècle. Les effets de ces années de changements se reflètent même dans l'évolution du langage, notamment dans l'usage du mot « Canadien » qui fait l'objet d'un développement dans la rubrique Notice d'emploi.

Les biographies des personnages reliés entre eux, dans lesquelles un grand nombre de renvois servent de guides, permettent au lecteur de suivre tout au long du volume les thèmes qui y sont esquissés. On y retrouve des personnages importants du Régime français tels que le gouverneur Vaudreuil, les intendants Hocquart et Bigot, Mgr Dosquet, le munitionnaire général Cadet, le marchand Ignace Gamelin et la fondatrice des sœurs grises, Mme d'Youville ; parmi les artistes et artisans les plus en vue, on peut mentionner Delezenne et François-Noël Levasseur ; les biographies du médecin Feltz et du notaire Boisseau nous fournissent un aperçu des professions libérales et celle de Mme Péan, de la vie sociale de cette époque.

Les luttes qui marquèrent la guerre de la Conquête peuvent être reconstituées grâce à un bon nombre de biographies relatant la carrière de chefs militaires français ou britanniques – Lévis, Ramezay, Amherst et Saunders – et aussi d'autres militaires de moindre importance. La nouvelle société en voie de formation dans la province de Québec est amplement représentée par une diversité de personnages parmi lesquels se trouvent le gouverneur Murray, le juge en chef William Hey, Mgr Hubert, le révérend David Chabrand Delisle, le marchand Jacobs, le seigneur Cuthbert, le journaliste Brown, le médecin Lajus et le notaire Sanguinet. Les biographies d'Adhémar, de Mgr Briand, de Michel Chartier de Lotbinière, de Chaussegros de Léry, de Cugnet, de Fleury Deschambault et de Céloron illustrent bien les problèmes d'adaptation des Canadiens à ce nouveau régime. La biographie de Richard Montgomery, qui raconte en détail la rupture que constitue l'invasion américaine de 1775–1776, donne au lecteur, à l'aide de nombreux renvois, une vue d'ensemble des événements majeurs de cette invasion. L'influence de la pensée libérale, associée aux événements de la Révolution américaine et, par la suite, de la Révolution française, apparaît principalement dans les biographies de Jautard, de Mesplet et de Du Calvet. L'arrivée des Loyalistes, parmi lesquels se trouve le juge en chef William Smith, produit un accroissement démographique et introduit des éléments culturels nouveaux qui conduisent à la naissance du Haut-Canada. Christopher Robinson, fondateur d'une des grandes familles du Haut-Canada, trouve sa place dans ce volume, tout comme Louis Roy, premier imprimeur du roi dans cette colonie.

Une partie des Maritimes avait connu un changement de régime, 50 ans avant que le traité de Paris (1763) consacrât un réaménagement plus large. Les biographies de ce volume nous montrent encore une fois les conséquences des guerres dans cette région : les combats pour la possession d'Annapolis Royal (Du Pont Duvivier), de Louisbourg (Du Pont Duchambon), et du fort Beauséjour (Monckton), et le problème d'allégeance pour les Acadiens et les Indiens (Le Loutre). On présente aussi dans ce volume les personnages ayant fait partie des gouvernements de la Nouvelle-Écosse, de l'Île-du-Prince-Édouard et de Terre-Neuve et ayant contribué à la colonisation de ces régions. On raconte leur histoire à travers la carrière d'administrateurs tels Cornwallis, Patterson et Palliser ; de fondateurs tels Callbeck, Bulkeley et Mathews ; de marchands et trafiquants tels Mauger, Higgins et Slade ; de personnalités religieuses telles que Bourg, Alline, MacDonald et Coughlan. Dans les biographies de Danks, Fillis, Henry et Salter apparaissent les conséquences des relations de plus en plus tendues entre les colonies britanniques du Nord et du Sud dans les années 1760 et 1770. Vers la fin du XVIIIe siècle, les Loyalistes, parmi lesquels Thomas Peters, Marston, Hardy et Sower, ont fait progresser la colonisation en Nouvelle-Écosse et ont créé ainsi le Nouveau-Brunswick ; les Darby, Cochlan, et bien d'autres, ont, quant à eux, participé au développement du commerce le long de la côte du Labrador.

L'histoire de l'Ouest en est une de commerce des fourrures et d'exploration. A travers les biographies de Hearne, d'Isbister et d'autres, on décrit l'activité de la Hudson's Bay Company. Les marchands canadiens (Augé) continuent de s'intéresser au commerce qui passe par Montréal, mais des familles écossaises telles que les Frobisher et les Grant y prennent de plus en plus d'importance. L'intérêt manifesté alors pour le trafic des fourrures, en particulier celle de la loutre marine, nous amène à parler du capitaine Cook et à nous familiariser avec cette période féconde d'exploration qui a permis de parfaire notre connaissance du globe. Cook lui-même a sa biographie dans ce volume, tout comme Vancouver et les Espagnols Bodega et Martínez.

Inévitablement l'activité des Blancs en temps de guerre et de paix affecte les autochtones, et les biographies d'Akomápis et de Kaieñˀkwaahtoñ illustrent bien l'importance de l'allégeance de ces derniers. Le volume nous donne un aperçu de la culture des Indiens aux différents stades de contact avec les Européens : au début les changements sont mineurs (Muquinna) ; puis se développe l'interdépendance (Matonabbee) ; enfin les Européens deviennent si pressants que les institutions de base de la société indienne sont en voie de désintégration (Teyohaqueande et Glikhikan). Les Inuit de la côte du Labrador ne sont pas oubliés, et leur présence est soulignée dans la biographie de membres de cette nation (Mikak) ou dans celles des missionnaires qui les ont rencontrés (Drachart).

Tout comme pour les autres volumes, le DBC/DCB a tenté encore une fois de fournir un vaste éventail de personnages en présentant de nombreuses et courtes biographies. Nous y retrouvons des personnages de réputation douteuse (Pichon, Vergor, Ledru et Roubaud), des femmes qui ont fait montre d'initiative (Marie-Anne Barbel, Elizabeth Osborn et Louise de Ramezay), de modestes artisans et trafiquants (Barsalou, Huppé et Jacquet), des amateurs de science, qu'ils soient reconnus ou non comme savants (Kalm, Wales, Lagarde et Mounier), des artistes moins connus (Beaucourt, Peachey et Webber), des colonisateurs (Clark, La Boularderie et Owen), et des observateurs de la société indienne (Long et MacKay). Enfin, le lecteur pourra faire a connaissance de Marrant, prédicateur noir de la Countess Huntingdon's Connexion, de Potier, préoccupé par l'étude des langues française et indiennes, de White, le procureur général mort à la suite d'un duel, de Pélissier, un mari jaloux, de John Byron, grand-père du poète, de Wenman, gardien d'un orphelinat, de William Moore, imprimeur qui sut allier le journalisme et le théâtre, et de Beatson, constructeur de navires qui cultivait les fleurs durant ses moments libres.

Le volume IV contient deux études qui permettront aux lecteurs du *Dictionnaire* de se familiariser avec la période. La première, écrite par Naomi Griffiths, contient un abrégé de l'histoire des Acadiens, depuis les premiers établissements jusqu'à la fin du XVIIIe siècle, et sera aussi utile pour les lecteurs des volumes I à IV. Pierre Tousignant, dans la seconde étude, décrit et analyse les différents projets de régime politique pour l'Amérique du Nord britannique après 1763 ; la biographie des promoteurs de ces projets se retrouve dans les volumes IV et V. Ce volume contient aussi un glossaire des noms de peuples autochtones, une bibliographie générale et un index des noms indiquant les renvois aux autres volumes. Pour des raisons bien particulières, quelques biographies apparaissent en appendice et en complément. De plus, le lecteur trouvera pour la première fois dans un volume du *Dictionnaire* une liste des personnages selon leurs occupations ou selon les groupes auxquels ils appartiennent ; nous serions heureux de recevoir les commentaires de nos lecteurs sur l'utilité de cette table.

Les collaborateurs, les consultants, ainsi que les membres de l'équipe du DBC/DCB, qui ont conjugué leurs efforts en vue de la préparation du volume IV, méritent une mention particulière. Chaque volume du *Dictionnaire* constitue un progrès dans l'histoire de la période étudiée ; au cours de sa préparation, une quantité impressionnante de recherches originales sont effectuées. Chaque volume est donc beaucoup plus qu'un reflet de la recherche déjà faite ; c'est aussi un apport significatif à la recherche, de même qu'un indicateur des lacunes qui n'ont pas encore été comblées. Pour ce qui est de ce volume, nous avons dû affronter avec une énergie particulière le défi que posaient des sujets d'étude qui n'avaient pas encore été traités ou qu'on ne connaissait pas suffisamment et, de ce fait, nous avons consacré plus de temps que prévu à sa préparation. D'où aussi la nécessité d'ajouter un appendice à la fin du volume IV et de reporter au volume V le texte complet de la biographie de Haldimand ainsi que la deuxième partie de l'étude de Pierre Tousignant portant sur l'Amérique du Nord britannique suivie de sa bibliographie annotée. Tous ceux qui ont travaillé à ce volume espèrent que les recherches qu'il a suscitées se poursuivront et serviront à ouvrir de nouveaux horizons. Une réédition de cet ouvrage au cours des prochaines années montrerait certainement que la recherche a beaucoup progressé. Quant au volume V, qui est maintenant à une étape avancée de sa préparation, nous avons aussi eu à faire face au défi analogue d'une période sur laquelle une somme considérable de recherches originales reste à faire. Les volumes IV et V couvrent des années qui sont pleines de l'intérêt que les grands changements sociaux suscitent, et nous espérons qu'elles feront l'objet d'études, au sens le plus large de ce terme, de la part de plus en plus d'historiens.

Les nombreux changements de personnel au cours de la période de préparation de ce volume expliquent le nombre inhabituel des personnes à y avoir travaillé. On trouvera à la page iv la liste de ceux qui ont eu pour tâche de préparer les textes et qui ont travaillé en étroite collaboration avec les auteurs. Il convient de rendre hommage au soin et à l'intérêt avec lesquels ils ont assumé la responsabilité de réviser les articles de ce volume et de veiller à chaque étape de la préparation complexe du manuscrit. Les membres de l'équipe qui ont contribué d'autres façons à la préparation de ce volume sont mentionnés dans la rubrique Remerciements.

Le DBC/DCB tient à souligner de façon toute spéciale la contribution de deux anciens membres de l'équipe, soit Gaston Tisdel et Mary McDougall Maude. Le premier est entré au service du DBC en mars 1966. Le 1er juin 1971, il devenait officiellement directeur des recherches, poste qu'il a occupé jusqu'à sa démission le 30 octobre 1977. Soulignons le vif intérêt qu'il n'a cessé de manifester pour la bonne marche du *Dictionnaire*, se fixant comme objectifs que celui-ci soit reconnu comme un ouvrage historique faisant autorité, qu'il serve au plus grand nombre possible d'usagers, qu'il contienne un large éventail de personnages et qu'il fasse appel aux meilleurs auteurs. On ne peut passer sous silence la contribution remarquable de Mary Maude, qui a démissionné de son poste d'*Executive Editor* le 1er août 1978. Entrée au DCB en octobre 1965, à titre de *Manuscript Editor*, elle a mis au service du *Dictionnaire* son sens de l'histoire, ses talents d'éditrice, et tous les volumes auxquels elle a travaillé portent la marque de sa préoccupation constante de viser les critères les plus rigoureux. C'est à Gaston Tisdel et Mary Maude que l'on doit en grande partie cette tradition de coopération, d'hospitalité et de camaraderie qui a marqué les relations entre les bureaux de Québec et de Toronto et qui a fait du *Dictionnaire* une œuvre vraiment collective.

FRANCESS G. HALPENNY

JEAN HAMELIN

REMERCIEMENTS

LE *Dictionnaire biographique du Canada/Dictionary of Canadian biography* reçoit régulièrement les conseils et les encouragements de plusieurs personnes et de plusieurs organismes. Nous ne pouvons malheureusement pas mentionner tous ceux qui nous ont apporté leur concours.

Le DBC/DCB, qui doit sa création à la générosité du regretté James Nicholson, bénéficie depuis ses débuts de l'aide des institutions auxquelles il est rattaché : l'université Laval, les Presses de l'université Laval, l'University of Toronto et l'University of Toronto Press. Depuis 1973, le Conseil des Arts du Canada a accordé de généreuses subventions qui ont permis de continuer et d'accélérer la préparation des volumes du DBC/DCB. Le Conseil de recherches en sciences humaines du Canada, créé en 1978, a pris la relève et a même accru le montant des subventions. Nous tenons à remercier tout spécialement le CRSHC de ses encouragements lorsqu'il s'est agi de faire face à nos échéanciers de publication. Nous tenons aussi à exprimer notre gratitude au ministère de la Culture et des Loisirs de l'Ontario pour l'aide financière qu'il nous a accordée, par l'intermédiaire de Wintario, comme aussi aux ministères de l'Éducation et des Affaires intergouvernementales du Québec en 1977–1978.

Un grand nombre de collaborateurs ont participé à la réalisation du volume IV et nous tenons à citer tout particulièrement nos auteurs qui ont fait de ce travail une œuvre vraiment collective. En outre, nous avons profité de l'aide de nombreux consultants parmi lesquels se trouvent aussi des collaborateurs. Nous tenons à remercier : Phyllis R. Blakeley, Terence A. Crowley, André Desrosiers, Armand Gagné, Agathe Garon, Robert Garon, T. J. A. Le Goff, Monique Mailloux, André Martineau, Marianne Mithun et Shirlee Anne Smith.

Nous avons eu l'avantage de pouvoir compter sur l'entière coopération des bibliothèques et des dépôts d'archives au Canada comme à l'étranger. Nous devons une gratitude toute spéciale aux organismes auxquels nous avons fait régulièrement appel : au Québec, les Archives nationales du Québec et leurs centres régionaux, les Archives civiles et judiciaires du Québec, les Archives de l'archidiocèse de Québec, la Bibliothèque et les Archives du séminaire de Québec, la Bibliothèque générale de l'université Laval, et la Bibliothèque de l'Assemblée nationale ; en Ontario, les Archives publiques du Canada, l'University of Toronto Library, et la Metropolitan Toronto Library. De plus, nous avons bénéficie de l'apport tout spécial des Public Archives of Nova Scotia et des Hudson's Bay Company Archives à Winnipeg. Nous tenons aussi à remercier les Archives départementales et municipales de France, qui ont répondu avec amabilité à nos nombreuses demandes de renseignements.

REMERCIEMENTS

Outre les membres de l'équipe du DBC/DCB qui étaient affectés à la préparation du volume IV, plusieurs de leurs collègues y ont aussi contribué largement. À Québec, Marie-Aimée Cliche, Céline Cyr, Christiane Demers, Marcelle Duquet, Michel de Lorimier, Claudette Jones, Michèle Brassard, Pierrette Desnoyers et Diane Verret ont secondé l'équipe de recherche à une étape ou l'autre du volume IV ; Pierrette Desrosiers avait la charge du secrétariat assistée d'Hélène Lizotte, Suzanne East, Monique Baron et Fabienne Lizotte. A Toronto, Carol M. Judd, Marjorie E. Zavitz Robinson, Teresa Thompson et James A. Ogilvy apportèrent leur concours à différentes phases de l'évolution du volume IV. Paule Bryne Reynolds a dirigé le secrétariat durant presque toute la période de préparation de ce volume, après quoi elle nous a laissé au terme d'un long et fructueux séjour au sein de l'équipe. Deborah Marshall, maintenant en charge du secrétariat à Toronto, a aussi assumé une partie des responsabilités de la lecture et du traitement des épreuves du présent volume. Reni Grinfelds, Marcia Clunie, Lynne Hostein et Anita Murnaghan ont contribué au travail du secrétariat. Nous avons aussi bénéficié des judicieux conseils de Jacques Chouinard et Roch-André Rompré du Service des éditions des Presses de l'université Laval.

Les autorités de l'université Laval et de l'University of Toronto nous ont facilité la tâche. Cela est particulièrement vrai des administrateurs des presses des deux universités : Claude Frémont, J.-Arthur Bédard, Jacques Beaulieu et Jacques Boivin à Québec, ainsi que Harald Bohne, H. C. Van Ierssel et John Ecclestone à Toronto.

DICTIONNAIRE BIOGRAPHIQUE DU CANADA   DICTIONARY OF CANADIAN BIOGRAPHY

Notice d'emploi

LES NOMS PROPRES

Les personnages sont classés d'après leur nom de famille et non d'après leur titre, leur pseudonyme, leur sobriquet ni leur nom en religion. De cette façon se trouvent rapprochés les membres illustres d'une même famille, par exemple, les RIGAUD et les DU PONT. Chaque fois que c'est possible, la forme du nom reproduit la signature de la personne, mais on prend aussi en considération l'usage de l'époque. Les variantes les plus utilisées sont indiquées entre parenthèses. Quelquefois, les recherches effectuées pour un volume ont permis de corriger l'orthographe d'un nom de famille utilisée à tort dans les volumes précédents, par exemple, *Mallepart*, au volume III, devient *Malepart*.

Dans le cas des noms français, *La*, *Le*, *Du* et *Des* sont censés faire partie du nom et prennent la majuscule. Cependant, si le personnage signe en un seul mot, avec deux majuscules, son nom apparaît en deux mots : LE LOUTRE. Dans le cas des noms espagnols, *la* et *de* ne sont pas censés faire partie du nom, Juan Francisco de la BODEGA y Quadra. Les noms et les titres composés étaient fréquents, par exemple, Charles-François BAILLY de Messein, Pierre de RIGAUD de Vaudreuil de Cavagnial. Le texte renvoie des composés aux noms-vedettes, ainsi, de *Messein* à *Bailly*, et de *Vaudreuil* et *Cavagnial* à *Rigaud*. Les prénoms ont habituellement été modernisés : on trouvera donc *Jean* plutôt que *Jehan* et *Noël* de préférence à *Noel*.

Les femmes mariées et les religieuses sont classées d'après leur nom de jeune fille, auquel renvoie celui de leur mari ou leur nom en religion, conformément à la règle générale du classement par noms de famille, par exemple, Frances MOORE (Brooke), Marie-Anne MIGEON de Branssat, dite de la Nativité.

Les noms indiens présentent un problème particulier. Un Indien pouvait en effet être connu sous son propre nom, que les Français et les Anglais, peu familiarisés avec sa langue, épelaient à leur façon ; il pouvait aussi porter un sobriquet français ou anglais, auquel s'ajoutait un prénom français ou anglais donné au baptême ; cependant, à la fin du XVIIIe siècle, certaines familles indiennes, telles que les Brant, ont commencé à utiliser un nom de famille à l'européenne. Le nom indien a été conservé lorsque nous pouvions le trouver et, puisqu'il est impossible de reconstituer l'orthographe originelle d'un nom indien, la forme sous laquelle il figure est celle que nous retrouvons dans les sources les plus consultées ou celle que les linguistes considèrent aujourd'hui comme la plus juste. On s'est efforcé de donner les principales variantes de la forme retenue ainsi que les noms à l'européenne et de faire les renvois nécessaires, par exemple, KOÑWATSIˀTSIAIÉÑNI (Gonwatsijayenni, Mary Brant).

La section III de la bibliographie générale énumère les ouvrages de référence qui ont servi à établir la forme définitive des noms des personnages qui n'ont pas de biographie dans le *Dictionnaire*.

RENVOIS

La première fois que, dans une biographie, apparaît le nom d'un personnage qui a aussi sa biographie dans le volume IV, son nom de famille est imprimé en petites capitales (avec grande capitale initiale), dans la forme sous laquelle il figure comme nom-vedette à sa place alphabétique, par exemple, François de LÉVIS, George VANCOUVER.

ASTÉRISQUE (*)

Sont marqués d'un astérisque les noms des personnages ayant leur biographie dans les volumes déjà parus, par exemple, James Wolfe*, Louis-Joseph Papineau* ; ou à paraître, François Baby*, Guy Carleton*. Les dates de naissance et de décès (ou encore celles de la période d'activité) des personnages ci-dessus mentionnés sont indiquées dans l'index, afin de préciser dans quel volume apparaît ou apparaîtra leur biographie.

NOMS DE LIEUX

Les noms de lieux utilisés dans le volume IV sont ceux de l'époque, suivis du nom actuel entre parenthèses. Il n'a pas été possible d'observer une uniformité absolue. Lorsqu'il existait à cette époque, pour un même lieu, un nom français et anglais, on trouvera dans les biographies l'un et l'autre nom, par exemple, Oswego (Chouaguen), lac Saint-Sacrement (lac George). Nous utilisons habituellement la forme française des noms de villes étrangères que suggère le *Grand Larousse encyclopédique*, ainsi, Londres, Édimbourg.

Plusieurs ouvrages ont été utilisés pour établir la forme des noms de lieux du XVIIIe siècle : *Atlas de la N.-F.* (M. Trudel) ; Clark, *Acadia* ; Albert Dauzat et Charles Rostaing, *Dictionnaire étymologique des noms de lieux en France* (Paris, [1963]) ; *Encyclopædia Britannica* ; Ganong, Historic sites in N.B., SRC *Trans.*, 2e sér., V (1899), sect.II : 213–357 ; *HBRS*, XIV (Rich et Johnson), XV (Rich et Johnson), XXVII (Williams) ; Historic forts and trading posts of the French regime and of the English fur trading companies, Ernest Voorhis, compil. (Ottawa, 1930) ; Hunter, *Forts on Pa. frontier* ; *Johnson papers* (Sullivan *et al.*) ; *Place-names of N.S.* ; Rayburn, *Geographical names of P.E.I.* ; P.-G. Roy, *Inv. concessions* ; G. R. Stewart, *American place-names* [...] (New York, 1970) ; Walbran, *B.C. coast names*.

Les ouvrages suivants ont servi à établir les noms actuels : *Répertoire géographique du Canada*, collection publiée par le Comité permanent canadien des noms géographiques, Ottawa, et *Répertoire géographique du Québec* ([Québec], 1969), publié par le ministère des Terres et Forêts du Québec. Pour les lieux situés en dehors du Canada, le *National geographic atlas of the world*, N. B. Grosvenor *et al.*, édit. (4e éd., Washington, 1975), fut le principal ouvrage de référence consulté. Aux noms de lieux situés à l'extérieur du Canada, ont été ajoutés le nom du département ou du comté et celui du pays, si ce lieu n'était pas indiqué dans l'*Atlas Larousse canadien*, Benoît Brouillette et Maurice Saint-Yves, édit. (Québec, Montréal, 1971), et dans *The Canadian Oxford desk atlas of the world* (3e éd., Toronto, 1972).

L'USAGE DU MOT CANADIEN

Pour éviter les anachronismes, nous avons utilisé le nom de Canadien dans le sens en usage au XVIIIe siècle, qui identifiait ainsi les habitants francophones de la vallée du Saint-Laurent. Cependant, il faut souligner que le nom de Canadien fut aussi donné par les marchands du réseau du commerce des fourrures aux trafiquants qui venaient de Montréal, qu'ils soient francophones ou anglophones.

CITATIONS

Les citations dont la langue originale diffère du texte de la biographie ont été traduites. Quant aux citations tirées d'ouvrages publiés en français et en anglais, elles sont conformes à la traduction existante de ces ouvrages.

LIVRE FRANÇAISE (#)

Le symbole # représente la livre, ancienne monnaie de compte française. Il a été choisi parce qu'il se rapproche de l'abréviation que l'on trouve très fréquemment dans les vieux manuscrits français.

DATES

L'écart entre le calendrier julien, employé en Angleterre jusqu'en 1752 et en Suède jusqu'en 1753, et le calendrier grégorien, adopté en Italie, en Espagne, au Portugal et en France dès 1582, intervient dans plusieurs biographies du volume IV. La plupart d'entre elles ne présentent sur ce point aucune difficulté ; si elles sont entièrement tirées de documents anglais, on fait état du calendrier julien ; si elles reposent uniquement sur des documents français, portugais, etc., leurs dates sont celles du calendrier grégorien. Mais, là où un article utilise des sources à la fois anglaises et continentales (ou québécoises), les auteurs ont été priés d'aligner leur chronologie sur un seul calendrier et d'indiquer entre parenthèses, la première fois qu'une date est mentionnée, ancien style (pour le calendrier julien) et nouveau style (pour le calendrier grégorien). Il convient de noter que les dates du calendrier julien retardent de onze jours sur celles du calendrier grégorien pendant toute l'année au XVIIIe siècle ; que l'année julienne commence le 25 mars et l'année grégorienne le 1er janvier (entre le 1er janvier et le 25 mars, l'année porte deux millésimes, par exemple 1742/1743).

BIBLIOGRAPHIE

Chaque biographie est suivie d'une bibliographie particulière. Dans la bibliographie générale (pp. 865ss), les titres des ouvrages utilisés fréquemment par les auteurs et les assistants au cours de la préparation du volume sont cités au long. C'est la raison pour laquelle ces titres apparaissent en abrégé dans les bibliographies particulières. Plusieurs sigles ont été utilisés dans ces bibliographies, spécialement pour les archives : la liste de ces sigles se trouve aux pages 2 et 864.

Les bibliographies particulières sont habituellement divisées en cinq sections tout comme la bibliographie générale : les sources manuscrites, les sources imprimées comprenant les journaux de l'époque, les ouvrages de référence, les études et les thèses, et les périodiques. Lorsque c'est possible, les références aux sources manuscrites renvoient aux documents originaux et non aux copies.

Aux sources et ouvrages cités par les collaborateurs en bibliographie particulière, d'autres ont souvent été ajoutés par les équipes du DBC/DCB, à Québec et à Toronto. Dans certains cas, les bibliographies sont commentées par les collaborateurs ; leurs initiales apparaissent alors entre crochets à la fin du commentaire.

Les Acadiens

N. E. S. GRIFFITHS

AU COURS DE SA LONGUE HISTOIRE, l'Acadie a été le lieu de comportements culturels bien caractéristiques et de compromis politiques. C'est sur le territoire désigné sous le nom d' « Acadie » que s'est effectuée la première véritable tentative française de colonisation en Amérique du Nord. L'Acadie avait pour centre la rive méridionale de la baie de Fundy, mais ses frontières exactes ne furent jamais définies avec précision. Si l'on cherche le mot Acadie sur les cartes de l'Amérique du Nord dressées au XVIe siècle, on trouvera dans tous les cas ce toponyme au sud du Saint-Laurent, mais pas toujours au même endroit, loin de là. Plusieurs cartes situent l'Acadie dans la région qui comprend aujourd'hui le nord du Maine, le nord du Nouveau-Brunswick et le sud-est du Québec, y compris une bonne partie de la péninsule gaspésienne. Sur une carte de 1587, l'Acadie correspond d'une façon précise à la Nouvelle-Écosse actuelle. En 1601, Guillaume Levasseur, l'un des cartographes européens les plus influents à la fin du XVIe siècle, inscrivait les mots « coste de Cadie » sur ce qui est maintenant le Nouveau-Brunswick et la Nouvelle-Écosse. D'autres cartes de cette région dressées à la fin du XVIe siècle ou au début du XVIIe placent le toponyme « La Cadie » ou « Lacadye » ou encore « Acadie » sur l'ensemble des régions dont nous venons de parler, incluant aussi l'Île-du-Prince-Édouard. On s'entendra bien peu, à quelque époque que ce soit, entre toutes les parties intéressées à l'histoire de l'Acadie – France, Angleterre, Nouvelle-France, Nouvelle-Angleterre, sans oublier les habitants de l'Acadie eux-mêmes – sur le tracé de ses frontières.

La dispute permanente au sujet des frontières de l'Acadie prit une importance accrue à mesure que progressait la colonisation européenne en Amérique du Nord. Les terres occupées par les Acadiens devinrent une région frontière entre la Nouvelle-Angleterre et la Nouvelle-France, une « saillie continentale », selon le mot de John Bartlet Brebner*, objet de litige entre les grands empires. Cette situation façonna d'une manière déterminante les traditions politiques acadiennes.

Revendiquée par la France dans les lettres patentes délivrées par Henri IV à Pierre Du Gua* de Monts en 1603, elle le fut avec non moins de conviction et une égale imprécision par la couronne écossaise en 1621, année au cours de laquelle Jacques VI accorda à sir William Alexander* la permission de coloniser un nouveau territoire appelé Nouvelle-Écosse dont les frontières s'étendaient de façon imprécise entre la région de Gaspé et la rivière Sainte-Croix. De cette époque à 1763, les traités internationaux désigneront cette région sous les noms d'« Acadie ou Nouvelle-Écosse », soulignant par cette double appellation la situation vécue par les Acadiens, peuple frontalier comme les habitants du Monmouthshire, de Cumberland, de l'Alsace-Lorraine ou du Pays Basque.

Que la colonie fût gouvernée par l'Angleterre, comme il arriva de 1654 à 1670, ou non, les habitants du Massachusetts devinrent et restèrent un des groupes de gens qui exerça le plus d'influence sur les Acadiens. Même si le traité de Saint-Germain-en-Laye de 1632 reconnut la France comme la seule puissance européenne autorisée à coloniser l' « Acadie ou Nouvelle-Écosse », la colonie du Massachusetts conserva une influence constante sur la vie des Acadiens et ne fut jamais pour eux une puissance tout à fait hostile. Elle fut presque toujours la partenaire commerciale la plus importante ; son influence, à cet égard, se trouva renforcée de 1656 à 1670, années au cours desquelles sir Thomas Temple* gouverna les Acadiens au nom d'Oliver Cromwell et, par la suite, à celui de Charles II et se ravitailla surtout à Boston. Lors même de la signature du traité de Breda, en 1667, qui rétrocédait l'Acadie à la France, mais qui ne fut pas mis en vigueur dans la colonie avant 1670, ces liens avec le Massachusetts ne furent point rompus. De l'avis des missionnaires qui œuvrèrent dans la colonie pendant les décennies 1640 et 1650, et au jugement aussi de Frontenac [Buade*], pendant la décennie 1680, les Acadiens avaient acquis une déplorable tournure d'esprit « parlementaire », par suite des rapports trop étroits qu'ils entretenaient avec les habitants du Massachusetts.

Dans un rapport rédigé a la suite d'un voyage en Acadie, fait en 1685–1686, Jacques de Meulles*, intendant de la Nouvelle-France, notait que les marchands de Boston avaient établi les boutiques les plus grosses dans le plus grand centre de la colonie, Port-Royal (Annapolis Royal, Nouvelle-Écosse). A la fin du siècle, les Anglais étaient devenus, selon l'expression des Acadiens, « nos amis les ennemis », et les rapports qu'ils avaient avec eux étaient plus fréquents, plus étroits et plus amicaux qu'on ne le croit généralement.

En fait, les relations des Acadiens avec les autres groupes ethniques furent beaucoup plus étendues qu'on ne l'a habituellement indiqué. Sur leur propre territoire, leurs rapports avec les Indiens furent, pendant un siècle et demi, des plus amicaux, ce qui produisit non seulement les unions libres, déplorées par les missionnaires dès 1616, mais aussi un nombre assez élevé de mariages contractés devant l'Église. François-Edme Rameau* de Saint-Père, historien français qui, en 1859, publia son premier ouvrage sur les Acadiens, fait remarquer que, vu la faible population acadienne, le nombre de ces mariages religieux s'avéra un facteur non négligeable dans la formation de cette communauté pendant le XVIIe siècle. Depuis l'époque du premier mariage de Charles de Saint-Étienne* de La Tour (1593–1666) avec une Micmaque, en 1626, et plus tard de celui de Jean-Vincent d'Abbadie* de Saint-Castin avec une Pentagouet, dans les années 1670, jusqu'après la déportation de 1755, il y eut toujours, dans la plupart des établissements, au moins une famille acadienne dont l'un des conjoints, la femme le plus souvent, était indien. Les recensements de 1671 et de 1686 montrent respectivement que sur un total de 75 et 135 familles, il y en a cinq où la femme est dite « sauvagesse ». Cependant, les relations entre Acadiens et Indiens apparaissent plus importantes, peut-être, que ces unions particulières. Ces relations firent, ainsi noté par l'un de leurs gouverneurs, François-Marie Perrot*, écrivant dans les années 1680, que les Acadiens adoptèrent rapidement les petites embarcations de type indien pour les déplacements le long de la côte et accompagnaient les bandes indiennes dans leurs courses en forêt. Aux yeux des Acadiens, les Indiens étaient des voisins installés en permanence et non point des intermédiaires dans quelque entreprise commerciale ni une menace à leur tranquillité. Heureusement pour les uns comme pour les autres, les Micmacs, avec lesquels les Acadiens étaient surtout en contact, étaient des nomades dont le besoin de terres n'était point de nature à susciter des conflits immédiats avec les nouveaux venus européens.

La façon dont la société acadienne dut lutter pour parvenir à vivre et ses difficultés pour se développer favorisèrent l'établissement d'excellentes relations entre Acadiens et Indiens. Pendant les quelque 30 premières années du XVIIe siècle, tous les efforts pour implanter un mode de vie européen autour de la baie de Fundy n'aboutirent qu'à maintenir la présence d'Européens, mais non point à mettre sur pied une colonie de peuplement. Même après 1632, alors que les autorités françaises encouragèrent la colonisation plutôt que l'exploration et la conversion des Indiens, le nombre des colons qui partirent de France fut peu élevé [V. Isaac de Razilly* ; Charles de Menou* d'Aulnay]. Au recensement officiel dressé en 1671, la population d'origine européenne dénombrée comptait moins de 75 familles, dont 68 dans les limites territoriales de Port-Royal, les autres vivant à Pobomcoup (Pubnico, Nouvelle-Écosse), au cap Nègre (cap Negro, Nouvelle-Écosse), à Pentagouet (sur la baie de Penobscot, Maine), à Mouscoudabouet (Musquodoboit Harbour, Nouvelle-Écosse) et à Saint-Pierre (St Peters, Nouvelle-Écosse), soit, au total, à peine 500 âmes. Malgré les progrès survenus pendant les dernières décennies du XVIIe siècle, la population n'atteignit pas un grand nombre. Quand les Britanniques firent l'acquisition de l' « Acadie ou Nouvelle-Écosse » par le traité d'Utrecht en 1713, la population de la Nouvelle-France comptait plus de 19 000 âmes, celle de la Nouvelle-Angleterre, 92 000, mais celle de l'Acadie fut évaluée officiellement à moins de 2 000 âmes. La croissance de la population par l'immigration s'était faite si graduellement et le mode de vie des Acadiens était si peu caractérisé par l'exploitation que, contrairement aux autres sociétés européennes établies en Amérique, les Acadiens ne représentèrent aucune menace sérieuse pour les indigènes. Le peuplement de la Nouvelle-Angleterre entraîna la disparition éventuelle des groupes indiens, alors que la logique qui présida à l'expansion de la Nouvelle-France impliquait une exploitation relativement bénigne des populations indigènes placées sous sa dépendance. Ce n'est que chez les Acadiens que l'on vit apparaître quelque chose qui ressemblait à une symbiose avec les Micmacs et autres tribus indiennes. Les Acadiens bénéficièrent de ces relations, non seulement en adoptant rapidement les canots indiens, mais aussi en utilisant des vêtements comme les mocassins et en faisant usage d'herbes et de légumes inconnus en Europe.

Il est possible que la diversité de leurs origines de même que leur petit nombre disposèrent les Acadiens plus que d'autres à apprendre des Indiens. Dans une étude, la linguiste française Geneviève Massignon a démontré à quel point les Acadiens n'avaient pas de « fonds » commun. Cet auteur a entrepris de retrouver la provenance des divers parlers acadiens et a découvert que si certains centres en France, comme Loudun et sa région, contribuèrent notablement au peuplement acadien, plus de la moitié de la population, néanmoins, venait d'autres parties de la France. Bien plus, elle a pu démontrer qu'en 1707 environ 5 p. cent de la population acadienne venait d'une région ou l'autre des îles Britanniques.

Le but principal de Massignon était de déterminer si les formes linguistiques acadiennes étaient avant tout un legs de la culture européenne ou si le vocabulaire a bénéficié d'un apport décisif du milieu nord-américain. Elle en est arrivée à la conclusion que, par suite de l'absence de toute influence unique et déterminante d'une région particulière d'Europe, la constitution du langage acadien fut beaucoup plus une affaire d'évolution coloniale. Il s'est formé par l'amalgame d'une variété de dialectes, français pour la plupart, quelques-uns anglais, et un ou deux indiens, unifiés par le mode de vie unique de la société acadienne et par la nécessité qu'elle éprouvait d'un vocabulaire spécial pour exprimer la spécificité de l'expérience qui était la sienne.

Massignon s'en est tenue à l'étude de la langue. Mais son travail de recherche a été l'un des premiers pas vers une meilleure compréhension de l'héritage européen de l'Acadie. Car des colons tels que les Leblanc, qui s'embarquèrent à La Rochelle, et les Bastarache, Basques des Pyrénées qui s'embarquèrent à Bayonne, parlaient non seulement des dialectes différents, mais avaient vécu dans des villages soumis à des coutumes juridiques différentes comme à des traditions religieuses différentes. Il faut se rappeler que la France qui aida à établir la colonie acadienne était alors un pays marqué par un grand nombre de particularismes locaux, où chaque région avait sa façon particulière de relever du gouvernement central, lesquels la différenciaient nettement des régions voisines. L'époque où arriva en Acadie chaque contingent de colons, les pouvoirs dont ils furent dotés, la façon d'emprunter les coutumes d'une région plutôt que celles d'une autre pour régler un problème de rapports entre membres de la collectivité, pour agrémenter les noces de chants traditionnels, pour apprêter les plats de chaque jour, tout cela détermina la formation et l'évolution du mode de vie acadien. Comme aucun groupe d'immigrants n'arriva jamais avec un ensemble d'idées, soit religieuses, soit profanes, qui eussent pu dominer les conceptions existantes, l'intégration graduelle et sans heurts des nouveaux venus aux anciens colons fut particulièrement marquante pour la colonie. Dans ce contexte apparaît toute l'importance des chaînons qui relient la première expédition du sieur de Monts, en 1604, avec ses idéaux d'implantation sur le sol acadien et sa croyance dans la valeur de la collaboration avec les Indiens, à toutes les autres arrivées de colons.

Arrêtons-nous à l'un des cas des plus significatifs à cet égard. Jean de Biencourt* de Poutrincourt et de Saint-Just était l'un des plus vigoureux partisans du sieur de Monts ; il avait fait avec lui la traversée de l'Atlantique en 1604 et participé à la fondation de Port-Royal en 1605. A son retour en Acadie, en 1606, il amena son fils, Charles de Biencourt* de Saint-Just. De même que le père se rattache au fondateur de la colonie, de même le fils se rattache à celui qui la fit progresser, Charles de Saint-Étienne de La Tour, arrivé en Acadie en 1610, alors qu'il était tout juste un adolescent. Pendant la décennie suivante, lorsque la colonie fut en butte aux attaques des Anglais et qu'elle était revendiquée, sous le nom de Nouvelle-Écosse, par Jacques VI d'Écosse, les deux jeunes gens travaillèrent de concert pour en assurer la survie. A sa mort, en 1623 ou 1624, Biencourt laissa à Charles de La Tour tous les droits qu'il exerçait dans la colonie. Ces deux familles illustrent un fait courant du processus qui présida à la création du peuple acadien.

Au cours des quelque 40 années suivantes, Charles de La Tour fut l'un des hommes les plus importants d'Acadie ; il travailla au progrès de la colonie, surtout en qualité de propriétaire terrien et de fonctionnaire, dont l'autorité et les droits émanaient de France, mais aussi, à l'occasion, en qualité de fonctionnaire tenant son titre et son autorité du roi d'Écosse. (Son père, Claude*, obtint de Charles Ier, durant l'hiver de 1629–1630, un titre transmissible de baronnet écossais, et lui-même recevait, en 1631, une commission de lieutenant général pour l'Acadie, que lui accordait Louis XIII, roi de France.) L'habileté des La Tour à composer avec les puissances européennes dans leur gouvernement d'Acadie assura puissance et longévité dans la colonie à cette famille dont la première préoccupation était de vivre en accord avec la réalité nord-américaine. Charles de La Tour se maria trois fois, et cinq de ses enfants lui survécurent. Certains de ses descendants épouseront des enfants de colons, tels Charles Melanson* et ses frères, qui vinrent dans la colonie comme immigrants à la recherche d'une vie nouvelle plutôt que comme administrateurs voulant atteindre de nouveaux objectifs. La fille de Jacques de La Tour, fils de Charles, et d'Anne Melanson (qui était de descendance écossaise) fut prénommée Agathe*. Elle épousera par la suite deux officiers subalternes anglais venus s'établir dans la colonie après la signature du traité d'Utrecht ; son fils, John BRADSTREET, deviendra major général dans l'armée britannique. Ce sont les amitiés et les liens de famille comme ceux-ci qui soudèrent en quelque sorte les visions des premiers arrivants et les contributions apportées à l'identité acadienne par ceux qui vinrent par la suite.

Ces relations se renforcèrent encore du fait de la longévité de la population. Ce fait fut particulièrement marquant dans une société qui connut, en l'espace de 50 ou 60 ans, toute une succession d'autorités différentes qui revendiquaient le droit de la gouverner. Politiquement, la colonie devint une réalité, sous l'autorité de la France, pendant les années 1632–1654 ; de 1654 à 1670, la population, essentiellement mais pas entièrement française, fut gouvernée au nom de l'Angleterre. Puis, pendant 40 ans, de 1670 à 1710, la colonie fut de nouveau officiellement française. Toutefois, au cours des 20 dernières années, de 1690 à 1710, elle dut subir une série d'incursions anglaises, dont une au moins, l'expédition de sir William Phips* en 1690, amena quelques Acadiens à prêter le serment de fidélité à la couronne anglaise. La présence au sein de la population acadienne, durant les 100 ans précédant la déportation, d'un nombre appréciable de personnes d'âge moyen, capables, pour la plupart, de se rappeler deux, sinon trois changements d'allégeance, faisait que les Acadiens entretenaient une certaine méfiance à l'égard des prétentions soit de la France, soit de l'Angleterre, à la possession à titre permanent de la colonie. Ce même fait explique que les Acadiens prenaient bien à la légère la question de la contrebande, puisque ce qui était illégal aux yeux d'un gouvernement était le seul commerce permis par l'autre. Mais, par-dessus tout, étant donné la lente croissance démographique par l'immigration, les habitudes matrimoniales des Acadiens, jointes à la bonne santé générale de la population, permettaient à la colonie d'absorber tous les nouveaux venus dans un réseau de familles qui se développait lentement et qui rassemblait les générations les plus âgées et les plus jeunes, de même que les villages les plus anciens et les plus récents. Pendant les années critiques qui vont de 1671 à la fin du siècle – années marquées par une immigration française sans grande importance vers la terre ferme – l'Acadie reçut un peu moins de 100 personnes, qui vinrent s'ajouter à la population déjà installée dans la colonie. Comme l'a noté Rameau de Saint-Père, les quatre cinquièmes de ceux qui, en 1755, étaient considérés comme Acadiens pouvaient se réclamer d'un ancêtre inscrit au recensement nominal de la colonie de 1671. Il est remarquable que la population acadienne se soit développée à partir d'un noyau si minime.

Les familles acadiennes se distinguaient tant par la prospérité que par le nombre des enfants. La nourriture était en quantité suffisante et assez variée, non seulement pour assurer la croissance de la population, mais pour y maintenir un haut niveau de fécondité. De plus, les maladies comme la typhoïde, la petite vérole et le choléra n'atteignirent jamais des proportions épidémiques dans la colonie. Lors d'un séjour en Acadie en 1699, le chirurgien français Dièreville* fut stupéfié par le nombre d'enfants que comptaient les familles, certaines en ayant 18 ou plus. Dans son pays, le taux habituel de mortalité infantile ne laissait au nouveau-né pas plus d'une chance sur trois de parvenir à l'âge adulte. Mais, en Acadie, il n'était pas rare de trouver des familles comme celles de Pierre Commeau et de Daniel Leblanc. Arrivé en 1636, Pierre Commeau s'était marié en 1641, à Port-Royal, principal point de peuplement de la colonie. Il eut neuf enfants, et quatre de ses fils lui donnèrent 46 petits-enfants parmi lesquels les mâles engendrèrent 68 enfants. Daniel Leblanc, qui se maria aussi à Port-Royal, en 1645 probablement, eut sept enfants, dont six garçons. Ces derniers eurent 52 enfants. Les arrière-petits-enfants étaient plus de 200, y compris les descendants de René Leblanc, notaire immortalisé par Henry Wadsworth Longfellow dans *Evangeline* ; il eut lui-même trois enfants de sa première femme et 17 de la seconde, dont des triplés nés en 1721.

Ces familles n'assuraient pas seulement de la cohésion à un village particulier, mais établissaient des liens entre chaque nouvel établissement et tous les autres de la colonie. En particulier, et pendant la plus grande partie du XVIIe siècle, les liens de parenté contribuèrent à étendre l'influence du premier établissement acadien de grande importance, Port-Royal, à presque chaque recoin de la colonie. Beaubassin (près d'Amherst, Nouvelle-Écosse) fut le premier village important établi après la fondation de Port-Royal. Il fut mis sur pied en 1672, grâce en grande partie au travail de Jacques Bourgeois*, qui, venu en Acadie en 1642, avait passé quelque 30 ans à Port-Royal ou dans ses environs avant d'aller s'installer ailleurs. Parmi ses compagnons d'aventure, il y avait des membres de familles de la deuxième génération, comme celles des Bernard et des Commeau, dont les parents se retrouveront bientôt dans de nouveaux villages, tels Pisiquid (Windsor, Nouvelle-Écosse) et Grand-Pré. Les nouveaux venus dans la colonie, comme Pierre Arsenault qui y débarqua en 1671, souvent se mariaient à Port-Royal avant d'aller s'établir dans un autre village. Arsenault, pour sa part, épousa la fille d'Abraham Dugas, lequel, venu en Acadie au début des années 1640, passa toute sa vie à Port-Royal. En somme, la croissance de la population acadienne, loin d'être simplement le résultat de l'augmentation et du développement de familles isolées, s'accompagnait de la création d'un véritable réseau de liens de parenté qui, s'entrecroisant, couvraient la colonie tout entière.

Au moment où le XVIIe siècle tirait à sa fin, on aurait pu résumer l'histoire acadienne en disant qu'elle fut marquée par la négligence des autorités et par une lutte à peine fructueuse pour pousser la colonisation. A la conclusion du traité d'Utrecht de 1713, néanmoins, qui mit fin à une autre phase de la guerre anglo-française et remit une fois de plus la colonie aux mains des Britanniques, l'« Acadie ou Nouvelle-Écosse » avait un statut international et une population coloniale. Les deux gouvernements, français et britannique, étaient devenus conscients de la valeur stratégique de la « saillie continentale » ; les Français au cours des négociations préalables au traité avaient de fait déployé toutes leurs énergies pour conserver l'Acadie. « Nous avons fait tous nos efforts pour regagner l'Acadie, écrivaient les négociateurs à Louis XIV le 18 avril 1712, mais il nous a été absolument impossible d'en venir à bout. »

Par le traité, la France avait perdu l'Acadie, mais pas définitivement, du moins à ses yeux. L'intérêt marqué que la France continuait de porter à ce territoire était essentiel à la situation des Acadiens. Non seulement les Français ambitionnaient-ils de reprendre l'Acadie, mais les termes mêmes du traité leur offraient une ouverture pour en recouvrer une partie. Le traité stipulait que la Grande-Bretagne obtenait la possession de « la nouvelle E'cosse, autrement dite Acadie, en son entier, conformément à ses anciennes limites : comme aussi de la ville de Portroyal, maintenant appelée Annapolis-royale, & généralement de tout ce qui dépend desdites terres & isles de ce pays-là ». On n'avait pas annexé de carte au traité et l'on n'avait pas non plus précisé les frontières nord et ouest de « la nouvelle E'cosse, autrement dite Acadie ». Aux termes du traité, les Français conservaient l'île Saint-Jean (Île-du-Prince-Édouard) et l'île Royale (île du Cap-Breton). En même temps, ces derniers soutenaient que les frontières du territoire cédé à la Grande-Bretagne n'étaient pas celles de la concession accordée à de Monts en 1603, mais celles de la concession beaucoup moins considérable faite à Poutrincourt en 1608. En d'autres termes, le mot « ancien », dans le traité, ne signifiait pas « original », mais « précédent », relativement à la concession de 1608 ou à d'autres interprétations favorables à la cause. Il y avait donc, pour les Français, deux Acadies : l'Acadie française, d'une part, qui comprenait l'île Royale, l'île Saint-Jean et une grande partie de la terre ferme, située entre le Nouveau-Brunswick d'aujourd'hui et le Saint-Laurent, qu'ils étaient disposés à revendiquer, et l'« Acadie ou Nouvelle-Écosse », d'autre part, cédée aux Britanniques et embrassant la plus petite portion possible de la péninsule. Une carte soumise par le gouvernement français, dans une tentative pour régler la question des frontières de ce territoire, après le traité d'Aix-la-Chapelle, en 1748, mettait toujours en cause les droits britanniques, limités à une mince bande de terre sur la côte est de la Nouvelle-Écosse. Quant à eux, bien sûr, les Britanniques étaient convaincus que le document signé le 8 mai 1713 leur avait donné à tout le moins la péninsule tout entière de la Nouvelle-Écosse, tout probablement l'ensemble du Nouveau-Brunswick d'aujourd'hui et, si les Français voulaient être honnêtes, certains droits sur la terre située entre le Nouveau-Brunswick et le Saint-Laurent, y compris la péninsule de Gaspé.

Ces dispositions rendaient presque inévitable une guerre de frontières entre les deux grandes puissances. Mais d'autres clauses du traité compliquaient davantage encore la situation des Acadiens. Un des articles négociés leur donnait la liberté de « se retirer ailleurs dans l'espace d'un an avec tous leurs effets mobiliers qu'ils pourront transporter où il leur plaira ». Si certains décidaient de rester, cependant, ils seraient « sous la domination de la Grande-Bretagne » et ils jouiraient « de l'exercice de la religion catholique romaine, en tant que le permettent les loix de la Grande-Bretagne ». Ces dernières stipulations furent explicitées dans une lettre que la reine Anne adressait le 23 juin 1713 à Francis Nicholson*, gouverneur de la Nouvelle-Écosse et commandant de l'expédition qui s'empara de Port-Royal en 1710. Nicholson reçut l'ordre d'accorder à ceux qui parmi les Acadiens « veulent demeurer nos sujets le droit de conserver leurs dites terres et habitations et d'en jouir, sans empêchements ni molestations, aussi complètement et librement que nos autres sujets, leur étant loisible de conserver leurs terres et d'autres propriétés foncières ou de les vendre s'ils choisissent plutôt de s'en aller ailleurs ». Au fur et à mesure que le temps passait, les Acadiens se demandaient de plus en plus si c'était la clause du traité qui délimitait leurs droits ou les instructions contenues dans la lettre à Nicholson. De plus, une fois l'année écoulée (le début n'en était pas précisé : était-ce depuis la date de signature du traité ou depuis l'annonce aux Acadiens des dispositions les concernant ?), auraient-ils encore le droit de partir avec leurs seuls biens meubles, comme le stipulait le traité, ou après avoir vendu leurs terres et autres propriété foncières, comme la lettre leur en donnait la possibilité ?

A bien des égards, ces problèmes furent d'une plus grande importance pour les Britanniques et les Français que pour les Acadiens eux-mêmes. De 1714 à 1719, les deux pays pesèrent les avantages et les inconvénients du déplacement éventuel des Acadiens. Les autorités de l'île Royale, en particulier le gouverneur Philippe Pastour* de Costebelle, désiraient que les Acadiens vinssent peupler leur colonie. Mais les autorités de Québec et le ministre de la Marine, Pontchartrain, étaient partagés : valait-il mieux convaincre les Acadiens de rester sous la domination britannique dans l'espoir d'une reconquête française de la colonie où les Acadiens devraient se révéler d'une aide précieuse, ou valait-il mieux les inciter à émigrer ? Les Britanniques étaient tout aussi hésitants. Le lieutenant-gouverneur de la colonie, Thomas Caulfeild*, écrivit aux membres du Board of Trade en 1715 qu'il fallait que les Acadiens restassent, non seulement à cause de leurs bêtes à cornes et de leurs porcs qu'ils emmèneraient avec eux, mais aussi parce que, disait-il, « advenant le départ des Français, nous ne serons jamais capables de faire vivre nos familles anglaises et de les protéger contre les brimades des Indiens, les pires ennemis qui soient ».

La réaction des Acadiens à cette situation a suscité autant de polémique parmi les historiens que n'importe quel autre aspect de leur histoire. Pour beaucoup, tels Francis Parkman et James Hannay*, la ligne de conduite des Acadiens fut dictée par les prêtres. Pour d'autres, Émile Lauvrière par exemple, leur réaction s'avéra la seule possible devant l'intolérable pression exercée par les Britanniques. Toutefois, on peut considérer l'attitude des Acadiens, à cette époque, comme une façon intelligente de sortir d'un dilemme évident : ils sentirent le besoin d'adopter une ligne de conduite qui leur permît de vivre à l'aise sous l'autorité britannique, sans pour autant abandonner l'exercice de leur religion ni perdre la confiance des Français. Il n'y a aucun doute que les Acadiens jugeaient important qu'on leur procurât des prêtres ; il n'est pas moins certain qu'ils les considéraient comme des membres et non des chefs de leur société. Alors que les Acadiens tentaient de satisfaire aux exigences différentes des Britanniques et des Français, dans les années suivant immédiatement le traité d'Utrecht, l'avis de leurs prêtres, selon ce que révèlent les archives, variait. Le père Dominique de La Marche*, supérieur des récollets à l'île Royale, dépensa en vain beaucoup d'éloquence pour convaincre les habitants des Mines (Wolfville) de partir. D'autre part, le père Félix Pain* semble ne pas avoir tenu compte des directives de Pontchartrain d'encourager l'émigration des Acadiens, étant convaincu que l'île Royale était un pays trop ingrat pour ses ouailles.

Les Acadiens se tracèrent eux-mêmes leur ligne de conduite. Invités par les autorités d'Annapolis Royal à prêter serment de fidélité au roi George Ier, au moment même où les autorités de l'île Royale leur demandaient d'émigrer, les Acadiens élaborèrent leur propre stratégie. Ils envoyèrent aux Britanniques une réponse qui visait à gagner du temps et, aux Français, une délégation. Ils savaient, dirent-ils aux Britanniques, que leur réponse avait été lente à venir, mais ceux qui savaient lire avaient dû se rendre dans les villages pour traduire le serment exigé et en expliquer les termes. Rien ne laisse croire ici qu'on ait pu s'en remettre aux prêtres pour hâter les choses. Ce sont les villageois eux-mêmes qui jugeraient de la suite à donner à cette demande, la réponse étant présentée aux autorités, signée, parfois d'une croix, souvent au long, par les hommes de la région et apportée à Annapolis Royal par les délégués des villages. En plusieurs cas, il fallut trois ans pour mettre les réponses au point, la demande du serment n'ayant pas été faite officiellement avant 1715. Somme toute, les Acadiens refusèrent de se soumettre à ce serment ; ceux de Beaubassin en donnent la raison : « pendant que nos ancêtres ont été sous la domination angloise on ne leur a Jamais exigé de pareille serment ». Cependant, comme le notaient les habitants des Mines, ils promettaient de ne créer aucun ennui aux Britanniques tant que ceux-ci conserveraient l'autorité sur la colonie et qu'eux-mêmes pourraient y demeurer. De plus, comme le laissèrent entendre les gens habitant le long de la rivière Annapolis, ils étaient disposés à étudier un serment par lequel ils s'engageraient à ne prendre les armes ni contre la Grande-Bretagne ni contre la France.

Si ces réponses exaspérèrent les autorités d'Annapolis Royal, elles ne satisfirent pas davantage celles de l'île Royale. Les Acadiens temporisaient aussi habilement avec les demandes d'émigration des Français qu'avec celles des Britanniques de prêter le serment de fidélité. Aux Français, ils firent observer que la saison était trop avancée pour qu'on pût penser à émigrer ou même à examiner cette possibilité ; que, même s'ils voulaient s'expatrier, ils ne disposaient pas de bateaux en nombre suffisant ; et que, même en considérant cette possibilité, l'absence de routes sur l'île Royale rendait le projet fort difficile à réaliser. Quelques historiens pensent que ce sont les Britanniques qui empêchèrent les Acadiens de quitter la Nouvelle-Écosse ; cependant, comme l'a souligné l'historien acadien Joseph-Henri Blanchard, les Acadiens eussent-ils voulu quitter leurs terres, les Britanniques n'auraient pu y faire obstacle. Dans un rapport qu'il rédigea en 1720, Paul Mascarene*, huguenot qui allait devenir lieutenant-gouverneur de la colonie dans les années 1740, note que les Acadiens étaient en mesure de rassembler un millier d'hommes aptes à porter les armes, et que, à eux seuls, ceux qui vivaient le long de la rivière Annapolis pouvaient « armer et rassembler quatre cents hommes en vingt-quatre heures », ce qui était plus que suffisant pour écraser la petite troupe britannique stationnée dans la colonie.

En fait, et comme le gouverneur Richard Philipps* le disait avec justesse en 1719, en résumant la situation, les Acadiens « ne prêteront pas le serment d'allégeance, pas plus qu'ils ne quitteront le pays ». Pendant les années 1720, cependant, les Acadiens constatant que les Britanniques paraissaient solidement installés à Annapolis Royal, leur ligne de conduite se précisa. En 1726, le lieutenant-gouverneur Lawrence Armstrong* convainquit les colons des environs d'Annapolis Royal de prêter un serment de fidélité dont une des clauses les dispenserait de porter les armes ; cette clause, selon une note inscrite dans les archives du conseil mais non transmise aux membres du Board of Trade, « doit être écrit en marge de la traduction française dans l'espoir de surmonter petit à petit leur répulsion ». A la fin de la décennie, la majorité des communautés acadiennes avaient prêté un serment semblable qui comportait des dispositions analogues relatives au port des armes [V. Robert Wroth*]. Dans son rapport définitif aux membres du Board of Trade sur cette affaire, daté du 2 septembre 1730, Philipps affirma que les Acadiens, maintenant au nombre de 4 000 environ, avaient prononcé un serment qui se lisait comme suit : « Je promets et Jure Sincerement en Foi de Chrêtien que Je serai entierement Fidele, et Obeirai Vraiment Sa Majesté Le Roy George le Second, que je reconnoi pour Le Souverain Seigneur de l'Acadie ou Nouvelle Ecosse. Ainsi Dieu me Soit en Aide. » Il ne dit rien des clauses relatives à la neutralité, qu'il avait acceptées verbalement, se contentant de mentionner que les Acadiens constituaient un « groupe formidable, qui, telle la progéniture de Noé, se répand sur toute la face de la province ».

En 1730, la situation des Acadiens en Nouvelle-Écosse réunissait tous les éléments d'une vraie débâcle. En ce qui les concernait, ils étaient parvenus à amener les Britanniques à accepter les conditions qu'ils avaient eux-mêmes posées pour rester en Nouvelle-Écosse. A partir de cette année-là, la plupart des anglophones comme l'a fait ressortir Brebner, les désignaient sous le nom de « neutres » ou de « neutres français ». Pour les Acadiens, cette politique de neutralité n'était pas une position passive, mais une stratégie adaptée à leur vie en pays de frontière. C'était une façon de s'adapter à la réalité de leur existence sur des terres placées sous la domination d'une puissance, pendant qu'une autre, qui avait précédemment exercé son autorité sur la région, était en train d'élever dans le voisinage la puissante forteresse de Louisbourg. Les effectifs militaires dont disposaient les Britanniques dans la colonie n'étaient pas importants mais constituaient plus qu'il n'en fallait pour embarrasser de leur présence les villages visités, sans compter la possibilité d'obtenir en tout temps des renforts du Massachusetts. Les Français veillaient à ne pas provoquer de guerre ouverte, mais ils n'en continuaient pas moins à faire sentir leur présence. Les Indiens vivaient dans les forêts autour des villages acadiens, et leurs échauffourées avec les Britanniques rappelaient constamment leur force, leur parti pris pour les Français et la faiblesse des Britanniques. Bien que les Acadiens se considéraient, autant que les Indiens, originaires des vallées et des terrains marécageux, des rivages de la mer et des forêts, la question était loin d'être aussi claire pour les Français et les Britanniques. Pour ces puissances impériales rivales, les plus importantes caractéristiques des Acadiens paraissaient être leur langue et leur religion, qui les attachaient naturellement aux intérêts de la France et faisaient d'eux des ennemis tout aussi naturels des Britanniques.

Les 18 années suivantes (1730 à 1748) s'avérèrent pour les Acadiens une époque de croissance et de prospérité. Ce fut l'âge d'or, dont conserverait le souvenir ému tout Acadien âgé de plus de dix ans au moment de la déportation. Andrew Hill Clark* a donné une admirable chronique de la croissance de la population, de l'augmentation du menu et du gros bétail, de l'extension toujours croissante des cultures, dans son ouvrage publié en 1968, *Acadia : the geography of early Nova Scotia to 1760*. Les relevés statistiques mettent en lumière ce qui constitua l'origine de la légende, incorporée par Longfellow dans son poème *Evangeline*, histoire de l'Acadie, une terre où coulaient des ruisseaux de lait et de miel. A elle seule la population d'Annapolis Royal passa d'environ 900 âmes en 1730 à quelque 2 000 en 1748. A partir de ce village, pendant ces mêmes années, des jeunes gens allaient s'installer aux Mines et à Cobequid (près de Truro, Nouvelle-Écosse) pour y fonder leurs propres familles. En 1714, l'ensemble de la population possédait 4 000 bêtes à cornes, un nombre égal de moutons et quelque 3 000 porcs ; en 1748, aux Mines seulement, on comptait 5 000 bêtes à cornes et, selon l'évaluation de Clark, pour l'ensemble des établissements, de 1748 à 1750, on possédait 17 750 bêtes à cornes, 26 650 moutons, 12 750 porcs et 1 600 chevaux. Ces chiffres bruts sur la croissance économique montrent que les Acadiens ne connurent ni famine ni épidémie. La nourriture y était abondante et variée, et le cidre acadien venait ajouter à la gaîté des fêtes.

Vivant dans une abondance réelle, la société acadienne de la période précédant la déportation, comme l'a démontré l'écrivain acadien Antonine Maillet, devait beaucoup aux traditions qui ont formé Rabelais et peu à l'ascétisme, qu'il fût de la Réforme ou de la Contre-Réforme. Les Acadiens développèrent avec enthousiasme le chant, le violon et la danse ; ils racontaient des histoires, festoyaient et buvaient. Toutes ces activités sont notées sur un ton désapprobateur par les missionnaires qui œuvrèrent en Acadie, d'abord par les récollets dans leurs rapports de 1616 et de 1617, puis par les capucins et les sulpiciens qui formulèrent des plaintes à ce sujet. Dans son étude sur le vocabulaire, Massignon retrace des expressions, telles que « jouer à monter l'échelette », directement dans la France du XVIe siècle, et l'étude de Maillet sur le folklore acadien fait remonter des chants et des hymnes acadiens au même siècle. On a comparé les traditions de la fabrication des violons acadiens et des danses à celles existant actuellement dans les provinces Maritimes et en Louisiane : les similitudes dans la musique et la danse ont amené les spécialistes à conclure, quant aux thèmes exploités, à une origine commune antérieure à la déportation. Venant d'une telle variété de villages d'Europe, les Acadiens pouvaient regrouper une vaste collection de contes folkloriques et de légendes, de coutumes pour la fête de Noël ou les mariages, capables de dissiper toute trace de monotonie dans les villages.

La société acadienne ne subissait guère de contrainte extérieure, qu'elle vînt de l'Église catholique ou de l'État. La tradition voulant que l'autoritarisme de l'Église ait été l'un des traits caractéristiques de la société acadienne remonte à la période suivant la déportation, alors que les conditions de vie des Acadiens avaient changé du tout au tout. La préoccupation religieuse des Acadiens jusqu'aux années d'exil et pendant celles-ci se ramenait en grande partie au souci de voir observer le bon fonctionnement d'une institution et d'une activité particulières, et ils pratiquaient leur religion dans un esprit séculier et utilitaire, enregistrant les baptêmes, les mariages et les sépultures. Pareil souci n'allait pas susciter des vocations sacerdotales et religieuses ni donner à l'Église des saints à mettre sur ses autels. Ce souci se manifestait plutôt par des disputes, comme celle enregistrée, avec désapprobation, par les capucins lors de leur rencontre avec la deuxième femme de Charles de La Tour, Françoise-Marie Jacquelin*, en 1640. Cette préoccupation amena le village de Beaubassin à se plaindre amèrement, en 1693, de monsieur Jean Baudoin*, sulpicien, qui, prétendaient-ils, négligeait de dire la messe pour eux, étant plus intéressé à convertir les Indiens qu'à sauver les âmes des Acadiens. Un souci semblable fit élever la voix aux habitants du bassin des Mines contre leur curé, le père Cosme, qui était intervenu avec trop de zèle dans une querelle de famille mettant en cause le mari, la femme et la belle-sœur. Pour les Acadiens, les prêtres étaient une nécessité, mais leur autorité n'était pas indiscutée.

Leur attitude envers le catholicisme prenait racine en partie dans la composition du clergé qui les desservait. Les séculiers, qui occupaient autant de place dans leurs communautés que les religieux, étaient, de par leur nature, liés plus directement à la vie de tous les jours. De plus, aucun ordre religieux en particulier n'eut de part prépondérante dans la croissance des Acadiens comme peuple. Dès les débuts, grâce à leurs relations avec les Indiens, les Acadiens avaient été mis en contact avec les missionnaires jésuites, tandis que dans les établissements mêmes c'était l'influence des capucins ou des récollets (deux branches issues des franciscains) qui se faisait surtout sentir. Cette double présence des jésuites et des récollets ou des capucins explique l'existence parmi les Acadiens de plus d'une conception du catholicisme. A la toute fin du XVIIe siècle, on envoya des prêtres du séminaire montréalais de Saint-Sulpice aussi bien que de France. Cette diversité d'expérience dans un domaine non négligeable de la vie communautaire constitue un autre facteur dans la formation de la spécificité acadienne.

Le catholicisme des Acadiens, cela est évident, était beaucoup moins autoritaire que celui de la Nouvelle-France. De même, pendant l'âge d'or, les volontés politiques de la Grande-Bretagne, du moins dans la conscience des Acadiens, n'étaient que des velléités. Même pendant la guerre de la Succession d'Autriche, la société acadienne ne changea rien à l'essentiel de sa vie indépendante. Cela tenait en partie à ce que la transformation de Port-Royal en Annapolis Royal, en 1714, avait contribué à déplacer le centre de la société acadienne, tant d'un point de vue psychologique qu'en termes de densité de population, vers les villages de Beaubassin, des Mines et de Grand-Pré, loin des fonctionnaires et du gouverneur. Avec les années, la croissance de la population acadienne provoqua un mouvement de colonisation dans des régions encore plus éloignées, la population se dispersant dans des établissements situés le long du littoral du Nouveau-Brunswick actuel et traversant même sur l'île Saint-Jean. Si les Acadiens étaient censés être des sujets de la couronne britannique, leurs contacts avec ses représentants, militaires ou civils, se faisaient au petit bonheur, par intermittence et rarement de façon telle qu'ils fussent impressionnés par la puissance britannique. La garnison de la colonie fut toujours sous-approvisionnée pendant la première moitié du XVIIIe siècle et souvent harcelée par les Indiens. Bien que les disputes entre les Acadiens au sujet de la propriété des terres aient commencé à être soumises en assez grand nombre aux autorités d'Annapolis Royal, plusieurs villageois préféraient voir ces questions réglées par les prêtres, à l'occasion de leurs visites. Pour les habitants de la colonie, le gouvernement britannique était une « autorité fantôme », dans la même mesure que l'avait été, pour les générations précédentes, l'autorité française.

Si cet âge d'or se termina en même temps que la guerre de la Succession d'Autriche, cela ne changea pas notablement l'aspect essentiellement pacifique de cette période pour les Acadiens. Les hostilités des années 1740 [V. François Du Pont Duvivier ; Jean-Baptiste-Nicolas-Roch de Ramezay] n'eurent guère d'autre conséquence sur les Acadiens que de leur laisser croire qu'ils avaient réussi à faire reconnaître, tant par les Français que par les Britanniques, et sans qu'il leur en coûtât beaucoup, leur politique de neutralité. Ironie du sort, la fin de la guerre entre la France et la Grande-Bretagne en 1748 marqua véritablement la fin de la paix pour les Acadiens. Les traités signés cette année-là indiquent un intérêt renouvelé de la part des deux puissances pour les terres de l'Acadie. Au cours des sept années suivantes, se prépara, palpitante, une inévitable tragédie. La ligne de conduite suivie par les Acadiens avec tant de succès jusqu'en 1748 devint, après cette année, l'une des principales raisons de la déportation.

La stratégie acadienne avait été élaborée pendant près d'un siècle et s'était avérée fructueuse ; aussi fut-elle confirmée après 1748, ses tenants se fondant sur le postulat qu'ils n'avaient besoin d'y apporter aucun changement d'importance pour faire face à la nouvelle conjoncture. Au cours des années 1660, au temps de Thomas Temple et William Crowne*, les Acadiens avaient été avertis des plans qu'on faisait pour les déporter et qui n'aboutirent à rien. A la suite d'une visite des Anglais, après 1671, on recueillit des serments d'allégeance prêtés à quiconque détenait la couronne anglaise, comme par exemple à Guillaume III et Marie II, ainsi que le rapportait Joseph Robinau* de Villebon au marquis de Chevry, en 1690. A partir de 1710, les Acadiens furent constamment menacés de déportation et constamment invités à prêter des serments qu'ils jugeaient inutilement restrictifs. Les serments qu'ils prononcèrent furent apparemment acceptés par les fonctionnaires britanniques, et ils furent laissés tranquilles sur leurs terres. L'arrivée du gouverneur Edward Cornwallis en 1749 aboutissait aux yeux des Acadiens aux conversations habituelles sur le serment et à la menace prévue de déportation advenant le refus de le prêter ; les Acadiens en répondant qu'ils étaient loyaux mais neutres acceptaient tacitement le serment et croyaient qu'ils obtiendraient ainsi leur tranquillité. Il est vrai que Halifax avait été fondée, mais, pour les Acadiens, c'était une ville très peu attrayante où, selon le mot d'un contemporain, une moitié de la population vivait en vendant du rhum à l'autre moitié. Et ce n'était certes rien en comparaison de Louisbourg. On pouvait aussi négliger facilement les nouveaux venus rassemblés à Lunenburg, puisqu'ils étaient très enclins à quitter leur établissement pour se joindre aux Français et que ceux qui restaient en Nouvelle-Écosse ne paraissaient représenter aucune force. Même quand la violence prit de plus en plus d'ampleur en Acadie, par suite de l'activité de Jean-Louis Le Loutre et de ses Indiens, elle restait sporadique et ne semblait pas avoir entraîné de changement majeur dans la ligne de conduite des Acadiens.

Il convient de souligner que les Acadiens, en tant que collectivité, ne dérogèrent pas, durant les années 1740, à l'attitude à laquelle ils en étaient arrivés depuis une génération. Dans une lettre signée le 13 octobre 1744 par les notables des Mines, de Rivière-aux-Canards (près de Canard), de Pisiquid et des « rivières avoisinantes », les troupes sous les ordres de François Du Pont Duvivier se voyaient refuser tout approvisionnement en viande et en grain. Le document ajoutait : « Nous sommes sous un gouvernement doux et tranquille, et duquel nous avons tout lieu d'être contents ; nous espérons que voudrez bien ne nous en point écarter et que vous voudrez bien nous accorder la grâce de ne pas nous plonger dans la dernière misère. » On peut douter de la sincérité de cette lettre et se demander si elle n'était guère plus qu'une garantie pour les habitants laissés à la merci des Britanniques après l'échec de Duvivier de s'emparer d'Annapolis Royal. Quoi qu'il en soit, elle servit à la défense au cours de l'enquête sur certains officiers accusés d'incompétence dans la conduite de la guerre contre les Britanniques [V. Michel de Gannes* de Falaise]. Ces officiers alléguèrent que l'expédition n'aurait pu réussir faute du concours des Acadiens, et ajoutèrent que non seulement un tel concours ne s'était point manifesté mais que certains prêtres, tels Jean-Baptiste de Gay* Desenclaves à Annapolis Royal et Claude-Jean-Baptiste Chauvreulx* à Pisiquid, détournaient ouvertement les Acadiens de toute action visant à assister les Français.

Si l'on considère la participation des Acadiens à la cause britannique, au cours des hostilités de 1744 et des années suivantes, à la lumière de ce qu'on vient d'énoncer comme aussi des rapports de Mascarene aux autorités londoniennes, l'action de Joseph-Nicolas Gautier*, dit Bellair, et de Joseph Leblanc, dit Le Maigre, entre autres, apparaît tout au plus comme l'action avortée d'une minorité. Même lorsque des troupes françaises se trouvèrent à Grand-Pré, les habitants du village n'embrassèrent pas inconditionnellement leur cause. En majorité, les fermiers et leurs familles ne comptèrent pas dans les rangs des partisans de Joseph Brossard*, dit Beausoleil, et d'autres. Les Acadiens, un peu comme les habitants de l'Alsace-Lorraine, étaient partagés dans leur allégeance mais, cependant, rassemblés en leur désir de vivre en paix.

Ce que les Acadiens ne comprirent que trop tard, ce fut l'intérêt nouveau que l'on accorda à leurs terres après 1748. Lors des discussions qui suivirent, cette année-là, la signature du traité d'Aix-la-Chapelle, les Britanniques affirmèrent que les frontières de l'Acadie ou Nouvelle-Écosse constituaient « le point le plus important à fixer pour qu'on établît en Amérique la même tranquillité qui avait été si heureusement rétablie en Europe ». La colonie n'était plus ainsi un simple point de jonction de deux gouvernements, mais elle était maintenant devenue le lieu d'affrontement de deux empires en guerre l'un contre l'autre. Leur incapacité de percevoir l'importance nouvelle de leur territoire s'accompagna, chez les Acadiens, d'une égale incapacité de déceler les différences dans la force et le caractère des hommes qui furent alors chargés du gouvernement de la colonie. Cornwallis, Peregrine Thomas Hopson* et Charles Lawrence* avaient, politiquement, des qualités fort différentes de celles de Philipps, d'Armstrong et de Mascarene. Par-dessus tout, les Acadiens paraissent avoir été impuissants à comprendre ce qu'un gouvernement assumé par le colonel Lawrence, qui n'avait d'autre expérience que celle des champs de bataille, exigerait de leur part en fait de diplomatie. Pendant très longtemps, l'habileté politique de Mascarene avait compté pour une bonne part dans l'expérience vécue par les Acadiens ; pour celui-ci, la politique était l'art du possible, et, en 1744, il pouvait écrire avec une sympathie évidente au sujet des difficultés des Acadiens : « Aussitôt que les Indiens se retirèrent loin de nous, les habitants français nous apportèrent des provisions, et ils continuent de témoigner de leur résolution de rester fidèles aussi longtemps que nous tiendrons ce fort. Deux délégués arrivèrent hier de Mainis [Les Mines], qui m'ont apporté un document créant une association, signé par la plupart des habitants de cet endroit, pour empêcher que le bétail ne soit transporté à Louisbourg, conformément à la défense qui leur a été adressée d'ici. Les habitants français sont certainement dans une situation très périlleuse, ceux qui prétendent être leurs amis et anciens maîtres ayant laissé un groupe de bandits les dépouiller, pendant qu'ils se voient menacés par ailleurs de la ruine et de la destruction s'ils manquent à leur allégeance envers le gouvernement britannique. » Par contre, Lawrence considérait comme de la « présomption » la tradition acadienne de présenter des requêtes et des griefs, et jugeait tout à fait inacceptables les tentatives des Acadiens de l'informer de leur attitude. Mascarene pouvait voir dans les Acadiens un peuple comme les autres dont le comportement n'avait rien de particulièrement complexe. Lawrence était incapable de distinguer chez cette même population aucun autre trait saillant que son refus, équivalant à une trahison, de consentir à une loyauté unique, non équivoque ; pour lui, ce refus était mis en relief par le fait qu'ils parlaient français et professaient la religion catholique, deux éléments qui constituaient un lien naturel avec l'ennemi.

Guy Frégault*, dans *la Guerre de la Conquête*, a ramené la déportation des Acadiens, en 1755, à un acte de guerre, à une mesure nécessaire pour que la Nouvelle-Écosse, proprement colonisée, devînt partie intégrante de l'Empire britannique. Cette mesure s'insérait dans la période décisive de la lutte franco-britannique pour la domination de l'Amérique du Nord. On serait facilement tenté de développer cette théorie et de la raffiner à l'extrême. Il suffit ici de dire que la déportation eut lieu en temps de guerre et que ceux qui la menèrent à bonne fin la présentèrent comme une opération militaire nécessaire à la défense de la colonie.

Pour les Acadiens eux-mêmes, les événements de 1755 fournirent la preuve indéniable de la part des autorités de Halifax d'une nouvelle fermeté dans la poursuite des objectifs et d'une volonté d'engager plus de ressources. Les premiers à subir les effets de cette politique furent les habitants de la région des Mines, de qui un détachement envoyé par le capitaine Alexander Murray*, alors au fort Edward (Windsor), exigea au printemps de cette même année la remise de leurs embarcations et de leurs fusils. Bien qu'ils se soumissent à cette exigence, les habitants adressèrent une pétition à Halifax, le 10 juin, dans laquelle ils en contestaient le bien fondé. Au cours des sept jours suivants, le fort Beauséjour (près de Sackville, Nouveau-Brunswick) fut attaqué et pris par Robert MONCKTON ; la garnison française, sous la direction de Louis DU PONT Duchambon de Vergor, s'en retira le 17 juin. Peu de temps après, on exigea des habitants de l'isthme de Chignectou qu'ils remettent leurs armes ; ils s'exécutèrent le 25 du même mois. Le lieutenant-gouverneur Lawrence et les membres du conseil chargés de l'administration de la colonie étaient dès lors suffisamment encouragés par leurs succès pour tenter d'amener, une fois pour toutes, les Acadiens à déclarer de façon non équivoque leur allégeance aux seuls intérêts britanniques. Comme la guerre avait éclaté de nouveau en Amérique, cette décision semble assez raisonnable dans les circonstances.

A l'ordre du jour de sa séance du 3 juillet 1755, le conseil devait discuter la pétition adressée par les habitants des Mines. Pour le conseil, c'était l'occasion dont il avait besoin pour démontrer à une importante partie de la population acadienne la rigueur avec laquelle on entendait maintenant procéder. Le procès-verbal de cette séance a été publié pour la première fois en 1869 par Thomas Beamish Akins* dans *Acadia and Nova Scotia*. Dans les ouvrages – plus de 200 – parus depuis le milieu du XIXe siècle sur la déportation, cette séance est vue non seulement comme un affrontement décisif entre les Acadiens et les autorités de la colonie, mais aussi comme un indice révélateur de la nature profonde de la crise qui s'ouvrait. On présente le colonel Lawrence et les membres du conseil comme des hommes assurés de leur bon droit, au verbe facile, à la politique bien définie et s'exprimant à partir d'une position de force indiscutable. Les Acadiens, d'autre part, sont de « simples paysans », totalement différents par leur façon de raisonner, sinon par leur intelligence, de leurs interlocuteurs et « durement interrogés et malmenés d'une façon inexcusable » pendant la discussion, selon les mots mêmes de Brebner.

Il n'y a aucun doute que cette séance constitua une étape décisive dans l'évolution des événements qui conduisirent à la déportation. Ce qui est moins sûr, c'est l'interprétation que l'on donne de cette assemblée comme étant un affrontement entre deux groupes dont l'un est fort et organisé, et l'autre faible et mal préparé. La position du lieutenant-gouverneur et du conseil reposait sur la peur et non point sur un sentiment de force et d'assurance ; ils savaient alors à quel point la situation générale des Britanniques était précaire. Ils croyaient que la colonie dans laquelle ils vivaient était peuplée essentiellement d'habitants dont la loyauté envers les intérêts britanniques restait toujours sujette à caution. Les Acadiens firent observer qu'ils étaient restés neutres au cours des guerres précédentes et qu'aucun serment ne pouvait les lier s'ils n'avaient pas la volonté de le respecter. En d'autres mots, ils discutaient avec ce sentiment de confiance qui leur venait de leurs droits de propriété, incontestables pour eux, des terres sur lesquelles ils vivaient, de la conviction d'être sur leur propre terre natale, et d'un total refus de croire à une menace réelle de déportation.

A mesure que les mois passaient, les Acadiens devinrent moins confiants, contrairement aux autorités coloniales. L'arrivée à Halifax, le 9 juillet 1755, d'une escadre navale sous le commandement du vice-amiral Edward Boscawen* apporta aux autorités de la Nouvelle-Écosse des renforts d'une valeur indéniable. Boscawen et son commandant en second, le contre-amiral Savage Mostyn, assistèrent aux séances du conseil et, le 18 juillet, le lieutenant-gouverneur pouvait écrire à ses supérieurs en Angleterre qu'il était décidé à obtenir des Acadiens un serment d'allégeance sans réserve. Les derniers jours du mois virent les partis opposés en arriver à la position qu'on leur attribue le plus souvent dès les premiers jours de ce mois de juillet : Lawrence et son conseil, pouvant compter sur la flotte, adoptèrent une ligne de conduite définitive dans laquelle ils s'étaient trouvés peu à peu entièrement engagés et qu'ils avaient confiance de pouvoir mettre en œuvre ; les Acadiens, d'autre part, craignaient maintenant pour leur sécurité et pour la première fois étaient troublés devant la perspective d'être déportés. Les dernières pétitions adressées au lieutenant-gouverneur et au conseil, le 25 juillet, répétaient la conviction des Acadiens d'agir avec droiture ; celle des habitants d'Annapolis Royal contenait notamment les représentations suivantes : « Nous avons unanimement consenti à remettre nos armes à feu à M. Handfield [John Hanfield*], notre très valeureux commandant, bien que jamais nous n'ayons désiré d'en faire aucun usage contre le gouvernement de Sa Majesté. Nous n'avons donc rien à nous reprocher, soit à ce sujet, soit au sujet de la fidélité que nous devons au gouvernement de Sa Majesté. » Mais pareil argument ne pouvait suffire à convaincre les adversaires de leur loyauté. La dernière rencontre entre les Acadiens et les autorités eut lieu le lundi 28 juillet 1755, au matin ; à l'issue de cette séance, le lieutenant-gouverneur et les membres du conseil résolurent à l'unanimité de disperser les Acadiens « dans les diverses colonies du continent » et de louer « à cette fin, avec toute la diligence possible, un nombre suffisant de vaisseaux ».

La déportation s'organisa au cours des mois suivants, conformément aux instructions précises rédigées par le lieutenant-gouverneur. Dans le détail méticuleux, préparé par le colonel Lawrence, de la quantité de nourriture à mettre à la disposition de chaque Acadien à bord des navires, l'historien français Emile Lauvrière, qui écrivait son histoire d'Acadie au début des années 1920, a vu la marque d'un homme insensible à la pitié : « Seule une âme de criminel, dit-il, pouvait combiner en tous ses détails une pareille machination. » Mais Brebner, qui écrivait en Amérique du Nord à peu près vers la même époque, concluait, de la lecture du même document, que « Lawrence avait tenté, au début, de mettre beaucoup de soin aux préparatifs, et, compte tenu des normes alors acceptées, de veiller à fournir à ses victimes suffisamment d'espace sur les navires, assignant deux personnes pour chaque tonneau que jaugeait le navire et pourvoyant méthodiquement à leur approvisionnement grâce à des stocks de nourriture saisis et à des vivres provenant de Halifax ». Pour les Acadiens, toutefois, quels qu'aient pu être les motifs des auteurs de la déportation, le résultat fut le même : leur société détruite, leurs villages décimés et l'exil en terre étrangère.

On a beaucoup discuté des proportions réelles de ce drame, mais l'ouvrage d'Andrew Hill Clark permet d'en préciser les dimensions probables. L'auteur montre que la population acadienne ne pouvait être, en 1755, inférieure à 10 000 habitants et qu'elle approchait probablement de 12 000. La majorité des exilés, au nombre d'environ 7 000, furent expatriés en 1755 et 2 000 à 3 000 autres le furent avant l'abandon officiel de la politique de déportation. Car, une fois que le lieutenant-gouverneur et le Conseil de la Nouvelle-Écosse eurent finalement décidé de déporter les Acadiens, en 1755, cette décision devint une politique à mener jusqu'à sa conclusion logique. Les rafles d'Acadiens se poursuivirent jusqu'en 1762. A la suite de la chute de Louisbourg, en 1758, on adopta des mesures particulièrement vigoureuses. Quelque 700 Acadiens de l'île Saint-Jean furent mis à bord du *Duke William* et du *Violet* à destination de l'Angleterre. Ces deux navires coulèrent dans la Manche, et il semble y avoir eu peu de survivants [V. Jacques GIRARD].

En 1761, une possibilité survint de mettre un terme à cette politique. Répondant cette année-là à une demande de Jonathan BELCHER, successeur de Lawrence au poste de lieutenant-gouverneur, le major général Jefferey AMHERST refusa au gouvernement de la Nouvelle-Écosse la permission d'envoyer un certain nombre d'Acadiens en exil au Massachusetts sans l'autorisation de Londres. Toutefois, la nouvelle de la prise de Saint John's, Terre-Neuve, par Charles-Henri-Louis d'ARSAC de Ternay, en juin 1762, suscita tant d'inquiétudes en Nouvelle-Écosse que cela poussa Belcher à ne pas tenir compte de ces instructions. Le 18 août, il envoya des transports, avec quelque 100 Acadiens à leur bord, à Boston, d'où ils furent réexpédiés en Nouvelle-Écosse à la fin de septembre. Cette expédition avortée marqua la fin de la poursuite officielle de la politique de déportation.

En Nouvelle-Écosse, les dispositions du traité de paix de 1763 ne furent pas perçues comme permettant aux Acadiens d'aller s'y installer légalement. Cependant, ce droit leur fut accordé l'année suivante. A son arrivée dans la colonie, en septembre 1763, le nouveau lieutenant-gouverneur, Montagu Wilmot*, apprit qu'un protestant de langue française, Jacques Robin, avait formé le projet de rassembler les restes épars des Acadiens. Il avait écrit aux notables acadiens, selon le rapport adressé à Londres par Wilmot, « pour les inviter, avec la plus grande insistance, de toutes les régions, quelles qu'elles fussent, où ils étaient dispersés, à se regrouper à Mirimichi ». Wilmot fit remarquer aux autorités de Londres que ce plan aurait probablement des conséquences graves pour la sécurité de la province. Le 16 juillet 1764, les membres du Board of Trade informèrent Wilmot qu'il devait autoriser les Acadiens à s'installer en Nouvelle-Écosse, à condition qu'ils prêtassent le serment d'allégeance.

Neuf ans après que les navires eurent pris la mer avec les premiers exilés, il restait encore des Acadiens dans la colonie, constituant un noyau autour duquel pouvait se développer une société acadienne renouvelée. Les représentants de quelque 165 familles se présentèrent pour prêter le serment ; ces familles formaient une collectivité de moins de 1 000 personnes, apparemment, dispersées dans toute la colonie. Ces chiffres ne tiennent pas compte des Acadiens qui ne se présentèrent pas, en particulier ceux qui habitaient Saint-Basile, sur le haut de la rivière Saint-Jean, ceux qui étaient installés dans les forêts des environs de la rivière Miramichi et les familles éparpillées dans l'île du Cap-Breton et dans l'île Saint-Jean. Quelque 30 familles étaient encore à Halifax, et environ une dizaine dans chacun des endroits suivants : à la baie de Sainte-Marguerite, Chester, Lunenburg, Dublin, Liverpool, Yarmouth, Barrington, Annapolis Royal, Montagu, Cornwallis, Horton (la région de Wolfville), Falmouth et Newport. Le serment exigé des Acadiens contrastait vivement avec les précédents assortis d'un privilège de neutralité. Le nouveau serment était explicite, assez long et, somme toute, propre à faire comprendre aux Acadiens qu'un profond changement s'était produit dans leur existence. Il était ainsi formulé : « Je jure que je porterai fidèle et loyale allégeance à Sa Très Sacrée Majesté britannique le roi George III et que je la défendrai par tous les moyens à ma disposition contre toute conspiration déloyale et autre tentative quelconque dirigées contre sa personne, sa couronne et sa dignité. Et je m'emploierai de mon mieux à dévoiler et à faire connaître à Sa Majesté et à ses successeurs toute trahison ou conspiration déloyale, ou toute tentative que je saurai être dirigée contre lui ou l'un quelconque de ses successeurs. C'est ce que je promets et jure pleinement et sincèrement, selon les termes exprès que je prononce et selon le sens précis et la signification habituelle de ces mêmes mots, sans équivoque, restriction mentale ou réserve secrète quelconque ; ce que je reconnais et promets de bon cœur, de plein gré et loyalement sur la vraie foi d'un chrétien. Ainsi Dieu me soit en aide. »

Les années à venir allaient montrer à quel point la situation des Acadiens s'était altérée. Désormais, la France n'était plus présente dans la région, et, en même temps, la démographie de la vieille Acadie subissait un bouleversement radical. Formant autrefois la majorité des habitants d'origine européenne, les Acadiens furent submergés par d'autres groupes auxquels on attribua les emplacements les plus avantageux, y compris les anciennes terres acadiennes. Avant 1764, des habitants de la Nouvelle-Angleterre avaient occupé en grand nombre la vallée de l'Annapolis et la côte sud de la Nouvelle-Écosse. A la veille de la Révolution américaine, des colons du Yorkshire s'ajoutèrent à ces nouveaux venus dans l'isthme de Chignectou et des Écossais arrivèrent en masse en Nouvelle-Écosse et dans l'île du Cap-Breton. La guerre d'Indépendance et l'après-guerre entraînèrent un afflux considérable de Loyalistes en Nouvelle-Écosse et dans ce qui allait devenir la province loyaliste du Nouveau-Brunswick. Dans la configuration politique nouvelle du deuxième Empire britannique, les Acadiens se retrouvèrent en minorité dans toutes les colonies, n'ayant de surcroît aucune affinité culturelle et bien peu d'affinités religieuses avec les nombreux groupes de nouveaux colons au milieu desquels ils seraient appelés à vivre dorénavant.

Dans ces conditions nouvelles, la force politique jadis possédée par les Acadiens fut réduite à néant. L'octroi du gouvernement représentatif que Londres fit aux différentes colonies des Maritimes vint augmenter les difficultés des Acadiens. Autrefois, les Acadiens avaient pu négocier avec le gouverneur ou avec les conseillers qu'il avait nommés ; l'apparition des assemblées législatives, dont la première siégea en Nouvelle-Écosse en 1758, signifiait en pratique l'exclusion complète des Acadiens du processus politique ordinaire de toutes les colonies. Leur catholicisme, leur faiblesse démographique et leur ignorance des formes et de la procédure du gouvernement colonial britannique leur fermèrent l'accès aux postes gouvernementaux et les privèrent de toute influence sur les fonctionnaires et les politiciens. Au surplus, pour les membres de l'Assemblée et les conseillers, voués à l'édification de nouvelles sociétés fondées sur le commerce, les Acadiens étaient quantité négligeable, se situant quelque part entre les Européens et les Indiens dans l'échelle sociale. Leur destin est illustré par le fait qu'on expulsa sommairement les familles acadiennes des fertiles terres alluviales du Nouveau-Brunswick ; comme l'écrivait Edward Winslow*, en 1785, « de nombreux Français [...] ont été fort injustement chassés de leurs terres ». Les familles ainsi évincées, et d'autres comme elles, se retirèrent ou furent refoulées vers les terres situées à la périphérie des colonies, où elles se trouvèrent isolées et vivant en marge des grands courants de la vie coloniale.

Malgré tous les malheurs qu'ils avaient connus

et les difficultés qu'ils rencontraient encore, les Acadiens avaient réussi à se reconstituer comme peuple distinct, à la fin du XVIIIe siècle. Le noyau de la nouvelle société acadienne était formé du petit nombre de ceux qui avaient échappé à la déportation. Certains éléments, comme les familles d'Annapolis Royal et de Halifax, avaient survécu à cause de leur utilité ou simplement à cause des sentiments humanitaires des gens de leur voisinage. Ni les bûcherons d'Annapolis ni les pensionnaires des hôpitaux de Halifax ne représentaient une menace ; on leur permit de rester. Puis il y avait ceux qui, emprisonnés au fort Lawrence (près d'Amherst, Nouvelle-Écosse) à la fin de septembre 1755, par exemple, s'étaient échappés. En octobre de la même année, Monckton racontait leur histoire à John WINSLOW : « quatre-vingt-six hommes, écrivit-il, ont pris la fuite [...] en creusant un tunnel, de la caserne à la courtine sud, sur une distance d'environ trente pieds. Le pire, c'est que ce sont tous gens que leurs femmes n'avaient pas accompagnés et qui viennent de Chipoudi [Shepody], de Pitcoudiack [Petitcodiac] et de Memramcook. » Ce groupe se dirigea vers le nord et s'établit par la suite à Caraquet, vivant, de 1755 à la fin des années 1760, autant dans les forêts que dans l'établissement qu'ils tentèrent de mettre sur pied. La troisième catégorie d'Acadiens échappés à l'exil était composée de ceux qu'on mit effectivement à bord d'un navire, mais qui s'en emparèrent ensuite pour rentrer immédiatement dans la colonie ou qui, une fois sur la terre d'exil, obtinrent un navire et refirent le voyage en sens inverse. D'autres encore, comme Alexis LANDRY, échappèrent à la capture et trouvèrent refuge dans des régions éloignées.

A ces groupes vinrent s'ajouter les Acadiens qui revenaient chez eux, du Québec, du Massachusetts et d'autres colonies aussi méridionales que la Georgie, et des îles Saint-Pierre et Miquelon, de même que de l'autre côté de l'Atlantique, des îles Anglo-Normandes et de la France. En définitive, le nombre de ces Acadiens rentrés au pays fut pitoyablement bas par rapport au nombre de ceux qui furent expatriés. Un tiers au moins de ceux-ci moururent, entre autres, de la petite vérole, de la typhoïde ou de la fièvre jaune, maladies qu'ils n'avaient pour ainsi dire pas connues avant 1755. Un autre tiers, peut-être, se rendit jusqu'en Louisiane, en passant par la Caroline du Sud et Saint-Domingue (île d'Haïti) ou par la Virginie, l'Angleterre et la France, et s'y établit en permanence. Les autres périrent soit dans des accidents ou à cause des pénibles conditions de l'exil. Néanmoins, une partie importante des Acadiens non seulement survécurent à ce qu'ils ont appelés « le grand dérangement », mais réussirent à revenir en Nouvelle-Écosse. A leur arrivée, ils trouvèrent leurs anciennes terres occupées et le nombre d'endroits pour s'installer limité par le gouvernement. Ils pouvaient aller vers le nord, où ceux qui étaient restés étaient le plus solidement enracinés, s'établir sur des terres beaucoup moins fertiles et soumises à des conditions climatiques plus rigoureuses que celles auxquelles étaient exposées leurs anciennes terres. Ils pouvaient aller se joindre aux minuscules enclaves peuplées d'Acadiens demeurés dans les îles du Cap-Breton et Saint-Jean. Ils pouvaient aussi s'intégrer à ces groupes d'habitants de l'intérieur de la péninsule de la Nouvelle-Écosse, qui vivaient dans des localités qu'on leur avait récemment réservées.

La plus importante de ces localités, créée par ordre du gouvernement en 1767, était située sur la baie de Sainte-Marie, dans le canton de Clare (dans l'actuel comté de Digby). Ses habitants avaient été recrutés dans toutes les parties de la province, particulièrement dans les environs de Halifax. En 1768, le premier de plusieurs groupes venant du Massachusetts se joignit à cette communauté en plein essor ; toutefois beaucoup d'exilés dans cette colonie préférèrent gagner la province de Québec plutôt que de retourner en Nouvelle-Écosse [V. Louis ROBICHAUX]. Pendant la décennie suivante, il y eut un flot continu d'exilés sur la voie du retour [V. Guillaume JEANSON ; Pierre LEBLANC ; Pierre DOUCET]. En général, ceux qu'on avait chassé vers les autres colonies de l'Amérique du Nord britannique rejoignirent les établissements de la Nouvelle-Ecosse ; ceux qui avaient retraversé l'Atlantique s'installèrent le long du littoral de ce qui devint en 1784 le Nouveau-Brunswick ou se rendirent dans les villages de ce qui serait l'Île-du-Prince-Édouard après 1798 ; quant à ceux qui avaient séjourné dans la province de Québec ou dans le nord du Maine, ils allèrent grossir la population de Saint-Basile. En 1771, on rapportait que le nombre des familles acadiennes vivant dans la péninsule et le long de la rive nord de la baie de Fundy et de la côte atlantique du Nouveau-Brunswick s'élevait à 193. En 1800, les Acadiens de la Nouvelle-Écosse atteignaient à eux seuls le nombre étonnant de 8 000. Dès lors, l'accroissement démographique des Acadiens dans les Maritimes fut attribuable à l'excédent des naissances sur les décès plutôt qu'au retour des exilés.

Le rétablissement des Acadiens, de 1764 à 1800, supposait l'organisation de ce peuple dans un contexte nouveau et son adaptation à un nouveau milieu politique, social et économique. Ajoutées au traumatisme de la déportation, ces conditions nouvelles occasionnèrent non seulement un changement dans le mode de vie des Acadiens, mais la modification de plusieurs de leurs traits distinctifs d'avant la déportation. Le plus dominant de ces traits était le sentiment qu'ils avaient de former une famille. Les liens de parenté et les exigences en découlant avaient toujours autant d'importance pour le peuple acadien. Mais, alors que ces liens avaient été avant 1755 des moyens d'expansion et de progrès pour les communautés acadiennes, la famille acadienne devint après 1764 une unité fermée, un cercle protecteur. Avant et pendant la déportation, les Acadiens avaient fait montre de leur capacité d'assimiler des gens de diverses origines, intégrant dans leur vie sociale les apports des Anglais et des Indiens de même que ceux des habitants venus des nombreuses régions de la France. Après la déportation, ceux qui eurent affaire à eux notèrent, comme Moses Delesdernier*, leur désir de demeurer dans un état « d'isolement quasi inviolable par rapport aux autres groupes de la société ».

De même, leur attitude à l'égard de la religion changea. Avant 1755, leur foi avait été une des nombreuses composantes de leur univers mental. Après 1764, leur confiance dans les institutions catholiques devint de plus en plus marquée. Cela s'explique en partie par le fait que la plupart des villages acadiens furent laissés sans autorité civile, aucun magistrat n'étant nommé et aucune forme de gouvernement municipal n'étant créée pour l'administration de leurs affaires. Pendant le XVIIe siècle, le gouvernement des établissements acadiens avait abouti à une interdépendance entre les autorités anglaises ou françaises et les habitants de la colonie, ces derniers faisant appel aux liens de parenté pour établir les règles régissant les rapports à l'intérieur de la société acadienne. De 1710 à 1763, l'habitude d'envoyer des délégués aux autorités d'Annapolis Royal et de Halifax faisait partie des institutions du peuple acadien. Mais, après 1763, les nouveaux dirigeants pouvaient se permettre de ne plus tenir compte des Acadiens. L'absence de reconnaissance extérieure de la société acadienne s'accompagnait d'un manque de cohésion à l'intérieur. La vaste majorité des établissements ne comprenaient que des groupes de survivants, réunis par hasard plutôt que par la volonté de fonder une nouvelle communauté, affligés de l'absence d'êtres chers plutôt qu'encouragés par la perspective de refaire leur vie avec un partenaire de leur choix. La fondation de Memramcook au XVIIe siècle avait été le fait d'un groupe de jeunes couples sachant que les grands-parents qu'ils laissaient derrière étaient bien établis, et convaincus que par leur dur labeur ils allaient bientôt édifier une société qui inspirerait le respect. Rebâtir Memramcook après 1763 voulait dire revenir en apportant le souvenir constant de l'expérience traumatisante de la déportation, avec peu de certitude d'avoir droit aux terres défrichées et sous le coup des souffrances subies par la perte de parents et d'amis. Dans ce contexte, les prêtres en vinrent à jouer un rôle beaucoup plus fondamental au sein de la société acadienne, apportant la consolation spirituelle aux familles brisées et organisant des villages pour régler les querelles intestines.

L'abbé Jean-Mandé Sigogne*, par exemple, fixa des règles de conduite à l'usage des paroissiens de sa propre communauté de la baie de Sainte-Marie. Originaire de France, il avait quitté son pays par suite de la Révolution et, prêtre âgé de 36 ans, il était venu en Nouvelle-Ecosse en 1799. Pendant les 45 années suivantes, Sigogne œuvra dans le but d'améliorer les conditions de vie de ses paroissiens. Moins d'un an après son arrivée, il avait rédigé ses « Articles sur les règles de vie », qui traitaient non seulement de la conduite exigée des paroissiens à la messe mais aussi de la meilleure façon de régler les querelles de familles ; en 1809, ses préceptes étaient suivis par les habitants de tous les villages acadiens de la Nouvelle-Écosse. En 1810, Sigogne fut nommé juge de paix de Clare, charge qui l'aida dans sa longue lutte pour procurer des écoles à ses paroissiens et dans l'appui qu'il accorda aux entreprises commerciales acadiennes. Son travail ne fut pas le fait d'un individu isolé. A mesure que le XIXe siècle avança, l'œuvre des prêtres occupa une place de plus en plus importante dans la vie des villages acadiens, de sorte que la culture acadienne fut alors axée beaucoup plus à fond sur la doctrine de l'Eglise qu'elle ne l'avait été par le passé.

De plus, si on considère la vie économique des Acadiens, elle apparaît à la fois liée à leur expérience passée et profondément modifiée. La chasse, la pêche, l'agriculture, l'élevage ainsi qu'une contrebande occasionnelle avaient constitué les bases d'une économie qui avait permis aux Acadiens de maintenir une croissance démographique extraordinaire et de s'estimer riches. Ils continuaient de consacrer leur vie aux mêmes activités, mais obtenaient des résultats bien différents. Avec le développement de l'industrie du bois de construction dans les Maritimes et la croissance d'une société industrialisée et urbanisée, la poursuite de leurs occupations traditionnelles s'avéra pour les Acadiens une source d'appauvrissement. Au lieu d'être des villageois prospères, menant une vie beaucoup plus confortable que les Indiens nomades, les Acadiens étaient devenus visiblement moins riches que la plupart de leurs voisins.

Le XVIIIe siècle tirant à sa fin, toutefois, le fait le plus marquant dans la vie des Acadiens était la déportation elle-même, avec ce qu'ils savaient et croyaient qu'elle avait détruit, avec les nombreuses épreuves qu'elle leur avait fait subir et ce qu'elle signifiait pour leur avenir. Compte tenu du recul du temps et des circonstances dans lesquelles ils étaient maintenant placés, la période antérieure à 1755 leur semblait s'être déroulée non point en Acadie, mais en Arcadie, une espèce de paradis terrestre. Toutes les querelles et les difficultés étaient oubliées, le temps avait toujours été au beau fixe, le soleil des fins d'après-midi rendaient la nature splendide, la collectivité n'avait jamais été divisée par les disputes de terrains ni tourmentée par des accusations de sorcellerie : bref, la période d'avant la déportation avait été la belle époque. En outre, et en partie parce que les Acadiens vivaient maintenant au sein d'une population majoritairement anglophone, en partie aussi à cause du fait, véridique, que la majorité de la population acadienne s'était embarquée pour l'exil sans protester violemment, on croyait maintenant avoir injustement perdu ce paradis. La politique de neutralité qu'ils avaient maintenue jusqu'en 1755 les portait maintenant à créer le mythe qu'ils étaient d'innocentes victimes et que les Britanniques étaient en quelque sorte de stupides criminels. Les Acadiens en vinrent rapidement à croire qu'ils n'avaient rien fait qui pût justifier leur expulsion. Pendant le XIXe siècle, leur foi accentua la nécessité de pardonner aux ennemis, de même que la gloire accompagnant la souffrance des coups et meurtrissures noblement acceptés. Aussi le mythe acadien de la déportation exigeait-il quelque forme de pardon à ceux qui leur avaient si cruellement et si injustement apporté la souffrance.

Si le sentiment d'avoir injustement perdu le paradis fut l'un des aspects de la réaction des Acadiens à la déportation, un autre aspect tout aussi important fut l'expérience qu'ils partagèrent à cette occasion. Andrew Brown*, prédicateur et médecin d'Édimbourg qui visita la Nouvelle-Écosse à la fin du XVIIIe siècle et qui rassembla une documentation considérable sur la vie des Acadiens à cette époque, nota l'habitude qu'ils avaient prise de s'assembler le soir pour raconter une fois de plus leurs aventures. Il nota aussi leur sens du théâtre et de la mimique, quand ils comparaient les attitudes et les gestes des pasteurs protestants qui, au Massachusetts, tentaient de les convertir avec ceux des quakers de la Pennsylvanie, également intéressés à leur conversion. Ces pratiques, si elles étaient propres à resserrer les liens entre les Acadiens, élevaient une haute barrière entre eux et les gens d'autres origines. Mais le résultat le plus net de cette activité culturelle fut de permettre aux Acadiens de mieux connaître leur propre capacité de survivre.

Ceux qui étaient revenus de la Caroline du Sud avaient vu mourir, au moment de l'exil, à bord de navires, comme le *Cornwallis*, plus de la moitié des passagers avant leur arrivée à destination. Ceux qui étaient rentrés de Philadelphie avaient vu la petite vérole tuer plus d'un tiers des Acadiens qu'on y avait envoyés. Ceux qui étaient revenus du Massachusetts avaient été témoins de tentatives pour régler le problème de l'afflux des exilés, tentatives qui allèrent jusqu'à séparer les parents de leurs enfants, les adultes étant envoyés dans des fermes et les jeunes engagés comme domestiques. Ceux qui avaient retraversé l'Atlantique pouvaient raconter leurs manigances pour se tirer d'affaire avec les fonctionnaires, puis avec ceux de plusieurs autres pays successivement, et pour trouver facilement le moyen de correspondre d'un côté à l'autre des frontières, même si les pays en cause étaient en guerre. Quoi que la déportation ait apporté d'autre aux Acadiens, elle leur a à tout le moins inculqué la conviction qu'ils étaient capables de survivre. Et rien encore n'a prouvé la fausseté de cette conviction.

Le CÉA est l'endroit tout désigné pour commencer une étude des Acadiens, soit en y travaillant, soit en utilisant les bibliographies qu'il a publiées. Mis sur pied à la fin des années 1960, à partir des Archives acadiennes qui avaient été léguées à l'université de Moncton par le collège Saint-Joseph, le CÉA a entrepris de réunir tous les documents disponibles (sous forme d'originaux ou de copies) relatifs au peuple acadien. Il a publié en 1975 le premier d'une série de trois volumes intitulée *Inventaire général des sources documentaires sur les Acadiens* (Moncton, N.-B.). Portant en sous-titre *les Sources premières, les archives*, ce volume, en plus de décrire les documents que le centre possède, tente de signaler tout ce qui l'on peut trouver ailleurs concernant les Acadiens. Malgré son agencement bien particulier, ce volume est propre à faire découvrir au chercheur la richesse des sources manuscrites concernant l'histoire des Acadiens. En 1977, paraissait le second volume, portant en sous-titre *Bibliographie acadienne, liste des volumes, brochures et thèses concernant l'Acadie et les Acadiens, des débuts à 1975*. Ici encore, il faut un certain temps pour comprendre le plan de l'ouvrage, mais son contenu permet de nous familiariser avec une documentation d'une grande richesse concernant les Acadiens.

Parmi les études thématiques, l'ouvrage de Brebner,

New England's outpost, constitue le récit le plus clair écrit en anglais sur l'histoire politique et diplomatique des Acadiens des débuts à 1755. Le premier volume de l'historien francophone Robert Rumilly, *Histoire des Acadiens* (2 vol., Montréal, 1955), présente une chronologie lucide des événements. Publié en 1968, *Acadia*, de Clark, est un ouvrage excellent où l'on trouve, racontée en détail, l'histoire du développement économique de l'Acadie durant les années qui précédèrent la déportation. Naomi Griffiths, *The Acadians : creation of a people* (Toronto, 1973), trace dans ses grandes lignes l'évolution de l'identité acadienne. L'étude de la linguiste française, Geneviève Massignon, *les Parlers français d'Acadie* [...] (2 vol., Paris, [1962]), constitue une analyse exhaustive des structures et des origines du langage acadien. En plus de se pencher sur les relations entre des dialectes de France, du Québec et de l'Acadie, l'ouvrage présente une excellente analyse des influences historiques qui ont modelé le langage acadien. Antonine Maillet, dans *Rabelais et les traditions populaires en Acadie* (Québec, 1971), traite des origines d'une grande partie du folklore acadien, et, en introduction, nous donne une excellente vue d'ensemble de trois siècles d'histoire acadienne.

L'histoire religieuse des Acadiens reste encore à écrire, même s'il existe un bon nombre d'études partielles sur le sujet. Des historiens du XIXe siècle nous ont laissé des études sur ce thème, tel Henri-Raymond Casgrain, *les Sulpiciens et les prêtres des Missions-Étrangères en Acadie (1676–1762)* (Québec, 1897), mais, à date, aucun ouvrage complet sur ce sujet complexe n'a été publié. L'*Antologie de textes littéraires acadiens, 1606–1975*, Marguerite Maillet *et al.*, édit. (Moncton, 1979), même si elle n'est pas accompagnée d'une étude ou d'une analyse de la littérature acadienne, constitue quand même un précieux instrument de travail sur le sujet.

Plusieurs thèses de doctorat, actuellement en voie de publication, étudient ce qu'on pourrait appeler les relations extérieures des Acadiens, c'est-à-dire les liens qui ont existé entre l'Acadie, d'une part, et la Nouvelle-Angleterre, d'autre part. Celle de Jean Daigle, « Nos amis les ennemis : relations commerciales de l'Acadie avec le Massachusetts, 1670–1711 » (University of Maine, Orono, 1975) traite des relations entre l'Acadie et la Nouvelle-Angleterre à la fin du XVIIe siècle ; celle de James Gordon Reid, « Acadia, Maine and New Scotland : marginal colonies in the seventeenth century » (University of New Brunswick, Fredericton, 1976) porte sur les premières années du XVIIe siècle. L'ouvrage de George Alexander Rawlyk, *Nova Scotia's Massachusetts ; a study of Massachusetts-Nova Scotia relations, 1630–1784* (Montréal, et Londres, 1973) relate de façon claire les événements survenus au cours de cette période. Les relations entre le Québec et l'Acadie n'ont pas encore fait l'objet d'une étude approfondie, bien que les ouvrages de François-Edme Rameau de Saint Père, *la France aux colonies* [...] *Acadiens et Canadiens* (Paris, 1859) et *Une colonie féodale en Amérique : l'Acadie (1604–1881)* (2 vol., Paris et Montréal, 1889), valent la peine d'être consultés sur ce sujet.

On peut dire que la déportation des Acadiens est, pour de multiples raisons, le thème le plus important de leur histoire. Déjà en 1900, on pouvait dénombrer près de 200 ouvrages publiés sur ce sujet. C'est à Émile Lauvrière que l'on doit l'ouvrage qui a le mieux évoqué l'intensité de cette tragédie : *la Tragédie d'un peuple : histoire du peuple acadien, de ses origines à nos jours* (3e éd., 2 vol., Paris, 1922). Dans un style coloré, l'auteur condamne sans appel les Britanniques. L'historien acadien Antoine Bernard, en particulier dans *le Drame acadien depuis 1604* (Montréal, 1936), présente un jugement moins partisan. Arthur George Doughty est l'auteur du meilleur essai en anglais sur la question, *The Acadian exiles : a chronicle of the land of Evangeline* (Toronto et Glasgow, 1920). Très récemment, Jean-Paul, Hautecœur, dans *l'Acadie du discours : pour une sociologie de la culture acadienne* (Québec, 1975), a étudié l'historiographie de la déportation des Acadiens. [N.E.S.G.]

L'incorporation de la province de Québec dans l'Empire britannique, 1763–1791

Ire PARTIE: DE LA PROCLAMATION ROYALE À L'ACTE DE QUÉBEC

PIERRE TOUSIGNANT

IL N'Y A RIEN D'ARBITRAIRE dans le choix de ce découpage historique des 30 premières années du Régime britannique au Canada, car il s'agit d'une tranche du passé qui se particularise et se distingue à maints égards, notamment par le fait que l'histoire de la province de Québec se confond alors avec celle du Canada, et cela à quelque point de vue que ce soit : aussi bien géographique que démographique, économique que politique, social que culturel. Il importe ici de se rappeler que cette ex-possession française, désignée sous le nom de Canada, puis appelée « province of Quebec » en vertu de la Proclamation royale d'octobre 1763, allait demeurer une seule et même entité coloniale jusqu'en 1791.

L'année 1791 marqua, en effet, à la fois une brisure et une coupure par la division de la colonie en Bas et Haut-Canada, laissant dorénavant place à deux destins, à deux orientations, à deux évolutions, à deux développements distincts : celui du Canada anglais et celui du Canada français. Cette séparation revêtait d'autant plus d'importance que chacun des deux gouvernements provinciaux nouvellement formés se trouvait, du même coup, doté de bases institutionnelles permettant l'exercice du pouvoir dans un cadre constitutionnel modelé sur celui de la métropole. Et, dans la perspective historique où nous nous situons, il faut considérer cette articulation politique à l'Empire britannique comme un aboutissement plutôt qu'un point tournant – aboutissement d'une solution déjà envisagée, 30 ans auparavant, au lendemain du traité de Paris de 1763.

Ces raisons, en soi suffisantes pour expliquer et justifier le découpage chronologique que nous avons retenu, appellent d'autres considérations qui, cette fois, portent sur l'orientation que nous entendons donner à notre exposé. Comme son titre l'indique, nous mettrons l'accent sur ce qui caractérisa principalement les débuts du Régime britannique, à savoir : la mise en application de différents essais de solution envisagés pour résoudre le problème majeur de l'incorporation au sein de l'Empire britannique de la plus importante colonie de la Nouvelle-France, d'abord dans une conjoncture de crise révolutionnaire qui rendit aléatoire toute réorganisation impériale en Amérique du Nord jusqu'à la fin de la guerre d'Indépendance américaine, puis, après 1783, dans le cadre d'une restructuration rendue nécessaire par la perte des Treize Colonies américaines.

Il nous paraît indispensable de resituer cette histoire coloniale dans son contexte nord-américain et de l'examiner au regard de la politique impériale pour bien saisir le sens des décisions métropolitaines et en voir les conséquences et les effets sur l'évolution de la province de Québec. Une telle approche suppose nécessairement un choix dans les aspects que nous retiendrons aux fins de cet exposé. Inutile donc de chercher ici un récit événementiel destiné à reconstituer une trame historique. Notre objectif vise plutôt à mettre en lumière un réseau de relations et de rapports entre des faits plus ou moins bien connus de façon à mieux comprendre le processus d'intégration de la province de Québec.

Avant d'aborder la première partie, il importe de se reporter à la capitulation générale signée à Montréal, le 8 septembre 1760. Il s'agit d'un document fondamental, du fait même que les engagements alors consentis, de provisoires qu'ils étaient, furent officiellement sanctionnés par le parlement britannique en 1774. L'importance déterminante qu'allait prendre le pacte de la capitulation après la cession définitive du Canada tenait à deux facteurs principaux : d'une part, les droits reconnus au peuple conquis et, d'autre part, l'intérêt de garder au profit de l'Empire britannique les habitants de la Nouvelle-France pour en faire de fidèles et loyaux sujets de la couronne.

La conquête du Canada s'étant produite avant la fin de la guerre de Sept Ans, sa reddition impliquait une période d'occupation militaire plus ou moins prolongée. Il fallut dès lors considérer le sort du peuple conquis, après avoir réglé celui des troupes, des officiers supérieurs et du personnel de cadre de l'administration coloniale française. Les droits qu'on se montra prêt à reconnaître aux anciens sujets du roi de France débordaient largement la notoire garantie du « libre exercice de [leur] Religion » officiellement confirmée par le traité de Paris de 1763. Le clergé séculier était maintenu tant dans son organisation que dans ses fonctions ecclésiastiques et toutes les communautés religieuses conservaient « leurs Meubles, La propriété, Et L'Usufruit des Seigneuries » avec jouissance de « leurs privilèges, droits, honeurs, et Exemptions ». Du coup se trouvait assurée la préservation du quart du domaine seigneurial qui leur avait été concédé. Qu'adviendrait-il de ce qui appartenait aux seigneurs laïcs et quel sort réserverait-on à leurs censitaires ? L'article 37 le précisait en termes non équivoques : « Les Seigneurs de Terres, Les Officiers Militaires et de Justice, Les Canadiens, Tant des Villes que des Campagnes, Les François établis ou Comerçant dans toute l'Etendue de La Colonie de Canada, E Toutes Autres personnes que ce puisse Estre, Conserveront L'Entière paisible propriété et possession de leurs biens, Seigneuriaux et Roturiers Meubles et Immeubles, Marchandises, Pelleteries, et Autres Effets. » Ceux qui décideraient de passer en France auraient la liberté de vendre leurs biens et d'en emporter le produit, tandis que ceux qui demeureraient au Canada pourraient jouir de « tous les privilèges du commerce [...] tant dans les pays d'Enhaut que dans l'Intérieur de La Colonie ».

Telles furent, pour l'essentiel, les conditions que le gouverneur Vaudreuil [RIGAUD] jugea « très avantageuses » du point de vue des « intérêts de la colonie et des colons ». Parmi les demandes refusées, deux étaient absolument irrecevables : la possibilité pour le roi de France de continuer à désigner l'évêque de Québec et le droit de garder une stricte neutralité en cas de conflit avec l'ancienne mère patrie. Enfin, une autre demande outrepassait les prérogatives du général vainqueur : l'autorisation de maintenir en vigueur les lois, usages et coutumes établis avant la Conquête.

Cette dernière question ne devait cependant pas tarder à rebondir après l'établissement du gouvernement civil. Le fait de laisser aux nouveaux sujets « L'Entière [et] paisible propriété et possession de leurs biens, Seigneuriaux et Roturiers » engageait non seulement à la conservation du système seigneurial mais aussi à la préservation de l'organisation sociale qui en dépendait. Comment dès lors échapper à l'obligation ou à la nécessité de reconnaître tout ce qui, dans le droit civil français, concernait la possession, la transmission et la vente des biens fonciers ? C'est précisément la conclusion à laquelle en vinrent très tôt les légistes de la couronne, Charles Yorke et William de Grey, respectivement procureur et solliciteur général, qui, dans leur célèbre rapport d'avril 1766, recommandèrent le maintien des anciennes lois concernant la propriété. Huit ans plus tard, le parlement britannique en sanctionna la reconnaissance officielle.

La capitulation de septembre 1760 n'aurait sans doute pas eu la même portée sans le facteur intérêt qui joua en faveur du peuple conquis, une fois réalisés les grands desseins impériaux de la Grande-Bretagne en Amérique du Nord. Si la suprême ambition du principal artisan de la conquête du Canada, William Pitt, avait été d'éliminer complètement du continent nord-américain la puissance rivale de la Grande-Bretagne, par contre son successeur au poste de secrétaire d'État pour le département du Sud, lord Egremont, se montra surtout soucieux de conserver, au profit de l'Empire britannique, les habitants de la Nouvelle-France : « Rien n'est plus essentiel au service de Sa Majesté, déclara-t-il, que de retenir le plus de sujets français possible et de les empêcher de quitter leurs demeures pour s'en aller dans les colonies qui pourraient rester en possession de la France. » Le général AMHERST put se féliciter d'avoir agi en conséquence en prenant les dispositions nécessaires pour concilier vainqueurs et vaincus.

C'est dans cet esprit et avec ce souci de conciliation que débuta le Régime militaire qui se prolongea jusqu'à l'établissement du gouvernement civil, en août 1764. Les directives données par Amherst dans son fameux « Placart » du 22 septembre 1760 devaient servir de base à l'organisation de ce régime provisoire. Désireux de voir les troupes d'occupation « vivre [...] en bonne harmonie et intelligence » avec la population coloniale, il avait prévu une série d'arrangements et d'accommodements susceptibles de faciliter et de favoriser la tutelle des conquérants. Autant que faire se pouvait, il s'efforça de respecter les structures administratives existant avant la Conquête. La division antérieure en trois gouvernements (Montréal, Québec et Trois-Rivières) demeura inchangée, mais avec la différence qu'ils furent constitués de façon à fonctionner séparément et indépendamment les uns des autres. Chacun d'eux fut confié à la responsabilité d'un gouverneur militaire relevant directement du commandant en chef des troupes britanniques en Amérique du Nord, dont le quartier général se trouvait à New York.

L'administration de la justice ne fut pas aussi bouleversée que l'a prétendu l'historien François-Xavier Garneau* pour qui l'instauration de cours martiales symbolisait l'état de siège. Naturellement, les tribunaux militaires remplacèrent les différentes instances judiciaires du régime français qui avaient été abolies. Mais ces suppressions ne signifièrent pas pour autant le rejet des traditions établies dans le mode de fonctionnement du système judiciaire. Conformément à l'esprit des directives d'Amherst, les gouverneurs responsables, dans chacun de leur gouvernement respectif [V. Ralph Burton*; GAGE ; MURRAY], se préoccupèrent de faire rendre justice de façon expéditive et à peu de frais, en recourant aux services des capitaines et officiers de milice canadiens qui formèrent des tribunaux de première instance et jugèrent les litiges selon la Coutume de Paris. Les causes en appel furent déférées à des conseils d'officiers militaires et, en dernier recours, aux gouverneurs eux-mêmes. Loin de paraître oppressive, cette organisation judiciaire laissa une si profonde impression qu'à la veille de la promulgation de l'Acte de Québec, les porte-parole canadiens, tant seigneurs que bourgeois, dans la requête qu'ils adressèrent au roi, en évoquaient le souvenir en ces termes : « Nôtre reconnaissance nous force d'avoüer que le spectacle effrayant d'avoir été conquis [...] n'a pas longtems excité nos regrets et nos larmes [...] En effêt, loin de ressentir au moment de la conquête les tristes effêts de la gêne et de la captivité, le sage et vertueux Général [Amherst] [...] nous laissa en possession de nos loix et de nos coutumes [...] et nos anciens citoyens furent établis les juges de nos causes civiles. » Ainsi la politique de conciliation qui inspira et guida la conduite des autorités militaires disposa-t-elle ce peuple conquis à accepter le changement de métropole lors de la cession définitive du Canada. Moins de 300 personnes sur une population de 60 000, soit une proportion de 1 à 200, préférèrent quitter la colonie en profitant de l'article 4 du traité de Paris qui allouait une période de 18 mois pour émigrer « en toute liberté et sûreté ».

Mais le fait d'avoir tout mis en œuvre pour rendre acceptable le Régime militaire aux nouveaux sujets britanniques ne prépara pas les esprits à faire face aux contraintes et aux contrariétés qu'imposa l'instauration du gouvernement civil. Aussi durent-ils s'initier à des enjeux politiques qui les soumirent aux épreuves de la lutte pour la revendication de droits qui leur paraissaient presque acquis. En prenant possession définitive du Canada, les dirigeants métropolitains n'avaient pas sérieusement envisagé la problématique qu'allait créer l'intégration au sein de l'Empire britannique de ces anciens sujets du roi de France qui formaient déjà un peuple distinct, enclin à vouloir le demeurer. Au lendemain du traité de Paris, trop de questions sollicitèrent à la fois l'attention du gouvernement impérial pour qu'il fût en mesure de considérer comme il se devait le cas des Canadiens.

En vertu du traité de Paris, signé le 10 février 1763, la Grande-Bretagne devenait maîtresse de tout l'ancien territoire de la Nouvelle-France, comprenant le Canada « avec toutes ses Dependances » – à savoir, le bassin des Grands Lacs ou pays d'en haut ayant Détroit comme principal centre, ainsi que le vaste domaine de l'Ouest, du lac Supérieur aux montagnes Rocheuses –, la partie orientale de la Louisiane bornée par le fleuve Mississippi – la partie occidentale ayant été cédée à l'Espagne par pacte secret –, et tout ce qui, du côté de l'Atlantique et du golfe Saint-Laurent, avait été laissé à la France par le traité d'Utrecht de 1713 – notamment l'île Royale (île du Cap-Breton) et l'île Saint-Jean (Île-du-Prince-Édouard). Pour sa part, l'Espagne cédait la Floride et tout le territoire qui lui appartenait jusqu'au fleuve Mississippi. Ainsi, en incluant les Treize Colonies, la Grande-Bretagne se trouvait en possession de presque la moitié du continent nord-américain, depuis le golfe du Mexique jusqu'à la baie d'Hudson. Du coup, son domaine colonial en Amérique du Nord avait plus que doublé par rapport à ce qu'il était antérieurement à 1760.

L'acquisition d'un aussi vaste espace géographique diversement peuplé de Blancs et d'autochtones posa des problèmes d'aménagement territorial, d'administration coloniale et de défense militaire auxquels la métropole dut faire face dans les mois qui suivirent la signature du traité de paix. Et c'est dans le cadre d'un programme de réorganisation impériale visant à renforcer l'autorité centrale par le resserrement des liens de contrôle métropolitain au triple point de vue commercial, fiscal et politique que fut envisagée la solution de ces problèmes. De fait, la Proclamation royale fut à l'origine d'une série de mesures à la fois exécutives et législatives que le ministère de George Grenville (avril 1763 – juillet 1765) s'évertua à appliquer dans le but de réaliser les objectifs visés. Mais la mise en œuvre de ce plan d'action ne tarda pas à soulever l'opposition, puis la résistance active des Treize Colonies, au point de provoquer la chute de ce ministère moins de trois mois après que le parlement britannique eut voté la fameuse loi du Timbre.

La Proclamation royale devait constituer non seulement la première étape de ce programme impérial mais son fondement même, de telle sorte que les épreuves et les revers subis dans l'application de celui-ci eurent leurs répercussions directes sur celle-là. C'est ainsi que, de révision en révision, elle fut graduellement abandonnée pour être finalement remplacée par l'Acte de Québec, qui marqua une réorientation de la politique impériale. L'expérience de cet échec contribua pour beaucoup à la valorisation du rôle de la province de Québec et de ses habitants, et ce déplacement d'intérêt s'opéra au fur et à mesure de l'abandon du programme initialement conçu. Autant en 1763 l'attention des autorités métropolitaines se trouva polarisée par la question indienne, autant en 1774 elle sera attirée par le cas canadien.

L'aspect le plus frappant de la réorganisation territoriale édictée par la Proclamation royale était assurément la transformation en réserves indiennes de tout l'intérieur du continent s'étendant du fleuve Mississippi à la ligne de partage des eaux le long de la chaîne des Appalaches et, du sud au nord, de la Floride occidentale jusqu'au domaine de la Hudson's Bay Company, au delà du bassin des Grands Lacs. Comparativement, l'étendue des trois nouvelles colonies « royales » se trouvait bien délimitée : d'une part, au sud du 31e parallèle, les deux Florides – orientale et occidentale – et, d'autre part, au nord du 45e parallèle, la province de Québec confinée dans un espace géographique formant une sorte de trapèze encadrant la vallée du Saint-Laurent et dont les bornes extrêmes, à l'est, s'arrêtaient à la rivière Saint-Jean (sur la côte nord, vis-à-vis de la pointe occidentale de l'île d'Anticosti) et, à l'ouest, au lac Nipissing. Du côté de l'Atlantique, l'on adjoignit à la province déjà établie de la Nouvelle-Écosse l'île du Cap-Breton et l'île Saint-Jean, et enfin à Terre-Neuve furent annexés l'île d'Anticosti, les îles de la Madeleine et tout le vaste territoire du Labrador, depuis la rivière Saint-Jean jusqu'au détroit d'Hudson, afin de mieux profiter du monopole d'exploitation des pêcheries du golfe et des côtes qui était reconnu comme « l'avantage le plus évident » découlant du traité de paix.

S'il suffit d'une simple lecture de la Proclamation royale pour constater la place prépondérante qu'y occupe la question indienne, les raisons pour lesquelles la province de Québec s'y trouve, somme toute, laissée pour compte n'apparaissent pas aussi évidentes. Le soulèvement des Indiens de l'Ouest, au début de l'été de 1763, avait rendu impérieuse la recherche d'une solution pouvant contribuer à leur pacification. Sur le rôle central joué par le chef de guerre outaouais Pondiac*, nous renvoyons le lecteur à l'article paru dans le volume III du *DBC*. Les circonstances et les péripéties de cette dramatique histoire y sont bien relatées, mais l'auteur ne met pas en évidence un aspect tout à fait fondamental permettant de comprendre l'ampleur de ce soulèvement qui, en moins d'un mois, depuis son centre d'irruption, Détroit, s'étendit à l'ensemble des forts et postes de traite de la région des Grands Lacs. Il n'y est fait mention que des frustrations accumulées sous l'effet de la politique de stricte économie ordonnée par le commandant en chef Amherst qui refusait de continuer le système des échanges de présents tel qu'il se pratiquait sous le Régime français. Il est certain, compte tenu des habitudes acquises et de la signification attachée au don, que les Indiens réagirent très mal aux privations et restrictions qu'on leur imposait, notamment sur le rhum, la poudre et le plomb. Tout aussi capital cependant fut le « choc » de l'occupation britannique qui leur fit appréhender la saisie de leurs territoires de chasse. A leurs yeux, le conquérant anglo-américain personnifiait l'accapareur de terres. Comment auraient-ils pu se le représenter autrement, face à l'expérience de la poussée envahissante et dévastatrice de la colonisation blanche nord-américaine en pleine expansion vers l'Ouest ?

Lorsque éclata la révolte de Pondiac, le secrétariat d'État pour le département du Sud en était à élaborer le programme impérial qui allait se concrétiser dans la Proclamation royale. Le Board of Trade, alors sous la présidence du jeune lord Shelburne, en avait déjà tracé les grandes lignes dans son rapport du 8 juin 1763. A cette étape, le cas particulier du Canada et de son peuple conquis retenait encore l'attention. Vraisemblablement impressionné par les rapports de Murray, de Burton et de Gage, Shelburne avait tenu compte de leurs prévisions démographiques démontrant, selon toute probabilité, que la masse canadienne demeurerait prépondérante « pendant très longtemps ». En conséquence, il hésitait sur la forme de gouvernement à établir, n'étant pas prêt à recommander l'institution d'une chambre d'Assemblée, comme devait le proclamer l'édit royal d'octobre 1763, en vue d'y encourager une colonisation britannique. Sans oublier pour autant le sort des futurs colons protestants, Shelburne ne leur accordait cependant pas une attention prioritaire. Non seulement paraissait-il vouloir honorer les engagements déjà pris à l'endroit des anciens sujets du roi de France, mais il semblait également se soucier des droits qui pourraient leur être éventuellement consentis. De si nobles préoccupations ne devaient toutefois pas résister à la précipitation des événements, qui entraîna d'ailleurs sa démission.

La nouvelle du soulèvement des Indiens de l'Ouest parvint à Londres peu de temps avant le décès du secrétaire d'État, lord Egremont, en août 1763. Pour lui succéder, le roi fit appel à lord Halifax qui, à titre de président du Board of Trade, de 1748 à 1761, avait acquis une longue expérience dans les affaires coloniales nord-américaines. Ce dernier s'empressa de mettre la dernière main à la préparation de la Proclamation royale. Profitant de la détérioration de la situation dans le *Middle West* (territoire compris entre les Appalaches et le Mississippi, la Floride occidentale et les Grands Lacs), il mit en application, avec l'assistance et l'entier appui du nouveau président du Board of Trade, lord Hillsborough, une stratégie de contrôle impérial qu'il avait arrêtée depuis longtemps. Ce fut là une grave erreur politique car si l'urgence d'une pacification indienne commandait une déclaration officielle de la part de la couronne, point n'était besoin cependant d'y faire passer, par la même occasion, un programme impérial destiné à toute l'Amérique du Nord britannique. Vouloir à la fois créer des réserves indiennes pour l'intérieur du continent, réglementer l'expansion coloniale blanche et constituer de nouveaux gouvernements provinciaux, c'était trop ambitieux pour ne pas être risqué.

Désireux d'agir rapidement sous la pression des événements, lord Halifax ne s'embarrassa pas des considérations de Shelburne sur le particularisme canadien qui invitaient à tenir compte des problèmes soulevés par les différentes composantes socio-ethniques et culturelles de la population coloniale. Pour ce ministre qui, jadis, avait eu à se préoccuper du sort des Acadiens [V. Charles Lawrence*], de telles considérations ne pesaient pas lourd dans l'évaluation de la situation. Il décida tout simplement d'assimiler le cas du Canada à celui des deux Florides et de ne retenir du rapport du Board of Trade de juin 1763 que ce qui cadrait avec sa stratégie de contrôle impérial longuement mûrie depuis l'époque de la fondation de Halifax, ainsi nommée en son honneur, en 1749. Il ne dévia pas de la politique de peuplement qu'il avait alors adoptée en vue d'assurer la défense militaire et l'exploitation commerciale des colonies. De la même façon qu'il avait favorisé la colonisation britannique de la Nouvelle-Écosse, ainsi voulut-il « encourager » l'établissement « rapide » de colons protestants dans la vallée du Saint-Laurent au moyen de diverses incitations dont, notamment, l'octroi de terres aux officiers et aux soldats démobilisés ayant servi en Amérique du Nord, la promesse de droits et de privilèges constitutionnels ainsi que la protection des lois anglaises. Et dans le but d'orienter et de canaliser cette vague colonisatrice que l'on espérait voir déferler sur la province de Québec, escomptant que les colonies du sud serviraient en quelque sorte de « déversoir », il fallait freiner son expansion démographique vers l'Ouest. De fait, cet endiguement fixé à la ligne de partage des eaux de la chaîne appalachienne devait permettre d'atteindre deux fins : d'une part, le maintien de la population coloniale blanche le long de la côte atlantique, pour en mieux surveiller et contrôler les activités, et, d'autre part, la préservation de la paix et de la sécurité à l'intérieur du continent.

Les solutions envisagées pour la préservation de la paix et de la sécurité à l'intérieur du continent découlaient directement des initiatives prises et de l'expérience acquise durant la guerre de Sept Ans. C'est au cœur même de la vallée de l'Ohio qu'avait éclaté le conflit de colonisation dressant les forces expansionnistes anglo-américaines contre la présence militaire franco-canadienne. Face, d'une part, à l'emprise de l'influence française sur les tribus indiennes et, d'autre part, à l'incapacité des colonies britanniques d'unir et de coordonner leurs efforts pour organiser leur propre système défensif, la métropole avait dû intervenir en prenant les dispositions nécessaires pour assurer la défense impériale de cette vaste région. En 1755, il avait alors été décidé de placer les affaires indiennes sous la direction et la protection métropolitaines et, à cette fin, de créer deux postes de surintendant relevant du commandant en chef, l'un ayant la responsabilité des tribus établies au sud de l'Ohio, l'autre, confié à sir William JOHNSON, pour avoir charge, dans le district nord, des nations iroquoises et de leurs alliées. Les constatations et les recommandations faites par ces deux surintendants devaient grandement servir à la détermination du programme de 1763.

Malgré la conquête du Canada et l'occupation militaire des postes de l'Ouest, la situation était demeurée très instable en raison de la grave détérioration des rapports entre colons anglo-américains et Indiens. Après avoir été lancés sur les sentiers de la guerre par l'enjeu des rivalités impériales, les indigènes continuaient à subir les pressions de plus en plus fortes des trafiquants en mal de fraude et des spéculateurs avides de terres qui agissaient avec la connivence des gouvernements provinciaux. Cet envahissement et cet accaparement incitèrent le secrétariat d'État, deux ans avant l'édit d'octobre 1763, à signifier aux différents gouverneurs des colonies royales la volonté de la couronne d'empêcher la concession de terres et l'établissement de colons en territoires indiens sans la permission de Londres. La

Proclamation royale non seulement en promulgua la défense formelle mais détermina, par la création de réserves indiennes, une frontière à la colonisation blanche. Lord Halifax poussa même plus loin en voulant soumettre les relations commerciales avec les Indiens à une stricte réglementation métropolitaine.

Si le commerce des fourrures était déclaré « libre et ouvert » à tout sujet britannique, il fallait néanmoins se munir d'une autorisation officielle soit du commandant en chef, soit d'un gouverneur colonial. La réglementation prévue devait limiter la traite aux divers postes établis sous la garde d'une garnison et obliger les traiteurs à des contrôles visant à prévenir de frauduleuses transactions. Quant à la régie des affaires indiennes, elle relèverait d'un département des Affaires indiennes réorganisé administrativement dans les deux districts déjà existants au sud et au nord de l'Ohio. Mais le beau plan d'organisation et de structuration proposé par le Board of Trade, en juillet 1764, était destiné, après quelques années d'essai, à subir les contrecoups de la mise en échec de l'ambitieux programme de contrôle impérial voulu par lord Halifax.

La réalisation de ce programme exigeait un énorme coût d'opération, dont la plus large part devait être consacrée au maintien et à l'entretien d'une présence militaire sur une aussi vaste étendue de territoire. Au lendemain du traité de Paris, le gouvernement métropolitain avait décidé de porter à environ 7 500 hommes, regroupés en une quinzaine de bataillons, les effectifs jugés nécessaires à la défense et à la protection du nouvel empire colonial nord-américain. Près de la moitié de ces troupes furent réparties de Halifax à Détroit, quatre bataillons réservés aux deux Florides et autant aux avant-postes frontaliers des provinces de New York et de Pennsylvanie, incluant les forts Niagara (près de Youngstown) et Pitt (Pittsburgh). A l'exception de quelques centaines de soldats, dont une bonne partie à New York où se trouvait le quartier général du commandant en chef, aucun régiment ne fut posté dans les centres urbains de la côte atlantique. Le parlement britannique avait voté l'affectation des sommes requises – estimées à plus de £250 000 annuellement, mais qui s'élèveront à beaucoup plus – à la condition que les Treize Colonies fussent mises à contribution, ainsi qu'allait tenter de le faire le ministère de Grenville par la loi du Revenu de 1764 (communément appelée *Sugar Act*) et par la loi du Timbre de 1765.

La présence de l'armée, jugée essentielle à l'implantation du système de contrôle impérial projeté, fut maintenue aux différents postes de l'Ouest, même après la répression de la révolte de Pondiac. Du point de vue métropolitain, l'armée paraissait un soutien stratégique indispensable à la régie des relations politiques et commerciales avec les indigènes. C'était donc, en définitive, de ce support militaire que dépendrait la réussite ou l'échec, la poursuite ou l'abandon de cette importante partie de la Proclamation royale. Et de fait, son abandon fut déterminé dans une large mesure par l'obligation, devant la tournure des événements dans les Treize Colonies, de retirer une bonne partie des garnisons postées à l'intérieur du continent pour les rapprocher des centres d'agitation sur la côte atlantique.

Le problème de la grande dispersion des troupes à l'échelle continentale commença de se poser avec acuité lors de la première grave crise coloniale, engendrée par la loi du Timbre. La violente réaction et le mouvement de résistance organisé contre cette législation fiscale avaient incité certains gouverneurs à faire appel aux services du commandant en chef, le général Gage, qui porta alors à l'attention des autorités métropolitaines la situation difficile dans laquelle il se trouvait de ne pouvoir procéder à un rapide regroupement de ses forces « en cas d'urgence ». Devant la nécessité de réduire les dépenses militaires, par suite du refus des colonies d'y contribuer, lord Barrington, secrétaire à la Guerre, reconsidéra le système de défense existant et proposa comme solution de rechange, pour répondre à la nouvelle conjoncture, l'évacuation d'une partie des postes de l'Ouest et la concentration des forces à Québec et à Halifax, au nord, et à Saint Augustine, en Floride orientale. A la différence de Gage, il préférait ne pas maintenir les troupes « sur place », en milieux d'effervescence, pour ne pas les provoquer inutilement. Mais il fallut attendre le développement d'une nouvelle crise coloniale, sous l'effet des *Townshend Acts*, pour voir se concrétiser ce plan de lord Barrington.

Devant la poussée du mouvement révolutionnaire, le ministère britannique créa, en janvier 1768, un troisième poste de secrétaire d'Etat chargé de s'occuper exclusivement des affaires coloniales américaines. Son premier titulaire, lord Hillsborough, partisan d'une politique ferme et désireux de discipliner les colonies rebelles, ordonna au général Gage de ne maintenir de garnison qu'aux principaux forts, notamment Détroit, Niagara et Michillimakinac (Mackinaw City, Michigan), de façon à pouvoir concentrer les troupes aux endroits stratégiques, tels New York et Philadelphie. Cette décision donna le coup de grâce au programme de contrôle impérial sur les relations commerciales avec les Indiens, ainsi qu'en furent avisés les différents gouverneurs coloniaux au printemps de 1768. L'expérience, écrivait le ministre, avait démontré que « la valeur de l'objectif visé » ne justifiait pas une aussi grande dépense et que, faute d'« autorité reconnue » aux surintendants des Affaires indiennes, cette politique était trop difficile à appliquer.

Cette première révision de la Proclamation royale eut pour effet de laisser aux soins des gouvernements coloniaux l'entière réglementation de la traite des fourrures. Les provinces les plus directement concernées étaient évidemment celles de Québec, de New York et de Pennsylvanie. Les marchands britanniques et canadiens de la province de Québec furent grandement soulagés par cette décision métropolitaine qui les délivrait des contraintes et des restrictions imposées. Ceux-ci n'avaient cessé de réclamer la liberté de traite telle qu'elle s'était pratiquée du temps de la Nouvelle-France et notamment la possibilité « d'hiverner parmi les Indiens ». Le fait d'être confinés à des postes désignés, argumentaient-ils, non seulement entravait la dynamique de leurs opérations commerciales individuelles mais nuisait considérablement au développement économique de la province : en effet, l'empêchement d'approvisionner en marchandises les indigènes dans leurs territoires de chasse favorisait et encourageait une large et dangereuse concurrence de la part des Français et des Espagnols par la voie du Mississippi. En définitive, c'était non seulement le réseau d'échanges mais tout le système de relations avec les Indiens qui risquaient de s'en trouver irrémédiablement compromis au grand détriment de la colonie et au préjudice de la métropole.

Le gouverneur Guy Carleton* lui-même endossa et défendit cette position – attitude qui lui valut de se ménager de meilleurs rapports avec la bourgeoisie anglophone que n'avait su le faire son prédécesseur, Murray. Mais, aux yeux de Carleton, il importait surtout de « gagner l'affection des Indiens » et de se les « attacher » au moyen « de sages règlements, d'honnêtes transactions et de bons traitements » afin de les détourner des appâts des Français et des Espagnols de La Nouvelle-Orléans « qui seraient toujours [des] rivaux commerciaux ». A sir William Johnson qui suspectait continuellement les Canadiens de complicité dans le jeu de cette concurrence, Carleton répondit qu'il ne servait à rien d'incriminer un groupe particulier alors que, face à l'ennemi commun, « tous les sujets du roi devraient se considérer comme frères ou membres d'une même famille », et ne pas se laisser entraîner dans des rivalités provinciales.

Cette réplique touchait au nœud du problème qui allait resurgir de plus belle par suite de l'abandon du programme de contrôle impérial pour l'Ouest. Comment, en effet, concilier les intérêts concurrents de bourgeoisies coloniales rivalisant entre elles pour l'exploitation d'une même richesse – la fourrure – sur un territoire livré à des appétits d'une avidité presque sans bornes ? A trop centrer l'attention sur la séculaire compétition entre les trafiquants hollandais d'Albany et ceux de Montréal, on risque d'oublier qu'il existait de multiples autres rivalités géographiquement distribuées de la côte atlantique aux frontières des provinces de New York, de Pennsylvanie et de Virginie où la convoitise pour les terres était aussi effrénée que la course aux pelleteries. La région au sud de l'Ohio, surtout, attira la voracité des spéculateurs qui réussirent à faire repousser la frontière de 1763 jusqu'aux limites de l'actuel état de Virginie-Occidentale. En tête, Johnson donna le signal de cette curée en territoire indien par le traité du fort Stanwix (Rome, New York) qu'il négocia avec les Iroquois à l'automne de 1768, tandis que, de son côté, le surintendant des Affaires des Indiens du Sud, John Stuart, faisait de même avec les Cherokees. Ce fut une belle foire d'empoigne entre Pennsylvaniens et Virginiens qui se disputèrent si bien cette amputation territoriale des réserves soudoyée aux Indiens que le gouverneur de Virginie, lord Dunmore, suscita un *casus belli* en s'appropriant, en 1773, le fort Pitt qu'avait évacué, un an plus tôt, la garnison britannique. La situation devint à ce point critique qu'au début de 1774 les autorités métropolitaines décidèrent de sauver la région du nord de la rivière Ohio en la rattachant à la province de Québec. Mais pourquoi ce rattachement ?

Si les réserves indiennes situées au nord de la « Belle Rivière [rivière Ohio] » n'étaient pas encore devenues la proie du colonisateur blanc, elles n'échappaient pas pour autant à la rapacité des trafiquants de pelleteries. Les plus cupides d'entre eux ayant réussi à faire échouer le programme de contrôle impérial, il apparaissait vain ou illusoire de croire qu'ils se soumettraient docilement à toute réglementation provenant des gouvernements coloniaux intéressés par l'exploitation de ce vaste domaine. Conscients et inquiets de cette perspective d'anarchie, les trafiquants de fourrures de Montréal alertèrent le gouvernement de Carleton, qui confia à un comité du Conseil de Québec l'étude de cette importante question. Le comité présenta, en avril 1769, un rapport qui en disait long non seulement sur la gravité de la situation mais aussi sur l'impossibilité d'y trouver remède, à moins d'étendre à cette région la juridiction civile du gouvernement de la province de Québec, ainsi que devait en décider la métropole cinq ans plus tard. C'était la seule solution valable et applicable pour sortir de l'impasse, car, d'une part, avouaient les membres du comité, « Nous sommes incapables de concevoir [dans l'état actuel des choses] comment l'une ou l'autre province serait en mesure de former un système [qui pût] avoir quelque effet contraignant [par obligation légale] sur toute personne séjournant pour fin de traite dans cette étendue de pays échappant aux lois [des gouvernements provinciaux existants] » et, d'autre part, « Nous ne pouvons comprendre comment un solide système général de réglementation du commerce pourrait être établi à partir de l'impossible union de provinces si différentes dans leurs manières, leurs constitutions, leurs formes et modes de gouvernement et si incapables de se rallier à un seul principe général ».

Le comité du conseil avait raison de penser que, sans un « système général de réglementation » établi sur une base d'entente commune entre les trois provinces en cause, Québec, New York et Pennsylvanie, la traite des fourrures sombrerait dans une « confusion » et un « désordre » tels qu'il pourrait s'ensuivre de « fatales conséquences » pour le maintien de la souveraineté de la couronne sur cette partie du continent américain. Les quelques initiatives qui furent prises à cette fin, en 1770 et 1771, n'aboutirent à aucun résultat concret. Le projet de congrès intercolonial mis de l'avant par la province de New York échoua pitoyablement, faute de participation de la part des colonies visées, et notamment de la province de Québec. Au dire du lieutenant-gouverneur Hector Theophilus CRAMAHÉ, sur qui reposait alors la responsabilité administrative en l'absence du gouverneur Carleton, « les intérêts des deux provinces [New York et Québec] différaient dans une trop large mesure pour espérer qu'elles pussent jamais s'entendre parfaitement [sur l'établissement] d'une réglementation générale ». Aucune entente, en effet, n'était possible, alors que la traite des fourrures faisait l'objet de tant de concurrences et de tant de rivalités. En réalité, il y avait beaucoup plus à attendre de Londres que de New York pour la protection des intérêts économiques de la province de Québec, et c'est précisément dans cette direction que fut orientée l'action politique des administrateurs de la province.

C'est à lord Dartmouth, successeur de lord Hillsborough au poste de secrétaire d'État des Colonies américaines, que revint la tâche de porter le coup final à la Proclamation royale. Désigné à ce poste en août 1772, après avoir acquis une certaine expérience dans les affaires coloniales à titre de président du Board of Trade, il s'enquit longuement – pendant plus d'une année – avant d'en arriver à la conclusion qu'il n'y avait plus rien à espérer du programme de contrôle impérial pour l'Ouest, tel que conçu par lord Halifax. C'est ce qu'il avoua à Cramahé, en décembre 1773, laissant entendre à ce dernier que le ministère était à la veille d'une révision fondamentale de la politique métropolitaine à l'endroit de la province de Québec et que « plusieurs considérations variées » militaient en faveur d'une extension de ses « étroites limites ». On peut facilement supposer que, malgré sa volontaire discrétion, Dartmouth, a quelques mois de la préparation de la législation de 1774, envisageait de reconstituer les anciennes frontières canadiennes de façon à étendre la juridiction civile du gouvernement de Québec jusqu'à l'Ohio où la situation était devenue « plus critique que jamais », selon les derniers rapports fournis par Johnson. N'était-ce pas là le résultat de ce que, dix ans auparavant, lord Egremont avait pu anticiper en recommandant d'inclure dans la commission du gouverneur de Québec une juridiction civile sur tout le *Middle West* afin d'éviter, précisément, que ce vaste territoire ne devienne un refuge de hors-la-loi échappant à toute justice criminelle ? Lord Halifax avait fait peu de cas de ce danger pourtant réel, appréhendant plutôt que l'ex-colonie française ne prît trop d'ascendant sur les Indiens et n'acquît une trop grande prédominance dans le commerce des fourrures, au détriment des autres colonies. Après dix années de pillage incontrôlé et incontrôlable dans les réserves indiennes, il était temps de surmonter de vieilles hantises et de voir la réalité en face.

Cette réalité, Cramahé s'efforça de la démontrer à lord Dartmouth en faisant valoir la position désavantageuse de la province de Québec par rapport aux Treize Colonies du sud qui tiraient grand profit de leurs échanges commerciaux avec les Antilles. La traite des fourrures constituait la seule activité économique importante dont pouvait bénéficier cette province, coupée six mois par année de toute communication maritime avec le reste de l'Empire. Par le maintien des frontières de 1763, lui laisser le trafic des pelleteries en partage avec New York, c'était non seulement donner trop d'atouts à cette dernière, qui avait déjà eu sa « très large part », mais risquer qu'elle s'en empare complètement grâce à sa supériorité incontestable. La situation géographique de la province de Québec commandait comme solution toute naturelle de la rattacher à l'intérieur du continent, afin de placer sous un même gouvernement et de lier aux mêmes lois tous les groupements humains qui s'y trouvaient.

L'enquête que lord Dartmouth mena de son côté auprès des gouverneurs coloniaux de New York et de Pennsylvanie lui permit de constater le peu d'importance que ceux-ci accordaient à la traite des fourrures par rapport aux autres activités économiques. Et de fait, contrairement à la province de Québec où ce produit demeura jusqu'à la fin du XVIIIe siècle la principale source d'enrichissement – fluctuant, selon les années, des trois cinquièmes aux trois quarts de la valeur totale des exportations de la province –, l'apport des pelleteries ne cessa de décliner dans l'économie new-yorkaise, passant d'environ 15 p. cent à moins de 3 p. cent, de 1760 à 1775, en regard de la totalité des produits exportés en Angleterre seulement. Comparativement à l'ensemble de la production coloniale nord-américaine – y compris celle du Canada – destinée à l'exportation et qui se chiffrait à près de £3 500 000, pour la seule année 1770, les fourrures et les peaux de cerfs, d'une valeur de £150 000, se classaient au sixième rang, représentant un pourcentage inférieur à 5 p. cent du total. A la lumière de ces données, on peut comprendre qu'en remettant à la province de Québec le contrôle du commerce indien de l'Ouest, la métropole ne s'exposait pas à débalancer le rapport des forces économiques en Amérique du Nord.

La reconstitution de l'ancien empire de traite de la Nouvelle-France répondait naturellement aux vœux et aux désirs de tous ceux qui, tant Britanniques que Canadiens, étaient liés au commerce des pelleteries. François Baby*, marchand de Québec, se rendit même à Londres, à l'automne de 1773, pour plaider cette cause auprès de lord Dartmouth de la part de ses compatriotes, principaux bourgeois et seigneurs montréalais, qui avaient préparé une adresse et un mémoire au roi : « Nous supplions, disaient-ils, que, comme sous le tems du gouvernement François, on laisse à nôtre colonie touts les païs d'enhaut connus sous les noms de Missilimakinac, du Détroit, et autres adjacents jusques au fleuve du Mississippi. » Une telle demande signifiait, géographiquement, l'intégration à la province de Québec non seulement du bassin des Grands Lacs mais également de tout le territoire appelé « le pays des Illinois » s'étendant au sud-ouest jusqu'au confluent de l'Ohio et du Mississippi – territoire qui, sous le Régime français, avait fait partie de la haute Louisiane. S'y trouvaient comme principaux établissements : Vincennes (Indiana), sur la rivière Wabash, Kaskaskia (Illinois) et Cahokia (East St Louis, Illinois), sur la rive est du Mississippi ; et ces avant-postes de la colonisation française avaient été les derniers à tomber sous la tutelle britannique avec l'occupation militaire du fort de Chartres (près de Prairie du Rocher, Illinois), en octobre 1765, cinq ans après la capitulation de Montréal.

Ce pays des Illinois causa bien des soucis au secrétariat d'Etat, car il s'avéra pratiquement incontrôlable au point de vue commercial du fait de sa proximité avec la Louisiane occidentale – celle d'après 1763 – où Français et Espagnols profitaient au mieux de leur position avantageuse pour drainer la fourrure vers La Nouvelle-Orléans. La concurrence était impossible à soutenir en raison des difficultés et des coûts d'approvisionnement en marchandises de traite depuis le principal centre de distribution, le fort Pitt, éloigné de plus de 600 milles du fort de Chartres. La garde de ces deux postes occasionnait des dépenses telles – grugeant plus de la moitié du budget du département des Affaires des Indiens du Nord – que le commandant en chef Gage, à son grand soulagement, reçut finalement l'autorisation de procéder à leur évacuation. En septembre 1772, le fort de Chartres fut rasé, et le fort Pitt, abandonné. Mais cette décision ministérielle ne réglait pas pour autant le sort des centaines de colons canadiens déjà bien établis sur les riches terres agricoles du haut Mississippi. Ceux-ci profitèrent de la menace de déplacement que le général Gage faisait peser sur les habitants du village de Vincennes, isolé au cœur des réserves indiennes, pour demander l'établissement d'un gouvernement civil fondé sur les « principes britanniques ». Lord Dartmouth se préoccupa si bien de ce problème que Londres décida finalement de placer tout le pays des Illinois sous la juridiction de la province de Québec, en vertu de la loi de 1774.

Si les différentes considérations que nous avons exposées militaient en faveur de la reconstitution des anciennes frontières canadiennes comme solution aux nombreux problèmes soulevés par l'acquisition du vaste domaine colonial ayant appartenu à la France, il paraît aussi incontestable que le ministère britannique profita de la conjoncture de crise dans les relations entre la métropole et ses Treize Colonies – devenue plus manifeste que jamais depuis le *Boston tea party* – pour prendre une décision finale à ce sujet, au printemps de 1774. Sans qu'il soit ici question de reprendre un vieux débat historiographique portant sur la plus ou moins grande influence de la Révolution américaine sur cette décision, on ne saurait cependant faire abstraction du moment choisi pour soumettre le projet de loi de Québec à l'approbation du parlement impérial. Il ne s'agissait assurément pas d'un simple concours de circonstances. Entre deux interprétations extrêmes, l'une identifiant l'Acte de Québec à la série de mesures dites « coercitives [*Coercive Acts*] » que fit voter, coup sur coup, en moins de trois mois, le gouvernement métropolitain, dans le but notamment de dompter la province rebelle du Massachusetts, et l'autre interprétation, l'en dissociant complètement, il y a marge pour des jugements plus nuancés.

Le fait capital et fondamental qu'il ne faut surtout pas perdre de vue lorsqu'on examine la très impressionnante étendue de territoire qui passa sous la juridiction de la province de Québec, c'est qu'il s'agissait d'une solution de rechange au programme de contrôle impérial tel que conçu par lord Halifax. Ce qu'on abandonnait, en réalité, ce n'était pas l'idée et encore moins la volonté d'exercer ce contrôle, mais le type de stratégie qui avait été mis à l'essai depuis la Proclamation royale. L'objectif demeurait le même, mais le moyen de l'atteindre changeait. Plus que jamais, en ce début de 1774, il apparaissait nécessaire de garder la mainmise sur les possessions acquises en 1763. Alors que sur la côte atlantique l'on s'apprêtait à sortir la verge pour enfants désobéissants, il était devenu urgent de « renforcer et de rendre effectifs le pouvoir et l'autorité de la couronne à l'intérieur du continent », selon la pensée de William Knox, sous-secrétaire d'État des Colonies américaines, qui participa étroitement à la préparation du projet de législation parlementaire pour la province de Québec. Puisque les Fils de la liberté étaient en bonne partie responsables de l'échec du programme de contrôle impérial pour l'Ouest, que restait-il d'autre comme solution de rechange sinon de s'en remettre aux nouveaux sujets canadiens, même au risque de faire resurgir le spectre de l'ancien Empire français ? Les bonnes relations que, de notoire réputation, ils entretenaient avec les Indiens ne contribueraient-elles pas à améliorer les rapports avec ces derniers et à les rassurer sur le sort qui attendait leurs réserves puisque, à la différence des Américains, les Canadiens ne convoitaient pas leurs terres ? Ne serait-ce pas aussi le meilleur moyen de parvenir à l'établissement d'un système uniforme de réglementation pour la traite des fourrures ?

Lorsque le roi George III donna sa sanction royale à l'Acte de Québec, le 22 juin 1774, il déclara que cette législation était fondée « sur les plus évidents principes de justice et d'humanité » et qu'elle aurait, à n'en pas douter, « les meilleurs effets pour tranquilliser les esprits et promouvoir le bonheur de [ses] sujets canadiens ». Une telle sollicitude à l'égard du peuple conquis contrastait fort avec le peu d'attention qu'on lui avait porté lors de la Proclamation royale. Nous examinerons maintenant ce changement d'attitude qui mérite explications.

La Proclamation royale, ainsi qu'il a été précédemment mentionné, assimila le cas de la province de Québec à celui des deux autres colonies britanniques constituées à même la Floride espagnole. En prévision d'une rapide colonisation protestante qu'alimenterait le supposé « trop-plein » démographique de plusieurs colonies américaines, on envisagea de doter les nouvelles provinces du modèle constitutionnel existant dans les colonies royales de la côte atlantique, telles New York ou la Virginie. A cette fin, l'édit promulgua que les gouverneurs auraient pouvoir et autorité « dès que l'état et les conditions [...] le permettr[aient] [...] de l'avis et du consentement de notre conseil, d'ordonner et de convoquer des assemblées générales dans les dits gouvernements respectifs ». Ces représentants du peuple devaient être appelés à légiférer et à statuer pour « la paix publique, le bon ordre ainsi que le bon gouvernement [...] conformément autant que possible aux lois d'Angleterre ». En attendant la convocation de telles assemblées représentatives, les habitants en place et les nouveaux colons bénéficieraient de la protection et de la jouissance des lois du royaume, grâce à l'instauration de cours de justice « pour entendre et juger toutes les causes aussi bien criminelles que civiles, suivant la loi et l'équité, conformément autant que possible aux lois anglaises ».

Conçue dans la seule perspective d'un fort afflux de colons protestants, dont la vague assimilatrice balayerait sur son passage tout le passé historique de la Nouvelle-France, la Proclamation royale ne tint pas compte des attentes et des espoirs qu'avaient fait naître et qu'avaient entretenus chez le peuple conquis la capitulation de 1760 et le Régime militaire. Dans son empressement à vouloir tout régler d'un seul coup, lord Halifax n'avait pas donné suite aux recommandations de lord Shelburne, contenues dans le rapport du Board of Trade du 8 juin 1763, qui avait prévu « des réglementations et des dispositions particulières, adaptées aux différentes circonstances et situations » de chacune des nouvelles acquisitions. Prenant graduellement conscience de la dimension des problèmes et constatant les méfaits d'une politique aussi improvisée, la métropole en vint, comme ce fut le cas pour le programme de contrôle impérial pour l'Ouest, à envisager une solution plus réaliste.

Mais, en attendant que soit révisée la politique de 1763, c'est le gouverneur Murray qui dut en subir les premières conséquences fâcheuses. Que de tribulations il eût pu éviter sans ce malencontreux édit royal, qui contribua non seulement à semer et à créer beaucoup de confusion, de malentendus et de mécontentements dans la colonie, mais, pire encore, à susciter de nombreuses frictions, factions et divisions chez les divers groupes sociaux, éléments et partis en présence ! En faire porter la principale responsabilité au compte du gouverneur lui-même, ce serait ignorer les effets contraignants de la politique impériale et des directives métropolitaines et laisser ainsi faussement croire qu'il aurait pu, de son propre chef, changer le cours de l'histoire du Canada. Murray fut davantage victime que responsable de la situation devenue intenable dans laquelle il se trouva placé et qui l'obligea à retourner à Londres.

L'irréaliste présomption du déferlement d'une vague colonisatrice, en provenance de la côte atlantique supposément surpeuplée, tenait, pour une bonne part, à l'ignorance de la géographie nord-américaine et des conditions de vie difficiles des habitants de la vallée du Saint-Laurent. Les Américains étaient attirés par la luxuriance de l'Ouest et non par la froidure de la province de Québec. Deux ans après la Proclamation royale, Murray dénombrait seulement quelques centaines de colons britanniques qui avaient répondu à l'appel du Nord en élisant domicile, pour la plupart, dans les villes de Québec et de Montréal. Des 136 sujets protestants résidant dans le district de Montréal, le plus grand nombre, soit environ une centaine, étaient originaires d'Angleterre, d'Écosse et d'Irlande ; une quinzaine, d'Allemagne ; une douzaine, de Nouvelle-Angleterre et de New York ; le reste, d'autres endroits. Une soixantaine étaient déclarés marchands, une trentaine, aubergistes, et une quinzaine, commis. Face à la disproportion considérable entre « anciens et nouveaux sujets », Carleton, successeur de Murray, en vint à la conclusion, en novembre 1767, qu'à moins d'un cataclysme imprévisible, la supériorité numérique des Canadiens, loin de diminuer, ne ferait que s'accroître : « Tandis que la rigueur du climat et la pauvreté de la contrée découragent tout le monde, à l'exception des natifs, la salubrité ici est telle [...] que la race canadienne dont les racines sont déjà si vigoureuses, finira par peupler ce pays au point que tout élément nouveau qu'on y transplanterait s'y trouverait entièrement effacé [...], sauf dans les villes de Québec et de Montréal. »

Le très faible peuplement de colons britanniques face à l'étonnante croissance démographique des Canadiens rendit des plus aléatoires l'opération assimilation espérée par lord Halifax. Dès l'établissement du gouvernement civil, en août 1764, il fallut trouver un *modus vivendi* avec le peuple conquis, ce qui obligea le gouverneur Murray à s'écarter de ses instructions. La bourgeoisie anglophone ne tarda pas à réagir en réclamant une si stricte application de la Proclamation royale que les représentants de la majorité catholique en appelèrent à la « Bonté et Justice » du roi contre l'intolérance manifestée par la minorité protestante : « Que deviendroit le Bien Genéral de la Colonie, si ceux, qui en composent le Corps principal, en devenoient des Membres inutiles par la différence de la Religion ? »

La question fondamentale se trouvait posée. Elle allait obliger la métropole à réviser complètement sa politique au point d'en venir à l'Acte de Québec. Dès la fin de l'année 1764, le juge en chef lord Mansfield, indigné de savoir les Canadiens soumis à la même discrimination que celle que les lois pénales anglaises faisaient peser sur les papistes du royaume, pressait le gouvernement métropolitain de s'enquérir du sort réservé aux nouveaux sujets catholiques. C'était soulever tout le problème du statut légal des Canadiens. Le Board of Trade sollicita l'opinion des légistes sir Fletcher Norton et William de Grey, respectivement procureur et solliciteur général, qui, dans leur rapport du 10 juin 1765, jugèrent que le peuple conquis n'était pas assujetti « aux incapacités, aux inhabilités et aux pénalités » imposées aux catholiques romains en Grande-Bretagne. Ainsi traçaient-ils la voie à une éventuelle abolition du serment du Test. Dans l'immédiat, le Board of Trade proposa des réformes judiciaires visant à permettre l'accès des avocats et des procureurs canadiens aux tribunaux, non seulement au niveau de la Cour des plaids communs mais aussi à celui de la Cour supérieure.

Ces réformes judiciaires firent l'objet de considérations de la part du nouveau procureur général Charles Yorke qui, en collaboration avec de Grey, prépara un rapport rendu célèbre par sa remise en question de l'opportunité et de la validité d'appliquer les lois civiles anglaises dans une « grande et ancienne colonie » comme la province de Québec, possédant depuis longtemps son propre code de droit coutumier. Il y était notamment recommandé de laisser à ses habitants, dans le cadre du système seigneurial, leurs lois concernant la possession, la transmission et la vente des biens fonciers. Les colons britanniques eux-mêmes seraient tenus, pour l'acquisition de terres, de se conformer aux usages et coutumes du pays, comme le voulait la pratique courante dans certaines parties du royaume ou autres colonies de la couronne. Quant au droit criminel anglais, il paraissait tout à fait convenir aux besoins locaux et pourrait y être adapté dans la mesure du possible.

Ce fameux rapport d'avril 1766 constitua une étape décisive dans le processus de révision de la Proclamation royale, même si la mise en application des recommandations d'Yorke dut être reportée jusqu'à ce que ces dernières pussent prendre forme dans un projet de législation parlementaire. Attribuer au seul entêtement du grand chancelier Northington le délai apporté à la régularisation de la situation confuse créée par l'édit royal de 1763, ce serait en simplifier abusivement l'explication. D'une part, on ne pouvait y donner suite sans évaluer la portée de ce changement de conséquence et, à la veille de sa chute, le ministère du marquis de Rockingham n'était certainement pas en mesure de procéder à cette évaluation. D'autre part, les recommandations d'Yorke ne pouvaient remédier que partiellement aux nombreux et épineux problèmes en cause. Une solution beaucoup plus globale s'imposait et, à cette fin, non seulement fallait-il en tracer les coordonnées de base grâce à une meilleure connaissance de la complexe réalité coloniale, mais avoir le concours d'une administration métropolitaine stable qui jouirait de la confiance du roi, comme ce devait être le cas du ministère de lord North qui, à compter de 1770, mit fin à une décennie d'instabilité ministérielle chronique.

A défaut d'avoir eu le temps de mûrir une solution valable, le ministère du marquis de Rockingham (juillet 1765–juillet 1766) s'est suffisamment préoccupé de la question de la province de Québec pour avoir pris conscience des erreurs passées et amorcé un changement d'orientation à la politique d'octobre 1763. C'est sous ce ministère whig, soit dit en passant, que le chanoine Jean-Olivier BRIAND reçut l'autorisation de se faire sacrer évêque. Mais non moins importantes furent, en 1766, les nominations de Guy Carleton à titre de lieutenant-gouverneur, et celles de William HEY et de Francis Maseres*, respectivement à titre de juge en chef et de procureur général de la province. Grâce à ce trio, le gouvernement métropolitain put obtenir toute l'information désirée et nécessaire à l'élaboration d'un premier projet de solution globale remédiant aux différents problèmes soulevés par l'incorporation de la province de Québec dans l'Empire britannique.

L'idée de passer par la voie d'une législation parlementaire pour clarifier la situation confuse qu'avait engendrée la Proclamation royale commença de mûrir à Londres, au cours de l'année 1767. En juin, lord Shelburne, alors secrétaire d'État pour le département du Sud, avisa Carleton que le Conseil privé du roi considérait sérieusement la possibilité de doter la province d'une constitution civile qui serait établie en vertu de l'autorité du parlement britannique. Et comme il lui paraissait de la « plus haute importance » d'en arriver à « un système à la fois équitable et satisfaisant, tant pour les anciens que pour les nouveaux sujets de Sa Majesté », Shelburne demandait au lieutenant-gouverneur de fournir tous les renseignements susceptibles d'éclairer le ministère.

À la tête de l'administration coloniale depuis près d'un an, lorsqu'il reçut cette demande, Carleton s'était déjà fixé sur le type d'organisation socio-politique qu'il jugeait le mieux convenir à la colonie. À la fin de l'automne et au début de l'hiver de 1767–1768, il exposa ses idées à lord Shelburne dans trois longues missives, y traçant les grandes lignes d'un plan qui s'inspirait d'un modèle conceptuel davantage emprunté à l'ancien régime féodal européen que fondé sur la réalité du système seigneurial tel qu'établi en Nouvelle-France. Deux préoccupations fondamentales – correspondant à la double fonction, militaire et politique, qu'il exerçait à titre de commandant en chef et d'administrateur civil – déterminèrent le choix de ce plan : la « sécurité » de la colonie et sa « dépendance » vis-à-vis de la couronne britannique. Il importait au plus haut point « d'assurer la domination du roi sur la province » et tout « arrangement » qui ne tiendrait pas compte de cette donnée équivaudrait à « bâtir des châteaux en Espagne ».

Le maintien du système seigneurial et le rétablissement des anciens usages et coutumes non seulement garantiraient la conservation de la colonie par le « ferme attachement » des Canadiens à la couronne mais ils assureraient la paix et la tranquillité dans la province par la « subordination » de tous les sujets, « du rang le plus élevé au plus humble », et par leur soumission au « siège suprême » du gouvernement. La sécurité de la colonie s'en trouverait également assurée par la facilité avec laquelle, grâce à ce système, on pourrait recruter une milice canadienne considérable. Il suffirait de recourir aux services des seigneurs, qui jouissaient de prestige et d'influence auprès du peuple et qui se prêteraient volontiers à l'enrôlement de leurs censitaires. Pour ce faire, il fallait toutefois les réhabiliter dans leurs anciennes fonctions d'officiers de milice et les gratifier d'honneurs et de privilèges, en leur confiant des fonctions de conseillers législatifs et quelques postes dans l'administration provinciale.

Quant à la forme de gouvernement, Carleton ne cacha pas ses préventions à l'endroit des institutions représentatives. Il lui paraissait dangereux d'établir une chambre élective dans la conjoncture de crise qui sévissait dans les Treize Colonies : « La [constitution] britannique transplantée en terre d'Amérique ne produira jamais les mêmes fruits qu'en Angleterre, écrivait-il, parce qu'il est impossible à la dignité du trône ou à celle des pairs du royaume d'être représentées dans les forêts américaines. » Tout le monde apparaissait ici placé sur un même pied. Ce qui faisait principalement défaut c'était, d'une part, le manque d'autorité du gouverneur pour « retenir chacun à sa place » et, d'autre part, l'absence d'un corps législatif noble pour rehausser le prestige du conseil et faire contrepoids à l'esprit d'indépendance démocratique et aux tendances républicaines des assemblées coloniales. Les seigneurs canadiens eux-mêmes, prétendit-il, « ne craign[aient] rien de plus que les assemblées populaires qu'ils cro[yaient] propres seulement à rendre le peuple réfractaire et insolent ». Par ailleurs, Carleton ne prenait pas au sérieux les revendications de la bourgeoisie anglophone qu'il jugeait abusives. La minorité protestante constituait un groupe trop infime pour être représentative de l'ensemble de la population.

Lorsque les longues missives de Carleton parvinrent à Londres, le premier titulaire du poste de secrétaire d'État des Colonies américaines, lord Hillsborough, venait d'entrer en fonction. Ce dernier se montra si impressionné qu'il fit espérer au gouverneur de prochaines mesures qui « non seulement soulager[aient] les nouveaux sujets de leur incertaine et, par voie de conséquence, malheureuse situation, mais leur donner[aient] une entière confiance en l'avenir ». Et avec une incroyable inconséquence, le ministre s'en prenait au gouvernement de Murray pour avoir mis à exécution la Proclamation royale « d'une façon aussi absurde, oppressive et cruelle jusqu'au dernier degré [...] complètement à l'encontre des intentions du roi ». Il osait même prétendre, ayant lui-même collaboré à la rédaction de ce malencontreux édit à titre de président du Board of Trade, qu'il n'était jamais entré dans les vues de ses auteurs « de bouleverser les lois et les coutumes du Canada relatives à la propriété ». Le moins qu'on puisse penser c'est qu'il s'agissait là d'une façon mesquine et injuste de se défendre lorsqu'on connaît, d'une part, les visées assimilatrices de lord Halifax et, d'autre part, les justifications que Murray fut tenu d'apporter au sujet des quelques concessions qu'il avait faites aux Canadiens, à l'encontre même de ses instructions royales. A la décharge du ministre, il faut cependant dire que Carleton avait noirci à souhait la situation des Canadiens dans le but évident de mieux faire endosser son plan féodal.

Promu gouverneur, au début de l'automne de 1768, Carleton se montra plus déterminé que jamais à faire accepter ses vues politiques. En mars 1769, il présenta à lord Hillsborough une liste sélective de 12 seigneurs canadiens, parmi les plus importants propriétaires de la colonie, qui, à ses yeux, méritaient d'être choisis comme membres de son conseil. Dix d'entre eux étaient d'anciens officiers de milice et neuf avaient reçu la croix de Saint-Louis. Apparaissaient en tête de liste les noms de six des sept conseillers législatifs auxquels les Canadiens auront droit en vertu de l'Acte de Québec : Gaspard-Joseph CHAUSSEGROS de Léry, Pierre-Roch de Saint-Ours Deschaillons, Charles-François TARIEU de Lanaudière, Luc de LA CORNE, Claude-Pierre PÉCAUDY de Contrecœur et François-Marie PICOTÉ de Belestre; le septième, Jean-Baptiste-Marie Des Bergères de Rigauville, n'y figurait pas. Le choix de Carleton était bien calculé. En cas de danger, comme cela se produisit lors de l'invasion américaine du Canada, en 1775–1776, ces chevaliers de Saint-Louis, malgré leur âge avancé et au risque d'y perdre la vie, donneront l'exemple et répondront aux ordres du gouverneur. Grâce aux liens de parenté qui, au fil des générations, s'étaient tissés au sein de la classe seigneuriale, l'administration coloniale tiendra sous sa dépendance tous ceux qui nourriront l'espoir d'obtenir, grâce au jeu d'influence par alliance, les faveurs royales pour des postes ou des emplois, si mineurs fussent-ils. Pour servir de support à l'autorité de la couronne, quelle meilleure garantie de permanence !

Du côté métropolitain, lord Hillsborough, désireux d'en arriver au plus tôt à un arrangement satisfaisant, fit préparer par le Board of Trade un projet de constitution qu'il communiqua à Carleton, lui recommandant « la plus grande discrétion ». Certains historiens ont cru voir dans ce projet de juillet 1769 « un instrument de liberté politique » contrastant avec le plan féodal du gouverneur. A y regarder de près, il y a plus d'affinité que d'opposition entre les deux. En vue de mettre fin à la confusion qui régnait dans la colonie, il était proposé d'instaurer une « législature complète » disposant d'une « autorité législative compétente » grâce à la formation d'un Conseil législatif et à l'établissement d'une chambre d'Assemblée. Le conseil serait composé de 15 membres nommés par la couronne dont cinq, selon le vœu de Carleton, choisis parmi les seigneurs canadiens. L'assemblée comprendrait 27 députés dont une majorité de 14 protestants pour représenter en exclusivité les villes de Québec, de Montréal et de Trois-Rivières ; les 13 autres sièges seraient comblés par les représentants de la classe seigneuriale, qui seuls auraient droit de se porter candidats dans les comtés ruraux. Ainsi, le choix de plus de 80 p. cent de la masse canadienne vivant dans les campagnes se trouverait limité à un groupe de propriétaires terriens, les seigneurs, constituant moins d'un trois-centième de la population rurale. Tout comme celui de Hillsborough, le plan féodal de Carleton ne visait-il pas précisément à réserver aux seuls gentilshommes canadiens la participation au pouvoir législatif ?

Les multiples pressions exercées par les marchands britanniques pour obtenir une Assemblée législative ne réussirent pas à contrebalancer l'attrait que présentait, aux yeux des autorités métropolitaines, le plan féodal de Carleton. Même si, dix ans après la Conquête, cette dynamique minorité de colons anglophones pouvait s'affirmer comme le principal agent du développement économique de la colonie, contrôlant déjà, en 1770, « les trois quarts des échanges commerciaux » qui s'effectuaient dans la province, il n'en demeurait pas moins que les Canadiens formaient plus des 19 vingtièmes de la population et comprenaient la très grande majorité des propriétaires terriens. Ce fait fondamental, à lui seul, en dehors de toute conjoncture de crise coloniale en Amérique du Nord, rendait pratiquement impossible l'établissement d'institutions représentatives à la veille de l'adoption de l'Acte de Québec, puisque le gouvernement britannique n'était évidemment pas prêt à remettre le pouvoir législatif aux mains du peuple conquis. Comment limiter la représentation des détenteurs du sol au Québec sans aller à l'encontre du credo le plus cher à l'élite dirigeante en Angleterre, issue de l'aristocratie terrienne, et pour qui tout pouvoir politique devait reposer sur la possession de la terre ? La constitution britannique ne servait-elle pas de rempart à la propriété foncière qui constituait alors le fondement de l'organisation socio-politico-économique de la société anglaise du XVIIIe siècle ? Ainsi s'explique que le premier ministre, lord North, au moment des débats parlementaires sur le projet de loi de Québec, déclara qu'il serait « oppressif » d'instituer une Assemblée législative en restreignant la participation de ceux qui possédaient la presque totalité des terres canadiennes et qui devraient naturellement la composer en grande majorité. Mieux valait plutôt en reporter l'établissement.

Le projet constitutionnel de Hillsborough, tout louable qu'il fût dans son inspiration en vue de concilier les intérêts de la minorité protestante et ceux de la majorité catholique, comportait trop d'inconvénients majeurs pour que le gouvernement métropolitain puisse en risquer l'expérimentation. Il avait d'ailleurs été préparé à la hâte, alors qu'il manquait encore d'importantes pièces au dossier de la province de Québec, notamment les résultats d'une enquête sur l'administration de la justice qui ne furent connus à Londres qu'à l'automne de 1769. Cette enquête, entreprise à l'instigation du Conseil privé du roi, devait non seulement fournir les renseignements les plus complets sur l'organisation judiciaire mais aussi en préciser les déficiences et en suggérer les réformes jugées nécessaires. Elle fut menée par Carleton de concert avec ses deux principaux adjoints à la tête de l'administration coloniale, le juge en chef Hey et le procureur général Maseres.

Dans son rapport remis en septembre 1769 et signé conjointement avec Hey, le gouverneur exposait de façon détaillée le fonctionnement de l'administration de la justice sous le Régime français tout en soulignant les avantages de l'ordre social établi en vertu du système seigneurial. Il ne ménageait pas ses critiques à l'égard de l'organisation judiciaire qui avait suivi l'établissement du gouvernement civil. L'ordonnance de septembre 1764 avait eu pour conséquence « de tendre manifestement à disloquer et à mettre en pièces, sinon à annihiler complètement, toute la structure et le système des anciennes lois ». Si les Canadiens en avaient éprouvé « un torrent d'ennuis et d'inquiétudes », il paraissait encore plus grave que, « se sentant libérés des obligations qui les contraignaient autrefois à la soumission, ils perdent peu à peu ces habitudes de modestie et d'obéissance qui les distinguaient jadis ». En bref, les principaux sujets de plaintes des Canadiens provenaient des « incertitudes de la loi », « de la lenteur et de la rigueur de la procédure » ainsi que des « frais [élevés] des procès ».

La suite du rapport du gouverneur prenait le ton d'un véritable réquisitoire contre l'introduction des lois civiles anglaises qu'il avait antérieurement dénoncées comme étant « mal adaptées au tempérament des Canadiens, à la situation de la province et aux intérêts de la Grande-Bretagne ». Vouloir imposer « la totalité des lois anglaises » serait indigne d'une nation civilisée et rappellerait l'époque des invasions barbares plutôt que celle de Guillaume le Conquérant. Ce serait non seulement aller à l'encontre de tout principe « soit de saine politique, soit d'humanité », mais risquer de provoquer un soulèvement de la part du peuple conquis et à coup sûr de s'aliéner à tout jamais les habitants de la province. Il importait donc de restaurer à l'étendue de la province l'ensemble des lois et coutumes françaises pour tout ce qui se rapportait au droit civil. Par contre, constatait-il, comme les Canadiens paraissaient « très satisfaits » de la justice criminelle anglaise, il ne voyait aucune objection à en poursuivre l'implantation. Il favorisait également la mise en vigueur du droit d'*habeas corpus* et du procès par jury tant en matières criminelles que pour toute poursuite en dommages-intérêts. Quant au mode d'administration de la justice, il recommandait l'adoption d'une procédure semblable à celle qui était en usage sous le Régime français. Enfin, il préconisait de rétablir la division antérieure en trois districts judiciaires, de réintégrer les capitaines de milice dans leurs anciennes fonctions et d'en faire, au niveau des paroisses, des exécuteurs des ordres du gouvernement, et de limiter les pouvoirs octroyés aux juges de paix, faisant siennes sur ce dernier point les vues de Pierre Du Calvet, qui dénonça dans un mémoire adressé à lord Hillsborough les abus auxquels s'adonnaient les juges de paix dans l'exercice de leurs fonctions.

Le juge en chef Hey n'endossa pas toutes les propositions et recommandations du gouverneur et il signifia sa dissidence dans un document distinct. Il s'opposait principalement au rétablissement quasi intégral des lois et coutumes françaises tel que souhaité par Carleton. Il y voyait un retour en arrière qui lui paraissait préjudiciable aux véritables intérêts de la Grande-Bretagne sur le continent nord-américain : « non seulement [ce retour] empêcherait-il toute assimilation ou union avec les autres colonies, écrivait-il, mais il tendrait à conserver dans l'esprit des Canadiens des principes et des sentiments incompatibles avec ceux des sujets britanniques en général ». En conséquence, il favorisait l'adoption de mesures propres à faciliter l'assimilation progressive des Canadiens et à donner à la province de Québec « l'aspect et la forme d'une colonie britannique ». Toutefois, Hey n'en reconnut pas moins la nécessité de faire de généreuses concessions aux Canadiens, d'une part à cause de leur nombre, de leur richesse foncière et de leur influence, et d'autre part pour des raisons « de justice, d'humanité ou de politique ». Tout en maintenant prépondérant le système des lois anglaises, il recommandait de conserver aux nouveaux sujets les parties du droit coutumier qui leur tenaient le plus à cœur, telles « la transmission, l'aliénation de leurs propriétés immobilières et l'hypothèque [sur celles-ci], la façon de léguer, de transférer ou de vendre leurs biens meubles, les contrats de mariage et toutes dispositions concernant l'économie domestique », selon un mode d'administration permettant une justice « honnête, expéditive et à frais modérés ».

Il importe ici de souligner que Hey devait être appelé à jouer un rôle déterminant lors de la préparation du projet de loi de Québec. Sa présence à Londres de l'automne de 1773 au printemps de 1775 lui permit d'en suivre de près l'élaboration et, par ses conseils, de contrebalancer l'influence du gouverneur Carleton. Son intervention fut particulièrement manifeste au moment où le projet de loi commença de prendre forme après avoir franchi une première étape dans le processus de rédaction. Il n'est que de comparer la deuxième et la troisième ébauche pour évaluer l'effet non seulement de ses judicieux avis mais surtout des idées qu'il défendait. Précisons que le texte du « second projet » – ainsi classé par les archivistes Adam Shortt* et Arthur George Doughty* – se lisait comme suit : « les sujets de Sa Majesté de la province de Québec et les sujets de tous les territoires [... qui y seront annexés] pourront conserver leurs propriétés, lois, coutumes et usages dont ils jouiront au même degré et aussi entièrement que si ladite proclamation, et les commissions, ordonnances, [... subséquentes] n'avaient pas été fait[e]s ». Son rédacteur, le solliciteur général Alexander Wedderburn, consulta Hey qui souleva, au sujet de ce passage, l'objection fondamentale suivante : « Quelle sera la condition du Canadien anglais ? Est-il ou n'est-il pas compris dans la description concernant les sujets de Sa Majesté [...] ? » Et le juge en chef de remarquer qu'il vaudrait beaucoup mieux spécifier clairement quels droits devaient être restaurés aux Canadiens et en préciser les limites. Wedderburn considéra ces observations d'un tel poids qu'après les avoir soumises à l'attention du secrétaire d'État, lord Dartmouth, il rédigea un troisième projet spécifiant, cette fois, que les Canadiens « conserveront leurs propriétés et possessions et en jouiront avec tous les usages et coutumes qui s'y rattachent et les autres droits civils » mais qu'il sera loisible à toute personne, canadienne ou britannique, de disposer de ses biens, meubles ou immeubles, soit par testament, soit durant sa vie, « en la manière qu'elle jugera à propos, nonobstant les lois, usages et coutumes contraires à cette disposition, qui ont prévalu jusqu'à présent ou qui prévalent présentement dans la province ». Bien plus, ainsi que le projet finalement endossé par le parlement devait le stipuler, toute terre concédée en « franc et commun soccage », selon le mode de tenure anglaise, échapperait aux dispositions légales prévues pour la tenure seigneuriale. C'était maintenir la voie ouverte au développement de la colonisation britannique dans la vallée du Saint-Laurent. Et William Hey devait également s'en soucier lorsque viendra le moment, pour le secrétariat d'État des Colonies américaines, de préparer le texte des instructions royales au gouverneur de la colonie pour la mise en application de l'Acte de Québec : il en résultera notamment l'article 12 qui prévoyait l'introduction, au moyen d'ordonnances du Conseil législatif, de lois anglaises dans

« tous les cas d'actions personnelles au sujet de dettes, de promesses, de contrats et de conventions en matière commerciale ou autrement et au sujet de torts qui doivent être compensés par des dommages-intérêts ».

Le juge en chef Hey sut mieux plaider la cause de la bourgeoisie anglophone que ne le put faire Maseres, malgré toute sa bonne volonté et sa grande disponibilité. Après avoir abandonné son poste de procureur général pour retourner à Londres à l'automne de 1769, ce dernier continua à s'intéresser aux affaires canadiennes. Malheureusement, il avait hérité de ses ancêtres huguenots de tels préjugés religieux à l'endroit des catholiques qu'il ne cessa de les transposer sur le plan politique, au point d'en venir à être complètement déphasé par rapport au changement d'optique des autorités métropolitaines envers la question de la province de Québec. C'est ainsi que lors de la préparation du projet de loi de 1774 il persista à faire valoir les prétentions des marchands britanniques à former une chambre d'Assemblée exclusivement composée de sujets protestants ou, à défaut, un Conseil législatif d'où seraient exclus les Canadiens. En fait, il desservit plus qu'il n'aida la cause de ceux qui s'en étaient remis à lui pour convaincre le ministère de la légitimité de leurs demandes. Une fois leurs espoirs déçus, ils en furent quittes pour perdre leurs illusions au sujet de leur avocat légiste qui les avait séduits par sa formation whig et son zèle à promouvoir les « libertés anglaises ». Théoricien à l'esprit versatile, il se plaisait davantage à imaginer « plans et systèmes » – comme l'observa avec justesse François-Joseph CUGNET – qu'à envisager des solutions réalistes. Avant même de mettre les pieds à Québec, à l'automne de 1766, il avait émis l'hypothèse d'une assimilation des Canadiens en « une ou deux générations » si l'on prenait les moyens d'atteindre ce but. Lorsque vint le moment de produire un rapport sur les lois et l'administration de la justice, il proposa quatre solutions et, plutôt que de prendre position, il préféra exposer les avantages et les inconvénients de chacune, laissant le choix à « la sagesse des conseillers du roi ». Prenant connaissance de ce rapport, le commissaire enquêteur, Maurice Morgann*, le jugea si étrange qu'il avoua n'avoir pu en tirer une seule idée. Maseres avait pourtant une solution préférée qu'il dévoila en critiquant le rapport Carleton-Hey : la confection d'un code de lois pour la province. Le gouverneur ne lui laissa pas le temps de se mettre à l'œuvre, considérant qu'il valait mieux, pour le service du roi, lui trouver un autre emploi que celui de procureur général d'une ancienne colonie française et catholique.

Déterminé à faire avancer la cause de son plan féodal, Carleton avait, dès le printemps de 1769, exprimé au secrétaire d'État des Colonies américaines, lord Hillsborough, le désir de se rendre à Londres. Le gouverneur dut patienter plus d'une année avant d'obtenir la permission de quitter la colonie en août 1770, laissant l'administration aux mains de son fidèle secrétaire, Cramahé. Moins d'un an après son arrivée dans la capitale impériale, Carleton eut la satisfaction de voir autorisée par le Conseil privé du roi, sous forme d'instructions royales additionnelles (juin 1771), la concession en « fiefs et seigneuries » des terres à la disposition de la couronne. A toutes fins utiles, les autorités métropolitaines endossaient la pièce maîtresse du plan du gouverneur. Cette décision de maintenir en vigueur le système seigneurial, confirmée trois ans plus tard par le parlement britannique, non seulement constituait une révision fondamentale de la politique de la Proclamation royale mais comportait des conséquences capitales pour l'avenir des Canadiens. Si, pour y apporter justification, le rapport du comité du Conseil privé pour les Affaires coloniales soutenait qu'une telle mesure contribuerait « au bien-être et à la prospérité » de la province, l'intention réelle, au dire du sous-secrétaire d'État William Knox, était plutôt de « donner à la couronne un grand pouvoir sur les seigneurs ». Dorénavant, ces derniers allaient reconnaître en la personne du roi George III leur « Souverain Seigneur ».

En janvier 1771, l'impatient Hillsborough, toujours à la recherche d'une solution au moins provisoire, avait annoncé à Cramahé que le ministère se préparait à soumettre à l'approbation du parlement britannique un projet visant à octroyer, pour un temps limité, au gouverneur et au conseil de la province, des pouvoirs législatifs qui offriraient la possibilité de remédier à la situation incertaine dans laquelle se trouvait la colonie. Autre espoir déçu. Cinq mois plus tard, au terme de la session parlementaire, le secrétaire d'État dut confesser à Cramahé que « chaque proposition [qu'il] avait mise de l'avant avait rencontré trop de difficultés pour permettre une décision finale » ; malgré tout, il ne désespérait pas d'en arriver avant longtemps à un « arrangement » qui, tout en procurant satisfaction aux Canadiens, maintiendrait la colonie sous l'autorité de la couronne. En fin d'année, il revenait de nouveau sur le sujet pour déplorer « la lenteur » à trouver une solution et pour en justifier les raisons par « l'importance et la complexité » des décisions à prendre, compte tenu de la nécessité d'avoir à consulter presque tous les départements du ministère.

La solution tant souhaitée par lord Hillsborough, c'est son successeur, lord Dartmouth, qui la patronnera avec l'assentiment du roi et du premier ministre North. A la différence de son nerveux et impulsif prédécesseur, le calme et réfléchi Dartmouth n'était pas un homme aux brusques décisions. Avant de passer à l'action – différée d'ailleurs jusqu'à l'automne de 1773 – il attendit de connaître les conclusions des rapports des légistes de la couronne, Edward Thurlow et Wedderburn, respectivement procureur et solliciteur général. Ces « deux piliers de la loi et de l'État », comme se plaisait à les caractériser l'historien Edward Gibbon, avaient été chargés par le roi d'examiner le dossier de la province de Québec et de présenter leurs recommandations. Wedderburn produisit son rapport en décembre 1772 et Thurlow remit le sien en janvier 1773.

Grand protecteur de l'ordre public tout autant que défenseur intransigeant de la souveraineté de la couronne britannique sur les colonies, le procureur général Thurlow aurait un jour déclaré au sujet de l'Acte de Québec qu'il s'agissait « de la seule sorte de constitution valable pour une colonie ». Son rapport était inspiré par son profond respect des valeurs traditionnelles et par sa foi en l'héritage du passé. A l'instar de Carleton, il n'hésita pas à faire grand éloge du système de lois et de gouvernement établi en Nouvelle-France ; l'expérience du Régime français n'en démontrait-elle pas les mérites ? Conséquemment, c'est sur la base de cette organisation qu'il fallait édifier une « florissante colonie », comme d'ailleurs y engageaient les principes d'humanité et les visées de l'État. Les véritables intérêts de la Grande-Bretagne ne commandaient-ils pas le moins de transformations possible ? Tout changement dans la forme de gouvernement ne devait être fait que lorsqu'il serait jugé absolument indispensable au maintien de l'autorité souveraine du conquérant et à la préservation de l'esprit d'obéissance de ses sujets. Le meilleur moyen de parvenir à ces deux objectifs n'était-il pas précisément de laisser le peuple conquis « dans la plus grande tranquillité et sécurité personnelle » quant à ses anciennes lois et coutumes ?

Méfiant au sujet des dangereuses innovations conçues par des théoriciens en mal de nouveauté, Thurlow en profita pour dénoncer le rapport que lui avait soumis l'avocat général James Marriott et qui fut subséquemment publié à Londres, en 1774, sous le titre de *Plan of a code of laws for the Province of Quebec*. Si Marriott dut recourir à ce moyen pour saisir l'opinion publique c'est qu'à la différence de Thurlow et de Wedderburn, il ne jouissait pas de leur influence auprès de la couronne, n'étant membre ni du cabinet ni du parlement. Le procureur général s'en prit aux « spéculations » de ce dernier qui énonçait des propositions et faisait des recommandations toutes opposées aux siennes. Loin de louer le Régime français, Marriott y voyait un système de gouvernement militaire, institué dans le principal but de guerroyer contre les colonies britanniques d'Amérique du Nord. Ce système ayant été néfaste à l'esprit d'entreprise commerciale, devait-on chercher non seulement à le faire disparaître mais à en rayer même le souvenir dans la pensée des Canadiens en les assimilant progressivement. La meilleure façon de rendre le Canada utile à la Grande-Bretagne serait d'y encourager l'établissement de colons britanniques qui en favoriseraient le développement économique.

A la veille de l'Acte de Québec, alors que l'avenir de la colonisation britannique du Canada paraissait assez hypothétique pour faire l'objet de spéculations, la réalité présente de 80 000 nouveaux sujets importait davantage aux autorités métropolitaines. Ainsi, le solliciteur général Wedderburn considérait qu'il fallait accorder plus d'attention aux Canadiens qu'aux colons britanniques, non seulement à cause de la très grande supériorité numérique des premiers mais aussi parce que la Grande-Bretagne n'avait pas intérêt à laisser dépeupler le royaume au profit de ses colonies. A ses yeux, comme le voulait l'opinion généralement répandue, la force et la grandeur d'une nation résidaient dans le nombre de ses habitants. C'était une préoccupation d'autant plus légitime de la part des dirigeants impériaux que la population de l'Angleterre était alors environ trois fois et demie moins élevée que celle de sa rivale, la France, le pays le plus peuplé d'Europe avec ses quelque 25 000 000 d'âmes. Dans ces conditions, il est compréhensible que lord Dartmouth, en 1774, apprenant le départ de quelques centaines de colons britanniques pour la Nouvelle-Écosse, ait jugé cette émigration de « très alarmante conséquence ».

Pour mieux justifier en droit les concessions que les circonstances imposaient de faire au peuple canadien, Wedderburn fonda son argumentation sur le principe qu'un conquérant civilisé ne saurait se conduire à la façon des barbares et priver les conquis de la « jouissance de leurs propriétés et de tous les privilèges qui n'étaient pas incompatibles avec la sécurité de la conquête ». Il reprit également l'argument déjà formulé dans le rapport présenté par Yorke et de Grey, en avril 1766 : la province de Québec ayant été colonisée depuis longtemps, il fallait laisser à ses habitants le droit coutumier auquel ils étaient tant attachés. Quant à la forme de gouvernement, Wedderburn s'opposait à l'institution d'une assemblée, qui lui paraissait comporter un double risque : d'une part, d'être une « dangereuse expérience » avec des nouveaux sujets à qui l'on devait inculquer des principes de soumission et d'obéissance et, d'autre part, de constituer « une inépuisable source de dissensions » entre Britanniques et Canadiens. Il jugea cet établissement « totalement inopportun ». Mais à l'encontre des vues de Carleton, qui finalement prévalurent, Wedderburn croyait nécessaire d'opérer la séparation des pouvoirs entre le gouverneur et son futur Conseil législatif pour empêcher la complète dépendance des conseillers envers le représentant du roi dans la colonie. Pour éviter que le conseil n'abusât de ses pouvoirs législatifs, il prévoyait imposer certaines restrictions importantes, notamment en tout ce qui concernait la vie et les biens des sujets ainsi qu'en matière de taxation. Dans ces cas, aucune ordonnance ne pourrait avoir force de loi sans autorisation préalable de la métropole. Enfin, il recommandait que ce gouvernement ne fût établi que pour une période limitée.

Ces idées devaient prendre forme dans la première esquisse que le solliciteur général fut appelé à rédiger en prévision d'un règlement temporaire. Il n'y était alors question que de l'organisation d'un gouvernement civil placé sous la direction d'un conseil législatif destiné à jouer le rôle central. La durée de cet arrangement était fixée à 14 ans, à moins qu'il ne soit décidé d'y établir une assemblée législative avant cette échéance. Conçu vraisemblablement à l'automne de 1773, ce projet initial ne touchait à aucun des trois autres aspects fondamentaux que comportera le projet final : l'administration de la justice, la question religieuse et l'extension des frontières. Il faut donc croire qu'aucune décision n'avait encore été prise sur ces trois points essentiels. En fait, rien ne fut vraiment fixé avant le début du printemps de 1774.

Le 1er décembre 1773, lord Dartmouth annonça au lieutenant-gouverneur Cramahé que « les affaires du Canada » retenaient l'attention du ministère et qu'il y avait lieu d'espérer qu'elles seraient réglées « très bientôt ». La teneur de cette lettre indiquait cependant que rien n'avait alors été décidé et que d'importantes questions restaient encore en suspens. Dartmouth n'avait évidemment pas prévu les événements de Boston qui se produisirent 15 jours plus tard et qui rendirent inopérantes les bonnes intentions des autorités métropolitaines. Tout fut alors suspendu pour s'occuper d'un cas jugé beaucoup plus urgent et plus grave, celui de la province du Massachusetts.

La crise engendrée par le *Boston tea party* marqua un tournant décisif dans les relations entre la métropole et ses colonies d'Amérique du Nord : elle mit fin à une politique d'hésitation et de compromis de la part du gouvernement impérial. Aussi, dès que fut connu à Londres l'affront commis par les Bostonnais – non seulement en détruisant une importante cargaison de thé mais surtout en s'opposant à l'écoulement de ce produit sur le marché colonial par une compagnie de la couronne – le gouvernement de lord North, fort de l'appui du roi, se montra déterminé à agir avec célérité et fermeté. A la fin de janvier 1774, les membres du cabinet résolurent à l'unanimité de prendre les moyens nécessaires « pour préserver la dépendance des colonies envers la mère patrie ». Il en résulta, de mars à juin, la série de mesures dites « coercitives » que le parlement endossa à la très forte majorité des représentants de la nation. Le *Massachusetts Government Act* (20 mai) reçut la sanction royale un mois avant l'Acte de Québec (22 juin). Pour la première fois dans l'histoire des colonies américaines, le parlement britannique intervenait pour modifier une charte coloniale. Les changements qui y furent apportés visaient, entre autres, à rendre plus efficace l'action exécutive du gouverneur en lui accordant des pouvoirs étendus et discrétionnaires. Il s'agissait là d'un précédent de conséquence qui influença le choix du mode de gouvernement civil à établir dans la province de Québec et qui y favorisera, sous Carleton et HALDIMAND, la formation d'un système dit « des généraux ».

Le projet de loi de Québec fut présenté à la fin de mai à la chambre des Communes, après avoir subi de nombreuses modifications et transformations en cours de préparation. La détermination que le ministère montra à le faire voter par le parlement avant la clôture de la session ne laisse aucun doute sur l'évidente volonté de mettre un terme à une longue période de gestation. Le moment choisi, avons-nous déjà dit, ne correspondait pas à un simple concours de circonstances. Il y eut assurément la pression des événements. « L'incitation à adopter ce plan de conciliation, écrivait William Knox quelques mois après la sanction royale de l'Acte de Québec, fut grandement accrue par la considération du but avoué des colonies américaines de s'opposer à l'exécution des lois impériales et de nier l'autorité du parlement. » C'était reconnaître l'influence de la conjoncture de crise révolutionnaire qui, dans une large mesure, en détermina le caractère exceptionnel et provisoire. Il importe de le rappeler, cette fameuse « Charte » des droits civils et religieux des Canadiens n'avait été conçue que comme une mesure « essentiellement temporaire », ainsi que le déclara le solliciteur général Wedderburn à la chambre des Communes.

A travers l'historiographie, il existe de fort diverses interprétations de l'Acte de Québec. Certains historiens, influencés par les dénonciations des contemporains, ont cru y déceler l'instrument de sombres desseins machiavéliques visant à lever une armée de miliciens catholiques pour marcher en croisade contre les rebelles de Boston ; d'autres, par contre, n'ont pas tari d'éloges à son sujet, y voyant, à l'instar de William Kingsford*, « un monument légal de justice et de générosité britanniques ». Il y a autant de risque de fausser la réalité en la noircissant qu'en la magnifiant. Point n'est besoin d'en faire la « Grande Charte des libertés françaises » pour reconnaître en cette législation une certaine dose de libéralité dans le contexte de l'époque. Ce qu'il faut surtout retenir, à la lumière des différents arguments mis de l'avant par ceux qui favorisèrent le plus l'octroi de généreuses concessions au peuple conquis, c'est un même et constant objectif de préserver l'autorité de la couronne britannique sur la colonie. Toute générosité ou libéralité envers les nouveaux sujets devait servir à renforcer, et non à affaiblir, le contrôle métropolitain. Envisagé dans cette perspective, il n'apparaît plus paradoxal de constater que ce furent les esprits réputés les plus conservateurs qui se montrèrent les plus libéraux à l'endroit des Canadiens.

La présente bibliographie est volontairement sélective : elle ne comporte que la liste des sources documentaires, ouvrages, études et articles les plus largement utilisés pour la préparation de la première partie de cet essai ; elle sera complétée avec la parution, au volume V, de la deuxième partie : de l'Acte de Québec à la Constitution de 1791.

Parmi les sources imprimées, il faut d'abord consulter les *Docs relating to constitutional history, 1759–1791* (Shortt et Doughty ; 1918), son nécessaire complément les *Rapports sur les lois de Québec 1767–1770*, W. P. M. Kennedy et Gustave Lanctot, édit. (Ottawa, 1931) et *NYCD* (O'Callaghan et Fernow) dont les tomes VII et VIII contiennent une riche documentation sur la politique impériale de 1754 à 1774. Les volumes IV et V de G.-B., Privy Council, *Acts of the P.C., col.*, sont également nécessaires, de même que *The parliamentary history of England from the earliest period to the year 1803*, William Cobbett et John Wright, compil. (36 vol., Londres, 1806–1820). Les tomes XV, XVI et XVII reproduisent les débats parlementaires sur la législation impériale concernant les colonies nord-américaines de 1763 à 1774. Et pour le projet de loi de Québec lui-même, la précieuse source documentaire publiée par Wright d'après les notes manuscrites prises en chambre par sir Henry Cavendish : G.-B., Parl., *Debates of the House of Commons in the year 1774, on the bill for making more effectual provision for the government of the Province of Quebec* [...] (Londres, 1839 ; réimpr., [East Ardsley, Angl., et New York], 1966).

L'importance du rôle politique assumé par le roi George III durant cette période de crise révolutionnaire oblige à consulter sa correspondance avec ses ministres dans *The correspondence of King George the Third from 1760 to December 1783* [...], John Fortescue, édit. (6 vol., Londres, 1927–1928). Au sujet des problèmes soulevés par l'application de la Proclamation royale, V. *Correspondence of General Thomas Gage* (Carter) ; et pour ce qui a trait au département des Affaires des Indiens du Nord, V. *Johnson papers* (Sullivan *et al.*).

Les ordonnances pour l'administration civile de la province de Québec, de 1764 à 1791, ont été publiées dans APC *Rapport*, 1913, app.E, et 1914–1915, app.C. Pour les ordonnances et proclamations sous le Régime militaire, V. APC *Rapport*, 1918, app.B.

Mentionnons, parmi les nombreux écrits publics des contemporains, ceux de Thomas Pownall, *The administration of the colonies* (Londres, 1764) et de sir Francis Bernard, *Select letters on the trade and the government of America ; and the principles of law and polity applied to the American colonies* [...] (Londres, 1774), qui illustrent le point de vue des administrateurs coloniaux. On retiendra également les opuscules du sous-secrétaire d'État des colonies américaines, William Knox, *The controversy between Great Britain and her colonies reviewed &c* (Londres, 1769), *The justice and policy of the late Act of parliament for making more effectual provision for the government of the Province of Quebec* [...] (Londres, 1774) ainsi que *Thoughts on the Act for making more effectual provision for the government of the Province of Quebec* (Londres, 1774). Enfin, on ne peut ignorer l'importante contribution du procureur général, Francis Maseres, qui, en plus de toutes ses considérations personnelles, nous apporte une précieuse source de documentation dans deux ouvrages : *An account of the proceedings of the British, and other Protestant inhabitants, of the Province of Quebeck, in North-America, in order to obtain an House of Assembly in that province* (Londres, 1775) ; *Additional papers concerning the Province of Quebeck : being an appendix to the book entitled,* An account of the proceedings of the British and other Protestant inhabitants of the Province of Quebeck in North America, [in] order to obtain a House of Assembly in that province (Londres, 1776).

Parmi les ouvrages généraux d'histoire du Canada couvrant la période étudiée, doivent être considérés comme essentiels pour leurs différents traitements des aspects politico-socio-économiques, ceux de Brunet, *Les Canadiens après la Conquête* ; Burt, *Old prov. of Que.* ; Donald Grant Creighton, *The commercial empire of the St. Lawrence, 1760–1850* (Toronto, 1937) ; Neatby, *Quebec* ; Ouellet, *Hist. économique*.

Il nous a paru nécessaire de présenter les études particulières à l'aide d'un découpage thématique. En ce qui concerne le Régime militarie et l'instauration du gouvernement civil, l'ouvrage de Lionel Groulx, *Lendemains de Conquête* (Montréal, 1920) conserve sa valeur d'antan. L'étude bien documentée de M. Trudel, *Le Régime militarie*, illustre l'organisation et le fonctionnement du Régime militarie dans le gouvernement de Trois-Rivières ; il n'existe malheureusement pas d'équivalent pour ceux de Montréal et de Québec. L'article de S. Morley Scott, « Civil and military authority in Canada, 1764–1766 » *CHR*, IX (1928) : 117–136, est essentiel pour saisir le délicat problème des conflits de juridiction entre les pouvoirs civil et militarie sous le gouvernement de Murray.

L'imposante somme de Vincent Todd Harlow, *The founding of the second British empire, 1763–1793* (2 vol., Londres et New York, 1952–1964) est fondamentale pour situer dans une perspective globale l'évolution et la transformation de l'empire britannique au cours de la seconde moitié du XVIIIe siècle. On ne saurait cependant endosser toutes les vues de l'auteur comme le précise l'excellent compte rendu critique de Ronald Hyam paru dans *le Hist. Journal* (Londres), X (1967) : 113–124.

L'ouvrage de Clarence Walworth Alvord, *The Mississippi valley in British politics : a study of the trade, land speculation, and experiments in imperialism culminating in the American revolution* (2 vol., Cleveland, Ohio, 1917 ; réimpr., New York, 1959), a ouvert le champ d'une fructueuse prospection sur les divers aspects que recouvre la question de l'Ouest, de la Proclamation royale à l'Acte de Québec. Une nouvelle synthèse de ce vaste sujet a été tentée par Jack Mark Sosin, *Whitehall and the wilderness ; the Middle West in British colonial policy, 1760–1775* (Lincoln, Nebr., 1961). Il faut également lire l'analyse de Harlow (*op. cit.*, I : chap. V) dont les éclaircissements permettent de nuancer l'article de Robin Arthur Humphreys, « Lord Shelburne and the Proclamation of 1763 », *English Hist. Rev.* (Londres et New York), XLIX (1934) : 241–264.

L'ouvrage de Peckham, *Pontiac*, constitue la principale étude contemporaine sur le soulèvement de Pondiac et sur la question indienne. Mais, pour une bonne compréhension de la détérioration des rapports entre Blancs et Indiens sous l'effet de l'expansion de la colonisation américaine vers l'Ouest, il est essentiel de lire Wilcomb E. Washburn, *The Indian in America* (New York, 1975) et Wilbur R. Jacobs, *Dispossessing the American Indian* (s.l., [1971]). Les circonstances qui ont entouré le premier démembrement territorial des « réserves indiennes » au profit des Américains sont bien analysées par Peter Marshall, « Sir William Johnson and the treaty of Fort Stanwix, 1768 », *Journal of American Studies*, I (1967), n° 2 : 149–179.

En ce qui concerne la traite et le commerce de l'Ouest, le classique ouvrage d'Innis, *Fur trade in Canada*, demeure toujours valable. Paul Chrisler Phillips, *The fur trade* (2 vol., Norman, Okla., 1961) donne une vue d'ensemble à l'échelle nord-américaine (I : chap. 26–30). L'étude de Murray G. Lawson, *Fur : a study in English mercantilism, 1700–1775* (Toronto, 1943) éclaire sur le rôle et l'importance du commerce des fourrures dans l'économie coloniale nord-américaine. La thèse de Walter Scott Dunn, jr, « Western commerce, 1760–1774 » (thèse de PH.D., University of Wisconsin, Madison, 1971) met en lumière l'enjeu des intérêts et des rivalités suscités par la Proclamation royale.

Pour le régime britannique dans le Nord-Ouest, V. Nelson Vance Russell, *The British régime in Michigan and the old northwest, 1760–1796* (Northfield, Minn., 1939). Quoique quelque peu vieillie, cette étude est encore utile. L'article de Sosin, « The French settlements in British policy for the North American interior, 1760–1774 », *CHR*, XXXIX (1958) : 185–208, traite des établissements français de Vincennes et de la haute Louisiane.

Ian R. Christie, *Crisis of Empire : Great Britain and the American colonies, 1754–1783* (Londres, 1966), présente une brève introduction à la politique impériale et à la Révolution américaine. Merrill Jensen, *The founding of a nation ; a history of the American revolution, 1763–1776* (New York et Toronto, 1968) offre, par contre, une solide synthèse. Pour une connaissance plus approfondie de la politique du gouvernement impérial et de la conception que les dirigeants britanniques se faisaient de l'empire, V. Richard Koebner, *Empire* (Cambridge, Angl., 1961) ; Bernhard Knollenberg, *Origin of the American revolution, 1759–1766* (New York, 1960) ; Bernard Donoughue, *British politics and the American revolution : the path to war, 1773–75* (Londres et New York, 1964) ; Richard Warner Van Alstyne, *Empire and independence ; the international history of the American revolution* (New York, 1965).

Ernest Neville Williams, *The eighteenth-century constitution, 1688–1815 ; documents and commentary* (Cambridge, 1960) présente un bon choix de textes illustrant le fonctionnement de la constitution britannique dans les différents organes du pouvoir (roi-gouvernement–parlement). Pour une analyse plus approfondie, V. Lewis Namier, *The structure of politics at the accession of George III* (2e éd., Londres, 1960) et Richard Pares, *King George III and the politicians* [...] (Oxford, 1953).

L'ouvrage de Gordon Edmund Mingay, *English landed society in the eighteenth century* (Londres et Toronto, 1963) est essentiel pour comprendre les fondements socio-économiques de l'organisation politique et de la structure hiérarchisée de la société métropolitaine. Dorothy Marshall, *English people in the eighteenth century* (Londres, 1956) donne un bon aperçu d'ensemble des divers aspects socio-économiques de l'Angleterre du XVIIIe siècle. Signalons une excellente introduction sur le sujet, par André Parreaux, *La société anglaise de 1760 à 1810* [...] (Paris, 1966).

Comme la politique coloniale relevait du secrétariat d'État, il importe d'en comprendre l'organisation et le fonctionnement. A ce sujet, V. Mark Alméras Thomson, *The secretaries of State, 1681–1782* (Oxford, 1932) ; Margaret Marion Spector, *The American department of the British government, 1768–1782* (New York, 1940) ; et Franklin B. Wickwire, *British subministers and colonial America, 1763–1783* (Princeton, N.J., 1966). [P.T.]

Glossaire des noms de peuples autochtones

Le présent glossaire comprend les noms de peuples autochtones mentionnés le plus souvent dans les biographies du volume IV. Il a pour but de permettre au lecteur d'identifier et de situer géographiquement les peuples autochtones qui participèrent au développement des établissements européens ou avec lesquels les trafiquants, les explorateurs et les missionnaires furent en contact. Il est arrivé souvent que des Européens, en rapport avec la population indigène, aient appelé tribus des groupes qu'aucun ethnologue contemporain ne tiendrait pour tels. Ces noms apparaissent dans les documents du XVIIIe siècle ; aussi sont-ils utilisés dans le volume IV. Bien des ethnologues utilisent le singulier pour désigner les membres d'une tribu, par exemple les Cri; nous avons décidé, quant à nous, de les désigner au pluriel, par exemple les Cris, comme on le faisait généralement au XVIIIe siècle.

La liste des collaborateurs, à la page 903, contient les noms complets des auteurs des articles de ce glossaire. Les articles non signés ont été préparés par l'équipe du DBC/DCB. Les ouvrages, énumérés ci-après, ont servi à l'élaboration de ce glossaire et les titres abrégés figurent tout au long dans la bibliographie générale.

OUVRAGES GÉNÉRAUX

T. S. Abler et S. M. Weaver, *A Canadian Indian bibliography, 1960–1970* (Toronto, 1974). — *Canada, Indian treaties and surrenders* [...] [1680–1906] (3 vol., Ottawa, 1891–1912 ; réimpr., Toronto, 1971). — E. S. Curtis, *The North American Indian* [...] (20 vol. et 4 vol. illustrés, Seattle, Wash., et Cambridge, Mass., 1907–1930 ; réimpr., New York et Londres, 1970). — *Handbook of American Indians* (Hodge). — Diamond Jenness, *The Indians of Canada* (Ottawa, 1960). — *JR* (Thwaites). — G. P. Murdock et T. J. O'Leary, *Ethnographic bibliography of North America* (5 vol., New Haven, Conn., 1975). — *North American Indians in historical perspective*, E. B. Leacock et N. O. Lurie, édit. (New York, 1971).

LA RÉGION DE LA CÔTE EST

T.-M. Charland, *Hist. des Abénakis*. — D. E. Dumond, On Eskaleutian linguistics, archæology, and prehistory, *American Anthropologist* (Menasha, Wis.), nouv. sér., 67 (1965) : 1 231–1 257. — C.[-I.] Gill, *Notes sur de vieux manuscrits abénakis* (Montréal, 1886). — M. R. P. Herisson, *An evaluative ethno-historical bibliography of the Malecite Indians* (Ottawa, 1974). — E. A. Hutton [Chard], Indian affairs in Nova Scotia, 1760–1834, N.S. Hist. Soc., *Coll.*, 34 (1963) : 33–54 ; The Micmac Indians of Nova Scotia to 1834 (thèse de M.A., Dalhousie University, Halifax, 1961) ; Truck-house trading : a forgotten aspect of Anglo-Micmac affairs in Nova Scotia, *Journal of Education* (Halifax), 5e sér., XV (1965–1966), n° 3 : 20–24. — J.[-P.]-A. Maurault, *Histoire des Abénakis, depuis 1605 jusqu'à nos jours* ([Sorel, Québec], 1866). — N.-É., House of Assembly, *Journal*, 1848, app. 24. — Selections from the papers and correspondence of James White, esquire, A.D. 1762–1783, W. O. Raymond, édit., N.B. Hist. Soc., *Coll.*, I (1894–1897), n° 3 : 306–340. — *Source materials relating to the New Brunswick Indian*, W. D. Hamilton et W. A. Spray, édit. (Fredericton, [1977]). — J. G. Taylor, *Labrador Eskimo settlements of the early contact period* (Ottawa, 1974). — W. E. Taylor, An archæological perspective on Eskimo economy, *Antiquity* (Cambridge, Angl.), XL (1966) : 114–120. — L. F. S. Upton, Indian affairs in colonial New Brunswick, *Acadiensis*, III, n° 2 : 3–26.

LA RÉGION DES GRANDS LACS ET LA VALLÉE DE L'OHIO

Archives of Maryland, W. H. Browne *et al.*, édit. (70 vol. parus, Baltimore, Md., 1883–). — [Henry Bouquet], *The papers of Col. Henry Bouquet*, S. K. Stevens *et al.*, édit. (19 vol., Harrisburg, Pa., 1940–1943). — Cadillac papers, *Michigan Pioneer Coll.*, XXXIII (1903) ; XXXIV (1904). — W. L. Chafe, Seneca morphology and dictionary (Washington, 1967). — William Chazanof, *Joseph Ellicott and the Holland Land Company* [...] (Syracuse, N.Y., 1970). — B. A. Chernow, Robert Morris : Genessee land speculator, *New York History* (Cooperstown, N.Y.), LXXV (1977) : 195–220. — *Colonial records of Pa.* (Hazard), III–IX. — *Documentary history of Dunmore's War*, R. G. Thwaites et L. P. Kellogg, édit. (Madison, Wis., 1905). — *Documentary history of the Fox project, 1948–1959*, F. O. Gearing *et al.*, édit. (Chicago, 1960). — R. C. Downes, *Council fires on the upper Ohio : a narrative of Indian affairs in the upper Ohio valley until 1795* (Pittsburgh, Pa., 1940). — R. D. Edmunds, Pickawillany : French military power versus British economics, *Western Pennsylvania Hist. Magazine* (Pittsburgh), 58 (1975) : 169–184. — The French regime in Wisconsin – II, R. G. Thwaites, édit., Wis., State Hist. Soc., *Coll.*, XVII (1906). — *Frontier advance on the upper Ohio, 1778–1779*, L. P. Kellogg, édit. (Madison, 1916). — *Frontier defense on the upper Ohio, 1777–1778* [...], R. G. Thwaites et L. P. Kellogg, édit. (Madison, 1912 ; réimpr., Millwood, N.Y., 1973). — *Frontier retreat on the upper Ohio, 1779–1781*, L. P. Kellogg, édit. (Madison, 1917). — [Christopher Gist], *Christopher Gist's journals* [...], W. M. Darlington, édit. (Pittsburgh, 1893). — Graymont, *Iroquois* ; New York state Indian policy after the revolution, *New York*

History, LXXIV (1976) : 438–474. — M. W. Hamilton, *Sir William Johnson, colonial American, 1715–1763* (Port Washington, N.Y., et Londres, 1976). — C. A. Hanna, *The wilderness trail ; or, the ventures and adventures of the Pennsylvania traders on the Allegheny path* [...] (2 vol., New York et Londres, 1911 ; réimpr., Ann Arbor, Mich., 1967). — Henry, *Travels and adventures* (Bain). — *The Iroquois Book of Rites*, H. [E.] Hale, édit. ; introd. par W. N. Fenton (Toronto, 1963). — *Johnson papers* (Sullivan *et al.*). — W. V. Kinietz, *The Indians of the western Great Lakes, 1615–1760* (Ann Arbor, 1965). — *NYCD* (O'Callaghan et Fernow). — *The official records of Robert Dinwiddie, lieutenant-governor of the colony of Virginia, 1751–1758* [...], R. A. Brock, édit. (2 vol., Richmond, Va., 1883–1884). — *Papiers Contrecœur* (Grenier). — Peckham, *Pontiac*. — *Pa. archives* (Hazard *et al.*), 1re sér., I–IV. — *The revolution on the upper Ohio, 1775–1777* [...], R. G. Thwaites et L. P. Kellogg, édit. (Madison, 1908 ; réimpr., Port Washington et Londres, 1970). — A. A. Shimony, *Conservatism among the Iroquois at the Six Nations Reserve* (New Haven, Conn., 1961). — *The valley of the Six Nations* [...], C. M. Johnston, édit. (Toronto, 1964). — *The Vaudreuil papers : a calendar and index of the personal and private records of Pierre de Rigaud de Vaudreuil, royal governor of the French province of Louisiana, 1743–1753*, Bill Barron, compil. (La Nouvelle-Orléans, 1975). — Va., *Calendar of Virginia state papers* [...], W. P. Palmer *et al.*, édit. (11 vol., Richmond, 1875–1893), I ; *Executive journals of the Council of colonial Virginia*, H. R. McIlwaine *et al.*, édit. (6 vol., Richmond, 1925–1966). — N. B. Wainwright, *George Croghan, wilderness diplomat* (Chapel Hill, N.C., 1959). — A. F. C. Wallace, *The death and rebirth of the Seneca* (New York, 1970). — P. A. W. Wallace, *The white roots of peace* (Philadelphie, 1946). — C. A. Weslager, *The Delaware Indians, a history* (New Brunswick, N.J., 1972). — S. F. Wise, The American revolution and Indian history, *Character and circumstance : essays in honour of Donald Grant Creighton*, J. S. Moir, édit. (Toronto, 1970), 182–200.

LES RÉGIONS DE L'OUEST ET DU NORD

[William Beresford], *A voyage round the world : but more particularly to the north-west coast of America* [...], George Dixon, édit. (Londres, 1789 ; réimpr., Amsterdam et New York, 1968). — C. A. Bishop, *The Northern Ojibwa and the fur trade* [...] (Toronto et Montréal, 1974). — Cook, *Flood tide of empire*. — G. M. Dawson, *Report on the Queen Charlotte Islands, 1878* (Montréal, 1880). — Philip Drucker, *The northern and central Nootkan tribes* (Washington, 1951). — Wilson Duff et Michæl Kew, Anthony Island, a home of the Haidas, C.-B., Provincial Museum, *Report* (Victoria), 1957, 37–64. — R. [A.] Fisher, *Contact and conflict : Indian-European relations in British Columbia, 1774–1890* (Vancouver, 1977). — *HBRS*, XXVII (Williams). — [J. R. Jewitt], *Narrative of the adventures and sufferings of John R. Jewitt* [...] (New York, [1815] ; 2e éd., Middletown, Conn., 1815). — *Journals of Captain James Cook* (Beaglehole). — J. M. Moziño Suárez de Figueroa, *Noticias de Nutka : an account of Nootka Sound in 1792*, I. H. Wilson, trad. et édit. (Seattle, Wash., 1970). — G. P. Murdock, Kinship and social behavior among the Haida, *American Anthropologist* (Menasha, Wis.), nouv. sér., 36 (1934) : 355–385. — A. J. Ray, *Indians in the fur trade : their role as trappers, hunters, and middlemen in the lands southwest of Hudson Bay, 1660–1870* (Toronto, 1974). — Edward Sapir, The life of a Nootka Indian, *Queen's Quarterly* (Kingston, Ont.), XXVIII (1920–1921) : 232–243, 351–367. — Morris Swadesh, Motivations in Nootka warfare, *Southwestern Journal of Anthropology* (Albuquerque, N. Mex.), 4 (1948) : 76–93. — J. R. Swanton, *Contributions to the ethnology of the Haida* (New York, 1905). — Joyce Wike, Social stratification among the Nootka, *Ethnohistory* (Bloomington, Ind.), 5 (1958) : 219–241.

Abénaquis de Saint-François. On appelait ainsi les habitants de la mission qui fut fondée entre 1660 et 1670 sur la rivière Saint-François, au confluent de cette rivière et du Saint-Laurent. Les premiers habitants du village furent, selon toute apparence, des Socoquis, mais il y avait, semble-t-il, des Abénaquis et des Loups dans le village dès avant 1700. La mission de Saint-François-de-Sales, qui avait été établie non loin des premières chutes que l'on rencontre en remontant la rivière Chaudière, fut transférée en 1705 ou 1706 à la rivière Saint-François. Quelques Abénaquis du Maine et plusieurs autres Indiens, Socoquis et Loups, suivirent la mission, de telle sorte qu'en 1711 on estimait la population du village à quelque 1 300 habitants, dont 260 guerriers. Les épidémies et les guerres coloniales, au cours desquelles les habitants du village se battirent toujours aux côtés des Français, réduisirent la population. En 1759, le village fut brûlé et plusieurs des habitants furent tués lors de l'attaque des *rangers* sous la conduite de Robert ROGERS. Cependant, le village fut reconstruit et, du début de la Révolution américaine jusqu'en 1800, la population de la mission s'accrut de nouveau par l'arrivée d'autres Indiens venus du cours supérieur de la rivière Connecticut et de Missisquoi, sur le lac Champlain, à l'embouchure de la rivière Missisquoi. Jusqu'en 1880 au moins, l'ensemble des habitants du village fut désigné officiellement par le nom d'Abénaquis et de Socoquis de Saint-François. G.M.D.

Agnier (en anglais Mohawk). Les Agniers se désignaient eux-mêmes sous le nom de Ganiengahaga, « peuple de l'emplacement du silex ». Ils étaient l'un des trois Frères aînés (Agniers, Onontagués et Tsonnontouans) et les gardes de la Porte orientale de la ligue des Six-Nations. Au cours du XVIIIe siècle, des missionnaires anglicans, tel John OGILVIE, œuvrèrent avec succès parmi eux, desservant leurs villages de Fort Hunter et de Canajoharie (près de Little Falls, New York) [V. SAHONWAGY]. Les Agniers restèrent alliés aux Britanniques tout au cours du XVIIIe siècle et se rangèrent du côté du roi pendant la Révolution américaine. Les Agniers loyalistes furent forcés de fuir pendant la guerre [V. KOÑWATSIˀTSIAIÉÑNI], les habitants de Canajoharie s'établissant dans les environs du fort Niagara (près de Youngstown, New

York) et les familles de Fort Hunter, à l'exception de quelques neutres qui restèrent sur place [V. TEIORHÉÑHSERE?], se fixant à île Carleton, New York. La guerre finie, le gouverneur HALDIMAND, pour récompenser les Six-Nations de leurs fidèles services, leur concéda des terres dans l'ouest de la province de Québec (aujourd'hui partie intégrante de l'Ontario), sur la rivière Grand et à la baie de Quinte. La plupart des Agniers, en compagnie d'autres Iroquois loyalistes, s'en allèrent à la rivière Grand, sous la direction de leur chef Joseph Brant [Thayendanegea*] ; mais un groupe d'Agniers de Fort Hunter, sous Deserontyon*, se fixa à la baie de Quinte. En 1797, Brant et Deserontyon menèrent des pourparlers en vue de la conclusion d'un traité avec les autorités de l'état de New York, à Albany ; aux termes de ce traité, ils obtinrent pour leurs gens une petite compensation contre l'abandon de toutes leurs terres sises dans les environs de la rivière Mohawk. V. SIX-NATIONS. B.G.

Chaouanon (d'un mot algique qui veut dire du sud ; en anglais Shawnee). Peuple algique qui habitait originellement au sud de la rivière Ohio, sur les bords de la rivière Cumberland (rivière des Anciens Chouanons, d'après une carte française de 1744). Dispersés par les attaques iroquoises, certains allèrent vers la Caroline, d'autres cherchèrent refuge au fort Saint-Louis (près de La Salle, Illinois), construit par René-Robert Cavelier* de La Salle, où leur présence servit ultérieurement de justification aux prétentions françaises sur la région de l'Ohio. En 1692, quelques années après leur rencontre avec La Salle, un certain nombre de ces Chaouanons allèrent s'établir au fond de la baie de Chesapeake et sur la Delaware supérieure, où ils jetèrent les bases d'une longue association avec les Loups (Delawares). Peu enthousiastes de les voir à cet endroit, les Iroquois chargèrent un chef, Swatana*, de les surveiller et, à la suite d'un soulèvement sans importance, en 1727, ils leur donnèrent l'ordre de retourner dans la région de l'Ohio, où un autre chef, Scarroyady, eut l'œil sur eux. C'est là que vers 1730 des agents français reprirent contact avec eux et, pour déjouer les trafiquants britanniques, entreprirent de les réinstaller sur la Ouabache (Wabash) supérieure. Cet établissement dura peu ; une partie de la tribu retourna à l'embouchure de la Scioto et le reste alla vivre dans ce qui est aujourd'hui l'Alabama. Les Chaouanons s'accommodèrent de l'occupation militaire française de l'Ohio supérieure, entreprise par Paul Marin* de La Malgue en 1753 ; mais, lors de l'abandon du fort Duquesne (Pittsburgh, Pennsylvanie) en 1758, ils se retirèrent de cette région pour aller s'établir sur les bords des rivières Scioto et à la Roche (Great Miami) et profitèrent des territoires de chasse du Kentucky, sur lesquels ils prétendaient avoir des droits par tradition. Après le traité du fort Stanwix, en 1768, les Chaouanons, dont les territoires de chasse avaient été remis aux Blancs par les Iroquois, se trouvèrent en situation de conflit avec la Virginie, dont les terres, selon la charte de concession, s'étendaient indéfiniment à l'ouest et au nord-ouest. A la suite d'une série d'incidents provoqués par l'impatience des colons et l'indiscipline des pionniers de la « frontière », le gouverneur de la Virginie eut recours aux armes en 1774 (guerre dite de lord Dunmore) pour forcer les Chaouanons à abandonner les territoires contestés. Pendant la Révolution américaine, et comme ils l'avaient fait lors du soulèvement de Pondiac* (1763–1764), les Chaouanons s'unirent à leurs voisins pour lutter contre l'avance des Blancs. Les tentatives subséquentes des États-Unis, soit par le moyen de traités, soit par la force, pour obtenir une cession du territoire situé au nord de l'Ohio se révélèrent infructueuses jusqu'à la bataille de Fallen Timbers (près de Waterville, Ohio) en 1794. Le traité subséquent de Greenville, le 3 août 1795, força les tribus de l'Ouest à se départir de la plus grande partie de l'état actuel de l'Ohio, qui comprenait les principaux villages chaouanons. W.A.H.

Chicacha (en anglais Chickasaw). Importante tribu moskégone qui vivait au XVIIIe siècle dans la région qu'occupent de nos jours les comtés Pontotoc et Union, dans le nord du Mississippi. Les Chicachas revendiquaient un territoire beaucoup plus grand, soit tout ce qui est aujourd'hui le Tennessee et le nord de l'Alabama. Habiles guerriers et d'un caractère indépendant, ils dominaient la région, et leur dialecte était la *lingua franca* de toutes les tribus du bas Mississippi. Les Chicachas furent toujours ennemis des Français et voyaient d'un fort mauvais œil les relations commerciales que ceux-ci entretenaient avec leurs ennemis, les Chactas (Choctaws). Les Britanniques, qui étaient en bons termes avec les Chicachas, essayèrent au début du XVIIIe siècle de pénétrer dans la vallée du Mississippi ; en outre, les Chicachas attaquèrent les convois français sur le Mississippi. C'est pour ces deux raisons que les Français décidèrent d'assujettir cette tribu. En 1736, un détachement, sous les ordres de Pierre d'Artaguiette d'Itouralde, alla porter la guerre sur leur propre territoire mais l'attaque se solda par le massacre de la troupe française [V. François-Marie Bissot* de Vinsenne]. Les Chicachas résistèrent de nouveau aux attaques des Français, lorsqu'une expédition commandée par Jean-Baptiste Le Moyne* de Bienville envahit leur territoire en 1739. Impuissants à battre les Chicachas par des moyens militaires et incapables de fournir les marchandises qui leur auraient permis de supplanter les Britanniques parmi la tribu, les Français tentèrent de contenir l'expansion britannique en faisant en sorte que les Chicachas et les Chactas restent en guerre les uns contre les autres.

Chippewa. V. SAUTEUX

Cri (en anglais Cree, contraction de Kristinau ; le terme anglais Cree est utilisé quelquefois pour désigner les Moskégons (Cris des Marécages), les Naskapis, les Montagnais-Naskapis et les Montagnais, mais le terme français Cri est plus restrictif). De la famille algique, étroitement apparentés aux Montagnais-Naskapis, les Cris comptaient un grand nombre de villages et de bandes apparentées mais autonomes. A l'apogée de leur expansion, à la fin du XVIIIe siècle, ils occupaient une région s'étendant sur presque toute la partie sud du littoral de la baie d'Hudson et, vers l'ouest, sur de vastes territoires du nord des provinces actuelles de l'Ontario, du Manitoba, de la Saskatchewan, et de l'est de l'Alberta. Par suite de cette expansion, les Cris se divisèrent en quatre branches majeures : les Cris des Bois, les Cris des Plaines, les Cris des Marécages et les Cris des Rochers. A partir du milieu du XVIIe siècle, les Cris participèrent activement à la traite des fourrures, à la fois avec les Français et avec les Britanniques, comme trappeurs et aussi comme intermédiaires entre les Européens et les tribus de l'intérieur du pays [V. WAPINESIW ; WINNINNEWAYCAPPO]. Ils firent la traite aux postes de la Hudson's Bay Company à la baie de James et le terme « Home Indians » utilisé par les agents de la compagnie se rapporte habituellement à eux. Proches alliés des Assiniboines de la famille siouse, ils furent, à différentes époques, de féroces ennemis des Dakota-Sioux, des Pieds-Noirs et des Chipewyans [V. MATONABBEE]. H.H.

Delaware. V. LOUP

Esquimau. V. INUK

Fox. V. RENARD

Haïda. Si l'on excepte un groupe qui, dans les années 1790, installa en permanence un village d'hiver à Kaigani (à l'extrémité sud de l'île du Prince-de-Galles, en Alaska), ceux qui parlaient la langue des Haïdas habitaient les îles de la Reine-Charlotte. Les villages étaient habituellement situés dans les havres et les baies abrités, en particulier sur la côte orientale. Ces gens, qui vivaient à proximité de la mer, étaient bien connus pour la dextérité avec laquelle ils construisaient et maniaient leurs canots. Devant leurs grandes maisons de planches s'élevaient des monuments totémiques qui portaient les emblèmes familiaux et montraient leurs sculptures sur bois et leur habileté artistique. De nos jours, l'art haïda est un critère auquel on se réfère fréquemment quand il s'agit de juger tout l'art indien de la côte nord-ouest de l'Amérique du Nord. Dans le système social des Haïdas, les rangs, clairement définis, avaient une grande importance [V. KOYAH]. Les villages étaient divisés en deux clans exogames, ceux de l'Aigle et du Corbeau, auxquels l'appartenance – de même que la succession en général – était déterminée par la filiation matrilinéaire. Le *potlatch* (cérémonie au cours de laquelle on affermissait ses droits et son prestige en faisant don de ses biens) était, avec le rituel qui l'entourait, un aspect important du mode de vie haïda. A l'instar des Nootkas, les Haïdas se révélèrent de bons trafiquants quand les Européens vinrent dans leurs villages à la recherche de fourrures de loutre marine, à la fin des années 1780 ; pendant la décennie suivante, ils furent à l'avant-scène du commerce des fourrures. Leur richesse et leur puissance s'accrurent et, contrairement aux Nootkas, ils apprirent à maîtriser d'autres techniques, comme le modelage de l'argile, et mirent en marché de nouveaux produits, comme la pomme de terre, quand la traite des fourrures déclina au début du XIXe siècle. R.A.F.

Huron (nom dérivé du mot français hure, « tête hérissée »). Les Hurons étaient divisés en quatre tribus : Attignaouantan (la nation de l'Ours), Attingueenongnahac (la prétendue nation de la Corde), Ahrendarrhonon (la prétendue nation de la Pierre) et Tahontaenrat (la prétendue nation du Cerf). Quand les attaques des Iroquois amenèrent la dislocation de la confédération huronne au début de l'année 1649, beaucoup de Hurons trouvèrent refuge dans la tribu des Tionnontatés (Pétuns) auxquels ils étaient apparentés par la langue et la culture. Toutefois, après décembre de la même année, les Iroquois chassèrent les Tionnontatés (et les Hurons à qui ils donnaient asile) du sud de l'Ontario, car ils ne voulaient pas que le commerce huron passât aux mains d'une autre tribu. Environ 800 Tionnontatés et Hurons se retirèrent en bon ordre vers le lac Michigan en remontant en direction du nord. Quoique le groupe fût composé surtout des Tionnontatés, on finit par appeler ces Indiens les Wyandots, mot qui tire son origine de « Wendat », nom que donnaient les Hurons à leur confédération. De 1653 à 1670, les Wyandots errèrent dans la région des lacs Huron, Michigan et Supérieur. Ils vivaient chez les Outaouais et les Potéouatamis, qui exerçaient sur eux une grande influence, et se livraient à la traite des fourrures. En 1670, ils fondèrent un village à Mackinac. Puis, en 1701, le chef huron Kondiaronk* participa à la conférence de paix convoquée par Louis-Hector de Callière* à Montréal, et les Hurons, parmi lesquels Michipichy*, se laissèrent convaincre d'aller s'établir dans les alentours du fort Pontchartrain que les Français venaient de construire à Détroit. Les Wyandots se divisèrent en deux groupes vers 1738 : un certain nombre restèrent dans la région de Détroit, leurs descendants habitant non loin de Sandwich en Ontario ; les autres, sous la conduite du chef guerrier Orontony*, émigrèrent à Sandoské (Sandusky) dans l'Ohio. Après avoir erré pendant un certain temps, ils finirent par aller vivre dans la réserve des Wyandots (Wyandotte Reservation) dans l'Oklahoma. La langue des Wyandots se perdit au cours de la première moitié du XXe siècle. Une autre partie de la nation huronne s'enfuit à Québec après le renversement de la confédération en 1649 et s'établit finalement à Lorette, où elle habite encore aujourd'hui. Pendant les guerres anglo-françaises du XVIIIe siècle, ses guerriers prêtèrent souvent main-forte aux Français [V. Vincent*]. Bien qu'ils aient conservé le sens de leur appartenance à une ethnie, les Hurons de Lorette ont contracté un très grand nombre de mariages interraciaux avec des Canadiens français et ont cessé de parler leur propre langue dès le début du XIXe siècle. B.G.T.

Inuk (au pluriel Inuit). Peuple désigné communément sous le nom d'Esquimaux en français et d'Eskimos en anglais. Peuple circompolaire disséminé sur de très vastes espaces, les Inuit habitent certaines parties de l'Arctique canadien, le nord de l'Alaska et le Groenland. Les Inuit du Canada ont occupé la plus grande partie du littoral nordique et de la toundra adjacente, du delta du Mackenzie au détroit de Belle-Isle, de même que la plupart des grandes îles de l'Arctique jusqu'au détroit de Parry, au nord. Ils parlent tous l'une ou l'autre variante d'un seul groupe dialectal connu sous le nom d'Inupik, et, à des fins purement descriptives, on les classe d'habitude selon les subdivisions régionales suivantes : Mackenzie, Copper, Netsilik, Iglulik, Caribou, Terre de Baffin et Labrador. A l'exception des Inuit de Caribou, tous ont possédé une double économie, relativement équilibrée, fondée sur les ressources tant de la terre que de la mer. On a déjà cru que les Inuit de Caribou, qui ont porté à un degré inhabituel le développement de leur économie fondée sur les ressources du sol, étaient les descendants d'anciens « proto-Esquimaux » de l'intérieur des terres. Mais les recherches historiques récentes permettent de penser que leur adaptation poussée à la vie à l'intérieur des terres s'est faite à la suite de leurs contacts avec les Blancs pendant les deux derniers siècles. A l'est, les Inuit de l'Arctique rencontrèrent les explorateurs européens dès 1576, lors du voyage de Martin Frobisher* à l'île de Baffin ; pendant quelques centaines d'années, néanmoins, les contacts avec les explorateurs, pêcheurs, baleiniers et trafiquants restèrent sporadiques et souvent hostiles. Les premières relations suivies s'établirent sur la côte du Labrador, quand des missionnaires moraves comme Jens HAVEN et Christian Larsen DRACHART fondèrent des postes permanents à Nain, Okak et Hoffenthal (Hopedale) en 1771, 1776 et 1782 respectivement. A la longue, ces missionnaires réussirent à convertir au christianisme les Inuit de la côte [V. KINGMINGUSE ; MIKAK ; TUGLAVINA] ; ils y constituèrent le noyau de communautés qui, à l'exception d'Okak, existent encore. J.G.T.

Iroquois. V. SIX-NATIONS

Loup (en anglais Delaware). Le nom anglais de Delaware désignait les Indiens de langue algique de la rivière Delaware moyenne et inférieure et ceux qui vivaient à l'est jusqu'à la mer ; il s'appliquait souvent aux Munsees qui leur étaient apparentés et qui vivaient sur le cours supérieur de la Delaware. Le nom français de Loup désigne aussi généralement les Mohicans et les petits groupes des régions côtières. Les Loups (Delawares) se donnaient le nom de Lenape, hommes. Ils abandonnèrent leur région natale parce qu'ils s'étaient engagés dans le commerce de la fourrure et que le gibier se faisait rare, et aussi parce qu'ils subissaient la pression de la colonisation européenne ; ils se fixèrent sur les bords des rivières Susquehanna et Allegheny, sous la dépendance des Iroquois. René-Robert Cavelier* de La Salle fit la rencontre d'un parti de 40 chasseurs loups près de l'extrémité sud du lac Michigan en 1680 ; 12 ans plus tard, un groupe similaire escorta les réfugiés chaouanons de l'Ohio jusqu'au cours supérieur de la rivière Delaware. L'établissement des Loups (Delawares) sur l'Ohio commença vers 1725. Malgré les griefs qu'ils entretenaient contre les Britanniques, les Loups maintinrent des relations étroites et généralement amicales avec ceux-ci, en dépit de l'interruption occasionnée par l'occupation française de l'Ohio, de 1753 à 1759, et la tension suscitée par le soulèvement de Pondiac*, en 1763–1764 [V. ANANDAMOAKIN]. Leur déplacement vers l'ouest fut accéléré par ces guerres, et ils s'établirent sur les bords de la rivière Muskingum à la suite d'une entente avec les Hurons ; un mouvement de réveil national au cours des années 1750 donna un nouvel élan à une renaissance de la « nation Loup » sous l'impulsion de Netwatwees, le « King Newcomer » (décédé en 1776). Ils observèrent la neutralité avec un succès relatif pendant la guerre d'Indépendance américaine ; les Loups furent en butte aux vexations que leur faisaient subir, à la fois, les Britanniques et les Américains [V. GLIKHIKAN]. L'arrivée de flots constants de nouveaux colons européens après la guerre accéléra le processus de démembrement et de dispersion. Une partie des Loups (surtout des Munsees) cherchèrent refuge dans le sud de l'Ontario et les autres émigrèrent au delà du Mississippi. W.A.H.

Malécite. En 1750, les Malécites étaient un millier environ et vivaient sur les terres de leurs ancêtres, qui, du bassin hydrographique de la rivière Saint-Jean, s'étendaient jusqu'au Maine à l'ouest, et jusqu'au Saint-Laurent au nord. Ils trappaient pour se procurer les fourrures qu'ils trafiquaient et, dans la vallée de la Saint-Jean, s'adonnaient à la culture du maïs. A l'instar des Micmacs, leurs voisins, les Malécites étaient amis des Français et ennemis des Britanniques. Pendant la Révolution américaine, ils harcelèrent les établissements britanniques de la vallée de la Saint-Jean [V. Pierre TOMAH ; Ambroise SAINT-AUBIN] et leur déclarèrent finalement la guerre en août 1778. En compagnie des Micmacs, ils participèrent à une série de traités de paix avec les Britanniques. Cette série commencée peu après la fondation de Halifax en 1749 se termina par le traité de Menagouèche en septembre 1778, lequel mit fin aux hostilités [V. Nicholas AKOMÁPIS]. Après 1783, les Malécites eurent beaucoup à souffrir de l'affluence soudaine de Loyalistes et autres colons qui s'emparèrent de leurs territoires de chasse, et du déclin de la traite des fourrures qui en résulta [V. Pierre BENOÎT]. Si le gouvernement de la Nouvelle-Écosse, dès 1765 et de nouveau en 1779, délimita une petite réserve pour les Malécites, le gouvernement du Nouveau-Brunswick, créé en 1784, ne fit pas grand-chose pour les Indiens avant 1800, année où il commença à leur concéder des réserves parce qu'il craignait, advenant une guerre, que les autochtones ne prissent le parti des Américains. En 1800, les Malécites étaient probablement juste un peu moins d'un millier. V.P.M.

Miami. Peuplade algique étroitement apparentée aux Illinois. Le nom est dérivé de Omamey, appellation que leur donnaient les tribus avoisinantes. Dans les documents anglais, on les mentionne habituellement sous le nom de Twightwees (une de leurs propres appellations) ou Naked Indians, bien que cette dernière appellation ait pu aussi englober d'autres groupes. Au XVIIIe siècle, le nom de Miami était utilisé à la fois pour désigner un groupe de tribus qui comprenait les Ouiatanons et les Peanquishas et aussi pour désigner une tribu de ce groupe, les Atchatchakangouens (Cranes). Les Européens prirent contact avec les Miamis au Wisconsin avant 1670, mais en 1680 certains vivaient au sud du lac Michigan et s'y trouvaient vraisemblablement depuis quelque temps. En 1721, les Miamis occupaient la région arrosée par les trois rivières connues aujourd'hui sous les noms de St Joseph (au sud-est du lac Michigan), Maumee (à l'ouest du lac Érié) et Ouabache (Wabash) supérieure. Suivant l'exemple d'Orontony*, en 1747, une partie des Ouiatanons et des Peanquishas conclurent une alliance avec les Britanniques et allèrent se fixer à la rivière à la Roche (Great Miami) dans la partie sud-ouest de l'Ohio actuel. En juin 1752, en l'absence de plusieurs de ses guerriers, le village miami de Pickawillany (Piqua, Ohio) fut pris par une force armée composée de Français et d'Indiens dirigée par Charles-Michel MOUET de Langlade. Son chef, Memeskia (La Demoiselle, Old Britain), fut tué et l'offensive commerciale britannique dans la région fut arrêtée. Les Miamis ne se manifestèrent pas au cours de la guerre de Sept Ans. Ils se joignirent à Pondiac* en 1763 mais se soumirent à l'autorité anglaise réaffirmée en 1765. Au cours de la deuxième moitié du siècle les Chaouanons remplacèrent les Miamis sur les bords de la rivière Great Miami, et les Potéouatamis ainsi que les Kicapous occupèrent une partie de leur territoire sur la Ouabache. W.A.H.

Micmac. En 1750, les Micmacs étaient environ 10 000 et vivaient sur les terres de leurs ancêtres, qui correspondent aujourd'hui à la Nouvelle-Écosse, à l'Île-du-Prince-Édouard, à l'est du Nouveau-Brunswick et à la péninsule de Gaspé. C'était une tribu forte et hardie, amie des Français et qui ne laissait aucun répit aux Britanniques. Pendant près de 30 ans, après la fondation de Halifax en 1749, les Britanniques tentèrent en vain de se concilier les Micmacs au moyen d'une série de traités. Un réseau de traite basé sur le troc fut créé en 1760 [V. Benjamin GERRISH] ; ce fut un échec. Après 1764, des trafiquants reçurent, à titre personnel, des permis les autorisant à traiter avec les Indiens. Pendant la Révolution américaine, les Américains purent obtenir des Micmacs un certain appui, limité à vrai dire, et qui prit fin en 1778, année où la tribu conclut la paix avec les Britanniques [V. Jean-Baptiste ARIMPH]. Dès 1762, les Blancs commencèrent à empiéter sur les terres des Micmacs ; la situation atteignit un point critique quand, après 1783, les Loyalistes et autres colons s'emparèrent de leurs territoires de chasse [V. Philip BERNARD ; Joseph CLAUDE]. La traite des fourrures connut un brusque déclin, dont les Indiens eurent à souffrir. Le gouvernement de la Nouvelle-Écosse leur accorda quelques secours sous la forme de vivres et de vêtements, et commença à réserver des parcelles de terre à l'usage exclusif des Indiens, en espérant les amener à se faire agriculteurs. En 1800, le mode de vie traditionnel des Micmacs était chose du passé. Décimés par la maladie, ils n'étaient plus que 4 000 environ, et extrêmement dépendants des Britanniques. V.P.M.

Mississagué (en anglais Mississauga). Ceux qu'on appelle les Mississagués sont des Sauteux. Dans la langue des Sauteux, Mississagués peut signifier soit « les gens qui habitent le pays aux nombreuses embouchures de rivières », soit « les gens d'un grand lac ». Leur nom vient sans doute de la rivière Mississagué (Mississagi) sur la rive nord du lac Huron. Les Français rencontrèrent ce groupe de Sauteux en 1634 près de l'embouchure de la rivière Mississagué et sur l'île Manitoulin. Près d'un siècle plus tard, en même temps que d'autres Sauteux, les Mississagués avancèrent vers l'est et le sud dans l'ancien territoire des Hurons. Au milieu du XVIIIe siècle, les Français ont fait mention de Sauteux nouvellement établis entre les lacs Huron, Érié et Ontario, en les désignant sous le nom de Mississagués ; les colons anglais continuèrent à appeler Mississaugas ces Sauteux qui habitaient entre le lac Simcoe, le lac Rice et Kingston. Cependant les Mississagués se considéraient comme des Sauteux. L'alliance des Mississagués avec les Français, au cours des guerres du milieu du siècle, fut des plus précaires. En 1756, ils menacèrent d'attaquer le poste français à Toronto [V. Pierre Pouchot*] et les sympathies demeurèrent apparemment partagées pendant le soulèvement de Pondiac*, en 1763. En 1764, ils cédèrent aux Britanniques une étroite bande de terre sur la rive ouest de la rivière Niagara. L'arrivée des Loyalistes, pendant les années 1780, les obligea d'abandonner la plus grande partie de leurs terres sur la rive nord du lac Ontario [V. WABAKININE]. D.B.S. et B.J.

Mohawk. V. AGNIER

Nootka. Les Nootkas habitaient la côte ouest de l'île de Vancouver, du cap Cook, au nord, à la rivière Nitinat, au sud ; un groupe habitait cependant au cap Flattery (Washington). Par la langue, ils sont étroitement apparentés aux Kwakiutls, établis au nord. Comme ils vivaient sur le littoral fortement échancré et battu par les tempêtes, leurs activités étaient orientées vers la mer, et c'est d'elle qu'ils tiraient en grande partie leur subsistance. Ils étaient particulièrement renommés pour leurs qualités de chasseurs de baleines. Le milieu où les Nootkas vivaient abondait en ressources saisonnières et, à l'époque où ils entrèrent en contact avec les Européens, ils avaient développé une culture d'une grande richesse et d'une grande complexité. Leur organisation sociale reposait sur un système hiérarchique bien agencé, qui s'appliquait tant aux individus qu'aux groupes, et qui reposait à son tour sur une conception stricte et englobante du droit de propriété. Un cérémonial élaboré occupait aussi une place importante dans la vie culturelle des Nootkas. En 1774, le navigateur espagnol Juan Josef PÉREZ

Hernández devenait le premier Européen à entrer en contact avec les Nootkas ; c'est le capitaine James COOK, toutefois, qui le premier eut avec eux des rapports de quelque durée. Il passa un mois à la baie de Nootka en 1778 et révéla par la suite les possibilités d'un commerce profitable de loutres marines avec les Indiens du littoral. A partir de 1785, les Nootkas, en particulier ceux des baies de Clayoquot et de Nootka, furent très engagés dans le lucratif commerce des fourrures qu'ils pratiquèrent à leur avantage. Sous des chefs comme MUQUINNA et WIKINANISH, les Nootkas, grâce à cette activité économique, accrurent leur richesse et leur puissance. Après le tournant du siècle, toutefois, la traite des fourrures échappa aux Nootkas, de sorte que leur importance diminua et qu'ils se retrouvèrent sans contact avec le monde extérieur. R.A.F.

Ojibwa. V. SAUTEUX

Onneiout (en anglais Oneida ; ce nom vient de Tiioneniote?, « peuple de la pierre debout », d'après une particularité géographique sise près d'un de leurs villages). Avec les Goyogouins, puis les Tuscarorens, ils étaient les Jeunes Frères de la ligue des Six-Nations. Après les guerres des Tuscarorens, au début du XVIIIe siècle, ils adoptèrent les réfugiés tuscarorens de la Caroline du Nord et leur donnèrent des terres à même leur territoire. Ils invitèrent aussi les Stockbridges ou Moheconnucks du Massachusetts et les tribus dispersées du sud de la Nouvelle-Angleterre et de l'île Long à vivre sur leur territoire ; ces Indiens fondèrent respectivement les villages de New Stockbridge (Stockbridge) et de Brothertown (Deansboro). Au milieu du XVIIIe siècle, les Onneiouts vivaient principalement à Kano?alohale? (Sherrill), Old Oneida (Oneida Valley), Oriska (Oriskany) et Oquaga (près de Binghamton). Pendant la Révolution américaine, la nation onneioute se divisa, la plupart des Onneiouts, accompagnés des tribus qu'ils protégeaient, prenant le parti des Américains. A cause de cette prise de position, leurs établissements situés près du lac Oneida furent entièrement détruits par les Iroquois loyalistes dirigés par Joseph Brant [Thayendanegea*], en 1780 ; ils se réfugièrent à Schenectady, New York, jusqu'à la fin de la révolution. Après la guerre, une faction loyaliste suivit Brant à la rivière Grand (Ontario). Malgré leur dévouement à la cause américaine, les Onneiouts restés sur leur ancien territoire furent les premiers à être ennuyés par les autorités de New York qui les forcèrent, dans une série de traités séparés, à vendre la plupart de leurs terres à l'État. V. SIX-NATIONS. B.G.

Onontagué (en anglais Onondaga). Les Onontagués se désignaient eux-mêmes sous le nom de Ononta?ge, « sur le sommet de la colline ». Ils occupaient la partie la plus centrale du territoire de la ligue des Six-Nations et, avec les Agniers et les Tsonnontouans, ils étaient les Frères aînés du Conseil de la ligue. Leur village, Onondaga (près de Syracuse, New York), était la capitale de la ligue ; c'est pourquoi ils étaient les gardiens du feu et des colliers de porcelaine de la ligue. Lors des grands conseils, ils jouaient un rôle de médiateurs entre les Frères aînés (Agniers et Tsonnontouans) et les Jeunes Frères (Onneiouts, Goyogouins et Tuscarorens). Tout au long du XVIIIe siècle, ils maintinrent des relations amicales avec les Britanniques [V. HOTSINOÑHYAHTA? ; TEYOHAQUEANDE], mais, quand éclata la guerre d'Indépendance américaine, ils se divisèrent en trois factions : partisans des Britanniques, partisans des Américains et neutres. L'expédition du colonel Goose Van Schaick contre leur village, en avril 1779, affermit l'appui de la nation aux Britanniques, et les survivants s'enfuirent chez les Tsonnontouans. Après la guerre, certains Onontagués retournèrent vivre sur leur ancien territoire, tandis qu'un autre groupe partit pour la rivière Grand (Ontario) avec les Iroquois loyalistes. Pendant quelque temps, le feu du grand conseil de la ligue fut transféré à Buffalo Creek, New York, qui était l'emplacement le mieux situé pour les Iroquois du Canada et ceux de l'état de New York. Par la suite, il fut déménagé au village onontagué de la rivière Grand. Comme les deux groupes iroquois situés de part et d'autre de la frontière se développaient séparément, les Iroquois de l'état de New York fixèrent de nouveau la capitale de la ligue sur son emplacement traditionnel, dans la réserve Onondaga, de sorte qu'il y eut depuis lors deux ligues et deux grands feux. Les Onontagués de New York, comme les autres nations iroquoises, furent continuellement pressés par l'État de vendre de larges portions de terre, à tel point que leurs anciens et vastes territoires furent réduits à un village, entouré de quelques acres de terre. V. SIX-NATIONS. B.G.

Outaouais (en anglais Ottawa ; vraisemblablement dérivé d'un verbe de la langue des Sauteux signifiant acheter et vendre, trafiquer). Les Français appliquèrent d'abord le terme Outaouais à tous les groupes algiques de la région des lacs Huron, Michigan et Supérieur. En 1670, le père Claude Dablon* expliqua que les Outaouais ayant été les premiers parmi ces Indiens à parvenir aux établissements français, il était à présumer que tous les autres étaient également des Outaouais. Vers le début du XVIIIe siècle, la plupart des commentateurs commencèrent à restreindre l'usage du terme Outaouais à quatre groupes algiques : les Kiskakons, les Sinagos, les Outaouais du Sable et les Nassauaketons. Dans les années 1740, les Outaouais vivaient à proximité de Détroit et de L'Arbre Croche (Cross Village, Michigan) [V. NISSOWAQUET]. Au début des années 1760, le chef outaouais Pondiac* mit sur pied une coalition composée d'Outaouais, de Potéouatamis, de Sauteux et de Hurons qui assiégèrent la garnison britannique à Détroit pendant tout l'été de 1763. Durant la Révolution américaine, les Outaouais se rangèrent du côté des Britanniques, et EGUSHWA, un chef de guerre, fut un de ceux qui dirigèrent la résistance qu'opposèrent par la suite les Amérindiens à l'expansion américaine dans la région de l'Ohio. En mai 1790, les Outaouais qui vivaient sur les bords de la rivière Détroit cédèrent à la couronne leurs droits sur des terres situées aujourd'hui dans le sud-ouest de l'Ontario. A la fin du XVIIIe siècle, ils vivaient le long de la rive sud-ouest du lac Érié dans des villages mêlés avec les villages de leurs anciens alliés, les Hurons. Les Outaouais, qui vivaient à L'Arbre Croche, s'étaient étendus depuis ce village le long de la rive orientale du lac Michigan jusqu'à la rivière Saint-Joseph (St Joseph) au sud. Au nord, ils partagèrent l'île Manitoulin avec les Sauteux. D.B.S. et B.J.

Potéouatami (en anglais Potawatomi ; mot qui signifie « gardiens du feu » dans la langue des Sauteux). Les Français prirent contact avec ce groupe algique, étroitement apparenté aux Sauteux et aux Outaouais, dans les environs de la baie des Puants (Green Bay, Lac Michigan). Vers la fin du XVIIe siècle, un grand nombre de Potéouatamis avaient émigré vers le sud et vivaient dans l'ancien territoire des Miamis, sur la rivière Saint-Joseph (St Joseph). Quelques-uns vécurent à Détroit, après sa fondation par Lamothe Cadillac [Laumet*], en 1701. En 1760, au moins une certaine de guerriers y résidaient. Les autres principales bandes demeuraient dans la région de la rivière Saint-Joseph. Inébranlables dans leur fidélité à l'alliance française, les Potéouatamis combattirent les Anglais aux côtés de Pondiac*, en 1763. Cependant, au début de la Révolution américaine, ils se rangèrent du côté des Britanniques et poursuivirent les hostilités contre les Américains jusqu'au traité de Greenville en 1795. En 1790, un certain nombre, qui résidaient sur les bords de la rivière Détroit, abandonnèrent à la couronne leurs droits sur des terres situées aujourd'hui dans le sud-ouest de l'Ontario. A la fin du XVIIIe siècle, les Potéouatamis dominaient la région située au fond du lac Michigan ; ils pratiquaient l'agriculture pendant l'été et s'adonnaient à la chasse pendant les mois d'hiver. D.B.S. et B.J.

Renard (en anglais Fox ; Outagami, dérivé du nom que leur donnaient leurs voisins algiques, signifiant « le peuple de l'autre rive », ou Mesquakie, dérivé du nom qu'ils se donnaient, signifiant « le peuple de la terre rouge »). Leur territoire était situé à l'origine dans la partie inférieure de la péninsule du Michigan puis, sans doute en raison des pressions exercées par les Iroquois, ils émigrèrent dans la région de la baie des Puants (Green Bay, lac Michigan) ; ils vivaient là lorsque des commerçants et des missionnaires français entrèrent en contact avec eux pour la première fois, vers les années 1660. Les Renards parlaient un dialecte algique qui s'apparentait beaucoup à celui des Sauks, des Kicapous et des Mascoutens, dont ils furent à plusieurs reprises les alliés et qui avaient émigré avec eux. Toutes ces tribus vivaient dans les villages et cultivaient le maïs, les haricots et les courges ; chaque année, ils se livraient à des chasses collectives au cerf et au bison. Les Renards prirent très tôt part à la traite des fourrures et le castor manqua vite sur leur territoire, mais comme ils occupaient une position stratégique sur l'importante voie commerciale qui reliait les rivières aux Renards et Wisconsin au Mississippi ils en profitaient pour exiger leur part du commerce à titre d'intermédiaires ou encore sous forme de péage. Au début du XVIIIe siècle, les Renards étaient en bons termes avec la Nouvelle-France et ses alliés indiens [V. Noro*] mais, après que les Sauteux eurent massacré un de leurs villages près de Détroit en 1712 [V. Pemoussa*], après avoir été temporairement soumis en 1716 [V. Ouachala*], ils subirent finalement une défaite en 1730 et en 1731–1732, lorsque les Français capturèrent Kiala*, leur chef le plus respecté et le plus valeureux. En 1733, un grand nombre de Renards se joignirent aux Sauks et les suivirent dans leur migration vers l'ouest. Dans les années 1760, il semble que les Renards s'étaient remis des pertes subies lors des attaques des Français. Pendant la Révolution américaine, les Sauks et les Renards adoptèrent une attitude consistant à opposer un groupe d'Européens à un autre. Même après la révolution, la lutte parmi les Européens pour la mainmise sur le commerce des fourrures au sud des lacs Supérieur, Michigan et Huron donna aux deux tribus une certaine force économique. Mais avec la poussée de la colonisation, au lendemain de la guerre de 1812, ils furent repoussés de l'autre côté du Mississippi jusqu'en Iowa où certains d'entre eux vivent encore aujourd'hui. H.H.

Sauteux (en anglais Ojibwas, Chippewas). Nom donné au XVIIIe siècle aux Indiens qu'on désigne maintenant sous le nom d'Ojibwé. La signification d'Ojibwé n'a pas été établie de façon satisfaisante. La plus populaire des explications données rend le terme par « rôtir au point de se ratatiner ». Au Canada, l'usage a accordé sa préférence à l'orthographe Ojibwé (en anglais Ojibwa ou Ojibway). Le terme de Chippewa adopté par le Bureau of American Ethnology est une corruption de ce mot. Suivant la tradition tribale, les trois groupes algiques, les Sauteux, les Potéouatamis et les Outaouais, étaient autrefois réunis mais se divisèrent à peu près à l'époque des premiers contacts avec les Européens. Ils étaient étroitement apparentés par la langue et la culture. Une confédération flexible, intitulée le Conseil des Trois-Feux, existait encore au début du XXe siècle. Les jésuites rencontrèrent les Sauteux près de Sault-Sainte-Marie en 1640. Ils traduisirent littéralement leur nom de Baouichitigouin (gens des rapides) par Saulteur (parfois orthographié Sauteur, Saulteux ou Sauteux). Un certain nombre, qui occupèrent par la suite des régions au nord-ouest de l'Ontario, du Manitoba et de la Saskatchewan, y apportèrent le nom avec eux, et on les connaît aujourd'hui sous le nom de Sauteux. Les luttes victorieuses que les Sauteux menèrent contre les Renards au début du XVIIIe siècle chassèrent ces derniers de la partie nord du Wisconsin actuel. Des escarmouches subséquentes avec les Sioux donnèrent aux Sauteux la suprématie sur ce qui est aujourd'hui le Minnesota et une partie du Dakota-Nord. Dans le sud-est, environ un siècle après les premiers contacts avec les Européens, des Sauteux pénétrèrent dans l'ancien territoire huron situé entre les lacs Huron, Érié et Ontario. Ce peuple était appelé Mississagué par les Français et Mississauga par les

Britanniques. Vers la fin du XVIIIe siècle, les Sauteux occupaient une région qui couvrait un millier de milles, s'étendant de la rivière Saskatchewan au Saint-Laurent. Les Sauteux prirent une part active au soulèvement contre les Britanniques dans l'Ouest, en 1763–1764. Minweweh* mena une attaque contre la garnison de Michillimakinac (Mackinaw City, Michigan) et des guerriers sauteux, conduits par WASSON, combattirent aux côtés de Pondiac* lors du siège de Détroit. Pendant les années 1780 et 1790, ils cédèrent à la couronne une partie de leurs terres, situées aujourd'hui dans le sud-ouest de l'Ontario, les havres de la baie de Matchedash et de Penetanguishene et l'île Saint-Joseph (Ontario). V. MISSISSAGUÉ. D.B.S. et B.J.

Seneca. V. TSONNONTOUAN

Shawnee. V. CHAOUANON

Six-Nations (en anglais Six Nations Confederacy). Avant d'avoir adopté les Tuscarorens au début du XVIIIe siècle, ces Indiens étaient connus par les Britanniques sous le nom de Five Nations Confederacy, et par les Français sous celui des Cinq-Nations. Eux-mêmes se nommaient Oñgwanonsioñni ou Kanonsionni, « nous sommes de la cabane longue ». La tradition attribue la fondation de la ligue à Dekanahouideh* et à Hiawatha (Hayenwatha), qui convainquirent cinq tribus iroquoises, les Agniers, les Onneiouts, les Onontagués, les Goyogouins et les Tsonnontouans, de mettre fin à leurs guerres intestines et de s'unir dans une ligue de la paix. Selon les auteurs, la date de cette fondation varie de 1450 à 1570. La capitale de la ligue fut située dans le territoire de la nation onontaguée. Du fait qu'ils étaient unis, les Iroquois devinrent une puissance dans le domaine de la diplomatie indienne et, plus tard, de la diplomatie coloniale européenne. Les chefs du premier Conseil de la ligue furent probablement les chefs alors à la tête des villages qui consentirent à former la ligue. Fait à noter, chez les Tsonnontouans, le clan du Cerf n'a pas de chef au conseil. Les spécialistes ne s'entendent pas sur le nombre des titres de chef – 49 ou 50. Ces titres ont été conservés et transmis à chacun des membres du conseil, lesquels s'appellent sachems et sont chefs d'un clan et de la nation. Les chefs sont choisis par les matrones dans leur clan respectif, lequel choix est ratifié par la nation. Ils sont intronisés par le conseil du Deuil, le nouveau sachem recevant alors le titre de son prédécesseur, dont il va remplir les fonctions. Les matrones du clan peuvent aussi destituer un chef qui ne serait pas à la hauteur. Elles sont fort respectées, et l'ascendance est matrilinéaires. L'activité agricole des Six-Nations, domaine des femmes, reposait sur la culture du maïs, des haricots et des courges. La chasse et la pêche, domaines des hommes, fournissaient un important apport de nourriture, aussi bien que de peaux pour le vêtement.

Des nations iroquoises, la tribu des Agniers a été celle qui fut le plus constamment sous l'influence britannique au cours du XVIIIe siècle ; ils fournirent avec régularité des guerriers pour combattre du côté des Britanniques pendant la guerre de la Succession d'Autriche, la guerre de Sept Ans et la Révolution américaine. Leur chef fameux, Theyanoguin*, fut tué en 1755 lors de la tentative faite par les Britanniques et les Indiens pour secourir le fort Edward (aussi connu sous le nom de fort Lydius ; aujourd'hui Fort Edward, New York). La nomination de William JOHNSON comme agent des Affaires indiennes de la colonie de New York et, plus tard, comme surintendant des Affaires indiennes pour le département du Nord, affermit l'amitié entre les Six-Nations et la Grande-Bretagne. La conquête du fort Niagara (près de Youngstown, New York) par Johnson, en 1759, affaiblit encore l'influence qu'avaient eue les Français sur les Tsonnontouans. Pendant la Révolution américaine, la ligue des Six-Nations se divisa, une écrasante majorité d'Agniers, d'Onontagués, de Goyogouins et de Tsonnontouans appuyant les Britanniques, et la plupart des Onneiouts et des Tuscarorens appuyant les Américains. La guerre terminée, et en grande partie en compensation de l'abandon par la Grande-Bretagne de ses fidèles alliés iroquois lors du traité de paix, le gouverneur HALDIMAND accorda aux Loyalistes des Six-Nations deux concessions de terres dans l'ouest de la province de Québec (aujourd'hui en Ontario). La plupart de ces Loyalistes iroquois s'établirent sur le territoire de la rivière Grand ; un groupe moins nombreux d'Agniers venus de Fort Hunter, New York, se fixèrent à la baie de Quinte. A la rivière Grand, une dispute, qui dura plusieurs années, s'éleva entre Joseph Brant [Thayendanegea*], le chef principal – bien qu'il ne portât jamais le titre de sachem – et les fonctionnaires du gouvernement, à Québec, au sujet de la nature de la concession faite par Haldimand et de la prétention de Brant selon laquelle les Six-Nations avaient le droit de vendre ou de louer de grandes parcelles de terre aux colons blancs. Pendant quelques années après la Révolution américaine, les Six-Nations tentèrent de maintenir leur ligue unie ; mais les groupes du Haut-Canada et de l'état de New York finirent par se diviser et par établir deux capitales séparées, au village onontagué de la rivière Grand, et dans la réserve Onondaga (près de Syracuse, New York), chaque côté de la frontière, ayant ses propres sachems. V. AGNIER, ONNEIOUT, ONONTAGUÉ, TSONNONTOUAN. B.G.

Tsonnontouan (en anglais Seneca). Les Tsonnontouans se désignaient eux-mêmes sous le nom d'Onõtawaʔka, « peuple de la grande colline ». Parmi les membres de la ligue des Six-Nations, les Tsonnontouans occupaient le territoire situé le plus à l'ouest et ils étaient connus comme les gardes de la Porte occidentale de la ligue. Avec les Agniers et les Onontagués, ils étaient les Frères aînés du Conseil de la ligue. Subissant l'influence de la France, laquelle possédait le fort Niagara (près de Youngstown, New York), une partie des Tsonnontouans prit fait et cause pour les Français pendant la guerre de Sept Ans. De même, une partie de la nation appuya Pondiac* en 1763 [V. KAYAHSOTAʔ]. Quand, en 1777, les

Six-Nations furent entraînées dans la guerre d'Indépendance américaine, la nation tsonnontouanne presque au complet prit le parti des Britanniques et ses guerriers participèrent au siège du fort Stanwix (Rome, New York) et à la bataille d'Oriskany, situé tout près. Les deux chefs de guerre de la ligue, à cette époque, KAIEÑ?KWAAHTOÑ et Kaiũtwah?kũ (Cornplanter), avaient été choisis au sein de leur nation. Après la guerre, un petit nombre de Tsonnontouans suivirent Joseph Brant [Thayendanegea*] à la rivière Grand (Ontario), mais la plupart restèrent sur le territoire ancestral. A partir de 1797, avec la signature du traité de Big Tree, les Tsonnontouans vendirent graduellement et systématiquement la plus grande partie de leur territoire, situé à l'ouest dans l'état de New York, à diverses compagnies foncières qui jouissaient du droit de préemption. En juin 1799, alors qu'il vivait sur le Cornplanter Grant (près de Corydon, Pennsylvanie), le chef tsonnontouan Ganiodaio (Handsome Lake) eut la vision qui devait par la suite susciter une grande renaissance de la religion de leurs ancêtres parmi les Indiens des Six-Nations. V. SIX-NATIONS. B.G.

Wyandot. V. HURON

BIOGRAPHIES

Sigles

AAQ Archives de l'archidiocèse de Québec
ACAM Archives de la chancellerie de l'archevêché de Montréal
ACND Archives de la Congrégation de Notre-Dame
AD Archives départementales
AHGQ Archives de l'Hôpital Général de Québec
AMA Archives du ministère des Armées
AMHDQ Archives du monastère de l'Hôtel-Dieu de Québec
AN Archives nationales
ANQ Archives nationales du Québec
ANQ-M Archives nationales du Québec, dépôt de Montréal
ANQ-MBF Archives nationales du Québec, dépôt de la Mauricie et des Bois-Francs
ANQ-Q Archives nationales du Québec, dépôt de Québec
APC Archives publiques du Canada
ASGM Archives des sœurs grises, Montréal
ASJCF Archives de la Compagnie de Jésus, province du Canada français
ASN Archives du séminaire de Nicolet
ASQ Archives du séminaire de Québec
ASSM Archives du séminaire de Saint-Sulpice, Montréal
AUM Archives de l'université de Montréal
AUQ Archives du monastère des ursulines, Québec
BL British Library
BN Bibliothèque nationale
BRH *Le Bulletin des recherches historiques*
CCHA Canadian Catholic Historical Association
CÉA Centre d'études acadiennes
CHA Canadian Historical Association
CHR *Canadian Historical Review*
DAB *Dictionary of American biography*
DBC *Dictionnaire biographique du Canada*
DBF *Dictionnaire de biographie française*
DNB *Dictionary of national biography*
DOLQ *Dictionnaire des œuvres littéraires du Québec*
DPL Detroit Public Library
HBC Hudson's Bay Company
HBRS *Hudson's Bay Record Society*
HS *Histoire sociale*
IBC Inventaire des biens culturels
JR *Jesuit relations and allied documents*
NYCD *Documents relative to the colonial history of the state of New-York*
OH *Ontario History*
PANB Provincial Archives of New Brunswick
PANL Provincial Archives of Newfoundland and Labrador
PANS Public Archives of Nova Scotia
PAO Archives of Ontario
PRO Public Record Office
QDA Quebec Diocesan Archives
RHAF *Revue d'histoire de l'Amérique française*
SCHÉC Société canadienne d'histoire de l'Église catholique
SGCF Société généalogique canadienne-française
SRC Société royale du Canada
USPG United Society for the Propagation of the Gospel

BIOGRAPHIES

A

ABERCROMBIE (Abercromby), JAMES, officier, né en 1732, probablement en Écosse, décédé à Boston le 23 juin 1775.

Les origines de la famille de James Abercrombie sont incertaines, mais il était peut-être un parent de James ABERCROMBY. Le 11 juin 1744, il fut fait lieutenant dans le 1er d'infanterie qui servit en Flandre pendant la guerre de la Succession d'Autriche et en Écosse pendant le soulèvement jacobite de 1745 ; c'était peut-être sa première commission. Il fut promu capitaine dans le 42e d'infanterie le 16 février 1756, et son régiment débarqua en Amérique du Nord en avril de la même année. En mai 1757, Abercrombie était aide de camp du comte de Loudoun, commandant en chef en Amérique. Pendant l'été de cette même année, il prit part à la campagne avortée contre Louisbourg, île Royale (île du Cap-Breton) [V. Charles Hay*].

Une fois l'armée de retour à New York, Abercrombie alla en missions de reconnaissance et participa à des raids avec les *rangers* de Robert ROGERS ; sa connaissance du français fut utilisée lors d'interrogatoires de déserteurs ennemis. Dans ses rapports à Loudoun, il le pressait avec persistance d'adopter des tactiques offensives. En mars 1758, il était aide de camp du major général James Abercromby, successeur de Loudoun. Le capitaine Abercrombie alla reconnaître le fort Carillon (Ticonderoga, New York) avant l'attaque malheureuse du mois de juillet suivant. En décembre, AMHERST était le nouveau commandant en chef, et le jeune Abercrombie attendait, à New York, une affectation ; Amherst le nomma son aide de camp le 5 mai 1759. Entre autres tâches, il devait étudier les préparatifs de la campagne au Canada et en faire rapport. Abercrombie était exaspéré par le manque d'agressivité d'Amherst et du général de brigade GAGE, et il se plaignit à Loudoun qu'en s'abstenant d'aller attaquer Montréal ils étaient en train de laisser passer une belle occasion d'alléger la pression qui s'exerçait sur les troupes de Wolfe* devant Québec. Cet homme avait, de toute évidence, de fortes convictions et beaucoup de confiance en lui-même. Son besoin de voir de l'action fut en partie satisfait quand il participa au succès d'une incursion navale, dirigée par Joshua LORING, sur le lac Champlain, à la suite de la prise des forts Carillon et Saint-Frédéric (près de Crown Point, New York).

Pendant l'hiver, Abercrombie fut convoqué à Londres pour témoigner au procès en cour martiale, réclamé par lord Charles Hay qui voulait que son nom soit réhabilité après l'expédition de Loudoun. Pendant qu'il y séjournait, il obtint du général sir John Ligonier, le principal conseiller militaire de William Pitt, une recommandation, à l'adresse d'Amherst, à l'effet que celui-ci le nomme major. Loudoun, vraisemblablement, fit jouer son influence pour lui obtenir l'appui de Ligonier. Abercrombie rallia l'armée à Oswego, New York, en juillet 1760 et reçut bientôt une commission de major. Le 7 et le 8 septembre, il était l'émissaire d'Amherst auprès de Vaudreuil [RIGAUD] pour la négociation de la capitulation de Montréal. Sa nouvelle commission le versait au 78e d'infanterie (Fraser's Highlanders) et, apparemment, il se joignit au régiment après la capitulation. Le 78e a peut-être servi dans la région de Québec jusqu'à son licenciement en 1763. Le major Abercrombie fut alors mis à la demi-solde.

Le 27 mars 1770, James Abercrombie reprit du service, avec le grade de lieutenant-colonel, dans le 22e d'infanterie, qui était stationné en Grande-Bretagne. Il conduisit son unité en Irlande à la fin d'octobre 1773 et devint commandant intérimaire de la garnison de Dublin. Ses lettres à son ami et ancien protecteur Loudoun révèlent chez Abercrombie une aimable franchise et un esprit caustique. Quoiqu'il détestât Dublin, il espérait ne pas recevoir l'ordre de s'embarquer pour l'Amérique où, à son avis, le commandant en chef Gage faisait face à une situation des plus difficiles. Il y fut néanmoins affecté le 3 mars 1775.

Abercrombie arriva à Boston le 23 avril et fut immédiatement nommé adjudant général. Il se montra aussi critique que par le passé devant le manque d'initiative de Gage, le peu de moral ainsi que les faibles approvisionnements des troupes britanniques assiégées. A la fin de mai, les majors généraux William Howe, John BURGOYNE et Henry Clinton étaient arrivés pour remplacer

Frederick HALDIMAND parmi le personnel de Gage, et Abercrombie fut peu après nommé au commandement d'un bataillon de grenadiers. Le 17 juin, il fut blessé en conduisant ses hommes contre les positions américaines près de Bunker Hill ; il mourut le 23 juin et fut enseveli à King's Chapel, à Boston. Gage loua plus tard la façon dont Abercrombie s'était comporté à Bunker Hill.

PETER E. RUSSELL

Des sources secondaires contiennent plusieurs affirmations non fondées sur l'existence et la nature de liens de parenté entre le major général James Abercromby, commandant en chef en Amérique en 1758, et le sujet de cette biographie. Ce dernier est présenté comme le fils du général dans *The National cyclopædia of American biography* (57 vol. parus, New York, 1892–), I : 102 ; Wallace, *Macmillan dictionary*, 1s. ; Le Jeune, *Dictionnaire*, I : 6 ; Amherst, *Journal* (Webster), 85. Deux ouvrages plus récents en font le neveu de son commandant : Shy, *Toward Lexington*, 94 ; J. R. Cuneo, *Robert Rogers of the rangers* (New York, 1959).

Le général avait effectivement un fils, James Abercromby, qui fit partie du 42e régiment pendant la guerre de Sept Ans, mais ce jeune homme était enseigne au moment où celui qui nous intéresse était capitaine ; voyez la « List of commissions », *Military affairs in North America, 1748–1765* (Pargellis), 332, et *Officers of the Black Watch, 1725 to 1952*, Neil McMicking, compil. (éd. révisée, Perth, Écosse, 1953), 16. Dans sa correspondance, celui que nous étudions ne parle jamais du général comme de son père et il orthographie toujours leurs noms différemment (il possédait, pour l'époque, une excellente orthographe). Des sources contemporaines ne le désignent ni comme le fils du général, ni comme James Abercromby, fils, alors que l'enseigne du même nom est explicitement mentionné comme Abercromby, fils, dans la liste citée plus haut (Pargellis). Il n'est donc pas vraisemblable que le sujet de notre étude ait été le fils de son fameux quasi-homonyme.

Il en fut peut-être un parent. Deux historiens compétents croient qu'il en était un neveu, bien que sa propre correspondance ne fasse jamais allusion à une telle parenté, non plus du reste qu'aucun de ses contemporains. S'il était un jeune parent du général, peut-être serait-il ce « Jemmy Abercromby » du 1er d'infanterie qui fit une course pour le fameux philosophe écossais David Hume à qui il écrivit à Londres en 1747 : [David Hume], *The letters of David Hume*, J. Y. T. Greig, édit. (2 vol., Oxford, 1932 ; réimpr., 1969) ; Hume était un ami du général, alors colonel (I : 102–108, 146–148, 190, 204 ; *DAB*, I : 28s.).

Une troisième possibilité a été avancée par T. N. Dupuy et G. M. Hammerman, *People and events of the American revolution* (New York, 1974), 279, et Boatner, *Encyclopedia of American revolution*, 1. Ces auteurs prétendent que notre Abercrombie n'était pas le fils du major général James Abercromby, mais le frère du futur général sir Ralph Abercromby ; celui-ci était également un jeune officier lors de la guerre de Sept Ans (sur les champs de bataille européens) et se rendit fameux par ses heureuses campagnes aux Antilles en 1796 et en Égypte en 1801. Sa biographie apparaît dans le *DNB*, I, en particulier les pages 43s. D'après cet article, il avait un frère, James, mais cet officier fut tué au combat à Brooklyn en 1776. Leur famille, les Abercrombie de Birkenbog, était apparentée à celle du général de 1758, les Abercromby de Glassaugh (*DAB*, I : 28s. ; *DNB*, I : 43s.). [P. E. R.]

Huntington Library, Loudoun papers. — *Correspondence of General Thomas Gage* (Carter). — *General Sir William Howe's orderly book at Charlestown, Boston and Halifax, June 17, 1775, to 1776, 26 May* [...], B. F. Stevens, édit., introd. par E. E. Hale (Londres, 1890 ; réimpr., Port Washington, N.Y., et Londres, 1970). — Knox, *Hist. journal* (Doughty). — Mass. Hist. Soc., *Proc.*, 2e sér., XI (1896–1897) : 304–306 (James Abercrombie, lettre à Cadwallader Colden, 2 mai 1775). — G.-B., WO, *Army list*, 1775. — Pargellis, *Lord Loudoun*.

ABERCROMBY, JAMES, officier, né en 1706 dans le Banffshire, en Écosse, fils d'Alexander Abercromby et de Helen Meldrum ; il épousa Mary Duff, et ils eurent une fille ; décédé le 23 avril 1781 à Glassaugh, dans le Banffshire.

James Abercromby commença sa carrière militaire à l'âge de 11 ans en entrant dans le 25e d'infanterie en qualité d'enseigne. Il n'y avait guère à espérer d'avancement pendant l'ère pacifique de Robert Walpole, et, en 1736, il n'était que capitaine, bien que ce fût du 1er d'infanterie. Comme beaucoup d'officiers, Abercromby se lança en politique pour obtenir de l'avancement ; en 1734, il fut élu député du Banffshire grâce à son beau-frère William Duff, plus tard lord Braco. En guise de récompense pour l'appui que lui accordait Abercromby, le gouvernement le nomma lieutenant-gouverneur de Stirling Castle, Écosse, en 1739. La guerre avec l'Espagne et plus tard avec la France amena des temps meilleurs pour la profession des armes, et Abercromby, rapidement promu, devint colonel en 1746. Cette année-là, il servit en qualité de quartier-maître général dans l'expédition infructueuse contre Lorient, en France. Il resta en service actif jusqu'à ce qu'il fût blessé à Hulst (Pays-Bas) l'année suivante.

Après le traité d'Aix-la-Chapelle, en 1748, Abercromby se retira dans une relative obscurité jusqu'à l'éclatement de la guerre de Sept Ans. Envoyé en Amérique du Nord, au début de 1756, comme adjoint au comte de Loudoun, commandant en chef britannique, il fut promu major général et fait colonel du 44e d'infanterie. Sous Loudoun, Abercromby se montra un subordonné loyal, infatigable, mais totalement dépourvu d'inspiration ; il commanda une brigade dans l'armée de Loudoun, rassemblée à Halifax, en

1757, en vue d'une expédition contre Louisbourg, île Royale (île du Cap-Breton). A la suite du rappel en Angleterre de Loudoun, plus tard la même année, Abercromby fut promu commandant en chef pour l'Amérique du Nord. Pour la campagne de 1758, l'armée britannique fut divisée en trois corps : l'un, sous les ordres d'AMHERST, chargé de renouveler l'attaque contre Louisbourg, un second, sous les ordres de John Forbes*, qui devait s'emparer du poste stratégique que constituait le fort Duquesne (Pittsburgh, Pennsylvanie), et le troisième, aux ordres d'Abercromby, qui envahirait le Canada par le lac George (lac Saint-Sacrement) et le fort Carillon (Ticonderoga, New York).

Cette opération donnait à Abercromby une occasion de se distinguer, mais son commandement ne fut pas heureux. Amherst avait reçu en partage la crème de l'armée et la plus grande partie de l'équipement, ce qui laissait à Abercromby une troupe nombreuse de provinciaux mal disciplinés et une artillerie insuffisante. Néanmoins, avec l'aide de son énergique quartier-maître général, BRADSTREET, et de son prestigieux commandant en second, le vicomte Howe (lord George Augustus Howe), Abercromby ouvrit sa campagne du début de juillet 1758 avec une armée de 6 000 réguliers et de 9 000 provinciaux. Traversant le lac George, il prit terre avec son armée à trois milles au sud du fort Carillon, le 6 juillet. La première avance de l'armée se termina dans la confusion, les troupes ayant dévié de leur chemin dans l'épaisse forêt. Lord Howe, l'âme de l'expédition, fut tué au cours d'un bref engagement. Malgré ce coup, Abercromby regroupa son armée. Tôt le matin du 8, il découvrit que le commandant français, Montcalm*, se hâtait de retrancher ses forces – quelque 3 500 hommes – derrière un grossier parapet d'arbres tombés. Amené à croire que les Français attendaient sous peu d'importants renforts et averti par ses ingénieurs que les défenses françaises n'étaient jusque-là guère à craindre, Abercromby, sans attendre son artillerie ni tenter un siège en règle, ordonna immédiatement l'assaut. Ce fut un désastre, car, en dépit des tentatives héroïques de la troupe, on ne put faire brèche dans les défenses ennemies. Après quatre heures, l'attaque fut abandonnée ; les pertes britanniques s'élevaient à 1 944 hommes tués ou blessés.

Son armée désorganisée, Abercromby battit en retraite jusqu'à la tête du lac George, où il attendit des renforts. Cette retraite fut sa deuxième erreur d'importance, puisque ses forces étaient encore supérieures à celles de Montcalm et que, en faisant avancer son artillerie, il eût encore pu forcer les Français à se retirer. Mais, découragé par ses lourdes pertes, en particulier parmi ses officiers, et manquant de confiance en ses provinciaux, il décida de ne plus bouger tant qu'il n'aurait pas de nouvelles d'Amherst. La responsabilité d'Abercromby dans cette fin décevante et son incompétence générale pour le haut commandement furent alors pleinement reconnues par le gouvernement. Il fut rappelé en septembre.

Abercromby ne connut plus le service actif, bien que, par le jeu normal de l'ancienneté, il fût élevé au grade de général en 1772. Il mourut à Glassaugh en 1781, après y avoir passé dans la retraite les 20 dernières années de sa vie.

RICHARD MIDDLETON

BL, Add. MSS 32 884. — Huntington Library, Abercromby papers, AB 216. — PRO, PRO 30/8/98. — *Correspondence of William Pitt* (Kimball). — [John Forbes], *Writings of General John Forbes*, A. P. James, édit. (Menasha, Wis., 1938). — *Gentleman's Magazine*, 1781, 242. — *DAB*. — Joseph Foster, *Members of parliament, Scotland* [...] (2e éd., Londres et Aylesbury, Angl., (1882), 3. — Sedgwick, *House of Commons*, I : 406. — Pargellis, *Lord Loudoun*, 74.

ACKMOBISH. V. AKOMÁPIS

ADHÉMAR, JEAN-BAPTISTE-AMABLE, négociant, capitaine de milice et juge de paix, né à Montréal le 29 janvier 1736, fils de Jean-Baptiste Adhémar* et de Catherine Moreau, décédé à Montréal le 26 juillet 1800.

Nous ne savons rien de l'enfance et des études de Jean-Baptiste-Amable Adhémar. Son père, notaire royal à Montréal, centre du commerce des fourrures, eut à rédiger de nombreux contrats d'engagement pour l'Ouest, et c'est peut-être à son contact qu'Adhémar dut de se lancer tôt dans le commerce. Ainsi, le 14 avril 1758, par contrat, il s'engageait pour une année au service du munitionnaire Joseph-Michel CADET, à titre de commis en chef au fort Niagara (près de Youngstown, New York).

Le 31 mars 1761, Adhémar épousait à Montréal Marguerite, fille du marchand René-Alexandre Lemoine, dit Despins. Ce mariage, qui faisait de lui le beau-frère de Jacques-Joseph LEMOINE Despins, un des marchands les plus importants de la colonie avant la Conquête, favorisa probablement la carrière d'Adhémar dans le commerce des fourrures. Durant les 15 années suivantes, ses affaires semblent avoir prospéré de façon normale dans les régions de Michillimakinac (Mackinaw City, Michigan), de Détroit et du lac Supérieur. En 1769, il investit £300 dans le commerce et, en 1770, £800. Quatre ans plus tard, en association avec Maurice-Régis Blondeau*, il envoyait au lac Supérieur quatre canots, 29 hommes et des marchandises valant environ £1 300. En 1777, James McGill* se portant garant, Adhémar envoyait dans l'Ouest, à lui seul, dix canots, 94 hommes et des marchandises totalisant £5 100.

En 1777–1778, il fit un premier voyage en France et en Angleterre dont on ignore la raison. Le 9 avril 1778, il était à Londres lors de la remise au secrétaire d'État des Colonies américaines, lord Germain, d'une pétition signée par 23 marchands britanniques du Canada. Adhémar fut le seul Canadien à signer ce document qui demandait le rappel de l'Acte de Québec ou, du moins, des modifications afin de rétablir le procès par jury, l'instauration des lois commerciales anglaises, et l'élimination de la jurisprudence canadienne. Cette pétition demandait aussi la libéralisation du commerce avec les Indiens, réglementé depuis 1777 par une ordonnance exigeant un permis pour chaque trafiquant. Pendant quelques années, à partir de 1779, on perd la trace du commerçant Adhémar, mais son succès dans le monde des affaires, si modeste fût-il, et ses liens familiaux semblent lui avoir conféré une certaine notoriété dans la société montréalaise.

Adhémar s'intéressa aussi aux affaires de l'Église ; en 1769, il avait été élu marguillier de la paroisse Notre-Dame, alors l'unique paroisse de Montréal. En juin 1783, il fut chargé, avec l'avocat Pierre-François Mézière, de présenter au gouverneur HALDIMAND une requête signée par 300 paroissiens de Notre-Dame lui demandant de surseoir à l'ordre d'expulsion de François Ciquard* et d'Antoine Capel, deux sulpiciens français entrés clandestinement au Canada. Depuis la Conquête, la rareté des prêtres se faisait sentir de plus en plus gravement au sein de l'Église catholique. Le problème devint plus aigu à partir de 1778, quand la France s'allia aux colonies américaines en révolte et que les autorités britanniques fermèrent la porte à l'immigration de prêtres français. Haldimand refusa de revenir sur sa décision, mais se déclara disposé à laisser entrer d'autres prêtres européens au Canada. Forts de ces encouragements, les Montréalais décidèrent d'envoyer une pétition à Londres. Un mémoire rédigé avec l'aide d'Étienne MONTGOLFIER, supérieur du séminaire de Saint-Sulpice, sinon avec celle de Mgr BRIAND, évêque de Québec, demandait, en plus de la permission de faire venir au Canada des prêtres européens parlant français, celle d'ériger un siège épiscopal à Montréal. Toutefois, un second mémoire, traitant des « droits civils » des Canadiens, ne réussit pas à faire l'unanimité parmi les citoyens de Montréal, et on dut y renoncer. La supplique au roi resta vague sur ce sujet, demandant seulement que les Canadiens puissent participer pleinement à la vie politique « sous quelque forme de gouvernement qu'il [...] plaira [au roi] d'établir en cette Province ». Elle ne réussit à rallier que 130 signatures, ce qui, ajouté au fait que, faute de temps, on ne put y associer les citoyens de Québec, en affaiblit considérablement la portée. Pour faire face aux dépenses d'une députation à Londres, Adhémar écrivit aux capitaines de milice, leur enjoignant de faire une collecte dans les paroisses, mais le projet échoua sous la pression de Haldimand.

Le 18 août 1783, Adhémar et Jean De Lisle* de La Cailleterie informèrent le gouverneur qu'ils avaient été « légalement élus » comme délégués à Londres et requirent son appui auprès des autorités britanniques. Haldimand refusa, s'appuyant sur un rapport du juge Adam MABANE qui avait enquêté à sa demande sur ce projet de mission. Hanté par la peur de complots révolutionnaires, le gouverneur fit un rapport sévère à lord North, ministre de l'Intérieur (responsable aussi des colonies), comparant les procédés d'Adhémar – et surtout sa lettre aux capitaines de milice – aux activités des rebelles américains avant la révolution. Néanmoins, Adhémar et De Lisle partirent de Québec, le 25 octobre 1783, comme représentants de l'élément canadien, accompagnés de William Dummer Powell*. Celui-ci allait porter une pétition des marchands britanniques relançant la campagne – réprimée durant la Révolution américaine – visant à obtenir pour le Canada une forme de gouvernement et un système judiciaire plus conformes à ceux d'Angleterre.

Au début de décembre, les délégués canadiens, accompagnés de Thomas Hussey, représentant de Mgr Briand, remirent à lord North leur mémoire en faveur d'un évêché à Montréal et de l'immigration au Canada de prêtres étrangers. Le moment était mal choisi, car un nouveau gouvernement était à la veille d'être formé. En attendant, Adhémar et De Lisle se rendirent à Paris, au début de 1784, en vue de recruter des prêtres pour le clergé canadien. Afin de concentrer leurs efforts sur la question du recrutement de prêtres étrangers, les deux délégués avaient décidé d'abandonner l'idée de l'érection d'un évêché à Montréal. Briand, de toute manière, doutait de la sagesse de ce projet. A leur retour de Paris, s'étant assuré l'appui discret de sir Guy Carleton*, ils rencontrèrent, en mars, le successeur de North, lord Sydney. Ils lui demandèrent la permission d'amener au Canada trois jeunes instituteurs et trois jeunes sulpiciens, tous français. La réponse négative de Sydney amena Adhémar et De Lisle à affirmer, dans un mémoire du 24 mars adressé au gouvernement, la nécessité pour les

Canadiens et leur droit de choisir eux-mêmes leurs prêtres en Europe. Le lendemain, ils apprirent que le roi ne recevrait pas leur pétition et qu'elle devait être transmise à lord Sydney, peu sympathique à leur cause. Leur échec était total, Sydney lui-même rassurant Haldimand, le 8 avril : « Ces messieurs ont trouvé très peu d'encouragement ici. » Sydney soulignait à Haldimand que le gouvernement permettrait à l'Église catholique de recruter tous les prêtres et enseignants nécessaires, à la condition qu'ils soient originaires de pays indépendants de la maison de Bourbon, comme la Savoie (France). Or, Briand, déçu par l'attitude mercenaire de plusieurs prêtres savoyards qu'il avait essayé de faire venir au Canada en 1781 et en 1782, était opposé à cette solution chère à Haldimand.

Adhémar et De Lisle demeurèrent cependant optimistes en apprenant que le gouverneur, qu'ils tenaient pour responsable de leur échec, allait être remplacé par Carleton. Aussi Adhémar décida-t-il de rester une autre année à Londres, tandis que De Lisle rentrait au Canada pour faire un rapport de la situation. Tous deux demandèrent à Briand de soutenir publiquement Adhémar afin de rendre sa mission plus officielle. Briand tint à rester discret, mais il écrivit à Carleton, le 30 juin 1784, que, quoiqu'il ne pût approuver publiquement une mission qu'il croyait « précipitée et avoir un air d'humeur », il était d'accord avec l'idée de faire venir des prêtres français et il lui demanda de soutenir Adhémar en usant de son influence. A ce dernier, il envoya, le 5 novembre, des mots d'encouragement et même une autorisation d'écrire une adresse au nom du clergé, pourvu qu'il n'impliquât l'Église dans aucune mission politique.

L'instabilité politique en Angleterre n'avait pas permis à Adhémar et à De Lisle de faire progresser le côté politique de leur mission. Aussi s'étaient-ils adressés, en compagnie de Powell, à Francis Maseres*, agent politique à Londres des marchands britanniques du Canada. Le 13 mars 1784, les quatre hommes, en compagnie de Pierre Du Calvet, se déclarèrent en faveur des revendications de ces marchands, dont celle d'une assemblée élective. Le 20 avril, Adhémar écrivit à Henri-François Gravé* de La Rive, du séminaire de Québec, ce que l'échec de la mission concernant l'immigration de prêtres étrangers l'avait amené à croire : « nos droits de tout espèce ne seront certains pour nous que lorsque nous dépendrons moins de la volonté du ministère par l'établissement d'une maison d'assemblée ».

De retour au Canada à l'été de 1784, De Lisle chercha de plus amples pouvoirs de représentation et des instructions plus précises quant à la nature des réformes souhaitées. A Londres, l'ex-jésuite Pierre-Joseph-Antoine Roubaud, qu'on peut soupçonner d'avoir voulu remplacer Adhémar comme délégué, relata que celui-ci « vi[vait] tranquillement et en homme obscur dans son auberge, connu de peu, visité par personne ». Rien d'étonnant à cela, si l'on considère l'état d'attente dans lequel Adhémar vivait et le peu de revenu sur lequel il pouvait compter pour faire face à ses dépenses. Briand, l'un de ceux qui lui envoyèrent de l'argent, reconnaissait que c'était « un foible témoignage du contentement que [lui avait] causé la conduite sage et prudente qu['Adhémar avait] tenue » dans sa mission.

Le 5 janvier 1785, Adhémar rédigea une lettre, signée plus tard par De Lisle, dans laquelle il critiqua durement la timidité de la bourgeoisie canadienne, tant dans leurs demandes que dans leur façon de présenter des requêtes au roi seulement, alors que c'était à la chambre des Lords et à la chambre des Communes qu'elles pouvaient être vraiment traitées et débattues. Il les critiquait aussi de n'avoir pensé qu'aux seuls intérêts de leur classe ; « le cultivateur, l'artisan et l'ouvrier, formant la classe d'hommes la plus utile et la plus nécessaire, leurs intérêts ne doivent point être négligés », écrivait-il, ajoutant que de l'inégalité s'ensuivraient bientôt « les plaintes, le découragement, des haines et une séparation dangereuse entre tous les états de sujets ». Mais la bourgeoisie canadienne elle-même s'était divisée sur le mouvement de réforme : la bourgeoisie commerciale et professionnelle l'appuyait, tandis que les seigneurs et les bureaucrates canadiens se rabattaient sur l'Acte de Québec. Les marchands canadiens semblaient préférer de plus en plus passer par l'intermédiaire des marchands de Londres, sans doute plus influents qu'Adhémar. D'ailleurs leur comité, à Montréal, regrettait, en février 1785, la publication d'une lettre d'Adhémar contenant « une réflection qui [lui] parai[ssait] hasardée et bien déplacée ».

Vers la fin de l'hiver de 1785, Adhémar se rendit compte que sa mission avait échoué. Toutefois, étant sur place quand parvint la nouvelle de la démission de Briand comme évêque, Adhémar était en mesure de contrer les efforts de Haldimand – revenu à Londres – qui voyait en deux moines anglais, ne convenant nullement à la situation, un successeur éventuel de Briand. Adhémar profita du retour de l'ancien gouverneur pour l'accuser, le 8 mars, d'être responsable de son infortune et pour lui demander de faire preuve de générosité en lui procurant une commission de juge de la Cour des plaids communs. N'ayant pas reçu de réponse, Adhémar changea de tactique en avouant, le 17 septembre, qu'il avait eu tort d'accepter contre le gré de Haldimand la députation canadienne. « Je ne me sens plus assez de vigueur, écrivait-il, pour tenter de nouveau la ressource pénible du commerce sauvage ; un modique émolument, l'employ de Juge au Détroit ou tout autre aportée de mes faibles facultés peut me suffire. » Haldimand refusa de l'aider, mais lui affirma qu'il ne dirait ni ne ferait rien qui pourrait lui nuire.

Sans qu'on sache pourquoi, Adhémar ne semble avoir quitté l'Angleterre qu'au début de 1786, à destination de New York. Le navire ayant fait naufrage, Adhémar fut retenu à Lisbonne et n'arriva à Québec qu'au début de juin. Il était porteur du bref apostolique autorisant la consécration de Mgr HUBERT comme évêque coadjuteur de Québec. De retour à Montréal, Adhémar se retrouva dans une situation pécuniaire difficile. En 1785, il avait écrit à Haldimand qu'il avait déjà perdu « par une Révolution de Commerce la modique fortune que de longs travaux [lui] avaient [fait] rassemble[r] ». Sans doute tenta-t-il de reprendre le négoce, mais il ne semble pas que ses affaires aient prospéré. En avril 1789, même si le négociant Jean-Baptiste Lemoine Despins devait à Adhémar 9 520#, les dettes de ce dernier s'élevaient à 16 858# dont 7 577# aux sulpiciens et 3 521# au négociant Charles Lusignan* ; cela ne l'empêcha pas de faire chanter 300 messes à crédit pour sa femme qui venait de mourir. Les biens contenus dans sa maison de pierres et dans son écurie, sises place d'Armes, s'élevaient à 3 212# ; il possédait aussi une maison de bois, rue Saint-Joseph, et un verger à coteau Saint-Louis. Malgré ses difficultés, Adhémar continua de faire partie des notables de Montréal. Ainsi, en février 1788, il fut nommé capitaine de la milice de la ville, poste qu'il garda jusque vers 1797. En 1790, on le retrouve juge de paix pour le district de Montréal, et, trois ans plus tard, commissaire à Montréal pour recevoir les serments d'office, deux postes qu'il garda jusqu'à sa mort. A la suite d'une action intentée par Lusignan, la Cour du banc du roi du district de Montréal ordonna la vente de ses biens, en décembre 1800.

Mort dans la pauvreté, Adhémar aurait mérité une fin de vie plus heureuse. Même si sa mission en Angleterre était vouée à l'échec dès le départ, à cause de l'opposition de Haldimand, elle lui permit, ainsi qu'à beaucoup d'autres bourgeois canadiens, de constater la nécessité d'une révision constitutionnelle, et surtout celle d'obtenir une chambre d'Assemblée élective. Adhémar s'était dévoué d'une façon désintéressée aux intérêts de ses compatriotes, mais ceux-ci ne semblent pas lui en avoir conservé une grande reconnaissance.

JEAN-GUY PELLETIER

AAQ, 12 A, D, 12 ; 20 A, I : 183 ; II : 3, 17 ; 1 CB, VI : 42 ; 90 CM, I : 10, 11 ; 60 CN, I : 34, 37, 38, 39, 40, 43 ; V : 40, 44, 46 ; 26 CP, C, 61. — ANQ-M, État civil, Catholiques, Notre-Dame de Montréal, 29 janv. 1736, 4 août 1763, 17 oct. 1768, 27 oct. 1793, 28 juill. 1800 ; Greffe de J.-G. Delisle, 6 avril 1789 ; Greffe de Pierre Panet, 14 avril 1758 ; 29 mars 1761. — ANQ-Q, AP-P-11. — ASQ, Doc. Faribault, n° 268 ; Fonds Viger-Verreau, Carton 12, n° 61 ; 17, n°s 39–53 ; 18, n° 67 ; 19, n° 14 ; 47/16 ; Sér.O, 037, p.17 ; Lettres, T, 55, 61. — AUM, P 58, Corr. générale, J.-B.-A. Adhémar à François Baby, 23 juill., 1er oct., 5 nov. 1770, 25 août 1771, 21 nov. 1776, 10 sept., 6 oct. 1777 ; J.-B.-A. Adhémar aux citoyens de Québec, 5 mars 1785 ; J.-F. Perrault à J.-N. Perrault, 30 oct. 1783. — BL, Add. MSS 21 724, 457 ; 21 736, 105 ; 21 866, 69–72, 74, 77, 82–86, 132s., 136, 179s., 184s. — PRO, CO 42/16, pp.203s. (copies aux APC) ; 42/44, ff.178–180 ; 42/46, ff.46–60. — Ste Ann's Parish (Mackinac Island, Mich.), Registre des baptêmes, mariages et sépultures de Sainte-Anne-de-Michillimakinac (mfm au Dept. of State, Lansing, Mich.). — *Doc. relatifs à l'hist. constitutionnelle, 1759–1791* (Shortt et Doughty ; 1921), II : 749–751, 779. — Pierre Du Calvet, *Appel à la justice de l'État* [...] (Londres, 1784), 253. — [Francis Maseres], *Questions sur lesquelles on souhaite de sçavoir les réponses de monsieur Adhémar et de monsieur De Lisle et d'autres habitants de la province de Québec* (Londres, 1784). — La mission de MM. Adhémar et Delisle en Angleterre en 1783–84, *BRH*, XXXII (1926) : 617–631. — MM. Adhémar et Delisle, *BRH*, XII (1906) : 325–341, 353–371. — Wis., State Hist. Soc., *Coll.*, XIX (1910) : 65. — *La Gazette de Québec*, 24 nov., 1er déc. 1766, 30 oct. 1783, 16 juin, 19 août 1791, 11 déc. 1800. — APC *Rapport*, 1890, 144, 146, 150. — Caron, Inv. de la corr. de Mgr Briand, ANQ *Rapport*, 1929–1930, 127s., 131–133 ; Inv. de la corr. de Mgr Hubert et de Mgr Bailly de Messein, ANQ *Rapport*, 1930–1931, 223 ; Inventaire de la correspondance de Mgr Joseph-Octave Plessis, archevêque de Québec, ANQ *Rapport*, 1928–1929, 174, 181 ; Inv. de la corr. de Mgr Mariaucheau D'Esgly, ANQ *Rapport*, 1930–1931, 186, 191. — Le Jeune, *Dictionnaire*, I : 25s. — Massicotte, Répertoire des engagements pour l'Ouest, ANQ *Rapport*, 1931–1932, 247. — Georges Bellerive, *Délégués canadiens-français en Angleterre, de 1763 à 1867* [...] (Québec, [1913]), 70–87. — Michel Bibaud, *Histoire du Canada, et des Canadiens, sous la domination anglaise* (Montréal, 1844 ; réimpr., East Ardsley, Angl., et New York, 1968), 85s. — Thomas Chapais, *Cours d'histoire du Canada* (8 vol., Québec et Montréal, 1919–1934), I : 235–237. — A.-H. Gosselin, *L'Eglise du Canada après la Conquête*, II : 195–199, 201, 203–205, 263, 281. — Lemieux, *L'établissement de la première prov. eccl.*, 15, 17–19, 22s., 281, 283. — Neatby, *Quebec*, 196–199. — W. R. Riddell, *The life of William Dummer Powell, first judge of Detroit and fifth chief justice of Upper Canada* (Lansing, 1924), 43s., 177–181. — J.-E. Roy, *Hist. du notariat*, I : 152. — Sulte, *Mélanges historiques* (Malchelosse), I : 114s. — Tousignant, La genèse et l'avènement de la constitution de 1791, 272–295. — Michel Brunet, La Conquête anglaise et la déchéance de la bourgeoisie canadienne (1760–1793), *Amérique française* (Montréal), XIII (1955), n° 2 : 75–79. — Fernand Ouellet, Mgr Plessis et la naissance d'une bourgeoisie canadienne (1797–1810), SCHÉC *Rapport*, 23 (1955–1956) : 96. — Benjamin Sulte, La délégation envoyée en Angleterre en 1783, *BRH*, VII (1901) : 213–216.

ADRAWANAH. V. Ottrowana

AGASHAWA. V. Egushwa

AGMABESH. V. Akomápis

AIDE-CRÉQUY, JEAN-ANTOINE, prêtre, curé, peintre, né à Québec le 5 avril 1749, fils de Louis Aide-Créquy, maçon, et de Marie-Hélène Lefebvre, décédé le 6 décembre 1780 dans sa ville natale.

Jean-Antoine Aide-Créquy fit ses études, ou du moins une partie, au séminaire de Québec, comme l'atteste ce passage du plumitif du séminaire, daté du 18 novembre 1768 : « il a été Decidé que [...] Créquy Devr[a] entrer en philosophie a pacques prochain s'[il est] en État ». Il fut tonsuré dans la chapelle du séminaire de Québec le 7 décembre 1771 et reçut les ordres mineurs deux semaines plus tard. Sous-diacre en 1772 et diacre en 1773, il fut ordonné prêtre le 24 octobre de cette année-là et chargé aussitôt de la cure de Baie-Saint-Paul où il arriva au début de novembre. Mgr Briand voyait d'un bon œil l'envoi d'Aide-Créquy dans cette paroisse qui était desservie par le curé des Éboulements et de l'île aux Coudres, Jean-Jacques Berthiaume, depuis le décès de l'ancien curé en 1771. « J'ai été bien aise », écrivait-il à l'abbé Berthiaume le 8 novembre 1773, « que La providence vous procurat pour voisin Mr. Crequi, qui est un bon sujet, sera, je l'espère un bon prêtre, et un fervent missionnaire, parceque je savois que vous L'aimiés, et que vous étiés lié avec sa famille ; me voilà tranquil sur ce coin de mon diocèse qui m'a toujours causé bien de l'inquiétude. » En plus de la cure de Baie-Saint-Paul, l'abbé Aide-Créquy fut chargé de la desserte de Saint-François-Xavier-de-la-Petite-Rivière. Dès le 22 décembre 1773, il faisait part à l'évêque de son intention de construire une nouvelle église pour cette paroisse en réutilisant le retable de la vieille église, projet qui devait aboutir cinq ans plus tard.

Peu préoccupé par son propre confort et se contentant du strict nécessaire, comme le laisse entrevoir sa correspondance avec Mgr Briand, Aide-Créquy témoignait de l'intérêt pour les affaires paroissiales et une grande sympathie pour ses ouailles. Il fut le premier curé à tenir régulièrement les comptes de la paroisse de Baie-Saint-Paul. Il dota son église d'une cloche et acheta une embarcation pour se rendre à Petite-Rivière. Son sacristain et chargé d'affaires, Élie Mailloux, était, semble-t-il, un homme instruit qui possédait beaucoup d'esprit. Aide-Créquy servit également, en 1777, d'intermédiaire entre les prêtres du séminaire de Québec et les ouvriers travaillant à la remise en état de leur moulin à Baie-Saint-Paul. En retour, le séminaire concéda un terrain à la fabrique de la paroisse. En juin 1780, le jeune prêtre, malade, quitta sa cure et se retira à Québec où il devait mourir prématurément le 6 décembre suivant.

De santé fragile, Aide-Créquy avait peut-être présumé de ses forces en se donnant, non seulement à son ministère, mais également à la peinture. Comme peintre, il eut à combler les besoins de paroisses et de communautés désormais privées du recours à l'importation d'œuvres religieuses françaises. Il exécuta en particulier de grands tableaux pour des paroisses situées non loin du lieu de son ministère. Les besoins ont sans doute joué beaucoup dans l'épanouissement de l'art et de la carrière d'Aide-Créquy. Toutes ses peintures sont des tableaux religieux inspirés de gravures ou de peintures auxquelles il avait accès dans la colonie. Il eut une production artistique respectable au cours de sa brève carrière. Une douzaine d'œuvres sont connues. La plus ancienne, une *Vierge à l'enfant*, qui se trouve à l'Hôtel-Dieu de Québec, fut peinte en 1774. Parmi les tableaux de grande dimension, on retrouve une *Vision de sainte Angèle* (1775) au monastère des ursulines de Québec, une *Annonciation* (1776) à l'église de L'Islet, une *Vision de saint Roch* (1777) à l'église de Saint-Roch-des-Aulnaies, un *Saint Louis tenant la couronne d'épines*, peinture exécutée en 1777 pour l'église Saint-Louis à l'île aux Coudres et aujourd'hui conservée à l'évêché de Chicoutimi, et un *Saint Joachim offrant la Vierge au Très-Haut* (1779) à l'église de Saint-Joachim. Il est possible qu'il ait peint deux autres tableaux pour cette dernière paroisse, tableaux qui auraient été remplacés en 1869 par des œuvres d'Antoine Plamondon*. Deux autres œuvres furent détruites dans des incendies : une *Sainte Famille* à la cathédrale Notre-Dame de Québec en 1866 et un *Saint Pierre et saint Paul* à l'église de Baie-Saint-Paul en 1962. Enfin on lui attribue deux peintures conservées à l'Hôtel-Dieu de Québec : un *Saint Pierre* et un *Saint Paul*.

Aide-Créquy fut un peintre habile à rendre le modelé des personnages, la perspective des scènes et le jeu des ombres et des lumières. Ses coloris relèvent généralement d'un choix judicieux. Sa touche est souple et ses empâtements pertinents. Ses peintures inspirées de gravures sont souvent encore plus expressives que les gravures elles-mêmes. Compte tenu de ces qualités techniques et picturales, on ne peut retenir l'hypothèse selon laquelle Aide-Créquy aurait été un autodidacte. Il est fort probable qu'il ait reçu sa formation avant de devenir prêtre. Cependant, en ce qui a trait à la composition, l'agencement des éléments empruntés à différents tableaux n'est pas toujours heureux. Dans la mise en place d'un décor de son cru, il manifesta un goût particulier pour les lourds décors d'architecture. Par ailleurs, il ne fut pas un copiste servile. Somme toute, l'abbé Charles Trudelle n'avait pas tort en disant de lui : « Ce n'était pas un Raphaël, mais cependant on voit qu'il avait du goût et de l'aptitude pour cet art. »

JOHN R. PORTER

AAQ, 12 A, C, 124, 125, 137, 139 ; 61 CD, Les Éboulements, I : 13 ; Baie-Saint-Paul, I : 7s. — ANQ-Q, État civil, Catholiques, Notre-Dame de Québec, 6 avril 1749, 8 déc. 1780. — Archives paroissiales, Saints Pierre et Paul (Baie-Saint-Paul, Québec), Charles Trudelle *et al.*, Recueil de lettres et de notes concernant la paroisse de la Baie St Paul, 1859 [...], 18–20, 330s., 334s. (manuscrit). — ASQ, MSS, 13, 11 oct., 18 nov. 1778 ; Séminaire, 152, n°s 368, 379a. — IBC, Centre de documentation, Fonds Morisset, Dossier J.-A. Aide-Créquy. — Allaire, *Dictionnaire*, I : 8. — *Canada, an encyclopædia of the country : the Canadian dominion considered in its historic relations, its natural resources, its material progress, and its national development*, J. C. Hopkins, édit. (6 vol., Toronto, 1898–1900), IV : 354. — P.-V. Charland, Notre-Dame de Québec : le nécrologe de la crypte, *BRH*, XX : 244. — J. R. Harper, *Early painters and engravers in Canada* (Toronto, [1971]). — Musée du Québec, *Peinture traditionnelle du Québec* (Québec, 1967), 10s. — Thomas O'Leary, *Catalogue of the Chateau Ramezay museum and portrait gallery* (Montréal, 1901), 35. — P.-G. Roy, *Fils de Québec*, II : 86s. — Tanguay, *Dictionnaire*. — Claude Thibault, *Trésors des communautés religieuses de la ville de Québec* (Québec, 1973), 37s., 88. — *Trésors de Québec* (Ottawa et Québec, 1965), n° 56. — Léon Bélanger, *L'église de L'Islet, 1768–1968* (L'Islet, Québec, 1968), 49s. — [Georges Bellerive], *Les Éboulements et l'Île-aux-Coudres ; souvenirs et impressions d'écrivains sur ces deux beaux endroits historiques* (s.l., s.d.), 11. — Léonce Boivin, *Dans nos montagnes (Charlevoix)* (Les Éboulements, Québec, 1941), 115. — Jean Des Gagniers, *L'Île-aux-Coudres* ([Montréal], 1969), 76–79. — J. R. Harper, *La peinture au Canada des origines à nos jours* (Québec, 1966), 37–39. — Alexis Mailloux, *Histoire de l'Île-aux-Coudres depuis son établissement jusqu'à nos jours, avec ses traditions, ses légendes, ses coutumes* (Montréal, 1879), 61 ; *Promenade autour de l'Île-aux-Coudres* (Sainte-Anne-de-la-Pocatière [La Pocatière], Québec, 1880), 52. — Morisset, *Coup d'œil sur les arts*, 54 ; *Peintres et tableaux* (Québec, 1936), I : 67–69 ; *La peinture traditionnelle au Canada français* (Ottawa, 1960), 52–54 ; *La vie et l'œuvre du frère Luc* (Québec, 1944), 37. — Luc Noppen, *Notre-Dame-des-Victoires à la Place royale de Québec* (Québec, 1974), 24. — P.-G. Roy, *Les cimetières de Québec* (Lévis, Québec, 1941), 34. — Nérée Tremblay, *St-Pierre et St-Paul de la Baie St-Paul* (Québec, 1956), 97s. — Charles Trudelle, *Trois souvenirs* (Québec, 1878), 115s. — P.-V. Charland, Les ruines de Notre-Dame ; l'ancien intérieur, *Le Terroir* (Québec), V (1924–1925) : 153–157, 162. — Hormidas Magnan, Peintres et sculpteurs du terroir, *Le Terroir*, III (1922–1923) : 342–354. — Gérard Morisset, Un curé-peintre, l'abbé Aide-Créqui, *L'Événement* (Québec), 20 déc. 1934 ; La peinture en Nouvelle-France ; Sainte-Anne-de-Beaupré, *Le Canada français* (Québec), 2e sér., XXI (1933–1934) : 209–226. — P.-G. Roy, Jean-Antoine Aide-Créquy, *BRH*, XX (1914) : 297 ; La peinture au Canada sous le Régime français, *BRH*, VI (1900) : 150–153.

AILLEBOUST DE CERRY (Cery, Cerry d'Argenteuil), PHILIPPE-MARIE D', marin et marchand, né à Montréal le 21 octobre 1702, fils de Pierre d'Ailleboust* d'Argenteuil et de Marie-Louise Denys de La Ronde ; il épousa à Charlesbourg (Québec), le 27 juin 1735, Marie-Madeleine Chéron, et quatre de leurs 14 enfants atteignirent l'âge adulte ; décédé le 14 avril 1787, à Loches, en France.

Bien qu'il possédât des lettres de noblesse et que son père ait été un officier supérieur des troupes de la Marine, Philippe-Marie d'Ailleboust de Cerry devint capitaine de navire et marchand. Ses frères aînés, Louis, sieur d'Argenteuil, et Hector-Pierre, sieur de Saint-Vilmé, avaient été initiés à la mer par leur redoutable oncle, Simon-Pierre Denys* de Bonaventure, et c'est eux qui, au début des années 1720, initièrent à leur tour Philippe-Marie. En 1728, il commandait son propre navire, l'*Aimable*, de 60 tonneaux, qui voyageait de Québec à l'île Royale (île du Cap-Breton), et il commença bientôt à naviguer entre Louisbourg, île Royale, et la Martinique. Pendant les années 1730, il navigua constamment entre Québec et la France, ou entre Québec, l'île Royale et les Antilles. Mais on peut se demander s'il était un bon homme d'affaires. Un de ses associés de la Martinique se plaignit du fait que Cerry et Argenteuil n'étaient pas familiers avec les pratiques du commerce et qu'ils ne tenaient pas leurs livres en ordre. Néanmoins, ses entreprises représentent des tentatives pour libérer quelque peu le commerce canadien de la domination exercée par la métropole. En 1739, par exemple, Cerry commandait un navire, propriété de son beau-frère, Pierre Trottier* Desauniers, au cours d'un voyage à Bordeaux ; il revint à Québec via la Martinique avec une cargaison embarquée dans un port de Provence. En ce temps-là, il était devenu l'un des patrons et pilotes du Saint-Laurent les plus expérimentés et, en 1741, on le recommanda pour le poste de capitaine de port à Québec. Il n'obtint pas cette nomination et il poursuivit sa carrière de capitaine, commandant souvent des navires appartenant à Trottier Desauniers.

Pendant la guerre de la Succession d'Autriche, Cerry servit courageusement. En 1744, il organisa et construisit un réseau de postes de vigie sur le Saint-Laurent, entre l'île Saint-Barnabé, en face de Rimouski, et Pointe-Lévy (Lauzon et Lévis), destinés à signaler toute attaque britannique. Au début de l'année suivante, il porta des dépêches en France et revint à Québec assez tôt pour repartir en décembre avec des nouvelles de la colonie, dont la situation se dégradait. En juin 1746, il participa au transport, en Acadie, de l'expédition canadienne sous les ordres de Jean-Baptiste-Nicolas-Roch de RAMEZAY. Plus tard le même été, alors qu'il faisait un second voyage de ravitaillement, il fut bloqué à la hauteur du cap des Rosiers, près de Gaspé, par des corsaires américains ; il échoua son navire au rivage et le brûla pour empêcher qu'il ne tombât aux mains des ennemis. Il se rendit en France à la fin de la même année, et il y était encore quand, au début de 1748, on le nomma capitaine de port à Québec, en reconnaissance de ses récents services à la couronne. En route vers Québec pour y assumer ses fonctions, il fut pris par les Britanniques et n'atteignit le Canada qu'à l'été de 1749.

Ses nouvelles fonctions présentaient de nombreux défis. Rien n'avait été fait pour l'amélioration de la navigation sur le Saint-Laurent depuis le décès du capitaine de port Richard Testu* de La Richardière, huit ans plus tôt. Le premier des prédécesseurs immédiats de Cerry à ce poste était mort en mer peu après sa nomination, et le deuxième, Charles Latouche* MacCarthy, n'était jamais entré en fonction. Mais Cerry, bien qu'il conservât ce poste jusqu'à la fin du Régime français, le considéra comme une sinécure. La tentative qu'il fit en 1749 d'accroître ses revenus en imposant des droits d'ancrage fut rejetée, et cet échec peut l'avoir dissuadé d'assumer vraiment ses responsabilités. En 1751, on nomma un deuxième fonctionnaire portuaire, Gabriel PELLEGRIN, et Cerry se tourna vers ses affaires personnelles. Il eut manifestement l'appui continu du gouverneur et de l'intendant, qui protestèrent en son nom quand on éleva son adjoint au grade de capitaine de brûlot, que Cerry n'avait point. S'il fut membre du conseil de guerre qui recommanda la capitulation de Québec en 1759 [V. Jean-Baptiste-Nicolas-Roch de Ramezay], Cerry paraît n'avoir joué aucun rôle dans la guerre de Sept Ans.

On a peu d'indications précises sur les diverses activités commerciales de Cerry. On sait qu'en 1738 il s'associa avec l'abbé Louis Lepage* de Sainte-Claire dans une vaine tentative d'établir des forges. Il est possible aussi qu'il se fût essayé au commerce du bois de construction. En 1739, il acquit un arrière-fief dans la seigneurie de l'Île-Jésus, qui dut, trois ans plus tard, être réuni au domaine des seigneurs, faute pour Cerry d'y avoir favorisé l'établissement de colons. Sa femme, fille cadette d'un membre du Conseil supérieur, était aussi la demi-sœur de Charles Chéron, capitaine de navire de Québec, qui voyagea souvent à l'île Royale et au Labrador ; en 1753, Cerry obtint, pour neuf ans, une vaste concession à Saint-Augustin, sur la côte du Labrador, avec les droits de traite, de pêche et de chasse des phoques, qui avaient auparavant appartenu à Chéron.

Il semble que la Conquête ait mis fin à la prospérité de Cerry. Sa femme était morte en 1758 et, en 1761, il quitta le Canada avec ses deux fils. Il se joignit à la colonie des expatriés canadiens en Touraine et, l'année suivante, il obtint une pension de 600# qui devint son seul soutien pendant le quart de siècle suivant. Il retourna au Canada en 1763 pour y prendre ses deux filles et une nièce, pensionnaires chez les ursulines ; il les plaça dans un couvent près de Paris. Pour ses fils, il obtint des commissions dans la légion de Saint-Domingue ; ils moururent dans cette île (maintenant île d'Haïti) quelques années plus tard. Vers la fin de sa vie, comme le nombre des expatriés diminuait, Cerry déménagea à Loches, où vivait le plus gros groupe de ces exilés. C'est là qu'il finit ses jours en tant que membre le plus important de cette petite communauté.

JAMES S. PRITCHARD

AN, Col., C[11A], 36, f.165 ; 46, f.300 ; 63, f.218 ; 75, f.92 ; 81, f.300 ; 91 ; 121, f.102 ; C[11E], 11 ; E, 2 (dossier Ailleboust de Cerry) ; 67 (dossier Cerry) ; F[2B], 11 ; Section Outre-mer, G[1], 466, n° 3. — APC, MG 24, L3, pp.1 270, 1 314. — *Inv. de pièces du Labrador* (P.-G. Roy), I. — *NYCD* (O'Callaghan et Fernow), X : 55ss. — Godbout, Nos ancêtres, ANQ *Rapport*, 1951–1953, 470. — P.-G. Roy, *Inv. concessions*, I ; *Inv. jug. et délib., 1717–1760*, IV. — Ægidius Fauteux, *La famille d'Aillebout : étude généalogique et historique* (Montréal, 1917).

AILLEBOUST DE LA MADELEINE, FRANÇOIS-JEAN-DANIEL D', « marchand-voyageur », né à Montréal le 7 octobre 1702, fils de Jean-Baptiste d'Ailleboust* Des Muceaux et d'Anne Le Picard ; il épousa le 24 novembre 1732 à Montréal Marie-Charlotte Godefroy de Linctot ; décédé à Pointe-aux-Trembles, île de Montréal, le 23 juillet 1793.

François-Jean-Daniel d'Ailleboust de La Madeleine appartenait à cette fraction de la noblesse canadienne du XVIIIe siècle qui, sans devoir abandonner les privilèges de sa classe, et parfois même grâce à ceux-ci, tirait ses moyens de subsistance du commerce des pelleteries. Il ne possédait pas de domaine dont il aurait pu prélever un revenu substantiel, et ses chances d'accéder à la carrière la plus prestigieuse, celle d'officier, étaient minces, étant donné le nombre limité de charges disponibles. C'est ainsi que François d'Ailleboust se fit voyageur, puis « marchand-voyageur ». De 1731 à 1754 environ, il dirigea, seul ou en société, une dizaine de voyages de traite à Michillimakinac (Mackinaw City, Michigan) et à Michipicoton (Michipicoten River, Ontario), et cela presque toujours pour le compte d'importants « marchands-équipeurs » de Montréal, tels que François Foucher*, Alexis Lemoine*, dit Monière, et Ignace GAMELIN.

D'Ailleboust était donc un de ces intermédiaires qui obtenaient à crédit la marchandise de traite, engageaient l'équipage d'un ou de plusieurs canots et partaient chaque été vers les postes de l'Ouest. Dans cette entreprise, d'Ailleboust s'associa d'abord, de 1731 à 1736, à deux de ses frères, Nicolas-Marie d'Ailleboust Des Muceaux et Jean-Baptiste-Alphonse d'Ailleboust de La Boulasserie ; il se joignit ensuite, de 1737 à 1742 au moins, à deux autres de ses frères, Pierre-Joseph d'Ailleboust de Manthet et Ignace-René d'Ailleboust de Périgny, puis à Louis Gastineau de Sainte-Marie, qui avait obtenu du gouverneur Beauharnois*, en 1747, la concession de la traite au poste de Michipicoton ; enfin, en 1750, il formait avec Manthet une nouvelle société au capital initial de 12 500#, qui fut dissoute quatre ans plus tard. Il fit encore quelques engagements en 1757, mais semble s'être retiré du commerce peu de temps après.

Ses activités de « marchand-voyageur » ne lui avaient pas fait abandonner l'espoir de devenir officier dans les troupes de la Marine. Mais d'Ailleboust avait près de 40 ans lorsqu'il se vit offrir la possibilité d'entreprendre une telle carrière ; en 1742, il était cadet à la garnison de Michillimakinac. Or, à cette époque, il avait trois enfants, ce qui, selon ses supérieurs, « l'oblige[ait] à voyager pour pouvoir les faire vivre ». Les obligations familiales seraient-elles devenues, avec les années, trop lourdes pour cet aspirant officier ? Ou craignait-il d'être déplacé vers une garnison moins commode, pour son commerce, que celle de Michillimakinac ? Toujours est-il que d'Ailleboust ne gravit pas les échelons de la hiérarchie militaire.

D'Ailleboust passa les dernières années de sa vie à Pointe-aux-Trembles. En février 1759, il y avait acheté, avec son frère, Pierre-Joseph de Manthet, une propriété sur laquelle se trouvait une maison très simple, construite « pièces sur pièces » ; 12 ans plus tard, il rachetait la part de son frère et en devenait seul propriétaire.

HÉLÈNE PARÉ

AN, Col., D[2C], 43. — ANQ-M, Greffe de J.-B. Adhémar, 4 juin 1732, 12 juin 1733, 9, 27, 28 juin 1747, 9, 10 juill. 1747, 1er mai 1750 ; Greffe d'Henri Bouron, 11 juin 1750, n°s 53, 54 ; Greffe de L.-C. Danré de Blanzy, 23 juin 1741, 13 juin 1745, 1er févr. 1759 ; Greffe d'Antoine Foucher, 28 juill. 1767 ; Greffe de N.-A. Guillet de Chaumont, 28 juin 1737. — Archives paroissiales, Notre-Dame (Montréal), Registre des baptêmes, mariages et sépultures, 1702 ; Saint-Enfant-Jésus (Pointe-aux-Trembles, Québec), Registre des baptêmes, mariages et sépultures, 1793, f. 18. — ASSM, 24, Dossier 6. — Ste Ann's Parish (Mackinac Island, Mich.), Registre des baptêmes, mariages et sépultures de Sainte-Anne-de-Michillimakinak (mfm aux APC, MG 8, G17). — [G.-] J. Brassier, *Montréal en 1781, déclaration du fief et seigneurie de l'isle de Montréal au papier terrier du domaine de sa majesté en la province de Québec* [...], Claude Perrault, édit. (Montréal, 1969), 136. — Massicotte, Répertoire des engagements pour l'Ouest, ANQ *Rapport*, 1929–1930, 1930–1931. — Ægidius Fauteux, *La famille d'Aillebout : étude généalogique et historique* (Montréal, 1917).

AITKEN (Aitkin), ALEXANDER, arpenteur, né probablement à Berwick-upon-Tweed, Angleterre, fils de David Aitken ; sa mère se prénommait peut-être Catherine ; décédé en 1799 à Kingston, Haut-Canada.

Élevé dans le nord de l'Angleterre et en Écosse, Alexander Aitken fut initié à la profession d'arpenteur, probablement par son père. On ne connaît pas la date de son arrivée au Canada. A la fin de 1784, il fut nommé arpenteur adjoint à Cataracoui (Kingston). Son territoire couvrait la rive nord du lac Ontario. Quand, en 1788, on divisa en quatre districts ce qui est maintenant le sud de l'Ontario, Aitken demeura arpenteur adjoint à Kingston, chef-lieu du nouveau district de Mecklenburg (appelé Midland après 1792), tout en continuant à travailler dans cette partie du district de Nassau (Home) qui relevait de sa compétence avant 1788. En 1792, il fut muté au bureau de l'arpenteur général, créé la même année dans la nouvelle province du Haut-Canada, mais la nature de ses fonctions resta inchangée. Il travailla avec le conseil des terres du district de Mecklenburg, de sa création en 1788 à son abolition en 1794.

Les fonctions d'Aitken, à titre d'arpenteur adjoint, comprenaient la poursuite des arpentages de sa région, généralement au rythme d'une ou deux concessions à la fois, la fixation des frontières du canton, le dessin de plans pour le gouvernement et l'attribution de lots, en particulier aux Loyalistes, dans les premières années. Le territoire arpenté par Aitken commençait à l'extrémité ouest de ce qui est aujourd'hui le comté de Leeds et comprenait les comtés actuels de Frontenac, de Lennox et Addington, et de Hastings ; il correspondait en gros aux deux premières rangées de cantons, dont la première avait front sur eau. John COLLINS avait déjà arpenté l'emplacement de la ville de Kingston, mais Aitken reprit en partie ce travail, fit le tracé des nouveaux quartiers, et, en 1790, procéda aux arpentages de Point Frederick, près de Kingston. Il arpenta de même une grande partie du comté de Prince Edward et des îles situées à l'est de ce même comté.

Dans le district de Home, à l'ouest, Aitken arpenta les premières concessions du canton de Murray, dans le comté de Northumberland, la péninsule Presqu'île et le village de Newcastle. Son travail le plus important, du côté ouest, cependant, eut rapport aux plans d'York (Toronto). En 1788, il en avait préparé le premier plan pour le gouverneur général lord Dorchester [Carleton*], et quand John Graves Simcoe* fut nommé lieutenant-gouverneur de la nouvelle province, Aitken l'accompagna dans son expédition vers le nord jusqu'à l'actuel lac Simcoe dont il arpenta les alentours. En 1793, il dressa un nouveau plan de la ville d'York et fit des levés topographiques autour de la baie de Burlington (port de Hamilton) et du commencement de la rue Dundas à l'ouest. L'année suivante, il poursuivit ses travaux le long de la rue Yonge, au nord d'York, et au port de Penetanguishene.

Beaucoup de ses travaux d'arpentage lui valurent d'incroyables frustrations. L'équipement élémentaire faisait souvent défaut, le salaire de ses aides tardait à arriver et les colons se montraient insatisfaits de leur emplacement. La pauvreté de la terre arable constituait un problème. Le canton de Hungerford, par exemple, était tout en roc et en marécages, si bien qu'Aitken n'osait l'offrir à quiconque. Les inexactitudes, réelles ou prétendues, des arpentages causaient également des problèmes. Aitken dut faire enquête sur les plaintes voulant que ses prédécesseurs se fussent trompés dans l'arpentage du canton de Fredericksburgh, et, en 1797, il dut recommander un nouvel arpentage du canton de Richmond. Peter Russell* prétendit qu'Aitken et Augustus Jones* avaient fait des erreurs dans le plan urbain d'York. Au moment où Aitken était mourant, toutefois, le juge en chef John Elmsley* rendit témoignage à sa compétence générale, ajoutant que sa mort serait « un grand malheur » pour la chose publique.

On connaît peu de chose de la vie personnelle d'Aitken. Ne touchant pas un salaire élevé, il bénéficia néanmoins, comme tous les arpenteurs, d'un certain nombre de concessions de terres, obtenant 1 500 acres à la campagne et un emplacement à Kingston. Quand il était présent dans cette ville, il fréquentait l'église St George, à laquelle il fit plusieurs dons. Les déplacements constants, nécessités par son travail, paraissent ne lui avoir laissé que fort peu de temps pour s'intéresser à autre chose. Les conditions dans lesquelles il travaillait n'étaient guère favorables à sa santé, et il se plaignait de « fièvres intermittentes » (peut-être la malaria), se blessa à la poitrine en tombant de carriole, et, en 1797, souffrait de tuberculose. Sa sépulture, dans le cimetière St George (l'actuel enclos de l'église St Paul), eut lieu le 1er janvier 1800. Il ne s'était jamais marié, et ses biens fonciers allèrent à son père, en Écosse.

FREDERICK H. ARMSTRONG

PAO, U.C., Lieutenant Governor's Office, letterbook, 1799–1800, John Elmsley à Peter Hunter, 12 nov. 1799 ; RG 1, A-I-1, 1–3 ; A-I-6, 1–2, 30 ; A-II-1, 1 ; C-I-4, 40 ; CB-1, 9–11. — Queen's University Archives (Kingston, Ont.), Hon. Richard Cartwright papers, account book, 1791–1798 ; [E. E. Horsey], Cataraqui, Fort Frontenac, Kingstown, Kingston (copie dactylographiée, 1937). — *Correspondence of Lieut. Governor Simcoe* (Cruikshank), II : 30, 71, 99, 111 ; III : 178, 263 ; V : 13s., 121, 163, 202, 237ss. — *The correspondence of the Honourable Peter Russell, with allied documents relating to his administration of the government of Upper Canada* [...], E. A. Cruikshank et A. F. Hunter, édit. (3 vol., Toronto, 1932–1936), I : 53, 65, 169s., 226. — *Kingston before War of 1812* (Preston), 107, 125, 130, 296. — PAO *Report*, 1905, 310, 385, 389, 426, 458, 461s., 466–468, 472, 495, 507. — *The town of York, 1793–1815 : a collection of documents of early Toronto*, E. G. Firth, édit. (Toronto, 1962), xxxii, xxxvi, 11, 14, 23, 37. — *La Gazette de Québec*, 10 juill. 1788. — F. M. L. Thompson, *Chartered surveyors, the growth of a profession* (Londres, 1968). — D. W. Thomson, *Men and meridians : the history of surveying and mapping in Canada* (3 vol., Ottawa, 1966–1969), I : 225s., 231. — Alexander Aitken, Assoc. of Ont. Land Surveyors, *Annual report* (Toronto), 47 (1932) : 100. — Willis Chipman, The life and times of Major Samuel Holland, surveyor-general, 1764-1801, *OH*, XXI (1924) : 55–57.

AKOMÁPIS (Ackmobish, Agmabesh, qui signifie probablement le jeune raquetteur ou peut-être courroie de raquette), **NICHOLAS**, capitaine malécite de la vallée de la rivière Saint-Jean (Nouveau-Brunswick), *circa* 1778–1780.

Pendant la guerre d'Indépendance, les Américains tentèrent sans relâche de conclure une alliance avec les Indiens de la vallée de la rivière Saint-Jean ; encouragés par leur chef, Ambroise SAINT-AUBIN, des Malécites prirent part à l'attaque de Jonathan Eddy* contre le fort Cumberland (près de Sackville, Nouveau-Brunswick) en 1776 et à l'expédition de John Allan* dans la vallée de la rivière Saint-Jean en 1777. Les Britanniques, inquiets, établirent le fort Howe à l'embouchure de la rivière à l'automne de 1777 [V. Gilfred STUDHOLME] et, en juillet 1778, nommèrent un surintendant adjoint des Affaires indiennes chargé de cette région. Leur inquiétude était justifiée, puisque, en août, les Indiens déclarèrent la guerre aux Britanniques et leur intimèrent l'ordre de quitter la région. Dans une tentative de conciliation, le surintendant des Affaires indiennes de la Nouvelle-Écosse, Michael FRANCKLIN, convoqua une conférence à Menagouèche (Saint-Jean, Nouveau-Brunswick). Nicholas Akomápis fut l'un des quatre capitaines qui y assistèrent, en compagnie des chefs malécites Pierre TOMAH et François Xavier, ainsi que de huit membres importants de la tribu des Malécites. Étaient également présents 12 Micmacs et le missionnaire Joseph-Mathurin BOURG.

La réunion principale eut lieu le 24 septembre 1778. Les Indiens prêtèrent le serment d'allégeance au roi et signèrent un traité par lequel ils acceptaient de verser aux Britanniques une compensation pour les biens qu'ils leur avaient volés ou détruits, de garder la neutralité dans la guerre et de tenir les Britanniques au courant des activités des Américains dans la région. Ils ratifièrent leurs promesses par la remise d'une ceinture de porcelaine. En retour, les Britanniques offrirent des cadeaux aux Indiens, leur présentèrent Bourg comme étant le missionnaire qu'on leur avait promis et acceptèrent de construire un poste de traite sur la rivière Saint-Jean. Le lendemain, les Indiens visitèrent un navire britannique dans le port, y buvant à la santé du roi. Le 26 septembre, ils partirent après une dernière séance de discours, de chants et de danses.

Akomápis se distingua quelque peu au cours des événements qui entourèrent le traité. Avec deux autres Indiens, il servit de courrier aux Britanniques. La sincérité avec laquelle il signa le traité paraît confirmée par sa poursuite subséquente de deux déserteurs britanniques et par sa tentative, en compagnie d'un autre Indien, de capturer l'équipage d'une baleinière américaine pêchant dans cette région. C'est peut-être ce dernier incident qui amena les Britanniques à faire confectionner, à son intention, un « chapeau galonné d'or » en septembre 1779. Selon une source, Akomápis aurait été intéressé, comme beaucoup d'autres Indiens en ce temps-là, à la traite des fourrures : il reçut compensation, de la part des Britanniques, en 1778, pour trois pièges à castor que des soldats avaient volés. Après 1779, les sources écrites ne font guère mention d'Akomápis. Avec les autres Malécites de la rivière Saint-Jean, une fois de plus, il accepta sans aucun doute des cadeaux des Britanniques, en mai 1780, contre la promesse de protéger les hommes occupés à couper des mâts dans la région.

Malgré son apparente loyauté envers les Britanniques, Akomápis a peut-être trouvé avantageux d'avoir aussi des rapports avec les Américains. Un certain « Nichola Agmabesh » et deux de ses fils apparaissent en 1780 sur une liste d'« Indiens [...] qui sont et qui ont été au service des États-Unis ».

VIRGINIA P. MILLER

PANS, RG 1, 45, docs.65–66 ; 212, 6 nov. 1778, p.355. — *Military operations in eastern Maine and N.S.* (Kidder), 284. — Selections from the papers and correspondence of James White, esquire, A.D. 1762–1783, W. O. Raymond, édit., N.B. Hist. Soc., *Coll.*, I (1894–1897), n° 3 : 306–340.

ALEYRAC, JEAN-BAPTISTE D', officier dans les troupes régulières françaises, né le 2 avril 1737 à Saint-Pierreville (dép. de l'Ardèche, France), fils de Noé d'Aleyrac et de Jeanne-Marie Vernhes, décédé en France en 1796.

Issu d'une famille de militaires, Jean-Baptiste d'Aleyrac appartenait à la noblesse de province. En 1754, il s'enrôla comme volontaire dans le régiment de Languedoc et, en mai de l'année suivante, il s'embarqua pour le Canada avec le grade de lieutenant. En septembre, il participa à la bataille du lac Saint-Sacrement (lac George, New York). Sa conduite à la tête du détachement fut plus tard louée par LÉVIS, parce que, au contraire de quelques-uns des autres officiers, il ne donna pas faussement l'alarme alors qu'il était harcelé par les Britanniques. Il combattit, en août 1757, au fort George (également appelé fort William Henry ; aujourd'hui Lake George, New York) et au fort Carillon (Ticonderoga, New York) en juillet 1758. Durant l'hiver de 1758–1759, il commanda à Bécancour (Québec), où l'une de ses tâches consistait à entretenir les bonnes relations entre les troupes régulières et les Canadiens et Abénaquis de l'endroit. Il y réussit si bien que les Abénaquis l'adoptèrent et lui donnèrent le nom de Soleil.

En juillet 1759, d'Aleyrac se trouvait parmi les défenseurs de Québec ; ce même mois, il participa à la bataille de Montmorency. Blessé en août, alors qu'il était de garde à Québec, il put encore se battre sur les plaines d'Abraham le 13 septembre. En avril 1760, il était présent à la bataille de Sainte-Foy. On lui reconnaît le mérite d'avoir sauvé la vie de Lévis dans une embuscade, avant la bataille, en tenant à distance, avec les 28 grenadiers sous ses ordres, un parti de 100 Britanniques. Il assista à la capitulation de Montréal le 8 septembre et, peu après, rentra en France.

Pour ses officiers supérieurs, d'Aleyrac, que l'on qualifia plus tard de « jeune tête léger », paraissait quelque peu emporté. Montcalm* l'appelait « une mauvaise tête », mais lui trouvait des manières engageantes et le potentiel d'un bon officier. Il semble avoir servi avec distinction pendant les campagnes de 1759, puisqu'il fut promu lieutenant des grenadiers et reçut une gratification de 200# octroyée par Montcalm.

D'Aleyrac présente un intérêt particulier, à cause des mémoires sur sa carrière canadienne écrits dans les dernières années de sa vie. Son attitude à l'égard des Canadiens et des Indiens est plus positive que celle de plusieurs de ses collègues officiers [V. Pierre-André GOHIN]. Il a trouvé les Canadiens grands et en bonne santé, chasseurs et bâtisseurs experts, dont le français et la cuisine étaient également excellents. Sensible au courage et à l'honnêteté des Indiens, il juge remarquable leur esprit d'indépendance. Il admet qu'à l'occasion ils torturent leurs prisonniers, mais souligne qu'ils adoptent la plupart d'entre eux. A en juger par ses mémoires, d'Aleyrac était d'un bon naturel et s'adapta facilement au Nouveau Monde. Ses critiques, peu nombreuses, restent charitables, et sa seule plainte, à laquelle plusieurs historiens firent écho par la suite, concerne la noblesse de cour qui obtenait tous les honneurs et les hauts commandements, alors que la noblesse de province, qui accomplissait toute la besogne, était la plus méritante.

L'un des incidents que d'Aleyrac raconte dans ses mémoires se rapporte à la nuit du 12 au 13 septembre 1759, qui marqua l'approche de Wolfe* sur Québec. Il entendit, écrit-il, le va-et-vient des embarcations à rames et rapporta ce fait à son supérieur, le capitaine Charles-François Auger de Marillac, qui ne jugea pas, semble-t-il, le renseignement suffisamment important pour le transmettre aux hautes autorités. D'Aleyrac pensa qu'à la bataille des plaines d'Abraham qui s'ensuivit, Marillac se laissa tuer, de honte. D'Aleyrac est la seule source que nous ayons sur cet incident, et l'on peut seulement noter à cet égard qu'il semble avoir été en général impartial et non enclin à la vantardise.

De retour en France, d'Aleyrac servit, de 1765 à 1768, dans la campagne de Corse. Il fut promu capitaine en 1768 et capitaine des grenadiers en 1781. L'année suivante, il recevait la croix de Saint-Louis. Il semble avoir accepté la Révolution française et sut se faire agréer du gouvernement, puisqu'on le nomma lieutenant-colonel en 1792. Son état de santé le força à se retirer l'année suivante. Il mourut, en 1796, sans laisser de postérité.

SUSAN W. HENDERSON

[J.-B. d'Aleyrac], *Aventures militaires au XVIIIe siècle d'après les mémoires de Jean-Baptiste d'Aleyrac*, Charles Coste, édit. (Paris, 1935).

AD, Ardèche (Privas), État civil, Saint-Pierreville, 3 avril 1737. — AMA, SHA, Y^b, 121–122 (copies aux APC). — La Chesnaye-Desbois et Badier, *Dict. de la noblesse*. — Claude de Bonnault, Les aventures de M. d'Aleyrac, *BRH*, XLIV (1938) : 52–58. — Armand Yon, La « dolce vita » en Nouvelle-France à la veille de la guerre (1740–1758), *Cahiers des Dix*, 37 (1972) : 168–170.

ALLARD (Alard, Dalard) DE SAINTE-MARIE, PHILIPPE-JOSEPH D', officier dans les troupes de la Marine, né entre 1704 et 1708 à Plaisance (Placentia, Terre-Neuve), fils de Jean-Joseph d'Allard* de Sainte-Marie et de Marie-Anne de Tour de Sourdeval ; il épousa le 9 mars 1739 Jeanne Jacau, sœur de Louis-Thomas JACAU de Fiedmont, à Louisbourg, île Royale (île du Cap-Breton), et de ce mariage naquirent deux filles ; en secondes noces, il épousa, le 31 janvier 1751, Angélique, fille de Philippe Carrerot* et de Marie-Thérèse Gaultier (Gauthier), à Louisbourg, et ils eurent huit enfants ; décédé en 1778, à Tonnay-Boutonne (dép. de la Charente-Maritime, France).

La carrière de Philippe-Joseph d'Allard de Sainte-Marie fut typique de celle des fils d'officiers de Louisbourg : tout jeune encore, en 1720, il entra dans les troupes de la Marine et ne quitta Louisbourg que forcé par les défaites de 1745 et de 1758. Promu enseigne en pied en 1730, il fit le service de routine dans la compagnie de Michel de Gannes* de Falaise jusqu'en 1733, année où il se vit confier « les fonctions d'ingenieur » sous les ordres d'Étienne Verrier*. En 1734, à la demande de ce dernier, il fut stationné à l'île Saint-Jean (Île-du-Prince-Édouard) pour y servir en qualité d'ingénieur. Il retourna à Louisbourg la même année et, à la fin de 1736, fut de nouveau envoyé à l'île Saint-Jean en compagnie de Robert Tarride* Duhaget, qui devait y relever Jacques d'Espiet* de Pensens, malade. De retour à Louisbourg en 1738, Sainte-Marie commença, d'une façon guère spectaculaire, sa longue association avec l'artillerie, quand le gouverneur intérimaire, François Le Coutre* de Bourville, lui demanda de prendre le commandement, l'officier habituellement en charge étant en congé. En 1739, Sainte-Marie, promu lieutenant, continua de servir dans l'artillerie parce qu'il avait amélioré l'état des batteries.

Sainte-Marie avait un jeune frère, dit le chevalier de Sainte-Marie, et la similitude des débuts de leur carrière respective a causé une certaine confusion. Le chevalier suivit Philippe-Joseph dans l'armée comme cadet en 1725, reçut une expectative d'enseigne en second en 1728 et, en 1730, combla la vacance créée par la promotion de son frère au grade d'enseigne en pied. Bien qu'il eût été envoyé à Québec en 1736 afin d'y être traité pour folie – plusieurs remèdes s'étant révélés sans effet à Louisbourg – il fut promu enseigne en 1737. Cette année-là, le gouverneur Saint-Ovide [Monbeton*] demanda que le chevalier fût placé dans un hôpital de France qui « a des chambres pour les fols ». A cause de sa pauvreté, la couronne versa, pour son entretien, une pension de 300#.

L'association de Sainte-Marie avec l'artillerie coïncida avec le souci qu'on avait en France de la réformer et avec les efforts d'Isaac-Louis de Forant* en vue d'organiser une compagnie d'artillerie à Louisbourg. Antérieurement, des soldats des troupes de la Marine avaient travaillé avec quelques canonniers d'expérience, recrutés à Rochefort pour armer les batteries de la forteresse. Forant envoya son projet d'une compagnie d'artillerie à Versailles en octobre 1739 et donna l'ordre de procéder immédiatement à la sélection de recrues à l'instruction. Bien que le projet n'eût été approuvé qu'en 1742 et qu'il n'entrât en vigueur que le 1er janvier 1743, Sainte-Marie fut choisi en novembre 1739 pour commander la compagnie. En octobre 1741, la nouvelle unité et une école d'artillerie avaient été mises sur pied. Les artilleurs constituaient un corps d'élite. Non seulement avaient-ils des quartiers spéciaux, mais ils étaient aussi mieux payés (touchant des primes pour leur habileté au tir) et étaient exemptés de plusieurs tâches de la garnison. Il convient de noter particulièrement leur refus de participer à la mutinerie de la garnison, en 1744. Les tâches de Sainte-Marie au sein de la compagnie et de l'école occupaient beaucoup de son temps. Parce qu'il lui était impossible d'arrondir son salaire en exploitant une cantine d'officier, la couronne approuva le versement d'une gratification de 300#, pour compenser le manque à gagner. En mai 1743, il fut promu capitaine.

Sainte-Marie servit au cours du premier siège de Louisbourg, mais ni lui ni sa compagnie n'y jouèrent un rôle de premier plan. Le peu d'effet de leur tir de contrebatterie n'eut pas grand-chose à voir avec la défaite française [V. Louis Du Pont Duchambon] et n'apporta aucun discrédit sur les capacités réelles de Sainte-Marie. Les fortifications de Louisbourg, conçues pour résister à une attaque par mer, étaient peu élevées. Or, l'élévation était d'une souveraine importance dans les échanges d'artillerie, et une fois que les troupes de William Pepperrell* eurent assis leurs batteries de siège sur un lieu éminent, les meilleurs canonniers n'eussent pu venir à bout de ce désavantage. Le rapport de Sainte-Marie, du 26 juin 1745, sur l'état des munitions à l'intérieur de la forteresse, combiné à celui de Verrier sur les fortifications, joua un rôle déterminant dans la décision de Du Pont Duchambon et du conseil de guerre, dont Sainte-Marie était membre, de capituler. Sainte-Marie avait laissé entrevoir peu d'espoir de résister davantage. La plupart des pièces étaient hors d'état, il ne restait que 47 barils de poudre et la réserve d'amorces à canon était épuisée.

Après la capitulation, Sainte-Marie et sa compagnie furent affectés à Rochefort. En 1747, Sainte-Marie commandait une batterie sur le navire amiral du gouverneur La Jonquière [Taffanel*], le *Sérieux*, de 64 canons. Dans un furieux engagement, qui dura huit heures, avec des navires de l'escadre du vice-amiral George Anson, le 14 mai 1747, Sainte-Marie fut blessé et fait prisonnier. En février 1749, il était de nouveau à Rochefort, tenant sa compagnie prête pour le retour à Louisbourg. Au mois de mars de cette même année, il reçut la croix de Saint-Louis, avec la citation suivante : « Il a toujour servi avec beaucoup de zele, surtout depuis [...] la formation de la Compagnie des Canoniers. » Il retourna à Louisbourg en 1749 à titre de capitaine de la première des deux compagnies d'artillerie qu'on y faisait passer. Il fut blessé au cours du second siège, en 1758, mais cette fois encore les compagnies d'artillerie ne s'y mirent pas en vedette. Ses allées et venues immédiatement après le siège sont incertaines. En 1762, il fut placé en garnison à Saint-Domingue (île d'Haïti) avec 120 hommes pour renforcer les deux compagnies d'artillerie qui s'y trouvaient. L'année suivante, la maladie le força à retourner en France, et, en 1765, il était en garnison à Rochefort. Cette année-là, il reçut une commission de lieutenant-colonel et prit sa retraite, lui qui avait une grande famille et était sans fortune, avec une pension de 1 800#. Au moins deux de ses fils devinrent officiers d'artillerie.

Sainte-Marie ne fut pas un officier brillant, mais il était dévoué et gros travailleur. Contrairement à son père et à plusieurs de ses contemporains du corps des officiers de Louisbourg, il évita de faire du commerce, ce qui est une indication de la fierté qu'il avait de son métier d'artilleur dans une forteresse où les canons étaient toujours plus nombreux que les hommes pour les armer.

TERRENCE MACLEAN

AN, Col., B, 57, ff.643, 763 ; 65, f.482v. ; 68, f.10 ; 72, f.15v. ; 76, f.24v. ; 90, f.49 ; 114, f.1 ; 152, f.267 ; 174, f.246v. ; C^{11B}, 18, ff.20, 57 ; 19, f.28 ; 21, ff.9–12, 38, 44, 51, 59, 63–64, 68 ; 22, ff.43, 114–115 ; 24, f.33 ; 27, ff.73, 87 ; D^{2C}, 1, f.21 ; 2, ff.71, 79, 117 ; 3, ff.113–117, 121, 131 ; 4, ff.6–7, 21, 42, 106–158 ; 47/4, pp.238, 260, 340, 376, 379 ; 48/1, pp.9s., 28, 43 ; 48/3, p.582 ; 60, pp.17s. (les références en pages sont des copies aux APC) ; E, 3 (dossier Allard de Sainte-Marie) ; F^3, 50, f.319v. ; Section Outre-mer, G^1, 407, pièce 16 ; 408/1, ff.31, 97 ; 408/2, ff.16v.–17 ; 409/2, ff.4v., 26v. ; 466, f.76. — Æ. Fauteux, *Les chevaliers de Saint-Louis*, 122. — Frégault, *François Bigot*, I : 224–226. — Francis Parkman, *A half-century of conflict* (5e éd., 2 vol., Boston, 1893), II : 317. — Rawlyk, *Yankees at Louisbourg*, 145. — R. J. Morgan et T. D. MacLean, Social structure and life in Louisbourg, *Canada, an Hist. Magazine* (Toronto), 1 (juin 1974) : 67–69.

ALLINE, HENRY, évangéliste, hymnographe et théologien, né le 14 juin 1748 à Newport, Rhode Island, second fils de William Alline et de Rebecca Clark, décédé le 2 février 1784 à North Hampton, New Hampshire.

Henry Alline naquit dans une vieille famille de la Nouvelle-Angleterre dont les origines remontaient au temps de l'arrivée du *Mayflower*. Son père, probablement meunier, avait séjourné à Boston où, en 1738, il avait épousé en secondes noces la mère de Henry, avant de s'établir à Newport, port de mer de 6 000 habitants, et deuxième ville en importance de la Nouvelle-Angleterre. A Newport, le jeune Henry fréquenta l'école publique où il fut, comme il l'indiqua par la suite, « un élève assez précoce ». Son père avait très peu d'expérience du métier d'agriculteur ; toutefois, devant la nécessité de subvenir aux besoins d'une famille nombreuse, il prêta une attention toute particulière aux annonces faites par le gouverneur Charles Lawrence* en 1758 et 1759 concernant les terres fertiles offertes gratuitement en Nouvelle-Écosse.

William Alline était au nombre des 113 habitants du Rhode Island et du Connecticut qui obtinrent des concessions sur la rive nord de la rivière Pisiquid (rivière Avon) en vue d'y fonder un établissement, et, en 1760, « après avoir longuement délibéré », la famille émigra dans la région qui allait devenir le canton de Falmouth [V. John HICKS]. Les Alline participèrent alors à la répartition des terres suivant la coutume établie en Nouvelle-Angleterre et affrontèrent les rigueurs de la vie des colons en Amérique du Nord. Au début, la menace des Indiens préoccupa le jeune Henry bien davantage que les tâches prosaïques comme la construction des bâtiments, le défrichage des terres et la culture du sol.

Quelques années seulement après les premiers travaux de colonisation, on retrouvait à Falmouth un village agricole typique des régions de la « frontière » où les habitants pratiquaient une agriculture de subsistance. Dans ce milieu, trois facteurs exercèrent une influence primordiale sur Alline à l'époque où il passait de l'adolescence à la maturité ; en lui imposant des contraintes et en le privant de la possibilité de se réaliser dans la vie civile, lui qui était un garçon intelligent, dynamique et doué d'un tempérament de chef, ils l'incitèrent à chercher d'autres débouchés. En premier lieu, le gouvernement de la Nouvelle-Écosse s'efforçait avec succès d'étouffer le plus possible les initiatives politiques locales en groupant les centres de décision à Halifax. Comme il n'existait aucun organisme gouvernemental de quelque importance à Falmouth, Alline ne pouvait envisager d'y mener une carrière politique valable. Deuxièmement, dans la situation de pauvreté et d'isolement qui était le lot de la campagne néo-écossaise, le jeune homme ne pouvait compter sur des institutions religieuses, culturelles et scolaires qui lui auraient permis de mettre en valeur ses aptitudes intellectuelles. Enfin, il était le plus âgé des garçons vivant à la maison, et ses parents, qui prenaient de l'âge, s'attendaient à ce qu'il remette à plus tard ses projets personnels et demeure avec eux pour diriger la ferme familiale. Fils soumis et affectueux, Alline ne pouvait penser à voler de ses propres ailes ; en outre, sa famille étant nombreuse et relativement pauvre, il ne pouvait songer à se marier et à élever une famille au domicile paternel. Ainsi fut-il forcé par les circonstances de mener une vie qui, extérieurement, était tout à fait semblable à celle des membres de la communauté dont il partageait les travaux et les rares plaisirs. Intérieurement, toutefois, il se souciait de plus en plus du salut de son âme.

Avant même que la famille eût émigré en Nouvelle-Écosse, Alline avait été « remué par l'esprit de Dieu » et il avait franchi plusieurs étapes sur la voie qui menait traditionnellement les habitants de la Nouvelle-Angleterre à la conversion. Il connaissait les enseignements chrétiens et avouait sa propre impuissance en face de son créateur. A Falmouth, où l'accès aux institutions religieuses traditionnelles était limité, il continua de s'instruire par lui-même en lisant « maints récits et comptes rendus sur le travail de la grâce dans l'âme d'autrui » puisés dans les livres de piété populaires diffusés jusque dans ces familles de défricheurs. En vieillissant, il se mêla davantage aux jeux innocents de ses camarades, auxquels il donna plus tard le nom de « plaisirs frivoles et charnels », et ses parents eurent avec lui des entretiens sur les « points controversés » de la religion et lui parlèrent du danger des « passions charnelles ». Henry et ses parents semblent avoir partagé les mêmes inquiétudes. Alline éprouvait les désirs sexuels normaux d'un jeune garçon, et ses parents se souciaient non seulement des péchés qui pouvaient être commis mais aussi de la possibilité de perdre le principal soutien de la famille. Comme il l'indique très nettement dans son journal en décrivant une de ses visions, il fut forcé d'écarter tout projet de mariage et même d'éviter la compagnie des femmes et jeunes filles.

Durant de nombreuses années, Alline lutta continuellement contre sa conscience, « gémissant sous le poids de la culpabilité et de l'obscurité, priant et implorant sans cesse pour obtenir miséricorde ». La certitude qu'il allait enfin se convertir lui fut donnée le 26 mars 1775, un dimanche, alors que les habitants de Falmouth étaient privés de sermon comme d'habitude. Après avoir erré dans les champs, Henry rentra à la maison, ouvrit la Bible et lut le psaume XXXVIII. Il nota peu après : « à mesure que je relisais les Écritures, l'amour rédempteur pénétra avec une telle force dans mon âme qu'elle sembla fondre complètement d'amour ». Par la suite, il se sentit appelé à « exercer le ministère et [...] à prêcher l'évangile ». De cruelles angoisses allaient le torturer pendant plus d'une année avant qu'il ne se décidât à répondre à cet appel.

Le journal d'Alline nous renseigne de façon assez détaillée sur les difficultés qu'il connut durant cette période d'indécision. Sa première réaction à l'appel avait été de s'écrier : « Amen, Seigneur. Je partirai ! je partirai ! Envoyez-moi ! envoyez-moi ! », mais plusieurs obstacles lui barrèrent la route. L'un des plus sérieux fut, évidemment, l'incertitude engendrée par l'éclatement de la rébellion américaine contre la Grande-Bretagne. La conversion de Henry coïncidait presque à la veille des batailles de Lexington et de Concord, et sa période de réflexion, avec les tentatives des rebelles d'expulser de Boston les troupes du lieutenant général Thomas Gage. En outre, Alline et ses parents respectaient une tradition solidement enracinée en Nouvelle-Angleterre, suivant laquelle un ministre devait être un érudit. « En vérité, disait-il, j'avais lu et appris plus qu'il n'était d'usage pour quelqu'un de ma condition », mais il ajoutait que ses connaissances étaient restreintes et que, dans une large mesure, il les avait « acquises par [lui-même et] non à l'école ». Enfin, il y avait le problème de la famille : « le domaine paternel, expliquait-il, n'était pas très vaste et, comme mes parents étaient presque trop vieux pour travailler, j'avais tout le souci de ces affaires temporelles ».

En octobre 1775, Henry tenta de se rendre en Nouvelle-Angleterre, la seule région de l'Amérique du Nord où, à toutes fins utiles, il pouvait faire les études avancées dont il avait besoin, mais la guerre éclata. Des corsaires prirent le bateau à bord duquel il avait l'intention de voyager et, tandis qu'il attendait un autre navire, il apprit que sa famille avait attrapé la petite vérole et souhaitait qu'il revienne à Falmouth. Lorsque le gouvernement décida, le mois suivant, de mobiliser une partie de la milice provinciale sous les ordres de Henry Denny Denson, obligeant ainsi les habitants de la Nouvelle-Écosse à prendre position concernant la guerre, Alline fut « requis par quelques officiers de solliciter une commission ». Justifiant par des raisons d'ordre religieux la neutralité dans laquelle il se réfugiait comme bien des Néo-Écossais, il rejeta cette demande en expliquant qu'il n'allait accepter qu'une commission « du ciel » qui lui enjoindrait « de se mettre en route et d'engager [ses] semblables à combattre sous la bannière du roi Jésus ». Après s'être ainsi libéré de ses obligations politiques envers la Grande-Bretagne, il lui restait à s'affranchir du puritanisme traditionnel de la Nouvelle-Angleterre. Il le fit en une occasion qui avait à cet égard une valeur symbolique, soit le jour anniversaire des batailles de Lexington et de Concord. Le 19 avril 1776, lorsqu'il prit la décision définitive de prêcher, Alline devint un homme libre, capable d'offrir aux autres ce que lui-même avait trouvé : une certitude spirituelle qui rejetait et transcendait les tribulations du monde profane, britannique ou américain. Il livra un message qui, par son accent, était indubitablement néo-écossais. Pendant les trois années suivantes, il ne prêcha que dans le secteur avoisinant le bassin des Mines, en partie à cause des aléas de la guerre, mais aussi parce qu'il se sentait encore lié par ses obligations familiales. Ce n'est que le 6 avril 1779 qu'il fut ordonné évangéliste par trois congrégations de la vallée d'Annapolis – il avait participé à la fondation de deux d'entre elles –, et ce n'est qu'après l'ordination qu'il alla prêcher hors de la région immédiate où il demeurait.

Dans cette Nouvelle-Ecosse de défricheurs, aucun peintre n'a fait le portrait de Henry Alline et il n'existe de lui qu'une description faite par un de ses contemporains, qui présente l'évangéliste comme un homme de « taille moyenne, droit, mince, [avec] un teint clair, des cheveux blonds frisés et des yeux bleus rêveurs ». On distinguait sans doute chez lui les signes caractéristiques de la consomption pulmonaire qui allait peu à peu s'aggraver vers la fin de sa vie et finalement l'emporter : une pâleur maladive contrastant avec un esprit hyperactif et parfois fiévreux. Cette apparence de poitrinaire, en lui donnant l'air d'un saint Jean-Baptiste de la Nouvelle-Écosse, ne faisait sans doute qu'ajouter à la vive impression qu'il produisait sur autrui. Ce n'est pas l'aspect physique, toutefois, qui explique le succès d'Alline en tant qu'évangéliste, mais plutôt sa maîtrise des méthodes propres au revivalisme du XVIIIe siècle. Sa doctrine faisait plus que s'écarter des sentiers battus. Toutefois, son utilisation de la prédication itinérante, sa façon d'improviser des sermons visant à des conversions soudaines, de faire participer les laïques aux services religieux, de céder à des accès d'émotion et d'affronter publiquement les « contradicteurs », tout cela démontrait qu'il était un héritier de la tradition évangélique qui circulait de part et d'autre de l'Atlantique.

Comme tous les grands évangélistes, Alline renonça à se fixer quelque part, préférant le déplacement continuel ou l'« itinérance », comme on disait à l'époque. Il partait de Falmouth – car il ne se libéra jamais complètement de sa famille – et il voyageait durant six à neuf mois de l'année à dos de cheval, en bateau, en raquettes ou à pied. Au cours de sa carrière, il parcourut la plus grande partie de la Nouvelle-Écosse ainsi que les régions colonisées de l'actuel Nouveau-Brunswick, et il visita un grand nombre d'îles au large des côtes. En 1782, il se rendit à l'île Saint-Jean (Île-du-Prince-Édouard). En général, il ne tenait pas ses réunions dans les églises, lesquelles n'étaient pas nombreuses et, la plupart du temps, lui étaient fermées. De toute façon, Alline n'accordait pas beaucoup d'importance aux églises, aux organisations religieuses et aux ressources financières. C'est d'égal à égal qu'il rencontrait ces défricheurs de la Nouvelle-Écosse, dont il connaissait bien les conditions de vie.

Bien qu'improvisés, les sermons d'Alline, comme ceux de la plupart des évangélistes, contenaient une série d'arguments conventionnels exposés dans un langage biblique qui lui était familier. Sans doute lui arrivait-il à la longue de se répéter, mais il restait rarement au même endroit assez longtemps pour ennuyer ses auditeurs. Ses sermons, typiques en cela du revivalisme de l'époque, mettaient l'accent sur la nécessité de la « nouvelle naissance », une forme de catharsis qui amenait les participants à reconnaître le Christ comme leur sauveur. Mais Alline n'était pas seulement un prédicateur. Il connaissait la valeur de la prière et du chant. Il invitait les gens à chanter des hymnes au cours de ses réunions et ailleurs, et il en composa un grand nombre lui-même car il n'y avait pas de recueils. On réimprima au moins quatre fois aux États-Unis une collection posthume de ces hymnes, et plusieurs de ceux-ci figurèrent dans les recueils en usage au XIXe siècle.

Le chant n'était qu'un des moyens utilisés par Alline pour inciter les auditeurs à prendre part à ses services religieux. Une femme de Windsor, réagissant de façon typique, « fut transportée de joie à tel point qu'elle ne pouvait s'empêcher, dans une extase divine, de crier sa louange à Dieu en exhortant les âmes à se joindre à elle ». Estimant que la « nouvelle naissance » était la seule condition nécessaire à l'exercice du ministère, Alline encourageait les nouveaux convertis à prendre la parole et même à prêcher. Une telle participation des laïques était qualifiée de « nivellement » par les dirigeants des Églises en place et elle constituait le gros des critiques qu'ils formulaient à l'endroit de son mouvement évangélique. Mais cette opposition stimulait Alline. Il savait ce en quoi il croyait ; il avait la certitude absolue d'être dans le droit chemin, et sa logique était en pratique inattaquable, si l'on acceptait ses postulats. L'un de ses principaux adversaires cléricaux, le congrégationaliste Jonathan Scott*, de Yarmouth, soutenait qu'Alline exagérait en public la véhémence de ses opposants, ce qui « lui attirait la pitié, selon toute apparence, et servait à enflammer les gens et, sans doute, à promouvoir la cause qu'il défendait ». Alline ne se livrait peut-être pas consciemment à de pareils calculs, mais il sut toujours tourner l'opposition à son avantage.

Presque d'instinct, semble-t-il, Alline porta son message évangélique surtout dans les secteurs de la population néo-écossaise qui étaient, mentalement et émotivement, les mieux préparés à le recevoir. Sur les terres lointaines de la Nouvelle-Écosse, et particulièrement dans les régions défrichées par les Yankees, les colons éprouvaient des difficultés financières ainsi que des sentiments d'insécurité causés par le déracinement, situation encore plus grave depuis qu'ils avaient été obligés par la rébellion de rompre des liens étroits avec la Nouvelle-Angleterre. Plusieurs anciens habitants de la Nouvelle-Angleterre avaient connu les beaux jours du Grand Réveil dans les années 1740 et étaient tout disposés à les revivre. En outre, il faut souligner ce facteur encore plus important mis en lumière dans une étude récente : au sein des communautés éloignées et économiquement instables, où le fait d'être un propriétaire foncier ou d'avoir un poste officiel ne garantissait pas nécessairement le statut social des individus, « le statut religieux pouvait acquérir en soi une valeur indépendante de presque toute autre chose, portant ainsi un grand nombre de gens à la piété et à la conversion ». En Nouvelle-Écosse, le réveil n'empêcha pas la population d'éprouver de la sympathie à l'égard de la rébellion américaine, mais il servit d'exutoire d'ordre sentimental à ceux qui ne pouvaient entreprendre une action politique. Il est possible également qu'il ait suscité une forme élémentaire de patriotisme local inspiré de la « mission » particulière de la Nouvelle-Écosse en Amérique du Nord.

La carrière d'évangéliste que mena Alline coïncida pratiquement avec la rébellion américaine, et sa conception de l'organisation ecclésiale cadrait bien avec les incertitudes de ces années de crise et de chaos. Sans se soucier véritablement des institutions, il mit sur pied quelques congrégations dont l'existence fut éphémère : deux dans la région des Mines, une dans le comté d'Annapolis et d'autres à Liverpool et à Maugerville ; dans tous ces endroits, les Églises traditionnelles étaient faibles ou absentes. Le réveil ne fit pas tellement concurrence aux religions déjà implantées, mais il répondit plutôt à un besoin de *leadership* spirituel durant cette période critique où la pauvreté et la confusion des années de guerre avaient provoqué le départ de la plupart des membres du clergé en place. Les congrégations *New Light* établies par Alline érigeaient en principe la nécessité de la conversion lors d'une crise religieuse et traduisaient partiellement les convictions de leur fondateur. Seuls ceux qui avaient bénéficié d'« une action de la grâce dans leur cœur » pouvaient en être membres. A l'exception de la congrégation de Horton (région de Wolfville), qui s'opposait fermement au baptême des enfants, les congrégations *New Light* adoptèrent l'opinion d'Alline suivant laquelle un vrai chrétien n'attachait pas d'importance aux modalités et aux règles du baptême. De la même façon, la contribution financière au soutien du pasteur était libre et laissée à la conscience de chacun, conformément au souhait d'Alline. Celui-ci ne s'intéressait pas aux choses matérielles ; quand il mourut, ses biens comprenaient « un cheval et un traîneau, ses vêtements et environ 12 dollars en argent ». Il ne se souciait pas beaucoup non plus des nécessités administratives de tous les jours. Les congrégations *New Light* convenaient certes à une période de crise, mais elles eurent du mal à s'adapter aux situations moins troublées, vu leur manque de structures définies. Créé et unifié par Alline en Nouvelle-Écosse, le mouvement était fondamentalement instable et portait trop la marque de sa personnalité ; il ne pouvait guère lui survivre. A part John Payzant et Thomas Handley Chipman, peu de disciples prirent la relève de son ministère auprès de la population.

L'aspect de son œuvre qui souleva les plus vives controverses, en ce temps-là et depuis lors, fut peut-être sa théologie. Étant donné qu'il avait peu fréquenté l'école, qu'il avait fini par s'opposer à l'éducation traditionnelle, qu'il vivait dans un milieu primitif et qu'il insistait principalement sur la ferveur évangélique, on serait porté à croire qu'Alline était un revivaliste anti-intellectuel typique, du genre de ceux qui s'attiraient constamment la colère des opposants au réveil. Au contraire, il s'efforça véritablement d'appuyer sur des données intellectuelles ses intuitions concernant la nature de Dieu, de l'homme et des rapports entre eux. Mais ses efforts suscitèrent peu d'éloges. Lorsque William Black*, leader méthodiste de la Nouvelle-Écosse, fit parvenir les écrits d'Alline à John Wesley, celui-ci n'y vit qu'un « lamentable jargon » et, depuis, les commentateurs ont généralement partagé cet avis. La principale faiblesse d'Alline était un manque de subtilité intellectuelle ; son esprit naïf l'amenait à entreprendre plus qu'il n'était sage de le faire, faute de voir les difficultés. Autodidacte, peu connu, le jeune Néo-Écossais voulut, sans aide, non seulement démolir la vénérable théologie du calvinisme, mais lui substituer un mysticisme existentiel dont il était beaucoup plus facile de faire l'expérience que d'exposer les principes. Il lui manquait le langage figuré dont se servaient des hommes comme William Blake et le cordonnier allemand du XVIe siècle, Jacob Boehme, mais sa vision de Dieu et de l'univers était remarquablement semblable à la leur.

Lorsqu'il exposa ses vues théologiques, que l'on retrouve surtout dans les 200 premières pages de son principal ouvrage, *Two mites on some of the most important and much disputed points of divinity* [...], publié à Halifax en 1781 par Anthony HENRY, Alline commença par relater ses propres expériences. Autodidacte vivant dans l'isolement, il ne pouvait concilier la doctrine du calvinisme, même transformée par le puritanisme de la Nouvelle-Angleterre, avec ce qui lui était arrivé. Il fallait surtout retenir, selon lui, que Dieu était Amour. Si Dieu aimait les hommes, la divinité sévère et juste de la Nouvelle-Angleterre, qui ne voulait le salut que d'un petit nombre de personnes, ne pouvait faire l'objet de la foi. Dans les écrits d'un jacobite du XVIIIe siècle, membre de l'Église d'Angleterre, William Law, il trouva une théorie rejetant le calvinisme. Tous les adhérents à l'évangélisme furent influencés par les premiers travaux de Law, mais il semble qu'Alline fut le seul qui, à sa suite, adopta le mysticisme de Jacob Boehme.

Dans *Two mites*, Alline insiste sur le fait que Dieu est bon et que, si l'homme a perdu la grâce par sa propre faute, il est également en mesure de se racheter lui-même. Sa façon de voir se rapproche de la théorie du salut universel ; il n'affirme pas, cependant, que tous seront sauvés mais uniquement que tous peuvent l'être. Bien qu'elle prêtât à controverse, cette idée était bien plus intelligible que le mysticisme imprégnant certains de ses autres textes, notamment les dernières pages de *Two mites* et la brochure intitulée *The anti-traditionist* publiée à Halifax, probablement en 1783. Dans ces pages, Alline parle de la « créativité transcendantale » qui imprègne l'univers créé et il tente d'exprimer ses sentiments sur Dieu. Jonathan Scott fit paraître une étude critique dans laquelle il accusait l'évangéliste de s'adresser aux « passions des lecteurs, particulièrement chez ceux qui, étant jeunes, ignorants et inconsistants, sont davantage influencés par le son et le cliquetis des mots ». Des accusations semblables avaient été portées contre Boehme et Blake.

Compte tenu de ses expériences et de son milieu de vie, il n'est pas étonnant qu'Alline ait prôné non seulement le mysticisme, mais encore l'ascétisme, l'égalitarisme et le détachement de ce monde. Par suite de la déchéance du monde visible, estimait-il, le corps humain était naturellement enclin au péché et avait besoin de mortification. Il fulminait donc contre « les divertissements », la boisson, les courses de chevaux et autres formes de plaisirs mondains. Sans doute l'ascétisme d'Alline était-il trop sévère pour être imité par la plupart des habitants de la Nouvelle-Écosse, mais son attitude plut à un grand nombre d'entre eux. Sa foi en un salut possible pour toute l'humanité laissait entendre que tous les hommes étaient égaux au regard de Dieu ; cette assurance et le thème du salut éternel dans un autre monde, sur lequel il revenait souvent, avaient un grand pouvoir de séduction sur une population de pionniers aux prises avec les difficultés matérielles de cette époque.

Cependant, le ministère qu'exerçait Alline prit une orientation différente à partir du moment où il s'efforça, avec la publication de *Two mites*, d'exposer clairement ses positions intellectuelles. La plupart des congrégations qu'il fonda se conformèrent à ses idées concernant la pratique religieuse ; sur le plan doctrinal, toutefois, elles adoptèrent des vues qui, dans leur puritanisme traditionnel, étaient pratiquement en contradiction avec les idées nouvelles qu'Alline élaborait. En avril 1781, l'une des congrégations qui l'avait ordonné en 1779 lui reprocha d'avoir « fait paraître des théories erronées sous forme imprimée », et un grand nombre de ses disciples eurent du mal à admettre ses opinions théologiques. L'opposition aux idées d'Alline augmenta à mesure que son champ d'apostolat s'agrandissait et devenait plus stable, après la conclusion de la paix entre la Grande-Bretagne et les États-Unis. Toujours désireux d'élargir la portée de sa mission, il partit pour la Nouvelle-Angleterre vers la fin de 1783. Il mourut à North Hampton, dans le New Hampshire, au début de 1784. Sa mort à cet endroit était un présage de la forme que son influence allait bientôt prendre : non loin de là, en effet, se trouvait la demeure de Benjamin Randall qui fonda aux États-Unis le mouvement baptiste *Freewill*, inspiré largement des idées d'Alline. La plupart des congrégations établies par ce dernier en Nouvelle-Écosse et au Nouveau-Brunswick disparurent ou passèrent aux mains des baptistes qui rejetèrent sa théologie anticalviniste.

Les historiens des Maritimes, en particulier ceux dont les ouvrages s'inscrivent dans la tradition de l'histoire des diverses sectes, n'ont jamais ignoré tout à fait Henry Alline, mais sa carrière et ses activités ont été l'objet, ces dernières années, d'une plus grande attention, comme en témoignent les nombreuses études qui ont paru depuis 1945. Ce nouvel intérêt correspond à un changement dans l'orientation des travaux d'histoire, lesquels délaissent les élites des grands centres et leurs institutions pour chercher à comprendre la vie, les préoccupations et les aspirations des gens ordinaires. Le Grand Réveil, en Nouvelle-Écosse, n'est plus considéré comme une étrange aberration dans l'évolution des Maritimes, ni comme un simple phénomène à l'origine des futures institutions religieuses de cette région. On y voit maintenant un mouvement populaire qui fut, en vérité, le plus important de l'époque. Premier leader de ce mouvement, Henry Alline commence à être vu comme un héros populaire exprimant les préoccupations des gens qui tentaient confusément de surmonter les difficultés de la vie quotidienne et de s'accommoder de l'évolution rapide d'un monde extérieur sur lequel ils n'avaient que peu d'emprise. Dans son opposition au matérialisme et aux institutions, et même dans son mysticisme, Alline se révoltait contre la société de son temps et cherchait un nouveau sens à la vie. Parce que nous vivons dans un monde tourmenté, nous pouvons comprendre cette attitude beaucoup plus facilement que nos ancêtres, dont les vues étaient plus optimistes.

J. M. BUMSTED

Pour une liste complète des ouvrages publiés de Henry Alline, des sources et des études concernant sa carrière, voir : J. M. Bumsted, *Henry Alline, 1748–1784* (Toronto, 1971). Aux études citées dans cet ouvrage, nous devons ajouter les titres suivants : J. M. Bumsted et J. E. Van de Wetering, *What must I do to be saved ? The Great Awakening in colonial America* (Hinsdale, Ill., 1976) ; Gordon Stewart et G. [A.] Rawlyk, *A people highly favoured of God : the Nova Scotia Yankees and the American revolution* (Toronto, 1972) ; Gordon Stewart, Socio-economic factors in the Great Awakening : the case of Yarmouth, Nova Scotia, *Acadiensis*, III (1973–1974), n° 1 : 18–34 ; et T. B. Vincent, Alline and Bailey, *Canadian Literature* (Vancouver), nos 68–69 (printemps-été 1976) : 124–133.

ALYMPH. V. ARIMPH

AMBROISE. V. SAINT-AUBIN

AMHERST, JEFFERY, 1er baron AMHERST, officier, né le 29 janvier 1717 (probablement nouveau style) à Riverhead, Sevenoaks, Angleterre, décédé le 3 août 1797 à sa résidence appelée Montreal, près de Sevenoaks.

Jeffery Amherst était le fils de Jeffery Amherst, *barrister* prospère dont la famille avait vécu dans le Kent pendant des siècles, et d'Elizabeth Kerrill. A l'âge de 12 ans, le fils Jeffery devint page de la maison de Lionel Cranfield Sackville, 1er duc de Dorset, à Knole, sa grande résidence près de Sevenoaks. Les circonstances qui marquèrent ses débuts dans l'armée restent quelque peu obscures. On a affirmé qu'Amherst entra dans le 1st Foot Guards, à titre d'enseigne, en 1731 (alors qu'il n'avait en fait que 14 ans), et une liste d'officiers, citée dans l'historique de ce régiment, indique qu'il devint enseigne en novembre 1735. Mais la plus ancienne *Army list* imprimée, celle de 1740, ne fait nulle mention de lui en rapport avec les Guards et le donne comme cornette, par nomination du 19 juillet 1735, dans le régiment de cavalerie du major général Ligonier, alors en Irlande (Dorset fut lord-lieutenant d'Irlande de 1730 à 1737 et de 1750 à 1755). Il semble bien établi qu'en juillet 1740 Ligonier recommanda le cornette Amherst au grade de lieutenant dans son régiment. Il n'est guère douteux que ses années de formation à titre d'officier, Amherst les passa non à Londres, dans les Guards, comme on l'a supposé, mais en Irlande, au sein d'un régiment de cavalerie de grande classe et sous la surveillance d'un des meilleurs soldats britanniques de son temps. Dorset et sir John Ligonier (plus tard lord Ligonier) furent les protecteurs d'Amherst et le mirent sur la voie de la réussite. Ligonier l'appelait son « cher élève » .

Amherst fit pour la première fois du service actif à titre d'aide de camp de Ligonier, en Allemagne, pendant la guerre de la Succession d'Autriche. Il participa aux batailles de Dettingen (République fédérale d'Allemagne) en 1743 et de Fontenoy (Belgique) en 1745. L'historique du 1st Foot Guards révèle qu'en décembre 1745 il fut promu capitaine dans ce régiment ; sa commission lui conférait du même coup le grade de lieutenant-colonel dans l'armée en général. En 1747, le duc de Cumberland fut nommé commandant en chef des forces alliées en Europe et fit d'Amherst l'un de ses aides de camp. Celui-ci servit à ce titre à la bataille de Lawfeld (Laaffelt, Belgique), la même année. Puis il passa en Angleterre la période de paix qui suivit le traité d'Aix-la-Chapelle, signé en 1748, et vraisemblablement avec son régiment.

La première responsabilité d'Amherst, pendant la guerre de Sept Ans, fut de servir à titre de « commissaire » chargé des 8 000 soldats hessois que la Grande-Bretagne avait pris à sa solde au début de 1756. En février, il se rendit en Allemagne pour y assumer ses fonctions qui semblent avoir relevé largement du domaine des finances, mais devant la possibilité d'une invasion française en Angleterre il rentra au pays, par prudence, avec une partie des troupes hessoises. Peu après son retour, il reçut le grade de colonel du 15e d'infanterie. Cette nomination ne comportait pas le commandement actif du régiment, et il retourna en Allemagne avec le détachement de Hessois en mars 1757. Toujours responsable de ces derniers, il prit part à la bataille de Hastenbeck, le 26 juillet 1757, marquée par la défaite du duc de Cumberland devant les Français.

En octobre, Ligonier succéda à Cumberland comme commandant en chef ; cette fonction lui conférait, sous l'autorité de la couronne, le commandement des forces armées en Grande-Bretagne et une certaine responsabilité dans l'administration des armées en Amérique, y compris la nomination des commandants. Lord Loudoun, qui commandait en Amérique, n'ayant pas attaqué Louisbourg, île Royale (île du Cap-Breton), en 1757, Ligonier était décidé à prendre cette forteresse en 1758, et il est évident qu'il vit en son ancien aide de camp, le colonel Amherst, l'homme capable de mener cette tâche à bien. La nomination de ce dernier à la tête de l'expédition de Louisbourg était digne de remarque, non pas uniquement parce qu'Amherst avait fort peu d'ancienneté dans l'armée, mais parce que, pour autant qu'on puisse voir, toute sa carrière active s'était déroulée comme officier d'état-major et qu'il n'avait jamais commandé de troupes devant l'ennemi. Obtenir de George II qu'il sanctionnât, en faveur d'Amherst, le grade temporaire de « major général en Amérique » était chose délicate pour laquelle William Pitt, secrétaire d'État pour le département du Nord, et le duc de Newcastle, premier ministre, semblent avoir demandé l'aide de la maîtresse du roi, lady Yarmouth. Le roi accepta finalement, à la fin de 1757. Le grade de « général de brigade en Amérique », décerné à James Wolfe*, l'un des subalternes assignés au service d'Amherst, fut sanctionné à la même occasion.

Amherst partit pour l'Amérique le 16 mars 1758. Le voyage fut lent. Pitt et Ligonier ayant émis des ordres détaillés et donné, en particulier, instructions que l'expédition contre Louisbourg fît voile avant la fin de mai, les troupes mises à la disposition d'Amherst étaient parties avant qu'il ne pût les rejoindre. La flotte comprenant 157 voiles, navires de guerre et transports quitta Halifax le 28 mai et rencontra Amherst tout juste à la sortie du port. La flotte, dont le commandant était le vice-amiral Edward Boscawen*, mit à l'ancre dans la baie de Gabarus, à l'ouest de Louisbourg, le 2 juin. Le même jour, Amherst alla reconnaître le littoral avec deux de ses généraux de brigade, Wolfe et Charles Lawrence*, le troisième, Edward Whitmore*, n'étant pas encore sur les lieux. Avant l'arrivée d'Amherst, on avait projeté de descendre à l'est de Louisbourg, mais ce dernier décida, plutôt, d'attaquer à l'ouest. Sa première idée de prendre terre à trois endroits différents fut abandonnée et il décida d'opérer un seul débarquement, à l'anse de la Cormorandière (Kennington Cove), en l'accompagnant d'opérations de divertissement en d'autres endroits. La Cormorandière étant le point de la côte que les Français avaient retranché le plus fortement, ce choix était discutable. Amherst semble en être venu à cette décision après avoir observé que le ressac y était moins violent qu'ailleurs. Le mauvais temps retarda le débarquement jusqu'au matin du 8 juin. L'élan et la détermination des troupes d'avant-garde et les qualités de chef de Wolfe et du major George Scott* en particulier assurèrent le succès d'une opération qui eût pu être désastreuse. Wolfe écrivait après coup : « Notre débarquement fut pour ainsi dire miraculeux [...] Je ne recommanderais pas la baie de Gabarouse [Gabarus] pour un débarquement, surtout de la manière que nous l'avons fait. »

Une fois que son armée eut pris position sur la côte, Amherst commença les opérations du siège de Louisbourg dans le plus pur style européen. Elles furent entravées, au début, par le mauvais temps persistant, qui compliqua le débarquement des canons. Amherst fit de Wolfe le commandant d'un détachement mobile qui allait être l'élément le plus actif pendant le siège. Le 12 juin, apprenant que les Français avaient détruit la batterie Royale, du côté nord du port, et rappelaient à l'intérieur la plupart des hommes placés aux avant-postes, il donna à Wolfe l'ordre de contourner le port et d'occuper la pointe à la Croix (Lighthouse Point), d'où l'on pourrait bombarder la batterie de l'Îlôt et les navires de l'escadre française ancrés dans le port. On ouvrit le feu le 20, à la pointe à la Croix. (Il semble que le ressac avait permis de débarquer les canons à l'est du port, alors que sur la plage principale, à l'ouest, aucun ne fut mis à terre avant le 18 juin.) Le 26, la batterie de l'Îlôt ayant été réduite au silence, du moins momentanément, Amherst demanda à Boscawen de fournir des canons pour remplacer ceux de la pointe à la Croix, de manière à ce que le détachement de Wolfe pût revenir, en contournant de nouveau le port et en apportant son artillerie, et continuer à harceler les navires, tout en « avançant vers la porte ouest ». A partir de ce moment, Wolfe dirigea l'attaque contre le flanc intérieur des fortifications principales de la ville. Amherst prépara ses batteries avec un soin délibéré, construisant péniblement, à travers un terrain marécageux, un chemin, pour approcher ses canons, et un épaulement pour le mettre à couvert des projectiles français. Wolfe, sur la gauche britannique, se servit de ses canons dès le début de juillet, mais il semble que le gros du tir, assuré par Amherst, ne commença pas avant le 22. Les fortifications et la ville subirent aussitôt de sérieux dommages. Amherst note qu'il donna au commandant de son artillerie, le lieutenant-colonel George WILLIAMSON, l'ordre de diriger ses coups autant que possible contre les fortifications, « de façon à éviter de détruire les maisons ».

Les relations entre Amherst et Boscawen furent excellentes, et la collaboration entre l'armée et la marine ne laissa rien à désirer. Comme l'écrivit Wolfe : « Monsieur Boscawen a donné tout ce que nous pouvions attendre de lui, et même plus. » (Le contraste est frappant entre ce commentaire et celui qu'il fera sur la marine, à Québec, l'année suivante.) Les navires français, dans le port, furent peu à peu mis hors de combat. L'*Aréthuse*, frégate audacieusement manœuvrée par Jean VAUQUELIN, harcela de son tir le détachement de Wolfe et gêna la construction de l'épaulement d'Amherst, mais, le 9 juillet, les canons de Wolfe la touchèrent sérieusement. Le 15, elle sortit du port et fit voile vers la France. Le 21, trois navires de guerre français furent brûlés. Il en restait deux, le *Prudent* et le *Bienfaisant*. Pendant la nuit du 25, ils furent, pour citer Wolfe de nouveau, « abordés par les navires de la flotte [britannique] d'une manière incroyablement audacieuse et habile, et placés sous le feu des canons et à portée de fusil des remparts ». On touchait maintenant à la fin. Une brèche avait été ouverte dans le demi-bastion du Dauphin, sur le flanc de Wolfe, et un assaut était possible. Le 26 juillet, le gouverneur Augustin de Boschenry* de Drucour s'enquit des conditions d'une reddition. Amherst et Boscawen répondirent que les membres de la garnison devaient se constituer prisonniers de guerre et demandèrent une réponse dans l'heure, faute de quoi la ville serait attaquée par terre et par mer. Après de pénibles discussions parmi les officiers, Drucour accepta, et les Britanniques occupèrent Louisbourg le 27 juillet. Les bataillons français, auxquels on refusa les honneurs de la guerre, livrèrent leurs armes et leurs drapeaux. Drucour consentit à ce que les troupes françaises de l'île Saint-Jean (Île-du-Prince-Édouard) fussent comprises dans la capitulation.

La conduite du siège par Amherst avait été marquée par ce souci de perfection et cet esprit de réflexion qui allaient devenir son image de marque. Wolfe, qui généralement avait du respect pour Amherst, écrivit : « nos gestes ont été prudents et sans précipitation, du commencement à la fin, à l'exception du débarquement où il y eut quelque apparence de témérité ». Le jour où ses troupes entrèrent à Louisbourg, Amherst écrivit à Pitt : « Si je peux aller à Québec, je le ferai », mais il n'avait jamais paru bien vraisemblable que Louisbourg et Québec pussent être attaquées au cours d'un même été. Boscawen jugea la saison trop avancée et, à la nouvelle du revers essuyé par James ABERCROMBY, commandant en chef pour l'Amérique, au fort Carillon (Ticonderoga, New York), le 8 juillet, Amherst décida de se porter à son secours avec cinq bataillons. Il envoya en même temps des détachements détruire les établissements français du golfe Saint-Laurent, sous le commandement de Wolfe, et prendre en charge l'île Saint-Jean, sous la direction de lord Andrew Rollo*. Le colonel Robert MONCKTON reçut l'ordre d'aller ravager les habitations de la vallée de la Saint-Jean (Nouveau-Brunswick). Laissant une garnison à Louisbourg, sous le commandement de Whitmore, Amherst s'embarqua pour Boston, où les citoyens reconnaissants tentèrent de saouler jusqu'au dernier de ses hommes, et y réussirent en bonne partie. Amherst récupéra ses cinq bataillons, les mit en marche vers Albany, New York, et lui-même alla rejoindre Abercromby au lac Geoge (lac Saint-Sacrement). L'on convint qu'aucune autre action ne pouvait être engagée dans ce secteur cette année-là. Amherst retourna à son propre poste de commandant, à Halifax. Le 9 novembre, il y apprit que la défaite d'Abercromby avait provoqué le rappel de ce général, tandis que le succès qu'il avait lui-même obtenu à Louisbourg lui avait mérité le poste de commandant en chef pour l'Amérique. Il partit alors pour New York, où il passa l'hiver à faire des plans et des arrangements logistiques en vue de la campagne de 1759.

Pour Amherst, il était évident qu'il fallait effectuer une double attaque contre le Canada. Il est nécessaire, écrivait-il, en janvier, à lord George Sackville, « de frapper au cœur, et il n'y a que deux routes pour y arriver, l'une en remontant le Saint-Laurent jusqu'à Québec, et l'autre en passant par Ticonderoga pour atteindre Montréal ; nous devons prendre les deux à la fois, pour être sûrs de réussir grâce à l'une d'elles, et, quelle que soit celle qui réussira, l'affaire est dans le sac ». A Londres, Pitt et Ligonier en étaient déjà arrivés à la même conclusion, et Wolfe, qui était rentré en Angleterre, fut nommé commandant de l'expédition qui devait remonter le Saint-Laurent. Bien que subordonné, officiellement, à Amherst, le commandement de Wolfe allait être en pratique indépendant, vu l'impossibilité virtuelle de communiquer avec le commandant en chef. Le 29 décembre 1758, Pitt adressa à Amherst des ordres détaillés. On y consacrait beaucoup d'attention à l'entreprise de Wolfe et aux mesures à prendre pour sa préparation. On ordonnait aussi à Amherst d'envahir le Canada à partir du sud, avec une armée de soldats réguliers et de coloniaux, « par la route de Crown Point [fort Saint-Frédéric] ou de La Galette [Ogdensburg, New York, à la tête des rapides du Saint-Laurent], ou par les deux, selon, précisait-on, ce que vous jugerez pouvoir faire, de marcher, si possible, sur Montréal ou sur Québec, ou sur les deux dites places successivement, et de les attaquer », soit dans une opération unique, soit avec des effectifs séparés, selon ce qui lui paraîtrait convenir le mieux. On attirait son attention sur l'importance de rétablir le port d'Oswego (ou Chouaguen ; aujourd'hui Oswego, New York), et de s'emparer du fort Niagara (près de Youngstown, New York). Avant même que ces ordres ne lui fussent parvenus, Amherst, déjà, « mettait tout au point pour une fructueuse campagne ». « Je ne peux pas attendre plus longtemps des ordres d'Angleterre, écrivait-il à Sackville ; si j'attends, je n'aurai pas le temps de préparer les choses nécessaires ; cela sera coûteux, mais j'espère ainsi acheter ce pays. » Il s'occupa lui-même d'obtenir des diverses colonies les troupes provinciales que Pitt leur avait demandées, et, avec cet objectif en tête, il fit en avril 1759 une brève visite à Philadelphie, tentant vainement d'obtenir la collaboration de l'Assemblée de la Pennsylvanie. Le 3 mai, il était à Albany, se préparant à se mettre en campagne.

Amherst avait réussi à mobiliser quelque 16 000 hommes, tant de l'armée régulière que des troupes provinciales. Cinq mille d'entre eux furent confiés au général de brigade John Prideaux, pour mener à bien les opérations relatives à Oswego et au fort Niagara ; le reste, sous les ordres d'Amherst lui-même, allait être affecté à l'invasion du Canada par la route du lac Champlain. Le 21 juin, il arriva à la tête du lac George avec une grande partie de son armée. Sa progression, à partir de là, allait dépendre des moyens de transport par eau et d'une puissance navale suffisante pour avoir raison des bateaux de guerre français sur le lac Champlain. Un grand nombre d'embarcations avaient été préparées, qui furent traînées par voie de terre, du haut de l'Hudson au lac George, « les barques sur des chariots et les baleinières sur les épaules des hommes, 15 pour chaque embarcation ». Le 21 juillet, l'armée traversa le lac à bord des embarcations disposées en colonnes ; le lendemain, elle prit terre non loin du fort Carillon. Le commandant français, François-Charles de Bourlamaque*, retira du fort le gros de ses troupes, n'y laissant qu'une petite garnison ; on ne tenta aucunement de défendre les lignes avancées qui avaient eu raison d'Abercromby. Amherst commença un siège en forme, mais, le 26 juillet, les Français firent retraite par eau, après avoir fait sauter le fort. Les embarcations britanniques furent traînées le long des chutes, en amont de Carillon, et lancées sur le lac Champlain. Le 4 août, l'armée remonta le bras étroit situé au sud du lac jusqu'au fort Saint-Frédéric et découvrit que Bourlamaque avait fait sauter le poste et s'était retiré à l'île aux Noix, dans la rivière Richelieu. Amherst, qui semble avoir été fasciné par la situation de Crown Point, y commença la construction d'une véritable forteresse (dont les fossés, creusés à même le roc solide, se voient encore). « C'est un grand poste de gagné, écrit-il, qui assure entièrement tout l'arrière-pays [du côté sud], et le site comme la terre environnante est ce que j'ai vu de mieux. » Mais la forteresse n'avait guère de valeur dans les circonstances, alors que les Français venaient de perdre l'initiative en Amérique du Nord. Des renseignements voulant que Bourlamaque eût quatre navires armés à l'extrémité nord du lac Champlain amenèrent Amherst, en septembre, à donner plus d'ampleur à son projet d'une flottille de son cru. Son adjoint pour les questions navales, le capitaine Joshua LORING, construisait déjà un brick ; dès lors, un grand radeau, capable de porter de lourds canons, fut mis en chantier. Une tentative pour brûler un navire français neuf à l'île aux Noix échoua, et on décida de construire un sloop de 16 canons, dès que le brick serait terminé. La réalisation de ce programme de construction fut ralentie par les pannes répétées du seul moulin à scier disponible. Finalement, le 11 octobre, l'imposante formation des embarcations qui portaient l'armée d'Amherst s'ébranla avec, en tête, le radeau *Ligonier*. Loring, avec le brick *Duke of Cumberland* et le sloop *Boscawen*, partit à la recherche des navires ennemis ; le 13, le commandant français, Joannis-Galand d'OLABARATZ, saborda deux de ses navires, pour éviter qu'ils fussent pris, et échoua le troisième. Or, le 18, Amherst apprit la chute de Québec, survenue un mois plus tôt. Il écrivit dans son journal : « Cela va naturellement amener Monsieur de Vaudreuil [RIGAUD] et toute l'armée à Montréal, de sorte que je vais abandonner les opérations projetées et retourner à Crown Point. » C'est sur cette note assez peu glorieuse que se termina, cette année-là, sa campagne.

Certes, l'importance décisive de la suprématie navale sur le lac Champlain est hors de doute, et la longue entreprise de la construction de bateaux fut de toute évidence la raison pour laquelle Amherst n'obtint pas de meilleurs résultats. Néanmoins, on se défend mal de l'impression qu'Amherst, au cours du long été de 1759, négligea quelque peu ce qui aurait dû être son objectif principal : appuyer les opérations de Wolfe à Québec. La prise du fort Niagara – réalisée le 25 juillet par sir William JOHNSON, après que Prideaux eut été tué – amena immédiatement Montcalm* à affaiblir son armée à Québec par l'envoi de troupes dans l'Ouest. Les démarches prudentes et pondérées d'Amherst, quant à elles, n'eurent pas semblable effet. Eût-il fait preuve de plus d'énergie et de plus d'efficacité face à l'imprévu, la guerre au Canada eût bien pu se terminer en 1759. Dans les circonstances, une autre campagne d'un an était nécessaire.

Selon les ordres de Pitt pour l'année 1760, « le grand et essentiel objectif » était la prise de Montréal, et Amherst reçut instructions d'envahir le Canada. Pitt avait ajouté : « de la manière que vous jugerez, d'après votre connaissance des régions où la guerre doit être portée et d'après les circonstances fortuites que nous ne pouvons connaître ici, être la plus expédiente ». Il opta pour une attaque convergente à trois volets : James MURRAY remontant le Saint-Laurent avec la garnison de Québec, le général de brigade William HAVILAND remontant par le lac Champlain à partir de Crown Point, et lui-même descendant le Saint-Laurent à partir du lac Ontario. Les Français devraient alors diviser leurs effectifs déjà limités et se verraient couper toute possibilité d'une retraite vers l'intérieur du pays, comme ils l'avaient fait après la bataille des plaines d'Abraham. De nouveau, de grands effectifs furent requis des colonies. L'armée d'Amherst, forte de plus de 10 000 hommes, était de loin la plus nombreuse. Comme en 1759, l'hiver et le printemps furent consacrés à dresser des plans et à préparer le matériel. Des barques et des baleinières furent construites en grand nombre. L'arrivée tardive des troupes provinciales, qui fournissaient la main-d'œuvre nécessaire au déplacement des embarcations et du matériel, retarda l'ouverture de la campagne, mais, à partir de la mi-mai, des provisions montèrent en grandes quantités, par les voies d'eau et les portages, jusqu'au lac Champlain et à la base avancée d'Amherst, à Oswego.

Amherst arriva à Oswego le 9 juillet et, le 14, deux senaux armés, construits par Loring à Niagara au cours de l'hiver, furent envoyés vers l'est, dans l'espoir qu'ils pussent s'emparer de deux navires français construits de la même manière. Le 10 août, Amherst embarqua son armée et commença sa descente vers Montréal. Après la prise du navire français l'*Outaouaise*, le 17, par des « galères à rames » montées par des hommes de l'artillerie royale sous les ordres du colonel Williamson, le seul obstacle dressé de main d'homme qui pût empêcher la progression de l'armée était le fort Lévis (à l'est de Prescott, Ontario), situé sur une île à la tête des rapides. Amherst l'assiégea en bonne et due forme, débarquant son artillerie pour le canonner. Le capitaine Pierre Pouchot*, le commandant français, se défendit résolument, mais le fort fut forcé de se rendre, le 25 août. La descente vers Montréal, dès lors, se continua. Amherst perdit 84 hommes qui se noyèrent dans les rapides, le 4 septembre ; par contre, aucun obstacle humain ne pouvait plus l'arrêter. Le 6, son armée prit terre à Lachine, dans l'île de Montréal, et campa devant la ville. Haviland, qui avait occupé l'île aux Noix le 28 août, était maintenant sur la rive sud du Saint-Laurent, en face de Montréal ; Murray, après avoir remonté le fleuve sans rencontrer de résistance sérieuse, avait pris position tout juste en aval de la ville. Amherst écrivit : « Je crois que jamais trois armées, partant de lieux différents et très distants les uns des autres, se rejoignirent au point de rencontre, comme prévu, mieux que nous ne le fîmes. » Cela était frappant, mais on doit dire que la précision de la jonction tenait quelque peu du hasard.

Les défenseurs français de Montréal étaient dans une situation impossible. Les milices canadiennes avaient pour ainsi dire toutes déserté, et l'armée dont disposaient Vaudreuil et LÉVIS était réduite à un peu plus de 2 000 hommes tandis que les effectifs britanniques s'élevaient à 17 000 hommes. Vaudreuil demanda une trève, en attendant des nouvelles d'Europe. Amherst « dit qu'il était venu prendre le Canada et qu'il n'avait pas l'intention de se contenter de moins ». Comme à Louisbourg, il refusa aux Français les honneurs de la guerre, sous prétexte des atrocités commises par les Indiens alliés. Les bataillons français brûlèrent leurs drapeaux plutôt que de les livrer. Montréal, et le Canada tout entier avec elle, capitula entre les mains d'Amherst le 8 septembre 1760. Le général vainqueur visita Québec et ses champs de bataille déjà renommés, avant de retourner à son quartier général, à New York.

Bien que les combats contre la France en Amérique du Nord fussent pour ainsi dire terminés, la guerre ne l'était pas. Amherst, à titre de commandant en chef, eut à voir à l'organisation des expéditions contre la Dominique et la Martinique en 1761, et, en 1762, il envoya un contingent prendre part à l'attaque contre La Havane, à Cuba. En août 1762, il dépêcha son frère cadet, William, à la tête d'un détachement rassemblé à la hâte, pour reprendre St John's, Terre-Neuve, aux Français commandés par Charles-Henri-Louis d'ARSAC de Ternay. L'annonce de la paix survenue en Europe arriva au début de 1763. Mais, presque aussitôt, Amherst commença de recevoir de l'Ouest des rapports faisant état d'attaques perpétrées par des Indiens. C'étaient les premières manifestations du soulèvement de Pondiac*.

L'aversion et le mépris d'Amherst envers les Indiens se reflètent amplement dans ses journaux et dans sa correspondance, bien qu'on puisse douter qu'il eût été en cela plus fanatique que le fonctionnaire moyen de son temps. Dès la fin des hostilités ouvertes avec la France, il avait commencé à économiser sur les présents destinés aux tribus, bien que des gens plus familiers avec le problème (et en particulier sir William Johnson) crussent plus sage de maintenir une politique de générosité. Amherst écrivit à Johnson qu'il ne croyait pas à « l'achat de la bonne conduite, soit des Indiens, soit de quiconque » ; « quand des hommes de quelque race qu'ils soient se conduisent mal, ils doivent être punis, mais non pas subornés ». Commandant en chef, Amherst était responsable de la politique relative aux Indiens, et son attitude a sans doute contribué au soulèvement de 1763. Il mit du temps à croire que ces troubles pouvaient être vraiment sérieux ; par ailleurs, il sous-estimait la capacité des Indiens de faire la guerre. Il n'existe aucune preuve, cependant, que ces idées aient retardé d'une façon ou d'une autre les mesures à prendre relativement au soulèvement. Dès qu'il eut vent de rapports sur l'existence de « mauvais desseins » au sein des tribus, il dépêcha les maigres effectifs de l'armée régulière, dont il disposait dans l'est, en direction des régions menacées ; et, quand il apprit, le 21 juin, le blocus de Détroit par Pondiac [V. Henry GLADWIN], il écrivit : « Ayant pris toutes les mesures dont je suis capable, je n'avais rien d'autre à faire à la réception de cette nouvelle. » Il fit, toutefois, au colonel Henry Bouquet la « détestable suggestion » (selon le mot de Francis Parkman) que la variole pourrait être propagée parmi les Indiens dissidents. Bouquet offrit allégrement de tenter de les contaminer au moyen de couvertures, et peut-être, sur ses ordres, une tentative en ce sens a-t-elle été faite au moyen de couvertures et de mouchoirs infectés. Au début d'août, le détachement de Bouquet, qui se portait au secours du fort Pitt (Pittsburgh, Pennsylvanie), infligea une grave défaite aux Indiens, à Bushy Run. Amherst avait songé à passer lui-même à l'action en 1764, mais en fait il s'embarqua pour l'Angleterre, en novembre 1763, après avoir passé plus de cinq ans en Amérique du Nord. Au mois de février suivant, il écrivait à un ami : « Je peux vous dire, pour votre gouverne seulement, que je n'ai aucunement l'intention de retourner en Amérique. » Et, malgré les nombreuses occasions qui s'offrirent à lui, il ne retourna jamais sur le continent où il s'était fait un nom.

Ses succès en Amérique avaient valu à Amherst des honneurs, bien qu'ils ne fussent pas extravagants, compte tenu des normes du temps. En septembre 1759, il avait été fait gouverneur de la Virginie. En réalité, il ne devait jamais assumer cette fonction, et il était bien entendu qu'il s'agissait là d'une pure sinécure, qui lui rapportait £1 500 par an. Sa nomination comme commandant en chef pour l'Amérique lui conférait de surcroît la charge de colonel en chef des Royal Americans (60e d'infanterie), qui venait s'ajouter à celle de colonel du 15e d'infanterie, qu'il conserva. Il fut nommé major général en titre en 1759 et lieutenant général en 1761. En cette dernière année, il fut fait chevalier de l'ordre du Bain. Après la mort de son frère aîné, Sackville, en 1763, il se fit construire une nouvelle maison de campagne, qu'il nomma Montreal, sur les terres de sa famille, à Sevenoaks. Il ne semble pas avoir été employé activement par l'armée à cette époque, mais il refusa successivement les fonctions de maître général du Board of Ordnance en Irlande et le commandement de l'armée qui y était stationnée. En 1768, l'insatisfaction croissante des colonies amena le roi George III à la conclusion qu'il devait y avoir un gouverneur actif en Virginie, et Amherst se vit proposer ou de s'y rendre ou de démissionner, contre le versement d'une gratification annuelle. Il s'offensa de cette offre, plutôt sans raison à ce qu'il semble, et se démit de ses charges de colonel. Il fut peu après renommé à ces mêmes charges, étant affecté au 3e d'infanterie, plus lucratif, au lieu du 15e, mais la fêlure survenue dans ses relations avec le roi ne se ressouda que lorsqu'il fut fait gouverneur de Guernesey en 1770 et lieutenant général du Board of Ordnance en 1772. En l'absence d'un commandant en chef, ce dernier poste semble avoir fait de lui, en pratique, le principal conseiller militaire du roi.

En 1769, on conseilla à Amherst d'essayer d'obtenir une concession à même les biens des jésuites du Canada. La Compagnie de Jésus avait été supprimée en France au cours des années 1762–1764 et elle se trouva dans un état de grande incertitude au Canada jusqu'en 1775, année où elle fut finalement supprimée là aussi, ses biens étant dévolus à la couronne. Amherst avait demandé une concession en 1769 et, en 1770, un décret ordonna la préparation des titres nécessaires. Toutefois, aucune mesure ne fut adoptée, faute, apparemment, d'une description précise des biens visés. Amherst, de temps en temps, souleva de nouveau la question, et, en 1787, le gouverneur du Canada, lord Dorchester [Carleton*], reçut instructions de faire une étude approfondie des titres légaux de ces terres. Cela provoqua certaines réactions, les habitants de la colonie, tant francophones qu'anglophones, faisant valoir que ces biens devaient être consacrés au soutien des établissements d'enseignement. L'affaire resta en suspens. Mais, parce qu'il semblait qu'un engagement avait été pris envers Amherst, le parlement britannique autorisa en 1803, après sa mort, le versement annuel d'une somme de £3 000 à ses héritiers en remplacement des terres qu'il n'avait jamais reçues.

En janvier 1775, le roi pressa Amherst d'aller prendre le commandement en Amérique, où la guerre avec les colonies paraissait imminente. Il refusa, pour des raisons qu'on ne connaît pas précisément. L'année suivante, il fut élevé à la pairie, avec le titre de baron Amherst of Holmesdale. En 1778, sous la pression de ses ministres, le roi demanda de nouveau à Amherst de prendre le commandement en Amérique, et de nouveau celui-ci refusa. A la fin de cette même année, il fut effectivement nommé commandant en chef, bien qu'il semble que son titre réel fût celui de général d'état-major. En juin 1780, il eut à restaurer l'ordre à Londres, quand la ville fut dévastée par les émeutes suscitées par lord George Gordon. Il fut démis de son commandement à la dissolution du ministère de lord North, en 1782. Au début de 1793, la guerre avec la France étant sur le point d'éclater, Amherst fut rappelé, malgré ses 76 ans, et nommé commandant en chef, avec droit de siéger au cabinet. Il se retira de nouveau deux ans plus tard, remplacé par le duc d'York. Promu maréchal le 30 juillet 1796, il mourut le 3 août 1797 et fut inhumé dans l'église paroissiale de Sevenoaks.

En mai 1753, Amherst avait épousé sa cousine au second degré, Jane Dalison. Ils n'eurent pas d'enfant. Jane semble avoir eu des tendances à la névrose, et Amherst n'était probablement pas le mari idéal. Le fait qu'il avait un fils illégitime, né, semble-t-il, peu avant son mariage, d'une femme dont l'identité n'est pas connue avec certitude, contribua peut-être à les éloigner l'un de l'autre. Ce fils, également appelé Jeffery Amherst, atteignit le grade de major général et mourut en 1815, semble-t-il. En 1760, Amherst dit à Pitt que, en traversant l'Angleterre, en route pour Louisbourg, il avait « fait la promesse » qu'aucun motif ne le garderait de son gré en Amérique une fois la guerre finie. Cette promesse, cela est évident, avait été faite à sa femme. Toutefois, à son retour, en 1763, la dépression de Jane avait tourné au dérangement de l'esprit, et elle mourut en 1765. Amherst se remaria deux ans plus tard avec Elizabeth, fille du général George Cary. Cette union fut également stérile. L'héritier d'Amherst fut son neveu, William Pitt Amherst, fils de son frère William. En 1788, après la mort de William, Amherst obtint de la couronne le titre de baron Amherst of Montreal, dans le Kent, avec droit de succession pour son neveu. William Pitt Amherst, en conséquence, hérita de ce titre. Au cours de sa carrière comme fonctionnaire, il fut pendant un certain temps gouverneur général de l'Inde ; nommé gouverneur du Canada en 1835, il n'assuma jamais cette responsabilité par suite de la chute du ministère.

Jeffery Amherst fit faire son portrait à plusieurs reprises. Les deux que peignit sir Joshua Reynolds, l'un avec les rapides du Saint-Laurent en arrière-plan, l'autre, plus classique, qui se trouve à la Galerie nationale du Canada, et le portrait exécuté par Thomas Gainsborough, conservé à la National Portrait Gallery of Great Britain, ont été souvent reproduits. Son aspect correspond bien à la description que fit de lui sir Nathaniel William Wraxall : « Il avait des manières sévères compassées et froides. »

Amherst avait un dossier sans faille comme commandant ; mais c'était un soldat solide plutôt que brillant. Il ne dirigea jamais une bataille ; le siège fructueux qu'il fit à Louisbourg est ce qui s'en rapproche le plus. Sa manière était lente et lourde, comme le démontre pleinement sa campagne de 1759. Mais il savait préparer la victoire, ne laissant rien au hasard dans les domaines du ravitaillement et du transport, et c'est cette minutie qu'il fallait surtout dans les guerres d'Amérique. Sir John William Fortescue a dit de lui : « Il fut le plus grand administrateur militaire produit par l'Angleterre depuis la mort de Marlborough, et il l'est demeuré jusqu'à l'arrivée de Wellington. » Nous pouvons bien faire nôtre ce jugement.

C. P. Stacey

Aucune des deux biographies d'Amherst n'est vraiment satisfaisante : L. S. Mayo, *Jeffery Amherst ; a biography* (New York, 1916) ; J. C. Long, *Lord Jeffery Amherst : a soldier of the king* (New York, 1933). Celle de Mayo constitue d'une certaine façon le meilleur ouvrage bien que l'auteur l'ait écrite sans s'appuyer sur les papiers Amherst, découverts en 1925 seulement. L'ouvrage de Louis Des Cognets, *Amherst and Canada* (Princeton, N.J., 1962), a une valeur relative, mais il a le bénéfice de publier des lettres qu'on ne peut trouver ailleurs. Le volume de Rex Whitworth, *Field Marshal Lord Ligonier : a story of the British army, 1702–1770* (Oxford, 1958), est d'une très grande utilité. Parmi les autres ouvrages importants, citons : *Correspondence of William Pitt* (Kimball) ; *Gentleman's Magazine*, 1765, 46 ; 1815, 91 ; G.-B., Hist. MSS Commission, *Report on the manuscripts of Mrs. Stopford-Sackville* [...] (2 vol., Londres, 1904–1910) ; House of Commons, *Journals* (Londres), 58 (1802–1803) ; *Burke's peerage* (1963) ; *DAB* ; *DNB* ; G.-B., WO, *Army list* ; Burt, *Old prov. of Que.* ; R. C. Dalton, *The Jesuits' estates question, 1760–1888 : a study of the background for the agitation of 1889* (Toronto, 1968) ; J. P. De Castro, *The Gordon riots* (Londres, 1926) ; J. W. Fortescue, *A history of the British army* (13 vol. en 14, Londres, 1899–1930), II ; F. W. Hamilton, *The origin and history of the First or Grenadier Guards* [...] (3 vol., Londres, 1874) ; Francis Parkman, *The conspiracy of Pontiac and the Indian war after the conquest of Canada* (2 vol., Boston, 1910) ; *Montcalm and Wolfe* (2 vol., Boston, 1884 ; réimpr., New York, 1962) ; Shy, *Toward Lexington* ; Stacey, *Quebec, 1759* ; [H.] B. Willson, *The life and letters of James Wolfe* (Londres, 1909) ; J. M. Hitsman et C. C. J. Bond, The assault landing at Louisbourg, 1758, *CHR*, XXXV (1954) : 314–330 ; Bernhard Knollenberg, General Amherst and germ warfare, *Mississippi Valley Hist. Rev.* (Cedar Rapids, Iowa), XLI (1954–1955) : 489–494 (V. aussi 762s.) ; Rex Whitworth, Field-Marshal Lord Amherst, a military enigma, *History Today* (Londres), IX (1959) : 132–137.

Les papiers Amherst, une masse volumineuse, sont en majeure partie disponibles aux APC. Ses papiers militaires se trouvent au PRO, WO 34 (mfm aux APC). Les APC, MG 18, L4, conservent des copies d'une grande partie de ses papiers personnels ; parmi ces derniers, on peut trouver les journaux privés pour les années 1756 à 1763 qui constituent une source de documentation inestimable. Les journaux du 14 janv. 1758 à 1763 sont reproduits dans Amherst, *Journal* (Webster). Une version abrégée, préparée en vue d'une édition contemporaine, forme l'appendice 1 du vol. III de Knox, *Hist. journal* (Doughty) ; le PRO, CO 5/54-63, conserve les originaux. V. aussi [William Amherst], *Journal of William Amherst in America, 1758–1760*, introd. par J. C. Webster (Londres et Frome, Angl., 1927). Les papiers Bouquet, qui contiennent une bonne partie de la correspondance de celui-ci avec Amherst, se trouvent à la BL, Add. MSS 21 631–21 660 (copies aux APC, MG 21, G1) ; la fameuse référence concernant la contamination des Indiens par la petite vérole se trouve sous la cote Add. MSS 21 634 (vol. 4 des copies aux APC). [C. P. S.]

ANANDAMOAKIN (Anondounoakom ; Onondamokin ; Long Coat, d'après son nom iroquois **Atiaʔtawìʔtsheraʔ** manteau), un des chefs loups (delawares) munsees ; il appartenait probablement au clan du Dindon et était peut-être un des fils du chef aveugle Allemewi (baptisé sous le nom de Salomon) ; *circa* 1756–1772.

Ayant perdu une grande partie de leurs anciennes terres aux mains des colons et des spéculateurs fonciers, les Munsees, également connus sous le nom de Minisinks, vivaient, au milieu des années 1750, sur le cours supérieur de la rivière Susquehanna, à Tioga (près d'Athens, Pennsylvanie). Le début de la guerre de Sept Ans vit s'accroître la rivalité entre les Britanniques et les Français, qui se disputaient l'amitié des peuplades indigènes ; dans son effort pour mettre un frein à l'aide apportée aux Français par les Indiens, sir William JOHNSON, surintendant des Affaires des Indiens du Nord, rencontra, du 9 au 11 juillet 1756, au fort Johnson (près d'Amsterdam, New York), les chefs chaouanons et loups. Bien qu'ils ne soient point nommés dans les rapports de Johnson, Paxinosa et Nutimus sont généralement considérés comme les chefs principaux des délégations de Chaouanons et de Loups, respectivement ; quoi qu'il en soit, au rapport du fils de Paxinosa, en date du 6 juillet, son père était accompagné d'un « chef de la nation Mennisink [Minisink] nommé Onondamokin ».

Le chef loup retourna à la résidence de Johnson à la fin du même mois, accompagné de quelques membres de sa tribu, mais, le 18 avril 1757, le gouverneur Vaudreuil [RIGAUD] faisait état de ce qu'il avait attiré les Loups de Tioga au fort Niagara (près de Youngstown, New York). Même si, en juillet, les Britanniques eurent vent de dissensions survenues entre le commandant français du fort Niagara et « quelques Indiens munsees, accompagnant le roi de cette tribu, qui s'y rendirent ce printemps », Pierre Pouchot* lui-même, le commandant, rapporta que « le grand chef loup de Théoga » était revenu au fort Niagara le 12 juin, en compagnie de 27 guerriers. Quatre jours plus tard, ce chef, qu'on présume avoir été Anandamoakin, et quatre autres acceptèrent une invitation à se rendre à Montréal, où Vaudreuil les reçut à un conseil, en juillet. Ces Indiens, observa le gouverneur, « peuvent envoyer des partis [de guerre] jusqu'à New-York et à bien d'autres endroits où nos Indiens ne peuvent pas facilement aller frapper ».

Les résultats de ces attentions de la part des Français furent perçus un an plus tard, quand, envoyé par le gouverneur du New Jersey, pour inviter les Munsees à une conférence, l'Indien loup Moses (Tunda) Tatamy arriva, le 5 juillet 1758, à Aghsinsing (près de Corning, New York). Là, dans « la maison du roi », au rapport de Moses, « vivent Alamewhehum [Allemewi], un vieillard, et Anandamoakin, un gros homme, bien vêtus de vêtements français, comme le sont [aussi] presque tous les guerriers. Le vieillard est ami des Anglais [...] mais le gros homme est favorable aux Français et [...] s'apprête à leur rendre visite. » Quand l'invitation des Anglais leur fut communiquée, « tous les autres parurent très satisfaits [...] mais le gros homme baissa la tête et ne répondit pas ou bien peu ». Il en résulta que ce fut un troisième chef, Eghohund, qui dirigea la délégation des Munsees envoyée à la conférence.

Anandamoakin était à la tête du petit groupe, représentant les Munsees, qui, en 1760, accompagna le chef loup Teedyuscung lors d'un voyage dans l'Ouest qui comportait un arrêt à Pittsburgh pour conférer avec les autorités britanniques, du 12 au 17 août. Quand Teedyuscung se rapporta à Philadelphie, le 15 septembre, il avait, dans sa compagnie, « Anondounoakom, le fils du chef des Minisinks ».

En 1763, l'insatisfaction qui régnait chez les Tsonnontouans et les Indiens de l'Ouest tourna en un soulèvement contre les Britanniques [V. Pondiac*] ; les Munsees y jouèrent un rôle, si bien que sir William Johnson mettait à prix, en février 1764, pour la somme de $50, la tête de chacun de leurs principaux guerriers, Anandamoakin et Yaghkaposin (Squash Cutter). Quand les soldats de Johnson détruisirent les villages munsees, leurs habitants cherchèrent refuge chez les Tsonnontouans, sur l'instance desquels les deux chefs hors la loi se rendirent de mauvaise grâce à Johnson Hall (Johnstown, New York), en 1765, à titre de délégués ; le 8 mai, ils acceptèrent les conditions de la paix qui les obligeaient à rester comme otages pour garantir la soumission de leur nation. Le lendemain, les Munsees tentèrent de se disculper en déposant Anandamoakin sous le prétexte qu'il avait été l'instigateur de leurs gestes hostiles, mais les Iroquois s'y opposèrent avec succès. Yaghkaposin mourut un mois plus tard, de la petite vérole, mais Anandamoakin fut relâché par la suite et, apparemment, retourna parmi son peuple qui avait quitté son ancien territoire pour s'établir sur le cours supérieur de la rivière Allegheny, à Goshgoshing (à mi-chemin entre Warren et Franklin, Pennsylvanie).

Le chef de ce lieu, Allemewi, devint membre de la secte des frères moraves en 1769, abandonna son poste et déménagea avec les Indiens de la mission à la rivière Beaver, près de l'actuel Moravia, dans la partie ouest de la Pennsylvanie. Le journal de cette mission note la visite d'Anandamoakin, du 9 au 11 octobre 1771, alors qu'il était en route pour le conseil indien de la rivière Muskingum (Ohio) ; le 10 août 1772, le même journal rapporte le départ du fils de Salomon (Allemewi), probablement Anandamoakin, qui retournait à l'Allegheny supérieure après une longue visite. Par la suite, il n'est plus fait mention de lui dans les documents connus.

WILLIAM A. HUNTER

Moravian Church Archives (Bethlehem, Pa.), Indian missions, box 135, Goschgoschünk and Lawunakhannek ; box 137, Langundo Utenünk. — Pa. Hist. Soc. (Philadelphie), Christian Frederick Post journal, 1760. — *Coll. des manuscrits de Lévis* (Casgrain), XI : 95s. — *Colonial records of Pa.* (Hazard), VII : 6 juill. 1756 ; VIII : 8 oct. 1758, 15 sept. 1760. — [John Hays], John Hays' diary and journal of 1760, W. A. Hunter, édit., *Pennsylvania Archaeologist* (Honesdale), XXIV (1954) : 81. — *Johnson papers* (Sullivan *et al.*), III : 695–697 ; IV : 336s. ; VI : 652 ; XIII : 334. — *NYCD* (O'Callaghan et Fernow), VII : 152–159, 173–175, 285, 720–725, 736 ; X : 588, 590. — *Pa. archives* (Hazard *et al.*), 1re sér., III : 505s.

ANGEAC (Dangeac, Danjaique, Don Jacque), FRANÇOIS-GABRIEL D', officier dans les troupes de la Marine et fonctionnaire colonial, né en 1708 à Plaisance (Placentia, Terre-Neuve), fils de Gabriel d'Angeac et de Marguerite Bertrand, décédé le 9 mars 1782 à Soubise (dép. de la Charente-Maritime, France).

François-Gabriel d'Angeac entra très jeune dans l'armée, comme l'avait fait son père. Il monta la garde pour la première fois à Port-Dauphin (Englishtown, Nouvelle-Écosse) à l'âge de huit ans seulement, mais il dut attendre jusqu'en 1723 avant d'être enseigne en second dans la compagnie de son père à Louisbourg, île Royale (île du Cap-Breton). Ses promotions se succédèrent au rythme lent qui était habituel dans les troupes de la Marine, mais, de 1738 à 1741 et de 1743 à 1745, il fut en poste à Port-Dauphin en qualité de lieutenant et servit parfois comme commandant de cet avant-poste.

Rappelé à Louisbourg pour participer à la défense de la forteresse en 1745, d'Angeac se rendit en France après la défaite. En 1746, il recruta des soldats en France pour les compagnies de la colonie. Promu capitaine en 1747, il se rendit à Québec avec une partie de la garnison de l'île Royale et retourna ensuite à Louisbourg lors de la réoccupation de l'île par la France en 1749. A titre de commandant de Port-Dauphin de 1751 à 1758, il en dirigea la reconstruction et prit la tête du détachement qui ouvrit, selon les ordres du gouverneur Jean-Louis de RAYMOND, une route de Port-Toulouse (près de St Peters, Nouvelle-Écosse) à Louisbourg. D'Angeac reçut la croix de Saint-Louis lors de son congé en France, en 1754. En 1758, il fut blessé à la poitrine pendant le second siège de Louisbourg.

De nouveau en France en 1760, d'Angeac fut choisi à cause de sa bravoure, de son expérience et de sa connaissance de la région pour commander des troupes envoyées en renfort au Canada. Afin d'éviter la rencontre des Britanniques, le commandant de la flotte française, François Chenard de la Giraudais, chercha refuge dans l'embouchure de la rivière Restigouche (Nouveau-Brunswick) avec trois navires de guerre. Avec seulement 200 hommes, d'Angeac dirigea la construction d'une batterie et d'un poste de garde à Pointe-à-la-Garde (Québec), de même que de deux batteries en amont. Le 8 juillet, les Français causèrent quelques dommages à des navires britanniques sous les ordres de John BYRON. D'Angeac resta sur la frégate *Machault* jusqu'à ce qu'on l'abandonne et ensuite conduisit la retraite des Français dans les bois.

Au cours des mois suivants, d'Angeac et ses officiers embrigadèrent quelque 2 000 Acadiens et Indiens, renforcèrent les défenses françaises et construisirent des fours pour soulager la population locale au bord de la famine. En août, quelques marins parmi ses hommes entreprirent de faire la course. Après la capitulation de Montréal, le major Robert Elliot* fut envoyé à Restigouche pour y présenter l'ordre du gouverneur Vaudreuil [RIGAUD] de se rendre. D'Angeac, méfiant, détint l'officier pendant deux jours avant de se plier aux ordres. Le 30 octobre 1760, les troupes se rendirent. A son retour en France, plus tard en cette même année, il reçut une gratification de 900# en reconnaissance de sa valeur.

On reconnut encore ses états de service et sa connaissance particulière de la région de l'Atlantique Nord en le nommant, en 1763, gouverneur de la nouvelle colonie française de Saint-Pierre et Miquelon, au salaire annuel de 8 000#. La France s'était finalement assuré la possession de ces îles minuscules et dénudées, au large de la côte sud de Terre-Neuve, par le traité de Paris, en remplacement de Louisbourg, pour servir de base à ses pêcheries sédentaires et de refuge aux flottes de pêche en eaux profondes. Le traité autorisait la France à construire des bâtiments sur les îles aux seules fins des pêcheries et à y poster au maximum 50 soldats pour en assurer la police.

D'Angeac engagea à Rochefort les hommes nécessaires à sa garnison et arriva à Saint-Pierre le 15 juin 1763 ; toutefois, le capitaine Charles DOUGLAS différa le transfert du territoire jusqu'au 4 juillet, attendant que COOK eût terminé son relevé hydrographique des îles. Quelques Canadiens émigrèrent dans la nouvelle colonie, mais ses habitants les plus marquants, au début de son activité commerciale et administrative, furent d'anciens résidants de l'île Royale, tels Antoine Morin, Alexandre-René Beaudéduit, Michel de COUAGNE, Philippe Leneuf de Beaubassin, Jean-Baptiste DUPLEIX Silvain et Antoine RODRIGUE. Quelques-uns jouèrent un rôle indispensable dans l'établissement des pêcheries sédentaires, et d'Angeac les favorisa en leur concédant des espaces de pêche, même si, ce faisant, il encourut les critiques de certains capitaines de navires français. Le nombre de navires français qui se rendaient aux îles Saint-Pierre et Miquelon en vue de la pêche en eaux profondes augmenta régulièrement de même que les prises exportées en France et aux Antilles.

Les Acadiens qui avaient afflué à la nouvelle colonie furent pour d'Angeac l'occasion de grandes inquiétudes. Établis surtout sur l'île Miquelon, ils formaient en 1767 plus des deux tiers de la population stable, qui était à peu près de 1 250 âmes sur les deux îles. D'Angeac avait l'autorisation de distribuer des rations aux nouveaux colons, mais les Acadiens exigeaient trop des ressources limitées des îles. Désireuse de restreindre le peuplement à quiconque était en rapport étroit avec les pêcheries, la France ordonna aux fonctionnaires de la colonie, en 1767, de faire évacuer les Acadiens. Bien qu'il jugeât cette décision injuste, d'Angeac se plia aux ordres et déporta en France, cette année-là, 763 Acadiens. Pour des raisons qu'on n'a pas pu éclaircir, ils accusèrent erronément d'Angeac d'être la cause de leurs malheurs, en 1768. Certains restèrent en France, vivant de l'aide gouvernementale ; d'autres émigrèrent de nouveau, cette fois vers l'Acadie, l'île du Cap-Breton, les îles de la Madeleine, et même Saint-Pierre et Miquelon.

D'Angeac devait aussi entretenir des relations avec les autorités britanniques de Terre-Neuve. Saint-Pierre et Miquelon manquant de bois de chauffage et de construction, les Français tentèrent de se le procurer dans la colonie britannique. En 1765, le gouverneur Hugh PALLISER, adoptant la manière étroite des Britanniques d'interpréter le traité de Paris, protesta officiellement contre cette incursion dans le territoire britannique de même que contre la présence de navires de guerre français dans la région, même si les Français ne cherchaient qu'à approvisionner les îles et à protéger leurs pêcheurs. Il s'opposa ensuite à la pêche française dans le détroit séparant les îles de Terre-Neuve. Rapportés aux autorités métropolitaines, ces incidents firent l'objet de discussions entre les deux gouvernements pendant des années. Palliser augmenta également les patrouilles navales afin de tenter de réduire la contrebande, spécialement celle du poisson et des spiritueux, avec les îles. D'Angeac, cependant, ferma les yeux et le commerce de contrebande se poursuivit.

Découragé de l'état de ses relations avec Palliser, d'Angeac demanda de se retirer en 1765, mais l'autorisation lui en fut refusée. Sa santé se détériorait dans le climat humide et les brouillards des îles, et de nouveau, en 1769, il demanda son rappel. Promu brigadier d'infanterie en 1770, il quitta Saint-Pierre pour la France en 1772 et eut pour successeur, sur sa propre recommandation, Charles-Gabriel-Sébastien de L'ESPÉRANCE, son neveu. D'Angeac se vit accorder une pension de 6 000# et se retira à Soubise.

D'Angeac fut un bon officier sur le champ de bataille et un gouverneur capable. Bien qu'il eût insisté, à l'époque où il se retira, pour dire qu'il n'avait pas tiré un profit personnel de ses années de service, il avait été le propriétaire d'un navire de commerce appelé la *Dauphine*, à l'île Royale, dans les années 1750. En outre, les longues années où il fut en poste à Port-Dauphin, le centre d'une grande partie de l'activité commerciale de la famille de Louis DU PONT Duchambon, Louis DU PONT Duchambon de Vergor et François DU PONT Duvivier, autorisent à conclure qu'il prit une part active au commerce. Il avait épousé Geneviève, sœur de François LEFEBVRE de Bellefeuille, à Louisbourg le 31 décembre 1735. Ils eurent sept enfants. Deux fils entrèrent dans l'armée et l'un d'eux servit sous son père à l'île Saint-Pierre. Deux de ses filles reçurent une pension de 500# chacune après sa mort.

T. A. CROWLEY

AN, Col., B, 76, f.488 ; C[11A], 105, ff.179–184, 356–360, 567–575 ; C[11B], 31, f.19 ; 32, f.125 ; E, 5 (dossier Angeac). — ASQ, Polygraphie, LVIII : 39. — Knox, *Hist. journal* (Doughty), III : 368, 370, 386, 394s., 418. — Æ. Fauteux, *Les chevaliers de Saint-Louis*, 120, 156. — La Morandière, *Hist. de la pêche française de la morue*, II : 755–780, 796, 800, 808. — Z. E. Rashed, *The peace of Paris, 1763* (Liverpool, Angl., 1951). — J.-Y. Ribault, *Les îles Saint-Pierre et Miquelon des origines à 1814* (Saint-Pierre, 1962), 12–18, 41s. — Stanley, *New France*, 260. — Henri Bourde de La Rogerie, Saint-Pierre et Miquelon : des origines à 1778, *Le Pays de Granville ; bull. trimestriel de la Soc. d'études historiques et économiques* (Mortain, France), 2e sér., nos 38–40 (1937). — Ægidius Fauteux, Les Du Pont de l'Acadie, *BRH*, XLVI (1940) : 258. — J.-Y. Ribault, La population des îles Saint-Pierre et Miquelon de 1763 à 1793, *Revue française d'hist. d'outre-mer* (Paris), LIII (1966) : 50–58.

AONGOTE. V. WILLIAMS, EUNICE

ARBUTHNOT (Arbuthnott), MARIOT (Marriot, Marriott), officier de marine et lieutenant-gouverneur de la Nouvelle-Écosse, né en 1711 à Weymouth, Angleterre ; il se maria et eut au moins deux fils ; décédé le 31 janvier 1794 à Londres.

Mariot Arbuthnot entra dans la marine royale vers 1727 et il monta lentement en grade ; il devint lieutenant en 1739, commandant en 1746 et capitaine de vaisseau en 1747. Il commanda le *Portland* à la bataille de la baie de Quiberon, sur la côte ouest de la France, durant la guerre de Sept Ans, et, après avoir exercé le commandement quelque temps à Portsmouth, il fut nommé commandant du chantier naval de Halifax où il arriva le 1er novembre 1775. Moins d'une semaine plus tard, il retint le *Somerset* dans le but de protéger Halifax, car il avait appris qu'une « bande de rebelles » traversait la région du sud au nord vers une destination inconnue. Le 20 avril 1776, Arbuthnot reçut sa commission de lieutenant-gouverneur de la Nouvelle-Écosse, succédant à Michæl FRANCKLIN. En mai, il fut chargé d'administrer la province lorsque le gouverneur, Francis LEGGE, s'embarqua pour l'Angleterre.

Personnage controversé, Legge avait créé des dissensions parmi la population, et Arbuthnot voulut absolument rétablir l'harmonie à Halifax, même s'il se préoccupait avant tout de la défense de la Nouvelle-Écosse. Il s'engagea à « concilier les idées des gens de la ville et des alentours ». C'est ainsi qu'au mois de juin, lorsque la chambre d'Assemblée se prorogea, il assista à un banquet public réunissant à l'hôtel Great Pontack les membres de l'Assemblée et plusieurs citoyens en vue, dont Francklin. Toutefois, les amis de Legge considérèrent comme une insulte à celui-ci l'accueil que les députés firent à Arbuthnot ; l'un d'eux, Henry Denny DENSON, commenta un sermon prononcé par John BREYNTON en disant que ce dernier avait prodigué « au lieutenant-gouverneur les plus écœurantes flatteries qui furent peut-être jamais entendues, propres à faire rougir toute autre personne, mais qu'il avait tout avalé ».

Cet été-là, Arbuthnot visita les régions de Windsor, de Cornwallis et de Truro. Les habitants de la région de Truro lui parurent « des gens vigoureux, robustes et travailleurs, des dissidents fanatiques et, bien sûr, des égalitaristes convaincus », mais ils l'assurèrent, semble-t-il, de leur loyauté et lui firent parvenir ensuite « une très belle adresse ». Quand ils donnèrent asile, plus tard, à des corsaires américains, Arbuthnot se montra surpris : « n'ayant pas de duplicité dans ma propre conduite, dit-il, [je] ne m'attendais pas à en trouver dans la leur ». En novembre, il dut envoyer des troupes au fort Cumberland (près de Sackville, Nouveau-Brunswick) qui était assiégé par des forces ayant à leur tête Jonathan Eddy* [V. Joseph GOREHAM]. Il dépêcha également des troupes à Liverpool et à Yarmouth et il arma des navires dans le but de parer aux raids des corsaires. Cependant, Arbuthnot ne s'intéressait pas qu'aux questions militaires. A Halifax, il prit des mesures à l'égard des dissidents ; il fit arrêter et traduire en justice l'éminent marchand Malachy SALTER, le suspectant d'avoir entretenu une correspondance dangereuse avec Boston. Pour améliorer le sort des familles des soldats, il donna du travail aux femmes en leur confiant le soin de faire de la filasse au chantier maritime.

Le 23 janvier 1778, Arbuthnot fut promu contre-amiral et il fut rappelé ; il quitta Halifax le 17 août lorsque Richard Hughes* prêta serment en tant que lieutenant-gouverneur. Au printemps de 1779, il fut nommé commandant de la marine britannique en Amérique du Nord, obtenant ainsi sa nomination la plus importante et celle qui donna lieu aux plus vives controverses. Il se fit surtout remarquer par les violentes disputes qui l'opposèrent à ses collègues officiers. Il ne reçut pas d'autre affectation après avoir quitté le commandement en 1781, mais il fut nommé amiral de l'escadre bleue le 1er février 1793, en vertu de son ancienneté.

Certains biographes ont été sévères à l'endroit d'Arbuthnot. Selon l'un d'eux, il ne connaissait pas son métier et ignorait même les rudiments des tactiques navales ; des récits de cette époque le dépeignent comme un homme brutal et vulgaire, fanfaron et mal embouché. De tels jugements semblent se fonder principalement sur la période de 1779 à 1781, durant laquelle sa santé subit un déclin rapide à la suite de ce qui semble avoir été des attaques mineures d'apoplexie. Pour reprendre les mots de John Bartlet Brebner*, on peut dire qu'il fut, durant son séjour en Nouvelle-Écosse, un homme « bien intentionné, mais d'un optimisme crédule ».

DONALD F. CHARD

Le mezzo-tinto de Charles Howard Hodges du portrait de Mariot Arbuthnot par John Rising se trouve au National Maritime Museum à Londres.

PANS, RG 1, 45, docs.12, 13, 17, 24, 28 ; 136, pp.230, 241 ; 168 ; 212, 6 nov. 1775, 13 mai, 9, 16 oct. 1776, 10 nov. 1777, 17 août 1778 ; 342, p.275. — PRO, CO 217/27. — APC *Report*, 1894, 354, 375. — *Gentleman's Magazine*, 1794, 184. — Perkins, *Diary, 1766–80* (Innis), 124. — *The private papers of John, Earl of Sandwich, first lord of the Admiralty, 1771–1782*, G. R. Barnes et J. H. Owen, édit. (4 vol., Londres, 1932–1938), III : 265, 267 ; IV. — *Nova-Scotia Gazette and the Weekly Chronicle*, 7 nov. 1775. — *Times* (Londres), 4, 5 févr. 1794. — *DNB*. — Brebner, *Neutral Yankees* (1969), 252. — Murdoch, *History of N.S.*, II : 593s. — David Spinney, *Rodney* (Londres, 1969).

ARGENTEUIL. V. AILLEBOUST

ARIMPH (Alymph), JEAN-BAPTISTE, chef en second des Micmacs de Richibouctou (Nouveau-Brunswick), *circa* 1776–1778.

Au cours des années qui précédèrent la guerre d'Indépendance américaine, Américains et Britanniques tentèrent d'attirer dans leur alliance les Malécites et les Micmacs. En mai 1775, le gouvernement du Massachusetts adressa une requête à ces tribus, sollicitant leur aide contre les Britanniques, à quoi les Indiens consentirent en septembre. Peut-être les Micmacs furent-ils portés à accepter cette demande parce que les Britanniques avaient cessé, à toutes fins utiles, de les ravitailler en poudre à fusil, au cours de l'été. Voyant que leur attitude leur avait fait perdre la bienveillance des Indiens, les Britanniques se hâtèrent de convoquer les chefs à une conférence, à Halifax, où ils leur donnèrent de la poudre et des vêtements. Ce geste fit hésiter plusieurs des Micmacs, d'autant que, non seulement ils avaient apprécié les cadeaux des Britanniques, mais ils avaient aussi constaté leur puissance et pris conscience de la menace qu'ils représentaient. Les Malécites, encouragés par des chefs comme Ambroise SAINT-AUBIN et Pierre TOMAH, et quelques-uns au moins des Micmacs continuèrent néanmoins d'affirmer leur amitié envers les Américains, qu'un traité, signé par leurs chefs, confirma au printemps de 1776. En juillet, les Malécites de la rivière Saint-Jean, sous la conduite de Saint-Aubin, et quelques Micmacs non pourvus de l'autorisation nécessaire, signèrent avec le gouvernement du Massachusetts un traité qui engageait les Indiens à fournir 600 guerriers qui se battraient aux côtés des Américains. Quand les chefs micmacs en reçurent la nouvelle, deux mois plus tard, ils rédigèrent une lettre dans laquelle ils réaffirmaient leur amitié à l'endroit des Américains, tout en se refusant à fournir les guerriers. Arimph, désigné comme « chef de Rechibouctou », signa cette lettre en même temps que sept autres chefs. Il semble que les anciens parmi les chefs refusèrent de fournir un si grand nombre de guerriers parce qu'ils savaient bien que les Britanniques l'apprendraient et viendraient détruire leurs villages sans défense.

A l'aide d'agents comme John Allan*, les Américains continuèrent de soulever les Indiens ; leurs efforts aboutirent à la déclaration de guerre de ces derniers contre les Britanniques, en août 1778. Les Britanniques invitèrent alors les principaux Malécites et Micmacs à une conférence sur un traité de paix à Menagouèche (Saint-Jean, Nouveau-Brunswick) [V. Nicholas AKOMÁPIS]. Arimph, encore l'un des chefs de sa tribu, y assista et, le 24 septembre 1778, signa le traité à titre de « chef en second des Micmacs de Richibucto ». Au nom de tous les Micmacs, il signa par la suite, à Machias (Maine), conjointement avec deux chefs malécites, une lettre aux Américains, les mettant en demeure de laisser les deux tribus tranquilles et de retourner les objets volés par un corsaire américain au poste de traite de la rivière Saint-Jean, en 1777. Arimph disparaît ensuite de l'histoire écrite.

VIRGINIA P. MILLER

PANS, RG 1, 45, doc.66. — *Documentary history of Maine* (Willis *et al.*), XXIV : 165–195. — *Military operations in eastern Maine and N.S.* (Kidder). — Selections from the papers and correspondence of James White, esquire, A.D. 1762–1783, W. O. Raymond, édit., N.B. Hist. Soc., *Coll.*, I (1894–1897), n° 3 : 306–340.

ARMITINGER. V. ERMATINGER

ARSAC DE TERNAY, CHARLES-HENRI-LOUIS D', officier de marine, né le 27 janvier 1723, probablement à Angers, France, fils de Charles-François d'Arsac, marquis de Ternay, et de Louise Lefebvre de Laubrière, décédé célibataire, le 15 décembre 1780, à bord du *Duc de Bourgogne* en rade à Newport, Rhode Island.

Charles-Henri-Louis d'Arsac de Ternay fut admis dans l'ordre de Malte, comme page du grand maître, le 12 décembre 1737, alors qu'il n'avait pas 15 ans. Entré dans le corps des gardes-marine à Toulon, France, en octobre 1738, il fut nommé sous-brigadier le 10 octobre 1743, puis enseigne de vaisseau le 1er janvier 1746. Il séjourna à Malte de 1749 à 1752 avant de devenir lieutenant de vaisseau à Toulon, en février 1756. Enfin, le 10 janvier 1761, il accéda au grade de capitaine de vaisseau et prit, à Brest, le commandement du *Robuste*.

La capitulation de Montréal, en septembre 1760, avait pratiquement sonné le glas de la présence française en Amérique du Nord. Mais la guerre continuait sur les champs de bataille européens et le duc de Choiseul, ministre de la Guerre, de la Marine et des Colonies, cherchait à inquiéter les Britanniques tant sur mer qu'outre-mer. A la fin de 1761, il élabora un vaste plan de campagne dans le but d'intercepter les vaisseaux de pêche britanniques sur les bancs de Terre-Neuve, l'année suivante, et même d'attaquer le Canada en 1763. Ternay fut choisi pour prendre la tête de l'expédition initiale qui avait comme objectifs immédiats de s'emparer de St John's de Terre-Neuve, de « faire le plus de mal que l'on pourrait aux Anglais [et de pousser] si possible jusqu'à l'île Royale [île du Cap-Breton] pour y insulter les Anglais ».

Préparée dans le plus grand secret (seul Ternay connaissait sa vraie destination), l'expédition rassemblait 750 soldats – dont 161 Irlandais qui devaient former le noyau d'un bataillon recruté parmi les pêcheurs irlandais de Terre-Neuve – répartis sur deux vaisseaux, une frégate et deux flûtes. Elle appareilla de Brest le 8 mai 1762. Arborant les couleurs britanniques afin de ne pas donner l'alarme, les cinq navires mouillèrent le 23 juin à Bay Bulls, à 20 milles au sud de St John's. Le lendemain, les troupes d'infanterie, commandées par le colonel Joseph-Louis-Bernard de Cléron d'Haussonville, débarquèrent sans coup férir et se mirent aussitôt en route vers St John's. La garnison de l'endroit était faible et, le 27, le drapeau blanc fleurdelisé flottait sur le fort William. Ternay et ses marins entreprirent la destruction systématique des établissements britanniques : toutes les pêcheries furent détruites et 460 navires de tout tonnage, pris ou coulés. On estime à plus de £1 000 000 les dommages ainsi causés aux Britanniques.

Les Français s'installèrent à Terre-Neuve avec la certitude d'y rester au moins jusqu'à l'année suivante, pensant que les Britanniques ne tenteraient rien avant le printemps. Mais, ayant appris dès le 15 juillet le coup de force des Français, AMHERST, commandant en chef des troupes britanniques en Amérique du Nord, décida de les déloger incontinent. Il confia à son frère, le lieutenant-colonel William Amherst, le commandement de sept navires sur lesquels devaient embarquer 1 500 soldats britanniques et américains des garnisons de New York, Halifax et Louisbourg, île du Cap-Breton. Partis de Louisbourg le 7 septembre, ces navires rejoignirent la flotte du commodore lord Colvill*.

Déjà inquiété par la présence de Colvill qui patrouillait dans les parages depuis le 25 août, Ternay avait proposé à d'Haussonville d'embarquer les grenadiers et de ne laisser au fort William que les fusiliers de la Marine, pour obtenir une capitulation honorable en cas d'une attaque massive des Britanniques ou pour y rester tout l'hiver s'il ne s'agissait que d'un danger imaginaire. Cependant, à la vue de l'escadre d'Amherst, le 12 septembre, il renvoya les grenadiers à terre « pour s'opposer à l'ennemi ». Le 13 septembre, les troupes britanniques débarquèrent en force à Torbay, à 10 milles au nord de St John's, sans être gênées par la flotte française. Deux jours plus tard, malgré une résistance acharnée, les Français se virent refoulés dans le fort. Ternay réunit les officiers de marine et les capitaines des grenadiers chez d'Haussonville pour un ultime conseil de guerre. Contre son avis – il préconisait, semble-t-il, l'abandon immédiat du fort –, on décida de laisser momentanément les grenadiers dans le fort ; ceux-ci allaient gagner les vaisseaux en chaloupes au tout dernier moment. Les fusiliers de la Marine, quant à eux, devaient protéger l'opération en empêchant les Britanniques de couper la route d'accès au port. Sur ce, Ternay fit rompre l'estacade qui fermait l'entrée du port et enclouer les canons des batteries menaçant la rade pour que les Britanniques ne pussent s'en servir contre les Français lors de la traversée du goulet.

Cependant, profitant d'un vent favorable, Ternay hâta le départ de sa flotte dans la nuit du 15 septembre. Il ne fut même pas inquiété par les Britanniques car, comme il l'a écrit, « une brume épaisse et des vents d'est frais avaient obligé l'escadre ennemie de prendre le large ». S'il avait réussi à sauver sa division navale au complet, Ternay laissait néanmoins à St John's, dans une situation désespérée, les fusiliers de la Marine et tous les grenadiers aux ordres d'Haussonville. Ce dernier dut signer la capitulation, le 18 septembre, avec Amherst. Les Britanniques, qui n'avaient pu intercepter les navires français, prirent leur revanche quelques jours plus tard. Le

22 septembre, ils capturèrent le *François-Louis*, en route vers St John's avec un renfort de 93 soldats, et, peu après, le *Zéphir*, aux ordres du capitaine François-Louis Poulin* de Courval.

C'est seulement le 28 janvier 1763 que Ternay regagna Brest, après avoir été pris en chasse par deux navires britanniques non loin des côtes françaises et avoir réussi à enlever un corsaire britannique avant de chercher refuge dans le port espagnol de La Corogne. Quant à d'Haussonville, il semble qu'à son retour en France, probablement en octobre 1762 conformément aux termes de la capitulation, il se plaignît du départ précipité de Ternay. Celui-ci ne fut cependant pas blâmé car on avait apprécié le fait qu'il eût sauvé sa petite flotte. Par ailleurs, on s'acheminait déjà vers les préliminaires de paix de Fontainebleau entre la France, l'Espagne, et la Grande-Bretagne – signés en fait le 3 novembre 1762.

De 1764 à 1769, Ternay reçut le commandement de divers vaisseaux et, le 16 août 1771, il fut nommé commandant général des îles de France (île Maurice) et Bourbon (île de la Réunion). Le 22 décembre suivant, il accéda au grade de brigadier des armées navales. Chef d'escadre à partir de novembre 1776, Ternay participa à la guerre d'Indépendance américaine à titre d'officier supérieur de la marine au sein de l'expédition du lieutenant général Rochambeau en 1780. Bloqué en rade à Newport par une flotte britannique pendant six mois, il mourut en décembre d'une fièvre putride, après huit jours de maladie. Ayant prononcé les trois vœux monastiques de l'ordre de Malte, il était resté célibataire.

GEORGES CERBELAUD SALAGNAC

AN, Col., B, 114 ; Marine, B², 370 ; 371 ; B⁴, 104 ; C¹. — BN, MSS, NAF 9 410 (Margry). — [William Amherst], *The recapture of St. John's, Newfoundland, in 1762 as described in the journal of Lieut.-Colonel William Amherst, commander of the British expeditionary force*, J. C. Webster, édit. ([Shédiac, N.-B.], 1928). — *Liste de messieurs les chevaliers, chapelains conventuels et servants d'armes des trois vénérables langues de Provence, Auvergne et France* ([Valetta], Malte, 1778). — Lacour-Gayet, *La marine militaire sous Louis XV* ; *La marine militaire sous Louis XVI*. — Maurice Linyer de La Barbée, *Le chevalier de Ternay : vie de Charles Henry Louis d'Arsac de Ternay, chef d'escadre des armées navales* (2 vol., Grenoble, France, 1972). — Warrington Dawson, Les 2 112 Français morts aux États-Unis de 1777 à 1783 en combattant pour l'indépendance américaine, Soc. des américanistes, *Journal* (Paris), nouv. sér., XXVIII (1936) : 1–154. — E. W. H. Fyers, The loss and recapture of St. John's, Newfoundland, in 1762, Soc. for Army Hist. Research, *Journal* (Londres), XI (1932) : 179–215. — Une expédition française à Terre-Neuve en 1762, *BRH*, XIII (1907) : 316–319.

ASSOMPTION, MARIE-JOSÈPHE MAUGUE-GARREAU, dite **DE L'.** V. MAUGUE-GARREAU

ATIA'TAWÌ'TSHERA'. V. ANANDAMOAKIN

ATKINSON, GEORGE, agent principal de la Hudson's Bay Company, décédé le 2 octobre 1792 à Eastmain Factory (à l'embouchure de la rivière Eastmain, Québec).

On ne sait rien sur la vie de George Atkinson antérieure à son engagement à la Hudson's Bay Company, si ce n'est qu'il est probablement né à Stockton-on-Tees, Angleterre. Ses premières années au service de la compagnie furent de toute évidence celles de 1751 à 1754, alors que les listes d'équipage du *Sea Horse*, un navire de la compagnie employé au ravitaillement des postes de la baie d'Hudson, mentionnent régulièrement son nom. On perd sa trace pendant les 14 années suivantes, mais, en 1768, il était de nouveau engagé par la compagnie, cette fois pour servir à titre de marin au fort Albany (Fort Albany, Ontario), pendant trois ans, au salaire annuel de £15.

En 1769, Atkinson fut nommé second maître à bord du sloop d'Eastmain House, au salaire de £25 par année, après que George Isbister eut été destitué pour mauvaise conduite. Thomas Moore, chef de poste à Eastmain House, vit en Atkinson « un homme de très grande valeur », et l'employa à la chasse, à la pêche et au transport du courrier à Moose Factory (Ontario) et au fort Albany, aussi bien qu'au soin du sloop. Quand Moore alla en Angleterre à la fin de 1772, Atkinson prit charge d'Eastmain House et de son sloop. Son journal pour 1772–1773 laisse croire que ses relations avec les Indiens étaient cordiales.

A l'automne de 1773, Moore reprit le commandement d'Eastmain House, et Atkinson continua jusqu'en 1777 à servir sur les navires de la compagnie. Son assiduité et sa « connaissance des indigènes » firent qu'il fut proposé comme chef des expéditions à l'intérieur des terres à l'automne de 1773 et de nouveau à la fin de 1776. Dans les deux occasions, les circonstances l'empêchèrent de partir. A la fin de 1777, cependant, Atkinson alla à l'intérieur. Eusebius Bacchus Kitchin, agent principal à Moose Factory, avait souhaité que le parti d'Atkinson voyageât sur le cours supérieur de la rivière Abitibi (Ontario), mais « l'arrivée tardive [à Moose Factory] et la faible profondeur de l'eau » mirent ce plan en échec. Atkinson hiverna plutôt au lac Mesakamy (lac Kesagami, Ontario), « à mi-chemin » seulement du lac « Abbitiby », après un « voyage long et fatigant ». Ses lettres à Kitchin apportent des renseignements sur les problèmes qu'il y rencontra, et sur les manifestations de la maladie dont il devait souffrir par la suite. Discutant de l'accusation de Kitchin d'avoir mésusé des provisions, il écrivait : « Que puis-je faire ? Les Indiens qu'il vous a plu d'envoyer avec nous n'avaient rien pour subsister par eux-mêmes. »

Kitchin donna à Atkinson l'ordre de prendre le commandement du sloop de Moose Factory, en juin 1778. En septembre, Atkinson, qui « était beaucoup aimé des indigènes de l'endroit », fut nommé chef de poste à Eastmain House, un commandement qu'il allait conserver presque continuellement jusqu'à sa mort. Le poste s'agrandit matériellement et son importance s'accrut sous la direction d'Atkinson, et Edward JARVIS, chef de poste à Moose Factory, lui attribua le mérite de l'ouverture de « nouveaux canaux de traite, depuis le Nord jusqu'à Richmond [sur le lac Guillaume-Delisle, Québec] et au lac Mistasin [lac Mistassini, Québec] ». En septembre 1786, Eastmain House, devenue indépendante de Moose Factory, était « une factorerie distincte par elle-même » et prit le nom d'Eastmain Factory. C'était aussi une base de résistance à la concurrence des trafiquants de Montréal (trafiquants rattachés à une compagnie de Montréal). En 1790, Atkinson envoyait John Clarke* au lac Mistassini pour rassembler des renseignements sur les trafiquants montréalais rivaux qui empiétaient sur le territoire d'Eastmain Factory, et pour recruter « tout homme indépendant qui désirerait entrer à [notre] service ». Le salaire d'Atkinson permet de croire que ses efforts furent appréciés par la compagnie : en 1791, il touchait £130 par année. Toutefois, en ses dernières années, il fut malade et dut retourner en Angleterre en 1785–1786 et en 1791–1792. A son retour à Eastmain Factory, en 1792, il ne survécut que quelques semaines, y mourant en octobre.

Comme plusieurs autres fonctionnaires de la compagnie, à cette époque, Atkinson s'était donné une famille indigène : il eut, avec l'Indienne Necushin, deux fils et une fille. Le comité de Londres, dans une tentative pour éloigner de ses postes les familles des trafiquants, avait interdit d'amener des Européennes à la baie d'Hudson, et avait longtemps défendu à ses hommes de fréquenter les Indiennes. Mais, dans les années 1770, ce dernier règlement avait été défié par des hommes de la compagnie comme Joseph ISBISTER, Humphrey MARTEN, Moses NORTON et Robert Pilgrim*. Longtemps éloignés de l'Angleterre, il arrivait que les trafiquants acceptent les offres que leur faisaient les Indiens d'une compagne, y voyant aussi des avantages commerciaux. A l'époque de la mort d'Atkinson, la compagnie en venait à accepter la présence de femmes indigènes et d'enfants dans ses postes. Les Indiens considéraient généralement que ces femmes étaient mariées et, dans les années 1830, elles étaient en train d'obtenir, aussi bien de la loi que de la compagnie, la reconnaissance en tant qu'épouses « selon les coutumes du pays ». Les fils issus de ces unions, avec l'encouragement du père et celui de la compagnie, pouvaient offrir d'utiles services à la Hudson's Bay Company. Atkinson envoya, en 1790, son fils Sneppy en Angleterre, où il acquit son nom de baptême, George, dans l'espoir qu'il « se dégagerait un peu de l'Indien et, ce faisant, se verrait forcé à agir comme un homme » à son retour à Eastmain Factory. Les deux fils d'Atkinson servirent la compagnie, comme ce fut le cas de ces autres jeunes gens de la baie d'Hudson, Charles Thomas Isham* et William Richards*. George, fils, connut une carrière de quelque réputation dans la traite des fourrures et laissa une nombreuse famille pour continuer le nom d'Atkinson dans la région de la baie de James.

JENNIFER S. H. BROWN

Durham County Record Office (Durham, Angl.), EP/Sto 2 (Holy Trinity Church, Stockton-on-Tees, registre des baptêmes, mariages et sépultures, 1707–1780). — HBC Arch., A.1/39, pp.14, 127, 240, 388 ; A.1/43, ff.58, 105 ; A.1/46, f.74 ; A.5/2, ff.145–147 ; A.6/13, ff.124, 153 ; A.11/57, ff.122–122d ; A.30/1, ff.2, 17, 30 ; A.30/3, f.33 ; A.30/4, f.11 ; A.32/3, f.12 ; A.36/1B, ff.14–16 ; B.59/a/40, ff.15, 29, 40, 44, 45 ; B.59/a/44, ff.6–8, 19, 21, 24 ; B.59/b/1 ; B.59/b/6, ff.6, 14–15 ; B.59/b/9, ff.14–15, 16 ; B.59/b/10, f.22 ; B.59/b/12 ; B.135/b/5, ff.3, 5–6, 10 ; B.135/b/6, ff.6, 8–9, 16–17, 40. — PRO, Prob. 11/1 238, testament de George Atkinson, homologué le 28 nov. 1793. — *HBRS*, XVII (Rich *et al.*) ; XXIV (Davies et Johnson).

ATQUANDADEGHTE. V. OHQUANDAGEGHTE

ATTERWANA. V. OTTROWANA

AUBERT DE GASPÉ, IGNACE-PHILIPPE, officier dans les troupes de la Marine et seigneur, né à Saint-Antoine-de-Tilly (Québec) le 4 avril 1714, fils de Pierre Aubert de Gaspé et de Madeleine-Angélique Legardeur de Tilly, décédé à Saint-Jean-Port-Joli (Québec) le 26 janvier 1787.

Ignace-Philippe Aubert de Gaspé se fit avantageusement connaître tant par sa carrière militaire que par son appartenance à la lignée des Aubert, alliés aux plus grandes familles du pays. Il était le petit-fils de Charles Aubert* de La Chesnaye, commerçant, et de Charles Legardeur* de Tilly, gouverneur de Trois-Rivières. Par son mariage à Québec, le 30 juin 1745, avec Marie-Anne, fille de Nicolas-Antoine Coulon* de Villiers, il devint également le beau-frère de Joseph Coulon* de Villiers de Jumonville et de son frère Louis Coulon* de Villiers.

La carrière militaire d'Ignace-Philippe Aubert de Gaspé fut remarquable à maints égards : cet officier passa 33 ans sous les drapeaux et se distingua au cours de nombreux combats et expéditions qui marquèrent la fin du Régime français. Cadet à 13 ans, il fut promu successivement enseigne en second (1739), enseigne en pied (1745), lieutenant (1749) et capitaine (1756) ; il servit un peu partout en Nouvelle-France, de 1734 à 1760. Il participa d'abord aux expéditions destinées à réduire au silence les nations indigènes des Renards (1734–1735), à l'ouest du lac Michigan [V. Nicolas-Joseph de Noyelles* de Fleurimont], des Chicachas et des Natchez (1739), en Louisiane [V. Jean-Baptiste Le Moyne* de Bienville ; Charles Le Moyne* de Longueuil]. En 1746, après avoir tenu garnison trois ans à Michillimakinac (Mackinaw City, Michigan), il quitta l'Ouest pour se joindre à l'expédition de Jean-Baptiste-Nicolas-Roch de RAMEZAY mise sur pied pour aider la flotte du duc d'Anville [La Rochefoucauld*] à chasser les Britanniques de l'Acadie. Quatre ans plus tard, au moment où la France cherchait à consolider ses frontières dans cette partie du pays, il fut appelé à construire le fort Saint-Jean, sur la rivière du même nom. Devenu commandant de l'endroit, il y demeura jusqu'à son départ pour l'Ouest en 1753. A la suite d'un bref séjour à la rivière Ohio, il prit part à l'attaque du fort Necessity (près de Farmington, Pennsylvanie) destinée à venger la mort de Jumonville abattu par un détachement des troupes de la milice de Virginie dirigé par George Washington [V. Louis Coulon de Villiers]. Enfin, en 1756, après un séjour de quelques mois au fort Niagara (près de Youngstown, New York), il fut dépêché dans la région du lac Champlain, où il servit aux forts Saint-Frédéric (près de Crown Point, New York) et Carillon (Ticonderoga, New York). C'est ainsi qu'il prit part à la prise du fort George (appelé également fort William Henry ; aujourd'hui Lake George, New York), en 1757, et à la célèbre victoire de Montcalm* sur ABERCROMBY à Carillon, en 1758. Après la chute de Québec, il participa au siège de la ville par l'armée française et combattit à Sainte-Foy, sous les ordres de LÉVIS.

On sait que Montcalm se montra plutôt avare de compliments à l'égard des troupes de la Marine. Néanmoins, le nom du capitaine Aubert de Gaspé figure parmi les quelques noms qu'il cita au lendemain de la déroute des troupes britanniques au fort Carillon. Son mérite fut également reconnu par Ramezay, Noyelles de Fleurimont et le roi, qui le nomma chevalier de Saint-Louis, le 24 mars 1761. On n'est pas certain que le capitaine Aubert de Gaspé ait jamais eu l'occasion de séjourner en France par la suite et d'être ainsi reçu officiellement membre de cet ordre.

A l'automne de 1760, après la capitulation de Montréal, Aubert de Gaspé trouva refuge auprès de ses censitaires de Port-Joli. Son manoir ayant été brûlé par l'envahisseur l'automne précédent, il fut contraint de s'établir temporairement dans ce qui restait du moulin seigneurial de la rivière Trois-Saumons. A l'exception des années 1775 et 1776, marquées par l'invasion américaine, les 26 années qu'Aubert de Gaspé passa sur sa seigneurie après la Conquête furent plutôt paisibles. Entre 1764 et 1766, on reconstruisit le manoir et chacune des maisons incendiées par l'armée de Wolfe*. La présence du seigneur au milieu de ses censitaires stimula si bien la colonisation que la population de la seigneurie tripla, ou presque, à cette époque. En 1779, il fut possible de construire une église, de développer la deuxième concession et de s'attaquer à la troisième.

Le capitaine Aubert de Gaspé, quatrième seigneur de Port-Joli, mourut dans son manoir à l'âge de 72 ans. Il fut inhumé dans l'église paroissiale qu'il avait contribué à construire, le 28 janvier 1787. Dix enfants étaient nés de son union avec Marie-Anne Coulon de Villiers. Pierre-Ignace*, le sixième, devint conseiller législatif et colonel de milice, et de son mariage avec Catherine Tarieu de Lanaudière naquit Philippe-Joseph*, auteur des *Anciens Canadiens*.

JACQUES CASTONGUAY

Æ. Fauteux*, dans *les Chevaliers de Saint-Louis*, pp.25s., 182s., affirme qu'Ignace-Philippe Aubert de Gaspé n'a pas séjourné en France et, par conséquent, n'a pas été reçu chevalier. Par contre, une exégèse du texte des *Mémoires* (Ottawa, 1866) de Philippe-Joseph Aubert de Gaspé indique qu'Ignace-Philippe aurait séjourné en France après la Conquête. Il aurait peut-être été reçu chevalier à cette occasion. C'est ce qui expliquerait qu'en 1786, il pouvait finalement ajouter après son nom : « admis à l'ordre Royal et militaire de Saint-Louis », comme le fit plus tard à deux reprises son petit-fils. De plus amples recherches s'imposent. [J. C.]

ANQ-Q, Greffe de J.-N. Pinguet de Vaucour, 26 juin 1745. — Archives paroissiales, Notre-Dame de Québec, Registre des baptêmes, mariages et sépultures, 30 juin 1745 ; Saint-Antoine-de-Tilly (Québec), Registre des baptêmes, mariages et sépultures, 5 avril 1714 ; Saint-Jean-Port-Joli (Québec), Registre des baptêmes, mariages et sépultures, 26 janv. 1787, 19 mars 1789. — ASQ, MSS, 424, ff.8–10. — P.-G. Roy, *Inv. concessions*, III : 170. — P.[-J.] Aubert de Gaspé, *Les anciens Canadiens* (16e éd., Québec, 1970) ; *The Canadians of old*, G. M. Pennée, traduct. (Québec, 1864). — H.-R. Casgrain, *Philippe Aubert de Gaspé* (Québec, 1871). — Jacques Castonguay, *La seigneurie de Philippe Aubert de Gaspé, Saint-Jean-Port-Joli* (Montréal, 1976). — [François Daniel], *Histoire des grandes familles françaises du Canada, ou aperçu sur le chevalier Benoist, et quelques familles contemporaines* (Montréal, 1867). — P.-G. Roy, *La famille Aubert de Gaspé* (Lévis, Québec, 1907).

AUGÉ, ÉTIENNE, négociant, né à Saint-Louis-de-Lotbinière (Lotbinière, Québec), fils de Louis Augé et d'Antoinette Barabé, décédé le 18 janvier 1780 à Montréal.

On ne sait à quel moment Étienne Augé arriva à Montréal. Il y était déjà établi comme négociant en 1751 lorsqu'il épousa Louise-Françoise Dalgueuil, dit Labrèche. D'après le contrat de mariage passé le 11 septembre devant le notaire Jean-Baptiste Adhémar*, Augé possédait rue Saint-Paul, la rue des affaires de Montréal, un terrain sur lequel s'élevait une maison de pierres. Une tante de son épouse, Jeanne Dalgueuil, leur donnait une maison « de pièces sur pièces », une boulangerie et les biens qui s'y rattachaient à condition d'être hébergée par eux. Louise-Françoise Dalgueuil avait alors 41 ans, Augé sans doute le même âge. Ce mariage tardif explique sans doute l'absence de progéniture, ce qui n'était pas inusité parmi les marchands de Montréal. Augé et son épouse fréquentaient les familles marchandes les plus importantes de la ville, les Charly Saint-Ange, Giasson, Hervieux, Quesnel et de Couagne, ainsi que la famille Guy avec laquelle Augé se lie plus particulièrement au cours de sa carrière : en 1777, il nomme « son amy » Pierre Guy* exécuteur testamentaire.

Augé faisait surtout du commerce d'importation et d'exportation. Il ne s'engagea pas vraiment dans la traite des fourrures, se contentant d'équiper quelques expéditions entre 1751 et 1755. Il s'occupa par contre de faire passer sur le marché métropolitain les pelleteries qu'il obtenait des « marchands-équipeurs » en paiement de marchandises de traite. Augé tenait aussi un commerce de détail où il vendait au comptant ou à crédit aux gens de la région des produits de toutes sortes, tels des tissus, des articles de mercerie et même des denrées comme le sucre, les épices, le café et le rhum. Son chiffre d'affaires annuel, si l'on se fie au volume de ses achats entre 1755 et 1758, s'élevait à environ 30 000#. Ce commerce était plus profitable et comportait moins de risques que la traite des fourrures avec les Indiens.

Après la Conquête, Augé conserva pendant un certain temps des contacts avec ses fournisseurs de La Rochelle, Denis GOGUET et les négociants Paillet et Meynardie. Mais le commerce avec la France était devenu impossible et il dut entrer en relation avec des négociants londoniens, Daniel et Antoine Vialars ainsi qu'Isidore Lynch, qui lui avaient été recommandés par ses correspondants rochelais. En plus d'écouler les pelleteries qu'il leur faisait parvenir, ces fournisseurs s'occupèrent de la liquidation des 200 000# en lettres de change détenues par Augé. Même s'il eut à se plaindre fréquemment de l'avidité de ses nouveaux fournisseurs et même si la liquidation de ses papiers allait traîner en longueur, Augé réussit à développer son commerce de façon sensible de 1770 à 1775. Sa correspondance d'affaires porte essentiellement sur les prix et la qualité des marchandises reçues, les remises en lettres de change ou en pelleteries, le taux du fret et des assurances, la fréquence des envois et la conjoncture en métropole. Ses méthodes comptables, assez rudimentaires comme celles des autres marchands de la ville, suffisaient aux besoins du commerce montréalais. Il n'en est de meilleure preuve que la fortune qu'il accumula. A sa mort, il laissait 80 000# à ses parents et amis, dont Pierre Guy, à diverses œuvres charitables, ainsi qu'à son esclave Marguerite. Cette imposante succession comprenait, entre autres, 10 000# de biens meubles, près de 24 000# de dettes actives, deux terres dans les faubourgs de Montréal, et 28 000# de marchandises en magasin.

Au cours de sa carrière, Étienne Augé eut, comme les autres marchands de Montréal, des activités politiques. De 1764 à 1766, il signa trois pétitions adressées aux autorités britanniques pour la réglementation du commerce des fourrures. Il signa aussi le « protêt » des marchands de Montréal contre les prétentions des seigneurs, en 1766, ainsi que la pétition des marchands canadiens de décembre 1773 qui demandait au roi le rétablissement des lois françaises et qui s'opposait à la création d'une chambre d'Assemblée.

Les activités d'Augé commencèrent à diminuer vers 1775. Il était peut-être déjà atteint de la maladie qui allait l'emporter en 1780. C'est sans doute son neveu, Michel Augé, qu'il semblait traiter comme un fils et qui le secondait dans ses affaires, qui prit sa suite. Augé fut l'un des marchands de Montréal qui surent traverser cette époque de changements politiques et économiques que fut la Conquête sans être trop durement touchés. Alors qu'il fut probablement le plus considérable négociant canadien de Montréal vers la fin du Régime français, Augé semble avoir mené de meilleures affaires encore après 1760. L'examen de diverses pièces de comptabilité, de sa correspondance d'affaires et d'un grand nombre de contrats montre bien l'ampleur de son commerce.

JOSÉ E. IGARTUA

AN, Col., C[11A], 108, ff.1–90. — ANQ-M, Greffe de J.-B. Adhémar, 11 sept. 1751, 14 sept. 1754 ; Greffe de Simon Sanguinet, 7 janv., 4, 16 mars 1780 ; Greffe de François Simonnet, 13 juin 1758, 8 juin 1766. — APC, MG 23, GIII, 25, A (Étienne Augé) ; B (Étienne Augé) ; GIII, 29 ; MG 24, L3, pp.1469–1475, 1522–1530, 1532s., 2097–2099, 2203–2206, 2274–2276, 2395s., 2494s., 2659s., 2672s., 3407–3410. — BL, Add. MSS 35915, ff.228–233 (copies aux APC). — PRO, CO 42/1, pp.181–183 ; 42/2, pp.277–280 ; 42/5, pp.298s. (copies aux APC). — *Doc. relatifs à l'hist. constitutionnelle, 1759–1791* (Shortt et Doughty ; 1921), I : 490–494. — État général des billets d'ordonnances [...], ANQ *Rapport*, 1924–1925, 231–342. — Protêt des marchands de Montréal contre une assemblée des seigneurs, tenue en cette ville le 21 février, 1766, É.-Z. Massicotte, édit., *Canadian Antiquarian and Numismatic Journal* (Montréal), 3e sér., XI (1914) : 1–20. — *La Gazette de Québec*, 20 oct. 1766. — Massicotte, Répertoire des engagements pour l'Ouest, ANQ *Rapport*, 1930–1931, 414, 433, 436, 438, 446 ; 1931–1932, 304s., 312. — Tanguay, *Dictionnaire*. — J. E. Igartua, The merchants and *négociants* of Montreal, 1750–1775 : a study in socio-economic history (thèse de PH.D., Michigan State University, East Lansing, 1974). — É.-Z. Massicotte, La bourse de Montréal sous le Régime français, *Canadian Antiquarian and Numismatic Journal*, 3e sér., XII (1915) : 26–32.

AUGOOSHAWAY. V. EGUSHWA

AUMASSON DE COURVILLE, LOUIS-LÉONARD, dit **sieur de Courville**, notaire, avocat et mémorialiste, né à Sainte-Menehould, France, à la fin de 1722 ou au début de 1723, fils de Claude Aumasson de Courville, officier, et de Judith de Chevreau ; il épousa, le 6 juin 1752 à Québec, Marie-Anne, fille d'Étienne Amiot, dit Villeneuve ; décédé après 1782, peut-être dans la région de Montréal.

Louis-Léonard Aumasson de Courville est peut-être arrivé à Québec au mois d'août 1749 avec le marquis de La Jonquière [Taffanel*], gouverneur de la Nouvelle-France, dont il fut l'un des secrétaires. Nommé notaire royal pour toute l'Acadie française le 28 mai 1754, il est établi dès le mois de juillet au fort Beauséjour (près de Sackville, Nouveau-Brunswick) où il devient bientôt le secrétaire du commandant Louis DU PONT Duchambon de Vergor et où il fait la connaissance de l'abbé LE LOUTRE et de Louis-Thomas JACAU de Fiedmont, qui figureront en bonne place dans ses « Mémoires ». Assiégé par MONCKTON, le fort Beauséjour capitule le 16 juin 1755. En tant que secrétaire de Vergor, Aumasson de Courville rédige le projet de capitulation.

Revenu à Québec après ce séjour d'un an en Acadie, Aumasson de Courville est nommé par les jésuites, le 26 mars 1756, greffier de leur tribunal seigneurial de Notre-Dame-des-Anges et, le 3 avril, l'intendant BIGOT lui accorde une commission de notaire royal dans les juridictions de Notre-Dame-des-Anges, Saint-Gabriel, Sillery, Saint-Joseph et Saint-Ignace, situées dans la région de Québec. Il semble que le sieur de Courville, qui résidait alors à l'Ancienne-Lorette, n'ait plus reçu d'actes après le 11 juin 1758. Il continue pourtant d'être greffier du tribunal des jésuites jusqu'en 1759.

Aumasson de Courville reçoit, le 1er octobre 1760, une nouvelle commission du gouverneur militaire de Montréal, GAGE, pour exercer les fonctions de « notaire royal » dans les paroisses de Saint-Ours, Contrecœur et Saint-Denis, sur le Richelieu, cette dernière paroisse devant être son lieu de résidence. Cependant, jusqu'en 1765 il séjourne successivement dans les paroisses de L'Assomption, Repentigny, Varennes, Saint-Ours, et finalement Saint-Denis. Bien que le notariat ait été reconnu sous le Régime militaire, l'incertitude qui s'est installée quant à son existence après le traité de Paris, jointe à la médiocrité des honoraires, explique sans doute que le sieur de Courville ait senti le besoin de changement. Installé à Montréal, dans le faubourg Sainte-Marie, en 1765, Aumasson de Courville semble dès lors délaisser la pratique du notariat pour se lancer dans une nouvelle carrière : le 26 novembre 1768, il se fait admettre au barreau. Mais l'avocat ne gagne guère mieux sa vie que le notaire puisque, le 12 avril 1770, le shérif fait vendre sa propriété. Le sieur de Courville est encore à Montréal au début du mois de juin 1773 lors du décès de son fils aîné, Charles-Léonard, âgé de 18 ans. Ayant délaissé la plaidoirie, il revient à la pratique du notariat et s'installe à L'Assomption où il se trouve en 1779 et où il exerce jusqu'en 1781 ou plus probablement jusqu'en 1782. C'est à cette date que l'on perd sa trace.

En 1940, après plus de 20 ans de recherches, Ægidius Fauteux* établit que l'auteur des « Mémoires du S... de C... contenant l'histoire du Canada durant la guerre, et sous le gouvernement anglais », publiés en 1838, était Louis-Léonard Aumasson de Courville, dont il écrivit la biographie. Les « Mémoires » relatent les événements survenus en Nouvelle-France entre 1749 et le début du Régime anglais. Aumasson de Courville aurait commencé à les rédiger avant la prise de Québec puisqu'il en aurait communiqué une partie à l'auteur anonyme du « Mémoire du Canada », personnage dont on sait qu'il quitta la Nouvelle-France pour rentrer en France au printemps de 1760. Selon Fauteux, qui s'est livré à une analyse minutieuse des « Mémoires », Aumasson de Courville s'y révèle comme un homme de caractère difficile dont les animosités personnelles tenaces obscurcissent parfois la vision des événements. Les agissements des administrateurs et des concussionnaires de la fin du Régime français sont décrits sans complaisance ; le sieur de Courville attaque aussi le clergé, notamment l'abbé Le Loutre, François PICQUET, le jésuite Jean-Baptiste Tournois*. Pour Fauteux, tout cela explique l'anonymat dans lequel s'est tenu Aumasson de Courville : les « Mémoires » contiennent tellement d' « invectives dont un trop grand nombre étaient d'une injustice flagrante » que « la peur des représailles lui imposait silence ».

Le sieur de Courville est un homme qui n'a occupé que des emplois subalternes en Nouvelle-France, que ce soit comme secrétaire du gouverneur La Jonquière, comme secrétaire de Du Pont Duchambon de Vergor ou comme notaire ; il est significatif qu'il n'ait pas été assigné à comparaître comme témoin au procès de Vergor, accusé de négligence après la perte du fort Beauséjour. Le changement de régime n'est pas favorable à Aumasson de Courville. Au cours d'une polémique qui l'oppose à Valentin JAUTARD dans les colonnes de *la Gazette littéraire pour la ville et district de Montréal*, en 1779, il se décrit lui-même comme un « antique jurisconsulte, habitant d'une chaumière, livré à toute la fureur de la disgrâce et de l'infortune ».

FRANÇOIS ROUSSEAU

Les « Mémoires du S... de C... contenant l'histoire du Canada durant la guerre, et sous le gouvernement anglais » ont été publiés en 1838 et réimprimés en 1873 dans « Mémoires sur le Canada, depuis 1749 jusqu'à 1760 [...] », Literary and Hist. Soc. of Quebec, *Hist. Docs.*, 1re sér., I. Les « Mémoires » d'Aumasson de Courville forment la pièce la plus importante de l'ouvrage ; ils comptent 211 pages. Ægidius Fauteux, dans un article intitulé « Le S... de C... enfin démasqué », *Cahiers des Dix*, 5 (1940) : 231–292, a résolu les problèmes posés par les « Mémoires » et identifié leur auteur. Cette biographie s'inspire directement de son article. [F. R.]

ANQ-M, Greffe de L.-L. Aumasson de Courville, 1754–1781 ; les ANQ-Q conservent ses minutes pour les années 1756–1758. — Mémoire du Canada, ANQ *Rapport*, 1924–1925, 96–198. — Les notaires au Canada sous le Régime français, ANQ *Rapport*, 1921–1922, 56. — P.-G. Roy, *Inv. jug. et délib., 1717–1760*, VI : 78, 80, 88 ; *Inv. ord. int.*, III : 185, 196. — Tanguay, *Dictionnaire*, II : 32. — Vachon, Inv. critique des notaires royaux, *RHAF*, IX : 560s.

AUTERIVE. V. CUNY

AVÈNE DES MÉLOIZES, ANGÉLIQUE RENAUD D'. V. RENAUD

AYLWIN (Aylwyn), THOMAS, marchand et juge de paix, né vers 1729 à Romsey, Hampshire, Angleterre ; il épousa le 11 septembre 1771, à Boston, Lucy Cushing, et ils eurent au moins trois fils ; décédé le 11 avril 1791 à Québec.

Thomas Aylwin était probablement l'un de ces marchands qui s'installèrent à Québec au lendemain de la prise de cette ville par les troupes du général Wolfe*. Sans doute faut-il l'inclure dans cette coterie de marchands dont le gouverneur MURRAY disait en 1764 qu'ils étaient « accourus dans un pays où il n'y a[vait] pas d'argent, [et qu'ils] se cro[yaient] supérieurs en rang et en fortune au soldat et au Canadien ». Associé pendant quelques années à Charles Kerr, Aylwin se spécialisa dans la vente au détail de produits d'importation : tissus, denrées, vin, articles de quincaillerie et de papeterie, et autres marchandises. Après le décès de Kerr, en 1765, Aylwin poursuivit ses activités commerciales à Québec jusqu'en 1769, date à laquelle il semble s'être rendu au Massachusetts où il aurait séjourné environ six ans.

De retour à Québec au début de la Révolution américaine, Aylwin installait son commerce rue Saint-Jean, pour ensuite louer une maison rue Saint-Joseph. Le 23 octobre 1777, il acheta du marchand et conseiller législatif Thomas Dunn*, pour la somme de £948 (cours de Halifax) dont il versa £508 comptant, deux maisons situées dans le centre des affaires, rue Notre-Dame. L'éventail de ses produits annoncés dans *la Gazette de Québec* se diversifiait sans cesse. De plus, il approvisionnait certains marchands dont Jacob Bettez, de Baie-Saint-Paul, et Abraham Morhouse qui, en juin 1786, devait £1 100 à « Tho. Aylwin & Co. ». A la même époque, Aylwin s'occupait de vendre le blé de Samuel JACOBS et devenait fournisseur en gros de biscuits. Il semble avoir connu une prospérité modérée. En effet, son inventaire après décès révèle qu'il vivait à l'aise, mais non dans le luxe. Si, par exemple, il possédait un service à thé en porcelaine garnie d'or, des meubles en acajou et une argenterie évaluée à £17, en revanche deux de ses 12 bibelots de porcelaine, décorant la cheminée, étaient brisés et le tapis du petit salon de réception était très usé. Outre des ouvrages utiles au commerce, sa bibliothèque d'une cinquantaine de titres contenait des livres d'histoire, de droit, de religion et de poésie.

A la fin de l'année 1790, quelques mois avant sa mort, Aylwin, sans doute malade ou en difficultés financières, mit en vente ou en location sa maison et son magasin de même que l'habitation attenante. L'inventaire de ses biens montre que sa succession accusait un déficit net de £293 sans compter une dette considérable, découverte plus tard, contractée envers la compagnie Fraser and Young de Québec. Toutefois, son fournisseur londonien, Breckwood Pattle and Co., constituait vraisemblablement son plus important créancier. A la demande de John Gray*, marchand de Montréal, et d'Ann, veuve d'Alexander Gray de Québec, on saisit les biens immobiliers d'Aylwin pour les vendre à l'encan au cours de l'année 1792 afin d'assurer le paiement des dettes de sa succession.

Parallèlement à ses activités d'homme d'affaires, Thomas Aylwin occupa la fonction de juge de paix de 1765 jusqu'à son départ pour le Massachusetts ; nommé de nouveau à ce poste en 1785, il y demeura jusqu'à sa mort. Aylwin participa activement aux démarches du groupe de marchands qui cherchèrent à faire prévaloir leurs intérêts auprès des autorités politiques. Dès 1764, il faisait partie du jury d'accusation de Québec présidé par le négociant James JOHNSTON et opposé à l'administration du gouverneur Murray. Puis, en 1767, à la suite de la publication, dans *la Gazette de Québec* des 10 et 17 décembre, de l'opinion du procureur général Francis Maseres* en faveur de l'application de la loi anglaise en matière de faillite, Aylwin aurait, selon Maseres lui-même, rédigé avec George SUCKLING la réplique anonyme parue les 24 et 31 du même mois. Ils y exposaient la position de la plupart des marchands qui, bien que généralement favorables à l'introduction de la loi commerciale britannique, s'y opposaient dans ce cas particulier. Ils alléguaient qu'en raison des circonstances économiques prévalant au Canada, la mise en vigueur de cette loi entraînerait la faillite de beaucoup de commerçants auxquels un délai plus long pourrait permettre de rembourser leurs dettes. Plus tard, en 1785, à l'occasion du départ de Henry HAMILTON, Aylwin comptait parmi les partisans du lieutenant-gouverneur satisfaits de l'intérêt que celui-ci avait pris au commerce et particulièrement de l'obtention du procès avec jury dans les causes commerciales. De nouveau membre du jury d'accusation de Québec en 1787, Aylwin s'opposa à la levée de toute taxe visant à financer la construction d'édifices publics, dont une nouvelle prison, jusqu'à ce que la colonie fût plus en mesure d'assumer ce fardeau fiscal et la constitution plus conforme au modèle anglais. Toutefois, ce corps, dont il occupait la présidence, déplora, en 1789, auprès du juge en chef William SMITH, l'inexistence d'un système de taxation assurant l'entretien des rues de Québec alors en mauvais état ; par ailleurs, le jury réclama du gouvernement la création d'un fonds public pour venir en aide aux pauvres particulièrement éprouvés en cette année de disette et suggéra l'organisation de travaux sous surveillance afin de réduire les risques de récidive des ex-criminels laissés sans ressources après leur libération. La même année, il fut aussi un des signataires d'une pétition adressée au gouverneur, lord Dorchester [Carleton*], dans laquelle les marchands de Québec réclamaient que soit facilitée, pour un certain temps, l'importation sans droits de douane du rhum des Antilles, produit qu'Aylwin vendait depuis 1776 au moins. On demandait également de favoriser la province de Québec par rapport à tout autre pays dans le commerce avec ces îles. L'année suivante, il signa la pétition en faveur d'une université neutre sur le plan confessionnel [V. Jean-François HUBERT ; Charles-François BAILLY de Messein].

A l'instar de plusieurs autres marchands, Aylwin participa aussi aux activités de l'organisation maçonnique de la colonie. En 1769, il agissait à titre de trésorier de la Provincial Grand Lodge et faisait partie du comité chargé d'obtenir un sceau de grande loge. Au moment de la Révolution américaine, alors que la guerre entraînait le déclin des loges militaires et que, du même coup, la franc-maçonnerie au Canada atteignait son niveau le plus bas depuis la Conquête, Aylwin fut membre d'un comité destiné à remédier à cette situation en favorisant le rayonnement des loges civiles. Il assuma, à compter d'octobre 1775, la fonction de secrétaire de la St Andrew's Lodge, No. 2, Quebec, de Québec, avant d'en devenir maître l'année suivante également pour une période d'un an. Grand maître provincial adjoint depuis la fin de 1776, il occupa ce poste au moins jusqu'en 1781 ; à ce titre il signa les commissions autorisant la création de la St Peter's Lodge, No. 4, Quebec, à Montréal, et de l'Unity Lodge, No. 13, of Quebec, à Sorel.

En avril 1791, Thomas Aylwin mourait laissant sa femme, qui ne lui survécut qu'un mois, et trois fils mineurs. L'un de ses petits-fils, Thomas Cushing Aylwin*, sera député sous l'Union, puis juge de la Cour du banc de la reine.

JEAN LAFLEUR

ANQ-Q, AP-G-313/2, George Allsopp à A. M. Allsopp, 12 mars 1785 ; État civil, Anglicans, Cathedral of the Holy Trinity (Québec), 14 avril 1791 ; Greffe de M.-A. Berthelot d'Artigny, 13 nov. 1779 ; Greffe de J.-A. Panet, 23 oct. 1777 ; Greffe de Charles Stewart, 28 juill., 10 août 1786, 20 avril, 29 août 1789. — APC, MG 19, A2, sér. 3, 2, p.53 ; 3, pp.91, 145s. ; 4, pp.14, 95s., 98–100 ; MG 23, GII, 1, sér. 1, 2, p.55. — Charles Robin on the Gaspe coast, 1766, A.-G. LeGros, édit., *Revue d'hist. de la Gaspésie* (Gaspé, Québec), IV (1966) : 196. — *Doc. relatifs à l'hist. constitutionnelle, 1759–1791* (Shortt et Doughty ; 1921), I : 189, 191. — A list of Protestant house keepers in the District of Quebec (Octr. 26th, 1764), *BRH*, XXXVIII (1932) : 754. — Maseres, *Maseres letters* (Wallace), 19, 74, 79, 125–128. — *La Gazette de Québec*, 25 juill. 1765–17 nov. 1768, 28 nov. 1776–1er nov. 1792 (nous avons dénombré plus de 140 références à Thomas Aylwin dans l'index de *la Gazette de Québec*). — *Almanach de Québec*, 1780, 60 ; 1788, 18 ; 1791, 34, 82. — Juges de paix de la province de Québec (1767), *BRH*, XLII (1936) : 13. — J. H. Graham, *Outlines of the history of freemasonry in the province of Quebec* (Montréal, 1892), 47–49, 56. — Charles Langelier, *L'hon^ble Thomas Cushing Aylwin, juge de la Cour du banc de la reine* [...] (Québec, 1903), 11. — J. R. Robertson, *The history of freemasonry in Canada from its introduction in 1749* [...] (2 vol., Toronto, 1900), I : 478. — Pemberton Smith, *A research into early Canadian masonry, 1759–1869* (Montréal, 1939), 6–47. — La famille Aylwin, *BRH*, LI (1945) : 241.

B

BABY, dit **Dupéront (Dupéron, Duperron), JACQUES**, trafiquant de fourrures et employé du département des Affaires indiennes, baptisé le 4 janvier 1731 à Montréal, fils de Raymond Baby et de Thérèse Le Comte Dupré ; il épousa vers le 23 novembre 1760, à Détroit, Susanne Réaume (Rhéaume), dit La Croix, et 11 de leurs 22 enfants parvinrent à l'âge adulte ; décédé vers le 2 août 1789, à Détroit.

Rejeton de la noblesse ruinée du sud de la France, Jacques Baby de Ranville, le grand-père de Jacques Baby, dit Dupéront, fut sergent dans le régiment de Carignan-Salières, se maria au Canada et s'y établit comme marchand de campagne et fermier. Le fils de Ranville, Raymond, partit pour l'Ouest avec les convois de trafiquants de fourrures, dès l'âge de 15 ans. En 1721, il épousa Thérèse Le Comte Dupré, jeune fille appartenant à une famille de Montréal qui, bien que de condition seigneuriale, était profondément engagée dans la traite des fourrures. Aussi leur fils Jacques Baby, dit Dupéront, continua-t-il la tradition familiale, si révélatrice de la mentalité des seigneurs de l'époque, de se réclamer de la noblesse et de participer activement à la traite des fourrures, tout en résidant à Montréal.

On ignore quand Dupéront partit la première fois pour l'Ouest ; mais, en 1753, il était trafiquant et agent auprès des Indiens à Chiningué (Logstown, maintenant Ambridge, Pennsylvanie). Pendant la guerre de Sept Ans, il trafiqua dans l'Ouest avec son frère aîné Louis et son cadet Antoine, et tous trois servirent dans la vallée de l'Ohio aux côtés des Indiens alliés de la France. Un quatrième frère, François*, gérait à Montréal les affaires d'Antoine et de Jacques, à titre de partenaire dans une association qui allait durer jusqu'à la mort d'Antoine, en 1765. Après la chute du Canada, en 1760, Dupéront refusa de prêter le serment d'allégeance à George III ; parce qu'il appartenait, selon le colonel Henry Bouquet, « à une famille connue pour [son] influence sur les Indiens », on l'empêcha de faire la tournée des postes de l'Ouest pour y recouvrer l'argent qui lui était dû, avant son retour à Montréal. Sa situation de patriote français amena son arrestation et un bref d'emprisonnement, à Détroit, sous une accusation sans fondement d'avoir comploté avec les Indiens contre les forces d'occupation britanniques.

L'idée de Dupéront était de quitter le Canada pour la France et de rejoindre son frère François, qui avait été envoyé en Angleterre comme prisonnier de guerre. Mais, à son arrivée à Montréal, à l'automne de 1761, Jacques apprit que François était en train de déménager à Londres leurs opérations commerciales de La Rochelle et de Bordeaux, et que leurs correspondants français procédaient au transfert des encaisses et fournissaient les lettres d'introduction nécessaires. Dupéront découvrit aussi qu'il pouvait vendre avantageusement ses fourrures à Montréal et que les perspectives commerciales étaient bonnes. En conséquence, il retourna avec sa femme à Détroit, base de ses opérations, probablement à l'automne de 1762.

Comme Dupéront avait obtenu la permission de retourner dans l'Ouest, on peut présumer qu'il avait prêté à Montréal le serment d'allégeance. Il établit clairement sa nouvelle prise de position pendant le soulèvement de Pondiac* en ravitaillant d'abord la garnison britannique assiégée à Détroit et, par la suite, en s'y joignant ouvertement. En 1777, il fut nommé capitaine et interprète au département des Affaires indiennes, dont il fut en 1779 commissaire intérimaire. Ce dernier poste aurait dû, semble-t-il, lui valoir des avantages commerciaux ; cependant, l'aide de camp du gouverneur HALDIMAND, Dietrich Brehm, affirmait, dans une lettre adressée de Détroit à son supérieur, que « M. Baby n'est pas capable maintenant de porter attention à ses propres affaires de traite, étant pris entièrement par la direction des Indiens », et que, par conséquent, il devrait toucher un salaire supérieur à celui du « commun des interprètes ».

Dupéront perdit beaucoup par suite du discrédit dans lequel tomba la monnaie de papier du Canada après la Conquête. On trouve dans ses lettres à son frère François le reflet de la conjoncture commerciale difficile des décennies qui suivirent. Il note la prolifération des trafiquants après 1765 (en prédisant justement que « la confusion se dissepara[it] par la ruine du plus grand nombre »), un glissement dans le marché, la demande allant aux fourrures de luxe plus qu'au castor, la concurrence accrue des trafiquants d'Albany et de New York qui, écrit-il, « donne[nt] icy [leurs marchandises] a presque aussi Bas prix que nous acheptons a quebec », et la détérioration de la traite, surtout après la Révolution américaine. Pour la première fois, en 1772, il reçut moins de fourrures qu'il n'en avait prévu.

Mais Dupéront survécut à ces difficultés et prospéra. En fait, ses expéditions de marchandises de traite furent, en 1785, les plus importantes de sa carrière, atteignant la valeur de £5 000. Sans aucun doute, c'était un robuste trafiquant, admiré par les Indiens, exigeant sur la qualité de ses marchandises ; il insistait, chaque année, sur l'arrivée hâtive des convois et avait sur ses concurrents l'avantage de la résidence. Très tôt, il diversifia ses opérations en exploitant des terres. Outre ses achats, il avait reçu plusieurs concessions des tribus indiennes. En 1789, il possédait 1 440 acres de terre en valeur, avec deux moulins à eau, sur le côté américain de la rivière Détroit, et 720 acres sur le côté britannique. Il était aussi propriétaire d'une immense réserve de bois au nord-ouest du lac Sainte-Claire, que lui avaient donnée les Sauteux. La valeur de ses biens, à sa mort, ne peut être fixée avec certitude ; son testament défendait à ses enfants d'ennuyer leur mère avec des demandes d'inventaire. Quand elle autorisa un tel inventaire, en 1800, les biens se chiffraient à £24 570 environ, et la plus grande partie était placée chez Alexander Ellice*, à Londres. Cet argent avait d'abord été placé à New York, par Dupéront lui-même ou par ses héritiers, ce qui porte à penser que Dupéront entretint peut-être des relations commerciales dans cette ville au cours de ses dernières années. C'est son fils James* (Jacques Duperron) qui, en 1793, avait retiré ces placements américains et les avait transférés à Londres.

A sa mort, Dupéront avait 58 ans ; il était borgne, usé par la vie rude des pionniers, mais il n'était pas encore un vieillard. Il ne vécut pas assez pour profiter des charges honorables auxquelles il fut nommé : juge de paix en 1784, lieutenant-colonel de la milice de Détroit en 1787, membre du conseil des terres du district de Hesse en 1788. Sa correspondance et ses gestes laissent entrevoir un homme direct, impulsif et possédant la ténacité à toute épreuve du fils de ses œuvres. Ses lettres contiennent plusieurs dénonciations tonitruantes de ses concurrents, mais elles témoignent aussi de la chaleur et de la jovialité de sa personnalité débordante de générosité. Ses contemporains, certainement, l'admirèrent. « Le pauvre Baby est mort à Détroit au début du mois d'août, regretté de tous », écrivait le trafiquant de fourrures John Richardson*. « Il ne laisse, derrière lui, aucun Français de sa trempe. »

DALE MIQUELON

ANQ-M, État civil, Catholiques, Notre-Dame de Montréal, 4 janv. 1731. — ANQ-Q, Greffe de J.-B. Planté, 8, 12 nov., 20 déc. 1800 (n°s 2 536–2 541). — APC, MG 18, I5, 1, pp.274, 887, 1 052 ; 2, pp.8, 44, 362 ; 5/1, p.7 ; 5/2, pp.8, 350, 352 ; 6, p.124 ; MG 23, GIII, 7, John Richardson letters, Richardson à Porteous, 23 sept. 1789 ; RG 4, B28, 115. — ASQ, Fonds H.-R. Casgrain, Sér. O, 0423 ; 0475 ; 0476. — AUM, P 58. — BL, Add. MSS 21 638, pp.250, 253, 260, 268, 312; 21 653, p.73 ; 21 759, p.93 (copies aux APC). — PAO, Baby papers, commissions, 1777, 1784, 1787 ; livre de comptes, 1788–1791 ; Potawatomie land grant. — PRO, CO 42/37, p.46 (copie aux APC). — *La Gazette de Québec*, 2 avril, 29 août, 10 sept. 1789. — Lefebvre, Engagements pour l'Ouest, ANQ *Rapport*, 1946–1947. — Massicotte, Répertoire des engagements pour l'Ouest, ANQ *Rapport*, 1931–1932, 1932–1933. — [P.-] P.-B. Casgrain, *Mémorial des familles Casgrain, Baby et Perrault du Canada* (Québec, 1898–1899). — [François Daniel], *Nos gloires nationales ; ou, histoire des principales familles du Canada* [...] (2 vol., Montréal, 1867). — D. B. Miquelon, The Baby family in the trade of Canada, 1750–1820 (thèse de M.A., Carleton University, Ottawa [1966]). — Peckham, *Pontiac*. — P. J. Robinson, *Toronto during the French régime* [...] (Toronto et Chicago, 1933). — P.-G. Roy, *La famille Le Compte Dupré* (Lévis, Québec, 1941).

BADEAUX, JEAN-BAPTISTE, notaire, juge de paix et auteur d'un journal, né à Québec le 29 avril 1741, fils de Charles Badeaux, tailleur, et de Catherine Loisy, décédé à Trois-Rivières le 12 novembre 1796.

Jean-Baptiste Badeaux était issu d'une famille

établie au Canada depuis 1647. Cette année-là, Jacques Badeaux et son épouse, Jeanne Ardouin, tous deux originaires de La Rochelle, France, arrivèrent au Canada et s'établirent à Beauport, en compagnie de leurs trois enfants. A l'âge de 13 ans, leur arrière-petit-fils Jean-Baptiste, neuvième d'une famille de dix enfants, demeurait chez une tante, à Trois-Rivières, où il était chantre à l'église de l'Immaculée-Conception. Il deviendra plus tard maître chantre, poste qu'il occupera avec orgueil toute sa vie, sans recevoir de rémunération.

Le 20 mars 1767, Badeaux obtint une commission de notaire, et il exerça cette profession jusqu'à son décès en 1796. On pourrait à bon droit lui décerner le qualificatif de parfait notaire, tant ses actes, qui reflètent toute une époque de l'histoire trifluvienne, sont faits avec minutie. Badeaux gagna la confiance des autorités gouvernementales qui lui confièrent à plusieurs reprises des tâches relevant de sa compétence. En décembre 1778, il demanda par lettre au gouverneur HALDIMAND la permission de prendre en son étude les minutes du notaire Paul Dielle, gravement malade. Le gouverneur acquiesça. Badeaux en vint à obtenir la garde de tous les greffes des anciens notaires du district de Trois-Rivières. En 1795, il fut chargé de la préparation du papier terrier des terres réclamées par les Abénaquis de Saint-François. Notaire et procureur des ursulines de Trois-Rivières, il se rendit à Québec, à plusieurs reprises, rendre foi et hommage au gouverneur, en leur nom, pour leurs seigneuries de la Rivière-du-Loup-en-haut et de Saint-Jean. Un contrat, en date d'octobre 1772, nous apprend que pour ses services de procureur dans ces seigneuries Badeaux avait droit à « deux sols pour chaque Livre, des sommes qu'il touch[ait aux] dittes seigneuries, tant en argent que volailles et grains ».

Lors de l'invasion américaine, en 1775, Badeaux tint un journal dans lequel il nota les événements qui se déroulèrent à Trois-Rivières et aux alentours. Royaliste convaincu, il y écrit : « j'avoue que si je trouve des vertus dans plusieurs des républicains, je trouve des grands défauts dans une république en général ; j'y vois beaucoup plus de faute et d'ostantation que de véritable grandeur d'âme ». Il se signala durant cette période en encourageant ses compatriotes à s'enrôler dans la milice et en tentant d'atténuer l'ardeur des sympathisants à la cause américaine. Au début de novembre 1775, les Trifluviens, prévoyant que leur ville serait bientôt prise par les Américains, envoyèrent Badeaux et un citoyen de langue anglaise, William Morris, présenter une requête à Richard MONTGOMERY afin qu'il veille au respect de la vie et des biens des citoyens. Le général accueillit favorablement leur demande.

En 1781, Haldimand donna à Badeaux une commission de notaire pour toute la province de Québec, sans doute en récompense de sa fidélité et de son dévouement pendant l'invasion américaine. En juillet 1790, il fut nommé juge de paix pour le district de Trois-Rivières. Cette même année, le négociant Aaron HART, désireux de se faire payer les marchandises fournies aux Américains durant les années 1775–1776, demanda à Badeaux de lui servir de procureur auprès du Congrès. Les ursulines firent de même afin de se faire rembourser les dépenses occasionnées par les soins donnés aux soldats américains. Badeaux n'eut cependant aucun succès dans ses démarches.

Jean-Baptiste Badeaux avait épousé, le 29 octobre 1764, Marguerite, fille du sculpteur Gilles Bolvin*, et, en secondes noces, le 10 janvier 1791, Marguerite Pratte. Il mourut « après une maladie très longue et sevère ». *La Gazette de Québec* lui rendit cet hommage : « Sa conduite vigilante et les talents qu'il a montrés dans l'exécution de ses devoirs comme Magistrat et Notaire, ont toujours reçû l'approbation meritée de tous ceux qui le connoissoient ; [...] le Public a lieu de regretter la perte d'un citoyen utile et respectable. » Ses fils, Antoine-Isidore et Joseph*, continuèrent la profession notariale, et le second fut député de la ville de Trois-Rivières et des comtés de Buckingham et d'Yamaska.

EN COLLABORATION AVEC RAYMOND DOUVILLE

Le manuscrit du journal de Jean-Baptiste Badeaux se trouve aux APC, MG 23, B35. La *Revue canadienne* (Montréal) a publié ce manuscrit dans son n° VII (1870) sous le titre : « Journal des opérations de l'armée américaine, lors de l'invasion du Canada en 1775–76, par M. J. B. Badeaux, notaire de la ville des Trois-Rivières ». Il fut repris l'année suivante par la Literary and Hist. Soc. of Que., dans les *Hist. Docs.*, 3e sér., n° 2, et, en 1873, par l'abbé Hospice-Anthelme-Jean-Baptiste Verreau* dans son ouvrage *Invasion du Canada*. Le greffe de Jean-Baptiste Badeaux (1767–1796) est conservé aux ANQ-MBF.

ANQ-MBF, Greffe de Paul Dielle, 27 oct. 1772. — ANQ-Q, État civil, Catholiques, Notre-Dame de Québec, 29 avril 1741. — APC, MG 23, B3, CC 35, pp. 117–119. — *La Gazette de Québec*, 8 juill. 1790, 17 mars 1796. — F.-J. Audet, *Les députés des Trois-Rivières (1808–1838)* (Trois-Rivières, 1934), 5s. — Gabriel Debien, Liste des engagés pour le Canada au XVIIe siècle (1634–1715), *RHAF*, VI (1952–1953) : 378. — Le Jeune, *Dictionnaire*, I : 111. — P.-G. Roy, *Fils de Québec*, II : 70s. — Jouve, *Les franciscains et le Canada : aux Trois-Rivières*. — J.-E. Roy, *Hist. du notariat*, II : 42, 47, 59, 66s., 131. — Sulte, *Mélanges historiques* (Malchelosse), III : 99 ; X : 51 ; XIX : 75. — *Les ursulines de*

Trois-Rivières depuis leur établissement jusqu'à nos jours (4 vol., Trois-Rivières, 1888–1911), I : 361. — Raymond Douville, La dette des États-Unis envers les ursulines de Trois-Rivières, *Cahiers des Dix*, 22 (1957) : 137–162.

BAILLY DE MESSEIN, CHARLES-FRANÇOIS, évêque coadjuteur de Québec, né à Varennes, près de Montréal, le 4 novembre 1740, fils aîné de François-Augustin Bailly de Messein et de Marie-Anne de Goutin, décédé à Québec le 20 mai 1794.

La famille Bailly de Messein aurait été anoblie au cours du XVIe siècle. Le premier qui quitta la France pour venir s'établir au Canada vers 1700, Nicolas, fils de Michel et d'Anne Marsain, est enseigne dans une compagnie des troupes de la Marine. Marié en 1706 à Québec à Anne Bonhomme, promu lieutenant en 1732, il meurt à Québec le 27 septembre 1744, à l'âge de 80 ans. Des enfants issus de ce mariage, deux survivent, dont François-Augustin, né le 20 août 1709. Comme tous les nobles français et canadiens, ce dernier prend femme dans la bonne société en épousant Marie-Anne, fille de François-Marie de Goutin* et de Marie-Angélique Aubert de La Chesnaye. L'acte de mariage est d'ailleurs signé par plusieurs notables tels que l'intendant Michel Bégon* de La Picardière, Charles Le Moyne* de Longueuil, baron de Longueuil, et Louis-Joseph Rocbert de La Morandière, garde-magasin du roi. François-Augustin devient commerçant, d'abord à Montréal et ensuite à Varennes. Il meurt en 1771 tandis que sa veuve ne mourra qu'en 1804.

Des 16 enfants de François-Augustin, le plus célèbre est sans conteste son fils aîné, Charles-François, qui a pour parrain Josué Dubois* Berthelot de Beaucours, gouverneur de Montréal, et pour marraine Marie-Charlotte Denys de La Ronde, veuve de l'ancien gouverneur Claude de Ramezay*. Le père avait acquis suffisamment d'aisance pour envoyer ses deux fils aînés faire leurs études classiques au collège Louis-le-Grand à Paris, vers 1755. A son retour en 1762, Charles-François a certainement fait sa rhétorique. Il aurait rapporté de son séjour en France des manières un peu hautaines et des exigences que même les moyens de son père ne lui permettent pas. Le jeune homme, de retour d'Europe, aurait fait des avances à une des filles de Luc de LA CORNE qui ne lui montre que de l'affection. Charles-François décide alors d'entre au grand séminaire de Québec.

Ordonné prêtre le 10 mars 1767, il part aussitôt pour la Nouvelle-Écosse, remplacer Pierre Maillard* qui avait été missionnaire auprès des Micmacs et des Acadiens jusqu'à sa mort survenue en 1762. C'est le lieutenant-gouverneur Guy Carleton* qui, ayant déjà remarqué le jeune Bailly, aurait demandé à Mgr BRIAND de le désigner pour cette mission délicate. Le gouverneur de la Nouvelle- Écosse, lord William CAMPBELL, sera fort satisfait du missionnaire puisqu'il réussit à pacifier les Indiens et à rassurer la conscience des Acadiens qui viennent de prêter le serment de fidélité à George III. Le jeune prêtre trouve cependant qu'il est très loin de Québec et demande son rappel à l'évêque. De retour en 1772, il est nommé professeur de rhétorique et de seconde au petit séminaire dont il est d'ailleurs élu l'un des directeurs en 1774 pour un mandat de deux ans.

Se souvenant sans doute de sa mission pacificatrice en Nouvelle-Écosse, Bailly s'engage comme aumônier des volontaires de Louis Liénard* de Beaujeu de Villemomble en 1776, pour prêcher la fidélité à l'Angleterre et contrer les menées des Bostonnais qui font des ravages dans les paroisses de la rive sud du Saint-Laurent, de Saint-Thomas-de-Montmagny (Montmagny) à Notre-Dame-de-Liesse-de-la-Rivière-Ouelle (Rivière-Ouelle). Bailly est blessé d'une balle à l'abdomen au printemps de cette année-là et fait prisonnier par les Américains [V. Michel BLAIS]. Relâché peu après, il revient faire sa convalescence au séminaire et enseigner la théologie au cours de l'année suivante avant d'être nommé curé de Saint-François-de-Sales de Pointe-aux-Trembles (Neuville) en septembre 1777.

Dix ans après son ordination, Charles-François Bailly a parcouru les étapes d'une carrière ecclésiastique semblable à celle de beaucoup de prêtres canadiens de la seconde partie du XVIIIe siècle. De haute stature et fort bel homme, son séjour au collège Louis-le-Grand, où les fils de nobles abondent, lui avait assuré distinction et aisance aussi bien dans les manières que dans l'élocution. C'est cette distinction qui l'avait sans doute désigné à l'attention de Carleton. Le succès de sa mission en Acadie et les éloges que celle-ci lui avait valus du gouverneur de la Nouvelle-Écosse donnaient à Bailly des gages pour un avenir brillant, s'il était ambitieux.

Carleton rentre à Québec en 1774, marié à une jeune femme qui a grandi à Versailles et père de trois enfants à qui il faut assurer une éducation digne des parents. C'est ainsi que le gouverneur fait appel à Bailly de Messein, professeur de rhétorique au séminaire et loyal sujet de Sa Majesté. Selon la tradition, le précepteur, en soutane de soie, allait et venait du séminaire au château Saint-Louis dans le carrosse du gouverneur. Lorsque Carleton doit repartir pour l'Angleterre en juillet 1778, on comprend qu'il tienne à emmener avec lui le précepteur de ses enfants. Bailly s'en va donc en Angleterre où il est introduit dans la société londonienne. Sans doute pour garder un lien tangible avec ses paroissiens de Pointe-aux-Trembles, il se fait accompagner du jeune François-Xavier Larue, plus tard notaire au même village.

Bailly rentre au Canada en 1782 et reprend sa cure, qu'il avait confiée en son absence à un desservant, Joseph-Étienne Demeule. Mgr Briand avait d'ailleurs désapprouvé le voyage en Angleterre, mais sans pouvoir l'empêcher. Jusqu'en 1786, le curé de Pointe-aux-Trembles s'occupe de sa paroisse, la conduisant selon les règles de la discipline ecclésiastique, plein d'obligeance pour les curés voisins, bref avec une conduite régulière et des mœurs irréprochables. Cette année-là, Carleton, devenu lord Dorchester, revient comme gouverneur à Québec, ce qui ramène le curé de Pointe-aux-Trembles au château Saint-Louis, où on recherche sa conversation et son commerce, mais lui attire également en certains milieux le surnom de « curé des Anglais ».

Incidemment, Louis-Philippe Mariauchau d'Esgly, évêque en titre de Québec depuis deux ans, avait dû attendre l'arrivée du gouverneur pour consacrer son coadjuteur, Mgr Hubert, dont les bulles étaient à Québec depuis le début de juin 1786. Ce dernier reçoit l'onction épiscopale le 29 novembre des mains de Mgr Briand, évêque à sa retraite, assisté de Henri-François Gravé* de La Rive, prêtre du séminaire, et de Bailly de Messein. En juin 1788, Mgr d'Esgly meurt et Mgr Hubert doit se choisir un coadjuteur. Dorchester désigne son ami Bailly de Messein. Même si ce candidat n'est pas du goût de l'évêque, on ne peut mécontenter le gouverneur, qui a trop donné de gages à l'Église catholique et aux Canadiens, d'autant plus que Bailly est un prêtre instruit et zélé. Nommé évêque *in partibus infidelium* de Capsa en septembre 1788, il est sacré évêque le 12 juillet 1789 par Mgr Hubert, assisté de Gravé et de Pierre-Laurent Bédard. Il y a peu de prêtres à la cérémonie ; Mgr l'Ancien, comme on appelait Mgr Briand, paraît inconsolable et Mgr Hubert, accablé. Le chant des prêtres et des élèves du séminaire est très beau. Tant et si bien que tout le monde pleure au moment de l'accolade. Après la cérémonie, il y a une réunion chez Mgr Briand, à laquelle assistent, outre Mgr Hubert et Mgr Bailly, Joseph-Octave Plessis* et Gravé. Mgr Hubert aurait alors signifié à son coadjuteur de retourner à Pointe-aux-Trembles puisqu'il ne l'avait fait évêque que pour conserver l'épiscopat à la province. En août, Bailly demande à Mgr Hubert de lui faire connaître par écrit ses pouvoirs ainsi que le lieu de sa résidence, Québec ou Montréal. Mgr Hubert répond qu'il lui a accordé des lettres de vicaire général le 20 juin 1788 pour honorer sa dignité de coadjuteur et non pour se décharger de ses devoirs épiscopaux, que le coadjuteur peut demeurer où il voudra mais qu'il ne peut lui donner deux cures pour subvenir à ses dépenses extraordinaires. Mgr Hubert lui accorde, en plus de sa cure de Pointe-aux-Trembles, la moitié des revenus de la dîme de la paroisse de Saint-Ours. « L'évêque du Château » avait un train de vie à tenir et il aspirait à de hautes fonctions, sachant peut-être que Mgr Hubert avait obtenu de Rome la permission d'installer un évêque à Montréal.

L'évêque en titre songe à envoyer son coadjuteur visiter les missions de l'Acadie à l'été de 1790. Mais les relations entre eux vont bientôt se gâter à propos d'un projet d'université et de la suppression de certaines fêtes chômées. Le 13 août 1789, le juge en chef William Smith, chargé d'enquêter sur l'éducation dans la province de Québec, avait écrit aux deux évêques pour demander leur avis sur la fondation d'une université mixte, c'est-à-dire neutre sur le plan religieux. Mgr Hubert accuse réception de la lettre le jour même, mais ne rend sa réponse que le 18 novembre, après avoir réfléchi, consulté et communiqué son mémoire à son coadjuteur. Le 26 novembre, le président de la première commission d'enquête sur l'éducation dans la province de Québec remet son rapport à lord Dorchester qui le publie en février 1790. Le 5 avril, Mgr Bailly écrit à son tour une lettre au président Smith, dans laquelle il se prononce en faveur du projet d'université mixte, prenant la contrepartie des arguments de Mgr Hubert, le traitant de rapsode, le menaçant même de la Révolution, feignant de croire au surplus que la réponse de l'évêque de Québec lui a été dictée par un autre. Le coadjuteur envoie d'ailleurs une copie de sa lettre à Mgr Hubert. Ulcéré de n'être point associé à la direction du diocèse, Mgr Bailly profite des circonstances pour attaquer de nouveau son évêque, et cette fois publiquement, dans *la Gazette de Québec*. Le 29 avril, le coadjuteur publie la lettre qu'il avait envoyée à Mgr Hubert au sujet du retard que ce dernier mettait à supprimer un certain nombre de fêtes chômées. C'en était trop. Des membres du clergé et des citoyens de Québec, de Montréal et des campagnes désavouent publiquement l'évêque de Capsa, cependant que *la Gazette de Montréal* s'amuse de la situation [V. Fleury Mesplet]. Après quelques mois d'accalmie, le factum de Mgr Bailly sur le projet d'université est publié à Québec, en octobre. On sait aujourd'hui, par les archives de Samuel Neilson, que c'est

Charles-Louis Tarieu* de Lanaudière qui en a payé l'impression. Un mois plus tard paraît dans *la Gazette de Québec* une humble requête adressée au gouverneur pour que soit créée dans la province de Québec une université dotée d'une charte royale et ouverte à toutes les confessions religieuses. La pétition est signée par 175 personnes, dont 56 de langue française. Mgr Bailly, le père Félix Berey Des Essarts, supérieur des récollets, et Edmund Burke*, qui vient de quitter le séminaire de Québec, sont parmi les signataires de la requête. *La Gazette de Montréal* publie de son côté des articles où l'on dénonce l'ignorance de l'évêque de Québec tout en demandant la création de l'université.

Mgr Hubert, qui ne répond pas dans les journaux, est si affecté de ces débats publics qu'il se croit obligé d'écrire à Alured Clarke*, lieutenant-gouverneur, ainsi qu'au cardinal Antonèlli, à Rome. Ce dernier donne entièrement raison à Mgr Hubert à qui il envoie une lettre pour le coadjuteur, menaçant celui-ci de le déposer s'il ne s'amende pas. Avant même que la lettre n'arrive de Rome, Mgr Bailly semble s'être rangé puisque l'évêque de Québec ne lui a pas remis la lettre. Depuis avril 1790, tout commerce est rompu entre les deux évêques et Mgr Bailly ne va plus au séminaire. Les prêtres ne viennent plus le visiter. Même le château Saint-Louis semble lui battre froid. Il s'occupe de sa paroisse et rend souvent visite aux sœurs de la Congrégation de Notre-Dame qui ont un couvent à Neuville et qu'il aide de ses deniers en payant les études de plusieurs jeunes filles. Son ami le père Berey vient le voir et le distraire. On note sa présence au moins une fois dans la société de Québec lorsqu'il confère le baptême à Édouard-Alphonse*, fils d'Ignace-Michel-Louis-Antoine d'Irumberry* de Salaberry, et filleul du prince Edward Augustus*. Son mauvais état de santé s'aggrave à partir de 1793 et le père Berey vient habiter avec lui. En avril 1794, se sentant plus mal, il met de l'ordre dans ses affaires et fait son testament devant le notaire François-Xavier Larue. Il donne £1 000 à son ancienne mission d'Acadie, £500 à sa sœur Félicité-Élisabeth, épouse de Jacques Le Moyne de Martigny, £700 à son « maître d'hôtel » Donald MacDonald et lègue le surplus de tous ses biens meubles et immeubles aux pauvres de Neuville et de Saint-Jean-Baptiste-des-Écureuils, paroisse voisine. On le transporte ensuite en chaloupe à rames, par le Saint-Laurent et la Saint-Charles, jusqu'à l'Hôpital Général de Québec. Il se réconcilie avec Mgr Briand et Mgr Hubert avant de rendre l'âme le 20 mai. Exposé deux jours à l'Hôpital Général, on ramène son corps à Neuville, où il a voulu être inhumé. Le service funèbre a lieu le 22 mai, en présence d'une foule nombreuse de plusieurs prêtres et amis du défunt. Gravé de La Rive, vicaire général, chante l'absoute. Le cercueil est descendu sous le maître-autel, du côté de l'évangile. Le 5 juin, le curé de Saint-Joseph-de-la-Pointe-Lévy, Jean-Jacques Berthiaume, fait insérer dans *la Gazette de Québec* un court avis du décès de l'évêque de Capsa, en notant que Mgr Bailly avait demandé pardon à son évêque devant témoins avant de mourir. John Neilson* est obligé de s'excuser auprès de la famille et des amis de Mgr Bailly dans le numéro suivant de *la Gazette*, disant que l'avis avait paru sans son autorisation et qu'il n'avait voulu en rien nuire à la réputation du défunt.

L'historiographie canadienne-française n'a pas été tendre pour le coadjuteur et il n'y a vraiment que sous la plume des sœurs de la Congrégation de Notre-Dame et de l'Hôpital Général de Québec que l'on trouve quelque louange à son endroit. Émile Castonguay a tenté timidement, en 1954, de lui rendre justice. Mgr Bailly continue d'être ignoré dans les manuels. Il ne pouvait pas servir de repoussoir comme le renégat Charles Chiniquy* dans notre légende dorée ecclésiastique. Pourtant, ce n'était pas un mauvais prêtre, bien au contraire. Il a rempli avec zèle toutes les missions et fonctions que son évêque lui a confiées et il a administré sa cure de façon exemplaire avant et après son voyage en Angleterre. Sa condition noble, son physique imposant, ses talents d'orateur et de brillant causeur, ses études classiques au collège le plus distingué de France, tout cela l'avait fait remarquer du pouvoir civil. Son loyalisme avait fait le reste pour qu'il se sente promis aux plus hautes fonctions ecclésiastiques, ce à quoi il crut arriver une fois nommé coadjuteur. C'est alors qu'il commit la faute de contredire publiquement son évêque et de l'humilier ainsi devant les catholiques et surtout devant les Anglais protestants. Le ton de certaines de ses remarques laissait percer l'homme éclairé qui dénonce le despotisme et l'obscurantisme de son évêque.

Le catalogue de sa bibliothèque aurait pu confirmer le côté « philosophe » du personnage. Mais il n'en est rien. Il comprend d'abord et avant tout des livres de théologie et de religion, des livres de belles-lettres ensuite et des ouvrages sur l'histoire et la géographie, les arts et les sciences. En tout, deux livres de Voltaire, les *Lettres de la montagne* ainsi que les *Œuvres* de Jean-Jacques Rousseau, et trois livres sur ce dernier auteur, dont l'un sur le *Contrat social*. En somme, c'est la bibliothèque d'un bon prêtre, qui a fait ses études classiques chez les jésuites, comme en témoignent les poètes latins, qui comptent pour une bonne douzaine dans la liste. Une bibliothèque de plus de 1 200 volumes est certes quelque chose de rare chez un prêtre canadien d'avant 1800. Cela indique, sinon la fortune de son possesseur, tout au moins une honnête aisance.

Son inventaire après décès montre que Mgr de Capsa possédait autant de biens meubles que les curés des paroisses de l'époque en pouvaient avoir, écurie et grange bien garnies, grenier de blé et d'avoine, mobilier plein le presbytère. De l'argenterie de table, quelques bougeoirs et flambeaux marqués à son chiffre témoignent de sa condition nobiliaire et épiscopale, de même qu'un maître d'hôtel en plus de deux servantes. Il semble que si on lui devait quelque argent, il en devait davantage, dont la somme la plus importante à son ami Louis Langlois, dit Germain, négociant et libraire.

Pressentant peut-être qu'on l'oublierait après sa mort, il a donné, de son vivant, le nom de son titre épiscopal, Capsa, à un rang de l'arrière-pays de Neuville. L'archevêque de Québec a fait transporter, en juin 1969, les restes mortels de Mgr Bailly dans la crypte de la basilique cathédrale Notre-Dame de Québec.

CLAUDE GALARNEAU

[C.-F. Bailly de Messein], *Copie de la lettre de l'évêque de Capsa, coadjuteur de Québec, &c, au président du comité sur l'éducation* [...] ([Québec, 1790]).

AAQ, 12 A, D, 109 ; 20 A, II : 49, 51 ; 22 A, V : 275. — ACND, 312.640/1-2. — AHGQ, Communauté, Journal, II : 239. — ANQ-Q, AP-P-84 ; AP-P-86 ; Greffe de F.-X. Larue, 11 avril 1794. — ASN, AP-G, L.-É. Bois, Succession, XVII : 1, 3. — ASQ, C 35, pp.268s., 311 ; Lettres, M, 136, 138 ; P, 145 ; S, 6[Bis], C, I ; MSS, 12, ff.41, 43, 45 ; 13, 12 août 1774, 10 août 1800 ; 433 ; MSS-M, 228 ; Polygraphie, VII : 134 ; XVIII : 65 ; XIX : 64b ; Séminaire, 16, n° 23. — AUM, P 58, Corr. générale, C.-F. Bailly à Panet, 14 sept. 1782, 27 mars 1786. — Bibliothèque du séminaire de Québec, A.-G. Dudevant, Catalogue des livres de la bibliothèque du séminaire des Missions étrangères de Québec fait dans le mois de may 1782 (copie aux ASQ). — APC *Rapport*, 1890, 219, 261, 287. — *Mandements des évêques de Québec* (Têtu et Gagnon), II : 385–426. — *La Gazette de Montréal*, 6, 13, 27 mai, 3, 10 juin, 4, 18, 25 nov. 1790. — *La Gazette de Québec*, 6 juill. 1789, 29 avril, 13, 27 mai, 4 nov. 1790, 2, 12 juin 1794. — [F.-]M. Bibaud, *Le panthéon canadien ; choix de biographies*, Adèle et Victoria Bibaud, édit. (2e éd., Montréal, 1891), 193s. — Caron, Inv. de la corr. de Mgr Hubert et de Mgr Bailly de Messein, ANQ *Rapport*, 1930–1931, 199–299. — Henri Têtu, *Notices biographiques : les évêques de Québec* (Québec, 1889), 392–429. — Tremaine, *Bibliography of Canadian imprints*. — Audet, *Le système scolaire*, II : 191–208. — Ghislain Bouchard, Les fêtes d'obligation en Nouvelle-France, du début de la colonie à 1791 (mémoire de licence, université Laval, 1955). — O'Reilly, *Mgr de Saint-Vallier et l'Hôpital Général*, 466s. — P.-G. Roy, *La famille Bailly de Messein* (Lévis, Québec, 1917). — E. C. Bailly, The French-Canadian background of a Minnesota pioneer : Alexis Bailly, *BRH*, LV (1949) : 137–175. — M.-A. Bernard, Mgr Charles-François Bailly de Messein, *BRH*, IV (1898) : 348–350. — Bernard Dufebvre [Émile Castonguay], Mgr Bailly de Messein et un projet d'université en 1790, *L'Action catholique ; supplément* (Québec), XVIII (1954) ; n°s 10, 11. — Placide Gaudet, Un ancien missionnaire de l'Acadie, *BRH*, XIII (1907) : 244–249. — Ignotua [Thomas Chapais], Notes et souvenirs, *La Presse* (Montréal), 6 avril 1901, 8 ; 20 avril 1901, 9 ; 4 mai 1901, 8.

BARBEL, MARIE-ANNE (Fornel), marchande et entrepreneuse, née à Québec le 26 août 1704, fille de Jacques Barbel* et de Marie-Anne Le Picard ; elle épousa le 31 décembre 1723 Louis Fornel*, et le couple eut 14 enfants, dont sept parvinrent à l'âge adulte ; décédée à Québec le 16 novembre 1793.

Le père de Marie-Anne Barbel connut une ascension rapide, passant de sergent de la garnison de Québec à un poste de fonctionnaire, mais il mourut criblé de dettes. Barbel était un parvenu – le fait n'était pas rare dans la colonie – et, à l'époque du mariage de Marie-Anne, sa carrière était en plein essor. La famille Fornel, à laquelle elle s'alliait, était plus stable : dans le contrat de mariage, que signèrent le gouverneur et l'intendant, son futur mari et le père de celui-ci sont tous deux désignés comme marchands bourgeois de Québec. Son futur beau-frère, Joachim Fornel*, allait bientôt être nommé chanoine du chapitre de Québec.

La vie de Marie-Anne Barbel est surtout intéressante par ce qu'elle laisse entrevoir du rôle des femmes dans la classe commerçante de l'époque. Sa connaissance des affaires et la poursuite du commerce de son mari, qu'elle assuma après la mort de ce dernier, en sont des caractéristiques. Si le rôle que l'épouse pouvait jouer dans les affaires, sous la Coutume de Paris, est difficile à préciser, la procuration par laquelle, le 15 mai 1743, Louis Fornel délégua à Marie-Anne entière autorité sur ses affaires pendant son séjour sur la côte du Labrador, montre qu'elle était bien au courant de son activité et qu'il la jugeait capable de prendre des décisions dans le domaine des affaires. Toutefois, pendant leur vie commune, ses grossesses, l'éducation des enfants et la conduite de la maisonnée auront été ses principales préoccupations. Son centre d'intérêt changea, en 1745, à la mort de son mari.

A ce moment, le régime de « communauté de biens » entre les époux ne fut pas aboli, les droits de Louis Fornel étant plutôt transférés à ses héritiers. Mme Fornel vit à l'administration de ces biens et donna aux entreprises familiales plus d'ampleur et de diversité. Elle conserva des rapports d'amitié et demeura en étroites relations d'affaires avec François Havy* et Jean Lefebvre*, deux marchands huguenots qui avaient été associés à son mari dans plusieurs entreprises, dont la chasse aux phoques du Labrador. Si elle fut incapable de poursuivre l'exploitation de cette chasse dans la concession de son mari à la baie des Châteaux, laquelle fut accordée à Jean-François Gaultier* après la guerre de la Succession d'Autriche, elle eut plus de succès à la baie des Esquimaux (inlet de Hamilton), un site que Fornel avait découvert en 1743 et rebaptisé baie de Saint-Louis. Au moment de sa mort, il venait de présenter une requête pour y obtenir le monopole du commerce. L'intendant HOCQUART se proposait plutôt d'unir ce poste aux postes de traite de Tadoussac (parfois appelés les postes du roi), de façon qu'il ne nuisît pas à leur rendement. Son successeur, BIGOT, le concéda cependant à Mme Fornel le 20 septembre 1749. Il nota qu'elle l'exploiterait en association avec Havy et Lefebvre, sa mise n'étant que d'un tiers. Il se peut que Bigot ait procédé à cette concession dans le cadre d'une stratégie plus générale visant à écarter les protégés de son prédécesseur, en l'occurrence François-Étienne Cugnet*, fermier des postes de traite de Tadoussac, d'autant que le bail de Cugnet ne fut pas renouvelé. Ces postes furent plutôt loués à Mme Fornel en 1749. « La Veuve Fornel a une compagnie [...] il ne manquera de quoi que ce soit au poste de Tadoussac et [...] le Roy sera bien payé chaque année », expliqua Bigot au ministre de la Marine. Certaines circonstances laissent croire qu'Havy et Lefebvre, bien que silencieux vu l'extrême aversion que le gouverneur général La Jonquière [Taffanel*] avait pour les protestants, étaient encore ses associés.

A l'instar de son époux, Mme Fornel investit une partie de ses profits dans des valeurs relativement sûres, soit les biens immobiliers. Mais l'entreprise la plus originale de sa carrière fut l'établissement d'une poterie, à la suite de la pénurie causée par la guerre. Ainsi qu'Havy et Lefebvre l'expliquaient dans une lettre de 1746, « Il ne vient Point de terrerie de france et En aparence tant que la guerre durera il en Sera de Mesme Mais voici une Resource que le Pays trouve en Mademoiselle fornel qui en a Elevé une Manufacture Elle a un tres Bon ouvrier et Sa terre Se trouve Bonne. » La poterie, finie avec des glaçures de plomb et de cuivre, obtint un succès immédiat et fut même confondue avec le produit français. L'atelier continua de fonctionner au moins jusqu'en 1752. Cette année-là, François JACQUET signait avec Mme Fornel un contrat d'une durée de trois ans qui révèle les conditions de travail à cette époque : rémunération à la pièce, bois de poêle et huile à lampe fournis par l'employeur et, fait curieux, engagement de deux hommes, l'un par l'employeur, l'autre par le potier, chacun payant le salaire et assurant la nourriture de son employé. Jacquet travaillait dans un édifice délabré de la basse ville, « la Briqueterie ».

La guerre de la Conquête précipita le retrait de Marie-Anne Fornel du commerce. Ses postes de la Côte-Nord et du Labrador étaient des placements non rentables pendant la guerre. Elle ne fit aucun effort pour renouveler le bail qu'elle détenait sur la traite de Tadoussac, échu en 1755, et il n'est pas sûr qu'elle poursuivait encore ses opérations à la baie de Saint-Louis quand expira son monopole, en 1761. Ses nombreuses maisons dans la basse ville de Québec furent détruites lors du bombardement de la ville en 1759, et l'on n'entend plus parler de la poterie de « la Briqueterie ». En 1764, Marie-Anne et les héritiers Fornel acceptent de régler leurs comptes avec les héritiers d'Havy et Lefebvre pour la somme de 12 000# – le dernier versement étant fait en 1769. Un inventaire des biens de la communauté Fornel, en 1765, révèle un haut degré de confort bourgeois mais aussi un fort endettement dû à des pertes durant la guerre. Entre 1765 et 1771, Mme Fornel chercha à payer ses dettes, reconstruisit plusieurs de ses maisons et consolida ce qu'elle possédait déjà. Les biens de la communauté Fornel furent divisés entre les héritiers en 1777, et Mme Fornel passa la dernière partie de sa vie dans la retraite, jusqu'à son décès en 1793 à l'âge de 89 ans.

DALE MIQUELON

AN, Col., B, 91, f.276 ; C11A, 85, ff.21, 375 ; 92, ff.229, 358–359 ; 93, ff.229, 241, 257 ; 96, f.101 ; 100, f.337 ; 101, f.398. — ANQ-Q, AP-P-753 ; Greffe de Claude Barolet, 20 déc. 1752 ; Greffe de P.-L. Descheneaux, 1er mars 1794 ; Greffe de C.-H. Du Laurent, 15 mai 1743, 15 oct. 1750, 31 mai 1752 ; Greffe de Claude Louet, 10 mai 1765 ; Greffe de J.-C. Louet, 31 déc. 1723 ; Greffe de J.-C. Panet, 10 oct. 1764. — APC, MG 24, L3, pp.872–876, 886–890, 1 144s. — *Inv. de pièces du Labrador* (P.-G. Roy), I : 90s., 99 ; II : 88, 255–260. — P.-G. Roy, *Inv. jug. et délib., 1717–1760, passim.* — Tanguay, *Dictionnaire*, I : 24 ; IV : 84. — Lilianne Plamondon, Une femme d'affaires en Nouvelle-France, Marie-Anne Barbel (thèse de M.A., université Laval, 1976).

BARSALOU (Barçalo, Barsolou, Barsoloy, Bersalou, Borsalou), JEAN-BAPTISTE (baptisé **Jean**), voyageur et marchand-tanneur, né à Montréal, le 9 septembre 1706, fils de Gérard Barsalou et de Marie-Catherine Legras, décédé dans la même ville, le 18 mars 1776.

Le père de Jean-Baptiste Barsalou était allié, par sa mère, à Charles Nolan* Lamarque, un des marchands importants de Montréal. En épousant, le 6 mai 1700, la fille du marchand Jean Legras, Gérard Barsalou se trouvait à renforcer ses liens avec le monde du négoce. Le 19 avril précédent, il avait passé un contrat devant notaire pour établir une tannerie avec Charles Delaunay*, marié à une autre fille de Legras. Delaunay apportait le capital tandis que Barsalou fournissait son expérience de maître tanneur. L'association dura six ans, après quoi Barsalou s'établit à son compte, faubourg Sainte-Catherine. L'endroit, bien pourvu de ruisseaux, lui permettait d'aménager les réservoirs indispensables à son métier. Cependant, la rareté de la main-d'œuvre et la difficulté à se procurer des peaux semblent lui avoir causé des problèmes. Gérard Barsalou mourut prématurément en 1721, laissant 11 enfants, presque tous en bas âge, et une veuve, qui se remaria la même année avec le notaire Nicolas-Auguste Guillet* de Chaumont.

Après son mariage, en août 1723, l'aîné des fils Barsalou, Joseph, eut la jouissance, pour tout le temps de sa minorité, de la tannerie, d'un moulin à scier – récemment construit en association avec son oncle Jean-Baptiste Neveu* – et autres dépendances, à condition de prendre en charge six de ses frères et sœurs, dont Jean-Baptiste, tandis que sa mère et son beau-père prenaient avec eux les quatre autres enfants. Plus tard, soit en 1735, Jean-Baptiste aura des démêlés avec son beau-père qui, devant le tribunal de Montréal, accusera le jeune homme d'avoir tenté de le tuer.

Jean-Baptiste Barsalou débuta dans le monde du travail en faisant quelques voyages au pays des fourrures pour le compte de son oncle Neveu et pour celui du marchand Ignace GAMELIN, fils. Cependant, dès le début des années 1730, il prit en main la direction de la tannerie, passant des ententes avec des bouchers de Montréal afin de réserver les peaux de bœuf, de vache et de veau, et avec des cordonniers pour fixer le prix des cuirs préparés dans son atelier. Associé à son frère Jean-François, également marchand-tanneur, Jean-Baptiste faisait compétition à deux autres familles de tanneurs de Montréal, les Lenoir, dit Rolland, et les Plessy, dit Bélair [V. Jean-Louis Plessy*, dit Bélair]. De 1747 à 1765, Barsalou diversifia ses activités en achetant et revendant des terres dans le faubourg Saint-Laurent. Soucieux de défendre ses intérêts, il interdit à l'acheteur de l'un de ces terrains d'y effectuer tous travaux de tannerie, allant même jusqu'à poser des dalles sur le ruisseau qui le traversait.

En mai 1733, Barsalou avait épousé Marie-Jeanne Becquet dont il avait déjà eu une fille, née au mois de janvier précédent et déclarée de père et mère inconnus au moment du baptême. Il en reconnut la paternité lors de la signature de son contrat de mariage, le 10 mai. Marie-Jeanne Becquet mourut en 1743, à la naissance d'un neuvième enfant, et Barsalou épousa l'année suivante Geneviève Bouchard, dit Dorval, veuve de Pierre Forestier. Il devait se marier de nouveau, en 1763, avec Élisabeth Urtebise.

L'inflation que connut le commerce canadien durant les dernières années du Régime français et les pertes subies lors de la liquidation de l'argent de papier, après la Conquête, affectèrent grandement les affaires de Barsalou. Lui qui avait travaillé ferme pour consolider l'entreprise paternelle et la léguer à ses fils, la vit se détériorer graduellement et ses efforts se soldèrent finalement par un échec. Son inventaire après décès révèle l'état déplorable de son commerce. Il ne possédait plus que sa maison, sa tannerie, quelques outils et n'avait aucun argent comptant. Ses fils s'étaient faits voyageurs ; le nom de Barsalou allait disparaître du domaine de la tannerie. Un siècle plus tard, cependant, un de ses petits-neveux, Joseph Barsalou, allait faire sa marque dans un secteur connexe, en fondant la première et fort importante industrie canadienne-française du savon dans la province de Québec.

YVES-JEAN TREMBLAY

ANQ-M, État civil, Catholiques, Notre-Dame de Montréal, 6 mai 1700, 10 sept. 1706, 6 nov. 1721, 4 mai 1744, 8 janv. 1763 ; Greffe de J.-B. Adhémar, 30 nov. 1718, 21 déc. 1731, 7 sept. 1749 ; Greffe de Pierre Raimbault, 10 mai 1733. — Godbout, Nos ancêtres, ANQ *Rapport*, 1953–1955, 492. — P.-G. Roy, *Inv. jug. et délib., 1717–1760*, III : 260, 309 ; IV : 41 ; V : 273s., 276, 294, 296, 298 ; VI : 2. — Tanguay, *Dictionnaire*, II : 132. — J.-N. Fauteux, *Essai sur l'industrie*, II. — É.-Z. Massicotte, Un notaire dans une ménagerie, *BRH*, XLII (1936) : 132–135.

BATT, ISAAC, trafiquant de fourrures, né vers 1725, probablement à Stanstead Abbots, Hertfordshire, Angleterre, où il épousa le 18 avril 1761 Sarah Fowler, décédé pendant l'été de 1791 près de Manchester House (à proximité de Pike's Peak, Saskatchewan).

Isaac Batt fut d'abord engagé par la Hudson's Bay Company en 1754 pour travailler comme manœuvre à York Factory (Manitoba) durant cinq ans, au salaire de £10 par année. A l'automne de 1758, l'agent principal de ce poste, James Isham*, envoya Batt et George Potts vers l'intérieur en compagnie d'un groupe d'Indiens venus à York avec les trafiquants Joseph Smith* et Joseph Waggoner. Il est certain que l'expédition fut un succès, car, le 29 août 1759, Isham écrivait au comité de Londres : « Isaac Batt, qui est arrivé avec 64 canots en juin dernier, est de nouveau reparti vers l'intérieur. » Désormais rompu à ces expéditions et à la traite, Batt entendait « retourner au pays », selon Isham, à moins que son salaire ne fût porté à £20 par année. Le comité ayant rejeté la demande de Batt, celui-ci regagna l'Angleterre en septembre 1760. Toutefois, en septembre 1762, il était de retour à York, toujours en qualité de manœuvre, au salaire annuel de £10, mais avec la promesse d'une gratification de £10. A cette époque, Batt était marié ; de 1763 à 1766, à sa propre demande, une somme de £4 ou £5 fut déduite chaque année de son traitement pour l'entretien de sa femme Sarah, dont on n'entend plus parler par la suite.

Comme auparavant, Batt fut affecté principalement au commerce à l'intérieur des terres, mais ses responsabilités s'accrurent à mesure que les problèmes auxquels la compagnie faisait face dans ce domaine devenaient de plus en plus nombreux. A l'automne de 1763, Batt et Joseph Smith furent envoyés vers l'intérieur avec mission « d'amener des Indiens étrangers à faire la traite ». L'année suivante, on les chargea d'« empêcher la guerre entre les indigènes et [de] se renseigner autant que possible sur les empiétements des [marchands] interlopes [groupe rival de trafiquants rattachés à une compagnie de Montréal] ». Batt et Smith firent route vers l'intérieur, chacun étant guidé par un agent indien (*leading Indian*) connu dans les postes situés sur les rives de la baie. Cette façon de voyager renforçait la loyauté de tels Indiens, comme WAPINESIW et MATONABBEE, envers la compagnie. Lorsque le comité de Londres recommanda à Ferdinand JACOBS, agent principal à York Factory, d'abandonner cette pratique, celui-ci expliqua : « les individus avec lesquels ils [les trafiquants] vont (ce sont des agents indiens de premier ordre) peuvent s'en offenser et ne pas venir à [York] Factory, et empêcher d'autres Indiens de venir faire la traite [...] car ils tirent un bénéfice considérable du séjour de ces hommes dans leur famille et si on les prive soudainement de ce bénéfice, on peut, en les irritant, les inciter à échanger leurs fourrures avec les trafiquants indépendants [*pedlars*] ». En 1768, Batt, qui effectuait des voyages à l'intérieur chaque année, avait la réputation d'être un des employés de la compagnie les plus influents auprès des Indiens de la région de ce qui est aujourd'hui Le Pas, Manitoba, et on le tenait pour « un excellent et très honnête employé ». Il accomplit son travail efficacement et sans interruption jusqu'en 1772, alors qu'on lui permit de regagner son pays pour y passer une année. Il prit congé à l'automne.

De retour à York Factory en 1773, Batt éprouva des difficultés jusqu'à la fin de sa vie à obtenir de l'avancement ; il n'avait pas la formation requise pour s'adapter aux conditions et aux exigences nouvelles de la traite dans l'intérieur des terres. Comme de nombreux autres employés de la compagnie, en ce milieu du XVIIIe siècle, il était illettré et se trouvait donc incapable de tenir un journal de voyage. Des trafiquants plus jeunes, comme Matthew COCKING et William Tomison*, n'avaient pas un tel handicap. Tandis que Batt demeurait manœuvre, homme de canot et homme de barre, à un salaire ne dépassant jamais £20 par année, des employés moins anciens mais mieux préparés que lui à la tenue des registres se virent confier les postes de commande de la traite des fourrures à l'intérieur des terres. Lassé de ne pas être promu, il se fit attentif aux offres d'emploi des concurrents de la compagnie. Pendant la saison de 1771–1772, des trafiquants de Montréal, notamment Thomas Corry, l'avaient abordé. Ils souhaitaient le voir, ainsi que Louis PRIMEAU, se joindre à eux « parce qu'ils attir[aient] les indigènes ». En 1774, alors que Batt s'efforçait péniblement, avec Samuel HEARNE, Charles Thomas Isham* et d'autres, de fonder les établissements de « Basqueawe » (Le Pas) et de Cumberland House (Saskatchewan), il reçut une nouvelle offre. Le 30 juin 1775, Hearne rapporta sa décision au comité de Londres en ces termes : « L'avantage que vous espériez obtenir, messieurs, de ce que Batt connaît ces régions, a été anéanti par le fait qu'il a quitté votre service et s'est joint aux trafiquants indépendants. »

Malgré ses points faibles, Batt demeurait un employé utile, et le fait qu'il ait abandonné la Hudson's Bay Company pour travailler avec Joseph Frobisher* et d'autres causait des inquiétudes aux dirigeants de la compagnie. Humphrey MARTEN, agent principal à York Factory, lui envoya sans tarder un mot pour le prier instamment de revenir. Au moment où la requête lui parvint, en octobre 1776, Batt était disposé à l'accueillir favorablement, « étant fatigué des trafiquants indépendants ». Frobisher lui donna donc son congé au printemps de 1777.

Même si Batt fut bien reçu quand il revint à la compagnie, sa défection lui avait fait perdre du crédit. Marten nota qu'il se rendait utile dans le transport des marchandises et la chasse à l'orignal, mais il le trouvait « trop léger pour avoir le commandement d'un endroit ». Cocking le jugeait « un intarissable bavard ». La loyauté de Batt, qui avait pourtant présenté aux dirigeants de la compagnie un rapport détaillé sur les postes et le commerce des trafiquants indépendants, fut désormais mise en doute. Jusqu'à une époque avancée des années 1780, il sut néanmoins se faire apprécier par les services qu'il rendit, lors des expéditions à l'intérieur des terres, en tant qu'homme de canot, trafiquant et chasseur, comme en témoignent les journaux de l'époque de certains postes, dont celui de Cumberland House. Cependant, en 1791, Batt était « un vieil employé, presque fini ». Tomison, en le laissant à Manchester House, sur la rivière Saskatchewan-Nord, en mai 1791, estimait qu'il n'était plus « en état d'accomplir aucun travail, si ce n'est de faire partie du nombre [des hommes qui se trouvaient là] ».

En octobre 1791, Tomison retourna à Manchester où il apprit « la fin malheureuse d'Isaac Batt, dont il fut lui-même [Batt] grandement responsable ». Pendant l'été, Batt et quelques hommes étaient allés à la chasse en compagnie de deux « chenapans » indiens, avec six chevaux, deux fusils et quelques provisions. Les Indiens, « n'ayant rien à eux », convoitaient ses biens et, tandis que Batt « passait le calumet à l'un, l'autre lui tira une balle dans la tête », après quoi « ils prirent la fuite avec le tout ». Batt fut le premier employé de la Hudson's Bay Company à être tué par des Indiens dans la région de la Saskatchewan.

Des documents indiquent que dès 1777 Batt s'était lié à une Indienne et qu'il eut des descendants dans la région où il faisait la traite des fourrures. En effet, James Spence, père, son associé, laissa un héritage à son « épouse indienne Nestichio, fille du défunt Isaac Batt », et à leurs quatre enfants.

JENNIFER S. H. BROWN

HBC Arch., Isaac Batt file ; A.1/39, p.306 ; A.1/42, ff.34, 97–98, 126, 156, 187 ; A.11/115, ff.16, 22, 24–25, 50, 63, 74, 80, 85, 111, 120, 122, 137, 144, 153, 158, 171, 182 ; A.11/116, ff.22–23 ; A.11/117, f.135 ; A.30/1, ff.62, 79 ; A.30/2, f.12 ; A.30/3, ff.15, 38, 62 ; A.30/4, f.74 ; A.30/5, f.39 ; A.32/3, f.229 ; A.36/12, f.224 ; B.121/a/6, f.35 ; B.121/a/7, ff.13–14 ; B.239/a/72, f.43d. — Hertfordshire Record Office (Hertford, Angl.), D/P102 1/3 (registre des mariages de Stanstead Abbots, 18 avril 1761). — *HBRS*, XIV (Rich et Johnson) ; XV (Rich et Johnson) ; XXVI (Johnson).

BEAR. V. SAINT-AUBIN

BEATSON, PATRICK, capitaine, constructeur et propriétaire de navires, né le 21 mars 1758, fils de John Beatson et d'Elizabeth Bruce, décédé célibataire le 4 décembre 1800 à Québec.

Patrick Beatson était issu de la classe moyenne écossaise ; après avoir reçu une instruction convenable, il devint marin. A 23 ans, il était capitaine d'un navire, et, de 1781 à 1783, alors qu'on était en état de guerre, il navigua au sein des convois annuels de l'Atlantique, qui reliaient Londres à Québec. Il ne fut cependant pas du nombre des capitaines de navires qui relâchèrent à Québec de 1784 à 1791. Ses frères William et John, également capitaines de navires, continuèrent à faire partie de ces convois jusqu'en 1793. Les Beatson transportaient à Québec des produits industriels et des marchandises en vrac – du sel destiné aux pêcheries, par exemple – et retournaient en Grande-Bretagne avec des fourrures et, de plus en plus, avec du bois de construction et du blé. Ils transportaient aussi des troupes, les familles des fonctionnaires, et des marchands, tels Simon McTavish*, John McGill et George Auldjo*.

Il est possible que, de 1784 à 1791, Patrick Beatson ait étudié l'architecture navale et qu'il ait acquis, dans un chantier d'Écosse, une expérience pratique de la construction des navires. En 1792 et 1793, il fit de nouveau le voyage de Québec, mais, abandonnant la marine à l'automne de 1793, il s'établit à l'anse des Mères (au pied du cap Diamant), à Québec. Il y loua de Louis Dunière un chantier de construction où trois ou quatre gros navires avaient été lancés de 1787 à 1791 ; l'établissement comprenait une résidence, une étable, une forge, un édifice où l'on produisait de la vapeur, des hangars, des quais et des cales pour la construction des navires. Beatson se lança de tout cœur dans le rôle de constructeur de navires, et son chantier devint bientôt le premier chantier maritime commercial d'envergure à Québec.

Son entreprise n'avait pas été conçue à la hâte. Ses visites à Québec avaient familiarisé Beatson avec la ville et ses installations situées en bordure du fleuve. En outre, ses frères et lui avaient l'expérience du monde des affaires maritimes, et ils y avaient des relations ; leurs contacts avec les marchands de Québec et de Montréal qui avaient voyagé avec eux étaient sans doute un précieux atout pour Patrick. De 1794 à 1800, il construisit au moins 15 navires, qui totalisaient plus de 4 000 tonneaux. Le plus grand, le *Monarch*, de 645 tonneaux, lancé en 1800, faisait presque le double de tout autre navire construit à Québec à cette époque, et il devait rester sans égal jusqu'en 1811. Outre la main-d'œuvre locale, Beatson employait 10 ou 12 charpentiers et forgerons expérimentés, qu'il faisait venir d'Écosse chaque année, et son chantier utilisait en moyenne, bon an mal an, 60 000 pieds de bois de chêne. Les navires qu'il construisait étaient enregistrés à son nom, mais il servait aussi d'agent à Québec pour ses frères, maintenant associés comme constructeurs de navires, à Londres.

En 1794, grâce à la prospérité grandissante de

son entreprise, Beatson put acheter, de la succession en faillite du constructeur de navires William King, une petite propriété, sur le fleuve, à l'est de son chantier. Deux ans plus tard, il acheta Powell Place (Bois de Coulonge) de Henry Watson Powell*, conseiller législatif et receveur général, pour la somme de £500 comptant et la promesse d'un versement ultérieur de £1 500. Ce domaine, de 124 acres, à un mille et demi à l'ouest de son chantier, comprenait une grande maison et des dépendances situées dans une plaine dominant un front de mer de 2 000 pieds. Les espoirs de Beatson d'y construire ses propres navires furent déçus, à cause du peu de profondeur des eaux. Beatson prétendait, à cette époque, être gêné par des installations impropres aux lancements, en particulier des grands navires, dans le chantier qu'il louait de Dunière. Le refus de ce dernier d'améliorer ces installations et l'échouement du *Caledonia* lors de son lancement en 1798 incitèrent Beatson à tenter, en vain, d'acheter du gouvernement un emplacement sur la grève, à 360 pieds à l'ouest de son chantier. Il n'en continua pas moins à lancer de grands navires, et, en février 1800, dix mois avant sa mort, il avait donné son accord de principe non seulement pour acheter de Dunière le chantier qu'il avait loué, mais également pour prendre à sa charge le bail – détenu par Dunière – d'une propriété contiguë, du côté ouest.

A la fin des années 1790, Beatson vivait confortablement dans sa maison longue et basse, dont la galerie donnait sur le chantier. Il était en mesure d'y recevoir avec élégance, puisqu'il possédait de la belle porcelaine, du verre taillé et de l'argenterie. Son cabinet de travail servait de salle de dessin – car Beatson était l'un des rares constructeurs de navires de Québec capables d'en faire les plans. Les murs étaient couverts de peintures et de gravures représentant des scènes marines, des navires et des héros de la mer, tel Horatio Nelson, qu'il avait peut-être rencontré à Québec en 1782, Nelson ayant, cette année-là, escorté le convoi venu de Londres, et dont faisait partie le navire de Beatson. Celui-ci, pendant l'hiver, cultivait des fleurs dans une serre chauffée, et, pendant l'été, il en garnissait sa maison. C'était un homme qui s'intéressait à beaucoup de choses, qui conservait dans son salon une collection de 39 petits canons de cuivre et qui s'amusait avec des inventions telles qu'une chambre noire et une lanterne magique. Il possédait plusieurs voitures, dont deux furent décorées par François Baillairgé*, lequel sculpta aussi les têtes de proue de ses navires.

Patrick Beatson mourut à l'âge de 42 ans, en décembre 1800, mais le travail se poursuivit au chantier, dont héritèrent John et William Beatson. En 1801, les deux frères vendirent Powell Place et, en mars 1802, ils achetèrent de Dunière le chantier et le bail de la propriété contiguë, que Patrick avait eu l'intention d'acquérir. En octobre, toutefois, ils relouèrent cette propriété à Dunière, et, en 1806, elle fut vendue, à même leurs biens en faillite au constructeur de navires Alexander Munn*.

La nécrologie de Patrick Beatson que publia *la Gazette de Québec* notait que ceux qui avaient eu affaire à lui avaient « éprouvé [sa] régularité extrême dans les affaires de commerce » ; cette qualité de même que la concentration de toute son énergie sur son entreprise de Québec, contribua dans une large mesure à son succès.

EILEEN MARCIL

ANQ-Q, AP-G-208 ; AP-G-398 ; État civil, Presbytériens, St Andrews (Québec), 6 déc. 1800 ; Greffe d'Archibald Campbell, 22 déc. 1825 ; Greffe de P.-L. Descheneaux, 24 mars 1794 ; Greffe d'Alexandre Dumas, 7 nov. 1801 ; Greffe de Charles Stewart, 16 nov. 1795, 31 oct. 1796, 30 juin, 4 oct. 1798, 17 juin 1799 ; Greffe de Félix Têtu, 15 mars 1802 ; Greffe de Charles Voyer, 21 oct. 1791, 15 déc. 1800 ; Greffe de Jacques Voyer, 11 mai 1799. — APC, MG 24, F3, correspondence, 12 juill., 21 déc. 1800 ; RG 1, L3[L], 39, pp. 19 505–19 507 ; RG 4, B32 ; RG 68, General index, 1651–1841. — AUM, P 58, Corr. générale, Joseph Frobisher à Patrick Beatson, 9 juin 1794. — Les dénombrements de Québec faits en 1792, 1795, 1798 et 1805 par le curé Joseph-Octave Plessis, ANQ *Rapport*, 1948–1949, 140. — *La Gazette de Québec*, 30 août 1781, 31 mai, 2 août, 27 sept. 1792, 11 juill. 1793, 11 déc. 1800, 13 août 1801, 9 sept. 1802. — A. J. Beatson, *Genealogical account of the Beatson families* (Édimbourg, 1860). — Geoffrey Bennett, *Nelson the commander* (Londres, 1972), 15.

BEAUCOURT, FRANÇOIS MALEPART DE. V. MALEPART

BEAUSÉJOUR, JOSEPH GODIN, dit **Bellefontaine, dit.** V. GODIN

BÉDARD, THOMAS-LAURENT, prêtre, professeur, procureur et supérieur du séminaire de Québec, né à Charlesbourg (Québec) le 3 février 1747, fils de Thomas Bédard et de Marie-Angélique Fiset, décédé à Québec le 27 mai 1795.

Thomas-Laurent Bédard fit toutes ses études au séminaire de Québec et fut ordonné prêtre par Mgr BRIAND le 23 septembre 1775. Sa carrière devait se dérouler dans la même institution. Professeur de philosophie et de sciences dès 1773, il fut agrégé le 17 octobre 1775 et entra au conseil le 24 mai 1776. Après avoir rempli pendant un an la double tâche de directeur du petit séminaire et de préfet des études, il fut élu, le 17 août 1778, premier assistant du supérieur Henri-François Gravé* de La Rive et fut chargé de la procure. Durant son mandat, Bédard eut à diriger notamment la construction des deux maisons de vacances que le séminaire avait décidé de mettre à la disposition de ses étudiants en 1777 : la maison Bellevue à Saint-Joachim, « sur le cotteau Fortin [Petit-Cap] », et la maison de la Canardière (aujourd'hui appelée Maizerets). Il travailla également à la confection de l'aveu et dénombrement des fiefs et seigneuries de la Côte-de-Beaupré, de l'Île-aux-Coudres, du Sault-au-Matelot, de Coulonges, de Saint-Michel et de l'Île-Jésus, document qui fut présenté par Gravé au gouverneur HALDIMAND le 11 juillet 1782.

Les collègues de Bédard lui témoignèrent leur confiance en le choisissant pour supérieur, le 13 août 1781. C'était la deuxième fois qu'un Canadien était nommé à ce poste [V. Jean- François HUBERT]. Il demeura en fonction durant deux mandats et reprit sa charge de procureur en 1787. Bédard participa activement, comme trésorier, à une souscription organisée en faveur de l'Hôtel-Dieu, après le départ des militaires anglais qui y avaient été cantonnés de 1759 à 1784 [V. Marie-Louise CUROT, dite de Saint-Martin]. « L'objet de cette Souscription », ainsi qu'il le marque en tête de son cahier des recettes et dépenses, était « de faire un fond pour avoir des remèdes, rétablir à l'hotel-Dieu les salles des pauvres occupées jusques à lors par les troupes du roi, et aider cette maison à recommencer les œuvres de charité qui sont l'objet de son institut. » Inaugurée en mars 1784 sous la présidence d'honneur du lieutenant-gouverneur Henry HAMILTON, la quête auprès du clergé et des citoyens de Québec se poursuivit jusqu'au 15 juin 1787 et rapporta à peu prés £618.

Sans cesser d'être procureur, l'abbé Bédard enseigna la théologie dogmatique au grand séminaire de 1790 à 1793. A la veille de l'Acte constitutionnel, il eut de nouveau l'occasion de se signaler à l'attention de ses concitoyens. Les Loyalistes accentuaient alors leur campagne contre le système seigneurial de tenure. Le 10 octobre 1790, le comité spécial formé au sein du Conseil législatif pour étudier le problème se prononçait en faveur du mode de concession en franc et commun socage en usage dans les colonies britanniques, se servant, pour appuyer ses conclusions, d'une pétition soumise en 1788 à lord Dorchester [Carleton*] par Charles-Louis Tarieu* de Lanaudière, seigneur de Sainte-Anne-de-la-Pérade. L'abbé Bédard crut de son devoir d'intervenir et, le 11 février 1791, il adressa au gouverneur un mémoire très documenté intitulé « Observations sur le Projet du Changement de Tenure ». Après avoir relevé les nombreuses erreurs et inexactitudes contenues dans le texte de Lanaudière, l'auteur concluait que la disparition du régime seigneurial entraînerait à brève échéance la ruine des seigneurs en les privant des droits de lods et ventes et de banalité, et à long terme celle des habitants en leur enlevant tout moyen d'obtenir à peu de frais des terres pour eux et leurs enfants. Le 10 mars, une pétition portant la signature de l'abbé Gravé de La Rive, supérieur du séminaire de Québec, et de 59 autres seigneurs canadiens affirmait de même que le changement de tenure ne pouvait être que préjudiciable à la classe laborieuse. Ces interventions ne furent sans doute pas étrangères à la décision du gouvernement impérial de maintenir le régime seigneurial au Bas-Canada.

Thomas-Laurent Bédard fut élu supérieur pour un troisième mandats le 14 août 1793. Mais il n'eut pas le temps de finir son mandat. Hospitalisé le 5 mai 1795 à l'Hôpital Général, il y décédait le 27 suivant, âgé seulement de 48 ans. L'inhumation eut lieu le lendemain dans la chapelle du séminaire de Québec.

NOËL BAILLARGEON

AHGQ, Hôpital, Registre des prêtres malades, nº 50. — APC, MG 11, [CO 42] Q, 48/1, pp.5ss ; 51/2, pp.4ss, 506–535. — Archives paroissiales, Saint-Charles-Borromée (Charlesbourg, Québec), Registre des baptêmes, mariages et sépultures, 3 févr. 1747. — ASQ, MSS, 12, ff.44, 46–53 ; 437, f.35 ; MSS-M, 122 ; 251 ; 726 ; Polygraphie, XXVIII : 7b ; S, Carton 11, nºs 1, 1A, 13 ; S-184A ; Séminaire, 33, nº 43. — *La Gazette de Québec*, 24, 31 mars, 7, 28 avril 1791. — Tanguay, *Dictionnaire*, II : 184 ; *Répertoire*, 141. — Ivanhoë Caron, *La colonisation de la province de Québec* (2 vol., Québec, 1923–1927), I : 141s. — Casgrain, *Hist. de l'Hôtel-Dieu de Québec*, 470. — A.-H. Gosselin, *L'Église du Canada après la Conquête*, II : *passim*. — Maurice Séguin, Le régime seigneurial au pays de Québec, 1760–1854, *RHAF*, I (1947–1948) : 382–402.

BELCHER, JONATHAN, avocat, juge en chef et lieutenant-gouverneur de la Nouvelle-Écosse, né le 23 juillet 1710 à Boston, Massachusetts, deuxième fils de Jonathan Belcher et de sa première femme, Mary Partridge ; il épousa à Boston, le 8 avril 1756, Abigail Allen et ils eurent cinq fils et deux filles ; décédé le 30 mars 1776 à Halifax.

Jonathan Belcher naquit dans une famille solidement établie en Nouvelle-Angleterre. Son grand-père maternel fut lieutenant-gouverneur du New Hampshire, et son grand-père paternel, un marchand important de Boston et membre du Conseil du Massachusetts. Le père de Jonathan devint successivement un des principaux commerçants de Boston et membre du conseil, gouverneur du Massachusetts et du New Hampshire (1730–1741), et enfin du New Jersey (1747–1757). Étudiant sérieux, Jonathan fréquenta l'alma mater de son père, Harvard College, y obtenant un baccalauréat ès arts en 1728 et une maîtrise ès arts en 1731. De 1728 à 1730, il poursuivit des études en théologie à Boston, puis il étudia les mathématiques à la Cambridge University, où il décrocha une deuxième maîtrise en 1733. Plus tard, il reçut une troisième maîtrise ès arts du College of New Jersey (Princeton University), fondé par son père.

En mars 1730, Belcher avait été accepté au Middle Temple, à Londres, et il y arriva l'année suivante pour étudier le droit. En mai 1734, il était admis au barreau d'Angleterre. On put le voir plaider dans plusieurs causes relatives aux colonies, mais il fut incapable de s'établir à Westminster Hall, la principale cour de justice, à cause du « grand nombre de gentlemen d'un mérite et d'un crédit peu communs » qui s'y trouvaient. Après que la révocation de son père comme gouverneur du Massachusetts et du New Hampshire, en 1741, eut mis fin à l'aide financière qu'il en recevait, Belcher abandonna sa place au barreau pour tenter sa chance à Dublin où, espérait-on, des liens de famille pourraient lui être utiles. Après cinq années d'un travail peu rémunérateur, il fut nommé secrétaire adjoint du lord chancelier d'Irlande, grâce à la recommandation de lord Hardwicke, juge en chef de la Grande-Bretagne. En 1754, en collaboration avec Edward Bullingbrooke, Belcher publia un nouvel abrégé des lois irlandaises. Plus tard, la même année, et de nouveau grâce à l'intervention de Hardwicke, Belcher fut nommé à un poste qui laissait espérer un rang social respectable, l'indépendance financière et un rôle politique d'une certaine importance, celui de juge en chef de la Nouvelle-Écosse, qu'il était le premier à occuper, au salaire annuel de £500. Après une visite qu'il fit au New Jersey en 1755–1756, on tenta de lui obtenir le poste de lieutenant-gouverneur de cette province, avec droit de succession à son père au poste de gouverneur du New Jersey. Ces tentatives échouèrent, cependant, et Belcher vécut en Nouvelle-Écosse jusqu'à sa mort.

Antérieurement à l'arrivée de Belcher, la Nouvelle-Écosse n'avait aucun officier de justice qui eût reçu une formation régulière. En 1752 et en 1753, des accusations de diffamation et de partialité portées contre des officiers des cours de justice [V. James Monk*] avaient amené le gouverneur Peregrine Thomas Hopson* à demander au Board of Trade la nomination d'un juge en chef et d'un procureur général pour la province. Bien qu'on n'envoyât jamais de procureur général, Belcher, en octobre 1754, fut installé en grande pompe à Halifax en qualité de juge en chef et de membre du Conseil exécutif. Sa première tâche consista à établir des cours de justice bien organisées et fondées sur la constitution. La Cour suprême, qui remplaça la Cour générale du gouverneur et du Conseil de la Nouvelle-Écosse, commença de siéger immédiatement, sous la présidence de Belcher. Ce tribunal avait juridiction sur les causes criminelles et sur les procès pour dettes quand ceux-ci dépassaient un minimum fixé ; il entendait les appels de la Cour inférieure des plaids communs et proclamait les lois adoptées par le conseil.

Le juge en chef paraît avoir donné de l'importance à son rang de premier officier de justice grâce, en bonne partie, à ses connaissances et à son habileté à discuter des questions de droit et en n'hésitant pas à invoquer les pouvoirs dont il était investi. Ainsi, en 1755, il refusa d'autoriser l'emploi de fonds gouvernementaux pour payer le transport jusqu'à Halifax de témoins de Lunenburg dans une cause qu'il ne jugeait pas importante. Sa formation anglaise et son expérience irlandaise le mirent en état de combattre la jurisprudence du Massachusetts sur laquelle s'étaient presque entièrement fondés les tribunaux de la Nouvelle-Écosse jusqu'à son arrivée. Conformément aux instructions adressées au gouverneur relativement aux lois de la province, qui devaient « se rapprocher autant qu'il pouvait être souhaitable » des lois de la Grande-Bretagne, Belcher se fit le champion de la jurisprudence et des lois anglaises et, grâce à ses efforts, elles furent plus généralement utilisées en Nouvelle-Écosse. Dans la question, difficile et souvent reposée, de l'extension aux colonies des lois anglaises, Belcher étaya ses propres conceptions en faveur de l'extension en citant les opinions du juge en chef Stephen Sewall, du Massachusetts, et des membres du Board of Trade. Mais les légistes de la couronne auxquels les membres du Board of Trade transmirent, en sollicitant leur avis, les opinions de Belcher, n'acceptèrent pas la théorie de ce dernier selon laquelle les colons avaient apporté en Amérique, comme partie de leur héritage culturel, le droit anglais écrit.

Belcher ne s'intéressa pas uniquement à l'interprétation et à l'application de la loi en Nouvelle-Écosse ; il participa aussi à son élaboration. Comme il était le seul juriste doté d'une formation complète à occuper un poste depuis plusieurs années, on lui attribue la rédaction des lois votées par la première législature de la Nouvelle-Écosse et celles qui lui succédèrent. Le nombre vraiment minime de celles que rejetèrent pour des raisons techniques les légistes de la couronne témoigne à la fois de sa compétence et de l'attention qu'il apportait à son travail. Qu'il eût recours à sa bibliothèque bien fournie d'ouvrages de droit, à ses cahiers de notes et à sa longue expérience, cela n'est point douteux pour qui examine le premier volume des lois de la Nouvelle-Écosse, publié en 1767 par Robert FLETCHER, qu'il révisa et annota, ou l'index des lois anglaises reconnues pour s'appliquer dans les colonies, dont il supervisa la publication l'année suivante.

Les opinions juridiques de Belcher orientèrent souvent son action politique. A son arrivée en Nouvelle-Écosse, il reçut le mandat de déterminer si le gouverneur et le conseil seuls avaient légalement l'autorité d'adopter des lois dans la colonie. On a prétendu longtemps qu'il avait précipité la convocation de la première chambre d'Assemblée élective du Canada, en jugeant à cette occasion que le gouverneur et le conseil n'étaient pas investis d'une autorité suffisante. Des études plus récentes ont clairement démontré, toutefois, qu'il ne fit rien de tel. Dans un rapport ampoulé daté de janvier 1755, il fit valoir, plutôt, que dans les conditions où se trouvait la société naissante de la Nouvelle-Écosse on était justifié, en s'appuyant sur le précédent de la Virginie au XVIIe siècle, de légiférer pour la colonie en l'absence d'une assemblée élue. Les légistes de la couronne rejetèrent son opinion et les membres du Board of Trade donnèrent au lieutenant-gouverneur Charles Lawrence* l'ordre de solliciter l'aide de Belcher dans la préparation d'un projet en vue de la convocation d'une assemblée. Au contraire de Lawrence, Belcher accepta la décision du Board of Trade et, à la fin de 1755, il soumit le plan d'une assemblée formée de circonscriptions électorales tant urbaines que rurales, et fondées sur un système prévoyant une population minimum et une représentation sans résidence obligatoire dans la circonscription. Bien plus, il s'opposa vivement au retard de Lawrence à convoquer une assemblée ; au début de 1757, il s'arrangea pour transmettre aux membres du Board of Trade les plaintes de la majorité des conseillers et d'un comité de francs-tenanciers de Halifax qui dénonçaient les atermoiements de Lawrence, devenu gouverneur en juillet 1756. Quand une assemblée fut enfin élue en 1758, le juge en chef, en sa qualité de membre du Conseil exécutif, devint automatiquement membre du Conseil législatif.

Ayant établi sa suprématie au Conseil de la Nouvelle-Écosse à la suite d'une lutte avec le trésorier Benjamin GREEN et des représentations qu'il adressa aux membres du Board of Trade, Belcher devint l'administrateur de la province à la mort de Lawrence en octobre 1760. Au mois de novembre 1761, il reçut une commission de lieutenant-gouverneur ; Henry Ellis, gouverneur de la Géorgie, fut nommé gouverneur, poste que Belcher avait ambitionné. Ellis ne vint jamais en Nouvelle-Écosse, et Belcher exerça ces fonctions jusqu'au 26 septembre 1763, quand il fut remplacé comme lieutenant-gouverneur par Montagu Wilmot*.

Belcher avait apporté son appui à la convocation d'une assemblée représentative ; ses relations avec celle-ci n'en furent pas moins, par la suite, gâtées par les controverses. Sa formation aurait dû le préparer admirablement à remplir un poste colonial important, mais son tempérament aristocratique n'allait pas de pair avec les ambitions des marchands de Halifax, chefs populaires de la Nouvelle-Écosse, et son attitude apparut au grand jour au cours de son mandat.

Depuis le temps du gouverneur CORNWALLIS, une loi connue sous le nom de *Debtors' Act* protégeait les résidants de la Nouvelle-Écosse contre toute poursuite par leurs créanciers pour des dettes contractées avant leur venue dans cette province. Les résolutions et les lois assurant cette protection avaient toujours eu un caractère temporaire ; en 1761, Belcher et les membres du Board of Trade s'entendirent pour juger que cette loi était devenue inutile. De part et d'autre, ils la considéraient comme une « injustice manifeste [...] qui [avait] trop longtemps duré au préjudice des honnêtes créanciers ». Belcher était déterminé, quand la loi viendrait à expiration à la fin de la prochaine session, à ce qu'elle ne soit pas renouvelée. En novembre 1761, deux mois et demi seulement après la prorogation de la session et malgré les avis défavorables de Joseph GERRISH, son collègue au conseil, Belcher convoqua l'Assemblée. Si la perspective de l'expiration prochaine du *Debtors' Act* ne pouvait pas déplaire au lieutenant-gouverneur, la raison principale pour laquelle il convoquait l'Assemblée était de donner publiquement un désaveu royal à un projet de loi qui avait créé un monopole, sous contrôle gouvernemental, de la traite avec les Indiens, que dirigeait le commissaire du commerce avec les Indiens, Benjamin GERRISH. Il publia les instructions du Board of Trade enjoignant de voter une loi qui créerait un système de permis, aux fins de rendre la traite accessible à tous les résidants de la province. Belcher croyait que l'opposition de Joseph Gerrish à la convocation de la session résultait du fait qu'il avait placé des fonds dans le monopole de son frère, mais ce que voulaient Joseph et Benjamin Gerrish, et avec eux plusieurs autres députés, c'était d'empêcher que le

Debtors' Act ne vînt à expiration. Lorsque sept députés de la chambre, dont Benjamin Gerrish, Philip Augustus KNAUT et Malachy SALTER, se montrèrent à Halifax mais refusèrent d'assister à la session, Belcher fut forcé non seulement de proroger l'Assemblée pendant tout le mois de novembre, faute de quorum, mais de reporter la session jusqu'au mois de mars 1762, où il y eut enfin quorum. Les membres du Board of Trade donnèrent l'ordre de destituer les députés récalcitrants, de même que Joseph Gerrish ; la communication que Belcher, exultant de joie, fit de cette nouvelle faillit créer de nouveau une impasse.

Belcher entra plusieurs fois en conflit avec la législature pendant les sessions de 1762 et de 1763. En plus de se refuser à sanctionner un nouveau *Debtors' Act*, il rejeta un nouveau projet de loi sur l'impôt et l'accise qui favorisait les intérêts des distillateurs locaux, sous prétexte qu'il ne pouvait pas remplacer une loi qui était déjà devant les membres du Board of Trade et que ce projet de loi contenait des clauses contraires à la législation et à la pratique mercantilistes de la Grande-Bretagne. Pour faire entendre son point de vue devant les membres du Board of Trade, l'Assemblée avait nommé, en avril 1762, Joshua MAUGER, l'influent associé des marchands de Halifax, pour être son agent à Londres. Bien que la conduite de Belcher en 1762 et en 1763 ait été conforme aux instructions des membres du Board of Trade, Mauger réussit à persuader ces derniers de revenir sur leur position au sujet du *Debtors' Act*. Ils critiquèrent, en outre, Belcher pour l'interprétation erronée qu'il fit de la pratique britannique en formulant ses objections au projet de loi sur l'impôt et l'accise. A ces embarras Mauger ajouta encore en se plaignant que le lieutenant-gouverneur « n'était pas au fait de l'art du gouvernement ni habile à l'exercer ». Le démenti subséquent de Belcher, à Halifax, du changement de position du Board of Trade, s'ajoutant à son insensibilité et à son incapacité de concilier les demandes de l'Assemblée avec les devoirs de sa charge, lui fit perdre beaucoup de crédibilité.

Belcher n'était pas un innovateur et, à bien des égards, il continua la politique de son prédécesseur. En janvier 1762, s'achevait l'embarrassant mandat qu'il avait reçu d'enquêter sur les accusations de favoritisme et de conflits d'intérêts pendant le gouvernement de Lawrence. Ayant depuis un an l'expérience du pouvoir et faisant face aux mêmes obstacles que son prédécesseur, Belcher exonéra Lawrence et ses associés. Quoiqu'il fût alors sensibilisé aux dangers comme à la responsabilité découlant du « patronage », il n'en multiplia pas moins les petites nominations à travers toute la province.

En poursuivant la politique de l'ancien gouverneur à l'égard des Indiens et des colons, Belcher rencontra de nouvelles difficultés. En avril 1761, il avait séparé la fourniture des marchandises destinées au commerce indien de l'exploitation des comptoirs d'échanges, donnant le contrat d'approvisionnement à Alexander Grant tandis qu'il maintenait Benjamin Gerrish commissaire chargé des comptoirs. Cette mesure, cependant, n'abaissa pas les coûts de ce service, contrairement à ce qu'il avait espéré. De même, son ordre du mois de mai 1762 par lequel il réservait aux Micmacs le nord-est de la Nouvelle-Écosse, de la rivière Musquodoboit à la baie des Chaleurs, fut sévèrement critiqué par le Board of Trade. Sur les avantages qu'il y avait à établir en Nouvelle-Écosse des colons de la Nouvelle-Angleterre, Belcher partageait les vues de Lawrence et de son contemporain le gouverneur William Shirley, du Massachusetts, et peut-être faut-il chercher son plus grand succès politique dans l'encouragement qu'il accorda aux nouveaux établissements auxquels Lawrence avait donné l'élan initial. Les membres du Board of Trade, toutefois, refusèrent d'autoriser la continuation de l'aide gouvernementale offerte par Lawrence et qu'avait d'abord maintenue Belcher, désireux de voir progresser les établissements.

La sécurité de l'Amérique du Nord britannique ayant été assurée par la prise de Montréal en 1760, Belcher, contrairement à ses prédécesseurs, ne disposa que d'une subvention du parlement britannique considérablement réduite et reçut des ordres stricts lui enjoignant d'économiser. Mais, en dépit de ses assurances continuelles qu'il réduirait les dépenses et ferait des économies, il dépassa les prévisions en 1761 et en 1762, cette dernière année par plus de 40 p. cent. Ses gestes, sans qu'il le recherchât, atténuèrent l'influence immédiate, sur l'économie de la province, des coupures imposées par les autorités britanniques, mais ses promesses non respectées et ses comptes irréguliers amenèrent Mauger, le principal créancier de la province, à menacer Belcher d'être tenu personnellement responsable des lettres de change provinciales émanant de lui.

Bien qu'étant un civil sans expérience militaire, Belcher était, aux termes de sa commission de lieutenant-gouverneur, commandant en chef de la colonie. Qu'il se fût senti peu sûr de lui dans les questions militaires, cela ressort de la prudence exagérée qui lui fit décider un embargo sur les expéditions maritimes et le recours à la loi martiale, en juillet 1762, quand l'annonce du raid de Charles-Henri-Louis d'ARSAC de Ternay à Terre-Neuve raviva la crainte d'une attaque française contre la province. Mais le principal geste militaire de son gouvernement fut une répétition, en plus petit, de la déportation des Acadiens par Lawrence. Belcher devait surtout son expérience des Acadiens à la part qu'il avait prise à la décision du conseil, en juillet 1755, de déporter tous les Acadiens qui refuseraient de prononcer le serment d'allégeance sans réserve. Son mémoire du 28 juillet 1755, dans lequel il justifiait cette décision, a été communément considéré tantôt comme relevant de l'opportunisme, tantôt comme manquant d'à-propos. Pendant les années qui suivirent la dispersion, et à l'instar de la plupart des Néo-Écossais, Belcher continua de considérer les Acadiens comme une menace pour la province, malgré les assurances répétées, à ce contraires, données par le major général AMHERST, commandant en chef pour l'Amérique du Nord. Aussi, quand la nouvelle de l'attaque française contre Terre-Neuve parvint à Halifax, Belcher, sous la pression exercée par la législature et cédant à ses propres craintes, accepta les avis de son conseil de guerre et ordonna, le 30 juillet, que tous les Acadiens « prisonniers de guerre » qui avaient précédemment été regroupés à Halifax fussent déportés à Boston. Mais le gouvernement du Massachusetts refusa de recevoir d'autres Acadiens, et Belcher dut envisager leur retour à Halifax. Les membres du Board of Trade, plus réalistes, repoussèrent la crainte des Néo-Écossais, qu'ils jugèrent sans fondement, et l'expulsion, qu'ils qualifièrent d'inopportune.

Le manque évident de jugement politique de Belcher, le désordre financier de son gouvernement et son incapacité de contrebalancer l'influence de Mauger à Londres, toutes ces raisons expliquent que le Board of Trade ne lui fit aucune ouverture, dans le domaine politique, après qu'il eut été remplacé comme lieutenant-gouverneur, en 1763. Ensuite de plaintes relatives à la concentration de pouvoirs trop étendus entre les mains d'un seul homme, le Board of Trade décida qu'à l'avenir un juge en chef ne pourrait plus gouverner la Nouvelle-Écosse. Même si le Board of Trade envisagea, en 1764, la possibilité de retirer Belcher du conseil, celui-ci en demeura le président et resta juge en chef jusqu'à sa mort. A ces deux titres, il fut mêlé aux conflits qui continuèrent à marquer la vie politique en Nouvelle-Écosse. En 1764, l'Assemblée réussit à faire nommer John Collier* et Charles MORRIS juges adjoints à la Cour suprême. Cette tentative en vue de diminuer l'autorité de Belcher échoua : il rédigea, à l'intention de ses assistants, des commissions si restreintes qu'il assura sa propre prédominance. Il fallut attendre presque une décennie pour que les juges adjoints fussent autorisés à constituer la cour par eux-mêmes ou appelés à donner des avis juridiques conjointement avec Belcher. Pendant toute la vie de ce dernier, l'Assemblée continua de faire des pressions relativement aux honoraires des cours et aux services qu'elles devaient rendre, et si les critiques visaient la Cour inférieure des plaids communs plutôt que la Cour suprême, Belcher s'opposa néanmoins à des réformes telles que l'obligation pour la cour de se déplacer d'un lieu à l'autre et la formation d'une Cour de l'échiquier.

Bien que Belcher se fût opposé aux associés de Mauger pendant son mandat comme lieutenant-gouverneur, il se retrouva plus tard au sein de leur réseau à cause de la tournure des événements. Au cours des années 1760, un neveu, à Boston, s'était occupé de ses affaires à l'extérieur de la Nouvelle-Écosse ; dans les années 1770, toutefois, son mandataire était Brook Watson*, à Londres, et son principal créancier, John BUTLER. Ces liens amenèrent Belcher à appuyer le conseil dans son opposition au gouverneur Francis LEGGE. De son côté, Legge attribuait « plusieurs erreurs et plusieurs maux » dans l'administration de la justice à ce qu'il considérait comme le manque d'indépendance de Belcher. En janvier 1776, Belcher cessa d'assister aux séances du conseil et adressa une requête au roi pour obtenir l'autorisation de se démettre de sa charge de juge en chef, en raison de son âge et de sa faiblesse. Il mourut avant qu'il fût donné suite à cette requête.

L'attitude distante, les grands airs et l'érudition avec lesquels Belcher joua son rôle de premier juriste de la Nouvelle-Écosse étaient incompatibles avec les aspirations politiques dont son père l'avait imprégné. Ses vrais intérêts étaient d'ordre intellectuel. Comme beaucoup de gentlemen de son époque, il se mêla de faire des vers et il était au fait de l'évolution des sciences. L'un des piliers de l'église St Paul et membre du comité de correspondance de la Society for the Propagation of the Gospel en Nouvelle-Écosse, Belcher fut un ardent partisan de l'Église d'Angleterre, à laquelle il avait adhéré en 1740. De 1760 à sa mort, il fut grand maître des francs-maçons de la Nouvelle-Écosse. Tout au cours de son bref mandat comme lieutenant-gouverneur, il fut sans cesse préoccupé de servir les meilleurs intérêts de la province et de satisfaire ses maîtres, les membres du Board of Trade. Son conservatisme bien ancré l'empêchait toutefois de se laisser toucher par la philosophie dominante de son temps, et, malgré ses bonnes intentions, il s'enlisa dans la réalité d'une colonie aux prises avec les querelles. Son apport au progrès de la

Nouvelle-Écosse, s'il fut limité, se fit surtout sentir dans le domaine du droit, où sa compétence était reconnue et généralement respectée.

S. BUGGEY

APC, MG 11, [CO 217] Nova Scotia A, 64–71 ; [CO 220] Nova Scotia B, 8, 10, 12 ; Nova Scotia C, 1–5 ; MG 23, Al, sér. 1, 13. — BL, Add. MSS 32 696, f.430 ; 35 588, ff.33, 224 ; 35 909, ff.92, 172, 206. — Halifax County Court of Probate (Halifax), B37 (inventaire original des biens de Jonathan Belcher). — Halifax County Registry of Deeds (Halifax), Deeds, 1749–1836 (mfm aux PANS). — Mass. Hist. Soc., Jeffries family papers, XIII. — PANS, MG 1, 107–111 (papiers Belcher) ; RG 1, 136 ; 163–165 ; 206 ; 286 ; RG 39, C, 1755–1757, box 2. — Princeton University Library (Princeton, N.J.), Jonathan Belcher papers, AM 1 984, 9 256, 9 258. — PRO, CO 217/15–21, 34, 43, 52 ; CO 218/5–6. — USPG, B, 25 ; C/CAN/NS, 2. — The Belcher papers, Mass. Hist. Soc., *Coll.*, 6e sér., VI (1893) ; VII (1894). — G.-B., Board of Trade, *JTP, 1759–63*. — *The perpetual acts of the General Assemblies of his majesty's province of Nova Scotia* [1757–1782] (Halifax, 1767–[1782]). — Shipton, *Sibley's Harvard graduates*, VIII : 343–364. — Brebner, *Neutral Yankees* ; *New England's outpost*, 200–261. — A. G. Doughty, *The Acadian exiles ; a chronicle of the land of Evangeline* (4e éd., Toronto, 1922), 115ss. — *Essays in colonial history presented to Charles McLean Andrews by his students* (New Haven, Conn., et Londres, 1931 ; réimpr., Freeport, N.Y., 1966), 169–197. — Placide Gaudet, *Le grand dérangement : sur qui retombe la responsabilité de l'expulsion des Acadiens* (Ottawa, 1922). — Émile Lauvrière, *La tragédie d'un peuple : histoire du peuple acadien, de ses origines à nos jours* (3e éd., 2 vol., Paris, 1922), I : 408, 445–449 ; II : 315–328. — C. J. Townshend, Jonathan Belcher, first chief justice of Nova Scotia, N.S. Hist. Soc., *Coll.*, XVIII (1914) : 25–57.

BELESTRE, FRANÇOIS-MARIE PICOTÉ DE. V. PICOTÉ

BELLEFEUILLE, FRANÇOIS LEFEBVRE DE. V. LEFEBVRE

BELLEFONTAINE, dit **Beauséjour, JOSEPH GODIN,** dit. V. GODIN

BELLERIVE, LOUIS GROSTON DE SAINT-ANGE ET DE. V. GROSTON

BENOIST, ANTOINE-GABRIEL-FRANÇOIS, officier, né à Paris le 6 octobre 1715, fils de Gabriel Benoist et de Françoise de Trevet ; il épousa à Montréal le 11 novembre 1743 Marie-Louise, fille du capitaine Jacques Le Ber de Senneville ; décédé à Bourges, France, le 23 janvier 1776.

Antoine-Gabriel-François Benoist entra dans l'armée comme cadet en 1734 et quitta la France dès l'année suivante pour venir servir au Canada. Il participa en 1739 à la campagne lancée par Jean-Baptiste Le Moyne* de Bienville, gouverneur de la Louisiane, contre les Chicachas. Fait enseigne en second le 1er avril 1741, puis enseigne en pied le 1er avril 1745, Benoist servit, à l'été de 1747, en qualité d'aide-major sous les ordres de François-Pierre de RIGAUD de Vaudreuil, au nord de la colonie de New York. Il séjourna ensuite au fort Saint-Frédéric (près de Crown Point, New York) et fut nommé en 1748 aide-major à Montréal. Promu lieutenant le 1er mai 1749, il fut envoyé en octobre de la même année en France pour y lever des recrues et reprit à son retour ses fonctions d'aide-major. En 1752, il reçut le commandement militaire du fort du Lac-des-Deux-Montagnes (Oka, Québec) mais fut relevé de son poste l'année suivante pour faire partie de l'expédition de Paul Marin* de La Malgue dans l'Ohio. En 1754, il fut affecté au commandement du fort de La Présentation (Oswegatchie ; aujourd'hui Ogdensburg, New York) et, en mars 1755, à celui du fort de la Presqu'île (Erie, Pennsylvanie), en remplacement d'Alexandre DAGNEAU Douville. Rappelé à Montréal au printemps de 1757, il fut promu au rang de capitaine et envoyé au fort Saint-Jean (Québec). Au mois d'août, il faisait partie de l'armée conduite par Montcalm* au siège du fort George (appelé aussi fort William Henry ; aujourd'hui Lake George, New York).

La chute du fort Frontenac (Kingston, Ontario) au mois d'août 1758 menaçait la sécurité de plusieurs postes français de la région, particulièrement le fort Niagara (près de Youngstown, New York). Il était donc souhaitable de réoccuper les lieux. Benoist, désigné commandant du fort Frontenac à l'automne de 1758, s'y rendit et tenta de rendre l'endroit plus sûr. Mais le fort était trop endommagé pour y faire vivre une garnison cet hiver-là. Benoist reçut donc l'ordre de se replier au fort de La Présentation et d'en prendre le commandement à la place de Claude-Nicolas de Lorimier* de La Rivière. La Présentation occupait à ce moment une position stratégique dans la défense de la colonie ; que l'on ait affecté Benoist à ce poste était certainement une marque de confiance, justifiée d'ailleurs par la réputation qu'il avait acquise au cours de ses années de service. Montcalm voyait en lui un « officier d'un vrai mérite » et un « homme intègre ». Bougainville* alla même jusqu'à dire qu'il était « le plus honnête homme de la colonie et [qu'il joignait] à la probité, des lumières, des vues et du zèle ». En novembre 1758, Benoist était installé dans ses nouvelles fonctions, s'occupant également du poste de Pointe-au-Baril (Maitland, Ontario) où l'on avait entrepris la construction de bateaux destinés à la défense et au transport sur le lac Ontario [V. Louis-Pierre Poulin* de Courval Cressé]. Comme Benoist craignait une attaque des Anglais au printemps suivant, le gouverneur Vaudreuil [Rigaud] envoya l'ingénieur militaire Pierre Pouchot* pour assumer provisoirement le commandement de ces deux postes et accélérer la construction des bateaux ; Pouchot s'embarqua pour le fort Niagara à la fin d'avril. Au cours de l'été de 1759, Benoist prit part à l'attaque menée par Louis de La Corne*, dit le chevalier de La Corne, à Chouaguen (ou Oswego ; aujourd'hui Oswego, New York), et fut blessé d'un coup de feu à la cuisse. C'est ainsi que s'acheva sa participation à la guerre de Sept Ans car il mit plus d'un an à guérir de sa blessure.

Retourné en France après la Conquête, Benoist fut créé chevalier de Saint-Louis au mois de mars 1761 et reçut une pension de 900#. Il revint chercher sa famille dans la colonie en 1763 et s'établit à Bourges. Les qualités dont il avait fait montre durant toutes ses années de service au Canada, et surtout son honnêteté, avaient été très appréciées de ses supérieurs. Au moment de l'Affaire du Canada, au début des années 1760, Benoist comparut au Châtelet et soumit devant la commission chargée de l'enquête un long rapport contenant ses réflexions sur le Canada. Le rédacteur de son dossier militaire nota à son sujet : « si sa probité le força de révéler des faits fâcheux et qui peut-être furent la base du jugement d'un procès fameux, ce ne fut au moins qu'après avoir rempli avec sa douceur et son honnêteté ordinaires les égards qui sont dus aux gens qui commencent à devenir à plaindre dès qu'ils sont malheureux ». Au moment de sa mort, l'intendant du Berry, Nicolas Dupré de Saint-Maur, rappelle au ministre « la conduite exemplaire que le s. de Benoist a tenue dans les différents emplois qu'il a remplis ». De concert avec l'archevêque de Bourges, Georges-Louis Phélipeaux d'Herbault, l'intendant recommande sa veuve, sans aucune fortune, à la bonté du roi qui lui accorda une pension de 600#.

Étienne Taillemite

AD, Cher (Bourges), État civil, Saint-Outrille-du-Château, 24 janv. 1776. — AN, Col., E, 26 (dossier Benoist). — APC, MG 18, K4. — Bougainville, Journal (A.-E. Gosselin), ANQ *Rapport*, 1923–1924, 254, 373. — *Coll. des manuscrits de Lévis* (Casgrain), I : 167s., 171 ; IV : 156 ; V : 143, 281, 292, 295, 303, 305, 308 ; VII : 134, 481, 484, 491, 500s., 509, 548, 568 ; XI : 218. — Mémoire du Canada, ANQ *Rapport*, 1924–1925, 143–145. — *NYCD* (O'Callaghan et Fernow), X : 302, 953. — *Papiers Contrecœur* (Grenier), *passim*. — *Royal Fort Frontenac* (Preston et Lamontagne), 80, 468. — Æ. Fauteux, *Les chevaliers de Saint-Louis*, 188. — Le Jeune, *Dictionnaire*. — [François Daniel], *Histoire des grandes familles françaises du Canada, ou aperçu sur le chevalier Benoist, et quelques familles contemporaines* (Montréal, 1867).

BENOÎT (Boneval, Bonwah), PIERRE, Indien de la tribu des Malécites, décédé le 20 mai 1786 dans la paroisse de Queensbury, comté d'York, Nouveau-Brunswick.

L'importance de Pierre Benoît, aux premiers temps de l'histoire du Nouveau-Brunswick, tient au procès pour meurtre auquel sa mort donna lieu. Tôt le matin du 20 mai 1786, William Harboard et David Nelson, deux colons, vétérans des Queen's Rangers (1st American Regiment), étaient à pêcher quand ils entendirent des chiens aboyer au loin. En retournant chez eux, ils découvrirent deux chiens en train de malmener un des porcs de Nelson ; les autres porcs avaient disparu. Ils tirèrent sur l'un des chiens et, présumant que les porcs manquants avaient été transportés sur une embarcation, ils descendirent à la rivière Saint-Jean. Ainsi qu'il fut rapporté par la suite, ils sommèrent deux Indiens, qui étaient dans un canot, de s'arrêter : « Vous avez mes cochons. » « Non, non », répondit-on, « vous avez tué mon chien. » Les Blancs tirèrent alors au-dessus de la tête des Indiens. Nelson tira une deuxième fois, et Pierre Benoît s'écroula, touché à mort. L'autre occupant du canot était sa femme.

Quatre jours plus tard, Nelson et Harboard furent questionnés par les juges de paix du comté d'York et on leur enjoignit de se tenir à la disposition de la justice. « Les Indiens [...] réclament à grands cris une décision immédiate », écrivit Edward Winslow*, l'un des juges qui reçurent les dépositions. La bande campait autour de la maison de l'autre juge, Isaac Allen, se conduisant avec une « grossièreté » qui affligea toute sa famille. Les colons, ajoutait Winslow, « ne peuvent se faire à l'idée que deux hommes de bonne réputation doivent être sacrifiés pour satisfaire les barbares exigences d'une poignée de sauvages ».

Le procès se déroula à St Ann's (Fredericton) le 13 juin, sous la présidence du juge en chef George Duncan Ludlow. Le solliciteur général, Ward Chipman*, menait la poursuite au nom de la couronne ; les accusés n'avaient pas d'avocat et plaidèrent non coupables à une accusation de meurtre. Trois témoins seulement furent appelés à comparaître, aucun d'entre eux n'étant indien. Un grand nombre d'habitants assistèrent au procès et montrèrent « l'inquiétude et la sympathie les plus profondes » à l'égard des accusés. Néanmoins, le jury trouva Harboard et Nelson coupables. Harboard obtint son pardon, apparemment parce que le coup fatal n'avait pas été tiré par lui ; Nelson fut pendu le 23 juin.

L'exécution de David Nelson fut attribuée au désir de prévenir de sérieuses difficultés avec les Indiens, à ce moment-là. Et, quoique le type de « provocation sans importance » qui avait occasionné le meurtre de Benoît dût se répéter souvent dans les années suivantes, cette intervention concrète de la justice, dès le début, incita tant les Blancs que les Indiens à plus de retenue.

L. F. S. UPTON

Military operations in eastern Maine and N.S. (Kidder), 284. — *Winslow papers, A.D. 1776–1826*, W. O. Raymond, édit. (Saint-Jean, N.-B., 1901), 332s., 357n. — *Royal Gazette and the New Brunswick Advertiser*, 27 juin 1786. — W. O. Raymond, The first trial for murder on the River St. John, *Dispatch* (Woodstock, N.-B.), 13 nov. 1895, 6 ; repris sans référence à cet article par « Observer » [E. S. Carter], First criminal trial in Fredericton, *Telegraph-Journal* (Saint-Jean, N.-B.), 25 oct. 1929, 4.

BERBUDEAU, JEAN-GABRIEL, chirurgien et subdélégué du commissaire ordonnateur de l'île Royale (île du Cap-Breton), né le 17 octobre 1709 à Saint-Georges d'Oléron (dép. de la Charente-Maritime, France), fils de Jean Berbudeau, maître chirurgien, et de Marie-Anne Duvivier, décédé le 4 janvier 1792 au hameau Saint-Antoine, paroisse d'Archigny (dép. de la Vienne, France).

Nous ignorons la date d'arrivée de Jean-Gabriel Berbudeau à l'île Royale, mais il semble qu'il ne fut pas le premier de ce nom à y mettre le pied puisqu'une lettre du ministre Maurepas à Beauharnois*, gouverneur de la Nouvelle-France, datée du 24 juin 1727, mentionne un certain « sieur Berbudeau, chirurgien à l'île Royale ». Cependant, Jean-Gabriel Berbudeau se trouvait certainement à Louisbourg, île Royale, en 1743, puisqu'il y épousa, le 19 septembre, Marie-Gervaise Paris. Dans son contrat de mariage, il se déclarait « chirurgien entretenu [par le roi] à Port-Toulouse [près de St Peters, Nouvelle-Écosse] ». Faisant suite à une requête de Jean-Baptiste-Louis Le Prévost* Duquesnel, commandant de l'île Royale, et de François BIGOT, commissaire ordonnateur, en date du 17 octobre 1743, on nomma Berbudeau pour remplacer à l'île Saint-Jean (Île-du-Prince-Édouard) Martin Descouts*, « chirurgien entretenu par le roi aux appointements de 600 livres ».

De 1745 à 1749, durant l'occupation de l'île du Cap-Breton et de l'île Saint-Jean par les Britanniques, nous perdons la trace de Berbudeau et de son épouse. Après la restitution de Louisbourg et des autres territoires à la France par le traité d'Aix-la-Chapelle, Berbudeau reçut la mission d'accompagner, en 1749, Claude-Élisabeth Denys* de Bonnaventure à l'île Saint-Jean. Ce dernier avait été chargé de reprendre possession de l'île, d'en relever les fortifications et de relancer la colonisation devenue plus qu'anémique. Berbudeau s'installa alors à Port-La-Joie (Fort Amherst) avec sa famille qui comptait déjà deux enfants. En 1751, il remplaça, à l'île Saint-Jean, François-Marie de Goutin* comme subdélégué du commissaire ordonnateur de l'île Royale. De plus, en 1754, il obtint son brevet de chirurgien des troupes grâce à l'appui du commissaire ordonnateur Jacques PREVOST de La Croix.

Nous ignorons où se trouvait Berbudeau durant le second siège de Louisbourg [V. Jeffery AMHERST] en 1758, mais le 28 avril 1759 il débarquait à La Rochelle avec sa famille et de nombreux réfugiés. Il s'y installa et y exerça son art, à titre privé, auprès des Acadiens, seul le chirurgien-major Louis Bertin ayant été maintenu au service actif. Il semble qu'en 1763 Berbudeau accompagna à la Guyane les Acadiens que Choiseul voulait y établir ; toutefois, s'il s'y rendit, son séjour fut de courte durée. En 1766, Berbudeau fut proposé pour servir à l'île de Ré, mais sa candidature ne fut pas retenue. Quelques années plus tard, il se consacra aux réfugiés acadiens que le marquis de Pérusse Des Cars accueillait sur ses terres du Poitou, à Archigny, Monthoiron, La Puye et Saint-Pierre-de-Maillé (dép. de la Vienne). A la demande du marquis, le roi lui accorda, le 11 novembre 1771, une pension annuelle de 354#.

Berbudeau s'éteignit paisiblement à Archigny en 1792. Quatre de ses sept enfants moururent en bas âge. Il semble qu'une seule de ses filles se mariât ; en effet, Marie-Reine Berbudeau épousa Pierre-Alexis Texier de La Touche qui devint, en 1783, le syndic des Acadiens du Poitou.

GEORGES CERBELAUD SALAGNAC

AD, Vienne (Poitiers), E 4, 16–17, 62. — AN, Col., C^{11B}, 25 ; 33 ; 38 ; D^{2C}, 1 ter ; E, 27 (dossier Berbudeau) ; Section Outre-mer, G^3, 2 047/1, 18 sept. 1743, 19 août 1751. — Archives communales, Archigny (dép. de la Vienne), Registres paroissiaux. — Archives maritimes, Port de Rochefort (France), 1E, 133–139. — Ernest Martin, *Les exilés acadiens en France au XVIIIe siècle et leur établissement en Poitou* (Paris, 1936), 777. — Pierre Massé, Descendances acadiennes : les quatre filles de Marie-Reine Berbudeau, *RHAF*, V (1951–

1952) : 531–541 ; VI (1952–1953) : 252–262 ; VII (1953–1954) : 426–434 ; VIII (1954–1955) : 415–425 ; Le syndic de la colonie acadienne en Poitou, *RHAF*, V : 45–68, 252–264, 373–400.

BERNARD, PHILIP, chef d'un groupe de Micmacs à la baie de St Margaret, Nouvelle-Écosse, *circa* 1786.

Après la fondation de Halifax, en 1749, et la prise en main de toute la Nouvelle-Écosse par les Britanniques en 1758, les Micmacs sentirent leurs terres de plus en plus menacées par la poussée colonisatrice. Dès 1754, les Indiens avaient demandé que certains territoires fussent réservés à leur usage exclusif. En 1762, le lieutenant-gouverneur Jonathan BELCHER émit une proclamation qui défendait aux colons d'empiéter sur certaines terres réclamées par les Indiens le long de la côte de la Nouvelle-Écosse, de la rivière Musquodoboit à Canseau (Canso), et au nord-ouest, jusqu'à la baie des Chaleurs. L'afflux des Loyalistes, à la suite de la Révolution américaine, accrut la concurrence dans le domaine foncier, cependant que le gibier, nécessaire aux Micmacs pour le maintien de leur mode de vie traditionnel, diminuait. Les Indiens en subirent le contrecoup et devinrent de plus en plus dépendants des Britanniques. Le gouvernement de la Nouvelle-Écosse avait déjà fait quelques tentatives pour inciter les Indiens à s'établir et à vivre de l'agriculture et il intensifia alors ses efforts en ce sens. En 1783, on décida de commencer à émettre des permis ou des billets autorisant des groupes d'Indiens à occuper un territoire sur lequel ils acceptaient de s'installer. De septembre à décembre 1783, neuf de ces permis furent accordés. En 1784, s'en ajoutèrent plusieurs autres, à la suite de pétitions provenant des Indiens, qui, de toute évidence, étaient chaque jour plus alarmés devant la quantité de terres que réclamaient les colons.

Ces permis autorisaient tout juste les Indiens à se servir d'une terre donnée. En 1786, le gouvernement accorda aux Micmacs un premier titre de concession officiellement enregistré ; le groupe qui vivait à la baie de St Margaret et qui avait pour chef Philip Bernard, apprit qu'en attendant l'octroi d'une concession officielle, il pouvait occuper une terre de 500 acres sur la baie. Mais avant que la concession fût faite, on découvrit que la terre en question était la propriété de Brook Watson*, qui la vendit et en déposséda les Indiens. Le 1er février 1786, le chef Bernard ainsi que Solomon et Tawmaugh, deux hommes du groupe, adressèrent au gouvernement une pétition en vue d'obtenir 500 acres au fond de la baie. Le gouverneur John PARR répondit à la requête en ordonnant l'arpentage de cette terre afin qu'un titre de concession pût être donné aux Indiens. Le 3 mars, on rapportait que cet arpentage était terminé.

A la suite de la concession accordée aux trois requérants de la baie de St Margaret, des terres furent aussi octroyées inconditionnellement à d'autres groupes de Micmacs, tout autour de la colonie. Les Indiens se mirent quelque peu à l'horticulture, mais, dans l'ensemble, ils ne firent pas grand progrès vers la vie sédentaire malgré cette politique gouvernementale. L'importance de la concession octroyée à Bernard tient à ce que le principe fut alors admis de donner aux Indiens des titres fonciers, pratique qui allait trouver son achèvement en 1820, dans la création d'un système de réserves. Après 1786, les documents ne font plus mention de Philip Bernard.

VIRGINIA P. MILLER

PANS, RG 1, 165, pp.224s. ; 430, nos 23½, 26½, 27½, 28. — *N.S. Archives, I*, 215. — E. A. Hutton, The Micmac Indians of Nova Scotia to 1834 (thèse de M.A., Dalhousie University, Halifax, 1961).

BERNIER, BENOÎT-FRANÇOIS (aussi prénommé **Joseph-Pierre**), officier, commissaire ordonnateur des guerres en Nouvelle-France, né le 24 avril 1720 à Vienne, France, fils de François Bernier, négociant en drap, et de Marie Malen (Mallen), décédé célibataire en 1799, probablement à Vienne.

Benoît-François Bernier semble avoir entrepris assez tardivement sa carrière militaire ; les documents les plus anciens le mentionnent comme sous-lieutenant au régiment Royal-Suédois, en 1746. Après avoir servi comme lieutenant au siège de Maastricht (Pays-Bas), en 1748, il fut mis à la demi-solde ; de 1749 à 1755, il fut employé aux affaires de son régiment à Paris et à Versailles. Il dut impressionner favorablement ses supérieurs, puisqu'il fut nommé aide de camp de Dieskau* lorsque ce dernier fut envoyé au Canada, en 1755, comme commandant des troupes régulières françaises dépêchées dans la colonie. Pour des raisons administratives, le nom de Bernier fut porté sur le rôle du régiment d'Artois, avec le grade de lieutenant, mais ses liens avec ce régiment étaient tout à fait fictifs.

Son premier séjour au Canada devait être bref. Arrivé avec Dieskau en juin 1755, il fut fait prisonnier au lac Saint-Sacrement (lac George, New York) en septembre. Dieskau, gravement blessé, fut abandonné de tous sur le champ de bataille, à l'exception de Bernier, lui-même blessé légèrement. Ils furent pris par les coloniaux de William JOHNSON.

On crut pendant quelque temps que Bernier et Dieskau avaient tous deux péri, à telle enseigne que leurs effets personnels furent mis aux enchères à Québec, avant que la nouvelle y arrivât qu'ils avaient survécu et que leur transfert en Angleterre était imminent. En Angleterre, Bernier fut séparé de son général et envoyé à Londres où, d'après un mémoire français, il fut détenu deux mois et soumis aux pressions du baron Holland, du duc de Newcastle et de lord Loudoun, désireux de « l'attacher au service d'angleterre ». Puis, « comme par punition », on l'envoya au château d'Édimbourg.

Bernier fut rapatrié en France en 1757 et promu capitaine ; l'année suivante, il fut nommé adjoint d'André Doreil*, le commissaire ordonnateur des guerres à Québec. Il arriva au Canada, à la fin de juin 1758, gravement malade des fièvres contractées au cours de la traversée, et ne fut vraiment hors de danger qu'à la fin de juillet. Sa convalescence fut longue, de sorte qu'au départ de Doreil, à l'automne, c'est un homme sans grande expérience qui le remplaçait. Mais Doreil, qui trouvait à Bernier « de l'esprit et de l'intelligence », s'arrangea pour qu'il fût assisté par son secrétaire, Alexandre-Robert Hillaire de La Rochette, « qui possed[ait] tous les details du Commissairiat ». Bernier avait la responsabilité du bien-être matériel des troupes régulières françaises, de leurs rations, de leur équipement, de leur logement, de leur hospitalisation, et, au dire de tous, il les servit bien.

Après la chute de Québec en septembre 1759, Bernier resta pendant quatre mois dans la ville et se préoccupa particulièrement du soin des blessés. Il servit d'agent de liaison avec les Anglais et reçut du gouverneur Vaudreuil [Rigaud], qui se trouvait alors à Montréal, pleine autorité pour régler toutes les difficultés que pouvait occasionner la mise en vigueur de la capitulation de Québec. Ce rôle fut confié à Bernier parce que, performance peu commune parmi les officiers français du xviiie siècle, il parlait l'anglais, l'ayant probablement appris pendant son séjour en Angleterre.

Lors de la capitulation de la colonie, en septembre 1760, Bernier était à Montréal ; il y organisa la revue des troupes. Il retourna ensuite à Québec pour s'entendre avec les commissaires anglais sur les questions relatives à la subsistance et au logement des troupes françaises. Il eut à lui seul toute la responsabilité de l'embarquement des troupes régulières françaises, de même que celui des familles désireuses d'être rapatriées sur-le-champ. C'était une lourde tâche, dont il se tira à la satisfaction de ses supérieurs, si l'on en juge par le fait qu'à son retour en France avec Lévis, à la fin de novembre 1760, il reçut la croix de Saint-Louis et une pension de 1 200#, en plus d'être nommé commissaire ordonnateur à Dunkerque.

Bernier quitta le service du gouvernement le 2 septembre 1776. Il survécut à la Révolution française. Le « citoyen Bernier » toucha une pension de la République française jusqu'à sa mort, en 1799.

J. R. Turnbull

AMA, SHA, Y[4d]. — AN, Col., C[11A], 103, ff.419–422v., 423–426v. — ANQ-Q, Greffe de J.-A. Saillant, 19 juill. 1758. — Bibliothèque municipale de Vienne (dép. de l'Isère, France), État civil, Saint-André-le-Bas, 25 avril 1720. — *Doc. relatifs à la monnaie sous le Régime français* (Shortt), II : *passim*. — Doreil, Lettres (A. Roy), ANQ *Rapport*, 1944–1945, 16, 24, 31s., 41, 45, 48, 71, 73s., 77, 88, 93, 100, 106, 111s., 143s., 161s. — *NYCD* (O'Callaghan et Fernow), VI : 1 004 ; X : 318, 340, 354, 356s., 360, 384, 387, 422, 564, 692, 746, 765, 829, 861, 959, 965, 968, 1 009, 1 054, 1 120, 1 123s. — Le Jeune, *Dictionnaire*. — J.-E. Roy, *Rapport sur les archives de France*, 371s., 377, 415.

BERSALOU. V. Barsalou

BERTRAND DE LATOUR, LOUIS. V. Latour, Bertrand de

BESNARD, dit **Carignant, JEAN-LOUIS** (il signait **L. Carignant**), négociant, né à Montréal le 22 novembre 1734, fils de Jean-Baptiste Besnard, dit Carignant, et de Marie-Joseph Gervaise ; il épousa à Montréal, le 13 août 1764, Charlotte Brebion, puis, en secondes noces, le 20 janvier 1770 à Montréal, Félicité, fille du marchand montréalais Pascal Pillet ; décédé le 3 décembre 1791 à Michillimakinac (Mackinac Island, Michigan).

Fils d'un négociant et « marchand-équipeur » de Montréal, Jean-Louis Besnard, dit Carignant, suivit les traces de son père. Vers 1770, il pratiquait le commerce des fourrures, équipant des voyageurs pour des sommes dépassant parfois 20 000# ; il exploitait par ailleurs un moulin à farine, à Lachine, près de Montréal. S'il compta rapidement de nombreux débiteurs, Carignant ne craignit pas de s'endetter lui-même auprès de ses fournisseurs. Comme tout marchand de la colonie, il devait miser sur le crédit et choisir ses débiteurs avec soin. Il eut cependant à ce jeu moins de chance que d'autres [V. Jean Orillat] et dut, le 30 septembre 1776, déclarer une faillite qui allait avoir des répercussions sur la vie politique de la province.

Le 9 octobre 1776, Carignant présenta à ses créanciers – les négociants londoniens Brook

Watson* et Robert Rashleigh, la société de Pierre Foretier* et de Jean Orillat et celle de John Porteous, de Montréal, ainsi que les négociants montréalais Jean-Marie Ducharme*, Jacob JORDAN, Toussaint Lecavelier, Louis-Joseph et Charles-Jean-Baptiste Chaboillez*, Charles Larche et Ignace Pillet (beau-frère de Carignant) – un bilan où apparaissaient 222 306# de dettes contre 140 640# d'actif, dont 65 000# de créances. C'est envers la firme de Watson et Rashleigh que Carignant avait contracté la plus grosse dette, une somme de 88 000#. Le bilan faisait aussi état des pertes que le négociant avait encourues dans le commerce des fourrures et celui du blé, mais ces pertes ne pouvaient expliquer à elles seules la faillite, que Carignant attribuait à des « Evénements malheureux [...] des fausses promesses et fourberies qu'on lui a faites ». Cependant, quelques heures à peine avant de déclarer faillite, Carignant avait complété avec Richard Dobie*, un autre négociant de Montréal, une série de transactions par lesquelles Dobie avait acheté de Carignant 130 000# de fourrures, ce qui, déduction faite des dettes de Carignant envers Dobie et son partenaire Adam Lymburner*, laissait à Carignant 63 000# qui n'apparaissaient pas aux livres. Les créanciers de Carignant, auxquels il avait fait cession et abandon de ses biens, accusèrent Dobie de fraude et le poursuivirent en justice parce qu'il avait, selon eux, pris des engagements secrets avec Carignant pour payer ses fourrures. La Cour des plaids communs de Montréal leur ayant donné raison, Dobie en appela au Conseil législatif qui, grâce à l'intervention du juge en chef Peter LIVIUS, renversa ce jugement le 30 avril 1778. Le lendemain, sans donner de raisons, le gouverneur sir Guy Carleton*, démettait Livius de ses fonctions. Lors de l'enquête qui suivit, Livius laissa entendre aux autorités britanniques que Carleton avait subi l'influence de Brook Watson, le négociant londonien qui était le principal créancier de Carignant et en qui Carleton avait, selon Livius, « une grande confiance pour ses affaires personnelles et aussi pour quelques affaires publiques, en particulier les affaires indiennes ». Livius fut réintégré dans ses fonctions, mais il ne revint jamais au Canada. Quant à Carignant, le total de son actif était loin de couvrir ses dettes lors de sa faillite ; ses créanciers lui permirent de continuer son commerce, espérant ainsi être remboursés peu à peu. On ne sait si cet espoir se réalisa.

Ses papiers d'affaires ainsi que les documents produits à l'occasion de sa faillite fournissent quelques indications utiles sur ses pratiques commerciales et son train de vie. Des 128 créances inscrites dans son carnet de dettes actives au moment de sa faillite, seulement huit dépassaient 1 000#, mais elles totalisaient près de 50 000#, soit les trois quarts du total des créances. Le reste de l'actif comprenait 12 500# en fourrures, ginseng et marchandises, une maison pour laquelle il avait dépensé 26 000# en frais de construction (et que ses créanciers vendirent 36 000# en 1777), un ameublement évalué à 12 000#, une bibliothèque contenant une quarantaine de titres et portée à 1 200#, un esclave noir valant 1 600# et une Noire 1 200#. D'après l'inventaire de la maison, Carignant vivait confortablement et possédait quelques objets de luxe, une table en acajou, une fontaine de faïence, de l'argenterie et du cristal.

A la suite de ces événements, la carrière de Carignant présente un aspect plutôt bigarré. Il s'engageait à nouveau dans le commerce du blé en 1777 et fut chargé, semble-t-il, de la fourniture de farine pour l'armée, peut-être de concert avec son ancien créancier, Jacob Jordan. En 1780, il s'associait à son beau-frère, Antoine Pillet, pour l'exploitation d'une boulangerie. L'hiver de 1781–1782 fut marqué par des démêlés avec les autorités. Des prisonniers rebelles accusèrent Carignant d'être en relation avec les Américains ; il fut arrêté et conduit à Québec. Pour sa défense, il soumit un certificat de loyauté signé par plusieurs Montréalais, dont Luc de LA CORNE, Pierre Guy*, Jacob Jordan, Christian Daniel CLAUS, James McGill* et Edward William Gray*. On le relâcha au début de 1782, faute de preuves. Mais son commerce de boulangerie déclina et il eut de nouvelles difficultés avec ses créanciers. En mai 1785, il obtint une commission de notaire à Michillimakinac où on le retrouve au cours des deux années suivantes. En 1788, il fut nommé surintendant de la navigation intérieure à Michillimakinac. Il se noya dans le lac Michigan le 3 décembre 1791.

Hilda Neatby*, après avoir étudié le cas Dobie, conclut que Carignant était tout simplement malhonnête. Mais on voit mal, alors, pourquoi Carignant aurait volontairement cédé tous ses biens à ses créanciers en 1776 ou comment ceux-ci auraient pu consentir, une fois la supposée supercherie découverte, à laisser Carignant continuer en affaires? Par ailleurs, pourquoi lui aurait-on accordé des postes officiels à Michillimakinac si son honnêteté ou sa loyauté avaient été suspectes ? Quant à son échec en affaires, Carignant, comme bien d'autres, fut sans doute victime du mouvement de concentration du commerce des fourrures dans les mains d'un petit groupe de marchands, qui amena la création de la North West Company en 1783.

JOSÉ E. IGARTUA et MARIE GÉRIN-LAJOIE

ANQ-M, État civil, Catholiques, Notre-Dame de Montréal, 22 nov. 1737, 13 août 1764, 18 sept. 1769, 20 janv. 1770 ; Greffe de Pierre Panet, 25 mai 1767, 22 déc. 1774, 9 oct. 1776, 29 avril, 12 mai, 1er juill. 1777 ; Greffe de Simon Sanguinet, 2, 10, 23 oct. 1769, 22 mars, 23 juill. 1770, 14, 25 juill. 1774, 17 févr. 1775 ; Greffe de François Simonnet, 11 mai 1750, 8 déc. 1770. — APC, MG 23, GIII, 25, A (Louis Carignant) ; MG 24, L3, pp.27 531–27 535, 30 494 ; RG 4, A1, 38, p.12 548 ; B8, 28, p.22 ; B28, 115. — AUM, P 58, Doc. divers, C2, 27 juill. 1787. — BL, Add. MSS 21 721, ff.182–183v., 192 ; 21 734, ff.310–311, 320 ; 21 791, ff.142, 146 (copies aux APC). — PRO, CO 42/2, pp.261–264 ; 42/42, pp.129–134 (copies aux APC). — Ste Ann's Parish (Mackinac Island, Mich.), Registre des baptêmes, mariages et sépultures de Sainte-Anne-de-Michillimakinak, 16 juill. 1786, 20 août 1787 (mfm aux APC, MG 8, G17). — *La Gazette de Québec*, 17 nov. 1766, 7 sept. 1769, 16 janv. 1777, 2 déc. 1779. — *Almanach de Québec*, 1791, 39. — Massicotte, Répertoire des engagements pour l'Ouest, ANQ *Rapport*, 1929–1930, 327, 345, 347, 369, 406, 426s. ; 1930–1931, 353s., 357, 372–374, 376, 400–402, 420. — Tanguay, *Dictionnaire*. — Burt, *Old prov. of Que.* (1968), I : 248–250. — Neatby, *Administration of justice under Quebec Act*, 74–77.

BIGOT, FRANÇOIS, commissaire ordonnateur à l'île Royale (île du Cap-Breton) et intendant de la Nouvelle-France, baptisé dans la paroisse Saint-André de Bordeaux, le 30 janvier 1703, fils de Louis-Amable Bigot et de Marguerite Lombard, décédé à Neuchâtel, Suisse, le 12 janvier 1778.

La famille Bigot commença à s'élever dans l'échelle sociale au moins trois générations avant celle de François. A la fin du XVIe siècle, Bonaventure était « marchand bourgeois de Tours » et son fils Étienne quitta cette ville pour Paris vers 1619. Le mariage de celui-ci avec Marie Renard, en 1617, l'avait fait entrer dans deux clans, les Bonneau et les Fleuriau, qui allaient permettre à ses descendants de compter sur des appuis dans la meilleure société française. Une cousine parisienne, Marie-Louise Bigot, épousa à la fin du XVIIe siècle un Brulart de Sillery. Dans le sud-ouest de la France, l'histoire de la famille prit un tournant décisif avec Louis, fils d'Étienne, dont la carrière allait évoluer selon un plan classique : les finances, la magistrature, l'anoblissement. Lors de son mariage, en 1657, Louis Bigot était en effet attaché à l'une des plus importantes fermes de l'ouest de la France, financée en grande partie par les Bonneau, « le convoy et la comptablie de Bordeaux ». Il en devint successivement commis, contrôleur, receveur, puis receveur général. Ceci lui permit, semble-t-il, de participer étroitement à la grande activité bordelaise, l'armement des navires, et il contribua au financement, à la grosse aventure, de plusieurs voyages à Québec et à Terre-Neuve. Cette importante contribution au commerce de la ville lui valut, sans doute, ses lettres de bourgeoisie, le 26 mars 1698. Il avait toutefois de plus grandes ambitions. Depuis 1682, il était seigneur de Monaday, fief de la banlieue de Bordeaux. Il acheta, en 1700, moyennant 50 000#, la charge de greffier en chef au parlement et, en 1706, celle, anoblissante, de secrétaire du roi. Le mariage de ses filles à de vieilles familles de l'aristocratie locale vint confirmer cette ascension remarquable.

Son fils, Louis-Amable, père de François, le futur intendant, dont la carrière se déroula tout entière au parlement, maintint cet acquis. Après y avoir été avocat puis conseiller, il reçut en héritage la charge de greffier en chef. Il épousa, en 1698, Marguerite Lombard qui apportait 40 000# de dot ; récemment arrivés de Manosque, les Lombard s'étaient rapidement intégrés à la bourgeoisie locale et spécialisés dans l'administration maritime. Louis-Joseph, un des frères de François, fit carrière comme officier de marine. L'aîné, Joseph-Amable, tenta sa chance dans l'armée, mais revint vite à la magistrature, d'abord au présidial puis au parlement de Bordeaux. Il vendit ce dernier office en 1741, probablement à la suite de difficultés financières, et liquida le patrimoine : il vendit la seigneurie de Monaday en 1748 et la maison de Bordeaux en 1766. Il mourut à Saint-Dizant-du-Gua (dép. de la Charente-Maritime) en 1780, vivant noblement, mais pauvrement, semble-t-il, sur sa seigneurie de Beaulon.

Nous ne connaissons rien, avec certitude, de l'instruction de François Bigot ; sans doute suivit-il les cours de la faculté de Droit de Bordeaux. En tout cas, à l'âge de 20 ans, celui où l'on terminait normalement ses études juridiques, il opta pour l'administration au ministère de la Marine. Deux raisons motivèrent vraisemblablement ce choix : premièrement, un goût personnel – qu'il avouera plus tard – lui venant peut-être de son ascendance maternelle ; deuxièmement, la nomination de son cousin, Charles-Jean-Baptiste de Fleuriau d'Armenonville, comte de Morville, comme ministre de la Marine en mars 1723. Son long apprentissage se déroula sans éclat ; demeuré peu de temps ministre de la Marine, Morville n'avait pu lui assurer un avancement rapide. Suivant la filière habituelle, Bigot fut d'abord écrivain : il avait charge d'un secteur restreint, sous l'autorité d'un commissaire, dans le port où il travaillait. Il devint lui-même commissaire en 1728, écrivain principal en 1729, puis « commissaire ordinaire de la Marine » à Rochefort trois ans plus tard. C'est le dernier poste qu'il obtint avant sa carrière nord-américaine.

Ses supérieurs à Rochefort reprochèrent à Bigot son amour du jeu. Bien que cette passion était fort commune dans ce milieu, celui-ci jouait probablement plus que la moyenne. Ses ennemis l'accusèrent aussi d'y avoir mené une vie galante, mais il n'y avait rien d'extraordinaire à cela. Néanmoins, sa gestion dut y être méthodique et efficace. D'ailleurs sa nomination comme commissaire ordonnateur à Louisbourg, île Royale, le 1er mai 1739, en remplacement de Sébastien-François-Ange LE NORMANT de Mézy, représentait une promotion certaine. Bien que cette nomination ne correspondait pas à ses souhaits, Bigot se dit prêt à l'accepter puisque Maurepas, ministre de la Marine, lui avait expliqué qu' « on ne pouvoit espérer aucune Intendance dans les Ports de France, qu'on n'eut servi dans les colonies ». Le 30 juillet, Bigot mit à la voile pour Louisbourg avec le gouverneur nouvellement nommé, Isaac-Louis de Forant* ; ils y arrivèrent le 9 septembre.

Désireux d'impressionner favorablement ses supérieurs en France, Bigot vaqua avec zèle à tous les aspects de sa tâche de commissaire ordonnateur [V. Jacques-Ange Le Normant* de Mézy]. Il remit en ordre la comptabilité et supervisa personnellement le détail de l'administration en général. Il travailla en harmonie avec l'agent des trésoriers généraux de la Marine, Jacques-Philippe-Urbain Rondeau*, et le contrôleur de la Marine et procureur général du Conseil supérieur, Antoine Sabatier*. Même s'il critiqua avec raison le garde-magasin du roi, Philippe Carrerot*, il lui permit de conserver son poste. Il apporta un seul changement au sein du personnel, et ce, en vue de favoriser la carrière de son protégé, Jacques PREVOST de La Croix, qui allait devenir commissaire ordonnateur le 1er janvier 1749.

Bigot évita d'entrer en conflit avec le gouverneur ; cette situation avait trop marqué l'administration de ses prédécesseurs. Forant n'occupa son poste que peu de temps, puisqu'il mourut en mai 1740, et Bigot entretint d'amicales relations avec ses successeurs, le commandant Jean-Baptiste-Louis Le Prévost* Duquesnel et le commandant intérimaire Louis DU PONT Duchambon. Les Du Pont, famille militaire bien en vue de la colonie, devinrent ses favoris, en particulier François DU PONT Duvivier et Louis DU PONT Duchambon de Vergor. Les comptes de 1742 à 1744 nous renseignent sur quelques-unes des façons dont le patronage s'exerçait en leur faveur. Au cours de ces trois années, Vergor reçut de la couronne 714# en paiements directs pour la location d'une embarcation destinée à transporter Bigot autour de l'île, même si le commissaire ordonnateur s'était déjà vu accorder 1 200# par année pour ses frais de transport. De la même façon, en 1744, on factura à la couronne 33 000# pour armer la goélette de Duvivier, le *Succès*, qu'il avait louée à l'administration pour la somme de 6 300#.

Le patronage exercé par Bigot en faveur des Du Pont soulève la question de sa participation à l'activité commerciale de Louisbourg que Guy Frégault* considérait comme probable. Quand éclata la guerre entre la France et la Grande-Bretagne, en 1744, Bigot plaça de fortes sommes d'argent dans des entreprises de course. Il possédait les deux cinquièmes du *Cantabre*, qu'il avait acheté et armé, au coût total de plus de 17 500#, avec ses associés Joannis-Galand d'OLABARATZ, Duvivier et Duquesnel. Encore en association avec Duvivier et Duquesnel, de même qu'avec le frère de Duvivier, Michel Du Pont de Gourville, il détenait un quart des actions du *Saint-Charles*, dont le coût total s'élevait à 8 850#, et il obtint une autre part d'un quart dans un navire plus grand, le *Brador*, acquis et armé au coût de 34 590#.

Le souci premier d'un commissaire ordonnateur à Louisbourg était sans doute d'assurer aux troupes et à la population civile un ravitaillement adéquat. Tout au long de son mandat, Bigot pensa, ou voulut donner l'impression, que la situation était grave. « Si une disette arrivoit dans une année ou nous serions attaqués, écrivait-il, quel secours retireroit-on de gens qui mourroient de faim ? » Les ravitaillements avaient été un problème périodique pour son prédécesseur Le Normant qui, en 1737, avait dépêché Prevost pour faire rapport à ce sujet à Versailles. Pas plus que Le Normant, Bigot ne réussit à régler ce problème et, comme lui, il n'hésitait pas à se tourner vers la Nouvelle-Angleterre pour s'y ravitailler, quand il croyait sa démarche justifiée. En 1743, en réponse à l'intendant HOCQUART, qui sollicitait du secours, Bigot chargea Duvivier, par contrat, de se procurer, auprès des marchands avec qui il était en relation en Nouvelle-Angleterre, du poisson et des vivres pour une valeur potentielle de 135 000#. Parce que la pénurie se résorba à Québec, la plus grande partie des approvisionnements resta heureusement dans les magasins de Bigot et lui assura des provisions relativement abondantes pour passer l'hiver. Par contre, l'automne suivant faillit se terminer en tragédie à cause de la reprise des hostilités, mais quelques navires français en provenance de Québec réussirent à atteindre l'île Royale avant l'hiver et à la ravitailler pour plusieurs mois.

Pour pallier cette constante précarité, Bigot

avait pensé à diverses solutions. En 1739, il s'était d'abord opposé au projet de Hocquart d'établir à Louisbourg un « grenier d'abondance », sorte d'entrepôt permanent, qui servirait les deux colonies ; il y revint, trois ans plus tard, en proposant un magasin pour la farine de la Nouvelle-Angleterre. Le ministre fit la sourde oreille. Il proposa aussi de développer l'agriculture dans les parties de l'île Royale qui pouvaient s'y prêter, ou à l'île Saint-Jean (Île-du-Prince-Édouard) dont les terres lui paraissaient bonnes. Durant son mandat, la cour continua d'envoyer des faux sauniers libérés de prison pour aider au travail de la terre, mais ils nuisaient aux colons plus qu'ils ne les aidaient et l'on mit fin à cette pratique en 1741. On utilisa aussi le rationnement comme mesure destinée à ménager les provisions. De toute façon, s'il ne réussit pas à trouver de solution à long terme, Bigot fit tant et si bien que ses sujets ne souffrirent pas de la faim, même pas pendant le siège de mai-juin 1745.

La direction économique de l'île Royale comportait bien d'autres tâches et Bigot y obtint des succès inégaux. Ses essais pour favoriser l'extraction du charbon se soldèrent par un échec faute de pouvoir trouver en France des acheteurs intéressés. Pour la construction navale, les choses se passèrent différemment ; les succès du début – 15 bateaux sortis des chantiers en 1741 – n'eurent pas de suite ; en 1743 les charpentiers en produisirent seulement quatre tandis que l'on en achetait 17 des Américains. Au ministre qui s'en étonnait, Bigot répliqua que cette pratique avait de nombreux avantages : « Je done tous mes soins pour engager l'habitant à construire, mais je ne peux y réussir par l'avantage qu'ils trouvent à acheter des batiments anglois, ces achats leur procurent la defaitte de leurs guildive et melasse, ainsi si cela fait tort à la construction cela fait un bien de l'autre côté pour le débit des cargaisons qui viennent des Isles. »

Parmi les autres préoccupations de Bigot, les deux principales furent la pêche et le négoce. En effet, le gouvernement français n'avait pas assigné à Louisbourg qu'une vocation militaire ; il voulait qu'elle remplaçât Terre-Neuve comme base de pêche et qu'elle servît d'entrepôt aux marchands français œuvrant dans l'Atlantique Nord [V. Philippe Pastour* de Costebelle]. La situation des pêcheries pouvait paraître excellente en 1739 ; en réalité, elle était loin d'être brillante. Les profits commençaient à diminuer de façon alarmante à cause de la rareté de la main-d'œuvre. Pour de nombreux pêcheurs ou leurs bailleurs de fonds, c'était la ruine à plus ou moins brève échéance. Bigot pensa que le gouvernement devait intervenir pour diminuer d'autorité les salaires des matelots et par là préserver les profits des entrepreneurs ; or, pour ce faire, il fallait de toute nécessité trouver des débouchés. Il en suggéra quelques-uns à son supérieur, mais divers facteurs, dont la course, firent échouer finalement ses beaux projets. La valeur annuelle des produits de la pêche – chair de poisson ou huile – accuse une baisse de plus de 55 p. cent entre 1739 et 1744 ; l'on passe de 3 161 465# à 1 481 480#.

Les statistiques de la balance commerciale sont plus encourageantes, du moins en apparence. Si les données disponibles se révèlent exactes, le commerce aurait connu, de 1739 à 1744, un accroissement notable – près de 50 p. cent – et une balance à peu près toujours favorable. Or, si l'on compare cette courbe à celle des pêcheries, seule ressource de l'île, force est d'admettre que la fonction d'entrepôt et d'intermédiaire de Louisbourg s'accentua durant ces années. Les échanges, qui s'effectuaient dans une quadruple direction, avaient diminué avec le Canada à cause des mauvaises récoltes, avaient stagné avec la France, pour augmenter avec les Antilles et les colonies anglo-américaines [V. Sébastien-François-Ange Le Normant de Mézy]. Le ministre s'inquiéta de l'accroisse ment du commerce étranger, mais Bigot nia vivement cette évidence. On peut en juger par le nombre de navires qui, partis de l'Acadie (anglaise) et de la Nouvelle-Angleterre, accostèrent à Louisbourg : 49 en 1739, 78 en 1743 ; comparativement à 56 et 58 navires français pour les mêmes années. Bigot voulait-il cacher son propre jeu, sa propre participation au négoce de l'île Royale ?

Bigot dut aussi s'intéresser de très près aux affaires militaires. Le destin voulut en effet que les quelque 20 années de son aventure nord-américaine fussent marquées par la guerre perpétuelle et que son nom fût mêlé à deux défaites retentissantes. En effet, dès 1739, année de son arrivée à Louisbourg, la situation était tendue entre Paris et Londres ; l'année suivante, Duquesnel et Duvivier proposèrent même de reprendre Annapolis Royal (Nouvelle-Écosse) et Placentia (Terre-Neuve). Mais rien ne bougea. Bigot se préoccupa de choses bien plus banales en apparence et dont l'importance échappait, semble-t-il, aux administrateurs à Versailles : assurer aux soldats des conditions de vie décentes (bien que le ministre le réprimanda en 1739 pour ne pas avoir supprimé les cantines des officiers), et rafistoler au mieux les murs et les ouvrages de maçonnerie d'une forteresse jamais terminée et plutôt mal entretenue. Si, quand sonna l'heure de la guerre au printemps de 1744, la colonie, relativement mal pourvue, connaissait déboires sur déboires, ce n'est pas dû à l'incurie de Bigot. Il multiplia les appels à Versailles et à Québec et organisa la course dont des marins américains neutralisèrent les effets. Mais il y avait certaines choses sur lesquelles Bigot n'avait point de prise. En mai 1744, Duquesnel nomma Duvivier commandant d'une expédition contre Canseau (Canso, Nouvelle-Écosse) ; le commandant, Patrick Heron*, dut capituler le 24 mai. Dans l'enthousiasme de cette réussite facile, Duquesnel prépara les plans d'une attaque d'Annapolis Royal menée conjointement par des Micmacs de la Nouvelle-Écosse, dirigés par le missionnaire LE LOUTRE, une petite escadre navale et un détachement aux ordres de Duvivier. Cette fois, l'entreprise échoua. Bigot pouvait organiser matériellement une telle opération, mais il ne pouvait modifier l'incompétence des militaires.

Une épreuve plus rude l'attendait à la fin de décembre. Déprimée par la menace d'une attaque anglaise [V. Joannis-Galand d'Olabaratz] et les abus flagrants dont elle était depuis longtemps victime, la garnison de Louisbourg se révolta. Est-ce Bigot qui, par son audace, comme il s'en vanta, réussit à contenir les soldats ? On connaît mal son rôle dans cette affaire. L'amnistie générale que Duchambon, commandant intérimaire depuis la mort de Duquesnel en octobre, avait promise aux mutins eut l'effet désiré. Mais, comme Bigot tenait les cordons de la bourse et qu'il avait la haute main sur les magasins, il dut certainement jouer un rôle important dans le règlement de cette mutinerie.

Bigot souligna à Maurepas le danger que courrait Louisbourg advenant une attaque, possible, des Britanniques. Cette crainte longtemps entretenue se concrétisa quand, en avril 1745, des navires de guerre sous les ordres du commodore Peter Warren* entreprirent le blocus de Louisbourg. Le 11 mai, des troupes formées de miliciens américains et commandées par William Pepperrell* débarquèrent sans rencontrer d'opposition à la pointe Platte (pointe Simon), un mille à l'ouest de Louisbourg. Inférieure en nombre, la garnison tint néanmoins pendant 47 jours ; mais, à la fin de juin, il fallut se rendre à l'évidence, devant les rapports de l'officier d'artillerie Philippe-Joseph d'ALLARD de Sainte-Marie et de l'ingénieur en chef Étienne Verrier*. Militairement parlant, continuer de résister eût été inutile. Le 26 juin, le conseil de guerre, auquel Bigot assistait, décida à l'unanimité de capituler. Bigot avait assuré pendant tout le siège une distribution adéquate et équitable des vivres. Les officiers obtinrent les honneurs de la guerre et Bigot réussissait, au même moment, une opération commerciale avantageuse. Les marchandises du magasin furent en effet vendues aux Britanniques et « converties en lettres de change sur Londres », ce qui lui valut non seulement une substantielle gratification de la part du ministre, mais aussi, probablement, des profits personnels.

Bigot rentra en France sur le *Launceston* et arriva à Belle-Île le 15 juillet 1745. Le ministre écourta ses jours de repos et l'envoya à Rochefort s'occuper des soldats de la garnison, puis aider à l'équipement des vaisseaux en partance pour Québec. S'il avait espéré un poste en France, il dut être déçu. Sa vocation canadienne s'esquissait, l'aventure acadienne n'était pas encore terminée.

Maurepas décida en effet, dès la fin de 1745, de reprendre l'île Royale et chargea le duc d'Anville [La Rochefoucauld*] du commandement de cette expédition. Dès le début de janvier 1746, les préparatifs allaient bon train. Assurer le ravitaillement constituait une lourde tâche car il fallait préparer 1 100 000 rations. Nommé commissaire général à la fin de février seulement, Bigot mena le travail avec diligence. Le 10 avril, tout était prêt, mais cela s'avérait déjà bien tard si l'on voulait réaliser la jonction de toutes les forces françaises dans la baie de Chibouctou (Nouvelle-Écosse), prévue pour le 20 mai. La rencontre des diverses unités dans les ports de la côte ouest de la France eut lieu le 17 mai et on ne put mettre le cap à l'ouest que le 22 juin ; l'on ne parvint sur les côtes acadiennes que le 10 septembre. Par la suite, les malheurs commencèrent ; l'expédition essuya une violente tempête, connut deux changements subits de commandant [V. Constantin-Louis d'Estourmel* ; Jacques-Pierre de Taffanel* de La Jonquière] et la maladie décima l'équipage. Dans ces conditions, il était impossible de tenter quelque action que ce fût. Bigot assista impuissant au désastre de ce qu'il avait préparé avec tant de soin. Il lui fallut rentrer sans trêve de désagréments, puisque le vaisseau sur lequel il naviguait échoua sur un banc de Port-Louis, sur la côte ouest de la France. Il eut la vie sauve, mais perdit une bonne partie de ses hardes.

Par contraste, l'année suivante, 1747, fut l'une des plus tranquilles de la vie active de Bigot. Elle se passa à terminer les écritures relatives à l'expédition de l'année précédente, à clore les comptes de Louisbourg et à se reposer à Bordeaux et à Bagnères (probablement Bagnères-de-Bigorre). Une seule chose le préoccupa : Maurepas lui laissa entendre qu'on le destinait à remplacer Hocquart à Québec. « Le Sieur Bigot fit les derniers efforts pour s'en dispenser », fit-il écrire en 1763 à l'époque de son procès. Pourtant il se résigna. Le 17 juin, il écrivait à Maurepas : « Si vous avés besoin, Monseigneur, de mes services dans cette Colonie, j'y passerois je vous assure avec grand plaisir sur les vaisseaux que vous y enverrés et j'abandonnerois les eaux aussitôt votre ordre reçu, le Service du Roy m'étant plus cher que ma santé. » Bigot s'embarqua sur le *Zéphyr* et arriva à Québec le 26 août 1748. Il ne devait pas retourner en France, sinon pour quelque temps, avant le 21 septembre 1760, à bord d'un navire britannique, le *Fanny*, mis à sa disposition à Montréal par l'article 15 de la capitulation qu'avait signée, le 8 septembre, le gouverneur général Vaudreuil [RIGAUD].

Les responsabilités de Bigot au Canada sont habituellement décrites comme celles du premier fonctionnaire civil de la colonie, mais cette façon de les présenter constitue un anachronisme trompeur car les expressions « fonctionnaire » et « fonction publique » appartiennent au vocabulaire et aux institutions de la Révolution française et n'ont aucun sens sous le règne de Louis XV. Les Français ne connurent pas un ordre civil, au sens britannique du terme, avant la Révolution de 1789, et leurs monarques paternalistes ou absolus ne répartissaient pas les tâches entre les officiers selon qu'ils étaient civils ou militaires. En outre, Bigot ne fut pas l'un de ces intendants de police, justice et finances choisis parmi les maîtres des requêtes et commis à l'administration des provinces : il était l'un de ces officiers de plume, pour utiliser l'expression du XVIIIe siècle, commis à l'administration des ports et des colonies. Ainsi était-il un officier de carrière au sein du ministère de la Marine ; il était rattaché à la partie de ce ministère dont relevaient l'administration des finances, les approvisionnements, l'équipement, les bois de construction, la construction navale, le logement, les hôpitaux, la population en général et toutes choses, à vrai dire, à l'exception des combats eux-mêmes. Ni son expérience à Louisbourg et dans les ports français, ni ses nouvelles responsabilités au Canada ne peuvent être correctement décrites comme relevant de l'administration « civile », si ce n'est dans un sens limité, et parce qu'il partageait l'autorité avec un gouverneur qui était, dans le domaine militaire, le commandant en chef. La tâche de Bigot consistait à régir le commerce, les finances, l'industrie, le ravitaillement en vivres, les prix, la police et autres matières semblables dans l'une des marches de l'Empire français, maintenue aux fins de l'expansion impériale. A l'arrivée de Bigot, un traité de paix venait tout juste de mettre fin à cinq années de guerre ; mais des observateurs éclairés, et Bigot lui-même, savaient qu'il s'agissait de rien de plus qu'une trêve. Son devoir primordial était d'assister le gouverneur dans ses tâches concernant l'expansion de l'Empire.

En 1748, le commandant général Roland-Michel Barrin* de La Galissonière avait déjà élaboré une grandiose stratégie visant à faire du Canada le bastion de l'Empire français d'Amérique en pleine expansion, mais, semble-t-il, Bigot ne remplit pas très bien le rôle qu'il devait y jouer, comme intendant. Cela résulta en partie de l'insuffisance, face à la tâche à accomplir, des fonds alloués annuellement et en partie de la situation militaire et navale, que Bigot connaissait parfaitement bien, et qui le rendit pessimiste et finalement cynique, ce qui n'a rien d'étonnant. Il fit remarquer, après la guerre de Sept Ans, qu'une stratégie agressive eût transformé le Canada en un théâtre de combats ; le pays ne pouvait pas faire face à une telle situation. Pourtant, en 1750, il travailla avec le gouverneur La Jonquière à soulever et armer les Indiens d'Acadie contre Halifax ainsi qu'à promouvoir l'émigration des Français d'Acadie et leur résistance qui allait aboutir à leur expulsion [V. Jean-Louis Le Loutre]. Bigot ne s'opposa pas à la futile expédition de 1753, menée dans l'Ohio par Paul Marin* de La Malgue, mais participa secrètement aux payants préparatifs qui la rendirent si coûteuse. Il exprima ses craintes, alimentées par son pessimisme, à l'assemblée du conseil de guerre convoqué par Vaudreuil immédiatement après la défaite de Montcalm* sur les plaines d'Abraham en 1759, et ainsi ne fut-il d'aucun secours pour empêcher la décision fatale de Jean-Baptiste-Nicolas-Roch de RAMEZAY de rendre Québec. Montcalm le blâma pour les économies et les pénuries qui paralysèrent l'armée, les liant avec la tyrannie et la corruption qu'il avait constatées dans l'intendance de Bigot, mais cette accusation est peut-être excessive. Un intendant et officier de plume comme Bigot, de par la nature même de ses responsabilités, devait vraisemblablement se quereller avec un officier d'épée comme Montcalm ou un gouverneur comme Vaudreuil. On ne peut guère se fier au jugement de Montcalm en cette matière ; ses nombreuses critiques trahissent l'instabilité et l'impétuosité de son propre caractère. Ses opinions tranchées doivent être tempérées par le fait que, dans l'ensemble, le calme et compétent chevalier de LÉVIS entretint d'étroites et amicales relations avec Bigot.

Bigot fit montre de plus de compétence dans l'accomplissement de l'une des tâches traditionnelles de l'intendant, celle d'assurer la fourniture des vivres. Bien que l'attention cupide qu'il portait aux profits personnels entacha son dossier, il put à bon droit affirmer avoir mieux nourri l'armée et la population qu'on aurait pu s'y attendre pendant la famine des hivers de 1751–1752, 1756–1757 et 1757–1758. Les hostilités accrurent le nombre des soldats français (et irlandais) à nourrir et interrompirent les travaux agricoles en tirant les hommes de leurs champs soit pour les fins de la guerre, soit pour celles du commerce de ravitaillement, dont l'ampleur avait atteint des proportions de plus en plus considérables en ces temps de guerre. Les vaisseaux, en plus grand nombre que jamais, circulaient sur le Saint-Laurent, allant en Europe, aux Antilles, à l'île Royale, ou en revenant. Les Canadiens – qui ne furent jamais le peuple de paysans de la légende familière – s'enthousiasmèrent pour les nouvelles occasions d'achats, de ventes, d'accaparement, de profits excessifs, de contrebande et de contrefaçon pendant les années troubles de la guerre et de l'entre-deux-guerres. Bigot tenta de garder les censitaires sur leurs terres en mettant en vigueur les édits de Marly du 6 juillet 1711, qui prévoyaient la rétrocession au domaine du seigneur de toute terre non mise en valeur, mais il n'obtint guère de succès. Les besoins croissants d'un approvisionnement rationnel et contrôlé de vivres apparaissent dans les nombreux règlements de Bigot relatifs à la distribution et au prix des céréales, de la farine et du pain – un effort administratif digne d'éloges et difficile à évaluer, si ce n'est dans le contexte plus large des efforts faits pour nourrir les peuples affamés, toute proportion gardée, de la France des Bourbons, de l'Inde britannique et de quelques pays du Tiers-Monde d'aujourd'hui. L'histoire enseigne que les autorités qui gèrent les approvisionnements de vivres, quels que soient la vigueur et le succès de leurs mesures, sont habituellement perçues comme corrompues, arrogantes et inefficaces. Personne ne sait encore si Bigot affama systématiquement la population canadienne en appliquant les clauses rapaces d'un pacte de famine, comme le pensa Louis Franquet* entre autres, ou si ces accusations doivent maintenant être considérées comme une de ces légendes si communes en France au XVIIIe siècle. Nous savons qu'il nomma le munitionnaire général des armées françaises au Canada, Joseph-Michel CADET, et qu'il l'appuya dans ses efforts remarquables pour faire venir des provisions de France dans les années 1757–1760.

La production de biens autres que la nourriture connut aussi un déclin marqué pendant le mandat de Bigot, et, en ce domaine, on ne connaît pas avec précision les effets des mesures prises lors de son intendance. Bigot fit rapidement des plans pour améliorer la traite des fourrures, de façon à rivaliser avec les trafiquants britanniques, mais il est difficile de connaître ses réalisations à cet égard. La traite des fourrures, sans aucun doute, languissait, tout comme celle du ginseng, à cause de la baisse de la demande sur les marchés d'outre-mer, mais comment Bigot a-t-il influencé les prix et les ventes par le monopole secret qu'il exerçait sur les ventes des fourrures lors des enchères annuelles ? Les forges du Saint-Maurice tombèrent avant l'époque de Bigot, par suite de l'échec financier de leur directeur, François-Étienne Cugnet*, mais Bigot ne fit rien ou bien peu pour les faire revivre. De même ne stimula-t-il point l'industrie embryonnaire de la construction navale, que son prédécesseur, Hocquart, avait tenté de développer, mais qui souffrait encore de la hausse des prix, du manque de matériaux et de main-d'œuvre spécialisée, de même que de la concurrence des navires capturés, en provenance des chantiers de la Nouvelle-Angleterre [V. René-Nicolas LEVASSEUR]. Il semble, par ailleurs, avoir fait quelque chose pour stimuler la culture du chanvre et la fabrication de cordages, qui avaient périclité depuis 1744, peu après le début de la guerre, et encore les marchands exportaient-ils beaucoup de cordages à Québec avant et pendant toute son intendance, par suite de la hausse des prix que Bigot, apparemment, ne pouvait pas maîtriser. Bref, dans la colonie, la guerre diminua la production de la plupart des biens et encouragea leur importation de France, en dépit des droits de douane plus élevés dont, à partir de 1753, furent taxées les importations et les exportations.

Bigot, comme en général les officiers œuvrant sous les Bourbons, réussit mieux dans les domaines des travaux publics et du maintien de l'ordre que dans celui de la gestion économique. Ses réalisations dans ces secteurs grands ou petits n'indiquent pas que l'intelligence ou le sens du travail acharné lui aient fait défaut – quelles qu'aient été ses autres déficiences – et elles sont comparables à celles de nombre d'intendants de France. « Tyrannie », tel est le mot auquel on pense en lisant la liste des ordonnances de Bigot qui règlent dans le détail les mouvements et la conduite du peuple, prévoient de sévères punitions pour les contrevenants et s'en remettent, dans les cas relevant de la justice criminelle, au pilori, à la potence, au billot ou aux brodequins, construits par le charpentier du roi, Jean Turgeon. Mais cette sorte de tyrannie était pratique courante en France, et la plupart des 29 cas où la question fut appliquée à des personnes soupçonnées de crimes, au Canada, sont antérieurs à l'arrivée de Bigot. Il fit montre d'une rare tolérance à l'endroit des marchands huguenots de la colonie et, dans les dépêches de 1749, il prit leur défense contre le zèle outré de Mgr de Pontbriand [Dubreil*], en faisant valoir qu'ils étaient inoffensifs dans le domaine religieux et indispensables au commerce avec la France. De plus, beaucoup d'ordonnances de Bigot laissent voir un effort en quelque sorte paternel pour sauver ce peuple de pionniers turbulents de ses propres folies et de son manque de sens civique. Plus encore que les précédents intendants, il tenta d'empêcher les gens de tirer du fusil dans les villes, de se battre sur les perrons des églises, de jeter des ordures dans les rues et les ports, et de laisser leurs bestiaux errer en liberté dans les rues. Il fit paver et entretenir les rues de Québec avec le produit d'une taxe de 30# ou 40# par année, prélevée sur les cabaretiers, et tenta de réglementer la circulation. En fait, il poussa si loin son zèle autoritaire que Rouillé, entre autres ministres, l'avertit de laisser, dans le domaine de la police, plus de part aux cours de justice. Mais il n'était pas dans la nature de Bigot d'agir ainsi, car il était, après tout, un officier supérieur du ministère de la Marine du XVIIIe siècle et entreprenait de gérer la colonie comme il aurait pu gérer les installations maritimes de Brest ou de Rochefort, où il aurait préféré travailler.

Bigot ne voulait pas vivre au Canada, comme du reste bien peu de Français le désiraient alors. Sans cesse il posait sa candidature à des postes en France. Être en poste à Québec représentait une sorte d'exil, comme au reste toute affectation dans un autre bastion éloigné de l'Empire, et il dut s'en accommoder pendant 12 ans, exception faite d'une visite de huit mois au vieux pays, d'octobre 1754 à mai 1755. Cet exil, ses pressentiments d'un désastre impérial et sa propension – naturelle à un officier supérieur du XVIIIe siècle – à la rapine semblent l'avoir démoralisé, et peut-être faut-il s'étonner qu'il ait aussi bien travaillé qu'il l'a fait. Mais son œuvre en tant qu'intendant n'a pas encore été jugée équitablement ou même décrite avec précision, et il en sera ainsi aussi longtemps qu'on ne la distinguera pas des témoignages accumulés lors de l'Affaire du Canada.

Une version des 12 années de séjour de Bigot au Canada, en tant que dernier intendant de la colonie, fut donnée par la juridiction criminelle du Châtelet, à Paris, dans un long jugement que ce tribunal publia sur lui et sur d'autres fonctionnaires canadiens, le 10 décembre 1763, année même de la signature du traité de Paris. On condamna alors Bigot, qui avait déjà passé deux ans à la Bastille, au bannissement à vie de son pays. Cette fin disgracieuse et la version de sa carrière donnée par la cour ont encore augmenté la difficulté de se former une juste opinion sur le rôle de Bigot comme intendant, non point qu'il fût innocent des accusations portées contre lui, mais parce que l'administration des Bourbons était en général fondée sur cette sorte de vénalité, de favoritisme et de corruption dont il était accusé, que la procédure judiciaire, sous les Bourbons, était notoirement peu équitable envers les accusés, et que le gouvernement avait besoin de boucs émissaires pour la perte du Canada et d'excuses pour son défaut d'honorer ses dettes – façon d'alléger la situation financière périlleuse dans laquelle il se trouvait. Nous voyons que durant et après la guerre le ministre de la Marine écrivait à d'autres intendants tout comme s'ils étaient corrompus : Vincent de Rochemore en Louisiane et Pierre-Paul Le Mercier de La Rivière de Saint-Médard en Martinique, par exemple. « Ou vous travaillez pour votre compte ou pour celuy du Roi. Que préférez-vous que l'on pense ? » écrivait-il à Le Mercier le 13 octobre 1761. Accusé d'avoir abusé grossièrement de son poste à des fins personnelles, en ayant formé une compagnie de traite avec des marchands anglais, cet intendant en disgrâce fut rappelé le 30 mars 1764. Quelques années plus tard, pendant la guerre d'Indépendance américaine, les affaires coloniales françaises furent conduites au milieu d'une confusion et d'une corruption semblables. Une certaine connaissance de ce contexte contribue à placer la carrière de Bigot dans ses vraies perspectives.

Les accusations de fraudes portées contre Bigot n'étaient pas fondées uniquement sur les contrefaçons ou sur un emploi abusif et clandestin des fonds publics ; il s'agissait plutôt, et sur une grande échelle, d'un système d'entreprises privées qui fonctionnait avec la collaboration d'autres administrateurs coloniaux et d'un bon nombre d'officiers et de marchands, en vertu d'ententes personnelles ou même dans le cadre de compagnies officiellement constituées. Cette sorte de corruption n'était qu'une facette des mœurs politiques de la France des Bourbons. Ce mode de vie, encouragé inévitablement par les gouvernements autoritaires, resta inchangé jusqu'après la Révolution, quand une série de parlements élus réussirent à imposer graduellement aux officiers de nouvelles normes d'honnêteté et de nouvelles méthodes de contrôle, capables de les faire respecter. Jusque-là, le gouvernement français avait eu une double norme : il blâmait ses serviteurs mal rémunérés pour ce qu'un officier de marine appelait « le Dragon insatiable de l'avarice » et cette avarice ne pouvait pas, en général, être extirpée d'un système basé sur la vénalité et le favoritisme. De plus, le système de corruption de Bigot était purement inhérent à une cour vice-royale, comme celle qu'il établit à Québec, modelée essentiellement sur la cour royale de Versailles : vie sociale somptueuse, avec ses joyeuses réceptions, ses bals et ses fastueux dîners au milieu d'une population affreusement pauvre ; maîtresses, habituellement les femmes d'ambitieux officiers – Michel-Jean-Hugues PÉAN, aide-major de Québec, par exemple – contents des faveurs continuelles qu'ils obtenaient en retour et flattés de se retrouver en si distinguée compagnie ; promotions, emplois, contrats et occasions de faire des affaires à l'intérieur de ces cercles joyeux ; réseau compliqué de loyautés et de jalousies parmi les quelques favoris, et d'amertumes parmi les exclus et les oubliés. Contrairement à Louis XV, cependant, un officier comme Bigot pouvait tomber, victime de renversements soudains de fortune et de faveur.

La principale différence entre Bigot et les intendants qui le précédèrent réside dans le fait que les occasions de s'enrichir se présentèrent beaucoup plus souvent à lui, à une époque où l'on dépensait plus d'argent que jamais auparavant au Canada. Sa carrière, jusque-là, l'avait préparé à saisir toute occasion qu'il pouvait exploiter sans danger, de la même façon exactement que le firent d'autres officiers du ministère de la Marine et officiers militaires à cette époque, et particulièrement dans les colonies. Sa malchance fut d'administrer une colonie perdue à l'ennemi après un conflit coûteux, marqué par la hausse constante des prix. Sans doute Bigot a-t-il mérité son sort, mais il faudra pousser davantage les recherches pour déterminer s'il fut un intendant particulièrement corrompu ou, simplement, ce type d'intendant évoluant au sein d'un système corrompu.

Avant même de quitter la France, Bigot s'était entendu avec une firme d'expéditeurs juifs de Bordeaux, David Gradis et Fils, pour former une compagnie en vue de faire du commerce à Québec. Ils signèrent un contrat, daté du 10 juillet 1748, selon lequel Gradis devait fournir les capitaux nécessaires à l'envoi d'un navire d'environ 300 tonneaux chargé de vin et d'eau-de-vie, entre autres marchandises, et participer à demi aux profits ou aux pertes de la société. Bigot détenait une part de 50 p. cent dans cette société, mais céda bientôt 20 p. cent au contrôleur de la Marine à Québec, Jacques-Michel BRÉARD. Cette entente devait durer six ans, à compter de la date du départ du premier navire de Bordeaux, mais elle fut renouvelée en 1755 et annulée seulement le 16 février 1756. Le premier navire, la *Renommée*, mit à la voile au début de 1749, sous le commandement du capitaine Jean Harismendy, avec une cargaison évaluée à 106 000# ; il transportait aussi les effets personnels de Bigot, de Bréard et du nouveau gouverneur, La Jonquière. Chaque année, par la suite, Gradis envoya au moins un navire, et ordinairement plus, chargé de marchandises appartenant à la société, bien que tous les navires de Gradis ne prissent pas la mer pour cette société. Il assurait aussi pour le compte du roi le transport de cargaisons de nourriture et d'équipements, de même que de passagers ; pendant les années de guerre, il faisait aussi des livraisons destinées au munitionnaire général Cadet. Bigot et Bréard écoulaient à Québec les cargaisons de la société, ordinairement en les achetant au nom du roi à des prix établis par le contrôleur Bréard ; ils envoyaient ensuite le navire aux Antilles ou le chargeaient d'une cargaison destinée à la France. De plus, Bigot veilla à ce que les droits de 3 p. cent imposés depuis 1748 sur des marchandises importées ou exportées ne fussent pas réclamés dans le cas des chargements de la société.

La septième clause de l'entente signée avec Gradis prévoyait, pour les associés du Canada, la possibilité d'armer des navires pour le commerce des Antilles ou de tout autre marché des Amériques, pourvu que Gradis reçoive des comptes exacts de ces entreprises. Il n'est pas sûr que Gradis ait effectivement été tenu au courant, mais Bigot et Bréard acquirent bientôt des intérêts dans une flotte considérable, peut-être de 15 goélettes, senaux et autres petits navires qui firent la navette entre Québec, Louisbourg et les Antilles. Au nombre de ces navires il y avait l'*Angélique*, sans doute baptisée du prénom de la maîtresse de Bigot, Mme Péan [Angélique RENAUD d'Avène Des Méloizes], le *Saint Victor*, ainsi nommé en l'honneur de Jean-Victor VARIN de La Marre, commissaire en poste à Montréal, le *Saint-Maudet*, du nom du poste de pêche de Saint-Modet, situé sur la côte du Labrador et propriété de Bréard, l'*Étoile du Nord*, le *Jaloux*, l'*Aimable Rose*, la *Finette*, la *Trompeuse*, le *Commode*, les *Deux Sœurs* et le *Saint François*. Quelques-uns d'entre eux avaient été construits à Québec sous la direction générale de Bréard, retardant la construction d'autres navires, dont certains destinés à la couronne. Les pertes occasionnées par la guerre eurent tendance à décourager les expéditions transatlantiques, mais les profits augmentèrent à proportion des risques. En 1759, Gradis acheta le *Colibry* (140 tonneaux) par l'intermédiaire de Verduc, Vincent et Cie, de Cadix, et le chargea de vins et de liqueurs espagnols, à un coût qui atteignit 114 524#, la part de Gradis étant de 50 p. cent ; il persuada Péan d'acquérir les deux tiers de cette part. Péan vendit à Bigot la moitié de sa part (soit un tiers des 50 p. cent de Gradis). Le *Colibry* atteignit Québec avec une prise valant 140 000# et les associés réalisèrent de jolis profits.

En 1755 et 1756, Bigot eut une quelconque entente commerciale avec le receveur général des finances à La Rochelle, Gratien Drouilhet. A la mort de ce dernier, le 30 janvier 1756, son procureur reconnut une dette de 554 546# « en argent et effets » envers Bigot. Peut-être cet argent représentait-il simplement un prêt, mais plus probablement s'agissait-il des placements et des profits provenant d'une association commerciale sous le couvert de la compagnie formée par Drouilhet avec Péan, Louis PENNISSEAUT et Pierre Claverie*, l'un de ces derniers servant probablement de prête-nom à Bigot.

Dans la colonie même, Bigot, en qualité d'intendant, accorda en 1749 la ferme du poste de traite de Tadoussac à Marie-Anne BARBEL, veuve de Louis Fornel*, plutôt qu'à François-Étienne Cugnet, ancien détenteur de ce bail, qui en espérait le renouvellement ; Bigot se réserva ainsi une participation personnelle aux profits. Il laissa aussi les deux importantes concessions de La Baie et de la Mer de l'Ouest, qui comprenaient plusieurs forts, aux mains d'amis tels que Péan et Jacques Le Gardeur* de Saint-Pierre. En 1752, et au cours des années suivantes, Bigot forma une compagnie secrète pour l'achat des fourrures, provenant des forts Niagara (près de Youngstown, New York), Frontenac (Kingston, Ontario) et Rouillé (Toronto), qui devaient être mises à l'encan et cédées aux plus hauts enchérisseurs à Québec. Il détenait 50 p. cent des actions dans cette compagnie, Bréard, 25 p. cent, Guillaume ESTÈBE et un autre associé, 12,5 p. cent chacun. Ils envoyaient les fourrures à Denis GOGUET, important marchand de La Rochelle, qui les vendait en France.

Avant l'arrivée de Bigot dans la colonie, le contrat de fourniture de farine au gouvernement avait été accordé à Marie-Anne Guérin, veuve de l'ancien détenteur de ce contrat, Nicolas Jacquin*, dit Philibert. En 1750, Bigot accorda ce contrat à Louise Pécaudy de Contrecœur, épouse de François Daine*, un des subdélégués de l'intendant, qui y fit participer son neveu, Péan, aide-major de Québec depuis 1745. Pendant les quelques années suivantes, un groupe dont faisaient partie Garaud, Jean-Pierre La Barthe, Claverie, Jean Corpron* et Bigot approvisionnèrent en farine l'armée et les postes du gouvernement, soit en important ces approvisionnements, soit en les achetant des habitants canadiens. En rapport avec ce commerce, Bigot, en 1752, demanda à Rouillé, le ministre de la Marine, d'envoyer 70 quarts de farine sur le *Saint-Maudet* et 45 quarts sur l'*Étoile du Nord*, deux navires dont il était copropriétaire avec Bréard et Péan.

Varin accusa plus tard Bigot de détenir une part de 25 p. cent dans une compagnie importatrice de biens de consommation, dont lui-même et Jacques-Joseph LEMOINE Despins faisaient partie ; ces biens étaient achetés à Montréal, au nom de la couronne, à des prix de détail gonflés, alors qu'ils auraient dû être achetés à des prix de gros à Québec. Il prétendit de plus que, pendant la guerre de Sept Ans, le transport des vivres et des munitions vers les postes éloignés était géré par une autre compagnie, à laquelle Bigot appartenait, en société avec Péan, Bréard, Varin lui-même et deux commis. En 1756, Bigot, Péan et Varin formèrent une compagnie pour acheter une boutique, à Québec, des marchands-importateurs Jean-André LAMALETIE et Estèbe. L'agent des trésoriers généraux de la Marine, Jacques Imbert*, fut engagé pour modifier les livres, de façon que les profits élevés parussent moins grands. Bigot, presque certainement, possédait aussi des intérêts dans la compagnie formée sous le nom de Cadet et connue comme la Grande Société, qui fournit les vivres à l'armée, aux garnisons et au gouvernement en général à partir du 1er janvier 1757 ; cette compagnie, une affaire lucrative sans contrôle ni entrave, paraît avoir réalisé de grands profits, de diverses manières.

Alors que Bigot et des douzaines de serviteurs de l'État et d'officiers militaires du Canada faisaient fortune, la population canadienne souffrait des prix gonflés, du manque de nourriture et, à l'occasion, de cruelles famines. Une crise économique sérieuse se produisit ; les prix en 1759 étaient peut-être huit fois plus élevés qu'avant la guerre et, la même année, le coût des biens au Canada était, selon certaines évaluations, environ sept fois plus élevé qu'en France. La rapacité de Bigot contribua certainement à cette déplorable situation, mais plusieurs autres facteurs purent y contribuer autant et même davantage. Premièrement, il est évident pour un observateur du XXe siècle – ce l'était déjà pour certains observateurs du XVIIIe, et pour Bigot lui-même – que les coûts montèrent au Canada à cause de l'inflation due en partie aux achats faits pour les troupes envoyées en 1755 sous les ordres de Jean-Armand Dieskau*. Il y avait eu des signes d'inflation à la fin de la précédente guerre, en 1748, et la couronne dépensa encore plus d'argent pendant la guerre de Sept Ans. Deuxièmement, les coûts de transport en période de guerre et les pertes sur mer, qui expliquent la rareté des biens au Canada et leurs hauts prix, alimentèrent l'inflation. La flotte et les corsaires britanniques patrouillaient les mers jusqu'à l'entrée même des ports français, et, bien que beaucoup de navires français réussirent à atteindre Québec, les assurances maritimes, les coûts du transport et les salaires étaient très élevés [V. Joseph-Michel Cadet]. Ces coûts se répercutaient inévitablement sur le prix des marchandises importées.

Troisièmement, les papiers du Canada – monnaie de cartes, ordonnances, billets de caisse et lettres de change, tirés annuellement sur les trésoriers généraux de France par leur agent de Québec, Imbert – se dépréciérent au cours des années 1750.

Le gouvernement français lui-même porta, pour une bonne part, la responsabilité de cette dépréciation en adoptant des mesures propres à ébranler la confiance dans le crédit des trésoriers généraux et de la couronne elle-même. Dès le 15 juin 1752, Rouillé écrivait à Bigot que l'encaissement des trois quarts des lettres de change dressées au Canada chaque automne devrait être différé de deux ou trois ans « affin que [...] la caisse des colonies puisse se rétablir peu à peu de l'estat d'épuisement où elle se trouv[ait] ». On marqua en conséquence ces effets de commerce pour indiquer les trois dates d'échéance de leur encaissement. Dans les cercles d'affaires, la valeur de ceux qui devaient être encaissés après deux ans subit vite une baisse d'au moins 12 p. cent ; quant à la valeur de ceux qui n'étaient encaissables qu'après trois ans, elle tomba d'au moins 18 p. cent. En dépit de l'établissement de ces délais, les deux trésoriers généraux des colonies eurent beaucoup de difficulté à encaisser les lettres de change canadiennes, à cause de l'énorme dette qu'ils supportaient et des difficultés financières générales de la couronne.

En définitive, la valeur du papier du Canada dépendait de la solvabilité du gouvernement français, mais ce dernier éprouva de sérieux embarras financiers pendant la guerre de Sept Ans. De plus en plus obligé de payer en argent comptant des dépenses occasionnées par la guerre continentale contre Frédéric II de Prusse et par la guerre navale contre la Grande-Bretagne, le gouvernement recourut à des projets financiers désespérés. Les contrôleurs généraux des finances firent appel à chacune des sources possibles d'aide financière et retardèrent aussi les paiements. Par exemple, le paiement d'une indemnité de 20 000# due à un négociant de Québec, Jean Taché*, avec qui Bigot avait signé une entente le 20 avril 1751 pour l'utilisation d'un brigantin, la *Trinité*, qui fit naufrage peu après en entrant dans le port de Louisbourg, ne fut pas autorisé à Paris avant la fin de 1757. De même, Abraham Gradis, l'ancien associé de Bigot, passa à Paris le printemps et l'été de 1759 à essayer d'amener le gouvernement à lui payer quelques centaines de mille livres et parlait d'un désastre imminent s'il n'était pas remboursé. Certaines personnes, au ministère de la Marine et des Colonies, comme Sébastien-François-Ange Le Normant de Mézy en 1758 et Émilion Petit en 1761, purent voir comment les marchands, les marins et les travailleurs portuaires impayés discréditaient le gouvernement royal. « Ceux qui contractent de bonne foy des marchés avec le Roy, écrivit Petit, en sont la dupe par le peu de bonne foy et d'exactitude tant dans les payements que dans les recettes. » Un mémoire de 1758 avait déjà attribué la hausse des prix au Canada en partie au « retardement dans le paiement des lettres de change sur [la] France ». Les marchands et d'autres, qui étaient naturellement inquiets – et l'avenir allait leur donner raison – au sujet du système de crédit fondé sur le papier, base de tout le commerce canadien, faisaient payer de plus en plus cher leurs biens et leurs services.

L'inflation accrut d'une façon dramatique les dépenses gouvernementales au Canada, et cet accroissement à son tour augmenta les difficultés financières. En 1750, la colonie coûtait à la couronne un peu plus de 2 000 000# ; en 1754, ce coût avait plus que doublé et, dans une lettre du 15 avril 1759, l'intendant calculait que les lettres de change pour cette année-là s'élèveraient à plus de 30 000 000#. Si l'on considère que le ministère avait réprimandé Bigot dès 1750 au sujet des sommes relativement peu élevées qu'il dépensait en sus des « états du Roi », on peut imaginer pourquoi les demandes énormes des années de guerre subséquentes poussèrent le ministère à faire enquête et à poursuivre en justice l'intendant, tenu responsable de ces hausses. Une affaire de gros sous plutôt que des histoires de corruption amena les autorités à décharger leur colère sur la tête de Bigot, parce que le gouvernement était au bord de la banqueroute.

Les historiens, ignorant la crise financière de la couronne et la corruption qui était la norme dans le gouvernement sous les Bourbons, virent facilement dans l'arrestation de Bigot, en novembre 1761, le résultat tout naturel des dénonciations dont il avait été l'objet auprès du gouvernement. Cependant, quiconque assume qu'il en fut ainsi omet de tenir compte de la chronologie et des circonstances de l'arrestation, et du long laps de temps – au moins une décennie – écoulé entre les premières dénonciations et l'arrestation. Divers rapports sur le commerce et la corruption pratiqués par Bigot commencèrent à parvenir à Versailles peu après son arrivée au Canada en 1748 ; ces rapports furent pris au sérieux, comme le montrent les lettres du ministre tout au long des années 1750. Bigot fut dénoncé par l'ingénieur Louis Franquet en 1753, par le commissaire des guerres André Doreil* au milieu des années 1750, par Montcalm peu après l'arrivée de celui-ci en 1756, par le commissaire de Montréal, Varin de La Marre, en 1757, par Louis-Antoine de Bougainville* en 1758, par le commissaire Charles-François PICHOT de Querdisien Trémais en 1759, et par plusieurs marchands et autres personnages tout au long de son mandat au Canada. Une rumeur confuse de propos plus ou moins diffamatoires entoure quiconque est en autorité dans presque toutes les sociétés, et les ministres d'État qui ont quelque expérience savent à quoi s'en tenir à cet égard. Dans la France des Bourbons, comme Guy Frégault en fait si justement la remarque, « la Cour, fidèle à une méthode presque aussi vieille que la colonie, encourageait le mouchardage ». Cancans, rumeurs, dénonciations secrètes et anonymes étaient régulièrement admis en preuves dans les cours de justice, et cet usage était conforme au système moral dominant, qu'enseignaient les jésuites, par exemple, dans leurs collèges. Le ministre de la Marine eût-il voulu livrer Bigot aux juges pour corruption, il y aurait eu pléthore de témoignages contre lui à n'importe quel moment de sa carrière à Louisbourg et au Canada, mais, s'il eût suffi d'allégations de corruption pour traîner un officier devant les tribunaux, la plupart des serviteurs de l'État auraient été, la plus grande partie de leur temps, l'objet de procès. Il semble, à la vérité, que l'honnêteté ou la malhonnêteté avait moins de poids dans la carrière d'un homme que sa loyauté, la protection dont il jouissait, la réputation de sa famille, les accidents de parcours et les hauts et bas des factions adverses qui étendaient leurs ramifications au sein de la hiérarchie sociale ou politique.

Le sort de Bigot, comme celui de tout officier, reposait sur l'estime des protecteurs et des supérieurs entraînés dans les luttes entre les factions. Quand la guerre de Sept Ans commença de mal tourner pour la France, en 1757, la faction dominante du duc de Choiseul se mit à faire des changements et à chercher des boucs émissaires. « Trop foible pour attacquer les abus dans leur source et punir les grands coupables », écrivait peu après, dans son *Journal historique*, Moufle d'Angerville, « il chercha des victimes qui n'eussent pas des entours trop puissants et cependant susceptible de faire sensation par leur place, par leur nombre et par la nature de leurs forfaits. Monsieur Berryer [ministre de la Marine et des colonies dans un gouvernement dominé par Choiseul] [...] trouva toutes les conditions requises dans les chefs et administrateurs du Canada. » Il était facile pour le gouvernement – et c'était inévitable qu'il y cédât – de faire un lien entre la corruption évidente de Bigot et l'inflation au Canada, et, en les présentant simplement, l'une comme cause, l'autre comme effet, d'inventer une excuse plausible pour la suspension des paiements des lettres de change canadiennes. C'eût été faire preuve de peu de sagesse et politiquement il eût été dommageable, toutefois, de suspendre les paiements, alors que la colonie était engagée dans une bataille pour sa survie contre l'ennemi qui l'assiégeait ; la défaite des plaines d'Abraham se révéla, financièrement, avantageuse pour le gouvernement royal. Le 15 octobre 1759, après que la première nouvelle de la défaite du 13 septembre eut atteint la France, le gouvernement se sentit assez fort politiquement pour suspendre le paiement des lettres de change de la colonie, comme il en donna l'ordre dans un arrêt officiel. Compte tenu de la défaite, il semblait, à la vérité, nécessaire de suspendre des paiements qui auraient profiter tout autant à l'ennemi qu'aux fonctionnaires corrompus. Ainsi la couronne put-elle dissimuler sa banqueroute inévitable en faisant valoir la nécessité, politique et morale à la fois, de suspendre les paiements. Dans la même ligne de pensée, on fit bientôt de Bigot et des autres officiers du Canada des boucs émissaires pour les désastres tant militaires et maritimes que financiers.

L'Affaire du Canada, l'une des plus fameuses du siècle, connut, par conséquent, des aspects divers. Elle commença, dans la mesure où le grand public était concerné, avec l'arrestation et l'emprisonnement des officiers canadiens, dont Bigot, emprisonné le 17 novembre 1761, et beaucoup de ses anciens associés, en particulier Cadet et Péan. L'affaire se poursuivit avec le procès de ces personnages, conduit par une commission du Châtelet qui ne comptait pas moins de 27 magistrats sous la présidence du lieutenant général de police, Antoine de Sartine. Elle se termina par le jugement du 10 décembre 1763, une dissertation de 78 pages sur le scandale, d'un style vivant, imprimé et distribué à des centaines d'exemplaires, qui annonçait le bannissement à perpétuité de Bigot, la confiscation de tous ses biens et l'imposition de lourdes amendes aux condamnés. Vu la perfidie de ces officiers qui paraissaient avoir pillé une colonie et l'avoir perdue aux mains des ennemis, le public, qui suivait l'affaire, dut en général être satisfait de la recommandation de la poursuite, faite le 22 août 1763, de les livrer à la torture et à la mort. Un commis dans un des bureaux des trésoriers généraux de la Marine écrivait à un ami, le 22 octobre 1763 : « Messieurs du Canada ne sont pas encore jugés, c'est dit-on pour la fin de ce mois ; il est vrai qu'il y a quinze jours que l'on les avait jugés dans le public, Monsieur Bigot la tête tranchée, et Pean et Cadet pendus. » Entre-temps, dans les coulisses, la cause était préparée pour la couronne, sous la direction d'un conseiller au Châtelet, Étienne-

Claude Dupont, qui consultait régulièrement le ministre Berryer et Choiseul. Ils cherchèrent des preuves et des témoins dans tous les recoins du royaume, alors que le seul recours de Bigot était un avocat qui rédigea un factum, *Mémoire pour Messire François Bigot, ci-devant intendant* [...], d'après les souvenirs du prisonnier, qui ne possédait pas de documents. Le gouvernement appauvri accorda un soin particulier à l'aspect financier de la poursuite, de façon à recouvrer tous les fonds possibles et à annuler les dettes de l'État.

Comme tous les officiers en poste au Canada qui réalisèrent de gros profits dans des entreprises privées, Bigot avait envoyé ses économies en France, de façon à pouvoir en profiter à son retour. Il avait projeté de vivre en gentilhomme dans une propriété de campagne et dans une agréable province française, entouré de sa famille, de ses amis, de ses serviteurs. Réagissant en homme d'affaires du XVIIIe siècle, il avait partagé sa fortune entre plusieurs amis et agents, et diversifié ses placements. Une liste complète de ses biens, comme celle dressée par les agences gouvernementales, serait longue et ennuyeuse, mais la couronne lui ordonna de payer au total environ 1 500 000# à titre de « restitution ». Par l'intermédiaire d'un ami, Bernis, et par contrat notarié daté de Paris le 24 août 1758, Bigot avait acheté un domaine près de Versailles, le château et fief de Vaugien, d'un receveur général des finances, Jacques-David Ollivier, pour la somme de 760 000#. On découvrit qu'Abraham Gradis, à Bordeaux, détenait 323 286# appartenant à Bigot, et Denis Goguet, de La Rochelle, qui lui-même s'était précédemment enrichi au Canada et qui continuait à faire le commerce des fourrures canadiennes, reçut l'ordre, le 31 juillet 1764, de payer 279 400# en valeurs appartenant à Bigot et dont il était dépositaire. Une somme considérable, plusieurs centaines de mille livres probablement, était diversement placée dans les fermes générales du roi et des provinces, et dans des rentes annuelles et des hypothèques, par l'entremise d'un notaire de Paris, Charlier, non point au nom de Bigot, mais à celui d'un prête-nom, Nicolas-Félix Vaudive, avocat au parlement, greffier des audiences du Grand Conseil et fils d'un marchand bijoutier de Paris. Cette somme comprenait un prêt de 50 000# à un marchand expéditeur de Bordeaux, Jean-Patrice Dupuy, qui avait fait du commerce au Canada. Une autre somme considérable avait été consacrée à l'achat de 60 actions dans la firme de banquiers parisiens Banquet et Mallet. Bigot avait aussi acheté un office de secrétaire du roi en 1754 et des objets personnels en grand nombre, en particulier un service magnifique et peu commun d'argenterie. Quand la couronne en vint à ouvrir quelques grandes caisses gardées pour Bigot par Denis Goguet, à La Rochelle, on y trouva en quantité du vin, des conserves et des confitures, alors complètement gâtés.

Plusieurs agences se virent confier le recouvrement des biens de Bigot et de tout autre bien dû à la couronne à la suite de l'Affaire du Canada. Du 4 mai 1761 à 1774, le poste périmé de contrôleur des bons d'État fut rétabli pour Pierre-François Boucher, chargé de rendre compte de tous les biens dus à la couronne. Aussi, dès que la cour eut prononcé son jugement final sur les prisonniers, la couronne prit-elle grand soin d'émettre un règlement, le 31 décembre 1763, pour transférer les réclamations privées relatives aux biens confisqués à la commission Fontanieu, qui s'était occupée du règlement des dettes du ministère de la Marine en général depuis sa mise sur pied le 15 octobre 1758 et qui avait fait la preuve de sa volonté de réduire autant qu'elle le pouvait les obligations de la couronne [V. Alexandre-Robert HILLAIRE de La Rochette]. Parmi des centaines de réclamations, la commission accorda à Gradis 354 602# à même les biens de Bigot, par jugement du 1er mars 1768, et elle régla les réclamations des serviteurs de Bigot : son secrétaire, Joseph BRASSARD Deschenaux, son maître d'hôtel, Nicolas Martin, et son valet de chambre, Jean Hiriart, qui l'avait servi du mois de mars 1752 au 1er octobre 1760, au salaire annuel de 300#, et par la suite (alors qu'il vivait avec Bigot à la Bastille) à celui de 400# par année, plus 30 « sous » par jour pour sa nourriture, jusqu'à la fin de 1763. Le rapport final de la commission ne fut soumis que le 7 mai 1772. Entre-temps, divers notaires et les trésoriers royaux furent employés comme séquestres pour les fonds recueillis, et le Châtelet approcha, pour en tirer des renseignements sur ses affaires, les propres notaires de Bigot, qui violèrent le secret professionnel. De telles méthodes et de semblables agences firent perdre à Bigot virtuellement tous ses biens, et la dette de la couronne à son endroit, en lettres de change non honorées, fut annulée.

En même temps, le scandale public de la corruption de Bigot donna un facile prétexte à la couronne pour traiter la plus grande partie des effets négociables en provenance du Canada comme entachés de corruption et pour en réduire, par conséquent, la valeur. Sans compter que la suspension de ces effets de commerce, les délais et la nécessité pour les détenteurs de demander au gouvernement de les honorer sauvèrent à la couronne plus de 18 000 000# en papier du Canada, dont le remboursement ne fut jamais réclamé. En 1764, on constata qu'il y avait de ces effets négociables pour une valeur nominale de plus de 83 000 000# : 49 000 000# en lettres de change, 25 000 000# en billets de monnaie, et près de 9 000 000# en titres de créance émis au Canada et jamais convertis en lettres de change. Finalement, le total atteignait près de 90 000 000# dont la couronne ne reconnut que 37 607 000#, mais elle ne put même pas payer cette dernière somme et la convertit en bons portant intérêt à 4 p. cent par année, un taux auquel le gouvernement français lui-même ne pouvait pas emprunter sur le marché financier. Bigot a pu coûter quelque chose au gouvernement pendant la guerre de Sept Ans, mais cette somme prit en grande partie la forme de créances dont la valeur, réduite par la suite de plus de la moitié, ne fit qu'ajouter à une dette à long terme, – la dette qui allait mener la couronne au bord de la révolution.

Pour sa part l'ancien intendant était parti pour la Suisse, peu après la sentence du 10 décembre 1763. Il choisit de s'appeler François Bar (ou de Barre ou Desbarres) ; c'était le nom de son beau-frère, le sieur de Barre (ou Bar). Il passa d'abord quelque temps à Fribourg, puis opta pour Neuchâtel. Le 18 mars 1765, il y obtenait autorisation de séjour. Dès le lendemain, il acquit, au compte de 10 000 livres tournois, une maison sise au faubourg du Vieux Châtel, paroisse Saint-Ulrich. Il y vivait dans l'aisance, si l'on en croit le comte de Diesbach qui le visita en 1768 : « Je le trouvai fort bien logé dans une maison qu'il a achetée et réparée. » Il semble s'être bien intégré à la société neuchâteloise ; Diesbach raconte avoir fait sa connaissance « à l'assemblée » – sans doute une réception officielle de la ville – et par ailleurs ne lègue-t-il pas dans son testament 150# « aux doyens des pasteurs des Eglises de Neuchatel pour être distribuées aux plus pauvres de la Ville ».

Bigot n'était donc pas sans le sou. Certes ses cousins lui fournirent quelques secours, mais c'est probablement l'étroite relation qui le liait à la famille Gradis qui lui valut de vivre un exil relativement agréable. N'empêche que l'infamie attachée à sa personne depuis la condamnation de 1763 lui pesait fort lourd. Il ne s'y résigna jamais. En 1771, il obtenait la permission de passer quelques semaines dans son pays en invoquant des ennuis de santé que seules les eaux de Bagnères pouvaient faire disparaître. Ces ennuis étaient bien réels si l'on en croit Péan qui alla à sa rencontre à Dijon : « Je lay trouvé dans une faiblesse si grande quil nauroit pu Suporter Les voitures publiques, je lay pris dans la mienne ou il ma fait craindre plusieurs fois de rester en Route [...] cet honeste homme est bien a plaindre. » Bigot demeura quelques jours dans le domaine des Péan dont la fidélité ne semble pas avoir défailli malgré les années. Il en profita sans doute pour intéresser à sa cause l'évêque de Blois qui, l'année suivante, intervint auprès du ministre de la Marine, Bourgeois de Boynes. Il expédiait lui-même un « Mémoire justificatif » en 1773, puis, en 1775, un projet de lettres de réhabilitation. Mais trop de magistrats, qui avaient participé à ce procès, se souvenaient en grand détail du personnage et de son dossier.

François Bigot s'éteignit le 12 janvier 1778 à Neuchâtel, et il fut enterré dans la petite église catholique Saint-Martin-L'Évêque de Cressier, près de Neuchâtel, comme il l'avait demandé dans son testament : « Je désire que mon corps soit inhumé dans le cimetière de Cressier sans nul appareil, comme le seroit le plus pauvre de la paroisse. »

J. F. BOSHER et J.-C. DUBÉ

Les sources suivantes ont fourni les indications nécessaires concernant la famille de Bigot : les minutes des notaires de Tours (AD, Indre-et-Loire), les registres paroissiaux de Tours (Archives municipales), les minutes des notaires de Paris (AN, Minutier central), les séries généalogiques de la BN, les minutes des notaires et les registres paroissiaux de Bordeaux (AD, Gironde). (Il faut signaler ici que nous devons beaucoup à un chercheur bordelais, M. Pierre Julien-Laferrière, qui s'est penché longuement sur les traces de la famille Bigot.) Nous n'avons rien trouvé d'autre sur les débuts de la vie de François Bigot que son acte de naissance ; pour la première phase de sa carrière, il faut se référer au dossier Bigot aux AN, Col., E.

Pour la période qui commence en 1739, année du début de sa carrière en Amérique du Nord, les sources sont volumineuses et dispersées. Les principales se trouvent aux AN, Col., B ; C^{11A} ; C^{11B}. Le chercheur ne peut éviter de voir le nom de Bigot à travers l'imposante paperasse produite par l'Affaire du Canada ; signalons, entre autres, les archives incomplètes, mais fort bien indexées, de la Bastille, conservées à la Bibliothèque de l'Arsenal ; des papiers aux AN, V^7, carton 362–365 (commissions extraordinaires) et les nombreux factums et autres imprimés dont une bonne liste paraît dans la bibliographie du livre de Guy Frégault, *François Bigot*, qui constitue encore à ce jour le meilleur point de départ d'une étude sur Bigot. Un bon nombre de documents d'intérêt majeur sont facilement accessibles, et bien édités, dans *Doc. relatifs à la monnaie sous le Régime français* (Shortt).

Certaines séries des AN, peu explorées encore – telle la série E (Conseil du roi) ou la série Y (Châtelet) – recèlent sans doute plusieurs documents concernant Bigot. Quelques fonds notariaux renferment des renseignements d'une importance inégale, mais d'une précision hors pair ; par exemple, AN, Minutier central, XVIII ; LVII ; AD, Gironde, Minutes Baron ; Minutes Dubos ; Minutes Faugas (tous notaires de Bordeaux) ;

ANQ-Q, Greffe de Claude Barolet ; Greffe de J.-C. Panet.

Peu de personnages de l'histoire du Canada ont fait l'objet d'une étude aussi détaillée et savante que celle que Guy Frégault a consacrée au dernier intendant de la Nouvelle-France. Ce travail intelligent et bien documenté a renouvelé nos connaissances sur ce personnage qui a tant intrigué (ou scandalisé) les écrivains et les historiens du XIXe siècle et du début du XXe. Il s'est particulièrement intéressé à Bigot en tant que dernier administrateur du Régime français. En dépit de la haute qualité de cet ouvrage, on pourrait reprocher à son auteur de n'avoir pas replacé le cas Bigot dans le contexte général des institutions de la France des Bourbons et de rester peut-être trop fidèle à la version diffusée par le Châtelet lors du procès. Un article utile est paru depuis le volume de Guy Frégault, celui de Denis Vaugeois, sur la fin de Bigot, « François Bigot, son exil et sa mort », *RHAF*, XXI (1967–1968) : 731–748. [J. F. B. et J.-C. D.]

BIRCH. V. BURCH

BLAIS (Blay), MICHEL (Michel-Toussaint), capitaine de milice, coseigneur, né probablement à Berthier-en-Bas (Québec) vers 1711, fils de Pierre Blais et de Françoise Baudoin, décédé le 5 septembre 1783 à Saint-Pierre-de-la-Rivière-du-Sud (Saint-Pierre-Montmagny, Québec).

Michel Blais était issu d'une famille d'agriculteurs. Son grand-père, Pierre, originaire d'Angoulême, France, était arrivé dans la colonie en 1664 et s'était installé sur l'île d'Orléans. Son père vécut dans différentes localités de la rive sud, face à l'île d'Orléans, et Michel, tout comme ses frères et sœurs, demeura dans la région. Il épousa le 25 juin 1741, à Sainte-Anne-de-la-Pocatière (La Pocatière), Marie-Françoise, fille de Joseph Lizot, major de milice de Saint-Roch-des-Aulnaies. Dans le contrat de mariage, passé le même jour devant le notaire Étienne Jeanneau*, Blais est dit « habitant de la Seigneurie de bertier ». Deux ans plus tard, il acheta de Charles Couillard de Beaumont une terre de huit arpents cinq perches de front sur quatre lieues de profondeur, dans la seigneurie de la Rivière-du-Sud ; il accrut sa terre de huit arpents et demi en 1755.

Au cours des années, Blais acquit une importance réelle à Saint-Pierre-de-la-Rivière-du-Sud. En 1762, il possédait plus d'animaux que la majorité des habitants de sa paroisse, et quatre domestiques travaillaient à son service. Son frère Joseph, venu également s'établir à Saint-Pierre quelques années auparavant, n'était d'ailleurs pas moins pourvu, mais l'influence de Michel était certainement prédominante car l'étendue de ses propriétés l'avait fait accéder au rang de coseigneur : en 1763, il dut rendre foi et hommage pour le quart de la seigneurie de la Rivière-du-Sud et pour la moitié de celle de Lespinay. Quatre ans plus tard, il signait, avec les seigneurs de la région de Québec, une adresse au roi pour protester contre le rappel du gouverneur MURRAY. Il jouissait en outre de la considération et de la confiance des gens puisqu'il fut capitaine de milice à Saint-Pierre à l'époque de la Conquête. L'abolition de la milice par les autorités britanniques en 1764 le priva de ses fonctions pendant plus de dix ans, mais il put, au cours de cette période, jouer le rôle de bailli dans sa paroisse, ce qui le fit pénétrer, à un faible échelon, dans le système judiciaire de la province. Lors d'un échange de terres, effectué en 1770 devant le notaire François-Dominique Rousseau, entre Blais et un certain William Ross, négociant, Blais est intitulé « premier Bailliff de la paroisse de St-Pierre ».

Personnalité locale, gros propriétaire, Blais s'arrogea cependant des privilèges auxquels il n'avait pas droit. En 1770, Marie-Geneviève Alliés, veuve de Jean-Baptiste Couillard, seigneur de la Rivière-du-Sud, lui intenta un procès, ainsi qu'à un certain nombre d'habitants du lieu, pour avoir fait fi du droit de banalité. Un jugement rendu par la Cour des plaids communs, le 14 août 1770, les condamnait à payer les droits de mouture au moulin banal de la seigneurie. Blais ne devait pas se plier aussi facilement ; le 6 septembre 1774, un autre jugement lui ordonnait de démolir le moulin à vent qu'il avait « Induement Etably » dans cette seigneurie appartenant au fils mineur de Jean-Baptiste Couillard. Cette fois, semble-t-il, les autorités eurent raison de son opiniâtreté.

Au moment de l'invasion américaine, Blais demeura fidèle aux autorités britanniques, mais il ne paraît pas avoir adopté dès le début une position très ferme : ayant recouvré ses fonctions dans la milice, il accepta d'annoncer, au mois de janvier 1776, à la porte de l'église qu'un certain Pierre Ayotte recrutait des hommes pour travailler à la cause des Américains. Il expliquera plus tard qu'il avait agi ainsi dans l'intention « d'empecher un plus grand mal » et que son ton avait été « si ironique qu'il ne se presenta personne ». Malgré cela, plusieurs habitants du village, comme beaucoup d'autres dans la région, joignirent les rangs des rebelles, provoquant au sein de la population des divisions qui se manifestèrent de façon évidente lors d'un incident survenu le 25 mars 1776 à Saint-Pierre, dans la maison du capitaine Michel Blais. A cette époque les Américains occupaient toujours un poste à Pointe-Lévy, en face de Québec, et se préparaient à faire des incursions dans la région de la Côte-du-Sud. Vers la mi-mars, les autorités britanniques chargèrent un ancien officier des troupes de la Marine, Louis Liénard* de Beaujeu de Villemomble, alors retiré à l'île aux Grues (en aval de l'île d'Orléans), de rassembler toutes les forces royalistes de la région pour mener une attaque contre le poste américain. En quelques jours, une troupe fut levée, et son avant-garde, composée d'une cinquantaine d'hommes, atteignit rapidement le village de Saint-Pierre où la maison de Michel Blais devint leur quartier général. Les Américains, avertis par leurs partisans, dépêchèrent un détachement de 80 hommes, auquel se joignirent quelque 150 Canadiens, et attaquèrent, le 25 mars, la maison de Blais, sur laquelle flottait le drapeau britannique. « L'on vit dans cette affaire, écrit Simon SANGUINET, les pères se battre contre leurs enfants et les enfants contre leurs pères – ce qui paroîtra sans doute bien extraordinaire. » Le combat avait fait trois morts chez les royalistes et plusieurs blessés, dont l'abbé Charles-François BAILLY de Messein qui s'était engagé comme aumônier des volontaires. Tous ceux qui ne purent s'échapper furent pris par les Américains.

Après le retrait des troupes du Congrès, le gouverneur Guy Carleton* ordonna une enquête dans les paroisses du district de Québec pour y rétablir la milice et recenser les habitants qui avaient collaboré avec les Américains. A Saint-Pierre, le capitaine Blais et son fils Michel, lieutenant, furent reconnus « les seuls de cette paroisse qui aient été pillés tant par les Bostonnais que par les Canadiens rebels ». Devant une telle preuve « du zèle et de l'affection du sieur Michel Blay pour son Roy », les enquêteurs François Baby*, Gabriel-Elzéar Taschereau* et Jenkin Williams* conservèrent au père et au fils leurs fonctions dans la milice.

Lors de son décès, en 1783, Blais était le syndic en charge de l'édification de la nouvelle église paroissiale de Saint-Pierre ; c'est d'ailleurs à ce titre que son nom figure sur la pierre angulaire de l'édifice. Onze ans plus tard, Mgr HUBERT consentira à ce que l'on transporte son corps dans la nouvelle église. Blais avait eu au moins cinq enfants, dont deux filles, Marguerite et Marie-Joseph, se firent ursulines. Son fils Louis fut député du comté de Hertford de 1800 à 1804.

MARIE-CÉLINE BLAISE ET JACQUES MORIN

ANQ-Q, Greffe d'Étienne Jeanneau, 25 juin 1741. — Archives paroissiales, Saint-Pierre-du-Sud (Québec), Registre des baptêmes, mariages et sépultures, 8 sept. 1783, 22 oct. 1794. — AUM, P 58, Doc. divers, B1, 14 août 1770, 6 sept. 1774. — IBC, Centre de documentation, Fonds Morisset, Dossier Michel Blais. — APC *Rapport*, 1888, note B, 18–20. — *Invasion du Canada* (Verreau), 105s. — Journal par messrs Fran[s] Baby, Gab. Taschereau et Jenkin Williams [...], Ægidius Fauteux, édit., ANQ *Rapport*, 1927–1928, 480, 485, 487. — Recensement du gouvernement de Québec, 1762, 31. — Claude de Bonnault, Le Canada militaire : état provisoire des officiers de milice de 1641 à 1760, ANQ *Rapport*, 1949–1951, 336. — Caron, Inv. de la corr. de Mgr Hubert et de Mgr Bailly de Messein, ANQ *Rapport*, 1930–1931, 308. — Godbout, Nos ancêtres, ANQ *Rapport*, 1957–1959, 389–391. — P.-G. Roy, *Inv. concessions*, I : 204–206. — Tanguay, *Dictionnaire*. — Burke, *Les ursulines de Québec* (1863–1866), III : 367s. — Lanctot, *Le Canada et la Révolution américaine*, 148–150. — G. F. G. Stanley, *L'invasion du Canada, 1775–1776*, « *Canada invaded* », Marguerite MacDonald, trad. (Québec, 1975), 125, 133. — F.-J. Audet, La seigneurie de la Rivière du Sud, *BRH*, VII (1901) : 118. — Le capitaine Michel Blais, *BRH*, VI (1900) : 375s. — Ivanhoë Caron, Les Canadiens français et l'invasion américaine de 1774–1775, SRC *Mémoires*, 3e sér., XXIII (1929), sect. I : 21–34. — M.-M Dumouchel-Butler, William (Guillaume) Ross, SGCF *Mémoires*, XXV (1974) : 170–182. — Archange Godbout, Les émigrants de 1664, SGCF *Mémoires*, IV (1950–1951) : 219s.

BLAIS DE SURLAVILLE, MICHEL LE COURTOIS DE. V. LE COURTOIS

BLEURY, CLÉMENT DE SABREVOIS DE. V. SABREVOIS

BODEGA Y QUADRA (Cuadra), JUAN FRANCISCO DE LA, officier de marine, explorateur et diplomate, baptisé le 3 juin 1743 à Lima (Pérou), fils de Tomás de la Bodega y de las Llanas, né en Espagne, adjoint au consul espagnol de Cuzco, et de Francisca de Mollinedo y Losada, issue d'une éminente famille péruvienne, décédé le 26 mars 1794 à Mexico.

Juan Francisco de la Bodega y Quadra entra dans les gardes-marine à l'âge de 19 ans. Il fut promu enseigne de frégate en 1767, enseigne de vaisseau en 1773 et lieutenant de vaisseau en 1774. Cette année-là, il fut affecté au département de San Blas (état de Nayarit, Mexique), le quartier général de l'administration des postes espagnols de la côte ouest situés au nord de San Blas. La première visite de Bodega sur la côte nord-ouest de l'Amérique du Nord survint en 1775, alors qu'il servait comme capitaine du schooner *Sonora*, naviguant, avec Juan Josef PÉREZ Hernández, dans l'expédition commandée par Bruno de Hezeta. Intrépide et résolu, Bodega poursuivit sa route vers le nord après que le navire de conserve, le *Santiago*, eut fait demi-tour ; il atteignit le 58° 30′ de latitude nord, découvrit et nomma la baie de Bucareli (Alaska).

Bodega fut envoyé au Pérou en 1776 afin de s'y procurer un navire pour la navigation sur la côte nord-ouest. Il rentra à San Blas l'année suivante avec une frégate, construite à Callao, la *Favorita*, qu'il commanda dans les eaux de l'Alaska en 1779, alors qu'il faisait fonction d'officier en second dans l'expédition d'Ignacio de Arteaga. Les capitaines de vaisseau avaient reçu l'ordre d'explorer la région, afin de mesurer l'étendue de l'expansion russe à l'est des Aléoutiennes et d'exécuter les ordres de Madrid demandant d'intercepter les navires du capitaine COOK. Bodega et Arteaga ne pouvaient pas savoir que le fameux navigateur avait déjà été mis à mort dans les îles Sandwich (Hawaii) et ils ne poussèrent pas assez loin à l'ouest pour rencontrer les navires de Cook, que Charles CLERKE avait conduits dans les eaux de l'Alaska pour une seconde saison d'exploration.

Les supérieurs de Bodega reconnaissaient en lui un officier valeureux et compétent. Il avait reçu le titre militaire de chevalier de l'ordre de Santiago en 1776 et, en 1780, il fut fait capitaine de frégate. Avant sa mutation à La Havane, Cuba, en 1783, Bodega servit pendant une année comme commandant du département de San Blas. Promu capitaine de vaisseau en 1784, il fut muté à Cadix, en Espagne, l'année suivante. Après que Bodega eut laissé le département, le commandement des activités espagnoles sur la côte nord-ouest avait été, faute d'officiers plus capables, confié au bouillant Esteban José MARTÍNEZ. A cette époque, les trafiquants de fourrures des autres nations montraient un intérêt grandissant pour cette région et, en 1789, Martínez, dans une tentative pour y faire valoir les revendications espagnoles, saisit plusieurs navires britanniques dans la baie de Nootka (Colombie-Britannique). Le premier ministre britannique, William Pitt, prit avantage de cet incident pour presser l'Espagne de faire des concessions radicales relativement à ses revendications sur la côte nord-ouest. Charles IV d'Espagne hésitait à céder, cependant, et la crise de la baie de Nootka menaça pendant quelque temps d'entraîner toute l'Europe et les États-Unis dans la guerre. La crise se termina en 1790 par la convention de la baie de Nootka, où il apparaît que l'Espagne fut obligée de remettre tout le territoire qui, dans la baie, avait été enlevé à des sujets britanniques en 1789 [V. John Meares*].

Bodega avait de nouveau été nommé commandant du département de San Blas en 1789, et en 1792 il fit voile à destination de la baie de Nootka pour y prendre le commandement de la petite base navale. Celle-ci, avec ses baraques, son hôpital et ses jardins en fleurs, avait été le seul avant-poste européen entre la Californie et l'Alaska russe pendant les trois années précédentes. Le sympathique commandant, par sa manière souple et modérée de gouverner la base, s'acquit le respect et l'admiration des trafiquants britanniques et américains, et des Indiens nootkas. Le capitaine Robert Gray*, un trafiquant américain, tenait en si haute estime son amitié qu'il nomma son fils Robert Don Quadra Gray. Les banquets de Bodega aux nombreux plats, servis dans de la vaisselle d'argent et accompagnés de vins raffinés et de fines boissons, auxquels étaient invités les capitaines et les officiers de toutes nationalités relâchant à la baie de Nootka, étaient célèbres. La tolérance et l'intérêt dont Bodega fit preuve envers les coutumes des Nootkas gagnèrent de façon durable leur affection et renforcèrent la mainmise de l'Espagne sur la région. MUQUINNA passait souvent la nuit, à titre d'invité, à la résidence de Bodega.

Pendant le seul été qu'il commanda à la baie de Nootka, Bodega prit des mesures pour la construction d'une seconde base, dont la vie fut de courte durée, à Núñez Gaona (Neah Bay, Washington) et pour une exploration plus poussée du détroit de Juan de Fuca et des fjords de ce qui est maintenant la Colombie-Britannique et l'Alaska, à la recherche du fabuleux passage du Nord-Ouest [V. Dionisio Alcalá-Galiano*]. De ces explorations furent tirées les cartes les plus complètes qui eussent encore été faites de la côte nord-ouest, et l'utilisation qu'en fit le capitaine VANCOUVER est évidente de nos jours par les nombreux toponymes espagnols qui la jalonnent.

Bodega avait pris le commandement de la baie de Nootka afin de négocier avec Vancouver les clauses de la convention de 1790. Il fut convaincu, cependant, par les témoignages qu'il recueillit parmi les trafiquants de fourrures et les Indiens, et par les termes vaguement formulés de la convention, qu'il était justifié de ne céder à Vancouver qu'une petite portion de l'anse Friendly dans la baie. La diplomatie de Bodega, de fait, déjoua la tentative britannique d'entrer en possession de la base. Deux conventions anglo-espagnoles subséquentes aboutirent à la décision prise d'un commun accord de soustraire la baie à la colonisation. Les plans britanniques d'établissements sur la côte nord-ouest furent ainsi mis en échec jusqu'au XIXe siècle.

L'activité espagnole sur la côte nord-ouest avait atteint son apogée sous l'impulsion vigoureuse donnée par Bodega, mais sa conviction et sa fermeté ne furent pas imitées à Mexico et à Madrid, où l'on s'attachait à apaiser Londres plutôt qu'à soutenir une domination coûteuse sur la région. Bodega passa l'hiver de 1792–1793 à Monterey (Californie), prenant des mesures pour le renforcement des postes d'Alta California (aujourd'hui la Californie) et recevant une expédition de Vancouver, en visite à Monterey. Il rentra à San Blas au printemps de 1793. En mauvaise santé, il demanda d'être muté à Callao. En dépit d'une période de repos à Guadalajara (Mexique), une attaque d'apoplexie, alors qu'il était à Mexico, le 26 mars 1794, coupa court à sa carrière.

WARREN L. COOK

Quelques journaux personnels et relations de Juan Francisco de la Bodega y Quadra ont été imprimés sous les titres « Navegacíon hecha por Don Juan Francisco de la Bodega y Quadra [...] a los descubrimientos de los mares y costa septentrional de California », Espagne, Consejo Superior de Investigaciones Científicas, Instituto Histórico de Marina, *Coleccíon de diarios y relaciones para la historia de los viajes y descubrimientos*, édité par L. C. Blanco *et al.* (6 vol. parus, Madrid, 1943–), II : 102–133 ; « Primer viaje hasta la altura de 58° [...] 1775 », Espagne, Direccíon de Hidrografía, *Anuario* (Madrid), III (1865) : 279–293 ; « Segunda salida hasta los 61 grados en la fragata Nuestra Senora de los Remedios (a) la Favorita [...] 1779 », 294–331. La Huntington Library conserve un manuscrit de Juan Francisco de la Bodega y Quadra, HM 141, « Viaje a la costa n. o. de la America Septentrional [...] en las fragatas [...] Sta. Gertrudis, Aranzazu, Princesa y goleta Activa » ; le Museo Naval (Madrid) garde ; MS n° 126, « Extracto del diario » (1775) ; MS n° 618, « Comento [...] » (1775) ; MS n° 622, « Diario » (1775). [W. L. C.]

[F. A. Mourelle], Journal of a voyage in 1775, to explore the coast of America, northward of California, by the second pilot of the fleet [...], *Miscellanies*, Daines Barrington, édit. et trad. (Londres, 1781), 469–534. — J. M. Moziño Suárez de Figueroa, *Noticias de Nutka ; an account of Nootka Sound in 1792*, I. H. Wilson, édit. et trad. (Seattle, Wash., 1970). — [George Vancouver], Captain Vancouver's report to the Admiralty on the negotiations with Don Juan Francisco de Bodega y Quadra at Nootka Sound in 1792, C.-B., Provincial Archives Dept., *Report* (Victoria), 1913, 11–30 ; *Voyage of discovery* (J. Vancouver). — Cook, *Flood tide of empire*. — M. E. Thurman, Juan Bodega y Quadra and the Spanish retreat from Nootka, 1790–1794, *Reflections of western historians*, J. A. Carroll et J. R. Kluger, édit. ([Tucson, Ariz.], 1969), 49–63 ; *The naval department of San Blas ; New Spain's bastion for Alta California and Nootka, 1767 to 1798* (Glendale, Calif., 1967). — Javier de Ybarra y Bergé, *De California á Alaska : historia de un descubrimiento* (Madrid, 1945). — F. E. Smith, The Nootka Sound diplomatic discussion, August 28 to September 26, 1792, *Americana* (New York), XIX (1925) : 133–145.

BOIRET, URBAIN, prêtre, supérieur du séminaire de Québec, né le 6 septembre 1731 dans la paroisse Saint-Thomas, à La Flèche, France, fils de René Boiret, maître jardinier, décédé à Québec le 5 novembre 1774.

Urbain Boiret arriva au Canada le 26 juillet 1755. Il avait probablement été ordonné prêtre à Rouen, France, le 15 mars précédent, en même temps que son compagnon de voyage, Henri-François Gravé* de La Rive. Il désirait se consacrer à la mission des Tamarois (Cahokia, aujourd'hui East St Louis, Illinois), mais il n'atteignit jamais les rives du Mississippi ; on le garda au séminaire de Québec où il remplit diverses fonctions, entre autres celles d'économe et de professeur de théologie. Il devint aussi l'un des directeurs du séminaire, le 16 février 1759.

Au début du siège de Québec, à l'été de 1759, tous les prêtres du séminaire quittèrent les lieux [V. Colomban-Sébastien PRESSART], sauf Boiret et Joseph-André-Mathurin JACRAU. Ce dernier tomba malade au mois de septembre et dut être hospitalisé, de sorte que Boiret se retrouva seul à garder le séminaire. L'édifice, placé au premier plan de la haute ville, était une cible facile pour les canons anglais et il fut fort endommagé, n'ayant plus que deux ou trois pièces logeables. Après la capitulation, Boiret, toujours économe de la maison, alla passer l'hiver à Saint-Joachim afin de se rendre compte des dégâts causés aux propriétés du séminaire et remplacer le curé Philippe-René Robinau* de Portneuf, tué par les Anglais. Tout avait été détruit, et les comptes de l'économat soulignent que, durant cet hiver, Boiret « étoit cabané en plein champ et par les plus grands froids [...] ; il n'avoit pas même d'Encre ni de commodité ». A l'automne de 1761, il était de retour à Québec.

En 1762, le séminaire des Missions étrangères de Paris nomma un nouveau supérieur pour le séminaire de Québec. Il s'agissait de Pierre Maillard*, grand vicaire de l'Acadie, et au cas où celui-ci ne pourrait se rendre à Québec, on désignait Gravé de La Rive. Le gouverneur MURRAY refusa cette nomination venue de France et exigea une élection locale excluant les deux noms proposés par Paris. Boiret fut élu à l'unanimité le 4 juillet, et sa charge fut prorogée ensuite pour un second triennat en 1765. C'est au cours de ces six ans que le séminaire se releva péniblement de ses ruines, tant à Québec que dans ses domaines, notamment dans la seigneurie de Beaupré où Boiret avait séjourné durant l'hiver de 1759–1760. La vente de quelques terrains de banlieue, entre autres à Murray et au négociant Thomas Ainslie*, permit de faire entrer les fonds nécessaires à la reconstruction.

Boiret fut aussi aumônier des religieuses de l'Hôtel-Dieu de 1764 à 1768 et eut à assumer la tâche délicate de rouvrir le petit séminaire à l'automne de 1765. Le rôle de celui-ci avait considérablement changé : réservé aux élèves qui se destinaient à la prêtrise, sous le Régime français, il remplaçait maintenant le collège des jésuites, contraint de fermer, et devait accepter tous ceux qui avaient des aptitudes pour les études classiques. Boiret en devint le directeur à la fin de son second mandat comme supérieur du séminaire, soit en 1768. Il le dirigea avec succès jusqu'à l'été de 1773 alors que le conseil du séminaire le promut à la direction du grand séminaire. Le 28 septembre 1774, il était de nouveau élu supérieur, mais il ne le demeura pas longtemps ; déjà malade, il mourut le 5 novembre suivant à l'Hôpital Général où il logeait depuis le 26 juin. Il fut inhumé dans la crypte de la chapelle du séminaire. *La Gazette de Québec* du 10 novembre publia une notice nécrologique dithyrambique en latin et en français, œuvre d'un lecteur anonyme, à laquelle répliqua un humoriste tout aussi anonyme, dans le numéro du 17 suivant.

Au XIXe siècle, Mgr Edmond Langevin* devait faire une découverte surprenante dans le grenier d'une imprimerie québécoise : le texte d'un parchemin révélait que Boiret avait reçu du Saint-Siège la dignité de protonotaire apostolique. Il est bien probable que l'abbé Boiret tint sa nomination secrète, de peur de porter ombrage à ses confrères en se faisant appeler « Monseigneur », étant le premier à recevoir cette dignité sous le Régime anglais. Si Rome avait pensé à lui décerner cet honneur, c'est vraisemblablement par l'entremise de son frère cadet, Denis Boiret, prêtre des Missions étrangères de Paris, qui séjourna dans la Ville sainte de 1771 à 1773 dans l'intérêt des missions de la Cochinchine (Viêt-nam). C'est à lui, du reste, que l'abbé Boiret légua quelques biens patrimoniaux en France, tandis que ses meubles et sa bibliothèque de 180 volumes allèrent au séminaire.

HONORIUS PROVOST

AD, Sarthe (Le Mans), État civil, Saint-Thomas de La Flèche, 6 sept. 1731. — ASQ, C 9, *passim* ; C 11, *passim* ; C 22, *passim* ; Lettres, M, 116, 117 ; P, 124 ; R, 20 ; MSS, 12, ff.30, 31, 32, 36, 41 ; Séminaire, 8, n°s 43, 44. — *Le séminaire de Québec* (Provost), 450s. — *La Gazette de Québec*, 10, 17 nov. 1774. — Allaire, *Dictionnaire*, I : 61. — Casgrain, *Hist. de l'Hôtel-Dieu de Québec*, 574. — A.-H. Gosselin, *L'Église du Canada après la Conquête*, I. — Adrien Launay, *Mémorial de la Société des Missions étrangères* (2 vol., Paris, 1912–1916), II : 61–63. — M. Trudel, *L'Église canadienne*, II : 27–96. — J.-E. Roy, L'abbé Urbain Boiret, *BRH*, II (1896) : 93s. — P.-G. Roy, Mgr Urbain Boiret, *BRH*, II (1896) : 139.

BOISHÉBERT ET DE RAFFETOT, CHARLES DESCHAMPS DE. V. DESCHAMPS

BOISSEAU, NICOLAS, écrivain du roi, notaire et greffier, né à Paris en 1700, fils de Pierre Boisseau et de Marguerite Gérin (Guérin), décédé à Québec le 9 février 1771.

A la suite du décès de son père, procureur au parlement de Paris, Nicolas Boisseau obtenait du ministre de la Marine, le 20 mai 1722, son passage pour le Canada. Dès son arrivée dans la colonie, Boisseau, qui avait fréquenté « le Palais [de justice, à Paris,] pendant trois ans », fut employé comme écrivain du roi au bureau de l'Intendance à Québec (bureau de la Marine). Il exerça ces fonctions jusqu'en 1726. Au cours de la traversée, il s'était lié d'amitié avec François Daine*, qui rentrait au Canada après avoir été nommé greffier en chef du Conseil supérieur de Québec. Cette relation lui valut d'être appelé, à différentes occasions entre 1723 et 1726, à remplacer Daine dans ses fonctions. Cette amitié n'eut pas que des aspects professionnels : en effet, Boisseau fit la connaissance de la belle-sœur de Daine, Marie-Anne Pagé, dit Carcy, qu'il épousa à Québec, le 9 septembre 1725, en présence de son ami, témoin d'une des parties.

Grâce à son expérience dans le domaine judiciaire et à la protection de son oncle, l'abbé Gérin, doyen des curés de Paris, Boisseau put accéder au poste de greffier en chef de la Prévôté de Québec, le 23 avril 1726. A ce titre, Boisseau tenait un registre où il inscrivait tous les actes de cette cour et toutes les pièces qui lui étaient apportées pour dépôt dans son greffe ; de plus, il était dépositaire des minutes des notaires décédés ayant exercé dans le gouvernement de Québec. Or, l'intendant HOCQUART jugeait nécessaire la présence d'un notaire au dépôt des minutes pour donner des quittances et ratifier certains actes. C'est pourquoi il commit Boisseau aux fonctions de notaire le 15 avril 1731. Le 22 avril 1732, le roi lui accordait une nouvelle commission, en tout semblable à la précédente ; il fut ainsi un des quatre notaires du Régime français à recevoir leur commission du roi lui-même.

Pendant 13 ans, Boisseau cumula les emplois de greffier et de notaire royal. A ce dernier titre, il rédigea 392 actes. Toutefois, à la suite de sa nomination au poste de greffier en chef du Conseil supérieur, le 25 mars 1744, il abandonna ses fonctions notariales – son fils Nicolas-Gaspard*, issu de son premier mariage, lui succéda alors comme greffier de la Prévôté et Jean-Claude PANET comme notaire royal. Il suivait ainsi les traces de son ami Daine puisqu'il le remplaçait une fois de plus.

Quelques années auparavant, à la suite du décès de sa première femme, le 7 mai 1739, Boisseau avait contracté un second mariage, avantageux tant sur le plan financier que social. En effet, le 4 juin 1741, en présence des principaux officiers judiciaires de la colonie, il épousait Marie-Louise Bissot de Vinsenne (Vincennes), fille de Jean-Baptiste*, officier dans les troupes de la Marine. Celle-ci lui apportait en dot 1 000# et un fief de dix arpents de front sur six lieues de profondeur, situé dans la seigneurie de Lauson. La présence à ce mariage de tout ce que le monde judiciaire de la colonie comptait de prestigieux et l'importance de la dot de son épouse démontrent bien la considération sociale dont Boisseau jouissait déjà en 1741.

Installé dans ses fonctions de greffier en chef du Conseil supérieur le 12 octobre 1744, Nicolas Boisseau les exerça sans interruption jusqu'au moment où le conseil se déplaça à Montréal à l'automne de 1759 ; Boisseau préféra rester à Québec. A compter de ce moment, et jusqu'à sa mort survenue à Québec le 9 février 1771, il n'assuma plus aucune fonction officielle. La Conquête semble l'avoir mis dans une fâcheuse situation financière puisque, en plus de perdre sa charge de greffier, ses biens furent détruits, lors du siège de Québec, dans l'incendie de sa maison sise rue Saint-Pierre, dans la basse ville.

Homme sage et bon praticien, selon les jugements de Beauharnois*, Hocquart, Vaudreuil [Rigaud] et Bigot, Nicolas Boisseau fut toujours considéré comme un fonctionnaire efficace et compétent. Jusqu'à la fin de sa vie, il jouit de la considération de ses concitoyens qui assistèrent en grand nombre à ses funérailles, le 11 février 1771.

André Lachance

Le greffe de Nicolas Boisseau (1731–1744) est conservé aux ANQ-Q.

AN, Col., B, 45, f.89 ; 49, f.670 ; 57, ff.694, 728 ; 65, f.439 ; 85, f.208 ; 87, f.2 ; 97, f.15 ; 117, f.73 ; C11A, 120, ff.347, 350v. ; E, 37 (dossier Boisseau) ; F3, 9, f.186. — ANQ-Q, État civil, Catholiques, Notre-Dame de Québec, 9 sept. 1725, 8 mai 1739, 4 juin 1741, 11 févr. 1771 ; Greffe de Florent de La Cetière, 7 sept. 1725 ; Greffe de J.-N. Pinguet de Vaucour, 2 juin 1741 ; NF 2, 19, ff.82, 83 ; NF 25, 55, nº 2 011. — Recensement de Québec, 1744, 128. — F.-J. Audet et Édouard Fabre Surveyer, *Les députés au premier parlement du Bas-Canada (1792–1796)* [...] (Montréal, 1946), 51–53. — J.-B. Gareau, La Prévôté de Québec, ses officiers, ses registres, ANQ *Rapport*, 1943–1944, 122s. — Le Jeune, *Dictionnaire*, I : 199. — P.-G. Roy, *Inv. jug. et délib., 1717–1760*, I : 301 ; II : 48, 290 ; III : 199 ; IV : 210 ; VII : 26s. ; Les notaires au Canada sous le Régime français, ANQ *Rapport*, 1921–1922, 42. — Tanguay, *Dictionnaire*, II : 330. — Vachon, Inv. critique des notaires royaux, *RHAF*, IX : 425, 546s.

BONEVAL. V. Benoît

BONNEAU, LOUIS DE PREISSAC DE. V. Preissac

BONNÉCAMPS, JOSEPH-PIERRE DE, prêtre, jésuite, baptisé à Vannes, France, le 3 septembre 1707, fils de Nicolas de Bonnécamps et d'Anne Muerel, décédé au château de Tronjoly, paroisse de Gourin (dép. du Morbihan, France), le 28 mai 1790.

Joseph-Pierre de Bonnécamps fut admis au noviciat des jésuites de la province de Paris le 3 novembre 1727 ; il étudia la philosophie au collège de La Flèche (1729–1732), enseigna les classes de grammaire à Caen (1732–1736), les humanités et la rhétorique à Vannes (1736–1739), fit son cours de théologie au collège Louis-le-Grand (1739–1743) et partit pour Québec, où il fut nommé professeur d'hydrographie en 1744 au collège des jésuites. C'est à Québec qu'il prononça ses vœux solennels le 8 décembre 1746.

Dès le début, Bonnécamps eut à cœur de donner un enseignement sérieux en utilisant les instruments les plus au point pour ses observations. Une lettre de l'intendant Hocquart, du 29 octobre 1744, au ministre de la Marine Maurepas mentionne que le père de Bonnécamps demandait un pendule à secondes et une lunette montée sur un quart de cercle et qu'il projetait de construire un observatoire sur le toit du collège. En 1747, les *Mémoires pour servir à l'histoire des sciences et des beaux-arts* (appelés aussi *Journal de Trévoux*) publiaient une observation météorologique faite à Québec, par Bonnécamps, le 12 juin 1746.

Le 9 octobre 1748, l'intendant Bigot demandait au ministre de la Marine d'envoyer les instruments que Hocquart avait demandés en 1744, preuve que Bonnécamps ne les avait pas encore reçus, du moins pas tous. Bigot écrivait : « Le P. Bonnécan, jésuite, Professeur de Mathématiques, m'a représenté qu'il avait besoin, pour l'Instruction des jeunes gens qui s'adonnent a la navigation, d'un pendule a secondes, d'une Lunette d'observation, d'un quart de cercle de 3 pieds de rayon garni d'une Lunette au lieu de pinnales, et d'une pierre d'ayman attendu que celle qu'il a est tres foible. »

En 1749, bien qu'il n'eût pas encore reçu tous les instruments, Bonnécamps accompagna Pierre-Joseph Céloron* de Blainville dans son expédition à la rivière Ohio. Il fallait un homme capable de dresser une carte des endroits parcourus. Qui mieux que le professeur d'hydrographie du collège de Québec pouvait le faire ? L'expédition quitta Lachine le 15 juin et fut de retour à Québec le 18 novembre. Au retour, Bonnécamps prépara une relation pour le commandant général

Roland-Michel Barrin* de La Galissonière, qui venait de passer en France ; la relation, accompagnée d'une carte, lui fut envoyée l'année suivante. Bonnécamps y décrit tout ce qui peut intéresser un homme de sciences comme La Galissonière : faune, arbres, curiosités naturelles, climat, position des forts et villages, Indiens. Le père écrit : « La longitude est partout estimée. Si j'avais eu une bonne montre, j'aurais pu déterminer quelques points par des observations ; mais pouvais-je compter sur une montre d'une bonté médiocre ? » Cette expédition occupa une place fort importante dans la vie et la carrière scientifique de Bonnécamps. Elle ne fut sûrement pas un fait isolé. Le 25 juin 1752, il était au fort Frontenac (Kingston, Ontario) pour y faire des observations astronomiques. Dans l'intervalle, Bonnécamps s'était fait connaître du monde savant par la relation de son voyage à la rivière Ohio et surtout par la carte qu'il avait dressée. En 1754–1755, il correspondit avec Joseph-Nicolas Delisle, astronome géographe de la marine de France. Bonnécamps passa l'hiver de 1757–1758 en France ; Bougainville*, écrivant à son amie et protectrice, Mme Hérault, le 8 novembre 1757, lui avait recommandé le savant jésuite. Le 25 mars 1758, Bonnécamps écrivit à Delisle, mais cette fois pour lui décrire la situation désespérée du Canada.

En 1759, après la prise de Québec, il repassa en France et, en 1761, on le retrouve professeur de mathématiques au collège de Caen, charge qu'il dut laisser lors de la fermeture des collèges de la Compagnie de Jésus en France en 1762. Quelques années plus tard, vers 1765, il desservit les îles Saint-Pierre et Miquelon avec le père François-Paul Ardilliers. Nous ne savons pas au juste quand il les quitta pour rentrer en France, mais, en 1770, il était aumônier du bagne de Brest ; la cour désirait, en effet, que les anciens jésuites de France retournent sous la juridiction de l'ordinaire du lieu de leur naissance. D'autre part, Bonnécamps a pu connaître François-Jean-Baptiste L'Ollivier de Tronjoly, son compatriote, alors qu'il desservait les îles Saint-Pierre et Miquelon. Il devint précepteur de ses enfants et c'est au château de ce dernier, près de Gourin, qu'il mourut le 28 mai 1790, à l'âge de 82 ans.

JOSEPH COSSETTE

Parmi les écrits de Joseph-Pierre de Bonnécamps, citons « Observation météorologique faite à Québec en Canada, le 12 de juin 1746 », *Mémoires pour servir à l'histoire des sciences et des beaux-arts* (Paris), mars 1747, 572–574 ; « Relation du voyage de la Belle Rivière faite en 1749, sous les ordres de M. de Céloron », *JR* (Thwaites), LXIX : 150–198. Quant à la carte dressée par Bonnécamps à l'occasion de son voyage dans la vallée de l'Ohio, elle est actuellement en dépôt au Service historique de la Marine (château de Vincennes, Paris), Recueil de cartes anciennes, n° 67, carte n° 21.

ASJCF, 595 ; 596 ; 597 ; 4028, 26c. — Mélançon, *Liste des missionnaires jésuites*. — Rochemonteix, *Les jésuites et la N.-F. au XVIIIe siècle*, II : 74–76, 156. — L.-P. Audet, Hydrographes du roi et cours d'hydrographie au collège de Québec, 1671–1759, *Cahiers des Dix*, 35 (1970) : 13–35. — A. [-H.] Gosselin, Les jésuites au Canada ; le P. de Bonnécamps, dernier professeur d'hydrographie au collège de Québec, avant la Conquête (1741–1759), SRC *Mémoires*, 2e sér., I (1895), sect. I : 25–61 ; Encore le P. de Bonnécamps (1707–1790), SRC *Mémoires*, 2e sér., III (1897), sect. I : 93–117 ; Le château de Tronjoly, dernière résidence du P. de Bonnécamps, SRC *Mémoires*, 2e sér., IV (1898), sect. I : 33s. — O. H. Marshall, De Céloron's expedition to the Ohio in 1749, *Magazine of American History* (New York et Chicago), II (1878) : 129–150.

BONWAH. V. BENOÎT

BORSALOU. V. BARSALOU

BOURASSA (Bouracas, Bourasseau), dit **La Ronde, RENÉ**, trafiquant de fourrures, baptisé le 21 décembre 1688 à Prairie-de-la-Madeleine (La Prairie, Québec), fils de François Bourassa, dit La Ronde, et de Marie Le Ber ; il y épousa le 23 octobre 1710 Agnès Gagné, et ils eurent trois enfants, puis, en deuxièmes noces, le 28 septembre 1721, Marie-Catherine Leriger de La Plante, et ils eurent cinq enfants ; inhumé à Montréal le 7 septembre 1778.

Dans les premières décennies du XVIIIe siècle, les commerçants des colonies anglaises donnaient, pour les peaux de castor, en moyenne deux fois autant que les Français. Alléché par ces profits, René Bourassa, dit La Ronde, se lança dans le vaste commerce illicite qui se pratiquait entre Montréal et Albany, New York. Il fut pris, cependant, et condamné, en juillet 1722, à 500# d'amende.

En 1726, Bourassa se tourna vers le commerce de l'Ouest, auquel son père s'était livré plus de 30 ans auparavant. Associé avec Nicolas Sarrazin et François Lefebvre* Duplessis Faber, Bourassa envoya des canots dans les pays d'en haut en 1726. L'année suivante, il fit du commerce au poste de Baie-des-Puants (Green Bay, Wisconsin), où Duplessis commandait. Même s'il s'intéressait surtout au commerce de l'Ouest, Bourassa porta des lettres en Nouvelle-Angleterre en mars 1729 ; ce type de voyage servait souvent de couverture au commerce illicite. En 1735, il était lié avec les associés commerciaux de Pierre Gaultier* de Varennes et de La Vérendrye. Cette même année, Bourassa retint les services d'« engagés » qui se rendraient aux postes de La Vérendrye au fort Saint-Charles (sur le lac des Bois) et au fort Maurepas (quelques milles en haut de l'embouchure de la rivière Rouge). Lui-même était à Saint-Joseph (Niles, Michigan) en juillet, mais il hiverna avec l'explorateur au fort Saint-Charles. Au début de juin 1736, Bourassa, avec quatre compagnons, partit pour Michillimakinac (Mackinaw City, Michigan). Soudain, ils furent faits prisonniers par quelque 100 guerriers sioux des Prairies, qui accusaient les Français d'être en train d'armer leurs ennemis. Ce parti de guerre se préparait à mettre Bourassa au poteau pour le brûler quand son esclave, une jeune Siouse, se mit à plaider de façon dramatique pour qu'on l'épargnât. Il fut relâché. Par la suite, lui et ses hommes s'enfuirent les mains vides vers Michillimakinac, mais les Sioux tendirent une embuscade au parti de Jean-Baptiste Gaultier* de La Vérendrye, qui suivait à quelques milles derrière, et tuèrent les 21 hommes qui le composaient.

Bourassa retourna dans l'Ouest à la fin de l'automne. Ignorant l'ordre de La Vérendrye, père, de le rejoindre au fort Saint-Charles, Bourassa et Laurent-Eustache Gamelin, dit Châteauvieux, construisirent un poste à Vermillon (près de l'embouchure de la rivière Vermilion, Minnesota) et y hivernèrent avec un certain nombre de Sauteux. Au printemps de 1737, Bourassa partit en direction de l'est, vers Michillimakinac.

Après 1737, il semble que Bourassa ait concentré son commerce autour de ce poste. Il vendit à Pierre-Joseph Céloron* de Blainville 45 pots de vin destinés au parti de Français et d'Indiens qui se dirigeait au sud pour combattre les Chicachas en 1739, et, les années suivantes, il vendit des marchandises qu'on utilisait pour les négociations avec les diverses tribus. Malgré les conditions de vie précaires qui prévalaient dans tout l'Ouest, Bourassa déménagea sa famille à Michillimakinac au cours des années 1740. Il devint un membre en vue de cette petite communauté commerçante, possédant l'une de ses 40 maisons et, en plus, un lot à l'intérieur du fort et un pré à l'extérieur. Plusieurs esclaves l'aidaient à prendre soin de ses propriétés. Vers la fin des années 1740, Bourassa vivait apparemment dans une demi-retraite et ses affaires étaient conduites surtout par ses fils René et Ignace. Il avait une vie sociale active, assistant à de nombreux baptêmes et mariages. Les mariages de ses enfants l'associèrent à d'autres familles éminentes du fort : en 1744, son fils René avait épousé la fille de Jean-Baptiste Chevalier* et, en 1754, sa fille Charlotte-Ambroisine épousa Charles-Michel MOUET de Langlade.

Quand les Sauteux, sous l'impulsion de Minweweh*, enlevèrent Michillimakinac à sa garnison britannique, en 1763, Bourassa dut être inquiet. Les Indiens ne l'aimaient point et lui tuèrent tous ses chevaux et ses vaches avant le retour des Britanniques en septembre 1764. Ce désastre précipita peut-être son retour à Montréal, puisque, même s'il s'entendait bien, semble-t-il, avec le nouveau commandant, William Howard (qui le disait homme d'un « bon caractère »), il quitta bientôt Michillimakinac. Son fils Ignace, cependant, continua à y trafiquer jusqu'en 1775. René Bourassa passa les dernières années de sa vie à Montréal où il mourut en 1778.

DAVID A. ARMOUR

AN, Col., C[11A], 73, ff.226, 263 ; 76, ff.183, 196, 250 ; 117, f.363 ; 118, f.31 ; 119, ff.116, 198, 284, 285. — APC, MG 18, K3, map of Michilimackinac in 1749. — Clements Library, Thomas Gage papers, Supplementary accounts, A state of houses and lands at Michilimackinac. — Pa. Hist. Soc. (Philadelphie), Simon Gratz autograph coll., Howard à Bradstreet, 15 oct. 1764. — *The Aulneau collection, 1734–1745*, A. E. Jones, édit. (Montréal, 1893), 93s. — État général des billets d'ordonnances [...], ANQ *Rapport*, 1924–1925, 231–342. — État général des états et certificats tant de la ville de Montréal que des forts et posoes [...], ANQ *Rapport*, 1924–1925, 356–359. — *Journals and letters of La Vérendrye* (Burpee). — Langlade papers - 1737–1800, Wis., State Hist. Soc., *Coll.*, VIII (1879) : 209–223. — The Mackinac register, R. G. Thwaites, édit., Wis., State Hist. Soc., *Coll.*, XVIII (1908) : 469–513 ; XIX (1910) : 1–162. — *NYCD* (O'Callaghan et Fernow), V : 726–733. — Procès-verbaux sur la commodité et incommodité dressés dans chacune des paroisses de la Nouvelle-France par Mathieu-Benoît Collet, procureur général du roi au Conseil supérieur de Québec, Ivanhoë Caron, édit., ANQ *Rapport*, 1921–1922, 305s. — The St. Joseph baptismal register, George Paré et M. M. Quaife, édit., *Mississippi Valley Hist. Rev.* (Cedar Rapids, Iowa, et Lincoln, Neb.), XIII (1926–1927) : 215. — Congés de traite conservés aux Archives de la province de Québec, ANQ *Rapport*, 1922–1923, 192–265. — *Dictionnaire national des Canadiens français (1608–1760)* (2 vol., Montréal, 1958), I : 163. — Godbout, Nos ancêtres, ANQ *Rapport*, 1959–1960, 334s. — Labrèque, Inv. de pièces détachées, ANQ *Rapport*, 1971, 1–50. — *Mariages de Laprairie (N.-D.-de-la-Prairie-de-la-Madeleine), 1670–1968*, Irenée Jetté et Benoît Pontbriand, compil. (Québec, 1970). — É.-Z. Massicotte, Congés et permis déposés ou enregistrés à Montréal sous le Régime français, ANQ *Rapport*, 1921–1922, 189–223 ; Répertoire des engagements pour l'Ouest, ANQ *Rapport*, 1929–1930, 191–466. — Tanguay, *Dictionnaire*. — Antoine Champagne, *Les La Vérendrye et le poste de l'Ouest* (Québec, 1968). — Martin Kavanagh, *La Vérendrye, his life and times* [...] (Brandon, Manitoba, 1967).

BOURDAGES, RAYMOND, chirurgien et marchand, né en France en 1730 ou 1731, fils de Pierre

Bourdages, charpentier, et de Marie-Anne Chevalier, décédé à Bonaventure (Québec), le 10 août 1787.

Raymond Bourdages était maître chirurgien en 1755 – un acte de donation passé à Québec le 17 octobre 1760 entre lui et sa femme en témoigne. Peu avant la déportation acadienne, il était probablement au service de la garnison du fort La Tour, à l'embouchure de la rivière Saint-Jean (Nouveau-Brunswick), commandé par Charles DESCHAMPS de Boishébert et de Raffetot. C'est d'ailleurs à la rivière Saint-Jean qu'il épousa, au début de 1756, Esther, fille de René Leblanc, notaire royal aux Mines (près de Wolfville, Nouvelle-Écosse).

Bourdages quitta l'Acadie durant l'hiver de 1756–1757 et installa alors sa famille à l'Ancienne-Lorette (près de Québec) où plusieurs de ses enfants furent baptisés. En 1760, il fit un voyage en France, vraisemblablement dans le but de régler une succession. A son retour, en 1762, il établit deux postes commerciaux à la baie des Chaleurs : un à Bonaventure et l'autre à Caraquet (Nouveau-Brunswick). Il intéressa ses proches à son entreprise, surtout ses jeunes beaux-frères Benjamin et Jean-Baptiste Leblanc qui s'installèrent à Tracadièche (Carleton, Québec). Par ailleurs, Alexis LANDRY, son cousin par alliance et pionnier de Caraquet, se trouvait déjà sur place.

On ignore à quel moment Bourdages amena sa famille sur ses terres de Bonaventure, mais les recensements de 1765, 1774 et 1777 n'en signalent pas la présence. Même si Bourdages ne résidait à Bonaventure qu'à la belle saison, il s'intéressait au développement du milieu et y possédait, outre ses 300 acres de terre acquises aux environs de 1762, et ses postes de commerce, deux moulins qu'il érigea à la demande des gens de l'endroit.

A plusieurs reprises, Bourdages vit ses propriétés menacées. En premier lieu, il dut se défendre contre un Hollandais, William van Felson, qui, arrivé en 1763, prétendait à la propriété de toutes les terres de la baie des Chaleurs. Trois ans plus tard, à la faveur d'un arpentage, Samuel Jan Holland* revendiqua une concession qui englobait les terres de Bourdages ; les héritiers de ce dernier ne purent obtenir les titres avant 1825. La guerre d'Indépendance américaine ne l'épargna pas davantage ; des corsaires américains incendièrent ses biens et ses établissements de même que ceux de Charles Robin*. Il fut fait prisonnier en juin 1778. L'année suivante, John Allan*, un agent pro-américain, souleva les Micmacs de la côte ; le 22 mars 1779, 16 d'entre eux pillèrent le poste de Bourdages à Caraquet en prétextant l'état de guerre. On ne sait quand Bourdages fut relâché mais il ne semble pas avoir été sur place au moment du raid.

Onze enfants naquirent de son mariage avec Esther Leblanc. Un de leurs fils, Louis*, dut, au nom des héritiers, multiplier les mémoires pour se faire reconnaître la propriété des terres laissées par le testament de son père.

MARIO MIMEAULT

ANQ-Q, État civil, Catholiques, Notre-Dame de L'Annonciation (L'Ancienne-Lorette), 1750–1785 ; Greffe de Simon Sanguinet, 17 oct. 1760. — APC, MG 30, C20, 3. — Archives paroissiales, Saint-Joseph (Carleton, Québec), Registre des baptêmes, mariages et sépultures, 1787. — Patrice Gallant, *Les registres de la Gaspésie (1752–1850)* (6 vol., [Sayabec, Québec, 1968]). — Le Jeune, *Dictionnaire*, I : 224s. — [Bona Arsenault], *Bicentenaire de Bonaventure, 1760–1960* ([Bonaventure, Québec, 1960]) ; *Hist. et généalogie des Acadiens*, I : 238s. ; II : 897. — Geneviève Massignon, *Les parlers français d'Acadie* (2 vol., Paris, s.d.), II : 65. — F.-J. Audet, Louis Bourdages, SRC *Mémoires*, 3e sér., XVIII (1924), sect. I : 73–101.

BOURDON DE DOMBOURG, JEAN-FRANCOIS, officier dans les troupes de la Marine, né le 29 décembre 1720 dans la paroisse Saint-Barthélemy de La Rochelle, France, fils de Jean-François Bourdon de Dombourg et de La Pinaudière, et de Madeleine Poirel ; il épousa le 6 juillet 1752, à Port-La-Joie (Fort Amherst, Île-du-Prince-Édouard), Marguerite, fille du marchand acadien Joseph-Nicolas Gautier*, dit Bellair, et ils eurent huit enfants ; décédé en 1789 ou peu après, probablement à La Rochelle.

Jean-François Bourdon de Dombourg fut amené à l'île Royale (île du Cap-Breton) en 1733 par son oncle Claude-Élisabeth Denys* de Bonaventure. Il entreprit probablement dès ce moment sa carrière militaire, mais il ne fut fait cadet à l'aiguillette qu'en 1736. Manifestement, il était doué pour les langues : en 1739, il servait comme « Interprette des Sauvages Mikmak » et, en 1741, il fut officiellement envoyé à la mission de l'abbé Pierre Maillard*, sur l'île Royale, pour y perfectionner sa connaissance des langues indigènes. La même année, il perdit la main gauche en vérifiant des fusils qui devaient être donnés aux Indiens comme présents du roi. Cette mutilation ne diminua pas, semble-t-il, sa capacité de se battre, puisque, en mai 1744, il recevait l'ordre d'assembler les Indiens en Acadie pour « faire la guerre aux Engles ». Avec 250 Indiens, il prit part, cet été-là, à au moins une attaque, infructueuse, contre Annapolis Royal (Nouvelle-Écosse) [V. Paul Mascarene*]. De retour à l'île Royale en novembre, il fut fait prisonnier au siège de Louisbourg l'année suivante et envoyé en

France. Il servit au sein des expéditions ratées du duc d'Anville [La Rochefoucauld*] en Acadie en 1746, et du gouverneur La Jonquière [Taffanel*] au Canada en 1747.

Quand l'île Royale et ses dépendances repassèrent aux mains des Français, en 1749, à la suite du traité d'Aix-la-Chapelle, Bourdon fut immédiatement détaché à l'île Saint-Jean (Île-du-Prince-Édouard) à titre d'interprète. Ayant obtenu plusieurs promotions au cours des années 1740, il fut finalement nommé lieutenant en 1750. A l'instar de plusieurs de ses collègues officiers, il servit dans des postes avancés comme l'île Saint-Jean et Port-Toulouse (près de St Peters, Nouvelle-Écosse) avant sa dernière affectation, à Louisbourg.

Une semaine avant la capitulation de Louisbourg aux mains d'AMHERST, le 27 juillet 1758, Bourdon reçut l'ordre de rallier le « camp volant » de soldats de la Marine, de partisans acadiens et d'Indiens aux ordres de Charles DESCHAMPS de Boishébert. En 1759, il était à Restigouche (Québec), en charge d'une poignée de soldats et de plus d'un millier de réfugiés acadiens. L'hiver de 1759–1760 fut dur : il fut réduit à manger « des peaux de bœuf, peaux de castore, et des chiens ». Mais la faim n'était pas son seul problème : les missionnaires Maillard, Jean Manach* et Charles GERMAIN étaient à négocier la paix avec les Britanniques. Bien que Manach tentât d'expliquer son attitude comme celle qui servait le mieux l'intérêt des Acadiens, Bourdon envoya aux Acadiens de Miramichi (Nouveau-Brunswick) une lettre dans laquelle il faisait appel à leur fierté. « Où est donc ce zèle pour la patrie, leur demanda-t-il, cette fermeté pour la religion » ? Manach intercepta la lettre, mais le contenu en fut bientôt largement connu, et Bourdon réussit à attirer à Restigouche un groupe d'Acadiens. Il prépara aussi, pour le gouverneur Vaudreuil [RIGAUD], un dossier dans lequel il accusait virtuellement les trois prêtres de trahison.

A la fin de mai 1760, Bourdon reçut une aide inespérée. Un convoi français à destination du Canada avait dû chercher refuge dans la baie des Chaleurs, non loin du poste de Bourdon. François-Gabriel d'ANGEAC, capitaine des troupes à bord des navires, prit le commandement du poste, et, avec François Chenard de La Giraudais, commandant du convoi, improvisa des ouvrages de défense. Le 27 juin, une escadre britannique sous les ordres du capitaine John BYRON commença une attaque. Les forces françaises tinrent jusqu'au 8 juillet, jour où la frégate *Machault* et la plupart des navires ravitailleurs qui restaient furent incendiés. Les troupes se retirèrent alors dans les bois. Byron retourna à Louisbourg, et ce ne fut qu'à la fin d'octobre que le major Robert Elliot* arriva pour recevoir la capitulation des troupes françaises. Conformément aux termes de la capitulation, Bourdon fut envoyé en France. Sa femme et ses enfants furent emmenés à Halifax, Nouvelle-Écosse, et ne rejoignirent Bourdon à La Rochelle qu'en novembre 1764.

La dernière partie de la vie de Bourdon n'est connue que sommairement. En mai 1764, il fut mis à la retraite comme officier des troupes de la Marine, avec une pension de 400#. Il semble avoir été pauvre, car en 1773 encore, alors qu'il demandait une commission de capitaine dans un nouveau régiment, il faisait mention de son « Etat indigen ». Il fut fait chevalier de Saint-Louis en 1775, honneur qui lui valait une pension. Toutefois, sa pauvreté était peut-être relative, compte tenu de son état ; la dernière mention que nous ayons de lui, en 1789, nous le fait voir siégeant à l'assemblée de la noblesse de la Sénéchaussée de La Rochelle.

ANDREW RODGER

AN, Col., B, 59, f.547 ; 74, f.554v. ; 84, p.316 ; 86, p.312 ; 91, p.348 ; 120, f.577v. ; 181, f.225v. ; C[11A], 105/1, pp.82–162, 179–184 ; C[11B], 22, f.127v. ; 27, f.283 ; 28, ff.26, 68 ; 29, ff.26–28 ; 31, f.77v. ; D[2C], 4, p.132 ; 5, f.330 ; 48 ; E, 47 (dossier Bourdon de Dombourg) ; Section Outre-mer, G[1], 411/2 ; 458, f.20v. ; 459, f.12v. (les références en pages sont des copies aux APC). — Knox, *Hist. journal* (Doughty), III : 353–421. — Æ. Fauteux, *Les chevaliers de Saint-Louis*, 203. — Archange Godbout, Familles venues de La Rochelle en Canada, R.-J. Auger, édit., ANQ *Rapport*, 1970, 114–367. — Régis Roy, Bourdon de Dombourg, *BRH*, XXVIII (1922) : 243.

BOURG, JOSEPH-MATHURIN, prêtre, spiritain, missionnaire et grand vicaire, né le 9 juin 1744 à Rivière-aux-Canards (près de Canard, Nouvelle-Écosse), fils aîné de Michel Bourg et d'Anne Hébert, et petit-fils d'Alexandre Bourg*, dit Belle-Humeur, décédé à Saint-Laurent, près de Montréal, le 20 août 1797.

Comme bien d'autres Acadiens de la Nouvelle-Écosse, Joseph-Mathurin Bourg et sa famille connurent la déportation en 1755. Il est probable qu'il fût d'abord déporté en Virginie, mais, dès 1756, il se trouvait en Angleterre. Sept ans plus tard, il passa en France, demeura à Saint-Suliac (dép. d'Ille-et-Vilaine) jusqu'en 1766, puis à Saint-Servan. L'année suivante, sous les auspices de l'abbé de l'Isle-Dieu, vicaire général de l'évêque de Québec en France, Bourg alla étudier la philosophie au séminaire du Saint-Esprit à Paris. Il reçut la tonsure le 27 mai 1769 et les ordres mineurs, le 9 juin 1770, en compagnie de son demi-frère et compagnon d'exil, Jean-Baptiste Bro*.

En 1772, sa troisième année de théologie terminée, Bourg partit pour Québec. Le 19 septembre, Mgr BRIAND l'ordonnait prêtre dans la chapelle de l'Hôtel-Dieu de Montréal. L'année suivante, il fut envoyé en mission auprès des Acadiens dispersés en Nouvelle-Écosse, qui comprenait alors le territoire actuel du Nouveau-Brunswick, et en Gaspésie. L'abbé Bourg s'établit à Tracadièche (Carleton, Québec) et son premier acte, daté du 3 septembre 1773, est inscrit aux registres de Bonaventure. Peu après, il parcourut toute la mission de la baie des Chaleurs et visita en plus Memramcook et Minudie. En juillet 1774, il se rendit à Québec où sa famille résidait depuis son retour de France. Mgr Briand profita probablement du passage de Bourg à l'évêché pour le nommer vicaire général en Acadie. A l'automne, Bourg visita une première fois les Acadiens de la rivière Saint-Jean et du sud-ouest de la Nouvelle-Écosse. Quoique la région eût été desservie auparavant par Charles-François BAILLY de Messein, quelques-uns de ces établissements acadiens n'avaient pas reçu la visite d'un prêtre depuis de longues années.

En 1778, l'abbé Bourg rendit un grand service aux autorités de la Nouvelle-Écosse en acceptant d'aller calmer les Indiens de la rivière Saint-Jean, car on craignait qu'ils ne se joignent aux troupes américaines. L'absence d'un missionnaire était une des causes du mécontentement des Indiens puisque, l'année précédente, des agents du gouvernement de la Nouvelle-Écosse leur avaient promis d'obtenir les services d'un prêtre. En décembre 1777, le lieutenant-gouverneur Mariot ARBUTHNOT avait écrit au gouverneur Guy Carleton*, le priant de demander à Mgr Briand d'envoyer l'abbé Bourg à Halifax. L'évêque avait accepté et Bourg se rendit dans cette ville en août 1778 pour y recevoir ses instructions. Le 24 septembre, accompagné de Michæl FRANCKLIN, surintendant des Affaires indiennes, et de Gilfred STUDHOLME, commandant du fort Howe (Saint-Jean, Nouveau-Brunswick), Bourg rencontra les Malécites et les Micmacs à Menagouèche, près du fort Howe. Il leur montra une lettre dans laquelle l'évêque de Québec menaçait d'excommunier tous ceux qui aideraient les rebelles. Un traité fut alors signé par lequel les Indiens promirent de rester neutres [V. Nicholas ACKMOBISH]. Le lieutenant-gouverneur Richard Hughes*, successeur d'Arbuthnot, loua l'abbé Bourg pour le succès de sa mission.

L'abbé Bourg continua de jouer le même rôle auprès des Indiens durant tout le reste de la guerre d'Indépendance américaine. En 1779, il se rendit à la rivière Saint-Jean et, en 1780 et 1781, il participa à différentes assemblées avec les Indiens. La correspondance de John Allan*, surintendant américain des Affaires des Indiens de l'Est, démontre bien que le missionnaire était d'un grand secours pour les Britanniques, désireux de conserver l'appui des Indiens. C'est ainsi que pour les services rendus l'abbé Bourg reçut, en août 1778, en plus d'une somme de £50, une pension de £100 – dont on ignore la durée – et les concessions de l'île Héron, sur la côte sud de la baie des Chaleurs, et d'un terrain où se trouve aujourd'hui la localité de Charlo. Comme l'abbé Bourg ne reçut jamais ses titres de propriété, ses héritiers connurent beaucoup d'ennuis, l'arpenteur George Sproule* contestant leur droit de propriété, en 1806, parce que la terre n'avait pas été cultivée.

L'abbé Bourg résida à Tracadièche jusqu'en 1784, visitant annuellement, de 1780 à 1783, le sud-ouest de la Nouvelle-Écosse. En 1784, Mgr Briand lui demanda de se rendre à Halifax pour y exercer son ministère auprès des catholiques dont le nombre avait augmenté et qui réclamaient un pasteur depuis 1782. L'évêque estimait que cette ville deviendrait un des postes les plus importants du diocèse de Québec et, de ce fait, le lieu de résidence approprié pour son vicaire général qui, d'ailleurs, parlait l'anglais. Le missionnaire ne put s'y établir avant le 1er août 1785 et, à son arrivée, il fut bien accueilli par les autorités civiles. Avec la venue, 27 jours plus tard, d'un prêtre irlandais, l'abbé James Jones*, Bourg reconnut que les habitants ne pouvaient assurer la subsistance de deux prêtres. Il décida de confier à Jones la charge de la paroisse qu'il quitta en février 1786 pour retourner à la baie des Chaleurs après avoir visité une dernière fois les Acadiens de la Nouvelle-Écosse. A cause du manque de prêtres de langue française dans le diocèse de Québec, les Acadiens de la Nouvelle-Écosse seraient désormais desservis par des prêtres de langue anglaise jusqu'à l'arrivée de Jean-Mandé Sigogne*, en 1799.

Dès 1784, Mgr Briand avait pensé remplacer l'abbé Bourg à Tracadièche par l'abbé Thomas-François LE ROUX, mais ce dernier dut rester à Memramcook à cause de son grand âge. Cependant, lorsque l'abbé Bourg revint à la baie des Chaleurs, il trouva à la tête de sa mission un jeune prêtre, Antoine Girouard*, que Mgr Louis-Philippe MARIAUCHAU d'Esgly y avait envoyé en 1785. L'évêque de Québec confia alors la rive nord de la baie des Chaleurs à l'abbé Bourg et la rive sud, à l'abbé Girouard. Par contre l'abbé Bourg continua de s'occuper des Indiens de toute la mission et, peu après son retour, la New England Company, société protestante, lui offrit le poste d'instituteur auprès des Indiens à la baie des Chaleurs ; on ignore toutefois s'il acquiesça.

Durant l'hiver de 1789–1790, l'abbé Girouard, qui était malade, séjourna chez l'abbé Bourg et put observer la vie qu'il menait. Il adressa alors une lettre en latin au nouvel évêque de Québec, Mgr HUBERT, lui décrivant la conduite imprudente de l'abbé Bourg avec Marie Savoye, sa servante âgée d'une quarantaine d'années, dont le vicaire général se prétendait parent. Reconnaissant qu'elle était bonne servante et bonne cuisinière, Girouard affirmait qu'elle régnait sur les affaires du presbytère et de la paroisse, et qu'elle était la cause de certaines querelles entre le missionnaire et ses paroissiens. Mgr Hubert adressa à l'abbé Bourg une remontrance, lui enjoignant d'être plus prudent ; le missionnaire s'y engagea. A la demande de son évêque, l'abbé Bourg reprit la direction de la rive sud de la baie des Chaleurs après le départ de l'abbé Girouard en 1790. Atteint d'une forte fièvre à l'hiver de 1794–1795, il eut des accès de délire durant lesquels il aurait « trop parlé » et tenu des propos antireligieux. Les paroissiens demandèrent alors un autre missionnaire et profitèrent de l'inactivité de Bourg pour éloigner la servante du presbytère. Une fois rétabli, l'abbé Bourg, tout en manifestant son mécontentement et en expliquant sa conduite à l'évêque, demanda son rappel en mars 1795. Il fut alors transféré à la cure de la paroisse Saint-Laurent, près de Montréal, et remplacé, à l'été, par les abbés Jean-Baptiste-Marie CASTANET et Louis-Joseph Desjardins*, dit Desplantes. Bourg demeura curé de Saint-Laurent jusqu'à sa mort.

L'abbé Bourg s'était dépensé sans compter au service des Acadiens, particulièrement ceux de la baie des Chaleurs, à une époque où les missionnaires étaient rares. Les registres montrent qu'il était souvent en voyage dans sa mission et qu'il se rendit au moins cinq fois dans la région sud-ouest de la Nouvelle-Écosse. En plus des secours spirituels qu'il apporta aux Acadiens, sa présence servit sans doute à leur redonner confiance. Acadien de naissance, il avait survécu au grand dérangement et, malgré cela, il avait eu de bonnes relations avec les autorités civiles anglaises. Sans être le premier prêtre né en Acadie, Bourg fut cependant le premier missionnaire acadien à y revenir après la dispersion.

ÉLOI DEGRÂCE

AAQ, 12 A, C, 125–126, 135 ; D, 106 ; 20 A, II : 6 ; 210 A, I : 131–132, 173–174 ; 22 A, V : 307–308 ; 1 CB, I : 8 ; II : 2, 6, 10, 15–16, 22 ; CD, Diocèse de Québec, I : 72a ; 311 CN, VI : 1. — Archives de l'évêché de Gaspé (Gaspé, Québec), Casier des paroisses, Restigouche, Indiens de Restigouche à l'évêque, 4 janv. 1787. — ASQ, MSS, 12, f.40. — N.B. Museum (Saint-Jean), Simonds, Hazen, and White papers, folder 20, item 40, William Franklin aux Indiens, 14 sept. 1778. — PANS, RG 1, 212, 21 août 1778. — *Documentary history of Maine* (Willis *et al.*), XVI ; XVIII. — Selections from the papers and correspondence of James White, esquire, A.D. 1762–1783, W. O. Raymond, édit., N.B. Hist. Soc., *Coll.*, I (1894–1897), n° 3 : 306–340. — Patrice Gallant, *Les registres de la Gaspésie (1752–1850)* (6 vol., [Sayabec, Québec, 1968]), [VI] : xxii–xxiv. — Le Jeune, *Dictionnaire*, I : 228s. — Antoine Bernard, *Histoire de la survivance acadienne, 1755–1935* (Montréal, 1935), 37–54. — É.-P. Chouinard, *Histoire de la paroisse de Saint-Joseph de Carleton (baie des Chaleurs), 1755–1906* (Rimouski, Québec, 1906). — A. A. Johnston, *A history of the Catholic Church in eastern Nova Scotia* (2 vol., Antigonish, N.-É., 1960–1971), I. — H. J. Koren, *Knaves or knights ? A history of the Spiritan missionaries in Acadia and North America, 1732–1839* (Pittsburgh, Pa., 1962), 108–121. — Arthur Melanson, *Vie de l'abbé Bourg, premier prêtre acadien, missionnaire et grand-vicaire pour l'Acadie et la Baie-des-Chaleurs, 1744–1797* (Rimouski, 1921). — Antoine Bernard, Les Acadiens en Gaspésie, *L'Évangéline* (Moncton, N.-B.), 31 juin–11 juill. 1932. — É.-P. Chouinard, A travers les régistres de Saint-Joseph de Carleton, *Le Moniteur acadien* (Shédiac, N.-B.), 10, 20, 27 janv., 10, 24 févr., 3, 7, 10, 31 mars 1899 ; L'abbé Joseph Mathurin Bourg, *Le Moniteur acadien*, 17, 24, 31 août 1899 ; Le premier prêtre acadien – l'abbé Joseph-Mathurin Bourg, *La Nouvelle-France* (Québec), II (1903) : 310–317, 403–411. — Éva Comeau, L'abbé Joseph-Mathurin Bourg, curé de Carleton en 1773, *Revue d'hist. de la Gaspésie* (Gaspé), IX (1971) : 239–242. — Placide Gaudet, Les premiers missionnaires de la baie Ste-Marie [...], *L'Évangéline* (Weymouth Bridge, N.-É.), 9 juill. 1891, [2]. — J.-M. Léger, L'abbé Bourg, pacificateur des Indiens, Soc. historique acadienne, *Cahier* (Moncton), II (1966–1968) : 243–245.

BOWMAN, JAMES, médecin, chirurgien-major, né probablement en Irlande, fils de Whitney Bowman, décédé à Québec en 1787.

James Bowman serait arrivé à Québec, apparemment peu après la Conquête, à titre de chirurgien-major de l'armée anglaise. Lors de son licenciement, il décida d'installer son bureau de consultation dans cette ville. Au printemps de 1784, Bowman devint médecin de l'Hôtel-Dieu de Québec. Son admission à cet hôpital, ainsi que celle du docteur Joseph Détailleur, également de Québec, fut le résultat de leur travail désintéressé et constant auprès des citoyens de la capitale atteints de la variole qui sévissait durant l'hiver de 1783–1784 à l'état d'épidémie. Le nombre considérable de malades déborda les capacités hospitalières, au point que les autorités gouvernementales décidèrent, au début de 1784, de remettre aux religieuses de l'Hôtel-Dieu les salles de malades qui, depuis la Conquête, étaient réservées aux patients de l'armée [V. Marie-Louise Curot, dite de Saint-Martin]. Bowman et Détailleur avaient soigné sans relâche tous les varioleux de Québec et ils offrirent aux religieuses de traiter sans rémunération les contagieux qui devaient être recueillis à leur hôpital.

Devant l'ampleur d'une autre contagion, celle de la maladie de la baie Saint-Paul, le lieutenant-gouverneur Henry Hamilton nomma Bowman enquêteur officiel, le 18 avril 1785. Dès 1773, l'attention de Guy Carleton*, gouverneur de la province, avait été attirée par une maladie étrange qui faisait beaucoup de ravages dans les villages bordant le Saint-Laurent. Les autorités avaient commencé une enquête qu'ils avaient dû interrompre en 1775, à cause de l'invasion américaine. Au mois de septembre 1782, un certain nombre de médecins les mieux cotés de Québec et de Montréal, parmi lesquels les docteurs Philippe-Louis-François Badelard*, James Davidson, Charles Blake*, Robert Sym, George Selby* et Jean-Baptiste Jobert, avaient alerté les autorités au moyen d'une pétition adressée au grand jury de Montréal. Pendant les années 1785 et 1786, Bowman eut donc pour mission de visiter tous les foyers d'infection à la grandeur de la province. Il examina 5 801 malades en 1785 et 4 606 l'année suivante.

On discuta longuement à l'époque dans les milieux médicaux sur l'origine de cette maladie ; ses symptômes, son cycle d'évolution et les résultats heureux obtenus par la thérapeutique médicamenteuse à base de mercure emportèrent le consensus des docteurs Charles Blake, James Davidson, Robert Sym, George Selby et James Bowman qui conclurent à une contagion syphilitique. Les docteurs Robert Jones* et Jean-Baptiste Jobert, tous deux de Montréal, étaient d'avis contraire ; il ne s'agissait pas, selon eux, de syphilis. Tous ces médecins toutefois traitaient leurs malades avec les produits mercuriels et se disaient satisfaits des résultats.

Le docteur Bowman présenta un rapport documenté au gouvernement et réclama, pour deux ans d'études et de déplacements, la somme de £2 500 qui lui fut refusée. En compensation, on lui offrit 100 guinées pour ses dépenses et 200 guinées pour ses honoraires. Lors de son décès, survenu en 1787, le gouvernement avait décidé de lui octroyer la somme de £825 ; Bowman ayant déjà touché £500, le reste de la somme fut versé à sa succession.

Édouard Desjardins

APC, RG 4, B43. — [P.-L.-F. Badelard], *Direction pour la guérison du mal de la baie St-Paul* (Québec, 1785) ; Observations sur la maladie de la Baye [...] données au public par ordre de son excellence le gouverneur, *La Gazette de Québec*, 29 juill. 1784. — Robert Jones, *Remarks on the distemper generally known by the name of Molbay disease, including a description of its symptoms and method of cure chiefly intended for the use of the clerical and other gentlemen residing in the country* (Montréal, 1786). — Une correspondance médicale : Blake à Davidson, P.-A. Fiset, édit., *Laval médical* (Québec), 23 (1957) : 419–448. — Abbott, *History of medicine*. — M.-J. et G. Amern, *Notes pour l'hist. de la médecine*, 73–83. — Heagerty, *Four centuries of medical history in Canada*, I : 131–160. — A. W. Cochrane, Notes on the measures adopted by government, between 1775 and 1786, to check the St. Paul's Bay disease, Literary and Hist. Soc. of Quebec, *Trans.*, IV (1854) : 139–152. — Émile Gaumond, La syphilis au Canada français, hier et aujourd'hui, *Laval médical*, 7 (1942) : 25–65. — J.-E. Roy, Maladie de la baie, *BRH*, I (1895) : 138–141. — Benjamin Sulte, Le mal de la baie Saint-Paul, *BRH*, XXII (1916) : 36–39.

BRADSTREET, JOHN (baptisé **Jean-Baptiste**), officier et fonctionnaire, né le 21 décembre 1714 à Annapolis Royal, Nouvelle-Écosse, second fils d'Edward Bradstreet et d'Agathe de Saint-Étienne* de La Tour ; il épousa Mary Aldridge, et de ce mariage naquirent deux filles ; décédé à New York le 25 septembre 1774.

John Bradstreet et son frère Simon s'engagèrent dans le régiment de Richard Philipps* (le 40e d'infanterie) et servirent comme volontaires en Nouvelle-Écosse jusqu'en 1735, date à laquelle leur mère, par l'intermédiaire de l'agent du régiment, King Gould, put leur obtenir des commissions. John reçut le grade d'enseigne et entreprit ainsi une carrière militaire qui devait atteindre son apogée lorsqu'il fut fait major général en 1772.

L'enfance et l'histoire familiale de John Bradstreet baignent dans une certaine confusion, créée par la présence en Nouvelle-Écosse d'un de ses cousins qui portait le même nom. Lorsque celui-ci mourut, John épousa sa veuve – ce qui n'est pas de nature à clarifier la situation – et deux des quatre enfants que l'on croyait être les siens étaient en réalité ceux de son cousin. Plus tard, Bradstreet hésita à parler de ses antécédents familiaux et de ses années vécues en Nouvelle-Écosse. Son silence peut s'expliquer par la crainte de voir sa carrière dans l'armée britannique compromise si l'on venait à découvrir son ascendance acadienne et le fait qu'il s'était livré à des activités commerciales suspectes. C'est ainsi que les historiens l'ont présenté comme un personnage énigmatique qui apparaît pour la première fois durant la campagne contre Louisbourg, île Royale (île du Cap-Breton), en 1745.

Pourtant, Bradstreet avait mené une vie très active dans les années 30, alors qu'il était jeune officier en poste à Canseau (Canso, Nouvelle-Écosse). En outre de ses fonctions militaires, il avait mis sur pied un commerce lucratif de provisions et de bois avec la forteresse française. N'écoutant pas le conseil de Gould, qui lui disait de « laisser tomber » ces activités susceptibles de nuire à sa carrière militaire, il continua à faire du commerce avec Louisbourg jusqu'à une date avancée de l'année 1743. Il n'est pas étonnant qu'il ait reçu un traitement de faveur lorsque les Français prirent Canseau et sa garnison en mai 1744 [V. François Du Pont Duvivier]. Pendant les quelques mois qui suivirent, il joua le rôle de messager dans les discussions qui eurent lieu, à propos des échanges de prisonniers, entre le commandant de Louisbourg, Jean-Baptiste-Louis Le Prévost* Duquesnel, et le gouverneur du Massachusetts, William Shirley. Il s'efforça, en outre, de tirer bénéfice en Nouvelle-Angleterre de la connaissance qu'il avait de Louisbourg et d'augmenter ses chances d'avancement en Grande-Bretagne. En septembre 1744, le jour même où la garnison de Canseau arrivait à Boston après avoir été libérée, Bradstreet et l'un des officiers de cette garnison, George Ryall, présentèrent à Shirley un rapport sur Louisbourg dans lequel ils soulignaient l'importance de cette forteresse pour l'Empire français et faisaient allusion à sa vulnérabilité. Trois mois plus tard, Bradstreet soumit à Shirley le plan d'une attaque contre la place forte. Comme il n'existe pas de copie de ce plan, on n'est pas certain s'il fut utilisé comme donnée lors de l'attaque menée en 1745 ; William Vaughan* prétendit avoir dressé le plan définitif. Toutefois, William Pepperrell* qualifia Bradstreet de « premier instigateur de l'expédition » et Shirley affirma que c'était en raison de ses « renseignements et avis » qu'il avait lancé l'expédition.

Malgré sa déception de n'avoir pas obtenu le commandement de l'expédition, Bradstreet accepta une commission provinciale qui le créait lieutenant-colonel du 1er régiment du Massachusetts et il participa à la victoire remportée à Louisbourg. Ses actions lui valurent les éloges de Pepperrell, du commodore Peter Warren* et de Shirley. Le lendemain de la reddition, il fut nommé « major de la ville et [de la] forteresse », mais il n'obtint pas les récompenses auxquelles, visiblement, il s'attendait. De plus, après que Charles Knowles eut été nommé gouverneur de l'île du Cap-Breton en juin 1746, il perdit son poste de major. Les deux hommes commencèrent à se détester mutuellement, et les avantages marginaux consentis à Bradstreet – par exemple, l'approvisionnement de la garnison en rhum et en combustible – lui furent enlevés par Knowles, lequel déclara qu'il n'allait plus lui permettre de « piller le gouvernement ». Bien qu'il eût été nommé capitaine dans le régiment régulier de Pepperrell – un régiment nouvellement levé, en garnison à la forteresse – et qu'il fût nommé lieutenant-gouverneur de St John's, Terre-Neuve, le 16 septembre 1746, Bradstreet éprouvait encore un sentiment d'amertume. En août 1747, ayant vainement fait d'autres tentatives pour améliorer sa situation et ne pouvant plus supporter les frustrations qu'il subissait à Louisbourg, il se rendit à St John's pour occuper son poste de lieutenant-gouverneur.

Bradstreet ne se reposa pas très longtemps à Terre-Neuve ; à l'automne de 1751, il partait pour l'Angleterre. Muni du journal qu'il avait tenu durant le siège, il exposa le rôle qu'il avait joué et il se plaignit de son sort ; il regagna l'appui de King Gould et du fils de celui-ci, Charles, qui s'étaient détournés de lui en raison de ses activités commerciales, et il intéressa à sa cause des personnes aussi puissantes que sir Richard Lyttleton, un ami intime de William Pitt, Charles Townshend, qui allait devenir chancelier de l'Échiquier sous le gouvernement de Pitt, et lord Baltimore. Si Townshend et Baltimore ne parvinrent pas à lui procurer de l'avancement, Lyttleton et Charles Gould allaient lui être plus utiles. Désormais assuré d'avoir ses « entrées » – ce dont il avait grand besoin – chez des personnages capables de veiller sur lui en Angleterre, Bradstreet revint en Amérique en 1755 avec l'expédition du major général Edward Braddock.

Capitaine dans le nouveau 51e d'infanterie de Pepperrell, Bradstreet fut d'abord affecté, cette année-là, à la campagne menée par Shirley contre le fort Niagara (près de Youngstown, New York). Le gouverneur du Massachusetts, qui manquait d'hommes expérimentés, fit largement confiance à celui qui l'avait conseillé au sujet de Louisbourg. Au printemps de 1755, il commanda à Bradstreet de se rendre à Oswego (ou Chouaguen ; aujourd'hui Oswego, New York) pour raffermir les défenses du fort et en faire une base à partir de laquelle serait lancée l'attaque sur le fort Niagara. Bradstreet exécuta les ordres avec énergie et, en août, il fut promu major honoraire et adjudant général. Shirley rencontra toutefois des difficultés dans la préparation de son armée et l'acheminement de celle-ci à Oswego durant l'été et Bradstreet, voyant échapper l'occasion d'attaquer le fort Niagara, demanda la permission de donner immédiatement l'assaut. Shirley rejeta ce plan et, en septembre, il abandonna la campagne contre le fort. Il décida que le fort Frontenac

(Kingston, Ontario), qu'il considérait comme « la clef » du lac Ontario, allait être l'objectif de la première campagne de 1756 et il chargea Bradstreet de mener cette attaque.

Au printemps, l'une des premières tâches confiées à Bradstreet fut de prendre la tête d'un convoi de barques formé en vue de renforcer la garnison d'Oswego. Une fois sur place, il devait choisir les hommes et les approvisionnements nécessaires et attaquer le fort Frontenac. Cependant, il éprouva des difficultés à atteindre Oswego ; par ailleurs, ayant constaté que la garnison était affaiblie et les fortifications incomplètes, il comprit qu'il n'était pas en mesure de lancer une offensive contre le fort Frontenac. Il s'occupa de tenir ouverte la route du ravitaillement qui reliait Albany et Oswego, car ce dernier endroit était de plus en plus menacé par les Français. Après avoir fait une autre visite à Oswego le 1er juillet 1756, il revint à Albany où il attendit impatiemment l'occasion de se remettre en route. Toutefois, à la mi-août, Oswego fut pris par Montcalm*.

A cette date, lord Loudoun avait remplacé Shirley au poste de commandant des forces britanniques en Amérique. Identifié comme un affidé de Shirley par les ennemis de ce dernier, au nombre desquels se trouvaient sir Charles HARDY et sir William JOHNSON, Bradstreet eut tôt fait de se dissocier de son ancien commandant. Ayant été prévenu par Charles Gould, en mars 1756, qu'on n'avait « plus beaucoup d'estime ici [en Grande-Bretagne] » pour Shirley, il se montra peu disposé à collaborer lorsque celui-ci tenta de réunir des informations de nature à justifier sa conduite. Il s'efforça plutôt de gagner la sympathie de Loudoun et de son état-major et il y parvint tout à fait. Toutes les mesures autorisées par Shirley furent critiquées par ceux qui vinrent après lui, tandis que la conduite de Bradstreet « suscita des éloges sans réserve ». Avec l'approbation de Loudoun, Bradstreet se fit payer les frais de l'utilisation des barques ; il fut nommé capitaine dans les Royal Americans (60e d'infanterie) lorsque le 51e fut licencié au début de 1757 et il devint en pratique quartier-maître et aide de camp de Loudoun. Au cours du printemps de 1757, il rassembla à Boston les approvisionnements et les transports nécessaires à l'expédition de Loudoun contre Louisbourg, et, en août, à Halifax, il était de ceux qui jugeaient que l'attaque ne devait pas être remise à plus tard.

Déçu lorsque l'expédition fut contremandée, Bradstreet fut néanmoins heureux d'apprendre que William Pitt était devenu premier ministre de Grande-Bretagne et il écrivit à Lyttleton pour lui demander de dire « un bon mot » en sa faveur. Il n'hésita pas à indiquer les fonctions auxquelles il estimait avoir droit, notamment le poste de gouverneur du New Jersey, celui de colonel d'un régiment de *rangers* ou celui de quartier-maître général. En outre, comme il l'avait déjà fait, il soumit un plan à ses supérieurs en donnant à Lyttleton, au début de septembre 1757, son avis sur la manière de conquérir le Canada. Pour remporter une victoire complète en Amérique du Nord, il fallait, selon lui, attaquer les possessions françaises sur trois fronts. Une armée devait prendre Louisbourg puis marcher sur Québec, pendant qu'une autre, partant d'Albany, allait s'emparer des forts Carillon (Ticonderoga, New York) et Saint-Frédéric (près de Crown Point, New York) et opérer une jonction avec la troisième armée, laquelle partirait d'Oswego pour mener une attaque par le lac Ontario. Les forces réunies effectueraient ensuite « dans un bref délai la prise de la ville de Montréal ». Cette stratégie de Bradstreet offre une ressemblance frappante avec celle qui fut utilisée par Pitt, durant les campagnes de 1758 à 1760, pour conquérir le Canada.

« Ravi par le courage et le génie entreprenant » de Bradstreet, Lyttleton communiqua ce projet à Pitt et au commandant en chef de l'armée britannique, lord Ligonier. Il est certain que celui-ci s'en inspira lorsqu'il dressa les plans de la campagne de 1758. L'avancement demandé par Bradstreet lui fut accordé sans retard ; le 1er janvier 1758, Lyttleton annonça à Charles Gould, avec une évidente satisfaction : « J'ai obtenu pour notre ami Bradstreet le grade de *lieutenant-colonel au service du Roi*, en qualité d'adjoint au quartier-maître général de l'Amérique. »

Tandis qu'il obtenait de l'avancement en Angleterre, Bradstreet se voyait confier des tâches de plus en plus importantes en Amérique. Loudoun lui commanda de surveiller la construction, dans la région d'Albany, des barques qui devaient être utilisées sur le lac Ontario et sur les fleuves Hudson et Saint-Laurent au cours de la prochaine campagne ; de plus, il approuva son projet d'attaquer le fort Frontenac à l'arrivée du printemps. Ces plans furent brusquement modifiés au début de mars, toutefois, lorsque Loudoun fut remplacé par ABERCROMBY. Selon les ordres qu'Abercromby tenait de Pitt, Bradstreet devait se rendre dans les colonies du Sud pour y exercer les fonctions de quartier-maître. Comme Abercromby connaissait les talents de Bradstreet, il décida plutôt, dans « un acte bien avisé de désobéissance », d'avoir recours à lui dans sa campagne contre le fort Carillon. Bradstreet dirigea donc la construction des barques ainsi que l'acheminement, sur le fleuve Hudson, des vivres et des effectifs réunis en vue de l'attaque. Lorsque le commandant en second, le vicomte Howe (George Augustus Howe), fut tué et que son remplaçant, GAGE, se révéla incapable de devenir un des principaux conseillers d'Abercromby, Bradstreet « prit les choses en mains ». Avec la permission du commandant en chef, il conduisit à Carillon une troupe de plusieurs milliers de réguliers et de provinciaux en empruntant une route plus directe que celle qui avait été suivie par l'armée. Une fois rendu devant le fort avec cette avant-garde, il demanda l'autorisation de se lancer immédiatement à l'assaut. Abercromby ne prêta pas « la moindre attention » à cette requête ; il s'amena avec le reste de l'armée et fixa au lendemain le moment de l'attaque. Le délai se révéla coûteux : le 8 juillet, les troupes françaises, renforcées et mieux retranchées, repoussèrent les vagues successives d'assaillants. Abercromby ayant décidé de battre en retraite, Bradstreet dirigea le rembarquement et transforma en une opération exécutée en bon ordre une ruée vers les barques qui s'annonçait comme un désastre.

Au contraire de ceux qui pansaient leurs blessures au lendemain de la défaite britannique, Bradstreet remit de l'avant son projet d'attaquer le fort Frontenac et il obtint l'autorisation d'Abercromby. Avec une troupe d'environ 3 000 hommes, en grande partie des coloniaux, il atteignit le lac Ontario le 21 août, et, quatre jours plus tard, il était en vue du fort français. La place forte n'étant pas en état de résister à un siège, Pierre-Jacques PAYEN de Noyan et de Chavoy, le commandant, capitula le 27 août. Après avoir pillé, incendié et démoli le fort, la troupe de Bradstreet regagna le territoire britannique. Ce coup d'éclat ébranla la ligne de défense de l'empire français sur les Grands Lacs. Comme résultat plus direct, la prise des provisions du fort, la destruction de la flottille française sur le lac Ontario et la diminution du prestige des Français aux yeux des Indiens contribuèrent à la défaite finale de la Nouvelle-France.

Le triomphe de Bradstreet fut applaudi en Grande-Bretagne et il fut rapidement promu colonel en Amérique, avec effet rétroactif au 20 août. Chose curieuse, bien qu'il eût atteint l'apogée de sa carrière militaire durant les années où la Grande-Bretagne subissait la défaite, le sentiment qu'il avait d'être frustré et négligé s'accrut pendant que les forces britanniques connaissaient la victoire. Cependant, il gagna le respect inconditionnel de son nouveau commandant, AMHERST, pour la façon consciencieuse avec laquelle il s'acquitta de sa tâche d'adjoint au quartier-maître général à Albany. Pendant les préparatifs de la campagne de 1760, Bradstreet se dépensa sans compter au point que sa santé en souffrit et il vint tout près de mourir. Il fut obligé de rester à l'arrière, à Oswego, et de garder le lit tandis que l'armée d'Amherst se lançait dans la dernière attaque qui allait permettre de conquérir le Canada. Ses fonctions de quartier-maître étaient lucratives et lui permettaient de jouer un rôle de premier plan dans les cercles politiques et financiers de la région d'Albany ; toutefois, comme la guerre touchait à sa fin, il se mit à s'inquiéter de plus en plus de ce que le gouvernement britannique ne lui accordait pas, selon lui, une juste récompense pour sa contribution à la victoire. Malheureusement pour lui, Lyttleton quitta l'Angleterre en 1760 et Pitt perdit le pouvoir en 1761, mais le fidèle Charles Gould, continuant de plaider en sa faveur, parvint, en octobre 1763, à assurer sa nomination au poste de lieutenant-gouverneur soit de Montréal ou de Trois-Rivières, après que Ralph Burton* aurait arrêté son choix. La révolte fomentée par Pondiac* avait éclaté dans l'intervalle, et Bradstreet se vit offrir par Amherst le commandement d'une expédition qui devait se rendre aux Grands Lacs pour lutter contre les Indiens. Il accepta, car il espérait que le succès de cette mission impressionnerait davantage le gouvernement britannique que ne l'avaient fait ses activités militaires au Canada.

Les opérations prévues pour 1764 visaient surtout les Loups (Delawares) et les Chaouanons ; Bradstreet, du côté nord, devait conduire une troupe du fort Niagara à Détroit, tandis que Henry Bouquet, au sud, devait mener des hommes du fort Pitt (Pittsburgh, Pennsylvanie) en direction de la rivière Muskingum (Ohio). Incapable, pour diverses raisons, de quitter le fort Niagara avant le début d'août et amèrement déçu de n'avoir pas une troupe plus nombreuse, il se persuada que sa mission comportait aussi des tentatives de pacification. Il fit donc des offres de paix à une délégation indienne qu'il rencontra près du fort Presque Isle (Erie, Pennsylvanie) le 12 août et il entama de nouvelles négociations quand il fut arrivé à Détroit le 27 août.

A la mi-septembre, Bradstreet se trouvait à Sandusky (Ohio) où il s'était arrêté en revenant de son voyage. Gage, qui avait remplacé Amherst au poste de commandant en chef et avait été informé des tentatives de pacification faites par Bradstreet, désavoua l'action de son subordonné et lui ordonna de lancer une attaque par voie de terre contre les Loups (Delawares) et les Chaouanons. Bradstreet estima que ses hommes, affaiblis, n'étaient pas en mesure d'accomplir une telle mission et il demeura à Sandusky jusqu'au milieu d'octobre, se contentant de n'être qu'une menace virtuelle pour les Indiens et de fournir une aide indirecte à Bouquet. Des tempêtes et le manque de provisions transformèrent le retour de Sandusky en une débandade cauchemardesque et les premiers rescapés de l'expédition n'arrivèrent au fort Niagara que le 4 novembre. Bradstreet avait eu le mérite d'avoir secouru Détroit, aidé à rouvrir les divers postes des lacs Supérieur, Huron et Michigan et contribué, du moins indirectement, au succès plus marqué remporté par Bouquet. Mais, aux yeux de Gage et de sir William Johnson, il avait mal dirigé son expédition et outrepassé ses ordres ; après la campagne de Détroit, son dossier militaire et sa réputation étaient sérieusement ternis. A la suite de cet échec, Bradstreet continua de remplir ses fonctions d'adjoint au quartier-maître général à Albany, poste qui était presque une sinécure car ses dépenses de service et ses responsabilités étaient réduites au minimum par l'insensible Gage. Celui-ci demeura commandant en chef jusqu'à la fin de la vie de Bradstreet et contraria maintes fois les efforts qu'il fit pour obtenir de l'avancement. Bradstreet eut des succès financiers grâce à la spéculation foncière et à diverses transactions, mais sa carrière militaire resta dans un état de stagnation. Il soumit néanmoins aux autorités de la métropole des plans qui lui tenaient à cœur – par exemple, la fondation à Détroit d'une colonie distincte dont il aurait été le gouverneur – mais ses projets, parfois tout près d'être réalisés, n'aboutirent pas. Tout aussi vains furent ses efforts en vue d'être nommé gouverneur du Massachusetts, de New York et même du Canada lorsqu'il apprit que Guy Carleton* envisageait en 1770 de « ne jamais revenir ». En 1773, il aspirait encore à la succession de Gage ; l'année suivante, il présenta une autre fois son projet de fonder une nouvelle colonie à Détroit, mais l'Acte de Québec vint mettre un terme à ses espérances. Le sort épargna au vieux guerrier la nouvelle de ce dernier échec ainsi que le spectacle de la révolution qu'il anticipait depuis longtemps : il mourut à New York le 25 septembre 1774. Le lendemain, un long cortège funèbre accompagna la dépouille de Bradstreet à son dernier repos en l'église Trinity.

Il n'était pas facile à un Anglo-Américain acadien de mener à bien une carrière militaire dans l'armée britannique au milieu du XVIIIe siècle. Bradstreet réussit ce tour de force parce qu'il sut tout à la fois jouer un rôle de premier plan dans les victoires militaires, profiter des occasions, obtenir la protection de personnages haut placés et l'appui de son commandant, et faire reconnaître dans une large mesure ses dons particuliers. Son succès fut limité, cependant, par suite de la confusion entourant ses origines et du caractère équivoque d'un grand nombre de ses plans et de ses actions. On recourut à lui dans les situations d'urgence en temps de guerre, mais il fut généralement un régulier quelque peu... irrégulier.

W. G. GODFREY

La documentation relative à John Bradstreet est assez considérable, mais largement dispersée. La Tredegar Park coll. de la National Library of Wales (Aberystwyth) contient la correspondance Bradstreet-Gould, qu'on consultera toujours avec grand profit. Aux APC, de nombreuses séries (sur microfilms ou en copies) contiennent des renseignements sur les activités de Bradstreet. Parmi les plus importantes, mentionnons les archives de la famille Amherst (MG 18, L4) ; AN, Col., C[11B] (MG 1) ; Nova Scotia A (MG 11, [CO 217]) ; PRO, Adm. 1 (MG 12) ; PRO, CO 5, CO 194, CO 217 (MG 11) ; PRO 30/8 (MG 23, A2) et WO 1 (MG 13). Aux PANS, les RG 1, 5–26, 29–30, 34–35 et 38 nous furent utiles. Les archives considérables de Thomas Gage, dont la section américaine contient une correspondance substantielle entre Gage et Bradstreet, se trouvent à la Clements Library. L'American Antiquarian Soc. (Worcester, Mass.) possède le fonds John Bradstreet, 1755–1777 ; la New York Public Library, Manuscripts and Archives Division, conserve le fonds Philip Schuyler, quelque peu décevant. La New York Hist. Soc. (New York) et la New York State Library (Albany) possèdent l'une et l'autre différentes pièces relatives à Bradstreet. La Huntington Library garde les archives d'Abercromby et de Loudoun qui valent la peine d'être consultées (les secondes en particulier), et la Mass. Hist. Soc. possède le fonds Belknap, également utile.

Parmi les sources imprimées, les plus importantes sont [John Bradstreet], *An impartial account of Lieut. Col. Bradstreet's expedition to Fort Frontenac* [...] (Londres, 1759 ; réimpr., Toronto, 1940) ; « The Colden letter books », N.Y. Hist. Soc., *Coll.*, [3e sér.], IX (1876) ; X (1877) ; *Correspondence of General Thomas Gage* (Carter) ; *Correspondence of William Pitt* (Kimball) ; *Correspondence of William Shirley* (Lincoln) ; *Diary of the siege of Detroit* [...], F. B. Hough, édit. (Albany, 1860) ; *The documentary history of the state of New-York* [...], E. B. O'Callaghan, édit. (4 vol., Albany, 1849–1851), I ; IV ; G.-B., PRO, *CSP, col., 1710-11–1738* ; « The Lee papers », vol. I, N.Y. Hist. Soc., *Coll.*, [3e sér.], IV (1871) ; *Louisbourg journals, 1745*, L. E. De Forest, édit. (New York, 1932) ; Mass. Hist. Soc., *Coll.*, (1re sér., 10 vol., Boston, 1792–1809), I ; VII ; (4e sér., 10 vol., 1852–1871), V ; IX ; X ; (6e sér., 10 vol., 1886–1899), VI ; IX ; *Military affairs in North America, 1748–1765* (Pargellis) ; *NYCD* (O'Callaghan et Fernow), VII ; VIII ; X ; *Royal Fort Frontenac* (Preston et Lamontagne).

Bradstreet n'a jamais été le sujet d'une étude biographique exhaustive. S. McC. Pargellis a signé une courte esquisse biographique dans le *DAB*. Arthur Pound a tenté un examen plus détaillé dans *Native stock : the rise of the American spirit seen in six lives* (New York,

1931), mais son récit est entaché d'exagérations et d'inexactitudes. Le roman historique de Harvey Chalmers, *Drums against Frontenac* (New York, 1949) présente un tableau fascinant, quoique largement fictif. A cause de sa participation à tant de campagnes militaires américaines du milieu du XVIIIe siècle, Bradstreet est fréquemment mentionné dans plusieurs études, mais il fait rarement l'objet d'un examen détaillé. On peut citer, à titre d'exemples, Frégault, *François Bigot* ; L. H. Gipson, *The British empire before the American revolution* (15 vol., Caldwell, Idaho, et New York, 1936–1970), VII ; McLennan, *Louisbourg* ; Pargellis, *Lord Lodoun* ; Usher Parsons, *The life of Sir William Pepperrell, bart* [...] (2e éd., Boston et Londres, 1856) ; Rawlyk, *Yankees at Louisbourg* ; Shy, *Toward Lexington* ; Stanley, *New France* ; et Rex Whitworth, *Field Marshal Lord Ligonier : a story of the British army, 1702–1770* (Oxford, 1958).

Les seules récentes études détaillées concernant des périodes particulières de la carrière de Bradstreet sont les suivantes : W. G. Godfrey, « John Bradstreet at Louisbourg : emergence or re-emergence ? », *Acadiensis*, IV (1974), n° 1 : 100–120 ; Peter Marshall, « Imperial policy and the government of Detroit : projects and problems, 1760–1774 », *Journal of Imperial and Commonwealth History* (Londres), II (1974) : 153–189. W. G. Godfrey a fait une étude complète de la carrière de Bradstreet dans sa thèse de PH.D. : « John Bradstreet : an irregular regular, 1714–1774 » (Queen's University, Kingston, Ontario, 1974). [W. G. G.]

BRANSSAT (Bransac), dite **de la Nativité, MARIE-ANNE MIGEON DE.** V. MIGEON

BRANT, MARY. V. KOÑWATSIˀTSIAIÉÑNI

BRASSARD, LOUIS-MARIE, prêtre, né à Québec le 17 décembre 1726, fils de Jean-Baptiste Brassard, bedeau, et de Marie-Françoise Huppé, dit Lagroix, décédé à Nicolet, Bas-Canada, le 27 décembre 1800.

Le 4 décembre 1742, Louis-Marie Brassard s'inscrivit au séminaire de Québec; il y fut tonsuré quatre ans plus tard, le 15 décembre 1746. Il résida dans cette maison d'enseignement jusqu'à son ordination à la prêtrise par Mgr de Pontbriand [Dubreil*], le 20 décembre 1749. D'après l'historien Jean-Baptiste-Arthur Allaire*, il aurait été envoyé comme missionnaire à l'île Royale (île du Cap-Breton) à sa première obédience. Si ce dernier dit vrai, son séjour y fut de très courte durée puisqu'il était vicaire à Charlesbourg en mars 1750 avant d'être nommé curé de Nicolet à l'automne de la même année. Le territoire qu'il avait à desservir s'étendait aux populations des paroisses actuelles de Saint-Grégoire-le-Grand et de Saint-Antoine-de-la-Baie-du-Febvre ; il abandonna la desserte de Saint-Grégoire à une date inconnue et celle de Saint-Antoine en 1786.

Brassard eut fort à faire avec les fidèles de cette dernière desserte au sujet de la construction d'une église et d'un presbytère. En effet, son projet de construire ces édifices sur un terrain qu'il possédait sur la côte fut vivement contesté par ses paroissiens. Retenons de ce conflit que Brassard n'eut pas gain de cause. Nous ignorons cependant dans quelle mesure il faut lui imputer la responsabilité de ce différend. Brassard fut un homme tout dévoué à son évêque et à ses fidèles de Nicolet mais il a donné l'impression de ne pas s'être intéressé comme il l'aurait fallu à ses ouailles de Saint-Antoine-de-la-Baie-du-Febvre. Les relations devinrent tendues avec eux à tel point qu'en 1785 ces derniers se plaignirent à Mgr Louis-Philippe MARIAUCHAU d'Esgly d'être laissés de côté par leur pasteur.

Avec ses paroissiens de Nicolet, Brassard eut une existence paisible et agréable. Demeurant près d'eux, il eut l'occasion de se faire connaître, et ceux-ci furent à même d'apprécier ses qualités et de reconnaître ses mérites. Il le leur rendit bien. En effet, sur une terre de Nicolet qu'il avait achetée en 1770, il fit ériger, en 1784, une église en pierre conformément à leurs désirs. Sur le même emplacement, une maison et divers bâtiments vinrent s'ajouter par la suite. A sa mort, il légua ces biens à la fabrique de Nicolet, de même que des rentes et des terrains, afin de doter sa paroisse d'une école primaire. Un tel établissement s'imposait car il n'en existait aucun dans les environs. Ouverte en 1801, quelques mois après sa mort, cette école devait durer jusqu'à l'arrivée à Nicolet des Frères des écoles chrétiennes en 1887. L'édifice qui l'abritait devint collège classique en 1803 sous le nom de séminaire de Nicolet, mais l'école continua quand même ses activités à l'intérieur des murs du collège.

Dans son histoire du séminaire de Nicolet, Mgr Joseph-Antoine-Irénée Douville parle du zèle de Brassard et de son affection pour ses paroissiens. Les rares documents existant à cet effet semblent infirmer cette assertion en ce qui concerne les paroissiens de Saint-Antoine-de-la-Baie-du-Febvre. Quant aux Nicolétains, Brassard paraît leur avoir donné satisfaction en tous points et il resta leur pasteur jusqu'à sa mort, le 27 décembre 1800 ; il avait toutefois cessé d'agir comme curé en titre à partir de 1791.

CLAUDE LESSARD

AAQ, 515 CD, I : 3 ; IV : 198 ; IX : 2a. — ANQ-Q, État civil, Catholiques, Notre-Dame de Québec, 19 déc. 1726. — Archives de l'évêché de Nicolet (Nicolet, Québec), Cartable Saint-Jean-Baptiste-de-Nicolet, I : 5–8, 17. — ASN, AO, Polygraphie, I : 4–42 ; Séminaire, IX : 53 ; Titres divers et contrats de l'abbé Louis-Marie Brassard ; AP-G, L.-É. Bois, Garde-notes, 9 : 147 ; 11 :

84 ; 14 : 62. — ASQ, MSS, 2, f.53. — Allaire, *Dictionnaire*. — J.-E. Bellemare, *Histoire de la Baie-Saint-Antoine, dite Baie-du-Febvre, 1683–1911* (Montréal, 1911), 59–160 ; *Histoire de Nicolet, 1669–1924* (Arthabaska, Québec, 1924), 104–162. — J.-A.-I. Douville, *Histoire du collège-séminaire de Nicolet, 1803–1903, avec les listes complètes des directeurs, professeurs et élèves de l'institution* (2 vol., Montréal, 1903), I : 1–20.

BRASSARD DESCHENAUX, JOSEPH, secrétaire de l'intendant, écrivain de la Marine, seigneur et juge de paix, né à Québec le 1er août 1722, fils de Charles Brassard Deschenaux, cordonnier, et de Marie-Joseph Hébert, décédé au même endroit le 16 septembre 1793.

Issu d'une modeste famille, Joseph Brassard Deschenaux reçut son instruction d'un notaire qui logeait chez ses parents, rue Saint-Jean à Québec. Peut-être s'agit-il du praticien Christophe-Hilarion Du Laurent*, pensionnaire chez les Brassard Deschenaux lors du recensement de 1744. Joseph put ainsi entrer au bureau de la Marine, où il se fit remarquer par sa vive intelligence, sa capacité de travail et son ambition. Il devint secrétaire de HOCQUART, qui le chargea, en février 1745, du recensement des paroisses et seigneuries de la rive sud du Saint-Laurent. Bien que l'intendant émît des restrictions concernant ce jeune homme avec qui, disait-il, « il fallait [...] aller toujours bride en main ; [...] si on la lui lâchait, on pourrait bien en ressentir des effets funestes », il le recommanda à son successeur, BIGOT, qui, en 1750, lui confia la perception de l'impôt pour l'entretien des casernes de Québec. Quatre ans plus tard, lors d'un voyage en France de Jacques Imbert*, agent des trésoriers généraux de la Marine au Canada, Bigot nomma Brassard Deschenaux trésorier intérimaire. En 1752, celui-ci achetait, à l'encan, la maison de Nicolas Lanoullier* de Boisclerc, sise rue des Remparts, pour la somme de 14 500#. Il devait la louer à Montcalm* durant le séjour du général à Québec. C'était une bonne affaire car, le roi payant les loyers des officiers supérieurs français, il était assez facile d'exiger le prix fort. Brassard Deschenaux ne s'en priva pas si l'on en juge d'après les remarques de Montcalm dans son journal : « Prétexte pour enrichir le secrétaire [...] loyers chers, réparations enflées ou imaginaires ».

Le secrétaire de Bigot réussit à se rendre indispensable tant à son maître qu'à ceux qui, cherchant à s'enrichir à même les fonds publics, gravitaient autour de l'intendant. Ainsi, en 1755, il aida Joseph-Michel CADET à rédiger un mémoire dans lequel l'ancien boucher offrait ses services au ministre de la Marine et des Colonies, Machault, pour fournir tous les vivres nécessaires aux magasins et aux postes du roi. Cadet avait fait une offre à peu près semblable l'année précédente, mais le ministre n'en avait pas tenu compte. Cette fois, grâce à l'intervention de Bigot, Machault répondit affirmativement et Brassard Deschenaux participa à la rédaction du « Marché pour la fourniture générale des vivres au Canada » qui allait faire de Cadet un riche munitionnaire et dont le secrétaire de l'intendant allait également profiter. En 1763, à Paris, lors du procès tenu au Châtelet relativement à l'Affaire du Canada, Brassard Deschenaux fut accusé d'avoir falsifié, cinq ans plus tôt, les états de comptes relatifs aux marchandises qu'il s'était engagé à fournir au poste de Miramichi (Nouveau-Brunswick), en société avec Cadet. Les prix ayant été gonflés de façon excessive, Bigot avait refusé de signer ces comptes ; le secrétaire avait alors réduit les prix de moitié mais augmenté d'autant la quantité de marchandises de sorte que « le Roi a[vait] souffert le même préjudice que si les premiers états eussent subsisté ». Il fut également accusé d'avoir distribué aux Acadiens, réfugiés à Québec, beaucoup moins de vivres que la quantité déclarée officiellement, ce qui permit à Cadet, fournisseur, de faire encore une fois un profit « au préjudice du Roi ». Cadet devait avouer devant le tribunal qu'il avait donné au secrétaire de l'intendant, pour services rendus, une pension de 40 000# et lui avait fourni toute la viande dont il avait besoin. Le 10 décembre 1763, Brassard Deschenaux fut condamné à cinq ans de bannissement de Paris, à une amende de 50# et à une restitution de 300 000#. Comme il était resté au Canada après la Conquête, ayant été nommé par le gouverneur Vaudreuil [RIGAUD] et par Bigot « Écrivain de Roy pour avoir Soin des hopitaux, et Veiller à tout ce qui aura raport au Service de Sa Mté très Chretienne », cette sentence ne l'affecta guère. Cependant, il semble s'être rendu en France en 1766 pour s'y faire réhabiliter. Un article de *la Gazette de Québec* du 14 mai 1767 annonce que « les différentes personnes qui ont été comprises dans l'affaire du Canada, et qui ont rappelé de leur sentence, ont obtenu une décision qui est en partie en leur faveur [...] M. Deschenaux, qui était aussi condamné à exil et à restitution de 300,000 livres, a eu ordre à présent de restituer 100,000 livres seulement, jusqu'à ce que la cour ait reçu d'autres informations. »

Selon l'auteur anonyme du « Mémoire du Canada », Brassard Deschenaux aurait fait partie de la Grande Société, formant avec Michel-Jean-Hugues PÉAN et Cadet « une espèce de triumvirat », et aurait amassé, sous le Régime français, une fortune que l'auteur estime à 2 000 000#, ce qui est sujet à caution. Quoi qu'il en soit, Brassard Deschenaux pouvait se permettre de profiter du départ définitif pour la France de quelques-uns de ses anciens amis, après la Conquête, pour acheter leurs seigneuries. Il acquit de Péan ses seigneuries de La Livaudière et de Saint-Michel, et, de Nicolas Renaud* d'Avène Des Méloizes, celle de Neuville, appelée également Pointe-aux-Trembles. En 1769 et 1770, il acheta plusieurs parties et droits de la seigneurie de Beaumont et, le 18 mars 1770, fit l'acquisition du quart de la seigneurie de Bélair, contiguë à celle de Neuville. Les nombreux contrats de concession passés entre le seigneur Brassard Deschenaux et de nouveaux censitaires prouvent qu'il voyait de près à la gestion de ses biens. A Québec, il avait acheté une magnifique maison avec cour et bâtiments de pierres, qu'il habitait, rue des Pauvres. Brassard Deschenaux semble avoir fait oublier à ses concitoyens ses malversations, puisque ceux-ci lui confièrent des charges requérant honnêteté et désintéressement ; on le nomma, en effet, marguillier de la paroisse Notre-Dame et caissier de la fabrique lors de la reconstruction de la cathédrale, de 1768 à 1771. Il comptait parmi les notables auxquels s'adressèrent, en 1773, les marchands anglais de Québec qui cherchaient à faire partager par les principaux citoyens canadiens de la ville leur désir d'obtenir une chambre d'Assemblée. Il fut également nommé juge de paix.

Brassard Deschenaux avait épousé à Québec, le 21 août 1747, Suzanne-Élisabeth Filion qui mourut l'année suivante, et en secondes noces, le 21 mai 1750, Madeleine Vallée. A son décès, il laissait quatre enfants dont deux fils : Charles-Joseph* qui allait devenir, en 1809, grand vicaire de l'évêque de Québec et Pierre-Louis*, notaire et avocat, qui sera nommé juge de la Cour du banc du roi de Trois-Rivières en 1794. Les funérailles de Brassard Deschenaux eurent lieu le 18 septembre 1793 dans la cathédrale de Québec, en présence de Mgr Charles-François BAILLY de Messein, coadjuteur. L'honorable Gaspard-Joseph CHAUSSEGROS de Léry, Nathaniel Taylor, Jean-Antoine Panet*, Michel-Amable Berthelot* d'Artigny et Thomas Scott* signèrent l'acte d'inhumation.

THÉRÈSE P. LEMAY

ANQ-Q, État civil, Catholiques, Notre-Dame de Québec, 2 août 1722, 21 août 1747, 21 mai 1750, 18 sept. 1793 ; Greffe de J.-B. Planté, 5 juin 1793. — *Coll. des manuscrits de Lévis* (Casgrain), VII : 514. — *Doc. relatifs à l'hist. constitutionnelle, 1759–1791* (Shortt et Doughty ; 1921), I : 11, 474. — Mémoire du Canada, ANQ *Rapport*, 1924–1925, 116–118, 131, 197. — Recensement de Québec, 1744, 33. — *La Gazette de Québec*, 14 mai 1767. — P.-V. Charland, Notre-Dame de Québec : le nécrologe de la crypte, *BRH*, XX : 249s. — J.-E. Roy, *Rapport sur les archives de France*, 875, 884. — P.-G. Roy, *Inv. concessions*, II : 27s., 259–261 ; III : 51–53 ; IV : 286 ; V : 60 ; *Inv. jug. et délib., 1717–1760*, V : 136 ; VI : 129 ; *Inv. ord. int.*, III : 67, 145, 148, 188. — Frégault, *François Bigot*, II. — P.-G. Roy, *Bigot et sa bande*, 152–158. — [P.-]P.-B. Casgrain, La maison Montcalm sur les Remparts, à Québec, *BRH*, VIII (1902) : 230–235. — Leland, François-Joseph Cugnet, *Revue de l'université Laval*, XIX : 145. — P.-G. Roy, La maison Montcalm sur les Remparts, à Québec, *BRH*, XXXII (1926) : 380s. ; Les secrétaires des gouverneurs et des intendants de la Nouvelle-France, *BRH*, XLI (1935) : 104s.

BRASSIER, GABRIEL-JEAN, prêtre, supérieur des sulpiciens de Montréal et vicaire général, né le 26 août 1729 à La Tour (dép. du Puy-de-Dôme, France), décédé le 20 octobre 1798 à Montréal.

Entré au grand séminaire de Clermont-Ferrand, France, le 31 octobre 1750, Gabriel-Jean Brassier fut ordonné prêtre en 1754, probablement la veille du dimanche de la Trinité. A la demande de son supérieur, Jean Couturier, il opta tout de suite pour le Canada comme lieu d'exercice de son ministère sacerdotal et il y resta toute sa vie. Il passa les années 1754–1756 à la mission du Lac-des-Deux-Montagnes (Oka), au milieu des Algonquins, où se trouvaient déjà quelques sulpiciens. Puis il se vit confier la responsabilité de la paroisse Saints-Anges de Lachine durant la guerre de Sept Ans, de 1756 à 1763, et vécut les 35 dernières années de sa vie à la paroisse Notre-Dame de Montréal.

Dès le début des années 1780, Brassier devint le bras droit de son supérieur, Étienne MONTGOLFIER, qu'il remplaça, en pratique, en 1789, et, définitivement, en 1791. Il assumait une quadruple responsabilité, celle de supérieur des sulpiciens, d'administrateur de leurs seigneuries, de curé *ex officio* de la paroisse Notre-Dame de Montréal et de vicaire général de l'évêque de Québec. A l'encontre de son prédécesseur, Brassier manifesta un grand intérêt envers le collège Saint-Raphaël, où l'enseignement avait commencé en 1773 [V. Jean-Baptiste CURATTEAU]. Il trouva important de remédier à certaines lacunes relevées par le marguillier en charge, Louis Cavilhe, au cours d'une assemblée des marguilliers tenue le 6 septembre 1789. La méthode employée dans cette institution depuis une quinzaine d'années et consistant à préparer à l'état clérical ceux qui en avaient la vocation n'avait pas répondu aux espérances que suscitait un collège appartenant au public. Beaucoup d'anciens élèves retournaient dans leur famille, dédaigneux du métier de leur père et inaptes à quelque travail que ce fût ; ils devenaient des membres inutiles et souvent des sujets de scandale. Le porte-parole des marguilliers et des citoyens de Montréal proposa donc que le collège, sous l'autorité du supérieur des sulpiciens et des marguilliers en exercice, fût doté de professeurs, non seulement de latin, mais aussi d'écriture, de géographie, de mathématiques et d'anglais. Le supérieur et deux représentants de la fabrique devraient veiller aussi à la qualité de l'enseignement et aux affaires ordinaires ; dans le cas de dépenses importantes, ils auraient à s'en remettre au corps des marguilliers. Ces revendications se justifiaient, les paroissiens ayant pris sur eux, dès 1773, d'assumer le coût du terrain et celui de la construction du collège.

Dès le lendemain de cette assemblée, Brassier intervint auprès de Mgr HUBERT en vue d'améliorer la situation scolaire à Montréal. Très peu de temps après, Jean-Baptiste Curatteau démissionna de son poste de directeur du collège pour des raisons de santé et il fut remplacé par son confrère sulpicien, Jean-Baptiste Marchand*. Invitant les marguilliers à bien accueillir le nouveau directeur, l'évêque les assura que leurs délibérations, jugées fort judicieuses, porteraient fruit. Le principal désigné, ajoutait l'évêque, a de « l'esprit, de la vertu, du détail, et [...] méritera [...] la confiance du public » ; il serait, par ailleurs, déchargé de ses occupations à la paroisse. Mgr Hubert nomma deux nouveaux vicaires pour la paroisse de Montréal et désigna le diacre Ignace Leclerc comme professeur de rhétorique au collège. Il conseilla à Brassier de trouver un laïc, bon catholique, homme de probité et de bonnes mœurs, qui donnerait à tous les jours des leçons d'écriture et d'anglais. Leclerc pourrait, quant à lui, ajouter à sa charge deux ou trois cours de géographie par semaine et, peut-être, présider tous les soirs à une heure d'histoire. De plus, Mgr Hubert encouragea Marchand à préserver la jeunesse de la corruption du monde et à transmettre aux élèves l'honneur d'être Canadiens, d'appartenir à la religion catholique et d'être citoyens de la ville de Montréal. Il insista aussi sur une collaboration entre les sulpiciens et les marguilliers, ces derniers représentant, tout de même, les propriétaires du collège. A la fin d'octobre 1789, « la petite école de Marchand augmentait tous les jours » et, trois ans plus tard, la classe de philosophie comptait déjà 20 élèves. En octobre 1794, le collège prévoyait en accueillir plus de 184.

La renommée de Brassier repose sur sa contribution à la venue de sulpiciens français au Canada, dont avait rêvé son prédécesseur. Les vexations subies par le clergé lors de la Révolution française avaient provoqué sa grande dispersion, en particulier en Angleterre où se réfugièrent 8 000 prêtres français. L'écrivain réactionnaire Edmund Burke et le réfugié Philippe-Jean-Louis Desjardins*, vicaire général d'Orléans, obtinrent du gouvernement britannique la permission d'envoyer au Canada une commission d'enquête qui examinerait les possibilités d'établissement d'ecclésiastiques français. Jusque-là les autorités britanniques s'étaient opposées à l'entrée de tout Français au Canada ; mais cette fois, poursuivant toujours le même objectif, soit de gagner la confiance des Canadiens, elles avaient changé d'avis, convaincues que les nouveaux immigrants ne chercheraient pas à détacher les anciens Français d'un gouvernement « juste et paisible », pour les inviter à adopter un gouvernement « barbare et destructeur » . Tout en répandant une telle aversion pour la France athée et jacobine, les prêtres exilés serviraient aussi à contrecarrer la propagande républicaine des États-Unis parmi la population canadienne et, par là même, rapprocheraient celle-ci de l'Angleterre.

Mgr Hubert vit l'entreprise d'un très bon œil et songea tout de suite à pourvoir de professeurs le collège Saint-Raphaël. Brassier l'en remercia aussitôt, mais selon lui peu de vaisseaux européens s'engageraient sur l'océan, vu la possibilité d'une guerre prochaine entre la France et l'Angleterre. Il espérait tout de même que son supérieur général, Jacques-André Émery, profiterait des circonstances pour lui envoyer environ 12 confrères. Son désir fut réalisé. Candide Le Saulniers* arriva dès l'automne de 1793, alors que 13 autres sulpiciens le rejoignirent à Montréal l'année suivante. Quatre autres, réfugiés en Espagne, réussirent à traverser l'Atlantique en 1796. Parmi les 35 prêtres ou futurs prêtres ainsi arrivés au Canada en l'espace de quatre ans, plus de la moitié appartenaient à la Compagnie de Saint-Sulpice. La survie de cette dernière au Canada fut dès lors assurée.

Brassier, cet homme actif, termina ses jours frappé par la paralysie. Il avait servi de trait d'union entre le mandat difficile et délicat de son prédécesseur, Étienne Montgolfier, et celui, non moins long et tendu, de Jean-Henri-Auguste Roux*. Homme de transition, humble et discret, Brassier œuvra pour assurer à Montréal des services pastoraux adéquats, de même qu'une maison d'éducation renommée.

LUCIEN LEMIEUX

AAQ, 210 A, I : 57–58, 61, 63–65, 71–72, 125 ; II : 144, 240–241 ; 22 A, I : 107–109. — ACAM, 901.005, 773-7 ; 901.012, 784-3, 789-1, -5, 793-4, -7, -8, 794-3 ; 901.137, 792-3. — ASQ, Lettres, I, 56 ; Polygraphie,

XVIII : 20. — *Mandements des évêques de Québec* (Têtu et Gagnon), II : 453–456. — Gauthier, *Sulpitiana*. — N.-E. Dionne, *Les ecclésiastiques et les royalistes français réfugiés au Canada à l'époque de la révolution, 1791–1802* (Québec, 1905). — Galarneau, *La France devant l'opinion canadienne*. — Lemieux, *L'établissement de la première prov. eccl.* — Olivier Maurault, *Le collège de Montréal, 1767–1967*, Antonio Dansereau, édit. (2e éd., Montréal, 1967). — J.-B.-A. Ferland, L'abbé Philippe-Jean-Louis Desjardins, *BRH*, V (1899) : 344–346. — M. G. Hutt, Abbé P. J. L. Desjardins and the scheme for the settlement of French priests in Canada, 1792–1802, *CHR*, XXXIX (1958) : 121. — É.-Z. Massicotte, Une page de l'histoire du collège de Montréal, *BRH*, XXIII (1917) : 207–209. — Thomas Matheson, La Mennais et l'education au Bas-Canada. *RHAF*. XIII (1959–1960) : 477.

BRÉARD, JACQUES-MICHEL, contrôleur de la Marine, marchand et membre du Conseil supérieur de Québec, baptisé le 7 décembre 1711 à Rochefort, France, fils de Jacques Bréard, notaire et caissier de la Marine, et de Marie-Anne Marcellin, décédé le 22 mars 1775 et inhumé dans l'église paroissiale de Saint-Mandé-sur-Brédoire (dép. de la Charente-Maritime, France).

Jacques-Michel Bréard entra dans la Marine, comme cadet, en mars 1730 et y devint écrivain en décembre. On sait qu'en 1731–1732 il se rendit à la Martinique et à Saint-Domingue (île d'Haïti) ; par la suite, il se vit confier plusieurs postes à Rochefort. Le 1er janvier 1748, il fut nommé contrôleur de la Marine à Québec, avec le mandat de surveiller les finances, les magasins, les constructions et le recrutement. Il arriva à Québec le 26 août avec le nouvel intendant BIGOT, à bord du *Zéphyr*. Sa tâche principale était d'avoir l'œil sur tous les biens et les fonds de la Marine, en vérifiant chaque transaction de l'intendant, des agents des trésoriers généraux de la Marine et des colonies (Jacques Imbert* et Alexandre-Robert HILLAIRE de La Rochette, entre autres) et d'autres fonctionnaires au moyen des doubles de tous les documents pertinents, qu'il devait conserver à cette fin. Les fonctions du contrôleur étaient d'autant plus nécessaires que les agents de Québec n'étaient pas des fonctionnaires royaux mais des employés salariés des trésoriers généraux de la Marine, administrant des fonds qu'on leur avait confiés selon des modalités équivalentes à celles d'un système bancaire privé.

A l'instar de la plupart des administrateurs œuvrant sous les Bourbons, Bréard ne se considérait pas tenu moralement de travailler uniquement pour la couronne, en retour d'un maigre salaire qui, même en 1756, n'était que de 1 800#, et il est évident qu'il consacra une grande partie de son temps à des entreprises plus payantes. Tout au début de son séjour au Canada, il détenait déjà un cinquième des actifs d'une compagnie de commerce transatlantique mise sur pied avec Bigot et une société juive de Bordeaux, David Gradis et Fils, par contrat du 10 juillet 1748, renouvelé en 1755. Les associés se partageaient les profits d'au moins une cargaison annuelle de quelque 300 tonnes de marchandises expédiées de Bordeaux à Québec. Bréard et Bigot, en outre, armèrent quelques navires de moindre tonnage pour le commerce avec les Antilles – détail prévu dans leur contrat d'association. Effectivement, Bréard fit construire, à Québec, plusieurs goélettes pour le commerce de la Martinique. Selon Jean-Victor VARIN de La Marre, Bréard fut également associé à Michel-Jean-Hugues PÉAN, Bigot et lui-même, entre 1755 et 1757. Entre-temps, le 1er mai 1749, il devint membre du Conseil supérieur, aux appointements annuels de 450# et, la même année, il acquit un cinquième des actions dans la pêcherie aux phoques et aux marsouins à la baie des Châteaux, sur la côte du Labrador, en s'associant avec Jean-François Gaultier*, propriétaire de la concession, et Charles-François TARIEU de La Naudière. Le 5 novembre 1748, on avait accordé à Bréard et à Guillaume ESTÈBE une concession de pêche et de commerce des fourrures d'une durée de neuf ans sur la rivière Thekaapoin, située entre les concessions octroyées auparavant à Jean-Baptiste Pommereau* et à François Margane* de Lavaltrie. Cette propriété s'avérant peu rentable à cause du mouvement constant des marées parmi les îles qui en faisaient partie, Bréard put par la suite entrer en possession, le 6 avril 1751, de la concession de Saint-Modet, qui avait été exploitée jusque-là par Pierre Constantin*. Au Canada, Bréard, avec la protection du gouverneur La Jonquière [Taffanel*], se lança dans la vente des congés de traite pour les postes de l'Ouest, et en particulier pour ceux de Détroit ; cette entreprise se révéla si lucrative qu'il en tira 1 100 000#. Il obtint les fonds nécessaires de relations qu'il avait en France et confia à Estèbe la direction de l'affaire.

Le frère de Bréard, Marcellin-Nicolas (1714–1785), écrivain de la Marine, puis petit fournisseur de bois à la Marine, était enfin devenu, en avril 1758, l'agent à Rochefort des trésoriers généraux de la Marine – poste qu'il conserva jusqu'en 1768. Nous ignorons si ce frère de Bréard prit directement part aux affaires de ce dernier à Québec, mais il était bien placé pour le faire. Il devait régler tous les comptes officiels des colonies à Rochefort, payant, par exemple, 144 969# pour des cargaisons expédiées au Canada en 1760 à bord de trois navires de Bordeaux, le *Machault*, la *Fidélité* et le *Marquis de Ma-*

lauze. Ce poste permit à Marcellin-Nicolas de faire passer sa fortune de quelque 40 000# à environ un demi-million, et, comme sa charge était garantie par un cautionnement de 60 000# consenti par Jacques-Michel en 1758, nous pouvons raisonnablement conjecturer que les deux frères faisaient des affaires ensemble. Ces conjectures ne sont en rien affaiblies par la découverte que l'intendant de la Marine à Rochefort, Charles-Claude de Ruis-Embito de La Chesnardière, était l'ami et le protecteur de Marcellin-Nicolas, qui avait obtenu, grâce à lui, le poste d'agent des trésoriers généraux.

Ayant fait fortune à Québec, Jacques-Michel Bréard se prit à regretter le climat doux et le régime amène de l'ouest de la France où, par contrat notarié du 7 février 1753, il avait acheté un manoir appelé Les Portes dans la paroisse Saint-Mandé-sur-Brédoire, aux confins du Poitou et de la Saintonge. En plus, il se sentait mal à l'aise à Québec depuis qu'on s'était plaint au ministre, à Versailles, de ses pratiques commerciales. Depuis 1752 il souffrait, disait-on, d'une « maladie de langueur et d'Elizie », et, avec l'autorisation de ses supérieurs de Québec, il partit le 29 octobre 1755. Arrivé à La Rochelle le 19 décembre, il y apprit que, la veille de son départ de Québec, l'*Aimable Rose*, de Honfleur, qui transportait tous ses biens en France, dans sept grandes caisses, avait été saisie et conduite à Portsmouth comme prise de guerre. Peut-être est-il rentré en possession de ses papiers, puisqu'il possédait, à sa mort, une série de comptes pour chacune des années passées au Canada. Le 9 février 1756 un ordre du ministre pour son retour à Québec poussa Bréard à organiser avec Abraham Gradis une expédition de marchandises destinées à être vendues au Canada ; mais, sur l'avis de son médecin, Bréard fut à la fin autorisé à rester en France ; on l'assigna à Marennes le 15 août 1757, au poste de commissaire des classes. Déjà, le 18 mai 1756, il avait acheté l'office royal de trésorier de France ; il avait fait d'autres placements, surtout en prêtant de l'argent à des particuliers.

Bréard et sa famille pouvaient maintenant satisfaire leurs ambitions sociales. Il avait épousé Marie Chasseriau, fille d'un gentilhomme de la petite noblesse saintongeaise, en octobre 1741 ; ils eurent deux fils qui accédèrent eux-mêmes à la petite noblesse. L'aîné, Jean-Jacques Bréard*, né à Québec le 11 octobre 1751, devint conseiller en l'élection de Marennes, puis maire de la ville, et finit par jouer un rôle, à la Révolution française, comme membre de la Convention et du Comité de salut public en se montrant intéressé plus particulièrement aux affaires maritimes. Les Bréard eurent de plus deux filles, nées à Québec elles aussi, qui épousèrent des nobles sans fortune ; pour le premier de ces deux mariages, Jacques-Michel porta la dot à pas moins de 80 000#. Sans les malheurs de l'Affaire du Canada, les Bréard eussent pu connaître la même efflorescence que bon nombre d'autres familles françaises dont les débuts avaient été semblables aux leurs.

Soudain, le 24 avril 1762, ordre fut donné d'arrêter Bréard, qui fut emprisonné à la Bastille avec les autres fonctionnaires du Canada. Bréard et ces derniers avaient souvent été dénoncés pour leur rapacité en affaires, au Canada, depuis 1748, et ils auraient bien pu être arrêtés plus tôt. Mais nos normes actuelles relatives à la conduite des fonctionnaires – et même l'idée de fonction publique – datent du XIXe siècle ; le XVIIIe siècle ne voyait rien de mal à ce qu'un fonctionnaire royal fît, en marge de ses fonctions, des affaires pour son propre compte, pourvu que cela ne nuisît en rien au service du roi ou ne portât point atteinte aux intérêts de la couronne ou aux droits légaux d'autrui. Bréard, tout comme Bigot et Joseph-Michel CADET, devint le bouc émissaire de la couronne pour la perte de sa colonie du Canada et pour son refus d'honorer les dettes engagées tant par le bureau des Colonies que par le ministère de la Marine en général. Les dates des procès furent habilement fixées pour détourner la colère publique sur la tête de ces fonctionnaires. Le jugement général du 10 décembre 1763 bannissait Bréard de Paris pendant neuf ans et lui imposait une amende de 500# et une restitution à la couronne de 300 000#. Bréard avait, certes, fraudé l'État et le public, mais pas plus qu'on n'avait l'habitude de le faire en France à l'époque. Il serait difficile de nier les raisons politiques qui sous-tendaient son procès, devant les lettres royales de réhabilitation qui le disculpèrent le 27 décembre 1771.

Depuis longtemps déjà, Bréard avait adopté le train modeste du gentilhomme campagnard, vivant de ses rentes et redevances sur sa terre des Portes. Il avait quelques serviteurs et tenanciers, des chevaux et du bétail varié, des vignes ; il fréquentait un cercle local de fonctionnaires subalternes, d'officiers et de petits gentilshommes. Il possédait une bibliothèque contenant des livres sur bon nombre de sujets, en particulier l'histoire, mais aussi des ouvrages de Rousseau, Voltaire, Pascal, Bossuet et les classiques du théâtre français. Son petit manoir, ayant subi bien des modifications, était encore entre les mains de ses descendants en 1971 ; leur métayer en montrait avec plaisir les murs épais et deux foyers ouvragés. Et les paysans parlaient encore des anciens liens de la famille Bréard avec le Canada.

J. F. BOSHER

AD, Charente-Maritime (La Rochelle), État civil, Saint-Mandé-sur-Brédoire, 24 mars 1775 ; Minutes Audouin (Aulnay), 17 juin 1775 (inventaire après décès de Bréard). Je tiens à remercier M. et Mme Lemercier, notaires à Aulnay, pour leur aide généreuse et pour avoir acquiescé à ma suggestion de déposer leurs vieilles minutes aux AD, Charente-Maritime [J. F. B.] ; Minutes Bietry (Saint-Just), 6 oct. 1741 (contrat de mariage de Bréard) ; Gironde (Bordeaux), Minutes Dufaut (Bordeaux), 28 juill. 1784. — AN, T, 590[1–4] (papiers des frères et des descendants de Bréard) ; V[1], 391 (concerne l'office de trésorier de France de Bréard) ; Col., C[11A], 98 (spécialement Bréard au ministre, 28 oct. 1752) ; Marine, C[7], 44 (dossier Bréard). — PRO, HCA 32/162, *Aimable Rose* (incluant un bordereau d'embarquement pour les effets de Bréard et d'autres informations). — *Docs. relating to Canadian currency during the French period* (Shortt), II : 783–786n.

BREWSE (Bruce), JOHN, ingénieur militaire ; il épousa une prénommée Mary ; décédé le 15 septembre 1785 à Ipswich, Angleterre.

John Brewse est désigné pour la première fois en 1745 dans les archives du Board of Ordnance comme ingénieur en second dans la colonie de Terre-Neuve. Trois ans plus tard, il est inscrit comme occupant le même poste, mais on n'est pas tout à fait sûr s'il demeura dans l'île pendant toute cette période. De retour en Angleterre en 1749, Brewse accompagna l'expédition de CORNWALLIS en Nouvelle-Écosse en qualité d'ingénieur. Il aida Charles MORRIS à faire le tracé de la ville de Halifax et il fut l'un des premiers juges de paix nommés par le gouverneur. Cependant, la principale tâche de Brewse fut d'édifier des défenses pour le nouvel établissement. Comme une protection immédiate s'imposait, il commença une série de fortifications temporaires. Dès l'hiver, il avait construit un fort entouré de pieux sur Citadel Hill ainsi que deux forts plus petits dans la ville. Vers la fin de l'année 1750, il avait terminé une batterie rudimentaire sur l'île George ainsi que deux autres forts ; de plus, il avait remplacé, par une palissade appropriée que l'armée installa, les arbres abattus et les broussailles qu'il avait dû employer en 1749 comme barricade de fortune après que les colons eurent refusé de travailler aux défenses.

Brewse dut interrompre ces tâches en août 1750 quand il fut affecté comme ingénieur auprès du détachement que Cornwallis avait envoyé dans la région de Chignectou pour y établir une présence britannique. Il fut blessé à la jambe lors d'une escarmouche entre les soldats du lieutenant-colonel Charles Lawrence* et un groupe armé dirigé par l'abbé LE LOUTRE, mais il put continuer la construction du fort Lawrence (près d'Amherst, Nouvelle-Écosse). Le nouveau poste était en grande partie terminé le 25 septembre, jour où Brewse revint à Halifax.

Il se peut que Brewse ait accompagné Cornwallis en Angleterre, en octobre 1752, puisqu'en décembre, lui et l'ex-gouverneur se présentaient devant le Board of Trade pour discuter des prévisions budgétaires de la Nouvelle-Écosse pour 1753. Il retourna à Halifax en août 1754 muni de plans et de matériel pour construire une batterie, suivant l'ordre du Board of Ordnance, sur le côté du port où se trouve Dartmouth. Lawrence, alors lieutenant-gouverneur, prévint le Board of Ordnance qu'il « craindr[ait] fort » la batterie car il prévoyait le verdict d'observateurs ultérieurs qui signalèrent que cet ouvrage de fortification, si isolé et si facile à prendre, était un danger certain pour la ville. Cependant il appuya entièrement le projet de Brewse, de même que la construction, en 1755, de trois autres batteries sur la côte de Halifax.

En 1755, Brewse fut affecté comme ingénieur à l'expédition de MONCKTON contre le fort Beauséjour (près de Sackville, Nouveau-Brunswick). Il dirigea le creusement des tranchées pendant le siège avec l'aide de Winckworth TONGE, son assistant. Monckton loua surtout l'artillerie, se contentant de dire que Brewse et ses hommes « étaient également très actifs » mais Lawrence, qui paraît avoir eu une haute opinion de l'ingénieur, a cru, a-t-on dit, que la facilité avec laquelle le fort fut pris était due à « la bonne conduite de M. Brewse ». Le propre compte rendu de Brewse sur le siège est laconique et les renseignements épars qu'on y trouve donnent peu d'informations ; cependant, les plans qu'il traça de l'isthme de Chignectou constituent un document précieux sur cette opération.

Brewse acquit le grade de lieutenant-capitaine quand les ingénieurs reçurent un statut militaire en 1757. L'année suivante, avec plusieurs collègues, il fut affecté à l'expédition contre Louisbourg, île Royale (île du Cap-Breton), et sans doute que Wolfe* et AMHERST eurent de lui la même piètre opinion qu'ils partageaient sur les ingénieurs participant à cette expédition. En 1762, selon les archives du Board of Ordnance, il se trouvait au Portugal avec l'armée britannique qui participait à la défense du pays contre l'invasion espagnole. Il semble, par la suite, avoir passé quelques années au Board of Ordnance à Londres puis, en 1778, alors lieutenant-colonel, il fut nommé ingénieur en chef à Minorque à la suite de la mort de Patrick MACKELLAR. Il était destiné à occuper ce poste lors du siège victorieux de Minorque par les Français et les Espagnols en 1782, comme cela avait été le cas pour John Henry Bastide*, présent lors de la première perte de l'île en 1756. Brewse fut promu colonel en 1780 et, en 1782, nommé membre du Tower Committee nouvellement créé et composé d'ingénieurs expérimentés qui avaient pour tâche d'analyser les projets de fortifications et d'ouvrages de génie. On ne sait pas s'il garda ce poste jusqu'à sa mort survenue trois ans plus tard. Brewse eut une fille, Mary, qui épousa le lieutenant William Kesterman du corps du génie. Ils héritèrent de Brewse de même que John Boddington et Cuthbert Fisher, membres de l'intendance militaire.

MAXWELL SUTHERLAND

APC, MG 11, [CO 220] Nova Scotia B, 4, p.21 ; MG 18, N15, pp.2s., 6, 16 ; N25, p.2 ; National Map coll. — PRO, CO 217/9, ff.70–74 ; 217/15 ; Prob. 11/1 134, ff.184–186. — *Annual Register* (Londres), 1762 (8e éd., 1810), 28–32. — *The building of Fort Lawrence in Chignecto, 1750*, J. C. Webster, édit. (Saint-Jean, N.-B., 1941), 7, 11. — G.-B., Board of Trade, *JTP 1749/50–53*, 376. — [Joshua Winslow], *The journal of Joshua Winslow* [...], J. C. Webster, édit. (Saint-Jean, N.-B., 1936), 35–39. — *Roll of officers of the corps of Royal Engineers from 1660 to 1898* [...], R. F. Edwards, édit. (Chatham, Angl., 1898), 4, 6. — Porter, *History of Royal Engineers*, I : 158, 171, 180, 188, 203, 209-213 ; II : 202s.

BREYNTON, JOHN, ministre de l'Église d'Angleterre, baptisé le 13 avril 1719 à Trefeglwys (Powys), pays de Galles, fils de John Breynton, décédé le 20 juillet 1799, à Londres.

Après des études à la Shrewsbury School, John Breynton fut admis au Magdalene College, à Cambridge, le 5 mars 1738/1739. Il obtint son baccalauréat ès arts en 1742. Ordonné la même année, il entra au service de l'aumônerie de la marine royale et servit sur le *Suffolk* en 1742, le *Deptford* en 1743, le *Prince Frederick* en 1744 et le *Norwich* en 1745–1746. Le 22 mai 1746, il arriva à Louisbourg, île du Cap-Breton, dans la petite escadre de Charles Knowles et y demeura, comme aumônier adjoint de la garnison, jusqu'à l'évacuation de la forteresse en 1749. Il retourna en Angleterre et, l'année suivante, obtint sa maîtrise ès arts de Cambridge.

Quittant la marine, Breynton se mit au service de la Society for the Propagation of the Gospel, le 17 avril 1752, et fut envoyé à Halifax, en remplacement de William Tutty*. A son arrivée, au début d'octobre, il y trouva Thomas WOOD, déjà établi, et la présence de deux missionnaires dans la même paroisse occasionna certaines difficultés. Leur situation, l'un à l'égard de l'autre, ne fut finalement régularisée que le 24 septembre 1759, alors que le gouverneur Charles Lawrence* nomma Breynton *rector*, et Wood *vicar* de l'église St Paul.

A Halifax, Breynton trouva un établissement de quelque 2 700 personnes, la plupart inscrites comme membres de l'Église d'Angleterre, mais au nombre desquelles on comptait de nombreux dissidents de la Nouvelle-Angleterre. Les rapports de Breynton avec ces dissidents furent cordiaux tout au long de son ministère. Il apprit l'allemand suffisamment pour prêcher devant les membres de la petite église allemande St George, à Halifax, et, alors qu'ils n'avaient pas de ministre, il les servit avec la même diligence dont il faisait preuve envers sa propre congrégation de St Paul. Lui et Wood portèrent leur ministère au delà de Halifax, et aussi loin qu'Annapolis Royal. L'expulsion des Acadiens, en 1755, et l'arrivée subséquente de colons de la Nouvelle-Angleterre ouvrirent à leurs entreprises missionnaires un nouveau champ d'apostolat.

En 1769, sa tâche commença à peser lourdement sur les épaules de Breynton. Le 16 janvier, il écrivit à la Society for the Propagation of the Gospel, demandant la permission de se rendre en Angleterre l'année suivante, mais il ne put partir avant 1771. Le 16 avril de cette dernière année, il reçut un doctorat en théologie de Cambridge, sur la recommandation d'amis influents de la Nouvelle-Écosse ; il retourna à Halifax en 1772.

Dans une lettre à la Society for the Propagation of the Gospel, le 2 janvier 1776, Breynton écrivait : « la petite vérole s'est déclarée parmi nous l'été dernier [...] Quand cette maladie [...] commença à se répandre, j'ai fait tous les efforts possibles pour promouvoir l'inoculation, ai prononcé un sermon de circonstance et organisé une souscription en vue de l'inoculation des pauvres, si bien que je me flatte d'avoir été l'instrument qui a servi à sauver de nombreuses vies dans cette province. » Les difficultés de la colonie s'accrurent en 1776 avec l'affluence inattendue de réfugiés qui étaient partis de Boston avec les troupes du lieutenant général sir William Howe. Leur arrivée constitua un lourd fardeau pour les citoyens de Halifax, dont les ressources étaient limitées, et certains accrochages survinrent entre les anciens et les nouveaux habitants. Breynton fit tout ce qu'il put pour réconcilier les deux factions et aida particulièrement le clergé loyaliste. Jacob Bailey*, entre autres, témoigna de l'amabilité de Breynton, dans des lettres à la Society for the Propagation of the Gospel.

Brisé physiquement par ses travaux, Breynton, le 13 janvier 1777, demanda à la société de se rendre en Angleterre au retour de la paix, mais l'autorisation lui en fut refusée. Après plusieurs autres requêtes, il partit enfin, à l'été de 1785, et demeura en congé jusqu'en 1789. On a dit qu'il entretenait certains espoirs d'être nommé évêque de la Nouvelle-Écosse ; il pouvait compter, pour réaliser cette ambition, sur plusieurs appuis dans la province. Déçu dans son attente, puisque Charles Inglis* avait été sacré évêque en 1787, il résigna ses fonctions en 1789, et, grâce aux efforts de la Society for the Propagation of the Gospel, il demanda et obtint une pension de l'Archbishop Tenison Fund. Il fut par la suite remplacé, comme *rector* de St Paul, par Robert Stanser*. Pendant les années où il vécut en Nouvelle-Écosse, Breynton avait détenu plusieurs postes et aumôneries, à telle enseigne qu'on lui a fait la réputation d'être cupide ; mais ses bénéfices variés n'étaient pas considérés, à cette époque, comme inhabituels. Bien plus, il n'est pas certain qu'il ait touché quelque salaire que ce soit pendant les premières années de son ministère.

Antérieurement à son arrivée à Halifax, Breynton avait épousé une certaine Elizabeth, dont on ignore le nom de famille. Ils eurent sept ou huit enfants. Le 6 septembre 1779, un an après la mort de sa première femme, il épousa à Halifax Mary Cradock, veuve de Joseph GERRISH, qui l'accompagna en Angleterre en 1785. A sa mort, à Londres, à l'âge de 80 ans, Breynton fut enseveli dans le cimetière de l'église St Mary, à Paddington Green.

C. E. THOMAS

National Library of Wales (Aberystwyth), Trefeglwys parish registers, 1695–1723, III : f.14. — National Maritime Museum, RUSI/NM/137 a & b, List of chaplains of the Royal Navy, 1626–1916, par A. G. Kealy. — PANS, RG 1, 19, n° 16, Knowles à Newcastle, 8 juill. 1746. — PRO, Adm. 6/6. — University of Cambridge, Magdalene College (Cambridge, Angl.), admissions registers, n° 3 (1716–1894), p.31. — USPG, B, 20, pp.7, 25 ; 25, n°s 135, 202, 212, 239 ; Journal of SPG, 12, p.136 ; 28, p.246 (mfm aux PANS). — *Alumni Cantabrigienses* [...], John et J. A. Venn, compil. (10 vol. en 2 parties, Cambridge, Angl., 1922–1954), 1re partie, I. — R. V. Harris, *The Church of Saint Paul in Halifax, Nova Scotia : 1749–1949* (Toronto, 1949). — C. F. Pascoe, *Two hundred years of the S.P.G.* [...] (2 vol., Londres, 1901). — A. W. H. Eaton, Old Boston families, number two : the family of Capt. John Gerrish, *New England Hist. and Geneal. Register*, LXVII (1913) : 105–115.

BRIAND, JEAN-OLIVIER, évêque de Québec, né le 23 janvier 1715 dans la paroisse de Plérin (dép. des Côtes-du-Nord, France), décédé à Québec le 25 juin 1794.

Jean-Olivier Briand appartenait à une humble famille paysanne du village de Saint-Éloi, paroisse de Plérin, en Bretagne. Mgr Henri Têtu* a pu voir, au début du siècle, la petite maison, encore couverte de chaume, dans laquelle il naquit. Il était l'aîné des cinq ou six enfants de François Briand et de Jeanne Burel ; son parrain fut un oncle paternel, Olivier Desbois, et sa marraine, une tante maternelle, Jacquette Quémar. Son père, né le 4 mai 1688 et baptisé le lendemain à Plérin, mourut vers 1745 ; quant à sa mère, née, semble-t-il, le 18 janvier 1689, elle devait s'éteindre à Plérin, « âgée de 80 ans moins 3 ou 4 mois », le 16 septembre 1768.

Si l'on en croit le « livre de raison » de la sœur de Mgr Briand, Catherine-Anne-Marie, née le 20 mai 1722 et entrée le 27 octobre 1742 chez les Filles (séculières) du Saint-Esprit de Plérin, dont elle fut de 1779 à 1804 la supérieure générale, François Briand et Jeanne Burel auraient « inspiré » à leurs enfants de « l'éducation [...] et surtout la crainte de Dieu et la fuite du monde ». Le futur évêque de Québec aurait eu un père bon, doux, aimable et patient, « un des plus honnêtes hommes de Plérin » ; un père qui aimait et caressait ses enfants, qui travaillait et se fatiguait pour eux, tout en étant, à l'instar de sa femme, d'une grande charité envers les pauvres, « surtout les veuves et les orphelins dont il avait [...] à cœur les intérêts dans la paroisse ne [leur] refusant jamais aucun plaisir selon son pouvoir ». Jean-Olivier ne connut point ses grands-parents maternels, Mathurin Burel et Jacquette Quémar, tôt disparus, mais il fut témoin du dévouement de son grand-père paternel, Yves Briand, et de sa grand-mère, Jeanne Desbois, « qui tous deux se sont comme épuisés en travaillant pour procurer l'aisance à leurs enfants et une honnête éducation ».

Deux prêtres du diocèse de Saint-Brieuc (dont dépendait Plérin) allaient influencer la carrière de Jean-Olivier Briand. Le premier était son oncle, Jean-Joseph Briand, qui passait « pour un homme distingué en mérite » et qui allait être pendant longtemps recteur de Plérin, où il devait mourir le 20 avril 1767, à l'âge de 80 ans et 2 mois. Il donna au garçonnet « les premiers principes pour les sciences » et le guida « dans le chemin de la vertu et de la science des saints ». Se destinant à l'état ecclésiastique, le jeune Briand, dont sa sœur dit qu' « il a toujours bien fait ses classes », étudia au séminaire de Saint-Brieuc et fut ordonné prêtre en mars 1739. Revenant dans sa paroisse natale, il se rapprocha d'un autre prêtre, l'abbé René-Jean Allenou* de Lavillangevin, qui avait été, s'il ne l'était pas encore, recteur de Plérin, et avec qui la famille Briand paraît avoir eu des liens étroits. L'abbé de Lavillangevin était considéré comme le fondateur, – bien qu'en fait il ne le fût pas, – de la communauté des Filles du Saint-Esprit, dont le véritable fondateur était son oncle, l'abbé Jean Leuduger. Or, Catherine-Anne-Marie Briand se préparait à entrer dans cette communauté, où elle rejoindrait Marie Allenou de Grandchamp, à qui elle succéderait comme supérieure générale ; et une demoiselle Briand, parente du futur évêque de Québec, épouserait Mathurin Gaubert, apparenté par sa mère à l'abbé Leuduger. Quoi qu'il en soit, c'est l'abbé de Lavillangevin qui, en 1741, « par ses bons conseils et [par son] zèle » , « enleva » Jean-Olivier Briand à ses parents « pour en faire avec lui un bon missionnaire » au Canada, selon Catherine-Anne-Marie Briand.

D'après une autre version, qui n'est pas incompatible avec la première, ce serait l'abbé Henri-Marie Dubreil* de Pontbriand lui-même qui, nommé évêque de Québec, aurait fait appel à ses compatriotes, les abbés de Lavillangevin et Briand. Les deux, en tout cas, quittèrent Plérin le 11 mai 1741 pour le port d'embarquement de La Rochelle. Toujours au dire de Mlle Briand, Mgr de Pontbriand avait déjà nommé Lavillangevin grand vicaire, et Briand, chanoine. Ce dernier, « ne voulant aller » au Canada « que comme prêtre missionnaire », se serait, à La Rochelle, démis de son canonicat, qu'il lui fallut néanmoins accepter une fois à Québec. Le 28 mai, Briand était encore en France, attendant qu'on mît à la voile, – probablement le 8 juin, puisque le *Rubis*, sur lequel il voyagea avec le nouvel évêque et l'ancien recteur de Plérin, jeta l'ancre à Québec le 30 août, après 84 jours de traversée. L'intendant HOCQUART avait, cependant, envoyé un canot à la rencontre du navire, de sorte que l'évêque débarqua à Québec le 29 août. On peut croire que l'abbé Briand, dont il ne se séparerait plus que pour mourir, l'accompagnait alors.

Dès le 31 août, l'abbé Briand prenait possession de son canonicat. Ainsi commençait sa longue carrière au service de l'Église canadienne, dont on le proclamera, quand les suites de la guerre l'auront durement mis à l'épreuve, « le second fondateur ». Pour l'heure, chanoine, trésorier du chapitre, confesseur des religieuses de l'Hôtel-Dieu et de l'Hôpital Général, « chargé de la conduite d'une troupe de jeunes séminaristes », Jean-Olivier Briand est aussi le secrétaire et le confident de son évêque, fort surchargé, qu'il accompagne dans ses visites pastorales et dont il contresigne pour ainsi dire tous les mandements, étant « sa seule ressource » : « depuis dix-sept ans », écrivait en 1757 l'abbé de l'Isle-Dieu, monsieur Briand n'a « point quitté » son évêque, et, « sans manquer à aucun office canonial [il] trouve le secret d'être comme l'ombre de son respectable Prélat ». En 1752, par exemple, il se rend avec Mgr de Pontbriand jusqu'à la mission iroquoise de La Présentation (Oswegatchie ; aujourd'hui Ogdensburg, New York), à plus de 40 lieues de Montréal ; et, en 1753, de mai à novembre, il séjourne avec lui à Trois-Rivières, pendant la reconstruction du monastère des ursulines, que le prélat lui-même relève de ses cendres [V. Marie-Françoise GUILLIMIN, dite de Saint-Antoine]. En ces occasions, le chapitre est averti que les fonctions qu'il remplit auprès de l'évêque dispensent le chanoine Briand des offices, auxquels on doit le regarder comme présent, « de manière à ne rien lui faire perdre des fruits de sa prébende ».

Le chanoine Briand sut si bien rester dans l'ombre de son évêque que, pendant près de 20 ans, il passa presque inaperçu ; sa timidité était telle qu'il ne pouvait même pas prêcher ; étranger à toute intrigue et sans ambition personnelle, c'était un rude travailleur, un prêtre pieux et dévoué, qui connaissait mieux que quiconque la situation de l'Église canadienne et qui était le plus familier avec le détail de son administration. Vers lui se tournèrent son évêque, d'abord, et le chapitre diocésain, ensuite, quand l'Église canadienne eut soudain à relever le plus formidable défi de son histoire. Celui qui était l'humilité et la discrétion mêmes, entré dans la lice, allait devenir, selon le mot d'une religieuse de Québec, « l'homme de la droite de Dieu ».

Le 1er juillet 1759, au début du siège de Québec, Mgr de Pontbriand, déjà malade, s'était retiré à Charlesbourg ; le 13 et le 14, les ursulines et les religieuses de l'Hôtel-Dieu s'étaient réfugiées à l'Hôpital Général, où le chanoine Briand, assisté de son confrère Charles-Régis Blaise Des Bergères de Rigauville, apportait aux blessés, dont le nombre et la misère augmentaient chaque jour, le secours de son ministère. Le 13 septembre, jour de la défaite de Montcalm* sur les plaines d'Abraham, Mgr de Pontbriand, avant de se replier sur Montréal avec l'armée française, nomma Briand grand vicaire de Québec. Il lui donna aussi la direction, avec le titre de supérieur, des trois communautés de femmes de la ville et l'engagea à fixer sa résidence à l'Hôpital Général, où il vivait déjà depuis plusieurs mois. C'est de cet établissement situé sur les bords de la Saint-Charles que Briand, tout au long de l'hiver, administra la partie du diocèse tombée aux mains de l'ennemi, tout en se dépensant jour et nuit auprès des blessés, tant français que britanniques, dont l'hôpital était rempli. Au printemps de 1760, il suivit avec douleur les premiers chocs de la bataille de Sainte-Foy, qui se déroulait « sur une hauteur vis-à-vis de notre maison », écrit une religieuse de l'Hôpital Général ; puis, « au milieu de l'action », n'y tenant plus, il se transporte sur le champ de bataille, au risque de sa vie : « Ce qui lui fit prendre ce parti était, [...] disait-il, qu'il n'y eût pas assez d'Aumôniers pour assister les mourants... »

C'est à l'Hôpital Général aussi que le grand vicaire Briand apprit presque coup sur coup la mort de Mgr de Pontbriand, survenue à Montréal le 8 juin 1760, et la capitulation de cette ville et du pays entier, signée le 8 septembre suivant. L'Église canadienne se retrouvait sans évêque à un moment où la situation politique ne permettait plus de communiquer avec la France et d'en faire passer un au Canada. Du reste, en marge de l'article 30 de la capitulation de Montréal, ainsi rédigé : « Si par Le Traitté de paix, Le Canada restoit au pouvoir de Sa M[té] Britanique, Sa M[té] Tres Chretieñe Continueroit à Nomer L'Evesque de La Colonie, qui Seroit toujours de la Communion Romaine, et sous L'Autorité duquel les peuples Exerceroient La Religion Romaine », AMHERST avait écrit : « Refusé ». Commençait donc, en septembre 1760, une longue attente, inquiète, angoissante : le Canada reviendrait-il au roi de France ? Sinon, pourrait-on obtenir des Britanniques, si opposés au « papisme », l'autorisation de faire venir ou de faire consacrer un évêque ? L'Église catholique n'allait-elle pas bientôt mourir, au Canada, faute de prêtres ?

Suivant les dispositions du concile de Trente, l'administration du diocèse de Québec, pendant la vacance du siège épiscopal, revenait de droit au chapitre. Mais les chanoines furent pendant quelque temps empêchés de se réunir, à cause des restrictions sur les déplacements imposées par les Britanniques. Ce fut le chanoine Briand, pourvu, par ses lettres de grand vicaire du 13 septembre 1759, des pouvoirs nécessaires pour administrer le diocèse en pareil cas, qui exerça l'autorité ecclésiastique dans la colonie jusqu'à ce que le chapitre pût enfin se réunir, le 2 juillet 1760. On procéda alors à la nomination de trois vicaires généraux pour le Canada, et de trois grands vicaires pour les parties éloignées de la colonie. Au cours de deux autres assemblées, on nomma l'abbé de l'Isle-Dieu, qui résidait à Paris, grand vicaire pour la Louisiane et le Mississippi (23 septembre 1760), et le chanoine Joseph-Marie de LA CORNE de Chaptes, vicaire général du diocèse en France (30 septembre 1760). Le chanoine Briand, qui reçut en partage la partie du diocèse relevant du gouvernement de Québec, fut aussi désigné pour être, selon l'abbé de l'Isle-Dieu, « à la tête et le premier des grands vicaires, le siège vacant » ; il allait incontestablement jouer le premier rôle dans cette Église sans évêque et prendre sur ses collègues, empressés à le consulter, un ascendant certain.

Depuis bientôt un an, le grand vicaire Briand avait dû tenir compte, en administrant la partie du diocèse dont il avait la charge, de la présence à Québec d'une autorité politique qui professait une religion encore fortement opposée à celle des Canadiens. La situation était délicate, et Briand n'était pas sans le savoir. Il adopta, dès le début, une attitude modérée, conciliante sur l'accessoire, ferme sur l'essentiel, toujours respectueuse envers les nouveaux maîtres, et qui les amènerait peu à peu à servir l'Église plutôt qu'à lui nuire ou, simplement, à l'ignorer. Car cet homme timide, en qui un historien de notre temps n'a vu qu'« un personnage lourd », était au contraire gai, de bonne société, et savait par-dessus tout chasser « cette tristesse qui tue », au témoignage de l'abbé Joseph-Octave Plessis*, qui fut dix ans son secrétaire ; au vrai, ce Breton avait la finesse d'un Normand et, sur la fin de sa vie, en annonçant à un correspondant la consécration d'un troisième coadjuteur depuis la Conquête, il en fera en quelque sorte l'aveu, en riant dans sa barbe : « car voilà 4 évêques que j'ai en canada où il n'était pas possible qu'il y en eut disait-on et un petit Daniel en Plérin en St Brieuc est venu à bout de toutes les difficultés » ! (Daniel est ce prophète de la race de David qui, par son talent pour deviner et expliquer les songes, – et sans rien lui céder, – gagna la faveur du roi de Babylone...)

On a si peu compris, de nos jours, le comportement de Briand, grand vicaire et plus tard évêque, à l'endroit de l'autorité britannique, qu'il faut un peu y insister. Dès après la capitulation de Québec, Mgr de Pontbriand avait énoncé les principes théologiques sur lesquels l'Église canadienne devait régler sa conduite : « La religion chrétienne exige pour les princes victorieux et qui ont conquis un pays, toute l'obéissance, le respect que l'on doit aux autres » ; « Le roi d'Angleterre étant maintenant, par conquête, souverain de Québec, on lui doit tous les sentiments dont parle l'apôtre saint Paul » (Rom. XIII, 1–7). Et « il faut craindre, écrivait-il à Briand, de se brouiller avec le gouverneur, pour éviter de plus grands maux ». A MURRAY, Mgr de Pontbriand recommanda son grand vicaire, qui, assura-t-il, « entrera dans mes vues ». Au reste, l'abbé de l'Isle-Dieu, de Paris, et Rome même, à leur tour, inviteraient les Canadiens au respect et à la soumission, mais aussi à la prudence et à la discrétion : « il faudra, écrivait en 1766 le cardinal Castelli, que les ecclésiastiques et l'évêque du Canada se comportent avec toute la prudence et la discrétion possibles pour ne point causer de jalousie d'État au Gouvernement » ; et il ajoutait : « qu'ils oublient sincèrement à cet égard qu'ils sont français ». Tout cela était conforme à la théologie catholique ; Briand allait en tirer, pour l'Église canadienne, les plus grands avantages – comme les plus imprévisibles.

Si le roi d'Angleterre est le nouveau souverain des catholiques canadiens, l'Église doit le reconnaître et le traiter comme tel. C'est ce que le grand vicaire Briand n'hésite pas à rappeler, tant dans ses mandements que dans ses lettres. Il se décide même, après quelques hésitations, à faire nommer le roi George dans le canon de la messe, en dépit des protestations de certains membres du clergé : « Je n'ay pas souffert qu'on m'apportât pour raison qu'il est bien dur de prier pour ses ennemis [...] Ils sont nos maitres, et nous leur devons ce que nous devions aux françois lorsqu'ils l'étaient. Maintenant l'église défend-elle à ses sujets de prier pour leur prince ? » Le fondement théologique est solide, et le raisonnement sans faille. Briand, qui ne manquait pas de psychologie (au point d'entretenir d'excellentes relations avec tous les gouverneurs de son temps), comprit qu'il fallait, pour se concilier la bonne volonté des nouveaux maîtres, les intéresser à la vie de l'Église ; à cette fin, on devait, dans les débuts, souffrir quelques ingérences de peu d'importance, pour mieux faire obstacle à toute tentative plus sérieuse de mise en tutelle de l'Église. Il laissa donc Murray intervenir à quelques reprises auprès de certains curés, et se plia provisoirement à ses exigences relatives à la nomination aux cures ; il le consulta même, à l'occasion, et, une fois, il alla jusqu'à faire appel au bras séculier britannique. A bien y penser, on ne pouvait être plus habile : bientôt, Murray ne déciderait rien, au sujet des curés et des affaires religieuses, sans en parler au grand vicaire, et encore ne s'intéresserait-il qu'à des questions de discipline, ne se mêlant en rien du culte ou de l'enseignement religieux. En 1765, une religieuse de l'Hôpital Général pouvait écrire que Briand avait « sçu maintenir ses droits et ceux de ses Curés, sans jamais trouver d'obstacles » de la part des Anglais. On était sur la bonne voie.

Ce que Briand cherchait à faire reconnaître aux autorités britanniques du Canada, – comme du reste à son clergé et à ses ouailles, – c'était l'existence de deux juridictions distinctes : l'une, religieuse, qui relevait de l'autorité ecclésiastique ; l'autre, civile, qui relevait de l'autorité politique. Selon la conception admise de son temps, chaque pouvoir – l'ecclésiastique et le politique – avait des devoirs à l'égard de l'autre, mais Briand voulait qu'on les exerçât de part et d'autre sans ingérence. C'est dans cet esprit qu'il faut lire l'extrait suivant de la lettre qu'il adressait, en 1762 probablement, à James ABERCROMBIE : « Je vous prie, monsieur, de continuer à l'Église votre protection ; j'oserais presque vous dire que vous y êtes obligé, comme elle l'est de vous honorer. *Non enim sine causa gladium portat* [car ce n'est pas pour rien qu'elle porte le glaive], nous dit saint Paul, en parlant de la puissance séculière, laquelle doit se prêter au soutien de la religion, comme la puissance ecclésiastique à faire rendre aux peuples le respect et l'obéissance qu'ils doivent aux princes et aux supérieurs. » Afin de contrecarrer toute tentative d'empiétement et de maintenir les bonnes relations avec l'autorité civile, Briand appliquait deux « principes », que nous connaissons grâce à Mgr Plessis, son ancien secrétaire, et qui étaient « de traiter toutes ses affaires avec le gouverneur lui-même, sans y faire intervenir aucun des officiers subalternes », d'une part, et « de prendre hautement, en toute occasion, les intérêts du gouvernement à cœur, de faire profession d'une très grande loyauté envers le Roi, et d'inspirer la même fidélité à son clergé », d'autre part. Aussi est-ce avec amertume qu'il voyait parfois des prêtres et des fidèles porter leurs querelles religieuses aux autorités civiles, quand celles-ci « me renvoient toutes les affaires ecclésiastiques », écrivait-il en 1769.

En tout cela, point de lourdeur d'esprit chez Briand, et encore moins de faiblesse de caractère. On a pensé, écrivait-il à Guy Carleton* lui-même, en 1784, qu'en telle circonstance récente j'ai agi de telle façon « par crainte du gouverneur. oh ! non. de ma vie je n'ai craint homme ». C'est sans détour : je ne crains personne, pas même vous ; et, tout de suite, il ajoute, avec humour (il en était capable) : « Je me reproche même à présent que Je suis aux portes de la mort de ne pas assés Craindre Dieu et mon redoutable Juge. » Cet homme-là n'a été ni dupe ni faible. Au moment où Murray se permettait d'intervenir dans les cures, « j'ay eu l'honneur de luy dire, écrit Briand, que ni moy ni le pape lui-même ne pouvions rien sur le refus, délai ou concession de l'absolution, parce que la Pénitence était un tribunal secret et intérieur dont le juge n'avait de compte à rendre qu'à Dieu seul ». En toute circonstance, il sut faire valoir et respecter les droits fondamentaux de l'Église, sans jamais en venir aux confrontations. Le secret de sa force – et de sa réussite, – il le révéla, en 1782, dans une lettre à sa sœur : les Anglais « continuent de me donner des marques d'une vraie considération », écrit-il, parce qu'ils « connaissent ma franchise et ma sincérité », et qu'ils savent « que ma conscience et mon devoir sont bien au-dessus de tout autre considération ».

Inutile donc de chercher midi à quatorze heures et d'évoquer la pauvreté et la timidité de Briand pour expliquer pourquoi il fut « le candidat de Murray », – qui aimait sa « candeur », sa

« modération » et sa « délicatesse », – quand, après la cession définitive de la colonie à l'Angleterre, on entreprit des démarches pour redonner un évêque à l'Église canadienne. Ensuite de l'échec du vicaire général Étienne MONTGOLFIER, candidat choisi par le chapitre le 15 septembre 1763, et de son désistement du 9 septembre 1764 en faveur de Briand, qui a pour lui, écrivait-il, « le suffrage du clergé et des peuples, et la protection la plus marquée du gouvernement politique », les chanoines, réunis à l'Hôpital Général de Québec le 11 septembre suivant, convinrent unanimement d'élire et de présenter Jean-Olivier Briand à l'évêché de Québec. Éprouvant « une répugnance extrême » devant « le fardeau » qu'on lui imposait et qu'il redoutait « plus que la mort », celui-ci comprit, cependant, qu'il ne fallait point penser à lui, mais à l'avenir de l'Église au Canada. Il s'embarqua presque aussitôt pour l'Angleterre, afin d'y « poursuivre sa dignité ». En dépit des recommandations de Murray, qui s'était même employé à lui trouver des appuis, la conjoncture, à Londres, n'était guère favorable à Briand. Le jésuite apostat Pierre-Joseph-Antoine ROUBAUD avait prévenu les esprits contre le clergé canadien ; puis la chute du ministère, en 1765, vint encore compliquer la situation ; enfin, et quoique l'on voulût bien donner un évêque au Canada, on ne savait pas comment le faire sans violer les lois de la Grande-Bretagne. On lui fit entendre, dans l'entourage des ministres, qu'il n'avait qu'à passer en France et à s'y faire consacrer, et qu'on fermerait les yeux, pourvu qu'il se contentât du titre de « surintendant de l'Église catholique au Canada ». En décembre 1765, après avoir séjourné 13 mois à Londres, Briand partait pour la France, sous le prétexte officiel d'aller rendre visite à sa mère, en Bretagne.

S'il est vrai qu'en 1741, de crainte de manquer de courage, l'abbé Briand avait quitté secrètement Plérin, sans dire adieu à ses parents et avec son bréviaire pour tout bagage, on imagine la joie des retrouvailles, à Saint-Éloi, le 19 décembre 1765. Sa sœur Catherine-Anne-Marie, qui rappelle la scène à sa mère, nous renseigne aussi sur les sentiments qui animaient son frère pendant les quelques semaines qu'il passa parmi les siens : « Je n'oublierai jamais la joie le plaisir la tendresse avec laquelle vous vous embrassâtes l'un et l'autre et nous tous frères et sœurs nous l'avons trouvé toujours le même, bon fils, bon frère, doux, humble, [...] s'humiliant et se reconnaissant indigne, méprisant les grandeurs et dignités, point d'ambition pour les richesses et si ce n'était qu'il craignait [de] s'opposer aux desseins de Dieu, il eût préféré [...] demeure[r] caché et inconnu dans sa petite famille. » Il fallait bien partir, pourtant : on se dit adieu à Saint-Brieuc le 23 janvier 1766, jour du 51e anniversaire de l'abbé Briand. Avant de quitter à jamais sa mère, « qui en a été malade », il avait donné des ordres pour qu'on lui construisît, à ses frais à lui, près de sa chaumière natale, une grande maison de pierre, sur laquelle on fit graver, au-dessus de la porte, l'inscription suivante : Jean-Olivier Briand, Évêque de Québec, 1766.

Entre-temps, le 21 janvier, « après avoir reçu de différentes parts [...] des témoignages assurés de ses excellentes qualités », le pape Clément XIII avait signé la bulle nommant Jean-Olivier Briand évêque de Québec. C'est le 16 mars 1766, jour anniversaire de sa première messe (« ce qu'il [...] fit remarquer » à sa mère), que Mgr Briand fut, avec la permission de l'archevêque de Paris, discrètement consacré dans l'oratoire privé de Mme Meny (née Marie-Madeleine Péan), à Suresnes (dép. des Hauts-de-Seine), par Mgr Charles-Gilbert Demay de Termont, évêque de Blois, assisté des évêques de Rodez et de Saintes. Quittant Paris le 21 mars, Mgr Briand retourna à Londres, obtint la permission de rentrer au Canada, prêta le serment de fidélité au roi et s'embarqua peu après le 1er mai, – jour où il remerciait l'évêque d'Orléans de la gratification de 3 000# qu'il lui avait accordée. A son arrivée à Québec, le 28 juin, le nouvel évêque fut accueilli avec de grandes démonstrations de joie, de la part tant des Canadiens que des Britanniques. Et, le 19 juillet, le septième évêque de Québec prenait possession de son siège, dans la chapelle du séminaire de Québec.

Si, provisoirement, la survivance du sacerdoce paraissait assurée au Canada, la situation de l'Église n'en restait pas moins, pour l'évêque de Québec, une source constante d'inquiétudes. Outre le danger d'un durcissement toujours possible de l'autorité civile à l'égard du clergé, Mgr Briand pouvait craindre que l'Église, quoi qu'il fît, ne continuât de s'affaiblir « insensiblement [...] de jour en jour », comme il le notait en 1769. La guerre avait, en effet, laissé bien des ruines et des misères : l'église paroissiale de Québec, le palais épiscopal, plusieurs églises de campagne avaient été détruits ; les habitants étaient appauvris, certaines communautés religieuses de femmes agonisaient sous les dettes, le diocèse lui-même était privé des revenus qui servaient principalement, autrefois, à l'entretien des chanoines, et des gratifications que le roi de France versait annuellement « aux pauvres paroisses » ; le nombre des prêtres avait beaucoup diminué (180 en 1758, 138 en juillet 1766) et l'Angleterre, qui refusait aux jésuites et aux récollets la permission de se recruter, interdisait aussi la venue de prêtres français

[V. Jean-Baptiste-Amable ADHÉMAR], si bien qu'en 1774 l'évêque écrirait : « Depuis que je suis de retour, j'ai fait vingt-cinq prêtres ; il en est mort trente-deux et deux [...] ne servent plus », – et qu'en dépit des 90 ordinations faites sous son épiscopat, 75 paroisses, dit-on, se retrouveraient sans pasteur en 1783.

Depuis la Conquête, aussi, la population n'était plus tout à fait la même : « les cœurs se sont dérangés pendant les troubles de la guerre », disait Mgr Briand en constatant qu'il y avait beaucoup « à reprendre » chez les Canadiens. Un peu partout on avait déploré des scandales, et plus souvent encore éclataient des querelles, qui allaient parfois jusqu'à la rébellion ouverte contre le curé ou l'évêque, au sujet de la desserte ou de l'emplacement d'une église, de la construction d'un presbytère ou du paiement des dîmes ; des marguilliers poussaient l'esprit d'indépendance au point de vouloir tout régenter et se montraient insolents envers le prélat : « Ce siècle est terrible de la part du marguillage », gémissait Briand. Et il se plaignait de ce que « les braves Canadiens veulent arranger eux-mêmes les choses de l'Église. Ils en savent sur la religion et les choses de Dieu plus que les prêtres et l'évêque. » Fort de son autorité épiscopale, il avertit, supplie, menace, et, si on le pousse à bout, il excommunie, tout prêt à pardonner au moindre signe de repentance. Il lui arrive, dans des lettres à ses prêtres, de juger trop durement ses ouailles, que « je croyais connaître », dit-il, et que je ne reconnais plus : « les catholiques me rejettent » ; « un très grand nombre [...] confessent de bouche le christianisme mais [...] le contredisent par leur conduite, et l'ont abjuré d'esprit et de cœur » ; « s'ils ne changent pas, la religion se perdra dans la colonie ». Il y avait bien dans tout cela une part d'exagération ; voyons-y surtout de l'exaspération, – pas entièrement injustifiée, il faut l'avouer. « Ah ! mon Dieu ! quel chien de train : j'aimerais mieux être curé de la baye St-Paul ou de Kamouraska », écrit-il au vicaire général Étienne MARCHAND, en 1767. Sept ou huit ans plus tard, après deux visites pastorales de son diocèse (1767–1768 et 1771–1773) et moins tenaillé par les problèmes qui avaient tourmenté ses débuts, l'évêque verrait ses chers Canadiens d'un œil plus serein : « il y a de mauvais chrétiens sans doute, il y a des désordres, il y a du libertinage, mais je ne crois pas qu'il y en ait autant qu'il y en avait, il y a 15 ou 20 ans ; et je ne suis point sans consolation de ce coté-la ».

Ses prêtres s'étaient ressentis, eux aussi, des incertitudes nées de la guerre et de la Conquête, et, avant qu'il fût évêque surtout, pendant la période de l'occupation militaire, certains lui avaient causé bien des déplaisirs. Ce n'était pas le cas de tous, mais à tous il écrivait des lettres souvent admirables, toujours franches et sans détour. Il félicite les uns, blâme les autres, exhorte chacun, rappelant la « grande perfection qui [...] est si fort recommandée » à « un vrai prêtre », condamnant la « passion pour l'aisance de la vie et tout ce qui s'en suit » et critiquant sévèrement les façons d'agir propres « à donner aux Anglais des idées [...] désavantageuses du clergé » ; il dit la nécessité de la douceur, veut qu'on vive en union avec les paroissiens et qu'on agisse avec modération de façon à ne pas les excéder. Il faut certes « tonner » contre les désordres, mais « avec douceur » ; dans les sermons, il faut éviter « les invectives » et parler davantage « de la vertu que de la laideur du vice » ; il ne faut pas rebuter les pécheurs, mais les accueillir avec bonté. A bien des égards, Mgr Briand paraît en avance sur son temps. « Ce n'est pas toujours le mieux de combattre de front les vices et les abus, écrit-il à un curé, mais il est bon de prendre des détours. Il est mieux que les pécheurs se disent qu'ils sont pécheurs, que si nous le leur disions nous-mêmes, ou leur donnions occasion de penser que nous les croyons tels. » En 1766, au sujet de deux religieuses qui ont quitté leur couvent, il déclare à son vicaire général « qu'il ne faut pas à présent tenir si roide dans certaines occasions : cela pouvait passer autrefois. Aujourd'hui, les choses sont changées vous le savez. » Et c'est lui encore qui, en 1770, déclarant qu'il ne faut forcer personne à contribuer à la construction d'une église, énonce cette belle maxime : « La bâtisse d'une église n'est pas une corvée ; c'est un acte de religion. »

Avait-il des reproches à faire à ses prêtres, le grand vicaire Briand aimait bien appeler un chat un chat : « Si je parle franchement et comme je pense, je vous dirai des vérités qui vous affligeront. Si je dissimule, je ferai souffrir mon caractère sincère et droit. Serait-il plus convenable de ne rien dire, et de répondre comme on dit, en Normand ? Un Breton, et peut-être un chrétien, bien moins encore un prêtre et un confrère, beaucoup moins un grand vicaire [...] ne doit taire la vérité. » Néanmoins, le Breton était parfois un peu rude : je ne vous connaissais pas les défauts qu'on vous reproche, écrit-il à un curé, « je savais seulement que vous étiez paresseux ou pesant » ; au curé de Québec (Jean-Félix Récher*), il déclare net qu'il est un ignorant ; et à cet autre qu'il retire du ministère : « J'aime les bons prêtres, mais les indociles à leurs supérieurs, les acéphales, les gens qui ne respectent aucune règle, aucuns canons de l'Église et qui agissent à leur tête ne seront jamais en faveur auprès de moy. »

L'orage passé, il termine généralement sa lettre en disant que, s'il est sévère, c'est pour mieux ramener son correspondant à son devoir, et qu'en ce cas il oubliera tout ce qu'il a eu à lui reprocher ; ou encore qu'il n'agit que pour son bien, et qu'il lui conserve toute son amitié ; au curé Pierre-Antoine PORLIER, avec qui il a eu maille à partir, Mgr Briand dit, en 1774, son intention de le voir curé de Québec, et même chanoine : « Malgré tout ce que vous avez fait, écrit, parlé contre moi, mon cœur n'est pas changé et il est le même pour vous qu'il était il y a vingt-cinq ans. » Comme quoi Mgr Plessis, qui l'avait si bien connu, avait raison d'appeler Mgr Briand « un homme de tête et de caractère ».

Jamais peut-être Briand ne fut plus durement contesté, dans son propre entourage, qu'au début de son épiscopat. L'opposition la plus vive et la plus soutenue, en même temps que la plus longue, lui vint du curé Jean-Félix Récher et de ses marguilliers, au sujet du statut de l'église Notre-Dame de Québec, détruite pendant les bombardements de 1759. Mgr Briand en voulait faire sa cathédrale, comme elle avait été celle de ses prédécesseurs ; le curé et les marguilliers consentaient bien à la rebâtir, mais à la condition qu'elle servît uniquement au culte paroissial. De part et d'autre, on se fondait, pour imposer ses vues, sur des titres anciens. La reconstruction commença lentement en 1767 ; le curé Récher mourut en 1768 et le séminaire de Québec se désista des droits qu'il pouvait prétendre sur la cure. Les marguilliers ne désarmèrent pas, appuyés dès lors par deux messieurs du séminaire, Henri-François Gravé* de La Rive et Joseph-André-Mathurin JACRAU, lequel se fit même l'avocat du « marguillage » en cette affaire. L'église, à peu près terminée, fut ouverte au culte en 1771. Mgr Briand, qui avait vainement tenté de s'entendre avec les marguilliers, annonça qu'il ne jouerait pas le jeu de ses opposants en allant demander justice aux tribunaux ; il continuerait d'officier dans la chapelle du séminaire, qu'il choisissait pour son église cathédrale, et s'abstiendrait, tant que ses droits ne seraient pas reconnus, d'officier ou même de paraître à la paroisse. Sur leur lancée, et en dépit de la mort de M. Jacrau, les marguilliers écrivirent à Rome contre leur évêque ; mais c'est de Québec que vint la solution de cette affaire, en 1774, grâce à l'entremise du lieutenant-gouverneur Hector Theophilus CRAMAHÉ. Église cathédrale ou église paroissiale ? « Église cathédrale *et* paroissiale », fut-il décidé. Le compromis était élégant, et, pour l'entrée de l'évêque dans sa cathédrale, le jour du huitième anniversaire de sa consécration, l'on fit une « grande cérémonie ».

La pression qui s'exerçait sur lui, en 1767 et 1768, était si grande, et son amour de la paix s'en trouvait si déconcerté, que Mgr Briand songea à démissionner dès qu'il se serait donné un coadjuteur, d'autant qu'il se trouvait peu de talent pour la parole et de capacité pour administrer le diocèse. Le vicaire général Marchand, à qui il s'en était ouvert, tenta de le dissuader ; et puis, ajoute-t-il, « avant d'être évêque vous ne pouviés pas prêcher, aujourd'hui vous surmontez aisément cette timidité que vous n'aviés pu vaincre jusqu'alors, [et] vous parlés à votre peuple avec grâce, avec force, avec zèle et avec onction ». L'évêque devait, de toute façon, se donner un coadjuteur. En 1766, à sa demande, Rome l'avait autorisé à le choisir lui-même, *cum futura successione*, et à le présenter au souverain pontife. Il demanda à Carleton la permission d'y procéder ; le lieutenant-gouverneur hésita à se prononcer, ne donna son consentement qu'en 1770, et proposa l'abbé Louis-Philippe MARIAUCHAU d'Esgly, de cinq ans plus âgé que Mgr Briand. Celui-ci ne crut pas devoir s'opposer à ce choix, le candidat étant « un bon prêtre ». L'essentiel était qu'il y eût un deuxième évêque, et qu'il fût digne ; il importait aussi d'établir un précédent : « c'était beaucoup de tirer la planche », ainsi que le disait lui-même Mgr Briand. On a un peu légèrement accusé le prélat de faiblesse, à cette occasion. Entrer dans des discussions eût retardé une affaire que Carleton avait déjà laissé traîner pendant quatre ans, et l'eût peut-être compromise, le gouverneur étant sur le point de s'embarquer pour Londres. L'imminence de ce départ, justement, et la crainte de Carleton « qu'un autre gouverneur n'ait pas la même bonté pour nous », écrit Briand, lui firent demander à l'évêque de consacrer l'abbé d'Esgly « aussitôt qu'il a eu donné son consentement », sans attendre les bulles requises. « J'ai eu une petite tempête à essuyer », écrit Briand (des parents du coadjuteur s'en étaient mêlés), « mais j'ai tenu ferme, et donné des preuves si évidentes de la justice de mon refus, que tout est calme à présent. » Ayant encore une fois sauvé l'essentiel, l'évêque écrivit au nonce apostolique, à Paris, pour lui présenter l'abbé d'Esgly. Les bulles tardèrent à arriver : Mgr Briand consacra, le 12 juillet 1772, dans la chapelle du séminaire, celui qui allait devenir son successeur, mais il attendit, pour le proclamer et lui conférer les pouvoirs de sa charge, le jour de son entrée solennelle dans sa cathédrale, le 16 mars 1774.

L'année 1774 avait été, pour Mgr Briand, particulièrement heureuse : il avait solennellement pris possession de sa cathédrale et proclamé son coadjuteur ; la paix était revenue à Québec et l'évêque n'était pas mécontent de ses ouailles ; des grands vicaires le représentaient dans toutes les parties de son immense diocèse ; plus de 25 paroisses nouvelles avaient été créées depuis 1766, et un nombre à peu près égal de prêtres avaient été ordonnés. N'eût été la question du chapitre, dont les gouverneurs ne voulurent jamais accepter qu'il comblât les vides et qui allait être voué à l'extinction, Mgr Briand eût pu considérer son œuvre terminée et donner suite à ses projets de démission. Seul l'âge de son coadjuteur le retint de se « décharger » et « de vivre dans la retraite » à laquelle il avait toujours aspiré.

Mais éclata la Révolution américaine. On parla bientôt d'une invasion imminente du Canada, et déjà des agents rebelles invitaient les Canadiens à la révolte. Mgr Briand qui, au témoignage de l'abbé Plessis, « avait pour maxime qu'il n'y a de vrais chrétiens, de catholiques sincères, que les sujets soumis à leur souverain légitime », engagea ses fidèles à repousser les envahisseurs et appuya d'un mandement la proclamation de Carleton sur le rétablissement de la milice ; à ses prêtres, il rappela leur devoir, fondé sur l'enseignement de l'Évangile et de saint Paul, et, contre les habitants qui collaboraient avec l'ennemi, il recourut aux châtiments de l'Église, qui ne pouvait plus les reconnaître pour ses enfants. Constamment, et en toute chose, il se montra fidèle à l'autorité et au serment qu'il avait prêté au roi. Les Canadiens, qui avaient encore à la mémoire les souvenirs pénibles de la guerre de la Conquête, n'avaient pas tous résisté au désir de se venger de l'Angleterre ; plusieurs ne comprenaient pas la position de leur évêque et de la grande majorité des prêtres. Exhortant, suppliant, menaçant et sévissant, Mgr Briand avait beaucoup souffert de l'obstination de cette partie, – minime, à vrai dire, – de son troupeau. Le calme ne revint que lentement, et, dans certaines paroisses, on ne se pressa pas de faire sa paix avec l'Église. L'évêque en resta marqué. On a même prétendu qu'il n'a jamais pu se résoudre, par la suite, à entreprendre une nouvelle visite pastorale de son diocèse. Mais peut-être l'état de sa santé ne le lui permettait-il plus ?

Deux fois, avant d'être évêque, Mgr Briand avait été malade : en 1750 et en 1757, cette deuxième fois assez gravement, il semble. En 1770, il écrit à sa sœur qu'il ne s'est pas aperçu, au cours de la visite pastorale, que ses forces fussent diminuées ; en outre, la sciatique le fait souffrir, « surtout le matin ». Ce mal empire avec les années. Pour le décrire, on parle aussi de la goutte : quand il avait un accès, le mal se jetait dans la poitrine et dans les bras, et l'empêchait complètement d'agir. Lui-même, en 1784, dira à Carleton que, depuis plus de huit mois, il n'a pu écrire que son nom : « trois lignes de suite m'occasionnent des douleurs que je ne puis presque soutenir », ajoute-t-il. L'année précédente, les médecins avaient jugé sa maladie « assez sérieuse ». On dit encore qu'il souffrait « d'une violente maladie que les médecins appellent spasmes » ; il avait de plus « un catharre opiniâtre avec tous les symptômes de la tympanite », selon Mgr d'Esgly. Les maux dont il souffrait déjà à l'époque de l'invasion américaine, plus que le dépit, expliquent vraisemblablement qu'il ne commençât pas une troisième visite de son diocèse. Quoi qu'il en soit, se jugeant sur le point de mourir et voyant son coadjuteur très âgé, il démissionna, le 29 novembre 1784, pour permettre à Mgr d'Esgly de consacrer un évêque plus jeune. Retiré, n'étant « plus en état que de prier », il ne se mêlait pas de l'administration du diocèse, – bien que Mgr d'Esgly l'eût nommé, le 2 décembre 1784, vicaire général et lui eût continué ses pouvoirs épiscopaux, – sinon pour donner des éclaircissements et des avis quand on les lui demandait. Une seule fois il intervint par écrit, et ce fut pour rappeler paternellement à l'ordre l'impétueux coadjuteur, Mgr Jean-François Hubert. Ayant fait son testament le 22 mars 1791, il mourut au séminaire de Québec le 25 juin 1794, à l'âge de 79 ans. Le surlendemain, 27 juin, l'abbé Plessis prononçait son oraison funèbre, au cours des funérailles célébrées dans la cathédrale de Québec.

De ce prêtre véritablement humble, qui fut évêque contre son gré, et dont le portrait s'est lentement esquissé tout au long de cette biographie, retenons encore deux traits caractéristiques : son esprit de pauvreté et sa foi en la Providence. A sa mère comme à ses frères et sœurs, à sa sœur Catherine-Anne-Marie comme à ses prêtres, il dit le mépris qu'il faut avoir pour les richesses – et que lui-même avait au plus haut point. « Né sans biens et pourvu d'une dignité sans revenu », de son propre aveu, il vivait « dans un pauvre petit appartement du Séminaire » et mangeait « à la table commune », écrit Carleton ; il n'avait qu'un secrétaire, parfois à mi-temps seulement, et un laquais. Au demeurant, « ni calèche, ni carriole, ni cheval » ; il a « porté bien des soutanes retournées » et n'a « pas un morceau de pain ni un coup de vin à présenter à un ami ». « Je suis bien heureux, écrit-il encore, qu'on me donne ma subsistance au séminaire. » Il refuse pourtant de solliciter l'aide de ses diocésains pour le « rétablissement » de l'évêché en ruine, et interdit qu'on fasse une collecte pour l'évêque ; dans son testament, il demande qu'après sa mort on remette aux Messieurs du séminaire de Montréal la crosse dont il s'est toujours servi, et qui leur appartient. *La Gazette de Québec*, à sa mort, n'en louera pas moins ses vertus morales, chrétiennes et sociales, rappelant « les aumônes abondantes qu'il a répandues dans le sein des pauvres ».

A sa sœur, il avait dit ne craindre « ni la vie ni la mort ni la pauvreté » et n'avoir jamais eu peur de « manquer » de quoi que ce soit : en tout il s'en remettait à la Providence, « dont la conduite est très souvent d'autant plus miséricordieuse qu'elle est moins conforme à nos désirs, et flatte moins nos espérances ». Cette foi profonde explique sans doute bien des attitudes qui furent les siennes : « J'ai toujours pensé, écrivait-il un jour, que les contradictions venaient de Dieu, et qu'il les terminerait lui-même. » Et, à son vicaire général, il disait, en 1768 : « C'est au Seigneur qui m'a placé [à la direction du diocèse], quoique indigne, à tout arranger. Je ne veux que ce qu'il veut, et j'espère qu'il arrangera tout. On me souffle, on me pousse, mais je n'agirai qu'à mesure que les circonstances favorables me seront présentées par la Providence. »

Indirectement, Mgr Briand, qui avait bien connu les vingt dernières années du Régime français, porta lui-même un jugement sur sa carrière et sur son œuvre, en disant à son secrétaire, l'abbé Plessis, « que, sous le gouvernement anglais, le clergé catholique et les populations rurales jouissaient de plus de liberté qu'on ne leur en avait accordé avant la conquête ». L'évêque anglican de Québec, Jacob Mountain*, arrivé un an avant la mort de Mgr Briand, ne l'aurait pas démenti, lui qui se plaindrait quelques années plus tard de ce que l'évêque catholique de Québec « dispose, comme il l'entend, de toutes les cures du diocèse, érige des paroisses, accorde des dispenses de mariage selon son plaisir, et exerce librement toutes ces fonctions que lui refusent les instructions royales, et que l'évêque protestant n'a jamais remplies ».

ANDRÉ VACHON

Les AAQ conservent la plupart des documents concernant Mgr Briand. Deux lettres de ce dernier ont été publiées dans *BRH*, XXI (1915) : 122, 128.

APC, MG 11, [CO 42] Q, 1–47 ; MG 23, GII, 1. — [C.-A.-M. Briand], Livre de raison de Mlle Briand, sœur de Mgr Briand, premier évêque de Québec sous la puissance anglaise, ANQ *Rapport*, 1946–1947, 57–79 — *Doc. relatifs à l'hist. constitutionnelle, 1759–1791* (Shortt et Doughty ; 1921). — La Rue, Lettres et mémoires, ANQ *Rapport*, 1935–1936 ; 1936–1937 ; 1937–1938. — [M.-J. Legardeur de Repentigny, dite de la Visitation], Relation de ce qui s'est passé au siége de Québec, et de la prise du Canada [...], *Le siège de Québec en 1759 par trois témoins*, J.-C. Hébert, édit. (Québec, 1972), 11–31. — *Mandements des évêques de Québec* (Têtu et Gagnon), II : 160–163, 166, 168–171, 174–179, 185–309. — J.-O. Plessis, L'oraison funèbre de Mgr Briand, *BRH*, XI (1905) : 321–338, 353–358. — J.-F. Récher, *Journal du siège de Québec en 1759* (Québec, 1959). — Desrosiers, Corr. de cinq vicaires généraux, ANQ *Rapport*, 1947–1948. — Henri Têtu, *Notices biographiques : les évêques de Québec* (Québec, 1889), 259–355. — Brunet, *Les Canadiens après la Conquête*. — Burke, *Les ursulines de Québec*. — [J.-B.-A.] Ferland, *Mgr Joseph-Octave Plessis, évêque de Québec* (Québec, 1878). — A.-H. Gosselin, *L'Église du Canada après la Conquête* ; *L'Église du Canada jusqu'à la Conquête*, III. — Laval Laurent, *Québec et l'Église aux États-Unis sous Mgr Briand et Mgr Plessis* (Montréal, 1945). — O'Reilly, *Mgr de Saint-Vallier et l'Hôpital Général*. — Hermann Plante, *L'Église catholique au Canada (1604–1886)* (Trois-Rivières, 1970). — M. Trudel, *L'Église canadienne* ; *Louis XVI, le Congrès américain et le Canada, 1774–1789* (Québec, [1949]). — Ivanhoë Caron, La nomination des évêques catholiques de Québec sous le Régime anglais, SRC *Mémoires*, 3e sér., XXVI (1932), sect. I : 1–44. — Fernand Combaluzier, Le sacre de Mgr Briand à Suresnes, *BRH*, XLVI (1940) : 3–9. — Lionel Groulx, Le conflit religieux au lendemain de 1760, SCHÉC *Rapport*, 7 (1939–1940) : 11–26. — Arthur Maheux, Difficultés religieuses après la cession, SCHÉC *Rapport*, 14 (1946–1947) : 11–24 ; Notes sur Roubaud et sur sa responsabilité dans la nomination de M. Briand comme évêque de Québec, SCHÉC *Rapport*, 6 (1938–1939) : 45–60. — Mgr Briand et les rebelles de 1775, *BRH*, XLV (1939) : 286. — Fernand Ouellet, Mgr Plessis et la naissance d'une bourgeoisie canadienne (1797–1810), SCHÉC *Rapport*, 23 (1955–1956) : 83–99. — Henri Têtu, Souvenirs d'un voyage en Bretagne, *BRH*, XVII (1911) : 130–140, 161–169, 197–202. — Marcel Trudel, Pourquoi Briand fut-il le candidat de Murray ? *RHAF*, VIII (1954–1955) : 463–495 ; La servitude de l'Église catholique du Canada français sous le Régime anglais, SCHÉC *Rapport*, 30 (1963) : 11–33.

BROOKE, FRANCES. V. MOORE

BROOKE, JOHN, ministre de l'Église d'Angleterre, né vers 1709, probablement dans le Norfolk, Angleterre, décédé le 21 janvier 1789 à Colney, dans le Norfolk.

On ne sait rien de certain sur l'enfance et les études de John Brooke. Ordonné prêtre le 17 juin 1733, il devint, entre 1733 et 1746, *rector* ou *curate* perpétuel de cinq paroisses à Norwich, Angleterre, et dans les environs ; il devait les conserver, sauf une, jusqu'à sa mort. En 1756, il épousa Frances MOORE, déjà bien connue comme écrivain. Ils eurent un fils et, probablement, une fille. Nommé aumônier intérimaire dans l'armée britannique en février 1757, il débarqua en Amérique du Nord au cours de la même année. Aumônier adjoint du 22e d'infanterie pendant un an et aumônier de la garnison de Louisbourg, île du Cap-Breton, du mois d'août

1758 à juillet 1760, il partit ensuite pour Québec. En décembre, le gouverneur MURRAY, un ami de 20 ans, le nomma officieusement aumônier de la garnison et ministre de la ville, desservie jusque-là par Jean-Michel Houdin*. Il reçut sa commission officielle d'aumônier de la garnison le 28 octobre 1761, à une époque où il était en outre aumônier des Royal Americans (60e d'infanterie). En août 1761, quelque 100 fonctionnaires et marchands de Québec avaient adressé une requête à la Society for the Propagation of the Gospel, demandant la nomination de Brooke à titre de missionnaire de la société à Québec et celle d'un adjoint francophone.

Lorsque Brooke devint ministre à titre officieux de la ville, les offices religieux de l'Église d'Angleterre, qui avaient eu lieu du mois de septembre 1759 à l'été de 1760 dans la chapelle des ursulines, furent célébrés dans l'église des récollets, après la messe des catholiques. Ni le ministre ni les catholiques n'étaient satisfaits de cet arrangement ; en fait, Brooke le considérait comme humiliant pour la religion d'État. Par ailleurs, assumant son rôle social en tant que ministre, Brooke prôna l'établissement d'écoles protestantes et l'introduction de la vaccination contre la petite vérole. En janvier 1764, le vérificateur général absentéiste Robert Cholmondeley le choisit pour être son adjoint à Québec. En octobre, Murray fit rapport à Londres de la présence à Québec de 144 chefs de famille protestants, fidèles de l'Église d'Angleterre ou dissidents ; le mois suivant, environ 80 personnes réitérèrent la requête de 1761 à la Society for the Propagation of the Gospel. Officiellement, Murray appuya cette requête, mais, en fait, il commença de critiquer Brooke. A la Society for the Propagation of the Gospel, il exprimait ses regrets que Brooke n'entendît pas le français. A Cholmondeley, il se plaignit que Brooke « ne pût retenir sa langue et qu'il se mêlât perpétuellement de choses qui ne le regardaient pas [...] ; Brookes, certes, était un honnête homme et un homme de talent, il était très bien renseigné aussi, et quand il n'était pas sous le coup de la passion, c'était un fort agréable compagnon, [mais] sa vive imagination lui faisait [...] souvent oublier le costume qu'il portait ».

Murray espérait que Brooke, en tant qu'aumônier de la garnison et ministre officieux de la ville, jouerait un rôle pacificateur et détendrait les relations entre civils et militaires dans la colonie [V. Thomas WALKER et Pierre DU CALVET], mais son naturel intrigant et irritable et ses bonnes relations avec les marchands – les critiques les plus persistants de tout ce qui était militaire – provoquèrent suffisamment la garnison pour réduire la portée de son rôle comme aumônier. Le fait qu'il témoigna en faveur du marchand George Allsopp* parut particulièrement vexant ; ce dernier, arrêté pour ne pas avoir porté de lanterne après la nuit tombée, comme l'exigeait la loi, poursuivait pour brutalité les deux soldats qui avaient procédé à son arrestation. Murray lui-même était probablement des plus choqués par l'amitié de Brooke pour Allsopp, ce bruyant adversaire politique du gouverneur. En juillet 1765, en tout cas, au comte de Hillsborough, secrétaire d'État des Colonies américaines, Murray présentait Brooke comme membre d'un clan qui cherchait à le faire remplacer ; cette cabale était formée surtout de commerçants qui, au contraire du gouverneur, plus patient, cherchaient à obtenir rapidement l'anglicisation et la protestantisation de la colonie, de façon à faciliter son intégration à la vie politique et économique de l'Empire britannique.

En juillet 1766, Murray fut remplacé par Guy Carleton*, d'abord enclin à sympathiser avec les marchands. Brooke se lia d'amitié avec le nouveau lieutenant-gouverneur et avec son procureur général, le huguenot Francis Maseres*. Au début, Maseres vit en Brooke « un compagnon agréable et très raisonnable », mais, peu après, il écrivit que, bien que bon ministre, Brooke était « d'un caractère plutôt emporté, qui le poussait de-ci de-là à tenir des propos inconsidérés ». Adam MABANE, membre du *French party*, lequel s'opposait aux aspirations des marchands, se montra passablement plus critique que Maseres sur le comportement de Brooke en tant que ministre : « L'Église est [...] mise au service de la bonne cause, se plaignit-il, Brookes dans ses sermons fait l'éloge du lieutenant-gouverneur et du juge en chef [William HEY] (qui, à propos, sont toujours présents). » Carleton et Maseres suivirent bientôt des voies divergentes : le premier en vint à comprendre la nécessité de la ligne de conduite conciliante adoptée par Murray à l'égard de l'Église catholique, pendant que Maseres, fortement anticatholique, s'alliait avec les marchands. Brooke fut pris entre deux feux quand, à l'été de 1767, un curé récollet, Leger-Jean-Baptiste-Noël VEYSSIÈRE, converti au protestantisme, se présenta à l'aumônier de la garnison pour abjurer officiellement, faisant ainsi le premier pas vers le ministère au sein de l'Église d'Angleterre. Maseres accorda son appui à Veyssière, mais Carleton ne voulut pas de ce converti comme ministre dans la colonie. Maseres rompit toute relation avec Brooke quand il apprit que, « par basse et sotte flatterie pour le général Carleton », l'aumônier avait refusé de recevoir l'abjuration de Veyssière, alors que, avant d'être au courant des craintes de Carleton, « il désirait, et c'était son intention, voir ce converti faire office de ministre ».

Si Brooke avait temporairement suscité des ennuis à Veyssière, c'est cependant son propre avenir qui se présentait sous le jour le plus sombre. Les deux requêtes visant à obtenir la nomination de Brooke comme missionnaire, à Québec, de la Society for the Propagation of the Gospel restèrent sans effet, la société alléguant une insuffisance de fonds. Brooke poursuivit son ministère officieux jusqu'en 1768, faisant même l'aller et retour entre Québec et Montréal pendant six mois, en 1766, avant l'arrivée de David CHABRAND Delisle en qualité d'aumônier protestant de Montréal. En juillet 1768, il mit à l'encan son ménage, dont certaines pièces indiquent que lui et son épouse, venue le rejoindre en 1763, avaient vécu confortablement ; leur demeure, une maison qui avait abrité la mission des jésuites à Sillery, au lieu appelé Mount Pleasant leur avait été sous-louée par le beau-père de George Allsopp, le marchand John Taylor Bondfield. En août 1768, les Brooke partaient pour l'Angleterre, une couple de mois après l'arrivée de David-François De Montmollin*, l'adjoint francophone que demandaient depuis 1761 les protestants de Québec.

Carleton saisit l'occasion du départ de Brooke pour lui remettre une lettre dans laquelle le lieutenant-gouverneur expliquait sa politique, en matière ecclésiastique, à Richard Terrick, évêque de Londres et responsable de l'Église dans les colonies. Brooke devait personnellement donner à l'évêque « de très amples renseignements sur l'état de la religion en ce pays ». Carleton recommandait l'aumônier à Terrick et exprimait ses regrets que, après avoir desservi les protestants de Québec pendant huit ans, sans rémunération, Brooke se trouvât maintenant « dépossédé ». Toutefois, en dépit de son absence, Brooke toucha jusqu'à sa mort le plein salaire d'aumônier de la garnison de Québec.

On sait peu de chose de Brooke après son retour en Angleterre, bien qu'il paraisse avoir réintégré ses fonctions dans le Norfolk. En 1785, son épouse et lui rencontreront George Allsopp, à Londres, par affaires. En 1769, un an après leur retour, Frances Moore publia à Londres *The history of Emily Montague* [...], roman épistolaire dont l'intrigue se passe en grande partie au Canada. Émile Castonguay suppose que John Brooke avait, de fait, écrit les lettres de l'un des personnages du roman, sir William Fermor. La dédicace que l'auteur fit de son livre à Carleton, protecteur de son mari, de même que la vocation de ce dernier et son expérience plus longue de la colonie peuvent permettre de croire raisonnablement que, à tout le moins, John apporta une contribution importante aux commentaires sur les questions religieuses et politiques, et sur le caractère des Canadiens, qui prédominent dans les lettres de Fermor.

John Brooke mourut à Colney, le 21 janvier 1789. Les huit années qu'il passa à Québec ne laissèrent pas d'empreintes durables, et il est maintenant presque complètement oublié. Il représente, cependant, ce groupe de ministres, tous aumôniers, qui servirent de bouche-trous pendant que l'Église d'Angleterre réfléchissait sur la meilleure attitude pastorale à adopter pour approcher une population presque entièrement francophone et catholique, sur laquelle était venue se greffer une bande minuscule et rétive de marchands, de fonctionnaires et de soldats britanniques ou protestants français, appartenant à des confessions diverses. Bien que la fébrilité de son propre tempérament, fort peu clérical, et les critiques exercées en bonne place par Murray eussent sans doute porté atteinte aux chances de Brooke de rester au Canada, ce fut le jugement de l'Église d'Angleterre à l'effet qu'un clergé francophone serait plus apte à servir sa cause qui, au bout du compte, fut responsable du départ de Brooke et d'autres aumôniers britanniques.

JAMES H. LAMBERT

APC, MG 23, A4, 14, p.26 ; 16, pp.106, 117s. ; GIII, 1, 2, pp.45s., 182, 184s., 226s. ; 3, p.243 ; RG 1, L3[L], 48, pp.24 733–24 737 ; RG 68, 93, pp.8s., 12–24 ; 190, p.57. — AUQ, Journal, 2, avril–mai, août–sept. 1767 ; Livre des entrées et sorties des pensionnaires, 1766. — Lambeth Palace Library (Londres), Fulham papers, 1, ff.108–112, 165–167. — Norfolk and Norwich Record Office (Norwich, Angl.), VSC/8 Bk.20 ; VSC/9. — PRO, CO 42/25, ff.195s. — QDA, 82 (D-1), 1er sept. 1761, [1er nov. 1764]. — USPG, C/CAN/Que., I, 29 août, 1er sept. 1761, 1er nov. 1764 ; Journal of SPG, 15, pp.164s. ; 16, pp.280–282 (copies aux APC). — *Gentleman's Magazine*, 1789, 90. — Maseres, *Maseres letters* (Wallace), 25, 46, 57, 80. — [Frances (Moore) Brooke], *The history of Emily Montague by the author of Lady Julia Mandeville*, introd. par L. J. Burpee (2e éd., Ottawa, 1931). — *La Gazette de Québec*, 9 avril 1765, 22 sept. 1766, 7, 14 juill. 1768. — *Alumni Cantabrigienses* [...], John et J. A. Venn, compil. (10 vol. en 2 parties, Cambridge, Angl., 1922–1954), 1re partie, I : 226. — Kelley, Church and states papers, ANQ *Rapport*, 1948–1949, 301–316. — André Bernier, *Le Vieux-Sillery* ([Québec], 1977), 21s. — Bernard Dufebvre [Émile Castonguay], *Cinq femmes et nous* (Québec, 1950), 30. — H. C. Stuart, *The Church of England in Canada, 1759–1793 ; from the conquest to the establishment of the see of Quebec* (Montréal, 1893), 8s., 12, 16–20, 25. — C. S. Blue, Canada's first novelist, *Canadian Magazine* (Toronto), LVIII (1921–1922) : 3–12. — A. H. Young, Lord Dorchester and the Church of England, CHA *Report*, 1926, 60–65.

BROWN, WILLIAM, journaliste et imprimeur, né vers 1737 à Nunton (Dumfries et Galloway, Écosse), fils de John Brown et de Mary Clark, décédé, célibataire, le 22 mars 1789 à Québec.

Vers l'âge de 15 ans, William Brown est envoyé en Amérique chez des parents de sa mère et, de 1751 à 1753, il étudie les mathématiques et les auteurs classiques au William and Mary College, à Williamsburg, Virginie. En 1754, il devient employé dans un bureau, puis se tourne vers son futur métier, qu'il apprend chez un imprimeur de Philadelphie. En 1758, il passe à l'emploi de William Dunlop, de Philadelphie également, qui lui confie en 1760 la gérance de deux librairies. Dunlop, apparenté à Benjamin Franklin, était peut-être l'oncle de Brown. A la fin de cette même année 1760, Brown se serait associé pendant une courte période et aurait ouvert une librairie, à New York, avec James Rivington. Mais il revient rapidement au service de Dunlop qui décide de l'envoyer à Bridgetown, capitale de la Barbade, pour fonder une imprimerie. Après y avoir passé plus de deux ans, Brown, qui supporte assez mal le climat, revient à Philadelphie et s'intéresse à la ville de Québec, sur laquelle il aurait obtenu des renseignements par William Laing, tailleur et marchand de cet endroit. Il écrit alors au gouverneur MURRAY pour obtenir les permissions nécessaires à la fondation d'un journal et les promesses d'un appui moral et financier. On ignore quelle fut la réponse de Murray ; toujours est-il que Brown prend contact avec son ancien compagnon de travail de Philadelphie, Thomas GILMORE, et tous deux décident d'aller fonder un journal à Québec. Ils préparent leur établissement avec l'aide de Dunlop, qui leur fournit un prêt. Le 5 août 1763, Brown et Gilmore signent un contrat d'association et chacun dépose une mise de fonds de £72. Brown arrive à Québec le 30 septembre après force péripéties durant le trajet par Springfield (Massachusetts), Albany, le lac Champlain et Montréal. Pendant ce temps, Gilmore se rend en Angleterre pour effectuer divers achats de matériel, en particulier chez William Caslon, père, de Londres, qui restera le fournisseur privilégié de Brown.

Après la parution d'un prospectus, très probablement imprimé à Philadelphie, annonçant la publication prochaine d'une gazette hebdomadaire, Brown recueille 143 souscriptions. Les abonnés sont également répartis entre Britanniques et Canadiens, la plupart de ces derniers étant des membres du clergé. Le 21 juin 1764, sort le premier numéro de *la Gazette de Québec/The Quebec Gazette*. Effectuant différents travaux d'imprimerie, les deux associés étendent dès 1765 leurs activités à l'édition [V. Thomas Gilmore] et disposent par ailleurs d'une allocation annuelle de £50 versée par les autorités coloniales pour des annonces officielles. L'entreprise devient assez rapidement prospère puisque, le 29 avril 1768, Brown et Gilmore écrivent à William Dunlop pour obtenir les services d'un apprenti et d'un traducteur ; leur ancien patron est remboursé la même année, et Brown fait l'acquisition d'une nouvelle presse qu'il paie £26.

Après la mort de son associé en 1773, Brown, devenu seul propriétaire de l'affaire au début de l'année 1774, continue à éditer de nombreux ouvrages. Le texte de l'Acte de Québec paraît en 1774, puis, l'année suivante, quatre ouvrages juridiques de François-Joseph CUGNET. Par la suite, Brown imprime les *Ordonnances faites et passées par le gouverneur et le Conseil législatif de la province de Québec* (1777), *The order for morning and evening prayer* [...] en langue iroquoise, édité par Christian Daniel CLAUS (1780), un *Pseautier de David* [...] (1785) et un nouveau recueil d'ordonnances (1786). En 1780, avait commencé la parution des almanachs de Québec, rarissime et précieuse source de renseignements. Enfin, en 1789, *la Gazette* annonce l'ouverture de souscriptions, à 2 shillings, pour l'édition d'*Abram's Plains* [...], recueil de poèmes de Thomas Cary*, futur fondateur du *Quebec Mercury*. Cet ouvrage présente un double intérêt, tant par le système de publication – souscription – que par le contenu, la poésie étant rarement source de profits. Le recueil est publié en mars 1789 et se vend assez bien au prix de 2 shillings 6 pence. Au total, Brown a publié environ 250 à 260 imprimés, surtout des brochures, des catéchismes et papiers divers ; huit d'entre eux seulement ont plus de 100 pages. Parmi ces imprimés, on peut en relever deux à la fortune intéressante : un *Kalendrier perpétuel à l'usage des Sauvages* [...], dont la publication est annoncée par *la Gazette* du 20 octobre 1766 et dont le père Jean-Baptiste de LA BROSSE achète les 1 000 exemplaires pour les distribuer dans ses missions ; le premier traité de médecine, écrit par le chirurgien-major Philippe-Louis-François Badelard*, de la garnison de Québec, *Direction pour la guérison du mal de la baie St-Paul* (1785), payé par le gouvernement et distribué gratuitement pour lutter contre une épidémie que l'on présume être de maladies vénériennes [V. James BOWMAN].

Mais c'est évidemment *la Gazette de Québec* qui demeure l'œuvre majeure de William Brown. Le premier périodique de la province de Québec est édité selon le modèle américain, c'est-à-dire que l'atelier typographique fonde son revenu de base sur la publication d'un journal dont les annonces publicitaires, qui remplissent les deux dernières pages, et les communiqués nombreux du gouvernement constituent l'essentiel. *La Gazette* de Brown est bilingue dès les premiers numéros et elle paraît en quatre pages, sur deux colonnes, anglaise à gauche avec traduction française à droite. La traduction est d'ailleurs mauvaise durant les 25 années de l'administration de Brown.

Ce dernier, au moment de la fondation de *la Gazette de Québec*, avait envisagé de faire de ce journal un organe d'information, de divertissement et d'utilité publique. Dans le prospectus annonçant l'initiative qu'il avait prise avec son associé Gilmore d'établir une imprimerie à Québec et de lancer une publication hebdomadaire bilingue, Brown en exposait ainsi les buts et les objectifs : « Nous [la] considérons comme le Moyen le plus efficace à faire réussir une entière Connaissance de la Langue *Angloise* et *Françoise* parmi ces deux Nations, qui à présent se sont jointes heureusement dans cette partie du Monde [...] de se communiquer leurs sentiments comme des Frères [...] Ou comme un Moyen de les mener à la Connaissance de ce qui se passe chez les Nations différentes et les plus éloignées ». Manifestement désireux de fournir à ses lecteurs une information aussi large que possible sur le plan international, il en précisait les trois principaux axes d'orientation dès la parution du premier numéro, en juin 1764 : *la Gazette de Québec* offrira « un recueil d'affaires étrangères et de transactions politiques » ; prendra « un soin particulier » à présenter « les transactions et les occurences de la mère-patrie » ; rapportera « avec impartialité » des faits véridiques concernant les Treize colonies et les îles de l'Amérique. Et à défaut de recevoir des nouvelles de l'extérieur, durant les rigueurs de l'hiver, il y sera publié « des pièces originalles en vers et en prose qui plairont à l'imagination en même temps qu'elles instruiront le jugement ». Dans tous les cas, affirmait Brown, « nous n'aurons rien tant à cœur, que le soutien de la vérité, de la morale, et de la cause noble de la liberté ». Mais cette belle position de principes allait s'avérer difficile à soutenir devant la tournure des événements qui plongèrent l'Amérique dans une conjoncture de crise révolutionnaire.

Pendant quelques années, les éditeurs purent jouir d'une certaine latitude pour renseigner les lecteurs de *la Gazette* sur la politique métropolitaine et sur les réactions des assemblées coloniales, notamment quant à la question cruciale de la taxation. Ayant été eux-mêmes directement touchés par la fameuse loi du Timbre qui les obligea à interrompre la publication de leur journal pendant près de sept mois (du 31 octobre 1765 au 29 mai 1766), ils s'empressèrent, dès sa reprise, de reproduire le discours que William Pitt avait prononcé à la chambre des Communes contre cette mesure législative finalement révoquée. Ils en profitèrent pour réaffirmer leur volonté de défendre la liberté de presse en déclarant que l'on avait faussement insinué que leur journal passait « sous l'Inspection » du gouvernement colonial.

Mais l'aggravation de la crise révolutionnaire ne devait pas permettre aux deux éditeurs de garder encore bien longtemps leur presse britannique « exempte d'Inspection et de Restrictions ». Il leur fallut, bon gré mal gré, accepter de se soumettre aux contraintes d'un régime d'administration coloniale qui fixait à l'exercice des libertés anglaises des bornes constitutionnelles bien étroites. Devenu gouverneur en titre, Guy Carleton* fit montre d'une vigilance beaucoup plus stricte et rigoureuse que celle qu'avait pu pratiquer son prédécesseur James Murray, surtout après la sévère mise en garde que le roi George III, dans son discours du trône du 8 septembre 1768, avait jugé nécessaire de servir aux Fils de la Liberté. Afin de soustraire aux yeux des Canadiens le mauvais exemple de sujets rebelles à l'autorité du parlement britannique, mieux valait faire taire les échos des journaux américains dans *la Gazette de Québec*. C'est ainsi qu'à compter de 1770, la province de Québec fut plongée dans la quasi totale ignorance de ce qui se passait dans les colonies du Sud. Les directives et les consignes de Carleton furent si bien suivies qu'en son absence, d'août 1770 à septembre 1774, la censure du lieutenant-gouverneur Hector Theophilus CRAMAHÉ réduisit les éditeurs à se limiter aux nouvelles proprement étrangères, aux affaires européennes telles que la guerre russo-turque et le premier partage de la Pologne et, faute d'autres informations, à alimenter leur journal en simples faits divers, en anecdotes plus ou moins amusantes, en historiettes anodines et en épîtres à tendances moralisatrices.

L'invasion américaine du Canada [V. Richard MONTGOMERY] contraignit William Brown, devenu seul éditeur, à suspendre de nouveau la publication de son journal (du 30 novembre 1775 au 14 mars 1776, puis du 21 mars au 8 août 1776). Il lui fallut attendre la complète éviction des forces rebelles pour retrouver ses abonnés et fonctionner sans trop de difficultés financières. *La Gazette* étant reparue un mois après la déclaration d'indépendance, Brown jugea à propos de rassurer ses souscripteurs en annonçant clairement ses intentions : « Cette publication a jusqu'ici mérité le titre de la plus innocente Gazette de la Domination Britannique et il y a très peu d'apparence qu'elle perdre un titre si estimable ». Et cette réputation, Brown devait la lui conserver jusqu'à sa mort, survenue le 22 mars 1789.

Ainsi les circonstances avaient-elles empêché Brown de poursuivre son projet initial. Du triple caractère (informatif, récréatif et utilitaire) que le fondateur avait souhaité donner à son journal et du rôle qu'il avait désiré lui faire jouer, il ne demeurait, somme toute, que celui de Gazette officielle. Il appartenait au neveu de William Brown, Samuel NEILSON, qui était à ses côtés depuis quelques années déjà, de redonner au journal un regain de vie par une réouverture sur le monde extérieur où l'attention fut polarisée par le déroulement des événements révolutionnaires en France. Cette sensibilisation de l'opinion publique locale allait, au moyen de lettres et d'écrits polémiques de la part des lecteurs, rejaillir et trouver son exutoire dans les colonnes de *la Gazette de Québec* qui, de 1789 à 1793, connut une joyeuse et glorieuse période d'effervescence idéologique, vraiment unique dans ses annales.

Un groupe d'amis de Brown avait choisi Peter Stuart, Malcolm Fraser* et James Fisher* comme curateurs de sa succession. L'absence de certaines pièces justificatives rend très difficile la compréhension des données tirées des documents successoraux qui nous sont parvenus. Loin de montrer une situation financière en excédent, aussi reluisante que l'évaluation de £10 000 à £12 000 faite par Ægidius Fauteux, ces documents laissent plutôt entrevoir une balance déficitaire. Il est donc difficile de formuler un jugement concluant sur l'état de la succession.

Brown reste un des personnages marquants de notre histoire par son esprit d'entreprise, par ses qualités de pionnier autant que par son succès et sa production. Il sera l'inspiration de Fleury MESPLET à Montréal, puis des grands de l'imprimerie et du journalisme, les Neilson, Pierre-Édouard Desbarats*, Thomas Cary, William MOORE ; il occupe donc, à ce titre, la première place, illustrée par son monument, *la Gazette*.

EN COLLABORATION AVEC
JEAN-FRANCIS GERVAIS

ANQ-Q, Greffe de Charles Stewart, 14 janv. 1791. — APC, MG 24, B1, 47–156. — ASQ, Polygraphie, XXX : 6[d], 6[e], 6[f] ; Séminaire, 120, n°s 259, 268 ; 152, n[o] 227. — *La Gazette de Québec*, 1764–1789. — Beaulieu et Hamelin, *La presse québécoise*, I : 1–12. — Wallace, *Macmillan dictionary*. — Æ. Fauteux, *Introduction of printing into Canada*. — Galarneau, *La France devant l'opinion canadienne*. — Elzéar Gérin, *La Gazette de Québec* (Québec, 1864). — Gundy, *Early printers*. — Eugène Rouillard, *Les premiers almanachs canadiens* (Lévis, Québec, 1898). — F.-J. Audet, William Brown (1737–1789), premier imprimeur, journaliste et libraire de Québec ; sa vie et ses œuvres, SRC *Mémoires*, 3e sér., XXVI (1932), sect. I : 97–112.

BRUCE. V. BREWSE

BRUCE, ROBERT GEORGE, ingénieur militaire, né probablement en Écosse, sa mère s'appelait Margaret Hay, décédé le 8 avril 1779 à Londres.

Robert George Bruce entra au Board of Ordnance en Grande-Bretagne comme ingénieur exerçant en décembre 1755 ; il obtint le grade d'enseigne en 1757, quand le statut militaire fut accordé aux ingénieurs. Plus tard cette année-là, il participa à la malheureuse expédition menée contre l'arsenal de la marine française à Rochefort. Promu lieutenant en 1758 et lieutenant-capitaine en 1759, il fut affecté à Annapolis Royal, Nouvelle-Écosse, à l'été de 1761.

Lorsque la ville d'Annapolis Royal était devenue la capitale britannique de la Nouvelle-Écosse en 1710, le Board of Ordnance avait pris à sa charge les fortifications. Au cours des années 1730 et 1740, il avait autorisé un certain nombre de réparations urgentes, mais on ne disposait pas des sommes nécessaires à une réfection plus durable des ouvrages de terrassement qui tombaient en ruine. Quand la situation devint moins tendue sur le plan militaire, à la fin des années 1750, le Board of Ordnance eut le loisir d'étudier l'état des défenses de la Nouvelle-Écosse et c'est ainsi qu'Annapolis Royal fut l'objet de soins qui ne lui avaient jamais été prodigués durant le conflit. Bruce fut envoyé d'Angleterre avec mission de dresser un rapport sur l'état du vieux fort et de faire des recommandations concernant les travaux de réfection.

La carrière de Bruce en Amérique du Nord commença sous de fâcheux auspices : il perdit ses instruments ainsi que ses effets personnels lorsque le navire sur lequel il voyageait fut capturé par un corsaire français. Il parvint à Annapolis Royal en juillet 1761 et, peu de temps après, il fit savoir au Board of Ordnance que le fort était dans un « grand état de délabrement ». Il soumit un audacieux projet en vue de reconstruire en pierre les murs et les bastions de terre. Tandis que le Board of Ordnance étudiait le projet, presque deux années s'écoulèrent sans que rien ne fût entrepris ; en attendant, Bruce inspecta les forts Frederick (Saint-Jean, Nouveau-Brunswick) et Cumberland (près de Sackville, Nouveau-Brunswick), fit des levés sur la rivière Saint-Jean et assista ses collègues ingénieurs Samuel Beardsley, John Marr et William Spry, à Halifax.

Au début de 1763, on reçut l'autorisation d'effectuer les travaux à Annapolis Royal. A l'été, Bruce avait entrepris le maçonnage des vastes fondations d'un nouveau fort. Pour l'achat des matériaux de construction, il négocia des contrats avec la firme Apthorp and Hancock de Boston et avec des fournisseurs locaux, ce qui amena un regain de l'activité commerciale dans la région d'Annapolis Royal. Il résolut le problème de la pénurie de main-d'œuvre locale en employant des Acadiens qui avaient échappé à la déportation en 1755 et avaient obtenu la permission de rester dans la colonie comme prisonniers en liberté surveillée. L'ancienne capitale connut ainsi une certain regain de prospérité : les salaires augmentèrent, les sous-entrepreneurs se multiplièrent et le prix du bois dépassa celui de Halifax. Employeur affable et d'un « bon naturel », semble-t-il, Bruce était en pratique l'homme qui détenait l'autorité à Annapolis où les ingénieurs, les contremaîtres et les manœuvres dépassaient en nombre la garnison régulière. En 1766, des fournitures valant £15 000 – presque la moitié du coût estimé de l'ambitieux projet – étaient emmagasinées au fort. Cette année-là, toutefois, la persistance de la paix et le resserrement des contrôles financiers affectèrent les décisions du Board of Ordnance ; tout travail cessa aux fortifications de la Nouvelle-Écosse et Bruce s'en retourna chez lui. En 1770, il ne restait quasi aucune trace de son œuvre : on avait dispersé les fournitures, démantelé les nouvelles constructions pour les expédier à St John's, Terre-Neuve, et supprimé les coûteux murs de maçonnerie.

On ne sait trop ce que fut la carrière de Bruce à l'emploi du Board of Ordnance après son retour en Angleterre. Il fut promu au grade de capitaine en 1774. En 1778, on le retrouve à l'île Dominique, Petites Antilles, où un petit groupe d'ingénieurs britanniques, parmi lesquels se trouvait Gother Mann*, étaient en train de construire de vastes fortifications. Il est probable que Bruce était dans l'île depuis plusieurs années car il y avait acquis « des domaines et des plantations » au moment où il rédigea son testament, en février 1778. Il léguait ce qui semble avoir été une jolie fortune à une vingtaine de parents et de connaissances de l'autre sexe tant en Grande-Bretagne qu'à l'île Dominique. Il s'était marié, mais sa femme était apparemment décédée à ce dernier endroit.

Les défenses de l'île, malgré leur coût élevé, étaient lamentablement dépourvues de garnison, et l'île tomba rapidement aux mains des Français qui y débarquèrent en septembre 1778. En avril de l'année suivante, Bruce était de retour à Londres où il mourut dans des circonstances pénibles. Le *Gentleman's Magazine* annonça qu'il était mort à la suite de sa quatrième tentative de suicide dans la même journée. Son serviteur et son médecin avaient soigné les blessures qu'il s'était infligées lors des tentatives précédentes, puis, sans se méfier, ils l'avaient laissé seul à son domicile de Londres, « dans un calme apparent ». « Seul un accès de folie, affirmait la revue, a pu causer cette affreuse catastrophe » car Bruce avait « récemment épousé une aimable jeune fille et il possédait une grande fortune ».

Les efforts déployés par Bruce en Nouvelle-Écosse n'aboutirent pas, mais on ne lui rendrait pas justice si on le considérait uniquement comme une victime de la réduction des dépenses militaires qui se produisit après la guerre de Sept Ans. A la vérité, il appartenait à un nouveau groupe d'ingénieurs professionnels que l'on commençait à voir dans les rangs de l'armée britannique : des hommes qui avaient, au contraire de leurs prédécesseurs, subi un entraînement approprié, étaient bien au courant de la procédure financière à suivre, cherchaient à mettre au point de solides plans de fortifications et ne négligeaient rien pour les étudier à fond. Bruce et des collègues comme Beardsley, Marr et Spry montrent dans leur correspondance un esprit de corps qui était de plus en plus solide, presque exubérant, et qui venait de la formation commune qu'ils avaient reçue à la Royal Military Academy, à Woolwich, des expériences qu'ils avaient partagées et du dédain que chacun d'eux éprouvait pour l'armée régulière. Six plans, tracés par Bruce ou sous sa direction, ont été conservés et témoignent encore de la haute qualité dans l'art du dessin que commençaient à atteindre les jeunes ingénieurs du roi en ce temps-là.

MAXWELL SUTHERLAND

Clements Library, Thomas Gage papers, American ser., R. G. Bruce à Gage, 26 déc. 1763 ; William Fenwick au colonel Cunningham, 24 mars 1766. — PRO, Prob. 11/1 054, ff.357–359 ; WO 34/12, William Forster à Jeffrey Amherst, 21 août 1763 ; 47/58, f.21 ; 47/59, f.118 ; 47/62, f.113 ; 55/1 558, pt.3, ff.55–56 ; 55/1 820, pt.3, f.11 ; pt.5, f.7 (mfm aux APC). — *Gentleman's Magazine*, 1779, 211. — *Roll of officers of the corps of Royal Engineers from 1660 to 1898* [...], R. F. Edwards, édit. (Chatham, Angl., 1898), 5, 7. — Porter, *History of Royal Engineers*, I : 182s.

BRUYÈRES (Bruyere), JOHN (Jean, Joseph), officier, secrétaire du gouverneur Ralph Burton* et seigneur, décédé avant 1787.

Nous possédons peu de renseignements sur les origines de John Bruyères. On a souvent dit qu'il était Suisse – on désignait ainsi tous les protestants de langue française au Canada – mais c'est faux. Il était issu d'une famille de huguenots français probablement nobles, les de Bruyères, émigrés en Angleterre lors de la révocation de l'édit de Nantes. Venu au Canada en 1759 avec l'armée de Wolfe*, en qualité d'enseigne au 35e d'infanterie, il participa au siège de Québec et, à l'issue de la bataille des plaines d'Abraham, on lui confia la garde des prisonniers et des effets et papiers pris à l'ennemi. En 1760, Bruyères rédigea à l'intention du général de brigade George Townshend* un récit de la bataille de Sainte-Foy, puis il suivit les troupes à Montréal. Le 16 septembre, après la capitulation, AMHERST, à titre de commandant en chef, nomma Burton gouverneur du district de Trois-Rivières, et celui-ci choisit Bruyères comme secrétaire. Ce choix, motivé sans doute par la connaissance que ce dernier avait de la langue française, peut s'expliquer aussi du fait que Marguerite Bruyères, sœur de John, était la maîtresse de Burton qui l'emmena vivre avec lui, au grand scandale des Trifluviens. Il devait cependant l'épouser vers 1763.

Le premier document d'importance portant la signature de Bruyères est la proclamation, datée du 22 septembre 1760, ordonnant à la population du district de Trois-Rivières de déposer les armes et de prêter le serment d'allégeance au roi George II. Puis suivirent des édits concernant notamment le recensement, les corvées, la fourniture d'aliments et d'animaux aux troupes. Certaines demandes du nouveau gouvernement pouvaient paraître sévères, mais Bruyères savait user de tact et de diplomatie dans la rédaction de ces édits, facilitant ainsi les relations entre les autorités et les Trifluviens. Il adopta cette ligne de conduite tout au long des deux années pendant lesquelles il agit à titre de secrétaire de Burton et continua de même le peu de temps qu'il passa au service de HALDIMAND, quand celui-ci assura l'intérim durant une absence de Burton, de mai 1762 à mars 1763.

Les Trifluviens pardonnèrent mieux à Bruyères qu'à Burton sa cohabitation avec leur compatriote Catherine-Élisabeth, fille de feu Jean-Baptiste Pommereau* et de Claire-Françoise Boucher de Boucherville remariée depuis 1745 à Joseph-Michel LEGARDEUR de Croisille et de Montesson. Bruyères épousa d'ailleurs Catherine-Élisabeth en 1764, s'alliant ainsi à une famille fort estimée et devenant coseigneur de Bécancour. Ce mariage mixte, célébré devant un ministre protestant, fit grand bruit. L'Église avait cependant décidé d'accorder son pardon à ces catholiques mariés à des protestants, à condition qu'ils fassent pénitence. Le 8 juillet 1764, Louis Jollivet, curé de Notre-Dame de Montréal, écrivait au vicaire général BRIAND que Catherine-Élisabeth Bruyères s'était amendée et qu'elle pourrait bientôt communier.

Bruyères suivit Burton à Montréal lorsque celui-ci en devint le gouverneur, le 29 octobre 1763. La dernière proclamation qu'il signa date du 1er août 1764, soit à la fin du Régime militaire à Montréal. Il demeura dans cette ville où il acheta une maison, le 11 août suivant ; elle devait être détruite par un incendie en avril 1768. En compagnie d'autres fonctionnaires, Bruyères protesta par écrit, en septembre 1764, contre une adresse des marchands anglais de Montréal à MURRAY, dans laquelle ceux-ci exprimaient l'espoir que cessent les emprisonnements arbitraires et les exactions commises par les employés de l'État. Le 21 juin 1771, Bruyères signait, à Trois-Rivières, un acte de cession des rentes de son fief de Bécancour en faveur de sa belle-mère « sa vie durante ». Le mois suivant, il demandait à Hector Theophilus CRAMAHÉ une concession seigneuriale jouxtant l'arrière de la seigneurie de Bécancour ; celui-ci ne semble pas avoir acquiescé à cette demande. Bruyères était en Europe en 1772 ; il s'y trouvait encore en 1774. Jean-Baptiste BADEAUX, notaire de Trois-Rivières, lui servit de procureur en son absence ; il agit de même en 1784 durant le séjour de Bruyères en Angleterre. Celui-ci revint au Canada l'année suivante.

On ne connaît ni l'endroit ni la date exacte du décès de Bruyères, si ce n'est qu'il mourut avant le 18 janvier 1787, comme en témoigne une pétition faite à cette date par son fils, Ralph Henry*. Celui-ci, marié à Janet Dunbar, eut au moins quatre enfants. Sa fille Anne-Françoise épousa en janvier 1820 le riche marchand de fourrures Jean-Baptiste-Toussaint Pothier* tandis que Jeanne-Marie-Catherine, épouse du docteur David Thomas Kennelly se mariait, en secondes noces, avec l'avocat Michæl O'Sullivan*.

EN COLLABORATION AVEC RAYMOND DOUVILLE

ANQ-M, État civil, Catholiques, Notre-Dame de Montréal, 17 mai 1831. — ANQ-MBF, Greffe de J.-B. Badeaux, 21 juin 1771 ; Insinuations, 1760–1764. — *Doc. relatifs à l'hist. constitutionnelle, 1759–1791* (Shortt et Doughty ; 1921), I : 75–77. — *La Gazette de Québec*, 20 sept. 1764, 26 mai 1785. — P.-G. Roy, *Inv. concessions*, I : 255 ; V : 172. — E.-H. Bovay, *Le Canada et les Suisses, 1604–1974* (Fribourg, Suisse, 1976), 10. — Jouve, *Les franciscains et le Canada : aux Trois-Rivières*. — M. Trudel, *Le Régime militaire*. — F.-J. Audet, John Bruyères, *BRH*, XXXI (1925) : 342s. — Pierre Daviault, Traducteurs et traduction au Canada, SRC *Mémoires*, 3e sér., XXXVIII (1944), sect. I : 67–87. — Gérard Malchelosse, La famille Pommereau et ses alliances, *Cahiers des Dix*, 29 (1964) : 193–222.

BUCK. V. BURCH

BULKELEY, RICHARD, fonctionnaire, né le 26 décembre 1717 à Dublin (République d'Irlande), deuxième fils de sir Lawrence Bulkeley et d'Elizabeth Freke ; à Halifax, le 18 juillet 1750, il épousa Mary, la fille de John Rous*, et de ce mariage naquirent quatre fils, puis, dans la même ville, le 26 juillet 1776, il épousa en secondes noces Mary Burgess ; décédé à Halifax le 7 décembre 1800.

Les jeunes années de Richard Bulkeley sont assez mal connues. On prétend qu'il fréquenta l'école à Dublin et qu'il servit comme officier dans un régiment de cavalerie britannique pendant la guerre de la Succession d'Autriche, mais ces affirmations ne sont pas fondées sur des documents de l'époque. En 1749, CORNWALLIS, nommé depuis peu gouverneur de la Nouvelle-Écosse, persuada son ami Bulkeley de l'accompagner dans cette province en qualité d'aide de camp. Bientôt, celui-ci s'occupa activement de mettre à exécution les décisions prises par Cornwallis en vue de fonder Halifax, qui allait être la nouvelle capitale de la Nouvelle-Écosse. Après avoir reçu du gouverneur une commission d'enseigne dans le 45e d'infanterie en octobre 1749, Bulkeley exerça les fonctions de trésorier des travaux, de directeur des « travaux publics divers » et, avec Horatio Gates, de « commissaire des magasins de spiritueux pour les soldats ». Sa maîtrise du français et de l'allemand rendit plus faciles les relations avec les « protestants étrangers » qui furent rassemblés à Halifax avant la fondation de Lunenburg en 1753. Lorsque Cornwallis se retira en octobre 1752, Bulkeley fut maintenu dans ses fonctions d'aide de camp et de directeur des travaux publics par le nouveau gouverneur, Peregrine Thomas Hopson*.

Ce poste aux travaux publics, Bulkeley le conserva également sous le successeur de Hopson, Charles Lawrence*, avec lequel il œuvra en étroite collaboration. Il ne prit aucune part active à l'expulsion des Acadiens en 1755, mais un texte publié plus tard sous le titre de « Vindication by Secretary Bulkeley and Judge [Isaac*] Deschamps of the Acadian Removal » montra qu'il appuyait cette décision parce qu'elle lui semblait nécessaire du point de vue de la stratégie militaire. En 1757, il connut des difficultés en tant que directeur des travaux publics. Lorsque plusieurs habitants de Halifax, dont Jonathan Binney*, Malachy SALTER et Otto William SCHWARTZ, réclamèrent une assemblée cette année-là, une de leurs doléances était qu'une petite clique de fonctionnaires dans l'entourage de Lawrence administrait une trop large part des fonds publics. Il fut estimé que Bulkeley gérait une somme dépassant £1 700, soit le salaire qu'il touchait à titre de surveillant des travaux du roi (£182 10 shillings), la paye de cinq commis engagés pour exercer la surveillance (£273 15 shillings), les gages de trois employés travaillant comme manœuvres (£72), un montant alloué pour 75 cordes de bois (£45), son traitement de commissaire du rhum et de la mélasse (£300), sa solde d'officier (£80) et « des profits sur les contrats de travaux publics, au bas mot £750 ». Et comme les contrats du gouvernement n'étaient pas annoncés publiquement, Bulkeley devenait, affirmait-on, le seul responsable, avec un personnel restreint, de l'évaluation des coûts de tous les travaux, de l'engagement de tous les ouvriers et de l'appréciation du résultat final.

Le 10 octobre 1758, signalant aux membres du Board of Trade « les aptitudes, l'intégrité et l'application au travail » de Bulkeley, Lawrence nomma celui-ci au poste de secrétaire de la province, en remplacement de William Cotterell. Même si les fonctions et les responsabilités du secrétaire, à cette époque, n'étaient pas clairement définies, le titulaire devait, notamment, garder le grand sceau, s'occuper de la correspondance du gouvernement, accorder des lettres patentes, des concessions de terrain, des commissions et délivrer divers documents. En examinant les livres de commissions, les carnets de commandes et les copies de lettres, on constate que le secrétaire de la province prenait note des ordres qu'il recevait du gouverneur et du Conseil de la Nouvelle-Écosse concernant les remises de peine, les permis nécessaires pour tenir une école, les congés, les brefs, les proclamations et les mandats. La belle écriture moulée et les index bien tenus montrent que les commis engagés par Bulkeley étaient à la hauteur de leur tâche. Le secrétaire assumait ordinairement les fonctions de greffier du conseil et en faisait lui-même partie. C'est le 16 août 1759 que Bulkeley fut nommé au conseil, où il occupa le siège laissé vacant par Cotterell, mais il n'en devint greffier que le 4 novembre 1763.

A la mort de Lawrence, en octobre 1760, le gouvernement de la province fut assuré par le juge en chef Jonathan BELCHER, lequel se déclara heureux de garder Bulkeley au poste de secrétaire, en raison de son expérience et de la connaissance qu'il avait « des vues propres à feu notre gouverneur ». Au moment où des conflits opposèrent Belcher à la législature, Bulkeley resta fidèle au juge en chef. En 1763, toutefois, les deux hommes se trouvèrent en désaccord lorsque le secrétaire, dans un rapport portant sur le gouvernement local et rédigé en collaboration avec Charles MORRIS, préconisa le système des cantons, établi en Nouvelle-Angleterre, de préférence à celui des jurys d'accusation de comté, qui était utilisé en Grande-Bretagne ainsi qu'en Virginie et que Belcher recommandait ardemment. Il semble que Bulkeley et Morris amenèrent le

Conseil de la Nouvelle-Écosse à partager leurs vues, et si le système des jurys d'accusation ne fut pas remplacé, c'est en raison des longues négociations qui eurent lieu entre le conseil et l'Assemblée. La préférence donnée par Bulkeley au système cantonal s'explique vraisemblablement par le fait qu'il cherchait à respecter un engagement que Lawrence avait pris à l'égard des immigrants de la Nouvelle-Angleterre et suivant lequel ces gens retrouveraient leur ancien régime de gouvernement local. Mais il montra, en d'autres circonstances, que sa faveur allait plutôt à une autorité centrale forte.

Bulkeley fut maintenu secrétaire de la province par les deux gouverneurs suivants, Montagu Wilmot* et lord William CAMPBELL. Dans le but de récupérer des droits de douane et de réduire, par le fait même, la dette provinciale, Campbell chargea Bulkeley de faire comprendre aux magistrats des petits villages de pêcheurs qu'il leur incombait de mettre un terme à la contrebande. En 1770, le gouverneur le nomma inspecteur des travaux et des bâtiments publics, inspecteur de la façon et de la réparation et commissaire des biens tombés en déshérence. Bulkeley et Campbell s'intéressaient tous deux aux chevaux, et le secrétaire fit venir des pur-sang d'Irlande. Des courses de chevaux se tenaient à Halifax et à Windsor où Bulkeley avait obtenu des terres en 1764, alors que plusieurs membres du conseil avaient bénéficié de vastes concessions ; Michæl FRANCKLIN et Joseph GOREHAM se trouvaient avec lui au nombre des concessionnaires. Il avait également d'autres propriétés, mais ses biens-fonds ne furent jamais considérables.

Lorsque le gouverneur Francis LEGGE arriva en Nouvelle-Écosse au mois d'octobre 1773, Bulkeley était toujours membre du conseil et secrétaire de la province. Le fait qu'il occupait un grand nombre d'autres fonctions le rendait vulnérable, semble-t-il, aux attaques menées par le gouverneur contre le système « des dépouilles » (octroi des places aux adhérents du groupe arrivé au pouvoir), mais Bulkeley avait un tel sens de la loyauté qu'il commença par appuyer Legge. Toutefois, il adopta une attitude hostile au gouverneur quand celui-ci, mécontent de la qualité du travail accompli au secrétariat, décida en novembre 1774 de remplacer son fils, John Bulkeley, au poste de premier commis de ce service. En qualité de membre du conseil, il donna son appui aux mesures prises par cet organisme en vue de lutter contre Legge. En mai 1775, le gouverneur était fermement convaincu que Bulkeley et d'autres membres du conseil, tels que Jonathan Binney et John BUTLER, cherchaient à l'empêcher de mener une étude sur la dette provinciale et il demanda au gouvernement britannique de les destituer. Le 1er janvier 1776, le conseil fit parvenir au roi une pétition qui réclamait la révocation de Legge ; Bulkeley ne signa pas le document car il était, nota Butler, « en proie à certaines craintes », mais il semble qu'il surmonta ses hésitations. Il fit partie d'un comité du conseil qui, en juin 1776, rédigea une adresse au roi pour le remercier d'avoir rappelé Legge le mois précédent.

Bulkeley continua d'exercer ses fonctions de secrétaire sous les lieutenants-gouverneurs Mariot ARBUTHNOT, Richard Hughes* et sir Andrew Snape Hamond, des officiers de marine qui, connaissant peu la Nouvelle-Écosse, se déchargèrent sur lui et sur d'autres fonctionnaires de la plupart des tâches relatives au gouvernement de la province. Il fut nommé par Hughes, en juin 1780, général de brigade de la milice provinciale. En raison de l'inflation causée par la guerre, il présenta à Hamond, en mai 1782, un mémoire dans lequel il demandait au gouvernement britannique de hausser son traitement de secrétaire. Bulkeley reconnaissait qu'il lui était possible d'obtenir de l'Assemblée un supplément de revenu, mais ce montant, disait-il, « ne pourrait être voté que pour une année et le renouvellement serait laissé complètement à la considération [des députés] et au degré de satisfaction que sa conduite leur donnerait, ce qui serait, dans bien des cas, au détriment des intérêts du gouvernement ». Comme la plupart de ceux qui composaient l'exécutif, il préférait ne pas se placer sous l'autorité de l'Assemblée.

Compatriote et aîné de huit ans seulement du gouverneur John PARR, Bulkeley fit partie avec Alexander Brymer et Matthew Richardson d'un cercle d'initiés qui lui donna des conseils. Lorsqu'il fallut accueillir les milliers de réfugiés loyalistes et de soldats licenciés qui arrivaient en Nouvelle-Écosse à la fin de la Révolution américaine, Parr et Bulkeley travaillèrent quelquefois 20 heures par jour. Les registres du secrétaire contiennent des copies de lettres qui portaient sur les vivres et les outils nécessaires aux Loyalistes, sur l'arpentage et les concessions de terrain, ainsi que des documents relatifs à la création du Nouveau-Brunswick, de l'île Saint-Jean (île du Prince-Édouard) et de l'île du Cap-Breton en tant que provinces distinctes de la Nouvelle-Écosse, et à la question des navires américains pêchant dans les eaux néo-écossaises.

En novembre 1785, quelques habitants de Halifax adressèrent une pétition au conseil pour obtenir que la ville fût érigée en municipalité, mais la requête, jugée non « opportune ni nécessaire », fut rejetée. Les pétitionnaires accusèrent Bulkeley d'avoir influencé cette décision, et une telle attitude, il est vrai, eût été conforme à la volonté qu'il avait de préserver l'autorité du pouvoir exécutif, car un gouvernement municipal indépendant se serait peut-être opposé aux désirs du conseil. Deux ans plus tard, l'Assemblée se plaignit à Parr de ce que la justice n'était pas rendue d'une manière adéquate et régulière par Isaac Deschamps et James Brenton*, les deux juges puînés. A la suite d'une enquête menée à huis clos, les membres du conseil disculpèrent unanimement ces juges en février 1788, déclarant que les accusations étaient « sans fondement et scandaleuses ». Bulkeley et les autres conseillers estimaient sans aucun doute qu'il était dans l'intérêt de l'ordre établi que les magistrats fussent défendus contre toute attaque.

Parr mourut subitement le 25 novembre 1791, et Bulkeley, à titre de doyen des conseillers, gouverna la province jusqu'au 14 mai 1792, date à laquelle John Wentworth* assuma les fonctions de lieutenant-gouverneur. En tant qu'administrateur, Bulkeley mit en œuvre les dispositions que Parr avait prises afin de transporter les Loyalistes noirs à la Sierra Leone [V. Thomas PETERS] et il s'attira les louanges du lieutenant John Clarkson pour son aide efficace lors des préparatifs d'embarquement.

Ex-gouverneur du New Hampshire, Wentworth était un homme d'expérience et il connaissait la Nouvelle-Écosse pour y avoir occupé le poste d'arpenteur général des forêts du roi. Il n'éprouvait donc pas le besoin de s'appuyer sur l'opinion de Bulkeley, qu'il jugeait « tout à fait incapable d'accomplir sa tâche [de secrétaire] à cause de son grand âge et de ses infirmités ». Peut-être suggéra-t-il à Bulkeley de démissionner ; le 22 décembre 1792, en tout cas, celui-ci résigna ses fonctions de secrétaire de la province et de greffier du conseil, et il fut remplacé par son fils, James Michael Freke. Ce dernier, qui était célibataire, continua d'habiter le domicile familial et il convint de verser à son père une large part de son salaire. Lorsque le fils de Bulkeley mourut en novembre 1796, Wentworth nomma son propre beau-frère, Benning Wentworth, aux deux postes vacants. Il semble que cette décision eut pour effet de compromettre la situation financière de Bulkeley, car le juge en chef Thomas Andrew Lumisden Strange* et le lord-maire de Londres, sir Brook Watson*, demandèrent tous deux au gouvernement britannique de prendre des dispositions pour qu'une aide pécuniaire fût accordée à l'ex-secrétaire et à son épouse. Bulkeley reçut alors de Wentworth une somme de £200 par année. Comme il était toujours juge à la Cour de vice-amirauté (poste auquel il avait été nommé le 18 mai 1769) et commissaire des biens tombés en déshérence, il avait, d'après Wentworth, des « moyens d'existence décents et confortables ». S'il est vrai, comme on l'a prétendu, que les revenus personnels de Bulkeley dépassaient £1 000, on s'explique mal pourquoi ses amis cherchaient à lui procurer des secours financiers ; peut-être avait-il besoin de l'aide du gouvernement pour compenser les effets néfastes que ses « affaires privées » avaient subis, d'après ce qu'on affirme, durant la Révolution américaine.

Peu après, Bulkeley allait perdre son poste de juge. En juin 1798, l'amiral George Vandeput fit parvenir à Wentworth une missive dans laquelle neuf capitaines de Halifax se plaignaient de certains jugements rendus par la Cour de vice-amirauté et du fait que des procès étaient tenus à Carleton House, la résidence de Bulkeley. Celui-ci répondit dans une lettre fort pertinente que l'on pouvait faire appel de tous ses jugements et que la cour siégeait dans une vaste pièce où « les portes [étaient] toujours ouvertes à tout le monde ». Toutefois, alors que le gouvernement britannique étudiait l'affaire, Bulkeley décida de céder son poste à Brenton ; cette démission avait évidemment pour but d'éviter une longue dispute. Il continua cependant de siéger au conseil jusqu'à sa mort, qui survint le 7 décembre 1800. Il fut inhumé dan l'église St Paul.

En qualité de secrétaire, Bulkeley dirigea la publication de la *Nova-Scotia Gazette* d'Anthony HENRY et il fut un temps le rédacteur en chef de la *Halifax Gazette*. C'est sous sa plume, croit-on, que parut en 1785 un texte intitulé *Address to the public on the present state of the province of Nova Scotia* qui expliquait comment il était possible d'améliorer la situation de la province en attirant des capitaux et des immigrants et en développant le commerce d'exportation et l'agriculture. Bulkeley s'occupa très activement de divers organismes. Membre de la première loge de francs-maçons de Halifax en 1750, il remplaça Parr aux fonctions de grand maître provincial des loges en décembre 1791 et conserva ce poste jusqu'à sa mort. En janvier 1786, il participa à la fondation de la Charitable Irish Society of Halifax, dont il fut le président à deux reprises. Il remplit également les fonctions de président d'une société pour l'avancement de l'agriculture, créée en 1789, et d'un club d'échecs, de dessin et de peinture, à Halifax, à partir de 1787 environ. Lorsque la paroisse St Paul fut officiellement constituée en 1759, il fut nommé marguillier et siégea au conseil d'administration jusqu'à son décès ; il fut aussi organiste en 1759–1760. Bien connu pour sa généreuse hospitalité, Bulkeley reçut James Wolfe* et plusieurs autres militaires durant la guerre de Sept Ans et la Révolution américaine. La salle à manger de la vaste maison qu'il avait fait construire en face de l'église St Paul, avec des pierres provenant des ruines de Louisbourg, île du Cap-Breton, pouvait accueillir 50 personnes. A l'époque où il était administrateur, il recevait à sa résidence (aujourd'hui l'hôtel Carleton) ; il y donnait de grandes réceptions au jour de l'An et à la fête de la reine, ainsi que des dîners à la Saint-Patrice et à la Saint-Georges.

L'un des rares fonctionnaires de l'expédition de Cornwallis qui demeura en Nouvelle-Écosse, Richard Bulkeley était un homme bien portant, vigoureux et travailleur ; il œuvra sous la direction de 13 gouverneurs et lieutenants-gouverneurs, depuis Cornwallis jusqu'à Wentworth. En poste durant un demi-siècle, il joua un rôle dans la fondation de Halifax, l'immigration des colons de la Nouvelle-Angleterre et des Loyalistes, et connut la prospérité consécutive aux guerres de la Révolution française. Homme d'une « probité intransigeante », ses nécrologues virent en lui « le Père de la province ».

PHYLLIS R. BLAKELEY

Un petit autoportrait à la craie de Richard Bulkeley vieil homme se trouve aux PANS. Bulkeley a écrit avec Charles Morris : « State and condition of the province of Nova Scotia together with some observations &c, 29th October 1763 », paru dans PANS *Report* (Halifax), 1933, app.B, 21–27.

Halifax County Court of Probate (Halifax), B175 (succession de J. M. F. Bulkeley), B176 (testament et inventaire des biens de Richard Bulkeley) (mfm aux PANS). — PANS, MG 1, 258 (Isaac Deschamps docs.), n°s 143, 156, 191, 195, 198, 200, 202, 206–221 ; RG 1, 48, n°s 63–75 ; 134 ; 136, pp.157, 163ss ; 137, p.105 ; 164–172 ; 186–191 ; 215–218 ; 286–287 ; 348, n^o^43 ; F.-J. Audet, Governors, lieutenant-governors, and administrators of Nova Scotia, 1604–1932 (copie dactylographiée, s.d.). — PRO, CO 217/16, ff.204–218, 221–222, 231–232, 307 ; 217/18, ff.48–49, 73–79, 135–136, 204–244, 280 ; 217/51, ff.190–193 ; 217/52, ff.116–118 ; 217/59, f.7 ; 217/63, f.163 ; 217/68, ff.3–5, 8 ; 217/75, f.33. — St Paul's Anglican Church (Halifax), Registers of baptisms, burials, and marriages, 1752–1756 ; registers of burials, 1776, 1796, 1800 ; registers of marriage licenses, 1753–1790. — [John Clarkson], *Clarkson's mission to America, 1791–1792*, C. B. Fergusson, édit. (Halifax, 1971), 77, 89, 92, 96–99, 109–111, 142. — Report on the present state and condition of his majesty's province of Nova Scotia, PANS *Report*, 1933, app.B, 28–34. — Vindication by Secretary Bulkeley and Judge Deschamps of the Acadian removal, N.S. Hist. Soc., *Coll.*, II (1881) : 149–153. — *Nova-Scotia Gazette and the Weekly Chronicle*, 13 juin 1775, 1785. — *Nova-Scotia Magazine* (Halifax), 1789–1792. — *Royal Gazette and the Nova-Scotia Advertiser*, 15 nov. 1796, 9 déc. 1800. — Tremaine, *Bibliography of Canadian imprints*, 206s., 599–601. — Brebner, *Neutral Yankees* (1969), 66, 76s., 213–216, 236, 240s., 243–246, 254s., 262s., 273, 287 ; *New England's outpost*, 256, 259s. — R. V. Harris, *The beginnings of freemasonry in Canada* (Halifax, 1938), 100, 106–109. — Murdoch, *History of N.S.*, II : 356, 537s., 571, 577, 585, 645 ; III : 4, 94, 97, 99, 152. — A. S. Barnstead, Development of the office of provincial secretary, Nova Scotia, N.S. Hist. Soc., *Coll.*, XXIV (1938) : 1–31. — Margaret Ells, Nova Scotian « Sparks of liberty, » *Dal. Rev.*, XVI (1936–1937) : 475–492. — J. S. Macdonald, Hon. Edward Cornwallis, founder of Halifax, N. S. Hist. Soc., *Coll.*, XII (1905) : 1–17 ; Life and administration of Governor Charles Lawrence, 1749–1760 : 19–58 ; Richard Bulkeley, 1717–1800 : 59–87 ; Memoir of Governor John Parr, XIV (1909) : 41–78 ; Memoir, Lieut.-Governor Michael Francklin, 1752–1782, XVI (1912) : 7–40.

BUNT. V. HOTSINOÑHYAHTAʔ

BURCH (Birch, Buck), JOHN, artisan et fonctionnaire local, né en Angleterre en 1741 ; il épousa vers 1779 Martha Ramsey, veuve, et ils eurent un fils ; décédé le 7 mars 1797 à Chippawa (Niagara Falls, Ontario).

En 1772, John Burch émigra de Londres à la ville de New York. Il y fit sa publicité en se présentant comme « ouvrier ferblantier et laqueur » pourvu d'un vaste assortiment de ferblanterie qu'il offrait en vente. Heureux en affaires, cet artisan acheta une propriété à Papacunk, New York, sur le bras est de la rivière Delaware. Quand éclata la Révolution américaine, Burch « fut pressé de signer un contrat d'association, [mais] il refusa et quitta [New York en 1775] pour Albany, afin d'éviter d'avoir à le faire ». Il ouvrit une boutique à Albany et entreprit la construction d'un moulin à blé servant également de scierie à Woodstock, mais force lui fut de rester sur sa ferme quand les troubles prirent de l'ampleur. En 1778, Burch et ses voisins, qu'il avait encouragés, approvisionnèrent les *rangers* de John BUTLER. Par représailles, les rebelles saccagèrent par trois fois sa propriété avant de la raser entièrement et de confisquer tous ses biens connus. Ses pertes s'élevèrent à plus de £4 500.

Burch dut s'enfuir au fort Niagara (près de Youngstown, New York) où, inapte au service actif, il fut nommé gardien des magasins indiens et cantinier auprès des *rangers* de Butler. A la fin de la guerre, en 1783, lui et sa femme s'établirent sur une terre, sise sur la rive ouest de la rivière Niagara. Burch reçut plusieurs lots dans ce qui devint le canton de Stamford (Ontario) et fixa sa résidence à l'embouchure du ruisseau Chippawa (rivière Welland). Quelques milles au nord, à côté des rapides de la Niagara, il construisit, en 1785–1786, un moulin à blé pouvant également servir de scierie. La structure de ce moulin et l'ingénieux canal d'amenée des troncs d'arbres faisaient l'admiration des voyageurs du temps. Après la mort de Burch, le moulin fut vendu à Samuel Street*, son ancien associé dans une compagnie spécialisée dans le transport des marchandises au delà du portage des chutes Niagara.

En récompense pour sa loyauté et son esprit d'entreprise, Burch se vit confier plusieurs postes importants sur le plan local. En juin 1786, il devint juge de paix pour la région de Niagara et, en 1791, il fut nommé au sein du conseil des terres du district de Nassau. L'année suivante, il était fait membre du conseil des terres du comté de Lincoln. Il fut en outre récompensé par des concessions de terres : 500 acres, en particulier, lui furent octroyées pour services rendus aux *rangers*. Plus tard, en qualité de magistrat, il demanda 700 acres supplémentaires, mais obtint moins qu'il ne désirait. Quand il mourut, Burch s'était élevé, de sa condition d'artisan, à celle de gentleman et de *squire*. En 1785, un voyageur le décrivait comme « un personnage très pondéré et bien informé, de conversation agréable et instructive, et dont les expressions sont très originales ».

PETER N. MOOGK

APC, MG 24, D4 ; E1 ; RG 1, L3. — The arts and crafts in New York, 1726–1776 : advertisements and news items from New York City newspapers, N.Y. Hist. Soc., *Coll.*, [3e sér.], LXIX (1936) : 204. — PAO *Report*, 1904, 992–994, 996, 999–1 000, 1 281 ; 1905, xcvii, 132, 211, 302–306, 313, 316, 334, 339, 344 ; 1928, 50, 160 ; 1930, 42, 79, 107, 137. — Records of Niagara [...], E. A. Cruikshank, édit., Niagara Hist. Soc., [*Pub.*] (Niagara-on-the-Lake, Ontario), 38 (1927) : 69 ; 39 (s.d.) : 21, 41, 115, 119 ; 40 (s.d.) : 62 ; 41 (1930) : 96, 111s., 117–134, 138. — R. C. Bond, *Peninsula village : the story of Chippawa* ([Chippawa, Ontario], 1964), 12s., 18, 21s. — H. C. Mathews, *The mark of honour* (Toronto, 1965), 53s., 63, 128, 130, 134, 137. — Janet Carnochan, Inscriptions and graves in the Niagara peninsula, Niagara Hist. Soc., [*Pub.*], 19 ([2e éd.], s.d.) : 67 ; Names only but much more, 27 (s.d.) : 2.

BURGOYNE, JOHN, parfois surnommé « Gentleman Johnny », officier, homme politique et auteur dramatique, né en 1722, fils unique du capitaine John Burgoyne, du Bedfordshire, Angleterre, et d'Anna Maria Burnestone, de Londres, décédé le 3 août 1792 et inhumé dans l'abbaye de Westminster, à Londres.

John Burgoyne étudia à la Westminster School, où il acquit un art d'écrire exagérément classique et voua à lord Strange, fils du riche et puissant comte de Derby, onzième du nom, une amitié qui devait durer toute sa vie. Nommé cornette dans le 13th Dragoons en 1740, il acheta une lieutenance l'année suivante. En 1743, il s'enfuit avec lady Charlotte Stanley, sœur de son ami lord Strange. Le père de la jeune femme, après avoir versé une modeste dot, rompit avec elle. Burgoyne acheta une charge de capitaine avec l'argent de la dot, mais, en 1747, fortement endetté, il vendit sa commission et se retira en France avec sa femme. Burgoyne voyagea beaucoup pendant son séjour sur le continent ; c'est à ce moment qu'il prit connaissance pour la première fois de la conception européenne des « dragons légers » ou « chevau-légers », un type de troupes à cheval alors inconnu en Angleterre. Il soumit plus tard un projet pour créer une semblable force et, en 1759, leva le 16th Light Dragoons, un régiment de chevau-légers.

En 1756, après s'être réconcilié avec son beau-père, Burgoyne fit un retour à l'armée avec un grade de capitaine dans le 11th Dragoons, qu'il échangea en 1757 contre un grade de capitaine dans l'armée et le grade effectif de lieutenant-colonel dans le Coldstream Regiment of Footguards. Pendant la guerre de Sept Ans, Burgoyne participa à des raids sur la côte française et, à partir de 1759, il servit, avec le grade de colonel, dans le 16th Light Dragoons. Il adopta une attitude révolutionnaire à l'égard de l'organisation et de la discipline de son régiment, ses conceptions étant au reste bien en avance sur la pensée de son temps. Il se fit un nom comme soldat pendant la campagne portugaise de 1762, en s'emparant des villes de Valencia de Alcantara (province de Cáceres, Espagne) et de Vila Velha de Ródão (district de Castelo Branco, Portugal).

Les dix années qui suivirent marquèrent un sommet dans les succès de Burgoyne. Élu député de Midhurst en 1761, grâce au patronage de Derby, il se montra actif au parlement dans les domaines de la politique étrangère et des affaires militaires. Il reçut, au sein de l'armée, des sinécures qui lui rapportaient annuellement £3 500, et une promotion au grade de major général en 1772. Il fut au premier plan dans le grand débat sur l'Inde et les attaques contre Robert Clive. Il entreprit également une carrière littéraire et remporta un succès considérable avec une pièce de théâtre, *Maid of the oaks*, présentée à Londres par David Garrick en 1775.

Lorsque la Révolution américaine éclata, Burgoyne fut envoyé à Boston où il fut témoin de la bataille de Bunker Hill. N'étant chargé d'aucune tâche opérationnelle, il passa beaucoup de temps à écrire au pays des lettres de critiques contre son commandant, le lieutenant général Thomas GAGE. Il rédigea aussi, à l'adresse des rebelles, une proclamation qui fut ridiculisée tant dans les colonies que dans la métropole pour son style ampoulé ; Horace Walpole le qualifia par la suite de « Pomposo » (pompeux) et de « Hurlothrumbo » (cymbale retentissante). Burgoyne rentra en Angleterre en novembre 1775 et tenta en vain d'obtenir un commandement indépendant. Il s'embarqua pour Québec en mars 1776 avec des renforts destinés à Guy Carleton*, qui était assiégé par les forces américaines sous le commandement de Benedict Arnold*.

Les premières troupes arrivèrent en mai, et Burgoyne, tard en juin. Carleton poursuivit alors les Américains en retraite vers le sud du lac Champlain, avec Burgoyne comme commandant en second. En novembre, à la fin de la campagne, Burgoyne retourna en Angleterre. Le 28 février 1777, il soumit au gouvernement ses « Réflexions pour la conduite de la guerre à partir du côté canadien ». Il présentait avec clarté le plan de campagne qu'on avait tenté de réaliser en 1776, à savoir l'isolement des colonies de la Nouvelle-Angleterre des autres colonies américaines, grâce à une avance britannique le long de la ligne de communication formée par le lac Champlain et le fleuve Hudson. Le plan de Burgoyne fut adopté presque mot pour mot et, en 1777, le gouvernement lui donna l'ordre de se rendre à Albany, New York, et d'y faire sa jonction avec les forces du lieutenant général sir William Howe ; il entrerait alors dans la région placée sous la responsabilité de Howe et se mettrait aux ordres de ce dernier. (Les deux hommes allaient par la suite avoir des divergences de vues sur le rôle qu'on attendait de Howe à ce stade de la campagne.) Simultanément, le lieutenant-colonel Barrimore Matthew ST LEGER devait se diriger vers Albany par la vallée de la Mohawk et s'emparer du fort Stanwix (Rome, New York).

Burgoyne revint à Québec le 6 mai 1777 avec le commandement des opérations, les pouvoirs de Carleton étant limités au Canada. Carleton démissionna de son poste de gouverneur à cause de cet affront, mais fournit néanmoins l'appui administratif nécessaire, à telle enseigne que Burgoyne put se mettre en marche six semaines seulement après son arrivée à Québec. Son seul problème réel venait de l'aide insuffisante des habitants du pays et, partant, de la faiblesse de ses moyens de transport.

L'armée de Burgoyne, qui se regroupa à Saint-Jean, sur le Richelieu, en juin, comprenait environ 7 500 réguliers, 400 Indiens, 100 Loyalistes et plus de 2 000 non-combattants. Pendant son avance vers le sud du lac Champlain, Burgoyne fit des discours à ses Indiens et émit des proclamations à l'adresse des Américains, qui furent les uns et les autres ridiculisés par la suite pour leur prétention. Les Britanniques atteignirent le fort Ticonderoga le 30 juin et forcèrent aisément les Américains à l'évacuer. La plus grande partie de la garnison, cependant, avait pris la fuite. Burgoyne se dirigea alors sur Skenesborough (Whitehall, New York) ; il fit là l'erreur d'avancer vers l'Hudson à travers la campagne au lieu de s'y rendre via le lac George. Il mit quatre semaines à couvrir 22 milles d'un terrain difficile, sous le harcèlement constant de l'ennemi.

Le manque de provisions força Burgoyne à faire un crochet désastreux vers Bennington (Vermont) qui lui coûta presque 1 000 hommes. Quasi en plan dans une contrée sauvage, il s'approvisionna à même la proche campagne pour ensuite traverser l'Hudson à Saratoga (Schuylerville, New York), du 13 au 15 septembre. Les effectifs américains, commandés par le major général Horatio Gates, se regroupaient en force vers le sud, et il y eut un affrontement dans les environs de Freeman's Farm (près de Schuylerville), le 19. Les Britanniques subirent de lourdes pertes, mais se maintinrent sur leurs positions, et certains commentateurs disent que, eussent-ils attaqué le lendemain, ils auraient pu l'emporter. Bien au contraire, Burgoyne se retrancha. Il semble qu'à ce point il ait jugé essentiel que Howe marchât vers le nord. Mais ce dernier était incapable, à cause de ses opérations en Pennsylvanie, de venir lui porter secours. Une seconde bataille fut livrée près de là, à Bemis Heights (près de Schuylerville), le 7 octobre. Les Britanniques, défaits, se replièrent sur Saratoga. Les Américains les encerclèrent le 12 et, le 17, Burgoyne et son armée se rendaient.

Après avoir passé l'hiver à Boston avec ses hommes, Burgoyne fut libéré sur parole et rentra en Angleterre. Le gouvernement l'ayant laissé tomber, il se joignit aux whigs et, en 1780, publia son *State of the expedition from Canada* [...], une apologie habile de sa campagne et de sa conduite. Il retrouva quelques-unes de ses charges quand les whigs reprirent le pouvoir en 1782, mais les perdit de nouveau quand le gouvernement tomba en 1783. Il combattit le jeune Pitt et fit une de ses dernières apparitions politiques comme organisateur de la mise en accusation de Warren Hastings, en 1787.

Ses dix dernières années furent surtout consacrées à des activités littéraires. Il écrivit les livrets de deux opéras comiques et produisit en 1786 sa meilleure comédie, *The heiress*, qui fut populaire tant en Grande-Bretagne que sur le continent. Après la mort de sa femme, en 1776, Burgoyne eut quatre enfants illégitimes de sa maîtresse, Susan Caulfield.

Burgoyne est presque l'exemple type de l'homme public anglais du XVIIIe siècle. Comme soldat, écrivain et homme politique, il avait quelque talent, mais pas de génie. Dans une société où les relations influentes étaient la seule chose qui comptât, les siennes se révélèrent efficaces, mais le portèrent au delà de son niveau de compétence. Les historiens discutent encore de ses mérites, ou de son manque de mérites, mais, comme il est généralement admis que Saratoga fut le point tournant de la Révolution américaine, Burgoyne reste bien connu pour avoir été le général qui perdit cette campagne.

JAMES STOKESBURY

[John Burgoyne], *The dramatic and poetical works of the late Lieut. Gen. J. Burgoyne ; to which is prefixed, memoirs of the author* [...] (2 vol., Londres, 1808) ; *Orderly book of Lieut. Gen. John Burgoyne from his entry into the state of New York until his surrender at Saratoga, 16th Oct., 1777* [...], E. B. O'Callaghan, édit. (Albany, N.Y., 1860) ; *A state of the expedition from Canada* [...] (Londres, 1780 ; réimpr., New York, 1969).

[Roger Lamb], *An original and authentic journal of occurrences during the late American war, from its commencement to the year 1783* (Dublin, 1809). — Boatner, *Encyclopedia of American revolution*. — *DNB*. — *The Oxford companion to English literature*, Paul Harvey, compil. (4e éd., révisée par Dorothy Eagle, Oxford, 1967). — E. B. De Fonblanque, *Political and military episodes* [...] *derived from the life and correspondence of the Right Hon. John Burgoyne* [...] (Londres, 1876). — F. J. Hudleston, *Gentleman Johnny Burgoyne : misadventures of an English general in the revolution* (New York, 1927). — Hoffman Nickerson, *The turning point of the revolution, or Burgoyne in America* (2 vol., Boston et New York, 1928 ; réimpr., Port Washington, N.Y., 1967). — W. M. Wallace, *Appeal to arms – a military history of the American revolution* (New York, 1951). — C. [L.] Ward, *The war of the revolution*, J. R. Alden, édit. (2 vol., New York, 1952).

BUSBY, THOMAS, soldat et aubergiste, né en 1735, apparemment en Irlande, se maria avant 1768 et mourut à Montréal le 22 octobre 1798.

Thomas Busby s'enrôla en 1756 dans le 27e d'infanterie, à Cork, en Irlande, et, l'année suivante, vint à Halifax, Nouvelle-Écosse, avec son régiment, pour prendre part à l'expédition projetée de lord Loudoun contre Louisbourg, île Royale (île du Cap-Breton). Si l'expédition fut annulée, Busby ne resta pas longtemps inactif. En 1758, il participa à l'attaque de front menée par James ABERCROMBY contre le fort Carillon (Ticonderoga, New York), au cours de laquelle, prétendit-il, sa compagnie de grenadiers eut plus de la moitié de ses hommes tués et lui-même reçut « sept balles dans son chapeau et sept dans ses vêtements ». En 1759, il était présent à la prise de Carillon et à celle du fort Saint-Frédéric (près de Crown Point, New York). Il travailla cette même année à la construction de la forteresse de pierres par laquelle AMHERST remplaça le fort Saint-Frédéric, et y retourna l'année suivante à titre de « mineur », travaillant probablement comme carrier. Après avoir servi à l'île aux Noix (dans la rivière Richelieu) en 1760, il se battit dans les Antilles, à Grenade et à Fort-Royal (Fort-de-France), à la Martinique, en 1761, et à La Havane, Cuba, en 1762. Busby passa au Canada la plus grande partie du temps qui lui restait à faire au sein du 27e d'infanterie. Il « servit dans presque chaque poste de la province » de Québec. Il prit son congé le 26 juillet 1767, tout juste avant que son régiment repartît pour Cork. Il n'avait pas obtenu de grade et ne garda, pour tout souvenir de ses campagnes, qu'un bras estropié. Il reprit du service en 1775, cette fois dans la milice, à Longue-Pointe, Montréal.

Le 7 décembre 1768, Busby fut nommé maître de caserne adjoint à Montréal et conserva ce poste jusqu'en 1796, année où l'on mit abruptement fin à son emploi, la mesure entrant en vigueur le 24 décembre. Son congédiement fut relié à la nomination de William Stanton, à qui le maître de caserne James Hughes* demanda de le soulager de plusieurs de ses propres fonctions ; les crédits, apparemment, ne couvraient pas les deux salaires de Stanton et de Busby. Hughes protesta par la suite n'avoir pas prévu le congédiement de Busby et demanda sans succès sa réintégration, le qualifiant d'« homme honnête et fidèle employé ».

Busby ne resta pas sans ressources : à l'instar de plusieurs soldats irlandais du Canada, il avait tenu une auberge. De 1769 à 1780, il se procura des permis d'auberge et de boisson, et il se peut que son établissement ait été placé stratégiquement près des casernes de la porte du chemin de Québec (ou Saint-Martin). En 1772, il y acheta une demeure en pierre, de deux étages, et, en 1781, il était propriétaire de la maison et du lot voisins. A l'époque de sa mort, Busby possédait aussi trois constructions, dont un moulin à tan, tout près du faubourg Sainte-Marie, deux terrains à William Henry (Sorel) et 300 acres dans le Haut-Canada. Certains indices laissent croire qu'il fit du commerce, mais c'est son fils Thomas*, et non pas lui, qui fut l'agent d'affaires des barons de Longueuil.

A. J. H. RICHARDSON

ANQ-M, État civil, Anglicans, Christ Church (Montréal), 24 oct. 1798. — APC, RG 8, I (C series), 187, pp.9s. ; 505, p.89 ; 546, p.64. — APC *Rapport*, 1885, lxxviis. — *John Askin papers* (Quaife), II : 593. —

Montréal en 1781 [...], Claude Perrault, édit. (Montréal, 1969), 32. — *La Gazette de Québec*, 24 août 1769, 23 juill., 13 août 1772, 27 mai 1779, 24 mai 1781, 28 févr. 1799. — Cameron Nish, *Inventaire sommaire des documents historiques de la Société historique de Montréal* (Montréal, 1968). — *Service of British regiments* (Stewart), 157. — W. H. Atherton, *Montreal, 1535–1914* (3 vol., Montréal et Vancouver, 1914), III : 566. — Campbell, *History of Scotch Presbyterian Church*, 120.

BUTLER, JOHN, homme d'affaires et fonctionnaire, né probablement en Angleterre ; il épousa le 29 octobre 1753, à Halifax, Rachel Wall, une veuve ; décédé le 25 octobre 1791, à Martock, Somersetshire, Angleterre.

John Butler vint à Halifax via l'île Long, New York. Il reçut une propriété lors du premier lotissement des terres, à Halifax, en 1749. Par la suite, il en acquit d'autres, de grande étendue, dans le futur comté de Hants, et, quelque temps avant 1754, construisit l'hôtel Great Pontack qui devint le centre des activités sociales à Halifax. En 1758, on en parlait comme d'un distillateur, probablement à cause de ses relations avec Joshua MAUGER. Il était l'agent d'affaires de la compagnie anglaise Watson and Rashleigh [V. sir Brook Watson*] et, quand Mauger quitta la Nouvelle-Écosse, en 1760, Butler y devint son fondé de pouvoir. Avec Michæl FRANCKLIN et Isaac Deschamps*, il veillait aux intérêts économiques et politiques de Mauger dans la province.

En 1762, Butler fut élu à la chambre d'Assemblée comme un des représentants du comté de Halifax. Dix ans plus tard, il fut nommé au Conseil de la Nouvelle-Écosse, sur la recommandation de Francklin, alors lieutenant-gouverneur, et devint agent pourvoyeur et officier payeur des troupes de la Nouvelle-Écosse et de Terre-Neuve à la mort de Benjamin GERRISH. Fait lieutenant-colonel dans la milice de Halifax le 1er janvier 1774 et nommé au nombre des juges de la Cour inférieure des plaids communs, trois mois plus tard, il reçut une commission de colonel en titre dans la milice le 1er novembre 1776. Pendant la Révolution américaine, il se joignit aux marchands de Halifax pour équiper un navire armé, le *Revenge*.

Le souci principal de Butler, cependant, visait le progrès des intérêts de Mauger en Nouvelle-Écosse. En 1761, il adressa avec succès une pétition à l'Assemblée pour s'opposer à deux projets de loi qui auraient allégé le tarif douanier qui protégeait les distilleries de Mauger. En 1767, Butler et John FILLIS avaient la mainmise sur les cinq sixièmes du commerce du rhum dans la province. Cette année-là, le réseau d'affaires Halifax-Londres s'alarma quand le gouverneur, lord William CAMPBELL, donna son appui à un projet de loi pour réduire le tarif protecteur. Bien que Butler parût devant le conseil pour marquer son opposition au projet, la mesure fut votée. Rapidement, Butler et Fillis adressèrent une pétition, opposée à la loi, au Board of Trade, et les marchands de Londres, représentés par Butler, purent tirer parti du fait qu'ils avaient la main haute sur la dette de la province pour convaincre le Board of Trade de rétablir l'ancien tarif.

Les adversaires politiques, les amis temporairement insolvables et les gouverneurs tracassiers recevaient de Butler un traitement uniforme : il les harcelait impitoyablement. John DAY, un rival politique qui jouissait d'une réputation d'honnêteté, vit son crédit sérieusement ébranlé par une lettre anonyme que Butler transmit à Watson and Rashleigh ; Malachy SALTER aurait perdu son navire, le *Rising Sun*, aux mains de Butler, si ce dernier eût réussi à persuader Simeon Perkins* de saisir le bâtiment pour dettes ; et Michæl Francklin, fortement endetté envers Mauger, fut à plusieurs reprises mis dans l'embarras à cause de la manière méprisante avec laquelle Butler le traitait. L'animosité de Butler à l'endroit du gouverneur Campbell se manifesta par de constantes intimidations, et, en 1773, Butler et Mauger lancèrent une campagne pour obtenir son rappel.

L'affrontement le plus féroce de Butler se produisit avec le successeur de Campbell, Francis LEGGE. Le désir de ce dernier de mettre de l'ordre dans les finances de la colonie amena un examen complet des comptes publics en 1774–1775. Pendant la première année, Legge, aidé par l'Assemblée, réussit dans son projet et parvint même à poursuivre certaines personnes pour des sommes d'argent dues au trésor ; mais, quand Jonathan Binney* choisit d'aller en prison plutôt que d'accepter le verdict de la cour, les adversaires de Legge saisirent l'occasion pour saper la position du gouverneur auprès des autorités de la métropole. Leurs méthodes étaient totalement dénuées de scrupules, même par rapport aux normes politiques du XVIIIe siècle. Legge répliqua, étiquetant plusieurs des députés de la chambre comme « débiteurs publics », cherchant sans succès à obtenir la démission de la plupart des conseillers et enquêtant sur une accusation, qui se trouva fausse, selon laquelle Butler aurait entretenu une correspondance avec des rebelles américains. Legge dut partir de Halifax le 12 mai 1776 pour tenter de se justifier à Londres. L'année suivante, Butler fut décrit fort à propos comme celui « qui se qualifie lui-même de seigneur, roi et gouverneur de Halifax ». On croit qu'il quitta la Nouvelle-Écosse vers 1781, mais on ignore tout de sa carrière ultérieure.

ALLAN C. DUNLOP

APC, MG 23, A1, sér. 1, 13, n° 2474, Mauger à Pownall, 9 déc. 1773. — Conn. Hist. Soc. (Hartford), Jonathan Trumbull papers, Mauger à Trumbull, 24 nov. 1752. — Halifax County Court House (Halifax), City of Halifax allotment book (mfm aux PANS). — Halifax County Court of Probate (Halifax), Book 4, p.27, n° 87 (mfm aux PANS). — PANS, MG 1, 447 (D. C. Harvey docs.), folder 198 ; RG 1, 44, doc.67 ; 45, doc.7 ; 47, p.91 ; 136, p.255 ; 168, pp.349s., 355s., 480, 517–519 ; 211, 3 mai 1762 ; 212, 3 mars 1776. — PRO, CO 217/26, pp.239, 271 (mfm aux PANS). — St Paul's Anglican Church (Halifax), Registers of baptisms, burials, and marriages, 29 oct. 1753 (mfm aux PANS). — Somerset Record Office (Taunton, Angl.), Martock, Register of burials, 2 nov. 1791. — Brebner, *Neutral Yankees*.

BUTLER, JOHN, officier, fonctionnaire et agent des Affaires indiennes, baptisé le 28 avril 1728 à New London, Connecticut, fils de Walter Butler et de Deborah Ely, née Dennison ; il épousa Catalyntje Bradt (Catharine Bratt) vers 1752, et ils eurent quatre fils et une fille qui survécurent à la première enfance ; décédé le 13 mai 1796 à Newark (Niagara-on-the-Lake, Ontario).

On connaît peu de chose de la jeunesse de John Butler. Il paraît évident, toutefois, qu'il commença à fréquenter la « frontière » et les Six-Nations alors qu'il était encore tout jeune. Son père, capitaine dans l'armée britannique, amena sa famille dans la vallée de la Mohawk, dans la colonie de New York, vers 1742, et, trois ans plus tard, John était avec lui à Oswego (ou Chouaguen ; aujourd'hui Oswego, New York). Walter Butler était apparemment en relations étroites avec William JOHNSON, colonel des Indiens des Six-Nations, et il est tout à fait possible que John ait appris de lui les premiers rudiments dans l'art de traiter avec les Indiens. Il ect certain en tout cas que Johnson fut impressionné par les talents de Butler pour les langues indiennes et pour la diplomatie. En mai 1755, il l'amena comme interprète au grand conseil de Mount Johnson (près d'Amsterdam, New York) ; la même année encore, quand Johnson reçut le commandement de l'expédition coloniale contre le fort Saint-Frédéric (près de Crown Point, New York), il nomma Butler lieutenant en charge des Indiens, une fonction assez vaguement définie qui comportait une sorte de *leadership* nominal. Butler continua de servir en cette qualité tout au long de la guerre de Sept Ans et atteignit le grade de capitaine. Il était avec ABERCROMBY lors de l'attaque du fort Carillon (Ticonderoga, New York) et avec BRADSTREET à la prise du fort Frontenac (Kingston, Ontario) en 1758. L'année suivante, il commandait en second les Indiens à la prise du fort Niagara (près de Youngstown, New York) par Johnson, et, en 1760, il avait les mêmes fonctions dans les troupes qui, sous les ordres d'AMHERST, marchaient sur Montréal.

Après la guerre, Butler continua de servir sous Johnson dans le département des Affaires indiennes, et participa comme interprète aux conseils tenus avec les Indiens dans les années 1760. Il installa sa famille à Butlersbury, le domaine que son père lui avait laissé (près de Johnstown, New York), et fut nommé juge de paix. Au début des années 1770, il paraît s'être retiré du département des Affaires indiennes pour se consacrer à ses propriétés dont le nombre croissait. A la création du comté de Tryon, en 1772, il fut nommé juge de la Cour des sessions trimestrielles et lieutenant-colonel du régiment de milice commandé par Guy JOHNSON. Sir William mourut en 1774 et Guy devint surintendant des Affaires indiennes ; Butler fut de nouveau nommé interprète.

Lorsque éclata la guerre d'Indépendance américaine, en 1775, Butler, en compagnie d'autres Loyalistes de la vallée de la Mohawk, comme ses fils Thomas et WALTER, et Guy Johnson allèrent rejoindre les troupes britanniques au Canada. L'année suivante, sa femme et ses autres enfants furent emprisonnés par les rebelles, et Butler ne les revit que grâce à un échange de prisonniers en 1780. A Montréal, Johnson proposa au gouverneur Guy Carleton* d'utiliser les Six-Nations et les Indiens du Canada pour réprimer la rébellion dans les « établissements reculés » à l'ouest de New York et de la Pennsylvanie. Carleton, cependant, refusa de les utiliser autrement que comme éclaireurs et dans les opérations de défense. Face à ce refus, et au courant de l'arrivée du major John CAMPBELL, muni d'une commission d'agent des Affaires indiennes de la province de Québec, Christian Daniel CLAUS et Johnson décidèrent de porter leur cause en Grande-Bretagne et quittèrent Québec en novembre 1775. Butler resta sur place, à titre de surintendant intérimaire des Six-Nations ; les troupes américaines menaçant le Canada, on l'envoya au fort Niagara. Il avait instruction de faire tout en son pouvoir pour tenir les Six-Nations en dehors du conflit, tout en préservant leur loyauté envers la Grande-Bretagne, d'autant que les Britanniques considéraient les Iroquois comme des alliés. En dépit du fait que les Indiens, et particulièrement ceux qui subissaient l'influence de Samuel Kirkland, un missionnaire *New Light* du Connecticut, étaient tentés de signer des pactes de neutralité avec les rebelles, Butler eut beaucoup de succès dans ses efforts pour les garder dans l'alliance britannique. Pendant les 18 mois qui suivirent, il mit en place chez les tribus, depuis la Mohawk jusqu'au Mississippi, un réseau d'agents qui se révélèrent une source valable de renseignements pour les Britanniques et une aide pour les Loyalistes fuyant vers le Canada. Au début de l'été de 1776, Butler recruta aussi un parti de Loyalistes et d'Indiens qu'il envoya au Canada pour aider à en expulser les troupes américaines.

En 1777, le gouvernement britannique décida que ses alliés indiens seraient utilisés offensivement contre les rebelles ; en mai, Butler reçut l'ordre de lever une troupe de guerriers aussi nombreuse que possible parmi les Six-Nations et de rallier à Oswego l'expédition du lieutenant-colonel Barrimore Matthew St Leger, en vue d'une attaque contre le fort Stanwix (Rome, New York). Bien qu'il n'eût qu'un mois pour remplir sa mission, Butler réussit à persuader 350 Indiens, la plupart tsonnontouans, de se joindre à l'expédition. A cette date, il avait reçu une commission officielle de surintendant adjoint des Six-Nations de la part de Guy Johnson qui était arrivé à New York en 1776. Néanmoins, au début de l'expédition, Claus arriva avec une commission de surintendant de tous les Indiens qui y étaient engagés. Butler fut grandement déçu d'être évincé, mais rien n'indique que sa conduite à l'endroit de Claus en fût modifiée. Butler était présent à la victoire d'Oriskany, près du fort Stanwix, le 6 août 1777, où les Indiens et des *rangers* loyalistes non organisés supportèrent le choc du combat et encaissèrent les pertes [V. Kaieñ'kwaahtoñ].

L'expédition de St Leger terminée, Butler se rendit à Québec. En septembre, Carleton lui donna commission de lever un corps de *rangers* provinciaux parmi les Loyalistes de la « frontière » qui avaient fui au fort Niagara. Promu commandant-major, Butler se vit assigner le fort Niagara comme base permanente. Les premiers ordres qu'il reçut lui enjoignaient de rallier l'expédition de Burgoyne, mais celle-ci tourna au désastre avant même qu'il eût commencé à lever des recrues.

En 1778, alors que le recrutement allait bon train cette fois, les *rangers* de Butler et un parti d'Indiens sous la conduite de Kaieñ'kwaahtoñ et de Kaiũtwah'kũ (Cornplanter) entreprirent leur première expédition contre les établissements américains de la « frontière », qui mena au raid extraordinairement fructueux du 3 au 4 juillet sur la vallée de Wyoming, Pennsylvanie. La maladie força Butler à passer le reste de l'année au fort Niagara, mais, en novembre, son fils Walter mena l'attaque bien connue contre Cherry Valley, New York. On peut juger de la répercussion énorme de ces raids, et d'autres survenus la même année et au début de l'année suivante, à ce que les pressions publiques obligèrent le Congrès, en 1779, à envoyer vers la « frontière » une armée de plusieurs milliers d'hommes, dont un grand nombre de soldats réguliers, aux ordres du major général John Sullivan. L'objectif de cette armée était de détruire les établissements et les terres des Six-Nations alliées aux Britanniques et de faire le plus de prisonniers possible. Cette campagne américaine mit, évidemment, les Britanniques et les Indiens sur la défensive, et Butler, avec plusieurs centaines d'hommes, subit la défaite à Newtown (près d'Elmira, New York), le 29 août. Les Américains dévastèrent alors les villages indiens de la région des lacs Finger. Des milliers d'Indiens durent se tourner vers les Britanniques pour survivre ; mais la base de Niagara existait toujours et, en 1780, *rangers* et Indiens y étaient de nouveau à l'œuvre. Au cours des années suivantes, les *rangers* de Butler étendirent leurs opérations. Une compagnie fut assignée aux postes d'Oswegatchie (Ogdensburg, New York) et de Détroit, et, à partir de toutes les bases, *rangers* et Indiens lancèrent des opérations continuelles de harcèlement contre toute la « frontière », de l'Hudson au Kentucky.

Les Butler, et leurs guerres, ont été condamnés par des générations d'historiens américains comme étant « déloyaux », « barbares », « diaboliquement méchants et cruels ». Mais les faits ne justifient guère ces accusations. La guerre de « frontière » a toujours été cruelle, et s'il n'existe aucune preuve que les Butler eussent exagéré ce caractère, l'on en a par contre sur lesquelles appuyer la prétention de quelques historiens à l'effet qu'ils se montrèrent aussi humains qu'il était possible dans les circonstances. On s'est fondé, pour les condamner, sur l'hypothèse que les raids des Butler auraient été motivés par la haine et le désir de vengeance. Mais ces opérations visaient des objectifs stratégiques importants : couper les ravitaillements à l'armée continentale et détourner le plus de troupes américaines possible des opérations côtières en les attirant vers l'intérieur. Que ces buts aient été atteints, on en trouve une indication partielle dans la campagne de Sullivan et aussi dans le fait que la population du comté de Tryon, qui était d'environ 10 000 avant la guerre, se trouva réduite à 3 500 en 1783, par suite de l'exode occasionné par la menace qui pesait sur la région.

Les intérêts de Butler, pendant la Révolution américaine ne furent pas exclusivement militaires. Dès 1776, grâce à son influence comme surintendant adjoint du commerce indien, il s'arrangea pour monopoliser la traite avec les Loyalistes du fort Niagara, de même que le commerce lucratif du département des Affaires indiennes, à son profit et à celui de Richard Pollard*, un marchand du fort, et plus tard au profit de Thomas Robinson, successeur de Pollard. Toutefois, en 1779, l'année où Guy Johnson prit en mains les affaires des Six-Nations, ce monopole fut brisé et remplacé par un autre qui fonctionna au profit de Johnson.

Butler fut lié de près au premier établissement situé sur le côté canadien de la rivière Niagara. Au début de la guerre, il éleva les baraques des *rangers* du côté opposé au fort. En 1779, HALDIMAND décida d'encourager l'agriculture dans le voisinage du fort, y voyant un moyen de réduire l'état de dépendance de la garnison vis-à-vis des approvisionnements en provenance de Montréal ; il confia alors à Butler la tâche de trouver le personnel nécessaire parmi les réfugiés loyalistes. Butler vit dans cette mission l'occasion et de faire impression sur Haldimand par sa compétence, et de s'imposer comme le leader des Loyalistes du fort Niagara en même temps que le dispensateur des faveurs. A la fin de la guerre, il avait établi un bon nombre de familles sur la rive opposée au fort, et quelques-uns de ses favoris avaient obtenu les meilleurs lots. Le premier nom donné à l'établissement fut, bien sûr, Butlersbury. Quand les *rangers* de Butler furent licenciés, en juin 1784, lui, sa famille et une grande partie de son détachement s'y installèrent. De cet établissement sortit la petite ville de Newark dont Butler allait demeurer jusqu'à sa mort l'un des citoyens les plus en vue.

La fin de la Révolution valut aussi à Butler des revers de fortune. Sa propriété de New York avait été confisquée en 1779 et, même s'il touchait la demi-solde à titre de lieutenant-colonel et s'il reçut une concession de 500 acres de terre, la commission chargée d'examiner les réclamations des Loyalistes refusa de reconnaître plusieurs de ses revendications relatives à des terres situées dans les territoires indiens. En outre, il perdit l'argent qu'il avait gagné pendant la guerre, apparemment en spéculant sur des marchandises destinées aux Indiens. Dans un effort pour redresser la situation, il se rendit à Québec, puis en Angleterre en 1784 et en 1785, mais ne parvint pas à obtenir pour ses fils le privilège exclusif d'utiliser la route du portage du Niagara, non plus que la hausse de salaire qu'il désirait pour lui-même.

Butler joua également un rôle de premier plan dans les affaires de la région du Niagara. Il fut nommé juge de la Cour des plaids communs et membre du conseil des terres pour le district de Nassau quand celui-ci fut créé en 1788 ; il devint aussi lieutenant-colonel de la milice de Nassau, et, plus tard, colonel de la milice du comté de Lincoln. Cependant, sir John Johnson* sut utiliser son influence pour empêcher Butler ou aucun de ses *rangers* d'obtenir des postes de quelque importance lors de la formation de la province du Haut-Canada, en 1792. De même, Butler ne monta pas plus haut dans le département des Affaires indiennes. Il essaya de refaire la fortune de sa famille en tentant illégalement de fournir des marchandises de traite au département des Affaires indiennes avec la complicité de son fils Andrew, de son neveu Walter Butler Sheehan et d'un marchand de Niagara, Samuel Street*. Butler usa aussi du prestige que lui conférait son titre de surintendant adjoint des Six-Nations pour collaborer avec quelques Américains à une affaire de spéculation impliquant des terres iroquoises de l'état de New York. Après que l'une et l'autre de ces entreprises eurent échoué, Butler se tourna vers les travaux de la ferme, l'exploitation de moulins et la spéculation foncière, mais sans grand succès.

A titre de surintendant adjoint des Six-Nations, Butler joua un grand rôle dans l'achat d'une bonne partie du sud-ouest de l'Ontario, et en particulier des terres de la rivière Grand, acquises des Mississagués [V. WABAKININA]. Son rôle fut d'importance aussi dans les manœuvres tant diplomatiques que militaires avec les Américains et les Indiens pendant les années qui précédèrent l'évacuation des postes frontaliers, en 1796. En 1792, le gouvernement américain cherchait à en arriver à un traité avec les Indiens du Nord-Ouest. Butler assista à la conférence infructueuse de Lower Sandusky (Ohio), l'année suivante. Avec Joseph Brant [Thayendanegea*] et les Six-Nations, il s'opposa à la position intransigeante des Indiens de l'Ouest et d'Alexander MCKEE qui voulaient que la frontière occidentale entre les territoires américain et indien n'excède pas la rivière Ohio. Ce devait être le dernier service de quelque importance rendu par Butler dans le domaine public. Pendant la conférence, il tomba malade et ne se remit jamais complètement. Bien qu'il demeurât un conseiller utile pour le gouvernement du Haut-Canada, à la fin de 1795 le lieutenant-gouverneur Simcoe* envisageait à regret de le démettre de son poste au sein du département des Affaires indiennes à cause de ses infirmités croissantes.

John Butler fut l'une des grandes figures nord-américaines dans le domaine des relations entre Indiens et Européens. Son influence sur les Indiens reposait de toute évidence sur la confiance qu'ils avaient en lui. Le succès qu'il obtint en gardant la plus grande partie des Six-Nations en dehors du conflit tout en maintenant leurs liens avec les Britanniques, pendant les deux premières années de la Révolution, témoigne de son influence, et aussi le fait que c'est à lui qu'incomba en grande partie la lourde tâche d'expliquer aux Indiens la cession des terres de l'Ouest par les Britanniques, en 1783. Le plus grand hommage qu'on lui rendit vint probablement de Joseph Brant qui disait, à une cérémonie funèbre indienne en souvenir de Butler : il « était le dernier survivant de ceux qui travaillèrent avec ce grand homme, feu sir William Johnson, sur les traces duquel il marcha, et notre perte est des plus grandes, puisqu'il ne subsiste personne qui comprenne nos manières et nos coutumes aussi bien que lui les comprenait ».

On s'est quelque peu interrogé sur les relations de Butler avec le clan Johnson. Il faisait partie du groupe qui était le plus proche de sir William dans les années 1760, et l'on a suggéré que, s'il a apparemment quitté son emploi au sein du département des Affaires indiennes, en 1771, ce fut à la suite d'une querelle avec sir William. La raison la plus probable de son départ fut la décision de sir William de donner le petit nombre des postes d'adjoints disponibles au sein du département à des parents à lui, tels Claus et Guy Johnson, ses gendres, et John Dease, son neveu. Butler, voyant qu'il avait peu de chances d'avancement, choisit probablement de se consacrer à la mise en valeur de ses biens. Il n'y a pas, au demeurant, de preuve d'animosité dans cette séparation. Quand Johnson rédigea son testament, au début de 1774, il nomma Butler l'un de ses exécuteurs testamentaires et l'un des tuteurs des enfants qu'il avait eus de Mary Brant [KONWATSIˀTSIAIÉÑNI]. Sans compter que Butler n'aurait pas, sans l'approbation de Johnson, obtenu ses diverses nominations à des postes civils et militaires dans le comté de Tryon. A vrai dire, Butler, qui allait par la suite choisir lui-même deux de ses fils comme officiers de la première compagnie de ses *rangers*, comprit probablement fort bien les motifs de Johnson.

Ses difficultés avec les Johnson paraissent plutôt s'être produites au Canada, avec Guy Johnson et Claus. Leur départ pour la Grande-Bretagne à la fin de 1775, au moment où l'on faisait face à l'invasion américaine, fut considéré par Carleton comme une sorte de désertion. Leur geste et la compétence évidente de Butler dans ses relations avec les Indiens mirent ce dernier en grande faveur tant auprès de Carleton que de Haldimand. A leur retour au Canada, Johnson et Claus virent en Butler une menace à leurs situations, et ils cherchèrent à détruire sa réputation, en quoi ils échouèrent finalement. Carleton le garda comme agent au fort Niagara et lui donna commission de recruter les *rangers*, en dépit des lettres de Claus visant à le déprécier, et Haldimand le promut – non sans y avoir réfléchi – lieutenant-colonel en 1779, au moment précis où Guy Johnson revenait au Canada. Peu de temps après, Haldimand intervint pour empêcher Johnson de démettre Butler de son poste d'agent au fort Niagara. L'appui de Carleton et de Haldimand à Butler, toutefois, n'était pas imputable uniquement à leur manque de sympathie pour Claus et Johnson. Les deux gouverneurs, cela est évident, étaient persuadés que Butler se révélait l'homme le plus compétent pour la fonction, et probablement appréciaient-ils sa loyauté et son sens profond du devoir ; Carleton le décrivit plus tard comme un homme « très modeste et plutôt timide ».

R. ARTHUR BOWLER ET BRUCE G. WILSON

La seule peinture connue de John Butler est un petit profil en estampe conservé aux APC ; Charles William Jefferys* s'est basé sur cette estampe pour réaliser un portrait. Il existe un monument commémoratif de Butler dans l'église St Mark, Niagara-on-the-Lake, Ontario.

APC, MG 11, [CO 42] Q, 13 ; 14, pp.157s. ; 15, pp.225–227 ; 16/1, pp.91–98 ; 17/1 ; 26 ; 50 ; MG 24, D4 ; MG 29, E74 ; MG 30, E66, 22 ; RG 1, L3, 1, nº 87 ; 2, nºs 40, 99. — BL, Add. MSS 21 670 ; 21 699 ; 21 756 ; 21 765–21 770 ; 21 775 ; 21 873. — Metropolitan Toronto Library, U. C., Court of Common Pleas, Nassau District, minutes, 12 janv. 1792. — PAO, Canniff (William) papers, package 13, Goring family ; Reive (W. G.) coll. ; Street (Samuel) papers, cancellation of articles of agreement between Andrew Butler and Samuel Street, 4 janv. 1797 ; RG 1, A-I-1, 2. — PRO, AO 12, bundle 117 ; 13/21 ; 13/89 ; 13/90 ; 13/109 ; CO 42/26, p.66 ; 42/36–40 ; 42/42, pp.144–147 ; 42/43, pp.786–789 ; 42/46, pp.395ss, 411–418, 431, 458ss, 479ss, 491ss ; 42/49 ; 42/50, pp.121s. ; 42/55, pp.105–108 ; 42/69, p.245 ; 42/73 (copies aux APC) ; 323/14 ; 323/15 ; 323/23 ; 323/30 ; WO 28/4 ; 28/10. — APC *Report*, 1884–1889. — *Correspondence of Lieut. Governor Simcoe* (Cruikshank), I : 246, 256, 324, 365s., 373s. ; II : 113, 155, 267 ; III : 278s., 323 ; IV : 101, 125, 217, 264s. — *Johnson papers* (Sullivan *et al.*), I : 13, 27–29, 108, 380, 516, 625. — *NYCD* (O'Callaghan et Fernow), VII ; VIII : 304, 362–364, 497–500, 688s., 718–723, 725–727. — The probated wills of men prominent in the public affairs of early Upper Canada, A. F. Hunter, édit., *OH*, XXIII (1926) : 328–359. — Records of Niagara, 1784–9, E. A. Cruikshank, édit., Niagara Hist. Soc., [*Pub.*] (Niagara-on-the-Lake), 40 (s.d.) : 24–27. — *DAB*. — R. W. Bingham, *The cradle of the Queen City : a history of Buffalo to the incorporation of the city* (Buffalo, N.Y., 1931), 72s. — E. [A.] Cruikshank, *The story of Butler's Rangers and the settlement of Niagara* (Welland, Ontario, 1893), 11s., 23–25, 27s., 33–37, 39–51, 59, 63–75, 79–88, 91–98. — Howard Swiggett, *War out of Niagara : Walter Butler and the Tory rangers* (New York, 1933 ; réimpr., Port Washington, N.Y., 1963), 5, 7–13, 126–132, 169–201, 225–270, 286. — P. H. Bryce, Sir John Johnson, baronet : superintendent-general of Indian affairs, 1743–1830, N.Y. State Hist. Assoc., *Proc.* (New York), XXVI (1928) : 233–271. — E. [A.] Cruikshank,

The King's Royal Regiment of New York, *OH*, XXVII (1931) : 193–323 ; Ten years of the colony of Niagara, 1780–1790, Niagara Hist. Soc., [*Pub.*], 17 (1908) : 2–10, 16s., 24–31, app.A, B. — Reginald Horsman, The British Indian department and the abortive treaty of Lower Sandusky, 1793, *Ohio Hist. Quarterly* (Columbus), 70 (1961) : 189–213. — W. H. Siebert, The loyalists and the Six Nation Indians in the Niagara peninsula, SRC *Mémoires*, 3e sér., IX (1915), sect. II : 79–128.

BUTLER, WALTER, officier, né en 1752 à Butlersbury (près de Johnstown, New York), fils aîné de John BUTLER (mort en 1796) et de Catalyntje Bradt (Catharine Bratt), décédé célibataire le 30 octobre 1781 au ruisseau West Canada, New York.

Walter Butler s'intéressa tôt aux affaires militaires et, en 1768, une recommandation lui permit d'être nommé enseigne dans la milice. Après avoir étudié le droit à Albany, dans la province de New York, il fut reçu au barreau en 1775. La guerre d'Indépendance américaine ayant éclaté cette année-là, Walter et son père gagnèrent Montréal au mois d'août ; le reste de la famille fut interné à Albany. Le 25 septembre 1775, Walter aida à capturer Ethan Allen durant l'escarmouche qui eut lieu à Longue-Pointe (Montréal) et, au mois de mai suivant, il combattit aux Cèdres, près de Montréal, en tant qu'enseigne dans le 8e d'infanterie. A l'expédition de Barrimore Matthew ST LEGER contre le fort Stanwix (Rome, New York), les Butler accompagnèrent les Indiens sous le commandement de Christian Daniel CLAUS, et, le 6 août 1777, ils participèrent à la bataille d'Oriskany, non loin de là.

Après cette bataille, Walter Butler descendit la vallée de la Mohawk à la tête d'une troupe de soldats et d'Indiens, laquelle avançait sous la protection d'un drapeau parlementaire, mais faisait du recrutement pour les troupes britanniques. Capturé le 12 ou le 13 août, il passa en conseil de guerre et fut condamné par le major général Benedict Arnold* à être pendu pour espionnage. Plusieurs officiers américains qui avaient connu Butler au temps où il étudiait le droit intercédèrent en sa faveur et on se contenta de l'interner à Albany. Par la suite, on le transféra à la résidence de Richard Cartwright, un sympathisant loyaliste. Le 21 avril 1778, Butler enivra sa sentinelle et s'enfuit pour aller retrouver son père au fort Niagara (près de Youngstown, New York).

La capitulation de BURGOYNE à Saratoga (Schuylerville, New York) en 1777 mit un terme aux campagnes traditionnelles menées contre les colonies à partir du Canada et marqua le début d'une guérilla acharnée, un type de guerre qui n'était que trop familier dans certaines régions de l'Amérique du Nord. Lorsque Butler rejoignit son père, ce dernier s'occupait de lever un bataillon de *rangers* en vue de mener des raids avec les Indiens sur les établissements américains. Groupant uniquement des volontaires – des tireurs d'élite qui se déplaçaient fort rapidement et connaissaient bien les tactiques de la guerre en forêt – les *rangers* de Butler étaient considérés par un auteur de l'époque comme étant parmi les « troupes les plus adroites, les plus alertes et les plus utiles des forces armées britanniques [...] on les voyait rarement se faire battre dans une escarmouche ou un combat ».

En juin 1778, John Butler envoya son fils à Québec où le gouverneur HALDIMAND approuva leur projet de « détruire les établissements isolés de New York, de la Pennsylvanie et [du New] Jersey », principalement pour empêcher l'afflux des produits agricoles à l'armée continentale. Walter se trouvait encore à Québec lorsque John Butler dirigea une expédition sur la vallée de Wyoming, Pennsylvanie – la première d'une série d'opérations qui valurent aux *rangers* de Butler une réputation de troupe sanguinaire. Son père étant tombé malade, Walter prit le commandement en septembre et, le 11 novembre 1778, il mena une troupe de 520 *rangers*, réguliers et Indiens dans une attaque désastreuse sur Cherry Valley, à l'ouest d'Albany. Faute de canons de gros calibre, les *rangers* et les réguliers furent incapables de prendre le fort, et, au cours du siège, les Indiens mirent le village à sac. Malgré les efforts que Butler et Joseph Brant [Thayendanegea*] firent pour les contenir, ils tuèrent plus de 30 habitants.

Le rôle de Walter Butler dans cet incident a été déformé par le mythe et la légende. En effet, James Clinton, le commandant américain de la région nord de New York, ne l'a jamais accusé d'avoir dirigé ou ordonné le massacre, et il paraît improbable que Butler eût pris une telle décision, alors que des membres de sa famille pouvaient facilement être l'objet de représailles. Tout semble indiquer que le responsable du massacre aurait été Sequidonquee (Little Beard), un guerrier tsonnontouan. Mais les historiens et les romanciers locaux du XIXe siècle, se fondant dans une large mesure sur la légende et le ouï-dire, dépeignirent Walter Butler comme un homme cruel et vindicatif. Les auteurs, dit Howard Swiggett, « assignèrent au jeune Butler le [rôle] du diable et le firent tremper dans tous les meurtres commis sur le minuit au cours des années ». Rien, pourtant, ne permet d'affirmer qu'il ait été à l'origine des atrocités de Cherry Valley ni qu'il y ait participé.

Par contre, la piètre qualité des relations de

Butler avec les Indiens peut être considérée comme l'une des causes de l'événement. Il ne s'entendait pas avec Brant, qui avait un grade plus élevé, et acceptait peut-être mal d'être à ses ordres. Butler déclara plus tard qu'il n'était pas en mesure de maîtriser les Indiens ; atterré, semble-t-il, par les actions qu'ils avaient commises à Cherry Valley, il résolut de ne plus jamais diriger une opération dans laquelle les Indiens seraient en majorité.

La famille de Butler fut relâchée en 1780, mais il n'atteignit pas ses autres objectifs : être promu au grade de major dans les *rangers* et acheter une compagnie dans un régiment établi. Il fut tué au cours du raid mené par le major John Ross dans la vallée de la Mohawk en 1781. « Le nom de Butler inspirait une telle crainte, rapporte George Francis Gilman Stanley, que les rebelles de la vallée de la Mohawk se réjouirent davantage de la nouvelle de sa mort que de la capitulation de [Charles] Cornwallis à Yorktown. »

DAVID A. CHARTERS

En mars 1779, Walter Butler voyagea sur la rive nord du lac Ontario du fort Niagara au fort Cataracoui (Kingston, Ontario). Dans le journal de ce voyage, qui a duré 8 jours, publié sous le titre « Walter Butler's journal of an expedition along the north shore of Lake Ontario, 1779 » et édité par J. F. Kenney, *CHR*, I (1920) : 381–391, il rend soigneusement compte du temps et de la distance et décrit les sites propices à l'agriculture, à l'approvisionnement naval et à la chasse. [D. A. C.]

BL, Add. MSS 21 756/1 ; 21 756/2 ; 21 764 ; 21 765. — APC *Report*, 1886, 640. — *NYCD* (O'Callaghan et Fernow), VIII : 499, 721. — *DAB*. — G.-B., WO, *Army list*, 1777. — Sabine, *Biographical sketches of loyalists*, I : 280. — North Callahan, *Royal raiders, the Tories of the American revolution* (New York, 1963), 171. — E. [A.] Cruikshank, *The story of Butler's Rangers and the settlement of Niagara* (Welland, Ontario, 1893), 12, 25s., 33, 37, 54–56. — Graymont, *Iroquois*, 79, 81, 118, 120, 143, 156, 164s., 187–189, 191. — P. M. Hamlin, *Legal education in colonial New York* (New York, 1939 ; réimpr., 1970), 152s., 155. — William Kirby, *Annals of Niagara* (Niagara Falls, Ontario, 1896), 57. — Lanctoo, *Canada and American revolution*, 77, 141. — H. C. Mathews, *The mark of honour* (Toronto, 1965), 27, 36, 45, 48s., 57–59, 60–62. — J. C. Miller, *Triumph of freedom* (Boston, 1948), 397, 399. — Stanley, *Canada's soldiers* (1960), 125. — W. L. Stone, *The campaign of Lieut. Gen. John Burgoyne and the expedition of Lieut. Col. Barry St. Leger* (Albany, N.Y., 1877 ; réimpr., New York, 1970), 208s. — Howard Swiggett, *War out of Niagara : Walter Butler and the Tory rangers* (New York, 1933 ; réimpr., Port Washington, N.Y., 1963). — E. A. Cruikshank, The King's Royal Regiment of New York, *OH*, XXVII (1931) : 193–323. — H. U. Swinnerton, The story of Cherry Valley, N.Y. State Hist. Assoc., *Proc.* (s.l.), VII (1907) : 74–93.

BYRON, JOHN, officier de marine et gouverneur de Terre-Neuve, appelé parfois « Foul-weather Jack » à cause des tempêtes que ses navires ont si souvent essuyées, né le 8 novembre 1723, second fils de William Byron, 4e baron Byron, et de sa troisième femme, Frances Berkeley ; il épousa le 8 septembre 1748 Sophia Trevannion, et ils eurent deux fils et sept filles ; décédé à Londres le 10 avril 1786.

Selon les rapports contemporains, John Byron entra dans la marine royale en 1731. Neuf ans plus tard, il naviguait comme midship sur le *Wager* (24 canons), un des navires de l'escadre du commodore George Anson en route pour le Pacifique. Le *Wager* fit naufrage sur la côte sud du Chili ; après s'en être tiré et avoir subi d'autres épreuves, Byron trouva finalement le moyen de rentrer en Angleterre en février 1745/1746. En décembre, il avait déjà été promu capitaine de vaisseau et affecté au *Siren* (24 canons), qu'il commanda jusqu'à la fin de la guerre de la Succession d'Autriche.

Byron commanda plusieurs navires pendant la guerre de Sept Ans ; en 1760, embarqué sur le *Fame* (74 canons), il prit le commandement d'une petite escadre composée du *Fame*, du *Dorsetshire* (70 canons), de l'*Achilles* (60 canons) et du *Scarborough* (22 canons), et envoyée à Louisbourg, île du Cap-Breton, pour prêter main-forte à la garnison dans la démolition des fortifications. Il arriva le 24 mai, mais le 19 juin il interrompit son travail pour partir à la recherche d'un convoi français dont on avait rapporté qu'il était dans la rivière Restigouche (Nouveau-Brunswick), en train de ravitailler une force armée stationnée sur la côte de Gaspé. Byron fut séparé du reste de son escadre, qui avait été rejointe par le *Repulse* (32 canons), si bien qu'entre le 22 et le 26 juin, le *Fame* avança seul, à la sonde, dans un chenal non cartographié et extrêmement étroit de la baie des Chaleurs, à la recherche des vaisseaux français. Rejoint le 27 par le reste de ses navires, Byron fit alors, avec peine, son chemin dans l'embouchure de la Restigouche, accompagné du *Repulse* et du *Scarborough*. Le 28, le *Fame* détruisit sur la rive nord une batterie qui avait entravé le progrès des navires britanniques, et, le 8 juillet, le *Repulse* et le *Scarborough* arrivèrent à la portée des forces françaises, qui comprenaient entre autres la frégate *Machault* (32 canons) et deux transports armés en flûtes. Le *Machault* toucha le fond et ensuite explosa, pendant que les transports furent brûlés. Les hommes de Byron brûlèrent aussi toutes les maisons qu'ils trouvèrent sur la rive. Cet épisode, longtemps connu sous le nom de bataille de la Restigouche, fut le dernier engagement naval de la guerre de Sept Ans en Amérique du Nord [V. François-Gabriel d'ANGEAC].

Byron rentra en Angleterre en novembre, et, en 1764, il arbora un guidon de commodore sur la frégate *Dolphin* (24 canons) pour un voyage dans le Pacifique, de conserve avec le sloop *Tamar* (16 canons). L'expédition découvrit plusieurs groupes d'îles et retourna en Angleterre en 1766, après avoir fait le tour du monde.

Trois ans après, Byron fut nommé gouverneur de Terre-Neuve. Pendant son mandat, il commanda l'*Antelope* (54 canons) en 1769, et le *Panther* (60 canons) en 1770 et 1771. Il fut gouverneur pendant une période intéressante de l'histoire de cette île, mais ses réalisations ont été jetées dans l'ombre par celles de son prédécesseur, Hugh PALLISER. Byron fit de son mieux pour satisfaire tout à la fois le Board of Trade et les habitants, mais on ne peut pas dire qu'il ait apporté de son propre chef quelque innovation d'importance. Tout comme Palliser, il reçut des plaintes fréquentes tant des Français que des Anglais au sujet de l'ingérence des uns et des autres dans les pêcheries. Byron se montra, cependant, moins sévère pour les navires français trouvés en train de pêcher en dehors des limites déterminées par le traité de Paris, et ses relations avec le gouverneur des îles Saint-Pierre et Miquelon, d'Angeac, furent plus coulantes que celles de Palliser avec le même d'Angeac. Byron s'intéressa aussi aux questions des douanes et des droits des intendants du commerce maritime, ainsi qu'à celles des pêcheries de saumon et des pêcheries de phoque des îles de la Madeleine. En 1771, son efficacité comme gouverneur fut limitée par l'incapacité dans laquelle il se trouva de visiter les petits villages de pêcheurs, car l'Amirauté lui avait donné instruction de libérer ses marins en vue de la construction des fortifications de St John's. Le commodore Molyneux SHULDHAM succéda à Byron comme gouverneur de Terre-Neuve en 1772.

En mars 1775, Byron fut promu contre-amiral de l'escadre bleue, et, en janvier 1778, il avait atteint le grade de vice-amiral de cette même escadre. Quatre mois plus tard, il fut placé au commandement de l'escadre qu'on était à équiper pour l'Amérique du Nord ; il fit voile le 9 juin, hissant son pavillon sur le *Princess Royal* (90 canons), afin d'intercepter une flotte française sous les ordres du comte d'Estaing. Byron atteignit New York, seul, le 18 août, ses navires ayant été dispersés par la tempête ; de là il fit voile sur Halifax, où l'escadre fut de nouveau réunie le 26 septembre. Le mauvais temps rendit inutile toute tentative ultérieure pour trouver l'ennemi, et ce n'est que le 6 juillet 1779 que Byron rattrapa d'Estaing, au large de Grenade, dans les Antilles, où ses 21 navires engagèrent une bataille audacieuse mais aux résultats indécis contre les 25 vaisseaux français. Il rentra en Angleterre en octobre. En septembre 1780, il fut promu vice-amiral de l'escadre blanche, mais ne reçut aucune autre affectation avant sa mort. Son fils aîné, John, « un beau libertin », fut le père de George Gordon, lord Byron, le poète. Les souffrances de Don Juan, dans le poème de Byron, étaient, selon l'auteur, fondées sur « celles qui sont rapportées dans le « Narrative » de [son] grand-père ».

W. A. B. DOUGLAS

Un portrait de John Byron par sir Joshua Reynolds se trouve dans le Painted Hall au Greenwich Naval College, Londres. Byron est l'auteur de : *Byron's journal of his circumnavigation, 1764–1766*, R. E. Gallagher, édit. (Cambridge, Angl., 1964) ; *The narrative of the Honourable John Byron (commodore in a late expedition around the world), containing an account of the great distresses suffered by himself and his companions on the coasts of Patagonia from the year 1740 till their arrival in England, 1746* [...] (Londres et Dublin, 1768).

PRO, Adm. 1/482 ; 1/486, ff.165, 231–240 ; 1/1 442 ; 1/1 491 ; 51/3 830 ; CO 194/28 ; 194/29, ff.28, 47–50 ; 194/30, ff.3, 9–12, 15, 31, 57–65 ; 195/9 ; 195/10, ff.1–105 ; 195/15 ; 195/18 ; 195/21 ; Prob. 11/1 140, f.202. — Knox, *Hist. journal* (Doughty), II ; III. — Charnock, *Biographia navalis*, V : 423ss. — Colledge, *Ships of Royal Navy*, I. — *DNB* (dans l'inscription biographique se trouve une liste des navires sur lesquels Byron a servi). — G.-B., Adm., *Commissioned sea officers*. — Canada, Service des lieux historiques nationaux, *Travail inédit*, n° 19, Bernard Pothier et Judith Beattie, The Battle of Restigouche, 22 June–8 July, 1760 (Ottawa, s.d.) (consiste en deux rapports, un par Beattie (1968) et l'autre par Pothier (1971). — W. L. Clowes, *The Royal Navy ; a history from the earliest times to the present* (7 vol., Londres, 1897–1903), III. — John Creswell, *British admirals of the eighteenth century ; tactics in battle* (Londres, 1792). Creswell réhabilite la réputation de tacticien de Byron dans son analyse de la bataille de la Grenade, prenant en considération ce que les principaux critiques de Byron, A. T. Mahan et J. K. Laughton, avaient négligé [W. A. B. D.]. — C. H. Little, *The battle of the Restigouche : the last naval engagement between France and Britain for the possession of Canada* (Halifax, 1962). — A. T. Mahan, *The influence of sea power upon history, 1660–1783* (Boston, 1890). — G. J. Marcus, *A naval history of England* (2 vol., Londres, 1961–1971), I : 439. — Prowse, *History of Nfld*. — W. H. Whiteley, Governor Hugh Palliser and the Newfoundland and Labrador fishery, 1764–1768, *CHR*, L (1969) : 141–163 ; James Cook and British policy in the Newfoundland fisheries, 1763–7, *CHR*, LIV (1973) : 245–272.

C

CADET, JOSEPH-MICHEL, marchand-boucher, homme d'affaires et munitionnaire général des armées françaises au Canada, né le 24 décembre 1719 à Québec, fils de François-Joseph Cadet (Caddé), marchand-boucher, et de Marie-Joseph Daveine (Davesne, Davenne) ; son grand-père paternel était aussi marchand-boucher à Québec et son arrière-grand-père l'avait été à Niort, France ; décédé le 31 janvier 1781 à Paris.

Joseph-Michel Cadet n'avait pas encore cinq ans quand sa mère, veuve, épousa, le 29 novembre 1724, Pierre-Joseph Bernard, écrivain au ministère de la Marine, fils de l'un des secrétaires de Maurepas. Quelques années plus tard, elle suivit son mari à Rochefort, laissant Cadet, âgé de 12 ans, se débrouiller seul ou à peu près, selon ce qu'il déclara plus tard. Au début, il demeura chez son grand-père maternel, Gabriel Daveine, avec qui, devait-il rappeler par la suite, il étudia les mathématiques. De toute évidence, il fit peu d'études régulières, ses lettres comportant plus d'expressions familières et de mots écrits au son que celles des marchands et de leurs commis à cette époque ; en septembre 1732, n'ayant pas encore 13 ans, il se joignit à l'équipage d'un navire marchand effectuant un voyage à l'île Saint-Jean (Île-du-Prince-Édouard) et par la suite travailla pour Augustin Cadet, demi-frère de son père et boucher à Québec, qui l'employa à l'achat des bestiaux.

Les relations familiales de Cadet valent d'être notées, pour comprendre dans quel milieu il commença à Québec sa carrière d'homme d'affaires. Son oncle, Michel-François Cadet, frère d'Augustin, tenait boutique à Québec, débitant à une certaine époque des tissus importés de France, mais il était aussi boucher comme le reste de la famille. La sœur du père de Cadet, Marie-Anne, épousa un maître serrurier, Pierre Amiot, en 1714, et leur fils, Jean-Baptiste*, connut la réussite comme marchand-importateur, représentant dans la colonie plusieurs marchands-expéditeurs de France, au cours des années 1740 et 1750. Une cousine germaine, Louise Cadet, fille d'Augustin, épousa en 1755 un marchand huguenot, Joseph Rouffio*, membre d'une famille de marchands à Montauban. Les deux oncles, Pierre Amiot et Augustin Cadet, étaient du nombre des sept témoins au mariage de Cadet, le 10 septembre 1742, avec Angélique, fille de Michel Fortier, marchand de Montréal. Un autre témoin était un certain « Monsieur Duburon », probablement Jean-Joseph Feré Duburon, officier dans les troupes de la Marine, dont la fille, Louise-Élisabeth, épousa en 1738 Denis GOGUET, marchand de La Rochelle vivant à Québec. Après le retour de Goguet à La Rochelle, Cadet fit, comme de nombreux Canadiens, des affaires avec lui, et, en 1763, Goguet détenait des effets de commerce appartenant à Cadet pour plus de 323 000#. Cadet a-t-il tiré avantage du mariage de sa mère à un écrivain de la Marine décédé à Rochefort vers 1737, au moment où il était grand prévôt de la Maréchaussée, ou du mariage de sa sœur Marie-Joseph (8 septembre 1749) à un chirurgien, Jean-Raymond Vignau ? On ne saurait le dire. Ses autres relations familiales suffisent grandement pour expliquer sa réussite comme marchand-boucher.

Ces liens de parenté n'entrent cependant pas en ligne de compte dans l'étonnante carrière de Cadet comme munitionnaire général des vivres en Nouvelle-France et comme riche et puissant homme d'affaires. Cette carrière ne peut s'expliquer que par son habileté à saisir les occasions fournies par les deux guerres du milieu du siècle, qui amenèrent au Canada de plus en plus de troupes françaises. Tout au long de l'histoire de France, et à vrai dire de celle de la plupart des pays, d'immenses fortunes se sont édifiées grâce à l'approvisionnement des forces armées en temps de guerre. Sous les Bourbons, les gouvernements donnaient les approvisionnements à contrat à des syndicats d'hommes d'affaires, dont l'histoire n'a pas encore été écrite, si bien qu'on ne peut comprendre parfaitement le contexte général de la carrière de Cadet. Il est utile de se rappeler, toutefois, qu'au moment où il faisait des affaires en ravitaillant l'armée au Canada, beaucoup d'autres hommes du même type ravitaillaient d'autres forces armées dans l'Empire français. Par exemple, sous le nom de Nicolas Perny, un prête-nom, 13 hommes d'affaires français formèrent une compagnie de munitionnaires généraux faisant affaire avec le ministère de la Marine et des Colonies, pour une période de six ans commençant le 1er janvier 1757. Parmi eux, des personnalités tel Pierre Escourre, de Bordeaux, fils d'un maire de Tournon, qui plaça aussi de l'argent dans des affaires relatives à la traite des esclaves en Angola, et dans la compagnie qui approvisionnait les hôpitaux de l'armée française, entre autres entreprises similaires, et qui épousa la fille d'un munitionnaire général de la marine à la Martinique, Laurens-Alexandre

Dahon. D'autres personnages semblables s'engagèrent par contrat à approvisionner la marine en bois de construction, canons, ancres et vêtements. Tous étaient mêlés à de nombreuses entreprises. La carrière de Cadet doit être étudiée dans ce contexte, car elle ne signifie pas grand-chose dans l'histoire strictement nationale du Canada. Des centaines de semblables brasseurs d'affaires, qui échouèrent dans certains cas, s'enrichirent dans d'autres, ou connurent des hauts et des bas, mais qui s'arrangèrent, comme Cadet, pour marier leurs filles dans des familles de la petite noblesse, existaient en France. Françoise Cadet épousa François Esprit de Vantelon, fils d'un conseiller du roi dans l'élection de Châtellerault, également maire et capitaine général du même endroit ; Angélique Cadet épousa Jérôme Rossay, seigneur des Pallus, officier du duc d'Orléans, échevin et capitaine de milice de Châtellerault ; un des fils de Cadet se désignait lui-même du nom ronflant de Joseph Cadet Deschamps, seigneur de Mondon. Comment leur père, simple boucher dans une colonie, rendit-il tout cela possible ?

Selon ses déclarations en 1761, pendant son interrogatoire à la Bastille, Cadet avait travaillé à la fin des années 1730 pour le fournisseur de viande du roi à Québec, Romain Dolbec, dont il était bientôt devenu l'associé sur un pied d'égalité. En 1745, pendant la guerre de la Succession d'Autriche, l'intendant HOCQUART lui demanda de fournir toute la viande requise par l'État, ce qu'il fit jusqu'en 1756. Cette activité s'avéra très profitable. Entre-temps, il poursuivit son propre commerce de boucherie pendant quelques années, mais se lança aussi dans d'autres entreprises, moulant la farine et la vendant aux capitaines de navires, achetant des cargaisons et les revendant, et s'occupant de poisson, de fourrures et d'expéditions de marchandises générales. Au début des années 1750, il passa des contrats avec Michel Mahiet, Antoine Morin, Louis Michaud, entre autres, pour aller chercher le poisson et les fourrures aux postes situés à l'intérieur du fief des Monts-Louis, dont il avait acquis les droits. Il commença d'acheter des vaisseaux de cabotage. En 1752, par exemple, avec un associé, Nicolas Massot, il envoya à la Martinique un navire d'environ 140 tonneaux, le *Joseph de Québec*, sous les ordres du capitaine Maurice Simonin, avec une cargaison de poisson, de bois de construction et d'huile, à vendre et à échanger en retour d'un chargement de sucre destiné au port de Bordeaux. Là, Pierre Desclaux, grâce à un emprunt à la grosse aventure de 11 000# fait à David Gradis et Fils, et portant intérêt à 12 p. cent, arma le navire pour le voyage de Louisbourg, île Royale (île du Cap-Breton), et Québec, à l'été de 1753. Ainsi que Cadet le reconnut, et comme en fait foi le minutier bien garni de son principal notaire, Jean-Claude PANET, la guerre de la Succession d'Autriche apporta à Cadet assez de profits et lui fournit assez de bonnes occasions pour qu'il devînt un entrepreneur général pendant la période d'expansion économique qui suivit la guerre. Il importa de France de grandes quantités de vin, d'eau-de-vie et de marchandises générales, en association, particulièrement, avec Barthélemy* et Jean-Baptiste-Tropez Martin, et, en 1759, avec Pierre Delannes et Jean-Jacques Gautier, ainsi qu'avec un contrôleur de la Marine, Jean de Villers.

Les hommes d'affaires qui réussirent le mieux dans l'Empire français, alors comme toujours, furent ceux qui parvinrent à traiter avec le gouvernement et à obtenir telle influence officielle, tels postes, titres, privilèges, honneurs et bons mariages pour leurs enfants, que l'argent pouvait acheter. Dès 1754, Cadet écrivait au ministre de la Marine et des colonies, pour lui offrir de signer un contrat par lequel il deviendrait le munitionnaire général du roi au Canada ; il approvisionnerait les magasins royaux de Québec, Trois-Rivières et Montréal, aussi bien que ceux des postes avancés. Il n'obtint aucune réponse. Puis, au cours de l'été de 1755, il rapporta sa proposition à un officier ayant beaucoup d'intérêts dans diverses entreprises, Michel-Jean-Hugues PÉAN, aide-major de Québec, qui sut intéresser l'intendant BIGOT et gagner son appui. En octobre, Bigot écrivit à Versailles au sujet de la proposition de Cadet et, en juillet 1756, il recevait du ministre la permission de signer un contrat de neuf ans, commençant le 1er janvier 1757. Cadet assuma alors la responsabilité des approvisionnements canadiens, jusque-là assurés en partie par des entrepreneurs coloniaux de moindre importance et en partie par la compagnie des munitionnaires généraux, œuvrant sous le nom de Claude Fort et dont le contrat expirait le 31 décembre 1756. Cadet et l'intendant signèrent, le 26 octobre 1756, un contrat officiel comprenant 42 clauses.

Aux termes de ce contrat, Cadet devait donner à chaque soldat en campagne une ration quotidienne de deux livres de pain, un quart de livre de pois séchés, et soit une livre de bœuf, soit une demi-livre de lard ; si ces rations venaient à manquer, il devait en donner la valeur en argent comptant. Les soldats en garnison dans les villes devaient avoir une livre et demie de pain, un quart de livre de pois séchés et la même quantité de lard. En hiver, alors que les combats étaient habituellement suspendus, Cadet payait normalement l'équivalent de ces rations aux chefs de maison chez qui les soldats logeaient, aux taux fixés par l'intendant. Ce contrat officiel en masquait d'autres, tenus secrets, qui associaient divers fonctionnaires et autres individus à l'affaire des approvisionnements. Au cours du même mois d'octobre 1756, Cadet signa avec Péan une entente sous seing privé établissant le partage des trois cinquièmes des profits réalisés dans cette entreprise, soit respectivement un cinquième pour l'intendant Bigot, le gouverneur Vaudreuil [RIGAUD] et Péan, du moins selon ce dernier, qui pressa Cadet de garder cette entente secrète. Vers le même temps, Cadet concéda une autre part d'un cinquième à diviser également entre ses trois adjoints : Jean Corpron*, qui tenait les livres à Québec, François Maurin* et Louis PENNISSEAUT qui géraient conjointement un magasin à Montréal pour la fourniture des vivres en cet endroit et aux forts et postes des pays d'en haut. Cela ne laissait à Cadet qu'un cinquième des profits, mais il en recouvra un autre quand, au printemps de 1759, ses adjoints se retirèrent de l'association. En outre, il ne manquait pas maintenant d'occasions d'obtenir de profitables contrats accessoires. En 1757 et 1758, on l'invita à approvisionner l'Acadie, ce qu'il fit en société avec le secrétaire de Bigot, Joseph BRASSARD Deschenaux, et un capitaine de l'armée, Charles DESCHAMPS de Boishébert.

Cadet se trouvait maintenant empêtré dans un de ces mélanges douteux d'entreprises privées et publiques si caractéristiques de la France des Bourbons. On peut percevoir les ramifications de ces entreprises, grâce à un coup d'œil rapide sur la biographie de ses associés. Du 1er juillet 1755 au 11 juin 1756, Pennisseaut et Péan furent en société en commandite avec le receveur général des finances de La Rochelle, Gratien Drouilhet, et le garde-magasin du roi à Québec, Pierre Claverie*. Par sa mère, Jeanne La Barthe, Claverie était cousin germain du garde-magasin du roi à Montréal, Jean-Pierre La Barthe, qui, le 30 octobre 1759, forma une société avec Pennisseaut et ses parents, Jacques-Joseph LEMOINE Despins et Jean-Baptiste Lemoine Despins, de Montréal. Entre-temps, François Maurin avait fait des affaires en société avec son beau-frère, Pierre Landriève Lamouline, écrivain principal de la Marine à Montréal, et nous savons aussi que Maurin était cousin de plusieurs marchands huguenots de Québec dont Pierre Glemet, JEAN-MATHIEU et François* Mounier, pour la plupart originaires de sa ville natale, Jarnac, sur la Charente. Quelques-uns de ceux-là, à l'instar de Cadet, firent beaucoup d'argent dans des affaires d'approvisionnement pendant la guerre de Sept Ans.

Cadet se distingua des autres, toutefois, par ses héroïques efforts pour ravitailler la colonie avec sa propre flotte de navires marchands, non seulement en 1757 et 1758, mais aussi en 1759, année où la marine et les navires de course britanniques avaient paralysé presque tout le trafic français sur l'Atlantique. Il serait difficile de dresser une liste complète des navires de Cadet, car ses agents expéditionnaires, en particulier Pierre Desclaux, à Bordeaux, François Gazan et Joseph Aliés, à La Rochelle, lui dépêchèrent beaucoup de chargements de marchandises sur des navires appartenant à d'autres propriétaires. Quoi qu'il en soit, à un moment ou l'autre, pendant ces trois années décisives, il acheta plus de deux douzaines de navires en France et au Canada, la plupart quand, à la fin de 1758, il devint évident qu'à aucun prix on ne pourrait trouver, à bord des navires, de l'espace pour expédier des marchandises à Québec le printemps suivant. Un bon nombre des officiers et des marins, sur ces navires, étaient canadiens – un groupe oublié dans l'histoire du Québec : des hommes comme le capitaine Jean Carbonnel, de la *Vénus* (200 tonneaux), le capitaine Michel Voyer, de l'*Amitié* (130 tonneaux), et le capitaine Joseph Massot, l'officier en second André de Lange et la plupart des 17 hommes d'équipage de la *Magdeleine* (92 tonneaux), une goélette que Cadet acheta pour 4 000# en mai 1756 et qu'il perdit à l'ennemi en avril 1757. La moitié, peut-être, des navires de Cadet firent naufrage ou furent capturés, mais beaucoup d'autres arrivèrent heureusement à Québec, en particulier une flotte de quelque 20 navires, sous les ordres de Jacques Kanon*, en mai 1759. Comme le gouverneur Vaudreuil l'écrivait à Versailles le 7 novembre 1759, « c'est au secours qu'il [Cadet] a fait venir de France qu'on peut attribuer la conservation de la Colonie au Roi ». Point n'est besoin de prétendre que Cadet agissait avec un complet désintéressement pour apprécier la vigueur, l'étendue, l'audace et le succès de sa campagne pour nourrir la colonie affamée.

Le gouvernement français ne reconnut jamais les réalisations de Cadet, et cela pour trois raisons au moins, dont aucune n'était digne d'une grande nation. Premièrement, Cadet eut plus de succès que la marine française en maintenant le trafic transatlantique dont tant de choses dépendaient. La flotte française alla de défaite en défaite et abandonna bientôt la patrouille normale des routes maritimes impériales, et même des côtes françaises, au profit de l'éternel projet d'envahir l'Angleterre avec une flotte de navires de transport que, en l'occurrence, l'amiral Edward Hawke détruisit à la baie de Quiberon le 20 novembre 1759. Ces navires eussent été mieux employés à escorter les navires marchands et les transports militaires, mais les autorités françaises semblaient incapables d'organiser un convoi avec autant d'efficacité que Cadet. Même le rapatriement des administrateurs et des réfugiés français, après 1759, fut largement le fait des navires britanniques. Humilié de ses propres échecs, le gouvernement français n'était pas dans un état d'esprit qui lui permît de reconnaître les succès de Cadet. Deuxièmement, une fois Québec perdue, en septembre 1759, on pouvait facilement ignorer ou déprécier les efforts de Cadet pour ravitailler la colonie, et, politiquement, il fallait trouver des boucs émissaires pour les pertes et les échecs. Cadet et d'autres fonctionnaires furent les boucs émissaires tout désignés pour la perte du Canada, comme Jean LABORDE pour la perte de Louisbourg, et le comte de Lally et Joseph-François Dupleix pour la perte de l'Inde française, parce qu'ils avaient réalisé de jolis profits dans ces malheureuses colonies. Enfin, la troisième raison pour laquelle on n'apprécia pas convenablement les réalisations de Cadet réside justement dans le fait qu'il avait amassé une fortune évaluée à plusieurs millions de livres. Cette fortune était sous forme de propriétés, de lettres de change et de billets de monnaie déposés chez Denis Goguet, à La Rochelle, chez Barthélemy et Jean-Baptiste-Tropez Martin, à Marseille, chez Lanogenu et la société de la veuve Courrejolles, à Bayonne, et chez Pierre Desclaux, Jean-André LAMALETIE et Jean Dupuy, Fils et Cie, à Bordeaux. Quand Cadet ne put rien faire de plus au Canada, il gagna la France pour régler ses nombreuses dettes et réaliser la plus grande partie de sa fortune. Embarqué à bord d'un navire britannique, l'*Adventure*, le 18 octobre 1760, à Québec, il débarqua à Brest le 26 novembre, arriva 12 jours plus tard à Bordeaux, où sa famille vivait depuis 1759, et entra à Paris le 21 janvier 1761 ; arrêté quatre jours plus tard, il fut emprisonné à la Bastille avec la plupart de ses collègues, administrateurs du Canada.

Les historiens qui prennent le procès qui suivit pour argent comptant n'éprouvent aucune difficulté à voir en Joseph-Michel Cadet, comme la juridiction du Châtelet le fit le 10 décembre 1763, un criminel monstrueux, chanceux de s'en tirer avec neuf ans de bannissement de Paris et une amende s'élevant à 6 000 000#. Pour faire de Cadet un héros national, il faudrait remonter une pente difficile, puisqu'il existe des indices qu'en 1759, il était en contact étroit avec l'ennemi dans quelque noir dessein. Il ne fut jamais jugé pour cela, toutefois, et divers faits et circonstances montrent que son cas n'était pas aussi simple que le Châtelet le laissa voir. Tous les observateurs, au Canada, ne le croyaient pas criminel. « Je le crois le moins coupable de tous », écrivait un important marchand, François Havy*, en apprenant l'arrestation de Cadet, « car ce n'estoit qu'un instrument dont on s'est servie et lequel sera peut-être la seulle victime. » La couronne elle-même trahit ses doutes à cet égard, semble-t-il, quand, le 5 mars 1764, elle leva la peine du bannissement prononcée contre Cadet et décida de le relâcher de la Bastille et de réduire son amende de moitié. Quelle que soit la signification de ces décisions, la justice criminelle française était notoirement inéquitable envers les accusés et déficiente à d'autres égards, comme plusieurs observateurs éclairés le soulignaient à cette époque, et ce n'est pas pour rien que les gouvernements révolutionnaires abolirent le Châtelet et firent de la prise de la Bastille, le 14 juillet 1789, un symbole de la victoire sur un régime tyrannique et rétrograde. Plus précisément, les ministres, qui intentèrent la poursuite, et les juges firent paraître les crimes de Cadet plus grands qu'ils n'étaient en le blâmant non seulement pour avoir vendu à haut prix des vivres à la couronne, mais aussi pour la hausse des prix elle-même.

Cadet faisait face à une incompréhension, typique du XVIIIe siècle, des mécanismes du marché, que lui, avec son bon sens, semble avoir saisis clairement. Il dit qu'il « ne [pouvait] dissimuler que les depenses pour le Roy en Canada ont été immenses [mais] qu'on ne [pouvait] en attribuer la cause qu'à la rareté des marchandises » qui découlait du manque de navires parvenant à Québec. Ce dernier élément, pour sa part, provenait du fait que « le danger que couraient les navires et les bastiments dans leurs transport de France en Canada n'étoit point chimérique ». Sur cette question, la vérité semble du côté de Cadet. Les primes d'assurances maritimes passèrent de moins de 5 p. cent de la valeur assurée, en 1755, à 50 p. cent ou plus, en 1758 ; en 1759, il était souvent impossible d'obtenir des assurances. Pour le transport des marchandises jusqu'à Québec, le fret payé en France monta de 190# le tonneau en 1756 à 240# ou même 280# en 1757 ; mais, pour une livraison garantie à Québec, en 1758 et 1759, il se situait entre 400# et 1 000# le tonneau, quand toutefois on réussissait à trouver de l'espace à louer sur les navires. La couronne, dans son infinie sagesse et sur l'avis de la commission Fontanieu, mise sur pied en 1758 pour réduire les dettes du ministère de la Marine en général [V. Alexandre-Robert HILLAIRE de La Rochette], adopta la ligne de conduite suivante : tout ce qui était facturé au-dessus du tarif de 190# en vigueur en 1756 était abusif et inadmissible, et ramena sommairement à ce chiffre les réclamations des marchands-expéditeurs. La couronne adopta le même principe quand elle présenta les prix élevés des années de guerre au Canada comme le résultat d'une conspiration, pour laquelle Cadet était en partie à blâmer. A vrai dire, il semble maintenant certain que, quoi qu'ait pu faire Cadet, les conditions issues de la guerre suffisaient à elles seules à expliquer la montée des prix de la nourriture. Le procès de Cadet et de ses associés amena le grand public à croire qu'ils étaient particulièrement égocentriques, corrompus, sans scrupule, alors qu'une petite enquête montre qu'ils faisaient ce que beaucoup d'autres fonctionnaires faisaient sous les Bourbons, en particulier dans les colonies, mais ils eurent, eux, la malchance de trouver des circonstances inhabituellement avantageuses dans une colonie qui, par la suite, allait être perdue aux mains des ennemis, en temps de guerre. La monarchie, sous les Bourbons, avait l'habitude de réduire périodiquement ses dettes à court terme en recourant à une chambre de justice qui faisait le procès de quiconque était soupçonné de s'enrichir aux frais du gouvernement ; c'est dans cette tradition qu'on mena l'infâme Affaire du Canada.

Le procès de Cadet se poursuivit pendant un bon nombre d'années, au cours desquelles plusieurs agences de la couronne, mises sur pied pour recouvrer l'argent de ceux qui avaient été condamnés à payer dans l'Affaire du Canada, découvrirent que 6 000 000#, c'était trop demander. Une commission créée par un arrêt du Conseil d'État, le 31 décembre 1763, jugea, un an plus tard, que les dettes de Cadet se montaient à la somme renversante de 17 000 000# environ, dont quelque 9 000 000# dues à la couronne, mais, le 27 novembre 1767, on avait ramené cette dernière dette à 3 898 036#, qu'il paya fidèlement le 20 août 1768, bien que le montant s'avéra plus élevé que celui auquel le contrôleur des bons d'État du conseil, Pierre-François Boucher, était arrivé. Au cours de l'enquête, on l'emprisonna et l'interrogea de nouveau, du 17 février au 25 mars 1766. A sa mort, Cadet compilait encore les chiffres qu'il espérait présenter à la couronne pour sa justification. Il n'avait aucunement l'intention, toutefois, de payer plus qu'il ne devait et, à sa mort, il n'avait pas encore satisfait ses créanciers privés, qui s'étaient regroupés, à la façon du temps, et avaient élu des administrateurs, dont Tourton et Baur, banquiers parisiens bien connus, Jean-Baptiste-Tropez Martin, ancien marchand de Québec, originaire de Marseille, et Arnoult, ancien notaire de Paris. Cadet avait, cependant, réglé quelques dettes, ayant payé 61 583# à son principal agent à Bordeaux, Pierre Desclaux, le 11 janvier 1768, 52 856# à son vieil adjoint personnel, Étienne Cébet, le 23 avril 1767, et ainsi de suite, comme en témoignent les minutes de son principal notaire à Paris, maître Delage.

Au cours des années 1760, Cadet vendit aussi les biens qu'il possédait au Canada, dont un lot de 120 pieds sur 90, rue Saint-Pierre, à Québec – sur lequel avait déjà été érigée une maison construite par une dame Cugnet – qu'il vendit, pour 22 500#, à William Grant* (mort en 1805), qui lui rendit visite à Paris à ce sujet ; trois autres maisons situées à Québec, une en ruine et une autre, sur la vieille rue Saint-Paul, qui existait encore au début des années 1970 ; deux terres sur la rivière Saint-Charles, à une lieue environ de Québec ; et sa seigneurie des Monts-Louis, sur le Saint-Laurent, à quelque 90 lieues en aval de Québec. Son notaire de Québec, Panet, et son vieil ami et adjoint, Antoine-Pierre Houdin, alors à Québec, vendirent pour lui la plupart de ces propriétés.

Pendant les 15 dernières années de sa vie, Cadet utilisa ce qui lui restait de biens et son crédit pour édifier en France ce que nous pourrions appeler, de nos jours, une société d'investissement et une société immobilière. Il achetait, vendait et gérait de grandes propriétés. Par exemple, en janvier 1767, il achetait la seigneurie de Barbelinière, dans la paroisse de Thuré (dép. de la Vienne), par l'intermédiaire d'un prête-nom, et plusieurs autres biens, « consistant en anciens châteaux demolis en partis, maisons de metairies, fermes, moulins à eau, bois, terres labourables, prés, vignes, chaumes, rentes, cens etc. dans le Poitou, Le Maine et la Touraine ». Comme beaucoup d'autres négociants et spéculateurs de France, il vivait une partie du temps à Paris ou dans ses faubourgs, où il faisait ses affaires – et il devait mourir, dans l'hôtel de Sainte-Avoye, paroisse Saint-Nicolas-des-Champs – et une partie du temps dans l'une de ses propriétés, près de Blois, dans la vallée de la Loire.

Point d'endroit plus charmant, au monde, que celui-ci, terre des châteaux princiers de France et des *Très riches heures du duc de Berry*, mais Cadet et sa femme, deux Canadiens exilés, d'un certain âge, avaient la nostalgie des choses de chez eux. Le 5 mai 1766, Cadet écrivait à Houdin, à Québec, de lui envoyer deux canots d'écorce, une calèche canadienne et un harnais, quelques charrues et quelques haches, de même qu' « un bon garçon habitant de la côte de Beaupré ou de l'Isle d'Orléans ; bon laboureur et hardi en ce genre ». Cadet offrait un contrat de neuf ans, à 200# par année. « Cet homme est pour mettre sur ma terre », écrit-il. « J'aurai une vraie satisfaction d'y voir des gens de ma patrie. Mais souvenez vous que je veux un garçon et excellent laboureur. » Ainsi, Cadet vécut à l'aise, bien que jamais très riche, jusqu'à sa mort, le 31 janvier 1781. Sa femme mourut le 1er octobre 1791. Ses associés dans l'entreprise de ravitaillement de Québec s'étaient dispersés, peu après avoir été libérés de la Bastille, au début des années 1760, Corpron à Nantes, où il s'établit comme marchand expéditeur, Maurin à Bordeaux, où en 1770 on le disait résidant de la ville, vivant place Saint-Domingue. Quant à Pennisseaut, nous n'avons pu le retracer.

Bien qu'il ait mené une carrière spectaculaire, Cadet ne fut pas seul, loin de là, à atteindre, à partir d'humbles origines, les splendeurs de la vie de château. Jacques Imbert*, l'agent à Québec des trésoriers généraux de la Marine, que Cadet a dû bien connaître, était né le 15 novembre 1710 d'un marchand tanneur de Montargis, devenu plus tard brigadier de la Maréchaussée, qui avait épousé la fille d'un chirurgien ; après de nombreuses années passées au Canada, où il épousa une Canadienne, Imbert était, à sa mort, un gentilhomme campagnard, vivant dans son château, près d'Auxerre, y ayant marié sa seule fille, Catherine-Agathe (née à Québec), à un juge royal. La vie de Jacques-Michel BRÉARD, contrôleur de la Marine à Québec, et celle de divers marchands, tels Denis Goguet, Michel Rodrigue et Jean-Mathieu Mounier, portent la marque d'une semblable réussite.

« C'est une opinion populaire », écrivait, il y a un demi-siècle, un autre biographe de Cadet, Adam Shortt*, « que les profits personnels ne peuvent possiblement pas coexister avec le bien public. » Shortt, en réfléchissant sur la carrière de Cadet, ne partageait point cette opinion. Pourquoi le ferions-nous ? Après tout, si la France n'avait pas perdu le Canada, Joseph-Michel Cadet eût peut-être été acclamé comme un héros et un bienfaiteur !

J. F. BOSHER

AD, Charente-Maritime (La Rochelle), B, 259 ; 5 746, n° 5 ; Gironde (Bordeaux), Minutes Guy (Bordeaux), 3 mars 1759. — AN, Col., E, 58 (dossier Cadet) ; 276 (dossier Lemoine-Despins) ; Minutier central, XIV ; XXXIII. — ANQ-M, Greffe de Pierre Panet. Nous remercions José E. Igartua qui nous a fourni les références pour les sources situées à Montréal [J. F. B.]. — ANQ-Q, État civil, Catholiques, Notre-Dame de Québec ; Greffe de Claude Barolet, 8 nov. 1733 (contrat de mariage d'Augustin Cadet) ; Greffe de C.-H. Du Laurent, 11 juin 1756 ; Greffe de J.-C. Panet. — Bibliothèque de l'Arsenal, Archives de la Bastille, 12 142, ff.267–270 (mémoire de Cadet à Sartine, 18 nov. 1761) ; 12 143–12 148. — PRO, HCA, 32/175, *Chesine* ; 32/200, *Hardy* ; 32/223/1, *Magdeleine*. — *Docs. relating to Canadian currency during the French period* (Shortt), II. — Autographes de personnages ayant marqué dans l'histoire de Bordeaux et de la Guyenne, Soc. des archives historiques de la Gironde, [*Publication*] (Bordeaux), XXX (1895) : 253–261. — François Bluche, *L'origine des magistrats du parlement de Paris au XVIIIe siècle (1715–1771) : dictionnaire généalogique* (Paris, 1956). — Tanguay, *Dictionnaire*. — J. F. Bosher, « Chambres de justice » in the French monarchy, *French government and society, 1500–1850 : essays in memory of Alfred Cobban*, J. F. Bosher, édit. (Londres, 1973), 19–40 ; *French finances, 1770–1795 : from business to bureaucracy* (Cambridge, Angl., 1970). — Paul Butel, *La croissance commerciale bordelaise dans la seconde moitié du XVIIIe siècle* (2 vol., Lille, France, 1973). — Jean Egret, *The French prerevolution, 1787–1788*, W. D. Camp, trad., introd. par J.-F. Bosher (Chicago et Londres, 1977). — P.-G. Roy, *Bigot et sa bande*. — [L.-F.-G.] Baby, Une lettre de Cadet, le munitionnaire de la Nouvelle-France, *Canadian Antiquarian and Numismatic Journal* (Montréal), 3e sér., I (1898) : 173–187. — Alfred Barbier, La baronnie de la Touche-d'Avrigny et le duché de Châtellerault sous François Ier, Soc. des Antiquaires de l'Ouest, *Mémoires* (Poitiers, France), 2e sér., IX (1886) : 349–360 ; Un munitionnaire du roi à la Nouvelle France : Joseph Cadet, 1756–1781, Soc. des antiquaires de l'Ouest, *Bull.* (Poitiers), 2e sér., VIII (1898–1900) : 399–412. Même s'il contient certaines inexactitudes, comme la date de naissance de Cadet, ce dernier article est utile [J. F. B.]. — J. F. Bosher, The French government's motives in the affaire du Canada (à paraître dans *English Hist. Rev.* (Harlow, Angl.)) ; French Protestant families in Canadian trade, 1740–1760, *HS*, VII (1974) : 179–201 ; Government and private interests in New France, *Canadian Public Administration* (Toronto), X (1967) : 244–257. — Jean de Maupassant, Les armateurs bordelais au XVIIIe siècle : les deux expéditions de Pierre Desclaux au Canada (1759 et 1760), *Revue historique de Bordeaux et du dép. de la Gironde* (Bordeaux), VIII (1915) : 225–240, 313–330. — Honorius Provost, La maison Cadet, *Cahiers d'hist.* (Québec), I (1947) : 27–32 (contient une croquis de la maison en question).

CALLBECK, PHILLIPS, fonctionnaire et administrateur de l'île Saint-Jean (Île-du-Prince-Édouard), né vers 1744 ; il épousa en 1772 Ann Coffin ; décédé le 21 février 1790 à Charlottetown, île Saint-Jean.

On connaît peu les premières années de Phillips Callbeck, mais une tradition familiale laisse entendre qu'il naquit et fit ses études en Irlande. Il vint à l'île Saint-Jean, en provenance d'Angleterre, vers 1770 et, en septembre de cette année-là, il fut nommé membre du premier Conseil du gouverneur Walter PATTERSON. Il devint, la même année, procureur général, *surrogate general* et *judge of probate*, ces dernières fonctions consistant à être magistrat chargé des testaments, successions et tutelles. Il exerça également le droit ; écrivant après la mort du juge en chef John Duport en mai 1774, Patterson notait qu'on ne pouvait permettre la nomination de Callbeck à ce poste, puisqu'on priverait l'île de son seul avocat. En outre, Callbeck exploitait un moulin et un magasin.

En tant que conseiller le plus ancien, Callbeck devint administrateur de l'île Saint-Jean en 1775, quand Patterson s'embarqua pour l'Angleterre en vue d'obtenir de haute lutte un engagement financier pour subvenir aux besoins du gouvernement de l'île. Il n'avait rempli ces fonctions que pendant quatre mois lorsque, en novembre, des corsaires de la Nouvelle-Angleterre attaquèrent la colonie. Charlottetown fut pillée et Callbeck fait prisonnier, en même temps que l'arpenteur général Thomas Wright*. Relâché à Salem (Massachusetts), Callbeck se trouvait à Halifax en janvier 1776.

De retour dans l'île en mai, Callbeck tenta d'apporter des améliorations à la défense de la colonie. Il leva une compagnie de milice indépendante et, en tant qu'ingénieur, se préoccupa des fortifications de l'île. Mais il outrepassa ses pouvoirs en construisant des ouvrages de défense (les autorités militaires britanniques rejetèrent par la suite sa facture au montant de £14 000) et ne parvint jamais à lever entièrement les 100 hommes prévus pour sa compagnie de milice. D'après le juge en chef Peter Stewart*, toute cette activité lui permit d'être « indépendant de fortune » : outre ses salaires d'administrateur et de procureur général et les profits réalisés comme principal marchand et boutiquier de la colonie, Callbeck toucha des émoluments supplémentaires comme ingénieur intérimaire et colonel de milice.

Patterson rentra dans la colonie en 1780 et, l'année suivante, saisit plusieurs cantons pour arrérages de redevances sur les terres. Avec d'autres, Callbeck appuya cette action et acheta des terres lors de la vente aux enchères qui s'ensuivit, en novembre 1781. Des propriétaires, tels Robert CLARK et le capitaine John MacDonald*, réagirent violemment et pressèrent les fonctionnaires britanniques de remettre les choses en leur état antérieur. A l'automne de 1783, semble-t-il, Patterson reçut de lord North, ministre de l'Intérieur (responsable aussi des colonies), un avant-projet de loi visant à remettre les terres à leurs anciens propriétaires. Patterson mit cette législation de côté en attendant de pouvoir s'assurer une Assemblée plus sympathique à ses vues. Aux élections de mars 1784, il eut à subir l'opposition du parti « *country* », dirigé par John Stewart*, fils du juge en chef. Callbeck chercha sans succès à se faire élire à l'Assemblée au cours de ces élections gagnées par le parti *country*. Des nouvelles élections en mars 1785 s'ensuivit une Assemblée plus complaisante, et Callbeck aida Patterson à obtenir de force la défaite de l'avant-projet de loi, en novembre 1786. Patterson présenta alors un projet de loi privé en vertu duquel toutes les terres seraient remises à leurs anciens propriétaires, à l'exception de celles achetées par Callbeck, Thomas Desbrisay* et Peter Stewart, pourvu que les acquéreurs de 1781 touchassent une compensation. Le même mois, toutefois, le lieutenant-gouverneur Edmund Fanning* arrivait pour remplacer Patterson, à titre de gouverneur intérimaire. Sommé par le ministre de l'Intérieur de s'expliquer, Patterson s'accrocha à son poste jusqu'en 1787, au moment où il retourna en Angleterre. Gouverneur désormais, Fanning commença à créer sa propre cabale.

Callbeck n'avait plus vraiment sa place dans le nouveau gouvernement. Il assistait rarement aux séances du conseil et, lorsque présent, faisait obstruction à l'adoption des résolutions et à la marche des affaires. Rejeté du conseil par Fanning pour ces raisons, Callbeck y fut réinstallé la même année mais n'assista plus à aucune séance. A l'été de 1787, les élections portèrent au pouvoir une Assemblée anti-Fanning dirigée par le capitaine Alexander Fletcher. Élu comme membre du parti de Fletcher, Callbeck fut choisi, à la majorité des voix, comme orateur (président) de l'Assemblée en janvier 1788. A Londres, le dernier de la série des événements commencée en 1781 se jouait devant le Conseil privé. Patterson et les membres de son gouvernement furent reconnus coupables des accusations criminelles portées contre eux ; en juillet 1789, Callbeck fut démis de ses fonctions de conseiller et de procureur général. Il mourut moins d'un an après.

La question des terres brisa la carrière de Callbeck comme elle allait en détruire beaucoup d'autres avant de connaître son dénouement. Durement jugé par les historiens, tout comme Patterson, Callbeck paraît néanmoins s'être passionné tout autant pour les intérêts de la colonie en lutte pour sa survie que pour ses intérêts personnels. Après sa mort, l'Assemblée décida, par voie de vote, de placer un monument sur sa tombe, comme un « tribut de reconnaissance à un bienfaiteur public de cette île ».

H. T. HOLMAN

PRO, CO 226/1, pp.15, 29 ; 226/6, pp.18, 76–83 ; 226/7, pp.34s., 60–66, 71–73 ; 226/12, pp.53s., 185 ; 227/1, pp.4, 71–73 ; 227/2, pp.61, 63–73, 81 ; 227/4, p.3. — Public Archives of P.E.I. (Charlottetown), accession 2 541/35, diary ; MacDonald papers, Capitaine John MacDonald à Nelly MacDonald, 12 sept. 1789 ; RG 5, Executive Council, Minutes, 19 sept. 1770, 18 avril, 23 mai, 29 sept. 1787 ; Smith-Alley coll., M. J. Young à George Alley, 4 déc. 1894. — [John MacDonald], *Remarks on the conduct of the governor and Council of the Island of St. John's, in passing an act of assembly in*

April 1786 to confirm the sales of the lands in 1781 [...] (s.l., [1789]). — Saint-Jean, île (Île-du-Prince-Édouard), House of Assembly, *Journal*, 3 avril 1790.

CAMPBELL, JOHN, officier et agent des Affaires indiennes, né vers 1731 à Glendaruel (Strathclyde, Écosse), décédé le 23 juin 1795 à Montréal.

John Campbell se lança jeune dans la carrière des armes, en entrant au 43e (plus tard le 42e) d'infanterie en 1744. Promu lieutenant le 16 mai 1748, il suivit son régiment en Amérique du Nord en 1756 et, deux ans plus tard, fut blessé au cours de l'attaque d'ABERCROMBY contre le fort Carillon (Ticonderoga, New York). En mars 1762, Campbell, alors capitaine, obtint un poste par permutation dans le 27e d'infanterie, avec lequel il servit au siège de La Havane, à Cuba. A partir de l'automne de 1763, son régiment fut en garnison à Trois-Rivières et, cette même année, Campbell épousa Marie-Anne, fille de Luc de LA CORNE, lequel avait joué un rôle important dans les relations franco-indiennes au cours de la guerre de Sept Ans. L'influence qu'avait conservée son beau-père fut peut-être l'un des facteurs qui expliquent ses nominations subséquentes au département des Affaires indiennes.

En mars 1765, le gouverneur MURRAY, de Québec, qui avait reçu des instructions lui enjoignant de nommer « une ou des personnes convenables » pour traiter avec les Indiens, désigna Campbell « inspecteur des Affaires indiennes ». Mais une querelle de juridiction s'éleva quand sir William JOHNSON, surintendant des Affaires des Indiens du Nord, fit remarquer que Christian Daniel CLAUS agissait déjà à titre d'agent adjoint auprès des Indiens du Canada. On soumit la question au gouvernement britannique, et le point de vue de Johnson l'emporta, semble-t-il, puisque Campbell dut par la suite présenter une requête pour obtenir la place à laquelle il avait été nommé. A la fin de 1766, Campbell se trouva mêlé à l'affaire Thomas WALKER ; il fut accusé d'être l'un des assaillants du magistrat. Emprisonné, on le libéra ensuite lorsqu'on abandonna les accusations contre la plupart des inculpés.

Le 27e d'infanterie quitta Québec pour l'Irlande en août 1767 ; quatre ans plus tard, ne voyant pas le jour où il aurait de l'avancement, Campbell obtint par permutation un poste à la demi-solde. Il continua de chercher à obtenir un poste au département des Affaires indiennes et, en septembre 1772, le duc d'Argyll appuya sa requête en vue d'obtenir celui de surintendant des Affaires indiennes de la province de Québec. Grâce à l'influence du gouverneur Guy Carleton*, Campbell fut nommé à ce poste le 3 juillet 1773. Sa nomination s'inscrivait dans le cadre de la campagne menée par Carleton pour réduire l'influence de la famille Johnson au sein du département. L'arrivée de Campbell à Montréal, en septembre 1775, pour y réclamer le poste de surintendant, signifiait le déplacement de Claus, qui en fut fort offensé. En novembre, Claus se joignit à Guy JOHNSON, à Joseph Brant [Thayendanegea*] et à quelques autres, et partit pour l'Angleterre, où il espérait obtenir un dédommagement du gouvernement de la métropole. Demeuré à Montréal, Campbell lutta activement contre l'invasion américaine ; en septembre, il commanda une sortie au cours de laquelle on s'empara d'Ethan Allen et d'une partie de ses troupes. Plus tard, il fut fait prisonnier et dut attendre jusqu'à la fin de 1776 sa libération et la permission de se rendre à New York.

L'année suivante, Campbell se vit confier la responsabilité des Indiens de l'Ouest au sein de l'expédition de BURGOYNE, bien que cette fonction ne comportât aucune tâche proprement militaire. Selon Burgoyne, ni Campbell ni son adjoint, Alexander Fraser, ne parlaient quelque langue indienne ; cette lacune explique en partie qu'ils n'eussent été « d'aucun poids » dans les conseils indiens. La majorité des Indiens quittèrent l'armée en août, et Campbell, ou bien les accompagna, ou bien fut vite échangé après la capitulation de l'armée en octobre 1777, puisqu'il se trouvait à Montréal en juillet 1778. Cette année-là, les pressions exercées par le groupe Johnson, combinées au remplacement de Carleton par HALDIMAND, plus favorable que son prédécesseur aux Johnson, provoquèrent une remontée des intérêts de ces derniers. En octobre, Claus fut nommé agent adjoint auprès des Six-Nations, peut-être à cause de l'échec de Campbell, qui n'avait pas su garder les Indiens dans l'expédition de Burgoyne, et peut-être aussi à cause de la facilité avec laquelle Claus parlait plusieurs langues de la famille iroquoise ; les responsabilités de Campbell se trouvèrent ainsi réduites jusqu'à un certain point. Mais Haldimand semblait l'avoir en amitié et Guy Johnson, à ce moment-là, était préoccupé par ses propres difficultés, de sorte que Campbell ne fut pas renvoyé comme Claus l'avait été.

A titre de « commandant des Indiens et de surintendant et inspecteur des Affaires indiennes », Campbell était responsable de tous les Indiens du Canada, à l'exclusion des Six-Nations. Par suite du caractère largement militaire de son travail pendant la Révolution américaine, Campbell faisait rapport directement à Haldimand, bien qu'il fût censé tenir le groupe Johnson au fait de ses activités. Ses ordres lui enjoignaient d'envoyer des Indiens en éclaireurs dans le territoire des rebelles et de les charger d'y exécuter des raids, de faire parvenir des marchandises de traite et des présents dans les postes des pays d'en haut et d'équiper et d'approvisionner les Indiens au service du gouvernement. En outre, il participa aux conseils du gouvernement avec les Indiens, en particulier pendant la dernière phase de la révolution, alors que quelques-unes des Six-Nations se préparaient à entrer au Canada. Campbell travailla bien avec Haldimand, à ce qu'il semble, même si, comme d'autres fonctionnaires du département, il encourut les critiques du gouverneur concernant les grandes dépenses de ce service. A la fin de 1782, sir John Johnson* fut nommé surintendant général des Affaires indiennes ; Campbell se trouva alors sous sa juridiction.

Les problèmes relatifs à une définition exacte des fonctions de Campbell furent, à l'occasion, causes de difficultés. Dès le printemps de 1774, il pétitionna en vue d'obtenir le grade de lieutenant-colonel dans l'armée et renouvela à plusieurs reprises cette requête. Deux fois, en 1779, il réclama aussi le commandement de la garnison de Montréal en l'absence de l'officier supérieur. Inflexible, Haldimand, avec l'appui du gouvernement britannique, rejeta toutes les requêtes que Campbell fit du temps de son gouvernement. L'examen de la correspondance révèle que les titres de major et de lieutenant-colonel, donnés à Campbell respectivement en 1773 et 1777, étaient de pure courtoisie, puisque son poste était civil et non militaire. Dès lors, et même si l'*Army list* le mentionnait comme détenant un grade temporaire en Amérique, on ne lui accorda ni le grade ni la solde d'un officier. A la fin de la guerre, il se vit retirer son grade de colonel, donné par courtoisie en 1782, et rétrograder à celui de lieutenant-colonel. Il s'adressa au gouvernement britannique pour être réintégré au grade de colonel, mais il n'obtint pas satisfaction avant 1790. En 1792, il tenta une autre fois de faire valoir son autorité en réclamant le commandement du département en l'absence de sir John Johnson. Le lieutenant-gouverneur Alured Clarke* ne fut pas plus secourable que Haldimand : il répondit que la nomination de Campbell valait pour le Bas-Canada seulement et ne lui permettait pas de prétendre au commandement de tout le département. La frustration de Campbell de ne point voir ses services au sein du département des Affaires indiennes convenablement reconnus sur le plan militaire se trouvait au centre du problème créé par la situation ambiguë du département au sein du gouvernement ; le statut de ce département ne sera finalement fixé qu'en 1830.

Campbell semble s'être acquitté des affaires du département d'une façon responsable, mais, à une occasion au moins, il eut à faire face au mécontentement de lord Dorchester [Carleton]. Au début des années 1790, la situation devint délicate quand le gouvernement britannique se mêla à la querelle entre Américains et Indiens au sujet de la région de l'Ohio. Au début de 1794, après la publication dans la presse américaine de l'un de ses discours à un conseil indien, Dorchester ordonna à Campbell de découvrir comment on en avait obtenu le texte et accusa le département des Affaires indiennes du Bas-Canada d'être « détraqué ». Campbell, dans son rapport, répondit ne pas savoir comment le discours avait été obtenu et éluda la seconde question en tentant d'expliquer plutôt ce qu'était la « situation détraquée » des Indiens du Bas-Canada. Un an plus tard, la mort venait mettre fin à sa carrière.

Il est difficile d'évaluer la carrière de Campbell. Certains auteurs ont vu en lui un incompétent cupide, version XVIIIe siècle du futur aventurier politique américain qui apparut après la guerre de Sécession. Mais ce jugement est probablement injuste ; ses difficultés furent autant le résultat des bouleversements que connut le département des Affaires indiennes au cours de la Révolution américaine que de ses propres déficiences.

DOUGLAS LEIGHTON

APC, MG 19, F1, 23 ; MG 23, A1, sér. 1, 8, ff.2285, 2287. — BL, Add. MSS 21 771–21 773 ; 21 873, ff.146–147v. ; 21 882, f.10. — APC *Report*, 1888, note A. — *Johnson papers* (Sullivan *et al.*), VIII : 1 103, 1 109 ; XII : 114, 691, 698. — State papers, APC *Report*, 1891, 27, 65s., 105. — State papers – Lower Canada, APC *Report*, 1890, 76, 89, 111s. — *La Gazette de Québec*, 2 juill. 1795, 18 mars 1813. — APC, *Preliminary inventory, Record Group 10 : Indian affairs* (Ottawa, 1951), iii. — G.-B., WO, *Army list*, 1758–1795. — Graymont, *Iroquois*, 81, 148, 150–155, 175. — R. S. Allen, The British Indian department and the frontier in North America, 1755–1830, *Lieux historiques canadiens : cahiers d'archéologie et d'histoire* (Ottawa), n° 14 (1975) : 5–125.

CAMPBELL, lord WILLIAM, officier de marine et administrateur colonial, né vers 1730, quatrième fils de John Campbell, 4e duc d'Argyll, et de Mary Bellenden, décédé le 4 septembre 1778 à Southampton, Angleterre.

En tant que plus jeune fils de pair, William Campbell ne possédait pas de revenus héréditaires ; il entra donc dans la marine royale afin d'y faire carrière. De 1752 à 1760, il servit sur le théâtre des opérations en Inde, prenant part à deux combats contre la flotte du comte d'Aché, ainsi qu'à la bataille de Plassey. En août 1762, il était capitaine. Campbell passa ensuite plusieurs années dans les eaux américaines puis, alors qu'il était capitaine du *Nightingale*, il se rendit en Caroline du Sud. Ce fut là, le 7 avril 1763, qu'il épousa Sarah Izard, fille d'un des principaux planteurs de la colonie. De cette union naquirent deux filles et un garçon.

En 1764, Campbell fut élu député de la circonscription électorale de sa famille, l'Argyllshire, mais il donna sa démission deux ans plus tard après avoir été nommé gouverneur de la Nouvelle-Écosse, nomination due en grande partie à l'influence que sa famille avait à la cour. Le gouverneur précédent, Montagu Wilmot*, étant mort en mai 1766, il devenait nécessaire que Campbell assumât rapidement ses fonctions. Il arriva à Halifax le 26 novembre et, le jour suivant, remplaçait le lieutenant-gouverneur Michæl FRANCKLIN qui agissait comme gouverneur intérimaire.

Dans un rapport au gouvernement britannique, qu'il présenta peu après son arrivée, Campbell indiquait que la Nouvelle-Écosse avait £23 000 de dettes et contribuait peu à ses dépenses annuelles. Comme on avait reçu des plaintes concernant Francklin, Campbell, suivant les instructions, fit également des observations quant à l'aptitude du lieutenant-gouverneur à occuper cette charge. Il critiqua « l'influence arrogante » de Francklin et son habileté à « se faire juge et arbitre dans des cas où son propre intérêt [était] directement engagé », mais le crédit dont ce dernier jouissait à Londres le protégea.

A la fin de 1767, l'Assemblée adopta un projet de loi qui augmentait l'accise sur le rhum fabriqué dans la région et qui diminuait la taxe sur les spiritueux importés. Campbell avait appuyé cette mesure afin de fournir à la population du rhum à meilleur compte et de rompre le monopole de John BUTLER et John FILLIS sur le commerce du rhum dans la province. Ces derniers eurent recours à Joshua MAUGER à Londres ; celui-ci, avec l'appui de plusieurs autres marchands, adressa une requête au Board of Trade pour qu'il abroge le texte de loi qui, selon eux, nuirait au commerce prétendument considérable de la Nouvelle-Écosse avec les Antilles. Malgré une « déclaration habile et convaincante » de Campbell pour justifier son action, le Board of Trade accepta les arguments des marchands et ordonna que la loi fût annulée.

En 1767, par suite de la permission qu'on lui avait accordée de retourner en Angleterre afin de ramener son épouse, Campbell put se présenter en personne devant le Board of Trade pour faire valoir sa cause. Il fut absent de la Nouvelle-Écosse d'octobre 1767 à septembre 1768 et, à son retour, alla à Boston pour un mois. Ses nombreuses absences – au total près de deux années sur les sept qu'il passa comme gouverneur – n'empêchèrent pas Campbell de s'intéresser vraiment au bien-être de la province. Il en inspecta une bonne partie pour juger par lui-même de la situation, ce qui l'amena à prier instamment le gouvernement britannique de financer la construction de routes pour relier les divers établissements et cantons. Il signala aussi qu'il serait souhaitable de favoriser le développement de cette « colonie nouveau-née ».

Mais alors que Campbell croyait que la province pouvait devenir avec une aide appropriée « égale à n'importe laquelle des colonies de Sa Majesté sur le continent », des contraintes économiques imposées par les autorités de la métropole l'empêchèrent, dans bien des cas, de gouverner avec efficacité. En 1767, il se vit refuser la permission d'utiliser les mines de charbon de l'île du Cap-Breton ou le revenu des redevances sur les terres pour financer la construction des routes et, en 1768, il fut forcé de dépenser £100 de son propre argent pour louer un schooner afin de surveiller les îles françaises Saint-Pierre et Miquelon. Campbell mit néanmoins à profit sa visite à Londres pour convaincre le Board of Trade de ne pas diminuer davantage la subvention parlementaire. Il réussit également à obtenir une subvention de £500 pour payer la construction de routes mais, à son retour, il découvrit que Francklin avait contracté, de sa propre initiative, £423 de dettes pour cette construction. Quoique la demande du gouverneur pour la reconstruction des fortifications délabrées de Halifax eût été rejetée, la menace d'une guerre avec l'Espagne, en 1770, assura l'autorisation de faire des réparations. D'autre part, le déplacement de la garnison de Halifax à Boston en 1768 fut un objet de préoccupations pour Campbell ; il souligna que, du fait de « la région peu colonisée », la Nouvelle-Écosse était alors plus exposée aux attaques de l'ennemi.

Les difficultés que Campbell avait connues depuis quelque temps à cause de sa mauvaise santé et de sa vue déclinante devinrent, en 1771, de plus en plus grandes. Il reçut permission d'aller dans le sud pour se faire soigner : il séjourna à Boston d'octobre 1771 à juillet 1772. Le traitement semble avoir eu des résultats car il reprit le travail avec ardeur. Il insista en vain auprès du gouvernement britannique pour créer des patrouilles maritimes dans le détroit de Canso et dans la baie des Chaleurs afin de protéger la pêche et empêcher la contrebande. Par contre, pendant l'hiver de 1772–1773, Campbell organisa sa propre enquête au sujet de la contrebande à Halifax et sur la rivière Saint-Jean (Nouveau-Brunswick).

Malgré son intention notoire de demeurer en Nouvelle-Écosse, Campbell avait par deux fois demandé d'être nommé au poste vacant de gouverneur de la Caroline du Sud ; en juin 1773, son vœu fut exaucé. Il quitta Halifax en octobre et, après avoir passé plus d'une année en Angleterre, il arriva à Charleston en juin 1775. Le gouverneur fut accueilli avec hostilité, car la Révolution américaine était déjà bien avancée, et ses tentatives pour s'assurer la collaboration de l'Assemblée demeurèrent vaines. Il passa les quatre derniers mois de son mandat, de septembre 1775 à janvier 1776, sur un bateau de guerre britannique dans le port de Charleston. En juin 1776, il prit part à l'attaque britannique sur la ville à titre de commandant d'une batterie sur le *Bristol*. Blessé au combat, il alla en Angleterre pour se rétablir mais mourut deux ans plus tard des suites de ses blessures.

Les historiens ont décrit comme peu mouvementée la période pendant laquelle Campbell fut gouverneur de la Nouvelle-Écosse ; il ne fait guère de doute que son mandat ne fut pas marqué par la controverse comme celui de son successeur Francis LEGGE. Les rapports de Campbell avec l'Assemblée et le Conseil de la Nouvelle-Écosse furent bons dans l'ensemble, et il était populaire parmi les habitants en général. Il fut l'un des gouverneurs qui déploya le plus d'énergie pour tenter d'améliorer les communications et la défense, et pour favoriser la colonisation ; la malchance voulut que le climat économique ne fut guère favorable à la réalisation de ses projets.

FRANCIS A. COGHLAN

PANS, F.-J. Audet, Governors, lieutenant-governors, and administrators of Nova Scotia, 1604–1932 (copie dactylographiée, s.d.). — PRO, CO 217/44, ff.11–19, 157–159, 167–168 ; 217/45, f.245 ; 217/46 ; 217/47, ff.23–24 ; 217/48, ff.41–43, 45, 140. — *Burke's peerage* (1927). — *DAB*. — Murdoch, *History of N.S.*, II : 463, 468–472, 474, 478, 480, 488–494. — J. S. Macdonald, Memoir, Lieut.-Governor Michael Francklin, 1752–1782, N.S. Hist. Soc., *Coll.*, XVI (1912) : 7–40.

CAMPION, ÉTIENNE-CHARLES, trafiquant de fourrures et marchand, baptisé à Montréal le 15 janvier 1737, fils d'Étienne Campion, dit Labonté, aubergiste, et de Charlotte Pepin ; il épousa dans cette ville, le 23 novembre 1773, Madeleine Gautier, et, en secondes noces, le 17 février 1794, Marie-Josephte Maillet, à Trois-Rivières ; inhumé à Montréal le 23 décembre 1795.

C'est en 1753 qu'Étienne-Charles Campion alla pour la première fois dans les pays d'en haut. En 1761, il était bien familier avec la région et fut recommandé comme guide et adjoint à Alexander Henry*, l'aîné, qui projetait un voyage de traite à Michillimakinac (Mackinaw City, Michigan). Les connaissances et l'appui de Campion se révélèrent inestimables quand Henry arriva au fort avant les troupes britanniques d'occupation et se trouva quelque peu menacé par les Indiens de l'endroit [V. Minweweh*]. Campion continua de lui servir d'adjoint jusqu'en 1763 et se comporta, selon Henry, « honnêtement et fidèlement ».

Bien que sa résidence fût à Montréal, Campion participa activement aux affaires religieuses et civiles de Michillimakinac, de 1765 à 1794. Il trafiqua aussi bien dans le sud et au nord-ouest qu'à Michillimakinac où, entre autres, il vendit des marchandises au département des Affaires indiennes. Pendant la Révolution américaine, il remplit occasionnellement certaines missions pour le département. En 1779, un groupe de trafiquants de Michillimakinac, dont Campion faisait partie, mirent leurs marchandises en commun dans une association connue sous le nom de General Store. Mais les désordres reliés à la Révolution américaine compliquèrent la marche des affaires. Le groupe avait des marchandises et des fourrures au fort Saint-Joseph (Niles, Michigan) quand, à l'automne de 1780, ce dernier fut pillé par des soldats du pays des Illinois. Avec l'appui d'un groupe de Potéouatamis de l'endroit, Campion rattrapa les pillards au lieu dit Rivière-du-Chemin (Michigan City, Indiana) et recouvra la plus grande partie du butin. Mais, en 1781, lors d'une attaque survenue en son absence, le poste de Saint-Joseph fut détruit.

La paix restaurée, Campion reprit sur une large échelle son activité au sud-ouest. Il y eut une augmentation marquée de la traite, en général, dans cette région au cours des années qui suivirent la révolution, et la concurrence réduisait les profits. En 1785, Campion se joignit à un grand nombre de marchands de Michillimakinac (Mackinac Island, Michigan) au sein d'une société connue sous le nom de General Company of Lake Superior and the South, ou de General Society, qui se spécialisait dans la traite au sud jusqu'au pays des Illinois et à l'ouest jusqu'à la tête des eaux du Missouri. Cette même année, également, Campion devint l'un des 19 membres fondateurs du Beaver Club, à Montréal. La General Society dissoute, semble-t-il, en 1787, Campion, William Grant*, de Montréal, et quelques autres formèrent la société Grant, Campion and Company, qui s'orienta vers la traite à l'ouest du lac Supérieur et aussi loin que la région de la Saskatchewan. Elle devint une importante rivale de la North West Company. Le groupe de Campion participa, en 1792, à un accord par lequel Joseph Frobisher*, de la North West Company, établit un certain consensus entre quelques groupes de rivaux afin de limiter quelque peu la concurrence dans les postes de l'Ouest. La Grant, Campion and Company continua d'équiper des trafiquants qui hivernaient dans l'Ouest et de vendre en gros à de petits marchands de Michillimakinac ; la compagnie s'associa à James GRANT dans la traite au Témiscamingue.

Campion fut mêlé à un meurtre, à Michillimakinac, en 1792. Selon le commandant Edward Charlton, un Sauteux du nom de Wawenesse tenta de poignarder un trafiquant et deux autres personnes. Maîtrisé, les mains attachées dans le dos, il était conduit aux autorités quand sept hommes, dont Campion, l'attaquèrent et le tuèrent. L'incident fut soumis à l'examen d'un grand jury, à Détroit, mais on n'en connaît pas la conclusion.

Campion poursuivit son activité commerciale habituelle. La tendance aux fusions dans le commerce des fourrures continua à se faire sentir et, en 1795, la Grant, Campion and Company acquit une des 46 actions de la North West Company. La santé de Campion s'était détériorée, cependant, et il mourut en décembre.

EN COLLABORATION

ANQ-M, État civil, Catholiques, Notre-Dame de Montréal, 15 janv. 1737, 23 nov. 1773, 23 déc. 1795 ; Greffe de J.-B. Adhémar, 30 avril 1754 ; Greffe de J.-G. Delisle, 19 déc. 1795 ; Greffe de Pierre Panet, 22 nov. 1773 ; Testaments, Testaments olographes, Étienne Campion, 19 déc. 1795. — APC, MG 19, B3, p.4. — Ste Ann's Parish (Mackinac Island, Mich.), Registre des baptêmes, mariages et sépultures de Sainte-Anne-de-Michillimakinak. — *Correspondence of Lieut. Governor Simcoe* (Cruikshank), I. — *Docs. relating to NWC* (Wallace). — Henry, *Travels and adventures* (Bain). — *Michigan Pioneer Coll.*, IX (1886) ; X (1886) ; XI (1887) ; XIII (1888) ; XIX (1891) ; XXIII (1893) ; XXIV (1894). — Lebœuf, *Complément*, 1re sér. : 24. — Lefebvre, Engagements pour l'Ouest, ANQ *Rapport*, 1946–1947. — C. W. Alvord, *The Illinois country, 1673–1818* (Chicago, 1922 ; réimpr., 1965). — Rich, *History of HBC*, II. — W. S. Wallace, *The pedlars from Quebec and other papers on the Nor'Westers* (Toronto, 1954). — W. E. Stevens, Fur trading companies in the northwest, 1760–1816, Mississippi Valley Hist. Assoc., *Proc.* (Cedar Rapids, Iowa), IX, 2e partie (1918) : 283–291.

CANNARD, PIERRE RENAUD, dit. V. RENAUD

CAPTAIN JECOB. V. WINNINNEWAYCAPPO

CARIGNANT, JEAN-LOUIS BESNARD, dit. V. BESNARD

CARPENTIER, BONAVENTURE (baptisé **Étienne**), prêtre et récollet, né et baptisé à Beaumont (Québec), le 18 septembre 1716, probablement fils d'Étienne Carpentier et de Marie-Charlotte Blanchon, décédé à Saint-Nicolas (Québec), le 6 janvier 1778.

Profès le 29 avril 1737, Étienne Carpentier est ordonné prêtre et prend le nom de père Bonaventure, le 23 septembre 1741. Après quelques mois de ministère à Lotbinière, il séjourne deux ans au couvent des récollets de Trois-Rivières. Au début de 1747, il devient, pour quelque temps, aumônier au fort Saint-Frédéric (près de Crown Point, New York). De 1750 à 1753, il dessert les paroisses Sainte-Marie-de-la-Nouvelle-Beauce (Sainte-Marie, Québec) et Saint-Joseph-de-la-Nouvelle-Beauce (Saint-Joseph, Québec) puis fait office d'aumônier au fort Frontenac (Kingston, Ontario) de 1753 à 1754. Nous perdons alors sa trace pour quelques années.

En 1758, le père Bonaventure est missionnaire chez les Acadiens et les Indiens de la rivière Miramichi (Nouveau-Brunswick). En septembre de la même année, MURRAY, sous les ordres de Wolfe*, détruit leur établissement (depuis lors appelé Burnt Church), forçant le père Bonaventure et ses ouailles à fuir dans les bois vers la baie des Chaleurs. En 1764, le père Bonaventure devient le premier prêtre résidant de Bonaventure (Québec). Deux ans plus tard, il écrit à Mgr BRIAND que son âge et son état de santé ne lui permettent plus de desservir son vaste territoire où il doit parcourir sept à huit lieues pour se rendre au chevet de ses malades et que, de plus, sa mission de Bonaventure ne peut plus soutenir un missionnaire à moins, dit-il, que celui-ci « ne veuille faire le métié de recolect ».

En 1767, des plaintes concernant sa conduite scandaleuse sont portées contre lui – il aurait eu un enfant avec une Indienne – et Mgr Briand le somme de venir s'expliquer à Québec. Ignorant cet ordre, le père Bonaventure est alors suspendu de toutes ses fonctions curiales, et interdit de dire la messe dans le diocèse. Devant de pareilles sanctions, il remet le soin de sa mission au père Ambroise, desservant de Restigouche, et se retire à Paspébiac, promettant à Mgr Briand, en janvier 1768, de se rendre à Québec au printemps. Ce repentir est cependant de courte durée ; il semble bien qu'il reprend son ministère sous prétexte « qu'ayant été placé par le roy et par le gouverneur personne n'avait droit de le retirer ». Les chefs indiens de la Miramichi avaient protesté contre la perte de leur missionnaire auprès de l'évêque qui répliqua assez sévèrement dans une lettre pastorale, datée du 9 octobre 1768, adressée aux habitants de la baie des Chaleurs, leur ordonnant « de ne plus avoir aucun commerce ni société pour la religion avec le frère Bonaventure Carpentier, recollect, [...] de le faire sortir du presbitere dans lequel il n'a plus de droit, de retirer la clef de l'église et sacristie d'entre ses mains, et tous les ornemens et vases sacrés ».

Le père Bonaventure se rend enfin à Québec où Mgr Briand, par égard pour François Bonaventure, curé de Trois-Rivières et cousin du récollet, le nomme à la cure de Saint-Nicolas en 1769. Après quelques mois seulement dans sa nouvelle paroisse, il se brouille avec les marguilliers et va se réfugier chez son cousin où il demeurera trois ans, l'assistant dans sa paroisse. L'évêque, qui lui avait de nouveau enlevé le pouvoir d'exercer le ministère, le lui remet, à l'exception de la confession, en 1772. Deux ans plus tard, le père Bonaventure reprend sa cure de Saint-Nicolas où il meurt le 6 janvier 1778.

Fidèle Thériault

AAQ, 22 A, III : 391, 617 ; 311 CN, I : 141 ; 33 CR, A, 37, 49. — Archives de l'archevêché de Rimouski (Rimouski, Québec), Correspondance. — Archives de l'évêché de Gaspé (Gaspé, Québec), casier des paroisses, Bonaventure, lettre de Louis-Joseph Desjardins à Mgr Hubert, 30 sept. 1795. — [James Murray, Lettre de James Murray à James Wolfe, 24 sept. 1758], N.B. Hist. Soc., *Coll.*, III (1907–1914), n° 9 : 303. — Allaire, *Dictionnaire*, I : 100. — Jouve, *Les franciscains et le Canada : aux Trois-Rivières*, 180s., 236, 243s. — Archange Godbout, Les aumôniers de la vallée du Richelieu, SCHÉC *Rapport*, 13 (1945–1946) : 74s. — Henri Têtu, M. Jean-Félix Récher, curé de Québec, et son journal, 1757–1760, *BRH*, IX (1903) : 305.

CASOT, JEAN-JOSEPH, prêtre, jésuite, né le 4 octobre 1728 à Paliseul, évêché de Liège (Belgique), fils de Jacques Casot et de Jeanne Dauvin, décédé à Québec le 16 mars 1800.

Jean-Joseph Casot entra au noviciat des jésuites à Paris, le 16 décembre 1753, et arriva au Canada en 1757 comme frère coadjuteur. Il reçut l'office de cuisinier au collège des jésuites de Québec. Il connut immédiatement la guerre de la Conquête, les rationnements, la prise de Québec par l'Anglais, l'occupation du collège par les troupes et les bouleversements qui s'ensuivirent pour la Compagnie de Jésus au Canada, dont l'interdiction, après le traité de Paris (1763), de recruter ou de recevoir de nouveaux membres.

En juin 1761 le frère Casot, qui s'était réfugié, à l'automne de 1759, aux environs de Québec, revint au collège de la ville comme cuisinier et fut chargé, avec le frère Alexis Maquet, de l'école primaire, le père Augustin-Louis de Glapion étant le seul professeur du cours classique. La garnison anglaise occupait encore les deux tiers du collège. Remarquant les dispositions du frère Casot, le père de Glapion, devenu supérieur en 1763, le nomma bientôt procureur du collège. Le 20 décembre 1766, afin d'augmenter le nombre des prêtres de la Compagnie de Jésus, en diminution constante, Mgr Briand l'ordonna prêtre, ainsi que le frère Jean-Baptiste Noël ; le frère Alexis Maquet devait être ordonné en septembre 1767. Le père Casot passa le reste de sa vie comme procureur du collège de Québec ; il fut aussi confesseur des religieuses hospitalières de l'Hôtel-Dieu, de 1783 à 1796.

En 1768, le père de Glapion, n'espérant plus de relève pour longtemps, avait supprimé le cours de lettres, ne conservant que l'école primaire qui devait fermer en 1776. Le 21 juillet 1773, le bref pontifical *Dominus ac Redemptor* supprimait la Compagnie de Jésus à travers le monde. Mgr Briand en prit connaissance en 1774 : il réunit alors les jésuites résidant à Québec et leur dit qu'il avait en main le bref et l'ordre de le signifier. Mais, de concert avec le gouverneur Guy Carleton*, il ne le mit pas ouvertement à exécution ; les jésuites gardaient leur nom, leur habit et demeuraient propriétaires de leurs biens. En fait, le bref n'ayant pas été signifié régulièrement, ils demeuraient jésuites comme ceux de Prusse et de Russie Blanche. A ce moment, il ne restait plus que 12 jésuites au Canada, dont quatre à Québec ; neuf décédèrent entre 1775 et 1785.

Le père de Glapion étant décédé en 1790, Jean-Joseph Casot le remplaça comme administrateur des biens des jésuites et agit en vrai propriétaire. Le père Bernard Well, dernier jésuite de la résidence de Montréal, étant venu à mourir en mars 1791, le père Casot s'y rendit aussitôt et disposa, en faveur de l'Hôpital Général et des pauvres, de tous les objets mobiliers à l'usage de son confrère, comme appartenant à son ordre.

Le 14 novembre 1796, le père Casot rédigea un testament par lequel il disposait du mobilier de son église de Québec en faveur de Mgr Denaut*, le coadjuteur, des autres églises de la ville, des ursulines et des missions du diocèse. Auparavant, il avait cependant déposé à l'Hôtel-Dieu de Québec une partie des archives du collège et avait donné les livres de la bibliothèque au séminaire, la vaisselle et la pharmacie à l'Hôpital Général.

Le lieutenant-gouverneur, sir Robert Shore Milnes*, refusa de reconnaître ce testament, mais prit soin d'en faire respecter presque toutes les dispositions. L'annaliste des ursulines note ainsi le décès de Casot, survenu le 16 mars 1800 : « Dans ce mois de mars s'est éteint à l'âge de 71 ans et 6 mois, le R. P. J. Joseph Casot, dernier rejeton des enfants d'Ignace en ce pays, et qui a laissé autant d'orphelins qu'il y a de pauvres et d'indigents [...] Il employait tous ses revenus, que l'on sait être grands, à les soulager, pendant qu'il se refusait le nécessaire. Sa mort a été pleurée par tous les gens de bien. » Avec son décès, allait s'ouvrir au XIXe siècle la question des biens des jésuites.

JOSEPH COSSETTE

ASJCF, 740 ; 741 ; BO 80, C. Nelisse à A. Mélançon, 6 août 1924 ; Cahier des vœux, f.42. — B.-C., chambre d'Assemblée, *Rapport du comité spécial* [...] nommé pour s'enquérir de l'état actuel de l'éducation dans la province du Bas-Canada (s.l., [1824]). — Isaac Weld, *Voyages au Canada dans les années 1795, 1796 et 1797* [...] (3 vol., Paris, An XI [1803]), II : 80. — Allaire, *Dictionnaire*, I : 164s. — Caron, Inv. de la corr. de Mgr Briand, ANQ *Rapport*, 1929–1930, 68 ; Inv. de la corr. de Mgr Denaut, ANQ *Rapport*, 1931–1932, 166. — Mélançon, *Liste des missionnaires jésuites*. — Burke, *Les ursulines de Québec* (1863–1866), III. — Rochemonteix, *Les Jésuites et la N.-F. au XVIIIe siècle*, II : 182, 201, 214, 235. — J.-E. Roy, La liste du mobilier qui fut saisi en 1800 par le shérif de Québec, à la mort du père jésuite Cazot, *Revue canadienne* (Montréal), XXV (1889) : 271–282.

CASTAING, PIERRE-ANTOINE (généralement connu sous le prénom d'**Antoine**), marchand et fonctionnaire colonial, né à Bordeaux, France, fils d'Antoine Castaing, marchand, et d'Isabau (Élisabeth) Sareillier (Sarcelié, Lecarulier), décédé en France en 1779.

Pierre-Antoine Castaing émigra à Louisbourg, île Royale (île du Cap-Breton), vers 1740. Son âge et son expérience antérieure nous sont inconnus et il n'avait point de proches parents à l'île Royale, mais il paraît avoir voulu se lancer dans les affaires. Au début, ses opérations commerciales furent modestes et il vivait de ses émoluments à titre de traducteur à l'Amirauté de Louisbourg depuis le 5 novembre 1740. L'arrivée de navires de commerce en provenance de la Nouvelle-Angleterre justifiait le besoin d'un traducteur, et des documents qui nous sont parvenus démontrent la capacité de Castaing à cet égard.

Peu avant la capitulation de Louisbourg, en 1745, et la déportation de ses habitants, Castaing épousa Charlotte-Isabelle Chevalier, issue d'une famille engagée dans l'entreprise maritime et dans le commerce et établie à Louisbourg depuis sa fondation. De 1745 à 1749, Castaing vécut en France où il améliora probablement ses relations commerciales avec Bordeaux car, à son retour à Louisbourg en 1749, il fit des affaires importantes et diversifiées. Sa femme l'avait accompagné ainsi que sa fille, deux serviteurs, son frère, Jean, et sa sœur, Rose. Il loua une installation de pêche près de Louisbourg et acheta les prises des pêcheurs indépendants. Castaing passa des contrats avecquelques pêcheurs, qu'il employait, et ces derniers étaient chargés de lui construire des goélettes pendant l'hiver. Il acheta aussi des navires, et en affréta d'autres pour le transport de ses marchandises à Bordeaux où il était représenté par son beau-frère, Joseph-Guillaume Lapeire. Désireux de donner de l'expansion à son commerce, Castaing importa, pour les vendre à son magasin, des marchandises aussi variées que du café, du sucre, du vin, du rhum et de la corde ; il exporta, outre la morue, du bardeau, de la brique, des planches et des douves. Castaing n'avait qu'un proche associé dans ses affaires, son frère Jean qui mourut en 1755, mais il s'associa souvent à court terme à des pêcheurs, des capitaines de navires et des marchands.

Malgré l'expansion de ses affaires, Castaing n'abandonna pas la traduction. En 1752, il était nommé traducteur et interprète auprès de l'Amirauté. En 1755, il reçut l'ordre non seulement de traduire des documents pour les capitaines anglais, mais aussi d'assumer un rôle de surveillance au nom de l'Amirauté en s'assurant que les capitaines, les équipages et les passagers en visite à Louisbourg respectent les restrictions sur le commerce étranger.

Même s'il entretenait des rapports commerciaux surtout avec Bordeaux, Castaing fit quelques affaires avec les colonies françaises des Caraïbes en plus d'avoir un lien plutôt inhabituel avec la Nouvelle-Angleterre par l'entremise de sa seconde femme. Sa première femme étant morte en 1749, il épousa, en 1752, Willobe King, connue sous le nom d'Olive Le Roy, du Rhode Island. En dépit des liens commerciaux entre l'île Royale et les colonies britanniques, relativement peu de colons de la Nouvelle-Angleterre s'établirent dans la colonie française. La femme de Castaing et sa sœur, qui épousa elle aussi un marchand de Louisbourg, Jean-Jacques Brunet (Brunnet), appartenaient au petit nombre des résidants en provenance de la Nouvelle-Angleterre. La sœur de Castaing, Rose, épousa un autre marchand de Louisbourg, Pierre Rodrigue.

Les opérations commerciales de Castaing étaient typiques de celles d'un marchand fort actif de l'île Royale, tout comme l'étaient ses liens avec la France et ses liens de famille à Louisbourg même. Sa carrière à Louisbourg se termina avec la prise de la forteresse en 1758. Accompagné de sa femme et de ses enfants, il rentra à Bordeaux où il s'intéressa à de nouvelles affaires, apparemment sans succès. En 1779, il disparut alors qu'il était « dans les montagnes pour quelque operation sur le bois ». Sa famille dut vivre de la charité publique.

CHRISTOPHER MOORE

AD, Charente-Maritime (La Rochelle), B, 271, ff. 16v.–17, 22v.–24 ; 276, 9 sept., 21 nov. 1740. — AN, Col., C^{11B}, 30 ; 33 ; E, 65 (dossier Élisabeth Castaing) ; Section Outre-mer, G^1, 407/2, f.54v. ; 408/2, ff.39, 40, 49v. ; 409/1, f.74v. ; 410 ; 466, pièce 76; G^2, 209, dossier 499 ; 210, dossier 517 ; G^3, 2 041/1, 16 nov. 1749, 31 juill. 1750, 9 juill., 1er déc. 1751, 20 nov. 1752 ; 2 047/1, 20 sept., 28 nov. 1743 ; 2 047/2, 23 juill., 29 nov. 1752. — Canada, Service des lieux historiques nationaux, *Travail inédit*, n° 99, H.-P. Thibault, L'îlot 17 de Louisbourg (1713–1768) ([Ottawa], 1972), 87–91. — McLennan, *Louisbourg*. — Christopher Moore, Merchant trade in Louisbourg, île Royale (thèse de M.A., université d'Ottawa, 1977).

CASTANET, JEAN-BAPTISTE-MARIE, prêtre, récollet, né en 1766 dans le diocèse de Rodez en France, décédé le 26 août 1798 à Québec.

Nous savons peu de chose sur la jeunesse de Jean-Baptiste-Marie Castanet. Il fut ordonné prêtre chez les récollets vers 1790, et, pendant les deux années qui suivirent, il servit son ordre en France. Toutefois, le cours de la Révolution l'obligea à s'exiler, comme beaucoup de ses frères en religion ; il quitta sa patrie pour l'Angleterre à la fin de 1792 ou au début de 1793. Quelque temps après, l'évêque de Québec, Mgr HUBERT, par l'entremise de Jean-François de La Marche, évêque de Saint-Pol-de-Léon, résidant alors à Londres, invita tous les membres du clergé français qui y étaient réfugiés à s'établir au Canada. Castanet fut parmi ceux qui acceptèrent. Environ 45 prêtres français en exil quittèrent l'Angleterre pour le Canada entre 1791 et 1802. Castanet arriva à Québec en juin 1794, en compagnie des abbés Louis-Joseph Desjardins*, dit Desplantes, Jean-Denis Daulé* et François-Gabriel Le Courtois*.

Castanet s'était fait une réputation en tant qu'érudit et enseignant, et c'est avec reconnaissance qu'il fut accepté comme professeur de philosophie au séminaire de Québec où le personnel était restreint. De santé médiocre, il trouva les contraintes de sa charge d'enseignant trop fortes et demanda à être transféré dans une des missions de la région de l'Atlantique. A l'été de 1795, Castanet, Desplantes et Philippe-Jean-Louis Desjardins* accompagnèrent Mgr Hubert lors de sa première visite pastorale en Acadie. Au départ de l'évêque pour Québec, Castanet s'établit à Caraquet tandis que Desplantes allait à Bonaventure, sur la côte de Gaspé. Comme successeur de Joseph-Mathurin BOURG, Castanet eut la charge des communautés acadiennes de la baie des Chaleurs, dispersées de Caraquet à Népisiguit (Bathurst) et le long de la rivière Népisiguit. Il célébra sa première messe à Caraquet le 28 août 1795. L'année suivante, la mission s'agrandit : elle comprenait désormais la région de la rivière Miramichi ainsi que des établissements aussi éloignés, au sud, que Richibouctou. En 1798, Castanet informa le gouverneur du Nouveau-Brunswick, Thomas Carleton*, que sa mission comptait 349 familles.

C'était une région pauvre dont la principale source de revenu était la pêche. Il semble que Castanet ait été le seul, parmi les missionnaires qui desservirent la région, à ne pas recevoir de pension, tout au moins nominale, de la part du gouvernement. Néanmoins, il persévéra. Il commença la construction d'une petite chapelle à Caraquet et tâcha d'offrir un enseignement de base aux Acadiens qui, pour la plupart, n'avaient guère fréquenté l'école. Il passa également une bonne partie de son temps chez les Micmacs et fit beaucoup pour apaiser les tensions croissantes entre Indiens et Blancs. Il négocia, dit-on, un accord avec le gouvernement de la colonie, qui concédait aux Indiens des terres et des droits exclusifs de pêche sur les différents cours d'eau dans le territoire de sa mission.

Castanet avait probablement compté sur un changement de climat et de responsabilités pour rétablir sa santé, mais celle-ci continua de décliner. Il accomplit son dernier acte sacerdotal dans la région de la rivière Miramichi le 29 octobre 1797 et à Caraquet le 6 mars 1798. Deux mois plus tard, il entrait à l'Hôpital Général de Québec, laissant sa mission entre les mains des abbés Desplantes et Jacques de La Vaivre, ce dernier ayant été envoyé en 1796 pour aider les deux missionnaires. Le 26 août 1798, Castanet mourait de tuberculose à l'âge de 32 ans, premier membre du clergé français en exil à succomber au Canada. Il fut enterré sous l'église de l'Hôpital Général.

A la mort de Castanet, le curé de Notre-Dame de Québec, Joseph-Octave Plessis*, écrivait : « Ce jeune prêtre était doué d'un remarquable esprit d'ordre et de régularité. » Ce fut l'abbé René-Pierre Joyer qui prit la succession de Castanet à Caraquet.

DELLA M. M. STANLEY

APC, MG 9, A5, 3. — CÉA, Fonds Placide Gaudet, 1.52-2, Notes sur les missionnaires de la baie des Chaleurs. — Allaire, *Dictionnaire*, I. — Caron, Inv. de la corr. de Mgr Denaut, ANQ *Rapport*, 1931–1932, 129–242 ; Inv. de la corr. de Mgr Hubert et de Mgr Bailly de Messein, ANQ *Rapport*, 1930–1931, 199–351. — L.-C. Daigle, *Les anciens missionnaires de l'Acadie* ([Saint-Louis de Kent, N.-B., 1956]). — Tanguay, *Répertoire*. — Antoine Bernard, *Le drame acadien depuis 1604* (Montréal, 1936). — *Caraquet : quelques bribes de son histoire, 1967, année du centenaire*, Corinne Albert-Blanchard, compil. ([Caraquet, N.-B., 1967]). — N.-E. Dionne, *Les ecclésiastiques et les royalistes français réfugiés au Canada à l'époque de la révolution – 1791–1802* (Québec, 1905). — Robert Rumilly, *Histoire des Acadiens* (2 vol., Montréal, 1955), II. — M. Trudel, *L'Église canadienne*, I.

CAVAGNIAL, marquis de VAUDREUIL, PIERRE DE RIGAUD DE VAUDREUIL DE. V. RIGAUD

CERRY (Cerry d'Argenteuil), PHILIPPE-MARIE D'AILLEBOUST DE. V. AILLEBOUST

CHABERT DE JONCAIRE DE CLAUSONNE, DANIEL-MARIE (il signait **Joncaire Chaber**), agent auprès des Indiens, interprète et officier dans les troupes de la Marine, baptisé le 6 janvier 1714 à Repentigny (Québec), fils de Louis-Thomas Chabert* de Joncaire et de Marie-Madeleine Le Gay de Beaulieu ; il épousa le 19 janvier 1751, à Montréal, Marguerite-Élisabeth-Ursule Rocbert de La Morandière ; inhumé le 5 juillet 1771, à Détroit.

Daniel-Marie Chabert de Joncaire a souvent été confondu avec son père et avec son frère Philippe-Thomas*, qui furent aussi des agents de la France auprès des Iroquois. D'après son propre récit, Chabert alla vivre chez les Iroquois alors qu'il était encore un jeune garçon, et, pendant quelques années, il résida un certain temps chez les Outaouais, les Sauteux, de même que chez les Chaouanons. Jeune homme, quand il n'était pas employé dans les expéditions militaires, il voyageait parmi les Indiens « pour cultiver leur amitié, faire échec aux imprudences, éventer les complots et rompre les traités de ces peuples avec l'ennemi ». Son influence se trouva accrue par sa qualité de fils adoptif des Iroquois et par le fait qu'il avait une femme et des enfants de la tribu des Tsonnontouans.

En 1739 et en 1740, Chabert servit dans l'expédition qui voyagea du Canada à la vallée du bas Mississippi pour appuyer Jean-Baptiste Le Moyne* de Bienville dans une attaque contre les Chicachas, et il servit d'interprète dans les négociations subséquentes en vue d'un traité de paix. Il avait le rang de cadet, à cette époque, mais, en 1748, il fut promu enseigne dans les troupes de la Marine.

Depuis 1701, les Iroquois, officiellement, avaient été neutres dans la lutte entre la France et l'Angleterre, mais les pressions faites sur eux pour qu'ils prissent parti s'intensifièrent pendant les années 1740 et 1750. Bien que l'influence personnelle de Chabert et de son frère fût grande, en particulier chez les Tsonnontouans, William JOHNSON acquit une autorité semblable chez les Agniers, et la ligue des Six-Nations se déchirait lentement. En 1748, quand Philippe-Thomas démissionna de son poste d'agent principal auprès des Iroquois, il fut remplacé par Daniel-Marie. Malgré les objections des Iroquois, ce dernier commença à construire un nouveau fort qui allait être connu comme le petit fort Niagara ou fort du Portage, environ un mille et demi en amont des chutes. Il était destiné à intercepter les fourrures qui, autrement, auraient pu être portées aux Britanniques, à Chouaguen (ou Oswego ; aujourd'hui Oswego, New York), une fois le difficile portage complété. Il commanda le nouveau poste et reçut par la suite un monopole sur le commerce transitant par le portage. En 1757, il fut promu lieutenant.

Pendant les années 1750, alors que Français et Britanniques tentaient à qui mieux mieux d'assurer leur influence sur les Indiens, Chabert fit de nombreuses visites aux diverses nations. En 1758, au cours d'une mission en vue de négocier avec les Iroquois et les Loups (Delawares), il apporta avec lui pour 80 000# d'articles de traite et 30 000# de présents. Cependant, les démonstrations de force des Britanniques l'emportèrent en fin de compte et, en 1759, les Iroquois permirent aux forces de Johnson d'assiéger le fort Niagara (près de Youngstown, New York). Chabert fut au nombre des officiers qui signèrent la capitulation, le 25 juillet. En décembre, un échange de prisonniers lui permit de revenir de New York à Montréal, et il servit dans l'armée sous LÉVIS, qui assiégea Québec, au printemps de 1760. Chabert fit retraite à Montréal avec le reste des troupes quand le siège fut levé, et le gouverneur Vaudreuil [RIGAUD] l'envoya assembler les Indiens pour la défense de la ville.

En compagnie d'autres officiers français, il quitta le Canada en 1761, au grand soulagement des Britanniques qui redoutaient son influence sur les Indiens. Après un arrêt en Angleterre, il traversa en France où il fut emprisonné à la Bastille relativement à l'Affaire du Canada [V. BIGOT]. Il soutint que, s'étant fié à la promesse de Vaudreuil que les pertes seraient portées au compte du roi, il avait usé de son argent et de son crédit personnels pour procurer des marchandises aux Indiens. Ses livres de comptes avaient été détruits au fort du Portage, quand il l'incendia avant d'aller avec sa garnison renforcer le fort Niagara en 1759, mais il estimait à 1 661 281# la dette du roi à son endroit. Au cours de son procès, il expliqua la fortune considérable qu'il avait eue en affirmant qu'il s'était engagé dans le commerce fort lucratif du ginseng ; mais c'est la traite des fourrures, à laquelle lui et d'autres officiers s'étaient livrés malgré les ordres, qui fut la source de sa richesse. En 1763, la cour le trouva coupable d'insouciance dans l'examen des inventaires des provisions conservées dans les forts qu'il commandait et le mit en garde contre la répétition de cette offense – ce qui constituait, à toutes fins utiles, un acquittement.

Chabert se rendit à Londres après son procès et, le 18 octobre 1764, il présenta, sans succès, une requête au roi pour obtenir une terre sur la rive est de la rivière Niagara, depuis l'emplacement de son ancien fort jusqu'à, et y compris, l'actuelle rivière Buffalo, terre qu'il affirmait avoir été donnée à son père par les Iroquois. Le même mois, le gouverneur MURRAY fut averti par les autorités britanniques que Chabert projetait de rentrer au Canada et qu'on devait s'opposer à ce qu'il retournât parmi les Indiens. Quand il arriva avec un stock important de marchandises de traite achetées en Grande-Bretagne, il fut empêché par Murray de les porter au fort Niagara. Guy Carleton* succéda bientôt à Murray, et Chabert sollicita du nouveau gouverneur la permission de traiter avec les Indiens. Carleton prit parti pour lui, en faisant valoir qu'aucune disposition légale ne s'opposait à son départ. Après avoir personnellement rendu visite à Johnson en 1767 et l'avoir assuré de sa bonne conduite dans l'avenir, Chabert fut autorisé finalement à se rendre à Détroit. La rumeur parvint bientôt à Johnson qu'au fort Niagara Chabert aurait privément affirmé à Gaustrax, un chef tsonnontouan, que les Français reviendraient – accusation que Chabert nia.

Tous ces retards l'avaient mis dans une situation financière difficile, qu'aggravèrent encore le rejet de sa requête en vue d'obtenir une terre au fort Niagara et l'échec de ses tentatives pour être indemnisé par la France des pertes qu'il avait subies pendant le siège du fort Niagara. Le ministre de la Marine affirma même, des lettres de change que Chabert envoya pour remboursement, qu'elles portaient de fausses signatures et que, fût-il en France, il serait arrêté. Il fut réduit à solliciter de Johnson la permission d'écrire au commandant en chef, le major général GAGE : « qu'il peut donner à ma femme et à mes enfants le moyen d'avoir un peu de pain, et qu'il serait honteux, à mon âge, de me voir traîner ma vie sur le bord du lac [et] d'être la risée de toute la canaille ». Son sort semble s'être amélioré, une année ou deux avant sa mort, en 1771, à Détroit.

EN COLLABORATION AVEC WALTER S. DUNN, JR

AN, Col., D^{2C}, 58, f.19 ; Marine, C^7, 58 (dossier Joncaire-Chabert). — Buffalo and Erie County Hist. Soc., Daniel Joncaire MS coll. — APC *Report*, 1899, suppl., 188s. ; 1905, I, pt. VI : 104, 330, 390. — Bougainville, Journal (A.-E. Gosselin), ANQ *Rapport*, 1923–1924, 202–393. — *Coll. des manuscrits de Lévis* (Casgrain), VII : 344, 483. — *Johnson papers* (Sullivan *et al.*). — *NYCD* (O'Callaghan et Fernow), X : 39, 146, 234, 377, 392, 698. — State papers, APC *Report*, 1890, 10, 14. — Tanguay, *Dictionnaire*, I : 325. — F. H. Severance, *An old frontier of France : the Niagara region and adjacent lakes under French control* (2 vol., New York, 1917).

CHABRAND DELISLE, DAVID, ministre de l'Église d'Angleterre, né le 31 décembre 1730 à Anduze (dép. du Gard, France), fils de David Chabrand, boulanger, et de Marguerite Roussel ; il épousa, le 1er octobre 1768, Margaret Henry et le couple eut huit enfants, dont cinq au moins vécurent au delà de l'enfance ; décédé le 28 juin 1794 à Montréal.

En 1745, David Chabrand, qui, en France, portait les noms de dit Veyrac et dit La Chapelle, était au nombre des postulants du synode des Basses-Cévennes, qui l'accepta quatre ans plus tard comme étudiant en théologie. De 1750 à 1753 au moins, il étudia au séminaire protestant français, institution clandestine à Lausanne, en Suisse, mais au cours de la dernière année le synode des Basses-Cévennes refusa de prolonger la période de ses études. Renonçant à faire carrière comme pasteur en France, il passa par la suite en Angleterre, où, ordonné prêtre de l'Église d'Angleterre le 23 décembre 1764, il fut affecté à une paroisse de Londres. Le 14 avril 1766, on le nomma aumônier de la garnison de Montréal, au salaire annuel de £115. A l'occasion de ce déplacement, le nom de Delisle, qu'il avait déjà utilisé en Angleterre, commença de remplacer son véritable nom de famille, Chabrand.

La nomination de Delisle faisait suite à la décision du gouvernement britannique et de l'Église d'Angleterre, qu'appuyaient le gouverneur MURRAY, de Québec, et les marchands protestants de la ville, d'envoyer des ministres bilingues au Canada, non seulement pour y desservir les Britanniques et les quelques protestants francophones, mais aussi pour convertir les Canadiens. Ce fut l'un des rares points d'entente entre Murray et la population protestante de la colonie, en majorité formée de marchands. Murray avait le sentiment qu'on ne pouvait assurer la domination britannique qu'en captant la bienveillance des Canadiens ; aussi chercha-t-il à les rassurer en veillant à protéger leurs lois et leurs institutions et en collaborant avec l'Église catholique, toujours dans l'espoir que le temps et des mesures avisées amèneraient les Canadiens à délaisser la France pour l'Angleterre et le catholicisme pour le protestantisme. La conversion en douceur des Canadiens par un clergé protestant respectable, de langue française, était une de ces mesures. Les marchands protestants, désavantagés par la langue et les institutions de la province de Québec dans la concurrence qu'ils faisaient aux commerçants des Treize Colonies, cherchaient à obtenir l'anglicisation immédiate de toute la colonie – une mesure dont Murray craignait qu'elle provoquât une révolte. De l'avis des marchands, la conversion des catholiques par un clergé bilingue faciliterait la réalisation de l'ensemble du programme.

Peu après son arrivée au Canada, à la fin de l'été de 1766, Delisle fit la connaissance du procureur général, le huguenot Francis Maseres*, qui le jugea « un excellent homme ». Delisle fit aussi, non officiellement, du ministère auprès de la « congrégation protestante de Montréal », qui avait été desservie depuis la Conquête par les aumôniers John OGILVIE et Samuel Bennett. En 1764, la ville comptait 56 familles protestantes, dont quelques-unes étaient françaises ; bon nombre, parmi celles qui étaient de langue anglaise, appartenaient à l'Église d'Angleterre, mais la plupart, d'origine écossaise, étaient presbytériennes et n'avaient pas de ministre de leur confession. Incapable de se servir de la chapelle des jésuites, en ruine, que leur avait accordée le lieutenant-gouverneur Guy Carleton* antérieurement au mois de septembre 1767, la congrégation dut partager les lieux du culte avec les catholiques et aux conditions de ces derniers. Delisle s'opposait à cette situation, faisant valoir que pareil arrangement rendait le clergé catholique arrogant vis-à-vis des protestants, mais ses efforts pour obtenir du gouvernement une église exclusivement protestante n'aboutirent pas. Il se plaignait aussi de ce que les Canadiens étaient « le peuple le plus ignorant et le plus bigot au monde, et le plus dévoué aux prêtres, en particulier aux jésuites ».

Le rôle de Delisle au sein de la congrégation protestante fut régularisé en 1768, année où il en fut nommé ministre, avec un supplément de salaire de £200. Il devint franc-maçon et aumônier de la St Peter's Lodge, No. 4, Quebec, à Montréal, et fut aussi nommé aumônier de la prison de Montréal. Même si ses requêtes pour être admis comme missionnaire de la Society for the Propagation of the Gospel furent repoussées, il en remplissait néanmoins les fonctions, visitant la garnison de Chambly et les protestants dispersés à l'extérieur de Montréal. En 1771, son zèle n'avait produit que deux conversions chez les Canadiens. Par ailleurs, sa congrégation et lui réussirent à faire venir un maître d'école protestant à Montréal en 1773. La Révolution américaine accrut sensiblement l'activité de Delisle : non seulement le nombre des soldats protestants augmenta-t-il beaucoup, mais les troupes d'origine allemande préféraient les offices célébrés en langue française. De même, sa congrégation s'agrandit-elle grâce à l'arrivée des Loyalistes.

Delisle et ses deux collègues de langue française, Leger-Jean-Baptiste-Noël VEYSSIÈRE, à Trois-Rivières, et David-François De Montmollin*, à Québec, semblent avoir eu de bons rapports avec les marchands britanniques bilingues, à qui ils devaient en partie leurs nominations. Delisle, par exemple, était en étroites relations avec la famille Frobisher, en particulier avec Joseph*. Les Loyalistes, cependant, étaient unilingues et peu portés à accepter l'anglais assez particulier des ministres français. En 1788, leurs plaintes, de même que celles de Christian Daniel CLAUS et plus particulièrement du révérend John Doty*, dont elles faisaient état, mettaient l'accent sur la faible quantité des familles protestantes de langue française (une vingtaine) par rapport à celles de langue anglaise (5 000), sur la faible assistance aux offices religieux, sur la rareté aussi de la dispensation des sacrements et des catéchismes. Ces plaintes vinrent aux oreilles de l'évêque nouvellement nommé de la Nouvelle-Écosse, Charles Inglis*, lui-même loyaliste, qui décida de remplacer les trois hommes par des ministres de langue anglaise.

A l'été de 1789, Inglis fit une visite pastorale dans la province de Québec. Il trouva en Delisle « un homme sensé et bien élevé » et dîna souvent chez lui. Il découvrit aussi qu'il pouvait à peine comprendre l'anglais de son hôte, et que la congrégation désirait fortement qu'on lui donnât un assistant de langue anglaise. Pressé par Inglis, Delisle accepta de se limiter à la prédication en langue française et de continuer son travail de conversion auprès des Canadiens. Ayant changé d'idée au début d'août, Delisle ne put toutefois obtenir d'Inglis que deux concessions : il resterait titulaire et il lui serait permis de prêcher occasionnellement en anglais, l'assistant anglophone, James Marmaduke Tunstall*, devant assumer le gros des responsabilités du ministère.

Inglis avait convaincu le gouverneur, lord Dorchester [Carleton], de faire réparer la chapelle des jésuites pour l'usage exclusif de la congrégation de Montréal, et, dans un geste de bonne volonté, celle-ci invita le ministre à prêcher le sermon dédicatoire lors du service inaugural à la Christ Church, le 20 décembre 1789. Il accepta et, à partir de ce moment, il continua, en dépit des ordres d'Inglis, d'assumer l'ensemble des responsabilités du ministère. Grâce à Joseph Frobisher, il persuada même la congrégation de demander à Inglis, en 1792, de lever la restriction à laquelle il l'avait soumis relativement à la prédication en anglais.

Diminué par la maladie depuis au moins 1791, Delisle mourut le 28 juin 1794. Son revenu annuel, plus de £300 au total, lui avait permis d'acquérir des biens immobiliers. Il possédait trois maisons et une petite ferme à Montréal. Il avait aussi obtenu une concession de 5 000 acres en 1766, lors de sa nomination comme aumônier, mais ses requêtes persistantes pour qu'elle fût localisée et mise à son nom furent ignorées. En août 1795, un groupe d'associés, comprenant les marchands Joseph Périneault*, Pierre Foretier* et John Welles, dont Delisle avait été le chef, reçut une concession de 1 000 acres dans le canton de Godmanchester, et, en octobre 1816, les héritiers de Delisle obtinrent finalement les 5 000 acres dans le canton de Hinchinbrook. En tant que ministre protestant de langue française, Delisle paraît s'être mieux tiré d'affaire que Veyssière et De Montmollin, mais sa nomination lui apporta, à lui aussi, de l'amertume : il connut l'aversion des Canadiens, l'indifférence insultante de la plupart des membres de sa propre congrégation, et, finalement, un quasi-abandon de la part de l'Église d'Angleterre.

JAMES H. LAMBERT

David Chabrand Delisle est l'auteur d'un *Sermon funèbre prononcé à l'occasion de la mort de Mr. Benjamin Frobisher* (Montréal, 1787 ; réimpr., York, Angl., 1796).

AD, Gard (Nîmes), État civil, Anduze, 31 déc. 1730. — APC, MG 23, A1, 2, pp.1 432–1 453 ; A4, 13, pp.33s. ; 14, pp.26, 42 ; 16, p.106 ; GIII, 1, 2, p.182 ; RG 1, E15, A, 1780 ; L3[L], 1, pp.11–26, 45–57 ; 3, p.1129 ; 4, p.1 583 ; 5, pp.1 629s., 1 634 ; 7, pp.2 165, 2 345–2 351 ; 10, pp.2 737, 2 747, 2 913–2 940, 3 229–3 250 ; 47, pp.24 264s. ; 72, pp.36 037–36 045 ; 127, pp.62 481–62 495 ; 173, pp.84 176–84 261 ; RG 4, A1, pp.6 214s., 17 820s. ; RG 8, I (C series), 933, p.8. — BL, Add. MSS 1 699, ff.41–42 ; 21 661, p.2 342 (copie aux APC). — Christ Church Cathedral (Montréal), Minute book register, July 1789 to May 1802, 7 juill., 23 août, 20 sept. 1789, 3 mai, 19 juin, 2 juill. 1791, 2, 9 avril 1792 ; Register of the Parish of Montreal commenced 20th June 1784 by Mr. D[d] Ch[d] Delisle Rector of the Parish and Chaplain of the Garrison [1784–1795], 30 juin 1794 ; The register of the Protestants of Montreal, made by one D[d] Ch[d] Delisle Rector of the Parish & Chaplain to the Garrison, the 31st Dec[r] 1792 [1766–1793], 17 août 1769, 10 oct. 1770, 15 mars, 27 sept. 1772, 16 mai 1774, 7 janv. 1776, 8 avril 1777, 3 janv. 1780, 6 mars, 23 juill. 1786. — Lambeth Palace Library (Londres), Fulham papers, 1, ff.163–165 ; 33, f.1 ; 38, ff.6v., 58. — McGill University Libraries, Dept. of Rare Books and Special Coll., MS coll., CH132.S2, Joseph Frobisher à Thomas Dunn, 10 avril 1788. — Montreal Diocesan Archives, C-11, 28 déc. 1793, Requête de Delisle et autres à Jacob Mountain. — PRO, CO 42/25, f.197 ; 42/27, f.149 ; 42/28, ff.387v.–388, 390 ; 42/49, ff.46, 47 ; 42/51, f.189 ; 42/72, ff.231–233. — QDA, 84 (D-3), 27 août 1789, 27 oct. 1792. — Trinity Cathedral Archives (Québec), Registre des mariages, 1768–1795, p.1. — USPG, C/CAN/Que., I, 14 avril 1766, 30 sept. 1767, 14 juill. 1771, 15 déc. 1773, 9, 20 oct. 1782, 13 oct. 1788 ; Journal of SPG, 16, pp.264s. ; 17, pp.465–467 ; 21, pp.497s. (copies aux APC). — *Coll. of several commissions* (Maseres). — *Doc. relatifs à l'hist. constitutionnelle, 1759–1791* (Shortt et Doughty ; 1921), I : 56, 72, 516. — Fabre, dit Laterrière, *Mémoires* (A. Garneau), 44–46. — Charles Inglis, *A charge delivered to the clergy of the province of Quebec, at the primary visitation holden in the city of Quebec, in the month of August 1789* (Halifax, 1790). — *La Gazette de Montréal*, 1er févr. 1787, 9 juill., 12 nov. 1789. — *La Gazette de Québec*, 29 sept. 1766, 28 avril 1768, 3 mai 1787, 16 juill., 13 août 1789. — Kelley, Church and states papers, ANQ *Rapport*, 1948–1949, 305–308, 312–317 ; 1953–1955, 94–96, 102–105, 113, 119. — F. D. Adams, *A history of Christ Church Cathedral, Montreal* (Montréal, 1941), 11–49. — Campbell, *History of Scotch Presbyterian Church*, 201s. — J. I. Cooper, *The blessed communion ; the origins and history of the diocese of Montreal, 1760–1960* ([Montréal], 1960), 7–19. — R.-P. Duclos, *Histoire du protestantisme français au Canada et aux États-Unis* (2 vol., Montréal, [1913]), I : 35s. — J. S. Moir, *The church in the British era, from the conquest to confederation* (Toronto, 1972), 43, 45, 59, 66. — H. C. Stuart, *The Church of England in Canada, 1759–1793 ; from the conquest to the establishment of the see of Quebec* (Montréal, 1893), 24s., 31, 78–86, 88, 107. — F.-J. Audet, David Lynd, 1745–1802, *BRH*, XLVII (1941) : 89. — Philéas Gagnon, Le ministre Delisle, *BRH*, XVIII (1912) : 63s. — Leland, François-Joseph Cugnet, *Revue de l'université Laval*, XVII : 834s. — É.-Z. Massicotte, La famille du pasteur Delisle, *BRH*, XLVI (1940) : 105–107 ; Les mariages mixtes, à Montréal, dans les temples protestants, au 18e siècle, *BRH*, XXI (1915) : 84–86 ; Le ministre Delisle, *BRH*, XVIII (1912) : 123–125. — T. R. Millman, David Chabrand Delisle, 1730–1794, *Montreal Churchman* (Granby, Québec), XXIX (1941), n° 2 : 14–16 ; n° 3 : 14–16. — J.-E. Roy, Les premiers pasteurs protestants au Canada, *BRH*, III (1897) : 2. — A. H. Young, Lord Dorchester and the Church of England, CHA *Report*, 1926, 60–65.

CHAMPAGNE, LOUIS FOUREUR, dit. V. FOUREUR

CHAPTES, JOSEPH-MARIE DE LA CORNE DE. V. LA CORNE

CHAPTES (Chap, Chapt) DE LA CORNE, LA CORNE, LUC DE, dit. V. LA CORNE

CHAREST, ÉTIENNE, seigneur, marchand et capitaine de milice, né à Pointe-Lévy (Lauzon) le 4 février 1718, fils d'Étienne Charest et d'Anne-Thérèse Duroy, décédé à Loches, France, le 6 août 1783.

Le père d'Étienne Charest, ayant établi sa fortune sur des maisons de commerce, des industries et des biens-fonds très lucratifs, était un des plus riches propriétaires de la colonie. Lors de son décès, en 1735, Étienne et son frère cadet Joseph Dufy Charest étaient trop jeunes pour prendre la succession et l'administration de la seigneurie de Lauson ; Jacques Charly Saint-Ange, leur beau-frère, s'en empara. Craignant un abus de pouvoir de la part de ce dernier, Pierre Trottier* Desauniers, tuteur et curateur des héritiers, leur fit émettre des lettres d'émancipation en 1737.

Les jeunes seigneurs nommèrent dès 1738 un juge bailli, Jean de Latour, notaire royal à Québec, pour la seigneurie demeurée sans justice seigneuriale depuis 1712. La même année, Étienne fit émettre une ordonnance commettant l'arpenteur Ignace Lafleur, dit Plamondon, pour fixer des bornes entre les seigneuries de Beaurivage, de Lauson et de Tilly. Un recensement de 1739 dénombrait 1 237 âmes dans la seigneurie, soit une augmentation de 806 personnes en 33 ans.

Depuis la mort de leur père, les deux frères avaient continué en société l'exploitation de son commerce et de ses industries, s'occupant notamment, au Labrador, de la pêche de la morue et de la chasse aux loups-marins. Joseph, qui avait embrassé la carrière de marin, et Étienne, qui demeurait rue Sault-au-Matelot, dans la basse ville de Québec, au magasin de son père, un des plus florissants et des plus achalandés, ne négligeaient rien cependant pour favoriser les nouveaux établissements dans la seigneurie. Au printemps de 1745, ils obligèrent leurs censitaires à fournir un nouveau titre de leurs biens dans la seigneurie. En 1746, Étienne fit bâtir un moulin à farine sur la rivière Etchemin pour la commodité des habitants, ce qui entraîna la fondation de la paroisse Saint-Henri à laquelle il donna une terre pour bâtir l'église et le presbytère. De 1750 à 1754, il octroya 20 concessions sur le territoire occupé aujourd'hui par les paroisses Saint-Joseph-de-la-Pointe-de-Lévy, Saint-Romuald-d'Etchemin et Saint-Nicolas.

En 1759, MONCKTON débarqua à Pointe-Lévy et y établit un camp d'où il pouvait bombarder la ville de Québec. Charest, en qualité de capitaine de milice, prit la tête d'une quarantaine de ses censitaires et d'environ 300 Indiens et offrit une dure résistance aux envahisseurs, retardant leur avance de quelques heures. Dix-sept ans plus tard, en 1776, il fut créé chevalier de Saint-Louis en récompense des services qu'il avait rendus au Canada – ce fut le seul milicien à recevoir cette décoration.

Après la signature du traité de Paris en 1763, Étienne Charest signa l'adresse des citoyens de Québec au gouverneur MURRAY dans laquelle ils proclamaient leur loyauté à leur nouveau souverain. En octobre de la même année, il passait en Angleterre chargé par ses compatriotes de demander le maintien de l'organisation religieuse au Canada, le rétablissement des lois françaises, une réforme de la justice et un règlement plus avantageux des finances. Peu de temps après son retour, désappointé du peu de succès de sa mission – Londres ne permettra la nomination de Mgr BRIAND comme évêque catholique pour le Canada qu'en 1766 – et désespérant de ne pouvoir jamais vivre en paix, Charest quitte le Canada avec toute sa famille en août 1765 et s'établit à Loches, en Touraine. Avant son départ, il avait procédé à la vente de ses maisons à Québec et de sa seigneurie ; le gouverneur Murray fit l'acquisition de cette dernière, qui comptait alors 1 540 censitaires possédant 33 706 arpents, pour la somme de 80 000#.

Dernier seigneur de Lauson sous le Régime français, Étienne Charest avait épousé à Saint-Joseph-de-la-Pointe-de-Lévy, le 22 octobre 1742, Marie-Catherine, fille de Pierre Trottier Desauniers ; le même jour, son frère Joseph s'unissait à Marguerite, sœur de Marie-Catherine. Étienne et sa femme eurent 13 enfants ; leurs fils s'établirent à Saint-Domingue (île d'Haïti).

ROLAND-J. AUGER

ANQ-Q, NF 25, 38, nº 1 381 ; 39, nº 1 397 ; 41, nº 1 496. — Archives paroissiales, Notre-Dame de Québec, Registres des délibérations du conseil de la fabrique, IV : 164. — Æ. Fauteux, *Les chevaliers de Saint-Louis*, 204s. — P.-G. Roy, *Inv. ord. int.*, II : 242 ; III : 3, 193. — Georges Bellerive, *Délégués canadiens-français en Angleterre, de 1763 à 1867* [...] (Québec, [1913]), 8–22. — Burt, *Old prov. of Que.* (1968), I : 86, 100. — J.-E. Roy, *Histoire de la seigneurie de Lauzon* (5 vol., Lévis, Québec, 1897–1904), II : 138–143, 157–159, 175–177, 186, 211–213, 282–286, 360–364, 370–379, 385, 416. — Comment fut reçut le traité de Paris, *BRH*, LI (1945) : 310s. — O.-M.-H. Lapalice, Étienne Charest, *BRH*, XXXIV (1928) : 500s.

CHARTIER DE LOTBINIÈRE, EUSTACHE (baptisé **François-Louis**), prêtre, récollet, cordelier, chevalier de Malte, né à Québec le 13 décembre 1716, fils d'Eustache Chartier* de Lotbinière et de Marie-Françoise Renaud d'Avène de Desmeloizes, décédé aux États-Unis après 1785.

Jeune, François-Louis Chartier de Lotbinière a dû étudier, comme ses frères, au collège des jésuites ou au petit séminaire de Québec. En 1736, son père, désirant qu'il se prépare à une carrière, l'embarqua sur un bateau pour la France ; mais le jeune homme de 20 ans fit son premier éclat en rebroussant chemin, au Labrador, et en entrant aussitôt chez les récollets de Québec, bien que son père s'y opposât, connaissant son manque de sérieux et de piété. Chartier de Lotbinière prononça ses vœux le 17 octobre 1738, sous le nom de frère Eustache ; mais il dut attendre l'arrivée d'un nouvel évêque, Mgr de Pontbriand [Dubreil*], pour recevoir tous les ordres mineurs et majeurs, y compris la prêtrise, en l'espace de quatre jours, du 20 au 23 septembre 1741. Après son ordination, il vint en France où, selon Odoric-Marie Jouve, « il se fit agréger aux Frères mineurs observants [cordeliers], mais il rentra ensuite chez les récollets et retourna au Canada en 1749 ». Ce séjour en France est confirmé par une lettre du chanoine Pierre HAZEUR de L'Orme à son frère Joseph-Thierry Hazeur* de Québec, datée du 24 mars 1748, dans laquelle il lui parle familièrement des fils du chanoine Eustache Chartier de Lotbinière : « En voilà un de curé à la Pointe-aux-Trembles [Neuville] ; un autre récollet après avoir été cordelier, qui est à présent à Rouen, où il s'exerce à mal prêcher [...]. »

De retour au Canada, Chartier de Lotbinière exerça le ministère, surtout à Trois-Rivières, jusqu'à la fin de 1756, servant aussi comme aumônier dans les forts. C'est bien du père Eustache, en effet, dont parle François-Clément Boucher de La Perrière, commandant du fort Niagara (près de Youngstown, New York), quand il écrit, le 11 juin 1755, « qu'on peut le regarder comme déserteur de son poste ». Un indice qui n'est pas négligeable. Mais, si l'on en croit des lettres postérieures de Mgr BRIAND, le fameux père Eustache avait déjà gâché sa carrière, publiquement, par deux vices complémentaires : ivrognerie et libertinage. Vers 1756, sans qu'on puisse retrouver cet acte, Mgr de Pontbriand le déclara interdit et suspens de tous les ordres. L'interdiction l'excluait en principe de toute église et même de la colonie. On peut penser que son frère aîné, Eustache, curé de la Pointe-aux-Trembles, et son frère cadet, MICHEL, respectable ingénieur dans l'armée, se concertèrent pour le faire retourner en France. Après une grave maladie, nous dit Mgr Briand, « récollet encore, après cela apostat [...] pendant deux ans ; devenu ensuite de l'ordre de Malte, sans devenir meilleur, chassé de la Martinique, à cause de ses désordres, par les Capucins et le gouverneur, il n'a pas eu honte de revenir en Canada ».

Chartier de Lotbinière arriva à Québec en août 1768. Selon François-Xavier Noiseux*, « il avait obtenu une place de frère-servant dans l'Ordre de Malte et portait une soutane avec la croix de Malte ». Il se rendit chez son frère Eustache, à la Pointe-aux-Trembles, où Mgr Briand lui permit d'administrer les sacrements. Le 2 octobre 1770, Mgr Briand se risquait à le nommer curé à Saint-Laurent, île d'Orléans, sous la tutelle de son cousin germain, Mgr Louis-Philippe MARIAUCHAU d'Esgly, nouveau coadjuteur de l'évêque de Québec et curé de la paroisse voisine, Saint-Pierre. Mais l'inconduite du personnage força le coadjuteur à renouveler contre lui, en mai 1772, la suspense de toute fonction publique. Chartier de Lotbinière se retira alors dans une maison privée, à Beaumont, rédigeant contre Mgr Briand des réquisitoires qu'il adressait à Londres et à Rome. L'évêque s'en disculpa facilement et, toujours condescendant, tout en maintenant la suspense, accueillit les excuses du coupable et lui fit restituer une pension convenable que le gouverneur lui avait d'abord accordée puis retirée. Cependant, l'évêque censura vertement l'abbé Antoine Huppé, dit Lagroix, curé de Saint-Michel (Saint-Michel-de-Bellechasse) et de qui dépendait la desserte de Beaumont, pour avoir laissé Chartier de Lotbinière administrer les sacrements aux fidèles dans ses deux paroisses.

A l'automne de 1775, l'invasion américaine arrivait à point pour soulager l'Église de Québec de ce scandale chronique. Autant Mgr Briand prêcha aux Canadiens catholiques le loyalisme, autant l'ex-récollet prit parti pour les rebelles, s'instituant aumônier des quelques habitants du pays devenus miliciens à la solde des Bostonnais, sous le commandement de James Livingston*, et participant au siège de Québec durant l'hiver. Ses chances étaient belles ; les Américains lui avaient donné £1 500 et lui promettaient la mitre. « M. de Lotbinière sortit alors de sa retraite et vint desservir et administrer les révoltés, sans aucune juridiction. Il s'empara de l'église de Ste-Foy et y exerçait les fonctions du ministère. » Il fut d'abord nommé aumônier de ces miliciens canadiens par Benedict Arnold*, le 26 janvier 1776. Après la levée du siège de Québec, il suivit son régiment repoussé au delà de la frontière avec tous les Américains. Le 12 août 1776, le Congrès sanctionnait sa nomination d'aumônier militaire et on lui versa une solde mensuelle jusqu'en février 1781. Chartier de Lotbinière se serait alors retiré auprès de son frère Michel, résidant aux États-Unis pour avoir épousé, lui aussi, la cause des Américains, dans des circonstances différentes. A la fin de 1785 et le 2 janvier 1786, « menacé de mourir de faim et de froid », Eustache Chartier de Lotbinière alors à Bristol, Pennsylvanie, réclamait au Congrès ce qu'il croyait lui être dû en raison de son engagement et de ses services pour la cause de l'Indépendance américaine. Par la suite, on perd sa trace.

HONORIUS PROVOST

ANQ-Q, AP-P-378. — ASQ, MSS, 425 ; Fonds Viger-Verreau, Carton 2, n° 132 ; Sér. O, 097. — [Thomas Ainslie], Journal of the most remarkable ocurrences in the province of Quebec from the appearance of the rebels in September 1775 until their retreat on the sixth of May 1776, F. C. Würtele, édit., Literary and Hist. Soc. of Quebec, *Hist. Docs.*, 7e sér. (1905) : 9–89. — É.-U., Continental Congress, *Journals of the Continental Congress, 1774–1789*, W. C. Ford *et al.*, édit. (34 vol., Washington, 1904–1937). — P.-G. Roy, *Fils de Québec*, I : 189s. — Jouve, *Les franciscains et le Canada : aux Trois-Rivières*, 181, 202. — Laval Laurent, *Québec et l'Église aux États-Unis sous Mgr Briand et Mgr Plessis* (Montréal, 1945). — Têtu, Le chapitre de la cathédrale, *BRH*, XVI : 362.

CHARTIER DE LOTBINIÈRE, MICHEL, marquis de LOTBINIÈRE, officier dans les troupes de la Marine, ingénieur militaire et seigneur, né à Québec le 23 avril 1723, fils d'Eustache Chartier* de Lotbinière et de Marie-Françoise Renaud d'Avène de Desmeloizes ; il épousa, à Québec le 20 novembre 1747, Louise-Madeleine, fille de Gaspard-Joseph Chaussegros* de Léry, ingénieur du roi, et ils eurent huit enfants dont seulement deux, un fils et une fille, atteignirent l'âge adulte ; décédé à New York le 14 octobre 1798.

Orphelin de mère dès sa naissance, Michel Chartier de Lotbinière fut, en outre, privé de la présence de son père qui embrassa la vie religieuse trois ans après le décès de sa femme. Le jeune Michel fréquente le collège des jésuites de Québec puis entre, adolescent, dans les troupes de la Marine, en qualité de cadet, rompant ainsi avec la tradition familiale de s'illustrer dans la magistrature. Enseigne en second en 1744, il participe à ce titre aux campagnes militaires d'Acadie, de 1746 à 1747, sous le commandement de Jean-Baptiste-Nicolas-Roch de RAMEZAY ; il se fait alors remarquer par son courage et ses capacités. En 1749, le commandant général de la Nouvelle-France, Roland-Michel Barrin* de La Galissonière, le nomme enseigne en pied et lui confie une mission de reconnaissance dans l'Ouest pour rassembler des renseignements d'ordre stratégique et scientifique sur le territoire entre Montréal et Michillimakinac (Mackinaw City, Michigan).

De retour en France, La Galissonière fait venir son protégé, en 1750, pour qu'il y acquiert une formation d'ingénieur et d'artilleur de la Marine. Trois ans plus tard, Chartier de Lotbinière revient au Canada avec le titre d'ingénieur ordinaire du roi et le grade de lieutenant. Il travaille à Québec à la réfection des remparts, sous les ordres de son beau-père. En 1755, le gouverneur Vaudreuil [RIGAUD], son cousin, lui confie la construction du fort Carillon (Ticonderoga, New York). Promu capitaine en 1757, il se voit cependant refuser le poste d'ingénieur en chef de la Nouvelle-France qu'il avait sollicité après la mort de son beau-père en mars 1756, la cour lui préférant Nicolas Sarrebource* Maladre de Pontleroy, ingénieur des troupes régulières françaises. L'arrivée de ce dernier marque le début d'une série de déboires pour Chartier de Lotbinière : en plus de gêner son action au fort Carillon, Pontleroy et ses amis expédient à Paris des rapports l'accusant d'incompétence et de malversations. A partir de cette époque et pendant plus de 20 ans, Chartier de Lotbinière perd toute crédibilité auprès du ministère de la Marine, et la cour de France ne lui accorde plus aucune récompense ou distinction. Par contre, en 1758, Vaudreuil lui concède la seigneurie d'Alainville, située au sud-ouest du lac Champlain.

Après la victoire de Montcalm* à Carillon et jusqu'à la prise de Québec par les Britanniques, Chartier de Lotbinière demeure dans les environs de la capitale où le gouverneur l'emploie à construire des ouvrages défensifs. Il participe à la campagne de septembre 1759 à titre d'aide de camp de Vaudreuil. Au printemps de 1760, il est chargé de fortifier l'île aux Noix pour arrêter l'avance ennemie au sud, mais il doit abandonner ce poste aux troupes du général de brigade William HAVILAND et se replier sur Montréal. Après la capitulation, il se rend en France avec son fils Michel-Eustache-Gaspard-Alain*, laissant sa femme et sa fille, Marie-Charlotte, au pays.

La Conquête, qui a modifié les conditions d'existence des Canadiens, a particulièrement touché le groupe des seigneurs militaires de carrière. Chacun des membres de cette petite noblesse d'épée doit s'adapter à la conjoncture : Chartier de Lotbinière se distingue par l'originalité, sinon par le succès, de ses tentatives d'adaptation à la situation nouvelle. Après n'avoir rencontré que des déceptions en France, où il a essayé de poursuivre sa carrière de soldat, il reporte ses espoirs vers son pays natal. Il décide de se transformer en grand propriétaire foncier et acquiert plusieurs seigneuries dont celles de Vaudreuil, Rigaud et Saint-François-de-la-Nouvelle-Beauce, propriétés des Vaudreuil, Villechauve, ayant appartenu à Beauharnois*, et enfin celle de l'ancien intendant HOCQUART, qui porte son nom, sise sur la rive sud-est du lac Champlain. Ces affaires conclues, il passe à Londres, en route vers le Canada, et y apprend que ses deux seigneuries du lac Champlain, Alainville et Hocquart, placées en territoire new-yorkais depuis la Proclamation royale du 7 octobre 1763, sont menacées d'être occupées par les habitants des régions environnantes. Il prolonge alors son séjour dans la capitale britannique pour s'en faire reconnaître la propriété par le Board of Trade, mais un an de démarches n'aboutit qu'à une vague promesse que Chartier de Lotbinière prend pour une garantie.

De 1764 à 1770, le nouveau propriétaire s'attache à mettre en valeur sa seigneurie de Vaudreuil et y fait construire sa demeure familiale, un moulin et l'église Saint-Michel (qui existe toujours). Ses revenus ne lui permettant pas de rencontrer ses obligations, particulièrement celles contractées envers les Vaudreuil, il est contraint, en 1770, de vendre à son fils sa seigneurie de Lotbinière, héritée de son père, puis, en 1771, de lui céder celles de Vaudreuil, de Rigaud et de Saint-François-de-la-Nouvelle-Beauce ; il ne conserve que la seigneurie de Villechauve, également hypothéquée. De plus, malgré de nombreuses démarches auprès du gouverneur de New York appuyées sur la promesse de Londres, il ne peut récupérer les deux seigneuries du lac Champlain. En décembre 1771, il décide de retourner dans la capitale anglaise pour y plaider sa cause une seconde fois. Dans son jugement, rendu en février 1776, le Board of Trade rejette ses prétentions sur les terres d'Alainville et lui offre en compensation de la seigneurie de Hocquart une concession de superficie égale dans la province de Québec. Chartier de Lotbinière refuse ce compromis, quitte la Grande-Bretagne et décide de ne plus être sujet britannique. Il est d'autant plus ulcéré qu'il a déjà essuyé un échec cuisant en 1774, alors qu'il s'opposait aux projets du gouverneur Guy Carleton* et se présentait comme le porte-parole des seigneurs canadiens, malgré le peu de soutien de la part de ces derniers. Invité à exprimer ses idées devant le comité de la chambre des Communes chargé d'étudier l'Acte de Québec, il avait proposé la création d'une chambre d'Assemblée formée de tous les grands propriétaires terriens, nouveaux ou anciens sujets, catholiques comme protestants, afin de rétablir la prédominance de la classe seigneuriale réduite à un rang de subalterne par le gouverneur. Il avait aussi plaidé en faveur du maintien des lois civiles et criminelles françaises et de l'emploi du français dans les affaires publiques. L'adoption de l'Acte de Québec met un terme à ses ambitions politiques au Canada et le convainc du caractère despotique du régime.

Chartier de Lotbinière se tourne alors vers la France où, sur les conseils du chevalier de LÉVIS, son ancien supérieur, il offre ses services au comte de Vergennes, ministre français des Affaires étrangères, qui lui confie une mission officieuse d'observateur. Chartier de Lotbinière quitte la France en juin 1776 et arrive au Massachusetts en novembre. Tout de suite, il adresse une missive au président du Congrès continental, John Hancock, auquel il se présente comme l'envoyé officieux du comte de Vergennes, malgré l'interdiction expresse du ministre de se réclamer du gouvernement français. Il passe quelque six mois à Boston où son agitation lui attire l'animosité de plusieurs citoyens. En fait, s'il souhaite l'intervention de la France en Amérique, ce n'est pas tant par sympathie pour la cause des insurgés, qui le laisse tiède malgré ce qu'il en écrit à son fils prisonnier des Américains depuis novembre 1775, mais par intérêt personnel. Dans sa perspective, la France devrait profiter du conflit pour reprendre possession de son ancienne colonie, auquel cas il pourrait se réinstaller chez lui et jouir des bonnes grâces de l'État. Il retourne en France en août 1777 pour rendre compte de sa mission, mais le ministre ne juge pas opportun de lui en confier d'autres. Malgré cela, Chartier de Lotbinière conserve ses espoirs de reconquête jusqu'en 1782, année où il adresse, à cet effet, un mémoire à Vergennes. Le traité deVersailles, en 1783, lui enlève cependant tout espoir de retour au Canada.

Chartier de Lotbinière demeure une dizaine d'années en France où il tente d'améliorer sa situation. Soutenu par Lévis, il rétablit sa réputation anciennement ternie par les accusations de Pontleroy et obtient alors la croix de Saint-Louis, une pension de 600#, portée à 1 200# en 1781, et enfin le marquisat en 1784, pour les sacrifices consentis lorsqu'il s'était allié à la cause française en 1776.

En 1787, Chartier de Lotbinière, infatigable, traverse derechef l'Atlantique pour tenter encore une fois auprès des états indépendants de recouvrer ses seigneuries d'Alainville et de Hocquart, mais c'est peine perdue, après deux ans d'efforts. Par ailleurs, dès son arrivée à New York, il avait tenté d'obtenir la permission d'aller dans son pays, mais lord Dorchester y opposa un refus catégorique. En octobre 1790 cependant, il franchit, tout simplement et sans être inquiété, la frontière, en compagnie de son fils, homme de confiance de Dorchester. Après 19 ans d'absence, il retrouve sa famille et sa seigneurie de Villechauve. Mais l'euphorie des retrouvailles est de courte durée, et il reprend le chemin de l'exil après avoir vendu Villechauve à Alexander Ellice*, le 30 juillet 1795. Pour toucher sa part de la vente, Mme Chartier de Lotbinière demande, et obtient, la séparation de biens en juin 1796.

Brouillé avec sa famille, aigri, Chartier de Lotbinière, qui s'était distingué des autres seigneurs par la hardiesse de ses prises de position contre le gouverneur Carleton, termine sa vie seul à New

York. Il meurt de la fièvre jaune en octobre 1798, à l'âge de 75 ans.

F. J. THORPE ET SYLVETTE NICOLINI-MASCHINO

Les sources concernant Michel Chartier de Lotbinière sont nombreuses ; on les estime à environ 2 000 folios. Les biographes sérieux seront déçus de constater les lacunes dans les journaux et la correspondance, car ces derniers projettent une image séduisante mais voilée de l'homme privé, sans révéler plus sur ses relations avec sa femme et ses enfants, desquels il vécut séparé pendant plus de 25 ans. Les papiers Lotbinière sont éparpillés dans des dépôts d'archives au Québec, dans l'état de New York et ailleurs ; heureusement, il existe des copies aux APC et, jusqu'à un certain point, aux ANQ-Q. [F. J. T. et S. N.-M.]

Certaines lettres de Michel Chartier de Lotbinière ont paru dans le *BRH* : Lettre du marquis de Lotbinière à John Hancock, président du Congrès, XLIX (1943) ; 114s. Lettre du marquis de Lotbinière à son fils, 190–192 ; Lettre du marquis de Lotbinière au président du Congrès, LIV (1948) : 115–118.

AMA, SHA, A[1], 3 498, n° 175 ; 3 499, n°s 31, 83, 156. — AN, Col., B, 96, ff.96, 179 ; 105, f.181 ; C[11A], 91, f.214 ; 101, ff.333, 335 ; D[1], 10, f.59 ; D[2C], 48, f.268 ; E, 75 (dossier Chartier de Lotbinière). — ANQ-Q, AP-G-229, E.-G.-M.-A. de Lotbinière à Nicolas Renaud d'Avène Des Méloizes, 24 oct. 1803 ; Greffe de C.-H. Du Laurent, 15 nov. 1747. — APC, MG 18, K3. — Archives du ministère des Affaires étrangères (Paris), Corr. politique, Angleterre, 508, ff.49–54v. ; 516, ff.247–248v. ; 519, ff.440–446 ; États-Unis, 1, ff.96–98, 107–108, 255–256 ; Mémoires et doc., Angleterre, 47, ff.283–308v., 327, 339–340. — Archives privées, Henry de Lotbinière-Harwood (Vaudreuil, Québec), Acte de cession des seigneuries de Vaudreuil et de Rigaud, 14 sept. 1771. — ASQ, Polygraphie, XXX : 30 ; Séminaire, 14/7, n°s 18a, 18d. — N.Y. Hist. Soc. (New York), Canada-Lotbinière, MSS, Correspondence, 1746–1790 ; Journals, reports, miscellaneous papers. — PRO, CO 42/1, f.139. — *American archives* (Clarke et Force), 5e sér., III : 642–646, 1 079s., 1 412–1 415, 1 564. — Au sujet de la famille de Lotbinière, *BRH*, XXXIII (1927) : 392, 395s. — *Coll. des manuscrits de Lévis* (Casgrain), II : 66–72 ; VI : 38–41 ; VII : 409 ; IX : 7s., 19–21. — *Docs. relating to constitutional history, 1759–1791* (Shortt et Doughty ; 1918), I : 532. — *Inv. des papiers de Léry* (P.-G. Roy), II : 117–132. — *NYCD* (O'Callaghan et Fernow), VII : 320s., 642s. ; VIII : 577–579, 669s. ; X : 746, 769. — Brunet, *Les Canadiens après la Conquête*, 240–242. — Sylvette Nicolini-Maschino, Michel Chartier de Lotbinière : l'action et la pensée d'un Canadien du 18e siècle (thèse de PH.D., université de Montréal, 1978). — L.-L. Paradis, *Les annales de Lotbinière, 1672–1933* (Québec, 1933). — Marcel Trudel, *Louis XVI, le Congrès américain et le Canada, 1774–1789* (Québec, [1949]), 15, 118. — Elizabeth Arthur, French Canadian participation in the government of Canada, 1775–1785, *CHR*, XXXII (1951) : 304, 306. — C.-A. de Lotbinière-Harwood, L'honorable M. E.-G.-A. Chartier de Lotbinière, *BRH*, XL (1934) : 73. — R.-L. Séguin, La persévérance d'un Canadien en quête d'une croix de Saint-Louis, *RHAF*, IX (1955–1956) : 361–375.

CHAUSSEGROS DE LÉRY, GASPARD-JOSEPH (Joseph-Gaspard), ingénieur militaire, seigneur, grand voyer et conseiller législatif, né le 20 juillet 1721 à Québec, fils de Gaspard-Joseph Chaussegros* de Léry et de Marie-Renée Legardeur de Beauvais ; il épousa le 24 septembre 1753, à Québec, Louise, fille de François Martel* de Brouague, et ils eurent 18 enfants, dont sept parvinrent à l'âge adulte ; décédé à Québec le 11 décembre 1797.

Fils et petit-fils d'ingénieurs militaires, Gaspard-Joseph Chaussegros de Léry se prépara dès son enfance à exercer cette profession au Canada. Cadet dans les troupes de la Marine à 12 ans, il apprit l'arpentage, la cartographie et les techniques de construction ; en 1739, il fut nommé sous-ingénieur, à un moment où son père était ingénieur en chef de la colonie. En 1739–1740, il participa à l'expédition de Pierre-Joseph Céloron* de Blainville contre les Chicachas. Promu enseigne en second en 1742, il travailla, jusqu'en 1748, comme ingénieur au fort Saint-Frédéric (près de Crown Point, New York), où les travaux de défense, dont son père lui laissa la responsabilité, furent par la suite condamnés pour la mauvaise qualité de leur conception et de leur réalisation. Il remplit les mêmes tâches à Montréal, Chambly et Québec. En août 1746, il accompagna François-Pierre de RIGAUD de Vaudreuil au cours du raid qui conduisit à la prise du fort Massachusetts (Williamstown, Massachusetts) et, en octobre 1747, il conduisit 50 Indiens et soldats français en Nouvelle-Angleterre, pour mener des attaques surprises contre les Britanniques, les Agniers et les Loups. Promu enseigne en 1748, il dirigea la construction du fort Saint-Jean, sur le Richelieu. Son travail lui valut l'estime du commandant général de la Nouvelle-France, Roland-Michel Barrin* de La Galissonière, et son administration des finances, de sévères critiques de la part de BIGOT. En 1749, La Galissonière l'envoya de Montréal à Détroit, pour effectuer une mission de reconnaissance qui fournit d'utiles données stratégiques, de même que des renseignements d'ordre géographique et astronomique.

A son retour de Détroit, Chaussegros démissionna de son poste de sous-ingénieur, tout en restant dans l'armée en qualité d'enseigne. Il pensait probablement que son avenir serait plus brillant sous la direction d'officiers, dont plusieurs avaient une haute opinion de ses travaux, que sous celle de Bigot, qui cherchait à imposer une autorité plus immédiate de l'administration civile sur les fortifications, et pour qui, au demeurant, cette démission ne représentait « pas une grosse perte ». Le gouverneur La Jonquière [Taffanel*], en vue d'alléger la pression qui s'exerçait sur le petit groupe des ingénieurs de la Nouvelle-France, continua néanmoins de mettre largement à profit les connaissances de Chaussegros, loin de la surveillance de l'intendant, et exprima une grande satisfaction pour son travail. En 1750 et en 1751, Chaussegros œuvra dans l'isthme de Chignectou (Nouvelle-Écosse), dressant des cartes, rédigeant des rapports sur la géographie de la région et construisant des forts munis de palissades. En 1751, La Jonquière l'envoya en France où il remit au ministre de la Marine, Rouillé, les plans et les rapports préparés en Acadie. En novembre 1752, il était de retour à Québec. De 1753 à 1756, il vécut dans la région frontalière délimitée par le fort Niagara (près de Youngstown, New York), Détroit et le fort Duquesne (Pittsburgh, Pennsylvanie), occupé à la construction de fortifications et au transport d'approvisionnements et marchandises de traite en provenance de Montréal.

En mars 1756, Chaussegros mena, à travers des forêts quasi impénétrables et par mauvais temps, un parti de 360 hommes, Indiens, Canadiens et soldats réguliers français, chargés de détruire le dépôt de ravitaillements du fort Bull (à l'est du lac Oneida, New York). Le succès de cette entreprise réduisit à néant les plans britanniques d'une offensive printanière dans la basse région des Grands Lacs et lui valut, en 1757, sa promotion du grade de lieutenant (obtenu en 1751) à celui de capitaine, et, en janvier 1759, la croix de Saint-Louis. La victoire du fort Bull avait aussi donné à Montcalm* le temps de préparer la prise importante de Chouaguen (ou Oswego ; aujourd'hui Oswego, New York), en août 1756, au cours de laquelle Chaussegros commandait l'aile gauche du corps d'avant-garde de François-Pierre de Rigaud de Vaudreuil, formé de Canadiens et d'Indiens. Montcalm, qui n'était pas, en général, impressionné par les officiers canadiens, trouva en Chaussegros une agréable exception. En juin 1757, le gouverneur Vaudreuil [RIGAUD], qui en était venu, lui aussi, à estimer grandement Chaussegros, lui donna le mandat d'améliorer les fortifications de Québec, en attendant l'arrivée, en septembre, de Nicolas Sarrebource* Maladre de Pontleroy. En juillet 1758, Chaussegros accompagna Paul-Joseph LE MOYNE de Longueuil pour une mission diplomatique visant à assurer aux Français l'appui des Six-Nations ; en mai et juin 1759, pendant que les Britanniques remontaient le Saint-Laurent, il organisa l'évacuation des populations, de la seigneurie de L'Islet-du-Portage jusqu'à Rimouski. Il participa à la bataille des plaines d'Abraham ; il fut blessé et fait prisonnier par les Britanniques qui l'enfermèrent à l'Hôpital Général. A la fin de 1761, on l'envoya en France avec sa famille.

La carrière de Chaussegros, après la Conquête, fournit un bon exemple de ces déchirements, sur le plan de la loyauté, qu'occasionne un changement de souveraineté dans un territoire donné. Il essaya d'obtenir de l'emploi dans l'armée française, mais ne reçut que de vagues promesses d'éventuelles nominations à titre militaire, ou des offres de terres non défrichées dans quelque colonie tropicale. Sa richesse liquide, en papier du Canada, s'élevait à peu de chose, malgré une valeur nominale de 94 000#. Se souvenant de ses biens au Canada, en particulier de sa seigneurie de Léry, il s'arrangea, en 1763, avec les fonctionnaires britanniques de Paris et de Londres pour rentrer au Canada via l'Angleterre. S'il courtisa assidûment les nouveaux maîtres du Canada et s'il eut la distinction d'être le premier seigneur canadien à être présenté au roi George III, il n'en fut pas moins froidement accueilli par le gouverneur MURRAY à son arrivée à Québec en septembre 1764, surtout parce qu'il avait laissé en France deux de ses fils qui se préparaient à la carrière des armes. Découragé, Chaussegros se proposait, à la fin de 1765, de vendre ses biens à perte et de prendre irrévocablement le parti de la France. Mais les autorités françaises avaient surveillé ses faits et gestes dès ses premières démarches auprès des Britanniques, si bien que, loin d'être bienvenu en France et de pouvoir y trouver un emploi, il risquait d'y être arrêté dès son retour. Quand, en 1766, il découvrit que le gouvernement britannique n'avait aucune objection à ce que ses fils restassent en France (puisque, comme catholiques, ils n'obtiendraient peut-être jamais de commissions britanniques), il décida de rester au Canada.

Chaussegros trouva, dans le gouverneur Guy Carleton*, un ami et un défenseur ; sous son gouvernement, il connut la prospérité. En 1768, Carleton le nomma grand voyer du district de Québec, en remplacement de François-Joseph CUGNET. Le gouverneur appuya sa demande d'une pension britannique (promise en 1763), en faisant valoir que les Canadiens influents préférant vivre sous la loi britannique, plutôt que de partir pour la France ou pour une colonie française, méritaient d'être encouragés. En 1775, il lui obtint sa nomination au Conseil législatif de la province de Québec dont le territoire avait été récemment agrandi, et, en 1792, il le nomma au nouveau Conseil législatif du Bas-Canada, au sein duquel Chaussegros devait siéger jusqu'à sa mort.

Financièrement et politiquement, le Régime

britannique s'avéra favorable à Chaussegros. Il avait hérité de son père le fief de Beauvais et la seigneurie familiale de Léry. Il vendit cette dernière à Gabriel CHRISTIE en 1766, mais, de 1768 à 1783, il fit l'acquisition des seigneuries de Perthuis, Rigaud-Vaudreuil, Gentilly, Le Gardeur et Sainte-Barbe. En 1797, ces seigneuries, comptant une population totale de 356 habitants, rapportaient 2 813# par année. Il possédait encore deux moulins à blé, deux scieries et deux maisons situées à Québec, qui lui rapportaient net, 2 892# par année.

Quelques contemporains britanniques, et au moins un historien éminent, ont été enclins à rabaisser Chaussegros au rang des médiocrités. En 1764, le comte de Hertford le disait « personne de [...] bien peu [...] de capacité » ; en 1775, le colonel Henry Caldwell*, qui fut souvent à couteaux tirés avec Carleton, qualifiait la ferveur de Chaussegros pour le gouverneur « d'adulation servile » ; en 1789, enfin, Alexander Fraser traitait d'« illettrés » tous les Canadiens du Conseil législatif, y compris Chaussegros. Elizabeth Arthur l'a jugé, d'après l'ensemble de ses votes au conseil, non renseigné et sans ligne de conduite précise ; elle ajoute qu'après la nomination de François Baby*, Chaussegros n'avait en vue, quand il votait, que de s'opposer à Baby.

Il est difficile d'accepter ces jugements. Les rapports que Chaussegros rédigea sous le Régime français prouvent qu'il possédait un bon esprit d'analyse. Au Conseil législatif, après 1775, il prôna la conservation des archives publiques, l'amélioration des mesures existantes pour la prévention des incendies, la fondation d'une école de droit et d'une école d'arpentage dont les professeurs seraient salariés et les cours gratuits, un nombre de notaires suffisant pour répondre à la demande et l'adoption de mesures en vue d'une réelle prévention des maladies. Il vota contre la loi martiale en 1778, préféra les restrictions volontaires au contrôle obligatoire des prix en 1780, et parraina les lois concernant les grandes routes et l'arpentage des terres en 1785. Deux ans plus tard, il appuya en principe l'abolition de l'esclavage, tout en refusant que la province de Québec devînt un refuge pour les esclaves fugitifs de l'étranger, et il fut le seul conseiller à voter contre le renvoi du projet de loi à la session suivante. Chaussegros, toutefois, n'était pas avocat et il eut, c'est probable, de la difficulté à saisir les principes des droits anglais et français : cela peut expliquer quelques flottements dans ses votes sur les questions juridiques. Quant à son attitude envers Baby, les documents montrent sans équivoque qu'il vota parfois comme ce marchand, et parfois contre lui, à plusieurs reprises. Dans sa vision politique d'ensemble, il se trouva néanmoins en accord avec le *French party*, faction au sein du conseil, en favorisant le maintien de l'Acte de Québec et en s'opposant à l'introduction de réformes telles que la mise en vigueur du droit commercial anglais et la création d'une assemblée législative.

Chaussegros avait survécu à la rupture provoquée par la Conquête en liant étroitement ses sentiments de loyauté à ses intérêts personnels. Il avait réussi, avant 1760, à cultiver l'amitié d'hommes aussi influents que La Galissonière et Vaudreuil, et il continua habilement par la suite d'en user de même, et avec de bons résultats, à l'égard de Carleton, de Charles et George* Townshend, du gouverneur HALDIMAND et du prince Edward Augustus*. Reconnaissant, en 1775, qu'il était l'obligé de la Grande-Bretagne, il parla de « la crédulité et simplicité de beaucoup dhabitans » qui avaient épousé la cause américaine. Il était aussi guidé par son amour pour ses fils, n'épargnant aucune peine pour assurer leur avenir. Il renvoya son second fils en France, en 1783, à la suite de ses inutiles efforts pour lui obtenir une commission dans l'armée britannique ; de nouveau, en 1796 et en 1797, il chercha à obtenir que deux de ses fils puissent faire carrière dans l'armée britannique. Toutefois, aussi longtemps que se maintint la monarchie française, il reçut, en reconnaissance de ses services antérieurs, une pension de 590#, mise à la disposition de ses fils tant qu'ils étudièrent en France. Trois ans avant sa mort, Chaussegros réaffirma son allégeance à la couronne britannique, dont il recevait une pension annuelle de £200, en signant une pétition qui dénonçait la conspiration des Américains et de la République française contre les Canadas.

Les funérailles de Chaussegros de Léry, le 14 décembre 1797, témoignèrent de la prospérité relative et de l'influence sociale auxquelles il était parvenu. Il fut enseveli dans la cathédrale de Québec. L'évêque coadjuteur de Québec, Mgr Joseph-Octave Plessis*, présida la cérémonie religieuse, à laquelle assistaient plusieurs de ses anciens collègues du conseil.

F. J. THORPE

AN, Col., C11A, 72, f.239 ; 93, ff.55, 285 ; 99, f.498 ; 100, f.253 ; C11E, 10, ff.200–203 ; D2C, 48, ff.278v., 298, 316 ; E, 77 (dossier Chaussegros de Léry) ; Marine, 3 JJ, 271, nº 2, Mémoire de Chaussegros de Léry sur le lac Ontario ; Section Outre-mer, Dépôt des fortifications des colonies, Am. Sept., nos 317, 503, 522, 533–535, 546–549. — APC, MG 11, [CO 42] Q, 69, pp.329, 349 ; MG 23, A4, 16, pp.36, 39 ; GII, 1, sér. 3, lord Elibank à Murray, 22 mai 1764 ; RG 1, E1, 6–7 ; RG 4, B6, 10–18 ;

RG 14, A1, 1–2. — Archives du ministère des Affaires étrangères (Paris), Mémoires et doc., Amérique, 10, ff.256s. — PRO, CO 42/29, f.9 ; 42/66, f.400. — APC *Report*, 1904, app.D, 118 ; 1929, app.A, 41s. — [G.-J. Chaussegros de Léry], Les journaux de campagnes de Joseph-Gaspard Chaussegros de Léry, A.[-E.] Gosselin, édit., ANQ *Rapport*, 1926–1927, 334–348, 372–394 ; Journal de Joseph-Gaspard Chaussegros de Léry, lieutenant des troupes, 1754–1755, ANQ *Rapport*, 1927–1928, 355–429. — *Coll. des manuscrits de Lévis* (Casgrain), X : 22–25. — *Inv. des papiers de Léry* (P.-G. Roy), II ; III. — *NYCD* (O'Callaghan et Fernow), X : 307, 528–534. — *Papiers Contrecœur* (Grenier), 46s., 51, 182, 210, 224, 248, 307. — *DBF*, VIII : 882s. — Æ. Fauteux, *Les chevaliers de Saint-Louis*, 170. — [François Daniel], *Nos gloires nationales ; ou, histoire des principales familles du Canada* [...] (2 vol., Montréal, 1867), II : 141. — Stanley, *New France*, 138–140. — Elizabeth Arthur, French Canadian participation in the government of Canada, 1775–1785, *CHR*, XXXII (1951) : 303–314. — P.-G. Roy, La famille Chaussegros de Léry, *BRH*, XL (1934) : 589–592.

CHAVOY, PIERRE-JACQUES PAYEN DE NOYAN ET DE. V. PAYEN

CHENUGHIYATA (Chinoniata). V. HOTSINOÑHYAHTA?

CHERRIER, FRANÇOIS-PIERRE (François, Pierre-François), marchand et notaire, baptisé à Savigné-l'Évêque (dép. de la Sarthe, France), le 3 septembre 1717, fils de François Cherrier, marchand, et de Périnne Isambart, décédé à Saint-Denis, sur le Richelieu (Québec), le 21 juillet 1793.

C'est à l'instigation de son oncle maternel, le sulpicien Joseph Isambart, curé de Saint-Antoine à Longueuil depuis 1721, que François-Pierre Cherrier vint au Canada en 1736. Isambart le convainquit de s'établir dans ce village et, grâce à lui, Cherrier acquit une certaine importance, signant comme témoin lors de la rédaction d'actes, agissant comme parrain dès l'année suivant son arrivée et établissant des relations avec les principales familles de l'endroit. Il ouvrit un magasin à côté du presbytère et il semble avoir assez bien réussi en affaires. Le 9 novembre 1738, devant le notaire François SIMONNET, Cherrier achetait une terre, payant les trois quarts comptant et le solde « en marchandises de son magasin ». Il fut nommé notaire seigneurial en 1738 – sans doute grâce à l'appui de son oncle – tout en continuant à s'occuper de son commerce.

Le 14 janvier 1743, le curé Isambart bénissait le mariage de Cherrier et de Marie, fille de l'ancien marguillier Michel Dubuc. Charles Le Moyne* de Longueuil se trouvait parmi les témoins qui signèrent leur contrat, passé la veille devant le notaire Antoine Loiseau. Douze enfants naquirent de cette union et les liens d'affaires qu'entretenait Cherrier lui permirent d'inviter Jean-Marie LANDRIÈVE Des Bordes, alors commis au contrôle dans les magasins du roi à Montréal, à servir de parrain pour son fils Joseph-Marie-Simon, en 1747, tandis que la marraine était Marie Gauvreau, épouse de Jean-Baptiste-Grégoire Martel de Saint-Antoine, garde-magasin du roi à Montréal.

Afin de diversifier ses activités commerciales, Cherrier acheta, en 1748, tout le bois qui se trouvait sur une terre faisant partie du fief Du Tremblay, contigu à Longueuil ; il paya 480# en billets d'ordonnance et 120# en cartes du pays. De plus, il afferma sa terre de Longueuil. Le 18 novembre 1750, l'intendant BIGOT le nomma notaire royal dans l'étendue de la paroisse de Longueuil. Les seuls revenus de notaire n'étaient pas suffisants pour subvenir aux besoins de Cherrier, père d'une famille nombreuse, il continua donc à s'intéresser au commerce, à l'instar de bien d'autres notaires de l'époque.

Après la Conquête, GAGE, gouverneur de Montréal, renouvela la commission de notaire de Cherrier, le 1er octobre 1760. Cependant, en tant que marchand, ce dernier eut à souffrir de la liquidation de l'argent de papier, qui lui causa des pertes importantes. Comme son protecteur, le curé Isambart, était mort depuis décembre 1763, Cherrier alla tenter fortune à Montréal au mois d'août 1765. C'est dans cette ville que son aînée, Marie-Charlotte, épousa le chirurgien Jean-Jacques Lartigue, en septembre de l'année suivante. Les difficultés financières ne faisant que s'accroître, Cherrier et sa famille revinrent à Longueuil, en août 1767. Le notaire n'était pas au bout de ses peines puisque au début de 1770 il devait à Jacques PERRAULT, dit Perrault l'aîné, marchand de Québec, la somme de £380 18 shillings 6 pence. Sa maison de pierres et le terrain qui l'entourait, sur la rue principale, furent mis en vente aux enchères, ainsi qu'une terre de 12 arpents de front sur 30 à 40 de profondeur, située dans la baronnie de Longueuil. Faute d'acheteurs, Perrault acquit cette dernière en paiement d'une partie des dettes de Cherrier. Enfin, au mois de mai de la même année, le notaire perdait sa maison et les dépendances lors d'un incendie.

C'est un homme brisé mais non désespéré qui quitta Longueuil, le 16 mai 1770, pour aller se réfugier avec sa femme et ses enfants au presbytère de la paroisse Saint-Denis, sur le Richelieu, où l'aîné de ses fils, François*, était curé depuis l'année précédente. Cherrier laissait des dettes passives assez importantes à un certain M. Dupré, marchand de Québec, à Jacques-Joseph LE-

MOINE Despins de Montréal ainsi qu'à MM. Mercure et Perrault de la même ville. Cherrier s'établit à Saint-Denis, dans une maison sise face à l'église et au presbytère, où il poursuivit la pratique du notariat jusqu'en 1789.

Si Cherrier ne réussit pas à faire fortune, il eut la consolation de voir ses enfants s'établir solidement dans la vie. Son fils François devint grand vicaire de l'évêque de Québec, et Joseph-Marie, arpenteur puis marchand, fut le père de l'avocat Côme-Séraphin*. Benjamin-Hyacinthe-Martin se fit arpenteur et devint député de Richelieu, tandis que Séraphin, également député de Richelieu, pratiqua la médecine et le commerce. Sa fille, Marie-Charlotte, fut la mère de Jean-Jacques Lartigue*, premier évêque de Montréal ; Périne-Charles, mariée à Denis Viger*, celle de Denis-Benjamin*. Enfin, Rosalie, qui épousa le notaire Joseph Papineau*, devint la mère du grand tribun Louis-Joseph Papineau*.

YVES-JEAN TREMBLAY

Le greffe de François-Pierre Cherrier (1750–1789) est conservé aux ANQ-M.

AD, Sarthe (Le Mans), État civil, Savigné-l'Évêque, 3 sept. 1717. — ANQ-M, État civil, Catholiques, Saint-Antoine (Longueuil), 14 janv. 1743 ; Greffe d'Antoine Foucher, 30 déc. 1748 ; Greffe d'Antoine Loiseau, 13 janv. 1743. — APC *Rapport*, 1918, app.B, 29. — Allaire, *Dictionnaire*, I : 119, 277. — F.-J. Audet, *Les députés de Montréal (ville et comtés), 1792–1867* (Montréal, 1943), 411s. — F.-J. Audet et Édouard Fabre Surveyer, *Les députés au premier parlement du Bas-Canada (1792–1796)* [...] (Montréal, 1946), 65. — É.-Z. Massicotte, Les tribunaux et les officiers de justice de Montréal sous le Régime français, *BRH*, XXXVII (1931) : 307. — Les notaires au Canada sous le Régime français, ANQ *Rapport*, 1921–1922, 47. — P.-G. Roy, *Inv. ord. int.*, III : 152. — Tanguay, *Dictionnaire*, III : 52s. — Vachon, Inv. critique des notaires royaux, *RHAF*, XI : 105. — J.-J. Lefebvre, La famille Cherrier, 1743–1945, SGCF *Mémoires*, II (1947) : 148–164 ; La vie sociale du grand Papineau, *RHAF*, XI (1957–1958) : 472s. — É.-Z. Massicotte, L'essaimage des Français et des Canadiens-français dans l'Amérique du Nord, *BRH*, XXXIV (1928) : 45. — Henri Morrisseau. La famille Cherrier de Saint-Denis-sur-Richelieu ; un salon aristocratique à la fin du dix-huitième siècle, *Revue de l'université d'Ottawa*, XVI (1946) : 301–338.

CHEW, JOSEPH, fonctionnaire du département des Affaires indiennes, né probablement en Virginie (États-Unis) dans les années 1720, décédé le 24 septembre 1798 à Montréal.

Joseph Chew commença, semble-t-il, sa carrière militaire comme officier dans les forces armées de Virginie. En 1747, il était capitaine dans les troupes de New York et fut capturé près de Saratoga (Schuylerville, New York) par Luc de LA CORNE. Prisonnier, il fut emmené en Nouvelle-France mais il obtint sa libération à l'été de 1748 ou auparavant. La guerre terminée, Chew partit pour le Maryland en janvier 1748/1749 car on lui avait offert la possibilité d'y « écouler une cargaison de marchandises ». En 1752, il vivait à New London, Connecticut, où il fut *marshal* de la Cour de vice-amirauté. Il s'occupait probablement encore aussi de commerce. En 1762, un groupe de spéculateurs du Connecticut impliqués dans un achat controversé de terrains situés le long de la rivière Susquehanna [V. John Hendricks LŸDIUS] l'envoyèrent, peut-être parce qu'il connaissait sir William JOHNSON, discuter de la colonisation de la bande de terre avec le surintendant des Affaires indiennes.

A la fin des années 1760, Chew essuya des difficultés financières et fut, écrit-il, « presque entièrement renfloué par la générosité [de Johnson] ». Il s'installa à proximité de Johnson Hall (Johnstown, New York) où il devint juge de paix, sans aucun doute grâce à l'influence de Johnson. Le 6 juillet 1774, il fut nommé secrétaire au département des Affaires indiennes. En réalité, il fut secrétaire de Guy JOHNSON, le successeur de sir William et, à ce titre, assista à diverses conférences avec les Six-Nations.

En novembre 1775, Chew accompagna Guy Johnson, Joseph Brant [Thayendanegea*], Christian Daniel CLAUS et d'autres en Angleterre afin de protester contre la nouvelle organisation du département des Affaires indiennes à laquelle avait procédé le gouverneur Guy Carleton*. Quand ils revinrent en Amérique du Nord quelques mois plus tard, Chew semble avoir entrepris du service militaire actif dans la région de New York au cours de la guerre d'Indépendance américaine. Lors d'une campagne dans l'est de l'île Long, en 1777, il fut fait prisonnier par les troupes américaines. Manifestement libéré sur parole, il servit par la suite dans la région du Connecticut. Chew, ainsi séparé de sa femme et de ses enfants qu'il avait laissés à Johnstown en 1775, s'inquiétait constamment de leur bien-être. A la fin de la guerre, il chercha à obtenir des dédommagements pour les pertes subies par sa famille ; il alla en Angleterre dans cette intention encore en 1789. Il semble que ses démarches aient abouti car il reçut différentes indemnités, y compris une concession dans le comté de Carleton, Nouveau-Brunswick.

Pendant la guerre, le département des Affaires indiennes s'était désorganisé. Un conflit particulièrement acerbe s'éleva entre Claus et John CAMPBELL au sujet de l'administration des Indiens du Canada. La nomination de sir John Johnson*comme surintendant général, en 1782, soulagea quelque peu la tension mais Chew dut faire face à des difficultés quand, dans les années 1780, il reprit ses fonctions de secrétaire. Sir John n'était pas un administrateur tellement compétent et ce fut Chew qui fit fonctionner le département. Travaillant surtout à Montréal, il était chargé de la correspondance quotidienne avec les agents œuvrant à l'extérieur et avec les autres départements. Aussi longtemps que les Britanniques maintinrent les postes de l'Ouest et rêvèrent de créer une zone d'influence chez les Indiens de la région de l'Ohio-Mississippi, le rôle de Chew fut de première importance. En 1794, la signature du traité Jay, par lequel les Britanniques renonçaient aux postes, réduisit l'importance du département. Chew demeura secrétaire jusqu'au moment où sa santé, qui n'avait jamais été robuste, se détériora à l'automne de 1798. Il mourut le 24 septembre d'une affection des bronches à ce qu'il semble.

Pendant les dernières années de sa vie, Chew se préoccupa à nouveau du sort de sa famille. Il demanda que son fils John lui succédât au poste de secrétaire et chercha à ce que son plus jeune fils, William Johnson, fût nommé au département. Les deux requêtes furent agréées, ce qui indique la haute estime dans laquelle on le tenait. John Chew fut secrétaire de 1798 à 1806, et William Johnson Chew fut garde-magasin du département au fort Niagara (près de Youngstown, New York) et au fort George (Niagara-on-the-Lake, Ontario) de 1794 à 1809.

DOUGLAS LEIGHTON

APC, MG 19, F1 ; F2 ; F6 ; MG 23, H1, 1. sér. 3–4 ; RG 4, D1, 13, n° 1242 ; RG 8, I (C series), 1 203½, p. 11 ; RG 10, A1, 486 ; A2, 11, pp.22, 37. — PRO, PRO 30/55, 1, n° 133. — Conn. Hist. Soc., *Coll.* (Hartford), XVI (1916) : 200, 322, 383 ; XVII (1918) : 291. — *Johnson papers* (Sullivan *et al.*). — *La Gazette de Québec*, 29 févr. 1816. — Graymont, *Iroquois*, 81. — E. C. Wright, *The loyalists of New Brunswick* (Fredericton, 1955), 269. — R. S. Allen, The British Indian department and the frontier in North America, 1755–1830, *Lieux historiques canadiens : cahiers d'archéologie et d'histoire* (Ottawa), n° 14 (1975) : 5–125.

CHRISTIE, GABRIEL, officier et seigneur, né à Stirling, Écosse, le 16 septembre 1722, fils de James Christie, marchand, et de Catherine Napier, décédé à Montréal le 26 janvier 1799.

Gabriel Christie, contrairement à deux de ses frères qui étaient respectivement *solicitor* et banquier, à Stirling, choisit la carrière militaire, et son avancement fut semblable à celui de bien des fils de familles bourgeoises attirés par l'aristocratie. Le 13 novembre 1754, il devient capitaine au 48e d'infanterie. Il participe au siège de Québec en qualité de major, grade obtenu le 7 avril 1759. Christie est toujours dans la colonie lorsqu'il est promu lieutenant-colonel en 1762. En 1764–1765, à l'époque du soulèvement de Pondiac*, Christie, comme assistant quartier-maître général, utilise la corvée publique pour le transport du ravitaillement de Montréal à Lachine, point d'embarquement vers Détroit et Michillimakinac (Mackinaw City, Michigan). Par ce fait, il entre en conflit avec le gouverneur MURRAY qui s'objecte à l'utilisation de la corvée publique depuis qu'un gouvernement civil est en place ; ce fait n'est qu'un exemple des malheureuses querelles survenues entre Murray et les militaires [V. Ralph Burton*] et lève le voile sur l'utilisation que fit Christie de ses fonctions officielles à des fins personnelles.

En 1776, le poste de quartier-maître général est attribué à Thomas Carleton*, frère du gouverneur Guy Carleton*. Christie proteste mais se voit répondre que ses chances d'avancement seraient meilleures s'il était en Angleterre ; en fait, il s'y rend probablement à cette époque. L'année suivante, il sera élevé au grade de colonel. Son bataillon est mis en garnison aux Antilles durant une grande partie de la guerre de la Révolution américaine, mais dans les années 1780, lorsque Christie cesse ses activités militaires, il s'établit au Canada tout en continuant d'effectuer quelques voyages en Angleterre. Le 19 octobre 1781, avant la fin de la Révolution américaine, il devient major général et, le 10 mai 1786, il est fait colonel-commandant du 1er bataillon du 60e d'infanterie. Ses promotions ne s'arrêtent pas là ; le 12 octobre 1793, il devient lieutenant général et, le 1er janvier 1798, il obtient le grade de général. En un mot, Christie fait une brillante carrière militaire qui n'est pas nécessairement reliée à des actions d'éclat. Le personnage de Christie serait toutefois incomplet si l'on ne tenait compte de ses activités de grand propriétaire foncier.

Christie, contrairement à Henry Caldwell* qui se préoccupait aussi d'acquérir des biens fonciers et, par conséquent, participait à la même mentalité aristocratique, ne semble pas s'être intéressé au commerce des fourrures. Pourtant il a une fortune assez considérable lorsqu'il prend la décision de s'établir au Canada, mais il manifeste une prédilection pour la propriété foncière. La conjoncture est d'ailleurs favorable à la réalisation de ses desseins en ce domaine. Au lendemain de 1760, nombre de seigneurs, nobles et bourgeois, soit qu'ils retournent en France, soit qu'ils connaissent des difficultés financières, sont disposés à vendre leurs fiefs. Le comportement de

Christie, en plus d'avoir une signification sociale, répond aussi à des mobiles économiques : la croissance démographique est vigoureuse, les réserves forestières des seigneuries sont importantes et, assez rapidement, s'annonce la commercialisation du secteur agricole. En septembre 1764, il achète de Paul-Joseph LE MOYNE de Longueuil la seigneurie de L'Islet-du-Portage. Le placement est bon à long terme mais Christie s'intéresse davantage aux seigneuries du district de Montréal ; il revendra donc, en 1777, cette seigneurie à Malcolm Fraser*. En 1764, il acquiert en commun avec Moses Hazen* les seigneuries de Bleury et de Sabrevois pour la somme de £7 300 versées à la famille Sabrevois de Bleury. A la suite d'un conflit l'opposant à son associé, Christie perd temporairement une partie de la seigneurie de Bleury au profit de Hazen, ce qui est loin de mettre fin aux affrontements juridiques entre les deux hommes. De la famille Payen de Noyan, il achète la même année la seigneurie de Noyan dont il partage la propriété avec John CAMPBELL. En 1765, la seigneurie de Lacolle, propriété de la famille Liénard de Beaujeu, tombe entre ses mains et, l'année suivante, il acquiert la seigneurie de Léry possédée par Gaspard-Joseph CHAUSSEGROS de Léry. Vers 1777, il ajoute à ses domaines les seigneuries de Lachenaie et de Repentigny. Tout cela ne suffit pas à apaiser son ambition. Christie possède déjà des terres en Angleterre et, en avril et octobre 1792, il fait deux demandes de concessions de terres dans les Cantons de l'Est ; ces requêtes ne semblent cependant pas avoir été fructueuses. Le 23 novembre 1796, Jean-Baptiste Boucher de Niverville lui vend la seigneurie de Chambly.

Christie vit en partie de la perception des droits seigneuriaux qui lui rapportent, dit-il, £700 en 1790. Comme il a sa résidence à Montréal, il ne visite ses seigneuries qu'occasionnellement et les administre par l'intermédiaire d'agents. Christie ne s'en désintéresse cependant pas ; en 1775, elles sont évaluées à £20 000. Un conflit qui l'oppose aux censitaires de Lachenaie à propos du droit de banalité révèle un homme à la fois soucieux de ses intérêts et ouvert au compromis. Son attitude relève du paternalisme mais aussi du sentiment de son importance. Pendant longtemps, il s'intéresse à l'exploitation des ressources forestières de ses seigneuries. Dès 1766, il avait fait une expédition au lac Champlain et, par la suite, il participe activement au commerce des produits forestiers. En fait, durant un certain temps, le seigneur se double d'un homme d'affaires.

Christie croit avant tout à la nécessité de sauvegarder l'intégrité des patrimoines. Aussi appuie-t-il le projet de réforme de Francis Maseres* qui vise à permettre une plus grande liberté de tester. Lui-même, lorsqu'il écrit son testament, favorise les mâles. A son décès en 1799, ses terres échoient à son fils Napier qui, à sa mort en 1835, les cède à son demi-frère William Plenderleath* à condition que celui-ci prenne le nom de Christie. Gabriel Christie est un type social en ce sens qu'il représente l'état d'esprit d'un certain nombre d'immigrants, officiers de l'armée britannique, à maints égards assez près par leur mentalité de la noblesse issue de la Nouvelle-France.

De sa femme légitime Sarah Stevenson, Christie eut un fils, Napier, et deux filles : Catherine, née le 15 janvier 1772, et Sarah, née le 20 novembre 1774, laquelle épousa le révérend James Marmaduke Tunstall*, recteur de la Christ Church à Montréal. Il eut aussi un fils naturel, James, et trois autres de sa maîtresse Rachel Plenderleath : Gabriel, George et William, qu'il reconnut le 13 mai 1789 au moment de la rédaction de son testament à Leicester, en Angleterre.

FERNAND OUELLET

APC *Rapport*, 1890, 17s., 76–79, 260 ; 1891, 15, 19s. — *La Gazette de Québec*, 26 mai 1785. — P.-G. Roy, *Inv. concessions*, I : 261, 267 ; II : 200 ; IV : 242s., 245, 253, 261, 265. — Ivanhoë Caron, *La colonisation de la province de Québec* (2 vol., Québec, 1923–1927), II. — A. S. Everest, *Moses Hazen and the Canadian refugees in the American revolution* (Syracuse, N.Y., 1976). — Neatby, *Quebec*, 40s., 60s. — J.-B.-A. Allaire, Gabriel Christie, *BRH*, XXIX (1923) : 313s. — F.-J. Audet, Gabriel Christie, *BRH*, XXX (1924) : 30–32. — P.-G. Roy, Un amateur de seigneurie, Gabriel Christie, *BRH*, LI (1945) : 171–173.

CIRIER, ANTOINE (on trouve également **Cirié, Cirrié, Cyrier, Sirier** et **Syrier**, mais il signait Cirier), menuisier et sculpteur, né à Montréal le 10 août 1718, fils de Martin Cirier, menuisier et sculpteur, et de Marie-Anne Beaune (Bône) ; il épousa Marie-Joseph Lenoir, petite-fille du menuisier Vincent Lenoir, le 10 octobre 1740 à Longue-Pointe (Montréal), et, en secondes noces, Marguerite Desroches, le 19 mai 1774 à Pointe-aux-Trembles, île de Montréal ; décédé le 2 septembre 1798 à Pointe-aux-Trembles.

Antoine Cirier fit sans doute son apprentissage avec son père. En 1738, celui-ci se désista de son marché avec les fabriciens de la paroisse Saint-François-d'Assise, à Longue-Pointe, en faveur de son fils, lequel mena à bonne fin la décoration du retable de l'église vers 1743. Il devait y travailler de nouveau de 1767 à 1770. Entre 1737 et 1758, il exécuta une grande partie du décor intérieur de l'église La Purification, à Repentigny ; à partir de

1756, il eut d'ailleurs à faire face à des poursuites pour n'avoir pas terminé les travaux dans les délais prévus. A Pointe-aux-Trembles, la menuiserie et la sculpture de l'église L'Enfant-Jésus l'occupèrent pendant plusieurs années à partir de 1743 et ce fut peut-être là son principal chantier. Le retable central et la corniche de l'église Saint-Laurent, île de Montréal, commencés à la fin de 1756, figurent aussi parmi ses réalisations d'envergure. Il fit quelques ouvrages pour les sœurs de la Congrégation de Notre-Dame de Montréal et il entreprit en 1756 l'exécution de boiseries au château de Ramezay, à Montréal, propriété de la Compagnie des Indes. Son métier l'amenant à voyager, Cirier séjourna dans plusieurs localités des environs de Montréal : Lachenaie, L'Assomption, Longueuil, Saint-Joseph-de-la-Rivière-des-Prairies, Saint-Denis, sur le Richelieu, Saint-François-de-Sales (Laval), Saint-Sulpice, Varennes et Verchères.

Résidant à Montréal jusqu'en 1740, Cirier passa ensuite trois ou quatre ans à Longue-Pointe avant de s'établir définitivement à Pointe-aux-Trembles. Il réalisa dans ces trois villes de très nombreuses transactions immobilières, et il fut capitaine de milice, ce qui montre bien sa réussite professionnelle et sociale. Cirier eut au moins sept apprentis, dont un de ses neveux, Joseph Bachand, dit Vertefeuille. En contact avec les principaux sculpteurs de la région de Montréal, Cirier devint en 1761 le cousin par alliance de Philippe Liébert*, qu'il connaissait depuis au moins dix ans. En 1771, il fut chargé, avec le sculpteur Jean-Louis Foureur*, dit Champagne, d'examiner les trois retables exécutés par Liébert à l'église Saint-Louis, à Terrebonne. Il est possible, en outre, que Cirier, Liébert et le sculpteur François Guernon*, dit Belleville, aient travaillé en collaboration à l'église de Pointe-aux-Trembles en 1773–1774 et que Cirier et Guernon aient maintenu cette collaboration l'année suivante à la mission du Lac-des-Deux-Montagnes.

De l'œuvre abondante et diversifiée de Cirier, il ne reste pratiquement rien, les démolitions et les incendies s'étant acharnés sur ses ouvrages de sculpture et de menuiserie. La chose est d'autant plus regrettable que, de toute évidence, Cirier a non seulement joué à son époque un rôle de premier plan dans la région de Montréal, mais il a aussi réalisé des œuvres de grande qualité. Parlant de ses ouvrages à l'église de Longue-Pointe, Mgr de Pontbriand [Dubreil*] recommandait aux paroissiens, en 1742, de prendre toutes les précautions nécessaires « pour rendre stable le retable qui orne avec tant de grâce leurs autels et sanctuaire [et de ne pas] rendre inutiles tant de travaux faits avec tant de courage et de succès pour la maison du Seigneur ».

JOHN R. PORTER

ANQ-M, Doc. jud., Registres des audiences pour la juridiction de Montréal, 22, f.447 ; 25, f.82v. ; 26, ff.58v., 163, 171, 268 ; 28A, ff.36, 40v., 44, 94, 357 ; 28B, ff.15v., 19v., 34, 148v. ; État civil, Catholiques, Notre-Dame de Montréal, 10 août 1718 ; Saint-Enfant-Jésus (Pointe-aux-Trembles), 5 janv. 1765, 19 mai 1774, 4 sept. 1798 ; Greffe de J.-B. Adhémar, 14 juin 1744, 2 janv. 1749 ; Greffe de Louis Chaboillez, 14 sept. 1797 ; Greffe de François Comparet, 4 oct. 1740, 8, 11 mars 1744, 3 oct. 1745, 18 juill. 1749, 30 juin, 7 sept. 1751, 21 mai, 28 déc. 1754, 8 janv., 4 avril, 6 sept. 1755 ; Greffe de C.-F. Coron, 12 nov. 1747, 11 oct. 1756, 13 mars 1764 ; Greffe de L.-C. Danré de Blanzy, 1er mars 1741, 4 août 1744, 1er août 1746, 14 févr. 1749, 19 janv. 1755, 24 avril, 27 sept. 1756 ; Greffe de J.-C. Duvernay, 30 juin, 28 août 1751 ; Greffe d'Antoine Foucher, 16 nov. 1771 ; Greffe d'Antoine Loiseau, 26 févr. 1746, 13 mars 1748 ; Greffe de P.-F. Mézière, 17 janv. 1766 ; Greffe de Pierre Panet, 13 nov. 1773, 27 juin 1774 ; Greffe de François Racicot, 17 nov. 1779, 10, 26 janv. 1780 ; Greffe de François Simonnet, 15 oct. 1745, 30 mars, 11 juin 1751. — Archives paroissiales, Saint-Enfant-Jésus (Pointe-aux-Trembles, Québec), Livre de comptes, 1726–1865. — IBC, Centre de documentation, Fonds Morisset, Dossier Antoine Cirier. — *La Gazette de Québec*, 28 oct. 1779. — Tanguay, *Dictionnaire*. — Émile Falardeau, *Artistes et artisans du Canada* (5 sér., Montréal, 1940–1946), 4e sér. : 49–81. — Gowans, *Church architecture in New France*, 85, 132, 143s. — Morisset, *Coup d'œil sur les arts*, 18, 32s. ; *Les églises et le trésor de Varennes* (Québec, 1943), 12. — Jean Palardy, *Les meubles anciens du Canada français* (Paris, 1963), 390. — J. R. Porter et Jean Trudel, *Le calvaire d'Oka* (Ottawa, 1974), 93, 101. — Ramsay Traquair, *The old architecture of Quebec* (Toronto, 1947), 249, 292. — A. Bellay, L'église de Saint-François d'Assise de la Longue-Pointe, *Revue canadienne* (Montréal), XXIX (1893) : 420–428. — É.-Z. Massicotte, Maçons, entrepreneurs, architectes, *BRH*, XXXV (1929) : 132–142. — Gérard Morisset, Martin et Antoine Cirier, *La Patrie* (Montréal), 12 nov. 1950, 26s., 50.

CLARK, ROBERT, marchand et colonisateur, né à Londres, fils de Wotherton et Mary Clark ; il épousa, vers 1750, une prénommée Elizabeth, puis, en secondes noces, le 6 juillet 1775, Ann Berry à Londres ; décédé en juillet ou en août 1794, probablement à l'île Saint-Jean (Île-du-Prince-Édouard).

On ne connaît pas les détails des premières années de la vie de Robert Clark. Devenu quaker quelque temps avant 1753, il prit une part active dans la Society of Friends ; en 1767, on le disait ministre depuis quelques années. Clark et sa femme vécurent à Reading, de 1753 à 1758, à Faringdon, de 1761 à 1764, puis ils s'installèrent à

Londres. Après 1773, des actes légaux indiquent qu'il était vendeur ou marchand. Il acheta le lot 21 dans l'île Saint-Jean en mars 1773 et plus tard ajouta d'autres lots, ou cantons, à ses possessions. L'année suivante, il emmena plus d'une centaine de colons, nombre d'entre eux étant des engagés par contrat, sur la côte septentrionale de l'île, où il fonda l'établissement de New London. Selon certains indices, une grande ferveur religieuse l'animait. Le gouverneur de l'île, Walter PATTERSON, déclara que Clark « se considérait véritablement comme un autre Penn » et ajouta qu'il « espérait faire de New London un endroit pour la conversion des pécheurs ». Cependant, peu de colons dépendant de Clark étaient attirés par le quakerisme ; New London allait plutôt fournir les racines du méthodisme sur l'île.

Clark retourna en Angleterre en 1774, laissant ses colons sans véritable abri ni provisions. Il avait brossé, à l'intention des émigrants éventuels, un séduisant tableau du Nouveau Monde, mais le journal d'un colon, Benjamin Chappell*, décrit en détail la quasi-inanition qui sévit lors du premier hiver. En 1775, il y avait 16 maisons et une scierie à New London ; toutefois, l'établissement ne répondit pas à l'attente des investisseurs londoniens qui avaient compté sur un prompt retour des cargaisons de bois, et les efforts de colonisation ne semblent pas s'être répétés. En 1779, Clark offrit des terres de 500 acres à £100, mais il n'y eut pas de vente de terrains avant 1787, et seulement quelques-unes par la suite. Plusieurs personnes abandonnèrent New London pour s'établir tout près de là. Patterson écrivait en 1784 que « tous les vagabonds de l'île » s'étaient joints aux colons. Il pensait aussi que Clark se ruinait en accordant à ses colons « salaires, ravitaillement et boisson à volonté » et en les laissant faire « comme ils voulaient ».

Il se peut que le récit de Patterson concernant New London ait été influencé par son conflit avec Clark sur une question de ventes de terres. En 1781, Patterson avait saisi plusieurs lots, dont quelques-uns appartenant à Clark, en raison du non-paiement des redevances et, en plus de les revendre à des amis, il s'en était lui-même porté acquéreur. Clark fut l'un de ceux qui protestèrent le plus vigoureusement contre cette intervention et il présenta une requête au Conseil privé en 1785. Ses efforts, unis à ceux du capitaine John MacDonald*, un autre propriétaire, aboutirent à des poursuites fructueuses contre Patterson et plusieurs membres de son conseil en 1789.

Clark revint à l'île Saint-Jean en 1786, peut-être bien de passage seulement. En 1792, on l'identifiait comme résidant de la colonie. Les dernières années de sa vie furent difficiles. Le fait que l'établissement de New London ne lui procurait aucun revenu financier et qu'il était lourdement endetté l'impliqua dans plusieurs procès. L'un d'eux, entre Clark et son agent de New London, John Cambridge*, qu'il avait nommé en 1784, nécessita un appel devant le gouverneur en conseil et finalement devant le roi en conseil. Ces procès étaient encore pendants à sa mort en 1794 ; sa veuve demeura quelques années dans la colonie pour tenter de recouvrer ce qui avait appartenu à Clark. En 1800, la succession était liquidée et les maisons de New London démolies ou déplacées ; le rêve d'une colonie quaker sur l'île Saint-Jean s'évanouissait.

H. T. HOLMAN

Î.-P.-É., Supreme Court, Estates Division, will of Robert Clark (non enregistré) (mfm aux Public Archives of P.E.I.). — PRO, CO 226/8, pp.165–167 ; 226/10, pp.94–126, 135–143, 234–241, 253–294 ; CO 388/62, p.1 207. — Public Archives of P.E.I. (Charlottetown), Benjamin Chappell, diary ; RG 3, House of Assembly, Journals, 1775–1789 ; RG 6, Courts, Supreme Court case papers, 1784–1800 ; RG 16, Registry Office, Land registry records, conveyance registers, liber 1 234, ff.4, 5, 6, 8, 9. — Thomas Curtis, Voyage of Thos. Curtis, *Journeys to the Island of St. John or Prince Edward Island, 1775–1832*, D. C. Harvey, édit. (Toronto, 1955), 9–69. — [John MacDonald], *Remarks on the conduct of the governor and Council of the Island of St. John's, in passing an act of Assembly in April 1786 to confirm the sales of the lands in 1781* [...] (s.l., [1789]). — *A short description of the Island of St. John, in the Gulph of St. Lawrence, North America* (s.l., 1779). — Dictionary of Quaker biography (copie dactylographiée disponible seulement à la Haverford College Library, Haverford, Pa., et à la Library of Religious Soc. of Friends à Londres). — D. C. Harvey, Early settlement and social conditions in Prince Edward Island, *Dal. Rev.*, XI (1931–1932) : 448–461. — [R. W. Kelsey], Quakerism on Prince Edward Island in 1774, Friends' Hist. Soc. of Philadelphia, *Bull.*, XII (1923) : 75–77.

CLARKE. V. CLERKE

CLAUDE (Glaude), Joseph, chef principal des Micmacs de Restigouche, décédé dans son village de Restigouche (Pointe de la Mission, Québec), avant le 18 mai 1796, date à laquelle son successeur, Jacques (Joseph) Gagnon, entra en fonction.

Les Indiens de Restigouche, dont les terres comprenaient toute la côte, depuis la baie de Cascapédia (Québec) jusqu'à la rivière Miramichi (Nouveau-Brunswick), et tout le territoire baigné par les rivières situées entre les deux endroits, étaient les descendants d'une branche de la nation micmaque, demeurant en Gaspésie. On ne sait pas avec certitude si c'est Joseph Claude ou son père qui fut nommé chef du village de Restigouche par le gouverneur Beauharnois*, le 8 avril 1730. En 1760, toutefois, Joseph y était certainement le chef. A cette époque, selon une évaluation faite par les Britanniques, le village comptait 100 âmes, population qu'un recensement contemporain d'origine française portait à 350. Le premier chiffre est probablement plus près de la réalité, car, d'après un dénombrement de 1765, 87 membres de la bande vivaient alors à Restigouche.

A l'époque de la capitulation de Montréal, en 1760, le village de Claude reçut plus de 1 000 réfugiés acadiens de diverses régions de la Nouvelle-Écosse, et servit de base à environ 200 militaires français sous le commandement de François-Gabriel d'ANGEAC. Français et Indiens firent séparément la paix avec les Britanniques en octobre, et Claude reçut quelques « couvertes » et des provisions pour les membres de sa tribu. L'affluence des Acadiens constituait une menace pour la petite bande. Écrivant, en janvier 1761, à Roderick MacKenzie, commandant britannique de Restigouche, Claude se plaignit de ce que les Acadiens traitaient ses gens comme des chiens, les empêchaient de pêcher et se préparaient à prendre la mer avec le contenu des magasins du roi dès que les glaces seraient rompues.

Les Acadiens furent déportés [V. Joseph DUGAS], mais des pêcheurs et des colons blancs revinrent s'installer dans la région de la baie des Chaleurs pendant les années 1770. Campbellton (Nouveau-Brunswick) fut fondée en 1773 et, au cours des dix années qui suivirent, quelques Acadiens revinrent dans la région. Quand, en 1778, le vice-amiral français Jean-Baptiste-Charles d'Estaing, au nom du roi de France, invita les Canadiens à prendre les armes avec les Américains rebelles et à combattre les Britanniques, le missionnaire Joseph-Mathurin BOURG réussit, en intervenant auprès des gens de Claude, à les maintenir en paix. Après la Révolution américaine, l'affluence des Blancs continua. A la recherche de nouveaux emplacements pour les arrivants loyalistes, en juin 1783, Justus Sherwood* notait que la terre située à l'embouchure de la rivière Restigouche était de bonne qualité et rendrait plusieurs centaines de milliers de tonnes de foin – mais elle était « revendiquée par les Indiens de Restigouche ». Bien que les Indiens eussent accordé aux colons le privilège de couper le foin moyennant un droit d'un dollar par année, les disputes entre eux et les colons étaient inévitables avec l'arrivée d'autres Acadiens et d'autres Loyalistes en provenance du Nouveau-Brunswick.

En 1786, désireux d'apaiser les Indiens, de manière que le peuplement blanc pût se poursuivre sans interruption, le gouvernement de Québec nomma une commission chargée d'examiner leurs revendications et leurs griefs. Les commissaires – Nicholas COX, lieutenant-gouverneur de Gaspé, John COLLINS, arpenteur général adjoint de Québec, et l'abbé Bourg – séjournèrent au village de Restigouche du 29 juin au 1er juillet. Le 30 juin, ils entendirent Claude, qui réclama pour les siens les terrains de chasse du côté nord de la Restigouche et un droit exclusif à la pêche du saumon. Il produisit, comme preuve de son autorité, la nomination signée par Beauharnois en 1730.

Les gens de Claude s'arrêtèrent particulièrement aux revendications foncières d'Edward Isaac Mann, un loyaliste du Massachusetts, et à l'utilisation irréfléchie de seines par un autre colon, Robert Adams. Cox prétendit, cependant, que les terres occupées par les Indiens de Restigouche ne leur appartenaient pas, qu'elles étaient en fait des seigneuries françaises, et que, en vertu du droit de retrait, elles appartenaient dès lors à la couronne britannique. En conséquence, le roi attendait de ses Indiens qu'ils fassent de la place à « ses autres enfants les Anglais et les Acadiens, qu['ils] devaient considérer comme des frères ». Les commissaires promirent aux Indiens une compensation en retour de l'abandon de leurs « prétentions » sur les terres et d'une « concession peu importante » entre la rivière Nouvelle (Québec) et la pointe Macquache (probablement Pointe à la Croix, Québec) jusqu'à une ligne frontière qui serait tirée pour délimiter les possessions des Indiens et celles des Blancs. Quant à la pêche du saumon, « [leurs] réclamations, comme gens originaires de ce pays », feraient l'objet d'un rapport favorable au gouverneur lord Dorchester [Carleton*]. Les trois chefs de la bande, Claude, Gagnon et François Est*, dit Coundo, signèrent cette entente.

Les problèmes des Indiens de Restigouche ne finirent pas avec la signature de cet accord. Claude, par exemple, qui se sentit apparemment assez sûr de son fait pour louer, en 1787, six arpents de terre situés à la pointe Bourdon (probablement Pointe à Bourdeau, Québec), et qu'il affirmait être sa propriété, ne put jamais rentrer en leur possession. On procéda à deux arpentages distincts des terres concédées par les Indiens au gouvernement par l'entente de 1786. Le premier, mené par William Vondenvelden* en octobre 1787, trancha profondément dans le territoire que les Indiens s'étaient réservé. John Collins le modifia dans le courant de l'année suivante. Malheureusement, le Conseil législatif de Québec approuva les deux arpentages, en 1790, et la confusion qui en résulta dura longtemps après la mort de Claude. Un certain nombre de protestations furent faites pendant la première partie du XIXe siècle, qui amenèrent un examen détaillé de la situation, en 1840, par Duncan Campbell Napier*, lequel, à titre de secrétaire militaire du Bas-Canada, avait la responsabilité des affaires indiennes. Il recommanda que des terres de la couronne, limitrophes du village, fussent concédées aux Indiens, comme compensation pour leurs pertes passées, mais rien ne fut fait. En 1865, la question se posa de nouveau et, à ce moment-là, William Prosperous Spragge, surintendant général adjoint des Affaires indiennes, admit que la procédure suivie par la commission de 1786 dans ses négociations avec Claude avait violé le principe « universellement reconnu que la couronne ne prend en charge aucun territoire indien tant qu'un acte de cession et de remise n'a pas été exécuté de la part des Indiens et qu'on ne s'est pas de part et d'autre entendu sur une compensation ».

L. F. S. UPTON

PANB, RG 2, RS8, Indians (William Spragge au commissaire des terres de la couronne, 12 avril 1865). — Canada, prov. du, Assemblée législative, *Appendix to the journals*, 1847, app.T ; app.96. — Papiers Amherst (1760–1763) concernant les Acadiens, R. S. Brun, édit., Soc. historique acadienne, *Cahier* (Moncton, N.-B.), III (1968–1971) : 273, 284, 288. — Recensement des gouvernements de Montréal et de Trois-Rivières, 1765, 116. — Justus Sherwood, Extracts from my journal of my voyage from Quebec to Gaspy, Bay Chaleurs, and Merimishi, APC *Report*, 1891, 21–23. — P. K. Bock, *The Micmac Indians of Restigouche : history and contemporary description* (Ottawa, 1966), 14–21. — Père Pacifique [de Valigny] [H.-J.-L. Buisson], Ristigouche : métropole des Micmacs, théâtre du « dernier effort de la France au Canada », Soc. de géographie de Québec, *Bull.* (Québec), 19 (1925) : 129–162 ; 20 (1926) : 95–110, 171–185. — L. F. S. Upton, Indian affairs in colonial New Brunswick, *Acadiensis*, III (1973–1974), nº 2 : 3–26.

CLAUS, CHRISTIAN DANIEL, fonctionnaire du département des Affaires indiennes, né le 13 septembre 1727 à Bœnnigheim (près de Heilbronn, République fédérale d'Allemagne), fils d'Anna Dorothea et d'Adam Frederic Claus, préfet de la ville, décédé le 9 novembre 1787 près de Cardiff, pays de Galles.

Christian Daniel Claus était issu d'une éminente famille du sud-ouest de l'Allemagne. En 1748 ou 1749, un Allemand, qui avait émigré en Amérique et qui était de passage au pays, l'entraîna dans un projet d'exportation de soie grège et de tabac américains pour les traiter en Allemagne. Quand Claus arriva à Philadelphie à l'automne de 1749, il découvrit que le plan était plus fictif que réel. N'ayant que peu de relations et ses moyens ne lui permettant pas, semble-t-il, de retourner chez lui, il résolut de se trouver un emploi pour l'hiver et de retourner dans son pays au printemps. Il fit la connaissance de Johann Conrad Weiser, agent des Affaires indiennes de la Pennsylvanie, et fut sans doute engagé à ce moment-là comme précepteur du fils de Weiser. En 1750, Claus accompagna Weiser lors d'un voyage jusqu'à la vallée du fleuve Hudson et de la rivière Mohawk, dans la colonie de New York ; pendant leur séjour chez les Onontagués, il commença à compiler un lexique de mots indiens. A son retour à Philadelphie, il rencontra le gouverneur ; celui-ci, constatant que Claus s'intéressait aux langues, prit des dispositions pour l'envoyer, ainsi que le fils de Weiser, vivre parmi les Agniers. Il demeura quelque temps avec King Hendrick [Theyanoguin*] qui lui enseigna la langue, l'histoire et les coutumes des Six-Nations.

En 1755, lorsque la direction des Affaires indiennes dans les colonies du Nord fut centralisée sous la conduite de William JOHNSON, Claus devint un des lieutenants du département des Affaires des Indiens du Nord et un des secrétaires adjoints aux Affaires indiennes. L'éclatement de la guerre de Sept Ans à ce moment-là força le département, pendant quelques années, à aller à la limite de ses possibilités. Les rapports de Johnson avec les Six-Nations devinrent une partie essentielle des efforts que les Britanniques faisaient pour arracher à la France sa mainmise sur l'est de l'Amérique du Nord. Claus joua un grand rôle en tant qu'interprète et diplomate dans les conférences et les négociations fréquentes avec les Indiens. La chute de la Nouvelle-France ajouta de nouvelles pressions au département ; Johnson s'aperçut qu'il n'avait pas le temps de s'occuper du Canada, vu sa tâche habituelle auprès des Six-Nations et ses nouvelles préoccupations concernant les Indiens de la région de l'Ohio. Claus fut donc nommé agent adjoint auprès des Indiens du Canada le 20 septembre 1760. Sa base d'opération se trouvait à Montréal et il relevait à la fois de Johnson et du gouvernement militaire local.

Le milieu du département s'occupant des Affaires indiennes était quasi militaire. Claus était devenu lieutenant dans les Royal Americans en 1756. Avec l'aide financière de Johnson, il acheta le grade de capitaine en 1761 mais le vendit l'année suivante. Il devint colonel de la milice du comté d'Albany le 18 février 1768 et acquit le grade de colonel d'un autre régiment de milice le 7 juillet 1772.

Cette période dans la carrière de Claus, qui correspondait à sa maturité, fut active mais agréable. Il épousa Ann (Nancy), la fille de Johnson et de Catherine Weissenberg (Wisenberg), le 13 avril 1762. Il occupait une fonction importante au sein du gouvernement et possédait un assez grand domaine à proximité d'Albany. Son succès était mérité : il était charmant, honnête et travailleur. Or, la Révolution américaine et des changements administratifs dans le département mirent fin à ce bien-être.

Sir William Johnson mourut soudainement le 11 juillet 1774, et un autre de ses gendres, Guy JOHNSON, lui succéda au département. Le gouverneur Guy Carleton*, à qui déplaisait l'influence des Johnson sur l'administration des affaires indiennes à Québec et qui désirait placer davantage le bureau de Montréal sous sa supervision, à cause du proche conflit avec les Américains, saisit cette occasion pour procéder à un changement de personnel. Daniel Claus, qui, selon sa propre déclaration, avait supporté pendant 15 ans « tout le fardeau et toute la gestion du [...] département des Affaires indiennes » au Canada, fut destitué sommairement en 1775 et remplacé par John CAMPBELL, gendre de Luc de LA CORNE. Le 11 novembre 1775, Claus prit le bateau pour l'Angleterre en compagnie de Guy Johnson, de Joseph Brant [Thayendanegea*] et d'autres pour tenter de faire annuler les measures de Carleton.

Claus revint en juin 1777, ayant été nommé surintendant des Indiens des Six-Nations qui devaient accompagner Barrimore Matthew ST LEGER lors d'une expédition dans la vallée de la Mohawk via Oswego, New York. Il était présent au siège du fort Stanwix (Rome, New York) dirigé par St Leger en août, qui se solda par un échec. Par suite de la défaite de BURGOYNE à Saratoga (Schuylerville, New York) en octobre, la cause loyaliste dans la vallée du haut Hudson était perdue ; la famille de Claus s'enfuit alors au Canada, abandonnant tous ses biens.

La dernière période de la carrière de Claus commença par sa nomination, en août 1778, au poste d'agent adjoint des Six-Nations au Canada ; il relevait de Guy Johnson. Plusieurs facteurs étaient en jeu. HALDIMAND avait remplacé Carleton à son poste de gouverneur en juin. Il connaissait Claus et était sensibilisé aux besoins du département des Affaires indiennes. L'avenir des Six-Nations, surtout celui des Agniers, était incertain à la suite de la reddition de Burgoyne ; il fallait donc que quelqu'un fût officiellement en liaison avec les chefs indiens. Claus, qui connaissait bien les Iroquois et parlait plusieurs de leurs dialectes, était de toute évidence l'homme qu'il fallait ; Campbell ne parlait aucune langue indienne et les affaires des Indiens du Canada l'occupaient entièrement.

Pendant ses dernières années Claus supervisa, en compagnie de John BUTLER, l'installation de divers groupes d'Indiens des Six-Nations en territoire britannique, en particulier dans la baie de Quinte et à la rivière Grand (Ontario). Il passait la plupart de son temps à Montréal et à Québec ; il fit toutefois des voyages réguliers dans l'Ouest. En outre, il se préoccupait beaucoup d'obtenir des dédommagements pour les pertes qu'il avait subies pendant la Révolution américaine ; il mourut en Grande-Bretagne en 1787 tandis qu'il cherchait à régler cette question. Son fils, William*, devint plus tard surintendant adjoint des Affaires indiennes.

La carrière de Claus démontre la complexité du fonctionnarisme et le dédale des rapports entre Indiens et Blancs à la fin du XVIIIe siècle. C'était un homme politique achevé qui défendit fermement les intérêts des Johnson au département des Affaires indiennes et un fonctionnaire ambitieux qui prit ses responsabilités au sérieux et s'en acquitta avec une haute compétence.

DOUGLAS LEIGHTON

Les APC possèdent deux prétendus portraits de Christian Daniel Claus, mais selon M. W. Hamilton, « The Johnson portraits » dans *Johnson papers* (Sullivan *et al.*), XIII, celui en habit civil serait de son fils William. Claus est l'auteur de *Daniel Claus' narrative of his relations with Sir William Johnson and experiences in the Lake George fight*, A. S. Walcott, édit. ([New York], 1904).

APC, MG 11, [CO 42] Q, 61/2, pp.353–356 ; 73/2, p.340 ; MG 19, F1, 20, 23, 25. — *Johnson papers* (Sullivan *et al.*). — *NYCD* (O'Callaghan et Fernow). — *Orderly book of Sir John Johnson during the Oriskany campaign, 1776–1777* [...], W. L. Stone, édit. (Albany, N.Y., 1882). — *The valley of the Six Nations* [...], C. M. Johnston, édit. (Toronto, 1964). — Graymont, *Iroquois*. — P. A. W. Wallace, *Conrad Weiser, 1696–1760, friend of colonist and Mohawk* (Philadelphie et Londres, 1945).

CLAUSONNE, DANIEL-MARIE CHABERT DE JONCAIRE DE. V. CHABERT

CLERKE (Clarke, Clerk), CHARLES, officier de marine et explorateur, né en 1741 à Weathersfield Hall (près de Braintree, Angleterre), décédé le 22 août 1779 à bord du *Discovery*, près de la baie d'Avacha (baie de Tar'ya, dans la péninsule de Kamtchatka, Union des républiques socialistes soviétiques).

Charles Clerke, fils d'un juge de paix, entra dans la marine royale en 1755. Après avoir servi durant toute la guerre de Sept Ans, il devint midshipman et fit partie de l'expédition autour du monde menée par John BYRON de 1764 à 1766. A son retour, Clerke écrivit un article à sensation sur les célèbres « géants de Patagonie » ; même s'il parut dans les *Philosophical Transactions* de la Royal Society de Londres en 1768, le récit était probablement un canular, car son auteur avait déjà la réputation d'un jeune homme plein d'audace. Clerke arriva au tournant de sa carrière en 1768, alors qu'il se joignit à l'équipage de l'*Endeavour* en qualité de *master's mate* pour prendre part, sous le commandement de COOK, au premier voyage accompli dans le Pacifique par le grand explorateur. Ce fut le début d'une association qui allait durer jusqu'à la mort de Cook. Promu lieutenant en mai 1771 au cours du premier voyage de Cook, Clerke fit le deuxième voyage à titre de lieutenant en second sur le *Resolution* ; en 1776, devenu capitaine, il reçut le commandement du *Discovery* et prit la mer avec Cook en direction du Pacifique Nord pour chercher un passage au nord-ouest.

Avant même de quitter l'Angleterre en 1776, Clerke était marqué par le destin car il avait attrapé la tuberculose durant un séjour qu'il avait fait à la prison de Fleet, à Londres, comme garant des dettes d'une autre personne. Tandis que les navires de Cook progressaient lentement vers la côte nord-ouest de l'Amérique, il semble que Clerke ait envisagé d'abandonner ses fonctions de commandant pour tenter de recouvrer la santé sous des cieux plus cléments, mais il fut retenu à son poste probablement par son sens aigu des responsabilités. Le journal qu'il rédigea en 1778, pendant que l'expédition se dirigeait vers le nord, le long du littoral des terres qui sont devenues la Colombie-Britannique et l'Alaska, en cherchant vainement le passage du Nord-Ouest, renferme des notes d'histoire naturelle plus complètes et plus précises que celles de la plupart de ses collègues, ainsi que de bonnes descriptions des Indiens nootkas. Mais les forces de Clerke déclinaient rapidement. En avril 1778, il put accompagner Cook dans une visite à un village de Nootkas, à la baie de Nootka (Colombie-Britannique), mais, lorsqu'il prit le commandement de l'expédition après le terrible choc du décès de Cook en février 1779, il nota : « ma propre santé [est] parfois si mauvaise qu'elle me permet à peine de rester sur le pont ». Malgré sa maladie, il donna l'ordre de mettre le cap encore une fois sur les régions glaciales et brumeuses du nord dans une nouvelle tentative pour trouver une route passant par le détroit de Béring et menant vers l'est le long du littoral arctique du continent américain. Il parvint au détroit le 5 juillet (selon l'heure locale du navire), mais, le 7 juillet, la grande muraille de glace qui avait stoppé l'avance de Cook l'année précédente était en vue. Après avoir tenté à plusieurs reprises de se frayer un chemin, l'expédition fut ramenée au 70° 33′de latitude nord, cinq lieues en deça du point le plus au nord que les navires avaient atteint en 1778. Dans les dernières lignes de son journal, en date du 21 juillet 1779, Clerke écrit : « présentement cette mer est tellement encombrée de glaces qu'il est tout à fait impossible, je le crains, de trouver un passage ». Les navires, endommagés, regagnèrent la baie d'Avacha, dans la péninsule de Kamtchatka, où ils devaient être remis en état, mais ils n'avaient pas atteint le port lorsque Clerke, depuis longtemps « presque réduit à un véritable squelette », comme l'écrivit plus tard un de ses officiers, mourut à l'âge de 38 ans. Au sujet des derniers mois de sa vie, le lieutenant James KING affirma : « En aucun cas, non plus, abandonna-t-il sa tâche pour des raisons de santé, préférant servir son pays, au prix même de sa propre vie. »

GLYNDWR WILLIAMS

Le récit de Charles Clerke sur les « géants de Patagonie » est publié sous le titre de « An account of the very tall men, seen near the *Streights* of *Magellan*, in the year 1764, by the equipage of the *Dolphin* man of war, under the command of the Hon. Commodore *Byron* [...] » dans Royal Soc. of London, *Philosophical Trans.*, LVII (1768), pt. 1 : 75–79. Son journal des années 1776 à 1779 se trouve au PRO, Adm. 51/4 561/217 et Adm. 55/22 ; 55/23 ; 55/124, et des extraits apparaissent dans *Journals of Captain James Cook* (Beaglehole), III : 531–549, 569–582, 591–603, 632–650, 655–659, 678–697, 1 301–1 340. La partie concernant plus directement le Canada et relatant le séjour de l'expédition à la baie de Nootka, de mars à avril 1778, apparaît aux pages 1 323–1 333. Une collection des lettres de Clerke à sir Joseph Banks* se trouve à la State Library of New South Wales, Mitchell Library (Sydney, Australie), Banks papers (Brabourne coll.), II. Les lettres écrites durant le dernier voyage sont publiées dans *Journals of Captain James Cook*, III : 1 508s., 1 518s., 1 542–1 544 ; le dernier rapport de Clerk à l'amirauté, PRO, Adm. 1/1 612, pt. 35, se trouve aux pages 1 535–1 540. Pour des renseignements additionnels, voir : BL, Egerton MSS 2 591, f.275A ; James Burney, *A chronological history of north-eastern voyages of discovery ; and of the early eastern navigations of the Russians* (Londres, 1819), 233s., 268 ; [John Byron], *Byron's journal of his circumnavigation, 1764–1766*, R. E. Gallagher, édit. (Cambridge, Angl., 1964), 207n. ; *The Banks letters ; a calendar of the manuscript correspondence of Sir Joseph Banks* [...], W. R. Dawson, édit. (Londres, 1958), 220s. ; et *DNB*. [G. W.]

COCKING (Cochin, Cockan, Cockings), MATTHEW, agent principal de la Hudson's Bay

Company et explorateur, né en 1743, à York, Angleterre, semble-t-il, probablement le fils de Richard Cochin, tailleur, et de Jane Carlton, décédé le 17 mars 1799, à York.

On connaît peu de chose de Matthew Cocking antérieurement à 1765, alors que la Hudson's Bay Company l'« accueillit » pour cinq ans, au salaire annuel de £20, à titre de commis aux écritures au fort York (York Factory, Manitoba). Il y transcrivit, de sa belle main, les journaux et la correspondance du poste, et y tint les comptes. Il contrôlait les expéditions de marchandises et de fourrures, à l'arrivée et au départ, à l'aide des réquisitions et des inventaires. Son intelligence et sa diligence furent reconnues en 1770, alors qu'on le nomma second à York, au salaire annuel de £50.

En 1772, Cocking se porta volontaire pour aller à l'intérieur des terres, quand Andrew Graham*, agent principal intérimaire à York, se plaignit que les rapports rédigés par les employés de la compagnie envoyés à l'intérieur, étaient « incohérents et inintelligibles ». Le 27 juin 1772, guidé par un « leader indien » peu enthousiaste, Cocking entreprenait un voyage difficile dans un canot indien qu'il ne savait pas manœuvrer. Les Indiens étaient « souffreteux » et un homme de canot mourut. Ils voyagèrent lentement par la route habituelle, remontant les rivières Hayes, Fox et Minehage (Minago), dans l'actuel Manitoba, pour atteindre la rivière Saskatchewan. Sur l'emplacement d'un vieux poste français, où des amis l'attendaient, le parti « abandonna » ses canots et marcha à partir du ruisseau Peonan (Saskatchewan), traversa la rivière Saskatchewan-Sud et atteignit les collines Eagle (au sud de Battleford). Cocking erra ça et là avec les Indiens, chassant dans la grande prairie, au sud-ouest de l'actuel Biggar, et dans la moyenne prairie, jusqu'au moment où il fut nécessaire de construire de nouveaux canots en vue du retour à la baie d'Hudson. Cocking rentra à York le 18 juin 1773. Dans son journal de route détaillé, se terminant par des « Réflexions sur un établissement à l'intérieur », Cocking fit, comme Graham l'avait espéré, un « compte rendu sensé » du pays des bisons, de la vie et des coutumes des peuples qui l'habitaient, dont des « Indiens étrangers » des plaines, notamment les Siksikas (Pieds-Noirs). Il décrivit la grande et la moyenne prairie, sans oublier la faune et la flore, et le chemin les reliant à la baie. Dans ses commentaires sur les postes de traite, les procédés et les normes des trafiquants indépendants (*pedlars*) qui interceptaient le commerce vers York, Cocking montra clairement l'urgence pour la compagnie d'étendre ses activités de traite à l'intérieur. Il y indiqua aussi les nombreuses difficultés qu'elle devrait surmonter, en particulier le manque de canots et d'hommes expérimentés.

Au cours du voyage suivant qu'il entreprit vers l'intérieur, en 1774–1775, Cocking fit l'expérience amère d'une de ces difficultés : la complète dépendance vis-à-vis des Indiens pour le « transport ». Il partit le 4 juillet 1774, pour aider Samuel Hearne à établir Cumberland House, le premier poste intérieur permanent de la compagnie dans l'Ouest, situé au lac Pine Island (lac Cumberland, Saskatchewan). Cocking emprunta un itinéraire via le lac Winnipeg (Manitoba), qu'il espérait convenir à de grands canots. En route, il « rattrapa » Isaac Batt, qui avait une grande expérience des voyages à l'intérieur, et Charles Thomas Isham*, que leurs guides indiens avaient abandonnés. Ne voulant pas les laisser mourir de faim, Cocking resta avec eux. Il fut même incapable de persuader les Indiens qui l'accompagnaient de remonter la rivière Saskatchewan, où plusieurs des indigènes étaient malades ; d'autres Indiens se présentèrent par la suite pour le conduire, non pas à Basquia (Le Pas, Manitoba), où Hearne l'attendait, mais dans leur propre pays, en remontant la rivière Red Deer, à l'ouest du lac Winnipegosis. Cocking hiverna au lac Witch (peut-être le lac Good Spirit, Saskatchewan). Aucunement effrayé, il décrivit ce nouveau pays dans son journal et s'efforça d'attacher à la compagnie les Indiens inconnus qu'il rencontra. Le 20 mai 1775, il descendit, pour le retour, la rivière Red Deer ; il arriva à York le 27 juin.

Bien que nommé chef de poste à Severn House (Fort Severn, Ontario) depuis 1774, Cocking fut une fois de plus envoyé à l'intérieur, malgré sa grande répugnance et une « vilaine brouille », selon les rapports de Ferdinand Jacobs, agent principal à York, et du conseil de ce poste. Après avoir emprunté la rivière Nelson (Manitoba), il prit le commandement de Cumberland House, le 6 octobre 1775, succédant ainsi à Hearne. De ce poste, il mena la lutte aux trafiquants indépendants, envoyant Robert Longmoor*, Malchom Ross et William Walker, entre autres, en mission de traite pour leur faire concurrence. Sur un ordre émané directement du comité de Londres, Cocking fut une fois encore, en 1776, envoyé à l'intérieur, à Cumberland House.

En août 1777, on permit enfin à Cocking d'assumer ses fonctions à Severn House. Tout comme York, ce poste avait à subir la concurrence des trafiquants indépendants ; en plus d'y entretenir les relations avec les Indiens, Cocking s'y occupait surtout, jour après jour, de l'approvisionnement et de l'administration courante. Même si la mauvaise santé « le gagnait », il prit le commandement d'York en 1781, quand la maladie obligea Humphrey MARTEN, agent principal à ce poste, à rentrer en Angleterre. A York, son dernier geste officiel qui nous soit rapporté fut sa tentative de faire échec à la propagation de la dévastatrice épidémie de petite vérole de 1781–1782. Il envoya d'urgentes mises en garde à Severn House, au fort Albany (Fort Albany, Ontario) et à Moose Factory (Ontario), en août 1782. Marten revint et releva Cocking juste avant la capture de York par le comte de Lapérouse [GALAUP]. Cocking s'embarqua pour l'Angleterre le 24 août, sur le *King George*, lequel, avec un chargement de fourrures, déjoua les forces françaises. Les « longs services et la bonne conduite » de Cocking lui valurent l' « approbation » de la compagnie. La documentation qu'il a laissée est aujourd'hui une source inestimable de renseignements sur les débuts de l'Ouest.

Installé dans la banlieue d'York, où il avait une sœur et un demi-frère, Cocking n'oublia pas les liens familiaux qu'il avait outre-Atlantique ; il obtint de la compagnie la permission d'y envoyer annuellement un montant d'argent à « l'usage de ses enfants et de leurs parents à la baie d'Hudson ». A sa mort, ses principaux légataires étaient des parents en Angleterre, mais son testament comportait des provisions pour que des marchandises d'une valeur de £6 fussent remises annuellement à chacune de ses trois filles de sang mêlé, l'aînée conservant sa part entière et les deux autres la partageant avec leur mère respective. Le conseil d'York Factory demanda qu'une partie de ce legs pût être « convertie en pain de gingembre, noix, etc., vu qu'elles n'[avaient] pas d'autres possibilités de se procurer ces petites fantaisies que la paternelle affection d'un père leur assurait dans le passé ».

IRENE M. SPRY

[Matthew Cocking], An adventurer from Hudson Bay : journal of Matthew Cocking, from York Factory to the Blackfeet country, 1772–1773, L. J. Burpee, édit., SRC *Mémoires*, 3e sér., II (1908), sect. II : 89–121.

APC, MG 18, D5. — HBC Arch., A.1/42–45 ; A.5/1–3 ; A.6/10–19 ; A.11/115–118 ; A.16/32–33, 37 ; A.30/1–2 ; B.49/a/1–5, 7 ; B.135/b/4–13 ; B.198/a/20–27 ; B.198/d/26–33 ; B.239/a/53–54, 66, 68–76, 78–80 ; B.239/b/36–42, 78–79 ; B.239/d/56–57, 59–62, 65–66, 68, 70, 84–85, 87, 93, 95–96, 98–99, 101–102 ; C.1/386 ; E.2/6, f.51 ; E.2/11, ff.41–73d. — University of York, Borthwick Institute of Hist. Research (York, Angl.), general MS indexes of wills and administrations (index et dates des homologations) ; PR. Y/ASP.19, 7 sept. 1743, 17, 20 mars 1799 ; Prerogative Court of York probate records, avril 1799 (testament de Matthew Cocking). — *Docs. relating to NWC* (Wallace). — *HBRS*, XIV (Rich et Johnson) ; XV (Rich et Johnson) ; XXV (Davies et Johnson) ; XXVII (Williams). — Henry, *Travels and adventures* (Bain). — *Journals of Hearne and Turnor* (Tyrrell). — Yorkshire Parish Register Soc., *Pubs.*, I, XI : The registers of St. Michael le Belfrey, York, Francis Collins, édit. (2 vol., Leeds, Angl., 1899–1901) ; C, CII : The registers of All Saints' Church, Pavement, in the city of York, T. M. Fisher, édit. (2 vol., Leeds, 1935–1936). — J. N. L. Baker, *A history of geographical discovery and exploration* (Londres, 1931). — Morton, *History of Canadian west*. — Rich, *History of HBC*. Nous soulignons avec reconnaissance l'aimable concours des archivistes de la HBC. [I. M. S.]

COGHLAN, JEREMIAH, négociant et armateur ; il épousa une certaine Joanna, et de ce mariage naquirent quatre fils et une fille ; *circa* 1756–1788.

Jeremiah Coghlan commanda plusieurs navires marchands de Bristol au cours de voyages en Méditerranée, aux Antilles et en Amérique du Nord dans les années 1750. A la tête d'un vaisseau de commerce, il passa par Terre-Neuve en 1756 et, en 1762–1763, y fit un voyage à son propre compte sur le *Lovely Joanna*, navire de 25 tonneaux ayant à son bord un équipage de cinq hommes. A l'été de 1764, Coghlan était établi dans le commerce de la pêche dans l'île de Fogo au large de la côte nord-est de Terre-Neuve en tant qu'entrepreneur indépendant et agent des marchands de Bristol.

L'année suivante, sous la protection du gouverneur Hugh PALLISER qui encourageait la mise en valeur d'une pêcherie au Labrador, Coghlan établit un poste de chasse du phoque à la baie des Châteaux, près du détroit de Belle-Isle, et équipa un sloop armé pour chercher le long de la côte nord des endroits où on pourrait mettre sur pied des pêcheries de morue et de saumon. Il devint rapidement un des piliers de la communauté de Fogo et, en 1769, le gouverneur John BYRON le nomma intendant du commerce du port. Coghlan retournait chaque automne à Bristol où il habitait une vaste maison, rue Trinity.

En 1769, Coghlan s'associa à Thomas Perkins de Bristol ; par la suite se joignirent à eux deux hommes qui connaissaient bien le Labrador : George Cartwright*, ancien officier de l'armée, et Francis Lucas* qui avait servi dans la garnison navale de la baie des Châteaux. Ils installèrent au cap Charles, au nord de la baie des Châteaux, un poste dont Cartwright eut la direction ; Lucas, lui, fut envoyé dans le nord pour faire le commerce avec les Inuit. Malheureusement, en 1770, Lucas se perdit en mer lors de son voyage de retour en Europe, et Coghlan jugea prudent de mettre fin à ses relations avec Cartwright, « ayant dû subir une lourde perte » (son association avec

Perkins sera dissoute en 1773). Alors, Coghlan et Cartwright se partagèrent *grosso modo* la côte du Labrador au nord de la baie des Châteaux : Cartwright gardait le cap Charles et, plus au nord, la baie de Sandwich, tandis que Coghlan prenait la côte située entre les deux.

Coghlan prospéra graduellement : il poursuivait la pêche de la morue en été, chargeant des équipages de chasser le phoque et de faire la cueillette des fourrures en hiver, ainsi que de pêcher le saumon au printemps. Dès 1777, il pouvait se vanter d'employer quatre fois plus d'hommes que Cartwright, « ayant été élevé dans ce commerce », et il envoyait régulièrement deux navires par an sur la côte du Labrador. Au faîte de sa carrière, Coghlan employait annuellement entre huit et dix navires pour transporter du ravitaillement à Terre-Neuve et au Labrador, et pour rapporter en Angleterre des chargements de morue, de saumon, de fourrures, de peaux de phoque et d'huile. Les diverses cargaisons en partance pour l'Amérique comprenaient presque tout ce qui répond aux besoins essentiels des groupes isolés : des boucauts de pain, de biscuits, de porc et de bœuf, des barillets de beurre, des pipes d'huile d'olive et de vinaigre, des cartons de savon et de chandelles, des ballots de vêtements, de chapeaux et de gants et des tonneaux de ficelle, de sel et autres approvisionnements pour la pêche.

Dès 1776, Coghlan était devenu le bras droit du gouverneur dans le nord-est de Terre-Neuve. Il faisait observer le paiement des droits de douane, expédiait à St John's ceux qui violaient la loi et recrutait des hommes pour défendre Québec contre les Américains. Pendant la guerre d'Indépendance américaine, il collabora étroitement avec les gouverneurs à la défense de Terre-Neuve, et ses établissements en sortirent en bonne partie indemnes. Toutefois, à l'été de 1778, le corsaire américain John Grimes fit son apparition sur la côte du Labrador. Il mit à sac l'installation de la baie des Châteaux, attaqua les postes de Coghlan sur la rivière Alexis et saisit l'un de ses navires. Craignant une attaque sur Fogo même, Coghlan convoqua une réunion des marchands de l'endroit, « mais ce fut à grand-peine qu'il put obtenir ne fût-ce que le suffrage d'un seul Anglais prêt à l'appuyer, alors qu'il y avait 250 hommes robustes aptes à porter les armes ». Il décida de se fier à ses propres gens : il prépara son navire le plus grand, le *Résolution*, de manière à pouvoir se défendre. Le gouverneur John Montagu dépêcha deux navires de guerre pour intercepter Grimes mais ce dernier s'échappa après avoir dépouillé Cartwright à la baie de Sandwich. Ce fut un Coghlan reconnaissant qui fit parvenir au gouverneur une adresse de remerciements signée par 67 marchands et pêcheurs de Fogo qui s'étaient portés ensemble, en armes, comme volontaires sous les ordres du « colonel-commandant » Coghlan. Au printemps de 1779, Coghlan demanda des armes au gouverneur Richard EDWARDS pour lui permettre de défendre Fogo et, en août, un navire de guerre lui livra 200 mousquets. A l'été de 1780, Edwards lui fournit quatre canons de 6 pour Fogo et trois canons de 6 pour son poste de Spear Harbour, à l'embouchure de la rivière Alexis. En outre, pendant le reste du conflit, des navires de la flotte de Terre-Neuve patrouillèrent régulièrement la côte sud du Labrador et escortèrent les bateaux des marchands du Labrador à St John's à l'automne. De son côté, Coghlan continuait à faire faire l'exercice à ses soldats-pêcheurs, armait ses pièces d'artillerie dans des forts construits à la hâte ; sa vigilance était telle qu'aucun corsaire n'osait l'attaquer.

Vers la fin de la guerre, à la suite de bruits qui s'étaient mis à circuler sur sa solvabilité, Coghlan dut prendre des mesures judiciaires. En septembre 1781, son fils aîné saisit le gouverneur Edwards d'une requête en réparation à St John's. La preuve dont disposait Coghlan comprenait des lettres écrites par Cartwright, son associé d'autrefois, et par John Codner, un marchand de St John's, lesquelles jetaient le doute sur la validité de ses notes de crédit. Il fut facile à Edwards de déclarer que ces rumeurs étaient « malveillantes, sans fondement et colportées assidûment dans le but de nuire au commerce et au crédit dudit Jeremiah Coghlan ».

L'ironie voulut que les on-dit ne fussent que trop vrais, ou alors ils eurent l'effet escompté car Coghlan se vit acculé à la banqueroute en juillet 1782. La nouvelle jeta Fogo dans le désarroi, et le gouverneur John Campbell envoya l'un de ses capitaines aider à clarifier la situation. On confisqua le poisson et l'huile de Coghlan ainsi que d'autres biens pour payer les salaires des pêcheurs et ses dettes. Il semble qu'il ait continué plus ou moins activement son commerce à Terre-Neuve car, en 1788, il protestait auprès de Palliser au nom des marchands anglais contre les pêcheurs des Bermudes nouvellement installés sur le Grand-Banc. Mais par la suite, on connaît peu de chose à son sujet. On croit qu'il était le père de Pamela Simms qui, plus tard, épousa le patriote irlandais, lord Edward Fitzgerald ; cependant, aucun document n'appuie cette légende de Terre-Neuve.

Il est très probable que, pendant les années 1770, Coghlan ait été le marchand le plus en vue dans le nord de Terre-Neuve et sur la côte du

Labrador. On rencontrait ses équipages de pêche, de chasse au phoque, de cueillette des fourrures sur les côtes de Terre-Neuve depuis la rivière des Exploits jusqu'à Sainte-Barbe ; sur la côte du Labrador, ils s'étendaient de la baie des Châteaux jusque loin dans le nord, peut-être même jusqu'à l'inlet de Hamilton. Coghlan était le type du négociant du sud-ouest de l'Angleterre ayant réussi, pour un temps du moins, à exercer une pêche saisonnière et à exploiter de nouvelles régions sur la côte du Labrador. Cependant, l'écroulement de son empire fut rapide et total.

WILLIAM H. WHITELEY

On peut retrouver des traces du séjour de Jeremiah Coghlan à Bristol dans les archives de la paroisse St Augustine au Bristol Record Office – les registres de la taxe des pauvres, 1761–1783 ; ceux de la taxe d'éclairage et de nettoyage, 1761–1764, 1770–1786 ; et ceux des taxes foncières, 1763–1764, 1766–1769, 1770, 1780–1787 – et dans les registres des baptêmes, mariages et sépultures, 1738–1791, conservés par l'église St George (Bristol). Concernant les cargaisons que les navires de Coghlan transportaient à Terre-Neuve, on trouvera des renseignements dans les Bristol Presentments, exports, 1773–1780, à la Bristol Reference Library. Même si Coghlan n'appartenait pas à la Society of Merchant Venturers, le livre de commande du Seamen's Hospital, 1747–1769, le livre n° 1 de l'Hospital for Decayed Seamen, 1748–1787, et les rôles d'équipages des navires, 1751–1794, conservés dans les archives du Merchants' Hall (Bristol), font plusieurs fois mention de ses navires.

On trouvera beaucoup de renseignements sur la carrière de Coghlan à Terre-Neuve dans la correspondance du département du secrétaire aux Colonies (GN2/1) des PANL, en particulier dans les volumes 3–9. Des mentions éparses apparaissent dans PRO, CO 194/21 et 194/34. Le journal du gouverneur John Montagu pour l'année 1778, PRO Adm. 50/17, contient un bon compte rendu des attaques des corsaires sur la côte du Labrador et de l'action courageuse de Coghlan. Les journaux inédits des marchands de Trinity, Isaac et Benjamin* Lester, au Dorset Record Office, Dorchester (D.365), comportent plusieurs allusions à l'activité de Coghlan, de 1765 à 1782. Des extraits dactylographiés de ces journaux se trouvent dans les archives du Maritime History Group de la Memorial University of Newfoundland, à St John's (MHG-B-2A ; MHG-B-2B). Il est aussi fait mention de Coghlan dans l'ouvrage de George Cartwright, *A journal of transactions and events, during a residence of nearly sixteen years on the coast of Labrador* [...] (3 vol., Newark, Angl., 1792).

La documentation imprimée relative à Coghlan est rare en général, si l'on excepte ses prétendus rapports avec Pamela Simms. On trouve des allusions éparses dans W. G. Gosling, *Labrador : its discovery, exploration, and development* (2e éd., Londres, 1910), et Prowse, *History of Nfld.*, et des mentions de ses navires dans *Lloyd's list* (Londres), 1763–1781. Au sujet de Pamela Simms, consulter S. P. Whiteway, « The romantic Pamela Simms, wife of Lord Edward Fitzgerald, the Irish rebel » (communication lue devant la Newfoundland Hist. Soc., St John's, le 31 mars 1942), qui tend à minimiser ses relations à Terre-Neuve. On lira cependant une opinion toute contraire dans William Pilot, « This Newfoundland girl might have become queen of France », *The book of Newfoundland*, J. R. Smallwood, édit. (6 vol., St John's, 1937–1967), V : 137–142. La biographie de Pamela Fitzgerald, dans le *DNB*, laisse croire qu'elle naquit dans l'île de Fogo, mais elle ne fait aucune allusion à Coghlan. [W. H. W.]

COIGNE. V. COUAGNE

COLE, JOHN, trafiquant de fourrures, né en Nouvelle-Angleterre, tué le 22 avril 1779 dans les collines Eagle (au sud de Battleford, Saskatchewan).

Nous ne connaissons rien de la vie de John Cole avant 1771. Cette année-là, il fut engagé par Thomas Corry, trafiquant rattaché à une compagnie de Montréal, et il participa à l'établissement du poste que celui-ci ouvrit au lac des Cèdres (Manitoba). L'année suivante, Cole déserta et, le 11 juillet, accompagné de trois canots d'Indiens, il se présenta à York Factory (Manitoba) afin de se faire embaucher par la Hudson's Bay Company. Corry se plaignit au chef intérimaire d'York, Andrew Graham*, que Cole et un autre de ses employés, un trafiquant montréalais du nom de Bove, s'étaient enfuis avec « une quantité considérable d'articles » et il accusa les deux hommes d'être des « malfaiteurs notoires ». Toutefois, Cole fit une bonne impression à Graham qui le décrivit comme suit : « un homme vigoureux, grand, capable, parl[ant] l'anglais, le français et les langues indiennes ; il était autrefois un homme de canot et a couvert de longues distances depuis Bristol, New Jersey, mais n'est jamais allé à Québec ni à Montréal ; il parle avec un gros bon sens, sait écrire un peu et [est] vraiment très aimé des indigènes ».

Graham s'était toujours opposé à ce que la Hudson's Bay Company établisse des postes à l'intérieur des terres, mais le poste de Corry, au lac des Cèdres, avait fait baisser considérablement le volume des fourrures recueillies à York. En une occasion, Corry avait détourné 125 des 160 canots que Louis PRIMEAU et Isaac BATT conduisaient à York. Cole expliqua à Graham quelles étaient les méthodes utilisées par les trafiquants de Montréal et il n'eut pas de mal à le persuader que « la seule chose à faire était d'ouvrir un établissement à l'intérieur des terres ». Il affirma vouloir s'engager à remonter la rivière Saskatchewan en 40 jours avec de grands canots chargés et il obtint de Graham un contrat de £12 par année, soit deux fois le salaire de base habituel. On l'envoya alors à l'intérieur avec mission d'embaucher Bove et de ramener à York deux grands canots en écorce de bouleau ; ces canots, selon Cole, étaient indispensables à qui voulait s'établir dans l'arrière-pays, mais il n'y avait pas de bouleaux à la hauteur de la baie d'Hudson.

Cole passa l'hiver de 1772–1773 à l'intérieur des terres, et, au début de l'été de 1773, il revint à York Factory sans Bove et sans canot. Envoyé de nouveau dans la région de la Saskatchewan, il déserta et alla retrouver les trafiquants montréalais. Il est difficile de déterminer avec précision ce qu'il fit par la suite. En juillet 1776, il aurait servi d'interprète à des trafiquants indépendants (*pedlars*) qui étaient à bâtir un poste sur la rivière Saskatchewan, en amont de Cumberland House (Saskatchewan), établissement de la Hudson's Bay Company. Plus haut, sur la Saskatchewan-Nord, trois milles en amont de la jonction de cette rivière avec la Saskatchewan-Sud, il édifia pour Booty Graves un poste qui ne fut jamais utilisé. Il demeura par la suite dans la région située le long du cours supérieur de la Saskatchewan.

En 1779, il semble que Cole était à l'emploi de Peter Pangman*. A ce moment-là, dans cette région, les Indiens étaient maltraités par certains trafiquants de Montréal. A l'automne de 1778, les trafiquants de l' « établissement supérieur », dans les collines Eagle, avaient tué un Indien en versant une forte dose de laudanum dans son grog. Quant à Cole, il avait certainement perdu auprès des Indiens le respect auquel Graham avait fait allusion ; comme l'indiqua par la suite Peter Fidler*, il avait alors « un caractère très irascible et malmen[ait] les indigènes sans raison valable ». Le printemps suivant, les Indiens revinrent et, le 22 avril, ils se querellèrent avec les trafiquants montréalais à propos d'un cheval ; au cours de la dispute, un des Indiens tira des coups de feu et tua Cole ainsi qu'un autre trafiquant.

E. E. Rich

Docs. relating to NWC (Wallace). — *HBRS*, XIV (Rich et Johnson) ; XXVII (Williams). — *Journals of Hearne and Turnor* (Tyrrell). — Morton, *History of Canadian west*. — Rich, *History of HBC*, II.

COLLÉGIEN, JEAN-ANTOINE SAILLANT DE. V. Saillant

COLLIER, sir GEORGE, officier de marine, né le 11 mai 1738 à Londres, fils aîné de George Collier ; il épousa, le 3 septembre 1763, Christiana Gwyn (ils eurent un fils) et, en secondes noces, le 19 juillet 1781, à Exeter, Angleterre, Elizabeth Fryer (ils eurent deux fils et quatre filles) ; décédé le 6 avril 1795, à Londres.

Homme aux qualités de chef évidentes, George Collier devait connaître le succès dans sa carrière dans la marine royale ; il y entra en 1751 et, trois ans plus tard, il était promu lieutenant. En juillet 1762, il fut promu capitaine et, en 1775, fait chevalier. L'année suivante, lors de la guerre d'Indépendance américaine, comme membre de l'escadre du commodore William Hotham, il aida au transport des troupes hessoises jusqu'à la ville de New York. Là, il participa aux opérations du lieutenant général sir William Howe contre l'armée rebelle. Ce fut avec « un étonnement indicible et avec inquiétude » qu'il vit Howe négliger de détruire les forces américaines qui battirent en retraite après la bataille de l'île Long, le 27 août 1776.

Le mois suivant, Collier fut envoyé pour organiser la défense navale de la Nouvelle-Écosse ; il s'acquitta de ce commandement avec grand succès jusqu'à son départ, en 1778. Son escadre fut particulièrement heureuse relativement à la capture de navires américains ; à la fin de 1777, quelque 76 navires ennemis avaient été pris ou brûlés, dont un tiers peut-être étaient des navires britanniques d'abord saisis par les Américains. En juillet 1777, l'escadre captura le « vaisseau amiral » de la flotte de corsaires de la Nouvelle-Angleterre, le *Hancock* (32 canons). A titre d'officier naval le plus élevé en grade à Halifax, Collier était également responsable du regroupement des transports nécessaires à l'évacuation en France de la population des îles Saint-Pierre et Miquelon, forcée d'abandonner ses demeures par une escadre britannique au commandement du commodore John Evans, en 1778 [V. Charles-Gabriel-Sébastien de L'Espérance].

Face aux menaces d'une invasion de la Nouvelle-Écosse, Collier fit montre de la même initiative. Peu après son arrivée à Halifax, il dépêcha une escadre pour secourir le fort Cumberland (près de Sackville, Nouveau-Brunswick) dont la garnison, sous les ordres de Joseph Goreham, était assiégée par « un nombre insignifiant de bandits de la Nouvelle-Angleterre » ayant à leur tête Jonathan Eddy*. L'escadre arriva après que les attaques d'Eddy eurent été repoussées, mais débarqua des troupes qui collaborèrent avec la garnison à la déroute des rebelles le 29 novembre 1776. En juin 1777, Collier entendit dire qu'un groupe de rebelles s'était concentré à Machias (Maine) en vue de s'assurer une alliance avec les Indiens et d'attaquer la Nouvelle-Écosse. Rapidement, il dépêcha une force constituée de six navires, qui débarquèrent des troupes aux ordres du major de brigade Gilfred Studholme ; à la suite d'une escarmouche, la menace américaine fut réduite à néant.

Après le rappel du contre-amiral James Gambier, au printemps de 1779, Collier assuma le commandement de l'escadre nord-américaine. En mai, il transporta un corps expéditionnaire en Virginie et y captura ou brûla 137 navires ennemis. A son retour à New York, il assista à la prise du fort Lafayette (près de Verplanck). En août, Collier se porta au secours du fort Majebigwaduce (Castine, Maine) dont la garnison, sous les ordres du général de brigade Francis McLean, était assiégée par une troupe nombreuse composée d'Américains. Sa puissante escadre mit les Américains en déroute et détruisit leur flotte de 19 navires armés en guerre et de 24 navires de transport et de ravitaillement. Informé de ces succès, George III fit le commentaire suivant : « Il est remarquable que sir G. Collier, avec des effectifs si faibles, ait été capable, pendant ces cinq mois, de produire plus d'effets contre les rebelles que les amiraux qui commandaient de si grandes flottes. »

Les succès remarquables de Collier restèrent curieusement sans récompense. A son retour à New York, en provenance du Maine, il fut relevé de son commandement, qui de toute manière devait n'être que temporaire, par le contre-amiral Mariot Arbuthnot. Il servit plus tard dans la flotte de la Manche, fut présent au dégagement de Gibraltar en 1781, mais jamais plus il ne détint un commandement indépendant sur mer. Le fait qu'il ne reçut aucun grade supérieur à celui de capitaine ou qu'il n'obtint aucune autre reconnaissance publique pour ses services – il se porta deux fois candidat, en vain, à un titre de baronnet – amena Collier à résigner son commandement au sein de la flotte de la Manche, un peu plus tard en 1781. En 1784, il fut élu au parlement, y représentant Honiton. Il fut enfin promu contre-amiral en 1793, et vice-amiral l'année suivante ; en 1795, il fut nommé commandant en chef au mouillage de Nore, dans l'estuaire de la Tamise. Obligé de démissionner à cause de sa santé, Collier mourut en avril de cette même année. Il avait fait une petite fortune grâce à l'argent des prises, et le principal avoir menionné dans son testament est une somme de £16 667 placée à 3 p. cent dans les Consolidated Annuities.

Julian Gwyn

[George Collier], « To my inexpressible astonishment » : Admiral Sir George Collier's observations on the battle of Long Island, L. L. Tucker, édit., N.Y. Hist. Soc., *Quarterly* (New York), XLVIII (1964) : 292–305.

Clements Library, Sir Henry Clinton papers. — National Maritime Museum, HIS/7, A detail of some particular services performed in America during the years 1776, 1777, 1778 and 1779, by Commodore Sir George Collier [...], G. J. Rainier, compil. ; JOD/9, A journal of the war in America by Sir George Collier. — PRO, Adm. 1/1611–1612 ; 6/19–21 ; PRO 30/8/124, ff.166–168 ; Prob. 11/1259, ff.115–117. — Sheffield City Libraries (Sheffield, Angl.), Wentworth Woodhouse Muniments, R.111/32–40. — *Naval Chronicle* (Londres), XXXII (1814) : 265–296, 353–400. — *The private papers of John, Earl of Sandwich, first lord of the Admiralty, 1771–1782*, G. R. Barnes et J. H. Owen, édit. (4 vol., Londres, 1932–1938), III : 135. — *DNB*. — Namier et Brooke, *House of Commons*, II : 239.

COLLINS, JOHN, arpenteur et fonctionnaire, décédé le 15 avril 1795, à Québec.

La création du poste d'arpenteur général des terres de la province de Québec fut une conséquence du fait que les Britanniques reconnurent qu'ils avaient besoin d'être davantage et mieux renseignés sur la géographie du pays qui leur avait été cédé en 1763. Samuel Jan Holland* fut nommé à la tête du bureau de l'arpenteur général en mars 1764, et, le même mois, il recevait encore une commission d'arpenteur général pour le district septentrional de l'Amérique du Nord. Sa juridiction s'étendait au sud jusqu'en Virginie, ce qui l'obligeait à des absences prolongées de Québec. Le 8 septembre 1764, John Collins était, en conséquence, nommé arpenteur général adjoint de la province de Québec ; jusqu'à ce que Holland assumât à plein temps ses fonctions relatives à la province, en 1779, Collins eut la responsabilité de la bonne marche du bureau de l'arpenteur général.

On n'a que peu de renseignements sur la carrière de Collins avant sa nomination, mais il semble, d'après certains indices, qu'il ait été marchand à Québec. D'après Holland, il avait été « employé pendant plusieurs années, en tant qu'arpenteur adjoint, dans les colonies du Sud » et le gouverneur Murray, entre autres, l'avait recommandé à ce nouveau poste. Quelques mois après sa nomination, Collins s'occupait à délimiter la frontière entre la province de Québec et la colonie de New York, d'ouest en est, entre le Saint-Laurent et le lac Champlain, le long du 45e parallèle. En 1765, il arpenta également et délimita des terres en vue de l'établissement de colons dans la région de la baie de Gaspé et de la baie des Chaleurs. Outre ses travaux généraux d'arpentage, il prépara des cartes pour le gouverneur, dressa des plans relativement à des contestations foncières et rédigea des rapports, comme celui qui portait sur l'utilisation du quai du roi, à Québec. De 1771 à 1773, Collins et Thomas Valentine, qui représentait la colonie de New York, poursuivirent les travaux visant à délimiter la frontière entre les deux provinces.

Pendant la Révolution américaine, Collins resta à Québec, y assumant ses fonctions d'arpenteur. Une fois les hostilités terminées, se posa au gouvernement l'énorme problème des réfugiés loyalistes. Il fallait, en vue de leur établissement, arpenter et délimiter des terres. Le 11 septembre 1783, le gouverneur HALDIMAND donna à Collins instruction de se rendre à Cataracoui (Kingston, Ontario) et de procéder à cette tâche. Au cours de 1783, Collins traça les frontières des cantons de Kingston, Ernestown, Fredericksburgh et Adolphustown ; ce fut l'un des premiers arpentages de ce qui est aujourd'hui l'Ontario. Il continua de travailler dans la région du haut Saint-Laurent et, en 1785, dirigea une équipe d'arpenteurs chargés de tracer une voie de communication entre Cataracoui et le lac Huron. En mai 1787, par suite de désaccords sur des questions comme la distribution des terres, des rations, des approvisionnements divers et des vêtements, on nomma une commission d'enquête pour entendre et étudier les plaintes des Loyalistes et autres colons dans les régions ouest de ce qui était alors la province de Québec. La commission, formée de Collins, de Holland, de William Dummer Powell* et de quelques autres, s'occupa d'abord des griefs des habitants de la seigneurie de Sorel. Par la suite, Collins et Powell poursuivirent les auditions dans la région de Kingston.

Collins en était venu aussi à participer activement à la vie politique de la colonie. En janvier 1773, il prêtait serment comme membre du Conseil de Québec. En 1775, il entrait au Conseil législatif et y resta pendant tout le régime de l'Acte de Québec, puis, sous l'Acte constitutionnel de 1791, jusqu'à sa mort. Il fut en outre l'un des conseillers législatifs choisis par sir Guy Carleton*, en août 1776, pour devenir membres de « son conseil privé ». Ce groupe d'hommes de confiance, conseillers auprès du gouverneur, continua d'exister sous Haldimand jusqu'en 1782, bien qu'il eût été jugé inconstitutionnel par le gouvernement britannique, en 1779. Collins siégea au sein d'organismes émanés du Conseil législatif, comme le comité du commerce et de la police, et le comité des terres. Il reçut des commissions générales de juge de paix pour différents endroits ainsi que des commissions d'audition et de jugement de causes criminelles pour Québec en 1788 et pour Québec et Montréal en 1791.

Après avoir terminé ses arpentages dans de vastes régions inhabitées, il arrivait souvent que Collins signât des requêtes en vue d'y obtenir des terres. Il acquit ainsi des propriétés dans la région portuaire de Bonaventure, sur la baie des Chaleurs, sur la baie de Tonegeyon (baie de Collins, Ontario) et dans le canton de Hereford (Québec). Une querelle éclata au sujet des dimensions et de la situation de sa concession de Hereford, et cette affaire, qui occupa Collins pendant les dernières années de sa vie, n'était pas encore réglée quand il mourut, en 1795, dans sa maison de la rue Saint-Louis, à Québec.

On ne connaît guère la vie privée de Collins. Franc-maçon actif, il fut grand maître provincial de 1767 à 1785. Sa femme, Margaret, mourut à Québec le 24 janvier 1770. Ils eurent au moins une enfant, Mary, qui épousa James Rankin, un arpenteur.

ROBERT J. HAYWARD

ANQ-Q, État civil, Anglicans, Cathedral of the Holy Trinity (Québec), 25 janv. 1770. — APC, National Map coll., VI/300-1795 ; VI/325-Grand Rivière-1765 ; VI/325-Sorel-1790 ; VI/340-Gaspé-1765 ; VI/340-Paspébiac-1765 ; VI/340-Port Daniel-1765 ; F/350-Québec-1766 ; VI/409-Nassau-1790 ; H3/410-Ontario-1785 ; VI/1 001-1774 ; H1/1 100-1790 ; R/1 100-1790 ; RG 1, E15, A, 1, 2, 11–13, 29 ; L3[L], 1, p.144 ; 10, p.3 201 ; 63, pp.31 519s., 31 523s. ; 163, p.79 510 ; RG 4, A1, pp. 10 656–10 675, 10 697–10 868 ; RG 68, 89, ff.1, 53, 81, 84 ; 91, ff.247, 250, 253, 260, 264, 267, 427, 446 ; 97, ff.100, 105, 110, 115. — BL, Add. MSS 21 721 ; 21 732 ; 21 784 ; 21 786 ; 21 791 ; 21 798 ; 21 884. — PRO, CO 42/32-33. — *La Gazette de Québec*, 16 avril 1795. — APC, *Catalogue of the National Map collection* [...] (16 vol., Boston, 1976). — Joseph Desjardins, *Guide parlementaire historique de la province de Québec, 1792 à 1902* (Québec, 1902). — Burt, *Old prov. of Que.* — L. F. Gates, *Land policies of Upper Canada* (Toronto, 1968). — D. W. Thomson, *Men and meridians : the history of surveying and mapping in Canada* (3 vol., Ottawa, 1966–1969), I. — F.-J. Audet, Trois géographes canadiens, Soc. de géographie de Québec, *Bull.* (Québec), XVIII (1924) : 85–98. — Willis Chipman, The life and times of Major Samuel Holland, surveyor-general, 1764–1801, *OH*, XXI (1924) : 11–90. — A. R. Davis, Samuel Holland and John Collins, pioneer Canadian surveyors, Assoc. of Ont. Land Surveyors, *Annual report* (Toronto), 45 (1930) : 185–190. — Hon. John Collins, deputy surveyor general, Assoc. of Ont. Land Surveyors, *Annual report*, 47 (1932) : 105–110.

CONTRECŒUR, CLAUDE-PIERRE PÉCAUDY DE. V. PÉCAUDY

COOK, JAMES, officier de marine, hydrographe et explorateur, né le 27 octobre 1728 à Marton-in-Cleveland (Marton, North Yorkshire, Angleterre), fils de James Cook, ouvrier agricole écossais, et de Grace Pace de l'endroit, décédé le 14 février 1779 à la baie de Kealakekua, îles Sandwich (Hawaii).

James Cook passa la plus grande partie de son enfance à Great Ayton, non loin de son lieu de naissance, où son père s'était établi pour travailler comme maître valet de ferme. A l'âge de 17 ans, il trouva son premier emploi permanent dans un magasin du petit port de pêche de Staithes

(Cleveland). En 1746, il signa un contrat d'apprentissage de trois ans avec John Walker, propriétaire de navires à Whitby ; il tira profit de cette période de formation, ardue mais inestimable, à la rude école des manœuvres le long de la côte est de l'Angleterre – littoral de hauts-fonds traîtres et mouvants, de bancs et de bas-fonds ignorés des cartes, et de ports difficiles d'accès – et fit quelques voyages dans la Baltique. Le 17 juin 1755, Cook refusa l'offre de prendre le commandement de l'un des navires de Walker pour s'engager dans la marine royale comme gabier breveté. Les volontaires de l'envergure de Cook étaient rares ; en l'espace de quelques semaines, il devint *master's mate* sur l'*Eagle* (où il devait faire connaissance avec le capitaine Hugh PALLISER). En juin 1757, il réussit ses examens de *master* (officier non breveté chargé de la navigation et des détails techniques du navire) et devint ainsi admissible au poste naval comportant le plus de responsabilités, celui d'officier chargé de la navigation et de la manœuvre d'un navire de la marine royale.

Cook passa la plus grande partie de la guerre de Sept Ans dans les eaux nord-américaines et participa à sa première campagne au large de Louisbourg, île Royale (île du Cap-Breton), où, en tant que *master* d'un bâtiment de 60 canons, le *Pembroke*, il assista à la reddition de la forteresse à l'armée d'AMHERST en juillet 1758. Son affectation à cet endroit capital de la lutte franco-anglaise devait avoir des résultats considérables et imprévus pour lui. Cook avait probablement déjà commencé à s'intéresser à l'hydrographie – quel *master*, en effet, ne porterait pas un intérêt professionnel aux cartes – mais la vue de rivages inconnus, que les cartes existantes ne représentaient que très sommairement alors qu'ils étaient d'une importance vitale dans la stratégie et la diplomatie de la guerre, semble l'avoir stimulé beaucoup plus que s'il avait servi dans les eaux métropolitaines. Dès l'été de 1758, Cook fit sa première carte, celle de la baie et du port de Gaspé (Québec), suffisamment bonne et utile pour être publiée à Londres l'année suivante. L'hiver de 1758–1759 fut important pour Cook qui se trouvait alors sous le commandement général de Philip Durell*. Encouragé et par le capitaine du *Pembroke*, John Simcoe, et par une nouvelle connaissance, l'ingénieur militaire Samuel Jan Holland*, il poursuivit des études de navigation et d'hydrographie, matières où l'on enregistrait depuis peu des progrès techniques considérables, surtout dans la conception des instruments. Mis au courant de l'assaut imminent sur Québec, Cook et Holland passèrent, semble-t-il, bien du temps cet hiver-là à tracer une carte préliminaire du golfe et du fleuve Saint-Laurent aussi satisfaisante que possible d'après les cartes médiocres qui existaient de la région. L'arrivée spectaculaire de Wolfe* et de SAUNDERS au large de Québec l'été suivant ne fut rendue possible que grâce au soin avec lequel les *masters* des navires britanniques, y compris Cook, sondèrent un chenal dans la navigation tortueuse du Saint-Laurent afin que la grande flotte des bâtiments de guerre et de transport pussent passer en sécurité. Cook n'était qu'un de ces hommes dévoués et de grande habileté que comptait la marine royale, mais on a la preuve qu'il eut une part très active dans l'élaboration de la « New Chart of the River St. Lawrence » qui fut publiée à Londres en 1760. Cette carte très complexe était dotée de nombreux cartons et de profils côtiers ; elle devint tout de suite la carte courante de cette voie d'eau difficile. Les souvenirs ultérieurs de Holland de même qu'une comparaison entre la carte publiée et les ébauches manuscrites laissent penser que Cook joua un rôle prépondérant quoique la preuve intrinsèque n'en soit en aucune façon concluante, vu la difficulté qu'il y a à dater les variantes. Cook commençait à attirer l'attention et les £50 (les deux tiers de son salaire annuel normal) qu'on lui décerna en janvier 1761 « en récompense de son inlassable zèle à se rendre maître du pilotage du fleuve Saint-Laurent, etc. » en sont une indication supplémentaire. Il était en train de devenir hydrographe par la force des choses ; sa présence dans l'escadre de lord Colvill* au large de Terre-Neuve après l'attaque française de St John's en 1762 [V. Charles-Henri-Louis d'ARSAC de Ternay] lui donna l'occasion de dresser la carte d'une partie de la côte orientale de l'île, y compris le port de St John's, la rade de Placentia, la baie de Bulls, Harbour Grace et la baie de Carbonear.

La guerre tirant à sa fin, Cook retourna en Angleterre et fut licencié en novembre 1762, quittant ainsi le *Northumberland* sur lequel il avait été *master* depuis septembre 1759. Le 21 décembre 1762, il épousa Elizabeth Batts, de Barking (Londres) ; néanmoins, Cook ne put jouir longtemps de sa vie domestique car, en avril 1763, l'Amirauté, le trouvant « une personne très habile à lever des plans », le chargea de dresser la carte des côtes de Terre-Neuve. Malgré l'importance de l'île pour la pêche de la morue dans l'Atlantique Nord, et indirectement pour la puissance maritime de la Grande-Bretagne, il n'existait pas de cartes détaillées et sûres de son littoral ; Cook allait remédier à cette faiblesse au cours de cinq saisons de levés établis avec soin et au prix de grands efforts. Il devait sa nomination, du moins en partie, à l'impression favorable que ses méthodes d'hydrographie avaient faite l'année précédente sur le capitaine Thomas Graves*, gouverneur de Terre-Neuve ; en mai 1763, les deux hommes firent voile ensemble vers Terre-Neuve. Au cours de sa première saison de travail, Cook fit le levé des îles Saint-Pierre et Miquelon avant leur rétrocession aux Français aux termes du traité de Paris de février 1763, puis continua à dresser la carte de certains endroits de la côte à l'entour de la pointe septentrionale de l'île, y compris les ports de Croque, de la baie de Noddy et de Quirpon, qui faisaient partie de la côte française, le long de laquelle la France conservait des droits de pêche selon les termes du traité de paix. Les deux séries de levés avaient un net rapport avec les conditions du traité et permettent de se souvenir des implications politiques et commerciales des travaux de Cook à Terre-Neuve.

Le mode de vie de Cook pendant les quatre années suivantes était tout tracé quand il revint passer l'hiver de 1763–1764 à Londres. C'est alors qu'il acheta une maison à East London, où naquirent ses six enfants. Lorsqu'il fit à nouveau voile vers l'Amérique du Nord au printemps de 1764, ce fut comme capitaine de son propre bateau, un petit schooner de 68 tonneaux, le *Grenville*. L'utilisant comme base, il se fraya sans relâche un chemin le long des côtes accidentées de Terre-Neuve, dressant le levé de la partie nord-ouest en 1764, de la côte méridionale entre la presqu'île de Burin et le cap Ray en 1765 et en 1766, et, en 1767, de la côte occidentale en rejoignant au nord la pointe extrême méridionale de son levé de 1763. Quoique sans prétention, Cook était déjà très conscient de la valeur de ses travaux, et peut-être de leurs perspectives commerciales car, avec la bénédiction de l'Amirauté, il fit coup sur coup publier ses levés : deux cartes en 1766, une autre en 1767 et une dernière en 1768. Ces cartes, qui constituaient un nouveau modèle de levés hydrographiques britanniques, alliaient des levés trigonométriques établis à partir des terres et des travaux exécutés du côté de la mer à l'aide d'une petite embarcation ; en outre, elles étaient tracées avec un souci scrupuleux du détail et une multitude de sondages, de profils côtiers et de notes de navigation. Elles furent réimprimées maintes fois et incorporées au célèbre *North American pilot* [...] de 1775 et, pendant près d'un siècle, les marins se fièrent essentiellement à ces levés pour connaître les côtes dangereuses de Terre-Neuve. Cook n'oubliait pas les raisons politiques qui avaient présidé à l'orientation de ses travaux. Ces cartes contenaient une quantité de renseignements sur les pêcheries existantes, de même que des suggestions pour en établir de nouvelles puisque Cook avait indiqué soigneusement les emplacements favorables de ports et d'échafauds. Il repéra même un banc de poissons au large de la côte méridionale, qu'ignoraient les flottilles de pêche. Dans l'ensemble, non seulement ses levés aidèrent à concrétiser la souveraineté juridique de la Grande-Bretagne sur l'Amérique du Nord, qu'elle avait acquise aux négociations de paix, mais encore favorisèrent l'expansion de la pêche dans des mers jusque-là inconnues. Pendant toutes ces années, Cook fit preuve d'une indépendance et d'un sens de l'autorité de plus en plus marqués. Les requêtes concernant des renforts d'hommes et de matériel, les améliorations qu'il apporta aux techniques courantes et souvent pénibles des travaux d'hydrographie ainsi que la transformation du schooner *Grenville* en un brick, toutes ces initiatives révèlent le perfectionniste. Il y avait chez lui cet enthousiasme constant pour s'améliorer, pour tenter de nouvelles expériences intellectuelles : à preuve la façon dont il s'y prit pour diriger avec succès l'opération délicate (qui n'était pas strictement de son ressort) consistant à effectuer des observations de l'éclipse de soleil en juillet 1766, apparemment à partir de l'île Éclipse au large de la côte méridionale. On présenta ses calculs, qui parurent dans les *Philosophical Transactions* de la Royal Society de Londres en 1768, comme étant de « M. Cook, bon mathématicien et très expert en son domaine ». Les cinq saisons que Cook passa à Terre-Neuve fournirent les premières cartes à grande échelle et exactes des côtes de l'île ; elles lui permirent également de posséder à fond la technique de l'hydrographie, acquise dans des conditions souvent défavorables, et qui le fit remarquer de l'Amirauté à un moment décisif aussi bien de sa carrière personnelle que de l'orientation des découvertes britanniques outre-mer.

Lorsque Cook revint en Angleterre pour l'hiver de 1767–1768, ses travaux à Terre-Neuve étaient loin d'être achevés ; cependant, il ne devait jamais retourner sur la côte atlantique de l'Amérique du Nord. En revanche, il reçut en avril 1768 le commandement d'un ancien charbonnier de Whitby rebaptisé l'*Endeavour* ; nouvellement nommé lieutenant, il partit pour les mers du Sud en août. Ce voyage terminé en 1771 de même que sa seconde circumnavigation pendant la période 1772–1775 bouleversèrent ce que l'Europe connaissait du Pacifique Sud en apportant sûreté et précision à des informations qui, avant 1775, étaient fragmentaires et confuses. Lors du premier voyage, la Nouvelle-Zélande, la côte orientale de l'Australie et le détroit de Torres surgirent des brumes, des rumeurs et des mythes ; au cours du second, Cook navigua plus au sud qu'aucun autre explorateur précédent, anéantissant ainsi l'idée que se faisaient les géographes en vase clos d'un continent austral vaste et fertile. Il réussit à ce qu'il n'y eût pas une seule perte de vie due au scorbut ; cet exploit était tellement remarquable qu'il aurait surpassé les résultats géographiques du voyage si ceux-ci avaient été moins importants. A son retour, il fut promu capitaine de vaisseau mais sa renommée s'était répandue bien au delà des milieux navals : il était, selon la description que le comte de Sandwich, premier lord de l'Amirauté, en donna à la chambre des Lords en novembre 1775, « le premier navigateur d'Europe ». En mars 1776, il fut reçu *fellow* de la Royal Society et, en même temps, se vit décerner la médaille d'or Copley de cette société pour sa communication sur le scorbut.

En dehors de ses voyages d'exploration, Cook n'allait pas avoir beaucoup de répit. En effet, nommé capitaine, en août 1775, à un poste de retraite à l'hôpital de Greenwich, il n'y resta que jusqu'en avril 1776, date à laquelle il décida d'accepter un défi que n'avaient pu relever les navigateurs les plus remarquables de l'Europe pendant près de trois siècles, la recherche d'un passage du Nord-Ouest. Cook fut tenté d'entreprendre une expédition de ce genre à cause de récentes découvertes qui avaient ravivé l'optimisme quant à la possibilité de découvrir un passage navigable et de réclamer la récompense de £20 000 offerte par un acte du parlement en 1775. Le voyage épique qu'avait fait Samuel HEARNE par voie de terre jusqu'à l'embouchure de la rivière Coppermine (Territoires du Nord-Ouest) en 1771 avait, pour le moment, discrédité les narrations apocryphes de Juan de Fuca*, de Bartholomew de Fonte* et d'autres qui étaient censés être passés par des détroits en se dirigeant vers l'est, de la côte du Pacifique à la baie d'Hudson ; Hearne n'avait traversé ni détroit ni rivière navigable. Cependant, le fait qu'il avait aperçu le littoral de l'Arctique indiquait qu'il était possible de trouver une voie maritime qui contournait le continent nord-américain plutôt que de le traverser. De plus, en 1774, alors que l'Amirauté recevait des nouvelles des explorations de Hearne, une carte russe qui venait de paraître à Londres représentait une voie plus libre, du Pacifique à la mer polaire, plus à l'est que celle du détroit peu connu de Vitus Jonassen Béring. Cette carte, présumément fondée sur les récits de trafiquants de fourrures russes qui côtoyaient les îles Aléoutiennes en direction du continent américain, présentait l'Alaska comme une île, longée par un large détroit du côté du continent américain, que les navires pourraient emprunter pour aller vers le nord. On dirigea donc la recherche d'un passage plus au nord, et pendant que Cook cherchait l'entrée sur le Pacifique, des expéditions sous le commandement de Richard Pickersgill en 1776 et de Walter Young en 1777 furent envoyées à la baie de Baffin à la recherche de l'entrée sur l'Atlantique. D'après les ordres reçus, Cook devait faire voile jusqu'au 65° de latitude nord pour entreprendre la recherche du passage, « prenant soin de ne pas perdre de temps à explorer rivières ou inlets, ou pour toute autre raison, jusqu'à ce qu'il atteigne la latitude mentionnée auparavant ». Ces ordres expliquent la hâte inhabituelle avec laquelle Cook cinglera, au cours de l'été de 1778, le long de la côte de ce qui est maintenant la Colombie-Britannique.

Cook quitta l'Angleterre avec le *Resolution* et le *Discovery* en juillet 1776, franchit le cap de Bonne-Espérance, traversa le Pacifique en passant par la Nouvelle-Zélande, Tahiti et les îles Sandwich et ainsi de suite jusqu'à la côte nord-ouest de l'Amérique. Le 7 mars 1778, la côte de ce qui est maintenant l'Oregon fut reconnue au 44° 33′ de latitude nord mais la brume et les orages ne permirent que des aperçus, brefs mais séduisants, de la côte. La principale préoccupation de Cook était de découvrir un havre où il pourrait s'approvisionner de bois et d'eau et radouber ses navires. Il avait espéré découvrir un endroit de ce genre dans une ouverture qui apparaissait sur le flanc éloigné d'un promontoire par 48° 15′ de latitude nord mais, quand les bateaux s'en approchèrent, il jugea que l'ouverture était trop petite pour fournir un refuge et rebaptisa cette pointe cap Flattery (Washington) ; il ajouta dans son journal de bord : « C'est à la latitude même où nous étions alors que les géographes ont placé le prétendu *Détroit de Juan de Fuca*, mais nous n'avons rien vu qui lui ressemble et il n'y a pas la moindre probabilité que jamais pareille chose existât. » Cook était rarement catégorique dans ses affirmations sans avoir de bonnes raisons et cependant, dans ce cas, il ne s'était pas suffisamment approché de la côte pour justifier cette déclaration car le cap Flattery constitue la pointe méridionale de l'entrée du détroit auquel on a donné maintenant le nom de Juan de Fuca. Pendant la nuit, Cook quitta le détroit avec l'intention de se rapprocher de la terre à l'aube mais des vents violents l'en empêchèrent pendant près d'une semaine. Quand les navires revirent la terre le 29 mars, ils se trouvaient au large des côtes océaniques couvertes d'épaisses forêts de l'île de Vancouver (Colombie-Britannique), que Cook prit pour la terre ferme. Les bateaux y mouillèrent à l'anse de Ship (Resolution), dans la baie de King George (baie de Nootka), où ils allaient rester près d'un mois. Les équipages virent beaucoup d'Indiens (Nootkas) de l'endroit qu'ils ne trouvèrent pas d'un physique attrayant étant donné leurs visages et leurs corps abondamment décorés et enduits de graisse et de saletés ; toutefois, ils savaient manœuvrer leurs lourdes pirogues creusées dans des troncs d'arbres et construire de longues maisons en bois sculpté de totems contournés. Ils obtinrent des Nootkas de grandes quantités de fourrures, surtout des peaux épaisses et lustrées de loutre marine. L'habileté des Nootkas à commercer et le fait qu'ils possédaient deux cuillers en argent et quelques outils en fer portèrent Cook et ses officiers, dont Charles CLERKE, à en déduire que ces Indiens avaient déjà été en contact, direct ou indirect, avec des Européens : peut-être bien des Espagnols venus du sud, des Russes du nord ou même des trafiquants rattachés à une compagnie de Montréal, ou des hommes de la Hudson's Bay Company venus de l'est. La première de ces possibilités était la plus probable car les Espagnols avaient fait voile le long de cette côte lors de tentatives de reconnaissance en 1774 et en 1775, et l'une de ces expéditions, commandée par Juan Josef PÉREZ Hernández, avait mouillé au large de la baie de Nootka. Des nouvelles de ces entreprises étaient parvenues en Angleterre deux mois avant le départ de Cook mais sous forme abrégée et trompeuse. Comme d'ailleurs furent tout aussi fallacieuses certaines des rumeurs sur l'expédition de Cook, qui parvinrent à Madrid en 1776. Les autorités espagnoles s'en alarmèrent parce qu'elles craignaient l'implantation britannique le long de la côte américaine du Pacifique que l'Espagne avait revendiquée dès 1493. Madrid donna ordre au vice-roi de la Nouvelle-Espagne (Mexique), Antonio María Bucareli y Ursúa, de faire obstacle à Cook s'il atteignait la Californie ; le vice-roi protesta en vain que ces ordres n'étaient pas réalisables et il réussit à retarder jusqu'en 1779 l'envoi de navires espagnols à la recherche de Cook.

Le 26 avril 1778, les vaisseaux de Cook quittèrent la baie de Nootka et se dirigèrent vers le nord. Le mauvais temps les contraignit à demeurer au large ; ils n'aperçurent à nouveau la terre que lorsqu'ils eurent dépassé de beaucoup la frontière du Canada actuel et furent dans les eaux de l'Alaska. Cook continua de longer le littoral qui devenait plus rude et plus désert, puis il se mit à obliquer inexorablement vers l'ouest, s'éloignant ainsi de la région où Hearne, plus de 1 000 milles au nord-est, avait aperçu les rives de la mer polaire. Finalement, les bateaux doublèrent la grande langue de la péninsule de l'Alaska, franchirent le détroit que Béring avait atteint en 1728, mettant le cap au nord-est et essayant ainsi désespérément de côtoyer le littoral septentrional du continent américain. La sinistre réalité de la navigation polaire se manifesta bientôt quand l'expédition rencontra une muraille de glace qui bloquait la route de l'est et qui, en dérivant vers la côte, mettait les bateaux en danger. Ceux-ci battirent en retraite par le détroit de Béring et partirent passer l'hiver dans les îles Sandwich où Cook trouva la mort à la baie de Kealakekua le 14 février 1779 dans un incident où il fit preuve d'un peu moins de discernement peut-être que de coutume.

Cook s'était vu confier une tâche impossible dans l'Arctique par des géographes qui, se fondant sur des conjectures, traçaient des cartes absurdes, et par des pseudo-scientifiques qui soutenaient que la glace ne constituerait pas un obstacle dangereux à la navigation d'été dans la mer polaire ; l'on comprend que, dans ces circonstances, il ne témoigna pas toujours de son savoir-faire et de son détachement professionnels ordinaires. Malgré tout, analysés de quelque façon que ce soit, les résultats de cette unique saison d'exploration furent extraordinaires. Cook avait fait les levés hydrographiques du littoral, du mont Saint-Élie (à la frontière entre l'Alaska et le Canada) jusqu'au détroit de Béring et au delà. Au sud du mont Saint-Élie, il avait fait escale, de même que les explorateurs espagnols de 1774 et de 1775, le long d'une côte que les Européens n'avaient pas visitée auparavant. Les cartes que rapportèrent ses officiers et qui furent publiées avec le récit officiel du voyage en 1784, indiquent l'immensité de son exploit. Selon la page de titre de ce récit, le voyage avait pour but « de faire des découvertes dans l'hémisphère nord, afin de déterminer la position et l'étendue du côté occidental de l'Amérique du Nord ; sa distance de l'Asie ; et la viabilité d'un passage septentrional vers l'Europe ». Dans ses grandes lignes au moins, l'on connaissait enfin la forme et la position de la côte nord-ouest de l'Amérique. Ni les Russes ni les Espagnols ne pouvaient rivaliser avec ce progrès de la science : ils n'avaient pas sur cette côte de marins dont l'expérience et la résolution s'approchaient de celles de Cook ; quant à leurs levés, ils paraissaient parfois sous forme tronquée, ou bien ne paraissaient pas du tout. Il est vrai que Cook n'était pas le premier explorateur à faire de nombreuses escales le long de la côte nord-ouest. Néanmoins, lui et ses officiers furent les premiers à révéler au monde, au moyen de récits, de cartes et de dessins, où ils avaient été et ce qu'ils avaient vu [V. James KING ; John WEBBER]. Cependant, ces explorations de Cook n'étaient pas probantes comme celles qu'il avait faites dans le Pacifique Sud, car ni lui ni ses prédécesseurs espagnols et russes n'avaient découvert si les côtes qu'ils avaient longées appartenaient à des îles ou à la terre ferme. L'intérieur, parfois même à peu de distance du bord de l'eau, était encore inconnu, comme l'étaient d'ailleurs ses habitants. A cette époque, les explorations du littoral ne donnaient que peu de renseignements susceptibles d'élucider la question de savoir jusqu'où les montagnes Rocheuses s'étendaient au nord, ce qui était la principale préoccupation des géographes. Or, pour la première fois, le grand public et les commerçants, en Europe et aux États-Unis, furent attirés par la côte nord-ouest dont les paysages grandioses et les habitants devinrent familiers aux lecteurs des comptes rendus du dernier voyage de Cook. Qui plus est, ces relations où l'on contait que les Nootkas échangeaient pour une poignée de verroterie des peaux de loutre marine valant une centaine de dollars pièce sur le marché chinois attirèrent l'attention sur le potentiel commercial de cette région éloignée. La recherche du castor avait attiré des individus de la côte est du continent presque jusqu'aux Rocheuses ; l'on se précipitait maintenant pour équiper des expéditions maritimes en direction de la côte nord-ouest [V. James HANNA ; John KENDRICK]. Parmi les hommes remarquables qui commandaient ces expéditions de commerce, plusieurs avaient été des membres d'équipage de Cook, parmi lesquels George DIXON et Nathaniel Portlock* ; leurs voyages prouvèrent que Cook avait sous-estimé la ténacité de ses compatriotes lorsqu'il considérait, en juin 1778, qu' « un trafic de fourrures très profitable pourrait s'exercer avec les habitants de cette vaste côte mais, à moins de trouver un passage au nord, il semble très peu probable que la Grande-Bretagne en retire quelque avantage ». Les entreprises commerciales des années 1780 devaient révéler que Cook s'était trompé en 1778 en supposant qu'il côtoyait la terre ferme sans interruption entre le cap Flattery et l'Alaska. Il convenait particulièrement bien cependant que l'Anglais qui fit l'étude hydrographique définitive au XVIIIe siècle de la côte ouest du Canada fût VANCOUVER qui avait navigué avec Cook lors de ses deuxième et troisième voyages ; il estimait que son travail de détail complétait les grandes lignes tracées par son ancien capitaine. A nouveau, le commerce avait succédé à l'exploration, et la concurrence internationale était allée de pair. En effet, le dernier voyage de Cook fut le prélude, en fait l'incitation, à une longue période d'intense rivalité internationale sur la côte nord-ouest ; ce fut à cause de cet antagonisme que la Grande-Bretagne et l'Espagne en vinrent à s'affronter dans un conflit, en 1790, qui mena presque à la guerre [V. Esteban José MARTINEZ]. Leurs positions respectives furent toutefois submergées par la marée montante des opérations américaines. La progression de cette rivalité, la crise de la baie de Nootka, l'arrivée sur la côte des explorateurs, des trafiquants et des colons venus de l'est et, enfin, la question de l'Oregon et le traité de juin 1846, tous ces événements jouèrent leur rôle dans le façonnement du Canada actuel.

GLYNDWR WILLIAMS

Les biographies de James Cook foisonnent mais l'ouvrage définitif de J. C. Beaglehole, *The Life of Captain James Cook* (Londres, 1974), les éclipse toutes. Un complément essentiel à ce monumental travail d'érudition est l'édition des journaux de bord du Pacifique de Cook par la Hakluyt Society : *Journals of Captain James Cook* édités par J. C. Beaglehole en 4 volumes. Le volume III : *The voyage of the « Resolution » and « Discovery », 1776–1780* s'est avéré le plus pertinent pour cette étude biographique. Il comporte non seulement le texte intégral des journaux manuscrits de Cook (BL, Egerton MSS 2 177A ; 2 177B), mais aussi de longs extraits des journaux de bord des différents membres de ses équipages. Pour connaître les opinions de Cook, mieux vaut consulter cette édition moderne que le compte rendu officiel contemporain de James Cook et James King : *A voyage to the Pacific Ocean* [...] (3 vol. et atlas, Londres, 1784) car, si les deux premiers volumes étaient signés par Cook, de style ils étaient du docteur John Douglas qui écrivait, à l'époque : « Le public ne sut jamais combien il m'était redevable dans cet ouvrage » (BL, Egerton MSS 2 181, f.48). Jusqu'aux importants travaux du professeur Beaglehole, les chercheurs ne pouvaient que deviner ce qui, dans le compte rendu publié, venait de Cook ou de son éditeur intrigant. Les journaux de bord, les lettres et les cartes ayant trait aux premiers levés hydrographiques de Cook au nord-est de l'Amérique sont éparpillés dans les grandes bibliothèques du monde : la BL, le PRO, les archives de l'Hydrographer of the Navy, Ministry of Defence (Taunton, Angl.), le National Maritime Museum, les APC et la Harvard University (Cambridge, Mass.). Les travaux de Cook sont compilés et analysés dans les études suivantes : R. A. Skelton, Captain James Cook as a hydrographer, *Mariner's Mirror* (Cambridge, Angl.), 40 (1954) : 92–119 ; *James Cook, surveyor of Newfoundland* [...], introd. par R. A. Skelton (San Francisco, 1965) ; et R. A. Skelton et R. V. Tooley, *The marine surveys of James Cook in North America, 1758–1768* [...] *a bibliography* [...] (Londres, 1967). Les implications politiques et commerciales des levés hydrographiques que Cook fit à Terre-Neuve sont étudiées dans : W. H. Whiteley, James Cook and British policy in the Newfoundland fisheries, 1763–7, *CHR*, LIV (1973) : 245–272. Pour des renseignements supplémentaires, voir *DNB* ; *Captain Cook, navigator and scientist : papers*, G. M. Badge, édit. (Canberra, 1970) ; Glyndwr Williams, *The British search for the northwest passage in the eighteenth century* (Londres et Toronto, 1962). [G. W.]

CORBIN, ANDRÉ, forgeron et taillandier, baptisé à Québec le 2 mai 1709, fils d'André Corbin, forgeron et taillandier, et de Charlotte Rainville, décédé à Trois-Rivières le 26 mars 1777.

Le père d'André Corbin tenait une boutique de forge à Québec, et celui-ci apprit les différents métiers du fer en y travaillant en qualité d'apprenti. A l'âge de 22 ans, il épouse à Trois-Rivières, le 16 juillet 1731, Louise, fille de Pierre Petit*, mais il ne semble pas s'être établi alors dans la région et est plutôt retourné à Québec, comme l'atteste la naissance en cette ville de son premier enfant, en avril 1732. Selon toute vraisemblance, Corbin aide son père, au printemps de 1732, à éprouver la qualité du fer provenant des mines dont François Poulin* de Francheville commence alors l'exploitation le long de la rivière Saint-Maurice.

Revenu à Trois-Rivières en 1734, Corbin y fait construire une « maison de bois de pieces sur pieces » et une boutique de forge où il fabrique des outils et des objets d'usage courant. Il s'adonne aussi à des travaux de plus grande envergure aux forges du Saint-Maurice, où Pierre-François OLIVIER de Vézin l'a engagé. Mais la qualité de son travail laisse à désirer, si l'on en croit un mémoire de François-Étienne Cugnet*, daté de 1741 : « dès l'année 1738 [...] nous avions reconnu quelques fausses dépenses telle qu'elle a esté par exemple la construction d'une forge double par le nommé Corbin taillandier que le S. Olivier avoit étably à St-Maurice et qu'il a démolie deux ans après parce qu'il reconnut que Corbin nous donnoit plus de perte que d'utilité ». On doit cependant accueillir ce jugement avec prudence, car Cugnet cherchait surtout à rendre Olivier de Vézin responsable de la mauvaise gestion des forges et à se disculper auprès de l'intendant HOCQUART et du ministre de la Marine Maurepas.

En 1744, Corbin est à Québec, travaillant comme forgeron et taillandier aux chantiers navals du roi. Son neuvième enfant est d'ailleurs baptisé à Pointe-Lévy (Lauzon, Lévis) au mois de juillet 1744. Il est de retour à Trois-Rivières en 1746 et sa belle-mère Marguerite Véron de Grandmesnil lui concède « une terre en bois debout » dans la seigneurie d'Yamaska. Il continue de remplir ses obligations de « m.[e] forgeron » en répondant aux commandes des particuliers et en réalisant des travaux pour le compte des forges, dont il est débiteur en 1747 d'une somme de 110#.

Le 8 janvier 1748, André Corbin épouse à Trois-Rivières, en secondes noces, Véronique Baby, cousine de René-Ovide HERTEL de Rouville, qui deviendra plus tard directeur des forges du Saint-Maurice. Corbin a vraisemblablement exécuté quelques contrats pour les forges pendant cette période. Quoique son nom n'apparaisse pas dans l'état général de la dépense faite pour l'exploitation des forges, on sait qu'il y était, en tant que maître forgeron, en 1751. A la même époque, il forge « la croix du clocher et autres ferrures » de la deuxième église de Saint-Antoine-de-la-Baie-du-Febvre (Baieville) et reçoit la somme de 74#.

Jusqu'à son décès survenu le 26 mars 1777, Corbin continue à exercer ses activités de forgeron et il participe à la vie de la communauté trifluvienne. Ses concitoyens semblent avoir apprécié son sens des responsabilités puisque, d'après Benjamin Sulte*, Corbin est élu en 1757 syndic de la ville de Trois-Rivières. Malgré un arrêt du Conseil supérieur, en date du 4 décembre 1758, qui lui refuse « la qualité de syndic des citoyens et bourgeois de la dite ville » tant qu'il n'aura justifié son droit « de prendre la dite qualité », Corbin porte ce titre pendant plusieurs années après la Conquête, ainsi que le montrent les actes notariés.

RENÉ BOUCHARD

ANQ-MBF, État civil, Catholiques, Immaculée-Conception de Trois-Rivières, 16 juill. 1731, 8 janv. 1748, 27 mars 1777 ; Greffe de J.-B. Badeau, 18 juill. 1768, 28 nov., 11 déc. 1770, 23 mars, 29 mai 1773, 7 févr., 10, 11 avril 1777 ; Greffe de Jean Leproust, 6 mars 1752, 20 juill. 1756, 21 déc. 1757 ; Greffe de Louis Pillard, 25 juill. 1746, 30 janv. 1747, 7 janv., 25, 28 juin 1748, 18 janv., 27 juin 1758, 27 juill. 1762, 15, 17, 21 avril 1763, 8, 9 juill., 10 août, 24 sept. 1764, 17 mai 1765, 5 déc. 1766, 22 déc. 1767 ; Greffe de H.-O. Pressé, 7 juill. 1742. — Archives paroissiales, Saint-Antoine-de-Padoue (Baieville, Québec), Livres de comptes. — IBC, Centre de documentation, Fonds Morisset, Dossier André Corbin. — *Recensement de Québec, 1716* (Beaudet), 36. — P.-G. Roy, *Inv. jug. et délib., 1717–1760*, VI : 127. — Tanguay, *Dictionnaire*. — J.-E. Bellemare, *Histoire de la Baie-Saint-Antoine, dite Baie-du-Febvre, 1683–1911* (Montréal, 1911), 63s. — J.-C. Dupont, Les traditions de l'artisan du fer dans la civilisation traditionnelle au Québec (thèse de PH.D., université Laval, 1975). — J.-N. Fauteux, *Essai sur l'industrie*, I : 58. — Mathieu, *La construction navale*, 96. — Morisset, *Coup d'œil sur les arts*, 126. — Sulte, *Mélanges historiques* (Malchelosse), VI : 112s.

CORNWALLIS, EDWARD, officier, administrateur colonial et fondateur de Halifax, né le 22 février 1712/1713 à Londres, sixième fils de Charles Cornwallis, 4e baron Cornwallis, et de lady Charlotte Butler, fille de Richard Butler, 1er comte d'Arran ; il épousa le 17 mars 1753, à Londres, Mary, fille de Charles Townshend, 2e vicomte Townshend ; décédé le 14 janvier 1776 à Gibraltar.

Nés dans une famille aux relations influentes, Edward Cornwallis et son frère jumeau, Frederick, devinrent pages du roi à l'âge de 12 ans. Capitaine dans le 8e d'infanterie en 1734, Cornwallis servit de courrier pour le service diplomatique, entre 1738 et 1743, et devint major du 20e d'infanterie en 1742. En décembre 1743, son père le nomma pour représenter au parlement la circonscription familiale d'Eye. L'année suivante, il rallia son régiment dans les Flandres et en assuma le commandement quand le lieutenant-colonel fut tué à Fontenoy (Belgique) en 1745. Promu lieutenant-colonel du 20e régiment cette même année, Cornwallis participa à la « pacification » de l'Écosse, y compris au quasi-massacre de Culloden, avant que son mauvais état de santé ne le forçât à résigner son commandement en faveur du major Wolfe* en 1748. L'année précédente, il avait été nommé valet de la chambre du roi et, en mars 1749, il fut promu colonel.

La carrière de Cornwallis en Nouvelle-Écosse commença le 21 juin 1749, date à laquelle il arriva au large de la baie de Chibouctou sur le sloop *Sphinx* comme gouverneur nouvellement nommé de cette province. Sa nomination inaugurait une nouvelle politique du gouvernement britannique. Pendant des années les autorités de la métropole avaient négligé la Nouvelle-Écosse, possession britannique depuis 1713. Cependant, la guerre de la Succession d'Autriche en démontra l'importance stratégique. Afin d'assurer la sécurité des colonies de la Nouvelle-Angleterre, des troupes anglo-américaines dirigées par William Pepperrell* et Peter Warren* attaquèrent et prirent la forteresse française de Louisbourg, île Royale (île du Cap-Breton), en 1745. Quoique le traité d'Aix-la-Chapelle en 1748 rendît Louisbourg à la France en échange de Madras (Inde), le gouvernement britannique comprit vraiment qu'« il était essentiel de donner à cette région une base militaire britannique d'un effectif comparable pour faire contrepoids et protéger la Nouvelle-Angleterre et son commerce ».

On mena cette entreprise, consistant à établir des colons britanniques dans la province, avec une rapidité saisissante. En mars 1749, lord Halifax, président du Board of Trade, soumit un rapport au duc de Bedford, secrétaire d'État pour le département du Sud, proposant la fondation d'une ville dans la baie de Chibouctou, « le grand et long port » sur la rive sud de la presqu'île dont on connaissait déjà bien le potentiel. Halifax avait reçu des suggestions au sujet du plan d'établissement de différentes sources au courant de la situation en Nouvelle-Écosse, parmi lesquelles l'influence la plus remarquable était celle de la Nouvelle-Angleterre. En fait, il estimait que, la paix acquise, la raison la plus importante pour établir la nouvelle ville était de répondre aux griefs de la Nouvelle-Angleterre. Toutefois, on fit le recrutement des premiers colons en Grande-Bretagne. Ce printemps-là, des annonces alléchantes parurent dans les journaux invitant les gens à se porter volontaires pour aller s'établir en Nouvelle-Écosse. On promettait aux futurs colons le transport gratuit et des vivres pour un an ; deux régiments de la garnison de Louisbourg commandée par le colonel Peregrine Thomas Hopson* devaient fournir une protection militaire. En mai, Cornwallis et 2 576 colons se mettaient en route pour cette province.

Le premier problème auquel Cornwallis se heurta à son arrivée fut de choisir l'endroit précis de l'établissement : cette décision lui causa certaines difficultés. Le commodore Charles Knowles, ancien gouverneur de Louisbourg, et le capitaine Thomas Durell, qui avait dressé la carte de certaines parties de la Nouvelle-Écosse, avaient recommandé la haute falaise surplombant le bassin de Bedford (le fond de la baie, rebaptisée ainsi en l'honneur du duc de Bedford) mais ce lieu se trouvait trop à l'intérieur des terres pour convenir à Cornwallis. D'aucuns en Angleterre avaient suggéré l'endroit qui s'appelle aujourd'hui la pointe Pleasant, à l'embouchure du port, mais Cornwallis s'y refusa, à cause de la terre rocailleuse et de l'éventualité de mers houleuses en hiver ; de même, il écarta la proposition suggérant le côté du port où se trouve Dartmouth, parce que le terrain opposé, plus élevé, dominait cet emplacement. Finalement, il choisit le flanc d'une colline sur le côté ouest de la baie, qui commandait toute la presqu'île, pour le nouvel établissement nommé Halifax en l'honneur du président du Board of Trade. Sa situation avait comme avantages la pente douce de la colline (baptisée plus tard Citadel Hill), l'emplacement convenant à l'accostage de bateaux, l'excellent mouillage pour de plus grands navires près de la côte ainsi qu'une bonne terre. Suivant les termes d'Archibald McKellar MacMechan*, « le temps a ratifié la sagesse du choix de [Cornwallis] ».

Grâce à l'arrivée du gouverneur intérimaire, Paul Mascarene*, et de certains de ses conseillers d'Annapolis Royal, Cornwallis fut à même de former son gouvernement. Le 14 juillet 1749, son premier conseil, comprenant entre autres Mascarene, John Gorham* et Benjamin Green, prêta serment. Selon sa commission et ses instructions,

Cornwallis ne devait édicter de lois qu'avec le consentement d'un conseil et d'une chambre d'Assemblée mais le Board of Trade admit que, dans les circonstances, il était impossible de convoquer une assemblée. Pour des raisons diverses, on n'en forma une qu'en 1758 sous le gouverneur Charles Lawrence*. Les premières lois du nouveau gouvernement eurent tendance à suivre les modèles de la Virginie qui avaient influencé les précédents gouvernements de la Nouvelle-Écosse. De même, pour créer un système judiciaire, Cornwallis prit exemple sur celui de la Virginie ; il établit une Cour générale pour traiter des délits graves et une Cour de comté pour les délits mineurs.

Cependant, la principale préoccupation du gouverneur fut de rendre l'établissement habitable avant l'hiver. En dépit des difficultés, il put rendre compte de progrès soutenus. Le 24 juillet, il adressa au Board of Trade des plans détaillés de la ville et, le 20 août, annonça qu'il y avait eu tirage au sort des lots et que chaque colon savait où il devait construire. Déjà, bien des gens de Louisbourg étaient arrivés et d'autres arrivaient de la Nouvelle-Angleterre. A la mi-septembre, les soldats avaient formé une ligne de palissades et, en octobre, avaient terminé deux des forts. Dès septembre, Cornwallis avait exprimé sa satisfaction parce que « tout se passait très bien, en fait beaucoup mieux qu'on aurait pu l'espérer ». S'il se plaignait de l'« irrégularité et l'indolence » de nombre de colons, pour la plupart soldats et marins licenciés, il vantait les quelques Suisses parmi eux qui lui apparaissaient comme des « hommes honnêtes et laborieux, facilement dirigés et [qui] travaillent avec ardeur ». Par la suite, le Board of Trade décida d'envoyer un « mélange de protestants étrangers », qui « par leurs dispositions industrieuses et exemplaires favoriseraient grandement cet établissement dans ses débuts », mais, d'après Cornwallis, le premier groupe envoyé en 1750 était « dans l'ensemble de pauvres vieux diables ». D'autres Suisses et d'autres Allemands arrivèrent pendant le mandat de Cornwallis ; en 1753, ils établirent leur propre village à Lunenburg [V. Jean Pettrequin* ; Sebastian ZOUBERBUHLER].

En plus de ses problèmes à Halifax, Cornwallis eut des difficultés encore bien plus grandes. En octobre 1749, le gouverneur intérimaire de la Nouvelle-France, Rolland-Michel Barrin* de La Galissonière, envoya des forces armées sous la direction de Charles DESCHAMPS de Boishébert et de Louis de La Corne* à la rivière Saint-Jean (Nouveau-Brunswick) et à l'isthme de Chignectou, espérant ainsi limiter l'établissement britannique. L'année suivante, Cornwallis envoya Lawrence dans l'isthme à la tête d'un détachement pour consolider les droits britanniques sur la région ; après un affrontement avec La Corne en avril, Lawrence érigea le fort Lawrence (près d'Amherst, Nouvelle-Écosse) en septembre, de l'autre côté de la rivière Missaguash, en face des positions françaises de Beauséjour. En 1749, l'abbé LE LOUTRE, missionnaire français auprès des Indiens, était revenu dans la province ; Cornwallis jeta le blâme sur lui, « un misérable bon à rien s'il en fut jamais », pour ses ennuis avec les Indiens. Au commencement, le gouverneur avait noué des liens amicaux avec les Micmacs aux alentours de Halifax mais il entendit bientôt dire que les Indiens, dans toute la province, s'étaient « ligués » avec Le Loutre. En août 1749, ils commencèrent leurs déprédations, capturant un navire à Canseau (Canso), en attaquant un autre à Chignectou et faisant tomber quatre hommes dans une embuscade près de Halifax. Cornwallis proposa alors d'« extirper complètement » les Micmacs, mais le Board of Trade le prévint que ce parti pourrait mettre en danger les colonies britanniques avoisinantes en créant « un redoutable ressentiment » parmi les autres tribus. Les attaques indiennes continuèrent alors que la guerre de Sept Ans était déjà bien engagée.

Peu après l'arrivée de Cornwallis, plusieurs Acadiens s'étaient présentés devant lui, le priant de leur faire connaître leur situation sous son gouvernement. Sur ses directives, ils revinrent plus tard avec tous leurs délégués, qui réclamèrent l'autorisation de prêter le serment d'allégeance avec réserve, tel que le faisait prêter l'ancien gouverneur Richard Philipps*. Cornwallis, qui avait une piètre opinion de ce dernier, tenait à montrer aux Acadiens qu'« il [était] en [son] pouvoir de les dominer ou de les protéger » ; il exigea un serment d'allégeance sans équivoque qui les obligerait à porter les armes pour la couronne britannique. En septembre, 1 000 Acadiens répondirent qu'ils quitteraient la province plutôt que de prêter le serment sans réserve. Constatant qu'il ne pouvait pas forcer les Acadiens à accepter cette exigence, Cornwallis décida de les laisser en paix jusqu'à ce qu'il ait reçu des instructions du Board of Trade. Pendant ce temps, il essaya de couper leurs communications avec les Français de la Saint-Jean et de l'isthme, et il améliora ses moyens de les surveiller en établissant de petits postes dans la région des Mines (près de Wolfville) et en y construisant un chemin. Conformément aux instructions du Board of Trade, il ne fit rien jusqu'à la fin de son mandat qui pût provoquer le départ des Acadiens.

Les désordres survenus à l'extérieur de Halifax avaient convaincu Cornwallis qu'il faudrait accroître la force militaire ; en octobre 1749, il demanda deux régiments supplémentaires au Board of Trade, tout en l'assurant qu'avec ces renforts il rendrait la Nouvelle-Écosse « plus florissante que n'importe quelle partie de l'Amérique du Nord ». Lorsqu'on le sermonna sévèrement, en février 1750, sur la nécessité de réduire les dépenses publiques au strict minimum, il ne le prit pas en bonne part : « Messeigneurs, sans argent, vous n'auriez pu avoir ni ville ni établissement, même pas de colons. » Ainsi commença une longue bataille à propos des dépenses, où Cornwallis se montra, selon ce qu'écrivit MacMechan, « direct, voire même brusque ». Quoique le Board of Trade compatît aux difficultés de Cornwallis et que ce dernier obtînt le régiment supplémentaire destiné à l'expédition de Lawrence à l'automne de 1750, il fut forcé de suivre, dans l'ensemble, les ordres d'un gouvernement qui s'alarmait de plus en plus du coût de la Nouvelle-Écosse. Ainsi, en juin 1750, le Board of Trade enregistra de nombreuses plaintes contre Hugh Davidson, le secrétaire de Cornwallis, surtout pour avoir « négligé » de transmettre les états des fortes sommes dépensées à Halifax, et demanda, entre autres, pourquoi on avait envoyé suffisamment « de livres de pain » pour ravitailler 3 000 personnes pendant un an alors que seulement 1 500 à 2 450 personnes avaient été réellement nourries. Troublé de ce que « quiconque sous [ses] ordres ait pu être même soupçonné de malversation », Cornwallis envoya Davidson dans la métropole pour répondre aux accusations. Il précisa cependant que le Board of Trade n'avait pas grande raison de s'étonner du supplément des dépenses puisque £44 000 avaient été dépensées uniquement en Grande-Bretagne cette année-là, dépassant ainsi de £4 000 la subvention tout entière accordée par le parlement. En novembre, Cornwallis changea quelque peu de tactique ; il espérait qu'en exposant les difficultés énormes soulevées par l'établissement de la ville, il se verrait approuver par le Board of Trade et justifierait l'excès de ses dépenses. D'autant plus effrayé par les dépenses que représentait le maintien d'une garnison à Chignectou, il espérait qu'on les accepterait, étant donné « le grand pas que cela représent[ait] pour faire de cette presqu'île ce qu'elle était destinée à être, à savoir une colonie florissante ».

La querelle atteignit son paroxysme en 1751. En mars de cette année-là, le Board of Trade avisa Cornwallis qu'il ne conserverait pas l'estime du parlement s'il ne s'abstenait pas de faire des « excédents » à l'avenir. La réponse de Cornwallis fut encore plus brusque qu'à l'accoutumée : « Vous flatter, Messeigneurs, avec des espoirs d'économies » serait « dissimulation de la pire espèce ». Cette réponse croisa une autre lettre, datée de juin, du Board of Trade qui, en fait, l'accusait d'avoir négligé de le tenir au courant des événements depuis le mois de novembre précédent ; quand Cornwallis répondit en septembre, il annonça qu'il était à bout de patience. Avec une délectation manifeste, il énumérait les difficultés particulières qu'il avait déjà présentées au Board of Trade, impliquant par là qu'il aurait pu s'épargner cette peine, étant donné le peu d'aide qu'il avait reçu ; il terminait en souhaitant que l'on désignât son successeur. Il n'avait été nommé que pour deux ou trois ans et sa santé avait été médiocre, mais il se peut fort bien que son retour en Grande-Bretagne ait été précipité par le fait qu'il était dans l'impossibilité de développer la colonie comme il l'entendait. Il quitta Halifax en octobre 1752, et Hopson lui succéda.

Cornwallis poursuivit alors sa carrière politique et militaire. En 1752, il échangea son grade de colonel du 40e d'infanterie, reçu en mars 1750, pour celui du 24e d'infanterie. L'année suivante, il fut élu député de Westminster, siège qu'il détint jusqu'en 1762. Quand la guerre de Sept Ans éclata, Cornwallis embarqua une partie de son régiment sur la flotte de l'amiral John Byng* en partance pour secourir Minorque. La flotte revint sans avoir accompli sa tâche. Cornwallis et deux autres colonels passèrent devant un conseil de guerre pour avoir participé à la décision de laisser Minorque à son sort. Un tribunal bienveillant les disculpa pour des raisons techniques mais les trois hommes furent l'objet de rudes satires de la part de la presse. Toutefois, les puissants amis de Cornwallis eurent suffisamment d'influence non seulement pour lui permettre de rester dans l'armée mais aussi pour qu'il obtienne la promotion de major général en 1757. En octobre de cette année-là, Cornwallis prit part à un deuxième incident du genre de celui de Minorque : il se joignit en effet, en tant que commandant de brigade, à l'expédition du général sir John Mordaunt contre l'arsenal de la marine française de Rochefort. Après une semaine de réunions peu concluantes, auxquelles Cornwallis participa, on décida de retourner en Angleterre. Cette fois, Cornwallis ne fut pas jugé mais la presse l'attaqua de nouveau. A la suite d'une tournée de service en Irlande, il fut promu lieutenant général en 1760 et devint gouverneur de Gibraltar en 1762. Le poste ne lui convenait pas mais, quoiqu'il eût à maintes reprises demandé sa mutation, sa conduite à Minorque et à Rochefort témoigna peut-être contre lui, et il demeura à Gibraltar jusqu'à sa mort.

Les lettres d'Edward Cornwallis révèlent les

traits d'un homme austère, ayant un sentiment aigu du devoir, qui se persuada de l'importance de sa mission, celle d'encourager une présence britannique en Nouvelle-Écosse, et qui sermonnait volontiers les autorités parce qu'elles refusaient de fournir les moyens, selon lui nécessaires, de mener sa tâche à bien. Trop franc parfois, il profita probablement de ses amis à la cour pour présenter des critiques dont ni le genre ni la manière de les faire ne pouvait provenir d'un gouverneur ordinaire. Néanmoins, personne ne peut mettre en doute son intention de faire ce qu'il pensait être le mieux pour la Nouvelle-Écosse ; presque personne n'a critiqué ses décisions fondamentales concernant Halifax. Parce que la malchance ou une faiblesse personnelle poursuivit ses entreprises européennes, il se peut fort bien que les trois ans de Cornwallis en Nouvelle-Écosse fussent les plus réussis de sa carrière.

J. Murray Beck

Un portrait représentant supposément Cornwallis se trouvait dans la Government House à Halifax en 1923. En 1929, le gouvernement de la Nouvelle-Écosse fit l'acquisition d'un portrait authentique qui se trouve aux PANS. Une grande statue de Cornwallis fut dévoilée sur la place de l'hôtel Nova Scotian en 1931.

PANS, RG 1, 29 ; 35, pp.29, 33, 42 ; 209. — G.-B., Board of Trade, *JTP, 1741/42–49 ; 1749/50–53*. — *N.S. Archives, I*, 559–566, 583–586, 588, 590–593, 601s., 608, 614, 627, 629, 631, 633, 638. — Akins, *History of Halifax City*. — Brebner, *New England's outpost*, 133, 237. — Murdoch, *History of N.S.*, II. — T. B. Akins, The first Council, N.S. Hist. Soc., *Coll.*, II (1881) : 17–30. — J. S. Macdonald, Hon. Edward Cornwallis, founder of Halifax et Life and administration of Governor Charles Lawrence, 1749–1760, N.S. Hist. Soc., *Coll.*, XII (1905) : 1–17 et 19–58. — A. McK. MacMechan, Ab urbe condita, *Dal. Rev.*, VII (1927–1928) : 198–210. — W. S. MacNutt, Why Halifax was founded, *Dal. Rev.*, XII (1932–1933) : 524–532. — C. P. Stacey, Halifax as an international strategic factor, 1749–1949, CHA *Report*, 1949, 46–56.

COTTÉ (Côté), GABRIEL, marchand et trafiquant de fourrures, baptisé le 12 juin 1742 à Saint-Louis-de-Kamouraska (Kamouraska, Québec), fils de Nicolas Cotté et de Marie-Claude Levasseur, décédé à Montréal le 5 février 1795.

C'est en 1760 que Gabriel Cotté arriva dans les pays d'en haut où diverses occupations allaient le retenir durant 35 ans. Le 17 août 1765, à Michillimakinac (Mackinaw City, Michigan), Cotté et Agathe Roy-Desjardins se marièrent par consentement mutuel devant plusieurs témoins, comme le voulait la coutume dans les cas où il n'y avait pas de prêtre. Leur premier enfant, Marianne, naquit en 1767 et fut baptisé le 25 juillet 1768 par le vicaire général Pierre Gibault*, qui, ce même jour, bénit le mariage des parents.

En 1772, devenu marchand trafiquant, Cotté engageait des voyageurs pour faire le transport des marchandises de Montréal à Michillimakinac. Quelques années plus tard, il obtint un permis l'autorisant « à commercer à Michillimakinac et jusqu'à Neppigon [Nipigon, près de l'embouchure de la rivière du même nom] [...] entre le 13 avril et le 4 juin 1778 ». Le 23 juillet 1778, il signa une pétition que dix marchands de Michillimakinac adressèrent au gouverneur sir Guy Carleton* afin qu'un missionnaire résidant leur fût envoyé, et, deux jours plus tard, il souscrivit à un fonds destiné à l'entretien de cette personne. En 1779, il s'associa avec deux marchands trafiquants, Maurice-Régis Blondeau*, dont il allait épouser la sœur, Angélique*, le 29 décembre 1783, et John Grant. Cette association, formée en vue de faire du commerce dans la région du lac Supérieur, dura jusqu'en 1785. En 1783, Cotté mena une expédition dans cette région ; il trouva les Indiens mourant de faim et perdit lui-même quatre de ses hommes. Il fut l'un des membres fondateurs du Beaver Club de Montréal en 1785.

A Michillimakinac (poste qui avait été déménagé à Mackinac Island, Michigan), durant les années 1786 et 1787, Cotté signa des documents relatifs à la protection du commerce avec les Indiens et à l'entretien de l'église dont il était l'un des marguilliers. Des lettres de Pierre Grignon, un commerçant de La Baye (Green Bay, Wisconsin) avec lequel il avait des relations d'affaires, révèlent que Cotté se proposait de quitter définitivement l'Ouest à l'automne de 1792 et de retourner à Montréal pour raison de santé. Un document portant sa signature en qualité de juge de paix à Michillimakinac, fonction à laquelle il avait été nommé vers 1780, montre qu'il se trouvait de nouveau au poste de traite le 24 août 1794. Il semble que Cotté était devenu, plusieurs années auparavant, capitaine dans la milice de Montréal ; son nom, accompagné de ce titre, figure sur plusieurs documents, mais peut-être s'agissait-il d'un autre Gabriel Cotté.

Après la retraite et le décès de Cotté, son fils Pierre-Gabriel, né en 1775, probablement à Michillimakinac, poursuivit des activités commerciales à cet endroit et occupa comme son père la fonction de juge de paix. Il alla s'établir à l'île Saint-Joseph (Ontario) en 1800, alors que le statut territorial de Michillimakinac était remis en question ; on ne connaît rien de ses activités par la suite. La seconde femme de Cotté donna naissance à trois filles, Lucie-Angélique, qui devint la mère du juge Maurice Laframboise*, Marie-Josephte, qui épousa Jules-Maurice Quesnel*, et

Marie-Catherine-Émilie, qui se maria avec François-Antoine Larocque*. Après la mort de Cotté, sa veuve fonda l'Orphelinat catholique de Montréal, continuant ainsi l'action religieuse et sociale à laquelle son époux avait longtemps consacré une part de ses activités.

RUTH R. JARVIS

ANQ-M, État civil, Catholiques, Notre-Dame de Montréal, 10 nov. 1777 ; Greffe de P.-F. Mézière, 29 déc. 1783. — APC, MG 19, B3, p.4. — Ste Ann's Parish (Mackinac Island, Mich.), Registre des baptêmes, mariages et sépultures de Sainte-Anne-de-Michillimakinak, 25 juill. 1768, 22, 23 juill. 1787, 24 août 1794, 20 avril 1800, 16 juin 1804 (mfm au Dept. of State, Lansing, Mich.). Ce document, qui couvre les années 1695 à 1821, est publié, avec notes, sous le titre de « The Mackinac register » dans Wis., State Hist. Soc., *Coll.*, XVIII (1908) : 469–513 ; XIX (1910) : 1–162, mais contient certaines inexactitudes [R. R. J.]. — *Docs. relating to NWC* (Wallace), 451, 460. — Fur-trade on the Upper Lakes, 1778–1815, R. G. Thwaites, édit., Wis., State Hist. Soc., *Coll.*, XIX (1910) : 270s. — *Michigan Pioneer Coll.*, IX (1886) : 650 ; X (1886) : 286s., 290 ; XI (1887) : 485, 488 ; XX (1892) : 671s. — *La Gazette de Québec*, 16 juin, 3 nov. 1785, 11 oct. 1787, 22 janv. 1789. — Massicotte, Répertoire des engagements pour l'Ouest, ANQ *Rapport*, 1932–1933, 299s. ; 1942–1943, 265–392. — Morice, *Dict. historique des Canadiens et Métis*, 71. — Tanguay, *Dictionnaire*, III : 145, 149. — Benoît Brouillette, *La pénétration du continent américain par les Canadiens français, 1763–1846 ; traitants, explorateurs, missionnaires* (Montréal, 1939), 85, 161. — M.-C. Daveluy, *L'Orphelinat catholique de Montréal (1832–1932)* (Montréal, 1933), 294ss. — Morton, *History of Canadian west*, 260. — É.-Z. Massicotte, Quelques rues et faubourgs du vieux Montréal, *Cahiers des Dix*, 1 (1936) : 127s.

COTTON (Couton), BARTHÉLEMY, chapelier, receveur et inspecteur des pelleteries pour la Compagnie des Indes, baptisé à Québec le 2 juillet 1692, fils de Barthélemy Couton et de Jeanne Le Rouge, décédé à Québec le 27 mai 1780.

Le père de Barthélemy Cotton était un soldat du Dauphiné qui après avoir été licencié des troupes de la Marine travailla comme chapelier et vécut à Saint-Jérôme de l'Auvergne, dans la paroisse de Charlesbourg. Tout comme l'aîné de la famille, le jeune Barthélemy paraît avoir appris de son père la chapellerie et l'agriculture. En juillet 1712, ses parents lui vendirent une ferme située dans la seigneurie de Notre-Dame-des-Anges, mais ils voulurent en reprendre possession après qu'il eut payé les dettes grevant la concession. Fils respectueux, Cotton déclara officiellement, en 1714, qu'il y consentirait, parce qu'il « se [voulait] Conserver Leur amitié, procurer Leur Repos, Et se Conserver Leurs successions », tout en protestant contre la perte qu'il encourait. Plus tard, il s'occupa de ses parents âgés et leur prêta de l'argent. Cotton posséda une ferme à Charlesbourg depuis les années 1720 jusqu'à sa mort, mais là n'était point son premier intérêt.

A partir de 1718, il travailla à diverses époques comme boucher, chapelier et employé de la Compagnie des Indes à Québec, à titre de receveur et inspecteur des pelleteries au bureau principal de la compagnie. Peut-être dut-il son poste à sa connaissance de la fourrure de castor, acquise dans la chapellerie depuis 1719, ou même plus tôt, et à un voyage en France dont il revint avec son frère en 1724. Ses instructions étaient contenues dans une dépêche venue de France et datée de mai 1725 : Cotton devait recevoir, trier les peaux de castor et les emballer par paquets de 120 livres en mettant sur chacun une marque appropriée ; les trafiquants étaient obligés de lui livrer leurs pelleteries, en vertu du monopole que détenait la compagnie sur l'exportation des peaux de castor. Il travaillait sous la direction de l'agent de la compagnie, avec un contrôleur qui tenait les comptes.

En partie peut-être à cause de son nouvel emploi – bien que celui-ci ne représentât probablement qu'une occupation saisonnière prenant fin avec le départ annuel des navires pour la France – Cotton avait peu de temps à consacrer à la fabrication de chapeaux dans l'atelier situé au rez-de-chaussée de sa maison, rue Saint-Jean, près du collège des jésuites. En 1730 et 1731, il partagea son atelier et la teinturerie, derrière la maison, avec son apprenti Joseph HUPPÉ, dit Lagroix. En 1731, un autre chapelier, Jean Létourneau, assuma les tâches de Cotton. Huppé et Létourneau devaient tous deux payer un loyer à Cotton mais, une mésentente s'étant apparemment produite entre Cotton et son apprenti, ce dernier omit de le faire et, par la suite, déménagea à Montréal. Un second malheur s'abattit sur Cotton quand, en septembre 1736, le Conseil de Marine interdit la fabrication de chapeaux au Canada, parce que, en produisant, vendant et exportant des chapeaux de castor, les artisans de la colonie portaient atteinte au monopole de la Compagnie des Indes. A la fermeture de l'atelier de Cotton, par ordre du roi, ce même mois, l'équipement de chapellerie confisqué fut évalué à 590#. Selon l'estimation des fonctionnaires, les revenus annuels provenant de l'entreprise de Cotton étaient de 400# seulement.

Toujours à l'emploi de la Compagnie des Indes, Cotton continua de vivre à l'aise, en dépit de cette épreuve. Le 13 novembre 1741, il épousa Marie Willis, une veuve de 12 ans son aînée, qui avait été enlevée en Nouvelle-Angleterre par les Abénaquis alors qu'elle était enfant, et amenée au Canada. Il acquit, la même année, une tuilerie de Nicolas-Marie Renaud* d'Avène Des Méloizes – peut-être grâce à la dot de sa femme. Les fours ne fonctionnèrent pas à partir de 1743, année de mauvaise récolte. Cette dernière entreprise, l'atelier de chapeaux et le fait que Cotton et sa femme avaient en 1744 un serviteur sont autant d'indices que Cotton possédait de l'argent, mais il montra peu d'enthousiasme pour les affaires.

Sans enfant, Barthélemy Cotton fit cinq testaments différents pour léguer ses biens à ses plus proches parents par le sang. Au début, il avantageait sa sœur Marguerite, qui était couturière, et ses frères Jean-François et Michel* qui, entre autres choses, étaient orfèvres. Des trois, seul Michel était marié, et ses enfants furent les principaux bénéficiaires des testaments subséquents de Barthélemy. Dans son premier testament, rédigé en 1752, Cotton montrait les tendances charitables d'un homme dévot : il faisait des legs aux pauvres, aux paroisses de Québec et de Charlesbourg, et à diverses maisons religieuses. Il faisait, en particulier, la part belle à l'Hôpital Général de Québec, dont il avait été le syndic dans les années 1720 et où trois de ses nièces étaient religieuses. En 1771, Cotton fit un legs spécial à une religieuse de l'Hôpital Général. Son dernier testament est daté du 10 décembre 1773. Les fréquentes révisions étaient rendues nécessaires par la mort de parents ou par leur départ pour la France après la Conquête, de même que par la diminution de sa fortune, d'autant qu'il semble n'avoir pas trouvé à se replacer après la perte de son poste à la Compagnie des Indes, lors de la Conquête. La femme de Cotton mourut en 1776 ; il s'éteignit quatre ans plus tard, à l'âge de 87 ans.

PETER N. MOOGK

AN, Col., B, 43, ff.507–509 ; 62, ff.110–111 ; 78, ff.25–33 (mfm aux APC) ; C[11A], 51, pp.10–16 (copies aux APC). — ANQ-Q, État civil, Catholiques, Notre-Dame de Québec, 2 juill. 1692, 13 nov. 1741, 28 mai 1780 ; Greffe de Louis Chambalon, 30 oct. 1709, 27 avril 1713 ; Greffe de C.-H. Du Laurent, 15 juin 1752 ; Greffe de François Genaple de Bellefonds, 27 févr. 1686, 23 sept. 1691 ; Greffe de J.-C. Panet, 31 août 1761, 3 mars 1767, 25 oct. 1771, 10 déc. 1773 ; Greffe de J.-N. Pinguet de Vaucour, 18 févr. 1728 ; Greffe de Pierre Rivet Cavelier, 31 déc. 1715 ; NF 25, 23, nº 879 ; 57, nºs 2 299, 2 318. — Archives maritimes, Port de Rochefort (France), 1E, 105, f.323. — Recensement de Québec, 1744, 33. — *La Gazette de Québec*, 3 févr., 27 mai 1785. — P.-V. Charland, Notre-Dame de Québec : le nécrologe de la crypte, *BRH*, XX : 242–244. — *Dictionnaire national des Canadiens français (1608–1760)* (2 vol., Montréal, 1958), I : 310. — P.-G. Roy, *Inv. ins. Cons. souv.*, 166s. ; *Inv. jug. et délib., 1717–1760*, I : 57, 59, 61, 186 ; II : 71, 75, 107, 276, 320 ; III : 150 ; V : 177s. ; VI : 3. — Tanguay, *Dictionnaire*, I : 142 ; III : 159. — J.-N. Fauteux, *Essai sur l'industrie*, I : 169 ; II : 488. — Lionel Groulx, Note sur la chapellerie au Canada sous le Régime français, *RHAF*, III (1949–1950) : 383–401. — É.-Z. Massicotte, L'anéantissement d'une industrie canadienne sous le Régime français, *BRH*, XXVII (1921) : 193–200.

COUAGNE (Du Coigne), JEAN-BAPTISTE DE, trafiquant de fourrures et interprète, baptisé le 3 mars 1720 à Montréal, fils de René de Couagne* et de Louise Pothier, père d'au moins deux fils métis, décédé après 1795.

Membre d'une éminente famille de marchands montréalais, Jean-Baptiste de Couagne était encore jeune quand il se lança dans la traite des fourrures. A la fin des années 1730, il signa un contrat d' « engagé » pour le territoire des Illinois où il passa quelques années et acquit une bonne connaissance des coutumes et des langues indiennes. A un certain moment, il fut capturé par les Cherokees qui l'adoptèrent par la suite. A Montréal, en 1747, il signa un nouveau contrat d'engagement en vue de se rendre à Détroit ; en 1749, il signa cette fois pour le lac des Bois.

Comme Peter Bisaillon*, Jacques de Noyon* et d'autres, Jean-Baptiste de Couagne décida un jour de tenter sa chance du côté des Anglais. Il passa l'hiver de 1750–1751 au fort Edward (appelé par les Français fort Lydius ; aujourd'hui Fort Edward, New York) avec John Hendricks LYDIUS, son parent par alliance. Au printemps, William JOHNSON écrivit à George Clinton*, gouverneur de la colonie de New York, pour lui demander de permettre à de Couagne de « faire des affaires » dans la région. Minimisant les liens qu'il avait avec Montréal, de Couagne avait dit à Johnson qu'il avait passé les 14 années précédentes chez les Illinois. Au début des années 1750, il vécut parmi les Six-Nations durant une assez longue période. Ses activités étaient loin de plaire aux autorités de la Nouvelle-France, et, en 1751, le gouverneur La Jonquière [Taffanel*] ordonna son arrestation.

De Couagne, avec sa façon de voir à ses intérêts sans dépendre de personne, resta en contact avec la Nouvelle-France. Lorsque la guerre éclata entre la Grande-Bretagne et la France au milieu des années 1750, ce lien devint particulièrement suspect aux Britanniques. De Couagne et un de ses associés furent emprisonnés à Albany, New York, durant l'automne de 1757, mais ils ne tardèrent pas à s'échapper. Il semble, toutefois, que l'incident n'eut pas de suites fâcheuses. En mai 1758, les deux hommes arrivèrent au fort Johnson (près d'Amsterdam, New York) après avoir passé quelque temps chez les Six-Nations, et Johnson les envoya au commandant en chef, ABERCROMBY, pour les soumettre à un interrogatoire. Abercromby les renvoya dans le territoire des Six-Nations avec mission de faire de l'espionnage.

Lorsque le fort Niagara (près de Youngstown, New York) tomba aux mains des Britanniques à l'été de 1759, Jean-Baptiste de Couagne fut engagé par Johnson pour servir d'interprète ; il joua ce rôle jusqu'à la fin de sa carrière et accomplit différentes missions. A la fin de l'été de 1759, il se rendit à Oswego, New York, où les troupes britanniques étaient rassemblées en vue d'une attaque qui devait être menée par le Saint-Laurent. L'année suivante, Johnson lui donna l'ordre de se joindre aux Indiens qui accompagnaient Robert ROGERS à Détroit ; de Couagne avait pour tâche de « prévenir toute dispute qui pourrait s'élever entre nos gens et eux par manque de compréhension mutuelle ». En 1765, il parcourut de nouveau cette région avec Wabbicommicot*, lequel était porteur d'un message aux nations qui avaient participé au soulèvement de Pondiac*. Lorsque le bruit se répandit, en 1769, que les Sauteux, les Potéouatamis et les Indiens de la vallée de l'Ohio allaient se révolter, de Couagne fut chargé d'aller faire enquête.

En 1773, sa vue baissait rapidement. Il se retira à Montréal, et, en 1780, on parlait du « vieux DeCouagne aveugle qui est ici à l'hôpital des sœurs grises ». Le printemps suivant, il avait si bien retrouvé ses forces et la vue qu'il envisageait d'aller reprendre son travail au fort Niagara ; rien n'indique, cependant, qu'il donna suite à ce projet. En 1796, son nom figurait sur la liste des pensionnés du département des Affaires indiennes ; en tant qu' « interprète invalide », il avait droit à un dollar par jour.

JANE E. GRAHAM

AN, Col., C[11A], 97, f.165. — APC, MG 18, O6, p.24 ; MG 19, F1, 2, pp.161s. ; 25, pp.208s. — *Coll. des manuscrits de Lévis* (Casgrain), VII : 168. — *Johnson papers* (Sullivan *et al.*). — *Michigan Pioneer Coll.*, XXV (1894) : 108. — *Handbook of American Indians* (Hodge), I : 405. — Massicotte, Répertoire des engagements pour l'Ouest, ANQ *Rapport*, 1929–1930, 378 ; 1930–1931, 367, 383.

COUAGNE (Coigne), MICHEL DE, officier dans les troupes de la Marine, né le 5 octobre 1727 à Louisbourg, île Royale (île du Cap-Breton), fils aîné de Jean-Baptiste de Couagne* et de sa première femme, Marguerite-Madeleine de Gannes de Falaise ; il épousa, le 19 février 1758 à Louisbourg, Jeanne Loppinot, et ils eurent six enfants ; décédé le 28 octobre 1789 à Saint-Marc (République d'Haïti).

C'était une pratique courante de la couronne française de reconnaître les services des officiers décédés en nommant leurs fils dans les forces armées. Michel de Couagne fut fait cadet dans les troupes de la Marine en 1740, peu après la mort de son père qui avait servi à l'île Royale, à titre d'ingénieur, pendant 23 ans. Il servit comme ingénieur adjoint volontaire en 1742 et en 1743, participa à la prise de Canseau (Canso, Nouvelle-Écosse) en 1744 et à la défense de Louisbourg en 1745 [V. François DU PONT Duvivier ; Louis DU PONT Duchambon]. Conduit en France, selon les clauses de la reddition de la forteresse, de Couagne reçut une commission de lieutenant et d'ingénieur adjoint le 6 janvier 1747, année où il fut de l'expédition malheureuse du gouverneur La Jonquière [Taffanel*] au Canada. Ayant finalement atteint le Canada en 1748, il assista, pendant les six années suivantes, Gaspard-Joseph Chaussegros* de Léry dans ses travaux relatifs aux fortifications de Québec, Montréal et autres lieux. En 1754, à la requête de Louis Franquet*, directeur des fortifications de la Nouvelle-France, il retourna à Louisbourg comme ingénieur en titre et y fut employé jusqu'à la capitulation de 1758 [V. Augustin de Boschenry* de Drucour]. Franquet, qui le considérait comme l'un de ses meilleurs ingénieurs, lui obtint le grade de capitaine à la demi-solde en 1756 – promotion probablement destinée à lui conférer l'autorité nécessaire à un ingénieur en poste à Louisbourg. Pendant le siège de 1758, de Couagne fit montre de courage, de diligence et d'habileté dans l'art de la défense. Il dirigea, en particulier, les réparations à la batterie de l'Îlot.

De Couagne passa les années 1759 à 1763 à La Rochelle, mettant la dernière main aux comptes détaillés des fortifications tant de l'île Royale que du Canada, donnant par écrit son point de vue sur divers sujets relatifs aux deux colonies et espérant impatiemment retourner dans son île natale. La qualité de ses travaux relatifs aux comptes de Louisbourg, avec lesquels il était le plus familier, amena la cour à lui confier la vérification des registres du Canada qu'il connaissait moins bien, ce qui ne l'empêcha pas de se tirer d'affaire avec compétence, semble-t-il. Dans sa lettre du 4 novembre 1760 sur l'île Royale (une excellente source de renseignements d'ordre géographique), il recommandait vivement la construction d'une nouvelle capitale fortifiée sur la baie des Espagnols (Sydney Harbour) si la France rentrait en possession de la colonie. La colonisation agricole, insistait-il, devrait y être encouragée par l'introduction du système seigneurial dans plusieurs régions fertiles qui avaient été en grande partie négligées pendant les 40 années et plus d'occupation française de l'île. De Couagne nota en outre que le rôle propre de l'île et de la côte sud avait toujours été de servir de base pour les pêcheries, ce qui devait être continué. Sa lettre du 26 août 1761 sur le Canada concernait l'administration des fortifications, le besoin d'un plus grand nombre d'ingénieurs de formation et d'un moins grand nombre d'amateurs, et l'amélioration de la procédure à suivre. Il recommandait aussi que l'on mît fin à l'habitude désastreuse qu'avaient les officiers chargés de la construction des fortifications dans les postes isolés de vendre du vin et des spiritueux aux soldats employés à ces travaux.

Promu capitaine en janvier 1763, de Couagne fut créé chevalier de Saint-Louis le mois suivant. Il fut, la même année, muté aux îles Saint-Pierre et Miquelon où il dirigea la construction d'édifices gouvernementaux et d'installations portuaires, dressa des cartes et plans exacts, et collectionna des spécimens d'histoire naturelle. Il échoua dans ses efforts pour être désigné commandant en second sous les ordres de son ancien collègue, François-Gabriel d'ANGEAC, devenu gouverneur de la minuscule colonie. Après son retour en France à la fin de 1766, de Couagne fut mis en poste au dépôt militaire des colonies, sur l'île de Ré, au large de La Rochelle, où il devint par la suite commandant en second et où il servit peu de temps à titre de commandant de la compagnie des cadets. Mis à la demi-solde en 1781, de Couagne se plaignit à son parent, le comte d'Argenson, de ses difficultés financières – lui et sa femme avaient perdu tous leurs biens à Louisbourg en 1758 – et, en 1783, il fut nommé lieutenant de roi à Saint-Marc, sur l'île de Saint-Domingue (île d'Haïti). Son aversion pour les climats tropicaux, sa détresse financière persistante et des décisions défavorables à une promotion, tout concourut à rendre difficiles ses années dans l'île. Ainsi en fut-il également de la forte amende qu'il s'attira en 1786 pour ne pas avoir signalé une violation faite aux règlements régissant le commerce étranger dans son district. Sa mort, en 1789, laissa sa femme dans une situation financière désespérée.

F. J. THORPE

AMA, Inspection du Génie, Bibliothèque, MSS *in-4°*, 66, f.65. — AN, Col., B, 78, f.393 ; 85, f.199 ; 87, f.208v. ; 91, f.261 ; 99, ff.244, 252v. ; 103, f.188 ; 121, f.649 ; 133, ff.139, 144 ; 136, f.104 ; C11A, 98, f.78 ; 105, f.296 ; C11B, 25, f.27 ; 34, f.12 ; 35, ff.282–283 ; 36, ff.268–270 ; 38, ff.169–170 ; C11C, 8, ff.82–91 ; C12, 1, f.100 ; 14, f.6 ; D1, 11, ff.59, 60 v., 102, 118v., 241v. ; D2C, 2, ff.115v.–116 ; 4, f.114 ; E, 94 (dossier Michel de Couagne) ; Section Outre-mer, Dépôt des fortifications des colonies, Am. sept., n° 488 ; Saint-Pierre et Miquelon, carton 1, nos 7, 9–14 ; G1, 409/2, p.210 ; G3, 2045. — APC, MG 18, O6. — *Inv. des papiers de Léry* (P.-G. Roy), II : 95, 110. — Æ. Fauteux, *Les chevaliers de Saint-Louis*, 192s.

COUGHLAN, LAURENCE, prédicateur méthodiste, prêtre de l'Église d'Angleterre et fonctionnaire local, fondateur du méthodisme à Terre-Neuve, né probablement à Drummersnave (Drumsna, République d'Irlande), décédé vraisemblablement à Londres en 1784.

Laurence Coughlan fut élevé dans la religion catholique, mais se convertit au méthodisme à Drummersnave en 1753. Bien qu'il n'eût « aucune instruction » au dire de John Wesley, fondateur de la société protestante des méthodistes, il fut recruté comme prédicateur itinérant en 1755 et se fit connaître par son zèle et sa persévérance. Deux ans plus tard, il fut envoyé en Angleterre ; il œuvra d'abord à Whitehaven puis à Colchester où il obtint un succès remarquable. En 1760, il revint passer un certain temps en Irlande et il servit à Waterford, un port de mer où de nombreux Irlandais s'embarquaient pour Terre-Neuve. En 1763, Coughlan était devenu l'un des plus précieux assistants de Wesley, mais lorsqu'il se fit ordonner prêtre en 1764 par Erasmus, un évêque de l'Église orthodoxe grecque actuellement considéré comme un imposteur, Wesley s'irrita de ce que cet honneur eût été fait à Coughlan qui n'en était pas digne, selon lui, en raison de son manque d'éducation. En 1768, Wesley déclara que Coughlan avait encore « terni » sa propre réputation « en épousant et en ruinant » une femme dont il tait le nom. La ruine à laquelle il faisait allusion était évidemment d'ordre financier. Il se peut que les deux hommes aient été séparés, en outre, par des divergences théologiques. Quoi qu'il en soit, en 1765, Coughlan n'était plus utile pour Wesley comme prédicateur.

Comme un grand nombre de documents contiennent des contradictions en ce qui concerne la date de l'arrivée de Coughlan à Terre-Neuve et les circonstances de son ordination à la dignité de prêtre de l'Église d'Angleterre, il importe d'établir clairement les faits. Le 22 novembre 1765, les habitants de Harbour Grace, de Mosquito et de Carbonear autorisèrent George Davis, un marchand de Londres qui s'apprêtait probablement à quitter Terre-Neuve pour l'hiver, à « trouver et s'entendre avec un ministre protestant de l'évangile, afin qu'il vienne et réside parmi eux ». En avril de l'année suivante, Davis informa le comte de Dartmouth, président du Board of Trade, que Coughlan semblait « une personne convenable » pour être ministre « s'il pouvait recevoir les ordres sacrés », et il pria Dartmouth de « s'efforcer de le faire ordonner ». Coughlan fut élevé au diaconat le 25 avril, « autorisé à exercer le ministère dans la province de Terre-Neuve » le lendemain, et ordonné prêtre le 27 de ce mois. Puisque la lettre de recommandation de Dartmouth indiquait qu'un navire attendait Coughlan à Poole « et [allait] appareiller aussitôt qu'il [serait] là », Coughlan arriva donc à Terre-Neuve en 1766, probablement en juin. Le 19 décembre de la même année, Coughlan se présenta devant la Society for the Propagation of the Gospel avec une pétition des gens de Harbour Grace et des environs demandant qu'il fût désigné comme missionnaire de cette société et qu'il reçût un traitement annuel. A cette date, il demeurait avec eux depuis « quelque temps » déjà, étant « leur ministre ». La pétition fut agréée, et Coughlan retourna à Harbour Grace en septembre 1767. Il était le premier prêtre de l'Église d'Angleterre à œuvrer dans la baie de la Conception et le troisième à s'établir dans l'île de Terre-Neuve [V. James Balfour* ; Edward LANGMAN]. Son épouse, qui était elle aussi une fervente méthodiste, et sa fille Betsey demeurèrent avec lui pendant la plus grande partie de son séjour dans l'île.

Les registres montrent que Coughlan menait en quelque sorte une double vie sur le plan religieux. Comme prêtre de l'Église d'Angleterre, il administrait les sacrements à un nombre croissant de fidèles, il célébrait régulièrement les offices à Harbour Grace et, après 1768, à Carbonear, et, de temps en temps, il prêchait aux pêcheurs irlandais dans leur langue pour les instruire des « erreurs du papisme ». En février 1768, il ouvrit une école et, malgré les difficultés, il en assura la bonne marche durant la période où il exerça son ministère. En 1772, Coughlan pouvait affirmer avec raison qu'il avait bien servi la Society for the Propagation of the Gospel. Mais derrière cette réussite apparente, à laquelle il était parvenu en tant que ministre de l'Église d'Angleterre, se dissimulait sa véritable ambition de méthodiste qui était de devenir un instrument de conversion évangélique au sein de la population. A cet égard, il ne connut aucun succès durant près de trois ans, même s'il travaillait « nuit et jour » et prêchait « de porte en porte », suivant la manière favorite de Wesley. A la longue, il céda au découragement et décida de ne plus rester « dans un pays aussi pauvre et désolé », mais ses efforts obstinés finirent par porter fruit : un « réveil » méthodiste se produisit et se propagea « comme le feu ».

Lorsque le revivalisme se répandit, Coughlan fut en butte à une opposition venant des plus orthodoxes de ses paroissiens. Dès lors, semble-t-il, ses prêches furent davantage empreints de la pensée théologique des méthodistes et il exhorta ses fidèles à prendre part aux réunions privées qu'il organisait dans toute la paroisse. En 1770, ses paroissiens tardaient à lui verser ses appointements, et, en juillet, le gouverneur John BYRON estima nécessaire de leur ordonner de remplir leur engagement ; en même temps, il nomma Coughlan juge de paix de la baie de la Conception. En novembre, les appointements n'avaient toujours pas été payés.

L'année suivante, certains incidents provoquèrent un conflit qui opposa ouvertement Coughlan à quelques-uns des plus influents citoyens de Harbour Grace. En février, Coughlan accusa publiquement le marchand Hugh Roberts d'adultère et il recommanda à ses paroissiens de ne plus traiter avec lui ; cinq mois plus tard, il intervint lui-même, un dimanche, pour tenter d'empêcher des ouvriers de Roberts de travailler. A la suite de ces deux incidents, Roberts et 12 autres marchands de Harbour Grace demandèrent, dans une pétition adressée à Byron, que Coughlan fût « réduit au silence ou déplacé », considérant qu'il était « tout à fait indigne d'être juge de paix ou missionnaire, ignorant les lois de son pays et manquant d'instruction » ; ils soutenaient également qu'il avait manqué à ses devoirs de magistrat en acceptant des pots-de-vin. On mena alors une enquête qui révéla, si l'on s'en remet à la relation qu'en fit Coughlan, que tous ses ennemis « furent reconnus comme des menteurs » ; il fut néanmoins démis de ses fonctions de juge de paix par Byron, le 25 octobre, en raison de ses « nombreuses actions injustifiables de nature à gêner et à décourager grandement le commerce et la pêche ».

Si Coughlan éveillait chez les marchands des sentiments d'opposition, les gens du commun qui se joignaient au mouvement méthodiste lui témoignaient, bien au contraire, leur affection et leur loyauté. Le mouvement continua de grandir durant le séjour de Coughlan à Terre-Neuve, se propageant au nord de Carbonear jusqu'à Blackhead où une nouvelle église capable d'accueillir 400 personnes avait été construite au cours de l'hiver de 1768–1769. La formation de groupements méthodistes au delà de Harbour Grace révèle la volonté de Coughlan de « parcourir intégralement la région » afin de répandre son message. S'il avait pu poursuivre sa tâche de cette façon, il serait demeuré à Terre-Neuve, mais, disait-il à Wesley en 1772, « comme je n'en ai pas la possibilité, excepté par voie d'eau, dans de petites embarcations, je ne peux le supporter ».

Ce n'est pas uniquement sa « peur atroce » de la mer qui le contraignit à quitter l'île. L'hostilité des marchands ne connaissait pas de répit, et, en mai 1772, une dispute éclata entre Coughlan et Nicholas Fiott, l'un des 13 pétitionnaires de l'année précédente. Coughlan refusa carrément à Fiott le privilège d'être le parrain de deux enfants, l'accusant de mener « une vie dissolue ». Un violent affrontement se produisit ensuite durant un office du dimanche, mais Coughlan refusa de céder et les enfants ne furent pas baptisés. En octobre, Fiott adressa une plainte officielle au gouverneur Molyneux SHULDHAM, lequel demanda alors à la Society for the Propagation of the Gospel de retirer son missionnaire de Harbour Grace. Au cours de ce mois, Coughlan demanda lui-même à la société la permission de retourner en Angleterre ; il partit en octobre 1773. Deux mois plus tard, à Londres, il se présentait devant cet organisme et remettait sa démission.

On ne sait trop quelles furent les activités de Coughlan de 1773 à sa mort. Une lettre adressée à Wesley en 1772 laisse entendre qu'il désirait être de nouveau prédicateur itinérant en Grande-Bretagne, mais cette demande, faite en termes voilés, resta sans réponse. En 1776, il était ministre de la Cumberland Street Chapel, à Londres. Le 25 février 1785, Wesley écrivit à John Stretton, l'un des disciples de Coughlan à Terre-Neuve, lui faisant savoir que ce dernier était mort quelque temps auparavant « complètement abattu ».

Laurence Coughlan avait amorcé un mouvement qui allait transformer la vie religieuse et sociale à la baie de la Conception. Les comptes rendus des missionnaires qui vinrent après lui confirment ses propres rapports concernant le succès qu'il remporta en tant que prédicateur. Lorsqu'il quitta Terre-Neuve, des disciples dévoués comme Stretton, Thomas Pottle et Arthur Thomey continuèrent son œuvre, et la communauté méthodiste qu'il avait fondée dans la région populeuse de la baie de la Conception n'a cessé de progresser jusqu'à nos jours. Bien qu'il fût un homme ardent, exigeant et peut-être irascible, Coughlan, de toute évidence, aimait profondément les gens auprès desquels il se dévouait et il savait fort bien les comprendre. Son ouvrage, *An account of the work of God in Newfoundland* [...], publié en 1776, porte la marque de la ferveur religieuse et de la compassion qui lui étaient propres.

PATRICK O'FLAHERTY

Laurence Coughlan, *An account of the work of God in Newfoundland, in series of letters* (Londres, 1776), 8–11, 18s., 50ss.

Lambeth Palace Library (Londres), Fulham papers. — PANL, GN2/1, 4, 5 ; N. C. Crewe coll., file on Methodism in Newfoundland. — USPG, A ; B, 6, pp.168s. ; C/CAN/Nfl, 1, pp.58–62 ; Journal of SPG, 17–21. — *Arminian Magazine* (Londres), VIII (1785) : 490–492. — SPG [*Annual report*] (Londres), 1767–1776. — [John Wesley], *The letters of the Rev. John Wesley*, John Telford, édit. (8 vol., Londres, 1931 ; réimpr., [1960]), IV : 56, 204, 289s. ; V : 101–103, 109 ; VII : 260. — C. H. Crookshank, *History of Methodism in Ireland* (3 vol., Belfast et Londres, 1885–1888), I : 100s., 107, 149. — Jacob Parsons, The origin and growth of Newfoundland Methodism, 1765–1855 (thèse de M.A., Memorial University of Nfld., St John's, 1964), 17, 148s. — Warwick Smith, Rev. Laurence Coughlan (conférence lue à la Nfld. Hist. Soc., St John's, 20 mars 1942).

COULON DE VILLIERS, FRANÇOIS, capitaine dans les troupes de la Marine, né en 1712 à Montréal ou à Verchères (Québec), fils de Nicolas-Antoine Coulon* de Villiers et d'Angélique Jarret de Verchères, décédé le 22 mai 1794 à La Nouvelle-Orléans, Louisiane espagnole.

François Coulon de Villiers était issu d'une famille notable de militaires de la noblesse canadienne. En 1733, alors qu'il avait le grade honoraire de cadet à l'aiguillette, ce qui indiquerait qu'il avait déjà fait quelques années de service militaire, il fut gravement blessé dans un combat contre un groupe de Renards près de Baie-des-Puants (Green Bay, Wisconsin). Son père, commandant du district, et un frère furent tués dans l'escarmouche. Pour dédommager la famille de ses pertes, ses frères Louis* et Nicolas-Antoine* furent nommés respectivement enseigne en second et lieutenant, et François reçut le brevet d'enseigne le 15 août 1736. Dans son rapport au ministre de la Marine en 1739, le gouverneur général Beauharnois* constatait que Coulon de Villiers était un « bon officier, zelé pour le service, d'une bonne conduite ». Plus tard, il fut transféré dans la colonie de la Louisiane et promu lieutenant en 1746. Alors qu'il faisait son service dans le pays des Illinois, Coulon de Villiers se maria deux fois, d'abord avec Élisabeth Groston de Saint-Ange, du pays des Illinois, puis avec Marie-Madeleine Marin, du fort de Chartres (près de Prairie du Rocher, Illinois). De son premier mariage il eut une fille, née en 1740, et de son second, un fils, en 1757.

Le 1er février 1754, Coulon de Villiers fut nommé capitaine. La même année, alors que l'Angleterre et la France étaient encore en paix, un détachement de la milice de Virginie, conduit par George Washington, attira dans une embuscade un groupe d'émissaires français commandé par le frère de François, Joseph Coulon* de Villiers de Jumonville, qui fut tué dans l'échauffourée. Pendant les hostilités qui s'ensuivirent, François ne perdit aucune occasion de venger la mort de son frère. En 1756, il prit la tête d'un parti de 23 hommes des troupes de la Marine et de 32 Indiens lors d'un assaut sur le fort Granville (près de Lewiston, Pennsylvanie) à quelque 60 milles de Philadelphie, s'en empara, fit environ 30 prisonniers, incendia le fort avec son ravitaillement de six mois et se retira sain et sauf. L'année suivante, il remplit les fonctions d'aide-major au fort de Chartres et continua à diriger des patrouilles qui dévastèrent les régions frontalières de la Virginie. En septembre 1758, il fit partie de la troupe qui infligea une défaite à l'avant-garde du général de brigade John Forbes* près du fort Duquesne (Pittsburgh, Pennsylvanie). La situation se renversa en 1759 lorsque les Anglo-Américains assiégèrent le fort Niagara (près de Youngstown, New York). Une troupe de secours de la garnison de l'Ohio se précipita à l'aide du fort et fut taillée en pièces dans un guet-apens. Parmi ceux qui furent faits prisonniers se trouvait Coulon de Villiers. Après avoir été échangé à New York contre un officier anglais détenu par les Français, il se dirigea vers La Nouvelle-Orléans où il reçut la croix de Saint-Louis le 1er août 1759.

Lorsque la Louisiane fut cédée à l'Espagne, Coulon de Villiers abandonna son brevet dans l'armée française, s'engagea au service de l'Espagne et fut nommé au commandement à Natchitoches. Le 28 juin 1762, il épousa Marie-Geneviève Énault de Livaudais à La Nouvelle-Orléans et acheta une plantation dont elle était vraisemblablement propriétaire, à Pointe Coupée (près de New Roads, Louisiane). En 1768, alors qu'il faisait du service à Natchitoches, les Canadiens notables de La Nouvelle-Orléans se soulevèrent contre leurs dirigeants espagnols. L'année suivante, 3 000 soldats espagnols envoyés de Cuba réprimèrent durement cette révolte. Probablement en reconnaissance du fait qu'il n'avait pas pris part à ce soulèvement, Coulon de Villiers fut nommé l'un des *alcaldes* de La Nouvelle-Orléans, important poste administratif et judiciaire dans le gouvernement local. Il établit alors sa demeure dans la spacieuse résidence de sa femme à La Nouvelle-Orléans, tenue par huit esclaves.

Lorsqu'il fit son testament le 18 février 1794, François Coulon de Villiers pouvait se remémorer une carrière remarquable sous deux couronnes. Il avait eu la chance de réchapper des guerres ; il eut également la bonne fortune de mourir cette année-là. Pour un noble qui avait appelé son plus jeune fils Jumonville, en souvenir de son frère tué par George Washington, il eût été douloureux de vivre dix ans de plus, se trouvant de ce fait sous l'autorité américaine.

W. J. Eccles

AN, Col., D[2C], 47, ff.688s. ; 48, ff.38, 41 ; 49, ff.320, 326 ; 61, f.89. — La. State Museum (Nouvelle-Orléans), cathédrale Saint-Louis de la Nouvelle-Orléans, Registre des mariages, 28 juin 1762. — Natchitoches Court Record Office (Natchitoches, La.), Conveyances, 5, f.826 ; 6, f.865 ; 10, f.1 220 ; 11, f.1 257 ; Spanish translations, 45, n° 1 198. — New Orleans Court Record Office, Greffe de François Broutin, 18 févr. 1794. — New Orleans Public Library, Department of Archives, Census of New Orleans, 6 nov. 1791. — St Martin Parish Court House (St Martin, La.). Original acts, 1–15, 1760–1794. — G. R. Conrad, *First families of Louisiana* (2 vol., Baton Rouge, La., 1970), I : 170. — Stanley, *New France*. — A. [-E.] Gosselin, Notes sur la famille Coulon de Villiers, *BRH*, XII (1906) : 174, 257–275.

COURREAUD (Courraud) DE LA COSTE (La Côte), PIERRE, marchand, baptisé le 7 mai 1696 dans la paroisse Saint-André, Angoulême, France, fils d'Élie Courreaud de La Coste, marchand, et de Catherine Coulaud, décédé à Montréal le 26 mars 1779.

Pierre Courreaud de La Coste se trouvait à Québec en mai 1717, alors qu'il s'engagea pour deux ans comme apprenti du chirurgien-barbier Simon Soupiran*, père. Mais Courreaud, fils de marchand, abandonna bientôt cet apprentissage pour aller faire du commerce à Montréal où il avait des parents. Le 26 septembre 1718, il y contracta un premier mariage avec Marie-Anne Massé (Macé), veuve de Guillaume Malhiot, forgeron et taillandier. Courreaud n'avait alors que 22 ans mais prétendit en avoir 26 tandis que son épouse, âgée de 34 ans et qui avait quatre enfants à sa charge, ne se donna que 30 ans. Ces menus mensonges permirent à l'époux de se faire passer pour majeur et à sa femme d'éviter les mauvaises langues. Marie-Anne Massé mourut des suites d'un accouchement en septembre 1721 et Courreaud se remaria six mois plus tard avec une jeune fille de 20 ans, Marguerite Aubuchon, dit L'Espérance, dont le père était marchand à Longue-Pointe (Montréal). Sept enfants naquirent de cette union, mais il semble qu'ils étaient tous décédés à la mort de leur père.

Ni l'une ni l'autre de ses épouses ne lui apportèrent de biens considérables, mais il sut sans doute utiliser ses liens de parenté pour servir ses affaires. A l'époque de son premier mariage, Courreaud s'installa rue Saint-Paul, la rue des affaires de Montréal, où il vendait des marchandises aux habitants et aux « marchandsvoyageurs » qui faisaient le commerce des fourrures. Associé à Julien Trottier Desrivières, il fournissait des marchandises de traite à son petit-cousin, Marin Hurtebise, qui fut mêlé aux entreprises de l'explorateur Pierre Gaultier* de Varennes et de La Vérendrye, de 1733 à 1735. Après la mort de Trottier en 1737, Courreaud demeura en relations d'affaires avec son parent : il avait chez lui des marchandises appartenant à Hurtebise lors des perquisitions générales – afin de trouver des peaux de castor non déclarées – effectuées à Montréal par la Compagnie des Indes en juillet 1741. Courreaud fut également associé à Jean-Baptiste Latour dans la vente de marchandises à l'île Royale (île du Cap-Breton), ainsi qu'à Pierre Latour, marchand intéressé comme lui au commerce dans les pays d'en haut. Grâce à ses diverses entreprises, Courreaud acquit une certaine aisance. Il possédait une maison de pierres à deux étages qu'il fit rénover en 1733 et à laquelle il fit ajouter une voûte l'année suivante. Dès 1729, il avait une domestique et il pouvait même se permettre, en 1737, de faire l'achat d'un jeune esclave noir de 12 ou 13 ans.

Vers la fin des années 1730, Courreaud, tout en continuant son commerce à Montréal, se mit à spéculer sur les terres. Certains de ces terrains provenaient sans doute de débiteurs insolvables ou récalcitrants, tel ce Gabriel Descary dont la dette fit l'objet de poursuites judiciaires de 1743 à 1759. Descary, associé de Marin Hurtebise, avait reçu de Courreaud en 1739 des marchandises de traite dont il contesta la valeur. Descary réussit à faire rabattre sa dette de 5 264# 14s. 4d. à 4 251# 1s. 4d. Courreaud en appela à la Prévôté de Québec mais perdit sa cause. Enfin, en 1759, un jugement du Conseil supérieur lui permit de saisir et de vendre à l'enchère les biens de Descary. Pour éviter de semblables situations, Courreaud obligea ses débiteurs à lui consentir des hypothèques à terme fixe dès que les créances devenaient quelque peu considérables.

Courreaud se retira des affaires peu de temps après la Conquête. En août 1764, il acheta de Marie-Thérèse Migeon de La Gauchetière une terre appelée « presville », située près du faubourg Saint-Laurent, ainsi que l'arrière-fief de La Gauchetière ; il se départissait de ses droits féodaux quatre ans plus tard, évitant ainsi de verser le droit de quint comme il aurait dû le faire lors de l'achat de son fief. Comme la plupart des Montréalais influents, Courreaud avait signé, en 1763, la pétition adressée à George III lui demandant de laisser entrer au pays les marchandises restées en France durant la guerre et d'intervenir auprès de la cour de France pour hâter le règlement des papiers du Canada. Le « La Coste fils » qui signa avec lui était vraisemblablement son fils Marin.

JOSÉ E. IGARTUA

ANQ-M, État civil, Catholiques, Notre-Dame de Montréal, 26 sept. 1718, 22, 24 sept. 1721, 27 mars 1779, 20 avril 1784 ; Greffe de J.-B. Adhémar, 6 août, 29 sept., 24 nov., 6 déc. 1752, 2, 3 févr., 10 mai, 12 oct., 16, 24 nov. 1753, 9, 15 janv., 8 juill. 1754 ; Greffe de L.-L. Aumasson de Courville, 10 oct. 1770 ; Greffe de Gervais Hodiesne, 12 déc. 1754, 20 févr., 20, 21 mars, 28 juin, 11 oct. 1755, 25 juin 1756, 9 janv. 1761, 27 oct. 1763 ; Greffe de Michel Lepallieur de Laferté, 25 sept. 1718 ; Greffe de Pierre Panet, 14 mars 1757, 18 sept. 1760, 22 août 1764, 17 juill., 30 oct. 1767, 8 juin 1768 ; Greffe de Simon Sanguinet, 2 mai 1778 ; Greffe de Nicolas Senet, 20 mars 1722 ; Greffe de François Simonnet, 25 sept. 1750, 9 nov. 1754, 21 mars 1755, 14 févr. 1756, 16 juin 1758, 14 mai 1768, 18 févr. 1769, 6 oct. 1773. — ANQ-Q, NF 11, 59, ff.74–77 ; 61, ff.19v.–26 ; 69, ff.19, 31v.–32, 39v.–41. — Archives municipales, Angoulême (dép. de la Charente, France), État civil, Saint-André d'Angoulême, 7 mai 1696. — PRO, CO 42/24, ff.72–74v. (mfm aux APC). — Aveu et dénombrement de messire Louis Normand, prêtre du séminaire de Saint-Sulpice de Montréal, au nom et comme fondé de procuration de messire Charles-Maurice Le Pelletier, supérieur du séminaire de Saint-Sulpice de Paris, pour la seigneurie de l'île de Montréal (1731), ANQ *Rapport*, 1941–1942, 27. — *Doc. relatifs à la monnaie sous le Régime français* (Shortt), II : 968, 970. — *Montréal en 1781* [...], Claude Perrault, édit. (Montréal, 1969), 23s., 121–124. — Recensement de Montréal, 1741 (Massicotte), 26. — Marguilliers de la paroisse de Notre-Dame de Ville-Marie de 1657 à 1913, *BRH*, XIX (1913) : 279. — P.-G. Roy, *Inv. jug. et délib., 1717–1760*, IV : 110, 149, 188 ; VI : 133, 140, 143s., 148s. — Tanguay, *Dictionnaire*. — P.-G. Roy, La famille Courault de La Coste, *BRH*, XLV (1939) : 366–368.

COURVILLE, LOUIS-LÉONARD AUMASSON DE COURVILLE, dit **sieur de.** V. AUMASSON

COUTON. V. COTTON

COX, NICHOLAS, officier et administrateur colonial, né vers 1724 en Angleterre ; il épousa une certaine Deborah ; décédé à Québec le 8 janvier 1794.

Nicholas Cox entra au 58e d'infanterie en 1741, à titre d'enseigne, et servit pendant la rébellion en Écosse quatre ans plus tard. En 1750, son régiment (devenu le 47e d'infanterie) fut envoyé en Nouvelle-Écosse, où Cox participa à la prise du fort Beauséjour (près de Sackville, Nouveau-Brunswick) et à la déportation des Acadiens en 1755 [V. MONCKTON et John WINSLOW]. Il servit aussi au siège de Louisbourg, île Royale (île du Cap-Breton), en 1758, et à Québec l'année suivante. En 1764, il avait obtenu le grade de capitaine.

En 1775, le gouverneur Guy Carleton* choisit Cox, devenu major, pour le poste nouvellement créé de lieutenant-gouverneur du district de Gaspé. L'idée de cette fonction venait probablement de l'habitude qu'avaient les autorités françaises de nommer un subdélégué de l'intendant sur la côte éloignée et accidentée de Gaspé pour y représenter le gouvernement [V. François LEFEBVRE de Bellefeuille]. A l'arrivée de Cox et de sa famille à Québec, en août, le Canada était sous la menace d'une attaque de la part des troupes américaines et il fut immédiatement assigné à l'entraînement des recrues. C'est à l'été de 1777 seulement qu'il put s'embarquer pour Gaspé.

Se conformant entièrement aux instructions de Carleton, Cox, au cours de son premier voyage, recensa la population et rapporta que 631 Européens étaient établis en permanence sur la côte, de la baie de Gaspé à la rivière Restigouche, en plus de 572 hommes qu'on y conduisait, durant l'été, pour travailler à l'industrie de la pêche. Il constata que les Acadiens de la baie des Chaleurs combinaient avec succès la pêche et l'agriculture, pour gagner leur vie. Au nord de Paspébiac toutefois, la population vivait presque exclusivement de la pêche. Cox trouva peu de sympathie chez les habitants pour la Révolution américaine ; néanmoins, il organisa des groupes de miliciens. En 1778 et 1780, il visita de nouveau le district, pendant de courtes périodes, mais passa le reste de la guerre en Angleterre et à Québec. Le district de Gaspé étant constamment harcelé par les corsaires américains, Cox pressa HALDIMAND, qui avait succédé à Carleton en 1778, de fournir à la région une protection maritime ainsi qu'une aide économique, mais ses supplications n'eurent guère d'effet et le district de Gaspé connut une diminution de sa population et souffrit de la famine au cours de la Révolution américaine.

En 1784, Cox fit de nouveau le voyage à Gaspé, pour diriger cette fois l'établissement de plus de 500 Loyalistes. Il trouva cette tâche désagréable, à cause du caractère irascible des Loyalistes et de leur désir d'obtenir de grandes concessions de terre, souvent aux dépens des Indiens et des habitants acadiens établis dans cette région. On ne concéda pas de terres aux Loyalistes ; on leur donna plutôt des « billets de location », documents par lesquels ils se voyaient attribuer des lots. Même si Cox avait réussi à obtenir de semblables documents en faveur des Acadiens, il reconnaissait néanmoins la nécessité pour chacun dans la région d'avoir des titres fonciers réguliers. Il ne réussit cependant pas à faire valoir cette nécessité auprès du gouvernement, avec le résultat que, pendant près d'un siècle, la propriété des terres fut mal assurée en Gaspésie.

Une grande partie des terres du fond de la baie des Chaleurs, où Loyalistes et Acadiens étaient en pleine expansion, fut revendiquée par les Micmacs de la Restigouche. En 1786, à titre d'un des membres d'une commission chargée d'examiner leurs griefs, Cox évita un violent affrontement entre ces Indiens et les colons ; il convainquit les chefs indiens, dont Joseph CLAUDE, d'abandonner leurs revendications sur ces terres, en leur faisant valoir – et c'était là un point de vue purement personnel – que le gouvernement, en échange, examinerait la possibilité de leur concéder une quantité équivalente de terre dans les environs, qu'il protégerait leurs droits relatifs à la pêche du saumon sur la Restigouche et qu'il leur consentirait une « gratification ». Même si ces compensations ne furent pas accordées aux Indiens, les craintes de ces derniers furent apaisées, et ce n'est que dans les années 1820 que, de nouveau, ils reprirent la lutte sur la question agraire.

Cox désirait vivement la création d'une forte économie agricole dans son district, de manière à diversifier l'industrie traditionnelle, uniquement axée sur la pêche, mais il ne pouvait offrir qu'un encouragement moral aux fermiers de la baie des Chaleurs. Il apporta aussi son aide à l'industrie de la pêche, en particulier à Charles Robin*, le principal commerçant de poissons de la région. En 1787, Cox insista avec succès auprès du gouvernement pour que fussent concédés à Robin de grandes terres et des privilèges relatifs à la pêche ; il est peut-être significatif de noter qu'à cette époque, Cox était très endetté envers Robin.

Le poste de lieutenant-gouverneur de Gaspé n'en était pas un qui fût élevé dans la hiérarchie gouvernementale et Cox devait souvent faire rapport au lieutenant-gouverneur de Québec. Certaines fonctions s'ajoutaient à sa responsabilité principale : par exemple, Cox avait la direction du commerce et des pêcheries sur la côte du Labrador. Toutefois, le gouvernement ne fournissait pas de navires pour patrouiller les côtes du Labrador et de Gaspé, et rien n'indique que Cox se rendît jamais au Labrador. Il vécut en permanence dans le district de Gaspé pendant quelques années après 1784. Il touchait un salaire annuel de £400 et on lui fournissait une maison à New Carlisle. En 1787, l'île Bonaventure lui fut concédée. Cox était aussi colonel de la milice de Gaspé et membre du conseil des terres du district. Il mourut dans l'exercice de ses fonctions ; Francis Le Maistre* lui succéda. Les successeurs de Cox furent, cependant, beaucoup moins attentifs à leurs devoirs et le poste allait devenir inutile en 1826.

DAVID LEE

AN, Col., C^{11B}, 35, f.136. — APC, MG 11, [CO 42] Q, 25, pp.178s. ; 27, pp.240, 460–464 ; 28, p.193 ; 63, pp.124s., 135s. ; 67, pp.57–59 ; MG 28, III, 18 ; RG 1, $L3^{L}$, 67, pp.33 313–33 332 ; 168, p.81 836 ; RG 4, A1, pp.7 310, 9488–9490, 10 084–10 099. — BL, Add. MSS 21 723, pp.355–360 ; 21 743, p.5 ; 21 862 (copies aux APC). — [Thomas Ainslie], *Canada preserved ; the journal of Captain Thomas Ainslie*, S. S. Cohen, édit. ([Toronto, 1968]), 94. — *La Gazette de Québec*, 24 août 1775, 27 nov. 1788, 14 mai 1789, 16 janv. 1794. — *Almanach de Québec*, 1792, 120. — Langelier, *Liste des terrains concédés*, 4, 13s. — W. H. Siebert, The loyalist settlements on the Gaspé peninsula, SRC *Mémoires*, 3e sér., VIII (1914), sect. II : 399–405.

COYA (Coyour). V. KOYAH

CRAMAHÉ, HECTOR THEOPHILUS. V. COMPLÉMENT

CRÉQUY. V. AIDE-CRÉQUY

CRESPEL, EMMANUEL (baptisé **Jacques-Philippe**), prêtre, récollet, commissaire provincial des récollets et auteur, né à Douai, France, le 13 mars 1703, fils de Sébastien Crespel et de Louise-Thérèse Devienne, décédé à Québec, le 29 avril 1775.

A l'âge de 16 ans, Emmanuel Crespel entre chez les récollets à Avesnes, France, où il fait profession le 20 août 1720. Quatre ans plus tard, il part pour Québec où il arrive, le 8 octobre, à bord du *Chameau*. Tout en s'initiant à la vie de la colonie, il poursuit sa formation ecclésiastique et reçoit la prêtrise, le 16 mars 1726, des mains de Mgr de Saint-Vallier [La Croix*]. Dès lors sa vie sacerdotale se partage en deux périodes : l'une consacrée à l'aumônerie dans l'armée, l'autre à la direction de ses frères en religion.

Ainsi, à partir du 6 octobre 1726 jusqu'au 2 juin 1728, Crespel exerce les fonctions de desservant du fort Richelieu (Sorel, Québec) où il laisse une réputation de dévouement et de sainteté. Le 5 juin 1728, à titre d'aumônier, il accompagne une troupe commandée par Constant Le Marchand* de Lignery, qui va combattre les Renards de la région des Grands Lacs. Devant un ennemi qui se dérobe, les soldats se contentent de brûler les villages et de ruiner les récoltes. A la suite de cette action, que le père Crespel juge « absolument inutile », la troupe revient à Montréal à la fin de septembre. L'été suivant, Crespel retourne dans la région des Grands Lacs pour exercer ses fonctions d'aumônier au fort Niagara (près de Youngstown, New York), du 27 juillet 1729 jusqu'en 1732, puis au fort Frontenac (Kingston, Ontario), où il demeure jusqu'en 1735, et enfin au fort Saint-Frédéric (près de Crown Point, New York), du 17 novembre 1735 au 21 septembre 1736.

Ses supérieurs l'ayant rappelé en France, Crespel s'embarque sur la *Renommée*, un bâtiment neuf commandé par Joseph Damours de Freneuse, qui a 46 ans d'expérience de la navigation. Parti de Québec le 3 novembre 1736 avec 54 passagers, le navire s'échoue 11 jours plus tard sur la pointe sud de l'île d'Anticosti. Constatant qu'il n'y a aucune possibilité de secours avant le printemps suivant, le groupe décide de se séparer : 24 hommes demeurent sur les lieux du naufrage, les autres tentent de se rendre aux îles de Mingan où des Français passent l'hiver. Le 27 novembre, 13 hommes montent dans le canot alors que les 17 autres, dont le père Crespel et le capitaine Damours, s'entassent dans la chaloupe. Bientôt, ces derniers perdent de vue le canot qui se brise et dont quelques débris seront retrouvés le printemps suivant. Le père Crespel et ses compagnons réussissent à contourner la pointe ouest de l'île d'Anticosti. Cependant, le temps devient de plus en plus froid et le 7 décembre, la glace les empêchant d'aller plus loin, ils doivent s'abriter dans une baie de la rive nord de l'île. Les intempéries, la famine, les fièvres et autres maladies ont raison de presque tous les compagnons du récollet. A la fin d'avril, n'étant plus que trois, ils trouvent du secours auprès des Indiens. Le 1er mai, Crespel réussit à rejoindre le poste de Mingan, alors commandé par Jean-Louis Volant d'Haudebourg. Accompagné de ce dernier, il se rend sur les lieux du naufrage, où quatre hommes vivent encore ; l'un d'eux meurt peu de temps après. Crespel nous a laissé la relation de ce naufrage sous forme de lettres adressées à son frère. Cette narration ne peut être qualifiée de chef-d'œuvre, mais il s'en dégage un accent de sincérité qui émeut. Son caractère de simple récit d'aventures explique son étonnant succès, depuis sa première publication en 1742, et ses multiples rééditions et traductions en allemand et en anglais.

Le père Crespel revient à Québec le 13 juin 1737. On peut imaginer l'étonnement qui l'accueillit alors qu'on le pensait en France. Après quelques semaines passées à refaire ses forces, il est nommé curé à Soulanges (Québec), fonction qu'il assumera pendant un an. De nouveau rappelé en France, il s'embarque le 21 octobre 1738 sur le vaisseau du roi le *Rubis* qui atteint Port-Louis en Bretagne le 2 décembre ; il parvient à Paris à la fin de l'année. Au début de 1740, il est nommé vicaire du couvent d'Avesnes. Cependant, la quiétude lui pèse ; revenu à Paris, il reprend ses fonctions d'aumônier militaire et sert, pendant huit ans, dans l'armée du maréchal de Maillebois qui participe à la campagne contre l'Autriche. Incidemment, c'est à sa résidence de Paderborn (République fédérale allemande) qu'il rédige le récit de son voyage.

Revenu au Canada dès 1750, semble-t-il, il devient commissaire provincial des récollets, charge qu'il exerce jusqu'à sa mort, sauf de 1753 à 1756, période pendant laquelle il occupe la fonction de supérieur du couvent de Québec. Il dirige ainsi son ordre à un moment difficile où les autorités anglaises empêchent tout recrutement. En 1762, HALDIMAND est indigné de ce que le père Crespel change les supérieurs de Montréal et de Trois-Rivières sans lui en avoir demandé la permission. Cependant, tout en demeurant inflexible à ce sujet, Crespel finit par s'attirer le respect des nouveaux dirigeants. Il meurt le 29 avril 1775 et est inhumé le 1er mai dans l'église des récollets. Après l'incendie de celle-ci, ses restes furent transportés dans la cathédrale Notre-Dame de Québec.

En définitive, c'est son livre qui a rendu le père Crespel célèbre. En plus du récit de son naufrage, il consacre sa première lettre au récit de l'expédition contre la tribu des Renards et évoque, dans une deuxième lettre, son passage à Niagara, Détroit et Saint-Frédéric, tout en décrivant le pays qu'il traverse et les mœurs des Indiens. Le narrateur possède un réel don de conteur qui a su lui attirer la faveur du public.

JEAN-GUY PELLETIER

Le père Emmanuel Crespel est l'auteur de *Voiages du R. P. Emmanuel Crespel, dans le Canada et son naufrage en revenant en France*, Louis Crespel, édit. (Francfort-sur-le-Main, [République fédérale allemande], 1742). Cet ouvrage a connu un réel succès : il fut réédité une première fois à Amsterdam en 1757 sous le titre : *Voyage au Nouveau-Monde et histoire intéressante du naufrage du R. P. Crespel, avec des notes historiques et géographiques* ; il connut par la suite des réimpressions, dont celles de 1808 et 1884, à Québec, et celle de 1968, à Montréal. Il fut traduit en allemand sous le titre de *Des Ehrwürdigen Pater Emanuel Crespels merkwürdige Reisen nach Canada* [...] *aus dem Französischen übersezt* (Francfort-sur-le-Main et Leipzig, [République démocratique allemande], 1751) et en anglais : *Travels in North America, by M. Crespel* [...] (Londres, 1797). Ce récit a, par ailleurs, été publié en feuilleton dans différentes revues, dont le *Magazin du Bas-Canada* (Montréal), sous le titre « Relation du naufrage du navire la *Renommée* [...] », I (janv.–juin 1832), 122–128, 162–170, 204–213 ; dans les *Mélanges religieux* (Montréal), 14, 16, 21, 28 mars, 1er, 4, 8 avril 1851, « Voyages au Canada et naufrage du R. P. Emmanuel Crespel, récollet, sur l'Isle d'Anticosti, en 1736 ». On trouve également cette relation, dans sa version anglaise « Voyages of Rev. Father Emmanuel Crespel, in Canada, and his shipwreck, while returning to France », dans l'ouvrage édité par J. [D.] G. Shea, *Perils of the ocean and wilderness* [...] (Boston, [1856]). Une analyse de l'ouvrage, signée Actidès, a paru dans *l'Abeille* (Québec), 27 mars 1850, 1s. ; 4 avril 1850, 1s.

Le Musée du Québec conserve un portrait du père Crespel qui aurait été exécuté vers 1758 par un autre récollet, le frère François.

AAQ, 12 A, C, 32, 34 ; 66 CD, I : 25, 29. — ACAM, 901.001, 761–1. — APC, MG 18, E15. — Archives municipales, Douai (dép. du Nord, France), État civil, Saint-Pierre, 13 mars 1703. — ASQ, Fonds Viger-Verreau, Sér.O, 081, p.10 ; Lettres, M, 142, 143 ; S, 4, 4[Bis] ; MSS, 146, 191b ; Polygraphie, XXV : 4e ; XXXI : 40. — APC *Rapport*, 1886, 520. — *La Gazette de Québec*, 4, 25 mai 1775. — Allaire, *Dictionnaire*, I : 138s. — *Biographie universelle* (Michaud et Desplaces), IX : 481. — *DOLQ*, I : 183, 214, 788s. — Jouve, *Les franciscains et le Canada : aux Trois-Rivières*, 190, 203. — J. H. Kennedy, *Jesuit and savage in New France* (New Haven, Conn., et Londres, 1950), 178. — M. Trudel, *Le Régime militaire*, 138s. — Archange Godbout, Les aumôniers de la vallée du Richelieu, SCHÉC *Rapport*, 13 (1945–1946) : 69–71. — O.-M. Jouve, Les anciens récollets, le R. P. Emmanuel Crespel, *Revue du Tiers-Ordre et de la Terre-Sainte* (Montréal), 1905, 1906, 1907. — Hugolin Lemay, Le P. Emmanuel Crespel, commissaire des récollets au Canada, *BRH*, XLIV (1938) : 169–171. — P.-G. Roy, Le capitaine de Freneuse et le naufrage de la *Renommée*, *BRH*, XXII (1916) : 60s.

CROISILLE (Croizille) ET DE MONTESSON, JOSEPH-MICHEL LEGARDEUR DE. V. LEGARDEUR

CUADRA. V. BODEGA

CUGNET, FRANÇOIS-JOSEPH, seigneur, juge, procureur général, grand voyer, traducteur officiel et secrétaire français du gouverneur et du Conseil de Québec, greffier du papier terrier et avocat, né à Québec le 26 juin 1720, fils aîné de François-Étienne Cugnet* et de Louise-Madeleine Dusautoy (Dusaultoir), décédé dans cette ville le 16 novembre 1789.

Sur l'enfance et l'adolescence de François-Joseph Cugnet, bien peu de renseignements nous sont parvenus. Il n'apparaît pas avoir fréquenté le collège des jésuites de Québec. Issu d'une famille de robe parisienne – son grand-père paternel, Jean (Jean-Baptiste), et son oncle, Jean-Baptiste Cugnet, avaient professé le droit à l'université de Paris et son père, François-

Étienne, avait été avocat au parlement de cette ville avant d'être nommé directeur général du Domaine d'Occident en Nouvelle-France – François-Joseph fut naturellement attiré par l'étude du droit. Cela est d'autant moins surprenant que l'inventaire des biens de son père révèle une bibliothèque étonnamment riche pour l'époque en traités de droit de toutes sortes, autant civil, criminel que canonique. François-Joseph aussi bien que ses trois frères et sa sœur purent se familiariser dès leur jeune âge avec cette profession. Trois d'entre eux d'ailleurs exercèrent des activités juridiques : François-Joseph, Thomas-Marie, qui devint membre du Conseil supérieur, et Gilles-Louis qui, quoique chanoine, poursuivit en France, où il s'était réfugié au lendemain de la capitulation de Québec, des études de droit jusqu'au niveau doctoral. François-Joseph suivit les cours du procureur général Louis-Guillaume Verrier*, d'octobre 1739, semble-t-il, jusqu'en septembre 1741. De 1741 à 1747, période au cours de laquelle son père connaît les pires ennuis d'argent à cause de la faillite des forges du Saint-Maurice et où ce dernier emploie tous les moyens pour conserver le bail à ferme du poste de Tadoussac, nous perdons toute trace de François-Joseph. Nous le retrouvons à Saint-Domingue (île d'Haïti) où il séjourna à titre d'écrivain de la Marine entre 1747 et 1750. Du 30 septembre au 31 décembre 1751, il fut emprisonné à La Rochelle sous l'accusation d'avoir attaqué Denis GOGUET, un ancien fondé de pouvoir à Québec d'un négociant rochelais. A l'été de 1752, après avoir réussi à emprunter 2 400# pour payer sa traversée, François-Joseph revint définitivement à Québec. Cette dette l'obligera non seulement à céder sa part d'héritage sur la maison de son père, mais aussi à renoncer à tous ses droits, tel qu'il apparaît dans la reddition de comptes de sa mère du 5 mai 1753.

A la même époque, le 21 mai 1755, Cugnet se voit refuser, après enquête sur sa conduite, une commission de conseiller assesseur au Conseil supérieur, poste que son frère, Thomas-Marie, avait obtenu le 4 octobre 1754. François-Joseph trouva cependant à mettre en pratique ses notions de droit comme écrivain auprès du bureau de direction du Domaine d'Occident de 1755 à 1758. C'est durant cette période qu'il épousa, le 14 février 1757, à l'âge de 36 ans, à Notre-Dame de Québec, Marie-Josephte de Lafontaine de Belcour, de 20 ans sa cadette. De cette union naquirent cinq enfants dont deux seulement parvinrent à l'âge adulte : Jacques-François, l'aîné, qui fut avocat, cosecrétaire français et cotraducteur avec son père, et Antoine, le cadet, mort célibataire et sans avoir fait beaucoup parler de lui.

De par son mariage avec l'arrière-petite-fille de François Byssot* de La Rivière, Cugnet fut entraîné à défendre la part d'héritage de sa femme sur les seigneuries de l'île aux Œufs, de l'île d'Anticosti, des îles et îlets de Mingan, et principalement sur la seigneurie de Mingan en terre ferme qui fit l'objet d'une longue contestation. L'affaire avait débuté en 1763 par une querelle entre le gouverneur de Québec, MURRAY, et le beau-père de Cugnet, Jacques de Lafontaine* de Belcour ; après le décès de ce dernier en 1765, le gendre prit la cause en mains, au moment où une grande partie de la population de la province de Québec, Murray en tête, espérait, grâce au jugement attendu, reconquérir la côte nord du Saint-Laurent et le Labrador qui avaient été rattachés à Terre-Neuve et, par là même, conserver l'exploitation des pêcheries d'hiver qui était fort lucrative. En 1768, Londres refusa de reconnaître les prétentions des héritiers à la seigneurie de Mingan située sur la terre ferme. Ce fut aussi à l'occasion du mariage de François-Joseph que sa mère et ses deux frères se départirent des trois quarts de la seigneurie de Saint-Étienne en sa faveur. C'était opportunément faire justice au titre de seigneur de Saint-Étienne que Cugnet s'arrogeait depuis 1751.

A la toute fin du Régime français, au moment de l'ultime tentative française de reprendre Québec, après la victoire de Sainte-Foy, Cugnet eut maille à partir avec LÉVIS, qui le garda à vue à bord d'une de ses frégates. Le gouverneur Vaudreuil [RIGAUD] se proposait même d'enquêter sur sa conduite lors de la prise de Québec, en septembre 1759, par suite d'accusations de trahison qui circulèrent sur son compte. Cet épisode assez obscur de la vie de Cugnet reste à éclaircir.

A l'avènement du Régime anglais, Cugnet trouva à exercer une brillante carrière de bureaucrate qu'il n'aurait sans doute jamais pu réussir sous le gouvernement français où il avait été fort peu prisé. Dès décembre 1759, Murray le nommait juge des paroisses de Charlesbourg, de Beauport et de Petite-Rivière ; le 2 novembre 1760, il accédait au poste de procureur général de la côte nord du district de Québec, qu'il occupa pendant quelques années avant de se voir accorder, le 20 novembre 1765, la charge de grand voyer du district de Québec, fonction qu'il garda jusqu'en 1768.

Cugnet ne devait pas tarder à se gagner aussi la confiance et la considération du remplaçant de Murray à la tête du gouvernement colonial, le lieutenant-gouverneur Guy Carleton*. Les connaissances juridiques de Cugnet impressionnèrent également le nouveau procureur général Francis Maseres* qui le jugea « un gentilhomme canadien très ingénieux et habile [...] bien familier avec la Coutume de Paris ». Maseres trouva en ce dernier un collaborateur capable de l'initier aux usages et coutumes de ses compatriotes et en mesure d'interpréter les règlements de l'ancienne administration française. Cugnet sut si bien se faire apprécier qu'il mérita, le 24 février 1768, le poste de traducteur officiel et de secrétaire français du gouverneur et du conseil.

Carleton, à qui le gouvernement métropolitain avait ordonné de faire enquête sur l'état des lois et l'administration de la justice dans la colonie, mit tout de suite à contribution son secrétaire français. A sa demande, Cugnet rédigea un abrégé sommaire des « Coutumes et usages anciens De La Province de Quebec », que le gouverneur s'empressa d'envoyer au secrétaire d'État pour le département du Sud, lord Shelburne, au printemps de 1768. L'année suivante, Cugnet préparait un « Extrait des Edits, Déclarations, Règlemens, ordonnances, Provisions et Commissions des Gouverneurs Généraux & Intendants, tirés des Registres du Conseil Superieur faisant partie de la Legislature En force dans la Colonie du Canada, aujourd'huy Province de Quebec ».

Mais, entre-temps, s'éleva une controverse au sujet de l'abrégé de Cugnet, qui fit l'objet de critiques et de la part du procureur général Maseres et du juge en chef William HEY. Ceux-ci en jugèrent la forme trop « concise » et la terminologie trop « technique » pour la bonne compréhension des légistes de la couronne. Le gouverneur Carleton décida alors de faire appel à d'autres compétences, dont les abbés Joseph-André-Mathurin JACRAU et Colomban-Sébastien PRESSART, du séminaire de Québec, qui entreprirent une nouvelle codification. Ce travail collectif devait aboutir finalement à la publication à Londres, en 1772–1773, de ce qu'on appela l'« Extrait des Messieurs » qui se composait de cinq fascicules dont l'un n'était autre que l'« Extrait des Edits » préparé par Cugnet en 1769. Bien qu'il eût collaboré à cet ouvrage, ce dernier n'en éprouva pas moins une humeur jalouse de s'être fait ravir l'exclusivité de ce travail. En plus d'être blessé dans son amour-propre, il se montra très inquiet face à l'incertitude qui régnait alors quant au sort que la métropole réservait aux anciens usages et coutumes du peuple conquis. Et de fait, jusqu'à l'avènement de l'Acte de Québec qui devait le rassurer et le tranquilliser, Cugnet développa beaucoup d'anxiété mêlée d'agressivité pour défendre les anciennes lois de propriété auxquelles, comme petit seigneur, il tenait par-dessus tout.

Ce fut précisément à la suite de la publication de l'« Extrait des Messieurs » qu'eut lieu la célèbre querelle Cugnet-Maseres qui, aux yeux de l'historien Thomas Chapais*, prit l'allure d'une lutte où Cugnet – « ce Canadien de cœur comme de berceau » – fit figure de « champion national » pour la défense et la conservation des droits de ses compatriotes. L'ancien procureur général, étant retourné en Angleterre après trois ans de séjour au Canada, continuait de s'intéresser aux affaires canadiennes. C'est ainsi qu'il fit publier à Londres à ses frais, en août 1772, un projet de loi intitulé *Draught of an act of parliament for settling the laws of the province of Quebec*. Ce projet recommandait l'adoption de l'« Extrait des Messieurs » comme code civil de la province, tout en prévoyant la possibilité d'y introduire certaines parties de la loi anglaise. Maseres proposait notamment de modifier les lois de succession, selon un mode qu'il considérait comme « un adoucissement » à la loi de primogéniture.

Lorsque Cugnet prit connaissance de ce projet, il ne put contenir sa colère et il formula des critiques que Maseres jugea « envenimées ». Il s'éleva contre l'adoption de l'« Extrait des Messieurs » comme unique code civil de la province sans recours aux différents traités et commentaires des légistes français, et il s'opposa violemment aux changements proposés dans les lois de succession, invoquant des principes de justice naturelle pour justifier le mode de partage des terres en vertu du système seigneurial. « Si le Gouvernement Britannique, y déclarait-il péremptoirement, imposait à ses nouveaux sujets, contre leur consentement, ces loix nouvelles [de succession], il serait plus dur que le gouvernement Turc. » Et Cugnet n'hésita pas à prévenir le célèbre juriste William Blackstone contre Maseres, osant affirmer que ses compatriotes avaient toujours considéré l'ancien procureur général « comme leur Enemy Juré ». Piqué au vif, Maseres, ce whig de cœur et d'esprit, grand admirateur et défenseur de la constitution et des lois anglaises, tout autant que farouche partisan et adepte zélé de la religion protestante, s'employa, dans son *Mémoire à la défense d'un plan d'acte de parlement pour l'établissement des loix de la province de Québec* [...], paru à Londres en août 1773, à réfuter point par point les objections soulevées par Cugnet. Ce mémoire, dont la majeure partie était consacrée à la question du changement proposé de la loi de primogéniture, nous éclaire sur les idées bien arrêtées de ce dernier. Ayant accepté de devenir sujet britannique, dans l'espoir de conserver « L'Entière paisible propriété et possession » de tous ses biens (selon les termes mêmes des articles de la capitulation de 1760), Cugnet se montra déterminé à résister de son mieux aux « attentats » pour l'en priver. Jugeant que le système seigneurial lui offrait la meilleure garantie de protection et voyant dans toute tentative de changement un danger d'usurpation, il s'acharna à défendre la cause des anciennes lois de propriété afin de mieux revendiquer la conservation de ses droits sur sa propre seigneurie de Saint-Étienne. Toute cette polémique entre l'ancien procureur général et le secrétaire français du gouverneur n'empêcha pas Maseres, lorsqu'il fut appelé à témoigner devant le comité de la chambre des Communes, au moment des débats sur le « bill de Québec », de citer à plusieurs reprises le nom de Cugnet à l'appui de ses affirmations.

Dans le climat d'incertitude qui régnait alors dans la colonie, seule la crainte de voir « le Roi altérer et changer, à sa volonté, les anciennes lois de tout pays conquis » incita Cugnet à envisager l'établissement d'une chambre d'Assemblée formée des représentants de la classe seigneuriale, afin d'avoir la garantie que les anciennes lois de propriété ne seraient pas modifiées sans le consentement des principaux intéressés à leur conservation. D'une activité débordante, en cette période d'effervescence qui marqua l'avènement de l'Acte de Québec, Cugnet s'occupa à rédiger une circulaire, à la fin de 1774, sous le pseudonyme de « Le Canadien Patriote », afin de mettre en garde ses compatriotes contre les démarches et les cabales de ceux qui, parmi les marchands anglais tels Thomas WALKER et Isaac Todd*, « travaillaient » à les indisposer et à susciter leur mécontentement ; « Il faut que ces gens-là nous croyent bien bouchés et bien aveugles sur nos propres intérêts, pour nous proposer de nous opposer à un acte [...] qui nous accorde ce que nous demandions, le libre exercice de nôtre religion, l'usage de nos anciennes loix, l'extension des limites de nôtre province. » Une fois soulagé de ses inquiétudes par l'Acte de Québec, le seigneur de Saint-Étienne s'en montra si pleinement satisfait qu'il s'opposa à tout changement de régime. Il partagea l'opinion de son fils, Jacques-François, qui considérait comme « fous » les « réformateurs » canadiens qui, après 1783, prirent la tête d'un mouvement favorisant l'appel au peuple en vue de la formation d'un gouvernement représentatif où les lois seraient soumises « au caprice d'une ignorante majorité ».

Tout en préparant la traduction de l'Acte de Québec, dont le texte français paraîtra dans le numéro du 8 décembre 1774 de *la Gazette de Québec*, Cugnet s'occupa activement à la compilation de ses quatre traités de droit civil français, qui allaient être les premiers publiés au Canada. Le gouverneur Carleton lui-même subventionna la publication de ces ouvrages, comme en font foi les livres de comptes de l'imprimeur William BROWN. C'est surtout grâce à ces traités que Cugnet s'attira une certaine notoriété, et l'on doit lui savoir gré d'avoir exposé l'application de la Coutume de Paris dans la colonie.

Le seigneur de Saint-Étienne ne pouvait faire abstraction de ses convictions, de ses préoccupations et de ses prétentions qui lui firent accorder une place capitale aux lois de propriété et à la tenure seigneuriale. Il identifia volontiers Sa Majesté britannique à un souverain seigneur à qui ses vassaux canadiens devaient rendre foi et hommage en son château Saint-Louis de Québec. Sur la base d'une telle conception féodale de l'organisation de la société coloniale, Cugnet n'eut pas de peine à faire partager et endosser ses vues par le gouverneur Carleton. Ce dernier plaida avec force arguments auprès des autorités métropolitaines la cause du maintien du système seigneurial, y voyant le plus sûr moyen, non seulement de gagner à la couronne britannique le « ferme attachement » des seigneurs canadiens et de leurs censitaires, mais aussi de faire régner dans la colonie l'ordre et la subordination depuis le rang « le plus élevé jusqu'au plus humble ».

A un si bon collaborateur qui, par sa plume, servait de caution à la domination de la couronne britannique sur la colonie tout en favorisant la consolidation du pouvoir de l'autorité coloniale, le gouverneur ne pouvait marchander les faveurs du nouveau régime. C'est ainsi qu'après avoir rétabli la fonction de greffier du papier terrier en 1777, sir Guy Carleton désigna nul autre que son secrétaire français pour la remplir, sans trop se préoccuper du conflit d'intérêts qui pouvait surgir dans l'exercice de ces deux charges. En effet, comme greffier, Cugnet devait certifier la valeur des documents présentés par les seigneurs, alors que, comme secrétaire, il avait à enquêter pour découvrir leur authenticité. Il n'y a donc pas lieu de se surprendre si Cugnet chercha à profiter de cette situation pour faire valoir ou pour revendiquer ses propres droits seigneuriaux et ceux des membres de sa famille, notamment dans le cas de la seigneurie de Mingan en terre ferme. Il dut même essuyer un échec cinglant lorsqu'il tenta vainement, en 1781, de faire reconnaître ses prétentions et celles des cinq coseigneurs d'Anticosti, des îles et îlets de Mingan et de la terre ferme de Mingan par le gouverneur HALDIMAND et le procureur général James Monk* qui refusèrent de signer leur acte de foi et hommage.

L'une des dernières faveurs que Cugnet put obtenir de Carleton, avant le remplacement de celui-ci par Haldimand, fut de recevoir, le 1er mai 1777, en même temps que son fils Jacques-François, âgé de moins de 20 ans, sa commission d'avocat. C'était reconnaître officiellement le titre d'« avocat en Parlement » que Cugnet s'attribuait depuis 1771. A vrai dire, sa réputation n'était plus à faire et ses opinions juridiques étaient fort recherchées, de telle sorte qu'il joua le rôle d'avocat consultant bien avant de recevoir sa commission. Le gouverneur Haldimand lui-même, lors de son célèbre procès contre John Cochrane, usa d'un argument fourni par cet expert en droit français et gagna sa cause en 1783. Cugnet en retira, évidemment, une gloire personnelle.

Durant la dernière période de sa vie, Cugnet ne manifesta plus cet esprit combatif qui l'avait fait naguère se porter avec tant d'acharnement à la défense de ses droits seigneuriaux et de ceux de ses compatriotes. Depuis qu'il avait acquis, en vertu de l'Acte de Québec, l'assurance de conserver son titre de seigneur de Saint-Étienne, il n'éprouvait plus le besoin de se montrer vindicatif. C'est ce qui explique qu'il ne prit pas une part vraiment active dans la lutte qui opposa, de 1784 à 1789, les partisans d'un changement de constitution aux défenseurs du régime établi en 1775. Il se contenta d'épouser la cause de ces derniers dont les principaux porte-parole se recrutaient parmi les seigneurs.

Après une vie publique exaltante et bien remplie, Cugnet connut une fin de carrière assombrie par des procès et des poursuites judiciaires. Le 27 septembre 1783, il intenta un procès contre les héritiers de sa sœur et contre l'exécuteur testamentaire de sa mère, Michel-Amable Berthelot* d'Artigny ; il contestait le testament de cette dernière dans l'espoir de soutirer de la succession un montant plus élevé que celui que la testatrice lui avait laissé. Connaissant ses embarras d'argent, sa mère avait voulu protéger la part du capital qu'elle destinait à ses petits-fils et n'en donner que l'usufruit à son fils aîné, François-Joseph. Insatisfait, Cugnet alla même jusqu'à prétendre à l'héritage de son père, auquel il avait dû renoncer par la force des choses en 1753, et à vouloir s'arroger la part de ses deux frères maintenant décédés, Gilles-Louis et Thomas-Marie. Le tout tourna à son désavantage et il dut renoncer à toutes ses prétentions en 1784 ; en 1786, c'est le juge Pierre-Méru Panet* qui eut à arbitrer le litige concernant les droits que Cugnet revendiquait sur la seigneurie de Saint-Étienne aux dépens des héritiers de sa sœur. François-Joseph, dans toutes ces causes, se montra chicanier, intéressé, capable de profiter de ses fonctions officielles pour faire dire aux anciens registres ce qui lui plaisait.

Ce sont les ennuis d'argent qui empoisonnèrent la fin de son existence. Criblé de dettes, Cugnet ne réussit pas à apaiser son dernier créancier, Michel-Eustache-Gaspard-Alain Chartier* de Lotbinière, qui le poursuivait au nom de la succession de Louis-Joseph Godefroy de Tonnancour. De 1786 à 1789, Cugnet échangea avec son créancier une intéressante correspondance. Les écrits de Cugnet à titre personnel sont fort précieux pour la connaissance du personnage. Cette correspondance, tout comme ses « Observations succintes » de 1786 concernant la seigneurie de Saint-Étienne, et tous les documents relatifs à ses nombreux procès sont de ceux qu'il faut parcourir : il s'y révèle tantôt arrogant, tantôt désespéré, toujours possédé par la folie des grandeurs qui fut la cause de ses malheurs et déboires.

Le 29 mai 1788, Cugnet eut la joie de voir son fils, Jacques-François, nommé par lord Dorchester au poste de cosecrétaire et cotraducteur du gouverneur et du Conseil de Québec. La succession du premier secrétaire français était assurée.

Cugnet s'éteignit à Québec le 16 novembre 1789. Ses funérailles eurent lieu à Notre-Dame de Québec, là même où il avait été baptisé et où il s'était marié. Le seigneur de Saint-Étienne eut l'honneur d'être inhumé sous son banc, selon la coutume, le 18 novembre suivant. Le nom de Cugnet au Canada devait bientôt disparaître, les deux fils de François-Joseph étant morts sans descendance.

Pierre Tousignant et
Madeleine Dionne-Tousignant

C'est de février à mai 1775 que parurent chez William Brown, à Québec, les quatre traités de droit civil français rédigés par François-Joseph Cugnet, portant les titres suivants : *Traité abrégé des ancienes loix, coutumes et usages de la colonie du Canada* [...] ; *Traité de la loi des fiefs* [...] ; *Traité de la police* [...] ; *Extraits des édits, déclarations, ordonnances et règlemens, de Sa Majesté Très Chrétienne* [...]. Ces traités nous montrent que l'élève Cugnet suivit l'exemple de son maître, le procureur général Louis-Guillaume Verrier, qui s'attachait à l'aspect pratique du droit plutôt qu'à son aspect théorique. Ils furent l'œuvre d'un bureaucrate intelligent et opportuniste qui sut mettre à profit ses connaissances juridiques et son expérience acquise dans diverses fonctions ; mais on ne peut que regretter que Cugnet ne prît pas la peine de rédiger avec soin certains d'entre eux qui apparaissent plutôt bâclés et superficiels. Par contre, les deux ouvrages traitant des lois municipales mériteraient une étude attentive, en comparant la copie envoyée à Blackstone en 1773 avec celle de 1775. Il serait intéressant de découvrir quelle importance les contemporains de Cugnet attachèrent à ses écrits, mais malheureusement les documents d'époque sont muets à ce sujet. [P. T. et M. D.-T.]

AN, Col., B, 72, f.48 ; C11A, 72, f.228 ; 75, f.166 ; E, 101 (dossier Cugnet). — ANQ-M, Doc. jud., Cour des plaidoyers communs, Registres, 8 août 1781–11 mai 1785, 1786. — ANQ-Q, État civil, Catholiques, Notre-Dame de Québec, 27 juin 1720, 14 févr. 1757, 18 nov.

1789 ; Greffe de Nicolas Boisseau, 28 août 1742 ; Greffe de P.-L. Descheneaux, 2–4 sept. 1783, 1er–22 déc. 1785 ; Greffe de J.-C. Panet, 5 mai 1753 ; NF 2, 40, f.108 ; NF 11, 67, ff.67v., 154v., 159 ; 68, ff.7, 12, 41, 128v. ; QBC 16, 1, ff.355–361. — APC, MG 11, [CO 42] Q, 1, pp.186–189 ; 2, pp.1s., 104, 111–125 ; 5, pp.316–322, 432, 477–481, 482–559 ; 56, pp.352–387 ; RG 68, 89, ff.113, 175 ; 90, ff.64, 78 ; 91, f.207. — ASQ, Polygraphie, V : 52a. — AUM, P 58, Corr. générale, J.-F. Cugnet à P.-P. Margane de Lavaltrie, 1er févr. 1787. — BL, Add. MSS 21 719, f.47v. ; 21 873, f.293v. ; 21 883, ff.75–75v. — McGill University Libraries, Dept. of Rare Books and Special Coll., MS Coll., CH9.S44 ; CH191.S169 ; CH243.S221b. — PRO, CO 42/1, pp.224–360 ; 42/5, pp.13, 15–17 ; 42/6, pp.93s. (copies aux APC). — Bégon, Correspondance (Bonnault), ANQ *Rapport*, 1934–1935, 160. — *Coll. des manuscrits de Lévis* (Casgrain), VIII : 169, 180 ; IX : 94. — *Docs. relating to constitutional history, 1759–1791* (Shortt et Doughty ; 1918), I : 288–291, 299–301. — G.-B., Parl., *Debates of the House of Commons in the year 1774, on the bill for making more effectual provision for the government of the Province of Quebec, drawn up from the notes of Sir Henry Cavendish* [...] (Londres, 1839 ; réimpr., [East Ardsley, Angl. et New York], 1966). — [Francis Maseres], *An account of the proceedings of the British, and other Protestant inhabitants, of the Province of Quebeck, in North-America, in order to obtain an House of Assembly in that province* (Londres, 1775) ; *Additional papers concerning the Province of Quebeck : being an appendix to the book entitled*, An account of the proceedings of the British and other Protestant inhabitants of the Province of Quebeck in North America, [in] order to obtain a House of Assembly in that province (Londres, 1776) ; *Maseres letters* (Wallace), 99s., 103 ; *Things necessary to be settled in the Province of Quebec, either by the king's proclamation, or order in council, or by act of parliament* [Londres, *circa* 1772]. — *Rapports sur les lois de Québec, 1767–1770*, W. P. M. Kennedy et Gustave Lanctot, édit. (Ottawa, 1931), 11. — F.-J. Audet, Commissions d'avocats de la province de Québec, 1765 à 1849, *BRH*, XXXIX (1933) : 578. — P.-V. Charland, Notre-Dame de Québec : le nécrologe de la crypte, *BRH*, XX : 249. — P.-G. Roy, *Inv. concessions*, III : 198s. ; *Inv. ins. Prév. Québec*, I : 185 ; III : 127, 130 ; *Inv. jug. et délib., 1717–1760*, V : 279 ; VI : 32 ; *Inv. ord. int.*, III : 188 ; *Inv. procès-verbaux des grands voyers*, I : 176–192 ; V : 96–141, 158. — Brunet, *Les Canadiens après la Conquête*. Sous la plume de cet historien, Cugnet prend figure de « précurseur de la démocratie parlementaire au Québec ». Une telle représentation du personnage ne peut se comprendre que par un découpage de la réalité historique sur la base d'une documentation fragmentaire et tronquée faisant abstraction des motivations profondes qui poussèrent Cugnet à prendre certaines initiatives au nom des « Canadiens Vrais Patriotes » avant que l'Acte de Québec ne vienne calmer les vives appréhensions de ce seigneur de Saint-Étienne [P. T. et M. D.-T.]. — Burt, *Old prov. of Que*. — Thomas Chapais, *Cours d'histoire du Canada* (8 vol., Québec et Montréal, 1919–1934), I : 126s. — Gonzalve Doutre et Edmond Lareau, *Le droit civil canadien suivant l'ordre établi par les codes* [...] (Montréal, 1872). — Adélard Gascon, L'œuvre de François-Joseph Cugnet ; étude historique (thèse de M.A., université d'Ottawa, 1941). — Roger Huberdeau, François-Joseph Cugnet, jurisconsulte canadien ; essai historique (thèse de bio-bibliographie, université de Montréal, 1947). — Edmond Lareau, *Histoire du droit canadien depuis les origines de la colonie jusqu'à nos jours* (2 vol., Montréal, 1888–1889). — Neatby, *Administration of justice under Quebec Act*. — Leland, François-Joseph Cugnet, *Revue de l'université Laval*, XVI–XXI ; Jean-Baptiste Cugnet, traître ? *Revue de l'université d'Ottawa*, XXXI (1961) : 452–463 ; Histoire d'une tradition : « Jean-Baptiste Cugnet, traître à son roi et à son pays », 479–494. Ces articles, qui mériteraient d'être regroupés en un volume, sont le fruit d'une longue, patiente et minutieuse recherche. Ils constituent la seule étude fouillée existant sur ce personnage que l'auteur suit à la trace à travers une abondante documentation de sources premières provenant des grandes collections d'archives historiques. On ne peut que savoir gré à cette spécialiste de la littérature française d'avoir su si bien se documenter sans pour autant prétendre faire œuvre d'historien [P. T. et M. D.-T.]. — André Morel, La réaction des Canadiens devant l'administration de la justice de 1764 à 1774, *La Revue du Barreau de la prov. de Québec* (Montréal), XX (1960) : 53–63. — Benoît Robitaille, Les limites de la terre ferme de Mingan, *BRH*, LXI (1955) : 3–15. — P.-G. Roy, Les grands voyers de la Nouvelle-France et leurs successeurs, *Cahiers des Dix*, 8 (1943) : 215–217.

CUNY DAUTERIVE (Auterive), PHILIPPE-ANTOINE DE, écrivain de la Marine et caissier des trésoriers généraux de la Marine, né le 9 mai 1709 à Langres, France, fils de Philippe-Antoine Cuny, directeur des étapes, en charge de l'approvisionnement des troupes à Langres, et d'Élisabeth Dupont ; il épousa le 25 août 1749, à Québec, Madeleine-Thérèse, fille de Louis-Thomas Chabert* de Joncaire ; décédé le 1er juillet 1779, dans la paroisse Saint-Diez, à Loches, France.

Philippe-Antoine de Cuny Dauterive arriva au Canada à titre de secrétaire de Roland-Michel Barrin* de La Galissonière, commandant général, et il resta dans les bureaux de la Marine après le départ de ce dernier en 1749. En 1753, il fut nommé caissier des trésoriers généraux de la Marine, à Montréal, sous la direction de leur agent Jacques Imbert*. Mme de Cuny affirma, en 1770, dans des lettres au gouvernement français, que son mari avait même été envoyé à Montréal plus tôt, « pour veiller de plus près à l'administration de la finance du Roy dont Monsieur le comte de la Galissonière avait soupçonné déjà quelque malversation. Après le départ de ce général, sous prétexte d'une plus grande confiance et utilité, le Sieur Dauterive fut obligé d'accepter la place de Trésorier et il fut ordonné que le trésor resteroit chez le commissaire-ordonnateur [Jean-Victor

VARIN de La Marre]. » En 1754, un incendie détruisit la maison de Varin, de même que celle des Cuny, qui perdirent tous leurs biens, valant, selon ce que Mme de Cuny affirmait en 1770, quelque 300 000#, dont 200 000# de marchandises récemment importées de France. Plusieurs officiers de Montréal ayant certifié en 1769 que Cuny avait sacrifié ses propres biens pour sauver ceux de la couronne, celui-ci demanda une pension, sur la foi de ce sacrifice.

La perte de marchandises importées, dans cet incendie, laisse croire, comme c'était effectivement le cas, que Cuny menait simultanément une entreprise d'importation. Nous savons, par le dossier d'une cause judiciaire, qu'en 1759 Cuny et un officier de l'armée, Laurent-François Lenoir de Rouvray, frère d'un notaire de Paris, reçurent de Bordeaux 16 barils de vin et autant de demi-barils d'eau-de-vie, par l'intermédiaire de la compagnie de François Mounier* et Thomas Lee, établie à Québec. Ces marchandises avaient été expédiées à Québec ce printemps-là par la firme bordelaise Lamaletie, Latuilière et Cie [V. Jean-André LAMALETIE], qui dut par la suite s'adresser aux tribunaux pour obtenir que Cuny et Lenoir payassent leurs dettes. Un règlement du 10 juillet 1760, émanant du parlement de Paris, leur ordonnait de payer le principal et les intérêts, soit un montant de 6 000#.

A la fin de 1758, Cuny abandonna soudainement son poste pour retourner en France ; Jean-Simon Imbert, neveu de Jacques Imbert, le remplaça. Le ministre Berryer vit dans le départ hâtif de Cuny la preuve de sa malhonnêteté, comme il en fit la remarque, en janvier 1759, dans une de ses lettres, écrites sur le ton de la colère, à l'intendant BIGOT. Qu'il eût fait des profits par son commerce ou grâce à la fraude, Cuny était assez riche, à son retour en France, pour placer de l'argent dans un office d'avocat au parlement de Paris, dans diverses rentes sur l'Hôtel de Ville, dans les fermes générales du roi, et dans quelques « inventions et entreprises de Monsieur Darles de Lignières ». Lors de l'Affaire du Canada, il fut arrêté, en compagnie d'autres fonctionnaires du Canada, peut-être au début de 1762, en même temps que son beau-frère Daniel-Marie CHABERT de Joncaire de Clausonne, mais, acquitté après un bref séjour à la Bastille, peut-être grâce à quelques amis puissants, il se vit accorder une pension de 300# le 1er juillet 1765. Cuny et sa femme se plaignirent à leurs amis de leur difficulté à vivre avec cette pension : elle fut bientôt portée à 600# ; « et qu'on n'en parlera plus », griffonna le ministre, en même temps que le « Bon » du roi, sur une note du 30 juin 1768. Les Cuny n'abandonnèrent point pour autant leurs sollicitations financières. Depuis leur retour en France, afin de réduire leurs dépenses et de se rapprocher de leurs amis et relations, ils allèrent vivre à Henrichemont, près de Bourges, puis à Tours et s'installèrent finalement près de Loches.

J. F. BOSHER

AN, Col., E, 111 (dossier Dauterive) ; Minutier central, Minutes Sémillard, 21 avril 1763, 11 févr. 1765 ; Minutes Le Noir, le jeune, 25 oct. 1759 ; Minutes Prignot de Beauregard, 15 sept. 1761 (tous notaires de Paris). — *NYCD* (O'Callaghan et Fernow), X : 937–939 (Berryer à Bigot, janv. 1759).

CURATTEAU, JEAN-BAPTISTE, prêtre, sulpicien, né à Nantes, France, le 12 juin 1729, fils de Pierre Curatteau, marchand, et de Jeanne Fonteneau, décédé à Montréal le 11 février 1790.

Jean-Baptiste Curatteau était issu d'un milieu de petite bourgeoisie. L'aîné de la famille, Pierre, capitaine d'un négrier, mourut prisonnier des Anglais à la Jamaïque durant la guerre de Sept Ans. Le cadet, Claude, prêtre et brillant professeur, mourut curé de Saint-Pierre de Bouguenais, près de Nantes, en 1765. Jean-Baptiste avait aussi deux demi-frères consanguins dont l'aîné, René, après avoir œuvré dans le commerce, devint prêtre et mourut victime de la Révolution française. Orphelin à 15 ans, Jean-Baptiste fait deux voyages en Guinée. Après avoir étudié probablement au collège de l'Oratoire, il est tonsuré le 19 décembre 1750 au grand séminaire des Enfants nantais et, au début de janvier 1754, il quitte Nantes pour le séminaire de Saint-Sulpice à Paris. Il fait établir sur son patrimoine familial, alors fortement grevé, une rente annuelle de 60# constituant son titre clérical. Agrégé à Saint-Sulpice le 22 mars 1754, il reçoit les ordres mineurs à Paris le 30 mars et s'embarque à La Rochelle à destination du Canada le 13 mai suivant.

A son arrivée à Montréal, Curatteau aide au ministère paroissial. Ses études théologiques complétées, il est ordonné prêtre le 2 octobre 1757. Il continue alors son aide au ministère à Montréal d'octobre 1757 à mars 1764 et enseigne aux petites écoles que maintient le séminaire de Saint-Sulpice.

En mars 1764, Curatteau devient curé de Sainte-Trinité-de-Contrecœur, poste qui n'est pas de tout repos, une chicane entre les paroissiens des seigneuries de Contrecœur et de Saint-Ours empêchant depuis 15 ans la construction, jugée nécessaire, d'un presbytère. En 1762, Amable-Simon Raizenne, prédécesseur de Curatteau à cette cure, avait demandé à GAGE, gouverneur de Montréal, le droit d'imposer une taxe aux habitants à cette fin. Le 23 mai 1764, le successeur de Gage, Ralph Burton*, accorde ce droit et Curatteau réussit à mener à bien la construction du presbytère. Insatisfait du climat qui règne dans la paroisse, Curatteau la quitte, à sa demande, en septembre 1765. Le 6 novembre suivant, il est nommé curé missionnaire de la paroisse Saint-François-d'Assise-de-la-Longue-Pointe, près de Montréal, où il œuvrera seul pendant sept ans.

Dès 1766, il agrandit son presbytère et, le 1er juin 1767, il ouvre une école d'enseignement secondaire, origine du collège de Montréal. Après deux ans, il a déjà deux régents et 31 pensionnaires dont 16 ont commencé l'étude du latin. Le collège progresse et Curatteau agrandit la propriété du presbytère-collège. Guy Carleton*, le gouverneur, visite le collège en 1770 et encourage Curatteau dans son œuvre. Curatteau avait fondé son collège sans l'appui de son supérieur Étienne MONTGOLFIER. Cet établissement répondait cependant à un besoin. Le 26 juillet 1773, la fabrique de Notre-Dame de Montréal achète le château de Vaudreuil et, le 7 octobre suivant, Curatteau y transporte son collège qui portera désormais le nom de Saint-Raphaël. Il fait de lourdes dépenses personnelles pour réparer et aménager le bâtiment et, le 21 octobre, les cours débutent avec 130 élèves dont 55 pensionnaires, répartis en cinq classes avec cinq régents et huit domestiques. Le déménagement du collège avait soulevé des objections de la part des autorités britanniques mais l'intervention de Mgr BRIAND aplanit les difficultés. Le collège Saint-Raphaël offre un cours d'humanités françaises et latines. Le régime des élèves tel que nous le révèlent les règlements écrits de la main de Curatteau est celui d'un petit séminaire destiné à former de futurs prêtres ou des chrétiens fervents.

En 1764, les sulpiciens formaient la communauté d'hommes la plus nombreuse et la plus jeune du Canada. Peu à peu, les décès, le manque de recrutement et des difficultés juridiques créent un climat d'insécurité chez les survivants. De plus, l'administration de Montgolfier suscite des problèmes financiers ; d'une générosité qui semble avoir été exagérée, il puise abondamment dans les fonds de Saint-Sulpice. Vers 1785, trois sulpiciens, dont Curatteau, réclament la vente des biens de Saint-Sulpice pour que le produit en soit partagé entre les membres de leur communauté. Cette solution est finalement écartée.

Curatteau évoqua souvent la possibilité d'un retour en France mais le besoin de prêtres au Canada l'y retint. Malgré ses occupations au collège, il agit à titre d'aumônier des religieuses de l'Hôtel-Dieu de Montréal de 1783 à sa mort. Sa santé semble se détériorer en 1789. Il annonce sa démission comme directeur du collège dans *la Gazette de Montréal* du 11 juin. Chez le notaire Louis Chaboillez*, le 28 septembre suivant, il dépose un inventaire de ses biens dont il laisse l'usufruit à son successeur Jean-Baptiste Marchand*. Curatteau estime la valeur de ses biens entre 35 000# et 40 000#. A son départ du collège, le 25 septembre 1789, les marguilliers de la fabrique de Notre-Dame de Montréal lui adressent des remerciements pour son œuvre. Retiré au séminaire de Saint-Sulpice à Montréal, Curatteau meurt subitement le 11 février 1790 et est inhumé deux jours plus tard sous l'église Notre-Dame. Son testament, rédigé le 29 janvier 1774, instituait le collège Saint-Raphaël légataire de ses biens.

Curatteau s'est distingué par une activité apostolique remarquable. Il semble n'avoir pas eu un caractère facile, ce qui explique que ses supérieurs préférèrent le voir se dévouer en dehors du séminaire. Son activité pédagogique lui valut cependant l'admiration de ses contemporains. Jean De Lisle* de La Cailleterie écrivait de lui en 1770 : « Cet excellent homme est regardé comme le père de la jeunesse, la colonne de l'éducation, l'exemple de la patience, le modèle de la vertu et un très digne prêtre. »

J.-BRUNO HAREL

AD, Loire-Atlantique (Nantes), E, 774, 775 (copies aux APC) ; État civil, Nantes, 12 juin 1729. — ANQ-M, État civil, Catholiques, Notre-Dame de Montréal, 13 févr. 1790 ; Saint-François d'Assise (Longue-Pointe). — ASSM, 11 ; 14 ; 21 ; 24. — [L.-A. Huguet-Latour], *Annuaire de Ville-Marie ; origine, utilité et progrès des institutions catholiques de Montréal* (Montréal, 1863–1877). — F.-J. Audet, *Contrecœur : famille, seigneurie, paroisse, village* (Montréal, 1940). — Olivier Maurault, *Le collège de Montréal, 1767–1967*, Antonio Dansereau, édit. (2e éd., Montréal, 1967) ; *Saint-François-d'Assise-de-la-Longue-Pointe, abrégé historique* (Montréal, 1924).

CUROT (Curaux), MARIE-LOUISE, dite **de Saint-Martin**, hospitalière de l'Hôtel-Dieu de Québec, supérieure, née à Montréal le 27 janvier 1716, fille de Martin Curot, garde-magasin au fort Frontenac (Kingston, Ontario), et de Madeleine Cauchois, décédée à Québec le 18 janvier 1788.

Nous ignorons les circonstances de l'entrée de Marie-Louise Curot au monastère de l'Hôtel-Dieu de Québec. Admise au noviciat le 3 octobre 1736, elle prit l'habit le 3 avril 1737 et fit profession le 9 avril de l'année suivante. Tout indique que la famille Curot, composée de quatre filles et de trois garçons, était cultivée et jouissait d'une certaine aisance. Marie-Louise entra au couvent avec « son trousseau complet » et son père versa 3 225# « en argent » pour sa pension et sa dot.

Avant d'accéder aux charges administratives les plus importantes, Marie-Louise de Saint-Martin eut l'avantage, en tant que membre du chapitre, de s'initier aux affaires de la communauté sous l'habile direction de Marie-Andrée Regnard* Duplessis, dite de Sainte-Hélène. Sa signature apparaît pour la première fois aux « Actes capitulaires » le 2 septembre 1748, à l'occasion de la concession d'un terrain proche des fortifications du palais de l'intendance. Le 12 mars 1759, elle était élue première hospitalière et, l'année suivante, le grand vicaire Jean-Olivier BRIAND la nommait dépositaire des pauvres, renouvelant son mandat en 1761 et 1762. Le conseiller d'affaires à Paris, François SORBIER de Villars, ne manqua pas de signaler la « netteté » de ses écrits et la « clarté » de ses comptes, et la communauté en fit état aux élections du 9 novembre 1762 pour remplacer la supérieure Marie-Ursule Chéron, dite des Anges, décédée dans l'exercice de sa charge. Marie-Louise de Saint-Martin, âgée de 46 ans, était alors la plus jeune supérieure du pays. En 1765, elle était réélue pour un second mandat et elle devait être à nouveau supérieure de 1771 à 1777 et de 1780 à 1786.

Au cours de ses 12 premières années comme supérieure, Marie-Louise de Saint-Martin s'appliqua à amortir la dette contractée pour la reconstruction en 1757 du monastère-hôpital détruit par l'incendie de 1755. Cette dette se chiffrait encore à 100 000# en 1760. Les annales, les délibérations du chapitre, les relations avec les chefs civils et religieux du pays et de l'étranger et surtout la correspondance ininterrompue avec Sorbier de Villars démontrent les qualités exceptionnelles de Marie-Louise de Saint-Martin, qui ne négligea rien pour rétablir les finances de sa communauté. L'étroite surveillance de la perception des rentes, la vente d'emplacements dans la ville, la mise en valeur des seigneuries et l'accueil de pensionnaires rapportèrent des revenus indispensables, sans oublier les gains tirés d'humbles travaux comme le blanchissage des linges sacrés de la fabrique de Notre-Dame ou la confection de fleurs artificielles. Dans une lettre datée de mars 1778, Sorbier de Villars se réjouit de « l'heureux acquittement » des dettes de l'Hôtel-Dieu et rend hommage au « bon gouvernement » de Marie-Louise de Saint-Martin.

De 1759 à 1784, l'Hôtel-Dieu fut occupé par des troupes britanniques et devint pratiquement un hôpital militaire anglais. Les religieuses n'exercèrent alors que rarement leur fonction d'hospitalière, les occupants voyant eux-mêmes au soin de leurs malades. La règle monastique n'eut cependant pas à souffrir de cette présence étrangère et, si l'on en juge par la correspondance de la supérieure avec le gouverneur MURRAY et avec Hector Theophilus CRAMAHÉ, les relations entre la communauté et ses hôtes furent empreintes de cordialité et de respect. Au printemps de 1784, les troupes s'installèrent dans des casernes et les religieuses purent ouvrir à nouveau l'hôpital aux malades, aidées par une souscription publique [V. Thomas-Laurent BÉDARD].

A la mort de Marie-Louise de Saint-Martin, le 18 janvier 1788, la communauté lui rendit ce témoignage : « C'étoit une très bonne religieuse et très capable [...], elle étoit grave, ferme et douce, égale dans sa conduite à l'égard de ses inférieures, très prudente, d'un jugement sollide et éclairé enfin très propre au gouvernement, elle a laissée a sa mort un vide bien senti de la Com[té] qui s'appuyoit sur ses conseils. »

CLAIRE GAGNON

AMHDQ, Actes capitulaires, I ; Annales, II ; Bienfaiteurs, Papiers Curot ; Chroniques, III : 1736 ; Corr., Évêques, J.-F. Hubert ; Corr., Procureurs, B.-L. Villars ; Élections triennales et annuelles, I : 145–193 ; Notices biographiques, M.-L. Curot ; Registre des comptes du monastère, V : 15–17. — ANQ-M, État civil, Catholiques, Notre-Dame de Montréal, 28 janv. 1716 ; Greffe d'Antoine Adhémar, 21 août 1713. — ANQ-Q, NF 11, 62, f.168v. ; NF 25, 64, n° 3 904. — Tanguay, *Dictionnaire*, III : 209. — Casgrain, *Hist. de l'Hôtel-Dieu de Québec*, 437ss. — M. Trudel, *L'Église canadienne*, II : 255–287. A la page 263, l'auteur confond Marie-Louise Curot de Saint-Martin avec Angélique Viger qui prit le nom de Saint-Martin en religion [C. G.].

CYRIER. V. CIRIER

CUTHBERT, JAMES, officier, marchand, juge de paix, conseiller législatif et seigneur, né probablement à Farness (Highlands), Écosse, vers 1719, fils d'Alexander Cuthbert et de Beatrix Cuthbert ; il épousa en 1749 Margaret Mackenzie, en 1766, Catherine Cairns (ils eurent trois fils et sept filles) et, le 23 mars 1786, Rebecca Stockton ; décédé à Berthier-en-haut (Berthierville, Québec), le 17 septembre 1798.

James Cuthbert, issu d'une famille de vieille noblesse, fit d'abord carrière dans la marine britannique. Capitaine et commandant d'une compagnie indépendante d'infanterie en octobre 1760, il fut aussi capitaine dans le 101e d'infanterie avant de passer en décembre 1762 au 15e d'infanterie. Cuthbert fut membre de l'état-major du général MURRAY à Québec, puis il quitta l'armée en 1765.

Avant de partir pour l'Angleterre, Murray avait nommé Cuthbert membre du Conseil de Québec, le 14 juin 1766, et juge de paix la même année. Le nouveau conseiller se trouva vite en conflit avec le lieutenant-gouverneur Guy Carleton*, le successeur de Murray. Les circonstances du départ de ce dernier, rappelé en Angleterre à la suite de pressions exercées par les marchands de la colonie, amenèrent les partisans de l'ancien gouverneur à accueillir froidement Carleton, qui les assimila immédiatement à un parti d'opposition. Comme les autres conseillers hostiles, Cuthbert critiqua sévèrement Carleton en 1766, quand celui-ci régla temporairement, avec un conseil tronqué, un conflit portant sur l'accès aux postes du roi, la décision du lieutenant-gouverneur étant contraire à la politique de Murray et favorable à l'ennemi juré de celui-ci, George Allsopp*. De plus, Cuthbert et les autres conseillers nommés par Murray s'opposèrent farouchement à Carleton qui, au conseil, accordait droit de préséance aux membres nommés par le roi.

Cuthbert se tailla une place dans la société en achetant, le 7 mars 1765, la seigneurie de Berthier, où il se fit construire un manoir, et en acquérant, entre 1770 et 1781, la seigneurie Du Sablé, dite Nouvelle-York, et une partie des seigneuries de Lanoraie, Dautré et Maskinongé. Toutefois, l'invasion américaine en 1775 et 1776 le toucha durement. Il s'aliéna ses censitaires en usant d'autoritarisme pour qu'ils fissent leur service militaire. En 1776, les Américains incendièrent son manoir et causèrent pour plus de £3 000 de dégâts à son domaine de Berthier pour se venger, au dire de Cuthbert, parce qu'il avait sauvé, à Trois-Rivières, le lieutenant-colonel Simon Fraser, 700 à 800 soldats et sept vaisseaux britanniques. Il fut en outre déporté comme prisonnier à Albany, New York. Libéré, il séjourna en Angleterre en 1777 avant de revenir au Canada, probablement l'année suivante, et reprendre en main ses activités seigneuriales. Cuthbert reconstruisit d'abord, dans des proportions imposantes, le manoir de Berthier. En janvier 1781, il s'engagea à fournir à Allsopp, pendant une période de 14 ans, tout le froment de ses seigneuries.

Dès son retour au Canada, Cuthbert avait aussi pris possession de son siège au Conseil législatif, établi en vertu de l'Acte de Québec, auquel il avait été nommé en 1775. Il se trouva en conflit avec le gouverneur HALDIMAND sur deux points en particulier. D'abord, peut-être parce qu'il était lui-même juge de paix, il s'opposa à toute diminution des émoluments des fonctionnaires de l'État, que Haldimand jugeait trop onéreux pour le peuple. Ensuite, en 1779 et 1780, alors que les prix montaient en flèche et que Cuthbert s'apprêtait, selon Haldimand, à se lancer dans le commerce du blé, il s'opposa à ce qu'on gelât les prix du blé et de la farine et que l'on promulguât un édit contre le monopole de certains produits alimentaires. D'un autre côté, le gouverneur se plaignit de l'absence prolongée de Cuthbert, lequel séjourna en Angleterre pour affaires de 1781 à 1784. En 1786, il fut exclu du conseil et démis de son poste de juge de paix, sans qu'on lui donnât de raisons.

Très fier de ses origines nobles écossaises, Cuthbert tenait beaucoup à son statut de seigneur. Quoique souvent hautain et mauvais coucheur, il était généreux et accueillant, et son manoir de Berthier, un lieu réputé pour son hospitalité ; à la fin du siècle, le prince Edward Augustus* le fréquentait hebdomadairement. Presbytérien, Cuthbert construisit en 1786 et 1787, à Berthier, l'église St Andrew, probablement la première église protestante bâtie dans la colonie. Toutefois, comme ses censitaires étaient presque tous catholiques, il s'efforça de faire montre d'une certaine tolérance religieuse. En 1766, il avait participé à la création de la paroisse Saint-Cuthbert en donnant 60 arpents de terre pour y bâtir une église. En 1779, il fournit la pierre pour construire l'église et, plus tard, une peinture de son saint patron ainsi que deux cloches. Il donna également le terrain et les matériaux nécessaires à la construction, dans sa seigneurie, de l'église Sainte-Geneviève, qui se poursuivit de 1782 à 1787. Cependant, en 1789, il protesta publiquement contre l'attitude de Mgr HUBERT qui avait autorisé le curé de Berthier, l'abbé Jean-Baptiste-Noël Pouget*, à recevoir l'abjuration de deux de ses fils, Alexander et James*. Il les avait envoyés, avec leur frère Ross*, étudier la langue et le droit civil français au collège catholique anglais de Douai, en France, d'où ils étaient revenus déterminés à se convertir. De plus, ne pouvant se prévaloir de son banc seigneurial ou de la préséance qui lui était due lors des cérémonies religieuses, parce que non catholique, Cuthbert saisit les rares occasions offertes de manifester publiquement son rang, lors de la plantation annuelle du mai, et lorsqu'il recevait au manoir ses censitaires venus lui rendre hommage, par exemple.

Prospère et éminent, Cuthbert avait néanmoins beaucoup d'ennemis et peu d'influence politique, surtout à partir des années 1780. Depuis 1763, il réclamait 3 000 acres de terre en arrière de Berthier en vertu de son grade de capitaine dans l'armée britannique lors de la Conquête ; c'était peine perdue. En outre, après 1786, il protesta sans succès auprès des autorités contre son exclusion du Conseil législatif et sa destitution comme juge de paix, et il demandait vainement, depuis plusieurs années, une compensation pour les dommages causés à ses seigneuries pendant la Révolution américaine. En 1788, il alla en Angleterre où il tenta, mais inutilement, de se faire réintégrer dans ses postes et d'obtenir plus particulièrement une compensation pour les dommages causés à ses seigneuries en 1779 par des soldats qui, selon lui, coupaient du bois pour la citadelle de Québec et qui avaient accidentellement mis le feu à 54 acres de pin blanc de grande valeur. En 1792, il se présenta comme député à la chambre d'Assemblée et fut défait par Pierre-Paul Margane* de Lavaltrie dans le comté de Warwick, dont ses propres censitaires constituaient la grande majorité des électeurs. Il contesta, sans succès, le résultat de l'élection auprès des autorités de la colonie et de la métropole. En 1795, il se rendit en Angleterre dans un ultime effort pour obtenir gain de cause dans ses réclamations politiques, chercher une compensation monétaire et se faire accorder le titre de baronnet pour son action et ses pertes lors de la Révolution américaine ainsi que le grade de colonel de milice dans ses seigneuries ; il essuya refus sur refus.

Malgré ces échecs, Cuthbert demeura un des seigneurs les plus prospères : ses terres lui rapportaient £1 700 en 1790. Avec l'acquisition de Dorvilliers après cette date, ses seigneuries s'étendaient sur environ 50 milles le long du Saint-Laurent. De plus, il possédait une maison d'été à Beauport et, en décembre 1797, il acheta quelques propriétés à Montréal, dont un grand terrain au coteau Saint-Louis, sur lequel se trouvait une maison de pierres. Après sa mort, survenue à Berthier, en septembre 1798, ses fils se partagèrent ses propriétés : James, l'aîné, hérita de Berthier, Alexander reçut Dorvilliers et les propriétés de Montréal, et Ross recueillit le reste.

JEAN POIRIER

ANQ-M, Greffe de J.-J. Jorand, 1er mai 1793 ; Greffe de P.-F. Mézière, 13 oct. 1770 ; Greffe de Pierre Panet, 7 mars 1765. — ANQ-MBF, État civil, Anglicans, Église protestante (Trois-Rivières), 23 mars 1786. — Archives civiles, Richelieu (Sorel, Québec), État civil, Christ Church (Berthierville), 18 sept. 1798 ; Greffe de Barthélemy Faribault, 10 sept. 1771, 13 sept. 1774, 26 juin 1777, 19 sept., 12 oct. 1778, 21 mars 1786. — Archives de la Soc. historique de Joliette (Joliette, Québec), Cartable famille Cuthbert. — Archives de l'évêché de Joliette, Registre des lettres, Cartable Saint-Cuthbert, 1766–1794 ; Cartable Sainte-Geneviève-de-Berthier, 1766–1794. — Musée McCord (Montréal), Cuthbert-Bostwick papers, 1765–1957. — *Doc. relatifs à l'hist. constitutionnelle, 1759–1791* (Shortt et Doughty ; 1921), I : 167. — P.-G. Roy, *Inv. concessions*, I : 165 ; II : 186 ; III : 56s., 87, 92s. ; V : 55. — S.-A. Moreau, *Précis de l'histoire de la seigneurie, de la paroisse et du comté de Berthier, P.Q. (Canada)* (Berthierville, 1889). — F.-J. Audet, James Cuthbert de Berthier et sa famille ; notes généalogiques et biographiques, SRC *Mémoires*, 3e sér., XXIX (1935), sect. I : 127–151. — Du Vern [Richard Lessard], Le fief Dorvilliers, *L'Écho de Saint-Justin* (Louiseville, Québec), 24 mars 1938, 1. — Édouard Fabre Surveyer, James Cuthbert, père, et ses biographes, *RHAF*, IV (1950–1951) : 74–89. — D. R. McCord, An historic Canadian family, the Cuthberts of Berthier, *Dominion Illustrated* (Montréal), VII (1891) : 110–112, 123–125. — S.-A. Moreau, L'honorable James Cuthbert, père, seigneur de Berthier, *BRH*, VII (1901) : 341–348. — Jacques Rainville, Vers notre tricentenaire, *Le Courrier de Berthier* (Berthierville), 19 janv. 1967, 24 oct. 1968, 12, 26 juin, 3, 14 juill., 4, 18 sept., 2, 16, 30 oct., 13, 27 nov. 1969.

D

DAGNEAU DOUVILLE, ALEXANDRE, officier dans les troupes de la Marine, interprète et trafiquant de fourrures, né en avril ou en mai 1698 à Sorel (Québec), fils de Michel Dagneau Douville et de Marie Lamy, décédé à Verchères (Québec) en 1774.

Alexandre Dagneau Douville était âgé de 18 ans quand il débuta dans la traite des fourrures. Au cours des 15 années qui suivirent, il allait mener un trafic considérable chez les Miamis, tout en faisant du service comme cadet dans les troupes de la Marine et en effectuant quelques voyages de traite occasionnels au fort des Sables (Irondequoit, New York), à Baie-des-Puants (Green Bay, Wisconsin) et à Michillimakinac (Mackinaw City, Michigan). Le 7 août 1730, à Montréal, il s'alliait à une famille en vue dans la traite des fourrures en épousant Marie, fille de Nicolas-Antoine Coulon* de Villiers, père. Trois ans plus tard, il était présent à un affrontement entre les Sauks et les Renards, près de Baie-des-Puants, et fut témoin de la mort de son beau-père et d'autres membres de sa parenté [V. Nicolas-Antoine Coulon* de Villiers, fils].

On se proposait de nommer Dagneau enseigne en second en 1734, mais le ministre de la Marine le confondit avec son frère, Philippe Dagneau Douville de La Saussaye, et une commission corrigée ne fut émise qu'en 1736. Cette année-là, Dagneau servait à titre d'officier et d'interprète au fort Frontenac (Kingston, Ontario) ; en 1739, il fut chargé de porter à Détroit des présents destinés aux Outaouais. Deux ans plus tard, il était promu enseigne en pied. Après avoir de nouveau servi au fort Frontenac en 1743, Dagneau fut envoyé au fort des Miamis (probablement Fort Wayne, Indiana, ou tout près) au printemps de 1746, afin d'escorter jusqu'à Montréal des représentants miamis. La menace d'un soulèvement général des Indiens dans l'Ouest [V. Orontony*] et la nouvelle qu'un parti de guerre agnier était au portage du Niagara l'empêchèrent de conduire la délégation au delà de Détroit, et, en son absence, les Miamis pillèrent le poste. L'intendant BIGOT lui obtint par la suite 300# en compensation pour les marchandises qu'il y avait perdues.

Lors d'une importante conférence, à Québec, en novembre 1748, Dagneau servit d'interprète entre les autorités françaises et quelques chefs iroquois. Il fut fait lieutenant en 1750 et commanda à Sault-Saint-Louis (Caughnawaga, Québec). En juin 1754, il remplaça Jacques-François Legardeur de Courtemanche au commandement du fort de la Presqu'île (Erie, Pennsylvanie). C'était un poste stratégique, le premier d'une ligne de forts qu'on était à construire dans la vallée de l'Ohio, au moyen desquels les Français souhaitaient bloquer l'avance britannique, et Dagneau y commandait environ 100 hommes tant des troupes de la Marine que de la milice. L'année suivante, il fut remplacé par Antoine-Gabriel-François BENOIST. Le 17 mars 1756, il se retira comme capitaine réformé et, depuis lors, vécut sur les terres de sa famille, à Verchères. S'il ne s'était pas distingué d'une façon particulière, Dagneau avait néanmoins connu une bonne carrière militaire. Il ne participa à aucune bataille d'importance, mais sa contribution, il l'apporta grâce à sa connaissance des langues et des coutumes des Indiens, en particulier celles des Iroquois et des Miamis.

En 1763, Dagneau fut l'une des 55 personnes accusées de mauvaise administration dans l'Affaire du Canada. Bien qu'il fût sommé, à Paris, de comparaître devant le Châtelet, il ne s'y rendit pas. La cour décida d'attendre de plus amples renseignements à son sujet, et l'issue de ce procès n'est pas connue avec certitude. Ce cas de mauvaise gestion différait fort peu, sans aucun doute, de ceux qui mettaient en cause des officiers de la « frontière » ; leur situation militaire leur donnait l'occasion de s'adonner au commerce, très souvent illicite. Le réseau de traite de Dagneau Douville était parmi les plus considérables de la Nouvelle-France. Louis-Césaire Dagneau* Douville de Quindre, Guillaume Dagneau Douville de Lamothe et Philippe Dagneau Douville de La Saussaye furent aussi des trafiquants éminents dans l'Ouest, et, comme leur frère, ils s'allièrent à des familles qui poursuivaient les mêmes intérêts qu'eux.

Alexandre eut au moins cinq enfants ; deux furent tués pendant la guerre de Sept Ans. Un troisième fils, Alexandre-René, fit une carrière d'officier aux Antilles ; à sa mort, en 1789, il était à la retraite comme lieutenant-colonel d'infanterie et il avait été créé chevalier de Saint-Louis.

DONALD CHAPUT

AN, Col., D[2C], 57, p.167 ; 59, p.63 ; 61, p.26 ; E, 103 (dossier Dagneau Douville) (copies aux APC). — ANQ-M, État civil, Catholiques, Notre-Dame de Montréal, 16 févr. 1734, 13 sept. 1740, 12 nov. 1744, 15 août 1748. — APC *Rapport*, 1904, app.K, 215, 228. — [G.-J. Chaussegros de Léry], Journal de Joseph-Gaspard Chaussegros de Léry, lieutenant des troupes, 1754–1755, ANQ *Rapport*, 1927–1928, 366, 376. — The French regime in Wisconsin–II, R. G. Thwaites, édit., Wis., State Hist. Soc., *Coll.*, XVII (1906) : 188s., 278–287, 432. — *NYCD* (O'Callaghan et Fernow), X. — *Papiers Contrecœur* (Grenier), *passim*. — Godbout, Nos ancêtres, ANQ *Rapport*, 1951–1953, 466. — Massicotte, Répertoire des engagements pour l'Ouest, ANQ *Rapport*, 1929–1930, 218, 245, 257, 298. — P.-G. Roy *et al.*, *Inv. greffes not.*, XVI : 99. — Tanguay, *Dictionnaire*. L'auteur fait erreur en indiquant qu'Alexandre Dagneau Douville épousa en secondes noces Marie Legardeur de Courtemanche ; tous les enfants de Dagneau sont issus de son mariage avec Marie Coulon de Villiers en 1730 [D. C.]. — Hunter, *Forts on Pa. frontier*, 70–89, 122s. — Cameron Nish, *Les bourgeois-gentilshommes de la Nouvelle-France, 1729–1748* (Montréal et Paris, 1968), 87, 161s. — P. J. Robinson, *Toronto during the French régime* [...] (2e éd., Toronto, 1965). — P.-G. Roy, *Bigot et sa bande*, 225s. — R. de Hertel, Michel d'Agneau d'Ouville et sa famille, *Nova Francia* (Paris), IV (1929) : 218–229. — Une conférence de M. de la Galissonnière avec les chefs iroquois, *BRH*, XXII (1916) : 347–349.

DALARD. V. ALLARD

DANGEAC (Danjaique). V. ANGEAC

DANKS, BENONI, officier et fonctionnaire, né vers 1716 à Northampton, Massachusetts, fils de Robert Danks et de Rebecca Rust ; il épousa d'abord, le 28 novembre 1745, Mary Morris avec qui il eut trois enfants qui atteignirent l'âge adulte et, en secondes noces, avant mai 1768, une certaine Lucy, dont le nom de famille est inconnu ; décédé en 1776 à Windsor, Nouvelle-Écosse.

On ne connaît rien de la carrière de Benoni Danks avant sa venue en Nouvelle-Écosse. Peut-être a-t-il pris part au siège du fort Beauséjour (près de Sackville, Nouveau-Brunswick) en 1755 et fut-il recruté parmi les compagnies de *rangers* par George Scott*, au printemps de 1756. La « Compagnie des *rangers* commandée par Benoni Danks, écuyer » était en service dans la région de Chignectou en 1756, 1757 et 1758, et participa à la guerre d'embuscades contre les Français et leurs alliés indiens. Officier habile à combattre dans les bois, Danks commanda avec succès, en juin 1758, une troupe composée de *rangers* et de réguliers dans une action contre une bande de maraudeurs ennemis, près de la ville actuelle de Moncton ; il retourna au fort Cumberland, autrefois le fort Beauséjour, « avec tout son parti, ses prisonniers et son butin, et pas un homme de tout son détachement ne fut tué ou blessé ». La tradition rapporte que le « capitaine Danks, qui allait toujours à la limite de sa commission dans toutes les actions barbares », autorisa ses hommes à rapporter des scalps d'Acadiens, en les faisant passer pour indiens, afin de réclamer la gratification de £50.

Après la prise de Louisbourg, île Royale (île du Cap-Breton), en 1758, le lieutenant-colonel MONCKTON dépêcha le capitaine Silvanus Cobb* au fort Cumberland pour amener les *rangers* de Danks à la rivière Saint-Jean, en vue d'une expédition contre les établissements français. En novembre, la compagnie de Danks faisait partie du détachement de George Scott qui pilla et brûla des villages français situés sur la Petitcodiac, et, en 1759, elle était parmi les forces de Wolfe* au siège de Québec, où elle rendit d'importants services en allant reconnaître les alentours de la ville. Chargés avec Scott d'une mission de destruction le long du Saint-Laurent, les *rangers* n'étaient pas présents à la bataille des plaines d'Abraham.

Danks décida de retourner en Nouvelle-Écosse pour s'établir sur les anciennes terres acadiennes. En 1761, on lui concéda 25 acres près du fort Cumberland, et, cinq ans plus tard, il reçut six portions additionnelles dans le canton de Cumberland. En septembre 1761, il vivait sur sa terre, avec une maisonnée de sept personnes, et possédait 51 têtes de bétail. Membre du comité pour l'admission des colons dans le canton, il a peut-être aussi exploité un petit magasin ou travaillé comme cantinier auprès des troupes du fort. Au cours des années, il reçut de grandes concessions de terre « en reconnaissance des services rendus à titre de militaire », notamment 10 000 acres dans les environs de la baie de Quaco (Nouveau-Brunswick).

Danks était au siège de La Havane, en 1762, sous les ordres de Joseph GOREHAM ; c'est là qu'il vendit la commission qu'il détenait au sein des *rangers*. Le 17 juillet 1764, le gouverneur Montagu Wilmot* le nomma juge de paix et commandant de la milice, avec le grade de major, pour le comté de Cumberland. L'année suivante, élevé au grade de lieutenant-colonel, il recevait en outre un permis « pour trafiquer avec la tribu des Argimaux et autres Indiens habitant la côte de la baie de Vert [baie Verte] ». Le 28 mai 1765, le nom de Danks apparaissait sur le rôle des députés à la chambre d'Assemblée de la Nouvelle-Écosse. Il représenta le comté de Cumberland jusqu'au 2 avril 1770, mais ne fut guère actif à ce titre. Sa nomination, le 30 juillet 1767, comme percepteur, dans le comté de Cumberland, des droits sur les vins, la bière, le rhum, le thé, le café et les cartes à jouer semble lui avoir amené des désagréments : le 13 juillet 1775, en effet, le comité de l'Assemblée chargé d'examiner les comptes découvrit qu'il devait plus de £87. Les difficultés de la perception s'étaient multipliées du fait de la rareté du numéraire dans la province. En 1770, Danks avait écrit au trésorier provincial, Benjamin Green, fils, pour suggérer que le gouvernement acceptât les meules, un article important dans le commerce de la Nouvelle-Écosse avec les colonies américaines, au lieu et place du numéraire. « Je n'ai jamais reçu cinq livres en argent pendant toute l'année passée », affirma-t-il. « Je descends avec quelques bœufs gras et des chevaux pour payer le solde, puisqu'il n'y a pas d'argent à obtenir ici. »

Dans les premières années de la Révolution américaine, Danks fut l'un des juges de paix nommés par le gouverneur et le Conseil de la Nouvelle-Écosse pour recevoir le serment d'allégeance de toute personne arrivant dans la province ; de plus, il commandait encore la milice en novembre 1775. Apparemment sympathique au mouvement révolutionnaire, cependant, il semble avoir participé à la rébellion menée par Jonathan Eddy*. Il fut fait prisonnier par Goreham à la fin de 1776 et envoyé à Halifax. Il mourut en route, à Windsor, des suites d' « une balle morte dans la cuisse, ce qu'il cacha jusqu'à ce que la gangrène s'y mit ».

PHYLLIS R. BLAKELEY

BL, Add. MSS 19 071, f.243 (copie aux PANS, RG 1, 363, f.31, p.12). — Cumberland County Registry of Deeds (Amherst, N.-É.), Book B, pp.37–40. — Forbes Library (Northampton, Mass.), J. R. Trumbull, History of Northampton : Northampton genealogies, v.3, pt.1 (copie dactylographiée), pp.158, 160. — Halifax County Court of Probate (Halifax), D32 (testament de Benoni Danks, homologué le 12 sept. 1777). — PANS, RG 1, 136, pp.176, 230s., 246, 257 ; 164/2, pp.60, 284, 314 ; 165, p.367 ; 167, pp.49s. ; 204, 3 août 1761 ; 210, 14 mai 1756 ; 211, 25 juill. 1764, 8 août 1766 ; 222, f.4 ; 286, f.63 ; RG 37, Halifax County, 21A ; MS file, Nova Scotia militia, Danks' Rangers, Capt. Scott's bill for the rangers of Capt. Danks's company [7 July 1756 – 4 Aug. 1757]. — APC, *The Northcliffe collection* [...] (Ottawa, 1926). — *Cinco diarios del sitio de La Habana*, A. A. Rodríguez, édit. (La Havane, 1963), 200. — Knox, *Hist. journal* (Doughty). — N.-É., House of Assembly, *Journal*, 1765–1775, particulièrement les 28 mai 1765, 17 juin 1766, 18, 21, 23, 29 juill. 1767, 24 oct. 1769, 13 juill. 1775. — *Directory of N.S. MLAs*. — W. B. Kerr, *The maritime provinces of British North America and the American revolution* (Sackville, N.-B., [1941] ; réimpr., New York, [1970]), 36–39, 69. — Murdoch, *History of N.S.* — J. C. Webster, *The forts of Chignecto : a study of the eighteenth century conflict between France and Great Britain in Acadia* ([Shediac, N.-B.], 1930), 72–78. — W. C. Milner, Records of Chignecto, N.S. Hist. Soc., *Coll.*, XV (1911).

DAUTERIVE, PHILIPPE-ANTOINE DE CUNY. V. CUNY

DARBY, NICHOLAS, capitaine de navire et marchand, né vers 1720, peut-être à St John's, Terre-Neuve ; il épousa le 4 juillet 1749 Hatty Vanacott, de Bridgwater, Angleterre, et ils eurent un fils et une fille ; décédé le 5 décembre 1785, en Russie.

Jeune encore, Nicholas Darby était déjà engagé dans les pêcheries de Terre-Neuve, en particulier le long des côtes nord de l'île, à titre de capitaine de navire. Il vivait certainement à St John's en 1758, année où il se joignit à d'autres marchands pour contribuer à une souscription en vue de construire une nouvelle église pour Edward LANGMAN, missionnaire de l'Église d'Angleterre à St John's. Darby avait de fortes attaches dans la région du sud-ouest de l'Angleterre, et il résidait probablement à Bristol pendant l'hiver.

Vers la fin de la guerre de Sept Ans, le gouvernement britannique demanda aux marchands trafiquant à Terre-Neuve de donner leur avis sur la défense de l'île dans l'avenir. La Society of Merchant Venturers de Bristol envoya Darby présenter ses vues au Board of Trade ; il donna un compte rendu détaillé des opérations françaises de pêche, sur la côte française au nord du cap Bonavista, et de commerce avec les Inuit du Labrador. En 1763, Darby participa à la pêche au nord du cap Bonavista, à titre de copropriétaire d'un navire armé à Bristol.

En 1765, Darby se lança dans un projet qui, comme l'écrivit plus tard sa fille, était « aussi insensé et romantique que périlleux à tenter » : l'établissement de postes de pêche du phoque, du saumon et de la morue sur la côte sud du Labrador, aux environs du détroit de Belle-Isle, territoire n'appartenant aux Britanniques que depuis 1763. Avec 150 hommes venus d'Angleterre, il établit d'abord son quartier général à la baie des Châteaux, qui lui était familière.

Au début, Darby profita des lignes de conduite mises de l'avant par le gouverneur Hugh PALLISER. Déterminé à ne souffrir sur la côte du Labrador que les pêcheurs dont les navires avaient leur base en Angleterre, Palliser, en août 1765, chassa Daniel Bayne*, l'agent des marchands de Québec, et William Brymer de leur poste du cap Charles. On donna ensuite le poste de pêche à Darby, qui en fit son quartier général et y construisit des logements, un atelier et un échafaud. Il installa aussi des équipages de pêcheurs à d'autres endroits apparemment convenables de la région, comme Forteau et l'île aux Bois (Québec).

Bien qu'il trouvât les pêcheries du Labrador extrêmement productives, Darby éprouva bientôt des difficultés. Ses hommes refusèrent d'hiverner sur la côte et des pillards inuit brûlèrent les maisons ainsi que les bateaux, et détruisirent son sel. Ne se tenant pas pour battu, il s'associa avec Michael Miller, un marchand de Bristol, et fit voile vers le Labrador, à l'été de 1766, avec 180 hommes, des navires et de l'équipement pour une valeur de plus de £8 000. Pour assurer la protection de Darby, Palliser construisit, à la baie des Châteaux, une casemate connue sous le nom de fort York et y plaça une garnison ; certains hommes de Darby acceptèrent d'y hiverner. Mais l'expérience et les connaissances techniques requises pour une pêche fructueuse des phoques manquaient à Darby et à ses équipages qui découvrirent, comme l'avaient fait les marchands de Québec, que des Canadiens d'expérience et la possession permanente des lieux de pêche étaient indispensables. Malgré des pertes financières, Darby put amener 160 hommes en 1767, mais il éprouva des difficultés à maîtriser des équipages indisciplinés et commença à se brouiller avec les autorités. En août, par exemple, Palliser ordonna l'arrestation de dix de ses hommes, accusés de meurtre à la suite de batailles dans les postes.

La pêche au cap Charles se termina abruptement en novembre 1767, au moment où une bande d'Inuit, cherchant apparemment à se venger des raids de baleiniers de la Nouvelle-Angleterre, attaqua un équipage qui se préparait à la pêche hivernale des phoques. Ils tuèrent trois hommes, chassèrent les autres, volèrent des bateaux et en brûlèrent, de même que de l'équipement, pour une valeur de plus de £4 000 [V. Francis Lucas*]. Les pertes de Darby amenèrent la dissolution de son association avec Miller et l'éparpillement de sa famille. Sa maison de Bristol dut être vendue, sa famille déménagea à Londres où les enfants furent placés dans des pensionnats. A l'insu de Darby, sa femme mit sur pied une petite école pour gagner de l'argent, ce qui heurta et offensa cet homme fier. A plusieurs reprises, il adressa en vain des requêtes au Conseil privé, dans l'espoir d'en recevoir quelque compensation.

En 1769, toutefois, Darby se faisait de nouveau, avec zèle, le promoteur d'un autre projet d'exploitation des pêcheries du Labrador et, avec l'aide d'amis, il put armer un navire à Londres. Cette fois, il engagea quatre Canadiens d'expérience pour l'aider dans sa pêche hivernale. Celle-ci se révéla un grand succès et, à l'été de 1770, Darby avait de l'huile et des fourrures de phoque, valant près de £1 000, prêtes à être mises sur le marché. Mais, le 11 août, le lieutenant Samuel Davys, du fort York, arrivait au poste de Darby à Forteau et saisissait toutes ses marchandises et son équipement sous le prétexte qu'il employait illégalement des Français et utilisait du matériel de fabrication française. George Cartwright*, qui avait repris l'ancien poste de Darby au cap Charles, fournit à Davys un navire pour le transport jusqu'à St John's des marchandises confisquées et des quatre Canadiens.

A la fin d'octobre, les Canadiens comparurent devant le gouverneur John BYRON. Darby, abandonné sur la côte du Labrador, ne pouvait se défendre, et l'huile ainsi que les fourrures de phoque furent confisquées. De même que Bayne et Brymer avaient été, en 1765, évincés à son profit, Darby se vit chassé à son tour, le fruit de son labeur tombant aux mains de fonctionnaires comme Davys et de trafiquants, nouveaux favoris des hommes en place, comme Cartwright. Par la suite, de retour en Angleterre, Darby demanda au Board of Trade une compensation : il affirma avoir ignoré que ses Canadiens étaient des sujets français, « comme il a[vait] été allégué ». Le Board of Trade décida, cependant, qu'il n'avait point juridiction dans ce cas. La Cour du banc du roi lui accorda £650 de dommages contre Davys – somme insuffisante et, de toute manière, irrécupérable.

S'il est possible que Darby se soit rendu de nouveau sur la côte du Labrador après 1770, on connaît peu de chose de ses dernières années. Sa fille Mary, la fameuse Perdita, triompha sur les scènes de Londres et fut quelque temps la maîtresse du prince de Galles. Atteinte de fièvres rhumatismales à 24 ans, elle devint invalide et gagna sa vie en écrivant des poèmes et des histoires. Dans ses *Memoirs [...]*, elle écrit que Darby commanda un petit navire armé pendant la Révolution américaine ; et, par la suite, à l'âge de 62 ans, entra dans la marine russe et mourut trois ans plus tard.

Marin capable et courageux, Darby fut un des premiers à tenter d'établir des postes de pêche exploités à longueur d'année sur la côte du Labrador. Mais ses piètres relations avec les Inuit et son manque de connaissances techniques relatives aux pêcheries hivernales lui valurent d'inévitables conflits et précipitèrent sa ruine. Par la suite, des entrepreneurs réussirent à éviter ces écueils, du moins en partie : Cartwright, par exemple, gagna la confiance des Inuit. Il est honnête d'ajouter que, dans les années 1770, l'autorité britannique relâcha son étroite mainmise sur les pêcheries du Labrador, permettant ainsi aux trafiquants de vaquer plus librement à leurs affaires et de jouir de droits de propriété plus étendus dans leurs postes de pêche.

WILLIAM H. WHITELEY

BL, Add. MSS 35 915, ff.92–93. — PANL, GN2/2, 20 sept. 1763, 9, 15 août 1767, 2 oct. 1770. — PRO, CO 194/15, ff.45–46 ; 194/16 ; 194/18, ff.82–84 ; 391/69, ff.310–311 ; 391/71 ; 391/78 ; 391/79 ; PC 2/113, ff.467, 576. — Soc. of Merchant Venturers (Bristol, Angl.), Letterbooks and books of proceedings, 1762–1763. — George Cartwright, *A journal of transactions and events, during a residence of nearly sixteen years on the coast of Labrador* [...] (3 vol., Newark, Angl., 1792). — Mary [Darby] Robinson, *Memoirs of the late Mrs. Robinson, written by herself*, M. E. Robinson, édit. (4 vol., Londres, 1801), I : 18 ; II : 22. — W. G. Gosling, *Labrador : its discovery, exploration, and development* (2e éd., Londres, 1910). — A. M. Lysaght, *Joseph Banks in Newfoundland and Labrador, 1766 : his diary, manuscripts and collections* (Londres et Berkeley, Calif., 1971).

DAVIDSON, WILLIAM, marchand de bois, constructeur de navires et fonctionnaire, né vers 1740 à Cowford, paroisse de Bellie (Grampian), Écosse, (il reçut à sa naissance le nom de **John Godsman**), fils de William Godsman et d'une fille de William Davidson ; il épousa Sarah, fille de Phineas Nevers, probablement à Maugerville (Nouveau-Brunswick) entre 1777 et 1779, et ils eurent cinq enfants ; décédé le 17 juin 1790 à Miramichi, Nouveau-Brunswick.

Dans sa jeunesse, John Godsman se livra à la pêche du saumon en Écosse. En 1765, il émigra en Nouvelle-Écosse dans le but d'établir une pêcherie sur une des rivières de la colonie. Il arriva à Halifax, adopta le nom de William Davidson et s'associa à John Cort dont on sait seulement qu'il était originaire de l'Aberdeenshire. Davidson devint le membre dominant de l'association. Les deux hommes visitèrent la région de la rivière Miramichi à l'été de 1765 et, à leur retour à Halifax, firent une demande et reçurent une concession de 100 000 acres (deux tiers à Davidson et un tiers à Cort). Cette concession, qui comprenait une terre faisant partie à l'origine de la seigneurie de Richard Denys* de Fronsac, s'étendait sur 13 milles de chaque côté de la rivière Miramichi, et comportait des droits de pêche et de coupe de bois, y compris du pin blanc. Davidson et Cort avaient l'obligation de défricher la terre, de l'amender et d'y établir un colon protestant à toutes les deux acres. Puisqu'ils s'intéressaient surtout à la pêche, ces stipulations devaient, par la suite, leur causer des ennuis.

Davidson était compétent ; sa situation s'améliora considérablement au cours des dix années qui suivirent malgré un certain nombre de revers. Après avoir reçu sa concession, il alla en Nouvelle-Angleterre pour recruter de la main-d'œuvre et se procurer des approvisionnements ; au printemps de 1766, il arriva à Miramichi avec environ 25 hommes. Les années suivantes, il fit venir d'autres colons et d'autres travailleurs de la Nouvelle-Angleterre et de la Grande-Bretagne. Davidson expédia bientôt du poisson et des fourrures aux Antilles et en Europe. Cependant, la plus grande partie du travail de pêcherie cessait en hiver et les hommes étaient ordinairement désœuvrés pendant plusieurs mois. Davidson, qui s'était vite rendu compte du potentiel qu'offraient les belles futaies de pins le long de la rivière, fournit alors, grâce à la coupe du bois, des emplois à longueur d'année. En 1773, il ramena de Grande-Bretagne un maître de chantier, des charpentiers de navires et autres hommes de métier, et commença la construction du premier bateau jamais construit sur cette rivière, le schooner *Miramichi*. Celui-ci disparut au large des côtes d'Espagne à son premier voyage ; un second navire, lancé en 1775, fit naufrage au large de la pointe septentrionale de l'île Saint-Jean (Île-du-Prince-Édouard). D'autres cargaisons arrivèrent en Europe sans dommage mais la Révolution américaine allait restreindre les activités maritimes de Davidson.

Quand la guerre éclata, Davidson passa un contrat avec une entreprise britannique, lequel garantissait des débouchés pour son poisson et son bois pendant sept ans. Cependant, toute activité maritime dans les eaux nord-américaines devenait hasardeuse à cause des corsaires américains. En outre, des partisans des rebelles, tel John Allan*, ameutaient les Indiens, et les colons de Miramichi subirent plusieurs incursions. Lorsque l'entreprise qui lui achetait le bois et le poisson mit fin à son commerce en Amérique du Nord, Davidson se retrouva avec des tonnes de bois, sans marché pour l'écouler. Dès 1777, il se découragea et, en novembre, il déménagea dans les terres à Maugerville. Il amena avec lui la plupart de ses ouvriers, laissant John Cort sur place pour surveiller leurs intérêts à Miramichi. Au cours de la guerre, Cort mourut.

En 1779, Davidson rendit visite au lieutenant-gouverneur Richard Hughes* à Halifax ; il lui présenta un projet suivant lequel il livrerait des mâts et des vergues prêts à l'expédition, à l'embouchure de la rivière Saint-Jean. Sa proposition fut encouragée mais Davidson ne reçut aucun appui financier car l'activité des insurgés dans la région rendait l'entreprise risquée. Cependant, en novembre de cette année-là, Michæl FRANCKLIN, surintendant des Affaires indiennes, écrivit à Pierre TOMAH, chef malécite influent, pour lui demander la protection des Indiens pour Davidson contre les attaques des rebelles. Également, il remit à Davidson des lettres destinées aux magistrats et aux colons établis le long de la rivière leur demandant de prêter leur concours au projet et de voir à ce qu'il se continue. Avec ce soutien, Davidson décida de prendre le risque et, ainsi, fonda l'industrie du bois sur la Saint-Jean. Il réussit tellement bien qu'il attira bientôt des concurrents, principalement William Hazen* et James White, qui faisaient partie d'une association commerciale établie à l'embouchure de la rivière depuis 1765. Bientôt Davidson employa dans les bois une grande partie de la population de la région de Maugerville. Grâce à l'appui de celle-ci, il fut élu en 1783 député du comté de Sunbury à la chambre d'Assemblée de la Nouvelle-Écosse.

Vers la fin de la guerre, Davidson décida, apparemment à cause de la concurrence sur la rivière Saint-Jean, de retourner dans la région de la Miramichi. Il devait savoir qu'un grand nombre de Loyalistes réfugiés arriveraient sous peu et demanderaient des concessions sur la Saint-Jean, et il comptait sûrement exploiter le bois de grande valeur qui couvrait une bonne partie de sa propre concession sur la Miramichi. La plupart de ceux qui étaient venus à Maugerville avec lui convinrent de retourner ; en mai 1783, il acheta deux vaisseaux à Halifax, les chargea de vivres et se mit en route pour rétablir son entreprise. A son arrivée à Miramichi, il découvrit que les Indiens avaient détruit toutes ses constructions et ses bateaux de pêche. La réinstallation s'avéra dispendieuse. Il fournit aux colons des vivres et du matériel à crédit, et dépensa quelque £5 000 pour construire des magasins, un chantier naval et une scierie. Il expédia bientôt du poisson, des fourrures et du bois, et, entre 1783 et 1785, il construisit trois vaisseaux. De plus, il poursuivit la production des mâts sur la Saint-Jean par l'intermédiaire d'agents sur place. Cependant, la malchance continuait à harceler Davidson qui perdit plusieurs vaisseaux et cargaisons pendant la période

1783–1785. Il continuait d'encourager la colonisation mais ne faisait venir que les hommes de métier qui pouvaient être employés dans la pêcherie, le chantier naval et la scierie, jusqu'à ce qu'ils s'établissent eux-mêmes sur place. Il essaya aussi de donner de l'essor à son commerce en faisant sortir les navires de la rivière pour aller pêcher la morue.

En 1785, Davidson affronta un nouveau problème. Le gouvernement britannique, qui cherchait à donner un gîte aux milliers de Loyalistes arrivés en Nouvelle-Écosse et dans la nouvelle colonie du Nouveau-Brunswick, n'était plus du tout disposé à accorder de grandes concessions comme celle que Davidson et Cort avaient reçue en 1765. Le gouvernement se mit alors à confisquer les terres qui n'avaient pas été amendées. Davidson demanda deux ans pour remplir les conditions de sa concession mais sa requête fut refusée. D'après une enquête, 30 colons seulement s'étaient effectivement établis sur sa concession. Les travailleurs de Davidson, 50 environ, n'étaient pas comptés tant qu'ils ne possédaient pas de propriété. Sa concession fut donc confisquée ; il en reçut une plus petite de 14 540 acres qui comprenait les améliorations qu'il avait apportées, ses magasins, son chantier naval et l'emplacement de sa scierie.

Dès 1785, l'organisation de la nouvelle colonie du Nouveau-Brunswick était amorcée, et Davidson devint l'un des premiers juges de paix du comté de Northumberland. Cette année-là, lors des premières élections du Nouveau-Brunswick, Davidson et Elias HARDY, avocat de Saint-Jean, furent élus députés du comté à l'Assemblée provinciale. Davidson, le seul candidat local, avait appuyé Hardy contre deux candidats du gouvernement. Il n'appréciait guère la hiérarchie loyaliste, responsable de la confiscation de son ancienne concession, ni le gouvernement que cette hiérarchie dominait. Comme Hardy était le principal adversaire de cette hiérarchie à Saint-Jean, il fallait donc s'attendre que Davidson, hostile à ce que les Loyalistes essayent de prolonger leur influence dans le comté de Northumberland, l'aidât. Benjamin MARSTON, shérif du comté, avait tenté de s'assurer l'élection des candidats du gouvernement, et il qualifiait Davidson d'« ignorant, de rusé [...] qui exerce une grande influence sur les gens d'ici dont un grand nombre occupe un lopin de sa terre, et bien d'autres sont marchands et travailleurs à son emploi ».

Même s'il avait perdu une bonne partie de sa terre, Davidson continua de faire venir des colons. Il vendit 11 lots entre 1785 et 1787. Il emprunta de grosses sommes à Halifax et hypothéqua ses biens pour agrandir son commerce. Il passa plusieurs contrats avec William Forsyth* and Company de Greenock, Écosse, et de Halifax, dont celui de 1789 par lequel il s'engageait à fournir à cette compagnie des mâts et des vergues destinés à la marine britannique. Il trouva des marchés pour son poisson en Europe et aux Antilles et, en 1789, il avait trois scieries en activité et suffisamment de contrats pour écouler toute sa production de bois. Et pourtant, la malchance était encore à ses trousses. En février 1790, alors qu'il remontait la rivière en raquettes, il se trouva pris dans une terrible tempête qui l'obligea à chercher refuge dans une meule de foin. Il faillit mourir de froid et ne se remit jamais de l'aventure. Il mourut quatre mois plus tard à l'âge de 50 ans.

Davidson fit preuve d'une grande clairvoyance et d'une énergie impressionnante. Il fonda la première colonie anglophone dans le nord du Nouveau-Brunswick, mit sur pied une industrie de pêche beaucoup mieux organisée que celle que les Acadiens avaient établie plus tôt et fut le principal fondateur de l'industrie du bois sur les rivières Miramichi et Saint-Jean.

W. A. SPRAY

N.B. Museum (Saint-Jean), Davidson family, papers, 1765–1955. — Northumberland County/Registry Office (Newcastle, N.-B.), Registry books, 1, 2. — PANB, New Brunswick political biography, J. C. et H. B. Graves, compil. (11 vol., copie dactylographiée), XI : 28s. ; RG 4, RS24, S1–P9, petition of William Davidson, 28 févr. 1786 ; RG 10, RS108, Land petitions, series I, Northumberland County, n°s 57, 70, 75 ; RG 18, RS153, Minutes of the Court of Quarter Sessions, 1789–1807. — University of N.B. Library, Archives and Special Coll. Dept. (Fredericton), Winslow papers, 20, 21, 22 ; Benjamin Marston, Diary, 1776–1787. — APC *Report*, 1894, 265, 313. — [Patrick Campbell], *Travels in the interior inhabited parts of North America in the years 1791 and 1792*, H. H. Langton et W. F. Ganong, édit. (Toronto, 1937), 63. — Historical-geographical documents relating to New Brunswick, W. F. Ganong, édit., N.B. Hist. Soc., *Coll.*, III (1907–1914), n° 9 : 308–341. — The James White papers, W. O. Raymond, édit., N.B. Hist. Soc., *Coll.*, II (1899–1905), n° 4 : 30–72. — *Winslow papers, A.D. 1776–1826*, W. O. Raymond, édit. (Saint-Jean, N.-B., 1901), 298–310. — *Royal Gazette and the New Brunswick Advertiser*, 22 août 1786. — W. H. Davidson, *An account of the life of William Davidson, otherwise John Godsman, of Banffshire and Aberdeenshire in Scotland and Miramichi in British North America* (Saint-Jean, 1947). — James Hannay, *History of New Brunswick* (2 vol., Saint-Jean, 1909), I : 70. — MacNutt, *New Brunswick*, 9, 62s. — Louise Manny, *Ships of Miramichi ; a history of shipbuilding on the Miramichi River, New Brunswick, Canada, 1773–1919* (Saint-Jean, 1960). — Raymond, *River St. John* (1910),

304–312. — E. C. Wright, *The Miramichi* [...] (Sackville, N.-B., 1944). — W. O. Raymond, The north shore ; incidents in the early history of eastern and northern New Brunswick, N.B. Hist. Soc., *Coll.*, II (1899–1905), n° 4 : 93–125.

DAVISON (Davidson), GEORGE, entrepreneur, fonctionnaire et agriculteur, fils d'Alexander Davison, fermier prospère, et de Dorothy Neal, de Kirknewton, Northumberland, Angleterre, décédé à Londres le 21 février 1799.

George Davison vint pour la première fois au Canada vers 1773 et, au début des années 1780, il avait accumulé des terres couvrant une grande étendue dans la seigneurie de Rivière-du-Loup (près de Trois-Rivières), grâce surtout à des transactions d'un frère plus âgé, Alexander*. Juge de paix en 1780, Davison fut nommé au Conseil législatif en 1783, à titre de protégé du gouverneur HALDIMAND, qui était, avec le duc de Northumberland et Evan Nepean, sous-secrétaire d'État au ministère de l'Intérieur, son plus important ami politique. Il s'absentait souvent des séances du conseil et il fit peu d'interventions importantes lorsqu'il était présent ; il votait généralement avec le *French party*, par loyauté envers son protecteur et conformément à ses propres conceptions, profondément traditionalistes. Il s'opposa à l'introduction du jugement par jury, que favorisaient le lieutenant-gouverneur Henry HAMILTON et ses partisans, sous prétexte que, « dans toutes les petites communautés aussi bien que dans celle-ci, il se trouv[ait] nécessairement, à un certain degré, des liens divers ou des relations de dépendance, soit par intérêt, alliances ou amitié, qui plaid[ai]ent fortement contre l'impartialité du jugement par jury ».

Pendant son séjour au Canada, Davison accumula une belle fortune, en grande partie grâce au favoritisme gouvernemental et à des affaires dont son frère Alexander prit l'initiative et assuma les risques. En 1786, les deux frères, associés à François Baby*, obtinrent la ferme du Domaine du roi pour une période de 16 ans. Du même coup, ils acquirent le monopole de la traite des fourrures et des pêcheries sur la rive nord du bas Saint-Laurent, un des plus friands morceaux que pouvait offrir le favoritisme gouvernemental, puisqu'il était presque sans risque pour les fermiers, qu'il n'exigeait pour ainsi dire aucune habileté administrative particulière et que son rendement annuel était d'au moins £2 500. Ce bail avait été détenu par William Grant* (1744–1805) et Thomas Dunn*, alliés politiques, au sein du « parti des bureaucrates » ou « parti anglais », du lieutenant-gouverneur Hamilton, qui avait, en 1785, causé un scandale en le renouvelant en leur faveur, bien que ce ne fût un secret pour presque personne qu'il devait recevoir sous peu, de Londres, l'ordre d'accorder le bail aux Davison. Les frères connurent leur triomphe en 1786, malgré le remplacement de leur ami Haldimand par le peu sympathique lord Dorchester [Carleton*].

George Davison se trouvait à Londres, en 1787, au moment où le receveur général sir Thomas MILLS le nomma son représentant pour une période de cinq ans. La position promettant d'être lucrative, il se hâta de regagner Québec au mois d'août. Il fut déçu, cependant, car sir Thomas, gêné financièrement, le démit de ses fonctions en moins de deux mois. Sir Thomas lui-même fut bientôt évincé, mais, malgré l'appui de lord Lovaine, un parent du duc de Northumberland, Davison ne put s'assurer le poste de receveur général. Avec deux associés, David Monro* et Mathew Bell*, Davison obtint de son frère, en 1793, le bail des forges du Saint-Maurice. Ces forges, propriété de la couronne, se révélèrent fort lucratives sous la direction de Bell, qui s'occupait de la plupart des affaires de Davison au Canada.

En 1791, Davison rentra en Angleterre et resta à Londres jusqu'à sa mort, si l'on excepte une courte visite au Bas-Canada. Il continua cependant de tirer des revenus du Canada et de s'intéresser aux affaires canadiennes. Son frère était agent pourvoyeur des forces britanniques en Amérique du Nord, et George l'assistait, en entretenant, en particulier, une correspondance avec le gouverneur Simcoe*, du Haut-Canada. Pendant qu'Alexander donnait toute son attention aux guerres continentales et aux énormes fortunes que pouvaient faire les fournisseurs des armées, son frère cadet prenait entièrement charge du marché canadien, obtenant en 1794 un contrat pour la fourniture de 855 012 livres de farine et de 6 000 boisseaux de pois aux armées de Sa Majesté. Ces achats furent faits par ses agents au Canada et rapportèrent à Davison une commission de 5 p. cent.

Tout au long des 20 dernières années de sa vie, George Davison souffrit d'une maladie chronique ; il avait dû invoquer son piètre état de santé pour excuser ses fréquents voyages en Angleterre. Néanmoins, il était toujours prêt à retourner au Canada quand une occasion de profit se présentait. De 1788 à 1793, il traversa l'Atlantique pas moins de huit fois et il ne quitta la province pour de bon que lorsqu'un réalignement des forces politiques eut diminué l'influence de ses protecteurs. La carrière de Davison, partant, n'apparaît pas comme celle d'un homme fortement attaché au Canada.

Bien que les affaires et la politique eussent rempli une bonne partie du temps de Davison, spécialement dans ses dernières années, il resta toujours beaucoup plus intéressé à l'agriculture qu'à toute autre activité. Son lieu de résidence favori, dans les années 1780, était sa propriété de 400 acres, Lanton Farm, située près de Saint-Antoine-de-la-Rivière-du-Loup (Louiseville), où il entretenait une nombreuse domesticité. Il se considérait comme un innovateur dans le domaine de l'agriculture et un modèle pour ses voisins canadiens. Ses fermes étaient gérées par des Anglais qui avaient recours aux plus récentes améliorations mises au point en Grande-Bretagne ou en Europe continentale. Lanton Farm possédait une batteuse (c'était encore une nouveauté dans plusieurs parties de l'Angleterre) et, apparemment, avait un rendement exceptionnellement élevé en blé de bonne qualité. Davison était propriétaire ou locataire d'au moins trois moulins, dont l'un assez important, situés à Saint-Antoine-de-la-Rivière-du-Loup et à Sainte-Anne-d'Yamachiche (Yamachiche), de même que d'un grand nombre de censives éparpillées dans toute la région.

Son intérêt pour l'agriculture, Davison ne le limitait pas à l'exploitation de ses propres terres. Il présida un comité du Conseil législatif sur la culture du chanvre. Par la suite, quand la Société d'agriculture de Québec fut constituée, en 1789, il fut élu au bureau de direction, dont il fut de loin le membre le plus actif pendant les premiers mois de l'existence de cette société. Il prit des mesures pour faire venir d'outre-mer des graines de semence et il accepta que l'on fît des expériences, avec du blé, sur ses terres. En moins d'un an, toutefois, son intérêt décrut, et la Société d'agriculture, par la suite, perdit de son importance. Il reste que c'est dans le domaine de l'agriculture plus qu'en tout autre que George Davison apparaît comme un citoyen indépendant et soucieux du bien public.

ALLAN GREER

Les deux courts articles biographiques consacrés à George Davison, Turcotte, *le Cons. législatif*, 43s., et Charles Drisard, « L'honorable George Davidson », *l'Écho de Saint-Justin* (Louiseville, Québec), 7 juin 1934, 1, se révèlent incohérents et criblés d'erreurs. [A. G.]

On trouve des renseignements épars sur George Davison dans un grand nombre de sources, la plupart manuscrites : ANQ-MBF, Greffe de Joseph Badeaux, 8 janv. 1800 ; Greffe de Benoit Le Roy, 17 sept. 1791, 12 oct. 1793. — ANQ-Q, AP-G-323. — APC, MG 11, [CO 42] Q, 25, pp.264–294 ; 49, pp.36–41 ; 74/2, pp.291–305 ; MG 23, HI, 1, sér. 3, 2, p.63 ; 3, pp.206s., 220s., 234, 275s., 284–286 ; 4, pp.105s., 281–283 ; 5, pp.3–5, 139s. ; RG 14, A1, 2–8. — BL, Add. MSS 21 715, 17 juill. 1782 ; 21 717, 12 juin 1783 ; 21 718, 25 oct. 1784 ; 21 723, 4 mars 1783 ; 21 727, 16 juill. 1782 ; 21 735/2, 1er mars 1784 (copies aux APC). — APC *Rapport*, 1889, *passim*. — [Joseph Hadfield], *An Englishman in America, 1785, being the diary of Joseph Hadfield*, D. S. Robertson, édit. (Toronto, 1933), 163s. — [Robert Hunter], *Quebec to Carolina in 1785–1786 ; being the travel diary and observations of Robert Hunter, Jr., a young merchant of London*, L. B. Wright et Marion Tinling, édit. (San Marino, Calif., 1943), 27s. — *La Gazette de Québec*, 5 juin, 18 déc. 1783, 27 oct. 1785, 30 août, 6 sept. 1787, 11 déc. 1788, 23 avril 1789, 25 mars 1790, 5 mai, 20 oct. 1791, 11 juill. 1793, 11 juin 1795, 2 août 1798, 21 août, 4 déc. 1800, 25 août 1803.

DAY, JOHN, chirurgien affecté à la marine, négociant et fonctionnaire, fils de George Day, chirurgien, et de sa première épouse, décédé en mer en novembre 1775.

John Day devait être en Nouvelle-Écosse déjà en 1755 puisque, le 2 octobre, on accordait un permis de mariage à John Day, célibataire, et à Sarah Mercer, veuve. Sarah mourut en 1763 et, au cours de la même année, Day épousa Henrietta Maria Cottnam ; le couple eut au moins quatre enfants. De 1758 à 1765, Day tâta de plusieurs carrières ; à la fin des années 1750, dans les transactions du comté de Halifax, son nom portait la mention de chirurgien affecté à la marine et négociant, et, de 1762 à 1765 approximativement, il était négociant à Halifax et associé d'Edward Vause. En 1764, il fut nommé juge de paix dans le comté de Kings où il faisait la location de terres et, l'année suivante, il quitta Halifax pour le domaine de Mantua, propriété qu'il avait achetée près de Newport. En 1765 également, il fut élu à la chambre d'Assemblée comme premier représentant du canton de Newport. Bien que Day, à l'instar de nombreux députés de l'extérieur de Halifax, n'était pas toujours assidu à la chambre, sa présence, en revanche, était toujours remarquée et il devint le représentant le plus actif et le plus influent de tous ceux qui défendaient les intérêts du canton et de la réforme. Le groupe en question réclamait une participation plus grande des cantons dans les gouvernements local et central, la réforme de la trésorerie provinciale et des méthodes plus efficaces de perception d'impôts. En 1765 et en 1766, la forte personnalité de Day et sa participation aux travaux des comités lui firent jouer un rôle dominant dans l'obtention temporaire, par la chambre, du droit d'approuver les budgets de dépenses de la province. Au cours de l'été de 1766, il fit partie d'un comité chargé de vérifier les comptes de Benjamin GREEN, trésorier provincial ; le rapport du comité révéla, en termes clairs, le lien qui existait entre l'endettement accru de la province et le manque de rigueur et de méthode de Green.

En mars 1769, Day quitta la province et s'installa à Philadelphie en qualité de pharmacien. Lorsqu'il revint, quatre ans plus tard, il poursuivit ses activités commerciales. En 1775, il était en société avec Joseph SCOTT ; cette société a peut-être été formée avant son départ. En août 1774, il avait annoncé sa candidature comme député de la ville de Halifax à l'Assemblée et fut élu par « une forte majorité ». Comme auparavant, les questions les plus litigieuses à la chambre étaient le contrôle des budgets de dépenses et les dépenses antérieures engagées sans autorisation. De l'avis de Day, le conseil, « cette junte de rusés et de malicieux », avait systématiquement fait obstruction aux efforts de l'Assemblée visant à améliorer la situation financière de la Nouvelle-Écosse, car les vues de ces individus « ne dépassent pas leurs propres émoluments, et [ils] augmentent le marasme de la communauté car ils veulent créer une dépendance servile à leur égard ». Affecté à un comité qui devait vérifier les comptes de la province et en faire rapport, Day participa à la tâche la plus importante de ce comité qui aboutit à la condamnation pour détournements de fonds de Jonathan Binney*, de George Cottnam et John Newton, entre autres. On ignore les raisons de sa démission en avril 1775.

Day se fit également remarquer au cours de la session orageuse de 1775. Habile dans les débats politiques, il fut l'instigateur de la célèbre adresse d'allégeance à la couronne qui faisait état, avec ménagement, des doléances de l'Assemblée sans mettre en danger, cependant, les crédits parlementaires dont dépendait la province. De plus, il réussit à faire adopter plusieurs projets de loi dont il était l'auteur dans une large mesure : mentionnons, entre autres, les mesures de réforme touchant les bilans et la vérification des comptes publics et l'établissement de règlements adéquats concernant les élections.

En novembre 1775, Day, en qualité d'agent pourvoyeur de l'armée britannique, fit voile à destination de Boston à bord d'un navire chargé de provisions destinées à la garnison de l'endroit. Il se perdit en mer au cours de cette expédition. Contrairement à la plupart de ses collègues, Day était, de toute évidence, à la fois loyaliste et critique du système oligarchique qui prévalait en Nouvelle-Écosse. Son refus d'appartenir à une quelconque faction dérouta ses alliés comme ses opposants ; John BUTLER (mort en 1791) déclarait en 1775 que Day avait « semé la confusion à la chambre ». L'importance de Day ne saurait être probablement mieux décrite que par John Bartlet Brebner* qui écrivit que sa « carrière publique distinguée a fait de lui le plus grand homme d'État, et peut-être le seul qui fut indépendant, dévoué à la chose publique en Nouvelle-Écosse ».

WENDY L. THORPE

John Day est l'auteur présumé de *An essay on the present state of the province of Nova-Scotia* [...] ([Halifax, 1774]).

Halifax County Court of Probate (Halifax), D26 (inventaire des biens original de John Day). — Halifax County Registry of Deeds (Halifax), 3, pp.55s. ; 4, pp.21, 103 ; 5, pp.84s. ; 10, pp.25, 201. — Hants County Registry of Deeds (Windsor, N.-É.), Deeds, 1765–1768 (mfm aux PANS). — Kings County Registry of Deeds (Kentville, N.-É.), 7, p.126 (mfm aux PANS). — PANS, RG 1, 163, p.64 ; 164, pp.177, 184, 196, 242, 274, 324 ; 168, p.102 ; RG 20, A, 3A ; 33. — *Halifax Gazette*, 9 déc. 1758. — *Nova-Scotia Gazette and the Weekly Chronicle*, 16, 30 août, 6 sept. 1774, 28 mai, 17 sept. 1776. — Brebner, *Neutral Yankees* (1969), 182s., 199, 215, 264 ; Nova Scotia's remedy for the American revolution, *CHR*, XV (1934) : 171–181.

DÉCHAMBAULT (D'echambault). V. FLEURY

DECOSTE, JEAN-BAPTISTE (appelé parfois **sieur de Letancour**), huissier, né à Paris en 1703, fils de Louis Decoste et de Catherine Coré, décédé à Pointe-Claire (Québec) le 26 février 1778.

Arrivé dans la colonie dans des circonstances inconnues, Jean-Baptiste Decoste épouse à Montréal, le 18 août 1725, Marie-Renée, fille mineure de Nicolas Marchand, tailleur d'habits. Âgé de 22 ans seulement, il semble posséder suffisamment de biens pour que le notaire fixe le douaire à 6 000#. Toutefois, il ne paraît pas que ses principales sources de revenus soient dans la colonie, puisque Nicolas Marchand, lors de la signature du contrat de mariage, s'engage à loger chez lui les futurs époux, à les « chauffer et nourrir » pendant deux ans. De plus, il donne à sa fille un terrain situé rue Saint-Paul, voisin de la maison familiale.

Vers 1730, Decoste exerce les fonctions de capitaine des gardes du Domaine d'Occident. A ce titre, il veille à prévenir les fraudes sur les droits d'entrée et de sortie d'un certain nombre de produits. Il assiste également son beau-père, huissier dans la juridiction royale de Montréal depuis septembre 1727, lui servant soit de témoin, soit d'expert. Decoste est aussi praticien et procureur, s'initiant ainsi aux us et coutumes des cours de justice et à la procédure judiciaire. Aussi l'intendant HOCQUART lui accorde-t-il une commission d'huissier dans toute l'étendue de la juridiction royale de Montréal le 22 novembre 1731. Ayant subi avec succès l'information de vie et mœurs, il commence à exercer ses fonctions le

3 janvier 1732. Six mois plus tard, le 23 juillet, il est nommé huissier audiencier de la juridiction royale de Montréal, ayant pour tâche d'assister aux séances du tribunal et de veiller au maintien du silence et du respect qui conviennent dans la chambre d'audience. Il exerce cette fonction jusqu'en 1757, date à laquelle l'huissier Nicolas-François Robert le remplace. Entre temps, le 8 juillet 1743, Jean-Baptiste Decoste avait remplacé Jean-Baptiste Adhémar* au poste d'huissier à Montréal du Conseil supérieur ; à ce titre, il doit exécuter, dans le gouvernement de Montréal, tous les « arrêts, jugements et autres actes » émanant du conseil. En 1746, François Dumergue viendra de Québec le remplacer dans cet emploi.

Le fils aîné de Jean-Baptiste Decoste, Jean-Christophe, suit les traces de son père. Né à Montréal le 14 août 1726, il reçoit dès son jeune âge les premiers principes de religion et de lecture d'un maître d'école laïc, Louis Fourier. Puis il est initié à l'emploi d'huissier par son père et, dès l'âge de 24 ans, le 9 février 1751, il est nommé notaire royal dans la juridiction de Montréal. Toutefois, comme cette commission ne semble pas avoir été enregistrée à Montréal et qu'il n'existe aucune trace d'un greffe Decoste, nous pouvons supposer que Jean-Christophe n'a jamais exercé cette profession. Deux ans plus tard, le 3 mars 1753, il devient « huissier exploitant », profession qu'il exercera jusqu'à la Conquête. Mais il semble que Jean-Christophe, dont les témoins à l'information de vie et mœurs vantent l'honnêteté et la fréquentation assidue des sacrements, ait peu à peu commencé à mener une vie libertine, au grand scandale de ses parents d'ailleurs, qui le poursuivent de leurs remontrances. Mais il ne s'en soucie guère et épouse une veuve sans bien et sans grand renom, Marie-Joseph Dumouchel, ce qui ne fait pas plus l'affaire des parents qui déshéritent leur fils par un acte passé devant le notaire Gervais Hodiesne*, le 22 novembre 1757, le mettant ainsi au ban de la famille. Jean-Christophe meurt le 18 novembre 1767 ; quelques jours avant sa mort, il peut écrire « qu'il n'a pas sujet d'être content de la conduite de ses frères et sœurs à son égard, qui lui ont fait en différentes occasions des avanies ».

André Lachance

ANQ-M, Doc. jud., Pièces détachées, 7 mars, 25, 27 avril, 3, 4 mai, 6 juin, 19, 27, 30 juill., 17 sept., 30 déc. 1731, 2, 3, 5 janv. 1732, 10, 13, 15 mars 1753, 5 janv., 27 mars 1759 ; État civil, Catholiques, Notre-Dame de Montréal, 18 août 1725, 15 août 1726, 18 févr., 2 mars 1728, 15 mars, 29 juill. 1729, 21 nov. 1757, 19 nov. 1767 ; Saint-Joachim (Pointe-Claire), 28 févr. 1778 ; Greffe de L.-L. Aumasson de Courville, 5 nov. 1767 ; Greffe de Gervais Hodiesne, 22 nov. 1757 ; Greffe de F.-M. Lepallieur de Laferté, 23 nov. 1738 ; Greffe de Michel Lepallieur de Laferté, 16 août 1725 ; Greffe de Pierre Panet, 18, 19 nov. 1757 ; Greffe d'André Souste, 17 sept. 1754. — C.-J. Ferrière, *Dictionnaire de droit et de pratique, contenant l'explication des termes de droit, d'ordonnances, de coutumes et de pratique* (3e éd., 2 vol., Paris, 1749). — É.-Z. Massicotte, Les tribunaux et les officiers de justice, à Montréal, sous le Régime français, 1648–1760, SRC *Mémoires*, 3e sér., X (1916), sect. I : 291, 293. — P.-G. Roy, *Inv. ord. int.*, II :108, 126s., 272 ; III : 43, 154s., 205. — Tanguay, *Dictionnaire*, III : 269. — Vachon, Inv. critique des notaires royaux, *RHAF*, XI :105.

DEGEAY, JACQUES, prêtre, sulpicien et curé, né dans la paroisse Saint-Nizier de Lyon, France, le 31 mars 1717, fils de Henri Degeay et de Marie Bournicat, décédé à Montréal le 6 août 1774.

En février 1740, Jacques Degeay, déjà tonsuré, entrait au séminaire Saint-Irénée de Lyon, dirigé par les sulpiciens. Ses maîtres le trouvèrent tout à la fois bonasse et un peu opiniâtre, deux traits de caractère qui se manifesteront toute sa vie, et qui expliquent peut-être qu'en janvier 1742 le conseil de Paris demanda un supplément d'information avant de l'accepter dans la Compagnie de Saint-Sulpice. Il semble avoir été ordonné prêtre au printemps de cette même année.

Arrivé à Montréal le 21 juillet suivant, Degeay fit d'abord du ministère à la paroisse Notre-Dame jusqu'en octobre. Dès novembre, il succédait à Pierre Le Sueur* comme curé de Saint-Pierre-du-Portage (L'Assomption, Québec). Il devait y rester 32 ans, y déployant son activité non seulement comme missionnaire, mais aussi comme bâtisseur, brasseur d'affaires et apôtre auprès des petites gens. Les modestes installations paroissiales de Le Sueur menaçaient ruine. Degeay assainit les finances, acheta un terrain avec ses propres deniers, consulta ses paroissiens et, malgré l'opposition de quelques récalcitrants, commença, en 1750, la construction d'une église et d'un presbytère de pierres, et ouvrit un nouveau cimetière. Tous ces travaux avaient été approuvés par Mgr de Pontbriand [Dubreil*] lors de sa visite pastorale en juin de l'année précédente. Le 23 juin 1750, Louis Normant* du Faradon bénissait la pierre angulaire. Degeay compléta l'église par l'addition d'un clocher à trois cloches, dont l'une était sa propriété, et par une ornementation digne de ce lieu. Jusqu'à sa mort il employa, à différents moments, les sculpteurs Gilles Bolvin*, Philippe Liébert* et François Guernon*, dit Belleville. Dans ce milieu à croissance rapide – la paroisse passe de 500 âmes environ en 1742 à plus de 3 000 en 1774 – il exerça son ministère avec dévouement, tout en faisant preuve de remarquables qualités d'organisateur. Il se fit le promoteur du développement du village, encouragea l'enseignement dans les écoles, aida de son argent ses paroissiens et leur céda des lopins de terre qui lui appartenaient.

Degeay fut la providence des Acadiens qui vinrent s'établir dans la seigneurie de Saint-Sulpice. Après entente avec le gouvernement, les sulpiciens avaient offert des terres à ces déportés errant depuis dix ans en Nouvelle-Angleterre. En septembre 1766, un groupe d'environ 80 personnes arrivait à Saint-Pierre-du-Portage, suivi, un an plus tard, de 37 familles. Ils s'établirent à une douzaine de milles au nord de Saint-Pierre et ce fut là le noyau de la future paroisse de Saint-Jacques-de-l'Achigan. En plus de leur fournir tout ce qui était nécessaire à leur vie matérielle, Degeay procéda à la validation des mariages et compléta les cérémonies de baptême.

Le caractère opiniâtre de Degeay lui attira des ennuis avec les autorités civiles de Québec. Ayant marié un individu qu'il ignorait être un déserteur de l'armée britannique, il s'attira les foudres du lieutenant-gouverneur Guy Carleton* en 1766. Il s'ensuivit un échange de lettres assez vives entre les deux hommes et, finalement, le curé dut s'excuser auprès de Carleton du ton de ses propos. Ce fut l'occasion pour Étienne MONTGOLFIER d'écrire à Mgr BRIAND qu'il se défiait du « caractère un peu bouillant de ce curé ».

Dès 1771, Degeay ressentit les atteintes du mal qui devait l'emporter et fit un premier séjour à l'Hôtel-Dieu de Montréal. Il y retourna au début de juillet 1774 et fit son testament, laissant, entre autres, sa cloche à l'église de Saint-Jacques-de-l'Achigan, ce qui devait soulever une querelle entre les habitants de cette paroisse et ceux de Saint-Pierre-du-Portage. Il mourut le 6 août et fut inhumé le 8, sous l'église Notre-Dame, laissant, selon l'historien Christian Roy, « des œuvres personnelles extrêmement fécondes, une seigneurie presque entièrement colonisée, et une paroisse probablement unique en son genre ».

J.-BRUNO HAREL

ACAM, 355.114. — Archives du séminaire Saint-Irénée (Lyon, France), Registre des ordinations, 1740–1741. — Archives municipales, Lyon (dép. du Rhône, France), État civil, Saint-Nizier, 31 mars 1717. — Archives paroissiales, L'Assomption-de-la-Sainte-Vierge (L'Assomption, Québec), Registre des baptêmes, mariages et sépultures, 1742–1774. — ASSM, 15, testament de Jacques Degeay ; 24, Dossier 6, *passim*. — Sur deux retables de l'église de L'Assomption, Raymond Douville, édit., *RHAF*, XII (1958–1959) : 30–34. — Guy Courteau et François Lanoue, *Une nouvelle Acadie, Saint-Jacques de L'Achigan, 1772–1947* ([Montréal, 1947]). — Christian Roy, *Histoire de l'Assomption* ([L'Assomption, 1967]).

DEGUIRE, dit **Desrosiers, JOSEPH** (il signait aussi **J. Desrosiers** ou **Joseph Derosiers**), capitaine de milice et seigneur, né à Lavaltrie (Québec) le 1er octobre 1704 et baptisé à Contrecœur (Québec) le 1er novembre suivant, fils de Pierre Deguire, dit Desrosiers, et de Jeanne Blet (Belet, Blette) ; il épousa à Saint-Michel-d'Yamaska (Yamaska, Québec), le 16 mars 1731, Angélique Pepin, et ils eurent au moins 13 enfants ; décédé le 12 février 1789 à Saint-Michel-d'Yamaska.

On ne sait rien des premières années de Joseph Deguire, dit Desrosiers. En 1731, il fait l'acquisition d'une terre au Petit-Chenal-d'Yamaska, où son père s'était établi dès 1707. En 1733, il fait un premier voyage de traite dans les pays d'en haut, suivi d'un deuxième en 1738. Vers 1737, les paroissiens de Saint-Michel-d'Yamaska le choisissent comme capitaine de milice et il reçoit sa commission de Vaudreuil [RIGAUD], alors gouverneur de Trois-Rivières. Il exercera son rôle de capitaine de milice pendant 25 ou 26 ans, ce qui le rendra très influent dans la paroisse. « Habilité à recevoir des actes officiels » tels que contrats de mariage, testaments, actes de vente, il cumule des fonctions judiciaires et militaires. De plus, sa façon d'établir ses enfants et le fait d'augmenter le nombre de ses terres à Yamaska, en 1744 et 1745, semblent indiquer une certaine aisance.

Le 4 septembre 1751, le gouverneur La Jonquière [Taffanel*] et l'intendant BIGOT accordent à Joseph Deguire, dit Desrosiers, la concession de la seigneurie de la Rivière-David, appelée aussi Saint-Joseph ou Deguire. Au moment de la concession, la seigneurie est en grande partie boisée et très riche en animaux à fourrure. Ce fait, ajouté à la guerre de la Conquête, expliquerait que le peuplement n'ait débuté qu'en janvier 1767. Par la suite, le nombre de concessions devient suffisamment élevé pour que le seigneur Deguire y bâtisse un moulin banal. Toutefois, rien ne prouve que le seigneur ait tenu feu et lieu dans la seigneurie. Au contraire, il semble qu'il ait toujours habité au Petit-Chenal-d'Yamaska.

Pour le seigneur Joseph Deguire, la venue du nouveau régime en 1760 entraînera de nombreuses difficultés et l'abolition de son poste de capitaine de milice. Même si le recensement de 1765 le présente comme le deuxième en importance des propriétaires d'Yamaska, avec 451 arpents de terre et 28 animaux, il n'est pas à l'abri d'ennuis pécuniaires. Ainsi, en 1768, il doit emprunter de l'argent à Joseph Depin avec promesse de le rembourser l'année suivante. Le 3 juillet 1769, Deguire adresse une lettre au gouverneur Guy Carleton*, s'élevant contre les procès qu'on intente « pour des choses de néant » et qui occasionnent une « multitude de frais ». Tout en défendant le « pauvre peuple », le seigneur Deguire plaide également sa cause car le marché conclu avec Depin entraîne des problèmes judiciaires. Dans le rapport de son voyage à travers le pays adressé de Québec à lord Hillsborough, secrétaire d'État des Colonies américaines, le 28 mars 1770, le gouverneur met en valeur le texte de Joseph Deguire et il s'efforce de remédier aux abus dont les juges de paix se rendent coupables.

Le 29 décembre 1772, après en avoir été propriétaire pendant 21 ans, Joseph Deguire vend sa seigneurie de la Rivière-David pour la somme de £8 000 à Christophe L'Huissier, de Varennes. La situation économique de la colonie depuis l'avènement du Régime anglais et la rentabilité moins grande de sa seigneurie motivent sûrement sa décision. Après la vente de sa seigneurie, Joseph Deguire modère beaucoup ses activités et vit au Petit-Chenal-d'Yamaska, chez son gendre Pierre Leverrier. Le 31 octobre 1788, il fait son testament et, quelques mois plus tard, soit le 12 février 1789, il rend l'âme. Sa veuve, Angélique Pepin, demandera à l'exécuteur testamentaire de présenter une requête en annulation de testament, Joseph Deguire ayant fait de sa fille, Marie, et de Pierre Leverrier ses uniques légataires.

René Desrosiers

ANQ-M, Doc. jud., Cour des plaidoyers communs, Registres, 21 mars, 14, 18, 29 sept. 1789, 22, 23, 26 mars, 1er juill., 15 nov. 1790 ; État civil, Catholiques, Sainte-Trinité (Contrecœur), 1er nov. 1704 ; Greffe de F.-M. Lepallieur de Laferté, 1er juin 1733, 30 mai 1738 ; Greffe de J.-C. Raimbault, 28 juin 1731, 5 sept. 1734 ; Greffe de François Simonnet, 29 déc. 1772. — ANQ-MBF, Greffe de Louis Pillard, 30 déc. 1751, 17 févr., 29 avril, 4 nov. 1753, 13 janv. 1761, 4 mai 1763, 23 juin 1766 ; Greffe de H.-O. Pressé, 19 févr. 1744, 14, 24 juin 1745 ; Greffe d'É.-F. Rigaud, 26 janv. 1767, 14, 22 mars, 2 avril 1774 ; Procès-verbaux des arpenteurs, J.-B. Leclerc, 16 mars 1740 ; Antoine Lepellé, dit Desmarets, 12 déc. 1732. — APC, MG 11, [CO 42] Q, 7, pp.55–58 ; MG 17, A7-2-6, 20. — Archives civiles, Richelieu (Sorel, Québec), Greffe de Barthélémy Faribault, 28 mars 1789 ; Greffe de Puyperoux de La Fosse, 15 mars 1731 ; Greffe d'Antoine Robin, 18 oct. 1768, 16 août 1769, 16 janv., 11 oct. 1771, 2 avril 1774, 14 mars, 8 août 1775, 17 oct. 1778. — Archives paroissiales, Saint-Michel (Yamaska, Québec), Registre des baptêmes, mariages et sépultures, 16 mars 1731, 13 févr. 1789. — APC *Rapport*, 1890, xvii–xxi, 1–6. — Recensement des gouvernements de Montréal et de Trois-Rivières, 1765, 104 ; Recensement du gouvernement de Trois-Rivières, 1760, 47–50, 52s. — Claude de Bonnault, Le Canada militaire : état provisoire des officiers de milice de 1641 à 1760, ANQ *Rapport*, 1949–1951, 514. — P.-G. Roy, *Inv. concessions*, V : 78s. — Tanguay, *Dictionnaire*, I : 165 ; III : 277s. — Azarie Couillard-Després, *Histoire de Sorel de ses origines à nos jours* (Montréal, 1926), 110. — O.-M.-H. Lapalice, *Histoire de la seigneurie Massue et de la paroisse de Saint-Aimé* (s.l., 1930), 5–85. — Sulte, *Hist. des Canadiens français*, VII : 45.

DEGUISE, dit **Flamand (Flamant)**, **JACQUES**, maître maçon, tailleur de pierre et entrepreneur, né le 5 mars 1697 et baptisé le lendemain à l'église Notre-Dame de Québec, fils de Guillaume Deguise, dit Flamand, maçon, et de Marie-Anne Morin, décédé à Québec le 18 novembre 1780.

Jacques Deguise, dit Flamand, fait partie de la seconde génération de maçons œuvrant en Nouvelle-France, tout comme Pierre Renaud, dit Cannard. L'un des premiers maîtres maçons canadiens, Jean-Baptiste Maillou*, dit Desmoulins, avait formé le frère de Jacques, Girard-Guillaume*, et, aucun contrat d'apprentissage ne portant le nom de Jacques Deguise, il est conséquent de penser qu'il fit lui aussi partie de l'entourage de Maillou.

L'activité de Jacques Deguise s'étend sur une période d'environ 36 ans. Son nom apparaît pour la première fois dans un minutier de notaire en 1721 alors qu'il construit le « solage » d'une maison de « pièces sur pièces », rue Saint-Flavien, à Québec. A ce moment, il est encore mineur et doit faire ratifier ses contrats par sa mère. C'est cependant sur le grand chantier de la prison et de la salle d'audience de Trois-Rivières, à partir de 1722, que Jacques Deguise complète sa formation. Il travaille alors en compagnie de son frère et de Jean-Baptiste Boucher, dit Belleville, tailleur de pierre et entrepreneur d'ouvrages de maçonnerie dont le nom revient souvent au bas des contrats se rapportant aux entreprises des fortifications de Québec et de Montréal.

Dans le domaine de l'architecture domestique, Jacques Deguise se charge, dans un premier temps, de plusieurs résidences à Québec dont celle désignée aujourd'hui sous le nom de maison Montcalm, rue des Remparts, construite selon les plans de Gaspard-Joseph Chaussegros* de Léry, en juin 1725, celle, en 1728, de l'officier Joseph Duburon, située sur la place Royale, et celle du navigateur Abel Olivier*, en 1729, rue Saint-Roch.

A compter de 1730, la situation de Jacques Deguise devient difficile. Thérèse Rinfret, dit Malouin, qu'il avait épousée à Québec le 10 septembre 1725, meurt le 21 novembre. A ce moment, Deguise est harcelé du côté professionnel à cause de son incapacité de rencontrer certaines échéances prévues lors de la signature de contrats. Pour tenter de se remettre à flot, il effectue diverses transactions immobilières avec, par exemple, Jean-Eustache Lanoullier* de Boisclerc.

L'activité de Jacques Deguise reprend en 1734 avec la construction de la maison du chirurgien Michel Bertier*, rue des Pauvres, de celle de Charles Normand, au coin de la rue Saint-Jean et de l'actuelle rue Sainte-Angèle, et se poursuit jusqu'en 1745 avec plusieurs autres constructions destinées à l'habitation, toujours dans le quartier des Pauvres à proximité de l'emplacement primitivement concédé à l'Hôtel-Dieu. La technique utilisée par Jacques Deguise pour assurer son profit consiste à faire l'acquisition d'un terrain dans ce secteur, y construire une maison de pierre et revendre le tout.

La carrière du maître maçon prend une autre tournure avec son entrée sur la scène de l'entreprise des fortifications de Québec, en 1747. Cinq ans plus tard, son frère étant décédé, il prend sa relève comme adjudicataire des travaux du roi pour les fortifications et les casernes. Le rythme de ses transactions financières marque, à compter de ce moment, une prospérité significative ; de toute évidence, ces travaux lui profitent. Les capitaux ainsi amassés se multiplient rapidement puisqu'ils lui permettent de nombreuses transactions immobilières, toujours dans l'actuel quadrilatère formé par les rues Saint-Jean, Saint-Stanislas, Elgin et Sainte-Angèle, alors en plein développement. En 1755, Deguise fournit à l'ingénieur en chef Chaussegros de Léry la somme d'argent nécessaire à la dot de sa fille Josephte-Antoinette, désireuse d'entrer à l'Hôpital Général. Cette transaction laisse d'ailleurs flotter une odeur de favoritisme.

Jacques Deguise travaille aussi pour les communautés religieuses. En 1754, il veille à l'édification de l'aile des parloirs au monastère des ursulines et au toisé d'un mur de maçonnerie entourant leur propriété. On lui confie également la réfection du monastère des hospitalières de l'Hôtel-Dieu de Québec, ravagé par un incendie en 1755 : le contrat est alors de 24 000#.

Dans le domaine de l'architecture religieuse, le seul édifice qu'on puisse attribuer avec certitude à Jacques Deguise est l'église Saint-François-Xavier-de-la-Petite-Rivière (Petite-Rivière, Québec). Ce temple de faible dimension, fait de colombage « pierroté », prouve que les maçons du XVIIIe siècle utilisent encore les techniques importées de France par leurs aînés. Comme la plupart des maîtres maçons travaillant dans la colonie, Jacques Deguise avait formé des apprentis et engagé des compagnons. Les noms associés au sien sont, entre autres, ceux de Thomas Allard, Jean-Baptiste Rouillard et Joseph Morin. Mais aucun de ces derniers ne prit la relève du maître ; aucun n'acquit même une certaine notoriété.

De son mariage avec Thérèse Rinfret, dit Malouin, Jacques Deguise avait eu trois enfants. Un seul survivra, François, qui continuera d'ailleurs la tradition paternelle et épousera, en 1749, Marie-Françoise, fille du maçon Pierre Jourdain, dit Bellerose. Après le décès prématuré de son épouse, Deguise se maria avec Marie-Élisabeth Laisné, dit Laliberté, le 5 février 1742 à Saint-Augustin et le couple eut 11 enfants.

Jacques Deguise s'éteignit le 18 novembre 1780, à l'âge de 83 ans, dans la maison de sa fille Élisabeth et de son gendre Joseph Falardeau, rue Saint-Stanislas, où il habitait. Il fut inhumé le lendemain au cimetière des Picotés.

RAYMONDE GAUTHIER et MARTHE LACOMBE

AMHDQ, Registre des comptes du monastère, IV : 331s. — ANQ-Q, État civil, Catholiques, Notre-Dame de Québec, 6 mars 1697, 4 juill. 1729, 8 févr. 1774, 19 nov. 1780 ; Saint-Augustin, 5 févr. 1742 ; Greffe de Gilbert Boucault de Godefus, 10 juill. 1747 ; Greffe de Louis Chambalon, 26 déc. 1711 ; Greffe de J.-É. Dubreuil, 23 janv., 20 nov. 1721, 8, 18 mars, 21 avril 1722, 18 janv. 1723, 3 mars 1724, 5 août, 10 sept., 29 déc. 1725, 11 janv. 1727, 5 oct. 1729, 20 oct. 1731, 4 avril 1734 ; Greffe de C.-H. Du Laurent, 24 mai 1735, 1er mars 1755 ; Greffe d'Henri Hiché, 1er févr. 1734 ; Greffe de N.-C. Pinguet de Bellevue, 27 avril 1749 ; Greffe de J.-N. Pinguet de Vaucour, 16, 26 févr. 1728 (n°s 112, 113, 115), 8 mars 1731, 26 févr. 1737, 17 avril 1738, 31 déc. 1740, 27 mars 1741, 28 janv. 1742 ; NF 19, 68, ff.174v.–190. — AUQ, Fonds construction, 20 août 1735, 14 oct. 1754. — P.-G. Roy, *Inv. coll. pièces jud. et not.* ; *Inv. ord. int.*, II : 48, 59s., 82. — Tanguay, *Dictionnaire*, I : 165 ; III : 44, 279s. — Marthe Bergeron-Hogue, *Un trésor dans la montagne* (Québec, 1954), 225–239. — D'Allaire, *L'Hôpital Général de Québec*, 108. — Marthe Lacombe, Les réalisations du maçon Jacques Deguise, dit Flamand, au quartier du palais, *Le parc de l'Artillerie et les fortifications de Québec ; études historiques présentées à l'occasion de la conférence des Sociétés savantes* (Québec, 1976), 27–36. — O'Reilly, *Mgr de Saint-Vallier et l'Hôpital Général*, 720.

DEIAQUANDE. V. TEYOHAQUEANDE

DELAGARDE. V. LAGARDE

DELEZENNE, IGNACE-FRANÇOIS, orfèvre, marchand et seigneur, baptisé le 30 avril 1718 dans la paroisse Sainte-Catherine, à Lille, France, fils de Martin Delezenne et de Marie-Christine Jacquemart, inhumé à Baie-du-Febvre (Baieville, Québec), le 1er mai 1790.

C'est vraisemblablement dans sa ville natale qu'Ignace-François Delezenne apprend son métier. Il s'embarque pour la Nouvelle-France vers 1740 avec son associé Charles Barthe. Les deux orfèvres s'établissent d'abord à Québec, mais ils ne peuvent soutenir la concurrence des nombreux artisans locaux. On retrouvera Barthe à Détroit une dizaine d'années plus tard. Delezenne se rend à Montréal où seuls exercent Jacques Gadois*, dit Mauger, et Roland Paradis*. Il y demeure dès l'été de 1743, rue Saint-François, et son établissement s'y effectue sous l'égide de l'influent Gadois, qui l'introduit dans la société montréalaise. Delezenne fabrique beaucoup d'ustensiles et travaille même le cuivre, tout en façonnant probablement des pièces d'orfèvrerie pour la traite des fourrures. Mais sa carrière ne connaît un véritable essor qu'avec ses premières commandes d'orfèvrerie religieuse.

Sa prospérité suit de peu son mariage, le 8 janvier 1748, avec Marie-Catherine Janson, dit Lapalme, nièce de l'architecte Dominique Janson*, dit Lapalme. L'été suivant, Delezenne achète une importante masse d'argent, pesant 27 marcs 2 onces (6 kg 669 g) et évaluée à 1 553# 5s., provenant de la succession du marchand Pierre Guy*. Cet achat, cautionné par Gadois et Dominique Janson, le libère d'une des grandes contraintes affligeant les orfèvres de l'époque, la pénurie de matériau ; ceci lui permet de fabriquer, entre autres, un ostensoir et des ampoules aux saintes huiles (œuvres aujourd'hui disparues) pour l'église Saint-Charles-de-Lachenaie.

La boutique de Delezenne, rue Saint-Jacques, lui apporte suffisamment de commandes pour lui permettre de prendre en 1749 un apprenti, Dominique-François Mentor, esclave noir affranchi. Vers la même période, il change son premier poinçon, un peu primitif (une couronne ouverte, I, un point, F, D), pour un autre, plus sophistiqué (une couronne fermée, IF, D). Il façonne entre 1748 et 1752 un des chefs-d'œuvre de l'orfèvrerie québécoise par l'originalité des motifs décoratifs, le superbe calice des Religieuses hospitalières de Saint-Joseph à Montréal.

Décédé en juin 1748, Michel-Étienne Couturier, dit Le Bourguignon, oncle maternel de Marie-Catherine Janson, laisse en héritage une propriété, sise rue Notre-Dame, face au couvent des récollets, que se disputent Dominique Janson et Delezenne. Celui-ci finit par la racheter à Janson pour la somme de 5 000# ; puis, ayant décidé d'aller s'établir à Québec, il la revend, le 9 juillet 1752, au chirurgien Claude Benoist pour la somme de 9 000#. A la veille de son départ, un différend avec son apprenti, Mentor, le conduit devant la juridiction royale de Montréal. Mentor suivra quand même Delezenne à Québec et conclura en 1756 un contrat de compagnonnage d'une durée de deux ans, avec option pour une troisième année de travail. Sans doute Mentor a-t-il porté plainte parce que son maître consacrait plus de temps à des transactions immobilières qu'à sa profession d'orfèvre. Mais les sommes ainsi acquises permettent à cet administrateur habile d'échafauder d'ambitieux projets. De plus, la conjoncture du marché en orfèvrerie est favorable : des dix orfèvres établis à Québec en 1740, il n'en reste plus que deux. C'est ainsi qu'en novembre 1752 Delezenne s'établit négociant à Québec, rue de la Montagne, et acquiert très vite une certaine réputation.

En janvier 1755, il obtient par adjudication une propriété, rue Saint-Joseph (rue Garneau), provenant de la succession de Marie-Madeleine Sasseville, pour la somme de 4 923#. La sentence d'adjudication de ce fief inclut des droits de perception de cens et rentes sur divers particuliers, et Delezenne devient seigneur. En 1755 et 1756 des procès successifs mettent le nouveau propriétaire aux prises avec son voisinage. Delezenne y apparaît rapace, vindicatif et tenace. De ses voisins, deux seulement résistent, le notaire Simon Sanguinet, père, et Dominique Janson, dit Lapalme, domicilié à Québec depuis 1751. Les trois autres vendent leurs propriétés, dont l'une à Delezenne, parce qu'ils ne peuvent assumer les frais encourus par les procès intentés et par les travaux de construction de murs de séparation.

Bientôt, grâce à ses relations et à ses activités de négociant, Delezenne met sur pied une entreprise nouvelle dans la colonie : la fabrication à grande échelle de l'orfèvrerie de traite. Ses amitiés avec Christophe PÉLISSIER, écrivain du roi, et Jacques Imbert*, agent des trésoriers généraux de la Marine, lui permettent d'obtenir les faveurs de l'intendant BIGOT et de devenir son orfèvre attitré. Bigot fait fondre par Delezenne des écus provenant du Trésor et, entre autres, les 15 000# trouvées à Chouaguen (ou Oswego ; aujourd'hui Oswego, New York). De 1756 à 1759, Delezenne gère une véritable petite industrie de fabrication d'orfèvrerie de traite qui lui fait négliger sa production d'orfèvrerie religieuse et domestique. Une seule convention, signée en 1758, stipule que Jean Robaille et quatre ouvriers doivent utiliser une masse de 1 000 marcs (244 kg 752 g) pour la fabrication de bijoux et colifichets pour la traite, ce qui représente une somme d'au moins 57 000#, soit plus de cinq fois la valeur de sa maison-atelier de la rue de la Montagne. Plusieurs orfèvres travaillent avec Delezenne : Dominique-François Mentor, Étienne Marchand, Jean Robaille et son apprenti Claude-Marie-François Morin. Louis-Alexandre PICARD, auprès duquel Delezenne joue le même rôle que

Gadois à son égard quelques années plus tôt, dirige le travail d'Amable Maillou, Jean-François Risbé et Charles Diverny, dit Saint-Germain. Mais le siège de Québec, à l'été de 1759, interrompt brusquement cette activité. Non seulement sa maison de la rue de la Montagne est détruite, mais Delezenne voit s'évanouir une partie de ses profits, 15 756# en monnaie de papier. Néanmoins, la famille Delezenne est sauve puisqu'elle habite rue Saint-Joseph depuis l'été précédent.

Avec le changement d'allégeance, Delezenne adopte un nouveau poinçon (une couronne, DZ), plus conforme à la tradition britannique. Doit-on interpréter cette adaptation comme une habile manœuvre commerciale pour s'attirer les sympathies du conquérant ? Quoi qu'il en soit, plus de la moitié de ce qui reste aujourd'hui de son œuvre porte ce poinçon. La majorité de ces pièces furent exécutées entre 1764 et 1775 et marquent l'apogée de sa production qui s'équilibre entre l'orfèvrerie de traite, religieuse et domestique. Il semble que, durant cette période, Delezenne travaille avec un apprenti consciencieux qui a un grand avenir, François Ranvoyzé*. Les œuvres de la première période de Ranvoyzé sont à la remorque des formes et motifs décoratifs hérités de Delezenne, qui est par ailleurs désigné comme « son amy lui tenant lieu de pere » lors de son mariage en 1771. Il serait cependant hasardeux de prétendre, comme certains auteurs, que François Ranvoyzé forma à l'orfèvrerie le fils de Delezenne, même si leurs noms se succèdent au « Rôle général de la milice canadienne de Québec [...] », dressé à l'automne de 1775. Il est plausible de penser que Joseph-Christophe Delezenne* travaille avec son père qui habite tout près de chez Ranvoyzé, ce qui expliquerait la proximité de leurs noms au registre. La carrière d'orfèvre de Joseph-Christophe Delezenne se limitera d'ailleurs à l'apprentissage. Ayant gagné les rangs américains dans les premiers mois de 1776, il accompagnera l'armée d'invasion lorsque celle-ci évacuera la province de Québec, et s'établira aux États-Unis. En 1788 il servira comme capitaine ingénieur à West Point, New York. Revenu au Bas-Canada en 1807, il sera accusé de trahison.

De nombreux changements ont lieu dans la vie d'Ignace-François Delezenne après le mariage de sa fille Marie-Catherine*, le 8 mars 1775, à Christophe Pélissier, directeur des forges du Saint-Maurice. Autant qu'un mariage, il s'agit d'une opération financière par laquelle l'orfèvre « vend » à prix d'or, à un ami de longue date, sa fille qui s'était promise à Pierre Fabre*, dit Laterrière. Delezenne s'établit aux forges dès la fin de l'année 1775, collaborant tout comme Pélissier avec les Américains. Les circonstances amènent ce dernier à s'exiler en France. Divers documents permettent d'affirmer qu'entre le départ de Pélissier et son séjour au Canada à l'été de 1778, Delezenne administre les forges du Saint-Maurice tandis que Laterrière en dirige les travaux. En effet, lorsque le bail des forges est cédé à Alexandre Dumas* en février 1778, c'est Delezenne qui s'occupe de la transaction. Peu après, il s'installe à Trois-Rivières, où il acquiert au mois d'avril plusieurs propriétés, tandis que Laterrière s'établit à Bécancour avec Marie-Catherine. Avant de repartir pour la France à l'automne de 1778, Pélissier, qui ne peut accepter la perte de son épouse aux mains de Laterrière, sème les germes d'un vaste complot contre celui-ci, dont Delezenne est l'organisateur. Sous l'impulsion de Mgr Briand, qui a déjà excommunié les amants scandaleux, et de Haldimand, Laterrière est emprisonné après un procès sommaire sur la foi du faux témoignage du fils de Delezenne, Michel, qui l'accuse d'avoir collaboré avec les Américains. Haldimand refusera toute forme de recours à Laterrière, faisant ainsi d'une pierre deux coups : il satisfait aux exigences de son ami Pélissier en séparant les concubins ; il se sert de Laterrière comme exemple de répression bien que celui-ci se dise un fidèle royaliste. Après plusieurs péripéties, Laterrière et Marie-Catherine s'établissent enfin à Gentilly en octobre 1783.

A cette époque, Delezenne exerce encore activement son métier, travaillant surtout pour la traite et initiant à son art John Oakes*. Le calice et le boîtier aux saintes huiles de Saint-Cuthbert (collection Birks) peuvent être datés de 1783–1784. Ils influencent grandement Oakes qui en transmettra les modèles à Michael Arnoldi*, Robert Cruickshank* et Charles Duval* peu après le décès de son maître. A l'automne de 1784, Delezenne se départit avec profit de ses propriétés de Trois-Rivières et acquiert une ferme à Baie-du-Febvre. Il retire de ces transactions 2 000# en argent sonnant. La spéculation foncière lui avait toujours été profitable, comme l'illustrent la vente de sa propriété à Montréal en 1752 et des transactions semblables faites à Québec en 1779 pour une somme de 25 000#.

Après le décès de son épouse en novembre 1787, Delezenne se réconcilie avec sa fille et Laterrière, qui viennent demeurer avec lui jusqu'à sa mort en 1790. L'absence d'inventaire après décès ne permet pas d'apprécier sa situation financière et professionnelle, mais il a probablement vécu dans l'aisance durant les six dernières années de sa vie. Jouissant d'une bonne santé, il semble avoir été actif jusqu'à son décès, produisant de l'orfèvrerie de traite ; ceci expliquerait son établissement près du comptoir des Abénaquis de Saint-François. A sa suite, plusieurs orfèvres, depuis Trois-Rivières jusqu'au lac Champlain, adopteront cette idée de s'établir près des comptoirs indiens, tels John Oakes, Michael Arnoldi et son frère Johann Peter, Michel Roy, Dominique Rousseau*, Henry Polonceau, Charles Duval, Jean-Baptiste Decaraffe et Jean-Baptiste-François-Xavier Dupéré, dit Champlain.

Maître de l'illustre François Ranvoyzé et premier orfèvre de Trois-Rivières, Ignace-François Delezenne peut également être considéré comme le père de l'orfèvrerie de traite au Canada, laquelle tint une place prépondérante dans ses activités professionnelles. Il réussit à faire progresser ce marché, si important pour une économie où la fourrure occupe une place de choix. Il en fit une activité coloniale et lui donna une ampleur qu'elle n'avait jamais eue auparavant, lorsqu'elle était l'apanage de la métropole. Aux jetons et médailles succédait une bijouterie élaborée ; l'orfèvre Picard mettait au point de nouveaux outils ; une production presque industrielle, assurée par de nombreux apprentis ou compagnons, remplaçait la fabrication artisanale ou occasionnelle et supplantait même l'orfèvrerie religieuse sur le plan économique.

Il ne reste que peu d'œuvres religieuses de Delezenne, mais la qualité de leur exécution, la force et la finesse de leur style démontrent qu'il possédait pleinement son art. Celles-ci sont presque toutes des chefs-d'œuvre du genre et leurs nombreuses imitations en font foi. Si seulement une vingtaine d'œuvres religieuses de Ranvoyzé ou de Laurent Amiot* avaient survécu à l'usure du temps, il n'est pas prouvé qu'elles eussent pu honorer aussi puissamment leurs auteurs. Quant à l'orfèvrerie domestique, Delezenne a laissé à Québec quelques spécimens qu'on ne retrouve dans l'œuvre d'aucun autre orfèvre, tels le martinet et le plat de réchaud, au séminaire, la coupe de mariage, au Musée du Québec.

En outre, Delezenne est un des rares orfèvres qui ait commencé sa carrière à l'apogée du Régime français et ait réussi à la poursuivre après la Conquête avec mérite et honneur, en exerçant une grande influence. Non seulement a-t-il joué le rôle de chef de file pendant plus de 20 ans, mais son activité illustre très bien l'évolution de l'orfèvrerie à cette époque de transition. Enfin, son rôle d'orfèvre attitré de l'intendant Bigot, son rôle dans la cession du bail des forges du Saint-Maurice et celui joué dans le complot tramé contre Laterrière confèrent au personnage un intérêt qui déborde largement le cadre de sa profession.

Robert Derome

On retrouve des œuvres d'Ignace-François Delezenne à Québec, au Musée du Québec, au musée du séminaire, à l'archevêché, à l'Hôpital Général, à l'Hôtel-Dieu et dans la collection privée de Gérard Morisset* ; à Montréal, au Musée des Beaux-Arts, à l'Hôtel-Dieu, à l'église Notre-Dame, chez les Dames de la Congrégation de Notre-Dame ; à Toronto, dans la collection Henry Birks et dans la collection J. E. Langdon ; au Musée d'Odanak (Québec) et dans les églises Notre-Dame-de-Foy à Sainte-Foy, Sainte-Marguerite-de-Blairfindie à L'Acadie, Saint-François-Xavier à Caughnawaga et Saint-Michel à Vaudreuil.

Il est impossible d'énumérer ici tous les catalogues d'exposition, les ouvrages et les articles où apparaît le nom d'Ignace-François Delezenne ; on pourra consulter l'ouvrage de Robert Derome, *les Orfèvres de N.-F.*, ainsi que son article « Delezenne, le maître de Ranvoyzé » paru dans *Vie des Arts* (Montréal), XXI (1975–1976), nº 83 : 56–58. On peut également retrouver un catalogue raisonné de l'œuvre de Delezenne avec une biographie beaucoup plus détaillée dans Robert Derome, « Delezenne, les orfèvres, l'orfèvrerie, 1740–1790 » (thèse de M.A., université de Montréal, 1974). Quelques œuvres de Delezenne sont reproduites dans Jean Trudel, *l'Orfèvrerie en N.-F.* [R. D.]

AAQ, 20 A, I : 181. — AD, Nord (Lille), État civil, Sainte-Catherine, 30 avril 1718. — ANQ-M, Doc. jud., Registres des audiences pour la juridiction de Montréal, 24 ; 25 ; 26 ; 27 ; État civil, Catholiques, Notre-Dame de Montréal, 8 janv. 1748, 9 mars 1749, 16 févr., 13 sept. 1750, 26 déc. 1751 ; Saint-Laurent, 31 janv. 1751 ; Greffe de J.-B. Adhémar, 10 août 1743, 6 janv., 12 sept. 1748, 8 déc. 1749, 9 juill. 1752 ; Greffe de L.-C. Danré de Blanzy, 22 avril 1749, 2 sept. 1750, 14 janv., 13 sept. 1751 ; Greffe de Gervais Hodiesne, 11 mars 1751 ; Greffe de Simon Sanguinet, 21 sept. 1772. — ANQ-MBF, Greffe de J.-B. Badeaux, 16, 17 avril, 24 sept. 1778, 10 févr. 1779, 5 sept., 16 oct., 4, 8 nov. 1780, 23 août 1781, 8 janv. 1782, 15 oct., 6 déc. 1783, 31 août, 15, 28 sept. 1784 ; Greffe de C.-L. Maillet, 12 févr., 22 juin, 6, 23 oct., 1er nov. 1778, 15 sept. 1779 (les minutes citées pour l'année 1778 sont disparues ; les renseignements sont tirés du répertoire). — ANQ-Q, AP-P-526 ; AP-P-2213 ; État civil, Catholiques, La Nativité de Notre-Dame (Beauport), 23 févr. 1763 ; Notre-Dame de Québec, 24 déc. 1752, 26 mars, 23 juill. 1754, 26 mars 1755, 12, 13 sept. 1756, 23 sept. 1757, 16, 25 oct. 1758, 7 mai 1759, 7 nov. 1761, 25 janv. 1762, 26 janv., 2 déc. 1763, 24 févr. 1764, 14 oct. 1765, 19 janv., 18 avril 1770, 7 sept. 1772 ; Saint-Charles-Borromée (Charlesbourg), 5 sept. 1759 ; Greffe de Claude Barolet, 5 mars 1755, 25 juin, 13 déc. 1756, 4 mai 1757, 31 mai 1758, 6 mai 1759 ; Greffe de M.-A. Berthelot d'Artigny, 8 mai 1775, 2 oct. 1777 ; Greffe de J.-B. Decharnay, 23 juill. 1756 ; Greffe de C.-H. Du Laurent, 20 août 1748, 25 juill. 1757, 3 mai 1758 ; Greffe de P.-A.-F. Lanoullier Des Granges, 15 déc. 1750, 20 oct., 12 nov. 1754 ; Greffe de François Lemaître Lamorille, 25 juin, 12 sept. 1761 ; Greffe de Claude Louet, 20 oct. 1766 ; Greffe de F.-E. Moreau, 22 juill. 1763 ; Greffe de J.-A. Panet, 12, 13 févr. 1779, 17 févr. 1781 ; Greffe de J.-C. Panet, 24 août, 27 nov. 1752, 22 juin, 31 août 1765 ; Greffe de J.-N. Pinguet, 26 oct. 1780 ; Greffe de J.-A. Saillant, 10 avril 1764, 24 nov. 1771 ; Greffe de Simon Sanguinet, 26 oct. 1751, 21, 22,

25, 26 juin 1754, 10 mai, 20 juin 1755, 24 oct. 1760, 15 nov. 1766, 22 févr. 1768 ; NF 6, 4, p.428 (copie aux APC) ; NF 11, 67, f.177 ; NF 19, 103 ; 104 ; 107 ; NF 20, 30 mars, 5 avril 1742, 14, 24 janv. 1755, 24 août 1756 ; QBC 26, 1, 1re partie, p.25 ; 2e partie, pp.17, 41. — APC, RG 4, Al, 4, 3 avril 1764 ; 16, 3 févr. 1767 ; 28, 3 août 1785 (original non retrouvé) ; 95, 13 sept. 1807. — ASQ, C 11, 10 nov. 1764 ; Fonds Viger-Verreau, Sér. O, 040A, pp.34s., 76, 84s. ; Polygraphie, XXVII : 21. — BL, Add. MSS 21 845/1, pp.162–251 ; 21 845/2, pp.353, 356 (copies aux APC). — IBC, Centre de documentation, Fonds Morisset, Dossier I.-F. Delezenne. — Pierre Du Calvet, *Appel à la justice de l'État* [...] (Londres, 1784), 151s. — Fabre, dit Laterrière, *Mémoires* (A. Garneau). — *Invasion du Canada* (Verreau). — *Inv. des papiers de Léry* (P.-G. Roy), III : 257–266. — *Mémoire pour messire François Bigot, ci-devant intendant de justice, police, finance & marine en Canada, accusé : contre monsieur le procureur-général du roi en la commission, accusateur* (Paris, 1763), 666–668. — Témoignages de liberté au mariage (15 avril 1757–27 août 1763), ANQ *Rapport*, 1951–1953, 49s., 83s. — *La Gazette de Québec*, 29 sept. 1766, 5 juill. 1770, 25 juin, 17 déc. 1772, 30 janv. 1777, 6 août, 3 sept. 1778, 5 janv. 1792. — P.-G. Roy, *Inv. concessions*, I : 8. — Tanguay, *Dictionnaire*. — Raymond Douville, *Visages du vieux Trois-Rivières* (Trois-Rivières, 1955). — Arthur Maheux, *Ton histoire est une épopée... nos débuts sous le Régime anglais* (Québec, 1941), 71s. — P.-G. Roy, *Bigot et sa bande*, 247s. — Sulte, *Mélanges historiques* (Malchelosse), VI. — Tessier, *Les forges Saint-Maurice*.

DELISLE, DAVID CHABRAND. V. CHABRAND

DELOR, JEAN-BAPTISTE-ANTOINE LEVASSEUR, dit. V. LEVASSEUR

DEMINIAC. V. MINIAC

DENIS (Denys) DE SAINT-SIMON, ANTOINE-CHARLES, officier dans les troupes de la Marine, né à Québec le 3 novembre 1734, fils de Charles-Paul Denys* de Saint-Simon et de Marie-Joseph Prat, décédé à Port-au-Prince, île de Saint-Domingue (île d'Haïti), le 8 juin 1785.

Antoine-Charles Denis de Saint-Simon entra dans les troupes de la Marine comme cadet en janvier 1746 et participa, dès le début de la guerre de Sept Ans, aux opérations militaires dans la région de l'Ohio. Il prit part à la bataille qui opposa, le 9 juillet 1755, Daniel-Hyacinthe-Marie Liénard* de Beaujeu à Edward Braddock non loin du fort Duquesne (Pittsburgh, Pennsylvanie) et, l'année suivante, le gouverneur Vaudreuil [RIGAUD] écrivit à son sujet au ministre de la Marine : « Il s'est trouvé à toutes les découvertes et dans l'affaire du général Braddock. Il est encore à la Belle Rivière [Ohio] où il est constamment en party sur l'ennemi. » Saint-Simon fut nommé enseigne en second dans les troupes de la Marine le 1er mai 1757 et promu enseigne en pied le 1er janvier 1759. Il fit campagne cette année-là aux frontières de l'Acadie et, en juin 1760, gagna Montréal à travers bois, depuis la baie des Chaleurs, pour y porter les dépêches de la cour qui venaient d'arriver de Bordeaux. Cet exploit attira sur lui l'attention de Bougainville* qui demanda à Choiseul en 1763 que « ce jeune homme, courageux et robuste », soit affecté à son service pour l'expédition qu'il préparait aux îles Malouines (îles Falkland). Comme Saint-Simon avait en outre l'habitude de traiter avec les Indiens et de s'en faire respecter, Bougainville voulait le nommer à l'état-major de la nouvelle colonie. Saint-Simon était alors à Tours où il se morfondait en compagnie de tout un groupe d'officiers canadiens rapatriés en France après la Conquête. Il fit quelques difficultés pour accepter les offres de Bougainville car il désirait retourner au Canada pour y régler des affaires de famille, mais la promesse d'une commission de capitaine d'infanterie pour remplir les fonctions d'aide-major aux îles Malouines acheva de le décider.

L'expédition, à laquelle s'étaient joints une quarantaine de colons canadiens ou acadiens, quitta Saint-Malo le 6 septembre 1763. S'étant embarqué sur la corvette *Sphinx*, commandée par François Chenard de La Giraudais, Saint-Simon arriva aux îles Malouines le 3 février suivant et fut immédiatement envoyé en reconnaissance dans les parties nord et ouest de l'archipel. Il participa activement à la création des premiers établissements, mais retourna en France dès le mois d'avril avec Bougainville pour revenir dans la nouvelle colonie en janvier 1765 avec 40 hommes des troupes de la Marine anciennement stationnés au Canada, une commission de capitaine et un brevet d'aide-major.

En 1766, au cours d'une expédition dans le détroit de Magellan, Saint-Simon fut chargé de contracter alliance avec les Patagons. Il s'embarqua sur la flûte *Étoile*, commandée par La Giraudais et qui partit des Malouines le 24 avril avec l'*Aigle*. Les premiers contacts avec les Patagons eurent lieu le 5 mai. Saint-Simon leur remit les traditionnels présents, harpons, couvertures, bonnets de laine rouge, couteaux, étoffes, pipes et tabac ; l'alliance fut officiellement conclue le 1er juin lorsqu'il leur présenta le pavillon du roi. Bougainville retrouva d'ailleurs ce pavillon entre leurs mains 18 mois plus tard lorsqu'il franchit le détroit avec la *Boudeuse* et l'*Étoile*. Saint-Simon s'était révélé lors de ce voyage bon diplomate, sachant habilement éviter tout incident entre Français et Patagons, et bon observateur, si l'on en juge par la description qu'il a laissée de ces populations.

Lors de l'évacuation des îles Malouines après leur cession à l'Espagne, en avril 1767, Saint-Simon embarqua sur la frégate espagnole *Liebre* qui appareilla le 27 avril pour Montevideo en Uruguay. Il ne parvint au Ferrol (El Ferrol del Caudillo), en Espagne, que le 12 janvier 1768 et gagna Lorient, en France, en février. Une nouvelle demande de retour au Canada ne semble pas avoir eu de succès et il retourna à Tours qui continuait à jouer le rôle de centre d'accueil pour les anciens officiers du Canada. Saint-Simon fut nommé, le 16 avril 1769, capitaine à la légion de Saint-Domingue ; lors de la dissolution de ce corps, il passa, le 18 août 1772, au régiment du Port-au-Prince et termina sa carrière dans cette garnison. Il devint chevalier de Saint-Louis le 24 décembre 1773.

Denis de Saint-Simon fut toujours apprécié de ses supérieurs. Le gouverneur de Saint-Domingue, le marquis de Vallière, notait qu'il avait « servi dans tous les temps avec la distinction d'un excellent et brave officier ». Son dernier chef, le marquis de Laval, colonel du régiment du Port-au-Prince, écrivait : « on ne peut que donner des témoignages distingués au zèle et à la manière dont M. de Saint-Simon s'acquitte de ses devoirs et fait son service [...] Cet officier est d'autant plus susceptible des grâces du Roi qu'il a sacrifié sa fortune en Canada pour continuer ses services en France. »

ÉTIENNE TAILLEMITE

AN, Col., C^{11A}, 101, f.160v. ; D^{2C}, 4, f.176 ; 59, f.44 ; 96, f.29 ; E, 363 bis (dossier Saint-Simon) ; F^{2A}, 14 ; Marine, C^7, 296 (dossier Denis de Saint-Simon) ; Section Outre-mer, G^1, Port-au-Prince (Haïti), 8 juin 1785. — ANQ-Q, État civil, Catholiques, Notre-Dame de Québec, 4 nov. 1734. — *Coll. des manuscrits de Lévis* (Casgrain), I : 166 ; VII : 176 ; X : 141 ; XI : 82. — [A.-J.-H. de Maurès de Malartic, comte de Malartic], *Journal des campagnes au Canada de 1755 à 1760* [...], Gabriel de Maurès de Malartic et Paul Gaffarel, édit. (Dijon, France, 1890), 335. — [F.-] M. Bibaud, *Le panthéon canadien ; choix de biographies*, Adèle et Victoria Bibaud, édit. (2e éd., Montréal, 1891). Il est à noter que, dans sa notice, Bibaud* confond les carrières d'Antoine-Charles Denis de Saint-Simon, qui fait l'objet de la présente biographie, et de Claude-Anne de Saint-Simon (1743–1819), marquis, puis duc de Saint-Simon, maréchal de camp, qui participa à la guerre d'Indépendance américaine et qui émigra en Espagne lors de la Révolution française [É. T.]. — Tanguay, *Dictionnaire*. — J.-É. Martin-Allanic, *Bougainville navigateur et les découvertes de son temps* (2 vol., Paris, 1964), *passim*. — C.-F. Bouthillier, La bataille du 9 juillet 1755, *BRH*, XIV (1908) : 222s.

DENSON, HENRY DENNY, officier, propriétaire foncier, fonctionnaire, né vers 1715 dans le comté de Mayo (République d'Irlande), décédé le 3 juin 1780 à Falmouth, Nouvelle-Écosse.

On connaît peu les antécédents de Henry Denny Denson. Il se maria en 1735, mais s'enrôla peu après dans l'armée britannique comme lieutenant et quitta l'Irlande. Son épouse, Edith, passa toute sa vie à Dublin. Ils eurent une fille, Elizabeth, qui épousa George Cartland, avocat à Dublin.

Denson fut mis à la demi-solde en 1743, et il n'existe aucune trace de lui jusqu'en 1760 au moment où il remplit les fonctions d'agent du gouvernement de la Nouvelle-Écosse, à Pisiquid (Windsor, Nouvelle-Écosse), pendant la période d'affluence d'immigrants venus de la Nouvelle-Angleterre. Il décida, semble-t-il, de s'installer en Nouvelle-Écosse et fut l'un des premiers propriétaires du nouveau canton de Falmouth, sur la rivière Pisiquid (rivière Avon). Comme Denson se trouvait à Falmouth avant l'arrivée des nouveaux colons de la Nouvelle-Angleterre, il eut le premier choix des terres et des bâtiments abandonnés par les Acadiens. Il fut l'un des premiers à s'y faire construire et il avait l'intention bien arrêtée de devenir *country squire* (seigneur de village). Reconnaissant, sans aucun doute, la difficulté pour un aventurier irlandais de réaliser une telle ambition en Grande-Bretagne, Denson avait choisi de s'établir dans la nouvelle colonie.

Un des éléments du statut de *country squire* était la propriété foncière et Mount Denson, comme s'appelait le domaine de Denson, devint avec le temps prospère et agréable à vivre, bien que le nombre de ses locataires fut inférieur à celui du domaine voisin, le Castle Frederick, propriété de Joseph Frederick Wallet Desbarres*. En 1764, Denson y avait installé Mme Martha Whitefield en qualité de « ménagère » ; par une habile manœuvre juridique, elle s'arrangea pour acquérir la majeure partie du domaine après la mort de Denson, non sans avoir livré, toutefois, une bataille juridique à Mme Denson et aux Cartland.

Le recensement de 1770 indique que Mount Denson abritait 22 personnes, surtout des fermiers et des Noirs, et du bétail, soit 8 chevaux, 18 bœufs, 34 vaches, 34 jeunes bêtes à cornes, 150 moutons et 12 porcs. L'avoir comprenait 250 boisseaux de blé, 10 boisseaux de graines de lin et 40 boisseaux d'avoine. Une telle aisance appelait un manoir, et Denson construisit le sien vers 1772.

L'élevage du bétail garantissait à Denson des revenus substantiels. A sa mort, l'inventaire de ses biens comprenait cinq esclaves noirs, des biens meubles somptueux et l'une des bibliothèques privées les plus considérables de la province, comprenant une riche collection d'ouvrages juridiques de référence. L'inventaire aurait très bien pu être celui d'un riche planteur de la Virginie ou d'un *squire* du Sussex.

Le prospère *squire* ne fut pas que propriétaire terrien mais aussi une figure dominante de sa communauté en politique. Denson se fit un devoir d'accumuler diverses charges qui lui furent dévolues ou pour lesquelles il se fit élire. A partir de 1761, il fut juge de la Cour inférieure des plaids communs et, sauf de 1765 à 1769, représentant à la chambre d'Assemblée de diverses circonscriptions jusqu'à sa mort. Il fut officier de milice depuis la fondation de Falmouth, commissaire à la voirie et percepteur des impôts et des douanes du comté de Kings. En 1773, il fut président intérimaire de la chambre pendant la maladie de William NESBITT.

L'autorité de Denson ne fut pas toujours incontestée dans le comté. En 1762, un groupe assez imposant de ses voisins se plaignirent au Board of Trade de sa « conduite particulièrement arbitraire et illégale », sans compter ses « blasphèmes, jurons, violations du dimanche et autres immoralités ». Ils étaient offusqués également du fait que Denson, en vertu de la loi martiale, avait conscrit des fermiers au moment des récoltes et les avait fait marcher 50 milles « aux fins du service militaire » et ils protestaient contre le fait qu'en raison des nombreuses charges qu'il détenait de Halifax, il -tait à la fois juge et partie en tant que percepteur de taxes d'accise. Nommé lieutenant-colonel des Loyal Nova Scotia Volunteers par le gouverneur Francis LEGGE en 1775, il se heurta à nouveau à une forte opposition de ses voisins yankees lorsqu'il voulut recruter des gens pour le régiment.

Denson fit preuve d'opportunisme tout au long de sa carrière politique à Halifax. Il n'appartenait ni au « gang de Halifax » ni au groupe de critiques avoués. Cette neutralité s'estompa en 1775 et en 1776 lorsqu'il accorda son appui à Legge dans les luttes qui l'opposaient à l'Assemblée et au conseil. Vrai type du *squire* jusqu'à la fin, Denson fut atteint de la goutte au cours de ses dernières années, ce qui l'obligea à abandonner sa commission militaire peu avant sa mort en 1780.

J. M. BUMSTED

APC, MG 23, A1. — BL, Add. MSS 19 069, f.54. — Halifax County Court of Probate (Halifax), D46 (inventaire des biens original de Henry Denny Denson). — PANS, RG 1, 443, n°s 2–17. — *Directory of N.S. MLAs*, 89. — Brebner, *Neutral Yankees* (1969), 185. — J. V. Duncanson, *Falmouth – a New England township in Nova Scotia, 1760–1965* (Windsor, Ontario, 1965), 30.

DENYS DE VITRÉ, THÉODOSE-MATTHIEU, capitaine de navire et pilote, baptisé à Québec le 8 novembre 1724, fils de Guillaume-Emmanuel-Théodose Denys de Vitré et de Marie-Joseph Blaise Des Bergères de Rigauville, petit-fils de Paul Denys* de Saint-Simon, décédé en 1775 en Angleterre.

Il est probable que Théodose-Matthieu Denys de Vitré, fils d'un capitaine de navire, prit très tôt la mer. En 1746, un an avant d'obtenir « ses lettres d'émancipation et bénéfice d'âge », il commanda un bateau monté de 12 hommes qu'on envoyait ravitailler les troupes en Acadie. Dans les années 50, il navigua régulièrement entre Bordeaux et Québec, commandant en 1752 l'*Angélique*, propriété de Guillaume ESTÈBE, et en 1756 la *Renommée*, de 350 tonneaux, propriété de l'homme d'affaires bordelais Abraham Gradis. Sur la voie du retour en Nouvelle-France, à bord de la *Renommée* en 1757, il fut intercepté par un croiseur anglais et fait prisonnier.

Les seuls renseignements que nous possédions sur les événements survenus entre sa capture et son apparition devant Québec, en 1759, avec l'avant-garde de la flotte britannique viennent de Vitré lui-même. Quelques années après sa sortie de prison, il écrivit un mémoire par lequel il cherchait à regagner le crédit dont il avait déjà joui en France. Certaines parties de son récit, dans lequel il se donne du marquis de Vitré et prétend avoir servi dans la marine française, sont remplies de tant de faussetés qu'on ne doit user de ses propos qu'avec prudence. Selon lui, après sa capture en 1757, il fut logé avec d'autres officiers français à Alresford, Hampshire, où les Britanniques lui proposèrent de piloter la flotte d'invasion jusqu'à Québec. Dissuadé par un officier supérieur de la marine française de tenter de s'évader, il fit cependant prévenir Gilles HOCQUART, alors intendant à Brest, et d'autres fonctionnaires français, qui arrangèrent un échange de prisonniers. Les Français envoyèrent deux officiers britanniques en Angleterre, en février 1758, mais les Britanniques refusèrent de remettre Vitré, qui fut dès lors placé sous surveillance constante. Ce récit paraît douteux, Vitré n'ayant point un rang élevé parmi les capitaines de navire. Qu'on l'ait soumis à de très fortes pressions pour qu'il consentît à aider l'ennemi, comme il l'a affirmé par la suite, cela est bien possible ; mais, plus vraisemblablement, il décida de tirer le meilleur parti d'une situation difficile et accorda sa collaboration.

Quoi qu'il en soit du cas particulier de Vitré, il est certain que, en prévision de la campagne prochaine, les Britanniques s'affairaient à rassembler des pilotes connaissant la route de Québec.

Pendant l'automne de 1758, le contre-amiral Philip Durell*, qui avait été laissé avec une flotte à Halifax, rassembla, en les tirant de Louisbourg, île du Cap-Breton, et de différents établissements de la Gaspésie – Gaspé, Mont-Louis et Grande-Rivière – au moins 17 pilotes français auxquels le fleuve et le golfe Saint-Laurent étaient familiers. En mars 1759, le vice-amiral SAUNDERS demandait aux gouverneurs de New York et du Massachusetts de lui envoyer tout pilote au fait de la navigation sur le Saint-Laurent. Un certain nombre furent tirés des prisons d'Angleterre. Vitré fut envoyé à Halifax sur le *Neptune*, vaisseau amiral de la flotte britannique. A cause de la connaissance poussée qu'il avait de la rive sud du Saint-Laurent, il fut transféré à l'escadron d'avant-garde sous les ordres de Durell, et, au cours des mois de mai et juin, les navires firent voile à destination de Québec.

Vitré affirma plus tard qu'on l'avait presque immédiatement retourné, toujours prisonnier, en Angleterre, et qu'en 1760, on l'avait ramené au Canada, sous le prétexte qu'on lui permettrait d'être dédommagé de ses pertes. En 1763, dans une requête au Conseil privé de Grande-Bretagne pour obtenir de l'aide, il rapporte avoir piloté des navires de guerre et des transports sur le Saint-Laurent à l'été de 1759 et avoir, l'année suivante, servi comme pilote de l'escadre envoyée, sous les ordres du commodore Robert Swanton*, au secours du général de brigade James MURRAY à Québec. Il ajoute que « ses services en ces occasions étaient trop connus pour qu'il lui fût possible de retourner en France ». Saunders affirma, à l'appui de sa cause, qu'il « avait montré un grand zèle et une grande application dans l'accomplissement de ses tâches et que bon nombre de ses services avaient été d'un poids considérable dans le succès de l'expédition contre Québec ».

Vitré ne paraît pas avoir souhaité s'établir au Canada. En 1763, le Conseil privé, sur la recommandation de Saunders, lui accorda l'autorisation de ramener sa famille de France en Angleterre (il avait épousé, en 1755, une femme issue d'une famille bordelaise) et lui assura une pension annuelle de £200, augmentée de £50 l'année suivante. Si l'on considère que les autres pilotes canadiens ne reçurent que £15, et qu'Augustin RABY, l'un des principaux pilotes de la flotte d'invasion, reçut une pension à vie de cinq shillings par jour, on ne peut guère douter que Vitré ait apporté une collaboration plus importante que le fait de piloter un seul navire britannique.

Le fils de Vitré, John, devint lieutenant dans la marine royale et servit aux Antilles et en Inde. Peu après la mort de son père, en 1775, il tenta d'obtenir, du gouvernement britannique, réparation pour les pertes subies par son père, qu'il estimait à £10 000. Ce chiffre semble être fondé sur les affirmations sujettes à caution de Vitré lui-même, selon qui ses pertes subies en France et au Canada se seraient élevées à 235 000#. On ignore si une quelconque compensation fut jamais accordée.

J. S. PRITCHARD

F.-X. Garneau, *Hist. du Canada* (H. Garneau ; 1913–1920), II : 230, et Francis Parkman, *Montcalm and Wolfe* (2 vol., Londres, [1908]), II : 130, ont confondu Théodose-Matthieu Denys de Vitré avec son fils John. Cette erreur, née d'une mauvaise lecture du « Mémorial du lieutenant John Denis de Vitré au Très Honorable William Pitt », *Siège de Québec en 1759* [...] (Québec, 1836 ; réédité à Québec en 1972 dans *le Siège de Québec en 1759 par trois témoins*, J.-C. Hébert, édit., 51–123, 130), a entraîné une confusion durable. Stanley, *New France*, 203, s'accommode de cette erreur, affirmant que « le dernier bateau envoyé par Gradis au Canada en 1759 fut capturé par les Britanniques à son retour et [que] son capitaine Jean Denis de Vitré, menacé de pendaison, se vit contraint de piloter les vaisseaux transportant l'armée de Wolfe aux murs de Québec ». La différenciation entre le père et le fils avait pourtant été établie par Philéas Gagnon, « Le sieur de Vitré », *BRH*, III (1897) : 178–186, mais Æ. Fauteux, l'éditeur du « Journal du siège de Québec », ANQ *Rapport*, 1920–1921, 146, n.85, est l'un des rares historiens à faire usage de cette information. [J. S. P.]

AD, Gironde (Bordeaux), 6B, 100, f.56v. ; 102, ff.5v., 73 ; 272 ; 402 ; 409 ; 412. — AN, Col., C[11A], 51, ff.103s. ; 118, ff.77–78 ; F[2b], 2. — ANQ-Q, État civil, Catholiques, Notre-Dame de Québec, 22 sept. 1722, 8 nov. 1724. — Commission de pilote côtier à Louis Roberge, de l'île d'Orléans, *BRH*, XXIII (1917) : 56. — *Despatches of Rear-Admiral Philip Durell, 1758–1759, and Rear-Admiral Lord Colville, 1759–1761*, C. H. Little, édit. (Halifax, 1958). — G.-B., Privy Council, *Acts of P.C., col., 1745–66*, 565. — [Charles Saunders], *Despatches of Vice-Admiral Charles Saunders, 1759–1760 : the naval side of the capture of Quebec*, C. H. Little, édit. (Halifax, 1958). — P.-G. Roy, *Inv. jug. et délib., 1717–1760*, I : 148 ; V : 41. — Tanguay, *Dictionnaire*, I : 181 ; III : 343. — Jean de Maupassant, *Un grand armateur de Bordeaux, Abraham Gradis (1699?–1780)* (Bordeaux, 1917). — W. R. Riddell, The pilots of Wolfe's expedition, 1759, SRC *Mémoires*, 3e sér., XXI (1927), sect. II : 81s.

DE PEYSTER, ABRAHAM, officier et fonctionnaire, né à New York en 1753, fils de James (Jacobus) De Peyster et de Sarah Reade ; il épousa à New York, en 1783, Catherine Livingston, et six enfants naquirent de ce mariage ; décédé à Saint-Jean, Nouveau-Brunswick, le 19 février 1798.

Abraham De Peyster est le loyaliste par excellence. Il a tous les traits qui en composent l'image typique populaire, bien que celle-ci ne corresponde que rarement à la réalité. Il appartenait à une riche famille de New York qui possédait des terres et occupait traditionnellement, sous les gouvernements qui se succédaient, des postes dans la fonction publique et l'armée ; alliée à d'autres familles de même condition par des intérêts communs et par les liens du mariage, elle faisait partie de l'aristocratie new-yorkaise.

Avec ses deux jeunes frères, Abraham De Peyster se rangea du côté des Loyalistes peu après le début de la Révolution américaine. Nommé capitaine dans le King's American Regiment en décembre 1776, il servit durant toute la guerre, prenant part à de nombreuses batailles dans plusieurs colonies. A titre de commandant en second des forces britanniques à la bataille de King's Mountain (Caroline du Sud), le 17 octobre 1780, il eut le pénible devoir de rendre les armes après la mort du major Patrick Ferguson. A la fin de l'année 1783, De Peyster avait été échangé et avait regagné New York. Lorsque les troupes britanniques évacuèrent la ville en novembre, il s'embarqua pour la Nouvelle-Écosse où il fut mis à la demi-solde et obtint une concession de terre à Parrtown (Saint-Jean). Deux ans plus tard, quand le Nouveau-Brunswick, récemment constitué en province, fut divisé en comtés, De Peyster devint le premier shérif du comté de Sunbury. Il alla s'établir à Maugerville pour exercer ses fonctions et il se vit accorder des terres de l'autre côté de la rivière Saint-Jean, à Burton.

En février 1792, le lieutenant-gouverneur Thomas Carleton* nomma De Peyster au poste de trésorier de la province. Le trésorier était chargé de percevoir les revenus provinciaux, qui provenaient surtout des droits de douane frappant les entrées de marchandises, et de débourser les fonds ainsi constitués. Il avait, en outre, les responsabilités qui incombent actuellement au contrôleur général. Toutefois, il n'était pas nommé d'office au Conseil exécutif. Investi de ses nouvelles fonctions, De Peyster retourna à Saint-Jean non seulement pour être à proximité des bureaux de la douane, mais aussi pour garder une certaine indépendance à l'égard du Conseil législatif et de l'Assemblée qui siégeaient à Fredericton ; on estimait probablement que cette indépendance était nécessaire à la bonne marche du service.

Il ne fait aucun doute que De Peyster fut considéré comme un trésorier compétent, mais il ne demeura pas longtemps à ce poste : il mourut en 1798, après « une brève et pénible maladie ». Il semble que l'un de ses fils mourut vers la même époque, car les montants payés pour leurs cercueils sont inscrits sur la même facture. De Peyster menait vraisemblablement un assez grand train de vie à Saint-Jean (par exemple, un acte d'achat révèle qu'il se procura deux esclaves en 1797, et on trouve dans la liste de ses biens un piano d'une valeur de £10), mais on constata après sa mort qu'il était insolvable. Comme il n'avait pas fait de testament, sa succession fut liquidée par une série de décrets émanant du Conseil exécutif. Sa veuve et les enfants qui restaient retournèrent à New York.

JO-ANN FELLOWS

On trouve des portraits d'Abraham De Peyster dans les ouvrages de Draper et de Lawrence cités ci-dessous.

N.B. Museum (Saint-Jean), Hazen coll., Ward Chipman papers, bill, 2 mars 1798. — PANB, RG 2, RS6 ; RS8, Appointments and commissions, register of commissions, 1785–1840 ; RG 10, RS108, Sunbury County. — Saint John Regional Library (Saint-Jean, N.-B.), Primary source material, n°s 32, 71–73, 93–94, 97–100, 102, 112. — *Royal Gazette and the New Brunswick Advertiser*, 20 févr. 1798. — Sabine, *Biographical sketches of loyalists*, I : 372s. — [A. S. De Peyster], *Miscellanies, by an officer*, J. W. De Peyster, édit. ([2e éd.], 2 vol. en 1, New York, 1888). — L. C. Draper, *King's Mountain and its heroes* [...] (Cincinnati, Ohio, 1881). — J. W. Lawrence, *Footprints ; or incidents in the early history of New Brunswick* (Saint-Jean, 1883), 54s., app.

DESANDROUINS, JEAN-NICOLAS, officier et ingénieur militaire, né le 7 janvier 1729 à Verdun, France, aîné des enfants de Benoît-Nicolas Desandrouins et de Marie-Scholastique Hallot, décédé célibataire le 11 décembre 1792, à Paris.

Après un cours d'études classiques au collège des jésuites de Verdun, Jean-Nicolas Desandrouins reçut, en 1746, une commission de lieutenant dans le régiment de Beauce. Cinq ans plus tard, après avoir pris part à la guerre de la Succession d'Autriche, il entra à l'école de génie militaire de Mézières (Charleville-Mézières). Diplômé avec distinction, il fut admis dans le corps des ingénieurs en 1752.

Ayant servi trois ans à Dunkerque, Desandrouins fut promu capitaine en second et envoyé au Canada à titre d'adjoint de Jean-Claude-Henri de Lombard* de Combles. Arrivé à Québec le 18 mai 1756 et au fort Frontenac (Kingston, Ontario) un mois plus tard, il y dressa des plans pour l'amélioration des défenses ; le 8 juillet, il alla reconnaître Chouaguen (ou Oswego ; aujourd'hui Oswego, New York) avec François-Marc-Antoine LE MERCIER, en vue de l'attaque de Montcalm*. Après la mort de Lombard le 11 août, Desandrouins, seul ingénieur régulier sur place, joua un rôle décisif dans le siège et la prise de Chouaguen. Il construisit en un jour une voie d'approche pour l'artillerie de Le Mercier, à travers une région boisée et partiellement marécageuse, et le colonel François-Charles de Bourlamaque* accepta ses avis sur l'emplacement des tranchées après que celles qu'avait creusées le capitaine Pierre Pouchot* furent jugées vulnérables au feu de l'artillerie britannique.

La contribution de Desandrouins aux victoires de Montcalm en 1757 et 1758 fut tout aussi importante. En 1757, il fit une reconnaissance au fort William Henry (également appelé fort George ; maintenant Lake George, New York) et, pendant le siège, il dirigea le creusage des tranchées d'approche par 300 hommes se relayant au travail jour et nuit sous le feu de l'ennemi. Après avoir passé l'hiver à Québec, Desandrouins se rendit au fort Carillon (Ticonderoga, New York) afin d'y aider Nicolas Sarrebource* Maladre de Pontleroy à reconnaître les lieux, préparer les fortifications de campagne et conseiller les commandants de l'infanterie sur la manière de fortifier le champ de bataille. La vitesse avec laquelle Desandrouins travailla sous le feu ennemi pendant l'attaque d'ABERCROMBY, le 8 juillet 1758, lui valut la croix de Saint-Louis.

Pendant l'hiver de 1758–1759, Desandrouins prépara des rapports sur l'état de Carillon et du Canada en général. En 1759, à titre de premier ingénieur de Bourlamaque, il construisit de nouveaux ouvrages de défense dans la région du Richelieu et du lac Champlain pour arrêter la marche prudente de l'armée de Jeffery AMHERST. De la mi-août 1759 au mois de mars 1760, il eut la responsabilité de la construction et le commandement du fort Lévis (à l'est de Prescott, Ontario). Comme ingénieur et aide de camp de LÉVIS, il dirigea le creusage des tranchées pendant le siège de Québec ; quand Lévis retraita en remontant le fleuve jusqu'à Montréal, Desandrouins apporta son concours lors de combats d'attente à Sorel.

Plus tard la même année, après la capitulation de la colonie, Desandrouins retourna en France où il poursuivit avec distinction sa carrière dans le génie pendant encore 31 ans. De 1761 à 1780, il servit d'abord dans l'île de Malte, puis à divers endroits en France : Strasbourg, Neuf-Brisach, Thionville, Saint-Omer, Bapaume, Nancy et Sarrelouis (maintenant en République fédérale d'Allemagne), construisant toutes sortes d'ouvrages, dont un canal, un hôpital et un pont. Promu lieutenant-colonel en 1774 et colonel en 1779, il devint en 1780 commandant des ingénieurs de l'expédition du comte de Rochambeau en Amérique. Même si la maladie l'empêcha de participer au siège de Yorktown, en Virginie, ses services lui valurent non seulement une pension spéciale de la France mais aussi une place comme membre de la Society of the Cincinnati, une organisation militaire et patriotique américaine. A la suite d'un désastreux naufrage au large de Curaçao, en février 1783, au cours duquel il perdit plusieurs de ses effets, et en particulier une grande partie de ses papiers personnels, Desandrouins rentra en France. Nommé directeur des fortifications de Brest en 1785, il fut promu maréchal de camp en 1788. Trois ans plus tard, toutefois, à l'instar d'autres officiers d'expérience du corps de génie, le gouvernement révolutionnaire le força de prendre sa retraite. Les revenus de Desandrouins étant fortement réduits par suite d'une nouvelle politique relative aux pensions, on pensait à le nommer membre d'un comité chargé des fortifications de Paris, mais il mourut avant de pouvoir y être nommé.

Les écrits, cartes et plans de Desandrouins, qui nous sont parvenus, constituent une source utile de renseignements sur la guerre de Sept Ans en Amérique du Nord. Même si ses commentaires sur le Canada reflètent le préjugé de l'armée régulière française à l'endroit des Canadiens et des Indiens, il n'en demeure pas moins un observateur pénétrant des événements et des conditions de son époque. A l'exemple d'autres officiers du génie, jouissant en général d'une instruction supérieure, il joua un rôle important dans l'état-major en conseillant les commandants en des matières qui ne relevaient pas directement de sa compétence.

F. J. THORPE

AMA, Inspection du Génie, Archives, article 3 ; article 8 ; article 14 ; SHA, A[1], 3 417, 3 457, 3 498, 3 499, 3 540, 3 574, 3 733 ; Mémoires historiques et reconnaissances militaires, article 247 ; Y[b], 685 ; Y[3d], 3 251. — AN, Col., B, 103 ; 104 ; 107 ; C[11A], 103 ; 105 ; D[2C], 59, f. 14 ; Section Outre-mer, Dépôt des fortifications des colonies, Am. sept., n[o] 538. — APC, MG 18, K9 ; K13. — APC *Rapport*, 1929, 88–104. — Bougainville, Journal (A.-E. Gosselin), ANQ *Rapport*, 1923–1924, 205, 216, 221, 226–228, 255, 290, 320, 323, 331, 333. — [F.-J. Chaussegros de Léry], Lettres du vicomte François-Joseph Chaussegros de Léry à sa famille, ANQ *Rapport*, 1933–1934, 55. — *Coll. des manuscrits de Lévis* (Casgrain), I–VIII ; X. — Doreil, Lettres (A. Roy), ANQ *Rapport*, 1944–1945, 137, 142. — Mémoire du Canada, ANQ *Rapport*, 1924–1925, 148, 177. — *NYCD* (O'Callaghan et Fernow), X : *passim*. — [J.-G.-C. de Plantavit de Margon, chevalier de La Pause], Mémoire et observations sur mon voyage en Canada, ANQ *Rapport*, 1931–1932, 24. — *DBF*, X : 1 182. — A.-M. Augoyat, *Aperçu historique sur les fortifications, les ingénieurs et sur le corps du génie en France* [...] (3 vol., Paris, 1860–1864), II : 639. — Henri Doniol, *Histoire de la participation de la France à l'établissement des États-Unis d'Amérique, correspondance diplomatique et documents* (6 vol., Paris, 1886–1899), V : 311–590. — L.-É. Dussieux, *Le Canada sous la domination française d'après les archives de la Marine et de la Guerre* (3e éd., Paris, 1883), 291–310, 331–342, 409–429. — Frégault, *La guerre de la Conquête*, 57, 96, 183, 188, 193, 307, 379. — [C.-N.] Gabriel, *Le maréchal de camp Desandrouins, 1729–1792 ; guerre du Canada, 1756–1760 ; guerre de l'Indépendance américaine, 1780–1782* (Verdun, France, 1887). — Marcel Trudel, *Louis XVI, le Congrès américain et le Canada, 1774–1789* (Québec, [1949]), 181. — Le maréchal de camp Desandrouins, *BRH*, XXXVI (1930) : 607s.

DESAUNIERS, THOMAS-IGNACE TROTTIER DUFY. V. TROTTIER

DES BORDES, JEAN-MARIE LANDRIÈVE. V. LANDRIÈVE

DESCHAMBAULT, JOSEPH FLEURY. V. FLEURY

DESCHAMPS DE BOISHÉBERT ET DE RAFFETOT, CHARLES, officier dans les troupes de la Marine, né à Québec le 7 février 1727, fils d'Henri-Louis Deschamps* de Boishébert et de Louise-Geneviève de Ramezay ; il épousa le 7 septembre 1760, à Cliponville (dép. de la Seine-Maritime, France), sa cousine Charlotte-Élisabeth-Antoinette Deschamps de Boishébert et de Raffetot, et ils eurent un fils ; décédé le 9 janvier 1797 à Raffetot (près de Rouen, France).

Charles Deschamps de Boishébert entra tôt dans la carrière des armes. Son nom apparaît sur une liste de cadets à l'aiguillette du 1er octobre 1739, avec la mention : « jeune homme qui promet beaucoup, fort sage ». En 1742, il entrait dans la garnison de Québec comme sous-aide-major. Il participa, au cours des années 1744 et 1745, à plusieurs expéditions aux frontières de la colonie de New York.

Pour faire contrepoids à la présence des Britanniques en Acadie, accrue depuis la prise de Louisbourg, île Royale (île du Cap-Breton), par les troupes de William Pepperrell* en 1745, un corps d'armée de quelque 700 soldats appuyés d'Indiens quitta Québec pour l'Acadie en juin 1746, sous le commandement de Jean-Baptiste-Nicolas-Roch de RAMEZAY. Une fois rendu, Ramezay apprit la présence de Britanniques à Port-La-Joie (Fort Amherst, Île-du-Prince-Édouard) : il y envoya Boishébert en reconnaissance. Celui-ci fit état, dans son rapport, de deux vaisseaux britanniques et de 200 hommes de troupe. Il accompagna, semble-t-il, le parti composé de Micmacs et de quelques jeunes officiers qui, sous les ordres de Joseph-Michel LEGARDEUR de Croisille et de Montesson, se rendit à Port-La-Joie pour y attaquer l'ennemi. En octobre et jusqu'au 3 novembre, il participa au siège infructueux d'Annapolis Royal (Nouvelle-Écosse), le quartier général de l'administration et de l'armée britanniques en Acadie. Pendant l'hiver, Ramezay prépara l'expédition contre les troupes stationnées à Grand-Pré sous les ordres d'Arthur Noble*. Boishébert y fut blessé, au cours de la bataille, le 11 février 1747. Il retourna à Québec avec le reste des troupes, à la suite de cette victoire. Il obtint, en août, le commandement d'un navire parlementaire en partance pour Gaspé, où il devait procéder à un échange de prisonniers avec les Britanniques. Cette mission réussie, il rentra une fois de plus à Québec.

Promu lieutenant le 28 février 1748, Boishébert fut bientôt mêlé aux opérations dans une autre partie de la Nouvelle-France. Depuis l'année précédente, on craignait un soulèvement général des Indiens [V. Orontony*] ; au printemps de 1748, Boishébert faisait partie des renforts qui, sous le commandement de Pierre-Joseph Céloron* de Blainville, furent dépêchés à Détroit, particulièrement menacée. Il participa à une expédition punitive contre les Indiens, responsables de plusieurs attaques contre les Français des environs.

Boishébert se trouvait de nouveau en Acadie en 1749, au moment où la question des limites territoriales de cette région, en suspens depuis 1713, prenait une tournure nouvelle : la France avait décidé de fixer les limites de l'Acadie à la rivière Missaguash [V. LE LOUTRE]. On envoya donc Boishébert à l'embouchure de la rivière Saint-Jean pour faire opposition à toute tentative d'établissement de la part des Britanniques. Une vive discussion s'engagea aussitôt après son arrivée : John Rous*, l'officier naval supérieur de la station britannique de la Nouvelle-Écosse, arriva, réclamant pour les Britanniques l'embouchure de la Saint-Jean. Boishébert, néanmoins, resta ferme sur ses positions. Il rétablit le fort Menagouèche (Saint-Jean, Nouveau-Brunswick) et, déguisé en pêcheur, il parcourut les côtes de l'Acadie afin d'évaluer le degré de fidélité des Acadiens envers la France.

En 1751, le gouverneur La Jonquière [Taffanel*] honora Boishébert en le chargeant de porter en France les dépêches officielles ; à la cour, on le gratifia de 2 000#. De retour au Canada l'année suivante, il eut bientôt à intervenir une fois de plus dans l'Ouest. Pour contrecarrer la menace d'une expansion britannique dans la vallée de l'Ohio, le gouverneur DUQUESNE avait décidé de relier le lac Érié à l'Ohio par une série de forts.

Boishébert, que le gouverneur décrivait comme « un officier d'un grand zele et fort meritant », commanda un détachement d'avant-garde qui partit de Montréal en février 1753, chargé des préparatifs en vue de l'arrivée du gros des troupes. Il mit pied à terre à Presqu'île (Erie, Pennsylvanie) au début de mai 1753 et, apparemment, passa l'été dans la région, sous les ordres de Paul Marin* de La Malgue, commandant de l'expédition. Le 28 août, il fut mis en charge du fort de la rivière au Bœuf (Waterford, Pennsylvanie), mais ne conserva que peu de temps cette affectation.

À la fin de l'automne, Boishébert était de retour à Québec ; en 1754, il repartit pour l'Acadie, avec le titre de commandant du fort La Tour, à l'embouchure de la rivière Saint-Jean, où il s'employa à contrecarrer les efforts persistants des Britanniques pour s'établir dans cette région. Il fit également une étude des havres situés entre l'Acadie et Boston. La prise du fort Beauséjour (près de Sackville, Nouveau-Brunswick), le 16 juin 1755, par les forces britanniques aux ordres de MONCKTON, marqua un tournant dans la carrière de Boishébert. Immédiatement après la chute du fort, le commandant britannique envoya un détachement important contre la poignée de miliciens du fort La Tour. N'ayant aucun espoir de s'en sortir, Boishébert fit brûler le fort avant l'arrivée de l'ennemi et se retira parmi les colons du district, tout en continuant de combattre. Par la suite, en Acadie, il s'employa à assurer à la France la fidélité des Acadiens, à ramener en territoire français le plus grand nombre possible de ceux qui se trouvaient dans les régions occupées par les Britanniques, et à mener contre l'ennemi une petite guerre constante, avec l'aide des Indiens.

Peu après la prise du fort Beauséjour, Boishébert eut vent de l'intention des Britanniques d'attaquer les villages de Chipoudy (Shepody), de Petitcodiac et de Memramcook ; il partit immédiatement pour Chipoudy, mais arriva trop tard pour empêcher la destruction du village. Toutefois, le 3 septembre 1755, il affronta un détachement britannique à Petitcodiac. Après trois heures d'une lutte acharnée, au cours de laquelle ils subirent des pertes nombreuses, les Britanniques prirent la fuite. Boishébert, qui avait perdu un seul homme, revint à la rivière Saint-Jean avec 30 des familles les plus miséreuses.

Afin de prévenir toute idée de vengeance de la part des Britanniques à l'endroit des Acadiens, Boishébert envoya dans la région de Petitcodiac son lieutenant, François Boucher de Niverville (Nebourvele) Grandpré. Cet officier devait aussi empêcher tout transport de vivres ou de munitions entre la région du fort Beauséjour et la Baie-Verte. Entre-temps, Boishébert se rendit lui-même à Memramcook afin de repousser les Britanniques, s'ils tentaient d'y débarquer. Il passa une partie de l'hiver de 1755–1756 à Cocagne. Le 24 janvier, il fut surpris dans une embuscade britannique, près de cet endroit, mais réussit à s'en sortir sans pertes. Le 17 mars 1756, il était promu capitaine.

La vigilance constante de Boishébert sur ces établissements français montre bien qu'il voulait s'opposer à tout prix à de nouvelles déportations systématiques des Acadiens par les Britanniques. Déjà, on avait déporté les habitants de la région de Tintemarre (Tantramar), d'où Boishébert avait vainement tenté d'évacuer les familles les plus misérables. Son action dans ce domaine était limitée par la rareté des vivres qui, de 1756 à 1758, coïncida avec une période de misère pour la majorité des Acadiens. La position de Boishébert était de plus compliquée par l'avance constante de l'ennemi. D'après les indications de certains prisonniers amenés à Québec, un détachement permanent de 1 000 hommes se trouvait au fort Cumberland (ancien fort Beauséjour), un de 150 dans la région de Baie-Verte, et un autre de 150 au fort Lawrence (près d'Amherst, Nouvelle-Écosse). Dans des conditions fort difficiles, Boishébert se maintenait néanmoins sur la rivière Saint-Jean. Il entreprit même, le 12 octobre 1756, une expédition contre le fort Monckton (ancien fort Gaspereau, près de Port Elgin, Nouveau-Brunswick), mais l'ennemi fit brûler et évacuer le fort avant son arrivée. En janvier 1757, il arriva sur la rivière Miramichi et y établit son quartier général et un lieu de refuge pour les Acadiens. Avec l'aide du père Charles GERMAIN, il tenta d'entretenir la résistance des Acadiens face aux Britanniques.

Boishébert avait l'ordre de se porter, si nécessaire, à l'aide de Louisbourg ; en 1757, les rumeurs d'une attaque projetée des Britanniques contre la forteresse amenèrent Augustin de Boschenry* de Drucour, gouverneur de l'île Royale, à l'y mander. L'attaque prévue n'eut pas lieu, et Boishébert se retira à Québec, où il passa l'hiver. Il devait partir pour Louisbourg tôt au printemps de 1758, mais remit son départ jusqu'aux premiers jours de mai. « Boishébert parti trop tard, s'amusera sans doute encore à faire sa traite à Miramichi » avait prédit Bougainville*. Il n'existe aucune preuve permettant de croire que Boishébert se soit livré à la traite, mais il arriva effectivement trop tard. Au moment où il eut groupé une petite troupe d'Acadiens et d'Indiens et atteint Louisbourg, on était au début de juillet, et les Britanniques avaient débarqué un mois plus tôt. Il s'installa à Miré (Mira), au nord de la forteresse, d'où, espérait-on, il lancerait des raids contre les lignes de l'assiégeant britannique. L'efficacité de ses interventions fut réduite, à cause surtout du manque de munitions et de vivres, du nombre restreint des soldats sous son commandement et de la mauvaise condition physique de ses troupes. Une partie des Indiens et des Acadiens désertèrent ; il ne lui resta guère que 140 soldats en état de se battre. Dans une situation aussi précaire, Boishébert ne réussit qu'à tuer un Britannique, à faire un prisonnier et à brûler un poste de garde. Drucour et l'abbé Pierre Maillard*, qui faisait partie de l'expédition, lui reprochèrent son inaction ; Maillard écrivit par la suite que Boishébert avait été « protégé et favorisé plus que personne dès ses plus tendres années, pour aller commander dans des postes où il y avait plus à s'enrichir par le commerce qu'à s'illustrer par des faits militaires ». Boishébert, qui avait été fait chevalier de Saint-Louis plus tôt la même année, était conscient qu'on avait attendu de lui un plus grand effort dans l'expédition.

Après la chute de Louisbourg, le 26 juillet, Boishébert se retira, poursuivi par l'ennemi. Il ramena de la région de Port-Toulouse (St Peters, Nouvelle-Écosse) un nombre considérable d'Acadiens, afin d'assurer leur sécurité dans son poste de la rivière Miramichi. Le 13 août 1758, il partit de Miramichi avec 400 soldats à destination du fort St George (Thomaston, Maine). Arrivé le 9 septembre, son détachement fut pris dans une embuscade et dut se retirer. Ce fut, pour Boishébert, sa dernière expédition en Acadie. A l'automne, il partit pour Québec. Montcalm*, qui n'aimait pas Boishébert, écrivait à LÉVIS : « il a gagné cent mille écus la derniere campagne » et, se laissant aller à son penchant pour le commérage, il ajoutait : « je crois qu'il prodigue à qui vous savez sa jeunesse et sa bourse ».

Boishébert participa, avec un corps de volontaires acadiens, à la défense de Québec à l'été de 1759, de même qu'à la bataille décisive des plaines d'Abraham. A l'hiver, il revint une dernière fois en Acadie, afin d'y trouver des renforts pour la défense du Canada et d'y refaire le moral des Acadiens découragés. Apprenant, à son arrivée, que certains missionnaires, dont les abbés Jean Manach* et Pierre Maillard, avaient encouragé les Acadiens à se soumettre aux Britanniques, Boishébert combattit cette attitude et reprocha vivement aux missionnaires leur lâcheté envers la mère patrie.

Après la chute du Canada, en 1760, Boishébert retourna en France. Accusé d'avoir participé aux complots de l'intendant BIGOT, il fut peu après emprisonné à la Bastille. On prétendit qu'il avait tiré un profit personnel des achats de vivres faits à Québec en faveur des Acadiens dans le besoin. Après 15 mois d'emprisonnement, il fut acquitté.

Boishébert participa, en 1763, à l'élaboration de projets visant à établir les Acadiens à Cayenne (Guyane française) et tenta vainement d'y obtenir un poste militaire. En 1774, on rejeta sa requête pour un poste d'inspecteur des troupes des colonies. Sa seigneurie canadienne de La Bouteillerie, aussi connue sous le nom de Rivière-Ouelle, fut vendue cette année-là. Jusqu'à sa mort, survenue le 9 janvier 1797, il vécut en France, à Raffetot, un domaine acquis par son mariage.

PHYLLIS E. LEBLANC

AN, Col., C[11A], 87, ff.314–364 ; 105, ff.47–50 ; C[11B], 35, f.130 ; C[11D], 8, ff.153–157 ; E, 36 (dossier Charles Deschamps de Boishébert). — Bougainville, Journal (A.-E. Gosselin), ANQ *Rapport*, 1923–1924. — Clos, *Memorial on behalf of the Sieur de Boishébert* [...], Louise Manny, trad., J. C. Webster, édit. (Saint-Jean, N.-B., 1942). — *Coll. de manuscrits relatifs à la N.-F.*, III ; IV. — *Coll. des manuscrits de Lévis* (Casgrain), VI ; VII. — *Les derniers jours de l'Acadie* (Du Boscq de Beaumont). — Placide Gaudet, Généalogie des familles acadiennes avec documents, APC *Rapport*, 1905, II, IIIe partie : 236–243, 353s., 365, 402–406, 409. — Journal du siège de Québec (Æ. Fauteux), ANQ *Rapport*, 1920–1921, 184, 235. — [D.-H.-M. Liénard de] Beaujeu, Journal de la campagne du détachement de Canada à l'Acadie et aux Mines, en 1746–1747, *Coll. doc. inédits Canada et Amérique*, II : 25–27. — *NYCD* (O'Callaghan et Fernow), X : 79s. — *Papiers Contrecœur* (Grenier). — [John Witherspoon], Journal of John Witherspoon, 1757–1759, N.S. Hist. Soc., *Coll.*, II (1881) : 31–62. — P.-G. Roy, *Inv. concessions*, II : 250. — H.-R. Casgrain, *Une seconde Acadie : l'île Saint-Jean – île du Prince-Édouard sous le Régime français* (Québec, 1894). — Hunter, *Forts on Pa. frontier*. — Corinne LaPlante, Le traité d'Utrecht et l'Acadie, une étude de la correspondance secrète et officielle qui a entouré la signature du traité d'Utrecht (thèse de M.A., Université de Moncton, N.-B., 1974). — P.-G. Roy, *Bigot et sa bande* ; *La famille Des Champs de Boishébert* (Lévis, Québec, 1906). — Stanley, *New France*. — J. C. Webster, *Charles Des Champs de Boishébert, a Canadian soldier in Acadia* (s.l., 1931). — Marquis de Grosourdy de Saint-Pierre, Un cousin canadien en Normandie au XVIIIe siècle, *Nova Francia* (Paris), II (1926–1927) : 25–27. — P.-G. Roy, Charles Des Champs de Boishébert et de Raffetot, *BRH*, XII (1906) : 105–111.

DESCHENAUX, JOSEPH BRASSARD. V. BRASSARD

DESDEVENS DE GLANDONS, MAURICE, arpenteur, né en France en 1742, fils de Joseph Desdevens de Glandons et de Gabrielle Avet Forel ; il épousa Marie-Thérèse Mathon le 19 janvier 1767 à Sainte-Geneviève-de-Batiscan (Batiscan, Québec) ; décédé après le 6 mai 1799.

Nous ignorons à quel moment Maurice Desdevens de Glandons arriva au Canada. Bien que sa commission n'ait pas été retrouvée, nous savons qu'il commença à pratiquer comme arpenteur en 1767. Il exerça sa profession jusqu'en 1799, avec une interruption d'un peu plus de dix ans, au cours de laquelle il dut s'exiler aux États-Unis, pour avoir participé aux côtés des Américains à leur tentative de conquérir le Canada en 1775 et 1776.

Desdevens de Glandons s'était officiellement engagé, avec l'accord du commandant américain Richard MONTGOMERY, à titre de capitaine de milice. Il participa au siège de Québec, s'occupant de transporter des munitions et de déjouer les tentatives de désertion. Le 1er janvier 1776, Benedict Arnold* lui ordonna d'aider à la formation d'une compagnie en recrutant le plus d'hommes possible. Le 12 mars, Arnold le nomma notaire et arpenteur aux ordres de l'officier en chef du génie, Edward Antill.

On retrouve Desdevens de Glandons à Albany, New York, le 7 août 1776, où il s'occupa, jusqu'en septembre 1781, des réfugiés canadiens qui n'appartenaient à aucun régiment spécifique. Le 18 octobre 1781, on lui retira sa pension et ses rations alimentaires qu'il recevait depuis le 10 août 1776. Sans revenu suffisant, il pratiqua illégalement les métiers de colporteur et de tavernier, un permis lui ayant été refusé. Son droit aux rations lui fut de nouveau reconnu le 6 mai 1782, mais c'était bien insuffisant pour faire vivre sa famille qui ne comptait plus alors que deux enfants, ses deux filles étant mortes de faim à Albany en 1776. Jusqu'en 1786, il adressa, sans succès, pétition sur pétition pour recouvrer sa pension. De guerre lasse, Desdevens de Glandons semble être revenu au Canada cette année-là, puisque ses procès-verbaux d'arpentage indiquent qu'il pratiqua en 1786 au lac Champlain et, l'année suivante, à Nicolet.

Le 8 mai 1787, le gouverneur général lord Dorchester [Carleton*] lui accorda le pardon de ses fautes, mais sans lui donner une nouvelle commission d'arpenteur. En mars de l'année suivante, Desdevens de Glandons renouvela sa demande de commission, avec succès semble-t-il, et l'on sait qu'il pratiqua alors sa profession au moins jusqu'en 1799. En effet, l'acte d'inhumation de son épouse, décédée le 6 mai de cette année, constitue le dernier document qui fasse mention de l'arpenteur Desdevens de Glandons encore vivant à Verchères, Bas-Canada.

RUTH GARIÉPY SMALE

APC, MG 23, B3, CC35, pp.74–118 ; B45 ; MG 30, D1, 10, pp.571–587. — ANQ-M, État civil, Catholiques, Saint-François-Xavier (Verchères), 6 mai 1799 ; Procès-verbaux des arpenteurs, Maurice Desdevens de Glandons, 1767–1799 (interruption du 6 nov. 1775 au mois de septembre 1786). — Archives paroissiales, Sainte-Geneviève-de-Batiscan (Québec), Registre des baptêmes, mariages et sépultures, 19 janv. 1767. — Corinne Rocheleau-Rouleau, Maurice Desdevens de Glandon et l'invasion américaine, 1775–1776, *BRH*, XLI (1945) : 372.

DESGLIS (Desgly). V. MARIAUCHAU

DES MÉLOIZES, ANGÉLIQUE RENAUD D'AVÈNE. V. RENAUD

DESPINS, JACQUES-JOSEPH LEMOINE. V. LEMOINE

DESPINS, MARGUERITE-THÉRÈSE LEMOINE. V. LEMOINE

DESROSIERS, JOSEPH DEGUIRE, dit. V. DEGUIRE

DEVAU, dit **Retor, CLAUDE** (orthographié aussi **Devaux, de Veaux, de Vox**), faux saunier, forgeron, né en France vers 1704, fils de Benoît Devau et de Marie Potier, décédé à Sainte-Anne-de-la-Pérade (La Pérade, Québec) le 14 avril 1784.

Claude Devau, dit Retor, qui avait été banni de France pour avoir pratiqué la contrebande du sel, arriva au Canada au cours des années 1730 avec l'un des nombreux groupes de faux sauniers qui furent déportés dans la colonie entre 1730 et 1742 [V. Pierre Révol*]. Les autorités coloniales, qui déploraient la faible densité de la population et le très grand ralentissement de l'immigration au Canada depuis la fin du XVIIe siècle, voyaient d'un bon œil l'arrivée de ces hommes qui venaient grossir les rangs des colons et incitèrent le roi à en envoyer au Canada. Elles craignaient, par ailleurs, beaucoup moins l'influence des contrebandiers que celle des prisonniers ou des fils de famille sur la population. Il semble cependant qu'après quelques années la qualité du recrutement diminua puisqu'à partir de 1735 la correspondance coloniale devint moins élogieuse à leur sujet.

La plupart des faux sauniers étaient placés, à leur arrivée, chez les habitants ou enrôlés dans les troupes. On ne sait ce qu'il advint de Devau mais il semble qu'il s'établit d'abord à Saint-Charles-de-Lachenaie (Lachenaie) où il exerça le métier de forgeron. C'est en effet devant le curé de cette paroisse, Jacques-Joseph Lacombe, qu'il passa, en janvier 1742, l'examen prénuptial par lequel le prêtre s'assurait qu'il connaissait ses prières. Pour prendre épouse au pays, il devait également prouver qu'il était « venu garçon de France en Canada », et obtint pour ce un certificat du commissaire de la Marine à Québec, Jean-Victor VARIN de La Marre. C'est à Sainte-Anne-de-la-Pérade, le 1er février 1742, qu'il épousa Marie-Madeleine Gendron, fille d'un habitant de cette paroisse. Il était alors peu fortuné si l'on en juge par le douaire fixé à 6#. Après son mariage, il s'établit définitivement à Sainte-Anne-de-la-Pérade. Il y exerça d'abord son métier de forgeron, puis il se mit à la culture du sol. Le 24 juillet 1747, le seigneur du lieu, Pierre-Thomas Tarieu de La Pérade, lui concéda une terre de 4 arpents de front sur 20 de profondeur. C'est sur cette terre que Claude Devau et son épouse élevèrent leur famille nombreuse. Neuf enfants survécurent à leur père, qui mourut à Sainte-Anne-de-la-Pérade le 14 avril 1784, « âgé de 80 ans environ », d'après l'acte de sépulture. Il fut inhumé le lendemain dans le cimetière paroissial.

Tout en étant un immigrant d'une catégorie à part, Claude Devau, dit Retor, illustre bien le type de colon faux saunier qui constitua en Nouvelle-France un excellent élément pour la colonisation.

ANDRÉ LACHANCE

ANQ-MBF, État civil, Catholiques, Sainte-Anne-de-la-Pérade (La Pérade), 1er févr. 1742, 15 avril 1784 ; Greffe d'A.-B. Pollet, 11, 12, 13 mai 1743, 20 oct. 1746, 24 févr., 24 juill. 1747, 22 mai 1748 ; Greffe de Joseph Rouillard, 31 janv. 1742. — Tanguay, *Dictionnaire*. — Hamelin, *Économie et société en N.-F.*, 87s. — Gérard Malchelosse, Faux sauniers, prisonniers et fils de famille en Nouvelle-France au XVIIIe siècle, *Cahiers des Dix*, 9 (1944) : 161–197.

DIAQUANDE. V. TEYOHAQUEANDE

DIMOCK, SHUBAEL, prédicateur baptiste, né le 27 mai 1707 à Mansfield, Connecticut, fils de Timothy Dimock (Dimmick) et d'Abigail Doane, décédé le 10 mai 1781 à Newport, Nouvelle-Écosse.

Shubael Dimock fut d'abord membre de l'Église congrégationaliste, qui était, dans le Connecticut, l'Église établie. Puis, influencé par le renouveau de ferveur religieuse, appelé le Grand Réveil, il devint l'un des leaders d'un groupe qui, à Mansfield, se sépara de cette Église. Réputés pour leur opposition à l'autorité, les dissidents subirent les vexations des dirigeants locaux, dans le comté de Windham, et ceux qui prêchaient sans être titulaires d'une licence de ministre – Dimock était du nombre – furent condamnés à la prison. Dimock n'en continua pas moins de prêcher et il affirma au magistrat sa volonté de persévérer, « à moins, disait-il, que vous ne me coupiez la langue ». Il refusa obstinément de verser le montant de sa contribution au soutien de l'Église établie ; toutefois, sa femme payait de temps à autre cette redevance pour éviter que leurs objets de valeur ne fussent saisis par le constable.

Afin d'échapper à de nouvelles persécutions, les Dimock résolurent d'émigrer en Nouvelle-Écosse avec l'espoir de trouver là, conformément à la proclamation faite en 1759 par le gouverneur Charles Lawrence*, des terres concédées gratuitement, une « pleine liberté de conscience » et l'exemption des dîmes. Alors que Shubael Dimock était en prison, rapporte la tradition familiale, son fils Daniel avait visité la Nouvelle-Écosse ; il persuada ensuite son père d'aller s'y établir et les Dimock parvinrent dans la région de Falmouth six mois avant l'arrivée, au printemps de 1760, des autres colons de la Nouvelle-Angleterre [V. John HICKS]. Dimock fut certainement au nombre des gens qui obtinrent une terre lors des premières concessions faites à Falmouth en 1759 ; parmi les nouveaux propriétaires, 18 seulement s'y installèrent. Il obtint ensuite un lot de 500 acres lorsque de nouvelles concessions furent accordées en 1761. A ce moment-là, Daniel Dimock devint propriétaire d'un demi-lot dans le canton de Newport, de l'autre côté de la rivière Pisiquid (rivière Avon).

Shubael Dimock guida les colons non seulement sur le plan spirituel, mais aussi dans les affaires temporelles. Il fut élu président de la première assemblée tenue par les propriétaires de Falmouth le 10 juin 1760, alors qu'on mit sur pied un comité permanent de trois personnes, en vue d'installer les concessionnaires sur leurs terres et d'établir des règlements concernant le gouvernement local. Il présida durant plusieurs années les réunions du conseil de la localité. C'est lui qui remplissait cette fonction à l'été de 1760 lorsqu'on tira au sort les maisons et les bâtiments ayant appartenu aux Acadiens et tout le bois en planches et le bois sur pied du canton. Il était également président lorsque, le 23 mars 1762, Henry Denny DENSON remit au conseil la concession en bonne et due forme de Falmouth et lorsqu'en septembre de la même année des dispositions furent prises afin de réparer les digues de Great Marsh. De ses années passées en Nouvelle-Angleterre, Dimock avait gardé une foi obstinée dans le droit des individus à participer aux décisions du gouvernement local. En 1762, avec d'autres habitants de ce qui était alors le comté de Kings, il se joignit à Robert Denison* pour se plaindre auprès des membres du Board of

Trade de ce que l'on n'avait pas respecté les promesses faites par Lawrence d'accorder la « protection du gouvernement à l'égard de tous [leurs] droits et libertés civils et religieux » ; les protestataires réclamaient également leur propre gouvernement cantonal et ils dénonçaient le colonel Denson qui était par sa conduite, disaient-ils, « la honte de l'autorité et un grand empêchement à la religion et à la piété chez nous ».

A Falmouth, Shubael Dimock réunissait quelques personnes pieuses « autour de lui pour leur faire entendre ses prêches », mais ni à Falmouth ni à Newport on ne construisit d'église congrégationaliste. Daniel en était venu à accepter le baptême par immersion et avait été baptisé en 1763, mais Shubael ne s'était pas encore laissé toucher par la conversion de son fils. Toutefois, après avoir longuement étudié les Écritures, il se fit baptiser dans la rivière Kennetcook par son fils. Ils s'efforçaient tous deux de faire avancer la cause de la religion à Newport et à Falmouth, l'un prêchant le matin et l'autre l'après-midi. On estimait, en 1771, que Shubael Dimock exerçait son ministère auprès d'un « nombre considérable » de baptistes à Newport, où il avait élu domicile. En 1776, les Dimock se joignirent à la communauté de baptistes et de congrégationalistes que Henry Alline, prédicateur du mouvement *New Light*, avait fondée dans ce village. Si l'on en croit son petit-fils Joseph*, Dimock ne donnait pas son adhésion à toutes les particularités de la foi d'Alline, mais il voyait tout de même en lui « un éminent instrument entre les mains du Tout-Puissant pour inviter les pécheurs au repentir ». Bien que Dimock ne fût pas, semble-t-il, un prédicateur très doué, Alline louait son talent manifeste pour la prière et l'exhortation : « Jamais, disait-il, je n'ai entendu quelqu'un prier en regardant aussi droit vers le ciel et en entraînant les autres comme il le fait. »

Shubael Dimock se maria trois fois : il épousa Percilla Hovey le 11 décembre 1731, à Mansfield ; Eunice Marsh le 10 novembre 1747, à Mansfield également, et Sarah Knowlton, la veuve d'Abraham Masters (Marsters), le 22 octobre 1768, à Newport. Il eut en tout 13 enfants, dont deux moururent en bas âge. Un pionnier parmi les baptistes de la Nouvelle-Écosse, il croyait fermement au droit de chacun à décider de sa religion. Trois générations de Dimock poursuivirent son œuvre missionnaire en se vouant au progrès de l'Église baptiste.

Phyllis R. Blakeley

APC, MG 9, B9, Newport, 1 (mfm aux PANS). — Hants County Court of Probate (Windsor, N.-É.), loose petitions and wills, 1761–1798 (testament de Shubael Dimock, homologué le 9 août 1781). — PANS, MG 4, n° 31 (registre du canton de Falmouth). — *Births, baptisms, marriages and deaths, from the records of the town and churches in Mansfield, Connecticut, 1703–1850*, S. W. Dimock, compil. (New York, 1898). — *A genealogy of the Dimock family from the year 1637*, J. D. Marsters, compil. (Windsor, 1899), 5–20. — M. W. Armstrong, *The Great Awakening in Nova Scotia, 1776–1809* (Hartford, Conn., 1948). — I. E. Bill, *Fifty years with the Baptist ministers and churches of the Maritime provinces of Canada* (Saint-Jean, N.-B., 1880), 28s. — J. M. Bumsted, *Henry Alline, 1748–1784* (Toronto, 1971). — J. V. Duncanson, *Falmouth – a New England township in Nova Scotia, 1760–1965* (Windsor, Ontario, 1965). — H. Y. Hind, *Sketch of the old parish burying ground of Windsor, Nova Scotia* [...] (Windsor, 1889), 48–50, 52. — *Baptist Missionary Magazine of Nova-Scotia and New-Brunswick* (Saint-Jean et Halifax), nouv. sér., III (1836) : 171–177. — J. M. Bumsted, Origins of the Maritime Baptists : a new document, *Dal. Rev.*, XLIX (1969–1970) : 88–93.

DIXON, GEORGE, officier de marine et trafiquant de fourrures, *circa* 1776–1791.

George Dixon, armurier dans la marine royale, par brevet daté du 16 avril 1776, rejoignit le *Discovery* le même jour. En juillet, il fit voile vers le Pacifique lors du troisième voyage d'exploration du capitaine Cook. En tant qu'armurier, Dixon était un mécanicien expérimenté, officier marinier de première classe qui avait pour tâche d'aider le canonnier à maintenir les armes du navire en bon état. Le *Discovery* fit escale à la baie de King George (baie de Nootka, Colombie-Britannique), en mars et en avril 1778, et à d'autres endroits le long de la côte nord-ouest de l'Amérique du Nord, avant de revenir en Angleterre en 1780. Ce voyage dut déclencher chez Dixon un intérêt pour la découverte car, en août 1784, dans une lettre à sir Joseph Banks*, président de la Royal Society de Londres, il suggérait d'organiser une expédition par voie de terre, dont il serait lui-même l' « astronome », pour traverser l'Amérique du Nord en passant par la province de Québec et les Grands Lacs. Rien n'en résulta, peut-être – selon sa propre observation – à cause de l' « état agité » de l'Amérique.

Le voyage de Cook avait amorcé avec la Chine le commerce des fourrures, consistant en peaux de loutre marine. En 1785, Dixon et Nathaniel Portlock*, un compagnon de bord sur le *Discovery*, s'associèrent à la Richard Cadman Etches and Company, appelée ordinairement la King George's Sound Company, l'une des quelques associations mises sur pied pour exercer ce commerce. Cette année-là, la compagnie équipa deux navires, le *King George* et le *Queen Charlotte*, et acheta un permis de commerce sur la côte nord-ouest à la South Sea Company qui détenait le monopole pour la côte du Pacifique. Portlock reçut le commandement du *King George* et de l'expédition, et Dixon le commandement du *Queen Charlotte*. William Beresford, le trafiquant désigné pour l'expédition, écrivit que Dixon et Portlock avaient été choisis parce qu'ils étaient de bons navigateurs, qu'ils connaissaient bien les Indiens de même que les meilleures stations de commerce et parce qu'ils étaient des « hommes sensibles et humains, et portaient une attention toute particulière à la santé de leurs équipages, détail de la plus haute conséquence lors d'un voyage d'une telle durée ».

Les navires quittèrent Londres le 29 août 1785 et arrivèrent à la rivière Cook (inlet de Cook, Alaska) en juillet de l'année suivante. Ils y firent du commerce avec les Indiens avant de faire voile à destination des îles Sandwich (Hawaii) pour hiverner. Au printemps de 1787, ils repartirent pour le détroit du Prince-Guillaume (Alaska) où ils rencontrèrent un autre trafiquant britannique, John Meares*, dont le bateau avait été pris dans les glaces. Une grande confusion régnait parmi l'équipage de Meares, soit à cause du scorbut, comme le prétendait celui-ci, soit à cause du « recours immodéré aux spiritueux », suivant l'accusation ultérieure de Beresford. Dixon et Portlock vinrent à son aide mais exigèrent de Meares, qui faisait un trafic illégal dans les limites du monopole de la South Sea Company, qu'il s'engageât par écrit à ne pas faire de commerce sur la côte.

Comme prévu, Dixon se sépara de Portlock puis, à partir du détroit du Prince-Guillaume, fit voile en direction du sud pour faire le commerce. Il rencontra sur son chemin un grand archipel qu'il appela les îles de la Reine-Charlotte (Colombie-Britannique). Le capitaine Robert Gray* du sloop américain *Lady Washington* allait, en 1789, leur donner le nom de son propre navire mais, la côte étant possession britannique, l'on maintint l'appellation de Dixon. Celui-ci longea les côtes occidentales des îles, appelées cap St James et remonta leurs côtes orientales jusqu'à Skidegate. En cours de route, il acheta aux Haïdas une grande quantité de peaux de loutre marine et trafiqua à un certain moment avec le village du chef KOYAH. Dixon atteignit la baie de Nootka à la mi-août mais ce fut pour découvrir que les capitaines James Colnett* et Charles DUNCAN l'y avaient précédé et avaient cueilli la plupart des fourrures. Portlock ne s'étant pas présenté à la baie de Nootka, Dixon mit le cap sur les îles Sandwich et sur la Chine. Il y vendit ses fourrures puis revint en Angleterre en septembre 1788.

Bien qu'aucun document ne précise que Dixon retournât jamais sur mer, il continua cependant à s'intéresser à l'exploration de la côte nord-ouest et à la recherche du passage du Nord-Ouest. En 1789, il rencontra l'hydrographe Alexander Dalrymple et Evan Nepean, un membre influent du gouvernement, et, en juillet, pressa ce dernier de réaliser le projet de Dalrymple de mettre sur pied un établissement sur la côte nord-ouest pour empêcher les Russes, les Américains ou les Espagnols de s'y établir. Dixon craignait, si le gouvernement ne faisait rien, que la côte et son commerce ne fussent perdus pour la Grande-Bretagne, « et en conséquence de cette perte, les trafiquants de la baie d'Hudson comme du Canada se trouveraient dans un mauvais voisinage ». En octobre, il écrivit à Banks au sujet de l'expédition que l'on préparait sous le commandement du capitaine Henry Roberts et de VANCOUVER : il offrait des suggestions quant au type de navires qu'il faudrait utiliser et aux meilleurs endroits où installer un établissement sur la côte nord-ouest. Malgré les opinions contraires de Christopher Middleton* et de Cook, Dalrymple croyait encore qu'un passage du Nord-Ouest existait ; il persuada la Hudson's Bay Company d'explorer une fois de plus la côte ouest de la baie d'Hudson. En mai 1790, la compagnie confia cette expédition à Charles Duncan. Dixon, qui devait l'accompagner, reçut instruction de mener l'expédition à l'intérieur des terres à partir des lacs Dubawnt et Yathkyed (Territoires du Nord-Ouest) jusqu'au Pacifique, en passant par le Grand lac des Esclaves. Pour une raison quelconque, la partie du voyage que Dixon devait faire fut annulée par la suite et il n'accompagna pas Duncan.

Dixon avait publié *A voyage round the world ; but more particularly to the north-west coast of America* [...], à Londres en 1789. Il avait rédigé l'introduction et l'annexe mais la partie principale du texte comportait une série de lettres écrites par Beresford. Lorsque Meares publia une relation de ses voyages de 1788 et de 1789, Dixon écrivit un factum relevant les nombreuses inexactitudes du récit ; il s'ensuivit entre les deux hommes une petite guerre pamphlétaire dont Dixon sortit vainqueur.

On a avancé que Dixon avait enseigné la navigation à Gosport et rédigé *The navigator's assistant* [...], publié en 1791. Il n'est fait nulle mention de Dixon après cette date. Bon navigateur et trafiquant dont le commerce fut lucratif, Dixon sortit de l'obscurité pour devenir une grande figure de l'histoire de la côte nord-ouest.

BARRY M. GOUGH

Les brochures de George Dixon : *Remarks on the*

voyages of John Meares, esq., in a letter to that gentleman (Londres, 1790) et *Further remarks on the voyages of John Meares, esq.* [...] (Londres, 1791), ont été reproduites dans *The Dixon-Meares controversy* [...], édité par F. W. Howay (Toronto et New York, 1929 ; réimpr., Amsterdam et New York, 1969). Dixon est probablement l'auteur également de *The navigator's assistant ; or, a new and methodised system of naval mathematics* [...] (Londres, 1791). Certaines de ses lettres ont été publiées : « Letters of Captain George Dixon in the Banks collection », R. H. Dillon, édit., *British Columbia Hist. Quarterly* (Victoria), XIV (1950) : 167–171. [B. M. G.]

APC *Report*, 1889, 29. — *The Banks letters ; a calendar of the manuscript correspondence of Sir Joseph Banks* [...], W. R. Dawson, édit. (Londres, 1958). — [William Beresford], *A voyage round the world ; but more particularly to the north-west coast of America* [...], George Dixon, édit. (Londres, 1789 ; réimpr., Amsterdam et New York, 1968). — Nathaniel Portlock, *A voyage round the world ; but more particularly to the north-west coast of America* [...] (Londres, 1789 ; réimpr., Amsterdam et New York, 1968). — *DNB*. — Walbran, *B.C. coast names*. — Cook, *Flood tide of empire*. — H. T. Fry, *Alexander Dalrymple (1737–1808) and the expansion of British trade* (Buffalo, N.Y., et Toronto, 1970). — Glyndwr Williams, *The British search for the northwest passage in the eighteenth century* (Londres et Toronto, 1962).

DOANE, ELIZABETH. V. OSBORN

DOGGETT, JOHN, marin, marchand, fonctionnaire et officier de milice, né le 6 février 1723/1724 à Plymouth, Massachusetts, fils d'Ebenezer Doggett et d'Elizabeth Rickard ; il épousa le 3 novembre 1748, à Scituate, Massachusetts, Abigail House, et ils eurent huit enfants ; décédé le 20 mars 1772 à l'île de Port Mouton (île Mouton, Nouvelle-Écosse).

John Doggett s'établit à Scituate dès 1748. Il y travailla comme capitaine de navire puis comme gardien d'un bac. Il s'intéressa à la Nouvelle-Écosse dès 1757 quand le gouverneur Charles Lawrence*, venu à Boston cette année-là, le pressa d'accepter la concession d'un canton de la Nouvelle-Écosse pour lui et pour d'autres colons. Lawrence mettait beaucoup d'ardeur à encourager l'occupation des terres naguère détenues par les Acadiens, de même que de celles encore disponibles dans la colonie, mais il fallait pourvoir à la sécurité et au gouvernement représentatif avant que des habitants de la Nouvelle-Angleterre acceptent d'émigrer en nombre en Nouvelle-Écosse. Peu après, la situation commença de changer. En 1758, survint la prise de Louisbourg, île Royale (île du Cap-Breton), et la première Assemblée élue fut appelée à siéger en Nouvelle-Écosse.

En 1759, Doggett et d'autres habitants de la Nouvelle-Angleterre montraient un vif intérêt pour la colonie, et le gouvernement élabora un plan de colonisation qui prévoyait la création de 14 cantons situés le long de la côte sud, dans la vallée d'Annapolis, en bordure du bassin des Mines et de part en part de l'isthme de Chignectou. Doggett entreprit de recruter des colons en voyageant dans toute la Nouvelle-Angleterre ; son frère Samuel, Elisha Freeman, Thomas Foster et lui-même demandèrent, en leurs noms propres et comme représentants d'autres personnes, qu'on leur concédât une certaine étendue de terre. Le canton de Liverpool leur fut concédé le 1er septembre 1759. Quarante et un concessionnaires devaient être établis, dans une première étape, avant le « dernier [jour de] septembre prochain », et un total de 164 familles avant la fin de septembre 1762. Au printemps de 1760, les 50 premières familles arrivaient dans le canton. Quelques-unes avaient voyagé dans leurs propres schooners ; d'autres furent transportées sur des navires de la province, comme le *York and Halifax* commandé par le capitaine Silvanus Cobb*. Sur le plan local, c'est surtout Doggett qui avait la responsabilité de l'avancement de la colonisation. Il loua des navires pour le transport des immigrants et distribua des secours aux nécessiteux. Pour ses services, il reçut par la suite £90 du gouvernement de la Nouvelle-Écosse.

Malgré des débuts difficiles, le canton de Liverpool progressa ; l'énergique et compétent Doggett y résidait et comptait parmi les notables. La deuxième assemblée cantonale se tint dans sa maison, sur la pointe Doggett, le 8 juillet 1760. Il possédait un magasin et, en 1762, il acquit la moitié des intérêts dans un moulin à scier sur le ruisseau Mill. En 1761, il obtint la permission d'occuper et de développer l'île de Port Mouton, et le Conseil de la Nouvelle-Écosse recommanda, le 31 décembre 1763, qu'elle lui soit concédée.

Doggett remplit de nombreuses fonctions dans le canton. Par commission du 26 mai 1760, il en fut l'un des deux premiers juges de paix ; en juillet, il devint membre du comité des propriétaires, ainsi que d'un autre comité chargé de fixer l'emplacement d'un terrain communal pour les claies à poisson. Le 22 juillet 1761, il fut mis en charge du commerce avec les Indiens, fonction qu'il paraît avoir conservée jusqu'à ce qu'une semblable commission fût délivrée à Simeon Perkins*, en 1766. Le Conseil de la Nouvelle-Écosse autorisa, le 15 août 1761, la nomination de Doggett au sein d'un comité chargé de la répartition des terres confisquées dans le canton de Liverpool et de l'admission de nouveaux colons. Il devint, le 23 novembre 1761, percepteur des taxes et impôts indirects dans le canton et, le 20 juillet 1762, major dans la milice. Le 6 janvier 1764, il était nommé juge de la Cour inférieure des plaids communs du comté de Queens et, la même année, il en devenait le premier registraire.

Le 3 juin 1766, quand arriva la nouvelle du rappel de la loi du Timbre, il y eut une journée de réjouissances dans le canton de Liverpool. Pendant les manifestations, une partie des miliciens défilèrent jusqu'à la maison de Doggett, où ils furent reçus. En 1770, Doggett fut élu à la chambre d'Assemblée de la Nouvelle-Écosse, et, le 9 juin de l'année suivante, il fut promu lieutenant-colonel de la milice du comté. Le 20 mars 1772, « à la suite d'une pénible et longue maladie », il mourut à l'île de Port Mouton où, peut-être, il avait été isolé à cause du caractère contagieux de sa maladie.

CHARLES BRUCE FERGUSSON

Archives privées, Seth Bartling (Liverpool, N.-É.), R. J. Long, The annals of Liverpool and Queen's County, 1760–1867 (1926) (copie dactylographiée à la Dalhousie University Library, Halifax ; mfm aux PANS). — PANS, MG 1, 828 (généalogie de T. B. Smith) ; MG 4, n° 77 (doc. du canton de Liverpool) ; RG 1, 164, 165, 211, 359. — N.-É., House of Assembly, *Journal*, 1770–1771. — Perkins, *Diary, 1766–80* (Innis). — Vital records of Liverpool, N.S., *New England Hist. and Geneal. Register*, CXXVI (1972) : 94–102. — *Directory of N.S. MLAs*. — S. B. Doggett, *A history of the Doggett-Daggett family* (Boston, 1894). — C. B. Fergusson, *Early Liverpool and its diarist* (Halifax, 1961). — J. F. More, *The history of Queens County, N.S.* (Halifax, 1873 ; réimpr., Belleville, Ontario, 1972). — F. E. Crowell, New Englanders in Nova Scotia : n° 39 – Doggett, Daggett, *Yarmouth Herald* (Yarmouth, N.-É.), 6 nov. 1928.

DOLOBARATS. V. OLABARATZ

DOMBOURG, JEAN-FRANÇOIS BOURDON DE. V. BOURDON

DON JACQUE. V. ANGEAC

DOSQUET, PIERRE-HERMAN, sulpicien, prêtre des Missions étrangères et quatrième évêque de Québec, né à Liège (Belgique) le 4 mars 1691, fils de Laurent Dosquet, marchand bourgeois, et d'Anne-Jeanne Goffar, décédé le 4 mars 1777 à Paris.

Nous ne savons rien de la jeunesse de Pierre-Herman Dosquet, sinon qu'en 1715 il entre au séminaire de Saint-Sulpice à Paris, où il est ordonné prêtre l'année suivante. Agrégé à cette société en 1721, il s'offre alors pour la mission du Canada où il arrive en juillet de la même année. Durant deux ans, à la satisfaction des sœurs de la Congrégation de Notre-Dame à Montréal, il exerce la fonction d'aumônier. Son faible état de santé et le climat le font regagner la France en 1723.

Monsieur Dosquet devient alors supérieur du séminaire de Lisieux, et ce, jusqu'en 1725. A ce moment, la Compagnie de Saint-Sulpice fournit des effectifs au séminaire des Missions étrangères, dont l'abbé Dosquet qui devient un des directeurs du séminaire de Paris et est envoyé à Rome à titre de procureur. Le 25 décembre 1725, il est nommé évêque de Samos *in partibus* avec le titre honorifique d'assistant au trône pontifical. Il exerce également la fonction de procureur général des vicaires apostoliques des Indes orientales.

Presque deux ans après la mort de Mgr de Saint-Vallier [La Croix*] en décembre 1727, Québec n'a toujours pas d'évêque résidant puisque le coadjuteur, Mgr Louis-François Duplessis de Mornay, n'a jamais mis les pieds au pays. Dosquet est nommé administrateur du diocèse le 25 mai 1729, par le nouvel évêque en titre, Mgr de Mornay, et le pape Clément XII signe, le 24 juillet 1730, la bulle le nommant coadjuteur.

Dosquet, accompagné d'une suite imposante, part de Rochefort à la mi-juin 1729, sur l'*Éléphant*. L'arrivée n'est cependant pas aussi solennelle que prévue car, le 2 septembre, le navire heurte un récif près de l'île aux Grues. Le chanoine Pierre HAZEUR de L'Orme fait remarquer à son frère dans une lettre datée du 15 mai 1735 : « Les cloches, le canon, le dais [...] marquent parfaitement la joie que ressentait un chacun de son arrivée, à quoi il n'a pas, selon ce que vous m'écrivez, trop bien correspondu. »

Le nouveau coadjuteur devra affronter plusieurs problèmes. Il va d'abord loger au séminaire de Québec, parce que le palais épiscopal est délabré et qu'il n'est pas sûr si l'évêque en est propriétaire. En effet, Mgr de Saint-Vallier, par son testament, tout en faisant des religieuses de l'Hôpital Général ses légataires universelles, donne le palais épiscopal à son successeur à condition qu'il l'entretienne. Cette ambiguïté engendre une querelle qui se réglera sous Mgr de Pontbriand [Dubreil*]. Cependant, après des réparations coûteuses, Mgr Dosquet peut emménager dans le palais épiscopal où, à cause de la présence du chemin de ronde sur lequel se rassemble la population, il ne se sent jamais chez lui.

Au moment où Mgr Dosquet arrive à Québec, certaines communautés de femmes, notamment les hospitalières et les ursulines, vivent des situations difficiles engendrées par les troubles survenus à la mort de Mgr de Saint-Vallier [V. Claude-Thomas Dupuy* ; Étienne Boulard*]. Mgr Dosquet juge très sévèrement ces communautés, ce qui ne lui attire guère de sympathie, d'autant plus que le gouverneur Beauharnois* et l'intendant HOCQUART ne partagent pas cet avis. L'évêque exige même des ursulines qu'elles détruisent environ 25 pages de leurs annales à la suite d'un conflit avec le chapitre au sujet de leur confesseur.

Les relations de Mgr Dosquet avec le chapitre de Québec ne sont pas meilleures ; ce n'est qu'accusations de part et d'autre. De plus, l'évêque prend presque systématiquement le contre-pied des décisions du chapitre. Cependant, ce n'est ni de la mesquinerie ni de vulgaires rivalités de personnes qui expliquent l'attitude de l'évêque. D'après l'opinion de ses contemporains et de Beauharnois, « le coadjuteur est un saint homme [...] qui s'occupe à mettre tout en règle ». Il lui manque seulement un peu de tact et de diplomatie, comme lorsqu'il se met à dos le gouverneur et l'intendant en leur faisant interdire par le ministre le libre accès aux couvents.

Mgr Dosquet partage cependant l'avis de ses prédécesseurs en ce qui concerne la traite de l'eau-de-vie. Par ailleurs, il ne visite qu'une fois son diocèse à l'été de 1731 et il en profite pour faire signer à ses prêtres une condamnation des idées jansénistes. Lors de cette visite, il se rend compte des difficultés matérielles de ses curés, à la suite de quoi il demande une réforme de la dîme – au treizième minot à la place du vingt-sixième – refusée par le roi au grand soulagement des colons canadiens. La situation financière du coadjuteur est difficile puisqu'il ne touche pas les bénéfices attachés à l'évêché de Québec. Mgr Dosquet décide donc de repasser en France pour obtenir soit la démission de Mgr de Mornay, soit sa venue au Canada. Le 15 octobre 1732, il s'embarque sur le *Rubis*, après avoir vendu une partie de ses biens car, en cas de refus, il ne veut pas revenir au Canada comme coadjuteur.

En France, Mgr Dosquet s'emploie à clarifier la situation du siège épiscopal de Québec. A l'automne de 1733, Mgr de Mornay démissionne et Mgr Dosquet obtient la succession avec diverses gratifications accordées par le roi. Le nouvel évêque en titre quitte La Rochelle le 31 mai 1734, accompagné d'une suite de 11 personnes. Le 8 août, le chanoine Eustache Chartier* de Lotbinière, archidiacre du chapitre, prend possession de l'évêché au nom de Mgr Dosquet qui arrive à Québec le 16 août ; on ne trouve nulle description de son arrivée. Beauharnois et Hocquart mentionnent simplement dans une dépêche qu' « il a été reçu avec toutes les distinctions que mérite sa place ». Mgr Dosquet s'établit alors de façon presque permanente à Samos, une villa qu'il a achetée en 1730, située à Sillery. Cet éloignement du centre de la ville ne favorise sûrement pas les relations entre l'évêque et la population, qui ne le voit pas beaucoup durant son mandat, d'autant plus que l'évêque n'a pas fait de visite épiscopale. D'autre part, certaines de ses décisions déplaisent aux Canadiens : il révoque par mandement, en février 1735, tous les pouvoirs qui ont été accordés par son prédécesseur aux prêtres de son diocèse et, sous prétexte de remédier à certains abus, il interdit aux prêtres de se faire servir par des femmes dans leur presbytère, à moins qu'elles ne soient leurs proches parentes. De plus, il défend à tout ecclésiastique le port de la perruque et interdit aux maîtres d'école d'enseigner aux personnes de sexe différent. Une seule directive est susceptible de lui attirer les louanges de la postérité : il invite les curés, en février 1735, à enseigner le latin aux enfants qui paraîtront avoir la vocation ecclésiastique.

Comme le disent Beauharnois et Hocquart, Mgr Dosquet se sent « peu estimé des populations », et les relations sont devenues tendues entre lui et son clergé. Alléguant que l'air du pays ferait du bien à sa santé et surtout que des affaires financières l'appellent en France, il s'embarque le 19 octobre 1735 sur le *Héros*. Peu sûr de revenir, il ramène avec lui tout son personnel ; de plus, il a ordonné au concierge du palais épiscopal de vendre ses meubles et, en compensation pour ses dettes, il a cédé Samos au séminaire ainsi que la moitié de sa seigneurie de Bourgchemin qu'il avait achetée de Vaudreuil [RIGAUD] en 1731.

En France, durant ses dernières années comme évêque de Québec, Mgr Dosquet voyage. Dès 1736, une correspondance s'établit entre lui et la cour au sujet de sa démission. Ne voulant pas revenir au Canada, il finit par consentir à démissionner, à condition que le roi lui assure des bénéfices intéressants. Après avoir enfin obtenu les revenus de l'abbaye de Breine, située près de Soissons, et réglé la question des réparations au palais épiscopal de Québec, il signe sa démission au début de 1739 ; Mgr François-Louis de Pourroy* de Lauberivière le remplace. Mgr Dosquet habite ensuite alternativement Paris ou Rome. Grand vicaire de l'archevêque de Paris, il a l'occasion de rendre certains services à ses successeurs jusqu'à sa mort, le 4 mars 1777.

Il est difficile de porter un jugement sur le séjour de Mgr Dosquet au Canada. Tous louangent sa piété et son intelligence. Cependant, Beauharnois souligne que « son gouvernement [fut] trop absolu, ce qui a éloigné la confiance que les uns et les autres auraient pu avoir en lui », d'autant plus qu'il était Wallon, donc étranger au royaume. Enfin, cet homme, contrairement à ses prédécesseurs, n'était pas prêt à tous les sacrifices, les questions d'argent l'ayant beaucoup trop préoccupé. Il faut souligner enfin qu'il arriva à Québec à une époque fort difficile pour l'Église canadienne encore troublée par les dissensions qui avaient suivi la mort de Mgr de Saint-Vallier.

JEAN-GUY PELLETIER

AAQ, 20 A, I : 19 ; 22 A, II : 273, 285, 287, 298, 299, 301–304, 393, 425, 428, 431, 434, 445, 446, 460, 477, 486, 487, 492, 494, 507, 508 ; 10 B, 72, 77, 84 ; 11 B, IV : 45 ; VI : 27, 28, 63, 65, 70, 76, 81 ; VII : 47 ; CD, Diocèse de Québec, I : 39 ; 10 CM, I : 62 ; 91 CM, I : 8 ; 60 CN, III : 83 ; 167 CN, I : 88 ; Dosquet, P.-H., note personnelle de l'archiviste sur son lieu de sépulture. — AN, Col., C[11A], 51–72. — ASQ, Chapitre, 146 ; Doc. Faribault, n° 230 ; Évêques, n° 179a, b ; Fonds Viger-Verreau, Sér.O, 035, p.7 ; Lettres, M, 48, 67, 79, 80, 88, 90, 93, 95, 99 ; R, 8 ; S, 105 ; Y, 75 ; Paroisse de Québec, 19 ; Polygraphie, V : 22, 40 ; IX : 33 ; XI : 3 ; Séminaire, 3, n° 51 ; 5, n°s 73, 74 ; 12, n°s 2a, 2f ; 14/5, n°s 16, 27, 28, 33, 35 ; 34, n° 137 ; 40, n° 71b ; 79, n° 4. — AUQ, Annales, I. — Liste des passagers sur la flutte du roy l'Éléphant destinée pour Québec, *BRH*, XXXVII (1931) : 61s. — *Mandements des évêques de Québec* (Têtu et Gagnon), I : 529–552. — Mgr Dosquet et le naufrage de l'Éléphant, *BRH*, XIII (1907) : 315s. — APC *Rapport*, 1886, xcvi–cxl ; 1904, app.k, 108–269. — *DBF*, XI : 631. — Le Jeune, *Dictionnaire*. — P.-G. Roy, *Inv. concessions*, IV : 108–111, 114s., 237s. ; V : 276s. ; *Inv. jug. et délib., 1717–1760*, II : 77. — Tanguay, *Répertoire*. — Louis Bertrand, *Bibliothèque sulpicienne, ou histoire littéraire de la Compagnie de Saint-Sulpice* (3 vol., Paris, 1900), III : 168–184. — P.-J.-O. Chauveau, *Bertrand De La Tour* (Lévis, Québec, 1898). — A.-H. Gosselin, *L'Église du Canada jusqu'à la Conquête*, II : 48–363. — O'Reilly, *Mgr de Saint-Vallier et l'Hôpital Général*, 280–304. — Rochemonteix, *Les jésuites et la N.-F. au XVIIIe siècle*, I : 157–168. — P.-G. Roy, *La ville de Québec sous le Régime français* (2 vol., Québec, 1930), II : 129–132. — *The storied province of Quebec ; past and present*, William Wood *et al.*, édit. (5 vol., Toronto, 1931–1932), I : 490–496. — L.-É. Bois, Mgr Duplessis-Mornay, *BRH*, XVIII (1912) : 311–319. — [P.-] P.-B. Casgrain, L'habitation de Samos, SRC *Mémoires*, 2e sér., XII (1906), sect. I : 3–35. — Micheline D'Allaire, Les prétentions des religieuses de l'Hôpital Général de Québec sur le palais épiscopal de Québec, *RHAF*, XXIII (1969–1970) : 53–67. — N.-E. Dionne, Le naufrage de l'Éléphant, *BRH*, XI (1905) : 119–121. — A.-H. Gosselin, Mgr Dosquet et M. Voyer, *BRH*, VII (1901) : 366s. ; Québec en 1730 [...], SRC *Mémoires*, 2e sér., V (1899), sect. I : 62. — Têtu, Le chapitre de la cathédrale, *BRH*, XIII : 225–243, 257–283, 289–307, 321–327, 353–361 ; XIV : 3–21, 33–39, 65–79, 97–109.

DOUCET (Dowset), PIERRE (Pitre), capitaine de navire et marchand, né le 16 mai 1750 à Annapolis Royal (Nouvelle-Écosse), fils de François Doucet et de Marguerite Petitot, dit Saint-Sceine (Sincennes) ; il épousa en 1773 Marie-Marguerite Le Blanc à Salem, Massachusetts ; décédé après le mois de septembre 1799.

En 1755, François Doucet et sa famille furent déportés à Boston et s'établirent à Salem. Comme la plupart des familles acadiennes exilées au Massachusetts, les Doucet vécurent dans un grand dénuement et leurs enfants furent bientôt placés dans des foyers nourriciers. Un capitaine au long cours adopta Pierre Doucet, lui enseigna la navigation et fit en sorte qu'il reçût de l'instruction. En 1773, Doucet se maria et s'installa avec sa femme à Casquebaye (Portland, Maine) où son premier enfant, Olivier, naquit le 20 décembre 1774.

Deux ans auparavant, le père de Doucet avait quitté le Massachusetts et, avec Pierre LE BLANC et quelques autres colons, s'était établi au bord de la baie de Sainte-Marie dans la région de Clare (Nouvelle-Écosse). Au printemps de 1775, Pierre Doucet acheta de Joseph Gravois, l'un de ces colons, une étendue de 360 acres près de Sissiboo (Weymouth), où Gravois avait déjà construit une maison. Le couple Doucet y emménagea et y eut son deuxième enfant, en 1776.

On ne sait pas quand Doucet devint officiellement capitaine mais au moment de son arrivée à la baie de Sainte-Marie il commandait des navires. En décembre 1775, il fit voile de Halifax sur son schooner *Eunice* à destination de la Grenade. Pendant les années suivantes, il créa un commerce triangulaire entre la Nouvelle-Écosse, les Antilles et Boston. Il transportait habituellement du bois, des pommes de terre, des pommes et de la morue séchée aux Antilles d'où il partait pour Boston avec une cargaison de sucre, de rhum et de mélasse. De là, il retournait à la baie de Sainte-Marie avec le reste du chargement antillais et, en plus, du tissu, des outils, des matériaux de construction et de la farine. Il vendait ces articles dans son magasin à l'anse Belliveau. Ces marchandises ne constituaient pas son unique cargaison ; en août 1791, il quitta Kingston (Jamaïque) sur son schooner *Peggy*, à destination de La Havane, avec dix esclaves. En 1795, à cause de la Révolution française et de l'activité des corsaires français qui s'ensuivit, la structure de son commerce était brisée ; il s'intéressa alors au cabotage et, cette année-là, il projeta, selon James Moody*, de transporter entre l'île du Cap-Breton et Halifax du charbon, « pour le compte du gouvernement, comme cargaison ».

Malgré ses voyages comme capitaine au long cours, Doucet trouva encore du temps pour s'occuper de la communauté acadienne de la baie de Sainte-Marie. Il fut major dans la milice acadienne du comté d'Annapolis en 1794 et, en mars 1797, lui et quelques autres habitants de Clare présentèrent une requête au gouvernement lui demandant de l'aide pour construire et réparer des routes.

On a écrit que Doucet se noya près du Grand Passage en 1798 ; il est très possible que ce soit une erreur puisqu'en septembre 1799, Simeon Perkins* notait dans son journal que « le capitaine Dowset de Sissiboo relâche ici [Liverpool, Nouvelle-Écosse] en route pour Halifax ».

A Doucet revient le mérite d'avoir montré aux habitants de Clare les possibilités du genre de commerce auquel il se livrait. Un bon nombre suivit son exemple et, pendant un siècle, la région de Clare prospéra grâce à ce commerce triangulaire.

J.-ALPHONSE DEVEAU

APC, MG 30, C20, 6, pp.1435–1, 1435–2, 1438–1. — Archives du Centre acadien, Collège Sainte-Anne (Church Point, N.-É.), Pierre Doucet, généalogie. — Archives privées, Adolphe Doucet (Belliveau Cove, N.-É.), Pierre Doucet papers (copies aux Archives du Centre acadien). — Perkins, *Diary, 1797–1803* (Fergusson), 76, 169, 191. — Antoine Bernard, *Histoire de la survivance acadienne, 1755–1935* (Montréal, 1935), 238. — P.-M. Dagnaud, *Les Français du sud-ouest de la Nouvelle Écosse* [...] (Besançon, France, 1905). — I. W. Wilson, *A geography and history of the county of Digby, Nova Scotia* (Halifax, 1900). — Placide Gaudet, Unknown yet prominent, *Halifax Herald*, 10 nov. 1897, 1, 5.

DOUGLAS, sir CHARLES, officier de marine ; il épousa Lydia Schimmelpinck (ils eurent deux fils et une fille), en secondes noces Sarah Wood (ils eurent un fils et une fille) et en troisièmes noces Jane Baillie ; décédé le 16 mars 1789 à Édimbourg.

On connaît peu les premières années de Charles Douglas, si ce n'est qu'il servit comme midshipman au siège de Louisbourg, île Royale (île du Cap-Breton), en 1745. Avec quelque retard, il fut promu lieutenant en 1753. Pendant la guerre de Sept Ans, il se fit remarquer par l'Amirauté qui le nomma capitaine de frégate en 1759 ; cette année-là, commandant un navire armé en guerre, le *Boscawen*, il rendit d'utiles services à la flotte du vice-amiral SAUNDERS pendant la campagne de Québec. Promu capitaine de vaisseau en mars 1761, il commandait, l'année suivante, un bâtiment de sixième classe, le *Siren* (24 canons), à la station navale de Terre-Neuve. Quand une force française, sous le commandement de Charles-Henri-Louis d'ARSAC de Ternay, attaqua l'île, cet été-là, Douglas aida à contenir les envahisseurs avec ses troupes de marine et fut le premier à informer de la situation le commodore lord Alexander Colvill*. Il commanda aussi la force navale chargée de couvrir le débarquement du lieutenant-colonel William Amherst à Torbay, le 13 septembre ; en reconnaissance de ses services, il eut l'honneur de porter à Londres les dépêches de Colvill, en octobre. Il resta à la même station en 1763, au commandement de la frégate *Tweed* (32 canons), et permit à COOK, en ménageant ingénieusement des retards, de terminer les levés topographiques des îles Saint-Pierre et Miquelon avant qu'elles fussent remises au nouveau gouverneur français, François-Gabriel d'ANGEAC.

En 1764 et en 1765, apparemment grâce à des appuis à la cour britannique, Douglas servit comme officier supérieur dans la marine russe. Pendant les dix années qui suivirent, il commanda plusieurs navires. En 1776, sur l'*Isis* (50 canons), il joua de nouveau un rôle essentiel quand, le 6 mai, il vint secourir Québec, alors assiégée par Benedict Arnold*. Son arrivée hâtive n'avait pu être réussie qu'en frayant un chemin à l'*Isis* dans les glaces épaisses du golfe du Saint-Laurent, un tour de force dans le domaine de la manœuvre, que Douglas décrivit à l'Amirauté en termes extravagants. Douglas resta au Canada pendant le temps de la campagne de 1776, et, en improvisant habilement pour surmonter les difficultés de transport à partir du Saint-Laurent aussi bien qu'en innovant dans les méthodes de construction navale, ses subordonnés et lui créèrent, sur le lac Champlain, une flotte de petits navires qui infligèrent la défaite à la flottille d'Arnold à la bataille de l'île de Valcour (New York) qui eut lieu du 11 au 13 octobre. Cet exploit n'avait pas besoin d'être enjolivé ; il proclamait assez la grande maîtrise de son auteur – que l'opération, au reste, ait été tout à fait nécessaire ou pas.

En reconnaissance des services qu'il avait rendus en aidant à repousser l'envahisseur américain, Douglas fut créé baronnet en janvier 1777. Par la suite, il commanda le *Stirling Castle* (70 canons) en 1777 et en 1778, et le *Duke* (90 canons) de 1778 à 1781 ; de 1781 à 1783, il servit comme capitaine de pavillon sous les amiraux sir George Brydges Rodney et Hugh Pigot, dans les Antilles. On se souvient surtout de Douglas pour ses innovations dans l'artillerie navale, en particulier alors qu'il avait le commandement du *Duke* et qu'il était capitaine de pavillon sous Rodney. Il est généralement admis, aussi, que c'est lui qui persuada Rodney de lancer ses navires à travers la ligne française, à la bataille des îles des Saintes le 12 avril 1782.

Nommé au « commandement naval de la Nouvelle-Écosse et des mers adjacentes » après la Révolution américaine, Douglas arriva à Halifax le 30 mai 1784. Son rôle y fut important : il aida la région à s'adapter à la situation de l'après-guerre, interpréta les obligations du traité avec les États-Unis et y donna suite, et mit à la disposition du gouverneur John PARR les transports nécessaires à l'approvisionnement des établissements loyalistes. En novembre, toutefois, il demanda son rappel quand l'Amirauté refusa d'endosser les mesures qu'il croyait nécessaires à la réforme administrative de l'arsenal de Halifax, dont le commissaire, Henry Duncan*, ne dépendait pas de lui, mais du Navy Board. Douglas fut promu contre-amiral de l'escadre bleue en septembre 1787. Deux ans plus tard, il fut de nouveau nommé au commandement de Halifax, mais mourut avant d'assumer ses fonctions. Son fils cadet, Howard*, devint gouverneur du Nouveau-Brunswick.

W. A. B. DOUGLAS

Une gravure du portrait de sir Charles Douglas peint par Henry Singleton se trouve au National Maritime Museum à Londres.

APC, MG 18, L4, liasse 20. — National Maritime Museum, SAN/1-5 ; SAN/T/1-8. — PRO, Adm. 1/482, ff.413, 429–435, 441 ; 1/487 ; 1/491 ; 1/1 704 ; 1/1 706 ; 1/1 709 ; Prob. 11/1 176, ff.143–144. — *Burke's peerage* (1953). — Charnock, *Biographia navalis*, VI : 427ss. — *DNB*. — G.-B., Adm., *Commissioned sea officers*. — William Playfair, *British family antiquity ; illustrative of the origin and progress of the rank, honours and personal merit of the nobility of the United Kingdom* [...] (9 vol., Londres, 1809–1811), VII, 1re partie, app. : lxxxix. — W. L. Clowes, *The Royal Navy ; a history from the earliest times to the present* (7 vol., Londres, 1897–1903), III. — John Creswell, *British admirals of the eighteenth century ; tactics in battle* (Londres, 1972). — Howard Douglas, *Naval evolutions* [...] (Londres, 1832). — S. W. Fullom, *The life of General Sir Howard Douglas* [...] (Londres, 1863). — A. T. Mahan, *The influence of sea power upon history, 1660–1783* (Boston, 1890). — [W. C.] B. Tunstall, *Flights of naval genius* (Londres, 1930).

S. W. Fullom utilise les archives privées de Douglas, maintenant introuvables. Il semble plausible que Playfair se soit appuyé sur ces mêmes documents. Malheureusement, l'accession de Douglas au baronnage semble avoir jeté un voile discret sur la première période de sa vie, et une attention injustifiée a été accordée à sa descendance linéaire à partir de James, 4e comte de Morton. Cet état de fait est déplorable puisque la connaissance de ses premières années pourrait nous éclairer sur ses capacités d'innovateur. [W. A. B. D.]

DOUGLAS, FRANÇOIS-PROSPER, chevalier de DOUGLAS, officier dans les troupes régulières françaises, né le 21 février 1725 à Montréal, dans le Bugey (dép. de l'Ain, France), fils de Charles Douglas, comte de Douglas, syndic de la noblesse de Bugey et officier, et de Marie-Anne de Lilia, décédé à Nantua, France, le 26 avril 1781.

Fidèle à la tradition familiale, François-Prosper Douglas choisit la carrière des armes. En 1743, il était lieutenant en second dans le régiment du Languedoc ; il fut promu lieutenant l'année suivante et prit part, par la suite, à plusieurs campagnes en Europe. En 1746, il devint capitaine d'une compagnie dans le 2e bataillon de son régiment ; c'est à ce poste qu'il arriva au Canada, en 1755, avec les troupes françaises aux ordres de Dieskau*.

Les états de service de Douglas paraissent peu dignes de remarque, bien qu'il ait participé à plusieurs engagements pendant la guerre de Sept Ans. Il était au lac Saint-Sacrement (lac George) en 1755, à la prise du fort Chouaguen (ou Oswego ; aujourd'hui Oswego, New York) en 1756, et à Carillon (Ticonderoga, New York) en 1758. D'après la liste des pertes, il fut très légèrement blessé au cours de cette dernière bataille. Dans ses lettres à sa famille, il ne fait pas mention de sa blessure, se plaignant seulement des misères qu'il avait endurées depuis son arrivée au Canada, où les soldats devaient être « sur pied » tant que les saisons le permettaient. Sa blessure peut bien, néanmoins, avoir été la raison de sa nomination à l'ordre de Saint-Louis, dont il fut fait chevalier le 20 octobre 1758.

Pendant le siège de Québec, l'année suivante, Douglas commanda en second un détachement qui, sous la conduite de Jean-Daniel DUMAS, tenta de déloger les Britanniques de Pointe-Lévy (Lauzon) dans la nuit du 12 au 13 juillet. Ce détachement était formé d'Indiens, de réguliers, de miliciens, d'habitants de la ville et de quelques séminaristes ; un loustic le baptisa « la Royale Syntaxe ». La troupe se dispersa dans le noir ; ses hommes, se prenant réciproquement pour l'ennemi, se tirèrent dessus et se retirèrent précipitamment sans avoir attaqué les Britanniques. On ne sait pas si Douglas fut pour quelque chose dans ce lamentable échec. Il paraît avoir eu le commandement du poste de Samos, qui fit feu sur la flotte britannique pendant le débarquement de l'anse au Foulon, le 13 septembre, et qui fut abandonné quand les hommes de Wolfe* l'attaquèrent. Une note ministérielle dans le contrôle des capitaines le décrit comme « servant bien. Off[icier] bon capitaine sans autre talent. » Ses états de service au Canada semblent confirmer ce jugement.

Douglas se fit davantage remarquer pour avoir été l'un des rares officiers des troupes régulières (moins de 20 au total) qui épousèrent des Canadiennes. Montcalm*, qui en général désapprouvait ces alliances, parce que les officiers en prenant des épouses d'un rang social inférieur mettaient leur carrière en danger, approuva cependant le mariage de Douglas. Charlotte de La Corne, que Douglas épousa le 13 avril 1757, était d'ascendance noble par son père, Louis, dit La Corne l'aîné, et par sa mère, Élisabeth de Ramezay. Montcalm la dépeignit comme « Une demoiselle de Condition tres bien apparentée dans la Colonie ayant une fortune honnete ». A cause de sa noblesse, Douglas, de son côté, aura certainement été considéré, au Canada, comme un excellent parti.

Il retourna en France, après la Conquête, avec sa femme et ses enfants. Deux fils lui étaient nés au Canada, Louis-Archambaud, futur chevalier de Saint-Louis, qui fut emprisonné en 1794, pendant la Terreur, et Charles-Luc. Un autre enfant naquit en Touraine où Douglas vécut pendant quelque temps à son arrivée en France. En 1763, il s'embarqua pour la Corse ; il y demeura six ans, prenant part à plusieurs opérations militaires. Puis il se fit admettre à la retraite et rentra en France. Par la suite, il eut le désir de revenir au Canada pour s'établir dans la seigneurie de Terrebonne, qu'il avait héritée de son beau-père, mais il ne put réaliser ce projet et mourut en 1781, à Nantua, près du lieu de sa naissance.

SUSAN W. HENDERSON.

AMA, SHA, A[1], 3 457, n° 60 ; X[b], carton 77 (copies aux APC). — AN, Col., C[11A], 120 ; F[3], 15, pp.172, 275 (copies aux APC). — ANQ-M, État civil, Catholiques, Notre-Dame de Montréal, 13 avril 1757. — *Coll. des manuscrits de Lévis* (Casgrain), III : 131. — Doreil, Lettres (A. Roy), ANQ *Rapport*, 1944–1945, 3–32. — Journal du siège de Québec (Æ. Fauteux), ANQ *Rapport*, 1920–1921, 170, 229. — Æ. Fauteux, *Les chevaliers de Saint-Louis*, 229. — La Chesnaye-Desbois et Badier, *Dict. de la noblesse* (1863–1876), VI : 989. — Tanguay, *Dictionnaire*. — Stanley, *New France*, 224. — Pierre Gauthier, De Montréal (en Bugey) à Montréal (au Canada), *RHAF*, III (1949–1950) : 30–44. — Officiers du régiment de Languedoc, *BRH*, LI (1945) : 285. — P.-G. Roy, Les officiers de Montcalm mariés au Canada, *BRH*, L (1944) : 260, 280s.

DOUVILLE, ALEXANDRE DAGNEAU. V. DAGNEAU

DOWSET. V. DOUCET

DRACHART, CHRISTIAN LARSEN (Lorenz, Lauritsen), missionnaire morave au Labrador, né le 23 juin 1711 à Skælskør, Sjælland, Danemark, décédé le 8 septembre 1778 à Nain, Labrador.

Christian Larsen Drachart, fils de marchand, fut élevé, après la mort de son père, par son oncle qui était pasteur luthérien. Il obtint un diplôme en théologie à Copenhague et entra ensuite au Seminarium Groenlandicum, institution luthérienne fondée en 1737 dans le but de former des missionnaires éventuels pour le Groenland. En 1739, il reçut les ordres puis fut envoyé à la mission de Godthaab.

Drachart avait témoigné de l'intérêt pour le piétisme quand il était étudiant ; il prit bientôt contact avec les frères moraves qui étaient installés à New Herrnhut, dans le voisinage immédiat de Godthaab. Ils eurent sur lui une profonde influence, et il se mit à adopter certaines de leurs règles, ce qui provoqua des heurts avec ses supérieurs de la mission luthérienne. En effet, ceux-ci n'avaient jamais approuvé les tactiques missionnaires des moraves qui, selon eux, jouaient trop sur les émotions. En 1745, il épousa une morave et fut accepté dans la congrégation de New Herrnhut. Il quitta le Groenland après la mort de sa femme en 1751 et vécut dans le village de Herrnhut en Saxe (République démocratique allemande). Il y travailla comme peintre sur porcelaine jusqu'en 1765, date à laquelle il se porta volontaire pour aider à fonder une mission chez les Inuit du Labrador.

Cet été-là, Drachart se joignit à Jens HAVEN et à deux autres frères moraves lors d'un voyage au Labrador afin de trouver un endroit où s'établir et « tâter l'humeur des Esquimaux ». Haven remonta la côte vers le nord mais Hugh PALLISER, gouverneur de Terre-Neuve, retint Drachart à la baie des Châteaux, dans le sud du Labrador. Il avait besoin d'un interprète pour persuader les Inuit de ne plus commercer avec les Français et de ne plus harceler les Britanniques qu'il encourageait à établir une pêcherie sur la côte méridionale du Labrador [V. Nicholas DARBY]. Pendant trois semaines, au mois d'août, Drachart fut à la fois agent du gouvernement et missionnaire, situation qui lui répugna. En outre, sa position devint plus difficile du fait qu'il ne parlait pas l'anglais et devait compter sur l'aide d'un morave anglais, John Hill. Néanmoins, Drachart réussit à se gagner la confiance des Inuit de la région, dont certains avaient rencontré Haven l'année précédente, et les persuada de rencontrer Palliser. Le 21 août, une sorte de pacte fut conclu : les Inuit acceptaient de considérer le drapeau britannique comme symbole d'amitié et de se tenir à distance des pêcheurs britanniques. Dès que Palliser eut quitté le Labrador au début de septembre, Drachart, que Haven avait rejoint, reprit son rôle d'évangéliste qui lui convenait davantage.

Après le voyage de 1765, les moraves refusèrent de retourner au Labrador à moins de recevoir une concession, requête que Palliser et le Board of Trade rejetèrent. Drachart alla demeurer dans l'établissement morave de Fulneck (près de Pudsey, West Yorkshire, Angleterre). Ce fut là que, de juin à octobre 1769, il s'occupa de Karpik, un garçon inuit qui avait été capturé par un détachement du fort York (Labrador) en novembre 1767 [V. Francis Lucas*]. Sous l'influence de Drachart, Karpik se convertit au christianisme, mais la mort de ce garçon, des suites de la variole, lui causa une vive déception. Cet événement incita Drachart à modifier sa décision de ne pas retourner au Labrador.

En 1770, une fois la concession obtenue, Drachart se joignit à Haven pour faire un autre voyage d'exploration. Suivant les comptes rendus de l'expédition, Drachart prêchait en toute occasion avec la dernière opiniâtreté ; d'autre part, il entama les négociations au terme desquelles les Inuit « vendirent » une étendue de terre aux moraves. L'année suivante, il fit voile à destination du Labrador pour la dernière fois, en tant que membre d'un groupe de missionnaires qui devaient fonder un établissement à Nain. Trop âgé pour se déplacer, Drachart participa néanmoins activement à l'œuvre spirituelle de la mission. Il mourut à Nain en 1778 ; on exposa son corps pour que les Inuit lui rendent visite et puissent ainsi voir son « air amical et souriant » et apprendre à ne pas craindre la mort. Cette fin illustrait bien une vie consacrée à la conversion des Inuit.

J. K. Hiller

APC, MG 17, D1. — PRO, CO 194/16. — L. T. A. Bobé, *Hans Egede, colonizer and missionary of Greenland* (Copenhague, 1952), 187s. — J. W. Davey, *The fall of Torngak, or the Moravian mission on the coast of Labrador* (Londres, 1905), 104–106. — Finn Gad, *The history of Greenland* (2 vol., Londres et Montréal, 1970–1973), II : 254–260. — Hiller, Foundation of Moravian mission, 47–54. — Grønlandsmissionæren Christian Drachart, *Atuagagdlitit/Groenlandsposten* (Godthaab, Groenland), 1963, n° 13 : 17.

DRAKE, FRANCIS WILLIAM, officier de marine et gouverneur de Terre-Neuve, décédé en 1788 ou 1789.

Francis William Drake était un frère cadet de sir Francis Henry Drake, dernier baronnet du nom dans la succession de sir Francis Drake*. La date et le lieu de sa naissance sont inconnus et, dans les récits qu'on a donnés de sa vie, certains détails ont été confondus avec d'autres relatifs à son frère cadet, lui aussi officier de marine, qui mourut vers le même temps que lui. Avant 1750, Drake commanda plusieurs navires. L'un d'entre eux, le *Fowey*, fit naufrage dans le golfe du Mexique en 1748, mais Drake fut exonéré par une cour martiale. Bien que nommé gouverneur de Terre-Neuve en 1750, il exerça *de facto* les fonctions de gouverneur sous l'autorité du commodore George Brydges Rodney, l'officier supérieur de la marine à la station, en 1750 et 1751, avant de les assumer à part entière en 1752.

L'importance du gouvernement de Drake tient à la création de cours criminelles à Terre-Neuve. Auparavant, les personnes accusées de crimes étaient transportées en Angleterre pour y subir leur procès. Bien que le projet des instructions destinées au gouverneur Philip Vanbrugh, en 1738, ait contenu des provisions pour la création de semblables cours, ces provisions furent ensuite supprimées à cause de l'opposition faite au parlement par les marchands du sud-ouest de l'Angleterre, qui craignaient que tout nouveau pouvoir conféré aux gouverneurs navals ne limitât l'autorité de leurs propres capitaines de navires. Le gouvernement britannique demanda, toutefois, l'opinion d'experts en droit, qui indiquèrent que la création de ces cours ne contreviendrait pas aux lois déjà existantes, et procéda, en 1750, à la création de cours d'assises. Drake fut autorisé à nommer des commissaires, qui présideraient aux procès réguliers avec jury. Il reçut aussi pouvoir de gracier tout coupable, sauf pour les meurtres prémédités, en quels cas il pouvait accorder une commutation de la peine capitale si les circonstances le justifiaient. Dans les cas de sentences impliquant la « perte de la vie ou d'un membre », Drake devait faire un rapport complet au gouvernement métropolitain, accompagné d'une transcription intégrale des documents de cour, pour que les condamnations à mort puissent être avouées ou désavouées par la couronne. Il fut par la suite autorisé à permettre les exécutions des condamnés sans recourir à la couronne, sauf dans les cas impliquant des officiers et des hommes de la marine royale ou de la marine marchande.

Même si les cours ne siégeaient que pendant la courte période de l'année où le gouverneur était présent dans l'île, elles diminuèrent efficacement l'illégalité qui avait cours à Terre-Neuve, et particulièrement à St John's. Drake, cependant, répugnait à prononcer des sentences de mort et renvoyait en Angleterre, pour examen, tous les cas, ou presque, entraînant la peine capitale. On ignore si cette répugnance venait de ce qu'il n'était pas familier avec le droit criminel, ou de la pensée que la connaissance, plus que l'exemple, que l'on avait de son pouvoir de condamner à la peine capitale était suffisante pour dissuader les criminels éventuels.

En 1753, Drake fut remplacé, au gouvernement de Terre-Neuve, par le capitaine Hugh Bonfoy* et, pendant la guerre de Sept Ans, il servit à la station d'Amérique et aux Antilles. Durant la Révolution américaine, il fut en poste dans les

Downs et à Portsmouth, Angleterre ; en septembre 1780, il fut promu vice-amiral de l'escadre bleue et nommé au commandement d'une escadre de la flotte de la Manche, sous les ordres du vice-amiral George Darby. Toutefois, de cruelles attaques de goutte réduisirent ses aptitudes au commandement et mirent abruptement fin, cette année-là, à sa carrière active. Il fut néanmoins promu vice-amiral de l'escadre rouge en septembre 1787. Le 23 janvier 1788, à Ripley, il épousa, après avoir obtenu un permis spécial, la fille unique, encore mineure, de George Onslow, député de Guildford au parlement durant plusieurs années. Drake mourut à la fin de cette année ou au début de 1789.

FREDERIC F. THOMPSON

Robert Beatson, *Naval and military memoirs of Great Britain from 1727 to 1783* (2e éd., 6 vol., Londres, 1804). — Charnock, *Biographia navalis*, VI : 61. — *DNB* (biographie de sir Francis Samuel Drake). — R. G. Lounsbury, *The British fishery at Newfoundland, 1634–1763* (New Haven, Conn., 1934 ; réimpr., New York, 1969), 275s., 298, 300. — A. H. McLintock, *The establishment of constitutional government in Newfoundland, 1783–1832 : a study of retarded colonisation* (Londres et New York, [1941]).

DRUILLON DE MACÉ, PIERRE-JACQUES, officier dans les troupes de la Marine, baptisé le 9 septembre 1727 en la paroisse Saint-Solenne, à Blois, France, fils de Pierre-Jacques Druillon, lieutenant général au bailliage de Blois, et de Marie Bachaddelebat ; il épousa à Blois, en 1769, Marie-Anne Petit de Thoizy ; décédé à Blois, le 26 juin 1780.

Depuis 200 ans, des membres de la famille Druillon avaient exercé de hautes fonctions judiciaires à Blois. Pierre-Jacques Druillon de Macé, rompant avec la tradition familiale, abandonna en 1749 des études de droit déjà avancées pour entreprendre une carrière militaire. Grâce à l'influence d'un parent, Roland-Michel Barrin* de La Galissonière, commandant général de la Nouvelle-France, il obtint une nomination d'enseigne en second dans les troupes de la Marine à Louisbourg, île Royale (île du Cap-Breton). Par la suite, il fut muté au Canada, où les officiers des troupes de la Marine pouvaient encore trouver l'occasion d'apprendre à l'expérience les techniques de l'artillerie et l'art des fortifications. En 1752, Druillon fut stationné au fort Niagara (près de Youngstown, New York). L'année suivante, on l'envoya entreprendre la construction des forts de la Presqu'île (Erie, Pennsylvanie) et de la rivière au Boeuf (Waterford, Pennsylvanie) sous la direction générale de François-Marc-Antoine LE MERCIER. En 1754, il participa à la construction du fort Duquesne (Pittsburg, Pennsylvanie).

Si l'on se souvient de Druillon, c'est surtout pour son rôle dans l'affaire Jumonville. Membre du détachement aux ordres de Joseph Coulon* de Villiers de Jumonville qui fut attaqué le 28 mai 1754, en Pennsylvanie, par les hommes de George Washington, il fut blessé et fait prisonnier. On le conduisit à Winchester, puis à Williamsburg, en Virginie, avec les 20 autres survivants du détachement français. Le gouverneur Robert Dinwiddie repoussa des demandes répétées en vue de leur libération, mais consentit à alléger leur sort en leur permettant d'acheter des vêtements chez des marchands locaux. Druillon affirma plus tard avoir été interrogé à maintes reprises et accusé d'espionnage. Selon les articles de la capitulation du fort Necessity (près de Farmington, Pennsylvanie) aux mains des Français, le 3 juillet 1754, Druillon et ses hommes devaient être échangés contre deux capitaines britanniques, Robert Stobo* et Jacob Van Braam [V. Louis Coulon* de Villiers]. Mais de graves désaccords empêchèrent l'échange, et les otages britanniques furent envoyés à Québec pendant que Druillon et ses compagnons étaient transférés à Alexandria, en Virginie. Après avoir été détenus en Virginie pendant près d'un an, Druillon et trois de ses compagnons furent mis à bord de navires marchands, à Hampton. Druillon débarqua à Bristol, en Angleterre, le 10 juin 1755, et parvint à l'ambassade française, à Londres. Les doléances, qu'il présenta à l'ambassadeur français, relatives aux mauvais traitements subis pendant sa détention en Virginie et son voyage vers l'Angleterre furent bientôt versées aux dossiers de la guerre diplomatique accélérée qu'Anglais et Français se livraient en 1755–1756. Druillon passa lui-même en France pour faire rapport au ministre de la Marine.

De retour au Canada en 1756, Druillon servit surtout dans la région du lac Champlain. Il participa, comme enseigne en pied, à la campagne de Vaudreuil [RIGAUD] aux environs du lac Saint-Sacrement (lac George) pendant l'hiver de 1756–1757 et combattit au siège et à la prise du fort George (également appelé fort William Henry; aujourd'hui Lake George, New York). Il passa l'hiver de 1757–1758 en congé en France, puis l'été et l'automne de 1758 à un poste avancé situé entre le fort Carillon (Ticonderoga, New York) et le fort Lydius (aussi appelé fort Edward ; maintenant Fort Edward, New York). Le 1er janvier 1759, il fut promu lieutenant et assigné à la construction d'ouvrages de défense à l'île aux Noix (dans le Richelieu), à Laprairie et à Châteauguay. Par la suite, et jusqu'en novembre

1759, il eut le commandement de 200 hommes dans un camp situé entre La Présentation (Oswegatchie ; maintenant Ogdensburg, New York) et le fort Lévis (à l'est de Prescott, Ontario). Après avoir pris part à la bataille de Sainte-Foy en avril 1760, il fut transféré à l'île Sainte-Hélène : il y servait lors de la reddition de Montréal en septembre.

A son retour en France en 1760, Druillon se retira à Blois, y demeurant jusqu'à sa mort. Il toucha une pension annuelle de 300# en reconnaissance de ses services, mais, en dépit de ses bonnes références et de ses requêtes répétées de 1761 à 1775, il ne put obtenir la croix de Saint-Louis et le supplément de pension qu'il désirait.

F. J. THORPE

AD, Loir-et-Cher (Blois), État civil, Saint-Honoré, 27 juin 1780 ; Saint-Solenne, 9 sept. 1727, 18 sept. 1769. — AN, Col., B, 96, f.298v. ; 102, ff.91–92v. ; 105, f.211 ; 108, f.537 ; D[1], 3, f.90v. ; D[2C], 4, f.158 ; 48/1, f.161 ; 48/2, ff.236v., 312v. ; E, 139 (dossier Druillon). — Archives du ministère des Affaires étrangères (Paris), Corr. politique, Angleterre, 439, ff.194, 197, 214–216, 221–223, 232–233. — *Coll. des manuscrits de Lévis* (Casgrain), I–VIII ; X. — [Robert Dinwiddie], *The official records of Robert Dinwiddie* [...] (2 vol., Richmond, Va., 1883). — *NYCD* (O'Callaghan et Fernow), X : 264s. — *Papiers Contrecœur* (Grenier), 11, 19, 42, 46, 157, 188, 257, 260, 262, 271, 305. — [George Washington], *The writings of George Washington*, W. C. Ford, édit. (14 vol., New York et Londres, 1889[–1893]), I : 76–89. — L.-C. Bergevin et Alexandre Dupré, *Histoire de Blois* (2 vol., Blois, France, 1846–1847), II : 44, 60, 62–64, 67, 189s., 198s., 309, 633s. — É.-Z. Massicotte, Pierre-Jacques Druillon, seigneur de Macé, *BRH*, XXVI (1920) : 125s.

DU CALVET, PIERRE, garde-magasin, marchand, juge de paix et seigneur, né en 1735 à Caussade (dép. de Tarn-et-Garonne, France), fils de Pierre Calvet et d'Anne Boudet, décédé en mer en mars 1786.

Pierre Du Calvet était l'aîné d'une famille d'au moins cinq enfants. En 1758, il s'embarqua pour Québec, prêt à tenter l'aventure du Nouveau Monde. Issu de père « bourgeois » et se disant d'une « famille noble », il quitta son pays pour « cause de Religion ». Il savait ce qu'il en coûtait de demeurer fidèle à la foi protestante, à laquelle son père avait dû renoncer en faisant baptiser ses enfants à l'église catholique.

Parti de Bordeaux dans l'intention de se faire marchand, un naufrage le priva, à son arrivée à Québec en juin 1758, des marchandises qu'il avait transportées avec lui. Faute de s'établir à son compte, il accepta un poste de garde-magasin à Miramichi et à Restigouche (Nouveau-Brunswick). Il demeura en Acadie de juillet 1758 à l'automne de 1759, chargé par Louis XV de pourvoir aux besoins de « trois à quatre mille » Acadiens, victimes de la déportation de 1755 et réduits à la misère. Revenu au Canada après la prise de Québec, il se vit confier la mission de retourner en Acadie pour y faire un relevé du nombre de réfugiés acadiens et rendre compte de l'état de cette région ravagée par la guerre. Il y consacra quatre mois, de janvier à avril 1760.

A la capitulation de Montréal, le lieutenant Cæsar McCormick signala Du Calvet à l'attention d'AMHERST. Prisonnier en Acadie au moment où Du Calvet y séjournait à titre de garde-magasin, McCormick avait été libéré en 1759 et dirigé vers le fort Cumberland (près de Sackville, Nouveau-Brunswick) avec une trentaine de compagnons. Du Calvet faisait partie de l'escorte d'Acadiens qui les accompagnèrent de Restigouche à Caraquet.

En 1761, MURRAY n'hésita pas à recourir à Du Calvet pour régler l'épineux problème des Acadiens qui, loin d'accepter la capitulation, menaçaient d'intercepter des navires marchands britanniques dans le golfe Saint-Laurent. Il fut chargé de dénombrer les derniers ressortissants acadiens, en vue de les transporter à Québec. Son expédition dura trois mois et demi.

Au lendemain de la Conquête, Du Calvet consacra toutes ses énergies à édifier un commerce d'exportation qui, en peu d'années, devint très prospère. Il expédia en Angleterre et en Espagne des cargaisons complètes de blé sur des navires affrétés par la firme Watson et Rashleigh de Londres. De 1772 à 1776, il exporta près de 35 000 minots de blé, 800 minots de pois, sans compter « des castors et pelleteries ». La quantité de blé exporté valait à elle seule plus de 150 000#, au prix moyen de 4 shillings 6 pence le minot. En échange de ses exportations, il se procurait en Europe différentes marchandises dont, à l'occasion, des « balles » de plomb et de « l'acier d'Allemagne », ainsi que des spiritueux.

Tout en vaquant à ses activités commerciales, Du Calvet ne négligeait pas pour autant ses affaires familiales. En 1763, il perdit en l'espace de quelques mois son oncle, émigré en Caroline du Sud, et son père. Pour entrer en possession des biens du premier, il crut bon de se protéger par deux actes notariés, dont l'un est une affirmation de ses droits d'héritage et l'autre, une procuration à Joseph Myer, négociant londonien, en vue de s'opposer à la « distribution [...] de la dite succession » avant son arrivée à Londres. Rapidement, il prépara son départ pour l'Angleterre. La conduite de ses affaires ne souffrant pas de répit, il la laissa entre les mains de deux hommes de confiance, Jean DUMAS Saint-Martin et Pierre

Jussaume, dit Saint-Pierre. Son absence du Canada dura plus de deux ans. Le règlement de la succession de son père requérait aussi sa présence en Europe. Déjà intégré en Amérique, il désirait se défaire des biens-fonds légués en France par son père. Usant de diplomatie, il obtint la licence nécessaire à la libération de ces derniers, grâce à l'intervention du secrétaire d'État pour le département du Sud, lord Halifax, et à l'ambassadeur britannique à Paris. Cependant, s'il faut l'en croire, il dut « sacrifier la plus grande partie [de son] patrimoine » à cause de sa fidélité à son nouveau roi et à la religion protestante.

Du Calvet revint au Canada en juin 1766 ; il reçut alors une commission de juge de paix. Il repartit cinq mois plus tard et ne reprit contact avec le sol canadien qu'en avril 1767, ses affaires et sa commission de juge de paix l'appelant à Montréal. Dernier témoignage d'estime de Murray, cette nomination lui permit de jouer un rôle à sa mesure dans l'administration de la justice de la colonie. Il était, en effet, un justicier-né, attentif aux abus et toujours prêt à les dénoncer. De tempérament passionné et d'une verve intarissable, il se servit de sa plume comme d'un stylet, n'hésitant pas à mettre en cause et les vices du système judiciaire et la malhonnêteté de certains de ses confrères. Il se révéla également apte à concevoir des réformes constructives. En 1769, il proposa au gouverneur Guy Carleton* un projet visant à uniformiser l'administration de la justice dans toute la province. Le 28 octobre 1770, il envoya à lord Hillsborough, secrétaire d'État des Colonies américaines, un « Mémoire sur la forme judiciaire actuelle de la Province de Québec ». Remontant à l'établissement du gouvernement civil, il lui indiquait les dangers de donner trop de pouvoirs aux juges de paix. Ces derniers, habilités depuis septembre 1764 à juger sans appel « toutes les causes ou affaires de propriété, dont la valeur n'[allait] pas au-delà de cinq livres argent courant de Québec », en profitaient pour s'enrichir sans même « s'informer du fond et de la qualité de l'affaire ». En ceci, ils étaient secondés par les baillis qui, munis d'ordres en blanc, leur recrutaient une abondante clientèle. En conséquence, Du Calvet louait la façon rigoureuse mais honnête dont la justice avait été exercée sous le Régime militaire.

Convaincu de la nécessité de remédier aux abus les plus flagrants, Carleton promulgua, le 1er février 1770, une ordonnance visant à révoquer « toutes juridictions, pouvoirs et autorités, en matières de propriété », aux juges de paix. Les représentations de Du Calvet ne furent sans doute pas étrangères à cette réforme, car quelques-unes de ses idées s'y trouvèrent concrétisées. Il n'en fut pas pour autant pleinement satisfait. Dépité d'être confondu avec ceux qu'il venait de dénoncer, il jugeait « insultant » le préambule de l'ordonnance qui ne faisait aucune exception pour les juges de paix « dont la conduitte a été sage et régulière ».

Le zèle et la vigilance de Du Calvet furent loués par le gouverneur Carleton, le juge en chef William HEY et l'ex-procureur général Francis Maseres*, ce dernier le jugeant même digne d'être nommé conseiller législatif. Mais tous n'éprouvaient pas ces sentiments à l'égard de ce réformateur. Par ses virulentes dénonciations, Du Calvet s'était fait d'irrémédiables ennemis parmi ses confrères de la magistrature. Ses démêlés, avec entre autres le juge John Fraser de la Cour des plaids communs du district de Montréal, devinrent si notoires qu'il dut en appeler au président et aux membres du Conseil législatif. Il eut aussi maille à partir avec les militaires. A l'instar de ses concitoyens bourgeois qui, au nom des libertés anglaises, revendiquaient le droit à la propriété privée, il supportait mal l'obligation de devoir loger les troupes dans les résidences des particuliers. Leur présence causait du ressentiment de part et d'autre et c'est à plusieurs reprises qu'il se plaignit d'avoir été persécuté par des soldats et autres assaillants qui s'attaquèrent à sa propriété de Montréal et aux animaux de sa seigneurie de Rivière-David, près de Sorel.

Tenace, pointilleux et chicanier, habitué des tribunaux, Du Calvet sut en user et abuser. Ses causes célèbres avec les compagnies londoniennes de Watson et Rashleigh et de François Ribot alimentèrent la chronique judiciaire pendant de nombreuses années. Il alerta même l'opinion publique en faisant imprimer ses propres plaidoyers.

Depuis l'entrée en vigueur de l'Acte de Québec, en 1775, Du Calvet n'exerçait plus aucun rôle officiel dans la magistrature. L'administration de la justice ne l'en intéressait pas moins. Ses démêlés devant les tribunaux lui fournirent l'occasion de s'en prendre de nouveau à la conduite des juges et aux jugements de la cour. *La Gazette littéraire pour la ville et district de Montréal*, fondée par Fleury MESPLET, se prêta fort bien à ces attaques contre la justice. Son rédacteur, l'avocat Valentin JAUTARD, se mit de la partie et échangea, dans le journal, des lettres ouvertes avec Du Calvet. D'avril à juin 1779, leurs dénonciations de l'administration de la justice remplirent les colonnes de l'hebdomadaire. Le 26 mai, Du Calvet mit le feu aux poudres en prenant à partie les deux juges de la Cour des plaids communs, Edward Southouse et René-Ovide HERTEL de Rouville, dans un réquisitoire visant tout particulièrement ce dernier. Le lendemain, Hertel de Rouville, en son nom et au nom de son collègue, porta plainte auprès du gouverneur HALDIMAND. *La Gazette littéraire pour la ville et district de Montréal* fut suspendue ; son rédacteur et son imprimeur, emprisonnés.

Le procureur général, James Monk*, poursuivit Du Calvet pour libelle. La gravité de l'accusation et l'importance des personnages impliqués rendirent cette cause compromettante. Aucun membre du barreau ne se sentit prêt à assumer la défense de l'accusé. Le jeune avocat William Dummer Powell*, nouvellement arrivé à Montréal, accepta de plaider sa cause, malgré l'avis de Monk. Du Calvet fut acquitté par un jury composé de marchands anglais de Montréal.

Le 27 septembre 1780, Du Calvet fut arrêté, non pas tant en raison de ses récents démêlés avec la justice qu'à cause de soupçons de trahison qui pesaient sur lui depuis l'invasion américaine. C'est le commandant de Montréal, le général de brigade Allan MACLEAN qui, fort des allégations du major Thomas Carleton*, chef d'un service de contre-espionnage établi à Saint-Jean, avait donné l'ordre de l'arrêter. Les preuves apportées contre lui reposaient sur trois lettres, adressées au général George Washington, au marquis de La Fayette et aux membres du Congrès de Philadelphie, qui avaient été interceptées. Elles étaient datées des 7 et 8 septembre et le docteur Boyer Pillon en reconnut la paternité dans sa déposition du 20 octobre suivant. Une seule d'entre elles cependant incriminait Du Calvet, celle envoyée au Congrès, que Pillon avoua avoir signée en son nom et en celui du marchand montréalais ; faible preuve, somme toute, que cette lettre. Sans prendre le temps de consulter le gouverneur et d'en recevoir un ordre écrit, Maclean fit arrêter Du Calvet. Placé devant le fait accompli, Haldimand ne récusa pas le geste de son subordonné. Comme en témoigne sa correspondance avec ce dernier, il ne jugea pas cependant que les preuves étaient convainquantes.

Les assertions de certains inculpés, accusés de complicité prorebelle, paraissaient mériter plus de crédit aux yeux du gouverneur. C'est sur leurs témoignages que Haldimand faisait reposer l'arrestation de Du Calvet et de Pillon. Parmi ces témoins à charge, quelques-uns rapportaient que Du Calvet les encourageait à se joindre à la cause des rebelles et qu'il leur offrait de les approvisionner. Enquête faite, on ne trouva guère de preuves évidentes. Haldimand avoua, par ailleurs, n'avoir que des présomptions à l'égard de Du Calvet. Assez ennuyé, il chargea le major Carleton de voir s'il y avait matière à procès dans cette affaire.

Le 6 décembre 1780, Haldimand accepta, à la demande du conseiller législatif François LÉVESQUE, de libérer Du Calvet. Il ne s'agissait que de patienter 24 heures, le temps que Hector Theophilus CRAMAHÉ, le lieutenant-gouverneur, préparât son certificat de délivrance. Mais une malencontreuse lettre, rédigée par le prisonnier dans un style vindicatif, eut l'heur de blesser si profondément Haldimand qu'il ne voulut plus rien lui accorder. Son incarcération se prolongea deux ans et sept mois sans qu'il eût droit à aucune forme de procès. La situation précaire de la colonie, menacée d'une seconde invasion américaine, habilitait, en effet, le gouverneur à suspendre l'*habeas corpus*.

Quelles charges possédait-on contre Du Calvet ? L'affaire traînait depuis cinq ans. Les 7 et 9 octobre 1775, il avait déjà comparu devant un jury composé de neuf commissaires sous l'accusation de sympathiser avec les rebelles. Faute de preuve suffisante, il avait été relâché. En novembre suivant, il fut l'un de ceux à qui Richard MONTGOMERY adressa son message invitant les habitants de Montréal à se rendre sans résistance afin d'éviter d'inutiles effusions de sang. En avril 1776, il reçut un des représentants de la délégation envoyée par le Congrès américain dans le but de convaincre les Canadiens de se joindre aux Treize Colonies. Fait plus troublant, un dénommé Pierre Du Calvet aurait fait partie du régiment canadien recruté par le colonel Moses Hazen* pour prêter main-forte aux Américains. Un document compromettant attestait qu'il avait reçu un acompte sur sa solde d'enseigne. En août 1776, après le retrait des envahisseurs, le Congrès américain autorisait sa nomination à titre de lieutenant et le paiement de huit mois de service en qualité d'enseigne. Comment Du Calvet aurait-il pu ainsi abandonner ses intérêts commerciaux ? Ne peut-on pas raisonnablement émettre une hypothèse ? Du Calvet abritait chez lui un neveu portant le même nom que lui, pour lequel l'oncle avait sollicité une lieutenance en 1770. Lors de l'invasion américaine, ce second Pierre Du Calvet aurait eu la préparation voulue pour exercer le métier des armes. Ne serait-ce pas lui qui se joignit aux volontaires canadiens commandés par Hazen ?

La charge la plus forte, mais « de peu d'évidence légale », selon le juge William Renwick Riddell*, serait la collaboration plus ou moins forcée de Du Calvet avec l'armée d'invasion américaine qui occupa Montréal pendant six mois. Rien d'étonnant à ce que ce riche marchand ait été réquisitionné pour procurer aux envahisseurs les vivres indispensables. Par la suite, Du Calvet cherchera à se faire rembourser les billets à ordre qu'il avait reçus en échange de ses marchandises. La réclamation s'élèvera à 56 394#. A quelques reprises, il sollicitera l'appui du marquis de La Fayette. Par deux fois, en octobre 1783 et en juin 1785, il rencontrera à Paris Benjamin Franklin, alors ambassadeur des États-Unis en France. Bien plus, il se rendra personnellement à New York présenter, les 3, 15 et 26 septembre 1785, mémoire et pétitions devant le Congrès continental. Grâce à ses pièces justificatives, il obtiendra qu'on lui rembourse près de la moitié de la somme réclamée, soit 5 352,50 dollars espagnols.

Ses longues années d'emprisonnement furent pour Du Calvet le cauchemar d'un homme qui se croyait victime des pires persécutions. Trouvant un exutoire dans l'écriture, il ne cessa de proclamer son innocence et de réclamer sa libération. Il lui fallut attendre jusqu'au 2 mai 1783 pour l'obtenir et aller chercher justice en Angleterre, cet « empire de la liberté ». Désireux de faire intenter un procès à Haldimand, il multiplia en vain pendant un an les requêtes au roi et aux secrétaires d'État.

Las de ces inutiles démarches, Du Calvet eut recours à la publication pour exposer ses griefs. En mars 1784, parut à Londres *The case of Peter Du Calvet* [...], que l'intéressé qualifia de factum destiné aux avocats chargés de sa défense. Les faits y sont exposés chronologiquement, expliqués à l'occasion pour des lecteurs peu familiers avec le contexte colonial et étayés par l'abondante correspondance du plaignant. Du Calvet n'est pas à proprement parler l'auteur de ce texte écrit en anglais, d'un ton pondéré et qui contraste avec ses autres écrits. La rédaction relèverait, en effet, de l'ancien procureur général, Francis Maseres, et du juge en chef, Peter LIVIUS. Ce dernier était d'autant plus sympathique à la cause de Du Calvet qu'il s'était déjà prononcé contre la légalité de l'emprisonnement sans procès des prisonniers politiques.

En juin-juillet 1784, Du Calvet alertait de nouveau l'opinion publique en publiant, toujours à Londres, *Appel à la justice de l'État* [...], véritable réquisitoire où passaient dans un style enflammé de véhémentes remontrances et de vives récriminations, et dans lequel il en appelait au roi, au prince de Galles et au ministre de l'Intérieur (responsable aussi des colonies), lord Sydney. Fort habilement, il associait son sort à celui de ses concitoyens brimés par le despotisme du gouverneur Haldimand. Il trouvait chez John Locke et les juristes Samuel von Pufendorf et Grotius matière à soutenir et à défendre leurs droits nationaux. Déjà en novembre 1783, dénonçant les abus de pouvoir de l'administration coloniale, il n'avait pas ménagé son opinion à lord North : « Vous ne souffrirez pas que notre oppression justifie aux yeux de l'Europe entière le détachement des treize provinces. » Seuls des changements immédiats et le retour aux lois constitutionnelles pouvaient permettre d'espérer conserver « la province à sa Majesté ».

Du Calvet consacrait la majeure partie de sa « Lettre à messieurs les Canadiens », pièce maîtresse de son réquisitoire, qui occupait plus de la moitié de son livre, à l'exposé d'un « plan détaillé de Gouvernement » conçu pour opérer une « salutaire révolution ». Il s'en prenait avec acharnement à l'Acte de Québec, y voyant « l'installation réelle, quoique non méditée, de l'asservissement de la Province ». Il dénonçait le régime de tutelle imposé aux Canadiens depuis la Conquête et soulignait les vices et les lacunes de la législation parlementaire de 1774. Désireux de réhabiliter les Canadiens dans leurs droits et privilèges de sujets britanniques, il proposait une série de réformes constitutionnelles et judiciaires. Après s'être assuré du maintien des lois civiles françaises, il réclamait « la réinstauration de la loi de l'*Habeas Corpus* [et] les jugemens par Jurés ». Ayant à cœur de restreindre les pouvoirs du gouverneur, il suggérait de le rendre justiciable des lois de la province et inapte à démettre de sa seule autorité un conseiller législatif, un homme de loi, ou à jeter en prison l'un de ses sujets. En dépit des préventions et préjugés de ses concitoyens qui craignaient de voir la province opprimée sous le poids des impôts, Du Calvet cherchait à les convaincre du bien-fondé d'une Assemblée législative, grâce à laquelle ils auraient non seulement « le plaisir & la gloire d'être [... leurs] propres Taxateurs », mais aussi, par ce moyen, de prendre un entier contrôle des dépenses publiques. Ainsi anticipait-il ce qui, 30 ans plus tard, allait devenir le cheval de bataille de la chambre d'Assemblée du Bas-Canada : la question des subsides. Il proposait aussi la réforme du Conseil législatif, en doublant le nombre des conseillers et en le rendant partiellement électif, afin qu'il cessât d'être un simple « corps de réserve » soumis à la volonté du gouverneur. Point du tout fanatique, ce protestant de croyance recommandait « l'entrée libre en Canada aux Prêtres Romains ». Les six autres articles de son projet portaient notamment sur la nomination de six représentants de la colonie au « Sénat britannique », la naturalisation des Canadiens, le rétablissement du Conseil supérieur comme tribunal judiciaire, la formation d'un régiment autochtone, la liberté de la presse et l'« Institution des Collèges pour l'éducation de la Jeunesse ». A ce sujet, Du Calvet recommandait l'appropriation des biens des jésuites pour le soutien d'« Écoles publiques, assorties à tous genres d'éducation ». L'*Appel à la justice de l'État* exerça une grande influence sur les compatriotes de Du Calvet. Il fut un de ceux qui contribuèrent le plus à les sensibiliser à la nécessité et à l'urgence de réformes constitutionnelles et à les inciter à s'allier aux colons anglais pour obtenir gain de cause. Il polarisa les courants d'opinion tant et si bien que les réformistes canadiens virent en lui un inspirateur. L'ouvrage fit sensation dans ce milieu comme en témoignent les hommages rendus par les comités de Québec et de Montréal, qui groupaient les chefs de file du mouvement. Du Calvet, dans ses écrits, a malheureusement laissé trop souvent libre cours à ses ressentiments. S'il faut en croire les témoignages du capitaine John Schank* et du père Félix Berey Des Essarts, il aurait plus imaginé que subi les mauvais traitements dont il se plaignit d'avoir été l'objet à bord du *Canceaux* et au monastère des capucins de Québec, transformés en prisons pour les détenus politiques. Ne cherchons donc pas dans les deux ouvrages de Du Calvet un témoignage objectif. Voyons-y plutôt le cri d'un homme désespéré de ne pas pouvoir obtenir « justice prompte de l'État ».

Pour l'élaboration de son plan de réformes, Du Calvet reçut l'aide de son ami Maseres qui lui fit profiter de ses connaissances juridiques. La collaboration de Pierre-Joseph-Antoine ROUBAUD fut beaucoup moins heureuse, et Du Calvet regretta sans doute amèrement de s'être laissé prendre au jeu d'un aussi perfide personnage qui lui servit de secrétaire. Ce dernier n'hésita pas à trahir la confiance de Du Calvet en jouant le rôle d'espion et de délateur pour le compte du sous-secrétaire d'État au ministère de l'Intérieur, Evan Nepean, et de Haldimand lui-même.

Le 3 octobre 1771, Du Calvet avait épousé à la Christ Church de Montréal Marie-Louise, fille de Pierre Jussaume, dit Saint-Pierre, de 15 ans sa cadette. Leur vie conjugale fut de courte durée. Trois ans plus tard, la jeune épouse s'éteignait après avoir donné naissance à trois garçons dont un seul survécut, John, bientôt appelé Jean-Pierre, puis Pierre comme son père. Le dernier des fils de Du Calvet, né en octobre 1774, deux mois avant le décès de sa mère, avait été prénommé Guy, comme son parrain, Guy Carleton.

Se considérant « dans la classe des principaux [citoyens] de Montréal », possédant, outre les terrains ayant appartenu aux Jussaume, rues Saint-Jean et Saint-Paul, d'autres propriétés, vergers ou jardins, rue Saint-Paul et place du Marché, en plus de sa seigneurie de Rivière-David, et de deux arrière-fiefs, Du Calvet avait dû mettre ou laisser mettre en vente ses biens-fonds pour payer les frais occasionnés par ses procès et ses nombreux déplacements en France, en Angleterre et aux États-Unis. A sa mort, le passif (94 000#) l'emportera sur l'actif, comme le montre l'imposant inventaire après décès. La succession n'était pas des moindres. Malheureusement, trop de créances (82 000#) et de marchandises non vendues l'alourdissaient.

La mort, en effet, devait empêcher Du Calvet de mener à terme le procès qu'il avait intenté à Haldimand et de voir son *Appel à la justice de l'État* porter fruits. Après un bref séjour au Canada où il avait de nouveau signé une procuration générale à Jean Dumas Saint-Martin, Du Calvet s'empressait de retourner en Angleterre en mars 1786. Partis de New York à bord d'un bateau espagnol, le 3, Du Calvet et ses compagnons étaient, quelques jours plus tard, ramenés sur la côte par des vents contraires. Reparti le 15 du même mois, le vaisseau devait disparaître corps et biens au cours d'une violente tempête. Ainsi périt Du Calvet.

Il semble que ce soit Maseres qui, après la brusque disparition de son ami, se soit chargé d'assurer la subsistance de l'unique fils de Du Calvet, âgé d'à peine 12 ans, et qui vivait en Angleterre depuis août 1783.

PIERRE TOUSIGNANT ET MADELEINE DIONNE-TOUSIGNANT

Pierre Du Calvet, *Appel à la justice de l'État ; ou recueil de lettres au roi, au prince de Galles, et aux ministres ; avec une lettre à messieurs les Canadiens,* [...] *une lettre au général Haldimand lui-même ; enfin une dernière lettre à milord Sidney* [...] (Londres, 1784) ; *The case of Peter Du Calvet, esq., of Montreal in the Province of Quebeck, containing, amongst other things worth notice, an account of the long and severe imprisonment he suffered in the said province* [...] (Londres, 1784) [La rédaction de ce dernier ouvrage ne relèverait pas de Du Calvet mais bien de deux de ses amis : Francis Maseres et Peter Livius.] ; *Mémoire en réponse à l'écrit public, de Mᵉ Panet, fondé de procuration de Watson & Rasleigh de Londres, demandeurs, contre Pierre Ducalvet de Montréal, écuyer, défendeur* [...] (Montréal, 1779).

En 1888, le dépouillement et l'inventaire de la collection Haldimand, dans APC *Rapport*, amenèrent l'archiviste Douglas Brymner* à porter des jugements sévères sur Du Calvet. Quelques membres de la Société royale du Canada, tels Benjamin Sulte*, *Mélanges historiques* (Malchelosse), VII : 76–98, Francis-Joseph Audet*, « Sir Frédéric Haldimand », SRC *Mémoires*, 3ᵉ sér., XVII (1923), sect. I : 127–149, et Gustave Lanctot*, *le Canada et la Révolution américaine*, emboîtèrent le pas et tentèrent de disculper Haldimand des accusations portées contre lui. Ils en vinrent même à faire de ce général « l'un des meilleurs gouverneurs que [leur] ait envoyés Downing Street ». A défaut d'avoir su comprendre le sens et la portée de l'action politique de cet esprit libéral et réformateur, ils ne virent en Du Calvet qu'un « cynique traître » dont ils se plurent à noircir la réputation. Passant outre aux jugements trop catégoriques de ses détracteurs, l'historien Lionel Groulx*, *Hist. du Canada français* (1950–1952), III : 94s., à l'instar de François-Xavier Garneau*, *Hist. du Canada* (1859), III : 51–54, sut reconnaître l'originalité de l'apport de Du Calvet qui manifesta « une hardiesse de pensée fort en avance sur son époque » . [P. T. et M. D.-T.].

AD, Gironde (Bordeaux), Registre d'embarquement de passagers : certificat de catholicité, 1758 ; Tarn-et-Garonne (Montauban), État civil, Caussade, 1735. — ANQ-M, État civil, Anglicans, Christ Church (Montréal), 3 oct. 1771, 7 juill., 31 août 1772, 8 nov. 1773, 16 oct. 1774, 11 mai 1775 ; Greffe de P.-F. Mézière, 29 mars, 29 mai 1764, 11 févr. 1786. — APC, MG 11, [CO 42] Q, 7, pp.7s. ; 19, pp.171–173, 253 ; 20, p.184 ; MG 23, B3, CC41, pp.15–19. — ASQ, Fonds Viger-Verreau, Carton 13, n°s 33, 34 ; 17, n°s 44, 49, 51 ; 20, n° 43 ; 42/3, n° 2 ; Sér.O, 040A, p.17. — BL, Add. MSS 21 791, p.80 ; 21 795, pp.156, 163 ; 21 807, p.278 ; 21 843, pp.202s. ; 21 845, p.353 ; 21 865, pp.1, 5, 45s., 97, 148s., 166–175, 242, 260, 268–286 ; 21 886, pp.40s., 65–68, 109–112, 141s., 198, 200, 211 (copies aux APC). — PRO, CO 42/5, ff.270–270v. ; 42/20, ff.8–9, 28 ; 42/30, ff.105, 168v., 170, 175–180, 184, 188–188v., 193v., 194, 197, 198 ; 42/34, f.261 ; 42/43, ff.24–25, 30. — *American archives* (Clarke et Force), 5e sér., I : 1 604. — [Félix Berey Des Essarts], Réplique par le P. de Berey aux calomnies de Pierre Du Calvet contre les récolets de Québec, APC *Rapport*, 1888, 40–43. — Fabre, dit Laterrière, *Mémoires* (A. Garneau). — [Benjamin Franklin], *The works of Benjamin Franklin ; containing several political and historical tracts not included in any former edition and many letters, official and private, not hitherto published ; with notes and a life of the author*, Jared Sparks, édit. (10 vol., Boston, 1840), X : 330. — *Journals of the Continental Congress, 1774–1789 ; edited from the original records in the Library of Congress*, W. C. Ford *et al.*, édit. (34 vol., Washington, 1904–1937), XXVI : 260s. ; XXX : 90. — [Francis Maseres], *An account of the proceedings of the British, and other Protestant inhabitants, of the province of Quebeck, in North-America, in order to obtain an house of assembly in that province* (Londres, 1775) ; *Additional papers concerning the province of Quebeck : being an appendix to the book entitled*, An account of the proceedings of the British and other Protestant inhabitants of the province of Quebeck in North America, [in] order to obtain a house of assembly in that province (Londres, 1776). — Pierre Du Calvet, J.-M. Le Moine, édit., *BRH*, I (1895) : 14s. — Pierre Du Calvet, J.-J. Lefebvre, édit., ANQ *Rapport*, 1945–1946, 341–411. — *La Gazette de Québec*, 22 mars, 9 août 1770, 31 mai–27 déc. 1781, 1782, 1785, 1786. — *La Gazette littéraire pour la ville et district de Montréal*, 7, 14, 21, 28 avril, 26 mai, 2 juin 1779. — [F.-M.] Bibaud, *Le panthéon canadien : choix de biographie dans lequel on a introduit les hommes les plus célèbres des autres colonies britanniques* (Montréal, 1858). — *DOLQ*, I : 35–37. — L.[-H.] Fréchette, *La légende d'un peuple* (Paris, 1887), 211–215. — Adélard Gascon, Pierre Du Calvet : monographie (thèse de PH.D., université d'Ottawa, 1947). — Émile Lauvrière, *La tragédie d'un peuple : histoire du peuple acadien, de ses origines à nos jours* (3e éd., 2 vol., Paris, 1922), II. — Tousignant, La genèse et l'avènement de la constitution de 1791. — Auguste Vachon, Pierre Roubaud, ses activités à Londres concernant les affaires canadiennes, 1764–1788 (thèse de M.A., université d'Ottawa, 1973). — E. C. Wright, *The Miramichi, a study of the New Brunswick river and of the people who settled along it* (Sackville, N.-B., 1944). — É.-Z. Massicotte, Pierre Ducalvet inculpé en 1775, *BRH*, XXIX (1923) : 303s. — W. R. Riddell, Pierre Du Calvet : a Huguenot refugee in early Montréal ; his treason and fate, *OH*, XXII (1925) : 239–254.

DUCHAMBON, LOUIS DU PONT. V. Du Pont

DUCHAMBON DE VERGOR, LOUIS DU PONT. V. Du Pont

DUCHARME, LAURENT, trafiquant de fourrures, baptisé le 10 août 1723 à Montréal, fils de Louis Ducharme et de Marie Picard ; il épousa le 26 novembre 1753, à Montréal, Marguerite Métivier et ils eurent au moins trois enfants ; décédé après 1787.

Laurent Ducharme naquit dans une famille montréalaise qui avait une vaste expérience de la traite des fourrures dans l'Ouest ; en 1754, lui-même se lança dans une modeste carrière de trafiquant de fourrures dans la région des Grands Lacs les plus à l'ouest. En 1758, Ducharme avait installé sa femme auprès de lui dans le petit village fortifié, tout centré sur la traite des fourrures, de Michillimakinac (Mackinaw City, Michigan). Sa famille habitait une maison sise rue du Diable, et une esclave, Madeleine, aidait aux travaux domestiques.

En 1761, des soldats britanniques vinrent tenir garnison à Michillimakinac, mais ils ne se gagnèrent jamais l'amitié des Sauteux des environs. Au printemps de 1763, Ducharme eut vent de l'intention de ces Indiens d'attaquer la garnison de Michillimakinac ; quand il en avertit le commandant, le capitaine George Etherington, celui-ci le réprimanda vertement et menaça d'emprisonner à Détroit la première personne qui répéterait une telle histoire. Le 2 juin 1763, Ducharme, horrifié, vit les Sauteux, ralliés par Minweweh*, surprendre la garnison et tuer ou faire prisonniers tous les soldats. Ducharme et les autres Français ne subirent aucun mal.

De ce soulèvement résulta une grave désorganisation du commerce dans la région des lacs Supérieur, Michigan et Huron ; quand la paix fut restaurée, Ducharme reprit son rôle actif dans ce commerce. A la fin des années 1760 et au début des années 1770, il reçut un permis l'autorisant à porter à l'intérieur des marchandises de traite de Montréal. Ses affaires étaient surtout concentrées à Michillimakinac, mais, en 1769, il trafiqua à Milouaqui (Milwaukee, Wisconsin) et, en 1772, à La Baye (Green Bay, Wisconsin) et à Milouaqui.

Quand la Révolution américaine commença à perturber la situation sur les lacs Huron, Michigan et Supérieur, en 1777, Ducharme servit d'informateur, à Milouaqui, pour le capitaine Arent Schuyler De Peyster, l'officier commandant à Michillimakinac. Le 15 mai, il envoya un message alarmant : les Espagnols tentaient d'obtenir du chef potéouatami, Siginakee (appelé Letourneau ou Blackbird), qu'il incitât les Indiens de la vallée supérieure du Mississippi à se tourner contre les Britanniques. C'est là la seule trace que l'on ait de la participation de Ducharme à cette guerre.

Inquiet des « blasphèmes et [de l']impiété » qui avaient cours à Michillimakinac en ces temps troublés, Ducharme se joignit à plusieurs autres marchands, en 1778, pour adresser une pétition au gouverneur sir Guy Carleton* et demander l'envoi d'un missionnaire à Michillimakinac. Aucun missionnaire n'y avait résidé régulièrement depuis près de dix ans. Plusieurs marchands promirent leur aide financière. Ducharme s'engagea à verser, pour sa part, £18 par année – somme modeste, qui laisse croire qu'il n'était pas parmi les trafiquants les plus riches.

Les conditions économiques étaient également instables. Face à l'incertitude, quelques marchands, dont Étienne-Charles CAMPION et Ducharme lui-même, mirent leurs ressources en commun et, en 1779, établirent, pour une année, un « magasin général » à Michillimakinac. La mise de Ducharme consista en un demi-chargement de canot, d'une valeur de £7 500 – une somme relativement modeste, encore une fois. A ce moment-là, Ducharme apparaissait aux registres comme résidant de Montréal. Selon les apparences, il n'y demeurait qu'une partie de l'année, et, comme bien d'autres petits trafiquants, il hivernait parmi les Indiens en vue d'acquérir les fourrures à meilleur prix. L'un de ses postes était situé sur la rivière Fond du Lac, dans le Wisconsin, où il trafiquait avec les Puants.

En 1787, Ducharme signa comme témoin lors d'une élection de marguilliers à l'église Sainte-Anne de Michillimakinac, laquelle avait été déménagée, de même que le fort et la petite ville, à l'île de Mackinac, en 1780. C'est la dernière mention de Laurent Ducharme. On ignore le lieu et la date de sa mort.

DAVID A. ARMOUR

BL, Add. MSS 21 758, ff.33–35, 37s. — Clements Library, Thomas Gage papers, supplementary accounts, A state of houses and lands at Michilimackinac. — Wis., State Hist. Soc. (Madison), Canadian archives, Abstracts of Indian trade licences in Canadian archives, 1767–1776, 27 juill. 1769, 17 mai, 12 juill. 1770, 13 mai 1773, 17 juill. 1774. — Augustin Grignon, Seventy-two years' recollections of Wisconsin, Wis., State Hist. Soc., *Coll.*, III (1857) : 233, 250s. — Henry, *Travels and adventures* (Bain). — Langlade papers – 1737–1800, Wis., State Hist. Soc., *Coll.*, VIII (1879) : 217–219. — Langlade's movements in 1777, Wis., State Hist. Soc., *Coll.*, VII (1876) : 406. — *Michigan Pioneer Coll.*, IX (1886) : 658 ; X (1886) : 275s., 286–290, 305, 307 ; XIII (1888) : 69s. — Godbout, Nos ancêtres, ANQ *Rapport*, 1951–1953, 471. — Massicotte, Répertoire des engagements pour l'Ouest, ANQ *Rapport*, 1931–1932, 277, 281–283, 351, 356–358 ; 1932–1933, 285, 287–289, 291, 294–299, 301s. — Tanguay, *Dictionnaire*, III : 491s. — L. P. Kellogg, *The British regime in Wisconsin and the northwest* (Madison, Wis., 1935), 47, 95, 146 ; *The French regime in Wisconsin and the northwest* (Madison, 1925 ; réimpr., New York, 1968), 295. — R. G. Carroon, Milwaukee and the American revolution, Milwaukee County Hist. Soc., *Hist. Messenger* (Milwaukee, Wis.), XXIX (1973), nº 4 : 118–144. — Charles Lart, Fur trade returns, 1767, *CHR*, III (1922) : 351–358.

DU COIGNE. V. COUAGNE

DUDEVANT, ARNAULD-GERMAIN (baptisé **Arnaud**), prêtre, né le 30 mai 1751 dans la paroisse Sainte-Croix, à Bordeaux, France, fils de Jacques Dudevant, marchand, et de Jeanne Barbequière, décédé vers 1798.

Arnauld-Germain Dudevant a dû faire ses humanités à Bordeaux et il y a commencé ses études théologiques, puisqu'il apporta au Canada des cahiers de notes manuscrites sur la grâce et l'Église, datés de 1774. Il débarque à Québec en 1775 en compagnie de son compatriote Jean-Baptiste Lahaille*, avec la permission du gouverneur Guy Carleton*. Dudevant est agrégé au séminaire de Québec le 5 avril 1777 et ordonné prêtre 15 jours après. Il aurait enseigné en quatrième de 1775 à 1777 avant d'être nommé directeur du grand séminaire en août 1777, second assistant du supérieur l'année suivante et premier assistant en 1780. Sans que l'on sache pourquoi, Dudevant démissionne à l'hiver de 1782 et procède à l'inventaire de la bibliothèque du séminaire en attendant le bateau qui le ramènera en France.

Rentré à Bordeaux en 1783, il devient chanoine de l'église métropolitaine Saint-André, succédant à son oncle, Louis-Hyacinthe Barbequière, qui a résigné le canonicat en sa faveur. Peu satisfait de son sort encore une fois, il songe à aller s'établir chez les prêtres des Missions étrangères, à Paris, où le procureur du séminaire de

Québec, François SORBIER de Villars, aurait aimé voir Dudevant lui succéder. Les autorités du séminaire de Québec s'y opposent et Dudevant reste à Bordeaux. L'émigration causée par la Révolution le conduit à Madrid, d'où il écrit à Mgr HUBERT en 1794, lui demandant de l'accepter de nouveau à Québec. L'évêque lui répond qu'il serait heureux de le revoir, mais qu'il ne peut payer le prix de son voyage, s'étant déjà engagé à le faire pour 12 prêtres émigrés. Le pauvre Dudevant aurait quitté l'Espagne en 1798 sur un vaisseau américain pour venir en Amérique, mais on n'eut plus jamais de ses nouvelles et l'on suppose qu'il a péri en mer.

C'est grâce à lui cependant que l'on connaît la bibliothèque du séminaire de Québec à la fin du XVIIIe siècle. Le catalogue qu'il en a fait montre que cette bibliothèque est de loin la plus importante du Canada à l'époque ; elle contient 4 883 volumes correspondant à 2 121 titres. Le plan de cette bibliothèque est, à quelques changements près, celui des bibliothèques de France au XVIIIe siècle : d'abord les sept sections de la catégorie des livres de théologie et religion, ensuite les ouvrages de droit civil et canonique, ceux d'histoire, de belles-lettres et une dernière catégorie consacrée aux livres de classe. Les belles-lettres regroupent les sciences et les arts. C'est la fonction du séminaire – grand et petit – qui permet d'expliquer la quantité de livres dans chaque catégorie. Les ouvrages religieux sont au premier rang ; ils comprennent 1 306 titres et le nombre de volumes s'élève à 2 866 ; les belles-lettres suivent avec 298 titres, l'histoire avec 147 et le droit avec 135. Les livres de classe, dont certaines titres existent en plusieurs exemplaires, comptent 701 volumes sous 235 titres. Le tiers des ouvrages seulement est en latin et ce sont les livres de classe qui donnent cette moyenne, formant la seule catégorie dont les livres sont en majorité en latin. On y trouve non seulement les grands auteurs des XVIIe et XVIIIe siècles, mais encore des ouvrages d'histoire, des traités scientifiques et des dictionnaires. Même Voltaire figure au catalogue avec le *Dictionnaire philosophique portatif* [...] et *le Siècle de Louis XIV*. C'est une bibliothèque parfaitement adaptée à la fonction de l'institution, maison de formation ecclésiastique et collège d'humanités.

CLAUDE GALARNEAU

AD, Gironde (Bordeaux), État civil, Sainte-Croix, 30 mai 1751 ; G 779, f.195. — ASQ, Lettres, M, 165 ; P, 26[a], 29, 32, 34, 82 ; S, 85 ; MSS, 12, ff.45–48 ; 13, 4 avril 1777, 18 oct. 1779, 5 déc. 1794 ; 433 ; 437 ; MSS-M, 199–202 ; Polygraphie, XVII : 29, 30, 30a. — Bibliothèque du séminaire de Québec, A.-G. Dudevant, Catalogue des livres de la bibliothèque du séminaire des Missions étrangères de Québec fait dans le mois de may 1782 (copie aux ASQ). — Caron, Inv. de la corr. de Mgr Hubert et de Mgr Bailly de Messein, ANQ *Rapport*, 1930–1931, 310. — Antonio Drolet, *Les bibliothèques canadiennes (1604–1960)* (Ottawa, 1965). — Monique Laurent, Le catalogue de la bibliothèque du séminaire de Québec, 1782 (thèse de D.E.S., université Laval, 1973). — L'abbé Germain Dudevant, *BRH*, XLVII (1941) : 207. — Antonio Drolet, La bibliothèque du collège des jésuites, *RHAF*, XIV (1960–1961) : 487–544 ; La bibliothèque du séminaire de Québec et son catalogue de 1782, *Le Canada français* (Québec), 2e sér., XXVIII (1940) : 261–266.

DUFROST, CHARLES. V. YOUVILLE, CHARLES-MARIE-MADELEINE D'

DUFROST DE LAJEMMERAIS, MARIE-MARGUERITE (Youville), fondatrice de la Congrégation des Sœurs de la Charité de l'Hôpital Général de Montréal (sœurs grises), née à Varennes (Québec) le 15 octobre 1701, décédée à Montréal le 23 décembre 1771.

Marie-Marguerite Dufrost de Lajemmerais appartenait à l'une des grandes familles de la Nouvelle-France. Sa mère, Marie-Renée Gaultier de Varennes, était la fille de René Gaultier* de Varennes, gouverneur de Trois-Rivières, et de Marie Boucher, fille de Pierre Boucher*. Son père, François-Christophe Dufrost de La Gemerais, de vieille noblesse française, était passé au pays en 1687. Marguerite, l'aînée, eut trois frères, Charles et Joseph qui se firent prêtres et Christophe* qui accompagna son oncle, Pierre Gaultier* de Varennes et de La Vérendrye, dans ses expéditions dans l'Ouest canadien. Ses sœurs, Marie-Clémence et Marie-Louise, épousèrent respectivement Pierre Gamelin* Maugras et Ignace GAMELIN, négociants montréalais fort bien connus à l'époque.

Marguerite n'a pas encore sept ans quand son père décède, laissant sa famille dans l'insécurité financière. Néanmoins, les relations familiales aidant, elle est admise au pensionnat des ursulines de Québec en août 1712. Elle y séjourne deux ans. De retour à Varennes, elle partage avec sa mère les lourdes responsabilités familiales jusqu'en 1720, année où Mme Dufrost se marie à Timothy Sullivan*, médecin roturier mais fortuné. Cette union, une mésalliance à l'époque, fait obstacle à un projet de mariage entre Marguerite et un jeune noble.

Vers la fin de 1721, la famille déménage à Montréal où Marguerite fait la connaissance de François-Madeleine d'Youville, fils de Pierre You* de La Découverte. Le 12 août 1722, ils s'épousent en l'église Notre-Dame. Leur contrat de mariage, passé la veille, est des plus intéressants ; presque tous les hauts personnages de la colonie assistent à la signature, entre autres le gouverneur Philippe de Rigaud* de Vaudreuil, Claude de Ramezay*, gouverneur de Montréal, et Charles Le Moyne* de Longueuil, gouverneur de Trois-Rivières. Le contrat assure à Marguerite un douaire de 6000# et un préciput de 1000# avec bagues et joyaux. C'est beaucoup pour cette époque où les gens de condition moyenne jouissent habituellement d'un douaire de 300# à 500# et d'un préciput de 200# à 300#.

Le jeune couple s'installe place du Marché, chez Mme You de La Découverte, qui est peut-être grippe-sou, comme l'ont dit certains, mais qui n'en vit pas moins dans un intérieur assez confortable, ainsi que le révèle l'inventaire fait après le décès de François-Madeleine en 1730. Leurs huit années de vie commune sont pour le moins obscures ; cependant, nous y décelons deux périodes bien différentes. Dans un premier temps, soit de 1722 à 1726, quatre enfants naissent à intervalles rapprochés. Tous meurent en bas âge sauf François qui deviendra curé de Saint-Ours. Ces premières années sont marquées par les plaintes répétées des Indiens et des commerçants contre le genre de commerce pratiqué par François-Madeleine à l'île aux Tourtres [V. Pierre You de La Découverte], et par la présence à peu près constante de Mme You de La Découverte chez qui Marguerite et François-Madeleine habitent, bien que le couple semble avoir parfois résidé à la maison de ferme de Sainte-Anne-du-Bout-de-l'île (Sainte-Anne de Bellevue), appartenant aux You de La Découverte. En effet, non loin de là, à Saint-Joachim-de-la-Pointe-Claire, une de leurs filles est enterrée. Le deuxième temps de leur vie conjugale, de 1727 à 1730, est fortement marqué par la place prépondérante que Marguerite accorde désormais à la pratique de la religion. L'année 1727 semble particulièrement importante ; son fils nous dit qu'on la vit alors « renoncer aux vains ajustements et embrasser le parti de la piété » ; elle-même, dans une lettre écrite à l'abbé de l'Isle-Dieu en 1766, fait remonter sa dévotion et sa « confiance au Père éternel » à cette époque. C'est d'ailleurs à partir de 1727 qu'elle s'agrège à différentes confréries religieuses. Pendant cette période, la mère de François-Madeleine décède, lui laissant de quoi vivre à l'aise, et un cinquième enfant, CHARLES-MARIE-MADELEINE, naît en juillet 1729.

A la mort de François-Madeleine, le 4 juillet 1730, Marguerite est âgée de 28 ans. Elle a la charge de deux enfants en bas âge et est enceinte d'un sixième qui naîtra le 26 février 1731 et décédera moins de cinq mois plus tard. Elle hérite d'une succession endettée – François-Madeleine avait vite fait de dissiper son héritage – et n'a de meilleur parti que d'y renoncer. On lui adjuge toutefois, par bail judiciaire, la maison qu'elle habite, où elle tiendra un commerce pendant plusieurs années.

Une nouvelle étape commence qui amènera Mme d'Youville, en deux temps encore, à assumer la responsabilité de l'Hôpital Général de Montréal. Une première période, de 1730 à 1737, est consacrée à la prière, aux bonnes œuvres et à l'éducation de ses deux fils ; François entrera au séminaire de Québec en 1737 et Charles le suivra en 1742. Sous la direction du sulpicien Jean-Gabriel-Marie Le Pape* Du Lescöat, son conseiller depuis 1727, elle travaille activement au sein de confréries et s'applique à adoucir la vie des pauvres de son entourage. Cette vive conscience de la misère qui l'entoure l'incite à poser des gestes de plus en plus concrets, encouragée par le sulpicien Louis Normant* Du Faradon, son directeur spirituel depuis la mort de Le Pape Du Lescöat en 1733. Ainsi, le 21 novembre 1737, elle accueille chez elle Françoise Auzon, une sexagénaire aveugle. Le 31 décembre, Marie-Louise Thaumur de La Source, Catherine Cusson et Marie-Catherine Demers Dessermont s'engagent, avec Mme d'Youville, à se consacrer au service des pauvres. Bien que ce ne soit encore qu'une association séculière, il semble qu'elles prononcent des vœux de pauvreté, chasteté et obéissance, et ce moment est considéré comme la date de fondation de leur communauté.

Au mois d'octobre 1738, elles emménagent dans une maison assez grande pour les loger et leur permettre d'accueillir d'autres déshérités qu'elles font vivre du produit de leurs divers travaux. L'œuvre de Marguerite d'Youville est lancée, mais les dix années qui suivent lui réservent de durs labeurs et de pénibles souffrances. Il lui faut faire face à l'incompréhension de sa famille ; en novembre 1738, ses deux beaux-frères ont signé, avec d'autres, une pétition marquant leur opposition à l'intention qu'on prête aux sulpiciens de remplacer les Frères hospitaliers de la Croix et de Saint-Joseph par Mme d'Youville et ses filles à la direction de l'Hôpital Général. Elle doit supporter l'hostilité de la population qui voit la petite communauté d'un mauvais œil. Certains les appellent « les grises », les accusant de s'enivrer et de continuer la vente illicite d'eau-de-vie aux Indiens que faisaient le beau-père et le mari de Mme d'Youville. Les calomnies vont bon train, et un récollet va même jusqu'à leur refuser la communion. De 1738 à 1744, Mme d'Youville, affligée d'un mal à un genou, doit garder la chambre. Après sa guérison, alors que tout semble rentrer dans l'ordre, un violent incendie détruit la maison, le 31 janvier

1745, et elle éprouve maintes difficultés à loger ses pensionnaires et sa communauté, formée maintenant de cinq membres, jusqu'au moment où elle assume la charge de l'Hôpital Général en 1747. C'est le surlendemain de cet incendie que Mme d'Youville et ses compagnes signent un acte, rédigé par Normant Du Faradon, appelé « Engagements primitifs » dans lequel elles promettent formellement de vivre et de mourir ensemble dans la soumission et l'obéissance à celle qui sera chargée du gouvernement de la maison, de se départir de tous leurs biens, sauf des biens-fonds, pour les mettre en commun, et de se consacrer sans réserve au bien-être des pauvres. Cet acte, dont une copie sera insérée dans le premier recueil des règles de la congrégation rédigé en 1781 par Étienne MONTGOLFIER, forme la base de la communauté fondée par Mme d'Youville.

Ces dix années de difficultés n'ont toutefois pas été infructueuses : la communauté s'est consolidée et est parvenue à poursuivre l'œuvre qu'elle s'était assignée, Mme d'Youville ayant fait preuve de force de caractère, d'esprit pratique et d'un inlassable dévouement. Aussi les sulpiciens persuadent-ils le gouverneur Beauharnois*, Mgr de Pontbriand [Dubreil*] et l'intendant HOCQUART, tous trois administrateurs de l'Hôpital Général, de confier la direction de l'établissement à Mme d'Youville. Une ordonnance, promulguée le 27 août 1747, la nomme directrice de l'hôpital « provisoirement et sous le bon plaisir de Sa Majesté et jusques à ce qu'elle en ait autrement ordonné ».

C'est un établissement en faillite que prend en main Mme d'Youville [V. Jean Jeantot* ; Louis Turc* de Castelveyre, dit frère Chrétien]. Fondé en 1692 par François Charon* de La Barre, l'Hôpital Général est grevé d'une dette de près de 40 000# et la maison est dans un état lamentable. La dernière étape de la vie de Mme d'Youville sera consacrée à remettre l'hôpital sur pied, à l'administrer avec des moyens financiers réduits et à établir de façon permanente la communauté qu'elle a formée. Après avoir fait un inventaire des biens de l'hôpital, qui donne une idée du délabrement dans lequel il se trouve, Mme d'Youville fait effectuer des travaux de nettoyage et les réparations les plus urgentes. Le 7 octobre, elle s'y installe avec six associées, dont deux ne sont pas encore agrégées à la société [V. Agathe Véronneau*], et huit pensionnaires. Elle y trouve deux vieux frères hospitaliers et quatre vieillards malades. Bientôt de grandes salles sont prêtes à recevoir les malades et les miséreux des deux sexes, ce qui change l'orientation de l'Hôpital Général jusque-là réservé aux hommes. A la demande du sulpicien Antoine Déat*, elle fait aménager 12 chambres pour y accueillir celles qu'on appelait à l'époque les « filles perdues ».

Les choses vont bon train et Mme d'Youville a tout lieu de croire qu'elle réussira à remettre la maison sur pied. Mais devant l'opposition de la cour à reconnaître officiellement la communauté – le roi veut éviter la formation de nouvelles communautés religieuses dans la colonie, les considérant comme une source de dépenses – l'intendant BIGOT, Mgr de Pontbriand et le nouveau gouverneur La Jonquière [Taffanel*] craignent que la mort de la fondatrice n'entraîne la désagrégation de la communauté et un second échec pour l'Hôpital Général. Aussi, en octobre 1750, Bigot rend-il une ordonnance mettant fin au contrat provisoire de 1747 et unissant l'Hôpital Général de Montréal à celui de Québec. Les hospitalières de Québec sont autorisées à vendre à leur profit les bâtiments et dépendances de l'établissement de Montréal et les meubles qu'elles ne veulent pas garder, « à la charge de nourrir et entretenir les infirmes, vieillards, estropiés, orphelins du gouvernement de Montréal » qui seront conduits à Québec. Toutefois, à cause de la saison avancée, Mme d'Youville peut demeurer à l'hôpital et poursuivre son œuvre jusqu'au mois de juillet suivant. Cette ordonnance jette la consternation parmi la population de Montréal qui a fini par apprécier l'œuvre de Mme d'Youville et de ses filles. Normant Du Faradon adresse alors au ministre de la Marine une requête signée par 80 citoyens, dont le gouverneur de Montréal, Charles Le Moyne* de Longueuil, dans laquelle il rappelle que, lors de la fondation de l'Hôpital Général en 1692, les « lettres patentes portoient la clause et la réserve expresse que ledit Etablissement servit à perpétuité sans pouvoir être changé ny de lieu ny en autre œuvre pie ». Marguerite d'Youville et ses filles rédigent aussi une supplique dans laquelle elles décrivent les améliorations apportées à l'Hôpital Général depuis qu'elles l'ont pris en main et démontrent le tort irréparable que l'on fait aux pauvres de Montréal en les privant d'un endroit « où ils sont assurés de trouver un secours certain dans leur vieillesse ». Enfin, elles s'offrent à liquider les dettes du frère Chrétien si on les confirme dans « les droits grâces et privilèges » accordés aux frères hospitaliers lors de la fondation de l'hôpital. Mme d'Youville va porter elle-même cette requête à Québec à Mgr de Pontbriand et à Bigot qui la reçoivent froidement. Ils n'ont pas confiance en la permanence de la communauté et, à l'instar de beaucoup de leurs contemporains, ils perçoivent sa fondatrice comme un instrument entre les mains des sulpiciens qu'ils soupçonnent de vouloir s'emparer de l'Hôpital Général. Aussi, refusent-ils d'appuyer sa pétition. Seul le gouverneur La Jonquière lui manifeste de la sympathie et lui promet son aide.

Si Mme d'Youville trouve peu d'appui à Québec, Jean Couturier, supérieur de la Compagnie de Saint-Sulpice à Paris, prend sa défense auprès de la cour et fait valoir son offre d'acquitter les dettes de l'hôpital, à la condition que le roi veuille bien reconnaître sa communauté par lettres patentes et la charger de façon définitive de l'Hôpital Général. Il rappelle aussi une clause du contrat passé entre les sulpiciens et François Charon, qui stipule que si l'hôpital cessait d'exister et que les frères n'achetaient pas le terrain, ce dernier reviendrait au séminaire avec tous ses bâtiments. Or, les frères ne l'ayant jamais acheté, Bigot ne peut disposer d'un bien appartenant aux sulpiciens. Le 14 décembre 1751, sur ordre de la cour, l'intendant doit rendre une ordonnance révoquant l'union de l'Hôpital Général à celui de Québec et laissant Mme d'Youville à la tête de son établissement. Le 12 mai suivant, le roi en conseil ordonne aux administrateurs de l'hôpital de passer un contrat avec Mme d'Youville pour en fixer le mode d'administration. Ce contrat, rendu public par une ordonnance du 28 septembre 1752, est inspiré du mémoire que Mme d'Youville avait fait parvenir aux administrateurs le 19 juin précédent, dans lequel elle expose les moyens qu'elle entend prendre pour s'acquitter des dettes de l'hôpital. Elle le fait avec un talent d'administratrice que les gouvernants et les commerçants de l'époque auraient pu lui envier. Et, en femme prudente qui a bien failli tout perdre, elle met aussi ses conditions : ses filles et elle seront dispensées de l'enseignement et fermeront l'école que les frères hospitaliers tenaient dans l'hôpital ; elles auront tous les droits et privilèges accordés aux frères ; si le roi décide un jour de leur enlever l'administration de l'établissement, on devra leur rembourser les 18 000# qu'elles sacrifient à l'acquittement des dettes. Les lettres patentes, datées du 3 juin 1753, dans lesquelles le roi reconnaît l'existence légale de la communauté et charge officiellement Mme d'Youville et ses compagnes de l'administration de l'Hôpital Général, arrivent à Québec à l'automne et sont enregistrées au Conseil supérieur le 1er octobre. En juin 1755, Mgr de Pontbriand fait sa visite pastorale à la communauté et approuve officiellement le règlement rédigé au début de leur vie en commun par Normant Du Faradon. Le 25 août suivant, les professes reçoivent l'habit des mains du sulpicien. Elles prennent le nom de Sœurs de la Charité de l'Hôpital Général ou sœurs grises, en souvenir du sobriquet dont les Montréalais les avaient affublées. Pendant ce temps, en France, grâce au dévouement de l'abbé de l'Isle-Dieu, les créanciers de l'Hôpital Général sont payés et les dettes de l'établissement finalement réglées en 1756.

L'Hôpital Général qui accueille des pauvres des deux sexes, des filles perdues et des enfants abandonnés est en fait un hospice ; mais, en 1755, une épidémie de variole le transforme en véritable hôpital. L'année suivante, Bigot a recours à Mme d'Youville pour faire soigner, aux frais du gouvernement, les soldats et les prisonniers malades. L'intendant lésine sur les paiements, les réduit, et l'hôpital doit assumer la plus grande partie des dépenses. Pour loger et nourrir tout ce monde, Marguerite d'Youville s'avère d'une ingéniosité peu commune. Elle sait mettre tout à profit : travaux à l'aiguille, confection de voiles et de tentes, fabrication d'hosties et de bougies, préparation du tabac, cuisson et vente de chaux, location de quelques terres et vente de produits de leurs fermes. Elle reçoit aussi des dames de condition qui payent pension. Cette femme, qui sait se faire craindre et aimer à la fois, réussit à mettre à profit les compétences de chacun. En effet, on trouve des tailleurs, des cordonniers, des boulangers d'occasion parmi les hospitalisés ayant quelque force pour travailler. Elle engage des prisonniers britanniques qui ont été soignés à l'hôpital, soit comme employés de ferme, soit comme infirmiers, aidant les religieuses peu familières avec la langue anglaise. La communauté continue d'œuvrer malgré les épidémies, les mauvaises récoltes, la guerre puis le nouveau régime.

Pour la fondatrice, les épreuves se multiplient. En 1757, il s'en faut de peu que la maladie ne l'emporte et elle rédige un premier testament léguant tous ses biens à l'hôpital. Suivent ensuite les peines de la séparation d'avec certains amis et membres de sa famille qui regagnent la France après la Conquête. Puis, c'est le problème de la monnaie dévalorisée alors que la France doit 120 799# à l'hôpital. Enfin, l'année 1765 lui réserve la plus lourde épreuve : le 18 mai, le feu anéantit, en l'espace de quelques heures, l'Hôpital Général qui abrite 18 sœurs, 17 dames payant pension, 63 pauvres et 16 enfants illégitimes. A l'abbé de l'Isle-Dieu elle écrit : « Priez, mon cher Père, que Dieu me donne la force de bien porter toutes ces croix et d'en faire un saint usage. En voilà bien à la fois : perdre son Roi, sa Patrie, son bien. »

Elle n'a d'autre choix que de rebâtir et, durant les dernières années de sa vie, elle est tout aussi active qu'à ses débuts. Avec l'aide du séminaire de Saint-Sulpice – Étienne Montgolfier lui avance

15 000# – elle commence la reconstruction, et, sept mois après l'incendie, les pauvres peuvent regagner leur logis. Elle vend une terre de Chambly qui donne un rendement médiocre, et achète de l'une de ses pensionnaires, Marie-Anne Robutel de La Noue, la seigneurie de Châteauguay, dont la plus grande partie est encore en friche, mais dont elle pressent toutes les possibilités. Elle y fait construire un grand moulin à eau et une boulangerie, fait défricher et ensemencer plusieurs arpents de terre et y plante un verger, surveillant elle-même ces travaux, malgré la fatigue des voyages en charrette et en canot entre Montréal et Châteauguay. Marguerite d'Youville voit à tout, de sorte qu'à la veille de sa mort elle laisse une maison solidement établie, tant au spirituel qu'au matériel. Dans un second testament, elle lègue la moitié de ses biens à ses deux fils et l'autre à l'Hôpital Général, à la condition que ceux-ci puissent éventuellement s'y retirer gratuitement. Elle décède à la suite d'une attaque de paralysie le 23 décembre 1771, laissant à tous le souvenir d'une femme exceptionnelle. C'est à sœur Marguerite-Thérèse LEMOINE Despins que revient la tâche de continuer l'œuvre de la fondatrice.

Si Mme d'Youville possédait un remarquable talent d'administratrice, son désintéressement était tout aussi notoire. Le courage indomptable qui lui permit de résister aux multiples épreuves, de se défendre contre les accusations injustes des grands du pays et de supporter les insultes et les calomnies de la population, ne doit pas nous faire oublier la sensibilité de cette femme qui vibrait aux malheurs comme aux bonheurs de ses parents et amis et que touchait profondément toute misère humaine. Sa correspondance nous révèle l'intensité de sa vie spirituelle, et la tradition lui attribue des miracles et certaines paroles prophétiques.

CLAUDETTE LACELLE

On a abondamment écrit sur Marguerite d'Youville et sur son œuvre. Trois bibliographies, celles de Catherine Barry, « la Vénérable mère d'Youville et les Sœurs de la Charité de Montréal (sœurs grises) » (thèse de bibliothéconomie, université de Montréal, 1938), de sœur Sainte-Fernande [Albina Côté], « Bibliographie, 1950–1958, de la bienheureuse Marguerite d'Youville » (thèse de bibliothéconomie, université Laval, 1963) et de sœur Saint-Hyacinthe [Gertrude Pelletier], « Bienheureuse Marguerite d'Youville ; bibliographie canadienne, 1938–1949 » (thèse de bibliothéconomie, université Laval, 1963), couvrent la période d'avant sa béatification – survenue en 1959 – et dénombrent 808 titres. Par ailleurs, on a beaucoup écrit depuis cette date. Cependant, dans la majorité de ces études, les années précédant sa prise en charge de l'Hôpital Général demeurent obscures puisque ce n'est qu'à partir de 1747 qu'elle entretient une correspondance suivie. Or, à l'époque, elle a 46 ans et elle est veuve depuis 18 ans ; c'est donc les deux tiers de sa vie qui restent dans l'ombre. Toutefois, les études récentes, faites à partir des actes notariés, nous éclairent quelque peu sur ces années moins connues. Seules paraissent ici les sources et les études qui nous ont été véritablement utiles. [C. L.]

AN, Col., C[11A], 90–96 ; F[3], 13, 14 (copies aux APC). — ANQ-M, Chambre des milices, 1–5 ; Greffe de J.-C. Raimbault, 24 avril 1731 ; Greffe de Pierre Raimbault, 11 août 1722. — APC, MG 8, E6, 1–5 ; MG 17, A7-2-1, 3, pp.877–882, 971–975 ; A7-2-3, 8, pp.88–91 ; A15, 1, pp.15–124. — ASGM, Dossier : Maison mère, Historique, Doc., 146–253 ; Mère d'Youville, Corr. ; Famille ; Antoine Sattin, Vie de madame Youville, fondatrice et première supérieure des Sœurs de la Charité de l'Hôpital Général de Montréal, communément nommées sœurs grises, dédiée à cette même communauté, 1828 ; C.-M.-M. d'Youville, Mémoires pour servir à la vie de M[de] Youville et tirés pour la plupart des dépositions des sœurs Despins, Lasource, Rinville et de M[de] Gamelin, et d'une autre sœur ; La vie de madame Youville, fondatrice des Sœurs de la Charité à Montréal. — Bégon, Correspondance (Bonnault), ANQ *Rapport*, 1934–1935. — *Édits ord.* (1854–1856), II : 404. — La Rue, Lettres et mémoires, ANQ *Rapport*, 1935–1936 ; 1936–1937 ; 1937–1938. — [M.-R. Côté], *Une disciple de la croix, la vénérable Marguerite d'Youville, Marie-Marguerite Dufrost de La Jemmerais, veuve d'Youville, 1701–1771, fondatrice à Montréal en 1737 du premier institut canadien, les Sœurs de la Charité (sœurs grises)* ([Québec], 1932). — [É.-M. Faillon], *Vie de Mme d'Youville, fondatrice des Sœurs de la Charité de Villemarie dans l'île de Montréal, en Canada* (Villemarie [Montréal], 1852). — A. Fauteux et Drouin, *L'Hôpital Général de Montréal*, I. — Albertine Ferland-Angers, *Mère d'Youville, vénérable Marie-Marguerite Du Frost de Lajemmerais, veuve d'Youville, 1701–1771 ; fondatrice des Sœurs de la Charité de l'Hôpital-général de Montréal, dites sœurs grises* (Montréal, 1945) ; *Pierre You et son fils François d'Youville* ([Montréal, 1941]). — A.-H. Gosselin, *L'Église du Canada après la Conquête*, I ; *L'Église du Canada jusqu'à la Conquête*, II ; III. — Estelle Mitchell, *Le vrai visage de Marguerite d'Youville (1701–1771)* (Montréal, 1973). — M. Trudel, *L'Église canadienne*. — Albertine Ferland-Angers, Varennes, berceau d'une sainte, *RHAF*, XIII (1959–1960) : 3–17. — É.-Z. Massicotte, La famille Dufrost de la Gemmeraye, *BRH*, XXII (1916) : 71–76.

DUFY DESAUNIERS, THOMAS-IGNACE TROTTIER. V. TROTTIER

DUGAS (Dugast), JOSEPH, marchand, corsaire et officier de milice, né en 1714 à Grand-Pré (Nouvelle-Écosse), deuxième fils de Joseph Dugas et de Marguerite Richard ; il épousa d'abord Marguerite Leblanc, fille de Joseph LEBLANC, dit Le Maigre, et ils eurent sept enfants, et, en secondes noces, Louise Arseneau à Chedabouctou (Guysborough, Nouvelle-Écosse) en 1762 ; décédé le 11 janvier 1779 à Saint-Servan, France.

Joseph Dugas était tout jeune quand sa famille s'installa dans la nouvelle colonie de l'île Royale (île du Cap-Breton). En 1729, à l'âge de 15 ans, il commandait le *Nouveau Commerçant* faisant le cabotage entre Louisbourg et l'île Saint-Jean (Île-du-Prince-Édouard). Travaillant avec son père, jusqu'à la mort de celui-ci en 1733, puis à son propre compte, il fournit du bois de chauffage à la garnison de Louisbourg. Entre 1730 et 1737, le revenu annuel que rapportait cette entreprise s'élevait en moyenne à 5 567#, somme phénoménale si on la compare à la solde de 1 080# d'un capitaine de garnison.

En 1737, Dugas, en association avec Jean Milly, dit La Croix, et François Poinsu, se vit accorder un contrat de trois ans aux termes duquel il devait approvisionner en bœuf frais la garnison ainsi que la population civile de Louisbourg. Ce contrat était considérable du fait que l'île Royale importait virtuellement toutes les denrées alimentaires. L'opération commença bien en juillet 1738, mais les difficultés surgirent lorsque le ministre de la Marine, Maurepas, suivant la politique commerciale française, stipula qu'il fallait importer le bétail du Canada plutôt que de la Nouvelle-Écosse britannique. En outre, au cours de la même année, les marchands de l'endroit firent valoir que le commerce de Dugas était une façade pour le monopole de François DU PONT Duvivier. En 1740, le contrat fut légèrement modifié de façon à stipuler que Dugas fournirait par an au moins 30 têtes de bétail en provenance du Canada. Les conditions du contrat ne furent toutefois jamais appliquées rigoureusement, probablement à cause de la protection des autorités de Louisbourg [V. Du Pont Duvivier] ; en 1744, les délégués acadiens signalèrent à Paul Mascarene* que Dugas avait conduit des bêtes à cornes et des moutons par voie de terre des Mines (Nouvelle-Écosse) à Baie-Verte (Nouveau-Brunswick) puis par mer à Louisbourg. Dugas continua de pourvoir aux besoins de la garnison jusqu'en 1745.

En raison de ses allées et venues, Dugas fut à même de fournir aux Français des renseignements militaires. En octobre 1744, il avertit Claude-Élisabeth Denys* de Bonnaventure, commandant des forces navales qui devaient se joindre aux troupes terrestres de Duvivier pour attaquer Annapolis Royal (Nouvelle-Écosse), que ce dernier s'était déjà retiré. Le 17 mai 1745, Louis DU PONT Duchambon, commandant de Louisbourg, dépêcha Dugas pour repérer Paul Marin* de La Malgue en Acadie et lui faire connaître le besoin pressant qu'avait la forteresse assiégée d'être secourue. Après la chute de Louisbourg, William Pepperrell* et Peter Warren* envoyèrent Dugas en Nouvelle-Écosse pour inciter les Acadiens à ravitailler la troupe d'occupation. L'association de Dugas avec Pepperrell et Warren fut de courte durée. Lorsque des Indiens de l'île Royale pillèrent son bateau à Tatamagouche et le menacèrent, Dugas se retira aux Mines jusqu'à la rétrocession de l'île Royale à la France en 1749 ; il s'établit alors à Port-Toulouse (près de St Peters, Nouvelle-Écosse). Le recensement de 1752 décrit Dugas comme étant un « habitant-caboteur » ; ses biens étaient maigres : trois têtes de bétail, deux porcs, une douzaine de volailles et deux acres en navets qui, se plaignait-il, « n'y [étaient] jamais venus beaux ». L'achat d'un navire améliora sans aucun doute sa situation. L'historien François-Edmé Rameau* de Saint-Père signale que, jusqu'en 1756, Dugas et plusieurs autres reçurent 60 000# pour faire plus de 300 traversées à transporter des Acadiens réfugiés et leurs vivres à l'île Saint-Jean.

A la suite de la seconde capitulation de Louisbourg le 26 juillet 1758, Dugas s'enfuit à Québec où on lui remit une commission de corsaire. En janvier 1759, il transmit des renseignements au commandant de la région de la rivière Miramichi (Nouveau-Brunswick) sur les préparatifs des Britanniques à Halifax et à Louisbourg ainsi que sur les Acadiens qui avaient subi « toutes les misères imaginables ». Il précisa aussi que les villageois de Port-Toulouse avaient l'intention de se joindre à la troupe de plus en plus nombreuse de partisans et réfugiés acadiens au nord de la région de Chignectou, qui continuaient à esquiver le filet britannique.

En février 1760, Dugas se trouvait à Richibouctou (Nouveau-Brunswick), où il s'éleva énergiquement contre la soumission à laquelle le missionnaire Jean Manach* encourageait les Acadiens. A l'hiver suivant, Dugas était major de milice des partisans de la région de la baie des Chaleurs. Ce dernier centre de résistance française s'effondra lentement après la capitulation de François-Gabriel d'ANGEAC, le 30 octobre 1760. La présence ininterrompue d'un petit détachement de 12 hommes des troupes de la Marine sous les ordres de François Boucher de Niverville (Nebourvele) Grandpré ainsi que de partisans et corsaires acadiens alarma Jonathan BELCHER, administrateur de la Nouvelle-Écosse ; en octobre 1761, on envoya le capitaine Roderick MacKenzie avec 56 soldats pour pacifier la région. Étant donné le nombre d'Acadiens et le manque de navires, MacKenzie ne put transporter que les chefs acadiens, y compris Dugas (Di

Gaw dans certains documents britanniques), au fort Cumberland (près de Sackville, Nouveau-Brunswick) puis à Halifax où ils furent emprisonnés. Parmi les Acadiens laissés sur place se trouvait Alexis LANDRY. Lors de sa capture, Dugas, semble-t-il, possédait deux chaloupes de 20 tonneaux (l'une en association avec Joseph Leblanc, dit Le Maigre), lesquelles avaient pu être armées en corsaire.

Un an plus tard, Dugas s'était évadé et se cachait à Chedabouctou où, le 2 octobre 1762, il épousa Louise Arseneau sans la présence d'un prêtre, « par l'impossibilité de se présenter à l'Église ». En 1764, Dugas émigra à l'île Miquelon où l'on régularisa son mariage en mai 1766. Les Acadiens qui, pour demeurer fidèles aux autorités françaises, étaient allés s'installer aux îles Saint-Pierre et Miquelon n'eurent pas un heureux sort. En 1767, par suite de la politique française, plusieurs Acadiens, parmi lesquels Dugas, furent déportés ou encore quittèrent les îles [V. d'Angeac]. Dugas arriva à Saint-Malo en novembre 1767, rien que pour se voir contraint, avec d'autres Acadiens, de retourner dans les îles le printemps suivant.

Joseph Dugas vécut ses dernières années dans l'indigence. En 1776, après un demi-siècle d'entreprises en Acadie, il ne possédait qu'une partie de lot sur un rivage, une maison, une écurie et deux têtes de bétail. Deux ans plus tard, à l'âge de 64 ans, Dugas subit sa dernière épreuve : les Français ayant donné refuge aux corsaires yankees pendant la Révolution américaine, les Britanniques, en représailles, s'emparèrent des îles Saint-Pierre et Miquelon et déportèrent en France ses quelque 1 300 habitants. Dugas et sa femme débarquèrent une fois de plus à Saint-Malo, le 6 novembre 1778. Il mourut non loin de là, à Saint-Servan, le 11 janvier 1779 ; sa femme mourut cinq mois plus tard, le 10 juin.

BERNARD POTHIER

AD, Ille-et-Vilaine (Rennes), État civil, Saint-Servan, 11 janv. 1779. — AMA, SHA, A[1], 3 498, n° 6. — AN, Col., B, 65, ff.447v.–448v. ; 66, ff.297–298 ; 70 ; C[11A], 105, ff.49–49v., 60–60v. ; C[11B], 19, f.133 ; 20, ff.52, 304–306v. ; 22, ff.202, 288–289 ; 25, f.43 ; C[11C], 11 ; 12, f.155 ; Section Outre-mer, Dépôt des fortifications des colonies, Am. sept., n° 216 ; G[1], 413A, ff.26, 65 ; 467, f.28 ; G[2], 180, ff.350–353 ; 182, ff.629–639 ; 191, ff.58–58v. ; G[3], 2 037, f.66 ; 2 038/1, f.18 ; 2 045, f.29. — CÉA, Fonds Patrice Gallant, les Acadiens à Miquelon, dossier VII, 191–191b. — PRO, CO 217/1, ff.222–222v. ; WO 34/1, pp.47–52, 63–70, 117–126, 139–144, 313–328 (copies aux APC). — APC *Report*, 1894, 226s., 229s. ; 1905, II, Ire partie : 17. — Placide Gaudet, Acadian genealogy and notes, APC *Report*, 1905, II, IIIe partie : 175, 191–196, 260–264, 271s. — *N.S. Archives, IV*, 52, 76s. — Papiers Amherst (1760–1763) concernant les Acadiens, R.-S. Brun, édit., Soc. historique acadienne, *Cahier* (Moncton, N.-B.), III (1968–1971), 257–320. — [F.-E.] Rameau de Saint-Père, *Une colonie féodale en Amérique : l'Acadie (1604–1881)* (2 vol., Paris et Montréal, 1889), II : 386s. — Bernard Pothier, Acadian emigration to Île Royale after the conquest of Acadia, *HS*, n° 6 (nov. 1970) : 116–131.

DU JAUNAY, PIERRE (Pierre-Luc), prêtre, jésuite et missionnaire, il serait né le 11 août 1704 ou le 10 août 1705 à Vannes, France, décédé à Québec le 16 juillet 1780.

Pierre Du Jaunay entra chez les jésuites de Paris le 2 septembre 1723 et fit ses études théologiques à La Flèche de 1731 à 1734. Après son ordination, il s'embarqua pour le Canada, et l'année suivante, soit en 1735, il accompagna le père Jean-Baptiste de Saint-Pé* à Michillimakinac (Mackinaw City, Michigan) où il rencontra pour la première fois les Outaouais auxquels il allait consacrer son ministère pendant près de 30 ans.

Les dangers que comportait le travail apostolique auprès des tribus de l'Ouest apparurent tragiquement à Du Jaunay quand son ami et confrère Jean-Pierre Aulneau* fut tué au lac des Bois, en 1736. Nullement effrayé, il demanda à plusieurs reprises d'être envoyé chez les Mandanes et les autres tribus au cœur même de l'Ouest, mais son supérieur n'exauça pas ses vœux. Sa carrière fut plutôt centrée sur l'établissement et le poste de traite de Michillimakinac et, à partir de cette base, il desservit plusieurs autres petites communautés des pays d'en haut. Le premier baptême qu'il conféra, selon les registres, eut lieu le 21 juin 1738 à Saint-Joseph (Niles, Michigan), mais il semble avoir séjourné peu de temps dans cette mission avant de retourner à Michillimakinac. Il y fit de nouvelles visites en 1742, 1745 et 1752. Il se rendit aussi à Sault-Sainte-Marie (Sault Ste Marie, Michigan) où il célébra la messe en 1741. Il n'avait pas à voyager beaucoup, toutefois, du fait que voyageurs et trafiquants des lacs Supérieur, Michigan et Huron se rendaient fréquemment à Michillimakinac. Le registre paroissial y note la présence de gens de Saint-Joseph, de La Baye (Green Bay, Wisconsin), de Sault-Sainte-Marie et de Chagouamigon (près d'Ashland, Wisconsin). Bien qu'il assistât les Français, son intérêt premier allait aux Indiens et certains Blancs, chrétiens de nom, l'affligeaient profondément par leur conduite répréhensible, véritable pierre d'achoppement pour la conversion éventuelle d'autres Indiens.

Le centre même où s'exerçait le ministère de Du Jaunay était l'église faite de troncs d'arbres, dédiée à Sainte-Anne et sise à l'intérieur des palissades de l'établissement. Derrière l'église, une porte pratiquée dans la palissade donnait sur une cour fermée où se trouvaient un four et une glacière. Tout près du presbytère, il y avait une forge où Pascal Soulard et Jean-Baptiste Amiot* travaillaient en vertu d'un contrat d'engagement avec le missionnaire. En 1739, Du Jaunay fournit du maïs et des objets de fer pour l'expédition de Pierre-Joseph Céloron* de Blainville contre les Chicachas.

Quand les Outaouais des environs de Michillimakinac décidèrent de trouver un nouvel emplacement pour leur village, en 1741, Du Jaunay aida à les convaincre de ne pas s'installer plus loin que L'Arbre Croche (Cross Village, Michigan). Dès lors, il partagea ses soins entre le ministère paroissial à Sainte-Anne et la mission de Saint-Ignace à L'Arbre Croche où il avait une ferme. Dans les années 1740, il composa un dictionnaire manuscrit de 396 pages consacré à la langue outaouaise.

En 1743, on construisit une nouvelle église à Michillimakinac afin de répondre aux besoins de la population croissante. Au cours de son ministère dans cette paroisse, de 1742 à 1765, Du Jaunay célébra 25 mariages et 120 baptêmes, ayant ainsi une influence directe sur la vie de la plupart des familles de la région des lacs Supérieur, Michigan et Huron. Des confrères, Claude-Godefroy Coquart*, Jean-Baptiste de Lamorinie* et Marin-Louis (Marie-Louis) Le Franc, travaillèrent avec lui à différentes époques ; plusieurs esclaves indiens et, de temps à autre, des Blancs du village furent à son service.

En 1754, ayant passé près de 20 ans à l'intérieur du pays, Du Jaunay descendit à Montréal. Il semble avoir été absent lors de la désastreuse épidémie de petite vérole qui sévit dans la région de Michillimakinac en 1757 [V. NISSOWAQUET]. A son retour, peu après, il retrouva une population appauvrie et dans la désolation.

En 1760, à la suite de la prise du Canada par les Britanniques, Du Jaunay prêcha en faveur de l'acceptation paisible du nouveau régime. Son influence facilita une transition en douceur quand les troupes britanniques arrivèrent finalement à Michillimakinac en 1761. Bien qu'il eût persuadé les Français et les Outaouais d'accepter les Britanniques, Du Jaunay n'eut guère de succès avec les Sauteux des environs. Le 2 juin 1763, encouragés par l'attaque de Pondiac* contre Détroit, les Sauteux de Michillimakinac, sous la conduite de Minweweh* et de Madjeckewiss*, surprirent et écrasèrent la garnison britannique. Consterné par la tuerie, Du Jaunay, au risque de sa vie, cacha dans sa maison quelques-uns des soldats et des trafiquants. Peu de temps après, les Outaouais de L'Arbre Croche arrivèrent et prirent les survivants sous leur protection. Dans une lettre à Henry GLADWIN, George Etherington, le commandant, notait que le missionnaire était « un excellent homme, et [qu'il avait] beaucoup d'influence sur les sauvages d'ici, qui croiront tout ce qu'il leur dit ». Du Jaunay lui-même porta la lettre à Détroit où il arriva le 18 juin. Deux jours plus tard, Gladwin le renvoya avec des instructions verbales et une ceinture de porcelaine pour les Outaouais. Le pieux missionnaire, qui « jamais de sa vie ne mentit », avait refusé de porter une lettre dont il ne pouvait révéler le contenu s'il était arrêté par des Indiens hostiles. Avant de quitter Détroit, il tint conseil avec Pondiac dans une tentative infructueuse pour libérer les prisonniers anglais.

La situation à Michillimakinac resta perturbée jusqu'à ce que le poste reçût une nouvelle garnison. Du Jaunay essaya de restaurer l'ordre et écrivit à sir William JOHNSON pour l'assurer de la bienveillance des Français et des Outaouais. Le 22 septembre 1764, quand les troupes britanniques revinrent, le missionnaire était sur la grève pour les accueillir. Il fut le premier à signer le serment d'allégeance, et il montra sa bonne foi en fournissant de la nourriture aux troupes et en délivrant un soldat que son serviteur avait racheté des Indiens.

La longue carrière de Du Jaunay à Michillimakinac était sur le point de se terminer. En 1765, il fut rappelé et la mission fut fermée. Après y avoir célébré un dernier baptême, le 3 juillet 1765, il prit les vases sacrés et les porta à Détroit. A Québec, le 2 août 1767, il fut nommé directeur spirituel des ursulines de l'endroit. Cependant, il continua à s'intéresser aux affaires de l'Ouest. En 1769, il fut un moment mêlé aux événements que suscita la comparution de Robert ROGERS devant un conseil de guerre. Quand Joseph-Louis Ainsse*, de Michillimakinac, un témoin de la poursuite, fut lui-même accusé de vol, Du Jaunay se rendit à Montréal pour témoigner de sa bonne réputation.

Malgré la tourmente de la Révolution américaine, le vieux jésuite continua son ministère à Québec jusqu'à sa mort, en 1780. A Michillimakinac et à L'Arbre Croche, on se souvint longtemps de lui. En 1824 encore, les Outaouais montraient l'endroit « où Du Jaunay avait l'habitude de marcher de long en large en récitant ses heures ».

DAVID A. ARMOUR

AN, Col., C11A, 72, f.125 ; 73, ff.212, 258, 273 ; 76, ff.183, 192, 213 ; 86, f.244 ; 119, f.328. — Clements Library, Thomas Gage papers, American ser., Roberts à Gage, 30 mars 1769 ; mémoire de Louis

Joseph Ainse dans Carleton à Gage, 30 mai 1769. — Newberry Library (Chicago), MSS coll., Gage à Langlade, 17 juill. 1763. — Pa. Hist. Soc. (Philadelphie), Simon Gratz coll., case 4, box 7, Howard à Bradstreet, 15 oct. 1764. — PRO, WO 34/49, Etherington à Gladwin, 12 juin 1763. — Ste Ann's Parish (Mackinac Island, Mich.), Registre des baptêmes, mariages et sépultures de Sainte-Anne-de-Michillimakinak. — *The Aulneau collection, 1734–1745*, A. E. Jones, édit. (Montréal, 1893), 66, 104, 110–112, 122–125, 136–138. — [Michel Chartier de Lotbinière], Fort Michilimackinac in 1749 : Lotbinière's plan and description, Marie Gérin-Lajoie, trad. et édit., *Mackinac History* (Mackinac Island), II, n° 5 (1976). — [G.-J. Chaussegros de Léry], Journal de Joseph-Gaspard Chaussegros de Léry, lieutenant des troupes, 1754–1755, ANQ *Rapport*, 1927–1928, 400. — *Diary of the siege of Detroit* [...], F. B. Hough, édit. (Albany, N.Y., 1860), 29–32. — Henry, *Travels and adventures*. — *Johnson papers* (Sullivan *et al.*), III : 412–416 ; XI : 273, 336. — *Journals and letters of La Vérendrye* (Burpee), 365. — *JR* (Thwaites), LXX : 87, 250–253 ; LXXI : 171. — *Michigan Pioneer Coll.*, I (1874–1876) : 485 ; VIII (1885) : 367s. ; XXVI (1894–1895) : 535 ; XXVII (1896) : 669. — The St. Joseph baptismal register, George Paré et M. M. Quaife, édit., *Mississippi Valley Hist. Rev.* (Cedar Rapids, Iowa, et Lincoln, Neb.), XIII (1926–1927) : 216s., 223. — *The siege of Detroit in 1763 : the journal of Pontiac's conspiracy, and John Rutherfurd's narrative of a captivity*, M. M. Quaife, édit. (Chicago, 1958), 140s., 147. — Wis., State Hist. Soc., *Coll.*, VII (1876) : 162–164 ; VIII (1879) : 219s. ; XVII (1906) : 370–374, 413 ; XVIII (1908) : 471–480, 482s., 486 ; XIX (1910) : 6–30, 33–37, 42–44, 47s., 52s., 56, 58, 63–71. — Caron, Inv. de la corr. de Mgr Briand, ANQ *Rapport*, 1929–1930, 70, 84s. — Martin Kavanagh, *La Vérendrye, his life and times* [...] (Brandon, Manitoba, 1967). — Laval Laurent, *Québec et l'Église aux États-Unis sous Mgr Briand et Mgr Plessis* (Montréal, 1945). — George Paré, *The Catholic Church in Detroit, 1701–1888* (Détroit, 1951).

DUMAS, JEAN-DANIEL, officier dans les troupes de la Marine, maréchal de camp, né à Montauban, France, le 24 février 1721, fils de Samuel Dumas et d'Anne Martin, mort célibataire à Albias (dép. de Tarn-et-Garonne), France, le 2 août 1794.

Entré dans le régiment d'Agenois comme volontaire, Jean-Daniel Dumas fut nommé en 1742 lieutenant en second de grenadiers et fait lieutenant l'année suivante. Il participa à la guerre de la Succession d'Autriche, en Bavière, en Italie et en Provence, et fut promu capitaine en 1747. C'est avec le même grade, mais dans les troupes de la Marine, qu'il arriva au Canada trois ans plus tard. Envoyé en Acadie où la querelle des frontières, toujours mal définies depuis le traité d'Utrecht, entretenait un état de trouble, il se fit rapidement une réputation d'habile négociateur avec les Indiens [V. LE LOUTRE]. Sans doute pour cette raison, Dumas fut affecté en 1754 à la garnison du fort Duquesne (Pittsburgh, Pennsylvanie), dans la vallée de l'Ohio. La bataille de la Monongahéla, le 9 juillet 1755, lui donna l'occasion de s'illustrer ; lorsque son commandant, Daniel-Hyacinthe-Marie Liénard* de Beaujeu, fut tué dès le début du combat, il prit le commandement des forces, composées de moins de 900 hommes dont quelque 600 Indiens, et mit en déroute les troupes anglaises beaucoup plus nombreuses [V. Liénard de Beaujeu]. Ce fait d'armes lui valut d'être fait chevalier de Saint-Louis à 35 ans, le 17 mars 1756. Il aurait cependant souhaité voir cette décoration doublée d'une promotion, jugeant, comme il l'écrivait au ministre Machault le 24 juillet 1756, que sa victoire avait été « le salut d'unne colonie entière » et qu'elle avait permis à la France de s'allier à des groupes d'Indiens amis des Anglais. Dumas avait fait une forte impression sur les Indiens ; s'étant vu confier le commandement du fort Duquesne après la victoire, il avait profité de ses nouvelles fonctions pour négocier l'alliance de plusieurs groupes d'Indiens avec la France et organiser de nombreuses expéditions contre des établissements anglais.

Par ses services, Dumas s'était attiré l'estime et la protection du gouverneur Vaudreuil [RIGAUD]. Au mois de mai 1757, il fut nommé major de Québec. Au cours de cette année, il participa, sous les ordres de François-Pierre de RIGAUD de Vaudreuil, puis de Montcalm*, à la campagne qui aboutit, en août, à la capitulation du fort George (appelé aussi fort William Henry ; aujourd'hui Lake George, New York). Il fut chargé du détail de toutes les milices, remplissant les fonctions de major, à la grande satisfaction de Vaudreuil qui écrivait que « par son application, nos troupes et même nos Canadiens n'ont rien cédé aux troupes de terre dans la plus grande exactitude du service ». Le 1er janvier 1759, Dumas était nommé major général et inspecteur des troupes de la Marine au Canada. Cette importante promotion lui permit de jouer un rôle très actif dans les campagnes de 1759 et de 1760.

Au mois de juillet 1759, les Anglais avaient installé des batteries à Pointe-Lévy (Lauzon), menaçant ainsi de détruire la basse ville de Québec. Sous la pression de plusieurs citoyens, le gouverneur Vaudreuil accepta qu'un détachement de volontaires soit levé pour aller surprendre les Anglais de nuit. Dumas devait conduire cette expédition et François-Prosper DOUGLAS commander en second. Quelque 1 500 hommes, des miliciens, des réguliers, des habitants et même de simples étudiants, passèrent le fleuve dans la nuit du 12 au 13 juillet, mais, à peine arrivés sur la rive droite, ils se crurent environnés d'ennemis et ouvrirent le feu les uns sur les autres. Malgré les efforts de Dumas pour rallier son monde, la panique s'était emparée de la troupe et l'expédition fut un échec complet. Peu après, dans la nuit du 18 au 19 juillet, cinq ou six navires anglais, dont un vaisseau de 50 canons, sous le commandement de John Rous*, passèrent devant Québec pour aller mouiller à l'anse des Mères (entre la place Royale et l'anse au Foulon). Dumas fut chargé avec 600 hommes de suivre leurs mouvements mais ne put les empêcher de détruire le dernier brûlot que l'on équipait à cet endroit. Il ne put éviter non plus que des grenadiers anglais fassent une descente le 21 juillet à Pointe-aux-Trembles (Neuville) et enlèvent plus de 200 femmes et enfants. Ces prisonniers furent toutefois libérés le lendemain. Le 13 septembre, à la bataille des plaines d'Abraham, Dumas commandait une brigade et, après la prise de Québec, il s'établit sur la rivière Jacques-Cartier pour barrer la route de Montréal aux Anglais à l'aide de fortifications de campagne. Il passa l'hiver sur cette position.

Commandant une brigade le 28 avril 1760, à la bataille de Sainte-Foy, Dumas prit une part active à ce combat qui eût pu aboutir à la reprise de Québec si quelques secours étaient venus de France et si l'artillerie française, sous la direction de Fiacre-François POTOT de Montbeillard, ne s'était révélée très inférieure en nombre et en qualité à celle des Anglais. Dumas dirigea la retraite et s'efforça, avec 1 500 hommes, de retarder l'avance du général James MURRAY vers Montréal. Il passa en France au mois de septembre de la même année, après la capitulation. Ses services au Canada avaient été si appréciés que Jean de Rigaud de Vaudreuil, vicomte de Vaudreuil et frère du gouverneur, pouvait écrire le 13 janvier 1761 : « Sy mon frere avoit esté aidés par tout le monde Comme il la esté par luy, je puis vous assurer que ce pays la Seroit encorre au Roy. »

Promu au rang de colonel en mars 1761, Dumas fut nommé commandant en second à l'île de Saint-Domingue (île d'Haïti) en 1765 mais il ne rejoignit pas son poste et reçut l'année suivante le commandement des îles de France (île Maurice) et de Bourbon (île de la Réunion). Fait brigadier général des armées en 1768, il fut rappelé en France la même année. Son passage à l'île de France avait été marqué par un vif conflit avec l'intendant Pierre Poivre et avec le Conseil supérieur de la colonie mais il se justifia pleinement des accusations portées contre lui et reçut en 1772 une gratification annuelle de 3 000#. Deux ans plus tard, il se fit accorder, en considération de ses services, une pension de 7 200# et il fut promu maréchal de camp le 1er mars 1780. A plusieurs reprises, il demanda à reprendre du service mais sans succès.

Homme d'esprit, excellent officier rempli de bravoure, de talent et d'expérience, Dumas était en outre d'une scrupuleuse honnêteté. Antoine de Sartine, qui lors de l'Affaire du Canada présida la commission chargée de juger les malversations commises dans la colonie, reconnut que « partout où le s. Dumas a commandé, les dépenses ont diminué de moitié le jour de son arrivée et qu'à son départ elles ont repris leur niveau ».

ÉTIENNE TAILLEMITE

AMA, SHA, Y^{3d}, 2672. — AN, Col., C^{11A}, 102, f.153 ; 104, ff.177, 180, 275s., 440 ; 105, ff.16, 20 ; D^{2C}, 4, f.126 ; 48, f.309 ; 59, ff.7, 10 ; 94, f.10 ; 181, f.3 ; E, 153 (dossier Dumas) ; Marine, B^4, 98, f.11v. — Bougainville, Journal (A.-E. Gosselin), ANQ *Rapport*, 1923–1924, 219, 234, 251, 271, 275. — *Coll. des manuscrits de Lévis* (Casgrain), *passim*. — Journal du siège de Québec (Æ. Fauteux), ANQ *Rapport*, 1920–1921, 151, 218. — Knox, *Hist. journal* (Doughty), I : 418s. — Mémoire du Canada, ANQ *Rapport*, 1924–1925, 113, 121, 130, 133, 176s., 189. — *NYCD* (O'Callaghan et Fernow), X : *passim*. — *Papiers Contrecœur* (Grenier), 221. — *Siège de Québec en 1759* [...] (Québec, 1836 ; réédité à Québec en 1972 dans *le Siège de Québec en 1759 par trois témoins*, J.-C. Hébert, édit., 79, 82–84, 88). — *Dictionnaire de biographie mauricienne*, Auguste Toussaint, édit. (2 vol. parus, [Port Louis], île Maurice, 1941–). — Æ. Fauteux, *Les chevaliers de Saint-Louis*, 161. — J.-E. Roy, *Rapport sur les archives de France*, 1 025-1 027. — P.-G. Roy, *Les officiers d'état-major des gouvernements de Québec, Montréal et Trois-Rivières sous le Régime français* (Lévis, Québec, 1919), 88–94. — F.-J. Audet, *Jean-Daniel Dumas, le héros de la Monongahéla ; esquisse biographique* (Montréal, 1920). — Henri Bourde de La Rogerie, *Les Bretons aux îles de France et de Bourbon (Maurice et la Réunion) au XVIIe et au XVIIIe siècle* (Rennes, France, 1934), 212, 236, 277. — J.-É. Martin-Allanic, *Bougainville navigateur et les découvertes de son temps* (2 vol., Paris, 1964), *passim*.

DUMAS SAINT-MARTIN, JEAN, négociant, juge de paix, né en février 1725 à Montauban, France, fils de Pierre Dumas et de Marie Calquieres, décédé à Montréal le 18 juin 1794.

Jean Dumas Saint-Martin arriva probablement à Québec peu de temps avant la Conquête avec son parent, le négociant Alexandre Dumas*. Tous deux signaient, le 30 octobre 1756, devant le notaire Jean-Claude PANET, un document qui sauvait de la ruine totale le négociant Pierre Révol* : Alexandre Dumas acceptait de payer aux nombreux créanciers de Révol une partie de ce qu'ils réclamaient, et Jean Dumas lui servait de caution. Par la suite, Dumas Saint-Martin alla s'établir comme négociant à Montréal. Il est désigné comme tel lors de la signature de son contrat de mariage avec Madeleine Morisseau, veuve Gimbal, le 7 janvier 1764 à Montréal.

D'origine huguenote, Dumas Saint-Martin fut choisi par le gouverneur MURRAY, en janvier 1765, pour remplir les fonctions de juge de paix dans le district de Montréal. En 1767, Dumas était au nombre des associés de Christophe PÉLISSIER qui obtenaient, au mois de juin, le bail des forges du Saint-Maurice pour une durée de 16 ans. C'est lui qui devait écouler les produits des forges à Montréal ; il fut remplacé dans ses fonctions vers 1770 par Jacob JORDAN. Cette association le plaçait aux côtés, entre autres, d'Alexandre Dumas, de Thomas Dunn* et Benjamin Price*, deux membres du Conseil de Québec, et de Brook Watson*, un important négociant britannique. Il pénétrait ainsi dans un réseau d'influence assez considérable, mais on ignore jusqu'à quel point il s'en servit pour ses affaires puisqu'aucun document n'en fait mention, pas même son testament rédigé en 1791, dans lequel Dumas ignorait « dans quel état sera[it sa] succession ».

A l'instar des autres marchands de la colonie, Dumas Saint-Martin s'intéressa à la vie politique de la province, réclamant la création d'une chambre d'Assemblée et le maintien des lois françaises, sauf pour les affaires de commerce. Il signa également en 1789 l'adresse de bienvenue des protestants de Montréal à l'évêque anglican, Charles Inglis*. Proche par la religion et les affaires des « Anciens Sujets » britanniques, Jean Dumas Saint-Martin était également lié aux Canadiens par la langue et la culture. Cet aspect se retrouve chez lui jusque dans ses dernières volontés, alors qu'il traitait avec une générosité égale les « pauvres Canadiens » et les « pauvres Protestants ».

Aucun enfant n'était né de son mariage avec Madeleine Morisseau. Cependant les époux s'étaient pris d'affection pour leur neveu, le fils d'Antoine-Libéral Dumas*, Michel, qu'ils avaient « pour ainsi dire Elevé » et qu'ils désignèrent comme leur légataire universel. Décédé le 18 juin 1794, Dumas Saint-Martin fut inhumé le lendemain dans le cimetière anglican de Montréal : son épouse reçut une sépulture catholique à sa mort, six ans plus tard.

JOSÉ E. IGARTUA

ANQ-M, État civil, Anglicans, Christ Church (Montréal), 19 juin 1794 ; Greffe de Louis Chaboillez, 21 déc. 1791, 28 janv. 1794, 24 nov. 1804 ; Greffe de P.-F. Mézière, 7 janv. 1764. — ANQ-Q, État civil, Catholiques, Notre-Dame de Québec, 7 oct. 1766 ; Greffe de J.-C. Panet, 30 oct. 1756. — *Doc. relatifs à l'hist. constitutionnelle, 1759–1791* (Shortt et Doughty ; 1921), II : 786–788. — *La Gazette de Québec*, 4 oct. 1764, 15 oct. 1767, 18 mai, 16, 23 juin, 3 nov. 1785, 18 déc. 1788, 16 juill. 1789, 19 juill. 1792. — Tanguay, *Dictionnaire*. — Sulte, *Mélanges historiques* (Malchelosse), VI : 144. — Tousignant, La genèse et l'avènement de la constitution de 1791, 309. — É.-Z. Massicotte, Jean Dumas Saint-Martin, négociant et magistrat, *BRH*, XXVIII (1922) : 86–89 ; Les tribunaux de police de Montréal, *BRH*, XXVI (1920) : 181s. — P.-G. Roy, La famille Dumas, *BRH*, XLV (1939) : 161–164 ; Le faux-saunier Pierre Revol, *BRH*, L (1944) : 227, 234.

DUNCAN, CHARLES, officier de marine, explorateur et trafiquant de fourrures, *circa* 1786–1792.

On peut supposer que Charles Duncan avait passé de nombreuses années dans la marine quand il prit part, entre 1786 et 1788, à des voyages dans la marine marchande. On en a pour preuve sa propre esquisse intitulée « Sketch of the entrance of the Strait of Juan de Fuca ». Publiée en 1788 par l'hydrographe Alexander Dalrymple, elle indique qu'il détenait alors le rang de capitaine dans la marine royale.

En 1786, la Richard Cadman Etches and Company, connue ordinairement sous le nom de King George's Sound Company, équipa le *Prince of Wales* et son ravitailleur, le *Princess Royal*. James Colnett* reçut le commandement du premier, Duncan celui du second. La compagnie, l'une des quelques associations commerciales constituées pour entreprendre le commerce des fourrures de loutre marine avec la Chine, avait envoyé des vaisseaux sous les ordres de Nathaniel Portlock* et de George DIXON sur la côte nord-ouest de l'Amérique du Nord l'année précédente. Duncan et Colnett quittèrent l'Angleterre en septembre 1786 et, après avoir établi une usine de peaux et d'huile de phoque sur l'île de Staten (Isla de los Estados, Argentine), ils arrivèrent dans la baie de King George (baie de Nootka, Colombie-Britannique) en juillet suivant. Ils y firent le commerce avec les Indiens nootkas et, à la mi-août, rencontrèrent Dixon qui avait passé la saison à trafiquer des fourrures plus au nord. Duncan et Colnett firent alors route vers les îles Sandwich (Hawaii) pour y passer l'hiver. Ils retournèrent sur la côte en mars 1788, où ils se séparèrent, Duncan allant faire escale à la baie de Nootka pour réparations. En mai, il mit le cap sur les îles de la Reine-Charlotte (Colombie-Britannique), suivant ainsi la recommandation de Dixon d'après laquelle le commerce y serait bon. En passant par le détroit de Hécate et l'entrée de Dixon, il fut le premier à prouver qu'il s'agissait bien d'îles, confirmant ainsi les spéculations de Dixon et du comte de Lapérouse [GALAUP].

Duncan passa les mois de juin et de juillet 1788 à faire la navette entre ces îles et celles se trouvant au large de la terre ferme entre l'embouchure de la rivière Skeena et l'île de Calvert. Il appela ce chapelet d'îles les îles Princesse-Royale ; une seule île garde encore ce nom. Sa carte de la région fut par la suite utilisée par VANCOUVER. Le 5 août, il continua vers le sud jusqu'à la baie de Nootka où il rencontra un autre marchand, John Meares*. Plus au sud, dans la baie de Clayoquot, Duncan ancra en vue du village nootka d'Ahousat (île de Vargas, Colombie-Britannique) et fit le commerce avec la tribu de WIKINANISH. Duncan passa ensuite près du détroit de Juan de Fuca. Sa carte et son croquis de l'entrée, datés du 15 août, contiennent certains commentaires sur les Indiens du cap Claaset (cap Flattery, Washington). Ils comprennent aussi un dessin du rocher Pinnacle (Fuca's Pillar, Washington) au large du cap. La ressemblance de ce rocher avec celui qui est décrit dans la relation de Juan de Fuca* du détroit d'Anian, ainsi que le commentaire des Indiens suivant lequel une « grande mer » se trouvait à l'est, renforça la conviction en Angleterre que le détroit menait à la mer polaire.

Le 17 août, Duncan fit voile vers les îles Sandwich où il se joignit à Colnett et, ensemble, ils se dirigèrent vers la Chine. La saison de Duncan sur la côte avait été profitable : il avait obtenu près de 2000 fourrures. Il ne retourna pas sur la côte nord-ouest mais fit un échange de bateaux avec Colnett et, de Canton, mit le cap sur l'Angleterre à bord du *Prince of Wales*.

Les découvertes de Duncan sur la côte nord-ouest en firent un partisan vigoureux, même fanatique, de l'existence d'un passage du nord-ouest. Son retour en Angleterre coïncida avec un intérêt grandissant pour le passage légendaire, soulevé par la crise de la baie de Nootka [V. Esteban José MARTÍNEZ], les explorations de Peter Pond* et de HEARNE, les appuis de Dalrymple et une expédition gouvernementale mise sur pied pour établir une colonie sur la côte nord-ouest. En mai 1790, Duncan reçut des instructions de la Hudson's Bay Company lui enjoignant de faire voile sur la côte ouest de la baie d'Hudson, de découvrir le passage, de l'emprunter pour atteindre l'entrée du détroit de Juan de Fuca puis de revenir ou de continuer sur la Chine. Au cas où il ne trouverait pas le passage, il devait se frayer un chemin à l'intérieur des terres à partir de l'inlet de Chesterfield (Territoires du Nord-Ouest) jusqu'aux lacs Yathkyed et Dubawnt. Dixon devait accompagner Duncan et, à partir des lacs, aller, par voie de terre, jusqu'au Pacifique ; ce projet fut annulé par la suite, et Duncan partit seul. Il fit un voyage en 1790 et un autre en 1791. A la seconde occasion, il passa l'hiver au fort Churchill (Manitoba) ; il inspecta les rives de la baie ainsi que l'inlet de Chesterfield en juillet 1792 mais ne découvrit aucun indice de passage. Duncan qui « avant son départ croyait fermement qu'il découvrirait le passage du Nord-Ouest si souvent cherché [...] ressentit si violemment cette déception que, lors de son voyage de retour, il eut un accès de fièvre cérébrale ». Il tenta, à plusieurs reprises, de se suicider et dut être attaché à sa couchette mais il tenait encore à l'existence d'un passage, croyant que le soulèvement du terrain sur la côte ouest de la baie d'Hudson l'avait rendu infranchissable. L'on ne sait rien de plus de Duncan.

BARRY M. GOUGH

[William Beresford], *A voyage round the world ; but more particularly to the north-west coast of America* [...], George Dixon, édit. (Londres, 1789 ; réimpr., Amsterdam et New York, 1968). — *The Dixon-Meares controversy* [...], F. W. Howay, édit. (Toronto et New York, 1929 ; réimpr., Amsterdam et New York, 1969). — Meares, *Voyages*. — Walbran, *B.C. coast names*. — H. H. Bancroft [et H. L. Oak], *History of the northwest coast* (2 vol., San Francisco, 1884). — Cook, *Flood tide of empire*. — H. T. Fry, *Alexander Dalrymple (1737–1808) and the expansion of British trade* (Buffalo, N.Y., et Toronto, 1970). — Glyndwr Williams, *The British search for the northwest passage in the eighteenth century* (Londres et Toronto, 1962).

DUPÉRONT (Dupéron, Duperron), JACQUES BABY, dit. V. BABY

DUPLEIX SILVAIN (parfois **Sylvain**), **JEAN-BAPTISTE**, négociant et juge colonial, né en 1721 à La Baleine (Baleine Cove, Nouvelle-Écosse), cinquième fils de Claude Duplaix (Duplex Silvain) et de Catherine de Gonillon ; il épousa le 24 février 1753, à Louisbourg, île Royale (île du Cap-Breton), Geneviève Benoist, et ils eurent 14 enfants ; décédé en France en 1796, ou plus tard.

Négociant et capitaine de navire, Claude Duplaix quitta Québec, où il était né, pour Plaisance (Placentia, Terre-Neuve) en 1710. Lors de la cession de Terre-Neuve et de l'Acadie à la Grande-Bretagne, en 1713, il s'en alla à l'île Royale, où il mourut vers 1721. Élevé par son beau-père, Michel Daccarrette*, qui était aussi son oncle, Jean-Baptiste Dupleix Silvain travailla pour l'entreprise de Daccarrette de 1737 à la mort de ce dernier, au combat, pendant le siège de Louisbourg en 1745.

Au cours de ce siège, Dupleix Silvain servit bravement dans la milice de la ville (il le fera de nouveau en 1758) et, après la chute de la forteresse, fut déporté à La Rochelle. En 1747, il y mit sur pied une association de commerce, dont la formation fut ratifiée à Louisbourg en octobre 1749, avec Philippe Leneuf de Beaubassin et Blaise Lagoanere. Tous trois au nombre des héritiers de Michel Daccarrette, ils s'étaient associés en partie pour acquérir les biens de ce dernier et administrer ses affaires. Grâce à un arrangement définitif, en 1754, les associés prirent en main les marchandises, les biens personnels et les navires de Daccarrette ; les autres héritiers reçurent les immeubles et terrains, à l'exception des postes de pêche acquis à la pointe de Rochefort et à La Baleine, que les associés retinrent pendant encore une année. Au bout de trois ans, les biens immobiliers devaient retomber dans un fonds commun. Les associés s'étaient préalablement entendus avec Jeanne de Picot, veuve de Léon Brethous, principal créancier de la succession de Daccarrette, ce qui leur aurait permis de faire d'autres réclamations contre la succession, mais ils semblent n'avoir jamais exercé ce droit.

Pendant qu'ils assuraient leurs intérêts dans la succession de Daccarrette, les associés montèrent une entreprise de pêche et d'expédition maritime et trafiquèrent avec la France, Saint-Domingue (île d'Haïti) et Québec. Au début des années 1750, avec Antoine RODRIGUE, ils exploitèrent, mal à ce qu'il semble, le contrat de fourniture des viandes destinées à la forteresse de Louisbourg, se brouillant finalement avec Rodrigue au sujet du partage des dépenses. En 1753, ils soumissionnèrent sans succès les travaux de fortification de Louisbourg. Au milieu des années 1750, l'association paraît avoir été dirigée par Dupleix Silvain et Leneuf de Beaubassin ; mort avant 1754, Lagoanere avait été remplacé par ses enfants, dont aucun n'eut de rôle marquant dans l'entreprise.

Malgré les difficultés du début, la compagnie prospéra, à en juger par ce que les associés prétendirent avoir abandonné lors de la chute de Louisbourg, en 1758 : une part dans les biens de Daccarrette sis tant à l'intérieur que près de la ville et trois autres postes de pêche acquis à la pointe de Rochefort et à La Baleine. En 1753, lors de son mariage à Geneviève Benoist, nièce d'Antoine Rodrigue, Dupleix Silvain avait évalué sa part dans l'entreprise à plus de 20 000# ; en 1758, il l'évaluait à 71 000# sur un total de 215 000#. La compagnie, disait-on, avait gagné 150 000# au cours de son existence et, en janvier 1757, Leneuf de Beaubassin affirmait que l'exploitation des pêcheries de l'entreprise était la base du commerce de la colonie.

Les associés, toutefois, avaient connu des difficultés avant 1758. Ils avaient consenti des crédits à des expéditions de pêche qui avaient fait faillite et ils eurent du mal avec leurs créanciers français. De 1755 à 1758, ils avaient perdu au moins sept navires, de même que l'argent représentant leur part dans un navire armé en course, des cargaisons embarquées sur d'autres navires que les leurs et huit chaloupes de pêche à La Petite Brador (Little Bras d'Or, Nouvelle-Écosse). A leur arrivée en France, après la capitulation de 1758, les associés (Dupleix Silvain, Leneuf de Beaubassin et les héritiers Lagoanere) assumèrent à parts égales la responsabilité de leurs dettes et convinrent de payer à leurs créanciers 50 p. cent de leur dû, soit 43 000#. Pour s'acquitter de sa quote-part, Dupleix Silvain s'embarqua en 1763 pour les îles Saint-Pierre et Miquelon, où il monta une entreprise de pêche. En 1778, il avait recouvré une partie de sa fortune : il possédait trois habitations de pêche, cinq goélettes et deux chaloupes, et, chaque année, il employait de 80 à 100 hommes. Il était retourné en France pour un court laps de temps, en 1769, en vue de tenter un nouvel arrangement avec ses créanciers, ses associés, décédés insolvables, n'ayant pas éteint leurs dettes.

Déporté de Saint-Pierre en 1778, Dupleix Silvain repartit de France pour les îles en 1783 avec une pension de 150# et un poste de juge de la juridiction et de lieutenant (par commission) de l'Amirauté. Ses affaires semblent avoir été en bon ordre, malgré quelques réclamations ultérieures de ses créanciers relatives à l'époque où il était à Louisbourg. Ses fonctions lui valaient 6 000# par année, et peut-être a-t-il, pendant un certain temps, fait des affaires sous le nom de ses enfants. En 1787, il avait remboursé 10 500# des anciennes dettes de la compagnie.

De 1789 à la prise des îles Saint-Pierre et Miquelon par les Britanniques en 1793, Dupleix Silvain se trouva, malgré lui, mêlé aux luttes de factions qui mirent aux prises les autorités militaires avec quelques négociants des îles, agitation qui fut assimilée aux grandes luttes révolutionnaires dans la métropole. Fait prisonnier par les Britanniques pour la quatrième fois en 1793 et gardé en captivité pendant 28 mois, il refit surface à nouveau à Saint-Malo en février 1796 et se vit accorder une petite pension. On sait que son fils aîné faisait des affaires à Bayonne en 1802.

T. J. A. LE GOFF

AN, Col., B, 110, f.3 ; 117, f.192v. ; 174, f.271v. ; 181, ff.360v., 403 ; 183, f.156 ; C[12], 2, f.147 ; 3, f.81 ; 8, ff.9, 42 ; 14, f.49 ; 16, ff.16, 40 ; 17, ff.18–18v., 20, 30 ; E, 159 (dossier Dupleix Silvain) ; 356 (dossier Rodrigue) ; Section Outre-mer, G[1], 414 ; 415 ; 467, pièces 21, 24, 28–30 ; G[3], 479 (extrait du registre des baptêmes, mariages et sépultures de l'église de La Baleine) ; 2 042, 19 déc. 1753 ; 2 044, 16 déc. 1755 ; 2 047/1, 16 oct. 1749 ; 2 047/2, 16 déc. 1752, 24 févr. 1753. — J.-Y. Ribault, *Les îles Saint-Pierre et Miquelon des origines à 1814* (Saint-Pierre, 1962), 95, 98–109 ; La pêche et le commerce de la morue aux îles Saint-Pierre et Miquelon de 1763 à 1793, Congrès national des soc. savantes, Section d'hist. moderne et contemporaine, *Actes du quatre-vingt-onzième congrès, Rennes, 1966* (3 vol., Paris, 1969), I : 251–292 ; La population des îles Saint-Pierre et Miquelon de 1763 à 1793, *Revue française d'hist. d'outre-mer* (Paris), LIII (1966) : 45.

DU PONT DUCHAMBON, LOUIS, officier dans les troupes de la Marine, lieutenant de roi et marchand, baptisé le 1er janvier 1680 à Sérignac (dép. de la Charente, France), sixième fils de Hugues Du Pont Duvivier et de Marie Hérauld de Gourville ; il épousa, le 11 février 1709 à Port-Royal (Annapolis Royal, Nouvelle-Écosse), Jeanne Mius d'Entremont de Pobomcoup, petite-fille de Philippe Mius* d'Entremont, baron de Pobomcoup ; décédé le 22 août 1775 en la paroisse de Curat (dép. de la Charente).

Louis Du Pont Duchambon arriva en Acadie en 1702, en qualité d'enseigne dans une nouvelle compagnie au sein de laquelle ses frères, François Du Pont* Duvivier et Michel Du Pont* de Renon, servaient avec les grades respectifs de capitaine et de lieutenant. Il fut promu lieutenant en 1704. Duchambon et ses deux aînés déménagèrent à Louisbourg, île Royale (île du Cap-Breton), après sa fondation en 1713. Même après la mort prématurée de Duvivier, le plus âgé des trois frères, en 1714, la famille Du Pont resta solidement établie dans le corps des officiers de la garnison. Cette même année, Renon devint aide-major et, en 1717, les fils de Duvivier étaient devenus officiers. A la mort de Renon, en 1719, l'autorité familiale passa à Duchambon ; sous son égide furent jetées les bases qui allaient permettre aux Du Pont de devenir la famille militaire la plus importante de la colonie.

Duchambon passa en bonne partie les premières années de sa carrière à l'île Royale, à l'avant-poste de Port-Dauphin (Englishtown, Nouvelle-Écosse). Stationné là avec le grade de lieutenant dans la compagnie de Renon, il fut promu capitaine en 1720 et nommé commandant en 1723. On employa sa femme comme interprète en langue indienne, jusqu'à ce que les autorités françaises reconnaissent, au début des années 1720, que « les sauvages n'aiment pas à donner connoissance de leurs traités et de leurs affaires aux femmes ». Son poste se résumant à peu de chose, Duchambon demanda son rappel à Louisbourg en 1731, bien que Port-Dauphin demeurât presque le fief personnel des Du Pont jusqu'aux années 1740. Ses fils, François Du Pont Duchambon, dit Duchambon l'aîné, et Louis Du Pont Duchambon de Vergor, et ses neveux, François Du Pont Duvivier et Philippe-Michel Du Pont de Renon, y servirent ou y commandèrent à différents moments au cours de ces années. Les avant-postes de Louisbourg, tels celui de Port-Dauphin, ou ceux de l'île Saint-Jean (Île-du-Prince-Édouard), permettaient aux officiers la poursuite d'affaires commerciales hors de la vue des administrateurs de Louisbourg ; aussi n'est-il pas surprenant que Vergor et Duvivier aient été parmi les officiers de la colonie les plus adonnés à la traite.

Après un congé en France, en 1728, Duchambon retourna à l'île Royale et devint major de Louisbourg en 1733, année qui suivit la promotion de son neveu Duvivier au grade d'aide-major. Respectivement troisième et quatrième officier dans l'état-major de l'île, les deux hommes se trouvaient chargés de la discipline quotidienne de l'armée et de la vie de la garnison, tout en exerçant les fonctions de police dans la ville ; ils n'avaient toutefois pas la responsabilité des approvisionnements militaires, aux mains des fonctionnaires civils. Duchambon et son neveu étaient également bien placés pour faciliter à leurs parents l'accès aux premiers échelons de la hiérarchie militaire. La plupart des fils de Duchambon – il en avait au moins sept – se lancèrent jeunes dans des carrières militaires à l'île Royale. En 1734, quatre des 16 premiers garçons choisis comme cadets appartenaient à la famille Du Pont.

Officier sans éclat, Duchambon obtint néanmoins des promotions grâce à l'ancienneté et aussi à son amitié avec le gouverneur Saint-Ovide [Monbeton*]. En 1730, il fut fait chevalier de Saint-Louis et, en 1737, nommé lieutenant de roi à l'île Saint-Jean, en remplacement de Jacques d'Espiet* de Pensens. Vergor, plusieurs de ses autres fils et, plus tard, un neveu, Joseph Du Pont Duvivier, rejoignirent Duchambon au cours de son commandement sans histoire dans cette île. Là comme à Louisbourg, l'activité commerciale personnelle de Duchambon paraît avoir été restreinte. Avec François Du Pont Duvivier et André Carrerot*, il avait vendu en 1732 la goélette *Union* aux marchands français Girard de La Saudrais, de Saint-Malo, et Charles Maccarty, de La Rochelle. A l'île Saint-Jean, il avait une ferme et y élevait du bétail, et, en 1741, il acheta un navire au prix de 3 000#. C'est probablement ce navire qu'il dépêcha contre Canseau (Canso, Nouvelle-Écosse), en 1744, avec l'expédition de François Du Pont Duvivier.

Puis, en avril 1744, vint, comme un hommage symbolique à une famille qui avait pris racine en

Acadie, la nomination de Duchambon au poste de lieutenant de roi à l'île Royale, en remplacement de François Le Coutre* de Bourville. C'était le plus haut rang qu'un officier pouvait atteindre à Louisbourg et qui lui valait *ex officio* un siège au Conseil supérieur. En octobre, le sort plaça Duchambon à la tête de la colonie, quand le commandant Jean-Baptiste-Louis Le Prévost* Duquesnel mourut subitement. Même s'il désirait être gouverneur, Duchambon n'était pas apte, à cause de son âge et de son tempérament, à prendre le commandement, même intérimaire, de la colonie à un moment où la France et la Grande-Bretagne étaient en guerre. Il conserva néanmoins ce commandement vu l'incapacité d'Antoine-Alexis Perier de Salvert, remplaçant de Duquesnel, de se rendre à Louisbourg.

Aussitôt qu'il prit le commandement, Duchambon fit des préparatifs en vue de défendre la forteresse contre une attaque des Anglo-Américains ; en effet, Joannis-Galand d'OLABARATZ l'avait amené à croire que l'offensive se produirait le printemps suivant. Croyant la Nouvelle-Angleterre plus forte qu'au cours de la précédente guerre, Duchambon se montra plus pessimiste que ses prédécesseurs en avertissant les autorités françaises que Louisbourg ne pouvait tenir avec si peu d'hommes, de canons et de munitions. Avec le commissaire ordonnateur BIGOT, il envoya à la cour un plan visant à prendre Annapolis Royal et Placentia (Terre-Neuve) en 1745, grâce au concours d'une escadre française et de troupes de renfort venant de France.

En décembre 1744, toutefois, presque toute la garnison de Louisbourg, excitée par les soldats du régiment de Karrer, se mutina et mit les officiers à la rançon. Les troupes de la Marine entretenaient de sérieux griefs : exploitation de la part des officiers, légumes pourris, pauvres rations et le fait que Duquesnel n'avait pas, plus tôt dans l'année, distribué le butin provenant de la capture de Canseau. Visiblement ébranlé et craignant un autre soulèvement, Duchambon ne pouvait guère faire autre chose que d'accéder aux demandes des soldats et de leur remettre les approvisionnements exigés. Une fois les soldats apaisés, Louisbourg rentra dans sa tranquille hibernation.

En dépit de ses avertissements alarmistes destinés à secouer les autorités françaises, Duchambon paraît avoir été peu troublé par la perspective d'une attaque contre Louisbourg. Faisant sienne la théorie traditionnelle selon laquelle les moyens de défense de la forteresse étaient suffisants pour faire face à une attaque par mer, il ne tint aucun compte de la possibilité d'une descente de l'ennemi à l'ouest de Louisbourg et d'un siège de la forteresse effectué du côté le plus vulnérable, celui de la terre ferme. C'est exactement ce qui devait arriver. Au cours du mois d'avril 1745, des navires de guerre britanniques, sous les ordres du commodore Peter Warren*, arrivèrent pour faire le blocus de Louisbourg pendant que des navires de transport s'assemblaient à la baie de Gabarus. Le 11 mai au matin, des troupes provinciales américaines sous le commandement de William Pepperrell* commencèrent à descendre, sans opposition, à la pointe Platte (pointe Simon), un mille à l'ouest de Louisbourg.

A l'intérieur de la forteresse, un Duchambon ébranlé entreprit son premier commandement militaire avec un corps d'officiers entièrement démoralisés. Indécis à l'extrême, il regardait, des remparts, les Américains en train de débarquer ; il dépêcha finalement un petit détachement, sous la conduite du fameux corsaire Pierre Morpain*, contre les troupes de la Nouvelle-Angleterre. L'indécision de Duchambon, sur le plan tactique, fut grave de conséquences : ayant perdu l'initiative en n'affectant pas assez d'hommes pour faire nettement échec dès le début au débarquement des troupes néo-anglaises, il fut forcé de combattre dans les conditions gênantes d'un long siège mené dans les règles. La faiblesse de Louisbourg, particulièrement du côté de la terre ferme, devint tristement évidente. Le sol, quoique marécageux, se révéla un obstacle peu sérieux à l'avance de l'ennemi, qui atteignit les hauteurs dominant la forteresse sur trois côtés. Au moment où les troupes de la Nouvelle-Angleterre commencèrent leurs travaux de siège, Duchambon ordonna d'abandonner la batterie Royale, dont on disait grand bien mais qui était vulnérable [V. François-Nicolas de Chassin* de Thierry], de détruire des constructions situées à l'extérieur des murs de la forteresse et de saborder des navires de manière à bloquer l'entrée du port. Le 14 mai, les assiégeants ouvrirent le feu contre la forteresse et, après avoir remis en état de service l'artillerie abandonnée par les Français, ils tournèrent même les canons de la batterie Royale contre la ville.

Malgré la faiblesse de Duchambon et les avantages acquis dès le début par les attaquants, le siège dura près de sept semaines. Le manque de discipline des soldats irréguliers américains et leur aversion pour les dures réalités du combat empêchèrent une attaque de front contre la forteresse. Finalement, les dommages causés par l'artillerie ennemie forcèrent les Français à se rendre. Les canons français avaient riposté vigoureusement tant que durèrent les munitions ; néanmoins, la ville avait été très endommagée. En fin de compte, les exigences de la situation militaire, décrites avec précision dans les rapports de Philippe-Joseph d'ALLARD de Sainte-Marie, commandant d'artillerie, et d'Étienne Verrier*, ingénieur en chef, alliées à la forte pression des marchands de Louisbourg, poussèrent Duchambon à capituler le 28 juin. Ceci le dispensa de rendre la forteresse pour des raisons uniquement militaires et de porter seul la responsabilité de la défaite française. Même si Duchambon y contribua par son indécision, des situations indépendantes de sa volonté déterminèrent de façon définitive l'issue du siège. Des erreurs dans le plan des fortifications, le piètre moral de la garnison, une artillerie et des munitions insuffisantes, la prise de conscience tardive du ministère de la Marine – en avril 1745 – du danger d'une attaque anglo-américaine, les ressources restreintes de la marine française, les malchances qui privèrent Louisbourg d'un appui naval suffisant et aussi le fait que Paul Marin* de La Malgue et son détachement de Canadiens et d'Indiens ne portèrent pas secours à temps aux assiégés contribuèrent à la victoire anglo-américaine.

Lors de la capitulation de Louisbourg, Duchambon obtint des conditions avantageuses, y compris les honneurs de la guerre, et il protesta vigoureusement quand, par la suite, les vainqueurs violèrent les articles de la capitulation. Il voulait partir le dernier, mais fut forcé de s'embarquer le 15 juillet 1745. Il arriva en France quatre semaines plus tard. Le procès des mutins s'ouvrit peu après à Rochefort ; on y révéla la mauvaise conduite des officiers, et les soldats affirmèrent que, le 1er janvier 1745, Duchambon leur avait promis une amnistie générale. Ayant reçu du ministre l'ordre de rester à Rochefort avec Bigot et de rédiger un récit détaillé du siège, ce qui apparemment ne fut jamais fait, il obtint, à la fin de septembre, la permission de se rendre à Versailles. Lors de l'exposé des événements entourant la mutinerie, Bigot couvrit Duchambon en faisant porter sur d'autres ses accusations, et, en mars 1746, Duchambon prit sa retraite avec une pension de 1 000# et une gratification de 1 200#.

Duchambon passa ses dernières années à Chalais, dans sa Saintonge natale, où il vécut de sa pension et d'un petit revenu provenant de biens fonciers. Sa famille, cependant, continuait de progresser dans la société coloniale. En 1758, au siège de Louisbourg, un officier des troupes de la Marine sur dix, dont cinq capitaines de compagnie, était un Du Pont. Le sixième fils de Duchambon, Mathieu Du Pont Duchambon Dumaine, devint aide-major en 1758. Bien que lancés tôt dans la carrière militaire, ses fils acquirent une situation sociale et économique importante, grâce à leur activité commerciale et à des mariages avantageux. Vergor fit instantanément fortune par son association avec Bigot ; Duchambon, l'aîné, possédait un navire et une goélette officiellement affectés au service du roi en 1745, et il s'engagea par contrat, en 1750, à fournir du bois pour les corps de garde de Louisbourg ; vers 1750, Dumaine arma deux chaloupes de pêche de concert avec un autre officier et avec Jean-Pierre-Michel Roma. Les filles de Duchambon épousèrent des officiers, mais ses fils se marièrent dans la bourgeoisie : Anne Du Pont Duchambon de Mézillac, par exemple, se maria à Louis de Coux, un lieutenant, plus tard capitaine ; Vergor à Marie-Joseph, fille de Joseph Riverin* ; Jean-Baptiste-Ange Du Pont Duchambon à Marie-Anne, fille de Jean-Pierre Roma* ; Dumaine à Barbe-Blanche, fille d'André Carrerot ; et Charles-François-Ferdinand Du Pont Duchambon à Marguerite-Josephte, fille de Michel Rodrigue. Officier sans inspiration, Duchambon fut néanmoins un patriarche à la tête d'une famille entreprenante qui se tailla une place de choix dans la société coloniale.

T. A. CROWLEY ET BERNARD POTHIER

AD, Charente (Angoulême), État civil, Curat, 23 août 1775. — AN, Col., B, 23, f.106v. ; 36, f.433 ; 54, f.503v. ; 65, f.482½ ; 81, f.338 ; 82, ff.11, 145 ; 189, f.142 ; C11A, 88, ff.150–152 ; C11B, 5, f.398 ; 11, f.220 ; 26, f.77 ; 27, ff.34, 55–58v., 177v. ; D2C, 47, 49 ; E, 143 (dossier Du Pont Duchambon) ; Section Outre-mer, Dépôt des fortifications des colonies, Am. sept., nos 137, 216–218 ; G2, 188, f.367 ; 194, f.79 ; G3, 2038/2, 9 déc. 1733 ; 2046/1, 22 août 1737 ; 2046/2, 5 oct. 1741 ; 2047/1, 15 juin 1751. — ANQ-Q, AP-P-659. — PANS, RG 1, 26 (mfm aux APC). — *Louisbourg in 1745 : the anonymous « Lettre d'un habitant de Louisbourg » (Cape Breton), containing a narrative by an eye-witness of the siege in 1745*, G. M. Wrong, trad. et édit. (Toronto, 1897 ; réimpr., 1901). — Frégault, *François Bigot*. — McLennan, *Louisbourg*. — Rawlyk, *Yankees at Louisbourg*. — Ægidius Fauteux, Les Du Pont de l'Acadie, *BRH*, XLVI (1940) : 225–237, 257–271.

DU PONT DUCHAMBON DE VERGOR, LOUIS, officier dans les troupes de la Marine, né le 20 septembre 1713 à Sérignac (dép. de la Charente, France), deuxième fils de Louis DU PONT Duchambon et de Jeanne Mius d'Entremont de Pobomcoup ; il épousa le 8 juillet 1752, à Québec, Marie-Joseph, fille de Joseph Riverin* ; décédé en France après 1775.

Louis Du Pont Duchambon de Vergor entra dans l'armée en 1730, à titre de cadet à l'aiguillette ; il fit du service de routine à l'île Royale (île du Cap-Breton) avant d'être affecté, en 1737, au poste de commandement de son père, dans l'île Saint-Jean (Île-du-Prince-Édouard). Au début des années 1740, il commandait à Port-Dauphin (Englishtown, Nouvelle-Écosse) et, en 1744, il participa aux raids menés par son cousin, François Du Pont Duvivier, contre Canseau (Canso, Nouvelle-Écosse) et Annapolis Royal. En 1745, au cours du bombardement de Louisbourg, île Royale, par les Anglo-Américains, des éclats de la maçonnerie le blessèrent. Après la capitulation de la forteresse, il retourna en France. Grâce à ses relations familiales, Vergor avait été initié au commerce, à l'île Royale : en 1744, il avait reçu une part de la morue que le raid sur Canseau avait rapportée comme butin ; en plus, il avait investi dans la guerre de course et avait gagné 1 550# en louant à la couronne des édifices à Port-Dauphin et à Port-La-Joie (Fort Amherst, Île-du-Prince-Édouard) et en transportant sur ses navires des troupes et du matériel.

En 1747, Vergor fut affecté au Canada ; il fut promu au grade de lieutenant en 1749 et il devint capitaine en 1750. A la mi-septembre de cette année, on le dépêcha à bord du brigantin *Saint-François* pour escorter la goélette *Aimable Jeanne*, qui transportait des munitions et du ravitaillement de Québec au petit poste français de la rivière Saint-Jean (Nouveau-Brunswick). Tôt, le matin du 16 octobre, à dix lieues environ à l'ouest du cap de Sable (Nouvelle-Écosse), les navires français furent gagnés de vitesse par un sloop britannique commandé par le capitaine John Rous*. Malgré l'infériorité de son armement, Vergor engagea le combat, permettant ainsi à l'*Aimable Jeanne* d'atteindre la rivière Saint-Jean. L'action se poursuivit pendant la plus grande partie de la journée, après quoi, avec seulement 7 hommes valides sur 50 et le *Saint-François* démâté et faisant eau, Vergor fut contraint de céder. L'incident prit bientôt des proportions diplomatiques de haute volée, les Français protestant contre cette attaque, en temps de paix, et contre le traitement réservé à Vergor par le gouverneur Edward Cornwallis, à Halifax. Selon le témoignage de Vergor, Cornwallis « s'est emporté au point de lui dire que le Capitaine Roux auroit dû le couler à fond, et que s'il eut été à la place de ce Capitaine, il l'auroit fait ». Malgré sa rage, Cornwallis jugea prudent de relâcher Vergor, qui, bientôt de retour en France, eut le grand honneur, pour quelqu'un de son rang, de faire personnellement rapport de l'incident au ministre de la Marine, Rouillé.

Bien qu'en garnison à Louisbourg en 1750, Vergor, appuyé à fond par l'intendant Bigot, sollicita le commandement d'une compagnie à Québec, qu'il obtint en 1751. L'année suivante, il était créé chevalier de Saint-Louis. En août 1754, on le nomma commandant au fort Beauséjour (près de Sackville, Nouveau-Brunswick), lequel avait été construit, avec le fort Gaspereau (près de Port Elgin, Nouveau-Brunswick), sur l'isthme de Chignectou, au début des années 1750, pour établir une « Nouvelle Acadie », face à la présence britannique en Nouvelle-Écosse. Selon le traître Thomas Pichon, Vergor dut à Bigot sa nomination à Beauséjour.

C'est son intimité avec Bigot, semble-t-il, qui explique toute la carrière de Vergor ; fondées sur une affinité de caractère, leurs étroites relations datent des années 1740, à l'époque où tous deux étaient en poste à Louisbourg. Le très partial et cancanier Louis-Léonard Aumasson de Courville, qui devint le secrétaire de Vergor à Beauséjour, écrit que le fondement de cette intimité « ne faisait honneur ni à l'un ni à l'autre [...] l'Intendant étant galant, il devoit de la reconnoissance à cet Officier ». Pichon est plus précis ; Vergor, prétend-il, « a servi plus d'une fois de macreault » à Bigot. Si l'on ne peut mettre en doute son courage, les événements de Beauséjour, en 1755, et de Québec, en 1759, montrent que Vergor n'était pas fait pour commander dans l'armée. Bien plus, selon les témoignages de Courville et de Pichon, les caractéristiques physiques et mentales de Vergor n'étaient pas plus louables que sa moralité. « Cet officier, observe Courville, étoit sans esprit et sans éducation ; sa figure même étoit déplaisante ; [... il était] a tous égards incapable. » Pichon affirme que « l'imbécile commandant » bégayait, ne savait pas lire et pouvait difficilement signer son nom. Nous ne possédons qu'une lettre de la main de Vergor, écrite « a bocegour » en mai 1755. Elle révèle qu'il n'écrivait qu'au son : « je neux vous sanpeche pas [...] da gette [d'acheter] toute la cargeson au si bien que le vingt [vin] et audevis [eau-de-vie] ». Madame Bégon [Rocbert*de La Morandière], qui n'avait aucune raison d'avoir des préjugés à son endroit, avait écrit, à la suite d'une brève rencontre avec lui à Montréal, en 1749 : « cest bien le plus épais gas quejay demavie veu mais il entant la menicle [manicle] ». Une note de 1761, en marge d'un document officiel, résume la plupart de ces réactions : « Médiocre à tous égards. »

L'ensemble des témoignages signale l'avidité comme le vice dominant de Vergor ; alliée à un relâchement général des mœurs, cette avidité constituait probablement son principal attrait pour la clique de Bigot. Courville affirme que Vergor était « avare a l'exces » et, dans les mémoires de ce même Courville, on trouve la fameuse citation attribuée à Bigot : « Profitez, mon cher Vergor, de votre place [à Beauséjour] ; taillez, – rognez – vous avez tout pouvoir, – afin que vous puissiez bientôt venir me joindre en France, et acheter un bien à portée de moi. » Pichon affirme que le seul intérêt de Vergor à Beauséjour consistait « à tirer la crême de cette colonie » en exerçant le monopole des approvisionnements en bois de chauffage et en boissons, qui, selon son évaluation, rapportaient à Vergor 60000# par année.

Les forts Beauséjour et Gaspereau, qui s'avéraient une menace pour les autorités du Massachusetts et de la Nouvelle-Écosse, devinrent les objectifs d'une expédition, au printemps de 1755. Les Britanniques, sous les ordres du lieutenant-colonel Robert MONCKTON, débarquèrent sans opposition, en juin, sous la protection du fort Lawrence (près d'Amherst, Nouvelle-Écosse), situé de l'autre côté de la rivière Missaguash, en face de Beauséjour. La situation de Vergor, quoique aucunement désespérée, n'était guère favorable. Il disposait de fortifications régulières, d'une artillerie suffisante et de 160 soldats des troupes de la Marine, mais à son arrivée il affirma que Beauséjour était « dans un bien triste état et capable par son peu de deffense de deshonnorer le plus brave officier ». Louis-Thomas JACAU de Fiedmont, commandant de l'artillerie, partageait cet avis. En ce qui concerne les 1200 à 1500 Acadiens récalcitrants de la région, de dures privations les mettaient hors d'état de servir utilement en tant que miliciens. Plusieurs invoquèrent le serment de neutralité, qui leur vaudrait des représailles s'ils étaient surpris en armes par les Britanniques ; des centaines désertèrent, et Vergor, afin d'apaiser les craintes de ceux qui restaient, accepta d'affirmer par écrit qu'il les avait forcés, sous peine de mort, à porter les armes. Ceci marqua le début malencontreux d'un incident de frontière qui, en quelques jours, allait précipiter la solution définitive du pénible problème de la neutralité de la population française de la Nouvelle-Écosse.

Le 13 juin, après s'être emparé d'une crête qui mettait le fort à sa portée, Monckton commença de bombarder au mortier, avec un notable résultat, les positions françaises. Bien que l'artillerie française ait rendu aux Britanniques la monnaie de leur pièce, à l'intérieur du fort surpeuplé, les frissons de terreur s'emparèrent bientôt des troupes démoralisées, et, le 16 juin, les Acadiens sous ses ordres s'étant rebellés, Vergor, impuissant, capitula. Le lendemain, Benjamin Rouer* de Villeray livra le fort Gaspereau avant même d'être attaqué. La chute de ces deux postes sonna le glas du projet de la « Nouvelle Acadie » et régla finalement la querelle des frontières au profit des Britanniques. Au cours des semaines suivantes, on rassembla et déporta dans les colonies américaines de l'Atlantique les Acadiens de cette région qui n'étaient pas parvenus à fuir dans les bois au nord de Chignectou.

Le ministre de la Marine, Machault, avait de bonnes raisons de croire, sur les avis qui lui en avaient été donnés privément et d'après les récits publiés par les Britanniques, que les forts de la région de Chignectou avaient été « fort mal defendus », malgré les versions contraires de Vaudreuil [RIGAUD] et d'Augustin de Boschenry* de Drucour dans leurs rapports officiels. Machault ordonna qu'une enquête fût instituée « sans égard pour quiconque ». On somma Vergor et Villeray de comparaître devant un conseil de guerre, à Québec, en septembre 1757. Protégés par Bigot et les militaires, tous deux furent acquittés, en dépit de Vergor qui, selon Courville, « n'ayant pas l'ombre de bon sens, disoit souvent ce qui pouvoit lui être contraire ». Certains récits de seconde main de la reddition de Beauséjour et la tradition populaire ont fait état, en termes sévères, du « banquet » offert par Vergor aux officiers de Monckton, mais on n'invoqua pas ce geste, conforme aux usages courtois des armées de l'époque, au cours du procès de Vergor, comme étant contraire aux bons usages militaires.

Vergor continua de servir, au lac Champlain, en 1757 et 1758. En 1759, il était de retour à Québec, assiégée à partir du mois de juin par Wolfe* et Charles SAUNDERS. Au début de septembre, il fut choisi pour commander un poste de garde sur l'escarpement élevé qui domine l'anse au Foulon, au sommet d'un étroit sentier reliant le bord du fleuve aux plaines d'Abraham. Or, c'est exactement ce point, ainsi que le voulait la mauvaise étoile de Vergor, que Wolfe, indécis, avait finalement choisi pour tenter un débarquement dans la nuit du 12 au 13 septembre. Un premier parti d'« Habits-Rouges » débarqua sans attirer l'attention, après avoir répondu, dans un français passable, au qui-vive des sentinelles, suivi en moins de quelques minutes de plusieurs compagnies d'infanterie légère qui escaladèrent rapidement l'escarpement pour tomber, avec un effet de surprise totale, sur le détachement de Vergor. Certainement pas aussi alertes que l'eussent exigé les circonstances, les Français ne résistèrent que faiblement avant de se disperser. Vergor fut atteint de coups de feu à la jambe droite et à une main et fait prisonnier avec plusieurs de ses hommes. Les autres coururent se mettre en sécurité à Québec et y donnèrent l'alerte. Dans l'intervalle le jour s'était levé, et les Britanniques, après des mois de siège, avaient dramatiquement réussi à établir une tête de pont d'où, en quelques heures, le sort de la Nouvelle-France serait scellé.

Il est significatif que, une fois rapatrié en

France, Vergor n'ait officiellement encouru aucun blâme pour son rôle lors du débarquement britannique. Une autre des allégations peu flatteuses de Courville a agrémenté la plupart des récits postérieurs des historiens de langue française : « ce capitaine avoit avec lui beaucoup d'habitants de Lorette [...] ; ils lui demandèrent permission d'aller travailler la nuit chez eux ; il la leur accorda ; (on prétend que ce fut à condition d'aller aussi travailler pour lui sur une terre qu'il avoit dans cette paroisse) ». Rien ne vient cependant corroborer cette affirmation.

De retour en France en 1760, Vergor tenta de continuer son service dans l'armée, mais il semble que ses blessures l'en empêchèrent. En avril de cette même année, il reçut la pension des invalides et à partir de ce moment il alla régulièrement prendre les eaux. Sa jambe, brisée à l'anse au Foulon, le laissa estropié et constamment souffrant ; la fin de l'une de ses nombreuses requêtes est ainsi dictée : « de mon lit, souffrant ».

En 1762, Vergor vivait à Paris. Il se retira plus tard à La Flèche d'abord, où sa femme mourut en avril 1770, puis dans la paroisse Saint-Clerc-de-Cosnac (dép. de la Charente), en Saintonge, province d'origine de sa famille. On ne connaît pas avec précision l'état de sa fortune : une note, dans une liste officielle de 1761, le dit « riche » ; mais ses voyages annuels aux villes d'eaux étaient subventionnés, et il sollicita la protection de l'évêque d'Orléans. En 1763, le ministre de la Marine donnait à ce prélat l'assurance suivante : « Je me souviendray avec plaisir de Linteret que Vous prenez a cet officier Lorsqu'il sera question de L'arrangem[t] [...] que lon prendra pour tous les officiers du Canada. » En 1768, il reçut une indemnité de 2 510# en compensation pour ses pertes au Canada. Il mourut dans la pauvreté, après 1775, sans « terre n'y rente ». Un de ses huit enfants, Joseph Du Pont Duchambon de Vergor, revint dans le Bas-Canada en 1794, pendant la Terreur.

BERNARD POTHIER

AD, Charente-Maritime (La Rochelle), B, 275, ff.69–92v. — AN, Col., B, 94, ff.45–45v. ; 117, f.462 ; 122, f.159v. ; 131, f.203½ ; C[11B], 23, f.64 ; 26, f.176v. ; 27, f.264 ; 34, ff.46–47v. ; C[11C], 12, ff.99, 115, 146 ; D[2C], 43, p.22 ; 47/4, p.345 ; 48/1, p.29 ; 48/3, p.647 (copies aux APC) ; E, 143 (dossier Du Pont Duchambon de Vergor) ; F[3], 50, f.465. — APC, MG 18, F37. — Archives du ministère des Affaires étrangères (Paris), Mémoires et doc., Amérique, 9, ff.309–309v., 314–315v., 334–339, 346–347v. (mfm aux APC). — PANS, RG 1, 341–341½ (papiers Thomas Pichon), ff.80v., 108. — APC, *The Northcliffe collection* [...] (Ottawa, 1926), 35 ; *Report*, 1904, app.G, 303, 313–321. — Bégon, Correspondance (Bonnault), ANQ *Rapport*, 1934–1935. — Extrait d'un journal tenue à l'armée que commandait feu M. le marquis de Montcalm, lieutenant général, Literary and Hist. Soc. of Quebec, *Hist. Docs.*, 7e sér. (1905) : 29–78. — [L.-T. Jacau de Fiedmont], *The siege of Beauséjour in 1755 ; a journal of the attack on Beauséjour* [...], Alice Webster, trad., J. C. Webster, édit. (Saint-Jean, N.-B., 1936). — Knox, *Hist. journal* (Doughty), II. — *Mémoires sur le Canada, depuis 1749 jusqu'à 1760.* — Æ. Fauteux, *Les chevaliers de Saint-Louis*, 152s. — Le Jeune, *Dictionnaire*. — H.-R. Casgrain, *Guerre du Canada, 1756–1760 ; Montcalm et Lévis* (2 vol., Québec, 1891 ; réimpr., Tours, France, 1899). — A. [G.] Doughty et G. W. Parmelee, *The siege of Quebec and the battle of the Plains of Abraham* (6 vol., Québec, 1901). — Frégault, *François Bigot* ; *La guerre de la Conquête*. — Francis Parkman, *Montcalm and Wolfe* (2 vol., Boston, 1884 ; réimpr., New York, 1962). — Édouard Richard, *Acadie : reconstitution d'un chapitre perdu de l'histoire d'Amérique*, Henri D'arles [M.-J.-H.-A. Beaudé], édit. (3 vol., Québec et Boston, 1916–1921). — P.-G. Roy, *Bigot et sa bande*, 239. — Stacey, *Quebec, 1759*. — J. C. Webster, *The forts of Chignecto : a study of the eighteenth century conflict between France and Great Britain in Acadia* ([Shédiac, N.-B.], 1930) ; *Thomas Pichon, « the spy of Beausejour »*, an account of his career in Europe and America [...] ([Sackville, N.-B.], 1937). — Ægidius Fauteux, Les Du Pont de l'Acadie, *BRH*, XLVI (1940) : 260–262.

DU PONT DUVIVIER, FRANÇOIS (habituellement désigné, dans les documents, sous le nom de **sieur Duvivier**), officier dans les troupes de la Marine et marchand, né le 25 avril 1705 à Port-Royal (Annapolis Royal, Nouvelle-Écosse), fils de François Du Pont* Duvivier et de Marie Mius d'Entremont de Pobomcoup, décédé le 28 mai 1776.

Après la prise de Port-Royal par Francis Nicholson* en 1710, François Du Pont Duvivier, père, fit un bref séjour en France. On l'envoya ensuite dans la nouvelle colonie de l'île Royale (île du Cap-Breton) avec la première expédition de colonisation, en 1713. Sa mort prématurée, l'année suivante, et la présence dans le corps des officiers de la colonie de deux de ses frères, Louis DU PONT Duchambon et Michel Du Pont* de Renon, hâtèrent l'avancement des fils qui lui restaient. François Du Pont Duvivier, l'aîné, devint cadet en 1716, garde-marine à Rochefort, en France, en 1718, et retourna à Louisbourg comme enseigne en 1719. Les deux autres, Joseph DU PONT Duvivier et Michel Du Pont de Gourville, rejoignirent bientôt leur frère dans les troupes de la Marine. Malgré la mort du père, la famille paraît avoir vécu dans une aisance relative : le recensement de Louisbourg pour l'année 1720 révèle qu'elle avait deux domestiques.

On sait peu de chose des premières années de vie militaire de Duvivier, si ce n'est qu'il jouit de la faveur du gouverneur Saint-Ovide [Monbeton*]. Promu lieutenant en 1730, il fut nommé aide-major à Louisbourg en 1732, un an avant que son oncle Duchambon n'y devînt major. Suivant l'usage en vigueur à Louisbourg, on lui conféra le grade de capitaine, afin de faciliter l'exercice de son autorité sur l'état-major général, mais ce n'est qu'en 1737 qu'il reçut, à l'ancienneté, sa commission de capitaine.

Membre de la famille militaire la plus prestigieuse de l'île Royale au début des années 1730, Duvivier se lança dans des entreprises commerciales variées. Si l'on ne voit pas bien d'où il tenait ses premiers capitaux, il était probablement le plus riche officier de la colonie en 1745, et sa fortune, au jugement d'un contemporain, s'élevait en gros à 200 000#. En 1732, Duvivier, son oncle Duchambon et André Carrerot*, garde-magasin du roi à Louisbourg, vendaient une goélette à des marchands français. La même année, Duvivier commença un commerce de gros en fournissant 40 barriques de rhum importé à la compagnie de pêche de Port d'Orléans (North Bay Ingonish, île du Cap-Breton), établie dans la concession de Louis-Simon Le Poupet* de La Boularderie. Il se risqua aussi dans l'exploitation des pêcheries sédentaires en 1732, en louant, dans le port de Louisbourg, une grave appartenant à un riche marchand, exploitant de pêcheries, Nicolas Bottier, dit Berrichon. L'industrie de la pêche le retint pendant quelque temps ; en 1736, il expédia 73 barriques d'huile de poisson, à bord du vaisseau du roi le *Rubis*, à un marchand de La Rochelle, Joseph-Simon Desherbert de Lapointe.

En vue de diversifier ses opérations et de participer au lucratif commerce des Antilles, Duvivier s'associa avec un marchand antillais de grande expérience, le capitaine Louis Jouet. Entre 1735 et 1751, Jouet envoya régulièrement, une ou deux fois l'an, son navire de 60 tonneaux, l'*Aigle*, que Jacques Le Roy commandait souvent en alternance avec lui, faire du commerce à la Martinique. Par contrat officiel signé en 1736, Jouet et Duvivier convinrent d'acheter une propriété appartenant à la mère de Duvivier, près du quai de Louisbourg, avec l'intention d'y construire une maison en pans de bois et un entrepôt en pierre. Les deux capitaines étendirent encore leurs entreprises communes. Quand Duvivier eut acquis le brigantin *Reyne du Nord*, de 120 tonneaux, Jouet en prit le commandement au cours d'un voyage à la Martinique en 1741, bien qu'il déclarât aux fonctionnaires de ce port en être le propriétaire. L'année suivante, Duvivier vendit ce navire à Jean et Louis Medoux, marchands à Bordeaux, pour la somme de 13 000#.

Duvivier travailla en étroite collaboration avec son frère Michel Du Pont de Gourville, à qui il confiait ses affaires pendant ses fréquents voyages en France. Tous deux étaient très entendus aux affaires ; ils savaient comment faire usage du crédit et recourir à la loi pour protéger leurs mises de fonds. Duvivier avait compté un intérêt de 5 p. cent sur l'argent avancé à la compagnie de La Boularderie, à Port d'Orléans ; en 1736, alors qu'il se trouvait en France et que la compagnie paraissait sur le bord de la banqueroute, son frère prit des mesures pour assurer le remboursement de la dette. Face à cette initiative, Sébastien-François-Ange Le Normant de Mézy, commissaire ordonnateur, dépêcha l'huissier du Conseil supérieur pour faire la saisie des biens meubles de la compagnie. A son retour, Duvivier prétendit que, selon la Coutume de Paris, il devait être remboursé prioritairement aux autres créanciers. Le Normant refusa de donner un ordre à cet effet, mais convoqua tous les créanciers devant lui, afin de trouver une solution à cette affaire.

Au cours des années 1740, Duvivier et Gourville étendirent leurs entreprises. Ce dernier avait reçu, de son mariage avec Marie-Josephe Gautier, une des filles de Joseph-Nicolas Gautier*, dit Bellair, en 1737, une dot de 10 000#. En 1742, il acheta pour la somme de 4 600# le *Saint-Charles*, de 75 tonneaux, d'un autre officier, Michel Leneuf de La Vallière. A la même époque, Duvivier acheta un autre navire du même nom, mais plus grand. On envoya les deux navires à la Martinique en 1743, avec les cargaisons habituelles de bois et de poisson. Duvivier envoya aussi le *Succès*, de 90 tonneaux, qu'il avait acheté en cale sèche, en 1743, pour la somme de 10 000#. Le *Succès* atteignit la Martinique au début de 1744, suivi de peu par un autre navire, acquis par Duvivier, la *Magdeleine*, de 90 tonneaux.

Il est évident que Duvivier faisait preuve de perspicacité en affaires, mais, de même que le succès de sa carrière militaire fut assuré par son oncle et par Saint-Ovide, de même son empire commercial fut alimenté par le favoritisme officiel, grâce en particulier à deux commissaires ordonnateurs de Louisbourg, Le Normant et Bigot. En 1737, Le Normant, présumé prêteur de Duvivier, obtint de la France l'approbation d'établir un monopole pour la fourniture de viande fraîche à la forteresse ; Duvivier, à ce qu'on allègue, avait la mainmise sur ce monopole par l'entremise de Joseph Dugas. Puis Duvivier se mit à acheter des terres, en acquérant quatre le long de la rivière de Miré (rivière Mira) en 1739. Sur deux d'entre elles, qu'il avait commencé d'acheter de Saint-Ovide, il tenta d'élever du bétail, mais l'hiver rigoureux de 1740–1741 lui fit perdre 50 têtes. Bigot continua par la suite le traitement préférentiel de Le Normant et, malgré les protestations de l'ingénieur Étienne Verrier*, il permit à Duvivier de facturer à la couronne un loyer annuel de 750# pour les édifices situés à Port-Dauphin (Englishtown), que les soldats de Duvivier avaient construits. Bigot lui donna aussi des contrats de l'État. En 1743, on craignit la destruction de la récolte du Canada par les sauterelles ; l'intendant HOCQUART pria alors les administrateurs de Louisbourg de procurer à Québec des vivres en provenance de la Nouvelle-Angleterre. Bigot passa avec Duvivier un contrat pour qu'il apportât de Boston, où il avait des relations d'affaires – en particulier Peter Faneuil, un marchand en vue –, du poisson et des denrées diverses dont la valeur pouvait atteindre 135 000#.

Dur, ambitieux et jouissant de privilèges, Duvivier pouvait se permettre d'ignorer les autres et de recourir sans scrupules à des pratiques commerciales douteuses pour mieux s'imposer sur le marché local. Au début des années 1730, il empiéta sur les propriétés de ses voisins, Blaise Cassaignolles et Bernard Decheverry. Ils saisirent la justice de cette affaire, mais Duvivier réussit à s'assurer l'appui de Le Normant, lequel émit un ordre formel qui amena le Conseil supérieur à suspendre son jugement. Cassaignolles et Decheverry durent porter leur cause au Conseil du Roi, en France, pour obtenir satisfaction.

La conduite de Duvivier frustra d'autres marchands et pêcheurs locaux, mais ceux-ci ne purent rien faire, à cause de son grade militaire et de la protection de Le Normant. En 1738, Cassaignolles et 20 autres individus, dont François Milly*, Pierre Martissans et Michel Daccarrette* (décédé en 1745), cherchèrent, par le moyen d'une pétition, un recours auprès du ministre de la Marine. Citant des exemples précis de manœuvres sournoises et d'avantages injustes, ils accusèrent Duvivier de chercher à faire des profits aux dépens de la communauté locale d'une manière peu seyante à un chrétien. Critiquant aussi Gourville et nommant Jean-Baptiste Lascoret, commis de Duvivier, ils évoquaient l'image de leurs propres entreprises ruinées par la concurrence illicite, « de sorte que l'on ne voit sur les graves que [ces] deux officiers qui l'épée au cotté achettent et livrent des morues aux Capitaines avec quy ils font affaires et auxquels ils font prendre en payement les morues telles qu'ils les jugent à propos ». On ne connaît pas la réaction du ministre à ce rare exemple de protestation collective, mais, en 1739, Le Normant fut muté, au milieu d'une série de révélations, et Saint-Ovide se démit de son gouvernement. Le nouveau gouverneur, Isaac-Louis de Forant*, reçut instructions de réformer la vie militaire dans l'île Royale.

L'activité commerciale de Duvivier et ses liens de famille en Acadie lui donnaient une connaissance intime de la région de l'Atlantique, ce qui augmentait son utilité, dans le domaine militaire, pour la France. En 1740, le nouveau commandant de l'île Royale, Jean-Baptiste-Louis Le Prévost* Duquesnel, travailla avec Duvivier à la révision des plans de reconquête de l'Acadie, advenant une rupture avec la Grande-Bretagne. En mai 1744, après avoir appris que la France avait déclaré la guerre à la Grande-Bretagne, il désigna Duvivier pour mener une expédition de quelque 350 hommes contre le poste de pêche britannique de Canseau (Canso, Nouvelle-Écosse). Les défenseurs n'offrirent aucune résistance et, à l'aube du 24 mai, leur commandant, Patrick Heron*, rendit les armes. C'était la première fois que Duvivier – comme, d'ailleurs, la garnison de Louisbourg – prenait véritablement part à une opération militaire qui, du reste, procura du butin aux vainqueurs français.

La guerre apporta d'autres profits. Pendant que Duvivier était à Canseau, Jean-Baptiste Lannelongue* le représentait à Louisbourg. Le 7 juin 1744, Lannelongue louait à Bigot l'une des maisons de Duvivier, pour le logement des prisonniers britanniques. Deux semaines auparavant, il avait fourni au gouvernement des pois et de la farine pour une somme de près de 56 000#, fort probablement pour le compte de Duvivier. Lannelongue loua au gouvernement la goélette *Succès* de Duvivier, son vaisseau amiral à Canseau, au coût de 6 300# ; elle fut ensuite armée au coût de 33 000#, avant d'être mise sous le commandement du corsaire Pierre Morpain*. En juin 1744, Duvivier investit également des sommes considérables dans deux navires de course, en société avec Gourville, Duquesnel, Bigot et Joannis-Galand d'OLABARATZ. Trois ans plus tard, il reçut de Bigot plus de 5 000# en compensation pour le bétail de son habitation de la rivière de Miré perdu au cours de la guerre.

On mit temporairement de côté les affaires en tant que telles, car la victoire facile remportée à Canseau incita Duquesnel à tenter de prendre Annapolis Royal. Le missionnaire LE LOUTRE accepta de mener 300 Micmacs de la Nouvelle-Écosse à l'attaque du fort britannique, à la mi-juillet, à la condition qu'un détachement des troupes de la Marine sous la direction de Duvivier et une petite escadre navale se joignissent à eux rapidement. Les vaisseaux ne se montrèrent pas, et les Micmacs, dégoûtés, se retirèrent. Loin de se décourager, Duquesnel envoya Duvivier en Nouvelle-Écosse, le 29 juillet, avec 50 soldats des troupes de la Marine et un nombre indéterminé de Micmacs de l'île Royale, convaincu que les vaisseaux allaient bientôt paraître.

Après avoir mis pied à terre, le 8 août, à Baie-Verte (Nouveau-Brunswick), Duvivier se présenta comme le libérateur de l'Acadie de retour parmi les siens. En dépit des appels pressants et émouvants qu'il lança tout au long de la route menant à Annapolis Royal, une douzaine d'Acadiens tout au plus se laissèrent convaincre de quitter la stricte neutralité, devenue l'expédient auquel recouraient en pratique, à cette époque, gouvernement et gouvernés en Nouvelle-Écosse. Vivement déçu, il riposta par des menaces, mais ne réussit qu'à s'aliéner la population acadienne. Il n'obtint guère plus de succès auprès des Indiens : après le lamentable fiasco de juillet, seulement 230 Micmacs et Malécites se rangèrent à ses côtés le 7 septembre, jour où il investit le fort britannique.

Le siège dura quatre semaines complètes. Malgré un net avantage tactique et psychologique, les efforts des Français étaient compromis au départ par le fait que Duvivier manquait singulièrement du sens de l'attaque. A cette lacune venait s'ajouter le caractère ambigu, voire même contradictoire, des communiqués qu'un Duquesnel malade lui faisait parvenir de Louisbourg – il lui donnait l'ordre d'attaquer si une occasion favorable se présentait, mais de ne prendre aucun risque inutile – de sorte que Duvivier refusa obstinément de tirer parti de l'état décrépit du fort britannique et du moral bas de la garnison. Un missionnaire auprès des Acadiens, l'abbé Jean-Baptiste de Gay* Desenclaves, observa Duvivier et affirma avec mépris que sa seule gloire dans cette entreprise fut « d'ettre plus habile dans le commerce que dans lart militaire » ; il nota aussi que « dans son camp » il ne parlait « que de bariques de melaces et deau de vie ».

Le lieutenant-gouverneur Paul Mascarene* commandait la garnison d'Annapolis Royal, qui ne comptait pas plus de 75 soldats valides. Avisé, pratique et courageux, Mascarene inspira une défensive efficace et sûre. L'arrivée, le 26 septembre, de deux vaisseaux apportant renforts et approvisionnements de Boston l'aida considérablement dans ses efforts. Bien que le moral de son détachement fût ébranlé, Duvivier refusa d'abandonner. Toutefois, le 2 octobre, l'arrivée de Michel de Gannes* de Falaise régla brusquement le sort de l'expédition française ; il apportait de Louisbourg la nouvelle que l'escadre n'avait pas pris la mer et l'ordre de se retirer aux quartiers d'hiver des Mines (Minas, Nouvelle-Écosse). Duvivier feignit d'être dégoûté à l'idée de battre en retraite « La fourche au Cul », au moment où une attaque du fort britannique aurait été justifiée ; à la vérité, l'ordre de Duquesnel lui donnait l'occasion propice de faire oublier sa propre indécision.

Comme les Acadiens refusaient même de fournir les vivres nécessaires au détachement, les Français décidèrent de ne pas hiverner aux Mines et quittèrent la Nouvelle-Écosse en toute hâte le 5 octobre : « La füitte est prise, Non pas La retraite », écrivit Duvivier. De retour à Louisbourg le 23 octobre, Duvivier trouva au commandement non pas Duquesnel, décédé le 9 octobre, mais bien son propre oncle, Louis Du Pont Duchambon. Craignant qu'on lui reproche de n'avoir pas soutenu « Lhonneur Des Armes du Roy » devant Annapolis Royal, il exigea immédiatement qu'un conseil de guerre entendît sa version des événements. Lorsque de Gannes arriva le lendemain, la ville et la garnison étaient contre lui, car Duvivier avait fait croire à tout le monde que la poursuite du siège eût permis de prendre Annapolis Royal.

A la fin de novembre, Duvivier porta les dépêches de la colonie à Versailles. Il fut sans nul doute heureux d'en profiter pour raconter l'histoire de l'expédition en Acadie au ministre de la Marine lui-même. L'initiative porta ses fruits, car, « en consideration des services qu'il a rendus [...] notamment dans l'expedition de Canceau [...] et dans celle de Lacadie », il fut admis dans l'ordre de Saint-Louis, le 17 mai 1745, à Brest, où il se préparait à rallier l'escadre d'Antoine-Alexis Perier de Salvert destinée à secourir Louisbourg. Ayant appris en mer la chute de la forteresse aux mains des troupes dirigées par William Pepperrell*, l'expédition fit demi-tour. Ses plans de retour à son poste contrecarrés, Duvivier passa les quelques années suivantes à faire de pressantes réclamations pour les fournitures livrées, prétendait-il, à l'île Saint-Jean et pour celles détruites sur ses terres de la rivière de Miré, au cours du siège.

En 1747, de façon plutôt soudaine, Duvivier quitta le service actif, mais se rengagea comme capitaine à la demi-solde, quand la France reprit possession de l'île Royale en 1749. Il tenta de se donner une situation digne de sa richesse en sollicitant vigoureusement le gouvernement de la colonie. Bien que sa carrière continuât d'être favorisée par Bigot et Le Normant, maintenant intendants à Québec et à Rochefort respectivement, la réputation de Duvivier s'était étendue, et il rencontrait de l'opposition dans sa recherche du pouvoir. A Québec, le gouverneur général La

Jonquière [Taffanel*] s'éleva avec un légitime mépris contre la prétention audacieuse de Duvivier au rang de gouverneur : « On ne me persuadera jamais, écrivit-il, que le Sr Duvivier soit Le gouverneur de L'isle Royale [...], Et a vous parler Franchement, Le S[r] duvivier fairoit beaucoup mieux de manger en France Le bien qu'il a gagné par Son commerce, que de tanter a des places qu'il ne merite pas surtout, au prejudice de nombre d'officiers de merite De votre gouvernement, qui ont aussi bien Servy Le Roy, [pendant] que le D[t] Sieur duvivier a Eté occupé a s'enrichir. » Or, il se trouva que le poste avait déjà été promis à Charles Des Herbiers* de La Ralière ; mais, à la sollicitation de Le Normant, Duvivier fut nommé lieutenant de roi à l'île Saint-Jean (Île-du-Prince-Édouard) en 1750.

Duvivier avait connu trop de succès et était trop habitué d'en faire à sa guise pour accepter ce prix de consolation. Il resta à Paris et, à plusieurs reprises, le ministre de la Marine, Rouillé, le reçut à Versailles. Mais on le vit aussi faire des visites clandestines aux commissaires anglais chargés de négocier en France la question des frontières de l'Acadie. Cela éveilla les soupçons de Rouillé, qui ordonna, à la fin de 1750, au lieutenant général de police de Paris de faire enquête. Le ministre infligea à Duvivier, par la suite, une sévère réprimande et avisa son protecteur de naguère, Le Normant, que ce capitaine était bien déchu dans son opinion, jusque-là favorable. On révoqua sa commission de commandant au mois de mai de l'année suivante, et, en 1753, alléguant des raisons de santé, Duvivier quitta la vie militaire avec une pension de 1 200#.

En 1752, Duvivier vivait sur ses terres au Vivier, près de Chalais, dans la commune de Sérignac (dép. de la Charente). Il était aussi propriétaire de la seigneurie de Médillac, non loin de là. Après l'enquête dont il fut l'objet et sa démission subséquente, il disparaît mystérieusement de la scène publique. Et bien qu'il eût amassé de grandes richesses en Amérique du Nord, à sa mort, on évalua sa succession à 25 000# seulement ; sa belle-sœur, la veuve de Gourville, fut son héritière.

T. A. Crowley et Bernard Pothier

Nous ignorons ce qu'il advint de François Du Pont Duvivier pendant les 20 dernières années de sa vie. Son dossier personnel (AN, Col., E, 169) s'achève avec sa retraite du service en 1753, et son absence des registres officiels après cette date est apparemment complète. Même si son dossier indique qu'il reçut une pension des Invalides en 1753, on n'en trouve aucune mention dans AN, Col., D^{2D}, 13 (pensions et gratifications, 1763–1787) ; D^{2D}, 14 (pensions et gratifications, états des colonies, 1752–1788) ; D^{2D}, 15 (pensions et gratifications, états des ports, 1770–1785). Cependant, il faut mentionner que son frère, Michel Du Pont de Gourville, et quelques cousins apparaissent dans ces registres. On sait que Duvivier a résidé dans son château en 1752 (AN, Section Outre-mer, G^3, 2 041/1, 4 nov. 1752), mais en 1763, lors du baptême de l'enfant de sa nièce à Sérignac, il n'était pas parmi les signataires de l'acte de baptême (AD, Charente (Angoulême), État civil, Sérignac, 10 déc. 1763). Il n'apparaît pas non plus sur la liste des personnes exemptes de la taille pendant les années 1760 et 1770 (AD, Charente, 7C, 282), même si sa qualité de noble lui donnait droit à de telles exemptions. Il est donc invraisemblable qu'il ait habité son domaine après les années 1750. De plus, il n'existe pas d'enregistrement de sa mort dans les registres de la paroisse de Sérignac ou des communautés voisines de Chalais, Yvier ou Monboyer ; la seule mention de sa mort se trouve dans une liste de successions collatérales payées (AD, Charente, 11C, 1 115, Table alphabétique des successions collatérales payées). Une possibilité suggérée par le silence entourant sa mort est qu'il termina ses jours en prison ; si tel fut le cas, ce n'est cependant pas à la Bastille puisqu'il n'est pas sur les listes publiées par Frantz Funck-Brentano, *les Lettres de cachet à Paris, étude suivie d'une liste des prisonniers de la Bastille (1659–1789)* (Paris, 1903). Nous remercions Raymonde Litalien des APC pour ses recherches aux AN et T. J. A. Le Goff pour son examen des registres locaux et, en particulier, pour l'établissement de la date du décès de Duvivier. Nous sommes aussi reconnaissants à Christopher Moore d'avoir mis à notre disposition la documentation concernant les relations commerciales de Duvivier avec la Nouvelle-Angleterre.

Il faut remarquer que les études, les documents imprimés et les catalogues d'archives publiés confondent fréquemment les carrières de François Du Pont Duvivier et de son frère Joseph. [T. A. C. et B. P.]

AD, Charente (Angoulême), État civil, Sérignac, 1761, 1763 ; Charente-Maritime (La Rochelle), B, 275, ff.69, 72, 78v. ; 6 113. — AN, Col., A, 2, ff.89–94 ; B, 41, ff.592–596v. ; 86, f.369 ; 92, ff.219v., 253, 461 ; C^{8A}, 17 ; 20 ; 21 ; C^{11A}, 95, f.51 ; 121, f.192 ; C^{11B}, 20, f.304 ; 25, f.83v. ; 26, f.134 ; 29, ff.58v.–59, 106–109v. ; C^{11C}, 12, f.138 ; E, 169 (dossier Duvivier) ; F^{1A}, 35, f.54 ; 95, f.51 ; Section Outre-mer, G^2, 183, f.195 ; 186, f.14, p.135 ; 187, ff.126–127, p.43 ; 188, ff.337–340 ; G^3, 2041/1, 18 nov. 1739, 27 sept. 1751, 4 nov. 1752 ; 2041/2, 8 nov. 1739 ; 2 046/1, 26 juill. 1737 ; 2 046/2, 18 juill. 1742. — Archives maritimes, Port de Rochefort (France), 1E, 124, f.296. — PANS, RG 1, 26 (mfm aux APC). — Knox, *Hist. journal* (Doughty), III : 346. — *NYCD* (O'Callaghan et Fernow), X : 9, 18, 40. — Æ. Fauteux, *Les chevaliers de Saint-Louis*, 141s., 174s., 195. — Crowley, Government and interests, 126–134, 136s., 223s. — Frégault, *François Bigot*. — McLennan, *Louisbourg*. — Rawlyk, *Yankees at Louisbourg*. — Ægidius Fauteux, Les Du Pont de l'Acadie, *BRH*, XLVI (1940) : 225–237, 257–271. — H. A. Innis, Cape Breton and the French régime, SRC *Mémoires*, 3e sér., XXIX (1935), sect. II : 80s. — R. J. Morgan et T. D. MacLean, Social structure and life in Louisbourg, *Canada, an Hist. Magazine* (Toronto), 1 (juin 1974) : 60–77.

DU PONT DUVIVIER, JOSEPH. V. Appendice

DUPRÉ, dit Saint-Georges Dupré, GEORGES-HIPPOLYTE LE COMTE. V. LE COMTE

DUQUESNE (Du Quesne, Duqaine, Duquêne) DE MENNEVILLE, ANGE, marquis DUQUESNE, officier dans la marine et gouverneur général de la Nouvelle-France, né à Toulon, France, vers 1700, troisième fils d'Abraham Duquesne et d'Ursule-Thérèse Possel, décédé à Antony (dép. des Hauts-de-Seine, France), le 17 septembre 1778.

Depuis le début du XVIIe siècle, les Duquesne étaient marins, corsaires, marchands et militaires. De petite noblesse normande, la famille était huguenote, mais Abraham Duquesne accepta, à la suite de la révocation de l'édit de Nantes, d'embrasser la religion catholique et de demeurer dans la marine royale. Il devint chef d'escadre et, pendant plusieurs années, occupa le poste de commandant du port de Toulon, principale base navale française de l'époque. A son exemple, quatre de ses fils se firent marins.

Pour sa part, Ange Duquesne de Menneville entra très jeune dans la marine ; en 1713, il servait comme garde-marine à Toulon. En 1726, il devint enseigne en second et, trois ans plus tard, il eut un premier contact avec le Canada alors qu'il servait sur la flûte *Éléphant*, sous les ordres de Louis-Philippe de Rigaud* de Vaudreuil. Ce navire, qui transportait les frères du capitaine, PIERRE et FRANÇOIS-PIERRE, s'échoua près de l'île aux Grues dans le fleuve Saint-Laurent. Les circonstances de la perte du navire et le pillage de l'épave par les sauveteurs n'aidèrent ni la carrière du commandant, ni celle de Duquesne qui connut alors un ralentissement. Ce dernier n'avait pas la fortune nécessaire pour acheter des commissions. En 1735, lorsqu'il obtint son certificat de catholicité, il fut nommé lieutenant de vaisseau et commanda alors son premier navire, l'*Inconnu*. En 1738, il fut créé chevalier de Saint-Louis et, jusqu'en 1744, il effectua des voyages au long cours.

La guerre de la Succession d'Autriche fournit à Duquesne l'occasion de se faire valoir. Stationné à Toulon, il y fréquentait des personnages qui deviendront influents : Roland-Michel Barrin* de La Galissonière, La Jonquière [Taffanel*] et Louis-Philippe de Rigaud de Vaudreuil, qui faisaient partie, comme lui, de la flotte de Claude-Élisée de Court de La Bruyère. Duquesne se signala contre les Britanniques et les pirates africains. Reconnu pour son dynamisme, il reçut, en 1746, le grade de major et le commandement du port de Toulon. Trois ans plus tard, il abandonna ce poste pour reprendre la mer.

A l'automne de 1751, la cour, à la recherche d'un successeur pour La Jonquière, gouverneur général de la Nouvelle-France, retint la candidature de Duquesne présentée par La Galissonière. Par ce choix, elle assurait la continuité de sa politique coloniale qui visait particulièrement la protection du commerce des fourrures et l'établissement des Français dans la vallée de l'Ohio. Duquesne reçut le titre de marquis, une gratification de 15 000# et des avances totalisant 27 000#. Après plusieurs rencontres avec La Galissonière, il reçut ses instructions écrites le 15 avril 1752. Le roi lui demandait de veiller tout spécialement à assurer l'intégrité territoriale de l'Empire français d'Amérique. Il devait, en particulier, chasser les marchands britanniques de la vallée de l'Ohio et pacifier les nations indiennes hostiles depuis la rébellion de 1747 [V. Orontony*]. Le ministre Rouillé lui enjoignit de s'en remettre à l'abbé LE LOUTRE en ce qui concernait l'Acadie. Il lui désigna Chouaguen (ou Oswego ; aujourd'hui Oswego, New York) comme une place à prendre si les Britanniques donnaient quelque raison de représailles à la France. Finalement, il lui demanda d'aider l'intendant BIGOT à restreindre les dépenses qu'entraînait le Canada. Ces instructions – largement inspirées par La Galissonière – ne contenaient cependant pas de méthodes d'action précises.

Le marquis Duquesne débarqua à Québec, le 1er juillet 1752, à la surprise générale. En effet, le baron Charles Le Moyne* de Longueuil assurait l'intérim depuis le décès du gouverneur La Jonquière, le 17 mars 1752, et, comme on ignorait que le remplacement de La Jonquière était déjà prévu, on croyait attendre longtemps la nomination d'un nouveau gouverneur. En peu de temps, Duquesne s'attira l'animosité des coloniaux. Il entreprit d'abord de mettre de la discipline dans les troupes et les milices par des revues, des inspections et un entraînement qui s'ajoutèrent à l'enrôlement de plusieurs Canadiens.

En octobre 1752, les Canadiens apprirent que Duquesne, malgré les protestations des officiers, allait lancer une expédition militaire sous les ordres de Paul Marin* de La Malgue pour occuper la vallée de l'Ohio. Marin allait commander un détachement de 2 000 hommes presque essentiellement composé de Blancs, comme l'avait exigé la cour qui désirait que la France, et non ses alliés indiens, s'opposât aux marchands britanniques. Pendant l'hiver de 1752–1753, Duquesne s'attacha à lever et équiper son armée. Il réglementa avec Bigot la vente des denrées en provenance de Louisbourg, île Royale (île du Cap-Breton), et de la Nouvelle-Angleterre. Son dessein original était simple : Marin devait emprunter la route suivie par Pierre-Joseph Céloron* de

Blainville en 1749 et établir une série de forts. L'expédition de 1753–1754 rencontra des difficultés énormes et se solda par un demi-échec [V. Paul Marin de La Malgue], causant ainsi un grave préjudice à Duquesne. Le ministre de la Marine lui reprochait d'avoir manqué de prudence et surtout d'avoir choisi Marin, qui n'était pas le plus ancien des officiers du Canada. Bigot, pour sa part, dénonçait l'appareil que Duquesne avait utilisé, le jugeant trop coûteux pour régler un petit problème. Enfin, Mgr de Pontbriand [Dubreil*], évêque de Québec, avait demandé, dès l'été de 1753, l'abandon de l'expédition. Duquesne parvint cependant à convaincre Rouillé qu'il n'avait pu agir autrement dans les circonstances, et non seulement resta-t-il en charge de la Nouvelle-France, malgré ses détracteurs, mais il prépara une nouvelle expédition.

Duquesne était conscient qu'il devait agir tôt au printemps ; en effet, George Washington, envoyé du gouverneur de la Virginie, avait sommé Jacques Legardeur* de Saint-Pierre, remplaçant de Marin, de quitter le fort de la rivière au Bœuf (Waterford, Pennsylvanie). Duquesne chargea Claude-Pierre PÉCAUDY de Contrecœur de cette expédition ; ce dernier délogea le petit groupe de marchands britanniques et entreprit sans délai la construction du fort Duquesne (Pittsburgh, Pennsylvanie).

A la suite de la victoire de Louis Coulon* de Villiers, le 3 juillet 1754, au fort Necessity (près de Farmington, Pennsylvanie), qui entraîna la capitulation de Washington, Duquesne put clamer sa réussite. Conscient, cependant, des graves erreurs commises dans la vallée de l'Ohio, il émettait de sérieuses réserves quant à la clause de la capitulation interdisant la vallée aux Américains pour une année seulement. Ayant fait parvenir au ministre sa version de l'affaire et le journal de Washington, Duquesne, satisfait du déroulement des événements, demanda son rappel, en octobre 1754.

Duquesne apprit pendant l'hiver de 1754–1755 que les Britanniques préparaient une riposte mais, tout en lui certifiant qu'ils n'en feraient rien, le ministre Machault l'avait prévenu du départ d'Edward Braddock pour l'Amérique, à titre de commandant des forces armées. Duquesne prit donc les dispositions pour renforcer le fort Duquesne et les postes annexes, tôt au printemps. Il concentra de nouveau ses forces pour défendre la frontière sud-ouest, même s'il connaissait les mouvements des Britanniques du côté de l'Acadie et de New York. En cela, il s'en tenait à ses instructions de ne rien faire en Acadie et au lac Champlain. De plus, il savait que son successeur arriverait avec des renforts pour le Canada et Louisbourg. C'est pourquoi il confia la défense du centre aux milices, porta ses forces disponibles à l'Ouest et laissa la garde de l'Est à Louisbourg. C'était la tactique idéale pour un homme qui sous-estimait les talents militaires des Américains et qui allait être relevé.

En effet, Pierre de Rigaud de Vaudreuil débarqua à Québec, le 24 juin 1755, en l'absence de Duquesne qui ne tarda pas à revenir de Montréal. Vaudreuil ne se priva pas de critiquer les actes de Duquesne : il présenta un sombre tableau de la colonie épuisée par la dure campagne de l'Ohio, blâma Duquesne d'avoir concentré tous ses efforts dans cette région, délaissant les autres secteurs dont les forts et les postes étaient délabrés au moment où les Britanniques préparaient une offensive générale. Toutes ces critiques étaient fondées, mais la responsabilité n'incombait pas seulement à Duquesne, la cour ayant rejeté tous ses projets de réparation des défenses par souci d'économie. Vaudreuil et Duquesne ne collaborèrent pas et s'affrontèrent quelque temps. Duquesne s'embarqua pour la France, outragé de l'attitude de Vaudreuil.

En France, Duquesne s'expliqua avec le ministre de la Marine qui se montra satisfait, d'autant plus qu'en Amérique Braddock venait d'être taillé en pièces. Seul le fort Beauséjour (près de Sackville, Nouveau-Brunswick) était tombé [V. Robert MONCKTON], mais Duquesne en rejeta la responsabilité sur Le Loutre. Il fut largement récompensé pour ses services au Canada : on lui accorda une quittance pour les 27 000# d'avance prises en 1752 et on le consulta sur les affaires canadiennes – il semble avoir rencontré Montcalm* avant le départ de ce dernier.

Duquesne reprit sa carrière active dans la marine. Nommé inspecteur général des côtes de France en avril 1756, il prit, le 23 juin de l'année suivante, le commandement par intérim de la flotte de Toulon et participa à des engagements mineurs jusqu'en 1758. Défait au cours d'un engagement avec un escadron britannique commandé par Henry OSBORN, Duquesne perdit son navire, le *Foudroyant*, fut fait prisonnier et amené en Angleterre. Le ministre Choiseul se montra dur avec lui, mais le roi le lava de tout blâme et lui accorda une pension de 3 000#. Cette défaite mit cependant en cause sa carrière active. On connaît peu de chose de ses activités subséquentes, si ce n'est qu'en 1763 le roi le fit commandeur de l'ordre de Saint-Louis.

On fixa la retraite définitive de Duquesne au 8 avril 1776. Même s'il ne fut pas nommé lieutenant général de la Marine, à cause de la perte du *Foudroyant*, on lui accorda, eu égard à ses 20 campagnes, la continuation de ses honoraires de chef d'escadre et le titre honorifique de lieutenant général des forces navales. Le 4 décembre 1776,

Duquesne faisait part à la cour de son intention de ne plus visiter les ports, vu son âge avancé. Il passa ses derniers jours dans l'une ou l'autre de ses résidences de Paris et d'Antony. N'ayant aucune progéniture à sa mort en septembre 1778, il laissa sa fortune, évaluée à 200 000#, à ses neveux, nièces et serviteurs.

La carrière de Duquesne fut très active : il servit et combattit avec dynamisme. Pendant son séjour en Nouvelle-France, cet homme, autoritaire, fier mais obéissant, fut impopulaire. On dit que Bigot lui-même le craignait. Faisant passer sa mission « spéciale » avant tout, il exécuta sa tâche avec détermination, intransigeance et autorité. Préalablement averti que l'occupation militaire de la vallée de l'Ohio déplairait à plusieurs, parce que l'économie coloniale ne pouvait supporter une telle ponction de main-d'œuvre et de produits, il se méfiait des coloniaux, et ces derniers ne l'apprécièrent pas. Seules les recommandations à la clémence et à la prudence de Rouillé et de Machault adoucirent son comportement envers des soldats crasseux, des miliciens indisciplinés, des officiers insolents et des marchands sans attache profonde pour la mère patrie.

PIERRE-L. CÔTÉ

AN, Col., B, 95 ; 96 ; 97 ; 99 ; C[11A], 99 ; 100. — Bégon, Correspondance (Bonnault), ANQ *Rapport*, 1934–1935, 271. — *Coll. des manuscrits de Lévis* (Casgrain), VII. — Doreil, Lettres (A. Roy), ANQ *Rapport*, 1944–1945. — *Papiers Contrecœur* (Grenier), 15, 96–98, 117–119, 223s. — W. L. Clowes, *The Royal Navy ; a history from the earliest times to the present* (7 vol., Londres, 1897–1903), III : 189s. — C. W. Dahlinger, *The Marquis Duquesne, Sieur de Menneville, founder of the city of Pittsburgh* (Pittsburgh, Pa., 1932). — Frégault, *François Bigot*, II. — Régis Roy, Le gouverneur Du Quesne, *BRH*, XII (1906) : 53.

DUSOURDY, LOUIS-NICOLAS LANDRIAUX, dit. V. LANDRIAUX

DU TREMBLAY, FRANÇOIS GAULTIER. V. GAULTIER

DUVIVIER, FRANÇOIS DU PONT. V. DU PONT

DUVIVIER, JOSEPH DU PONT. V. DU PONT [Appendice]

DYADEROWANE. V. OTTROWANA

E

EAGLESON, JOHN, ministre protestant, né en Ulster ; le 16 août 1781, il épousa Sophia Augusta Pernette, et ils eurent au moins deux filles ; *circa* 1765–1790.

John Eagleson arriva dans le canton de Cumberland, en Nouvelle-Écosse, vers 1765, en qualité de missionnaire presbytérien. Par ses talents, il attira bientôt l'attention d'hommes influents de cette province et, en 1767, le lieutenant-gouverneur Michæl FRANCKLIN, le juge en chef Jonathan BELCHER, le secrétaire provincial Richard BULKELEY et le révérend John BREYNTON, *rector* de l'église St Paul de Halifax, le recommandèrent aux autorités de Londres pour qu'il fût réordonné dans l'Église d'Angleterre. Sur les raisons qui motivaient Eagleson à demander ce changement, on en est réduit aux conjectures. Sa vie ultérieure montre qu'il était capable d'agir par conviction, mais il y avait de réels avantages financiers, politiques et sociaux à appartenir à l'Église établie, et, en tout cas, une personnalité comme celle d'Eagleson, sensible à la bonne chère comme à la bonne société, se sentit probablement attirée vers elle. Quelles que fussent ses raisons, il fut ordonné en Angleterre par l'évêque de Londres, en 1768, et retourna en Nouvelle-Écosse, sous l'égide de la Society for the Propagation of the Gospel, à la fin de juin, cette même année.

Au lieu de se diriger vers Cumberland, comme il s'y attendait, Eagleson fut d'abord envoyé pour un certain temps à l'île Saint-Jean (Île-du-Prince-Édouard), puis dans le canton de Cornwallis, en Nouvelle-Écosse. De retour à Cumberland en 1770, il devint le premier ministre permanent de l'Église d'Angleterre dans cette région et le premier aumônier du fort Cumberland (près de Sackville, Nouveau-Brunswick) depuis la Conquête. Il semble avoir mis la main, non sans procédures judiciaires, sur les terres bénéficiales précédemment détenues par un ministre dissident, Caleb Gannett ; en sa qualité d'aumônier de la garnison, il avait probablement accès, également, aux quartiers du fort. Pendant 20 ans, il desservit la région voisine du fort, y assurant les services d'un maître d'école et formant des congrégations dans plusieurs districts éloignés. Il fit aussi quelques randonnées en remontant la rivière Petitcodiac et fit occasionnellement des voyages dans la vallée d'Annapolis et à Halifax. En 1773, il dirigea une mission à l'île Saint-Jean, étant le premier ministre protestant à visiter cette colonie depuis qu'elle avait acquis son propre gouvernement en 1769. Il combattit l'action des missionnaires dissidents dans Cumberland et, une fois, il fut à l'origine d'une intervention de l'armée dans une assemblée présidée par William Black*. Il semble avoir été populaire tant auprès de ses paroissiens que de la garnison, mais, apparemment, il commençait à abuser de l'alcool.

En 1776, pendant la rébellion locale menée par Jonathan Eddy*, Eagleson fut fait prisonnier et transporté à Boston. Il s'échappa au bout de 16 mois pour retourner à Cumberland où il trouva sa propriété presque entièrement détruite. Tout au cours de la Révolution américaine, il se considéra comme une cible pour les rebelles dans la région de Cumberland et, craignant d'être emprisonné de nouveau, il s'enfuit à Halifax en 1781. Il se maria cette année-là dans la région de Windsor et, en 1782, à son retour à Cumberland, il acheta une ferme près du fort. Il semble s'être installé alors dans un mode de vie beaucoup plus routinier. En 1788, cependant, des plaintes relatives à l'usage qu'il faisait des boissons et aux effets que cela avait sur son ministère furent portées jusqu'à l'évêque Charles Inglis*. Après une enquête qui dura plusieurs mois, Inglis démit Eagleson de ses fonctions sacerdotales en juin 1790, pour ivrognerie et incompétence.

Malade mentalement au moins par périodes, Eagleson paraît avoir passé ses dernières années à l'écart de sa famille. Il alla vivre avec une famille Siddall, près de ce qui est aujourd'hui Oxford, en Nouvelle-Écosse. En juillet 1811, sa veuve convola avec Hallet Collins, de Liverpool.

GERTRUDE TRATT

Archives privées, Seth Bartling (Liverpool, N.-É.), R. J. Long, The annals of Liverpool and Queen's County, 1760–1867 (1926) (copie dactylographiée à la Dalhousie University Library, Halifax ; mfm aux PANS). — Cumberland County Registry of Deeds (Amherst, N.-É.), Book D, p.49 (mfm aux PANS). — PANS, MG 4, n° 100, folder 12 (notes du chanoine E. A. Harris sur la famille Pernette). — St Paul's Anglican Church (Halifax), Registers for Windsor-Falmouth-Newport, 1774–1795, 16 août 1781 (mfm aux PANS). — University of King's College Library (Halifax), P. S. Hamilton, History of the county of Cumberland (copie dactylographiée, 1880) (copie aux PANS). — USPG, B, 25, n°s 118, 119, 121, 123, 126, 127, 135, 146, 147, 152, 158, 182, 186, 231 ; C/CAN/NS, 2, n°s 110, 111 (mfm aux PANS). — APC *Rapport*, 1913, app. I. — M. W. Armstrong, *The Great Awakening in Nova Scotia, 1776–1809* (Hartford, Conn., 1948). — A. W. [H.] Eaton, *The Church of England in Nova Scotia and the Tory clergy of the revolution* (New York, 1891). — I. F. Mackinnon, *Settlements and churches in Nova Scotia, 1749–1776* ([Montréal, 1930]). — C. F. Pascoe, *Two hundred years of the S.P.G.* [...] (2 vol., Londres, 1901). — C. W. Vernon, *Bicentenary sketches and early days of the church in Nova Scotia* (Halifax, 1910). — W. B. Kerr, The American invasion of Nova Scotia, 1776–7, *Canadian Defence Quarterly* (Ottawa), XIII (1935–1936) : 433–455. — *Saint John Globe* (Saint-Jean, N.-B.), 17 nov. 1923. — E. M. Saunders, The life and times of the Rev. John Wiswall, M.A., a loyalist clergyman in New England and Nova Scotia, 1731–1821, N.S. Hist. Soc., *Coll.*, XIII (1908) : 1–73.

EDWARDS, RICHARD, officier de marine et gouverneur de Terre-Neuve, né vers 1715, décédé le 3 février 1795 à Fordwich, comté de Kent, Angleterre.

On a souvent confondu ce Richard Edwards avec un homonyme qui fut, lui aussi, officier de marine et gouverneur de Terre-Neuve. En 1740, Edwards fut nommé lieutenant dans la marine royale. En 1753, il était capitaine et commandait le navire *Assistance*. Quatre ans plus tard, durant la guerre de Sept Ans, il remplaça Richard Dorrill* au poste de gouverneur de Terre-Neuve. Au cours de son mandat, la flotte sous son commandement s'employa activement à capturer des vaisseaux français ; ces prises rapportaient de gros bénéfices au personnel de la marine et aux fonctionnaires locaux. Il mit sur pied – ou plus exactement, peut-être, il ressuscita – des unités de milice chargées de défendre la colonie contre une éventuelle attaque des Français. Il devait aussi, pour protéger l'île, surveiller attentivement le groupe de plus en plus nombreux des Irlandais sans ressources, dont la loyauté était mise en doute. Tout comme Dorrill, il avait une piètre opinion de ces pauvres gens, mais il ne se conforma pas à l'ordre donné par son prédécesseur de renvoyer tous les voyageurs en Angleterre, à la fin de la saison de la pêche.

En 1760, Edwards céda son poste de gouverneur à James Webb*. En 1778, s'étant joint à la flotte de l'amiral Augustus Keppel, il prit part à la bataille d'Ouessant, au large des côtes de la Bretagne, en tant que commandant du vaisseau *Sandwich*. L'année suivante, il fut fait contre-amiral de l'escadre bleue et nommé une seconde fois gouverneur de Terre-Neuve, en remplacement du vice-amiral John Montagu. Cette fois encore, Edwards dut s'occuper principalement de la défense de l'île. Des corsaires américains croisaient en grand nombre au large des côtes [V. Jeremiah COGHLAN] et plusieurs furent capturés par l'escadre d'Edwards. En mai 1780, grâce aux efforts de l'ingénieur en chef Robert PRINGLE, Edwards avait recruté un groupe d'environ 400 hommes, les Newfoundland Volunteers, en vue d'assurer la protection de l'île. Ces volontaires se dispersèrent parce que le gouvernement de la métropole refusait d'approuver toutes les clauses de leur engagement, et, en septembre, Edwards autorisa la levée d'une unité d'infanterie provinciale, le Newfoundland Regiment. En outre, il fit construire ou réparer des batteries en vue d'assurer la défense de plusieurs endroits qui, dans le voisinage de St John's, étaient vulnérables à une attaque venant de la mer. Puisque le commerce avec la Nouvelle-Angleterre et les Antilles avait été interrompu, en plus de ces préparatifs de défense, il se consacra à la tâche de réunir les approvisionnements nécessaires aux habitants de l'île et aux nombreux voyageurs qui passaient par là chaque année.

Dans l'exercice de ses fonctions, Edwards connut des difficultés d'ordre juridictionnel. Bien qu'ils ne fussent autorisés qu'à entendre les appels concernant les causes en matière civile, Edwards et ses représentants, en pratique, jugeaient les affaires civiles et criminelles dès 1780. Cette situation, dans une large mesure, découlait du statut particulier de Terre-Neuve, où les pouvoirs juridictionnels n'étaient pas clairement définis, et elle dura aussi longtemps que tous voulurent bien accepter les jugements rendus. L'opposition, à laquelle il fallait s'attendre, survint en 1780, alors qu'un groupe de marchands d'Exeter refusèrent de se soumettre à une décision et intentèrent un procès au gouverneur. Finalement, l'affaire fut réglée par arbitrage, mais elle avait mis en lumière les lacunes de l'administration civile dans l'île. Ce système continua néanmoins d'exister bien après qu'Edwards eut quitté Terre-Neuve.

En avril 1782, par suite de la démission de lord North, premier ministre britannique, Edwards abandonna son poste de gouverneur et fut remplacé par John CAMPBELL. Il fut promu vice-amiral de l'escadre blanche en février 1787, et, l'année suivante, il fut nommé commandant en chef des mouillages de Medway et de Nore. Sa nomination au poste d'amiral de l'escadre bleue, en 1794, marqua la dernière étape de sa carrière.

FREDERIC F. THOMPSON

Metropolitan Toronto Library, Richard Edwards letterbooks, 1779–1781. — Charnock, *Biographia navalis*, VI : 105. — A. H. McLintock, *The establishment of constitutional government in Newfoundland, 1783–1832 : a study of retarded colonisation* (Londres et New York, [1941]), 59–62. — G. W. L. Nicholson, *The fighting Newfoundlander ; a history of the Royal Newfoundland Regiment* (St John's, [1964]). — Paul O'Neill, *The story of St. John's, Newfoundland* (2 vol., Erin, Ontario, 1975–1976), I : *The oldest city*, 95s., 137s. — Charles Pedley, *The history of Newfoundland from the earliest times to the year 1860* (Londres, 1863), 130, 136. — Prowse, *History of Nfld.* (1895), 349–351.

EGUSHWA (Agashawa, Augooshaway, Negushwa), chef de guerre outaouais, né vers 1730, probablement dans la région de la rivière Détroit, décédé vers 1800 dans le sud-est du Michigan.

Egushwa, qui avait la réputation de s'être battu dans sa jeunesse du côté des Français contre les Anglais, perça parmi les Indiens de la rivière Détroit dans les années 1770 comme un des successeurs de Pondiac* auquel il était, semble-t-il, apparenté. Bien qu'il fît d'abord sa marque comme chef de guerre et fût inscrit comme tel à un conseil tenu à Détroit en juin 1778, il allait devenir l'un des orateurs les plus en vue sur toutes les questions touchant la cause des Outaouais, des Sauteux, des Potéouatamis et, parfois, des Wyandots des alentours. En 1778, il était le principal chef indien au sein de l'expédition de Henry HAMILTON contre Vincennes (Indiana), dont les habitants s'étaient déclarés en faveur des rebelles. Il conseilla Hamilton, servit d'agent de liaison entre ce dernier et les autres chefs et conduisit des détachements d'éclaireurs dans le pays environnant. Plus tard au cours de la Révolution américaine, il accompagna probablement le capitaine Henry Bird dans une expédition au Kentucky, en 1780.

Vers la fin des années 1780, le pouvoir et l'influence d'Egushwa s'étendaient dans toute la région de la rivière Détroit, dans le sud du Michigan et dans le territoire situé au sud du lac Érié. Il était en rapport avec des Indiens de l'Ohio, convertis par les frères moraves. Pendant la révolution, ces Indiens avaient d'abord été arrachés de force à leurs villages par les Britanniques et, par la suite, les Américains leur étaient tombés dessus [V. GLIKHIKAN]. Il les assura qu'ils se trouvaient en sécurité dans leur nouveau village de New Salem (12 milles environ au sud de Sandusky, Ohio). Le missionnaire David Zeisberger* souligna qu'Egushwa détenait l'autorité dans la région et que les questions les plus importantes lui étaient réservées. A Détroit, en 1790, le chef était l'un des signataires à un traité par lequel les Outaouais, les Sauteux, les Potéouatamis et les Wyandots cédaient aux Britanniques des terres dans la région qui forme à présent le sud-ouest de l'Ontario.

Bien qu'à la fin de la Révolution américaine la Grande-Bretagne ait accepté de se retirer du pays situé au sud des Grands Lacs, elle n'en avait rien fait, espérant qu'avec son encouragement les Indiens de l'Ohio seraient capables de s'opposer à la progression du peuplement américain. Les Américains, cependant, étaient déterminés à imposer leur autorité sur la région. Egushwa contribua à organiser la résistance indienne à l'avance américaine vers l'autre rive de la rivière Ohio. Il était particulièrement actif à l'époque de l'expédition du major général Anthony Wayne, en 1793 et en 1794, adressant des messages aux Sauteux, aux Potéouatamis et aux Outaouais les encourageant à s'assembler sur la rivière des Miamis (Maumee) pour aider à contenir les forces américaines. Parlant et agissant au nom de ces tribus, il fut l'un des chefs les plus en vue parmi ceux qui s'assemblèrent, avec leurs guerriers, pour bloquer l'avance de Wayne. Il se battit contre les Américains à la bataille de Fallen Timbers (près de Waterville, Ohio) en août 1794, où les Indiens, laissés à eux-mêmes par les Britanniques des environs, furent défaits. Le lieutenant-gouverneur Simcoe*, du Haut-Canada, parla de lui comme de « ce grand chef et solide ami des Britanniques ».

Egushwa se rétablit d'une grave blessure à la tête reçue pendant la bataille et, dans le milieu des années 1790, il vivait dans la région de la rivière Raisin (Michigan). Tard au printemps de 1795, il se rendit à Greenville (Ohio) pour y négocier avec Wayne. Il prit la parole au conseil et signa le traité de Greenville, qui remettait aux Américains la plus grande partie de l'Ohio actuel. A son retour à la rivière Raisin, il envoya à l'agent britannique des Affaires indiennes, Alexander McKee, la copie du traité et la grosse médaille de la paix que lui avait donnée Wayne.

Egushwa mourut dans le sud-est du Michigan vers 1800. Selon le trafiquant Pierre Navarre, son frère Nodowance était lui aussi chef de guerre, et un autre de ses frères, Flat Button, était un guerrier.

REGINALD HORSMAN

Correspondence of Lieut. Governor Simcoe (Cruikshank), II : 8, 126–129, 189, 195, 224, 233, 345, 396 ; III : 19, 274, 292, 325 ; IV : 26, 71, 92s., 304 ; V : 130. — [L. C. Draper], Biographical field notes of Dr. Lyman C. Draper : Toledo and vicinity, 1836–1866, Hist. Soc. of Northwestern Ohio, *Quarterly Bull.* (Toledo), 5 (1933), n° 4 : items 82, 142, 151. — É.-U., Congress, *American state papers : documents, legislative and executive, of the Congress of the United States* [...] (38 vol., Washington, 1832–1861), class II, vol. [1] : 566. — *Frontier defense on the upper Ohio, 1777–1778* [...], R. G. Thwaites et L. P. Kellogg, édit. (Madison, Wis., 1912 ; réimpr., Millwood, N.Y., 1973). — *Henry Hamilton and George Rogers Clark in the American revolution, with the unpublished journal of Lieut. Gov. Henry Hamilton*, J. D. Barnhart, édit. (Crawfordsville, Ind., 1951). — *Indian affairs : laws and treaties*, C. J. Kappler, compil. (5 vol., Washington, 1904–1941 ; réimpr., New York, 1971), II : 44. — *Michigan Pioneer Coll.*, IX (1886) : 442, 483 ; X (1886) : 394 ; XX (1892) : 350. — [David Zeisberger], *Diary of David Zeisberger, a Moravian missionary among the Indians of Ohio*, E. F. Bliss, trad. et édit. (2 vol., Cincinnati, Ohio, 1885), I : 437s. ; II : 26s., 39s., 83s., 154. — R. F. Bauman, Pontiac's successor : the Ottawa Au-goosh-away (E Gouch-e-ouay), *Northwest Ohio Quarterly* (Toledo), XXVI (1954) : 8–38.

ELLICE, ROBERT, marchand et trafiquant de fourrures, né en 1747, probablement à Auchterless (Kirktown of Auchterless, Grampian), Écosse, troisième fils de William Ellice, de Knockleith, et de Mary Simpson, de Gartly, décédé en 1790, probablement à Montréal.

Robert Ellice était le fils d'un meunier prospère qui, avant sa mort survenue en 1756, avait fait instruire quelque peu ses enfants et qui leur laissa peut-être un modeste héritage. En 1765, les cinq frères Ellice émigrèrent, de leur ferme familiale de l'Aberdeenshire, en Amérique, laissant leur mère et leurs deux sœurs au pays. Ils se rendirent jusqu'à Schenectady, New York, petit centre agricole et commercial situé sur la « frontière ». L'aîné, Alexander*, s'associa à John Duncan et à James Phyn, deux marchands locaux, en 1766. Duncan avait participé activement à la traite des fourrures dans la région de la vallée de la Mohawk, du fort Niagara (près de Youngstown, New York) et de Détroit ; ses nouveaux associés étendirent, avec détermination, leurs affaires aux grains et aux marchandises générales. Après la retraite de Duncan, en 1767, la compagnie, désormais connue sous le nom de Phyn, Ellice and Company, s'installa dans des locaux plus grands. Ses affaires prospérèrent et, à l'automne de 1768, Robert Ellice fut intégré dans la compagnie. Des ententes commerciales additionnelles, dont une association avec John Porteous, marchand faisant affaire à partir de Montréal, furent effectuées à Détroit, Albany, New York, Montréal, Londres et Bristol. Ces ententes reflétaient l'accroissement du volume des affaires, mais elles représentaient aussi une attitude délibérée devant les difficultés croissantes opposant les colonies américaines et la Grande-Bretagne. La compagnie savait que les marchands de Montréal n'étaient pas tombés sous le coup des accords restreignant les importations, en vigueur dans les colonies américaines à la fin des années 1760, et, dès 1770, les associés passèrent des ententes pour importer les marchandises de traite destinées au marché intérieur et pour écouler leurs fourrures via la province de Québec.

Comme complément à son activité relative à la traite des fourrures, la compagnie rechercha et obtint, à la fin des années 1760, des contrats du gouvernement pour la fourniture de marchandises et de provisions de bouche aux postes militaires des Grands Lacs, en particulier Détroit et Michillimakinac (Mackinaw City, Michigan). Elle obtint aussi des contrats du département des Affaires indiennes pour la fourniture de présents destinés aux Indiens. En plus de se révéler tout à fait lucratifs, ces contrats aidèrent à assurer l'accès aux régions situées au delà de ces postes ; et la firme Phyn, Ellice and Company achemina ses propres marchandises avec les marchandises officielles. On maintint ces contrats tout au cours de la Révolution américaine et, très vraisemblablement, jusqu'à l'évacuation par les Britanniques des postes de la frontière, en 1796.

En 1774, prévoyant la continuation des conflits entre la Grande-Bretagne et ses colonies américaines, James Phyn ouvrit un bureau à Londres, pendant qu'Alexander Ellice en ouvrait un à Montréal. On convertit la plupart des avoirs de la compagnie en argent liquide et en lettres de change, et on les mit en sécurité en Angleterre. A la fin de 1775, les avoirs restant dans la colonie de New York furent transférés à James Ellice, autre associé de la compagnie, qui protégea les intérêts de l'entreprise à Schenectady pendant et après la Révolution américaine. Il semble que Robert Ellice resta aussi dans la colonie de New York, car en 1776, même s'il prêta serment d'allégeance à l'État, on lui ordonna de rebrousser chemin au fort Stanwix (Rome, New York), alors qu'il allait de Schenectady vers l'intérieur pour récupérer des sommes dues à la compagnie. Il s'embarqua à New York le 11 septembre 1778 et rejoignit Alexander à Montréal, où l'ouverture des hostilités avait offert aux marchands de nouvelles occasions, sous la forme de contrats avec l'armée britannique pour la fourniture de provisions de bouche et de marchandises diverses.

En 1779, l'entreprise de Montréal devint la Robert Ellice and Company, dirigée conjointement par Ellice et John Forsyth*. En achetant au comptant les biens de l'entreprise de Graverat et Visgar, de Détroit, plutôt que de recourir à des transactions régulières fondées sur des clauses contractuelles, Ellice put jouer personnellement un rôle de premier plan dans l'expansion de la traite dans les régions sud et ouest des Grands Lacs et, ultérieurement, dans les territoires situés au delà du lac Supérieur. John Richardson* était entré chez les frères Ellice comme apprenti en 1774, et à la mort de Robert, en 1790, l'entreprise fut réorganisée sous la raison sociale de Forsyth, Richardson and Company ; cette société, liée à la maison Ellice de Londres, devint par la suite partie de la XY Company. En 1787, Robert Ellice devint aussi l'un des associés de la compagnie londonienne, connue depuis cette année-là sous la raison sociale de Phyn, Ellices, and Inglis. Grâce à cet entrecroisement d'associations, renforcé par des liens de parenté, les frères Ellice fournirent une importante portion des marchandises de traite destinées à l'intérieur des terres (négociant avec les premiers trafiquants de la North West Company, tels Peter Pond*, Simon McTavish* et Benjamin Frobisher), jouèrent le rôle d'intermédiaires dans les factoreries et écoulèrent les fourrures en Europe. Ils possédaient des navires tant sur les Grands Lacs que sur l'Atlantique et ils acquirent de grandes propriétés foncières en Amérique du Nord. Les raisons de leurs succès furent la hardiesse de leurs conceptions, leur sens de l'à-propos, le soin apporté à leur comptabilité et leur perspicacité dans les questions financières. Même si la mort prématurée de Robert l'empêcha d'y prendre sa part, la famille Ellice accumula une fortune considérable, dont le rôle, dans les débuts du commerce canadien, ne fut pas négligeable.

James M. Colthart

BL, Landsdowne mss LXXII, ff.455–458. — National Library of Scotland (Édimbourg), Dept. of Manuscripts, mss 15 113 ; 15 115, f.1 ; 15 118, ff.1–12 ; 15 125, ff.82–99 ; 15 130, ff.1–76 ; 15 131, ff.1–177 ; 15 135 ; 15 138 ; 15 176, ff.75ss ; 15 193, f.33. — PRO, BT 6/190 ; CO 47/80–82. — J. M. Colthart, Edward Ellice and North America (thèse de ph.d., Princeton University, N.J., 1971). — R. H. Fleming, Phyn, Ellice and Company of Schenectady, *Contributions to Canadian Economics* (Toronto), IV (1932) : 7–41. — H. A. Innis, The North West Company, *CHR*, VIII (1927) : 308–321. — W. S. Wallace, Forsyth, Richardson and Company in the fur trade, SRC *Mémoires*, 3e sér., XXXIV (1940), sect. ii : 187–194.

ERMATINGER (Ermintinger, Armitinger), LAWRENCE, marchand, baptisé le 29 octobre 1736 à Schaffhouse, Suisse, fils de Laurenz Ermatinger, armurier, et d'Anna Maria Buhl, décédé le 6 octobre 1789 à Montréal.

Lawrence Ermatinger, associé de la maison Trye and Ermatinger, marchands de Londres, arriva à Montréal peu après la Conquête et se lança rapidement dans le commerce. Sa première transaction commerciale enregistrée à Montréal date du 16 février 1762. Le 15 octobre 1763, il signa un contrat de trois ans avec Forrest Oakes. A l'expiration de ce contrat, Ermatinger continua de livrer des marchandises à Oakes ainsi qu'à d'autres sociétés pour leurs entreprises de traite des fourrures. Il envoyait ces produits à Michillimakinac (Mackinaw City, Michigan) et à Grand Portage (près de Grand Portage, Minnesota). Il faisait également office d'agent pour le transport des marchandises et des passagers à destination de l'Angleterre.

En 1767, l'associé d'Ermatinger, James Trye, mourut en Angleterre, et Ermatinger s'efforça vainement de régler les affaires de la société. Il se vit contraint de retourner en Angleterre en novembre 1769 et de se déclarer failli mais il réussit à sauver une partie de son commerce et, avec l'aide d'amis et de créanciers, revint à Montréal en juin 1770. Il loua une maison, aménagea son magasin pour faire le commerce de détail et fit débarquer sa marchandise. Le 10 juillet 1770, le feu détruisit sa maison et ses bureaux ; cependant, grâce aux produits qu'il put récupérer et aux autres qui n'étaient pas arrivés au moment de l'incendie, il reprit son commerce. Son installation brûla de nouveau le 19 novembre 1772. Le 7 novembre 1774, Ermatinger acheta une maison, rue Saint-Paul, qu'il assura pour £400 à Londres et qu'il voulut rendre à l'épreuve du feu au moyen de plaques de fer importées d'Angleterre. Pendant l'occupation de Montréal (1775–1776), l'administrateur américain de la ville ordonna l'arrestation d'Ermatinger et de neuf autres défenseurs notoires de la couronne, lorsqu'il apprit la défaite du général de brigade Richard MONTGOMERY à Québec. Cet acte arbitraire souleva de fortes protestations de la part des Montréalais, et les prisonniers furent relâchés. Ermatinger se vit forcé de mettre sa marchandise en dépôt et de s'en aller à la campagne pour éviter les Américains. Il subit des pertes financières mais se trouva bientôt mêlé au commerce de fournitures militaires à l'armée britannique.

Malgré ses revers, Ermatinger s'arrangea pour continuer ses activités dans la traite des fourrures. Son nom apparaît régulièrement sur la liste des bénéficiaires de congés de traite, de 1769 à 1778. On le retrouve engagé dans le financement d'associations comme celle de Forrest Oakes et de Charles Boyer. En 1779, une compagnie éphémère fut constituée, la North West Company, regroupant neuf sociétés différentes détenant au total 16 actions ; l'une des actions appartenait à Oakes and Company, société aux mains d'Ermatinger et de Forrest Oakes.

Ermatinger remplit aussi les fonctions d'agent de plusieurs négociants londoniens pendant presque toute sa carrière de marchand à Montréal. Il tenait ses commettants au courant de l'état du marché canadien et, grâce à ces conseils, on lui envoyait la marchandise en dépôt. Il la vendait et achetait des chargements à expédier en Angleterre ou à envoyer directement à un marché étranger. Il recevait parfois des directives quant à ce qu'il fallait faire des produits mais ses commettants se fiaient généralement à son bon sens pour l'achat et la vente. Tout en étant agent, Ermatinger travaillait aussi parfois à commission pour des marchands de Londres ; il fit également du commerce à son propre compte. Avant 1773, il importait des marchandises pour son commerce directement des fabricants anglais mais, à cause de leurs multiples irrégularités, il estima plus profitable de payer une commission et que tout son approvisionnement fût expédié par un seul établissement.

La prospérité d'Ermatinger ne dura pas. Il accumula de grosses dettes et, en août 1783, dut donner en garantie tous ses biens immobiliers et personnels à une maison de négociants londoniens. Il fut obligé de vendre le terrain et la maison de la rue Saint-Paul. De 1783 à sa mort, Ermatinger ne fit plus partie de la vie commerçante de Montréal. Il mourut intestat le 6 octobre 1789.

Au cours de sa vie active, Ermatinger avait fait partie du groupe des marchands anglais qui cherchèrent à profiter du commerce canadien après la Conquête et qui constituèrent des comités, rédigèrent des pétitions, adoptèrent des propositions et, de façon générale, s'efforcèrent d'influencer la situation politique et économique du Canada. Il fut également l'un des premiers membres d'une organisation maçonnique à Montréal, avec le beau-frère de sa femme, Edward William Gray*.

Quelques années après son arrivée au Canada, Ermatinger avait épousé Jemima Oakes, la sœur de Forrest. Ils eurent huit enfants dont Frederick William*, shérif de Montréal et l'un des premiers administrateurs de la Banque de Montréal, Charles Oakes*, trafiquant de fourrures, et Lawrence Edward, commissaire général adjoint de l'armée britannique.

M. MOMRYK

ANQ-M, État civil, Anglicans, Christ Church (Montréal), 8 oct. 1789 ; Greffe d'E. W. Gray, 18 août 1783 ; Greffe de J. A. Gray, 25 août 1809. — APC, MG 19, A2, sér. 1, 1, 3 ; sér. 3, 31, 63, 192, 193, 199, 201, 203 ; sér. 4, 1 ; MG 30, D1, 12 ; RG 4, B28, 24s. — PRO, B 4/20, f.11 ; B 6/4, f.66. — *Docs. relating to NWC* (Wallace). — *La Gazette de Québec*, 20 juin, 25 juill. 1765, 16 mars 1767, 23 juill., 3 déc. 1772, 9 sept. 1779, 25 sept. 1783. — E. H. Capp, *The story of Baw-a-ting, being the annals of Sault Sainte Marie* (Sault-Sainte-Marie, Ont., 1904 ; réimpr., 1907). — Isabel Craig, Economic conditions in Canada, 1763–1783 (thèse de M.A., McGill University, Montréal, 1937). — D. B. Miquelon, The Baby family in the trade of Canada, 1750–1820 (thèse de M.A., Carleton University, Ottawa, [1966]). — A. S. Morton, Forrest Oakes, Charles Boyer, Joseph Fulton, and Peter Pangman in the north-west, 1765–1793, SRC *Mémoires*, 3e sér., XXXI (1937), sect. II : 87–100.

ESGLY (Esglis), LOUIS-PHILIPPE MARIAUCHAU D'. V. MARIAUCHAU

ESTÈBE, GUILLAUME, négociant, entrepreneur, garde-magasin, membre du Conseil supérieur, seigneur, né en 1701 dans la paroisse Sainte-Trinité de Gourbit (dép. de l'Ariège, France), fils d'Arnaud (Armand) Estèbe et d'Élisabeth Garde, décédé probablement en France, après 1779.

Fils de marchand, Guillaume Estèbe était déjà en relation avec certains négociants français avant de s'embarquer pour la colonie. Il se trouve à Québec en 1729, en tant que marchand forain, porteur d'une procuration d'un négociant de La Rochelle, Joseph-Simon Desherbert de Lapointe. Peut-être retourne-t-il en France peu après mais, décidé à s'établir au Canada, il épouse, le 8 novembre 1733 à Beaumont, près de Québec, Élisabeth-Cécile, fille du marchand Étienne Thibierge. Les avoirs de 5 000# qu'il déclare dans son contrat de mariage, le douaire de 3 000# qu'il consent à son épouse et la qualité des témoins présents chez le notaire Jacques Barbel* permettent de croire que Guillaume Estèbe jouit déjà d'une certaine fortune et qu'il s'est rapidement créé des relations. Parmi les témoins au mariage se trouvent Jean Crespin, membre du Conseil supérieur et colonel de milice, dont Estèbe sera d'ailleurs l'exécuteur testamentaire deux ans plus tard, Louis-Jean Poulin* de Courval, procureur du roi, et Nicolas BOISSEAU, notaire et greffier de la Prévôté de Québec.

Au cours des années qui suivent, Estèbe poursuit simultanément diverses activités. En 1737, il achète une maison, rue Saint-Pierre, qu'il revend 30 000# en 1750 à Jean-Baptiste Amiot* (1717–1769). Il fait construire une autre maison dans la même rue en 1752 par Nicolas Dasilva*, dit Portugais, et la cède au munitionnaire général, Joseph-Michel CADET, pour la somme de 50 000# en 1757. En 1743, il obtient une première concession, la seigneurie de Sabrevois, sur le Richelieu, concession qu'il fait annuler l'année suivante, ayant appris que cette terre « ne valait rien ». En 1744, il se fait concéder la seigneurie de La Gauchetière, sur les bords du lac Champlain, et devient propriétaire en 1753 de l'arrière-fief de la Mistanguienne, dépendant de la seigneurie de Notre-Dame-des-Anges, qu'il revend quatre ans plus tard au garde-magasin François-Joseph de VIENNE.

Estèbe acquiert en 1739 des intérêts dans l'exploitation des pêcheries de phoque sur la côte du Labrador en s'associant à Jean-Baptiste Pommereau*, qui avait obtenu une concession à Gros Mécatina l'année précédente. Il y conserve ses intérêts après la mort de Pommereau en 1742 [V. Joseph-Michel LEGARDEUR de Croisille et de Montesson]. En 1740, il forme une société avec Henri-Albert de Saint-Vincent pour l'exploitation de la concession de Petit Mécatina, qui jouxtait celle de Gros Mécatina, et obtient en 1748, avec Jacques-Michel BRÉARD, une autre concession dans cette région. Cette concession n'est d'ailleurs pas la seule entreprise dans laquelle Bréard et Estèbe s'associèrent : sans compter le rôle de chargé d'affaires qu'Estèbe joua auprès de Bréard, les deux hommes ont été des éléments importants de la célèbre clique de l'intendant BIGOT.

Avant l'arrivée de Bigot dans la colonie, Estèbe s'était déjà fait une place au sein de l'administration coloniale. Dès 1736 il était nommé conseiller au Conseil supérieur et, lorsqu'il démissionne de ce poste avant son départ pour la France, il est nommé par le roi, le 1er février 1758, conseiller honoraire, honneur qui ne fut accordé en Nouvelle-France qu'à lui et à François Daine*. Il avait obtenu en outre, en 1740, le poste de garde-magasin du roi à Québec. L'intendant HOCQUART reconnaissait d'ailleurs sa compétence dans plusieurs domaines. En 1741, après l'effondrement de la compagnie formée par François-Étienne Cugnet* pour exploiter les forges du Saint-Maurice, Hocquart nomme Estèbe son subdélégué pour reprendre en main la direction de l'établissement. Estèbe se rend sur place à l'automne et dresse un inventaire complet des forges. C'est encore lui qui est choisi par l'intendant pour remplacer le commissaire de la Marine lorsque l'on décide, au début de 1744, de procéder à une estimation des forges. Cette même année, Hocquart lui confie, à deux reprises, la tâche de se rendre sur la côte de Beaupré et à l'île d'Orléans afin d'acheter ou d'emprunter aux habitants le blé et la farine nécessaires à la subsistance des troupes et des habitants de Québec et des troupes de l'île Royale (île du Cap-Breton).

C'est certainement au cours des dix dernières années de son séjour en Nouvelle-France, pendant l'intendance de Bigot, que Guillaume Estèbe amasse la plus grande partie de sa fortune ; après la Conquête, au moment de l'Affaire du Canada, il avoue lui-même avoir quitté la colonie avec près de 250 000#, ce qui est fort probablement au-dessous de la vérité. L'auteur anonyme du « Mémoire du Canada » évalue pour sa part cette fortune à 1 800 000#. Les liens qu'a Estèbe avec Bigot et certains membres de son entourage, notamment Bréard et Pierre Claverie*, lui permettent de participer à des entreprises commerciales très profitables. Il s'occupe, entre autres, avec Claverie, au début des années 1750, d'un magasin que les autres marchands de Québec surnomment, non sans raison, La Friponne [V. Claverie]. En outre, le poste de garde-magasin qu'Estèbe conserve jusqu'en 1754 le place dans une situation privilégiée pour effectuer, à la demande de Bigot, certaines opérations frauduleuses. Lorsque les navires de la société David Gradis et fils, de Bordeaux, avec laquelle Bigot est associé, arrivent à Québec, Estèbe déclare au bureau du Domaine d'Occident que la cargaison de ces navires est pour le compte du roi. Cet artifice permet d'éviter de payer les droits d'entrée, qui sont en vigueur depuis 1749.

Étant en France lorsque l'Affaire du Canada se déclare en 1761, Estèbe est incarcéré à la Bastille avec les autres membres de l'administration coloniale accusés de malversations. Au cours du procès qu'il subit au Châtelet, il est accusé, entre autres, d'avoir fait des gains illégitimes grâce à la survente de marchandises que les sociétés dans lesquelles il était intéressé avaient fournies au magasin du roi, d'avoir fourni à l'île Royale des vivres achetés au prix fort au nom du roi et d'avoir eu des intérêts dans les vaisseaux frétés au nom du roi qui faisaient le cabotage sur le fleuve ou qui transportaient des marchandises en Acadie. Le jugement rendu le 10 décembre 1763 le condamnait à être admonesté en la chambre du conseil, à verser une aumône de 6# et à restituer 30 000#.

Cette condamnation ne semble pas avoir eu d'effet sur la carrière administrative d'Estèbe. Il occupe, semble-t-il, pendant plus de 20 ans après son retour en France le poste de secrétaire du roi à la chancellerie de Bordeaux. En 1779, Estèbe demande que les lettres d'honneur de son emploi à Bordeaux soient enregistrées au Conseil supérieur de Saint-Domingue (île d'Haïti) où il désire aller rejoindre une partie de sa famille ; ce transfert lui est refusé sous prétexte qu'il n'y réside pas lui-même. On perd sa trace par la suite.

FRANCINE BARRY

AN, Col., E, 172 (dossier Estèbe). — ANQ-M, Greffe de F.-M. Lepallieur de Laferté, 9 mars 1737. — ANQ-Q, AP-G-322, 61ss ; Greffe de Jacques Barbel, 6 nov. 1733 ; NF 12, 16, cahier 8, pp.6s. ; cahier 10, pp.57s. — APC *Rapport*, 1887, cciii. — *Inv. de pièces du Labrador* (P.-G. Roy), I : 83s., 88s. ; II : 11–16, 20–45, 50–57, 61, 66. — Mémoire du Canada, ANQ *Rapport*, 1924–1925, 134, 197s. — Marion, *Dict. des instit.* — J.-E. Roy, *Rapport sur les archives de France*, 870, 874, 881. — P.-G. Roy, *Inv. concessions*, I : 23s. ; IV : 252, 271s. ; *Inv. jug. et délib., 1717–1760, passim* ; *Inv. ord. int.*, II : 304 ; III : 16s., 57, 59s., 62. — Tanguay, *Dictionnaire*. — Frégault, *François Bigot*. — P.-G. Roy, *Bigot et sa bande*, 59–65. — Tessier, *Les forges Saint-Maurice*, 74–85. — J.-E. Roy, Les conseillers au Conseil souverain de la Nouvelle-France, *BRH*, I (1895) : 180, 183. — P.-G. Roy, Le sieur Guillaume Estèbe, *BRH*, LII (1946) : 195–207.

F

FELTZ (Felx, Fels, Felts), CHARLES-ELEMY- JOSEPH -ALEXANDRE-FERDINAND, chirurgien-major né en Allemagne vers 1710, fils du docteur Elemy-Victor Feltz et de Marie-Ursule Mouthe, décédé à Blois, France, ou dans les environs, le 9 mars 1776.

C'est avec le titre de recrue que Charles-Elemy-Joseph-Alexandre-Ferdinand Feltz débarque en Nouvelle-France en 1738. Sans doute possédait-il déjà une certaine expérience comme chirurgien puisque les religieuses de l'Hôtel-Dieu de Montréal le choisissent « pour avoir soin des habitants malades dans leur hôpital ». Appelé à Québec au mois de septembre 1740, il succède à Michel Bertier* comme chirurgien de l'Hôtel-Dieu et chirurgien-major de la ville. Le gouverneur Beauharnois* espère lui obtenir d'une façon permanente ce dernier titre, mais les autorités métropolitaines nomment plutôt Antoine Briault. La chance allait cependant lui sourire. Joseph Benoist, chirurgien-major de Montréal, devenu vieux et paralytique, renonce à exercer sa profession et Feltz obtient ce poste avec l'appui de l'intendant HOCQUART. C'est avec le brevet de chirurgien-major qu'il revient à Montréal au début du mois d'août 1742.

La situation matérielle du chirurgien s'améliore rapidement. Il emménage bientôt dans sa propre maison, rue Notre-Dame, puis peu après acquiert une seconde propriété avec jardin et verger, au faubourg d'Ailleboust. Il achète, faubourg Saint-Laurent, une terre qu'il subdivise en plusieurs lots ; il en revend une vingtaine entre 1754 et 1759. Tous ces « placements » rapportent de bons dividendes et Feltz réalise d'autres profits par des transactions similaires dans le fief de La Gauchetière, près de Montréal. Les revenus tirés de ces ventes lui permettent d'acheter, de Jean Le Ber de Senneville, les deux tiers du fief de l'île Saint-Paul (île des Sœurs), le 11 août 1758.

L'exercice de sa profession lui permet d'arrondir son pécule. Chaque année, on lui verse 1 008 livres tournois comme chirurgien-major de Montréal et 300 « pour ses Courses et Voyages pour traiter les Sauvages ». A titre de chirurgien de l'Hôtel-Dieu de Montréal jusqu'en 1760 et de l'Hôpital Général de 1747 à 1766, Feltz reçoit régulièrement des honoraires de ces établissements. Il tire également des revenus du commerce des médicaments. Dans son cabinet de travail il conserve pour plus de 1 000# de remèdes, parmi lesquels on trouve de la « poudre divine », du vitriol et la fameuse thériaque, véritable panacée à l'époque. La guerre de Sept Ans insuffle un nouvel élan à ce commerce déjà fort lucratif.

Ferdinand Feltz mène un train de vie conforme à sa fortune. Il a une domestique et possède des esclaves ; il en aura dix alors que ses confrères les plus à l'aise se contentent de deux et même d'un seul. Il fréquente les notables. Mme Bégon [Rocbert*] le rencontre à des réceptions réunissant les « honnêtes gens » de la ville. Il reçoit chez lui, pour le jour des Rois, Charles Le Moyne* de Longueuil et Jean-Victor VARIN de La Marre, et c'est dans sa demeure que François-Pierre de RIGAUD de Vaudreuil trouve refuge après une querelle avec son frère le gouverneur Vaudreuil [RIGAUD]. Mère d'Youville [DUFROST] lui accorde sa confiance et son amitié.

Feltz avait épousé à Québec, le 4 novembre 1741, Marie-Ursule, fille de François Aubert* de La Chesnaye. Ce mariage avait sans doute facilité son accession à la petite société montréalaise. Son second mariage à Lachine, le 16 février 1757, avec Cécile Gosselin, veuve du négociant Charles-Dominique Douaire de Bondy, crée de nouveaux liens qui lui sont aussi profitables.

La compétence de Feltz comme chirurgien et médecin est appréciée par son entourage. Il soigne plusieurs personnalités de la « haute société » coloniale. Mme Bégon, parfois sceptique devant ses diagnostics, avoue ne pas croire à toutes ses « charades », ce qui ne l'empêche pas d'avoir recours à ses soins. Comme la majorité des gens de sa profession, Feltz utilise fréquemment saignées et lavements. Parfois ses traitements sont moins conventionnels ; ainsi, c'est avec des crapauds qu'il tente de soulager mère d'Youville d'une plaie au genou. Mais ce qui devait le plus contribuer à sa renommée fut sa recette pour guérir les chancres, secret dont héritent, après son départ, les chirurgiens Louis-Nicolas LANDRIAUX et Pierre-Joseph Compain*. Enfin, on fait appel à sa sagesse dans le choix des nourrices pour les « enfants trouvés » et c'est encore à lui qu'on s'adresse pour juger des réclamations de certains de ses confrères.

Feltz, qui avait reçu ses « lettres de naturalité » le 3 février 1758, songe à partir pour la France après la Conquête, mais les autorités métropolitaines lui ordonnent de rester dans la colonie pour soigner les soldats malades et blessés, hospitalisés à Montréal. Au mois de juin 1766, le gouverneur MURRAY lui accorde un certificat reconnaissant ses services, et à la fin d'août il quitte définitivement le pays. En France, il continue d'exercer sa profession dans la région de Blois jusqu'à son décès, dix ans plus tard.

Cet homme au caractère jovial, qui aimait à l'occasion s'amuser des travers de ses concitoyens, a su atteindre une prospérité matérielle à laquelle peu de gens de sa profession ont pu accéder, grâce à des alliances matrimoniales heureuses et à ses qualités d'habile praticien et d'homme d'affaires. Dans les annales médicales du Régime français, Ferdinand Feltz demeure l'une des figures les plus intéressantes.

GILLES JANSON

AMHDQ, Corr., Anciennes mères, Brouillon de lettre de sœur Geneviève Duplessis de l'Enfant-Jésus à M. de Laporte, 20 oct. 1751 ; Brouillon de lettre s.d. et sans destinataire (vers 1751) ; Registre des malades, V : 37, 61, 71. — AN, Col., B, 74, pp.160s., 243s., 253–255 ; 76, pp.172s. ; 107, pp.89–91 (copies aux APC) ; 113, f.194v. ; C[11A], 73, ff.54–55 ; 75, ff.101, 317–318 ; 77, f.14 ; 79, f.355 ; E, 26 (dossier Benoist), 181 (dossier Feltz). — ANQ-M, Doc. jud., Registres des audiences pour la juridiction de Montréal, 15 mars, 13 sept. 1748, 7 mars 1750, 23 mars 1751, 18 avril 1755 ; État civil, Catholiques, Notre-Dame de Montréal, 3 oct. 1756, 16 févr. 1757, 13 mai 1758 ; Greffe d'Henri Bouron, 21 mars 1750, 5 juin 1751 ; Greffe de L.-C. Danré de Blanzy, 16 nov. 1742, 13 août 1743, 14, 20 sept., 24 nov., 19 déc. 1754, 21, 25 févr., 10 mars 1755, 19, 29 juin, 3 sept., 9, 20, 30 oct., 17 nov. 1756, 15, 16 févr., 29 avril, 11, 14, 15 mai 1757, 28 avril, 3, 17 juin, 11, 16, 19, 21, 23 août 1758, 29 avril, 10 mai, 16 août, 29 sept. 1759, 1er avril, 17 sept. 1760 ; Greffe de P.-F. Mézière, 15 oct. 1764 ; Greffe de C.-C.-J. Porlier, 3 avril 1743 ; Greffe de François Simonnet, 7 mai 1748. — ANQ-Q, Greffe de J.-N. Pinguet de Vaucour, 2 nov. 1741. — Archives générales des Religieuses hospitalières de Saint-Joseph (Montréal), Registre des recettes et dépenses de l'Hôtel-Dieu de Montréal, 1743–1783. — ASGM, Ancien journal ; Corr. générale, nº 6 ; Maison mère, Historique, Médecins ; Maison mère, MY/D ; Mémoire de mère Élisabeth McMullen ; Registre des recettes et dépenses, II. — ASSM, 1M1.62, 940. — AUM, P58, Doc. divers, G2, 2 juill. 1748. — Bégon, Correspondance (Bonnault), ANQ *Rapport*, 1934–1935, 193s., 197, 207, 209, 215, 250. — *Coll. des manuscrits de Lévis* (Casgrain), VII : 515 ; IX : 17s., 62 ; X : 91s. — *Édits ord.* (1854–1856), II :

395s. — *Monseigneur de Lauberivière, cinquième évêque de Québec, 1739–1740*, Cyprien Tanguay, édit. (Montréal, 1885), 133–137, 143–146. — [M.-A. Regnard Duplessis, dite de Sainte-Hélène], Lettres de mère Marie-Andrée Duplessis de Sainte-Hélène, supérieure des hospitalières de l'Hôtel-Dieu de Québec, A.-L. Leymarie, édit., *Nova Francia* (Paris), V (1930) : 249s., 359–361, 368–370. — [C.-M.-M. d'Youville], La vie de madame Youville, fondatrice des Sœurs de la Charité à Montréal, ANQ *Rapport*, 1924–1925, 367. — *La Gazette de Québec*, 23 juill. 1767. — M.-J. et G. Ahern, *Notes pour l'hist. de la médecine*. — Albertine Ferland-Angers, *Mère d'Youville, vénérable Marie-Marguerite Du Frost de Lajemmerais, veuve d'Youville, 1701–1771 ; fondatrice des Sœurs de la Charité de l'Hôpital-Général de Montréal, dites sœurs grises* (Montréal, 1945), 180, 190, 218, 235–239, 241, 244–247, 255s., 259. — M. Trudel, *L'esclavage au Canada français*. — Henri Têtu, M. Jean-Félix Récher, curé de Québec, et son journal, 1757–1760, *BRH*, IX (1903) : 300.

FERNÁNDEZ Y MARTÍNEZ DE LA SIERRA, ESTEBAN JOSÉ MARTÍNEZ. V. MARTÍNEZ

FIEDMONT, LOUIS-THOMAS JACAU DE. V. JACAU

FILLIS, JOHN, homme d'affaires, fonctionnaire, né vers 1724 à Boston, fils de John Fillis, décédé le 16 juillet 1792 à Halifax.

Fils d'un prospère charretier de Boston, John Fillis arriva en Nouvelle-Écosse vers 1751. Possédant un assez gros capital, semble-t-il, il fonda à Halifax une florissante entreprise de transport maritime ; au moment où éclata la Révolution américaine, il avait une filiale à Boston. En versant une guinée par mois au fonds de secours des indigents, il eut droit à une licence qui l'autorisait à vendre des boissons alcooliques à Halifax et, en 1752, il mit sur pied une distillerie. Fillis et Joshua MAUGER eurent le monopole de la vente en gros du rhum dans la province et il leur arriva souvent de se concerter en vue de protéger leurs intérêts communs. En 1767, par exemple, lorsque le gouverneur, lord William CAMPBELL, appuya un projet de loi visant à réduire les droits d'accise sur les spiritueux importés et à augmenter la taxe sur ceux que l'on fabriquait sur place, Fillis et l'agent de Mauger, John BUTLER, protestèrent auprès du Board of Trade. Ils furent soutenus à Londres par Mauger et d'autres marchands britanniques qui avaient des intérêts en Nouvelle-Écosse. Campbell reçut bientôt l'ordre de rétablir les anciens taux. Au cours des trois décennies qui suivirent la fondation de Halifax, la demande de rhum provoquée par l'arrivée dans la province d'un grand nombre d'immigrants venus d'Europe, de Grande-Bretagne et de la Nouvelle-Angleterre assura la fortune de Fillis et de Mauger. Comme de nombreux habitants de la Nouvelle-Écosse, Fillis investit de fortes sommes dans les terrains et acquit des propriétés dans les localités de Halifax, Grand-Pré, Cornwallis, Horton (Wolfville), Granville et l'actuel Bridgetown. Quand il mourut, ses biens étaient estimés à près de £30 000.

La haute considération dont Fillis jouissait auprès de ses concitoyens lui valut d'occuper un siège à la première chambre d'Assemblée en 1758. Dix ans plus tard, il succéda à Benjamin GERRISH comme député du comté de Halifax et il conserva ce siège jusqu'en 1770. A la cinquième législature (1770–1785), il remplaça Richard GIBBONS en tant que représentant du canton de Barrington, et, en 1784, il se vit offrir le poste de président de la chambre mais il refusa cet honneur. De 1785 jusqu'à son décès, il représenta le canton de Halifax. Il semble qu'il joua un rôle actif dans la société de Halifax. On le nomma juge de paix en 1771 ; il fut aussi un membre éminent de l'église Mather (St Matthew).

Comme plusieurs autres Néo-Écossais originaires de la Nouvelle-Angleterre, Fillis se trouva confronté à un dilemme lorsque les relations entre la Grande-Bretagne et les colonies américaines, dans les années 1760 et 1770, devinrent de plus en plus tendues. A l'été de 1774, le Conseil de la Nouvelle-Écosse recommanda que Fillis et William Smith, qui était lui aussi marchand et juge de paix, fussent destitués de leurs fonctions pour s'être opposés au déchargement dans le port de Halifax d'une cargaison de thé de l'East India Company. Les deux hommes furent associés à un autre geste de rébellion, à savoir l'incendie d'une certaine quantité de foin qui devait être expédiée aux troupes britanniques à Boston. Des rumeurs concernant leurs tendances révolutionnaires furent propagées par les rebelles en Nouvelle-Angleterre et elles finirent par arriver aux oreilles du lieutenant général Thomas GAGE. En juin 1775, très inquiets, Fillis et Smith recoururent à l'Assemblée pour faire reconnaître leur innocence, et, au cours du mois, la chambre adopta une résolution attestant leur loyauté. C'est en partie pour rétablir sa réputation dans la province que Fillis devint l'un des dirigeants d'une campagne menée par les députés en 1775–1776 et qui permit d'obtenir le rappel du gouverneur Francis LEGGE. Cette opposition de Fillis au gouverneur peut également s'expliquer par le fait qu'un comité, mis sur pied par Legge en vue d'examiner les comptes de la province, l'avait accusé de concussion.

Dissident, propriétaire foncier, marchand et homme politique, Fillis fut l'un des plus énergiques émigrés de la Nouvelle-Angleterre à s'implanter solidement en Nouvelle-Écosse. Il se maria deux fois, d'abord avec Elizabeth Stoddard, à Boston le 24 décembre 1747, puis avec Sarah Cleveland (née Rudduck), à Halifax, le 19 octobre 1756. Il fut le père de dix enfants, semble-t-il, dont quatre moururent probablement en bas âge. Son fils John devint un gros marchand de Halifax.

A. A. MACKENZIE

PANS, MS file, Fillis family docs. ; MG 9, n°s 1, 4, 109. — PRO, CO 217/22. — St Paul's Anglican Church (Halifax), Registers of baptisms, burials, and marriages. — *Royal Gazette and the Nova-Scotia Advertiser*, 17 juill. 1792. — *Directory of N.S. MLAs*. — Brebner, *Neutral Yankees*. — *Acadian Recorder* (Halifax), 29 mai 1926. — A merchant of the early days of Halifax..., *Maritime Merchant* (Halifax), XLIV (1935–1936), n° 19 : 49, 86. — J. F. Smith, John Fillis, MLA, *Nova Scotia Hist. Quarterly* (Halifax), 1 (1971) : 307–323. — *Yarmouth Herald* (Yarmouth, N.-É.), 8 mai 1928.

FLAMAND (Flamant), JACQUES DEGUISE, dit. V. DEGUISE

FLETCHER, ROBERT, imprimeur et marchand, *circa* 1766–1785.

Les premières années de la vie de Robert Fletcher sont restées obscures. Il naquit vraisemblablement à Londres où il exerça probablement le métier d'imprimeur avant sa venue à Halifax au début de l'été de 1766. Il apportait avec lui une presse à imprimer neuve, de même qu'un important approvisionnement de livres et de papeterie, ce qui lui permit d'ouvrir immédiatement boutique. Jusqu'à cette époque, Anthony HENRY avait détenu le monopole des travaux d'imprimerie du gouvernement, mais il avait encouru la disgrâce des autorités pour avoir critiqué la loi du Timbre de 1765. Il est bien possible que Fletcher ait été invité et encouragé par les fonctionnaires locaux à immigrer en Nouvelle-Écosse, avec la perspective alléchante de la clientèle du gouvernement. Le 15 août 1766, il publia le premier numéro de son journal, la *Nova-Scotia Gazette*, un hebdomadaire semi-officiel de quatre pages (une seule feuille pliée) qui succéda immédiatement à la *Halifax Gazette* de Henry.

Vers la fin de 1766, Fletcher imprima sa première édition du *Journal and notes of the House of Assembly for the province of Nova Scotia*, pour laquelle il demanda au gouvernement £18 16 shillings 4 pence. Entre temps, il avait obtenu le contrat d'impression de la première édition révisée des lois de la province, l'entente prévoyant qu'il fournirait 200 exemplaires pour le prix de £180. *The perpetual acts of the General Assemblies of His Majesty's province of Nova Scotia*, que l'on connaît aujourd'hui sous le nom d'édition Belcher, à cause des annotations qu'y porta le juge en chef Jonathan BELCHER, furent compilés par John Duport et publiés par Fletcher le 13 mai 1767.

Fletcher démontrait une aptitude certaine pour l'imprimerie, mais, malheureusement, son activité paraît avoir été restreinte aux seuls contrats gouvernementaux, bien qu'il annonçât des travaux de tout genre « exécutés de la manière la plus rapide, la plus soignée et la plus correcte ». Sa composition et sa disposition typographiques régulières contrastent nettement avec la manière imparfaite et plutôt flamboyante d'Anthony Henry. En 1770, néanmoins, soit pour des raisons financières ou parce qu'il y avait perdu tout intérêt, il consentit, semble-t-il, à abandonner le domaine de l'imprimerie à Henry, qui avait commencé de publier en 1769 un journal concurrent. Le dernier numéro de la *Nova-Scotia Gazette* ayant paru le 30 août 1770, Fletcher vendit sa presse à John Boyle, de Boston, et dès lors se consacra exclusivement à sa librairie, l'une des premières au Canada. Cependant, il semble n'avoir pas gardé rancune à Henry puisque, pendant les quelques années qui suivirent, il annonça abondamment sa marchandise dans les colonnes de la *Nova-Scotia and the Weekly Chronicle* de ce dernier. En 1772, Fletcher étendit son commerce de manière à y inclure une grande variété d'approvisionnements, et, selon toute apparence, il traversa de fréquentes crises financières. En 1780, il forma le projet de quitter la province, mais n'y donna pas suite. En janvier 1782, il fit faillite : son stock et ses biens personnels furent vendus aux enchères publiques. Pendant trois autres années, néanmoins, il continua de tenir boutique, mais on ne trouve plus trace de lui après l'automne de 1785.

Même si l'on connaît peu de chose de la vie personnelle de Fletcher, il paraît avoir joui d'une certaine considération dans la communauté, ayant été marguillier de l'église anglicane St Paul en 1775 et agent des propriétaires fonciers absentéistes. Comme imprimeur, sa compétence est indiscutable, et c'est dommage qu'il ait abandonné son métier pour une activité moins créatrice. Sa première édition révisée des lois de la Nouvelle-Écosse, volume de quelque 200 pages, peut être considérée aujourd'hui comme la première publication gouvernementale d'un format respectable au Canada.

SHIRLEY B. ELLIOTT

En autant qu'on puisse en être assuré, il n'existe pas au Canada aujourd'hui de copies originales de la *Nova-Scotia Gazette* de Fletcher. La Mass. Hist. Soc. et la New York Public Library possèdent de petites collections de séries interrompues, mais la majeure partie du journal a disparu. [S. B. E.]

PANS, RG 1, 212, p.213. — N.-É., House of Assembly, *Journal*, oct.–nov. 1766, 47, 77. — *Nova-Scotia Gazette* (Halifax), 26 nov. 1767. — *Nova-Scotia Gazette and the Weekly Chronicle*, 7 mai 1771, 1er sept., 10 nov. 1772, 26 janv., 22 juin, 28 déc. 1773, 24 oct. 1775, 23 mai, 21 nov. 1780, 8 mai 1781, 22 janv., 19 févr., 9 juill. 1782, 24 févr., 27 mai 1783, 25 mai 1784, 25 janv., 4 oct. 1785. — Tremaine, *Bibliography of Canadian imprints*. — R. V. Harris, *The Church of Saint Paul in Halifax, Nova Scotia : 1749–1949* (Toronto, 1949). — Isaiah Thomas, *The history of printing in America, with a biography of printers, and an account of newspapers* [...] (2e éd., 2 vol., Albany, N.Y., 1874 ; réimpr., New York, 1972). — J. J. Stewart, Early journalism in Nova Scotia, N.S. Hist. Soc., *Coll.*, VI (1888) : 91–122.

FLEURY DESCHAMBAULT, JOSEPH (il signait **Déchambault** ou **D'echambault**), fonctionnaire et marchand, né le 1er mai 1709 à Québec, deuxième fils de Joseph de Fleury* de La Gorgendière et de Claire Jolliet ; il épousa le 19 janvier 1738 Catherine, fille d'Étienne Veron* de Grandmesnil, marchand et receveur de l'amiral de France, et six de leurs neuf enfants parvinrent à l'âge adulte ; décédé le 13 juillet 1784, à Montréal.

On ne sait rien des débuts de la vie et de la carrière de Joseph Fleury Deschambault, mais en 1736 il était à Montréal, comme receveur de la Compagnie des Indes. Son père était l'agent de cette compagnie au Canada, et lui-même occupera ce poste dès 1754. Avant 1751, les fonctions de Deschambault, au sein de la compagnie, s'étendaient, semble-t-il, au financement ou à la détermination des marges de crédit de nombreux trafiquants et commerçants, dont Paul Marin* de La Malgue, Louis Ducharme, Louis-François Hervieux* et François-Marie de Couagne. Il contribuait par conséquent, et d'une façon significative, bien qu'indirectement, au secteur canadien de l'économie coloniale. Sa position à cet égard était telle que Mme Bégon [Rocbert*], en mentionnant sa présence en France en 1751, parle de lui comme du « député du Commerce de Canada ».

Deschambault participait aussi, depuis au moins le début des années 1740, à des entreprises privées dans le domaine de la traite des fourrures, comme associé, fournisseur de marchandises ou financier. Au cours des années 1750, il étendit ses opérations ; il détenait des congés de traite pour le lac des Deux-Montagnes, le lac Huron, la rivière Saint-Joseph et Michillimakinac (Mackinaw City, Michigan). A ce dernier poste, il possédait une « maison et emplacement » qu'il louait pour la somme de 1 300# annuellement. Il semble avoir mis sur pied la plupart de ses entreprises conjointement avec des associés comme Jacques Giasson, Nicolas Dufresne et Jacques Hervieux, tous grands fournisseurs de marchandises de traite à Montréal. Toutefois, Deschambault paraît s'être lancé seul dans son aventure la plus coûteuse. Se laissant persuader par son oncle par alliance, le gouverneur général Vaudreuil [Rigaud], il acquit en 1758, pour six ans, les droits de traite à Chagouamigon (près d'Ashland, Wisconsin), à Michipicoton (rivière Michipicoten, Ontario) et à Kaministiquia (Thunder Bay, Ontario). Ces postes, bases à partir desquelles Vaudreuil tentait d'acheter les Indiens de l'Ouest pour les empêcher de se joindre aux Britanniques, furent loués à Deschambault à de bonnes conditions, sans droits de ferme à payer. Pour lui, ils représentaient aussi un marché assuré où écouler les marchandises que les commandants militaires des postes distribuaient aux Indiens, à titre de présents. En fait, ces postes, lucratifs en apparence, n'occasionnèrent que des pertes financières ; l'inflation engendrée par la guerre augmenta les coûts de Deschambault bien au delà de ses attentes, la Conquête mit fin prématurément à ses baux, le gouvernement français et certains individus ne payèrent point les marchandises qu'ils avaient reçues de lui, si bien que Deschambault se retrouva avec des comptes impayés s'élevant à plus de 170 000#.

Les affaires brassées par Deschambault contribuèrent à élever son statut social en Nouvelle-France, lequel n'était cependant pas déterminé uniquement par la richesse. En effet, il jouissait de bonnes relations de famille, en particulier parmi les fonctionnaires et les groupes marchands. Ses grands-pères avaient été l'explorateur Louis Jolliet* et le juge Jacques-Alexis Fleury* Deschambault ; ses sœurs s'étaient alliées aux familles Taschereau, Trottier Dufy Desauniers, Marin de La Malgue et Rigaud de Vaudreuil. En 1754, il put accéder plus facilement à la noblesse militaire et seigneuriale, grâce au mariage de sa fille de 13 ans, Marie-Anne-Catherine, à Charles-Jacques, fils de Charles Le Moyne* de Longueuil. Bien qu'il paraisse avoir été d'un caractère suffisant, Deschambault ne l'était peut-être pas plus que les autres membres de la petite noblesse. Il ne faut pas se surprendre, dès lors, qu'il ait cherché des marques de reconnaissance convenables à son état. Dès 1751, il avait soumis des plans pour la réorganisation de la milice et avait demandé le grade de colonel de milice – que son père détenait alors à Québec. Plusieurs gouverneurs généraux appuyèrent successivement ses nombreuses demandes à cet effet ; le ministre de la Marine rejeta néanmoins l'idée de multiplier au Canada les grades de cette importance, de crainte qu'« un habitant qui [...] seroit colonel [pût] aisément aquerir trop de crédit », et suggéra plutôt que Deschambault devînt major. On n'a pas d'indication qu'on lui ait offert ce grade inférieur. Il ne reçut cette forme de reconnaissance que sous le Régime britannique, quand on le nomma inspecteur de la milice en 1775. Mais peut-être Deschambault n'eut-il pas moins, officieusement, quelque « crédit » parmi les habitants ; en 1759 et 1760, chargé de la recherche des grains et du bétail dans la région de Montréal, il s'acquitta avec succès de cette tâche. Mais peut-être dut-il sa réussite davantage à sa capacité de débourser personnellement plus de 200 000#, en argent comptant, qu'à ses autres qualités.

La Conquête apporta un changement considérable dans la nature et l'orientation de l'activité commerciale de Deschambault. La Compagnie des Indes ne jouait plus aucun rôle dans les affaires canadiennes, et le fait que Deschambault lui-même ne participa plus à la traite des fourrures indique peut-être à quel degré il avait confondu ses propres affaires avec celles de la compagnie. De surcroît, une partie indéterminée de ses capitaux en espèces fut d'abord gelée, puis perdue, sous la forme de billets d'ordonnance, pour une valeur de 325 000#, qu'il possédait personnellement à la fin de la guerre, et dont il ne reçut qu'un remboursement partiel. Il plaça ce qui restait de capital, après 1760, ou ce qu'il put emprunter, surtout en rentes viagères en France et dans des propriétés à revenu, dans la région de Montréal principalement, plutôt que dans une activité commerciale à caractère plus spéculatif. Ce type de placement (les propriétés foncières) découle peut-être normalement du fait que, à la fin des années 1750, après la mort de son gendre, Charles-Jacques Le Moyne de Longueuil, Deschambault, nommé curateur de sa fille, eut la responsabilité de gérer la baronnie de Longueuil et la seigneurie de Belœil. Il semble néanmoins avoir considéré sérieusement la possibilité de quitter le Canada, pendant les années 1760. Dès 1763, il tenta de faire vendre les seigneuries de Longueuil et de Belœil, et c'est probablement à cette époque aussi qu'il acheta des rentes viagères en France. En 1765 et 1768–1769, il fit le voyage en France, non seulement pour s'occuper de ses difficultés financières, mais aussi pour rendre visite à ses trois fils, partis après la Conquête.

Mais l'intérêt de Deschambault pour la France diminua, à n'en pas douter, quand les perspectives économiques et sociales s'améliorèrent pour lui au Canada. La distance relativement courte entre les seigneuries de Belœil et de Longueuil et Montréal, la quantité de terres vierges et non concédées qu'elles contenaient, et l'importance grandissante des céréales dans l'économie canadienne sous le Régime britannique, qui augmentait du coup la valeur de ces seigneuries, en faisaient un placement intéressant. Dès 1764, des nouveaux venus comme Moses Hazen* et Gabriel CHRISTIE avaient reçu des concessions de Deschambault. Pendant ses deux décennies de gérance, les seigneuries semblent avoir bien progressé, économiquement parlant – en particulier, il accorda plusieurs centaines de concessions dans celle de Longueuil – mais pas suffisamment, semble-t-il, pour satisfaire David Alexander Grant, le mari de sa petite-fille Marie-Charles-Joseph Le Moyne* de Longueuil, l'héritière des seigneuries. Par décision judiciaire, Grant le remplaça, en 1781, comme curateur. Depuis lors, et jusqu'à sa mort, Deschambault paraît avoir fait peu de chose.

Le changement survenu dans l'activité commerciale de Deschambault peut être attribué directement à la Conquête. Mais Deschambault ne modifia pas ses tentatives pour affirmer et améliorer son statut social – toutes ses filles se marièrent dans la nouvelle élite britannique. Aussi fut-il accusé en France, en 1768, d'être « plus anglais que français » ; et, en 1774, le gouverneur Guy Carleton* écrivait que « lui et sa famille ont toujours été remarquablement aimables envers les Anglais ». Toutefois, toute évaluation de la rapidité ou de la facilité avec lesquelles lui ou d'autres membres de sa classe sociale se sont accommodés au Régime britannique doit tenir compte de la diversité des pressions sociales, politiques et financières qui jouèrent alors.

Deschambault mourut le 13 juillet 1784 et fut enseveli le 15 dans l'église Notre-Dame de Montréal. Sa succession, évaluée à plus de 100 000#, se trouva cependant grevée d'une réclamation de 69 040# de la part d'un des gendres de Deschambault, le juge John Fraser, et peut-être d'autres réclamations concernant le douaire impayé, de 10 000#, de sa fille Thérèse-Josèphe, épouse du major William Dunbar. Quoi qu'il en soit, l'inventaire de ses biens, dressé deux ans après sa mort, montre que Deschambault avait maintenu un style de vie fastueux. Au nombre de ses biens, on relève plusieurs douzaines de fauteuils et un sofa, de nombreux miroirs, petits et grands, une grande quantité d'argenterie, un chandelier en or et en cristal, une table chinoise et six tapis persans. Curieusement, on ne mentionne aucun livre. Tous ces biens se trouvaient dans sa maison de pierres, de 15 pièces, située rue Saint-Paul, à Montréal ; il laissait une autre maison de pierres à Longueuil, la moitié d'un entrepôt à Québec, et des terres dans au moins six seigneuries.

Les historiens ne s'entendent nullement quand il s'agit d'évaluer le rôle de Deschambault : Édouard-Zotique Massicotte* laisse entendre qu'il « devait être le plus grand financier canadien de l'époque », tandis que Robert La Roque* de Roquebrune le place « parmi les petits boutiquiers de Québec ». Il semble avoir eu peu de chose en commun avec la bourgeoisie qui s'affirmait de plus en plus en Grande-Bretagne et en France, car il paraît avoir considéré le pouvoir comme un attribut du statut social conféré par la naissance plutôt que par la richesse acquise. Mais, tant qu'une étude n'aura pas jeté plus de lumière sur le milieu social dans lequel vécut Deschambault, il peut être perçu soit comme une importante figure du monde des affaires et de la bourgeoisie, soit comme un membre sans grande importance de la noblesse canadienne, à l'esprit commercial mais faisant effort pour s'élever dans l'échelle sociale.

ANDREW RODGER

Les greffes de Jean-Baptiste Adhémar*, Henri Bouron, François-Pierre CHERRIER, Louis-Claude Danré* de Blanzy, Antoine GRISÉ, Pierre Lalanne, Pierre-François Mézière, Claude-Cyprien-Jacques Porlier et François SIMONNET, déposés aux ANQ-M, renferment près de 500 actes concernant Fleury Deschambault ; les greffes de Danré de Blanzy, Grisé, Lalanne et Porlier sont particulièrement intéressants. [A. R.]

AN, Col., B, 93, f.29 ; 105, f.13 ; C[11A], 95, ff.341–351 ; 100, f.90 ; 102, f.182 ; E, 185 (dossier Deschambault). — ANQ-M, État civil, Catholiques, Notre-Dame de Montréal, 15 juill. 1784 ; Greffe d'Antoine Foucher, 27 juill. 1786 ; Recensement, Compagnie des Indes, 1741. — ANQ-Q, AP-P-545 ; Greffe de Claude Barolet, 12 avril 1750, 24 mai 1752, 1er mai 1758 ; Greffe de J.-N. Pinguet de Vaucour, 17 janv. 1738 ; NF 2, 24, 16 oct. 1736 ; 35, 27 mars 1778 ; NF 11, 51, ff.32v.–33 ; 52, ff.131v.–132v. ; 64, f.137v. — APC, MG 8, F51 ; MG 11, [CO 42] Q, 8, pp.99–110 ; 12, pp.241–246 ; 17, p.117 ; MG 24, L3, pp.3 030s., 3 917s., 17 367s., 17 481–17 483, 20 048–20 052, 20 426s., 21 801–21 807, 21 825–21 829, 22 960–22 964, 24 010s., 24 088–24 095, 26 098–26 110, 28 234–28 240. — BL, Add. MSS 21 699, p.602 ; 21 715, pp.49s. ; 21 716, p.154 ; 21 731, p.262 ; 21 732, p.82 ; 21 734, pp.407s. ; 21 735/1, pp.197s., 226 ; 21 831, pp.6–8, 16 (copies aux APC). — McGill University Libraries, Dept. of Rare Books and Special Coll., MS coll., CH218.S196. — PRO, CO 5/115, pp.260–262 ; 5/176, pp.32–58 (copies aux APC). — Congés de traite conservés aux Archives de la province de Québec, ANQ *Rapport*, 1922–1923, 192–265. — Pierre Du Calvet, J.-J. Lefebvre, édit., ANQ *Rapport*, 1945–1946, 341–386. — *La Gazette de Québec*, 12 juill., 8 nov. 1764, 7 juill. 1768, 28 déc. 1769, 21 févr. 1771, 26 sept. 1772, 31 juill. 1783, 23 déc. 1784. — Claude de Bonnault, Le Canada militaire : état provisoire des officiers de milice de 1641 à 1760, ANQ *Rapport*, 1949–1951, 269–271. — Louise Dechêne, Les dossiers canadiens du notaire Pointard, ANQ *Rapport*, 1966, 115–127. — Alexandre Jodoin et J.-L. Vincent, *Histoire de Longueuil et de la famille de Longueuil* […] (Montréal, 1889). — O.-M.-H. Lapalice, Bancs à perpétuité dans l'église de N.-D.-de-Montréal, *BRH*, XXXV (1929) : 354s. — Odette Lebrun, Épouses des Le Moyne : les baronnes de Longueuil, Soc. d'hist. de Longueuil, *Cahier* (Longueuil, Québec), 2 (1973) : 7–10. — J.-J. Lefebvre, Études généalogiques : la famille Fleury d'Eschambault, de La Gorgendière, SGCF *Mémoires*, III (1948–1949) : 152–174. — É.-Z. Massicotte, Maçons, entrepreneurs, architectes, *BRH*, XXXV (1929) : 139 ; Où est né le bienheureux André Grasset de Saint-Sauveur, *BRH*, XXXIII (1927) : 95 ; Quelques rues et faubourgs du vieux Montréal, *Cahiers des Dix*, 1 (1936) : 130.

FLOQUET, PIERRE-RENÉ, jésuite, né à Paris le 12 septembre 1716, décédé à Québec le 18 octobre 1782.

Pierre-René Floquet entra au noviciat de Paris le 6 août 1734, après avoir complété deux années de philosophie. Il professa les classes de grammaire et les humanités au collège de Quimper (1736–1740), fit sa théologie au collège de La Flèche (1740–1744) et arriva au Canada le 17 août 1744. Après cinq années d'enseignement au collège des jésuites de Québec, il tenta la vie missionnaire à Sault-Saint-Louis (Caughnawaga) en 1749–1750, puis revint à Québec comme procureur du collège (1750–1756). En 1757, il remplaça le père Nicolas Degonnor comme supérieur des jésuites à Montréal ; il remplit cette charge jusqu'à sa retraite, en 1780, tout en s'occupant de la Congrégation des hommes de Ville-Marie et du ministère sacerdotal à la chapelle des jésuites.

Avant 1775, au moment où il eut la malchance de se trouver mêlé aux affaires politiques, rien ne le signala spécialement à l'attention du public ; mais, pendant l'occupation de Montréal par les Américains, en 1775–1776, ses rapports plus ou moins fréquents avec eux le compromirent à la fois aux yeux des autorités anglaises et à ceux de Mgr BRIAND, qui avait fait appel à la loyauté du clergé et du peuple canadien.

Le 15 février 1776, le deuxième Congrès continental de Philadelphie, Pennsylvanie, chargea le célèbre Benjamin Franklin, Samuel Chase et Charles Carroll de se rendre au Canada pour gagner les Canadiens à sa cause ; Charles Carroll s'adjoignit son cousin, John Carroll, jésuite et futur archevêque de Baltimore, Maryland, afin de contacter le clergé canadien. La délégation fut reçue à son arrivée à Montréal, le 29 mars 1776, par le général de brigade Benedict Arnold* lui-même et logea chez le marchand Thomas WALKER, sympathique aux Américains. John Carroll rendit visite à Floquet qui occupait encore la résidence des jésuites. Porteur d'une lettre d'introduction du père Ferdinand Farmer, son supérieur à Philadelphie, Carroll obtint d'Étienne

MONTGOLFIER, vicaire général à Montréal, la permission de dire la messe chez le père Floquet, mais il ne prit le dîner qu'une seule fois à la résidence des jésuites. Malheureusement, Floquet se compromit davantage.

Dans une lettre du 15 juin 1776, envoyée à Mgr Briand qui le menaçait d'interdit, Floquet justifie ses imprudences : il n'aimait pas l'Acte de Québec et s'en était trop déclaré ; il croyait protéger ses confrères du Maryland et de la Pennsylvanie contre des persécutions possibles, en ménageant les Bostonnais ; l'attitude de neutralité des députés de Montréal vis-à-vis des envahisseurs l'avait trompé, ce qui le rendit tolérant au tribunal de la pénitence envers les miliciens enrôlés dans les troupes américaines ; il avait cru bon de donner secrètement la communion à trois d'entre eux, refusés à l'église paroissiale ; il s'était rendu dîner chez le colonel Moses Hazen* en compagnie de l'abbé John McKenna, ami du colonel, mais chassé de New York par le parti whig anticatholique et retiré chez les jésuites à Montréal, au printemps de 1776. Floquet ne croyait pas avoir mal agi ; néanmoins, il aurait dû suivre, en matière politique, la directive de son évêque, dans l'intérêt supérieur de la religion.

L'interdit lui fit mieux comprendre la situation, et Floquet se rendit à Québec sur l'ordre de Mgr Briand, semble-t-il. Là, le 29 novembre 1776, il écrivit à son évêque pour lui demander de lever l'interdit. Ce qui fut fait, et Floquet continua son ministère à Montréal. Mais, dans une lettre au jésuite Sébastien-Louis Meurin, missionnaire au pays des Illinois, le 27 avril 1777, Mgr Briand écrivait : « Le P. Floquet s'est bien mal conduit ; il a été interdit six mois pour son entêtement [...] Il ne croit pas avoir eu tort et le dit quand il ne craint pas ses auditeurs. » Floquet, décédé à Québec le 18 octobre 1782, fit figure d'exception même parmi ses confrères jésuites, qui « s'étaient bien comportés, et furent très affligés » de sa conduite.

JOSEPH COSSETTE

ASJCF, 583 ; 856.16. — *Bannissement des jésuites de la Louisiane, relation et lettres inédites*, Auguste Carayon, édit. (Paris, 1865). — Rochemonteix, *Les jésuites et la N.-F. au XVIIIe siècle*, II : 217s. — T.-M. Charland, La mission de John Carroll au Canada en 1776 et l'interdit du P. Floquet, SCHÉC *Rapport*, 1 (1933–1934) : 45–56. — Têtu, Le chapitre de la cathédrale, *BRH*, XVI : 37.

FONFAY, JEAN-BAPTISTE MORIN DE. V. MORIN

FORK. V. NISSOWAQUET

FORNEL, MARIE-ANNE. V. BARBEL

FORTIER, MICHEL, navigateur et marchand, né le 31 août 1709 à Saint-Laurent, île d'Orléans, fils aîné de Michel Fortier et d'Angélique Manseau ; il épousa à Québec, le 30 septembre 1748, Marie-Anne Cureux, dit Saint-Germain, qui mit au monde six enfants dont l'un, Pierre-Michel, fut aussi négociant ; décédé à Québec le 29 mars 1776.

Les premiers documents connus concernant Michel Fortier remontent à 1743, année où il signa devant le notaire Gilbert Boucault* de Godefus un contrat d'engagement avec Guillaume ESTÈBE et ses associés. Sa tâche consistait alors à se rendre, comme maître de navire, au poste de Gros Mécatina, sur la côte du Labrador, pour y faire la chasse aux loups marins et la traite avec les Indiens. Pendant les trois années que dura cet engagement, Fortier rapporta annuellement de 3 000 à 4 000 peaux de loup marin et 450 barriques d'huile.

Le 13 octobre 1751, le gouverneur La Jonquière [Taffanel*] et l'intendant BIGOT lui concédèrent, sur la côte du Labrador, un poste d'environ deux lieues de front, jouxtant au sud-ouest la pointe de Blanc-Sablon, et au nord-est celle de la Forté ou Grincedents. Fortier pouvait y faire la pêche de la morue, la chasse aux loups marins et la traite avec les Indiens pendant six ans. En retour, il devait payer deux castors ou la somme de 4# par année. Toutefois, Michel Fortier ne put jouir librement de cette concession car François Martel* de Brouague, propriétaire de la baie de Phélypeaux (baie de Brador), en contesta les limites territoriales. Les autorités du pays durent alors intervenir pour régler le différend. D'abord, par une première ordonnance en date du 15 mai 1752, Bigot permit à Fortier de continuer d'exploiter sa concession dans la baie de Sainte-Claire, mais pendant une seule année. Entre temps, Gabriel PELLEGRIN devait déterminer les limites exactes des deux concessions. Dans l'attente des précisions géographiques de Pellegrin, Fortier obtint des autorités la prolongation de son permis de pêche pour l'année 1753. Mais à l'été de 1754, celui-ci, qui avait établi un poste sur le territoire alloué à Martel de Brouague, vit sa concession révoquée. Il perdit alors, au profit de Pierre Glemet et de François-Joseph de VIENNE, fermiers du poste de la baie de Phélypeaux, tout son équipement de chasse et de pêche, sauf quelque 200 barriques d'huile et une centaine de chaloupes.

Après cette courte incursion dans le monde des affaires, la carrière de Michel Fortier subit une éclipse de plus de 20 ans, même s'il continua d'agir comme marchand. Fortier, âgé de 66 ans, reçut une commission de capitaine de milice à la suite de la proclamation de la loi martiale dans la province de Québec en 1775 par le gouverneur Guy Carleton*. Le 31 décembre, à la tête des 77 hommes formant la 9e compagnie du faubourg Saint-Roch, il contribua à repousser l'attaque du général de brigade Richard MONTGOMERY contre Québec. Peu de temps après, le 29 mars 1776, Michel Fortier mourait ; son inhumation dans la crypte de l'église Notre-Dame de Québec laisse supposer qu'il jouissait d'un certain prestige au sein de la société québécoise.

MICHEL ROBERGE

ANQ-Q, Greffe de Claude Barolet, 29 sept. 1748 ; Greffe de Gilbert Boucault de Godefus, 18 sept. 1743 ; Greffe de J.-C. Panet, 15 mars 1753 ; NF 2, 40, ff.31, 44, 91, 103. — *Inv. de pièces du Labrador* (P.-G. Roy). — La milice canadienne-française à Québec en 1775, *BRH*, XI (1905) : 227, 261. — P.-V. Charland, Notre-Dame de Québec : le nécrologe de la crypte, *BRH*, XX : 241. — P.-G. Roy, *Inv. coll. pièces jud. et not.* ; *Inv. contrats de mariage* ; *Inv. ord. int.* — Tanguay, *Dictionnaire*. — La chasse des loups-marins autrefois, *BRH*, XXIV (1928) : 734.

FOUREUR (Le Fourreur), dit **Champagne, LOUIS**, menuisier, sculpteur et horloger, né à Montréal le 2 juin 1720, fils de Pierre Foureur, forgeron et serrurier, et d'Anne-Céleste Desforges ; il épousa Catherine Guertin le 9 novembre 1744 à Montréal ; décédé dans cette ville le 16 avril 1789.

Il se pourrait que Louis Foureur ait appris le métier de menuisier et de sculpteur sous la direction de François Filiau, dit Dubois, car les deux hommes se connaissaient bien. En effet, Filiau assista au mariage de Foureur et fut le parrain de son fils aîné l'année suivante. La carrière de sculpteur de Louis Foureur est relativement peu connue. On sait qu'il eut au moins six apprentis, le premier en 1744 pour une durée de quatre ans, le dernier en 1775 pour une période de six ans. Il exécuta en 1757 six chandeliers de bois pour l'église Sainte-Geneviève (Pierrefonds) et, en 1760, il reçut un paiement pour le retable et le tabernacle de la chapelle du Père éternel à l'Hôpital Général de Montréal. Deux ans plus tôt, il passait un marché avec le maçon et tailleur de pierre François Périnneau, dit Lamarche, pour la maçonnerie d'une chapelle dans l'église des récollets à Montréal. Les travaux devaient commencer en avril 1759 et il est probable que Louis Foureur en avait exécuté les plans car le contrat le dit « architec ».

Après la Conquête, la carrière de Louis Foureur se fait plus obscure et il faut prendre garde de ne pas la confondre avec celle de son fils, Jean-Louis*, menuisier et sculpteur, qui signait et se faisait appeler Louis Foureur comme son père. Il est possible que Foureur ait été, dès 1760, responsable de l'entretien de l'orgue de l'église Notre-Dame de Montréal, charge qui fut par la suite celle de son fils. Ses travaux d'horloger sont connus grâce à un article paru dans l'hebdomadaire montréalais *le Spectateur* en 1813, consacré à Foureur et à Jean-Baptiste Filiau, dit Dubois, frère de François, et également horloger à Montréal. Décrit comme « un homme aimable » connu pour « son esprit et l'enjouement de sa conversation », dont la seule éducation se limitait « à avoir appris à lire et à écrire dans sa jeunesse », Foureur aurait eu pour ami le sulpicien Gabriel-Jean BRASSIER, qui lui aurait fréquemment vanté la supériorité des Européens sur les Canadiens dans le domaine des beaux-arts. Prenant comme exemple une horloge importée d'Europe, il aurait demandé à Foureur « si un ouvrier Canadien seroit capable de songer à exécuter un pareil ouvrage ». Ayant relevé le défi en étudiant secrètement l'horlogerie et en fabriquant une excellente horloge, Foureur aurait, par la suite, continué à faire des horloges jusqu'à sa mort.

Louis Foureur passa toute sa vie à Montréal. D'abord locataire dans la maison d'un marchand, rue Notre-Dame, il se fit construire en 1747, dans cette rue, une maison de pierres à un étage, dans laquelle il demeura jusqu'à sa mort. Jouissant d'une certaine aisance, il possédait deux autres maisons avec leur terrain, l'une rue Notre-Dame, l'autre rue Saint-Jacques, ainsi qu'un grand terrain sur la côte Saint-Louis. À partir de 1776 les époux Foureur commencèrent à liquider leurs propriétés ; la dernière transaction eut lieu en 1784, année où ils rédigèrent leur testament. De leur union étaient nés sept enfants. Outre Jean-Louis, on peut citer Pierre qui se fit orfèvre, et Charlotte qui épousa Dominique Rousseau*, orfèvre et traiteur.

JOHN R. PORTER

ANQ-M, Doc. jud., Registres des audiences pour la juridiction de Montréal, 28B, f.83v. ; État civil, Catholiques, Notre-Dame de Montréal, 2 juin 1720, 9 nov. 1744, 23 août 1745, 23 août 1756, 18 avril 1789 ; Greffe de L.-C. Danré de Blanzy, 24, 25 mai 1745, 12 mai 1752, 24 avril 1759 ; Greffe de Jean Delisle, 4 avril 1771, 17 oct. 1774, 10 mars, 17 juin 1779, 20 janv., 12 juin 1780 ; Greffe de J.-B. Desève, 12 mars 1791 ; Greffe d'Antoine Foucher, 15 janv. 1755, 15 janv. 1775, 28 janv. 1776 ; Greffe de P.-F. Mézière, 15 août, 4 nov. 1767, 29 janv. 1776, 24 avril 1781, 31 juill., 6 nov. 1784 ; Greffe de François Simonnet, 14 sept., 8 nov. 1744, 20 févr. 1746, 10 avril 1747, 29 juin 1750, 22 févr. 1753, 2 nov. 1758, 15 avril 1763. — IBC, Centre de documentation,

Fonds Morisset, Dossier Louis Foureur, dit Champagne. — [F.-M.] Bibaud, *Dictionnaire historique des hommes illustres du Canada et de l'Amérique* (Montréal, 1857). — Tanguay, *Dictionnaire*. — Émile Falardeau, *Artistes et artisans du Canada* (5 sér., Montréal, 1940–1946), 5e sér. : 59s., 67–71. — Morisset, *Coup d'œil sur les arts*, 18, 34. — Arts libéraux et mécaniques, *La Bibliothèque canadienne, ou miscellanées historiques, scientifiques, et littéraires* (Montréal), I (1825) : 174–178. — Communication, *Le Spectateur* (Montréal), 16 sept. 1813, 65s. — O.[-M.-H.] Lapalice, Les organistes et maîtres de musique à Notre-Dame de Montréal, *BRH*, XXV (1919) : 245.

FRANCKLIN (Franklin), MICHÆL, marchand, fonctionnaire, administrateur colonial et agent des Affaires indiennes, né le 6 décembre 1733 à Poole, Angleterre, fils de Michæl Francklin et d'Edith Nicholson ; il épousa le 7 février 1762, à Boston, Susannah Boutineau, et ils eurent au moins quatre enfants ; décédé le 8 novembre 1782 à Halifax.

Pendant les années précédant la Révolution américaine une élite commerçante domina Halifax. Michæl Francklin appartenait à ce groupe de marchands-politiciens ; mêlé aux événements les plus importants de l'époque, il constitue un excellent exemple de l'imbrication des objectifs privés et publics chez ces gens.

Tout personnage influent, en particulier s'il a une forte personnalité, ne peut manquer d'être l'objet de controverses, et Francklin ne fit pas exception à la règle. De son temps, il s'attira d'ardents partisans et des ennemis non moins décidés. Un phénomène semblable se produisit parmi les historiens. Il a été étiqueté « pompeux et arrogant », et « incompétent », par ceux qui n'ont pas approuvé son rôle dans les affaires de la province, alors que l'un de ses défenseurs l'a décrit comme « un homme d'un grand magnétisme allié au courage, à l'intégrité, à l'énergie et à l'indépendance ». Peut-être l'image la plus commune vient-elle du plus respecté des chroniqueurs de la Nouvelle-Écosse au XVIIIe siècle, John Bartlet Brebner*, qui le perçut comme une « marionnette » presque entièrement manipulée par Joshua MAUGER. Cette manière de caractériser Francklin est trompeuse, cependant, car, bien qu'il eût agi de concert avec Mauger quand ses intérêts l'y contraignaient, en d'autres occasions, il exaspérait et mettait en furie Mauger et ses fidèles.

Quatrième enfant et deuxième fils de sa famille, Francklin avait peu à espérer, au début de sa vie, de l'aide de ses parents pour son avancement. Son père put, toutefois, le mettre en rapport avec certains parents de Londres, et Francklin fit une brève et infructueuse tentative pour s'établir dans le monde des affaires. Avant l'âge de 18 ans, il avait déjà fait deux voyages au Nouveau Monde, visitant la Jamaïque et y évaluant les perspectives commerciales. De toute évidence, il ne les trouva pas brillantes, puisqu'à l'été de 1752 il réserva une place sur le *Norfolk* pour la traversée à Halifax.

A l'arrivée de Francklin, Mauger était probablement le principal marchand de Halifax. Dès les premiers temps de sa carrière, Mauger avait été associé avec des parents de Francklin, peut-être même avec son père. Il est possible que Francklin ait immigré à la suggestion de Mauger, de quelque huit ans son aîné, et il est certain que celui-ci se porta garant de la première entreprise de Francklin à Halifax, une buvette sur la rue George. L'affaire fut à n'en pas douter un succès, car Francklin ouvrit bientôt un second établissement en association avec Thomas Gray.

Alors que bon nombre de marchands échouèrent pendant l'époque hautement instable du milieu des années 1750, les entreprises de Francklin, maintenant diversifiées puisqu'elles comprenaient aussi le commerce et la vente au détail de marchandises générales, connurent une rapide expansion. En 1755, il retourna en Angleterre pour y recruter des jeunes gens prometteurs, en vue de futurs projets de nature commerciale. Financièrement, la guerre de Sept Ans se révéla une manne pour Francklin. Il s'assura plusieurs contrats avantageux pour l'approvisionnement des forces armées britanniques à Halifax et plus tard à Québec. Les difficultés de ravitaillement en période de guerre causèrent une rareté qui fit monter tant les prix que les profits, particulièrement dans le cas du rhum et du poisson. Il investit des fonds dans la course, qui lui apporta aussi des revenus supplémentaires. Il est difficile d'évaluer avec précision le montant d'argent qu'il gagna pendant la guerre, mais il est certain qu'il devint extrêmement riche. Ses relations avec Mauger, qui avait déménagé à Londres en 1760, lui permirent de faire une excellente entrée sur le marché britannique, alors que son mariage avec la petite-fille de Peter Faneuil, l'un des plus importants marchands de Boston, scella ses relations d'affaires avec la Nouvelle-Angleterre. En 1766, un habitant de Halifax le décrivait comme « le premier marchand de l'endroit ».

Francklin, Jonathan Binney*, John BUTLER, Richard Codman et John Anderson constituèrent le noyau d'un groupe qui se forma autour de Mauger dans les années 1750. S'appuyant sur leurs relations tant personnelles que commerciales, et soutenus financièrement surtout par Mauger et Brook Watson* à Londres, ils en vinrent à dominer presque entièrement le commerce de

Halifax au milieu des années 1760. Cette élite marchande était consciente de l'aide que pouvait tirer l'entreprise privée de ses liens avec le gouvernement. Les avantages d'étroites relations entre les hommes d'affaires et le gouvernement étaient bien connus ; en Grande-Bretagne, la politique était en grande partie fondée sur le principe que les hommes influents devaient être attachés au gouvernement afin d'en accroître la stabilité. Ce système comportait, en revanche, des désavantages évidents. Les relations entre le monde des affaires et le gouvernement avaient pour conséquence de tarir une source éventuelle de critiques dans le domaine politique. A Halifax, de surcroît, les marchands-politiciens étaient enclins à adopter des lois favorables aux hommes d'affaires, mais guère à l'avantage des autres groupes.

La participation de Francklin à la politique active remonte à 1759, année de son élection à la chambre d'Assemblée comme l'un des deux représentants du canton de Lunenburg ; en 1761–1762, il devint député du comté de Halifax. Jeune homme d'avenir, il fut nommé au sein d'importants comités. Aussi, peu de gens se surprirent, en mai 1762, de sa nomination au Conseil de la Nouvelle-Écosse, dont il devenait le plus jeune membre. On l'identifia bientôt à une faction s'opposant au lieutenant-gouverneur Jonathan BELCHER, composée, entre autres, de Joseph GERRISH et de Charles MORRIS au conseil, de Benjamin GERRISH et de Malachy SALTER à l'Assemblée.

A première vue, les raisons qu'avait Francklin de se rallier à cette faction paraissent évidentes. Les principaux marchands de Halifax s'opposaient à Belcher, en partie à cause de ses efforts pour supprimer le commerce illégal, qui profitait à plusieurs, et à Francklin entre autres. En outre, le lieutenant-gouverneur ne se montrait nullement disposé à accueillir favorablement les requêtes presque incessantes de Francklin pour l'octroi de concessions de terres. De plus, Francklin était irrité du refus de Belcher de lui accorder le monopole du commerce avec les Indiens. Le conseil avait approuvé cette demande en 1761, mais Belcher la refusa après qu'on eut fourni des preuves qu'elle était frauduleuse à plusieurs égards. A Londres, entre-temps, Mauger s'était mis à prendre Belcher en grippe d'une façon toute particulière et il s'employait à intriguer auprès du Board of Trade en vue d'obtenir son congédiement. En mariant les intérêts de Mauger aux siens, Francklin consolidait son association avec le groupe de ce dernier – association qui allait durer jusqu'à la Révolution américaine.

Grâce à l'influence de Mauger, Francklin obtint le poste de lieutenant-gouverneur en mars 1766. Comme sa commission n'atteignit pas la Nouvelle-Écosse avant le 22 août toutefois, le trésorier Benjamin GREEN devint l'administrateur de la province, à la mort du gouverneur Montagu Wilmot*, en mai. Francklin occupa, pendant trois mois, le poste de gouverneur intérimaire en attendant l'arrivée de lord William CAMPBELL. A cause des fréquentes absences de Campbell, il tint les rênes du gouvernement en trois autres occasions, du 1er octobre 1767 au 10 septembre 1768, du 4 novembre au 4 décembre 1768 et du 2 juin au 10 juillet 1772.

Pendant ces périodes, Francklin souleva beaucoup de controverses. En 1766, il ressuscita un projet d'extraction, à l'île du Cap-Breton, de charbon destiné à l'exportation – projet interdit huit ans plus tôt par le Board of Trade – en présumant tout simplement que l'interdiction n'existait plus. Quand on découvrit que non seulement il avait outrepassé son autorité, mais qu'il avait aussi donné le permis d'extraire et d'exporter du charbon à certains de ses associés, dont Benjamin Gerrish, les concurrents malheureux élevèrent des protestations, si bien que le Board of Trade ordonna en février 1768 le non-renouvellement de ce contrat « hautement irrégulier ». De la même façon, en 1768, se fondant sur des instructions ambiguës de Londres, Francklin épuisa les fonds de la colonie destinés aux dépenses imprévues, en créant des cantons et des bureaux du gouvernement dans l'île Saint-Jean (Île-du-Prince-Édouard), et tenta d'octroyer des terres à ses amis désireux de posséder des biens fonciers. Même s'il est probable qu'en posant ces gestes il ne tentait pas délibérément de se soustraire à la volonté du gouvernement britannique, on peut y découvrir une fois de plus sa tendance à mettre sur le même pied les intérêts publics et privés. Francklin vit ses manières de procéder « hautement désapprouvées » par le roi et il dut faire le voyage en Angleterre pour redorer son blason.

Toute cette agitation doit être replacée dans ses véritables perspectives. Les gouverneurs des colonies outrepassaient souvent leur autorité ; en fait, chacun des gouverneurs qui, en Nouvelle-Écosse, précédèrent Francklin avait, à un certain point, été fustigé par le Board of Trade pour cette raison. La pratique de mêler la politique et les profits était commune également, en particulier dans des colonies aussi pauvres que la Nouvelle-Écosse, où les largesses gouvernementales revêtaient une grande importance. Les citoyens plus vertueux, ou ceux qui ne jouissaient pas des relations nécessaires pour avoir leur part dans la distribution des emplois et des faveurs gouvernementales, pouvaient dénoncer ces pratiques, mais on en faisait peu de cas, la plupart du temps, tant en Grande-Bretagne qu'en Nouvelle-Écosse.

Si, en général, la communauté marchande conservait sa confiance à Francklin, ses adversaires politiques, au début des années 1770, tenaient des propos de plus en plus outranciers. En 1774, Richard GIBBONS relança les accusations à l'effet que Francklin « et d'autres qui lui étaient liés » auraient accordé « un crédit déraisonnable » aux colons de Lunenburg pendant les années 1750. Quand ces colons accablés de dettes ne pouvaient rembourser leurs emprunts, Francklin « consentait à prendre leurs certificats [des gratifications données aux fins d'amélioration locale] en paiement de leurs dettes [...] en abaissant leur valeur de soixante pour cent ». Gibbons accusait aussi Francklin de « dépendre immédiatement [de Mauger] et de lui être de toute manière étroitement lié », et d'avoir usé de « son influence et de celle de son parti » pour appauvrir la Nouvelle-Écosse. Si Francklin a pu se rendre coupable d'usure, Gibbons manqua le but en insinuant qu'il était la marionnette de Mauger. Dans les années 1750, fort désireux de monter et grandement dépendant du patronage de Mauger, Francklin dévia bien peu de la ligne de conduite fixée par ce commerçant plus puissant que lui. Mais, après sa nomination comme lieutenant-gouverneur, il chercha ses propres intérêts sans l'approbation de Mauger. Ce dernier, par exemple, blâma les tentatives d'exploitation de l'île Saint-Jean et se trouva embarrassé quand il fut appelé à les défendre devant le Board of Trade. De même, au début des années 1770, Francklin fut mêlé à des combines, relatives à la colonisation, auxquelles Mauger n'eut point part. A l'époque du gouvernement de Francis LEGGE, Francklin et Mauger parurent de nouveau poursuivre des buts semblables, mais leurs motivations n'étaient pas les mêmes. Francklin s'opposait à Legge non pas uniquement à cause des instructions de Mauger, mais aussi parce que le gouverneur, en montrant sa préférence pour d'autres avis, en particulier ceux de James Monk*, s'attaquait à la source même de son pouvoir politique.

Malgré les accusations voulant qu'il eût recueilli des sommes fantastiques, Francklin, à la veille de la Révolution américaine, manquait cruellement d'argent liquide. Une partie du problème venait de l'habituelle rareté des espèces en Amérique, mais les difficultés particulières de Francklin tenaient à sa tendance à transformer pour ainsi dire chaque shilling en propriété foncière. Lui qui avait accumulé des milliers d'acres de terre et qui était généralement considéré comme l'un des hommes les plus riches de la province devait à la couronne, en 1774, « au delà de 500 livres sterling » en redevances foncières. Afin de mettre en valeur ses terres improductives, il conçut un plan pour faire venir des colons d'outre-mer. Le Yorkshire devint vite son réservoir favori et, avant que la révolution ne vienne contenir le flot, plus de 1 000 personnes avaient immigré et s'étaient établies comme locataires sur ses terres. L'arrêt de l'immigration le plaça dans une situation financière précaire, et John Butler conseilla à Mauger d'effacer les dettes de Francklin : « il doit ici une somme très considérable », faisait-il observer. Selon Legge, « de marchand opulent », Francklin fut réduit « à la misère ».

Francklin demeurait pourtant un homme influent. Il est possible du reste que son rôle de leader des forces d'opposition à Legge, pendant la controverse prolongée qui entoura le gouvernement de celui-ci, ait quelque peu faussé le jugement de ce dernier sur les difficultés financières de Francklin. Leurs relations les placèrent dans une telle impasse que Legge recommanda à lord Dartmouth, secrétaire d'État des Colonies américaines, d'enlever à Francklin ses fonctions ou de le muter hors de la colonie. Si l'affirmation selon laquelle Francklin projeta le premier le congédiement du gouverneur est pure spéculation, il reste qu'il joua dans la révocation de Legge un rôle décisif. Il avait à la fois les ressources politiques et les motifs nécessaires pour défier Legge et, dans l'utilisation qu'il fit des incidents relatifs à son vieil associé Binney, il tabla effectivement sur la sottise de Legge. Mais après le rappel de celui-ci en Angleterre au printemps de 1776, Francklin fut lui-même remplacé, comme lieutenant-gouverneur, par Mariot ARBUTHNOT. Son remplacement, accompagné de la révocation du gouverneur, paraît avoir été un effort du Board of Trade pour modérer les controverses politiques en Nouvelle-Écosse, à une époque de crise.

Pendant la Révolution américaine, Francklin resta loyal à la couronne. A la différence de la plupart des marchands, cependant, sa loyauté ne fut pas toute passive. En 1777, on le nomma surintendant des Affaires indiennes de la province, une fonction pour laquelle il avait une compétence unique. Il avait été fait prisonnier, en 1754, par une bande de Micmacs et conduit dans la région de Gaspé. Pendant les trois mois de sa captivité, il avait appris leur langue et conçu du respect pour la culture indienne. Et s'il n'eut pas toujours un égal succès, pendant la guerre, en tentant d'assurer l'adhésion des Micmacs et des Malécites à la cause britannique, il finit par y réussir. Grâce à une série de rencontres, à une judicieuse distribution de présents et à l'obtention des services d'un missionnaire pour ces Indiens [V. Joseph-Mathurin BOURG], il contrecarra les efforts de John Allan* et d'autres partisans des Américains [V. Pierre TOMAH ; Gilfred STUDHOLME]. Comme à l'accoutumée, Francklin avait refusé d'assumer les fonctions de surintendant aussi longtemps qu'on ne lui eut pas accordé un salaire fixe et que des mesures ne furent pas prises pour le remboursement de ses dépenses.

L'influence de Francklin, qui parlait le français, s'étendit aussi aux Acadiens. Comme lieutenant-gouverneur, il avait permis à ceux qui étaient revenus après l'expulsion de s'établir autour du bassin des Mines, à des conditions beaucoup plus généreuses que celles recommandées par le conseil. En outre, il permit l'exercice sans restriction de la religion catholique et donna des garanties à l'effet qu'il n'y aurait pas de seconde déportation. Francklin n'avait pas, d'une façon spécifique, le pouvoir de donner ces garanties, mais il s'arrangea pour convaincre le Board of Trade de la sagesse de ses politiques qui furent finalement ratifiées par cet organisme. Il est impossible de déterminer avec certitude le nombre des Acadiens qui revinrent, mais un recensement de 1771 fait état de 1 249 personnes, groupées en 274 familles et disséminées dans la province.

Francklin survécut aux hostilités de la Révolution américaine, mais il ne vécut pas assez longtemps pour voir la paix. Il s'éteignit dans sa maison de Halifax le 8 novembre 1782. Une époque prenait fin. La vieille colonie de la Nouvelle-Écosse, dominée par une élite marchande opérant à partir de Halifax, se transformait par suite de l'afflux de milliers de Loyalistes ; la communauté distinctive, à la formation de laquelle Francklin avait tant travaillé, changeait de façon marquante.

Si les historiens ont été incapables de s'entendre au sujet de Michæl Francklin, c'est peut-être parce qu'ils n'ont pas su saisir son rôle. Il fut, de plusieurs manières, un marchand-politicien colonial typique, entremêlant les préoccupations publiques et privées, à une époque où un tel mélange était largement accepté. Par conséquent, c'est par référence au succès avec lequel il contribua à jeter les fondements de la Nouvelle-Écosse qu'il doit être évalué, et non point par référence aux normes de moralité du XXe siècle transposées dans une époque antérieure. Vu de cette manière, Francklin peut être considéré comme l'un des fondateurs vraiment importants de la province.

L. R. FISCHER

APC, MG 11, [CO 217] Nova Scotia A, 72 ; 77, p.59 ; 78, p.41 ; 81, pp.125, 129 ; 83, p.127 ; 88–93 ; [CO 220] Nova Scotia B, 14 ; MG 23, Al, sér. 1, 2, nº 1 119 ; 13, nºs 2 494, 2 496. — PANS, RG 1, 136, p.114 ; 187, 16 mars, 11 avril 1754 ; 188, 26 mars, 10 avril, 15 mai 1761, 3 mai 1762, 25 juill., 13 nov. 1764 ; 189, 23 août 1766. — PRO, CO 217/19, f.130 ; 217/20, f.65 ; 217/45, f.7. — *Nova Scotia Chronicle and Weekly Advertiser* (Halifax), 14 nov. 1769. — *Nova-Scotia Gazette and the Weekly Chronicle*, 16 nov. 1782. — *Directory of N.S. MLAs*, 126s. — Brebner, *Neutral Yankees*. — G. A. Rawlyk, *Nova Scotia's Massachusetts : a study of Massachusetts–Nova Scotia relations, 1630 to 1784* (Montréal et Londres, 1973), 234. — W. B. Kerr, The rise of Michæl Francklin, *Dal. Rev.*, XIII (1933–1934) : 489–495. — J. S. Macdonald, Memoir, Lieut.-Governor Michæl Francklin, 1752–1782, N.S. Hist. Soc., *Coll.*, XVI (1912) : 7–40.

FRASER, ALEXANDER, officier et seigneur, né vers 1729 en Écosse ; il épousa vers 1765 Jane McCord ; décédé le 19 avril 1799 à Saint-Charles, non loin de Québec.

Identifier les nombreux Alexander Fraser qui servirent dans le 78e d'infanterie au cours des campagnes de la guerre de Sept Ans, reste un problème. Celui qui fait l'objet de la présente biographie, et qui paraît avoir appartenu à une bonne famille de Highlanders, entra au 78e à titre d'enseigne et fut promu lieutenant le 12 février 1757. Il prit part à la prise de Louisbourg, île Royale (île du Cap-Breton), à celle de Québec, et il fut blessé en 1760, peut-être à la bataille de Sainte-Foy [V. LÉVIS]. Fraser resta au Canada après le licenciement de son régiment ; en août 1763, il acheta du gouverneur MURRAY la seigneurie de La Martinière, près de Québec. Il acquit encore la seigneurie limitrophe de Vitré en 1775 et celle de Saint-Gilles, à environ 20 milles en amont de Québec, en 1782.

Quand éclata la Révolution américaine, Fraser reprit du service. Il reçut une commission de capitaine dans les Royal Highland Emigrants, le 14 juin 1775 [V. Allan MACLEAN]. Avec d'autres officiers de ce régiment, il fut loué par le gouverneur, sir Guy Carleton*, en 1777, pour son « zèle infatigable et sa bonne conduite » pendant le siège de Québec par les Américains en 1775 [V. Richard MONTGOMERY]. Mais il y avait, derrière cet éloge, autre chose qu'une simple question de bons états de service. Fraser et ses collègues avaient présumé que leur régiment serait placé parmi l'effectif régulier de l'armée, de façon que, le moment venu de le réduire, ils conserveraient leurs grades et toucheraient la demi-solde. Leur espoir fut déçu et ils eurent « la mortification de se voir obligés, alors, de servir dans un régiment provincial et de faire leur devoir d'une manière qui leur [était] très désagréable, vu que leurs grades [n'étaient] pas assurés dans l'armée ». Carleton, qui sympathisait avec eux et appréciait leur collaboration, demanda avec insistance que leur régiment fût rétabli à titre permanent ou que les officiers fussent incorporés à des régiments de l'armée régulière. Dans le cas d'Alexander Fraser, cette recommandation ne donna rien. Au contraire, il fut affecté, avec le grade de capitaine, dans les milices stationnées à Saint-Jean, sur le Richelieu, et « fit constamment du service », depuis un moment indéterminé de l'année 1777 jusqu'au mois d'avril 1778. Il n'était pas commun que des officiers de l'armée régulière fissent du service dans la milice, mais comme Fraser appartenait à un régiment provincial, lequel n'avait ni les droits ni les privilèges des régiments réguliers, son transfert au sein de la milice ne dut pas être regardé par les autorités comme inhabituel ou comme dégradant.

En août 1778, affirmant qu'il n'avait « pas d'autres amis à qui recourir », il sollicita de HALDIMAND « une quelconque petite prestation » et suggéra à mots couverts qu'une pension lui fût versée, tout en affirmant qu'il était prêt à servir dans « n'importe quelle garnison d'infanterie ». En mai 1779, le major John Nairne*, son ami et son officier supérieur, insista pour que Fraser fût autorisé à prendre sa retraite, l'état de sa santé le rendant « tout à fait impropre à continuer de servir ». Nairne fit valoir que seule l'altération de sa santé avait amené Fraser à présenter une telle requête. Mais il ne fait pas de doute que la frustration causée par l'indifférence qui accueillit ses diverses plaintes y était pour quelque chose. Fraser quitta probablement son régiment cette même année ; ironie du sort, en avril 1779, le gouvernement britannique avait approuvé l'incorporation des Royal Highland Emigrants à l'armée régulière, à titre de 84e d'infanterie.

La vie privée de Fraser fut aussi décevante que sa participation à la guerre d'Indépendance américaine. Sa femme mourut en 1767, lui laissant à élever deux filles en bas âge, Jane et Margaret. Jane mourut après quelques années de mariage, et son fils, Walter Davidson*, né en 1790, fut le seul héritier mâle des propriétés seigneuriales de Fraser. En juin 1791, son petit-fils ayant dix mois, Fraser lui fit don des titres fonciers de la seigneurie de Saint-Gilles, dans laquelle il avait, en 1783, concédé des terres à 15 vétérans allemands. Fraser sollicita avec succès d'autres concessions dans les années 1790, en les justifiant parfois par ses états de service. Il mourut à Saint-Charles le 19 avril 1799 et fut enseveli à Québec le 22.

W. G. GODFREY

ANQ-Q, Greffe de J.-A. Panet, 18 sept. 1782 ; Greffe de J.-C. Panet, 2 août 1763 ; Greffe de J.-A. Saillant, 28 mars 1775. — APC, MG 11, [CO 42] Q, 61/2, pp.265, 270 ; MG 23, GIII, 11 ; MG 24, B1, 25, pp. 13–53 ; RG 1, L3, 1, pp.207, 212 ; 12, pp.3 694, 3 702 ; 87, pp.42 899, 42 905. — Wallace, *Macmillan dictionary*, 244. — Arthur Caux, Notes sur les seigneurs de Beaurivage, *BRH*, LV (1949) : 155–161. — W. S. Wallace, Alexander Fraser of Beauchamp, *BRH*, XLIII (1937) : 176–179 ; Some notes on Fraser's Highlanders, *CHR*, XVIII (1937) : 131–140.

FROBISHER, BENJAMIN, marchand de fourrures, né vers 1742 à Halifax, Angleterre, fils de Joseph Frobisher et de Rachel Hargrave, décédé à Montréal le 14 avril 1787.

Benjamin Frobisher immigre au Canada au moment de la cession, semble-t-il, en compagnie de son frère Joseph*. Un autre frère, Thomas, viendra les rejoindre vers 1769. L'existence des frères Frobisher se confond désormais avec le commerce des fourrures et son expansion vers le Nord-Ouest. Leur carrière prend cette orientation alors que la très grande majorité des traiteurs fréquentent les postes de Niagara, Détroit et Michillimakinac (Mackinaw City, Michigan), et s'intéressent activement au commerce du pays des Illinois. Entre 1764 et 1768, leurs premiers investissements les mènent dans la région du lac Supérieur. Les frères Frobisher, appelés à prendre une place importante dans le milieu de la fourrure, agissent ensemble ou séparément et, comme beaucoup, recherchent des alliances avec les autres traiteurs afin de partager les risques de leurs aventures. Ils profitent de différentes associations financières avec des hommes tels que James McGill*, Isaac Todd*, Richard Dobie*, Charles Paterson et Thomas Corry. Eux-mêmes n'hésitent pas à verser des cautions pour des trafiquants, qu'ils soient francophones ou anglophones. La même complexité dans les rapports existe également au niveau des expéditions proprement dites. Ainsi, en 1765, Benjamin Frobisher est l'associé de John Welles. En 1769, lorsque les frères Frobisher décident d'étendre leur trafic vers l'Ouest, ils se lient à Richard Dobie qui participe ainsi à une entreprise encore modeste comprenant un canot, huit hommes d'équipage et des marchandises pour une valeur de £500. Arrêtés par les Indiens au lac La Pluie (Rainy Lake, Ontario), ils reviennent néanmoins à la charge l'année suivante et, toujours en société avec Dobie, ils se rendent bien au delà du fort Bourbon, à l'embouchure de la rivière Saskatchewan, avec leurs trois canots, leurs 18 hommes d'équipage et des marchandises pour une valeur de £1 200.

Assez vite, un partage du travail s'établit à l'intérieur de la famille Frobisher. Car toute entreprise qui espère grandir ne peut s'appuyer sur un seul homme qui organise et conduit lui-même les expéditions de traite. Le rôle de Benjamin dans l'entreprise, qui est plus ou moins familiale, est celui d'un organisateur et d'un administrateur : il gère les affaires de la compagnie, s'occupe des relations avec les importateurs ou les fournisseurs en Angleterre, veille au financement et engage le personnel qui, selon son témoignage en 1769, habite « dans la paroisse de Laprairie et fait profession de cultivateur ».

A partir de 1771, Benjamin semble exclusivement associé à ses frères qui, pour leur part, se chargent d'œuvrer sur le terrain. En 1772, ceux-ci, avec six canots et 45 hommes d'équipage, gagnent, semble-t-il, la rivière Rouge (Manitoba) avant d'atteindre l'année suivante la Saskatchewan. En 1774, Benjamin prépare l'envoi de quatre canots manœuvrés par 30 hommes. L'intense compétition qui règne entre les traiteurs, qu'ils travaillent individuellement ou groupés en petites associations, soulève de nombreux problèmes : en plus d'accroître les coûts, elle incite à une expansion territoriale, elle-même à l'origine de nouveaux frais, et elle entraîne finalement une diminution des profits. La Révolution américaine, engendrant la rareté des produits nécessaires à la traite, déclenche une poussée inflationniste qui menace l'existence de la petite entreprise.

En 1775, les frères Frobisher s'unissent à James McGill et à Maurice-Régis Blondeau* pour équiper 12 canots maniés par un équipage d'environ 103 hommes. Arrivés à Grand Portage (près de Grand Portage, Minnesota), une coalition se forme pour l'exploitation des ressources du Nord-Ouest. Benjamin et Joseph s'en expliquent : « Instruits par l'expérience que travailler isolément constituait le fléau de ce commerce, nous ne fûmes pas longs à former une compagnie. » A cette occasion, Matthew Cocking, chef de poste à Cumberland House (Saskatchewan), écrira dans son journal à propos d'Alexander Henry* et de Joseph Frobisher : « le droit français ayant été rétabli au Canada en avril dernier [1775], ils s'imaginent que le commerce de la traite va se concentrer dans les mains de quelques-uns comme au temps des Français et qu'en conséquence les chargements de fourrures actuellement ramenés [de l'Ouest] vont diminuer de beaucoup, bien que les profits vont augmenter dans une proportion plus grande ». Ce premier noyau de la North West Company a-t-il survécu plus d'une saison ? Quoi qu'il en soit, la tendance à la concentration est un fait établi que la guerre contribue à renforcer.

En 1779, les Frobisher mettent sur pied une société avec Charles Paterson et préparent une grosse expédition : cette société possède les deux seizièmes des actions de la nouvelle North West Company dont l'investissement total comprend une flottille de 43 canots, 367 hommes et des marchandises pour une valeur de £20 920. En 1781, Isaac Todd et James McGill remplacent Paterson comme partenaires dans l'entreprise des Frobisher. Les années 1781 à 1784 semblent avoir été difficiles pour ceux-ci, car la compétition reste vive dans le Nord-Ouest. Les nouvelles ententes qui, en 1783, lient les partenaires de la North West Company traduisent à la fois un renouvellement des participants et un renforcement de la position des frères Frobisher et même de celle de Simon McTavish*. Les partenaires de la compagnie sont alors très conscients des dangers que présente la cession, par l'Angleterre, des postes de la région des Grands Lacs aux Américains, lors de la signature du traité de Versailles, le 3 septembre 1783. Inquiets à l'idée de voir les Américains s'emparer de leur trafic et récolter les fruits de leurs labeurs, ils chargent Edward Umfreville et Venance Lemaire, dit Saint-Germain, de la découverte d'une nouvelle route, en territoire britannique, depuis le lac Supérieur vers le lac Winnipeg, donnant accès à l'Ouest. Les Frobisher vont même jusqu'à demander au gouverneur Haldimand, le 4 octobre 1784, d'accorder à la North West Company le monopole de la traite dans le Nord-Ouest. Ils essuient un refus.

A partir de 1783, les Frobisher augmentent considérablement leurs investissements. En 1785–1786, ils équipent 55 canots, 6 bateaux, constituent des équipages totalisant 585 hommes et investissent £46 000. A cette date, ils semblent, par le biais des cautions, s'être intéressés à la traite sur l'ensemble du territoire : avec James McGill, ils fournissent, en 1785, des cautions pour 31 canots, 64 bateaux, 568 hommes, couvrant ainsi des investissements de l'ordre de £41 300. Benjamin Frobisher meurt le 14 avril 1787, au moment où le Nord-Ouest est en voie de devenir la région prédominante dans le trafic des pelleteries et où la compagnie qu'il administre est sur le point de se constituer un monopole de fait sur ce territoire. Il avait eu le sentiment que l'avenir de la traite des fourrures se jouerait dans le Nord-Ouest où il avait engagé toutes ses énergies. Sa fierté à cet égard est compréhensible, et, comme il l'écrivait à Adam Mabane en 1784, il se considérait parmi ceux qui étaient « animés de cet esprit naturel aux hommes qui peuvent se glorifier d'avoir donné à cette industrie la valeur et le développement qu'elle possède actuellement ». Frobisher laissait cependant une succession déficitaire et quelque peu embrouillée. Après la liquidation de ses biens, son frère Joseph, continuateur de l'entreprise, se chargea du paiement des dettes.

FERNAND OUELLET

APC, RG 4, B28, 110–115. — *Docs. relating to NWC* (Wallace). — F.-J. Audet, *Les députés de Montréal (ville et comtés), 1792–1867* (Montréal, 1943). — Davidson, *NWC*, 1–50. — W. S. Dunn, Western commerce, 1760–1774 (thèse de PH.D., University of Wisconsin, Madison, 1971). — Innis, *Fur trade in Canada* (1962), 166–233. — W. S. Wallace, *The pedlars from Quebec and other papers on the Nor'Westers* (Toronto, 1954).

G

GAGE, THOMAS, officier et administrateur colonial, né en 1719 ou 1720, deuxième fils de Thomas Gage, 1er vicomte Gage dans la pairie irlandaise, et de sa première femme, Benedicta Maria Theresa Hall, décédé le 2 avril 1787 à Londres.

Les Gage de Firle, dans le Sussex, étaient une vieille famille catholique. Les parents de Thomas Gage trouvèrent expédient de se convertir à l'Église d'Angleterre en 1715, et, bien qu'ils fussent revenus à l'ancienne foi avant leur mort, leur fils fut élevé dans l'anglicanisme, auquel il resta fidèle. Il fréquenta Westminster School, à Londres, et par la suite entra dans l'armée ; en 1743, il était capitaine dans le 62e d'infanterie. En 1745, il était aide de camp du comte d'Albemarle à Fontenoy (Belgique) ; il combattit à Culloden l'année suivante, et, en 1747–1748, il était de nouveau aide de camp d'Albemarle, dans les Flandres. Il fut en garnison en Irlande, de 1748 à 1755, dans le 44e d'infanterie, dont il devint lieutenant-colonel le 2 mars 1750/1751, après en avoir acheté le grade.

Jusque-là, dans sa carrière, Gage ne s'était pas distingué d'une façon particulière. Quand, en 1755, le major général Edward Braddock fut envoyé en Amérique avec le 44e et le 48e d'infanterie, afin de bloquer l'avance française dans la vallée de l'Ohio, James Wolfe* fit cette remarque quelque peu condescendante : « Mon honnête ami Gage fera partie de l'expédition de l'Ohio. » La part de Gage au désastre qui s'abattit sur l'armée de Braddock, près des fourches de l'Ohio, le 9 juillet, suscita certaines controverses ; on a prétendu que, commandant du groupe d'avant-garde, il aurait dû arrêter la débandade de la colonne de tête, qui provoqua la désorganisation du gros de l'armée. Personnellement, Gage fit preuve de courage au cours de cette rencontre ; un témoin (il s'agit peut-être de Gabriel CHRISTIE) affirme qu'il « se distingua en encourageant ses hommes autant qu'il le put, et, après que leurs lignes eurent été rompues, en les ralliant ». Il n'est pas moins évident qu'il ne s'empara pas de la hauteur d'où les Français et les Indiens lancèrent l'attaque, mais peut-être est-ce parce qu'il manquait d'effectifs, comme il l'affirma plus tard.

Dans la suite de sa carrière en Amérique, Gage se fit la réputation d'un bon officier et d'un administrateur efficace. En 1757, lord Loudoun, alors commandant en chef, jugeait le 44e comme l'un de ses deux meilleurs régiments, parce que Gage y « maintenait une stricte discipline ; le régiment est en haillons, ajoutait-il, mais les hommes ont l'air de soldats ». Gage fit peu de service actif sous Loudoun, bien qu'il l'accompagnât à Halifax « lors de l'expédition dérisoire » de 1757 qui vit avorter les plans d'attaque contre Louisbourg, île Royale (île du Cap-Breton). Gage était convaincu que Braddock n'eût pas été défait s'il avait possédé des troupes régulières entraînées à la guerre dans les bois, et, en décembre 1757, profitant de l'insatisfaction de Loudoun devant la conduite des compagnies de *rangers* commandées par Robert ROGERS, il proposa de lever un régiment régulier de troupes légères, pourvu que le gouvernement en fît les frais et qu'il l'en nommât colonel. Le régiment ainsi levé devint le 80e, le premier dans l'armée britannique à être formé aux tactiques tant régulières qu'irrégulières. Ce régiment servit, en 1758, lors de l'attaque d'ABERCROMBY contre le fort Carillon (Ticonderoga, New York), au cours de laquelle Gage, commandant en second après la mort du vicomte Howe (George Augustus Howe), fut légèrement blessé. Il avait recruté ce régiment dans le New Jersey ; il y trouva aussi une épouse. Le 8 décembre 1758, il s'unissait à Margaret, fille de Peter Kemble, riche marchand et homme politique du New Jersey, et de Gertrude Bayard, laquelle était apparentée aux importantes familles Schuyler, De Lancey et Van Cortlandt, de New York. Cinq filles et six garçons allaient naître de cette union. A l'époque de son mariage, Gage était déjà général de brigade en Amérique.

C'est en juillet 1759 que Gage obtint son premier commandement indépendant. AMHERST lui ordonna de s'emparer du poste français de La Galette (près d'Ogdensburg, New York), de façon à aider Wolfe, qui assiégeait Québec, ou à « faire une frontière » qui s'étendrait de Crown Point (New York) à Niagara (près de Youngstown, New York), en passant par La Galette et

Oswego (ou Chouaguen ; aujourd'hui Oswego, New York), dans l'hypothèse d'une défaite de Wolfe. Avant d'avoir atteint Oswego pour y relever sir William JOHNSON, Gage reçut d'autres ordres d'Amherst qui lui enjoignait de marcher sur Montréal après s'être emparé de La Galette. La conduite de Gage, par la suite, révèle ses faiblesses comme commandant. Il était assailli de doutes au moment où il atteignit Oswego ; il dit à Johnson qu'il n'était pas homme à « se frapper la tête contre le mur, ou à tenter l'impossible ». Plutôt que de voir dans son commandement la chance de faire quelque chose, sur le plan stratégique, en exerçant sur le Canada une pression à partir de l'Ouest, il n'aperçut que des problèmes : les défenses d'Oswego avaient besoin d'être renforcées, les ravitaillements étaient insuffisants, les navires français avaient la maîtrise du Saint-Laurent, et La Galette, si on s'en emparait, se révélerait vulnérable à une contre-attaque au cours de l'hiver. Dans une « longue conversation » avec Johnson, le 6 septembre, il prétendit qu'Amherst s'y était pris trop tard pour porter assistance à Wolfe et que, à moins d'un mouvement concerté contre Montréal, « une expédition comme celle-là ne servirait à rien ». Quatre jours plus tard, il écrivit à Amherst pour l'informer de sa décision de ne pas attaquer le poste français et de ne pas marcher sur Montréal. Mais les éclaireurs de Johnson rapportèrent fort mal à propos que La Galette était bien peu en état de défense, sur quoi Gage consulta ses principaux officiers. Les trouvant divisés, il décida de s'en tenir à sa première décision. Amherst, furieux, reprocha vertement à Gage d'avoir laissé passer une belle occasion, l'accusant, ainsi que ses officiers, d'avoir « découvert des difficultés là où il n'y en avait aucune ». Cette critique n'était pas entièrement juste, mais les principales qualités de Gage, comme soldat, étaient, certes, sa prudence et la grande attention qu'il portait aux détails, plutôt que la hardiesse et le besoin pressant de se battre. Là où un autre eût peut-être vu une occasion en or de mettre fin à la guerre en 1759, il ne vit que des obstacles. Il est digne de remarque que, lors de la prise de Montréal par Amherst, en 1760, Gage commandait l'arrière-garde.

Bien qu'ils fussent différents l'un de l'autre, Amherst respectait Gage pour sa compétence administrative, et, en septembre 1760, il le nomma gouverneur militaire de Montréal, pendant qu'il nommait Ralph Burton* à Trois-Rivières ; James MURRAY occupait déjà le même poste à Québec. Des trois, Gage jouissait du plus d'ancienneté et, en 1761, il fut promu major général ; pourtant, il ne revendiqua jamais l'autorité sur les deux autres, parlant plutôt des trois gouverneurs militaires comme des « trois rois ». D'une façon caractéristique, il ne se voyait « pas autrement que gouverneur militaire », nommé par Amherst, responsable à lui seul, et placé sous ses ordres et sous sa gouverne. Aussi, quand, en mai 1763, le Board of Trade lui envoya une série de questions sur le Canada, il dit à Amherst que, « n'y connaissant pas de gouverneur général (à l'exception de [lui]-même à titre de commandant en chef) », il avait envoyé des duplicata du questionnaire à Murray et à Burton.

Il n'existe pas d'analyse complète du gouvernement militaire de Gage à Montréal, bien que John Alden, dans sa biographie de Gage, consacre un court chapitre à ce sujet et qu'on en puisse trouver de brèves mentions dans l'ouvrage d'Alfred Leroy Burt*, *The old province of Quebec* (2 vol., Toronto et Minneapolis, Minn., 1933 ; réimpr., Toronto, 1968) et dans celui de Hilda Neatby*, *Quebec : the revolutionary age, 1760–1791* (Toronto, 1966). Le fait que les trois gouvernements constituaient des juridictions distinctes et que les trois gouverneurs devaient s'en rapporter à Amherst semble avoir échappé à la plupart des historiens ou n'avoir été traité par eux que superficiellement. Burt est certainement conscient de la situation et, de fait, il fait valoir la politique personnelle de Gage relativement à l'administration de la justice, pendant que Neatby mentionne certains gestes précis de Gage dans le cadre de sa juridiction. Mais, tout naturellement, leur attention, et de même celle des autres historiens, se porta sur Murray, qui gouvernait à Québec, la capitale et, traditionnellement, le centre de la colonie. L'œuvre de Gage à Montréal mériterait d'être traitée plus en profondeur qu'il n'est possible de le faire ici, quand ce ne serait qu'à cause de sa responsabilité particulière en ce qui concerne la traite des fourrures et les pays d'en haut.

Amherst ayant préféré ne jamais intervenir de façon autoritaire dans le gouvernement du Canada, les trois gouverneurs étaient, pour ainsi dire, souverains dans leurs territoires respectifs, et comme ils ne se consultaient que rarement l'un l'autre, ils adoptèrent, à certains égards, des voies différentes. Il est vrai que Murray et Burton se rendirent à Montréal au début de 1762 afin de discuter, entre autres choses, de la famine qui menaçait le district de Québec, et que, pendant le temps que HALDIMAND remplaça Burton à Trois-Rivières, Gage exerça quelque influence sur lui, comme le montre leur correspondance. Puisqu'il y avait en définitive si peu d'échanges entre les gouverneurs, on ne se surprendra pas de la note suivante de Gage : « Je ne trouve pas, dans beaucoup de choses particulières, que nous ayons tous agi de la même façon. » Il n'existait pas, néanmoins, de divergences radicales ; le plus souvent, Gage, comme ses collègues, était content de découvrir et d'appliquer les lois et coutumes de la Nouvelle-France. C'est ainsi qu'il confirma le droit de quint sur la vente ou le transfert des seigneuries, et qu'il obligea tous les nouveaux seigneurs « à la foi et hommage, pour leurs seigneuries, selon la coutume ». Dans l'ensemble, il paraît avoir penché du côté des seigneurs dans leurs disputes avec les censitaires ; il les appuya en donnant tort aux concessionnaires qui ne tenaient pas feu et lieu, et en faisant un règlement pour obliger les censitaires à payer leurs redevances en « argent ayant cours » plutôt qu'au moyen de la monnaie de papier discréditée du précédent régime. Dans ses ordonnances de police, touchant des questions aussi variées que l'enlèvement de la neige, le ramassage des ordures, l'entretien des routes, ponts et traverses, il se conforma aux procédés traditionnels des intendants. Ses ordonnances contre l'accaparement des denrées et les rogneries sont dans la même veine, ainsi que ses règlements sur le prix d'articles de première nécessité comme le pain et le bois de chauffage – dans ce dernier cas, parce que le prix en avait « considérablement augmenté, au grand prejudice des pauvres, et [était] causé Seulement par Lavidité des proprietaire ».

Dans des domaines importants, Gage s'éloigna, toutefois, des anciennes manières d'agir. Il innova, par exemple, en ayant recours aux pouvoirs judiciaires des capitaines de milice. Au lieu de maintenir des cours formées d'un seul capitaine, comme le fit Murray, il regroupa – et ce fut, à Montréal, l'une de ses premières mesures administratives – tous les capitaines de la ville au sein d'une seule cour, qui devait se réunir chaque semaine « pour déterminer toutes les contestations des particuliers ». Il trouva que ce système fonctionnait bien et il confia à Amherst que les capitaines avaient « agi avec tant d'équité et de justice dans leurs décisions qu'ils y gagnaient en réputation et le soulageaient d'un grand nombre de problèmes ». Aussi, en 1761, étendit-il ce système à tout le territoire sous sa juridiction, afin de rendre la justice « plus prompte, plus aisée et moins couteuze à Ceux qui Seront dans Lobligation dy recourir ». A Trois-Rivières, Haldimand imita cette façon de faire qui resta inchangée, dans les deux gouvernements, jusqu'à l'instauration du régime civil.

Gage eut aussi, à l'égard du commerce, une attitude novatrice. La politique française d'accorder des monopoles pour la traite des fourrures à l'intérieur du pays « ne vaut pas la peine que nous l'imitions », disait-il ; dans une ordonnance du 1er avril 1761, il déclara que « le Commerce était Libre pour un chacun », sous réserve d'un système de passeports. Il croyait que la traite dans les pays d'en haut devait être contrôlée par la limitation du nombre des postes d'abord, puis par la surveillance qu'y exerceraient des détachements militaires placés pour y prévenir les problèmes avec les Indiens ; c'est la politique qu'il allait plus tard mettre de l'avant, à titre de commandant en chef, avec la collaboration de sir William Johnson. Gage n'en était pas moins sympathique, en général, envers les marchands, qu'ils fussent français ou anglais, et il craignait ce qu'il appelait la « lourde main » du Board of Trade. Si ce dernier ne venait pas gêner le commerce canadien, la province deviendrait, croyait-il, riche et florissante, et capable d'attirer les gens qui ont du bien ; ce serait un lieu où « plusieurs branches du commerce s'implanteraient, auxquelles les Français n'ont jamais pensé ou qu'ils furent empêchés d'établir ». Il fut encouragé en 1762 par le fait que quelques commerçants canadiens commencèrent à écouler leurs fourrures sur le marché de Londres.

Pendant son séjour à Montréal, Gage fut considéré comme un administrateur honnête, juste et consciencieux ; il allait conserver la même réputation dans les colonies du Sud. Il n'y a aucune raison pour mettre en doute son affirmation à l'effet qu'il s'était efforcé de traiter les Canadiens avec bonté et humanité et qu'il s'était fait un devoir de les protéger dans leurs lois, leur religion et leurs biens, malgré que ses sentiments personnels à l'endroit de certains éléments de la population fussent peu amicaux. Il se souciait peu des seigneurs, de ceux en particulier qui étaient officiers : « le plus tôt ces Croix de Saint-Louis et le reste de cette oisive noblesse quitteront le pays, le mieux ce sera pour lui ». Quant aux prêtres, « cette noire confrérie », il se méfiait d'eux tous comme de promoteurs occultes de l'influence française.

En 1763, Gage était prêt à laisser son commandement et à rentrer en Angleterre ; ce n'est pas qu'il fût fatigué de l'Amérique, comme il l'expliqua à Amherst, mais « beaucoup plus à cause de ce maudit climat et il faudrait, écrit-il, m'acheter très cher pour que je reste ici plus longtemps ». Acheté, il le fut. En octobre, il quittait Montréal pour New York, où il devint commandant en chef intérimaire, au départ d'Amherst, le mois suivant. Confirmé à ce poste en 1764, il le conserva jusqu'à son rappel, en 1775. Son action, en tant que commandant en chef, touchait les colonies du Nord de plusieurs façons, non seulement en ce qui concernait les établissements militaires, mais aussi dans des domaines comme les affaires indiennes. Mais ses premières préoccupations allèrent du côté des treize colonies du Sud, en particulier quand les questions politiques y engendrèrent de l'agitation.

Les avis de Gage au gouvernement de la métropole sur la situation en Amérique étaient invariablement prudents. En 1774 toutefois, alors qu'il était en congé en Angleterre, il encouragea George III à croire que de fortes mesures pourraient contenir les Américains, point de vue qu'il avait exprimé, depuis quelques années, dans des lettres personnelles. Résumant la pensée de Gage, le roi rapporta au premier ministre, lord North, ce que le commandant en chef lui avait dit : « ils seront des lions aussi longtemps que nous serons des moutons, mais si nous prenons résolument parti, ils se révéleront sans aucun doute très soumis ». Gage retourna en Amérique en mai 1774, avec le poste additionnel de gouverneur du Massachusetts, et ses premières dépêches amenèrent le gouvernement britannique à croire que la crise était en train de se résorber. Par la suite, toutefois, la situation empira ; Gage transféra le gros de ses forces à Boston, où elles allaient se trouver effectivement enfermées ; en septembre et en octobre, il adressa à lord Dartmouth, secrétaire d'État des Colonies américaines, de si sombres rapports qu'il perdit tout crédit dans la métropole. Sur réception des instructions de Dartmouth lui enjoignant de se montrer « plus actif et plus déterminé », il ordonna de s'emparer des magasins des rebelles à Concord, le 19 avril 1775, ce qui donna le signal des hostilités de la guerre d'Indépendance américaine.

Un certain nombre d'historiens américains ont tenu Gage responsable d'avoir encouragé l'utilisation des Indiens contre les rebelles. Dès le 4 septembre 1774, en retirant de Québec deux régiments destinés à renforcer la garnison de Boston, il demanda au gouverneur Guy Carleton* s'il était possible de lever « un corps de Canadiens et d'Indiens » qui servirait à l'extérieur de la province, « advenant que les choses en viennent aux extrémités ». Il attendit, cependant, jusqu'à ce qu'on eût identifié quelques Indiens de la tribu des Stockbridges parmi les troupes américaines qui investissaient Boston, avant d'écrire à Dartmouth, le 12 juin 1775 : « nous n'avons pas à avoir scrupule de faire appel aux Sauvages, car les rebelles nous ont donné l'exemple ». Comme la critique l'a suggéré, cela tenait en quelque sorte du prétexte ; Gage lui-même avoua à Carleton que les Stockbridges étaient loin d'être les formidables Indiens des régions éloignées, étant plutôt du type « que les Français appelleraient domiciliés, et qui ne valent pas grand-chose ». Mais on ne doit pas mettre sur les épaules de Gage la responsabilité majeure de la participation des Indiens à la guerre d'Indépendance américaine. Des nations indiennes, telles les Six-Nations, avaient de bonnes raisons d'intervenir dans le conflit, de même qu'il était inévitable que la plupart des tribus se rangeassent du côté des Britanniques.

Au milieu de 1775, les jours de Gage en Amérique étaient comptés. En juin, lord George Germain, nouveau secrétaire d'État des Colonies américaines, laissait prévoir sa destitution, en faisant observer que, malgré ses belles qualités, Gage était aux prises avec « une situation trop importante pour ses talents ». Administrateur compétent, Gage n'avait toutefois jamais fait montre de grandes dispositions proprement militaires et, en fait, il n'avait plus la confiance de ses troupes ni de ses principaux officiers [V. John BURGOYNE]. Il fut rappelé en août, censément à des fins de consultation, et il mit à la voile à Boston, le 10 octobre. Sa seule autre affectation militaire fut le commandement des forces défensives du Kent, en 1781. En 1782, il devint général en titre.

Thomas Gage est le type d'officier que l'on rencontre généralement dans l'armée britannique du XVIIIe siècle. Ses liens de parenté et ses relations politiques, la vénalité des charges et sa solide compétence administrative l'avaient aidé à atteindre des postes de responsabilité. Sa réputation personnelle de commandant équitable, d'homme dévoué à sa famille et d'hôte aimable et charmant resta sans tache. A Montréal, toutes ces qualités lui acquirent la réputation d'un gouverneur juste et compétent. En tant que soldat, cependant, il ne se distingua pas dans les opérations proprement militaires. Ni dans l'affaire de La Galette ni dans la crise beaucoup plus complexe de Boston, en 1774–1775, il n'eut, politiquement et stratégiquement, la poigne que ces situations eussent exigée.

S. F. WISE

La masse de documents relatifs à Thomas Gage est immense. Les collections les plus considérables se trouvent à la Clements Library et au PRO, CO 5. Une sélection de pièces tirées de ces collections a été publiée dans *Correspondence of General Thomas Gage* (Carter). On peut trouver la correspondance de Gage avec Amherst, de 1758 à 1760, aux APC, MG 11, série qui renferme des copies de CO 5/56–59, et dans MG 13, qui contient des copies de PRO, WO 34/5, sa correspondance avec le même, alors que Gage était gouverneur de Montréal. Quant à sa correspondance avec Frederick Haldimand, de 1758 à 1763, elle se trouve aux APC, MG 21, série qui contient des copies de la BL, Add. MSS 21661.

J. R. Alden, *General Gage in America ; being princi-*

pally a history of his role in the American revolution (Baton Rouge, La., 1948), présente une biographie savante et sympathique à Gage. Les deux études de John Shy, *Toward Lexington*, et « Thomas Gage, weak link of empire », publié dans *George Washington's opponents : British generals and admirals in the American revolution*, G. A. Billias, édit. (New York, 1969), sont beaucoup moins favorables au général. Le *DAB* et le *DNB* ont publié de courtes biographies de Gage.

Les documents imprimés suivants portent sur certains épisodes particuliers de la carrière de Gage : sur l'expédition de Braddock, *Military affairs in North America, 1748–65* (Pargellis) et *Correspondence of William Shirley* (Lincoln), II. Le capitaine Robert Orme, de l'état-major de Braddock, attribua le désastre de cette expédition à l'effondrement de l'avant-garde de Gage, de même qu'à « une façon de combattre » inhabituelle pour les soldats (*Correspondence of William Shirley*, II : 208). Répondant à une demande de renseignements de Shirley, le nouveau commandant en chef, Gage et Thomas Dunbar, les deux commandants de régiments, prétendirent que le moral des troupes était bas, en partie à cause de l'influence des « troupes provinciales et des gens du pays », qui leur avaient dit que, « s'ils combattaient les Indiens à la manière européenne, ils seraient battus ». Ils soulignèrent aussi le manque de troupes légères – « trois ou quatre » éclaireurs seulement précédaient la colonne – ainsi que « la nouveauté [que représentait] un ennemi invisible et la nature de ce pays, qui est tout en forêts » (II : 313). Shirley n'accepta pas cette réponse et blâma Gage de n'avoir pas pris position sur les hauteurs et d'avoir perdu la maîtrise de l'avant-garde. Mais Shirley accorda qu'on devait imiter les Français, qui, au moyen d'écrans de miliciens, protégeaient leurs troupes régulières. Alden (pp.24–27) fait valoir que Gage n'avait pas l'autorité requise pour occuper les hauteurs, cependant que Shy (*Toward Lexington*) et L. H. Gipson (*The British empire before the American revolution* (15 vol., Caldwell, Idaho, et New York, 1936–1970), VI : chap. 4) croient qu'il aurait dû faire montre de plus d'initiative. Des descriptions contemporaines de cette action se trouvent dans *Military affairs*, 96–117. En ce qui concerne Loudoun, V. Pargellis, *Lord Loudoun*, 234, 299–305. La révélation de sir William Johnson au sujet des hésitations de Gage en 1759 se trouve dans Knox, *Hist. journal* (Doughty), III : 187–232 ; V. aussi Amherst, *Journal* (Webster).

On ne possède aucune étude complète sur le gouvernement militaire de Montréal par Gage ; on trouvera néanmoins de brefs renseignements dans Burt, *Old prov. of Que.*, et Neatby, *Quebec*. Les ordonnances émises par Gage au cours de son gouvernement ont été publiées dans APC *Report*, 1918, app.B, 21–77 ; son « Report of the state of the Government of Montreal », du 20 mars 1762, dans *Docs. relating to constitutional history, 1759–1791* (Shortt et Doughty ; 1918), I : 91–95. Le deuxième tome de cet ouvrage (pp.583s., 661s.) contient des extraits de sa correspondance avec Carleton, en 1774–1775.

Des accusations voulant que Gage ait favorisé l'utilisation des Indiens ont été publiées, dans un ordre décroissant de virulence, dans Allen French, *The first year of the American revolution* (Boston, 1934 ; réimpr., New York, 1968), 403–410 ; J. M. Sosin, « The use of Indians in the war of the American revolution : a re-assessment of responsibility », *CHR*, XLVI (1965) : 101–121 ; et D. [R.] Higginbotham, *The war of American independence : military attitudes, policies, and practice, 1763–1789* (New York, 1971), 319–322. S. F. Wise, « The American revolution and Indian history », *Character and circumstance : essays in honour of Donald Grant Creighton*, J. S. Moir, édit. (Toronto, 1970), 182–200, conteste le caractère inévitable de la participation des Indiens. [S. F. W.]

GAIACHOTON. V. KAYAHSOTA?

GALAUP, JEAN-FRANÇOIS DE, comte de Lapérouse, officier de marine, né le 23 août 1741 dans la paroisse Saint-Julien d'Albi, France, fils de Victor-Joseph de Galaup et de Marguerite de Rességuier ; il épousa à Paris, le 18 juin 1783, Louise-Éléonore Broudou et le couple n'eut pas d'enfant ; décédé à Vanikoro, îles Santa Cruz, en juin 1788.

Entré au service comme garde-marine à Brest le 19 décembre 1756, Jean-François de Galaup embarqua en mars suivant sur le *Célèbre* dans l'escadre commandée par le comte Dubois de La Motte [Cahideuc*] et envoyée au secours de Louisbourg, île Royale (île du Cap-Breton). Il échappa à l'effroyable épidémie qui ravageait les vaisseaux et la ville de Brest où il revint le 12 novembre 1757. Le 22 février 1758, il embarquait sur la frégate *Zéphyr* dans l'escadre dépêchée à Louisbourg aux ordres du comte Du Chaffault de Besné. Le 15 août, Lapérouse passait sur le *Cerf* puis, le 16 mai 1759, sur le vaisseau le *Formidable* dans l'escadre que le comte de Conflans armait péniblement à Brest pour protéger un éventuel débarquement en Angleterre. Le 20 novembre, cette escadre de 21 vaisseaux se heurta, à l'entrée de la baie de Quiberon, aux 23 bâtiments britanniques commandés par Edward Hawke. Le *Formidable*, à l'arrière-garde, eut à supporter tout le poids de l'attaque ennemie et offrit une admirable résistance ; Lapérouse reçut deux blessures, fut fait prisonnier et presque aussitôt échangé.

En mai 1762, Lapérouse embarqua sur le *Robuste*, dans la division commandée par Charles-Henri-Louis d'ARSAC de Ternay, qui alla détruire les pêcheries britanniques de Terre-Neuve. Lapérouse fut promu enseigne de vaisseau le 1er octobre 1764 et, de 1765 à 1769, il fut affecté au transport maritime en France. En 1771, il fit campagne à Saint-Domingue (île d'Haïti) à bord de la frégate *Belle-Poule*. Au début de l'année suivante, il partait pour l'île de France (île Maurice) avec son protecteur Arsac de Ternay qui venait d'en être nommé commandant général. De là, il entreprit, en avril 1773, une longue expédition dans l'océan Indien. Il retourna à l'île de France en mars 1774 et regagna la France en mai 1777. Promu lieutenant de vaisseau le 4 avril de cette année, il fut créé chevalier de Saint-Louis le mois suivant.

En 1779, Lapérouse reçut le commandement de l'*Amazone* qui, incorporée dans la division de La Motte-Piquet, partit le 1er mai pour les Antilles, escortant un convoi vers la Martinique. Ralliant le pavillon du vice-amiral, le comte d'Estaing, Lapérouse participa à la prise de la Grenade et au combat contre l'escadre de John BYRON les 4, 5 et 6 juillet. Par la suite, à bord de l'*Amazone*, il fut placé en surveillance devant Charleston, Caroline du Sud.

Promu capitaine de vaisseau le 4 avril 1780, Lapérouse reçut le 18 décembre suivant le commandement de la frégate *Astrée*. Dès cette époque, une expédition avait été prévue contre les établissements britanniques de la baie d'Hudson mais divers contretemps provoquèrent son ajournement. Patrouillant dans les parages de l'île du Cap-Breton avec l'*Astrée* et l'*Hermione*, Lapérouse livra, le 21 juillet 1781, un brillant combat à un convoi britannique et s'empara de deux bâtiments. Il escorta ensuite un convoi vers les Antilles (décembre 1781), participa à l'attaque de Saint-Christophe (février 1782), aux combats des 9 et 12 avril au large des îles des Saintes contre l'escadre de l'amiral George Brydges Rodney. La flotte française fut vaincue, mais Lapérouse parvint sans encombre au Cap-Français (Cap-Haïtien, Haïti) où, le 14 mai, il prenait le commandement du vaisseau le *Sceptre* et appareillait, le 31, avec les frégates *Astrée* et *Engageante* pour la baie d'Hudson. Il emmenait 250 soldats, 40 artilleurs, quatre pièces de canon et deux mortiers. Malgré une navigation extrêmement difficile, il parvint, à la mi-juillet, dans le détroit d'Hudson et, le 8 août, en vue de l'entrée de la rivière Churchill (Manitoba). Le lendemain, il débarquait ses troupes et sommait l'agent principal Samuel HEARNE de se rendre, ce que ce dernier fit aussitôt. Le fort Prince of Wales fut détruit partiellement et les stocks de vivres et de fourrures saisis. Le 24 août, il attaqua avec succès York Factory (Manitoba). Pressé par le mauvais temps, Lapérouse repartit aussitôt après avoir exécuté fidèlement sa mission, sans perdre un homme et tout en traitant ses prisonniers avec la plus grande humanité. Cette expédition lui valut une pension de 800#.

La paix revenue, Lapérouse fut choisi par le roi, en raison de sa grande expérience et de ses qualités humaines, pour diriger un voyage de découverte dans le Pacifique où de nombreuses régions demeuraient inconnues, dont la côte ouest de l'Amérique du Nord. En juillet 1785, peu avant son départ, Lapérouse fut promu brigadier des armées navales et, durant son voyage, il recevra une commission de chef d'escadre.

L'*Astrolabe* et la *Boussole*, les deux frégates de l'expédition préparée avec le concours de l'Académie des sciences, partirent de Brest le 1er août 1785, franchirent facilement le cap Horn et arrivèrent à la baie de Concepción (Chili) le 23 février 1786. Le 9 avril, Lapérouse fit escale à l'île de Pâques, et, en mai, aux îles Sandwich (Hawaii) où il découvrit l'île Maui, négligée par James COOK. Le 23 juin, les frégates arrivèrent en vue du mont Saint-Élie (sur la frontière de l'Alaska et du Canada). Lapérouse descendit ensuite le long de la côte ouest de l'Amérique en multipliant les reconnaissances hydrographiques. Le 14 septembre, il arriva à Monterey (Californie) où Esteban José MARTÍNEZ lui vint en aide pour diriger les deux frégates dans le port. Traversant le Pacifique d'est en ouest, il entra à Macao, Chine, le 3 janvier 1787, puis, le 26 février, dans la baie de Manille avant de remonter vers le nord. Premier navigateur européen à pénétrer dans les parages situés entre la Chine et le Japon, Lapérouse découvrit le détroit entre Yeso (Hokkaidô, Japon) et Sakhaline (U.R.S.S.) qui porte son nom, avant de faire escale, le 7 septembre, dans la baie d'Avacha (Tar'ya) sur la côte de la péninsule Kamtchatka (U.R.S.S.). L'interprète Jean-Baptiste-Barthélemy de Lesseps débarqua, avec les rapports et les cartes établis par son chef, pour regagner la France par la Sibérie.

Lapérouse se dirigea alors vers le Pacifique central, débarqua le 9 décembre à Maouna (Tutuila, îles Samoa), continua sa route vers les îles des Amis (îles Tonga), puis arriva le 26 janvier 1788 à Botany Bay, en Australie. Il en repartit vers le 15 mars en direction du nord-est. Prises dans un cyclone, les frégates se brisèrent aux alentours de l'archipel des Santa Cruz au milieu de juin 1788. Le mystère de la disparition de Lapérouse ne fut percé qu'en 1826 par Peter Dillon et par Jules-Sébastien-César Dumont d'Urville en 1828, qui retrouvèrent l'épave de l'*Astrolabe*. Enfin, Reece Discombe identifia celle de la *Boussole* en 1964.

Lapérouse représente le type le plus accompli du marin du XVIIIe siècle. Excellent navigateur, brillant combattant, chef très humain, esprit ouvert à toutes les sciences de son temps, il sut toujours habilement combiner prudence et audace, expérience et théorie. Aussi habile qu'infatigable, aussi aimable que ferme, il savait se faire aimer de tous.

ÉTIENNE TAILLEMITE

AN, Marine, B⁴, 125 ; 138 ; 142 ; 145–147 ; 150 ; 163–168 ; 183–185 ; 191–195 ; 206 ; 266 ; 318–320 ; C¹, 173, p.1 439 ; 179, p.211 ; 180, p.299 ; 182, p.454v. ; 184, p.704 ; C⁷, 165 (dossier Lapérouse). — H. H. Bancroft [et H. L. Oak], *History of the northwest coast* (2 vol., San Francisco, 1884). — Georges Bordonove, *Grands mystères et drames de la mer* (Paris, 1975). — M.[-R.] de Brossard, *Lapérouse, des combats à la découverte* (Paris, 1978) ; *Rendez-vous avec Lapérouse à Vanikoro* (Paris, 1964). — John Dunmore, *French explorers in the Pacific* (2 vol., Oxford, 1965–1969), I. — Paul Fleuriot de Langle, *La tragique expédition de Lapérouse et Langle* (Paris, 1954). — Édouard Goepp et Henri de Mannoury d'Ectot, *Les marins* (2 vol., Paris, 1877). — Lacour-Gayet, *La marine militaire sous Louis XV* ; *La marine militaire sous Louis XVI*. — O.[-J.] Troude, *Batailles navales de la France* (4 vol., Paris, 1867–1869), I ; II.

GAMELIN, IGNACE, marchand, receveur des droits du Domaine du roi, capitaine de milice et juge, fils d'Ignace Gamelin* et de Marguerite Le Moyne, né le 10 décembre 1698 dans la paroisse Saint-François-Xavier (Batiscan, Québec) ; il épousa à Montréal, le 31 janvier 1731, Marie-Louise Dufrost de La Gemerais, sœur de MARIE-MARGUERITE, et ils eurent 15 enfants ; décédé à Montréal, le 9 mars 1771.

Ignace est un des membres de cette grande famille des Gamelin, marchands bien en vue en Nouvelle-France. Initié jeune au commerce, il commence sa carrière d'homme d'affaires au début des années 1720, au moment où il semble succéder à son père, marchand à Montréal. Il élargit bientôt son champ d'action en s'associant à Charles Nolan* Lamarque et, en 1721, il investit 24 000 livres tournois dans l'équipement de voyageurs engagés pour se rendre dans les pays d'en haut. Dès lors, il démontre un esprit d'entreprise qui lui permettra de devenir une des figures marquantes du commerce des fourrures au XVIIIe siècle.

L'intérêt de Gamelin pour le commerce des fourrures devait l'amener à participer à la grande aventure de Pierre Gaultier* de Varennes et de La Vérendrye, oncle de son épouse. Bien que commandant du poste de l'Ouest et théoriquement détenteur du monopole du commerce des fourrures dans la région du lac Ouinipigon (Winnipeg), ce dernier manque de fonds pour réaliser le vieux rêve de découvrir la mer de l'Ouest. Il réussit à intéresser Gamelin qui consent alors à investir dans l'entreprise. En 1731, La Vérendrye forme une société de neuf membres, composée de quatre sous-sociétés distinctes, à laquelle Gamelin adhère. Dès la première expédition, Gamelin et Nolan Lamarque sont fournisseurs pour 33 000 livres tournois de marchandises de traite, payables en peaux de castor, au prix des marchands de Montréal, au retour des canots en août de l'année suivante. Au printemps de 1734, une nouvelle société remplace celle de 1731 ; Gamelin et Nolan Lamarque y participent encore, fournissant pour 26 405 livres tournois de marchandises. Les découvertes ne se faisant pas au rythme souhaité, on convient, le 18 mai 1735, de constituer une nouvelle société pour trois ans. Ce nouveau contrat stipule que La Vérendrye ne s'occupera que de la découverte, laissant à ses associés l'exploitation et le commerce. En quelque sorte, La Vérendrye afferme ses postes aux « marchands-équipeurs » en retour d'un traitement annuel de 3 000# ; les associés devront, de plus, payer au gouverneur Beauharnois* la ferme du poste Kaministiquia (Thunder Bay, Ontario). La société s'engage également à prendre toutes les marchandises de traite dans les magasins de Gamelin et de Nolan Lamarque lesquels, pour cette seule année, investissent plus de 50 000 livres tournois. Lorsque, le 21 avril 1738, une autre société remplace celle de 1735, les termes de l'entente demeurent sensiblement les mêmes.

En 1740, Nolan Lamarque et Gamelin, déçus par les retards continuels de La Vérendrye à respecter ses obligations, lui intentent un procès. Le découvreur, toujours à court d'argent depuis le début de ses entreprises, promet de payer ses dettes dans les deux années à venir. L'entente survenue, La Vérendrye nomme Gamelin son procureur, le 1er juin 1747, et afferme pour trois ans les forts Maurepas, sur la rivière Rouge, et La Reine (Portage-la-Prairie, Manitoba), ainsi que leurs dépendances, à Pierre Gaultier* de La Vérendrye de Boumois, son fils, et à Pierre-Julien Trottier-Desrivières. Gamelin devient le seul fournisseur de marchandises et le seul bénéficiaire des fourrures provenant de ces postes. On peut à juste titre se demander pourquoi des marchands ont joué un rôle aussi important dans ces entreprises de la découverte de la mer de l'Ouest. La Vérendrye avait vainement tenté d'obtenir des fonds du ministre Maurepas qui se méfiait du découvreur. C'est pourquoi il dut recourir constamment aux marchands qui, en qualité de bailleurs de fonds, n'étaient pas les collaborateurs les plus désintéressés ; ils ont cependant le mérite d'avoir rendu ses expéditions possibles.

L'activité considérable de Gamelin dans le domaine de la traite des fourrures ne se limita pas à son association avec le découvreur. Un inventaire sommaire des contrats d'engagement démontre qu'il a signé, entre 1727 et 1752, en son nom et au nom de ses associés, plus de 370 engagements de voyageurs montant aux pays d'en haut, principalement à Michillimakinac (Mackinaw City, Michigan) et aux nombreux postes de l'Ouest.

De plus, Gamelin a participé à une autre entreprise d'envergure. En 1729, François Poulin* de Francheville entreprend l'organisation des forges du Saint-Maurice. Or, pour mener à bien une telle entreprise, il lui faut s'allier des spécialistes, des bailleurs de fonds et des personnages constitués en autorité. Aussi, le 16 janvier 1733, Francheville s'associe avec Gamelin, Pierre Poulin*, son frère, François-Étienne Cugnet*, directeur du Domaine d'Occident, et Louis-Frédéric Bricault* de Valmur, secrétaire de l'intendant HOCQUART. L'entreprise éprouve malgré tout de grandes difficultés ; en novembre 1733, le décès de Francheville suspend temporairement l'établissement des forges. A l'automne de 1735, Gamelin et Cugnet, qui ont encore foi dans le projet, s'allient avec Pierre-François OLIVIER de Vézin, pour réorganiser les forges, moyennant une aide financière du roi. Une nouvelle société se forme, le 16 octobre 1736, composée de Gamelin, Cugnet, Thomas-Jacques Taschereau*, agent des trésoriers généraux de la Marine en Nouvelle-France, ainsi que de deux maîtres de forges, Vézin et Jacques Simonet* d'Abergemont. Le premier feu s'allume le 20 août 1738. Gamelin, seul sociétaire natif du pays, exerce un contrôle rigoureux de l'exploitation, mais sans succès. Incapables de rendre l'opération profitable, Cugnet et Gamelin démissionnent en octobre 1741, suivis de peu par les autres associés. Cependant, Gamelin sera le seul associé à payer une partie des dettes de l'entreprise.

Outre ses activités dans les pays d'en haut et aux forges, Gamelin exploite un commerce de gros et de détail dans la région de Montréal et il est un des principaux fournisseurs de l'État pour différents produits. Il s'approvisionne à La Rochelle, notamment chez les frères Pascaud. Pour le transport des marchandises entre la France, les Antilles et la Nouvelle-France, Gamelin et ses associés, Nolan Lamarque, Francheville et Jean-François Malhiot*, peuvent compter sur leur navire, *le Montréal* (1731–1735), et sur une goélette, *la Magnonne*, propriété de Gamelin. Le brigantin *Dauphin* voyage aussi pour leur compte entre Montréal et Louisbourg, île Royale (île du Cap-Breton). On ne sait si Gamelin a fait construire ces navires en Nouvelle-France, mais en 1743 il défraie en partie la construction du *Caribou*. Pour les voyages aux pays d'en haut, il utilise, selon la coutume, des canots d'écorce de six à dix places, fabriqués à Trois-Rivières.

Un homme d'affaires aussi en vue que Gamelin est sollicité pour des services qui le rendent précieux à la société montréalaise. En 1734, il est nommé marguillier de la paroisse Notre-Dame. Il agit souvent comme arbitre, tuteur, estimateur et procureur. En 1739, une commission le nomme receveur des droits du Domaine du roi dans l'étendue du gouvernement de Montréal, poste qu'il occupait provisoirement depuis 1735. De plus, en 1754, il est directeur adjoint d'une corporation de marchands à Montréal. Et, de 1750 à 1760, il occupe le poste de capitaine de milice à Montréal. Le temps qu'il consacre à cette tâche pourrait expliquer la diminution de ses activités commerciales qui cesseront vers le milieu de la guerre de la Conquête.

Sous le Régime anglais, on le nomme juge au tribunal de première instance de la Chambre de milices de Montréal. Gamelin, durant ce mandat qui dura de 1760 à 1764, joue un rôle assez équivoque : siégeant avec ses collègues à ce tribunal militaire, il signe comme juge 23 sentences en des causes où il est demandeur ou partie.

A la fin du gouvernement militaire, sans fortune, Gamelin doit encore nourrir sept enfants. Les dernières années de sa vie sont très pénibles : de 1768 à sa mort, il est paralysé, sourd, muet et presque aveugle. A ses héritiers, il laisse une dette de 49 719# et des comptes à recevoir au montant de 79 543# dont plusieurs obligations, certaines datant de 1721. Un des gros marchands de Montréal, Ignace fut probablement le plus important de la famille Gamelin.

RAYMOND DUMAIS

Le château de Ramezay possède un portrait non signé d'Ignace Gamelin.

ACND, Doc. du dépôt général, 13 (livres de comptes d'Ignace Gamelin, 1720–1757). — AN, Col., B, 65, pp.681, 688 ; 81, pp.304s. ; C[11A], 65, pp.17, 24, 30 ; 67, pp.63, 83s. ; 73, pp.120, 122 ; 74, pp.132, 147 ; 95, f.346v. ; 110 ; 111 ; 112 ; F[3], 13, pp.96, 114 (copies aux APC). — ANQ-M, Chambre des milices, 1760–1764 ; Doc. jud., Cour des plaidoyers communs, Registres, 1765–1771 ; Juridiction de Montréal, 11 ; 14, 12 avril, 12 août 1724, 22 avril, 24 mai 1725, 4 avril 1727, 20 mai, 19 juin 1739, 2 juin 1740, 9 juin 1745, 10 juin 1748, 24 mai 1749, 7 juin 1751 ; Registres des audiences pour la juridiction de Montréal, 1720–1760 ; État civil, Catholiques, Notre-Dame de Montréal, 31 janv. 1731, 10 mars 1771 ; Greffe de J.-B. Adhémar, 29 janv., 4 juin 1731, 17 mai 1735 ; Greffe de L.-C. Danré de Blanzy, 29 mai 1744, 12 juill. 1747, 15 juin 1754, 13 déc. 1758 ; Greffe de F.-M. Lepallieur de Laferté, 10 juin, 14 nov. 1734, 14 juin 1735 ; Greffe de P.-F. Mézière, 18 juin 1764 ; Greffe de Pierre Panet, 26 avril 1757, 12 sept. 1765, 8 mai 1771 ; Greffe de C.-C.-J. Porlier, 25 sept. 1740 ; Greffe de J.-C. Raimbault, 25 août, 29 sept. 1732 (pour cette recherche, environ un millier d'actes ont été recensés, nous ne citons ici que les plus importants) ; Livres de comptes, Charles Nolan Lamarque, 1727–1734 ; Recensement, Compagnie des Indes, 1741. — ANQ-MBF, État civil,

Catholiques, Saint-François-Xavier (Batiscan), 10 déc. 1698. — ANQ-Q, Greffe de J.-N. Pinguet de Vaucour, 16 janv. 1733, 23 oct. 1735, 18 oct. 1736, 30 oct. 1737. — Archives privées, J.-B. Porlier (Boucherville, Québec), Lettres de la famille Gamelin, 1764–1777. — ASQ, Fonds Viger-Verreau, Carton 1, n° 48 ; 2, n° 157 ; 3, n° 180 ; 8, n° 28 ; 20, n° 40. — Bégon, Correspondance (Bonnault), ANQ *Rapport*, 1934–1935, 56. — Documents sur Pierre Gaultier de La Vérendrye, J.-J. Lefebvre, édit., ANQ *Rapport*, 1949–1951, 51–67. — [Louis] Franquet, Voyages et mémoires sur le Canada, Institut canadien de Québec, *Annuaire*, 13 (1889). — [Nicolas Renaud d'Avène Des Méloizes], Journal militaire tenu par Nicolas Renaud d'Avène Des Méloizes, ch[er], seigneur de Neuville, au Canada, du 8 mai 1759 au 21 novembre de la même année [...], ANQ *Rapport*, 1928–1929, 15. — *La Gazette de Québec*, 27 avril 1769. — Claude de Bonnault, Le Canada militaire : état provisoire des officiers de milice de 1641 à 1760, ANQ *Rapport*, 1949–1951, 443. — Labrèque, Inv. de pièces détachées, ANQ *Rapport*, 1971, 45, 258. — P.-G. Roy, *Inv. coll. pièces jud. et not.*, I : 120 ; *Inv. concessions*, II : 226, 229, 234 ; IV : 224 ; *Inv. ins. Cons. souv.*, 218s. ; *Inv. coll. pièces jud. et not.*, I : 120 ; *Inv. concessions*, II : 226, 229, 234 ; IV : 224 ; *Inv. ins. Cons. souv.*, 218s. ; *Inv. jug. et délib., 1717–1760*, IV : 34, 60, 211 ; V : 84s., 281 ; *Inv. ord. int.*, I : 184 ; II : 186, 266 ; III : 15s., 26, 54s. — Antoine Champagne, *Les La Vérendrye et le poste de l'Ouest* (Québec, 1968). — Albertine Ferland-Angers, *Mère d'Youville, vénérable Marie-Marguerite Du Frost de Lajemmerais, veuve d'Youville, 1701–1771 ; fondatrice des Sœurs de la Charité de l'Hôpital-général de Montréal, dites sœurs grises* (Montréal, 1945). — Cameron Nish, *Les bourgeois-gentils-hommes de la Nouvelle-France, 1729–1748* (Montréal et Paris, 1968) ; *François-Étienne Cugnet, 1719–1751 : entrepreneur et entreprises en Nouvelle-France* (Montréal, 1975). — Sulte, *Mélanges historiques* (Malchelosse), VI. — Tessier, *Les forges Saint-Maurice*. — M. Trudel, *L'esclavage au Canada français*. — Philéas Gagnon, Nos anciennes cours d'appel, *BRH*, XXVI (1920) : 346s. — É.-Z. Massicotte, Une chambre de commerce à Montréal sous le Régime français, *BRH*, XXXII (1926) : 121–124.

GAMELIN, PIERRE-JOSEPH (il signait **Pierre**), garde-magasin, négociant, capitaine de milice et juge de paix, né à Saint-François-du-Lac (Québec) le 16 avril 1736, fils de Joseph Gamelin, marchand, et d'Angélique Giasson ; il épousa le 29 janvier 1759, à Lachine (Québec), Marie-Louise de Lorimier (ils eurent six filles), et, en secondes noces, le 15 septembre 1785 à Saint-Vincent-de-Paul (Laval), Marie-Anne Lemaître-Lamorille (ils eurent un fils) ; décédé à Montréal, le 19 octobre 1796.

Ondoyé le jour de sa naissance, Pierre-Joseph Gamelin reçut les cérémonies supplétives du baptême le 5 juin de la même année, du chanoine Joseph-Thierry Hazeur* ; il a pour marraine Jeanne-Charlotte de Fleury Deschambault, future épouse de son parrain, Pierre de RIGAUD de Vaudreuil de Cavagnial, alors gouverneur de Trois-Rivières. Issu d'une famille commerçante renommée de Montréal, Gamelin est initié jeune au monde des affaires. A l'âge de 22 ans, il est garde-magasin du roi au fort Frontenac (Kingston, Ontario), puis au fort La Présentation (ou Oswegatchie ; aujourd'hui Ogdensburg, New York).

Ayant exercé ces fonctions pendant le gouvernement de BIGOT, Gamelin sera accusé de complicité dans l'Affaire du Canada. Le 29 mars 1762, le Châtelet décrète la prise de corps de Gamelin, qui subit son procès par contumace. Le jugement du 10 décembre 1763, condamnant Bigot et ses complices, réservait le cas de Gamelin pour un « plus ample informé avant de prononcer la contumace ». Soucieux de maintenir sa réputation et de faire lever le doute planant sur ses agissements, Gamelin, pour se défendre, se rend à Paris où il sera finalement acquitté. Le 4 avril 1767, il demande au Conseil de Marine le remboursement de 69 000# de papier du Canada dont il est porteur, alléguant qu'il a droit à cette faveur, en raison de fortes dépenses engagées pour venir se justifier en France.

Depuis au moins 1762, Gamelin est établi à Montréal comme marchand grossiste et détaillant. Ses livres de comptes, tenus de 1766 à 1778, indiquent que les Canadiens composent 70 p. cent de sa clientèle ; parmi ses fournisseurs, on remarque les marchands Davis et Sharp, John et Robert Barclay, qui lui intenteront des procès en 1786, Aymare Mavit et Daniel Vialars, et Ogier Renaud & Cie, de Londres. Cette dernière firme, dont il était agent, lui sert souvent d'intermédiaire avec ses fournisseurs européens : les sociétés Paillet & Meynardie et Tourons & Frères, de La Rochelle. Gamelin s'associe également avec Antoine Vitally et Jérôme Jugier, fabricants de tabac au pays, mais la société fait faillite en 1786. De plus, il continue à s'intéresser aux pays d'en haut : au printemps des années 1789 et 1794, il engage 22 voyageurs, la plupart pour Michillimakinac (Mackinac Island, Michigan). Le 18 mai 1795, il effectue une dernière transaction commerciale, cédant à Grant, Campion & Cie des marchandises, dont quelques caisses de rhum de la Jamaïque, expédiées à Michillimakinac l'automne précédent.

En 1762, des Britanniques prennent l'initiative de réunir une trentaine de citoyens, dont dix Canadiens, en vue de fonder une loge maçonnique à Montréal. Désireux de se lier à la haute société anglaise, Gamelin s'associe au groupe. Par contre, le 27 décembre 1770, il est nommé troisième marguillier de la paroisse Notre-Dame de Montréal. Une semaine plus tard, le 3 janvier 1771, devenu maître de loge, il se manifeste publiquement lors d'une cérémonie maçonnique. Stupéfait, le clergé, qui feint d'ignorer l'activité des francs-maçons, envisage la possibilité de le destituer en tant que marguillier, mais l'importance de Gamelin et le rôle considérable joué par sa famille au sein de l'Église et de la société montréalaise depuis la fin du XVIIe siècle incitent à la prudence. Ne voulant pas, de surcroît, aggraver une affaire qui fait déjà trop de bruit, le clergé décide de régler le différend à l'amiable. Après s'être concertés, le curé Louis Jollivet, le grand vicaire Étienne MONTGOLFIER et Mgr BRIAND pressent Gamelin de se démettre de l'une ou l'autre de ses fonctions jugées incompatibles. Gamelin se soumet probablement aux vœux des ecclésiastiques ; en effet, le 30 juin de la même année, lors de la reconstruction de l'église Notre-Dame-de-Bonsecours, il pose, en qualité de marguillier, une des pierres angulaires. En outre, quatre de ses filles épousent des Britanniques dont trois sont protestants ; Gamelin n'assistera pas à ces derniers mariages à cause de « certaines raisons de religion ».

Membre de l'élite commerçante du XVIIIe siècle et propriétaire de terrains à Saint-Vincent-de-Paul, à Prairie-de-la-Madeleine (La Prairie), à l'île Bouchard et surtout à Verchères, où il afferme 190 arpents de terre, Gamelin se voit confier quelques fonctions importantes. Capitaine de milice pendant l'invasion américaine, il fut fait prisonnier lors de la prise de la garnison de Saint-Jean (Saint-Jean-sur-Richelieu) en novembre 1775. En 1784–1785, il se rendit à Londres avec des compatriotes [V. Jean-Baptiste-Amable ADHÉMAR] pour y défendre les intérêts des Canadiens, notamment pour réclamer des prêtres dont le Canada avait un pressant besoin. Lors de la première élection en 1792, Gamelin pose sa candidature dans le comté d'Effingham mais il sera battu par Jacob JORDAN, seigneur de Terrebonne. Cette même année, il devient juge de paix. Gamelin avait acheté, en 1769, une maison de pierres, à deux étages, construite sur l'emplacement actuel du marché Bonsecours. Après son deuxième mariage, il vit à Saint-Vincent-de-Paul ; en 1795, on le retrouve à Montréal où, le 14 septembre 1796, malade, il rédige son testament.

Négociant important sous le Régime anglais, Pierre-Joseph Gamelin dut composer avec les conquérants. A sa mort, on évalua ses biens à £4 172 et ses dettes à £4 455, alors que ses comptes à recevoir se chiffraient à £88 104. Pierre-Joseph fut, semble-t-il, le dernier représentant des marchands de la dynastie des Gamelin qui en compta pas moins de dix au XVIIIe siècle, dont Ignace*, père, IGNACE, fils, et Pierre Gamelin* Maugras.

RAYMOND DUMAIS

ANQ-M, Chambre des milices, 13 juill. 1762, 14 janv., 7 sept. 1763, 24 juill. 1764 ; Doc. jud., Cour des plaidoyers communs, Registres, 1765–1796 ; État civil, Anglicans, Christ Church (Montréal), 30 janv. 1784, 17 sept. 1793 ; Catholiques, Notre-Dame de Montréal, 20 oct. 1766, 7 janv. 1783 ; Saint-François-du-Lac, 5 juin 1736 ; Saints-Anges (Lachine), 29 janv. 1759, 20 févr. 1784 ; Saint-Vincent-de-Paul (Laval), 15 sept. 1785, 31 mai 1789 ; Greffe de J. G. Beek, 30 janv. 1784, 17 sept. 1793 ; Greffe de Louis Chaboillez, 8, 11, 15, 22, 29 mai 1789, 5, 10, 13, 14 juin 1794, 7 déc. 1796, 5 juill. 1797, 27 mars 1798 ; Greffe de Jean Delisle, 29 mars 1780 ; Greffe de J.-G. Delisle, 13 nov. 1791 ; Greffe de J.-C. Duvernay, 8 août 1762, 13 juin 1766, 9 oct. 1767, 21 sept. 1771, 9 oct. 1772, 28 juill., 5 août, 5 oct. 1773 ; Greffe d'Antoine Foucher, 9 avril 1782, 10 juill. 1786, 23 mars, 1er mai 1787 ; Greffe de François Leguay, 4 janv. 1783, 16 juin 1785 ; Greffe de P.-F. Mézière, 18 janv. 1779 ; Greffe de Pierre Panet, 27 janv., 27 févr. 1759, 12 août 1766, 3 déc. 1767, 30 juin 1769, 13 juill. 1770, 12 déc. 1772, 4 janv., 21 févr., 29 mars 1774, 23 févr. 1775 ; Greffe de Joseph Papineau, 20 févr. 1784, 14 nov. 1792, 18 mai 1795, 6 févr., 4 sept. 1796 ; Greffe de François Simonnet, 22 juill. 1768, 2 juin, 30 août 1769 ; Greffe de L.-J. Soupras, 20 juin 1783 ; Greffe d'André Souste, 2 juill. 1764 ; Tutelles et curatelles, 15 juin 1785, 19 mars 1795, 1er déc. 1796. — APC, MG 24, D3, 1. — Archives paroissiales, Notre-Dame (Montréal), Registre des délibérations d'assemblées générales des marguilliers, I, ff.342, 346, 347, 354, 355, 359 ; II, ff.18, 93, 94, 95, 96. — ASQ, Fonds Viger-Verreau, Carton 9, n° 1 ; 17, n° 51. — AUM, P 58, Corr. générale, Pierre Gamelin à Mlle Despinassy, 21 oct. 1772. — *Jugement rendu souverainement et en dernier ressort, dans l'Affaire du Canada, par messieurs les lieutenant général de police, lieutenant particulier et conseillers au Châtelet, et siège présidial de Paris, commissaires du roi en cette partie, du 10 décembre 1763* (Paris, 1763), 6, 45–47, 77. — MM. Adhémar et Delisle, *BRH*, XII (1906) : 325, 353. — Première réunion de la grande loge de Montréal, APC *Rapport*, 1944, xxxii. — *La Gazette de Québec*, 12 oct. 1780, 17 nov. 1785, 7 août, 13 nov. 1788, 15 juill. 1790. — F.-J. Audet et Édouard Fabre Surveyer, *Les députés au premier parlement du Bas-Canada (1792–1796)* [...] (Montréal, 1946), 282. — Thomas Chapais, *Cours d'histoire du Canada* (8 vol., Québec et Montréal, 1919–1934), I : 235–237. — A.-H. Gosselin, *L'Église du Canada après la Conquête*, I : 380–384. — Lemire-Marsolais et Lambert, *Hist. de la CND de Montréal*, IV : 192–194, 432 ; V : 232s. — P.-G. Roy, *Bigot et sa bande*, 191–193. — Ægidius Fauteux, Marguillier et franc-maçon, *BRH*, XXVI (1920) : 240. — La première loge maçonnique, *BRH*, LI (1945) : 179. — Louis-Richard, La famille Lœdel, *BRH*, LVI (1950) : 78–89.

GANNENSTENHAWI. V. WILLIAMS, EUNICE

GARREAU. V. MAUGUE-GARREAU

GARREAU (Garo, Garrau, Garaut), dit **Saint-Onge, PIERRE**, prêtre, chanoine du chapitre de Québec, grand vicaire, né à Montréal le 20 décembre 1722, fils de Pierre Garreau, dit Saint-Onge, et de Marie-Anne Maugue, décédé à Trois-Rivières le 20 septembre 1795.

Ordonné prêtre le 18 décembre 1745 par Mgr de Pontbriand [Dubreil*], Pierre Garreau, dit Saint-Onge, exerça d'abord son ministère à Saint-Étienne-de-Beaumont (Beaumont) de 1745 à 1748, et fut ensuite curé de la paroisse Saint-Louis, à l'île aux Coudres, en 1748–1749 et de Sainte-Anne-du-Petit-Cap (Sainte-Anne-de-Beaupré) de 1749 à 1755 ; nommé chanoine du chapitre de Québec le 6 novembre 1755 et élu secrétaire le 27 septembre 1756, il résida à Québec jusqu'en 1760. De 1760 à 1764, il occupa la cure de Saint-François-Xavier-de-Batiscan (Batiscan), avec desserte de Sainte-Geneviève-de-Batiscan. Mgr BRIAND le nomma, en 1764, grand vicaire à Trois-Rivières, en remplacement de Joseph-François Perrault, charge qu'il remplit jusqu'en 1788, tout en faisant du ministère à Sainte-Marie-Madeleine-du-Cap-de-la-Madeleine et à La Visitation-de-la-Pointe-du-Lac.

Très lié à Mgr Briand, dont d'ailleurs il partageait les vues politiques face aux représentants du nouveau régime, Garreau, dit Saint-Onge, se vit confier plusieurs responsabilités, entre autres celles de ramener l'entente et la paix entre certains curés et leurs ouailles et d'apaiser les conflits de juridiction entre les curés de paroisses voisines. C'était là une tâche délicate qui demandait des qualités de tact, de persuasion et aussi d'autorité. Il semble bien qu'il usa surtout d'autorité, du moins dans l'opinion de la population de Trois-Rivières et aussi parfois des récollets qui avaient charge de cette cure. A quelques reprises, l'évêque crut nécessaire de le rappeler à des sentiments plus charitables. Le 24 mars 1777, en lui exposant les divisions qui existaient dans son entourage, Mgr Briand le priait de surveiller sa conduite et de ne pas permettre aux mauvaises langues de le discréditer. Quelques mois plus tard, il lui reprochait son attitude à l'égard du curé Benjamin-Nicolas Mailloux* et des récollets.

Le grand vicaire Saint-Onge eut souvent maille à partir avec les autorités civiles et les marguilliers, et particulièrement avec les directeurs des forges du Saint-Maurice, Christophe PÉLISSIER et Pierre Fabre*, dit Laterrière, lesquels adressèrent même des plaintes acerbes à l'évêque concernant l'intransigeance du grand vicaire.

Les Trifluviens devinrent plus méfiants à son endroit lorsqu'ils constatèrent que le grand vicaire Saint-Onge était beaucoup plus conciliant avec les autorités britanniques qu'avec ceux qu'il avait mission de diriger au point de vue spirituel. Un événement vint attiser davantage le feu des rancunes et des susceptibilités : l'occupation de Trois-Rivières par les Américains en 1775–1776 [V. François GUILLOT, dit Larose]. Les Trifluviens étaient, en grande majorité, sympathiques aux Bostonnais. Le grand vicaire Saint-Onge leur était ouvertement hostile et, obéissant à l'évêque de Québec, il ordonna des prières publiques, des processions, des saluts et des neuvaines pour la cause britannique. Les paroissiens obéirent mais non, on le conçoit, sans maugréer. La situation eût sans doute été différente si le grand vicaire avait usé de persuasion plutôt que d'autorité. Mais tel était son caractère.

Messire Saint-Onge en arriva à chercher la sérénité et la paix dans son poste d'aumônier des ursulines. Devenu vieux et infirme, il demanda humblement à Mgr HUBERT, en 1788, la permission d'aller finir ses jours chez « les Dames Ursulines ». Il était pauvre et même dans une situation voisine de la misère, comme il l'écrivait à l'évêque le 29 novembre 1788 : « Je n'ai pour provisions que le produit de mon jardin [...] Je me trouve dans la dure nécessité de sortir, non du bois comme le loup, mais de mon état, pour frapper à quelques portes charitables. » C'est chez les ursulines qu'il mourut le 20 septembre 1795.

RAYMOND DOUVILLE

AAQ, 20 A, I : 136, 138, 139, 141, 143, 144, 149, 175 ; 22 A, IV : 547 ; V : 7, 215 ; 10 B, 219v., 220, 221v., 245v., 253v., 254 ; 1 CB, IX : 84, 86, 87, 90, 92, 93 ; 81 CD, II : 22, 56 ; 33 CR, A, 3, 5, 6, 7, 17, 18, 20, 31, 39, 97, 98, 117, 123, 141, 142, 145. — ASQ, Lettres, S, 48 ; T, 52 ; Polygraphie, VII : 6 ; Séminaire, 8, nº 42. — Caron, Inv. de la corr. de Mgr Briand, ANQ *Rapport*, 1929–1930, 45–136. — Hervé Biron, *Grandeurs et misères de l'Église trifluvienne (1615–1947)* (Trois-Rivières, 1947). — A.-H. Gosselin, *L'Église du Canada après la Conquête*. — Jouve, *Les franciscains et le Canada : aux Trois-Rivières*. — Sulte, *Mélanges historiques* (Malchelosse), VI. — Albert Tessier, *Les Trois-Rivières : quatre siècles d'histoire, 1535–1935* (2e éd., s.l., 1935). — M. Trudel, *Le Régime militaire*. — *Les ursulines des Trois-Rivières depuis leur établissement jusqu'à nos jours* (4 vol., Trois-Rivières, 1888–1911), I. — Raymond Douville, La dette des États-Unis envers les ursulines de Trois-Rivières, *Cahiers des Dix*, 22 (1957) : 137–162 ; La maison de Gannes, *Cahiers des Dix*, 21 (1956) : 105–135.

GASPÉ, IGNACE-PHILIPPE AUBERT DE. V. AUBERT

GATROWANI. V. OTTROWANA

GAULTIER DU TREMBLAY, FRANÇOIS (il porta aussi le nom de **Gaultier de La Vérendrye**), explorateur, soldat, né le 29 octobre 1715 et baptisé à Sorel (Québec) le 22 décembre suivant, troisième fils de Pierre Gaultier* de Varennes et de La Vérendrye et de Marie-Anne Dandonneau Du Sablé, décédé à Montréal le 30 juillet 1794.

François Gaultier Du Tremblay n'avait pas encore 16 ans lorsqu'il partit pour l'Ouest en 1731 avec son père et ses frères Jean-Baptiste* et Pierre*. Après avoir passé le premier hiver à Kaministiquia (Thunder Bay, Ontario), il assistait au cours de l'été de 1732 à la construction du fort Saint-Charles, sur le lac des Bois. En 1737, il se rendit avec son père au fort Maurepas, situé sur la rivière Rouge (Manitoba), puis, à l'automne de l'année suivante, au pays des Mandanes – région qui correspond à peu près au Dakota du Nord actuel. Lorsque, le 3 décembre 1738, les explorateurs pénétrèrent dans le principal village des Mandanes, François ouvrait la marche, portant le drapeau aux armes de France.

Quelques années plus tard, François retourna dans la même région au cours d'une longue expédition organisée par son frère Louis-Joseph* – appelé le chevalier de La Vérendrye – vers le sud-ouest. Ils étaient partis, au printemps de 1742, accompagnés de deux Français et de guides indiens, et s'étaient d'abord rendus chez les Mandanes. Puis, après avoir traversé un grand nombre de villages indiens, ils étaient arrivés chez les Gens de l'Arc – probablement une tribu de Panis – avec l'espoir d'obtenir des renseignements sur la mer de l'Ouest. Alors que le chevalier de La Vérendrye se voyait obligé de participer à une guerre organisée par ces Indiens, François resta avec les non-combattants pour garder les effets. Au mois de mars 1743, les explorateurs rencontrèrent des Gens de la Petite-Cerise, un clan de Panis-Arikaras, et séjournèrent quelque temps parmi eux. C'est près de leur fort, situé au confluent des rivières Bad et Missouri, en face de l'actuelle Pierre, dans le Dakota du Sud, que le chevalier de La Vérendrye enfouit sous terre une plaque pour marquer leur passage. On y trouve le nom de François, abrégé en « t b l t » (pour Tremblet, graphie que l'on trouve en plusieurs occasions), ainsi que celui du chevalier et des deux Français qui les accompagnaient.

Après la démission de son père, qui prit effet en 1744, François resta dans l'Ouest et servit sous les ordres de Nicolas-Joseph de Noyelles* de Fleurimont qui remplaçait La Vérendrye comme commandant du poste de l'Ouest. En 1746, La Vérendrye réintégra son poste de commandant et Pierre vint rejoindre son frère François au cours de l'hiver de 1747–1748. Ce dernier était toujours dans cette région lorsque son père mourut à Montréal au mois de décembre 1749. Le 1er octobre 1750, il fut nommé cadet à l'aiguillette, dans les troupes de la Marine, par le gouverneur La Jonquière [Taffanel*] et il revint dans la vallée du Saint-Laurent cette année-là, ou la suivante, après plus de 19 ans d'absence.

François Gaultier Du Tremblay ne devait pas rester longtemps dans l'est puisqu'en février 1752, alors que son frère Louis-Joseph entrait en société avec Luc de LA CORNE pour exploiter le poste de Chagouamigon (près d'Ashland, Wisconsin), il s'engageait à travailler pour eux en qualité d'interprète, avec traitement de 500# par an. De retour à Montréal avec son frère en 1755, François cédait à ce dernier, le 13 juin de l'année suivante, tous ses droits sur les biens immeubles de la famille, dont sa part dans le fief Du Tremblay, contre une rente viagère de 400# par an. Il signa ce contrat d'une écriture étudiée et maladroite : « tranblei ». C'est la seule signature que nous ayons de lui. A la mort de Louis-Joseph en 1761, François se retrouva malgré lui en possession de l'héritage familial ; le 29 novembre 1769 il céda à nouveau tous ses droits, cette fois à la veuve de son frère, Louise-Antoinette de Mézières de Lépervanche, à condition qu'elle le nourrisse et l'entretienne ou qu'elle lui verse une rente annuelle de 450#. Celle-ci, dans une requête adressée au gouverneur HALDIMAND en 1781, parlait de la charge que représentait pour elle son beau-frère, « un vieillard incapable de se procurer ses besoins ».

A peu près complètement illettré, François Gaultier Du Tremblay ne semble pas avoir eu les capacités et l'esprit d'initiative de ses frères. Il vécut toujours de façon modeste et effacée et serait probablement resté dans l'ombre s'il n'avait appartenu à une grande famille de découvreurs. A sa mort, en 1794, disparaissait le dernier des La Vérendrye.

ANTOINE CHAMPAGNE

Outre les deux ouvrages d'Antoine Champagne, *Les La Vérendrye et le poste de l'Ouest* (Québec, 1968) et *Nouvelles études sur les La Vérendrye et le poste de l'Ouest* (Québec, 1971), il existe sur la famille La Vérendrye de nombreuses études et sources imprimées. On consultera avec profit, aux volumes II et III du *DBC*, les bibliographies des biographies de Pierre Gaultier* de Varennes et de La Vérendrye et de ses fils Jean-Baptiste*, Louis-Joseph* et Pierre*. [A. C.]

AN, Col., C11A, 100, ff.28, 30, 32 ; C11E, 16, ff.308–313 ; D2C, 61, f.125. — ANQ-M, Greffe de L.-C. Danré de Blanzy, 13 juin 1756 ; Greffe d'Antoine Foucher, 18 févr. 1752 ; Greffe de Pierre Panet, 5 juill. 1764, 29 nov. 1769 ; Greffe de François Simonnet, 15 juill. 1750. — BL, Add. MSS 21 734, 3 févr. 1781 (copie aux APC).

GAYAHGWAAHDOH. V. KAIEÑ?KWAAHTOÑ

GERMAIN, CHARLES, prêtre, jésuite et missionnaire, né au Luxembourg le 1er mai 1707, décédé à Saint-François-du-Lac (Québec), le 5 août 1779.

Entré chez les jésuites à Tournai (Belgique), le 14 septembre 1728, Charles Germain partage son temps entre l'étude et l'enseignement jusqu'en 1739, allant successivement à Tournai, à Lille et à Douai. Après son ordination, il choisit les missions de la Nouvelle-France où il arrive à l'automne de 1739. Dès 1740, il succède à Jean-Pierre Daniélou* auprès des Malécites de la rivière Saint-Jean où il restera jusqu'à la veille du traité de Paris.

En fait, son nom reste attaché à cette mission. Germain s'y distingue principalement par le rôle central qu'il joue entre le gouvernement de la Nouvelle-France et la tribu qu'il dirige. Ce rôle est complexe : à la fois correspondant des autorités de la Nouvelle-France (HOCQUART, Beauharnois*, La Galissonière [Barrin*], Vaudreuil [RIGAUD] loueront successivement son zèle), aumônier de garnison au fort Menagouèche (Saint-Jean, Nouveau-Brunswick), recenseur des effectifs indiens de la région qu'il dessert, aumônier militaire, agent de liaison, informateur, on le retrouve tout au long des multiples événements qui marquèrent, en Acadie, la guerre de la Succession d'Autriche et la guerre de Sept Ans.

D'autre part, les autorités ecclésiastiques le perçoivent comme un sujet d'élite puisqu'il est proposé à Rome, en 1752, pour être supérieur général de la mission de la Nouvelle-France. Mais l'abbé de l'Isle-Dieu, vicaire général de l'évêque de Québec en France, réussit a obtenir du père Charles-Michel Mésaiger*, procureur des jésuites à Paris, le maintien de Germain à Aukpaque, lieu de sa principale résidence (à sept milles environ de l'actuelle Fredericton), tant sa présence y était jugée indispensable à la politique française. L'abbé de l'Isle-Dieu était d'ailleurs conscient du rôle joué par Germain dans les affaires acadiennes, car il le considérait comme « un homme d'état ». Dans une lettre à Mgr de Pontbriand [Dubreil*], il expose les projets du missionnaire, avouant même « qu'il s'agit encore plus du bien du service que du progrès de la religion ». A juste titre, on associe presque toujours le nom de Charles Germain à celui de l'abbé Jean-Louis LE LOUTRE, pour toute la période 1744–1755.

A partir de 1755, toutefois, leurs itinéraires sont différents. Après la prise du fort Beauséjour (près de Sackville, Nouveau-Brunswick) par Robert MONCKTON et la déportation des Acadiens, Germain tente, avec Charles DESCHAMPS de Boishébert, de consolider les débris de la résistance acadienne. Mais sa situation est de plus en plus difficile à mesure que la position française se gâte. On sait qu'il se rend à Québec avec ses Indiens, durant la campagne de 1759. A partir de 1760, il est le seul missionnaire, en Acadie, à espérer encore en une victoire française. Mais en 1761, résigné à la défaite, il offre ses services au gouvernement de Halifax pour la pacification des Indiens. A l'instar de l'abbé Pierre Maillard*, les autorités britanniques lui accordent, le 21 septembre 1761, une pension de £50 pour services rendus.

Toutefois, au cours d'un voyage qu'il fait à Québec, à l'automne de 1762, il semble que James MURRAY le retient dans cette ville, probablement parce qu'on craint toujours son influence auprès des Indiens. Ses ouailles, à qui on promettait en vain un successeur, brûlent son église en guise de protestation. Pour sa part, Germain poursuit sa carrière dans la nouvelle colonie anglaise où on le retrouve dans la region de Trois-Rivières, plus particulièrement au Cap-de-la-Madeleine et à Batiscan, entre janvier 1763 et 1767. En 1763, après que Ralph Burton* ait ordonné l'expulsion des jésuites de son gouvernement de Trois-Rivières, Germain quitte la région temporairement mais revient en décembre, peu après le remplacement de Burton par HALDIMAND.

Sa longue expérience auprès des Indiens justifie sans doute qu'il soit nommé, en 1767, à Saint-François-du-Lac où il dessert la paroisse et la mission. En 1779, il est mêlé indirectement aux affaires d'espionnage qui marquent, dans le sud de la paroisse, les menaces d'invasion américaine et la « trahison » de Joseph-Louis GILL, mais il réussit à s'exonérer auprès de Haldimand. A sa mort le 5 août 1779, Germain était un des derniers jésuites encore survivants en Amérique.

MICHELINE D. JOHNSON

AN, Col., B, 91, f.352 ; 98, f.42 (copies aux APC). — Archives de l'évêché de Nicolet (Nicolet, Québec), Cartable Odanak ; Cartable Saint-François-du-Lac. — ASJCF, 573 ; 675 ; 708 ; 779 ; 808–3 ; 4018, ff.372, 379, 393, 405, 417, 421, 485, 489, 492, 506, 509, 511, 517, 529, 532, 533, 534, 553, 559 ; 4021, f.18. — BL, Add. MSS 21777 (copies aux APC). — *Coll. de manuscrits relatifs à la N.-F.*, III : 210, 273, 277, 281, 287, 304, 326, 345, 359, 369, 403, 409, 516 ; IV : 27, 104. — *Les derniers jours de l'Acadie* (Du Boscq de Beaumont), 86n., 91, 95s., 98, 131s., 167, 185, 282. — Placide Gaudet, Généalogie des familles acadiennes avec documents, APC *Rapport*, 1905, II, IIIe partie : 236–258, 318–327, 369–371. — *JR* (Thwaites), LXIX : 76, 290 ; LXX : 84 ; LXXI : 26, 172s., 398. — La Rue, Lettres et mémoires, ANQ *Rapport*, 1935–1936, 317, 377, 389 ; 1936–1937, 346s., 357, 402, 406, 436 ; 1937–1938, 187. — *N.S. Archives*, *I*, 83, 309, 319–321, 362–376. — H.-R. Casgrain, *Une seconde Acadie : l'île Saint-Jean – île du Prince-Edouard sous le Régime français* (Québec, 1894), 159, 223, 264. — T.-M. Charland, *Hist. des Abénakis*, c.IX–X ; *Histoire de Saint-François-du-Lac* (Ottawa, 1942), 152, 155s., 203–205, 214. — R. C. Dalton, *The Jesuits' estates question, 1760–1888 : a study of the background for the agitation of 1889* (Toronto, 1968), 3–20. — Antonio Dragon, *L'Acadie et ses 40 robes noires* (Montréal, 1973), 235–241. — M. D. Johnson, *Apôtres ou agitateurs : la France missionnaire en Acadie* (Trois-Rivières, 1970), 11, 13, 112, 131, 138. — Raymond, *River St. John* (1910), 175, 185, 189, 202, 210, 221, 235, 260s. — Rochemonteix, *Les jésuites et la N.-F. au XVIIIe siècle*, II : 99–103. — M. Trudel, *L'Église canadienne*, I : 47, 93, 352s. ; II : 131, 136, 139, 155, 157s., 166, 172, 211 ; *Le Régime militaire*, 7, 141s., 153, 173.

GERRISH, BENJAMIN, marchand, fonctionnaire, né le 19 octobre 1717 à Boston, le plus jeune des fils de John Gerrish et de Sarah Hobbes (Hobbs) ; il épousa Rebecca Dudley à Boston en 1744 ; décédé le 6 mai 1772 à Southampton, Angleterre.

Benjamin Gerrish fut élevé à Boston où son père était un marchand prospère ; lorsque celui-ci mourut en 1737, il fit probablement du commerce dans cette ville avec JOSEPH, son frère aîné. En 1751, semble-t-il, il suivit l'exemple de son frère et alla s'installer à Halifax. Comme d'autres commerçants de la Nouvelle-Angleterre qui, à l'époque, s'établirent à cet endroit, Gerrish nourrissait l'espoir de faire des profits en approvisionnant les militaires et les civils et en exploitant les ressources de la région. Il s'associa avec Joseph Gray, et leur entreprise devint l'une des plus florissantes de Halifax, ce succès étant dû, en partie, aux gains qu'ils réalisèrent durant la guerre de Sept Ans.

Les Gerrish étaient au nombre des marchands de la Nouvelle-Angleterre qui firent pression sur le gouverneur Charles Lawrence* et sur le Board of Trade, au milieu des années 1750, pour qu'une chambre d'Assemblée fût instituée en Nouvelle-Écosse. Ils atteignirent leur but en 1758. Lorsque Joseph, élu à la première Assemblée, fut nommé au Conseil de la Nouvelle-Écosse l'année suivante, Benjamin brigua, avec succès, le siège de son frère. Sa nomination à trois hautes fonctions, en 1760, montre bien qu'il faisait partie de l'élite politique de Halifax : il fut nommé capitaine de milice, juge de paix du comté de Halifax et commissaire du commerce avec les Indiens. Ce dernier poste était le plus lucratif, car il le plaçait en fait à la tête d'un monopole d'État dans lequel le gouvernement assumait tous les risques, payait les employés de Gerrish et lui garantissait un pourcentage des revenus provenant de toutes les ventes aux Indiens et de tous les achats de leurs fourrures. En outre, il était autorisé à conserver son commerce et à approvisionner les trafiquants avec des articles de son propre magasin. Il semble que Gerrish tira grand profit de cette nomination.

Lorsque Lawrence mourut en 1760, son successeur, Jonathan BELCHER, chercha à réduire les énormes pertes subies dans la traite avec les Indiens en remettant le monopole à un entrepreneur privé. Au printemps de 1761, le conseil recommanda Michæl FRANCKLIN, mais Belcher soutint que Francklin n'était que le prête-nom de Gerrish et il accorda plutôt le contrat à Alexander Grant. Gerrish ne demeura commissaire du commerce avec les Indiens qu'à titre nominal ; il protesta auprès du Board of Trade, affirmant que le gouvernement provincial lui devait quelque £2 500. Pour mieux se faire entendre à Londres, il s'assura le concours de Joshua MAUGER et finalement il reçut environ le quart du montant réclamé.

La question de la traite avec les Indiens fut l'un des divers facteurs qui amenèrent les marchands de Halifax à former, avec l'appui de Mauger, un mouvement d'opposition à Belcher. En 1761, lorsque le Board of Trade donna l'ordre à Belcher d'abroger le *Debtors' Act*, qui empêchait les créanciers habitant à l'étranger de poursuivre leurs débiteurs de la Nouvelle-Écosse devant les tribunaux de cette province, les Gerrish dirigèrent la lutte contre le lieutenant-gouverneur. Ils firent de l'obstruction à l'Assemblée, avec l'aide notamment de Jonathan Binney*, de Philip Augustus KNAUT et de Malachy SALTER, ce qui empêcha Belcher d'obtenir, durant l'hiver de 1761–1762, le quorum dont il avait besoin. Le *Debtors' Act*, qui avait été reconduit en 1760 jusqu'à la fin de la session tenue après le 1er octobre 1761, se trouva donc prolongé jusqu'en 1762. La tâche des Gerrish fut rendue plus facile du fait que le groupe de Halifax, ayant remporté des victoires électorales dans un certain nombre de circonscriptions à l'extérieur de la capitale, dominait presque entièrement l'Assemblée. Les marchands, appuyés par Mauger en personne, dénoncèrent également Belcher au Board of Trade. En fin de compte, Belcher fut remplacé par Montagu Wilmot* en 1763. Benjamin et son frère, relevés de presque toutes leurs fonctions pour avoir participé à l'obstruction, y furent rétablis dès que Belcher eut été destitué. Benjamin fut élu député de Halifax en 1765 et, trois ans plus tard, on le nomma au Conseil de la Nouvelle-Écosse.

Gerrish était l'un des principaux adeptes laïques du mouvement congrégationaliste et il fréquentait l'église Mather (St Matthew). De concert avec Malachy Salter en 1770, il entreprit de réclamer l'aide financière d'influentes églises de Boston en vue d'entretenir les églises et le clergé congrégationalistes de la Nouvelle-Écosse. La réaction fut enthousiaste : on donna surtout des articles d'utilité, rares en cet endroit, ce qui eut pour effet, semble-t-il, d'accroître la sympathie des habitants de la Nouvelle-Écosse à l'égard de la Révolution américaine, du moins à ses débuts.

Toutefois, Gerrish ne s'engagea pas directement dans la controverse suscitée par la révolution. On pourrait dire qu'il se conduisit plutôt comme un commerçant opportuniste : il appuya ou transgressa les règlements britanniques suivant son propre intérêt. Tout en faisant des affaires avec les militaires de la Grande-Bretagne, il fut de ceux qui, sous la direction de Francklin, défièrent les restrictions britanniques sur l'exportation du charbon de l'île du Cap-Breton en 1767–1768.

Gerrish fit son testament à Boston en 1772, après quoi il s'embarqua pour l'Angleterre où il mourut. Il laissait des biens considérables en Nouvelle-Écosse, notamment une grande ferme et un manoir appelé Gerrish Hall à Windsor ; la plus grande partie de la succession alla à son épouse et à son neveu, Benjamin Gerrish Gray*.

STEPHEN E. PATTERSON

Mass. Hist. Soc., Andrews-Eliot papers, Benjamin Gerrish et Malachy Salter à Andrew Eliot et Samuel Cooper, Halifax, 18 janv. 1770 ; Benjamin Gerrish à Andrew Eliot et Samuel Cooper, Halifax, 10 mai 1770 ; Nehemiah Porter à Andrew Eliot, Yarmouth, 16 nov. 1770. — Akins, *History of Halifax City*, 52, 61, 237, 253. — J. G. Bourinot, *Builders of Nova Scotia* [...] (Toronto, 1900), 133, 146. — Brebner, *Neutral Yankees* (1937), 18–22, 71–73, 78s., 81s., 84–89, 136s., 191, 216n., 218n. — MacNutt, *Atlantic provinces*, 68s. — A. W. H. Eaton, Old Boston families, number two : the family of Capt. John Gerrish, *New England Hist. and Geneal. Register*, LXVII (1913) : 105–115. — W. S. MacNutt, The beginnings of Nova Scotian politics, 1758–1766, *CHR*, XVI (1935) : 41–53.

GERRISH, JOSEPH, marchand, officier et fonctionnaire, né le 29 septembre 1709 à Boston, troisième fils de John Gerrish et de Sarah Hobbes (Hobbs), décédé le 3 juin 1774 à Halifax.

Joseph Gerrish reçut son instruction au bureau de comptabilité que tenait son père, un gros marchand de Boston. Il devint plus tard associé dans l'entreprise paternelle et, à la mort de son père en 1737, il hérita d'une partie de ses biens. Gerrish vint pour la première fois en Nouvelle-Écosse à titre d'enseigne dans le 3e régiment du Massachusetts et il participa à la campagne contre Louisbourg, île Royale (île du Cap-Breton), en 1745. L'année suivante, il fit partie de la troupe qui, sous les ordres d'Arthur Noble*, fut chargée de renforcer la garnison d'Annapolis Royal ; il reçut des blessures au cours de la défaite subie par les forces de la Nouvelle-Angleterre à Grand-Pré le 31 janvier 1746/1747. De retour à Boston en juillet 1747, Gerrish s'associa avec John Barrell et fournit des marchandises à la garnison d'Annapolis Royal. Il ne connut pas la prospérité à Boston, semble-t-il, et il vint s'établir à Halifax peu après la fondation de cette ville en 1749 ; il plaça de l'argent dans quelques immeubles et dans une entreprise de pêche. Cette dernière fit faillite et, en 1755, il était forcé de s'adonner à l'agriculture « pour entretenir [sa] malheureuse famille ». Quelque temps avant l'année 1759, il fut nommé à vie au poste de garde-magasin du chantier maritime royal.

Gerrish entra dans la fonction publique en 1753, alors qu'il fut nommé juge de paix du comté de Halifax et juge de la Cour inférieure des plaids communs. Élu à la première chambre d'Assemblée de la Nouvelle-Écosse en octobre 1758, il fit partie du comité chargé de répondre au discours inaugural du gouverneur Charles Lawrence* ; l'année suivante, il entra au Conseil de la Nouvelle-Écosse.

Lorsque, en 1761, le lieutenant-gouverneur Jonathan BELCHER reçut l'ordre d'abroger le *Debtors' Act*, qui empêchait les créanciers habitant à l'étranger de poursuivre leurs débiteurs de la Nouvelle-Écosse devant les tribunaux de cette province, Gerrish et son frère BENJAMIN aidèrent à organiser l'obstruction à l'Assemblée durant l'hiver de 1761–1762. Le fait que Gerrish était en dette avec Barrell attisa vraisemblablement son ardeur. Le Board of Trade ordonna qu'il fût relevé de ses fonctions en raison du rôle actif qu'il avait joué dans ce conflit, mais il y fut rétabli après que Montagu Wilmot* eut succédé à Belcher en 1763.

Il semble que Gerrish adopta par la suite une attitude plutôt modérée dans les affaires politiques, se consacrant à ses intérêts commerciaux et à ses fonctions publiques. En 1764, il se vit refuser l'autorisation d'extraire et d'exporter du charbon de l'île du Cap-Breton. Deux ans plus tard, il fut nommé juge subrogé de la Cour de vice-amirauté à Halifax. Quand le système judiciaire fut réorganisé en 1769, on préféra accorder le poste de juge à Jonathan Sewall, mais celui-ci, sur la recommandation du gouverneur Francis Bernard du Massachusetts, délégua Gerrish pour exercer ses fonctions ; Gerrish occupa ce poste jusqu'à sa mort.

En 1740, il épousa Mary Brenton et de ce mariage naquirent un fils et deux filles. Sa femme décéda à Halifax quelque temps après 1754 et il se remaria à Mary Cradock de Boston, en 1768. Aucun enfant ne naquit de ce deuxième mariage. Gerrish mourut à Halifax en 1774 et il fut inhumé au cimetière St Paul. Plus tard, sa veuve épousa en secondes noces John BREYNTON, le *rector* de St Paul.

STEPHEN E. PATTERSON

Un portrait présumé de Joseph Gerrish peint par John Singleton Copley se trouve au Chicago Art Institute.

Harvard College Library, Harvard University (Cambridge, Mass.), MS Sparks 4, Governor Bernard's official papers, V (registres des lettres, 1765–1768) : 68, 141 ; VII (registres des lettres, 1768–1769) : 153–155. — Akins, *History of Halifax City*, 52, 61, 218s., 246–261. — J. G. Bourinot, *Builders of Nova Scotia* [...] (Toronto, 1900), 139–149. — Brebner, *Neutral Yankees* (1937), 75, 79–81, 216n., 218n., 223n. — Carl Ubbelohde, *The vice-admiralty courts and the American revolution* (Chapel Hill, N.C., 1960), 105, 128s., 148s., 179. — A. W. H. Eaton, Old Boston families, number two : the family of Capt. John Gerrish, *New England Hist. and Geneal. Register*, LXVII (1913) : 105–115.

GEYESUTHA. V. KAYAHSOTA?

GIBBONS, RICHARD, avocat, fonctionnaire et juge en chef, né vers 1734 à Londres, fils de Richard et de Susannah Gibbons ; il épousa le 10 mai 1783, à Halifax, Susanna Sheperd, et ils eurent un fils et une fille ; décédé le 3 août 1794 à Nantes, France.

Le père de Richard Gibbons, arrivé à Halifax en provenance de la Virginie, en mai 1750, fut l'un des premiers colons de cette ville. Gibbons étudia le droit en Angleterre et, en mai 1765, il devint *solicitor* à la Cour de la chancellerie de Halifax et, au mois d'octobre suivant, greffier de la Cour inférieure des plaids communs. En 1771, il commença de siéger à la chambre d'Assemblée à titre de député du canton de Barrington, mais son élection fut invalidée quand une enquête, menée à sa demande, révéla des irrégularités pendant la campagne électorale. Appuyant la tentative du gouverneur Francis LEGGE de réformer le gouvernement de la province, Gibbons prépara des mémoires sur le système judiciaire et la dette de la province, dans lesquels il critiqua Michæl FRANCKLIN et d'autres hauts fonctionnaires opposés à Legge. Gibbons, toutefois, n'était pas intéressé qu'à la réforme. Ambitieux, il souhaitait que ses liens avec Legge lui vaudraient un poste au sein du gouvernement, advenant le congédiement de l'un ou l'autre fonctionnaire par le gouverneur.

Malgré le rappel de Legge en 1776, Gibbons parvint à de hautes fonctions ; nommé solliciteur général en janvier 1777, il devenait procureur général quatre ans plus tard. Il était, cependant, impopulaire auprès du gouverneur John PARR et d'autres membres de son gouvernement. En 1784, une querelle s'éleva entre Gibbons et Parr au sujet de l'octroi des concessions de terres aux Loyalistes. La signature de Gibbons devant obligatoirement apparaître sur chaque titre de concession, il réclama qu'on lui reconnût le droit à une rémunération pour chaque nom porté sur le titre, même quand il y en avait des centaines. A la suite de plaintes des Loyalistes, Parr permit l'émission de concessions sans la signature de Gibbons.

A cause du pauvre état de ses relations avec Parr, Gibbons accepta probablement avec plaisir l'offre de Joseph Frederick Wallet DesBarres*, le nouveau lieutenant-gouverneur de l'île du Cap-Breton et un ami intime, de le nommer juge en chef de cette colonie naissante. Nommé à ce poste, comportant la présidence *ex officio* du Conseil exécutif, le 25 juillet 1785, Gibbons commença peu après à mettre sur pied le système judiciaire de l'île.

DesBarres fut un administrateur enclin aux disputes et, pendant son mandat, des différends divisèrent fréquemment le conseil. Dans ces querelles, Gibbons se rangeait du côté du lieutenant-gouverneur contre ses principaux adversaires, le procureur général David MATHEWS, le greffier Abraham Cuyler* et le colonel John Yorke, commandant de la garnison. Pendant l'hiver de 1785–1786, DesBarres se querella avec Yorke sur le droit de distribuer des fournitures militaires à quelques habitants ; Gibbons recourut à des procédures judiciaires pour forcer Yorke à permettre cette distribution par DesBarres. Les adversaires de ce dernier réussirent à le faire rappeler par le gouvernement britannique en novembre 1786, mais, avant de quitter l'île du Cap-Breton, DesBarres envoya Gibbons plaider en Angleterre en faveur de sa remise de poste. Quand Parr, qui s'était aussi querellé avec DesBarres, apprit cela, il écrivit à lord Sydney, ministre de l'Intérieur (responsable aussi des colonies), et qualifia Gibbons de « la pire personnalité [qui soit] ». Gibbons ne réussit pas à faire réinstaller DesBarres.

William Macarmick* devint lieutenant-gouverneur en 1787 et, dans un geste de conciliation, il maintint Gibbons dans ses fonctions. Cependant, le juge en chef souffrait de l'influence croissante, selon les apparences, de Mathews et de Cuyler, et il décida de regagner la puissance dont il jouissait avant le déplacement de DesBarres. Il créa, sur la base d'une milice formée de volontaires, partisans de DesBarres, la Friendly Society, une organisation quasi militaire qu'il conçut comme une protection contre toute tyrannie éventuelle exercée par Macarmick, Mathews ou Cuyler. Quand cette société tenta de former une compagnie choisie de miliciens, Macarmick essaya, pour lui faire échec, de mettre sur pied une milice régulière composée de tous les groupes, car il craignait que Gibbons ne prît encore de l'importance et que la violence n'éclatât entre la Friendly Society et les partisans de Mathews et de Cuyler. En sa qualité de juge en chef, Gibbons rejeta le projet et Macarmick mit la Friendly Society hors la loi comme étant peut-être une « graine de rébellion ».

Cet échec n'ébranla nullement Gibbons. Au début de 1788, il prit la tête d'un mouvement qui réclamait une chambre d'Assemblée pour l'île du Cap-Breton et, en février, il prit la parole devant le grand jury comme étant « le seul corps représentatif du peuple », lui proposant d'agir en tant qu'Assemblée législative. Macarmick refusa de reconnaître dans le grand jury « un [organisme de] surveillance du gouverneur et du conseil » et, sous l'influence de Mathews, qui voyait dans cet incident un autre défi au pouvoir du lieutenant-gouverneur, il révoqua Gibbons en mars. Cette révocation souleva une tempête de protestations de la part des partisans de Gibbons, et le juge en chef démis se rendit à Québec, à Halifax et finalement à Londres, dans un effort pour se justifier, même s'il dut vendre sa ferme et ses propriétés de Sydney pour payer le coût de ses voyages. Après avoir plaidé sa cause pendant trois ans, il fut réinstallé en mars 1791, à cause de sa personnalité généralement estimable. Il s'abstint, cependant, de retourner à l'île du Cap-Breton pendant trois autres années. Quand il fit enfin le voyage, lui, sa femme et leur fils furent pris et emprisonnés en France. On relâcha sa famille après 22 mois de réclusion, mais Gibbons était mort depuis le 3 août 1794.

Le fils de Gibbons, Richard Collier Bernard DesBarres Marshall, fut procureur général de l'île du Cap-Breton pendant un certain temps et participa au mouvement en faveur d'une chambre d'Assemblée qui, avant 1820, provoqua des remous dans l'île. Après la réannexion de l'île du Cap-Breton à la Nouvelle-Écosse, cette même année, il devint l'un des chefs du mouvement séparatiste de l'île, dont l'activité dura jusqu'en 1846. Il mourut en 1863.

R. J. MORGAN

APC, MG 11, [CO 217] Cape Breton A, 2, pp.39–41, 141–144 ; 3, pp.1–9, 84–93 ; 5, pp.68–70, 83, 86, 93 ; 7, pp.125s. ; 8, pp.85, 125s., 152s., 158s., 163, 167 ; Nova Scotia A, 90, p.218 ; 91, p.208 ; 98, p.4 ; 99, pp.156–159 ; MG 23, F1, sér. 5. — PANS, MG 1, 262B (doc. de la famille Dodd, 1788) ; RG 1, 53, pp.440s. — PRO, CO 217/112, ff.138–139. — John Doull, *Sketches of attorney generals of Nova Scotia* (Halifax, 1964), 9–18. — G. N. D. Evans, *Uncommon obdurate : the several public careers of J. F. W. DesBarres* (Toronto et Salem, Mass., 1969). — R. J. Morgan, Orphan outpost : Cape Breton colony, 1784–1820 (thèse de PH.D., université d'Ottawa, 1972) ; Joseph Frederick Wallet DesBarres and the founding of Cape Breton colony, *Revue de l'université d'Ottawa*, XXXIX (1969) : 212–227.

GIENGWAHTOH. V. KAIEÑ?KWAAHTOÑ

GILL, JOSEPH-LOUIS, dit **Magouaouidombaouit** (« le camarade de l'Iroquois »), grand chef des Abénaquis de Saint-François, né en 1719 dans la mission Saint-François-de-Sales (Odanak, Québec), décédé au même endroit le 5 mai 1798.

Joseph-Louis Gill est le plus remarquable des enfants issus du mariage de Samuel Gill et de Rosalie (née James?), tous deux capturés par les Abénaquis sur les côtes de la Nouvelle-Angleterre. Il épousa, vers 1740, la fille du grand chef de la tribu des Abénaquis de Saint-François, Marie-Jeanne Nanamaghemet. Peu avant 1749, il fut élu grand chef de ces Abénaquis ; cette même année, il signa, ainsi que quatre autres grands chefs, la lettre aux chanoines de la cathédrale de Chartres, en France, pour le renouvellement du vœu des Abénaquis à Notre-Dame [V. Atecouando* (Jérôme)].

Comme ses parents, Gill passa sa vie parmi les Indiens, mais il n'adopta toutefois pas leur genre de vie, préférant à la chasse l'agriculture et le commerce, qui lui procurèrent une certaine aisance. Mme Susanna Johnson, une captive qu'il avait achetée et qui vécut chez lui en 1754, écrit : « Il tenait un magasin et sa manière de vivre était supérieure à celle de la majorité des membres de sa tribu. » Le couple Gill eut deux fils, Xavier et Antoine, le premier étant identifié par l'abbé Joseph-Pierre-Anselme Maurault* avec le dénommé Sabatis dont parle Mme Johnson.

Joseph-Louis Gill échappa au massacre perpétré par le major Robert ROGERS lors de la destruction du village des Abénaquis en octobre 1759 ; mais sa femme et ses deux enfants furent emmenés en captivité, et seul Antoine survécut. Après la Conquête, Gill fut, en plusieurs circonstances, le porte-parole de la tribu auprès des autorités anglaises. C'est ainsi que, le 24 novembre 1763, il alla rencontrer le nouveau gouverneur militaire de Trois-Rivières, HALDIMAND, pour lui donner l'assurance que les Abénaquis de Saint-François n'entretenaient aucune correspondance avec les Indiens des pays d'en haut, soulevés par Pondiac*, et pour lui demander que le jésuite Jean-Baptiste de LA BROSSE remplace, comme missionnaire, le père Pierre-Joseph-Antoine ROUBAUD. En février 1764, il rencontra de nouveau Haldimand pour se plaindre des empiétements des Blancs sur le territoire de chasse des Abénaquis.

La loyauté de Gill envers la couronne britannique fut mise en doute lors de la Révolution américaine. Au cours de l'été de 1778, cinq Américains qui s'étaient échappés des prisons de Québec furent repris par les éclaireurs abénaquis, à dix lieues du village de Saint-François-de-Sales. On trouva sur eux un plan de la rivière Saint-François que leur avait tracé Gill pour les guider jusqu'en Nouvelle-Angleterre. Ayant appris la nouvelle de leur capture, Gill prit la fuite. On ne le revit pas pendant deux ans. En 1780, pour gagner les partisans que Gill avait parmi les Abénaquis, le surintendant du département des Affaires indiennes à Montréal, John CAMPBELL, proposa de l'envoyer chercher à Cohoes (Newbury, Vermont), où on avait appris qu'il se trouvait, et de lui promettre le pardon. A la fin du mois d'août, Gill se livra au capitaine Luke Schmid, qu'il rencontra au blockhaus de Saint-Hyacinthe, sur la rivière Yamaska. Haldimand, devenu gouverneur de la province, lui accorda son pardon et lui fit prêter le serment d'allégeance au roi. Pour donner une preuve de sa loyauté envers le gouvernement, et en même temps pour dissiper les préventions des autres Abénaquis à son endroit, Joseph-Louis Gill partit, en mai 1781, du côté de Cohoes pour faire quelque prisonnier. Par on ne sait quelle ruse, il réussit à s'emparer du major Benjamin Whitcomb. Malheureusement son prisonnier lui échappa à quelques lieues de Saint-François-de-Sales. Des Abénaquis l'accusèrent d'avoir laissé échapper Whitcomb parce que celui-ci lui aurait promis d'épargner le village si les « Bastonnais » venaient à prendre le Canada. Cette accusation était probablement injustifiée, car on apprit, l'année suivante, que Whitcomb projetait de venir capturer Gill et de brûler sa maison, ainsi que tout le village.

Sur la fin de sa vie, Joseph-Louis Gill fut nommé chef de la prière. A ce titre, il occupait le premier rang dans l'église après le missionnaire, et, en l'absence de ce dernier, il présidait aux prières communes qui s'y faisaient quotidiennement. Cette fonction faisait aussi de lui une espèce de préfet de discipline religieuse. Il mourut le 5 mai 1798 et fut inhumé dans l'église des Abénaquis.

Gill s'était remarié, le 2 novembre 1763, à Baie-du-Febvre (Baieville, Québec), avec Suzanne, fille du capitaine de milice Antoine Gamelin, dit Châteauvieux ; de cette union naquirent six fils et deux filles dont descendent les représentants les plus illustres de la famille Gill, notamment Ignace* qui fut député d'Yamaska sous l'Union.

THOMAS-M. CHARLAND

APC, RG 10, A6, 1 833, pp.339–341. — BL, Add. MSS 21 662, ff.23, 24, 27, 33 ; 21 669, ff.23, 24 ; 21 722, f.322 ; 21 771, ff.54, 55, 57 ; 21 772, ff.3–7, 9 ; 21 773, ff.6–9, 31, 36, 42, 58, 110, 120, 121 ; 21 777, *passim* ; 21 794, ff.11, 12, 54 ; 21 795, f.186 ; 21 796, f.64 ; 21 841, ff.186, 187 ; 21 844, f.47 ; 21 865, f.186 (copies aux APC). — *Johnson papers* (Sullivan *et al.*), XIII : 430, 619, 717. — [Susannah Willard], *A narrative of the captivity of Mrs. Johnson, containing an account of her sufferings, during four years, with the Indians and French* (Walpole, N.H., 1796 ; [nouv. éd.], New York, 1841). — T.-M. Charland, *Hist. des Abénakis, passim*. — C.[-I.] Gill, *Notes historiques sur l'origine de la famille Gill et histoire de ma propre famille* (Montréal, 1887), 35, 49. — J.[-P.]-A. Maurault, *Histoire des Abénakis, depuis 1605 jusqu'à nos jours* ([Sorel, Québec], 1866), 349s., 422s., 501, 507. — J. C. Huden, The white chief of the St. Francis Abnakis – some aspects of border warfare : 1690–1790, *Vermont History* (Montpelier), nouv. sér., XXIV (1956) : 199–210, 337–355.

GILMORE (Gilmour), THOMAS, journaliste, imprimeur, inhumé à Québec le 3 février 1773.

Thomas Gilmore serait né en 1741 à Philadelphie ou à Stone, ancien village de la banlieue de Dublin (République d'Irlande). A 17 ans, il entra à l'emploi de l'imprimeur William Dunlop, de Philadelphie, où il eut William BROWN pour compagnon de travail pendant quelque temps. En 1763, Brown, retour de la Barbade, retrouve Gilmore et les deux hommes signent, le 5 août, un contrat d'association pour l'établissement d'une imprimerie dans la province de Québec. Tandis que Brown se rend péniblement à cheval à Québec et y distribue un prospectus annonçant la publication d'une gazette hebdomadaire, Gilmore vogue vers Londres, où il achète des caractères chez le fondeur William Caslon, père, une presse, de l'encre et du papier chez Kendrick Peck ; il prend également des abonnements à divers journaux. Le 7 juin 1764, il rejoint, à Québec, son associé Brown auquel 143 abonnés ont répondu, et le 21 juin paraît le premier numéro de *la Gazette de Québec/The Quebec Gazette*. Cependant, les abonnements et la rémunération annuelle de £50 versée par les autorités coloniales pour les annonces officielles sont insuffisants pour payer le loyer de 14 shillings 6 pence par mois de l'atelier de la rue Saint-Louis, appartenant à un certain J. Thomson, et les frais divers. Aussi, sortent de la presse avis de vente, formules de certificats, calendriers et surtout les premiers livres imprimés dans la province. En 1765, est publiée une brochure bilingue tirée à 300 exemplaires et connue sous le titre de *Presentments to the Grand Jury* ; elle avait été commandée par le marchand James JOHNSTON, président du jury d'accusation de Québec. *Le catéchisme du diocèse de Sens*, œuvre de 180 pages *in octavo* de Mgr Jean-Joseph Languet de Gergy, est imprimé à 2000 exemplaires livrés en novembre 1765 à Louis Langlois, dit Germain, au prix de £91 16 shillings, et dont 8 ou 9 nous sont parvenus. Suivent, en 1766, une traduction française de la loi du Timbre puis, l'année suivante, un ouvrage en langue montagnaise de Jean-Baptiste de LA BROSSE, *Nehiro-Iriniui ; Aiamihe Massinahigan* [...] (96 pages), les *Ordinances, made for the Province of Quebec* [...] (81 pages *in folio*), et *The trial of Daniel Disney* [...], très probablement l'œuvre de Francis Maseres*, sur l'affaire Thomas WALKER.

Le fait que *la Gazette* paraisse en deux langues ne facilite pas à Gilmore et Brown le recrutement de leurs employés, pour lequel ils font paraître de fréquentes annonces. Dans une lettre du 29 avril 1768, ils demandent à Dunlop, leur ancien employeur, un jeune Noir connaissant l'anglais, le français, les techniques de l'imprimerie, honnête et ayant eu la variole. On notera que JOE, le jeune Noir, ne répondait pas à tous ces critères : le livre de comptes mentionne les sommes payées le 19 août 1771 pour la sortie de prison de Joe et, le 21 janvier 1777, au docteur James Davidson pour la variole de Joe !

Le mariage de Gilmore avec Mary Lillicoe, le 6 novembre 1768, à Québec, n'est peut-être pas étranger à la mésentente naissante entre les deux associés. Le 4 octobre 1770, Gilmore signe un billet de £250 à Brown qui, le 4 février 1771 puis le 6 juillet 1772, exige, par son avocat Arthur Davidson*, le paiement de cette dette devant la Cour des plaids communs. Gilmore meurt alcoolique au début de l'année 1773, à l'âge de 32 ans. La chicane reprend au cours de l'été entre sa veuve et Brown, qui s'accusent mutuellement de malhonnêteté dans les numéros de *la Gazette de Québec* des 12 et 19 août et du 2 septembre. Celui du 27 janvier suivant annonce la dissolution de la société entre Gilmore, remplacé par sa veuve Mary, et Brown, qui demeure seul propriétaire du journal.

Brown reste bien sûr la figure dominante, mais Gilmore demeure le pionnier de l'imprimerie québécoise au même titre que son associé.

JEAN-FRANCIS GERVAIS

APC, MG 24, B1, 49. — Archives paroissiales, Cathedral of the Holy Trinity (Québec), Registers of baptisms, burials, and marriages, 6 nov. 1768, 3 févr. 1773. — ASQ, Polygraphie, XXXV : 6e ; Séminaire, 152, nº 182. — Beaulieu et Hamelin, *La presse québécoise*, I : 2. — Tremaine, *Bibliography of Canadian imprints*. — Æ. Fauteux, *Introduction of printing into Canada*. — H. P. Gundy, *Canada* (Amsterdam, 1972), 29–31. — F.-J. Audet, William Brown (1737–1789), premier imprimeur, journaliste et libraire de Québec ; sa vie et ses œuvres, SRC *Mémoires*, 3e sér., XXVI (1932), sect. I : 97–112. — Raoul Renault, Les débuts de l'imprimerie au Canada, *BRH*, XII (1906) : 86–88.

GIRARD (Giran, Gyrard), JACQUES (ce prénom n'est pas certain), prêtre et missionnaire, né vers 1712 en Auvergne, France, décédé en janvier 1782, à Jouarre (dép. de Seine-et-Marne, France).

Lorsque l'abbé Jacques Girard est envoyé à Québec au printemps de 1740, les directeurs du séminaire des Missions étrangères de Paris l'annoncent comme « un petit pretre auvergnat dun Caracthere Candide et dune tres grande ferveur ». Arrivé à Québec malade, Girard ne se rétablit que l'année suivante. En 1742, Mgr de Pontbriand [Dubreil*] l'envoie en Acadie en même temps que Jean-Pierre de MINIAC et il devient curé de Cobequid (Truro, Nouvelle-Écosse). Comme les autorités britanniques n'acceptent pas que l'évêque de Québec puisse envoyer des missionnaires en Acadie, Paul Mascarene* fait des difficultés pour agréer la nomination de ces deux prêtres.

Au début de la guerre de la Succession d'Autriche, Girard songe à quitter sa mission, mais, se ravisant, il accepte de collaborer avec les armées françaises et se trouve mêlé de près aux campagnes acadiennes de Jean-Baptiste-Nicolas-Roch de RAMEZAY durant l'hiver de 1746–1747. Il lui transmet des renseignements sur les mouvements des troupes anglaises, se charge, avec l'abbé Pierre Maillard*, d'obtenir des vivres pour les membres de son expédition, sert d'agent de liaison entre les divers détachements, et héberge dans son presbytère les soldats français blessés. Au début de 1750, le gouverneur Edward CORNWALLIS le fait arrêter, avec quatre députés acadiens, pour avoir déconseillé à ses ouailles de prêter un serment inconditionnel d'allégeance au roi d'Angleterre. Girard séjourne trois mois en prison et doit aux supplications des habitants du bassin des Mines, qui adressent une pétition à Cornwallis demandant un prêtre pour venir en aide à Claude-Jean-Baptiste Chauvreulx*, de pouvoir s'installer dans ce territoire. Cependant, il doit lui-même prêter serment et promettre expressément de s'abstenir de prendre parti dans cette question et de retourner dans les limites de son ancienne paroisse. En respectant ainsi sa parole, Girard s'attire, en 1752, les reproches du baron de Longueuil [Le Moyne*], alors gouverneur intérimaire de la Nouvelle-France, qui considère qu'il « auroit pu en toute Sureté de conscience faire usage de Son autorité sur les habitans de Cobequit pour les detourner des Anglais ».

Si l'on en croit l'abbé de l'Isle-Dieu, vicaire général de l'évêque de Québec en France, qui est le seul à mentionner le fait, l'abbé Girard est capturé, au cours de l'année 1751, par les Micmacs qui l'entraînent dans les bois pour un certain temps. Sur l'ordre de l'évêque de Québec, il passe à l'île Saint-Jean (Île-du-Prince-Édouard), au printemps de 1752. En fait, cette décision de l'évêque vient entériner la politique du gouvernement français qui espère attirer sur cette île les Acadiens vivant sous la domination anglaise [V. Claude-Élisabeth Denys* de Bonnaventure]. Girard devient curé de la paroisse Saint-Paul-de-la-Pointe-Prime (Prim Point), où se trouvent justement de nombreux Acadiens de Cobequid. Affligé par la grande misère de ses paroissiens, il demande des secours à Louisbourg, île Royale (île du Cap-Breton), et décrit le grand dénuement des réfugiés.

Après la chute de Louisbourg en 1758, Girard est embarqué le 20 octobre avec plus de 300 de ses paroissiens sur le *Duke William*, qui sombre au large des côtes d'Angleterre le 13 décembre suivant. Girard devait plus tard raconter : « L'Équipage S'est Sauvé et ma Sauvé moy même, avec quatre de mes habitans et paroissiens. » Cependant, un récit du XIXe siècle laisse entendre que le capitaine a incité le missionnaire à abandonner ses paroissiens, après les avoir exhortés à se soumettre à leur malheureux sort. Après un mois de misères, de difficultés et de privations, Girard arrive en France vers la fin de janvier 1759. Mal accueilli au séminaire des Missions étrangères de Paris où on l'accuse d'avoir quitté sa paroisse sans permission et où on exige une pension pour lui accorder l'hospitalité, il ne doit sa subsistance qu'à des gratifications royales que lui procure l'abbé de l'Isle-Dieu. Ceci l'amène, en 1761, à engager, en compagnie de l'abbé Jean Manach*, un procès contre les directeurs et le supérieur du séminaire. Girard est finalement rayé des cadres de la société après avoir perdu sa cause, le 6 septembre 1764.

En juin 1765, l'abbé de l'Isle-Dieu obtient pour Girard le titre de préfet apostolique des îles Saint-Pierre et Miquelon, mais le navire qui l'y transporte, avec son confrère Manach, fait naufrage et échoue à la Martinique. Girard ne peut rentrer en France qu'en 1766, dans un état de grande faiblesse. L'année suivante, le nouvel évêque de Québec, Jean-Olivier Briand, tente d'obtenir l'autorisation de l'envoyer à l'île Saint-Jean. Comme ce projet ne peut se réaliser, Girard demeure en France et se voit confier alors le poste de chapelain perpétuel de l'abbaye de Jouarre, près de Meaux. En 1774, il refuse de devenir curé de la colonie acadienne du Poitou [V. Jean-Gabriel Berbudeau] et demeure à Jouarre, où il décède « en odeur de sainteté » en janvier 1782.

Micheline D. Johnson

AAQ, 12 A, C, 222 ; 20 A, I : 106 ; 22 A, II : 519 ; 11 B, III : 277 ; 1 W, VII : 101–108, 133–136, 209–226, 229–249, 273–283. — AN, Col., B, 110, ff.60, 119, 243 ; 115, ff.54, 187 ; 117, f.522 ; 120, f.361 ; 122, ff.55, 190 ; 125, f.104 ; C^11A^, 78, ff.407, 423 ; 82, f.326 ; 98, f.338 ; C^11B^, 29, f.73 ; 33, f.288 ; F^3^, 50, ff.639–641 (mfm aux APC). — ASQ, Lettres, M, 98, 99, 115, 117, 118, 121, 122, 122^a^ ; P, 26 ; R, 8, 90 ; S, 7^a^ ; Polygraphie, V : 40 ; VII : 5, 109, 114 ; IX : 29 ; XI : 2, 3, 4 ; Séminaire, 14/6, n° 3. — *Coll. doc. inédits Canada et Amérique*, I : 12–16, 41–46 ; II : 10–75 ; III : 60–80, 181–191. — *Les derniers jours de l'Acadie* (Du Boscq de Beaumont), 237. — Placide Gaudet, Généalogie des familles acadiennes avec documents, APC *Rapport*, 1905, II, IIIe partie : 375s. — La Rue, Lettres et mémoires, ANQ *Rapport*, 1935–1936, 301, 317, 346, 382, 390, 408 ; 1936–1937, 401, 423 ; 1937–1938, 184, 203, 214, 219. — *N.S. Archives, I*, 121–126, 170, 180–185, 188. — H.-R. Casgrain, *Les sulpiciens et les prêtres des Missions-Étrangères en Acadie (1676–1762)* (Québec, 1897), 365, 374, 404, 406, 408 ; *Une seconde Acadie : l'île Saint-Jean – île du Prince-Édouard sous le Régime français* (Québec, 1894), 160, 275–278, 302, 307, 360, 362 ; *Un pèlerinage au pays d'Évangéline* (2e éd., Québec, 1888), 308–311. — Harvey, *French régime in P.E.I.*, 110–200. — J.-W. Pineau, *Le clergé français dans l'île du Prince-Édouard, 1721–1821* ([Québec, 1967]), 27–33. — Edouard Richard, *Acadie : reconstitution d'un chapitre perdu de l'histoire d'Amérique*, Henri D'Arles [M.-J.-H.-A. Beaudé], édit. (3 vol., Québec et Boston, 1916–1921), III : 307–311. — Albert David, Les missionnaires du séminaire du Saint-Esprit à Québec et en Acadie au XVIIIe siècle, *Nova Francia* (Paris), I (1925–1926) : 9–14, 52–56, 99–105, 152–159, 200–207.

GLADWIN (Gladwyn), HENRY, officier, né en 1729 ou 1730, probablement dans le Derbyshire, Angleterre, fils aîné de Henry Gladwin et de Mary Dakeyne ; il épousa Frances Beridge et ils eurent dix enfants ; décédé le 22 juin 1791 à Stubbing Court, Derbyshire.

Henry Gladwin devint lieutenant dans le 48e d'infanterie le 28 août 1753 ; en 1755, il fut blessé à la bataille de la Monongahéla (près de Pittsburgh, Pennsylvanie). Son régiment passa le reste de l'année 1755 et celle de 1756 à se refaire près d'Albany, New York, et, en 1757, il fit partie de l'expédition avortée menée par lord Loudoun contre Louisbourg, île Royale (île du Cap-Breton). Le 26 décembre 1757, Gladwin reçut une commission de capitaine dans le 80e d'infanterie, un nouveau régiment d'infanterie légère que recrutait Thomas GAGE. Il fut blessé lors de l'attaque d'ABERCROMBY contre le fort Carillon (Ticonderoga, New York) en 1758 et, en 1759, AMHERST le promut major intérimaire. Il servit comme commandant *de facto* de son régiment dans la campagne que les Britanniques menèrent avec succès contre Carillon et le fort Saint-Frédéric (près de Crown Point, New York) en 1759. Il conserva le même commandement en 1760, mais fut détaché, au début de l'été, auprès du colonel Henry Bouquet pour l'aider à construire le fort Presque Isle (Erie, Pennsylvanie). A la fin d'octobre, il commandait au fort William Augustus (autrefois fort Lévis, à l'est de Prescott, Ontario). Amherst lui fit obtenir sa commission de major, à titre permanent, le 13 décembre 1760.

En 1761, Gladwin accompagna sir William JOHNSON dans une mission diplomatique auprès des tribus des lacs Supérieur, Huron et Michigan, mais tomba malade à Détroit et retourna dans l'est. Il prit, à l'été de 1762, le commandement de Détroit, où survint, en 1763, l'épisode qui l'a surtout fait connaître. Ce printemps-là, Pondiac*, l'habile chef outaouais, souleva les tribus des lacs Supérieur, Huron et Michigan contre les Britanniques ; en juin, déjà, celles-ci s'étaient emparées de la plupart des postes de l'Ouest. Pondiac tenta de s'assurer l'entrée à Détroit, pour lui-même et un parti de guerre, sous couvert de pourparlers de paix, mais Gladwin ne fut pas dupe, ayant été prévenu des intentions de Pondiac. Quelque 1 000 guerriers assiégèrent alors le fort, et leur tentative pour le réduire par la famine et l'amener à se rendre échoua, à cause de l'excellente stratégie défensive du commandant et de l'arrivée opportune de plusieurs expéditions de secours. Tout au long du siège, la garnison ne compta jamais plus de 450 hommes. Le 29 juillet, une expédition atteignit Détroit ; elle comprenait 280 hommes (dont Robert ROGERS et 20 *rangers*) sous les ordres de l'assistant d'Amherst, le capitaine James Dalyell (ou Dalzell). Celui-ci proposa d'abandonner la stratégie, pourtant fructueuse, de Gladwin de faire fond sur la réticence des Indiens à se livrer à l'assaut de forts ouvrages de défense, pour attaquer plutôt, nuitamment, les villages indiens. Gladwin autorisa la sortie à contrecœur, mais le bruit de cette affaire parvint à Pondiac, qui réussit à surprendre dans une embuscade le détachement d'environ 250 hommes, le 31 juillet. Les Britanniques perdirent 60 hommes, tués ou blessés, dont Dalyell, qui y laissa la vie. La garnison se remit à la défensive et, à la fin d'octobre, bon nombre d'Indiens avaient demandé la paix et étaient rentrés chez eux. Détroit avait été le seul poste de cette région des Grands Lacs à n'être point pris, et Amherst, tout comme Bouquet, l'officier le plus haut gradé de l'Ouest, approuvèrent la ligne de conduite de Gladwin ; Amherst lui montra en quelle faveur il le tenait en le nommant, à titre honorifique, adjudant général adjoint en Amérique et en le recommandant au grade de lieutenant-colonel, nomination qui devint effective le 17 septembre 1763.

A la fin de 1763 et au début de 1764, Gladwin écrivit à ses supérieurs, leur faisant part de sa répugnance à servir davantage en Amérique et de son désir de rentrer en Angleterre pour y régler les affaires de son père, décédé. Après que les troupes de BRADSTREET eurent secouru Détroit, en août 1764, Gladwin retourna en Angleterre, via New York. Il s'établit sur sa propriété et ne fit plus de service actif. Par le jeu de l'ancienneté, il obtint le rang de colonel le 29 août 1777 et de major général le 20 novembre 1782. Il mourut en 1791.

PETER E. RUSSELL

Clements Library, Thomas Gage papers, letterbooks, 1759–1763 ; American ser., Gladwin à Gage, 26 oct. 1760, 4, 24, 25 févr., 5, 8, 24 mars, 5, 7 avril 1762. — PRO, WO 34/2, ff.1–11, 14, 16–18, 29 ; 34/6, f.12 ; 34/7, ff.2–3, 31, 50, 96, 100–101, 112–114 ; 34/49. — Amherst, *Journal* (Webster). — [Henry Bouquet], *The papers of Col. Henry Bouquet*, S. K. Stevens *et al.*, édit. (19 vol., Harrisburg, Pa., 1940–1943). — *Diary of the siege of Detroit* [...], F. B. Hough, édit. (Albany, N.Y., 1860). — *Johnson papers* (Sullivan *et al.*), III : 421, 468–500, 512, 521, 524, 670, 730, 747, 751, 820. — Knox, *Hist. journal* (Doughty), I : 40s. — Thomas Mante, *The history of the late war in North-America and the islands of the West Indies, including the campaigns of MDCCLXIII and MDCCLXIV against his majesty's Indian enemies* (Londres, 1772). — *Michigan Pioneer Coll.*, XIX (1891) : 27–295 ; XXVII (1896) : 605–680. — *Military affairs in North America, 1748–65* (Pargellis), 223, 232, 235, 239s., 265. — *The siege of Detroit in 1763 : the journal of Pontiac's conspiracy, and John Rutherfurd's narrative of a captivity*, M. M. Quaife, édit. (Chicago, 1958). — Peckham, *Pontiac*. — M. M. Platt, Detroit under siege, 1763, *Michigan History* (Lansing), XL (1956) : 465–497.

GLANDONS, MAURICE DESDEVENS DE. V. DESDEVENS

GLAPION, AUGUSTIN-LOUIS DE, jésuite, supérieur général, né le 8 juillet 1719, à Mortagne-sur-Huisne (Mortagne-au-Perche, France), et décédé à Québec, le 24 février 1790.

Entré au noviciat des jésuites de Paris, le 10 octobre 1735, et après deux années d'études philosophiques au collège de La Flèche, Augustin-Louis de Glapion arrive à Québec en 1739. Sept ans plus tard, il quittera la Nouvelle-France où il a enseigné la troisième, la quatrième et les humanités au collège des jésuites. De retour en France, Glapion étudie la philosophie et la théologie au collège Louis-le-Grand, à Paris, de 1746 à 1751. Le troisième an terminé, il prononce ses grands vœux en 1753 au collège de Nevers où il professe la philosophie depuis deux ans. Cette même année il devient préfet des études au collège d'Arras qu'il quittera après cinq ans pour regagner Québec.

Parti de Paris le 25 mars 1758, Glapion fait la traversée avec Joseph-Pierre de BONNÉCAMPS, son ancien collègue à Québec. En mai, les deux jésuites retrouvent Jean-Baptiste de Saint-Pé* exerçant toujours les fonctions de supérieur général et de recteur du collège de Québec où se situent le cœur et le cerveau de la Compagnie de Jésus en Amérique du Nord.

Le retour de Glapion au Canada pourrait être attribuable à Saint-Pé tant il semble certain que le vieux supérieur de 72 ans était heureux de retrouver un sujet connu et apprécié en qui il discernait son éventuel successeur. C'est ce que semble confirmer la nomination du nouvel arrivant au poste de principal adjoint de Saint-Pé avec les titres de ministre et procureur du collège. En septembre 1759, Québec capitule. Saint-Pé, pour s'assurer des contacts indispensables avec les autorités civiles et religieuses, doit, comme celles-ci, chercher refuge en dehors de la zone occupée. De Montréal, il pourra mieux communiquer avec la majorité de ses sujets dispersés à travers l'Amérique. En laissant Glapion vice-recteur au collège de Québec, il en fait son suppléant auprès des jésuites du gouvernement de Québec. En octobre 1759, MURRAY demande aux jésuites de se retirer du collège pour le convertir en entrepôt militaire, et Glapion cherche refuge à la mission de Lorette. A son retour à Québec, en juin 1761, il doit partager le collège avec l'armée britannique. Saint-Pé rejoint alors Glapion et semble, dès ce moment, lui avoir cédé l'exercice de ses fonctions de supérieur, ce que les titres viendront confirmer en 1763.

La charge de supérieur général accorde à Glapion une importance historique découlant principalement des circonstances particulières qui l'ont maintenu en poste, comme dernier titulaire, durant quelque 30 ans. La Conquête et le traité de Paris, les divers régimes constitutionnels et la politique des différents gouverneurs, puis la suppression des jésuites par Rome sont autant d'épisodes qui ont engagé son ordre religieux dans la voie de la disparition réalisée finalement par l'inévitable extinction des sujets. Forcément, chacun des dossiers de cette pénible histoire se rattache au supérieur général qui en a vécu tous les moments : existence des jésuites, biens des jésuites, et affaire Roubaud [Pierre-Joseph-Antoine ROUBAUD].

Dans l'acte de capitulation de Montréal en 1760, AMHERST reconnaissait le droit de propriété aux religieux, mais remettait leur survie au bon vouloir du roi. Dès 1762, Murray prend sur lui de réclamer la suppression totale des jésuites qu'il n'affectionne pas et la saisie de leurs biens. En 1764, lorsque Roubaud, pourtant encore jésuite, se fait le complice du gouverneur qui l'autorise à passer en Angleterre comme son agent afin de renseigner les autorités sur la nouvelle colonie, Glapion se montre ferme, sagement compréhensif et digne à l'égard des deux hommes.

De justesse, le traité de Paris soustrait les jésuites du Canada au retrait de l'existence civile qui atteint leurs confrères de France. Mais les instructions du 13 août 1763 à Murray viennent limiter cette existence à la survie des membres, tout recrutement étant interdit au Canada. Profitant de la mission d'Étienne CHAREST à Londres, Glapion demande la levée de cet interdit puis le retour du collège à sa vocation première : l'éducation. En 1766, le remplacement de Murray par Guy Carleton* coïncide avec le retour de Mgr BRIAND venu combler, au siège épiscopal, une vacance de six ans. Glapion a déjà prévu que l'ordination sacerdotale serait conférée à trois de ses frères coadjuteurs. Jean-Baptiste Noël et Jean-Joseph CASOT deviennent prêtres le 20 décembre 1766 et Alexis Maquet, en septembre 1767. Glapion obtient aussi l'appui de Carleton avant d'écrire à Shelburne, le 12 novembre 1766 ; il demande au ministre la permission de recruter de nouveaux sujets européens ou canadiens et d'occuper entièrement tous les bâtiments appartenant aux jésuites ; il réclame de plus des dédommagements pour l'occupation du collège. La requête de Glapion demeure lettre morte bien que, en 1776, les Américains restituent aux jésuites leur résidence montréalaise que les administrateurs coloniaux avaient convertie en prison.

Pendant des années, *la Gazette de Québec*

rapporte le traitement que divers pays catholiques d'Europe font subir aux jésuites ; même que la rumeur s'accrédite que Rome les supprimera totalement. Au cours de 1774, arrive à Québec le bref *Dominus ac Redemptor* ordonnant la suppression de la Compagnie de Jésus, que le pape a finalement signé à la fin d'août 1773. Mgr Briand, pourtant favorable aux jésuites, semble désarçonné. Sa lettre du 6 novembre 1774 au préfet de la Sacrée Congrégation de la propagande manifeste qu'il ne saisit pas les conséquences de l'incroyable nouvelle ni l'importance du rôle que Rome lui assigne comme évêque. En mars 1775, il est devenu l'acteur principal du drame. D'accord avec Carleton, Mgr Briand ne proclame pas la suppression de l'ordre et ainsi la survie canonique entraîne avec elle la survie civile. L'une fait de l'évêque le supérieur hiérarchique des jésuites et l'autre place leur supérieur de Québec en grande dépendance vis-à-vis du gouverneur. Jamais Carleton n'a mis en cause l'existence des jésuites, même s'il a toujours préconisé l'étatisation de leurs biens. A ce sujet, il s'opposa, tout comme Glapion d'ailleurs, à Amherst qui, dès 1769, avec la complicité de Roubaud, réclama ces biens pour lui-même. Successeur de Carleton, HALDIMAND prend à l'égard des jésuites une position qui s'apparente à celle de Murray. Quand lord Dorchester reprend son poste à Québec, en 1786, en compagnie du juge en chef William SMITH, il se montre plus déterminé à mettre la main sur les titres de propriété des jésuites pour disposer de leurs biens en faveur de l'éducation. En 1788, obligé de déposer copie des titres de propriété des jésuites devant une commission chargée d'enquêter sur leurs biens, Glapion précise qu'il ne le fera que devant notaire. Ainsi, en 1789, il se montre convaincu que la propriété privée est un droit sacré. Et dans un geste suprême, deux mois avant sa mort, il cède également « au peuple canadien » l'ensemble des propriétés de son ordre religieux. Près de 100 ans de discussions subséquentes ne pourront entamer le caractère inaliénable de ces biens.

Malgré tous ces conflits, Glapion remplit son rôle de prêtre, qui ne nous est connu que par quelques faits. Confesseur à l'Hôpital Général de Québec et confesseur de Mgr Louis-Philippe MARIAUCHAU d'Esgly, c'est encore à ce titre qu'il semble avoir sauvé de la pendaison le père de la Corriveau [V. Marie-Josephte Corriveau*]. Glapion décède à Québec le 24 février 1790, ne laissant que deux survivants jésuites, Bernard Well et Jean-Joseph Casot.

G.-É. GIGUÈRE

AAQ, 20 A, I : 173, 176. — Archivum Romanum Societatis Iesu (Rome), Canada I, fasc. 1, Varia de pristina missione canadensi, XVII ; XVIII ; XIX. — ASJCF, 727 ; 4 021 ; IC, 4 244. 43. — ASQ, Polygraphie, XXVII : 54. — *JR* (Thwaites), LXXI : 15s. — Laval Laurent, *Québec et l'Église aux États-Unis sous Mgr Briand et Mgr Plessis* (Montréal, 1945). — Rochemonteix, *Les jésuites et la N.-F. au XVIIIe siècle*, II. — M. Trudel, *L'Église canadienne*. — T.-M. Charland, La mission de John Carroll au Canada en 1776 et l'interdit du P. Floquet, SCHÉC *Rapport*, 1 (1933–1934) : 45–56. — Luc Lacourcière, Le destin posthume de la Corriveau, *Cahiers des Dix*, 34 (1969) : 239–272 ; Le triple destin de Marie-Josephte Corriveau (1733–1763), *Cahiers des Dix*, 33 (1968) : 213–242. — La mort de Mgr d'Esgly, *BRH*, XI (1905) : 111. — J.-E. Roy, Biographies canadiennes, *BRH*, XIX (1913) : 305. — Têtu, Le chapitre de la cathédrale, *BRH*, XVI : 37.

GLASIER (Glasior, Glazier), BEAMSLEY (Bemsley, Bensley) PERKINS, officier, agent des terres et fonctionnaire, baptisé le 4 juillet 1714 à Ipswich, Massachusetts, fils de Stephen Glasier et de Sarah Eveleth ; il épousa à Newbury, Massachusetts, le 17 avril 1739, Mme Ann Stevens, et de ce mariage naquirent un garçon et une fille ; décédé en août 1784 à bord du *Nancy* qui avait quitté Halifax à destination de l'Angleterre.

Le nom de Beamsley Perkins Glasier figure dans un registre militaire pour la première fois en 1745, alors qu'il était enseigne dans le 5e régiment du Massachusetts qui participa à l'expédition de William Pepperell* contre Louisbourg, île Royale (île du Cap-Breton). Durant le siège, 40 hommes signèrent un document dans lequel ils déclaraient « aller volontairement à l'attaque de la batterie de l'Îlot [...] pourvu que Beamsley Glaizer soit [leur] capitaine lors de la dite attaque ». Au mois d'août qui suivit la capitulation de Louisbourg, Glasier obtint une commission de capitaine. Dix ans plus tard, il servit de nouveau dans les troupes du Massachusetts, cette fois en qualité de major dans le régiment de Jonathan Bagly. En septembre 1755, William JOHNSON le nomma adjudant général des troupes provinciales au lac George (lac Saint-Sacrement, New York), affirmant qu'il était « un homme fort actif et serviable ». Tout le monde n'était pas de cet avis, car environ 45 officiers du Massachusetts, un mois plus tard, demandèrent que Glasier et William Eyre* fussent relevés de leurs commandements ; ils qualifiaient Glasier de « *murd*[*erer* ?] » et lançaient l'avertissement que si les deux hommes n'étaient pas destitués « le camp serait un endroit très désagréable pour eux ». Les officiers commandants refusèrent de donner suite à cette requête. Peu après, Glasier fut promu lieutenant-colonel dans le régiment de New York. En juillet 1756, devenu colonel, il prit part à une réunion des officiers supérieurs des troupes coloniales qui fut tenue au fort Edward (aussi appelé fort Lydius ; aujourd'hui Fort Edward, New York) et au cours de laquelle furent mis en évidence les facteurs qui entravaient la collaboration entre les troupes coloniales et les troupes régulières [V. John WINSLOW].

En mars 1757, tout en conservant son grade de colonel dans le régiment de New York, Glasier reçut une commission de lieutenant dans le 60e d'infanterie (Royal Americans), unité qui avait été formée spécialement pour combattre en Amérique du Nord et dont un grand nombre des officiers étaient des Américains, des Allemands et des Suisses. En avril, Glasier se vit confier la responsabilité du fort Herkimer (Herkimer, New York). Il servit probablement dans l'Ouest pendant les campagnes de 1758, 1759 et 1760 ; on rapporte, toutefois, qu'il se rendit à Québec pour effectuer un échange de prisonniers. A cette occasion, il aurait rencontré son proche parent, le capitaine Benjamin Glasier, qui avait été capturé par les Indiens au fort William Henry (aussi appelé fort George, actuellement Lake George, New York). En 1760, Glasier fut promu capitaine.

Glasier fut l'un des principaux fondateurs de l'avant-poste du Massachusetts dans la région sud de la rivière Saint-Jean qui allait devenir petit à petit le cœur de la future colonie du Nouveau-Brunswick. Il fit partie d'un groupe d'officiers, appartenant pour la plupart au 44e et au 60e régiment, qui décidèrent à Montréal en 1764 de s'engager dans une entreprise de colonisation des terres de la Nouvelle-Écosse. Une association, appelée par la suite la Saint John River Society et, parfois, la Canada Company, fut constituée sous la direction du capitaine Thomas Falconer. Plus tard, des gens de Halifax, de Boston, de New York, de Philadelphie et d'Irlande se joignirent à cette association, laquelle compta dans ses rangs des officiers comme Thomas GAGE et Ralph Burton*, qui donnèrent leur nom à des cantons, et des dirigeants coloniaux de marque tels Thomas Hutchinson, gouverneur du Massachusetts, et Philip John Livingston, de New York.

Nommé agent de l'association, Glasier quitta Québec en août 1764 pour aller choisir en Nouvelle-Écosse des terres se prêtant à la colonisation. Il arriva à Halifax à la fin d'octobre et, s'étant rendu au fort Frederick (Saint-Jean, Nouveau-Brunswick), de l'autre côté de la baie de Fundy, il fit une étude préliminaire du secteur sud de la Saint-Jean. Cette région lui plut : « Cela ressemble à un parc aussi loin que vous puissiez promener votre regard », rapporta-t-il à ses associés. Il revint à Halifax et, en décembre, il obtint du Conseil de la Nouvelle-Écosse la promesse que les terres seraient réservées jusqu'au mois de juin suivant. Au printemps de 1765, Glasier retourna à la rivière Saint-Jean, accompagné cette fois de Charles Morris*, fils, afin de mener une étude plus approfondie des lieux. Il s'y trouvait encore en avril lorsque la région fut constituée en comté (le comté de Sunbury), décision qui, dans une certaine mesure, fut prise sur sa recommandation. Peu après, Glasier et Falconer devinrent les premiers représentants de la circonscription, mais Glasier ne fut jamais présent à Halifax durant les sessions de l'Assemblée ; ils n'occupèrent ni l'un ni l'autre leur siège.

Un grand nombre de gens se disputaient les terres de la Nouvelle-Écosse ; pour obtenir l'appui du conseil, Glasier avait fait entrer dans la compagnie, en décembre 1764, deux conseillers, Michæl FRANCKLIN et l'arpenteur général Charles MORRIS. Dans une lettre confidentielle qu'il envoyait à Glasier en juillet 1765, Francklin le pressa d'indiquer au plus tôt quelles terres il choisissait car le gouvernement, disait-il, était embarrassé d'avoir à « faire attendre par égard pour [lui] » les nombreuses personnes qui demandaient des terres. La création d'un établissement était en cours : la compagnie avait retenu les services de Richard Barlow, un ancien sergent du 44e régiment, qui devait exercer les fonctions de garde-magasin ; l'été venu, des outils, six bœufs et des provisions avaient été acheminés au fort Frederick à l'intention des futurs colons. En octobre, la compagnie reçut du gouvernement de la Nouvelle-Écosse une concession de cinq cantons, soit environ 400 000 acres de terrain, sur la rivière Saint-Jean.

Glasier passa les premiers mois de 1766 à New York où il organisa une réunion de la compagnie ; au cours de cette rencontre, on décida de constituer, sur l'emplacement d'un ancien établissement français, un canton qui serait appelé Gagetown, et de construire des moulins à Nashwaak Falls (Marysville). En juillet, Glasier s'embarqua à Newburyport, Massachusetts, et il revint au fort Frederick en s'arrêtant à Portsmouth pour prendre avec lui cinq mécaniciens de moulins. Dans les mois qui suivirent, il s'occupa de « bâtir les moulins, arpenter [...] défricher les terres, construire des maisons, ouvrir des routes, louer des bœufs [...] et enfin tellement de choses, disait-il, [qu'il n'aurait] jamais la prétention de les écrire ». Toutefois, au printemps de 1767, il quitta la région de la Saint-Jean pour se rendre à New York et, en août, il rejoignit son régiment. La construction des moulins ne fut pas achevée, et même si les propriétaires amenèrent un certain nombre de colons sur les lieux au cours des années suivantes, les conditions de la concession à la compagnie ne furent pas respectées et la plupart des terres furent confisquées lorsque les Loyalistes arrivèrent en 1783. On peut constater, en lisant les lettres de Glasier, qu'il n'était pas dépourvu de talent en tant que promoteur, mais il fut incapable d'obtenir des propriétaires les sommes nécessaires au financement de ses activités et il est presque certain que cette parcimonie des propriétaires fut le principal motif qui le poussa à abandonner l'entreprise. Les Indiens de la rivière Saint-Jean, qui pillèrent les établissements quelques années plus tard et chassèrent les colons installés sur son propre terrain à l'embouchure de la rivière Nerepis, ne s'opposèrent pas sérieusement, semble-t-il, aux efforts accomplis par Glasier en vue de bâtir des moulins à quelques milles de leur principal village, à Aukpaque (près de Fredericton). D'ailleurs, la première fois qu'il s'était rendu dans la région de la Saint-Jean, les Indiens lui avaient semblé « bien contents de [leur] arrivée ».

Entre le 26 juillet 1768 et le 24 mai 1770, Glasier exerça les fonctions de commandant de la garnison à Michillimakinac (Mackinaw City, Michigan). A cet endroit, en août 1768, il rencontra les chefs outaouais, parmi lesquels se trouvait NISSOWAQUET. Même s'il fut impressionné par leur attitude, il refusa de leur fournir la nourriture qu'ils réclamaient ; il déclara que les Indiens ne devaient pas « s'attendre à ce qu'il veuille les entretenir en temps de paix totale ». Glasier envoya un rapport sur la qualité et l'importance des gisements de cuivre de la région du lac Supérieur et, en juin 1769, il recommanda à Gage que le poste fût déplacé à l'île avoisinante de Mackinac. En 1772, il vivait dans le comté d'Albany, New York. Il fut promu major en 1775 et, pendant la Révolution américaine, il servit dans les Antilles et dans les colonies du Sud en qualité de commandant du 4e bataillon de son régiment. Il occupa le poste de commandant à St Augustine (Floride) en 1778 et il participa au siège de Savannah, Géorgie, l'année suivante. De février 1780 à octobre 1782, il fut de nouveau commandant à St Augustine. Son bataillon se rendit ensuite à New York puis à Halifax et fut licencié dans cette ville en octobre 1783.

La plupart des terres obtenues par la Saint John River Society furent confisquées en 1783, mais Glasier, parce qu'il avait perdu des biens en Floride et en reconnaissance des efforts qu'il avait faits pour promouvoir la colonisation, fut autorisé à garder sa concession et obtint de surcroît une terre adjacente de 1 000 acres. Peu de temps avant sa mort, il vendit ses biens fonciers au major John Coffin*.

D. MURRAY YOUNG

[Benjamin Glasier], French and Indian war diary of Benjamin Glasier of Ipswich, 1758–1760 [...], Essex Institute, *Hist. Coll.* (Salem, Mass.), LXXXVI (1950) : 65–92.

BL, Add. MSS 21 661, pp.28–30. — Clements Library, Sir Henry Clinton papers ; Thomas Gage papers. — Huntington Library, Loudoun papers, LO 1 575 ; LO 1 680 ; LO 2 699 ; LO 4 219 ; LO 4 258 ; LO 4 397 ; LO 5 215. — Mass. Hist. Soc., Parkman coll. ; St John's Soc. coll. — PRO, PRO 30/55 ; WO 34/191. — The James White papers, W. O. Raymond, édit., N.B. Hist. Soc., *Coll.*, II (1899–1905), nº 4 : 30–72. — *Johnson papers* (Sullivan *et al.*). — [Charles Morris], The St. John River : description of the harbour and river of St. John's in Nova Scotia, and of the townships of Sunbury, Burton, Gage, and Conway, lying on said river [...] dated 25th Jan. 1768, *Acadiensis* (Saint-Jean, N.-B.), III (1903) : 120–128. — *Muskets, cannon balls & bombs ; nine narratives of the siege of Savannah in 1779*, Benjamin Kennedy, trad. et édit. (Savannah, Ga., 1974), 101, 106n. — *Old Fort Michilimackinac : reproductions of two maps from the papers of General Thomas Gage in the William L. Clements Library* [...] (Ann Arbor, Mich., 1938), 10s. — Old townships on the River St. John ; papers relating to the St. John's River Society, W. O. Raymond, édit., N.B. Hist. Soc., *Coll.*, II (1899–1905), nº 6 : 302–357. — W. H. Siebert, *Loyalists in east Florida, 1774 to 1785 ; the most important documents pertaining thereto* (2 vol., De Land, Fla., 1929 ; réimpr., introd. par G. A. Billias, Boston, 1972), II : 63. — J. B. Butcher, Eveleth genealogy (copie dactylographiée ; une copie est déposée au bureau du *New England Hist. and Geneal. Register*, Boston). — G.-B., WO, *Army list*. — *Massachusetts officers in the French and Indian wars, 1748–1763*, N. S. Voye, édit. (Boston, 1975). — *Vital records of Ipswich, Massachusetts, to the end of the year 1849* (3 vol., Salem, 1910–1919), I : 159s. ; II : 186, 567s. — *Vital records of Newbury, Massachusetts, to the end of the year 1849* (2 vol., Salem, 1911), I : 182 ; II : 193s., 598. — L. M. B. Maxwell, *An outline history of central New Brunswick to the time of confederation* (Sackville, N.-B., 1937). — C. L. Mowat, *East Florida as a British province, 1763–1784* (Berkeley, Calif., et Los Angeles, 1943 ; réimpr., Gainsville, Fla., 1964), 123. — W. O. Raymond, *Glimpses of the past : history of the River St. John, A.D. 1604–1784* (Saint-Jean, 1905) ; *River St. John*. — N. W. Wallace, *A regimental chronicle and list of officers of the 60th, or the King's Royal Rifle Corps, formerly the 62nd, or the Royal American Regiment of Foot* (Londres, 1879). — L. M. [B.] Maxwell, Benjamin Glasier, early settler of central New Brunswick, *Maritime Advocate and Busy East* (Sackville), 45 (1954–1955), nº 8 : 11–13.

GLAUDE. V. CLAUDE

GLIKHIKAN (Glickhican, qu'on traduit habituellement par « mire de fusil » ou « mire sur le canon d'un fusil » ; baptisé **Isaac)**, Indien loup (delaware) munsee, guerrier et orateur, converti à la secte des frères moraves et « leader indigène », né probablement vers 1730 en Pennsylvanie, décédé le 8 mars 1782 à Gnadenhutten (Ohio).

Éminent chef de guerre, Glikhikan vint au Canada pour apporter son appui aux Français pendant la guerre de Sept Ans. En 1763, il prit part au siège du fort Pitt (Pittsburgh, Pennsylvanie) pendant le soulèvement de Pondiac*. Il était le conseiller le plus influent de Packnake, grand chef des Loups Munsees à Kuskuski (près de New Castle, Pennsylvanie). Très tôt opposé au christianisme, Glikhikan s'était élevé contre les travaux apostoliques des jésuites parmi les tribus vivant en bordure des lacs Érié et Ontario. En 1769, il se rendit à la nouvelle mission des frères moraves, à Lawunakhannek (près de Franklin, Pennsylvanie), avec l'intention d'obliger David Zeisberger* ainsi que d'autres missionnaires à quitter la région. Une fois à Lawunakhannek, il entendit prêcher Zeisberger et se convertit bientôt au christianisme. L'année suivante, il joua un rôle prépondérant dans l'invitation que les Munsees transmirent aux frères moraves d'établir une nouvelle mission, Languntoutenünk (probablement près de Darlington), sur la rivière Beaver, à l'ouest de la Pennsylvanie. La veille de Noël 1770, il y fut baptisé dans la congrégation morave.

Glikhikan resta un chrétien convaincu et assista Zeisberger et John Gottlieb Ernestus Hackenwelder (Heckewelder) dans leurs tentatives pour diffuser la foi morave parmi les tribus de la vallée de l'Ohio. Son prestige de guerrier et d'orateur lui permit d'exercer une influence considérable, et il devint bientôt « auxiliaire national » ou « leader indigène ». En 1772, en compagnie des Indiens moraves, il déménagea à l'actuelle rivière Tuscarawas, à l'est de l'Ohio, où furent fondés deux nouveaux établissements, Schœnbrunn (près de New Philadelphia) et Gnadenhutten.

Pendant la guerre dite de lord Dunmore (entre la Virginie et les Chaouanons, en 1774), Glikhikan aida le chef loup White Eyes à garder sa tribu en dehors du conflit et, quand éclata la Révolution américaine, il usa de son influence pour empêcher un grand nombre de Loups de se joindre aux Britanniques. Bien que les villages moraves eussent proclamé leur neutralité, les missionnaires et leurs ouailles favorisèrent les Américains ; à l'occasion, ils renseignèrent leurs chefs, à Pittsburgh, sur les partis de guerre britanniques. Entre 1777 et 1781, Glikhikan réussit à persuader plusieurs groupes d'Indiens favorables aux Britanniques, qui passaient par les villages moraves, de retourner chez eux sans attaquer les Américains. Il protégea également Zeisberger et d'autres missionnaires de l'hostilité de certains guerriers.

En septembre 1781, un grand parti de guerre britannique, sous la conduite de Matthew Elliott*, du chef wyandot Pomoacan (Half-King) et du chef loup Konieschguanokee (Captain Pipe), força Glikhikan, les missionnaires et les Indiens moraves à abandonner leurs établissements de la vallée de la Tuscarawas et à s'installer à Captives' Town, sur le cours supérieur de la rivière Sandusky. Dans les derniers jours d'octobre, Glikhikan, Zeisberger, Hackenwelder et plusieurs des Indiens convertis se rendirent à Détroit, où ils furent interrogés par le commandant britannique, le major Arent Schuyler De Peyster. Ce dernier les trouva innocents des accusations portées contre eux d'avoir activement aidé les Américains, et, en novembre 1781, Glikhikan et les missionnaires retournèrent à Captives' Town.

Pendant l'hiver de 1781–1782, les réfugiés de la Sandusky furent durement éprouvés par le manque de nourriture. En février 1782, Glikhikan ramena une centaine d'Indiens dans les villages de la Tuscarawas, avec l'espoir de moissonner les grains qu'ils avaient dû abandonner au mois de septembre précédent. A Gnadenhutten, Glikhikan et ses gens furent surpris par un détachement de la milice de la Pennsylvanie, commandé par le lieutenant-colonel David Williamson. Les Pennsylvaniens accusèrent les Indiens moraves d'appuyer les Britanniques, et, le 8 mars 1782, Glikhikan, sa femme Anna et 88 autres périrent, tués par les Américains à coups de haches et de maillets.

R. David Edmunds

Documentary history of Dunmore's War, R. G. Thwaites et L. P. Kellogg, édit. (Madison, Wis., 1905), 28. — *Frontier advance on the upper Ohio, 1778–1779*, L. P. Kellogg, édit. (Madison, 1916), 240–261. — *Frontier retreat on the upper Ohio, 1779–1781*, L. P. Kellogg, édit. (Madison, 1917), 120–346. — [J. G. E. Hackenwelder], *Narrative of the mission of the United Brethren among the Delaware and Mohegan Indians* [...] (Philadelphie, 1820 ; réimpr., New York, 1971), 100–226 ; *Thirty thousand miles with John Heckewelder*, P. A. W. Wallace, édit. (Pittsburgh, Pa., 1958), 85–200. — John Ettwein and the Moravian Church during the revolutionary period, K. G. Hamilton, édit., Moravian Hist. Soc., *Trans.* (Bethlehem, Pa.), XII (1940) : 342–362. — *Michigan Pioneer Coll.*, X (1886) : 523, 538–541. — *Pa. archives* (Hazard *et al.*), 1re sér., VII : 541s. ; IX : 524–542. — [David Zeisberger], *Diary of David Zeisberger, a Moravian missionary among the Indians of Ohio*, E. F. Bliss, trad. et édit. (2 vol., Cincinnati, Ohio, 1885), I : 1–65. — *Handbook of American Indians* (Hodge). — C. W. Butterfield, *History of the Girtys* [...] (Cincinnati, Ohio, 1890), 98–102. — Edmund De Schweinitz, *The life and times of David Zeisberger* [...] (Philadelphie, 1871), 350–550. — Gnadenhuetten Monument Soc., *A true history of the massacre of ninety-six Christian Indians, at Gnadenhuetten, Ohio, March 8th, 1782* (New Philadelphia, Ohio, 1844), 1–12. — E. [E. L.] et L. R. Gray, *Wilderness*

Christians, the Moravian mission to the Delaware Indians (Toronto et Ithaca, N.Y., 1956), 40–75. — Reginald Horsman, *Matthew Elliott, British Indian agent* (Détroit, 1964), 25–40. — W. H. Rice, *David Zeisberger and his brown brethren* (Bethlehem, 1897). — P. A. W. Wallace, *Indians in Pennsylvania* (Harrisburg, Pa., 1961), 173. — C. A. Weslager, *The Delaware Indians, a history* (New Brunswick, N.J., 1972), 221–317.

GODEFROY DE LINCTOT, DANIEL-MAURICE, officier dans les troupes de la Marine, marchand et agent auprès des Indiens, baptisé le 5 mai 1739 à Montréal, fils de Louis-René Godefroy de Linctot et de Catherine-Apolline Blondeau, décédé avant le 30 avril 1783 dans le pays des Illinois.

Daniel-Maurice Godefroy de Linctot appartenait à la cinquième génération des Godefroy qui servirent dans les forces armées en Nouvelle-France. Ses frères, Hyacinthe et Maurice-Régis, étaient aussi officiers dans les troupes de la Marine et une certaine confusion subsiste relativement aux trois carrières antérieurement à 1760. Au début des années 1750, Daniel-Maurice était cadet. Avec un de ses frères, il participa à la défaite d'Edward Braddock aux mains de Jean-Daniel DUMAS, près du fort Duquesne (Pittsburgh, Pennsylvanie) en juillet 1755. Il devint enseigne en titre en 1759. Après la chute de la Nouvelle-France, il partit avec la plupart des membres de sa famille pour la France, où il arriva le 1er janvier 1762. En 1764, plusieurs membres de la famille reçurent l'autorisation et des fonds pour retourner au Canada, afin d'y régler leurs affaires ; Daniel-Maurice quitta peut-être la France à ce moment. Un rapport mentionne que deux frères Linctot, probablement Hyacinthe et Daniel-Maurice, vivaient à Verchères en 1767, mais en 1770 ils avaient apparemment déménagé dans l'Ouest. Daniel-Maurice trafiqua avec succès à Prairie du Chien (Wisconsin) et à Cahokia (East St Louis, Illinois), et il était considéré comme un des leaders des Français dans le pays des Illinois.

Lors de la Révolution américaine, Linctot dut de nouveau envisager le problème de son allégeance. Jusqu'en juin 1778, Charles Gautier de Verville, l'un des principaux partisans des Britanniques de la région des lacs Supérieur, Michigan et Huron, parlait favorablement des frères Linctot ; on rapporte que, le 4 juin, Daniel-Maurice visitait Charles-Michel MOUET de Langlade, le plus efficace des partisans britanniques à la frontière. Quand le mouvement révolutionnaire atteignit le pays des Illinois avec l'arrivée des troupes de George Rogers Clark en juillet, Linctot changea sa position. Peut-être influencés par les leaders de la communauté, tels Linctot, Jacques-Timothée Boucher de Montbrun, le père Pierre Gibault* et le marchand Jean-Gabriel Cerré*, les habitants français du pays des Illinois accueillirent bien, en général, les rebelles. Elu capitaine de milice par les résidants de Cahokia, Linctot mena, pendant les quelques mois suivants, des expéditions avec une troupe de cavaliers contre La Pée (aussi appelée Peouarea ; maintenant Peoria, Illinois), Vincennes (Indiana) et Ouiatanon (près de Lafayette, Indiana). Satisfait de son travail, Clark le nomma agent auprès des Indiens pour la plus grande partie du pays des Illinois, au printemps de 1779. Thomas Jefferson, gouverneur de l'état, confirma par la suite cette nomination, assortie d'une promotion au grade de major dans les troupes de la Virginie.

Linctot passa la plus grande partie de l'hiver de 1779–1780 en Virginie ; il y conféra avec l'amiral français Louis-Philippe de Rigaud de Vaudreuil qui l'encouragea à gagner un plus grand nombre de Français de la frontière à la cause des rebelles. Au milieu de l'année 1780, Linctot était au fort Pitt (Pittsburgh) avec mission d'inciter les Chaouanons, les Loups (Delawares) et autres tribus indiennes de la vallée de l'Ohio à combattre les Britanniques. Dans une lettre d'Arent Schuyler De Peyster, commandant britannique à Détroit, aux Indiens de la vallée de l'Ohio, on peut voir que Linctot, qui connaissait plusieurs langues indiennes, était un trublion efficace : « Envoyez-moi ce petit Français bavard, qui a nom monsieur Linctot, celui-là qui vous empoisonne les oreilles. » Clark, plus tard, faisait mention des « services insignes » de Linctot à titre d'agent auprès des Indiens.

Voyager était affaire courante pour Linctot au cours de ces années. Il séjourna à St Louis (Missouri) de juillet à septembre 1781 et y conféra avec Francisco Cruzat, lieutenant-gouverneur espagnol de la Louisiane du Nord. De retour à Cahokia à la fin de septembre, il fut impliqué dans une cause foncière de peu d'importance. On ne sait rien de lui après cette date. Le 30 avril 1783, il était décédé, comme le laisse entendre clairement une lettre de Clark à Jefferson.

DONALD CHAPUT

AN, Col., D^{2C}, 48 : 58 : 59 : F^3, 12. — ANQ-M, État civil, Catholiques, Notre-Dame de Montréal, 5 mai 1739. — *Cahokia records, 1778–1790*, C. W. Alvord, édit. (Springfield, Ill., 1907). — *Frontier retreat on the upper Ohio, 1779–1781*, L. P. Kellogg, édit. (Madison, Wis., 1917). — *George Rogers Clark papers* [...] [1771–1784], J. A. James, édit. (2 vol., Springfield, 1912–1926). — *Kaskaskia records, 1778–1790*, C. W. Alvord, édit. (Springfield, 1909). — *The papers of Thomas Jefferson*, J. P. Boyd *et al.*, édit. (19 vol. parus, Princeton, N.J., 1950–). — Wis., State Hist. Soc., *Coll.*, XI (1888) : 100–111. — *Dictionnaire natio-*

nal des Canadiens français (1608–1760) (2 vol., Montréal, 1958). — Tanguay, *Dictionnaire*. — Va., *Calendar of Virginia state papers* [...] (11 vol., Richmond, 1875–1893), III. — F. L. Billon, *Annals of St Louis in its early days under the French and Spanish dominations* (St Louis, Mo., 1886 ; réimpr., [New York], 1971). — G. A. Brennan, De Linctot, guardian of the frontier, Ill. State Hist. Soc., *Journal* (Springfield), X (1917–1918) : 323–366.

GODEFROY DE TONNANCOUR, CHARLES-ANTOINE (appelé aussi **le chevalier de Tonnancour**), militaire et seigneur, né à Trois-Rivières le 4 novembre 1755, fils de Louis-Joseph GODEFROY de Tonnancour et de Louise Carrerot ; il épousa à Québec, le 21 novembre 1785, Reine, fille de Jean-Louis Frémont, négociant, et ils eurent dix enfants ; décédé dans sa ville natale le 6 novembre 1798.

Après avoir pris part, comme son père et deux de ses frères, à la défense de la province de Québec lors de l'invasion américaine de 1775, Charles-Antoine Godefroy de Tonnancour semble avoir connu une période d'inactivité. Le 13 mai 1781, il supplie en effet le gouverneur HALDIMAND de bien vouloir se souvenir de lui s'il se présente une occasion d'employer un jeune officier qui, depuis longtemps, « languit dans une espèce d'oisiveté [...] tout à fait contraire à son caractère ».

Pendant les quelques années qui précèdent son mariage, en 1785, le chevalier de Tonnancour partage probablement son temps entre Trois-Rivières et Québec ; il se peut même qu'à ce dernier endroit il ait joué le rôle d'agent pour son père qui avait des intérêts commerciaux, entre autres dans la traite des fourrures. Au décès de ce dernier, en 1784, Tonnancour entre en possession de l'héritage familial qu'il doit partager avec ses huit frères et sœurs. Cet héritage, constitué principalement de propriétés foncières situées entre Trois-Rivières et la seigneurie de Maskinongé, comprend surtout les fiefs de Vieuxpont, Labadie, Pointe-du-Lac et Yamaska.

Établi définitivement à Trois-Rivières à compter de 1785, Tonnancour procède peu à peu à la liquidation de ses terres. Il n'est d'ailleurs pas le seul à dilapider ainsi le patrimoine paternel puisque, très souvent, c'est conjointement avec les cohéritiers qu'il se déleste de ses propriétés. Le produit des ventes demeure cependant insuffisant pour permettre à Tonnancour de maintenir son train de vie luxueux, puisqu'il doit recourir à des emprunts dont il ne peut pas toujours rencontrer les échéances. Aussi en 1788, Pierre-Édouard Desbarats*, un marchand de Trois-Rivières avec lequel il a un compte courant, lui réclame une traite de 200# ; plus tard, un négociant de Québec, Jacques Curchot, porte un protêt contre lui pour le retard d'un paiement de £100 dont il réclame les intérêts.

Lors de la création d'un nouveau district de Trois-Rivières, en juillet 1790, Tonnancour est l'une des 17 personnes choisies par lord Dorchester [Carleton*] pour veiller à « tenir la paix dans le dit nouveau district ». Quatre ans plus tard, il est nommé, conjointement avec George Dame, commissaire pour la concession des terres dans le district de Trois-Rivières. En mars 1797, il se voit conférer la fonction de chef des grands jurés pour la Cour du banc du roi. Le chevalier de Tonnancour meurt à Trois-Rivières l'année suivante.

Même si l'inventaire après décès indique que Tonnancour possédait une maison cossue et fort bien meublée, des biens personnels pour une valeur de 2 902#, ainsi que cinq terrains à Trois-Rivières et en banlieue, il révèle une situation financière désespérée. Ses dettes passives s'élèvent à 48 949# alors qu'au chapitre des dettes actives, il ne reste que 9 597# à recouvrer par la succession. Celle-ci se voit d'ailleurs dépouillée de presque tous les biens fonciers légués par le chevalier de Tonnancour, au profit du négociant trifluvien William Grant* et de son associé James McKenzie, pour recouvrement de dettes. Face à cette situation, l'épouse du chevalier, qui lui survivra d'ailleurs jusqu'en 1858, n'a d'autre possibilité que de se prévaloir du droit qu'elle a de renoncer « à la dite communauté [de biens avec son époux], sans être tenue aux dettes d'icelles ».

Somme toute, Charles-Antoine Godefroy de Tonnancour illustre la situation de gêne dans laquelle nombre de seigneurs canadiens se trouvent à la fin du XVIIIe siècle et qui devient inéluctable à mesure que s'effectue la montée de la petite bourgeoisie.

NORMAND PAQUETTE

ANQ-MBF, Greffe d'A.-I. Badeaux, 13 sept. 1797, 21 déc. 1798 ; Greffe de J.-B. Badeaux, 29 oct. 1784, 13 sept. 1785, 15 mars, 4 déc. 1787, 15 mars, 18 juin, 18 août 1788, 5 mars 1789. — BL, Add. MSS 21 830, pp.213s. — *La Gazette de Québec*, 24 nov. 1785, 8 juill. 1790, 16 oct. 1794, 16 oct. 1797, 3 janv., 30 oct. 1800. — P.-G. Roy, *La famille Godefroy de Tonnancour* (Lévis, Québec, 1904), 57, 61 ; Les ancêtres du général Frémont, *BRH*, IV (1898) : 277s.

GODEFROY DE TONNANCOUR, LOUIS-JOSEPH, garde-magasin, procureur du roi, seigneur et marchand, baptisé à Trois-Rivières le 27 mars 1712, fils de René Godefroy* de Tonnancour et de Marguerite Ameau, décédé à Trois-Rivières le 15 mai 1784.

Louis-Joseph Godefroy de Tonnancour commença de s'imposer dans la région de Trois-Rivières dès 1730, lorsque le grand voyer, Jean-Eustache Lanoullier* de Boisclerc, le choisit comme commis. L'année suivante, il se vit confier la charge de garde-magasin du roi, qu'il conservera parallèlement à celle de procureur de la juridiction de Trois-Rivières, reçue le 1er avril 1740. En 1738, d'autre part, il avait succédé à son père comme syndic apostolique des récollets de Trois-Rivières.

Godefroy de Tonnancour hérita de son père la seigneurie de Pointe-du-Lac, sur laquelle il tenta d'établir un village pour les Indiens errants. Louis Franquet*, un ingénieur militaire en visite au pays en 1752, signala d'ailleurs cette entreprise, précisant qu'il s'agissait de « maisons bâties uniformément et assujetties à des alignements ; il y en avait déjà neuf ». Cinq autres fiefs s'ajoutèrent aux possessions de Godefroy de Tonnancour dans la région de Trois-Rivières, soit ceux de Labadie, d'Yamaska, de Roquetaillade, de Godefroy et de l'Île-Marie.

Godefroy de Tonnancour réussit, de plus, à se faire connaître comme marchand. Tout d'abord fournisseur de l'État dans les années 1740, entre autres pour la construction de navires, il fut l'une des trois personnes à se voir accorder en 1760 un permis de « commerce fixe » pour Trois-Rivières et ses environs. A cette époque, l'Hôtel-Dieu de Québec lui emprunta 9600# et Mgr de Pontbriand [Dubreil*], 9000#. Demeuré au pays après la guerre de Sept Ans, Godefroy de Tonnancour continua ses activités aux côtés des nouveaux dirigeants. Ainsi, du 16 mars au 30 avril 1764, il siégea à titre de commissaire à l'enregistrement du papier du Canada, auprès de Jean-Baptiste Perrault et de René-Ovide HERTEL de Rouville. Il déclara à cette occasion avoir en sa possession plus de 150000#, soit davantage que tous ses confrères marchands ; il en perdit une très grande partie lors de la liquidation de l'argent de papier par le roi de France [V. Alexandre-Robert HILLAIRE de La Rochette et Bernard Cardeneau*]. En mars 1769, le gouverneur Guy Carleton* le recommanda comme membre du Conseil législatif, mais il ne fut pas choisi.

Lors de l'invasion américaine de 1775–1776 [V. Richard MONTGOMERY], Godefroy de Tonnancour fit preuve de loyalisme envers George III. Nommé colonel de milice le 7 septembre 1775, il chercha à vaincre la volonté de neutralité des habitants de Trois-Rivières, aidé en cela par le notaire Jean-Baptiste BADEAUX. En février 1776, au moment où cette ville était occupée par les Américains, Godefroy de Tonnancour fut, de plus, le seul officier de milice à refuser de leur remettre sa commission, alléguant qu'elle était « une chose qui lui appartenait et faisait partie de sa propriété ». Il dut toutefois céder devant l'intransigeance de l'opposant.

Godefroy de Tonnancour épousa en premières noces, à Trois-Rivières, le 11 février 1740, Mary Scamen (Scammon), une ancienne captive des Indiens, et ils eurent quatre enfants. Il se remaria à Québec, le 2 novembre 1749, avec Louise Carrerot, fille d'André Carrerot*, et le couple eut 12 enfants.

Godefroy de Tonnancour entretint toute sa vie des relations avec les notables de Trois-Rivières. Personnage important de la région, il sut s'adapter au changement de régime et s'attira aussi bien la sympathie du gouverneur HALDIMAND que celle de Mgr BRIAND.

FRANCES CAISSIE

AN, Col., C11A, 57, pp.40s. (copies aux APC). — ANQ-MBF, État civil, Catholiques, Immaculée-Conception (Trois-Rivières), 27 mars 1712, 11 févr. 1740, 17 mai 1784 ; Greffe de Paul Dielle, 26 mars 1766 ; Greffe de Jean Leproust, 15 mars, 3, 17 mai 1756 ; Greffe de Louis Pillard, 9 sept. 1749, 7 mars 1755, 15 mai 1764 ; Greffe de H.-O. Pressé, 11 févr. 1740. — ANQ-Q, État civil, Catholiques, Notre-Dame de Québec, 2 nov. 1749 ; Greffe de Claude Barolet, 26 oct. 1749. — [J.-B. Badeaux], Journal des opérations de l'armée américaine, lors de l'invasion du Canada en 1775–76, par M. J. B. Badeaux, notaire de la ville des Trois-Rivières, *Revue canadienne* (Montréal), VII (1870) : 186–202, 267–276, 329–345. — Le Jeune, *Dictionnaire*, II : 721. — P.-G. Roy, *Inv. concessions*, I : 154, 289 ; II : 48, 126, 254, 268 ; III : 147, 263s. ; IV : 117 ; *Inv. procès-verbaux des grands voyers*, V : 155s. — Tanguay, *Dictionnaire*, IV : 314. — Coleman, *New England captives*, II : 147s. — Alexandre Dugré, *La Pointe-du-Lac* (Trois-Rivières, 1934). — Jouve, *Les franciscains et le Canada : aux Trois-Rivières*. — Cameron Nish, *Les bourgeois-gentilshommes de la Nouvelle-France, 1729–1748* (Montréal et Paris, 1968), 58, 65–67, 113, 141, 147, 152, 178. — P.-G. Roy, *La famille Godefroy de Tonnancour* (Lévis, Québec, 1904), 50s., 82. — Sulte, *Mélanges historiques* (Malchelosse), II : 79 ; XI : 29 ; XVIII : 39, 58. — M. Trudel, *L'Église canadienne*, II : 98, 270, 406 ; *Le Régime militaire*, 11–15, 18, 22, 25–27, 75, 120, 146.

GODIN, dit **Bellefontaine**, dit **Beauséjour, JOSEPH**, officier de milice, marchand et interprète, né en 1697 dans la paroisse de Sainte-Anne-du-Pays-Bas (Fredericton, Nouveau-Brunswick), fils de Gabriel Godin, dit Chatillon et dit Bellefontaine, et de Marie-Angélique Robert Jasne (Robertjeanne) ; il épousa en 1725 Marie-Anne Bergeron ; décédé après 1774, probablement à Cherbourg, France.

Lorsque Joseph Robinau* de Villebon, gouverneur de l'Acadie, construisit le fort Saint-

Joseph (connu sous le nom de fort Nashwaak; maintenant Fredericton) en 1692, il amena dans la région un certain nombre de colons acadiens et canadiens, parmi lesquels Gabriel Godin, dit Chatillon, officier de marine, et sa femme. Robinau nomma Godin lieutenant en second au fort et lui accorda un terrain de trois lieues en bordure de la rivière Saint-Jean. Cette terre fut à l'origine du nom de Bellefontaine. Godin aménagea sa propriété et la prit comme base pour faire un commerce considérable avec les autres colonies françaises ainsi qu'avec les Abénaquis, les Malécites et les Micmacs. Il maîtrisa si bien les langues des Indiens que Robinau le nomma interprète du roi.

Joseph Godin travailla étroitement avec son père ; il hérita de ses biens et de son prestige. Il fut, lui aussi, un colon notable de sa paroisse ; on prétendit plus tard que « les sauvages comme les françois ne faisoient [rien ?] sans le consulter et se soumettoient docilement a toutes ses [décisions] ». Le gouverneur Beauharnois* lui accorda la commission d'interprète du roi et, en 1736, Godin et son beau-frère, Michel Bergeron d'Amboise, se rendirent à titre de délégués des Acadiens de Saint-Jean auprès du Conseil d'Annapolis Royal. Ils furent emprisonnés par le gouverneur Lawrence Armstrong* pour ne pas s'être présentés immédiatement devant le conseil, mais ils furent bientôt relâchés et renvoyés chez eux avec l'ordre d'inviter les Indiens de Saint-Jean au poste britannique.

En 1749, Charles DESCHAMPS de Boishébert organisa une milice avec les Acadiens de la rivière Saint- Jean et, le 10 avril, Godin en fut nommé commandant. Pendant la guerre de Sept Ans, Godin donna son appui aux Indiens et les encouragea à résister aux Britanniques ; il prit même la tête de plusieurs de leurs partis de guerre. Lorsque les *rangers*, du détachement commandé par Moses Hazen*, saccagèrent Sainte-Anne-du-Pays-Bas en février 1759, ils tuèrent la fille de Godin ainsi que trois de ses petits-enfants parce que celui-ci avait refusé de jurer fidélité au roi d'Angleterre et que « c'etoit lui qui par ses discours et par ses largesses, avoit fomenté et toujours entretenu les sauvages en haine et en guerre contre les Anglois ». Les *rangers* emprisonnèrent Godin et, après que sa famille l'eut rejoint, l'amenèrent à Annapolis Royal. De là, on le conduisit à Boston, à Halifax et en Angleterre ; plus tard on l'envoya à Cherbourg. En 1767, il y vivait et faisait partie d'un groupe d'Acadiens qui demandèrent des pensions viagères. Il obtint une pension de 300# pour ses pertes et ses services. En 1774, on proposa de le placer, ainsi que sa femme, dans une maison religieuse où l'on pourrait s'occuper d'eux. Rappelant les services qu'il avait rendus au roi, et qui, prétendait-il, lui avaient coûté 60 000#, Godin demanda qu'il leur fût plutôt permis de demeurer à Cherbourg avec une pension.

GEORGE MACBEATH

AD, Calvados (Cæn), C 1 020, mémoire de Joseph Bellefontaine, dit Beauséjour, 15 janv. 1774. — Placide Gaudet, Acadian genealogy and notes, APC *Report*, 1905, II, IIIe partie : 140, 241. — *N.S. Archives, III.* — [Joseph Robinau de Villebon], *Acadia at the end of the seventeenth century ; letters, journals, and memoirs of Joseph Robineau de Villebon* [...], J. C. Webster, édit. (Saint-Jean, N.-B., 1934), 99, 149, 154. — L. M. B. Maxwell, *An outline of the history of central New Brunswick to the time of confederation* (Sackville, N.-B., 1937). — Raymond, *River St. John.*

GODSMAN, JOHN. V. DAVIDSON, WILLIAM

GOGUET, DENIS, négociant, receveur des droits de l'Amirauté de Québec et trésorier de France, né en 1704 à La Flotte, dans l'île de Ré, France, fils de Marguerite-Thérèse-Sibylle et de Denis Goguet, marchand ; il épousa à Québec le 24 novembre 1738 Louise-Élisabeth, fille de Jean-Joseph Feré Duburon, lieutenant dans les troupes de la Marine, et de Jeanne Durand ; décédé à La Rochelle, France, le 30 janvier 1778.

Denis Goguet fit ses premiers voyages au Canada en 1731 et 1732, comme agent de Simon-Pierre Thiollière, marchand de La Rochelle ; il ne séjourna probablement dans la colonie que pendant les mois d'été. Peut-être n'est-il pas revenu au Canada, du moins comme représentant de Thiollière, l'année suivante, puisqu'en octobre 1733 le procureur de ce dernier à Québec était Jean Taché*, un autre Rochelais. Quelle qu'ait été l'activité de Goguet cette année-là, il était à Québec au printemps de 1734 comme subrécargue à bord du *Comte de Toulouse* et porteur de connaissements, d'instructions et d'une procuration des frères Pascaud, propriétaires de la plus importante firme rochelaise à commercer au Canada [V. Antoine Pascaud*] ; Goguet s'était fait des relations sur lesquelles il pouvait compter pour une brillante carrière.

Goguet – et c'est ainsi que le qualifie un document de 1734 – était un marchand forain, c'est-à-dire un commerçant de la métropole qui passait chaque été dans la colonie, et parfois l'hiver tout aussi bien, résidant une année chez un marchand établi, et chez un autre la suivante. Mais, les Pascaud faisant au Canada un vaste commerce régulier, Goguet passa l'hiver à Québec plus souvent que nombre d'autres forains et resta de si nombreuses années commissionnaire des Pascaud qu'il devint à tout le moins un semi-résidant de la communauté commerciale de la basse ville de Québec. Un document de 1737 lui donne le titre de « négociant à Québec », alors qu'un autre, de l'année suivante, le dit « negociant résidant ordinairement en la ville dela Rochelle de présent En Cette Ville de Quebec ». Les relations de Goguet avec le Canada furent renforcées par son mariage à une Canadienne, en 1738. La décennie suivante fournit plusieurs indications de son insertion de plus en plus grande dans la société québécoise : la location d'un banc dans la cathédrale, l'achat d'une maison (le titre de propriété se révéla par la suite non valable) et la naissance de huit enfants au Canada, dont trois survécurent à la première enfance.

En 1741, les Pascaud se virent octroyer un monopole de la pêche de la morue et de la chasse du phoque et du morse aux îles de la Madeleine. C'est à Goguet qu'incomba la responsabilité de gérer la « pêche » – comme on disait à l'époque – du phoque et du morse. Un contrat de l'année 1742 esquisse les méthodes d'exploitation de ces « pêches ». Un petit navire partait de Québec chaque mois de septembre avec à son bord un capitaine, un maître des pêcheries, un charpentier de navire, un tonnelier, cinq matelots et un mousse. Tous, à l'exception du mousse, qui touchait un salaire de 120*tt*, se partageaient, pour leur rémunération, un tiers du produit de la pêche, Goguet ayant un droit de préemption sur leur part. En 1744, les Pascaud, dont la haute réputation ne s'était jamais démentie dans le commerce du Canada, se virent accorder le contrat d'approvisionnement du magasin du roi à Québec, qu'ils conservèrent pendant plusieurs années. Le prestige du commissionnaire au Canada était nécessairement fonction de la qualité de ses relations métropolitaines, et le succès des Pascaud contribua, dans les années 1740, à porter Goguet au sommet de sa carrière canadienne. Si le commerce restait la raison d'être de sa résidence au Canada, il ne refusa pas l'honneur d'un poste officiel et fut nommé, le 23 avril 1743, receveur des droits de l'Amirauté de Québec.

Le retour de Goguet en France en 1747 mit fin à sa résidence au Canada ou à tout le moins prépara son départ définitif. Il est certain en tout cas qu'en 1750 il était de nouveau « négociant de La Rochelle » et qu'il avait son propre agent à Québec, qui paraît avoir été Jacques PERRAULT. Goguet passe pour être devenu le principal destinataire des fourrures canadiennes ; l'intendant BIGOT était au nombre de ses clients. La même année 1750, Goguet devint l'un des trésoriers de France, ce qui paraît étonnant dans le cas d'un commissionnaire colonial rentré depuis peu dans la métropole. Le 16 juin 1756, il fut élu syndic des marchands de La Rochelle et, en 1769, il acheta l'office de secrétaire du roi, une sinécure qui comportait de nombreux privilèges et conférait la noblesse héréditaire. Il acquit aussi une propriété foncière, ainsi que l'exigeait son haut rang, en devenant seigneur de La Sauzaie.

Il est impossible de ne pas voir une grande ambition chez Denis Goguet. Au début, sa carrière suit une voie parallèle à celle d'Antoine Pascaud, père de ses propres associés, qui avait, d'une façon semblable, fait sa fortune au Canada, épousé une Canadienne puis transféré ses affaires à La Rochelle. Mais la montée des Pascaud vers les offices prestigieux et la noblesse dura deux générations. La différence entre Goguet et les Pascaud, à cet égard, n'est peut-être pas tant l'indice d'une plus grande habileté chez le premier ou d'aspirations divergentes entre les deux hommes que l'indication du fait que, dans les années 1750, la ligne séparant la noblesse et la grande bourgeoisie commençait à s'effacer.

DALE MIQUELON

AD, Charente-Maritime (La Rochelle), État civil, Saint-Jean de La Rochelle, 21 janv. 1778. — ANQ-Q, Greffe de Claude Barolet, 22 oct. 1731, 15 oct. 1734, 18 août 1738, 2 sept. 1742, 18 août 1751 ; Greffe de Nicolas Boisseau, 15 avril, 30 oct. 1741, 30 oct. 1743 ; Greffe de Jean de Latour, 18 nov. 1738, 6 oct. 1740 ; Greffe de Claude Louet, 21 mars, 1er oct. 1765 ; Greffe de J.-C. Panet, 26 juin 1746, 11 oct. 1747, 4 oct. 1753, 8 nov. 1758, 7 oct. 1761, 1er sept. 1762 ; NF 25, 27, no 1 008. — APC, MG 24, L3 : *Rapport*, 1904 ; 1905, I. — P.-G. Roy, *Inv. jug. et délib., 1717–1760*, III : 61, 233 ; IV : 226 ; V : 144, 161, 195 ; *Inv. ord. int.*, II : 262 ; III : 18, 39, 46, 52, 66, 85. — Tanguay, *Dictionnaire*, IV : 317. — Frégault, *François Bigot*, II : 84, 360. — Émile Garnault, *Le commerce rochelais au XVIIIe siècle, d'après les documents composant les anciennes archives de la chambre de Commerce de La Rochelle* (5 vol., La Rochelle et Paris, 1887–1900), I : 87. — Robert Henri, Les trafics coloniaux du port de La Rochelle au XVIIIe siècle, Soc. des antiquaires de l'Ouest, *Mémoires* (Angoulême, France), 4e sér., 4 (1960) : 23, 29, 35, 186, 190s.

GOHIN, PIERRE-ANDRÉ, comte de MONTREUIL, officier dans les troupes régulières françaises, né le 16 novembre 1722 à Angers, France, fils de Nicolas Gohin de Montreuil et de Monique-Françoise Petit, décédé après 1793.

Pierre-André Gohin entra dans le régiment de Piémont à l'âge de 20 ans, à titre de lieutenant en second. Promu capitaine en 1746, il fit du service pendant la guerre de la Succession d'Autriche et, en 1755, il fut créé chevalier de Saint-Louis. La même année, il était promu au grade de lieutenant-colonel et nommé aide-major général des troupes régulières françaises au Canada, lesquelles étaient alors sous le commandement de Jean-Armand Dieskau*. Montreuil arriva à Québec le 26 juin et, en août, il se préparait à rallier son commandant au fort Saint-Frédéric (Crown Point, New York). Le 8 septembre, il servit comme commandant en second sous Dieskau dans la rencontre avec les troupes britanniques aux ordres de William JOHNSON, près du lieu où s'élèverait bientôt le fort George (appelé aussi fort William Henry ; maintenant Lake George, New York). Après la bataille, Montreuil dirigea la retraite des Français en direction du fort Saint-Frédéric. S'étant porté au secours de Dieskau, blessé au cours de l'engagement, il avait tenté de l'emmener avec lui, mais ce dernier lui avait ordonné de concentrer toutes ses énergies sur le combat.

Le fait que Montreuil n'ait pas transporté Dieskau hors du champ de bataille et n'ait pas empêché sa capture par les Britanniques souleva beaucoup de critiques. Le gouverneur Vaudreuil [RIGAUD], le 25 septembre, déclarait à Machault, ministre de la Marine, qu'il ne pouvait pardonner à Montreuil d'avoir abandonné Dieskau, en soulignant que l'ennemi citerait « pour preuve de sa victoire l'abandon de ce général, quoique dans le vrai, disait-il, il ait perdu trois fois plus de monde que nous ». L'auteur anonyme du « Mémoire du Canada » affirme que Montreuil battit en retraite contre les ordres de Dieskau et qu'il déserta lâchement son commandement. Cependant, Dieskau, dans ses lettres écrites d'Angleterre, en 1758, exonère entièrement son second de toute erreur de conduite, et le ministre de la Guerre, le duc de Belle-Isle, assurait Montreuil, la même année, qu'il le jugeait sans reproche. De fait, les critiques, à cette occasion, ne paraissent pas avoir nui à sa carrière, car en mars 1756 il était nommé aide-major général de Montcalm*.

Parce que les officiers de l'armée régulière française et ceux des troupes de la Marine au Canada se disputaient les places et les honneurs, leurs relations étaient pour le moins tendues. Montreuil partageait la piètre opinion de Montcalm et de son état-major sur les Canadiens. Il attribuait l'échec de Dieskau, le 8 septembre 1755, non seulement au fait qu'il s'était trop approché des positions britanniques mais aussi à sa confiance injustifiée envers les Canadiens et les Indiens. Le Canadien, écrivait-il dans un rapport en date du 12 juin 1756, est « indépendant, méchant, menteur, glorieux, fort propre pour la petite guerre, très brave derrière un arbre et fort timide lorsqu'il est à découvert ». Montreuil accusait aussi Vaudreuil et les officiers canadiens d'entretenir des préjugés défavorables à l'endroit des Français, et il critiquait les dépenses extravagantes et inutiles du gouvernement colonial.

Montreuil participa au siège du fort William Henry en 1757 et à la bataille qui se déroula au fort Carillon (Ticonderoga, New York) en 1758, où, selon Montcalm et LÉVIS, il se distingua. Ayant pris part à la campagne de Québec en 1759, il affirma avoir déconseillé à Montcalm d'engager le combat sur les plaines d'Abraham, parce qu'il croyait que les Français n'avaient pas suffisamment de soldats pour le faire avec succès. Il servit comme commandant en second à Sainte-Foy en 1760 et rentra en France après la chute de Montréal. Promu brigadier des armées du roi en 1761, puis maréchal de camp l'année suivante, il commanda en second à Saint-Domingue (île d'Haïti). A la mort du gouverneur, le vicomte Armand de Belzunce, le 4 août 1763, il assuma le plein commandement, à titre de gouverneur général de Saint-Domingue, jusqu'à l'arrivée du nouveau titulaire, le 23 avril 1764. Il quitta probablement l'île peu après et rentra en France, où il fut promu lieutenant-général en 1781. Le 1er nivôse an II (21 décembre 1793) de la République française, le Conseil provisoire exécutif lui présenta les remerciements de la nation et lui accorda une pension annuelle à vie de 837*#* 10s. en reconnaissance de ses services au cours des dix campagnes de sa carrière.

Il n'est pas facile de se faire une idée précise du caractère et des capacités de Montreuil. En 1755, André Doreil*, le commissaire aux guerres, le disait honnête homme, mais faible et d'une naïveté étonnante. Bien que Montreuil affirmât qu'il n'était « jamais plus content que quand [il avait] beaucoup d'ouvrage », Doreil et le chevalier de La Pause [Plantavit*] faisaient une bonne partie de son travail d'aide-major général, à l'époque du commandement de Montcalm. C'est ce dernier qui semble avoir le mieux caractérisé Montreuil quand, à plusieurs reprises, il le décrit comme un homme brave, honnête et honorable, qui avait peu de talent pour ses fonctions.

SUSAN W. HENDERSON

AD, Maine-et-Loire (Angers), E, 26 ; 263. — AMA, SHA, A[1], 3 498, n° 4 ; 3 499, n° 90 ; 3 540, n° 98 ; Y[2d] (copies aux APC). — *Coll. de manuscrits relatifs à la N.-F.*, III : 547. — *Coll. des manuscrits de Lévis* (Casgrain), I–XII. — Doreil, Lettres (A. Roy), ANQ *Rapport*, 1944–1945, 62. — Mémoire du Canada, ANQ *Rapport*, 1924–1925, 114, 132, 171, 189. — [M.-L.-É.] Moreau de Saint-Méry, *Description topographique, physique, civile, politique et historique de la partie française de l'isle de Saint-Domingue*, Blanche Maurel et Étienne Taillemite, édit. (3 vol., Paris, 1958). — *NYCD* (O'Callaghan et Fernow), X : 324, 419, 862. — P.-G. Roy, Le chevalier de Montreuil, *BRH*, XI (1905) : 121–124.

GONˀAONGOTE. V. WILLIAMS, EUNICE

GONWATSIJAYENNI. V. KOÑWATSIˀTSIAIÉÑNI

GOREHAM (Gorham), JOSEPH, officier et fonctionnaire, né le 29 mai 1725 à Barnstable, Massachusetts, sixième fils de Shobal (Shubael) Gorham et de Mary Thacter, et frère de John Gorham* ; il épousa le 29 décembre 1764, à Halifax, Anne Spry, et ils eurent six enfants, et en secondes noces, en 1787, Elizabeth Hunter ; décédé le 20 juillet 1790 à Calais, France.

Contrairement à son frère John, Joseph Goreham entra jeune dans la carrière militaire. En 1744, peu de temps après avoir quitté l'école, il reçut le titre de lieutenant dans la compagnie de *rangers* de son frère, qui fut dépêchée à Annapolis Royal (Nouvelle-Écosse), afin de renforcer la garnison contre les attaques françaises. Plus tard, cette année-là, Joseph en prit temporairement le commandement, lorsque John partit pour Boston. En 1752, Joseph avait atteint le rang de capitaine et commandait sa propre compagnie qui constituait le seul effectif de l'armée entretenu par le gouvernement de la Nouvelle-Écosse.

On recourait aux *rangers* pour protéger les tout premiers établissements britanniques, comme Lunenburg, contre les raids indiens, et cela jusqu'à l'éclatement de la guerre de Sept Ans ; dès lors, ils participèrent de plus en plus aux opérations militaires d'envergure, vu leur habileté à la guerre d'embuscade. En juillet 1757, par exemple, Goreham et quelques-uns de ses hommes furent dépêchés en mission de reconnaissance à Louisbourg en prévision de l'expédition de lord Loudoun ; un an plus tard, ils servirent sous AMHERST au siège qui amena la chute de la forteresse. En 1759, la compagnie fit partie de l'expédition contre Québec, commandée par Wolfe*, et, à l'instar des autres *rangers*, le général les utilisa pour sa campagne de terreur dirigée contre les établissements canadiens. Le 9 août, Goreham et ses hommes rasèrent le village de Baie-Saint-Paul, en représailles pour les attaques des habitants contre les transports britanniques, et brûlèrent de même les hameaux de La Malbaie et de Sainte-Anne-de-la-Pocatière (La Pocatière). En septembre, on incorpora la compagnie aux troupes du major George Scott*, qui détruisirent les paroisses, de Kamouraska à Québec.

Promu major de l'armée britannique en août 1760, Goreham réussit, au mois de septembre suivant, à obtenir que sa compagnie fût portée parmi les effectifs réguliers, probablement grâce à ses bonnes relations avec les commandants précédents, comme Amherst et George Townshend*. Il est significatif qu'aucune autre unité de *rangers* n'ait reçu pareil honneur. En 1762, après avoir été en garnison en plusieurs endroits, les *rangers* de Goreham s'embarquèrent pour La Havane, Cuba, où ils participèrent au siège de la ville. A l'instar de l'ensemble des troupes britanniques, l'unité fut décimée par la maladie ; Goreham rapporte que les médecins le « condamnèrent » deux fois. L'année suivante, quelques *rangers* accompagnèrent la colonne de secours du capitaine James Dalyell dépêchée à Détroit [V. Henry GLADWIN].

Après le licenciement de ses troupes à la suite de la paix de 1763, Goreham retourna en Nouvelle-Écosse, probablement la même année, et au cours des années qui suivirent on lui accorda une quantité considérable de terres dans cette province, en particulier plus de 20 000 acres sur la rivière Petitcodiac (Nouveau-Brunswick). Lors de ses voyages réguliers en Angleterre, il sollicitait activement des fonctions officielles, en faisant jouer ses relations ; en 1764, on le recommanda au gouverneur Montagu Wilmot* pour le poste de lieutenant-gouverneur. A son arrivée à Halifax, toutefois, il découvrit, à son grand regret, que Wilmot avait déjà arrêté son choix sur Michæl FRANCKLIN. Goreham retourna alors en Angleterre et présenta une requête aux fins d'obtenir « des emplois [...] représentant un salaire équivalent à celui de lieutenant-gouverneur », à titre de compensation pour sa déception. Gratifié d'une nomination au Conseil de la Nouvelle-Écosse et du poste d'agent adjoint des Affaires indiennes de la province, il se vit aussi octroyer le contrat d'approvisionnement en combustible des troupes de la Nouvelle-Écosse, mais il ne rentra pas à Halifax avant la fin de 1766. Goreham n'assistait pas souvent aux assemblées du conseil, mais il s'intéressait sincèrement au bien-être des Indiens ; Guy JOHNSON et d'autres fonctionnaires du département des Affaires indiennes critiquèrent cependant ses trop grandes dépenses.

En dépit de ces nominations, la situation financière de Goreham empirait d'une façon régulière. Ses nombreux voyages à la recherche de postes lucratifs l'amenèrent à accumuler de grosses dettes et, même après avoir vendu la plupart de ses propriétés, à l'exception de ses concessions de terrains qu'il hypothéqua, ses arrérages restèrent considérables. En septembre 1768, il subit « une perte très grande des revenus » provenant de son contrat d'approvisionnement en combustible quand on déplaça la garnison de Halifax à Boston, et, l'année suivante, une modification dans l'organisation du département des Affaires indiennes amena sa révocation comme agent adjoint. Il reprit son poste à la suite du recours personnel de lord Hillsborough, secrétaire d'État des Colonies américaines, à sir William JOHNSON. Au cours d'une autre visite en Angleterre en 1770, il obtint aussi le poste de lieutenant-gouverneur de Placentia, à Terre-Neuve. Toutefois, le salaire attaché à ce dernier poste se révéla inférieur à ce qu'il avait escompté et, bien que promu lieutenant-colonel en 1772, il n'obtint pas de grade dans un régiment comme il l'avait espéré. Bien plus, cette année-là, définitivement démis de ses fonctions d'agent adjoint, il continua à toucher son salaire, contractant ainsi des dettes additionnelles. Il arriva pire encore. En 1774, le délai de rigueur concernant la colonisation des terres qu'on lui avait concédées était sur le point d'arriver à échéance, alors que seulement quelques colons tenaient feu et lieu sur ses terres ; afin d'écarter la ruine dont il était menacé advenant la confiscation de ses terres, il fit appel à lord Dartmouth, secrétaire d'État des Colonies américaines, et obtint pour ses concessions une prolongation de dix ans. L'habitude de boire, qu'on lui a attribuée, à cette époque, peut avoir été pour quelque chose dans ses difficultés financières.

Dans ces circonstances, Goreham fut probablement reconnaissant de pouvoir prendre de nouveau du service dans les forces armées. En 1774, alors qu'il y avait menace de rébellion dans les colonies du Sud, il soumit le projet de lever un corps de « loyaux sujets nord-américains de Sa Majesté », qui fut rapidement approuvé. En juin 1775, des officiers faisaient du recrutement à Boston, en Nouvelle-Écosse et à Terre-Neuve pour le compte des Royal Fencible Americans, nom donné à ce corps. Bien que Goreham espérât recruter principalement ses effectifs en Nouvelle-Angleterre, il ne rassembla que quelques déserteurs rebelles et, en Nouvelle-Écosse, ses officiers étaient en concurrence avec ceux du lieutenant-colonel Allan MACLEAN et du gouverneur Francis LEGGE, qui étaient également à constituer des régiments provinciaux. Forcé de se tourner vers Terre-Neuve, il n'avait encore que 190 hommes à Halifax en décembre.

Au mois de mai 1776, la plus grande partie des effectifs du régiment reçut l'ordre de se mettre en garnison au fort Cumberland (près de Sackville, Nouveau-Brunswick), sur l'isthme de Chignectou. Au début de novembre, un groupe disparate de rebelles, sous les ordres de Jonathan Eddy*, fit son apparition dans la région et, après avoir pris un avant-poste, mit le siège devant le fort Cumberland. Heureusement pour Goreham, les attaques d'Eddy étaient mal conduites, et la garnison les repoussa facilement avec des pertes mineures de part et d'autre. Goreham se montrait prudent dans sa défense, préférant attendre des renforts plutôt que de porter ses hommes à demi entraînés et mal équipés à l'attaque d'un ennemi qu'on croyait bien supérieur en nombre. Des troupes britanniques arrivèrent de Windsor le 27 et aidèrent la garnison à mettre les rebelles en déroute deux jours plus tard, mettant ainsi fin à la seule véritable menace militaire que connut la Nouvelle-Écosse pendant la Révolution américaine. Par la suite, Goreham essaya de détendre la situation en pardonnant aux habitants de l'endroit qui, croyait-il, avaient été forcés de se joindre à Eddy. Plusieurs de ses propres officiers et les habitants loyaux désapprouvèrent vivement cette décision, et le major Thomas Batt tenta même, sans succès, de faire démettre Goreham pour négligence dans l'accomplissement de son devoir, mais la ligne de conduite de Goreham fut probablement la bonne.

En 1780, on transféra la garnison du fort Cumberland à Halifax, où elle resta jusqu'au licenciement du régiment en octobre 1783. Promu colonel en 1782, Goreham s'absenta la plus grande partie de l'année suivante. Il était en Angleterre où il sollicitait probablement de l'emploi pour alléger ses difficultés financières. Il semble avoir vécu un bon moment en France par la suite, peut-être pour fuir ses créanciers. Trois mois avant sa mort, Goreham fut promu major général, devenant l'un des rares Américains de naissance et le seul officier des *rangers* à atteindre ce grade. La carrière de Goreham ressemble quelque peu à celle de Robert ROGERS, un autre officier des *rangers*. Comme ce dernier, Goreham connut une carrière militaire heureuse pendant la guerre de Sept Ans et, comme lui aussi, il était « un vétéran possédant plusieurs années d'expérience dans la technique du favoritisme à la mode du XVIIIe siècle ». Mais, malgré les problèmes financiers qu'ils connaissaient tous les deux, la carrière de Goreham se termina sur une note plus favorable que celle de Rogers : s'il ne sortit jamais véritablement de ses difficultés d'argent, au moins les apparences extérieures de succès doivent lui avoir apporté quelque consolation.

DAVID A. CHARTERS et
STUART R. J. SUTHERLAND

APC, MG 9, B1, 1 ; B3 ; MG 23, Al, sér. 1, 3, n°s 1 182, 1 184, 1 199, 1 202 ; 5, n°s 1 064–1 065 ; sér. 2, 5, n°s 67–74 ; MG 25, 47. — PRO, CO 217/13, f.309 ; 217/20, ff.315–316 ; 217/21, ff.373–375 ; 217/25, ff.12–14 ; 217/26, ff.93–94, 120–121, 221–222 ; 217/28, ff.21, 138, 146 ; WO 17/1 497 ; 17/1 498, ff.1, 7, 8, 15 ; 24/750, f.5 ; 25/3 096, bundle 2, n° 3. — APC *Report*, 1894, 311, 324, 328, 332, 339s., 346, 353–363, 368. — *Cinco diarios del sitio de La Habana*, A. A. Rodriguez, édit. (La Havane, 1963), 197–200. — *Gentleman's Magazine*, 1784, 556 ; 1787, 546 ; 1790, 763 ; 1791, 279 ; 1805, 474 ; 1807, 687 ; 1808, 565. — *Johnson papers* (Sullivan *et al.*), V :

534–536, 771s., 789 ; VII : 75s., 90s., 105s. ; XII : 195–198, 378–380, 556–567, 641s., 731–733, 805s. — Knox, *Hist. journal* (Doughty), I : 32 ; II : 17, 23, 26, 37s., 136. — [Alexander McDonald], Letter-book of Captain Alexander McDonald, of the Royal Highland Emigrants, 1775–1779, N.Y. Hist. Soc., *Coll.*, XV (1882) : 205–498. — *Military operations in eastern Maine and N.S.* (Kidder), 67–74, 153, 157, 169, 196s., 228–231, 261s. — G.-B., WO, *Army list*, 1756–1790. — E. A. Jones, *The loyalists of Massachusetts : their memorials, petitions and claims* (Londres, 1930), 150s. — Brebner, *Neutral Yankees* (1969), 80n., 190n., 194n., 197, 215n. — P. H. Smith, *Loyalists and redcoats : a study in British revolutionary policy* (Williamsburg, Va., 1964), 14, 67–69. — G. T. Bates, John Gorham, 1709–1751 : an outline of his activities in Nova Scotia, 1744–1751 [...], N.S. Hist. Soc., *Coll.*, XXX (1954) : 27–77. — Colonel John Gorham's « Wast Book » and the Gorham family, *New-York Geneal. and Biographical Record* (New York), XXVIII (1897) : 197–202. — Harry Piers, The fortieth regiment, raised at Annapolis Royal in 1717 ; and five regiments subsequently raised in Nova Scotia, N.S. Hist. Soc., *Coll.*, XXI (1927) : 115–183.

GRANT, CUTHBERT, trafiquant de fourrures, fils de David Grant, de Letheredie (Highlands, Écosse), et de Margaret Grant, décédé à Kaministiquia (Thunder Bay, Ontario) en 1799.

Cuthbert Grant appartenait au clan Grant de Strathspey, dont certains membres participèrent activement à la traite des fourrures au Canada pendant les années 1770, et il fut l'un des premiers *Nor'Westers* à s'adonner à la traite dans la région de l'Athabasca. On ne connaît pas la date exacte de son arrivée au Canada, non plus, du reste, que ses premières activités. Peut-être accompagnait-il Peter Pond* à la rivière Athabasca en 1778, mais il n'apparaît pas nommément dans les documents avant que Pond l'envoyât, en 1785 ou 1786, établir un poste de la North West Company à l'embouchure de la rivière des Esclaves. Il entra en concurrence avec Laurent Leroux*, de la Gregory, MacLeod and Company, qui construisit un poste tout près, vers le même temps. Grant était dans la région de l'Athabasca en 1788, et l'existence parallèle des deux postes fut signalée par Alexander Mackenzie* en 1789 et par Peter Fidler* et Philip TURNOR en 1791.

En 1793, Grant fit, avec son commis John Macdonell*, le voyage de Grand Portage (près de Grand Portage, Minnesota) jusqu'au confluent des rivières Souris et Assiniboine (Manitoba), où il établit le fort La Souris (également connu sous le nom de fort Assiniboine), premier poste de la North West Company dans cette région. Il devait concurrencer celui construit par d'anciens *Nor'Westers* devenus trafiquants de fourrures indépendants (*pedlars*). La même année, Donald Mackay, dit Le Malin, bâtit Brandon House, tout près de là, pour le compte de la Hudson's Bay Company. En 1795, il y avait quelque 21 postes dans le district de la haute Assiniboine qui se disputaient le monopole de l'approvisionnement en fourrures et en pemmican. Grant avait la direction des sept postes de la North West Company. Son quartier général consistait, semble-t-il, en un poste situé au sud-ouest de l'actuel Togo, en Saskatchewan, et appelé tantôt Cuthbert Grant's House ou l'Upper House, tantôt fort de la Rivière Tremblante ou encore Aspen House. En 1795, grâce aux efforts d'Alexander Mackenzie, la North West Company fut réorganisée, et Grant en devint l'un des associés.

Grant passa l'hiver de 1797–1798 dans la région du fort Augustus (Edmonton), y remplaçant Duncan McGillivray*. Selon John McDonald*, de Garth, il était alors d'un âge moyen et trop peu actif pour ce district. Tombé malade au printemps de 1799, il mourut pendant qu'on le conduisait hors du pays de la traite des fourrures, probablement à Montréal où il avait envoyé son fils aîné James l'année précédente. Le garçon y avait été baptisé à l'église presbytérienne St Gabriel Street, au fonds de construction de laquelle Cuthbert Grant avait contribué.

Grant avait épousé une femme du district de la rivière Qu'Appelle, fille d'un trafiquant blanc et d'une Indienne de la nation crise ou assiniboine. Ce trafiquant était peut-être français, car quelques-uns des enfants de Grant furent associés à la communauté métisse de la Rivière-Rouge : Cuthbert* fut l'un des chefs à la bataille de Seven Oaks (dans l'actuelle ville de Winnipeg), en 1816, et Mary épousa Pierre Falcon*, le poète métis.

HARTWELL BOWSFIELD

L'existence d'au moins deux autres Cuthbert Grant – l'un, marchand à Québec, l'autre à Trois-Rivières – a semé la confusion parmi les historiens. Par exemple, Wallace, dans *Docs. relating to NWC*, confond le sujet de cette biographie avec des Cuthbert Grant toujours vivants en 1801–1807. [H. B.]

Les bourgeois de la Compagnie du Nord-Ouest (Masson). — *Five fur traders of the northwest ; being the narrative of Peter Pond and the diaries of John Macdonnell, Archibald N. McLeod, Hugh Faries, and Thomas Connor*, C. M. Gates, édit. ([2e éd.], St Paul, Minn., 1965). — *Journals of Hearne and Turnor* (Tyrrell). — Alexander Mackenzie, *Voyages from Montreal on the River St. Laurence through the continent of North America to the Frozen and Pacific oceans, in the years 1789 and 1793* [...] (Londres, 1801 ; nouv. éd., introd. par Roy Daniells, Edmonton, 1971). — *New light on the early history of the greater northwest : the manuscript journals of Alexander Henry* [...] *and of*

David Thompson [...], Elliott Coues, édit. (3 vol., New York, 1897 ; réimpr., 2 vol., Minneapolis, Minn., 1965). — [David Thompson], *David Thompson's narrative, 1784–1812*, R. [G.] Glover, édit. (nouv. éd., Toronto, 1962). — L. J. Burpee, *The search for the western sea* (2e éd., 2 vol., Toronto, 1935). — Davidson, *NWC*. — Innis, *Fur trade in Canada* ; *Peter Pond, fur trader and adventurer* (Toronto, 1930). — M. A. MacLeod et W. L. Morton, *Cuthbert Grant of Grantown, warden of the plains of Red River* (Toronto, 1963). — Morton, *History of Canadian west*. — Rich, *History of HBC*. — H. R. Wagner, *Peter Pond, fur trader & explorer* ([New Haven, Conn.], 1955).

GRANT, JAMES, trafiquant de fourrures, né dans la paroisse de Kirkmichael, dans la région de Strathavon (comté de Grampian, Écosse), *circa* 1777–1799.

James Grant est l'un des nombreux individus du nom de Grant qui, au Canada, participèrent à la traite des fourrures après 1763 ; leurs relations de parenté sont mal connues, et il y eut même plusieurs James Grant. Celui dont il est ici question était peut-être apparenté à William Grant*, de Montréal, qui venait de la même paroisse que lui, bien que leurs lettres ne laissent entrevoir aucun lien de famille.

Le nom de James Grant apparaît pour la première fois sur la liste des congés de traite pour l'année 1777. Il trafiquait alors dans les postes du Témiscamingue, où il paraît avoir pris la relève de Richard Dobie* cette année-là. Il semble s'être intéressé aux régions du Témiscamingue et de la rivière Dumoine (Québec) pendant les 18 années qui suivirent, comme associé de John Porteous jusqu'en 1783, de Daniel Sutherland* jusqu'en 1786, de Richard Dobie jusqu'en 1791, et de la Grant, Campion and Company (dont William Grant était l'associé principal) jusqu'en 1795. Avant 1787, il entretint aussi des rapports commerciaux avec le pays des Illinois : il envoya des canots à Michillimakinac (Mackinac Island, Michigan), avec George McBeath*, en 1783, et avec Daniel Sutherland, en 1785 et 1786. McBeath semble avoir eu également des relations d'affaires avec les postes du Témiscamingue.

Dans toutes ces associations, James Grant était apparemment celui qui hivernait dans les postes, bien qu'on ne sache pas au juste comment il partageait son temps. En 1783, il se trouvait peut-être à Cahokia (East St Louis, Illinois) ; on sait que, de 1787 à 1793, il passa ses hivers au fort Timiskaming (près de Ville-Marie, Québec). En 1793, il souffrait de maux de jambes (les symptômes font penser à des ulcères) et il ne retourna pas au fort cet automne-là ; il visita cependant le district au cours des étés de 1794 et de 1795. Or, en décembre 1795, la McTavish, Frobisher and Company acheta les postes du Témiscamingue pour le compte de la North West Company, et Grant prit sa retraite.

Dès 1787, Grant était, financièrement, dans la gêne. Même s'il fut, semble-t-il, un excellent trafiquant, tout à fait à l'aise dans les bois et parmi les Indiens, affable au surplus et d'un naturel aimable, il paraît avoir manqué des qualités nécessaires à la gestion d'une activité commerciale de plus en plus complexe et soumise à une concurrence croissante. Il faut croire que c'est cette lacune, jointe à son âge et à des infirmités, qui poussa Simon McTavish* à le mettre à la retraite.

Les dernières années de la vie de Grant sont aussi difficiles à percer que le sont ses premières. Selon Dobie, McTavish (« un homme au cœur généreux, s'il en fut jamais ») lui offrit une pension de £100 quand il prit sa retraite. En mai 1797, Samuel Gerrard*, autrefois de la Grant, Campion and Company, estimait qu'il était « tout aussi coq qu'auparavant », lui qui « certainement mérite bien du beau sexe, au service duquel il s'attache avec fidélité ». L'année suivante, Grant vivait à Montréal, mais Gerrard ne savait pas s'il était « associé à la North West ou à des compagnies du [Témiscamingue], – ni l'un ni l'autre, j'imagine, – mais le modeste employé de l'une et l'autre ». En mars 1799, Grant refusa de signer les pièces relatives à sa pension, déclarant qu'il fallait le payer en devises britanniques, et non en monnaie de Halifax, mais la McTavish, Frobisher and Company ne voulut pas modifier cette disposition. On n'a rien trouvé, dans les archives, sur la mort de Grant.

ELAINE ALLAN MITCHELL

ANQ-M, Greffe de J. G. Beek, 28, 30 mars 1787. — Archives privées, E. A. Mitchell (Toronto), Cameron family papers, lettres de James Grant à Æneas Cameron (mfm aux PAO). — HBC Arch., F.3/1, f.314. — *Docs. relating to NWC* (Wallace), 450. — W. S. Wallace, *The pedlars from Quebec and other papers on the Nor'Westers* (Toronto, 1954).

GRASSET DE SAINT-SAUVEUR, ANDRÉ, marchand et secrétaire du gouverneur, né à Montpellier, France, en 1724, fils de Jean Grasset de Saint-Sauveur et de Louise Roussel, décédé à Paris en 1794.

André Grasset de Saint-Sauveur s'embarqua pour le Canada le 10 mai 1747 à bord du navire de guerre le *Sérieux*, partie d'un convoi de 39 bâtiments, en qualité de secrétaire du nouveau gouverneur général de la Nouvelle-France, La Jonquière [Taffanel*]. Quatre jours après le départ, le convoi fut attaqué et pris par une escadre anglaise au large du cap Ortegal, en Espagne. Faits prisonniers, Grasset et La Jonquière furent amenés en Angleterre. Libérés en 1748 au traité d'Aix-la-Chapelle, ils purent enfin gagner leur poste et débarquèrent à Québec le 14 août 1749.

Le 1er mai 1750, Grasset de Saint-Sauveur obtenait des lettres de provision de conseiller au Conseil supérieur de Québec, mais, comme il s'était établi à Montréal, il ne se prévalut pas de cette nomination et ne présenta jamais ses lettres au conseil. Cependant, il conserva son titre de secrétaire jusqu'en 1752. Il dut alors abandonner sa charge à la demande de son beau-père pour s'occuper exclusivement du négoce de ce dernier. En effet, il avait épousé à Montréal, le 2 octobre 1752, Marie-Anne, fille de Charles Nolan* Lamarque, négociant de Montréal. Le commerce colonial n'était pas inconnu à Grasset puisque, depuis son arrivée, il avait réussi à accumuler 20 000# en important de France des marchandises qu'il utilisait ensuite en tant que « marchand-équipeur », pour faire la traite avec les Amérindiens.

En 1755, à la suite de la nomination de Vaudreuil [Rigaud] au poste de gouverneur général, Grasset de Saint-Sauveur accepta de reprendre son ancien poste de secrétaire. Vaudreuil n'aura que des éloges pour son secrétaire : « il remplit sa place de premier secrétaire avec zèle, application et activité », écrivait-il au ministre Nicolas-René Berryer. Après la mort de la femme de Grasset, au moment où celle-ci donnait naissance à un enfant le 18 octobre 1755, le gouverneur veilla personnellement à le remarier à un riche parti du Canada, Marie-Joseph, fille de Jacques Quesnel Fonblanche, important négociant de Montréal. Elle était une femme d'affaires avertie puisqu'elle faisait du commerce avec son père depuis l'âge de 14 ans. Grasset n'en continua pas moins à exercer les fonctions de secrétaire du gouverneur mais, à compter de 1756, les époux Grasset s'occupèrent surtout de leur commerce avec les Amérindiens. A ce moment, sur la place du marché à Montréal, ils possédaient deux boutiques de vente au détail.

Lorsque Vaudreuil rentra en France, en 1760, Grasset de Saint-Sauveur demeura au pays. A titre de procureur de l'ancien gouverneur, il vit à l'administration et à la disposition des biens du marquis dans la colonie. Pendant ce temps, à Paris, en 1761, il était accusé de prévarication devant le Châtelet, en même temps que l'intendant Bigot et d'autres dans l'Affaire du Canada. Le 10 décembre 1763, le tribunal décréta contre lui un arrêt de « plus ample informé avant de prononcer la contumace ». Lorsque Grasset prit connaissance de cette sentence, il décida de rentrer en France. Il s'embarqua le 1er novembre 1764, amenant avec lui sa femme, ses cinq jeunes enfants et son beau-père, âgé de 83 ans. Il était à Paris, le 23 décembre 1764. Le 21 janvier suivant, il se présentait à la cour du Châtelet pour se constituer prisonnier et faire statuer sur l'arrêt de « plus ample informé » prononcé contre lui. De nombreuses accusations avaient été portées par ses contemporains : Montcalm* le disait « ignorant et avide » ; l'auteur du « Mémoire du Canada » affirmait qu'il était « sans honneur et sans sentiment », c'était, disait-il, un « traître à son maître », il ne voyait en lui que « friponnerie, que commerce illicite » ; même Joseph-Michel Cadet, accusé avec lui, porta témoignage de ses agissements plus ou moins licites. Pourtant, en avril 1765, le tribunal le mit hors de cour car il n'avait reçu aucune information qui lui aurait permis de prononcer un arrêt de condamnation.

Selon l'auteur du « Mémoire du Canada », Grasset de Saint-Sauveur aurait amassé 1 900 000# pendant son séjour au Canada. Toutefois, sept ans après la Conquête, au mois d'août 1767, Grasset affirmait ne posséder pour toute fortune que 317 292# en lettres de change qu'il avait acquises honnêtement grâce principalement à ses deux mariages avantageux et à son négoce. En 1772, au moment où Grasset de Saint-Sauveur est nommé consul de France à Trieste (Italie), sa situation financière s'est tellement détériorée qu'il doit confier sa famille à une communauté religieuse car il n'a pas les moyens de la soutenir. En mai 1778, sa femme écrit au ministre des Affaires étrangères, le comte de Vergennes, qu'elle est « réduite à la dernière nécessité », toutes ses ressources étant épuisées. Finalement en 1794, complètement ruiné, André Grasset de Saint-Sauveur meurt à Paris, à l'hôpital des Incurables.

Deux des fils issus de son second mariage se distinguèrent en France. Jacques, l'aîné, fut un des romanciers à la mode au début du XIXe siècle et André, prêtre et chanoine de l'église métropolitaine de Sens, fut un des martyrs de la Commune en septembre 1792 et fut béatifié au début du XXe siècle.

André Lachance

AN, Col., B, 91, f.30 ; 95, f.51 ; 109, f.29 ; 127, f.362 ; C11A, 104, f.113 ; E, 211 (dossier Grasset de Saint-Sauveur). — ANQ-M, État civil, Catholiques, Notre-Dame de Montréal, 2 oct. 1752, 3 juill. 1756 ; Greffe de L.-C. Danré de Blanzy, 29 sept. 1752, 7 avril, 2 juill. 1756. — APC *Rapport*, 1899, suppl., 182s. — Mémoire du Canada, ANQ *Rapport*, 1924–1925, 102, 144, 188, 197. — Tanguay, *Dictionnaire*, V : 350. — P.-G. Roy, *Bigot et sa bande*, 159–163 ; *Les petites choses de notre histoire* (7 sér., Lévis, Québec, 1919–1944), 3e sér. :

257–273 ; Les secrétaires des gouverneurs et des intendants de la Nouvelle-France, *BRH*, XLI (1935) : 91.

GREEN, BENJAMIN, marchand et fonctionnaire, né le 1er juillet 1713 à Salem Village (Danvers, Massachusetts), fils du révérend Joseph Green et d'Elizabeth Gerrish ; il épousa en novembre 1737 Margaret Pierce, et ils eurent au moins trois fils et deux filles ; décédé le 14 octobre 1772 à Halifax.

On prétend que Benjamin Green commença sa carrière comme marchand avec ses frères Joseph et John, à Boston, où il fut à deux reprises élu constable. Le 1er mars 1745, il fut nommé secrétaire de William Pepperrell*, commandant de l'expédition contre Louisbourg, île Royale (île du Cap-Breton). Il fut cotrésorier des forces de la Nouvelle-Angleterre après la reddition de la forteresse, et servit aussi comme secrétaire du Conseil de Louisbourg au moins jusqu'en mai 1746. La même année, il succéda à Thomas Kilby* à titre de commissaire des entrepôts du roi. En juillet 1749, Green fit voile vers la baie de Chibouctou et rencontra l'expédition de CORNWALLIS ; il devint vite membre du premier conseil de Cornwallis de même qu'intendant du commerce maritime de la nouvelle ville de Halifax et juge de la Cour de vice-amirauté. L'année suivante, il fut nommé secrétaire du conseil et trésorier de la province. Green résigna son poste de secrétaire en 1752, en déclarant que c'était une fonction à plein temps et que ses autres tâches exigeaient de lui une attention considérable. L'année suivante, il se démit de son poste de juge de la Cour de vice-amirauté, à cause du conflit d'intérêts évident avec sa situation d'intendant du commerce maritime ; il choisit de conserver cette dernière fonction parce qu'il avait besoin du « revenu assuré » qu'elle lui procurait. En 1758, Green, en tant que doyen des conseillers, disputa vainement au juge en chef Jonathan BELCHER le droit de diriger le gouvernement de la province en l'absence du gouverneur et du lieutenant-gouverneur. En mars 1760, il fut nommé juge de paix à Halifax.

Vers la fin de l'année, Green s'embarqua pour l'Angleterre, apparemment pour aider à l'examen des comptes non vérifiés de l'ancien gouverneur Peregrine Thomas Hopson*, comme celui-ci l'avait demandé. Toujours en Angleterre en 1762, Green connut des problèmes financiers parce que les autorités refusaient de lui rembourser ses dépenses tant que la Trésorerie n'aurait pas approuvé le rapport des vérificateurs des comptes de Hopson. En 1761, peut-être à cause de ces problèmes, Green avait hypothéqué une grande partie de ses biens en Nouvelle-Écosse, en particulier quatre grands entrepôts à Halifax, en faveur de deux marchands de Londres, pour une valeur de £6 000. En novembre 1765, ces hypothèques étaient levées déjà, mais la nature exacte de l'arrangement reste obscure. Green céda au moins une partie de sa terre, qui devint par la suite la propriété de Brook Watson*.

Pendant son séjour en Angleterre, Green avait eu à faire face à des problèmes autres que financiers ; le Board of Trade lui demanda de s'expliquer sur les accusations de malversations portées contre lui par Robert Sanderson, le premier président de la chambre d'Assemblée de la Nouvelle-Écosse. Sanderson accusait Green d'avoir accordé à Malachy SALTER, marchand de Halifax, deux contrats du gouvernement en retour d'une part dans les profits. Green admit son association avec Salter, mais nia avoir jamais fait un usage indu de son influence comme membre du conseil. Le Board of Trade jugea Green « hautement blâmable » mais, vu ses bons états de service, il se contenta de le réprimander, de sorte qu'à son retour à Halifax, en 1763, Green reprit l'exercice de ses diverses fonctions. L'année suivante, une diminution de son traitement comme trésorier de la province l'amena à exprimer des doutes, à savoir si le revenu provenant des fonctions qu'il continuait de remplir était suffisant pour entretenir sa famille. Green resta au conseil, et, à la mort du gouverneur Montagu Wilmot*, en 1766, il dirigea le gouvernement de la Nouvelle-Écosse en attendant que Michæl FRANCKLIN eût reçu sa commission de lieutenant-gouverneur. Pendant les trois mois qu'il assuma cette fonction, l'Assemblée, désireuse d'exercer son autorité en matière fiscale, attaqua Green en l'accusant d'avoir négligé de suivre exactement la procédure dans la gestion des finances de la province.

En décembre 1767, Green fit son testament, en s'avouant lui-même « quelque peu faible ». Deux mois plus tard, il démissionna de son poste de trésorier de la province, mais, en octobre 1771, il accepta de nouveau de diriger le gouvernement provincial après le départ du gouverneur, lord William CAMPBELL. Miné par la maladie, ses tâches lui devinrent pénibles et, en mars 1772, il demanda à résigner son poste d'intendant du commerce maritime, sa santé s'étant « très détériorée ». En juin, Francklin rapporta que Green était trop mal pour conclure des affaires et qu'il n'assisterait peut-être plus jamais aux réunions du conseil. Green mourut quatre mois plus tard.

En 1775, le conseil entreprit une vérification des comptes de Green, qui fut conduite par James Monk* et Charles MORRIS, entre autres. Le fils de Green, Benjamin, qui avait succédé à son père comme trésorier de la province, mit beaucoup d'obstacles au travail des vérificateurs. Il commença par nier avoir jamais vu quelque document que ce fût relatif à la période antérieure à sa nomination, mais finit par avouer avoir « travaillé dur pendant deux jours sur les documents de son père avec l'aide et sous la direction de Francklin ». Finalement, les vérificateurs reconstituèrent les pièces manquantes à partir de diverses sources officielles, et, bien qu'ils eussent affirmé avoir donné à Green, père, le bénéfice du doute chaque fois qu'ils le purent, ils trouvèrent ses comptes encore à découvert de presque £7 000. Ce rapport contraste nettement avec la pierre tombale érigée dans le cimetière St Paul, laquelle déclare que Green « fit preuve d'esprit civique et fut un grand avocat du progrès de la ville et de la province dès leurs débuts ; jusqu'à sa mort il s'occupa des principales affaires du gouvernement, s'en tirant avec honneur et se méritant la considération de tous ».

DONALD F. CHARD

Halifax County Court of Probate (Halifax), Book 2, pp.84s. (testament de Benjamin Green, 4 déc. 1767). — Halifax County Registry of Deeds (Halifax), 6, n°s 129, 130. — Mass. Hist. Soc., Louisbourg papers, 1745–1758 ; Thomas Hancock, letterbook, 19 avril 1745–16 juin 1750. — PANS, RG 1, 163 ; 164, p.20 ; 209, 10, 23 oct. 1752 ; 211, 20 mai 1758, 11 mars 1760, 23 mai 1766 ; 212, 2 févr. 1768, 8 mars 1776 ; 491, p.5 ; 492 ; 493. — PRO, CO 217/16, f.264 ; 217/17, f.48 ; 217/18, ff.58, 73–78, 113–117 ; 217/19, f.20 ; 217/20 ; 217/21, f.222 ; 217/23–25 ; 217/26, ff.103, 114 ; 221/28, f.4. — *Correspondence of William Shirley* (Lincoln), I. — *Louisbourg journals, 1745*, L. E. De Forest, édit. (New York, 1932), 235. — Massachusetts (Colony), General Court, House of Representatives, *Journal* (Boston, 1755 ; réimpr., 1957), 316. — Mass. Hist. Soc., *Coll.*, 6e sér., X (1899) : 3n., 32, 90. — *Nova-Scotia Gazette and the Weekly Chronicle*, 20 oct. 1772. — Shipton, *Sibley's Harvard graduates*, IV : 133, 230 ; VI : 314. — Brebner, *Neutral Yankees* (1969), 84, 198ss, 201, 224–227. — A. S. Burrage, *Maine at Louisburg in 1745* (Augusta, Maine, 1910), 117n. — R. F. Seybolt, *The town officials of colonial Boston, 1634–1775* (Cambridge, Mass., 1939), 220, 229. — A. S. Barnstead, Development of the office of provincial secretary, Nova Scotia, N.S. Hist. Soc., *Coll.*, XXIV (1938) : 1–31.

GRIDLEY, RICHARD, officier, ingénieur militaire et entrepreneur, né le 3 janvier 1710/1711 à Boston, fils de Richard et Rebecca Gridley ; il épousa le 25 février 1730/1731, à Boston, Hannah Deming, et ils eurent neuf enfants, puis, en secondes noces, le 21 octobre 1751, à Boston, Sarah Blake ; décédé le 21 juin 1796 à Stoughton, Massachusetts.

Richard Gridley devint de bonne heure apprenti chez un négociant de Boston mais dans les années 1740 il était apparemment « élève » de John Henry Bastide*, ingénieur britannique qui s'occupait de perfectionner les défenses coloniales. Le fait qu'il ait étudié le génie militaire pourrait peut-être expliquer pourquoi on le choisit comme lieutenant-colonel pour commander l'artillerie lors de l'expédition de William Pepperrell* contre Louisbourg, île Royale (île du Cap-Breton), en 1745. Pendant le siège, Gridley eut la « direction des batteries », en particulier celle de la pointe à la Croix (Lighthouse Point), et entreprit quelques travaux de génie de moindre importance. S'étant attiré pour son travail les éloges du gouverneur William Shirley du Massachusetts, Gridley se vit récompensé d'une commission de capitaine dans les Shirley's American Provincials (67e d'infanterie) qui furent en garnison à Louisbourg de 1746 à 1749.

Mis à la demi-solde lors du licenciement de son régiment en 1749, Gridley ne refit pas de service militaire avant 1755, date à laquelle il fut nommé colonel d'un régiment du Massachusetts participant à l'expédition de William JOHNSON contre le fort Saint-Frédéric (près de Crown Point, New York). Gridley commanda la garnison du fort Edward (aussi appelé fort Lydius ; aujourd'hui Fort Edward, New York) ; il construisit des fortifications en différents points autour du lac George (lac Saint-Sacrement) et fut félicité par Johnson en ces termes : « si tous les officiers de son rang dans l'armée le valaient, je me serais estimé très heureux à mon poste ». L'année suivante, Gridley devint colonel, commandant d'artillerie et ingénieur en chef dans la troupe provinciale de John WINSLOW. Pendant le débat acrimonieux entre Winslow et lord Loudoun, commandant en chef, au sujet du projet de fusion des troupes régulières et des troupes provinciales, Gridley appuya tellement son commandant que Loudoun crut qu'il était le véritable chef des officiers provinciaux opposés à la fusion.

En 1758, en tant que volontaire sous les ordres d'AMHERST, Gridley servit de nouveau à Louisbourg. Il fut consulté par le général britannique et prit également le commandement de quelques charpentiers américains après la mort de leur commandant. L'année suivante, il leva une unité analogue destinée à l'expédition de Wolfe* et aurait supposément pris part à la bataille des plaines d'Abraham.

Une fois la guerre en Amérique du Nord terminée, Gridley retourna à des occupations civiles ; en 1760, il présenta une requête à Amherst pour obtenir la concession des îles de la Madeleine dans le golfe du Saint-Laurent, ce qui lui permettrait de faire la pêche du phoque et du morse.

Quoiqu'Amherst ne pût émettre qu'un permis temporaire en attendant l'approbation du gouvernement britannique, Gridley se rendit dans les îles et, après avoir embauché des Canadiens et des Acadiens, il commença à pêcher. En 1763, il y avait 12 familles, cinq maisons, six vaisseaux et tout le matériel nécessaire pour transformer les prises en huile. Toutefois, les « dépenses considérables » qu'avait encourues Gridley n'aboutirent à rien ; à la fin de 1763, le Board of Trade refusa sa requête, vraisemblablement parce que l'on ne s'était pas encore décidé sur une politique d'ensemble concernant les pêcheries du golfe. Imperturbable, Gridley persista à aller régulièrement dans les îles ; en 1765 lui, quatre de ses fils et 22 Canadiens et Acadiens y pêchèrent pendant l'été. Son fils Samuel, marchand à Bristol, continua mais en vain à solliciter la concession des îles au nom de son père et, en 1777, après que Gridley se fut joint aux insurgés américains, en son nom propre. Néanmoins, Gridley ne s'affairait pas uniquement à la pêche ; en 1772, il exploitait un haut fourneau à Stoughtonham (Sharon), au Massachusetts.

Au début de la Révolution américaine en 1775, Gridley offrit ses services aux rebelles ; le Congrès du Massachusetts lui remit la commission de major général, colonel d'un régiment d'artillerie et ingénieur en chef des troupes de l'État. Il dirigea la construction de travaux en terre à Breed's Hill, près de Boston, et fut blessé à la bataille de Bunker Hill qui eut lieu le 17 juin. Au mois de mars suivant, il organisa la construction de batteries à Dorchester Heights, dans les hauts de Boston ; d'après l'opinion générale, cette initiative obligea les Britanniques à évacuer la ville le 17 mars. Vu son « âge avancé », Gridley fut remplacé en novembre 1775 comme colonel d'artillerie, mais il demeura ingénieur en chef jusqu'en août 1776 et fit fonction d'ingénieur jusqu'en janvier 1781. Après avoir pris sa retraite ce mois-là, il vécut à Stoughton, semble-t-il, jusqu'à sa mort. L'actuel United States Army Corps of Engineers considère Gridley comme son fondateur.

STUART R. J. SUTHERLAND

PRO, CO 194/16, ff.254–257 ; 217/19, f.174 ; 217/20, ff.5–17. — Boston, Registry Dept., *Records relating to the early history of Boston*, W. H. Whitmore *et al.*, édit. (39 vol., Boston, 1876–1909), [24] : *Boston births, 1700–1800*, 68 ; [28] : *Boston marriages, 1700–1751*, 154, 247. — *Correspondence of William Shirley* (Lincoln), I : 288 ; II : 168n., 479, 501–510. — G.-B., Board of Trade, *JTP, 1759–63*, 407 ; *1764–67*, 6, 134 ; *1768–75*, 288 ; *1776–82*, 86. — *Johnson papers* (Sullivan *et al.*), II : 223s., 236ss, 281. — *DAB*. — F. B. Heitman, *Historical register of officers of the Continental army during the war of the revolution* [...] (Washington, 1893), 201. — Rawlyk, *Yankees at Louisbourg*, 102.

GRISÉ, ANTOINE (connu également sous le nom de **Grisé**, dit **Villefranche**), notaire royal, né à Chambly (Québec) le 19 octobre 1728, fils d'Antoine Grisé et de Françoise Poyer ; il épousa Françoise Marcoux le 24 juin 1754 à Chambly ; décédé au même endroit le 12 juillet 1785.

Antoine Grisé, dont le père, caporal dans la compagnie de Jacques-Hugues Péan* de Livaudière, était originaire d'une des localités appelées Villefranche, en France – d'où le surnom quelquefois donné au père et au fils –, obtint le 24 juillet 1756 une commission de notaire royal pour exercer dans les seigneuries de Chambly et de Rouville. Est-ce lui, ou son père – qui devait vivre jusqu'en 1781 – qui devint la même année garde-magasin du fort Chambly ? Lui sans doute. C'est en tout cas l'un des deux qui est le « Villefranche, ci-devant garde-magasin au fort Chambly », condamné en 1763 dans l'Affaire du Canada au bannissement pour cinq ans de la ville de Paris et à 30# d'amende pour avoir reçu des pots-de-vin et falsifié ses comptes. Cette condamnation fut prononcée par contumace, les deux Grisé étant restés au Canada.

Le 1er octobre 1760, Antoine Grisé, fils, reçut une commission pour instrumenter dans les seigneuries de Chambly, Belœil et Rouville, à charge pour lui de demeurer à Chambly. C'est après cette date que sa pratique apparaît plus active dans son minutier – il n'y a pas de répertoire des actes – surtout en ce qui a trait aux concessions de terres. Antoine Grisé avait la confiance de tous les seigneurs des environs pour lesquels il dressait des actes de concession. Quelques-uns de ces actes sont rédigés sur des formulaires imprimés, en parfait état de conservation, qui constituent de beaux incunables canadiens.

Grisé eut des démêlés avec un juriste célèbre, François-Joseph CUGNET, qui cherchait à recueillir les titres des héritiers de François-Joseph Bissot* [V. Jacques de Lafontaine* de Belcour]. Grisé avait en effet acquis, le 4 décembre 1769, d'Antoine de Lafontaine de Belcour, un des frères de Marie-Josephte, femme de Cugnet, tous les droits qu'il avait sur les îles de Mingan dont il avait hérité de sa mère Charlotte Bissot. Le 10 avril 1775, Grisé revendait ces droits à William Grant*, de Saint-Roch. L'acte de 1769 était-il irrégulier ? Il l'était, en tout cas, aux yeux de Cugnet qui, le 13 avril 1775 et pendant les semaines qui suivirent, fit paraître dans *la Gazette de Québec* un avis dans lequel il dénonçait cette transaction et mettait le public en garde contre Grisé : « On peut assurer le public que cet acte de cession est défectueux (*pour ne pas dire frauduleux*). » On ne sait ce qu'il advint des prétentions de Grisé.

La commission d'Antoine Grisé fut étendue à la ville et au district de Montréal le 23 août 1781. Au mois de juin 1785, il signa son 2 775e acte et déposa le calame. Il s'éteignit à Chambly le mois suivant. Son fils, Jean-Baptiste, qui était arpenteur et avait été commissionné notaire au mois de février précédent, lui succéda aussitôt, mais sa carrière devait être brève. Au début de l'année 1796, il mourut asphyxié par la fumée que dégageait le poêle d'une auberge de Montréal.

JEAN-JACQUES LEFEBVRE

ANQ-M, État civil, Catholiques, Saint-Joseph (Chambly), 12 janv., 19 oct. 1728, 24 juin 1754, 14 juill. 1785 ; Greffe d'Antoine Grisé, 1756–1785 ; Greffe de J.-B. Grisé, 1785–1796. — Archives privées, J.-J. Lefebvre (Montréal), Lettre de Raoul Raymond, 29 août 1974 (notes sur la famille Grisé). — APC *Rapport*, 1918, app. B, 28. — J.-E. Roy, *Rapport sur les archives de France*, 871, 875. — P.-G. Roy, *Inv. concessions*, III : 194, 196 ; *Inv. ord. int.*, III : 198. — Tanguay, *Dictionnaire*. — Vachon, Inv. critique des notaires royaux, *RHAF*, XI : 272. — P.-G. Roy, *Bigot et sa bande*, 186–188. — Leland, François-Joseph Cugnet, *Revue de l'université Laval*, XVII : 151s. ; XX : 149s.

GROSTON (Grotton) DE SAINT-ANGE ET DE BELLERIVE, LOUIS, officier dans les troupes de la Marine, baptisé vers 1700 à Montréal, fils de Robert Groston* de Saint-Ange et de Marguerite Crevier, décédé célibataire à St Louis (Missouri) le 27 décembre 1774.

Robert Groston de Saint-Ange amena sa famille dans l'Ouest vers 1720, alors qu'il était en poste au fort Saint-Joseph (Niles, Michigan). En 1723, lui et son fils Louis accompagnèrent Étienne de Véniard* de Bourgmond au fort d'Orléans, à quelque 280 milles en amont, sur le Missouri. A plusieurs reprises, au cours de missions, Louis, d'abord cadet puis enseigne, commanda des détachements militaires. Il demeura sur le Missouri jusqu'en 1736.

Cette année-là, son père convainquit le gouverneur de la Louisiane, Jean-Baptiste Le Moyne* de Bienville, de promouvoir Louis au grade de lieutenant à la demi-solde et de lui donner le commandement du poste d'Ouabache (Vincennes, Indiana), en remplacement de François-Marie Bissot* de Vinsenne. Saint-Ange de Bellerive, nom sous lequel Louis était généralement connu, y garda son commandement jusqu'en 1764. La traite n'était, dans cet établissement, que d'un rapport modeste, et la culture de la terre ne laissait guère de surplus. Un document du milieu des années 1750 parle de ce poste comme d'« un joli village » d'environ 80 habitants. Au fil des ans, Saint-Ange de Bellerive concéda plusieurs terres à des fins agricoles et des emplacements dans le village, faisant rédiger des contrats de concession notariés, dont on n'a cependant gardé aucun registre ; cette négligence amena bien des problèmes relatifs aux titres de propriété après que cette région fut devenue territoire américain.

En 1748, Saint-Ange de Bellerive fut promu capitaine à la demi-solde. Il y avait peu d'activité militaire autour du poste d'Ouabache et, pendant les guerres d'embuscades, quelques-uns de ses soldats étaient envoyés ailleurs, pour prendre part à l'action. Les autorités de la Louisiane disaient souvent que l'établissement coûtait plus qu'il ne valait. Au début des années 1750, le fait que certains Miamis se rangèrent du côté des Britanniques constitua une menace pour le poste et engendra quelques escarmouches de peu d'importance ; Saint-Ange garda tout de même la plupart des Peanquishas, un groupe de Miamis, en dehors de toutes ces perturbations.

Commandant d'un obscur avant-poste, Saint-Ange de Bellerive se fit remarquer en comblant des vides. En juin 1764, aux derniers jours de la présence française dans l'Ouest, il reçut le commandement intérimaire du fort de Chartres (près de Prairie du Rocher, Illinois) et, malgré les pressions exercées par Pondiac* et d'autres chefs indiens, il remit le poste, pacifiquement, au capitaine Thomas Sterling (Stirling) le 10 octobre 1765. Il mena alors sa petite garnison et quelques habitants de l'endroit à St Louis, en traversant le Mississippi. Bien que la rive ouest du fleuve eût été cédée aux Espagnols, ces derniers éprouvèrent de la difficulté à en organiser le gouvernement, et Saint-Ange de Bellerive commanda à St Louis, même après l'arrivée des troupes espagnoles en 1767. Il remit le commandement à Pedro Josef Piernas en 1770, mais continua de servir comme conseiller, en particulier en ce qui avait trait à « la direction et au gouvernement des Indiens ». Il fut, jusqu'à sa mort en 1774, capitaine d'infanterie dans l'armée espagnole.

DONALD CHAPUT

Selon Tanguay, *Dictionnaire*, IV : 382, un Louis Groston de Saint-Ange fut baptisé le 16 oct. 1698 et un Louis-Daniel, le 20 févr. 1702. Même si le sujet de cette biographie fut toujours connu sous le prénom de Louis, son âge donné dans différents rapports semble correspondre plus étroitement à la date de baptême de Louis-Daniel. [D. C.]

AN, Col., D2C, 59 ; 222. — APC, MG 8, G14, 1. — Huntington Library, Loudoun papers, LO 336 ;

LO 362. — *NYCD* (O'Callaghan et Fernow), VII : 882 ; X : 247, 1157–1162. — *Ouiatanon documents*, Frances Krauskopf, trad. et édit. (Indianapolis, Ind., 1955). — The St. Joseph baptismal register, George Paré et M. M. Quaife, édit., *Mississippi Valley Hist. Rev.* (Cedar Rapids, Iowa, et Lincoln, Neb.), XIII (1926–1927) : 201–239. — Spain in the Mississippi valley, 1765–1794 ; I : the revolutionary period, 1765–1781, Lawrence Kinnaird, édit., American Hist. Assoc., *Annual report* (Washington), 1945, II. — *The Spanish régime in Missouri* [...], Louis Houck, édit. (2 vol., Chicago, 1909 ; réimpr., 2 vol. en 1, [New York], 1971). — Will of St. Ange de Bellerive, O. W. Collet, édit., *Magazine of Western History* (Cleveland, Ohio), II (1885) : 60–65. — *DAB*. — Tanguay, *Dictionnaire*, I : 285. — J. D. Barnhart et D. L. Riker, *Indiana to 1816, the colonial period* (Indianapolis, 1971). — H. P. Beers, *The French & British in the old northwest* [...] (Détroit, 1964). — Louis Houck, *A history of Missouri* [...] (3 vol., Chicago, 1908 ; réimpr., 3 vol. en 1, [New York], 1971). — W. B. Douglas, The sieurs de St. Ange, Ill. State Hist. Soc., *Trans.* (Springfield), XIV (1909) : 135–146. — G. J. Garraghan, Fort Orleans of the Missoury, *Missouri Hist. Rev.* (Columbia), XXXV (1940–1941) : 373–384.

GUERNE. V. LE GUERNE

GUGY, CONRAD, secrétaire de HALDIMAND, juge de paix, seigneur et directeur des forges du Saint-Maurice, né vers 1734 à La Haye (Pays-Bas), fils de Hans George Gugi, officier suisse de langue française engagé dans l'armée hollandaise, et de Thérèse Reis, décédé célibataire le 10 avril 1786 et inhumé à Montréal le 12 suivant.

Conrad Gugy semble d'abord avoir fait partie de l'armée hollandaise avant de s'engager comme lieutenant, en 1756, dans le Royal American (62e, plus tard 60e d'infanterie). Ce régiment de l'armée britannique, récemment formé et comptant un bon nombre de protestants étrangers, dont Haldimand, combattit à Québec sous les ordres de Wolfe* en 1759. Nommé gouverneur du district de Trois-Rivières en octobre 1763, Haldimand prit comme secrétaire Gugy, qui parlait aussi bien le français que l'anglais. Celui-ci remplaçait John BRUYÈRES, secrétaire de l'ancien gouverneur du district, Ralph Burton*. En plus d'avoir à traduire et à rédiger de nombreuses proclamations, Gugy dut, en mars 1764, recueillir les dépositions et assermenter les détenteurs « des lettres de change du Canada, Billets d'ordonnances, monnaie de cartes & certificats » qui devaient être remboursés par la France. Pour ce faire, on lui adjoignit trois commissaires : Louis-Joseph GODEFROY de Tonnancour, René-Ovide HERTEL de Rouville et Jean-Baptiste Perrault.

En 1764, Gugy résigna son poste de secrétaire et acquit aux enchères deux seigneuries, celle de Grandpré, appelée également seigneurie du Petit-Yamachiche, et une partie de la seigneurie de Grosbois-Ouest, désignée aussi sous le nom de Petite-Rivière-Yamachiche, où il se fit construire un manoir. Il acheta, en 1771, la seigneurie de Dumontier, voisine de celle de Grosbois-Ouest. Il acquit également la seigneurie de Frédérick, située derrière celle de Pointe-du-Lac, et des terres faisant partie de la seigneurie de la Rivière-du-Loup-en-haut, propriété des ursulines de Trois-Rivières.

Fidèle à la couronne britannique, Gugy dut faire face à divers ennuis de la part de sympathisants locaux de la Révolution américaine. En 1775, un marchand de Rivière-du-Loup (Louiseville), François GUILLOT, dit Larose, l'accusa d'avoir menacé du fouet des Canadiens partisans de la cause américaine. Exonéré de cette accusation à la suite d'un procès tenu à Trois-Rivières, la même année, Gugy n'en continua pas moins d'être l'objet de toutes sortes de tracasseries. En 1776, lors de leur retraite, les Américains incendièrent des bâtiments sur ses seigneuries.

En 1778, un grand nombre de Loyalistes arrivèrent au Canada et s'installèrent le long du lac Champlain ou plus au nord, jusqu'à Yamachiche. A la mi-septembre, Gugy écrivit à Haldimand, devenu gouverneur du Canada, lui faisant part de son intention d'installer ces gens – surtout des femmes et des enfants – dans sa seigneurie de Grosbois-Ouest « afin de les avoir à l'œil ». L'idée plut à Haldimand qui ne tenait pas à voir ces réfugiés se mêler à la population locale. Le 6 octobre, le gouverneur accorda son assentiment officiel à ce projet, donna des ordres pour l'érection de bâtiments et remit à Gugy les pouvoirs nécessaires pour maintenir l'ordre parmi ces nouveaux arrivants. Six jours plus tard, on mettait en chantier une douzaine de maisons pouvant loger 240 personnes ; la structure en était terminée au bout d'un mois, grâce à des corvées que fournirent cinq paroisses des environs. Gugy fit ériger neuf autres maisons et une école. Pendant six ans, soit de l'automne de 1778 à celui de 1784, la seigneurie servit de camp de réfugiés à un grand nombre de Loyalistes (on en dénombra plus de 440 à la fois en octobre 1779) qui y restèrent un long moment ou ne firent qu'y passer avant d'aller s'installer définitivement ailleurs. Cet établissement coûta £1 350 au gouvernement, y compris les services du seigneur qui y tenait un rôle de surintendant, rôle pas toujours facile si l'on en juge par la correspondance entre Gugy et Haldimand.

Gugy avait été nommé juge de paix en 1765. Membre du premier Conseil législatif, lors de sa formation en août 1775, il devait conserver ce poste jusqu'à sa mort. En 1780 il fit partie d'un comité, composé de conseillers législatifs, chargé de trouver des moyens pour réduire le prix du blé et de la farine. Le 3 février 1783, Gugy loua pour 16 ans les forges du Saint-Maurice pour la somme annuelle de £18 15 shillings. Il devait cependant mourir trois ans plus tard ; Alexander Davison* et John Lees* reprirent alors le bail. Il semble qu'il y ait un lien entre la mort subite de Gugy et la perte d'un procès que lui intenta François Le Maître Duaime, propriétaire d'un fief voisin. Celui-ci tenait Gugy responsable de bris survenus sur ses propriétés lors de la construction des bâtiments destinés aux Loyalistes. En 1787, on mit les seigneuries de Gugy aux enchères pour payer les dommages et intérêts fort élevés auxquels le jury l'avait condamné. Le jugement fut cependant réformé quelque temps plus tard, de sorte qu'Elizabeth Wilkinson*, qui vivait au manoir de Gugy, put jouir sa vie durant des seigneuries, meubles et immeubles, grâce à un acte de donation rémunératoire entre vifs passé le 13 janvier 1786 par lequel Gugy la faisait l'usufruitière de tous ses biens. Après la mort d'Elizabeth Wilkinson, ceux-ci devaient retourner à Barthélemy Gugy, frère de Conrad. Barthélemy étant alors décédé, c'est son fils, Louis*, qui en hérita.

En collaboration avec Raymond Douville

APC *Rapport*, 1892, 275. — *Doc. relatifs à l'hist. constitutionnelle, 1759–1791* (Shortt et Doughty ; 1921), II : 685, 703. — *La Gazette de Québec*, 25 janv., 22 févr., 1er, 8, 15 mars, 10, 17 mai 1787. — P.-G. Roy, *Inv. concessions*, II : 269s., 272 ; IV : 117–119, 205s. ; V : 198. — Raphaël Bellemare, *Les bases de l'histoire d'Yamachiche, 1703–1903* (Montréal, [1903]). — E.-H. Bovay, *Le Canada et les Suisses, 1604–1974* (Fribourg, Suisse, 1976). — Ivanhoë Caron, *La colonisation de la province de Québec* (2 vol., Québec, 1923–1927), II : 43, 120s., 125, 286. — Sulte, *Mélanges historiques* (Malchelosse), VI. — Tessier, *Les forges Saint-Maurice*. — M. Trudel, *Le Régime militaire*. — Napoléon Caron, Les Gugy au Canada, *BRH*, VI (1900) : 89–92. — Pierre Daviault, Traducteurs et traduction au Canada, SRC *Mémoires*, 3e sér., XXXVIII (1944), sect. I : 67–87. — É.-Z. Massicotte, Famille Gugy, *BRH*, XXIII (1917) : 312–314 ; Les tribunaux de police de Montréal, *BRH*, XXVI (1920) : 181. — P.-G. Roy, Le fief Dumontier, *BRH*, XXXIV (1928) : 3–5. — W. H. Siebert, The temporary settlement of loyalists at Machiche, P. Q., SRC *Mémoires*, 3e sér., VIII (1914), sect. II : 407–414.

GUICHART, VINCENT-FLEURI (aussi appelé **Guichart de Kersident**), prêtre, sulpicien, missionnaire, né le 13 avril 1729 à Bannalec, France, fils de Sylvestre Guichart et de Françoise-Marie Cozer, décédé à Montréal le 16 octobre 1793.

Vincent-Fleuri Guichart entra le 17 octobre 1749 chez les robertins de Paris, maison dirigée par les sulpiciens et destinée à la formation des clercs. Agrégé au séminaire de Saint-Sulpice de Paris le 22 mars 1754 et ordonné prêtre le 30 mars suivant, il partit pour le Canada le 13 mai de la même année et arriva à Montréal le 5 septembre. Guichart exerça son ministère à la mission du Lac-des-Deux-Montagnes (Oka) jusqu'à sa mort, sauf de 1767 à 1777, alors qu'il fut vicaire à la paroisse Notre-Dame de Montréal.

A son arrivée au Lac-des-Deux-Montagnes, le 9 novembre 1754, il fut chargé du ministère auprès des Algonquins. Il apprit rapidement la langue de ses ouailles. Ses œuvres inédites dans cette langue, dictionnaire, sermons, prières et chants, examens de conscience, existent toujours. De plus il s'initia à la langue iroquoise et laissa des sermons en iroquois datant de 1761.

Après son vicariat à Notre-Dame de Montréal, Guichart fut nommé de nouveau au Lac-des-Deux-Montagnes en 1777. L'année suivante, il devint économe et, en 1784, il succéda à Pierre-Paul-François de Lagarde comme supérieur de la mission. Le travail du missionnaire consistait à administrer les sacrements, à prêcher et instruire les fidèles canadiens et indiens, et à administrer au temporel la seigneurie concédée aux sulpiciens.

On sait par les registres que, de 1777 à 1793, il y eut en moyenne par année 65 baptêmes, 12 mariages et 30 sépultures. De plus, Mgr Hubert fit deux visites pastorales, en 1786 et en 1791. Lors de sa première visite, le prélat confirma 143 personnes. De 1784 à 1787, les trois premières années pendant lesquelles Guichart fut supérieur, les sulpiciens étaient peu nombreux. Antoine-Théodore Braun, prêtre d'origine allemande, aida alors Guichart comme économe et missionnaire auprès des Iroquois. Après avoir eu une heureuse influence, malgré la pauvreté et en dépit de la disette dont souffrait la mission, Braun quitta subitement son poste en septembre 1787 et l'arrivée de Michel-Félicien Leclerc*, premier missionnaire sulpicien canadien, dissipa difficilement les remous suscités par ce départ.

Mais Guichart dut faire face à plusieurs difficultés quant à l'administration temporelle de la mission. L'agitation créée par les revendications des Iroquois depuis 1763 concernant la propriété d'une partie de la seigneurie durait toujours [V. François-Auguste Magon de Terlaye]. Guichart parla-t-il à un moment de quitter son poste ? Le 25 septembre 1787, les Mississagués et les Algonquins rassemblés lui présentèrent un collier de « six pieds de haut sur un demi-pied de large » pour l'empêcher de partir et de les abandonner, et quatre « piastres » pour lesquelles

Guichart leur dit une grand-messe. La présence des Blancs créait aussi des ennuis aux missionnaires. Les marchands introduisaient de l'eau-de-vie dans la mission. Étienne MONTGOLFIER, supérieur des sulpiciens, recommandait à Guichart en 1784 de ne pas user de voie de fait pour lutter contre les trafiquants. Enfin, les Blancs voulaient s'établir sur des terres appartenant aux sulpiciens. C'est ainsi que de 1784 à 1793 Guichart eut à s'opposer aux prétentions d'Eustache-Ignace Trottier Desrivières-Beaubien qui plaida sa cause en vain jusqu'en Cour d'appel.

Les derniers mois de sa vie, Guichart perdit l'usage de ses jambes. Michel Leclerc effectuait les actes du ministère alors que Guichart tenait les registres de l'activité de son confrère. Rappelé au séminaire de Saint-Sulpice de Montréal à cause de son état de santé, il mourut le 16 octobre 1793 et fut enseveli le lendemain sous l'église Notre-Dame de Montréal. D'après un jugement de Montgolfier datant de 1784, Guichart avait de l'esprit mais ne pouvait guère être employé ailleurs qu'au ministère de la mission. On parle abondamment dans les chroniques de la beauté de sa voix qui « était plus douce que le chant du cygne ».

J.-BRUNO HAREL

AD, Finistère (Quimper), État civil, Bannalec, 13 avril 1729. — Archives civiles, Terrebonne (Saint-Jérôme), État civil, L'Annonciation (Oka) (copie aux APC). — ASSM, 8, A ; 24, Dossier 2 ; Dossier 6. — Gauthier, *Sulpitiana* (1926), 221. — Louis Bertrand, *Bibliothèque sulpicienne, ou histoire littéraire de la Compagnie de Saint-Sulpice* (3 vol., Paris, 1900). — Olivier Maurault, « *Nos Messieurs* » (Montréal, 1936). — Pierre Rousseau, *Saint-Sulpice et les missions catholiques* (Montréal, 1930). — J.-A. Cuoq, Anotckekon, SRC *Mémoires*, 1re sér., XI (1893), sect. I: 137–179.

GUILLIMIN (Guillimen), GUILLAUME, fonctionnaire, marchand, lieutenant général de l'Amirauté de Québec et avocat, né le 13 juillet 1713 à Québec, fils de Charles Guillimin* et de Françoise Lemaître-Lamorille, décédé le 30 juillet 1771 à Québec.

Charles Guillimin, le père de Guillaume, était un important marchand de la Nouvelle-France, dont la carrière dans le domaine des affaires connut des hauts et des bas, pour se terminer dans l'indigence et dans un flot de requêtes à la cour en vue d'obtenir une aide financière pour lui-même et pour sa famille. Une de ces requêtes, datée de 1735, demandait que Guillaume devînt écrivain dans l'administration civile de la Nouvelle-France, mais Maurepas, ministre de la Marine, la rejeta. A la mort de Charles Guillimin, en 1739, Maurepas se laissa toutefois attendrir quelque peu. Reconnaissant, à la suite de l'intendant HOCQUART, que l'instabilité financière du gouvernement avait causé en partie les malheurs de Guillimin, père, il offrit de faire quelque chose pour sa famille. Hocquart, qui depuis son arrivée au Canada rêvait d'améliorer la compétence juridique des membres du Conseil supérieur, fit remarquer que, depuis 1736, Guillimin, fils, étudiait le droit sous la direction du procureur général Louis-Guillaume Verrier* et que, malgré son jeune âge qui l'empêchait d'être nommé conseiller, il pourrait devenir conseiller assesseur pour une période de probation, avec l'espoir d'accéder un jour au conseil, advenant une vacance. Après quelques hésitations de la part du gouverneur général Beauharnois* qui, à cette époque, se querellait avec Hocquart au sujet de plusieurs nominations dans leurs sphères d'influence respectives, Guillimin fut nommé conseiller assesseur – le premier à détenir cette fonction en Nouvelle-France – sans salaire, le 20 septembre 1741. Le 25 mars 1744, il devint conseiller. Comme il épousa Marie-Geneviève, fille du conseiller François Foucault*, en mai 1744, il dut obtenir du roi des lettres de dispense d'alliance avant d'être assuré de son poste, ce qu'on lui accorda le 28 avril 1745.

Guillimin servit le conseil avec compétence pendant huit années, au cours desquelles Beauharnois et Hocquart l'employèrent également à d'autres tâches. Par exemple, il siégea comme membre du conseil consultatif non officiel de Hocquart, qui assistait l'intendant dans les moments de crise. En 1746, pendant la guerre de la Succession d'Autriche, il servit à titre de commissaire dans le corps expéditionnaire de 700 hommes qui, sous les ordres de Jean-Baptiste-Nicolas-Roch de RAMEZAY, fit campagne en Acadie. Il réquisitionna les vivres et le matériel nécessaires à l'expédition et, en juin, il s'embarqua pour l'Acadie avec la troupe de Ramezay. De retour à Québec, plus tard cette même année, il continua d'approvisionner l'armée en produits agricoles, à titre d'entrepreneur à son propre compte. C'était là l'activité la plus profitable aux marchands canadiens en temps de guerre.

En 1752, Guillimin renonça à son poste de conseiller pour devenir lieutenant général de l'Amirauté de Québec, poste plus lucratif que le premier. Cinq ans plus tard, le 24 avril 1757, il succéda à Nicolas-Gaspard Boucault* comme lieutenant particulier de la Prévôté de Québec. Il n'était pas inhabituel de cumuler les deux fonctions, et il les conserva toutes deux jusqu'à la Conquête. Ce dramatique événement le mit dans une position précaire. Comme fonctionnaire canadien, il n'avait guère de chance d'obtenir un poste convenable en France ; n'ayant pas le choix, il devait tenter de se frayer une voie sous un régime nouveau et étranger. Il réussit à faire le passage de l'ancienne administration à la nouvelle et, le 14 mars 1765, il obtenait du gouverneur MURRAY une licence d'*attorney* et d'avocat à la Cour des plaids communs. C'est ainsi que, le 9 juillet 1766, jour de la signature de sa commission, il devint le premier avocat du Canada français. Il reçut aussi une commission de notaire, mais il semble avoir peu travaillé en cette qualité, son minutier ne comptant que quelques pièces. A l'époque de sa mort, en 1771, il avait préparé la voie aux trois de ses dix enfants qui avaient atteint la maturité, de façon qu'ils puissent vivre confortablement dans la colonie, devenue britannique. Sa deuxième fille épousa James McGill*, un Montréalais éminent d'origine écossaise, fondateur de l'université qui porte son nom. Le succès de Guillimin dans les professions libérales après la Conquête préfigure peut-être le rôle que joueraient certains Canadiens français ambitieux dans les décennies suivantes.

DONALD J. HORTON

AN, Col., B, 70, f.78 ; 72, ff.2–2v., 275 ; 73, ff.33, 69–69v. ; 78, f.140 ; C[11A], 73, f.8 ; 75, f.260 ; 81/1, f.14 ; F[3], 14, f.38. — P.-G. Roy, La famille Guillimin, *BRH*, XXIII (1917) : 129–139.

GUILLIMIN, MARIE-FRANÇOISE, dite **de Saint-Antoine**, ursuline, supérieure du monastère de Trois-Rivières, née à Québec le 10 janvier 1720, fille de Charles Guillimin* et de Françoise Lemaître-Lamorille, décédée à Trois-Rivières en mars 1789.

Marie-Françoise Guillimin entra au noviciat des ursulines de Trois-Rivières le 8 avril 1735 et prononça ses vœux perpétuels deux ans plus tard. Puis elle remplit à peu près toutes les tâches auxquelles devaient s'astreindre les religieuses, qui se dévouaient à l'enseignement des enfants et au soin des malades.

En mai 1752, un désastreux incendie détruisit le monastère et 45 maisons de Trois-Rivières. Les ursulines durent passer les 18 mois suivants dans la maison des récollets, tandis que ces derniers acceptaient l'hospitalité d'un beau-frère de Marguerite-Renée de la Croix, supérieure des ursulines et fille de René Godefroy* de Tonnancour. Au printemps de l'année qui suivit ce sinistre, Mgr de Pontbriand [Dubreil*] vint lui-même diriger les travaux de reconstruction du monastère-hôpital. Selon une lettre écrite à l'époque à son frère, le comte de Nevet, il dut pendant six mois « prévoir ce qu'il faut faire sans cesse sur les chantiers pour faire travailler [son] monde », et il ajoute : « Je suis devenu d'évêque, menuisier, charpentier, manœuvre. » Faute de documents il est difficile de décrire la situation financière des religieuses durant les années qui suivirent l'incendie, mais on peut facilement penser qu'elle devait être pénible à cause des emprunts que les ursulines avaient dû contracter. Marie-Françoise de Saint-Antoine, à qui on avait confié la charge d'économe depuis 1754, déploya de grandes qualités d'organisatrice pour remettre le monastère et l'hôpital sur des bases solides, encouragée par Mgr de Pontbriand qui continuait à s'intéresser au sort des ursulines de Trois-Rivières.

En 1765, Marie-Françoise de Saint-Antoine fut nommée supérieure de la communauté pour un mandat de trois ans. Elle fut rappelée à ce poste dès janvier 1769 afin de remplacer Marie-Geneviève Godefroy de Tonnancour, dite de Sainte-Hélène, qui avait dû démissionner pour raison de santé. Lors de l'invasion américaine de 1775–1776, Marie-Françoise de Saint-Antoine était directrice de l'hôpital, assistée d'une autre Québécoise de naissance, Marie-Josephte Paquet, dite de la Nativité. L'annaliste des ursulines écrit : « tous les soldats bostonnais souffraient de la privation des choses les plus nécessaires ; [...] ils étaient réduits à la misère de l'indigence ; ils vivaient en grande partie d'aumônes dans notre ville, et un nombre considérable d'entre eux étaient à notre hôpital depuis plusieurs mois ». Les billets promissoires signés par les commandants militaires pour payer les soins donnés aux blessés ne furent pas honorés et « ils n'ont jamais valu que le papier sur lequel ils [furent] imprimés ». Quelques historiens ont laissé entendre que les religieuses avaient fait pression, dans les débuts, pour se faire rembourser. En réalité, elles avaient confié ce mandat au notaire Jean-Baptiste BADEAUX, et c'est dans le greffe de ce dernier que se trouve la liste des redevances, signée par l'économe de l'époque, Marie-Josephte de la Nativité, et authentifiée par le commandant de l'armée américaine, le colonel William Goforth, le 12 mars 1776. La dette des Américains envers les ursulines s'élevait, selon le document, à « £26 36 shillings [cours d'Halifax] ».

Marie-Françoise de Saint-Antoine fut à nouveau appelée à diriger la communauté de 1778 à 1784 et de 1787 jusqu'à sa mort, en mars 1789. Elle fut inhumée au cimetière des ursulines.

RAYMOND DOUVILLE

ANQ-MBF, Greffe de J.-B. Badeaux, 10 sept. 1792. — ANQ-Q, État civil, Catholiques, Notre-Dame de Québec, 10 janv. 1720. — Archives des ursulines de Trois-Rivières, Annales. — [J.-B. Badeaux], Journal des opérations de l'armée américaine lors de l'invasion du Canada en 1775–76 [...], *Revue canadienne* (Montréal), VII (1870) : 186–202, 267–276, 329–345. — Hervé Biron, *Grandeurs et misères de l'Église trifluvienne (1615–1947)* (Trois-Rivières, 1947). — A.-H. Gosselin, *L'Église du Canada jusqu'à la Conquête*, III : 183s., 188–193. — Jouve, *Les franciscains et le Canada : aux Trois-Rivières*. — *Les ursulines des Trois-Rivières depuis leur établissement jusqu'à nos jours* (4 vol., Trois-Rivières, 1888–1911), I. — Raymond Douville, La dette des États-Unis envers les ursulines de Trois-Rivières, *Cahiers des Dix*, 22 (1957) : 137–162.

GUILLOT, dit **Larose, FRANÇOIS**, soldat, marchand, capitaine de milice, né le 25 décembre 1727 à Asnelles (dép. du Calvados, France), fils de Jacques Guillot et de Marguerite Loiseleur ; il épousa Marie Létourneau, née Rateau, le 25 juillet 1763 à Québec ; décédé avant 1785, probablement aux États-Unis.

François Guillot, dit Larose, serait arrivé au Canada en 1740 comme soldat, puis se serait établi à Québec comme marchand après la Conquête. En 1767, il s'installe à Rivière-du-Loup (Louiseville) où il devient bailli, puis, également, capitaine de milice. En 1774, il cède le bail d'un moulin qu'il avait acquis quatre ans plus tôt des ursulines de Trois-Rivières.

Avant tout homme d'affaires, Guillot mise sur les possibilités qu'offre l'invasion américaine de 1775, d'autant plus que la majorité de ses concitoyens sont gagnés à cette cause. Dès l'arrivée des Américains à Trois-Rivières, il laisse percer ses sympathies. Le 4 décembre 1775, Conrad GUGY, propriétaire de plusieurs seigneuries dans la région, est lavé de l'accusation portée contre lui par Guillot de menacer de faire fouetter les Canadiens sympathiques aux rebelles.

Au début de mai 1776, François Guillot et un compagnon, Pierre Dupaul, se joignent aux troupes américaines qui viennent de lever le siège de Québec et à celles qui évacuent Trois-Rivières, et les accompagnent à Sorel, où arrivent bientôt des renforts venus de la Nouvelle-Angleterre. Au début de juin, tous deux participent aux préparatifs de l'attaque contre Trois-Rivières, conçue pour reprendre la ville et enrayer l'avance des troupes britanniques. Un régiment, commandé par le général de brigade William Thompson, traverse le fleuve et met pied à terre à Pointe-du-Lac dans la nuit du 7 juin. François Guillot sert de guide et conduit Thompson au domicile d'un habitant de l'endroit, Antoine Gautier, à qui on demande de conduire la force aux portes de Trois-Rivières. Gautier semble se prêter de bonne grâce à cet ordre, conseille au général Thompson de ne pas s'aventurer par le chemin du roi, semé d'éclaireurs, et suggère de passer par les bois de Sainte-Marguerite et la région des forges du Saint-Maurice. Mais il dépêche en même temps sa femme auprès du capitaine de milice Landron, qui se rend à Trois-Rivières avertir la garnison locale et lui permettre de se préparer à l'attaque. Entre temps, l'armée de Guy Carleton* atteint Trois-Rivières.

Après un combat au cours duquel les Américains perdent plus de 500 officiers et soldats, tués ou blessés, Thompson est fait prisonnier. François Guillot revient à Sorel avec ce qui reste de la petite armée, puis il gagne Chambly, Saint-Jean, l'île aux Noix. Selon l'historien François-Xavier Garneau*, il obtint le commandement d'une compagnie de « braves canadiens-français », sous les ordres du colonel Moses Hazen*, et combattit dans la région du fleuve Hudson.

Par la suite, on perd sa trace. Il semble qu'il mourut aux États-Unis, mais on ignore où et quand. Peut-être était-il décédé lorsque les administrateurs de sa succession, Alexander Davison* et John Lees*, firent annoncer, dans *la Gazette de Québec* du 13 août 1778, que ses propriétés étaient à vendre en vertu d'une ordonnance de la Cour des plaids communs. Il l'était en tout cas en 1785, puisque, le 20 janvier de cette année-là, sa veuve se remaria en troisièmes noces avec Augustin Sicard, de Rivière-du-Loup.

RAYMOND DOUVILLE

AD, Calvados (Cæn), État civil, Asnelles, 25 déc. 1727. — ANQ-MBF, Greffe de J.-B. Badeaux, *passim* ; Greffe de Benoît LeRoy, *passim*. — *Invasion du Canada* (Verreau). — *La Gazette de Québec*, 8 sept. 1768, 7 sept. 1769, 4 oct. 1770. — J.-E. Bellemare, *Histoire de Nicolet, 1669–1924* (Arthabaska, Québec, 1924). — Lanctot, *Le Canada et la Révolution américaine*, 162s. — Germain Lesage, *Histoire de Louiseville, 1665–1960* (Louiseville, Québec, 1961). — J.[-P.]-A. Maurault, *Histoire des Abénakis, depuis 1605 jusqu'à nos jours* ([Sorel, Québec], 1866). — Raymond Douville, La dette des États-Unis envers les ursulines de Trois-Rivières, *Cahiers des Dix*, 22 (1957) : 137–162. — J.-J. Lefebvre, Les Canadiens-français et la Révolution américaine, Soc. historique franco-américaine, *Bull.* (Boston), 1946–1947, 50–71. — Riclès [Richard Lessard], François Guillot, dit Larose, *L'Écho de Saint-Justin* (Louiseville), 11 juin 1936 : 1.

GUIYAHGWAAHDOH. V. KAIEÑˀKWAAHTOÑ

GUYASUTA. V. KAYAHSOTAˀ

GYRARD. V. GIRARD

H

HALDIMAND, sir FREDERICK. V. COMPLÉMENT

HAMILTON, HENRY, officier et administrateur colonial, né vers 1734, probablement à Dublin (République d'Irlande), cadet des deux fils de Henry Hamilton, député de la circonscription de Donegal au parlement irlandais et percepteur au port de Cork, et de Mary Dawson ; il épousa Elizabeth Lee et ils eurent au moins une fille ; décédé le 29 septembre 1796, à Antigua.

Entré en 1755 comme enseigne dans le 15e d'infanterie, où il devint lieutenant au mois de septembre 1756, Henry Hamilton servit, au cours de la guerre de Sept Ans, à Louisbourg, île Royale (île du Cap-Breton), à Québec et dans les Caraïbes ; il obtint le grade de capitaine à La Havane (Cuba) en 1762. Au début de 1766, Hamilton était en garnison à Trois-Rivières, puis plus tard cette même année il prit le commandement à Crown Point (New York). L'année suivante, il devint major de brigade auprès du lieutenant-gouverneur Guy Carleton*, qui parlait de lui en termes très flatteurs. Hamilton quitta l'Amérique du Nord avec son régiment en 1768, mais il était de retour en 1775 et mis en garnison à Montréal. Cette année-là, Carleton lui confia la mission d'aller calmer les habitants de Terrebonne qui s'étaient soulevés contre leur seigneur ; grâce au doigté dont il fit preuve, il s'acquitta de cette tâche avec succès. Toujours en 1775, il vendit sa commission de major de brigade. Selon ses propres souvenirs, la carrière des armes n'était pas une tradition dans sa famille ; au surplus, il avait fait des études classiques et ses intérêts étaient d'ordre politique. Sa carrière subséquente, dans la province de Québec en particulier, semble confirmer le jugement d'Alfred Leroy Burt*, selon qui il « avait un esprit entièrement civil et une conception entièrement civile du gouvernement ».

Quand, en 1774, l'Acte de Québec fit reculer les frontières de la province de Québec de façon à englober le territoire triangulaire situé entre l'Ohio et le Mississippi, il devint nécessaire d'investir certains fonctionnaires des attributs de la puissance britannique afin de gouverner cette région. Il fut facile, après coup, de soutenir que ces fonctionnaires eussent dû être de hauts gradés de l'armée, mais en 1775 on décida de créer des postes de gouverneur civil ; l'on nomma à ces fonctions Hamilton, Edward Abbott et Mathew Johnson, à Détroit, Vincennes (Indiana) et Kaskaskia (Illinois), respectivement. Carleton nomma Hamilton, mais ce fut probablement lord Dartmouth, secrétaire d'État des Colonies américaines, qui en eut l'idée, à la suite de la recommandation de William HEY, juge en chef de Québec.

Naturellement, Hamilton se préoccupait beaucoup de la nature de ses fonctions et de l'étendue de ses pouvoirs, mais, à la plupart de ses questions sur ce sujet, les fonctionnaires de Québec et de Londres ne répondirent jamais. Le problème venait en partie de ce que les armées américaines étaient déjà au Canada à l'époque où Hamilton entreprit son voyage dans l'Ouest, à l'automne de 1775, de sorte que les communications entre Détroit et la vallée du Saint-Laurent se révélaient plus difficiles qu'à l'ordinaire. Son premier problème était l'administration de la justice. A cause de la guerre, la mise en vigueur de nouvelles dispositions dans ce domaine subit des retards, et Hamilton recourut à une méthode des plus insatisfaisantes comme des plus irrégulières pour régler les litiges relatifs aux biens matériels, alors que Philippe Dejean*, dont le mandat de juge à titre temporaire s'était terminé avec la proclamation de l'Acte de Québec, continuait de rendre jugement dans les causes criminelles. En 1778, le grand jury du district de Montréal accusa Hamilton de tolérer les actes illégaux de Dejean. Comme cela était à prévoir, le gouverneur HALDIMAND excusa tout acte arbitraire, faisant valoir qu'en temps de guerre la sécurité primait tout autre besoin. Ne sachant comment agir avec Hamilton, vu la nouveauté de son poste et l'état de guerre, le gouvernement britannique adopta la même position.

La situation de Hamilton à Détroit durant les premières années de la Révolution américaine était loin d'être enviable. Les Britanniques n'avaient pas encore établi de gouvernement approprié ni de politique ferme dans la région formée par la vallée de l'Illinois et baignée par les trois Grands Lacs les plus à l'ouest, de sorte que les Indiens et les colons canadiens n'avaient guère confiance en eux. Qui plus est, la commission de Hamilton n'étant que civile, les limites de son autorité en temps de guerre n'étaient pas clairement définies. Dès 1776, ses dépêches demandaient d'urgence une intervention militaire, mais ses supérieurs hésitèrent d'abord à adopter une telle mesure. Au début de 1778, cependant, la situation changea avec l'arrivée, dans le pays des Illinois, de George Rogers Clark et de ses miliciens de la Virginie. Philippe-François Rastel* de Rocheblave leur rendit Kaskaskia en juillet, et, ce même mois, les habitants de Vincennes se déclarèrent en faveur de la Virginie, Abbott étant parti pour Détroit en février. Hamilton demanda des instructions, mais la possibilité de reprendre Vincennes était encore à l'étude à Québec quand il décida de passer à l'action. Avec quelque 60 Indiens [V. EGUSHWA] et 175 hommes de troupe de Détroit, comprenant des miliciens canadiens pour la plupart et environ 30 réguliers britanniques, il se mit en route, le 8 octobre 1778, pour couper le trafic américain à Vincennes et, a-t-on laissé entendre, pour échapper à la position intenable dans laquelle il s'était trouvé à Détroit au cours des trois dernières années.

Vincennes fut pris en décembre, et Hamilton décida d'attendre le printemps avant de bouger, usant de douceur pour garder les 500 résidants de la ville du côté des Britanniques. Il croyait que l'arrivée de Clark avec la nouvelle de l'alliance franco-américaine de février 1778 avait ruiné tout appui aux Britanniques de la part des Canadiens et des Indiens. De toute façon, lorsque Clark attaqua sans avertissement, on laissa la garnison libre de se rendre sans condition, le 25 février 1779. Hamilton et plusieurs de ses associés, dont Jehu HAY, furent envoyés en Virginie. Pour la puissance britannique dans le vieux Nord-Ouest (région située au nord-ouest de la rivière Ohio), c'était un sérieux échec. Hamilton attribua le désastre à la défection des volontaires canadiens et à la correspondance continuelle qu'entretenaient avec les Américains les résidants de Vincennes. « La conduite des Canadiens en général a montré qu'aucun des liens qui s'imposent aux esprits éclairés et généreux ne peut les retenir, et qu'ils préfèrent la sujétion, quelle qu'elle soit, à la liberté des Anglais », gémissait-il dans un rapport à Haldimand, rédigé en 1781, sur l'expédition de Vincennes. Dès que lui parvint la nouvelle de cette défaite, Haldimand se hâta d'expliquer que l'expédition avait été entreprise sans son autorisation spécifique, bien qu'elle respectât ses instructions générales à Hamilton. Sa critique la plus poussée concernant personnellement le gouverneur civil de Détroit, Haldimand la fit en laissant entendre, en stricte confidence, à un général de ses compagnons que la mission eût bien pu réussir si Hamilton avait eu la prudence de se retirer à temps de Vincennes.

Si l'on eut quelques velléités de censurer Hamilton, il semble qu'elles s'évanouirent devant les nouvelles que l'on eut du traitement accordé au lieutenant-gouverneur en Virginie. Détenu à Williamsburg et à Chesterfield pendant 18 mois, dont une grande partie passée dans les fers, il se vit refuser toute forme de considération, n'étant point traité comme prisonnier de guerre, mais comme le criminel de droit commun que ceux qui s'étaient emparés de lui croyaient qu'il était. Les efforts faits pour le libérer sur parole et, éventuellement, pour l'échanger, réussirent enfin, grâce à l'intervention de George Washington, mais seulement après que les autorités de la Virginie – le gouverneur Thomas Jefferson, en particulier – eurent résisté pendant plusieurs mois à toutes les demandes en ce sens.

Le traitement réservé à Hamilton par les Américains s'explique par leur crainte que leurs établissements dans l'Ouest soient attaqués par les Indiens et par leur conviction que Hamilton était le type même de l'administrateur britannique brutal et impitoyable qui n'hésitait pas à se servir des Indiens. Clark le qualifiait de « général acheteur de scalps ». La haine envers Hamilton était si vive qu'il se passa un siècle et demi avant que les historiens américains concédassent qu'il n'existait aucune preuve positive qu'il eût jamais offert de récompenses en échange de scalps. Le jugement de Milo Milton Quaife, à l'effet que Hamilton fut « un brave soldat, d'un esprit magnanime », représentatif d'une vieille tradition qu'on commençait à considérer comme inhumaine, révèle davantage la croyance de Quaife dans le progrès du sens moral et dans le *leadership* exercé par les Américains dans ce progrès, que la connaissance des événements qui se passèrent dans le vieux Nord-Ouest pendant les années 1770. Tout effort pour exonérer Hamilton de la responsabilité des raids indiens en s'appuyant sur le fait qu'il exécutait simplement les ordres reçus de ses supérieurs se révèle peu probant. Dès 1776, il avait, semble-t-il, proposé d'employer les Indiens contre les Américains, et, en mars 1777, il fut autorisé à rassembler le plus d'Indiens possible et à s'en servir pour « faire une diversion et jeter l'alarme sur les frontières de la Virginie et de la Pennsylvanie ». Il devait, toutefois, les empêcher de perpétrer tout acte de violence contre « les habitants loyaux et inoffensifs ». Hamilton, sans aucun doute, vit la contradiction que comportaient les ordres – si l'on se servait des Indiens, les habitants, de quelque opinion politique qu'ils fussent, ne seraient pas épargnés – mais il voyait dans l'alliance avec les Indiens le seul moyen de maintenir la puissance britannique dans le vieux Nord-Ouest. Rien n'indique que leur désapprobation de cette politique eût empêché les Américains de recourir à de semblables pratiques tout au cours de la guerre.

Au début de 1781, Hamilton fut enfin libre de rentrer en Angleterre, où il apprit que, sur la recommandation de Haldimand, il avait été nommé lieutenant-gouverneur de la province de Québec, en remplacement de Hector Theophilus CRAMAHÉ. Quand, en 1777, Haldimand avait pour la première fois été nommé gouverneur, Hamilton avait dit aux Indiens de Détroit : « Je me lèverai, ou je m'assoirai, comme il me l'ordonnera. » Toutefois, et pour ainsi dire dès son arrivée à Québec en juin 1782, ses rapports avec son supérieur furent tendus. Haldimand et ses partisans au sein du *French party* avaient mis en vigueur une série de mesures qu'ils justifièrent tant que dura la guerre, et, simultanément, ils en étaient venus à considérer toute opposition comme essentiellement déloyale. Or, dès le mois de décembre, Hamilton donna, au Conseil législatif, son appui au groupe d'opposition que dirigeait George Allsopp*, à l'occasion d'une motion dans laquelle on critiquait des décisions antérieures. Il semblerait qu'à partir de ce moment, Haldimand perdit confiance dans l'homme qu'il avait recommandé, et qu'il ne pouvait pas immédiatement faire limoger.

Après la signature du traité de Paris, en septembre 1783, les pressions se firent plus fortes à Québec, en particulier de la part des marchands britanniques, en vue d'obtenir des changements ; à tout le moins, devrait-on faire quelques progrès dans la mise en vigueur des instructions données au gouverneur, restées lettres mortes pendant les années de guerre, soit pendant près de dix ans. Le débat qui souleva des tempêtes au conseil porta principalement sur l'introduction de l'*habeas corpus* et l'extension aux causes commerciales de la loi anglaise. Le *French party* prônait le moins de changements possible et défendait sa théorie de la charte, selon laquelle l'Acte de Québec (isolé des instructions qui l'accompagnaient) était considéré comme un document sacré qui renfermait les droits inaliénables des Canadiens. Hamilton, dès le début, combattit cette espèce de culte, désirant une libre discussion de chacune des clauses particulières de l'Acte de Québec. Les clauses d'ordre territorial étaient devenues caduques à la suite du traité de paix, et, faisait-il valoir, la société de la province de Québec avait suffisamment changé au cours des dix dernières années pour que d'autres clauses méritassent aussi d'être réexaminées. Chaque fois que cette théorie de la charte donnait lieu à une motion particulière devant le conseil, Hamilton se sentait forcé d'enregistrer sa dissidence, bien qu'il eût été plus avisé de s'abstenir de le faire pour la motion de félicitations à George III à l'occasion de la paix. Le principal partisan de Hamilton pendant la session de 1784 fut Hugh Finlay*, assistant maître général des Postes. Si le conseil adopta une ordonnance par laquelle il accordait l'*habeas corpus*, les deux autres qu'il approuva étaient une reprise d'ordonnances antérieures ; Hamilton et Finlay affirmèrent que les mesures adoptées restaient en deçà de ce qu'ils croyaient être « les intentions de Sa Gracieuse Majesté à l'égard de ses sujets canadiens », soit d'introduire dans une plus large mesure les institutions anglaises dans la province.

Le *French party*, fort de l'appui du gouverneur, put sortir vainqueur de la plupart des luttes qui marquèrent cette session, mais, au cours de l'été, ses membres s'alarmèrent quand on apprit que Haldimand était sur le point de partir pour l'Angleterre, en laissant bien à regret le gouvernement de la colonie aux mains du lieutenant-gouverneur. A plusieurs reprises, Hamilton demanda des ordres, des instructions, des copies de dépêches et d'autres documents, assez tôt pour pouvoir les examiner attentivement et pour discuter avec son supérieur les questions les plus délicates. Mais Haldimand décida de faire remettre les documents à Hamilton le jour de son départ, et même alors il omit de lui transmettre les copies de ses propres dépêches à Londres. De plus, Hamilton n'avait que des pouvoirs civils, et Haldimand s'efforça de limiter le plus possible cette autorité. Le commandement militaire fut assumé par Barrimore Matthew ST LEGER, l'officier le plus haut gradé après le gouverneur Haldimand, qui lui confia, de même qu'à quelques autres, une grande partie des affaires relatives aux Loyalistes et aux Indiens. Les instructions, plutôt maigres, du gouverneur comportaient une affirmation de son propre appui à l'Acte de Québec, comme charte de la province, et de sa conviction que toutes les pétitions contre cet acte étaient le fait d'intrigants. On a émis l'hypothèse qu'il espérait ainsi forcer Hamilton à entreprendre des consultations avec Adam MABANE et le *French party*. Hamilton avait déjà eu l'occasion de s'élever contre le favoritisme dont Haldimand faisait preuve envers Mabane. « Il a mis la barre entre les mains d'une autre personne, mais ne me confierait même pas le maniement d'une rame », se plaignait-il en novembre 1784. Pendant son mandat, Hamilton ne tolérerait aucun maire du palais. Il résolut, plutôt, d'ouvrir le conseil à la libre discussion, et son attitude encouragea divers groupes de citoyens à présenter des requêtes, soit en faveur d'une chambre d'Assemblée élue, soit contre certaines ordonnances encore en vigueur. Quand lui parvinrent ces requêtes, Hamilton, qu'il fût ou non favorable à leur contenu, résolut qu'elles devaient être transmises au roi. Il devint bientôt évident que, quelles que fussent les raisons de ses gestes, Haldimand avait préparé la scène pour une session législative tempétueuse, en 1785.

Au cours de cette session, Hugh Finlay présida

un conseil divisé presque à parts égales sur chaque question portée devant lui. Les partisans de Hamilton purent faire passer une ordonnance qui introduisait le jugement par jury dans certaines causes civiles, mais le *French party* fut assez fort pour retarder d'une autre année tout amendement à l'ordonnance sur la milice, qui avait rétabli la corvée. Cette victoire survint au milieu d'un furieux débat dans toute la colonie. On avait présenté contre cette ordonnance une pétition (que Hamilton transmit fidèlement à Londres), dans laquelle certaines affirmations furent jugées par des militaires de la colonie comme une attaque injuste contre leur conduite passée. Le colonel Henry HOPE réfuta ces affirmations dans *la Gazette de Québec*, mais une autre pétition circula aussitôt pour contester les remarques de Hope. Le désir de Hamilton que l'opinion publique pût s'exprimer librement ne se réalisa que trop bien.

Avec un Haldimand qui, à Londres, faisait valoir sur chaque question les vues du *French party*, Hamilton trouvait difficile de garder la confiance du gouvernement de Sa Majesté. Dès la fin de la session législative, en mai, il prit la décision qui allait rendre son rappel inévitable. Il avait posé à Haldimand, relativement à un nouveau bail des postes du roi, une question à laquelle, vraisemblablement, on devait apporter une réponse pendant son mandat dans la colonie. Il avait appris que l'affaire avait été portée à l'attention du gouvernement britannique, mais que rien ne se ferait avant que fût connu le bon plaisir de Sa Majesté. Le premier convoi postal de 1785 contenait plusieurs lettres adressées à des citoyens de Québec, annonçant qu'Alexander* et George DAVISON et François Baby*, des partisans du *French party*, avaient été choisis pour être les nouveaux adjudicataires du bail, mais la lettre officielle en informant Hamilton n'arriva que plusieurs jours plus tard. Dans l'entretemps, et bien que la décision fût connue communément à Québec, Hamilton décida de reconduire le bail d'un groupe différent, soit Thomas Dunn* et ses associés, William Grant* (1744–1805) et Peter Stuart. Il semble que Hamilton ait été convaincu qu'une injustice se tramait contre le groupe de Dunn, qu'il était en son pouvoir de corriger ; la pureté de ses motifs ne paraît pas avoir été sérieusement mise en doute, même si Dunn et Grant avaient été ses partisans dans les débats critiques du conseil, au cours des deux dernières années. C'est son sens politique, et non pas sa probité, qui fut l'objet d'attaques. S'il espérait qu'un changement de sentiment de dernière minute se produisît en Grande-Bretagne, il se trompa dans ses calculs. En août, une lettre de révocation lui donnait sèchement l'ordre de remettre l'autorité à Hope, qui avait aussi assumé le commandement militaire au départ de St Leger, et de rentrer en Angleterre sur-le-champ.

Hamilton s'embarqua le 2 novembre 1785, le jour même où il transmit ses pouvoirs à son successeur. Pendant plus de deux ans, humilié et aux prises avec des difficultés financières, il attendit sa justification. Or, ces deux années, à Québec, permirent d'avoir une meilleure vue, en perspective, des gestes posés par Hamilton. Il avait laissé derrière lui au moins deux mesures que ses ennemis tentèrent de mettre au rancart comme étant illégales. Ils échouèrent dans l'un et l'autre cas. Le bail qu'il avait accordé au groupe de Dunn pour les postes du roi devait être reconsidéré le 1er octobre 1786 ; le gouvernement en reconnut clairement la légalité en n'accordant les postes aux Davison et à Baby qu'à partir de cette date. La conclusion semble s'imposer : le geste de Hamilton lui avait coûté son poste, mais il avait agi dans les limites de son autorité. Le second exemple est plus révélateur encore de l'animosité de ses adversaires et le rend plus sympathique. Lors de la session de 1786 du Conseil législatif, Mabane mena une tentative pour faire refuser le paiement de comptes autorisé par Hamilton l'année précédente, ce qui aurait eu pour effet de rendre Hamilton personnellement responsable des coûts engagés. Hope même, qui était l'ami de Mabane, refusa son argumentation ; dans son rapport qui accompagnait les procès-verbaux du conseil, Hope ne laissait aucun doute sur son appui à la conduite de Hamilton. Après l'arrivée du gouverneur général lord Dorchester [Carleton] et du nouveau juge en chef, William SMITH, en octobre 1786, le rapport des forces fut modifié dans la province de Québec. Leur façon de voir la situation de la colonie, qui semblait faire écho à certains jugements de Hamilton, avait, en 1788, rendu le gouvernement britannique à même de réévaluer certains des problèmes qu'avait rencontrés Hamilton, et il en résulta une nouvelle affectation pour lui. Pendant six ans, il remplit les fonctions de gouverneur des Bermudes, et on donna son nom à la nouvelle capitale, fondée pendant son mandat. Ce furent des années calmes, au point de vue politique, dans cette colonie. En 1794, il devint gouverneur de la Dominique ; il y mourut à son poste deux ans plus tard.

Deux fois dans le cours de sa vie, des adversaires, dans leur acharnement, firent de Hamilton le symbole de ce qu'ils haïssaient et de ce qu'ils craignaient. Le *French party*, dans la province de Québec, vit en lui un innovateur qui encourageait bassement les désirs des classes inférieures, et un ennemi du type d'ordre social qu'avaient instauré MURRAY, Carleton et Haldimand. Les dénonciations, par ce parti, de la conduite de Hamilton à Québec furent, à leur manière, aussi excessives que la description, par Clark, de l'« acheteur de scalps » des années de guerre. Et quand ce groupe de détracteurs accusait Hamilton de préparer, par sa conduite, la voie à une expansion américaine au Canada, ils avaient, peut-être à dessein, oublié ce qu'il avait souffert aux mains des Américains. A Québec, il incarna le changement, à une époque où les craintes devant l'avenir dominaient le parti au pouvoir, et même des amis comme Hope, qui admirait ses qualités, ou Finlay et Evan Nepean, sous-secrétaire d'État au ministère de l'Intérieur, qui étaient également sympathiques à ses aspirations, mettaient parfois en doute son jugement politique. Pour son malheur, la Révolution américaine et ses séquelles le placèrent dans des circonstances qui vouèrent à l'échec ses missions, non seulement à Détroit, mais aussi à Québec.

ELIZABETH ARTHUR

APC, MG 11, [CO 42] Q, 12, p.212 ; 15, pp.9, 102, 105, 215 ; 18, pp.216s. ; 23, pp.389, 393–400, 438s. ; 24, p.235 ; 25, p.6 ; 26, pp.214, 419 ; MG 23, A4, 29, p.207 ; GII, 11. — BL, Add. MSS 21 702, pp.32, 36 ; 21 717, p.489 ; 21 726, p.137 ; 21 733 ; 21 734 ; 21 736, p.198 ; 21 739, p.255 ; 21 755, pp.122, 200, 267 ; 21 781, pp.8, 25, 37, 40 ; 21 782, pp.54, 156, 235, 506 ; 21 783, pp.53–102 ; 21 807 (copies aux APC). — PRO, CO 42/16, pp.42, 55 ; 42/17, pp.56, 97 ; 42/18, p.13 ; 42/19, pp.119, 121, 212, 226 (copies aux APC). — *The capture of old Vincennes : the original narratives of George Rogers Clark and his opponent, Gov. Henry Hamilton*, M. M. Quaife, édit. (Indianapolis, Ind., 1927). — *Docs. relating to constitutional history, 1759–1791* (Shortt et Doughty ; 1907), 735–805. — *Henry Hamilton and George Rogers Clark in the American revolution, with the unpublished journal of Lieut. Gov. Henry Hamilton*, J. D. Barnhart, édit. (Crawfordsville, Ind., 1951). — *Michigan Pioneer Coll.*, III (1880) : 16 ; IX (1886). — *The Windsor border region, Canada's southernmost frontier* [...], E. J. Lajeunesse, édit. (Toronto, 1960). — *Appleton's cyclopædia of American biography*, J. G. Wilson *et al.*, édit. (10 vol., New York, 1887–1924). — H. J. Morgan, *Sketches of celebrated Canadians, and persons connected with Canada, from the earliest period in the history of the province down to the present time* (Québec et Londres, 1862). — Wallace, *Macmillan dictionary*. — Burt, *Old prov. of Que.* (1968), II : 125, 129–132. — O. J. Jæbker, Henry Hamilton, British soldier and colonial governor (thèse de PH.D., Indiana University, Bloomington, 1954). — J. A. James, *The life of George Rogers Clark* (Chicago, 1929), 51–53, 132. — Neatby, *Quebec*, 183, 194–203. — Frederick Palmer, *Clark on the Ohio* (New York, 1929). — F.-J. Audet, L'honorable Henry Hamilton, *BRH*, XXXI (1925) : 487s. — J. D. Barnhart, A new evaluation of Henry Hamilton and George Rogers Clark, *Mississippi Valley Hist. Rev.* (Cedar Rapids, Iowa, et Lincoln, Neb.), XXXVII (1950–1951) : 643–652. — Reginald Horsman, Great Britain and the Illinois country in the era of the American revolution, Ill. State Hist. Soc., *Journal* (Springfield), LXIX (1976) : 100–109. — O. J. Jæbker, Henry Hamilton, 18th century governor, *Bermuda Hist. Quarterly*, XI, n° 3 (1954) : 123–157. — N. V. Russell, The Indian policy of Henry Hamilton : a re-valuation, *CHR*, XI (1930) : 20–37. — D. C. Skaggs, Between the lakes and the bluegrass, *Northwest Ohio Quarterly* (Toledo), XLVIII (1976): 89–101.

HANNA, JAMES, pionnier de la traite des fourrures sur la côte nord-ouest de l'Amérique du Nord, décédé en 1787.

On ne connaît rien de James Hanna antérieurement à son départ de Macao, Chine, le 15 avril 1785, sur le brick *Harmon* (60 tonneaux) avec un équipage de 20 hommes. On ne sait pas avec certitude, non plus, si le bateau naviguait sous les couleurs portugaises ou sous le drapeau britannique, en vertu d'un permis de l'East India Company. Hanna, qui avait le support financier de John Henry Cox, un marchand vivant en Chine, mit le cap sur la baie de Nootka (Colombie-Britannique), qui avait été décrite par le capitaine COOK comme une place où l'on pouvait vraisemblablement se procurer une cargaison payante de peaux de loutre marine.

A leur arrivée en août, Hanna et ses hommes furent attaqués par les Indiens nootkas ; dans le combat qui s'ensuivit, 20 Indiens, dont plusieurs chefs, furent tués. Hanna affirma que l'attaque survint quand il eut tiré sur les Indiens en représailles pour le vol d'un ciseau. Le chef nootka, MUQUINNA, raconta cependant à Esteban José MARTÍNEZ, en 1789, que ce fut en réponse à un mauvais tour humiliant et cruel que lui avaient joué Hanna et ses hommes, qui placèrent une charge de poudre à canon sous sa chaise quand il s'assit sur le pont. Quelle qu'en fut la cause, des relations pacifiques s'établirent après la bataille et, dans la traite qui en résulta, Hanna acquit 560 peaux de loutre marine. En témoignage d'amitié, il échangea son nom avec Cleaskina, chef d'Ahousat, un village nootka alors situé sur l'île de Vargas, qui fut par la suite connu des voyageurs sous le nom de « capitaine Hanna ». Hanna retourna à Macao en décembre, vendant ses fourrures jusqu'à $60 pièce et réalisant un profit de $20 600.

Encouragé par le volume des bénéfices tirés d'un si court voyage, les commanditaires de Hanna l'équipèrent pour un second voyage. Il quitta Macao en mai 1786 sur le senau *Sea Otter* (120 tonneaux), avec un équipage de 30 hommes. A son arrivée à la baie de Nootka, en août, il y trouva la situation grandement détériorée. James Charles Stuart Strange*, de Bombay, avec deux navires, y avait déjà passé en juillet et avait acheté toutes les fourrures. Hanna resta à l'ancre à la baie de Nootka pendant une quinzaine et n'acheta que 50 peaux environ. Il fit ensuite voile au nord, découvrant et baptisant, en route, plusieurs bras de mer, îles et havres. Il semble avoir pensé que l'extrémité nord de l'île de Vancouver était une île distincte, la baptisant du nom de Cox, et l'on prétend qu'il vit les îles de la Reine-Charlotte (Colombie-Britannique), auxquelles, de même qu'à la terre qui est au nord de celles-ci, il donna le nom de Nova Hibernia. A la fin de septembre, Hanna s'était arrangé pour ramasser environ 100 peaux de première qualité ; le 1er octobre, il fit voile vers la Chine, atteignant Macao le 8 février 1787. La cargaison, bien que peu considérable, rapporta $8 000. On fit des plans pour un troisième voyage, mais Hanna mourut avant qu'on pût les parachever.

Les visites de Hanna sur la côte nord-ouest furent brèves et il conserva peu de renseignements à leur sujet, mais ses observations n'en furent pas moins utiles à d'autres. George DIXON, John Meares* et VANCOUVER consultèrent tous ses cartes. En 1790, Alexander Dalrymple, le géographe britannique, citait les explorations de Hanna alors qu'il faisait état des revendications britanniques sur la côte nord-ouest et sur son commerce de fourrures.

RICHARD A. PIERCE

Provincial Archives of B.C. (Victoria), *Sea-Otter* (ship), Journal of a voyage from Macoa towards King Georges Sound in the Sea Otter, Captain Hanna, commander ; Brig Sea Otter from Macao towards America through the northern Pacific ocean (1785). — [William Beresford], *A voyage round the world ; but more particularly to the north-west coast of America* [...], George Dixon, édit. (Londres, 1789 ; réimpr., Amsterdam et New York, 1968). — [Alexander] Dalrymple, *The Spanish pretensions fairly discussed* [...] (Londres, 1790). — *The Dixon-Meares controversy* [...], F. W. Howay, édit. (Toronto et New York, 1929 ; réimpr., Amsterdam et New York, 1969). — *Geschichte der Reisen, die seit Cook an der Nordwest-und Nordost-Küste von Amerika und dem nördlichsten Amerika selbst von Meares, Dixon, Portlock, Coxe, Long u.a.m. unternommen worden sind* [...], Georg Forster, trad. et édit. (3 vol., Berlin, 1791). — Meares, *Voyages*. — G. Vancouver, *Voyage of discovery* (J. Vancouver). — *Voyages of « Columbia »* (Howay). — Howay, *List of trading vessels in maritime fur trade*. — Walbran, *B.C. coast names*. — H. H. Bancroft [*et al.*], *History of Alaska, 1730–1885* (San Francisco, 1886) ; [et H. L. Oak], *History of the northwest coast* (2 vol., San Francisco, 1886). — Cook, *Flood tide of empire*.

HANTRAYE, CLAUDE (souvent déformé en **Hautraye**, mais il signait Hantraye), notaire, probablement né le 10 décembre 1723 à Saint-Hilaire-du-Harcouët, France, fils de Noël Hantraye et de Marie Hamond ; il épousa Marie-Marguerite Debuire le 9 janvier 1753 à Québec et, en secondes noces, Marie-Françoise Viger, le 26 novembre 1759 à Montréal ; décédé à Saint-Jean-François-Régis (Saint-Philippe-de-Laprairie, Québec) le 15 janvier 1777.

Envoyé au fort Saint-Frédéric (près de Crown Point, New York) comme garde-magasin en 1754, Claude Hantraye n'y resta, semble-t-il, qu'un an. Il y demeura cependant assez longtemps pour être l'un des inculpés mineurs dans l'Affaire du Canada et être condamné par contumace, le 10 décembre 1763, au bannissement de Paris pendant cinq ans et à une amende de 50#.

Domicilié à Prairie-de-la-Madeleine (La Prairie, Québec) après la capitulation de Montréal, Hantraye y était encore quand il commença, en 1765, à instrumenter comme notaire, sans qu'il y ait trace de sa commission. La plupart des actes qu'il confectionna durant cette période sont des actes de concession de terres pour René Cartier, seigneur de La Salle. Dès novembre 1767, Hantraye transportait ses pénates à Saint-Antoine-de-Padoue (Saint-Antoine-sur-Richelieu) où il devint le premier notaire résidant.

En mai 1772, il venait se fixer à Saint-Jean-François-Régis. Il y instrumenta encore près de cinq années, consacrant toujours une part de ses activités aux concessions de terres et aux multiples transactions commerciales de René Cartier. Hantraye, qui ne semble pas avoir été gêné dans ses activités professionnelles par l'occupation américaine de 1775–1776, signa son dernier acte en minute le 30 décembre 1776. Décédé le 15 janvier suivant, il fut inhumé dans la crypte de l'église paroissiale de Saint-Jean-François-Régis.

JEAN-JACQUES LEFEBVRE

ANQ-M, État civil, Catholiques, Saint-Philippe, *passim* ; Greffe de Claude Hantraye, 1765–1776. — Tanguay, *Dictionnaire*, IV : 459, 469. — P.-G. Roy, *Bigot et sa bande*, 188s.

HARDY, sir CHARLES, officier de marine, administrateur colonial et fonctionnaire, né vers 1714, fils du vice-amiral sir Charles Hardy et d'Elizabeth Burchett ; il épousa, en juillet 1749, Mary Tate, puis, en secondes noces, le 4 janvier 1759, Catherine Stanyan, et de cette dernière union naquirent trois fils et deux filles ; décédé le 18 mai 1780 à Portsmouth, Angleterre.

Grâce à la recommandation de son père, Charles Hardy entra dans la marine royale en 1731 ; il fut promu lieutenant six ans plus tard et capitaine en 1741. Ses premières années en mer, il les passa dans les eaux américaines ; de 1741 à 1743, il servit au large des côtes de la Caroline du Sud et de la Géorgie. Nommé gouverneur de Terre-Neuve quand éclata la guerre avec la France, en 1744, Hardy ne prit pas son poste et fut jugé en cour martiale pour avoir négligé son devoir. Il fut exonéré de tout blâme, cependant, après qu'on eut démontré qu'il avait en vain lutté contre des vents contraires pendant 63 jours avant de rentrer au port. L'année suivante, ayant le commandement du *Torrington*, il aida au transport de renforts, à partir de Gibraltar, pour la forteresse de Louisbourg, île du Cap-Breton, dont on venait de s'emparer. Il servit au large des côtes d'Espagne et du Portugal, de 1746 à la paix de 1748, alors qu'il fut mis à la demi-solde.

En 1755, Hardy fut fait chevalier et nommé gouverneur de la colonie de New York. Le poste en devint un d'une grande importance, car, en vue de la guerre avec la France, Londres décida, cette année-là, de faire de la ville de New York l'arsenal des armes britanniques en Amérique du Nord. Homme plutôt effacé, Hardy se révéla un gouverneur efficace. Il fut particulièrement utile à lord Loudoun, commandant en chef en Amérique du Nord, qui exprima sa gratitude pour « l'assistance et l'amitié qu'[il avait] obtenues de lui en toute occasion ». Au printemps de 1757, Hardy suggéra de mettre un embargo sur le commerce des colonies britanniques, afin d'assurer un nombre suffisant de transports en vue de l'attaque projetée par Loudoun contre Louisbourg et d'empêcher les Français d'apprendre le plan britannique grâce à la capture des navires. L'embargo frappa les expéditions maritimes de la Nouvelle-Écosse vers la Virginie et suscita plusieurs plaintes du milieu d'affaires, probablement parce qu'appliqué plus efficacement que tout autre embargo dans l'histoire de l'Amérique coloniale.

En juin, Hardy escorta jusqu'à Halifax les transports destinés au siège de Louisbourg. Il avait été promu contre-amiral en 1756, et devint, à Halifax, officier en second du vice-amiral Francis Holburne. La présence dans le port de Louisbourg de forces navales considérables sous les ordres du comte Dubois de La Motte [Cahideuc*] – renseignement qui provenait en partie des observations de Hardy – conduisit à l'annulation de l'expédition. Hardy, de toute façon, s'était prononcé contre cette expédition, faisant valoir que la saison était trop avancée pour que les navires britanniques tiennent leurs positions au large de l'île Royale. Son opinion s'avéra judicieuse, puisque, en septembre, un ouragan ravagea la flotte de Holburne qui croisait au large de Louisbourg.

En juillet 1758, à titre d'officier en second du vice-amiral Edward Boscawen*, Hardy participa au siège victorieux de Louisbourg et, le mois suivant, escorta trois régiments, sous les ordres de Wolfe*, à la baie de Gaspé et dans le bas Saint-Laurent. Cette expédition fit des dommages considérables, brûlant quelque 200 bateaux de pêche et de nombreux échafauds, entrepôts, lignes et filets ; le hameau de Mont-Louis, pris par surprise, fut rasé. Hardy, cependant, n'agréa pas la proposition de Wolfe de pousser plus haut dans le fleuve et tourna au large de l'île du Bic. Il craignait probablement les dangers de la navigation et désirait retourner à Louisbourg, au cas où il aurait reçu l'ordre de faire voile vers l'Angleterre.

De 1759 à 1762, Hardy servit dans les eaux de la métropole, à titre d'officier en second du vice-amiral sir Edward Hawke et de Boscawen ; en novembre 1759, il participa à la célèbre victoire de Hawke au large de la baie de Quiberon, sur la côte ouest de la France. Il fut promu vice-amiral en 1762 et, deux ans plus tard, il était élu au parlement comme député de Rochester ; il détint ce siège jusqu'en 1768. En 1771, il fut réélu, cette fois comme représentant de Plymouth, et nommé directeur de l'hôpital de Greenwich, au salaire annuel de £1 000. Sept ans plus tard, il devint, par le jeu de l'ancienneté, amiral de la flotte.

Quand l'amiral Augustus Keppel résigna le commandement de la flotte de la Manche, en 1779, aucun officier actif ne désirait lui succéder, et on tira Hardy de sa longue retraite. Ses navires étaient de beaucoup inférieurs en nombre à la flotte franco-espagnole qui fit son apparition dans la Manche en août ; il fut forcé de faire retraite, mais l'ennemi n'attaqua pas ni ne tenta de s'emparer d'une tête de pont pour les 40 000 hommes de troupes qui attendaient, en France, d'envahir l'Angleterre. Au mois de mai suivant, le jour même où Hardy reprenait le commandement, il fut pris « d'une inflammation des intestins (à quoi il était fort sujet) et il mourut le jeudi (18 mai) au matin à trois heures ». Par testament, il laissait une rente annuelle de £1 000 à sa femme, et sa propriété principale à Rawlins, dans l'Oxfordshire, à son fils aîné.

JULIAN GWYN

Huntington Library, Abercromby papers, AB 705 ; Loudoun papers, LO 3 545 ; LO 4 035 ; LO 4 298 ; LO 5 361. — N.Y. Hist. Soc. (New York), Sir Charles Hardy papers. — PRO, Adm. 1/480 ; 1/1 882–1 886 ; 1/5 284 ; 6/15–16 ; PRO 30/8/95, ff.290–292, 294 ; Prob. 11/1 066, ff.241–246. — *Horace Walpole's correspondence* [...], W. S. Lewis *et al.*, édit. (39 vol. parus, New Haven, Conn., et Londres, 1937–), XXV : 48. — *Johnson papers* (Sullivan *et al.*). — *The letters and papers of Cadwallader Colden* [1711–1775] (9 vol., New York, 1918–1937). — *NYCD* (O'Callaghan et Fernow), VI ; VII. — *The private papers of John, Earl of Sandwich, first lord of the Admiralty, 1771–1782*, G. R. Barnes et J. H. Owen, édit. (4 vol., Londres, 1932–1938), III : 3–115. — *DNB*. — Namier et Brooke, *House of Commons*, II : 583s. — Pargellis, *Lord Loudoun*, 265.

HARDY, ELIAS, avocat et fonctionnaire, né vers 1744 à Farnham, Angleterre ; il épousa Martha Huggeford, de New York ; décédé le 25 décembre 1798 à Saint-Jean, Nouveau-Brunswick.

Fils d'un ministre non conformiste, Elias Hardy fit son droit et, en 1770, fut admis à exercer comme *solicitor* à la Cour de la chancellerie et à la Cour du banc du roi. En 1775, il décida de chercher fortune au Nouveau Monde et se rendit en Virginie où, trouvant les tribunaux fermés par suite de la dispute des colons avec le gouvernement britannique, il travailla quelque temps comme précepteur. Il critiqua publiquement le pamphlet incendiaire de Thomas Paine, *Common sense* [...] (1776), ce qui lui valut d'être fait prisonnier par une bande de partisans virginiens. Il s'échappa, s'enfuit d'abord au Maryland, puis à New York, où il demeura pendant toute la Révolution américaine. En 1778, il reçut une commission de notaire. Même s'il ne prit aucune part à la guerre – il tenta cependant d'obtenir une commission militaire – il était clairement identifié comme loyaliste. En 1782, il signa avec huit autres personnes, dont des Loyalistes aussi notables que Charles Inglis*, Samuel Seabury et Christopher Billopp*, une requête priant sir Guy Carleton* de veiller à la sauvegarde des intérêts des Loyalistes lors des négociations de paix.

Hardy avait d'abord eu l'intention de retourner en Angleterre à la fin des hostilités, mais des dissensions soudaines, qui éclatèrent dans les rangs loyalistes, changèrent de façon définitive le cours de sa vie. Un groupe de New York, formé de 55 hommes de professions libérales ou de ministres de l'Église d'Angleterre, adressa au gouvernement britannique, en juillet 1783, une requête aux fins d'obtenir des concessions spéciales de 5 000 acres de terre en Nouvelle-Écosse, en reconnaissance de leurs mérites particuliers et de leurs sacrifices pendant la guerre. Plusieurs réfugiés loyalistes de condition moyenne, choqués de cette requête, dite des Fifty-Five, demandèrent à un comité, composé de Hardy, de Samuel Hake, de Tertullus Dickinson (beau-frère de Hardy) et du capitaine Henry Law, de faire connaître officiellement leur opposition. Hardy rédigea lui-même, sur un ton irrité, l'éloquente contre-requête ; signée par 600 Loyalistes, elle accusait les 55 de chercher à accaparer toutes les meilleures terres de la Nouvelle-Écosse et de forcer les autres réfugiés « à être les tenanciers de ceux-là qu'ils jugent ne leur être en rien supérieurs, si ce n'est par la bassesse et l'acharnement de leur conduite ». En réponse à la contre-requête des réfugiés, Carleton donna l'assurance que tous les exilés loyalistes recevraient des concessions équitables de bonnes terres en Nouvelle-Écosse. Quant à Hardy, cette démarche décida de l'orientation de sa carrière subséquente en Amérique du Nord britannique.

Dès lors, la vie publique de Hardy fut caractérisée par une opposition active, mais toujours respectueuse des lois, aux tentatives des Loyalistes favorisés par la richesse ou les fonctions officielles, ou jouissant d'autres privilèges, d'user de leur influence au détriment des moins fortunés. Il n'était pas un radical, mais tout au cours de sa carrière politique et juridique, de 1783 à sa dernière maladie en 1795, il fit montre d'une volonté constante de protéger les droits du citoyen ordinaire contre des intérêts plus puissants et envahissants.

En 1783, Hardy décida d'accompagner les exilés loyalistes allant s'établir dans la région du port de Saint-Jean, qui faisait alors partie de la Nouvelle-Écosse. Il y découvrit beaucoup de mécontentement au sujet des procédés préjudiciables des agents loyalistes en charge des établissements le long de la rivière Saint-Jean, qui se partageaient avec leurs amis les meilleurs emplacements commerciaux. A la demande d'une compagnie de miliciens loyalistes, Hardy rédigea une requête dans laquelle il énumérait leurs griefs, accusant les agents de favoritisme dans l'attribution des terres et des approvisionnements, et menaçant de porter cette affaire à Londres si on ne mettait pas en vigueur un système plus équitable. Cette requête inquiéta profondément le gouverneur John Parr, de la Nouvelle-Écosse, aussi bien que les agents loyalistes. Non seulement elle attaquait la gestion des agents responsables de la colonisation, mais elle pouvait constituer une menace à leurs efforts pour obtenir du gouvernement britannique la division du territoire de la Nouvelle-Écosse et la création d'une province loyaliste séparée, au nord de la baie de Fundy. Le gouverneur, quant à lui, vit dans cette requête une remise en question de sa façon de gouverner.

Parr fut tout d'abord enclin à jeter sur Hardy le blâme des difficultés survenues le long de la Saint-Jean. Mais Hardy se rendit à Halifax au cours de l'hiver de 1783–1784 et convainquit le gouverneur que les agents loyalistes étaient ses véritables ennemis, tant à cause de leur partialité dans l'attribution des terres que, fait plus important, de leur désir de profiter du mécontentement au sein des établissements pour discréditer le gouvernement de Parr et réussir ainsi à démembrer le territoire de la Nouvelle-Écosse. A partir de là, Parr et Hardy s'allièrent pour réduire le pouvoir des agents et combattre le projet de division du territoire. Au printemps de 1784, Hardy retourna sur la Saint-Jean avec le juge en chef nommé par le gouverneur, Bryan Finucane, qui redistribua rapidement les lots commerciaux controversés et commença d'organiser un mouvement d'opposition à la séparation. En outre, le Conseil de la Nouvelle-Écosse mit sur pied un comité d'enquête chargé d'examiner la conduite des agents, et choisit Hardy comme enquêteur en chef. Les agents réagirent, comme on pouvait le prévoir, à l'action de Hardy. Pour le lieutenant-colonel Edward Winslow*, Hardy n'était pas seulement « un notaire public de bas étage », mais « une vipère » ; le major John Coffin* condamna sa conduite disant qu'il était un « vagabond », et George Leonard*, qu'il était le chef des « mécontents » et « des gens sans mérite ». Hardy n'en fut pas ébranlé, mais ses efforts venaient trop tard. Le gouvernement britannique avait déjà décidé de diviser le territoire de la Nouvelle-Écosse et, en juin 1784, le Nouveau-Brunswick était créé ; les agents loyalistes et leurs collègues s'y retrouvaient solidement retranchés dans des positions d'autorité des plus importantes.

En dépit de cet échec, Hardy choisit de rester au Nouveau-Brunswick et s'installa à Saint-Jean. Son rôle lors des élections chaudement disputées de 1785 est ambigu. Il refusa de se porter candidat dans la ville, préférant se présenter dans le comté éloigné de Northumberland. Le gouverneur Thomas Carleton* avait probablement raison de voir en lui l'inspirateur du groupe de candidats qui firent la lutte aux hommes choisis par le gouvernement. Le parti « *lower cove* » était dirigé par Tertullus Dickinson, et cinq des six candidats de ce parti étaient membres de la première loge maçonnique de Saint-Jean, créée en septembre 1784, à laquelle Hardy appartenait lui aussi. Porte-parole reconnu des candidats de l'opposition pendant les élections mêmes, Hardy s'efforça personnellement, toutefois, de réduire les menaces de violence qui finirent par dégénérer en une émeute. Il défendit plus tard les émeutiers contre les poursuites du gouvernement. Hardy fut élu à l'Assemblée grâce au parrainage de son client, le magnat de la pêche William DAVIDSON. Dans ses votes, il se montra décidément libéral, mais non point un adversaire intransigeant du gouvernement. Son comportement à cet égard montre combien Hardy tentait de maintenir un équilibre délicat entre le besoin d'un système bien établi pour faire régner l'ordre public au sein de la province et la nécessité également importante pour les habitants de pouvoir jouir de leurs droits et exprimer leurs doléances. Ainsi, il appuya le projet de loi du gouvernement pour la prévention des « tumultes et désordres », mais il combattit sa tentative de limiter les assemblées politiques à 20 personnes. De même, ayant voté en faveur du projet visant à constituer l'Église d'Angleterre comme Église établie dans la province, il chercha néanmoins à faire étendre le droit de célébrer les mariages aux ministres presbytériens et méthodistes. Hardy appuya de façon non équivoque les projets de loi visant à rembourser les députés des dépenses engagées pour assister aux sessions de l'Assemblée et s'opposa, d'une façon non moins claire, à toute obligation pour les candidats à la chambre de résider dans leur circonscription respective, désireux dans l'un et l'autre cas de voir s'élargir le choix offert aux électeurs. Le respect que Hardy portait à la loi, en tant que juriste, l'amena cependant à combattre les efforts populaires pour réduire la juridiction de la Cour suprême. En 1790, les positions de Hardy étaient devenues suffisamment acceptables au gouvernement de Carleton pour qu'il le nommât, avec l'assentiment du Conseil exécutif, greffier de la ville de Saint-Jean.

Avocat « presque hors pair », de l'avis de certains, Hardy attirait, inévitablement, aussi bien les clients à l'aise que les indigents, même si les plus prospères n'étaient pas des membres acceptés de l'élite dirigeante du Nouveau-Brunswick. En octobre 1783, il s'était associé à John Le Chevalier Roome, à New York, pour recueillir les revendications des Loyalistes et les faire parvenir à Londres ; pendant les années 1780, il rédigea et soumit à la commission chargée des revendications des Loyalistes les demandes de compensation d'un grand nombre d'habitants du Nouveau-Brunswick. Ses causes les plus fameuses furent celle où il prit la défense de Munson Hoyt, accusé de calomnie par Benedict Arnold* en 1790, celle où il fut le procureur, à partir de 1793, de James Simonds* dans l'affaire qui l'opposait à ses anciens associés dans la Simonds, Hazen and White Company, et celle où il lutta contre les propriétaires fonciers des rives de la Saint-Jean qui tentaient de réduire les droits de pêche des citoyens de Saint-Jean. Dans tous ces procès, il avait comme opposant l'autre grand avocat plaidant du Nouveau-Brunswick, Ward Chipman*.

En 1793, Hardy abandonna son siège du comté de Northumberland et se fit élire à l'Assemblée comme député de Saint-Jean. Dès lors, il devint, d'une façon beaucoup plus marquée, le défenseur de la population de cette ville. Il appuya, par exemple, les projets de loi visant à l'établissement d'écoles secondaires locales de préférence à un collège à Fredericton, se joignit aux partisans du retour du siège du gouvernement de Fredericton à Saint-Jean et, fait plus notable, il consacra sa compétence juridique et son habileté politique à défendre les droits des pêcheurs de Saint-Jean. Tout au cours de ces disputes, Hardy n'attaqua pas de front le gouvernement de Carleton, sauf en 1795, quand le Conseil législatif décida de mettre en doute le pouvoir de l'Assemblée d'introduire des projets de loi relatifs aux revenus. Hardy rédigea une réplique complexe et concise au nom de l'Assemblée, affirmant énergiquement le droit exclusif de celle-ci de présenter les projets de loi d'ordre financier. Cette défense passionnée des représentants du peuple allait être le dernier geste politique d'importance de Hardy, la maladie le forçant à quitter la vie politique plus tard au cours de la même année. Ce fut là un sommet de sa carrière parfaitement approprié à ce qu'elle avait été antérieurement.

Ni la personnalité de Hardy ni ses positions politiques ne lui permirent d'entrer dans les cercles élégants de la société du Nouveau-Brunswick, mais, ainsi que Ward Chipman l'admit avec chagrin, il conserva pendant toute sa vie l'appui populaire. Même après que Chipman et le maire Gabriel George Ludlow* eurent manigancé sa destitution comme greffier de Saint-Jean en 1795, dans le contexte d'une querelle au sujet des pêcheries, le conseil municipal vota en sa faveur, en 1797, une somme de £80 pour ses « services passés ». A l'instar de tant de ses clients et de ses partisans, Hardy, après sa mort en 1798, fut enseveli dans une tombe qui ne portait aucune marque particulière, à Saint-Jean. Ses biens furent évalués à £61. Peu après, sa femme, Martha, et leurs quatre enfants déménagèrent à New York, où ils s'installèrent dans la maison du père de Martha, le docteur Peter Huggeford, loyaliste new-yorkais qui avait vécu quelque temps à Saint-Jean après la révolution.

Au XXe siècle, l'apport de Hardy à la tradition juridique du Nouveau-Brunswick a été reconnu, mais son apport en tant qu'homme politique réformiste reste encore largement ignoré. Cette ignorance tient en partie au fait que, dans l'historiographie canadienne, il a été éclipsé par un champion de l'Assemblée, plus combatif sur le plan politique et d'un style plus flamboyant, James Glenie*. Or, l'opposition de Glenie au gouvernement de Carleton fut sporadique et se limita à des questions choisies ; en outre, Glenie semblait parfois davantage motivé par le désir de promouvoir sa position politique en Angleterre que par celui d'améliorer le sort des gens du Nouveau-Brunswick. L'ensemble de la documentation laisse croire que la défense de Hardy, moins agressive, plus étendue et plus constante, du réfugié appauvri, du fermier qui assurait sa propre subsistance, de l'ouvrier urbain et du petit pêcheur fit de lui le plus efficace avocat des libertés individuelles et de la participation populaire au gouvernement pendant les premières années du Nouveau-Brunswick.

ANN GORMAN CONDON

PANB, RG 4, RS24 ; RG 5, RS32C/1 ; RG 7, RS71B/1, pp.177–179 (inventaire des biens d'Elias Hardy). — PAO *Report*, 1904. — *Winslow papers, A.D. 1776–1826*, W. O. Raymond, édit. (Saint-Jean, N.-B., 1901). — MacNutt, *New Brunswick*. — W. O. Raymond, Elias Hardy, councillor-at-law, N.B. Hist. Soc., *Coll.*, IV (1919–1928), n° 10 : 57–66.

HARRISON, EDWARD, marchand, propriétaire de navires, fonctionnaire et seigneur, né vers 1729 (selon le recensement de la population anglaise de Québec fait aux environs de 1773) ou vers 1734 (selon son acte d'inhumation) ; il se maria et eut au moins deux filles et un fils ; inhumé à Québec le 17 octobre 1794.

C'est en 1763 qu'Edward Harrison parut pour la première fois au Canada. Il était venu à Québec et à Montréal pour y recouvrer des sommes dues au marchand londonien Charles Crokatt. Il remplit aussi la même mission pour James Strachan et plusieurs autres marchands de Londres groupés autour de Crokatt, et qui étaient avant tout intéressés au commerce des Carolines. Il resta en rapport avec ces gens, pour les fins de son propre commerce, qu'il exploita à Québec à partir de 1763, avec un intervalle à Montréal en 1769–1770. Au cours des années 1760 et 1770, Harrison s'associa à un groupe de marchands montréalais, dont faisaient partie Richard Dobie* et Lawrence ERMATINGER, qui comptaient sur Strachan pour des avances de fonds et de marchandises pour la traite des fourrures ; il les aida quelquefois à financer leurs expéditions et acheta d'eux des pelleteries qu'ils en avaient rapportées. Mais Harrison semble avoir été engagé davantage dans le commerce des grains, dont on le disait, en 1770, « le plus grand expéditeur ». En 1772, il était devenu un commerçant « enragé », alors que James Morrison, son agent à Montréal, distribuait l'argent liquide de Harrison « à la grandeur du pays ». Peu après 1774, il construisit à Québec un entrepôt à grain, sur un terrain qu'il avait acquis à la basse ville. La quantité de ses achats dans la région du Richelieu en 1787 et une requête, qu'il signa en 1788, pour demander qu'un certain lopin de terre qui eût bloqué l'accès à son entrepôt à grain ne fût pas concédé à John Antrobus* laissent croire qu'à la fin des années 1780 il restait vivement intéressé au commerce des grains. A cette époque, cependant, il eut l'imprudence de ne pas prendre le temps d'examiner la qualité des grains qu'il achetait. Harrison fit aussi des affaires dans d'autres domaines : au cours des années 1770, plusieurs arrivages de joaillerie, de vins et d'étoffes lui appartenant furent vendus à l'encan à Montréal. Propriétaire de navires depuis le début de sa carrière canadienne, il fit, en 1774, construire un « beau » navire sur la Saint-Charles pour la navigation transatlantique. Peut-être avait-il aussi des intérêts dans l'un des transatlantiques les plus populaires de cette époque, le *Peters*, car il était habituellement, à Québec, l'agent chargé d'attribuer aux passagers et aux marchandises places et espaces.

Harrison s'occupa aussi activement de politique. Il fut membre du Conseil de Québec, à partir de janvier 1773, et, à partir d'août 1775, du Conseil législatif qui, en vertu de l'Acte de Québec, remplaça le premier. Il fut en outre membre des conseils exécutifs officieux des gouverneurs Guy Carleton* et HALDIMAND, et, à partir de 1792, du Conseil législatif du Bas-Canada. Bourreau de travail infatigable au sein d'importants comités, tels ceux qui avaient à s'occuper des comptes publics et des concessions de terres, il votait avec le « parti des bureaucrates » et, à l'occasion, il joua un rôle de premier plan. En 1777, par exemple, il proposa, au sein du Conseil législatif, un amendement à l'ordonnance sur les cours de justice civile, afin d'introduire, « effectivement, les lois anglaises et la procédure anglaise » dans ces institutions. Sa sympathie à l'endroit du parti des bureaucrates s'était déjà manifestée au cours des années 1760 et elle ne lui fut pas inspirée par son attachement à sir John Johnson*, comme l'a suggéré un observateur.

En 1785, Harrison était encore « parmi [...] les premiers personnages » de Québec, mais, à la fin de 1788, il omit de rembourser un montant dû à la succession de Samuel JACOBS et, en 1791, sa fortune s'était entièrement écroulée. On ne connaît pas la cause de ses problèmes, mais peut-être furent-ils liés à l'incertitude qui affecta le marché des grains entre 1783 et 1793. En 1791, son seul revenu consistait en une allocation annuelle de £100 à titre de membre du Conseil législatif, revenu qui fut supprimé, lui aussi, le 26 décembre, par suite de la division de la province de Québec en Haut et Bas-Canada, les membres des nouveaux conseils législatifs n'étant pas rémunérés. En 1792, néanmoins, Harrison possédait encore sa maison, sise dans une importante rue commerciale de Québec, son serviteur et son fief de la Grosse-Île, acquis en février 1784.

En plus d'occuper des postes de conseiller, Harrison, à partir de 1775 au moins, servit à titre d'officier dans la milice de Québec, ayant atteint le grade de major à la fin de sa vie. De même, en 1791, il reçut une commission d'audition et de jugement de causes criminelles pour le district de Trois-Rivières. En 1786, sur l'ordre du lieutenant-gouverneur Henry HOPE, Harrison fit l'inventaire des propriétés de la couronne sises dans les postes du roi du bas Saint-Laurent ; il y mit tant de soins que cet inventaire est devenu un important document pour l'histoire de l'architecture au Canada.

A. J. H. RICHARDSON

ANQ-M, Doc. jud., Cour des plaidoyers communs, Sentences, 15 sept. 1765, 26 févr. 1766 (copies aux APC) — APC, MG 19, A2, sér. 1, 1, pp.4, 27, 43 ; sér. 3, 55, 31 mai, 12 juill. 1787 ; 56 ; 65, ff.439, 492 ; 71, ff.1 455s., 1 459, 1 468, 1 485, 1 524, 1 526 ; 82, 16 août, 9 nov. 1764, 14 janv., 6 mai 1765, 25 août, 17 oct. 1769 ; 86, 24 oct. 1770 ; 87, 3 nov. 1770 ; 88, 15 oct. 1770 ; 223, 14 mai 1766, 29 sept. 1770, 19 août, 7 sept. 1772, 28 juin, 31 sept. 1774 ; MG 23, GII, 3, 5, 27 juin, 18 juill., 2 nov. 1791, 11 juin, 19 juill. 1792 ; GIII, 5, 1, ff.102, 288, 291 ; RG 1, E1, 29, pp.111–113, 126, 128, 130, 136, 146, 148–150 ; 108, pp.50–56 ; 111, pp.74, 134 ; E15, A, 4 ; 8 ; 10 ; 11 ; 32 ; L3[L], 102, pp.50 380–50 385 ; RG 4, B28, 28, 20 mai, 8 août 1765 ; 110, 6 avril 1769 ; RG 68, V [202], f.55. — ASQ, Polygraphie, XXXVII : 1. — BL, Add. MSS 21668, f.3 (mfm aux APC). — PRO, CO 42/24, ff.133, 135–138 ; 42/25, ff.23s., 195s. ; 42/32, f.13 ; 42/34, f.84 ; 42/40, f.178 ; 42/59, f.204 ; 42/66, f.399 ; 42/98, f.18 (mfm aux APC). — *Doc. relatifs à l'hist. constitutionnelle, 1791–1818* (Doughty et McArthur ; 1915), 17. — [Joseph Hadfield], *An Englishman in America, 1785, being the diary of Joseph Hadfield*, D. S. Robertson, édit. (Toronto, 1933), 125s. — *John Askin papers* (Quaife), II : 181. — *Johnson papers* (Sullivan *et al.*), VII : 162, 220. — [Henry Laurens], *The papers of Henry Laurens*, P. M. Hamer *et al.*, édit. (4 vol. parus, Columbia, S.C., 1968–), I : 2n. ; IV : 287n. — Orderly book begun by Captain Anthony Vialar of the British militia [...], F. C. Würtele, édit., Literary and Hist. Soc. of Quebec, *Hist. Docs.*, 7e sér. (1905) : 226. — *Select documents in Canadian economic history*, H. A. Innis et A. R. M. Lower, édit. (2 vol., Toronto, 1929–1933), I : 524. — [William Smith], *The diary and selected papers of Chief Justice William Smith, 1784–1793*, L. F. S. Upton, édit. (2 vol., Toronto, 1963–1965), II : 167, 169. — Visite générale de la paroisse de Québec, commencée le 30 juillet 1792, ANQ *Rapport*, 1948–1949, 36. — *La Gazette de Québec*, 19 juill. 1764, 3 janv., 13 juin, 25 juill., 29 août, 31 oct. 1765, 16 juin, 3 juill. 1766, 4 juin, 8 oct. 1767, 18 mai 1769, 28 juill. 1774, 18, 25 mai 1775, 17 juill. 1777, 5 juill. 1787, 2 sept. 1790, 8 déc. 1791, 7 mars 1793, 3 juill., 2, 23 oct. 1794, 16 oct. 1806. — *Almanach de Québec*, 1792, 98 ; 1794, 65. — P.-G. Roy, *Inv. concessions*, I : 221s. — Turcotte, *Le Cons. législatif*, 33. — Neatby, *Administration of justice under Quebec Act*, 47s., 204. — C. E. Peterson, The houses of French St. Louis, *The French in the Mississippi valley*, J. F.

McDermott, édit. (Urbana, Ill., 1965), 35. — G. C. Rogers, *Charleston in the age of the Pinckneys* (Norman, Okla., 1969), 13s.

HART, AARON, homme d'affaires, né vers 1724, peut-être en Bavière (République fédérale d'Allemagne), plus probablement en Angleterre, mort à Trois-Rivières le 28 décembre 1800.

On ne connaît rien des origines d'Aaron Hart. La tradition familiale a longtemps entretenu la légende d'un régiment dénommé le Hart New York Rangers qui aurait joint les troupes d'AMHERST au moment de la conquête du Canada. Des historiens juifs ont fait d'Aaron Hart un officier des troupes britanniques, membre de l'état-major d'Amherst. Plus réaliste, le savant historien J. R. Marcus en fait plutôt un pourvoyeur, un vivandier qui aurait suivi les troupes. A l'époque, l'intendance des armées européennes accueillait en effet de nombreux Juifs. Un certificat maçonnique daté de New York, le 10 juin 1760, constitue le plus ancien document connu relatif à Aaron Hart. Résolu de suivre les troupes d'Amherst et de HALDIMAND vers le nord, Hart avait sans doute jugé prudent de se munir d'une sorte de lettre d'introduction. Toutefois les papiers militaires ne font jamais allusion à sa présence, et il faut attendre un reçu daté du 28 mars 1761 pour retrouver sa trace. Ce document atteste qu'Eleazar Levy et Aaron Hart ont fourni des marchandises à Samuel JACOBS. Le 21 octobre 1761, ce dernier écrit à Hart et, à partir de ce moment, une correspondance régulière confirme la présence d'Aaron Hart à Trois-Rivières.

En mai 1762, Haldimand assure l'intérim à la tête du gouvernement de Trois-Rivières durant l'absence de Ralph Burton*. Il se fera le protecteur de Hart, déjà pourvoyeur des troupes qui y sont cantonnées. Le 4 juillet 1762, un incendie éclate dans la ville. Selon Haldimand, « le Marchand Hart, Juif anglais, qui a le plus souffert peut avoir perdu [£] 4 ou 500 ». Trois jours plus tard, le notaire Paul Dielle enregistre un bail entre Théodore Panneton, fils, et Aaron Hart. Le 23 août 1763, les autorités ouvrent un bureau de poste à Trois-Rivières, « en la maison du Sr Hart, Marchand » ; il y restera jusqu'en 1770. A l'été de 1764, Haldimand, devenu gouverneur en titre, écrit à GAGE que le « corps des British Marchands des 3 Rivières » est « composé d'un Juif et d'un Sergent et Soldat Irlandais réformés ». Rapidement, Hart s'intéresse au commerce des fourrures. Il prend à son service les plus réputés voyageurs de la région, dont Joseph Chevalier, Louis Pillard, fils, et Joseph Blondin. Les résultats sont bons. Hart ne cessera de développer cette activité lucrative.

Dès le 7 février 1764, Aaron Hart achète une première terre de 48 arpents, de la succession des Fafard de La Framboise. Il paie comptant la jolie somme de £350. Sept mois plus tard, il jette son dévolu sur une partie importante de la seigneurie de Bécancour. En mai 1765, une partie du fief de Bruyères passe entre ses mains. Il acquitte en six mois les £500 exigées par Simon Darouet. Son ardeur à acquérir de nouvelles terres ne se relâchera jamais. Aaron Hart entrevoit les possibilités extraordinaires qu'offre ce pays fraîchement conquis par les Britanniques. Il croit en son progrès, en son développement. Pourquoi ne pas y fixer une solide dynastie ? Méthodiquement Aaron Hart en pose les assises. En 1767, convaincu des promesses d'avenir de sa nouvelle patrie, il se rend à Londres pour y prendre femme. Le 2 février 1768, il épouse Dorothée Judah. Ce mariage le place au cœur d'un important réseau familial. Lui-même a déjà un frère, Moses, qui tente sa chance à ses côtés, un autre, Henry, s'est fixé à Albany, New York, tandis qu'un troisième, Lemon, lance à Londres la distillerie London Red Heart Rum. Dorothée Judah a été précédée au pays par au moins deux de ses frères, Uriah et Samuel. Leur correspondance nous apprend que « maman Judah » vit à New York vers 1795. Ces mêmes lettres nous renseignent sur les liens étroits qui unissent le couple à la grande famille juive de New York, dont les principaux membres sont les Gomez, Myers, Levy, Cohen, Manuel.

A son retour de Londres, au printemps de 1768, Aaron retrouve son frère Moses qui a veillé avec succès à ses affaires. Il rêve d'une famille nombreuse et ne rate pas une terre à vendre ou un propriétaire à court d'argent. Il prête facilement et attend volontiers. Il laisse grossir la dette, puis demande des garanties, suggère des hypothèques. Les vieux seigneurs, vaincus de 1760, deviennent ses clients les plus assidus ; Hart manifeste à leur endroit une certaine sympathie. Il se fait en quelque sorte le complice du chevalier Joseph-Claude Boucher* de Niverville, du chevalier Charles-Antoine GODEFROY de Tonnancour, de Jean-Baptiste Poulin de Courval Cressé, de Jean Drouet de Richerville. Par des prêts généreux et discrets, il leur rend presque doux les lendemains de Conquête. Ne sera-t-il pas toujours temps de brandir ses créances au nez des héritiers aussi surpris que désemparés ! L'avenir appartient aux nouveaux habitants, Anglais, Écossais ou Juifs. Aaron Hart comprend le sens véritable des événements qui lui ont ouvert, à lui et aux siens, les portes de la vallée du Saint-Laurent : le petit nombre d'anglophones établis dans la province incite le conquérant à compter avec les marchands juifs. Ceux-ci se sentent Britanniques à part entière. Ils joignent leurs noms aux nombreuses pétitions des anciens sujets de

Sa Majesté. Ils s'installent un peu partout dans la nouvelle colonie britannique : à Québec, Eleazar Levy, Elias Salomon, Levy Simons, Hyam Myers, Abraham Franks et quelques autres ; à Sorel, Moses Hart, frère d'Aaron ; à Verchères, Uriah Judah ; à Sainte-Anne-d'Yamachiche (Yamachiche), Emmanuel Manuel ; à Saint-Antoine-de-la-Rivière-du-Loup (Louiseville), Pines Heineman ; à Berthier-en-Haut (Berthierville), Joseph Judah et Barnett Lyons ; à Saint-Denis, sur le Richelieu, Samuel Jacobs ; à Montréal, Chapman Abraham, Gershom, Simon et Isaac Levy, Benjamin Lyon (Lyons), Ezékiel et Levy SOLOMONS, Lazarus David, John et David Salisbury Franks, Samuel et Isaac Judah, Andrew Hays et bien d'autres. Établie principalement à partir des papiers d'affaires d'Aaron Hart et de Samuel Jacobs, cette liste est loin d'être complète. La plupart de ces Juifs sont arrivés dans la province de Québec au moment de la Conquête, ou peu après. Les uns ont d'abord fait la traite dans la région des Grands Lacs puis ont gagné Québec et Montréal vers 1763 ; d'autres sont venus directement avec les troupes. C'est le cas de Samuel Jacobs qu'on retrouve dès 1758 au fort Cumberland (près de Sackville, Nouveau-Brunswick), puis dans le sillage du 43e régiment et des troupes de Wolfe*. Il est à Québec, à l'automne de 1759.

En fait, Samuel Jacobs pourrait donc facilement disputer à Aaron Hart le mérite d'avoir été le premier Juif canadien. L'un comme l'autre ont brassé d'importantes affaires et en ont laissé de précieuses traces capables de rapaître toute une cohorte d'historiens. Aux yeux de ses coreligionnaires, Aaron Hart a cependant l'avantage d'avoir fait un mariage juif et d'avoir pu élever ses enfants, ses garçons du moins, dans la tradition juive. Mort à un âge respectable, il eut en outre l'occasion de les initier lui-même aux affaires. A partir de 1792, il les associe étroitement à ses entreprises. Tandis que Moses* tente sa chance à Nicolet puis à Sorel, il abandonne son magasin de la rue du Platon à Aaron Hart and Son et confie des responsabilités précises à Ezekiel*. Au retour de Moses, il transforme la compagnie et en profite pour y associer également le jeune Benjamin*. C'est avec ses fils qu'Aaron réalisera un vieux projet en ouvrant une brasserie en face du monastère des ursulines, près du fleuve. En destinant à ses fils, surtout aux deux plus vieux, d'importants biens fonciers, il les force ni plus ni moins à s'installer à Trois-Rivières, berceau désigné de la dynastie des Hart.

Au printemps de 1800, Aaron tombe malade. Il lutte jusqu'à la mi-décembre alors qu'il se résout à dicter son testament, « considérant qu'il n'y a rien de si certain que la mort et de si incertain que son heure ». L'aîné de ses fils, Moses, recevra en héritage la seigneurie de Sainte-Marguerite et le marquisat du Sablé ; Ezekiel, la seigneurie de Bécancour ; Benjamin, le magasin principal ; et Alexandre, deux terrains situés dans la ville. A chacune de ses quatre filles, Catherine, Charlotte, Élisabeth et Sarah, il laissait la somme de £1 000, assortie cependant de toutes sortes de conditions liées en particulier à leur mariage et à leur éventuelle progéniture. Constamment, des clauses ramènent les biens aux porteurs du nom de Hart. L'inventaire soigneusement dressé par les notaires Joseph Badeaux* et Étienne Ranvoyzé* révèle non seulement la fortune, mais aussi les habitudes et les ruses du marchand. Plusieurs sacs contiennent d'importantes réserves de piastres d'Espagne. L'entrée des créances, pour sa part, couvre 11 pages du grand livre des notaires. Pas une paroisse à moins de 50 milles à la ronde ne peut se vanter de ne pas avoir au moins un de ses habitants en dette avec Hart. De ces innombrables créances, une seule rappelle un mauvais souvenir. En 1775, au moment de l'invasion américaine, le marchand trifluvien a fourni les deux parties. Les Américains l'avaient payé d'un papier non encore honoré un quart de siècle plus tard. Pour le reste, les héritiers auront la partie belle. Au moment de l'abolition du régime seigneurial, les relevés préparés vers 1857 par un descendant des Judah révéleront que le clan Hart possède en totalité ou en partie quatre fiefs (Boucher, Vieux-Pont, Hertel et Dutort) et sept seigneuries (Godefroy, Roquetaillade, Sainte-Marguerite, Bruyères, Bécancour, Bélair et Courval). Le total des cens et rentes, de même que des lods et ventes, s'éleva alors à $86 293,05.

Gravement dépossédés, les Trifluviens n'avaient pourtant pas dit leur dernier mot. En 1807, ils élisaient Ezekiel Hart député à la chambre d'Assemblée du Bas-Canada. Sans trop s'en rendre compte, ce dernier devenait un peu l'un des leurs. Les Hart de la troisième et de la quatrième génération allaient vivre encore davantage le sens réel de la tenace et profonde résistance des « anciens Canadiens ». Progressivement, les descendants d'Aaron Hart vont se fondre parmi la population trifluvienne francophone et catholique qui survit tant bien que mal au drame de 1760. Certains se rallient temporairement aux anglo-protestants. Rivés à leurs importants biens fonciers, des centaines de descendants d'Aaron Hart refusent toutefois de tout perdre en quittant cette région qui demeure résolument francophone et catholique. Ils choisissent d'y demeurer, menacés cependant par une lente mais inexorable assimilation à la majorité locale. Aujourd'hui, certains conservent jalousement le secret de leurs origines et de leur relative prospérité, tandis que plusieurs autres l'ignorent tout à fait. Aaron Hart ne pouvait prévoir ce curieux retour de l'histoire qui amena le vaincu de 1760 à se faire progressivement assimilateur. Les Hart de la région de Trois-Rivières subiront le sort des Burns, des Johnson, des Ryan. Mêlés aux « anciens Canadiens », ils deviendront eux aussi les ancêtres des Québécois d'aujourd'hui.

DENIS VAUGEOIS

Les papiers de la famille Hart sont conservés aux Archives du séminaire de Trois-Rivières, dans le fonds Hart que Marcel Trudel a évalué à « environ 100 000 pièces groupées dans 3 000 chemises ». Hervé Biron, qui a travaillé à la classification de ce fonds, a dressé un intéressant inventaire de 98 pages intitulé : « Index du fonds Hart ». Il s'agit là de la plus riche collection de documents permettant de retracer l'histoire des Juifs au Canada de 1760 à 1850. La famille Hart se rattache en effet à la plupart des familles juives du Canada et des États-Unis de cette période dominée par les Juifs de rite séphardique. Les papiers Jacobs conservés aux APC (MG 19, A2, sér. 3) et classés avec le fonds de la famille Ermatinger comptent plus de 300 volumes. Ils couvrent une période beaucoup plus courte qui va de 1758 à 1786. Jusqu'à ce jour, un seul historien juif a consulté de façon sérieuse ces deux importantes sources, J. R. Marcus, directeur des American Jewish Archives de Cincinnati, Ohio, et auteur de *Early American Jewry* (2 vol., Philadelphie, 1951–1953). Un historien juif canadien, B. G. Sack, a publié, sous les auspices du Canadian Jewish Congress, un ouvrage intitulé *History of the Jews in Canada*, Ralph Novek, trad., et Maynard Gertler, édit. ([2e éd.], Montréal, 1965) ; survol rapide d'une valeur historique très inégale. A partir du fonds Hart, Raymond Douville a publié une intéressante biographie d'Aaron Hart intitulée *Aaron Hart ; récit historique* (Trois-Rivières, 1938). Dans *les Juifs et la Nouvelle-France* (Trois-Rivières, 1968), Denis Vaugeois retrace avec précision l'histoire des premiers Juifs canadiens. Il peut être intéressant de noter également que L.-P. Desrosiers s'est inspiré de l'histoire d'Aaron Hart et de Nicolas Montour pour son roman *les Engagés du Grand-Portage* (Paris, 1938). Enfin, on trouve quelques documents relatifs à Aaron Hart aux AUM, P 58, et au Musée McCord (Montréal). [D. V.]

Chronological list of important events in Canadian Jewish history, Louis Rosenberg, compil. ([Montréal], 1959). — *Printed Jewish Canadiana, 1685–1900* [...], R. A. Davies, compil. (Montréal, 1955). — *A selected bibliography of Jewish Canadiana*, David Rome, compil. (Montréal, 1959). — A. D. Hart, *The Jew in Canada* (Toronto, 1926).

HAUTRAYE. V. HANTRAYE

HAVEN, JENS, fondateur de la première mission morave au Labrador, né le 23 juin 1724 à Wust, Jutland, Danemark ; il épousa le 12 avril 1771 Mary Butterworth de l'établissement morave de Fulneck (près de Pudsey, West Yorkshire, Angleterre), et ils eurent deux fils ; décédé le 16 avril 1796 à Herrnhut, Saxe (République démocratique allemande).

Né dans une famille de cultivateurs luthériens, Jens Haven fut dans sa jeunesse apprenti à Copenhague chez un menuisier qui appartenait à l'Église morave. En juin 1748, après avoir terminé son apprentissage, Haven fut admis dans l'établissement morave de Herrnhut où il resta dix ans. Comme il s'était porté volontaire pour travailler dans des missions étrangères, il fut envoyé à la mission inuit du Groenland en 1758. Il passa quatre ans à la nouvelle base de Lichtenfels (près de Fiskenæsset) avant de retourner à Herrnhut en congé au début de 1763.

Même avant d'aller au Groenland, Haven avait acquis la conviction que c'était son destin de fonder une mission chez les Inuit du Labrador ; les moraves avaient déjà tenté de le faire en 1752 mais sans succès [V. John Christian Erhardt*]. Au début de 1764, Haven demanda aux autorités moraves la permission, qu'ils lui accordèrent, d'aller au Labrador, territoire qui relevait depuis 1763 du gouverneur de Terre-Neuve. En février, sans savoir un mot d'anglais, il partit pour Londres à pied où, grâce aux bons offices de la congrégation morave de l'endroit, il obtint une entrevue avec le nouveau gouverneur de Terre-Neuve, Hugh PALLISER, qui arrangea sa traversée à St John's. Palliser espérait que Haven pourrait aider à mettre un terme aux conflits endémiques entre Inuit et Blancs du détroit de Belle-Isle et du sud du Labrador qui entravaient gravement l'exploitation d'un site de pêche.

Haven passa l'été de 1764 au détroit. Par suite de longues conversations avec les Inuit, il fut à même de fournir à Palliser un rapport détaillé de la situation qui y prévalait ainsi qu'une analyse fidèle des raisons profondes qui occasionnaient des flambées de violence. Le gouverneur et les moraves reçurent avec satisfaction les résultats de l'expédition menée par Haven. Palliser signala que « l'on pourrait tirer bon profit de cet homme l'année prochaine » ; de leur côté, les moraves jugèrent qu'une mission au Labrador était possible et même nécessaire. En 1765, sous les auspices de Palliser, Haven retourna dans le détroit sur un navire que commandait Francis Lucas*. L'accompagnaient trois autres moraves dont l'un, Christian Larsen DRACHART, pouvait également parler la langue inuit. Les moraves désiraient essentiellement trouver un emplacement afin d'y construire une maison pour la mission, mais du fait que Palliser avait décidé de les employer comme interprètes pour aider à conclure une sorte de pacte avec les Inuit, ils se virent limités dans leur liberté de mouvement. Courroucées par l'attitude de Palliser, les autorités moraves décidèrent qu'il n'y aurait d'autres expéditions au Labrador que lorsqu'elles auraient reçu les concessions sollicitées en février 1765. Ni Palliser ni le Board of Trade n'étaient prêts à accorder ces concessions ; la situation semblait sans issue. Haven passa les années 1766 et 1767 dans les établissements moraves de Fulneck et de Zeist (Pays-Bas).

Au début de 1768, Haven reçut la permission de faire pression à nouveau sur le Board of Trade pour obtenir une concession et il retourna à Londres. A la suite de négociations prolongées, un arrêté en conseil de mai 1769 accordait à l'Église morave 100 000 acres de terre au Labrador [V. MIKAK]. En 1770, Haven, accompagné de Drachart et de Stephen Jensen, fit à nouveau voile à destination du Labrador. En août, ils choisirent une terre dans la région de Nuneingoak qu'ils achetèrent aux Inuit de l'endroit. Les indigènes accueillirent avec enthousiasme Haven qu'ils appelèrent Jens Ingoak, l'ami des Inuit.

Haven retourna à Londres en 1770 et passa l'hiver et le début du printemps à travailler à la préfabrication de la maison de la mission, se maria et prit part aux derniers préparatifs en vue de l'établissement de cette mission en 1771. Les missionnaires, au nombre de 14, avaient à leur tête, non pas Haven, mais Christoph Brasen, un chirurgien danois. Haven avait été écarté, probablement à cause de « l'impétuosité et la rudesse naturelles de [son] tempérament » et de sa tendance à être « ardent et autoritaire ». Le 12 août 1771, les missionnaires commencèrent à bâtir une maison sur leur terre du Labrador ; ils l'appelèrent Nain.

Haven passa les 13 années suivantes au Labrador, hormis un congé en 1777–1778. Il joua un rôle de premier plan dans la vie spirituelle de la mission et fit d'importants voyages d'exploration le long de la côte septentrionale du Labrador. En 1776, il construisit une base à Okak dont il fut responsable jusqu'en 1781 ; à cette date, il fut rappelé à Nain pour surveiller la préparation d'un établissement à Hoffenthal (Hopedale) qu'il érigea en 1782 et où il séjourna deux ans. En 1784, vieilli, sans force, sa vue commençant à baisser, il revint à Herrnhut où il vécut jusqu'à sa mort en 1796. Il souffrit de cécité pendant les six dernières années de sa vie.

Ce fut grâce à l'obstination de Haven qu'une mission fut fondée au Labrador. Selon la remarque d'un contemporain, c'était « un *Mauerbrecher* [...], un aventurier téméraire dans diverses situations critiques ». Mais, en même temps, son caractère colérique et son esprit braqué sur un unique objectif en firent un collègue difficile. Il avait conscience de ces défauts qu'il combattit d'ailleurs ; néanmoins, sans eux, la mission ne serait jamais devenue une réalité.

J. K. HILLER

Les manuscrits concernant l'établissement des missions moraves au Labrador sont conservés aux Moravian Church Archives à Bethlehem, Pennsylvanie, et à Londres. Ces dépôts contiennent des journaux, des lettres, des procès-verbaux, des plans, des cartes et des registres. Les APC (MG 17, D1) possèdent ces documents sur microfilm. Jens Haven est l'auteur de la plus grande partie du « Memoir of the life of Br. Jens Haven, the first missionary of the Brethren's Church to the Esquimaux, on the coast of Labrador », *Periodical accounts relating to the missions of the Church of the United Brethren, established among the heathen* (Londres), II (1798) : 99–110. [J. K. H.]

PRO, CO 194/16. — Daniel Benham, *Memoirs of James Hutton, comprising the annals of his life, and connection with the United Brethren* (Londres, 1856). — Hiller, Foundation of Moravian mission. — W. H. Whiteley, The establishment of the Moravian mission in Labrador and British policy, 1763–83, *CHR*, XLV (1964) : 29–50.

HAVILAND, WILLIAM, officier, né en Irlande en 1718, fils du capitaine Peter Haviland ; il épousa le 5 juillet 1748 Caroline Lee puis, en secondes noces, en 1751, Salusbury Aston, et de cette dernière union naquirent un fils et une fille ; décédé le 16 septembre 1784 à Penn, Buckinghamshire, Angleterre.

William Haviland reçut, en décembre 1739, une commission d'enseigne dans le 43e d'infanterie (Gooch's American Regiment) et participa au siège de Carthagène (Colombie) en 1741. L'année suivante, il obtint une compagnie dans le 27e d'infanterie et servit comme aide de camp auprès du commandant du régiment, le major général William Blakeney, pendant le soulèvement jacobite de 1745 en Écosse. Haviland fut promu major en 1750 et lieutenant-colonel en 1752.

En juillet 1757, Haviland conduisit le 27e à Halifax, via New York, pour servir dans l'expédition projetée de lord Loudoun contre Louisbourg, île Royale (île du Cap-Breton). Il retourna probablement à New York avec son régiment le mois suivant ; pendant l'hiver de 1757–1758, il eut le commandement du fort Edward (aussi appelé fort Lydius ; aujourd'hui Fort Edward, New York) sur l'Hudson. Il y découvrit les difficultés particulières à la conduite des troupes coloniales. Dans une tentative pour punir quelques *rangers* rebelles, Haviland se heurta au capitaine Robert ROGERS et encourut la colère et la mauvaise humeur des provinciaux, qui ne voulaient rien savoir de la discipline britannique. Loudoun et le major général ABERCROMBY, les supérieurs de Haviland, mécontents de la conduite des *rangers*, permirent cependant que la requête de Haviland pour que les *rangers* fussent jugés par un conseil de guerre n'eût point de suite. S'ils n'appuyèrent pas entièrement Haviland, leur confiance en son habileté apparut néanmoins dans le fait que les *rangers* continuèrent d'être sous sa responsabilité, en tant que commandant, jusqu'à la capitulation de Montréal, en 1760.

A l'été de 1758, Haviland prit part à l'attaque infructueuse d'Abercromby contre le fort Carillon (Ticonderoga, New York) ; l'année suivante, il commanda l'avant-garde de l'expédition d'AMHERST qui remonta les lacs George (Saint-Sacrement) et Champlain. A cause des qualités de chef dont il avait fait preuve au fort Edward et pendant la campagne de 1759, Haviland fut choisi par Amherst pour prendre la tête d'un des trois groupements indépendants qui devaient converger sur Montréal en 1760 ; les deux autres devaient être sous les commandements d'Amherst, qui marcherait à partir d'Oswego, New York, et de MURRAY, qui partirait de Québec. Avec 3 400 hommes sous ses ordres, Haviland, maintenant général de brigade, partit de Crown Point en août. Remontant le lac Champlain, son unité rencontra les Français, sous les ordres du colonel Louis-Antoine de Bougainville*, au fort de l'île aux Noix, sur le Richelieu. Bougainville espérait retarder suffisamment l'avance de Haviland pour l'empêcher de faire sa jonction avec les autres corps d'armée britanniques. Mais, après la capture de la flottille française sur la rivière, Bougainville jugea le fort indéfendable et se retira à Saint-Jean, sous le couvert de la nuit, le 27 août. Évaluant l'importance de la prise de l'île aux Noix, BIGOT écrivait : « Si M. de Bougainville eut pu Soutenir le temps qu'on S'etoit flaté le Canada auroit peut Etre été sauvé pour Cette année. » Précédé des *rangers*, Haviland avança sur Saint-Jean, que les Français abandonnèrent rapidement. Il établit sa communication avec Murray et s'empara de Chambly peu après. Après l'arrivée des forces d'Amherst, Montréal était encerclée ; le 8 septembre, la ville se rendait. Haviland avait joué un rôle important dans l'achèvement de la conquête du Canada et avait pris part à ce qui fut probablement la manœuvre militaire britannique la plus brillante de la guerre de Sept Ans.

En décembre 1760, Haviland fut nommé colonel commandant du Royal Americans (60e d'infanterie). En 1761, il accompagna le major général MONCKTON dans son expédition aux Antilles, où, l'année suivante, il commanda une brigade lors de la réduction de la Martinique et au siège de La Havane, Cuba. Promu major général en 1762 et lieutenant général en 1772, il avait été nommé colonel du 45e d'infanterie en 1767. Pendant la guerre d'Indépendance américaine, il servit en Angleterre, parmi le personnel d'Amherst, et en 1779 il fut nommé au commandement du Western District, avec quartier général à Plymouth. Haviland y fut apprécié pour avoir habilement maintenu des relations cordiales entre les troupes régulières et la milice. En 1783, il fut promu général. Après sa mort, sa veuve et ses enfants furent pris en charge par Edmund Burke, un ancien ami et voisin ; les deux familles s'unirent ensuite par un mariage.

JOHN D. KRUGLER

Un portrait en demi-teintes de William Haviland, dont l'auteur et la date d'exécution sont inconnus, se trouve dans l'ouvrage de L. W. G. Butler et S. W. Hare, *The annals of the King's Royal Rifle Corps* [...] (5 vol., Londres, 1913–1932), I.

Clements Library, Thomas Gage papers, American series ; Sir John Vaughan papers. — Huntington Library, Abercromby papers ; Loudoun papers. — PRO, WO 34/10 ; 34/51–52 ; 34/116–123 ; 34/125–129 ; 34/132–143 ; 34/147 ; 34/161–165 ; 34/188 ; 34/231–239 ; 34/241. — Amherst, *Journal* (Webster), 15, 115, 127, 145, 148, 204, 207, 210, 218, 220, 222, 239, 245s., 254, 260s., 275. — *Annual Register* (Londres), 1760, 57–60. — *Coll. des manuscrits de Lévis* (Casgrain), IV : 256s., 290s., 297, 300 ; X : 137–149 ; XI : 224s., 248s. — *The correspondence of Edmund Burke*, T. W. Copeland *et al.*, édit. (10 vol., Cambridge, Angl., et Chicago, 1958–1978), IV : 126 ; V : 86, 102, 238, 278, 374, 405 ; VI : 66, 262, 391 ; VII : 4, 85, 190s., 493 ; VIII : 274, 290, 294, 296, 317, 320, 353 ; IX : 5, 453s. — *Correspondence of William Pitt* (Kimball), II : 280, 308, 322, 338, 342, 345. — *Gentleman's Magazine*, 1784, 718s. — *Johnson papers* (Sullivan *et al.*), III : 260 ; X : 208. — Knox, *Hist. journal* (Doughty), I : 157, 473, 478, 486, 497, 508 ; II : 488, 504, 515, 527, 529, 565, 600 ; III : 82, 94, 330s., 333. — *NYCD* (O'Callaghan et Fernow), X : 713s., 1 103–1 105, 1 121. — Robert Rogers, *Journals of Major Robert Rogers* [...] (Londres, 1765 ; réimpr., Ann Arbor, Mich., [1966]), 70s., 80–88, 90–102, 187–197. — *British manuscripts project : a checklist of the microfilms prepared in England and Wales for the American Council of Learned Societies, 1941–1945*, L. K. Born, compil. (Washington, 1955). — [J.] B. Burke, *A genealogical and heraldic history of the landed gentry of Great Britain & Ireland* (5e éd., 2 vol., Londres, 1871), 600. — *DNB*. — J. S. Corbett, *England in the Seven Years' War : a study in combined strategy* (2e éd., 2 vol., Londres, 1918), II : 106–117, 220s., 250. — J. R. Cuneo, *Robert Rogers of the rangers* (New York, 1959), 64–74, 88s., 118–128. — J. W. Fortescue, *A history of the British army* (13 vol. en 14, Londres, 1899–1930), II : 395–399, 540. — Frégault, *Canada : war of the conquest*, 282–287. — L. H. Gipson, *The*

British empire before the American revolution (15 vol., Caldwell, Idaho, et New York, 1936–1970), VII : 155, 238, 448–462 ; VIII : 191–193. — D. E. Leach, *Arms for empire : a military history of the British colonies in North America, 1607–1763* (New York, 1973), 471–475. — J. C. Long, *Lord Jeffery Amherst : a soldier of the king* (New York, 1933), 99, 126–136, 153, 261, 266s., 306, 309. — Francis Parkman, *Montcalm and Wolfe* (2 vol., Boston, 1884 ; réimpr., New York, 1962), 361, 590, 594. — *The Seven Years' War in Canada, 1756–1763* [...], Sigmund Samuel, compil. (Toronto, 1934), 59–64, 180–182. — G. M. Wrong, *The fall of Canada* [...] (Oxford, 1914), 194, 203, 206, 218–222.

HAY, CHARLES, marchand, *circa* 1770–1783.

Marchand d'origine écossaise, Charles Hay semble s'être installé à Québec quelques années après la signature du traité de Paris puisque son nom n'apparaît pas sur la liste des maîtres de maison protestants du district de Québec, rédigée le 26 octobre 1764. Le premier document que nous avons retrouvé faisant état des activités de Hay est une obligation, datée du 9 février 1770, que Pierre Dextreme, dit Comtois, aubergiste, lui a signée en retour de la fourniture de rhum, d'eau-de-vie, de vin et d'autres boissons. Hay y est désigné alors comme maître tonnelier. Il s'adonnait à un commerce florissant : il importait du rhum et du vin et exportait du bois et, surtout, des douves de tonneaux. Même si l'historien Alfred Leroy Burt* le présente comme un Écossais éminent de Québec, ce marchand a laissé peu de traces de ses activités commerciales. Si Charles Hay fut un marchand important, il est surprenant que son nom n'apparaisse pas sur les pétitions signées par les marchands anglais pour l'abrogation de l'Acte de Québec et pour l'obtention d'une chambre d'Assemblée.

Lors de la Révolution américaine, les nombreux contacts commerciaux qu'il semble avoir eus avec les colonies américaines attirèrent sur Charles Hay les soupçons des autorités coloniales ; ces soupçons s'amplifièrent par la suite. En effet, lors du siège de Québec par les Américains en 1775–1776, Charles et son frère Udney passèrent tout le temps du siège hors de la ville. Après la défaite de Richard MONTGOMERY, Charles revint à Québec tandis qu'Udney se joignit à l'armée américaine à titre de colonel et remplit les fonctions de quartier-maître à Albany, New York.

Après le retrait des troupes américaines, en 1776, les autorités de la colonie adoptèrent des mesures très sévères contre les agents provocateurs et les traîtres favorables aux Américains. Ces mesures atteignirent un point culminant quelques années plus tard lorsque le gouverneur HALDIMAND intercepta, en 1780, des lettres qui faisaient état d'un nouveau projet d'invasion. On procéda alors à l'arrestation des principaux suspects parmi lesquels figuraient Pierre DU CALVET, Fleury MESPLET et Charles Hay ; ce dernier fut l'un des rares anglophones arrêtés comme traîtres. Dans une lettre du 21 mars 1780, le général de brigade Allan MACLEAN affirma que Hay était un rebelle convaincu et qu'il entretenait des rapports très étroits avec l'ennemi.

Internés sans avoir été jugés, les prisonniers furent bien traités. Pierre Fabre*, dit Laterrière, Valentin JAUTARD, Hay et Mesplet avaient une chambre de 30 pieds carrés, étaient très bien nourris et avaient droit à des visites. Ces internements sans jugement engendrèrent un mouvement de protestation, plus particulièrement dans le cas de Charles Hay. Sa femme Mary se rendit en Angleterre pour défendre les intérêts de son mari. En février 1782, elle présenta un mémoire à Welbore Ellis, secrétaire d'État des Colonies américaines, qui amena, quelques mois plus tard, lord Shelburne, le nouveau ministre de l'Intérieur (responsable aussi des colonies), à demander des explications au gouverneur Haldimand. Malgré toutes ces démarches, Charles Hay dut attendre plus d'un an encore pour recouvrer sa liberté ; il fut libéré en mai 1783 et, par la suite, nous perdons sa trace.

GUY DINEL

Pour cette biographie, nous avons dû dépouiller aux ANQ-Q le répertoire des minutiers des notaires qui ont pratiqué entre 1760 et 1785 à Québec. C'est ainsi que nous avons consulté celui d'Antoine Crespin, père, 1750–1782, et d'Antoine Crespin, fils, 1782–1798, de J.-C. Panet, 1744–1775, et de J.-A. Saillant, 1749–1776. [G. D.]

APC *Rapport*, 1890, 135. — *Doc. relatifs à l'hist. constitutionnelle, 1759–1791* (Shortt et Doughty ; 1921). — A list of Protestant house keepers in the District of Quebec (Octr. 26th, 1764), *BRH*, XXXVIII (1932) : 753s. — Burt, *Old prov. of Que.* (1968), II : 17s. — J. N. McIlwraith, *Sir Frederick Haldimand* (Londres et Toronto, 1926), 279.

HAY (Hayes, Hays), JEHU (John), officier, fonctionnaire au département des Affaires indiennes, lieutenant-gouverneur de Détroit, né vraisemblablement à Chester, Pennsylvanie ; il épousa Julie-Marie Réaume à Détroit en 1764 et ils eurent une nombreuse famille ; décédé à Détroit le 2 août 1785.

Jehu Hay acheta un poste d'enseigne dans les Royal Americans et sa commission lui fut officiellement octroyée le 2 avril 1758. En 1760, il était sous-ingénieur au fort Niagara (près de Youngstown, New York), puis aide-major à compter du début d'août 1761. Promu lieutenant le 27 avril

1762, il était envoyé peu après à Détroit avec Henry GLADWIN. Hay joua un rôle actif dans la défense du fort contre le siège de Pondiac* en 1763 ; son journal constitue une source majeure de renseignements touchant cet événement. Le licenciement d'une grande partie de son régiment, la même année, ne fut pas sans lui causer de l'appréhension pour l'avenir, d'autant plus qu'à la même époque, son père, prodigue, mourut en lui laissant un frère et une sœur à charge. La recommandation de Gladwin lui valut d'être nommé major du fort en août 1764, mais on le plaçait en demi-solde plus tard au cours de l'automne.

En février 1765, Hay sollicita auprès de sir William JOHNSON un emploi au département des Affaires des Indiens du Nord ; au milieu de 1766, il était nommé commissaire de ce département à Détroit, au traitement annuel de £200. En cette qualité, il surveillait le commerce avec les Indiens, assistait aux conférences et recueillait des renseignements sur les affaires indiennes. Il connut ses premières difficultés avec la communauté commerçante de Détroit à cette époque parce qu'il se vit dans l'obligation de faire respecter des restrictions impopulaires imposées sur la traite avec les Indiens [V. sir William Johnson]. On alléguait que la façon dont Hay gérait les fonds publics ne saurait résister à un examen sérieux ; Hay, pour sa part, avait le sentiment que les vérifications auxquelles se livraient ses supérieurs hiérarchiques étaient par trop rigoureuses.

Par suite de la décision du gouvernement britannique, en 1768, de remettre aux colonies la responsabilité des affaires indiennes, les fonds accordés au département subirent des coupures et les commissaires furent congédiés le 25 mars 1769. Hay n'occupa pas d'autres fonctions au sein du département avant le début de 1774, époque à laquelle il devint agent des Indiens à Détroit. GAGE lui confia alors la mission de visiter la vallée de l'Ohio et de faire rapport sur la situation de plus en plus chaotique qui y régnait. Hay partit en juillet, mais dut rebrousser chemin en raison de l'hostilité que manifestèrent les Chaouanons, alors en guerre contre la Virginie.

En 1775, Détroit accueillait un lieutenant-gouverneur en la personne de Henry HAMILTON. Celui-ci et Hay se lièrent étroitement et en 1778 on retrouve Hay occupant les fonctions d'agent des Affaires indiennes, d'ingénieur suppléant, de maître de caserne et de major de milice à la tête de six compagnies locales. Il joua un rôle marquant lors de l'expédition que Hamilton mena contre Vincennes (Indiana) à l'automne de 1778. Il vit aux préparatifs, glana des renseignements, conféra avec les Indiens et dirigea les éléments d'avant-garde qui réussirent l'approche du fort. Durant l'hiver, il aida à la reconstruction du fort et à son approvisionnement. Lorsque George Rogers Clark attaqua Vincennes, en février 1779, Hay prit part aux pourparlers qui précédèrent la capitulation. Clark croyait que Hamilton et Hay étaient à l'origine des attaques indiennes contre les établissements des colons du Kentucky et de la vallée de l'Ohio et il parla de les exécuter comme meurtriers. Le gouverneur de la Virginie, Thomas Jefferson, partageait son hostilité à leur égard et il retarda leur élargissement aussi longtemps qu'il le put. Ils furent libérés sur parole le 10 octobre 1780 et partirent pour New York d'où ils s'embarquèrent pour l'Angleterre le 27 mai 1781.

Le 23 avril 1782, Hay était nommé lieutenant-gouverneur de Détroit en reconnaissance de ses services ; il arriva à Québec vers la fin de juin. Il ne tarda pas à se heurter au gouverneur HALDIMAND qui ne voulait pas changer le commandement de Détroit à un stade des campagnes de l'Ouest qu'il jugeait critique. Il lui répugnait de déplacer le commandant en poste, le major Arent Schuyler De Peyster, et de l'offenser en lui imposant de servir sous les ordres d'un ex-lieutenant. A la fin d'octobre 1783, il en était arrivé à la décision d'affecter De Peyster au fort Niagara et d'envoyer Hay à Détroit. Néanmoins, il irrita Hay en confiant les affaires indiennes à Alexander MCKEE.

Hay arriva à Détroit le 12 juillet 1784 et en peu de temps il se trouva en conflit non seulement avec Haldimand, mais aussi avec la population de l'endroit ; le mécontentement résultait de l'application rigoureuse des contrôles impopulaires imposés par la Grande-Bretagne sur le transport maritime des Grands Lacs, des dépenses à Détroit, de l'éviction des non-résidents et du transfert à Québec des archives locales. Il se retrouvait encore une fois entre deux feux, impuissant à satisfaire quiconque. Il répara les fortifications et les casernes de Détroit et travailla en bonne intelligence avec McKee, un camarade de longue date, à recueillir des renseignements chez les Indiens et à établir de bonnes relations diplomatiques avec les tribus. Sa santé, toutefois, était chancelante et il mourut le 2 août 1785.

PETER E. RUSSELL

Clements Library, Jehu Hay, diary. — [Henry Bouquet], *The papers of Col. Henry Bouquet*, S. K. Stevens *et al.*, édit. (19 vol., Harrisburg, Pa., 1940–1943). — *The capture of old Vincennes : the original narratives of George Rogers Clark and of his opponent, Gov. Henry Hamilton*, M. M. Quaife, édit. (Indianapolis, Ind., 1927). — G.-B., Hist. MSS Commission, *Report on the manuscripts of Mrs. Stopford-Sackville* [...] (2 vol., Londres, 1904–1910), II : 225–248. — *Johnson papers* (Sullivan *et al.*). — *Michigan Pioneer Coll.*, IX (1886) ; X (1886) ; XI (1887) ; XIX (1891) ; XX (1892). — *The siege of Detroit in 1763 : the journal of Pontiac's conspiracy, and John Rutherfurd's narrative of a captivity*, M. M. Quaife, édit. (Chicago, 1958). — M. M. Quaife, *Detroit biographies : Jehu Hay* ([Détroit], 1929), 1–16. — N. V. Russell, *The British régime in Michigan and the old northwest, 1760–1796* (Northfield, Minn., 1939).

HAZEUR DE L'ORME, PIERRE, prêtre, curé, délégué du chapitre de la cathédrale de Québec en France, né à Québec le 22 décembre 1682, fils de François Hazeur*, marchand, et d'Anne Soumande, décédé à Paris en 1771.

Pierre Hazeur de L'Orme suit les traces de son frère aîné, Joseph-Thierry* : après des études au petit séminaire de Québec, commencées en mai 1692, il s'oriente vers le sacerdoce. Tonsuré le 24 juillet 1701, il reçoit les ordres mineurs le 24 août 1703, le sous-diaconat le 19 décembre 1705 et le diaconat le 2 février 1706 ; il est ordonné prêtre en même temps que Joseph-Thierry, le 25 avril 1706, par Mgr de Laval* en l'absence de Mgr de Saint-Vallier [La Croix*]. De 1707 à 1722, Hazeur occupe la cure de la paroisse de Champlain dont il ne s'absente que pour un voyage en France d'octobre 1711 à novembre 1712. Il n'est resté que peu de souvenirs de ce premier ministère.

En 1722, Hazeur sollicite et obtient la charge de délégué du chapitre de la cathédrale de Québec, qui est libre depuis la mort de Pierre Le Picart en 1718. Il reçoit, le 14 octobre 1722, son titre de chanoine et une procuration d'agent général en France, avec mission de s'occuper tout spécialement de l'administration de l'abbaye de Saint-Pierre de Maubec (Méobecq, dép. de l'Indre), qui appartient au chapitre. Il part de Québec quatre jours plus tard et débarque à La Rochelle le 27 novembre. Dès son arrivée, le délégué affronte les problèmes qui seront son lot tout le temps que durera sa mission : besoin de faire des réparations coûteuses à l'abbaye, nécessité de mettre de l'ordre dans les finances, défense de la juridiction du chapitre face aux voisins et à l'évêque de Bourges, procès interminables contre des serviteurs concussionnaires. Même si Hazeur promet de redresser la situation rapidement, les chanoines trouvent qu'il prend beaucoup trop de temps, que Maubec rapporte trop peu, que ses comptes ne sont pas assez précis et, surtout, qu'il augmente trop ses dépenses personnelles. Le délégué doit s'expliquer longuement chaque année et il est sur le point de convaincre ses collègues quand les dissensions qui suivent la mort de Mgr de Saint-Vallier [V. Claude-Thomas Dupuy*] incitent certains chanoines à scruter encore davantage ses comptes. Trois d'entre eux sont désignés pour les examiner à la loupe ; bien plus, en 1731, le doyen du chapitre, Bertrand de LATOUR, passe lui-même en France « pour gerer toutes Les affaires que Le Chapitre a en france, soit pour Examiner et accepter Les comptes, tant de Mr Delorme que de tous les autres comptables [... En conséquence] tous les pouvoirs de Mr Delorme demeureront Entièrement Suspendus Sans qu'il puisse Si meler d'aucune affaire. » C'est la disgrâce. Pas pour longtemps cependant puisque Hazeur de L'Orme a peu de difficulté à prouver que Latour administre les biens encore plus mal que lui, et il réussit à convaincre les chanoines de rappeler le doyen en octobre 1732. Lui-même rentre dans ses droits en 1734 et il doit assiéger Latour pendant cinq ans pour recouvrer les 691# que celui-ci doit au chapitre.

Commence alors pour Hazeur de L'Orme une période plus calme pendant laquelle il termine la plupart des procès et fait accepter plus facilement ses comptes par le chapitre. Il réussit même à lui envoyer un supplément de 2 000# par année. Malheureusement, la maladie vient assombrir ces beaux jours en 1746 ; terrassé par une fluxion de poitrine, il s'en relève, mais rechute trois semaines après et lutte pendant six mois contre des « maladies mortelles » ; il reçoit même l'extrême-onction. Hazeur en réchappe, mais reste handicapé par un état de langueur et une faiblesse aux jambes ; il doit confier une partie de son administration à des subalternes, et ses comptes s'en ressentent. Le chapitre recommence à l'interroger sur certains articles de son budget. En 1750, ses collègues renouvellent sa procuration pour cinq ans, mais, en même temps, ils délèguent en France le chanoine Joseph-Marie de LA CORNE de Chaptes « pour conjointement avec lui y travailler efficacement » et surtout prendre en main la conduite d'un important procès contre le séminaire de Québec à propos de la cure de Québec [V. René-Jean Allenou* de Lavillangevin ; Jean-Félix Récher*]. Même si les deux collègues s'entendent assez bien, Hazeur de L'Orme est graduellement évincé et, le 1er octobre 1756, « attendues Les infirmités de mond[t] S[r] De Lorme et [...] Son grand age », le chapitre décide d'annuler sa procuration à partir du 1er mai 1757 et de la confier au chanoine La Corne.

Incapable de revenir au Canada, Hazeur de L'Orme demande en vain une pension aux autorités civiles et au chapitre de Québec. Celui-ci, cependant, lui paie sa prébende, au moins jusqu'en 1763 ; un peu plus tard, La Corne lui verse une rente viagère de 400 francs au nom du chapitre. L'ancien délégué n'est quand même pas dans la misère puisqu'il demeure chez son neveu Claude-Michel Sarrazin, fils du chirurgien et naturaliste Michel Sarrazin*. C'est là qu'il meurt à la fin de 1771.

Hazeur de L'Orme a été, pour le chapitre, un bon serviteur : « un homme rempli de droiture et qui a cherché toujours le plus grand bien du corps [chapitre] », note La Corne, suivi en cela même par les critiques du vieux délégué. Mais cette confiance, les chanoines ne l'avaient pas toujours manifestée ouvertement, et leur agent avait pu se plaindre régulièrement d'une certaine suspicion. Il avait essayé de s'en défendre par des plaidoyers rigoureux et il n'avait peut-être pas eu tort d'accuser les chanoines d'ingratitude quand ils décidèrent de le démettre après 34 ans de loyaux services.

La correspondance qu'Hazeur de L'Orme entretint avec son frère Joseph-Thierry est particulièrement intéressante car elle nous donne de précieux renseignements sur ses compatriotes retournés en France et sur les gens de Paris qui avaient quelque rapport avec le Canada, et nous fait connaître le chanoine comme un oncle dévoué et attentif à l'égard de ses neveux François Hazeur ainsi que Joseph-Michel et Claude-Michel Sarrazin venus parfaire leur éducation en France. Elle révèle aussi un délégué avide de promotion sociale. Hazeur, qui avait été le premier à ajouter à son nom celui de « de L'Orme », emprunté aux Soumande, ses parents maternels, se fit nommer par le roi grand chantre du chapitre de la cathédrale de Québec dès 1723. Dans ses lettres, il se vante de l'amitié du comte de Maurepas et de plusieurs officiers de la cour et, pour l'entretenir, il aurait bien aimé s'installer à Versailles si ses commettants ne l'avaient obligé à s'exiler à Maubec ; il se libérait cependant le plus souvent possible et passait au moins tous ses hivers à Paris. Hazeur ne pouvait y faire la vie qu'il aurait désirée, car il était souvent à court d'argent et, ne possédant qu'une argenterie de peu de valeur, ne pouvait guère emprunter. A sa mort, le délégué devait même 1 300 francs au chapitre.

NIVE VOISINE

AAQ, 12 A, *passim* ; 10 B, *passim* ; 11 B, Corr. de Hazeur de L'Orme. — A.-H. Gosselin, *L'Église du Canada jusqu'à la Conquête*, II. — P.-G. Roy, *La famille Hazeur* (Lévis, Québec, 1935) ; La famille Hazeur, émule de Aubert de La Chesnaye, *BRH*, XLI (1935) : 321–349. — Têtu, Le chapitre de la cathédrale, *BRH*, XIII–XVI.

HEARNE, SAMUEL, explorateur, trafiquant de fourrures, auteur et naturaliste, né en 1745 à Londres, fils de Samuel et de Diana Hearne, décédé en novembre 1792, à Londres.

Le père de Samuel Hearne, qui avait fait preuve d'énergie et d'imagination en tant qu'ingénieur administrateur des London Bridge Water Works, mourut en 1748. Mme Hearne amena alors son fils et sa fille à Beaminster, dans le Dorset. Après quelques études élémentaires, Hearne entra dans la marine royale en 1756, comme ordonnance du capitaine Samuel Hood. Il participa à plusieurs opérations au cours de la guerre de Sept Ans, en particulier au bombardement du Havre, France. Il quitta la marine en 1763, et l'on ignore à quoi il s'employa pendant les trois années qui suivirent. En février 1766, il entra à la Hudson's Bay Company comme second sur le sloop *Churchill*, qui était alors utilisé pour la traite avec les Inuit à partir du fort Prince of Wales (Churchill, Manitoba). Deux ans plus tard, il devint second sur le brigantin *Charlotte* et prit part à la pêche des baleines noires, vite abandonnée par la compagnie.

Au milieu du XVIIIe siècle, on reprochait vivement à la Hudson's Bay Company de négliger ses responsabilités, inscrites dans sa charte, dans le domaine de l'exploration. L'enthousiasme de la compagnie pour la découverte s'était refroidi après la fin tragique, en 1719, de l'expédition de James Knight*, dont les vestiges furent découverts par Hearne, sur l'île Marble (Territoires du Nord-Ouest), en 1767. Les recherches par mer d'un passage au nord-ouest, à partir de la baie d'Hudson, comme celles que dirigea en 1742 Christopher Middleton*, avaient abouti à des impasses. Néanmoins, l'existence présumée de cuivre à l'état pur loin à l'intérieur des terres du Nord-Ouest demeurait une incitation constante à de nouvelles explorations. En 1762, Moses NORTON, agent principal au fort Prince of Wales, envoya Idotliazee et un autre Indien (probablement MATONABBEE) en voyage d'exploration dans ces terres. A leur retour en 1767, ils rapportèrent l'existence « d'une rivière qui coulait entre trois mines de cuivre [...] et d'une région très riche en fourrures de la meilleure qualité » ; en outre, ils rapportaient un échantillon du minerai. Norton se rendit en Angleterre en 1768 et persuada le comité londonien de la compagnie d'autoriser l'envoi d'un Européen pour reconnaître l'emplacement des mines et faire rapport sur les possibilités de naviguer sur la rivière avoisinante (rivière Coppermine, Territoires du Nord-Ouest). La compagnie espérait que les mines se révéleraient suffisamment abondantes pour fournir de « gros et utiles morceaux » de cuivre pour lester ses navires de ravitaillement au retour de la baie ; à tout le moins, le voyage par voie de terre serait une sorte de tournée de propagande qui permettrait d'encourager les tribus éloignées à se rendre trafiquer au fort Prince of Wales. Non sans surprise, Hearne se vit choisi comme la personne propre à diriger l'expédition. Il était jeune et robuste, et s'était fait une réputation pour la marche en raquettes. Il avait amélioré son habileté à s'orienter en observant l'astronome William WALES, qui avait passé la saison de traite de 1768–1769 au fort Prince of Wales.

Norton insista pour préparer lui-même chacune des deux premières tentatives de Hearne pour atteindre la rivière Coppermine. Malheureusement, son choix des guides indiens fut loin d'être judicieux. Le premier de ces Indiens, Chawchinahaw, à qui on avait dit de conduire Hearne à Matonabbee, quelque part dans le « pays des Indiens Athapuscow », l'abandonna peu après le jour du départ, le 6 novembre 1769. La deuxième tentative commença le 23 février 1770, avec Conneequese, qui affirmait s'être déjà rendu près de la rivière Coppermine. Il se perdit, après des mois d'un voyage ardu en direction nord, dans le pays désert de la rivière Dubawnt (Territoires du Nord-Ouest) et ne fut même pas capable d'empêcher les Indiens de passage de dérober les effets de Hearne et de ses deux Cris Home Guard. La rupture accidentelle de l'octant de Hearne confirma simplement l'inutilité d'aller outre.

A son retour au fort Prince of Wales, le 25 novembre 1770, Hearne irrita beaucoup Norton en refusant d'utiliser de nouveau aucun de ses guides. Norton ne permit pas, cependant, que cette animosité « portât atteinte aux affaires publiques » : il fournit à Hearne tout l'approvisionnement nécessaire et accepta le choix qu'il fit de Matonabbee pour le guider. L'engagement de cet Indien était particulièrement heureux. Il était allé à la rivière Coppermine, avait récemment rencontré Hearne et s'était pris d'amitié pour lui, et il se consacrait avec ardeur à cette mission. Et, plus important encore, en sa qualité d'agent indien (*leading Indian* [V. Matonabbee]), il jouissait d'un grand prestige parmi les Chipewyans et les Cris de l'Athabasca. Il avait mis sur pied un réseau relativement organisé de communication entre les postes de traite côtiers et l'intérieur. Hearne s'adjoignit simplement à la « bande » de Matonabbee, laquelle comprenait, entre autres, ses six femmes et se grossissait par-ci par-là d'autres Indiens.

La troisième expédition quitta le fort Prince of Wales le 7 décembre 1770. On pourrait difficilement exagérer les misères que Hearne allait devoir affronter au cours de cette entreprise, de même que celles dont il eut à souffrir dans les deux précédentes. Les minuscules canots utilisés par les Indiens ne pouvant servir qu'à traverser les rivières, Hearne et ses compagnons durent avancer à pied à travers des régions sauvages dépourvues de toute piste. Hearne lui-même était chargé d'un paquetage de 60 livres rendu incommode par la présence d'un octant et de son trépied. Les tempêtes de neige s'abattaient rageusement sur eux, même en juillet, et Hearne souvent n'avait ni tente ni vêtements secs. Dans la toundra, c'était « ou tout festoiement, ou famine complète ». Bien qu'il s'accoutumât à se nourrir d'estomac de caribou et de viande crue de bœuf musqué, il ne put en venir à manger les poux et les tumeurs dues aux larves de l'œstre ; à la suite de longs jeûnes, la nourriture lui causait « la plus accablante souffrance ». Il finit par apprendre ce que les Indiens savaient déjà d'expérience : voyager n'était possible qu'à condition de suivre patiemment les mouvements saisonniers des bisons et des caribous, qui constituaient la seule source de nourriture. Les succès de Hearne comme explorateur furent en grande partie le résultat de sa capacité d'adaptation au mode de vie et à la façon de voyager des Indiens.

Après avoir voyagé en direction ouest jusqu'au lac Thelewey-aza-yeth (probablement le lac Alcantara, Territoires du Nord-Ouest), Hearne et ses compagnons se dirigèrent vers le nord et atteignirent la rivière Coppermine le 14 juillet 1771. Hearne vit rapidement que des hauts-fonds et des chutes rendaient cette rivière non navigable. Hearne avait reçu l'ordre « de fumer [son] calumet de paix », mais, quand les hommes de Matonabbee rencontrèrent une bande d'Inuit, force lui fut de participer aux préparatifs en vue de les massacrer. On se moqua de ses protestations et, pour éviter d'être méprisé par ses compagnons, il dut s'armer lui aussi. Pendant le massacre, il « resta neutre à l'arrière », mais une jeune fille inuk fut transpercée d'une lance si près de lui « que ce fut avec difficulté qu['il put se] soustraire à ses mourantes étreintes ». Il nomma l'endroit Bloody Falls et ne put jamais « réfléchir aux événements de cette horrible journée sans verser des larmes ». Poursuivant son examen de la rivière sur une distance de huit autres milles, il déboucha sur l'océan Arctique, en partie couvert par les glaces, le 17 juillet, – premier Européen à l'atteindre par voie de terre en Amérique du Nord. Les Indiens le conduisirent alors à 30 milles au sud, vers l'une des mines de cuivre. Hearne fut complètement déçu après qu'une recherche poussée dans ce secteur se fut soldée par la découverte d'un seul morceau de cuivre, qui pesait quatre livres. Désireux d'arriver au plus tôt aux lacs Cogead (maintenant lac Contwoyto) et

Point, où leurs femmes les attendaient, les Indiens doublèrent le pas au retour, ce qui valut à Hearne la perte de ses ongles d'orteils et de crucifiantes souffrances. Il fut, au milieu de l'hiver, le premier Européen à apercevoir et à traverser le Grand lac des Esclaves. L'expédition rentra au fort Prince of Wales le 30 juin 1772, à temps pour rencontrer le navire ravitailleur venu d'Angleterre.

Les résultats de ses 32 mois de voyage – Hearne le reconnaissait lui-même – « ne se révéleraient probablement d'aucune utilité pratique pour la nation en général, ni même pour la Hudson's Bay Company ». Néanmoins, le fait qu'en route vers le nord il n'ait rencontré aucune voie fluviale orientée d'est en ouest amenait à douter de l'existence d'un tel cours d'eau – constatation tout de même importante. Même si l'on a par la suite démontré que Hearne, en calculant les latitudes, le 1er juillet 1771, à Congecathawhachaga (près de Kathawachaga, Territoires du Nord-Ouest), plaça l'embouchure de la Coppermine 200 milles trop haut vers le nord, cette erreur donnait plus de force à son importante conclusion qu'il n'existait pas de passage au nord-ouest via la baie d'Hudson. C'est sur la base de cette conclusion que l'on conseilla au capitaine Cook de n'entreprendre aucune recherche sérieuse d'un passage, du côté du Pacifique, avant d'avoir atteint le 65e degré de latitude nord. Le géographe Alexander Dalrymple persistait néanmoins à croire à l'existence d'un passage au nord-ouest et, en soulignant quelques-unes des exagérations de Hearne, il le discrédita, comme explorateur, pour des années à venir.

Après ses voyages, Hearne servit pendant peu de temps comme second sur le *Charlotte*, mais, désespérant de la traite côtière, il demanda « un poste principal quelconque dans le service sur terre ». Sans aucun doute à cause de la forte impression que laissaient ses journaux de voyage, qui arrivèrent au comité de Londres vers le même temps que le mémoire convaincant d'Andrew Graham* recommandant fortement l'établissement de postes à l'intérieur des terres, de façon à mieux lutter contre les concurrents de Montréal (trafiquants rattachés à une compagnie de Montréal), Hearne fut choisi, en 1773, pour aller fonder le premier poste intérieur de la compagnie situé dans l'Ouest. Ayant appris à tirer sa subsistance de la nature, il n'apporta que le minimum de provisions pour son groupe de huit Européens et de deux Cris Home Guard. Ils partirent pour l'intérieur le 23 juin 1774, comme passagers dans les canots d'Indiens venus trafiquer à York Factory (Manitoba). Matthew Cocking, amenant quelques renforts, ne réussit pas à faire sa jonction avec le parti de Hearne à Basquia (Le Pas, Manitoba). Après avoir consulté quelques chefs locaux, Hearne fit choix d'un site stratégique, sur le lac Pine Island (lac Cumberland, Saskatchewan), à 60 milles en haut de Basquia. Le site était relié à la fois à la voie commerciale de la rivière Saskatchewan et au réseau de la Churchill. Il y dirigea la construction de Cumberland House, le plus ancien établissement permanent de l'actuelle province de Saskatchewan. Même si ses instructions lui enjoignaient de garder « une civilité distante » à l'égard des trafiquants indépendants (*pedlars*) montréalais de l'entourage, il leur fut reconnaissant d'avoir porté secours à un employé de la Hudson's Bay Company et les paya de retour. Il convainquit ses hommes de supporter patiemment le premier hiver, qui fut rigoureux, en se limitant lui-même « exactement à la même ration [qu'eux] sur chaque article ». Le 30 mai 1775, il s'embarqua avec ses premières fourrures sur les canots indiens en route pour York Factory. Au cours du voyage de retour à Cumberland House, il se plaignit de ce que les « scélérats d'Indiens qui [l']accompagnaient [lui avaient] soustrait au moins 100 gallons de brandy, en plus d'un sac contenant 43 livres de tabac du Brésil, et 56 livres de balles ». Hearne fit savoir au comité de Londres que les possibilités de la compagnie d'étendre son commerce à l'intérieur étaient amoindries par le manque de canots, et il suggéra la mise au point d'un prototype du futur *York boat* (bateau à fond plat). Désirant ardemment fonder d'autres postes, il fut toutefois nommé agent principal au fort Prince of Wales, où il arriva le 17 janvier 1776.

Par suite de circonstances largement hors de sa dépendance, Hearne fut moins productif pendant les années qu'il passa dans la région de la rivière Churchill qu'il ne l'avait été pendant son séjour à l'intérieur. Alors que la concurrence des trafiquants indépendants de Montréal, à l'intérieur, réduisait les profits de la compagnie, le comité de Londres commença à donner une importance peu réaliste à la pêche de la baleine blanche dans la baie d'Hudson, comme source d'approvisionnement, et à la traite côtière dans le nord, qu'elle confia aux navires à la disposition des postes de la baie. La pêche de la baleine blanche ne fut pas productive, cependant ; au surplus, elle obligeait à payer aux baleiniers des salaires élevés qui annulaient son utilité. Hearne comprit que la traite côtière ne faisait qu'intercepter le commerce habituel de la région de la Churchill et qu'elle permettait aux Indiens d'éviter d'y honorer leurs dettes, mais son peu d'empressement à pousser cette activité lui attira le mécontentement du comité. La Révolution américaine, pourtant bien éloignée, eut également une influence sur sa carrière. Le fort Prince of Wales, malgré ses murs de pierre de 40 pieds d'épaisseur, n'était guère en état de soutenir un siège. Il manquait d'eau potable, n'avait ni fossé ni garnison militaire, et ses fortifications présentaient bien des faiblesses : pauvre maçonnerie, embrasures défectueuses et trop faible hauteur des murs [V. Ferdinand JACOBS]. Le 8 août 1782, Hearne et ses effectifs de 38 civils durent faire face à une flottille française, sous les ordres du comte de Lapérouse [GALAUP], composée de trois navires, dont un de 74 canons, et forte de 290 soldats. Le vétéran Hearne reconnut que la situation était sans espoir, et il eut la sagesse de se rendre sans avoir tiré un coup de feu. La plupart des spécialistes, qui font état de sa tendance à être content de lui-même, l'excusent en ce cas ; la Hudson's Bay Company fit de même à l'époque. Hearne et quelques autres prisonniers reçurent permission de rentrer en Angleterre, à partir du détroit d'Hudson, sur un petit sloop.

Au mois de septembre 1783, Hearne revint construire une modeste maison de bois (nommée fort Churchill), à cinq milles du fort de pierre partiellement détruit, sur l'emplacement exact du premier poste de la rivière Churchill. Il trouva que la traite s'était détériorée d'une façon notable. Les populations indiennes avaient été décimées par la petite vérole et par la famine causée par l'absence d'un approvisionnement normal en poudre et plombs pour la chasse. Matonabbee s'était suicidé en apprenant la prise du fort, et les autres agents indiens de la rivière Churchill s'en étaient allés vers d'autres postes. La concurrence des trafiquants de Montréal, qui avaient alors pénétré dans les terres des Chipewyans, était plus forte que jamais. Hearne devint très sensible aux critiques relatives à sa façon de diriger le trafic côtier dans le nord et les pêcheries de baleine, et de traiter les activités de contrebande des employés de la compagnie originaires des Orcades. Au comité de Londres, il affirma avec aigreur qu'il l'avait « servi avec trop de *scrupules*, et trop fidèlement, pour devenir un personnage respectable dans [leur] organisation ». Sa santé commença à décliner et il remit le commandement du fort Churchill le 16 août 1787.

Pendant sa retraite à Londres, la colère de Hearne fut apaisée par les attentions des savants et des administrateurs de la Hudson's Bay Company. Au cours de la dernière décennie de sa vie, il mit à profit ses expériences dans la toundra, sur la côte nord et à l'intérieur des terres, pour aider les naturalistes, tel Thomas Pennant, dans leurs recherches. Il travailla aussi au manuscrit de ce qui allait devenir *A journey from Prince of Wales's Fort, in Hudson's Bay, to the northern ocean* [...] *in the years 1769, 1770, 1771, & 1772*, le livre sur lequel allait reposer sa renommée. Ses journaux de voyage et ses cartes de 1769–1772 n'avaient pas été conçus à l'intention du grand public, mais l'intérêt pour la géographie et la vie à l'intérieur d'un territoire en grande partie inexploré avait amené la compagnie à les prêter à l'Amirauté et aux savants. Hearne continua à accumuler sa matière, au cours des années qui suivirent son voyage, et le comte de Lapérouse, quand il lut le manuscrit à la suite de la capture de Hearne, avait insisté pour qu'il fût publié. Son avis fut partagé, en Angleterre, par le docteur John Douglas, l'éditeur des journaux de Cook, et par William Wales.

Le *Journey* de Hearne fut publié à Londres trois ans après sa mort. Peu avant de mourir, il avait ajouté au manuscrit deux chapitres, sur les Chipewyans et sur la faune des régions nordiques, et avait inséré dans ses récits, aux endroits convenables, la description de diverses méthodes de chasse, du traitement fait aux femmes, d'objets fabriqués par les Inuit, et des mœurs du castor, du bœuf musqué et du bison des bois. Ses généralisations d'ordre anthropologique sont étayées par des portraits animés de personnages et des comptes rendus vivants d'événements. Le portrait qu'il a tracé des Chipewyans est l'un des meilleurs qui aient été faits d'une tribu lors des premiers contacts avec elle. Se donnant beaucoup de peine pour réfuter les critiques relatives à l'inactivité de la Hudson's Bay Company dans le domaine de l'exploration, Hearne fait encore preuve d'assez de philosophie pour se demander si les Indiens de l'intérieur tiraient vraiment avantage de la traite des fourrures. Son livre, qu'il destinait au grand public plutôt qu'aux spécialistes, est écrit dans un style clair et sans ornements. Il connut deux rééditions en anglais et, en 1799, il avait été traduit en allemand, en hollandais et en français.

Hearne le trafiquant servit bien sa compagnie, sur terre et sur mer, en assumant des responsabilités diverses. Les dons d'observation et la recherche du réalisme que révèle son livre lui confèrent une place importante parmi les premiers naturalistes. Explorateur et écrivain, il combinait heureusement l'endurance physique à la curiosité intellectuelle.

C. S. MACKINNON

L'ouvrage de Samuel Hearne, *A journey from Prince of Wales's Fort, in Hudson's Bay, to the northern ocean* [...] *in the years 1769, 1770, 1771, & 1772* (Londres, 1795), fut réimprimé en Irlande (Dublin, 1796) et aux

États-Unis (Philadelphie, 1802) et fut traduit en allemand (Berlin, 1797), en hollandais (2 vol., La Haye, 1798), en suédois (Stockholm, 1798), en français (2 vol., Paris, 1799), et en danois (Copenhague, 1802). Deux éditions modernes ont été publiées, l'une préparée par Joseph Burr Tyrrell* (Toronto, 1911 ; réimpr., New York, 1968) et l'autre par R. G. Glover (Toronto, 1958). Remerciement pour le travail de ces deux hommes, en particulier celui de Glover, la réputation de Hearne est désormais en sécurité. [C. S. M.]

HBC Arch., A.11/14, ff.78, 81, 174 ; A.11/15, ff.47, 80, 112 ; B.42/a/103, 14 sept. 1783, 16 août 1787 ; B.42/b/22, lettre de Hearne, 21 janv. 1776. — *Journals of Hearne and Turnor* (Tyrrell). — Some account of the late Mr Samuel Hearne, *European Magazine and London Rev.* (Londres), XXXI (1797) : 371s. — [David Thompson], *David Thompson's narrative, 1784–1812*, R. [G.] Glover, édit. (nouv. éd., Toronto, 1962). — George Back, *Narrative of the Arctic land expedition to the mouth of the Great Fish River, and along the shores of the Arctic Ocean, in the years 1833, 1834, and 1835* (Londres, 1836), 144–155. — J. C. Beaglehole, *The life of Captain James Cook* (Stanford, Calif., 1974). — Morton, *History of Canadian west*. — Rich, *History of HBC*, II. — Gordon Speck, *Samuel Hearne and the northwest passage* (Caldwell, Idaho, 1963). — G. H. Blanchet, Thelewey-aza-yeth, *Beaver*, outfit 280 (sept. 1949) : 8–11. — R. [G.] Glover, Cumberland House, *Beaver*, outfit 282 (déc. 1951) : 4–7 ; The difficulties of the Hudson's Bay Company's penetration of the west, *CHR*, XXIX (1948) : 240–254 ; Hudson Bay to the Orient, *Beaver*, outfit 281 (déc. 1950) : 47–51 ; La Pérouse on Hudson Bay, *Beaver*, outfit 281 (mars 1951) : 42–46 ; A note on John Richardson's « Digression concerning Hearne's route », *CHR*, XXXII (1951) : 252–263 ; Sidelights on St Hearne, *Beaver*, outfit 277 (mars 1947) : 10–14 ; The witness of David Thompson, *CHR*, XXXI (1950), 25–38. — Glyndwr Williams, The Hudson's Bay Company and its critics in the eighteenth century, Royal Hist. Soc., *Trans.* (Londres), 5e sér., XX (1970) : 149–171. — J. T. Wilson, New light on Hearne, *Beaver*, outfit 280 (juin 1949) : 14–18.

HENRY, ANTHONY (il porta aussi le nom d'**Anton Heinrich** ou **Henrich**), imprimeur et éditeur de journaux, né en 1734 près de Montbéliard, France, de parents allemands, décédé le 1er décembre 1800 à Halifax.

L'on sait peu de chose sur les jeunes années d'Anthony Henry, mais il fit probablement un apprentissage normal dans l'imprimerie en Europe. Il connaissait bien l'anglais, l'allemand et le français. En 1758, il servit dans les troupes britanniques comme fifre de régiment à la prise de Louisbourg, île Royale (île du Cap-Breton). Certains pensent qu'après son licenciement de l'armée, Henry travailla dans une imprimerie du New Jersey pendant deux ans. Puis il entra dans l'atelier de John Bushell* à Halifax. Il en devint l'associé le 23 septembre 1760 et assuma la direction de l'entreprise après la mort de Bushell en 1761.

Henry continua la publication de la *Halifax Gazette* tout en s'occupant surtout d'imprimerie et de fournitures de papeterie pour le gouvernement. Il travailla étroitement avec le secrétaire de la province, Richard BULKELEY, qui dirigeait la *Gazette* depuis 1758 ; avec l'appui financier du gouvernement, il arriva progressivement à améliorer ses installations et à agrandir son entreprise. A l'automne de 1765, Henry engagea un jeune apprenti du nom d'Isaiah Thomas ; le 21 novembre, celui-ci, sans doute au su de son employeur, fit paraître dans la *Gazette* un paragraphe selon lequel les habitants de la Nouvelle-Écosse étaient hostiles à la loi du Timbre. Les fonctionnaires furent courroucés et, alors que la *Gazette* continuait à critiquer la loi, Bulkeley lui retira tout appui du gouvernement. La publication du journal prit fin entre mars et août 1766.

Henry eut pour successeur au poste d'imprimeur du gouvernement Robert FLETCHER qui lança l'hebdomadaire semi-officiel *Nova-Scotia Gazette*. Trois ans plus tard, Henry créait le *Nova-Scotia Chronicle and Weekly Advertiser*, premier journal canadien qui ne dépendait pas de l'appui gouvernemental. Le *Chronicle* présentait toutes sortes de « renseignements tout nouveaux de l'étranger et du pays », ainsi que des articles extraits de publications américaines et européennes. Henry s'arrangea pour obtenir les débats de la chambre d'Assemblée, qu'il imprima en feuilleton ; cette rubrique devait plaire à une société consciente de la vie politique. Le *Chronicle* contenait peu d'annonces ; il dut peut-être en partie sa survie au fait qu'il soutint résolument la position des whigs, et il se peut fort bien que Henry reçût l'aide financière de sympathisants de ce parti.

En 1770, la publication de Fletcher fut absorbée par le journal de Henry, plus populaire, et qui devint la *Nova-Scotia Gazette and the Weekly Chronicle*. La même année, sans doute parce qu'il était l'unique expert en imprimerie à posséder des presses à Halifax, Henry reprit la publication des documents gouvernementaux. Son journal, rebaptisé la *Royal Gazette and Nova-Scotia Advertiser* en 1789, dura 30 ans et recueillit davantage de nouvelles officielles à mesure que déclinait sa préférence politique pour les whigs. En 1788, Henry fut désigné officiellement imprimeur du roi, et se trouva ainsi quelque peu soulagé de l'incertitude relativement à son contrat avec le gouvernement. Cet acte de nomination est un des premiers et des plus importants documents dans l'histoire de l'édition canadienne. Henry devint par la suite plus circonspect et évita toute controverse susceptible de compromettre son poste officiel.

Outre de nombreux documents gouvernementaux et les statuts de la Nouvelle-Écosse, Henry publia quelques-unes des œuvres religieuses de l'évangéliste renommé Henry ALLINE ainsi que des almanachs comme *The Nova-Scotia calender* [...] et *Der Neuschottländische calender* [...]. *The Nova-Scotia calender* [...] de 1776, avec l'estampe du port de Halifax imprimée avec une matrice de bois, est le premier livre canadien à contenir une illustration. La *Bibliography of Canadian imprints* de Marie Tremaine donne la liste de quelque 200 publications, mis à part les journaux, qui portent le nom de Henry ou qui lui sont attribuées. A sa mort, son travail soutenu avait conféré au poste d'imprimeur du roi une stabilité et une autorité dignes de mention. Sa compétence technique s'améliora avec les années mais ses œuvres n'égalèrent jamais, quant à l'impression et à la disposition typographique, le niveau uniforme de qualité dont firent preuve celles de Fletcher ou de John Howe*, son successeur au poste d'imprimeur du roi.

L'on dit – en se fondant surtout sur le témoignage d'Isaiah Thomas dont on considère généralement le récit de son séjour à Halifax sujet à caution – qu'aux alentours de 1761, Henry épousa une pâtissière noire qui possédait quelques biens et que grâce à l'aide financière de cette dernière, il fut à même d'acheter la presse de Bushell et également de construire une maison où ils vécurent jusqu'à ce qu'elle meure deux ou trois ans plus tard. Le 23 février 1773, Henry se maria avec Barbara Spring, veuve de 15 ans son aînée. En 1780, Margaret Greese, dont le nom de jeune fille était peut-être Miller, devint sa troisième femme ; elle lui survécut 26 ans. Une fille naquit de ce mariage. Sur le plan social, Henry se mêla à l'élément allemand de Halifax ; il fut même marguillier de la petite église allemande (St George). Il fut parrain d'Anthony Henry Holland* qui devint un éditeur de journaux important à Halifax.

DOUGLAS G. LOCHHEAD

Nous trouvons un portrait au crayon d'Anthony Henry aux PANS.

N.S. Legislative Library (Halifax), Lieutenant Governor (Parr), commission appointing Anthony Henry king's printer of the province of Nova Scotia dated at Halifax, 8 avril 1788. — Tremaine, *Bibliography of Canadian imprints*. — Bell, *Foreign Protestants*. — Brebner, *Neutral Yankees*. — Æ. Fauteux, *Introduction of printing into Canada*. — H. P. Gundy, *Canada* (Amsterdam, 1972). — Isaiah Thomas, *The history of printing in America, with a biography of printers, and an account of newspapers* [...] (2e éd., 2 vol., Albany, N.Y., 1874 ; réimpr., New York, 1972). — J. J. Stewart, Early journalism in Nova Scotia, N.S. Hist. Soc., *Coll.*, VI (1888) : 91–122.

HERNÁNDEZ, JUAN JOSEF PÉREZ. V. PÉREZ

HERTEL DE ROUVILLE, RENÉ-OVIDE, lieutenant général civil et criminel, directeur des forges du Saint-Maurice, grand voyer, juge de la Cour des plaids communs, né à Port-Toulouse (près de St Peters, Nouvelle-Écosse), le 6 septembre 1720, fils de Jean-Baptiste Hertel* de Rouville et de Marie-Anne Baudouin, décédé à Montréal le 12 août 1792.

René-Ovide Hertel de Rouville ne s'illustra pas comme son père, son frère Jean-Baptiste-François, ses nombreux oncles et son grand-père paternel, Joseph-François Hertel* de La Fresnière, dans la carrière militaire et les hauts faits d'armes qui auréolèrent le nom des Hertel. Il fut orienté assez tôt vers l'étude du droit et suivit à Québec les cours du procureur général, Louis-Guillaume Verrier*, qui, en octobre 1743, le comptait au nombre de ses nouveaux élèves. Deux ans auparavant, son mariage avait défrayé la chronique du temps. Contre le gré de sa mère et tutrice – son père était mort depuis 1722 – il épousait, à Québec, le 20 mai 1741, Louise-Catherine André* de Leigne, de 11 ans son aînée. La veuve de Jean-Baptiste Hertel de Rouville porta l'affaire devant les tribunaux et obtint gain de cause. Le 12 juin, le Conseil supérieur déclara le mariage nul et défendit aux deux intéressés de prendre qualité de mari et femme. Mais pour peu de temps, car le 22 octobre suivant Hertel de Rouville contracta à nouveau mariage, avec cette fois, semble-t-il, l'assentiment des deux familles. De cette union naquirent trois filles et deux garçons. Jean-Baptiste-Melchior*, le plus connu, devint député au premier parlement en 1792 et, plus tard, conseiller législatif.

C'est sans doute grâce à l'appui de son beau-père, Pierre André* de Leigne, ancien lieutenant général civil et criminel de la Prévôté de Québec, qu'Hertel de Rouville put être désigné, le 1er avril 1745, à l'âge de 24 ans, au poste de lieutenant général civil et criminel de la juridiction royale de Trois-Rivières. Le 17 octobre 1746, il était confirmé dans cette charge. Tout en exerçant cette fonction, il assuma plusieurs missions de confiance dont la plus importante fut celle de directeur des forges du Saint-Maurice.

Après la faillite de François-Étienne Cugnet* en 1741, les forges du Saint-Maurice retournèrent au Domaine d'Occident et furent placées sous la dépendance directe de l'intendant. Parmi les nombreux problèmes que soulevait cette entreprise, le recrutement d'une main-d'œuvre qualifiée et le rendement des ouvriers n'étaient pas des moindres. L'inconduite et l'insubordination y étaient souvent causes de désordre et de discorde. C'est ainsi qu'en 1747 l'intendant HOCQUART décida de subdéléguer son lieutenant général de Trois-Rivières pour enquêter sur les différends pouvant s'élever entre les ouvriers. En 1749, le nouvel intendant BIGOT renouvela cette commission et, en octobre de la même année, étendit le rôle du subdélégué à celui d'inspecteur chargé de « remédier aux abus [...] diminuer les dépenses [...] et [...] faire tout ce qui pourra contribuer au bien et avantage de cet établissement ». S'étant ainsi familiarisé avec ce milieu de travail, Hertel de Rouville fut appelé à succéder à Jean-Urbain Martel* de Belleville à la direction des forges dès 1750, selon toute vraisemblance. Il allait remplir cette fonction jusqu'à la fin du Régime français. Malgré les critiques de l'ingénieur Louis Franquet*, lors de son inspection des forges en 1752, il est difficile de juger de l'action d'Hertel de Rouville à la tête de cette entreprise que la guerre de la Conquête allait réduire à une inactivité quasi totale.

A la Conquête, Hertel de Rouville passa en France, pressé de s'y trouver un emploi. Selon l'abbé François Daniel, il aurait été intendant de la maison du prince de Condé. Mais au retour de la paix, en 1763, il décida de rejoindre sa famille à Trois-Rivières. Il réussit assez rapidement à entrer dans les bonnes grâces du gouverneur MURRAY, qui le nomma grand voyer du district de Montréal le 20 novembre 1765. Un an après le décès de sa première femme, Hertel de Rouville se remaria à Montréal, le 5 février 1767, avec Charlotte-Gabrielle Jarret de Verchères, veuve de Pierre-Marie-Joseph Raimbault de Saint-Blaint.

Hertel de Rouville n'abandonna sa charge de grand voyer qu'en 1775, au moment où le gouverneur Guy Carleton* lui octroya une commission de gardien de la paix et commissaire pour le district de Montréal. Une semblable commission, pour le district de Québec, fut en même temps octroyée au notaire Jean-Claude PANET. Ces nominations des deux premiers juges canadiens-français sous le Régime anglais prirent effet le jour même de l'entrée en vigueur de l'Acte de Québec, le 1er mai 1775. En escomptant s'allier ainsi les conquis, Carleton aurait eu plus de succès s'il avait porté son choix sur tout autre qu'Hertel de Rouville dont la nomination souleva, parmi ses compatriotes, plus de mécontentement que de satisfaction. Dès qu'il eut vent de cette désignation, avant même sa confirmation officielle, le seigneur de Beauport, Antoine Juchereau* Duchesnay, s'empressa d'exprimer sa plus vive indignation : « Serait-il possible, confia-t-il à François Baby*, important marchand de Québec et futur conseiller législatif, que le gouvernement eût jeter les ieux sur le plus grand scélérat et le plus grand gueux de toute la terre pour lui faire rendre ce qu'il n'a jamais connu. Ha [...] que le gouvernement est mal instruit ou qu'il nous veut de malle [...] le nom du juge [Hertel de Rouville] me fait frémir pour tout le reste des arrangements. » Partageant la même opinion qui lui faisait juger cette « promotion » dangereuse pour la cause du bien public, François Baby se montra également pessimiste quant aux suites à attendre de l'Acte de Québec : « Je crains bien que le temps ne soit pas éloigné où les Canadiens ne pourront se consoler d'avoir demandé la nouvelle forme de gouvernement. »

Ces craintes et ces appréhensions n'étaient pas sans fondement, si l'on considère la façon dont Hertel de Rouville se comporta dans l'exercice de ses nouvelles fonctions. L'ayant vu à l'œuvre et ayant eu à subir les contrecoups d'un système judiciaire qui laissait place à une large part d'arbitraire, son concitoyen montréalais Pierre DU CALVET en brossa un portrait assez juste et conforme aux traits saillants de sa personnalité qui, bien connus du public, lui valurent une réputation peu enviable : « M. de Rouville est [...] d'un génie si impérieux, d'un caractère si superbe, d'une humeur si identifiée avec le despotisme qu'elle se trahit partout [...] Homme tout boursoufflé des prétentions de l'amour propre [...], entier dans ses jugements, intolérant [...], grand formaliste, partial [...], assez chaud pour ses amis, que j'appellerais plus pertinemment ses clients & ses protégés, mais tout de flammes & de volcans contre ses ennemis. »

Selon des sources documentaires en provenance des milieux anglophones de la colonie, le choix d'Hertel de Rouville suscita une réprobation si générale parmi ses concitoyens montréalais que, n'eussent été les événements qui troublèrent la province à la veille de l'invasion américaine, ils auraient pétitionné contre cette nomination. Du côté de la minorité britannique, l'on réprouva tout particulièrement les moyens utilisés par Hertel de Rouville pour se faire valoir auprès des autorités coloniales. Il était de notoriété publique que le nouveau juge n'avait pas hésité à agir en « sycophante » pour courtiser l'administration gouvernementale : « M. de Rouville est remarquable par son empressement à saisir toutes les occasions de se jeter sur le chemin des Anglais de Montréal (parce qu'il parle un peu anglais), pour ramasser toutes les histoires qu'il peut, afin de les envoyer au Gouverneur. »

Et de fait, moins d'un mois avant sa nomination, il avait rapporté au gouverneur Carleton son altercation avec Thomas WALKER, sur la place du Marché de Montréal. Walker ayant déclaré publiquement « que les Peuples des Colonies [américaines] étaient de braves gens qui ne voulaient pas être Esclaves et qui Défendraient leur Liberté et leurs Droits tant qu'ils auraient du sang », Rouville rétorqua à haute voix à ce sympathisant de la cause révolutionnaire : « Ces gens qui vous écoutent ainsi que moi n'ont jamais été Esclaves, pas plus que vous ; et notre soumission au Roi et à son Gouvernement nous assure que nous serons toujours libres. »

De son propre aveu, par sa « conduite et [son] zèle » de loyal sujet de Sa Majesté, Hertel de Rouville s'« attira la colère des Rebelles qui la [lui] firent sentir aussitôt qu'ils furent en possession de la ville de Montréal ». Il ne tarda pas, en effet, à tomber sous la férule intempestive du général de brigade David Wooster qui, après la mort de Richard MONTGOMERY, était devenu le principal commandant de l'occupation américaine. En janvier 1776, Wooster, ayant décidé de procéder *manu militari* à l'expulsion des plus notables Loyalistes de la ville, « donna ordre à M. Hertel de Rouville de se préparer à partir pour les colonies ». Malgré la protestation des citoyens de Montréal, le malheureux magistrat en fut quitte pour prendre la route du lac Champlain et être « détenu Prisonier pendant dix huit mois ».

Dès son retour dans la province, Hertel de Rouville fut réintégré dans ses fonctions de magistrat, à titre de juge de la Cour des plaids communs du district de Montréal, par suite de l'ordonnance du 25 février 1777 qui, entre-temps, avait établi une telle cour de justice dans chacun des deux principaux districts de la province. Durant la majeure partie de ses 15 dernières années de vie, ce fidèle collaborateur du nouveau régime y siégea en compagnie de deux autres collègues, les honorables Edward Southouse et John Fraser. C'est avec ce dernier, qui avait déjà une longue expérience comme juge et qui, par surcroît, faisait partie du *French party* au sein du Conseil législatif, qu'Hertel de Rouville s'entendit le mieux pour fonctionner selon ses méthodes favorites.

Le système d'administration de la justice mis en place en vertu de l'Acte de Québec était à l'image même du régime autoritaire qu'avait permis d'établir cette législation impériale du parlement britannique votée en un temps de crise dans les relations entre la métropole et ses colonies nord-américaines. Comme ce régime, faute d'aucune séparation ni d'aucun contrôle des pouvoirs, en favorisait la concentration aux mains du gouverneur et d'une petite oligarchie formée des membres du Conseil législatif, ceux qui disposaient des faveurs des gens en place pouvaient jouir d'une immunité presque sans borne. C'est ainsi que le juge Hertel de Rouville put exercer impunément ses fonctions de magistrat, malgré toutes les plaintes et les critiques qu'il s'attira par la partialité manifeste de ses jugements, par l'arbitraire de ses décisions et par l'incongruité de sa conduite lorsqu'il siégeait en état d'ébriété, ce qui se produisait le plus fréquemment aux séances de l'après-midi. Étant de plus sujet, par son tempérament colérique, à de violents emportements, il pouvait facilement abuser de procédés vexatoires en vue d'imposer sa volonté.

La position des juges était si fortement protégée par le système établi que l'initiative prise par le juge en chef William SMITH, véritable éminence grise de lord Dorchester, de procéder à une « enquête approfondie » sur l'administration de la justice ne produisit aucun changement. Comme le but premier de cette enquête, qui se déroula au cours de l'été et au début de l'automne de 1787, visait « la conduite et la partialité » des juges des plaids communs, il y eut une telle réaction de défense de la part de ces derniers que Smith ne put obtenir aucun résultat positif. Non seulement le principal trio mis en cause – Adam MABANE, John Fraser et Hertel de Rouville – ne fit l'objet d'aucune censure de la part du gouvernement métropolitain, mais, au contraire, leur principal adversaire, le procureur général James Monk*, reçut ordre de démissionner, au printemps de 1789.

L'échec du juge en chef devait rendre bien futile la téméraire démarche du jeune avocat Louis-Charles Foucher*, futur solliciteur général du Bas-Canada, qui osa s'attaquer aux procédés vexatoires de l'honorable Hertel de Rouville. Dans une supplique à lord Dorchester, datée du 4 octobre 1790, Foucher réclamait que justice lui soit faite contre son « oppresseur » qui l'aurait « persécuté, flétri et avili » et lui aurait fait subir des « Dommages et torts irréparables » par « une opposition formelle et constante à l'exercice et fonction de [sa] profession d'Avocat » et par la menace de le priver de son droit de plaider qui « aurait [...] détruit [...] toute confiance de [ses] Cliens [et l']aurait [...] contraint de [se] retirer honteusement du Barreau ». Comme il y avait amplement matière à enquête, il fut décidé de former un comité du Conseil législatif pour procéder à l'audition des témoins. La composition de ce comité ne pouvait laisser planer aucun doute sur l'issue de cet inégal combat puisque les quatre commissaires enquêteurs étaient tous amis ou alliés, soit par parenté, soit autrement, de l'inculpé. Sous la présidence de François-Marie Picoté de Belestre, se rangèrent les seigneurs Joseph-Dominique-Emmanuel Le Moyne* de Longueuil et René-Amable Boucher* de Boucherville ainsi que le juge John Fraser. Les conclusions du rapport de ce comité – d'abord produit en anglais avant d'être traduit en français – sont encore plus révélatrices des vices du système judiciaire lui-même que de la partialité manifeste des commissaires enquêteurs ; on y disait, entre autres, que « la plainte était futile, ignorante, ingrate, téméraire & Scandaleuse ». Non satisfaits de rejeter les plaintes de Foucher, les commissaires enquêteurs renchérirent en recommandant qu'en « réparation due au Juge et à la dignité du Gouvernement », on le privât de sa « licence d'avocasser [...] afin de faire un Exemple ». La mesure était à ce point comble que l'éditeur de *la Gazette de Montréal*, Fleury Mesplet, laissa paraître dans son journal quelques lettres de lecteurs qui, ayant suivi l'affaire de près, ne purent s'empêcher d'ironiser sur ce simulacre de justice.

Pour masquer ce pitoyable déni de justice, lord Dorchester invita l'avocat Foucher à plaider sa cause devant le Conseil législatif réuni en assemblée plénière le 7 avril 1791. Les conseillers furent par la suite appelés à soumettre au gouverneur un rapport concluant, après examen complet de tout le dossier. Il fallut attendre jusqu'au 23 juillet suivant avant de voir déposer sur la table du conseil trois rapports, l'un, majoritaire, le second, minoritaire, et le troisième, du juge en chef. La majorité des conseillers (formant le *French party*) endossèrent les conclusions du comité d'enquête en jugeant que les griefs de Foucher étaient « sans fondement, grossiers et malveillants ». Seule une minorité reconnut que le plaignant avait été effectivement empêché d'exercer sa profession d'avocat et qu'il avait été traité « avec une sévérité inutile ». De son côté, le juge en chef, tout en censurant la conduite d'Hertel de Rouville, n'osa recommander de sévir contre lui, au risque non seulement de faire annuler sa commission de juge pour le district de Montréal, mais également de lui faire perdre son droit de siéger à la Cour des plaids communs de Trois-Rivières (récemment établie dans ce district en vertu de l'ordonnance du 29 avril 1790) et à celle de Québec par suite d'une autorisation accordée aux différents juges en poste de se relayer dans chacun des trois districts de la province.

Si Hertel de Rouville avait pu réussir, grâce au système en place, à échapper à toute sévère sanction, il avait néanmoins ressenti les contrecoups de toute cette affaire, qui lui firent éprouver le sentiment d'être victime de persécutions. Dans l'espoir d'être « justifié aux yeux de son Souverain » et d'en recevoir comme suprême « consolation avant d'entrer au tombeau [...] une marque éclatante pour [se] venger [de] l'injure », il prit l'initiative de sensibiliser le ministre de l'Intérieur (responsable aussi des colonies), lord Grenville, à son malheureux sort de pauvre septuagénaire « calomnié [...] et donné en spectacle au public ». Il ne reçut pas cette consolation avant de décéder, moins d'un an après, et, si l'on en juge par la façon dont fut rapportée sa mort dans *la Gazette de Montréal* et *la Gazette de Québec*, on peut supposer que son départ pour l'au-delà n'inspira pas beaucoup de regrets : « L'honorable Hertel de Rouville, un des juges des plaidoyers communs, est mort le dimanche 12 [août 1792] du courant entre 7 et 8 heures du soir. »

Pierre Tousignant et
Madeleine Dionne-Tousignant

AN, Col., C11A, 80, pp.113s. (copies aux APC). — ANQ-M, Greffe de Pierre Panet, 5 févr. 1767. — ANQ-Q, Greffe de Nicolas Boisseau, 11 oct. 1741 ; NF 2, 34, f.88 ; 36, ff.69, 124. — APC, MG 8, C10, 2, pp.1–3, 4–7, 404–407 ; MG 11, [CO 42] Q, 11, pp.149–151 ; 53, pp.202–573 ; MG 24, L3, pp.3 896, 3 904 ; RG 1, E1, 1, pp.155–165 ; RG 4, A1, 31, p.9 ; 32, pp.1–3 ; RG 68, 89, f.112. — ASGM, Laïcs, H. — PRO, CO 42/88, f.137. — *American archives* (Clarke et Force), 4e sér., III : 1 185s., 1417. — APC *Rapport*, 1914–1915, app.C, 48–51, 244–246 ; 1918, app.C, 17s. — Pierre Du Calvet, *Appel à la justice de l'État* [...] (Londres, 1784), 90s. — [Louis] Franquet, Voyages et mémoires sur le Canada, Institut canadien de Québec, *Annuaire*, 13 (1889) : 22, 113s. — *Invasion du Canada* (Verreau). — [Francis Maseres], *Additional papers concerning the province of Quebeck : being an appendix to the book entitled*, An account of the proceedings of the British and other Protestant inhabitants of the province of Quebeck in North America, [in] order to obtain a house of assembly in that province (Londres, 1776). — *La Gazette de Montréal*, 5 mai 1791, 16 août 1792. — *La Gazette de Québec*, 16 août 1792. — P.-G. Roy, *Inv. ins. Prév. Québec*, II : 73 ; III : 37 ; *Inv. jug. et délib., 1717–1760*, IV : 24–26 ; V : 11s. ; *Inv. ord. int.*, III : 90, 126, 135s. ; *Inv. procès-verbaux des grands voyers*, V : 170. — Turcotte, *Le Cons. législatif*, 75. — Burt, *Old prov. of Que*. — [François Daniel], *Histoire des grandes familles françaises du Canada, ou aperçu sur le chevalier Benoist, et quelques familles contemporaines* (Montréal, 1867). — Neatby, *Administration of justice under Quebec Act*. — Cameron Nish, *François-Étienne Cugnet, 1719–1751 : entrepreneur et entreprises en Nouvelle-France* (Montréal, 1975), 83–118. — P.-G. Roy, *La famille Jarret de Verchères* (Lévis, Québec, 1908), 28. — Sulte, *Mélanges historiques* (Malchelosse), VI : 131. — Tessier, *Les forges Saint-Maurice*. — P.-G. Roy, Les grands voyers de la Nouvelle-France et leurs successeurs, *Cahiers des Dix*, 8 (1943) : 225–227 ; L'hon. René-Ovide Hertel de Rouville, *BRH*, XII (1906) : 129–141 ; René-Ovide Hertel de Rouville, *BRH*, XXI (1915) : 53s.

HERTEL DE SAINT-FRANÇOIS, JOSEPH-HIPPOLYTE (appelé aussi **le chevalier Hertel**), officier et interprète, né à Saint-François-du-Lac (Québec) le 23 juillet 1738 et baptisé à Sorel le surlendemain, fils de Joseph Hertel de Saint-François et de Suzanne Blondeau, décédé à Montréal le 10 août 1781.

A l'instar de ses cinq frères, Joseph-Hippolyte Hertel de Saint-François embrassa la carrière des armes. Il servit d'abord comme cadet dans la région de l'Ohio et prit part en 1755 à la bataille de la Monongahéla [V. Daniel-Hyacinthe-Marie Liénard* de Beaujeu]. L'année suivante, il était fait enseigne en second. Grâce à sa tante, Catherine Jarret de Verchères, épouse de Pierre-Joseph Hertel de Beaubassin, il bénéficia de la faveur de Montcalm*. Ce dernier écrivait à Bourlamaque* le 20 juin 1757 : « Je vous recommande tout ce qui est Hertel : ce sont les neveux d'une dame que vous aimez, et qui vous est fort attachée. » Le 30 juin suivant, un détachement d'Indiens fut envoyé en expédition par Bourlamaque sous la conduite de trois officiers, dont deux frères Hertel. Il n'est pas impossible que Joseph-Hippolyte ait été l'un d'eux. En 1759, il était promu enseigne en pied. Au cours de cette année, Hertel, qui servait au fort Carillon (Ticonderoga, New York) depuis deux ans, fut envoyé en expédition, à la tête de partis d'Indiens.

Après la Conquête, Hertel de Saint-François passa en France. Il arriva au Havre le 1er janvier 1762 sur le *Molinieux*. Son séjour en France fut cependant de courte durée puisqu'en 1763 il revenait au Canada et s'établissait à Montréal. A l'exemple de quelques autres Canadiens de cette époque, Hertel se joignit à la nouvelle communauté anglo-protestante et s'affilia à une loge maçonnique de Montréal. De plus, dès 1764, son nom figure sur une liste des chefs de famille protestants de Montréal signée par le gouverneur MURRAY. Trois ans plus tard, le 3 août 1767, il épousait, à la Christ Church de Montréal, Marie-Anne, fille de Jean-Baptiste Le Comte* Dupré et de Marie-Anne Hervieux. Cette dernière s'opposant à ce mariage devant un ministre protestant, une cérémonie eut également lieu le 24 août suivant à l'église Notre-Dame de Montréal.

L'expérience qu'Hertel avait acquise avec les Indiens au cours de la guerre de Sept Ans fut mise à profit lors de la révolte de Pondiac*. En 1764, il fut placé à la tête d'un contingent d'Iroquois de Sault-Saint-Louis (Caughnawaga) qui fut envoyé dans la région de Détroit pour aider BRADSTREET à réprimer la révolte. Par la suite, Hertel fut chargé par le colonel Henry Bouquet de quelques missions qui permirent d'accélérer les négociations de paix avec les Loups (Delawares), les Chaouanons et les Tsonnontouans. Le colonel le recommanda au surintendant des Affaires des Indiens du Nord, sir William JOHNSON. Hertel revint à Montréal au printemps de 1765. Comme il se trouvait dans le besoin, sa mère, qui était devenue veuve, intervint à deux reprises en sa faveur auprès de Johnson.

Le 17 juin 1769, le gouverneur Guy Carleton* le nomma interprète auprès des Abénaquis qui étaient allés se réfugier chez les Iroquois de Saint-Régis, après la destruction de leur village de Saint- François-de-Sales (Odanak) le 4 octobre 1759 [V. Robert ROGERS]. Les Iroquois de Saint-Régis firent des démarches auprès des autorités pour se débarrasser de ces réfugiés qui envahissaient leurs terrains de chasse et ceux des Six-Nations, provoquant ainsi un conflit, et aussi de leur interprète qu'ils accusaient d'encourager les Abénaquis « à rester dans le but de continuer de faire la traite avec eux ». A la suite de nouvelles pressions de la part des Iroquois en 1770, Hertel décida d'abandonner la partie. Les Abénaquis quittèrent Saint-Régis à la fin de cette année-là.

Revenu à Montréal, Hertel s'engagea comme volontaire en 1775, sous les ordres de François-Marie PICOTÉ de Belestre et de Joseph-Dominique-Emmanuel Le Moyne* de Longueuil, pour repousser les troupes américaines qui envahissaient le Canada. Fait prisonnier lors de la capitulation du fort Saint-Jean le 2 novembre 1775, il fut reconnu comme officier par le général de brigade Richard MONTGOMERY, qui l'avait rencontré lors de la campagne contre Pondiac, et il fut envoyé par lui en exil dans les colonies américaines. Libéré à la suite d'un échange de prisonniers, il revint à Montréal en 1777 où il mourut quatre ans plus tard. Sa veuve s'adressa à deux reprises au gouverneur HALDIMAND pour réclamer une pension viagère. « M. Hertel, lui écrivait-elle le 29 octobre 1781, ne m'a laissé pour toute fortune qu'un fils, qui n'attend que l'âge pour offrir ses services à son Roi. » Ce fils, Louis-Hippolyte, né à Montréal en 1771, fut plus tard lieutenant dans le Royal Canadian Volunteer Regiment. Le 2 avril 1792, deux mois avant sa mort, la veuve Hertel vendit à la congrégation presbytérienne de Montréal l'emplacement sur lequel celle-ci construisit une église, rue Saint-Gabriel.

THOMAS-M. CHARLAND

AN, Col., C11A, 101, f.15 ; D2C, 3, p.127 ; 48 (copies aux APC). — ANQ-M, Greffe de Joseph Papineau, 2 avril

1792. — APC, MG 11, [CO 42] Q, 2, p.335 ; 4, p.13 ; 13, p.164 ; MG 19, F1, 1, p.136. — BL, Add. MSS 21 651, pp.75s., 88, 115 ; 21 653, pp.463, 489s. ; 21 669, pp.72s. ; 21 687, p.29 ; 21 772, p.73 ; 21 773, p.149 ; 21 831, p.130 ; 21 879, pp.38, 48 (copies aux APC). — *Coll. des manuscrits de Lévis* (Casgrain), I : 170 ; V : 173 ; VI : 27. — [Antoine Foucher], Journal tenu pendant le siège du fort Saint-Jean, en 1775, par feu M. Foucher, ancien notaire de Montréal, *BRH*, XL (1934) : 144, 212s. — The French regime in Wisconsin – III, R. G. Thwaites, édit., Wis., State Hist. Soc., *Coll.*, XVIII (1908) : 218 ; Thwaites a confondu les deux frères Hertel, Pierre-Antoine et Joseph-Hippolyte. Il a été suivi en cela par N. B. Wainwright, éditeur du « George Croghan's journal, 1759–1763 [...] », *Pennsylvania Magazine of History and Biography* (Philadelphie), LXXI (1947) : 399 [T.-M. C.]. — *Invasion du Canada* (Verreau), 249. — *Johnson papers* (Sullivan *et al.*). — Liste des membres ; première réunion de la Grande Loge de Montréal, APC *Rapport*, 1944, xxxii. — A list of Protestant house keepers in Montreal (1764), *BRH*, XXXIX (1933) : 158. — La mission de M. de Bougainville en France en 1758–1759, ANQ *Rapport*, 1923–1924, 38. — *Papiers Contrecœur* (Grenier), 104, 344, 407. — [Nicolas Renaud d'Avène Des Méloizes], Journal militaire tenu par Nicolas Renaud d'Avène Des Méloizes, ch[er], seigneur de Neuville, au Canada, du 8 mai 1759 au 21 novembre de la même année [...], ANQ *Rapport*, 1928–1929, 32, 39, 46. — [François Daniel], *Nos gloires nationales ; ou, histoire des principales familles du Canada* [...] (2 vol., Montréal, 1867), II : 369, 371. — Francis Parkman, *The conspiracy of Pontiac and the Indian war after the conquest of Canada* (10e éd., 2 vol., Boston, 1886 ; réimpr., New York, 1962). — C.-F. Bouthillier, La bataille du 9 juillet 1755, *BRH*, XIV (1908) : 222. — T.[-M.] Charland, Les neveux de madame de Beaubassin, *RHAF*, XXIII (1969–1970) : 84–90. — J.-J. Lefebvre, Louise Réaume-Fournerie-Robertson (1742–1773) et son petit-fils le colonel Daniel de Hertel (1797–1866), *RHAF*, XII (1958–1959) : 330. — La loyauté des Canadiens en 1775, *BRH*, XXXI (1925) : 373. — É.-Z. Massicotte, A propos de mariage, *BRH*, XXXII (1926) : 536s. — La reddition du fort Saint-Jean en 1775, *BRH*, XII (1906) : 315.

HEY, WILLIAM, juge en chef de la province de Québec, né vers 1733 en Angleterre, fils de Thomas et d'Elizabeth Hey ; il épousa vers 1783 une demoiselle Paplay, de la Jamaïque ; décédé le 3 mars 1797, à Londres.

William Hey étudia à Eton, au Corpus Christi College, à Cambridge, et au Middle Temple, après quoi il fut admis au barreau en 1756. Sa carrière subséquente découle naturellement des relations qu'il avait dans le comté de Kent. Une recommandation auprès de lord Hardwicke lui valut en 1763 une double nomination aux postes de recorder adjoint de Douvres et de recorder de Sandwich, dans le Kent. Quand le fils de lord Hardwicke, Charles Yorke, devint procureur général dans le gouvernement de lord Rockingham, la carrière de Hey connut un autre bond en avant. Grâce à l'appui de Yorke et d'un autre whig du Kent, lord Sondes, Hey fut choisi comme juge en chef de la province de Québec. L'ordre royal pourvoyant à sa nomination fut émis le 3 février 1766.

Hey arriva à Québec le 9 septembre de la même année, au terme d'une traversée en compagnie du nouveau procureur général, Francis Maseres*. Bientôt, les causes pressantes provoquées par les dernières péripéties de l'affaire Thomas WALKER et par la tentative, faite par la couronne en novembre 1766, de percevoir des droits de douane [V. sir Thomas MILLS] l'occupèrent. En refusant un cautionnement à Joseph HOWARD et à d'autres accusés dans l'affaire de l'attaque perpétrée contre Walker et en tentant d'obtenir du jury un verdict spécial dans la cause relative aux douanes, Hey s'embourba dans des questions d'une importance particulière pour la communauté anglophone de la province de Québec.

Les tentatives en vue de l'établissement d'un système juridique généralement acceptable par toute la population représentèrent, pour Hey, sa plus grande tâche. Le gouverneur MURRAY avait essayé de créer une structure qui aurait permis l'introduction des lois anglaises sans pour autant causer d'injustices envers les Canadiens, mais plusieurs difficultés surgirent, devant l'immense complexité de la situation. Alors que Hey était encore en Angleterre, les légistes de la couronne avaient recommandé au gouvernement britannique que Maseres et lui « préparassent un plan approprié, adapté à la juridiction des diverses cours de justice et qui convînt aux plaideurs ». La simplicité et la rapidité des procédures devaient en être les objectifs essentiels. Toutefois, le gouvernement ne se pressa pas de donner une réponse à cette recommandation. Le Conseil privé ne se décida que le 28 août 1767 de faire entreprendre une enquête pour déterminer « si des défauts – et lesquels – subsistaient dans l'état actuel de la judicature », quels griefs avaient été exprimés et quels changements demandés par les Canadiens. Cette tâche devait être assumée par une « personne capable et propre » à la mener à bien – Maurice Morgann* – qui, toutefois, n'arriva à Québec que le 22 août 1768.

Hey et Maseres avaient déjà tenté de jeter un pont entre les lois anglaises et les lois françaises. Le juge en chef n'avait aucune connaissance particulière du système juridique français et, quand il siégeait au tribunal, il avait besoin d'un interprète ; mais Maseres croyait que les avis d'un assesseur suffiraient, « Monsieur Hey ayant déjà eu l'occasion de décider de deux ou trois causes qui portaient sur des points de droit français, ce qu'il fit avec beaucoup d'habileté et à la satisfaction générale ». Sur les points de détail cependant, on ne pouvait trancher avec autorité et il paraissait impossible de remédier à cette lacune. François-Joseph CUGNET avait récemment rédigé un code des lois utiles, mais, quoique bien fait, il est « très difficile à comprendre, pour monsieur Hey et pour moi, avouait Maseres, à cause de la grande concision et du caractère technique ou des particularités du langage juridique français ».

A son retour en Angleterre, en septembre 1769, Morgann apportait avec lui trois rapports sur la situation juridique : deux présentaient les vues opposées de Maseres et du gouverneur Guy Carleton*, respectivement, et le troisième exprimait la dissidence de Hey relativement au rapport du gouverneur, à la préparation duquel Morgann avait lui-même apporté son concours. Carleton recommandait le maintien de l'ensemble du droit criminel anglais et l'usage du droit civil français, sauf en matière commerciale. S'il ne désirait aucunement imposer un système entièrement fondé sur le droit anglais, le juge en chef croyait qu'une restauration plus restreinte du droit civil français était souhaitable. A son avis, la politique adoptée, quelle qu'elle fût, devait être conçue avec le « désir de créer un système tel qu'il tende à amener cette province à ressembler d'une certaine manière aux autres dominions de [Sa] Majesté sur ce continent », et les changements devaient être effectués « avec une main de velours ». Les Canadiens ne pourraient s'opposer à ce que le droit anglais constitue l'élément premier d'un gouvernement anglais, « pourvu que ces points qui les touchent d'une façon très sensible, comme la transmission par droit de succession, l'aliénation et les servitudes de leurs biens immobiliers, leurs façons de disposer par testament de leurs biens personnels, de les transférer et d'en faire cession, leurs contrats de mariage et toutes ces dispositions qui tendent à régir leur vie domestique et à maintenir les liens familiaux, fussent entièrement préservés, et que les lois les régissant fussent bien comprises et bien administrées ». Hey n'était pas de l'avis de Maseres, qui désirait un code rédigé ; le juge en chef estimait en effet que le temps manquait pour une telle entreprise.

A Londres, en réfléchissant à l'avenir de la province de Québec, on tint compte des vues de Hey : les rapports des légistes de la couronne comportent de respectueuses références aux recommandations du juge en chef. Ayant obtenu la permission de rentrer en Angleterre, pour un congé, Hey arriva à Londres au début de 1774, à temps pour participer aux dernières étapes de la préparation du projet de loi. Le solliciteur général, Alexander Wedderburn, confia plus tard à lord Dartmouth, secrétaire d'État des Colonies américaines, qu'il avait « beaucoup conversé avec M. Hey » relativement à l'inopportunité du droit criminel français, et qu'il avait trouvé les avis du juge en chef « d'un grand poids ». Quand, dans la première semaine de juin 1774, et alors qu'elle étudiait le projet de loi qui allait devenir l'Acte de Québec, la chambre des Communes entendit des témoignages, Hey, à la suite de Carleton et de Maseres, comparut devant elle. Le leader du gouvernement, lord North, ayant refusé, aux critiques de l'opposition, des copies des rapports de ces messieurs sur les lois de la province de Québec, sous prétexte que ces documents étaient trop longs pour être reproduits, avait privé ses critiques d'utiles sources de renseignements. Aux questions de l'opposition, qui cherchait, en exagérant la situation, à faire voir à quel point les Canadiens avaient été privés des avantages de la constitution et de la loi anglaises, Hey apporta des réponses modérées et réservées. Il n'acceptait pas les affirmations selon lesquelles la majorité des Canadiens réclamait le jugement par jury et une chambre d'Assemblée. S'il croyait pouvoir, avec le temps, maîtriser le droit français, il ne pouvait néanmoins en être certain. Il croyait encore préférable de concilier les lois civiles anglaises et françaises – point sur lequel il s'était au début dissocié de Carleton – mais il admettait que ce plan paraissait moins réalisable qu'en 1769, les Canadiens étant devenus moins soumis. Ils conservaient encore, cependant, le respect de l'autorité hérité de l'ancien régime, se soumettant naturellement et parfaitement à la couronne, plutôt que de souhaiter avec impatience une chambre d'Assemblée ; c'était leur côté attachant, d'être « en général un peuple très empressé et obéissant ». En revanche, ajoutait-il, c'était aussi « un peuple très ignorant – un peuple qui avait de forts préjugés ». Peut-être parce qu'il avait exposé ces vues nuancées, Hey n'appuya ni n'attaqua le projet de loi, lequel, en ce qui concernait le système juridique, suivait essentiellement les recommandations faites par Carleton en 1769.

La dernière semaine de septembre 1774, prématurément et contre toute attente, le parlement fut dissous. Le 27 septembre, Hey présenta sa démission, comme juge en chef, à Dartmouth. Qu'il y eût entre ces deux faits plus qu'une coïncidence, le choix de Hey et son élection sans opposition comme député de Sandwich le démontrent. Il avait offert sa démission en sachant l'imminence de son élection et en croyant qu'il ne pouvait remplir simultanément les fonctions de juge en chef et de député.

Néanmoins, en décembre 1774, Dartmouth écrivit à Carleton pour dissiper tout doute sur le retour de Hey à Québec. Le juge en chef était résolu à reprendre ses fonctions, même s'il lui fallait abandonner son siège au parlement, « ce qui, toutefois, affirmait-il, comme nous l'espérons et le pensons, pourra être évité ». On peut douter que la résolution de Hey ait été pleinement volontaire : sa présence à Québec était requise d'urgence, advenant la création des nouvelles cours de justice rendues nécessaires par la mise en vigueur de l'Acte de Québec le 1er mai 1775.

Alors qu'il était encore en Angleterre, à la fin de 1774, Hey avait préparé le projet d'une ordonnance visant l'établissement de cours de justice dans la province. Mais il ne retourna pas à Québec assez tôt pour que l'ordonnance fût prête à la date fixée. Après son arrivée, le 15 juin 1775, il trouva difficile la tâche que lui confia le Conseil législatif de diriger le comité chargé de mettre au point une nouvelle structure juridique. Hey continua de soutenir sa thèse sur la supériorité du droit commercial anglais et du jugement par jury dans les causes relatives aux dommages personnels. Les instructions de Carleton révèlent que le gouvernement britannique entendait que le gouverneur et son conseil établissent la procédure, mais Carleton, avec la connivence des seigneurs membres du conseil, présenta une opposition suffisante pour repousser les propositions visant son adoption. La controverse fut, de toute façon, gagnée de vitesse par l'invasion américaine de l'été de 1775.

Face à l'attaque américaine, à l'intransigeance des Canadiens et à l'opposition du gouverneur, Hey n'avait qu'un désir : quitter son poste. « Permettez-moi de dire d'une façon générale », écrivait-il au lord chancelier Apsley, en août 1775, « que ce pays offre [...] au point de vue de la sécurité, et à cause de l'humeur acariâtre et des mauvaises dispositions de ses habitants, [un avenir] aussi sombre qu'on peut l'imaginer. » Aussi croyait-il que ses dix années comme juge en chef méritaient, à titre de compensation, « le premier poste comportant honneurs ou profits que la Couronne [devait] octroyer ». Il n'y avait chez lui aucune ardeur militaire qui l'eût incité à rester. Et quand enfin il ferma sa lettre à Apsley, à la mi-septembre, ce fut sur la prédiction que Saint-Jean, Montréal et Québec tomberaient bientôt aux mains des envahisseurs. « Dans cette conjoncture, je me tiens prêt à m'embarquer pour l'Angleterre, où je serai peut-être de quelque utilité, alors que, Votre Seigneurie me l'accordera, j'espère, je ne peux être utile en rien ici. »

Hey ne resta pas assez longtemps pour voir ses craintes d'une défaite entièrement justifiées. Il fit voile pour l'Angleterre en novembre 1775 ; plus tard, au cours de l'hiver, il fit la seule intervention dont on ait conservé la mention, au cours d'un débat parlementaire. Parlant, le 20 février 1776, contre une motion de Charles James Fox, qui proposait une enquête sur l'échec militaire des Britanniques en Amérique du Nord, Hey se porta à la défense de l'Acte de Québec, qu'on accusait d'avoir contribué à cet échec, et il fit l'éloge de Carleton, qui, déclara-t-il, n'avait pas reçu une aide suffisante. Le *Public Advertiser* plaça le discours de Hey parmi les trois « plus importants » et qui, sur cette motion, présentèrent les vues « les plus larges ». Grâce à sa connaissance intime de l'état du Canada, « on dit que d'abondants renseignements furent donnés à toute la Chambre ».

Au cours de l'été de 1776, il devint évident que Hey ne retournerait pas à Québec. Il s'en tint fermement à l'entente qui avait précédé son entrée aux Communes : qu'il quitterait Québec peu après et obtiendrait un autre poste. En août, il opposa un refus à la demande de lord Germain, le nouveau secrétaire d'État des colonies américaines, de reprendre ses fonctions. Il démissionna comme juge en chef et « poussa énergiquement » sa demande d'un poste de commissaire de l'accise ou des douanes. Sa nomination au commissariat des douanes, le 31 octobre 1776, l'obligea à abandonner son siège aux Communes et mit fin à ses carrières juridique et politique.

Juge en chef de la province de Québec, Hey s'était acquitté de ses responsabilités avec une application raisonnable. Infiniment plus compétent que son prédécesseur, William Gregory, il ne devint cependant pas, à l'instar de son successeur, Peter LIVIUS, un objet de controverses. Ses efforts se limitèrent, en très grande partie, à présider un système juridique qu'il ne comprenait que partiellement et qu'il ne sut pas modifier. Alfred Leroy Burt* a pu conclure que, « à une exception près, peut-être [un aspect du cas Walker], on n'a trouvé aucune faute dans sa façon d'administrer la justice » ; de son côté, Hilda Neatby* a soutenu que le rejet par le conseil de son projet de loi sur la réorganisation des cours de justice, à l'été de 1775, « signifia la perte de la première et de la meilleure chance qu'on avait d'en arriver, en se fondant sur l'Acte de Québec, à un compromis raisonnable entre les marchands anglais et le *French party* ». Malheureusement, la compétence générale de Hey et sa capacité de contribuer à la révision du système juridique de la province de Québec le cédèrent à son désir d'obtenir un poste sûr en Angleterre.

EN COLLABORATION AVEC PETER MARSHALL

Docs. relating to constitutional history, 1759–1791

(Shortt et Doughty ; 1918). — G.-B., Hist. MSS Commission, *The manuscripts of the Earl of Dartmouth* (3 vol., Londres, 1887–1896), I ; II ; Parl., *Debates of the House of Commons in the year 1774, on the bill for making more effectual provision for the government of the province of Quebec, drawn up from the notes of Sir Henry Cavendish* [...] (Londres, 1839 ; réimpr., [East Ardsley, Angl., et New York], 1966). – Maseres, *Maseres letters* (Wallace). – *Reports on the laws of Quebec, 1767–1770*, W. P. M. Kennedy et Gustave Lanctot, édit. (Ottawa, 1931). — Namier et Brooke, *House of Commons*. — Burt, *Old prov. of Que.* — Bernard Donoughue, *British politics and the American revolution : the path to war, 1773–75* (London et New York, 1964). — Neatby, *Administration of justice under Quebec Act*.

HICKS, JOHN, agent des terres et fonctionnaire, né le 23 avril 1715 à Portsmouth, Rhode Island, fils de Thomas Hicks et d'Ann Clarke ; il épousa le 8 mai 1740, à Tiverton, Rhode Island, Elizabeth Russell ; décédé le 6 mars 1790 à Hicks' Ferry (Bridgetown, Nouvelle-Écosse).

John Hicks naquit au sein d'une famille de quakers influente et prospère du Rhode Island. Son père, descendant de l'un des Pèlerins, avait amassé une fortune considérable à Portsmouth, et son grand-père maternel avait occupé de hauts postes gouvernementaux dans la colonie. Après son mariage en 1740, Hicks s'établit dans le comté de King's où il s'adonna aux travaux de la ferme ; il fut bientôt nommé juge de paix à Charlestown. C'est donc un homme jouissant d'une grande influence qui se rendit en Nouvelle-Écosse en avril 1759 pour représenter les citoyens de Rhode Island and Providence Plantations désireux de s'établir dans cette province. Au mois d'octobre précédent, le gouverneur de la Nouvelle-Écosse, Charles Lawrence*, avait publié une proclamation dans la *Boston-Gazette*, informant les gens de la Nouvelle-Angleterre que la conjoncture était propice à la colonisation et à la culture, non seulement sur les terres laissées vacantes par l'expulsion des Acadiens, mais également dans d'autres parties de « cette riche province ». Sa proclamation avait suscité un intérêt immédiat, particulièrement dans le Rhode Island et le Connecticut, où, par suite de l'accroissement rapide de la population, les terres cultivables se faisaient rares.

Hicks s'embarqua pour Halifax, en compagnie de Robert Denison*, de Jonathan Harris, de Joseph Otis et d'Amos Fuller, tous agents du Connecticut. Le 18 avril, ils rencontrèrent Lawrence et quatre de ses conseillers à la résidence du gouverneur. On s'entendit rapidement sur les conditions d'établissement, et les agents s'embarquèrent, aux frais du gouvernement, sur le senau *Halifax*, armé en guerre, pour aller examiner les terres proposées. L'arpenteur général, Charles MORRIS, fut du voyage pour les aider à choisir l'emplacement des cantons. Contournant Yarmouth, ils entrèrent dans la baie de Fundy, examinèrent les terres situées le long de la rivière Annapolis et se dirigèrent vers le bassin des Mines. Les agents revinrent à Halifax si satisfaits que Denison, Harris et Otis se mirent immédiatement d'accord avec le Conseil de la Nouvelle-Écosse sur les termes d'une entente concernant le peuplement des cantons de Horton et de Cornwallis, à l'ouest du bassin des Mines. Ils rentrèrent alors en Nouvelle-Angleterre, cependant que Hicks et Fuller restèrent pour présenter leur propre plan d'action. Ils choisirent l'emplacement d'un ancien établissement acadien, sur la rive nord de la rivière Pisiquid (rivière Avon), face au fort Edward (Windsor), où ils se proposaient d'amener 100 familles, à raison de 50 par année, en 1759 et en 1760. Le 21 juillet 1759, on leur concéda 50 000 acres de terre qui constitueraient le canton de Falmouth. La concession n'était pas encore faite, cependant, qu'on avait eu vent à Halifax qu'un grand parti de Français et d'Indiens avait fait son apparition devant le fort Edward. Même si aucun combat ne s'y était déroulé, on avait signalé des actes de violence dans d'autres parties de la province. Hicks informa le conseil, le 16 juillet, qu'à son avis les colons préféreraient ne venir que l'année suivante.

Les colons du Rhode Island, dont Hicks et sa famille, arrivèrent à Falmouth sur quatre navires, en mai 1760. Les archives du canton montrent le rôle important joué par Hicks au sein de cette nouvelle communauté. Non seulement eut-il la tâche de trouver « aux soldats [le logement] où ils habiteraient durant le temps qu'ils seraient requis au village », mais il fut aussi nommé juge de paix du canton et fit partie de son premier jury d'accusation.

En 1765, Hicks déménagea sur les terres qu'il avait achetées le long de la rivière Annapolis, dans le canton de Granville. Après la démission de Henry Munro, il fut élu à la chambre d'Assemblée, en juillet 1768, comme député de Granville. Il prit possession de son siège le 31 octobre et le conserva jusqu'aux élections générales de 1770. En 1772, il traversa la rivière pour s'installer dans le canton d'Annapolis, où il acheta et mit en valeur de grandes étendues de terre. Il mit en service un bac entre les deux cantons, et la communauté qui grandit tout autour fut appelée Hicks' Ferry, nom qui fut changé pour celui de Bridgetown en 1824. Hicks y mourut en 1790. Six de ses 11 enfants lui survivaient. Trois de ses fils sont mentionnés dans le rapport officiel du *Capi-*

tation Tax Act de 1794, et les taux qui leur sont appliqués les placent parmi les résidents les plus riches du canton d'Annapolis.

John Hicks est le type de ces colons qui imprimèrent à la vallée de l'Annapolis le cachet caractéristique de la Nouvelle-Angleterre. Même si le Board of Trade devait par la suite approuver le plan de Lawrence de favoriser l'établissement de colons en provenance de la Nouvelle-Angleterre, ceux-ci avaient dès le début désiré ces terres destinées aux soldats licenciés. L'enthousiasme de Hicks et l'énergie qu'il mit à organiser l'immigration de colons du Rhode Island aidèrent puissamment au succès de la politique du gouverneur.

F. H. Hicks

PANS, MG 9, n° 109 ; RG 1, 211, 12 oct. 1758, 18 avril, 18, 19 mai, 16 juill. 1759. — *Ancestry of Jeremy Clarke of Rhode Island and Dungan genealogy*, A. R. Justice, compil. (Philadelphie, [1922]), 53. — *Directory of N.S. MLAs*, 158. — Calnek, *History of Annapolis* (Savary), 332, 526s. — W. E. Chute, *A genealogy and history of the Chute family in America* [...] (Salem, Mass., 1894), ci–cii. — E. R. Coward, *Bridgetown, Nova Scotia : its history to 1900* ([Kentville, N.-É., 1955]), 25s. — J. V. Duncanson, *Falmouth – a New England township in Nova Scotia, 1760–1965* (Windsor, Ontario, 1965), 11–22, 267s. — A. W. H. Eaton, *The history of Kings County, Nova Scotia* [...] (Salem, Mass., 1910), 58–69. — H. Y. Hind, *Sketch of the old parish burying ground of Windsor, Nova Scotia* [...] (Windsor, 1889), 7, 46–50. — W. C. Milner, *Grand Pre ; a chapter in colonial history* (Wolfville, N.-É., s.d.), 11–14, 20. — Murdoch, *History of N.S.*, II : 364s., 476. — R. S. Longley, The coming of the New England planters to the Annapolis valley, N.S. Hist. Soc., *Coll.*, XXXIII (1961) : 81–101.

HIGGINS, DAVID, capitaine de navire, marchand, colonisateur et fonctionnaire ; le 6 juin 1773, il épousa Elizabeth Prince à Boston ; décédé en avril 1783 à Charlottetown, île Saint-Jean (Île-du-Prince-Édouard).

On ne sait rien des origines ni des premières années de David Higgins. La première mention qu'on ait de lui date des années 1760, au moment où, capitaine de navire, il s'occupait de la pêche dans le golfe Saint-Laurent. En 1767, à la loterie du Board of Trade, il tira, avec les marchands Hutcheson Mure et Robert Cathcart, le lot 59 situé sur l'île Saint-Jean. Deux ans plus tard, il s'associa avec James William Montgomery, procureur général d'Écosse. Ils projetaient de transformer, en un centre de pêche, de commerce et d'exploitation de bois, le lot 59, qui donnait sur la baie de Cardigan, et le lot adjacent 51, qui appartenait à Montgomery. Probablement à cause de ses relations avec Montgomery, Higgins fut nommé intendant du commerce maritime (*naval officer*) de l'île, de même que l'un des premiers membres de son conseil. Le comte de Hillsborough, secrétaire d'État des Colonies américaines, l'autorisa à assumer la garde des marchandises et des provisions que Michæl Francklin, lieutenant-gouverneur de la Nouvelle-Écosse, avait commandé d'envoyer à Charlottetown en 1768, dans une tentative avortée de favoriser ses amis et ses associés.

Higgins arriva dans l'île en septembre 1769 et fit rapport à Whitehall que le gouverneur Walter Patterson serait désappointé s'il s'attendait, comme résultat des efforts de la Nouvelle-Écosse, à « de bonnes maisons, des provisions, des ustensiles nombreux, des navires, etc. » ; en effet, les maisons étaient inachevées et inhabitables, les provisions gâtées, les navires en mauvais état, les marchandises hors de service et les outils fort rouillés et inutilisables. Montgomery avait muni Higgins d'une pleine cargaison de marchandises de traite à vendre aux éventuels colons et d'une lettre de crédit illimité à l'adresse d'un important marchand bostonnais, Job Prince, le futur beau-père de Higgins. Celui-ci n'eut pas de difficultés à écouler ces marchandises non plus que celles qu'il se procura par la suite en Nouvelle-Angleterre, ce qui contribua à sauver plusieurs nouveaux venus de l'inanition, mais la plupart de ses transactions se faisaient uniquement à crédit. Higgins tint un magasin à Georgetown et, sur le lot 59, il construisit un moulin à scier et un moulin à farine. Il défricha 30 acres de sa future ferme St Andrew et établit 32 petits tenanciers, dont une douzaine de familles acadiennes familières avec la pêche. Il expédia en Grande-Bretagne 22 chargements de bois au début des années 1770, mais, à cause de la chute des prix, il recouvra à peine les frais de préparation et de transport. Higgins servit comme chef du premier grand jury de l'île, et on le nomma « contrôleur des laissez-passer » de Georgetown, en 1771, pour empêcher les domestiques engagés de quitter l'île sans congé. Le conseil le congédia en 1773 pour s'être absenté des séances sans autorisation.

En 1774, épouvanté des montants tirés sur lui – près de £4 000 au total – sans que jamais il en vît quelque dividende, Montgomery cessa de payer les lettres de change de Higgins et le rappela pour qu'on fît ses comptes. En route, Higgins s'arrêta à Boston pour céder à Job Prince ses intérêts dans le lot 59 (et les édifices y construits, appartenant à Montgomery) afin de satisfaire à quelques-unes de ses dettes. En Écosse, Montgomery ne put comprendre grand-chose aux livres de son associé, mais il amortit la dette en retour du tiers du lot 59 appartenant à Higgins (dont il ne découvrit la vente à Prince qu'après la mort de Higgins), ainsi que d'un autre tiers du même lot et de la moitié du lot 12 que Higgins avait finalement acquis, et d'une obligation de £2 400. En contrepartie, Higgins devint le locataire de Montgomery pour les deux tiers du lot 59, la moitié du lot 12, l'ensemble du lot 51 et l'île de Panmure au loyer de £100 par année, qui devait finalement s'élever à £300. Ayant déjà investi et perdu la « petite fortune » de sa femme et ayant résidé dans l'île pendant cinq ans « dans un état guère meilleur que celui d'esclave », Higgins se sentit obligé d'y retourner à l'été de 1775 avec une autre charge de marchandises de commerce et un équipement complet pour la distillation de la mélasse. Avec tout ce fourniment, présumément obtenu à crédit, il espérait se servir de Three Rivers (la région entourant Georgetown) comme base d'un commerce triangulaire, avec la Grande-Bretagne et les Antilles, de poisson, de bois, de mélasse et de marchandises de traite. La guerre d'Indépendance américaine ruina ses projets. Des corsaires prirent son navire dans son voyage d'aller, et Higgins ne put conserver sa liberté et sa cargaison qu'à grands frais. Si, cette fois, il sauva ses précieux appareils à distiller, ils lui furent enlevés au cours des raids américains sur Three Rivers, plus tard au cours de la guerre.

Élu à la chambre d'Assemblée, en juillet 1779, Higgins démissionna en mars 1780, après en avoir été le président. Il tentait encore de rester en affaires en 1781, année où il écrivit à HALDIMAND pour lui offrir d'être son agent dans le golfe, mais il abandonna en 1782 et déménagea sa famille à Charlottetown. Il retourna à Three Rivers à bord d'un schooner sur lequel il chargea tout ce qui pouvait être déplacé pour le vendre dans la capitale. La plupart des fonctionnaires de l'île vinrent au secours de Higgins en lui retirant des mains, à prix d'amis, des choses telles que portes, fenêtres, équipement de forgeron, même si, selon un observateur, « aucun n'avouera y avoir participé ». Et, dernière indignité, un « Mr Barry [probablement le capitaine Walter Berry] » enleva la femme de Higgins. Accablé par ses dettes et par sa « femme déshonorant son lit », Higgins s'embarqua dans une soûlerie de quatre mois, qui finit par une fièvre fatale, en avril 1783. Un autre des agents de Montgomery, David Lawson*, entreprit de gérer la succession de Higgins et obtint la garde de ses livres de comptes, dont la rumeur dans l'île voulait qu'ils fissent état de grandes sommes dues par les principaux fonctionnaires, en particulier par le procureur général Phillips CALLBECK. Montgomery, le créancier principal, malgré des années de litiges, ne put jamais entrer en possession de ces livres.

Un des premiers aventuriers de l'île, David Higgins compta parmi les plus actifs et les plus entreprenants, et il aida beaucoup de colons. Le lieutenant-gouverneur Thomas Desbrisay* écrivit, à la mort de Higgins, que celui-ci fut « un homme qui rendit plus service aux petites gens d'ici que tous les fonctionnaires du gouvernement ensemble ». Mais les services rendus ne payèrent pas les factures, non plus qu'ils ne satisfirent les créanciers. Presque tout l'argent utilisé ne lui appartenait pas et, à sa mort, Higgins était virtuellement en banqueroute – ce qui démontre la nature des problèmes des premiers marchands de l'île Saint-Jean.

J. M. BUMSTED

BL, Add. MSS 21 734, f.127. — PRO, CO 226/1, f.55 ; 226/4, ff.1–2, 29–32, 119–121, 175–178. — Scottish Record Office (Édimbourg), Montgomery estate papers in the muniments of Messrs. Blackwood and Smith, W.S., Peebles, Estate papers, GD293/2/78/23 ; 28 ; 30 ; 45 ; 47 ; 61 ; 293/2/79/1 ; 19 ; 46 ; 49 ; 51 ; 52. — Brebner, *Neutral Yankees* (1969), 85s. — A. H. Clark, *Three centuries and the Island : a historical geography of settlement and agriculture in Prince Edward Island, Canada* (Toronto, 1959).

HILLAIRE (Hilaire) DE LA ROCHETTE, ALEXANDRE-ROBERT (d'), agent des trésoriers généraux de la Marine, fils de Charles-Robert Hillaire de Moissacq et de La Rochette, et d'Élisabeth Martin, de la paroisse Notre-Dame de Versailles, France ; il épousa à Montréal le 21 novembre 1760 Marie-Anne Levasseur ; décédé en ou après 1772.

Alexandre-Robert Hillaire de La Rochette paraît pour la première fois au Canada en 1755, à titre de secrétaire d'André Doreil*, nommé commissaire en chef de l'expédition de Dieskau*. A Québec, Montcalm* et BIGOT, de même que Doreil, s'intéressèrent à sa carrière et, quelques mois après le départ pour la France de Doreil, à la fin de 1758, La Rochette succéda à Jacques Imbert* en qualité d'agent des trésoriers généraux de la Marine. Il conserva ce poste du 16 octobre 1759 à la cession officielle de la colonie à la Grande-Bretagne, en 1763. Ses principaux patrons, Claude Baudard de Sainte-James et Noël-Mathurin-Étienne Perichon, avaient acheté leur office pour la somme énorme de 600 000# et étaient entrés en fonction le 31 janvier 1758, au moment précis où commençait la crise financière occasionnée par la guerre de Sept Ans. Les principales tâches de La Rochette étaient de faire les paiements de la couronne au moyen des diverses sortes de monnaie de papier en usage au Canada et de maintenir la confiance publique dans cette monnaie en la convertissant annuellement en lettres de change tirées sur ses patrons, à Paris. Exécuter ces tâches, pendant les années de guerre, avec l'inflation, les manœuvres des profiteurs et les pertes fréquentes du courrier transporté par bateau, s'avérait extrêmement difficile, comme Imbert l'avait expérimenté avant de quitter son poste. En outre, le 15 octobre 1759, à l'époque où La Rochette entra en fonction, le gouvernement français rendit son rôle impossible en suspendant le remboursement des lettres de change tirées dans les colonies sur les trésoriers généraux. On parla beaucoup de La Rochette, on le disait incompétent – et c'était la moindre des accusations portées contre lui – mais l'homme le plus parfait n'aurait pu qu'échouer dans un tel poste à une pareille époque.

Le ministre, en tout cas, avait une haute opinion de La Rochette et, à son retour en France, il le nomma agent des colonies, le 16 octobre 1763, pour surveiller l'achat des marchandises destinées aux colonies et au service colonial. Il le chargea de plus de la liquidation des papiers du Canada ; pour ce faire, La Rochette devait recevoir, examiner et vérifier toutes les réclamations privées, non encore réglées, à l'adresse de la couronne, en particulier les lettres de change et les billets de monnaie ; quand, enfin, ces réclamations auraient été officiellement approuvées (et réduites, après un délai de plusieurs années), il devait effectuer les paiements nécessaires [V. Bernard Cardeneau*]. Il travailla sous la direction de la commission Fontanieu (du nom de son président, Gaspard-Moïse-Augustin de Fontanieu, marquis de Fiennes), créée le 18 octobre 1758 sous le nom de commission de liquidation des dettes de la Marine et des Colonies, et qui reçut l'ordre, le 28 novembre 1761, de délaisser les dettes concernant le ministère de la Marine en général pour se tourner vers celles du Canada. Le travail des commissaires ne prit fin qu'en 1768, lorsque, le 20 février, la couronne publia un *Arrêt qui annulle tous les billets de monnoie, lettres de change et autres titres de créance du Canada qui n'ont pas été produits dans les délais fixés*. En 1772, toujours agent des colonies, La Rochette prit les mesures nécessaires pour son remplacement temporaire, afin de passer une année ou deux en Inde. On perd ensuite sa trace.

Les relations familiales de La Rochette jettent une lumière révélatrice sur sa carrière et montrent avec une rare précision par quelle protection un fonctionnaire pouvait, sous les Bourbons, avancer dans la vie. Du côté maternel, sa famille comptait deux hommes d'affaires de Marseille qui s'établirent à Québec, comme banquiers et négociants, à la fin des années 1740, Barthélemy*, fils de Vincent Martin, et Jean-Baptiste-Tropez, fils de Charles-Bruno Martin. Les familles Martin et Hillaire s'entraidaient, bien sûr, mais des membres de l'une et l'autre famille entrèrent, par des mariages, dans une famille dont on pouvait attendre davantage encore, les Levasseur, alliés à de riches et puissants fermiers généraux. Barthélemy Martin, en 1752, et La Rochette, en 1760, épousèrent tous deux des filles de René-Nicolas LEVASSEUR, chef des constructions des vaisseaux du roi, en poste à Québec, dont le frère, Louis-Armand, un officier de carrière dans la marine, était commissaire ordonnateur à Rochefort quand il mourut le 9 août 1760. Beaucoup plus tard, le 18 janvier 1771, Jean-Baptiste-Tropez Martin, alors à Paris, épousa la sœur de La Rochette, Barbe-Madeleine ; parmi les invités à la noce, se trouvaient Élisabeth-Françoise Ferrand, née Levasseur, cousine germaine du père de Mme de Pompadour, et son mari, Laurent-René Ferrand, un fermier général. Il est évident que La Rochette bénéficia d'influences, tant à Paris qu'à Québec. Il avait d'importants intérêts en France pendant les années 1760, en société avec son futur beau-frère, Jean-Baptiste-Tropez Martin, plaçant plus de 20 000# dans la seule Société de Guadalcanal ; mais il n'est pas certain s'il profita de sa brève carrière à Québec, d'autant qu'il ne fut pas arrêté dans l'Affaire du Canada. Sans doute ses puissantes relations de famille le protégèrent-elles.

J. F. BOSHER

AN, Col., E, 257 (dossier La Rochette) ; Marine, C[7], 167 (dossier La Rochette) ; Minutier central, IV, n° 693 (contrat de mariage), 18 janv. 1771. — Yves Durand, *Les fermiers généraux au XVIIIe siècle* (Paris, 1971), 75s. — John Keyes, Un commis des trésoriers généraux de la Marine à Québec : Nicolas Lanoullier de Boisclerc, *RHAF*, XXXII (1978–1979) : 181–202. — Henri Legohérel, Une commission extraordinaire du Conseil d'État du roi : la commission de liquidation des dettes de la Marine et des Colonies (1758–1768), Université de Dakar, faculté de Droit et des Sciences économiques, *Publications*, 1968, 1–32.

HIYOUA. V. WIKINANISH

HOCQUART, GILLES (parfois écrit **Hocart** dans les vieux documents de famille), commissaire ordonnateur et intendant de la Nouvelle-France, né en 1694 dans la paroisse Sainte-Croix, à Mortagne-au-Perche, France, troisième des 14 enfants de Jean-Hyacinthe Hocquart et de Marie-Françoise Michelet Du Cosnier ; il épousa le 23 août 1750 Anne-Catherine de La Lande, à

Brest, France, et ils n'eurent point d'enfant ; décédé à Paris le 1er avril 1783.

Les Hocquart étaient originaires de la Champagne, et des documents y mentionnent leur nom dès 1189. Fonctionnaires locaux près du village de Saint-Menehould, on ne reconnut officiellement leurs prétentions nobiliaires qu'en 1536 et leur niveau de vie ne dépassait guère celui des paysans des alentours. Les ancêtres de Gilles Hocquart, les Hocquart de Montfermeil, émigrèrent, au XVIe siècle, de la Champagne à Paris, où ils entrèrent dans les bureaux des finances royales. Grâce à l'acquisition d'offices fiscaux et à la conclusion de mariages avantageux, avec la famille Colbert, par exemple, ils montèrent graduellement jusqu'aux échelons supérieurs de la noblesse de robe. Au milieu des années 1700, ils étaient de riches résidants du district de la place des Victoires et possédaient de l'influence dans la magistrature et dans la bureaucratie gouvernementale, de même que dans le monde de la finance. Leurs enfants s'allièrent à d'importantes familles de la noblesse d'épée. En fait, seuls la Révolution et les offices brutaux de la guillotine mirent un terme à leur ascension sociale.

On peut considérer Jean-Hyacinthe Hocquart, le père de Gilles, comme l'un des grands artisans des succès de la famille. A l'âge de 21 ans, il était l'un des secrétaires et des commis sous les ordres de Jean-Baptiste Colbert au ministère des Finances. Son mariage, en 1681, à une parente de la prestigieuse famille Talon, qui comptait des membres distingués dans la magistrature, aida les Hocquart à s'introduire dans cette branche de la noblesse de robe – son petit-fils Jean-Hyacinthe-Louis-Emmanuel devant par la suite accéder à la présidence de la deuxième chambre du parlement de Paris. En 1686, toutefois, Jean-Hyacinthe abandonna sa prometteuse carrière dans les finances et, répondant à une demande d'hommes de talent pour travailler au commissariat de la Marine, il commença une vie nouvelle dans les villes portuaires. Après plusieurs années de service, on le nomma intendant de Toulon en 1716, et du Havre en 1720. Ses deux fils aînés embrassèrent sa première carrière et connurent la réussite comme administrateurs et financiers à Paris. Jean-Hyacinthe, par exemple, devint un riche fermier général. Ses fils cadets, dont Gilles, entrèrent au service de la Marine, sous sa direction, et firent de longues carrières loin de Paris et de la vie fastueuse de leurs frères.

Gilles Hocquart, qui passa toute sa vie active au commissariat de la Marine, y entra en 1702 comme écrivain à Rochefort. Comme il n'avait que huit ans, il n'assuma vraisemblablement pas tous les devoirs de sa charge avant plusieurs années. En 1706, il partit pour Brest avec son père où il demeura jusqu'en 1716. Cette année-là, après avoir songé quelque temps à la prêtrise, il déménagea à Toulon où on le promut petit commissaire. Nommé commissaire ordinaire en 1721 et, un an plus tard, muté à Rochefort, il devait servir à cet endroit jusqu'à son affectation en Nouvelle-France, en 1729. Rochefort était une école d'entraînement pour le personnel de la Marine et, durant son mandat à cet endroit, Hocquart accomplit un large éventail de tâches, allant de la supervision des réparations de navires au contrôle financier du port. Cette expérience pratique et la connaissance qu'elle lui donna des détails relatifs au commerce, aux lois et à l'administration contribuèrent à ses succès au Canada. S'il connut un avancement hiérarchique plutôt lent, en 1728, néanmoins, il faisait fonction de commandant en second de l'intendant François de Beauharnois* de La Chaussaye, baron de Beauville, et, au ministère de la Marine, on avait pour lui beaucoup de considération. A l'âge de 34 ans, il était prêt à accepter une nomination qui comportât de plus grands défis.

On ne peut affirmer, toutefois, que la nomination de Hocquart, le 8 mars 1729, comme commissaire ordonnateur et intendant intérimaire de la Nouvelle-France reposât uniquement sur ses réalisations administratives antérieures. Sa famille a pu intervenir en son nom auprès de Maurepas, ministre de la Marine. Plusieurs de ses parents occupaient une bonne place à cet effet, en particulier son frère Jean-Hyacinthe qui acheta l'office de trésorier de la Marine en 1729 et qui, en sa qualité de fermier général, traitait d'affaires financières avec Maurepas. Le favoritisme fondé sur l'influence familiale décidait souvent des carrières qui progressaient et de celles qui ne sortaient point de l'ombre. Par ailleurs, Hocquart avait certaines compétences dont le Canada avait un impérieux besoin. Contrôleur à Rochefort, il s'était acquis la réputation d'un administrateur financier honnête et efficace, alors qu'au Canada l'intendant Claude-Thomas Dupuy* avait plongé les finances dans le bourbier et la confusion, par l'accumulation de grands déficits, l'embrouillamini des comptes, et des transactions douteuses. Non formé au ministère de la Marine, Dupuy considérait apparemment que les détails de l'administration financière relevaient de commis sans imagination. En outre, ses propositions dans le domaine économique, qu'il conçut avant même d'acquérir une certaine connaissance ou expérience du Canada, étaient rarement tempérées par des considérations sur la possibilité de les réaliser financièrement. Maurepas, de toute évidence, désirait vivement le remplacer par un bureaucrate plus réaliste et plus expérimenté.

Là encore, la personnalité de Hocquart agit

peut-être comme sa plus forte recommandation. En 1729, les relations de Dupuy avec le gouverneur Charles de Beauharnois* de La Boische avaient dégénéré, passant d'une aversion personnelle à une sorte d'agressivité qui gagna les plus hautes couches sociales de la Nouvelle-France et paralysa l'efficacité du gouvernement. Sans aucun doute Beauharnois avait-il raison d'écrire : « il suffit que je dise blanc pour qu'il dise noir ». C'est pourquoi Maurepas décida finalement de rappeler Dupuy et d'envoyer à Beauharnois un partenaire plus en sympathie avec lui. Hocquart répondait parfaitement à cette attente. Tout en lui laissait deviner un tempérament calme et sans disposition à la prétention. Physiquement peu remarquable, il avait des yeux somnolents et les traits lourds de quelqu'un qui aimait les plaisirs sédentaires. Intelligent, il n'était cependant pas brillant et son sens de la perception n'avait rien de renversant. L'historien Guy Frégault* l'a décrit comme un « commis travailleur [...] sans audaces fécondes ou larges synthèses ». Inflexible quand il avait décidé de passer à l'action, il se montrait cependant conciliant dans ses méthodes et cherchait presque toujours la voie qui offrait le moins de résistance. Maurepas le présenta à Beauharnois comme « sage, laborieux et de bon commerce ». Mais s'il pouvait peut-être répondre aux besoins administratifs de la Nouvelle-France en 1729, on ne pouvait prouver qu'il possédât l'expérience ou la vision économique pour faire face aux problèmes économiques à long terme de la colonie. Le mémoire qui devait lui servir d'instructions lui révéla la portée et la taille de ces problèmes.

Les instructions de Hocquart s'inspiraient des maximes mercantilistes classiques. « Comme la Colonie du Canada N'est bonne qu'autant qu'elle peut estre utile au Royaume, y lit-on, Le Sr. Hocquart doit Sapliquer a chercher les moyens qui y peuvent contribuer. » Mais la conception du mercantilisme français avait changé d'une façon significative depuis les jours de Colbert et de Louis XIV. Sous le cardinal Fleury, premier ministre de Louis XV de 1726 à 1743, on percevait le maintien de la paix avec la Grande-Bretagne, à des fins d'expansion commerciale, comme la condition essentielle à l'éventuelle hégémonie de la France en Europe. Pour progresser vers cet objectif, Fleury mettait l'accent sur la stabilité politique et un régime de stricte économie gouvernementale ; conséquemment, dans le milieu colonial, il fallait resserrer l'emprise de la bureaucratie de robe, orientée vers le commerce, sur le domaine politique et restreindre les fonds disponibles pour les initiatives de l'État. Pour ce faire, Maurepas insistait fortement sur la nécessité de l'expansion commerciale, mais par l'initiative des particuliers plutôt que par celle du gouvernement. On incita fortement Hocquart à promouvoir le commerce canadien au sein de l'Empire atlantique français, mais sans augmenter les dépenses de l'État.

Les instructions faisaient valoir que si les possibilités étaient grandes d'un commerce accru du Canada avec la France dans les domaines de la pêche, des fourrures et du bois d'œuvre, entre autres produits, les possibilités qu'offrait à l'agriculture et à l'industrie canadiennes l'approvisionnement de la population grandissante des esclaves dans les Antilles françaises étaient encore plus grandes. A l'instar de tant de théoriciens du mercantilisme avant lui, Maurepas envisageait un commerce intégré entre les colonies atlantiques de la France, qui présenterait l'avantage additionnel de réduire les échanges illégaux entre la Nouvelle-Angleterre et les Antilles françaises. Louisbourg, île Royale (île du Cap-Breton), informait-on Hocquart, constituait un entrepôt et un port protégé idéals pour ce commerce triangulaire, de même qu'un marché pour les produits canadiens ; mais, depuis sa construction, peu de navires en provenance de Québec y avaient accosté chaque année. Aux yeux du ministre, la responsabilité en cette matière était imputable aux prédécesseurs de Hocquart, Michel Bégon* de La Picardière et Dupuy, qui n'avaient pas développé les possibilités de l'industrie et de l'agriculture canadiennes. Les instructions ne permettaient point de douter qu'on jugerait l'administration de Hocquart en fonction de son habileté à atteindre cet objectif. Il allait réussir là où tous les intendants, à l'exception de Jean Talon*, avaient failli, soit dans le déplacement de l'axe des exportations canadiennes de la traite des fourrures vers l'agriculture et l'industrie. C'est à cette condition seulement que la Nouvelle-France atteindrait une stabilité économique à long terme, tout en servant plus utilement les fins de la France.

Hocquart arriva à Québec en septembre 1729, après s'en être tiré indemne quand son navire, l'*Éléphant*, s'échoua près de l'île aux Grues. Il demeura quelque temps avec le gouverneur, au château Saint-Louis, et découvrit avec plaisir que Beauharnois, quelque peu adouci par les sévères critiques du ministre relativement à son rôle dans le rappel de Dupuy, se montra amical et prêt à l'appuyer. Pendant les dix années suivantes, en effet, ces deux hommes trouvèrent un mutuel avantage à collaborer, dans le respect de leurs sphères d'activité respectives. Ils eurent un ennemi commun en la personne de l'évêque, Pierre-Herman Dosquet, et, apparemment, une véritable affection l'un pour l'autre. C'est Beauharnois qui, en 1730, adressa une requête au ministre en vue de la nomination de Hocquart comme intendant ; Hocquart, de son côté, recommanda chaudement Beauharnois, candidat au cordon rouge. Quand s'élevaient des différends, ils prenaient bien soin de ne pas laisser la dispute dégénérer en un affrontement personnel. Ils demandaient plutôt au ministre de décider. Ainsi, on écarta facilement la crise administrative qui avait abouti au rappel de Dupuy et Hocquart eut toute liberté de concentrer son attention sur des questions de plus grande portée.

Comme intendant, Hocquart avait juridiction dans de nombreux domaines – l'administration du système judiciaire, le maintien de l'ordre public et l'élaboration des initiatives économiques. Mais, en fait, son œuvre relative à la justice et à la police ne représenta qu'un aspect mineur de son intendance, et elle visa en grande partie l'amélioration de la compétence des fonctionnaires. Ses instructions insistaient sur son rôle dans le domaine économique, et ce secteur réclama toute son attention. S'il avait douté le moindrement de la possibilité de réaliser ces instructions, ses doutes durent être confirmés par ses premières impressions canadiennes. En fait, ses dépêches à la cour, de la date de son arrivée à 1731, manifestaient un pessimisme prudent. Son scepticisme initial peut être en partie attribué au choc culturel que ressentaient les Européens de la haute société quand ils s'aventuraient pour la première fois aux extrémités du monde connu. Pour eux, le Canada s'avérait un poste avancé, isolé et perdu dans un environnement infini de rocs et de forêts. Mais Hocquart, homme pratique, observa combien le Canada manquait des ressources humaines et de l'infrastructure nécessaires à un progrès économique rapide. La piètre qualité des fonctionnaires civils de la Nouvelle-France, par exemple, le découragea. A ses yeux, ils étaient inefficaces, trop peu nombreux et mal payés. Plusieurs des employés affectés aux finances, qui avaient travaillé avec Dupuy, y compris l'agent des trésoriers généraux de la Marine, Nicolas Lanoullier* de Boisclerc, étaient soupçonnés de méfaits, cependant que les décès et les départs le laissèrent sans un seul commissaire expérimenté. « Je n'aye porté presque tout seul la peine de toutes les opérations que j'ay faites, se plaignait-il en 1730, n'ayant trouvé personne icy capable de Débrouiller le cahos Dans lequel estoient toutes les vieilles affaires, il a fallu que j'ay Dirigé, instruit et conduit tout le travail. » Il jugeait incompétents beaucoup d'officiers de justice, dont le procureur du roi à Montréal, François Foucher*, et plusieurs conseillers du Conseil supérieur, et il ne voyait aucune possibilité de leur trouver, dans la colonie, des remplaçants convenables. Il demanda de l'aide en France et, entre-temps, il s'en remit très largement à ces fonctionnaires, tels Louis-Frédéric Bricault* de Valmur, son secrétaire, et Jean-Victor VARIN de La Marre, contrôleur, qui l'avaient accompagné à Québec.

La communauté des marchands du Canada déçut Hocquart encore plus. Il savait consciemment, par suite de sa longue expérience dans les villes portuaires de France, que, depuis le traité d'Utrecht, les marchands bourgeois de ces villes avaient contribué grandement à la remontée du commerce français. Par conséquent, il se montrait disposé à voir dans les marchands le fer de lance de la croissance économique. Et les restrictions budgétaires qui frappaient son administration ne lui permettaient pas de douter que sa réussite au Canada dépendrait largement de son adresse à convaincre les marchands de développer l'agriculture et l'industrie. Mais, en 1729, cette possibilité paraissait éloignée. Parmi les commerçants, les plus riches, comme Pierre de Lestage* et Louis Charly* Saint-Ange, investissaient d'abord dans la traite des fourrures, où les profits étaient grands et les exigences relatives à la gestion, aux structures d'appoint et aux engagements à long terme, relativement modestes. Au surplus, Hocquart apprit par expérience que les autres secteurs de l'économie n'attiraient pas facilement les commerçants disposant de capitaux. Quelques entrepreneurs, à Québec surtout, reconnut-il, s'intéressaient aux pêcheries, au commerce du bois et des céréales, mais leurs opérations comptaient pour bien peu dans le commerce extérieur. Il aida ceux qui s'efforçaient de développer des industries en vue de l'exportation, comme l'abbé Louis Lepage* de Sainte-Claire, qui avait installé un moulin à scier dans sa seigneurie de Terrebonne, ou Michel Sarrazin* et François Hazeur qui exploitaient une ardoisière au Grand Étang à Gaspé, mais il nota que ces entreprises souffraient souvent de mauvaise administration. A la suite d'une faillite, en 1730, il affirma qu' « il n'y a[vait] que le Roy, qui puisse en ce pays y former est soustenir les etablissements dans leurs commencements ».

Hocquart fondait partiellement ce point de vue sur la reconnaissance des difficultés auxquelles se butaient les entrepreneurs du Canada. Un vigoureux commerce agricole supposait, par exemple, la production régulière de surplus. Mais on ne pouvait assurer de tels surplus, affirmait-il, quand les seigneurs manifestaient si peu d'assiduité à coloniser leurs fiefs et à remplir leurs obligations seigneuriales. En notant ces abus, Hocquart soutenait aussi que certains seigneurs exigeaient des rentes peu équitables et illégales et que d'autres vendaient les terres boisées plutôt que de les louer. Il considérait les habitants, dont il allait plus tard louer les qualités, comme paresseux et insubordonnés. Il ne pouvait s'empêcher de comparer le niveau de vie sur les fermes avec les conditions qui prévalaient en France où les paysans, croyait-il, étaient plus travailleurs. De 1729 à 1731, il rétrocéda aux seigneuries 400 censives non exploitées, en vertu du deuxième édit de Marly, soit plus de deux fois le nombre des rétrocessions faites sous les deux précédents intendants. Hocquart accepta aussi l'argument des marchands du Canada voulant que la trop faible quantité de numéraire disponible ne permît pas de stimuler les échanges entre les habitants possédant des surplus et les marchands. Il nota l'insuffisance des 400 000# en monnaie de cartes qu'il avait été autorisé à mettre en circulation en 1729. Il fit aussi des remarques sur le coût élevé des moyens de transport, du reste inadéquats, et nota que les petits navires construits au Canada ne pouvaient servir au commerce avec les Antilles. Or les marchands qui voulaient construire de plus gros navires faisaient face à des coûts élevés de main-d'œuvre : « Il est vray, que [...] la plupart des négociants Domiciliés se portent naturellement à la construction, écrivit-il, mais la main d'œuvre y est si chère, et les habitants si peu opulens qu'ils ne peuvent pas faire de grandes entreprises. »

Tout en reconnaissant les obstacles matériels à une diversification de l'économie, Hocquart partageait les vues de ses supérieurs français sur l'attitude peu entreprenante de l'élite commerciale du Canada, illustrée par sa préoccupation presque exclusive de la traite des fourrures, responsable en premier lieu de cette situation. Sa première évaluation, en d'autres mots, ressembla à celle d'un étranger peu sympathique au pays. Mais, en 1731 et en 1732, sa vision changea. Il commença de distinguer nettement les intérêts des commerçants canadiens de ceux des commerçants français, et à attribuer les faiblesses des premiers à l'étouffante prépondérance des seconds. Plus tard, il affirma que les marchands canadiens, dont quelques-uns seulement possédaient une fortune de 50 000# à 60 000#, n'avaient pas assez de capitaux pour investir dans l'industrie et l'économie agricole, parce que la traite se trouvait en très grande partie dominée par des maisons de commerce françaises comme Robert Dugard et Cie, de Rouen, représentée au Canada par un agent permanent, François Havy*, et Mme Pascaud et Fils, de La Rochelle, dont les administrateurs, en l'occurrence la veuve et les fils d'Antoine Pascaud*, étaient associés aux fins de la traite au Canada avec Pierre de Lestage. Les marchands français prenaient la part du lion sur les profits provenant des transactions de leurs agents au Canada et des intérêts qu'ils touchaient sur les dettes contractées envers eux par les marchands canadiens. En 1732, Hocquart évaluait ces dettes à 250 000#. Comme les marchands français, en général, ne manifestaient pas d'intérêt à réinvestir leurs profits dans d'autres entreprises canadiennes, il devenait extrêmement difficile de promouvoir la diversification de l'économie.

D'abord sévère pour les marchands canadiens, Hocquart se fit leur avocat par la suite. Il demeurait convaincu que la couronne devrait intervenir pour protéger leurs intérêts et pour les aider à acquérir une plus large tranche du commerce canadien, même si cela impliquait quelque immixtion dans le commerce des marchands français. Si les Canadiens devaient un jour développer une économie autre que celle des fourrures – et Hocquart affirma plus d'une fois qu'ils étaient plus propres à cette tâche que les marchands français aux bases d'opérations trop éloignées – la couronne devrait aussi leur fournir une aide financière. Hocquart résuma cette façon de penser dans une dépêche suggestive de 1732 : « c'est a vous Monseigneur, de balancer s'il seroit plus convenable en ce cas De procurer l'avantage des commerçans Etablis que celuy Des Forains. Il est vray que la liberté Du commerce est favorable a tous les habitans [...] par l'abondance et le bon marché Des marchandises qui en resulte : D'un autre côté il seroit a souhaiter qu'il y eut en ce pais Des marchands Riche fussent ils en petit nombre parce qu'il seroient en Etat de commencer et D'augmenter Des Etablissements que la modicité de leur fortune ne leur permet pas meme de tenter. » Hocquart voulait créer une bourgeoisie commerciale canadienne, comme celle des ports de France, qui pût, avec au début l'aide de la couronne, diversifier et étendre l'économie. Telle fut la ligne de conduite qui inspira ses gestes, qui le mit en conflit avec ses supérieurs français et qui caractérisa son intendance.

Trois facteurs principaux amenèrent Hocquart à adopter cette ligne de conduite. Le premier réside dans sa nomination comme intendant, en 1731, qui lui permit de relâcher un peu cette discrétion nécessaire pendant sa période de probation à titre de commissaire ordonnateur. Devenu intendant, il se trouvait dans une position plus forte pour exprimer ses vues et viser ses propres objectifs. Le second se trouve dans le fait qu'après deux ans de séjour au Canada il avait établi des rapports étroits avec certains représentants de l'élite commerciale, en particulier des marchands et des fonctionnaires de Québec intéressés au commerce. Les idées d'un homme comme François-Étienne Cugnet*, qui exprimait les façons de voir des marchands canadiens, influencèrent sans doute sa pensée. Le troisième, c'est que Hocquart désirait accroître son prestige et sa richesse. Contrairement à plusieurs de ses prédécesseurs, toutefois, il ne chercha pas à réaliser cet objectif en proposant des mesures visant à accroître le pouvoir politique de l'intendant. Il chercha plutôt à élargir sa sphère propre d'influence en favorisant les entreprises économiques de ses protégés. Il leur emprunta de l'argent, leur en prêta, et investit dans certaines de leurs entreprises. Les marchands canadiens, tout comme les fonctionnaires civils et les officiers de justice travaillant sous ses ordres, constituaient sa clientèle naturelle. Alors que les marchands français qui commerçaient au Canada pouvaient faire appel au ministre, les marchands canadiens se tournaient vers l'intendant. Cette relation de protecteur à protégés contribua grandement aux faveurs et à l'appui que leur accorda Hocquart.

Hocquart désirait gagner le ministre à ses idées, mais Maurepas était loin d'être convaincu. Il doutait, comme il l'expliqua dans une dépêche de 1733, que les Canadiens fussent aussi profondément endettés envers les marchands français que l'avait dit Hocquart, ou que cet endettement comptât pour quelque chose dans la lenteur du progrès de l'agriculture et de l'industrie. Les marchands canadiens, laissa-t-il entendre, tentaient simplement de se rendre maîtres de tout le commerce, de façon à pouvoir fixer eux-mêmes les prix et exploiter les habitants. Il avertit Hocquart de ne pas intervenir dans le commerce, sauf en certaines occasions, à la suite d'une mauvaise récolte par exemple, où le bien-être de la colonie serait clairement en jeu. Bien que disposé à aider les entreprises canadiennes, Maurepas n'était pas prêt à le faire aux dépens des marchands français. Il ne voulait pas non plus consacrer au développement du Canada plus de fonds de l'État qu'il ne le faisait déjà. « Quant aux avances dont vous jugez que le pays doit estre secourû, écrit-il, elles n'ont jamais este Sy considerables que depuis votre administration [...] il est aisé de Juger que vous avez este plus favourablement traitte [...] que ceux qui vous ont precedé. » Hocquart ferait mieux, soutint-il, de trouver un moyen profitable de lever des taxes, de façon que les Canadiens finissent par payer leur juste part des 600 000# que la couronne dépensait annuellement au Canada.

Ce refus d'apporter un appui moral et matériel, jugé essentiel par Hocquart, restreignit fortement l'efficacité des initiatives de ce dernier de 1733 à 1736. S'il convainquit Maurepas que le temps n'était pas encore venu de lever des taxes au Canada, il ne put obtenir du ministre plus de 25 000# (ou 2 et demi p. cent des dépenses à cette période) sous forme de prêts et d'aide directe aux initiatives canadiennes. Dans ces circonstances, ses efforts en faveur d'entreprises comme les forges du Saint-Maurice de François Poulin* de Francheville, l'industrie tuilière de Nicolas-Marie Renaud* d'Avène Des Méloizes près de Québec, la mine de cuivre de Louis Denys* de La Ronde au lac Supérieur, et l'exploitation forestière de l'abbé Lepage, produisirent de maigres résultats. Aucune de ces entreprises ne permit de croire qu'elles se transformeraient en industries exportatrices de quelque importance. Au contraire, les forges de Francheville fermèrent leurs portes en 1735 [V. Thérèse de Couagne*] et, en 1736, Lepage se trouvait au bord de la faillite. Hocquart avait maintenant acquis la conviction que les petites entreprises ne pouvaient réussir et que les marchands canadiens ne transformeraient jamais l'économie sans une aide considérable de la couronne. « Je scay, Monseigneur, que les dépenses que le Roy fait pour soutenir cette Colonie sont considerables, Et qu'elles sont meme a charge à la marine, écrivit-il en 1736, mais [...] La Colonie touche au point de devenir encore plus utile a la France par la culture du tabac, La construction des Bâtiments de mer, Les mines de fer et celles de cuivre : Mais les Efforts qu'elle fera ne peuvent produire qu'un effet lent, si sa Majesté, n'agréable, de nous ayder. » L'année précédente, Beauharnois et lui avaient cherché à faire approuver un prêt de 110 000# à une nouvelle compagnie, dirigée par Cugnet, qui se proposait de transformer les forges du Saint-Maurice en une industrie de première grandeur. En 1736, Hocquart fit le voyage de France pour solliciter personnellement une aide accrue.

A ce moment, toutefois, le point de vue du ministère différait. Pour une part, Fleury et Maurepas craignaient qu'une guerre européenne n'éclatât bientôt au sujet de la succession d'Autriche et que la marine française ne pût protéger le trafic transatlantique croissant de la France. Cette inquiétude les porta à insister cette fois sur la construction de navires de guerre et à raviver leur intérêt pour les rapports enthousiastes – et qui se révélèrent trop optimistes – de Hocquart sur les ressources canadiennes en bois de construction et sur les possibilités de la construction navale. Plus tard, en 1738, Pierre-Arnaud de Laporte succéda à Pierre de Forcade comme premier commis du bureau colonial au ministère de la Marine. Plus ambitieux et moins expérimenté que Forcade, Laporte fut aussi plus influencé par les idées des intendants des colonies. Hocquart, cela paraît évident, le convainquit que les grandes industries, comme les forges du Saint-Maurice et la construction navale gouvernementale, prospéreraient au Canada. En tout cas, le ministère relâcha son austérité financière et, de 1736 à 1741, on accorda plus de 500 000# des fonds royaux, sous forme d'investissement ou de prêts, à ces industries. Ces largesses contribuèrent grandement à la rapide croissance économique de cette période.

Mais si la politique financière du ministère était importante, l'administration des finances canadiennes par Hocquart ne l'était pas moins. L'intendant croyait à l'existence d'un lien étroit entre les dépenses gouvernementales et la croissance du commerce. « Les Dépenses que le Roy fait en ce pays [...] procurent une partie des retours, écrivait-il en 1735. Si [...] sa Majesté augmentoit ces Dépenses non seulement le bien de son service s'y rencontreroit mais il est évident que le Commerce augmenteroit a proportion. » Après ses deux premières années à Québec, au cours desquelles il devint urgent de démêler les comptes de Dupuy et de stabiliser le système financier, il saisit toutes les occasions d'accroître les dépenses. Il proposa, par exemple, de nombreux travaux publics et la construction de fortifications, allant de l'achèvement du canal de Lachine à l'édification d'une muraille de pierres autour de Québec, dont le coût total était évalué à des centaines de mille livres. Et les projets approuvés, telle la construction du fort Saint-Frédéric (près de Crown Point, New York), se révélèrent toujours plus coûteux que ses évaluations. Hocquart fit aussi un bon nombre de dépenses gonflées ou non autorisées, qu'il justifiait vaguement dans ses rapports annuels. Cette imprécision, peut-être délibérée, provoqua constamment le mécontentement de Maurepas, qui réprimandait l'intendant à tout bout de champ. Les dépenses annuelles n'augmentèrent que très peu pendant les années 1730, mais Hocquart fit tout son possible pour les accroître.

Si les dépenses de l'État profitaient à un large secteur de la société canadienne, Hocquart favorisa avant tout ses clients. Il le fit, tout d'abord, en gardant la direction des affaires financières dans un cercle de fonctionnaires civils, étroitement liés entre eux, qui restèrent en poste pendant presque tout le cours de son gouvernement. Les principaux d'entre eux étaient Thomas-Jacques Taschereau*, l'agent des trésoriers généraux de la Marine, Varin, le contrôleur, Honoré Michel* de Villebois de La Rouvillière, commissaire à Montréal, François Foucault*, garde-magasin du roi à Québec et, plus tard, chargé de la gestion financière des chantiers maritimes du roi, et Cugnet, directeur du Domaine d'Occident. Ces hommes formaient aussi la clientèle judiciaire de Hocquart au sein du Conseil supérieur. S'il continuait à requérir l'aide de la France dans le domaine administratif, Hocquart avait graduellement abandonné ses critiques à l'endroit des fonctionnaires canadiens. Tout au contraire, il jugeait ses subordonnés, bureaucrates chargés des finances et fonctionnaires civils, comme des hommes capables mais surchargés de travail. Cette affirmation paraît exacte, dans l'ensemble ; plusieurs fonctionnaires, tels Louis-Guillaume Verrier*, Michel de Villebois, Jean-Eustache Lanoullier* de Boisclerc, faisaient preuve d'une vigueur et d'une efficacité remarquables. Il est vrai, certes, que Hocquart eut tendance à trop faire confiance à ses lieutenants et que vers la fin de son mandat quelques-uns d'entre eux, Cugnet et le garde-magasin du roi, Louis-Joseph Rocbert de La Morandière, par exemple, se rendirent coupables d'abus de confiance à son égard. Tout compte fait, cependant, Hocquart eut l'une des équipes d'administrateurs les plus efficaces de l'histoire de la Nouvelle-France.

Beaucoup de ces fonctionnaires avaient personnellement des intérêts dans des entreprises industrielles ou agricoles subventionnées par l'intendant. Ils reçurent des prêts de la couronne, des congés de traite, des concessions de seigneuries, des postes de pêche à ferme, des avances de salaire et des gratifications extraordinaires ; quelques-uns d'entre eux bénéficièrent de contrats gouvernementaux. A l'occasion, les ententes contractuelles allaient bien au delà des normes de moralité publique en vigueur au XVIIIe siècle. Foucault, par exemple, utilisant un prête-nom, achetait à son propre compte le pain des magasins du roi. Ces entrepreneurs-fonctionnaires s'avéraient bien placés pour seconder Hocquart quand il s'agissait d'aider d'autres entrepreneurs, comme Denys de La Ronde et Lepage. En fait et de toute évidence, l'intendant et son équipe de fonctionnaires devinrent l'élément dynamique de l'expansion de l'économie, dans les domaines autres que celui des fourrures, à la fin des années 1730.

Mais les efforts énergiques de Hocquart se portèrent bien au delà des finances gouvernementales. Il s'efforça de diverses manières d'augmenter la participation des marchands canadiens, et en particulier de ses clients, au commerce de la Nouvelle-France. En dépit des admonitions de Maurepas, par exemple, il compliqua la vie à de nombreux commerçants français qui faisaient des affaires au Canada. Il ne se pressait pas d'aider leurs agents à percevoir les dettes contractées par les Canadiens et il usa de son influence au Conseil supérieur pour faire échouer les poursuites qu'ils y intentaient. Il travailla en outre à décourager les marchands forains qui venaient à Québec sur une base saisonnière et qui apportaient tous leurs profits à l'extérieur de la colonie. A cette fin, il entretenait l'incertitude autour des récoltes de céréales, en laissant craindre que la quantité ne lui permît pas d'en autoriser l'exportation ; en mettant en vigueur, relativement aux transports et aux moulins à farine, des règlements qui compliquaient leurs transactions ; en favorisant la dispersion du côté des campagnes des magasins appartenant aux marchands établis, afin de réduire les avantages que détenaient sur place les forains ; en augmentant la quantité de la monnaie de cartes, pour affaiblir l'attrait qu'exerçaient les forains en payant en numéraire. A la fin des années 1730, de moins en moins de forains risquaient le voyage au Canada.

Dans une veine plus positive, Hocquart favorisa l'expansion de la traite des fourrures, et en particulier les expéditions de Pierre Gaultier* de Varennes et de La Vérendrye et de ses fils, dans les années 1730, en vue d'ouvrir l'Ouest à l'influence française. Les profits provenant de la traite des fourrures, comme il le constata, constituaient la source la plus importante de capitaux disponibles pour les Canadiens intéressés au développement de l'agriculture et de l'industrie. Il encouragea de gros trafiquants de fourrures, comme Lestage et Charly Saint-Ange, à diversifier leurs affaires de cette façon. Il afferma aussi les postes de traite gouvernementaux de Tadoussac, des forts Frontenac (Kingston, Ontario) et Niagara (près de Youngstown, New York) à des entrepreneurs privés comme Cugnet et François Chalet. Dans les années 1740, il prôna l'affermage à des marchands de tous les postes alors exploités par les militaires qui y commandaient. Il se rendait compte, en formulant cette proposition, qu'il s'attaquait directement à la sphère de favoritisme de Beauharnois et qu'il n'en pouvait résulter qu'une détérioration de leurs relations, mais, à cette époque, il se préoccupait moins de l'attitude de Beauharnois que de pousser vivement sa politique d'expansion commerciale. Cette préoccupation aide à comprendre aussi ses réticences à supprimer la traite illégale des fourrures, même s'il admit en 1737 qu'elle représentait jusqu'à un tiers de tout le trafic des peaux de castor. Il expliqua à la Compagnie des Indes que « le pays est si Estendu et les profits qu'on y fait sont si grands qu'il n'est pas possible de [la] détruire entièrement » ; mais, de toute évidence, il considérait ces profits essentiels aux Canadiens. De la même façon, quand les pêcheries sédentaires le long des côtes du Labrador et du Saint-Laurent devinrent profitables au cours des années 1730, Hocquart, en collaboration avec Beauharnois, recommanda la concession de tels postes de pêche à plusieurs de ses protégés, dont Foucault et Nicolas-Gaspard Boucault*, et résista fermement, bien qu'avec un succès inégal, aux réclamations des précédents concessionnaires et des marchands français [V. Pierre Constantin*]. Fidèle à sa politique, il voulait drainer les richesses commerciales existantes vers les entrepreneurs canadiens.

Hocquart s'efforça aussi d'éliminer les obstacles empêchant la réussite commerciale dans les domaines de l'industrie et de l'agriculture. Il se fit, par exemple, le porte-parole efficace des exportateurs canadiens, envoyant en France des spécimens allant de la cire d'abeille aux peaux de bison, dont il vantait les qualités. Il discutait fermement quand les inspecteurs français différaient d'opinion avec lui au sujet de ces produits, ou d'autres comme le bois de construction, le chanvre, le goudron ou le tabac. Il prit l'initiative d'envoyer, à l'essai, des cargaisons des principaux produits canadiens à la Martinique et il entreprit, à Louisbourg, d'étendre le marché pour les produits agricoles. A propos de cette dernière initiative, il donna son appui aux marchands de Québec, qui soutenaient que les fonctionnaires de Louisbourg, et en particulier le gouverneur Saint-Ovide [Monbeton*], toléraient le commerce illégal des vivres avec la Nouvelle-Angleterre, nuisant ainsi considérablement à leurs intérêts ; « les négociants du Canada qui y envoyent [des vivres] ne peuvent les vendre qu'à perte, et se Dégoutent par conséquent D'y en envoyer [...] inconvenient qui [en] entraîne d'autres, prévint-il, le prix du bléd tombe, et les habitants négligent la culture de leurs terres ». Il était vital pour le succès du commerce canadien, comme Hocquart le comprit, d'avoir des débouchés sûrs et suffisamment considérables.

A l'intérieur du Canada, Hocquart endossa pour ainsi dire toute proposition, plausible ou même bizarre, qui offrait quelque espoir d'aboutir à la mise sur pied d'une entreprise commerciale. Il approuva même un plan, conçu par Cugnet et Jean-Baptiste Gastineau* Duplessis, pour transporter des bisons vivants du Mississippi à Québec, lequel, s'il n'amusa pas les fonctionnaires de Versailles, doit avoir mis à rude épreuve le stoïcisme des Indiens du Mississippi. L'intendant accorda aussi beaucoup d'attention à l'amélioration de ce qui, à l'intérieur du Canada, pouvait favoriser le commerce : expéditions annuelles du capitaine de port de Québec, Richard Testu* de La Richardière, pour effectuer des sondages et dresser des cartes du Saint-Laurent et de ses tributaires ; perfectionnement des équipements du port de Québec et, en particulier, construction d'un brise-lames sur la Saint-Charles, présenté par Hocquart comme « un ouvrage le plus utile qu'[il ait] pu imaginer pour l'avantage du commerce » ; publication d'ordonnances réglementant la qualité et le transport de produits d'exportation, comme les farines ; réglementation visant à élever les normes applicables aux marchés urbains. Les ordonnances portant sur cet aspect de l'administration de Hocquart consacré à l'ordre public contiennent de nombreux règlements propres à améliorer les échanges entre les campagnes et les villes, et à promouvoir un climat économique plus stable et plus uniforme. De surcroît, sous la direction de Hocquart, le grand voyer, Jean-Eustache Lanoullier de Boisclerc, construisit deux grandes routes, de Québec à Montréal et de Montréal au lac Champlain, qui facilitèrent le peuplement comme aussi la circulation des marchandises au cœur de la colonie. Bref, Hocquart se montra, après Talon, l'intendant le plus industrieux, au chapitre du développement des possibilités commerciales de la Nouvelle-France.

Cette évidence n'apparaît nulle part mieux que dans son apport aux deux grandes industries de la colonie, les forges du Saint-Maurice et la construction navale. Non seulement Hocquart persuada-t-il le ministre, en 1736, de prêter à la compagnie du Saint-Maurice les 110 000# requises initialement pour la mise sur pied des forges, mais il consentit de sa propre autorité des avances additionnelles. Quand vint la fin de cette compagnie en 1741, elle devait à la couronne 192 627#. Il prit aussi la défense de Cugnet, le responsable financier de la compagnie, quand on découvrit qu'il avait « emprunté » du Domaine d'Occident une autre somme de 64 302#. A trois occasions, Hocquart intervint auprès de Maurepas pour faire étendre les délais prévus pour le remboursement des emprunts, et, quand enfin on produisit du fer, il permit à la compagnie de le vendre pour se procurer un fonds de roulement plutôt que de l'utiliser aux fins du remboursement de sa dette. En 1740, il prêta de ses propres deniers 3 000# à la compagnie. Il aida aussi les associés de celle-ci à acquérir des concessions supplémentaires de seigneuries dans les environs des forges et leur facilita l'expédition du fer à Louisbourg et en France. Bien qu'il eût recommandé ce projet en faisant valoir qu'il stimulerait d'autres entreprises dans le domaine du minerai de fer, il s'opposa aux efforts de l'abbé Lepage, désireux d'en implanter une à Terrebonne, sous prétexte qu'elle ferait tort à celle du Saint-Maurice. Enfin, quand la compagnie, en 1740, ne put surmonter de nombreuses difficultés administratives, il intervint pour en réorganiser les opérations. Depuis lors et jusqu'à l'échec de l'entreprise hasardeuse des forges, l'année suivante, Hocquart fit non officiellement, auprès de l'entreprise, fonction de chien de garde du gouvernement.

En plus de superviser l'industrie gouvernementale de la construction navale, Hocquart apporta une grande contribution à cette industrie en assurant, tant au chantier privé qu'à celui de l'État, des charpentiers de navire en nombre suffisant. Il avait minimisé la carence chronique de main-d'œuvre qualifiée, en Nouvelle-France, en affirmant avec assurance que les deux chantiers pouvaient se développer dans l'harmonie. Mais il n'y avait que 50 charpentiers à Québec en 1739, dont 20 seulement pouvaient être considérés de première classe. Les salaires élevés qu'ils pouvaient exiger – et qui atteignaient 3# par jour pour un maître charpentier – menaçaient l'existence même de la construction navale privée. De 1739 à 1743, Hocquart recourut à divers expédients pour garder en activité les deux chantiers. Il convainquit le constructeur des navires royaux, René-Nicolas LEVASSEUR, d'employer des hommes de métiers connexes, et même des « gens de hache » peu fiables. On fit venir des charpentiers de France et il en chercha d'autres dans des coins aussi éloignés que l'Acadie et Louisbourg. Il tenta aussi d'accélérer la formation des charpentiers affectés au chantier royal. A une ou deux occasions, il suspendit la construction des vaisseaux du roi pour fournir des ouvriers au chantier privé, et il permit aux charpentiers de travailler certains jours de fête. On dut en grande partie à ses efforts la construction de navires privés au cours de cette période [V. Pierre Trottier* Desauniers].

Pour un certain nombre de raisons, Hocquart, en voulant donner une impulsion à l'agriculture, se montra bien moins paternaliste. Il n'était pas familier personnellement avec les travaux des champs, et ses proches associés, au Canada, habitaient eux-mêmes la ville. En outre, l'industrie semblait offrir de meilleures perspectives de résultats commerciaux immédiats. La France avait besoin de bois de construction, de navires, de fer, de cuivre et de poisson, mais non point de céréales. Il croyait également qu'une industrie navale active constituait un préalable à l'expansion d'un commerce céréalier avec les colonies françaises. Il est possible aussi que Hocquart ait été découragé, lors de ses premières observations, par le manque d'ambition que révélaient les attitudes des seigneurs et des censitaires. S'il en fut ainsi, il se persuada avec le temps que des mesures énergiques, comme l'application des édits de Marly, agiraient moins efficacement pour les stimuler qu'une démarche plus positive. Par exemple, il abandonna sa résolution antérieure de refuser de nouvelles concessions tant que les concessions existantes ne seraient pas bien établies. Beauharnois et lui amorcèrent plutôt la plus importante expansion du système seigneurial depuis le XVIIe siècle. De 1733 à 1743, 32 nouveaux fiefs furent concédés dans des régions jusque-là inhabitées de la vallée du Saint-Laurent et le long de ses affluents stratégiques, comme la Chaudière et le Richelieu. Quand ces concessions ne furent point accordées à des officiers du cercle de Beauharnois, comme Jean-Baptiste-Nicolas-Roch de RAMEZAY, elles allèrent aux clients de Hocquart – Taschereau, Cugnet, Foucault, Guillaume ESTÈBE. Hocquart se flattait que ces seigneurs triés sur le volet donneraient une impulsion au peuplement. De la même façon, il avait la conviction que la stimulation du commerce des marchands urbains, de façon qu'ils pussent payer à hauts prix les produits agricoles des habitants, valait mieux pour encourager un surplus de production que de saisir les terres des habitants. « L'habitant n'ayant aucun impôt à payer, écrivait-il en 1741, [l'attrait du] luxe est nécessaire pour l'Exciter au travail. » Fort de ces prémisses, il acheta, pour les magasins du roi, le chanvre et le tabac au prix fort, sans espoir de profit. Quand les habitants auraient vu les avantages qu'il y avait à pratiquer ces cultures – c'était là son argument – les prix tomberaient et les marchands prendraient la suite. Ainsi, en dépit du fait qu'il émit de nombreuses ordonnances relatives à la vie dans les campagnes, Hocquart dépendait surtout de l'esprit d'initiative des marchands qui formaient sa clientèle et du dynamisme des milieux d'affaires, pour réaliser ses objectifs en ce domaine.

En 1740, il semblait que Hocquart s'acheminait vers la réussite des transformations économiques réclamées dans ses instructions. Le volume des affaires au Canada, cette année-là, s'éleva à 4 375 184#, comparé à 2 817 742# en 1730, soit une augmentation de 39 p. cent. Pendant la même période, les exportations avaient augmenté de 712 780#, soit 51 p. cent, et, de 1739 à 1741, la Nouvelle-France connut une balance commerciale favorable totalisant 262 118#. Plus important encore, plus de 50 p. cent des exportations pendant ces trois années consistaient en produits agricoles et manufacturés. De 20 à 30 navires quittaient Québec chaque année avec des produits agricoles, à destination de Louisbourg et des Antilles ; en 1739, par exemple, on évaluait leurs cargaisons à 162 017#. Hocquart pouvait à juste titre affirmer que « les farines et biscuits sont à present d'un objet considérable dans le commerce du Canada ». La construction navale privée avait progressé, pendant son mandat, au point que des marchands de Bordeaux et de la Martinique projetaient de construire des navires à Québec, et les forges du Saint-Maurice, qui produisaient enfin du fer, promettaient un apport d'importance aux exportations du Canada. Hocquart entretenait aussi l'espoir que la construction navale d'État stimulerait l'initiative privée dans les industries du bois de construction, du goudron et des cordages [V. Médard-Gabriel Vallette* de Chévigny]. Si l'État avait joué un rôle de premier plan dans le progrès économique de cette période, Hocquart comparait ce rôle à celui d'une sage-femme qui travaillait à mettre au monde ce qui deviendrait, dans les années à venir, une vivante bourgeoisie canadienne.

Mais aucune de ces promesses ne devait se réaliser. De 1741 à son départ de la Nouvelle-France en 1748, Hocquart fut témoin de l'échec de sa politique économique et, avec lui, de la fin de la raison d'être mercantiliste dans le rôle que jouait le Canada au sein de l'Empire français. Les raisons de cet échec s'avérèrent nombreuses, et plusieurs d'entre elles – faiblesses humaines, calamités naturelles et périls de la guerre – échappaient à son action. En outre, les insuffisances de sa politique de développement économique, dont certaines reflétaient précisément la pensée de l'époque en ce domaine, alors que d'autres résultaient de son manque de vision, jouèrent un rôle déterminant dans ce fiasco.

Le premier choc survint en 1741, année où les forges du Saint-Maurice firent faillite. Hocquart considérait les forges, à bien des égards, comme la cheville ouvrière du développement industriel sur lequel il insistait, et leur chute révéla les nombreuses faiblesses de son orientation. Il était évident, en premier lieu, que les cinq associés – Cugnet, Taschereau, Jacques Simonet* d'Abergemont, Pierre-François OLIVIER de Vézin et Ignace GAMELIN – n'avaient jamais possédé de capitaux suffisants pour réussir. Non seulement empruntèrent-ils du roi tout l'argent nécessaire à la mise sur pied des forges, mais ils empruntèrent aussi de fortes sommes, à gros intérêts, de particuliers, Denis GOGUET, Jean Taché* et Trottier Desauniers, entre autres, pour les fins d'exploitation de l'entreprise. Finalement, ils avaient contracté des dettes pour un montant total de plus de 390 000#. Cugnet, responsable des finances de la compagnie et le plus favorisé d'entre les clients de Hocquart, se trouvait ruiné. Seule l'intervention de Hocquart put lui épargner les tristes conséquences de la faillite. Les associés avaient également commis un bon nombre de bourdes administratives qui, dans l'ensemble, montrent que Hocquart avait surévalué leurs capacités comme entrepreneurs. Du point de vue des ressources financières et des qualités proprement bourgeoises, les protégés de Hocquart n'arrivaient donc pas du tout à la hauteur des marchands des ports de France, qui réussissaient en diversifiant leurs activités, se lançant dans des entreprises industrielles primaires.

Plus remarquables encore dans l'échec des forges du Saint-Maurice, les difficultés dues aux conditions matérielles et à l'environnement ne permirent pas de faire ses frais à cette entreprise située dans un lieu aussi éloigné que le Canada. S'il avait toujours reconnu ces problèmes de marchés, de transport, de main-d'œuvre, de compétence technique et de climat, Hocquart les avait constamment sous-évalués. Maintenant, et quoi qu'il en soit, ces facteurs se révélaient déterminants dans la transformation du projet des forges, jusque-là un exemple de l'initiative privée, en une industrie moribonde que l'État dut prendre à son compte. Des problèmes exactement semblables, en particulier les coûts élevés de la main-d'œuvre, amenèrent l'échec de l'industrie privée de la construction navale, en 1743. Ces problèmes contribuèrent aussi à la hausse des coûts de construction des navires royaux, jetant le ridicule sur la prédiction de Hocquart selon laquelle l'accessibilité du bois de construction rendrait cette industrie plus économique au Canada qu'en France. Il va sans dire qu'aucun magnat du bois de construction ne surgit comme fournisseur des chantiers maritimes ou comme exportateur vers la France. Pierre Lupien*, dit Baron, connut quelque succès, mais ses fils, à l'instar de Clément de SABREVOIS de Bleury, préférèrent la fourniture moins risquée du bois de construction à la petite économie domestique. Hocquart écrivait tristement en 1744 : « je suis aujourd'huy dans la nécessité de faire faire par oëconomie les Exploitations, cela Est embarrassant, et d'abandonner la voye d'entreprise faute de gens habiles et solvables ». Dans un tel climat, les marchands canadiens ne montraient pas d'intérêt, non plus, à prendre en main l'une quelconque des petites industries d'exportation exploitées par l'État, comme la fabrication des cordages, de la térébenthine et de la colle.

Si l'affaiblissement de l'industrie privée qui survint au cours de ces années résulta, avant tout, des problèmes à long terme particuliers à ce secteur de l'économie, les échecs de l'agriculture vinrent en accélérer le processus. Trois mauvaises récoltes consécutives, de 1741 à 1743, causèrent une hausse des prix du pain et des autres denrées principales, la suspension de l'activité au sein de nombreuses industries et, finalement, un chômage élevé parmi les ouvriers urbains. L'impact dévastateur de ces calamités naturelles provenait en partie de la négligence de Hocquart vis-à-vis de l'agriculture. Cette négligence apparut d'abord en 1741, année où il dut réunir au domaine du roi 21 seigneuries non exploitées, dont la majorité avaient été accordées, au cours de la décennie précédente, sous la recommandation de Hocquart et de Beauharnois. A l'exception de Taschereau, les protégés de l'intendant n'avaient pas reculé les frontières de la partie colonisée du pays. Le fait que lui-même ne se préoccupa guère de l'immigration et que dans les années 1730 une forte proportion de la population en rapide croissance, dès qu'elle atteignait l'âge voulu, succombait à l'attrait des villes et de leurs industries explique qu'il y avait peu de nouveaux colons pour accepter des terres. L'intérêt trop exclusif de l'intendant pour l'industrie avait renforcé, dans le domaine des établissements agricoles, cette tendance centripète qui faisait que la plus grande partie des céréales était cultivée dans un rayon de 30 milles des deux principales villes de la colonie. Et la complaisance relative qu'il mit à promouvoir l'activité des marchands urbains, sans donner suffisamment d'attention aux réformes nécessaires du côté des campagnes, explique que, dans le temps même où les échanges commerciaux et la production du blé augmentaient, il n'y eut point d'amélioration proportionnelle de la quantité de terres nouvelles mises en culture ni des méthodes de l'exploitation agricole. Tout cela rendit la colonie plus vulnérable aux mauvaises récoltes. En 1742, toutes les exportations de grain étaient suspendues, et Hocquart se vit dans l'obligation de fixer le prix du blé de façon à décourager l'accaparement. Les chenilles ayant détruit les récoltes en 1743, il fit appel à la France pour qu'on expédiât d'urgence de la farine. Au cours de l'hiver, des gardes armés distribuèrent des rations aux citoyens affamés de Québec, dont le nombre était augmenté par l'affluence, dans la capitale, des habitants mourant de faim qui espéraient y trouver à manger. Il y avait loin des brillantes perspectives de la fin des années 1730 à maintenant, où Hocquart devait lutter pour sauver la colonie.

La guerre entre la France et la Grande-Bretagne, de 1744 à 1748, emporta les derniers espoirs que pouvait encore entretenir Hocquart de raviver l'initiative privée dans le secteur combiné de l'agriculture et de l'industrie. Le blocus maritime britannique s'avéra si efficace au cours des deux premières années de la guerre que le commerce transatlantique de la Nouvelle-France, à toutes fins utiles, cessa. D'août 1744 à novembre 1746, seulement cinq navires de

France jetèrent l'ancre à Québec. Selon Hocquart, en 1745 des marchandises sèches d'une valeur de 98 774# seulement atteignirent le Canada, venant de France ; la valeur totale des marchandises de toutes provenances n'atteignait que 331 782#. Les prix montèrent bien au-dessus du niveau qui eût permis la mise en marche d'une activité industrielle rentable, et les marchandises de traite de toutes sortes étaient rares. « Nous manquons totalement d'Ecarlatines, de Marchandises seches, tant pour les besoins des habitants que pour les sauvages », rapportèrent en 1745 Hocquart et Beauharnois, et, avant qu'un convoi de marchandises fraîchement arrivées atteignît les postes de l'Ouest, en 1747, la traite des fourrures connut une chute brutale. Entre-temps, les corsaires britanniques ravageaient l'industrie de la pêche, et les expropriations militaires et la chute de Louisbourg aux mains des forces anglo-américaines commandées par William Pepperrell* et Peter Warren* frappèrent les exportations de produits agricoles, qui commençaient tout juste à reprendre après la série des mauvaises récoltes. Après la perte de Louisbourg, Hocquart écrivit : « le Commerce de Vivres, et des autres denrées du Pays, est Totalement Tombé ». A partir de ce moment, les marchands canadiens, déjà ébranlés par les tarifs élevés des assurances et du transport, dus à la guerre, gardèrent leurs navires au port. Ceux d'entre eux qui s'en tirèrent le mieux abandonnèrent le commerce extérieur pour approvisionner le gouvernement en fournitures de guerre. Plutôt que commerçants bourgeois, ils devinrent entrepreneurs au service de l'État.

La guerre s'avéra également désastreuse pour l'administration financière de Hocquart. Au début des années 1740, les dépenses relatives au Canada avaient augmenté d'une façon dramatique, par suite des coûts d'exploitation élevés des industries royales, d'une part, et des difficultés économiques de cette période, qui avaient nécessité des déboursés extraordinaires, d'autre part. Les dépenses, dont la moyenne annuelle se chiffra à 519 180# de 1738 à 1741, atteignirent 859 052# en 1743. Le déficit des revenus par rapport aux dépenses, en 1743 encore, égala 172 926#. Mais ces statistiques pâlissent devant les dépenses des années de guerre. Les coûts élevés de l'équipement des nombreux partis de guerre commandés par des hommes comme François-Pierre de RIGAUD de Vaudreuil et Jacques Legardeur* de Saint-Pierre, en Acadie et sur la frontière de la colonie de New York, et les sommes renversantes consacrées aux présents destinés aux alliés indiens et à leur équipement, sans compter les frais engagés pour faire vivre, à un moment donné, jusqu'à 4 000 de leurs dépendants, portèrent la moyenne des dépenses annuelles, de 1744 à 1748, à 2 056 869#. Bien que les opinions diffèrent à ce sujet, on peut évaluer le déficit, pour les années de guerre, à environ 2 500 000#.

Quand, en désespoir de cause, le trésorier Taschereau recourut à l'expédient d'émettre des millions de livres en lettres de change tirées sur les trésoriers généraux de Paris, en guise de paiement pour la monnaie de cartes et autres effets négociables secondaires qu'on lui apporta en 1746, Maurepas, consterné, hors de lui, écrivit à Hocquart, en 1747 : « Les efforts extraordinaires que l'on a esté obligé de faire pour acquitter ces traittes ont si fort dérangé le Service de la Marine qu'il a fallu en suspendre les operations les plus essentielles [...] si les autres Colonies eussent occasionné par proportion la moytié des depenses qui ont esté faites en Canada depuis la guerre, il ne seroit pas resté de quoy armer un seul vaisseau. » Il avertit l'intendant que sa réputation au sein de la Marine tenait à sa capacité de réduire substantiellement les dépenses. Mais, submergé par tout ce que l'on exigeait de son ingéniosité en ces temps de guerre et découragé par ses propres dettes, qui avaient atteint 24 000#, du fait que ses approvisionnements personnels n'avaient pas atteint Québec, Hocquart n'avait aucune solution à offrir. « Vous me recommendez l'oëconomie et de diminuer les Depenses, avait-il écrit dès 1745, j'en ay toujours fait ma principale Etude et si les choses se passent autrement, c'est aux circonstances de la guerre aux quelles il faut l'attribuer. » Il soutint alors et répéta souvent par la suite que le gouverneur était le seul responsable des dépenses militaires et que « l'oeconomie n'Est point la vertu dominante du militaire ».

Ce commentaire mettait encore en relief un autre aspect de l'intendance de Hocquart qui s'était détérioré depuis les années 1730. Beauharnois et lui avaient entretenu d'amicales relations presque tout au long de cette décennie, mais dans la mesure où les propositions d'ordre économique de Hocquart, trouvant une oreille favorable au ministère, avaient pour effet d'accroître considérablement ses possibilités de distribuer des faveurs dans le domaine financier, Beauharnois, frustré, devint jaloux. Les possibilités de favoritisme du gouverneur n'avaient pas augmenté pendant la longue période de paix, le personnel militaire demeurant relativement stable et le ministre s'opposant aux initiatives nouvelles du côté de l'Ouest. Ainsi, et malgré l'absence de tout changement constitutionnel de quelque importance, la position de Beauharnois s'était affaiblie par rapport à celle de Hocquart. En temps de paix, les finances gouvernementales étaient un puissant levier de pouvoir, et comme Beauharnois devait admettre en 1739, « je ne scais point où en est M[r]. Hocquart pour les fonds ny l'usage qu'il en fait ». Les intrusions de Hocquart dans les domaines de la juridiction de Beauharnois, en particulier en ce qui touchait au rôle des commandants des postes de l'Ouest relatif à la traite des fourrures, aggravèrent cette situation. En 1740, Beauharnois critiquait Hocquart dans de nombreux domaines, pour son favoritisme à l'endroit de la compagnie du Saint-Maurice, par exemple, malgré les folles dépenses de cette dernière, et pour sa façon de diriger le chantier maritime de l'État. Il se peut aussi que le gouverneur ait été à l'origine des rumeurs d'irrégularités dans l'administration financière de Hocquart, qui commencèrent à courir en 1739 [V. Jean de Laporte* de Lalanne] et refirent surface régulièrement par la suite. Ils travaillèrent de concert pendant la guerre, ce qui n'empêcha pas Hocquart de laisser entendre à Maurepas que Beauharnois et ses officiers supérieurs étaient trop vieux pour soutenir une politique militaire agressive, à la mode canadienne. Il est bien possible qu'il ait contribué par là au rappel en France du gouverneur, en 1746.

Hocquart fut lui-même rappelé en 1748. Bien qu'il eût demandé une nouvelle affectation depuis plus d'un an, il semble probable que Maurepas avait décidé de le remplacer par François BIGOT, commissaire ordonnateur à Louisbourg, peu après le début de la guerre. De nombreux facteurs avaient retardé la nomination de Bigot, qui n'arriva à Québec qu'en 1748. Hocquart, de retour à Paris en septembre de cette même année, fut, le 1er avril 1749, nommé intendant à Brest. Pendant son mandat de 15 ans, il eut de nombreux rapports avec des gens faisant la navette entre la France et Québec, et il conserva des intérêts dans les pêcheries du poste de Saint-Modet sur la côte du Labrador (échangé par la suite pour Gros Mécatina) et garda une seigneurie sur le lac Champlain qu'il vendit au début des années 1760 à Michel CHARTIER de Lotbinière. Pendant la guerre de Sept Ans, il arma plusieurs flottes à destination du Canada et aida des Acadiens à s'établir en France. Après qu'il eut pris sa retraite, en 1764, pour accepter une sinécure, à titre d'intendant des classes, il vécut frugalement à Paris de ses pensions et de son salaire de 12 000#. A sa mort, il était décidément pauvre. Il croyait laisser 13 500# – une partie devant aller à ses domestiques et aux pauvres de différentes paroisses où il avait vécu, le reste devant être utilisé à sa convenance par le ministre de la Marine – mais ses disponibilités ne s'élevaient qu'à 10 554#.

De toute évidence, d'après les rapports qu'il écrivit vers la fin de sa vie, Hocquart considérait son intendance au Canada comme un échec. Il avait exprimé la même opinion, à la fin de son mandat, en écrivant : « j'aye sacrifié avec Joye au service du Roy et ma jeunesse et les Esperances que je pouvois avoir d'un Etablissement avantageux [...] Mon administration a esté plus pénible qu'aucunes de celles qui l'ont précedée et peut-estre plusieurs Ensemble. » Le jugement de l'histoire, toutefois, est plus nuancé. Pendant les 19 ans du gouvernement de Hocquart, la Nouvelle-France vécut l'âge d'or de sa prospérité commerciale. Le progrès économique se diversifia sous sa direction plus qu'à tout autre moment, et les mesures qu'il mit en œuvre permirent de stabiliser la structure sociale interne de la colonie. Compte tenu de la période de paix des années 1730, il était inévitable que l'on fît quelque progrès en ces domaines. Mais c'est Hocquart qui suivit délibérément une ligne de conduite économique qui mettait l'accent sur l'initiative privée des marchands canadiens dans les secteurs autres que la traite des fourrures. C'est Hocquart qui, grâce au contrôle qu'il exerça sur les finances de l'État, rendit possibles la majorité des entreprises. Et c'est Hocquart qui travailla infatigablement à l'amélioration des conditions matérielles dont dépendait leur réussite. Au cours de toute cette opération, s'il n'instaura pas un régime de stricte économie, il mit du moins de l'ordre dans les finances canadiennes, et, pendant plus d'une décennie, de l'harmonie dans la politique canadienne. En revanche, il plaça une confiance trop aveugle dans la bonne volonté et la compétence, comme entrepreneurs, de ses protégés canadiens, sous-estimant les graves lacunes de l'économie pionnière du Canada – en particulier en ce qui avait trait au manque d'une main-d'œuvre compétente, à l'absence d'un marché local fort pour l'écoulement des produits manufacturiers et aux coûts de transport qui rendaient les produits canadiens non compétitifs sur les marchés d'outre-mer – et, en conséquence, il fit l'erreur d'orienter le développement économique vers la grande industrie plutôt que vers l'agriculture. En agissant ainsi, il rendit la colonie plus vulnérable aux crises agricoles périodiques, trait commun de l'Ancien Régime. S'il ne fut pas responsable des revers dévastateurs des années de guerre, il reste vrai, néanmoins, que son départ, à la fin de la guerre, marqua la disparition permanente de ces objectifs mercantilistes qui avaient été le leitmotiv de ses instructions, à l'origine de son mandat. Peut-être Roland-Michel Barrin* de La Galissonière, gouverneur intérimaire de la Nouvelle-France de 1748 à 1750, écrivit-il la meilleure épitaphe décrivant l'intendance de Hocquart, dans son remarquable mémoire de 1750 sur le Canada : « On se bornera icy à regarder le Canada comme une frontière infructueuse. »

DONALD J. HORTON

Un portrait de Gilles Hocquart a été reproduit dans P.-G. Roy, *la Ville de Québec sous le Régime français* (2 vol., Québec, 1930), II : 112, et dans Régis Roy, « les Intendants de la Nouvelle-France », *infra*, 101. Les dépêches de Hocquart, écrites après son retour en France, se trouvent aux Archives maritimes, Port de Brest, 1E, 505–512.

AD, Paris, D[26], n° 277 ; Yvelines (Versailles), F, Fonds Montfermeil. — AN, E[1], 1 084–1 089 ; F[7], 4 744 ; F[12], 76–95 ; F[15], 3 492 ; T, 77–78 ; 123 ; 1 100 ; Col., B, 27–89 ; 92 ; 97–98 ; 102 ; C[11A], 49–92 ; 94 ; 110–121 ; C[11B], 11 ; 19–27 ; C[11E], 13 ; 16 ; C[11G], 9–11 ; D[2C], 2–4, 18 ; 47/2 ; 48 ; 58 ; 60–61 ; 222 ; D[2D], 1 ; E, 43 (dossier Boucault) ; 68 (dossier Chalet) ; F[1A], 25–36 ; F[2B], 4 ; 6–7 ; F[2C], 6 ; F[3], 11–15 ; 50 ; Marine, B[1], 63–98 ; B[2], 62–191 ; 279 ; 286 ; 337–379 ; 453 ; C[1], 153–154 ; C[7], 20 (dossier Beauharnois de la Boëche) ; 23 (dossier Michel Bégon) ; 143 (dossier Gilles Hocquart) ; 246 (dossier Charles-François Pichot de Querdisien Trémais) ; Section Outre-mer, G[1], 460–461 ; Minutier central, XC. — ANQ-Q, Greffe de Claude Barolet, 1737–1739 ; Greffe de Nicolas Boisseau, 1733–1744 ; Greffe de Gilbert Boucault de Godefus, 1740–1749 ; Greffe de J.-É. Dubreuil, 1714–1739 ; Greffe d'Henri Hiché, 1728–1735 ; Greffe de Jean de Latour, 1737–1741 ; Greffe de J.-C. Louet, 1723–1735 ; Greffe de J.-N. Pinguet de Vaucour, 1735–1743 ; NF 2, 9–18 ; NF 4 ; NF 6, 3 ; NF 7, 3–9 ; NF 8. — APC, MG 8, A1, 7–9 ; MG 18, B12 ; G9 ; H13 ; H40 ; MG 23, A1, 1, 3–5. — Archives du ministère des Affaires étrangères (Paris), Corr. politique, Angleterre, 498–499 ; États-Unis, 23 ; Mémoires et doc., Amérique, 2 ; 3 ; 5/3 ; 7/2 ; 10 ; 24 (copies aux APC). — Archives maritimes, Port de Rochefort (France), 1E, 101–113, 350–360 ; G, 261. — ASQ, Fonds Viger-Verreau, Carton 10 ; 17. — BN, MSS, Coll. Clairambault, 866 ; Fr., Carrés d'Hozier, 341, n° 30 570 ; Coll. Chérin, 106, n° 2 203 ; Dossiers bleus, 358, n° 9 293 ; Nouveau d'Hozier, 188, n° 4 131 ; Pièces originales, 1 525, n°s 28 009, 34 774 ; NAF, Coll. Margry, 9 218, 9 275, 9 281, 9 331 ; Mss isolés, 11 332, 20 534, 22 313. — PRO, CO 5/133. — *Mercure de France* (Paris), juin 1739, avril 1750, déc. 1755, juin 1760, janv. 1761, juin 1772. — Martin de Malros, *Généalogie de la famille Hocquart* (Auxerre, France, 1958). — P.-G. Roy, *Inv. ord. int.* — Claude Aboucaya, *Les intendants de la Marine sous l'Ancien Régime* [...] ([Aix, France], 1958). — François Bluche, *Les magistrats du parlement de Paris au XVIIIe siècle, 1715–1771* (Paris, 1960). — Albert Deschard, *Notice sur l'organisation du corps du commissariat de la Marine française depuis l'origine jusqu'à nos jours* [...] (Paris, 1879). — J.-C. Dubé, *Claude-Thomas Dupuy, intendant de la Nouvelle-France, 1678–1738* (Montréal et Paris, [1969]). — Maurice Filion, *La pensée et l'action coloniales de Maurepas vis-à-vis du Canada, 1723–1749 : l'âge d'or de la colonie* ([Montréal], 1972). — Guy Frégault, *La civilisation de la Nouvelle-France, 1713–1744* (2e éd., Ottawa, 1969) ; *Le XVIIIe siècle canadien : études* (Montréal, 1968 ; réimpr., 1970). — D. J. Horton, Gilles Hocquart : intendant of New France, 1729–1748 (thèse de PH.D., McGill University, Montréal, 1975). — Cameron Nish, *François-Étienne Cugnet, 1719–1751 : entrepreneur et entreprises en Nouvelle-France* (Montréal, 1975). — A. McC. Wilson, *French foreign policy during the administration of Cardinal Fleury, 1726–1743* [...] (Cambridge, Mass., et Londres, 1936). — J.-C. Dubé, Origine sociale des intendants de la Nouvelle-France, *HS*, n° 2 (nov. 1968) : 18–33. — P.-G. Roy, Les commissaires ordinaires de la Marine en la Nouvelle-France, *BRH*, XXIV (1918) : 51–54. — Régis Roy, Les intendants de la Nouvelle-France, SRC *Mémoires*, 2e sér., IX (1903), sect. I : 101–103.

HOLMES, WILLIAM, trafiquant de fourrures, de descendance irlandaise ; décédé à Montréal le 17 août 1792.

Il semble que William Holmes soit venu au Canada après 1763 ; en 1774, il participait activement à la traite des fourrures dans la région de la Saskatchewan. En octobre 1774, on rapporta que lui-même, Charles Paterson et François Jérôme, dit Latour (Franceway), remontaient la rivière Saskatchewan avec sept canots, en route vers leur poste du fort des Prairies (Fort-à-la-Corne, Saskatchewan) où ils passèrent l'hiver. Holmes y était de nouveau la saison suivante et, le 5 février 1776, il partit en expédition avec Alexander Henry*, l'aîné, en vue de rendre visite aux campements d'hiver des Assiniboines, dans la grande prairie de la Saskatchewan. En mai 1777, on rapporta qu'il descendait à Montréal avec 12 canots de fourrures. Il forma probablement, à cette époque, une société avec Robert Grant, un autre trafiquant de Montréal (rattaché à une compagnie de Montréal), car, en avril et mai 1778, la Holmes, Grant and Company engageait à Montréal au moins quatre hommes pour le fort des Prairies. Au mois d'octobre de la même année, Holmes et Booty Graves, un Anglais qui avait été associé à Peter Pond* en 1775, firent, avec dix canots, le voyage de Montréal à l' « établissement inférieur » des trafiquants montréalais ; souvent désigné sous le nom de fort de la rivière Sturgeon, ce poste était situé sur la Saskatchewan immédiatement en aval du lieu où elle rencontre la rivière Sturgeon.

Pendant les années 1770, la concurrence fut intense entre les trafiquants de Montréal de même qu'entre ces derniers et la Hudson's Bay Company ; les rivaux, en quête des fourrures et se pourchassant les uns les autres, pénétrèrent de plus en plus profondément dans la région de la Saskatchewan. En mars 1779, Holmes avait remonté la rivière Saskatchewan pour s'installer à l' « établissement intermédiaire » des trafiquants montréalais (près de Wandsworth, Saskatchewan). A cet endroit, sur une superficie de quelques centaines de yards, se trouvaient non seulement l'Upper Hudson House de la Hudson's Bay Company, mais, comme le notait un employé de cette compagnie, Philip TURNOR, quatre établissements des trafiquants de Montréal, sans compter « environ dix petites maisons habitées par leurs employés, qui sont en fait des lieux de traite, chacun de leurs hommes étant trafiquant ». Pareille concurrence grugeait les profits ; aussi, le 1[er] avril, Holmes annonçait-il à Turnor que « les Canadiens [trafiquants de Montréal] qui trait[ai]ent sur cette rivière, à l'exception de Blondeaux [Joseph-Barthélemy Blondeau], s'étaient regroupés dans une association générale, et [qu'] ils espéraient qu'il se joindrait aussi à eux ». Ces sortes d'association étaient chose courante dans les établissements de ces trafiquants le long de la Saskatchewan, et Holmes y avait probablement participé. C'est ainsi qu'en 1776, selon Alexander Henry, les trafiquants du fort des Prairies avaient convenu de mettre en commun leurs ressources et leurs profits, entente qu'on paraît avoir renouvelée l'année suivante. Ces accords locaux et temporaires amenèrent sans doute Holmes à accueillir favorablement l'idée d'une grande société. Ainsi, à un moment donné en 1779, probablement après son retour à Montréal à la fin du printemps, lui et Robert Grant allaient devenir associés conjoints lors de la fondation d'une compagnie à 16 actions, la North West Company.

Malgré l' « association générale » conclue à l'établissement intermédiaire des trafiquants de Montréal, Holmes avait encore à affronter un concurrent de taille, la Hudson's Bay Company, et il dut recourir à des tactiques que les employés de la compagnie estimèrent choquantes. En avril 1779, lui et ses hommes enfermèrent quelques Indiens qui étaient descendus à l'Upper Hudson House et les forcèrent à traiter toutes leurs fourrures avec eux. Quand Magnus Twatt, un des employés de la compagnie, protesta à la suite de cette affaire, Holmes, selon les rapports, le battit « d'une manière cruelle ». Holmes avait également d'autres problèmes. Le 25 avril, les trafiquants apprirent le meurtre de John COLE par des Indiens, survenu trois jours plus tôt à l' « établissement supérieur » des trafiquants de Montréal, dans les collines Eagle (au sud-ouest de Battleford, Saskatchewan). Turnor, nerveux, écrivit que la nouvelle avait courroucé les « engagés » canadiens, lesquels croyaient que la Hudson's Bay Company avait incité les Indiens à poser ce geste. Il rapporta aussi que Holmes avait dû s'armer contre ses propres hommes qui étaient « très montés contre nous, de même que contre tout Anglais ». La proportion des Anglais et des Canadiens étant de 27 à 300 environ, les trafiquants avaient quelque peu raison d'être inquiets, mais l'incident n'eut pas de suite.

La concurrence féroce pour l'obtention des fourrures n'allait sûrement pas améliorer les relations entre Holmes et la Hudson's Bay Company. En octobre 1779, après que William Tomison* eut fixé la Hudson House de la Hudson's Bay Company à environ 14 milles en aval de l'ancien poste, Holmes survint pour construire un poste juste en face. C'est de là que lui et Peter Pangman* annoncèrent à Tomison, en décembre, que Cumberland House (Saskatchewan) avait été détruite par les Indiens. Tomison, toutefois, rejeta cette histoire comme fausse – elle l'était d'ailleurs – et envoya promener les trafiquants, cette « bande de bandits ». Au mois de mai suivant, Holmes et Pangman obtinrent des Indiens des manteaux de castor qui leur avaient été prêtés par la Hudson's Bay Company. En représailles, Robert Longmoor*, à Cumberland House, confisqua les marchandises de traite de Patrick Small, un trafiquant montréalais, et ne les rendit que lorsque Small lui eut remis trois manteaux de castor.

Holmes demeura actif dans la région de la Saskatchewan dans les années 1780. L'épidémie de petite vérole qui se répandit chez les Indiens de l'Ouest dans les premières années de cette décennie réduisit considérablement les cueillettes de fourrures de Holmes et de ses associés. De 330 paquets en 1781, la traite tomba à 84 paquets en 1782. La destruction par les Français, sous les ordres du comte de Lapérouse [GALAUP], des postes d'York et de Prince of Wales, sur la baie d'Hudson, à l'été de 1782, coupa les employés de la Hudson's Bay Company de leurs sources d'approvisionnement et plaça Holmes dans une position avantageuse. En octobre 1783, à Cumberland House, il put vendre à Tomison des provisions à un prix que ce dernier estima « plutôt excessif ». Holmes avait, en 1784, un poste à la rivière Battle, près de l'établissement supérieur, mais, deux ans plus tard, il redescendit la rivière Saskatchewan pour ériger une construction au fort de l'Isle, en face de Manchester House (près de Pike's Peak, Saskatchewan), un nouveau poste de la Hudson's Bay Company.

Holmes, qui était resté l'un des associés de la North West Company pendant toutes les années 1780, se retira de la traite des fourrures en 1790. Après le mois d'août 1791, il vendit sa part à John Gregory*.

ARTHUR J. RAY

APC, *Report*, 1888, 59–61. — *Docs. relating to NWC* (Wallace). — Henry, *Travels and adventures* (Bain). — *HBRS*, XIV (Rich et Johnson) ; XV (Rich et Johnson) ; XXVI (Johnson) ; XXX (Williams). — *Journals of Hearne and Turnor* (Tyrrell). — [Alexander Mackenzie], *The journals and letters of Sir Alexander Mackenzie*, W. K. Lamb, édit. (Toronto, 1970). — Massicotte, Répertoire des engagements pour l'Ouest, ANQ *Rapport*, 1946–1947, 306s. — Morton, *History of Canadian west*.

HOPE, HENRY, officier, administrateur colonial, né probablement après 1746, peut-être à Craigie Hall, Linlithgowshire, Écosse, fils de Charles Hope Weir et de lady Anne Vane, et petit-fils du 1er comte de Hopetown ; il épousa Sarah Jones, de Mullaghbrack (district d'Armagh, Irlande du Nord) ; décédé le 13 avril 1789 à Québec.

Henry Hope reçut, en 1764, sa commission de capitaine dans le 27e d'infanterie, alors au Canada. De 1767 à 1775, il servit vraisemblablement avec ce régiment en Irlande, où il aurait connu sa femme. En 1775, il suivit son régiment à Boston, mais fut aussitôt muté au 44e d'infanterie avec lequel il servait à Halifax le printemps suivant, quand il fut promu major. Il fit campagne pendant au moins trois ans dans les colonies de New York, du New Jersey et de Pennsylvanie, et, en 1777, il devint lieutenant-colonel. Il séjourna en Angleterre en 1779 et de 1780 à 1781. Il était de nouveau au Canada en 1782. Promu colonel, il visita Michillimakinac (Mackinac Island, Michigan) en tant que membre d'un comité chargé d'enquêter sur les dépenses excessives de ce poste. Nommé quartier-maître général de la colonie en 1783, Hope devint aussi commandant de Québec en 1785, le commandant en chef, Barrimore Matthew ST LEGER, ayant établi ses quartiers à Montréal. En octobre 1785, il succéda à St Leger à titre de commandant en chef.

Hope s'était assuré la protection de certains ministres les mieux placés du gouvernement britannique. Sur la recommandation de Thomas Townshend, vicomte Sydney, qui avait alors la responsabilité des colonies, il fut assermenté, le 2 novembre 1785, comme lieutenant-gouverneur de la province de Québec, remplaçant Henry HAMILTON, qui avait gouverné la colonie après le départ de HALDIMAND. Hope avait pour instructions d'apaiser les luttes partisanes en attendant l'arrivée d'un nouveau gouverneur. Mais il était déjà lié avec le *French party* dont son ami intime, le docteur Adam MABANE, était l'âme dirigeante et qui s'opposait aux intérêts des marchands anglais. Sa conception du gouvernement de la colonie fut profondément influencée par la Révolution américaine. Persuadé d'empêcher par là un empiétement dangereux sur la prérogative royale, il fut l'un des fonctionnaires responsables du retard à consacrer Jean-François HUBERT coadjuteur de l'évêque de Québec. A cause de l'« obstacle insurmontable d'avoir affaire à une *Assemblée* composée d'*Américains* », il refusa le poste de lieutenant-gouverneur du Nouveau-Brunswick. Si son insistance à conserver le caractère limitatif du droit banal au profit de la couronne offensa les Loyalistes de la province de Québec, la sincérité de l'intérêt qu'il portait à ces réfugiés apparaît dans sa décision de prolonger la période pendant laquelle le gouvernement subvenait à leurs besoins, dans sa manière de faciliter leurs démarches pour être indemnisés des pertes subies pendant la guerre, et dans l'appui qu'il accorda aux colons isolés de Gaspé. Les ministres britanniques, qui ne voulaient pas être mêlés ouvertement à l'utilisation des Indiens pour protéger la frontière occidentale de la province de Québec, lui avaient délégué beaucoup d'autorité ; il se montra perspicace dans son évaluation des dangers que représentait l'affrontement chaque jour plus vif entre les Indiens et les Américains dans la région de l'Ohio [V. EGUSHWA].

Hope, apparemment, avait un tempérament bouillant, mais c'était « un homme fort poli », chez qui la table était « très bonne », plus à vrai dire que ses moyens ne le lui permettaient. Il avait la réputation d'être un administrateur efficace, et, après l'arrivée du gouverneur général, lord Dorchester [Carleton*], en 1786, il conserva « la gestion de toutes les affaires, tant civiles que militaires ». Le nouveau chef du « parti des bureaucrates », le juge en chef William SMITH, le dérangea beaucoup cependant. Doué de sang-froid et d'un esprit subtil, Smith, à plusieurs reprises, amena Hope à admettre son ignorance des affaires traitées au conseil dont il était pourtant le président, à modifier son vote au cours des séances et à donner l'impression qu'il manquait de maîtrise de soi et d'impartialité. Mis en état de faiblesse, Hope essaya sottement de cacher au gouvernement britannique son association avec le *French party* de même qu'il tenta de cacher à son parti ses compromis au sein du conseil et ses gestes conciliants à l'égard de Smith. Cependant, comme l'opposition au juge en chef grandissait, Hope, encore une fois, trouva plus facile de continuer à se faire le champion des Canadiens.

Hope se rendit en Grande-Bretagne en 1788, pour y régler des questions personnelles – et peut-être pour y retrouver sa femme qu'il n'avait pas vue depuis des années, car elle revint à Québec avec lui à l'automne. Un voyage marqué de tempêtes eut raison de sa santé : Mabane diagnostiqua une consomption avec complications – complications qui se révélèrent bientôt être une maladie vénérienne. En avril, il mourait de « ses peu reluisantes galanteries [...] objet le plus affreux que l'on puisse imaginer – les traits et la plus grande partie du visage complètement détruits ».

A. J. H. RICHARDSON

APC, MG 23, GII, 12, 14 avril 1779, 30 avril 1789 ; 21, 30 juin 1789 ; 22, 8 juill. 1785 ; HI, 8 ; MG 24, L3, p.5 201. — BL, Add. MSS 21 734, ff.419–419v., 421–422 ; 21 736, ff.183–184, 232–237, 276–280, 312–314 ; 21 737, ff.87–88v., 111–111v., 112, 132–133, 204 ; 21 758, ff.679–680. — PRO, CO 42/16, p.240 ; 42/17, pp.94, 110, 119, 131, 146 ; 42/18, pp.88–93, 133 ; 42/22, p.29 (copies aux APC) ; 42/47, ff. 298–302 ; 42/48, ff. 23–24, 29–29v., 31–33, 34–34v., 168–168v., 174–174v., 176–176v., 194–199v., 209–210v., 215–216v. ; 42/49, ff. 59–67, 77–79, 104–108, 208–210v., 242–244v., 338–341, 371–373 (mfm aux APC). — APC *Report*, 1889, 138s., 226s. — [C. L. Baurmeister], *Revolution in America : confidential letters and journals, 1776–1784* [...], B. A. Uhlendorf, édit. et trad. (New Brunswick, N.J., 1957), 395. — *General Sir William Howe's orderly book at Charlestown, Boston and Halifax, June 17, 1775, to 1776, 26 May* [...], B. F. Stevens, édit., introd. par E. E. Hale (Londres, 1890 ; réimpr., Port Washington, N.Y., et Londres, 1970). — *Gentleman's Magazine*, 1746, 164. — Thomas Hughes, *A journal* [...] *1778–1789*, introd. par E. A. Benians (Cambridge, Angl., 1947), 137. — *Michigan Pioneer Coll.*, X (1886) : 656–659. — PAO *Report*, 1904, 23, 1 326, 1 331, 1 357s., 1 367. — [William Smith], *The diary and selected papers of Chief Justice William Smith, 1784–1793*, L. F. S. Upton, édit. (2 vol., Toronto, 1963–1965), II : 157, 161–180, 197, 204, 270. — *La Gazette de Québec*, 16 mai 1765, 27 juin 1782, 25 sept. 1788, 9 juill. 1789. — *Burke's peerage* (1967), 1 283, 1 523, 1 526. — *DNB*. — G.-B., WO, *Army list*, 1763–1784. — Burt, *Old prov. of Que.* (1933), 352s., 360, 386s., 419–421 ; *The United States, Great Britain and British North America from the revolution to the establishment of peace after the War of 1812* (Toronto et New Haven, Conn., 1940), 142. — Neatby, *Quebec*, 209s. — W. C. Trimble, *The historical record of the 27th Inniskilling regiment* [...] (Londres, 1876), 36s. — L. F. S. Upton, *The loyal whig : William Smith of New York & Quebec* (Toronto, 1969), 177, 180–182.

HOTSINOÑHYAHTA? (Chenughiyata, Chinoniata, Kotsinoghyâtà, Otsinughyada, Rozinoghyata), chef onontagué, *circa* 1748–1774. Le nom de le **Bunt**, sous lequel il fut en général connu des Britanniques, était peut-être une corruption de l'allemand *band*, nerf ou tendon, car c'était là, justement, la signification de son nom onontagué.

Hotsinoñhyahta? était déjà en rapport avec les Britanniques en 1748. Peut-être était-il ce Racsenagate, un des Onontagués qui, en mars 1751 (ancien style), acceptèrent de transférer une grande portion de terre, sise près de leur village, à William JOHNSON, plutôt que de la vendre aux Français comme certains des leurs l'avaient proposé. Au cours de l'été de 1756, quand Johnson (alors surintendant du département des Affaires des Indiens du Nord) accompagna une délégation de chefs des Six-Nations à un conseil funèbre, tenu à Onondaga (près de Syracuse, New York), Hotsinoñhyahta? y accueillit les participants. Plus tard, la même année, il envoya dire à Johnson qu'il partait pour le Canada et qu'il ferait rapport de son voyage.

L'assemblée à laquelle Hotsinoñhyahta? assista à Montréal, en décembre, en était une considérable, composée de hauts fonctionnaires français et de représentants des Indiens sédentaires des environs de Montréal, de même que des Outaouais et des Potéouatamis des pays d'en haut. Le gouverneur Vaudreuil [RIGAUD] avait convoqué cette conférence en vue de solliciter la neutralité ou l'appui des Indiens dans la guerre qui venait d'éclater entre les Français et les Britanniques. Hotsinoñhyahta? insista sur la neutralité des Six-Nations et promit de brûler les forts britanniques dans leurs villages. A son retour chez lui, au printemps de 1757, il fit savoir à Johnson que les Français projetaient une attaque contre German Flats, une partie de la vallée de la Mohawk, près de l'embouchure du ruisseau West Canada. Quand les Onontagués, les Goyogouins et les Tsonnontouans tinrent une réunion avec Johnson, en juin, ils soulignèrent leur intention de rester neutres.

A l'été de 1758, Hotsinoñhyahta? alla rencontrer Paul-Joseph LE MOYNE de Longueuil près de Chouaguen (ou Oswego ; aujourd'hui Oswego, New York). Il avertit Longueuil, un fils adoptif des Six-Nations, que les Britanniques étaient à assembler des hommes et des bateaux à fond plat au fort Bull (à l'est du lac Oneida) et que la rumeur courait d'une attaque prochaine contre le fort Frontenac (Kingston, Ontario) – attaque qui se produisit, en effet, quelques semaines plus tard. Hotsinoñhyahta? se rendit au Canada à l'automne de 1758. A son retour, il fit part à Johnson des préparatifs d'une expédition française contre le fort Stanwix (Rome, New York).

La prise du fort Niagara (près de Youngstown,

New York) par Johnson, en juillet 1759, encouragea les Iroquois à entrer en guerre du côté britannique. Peu après, Hotsinoñhyahta? et ses fils se joignirent aux forces rassemblées à Oswego (que les Britanniques étaient à reconstruire), en vue d'une avance vers le cours inférieur du Saint-Laurent. L'expédition fut remise, mais Hotsinoñhyahta?, de retour l'année suivante, accompagna AMHERST et Johnson à Montréal.

En septembre 1762, Hotsinoñhyahta?, informa Johnson « que vu son grand âge » il avait besoin d'être aidé dans la conduite des affaires de la ligue des Six-Nations. Il demanda qu'on donnât à ses deux adjoints des pièces d'identité, de manière qu'ils fussent reconnus dans les divers postes. Pendant les années qui suivirent, il assista à de nombreuses conférences avec les Britanniques et, privément, conseilla Johnson en diverses occasions. Le missionnaire Samuel Kirkland le décrivait, en 1765, comme « un vieux chef vénérable [qui] parle comme un Démosthène ». Au fort Stanwix, à l'automne de 1768, Hotsinoñhyahta? participa aux négociations pendant lesquelles les Six-Nations et les tribus qui dépendaient d'elles abandonnèrent une quantité considérable de leurs terres aux Blancs et acceptèrent une frontière qui devait protéger le reste de leur territoire. Le traité fut signé par un témoin de chaque nation iroquoise. Hotsinoñhyahta? signa pour les Onontagués.

En 1771, le vieux chef décida de prendre sa retraite, mais Guy JOHNSON, un assistant de sir William, le persuada de retirer sa démission. Hotsinoñhyahta? éprouvait alors des difficultés à marcher, et les comptes du département des Affaires des Indiens du Nord pour 1771 et 1772 font état de l'achat d'une embarcation à son usage. En 1773, il accompagna Christian Daniel CLAUS, un autre assistant, à la conférence de Canassadaga, le village iroquois situé sur le lac des Deux-Montagnes (Québec). Les Six-Nations se préoccupaient, à cette époque, de réintégrer dans la ligue ceux qui s'en étaient retirés durant les guerres franco-britanniques. Peut-être la poursuite de cet objectif a-t-elle incité le vieillard à faire le voyage. En 1774, on annonça sa démission, en raison de son âge avancé ; ainsi prenait fin sa longue carrière de diplomate et d'homme politique.

EN COLLABORATION AVEC ARTHUR EINHORN

Hamilton College Library (Clinton, N.Y.), Kirkland MSS, journal of 1764–1765. — *Johnson papers* (Sullivan *et al.*). — Mémoire du Canada, ANQ *Rapport*, 1924–1925, 142. — *NYCD* (O'Callaghan et Fernow). — Graymont, *Iroquois*.

HOWARD, JOSEPH, marchand et trafiquant de fourrures, né en Angleterre ; il épousa vers 1763 Marguerite Réaume ; décédé le 5 décembre 1797 à Berthier-en-Haut (Berthierville, Québec).

Joseph Howard, qui venait peut-être de Bristol, arriva à Montréal en 1760 et devint l'un des premiers marchands britanniques de cette ville à s'engager dans le commerce des fourrures de l'Ouest ; il s'associa, aux fins de la traite, avec Edward ou John Chinn (ou les deux) et Henry Bostwick, et ils envoyèrent des canots à Michillimakinac (Mackinaw City, Michigan) en 1761. Il s'allia bientôt, par mariage, à un large réseau familial de trafiquants de fourrures canadiens, comprenant, entre autres, les Lemoine et les de Couagne. En décembre 1763, Howard et d'autres marchands montréalais signèrent une pétition, qu'ils adressèrent à GAGE, commandant en chef intérimaire de Montréal, demandant que tout accord de paix signé avec les Indiens de l'Ouest, alors hostiles, comportât l'obligation de payer leurs dettes aux trafiquants. Après que la paix fut conclue, Howard éprouva des difficultés par suite des détournements de ses correspondants à Michillimakinac, en 1765 et en 1767. Il mit fin à son association avec les Chinn et Bostwick vers cette dernière année, peut-être à cause d'une situation financière de plus en plus gênante : en 1768, ses affaires s'effondrèrent, le laissant endetté, en particulier envers la compagnie londonienne de Brook Watson* à laquelle il devait £4 506.

Howard s'était aussi lancé dans la traite des fourrures à l'est. En 1766, George Allsopp*, Edward Chinn et lui avaient mis sur pied des postes non pourvus de permis, en concurrence avec ceux relevant de la traite de Tadoussac (parfois appelés les postes du roi). En août, ils reçurent du Conseil de Québec l'ordre de supprimer ces postes, mais diverses manœuvres, sur le plan politique, leur permirent de ne s'exécuter qu'après que leur dernier appel eut été rejeté par le Conseil privé, à l'automne de 1768. Il est possible que Howard ait ajouté le commerce du bois à son activité. En août 1765, il avait acheté la seigneurie de Ramezay, sur la rivière Yamaska, une propriété qui comprenait un bon moulin à scier.

Howard fut l'un de ces marchands qui eurent maille à partir avec les autorités militaires britanniques au début des années 1760. Une fois, Thomas WALKER et lui s'élevèrent, dans un club de marchands, contre une visite de courtoisie au nouveau gouverneur militaire, Ralph Burton*, le jour de l'An de 1764 : « un langage très indécent fut utilisé, principalement par [...] Howard ». « Ayant des preuves claires et indubitables de son manque de respect », Burton enleva peu après à Howard son poste d'encanteur royal. Howard, semble-t-il, ne poussa pas son opposition aux autorités aussi loin que le fit Walker, et, de fait, ils devaient se brouiller en 1766. En novembre, Walker accusa Howard et cinq officiers militaires d'être responsables des coups qu'il avait reçus, en 1764, d'assaillants masqués. Ils languirent en prison jusqu'en mars 1767, alors que les accusations furent finalement abandonnées.

Les relations de Howard avec les autorités de qui dépendait l'accès à la traite de l'Ouest ne paraissent pas avoir été particulièrement bonnes. En 1779, HALDIMAND, pour des raisons d'ordre militaire, tarda à émettre les congés aux trafiquants de l'Ouest, et Howard, de crainte de manquer les Indiens qui y étaient descendus pour trafiquer, partit pour Michillimakinac sans son congé. Il fut arrêté par le commandant de ce poste, Arent Schuyler De Peyster, en juin, et renvoyé. En décembre, on l'accusa d'avoir contribué à la fuite de Thomas Bentley, un marchand de Kaskaskia (Illinois) arrêté pour avoir correspondu avec les Américains, et il dut verser une caution. Au mois de mars suivant, Howard fut condamné à £50 d'amende pour son voyage non autorisé à Michillimakinac et, en mai, son agent, John Sayer*, eut la permission de « ramasser ses affaires » au poste de traite, mais non d'y trafiquer. En juillet 1781, Howard reçut un congé, trop tard cependant pour qu'il l'utilisât. Après avoir manqué trois saisons de traite, il faisait face à la banqueroute. Il tâcha de convaincre le gouvernement, en octobre 1781, de lui donner tôt un congé pour la saison suivante ; il affirma que l'absence de ce congé « achèverait non seulement [sa] ruine, mais toucherait quelques importants marchands de Londres ». Le mois suivant, on donnait suite à sa requête.

On ne connaît pas grand-chose des affaires subséquentes de Howard, si ce n'est qu'il continua à s'intéresser à la traite de l'Ouest. En 1786, il signa la requête des marchands de Montréal relative à l'interruption de la traite des fourrures due à une guerre entre tribus indiennes de l'Ouest. Cet hiver-là, il proposa au gouvernement que l'on structure la traite des fourrures en un monopole comprenant 100 parts, lesquelles seraient vendues aux enchères publiques; il était concerné en partie pour « restreindre la vente du rhum » aux Indiens. En 1791, son fils, John, et William Oldham formèrent une association, de courte durée, en concurrence avec la North West Company, et il est possible que Howard en eût fait partiellement les frais. En 1793, il envoyait encore des hommes à Michillimakinac (qui avait été déménagé à Mackinac Island, Michigan), mais, en 1794, il fit banqueroute, probablement à cause de pertes subies sur le marché des fourrures en train de s'effondrer. Deux ans plus tard, il se retira, adoptant un mode de vie plus paisible comme marchand de campagne à Berthier-en-Haut.

A. J. H. RICHARDSON

ANQ-M, Greffe de Peter Lukin, 12 juill. 1794. — APC, MG 23, GIII, 5, ff.102–103 ; 8, pp.100s. ; MG 29, A5, 26, James Hallowell à Simon McTavish, 24 oct. 1791 ; 27, John Gregory à Simon McTavish, 24 oct. 1791 ; RG 68, 238, pp.97–99 (liste des dettes de Joseph Howard, 1768). — BL, Add. MSS 21 844, ff.465–468, 470, 473. — PRO, CO 42/1, ff.164–165, 180–190 ; 42/5, f.30 ; 42/26, pp.234, 242–244, 270–273 ; 42/53, p.162. — APC *Report*, 1885, lxxxvii, xciii ; 1888, note A, 1s. ; 1918, app.B, 38s., 66. — *Docs. relating to NWC* (Wallace). — *Johnson papers* (Sullivan *et al.*), V : 345, 755–757 ; X : 992s. — *Michigan Pioneer Coll.*, IX (1886) : 357s., 363, 383s. ; X (1886) : 504s. ; XI (1887) : 389–392, 483–486, 503s., 524s., 662s., 669s. ; XIX (1891) : 491s., 525. — Wis., State Hist. Soc., *Coll.*, XIX (1910) : 237s. — Massicotte, Répertoire des engagements pour l'Ouest, ANQ *Rapport*, 1932–1933, 267, 301 ; 1942–1943, 326, 328. — P.-G. Roy, *Inv. concessions*, IV : 218s. — Burt, *Old prov. of Que.* (1968), I : 95n., 96–98, 118s., 122 ; II : 160.

HUBERT, JEAN-FRANÇOIS, évêque de Québec, né à Québec le 23 février 1739, fils de Jacques-François Hubert, boulanger, et de Marie-Louise Maranda, décédé dans sa ville natale, le 17 octobre 1797.

Jean-François Hubert fit ses études au petit séminaire de Québec, après quoi, en 1755, il entreprit sa théologie au grand séminaire. A l'été de 1759, alors que Québec était assiégée, il se réfugia à Montréal, au séminaire de Saint-Sulpice, où l'on avait regroupé les étudiants les plus avancés du séminaire de Québec. Il y poursuivit ses études sous la direction de l'abbé Colomban-Sébastien PRESSART. En octobre 1759, Mgr de Pontbriand [Dubreil*] vint également au séminaire de Montréal et retrouva Hubert, qui lui avait déjà servi de secrétaire, et qui continua d'exercer cette tâche. Au printemps de 1760, l'évêque lui conférait les ordres mineurs. A sa mort, en juin, le prélat laissait par testament 300# à son jeune secrétaire. L'année suivante, Hubert était l'un des premiers étudiants à retourner à Québec et, lors de la réouverture du séminaire, le 15 octobre 1762, il reprenait ses études théologiques. Secrétaire du grand vicaire Jean-Olivier BRIAND depuis 1761, Hubert dut attendre que celui-ci revienne de Londres avec son titre d'évêque pour recevoir les ordres majeurs puis la prêtrise, le 20 juillet 1766. Il était le premier à recevoir l'onction sacerdotale des mains du nouvel évêque.

Attaché à ses anciens maîtres et attiré par l'idéal missionnaire du séminaire de Québec, Hubert avait demandé depuis longtemps d'y être admis. Déjà, en septembre 1764, il avait rempli la charge d'économe, avant d'être agrégé le 7 août 1765. Au cours de son séjour au séminaire, Hubert allait remplir plusieurs tâches importantes, tout en enseignant la philosophie et la théologie et en demeurant secrétaire de Briand pendant une douzaine d'années. Il fut l'un des directeurs du petit séminaire à l'automne de 1765, alors que l'institution, remplaçant le collège des jésuites, se chargeait de l'enseignement secondaire de tous les jeunes gens désireux de s'instruire, et non plus seulement de ceux qui se dirigeaient vers le sacerdoce. Le 26 avril 1768, il était admis au conseil du séminaire et la même année, le 20 août, on le nommait un des directeurs du grand séminaire. Procureur de 1770 à 1777, il était de nouveau directeur du petit séminaire en 1773. Le 3 décembre de l'année suivante, il devenait le premier supérieur canadien de l'institution. En portant leur choix sur un Canadien, les Messieurs de Québec avaient sans doute tenu compte des désirs exprimés par MURRAY, au temps où il était gouverneur, ainsi que par les autorités britanniques, qui favorisaient nettement la canadianisation du clergé, espérant ainsi hâter la rupture de tous les liens existant encore entre la France et les Canadiens.

Le 12 août 1778 – deux ans avant l'expiration de son mandat – Hubert démissionnait de sa charge de supérieur, à la surprise générale. L'œuvre qu'accomplissait maintenant le séminaire, obligé d'abandonner les missions pour se consacrer uniquement à l'enseignement, ne convenait plus à son inclination ni à sa santé. Il gagna la mission des Illinois, à titre d'envoyé extraordinaire de Briand, et Henri-François Gravé* de La Rive le remplaça à la tête de l'institution. De retour à Québec, tôt le printemps suivant, Hubert était nommé grand vicaire et acceptait la cure de la paroisse Sainte-Famille de l'île d'Orléans. Le 27 juillet 1779, il renonçait définitivement à son agrégation au séminaire. Son séjour chez les Illinois et les quelques mois passés dans la paroisse Sainte-Famille – il y était depuis le 24 mars – n'avaient fait que le confirmer dans son « parti de travailler au S^t ministère dans les missions ».

C'est au contact de son évêque que Hubert avait vraisemblablement conçu le projet de se consacrer aux missions, et Briand ne pouvait que se réjouir de la décision de son ancien secrétaire. En septembre 1781, Hubert quittait sa cure de Sainte-Famille pour combler le vide laissé par la mort de Pierre-Philippe POTIER à la paroisse Notre-Dame-de-l'Assomption près de Détroit, qu'il avait visitée lors de son voyage à la mission des Illinois. Le gouverneur HALDIMAND avait muni le grand vicaire de Briand d'une lettre de recommandation conçue en termes élogieux. Hubert desservit la paroisse jusqu'en 1784, y construisant une nouvelle église et un presbytère et s'occupant activement de l'éducation de la jeunesse. En septembre 1784, il écrivait à son évêque : « Je désirerais pouvoir reformer les mœurs aussi facilement que de rebatir un presbytaire ; mais hélas, que d'obstacles ! » Peu après, Hubert apprenait sa nomination comme coadjuteur de l'évêque de Québec.

Briand songeait depuis longtemps à se démettre de son poste. Sa santé laissait grandement à désirer et son coadjuteur, Mgr Louis-Philippe MARIAUCHAU d'Esgly, était fort âgé ; le danger était grand que les deux évêques n'eussent point de successeur. Le 29 novembre 1784, Briand démissionnait en faveur de Mgr d'Esgly. La question délicate du choix du coadjuteur se posait et il importait de nommer rapidement un prêtre jeune, dynamique et bien vu du gouvernement. Le 30 novembre, d'Esgly, conjointement avec Briand, recommandait au Saint-Siège Jean-François Hubert et signait l'acte de nomination, pourvu que celui-ci reçoive l'agrément de Londres et des autorités romaines. Le clergé, les notables de Québec et plusieurs membres du Conseil législatif louèrent ce choix judicieux. Londres, pourtant, attendit deux ans avant d'accepter le nouvel élu : mécontent que Briand ait attendu son départ pour démissionner, l'empêchant ainsi d'intervenir dans le choix d'un coadjuteur, Haldimand s'était interposé, favorisant deux moines anglais, l'un dominicain, l'autre récollet, pour remplir la vacance du siège de Québec. Le 30 avril 1785, lord Sydney, ministre de l'Intérieur (responsable aussi des colonies), informait le lieutenant-gouverneur Henry HAMILTON qu'il fallait d'abord offrir le poste au supérieur des sulpiciens. Étienne MONTGOLFIER refusa, en juillet 1785, pour diverses raisons, dont son grand âge. Rome expédia les bulles nommant Hubert évêque *in partibus infidelium* d'Almyre et coadjuteur de Québec ; d'Esgly les reçut au début de juin 1786. L'approbation de Londres, qui tardait, suivit de peu l'arrivée du nouveau gouverneur, lord Dorchester [Carleton*], et, le 29 novembre 1786, Hubert était sacré évêque par Mgr Briand, dans la cathédrale de Québec.

A peine nommé coadjuteur, Hubert entreprit la visite du diocèse, qui n'avait pas été faite complètement depuis 14 ans. Dans le seul district de Montréal, il confirma, en 1787, plus de 9 000 personnes. Malade et âgé, d'Esgly, qui ne quittait pas sa paroisse, Saint-Pierre, île d'Orléans, pouvait s'en remettre en toute quiétude à son coadjuteur. Pourtant, son intransigeance et son désir que rien ne se fît sans son autorisation posèrent quelques problèmes à Hubert et au grand vicaire Gravé de La Rive que les circonstances obligeaient souvent à prendre des décisions sans en référer à leur évêque. En avril 1788, d'Esgly menaçait Gravé de peines graves, allant même jusqu'à lui retirer ses pouvoirs de grand vicaire. Hubert prit la part de Gravé, tandis que Briand, affligé « de voir la paix troublée dans cette pauvre église du Canada », exhortait le coadjuteur à la patience et lui conseillait de traiter son évêque avec déférence. Le 4 juin 1788, alors que Mgr Hubert était en visite pastorale dans la région de Saint-Hyacinthe, d'Esgly mourait. Revenu aussitôt à Québec, Hubert prit possession de son siège, le 12 juin 1788.

Les responsabilités qu'assumait le nouvel évêque n'étaient pas de tout repos, et la situation du diocèse l'inquiétait particulièrement. Alors que la population de la province de Québec était passée en 30 ans de 60 000 à 160 000 habitants, le clergé ne comptait en 1790 que 146 prêtres comparativement à 163 en 1760. Plusieurs paroisses, au reste, n'avaient point de prêtre résidant, et la plupart des curés devaient souvent desservir deux ou trois paroisses. Hubert n'entrevoyait aucune solution dans l'immédiat. Les autorités britanniques refusaient aux récollets et aux jésuites le droit de recevoir des novices – le pape avait d'ailleurs supprimé la Compagnie de Jésus en 1773 – et elles s'opposaient à l'immigration de prêtres français. En moyenne, on n'ordonnait que quatre jeunes Canadiens par année, ce qui suffisait à peine à combler les mortalités. Bien que conscient du « peu de dispositions » des étudiants canadiens pour l'état ecclésiastique et des progrès que faisait parmi eux « l'esprit d'indépendance et de libertinage », l'évêque comptait beaucoup sur le recrutement des sujets du pays, soulignant dans un mémoire à Dorchester, le 20 mai 1790, « que dans la situation présente des choses, des prêtres étrangers ne seraient presque d'aucun secours pour la partie canadienne ». Quant aux prêtres anglais, il craignait que, « accoutumés à raisonner librement sur tous les objets de politique, [ils] ne fissent quelques impressions désavantageuses sur les esprits d'un peuple auquel [le clergé canadien avait] toujours prêché une obéissance exacte aux ordres du Souverain ou de ses Représentants, et une soumission entière à tout système légal de lois, sans examen ni discussion ».

La liberté dont jouissait l'Église canadienne était en fait fort relative. En dépit de certains accommodements, Londres n'avait pas renoncé à exercer un droit de regard vigilant sur l'Église, voire à la mettre en tutelle. Hubert ne l'ignorait pas, lui qui devait écrire au préfet de la Sacrée Congrégation de la Propagande au moment de suggérer la division du diocèse de Québec : « Sur cet article comme sur bien d'autres, nous sommes astreints en Canada à des précautions sans nombre. » Il enviera la liberté d'action de l'évêque de Baltimore, Mgr John Carroll, qui aura toute latitude, en 1791, pour confier la direction de son séminaire à des sulpiciens venus de France. « Voilà une Eglise qui s'établit dans les États-Unis d'Amérique avec des succès brillans. Le congrès la protége. Est-ce par quelque autre motif que ceux de la politique ? non, mais par une permission de la providence qui se sert de tout pour accomplir ses desseins éternels. » L'évêque, néanmoins, s'était accommodé de cette situation plus ou moins confortable au point d'exprimer un souhait, en novembre 1792, à l'intention du supérieur du séminaire des Missions étrangères de Paris : « un sort aussi heureux que le nôtre, en ce pays, où nous jouissons, au moins de la part du gouvernement, sans inquiétude et sans trouble, de la liberté de notre Ste Religion ». Cependant, ses craintes de voir Londres subjuguer l'Église canadienne et protestantiser les Canadiens allaient ressurgir avec l'arrivée à Québec de l'évêque anglican Jacob Mountain* en 1793.

L'une des premières tâches du nouvel évêque de Québec avait été de pourvoir au poste de coadjuteur. Tout comme il avait désigné d'Esgly en 1770, Dorchester imposa Charles-François BAILLY de Messein, curé de Saint-François-de-Sales de Pointe-aux-Trembles (Neuville), surnommé le « curé des Anglais ». Connu pour ses sentiments probritanniques et estimé du gouverneur – il avait été le précepteur de ses trois enfants, à Québec d'abord, puis en Angleterre – l'« évêque du Château », comme on l'appelait, fut sacré le 12 juillet 1789. Hubert, qui connaissait bien la susceptibilité et « la délicatesse extrême du gouvernement anglais », n'avait pas cru bon de s'opposer. Il avait pris soin, cependant, d'avertir Bailly qu'il n'entendait lui confier aucune tâche spécifique ni se « décharger en aucune sorte du fardeau que la providence seule » lui avait imposé. Bailly supporta mal le rôle plutôt effacé auquel Hubert l'avait condamné. Il s'opposa publiquement à son évêque dans *la Gazette de Québec* du 29 avril 1790, se plaignant, au nom du clergé, d'un mandement en date du 10 décembre 1788 qui restreignait la juridiction des prêtres du diocèse et reprochant à son évêque, au nom des citoyens, de maintenir un trop grand nombre de fêtes chômées au détriment des paysans canadiens. Le schisme était déclaré entre l'évêque et son coadjuteur, « chose qui ne s'était jamais vue dans l'Église du Canada », écrivait Hubert au cardinal Antonèlli. *La Gazette de Montréal* appuya Bailly à cette occasion, alors que Briand et le clergé canadien désavouèrent publiquement l'évêque coadjuteur.

Partisan d'une Église indépendante de toute pression politique, Hubert s'employa toujours à fortifier l'Église canadienne et à établir avec son clergé et les fidèles des relations d'amitié et de confiance absolue. Dès le début de son épiscopat, il voulut convoquer un synode à Québec mais il dut y renoncer à cause de l'opposition du gouverneur. Très tôt, également, il songea à la division de son diocèse, démesurément vaste, en créant un évêché dans le district de Montréal. A part l'opposition possible du gouvernement, la conduite de son coadjuteur, candidat probable à cet évêché, remit toutefois à plus tard la réalisation de ce projet. Soucieux de la formation religieuse des Canadiens, que « l'impiété » et « l'esprit d'indépendance » gagnaient de plus en plus, il favorisa plusieurs mouvements, dont la Congrégation des hommes de Notre-Dame de Québec dont il prit la direction en 1790, à la mort d'Augustin-Louis de GLAPION. Le bien-être et la condition matérielle du clergé préoccupèrent aussi Hubert qui s'intéressa, en 1796, à l'établissement d'une caisse ecclésiastique pour subvenir aux besoins des prêtres « usés ou malades ». Homme d'ordre et d'efficacité, Hubert demanda que ses lettres fussent transcrites dans un cahier destiné uniquement à cet usage, contrairement à ses prédécesseurs qui se contentaient de résumer sur des feuilles détachées leurs lettres les plus importantes. Il inaugurait ainsi la série des registres des lettres qui s'est perpétuée jusqu'à nos jours.

Des nombreux problèmes auxquels Hubert eut à faire face, celui du projet de création d'une université pour catholiques et protestants s'avéra l'un des plus importants. Ce projet devait opposer l'évêque à son coadjuteur Bailly de Messein et provoquer un incident retentissant auquel les journaux du temps firent écho. Le 31 mai 1787, devant la situation lamentable de l'éducation dans la province, Dorchester créait un comité spécial chargé d'enquêter sur tous les aspects de l'instruction. Présidé par le juge en chef William SMITH, ce comité comprenait neuf membres dont quatre Canadiens. Le 13 août 1789, Smith sollicitait l'avis de l'évêque de Québec et de Bailly de Messein sur la création d'une université mixte à Québec. Hubert fit connaître sa réponse, le 18 novembre suivant, dans un long mémoire où il jugeait un tel projet prématuré, insistant en particulier sur le nombre limité d'étudiants pour occuper les maîtres et sur le peu d'intérêt des Canadiens en général pour les études supérieures. Hubert formulait, en outre, plusieurs interrogations. Sur quel plan se proposait-on d'établir le nouvel établissement ? Qui allait en assumer la direction ? Qui nommerait le directeur ? Quel rôle l'évêque de Québec serait-il appelé à y jouer ? Qu'entendait-on exactement par « hommes sans préjugés », que l'on comptait mettre en charge de cet établissement pour protéger à la fois catholiques et protestants ? Ne valait-il pas mieux soutenir et encourager les deux collèges existants de Québec et de Montréal et favoriser la réouverture du collège des jésuites qui pourrait être, par la suite, érigé en université ? Ceci pourrait se faire en se servant du revenu des biens des jésuites dont l'évêque, incidemment, tout comme Briand avant lui, se considérait le gardien naturel et le seul en mesure de les utiliser et de les faire fructifier suivant les intentions des donateurs.

La réponse du coadjuteur au questionnaire du comité différa totalement. Quatre mois après que le comité d'enquête eut terminé son rapport et adopté une série de résolutions à l'intention du gouverneur, Bailly adressait au juge Smith, le 5 avril 1790, un long plaidoyer dans lequel il se prononçait en faveur du projet et réfutait un à un les arguments de son évêque. Quelques mois plus tard, en octobre 1790, Bailly rendait sa lettre publique. Le clergé du diocèse et la plupart des principaux citoyens prirent position à cette occasion pour Hubert tout comme ils l'avaient fait précédemment, en mai 1790, au moment de la polémique entre les deux évêques sur la réduction du nombre des fêtes chômées. L'affaire fut déférée aux autorités romaines qui donnèrent gain de cause à l'évêque de Québec. Bailly devait se réconcilier avec son évêque au moment de mourir, le 20 mai 1794.

Le projet, si cher à Dorchester, d'une université neutre à Québec n'eut point de suite, en dépit de la requête présentée au gouverneur, le 31 octobre 1790, par 175 notables francophones et anglophones de la province de Québec et du legs important laissé par Simon SANGUINET, pour la création d'une telle université. Hubert n'avait pas voulu s'engager dans un projet qui, selon lui, aurait pu être néfaste à la nation canadienne et qui ne présentait, en somme, à ses yeux, aucune garantie pour la langue et la foi de ses compatriotes. Non que l'évêque se méfiât des intentions du gouverneur. Il le considérait comme « un homme sans préjugés contre les Catholiques et plein de bontés pour les Canadiens ». Au reste, Dorchester songeait moins à subjuguer l'Église qu'à confier à l'État un rôle de leader dans le domaine de l'éducation. Mais, pour Hubert, l'enseignement était une responsabilité de l'Église et non de l'État. Bailly, pour sa part, avait pris le contrepied de cette conception : l'université relevait de la responsabilité de l'État, qui offrait des garanties égales aux catholiques et aux protestants. Hubert prétendra que les ambitions frustrées de son coadjuteur l'avaient amené à diverger d'opinion avec lui ; il n'avait sans doute pas complètement tort. Pourtant, l'évêque coadjuteur, formé au collège Louis-le-Grand, à Paris, lecteur des philosophes de son temps, habitué à frayer dans les milieux protestants anglais de Londres et de Québec, montrait par son attitude une rare ouverture d'esprit. Bref, le problème de la confessionnalité de l'école, qui n'était pas près d'être réglé, était posé pour la première fois. L'attitude de Mgr Hubert, qui prévalait à l'époque dans le milieu clérical canadien, constituait une condamnation des idées de la Révolution française. Sans doute craignit-il que l'établissement projeté ne devînt le véhicule des idées contre la religion et l'autorité. Le Canada, constatait Hubert en octobre 1792, « n'est pas tout à fait à l'abri des maux spirituels qui affligent L'Europe. Il s'est introduit en ce pays une quantité prodigieuse de mauvais livres, et avec eux un esprit de philosophie et d'indépendance qui ne peut avoir que de funestes suites. » L'évêque devait avoir à l'esprit la lutte engagée par *la Gazette de Montréal* et son fondateur, le Français Fleury MESPLET, contre la religion, le clergé et la noblesse.

Cette méfiance des dirigeants religieux à l'endroit des idées révolutionnaires était d'autant plus vive qu'elle coïncidait avec la montée d'une nouvelle élite laïque, nettement opposée au clergé, et qui entendait contester le rôle traditionnel de l'Église dans la société canadienne. L'institution du régime parlementaire de 1791 n'était guère prisée dans le clergé. Gravé de La Rive écrivait : « Ceux qui Selon moi pensent un peu Sont très faches de ce changem[en]t car il y a plusieurs de nos farrault canadiens et beaucoup danglois admirateurs de l'assemblée nationale qui parlent deja detablir les droits de l'ho[mm]e comme principes des loix. » Porte-parole incontesté des Canadiens jusque-là et principal chef nationaliste de la fin du XVIIIe siècle, l'évêque de Québec était dès lors en conflit de pouvoir avec la nouvelle équipe de dirigeants laïques dont il ne partageait point les vues et les objectifs. La présence au pays d'émissaires français cherchant à soulever le peuple contre l'Angleterre et les velléités de reconquête du Canada par l'ancienne métropole ne feront qu'aviver l'opposition de l'évêque à tout retour de la France impie sur les rives du Saint-Laurent. En novembre 1793, au moment où une expédition navale française se dirigeait vers le Canada, Hubert invitait les curés du diocèse à rappeler au peuple les principes de loyauté, d'obéissance et de fidélité dues au gouvernement. L'état dangereux d'agitation qui gagnait les Canadiens rendait « le concert entre l'empire et le sacerdoce plus nécessaire ». En 1796, Hubert rappellera avec vigueur que les Canadiens « sont étroitement obligés de se contenir dans la fidélité qu'ils ont jurée au Roi de la Grande-Bretagne, dans l'obéissance ponctuelle aux lois et dans l'éloignement de tout esprit qui pourrait leur inspirer ces idées de rébellion et d'indépendance, qui ont fait depuis quelques années de si tristes ravages, et dont il est si fort à désirer que cette partie du globe soit préservée pour toujours ».

La lutte contre l'idéologie révolutionnaire allait s'accentuer lors de l'arrivée des royalistes français, chassés de leur pays par la Révolution. A partir de 1791, 51 prêtres émigrés viendront au Canada ; 40 y demeureront, dont 18 sulpiciens. Bien qu'extrêmement faibles, ces effectifs n'en revêtaient pas moins une importance capitale. Le Canada, qui n'avait reçu que très peu d'ecclésiastiques français avant 1790 et qui ne comptait à cette date que 146 prêtres, voyait ce nombre augmenter de près du tiers en l'espace de dix ans. Ce clergé allait s'illustrer dans les missions acadiennes et dans l'Église du Canada où il jouerait un rôle important dans le domaine spirituel et culturel [V. Jacques-Ladislas de Calonne* ; Louis-Joseph Desjardins*, dit Desplantes]. Alors que l'Église canadienne s'apprêtait à traverser une période d'austérité qui ne prendrait fin qu'au lendemain de 1837, ces prêtres lui donnèrent un second souffle. L'évêque de Québec aurait souhaité recevoir davantage de prêtres émigrés dans son diocèse. Il s'en était ouvert à plusieurs reprises à l'évêque de Saint-Pol-de-Léon (France), Mgr Jean-François de La Marche : « Un prêtre *inconstitutionnel* de France, ennemi du serment civique et des principes qui l'ont produit, est toujours bien venu en Canada. » Il n'avait pas craint d'accueillir à bras ouverts ces « ouvriers zélés et fervents », au risque de mécontenter le clergé canadien qui ne voyait pas toujours d'un bon œil la venue de ces prêtres étrangers. Mais tant que le diocèse ne pouvait se suffire à lui-même, Hubert devait se faire le protecteur de ces émigrés : « Qu'on se défasse d'un certain préjugé national, qu'on considère les choses sur un point de vue plus étendu et plus libéral ; qu'on préfère le bien général de la Religion à des vues particulières d'intérêt, et l'on n'aura plus tant d'opposition pour des étrangers qui recherchent une retraite utile et honorable. »

Le décès, en mai 1794, de Bailly avait posé de nouveau le problème de la nomination du coadjuteur. Dorchester proposa à cette occasion une liste de trois noms à Hubert qui opta pour Pierre Denaut*, curé de Longueuil et vicaire général depuis 1790. Celui-ci fut sacré évêque à Montréal le 29 juin 1795. Peu après, en juillet, Hubert partait en visite pastorale pour la région de la baie des Chaleurs, malgré les craintes que ce voyage inspirait à ses proches. Il en revint exténué et gravement malade. L'année suivante, il ne put se rendre à Halifax comme il l'avait projeté. Sa santé, au reste, se détériorait grandement. Après plusieurs séjours à l'hôpital, il démissionnait de son poste, le 1er septembre 1797, en faveur de son coadjuteur. Nommé curé de Château-Richer, il y resta à peine deux semaines. Transporté à l'Hôpital Général, il mourait peu après, le 17 octobre.

GILLES CHAUSSÉ

AAQ, 12 A, C, 111 ; D, 55v., 60v., 100v., 150v. ; 20 A, I : 188 ; II : 1, 16, 28, 36, 51 ; VI : 25, 30, 101, 104 ; 210 A, I : 44–46, 102, 221, 273 ; II : 4, 10, 63, 65–67, 130–131, 222 ; 22 A, III : *passim* ; 30 A, I : 106–123 ; 1 CB, V : 6 ; VI : *passim* ; 516 CD, I : 8a, 9 ; 61 CD, Sainte-Famille, île d'Orléans, I : 4 ; CD, Diocèse de Québec, I : 86 ; II : 47 ; 7 CM, V : 65–71 ; 60 CN, I : 31–32. — ACAM, 901.012. — ANQ-Q, AP-P-977 ; État civil, Catholiques, Notre-Dame de Québec, 24 févr. 1739. — ASN, AP-G, L.-É. Bois, Succession, XVII : 5–15. — ASQ, Évêques, n° 159 ; Fonds A.-H. Gosselin, Carton 6 ; 7 ; Fonds Viger-Verreau, Sér.O, 081, p.21 ; Lettres, M, 125, 126, 136, 161 ; P, 158, 165 ; R, 20 ; S, 6Bis, AA ; MSS, 12, ff.32, 34, 36, 38–47 ; 13, *passim* ; Polygraphie, XVIII : 1 ; Séminaire, 4, n° 133 ; 73, nos 1, 1a, 1b, 1c, 1d, 7e ; 14/3, nos 3, 4. — ASSM, 19, tiroir 60 ; 21, cartons 42, 51 ; 27, tiroir 94. — McGill University Libraries, Dept. of Rare Books and Special Coll., MS coll., CH193.S171. — Échec de l'université d'État de 1789, Y.-A. Lacroix, édit., *Écrits du Canada français* (Montréal), 28 (1969) : 215–256. — *Mandements des évêques de Québec* (Têtu et Gagnon), II : 341–502. — *Le séminaire de Québec* (Provost), 452. — *La Gazette de Montréal*, 6, 13, 27 mai, 3, 10 juin, 4, 18, 25 nov. 1790. — *La Gazette de Québec*, 29 avril, 13, 27 mai 1790. — Allaire, *Dictionnaire*, I : 272s. — [F.-]M. Bibaud, *Le panthéon canadien ; choix de biographies*, Adèle et Victoria Bibaud, édit. (2e éd., Montréal, 1891), 121. — Gérard Brassard, *Armorial des évêques du Canada* [...] (Montréal, 1940), 92. — Caron, Inv. de la corr. de Mgr Hubert et de Mgr Bailly de Messein, ANQ *Rapport*, 1930–1931, 199–351. — Desrosiers, Corr. de cinq vicaires généraux, ANQ *Rapport*, 1947–1948, 76–78, 113–123. — Le Jeune, *Dictionnaire*, I : 773s. — P.-G. Roy, *Fils de Québec*, II : 65–68. — Tanguay, *Dictionnaire*, IV : 533 ; *Répertoire*, 7, 136. — Henri Têtu, *Notices biographiques : les évêques de Québec* (Québec, 1889), 381–407. — L.-P. Audet, *Histoire de l'enseignement au Québec* (2 vol., Montréal et Toronto, 1971), I : *1608–1840*. — N.-E. Dionne, *Les ecclésiastiques et les royalistes français réfugiés au Canada à l'époque de la révolution, 1791–1802* (Québec, 1905). — Galarneau, *La France devant l'opinion canadienne*. — Lemieux, *L'établissement de la première prov. eccl.* — George Paré, *The Catholic Church in Detroit, 1701–1888* (Détroit, 1951). — M. Trudel, *L'Église canadienne*. — L.-É. Bois, L'Angleterre et le clergé français réfugié pendant la Révolution, SRC *Mémoires*, 1re sér., III (1885), sect. I : 77–87. — D.-A. Gobeil, Quelques curés de la première paroisse ontarienne, de M. Hubert au curé A. MacDonell, Sandwich, 1781–1831, SCHÉC *Rapport*, 23 (1955–1956) : 101–116. — E. C. Lebel, History of Assumption, the first parish in Upper Canada, SCHÉC *Rapport*, 21 (1953–1954) : 23–37. — Léon Pouliot, L'enseignement universitaire catholique au Canada français de 1760 à 1860, *RHAF*, XII (1958–1959) : 155–169.

HUGUET, JOSEPH (baptisé **Jacques-Joseph**), jésuite, missionnaire, né le 25 mai 1725 à Saint-Omer, France, fils de Jean Huguet et de Scholastique-Geneviève Verhoune, décédé le 5 mai 1783 à Sault-Saint-Louis (Caughnawaga, Québec).

Joseph Huguet entra dans la Compagnie de Jésus à Tournai (Belgique), le 30 septembre 1744. Professeur des classes de grammaire au collège de Namur, des humanités et de la rhétorique à Cambrai, France, de 1746 à 1752, il fit ses quatre années de théologie à Douai de 1752 à 1756. Le 15 octobre 1757, son nom apparaît au registre de Sault-Saint-Louis. D'abord missionnaire à Saint-Régis, de 1757 à 1759, il revint pendant cette dernière année à Sault-Saint-Louis. Au décès du père Jean-Baptiste de Neuville en 1761, il lui succéda comme supérieur de cette mission et y demeura en fonction jusqu'à sa mort en 1783. De 1769 à 1777, Huguet desservit aussi Châteauguay.

Après la Conquête, Huguet demeura pratiquement seul chez les Iroquois de Sault-Saint-Louis et eut à compter avec des autorités civiles plus ou moins sympathiques. Dès 1762, il se trouva indirectement en conflit avec ses fidèles à propos des limites entre la seigneurie de Prairie-de-la-Madeleine, propriété exclusive des jésuites, et celle de Sault-Saint-Louis, propriété conjointe des jésuites et des Iroquois. GAGE, gouverneur de Montréal, trancha d'abord la question en faveur des Iroquois, malgré les droits certains des jésuites établis en 1647 et réaffirmés par le roi de France en 1718. Six mois plus tard, Gage renversait toutefois sa propre décision et ordonnait de replacer les bornes là où elles avaient été plantées à l'origine. L'affaire vint devant les tribunaux en 1766 et en 1768 ; le droit des jésuites fut maintenu, mais un ressentiment inextinguible naquit au cœur des Iroquois, non sans douleur pour le missionnaire et sans dommage pour son prestige. En 1770, Huguet eut cependant la consolation de constater à quel point les Iroquois demeuraient fidèles à leur foi et à leur missionnaire. Un certain Klingancourt (sans doute Mathieu-Benjamin Damours de Clignancour) vint troubler les esprits dans le village ; il insultait le père Huguet et le calomniait. Les Iroquois le défendirent en disant que c'était un homme paisible, un homme de bien, qui s'efforçait de corriger les désordres selon son pouvoir. Ils portèrent la cause devant sir William JOHNSON, surintendant des Affaires des Indiens du Nord, qui promit de leur donner satisfaction. Klingancourt dut déguerpir.

La Révolution américaine mit le père Huguet à l'épreuve. De quel côté se rangeraient les Iroquois de Sault-Saint-Louis ? Le changement de drapeau en 1760 ne semblait pas les avoir émus profondément. Très tôt, ils avaient su distinguer entre la foi que les missionnaires français leur apportaient et leur allégeance politique. Fidèles à leur foi, les Iroquois, par leurs relations constantes avec les marchands d'Albany, New York, malgré les protestations des Français, avaient appris que leurs intérêts temporels étaient mieux servis par les Britanniques. Au début de la révolution, les Iroquois de Sault-Saint-Louis furent indécis ; après tout, Britanniques comme Américains étaient des envahisseurs. Les premiers succès des Américains les avaient plutôt impressionnés et ils étaient probablement plus sympathiques à la cause des rebelles. Le père Huguet pouvait bien rappeler aux Iroquois leurs devoirs à l'égard de l'Angleterre, ils n'entendaient pas ses paroles. Cependant, dès le début, quelques Iroquois du village combattirent du côté britannique. Le 8 octobre 1775, le père Huguet enterra Ignace et Pierre « tués par les Bostonnais » à Saint-Jean, et, le 16 du même mois, André. Mais le manque d'enthousiasme des guerriers iroquois fut imputé au père Huguet qui fut suspecté, sinon de prêcher la déloyauté, du moins de favoriser un esprit de neutralité, que même Claude-Nicolas-Guillaume de Lorimier*, très influent dans le village, n'arrivait pas à secouer. Il y eut des dénonciations. Le père Huguet fut retiré momentanément de la mission, en 1776.

En juin 1777, le père Antoine Gordan, missionnaire à Saint-Régis, qui partait comme aumônier des guerriers iroquois accompagnant l'armée de BURGOYNE, demanda au gouverneur sir Guy Carleton* de permettre au père Huguet de revenir à Sault-Saint-Louis, pour ne pas laisser les Iroquois sans secours spirituels. Il l'obtint. Le père Huguet fut le dernier missionnaire jésuite arrivé sous le Régime français. Il mourut à Sault-Saint-Louis le 5 mai 1783 et fut enseveli sous l'église où il avait exercé son ministère avec dévouement durant plus de 22 ans.

JOSEPH COSSETTE

Archives municipales, Saint-Omer (dép. du Pas-de-Calais, France), État civil, Saint-Denis, 25 mai 1725. — Archives paroissiales, Saint-François-Xavier (Caughnawaga, Québec), Registre des baptêmes, mariages et sépultures, 1735–1808. — *Invasion du Canada* (Verreau). — Caron, Inv. de la corr. de Mgr Briand, ANQ *Rapport*, 1929-1930, 71–78. — Mélançon, *Liste des missionnaires jésuites*. — E. J. Devine, *Historic Caughnawaga* (Montréal, 1922), 272–331. — Lanctot, *Le Canada et la Révolution américaine*. — Rochemonteix, *Les jésuites et la N.-F. au XVIIIe siècle*, II : 218. — J. Gras, The return of the Jesuits to the Iroquois missions, *Woodstock Letters* (Woodstock, Md.), XXXV (1906) : 91–100.

HUIQUINANICHI. V. WIKINANISH

HUPPÉ (Hupé), dit **Lagroix (La Groy, Lagroye, Lagrouais), JOSEPH**, maçon, menuisier et chapelier, né le 6 novembre 1696 à Beauport (près de Québec), fils de Jacques Huppé, dit Lagroix, et de Suzanne Le Normand, décédé après le 16 février 1776.

Joseph Huppé, dit Lagroix, avait, semble-t-il, été menuisier et maçon pendant un certain temps quand il décida, en 1730, d'apprendre le métier de chapelier. Son grand-père, Michel Huppé, dit Lagroix, un Normand venu au Canada au milieu du XVIIe siècle, avait exercé ce métier, et il est possible que Joseph en ait reçu quelques connaissances de son père, qui sans aucun doute était fermier.

Huppé fit son apprentissage chez le chapelier Barthélemy COTTON. Le 29 janvier 1730, les deux signèrent un contrat par lequel Cotton acceptait d'enseigner son métier à Joseph Huppé, « M^e maçon Et menuisier ». Leur association fut cependant de courte durée. Il y aurait eu mésentente entre eux et, violant son contrat d'une durée de trois ans, Huppé quitta Québec au cours de l'hiver de 1731–1732. Il s'installa à Montréal où, en mars 1732, il loua pour six mois une maison située rue Capitale. Cotton entreprit des procédures judiciaires contre Huppé, qui resta néanmoins à Montréal, y exerçant le métier de chapelier jusqu'en 1736.

Le seul autre chapelier de Montréal, à cette époque, était un Parisien, Jean-Baptiste Chaufour. Ni l'un ni l'autre des deux concurrents ne faisait un commerce important ; ils étaient, selon le gouverneur Beauharnois* et l'intendant HOCQUART, en 1735, « de simples ouvriers ». Selon l'évaluation officielle, Cotton et eux produisaient

1 200 ou 1 500 chapeaux de castor par année. Chaufour et Huppé employaient au plus un ou deux compagnons. Sa femme, Charlotte Jérémie, dit Lamontagne et dit Douville, qu'il avait épousée à Québec le 27 novembre 1728, étant décédée en février 1733, Huppé n'avait qu'une seule personne à sa charge, une fille.

Malgré leur peu d'importance, les trois chapeliers de la Nouvelle-France retinrent l'attention du gouvernement français. En 1735, le ministre de la Marine, Maurepas, prétendait que, en envoyant des chapeaux de castor demi-foulés (non finis) en France, ils portaient atteinte au monopole de la Compagnie des Indes, seule autorisée à exporter les peaux de castor. Le gouverneur et l'intendant rejetèrent cette prétention et hésitèrent à interdire la fabrication de chapeaux dans la colonie, comme le désirait le ministre. Ils limitèrent plutôt les chapeliers au seul marché canadien et interdirent l'exportation de chapeaux demi-foulés ou incomplets. Maurepas ne se laissa pas attendrir par leur appel en faveur des chapeliers canadiens ; dans sa dépêche de mai 1736, il insista pour qu'on détruisît les établissements de ces derniers.

Le 12 septembre, on ferma l'atelier de Barthélemy Cotton à Québec et, le 24, les fonctionnaires royaux à Montréal exécutaient les ordres, à leur tour. On découvrit que Jean-Baptiste Chaufour n'avait pas travaillé comme chapelier depuis deux ans. Il accompagna les fonctionnaires, quand ils se dirigèrent vers l'atelier de Huppé *Au Chapeau Royal*, dans un faubourg de Montréal. Ils firent un inventaire de ce qu'ils y trouvèrent, brisèrent les bassins et les chaudières à fouler et à teindre, et portèrent le reste de l'équipement de chapellerie au magasin du roi. On établit les pertes de Huppé à 676# ; il reçut plus tard une certaine compensation de la Compagnie des Indes. On ignore son activité après la fermeture de son atelier, mais il semble avoir vécu tantôt à Montréal, tantôt à Québec, allant et venant entre les deux villes. Il signa son testament, le 16 février 1776, devant André Genest, notaire de Charlesbourg. On ne connaît pas la date de sa mort.

Des historiens ont essayé d'expliquer la suppression des chapeliers canadiens, en 1736. Joseph-Noël Fauteux et Paul-Émile Renaud ont vu dans cet événement le résultat du mercantilisme français – une politique qu'un mémoire royal de 1704 définit avec concision : « tout ce qui pourroit faire concurrence avec les manufacturiers du Royaume ne doit jamais estre fait dans les colonies ». Cependant, la politique coloniale française au Canada ne fut pas rigoureusement mercantiliste. La France tolérait habituellement et souvent encourageait les industries coloniales qui la doublaient, dans le but de permettre une certaine autosuffisance de la colonie. Lionel Groulx* suggère que la décision du ministre fut inspirée par la Compagnie des Indes qui, souffrant d'une diminution du nombre des peaux de castor, s'opposa peut-être à ce qu'au Canada des peaux fussent soustraites à l'exportation. La cour crut que, si les chapeliers français avaient le premier choix des fourrures, ils prendraient une plus grande part du marché européen des chapeaux, et elle avait intérêt, par l'intermédiaire de la Compagnie des Indes, à maintenir le volume des peaux de castor en provenance du Canada. Il se pourrait donc que la suppression de la chapellerie canadienne ait été envisagée dans l'intérêt de la France.

PETER N. MOOGK

AN, Col., B, 62, f.110 ; 64/3, ff.608–612 ; C11A, 63, pp.62–65 ; 64, pp.69s. ; 65, pp.10–16 (copies aux APC). — ANQ-Q, Greffe de Claude Barolet, 8 mars 1745, 8 févr. 1755 ; Greffe d'André Genest, 16 févr. 1776 ; Greffe de J.-C. Louet, 28 déc. 1731 ; Greffe de J.-N. Pinguet de Vaucour, 27 nov. 1728 ; NF 2, 24, f.104 ; NF 25, 23, nos 876, 879, 891. — ASQ, Séminaire, 21, no 2, p.25. — ASSM, 24, Dossier 6, cahier NN, 48. — IBC, Centre de documentation, Fonds Morisset, Dossier Joseph Huppé, dit Lagroix. — P.-G. Roy, *Inv. jug. et délib., 1717–1760*, II : 262, 265, 276. — Tanguay, *Dictionnaire*. — J.-N. Fauteux, *Essai sur l'industrie*, II : 485–490. — P.-É. Renaud, *Les origines économiques du Canada ; l'œuvre de la France* (Mamers, France, 1928). — Sulte, *Hist. des Canadiens français*, IV : 68 ; V : 83. — Lionel Groulx, Note sur la chapellerie au Canada sous le Régime français, *RHAF*, III (1949–1950) : 383–401. — É.-Z. Massicotte, L'anéantissement d'une industrie canadienne sous le Régime français, *BRH*, XXVII (1921) : 193–200 ; Les enseignes à Montréal, autrefois et aujourd'hui, *BRH*, XLVII (1941) : 354.

HUTCHINS, THOMAS, agent principal de la Hudson's Bay Company, chirurgien et naturaliste, décédé le 7 juillet 1790 dans la Hudson's Bay House, Londres ; sa femme, Margaret, lui survécut.

Thomas Hutchins est un personnage énigmatique dont l'importance tient moins à sa carrière officielle avec la Hudson's Bay Company qu'à la controverse qui entoure sa contribution à l'histoire naturelle de l'Amérique du Nord. Hutchins entra d'abord au service de la compagnie en février 1766, alors qu'il fut engagé comme chirurgien au fort York (York Factory, Manitoba), pour une période de cinq ans, au salaire annuel de £36. Il fit voile vers la baie d'Hudson, cet été-là, en compagnie de Ferdinand JACOBS, qui y reprenait le commandement d'York, et y arriva en août. Pendant les quelques années qui suivirent, il se lia d'amitié avec un autre fonctionnaire de la compagnie, Andrew Graham*, chef de poste de Severn House (Fort Severn, Ontario), établissement dépendant d'York Factory. Quand Graham devint agent principal intérimaire à York pour la saison de traite de 1771–1772, tous deux consignèrent en collaboration leurs observations détaillées dans les domaines de la météorologie et des sciences naturelles. L'astronome William WALES avait déjà envoyé à Hutchins des directives sur la manière d'observer l'éclipse de soleil prévue pour le 6 novembre 1771, et, si Graham apporta son concours dans le relevé des observations météorologiques, c'est Hutchins qui, de toute évidence, était l'âme de cette activité. Pour la cueillette et la description des spécimens d'histoire naturelle destinés à la Royal Society de Londres, cependant, c'est Graham qui, des deux, avait le plus d'expérience. Dans la lettre qui accompagnait les notes descriptives qu'il expédia en Angleterre en août 1772, Hutchins reconnaissait avoir suivi « les conseils de M. Graham ». En outre, il affirmait que ses notes n'étaient « pas écrites par quelqu'un qui est passé maître dans les questions zoologiques, mais par un jeune homme qui cherche à s'instruire et à s'améliorer, et qui s'estimerait très heureux d'être utile aux savants ». Les deux compagnons envoyèrent en Angleterre des notes séparées, mais portant sur les mêmes spécimens et faites à partir des mêmes mesures. En général, le plan adopté pour la classification, dans l'une et l'autre liste de 1772, était l'œuvre de Graham. Le dévouement dont firent preuve Graham et Hutchins est tout à fait digne d'éloges, d'autant que l'hiver de 1771–1772 fut exceptionnellement rigoureux et que Hutchins fut très occupé à soigner les malades, parfois « la nuit aussi bien que le jour ».

En 1773, Hutchins retourna en Angleterre, pour un congé d'un an. A cette occasion, il s'entendit avec la Royal Society pour faire des observations sur la boussole d'inclinaison pendant son voyage de retour à la baie et pour mener des expériences sur la congélation du mercure au fort Albany (Fort Albany, Ontario), où il avait été nommé agent principal. Le rapport de ses observations fut imprimé dans les *Philosophical Transactions* de la société pour l'année 1776 et, en 1781, il se livra à d'autres expériences sur le mercure au fort Albany. Les résultats de ces travaux, imprimés dans les *Philosophical Transactions* pour l'année 1783, furent loués par les savants et valurent à Hutchins, cette même année, à titre de récompense, la médaille Copley de la Royal Society. Il était le deuxième employé de la compagnie qu'on honorait ainsi, Christopher Middleton* ayant reçu cette médaille en 1742.

Hutchins se retira du service actif à la baie en 1782 ; l'année suivante, il assumait, au salaire annuel de £150, les fonctions de secrétaire correspondant de la compagnie. Malgré une santé défaillante, il occupa ce poste jusqu'à sa mort en juillet 1790. Pendant la dernière période de sa vie, Hutchins se mit en rapport avec d'éminents naturalistes, Thomas Pennant et John Latham, et, à titre de naturaliste amateur aussi bien qu'en sa qualité de secrétaire de la Hudson's Bay Company, il leur fournit des renseignements sur la faune canadienne. Une lettre de Hutchins à Pennant, en février 1784, montre comment les deux hommes correspondaient sur des sujets d'histoire naturelle. Dans le deuxième tome de sa célèbre *Arctic zoology*, publié en 1785, Pennant écrivait : « J'ai eu la bonne fortune de rencontrer M. *Hutchins*, un gentleman qui résida pendant plusieurs années à la *baie d'Hudson*, et qui, avec la plus grande libéralité, me communiqua ses observations manuscrites dans un grand volume in-folio. » En fait, le volume était l'un de ceux qu'avait écrits Graham. Les références continuelles à Hutchins dans le *Supplement* de Pennant, publié en 1787, ainsi que la répétition du même procédé dans l'ouvrage de John Latham, *A general synopsis of birds*, prouvent qu'on n'avait pas attribué ce volume à Hutchins par un pur malentendu. Dans son troisième tome, publié en 1785, Latham se dit « redevable à M. *Hutchins*, de la *Hudson's Bay Company*, naturaliste intelligent et communicatif, de ses observations ». Or, les nombreux extraits qui font suite sont tirés du volume manuscrit de Graham, « Observations on Hudson's Bay », qui peut être identifié d'une façon précise avec celui qui est conservé aux archives de la Hudson's Bay Company. Les références involontairement erronées de Pennant et de Latham à Hutchins allaient être répétées dans plusieurs ouvrages généraux jusqu'à la publication simultanée, en 1969, de certaines parties du manuscrit original de Graham et de documents connexes de Hutchins. On voit par tous ces documents que, si certains volumes des notes de Graham sur l'histoire naturelle contiennent des éléments provenant de Hutchins, celui-ci, véritable enthousiaste, sans aucun doute, – « l'histoire naturelle fait mes délices », disait-il à Pennant en 1784 – était néanmoins, en ce domaine, bien inférieur à Graham. Hutchins paraît s'être approprié une grande partie des notes de Graham déposées à la Hudson's Bay House, se faisant dès lors la réputation imméritée d'être la principale autorité sur l'histoire naturelle de la baie d'Hudson.

GLYNDWR WILLIAMS

La plupart des manuscrits connus de Thomas Hutchins sont conservés aux HBC Arch. : B.239/a/17, journal des observations météorologiques consignées au fort York en 1771–1772 ; Z.4/1, lettre qu'il adressa en février 1784 à Pennant, avec des notes, « Fish in Hudson's Bay »; E.2/11, volumes des « Observations » de Graham, contenant des notes sur les expériences scientifiques de Hutchins ; E.2/10 (pp.199–213), autre volume des « Observations » de Graham avec des notes sur l'histoire naturelle recueillies par Hutchins au fort Albany, probablement entre 1780 et 1782. Les observations de Hutchins sur l'histoire naturelle écrites au fort York en 1771–1772 se trouvent aux archives de la Royal Soc. of London, MS 129. Ses rapports à cette société furent publiés sous les titres « An account of the success of some attempts to freeze quicksilver, at Albany Fort, in Hudson's Bay, in the year 1775 : with observations on the dipping-needle », *Philosophical Trans.*, LXVI (1776) : 174–181 : « Experiments for ascertaining the point of mercurial congelation », LXXIII (1783) : [303–370]. On trouvera la plus grande partie de cette documentation, ainsi qu'une discussion complète de la valeur de naturaliste de Hutchins, dans *HBRS*, XXVII (Williams) ; voir, en particulier, l'introduction de Richard Glover, xiii–xx, xxxii–xxxvi et les appendices C et E. Pour des renseignements supplémentaires sur les activités de Hutchins, on consultera : HBC Arch., A.1/42, p.370 ; A.1/142, p.135 ; la notice nécrologique de Hutchins, *London Chronicle*, 8 juill. 1790 ; Thomas Pennant, *Arctic zoology* (2 vol., Londres, 1784–1785) et le *Supplement* (Londres, 1787) ; de même que John Latham, *A general synopsis of birds* (3 vol. en 6, Londres, 1781–1785). Voir aussi : Glyndwr Williams, « Andrew Graham and Thomas Hutchins : collaboration and plagiarism in 18th-century natural history », *Beaver*, outfit 308.4 (printemps 1978) : 4–14. [G. W.]

I

IMBERT (Imber), BERTRAND, marchand, né le 7 juillet 1714 à Bayonne, France, fils de Pierre Imbert et de Saubade Castera (de Cassera) ; il épousa le 10 avril 1752, à Louisbourg, île Royale (île du Cap-Breton), Anne-Louise Lagrange, fille de Jean-Baptiste-Martin Lagrange et de Marie-Anne Maisonnat, dit Baptiste, et petite-fille de Pierre Maisonnat*, dit Baptiste ; décédé le 26 novembre 1775 à Bayonne.

Bertrand Imbert était fils d'un maître tailleur d'Agen, qui s'était marié et établi à Bayonne en 1712. Son parrain, Bertrand Duvergé, un négociant de Bayonne avec lequel il semble avoir conservé des relations d'affaires pendant les années qu'il passa à Louisbourg, fut peut-être celui qui lui donna accès au monde du commerce. En 1735, Imbert était à Louisbourg. Il y forma, cette année-là, une société avec Jean-Baptiste Lannelongue*. On sait peu de chose des débuts de leur activité, mais au milieu des années 1750 ils avaient bien réussi comme négociants et corsaires. Il est possible que le mariage d'Imbert, en 1752, ait apporté à la société l'appui financier nécessaire à ses entreprises commerciales.

A la veille de la guerre de Sept Ans, l'entreprise de pêche d'Imbert et de Lannelongue était l'une des plus considérables de l'île Royale. En 1758, ils évaluaient leurs biens à 124 000#, consistant en un poste de pêche, 40 chaloupes et deux « demi-chaloupes » au Petit Lorembec (Little Lorraine), deux goélettes de 50 tonneaux chacune, présumément utilisées pour le commerce métropolitain et intercolonial, et une troisième goélette de 50 tonneaux affectée au cabotage. La capitulation de Louisbourg cette année-là entraîna de grosses pertes d'effets mobiliers pour Imbert ; par la suite, son incapacité de réclamer la propriété qu'il avait héritée à Louisbourg de sa belle-mère, décédée lors de son retour en France en 1758, et de recouvrer quelque 30 000#, confisquées par les Britanniques au dire de sa femme, ne vint qu'aggraver sa situation financière déjà précaire.

Les deux associés reprirent leur activité à Bayonne, mais essuyèrent des revers. Pendant la guerre, ils perdirent plusieurs navires, naufragés ou pris par les Britanniques : le senau *Comte de Guiche*, la frégate *Rencontre* et une goélette de 66 tonneaux envoyée à Québec, en 1759, pour être livrée à Joseph-Michel CADET, et qu'ils avaient été incapables de faire assurer. En 1761, ils détenaient pour 28 000# de lettres de change momentanément sans valeur, tirées sur les trésoreries de la Marine et des Colonies, et sur la Compagnie des Indes. La même année, une poursuite consécutive à la perte d'un navire, la *Probité*, paralysa leurs affaires : ils s'étaient, en effet, portés garants de l'acheteur de Louisbourg. Néanmoins, avec l'aide d'amis du monde des affaires de France, les deux associés mirent sur pied, en 1764, un poste de pêche à l'île Saint-Pierre où ils envoyaient des marchandises depuis l'année précédente. Ils approvisionnèrent ce poste jusqu'en 1766, mais, cette année-là, par suite de la pauvreté des prises et de la perte du *Saint-Michel*, qui avait fait naufrage en 1764, leur entreprise se retrouvait dans une mauvaise situation.

Imbert résista mieux, semble-t-il, que Lannelongue aux coups du sort. En 1759, après leur retour à Bayonne, les deux associés payèrent à peu près la même capitation. Toutefois, en 1766, la cotisation de Lannelongue était tombée à 4#, pendant que celle d'Imbert s'élevait à 11#, plus 3# pour son ménage. Après la mort de Lannelongue, en 1768, Imbert resta en affaires ; il expédiait encore, en 1771, une cargaison de morue de Bayonne à Bordeaux. Il semble s'être retiré en 1772, car cette année-là il avait cessé de garder un commis à sa résidence. Sa femme lui survécut ; elle vivait à Bordeaux en 1789.

T. J. A. LE GOFF

AN, Col., B, 95, f.280v. ; 99, f.34 ; C^{11C}, 12–14 ; E, 227 (dossier Imbert et Lannelongue) ; Section Outre-mer, G^1, 408/2, ff.231–232 ; 458, ff.237, 244 ; 459, f.283v. ; 466, pièce 76 (1749) ; 467, pièce 21 (1764) ; G^2, 202, dossier 289 ; 209, dossier 496 ; G^3, 2041/1, 23 sept. 1751 ; 2047/2, 4 mars 1752. — Archives communales, Bayonne (dép. des Basses-Pyrénées), CC, 133–145 ; EE, 62–72 ; GG, 56–58, 62, 123, 129. — L. M. Hoad, Surgeons and surgery in Île Royale, *History and Archaeology* (Ottawa), 6 (1976) : 259–335.

IRVING, PAULUS ÆMILIUS, officier, membre du Conseil de Québec et administrateur colonial, né le 23 septembre 1714 à Dumfriesshire (fait partie aujourd'hui de Dumfries et Galloway), Écosse, fils de William Irving, laird de Bonshaw ; il épousa Judith, fille du capitaine William Westfield, de Douvres ; décédé en Angleterre le 22 avril 1796.

A l'exception de quelques mois de l'année 1766, la vie de Paulus Æmilius Irving suivit le cours normal de celle des officiers britanniques en service au Canada pendant le XVIIIe siècle. Capitaine dans le 15e d'infanterie en 1753, et major en 1758, Irving s'embarqua avec son régiment au début de 1759 pour rallier l'expédition du général Wolfe* contre Québec. Blessé légèrement au cours d'un engagement le 8 août, Irving n'en était pas moins prêt à passer à l'action au moment de la bataille des plaines d'Abraham, en septembre. Son rôle, à cette occasion, fut de peu d'importance car son régiment, posté à l'extrême gauche de la ligne, vers l'arrière, fut détaché au tout début de la bataille afin d'assurer la protection de la côte Sainte-Geneviève, où aucune action ne se déroula.

En octobre 1759, le général de brigade James MURRAY nomma Irving quartier-maître général, en remplacement du colonel Guy Carleton* qui se remettait de ses blessures. Irving s'acquitta efficacement, semble-t-il, de ses responsabilités pendant le Régime militaire à Québec, aussi bien comme quartier-maître général que comme membre du Conseil militaire. Promu lieutenant-colonel en janvier 1762, il était tout désigné pour être l'un des membres du conseil que Murray fut autorisé à former lors de l'établissement du gouvernement civil, en août 1764. Il reçut une commission de lieutenant-gouverneur du district de Montréal deux semaines seulement après avoir assumé ses fonctions de conseiller, mais le gouvernement britannique doutait que de semblables fonctionnaires fussent nécessaires dans chacune des trois subdivisions de la colonie, et la justification passionnée de la nomination d'Irving, présentée par Murray, ne convainquit pas les autorités. L'agitation que l'on remarqua à Montréal pendant les deux années suivantes fut attribuée à la fois à l'absence d'un lieutenant-gouverneur et à la querelle entre le général de brigade Ralph Burton*, commandant des forces militaires de la colonie, et le gouverneur Murray, dont la déception avait été grande de se voir confier seulement le poste de gouverneur civil.

Les événements survenus à Montréal, et en particulier l'attaque contre le marchand Thomas WALKER, le 6 décembre 1764, provoquèrent une grande confusion et par suite le rappel en Grande-Bretagne tant de Burton que de Murray. Ayant fait partie du conseil sous le Régime militaire, Irving était considéré comme le doyen au sein de ce nouveau conseil et, à ce titre, il en devint le président le 30 juin 1766, ainsi que l'administrateur de la colonie. Ce rôle allait être le sien jusqu'à l'arrivée de New York, à la fin de septembre, du lieutenant-gouverneur Carleton. Si la plupart des ordonnances et des proclamations de cet été-là n'étaient guère que la publication officielle par le Conseil de Québec de décisions prises antérieurement en Grande-Bretagne, une ordonnance fut néanmoins rendue, le 8 août, qui reflétait le point de vue particulier d'Irving et de la majorité des membres présents au conseil. George Allsopp* et d'autres marchands s'étaient obstinés à considérer les postes du roi, terres réservées à la couronne, comme ouverts au commerce libre, en dépit d'un monopole accordé par Murray à un certain nombre de commerçants, et avaient élevé des bâtiments près de la ville actuelle de Chicoutimi. Le 8 août, on ordonna d'enlever ces constructions. Face aux protestations soulevées par cet ordre, Carleton convoqua quelques-uns des conseillers – et non pas tous – pour le 9 octobre. Irving, qui était de ceux qui rencontrèrent Carleton, semble n'avoir vu, à ce moment-là, rien d'irrégulier dans cette réunion ; son inquiétude lui vint après coup, quand quatre de ses amis, James CUTHBERT, Adam MABANE, François Mounier* et Walter MURRAY, sollicitèrent et obtinrent son appui en vue de la présentation d'une protestation au lieutenant-gouverneur. En sa qualité de doyen, Irving discuta l'affaire privément avec Carleton. Le rapport d'Irving sur ce qui fut dit au cours de cette rencontre différait sensiblement de ce que Carleton se rappelait de ses propres paroles. Dans sa correspondance avec le gouvernement de la métropole, le lieutenant-gouverneur évita les questions juridiques qui étaient au centre de l'affaire : la réunion du 9 octobre avait-elle été une séance régulière du conseil ou une simple réunion de comité ? Et le lieutenant-gouverneur avait-il le droit de choisir à sa guise les conseillers qui devaient assister à une réunion régulière du conseil ? Dans la colonie, cependant, l'affaire eut pour résultat de souligner la suprématie du représentant du roi sur les deux factions du conseil, c'est-à-dire d'une part ceux qui appuyaient les marchands britanniques, et, d'autre part, les amis de James Murray, connus sous le nom de *French party*, dont Irving et Adam Mabane étaient les représentants les plus en vue et les plus influents. En moins de six semaines, ces deux derniers furent renvoyés du conseil, censément pour avoir signé une requête demandant la mise en liberté provisoire de plusieurs personnes accusées de complicité dans l'affaire Walker, deux ans plus tôt. Carleton décida d'interpréter les signatures d'Irving et de Mabane, mais non celles des autres conseillers qui avaient signé la requête, comme une tentative en vue « de troubler la paix et d'interrompre le cours normal de la justice », se disant que le déplacement de deux conseillers servirait de leçon à tous.

Irving et Mabane contestèrent leur renvoi et continuèrent de le faire même après qu'Irving fut retourné en Angleterre avec son régiment en juillet 1768. Tous deux finirent par regagner la confiance des autorités : en 1771, Irving fut nommé lieutenant-gouverneur de Guernesey, servant de nouveau sous Jeffery AMHERST. Sa dernière nomination, honorifique celle-là, fut celle de lieutenant-gouverneur d'Upnor Castle, dans le Kent. Mais les récompenses militaires qu'il reçut du gouvernement britannique pâlissent en comparaison de celles qui furent conférées à son fils Paulus Æmilius, baronnet et général en 1812.

Irving semble avoir été un officier de carrière de grande valeur, aux prises avec une crise politique qui n'était pas de son fait et qu'il n'avait pas les moyens de résoudre ou même de discerner exactement. Il est peut-être significatif que, au plus fort de la querelle, alors que Carleton attribuait les motifs les plus mesquins à ses opposants, le pire qu'il ait pu dire d'Irving fut qu'il avait signé des documents « parce que ses amis le désiraient ».

ELIZABETH ARTHUR

APC, MG 11, [CO 42] Q, 2, pp.32, 206 ; 26, pp.40, 193 ; MG 23, A4 ; GII, 1, sér. 1, 3 ; RG 1, E1, 1–6. — *Docs. relating to constitutional history, 1759–1791* (Shortt et Doughty ; 1918). — Knox, *Hist. journal* (Doughty). — *La Gazette de Québec*, 21 juill. 1768. — Burt, *Old prov. of Que.* — Neatby, *Quebec*. — A. L. Burt, Sir Guy Carleton and his first council, *CHR*, IV (1923) : 321–332.

ISAAC. V. GLIKHIKAN

ISBISTER, JOSEPH, agent principal de la Hudson's Bay Company, né vers 1710, fils d'Adam Isbister et de Helen MacKinlay ; en 1748, il épousa Judith, fille de Christopher Middleton* ; inhumé le 20 octobre 1771 au cimetière de la porte Saint-Louis à Québec.

On sait peu de chose sur l'enfance de Joseph Isbister, mais il grandit probablement à Stromness, dans les Orcades, où son père était marchand. En 1726, il fit son apprentissage auprès du capitaine Christopher Middleton de la Hudson's Bay Company, sous la direction duquel il travailla à la baie d'Hudson durant les quatre années qui suivirent. La compagnie l'employa ensuite comme matelot à la baie de James jusqu'en 1735, alors qu'elle le nomma officier sur le *Beaver* – un sloop affecté au commerce le long de l'East Main (côte est de la baie d'Hudson et de la baie de James) – et chef de poste d'Eastmain House (à l'embouchure de la rivière Eastmain, Québec), poste dépendant du fort Albany (Fort Albany, Ontario). Trois ans plus tard, Isbister remplaça Robert Pilgrim* comme capitaine du *Moose River* (II) ; en août 1740, après la mort subite de son supérieur Rowland Waggoner*, il fut élu agent principal du fort Albany.

Premier Orcadien à occuper une haute fonction dans la Hudson's Bay Company, Isbister en fut l'un des plus remarquables fonctionnaires au milieu du XVIIIe siècle. Doué d'une « grande énergie et [d'un] esprit indépendant », il n'hésita pas à défier l'autorité du comité de Londres – il le fit, notamment, à propos du commerce des fourrures à l'intérieur des terres. La compagnie n'avait ni la main-d'œuvre compétente ni l'écorce de bouleau qu'il fallait pour construire les gros canots nécessaires à la traite de l'intérieur ; de plus, elle craignait que l'établissement de postes dans l'arrière-pays ne détourne le commerce des fourrures des comptoirs situés sur la baie d'Hudson qu'elle pouvait approvisionner plus aisément. C'est pourquoi elle avait de tout temps préféré que ses employés persuadent les Indiens de descendre jusqu'à la baie. Cette ligne de conduite, cependant, la désavantageait au profit de ses concurrents canadiens. En 1743, Isbister signala que le commerce au fort Albany accusait une baisse parce que des trafiquants indépendants (*pedlars*) d'origine canadienne avaient ouvert un poste à quelque 120 milles au nord, sur la rivière Albany, « à un endroit que [devaient] emprunter tous les canots descendant vers le fort Albany ». Au mois de juin, persuadé qu'il fallait passer outre aux directives de la compagnie si l'on voulait sauver du désastre le commerce au fort Albany, il conduisit un petit groupe d'hommes à un endroit stratégique en amont du poste canadien ; il y fit construire Henley House (à la jonction des rivières Albany et Kenogami, en Ontario) et il nomma son frère William* chef du poste.

Le comité approuva la décision d'Isbister mais recommanda avec insistance d'utiliser ce petit poste de l'intérieur pour « la défense plutôt que [pour] la traite ». Or, dans son évaluation des exigences du commerce de la compagnie, Isbister voyait juste et loin : les postes de l'intérieur allaient jouer un rôle prédominant au sein de la compagnie. Il fut également le premier à s'attaquer au problème du transport dans les régions de l'intérieur, et les efforts qu'il fit pour construire une embarcation « ayant un tirant d'eau aussi faible qu'un canot et transportant plus de marchandises » annonçaient déjà l'invention du *York boat* (bateau à fond plat).

La maladie força Isbister à laisser le commandement du fort Albany en 1747. Au cours de l'année suivante, il se maria en Grande-Bretagne et recouvra suffisamment la santé pour revenir à la baie d'Hudson en tant qu'agent principal du fort Prince of Wales (Churchill, Manitoba). Il conserva ce poste jusqu'en 1752, alors qu'il fut nommé une seconde fois agent principal au fort Albany.

La carrière d'Isbister met en lumière les difficultés que connaissait la compagnie dans les domaines de l'administration et de la discipline. Le comité de Londres avait établi des règlements sévères à l'usage de ses employés, mais il devait compter, pour les mettre en application, sur la compétence et les bonnes dispositions de ses fonctionnaires en poste dans le district de Rupert's Land. La vie était dure et monotone sur les rives désertes de la baie d'Hudson, et il n'est pas étonnant que les hommes aient cherché une consolation dans la boisson et auprès des Indiennes. En 1740, le comité ordonna spécifiquement à Isbister de faire cesser l'ivrognerie, la traite privée et « l'abominable péché de fornication ». Se conformant à ces directives, l'agent principal institua un régime militaire strict au fort Albany et, comme il était un homme vigoureux et irascible, il recourut souvent à la force physique pour châtier les insoumis et les négligents. A la Noël de 1743, voulant punir un homme qui avait « cabalé », il le jeta par terre avec une telle violence qu'il lui cassa une jambe. Il donna six coups de garcette à un autre employé qui s'était enivré et avait négligé ses fonctions.

Le règlement du comité de Londres qui interdisait d'héberger des Indiennes dans les postes était plus difficile à appliquer, en partie parce que cette interdiction ignorait certaines particularités de la vie que l'on menait à la baie. Il était d'usage, au milieu du XVIIIe siècle, que les agents principaux aient une compagne indienne, et Isbister ne faisait pas exception à la règle, bien qu'il se mariât en 1748. Ces alliances contribuaient à resserrer les liens créés par la traite avec les Indiens, et les femmes, en plus de répondre aux désirs naturels des hommes, accomplissaient d'importants travaux domestiques dans le poste, comme la fabrication des mocassins et le laçage des raquettes. Il s'ensuivait que plusieurs agents principaux de la Hudson's Bay Company permettaient aux officiers et aux hommes des familiarités plus ou moins grandes avec les Indiennes. Isbister, toutefois, se montra particulièrement strict : personne d'autre que lui n'avait le droit d'entretenir des rapports avec une Indienne. Cette façon d'agir (deux poids, deux mesures) suscita un vif ressentiment parmi la population du poste de la rivière Churchill et finit par provoquer une tragédie quand il fut de retour au fort Albany. En tentant d'y rétablir une discipline sévère, Isbister indisposa les hommes et se mit à dos les Indiens Home Guard, des Cris auxquels l'agent précédent avait accordé le libre accès au fort et aux provisions. Wappisis*, un des agents indiens (*leading Indians*, [V. MATONABBEE]) du fort Albany, entra dans une telle colère quand l'exemple d'Isbister fut suivi par William Lamb, chef de poste à Henley House, qu'il saccagea ce poste et en tua les employés avec l'aide de quelques-uns de ses parents, en décembre 1754.

Isbister, ne voulant pas admettre que son attitude avait été la cause indirecte du saccage, prétendit que toute l'affaire avait été machinée par les Français. De crainte que le poste ne tombât entre leurs mains, il ordonna à un parti d'Indiens de l'incendier ; cependant, il s'occupa avant tout de traduire les responsables en justice. Lorsque furent confirmés ses soupçons concernant le rôle de Wappisis, qui était revenu au fort Albany comme si de rien n'était, il fit passer en jugement l'Indien et ses deux fils, les déclara coupables et les condamna à la pendaison. Même s'il avait la ferme intention de « faire comprendre aux Indiens que les Anglais n'[entendaient] pas tolérer une conduite aussi vile », Isbister attendit d'avoir obtenu l'approbation du conseil du poste de Moose pour exécuter la sentence. Il fut blâmé par le comité de Londres non pas pour avoir fait pendre les Indiens mais pour n'avoir pas rétabli le poste de Henley. Or, il n'avait pas été en mesure de le faire parce que la plupart de ses hommes refusaient de retourner à l'intérieur des terres.

Isbister vit son contrat expirer en 1756 et il fut rappelé par le comité de Londres, lequel se conformait ainsi à ses désirs et le soustrayait à une éventuelle vengeance des Indiens. Une gratification, que le comité lui accorda plusieurs années plus tard, révèle qu'il ne quitta pas la compagnie en mauvais termes.

En 1760, Isbister émigra à Québec avec sa femme et ses six jeunes enfants. Grâce à l'intervention du gouverneur MURRAY, il loua de Jacques de Lafontaine* de Belcour le poste de Mingan. Il n'eut pas de mal à s'entendre avec les Indiens car il maîtrisait leur langue, et Murray fit remarquer plus tard que « la prudence, en ce temps de guerre, obligeait de prendre garde à qui l'on confiait les postes du golfe et du fleuve Saint-Laurent ». En 1763, Isbister acheta une propriété rue des Remparts à Québec. C'est dans cette ville qu'il mourut, en octobre 1771, « décrépit et les poumons usés ». Sa femme et ses enfants retournèrent en Angleterre.

SYLVIA VAN KIRK

ANQ-Q, État civil, Anglicans, Cathedral of the Holy Trinity (Québec), 20 oct. 1771. — APC, MG 8, G24, 10, f.19 ; RG 4, B28, 24, 9 nov. 1771 ; RG 68, 331, f.551. — HBC Arch., A.1/37, ff.253, 296 ; A.1/43, ff.150, 172 ; A.1/144, f.56 ; A.5/1, f.13d ; A.6/6, f.96 ; A.6/7, ff.1, 157 ; A.6/8, f.112 ; A.6/9, f.9 ; A.11/2, ff.101–102, 164, 173–175d ; A.11/3, ff.10–11 ; A.16/2, f.50 ; A.16/10, f.19 ; B.3/a/30, f.8 ; B.3/a/34, ff.8, 36–37 ; B.3/a/35, f.17 ; B.3/a/37, f.11 ; B.3/a/46, ff.5, 17 ; B.3/a/47, ff.41–42d ; B.42/a/36, f.20 ; B.42/a/38, ff.25d, 27d. — PRO, CO 42/1, ff.155–156, 293–295. — *HBRS*, XXV (Davies et Johnson) ; XXVII (Williams). — Rich, *History of HBC*. — J. S. Clouston, Orkney and the Hudson's Bay Company, *Beaver*, outfit 267 (mars 1937), 38–43, 63.

J

JACAU (Jacault, Jacob) DE FIEDMONT, LOUIS-THOMAS, officier d'artillerie, né vers 1723, probablement à l'île Royale (île du Cap-Breton), fils de Thomas Jacau, maître canonnier, et d'Anne Melanson, dit La Verdure, mort célibataire à Belleville (aujourd'hui dans Paris), le 25 août 1788.

Officier de fortune, Louis-Thomas Jacau de Fiedmont entra dans l'armée comme bas officier puis fut admis, en 1743, comme cadet dans les canonniers-bombardiers de l'île Royale sous les ordres de son beau-frère Philippe-Joseph d'ALLARD de Sainte-Marie. Il fit par la suite un séjour en France et, en mai 1747, s'embarqua à l'île d'Aix, au large de Rochefort, sur le *Sérieux* qui faisait partie de l'escadre du gouverneur La Jonquière [Taffanel*]. Il fut fait prisonnier le 14 mai lors du combat livré à l'escadre britannique du vice-amiral George Anson au large du cap Ortegal, en Espagne. L'année suivante, il fut promu enseigne dans la compagnie des canonniers-bombardiers de l'île Royale et conserva le même grade lorsqu'il passa au Canada en 1750. Noté « très bon sujet », il fut nommé lieutenant le 1er avril 1753 et chargé du commandement de l'artillerie en Acadie. Il remplissait, semble-t-il, les fonctions d'ingénieur au fort Beauséjour (près de Sackville, Nouveau-Brunswick) lorsque celui-ci fut pris par les Anglais, commandés par Robert MONCKTON, en 1755. L'année suivante, il participa à l'attaque, menée par Montcalm*, contre Chouaguen (ou Oswego ; aujourd'hui Oswego, New York) et s'y distingua, ce qui lui valut sans doute d'être promu capitaine au mois de mars 1757.

L'année 1757 apporta d'autres satisfactions à Jacau. En mai il fut chargé de conduire au fort Carillon (Ticonderoga, New York) un détachement d'ouvriers qui avait été formé à Québec par le commandant d'artillerie François-Marc-Antoine LE MERCIER. Arrivé au lac Champlain, il suggéra au commandant de ce secteur, François-Charles de Bourlamaque*, de construire des bateaux armés d'un canon et formant redoutes qui pourraient sillonner les lacs Champlain et Saint-Sacrement (lac George) comme de véritables batteries flottantes. Ce projet, qui avait déjà reçu la faveur de Montcalm, intéressa grandement Bourlamaque. Le 1er août, un bateau construit selon les plans de Jacau se trouvait à la tête de la flotte française qui, sous les ordres de Montcalm, se dirigeait vers le sud du lac Saint-Sacrement en vue de faire le siège du fort William Henry (appelé aussi fort George ; aujourd'hui Lake George, New York) ; jusqu'à la fin de la guerre de Sept Ans, des bateaux semblables – appelés « jacobites » probablement d'après le nom de leur inventeur, Jacau ou Jacob – furent d'ailleurs utilisés à maintes reprises.

Jacau retourna au fort Carillon avec des ouvriers en mai 1758 et prit part à la bataille du 8 juillet. Au mois de mai 1759, il était employé à construire un pont sur la rivière Saint-Charles, près de Québec. Il s'occupa de l'artillerie pendant le siège de la ville, sous les ordres de Le Mercier, puis de Fiacre-François POTOT de Montbeillard. Lors du conseil de guerre réuni par Jean-Baptiste-Nicolas-Roch de RAMEZAY, le 15 septembre 1759, pour décider de la conduite à suivre après la défaite des plaines d'Abraham, seul Jacau de Fiedmont se déclara en faveur de la résistance à outrance et suggéra de « réduire la ration et de pousser la défense de la place jusqu'à la dernière extrémité ». Le gouverneur Vaudreuil [RIGAUD] dit de lui quelques jours plus tard « qu'il s'est comporté supérieurement et qu'il est digne des plus grands éloges et des grâces de Sa Majesté ». Jacau fut créé chevalier de Saint-Louis le 8 février 1760.

Le vaisseau qui le ramenait en France, la *Félicité*, fit naufrage à environ 130 lieues des Açores et Jacau atteignit les îles dans un canot en mai 1760. Promu lieutenant-colonel le 15 avril 1762, il fut envoyé la même année en Guyane française pour y commander l'artillerie. En septembre 1763, il fut nommé commandant en second de cette colonie et, deux ans plus tard, il en devenait le gouverneur. Il resta en Guyane jusqu'en 1783, accédant au rang de brigadier d'infanterie en 1769 et à celui de maréchal de camp en 1780. Il administra avec sagesse cette colonie qu'il trouva dans le plus grand désordre, s'efforçant, entre autres, d'accroître le peuplement en facilitant, en particulier, l'installation de Canadiens qui s'étaient réfugiés en France. En 1771, le roi lui avait accordé 2 000# de pension et louait son gouvernement, « ses bons services et son désintéressement ».

Homme d'un caractère doux et liant, reconnu pour sa probité, Jacau de Fiedmont a toujours joui d'une bonne réputation. Il eut droit à de nombreux éloges de ses supérieurs durant ses années de service au Canada. D'après un témoignage de Bourlamaque en 1761, « rien ne peut être ajouté à l'estime que s'est acquis le s. de Fiedmont par son courage et les talents particuliers qu'il a montrés dans une infinité d'occasions où il a été extrêmement utile. Le succès de la plupart de ses inventions a répondu à son zèle et a rempli parfaitement tous leurs objets. » On a pu lui reprocher cependant, lorsqu'il était gouverneur de la Guyane, de montrer trop d'entêtement et d'opiniâtreté et de manifester « trop d'indulgence pour les officiers qui [étaient] presque tous canadiens comme lui ».

ÉTIENNE TAILLEMITE

AMA, SHA, A[1], 2794. — AN, Y, 15682 ; Col., C^{11A}, 105, ff.348, 349, 469v. ; 120, f.299 ; C^{14}, 25–28 ; 31bis ; 32 ; 34 ; 36 ; 38 ; 43 ; 44 ; 50 ; D^{2C}, 4, ff.76, 133 ; 5, ff.214v., 224v., 252 ; 58, f.1v. ; 59, p.17 ; 127, f.3 ; 137, f.1 ; E, 183 (dossier Fiedmont) ; Section Outre-mer, G^2, 184, ff.368–375 ; Minutier central, LXXVIII, nº 936. — APC *Rapport*, 1905, I, VIe partie, 233. — Bougainville, Journal (A.-E. Gosselin), ANQ *Rapport*, 1923–1924, 294, 309, 331, 342, 345, 359. — *Coll. des manuscrits de Lévis* (Casgrain), IV : 43, 86, 127 ; V : 147, 151, 155, 166, 173, 183, 221, 253, 275 ; VI : 49, 173, 183, 216 ; VII : 190, 202, 207, 274, 386, 405, 411, 477, 479, 529, 531, 561, 573 ; XI : 7. — *Doc. relatifs à la monnaie sous le Régime français* (Shortt), II : 814, 816. — Journal du siège de Québec (Æ. Fauteux), ANQ *Rapport*, 1920–1921, 144, 210. — Mémoire du Canada, ANQ *Rapport*, 1924–1925, 103, 109s., 132s., 151. — La mission de M. de Bougainville en France en 1758–1759, ANQ *Rapport*, 1923–1924, 15s., 34, 41. — *NYCD* (O'Callaghan et Fernow), X : *passim*. — Æ. Fauteux, *Les chevaliers de Saint-Louis*, 173s.

JACOBS, FERDINAND, agent principal de la Hudson's Bay Company, né vers 1713, probablement en Angleterre, inhumé le 21 novembre 1783 dans la paroisse St Sepulchre, West Ham (aujourd'hui dans Londres).

Ferdinand Jacobs fut engagé par la Hudson's Bay Company à Londres le 20 avril 1732. Il signa un contrat pour servir pendant sept ans, la compagnie devant lui fournir les vêtements et « autres nécessités », et, à la fin de son apprentissage, il devait toucher £10. Jacobs se rendit au fort Prince of Wales (Churchill, Manitoba) au cours du printemps. En 1739, Richard Norton*, agent principal à ce poste, le décrivit comme « un jeune homme méritant et très sobre », et Jacobs reçut un salaire annuel de £12. L'année suivante, on le nomma comptable et adjoint à l'agent principal pour trois ans, au salaire de £20 par année.

Jacobs fut un fonctionnaire diligent et fiable, qui s'employa avec vigueur aux diverses tâches assignées. En plus de ses obligations comme comptable, il dirigea, à une occasion, l'une des principales chasses aux oies du printemps, alors qu'en un mois on tua et sala près de 3 000 oies. En 1746, il prit la responsabilité de l'approvisionnement en bois pour le fort, ce qui représentait du travail pour 20 hommes pendant quatre mois. Nommé second en 1745, sous les ordres de Robert Pilgrim*, Jacobs conserva cette charge jusqu'en 1752 ; il succéda alors à Joseph ISBIS-

TER, en qualité d'agent principal, et commença à recevoir un salaire annuel de £70.

Les employés au fort Prince of Wales, décrits par Isbister, en 1748, comme « une bande de sots, absolument intolérables », mirent rudement à l'épreuve la patience de Jacobs pendant ses deux premières années comme agent principal. Il renvoya en Angleterre les deux hommes qui avaient commis les pires offenses et remit rapidement de l'ordre dans l'administration du fort. En outre, il envoya chaque année un sloop en mission d'exploration au nord et s'assura les services de MATONABBEE qui devint un agent indien (*leading Indian*) de la Hudson's Bay Company, attaché à ce poste. La construction des fortifications du poste progressa sous sa direction et, à la fin de la troisième année, la courtine sud-ouest était complétée, une partie du bastion ouest reconstruite et les nouvelles plates-formes étaient prêtes à recevoir les canons. Le 18 août 1757, Jacobs informa le comité de Londres que « jamais meilleur ouvrage ne fut fait à la construction » ; avec une ironie inconsciente, il ajoutait : « qui, j'en suis sûr, tiendra pendant plusieurs siècles ». En août 1782, le fort tomba aux mains du comte de Lapérouse [GALAUP], qui fit des brèches dans les murs construits avec tant de peine.

La traite privée des fourrures parmi les fonctionnaires et les employés de la compagnie constituait un sérieux problème pour le comité de Londres. En 1755, ce comité écrivit à Jacobs qu'il « s'inquiétait de la grande quantité de fourrures et de peaux qu'[il] envoyait dans la métropole à [son] compte [...], lui soulignant [qu'il incluait] parmi elles celles que lui donnaient les agents indiens en retour des présents fournis par la [compagnie] ». L'année suivante, il reçut de la compagnie le plus sérieux blâme de sa longue et active carrière : de nouveau on le réprimandait, lui disant que le nombre des fourrures qu'il avait réclamées comme siennes excédait celui de tous les « autres agents principaux de la baie mis ensemble ». Bien que Jacobs tentât de se défendre en disant que les fourrures lui avaient été données en « gage d'amitié », il était bien au fait de la politique de traite de la compagnie et devait savoir qu'un total de fourrures personnelles d'une valeur nette de plus de £200, pour trois années, soulèverait des questions.

En 1759, Jacobs fit voile pour l'Angleterre, en congé pour un an ; il retourna au fort Prince of Wales l'année suivante avec un salaire de £100 par année. A la mort de James Isham*, en 1761, il demanda de devenir agent principal à York Factory (Manitoba), « [son] état de santé s'étant détérioré par [sa] constante application et [sa] constante attention aux nombreux travaux [du fort Prince of Wales] ». La requête fut agréée et il arriva à York en 1762. Jacobs, qui avait déjà passé 30 ans à la baie d'Hudson, possédait une connaissance sans égale des affaires de la compagnie et des préférences de ses clients indiens.

Jacobs continua de mettre en œuvre les politiques du comité de Londres qui cherchait à persuader les Indiens de descendre leurs fourrures à la baie, en dépêchant, à partir d'York, de nombreuses expéditions à l'intérieur du pays. La politique ne réussit pas à long terme. Les Indiens craignaient le long et difficile voyage à la baie, et quand les Canadiens pénétrèrent dans leur territoire, ils trafiquèrent avec eux. Dans les années qui suivirent la fin de la guerre de Sept Ans et le soulèvement de Pondiac*, lorsque le commerce des fourrures à partir de Montréal commença à reprendre de l'ampleur, les entrées de fourrures à York tombèrent rapidement. En 1768, Jacobs écrivit au comité de Londres pour hâter la construction d'un poste à l'intérieur afin de concurrencer les trafiquants de Montréal (rattachés à une compagnie de Montréal). On y consentit à contrecœur, mais le manque d'hommes compétents et de canots retarda le projet. Ce ne fut qu'en 1774 qu'il put envoyer Samuel HEARNE et Matthew COCKING sur le cours supérieur de la Saskatchewan pour établir Cumberland House (Saskatchewan), le premier poste intérieur de la compagnie dans l'Ouest. L'année suivante, après 43 ans de service à la baie, Jacobs prit sa retraite et rentra à Londres. Il mourut en novembre 1783.

Même si l'on a affirmé que Jacobs fut « le premier Juif du Canada », on ne retrouve aucune mention de sa religion dans les archives de la Hudson's Bay Company. D'après les journaux du fort, cependant, il est évident qu'il appuyait l'Église d'Angleterre. Comme beaucoup d'autres fonctionnaires de la compagnie, Jacobs se lia à une Indienne, et l'on sait qu'ils eurent un fils et une fille. Son fils, Samuel, qui servit plus tard comme fonctionnaire de l'East India Company à Madras, en Inde, fut baptisé par le médecin du fort Prince of Wales le 22 février 1756, et Jacobs fut enseveli dans un cimetière de l'Église d'Angleterre.

La Hudson's Bay Company fut bien servie par Ferdinand Jacobs. Conscient de l'importance d'ouvrir les territoires de l'intérieur à la traite, il prôna la construction de postes subsidiaires pour faire face à la concurrence des trafiquants montréalais. De plus, il nourrissait les Indiens lorsque les jours étaient trop courts pour qu'ils puissent chasser. Il essaya de réprimer l'ivrognerie chez les employés de la compagnie et les encourageait aussi à assister à l'office le dimanche. Il servit donc tant le maître que l'employé avec équité et compréhension.

SHIRLEE ANNE SMITH

Guildhall Library (Londres), parish of St Sepulchre [1774–1792], register of the book of burials, 1774, nº 34. — HBC Arch., A.1/41, f.100 ; A.1/45, f.43d ; A.1/140, f.76 ; A.1/144, f.10 ; A.5/1, ff.10d, 15d, 30 ; A.6/6, f.78 ; A.6/7, ff.75d, 183 ; A.6/10, f.31 ; A.6/12, ff.106, 164 ; A.6/13, f.135d ; A.6/16, f.179d ; A.11/13, ff.60, 122, 128–128d, 132d, 134, 138, 144, 150, 150d, 162, 174 ; A.11/15, f.22 ; A.11/115, ff.80, 116d, 168, 176d ; A.11/155, ff.65, 77 ; B.42/a/25, f.32 ; B.42/a/28, ff.18d, 20d, 30 ; B.42/a/32, f.13d ; B.42/a/40, f.26 ; B.42/a/46, f.22d ; B.42/d/14–19 ; B.239/a/59, f.203 ; B.239/a/65, f.18 ; C.1/379, f.35. — India Office Records (Londres), file FL2/PS/606 (lettre de Mme Judith Chibbett). — PRO, Prob. 11/1 110, f.569. — Hearne, *Journey from Prince of Wales's Fort* (Glover). — A. A. Chiel, Manitoba Jewish history – early times, Hist. and Scientific Soc. of Man., *Trans.* (Winnipeg), 3e sér., nº 10 (1955) : 14–29.

JACOBS, SAMUEL, marchand juif, dont on ne connaît ni la date ni le lieu de naissance, décédé probablement à Saint-Denis, sur le Richelieu (Québec), le ou vers le 10 août 1786.

Selon l'historien américain Jacob Rader Marcus, Samuel Jacobs était probablement d'origine alsacienne. Il arrive au Canada avec les armées britanniques, durant la guerre de Sept Ans, et agit à titre de pourvoyeur des troupes, surtout des officiers. Dès janvier 1758, quelques billets et reçus confirment sa présence au fort Cumberland (près de Sackville, Nouveau-Brunswick) où il semble se livrer principalement au commerce de la boisson. De 1759 à 1761, il est associé à parts égales avec William Buttar et Alexander Mackenzie dans l'exploitation d'une brasserie à Louisbourg, île du Cap-Breton. Jacobs y consacre apparemment peu de temps et préfère suivre avec son schooner *Betsey* la flotte britannique qui se dirige vers Québec à l'été de 1759. A l'automne de cette année-là, il s'apprête à envoyer son vaisseau à Oporto (Porto, Portugal) lorsque le général MURRAY réquisitionne le petit navire pour faire la navette entre l'île d'Orléans et Québec. Par la suite, il demandera des dédommagements pour les pertes encourues.

La fin de la guerre incite Jacobs à tenter sa chance dans la nouvelle colonie britannique. Quelques papiers apparemment écrits de sa main, en particulier une importante facture à l'intention de Laurent Bertrand (Bertrend) datée du 20 octobre 1760, permettent de croire que Jacobs parlait français. Il semble déjà être un marchand à l'aise puisque dans cette transaction Bertrand lui cède pour £2 525 de fourrures tandis que lui-même vend à ce dernier du vin, de l'eau-de-vie, du lard, du café, du sucre et du sel pour un montant de £1 444. Dès le 3 novembre, Jacobs a réglé la différence due à Bertrand.

Tout suggère que Jacobs est très à l'aise parmi les anciens et les nouveaux sujets de Sa Majesté britannique. Il fait des affaires avec les Canadiens aussi facilement qu'avec les Britanniques ou ses coreligionnaires. Vers 1760, il est en relation commerciale avec Aaron HART qui s'établira à Trois-Rivières et Eleazar Levy qui se fixe un temps à Québec pour finalement s'installer à New York vers 1771. Grâce à ses contacts avec ses frères juifs, Jacobs établit de solides relations commerciales avec New York où Hyam Myers lui sert de principal agent. Ce dernier fait d'ailleurs de fréquents voyages à Québec et habite, en 1772, la maison d'Eleazar Levy avant de retourner à New York où on perd sa trace.

Jacobs saisit assez tôt l'importance de la voie du Richelieu. Il y établit des magasins depuis Crown Point, New York, jusqu'à Sorel. Dès 1763, Jacobs juge bon d'ouvrir, à Saint-Denis, un magasin qu'il confie à Charles Curtius. Les livres de comptes de Jacobs révèlent l'importance de son activité commerciale. Dans le seul mois de novembre 1763, il reçoit au moins 18 chargements différents pour lesquels il note soigneusement le nom du navire et du capitaine. Il s'agit de livraisons de café, de sel, de sucre et surtout de quantité de pipes de vin et d'eau-de-vie. Il exporte surtout du blé, des pommes et des fourrures.

Tout en habitant à Québec, où il possède quelques biens, Jacobs concentre son activité le long du Richelieu. Dans un papier daté du 3 avril 1770, il fait le relevé des terres qu'il a achetées, à Saint-Denis, depuis le 31 janvier 1769. Il les évalue à £2 700. Le 1er juillet 1770, il établit la liste des comptes de son magasin de Sorel : 183 débiteurs lui doivent la jolie somme de £5 270 18 shillings 11 pence. Il brasse également des affaires importantes à Saint-Ours et à Saint-Charles.

Finalement, Jacobs s'installera à Saint-Denis. Outre le grain qu'il achète et le « magasin général » qu'il gère, il exploite une distillerie et s'intéresse à la perlasse qu'il exporte en Angleterre. L'un de ses partenaires commerciaux est alors George Allsopp*. En plus d'être son associé dans ces diverses industries, Jacobs agit comme son fournisseur de blé en échange de marchandises de gros.

D'innombrables lettres témoignent de l'attention que Samuel Jacobs apporte à l'éducation de ses enfants. Même si la langue de la famille semble être l'anglais, il confie au moins deux de ses filles aux ursulines de Québec et souhaite qu'elles apprennent bien le français. Ainsi dans une lettre du 16 mars 1783, écrite en anglais, à sa fille Mary Geneviève qui habite chez Charles Grant, il l'exhorte de demeurer « une bonne fille, vertueuse, obéissante », ajoutant : « je te charge de m'écrire au moins une fois par mois en français ». Quant à son fils aîné Samuel, il « pensionne » un temps chez Elias Salomon et étudie à l'école privée de John Reid à Québec. Dans une lettre du 2 novembre 1780, Salomon fait rapport au père, souligne que le fils commence à être presque un homme, à 16 ans, et lui demande d'augmenter sa pension tout en accordant à son fils plus d'argent de poche. Les deux ne s'entendent pas, cependant, d'autant moins que Jacobs accuse les deux filles de Salomon d'avoir été « très généreuses » sous l'œil bienveillant de la mère ! Toutes trois lui ont « gaspillé » son garçon ! Samuel déménagera chez Reid et Charles Grant sera prié de veiller au grain.

Contrairement à la plupart des autres Juifs de cette époque, Samuel Jacobs avait épousé non pas une Juive mais une Canadienne. C'est en 1784 qu'il régularisa sa situation avec Marie-Josette Audette, dit Lapointe. Le gouverneur HALDIMAND émet un permis de mariage à cet effet le 15 octobre. On ignore l'âge qu'il a à cette époque. Peut-être sa santé laisse-t-elle à désirer ? Quoi qu'il en soit, le même jour Jacobs prépare son testament : « Si je meurs, à Saint-Denis [...], écrit-il, je demande à être enterré à Sorel [...] près de la tombe d'un vieux soldat. » Il lègue ses meubles et les objets de la maison à sa femme, de même que l'usufruit de £1 500 avec obligation de léguer le capital à au moins trois de ses enfants. Il laisse le reste de ses biens à ses « deux filles naturelles les plus âgées, Mary Geneviève et Mary Marianne », et à son fils Samuel. Il n'oublie pas ses autres enfants : John Levy, John Baptist, Baptist Samuel et sa cadette, Angélique. Le 3 août 1785, après avoir menacé sa fille Mary Geneviève de ne lui laisser qu'un shilling si elle se mariait sans son consentement avec Stanislas Vigneault, il la prive effectivement de son héritage, sauf le shilling, et interdit à sa femme de lui apporter le moindre secours sous peine d'être elle-même déshéritée.

Jacobs meurt le ou vers le 10 août 1786. Il laisse une lourde tâche à l'exécuteur testamentaire, Edward William Gray*, l'importance des biens en cause obligeant celui-ci à conserver précieusement les papiers du riche marchand.

La veuve de Jacobs se remariera avec le docteur Jean-Baptiste Rieutord* de Trois-Rivières. Elle décède à son tour en 1806. Un acte notarié extrêmement complexe, conservé dans la collection Baby, laisse encore à Edward William Gray le soin de régler la délicate question de l'héritage posée cette fois par le nouveau testament de la veuve, dite « mère et belle-mère » des enfants de Samuel Jacobs.

Le marchand de Saint-Denis était un personnage coloré. Sa correspondance est particulièrement révélatrice de son esprit original. Musicien à ses heures, il adorait lire des pièces de théâtre et ne répugnait pas lui-même au style théâtral. Même s'il ne fréquenta pas la synagogue de Montréal et fit un mariage protestant, il témoigna maintes fois de sa conscience juive. Il connaissait un peu l'hébreu et se plaisait à signer certaines lettres « Shemuel » en formant le « l » final à la manière hébraïque. Il a même laissé un long récit de l'invasion américaine dans des caractères hébreux que personne jusqu'à maintenant n'a réussi à comprendre complètement. Le savant docteur Marcus et ses collègues du Hebrew Union College et des American Jewish Archives de Cincinnati y ont perdu leur latin... ou leur hébreu !

Jacobs a laissé de nombreux papiers d'affaires qui permettent de faire un peu de lumière sur les premiers Juifs canadiens avec qui il entretint d'ailleurs toute sa vie des relations suivies. A ceux déjà mentionnés, il faudrait ajouter son frère Thomas, Gershom et Isaac Levy, Simon Nathan, Lazarus David, Samuel Judah, Abraham Jacobs.

Samuel Jacobs reste toutefois un personnage énigmatique dont une connaissance plus complète ne manquerait pas d'éclairer de façon intéressante les « lendemains de Conquête ».

DENIS VAUGEOIS

Les papiers Jacobs conservés aux APC constituent la source la plus importante. Classés sous la cote MG 19, A2, sér. 3, 1–246, ils se retrouvent dans le fonds de la famille Ermatinger, dont l'un des membres fut l'exécuteur testamentaire d'Edward William Gray, lui-même responsable de la succession de Samuel Jacobs. Ces papiers permettent de suivre de près l'activité commerciale de l'audacieux marchand mais ils nous apprennent peu de chose sur sa situation familiale. Aux Archives du séminaire de Trois-Rivières, les archives de la famille Hart, 1760–1865, contiennent de nombreuses références à Samuel Jacobs. De même, les archives paroissiales de Saint-Denis (Saint-Denis-sur-Richelieu, Québec) renferment des documents (23 oct. 1772, 6 août 1776, 14 mai 1780, 27 juill. 1781) concernant les enfants de Samuel, élevés dans la foi catholique. D'autres renseignements peuvent être tirés du fonds suivant : ANQ-Q, Greffe de P.-L. Descheneaux, 13 déc. 1787.

Parmi les sources imprimées et les études les plus pertinentes, citons : *American Jewry : documents ; eighteenth century ; primarily hitherto unpublished manuscripts*, J. R. Marcus, édit. (Cincinnati, Ohio, 1959) ; J. R. Marcus, *Early American Jewry* (2 vol.,

Philadelphie, 1951–1953), I : 240–251 ; II : 497 : David Roberts, George Allsopp, Quebec merchant, 1733–1805 (thèse de M.A., Queen's University, Kingston, Ontario, 1974) ; Denis Vaugeois, *Les Juifs et la Nouvelle-France* (Trois-Rivières, 1968), 118–128 ; *Canadian Jewish Archives* (Montréal), I (1959), n°s 4 et 5 ; P.-G. Roy, La maison Montcalm sur les Remparts à Québec, *BRH*, VIII (1902) : 265. [D. V.]

JACQUERAULT (Jacquero). V. JACRAU

JACQUET (Jacquiers), François, potier, né probablement à Bourgoin-Jallieu, France, vers 1731, fils de Joseph Jacquet, faïencier, et de Louise Giroux, décédé après 1777.

Arrivé au Canada comme soldat dans les troupes de la Marine, François Jacquet fut licencié le 2 décembre 1751. Le 10 janvier suivant il épousait, à Québec, Élisabeth Bourget. Son contrat de mariage passé la veille devant le notaire Gilbert Boucault* de Godefus nous apprend qu'il habitait chez la veuve Fornel [Marie-Anne BARBEL], « en qualité de poitier », ce qui permet de supposer qu'il avait fait son apprentissage en France auprès de son père. Le 31 mai 1752, Jacquet s'engagea par contrat à travailler au service de Marie-Anne Barbel pendant trois ans, mais dès la fin de l'été les problèmes surgirent. Jacquet voulut quitter la boutique, située près de la rivière Saint-Charles, alléguant que « le Batiment qui est la Potterie est inhabitable [...] que la ditte maison menace ruyne et qu'elle est percée de touttes parts estant aroisée ». Au début de l'hiver il se plaint que « la terre [...] en la ditte potterie est tellement gelée qu'elle ne peut servir à l'usage pour laquelle elle est destinée ».

Bon gré, mal gré, Marie-Anne Barbel dut se passer des services de son potier car ce dernier entra en société avec le marchand Pierre Révol* le 18 novembre 1752. D'après le contrat, Révol avançait la somme de 2 913# 14s. pour acheter de la terre et les « ustancilles nécessaires pour la faire valoir » tandis que Jacquet s'engageait à travailler pour lui durant cinq ans, les profits et pertes devant être partagés également entre les deux hommes. Cette société dura à peine deux ans puisque le 16 mars 1755 Jacquet s'associait avec Jean Teissier pour fabriquer de la brique et engageait, « en qualité de briquetier, Pierre Fournier, habitant de Cap-Rouge ». Cette nouvelle association fut rompue le 2 juillet suivant.

Entre 1752 et 1766, François Jacquet acquit quelques terrains sur la rive droite de la rivière Saint-Charles. C'est là qu'il établit sa boutique, utilisant, semble-t-il, l'argile qu'il trouvait sur place. Rien n'indique qu'il forma des apprentis, mais il engagea en 1757 Joseph François, dit Saint-François, « pour et en qualité de compagnon potier » et, en 1763, un potier du nom de Jacob Steinner. A partir de 1762, sans doute à cause de l'arrêt des importations françaises, Jacquet passa de nombreux contrats avec des marchands de Québec – entre autres avec François Dambourgès – pour fabriquer de la poterie. On lui commandait surtout des terrines, des assiettes et des plats de toute sorte. Plusieurs objets datant de cette époque ont été retrouvés, mais on ne peut lui en attribuer aucun avec certitude.

Tout laisse supposer qu'au printemps de 1770 Jacquet fut aux prises avec des difficultés financières. Il céda une partie de sa terre en mars et peu après toutes ses propriétés furent saisies : ce qui lui restait de sa terre et les bâtiments qui s'y trouvaient, c'est-à-dire deux maisons, une grange et une boutique avec un fourneau. En avril, il engagea une poursuite contre un certain Guillot Poulin pour se faire payer des poteries. Sa situation ne semble pas s'être améliorée par la suite puisqu'au mois de septembre il signait une obligation de 1 739# 19s. envers Gabriel Messayé, boulanger de Québec. Il quitta probablement cette ville à cette époque pour s'installer à Montréal. Le 18 octobre 1777, il fit dresser l'inventaire de sa boutique, située dans le faubourg Saint-Joseph, à la suite du départ précipité de son associé, un certain Joseph, « irlandais de nation ». On y trouva un grand nombre de terres cuites, dont des bols à soupe, des pots de chambre, des terrines, des pots à beurre, des soupières, des plats, et un restant de « terre pilée ». C'est la dernière mention que nous ayons de François Jacquet ; la date et le lieu de son décès demeurent inconnus.

François Jacquet avait été l'un des rares potiers établis en Nouvelle-France. Les importations massives en provenance de France expliquent sans doute cet état de fait. En 1747, le port de La Rochelle exportait vers les Antilles, la Louisiane et le Canada 250 000 livres de terres cuites et, en 1758, 51 000 livres. Cet artisanat ne prit son véritable essor qu'après la Conquête et une meilleure connaissance de la carrière de Jacquet permettrait peut-être de mieux l'illustrer.

EN COLLABORATION AVEC MICHEL GAUMOND

AMHDQ, Papier terrier, Quartier Saint-Sauveur, Procès-verbal du terrain des pauvres [...], 18 août 1762, n° 4, ff.62, 63. — ANQ-M, Doc. jud., Cour des plaidoyers communs, Registres, 1770–1785 ; Greffe d'Antoine Foucher, 18 oct. 1777. — ANQ-Q, État civil, Catholiques, Notre-Dame de Québec, 10 janv. 1752 ; Greffe de Claude Barolet, 20 déc. 1752 ; Greffe de Gilbert Boucault de Godefus, 9 janv., 26 juill. 1752, 21 août 1753, 16 mars 1755 ; Greffe de C.-H. Du Laurent, 31 mai 1752, 20 mai 1757 ; Greffe de Claude Louet, 13 déc. 1764; Greffe de F.-E. Moreau, 14 mai, 1er sept., 21 nov. 1764, 15 mai 1765 ; Greffe de J.-C. Panet, 18 nov. 1752 ; Greffe de J.-A. Saillant, 28 oct. 1762 ; Greffe de Simon Sanguinet, 2 sept. 1763, 7 mars, 12 sept. 1770 ; NF 19, 100, f.41v. ; QBC 28, Conseil militaire, 1er, 11 avril 1761. — Archives privées, J.-P. Cloutier (Prescott, Ont.), Lettre de Jean Chapelot. — IBC, Centre de documentation, Fonds Morisset, Dossier François Jacquet. — *La Gazette de Québec*, 10 mai 1770. — P.-G. Roy, *Inv. jug. et délib., 1717–1760*, V : 249s. ; *Inv. procès-verbaux des grands voyers*, II : 247. — Tanguay, *Dictionnaire*.

JACRAU (Jacquerault, Jacquero), JOSEPH-ANDRÉ-MATHURIN, prêtre, curé, procureur du séminaire de Québec, promoteur de l'officialité diocésaine, né vers 1698 dans le diocèse d'Angers, France, décédé à Québec le 23 juillet 1772.

L'arrivée au Canada de Joseph-André-Mathurin Jacrau date d'au moins 1725, puisqu'il reçut la tonsure et les ordres mineurs de Mgr de Saint-Vallier [La Croix*] le 16 mars 1726 dans la chapelle de l'Hôpital Général, où il fut ordonné prêtre le 24 novembre suivant. Comme il avait déjà atteint la maturité requise, soit 28 ans passés lors de son ordination à la prêtrise, l'évêque lui confia la cure de l'Ancienne-Lorette dès le début de 1727. Il eut quelques démêlés judiciaires avec son prédécesseur, Charles-Joseph Le Berre, et avec des habitants qui ne voulaient pas se soumettre à l'ordonnance publique des districts de paroisses. En 1737, Jacrau demanda son agrégation au séminaire de Québec, ce qui fut accordé le 15 octobre et approuvé le même jour par le vicaire général Jean-Pierre de MINIAC. Reconnu pour son sens des affaires, le nouvel agrégé reçut la charge de procureur, vraisemblablement à la fin de 1738, et, pour en détenir légitimement le titre, il fut admis sans retard au conseil de la maison, décision que les directeurs de Paris n'hésitèrent pas à approuver. De plus, en 1739, le supérieur François-Elzéar Vallier*, sur le point de s'embarquer pour un repos en France, lui délégua ses pouvoirs de procureur de Mgr DOSQUET, absent de la colonie depuis 1735.

Promoteur de l'officialité diocésaine depuis le 12 décembre 1740, Jacrau fut nommé par le séminaire pro-curé de Québec après la mort de Charles Plante* en 1744. On lui doit le recensement nominal de Québec et de la banlieue, commencé dès le 15 septembre de la même année. Jacrau fut en plus supérieur par intérim du séminaire, succédant à l'abbé Vallier décédé le 16 janvier 1747. A ce titre il eut des démêlés avec Mgr de Pontbriand [Dubreil*]. Jacrau prétendait que le séminaire de Québec n'était pas un séminaire épiscopal ni un séminaire diocésain et qu'il n'était soumis qu'à l'autorité des Missions étrangères de Paris. Mgr de Pontbriand, qui ne pouvait admettre de telles prétentions, prit en main la direction du séminaire. Mises au courant de ce conflit, les autorités de Paris envoyèrent à Québec Christophe de Lalane qui remplaça Jacrau comme supérieur à l'été de 1748. Le 20 septembre 1749, le séminaire le déchargeait de ses fonctions curiales à l'église paroissiale Notre-Dame de Québec, en nommant un nouveau curé en titre, Jean-Félix Récher*, de sorte que Jacrau put se donner tout entier à sa charge de procureur, qu'il avait reprise depuis novembre 1748, assisté dès l'année suivante du laïque David Mouisset. De 1752 à 1756, il fut l'assistant du procureur en titre Colomban-Sébastien PRESSART ; par la suite, il reprit sa charge. Pendant ces années on eut à soutenir divers procès, surtout contre le chapitre de Québec, qui donnèrent ample matière à s'occuper aux procureurs du séminaire, en tant qu'archivistes [V. René-Jean Allenou* de Lavillangevin].

Jacrau fut l'un des cinq prêtres du séminaire à traverser la période cruciale de la Conquête. Resté seul à Québec avec Urbain BOIRET pour surveiller les biens du séminaire durant le siège de 1759, il se dévouait au soin spirituel des patients de l'Hôpital Général lorsqu'il tomba gravement malade en septembre ; il demeura entre la vie et la mort jusqu'en mars de l'année suivante. Il se remit un peu mais demeura valétudinaire, ce qui ne l'empêcha pas, une fois la guerre terminée, d'aider au rétablissement du séminaire et de la seigneurie de Beaupré, complètement ravagée par les Anglais. Jacrau fut aussi aumônier des religieuses de l'Hôtel-Dieu de 1761 à 1764.

Confesseur attitré du chanoine Jean-Olivier BRIAND depuis 1753, Jacrau profita du voyage en Angleterre de ce dernier, à l'automne de 1764, pour l'accompagner jusqu'à Douvres, avant d'aller respirer quelque temps l'air de son pays natal, dans l'espoir d'y refaire sa santé. Au début de 1766, ils se revirent à Paris, où Jacrau témoigna à l'enquête de vie et de mœurs du futur évêque de Québec et ils revinrent ensemble le 28 juin de la même année. Jacrau se remit quelque peu aux affaires du séminaire, mais sa santé continua de péricliter. Il précisa les dernières volontés qu'il avait rédigées avant son départ pour la France et mourut le 23 juillet 1772. Il fut inhumé le lendemain dans la crypte de la chapelle.

Lors de son voyage en France Jacrau avait demandé au roi une pension qui lui fut accordée en 1768, ce qui lui permit de se constituer une bibliothèque d'environ 200 volumes qu'il laissa au séminaire. Cette bibliothèque, dont l'inventaire a été conservé, comptait au moins 45 ouvrages de droit, tant ecclésiastique que civil ou criminel, car Jacrau alliait à son sens des affaires un talent juridique reconnu. Le procureur général Francis Maseres* disait de Jacrau qu'il était « un avocat français très savant ».

Sans doute était-ce en raison de la compétence de Jacrau en matière de droit ainsi que de celle de son collègue Pressart qu'en 1767 ou au début de 1768 le lieutenant-gouverneur Guy Carleton* soumit aux prêtres du séminaire un abrégé des lois civiles françaises en vigueur au Canada, rédigé par François-Joseph CUGNET à la demande du Conseil privé. Les messieurs du séminaire se montrèrent insatisfaits de ce document, et Carleton leur demanda d'écrire à leur tour un abrégé de la Coutume de Paris. Leur texte, pas plus que celui de Cugnet, ne plut à quelques gentilshommes canadiens qu'on ne peut identifier de façon certaine. D'après Maseres il s'agissait de trois ou quatre seigneurs parmi les plus importants du pays. Carleton engagea donc ces derniers critiques à s'entendre avec Cugnet et les prêtres du séminaire pour rédiger un document qu'il pourrait soumettre au Conseil privé. Leur travail, connu au Canada sous le nom d' « Extrait des Messieurs », était composé de cinq fascicules qui furent publiés à Londres sous la direction de Maseres ; trois parurent en 1772 et deux, l'année suivante. Bien que les textes furent rédigés en français, l'ouvrage portait un long titre anglais. Un de ces fascicules a pour auteur Cugnet et les quatre autres sont l'œuvre d'un « comité spécial de gentilshommes canadiens, bien au fait des lois en vigueur en France et dans cette province », dont faisait sûrement partie l'abbé Jacrau.

HONORIUS PROVOST

AAQ, 12 A, C, 34, 37 (les actes de diaconat et de prêtrise ont été rédigés de la main même de Jacrau). — ASQ, C 9, *passim* ; C 11, *passim* ; C 22, *passim* ; Chapitre, 150, 152 ; Évêques, n° 206 ; Lettres, M, 91, 93, 112 ; R, 8, 132, 134, 135 ; S, 72, 74 ; MSS, 12, ff.3, 7, 13, 23 ; Polygraphie, III : 61 ; VII : 102, 102a, 115, 120 ; XV : 24b ; XXIII : 1 ; Séminaire, 3 : 7 ; 4 : 128–129d ; 28 : 22. — Philéas Gagnon, *Essai de bibliographie canadienne* [...] (2 vol., Québec et Montréal, 1895–1913), I : 2. — P.-G. Roy, *Inv. jug. et délib., 1717–1760*, II : 184, 199 ; III : 266. — A.-H. Gosselin, *L'Église du Canada après la Conquête*, I. — M. Trudel, *L'Église canadienne*. — Leland, François-Joseph Cugnet, *Revue de l'université Laval*, XVII : 448, 450–453, 455s., 820, 822s.

JADIS, CHARLES NEWLAND GODFREY, officier dans la marine et dans l'armée, marchand, né le 6 novembre 1730 à Portsmouth, Angleterre, unique enfant de John Godfrey Maximilian Jadis et d'Elizabeth Newland ; il épousa une certaine Margaret, et de ce mariage naquirent au moins sept enfants ; décédé après août 1788.

La plupart des renseignements concernant Charles Newland Godfrey Jadis ont été puisés dans les quelques pétitions et requêtes qu'il formula au cours de la dernière partie de sa vie. Fils d'un officier de la marine royale, Jadis fut affecté au *Bedford* en qualité de midshipman en 1741 et il servit en Méditerranée durant la guerre de la Succession d'Autriche. Il laissa la marine après la conclusion de la paix en 1748, et, sept ans plus tard, il obtint une commission d'enseigne dans le 54e d'infanterie (devenu le 52e d'infanterie en 1757) ; c'était un changement de carrière peu habituel, mais non pas unique. Lieutenant-capitaine en janvier 1762, Jadis quitta l'Irlande avec son régiment en 1765 à destination de Québec, mais son navire fit naufrage dans le Saint-Laurent. Cet accident mina sa santé, et, au bout de deux ans, il vendit sa commission et retourna en Irlande.

A la fin de la guerre de Sept Ans, on avait ouvert à la colonisation britannique le territoire de l'actuel Nouveau-Brunswick ; en 1764, à Montréal, des officiers formèrent une société en vue d'obtenir une vaste concession sur la rivière Saint-Jean [V. Beamsley Perkins GLASIER]. On ne sait pas si Jadis s'était mis en rapport avec cette société avant son départ du Canada, mais, en 1768, il acheta de l'un des concessionnaires, Synge Tottenham, des terrains situés à Grimross (Gagetown). Il arriva à Halifax en août de l'année suivante, accompagné de sa famille et pourvu de marchandises destinées à la traite avec les Indiens de la vallée de la Saint-Jean. Parvenu au fort Frederick (Saint-Jean) en mai 1770, Jadis découvrit que les Malécites de l'endroit s'opposaient à la colonisation britannique et il fut plusieurs fois menacé « de destruction immédiate ». Lorsqu'il alla s'établir sur ses terres peu de temps après, Pierre TOMAH et d'autres personnes le reçurent de façon analogue. Après plusieurs mois de vexations, sa maison, son magasin et ses articles de traite furent détruits par le feu en février 1771 et il retourna à Halifax avec sa famille. Jadis attribua l'incendie aux Indiens, qui, selon lui, avaient agi à l'instigation de James Simonds*, un trafiquant rival installé à Portland Point (Saint-Jean). Un employé de Simonds rédigea sous serment une déclaration suivant laquelle son patron avait exprimé l'intention de faire brûler la maison de Jadis par les Indiens. A vrai dire, on n'a pas besoin de cette allégation pour établir que la compagnie dirigée par Simonds, William Hazen* et James White exerçait le monopole de la traite à la rivière Saint-Jean avant la Révolution américaine. Ces trafiquants considéraient la vallée comme leur réserve commerciale, et l'intrusion de Jadis, comme un geste de bravade.

Temporairement retardé dans ses projets, Jadis se rendit en Angleterre où il obtint du gouvernement britannique un certain dédommagement pour les pertes qu'il avait subies. A l'hiver de 1772–1773, il revint en Nouvelle-Écosse et, avec James Burrow, il mena une enquête sur la contrebande pratiquée dans la région de la Saint-Jean et à Halifax. Il retourna sur ses terres en 1774, au moment où l'agitation de la Révolution américaine gagnait Maugerville, le principal établissement des habitants de la Nouvelle-Angleterre sur la Saint-Jean. Étant l'un des rares défenseurs de l'autorité britannique et néo-écossaise dans une région en grande partie encore sauvage, Jadis eut bientôt à subir l'hostilité des colons de Maugerville qui le persécutèrent systématiquement pour le forcer à se soumettre aux volontés du Congrès américain. En septembre 1775, il écrivait au gouverneur Francis LEGGE : « Je crains chaque jour pour ma vie et celle des miens [...] Ils m'ont brisé les côtes et [...] m'ont transporté dans les bois. » L'année suivante, tandis que les notables de Maugerville se préparaient à venir en aide aux rebelles qui voulaient envahir la Nouvelle-Écosse [V. Jonathan Eddy*], Jadis fut l'objet de pressions encore plus fortes et on le menaça d'emprisonnement. Il demanda l'autorisation de quitter la province, et, en juillet, il reçut de Jacob Barker, le président du comité de sécurité de Maugerville, un sauf-conduit pour la Nouvelle-Angleterre. Il se rendit plutôt à Halifax où il fit un rapport des événements aux magistrats ; il s'offrit à retourner dans la région de la Saint-Jean avec une troupe de soldats afin de rétablir l'autorité provinciale, mais sa proposition ne fut pas agréée.

On ignore quelles furent les activités de Jadis dans les années qui suivirent, mais, en octobre 1784, il revint à Halifax et obtint du gouverneur John PARR une concession en dédommagement pour les terres qu'il avait été forcé d'abandonner. Toutefois, Parr refusa de le remettre en possession de ses biens sur la Saint-Jean ou de lui accorder la compensation financière qu'il demandait. Jadis se rendit en Angleterre dans le but de faire valoir ses droits, et c'est en août 1788 que les documents font mention de lui pour la dernière fois.

EN COLLABORATION AVEC W. S. MACNUTT

PRO, AO 13, bundle 92 ; CO 217/26, ff.111–113 ; 217/35, ff.2, 10–11, 191–193 ; 217/48, ff.92–93. — G.-B., WO, *Army list*, 1756–1768. — Brebner, *Neutral Yankees* (1969), 109n. — Murdoch, *History of N.S.*, II : 502. — Raymond, *River St. John* (1910), 192 ; Brigadier General Monckton's expedition to the River Saint John in September, 1758 [...], N.B. Hist. Soc., *Coll.*, III (1907–1914), n° 8 : 113–165.

JARVIS, EDWARD, agent principal de la Hudson's Bay Company, décédé vers 1800.

Edward Jarvis fut d'abord engagé pour trois ans par la Hudson's Bay Company, en 1771, comme chirurgien au fort Albany (Fort Albany, Ontario), sur la baie de James, au salaire annuel de £40. En moins de deux ans, il avait maîtrisé la langue crise, ce qui, ajouté à son ardeur juvénile, en faisait l'homme tout trouvé – et du reste disposé à accepter – pour mener à bien le levé qui avait été proposé des territoires de la compagnie bornés par les rivières Moose et Albany (Ontario), la baie de James et le lac Supérieur. La compagnie considérait ce levé comme indispensable à sa prospérité. Pour faire obstacle à la concurrence croissante des trafiquants indépendants (*pedlars*) dont les activités entamaient sérieusement le rendement de la traite, la compagnie jugeait nécessaire de cartographier les points stratégiques pour l'établissement de postes sur les rivières encore inconnues de l'intérieur. La mission de Jarvis, parallèle à celle de Philip TURNOR, était de découvrir ces points.

La première expédition de Jarvis, qui quitta le fort Albany le 29 mars 1775, se termina prématurément à Henley House (à la rencontre des rivières Albany et Kenogami), quand les Indiens refusèrent de lui fournir des guides. Jarvis retourna au fort et, le 3 octobre de la même année, se mit en route à destination de la rivière Chepysippy (Kabinakagami), en compagnie de Questach, capitaine des chasseurs d'oies du fort Albany. Il bifurqua vers la rivière Missinaibi et, le 19 novembre, atteignit Moose Factory (Ontario). De retour à Henley House en février 1776, il partit, en mai, pour examiner les établissements canadiens du lac Supérieur, à Michipicoton. Il y arriva le 19 juin et consigna des observations détaillées sur les deux groupes de trafiquants de Montréal (rattachés à une compagnie de Montréal), dont l'un était formé par les employés d'Alexander Henry*, l'aîné. Il prit ensuite le chemin du retour, arrivant au fort Albany le 5 juillet. Grâce aux explorations de Jarvis, la compagnie obtint une connaissance géographique considérable de la région des rivières Albany et Moose et put se faire une idée tant des points forts que des points faibles de l'adversaire montréalais.

Les journaux de Jarvis laissent voir qu'il était bien peu fait pour affronter les difficultés qui furent le tourment de la plupart des premiers explorateurs. Il souffrit des températures extrêmes, de la diarrhée, des mouches noires et des maringouins, et de la famine ; en terminant son dernier voyage, il était si maigre qu'il devait porter un « bandage » sur ses épaules pour retenir ses pantalons. Non familier avec les habitudes des Indiens de festoyer ou de supporter la faim, il se refusait à manger en un seul repas, comme eux s'y fussent attendus, 15 livres de castor cuit. Jarvis dépendait entièrement, aussi, des Indiens de l'intérieur qui seuls pouvaient le guider ; les employés de la Hudson's Bay Company avaient beau désirer une connaissance plus nette des territoires de la compagnie, les Indiens n'étaient pas toujours disposés à la leur donner. Selon Thomas HUTCHINS, agent principal au fort Albany, les Indiens avaient refusé de guider Jarvis, lors de son premier voyage, parce qu'ils étaient opposés à l'exploration entreprise par la compagnie, trouvant « un plus grand bénéfice à fréquenter deux endroits aux intérêts opposés, où chacun s'effor[çait], par le moyen de cadeaux, de les détacher de l'autre ».

La carrière de Jarvis, par la suite, ne fut ni remarquable ni passionnante. Ayant refusé de retourner à l'intérieur après l'expédition de 1776, il passa les années 1776 à 1778 à faire la navette entre le fort Albany et Henley House. En septembre 1778, il se rendit en Angleterre ; il réapparut sur les listes de la compagnie l'année suivante, comme agent principal à Moose Factory, pour une période de cinq ans, à £130 par année. En 1781, la direction du fort Albany étant devenue vacante, il demanda et obtint d'y être transféré.

A titre d'agent principal, Jarvis plaida pour une politique d'expansion vers l'intérieur et pour l'établissement de postes qui « jetteraient la consternation dans la North West Company et couperaient ses communications avec l'intérieur où se fai[sait] tout son commerce ». A l'instar de Hutchins et de Humphrey MARTEN, ses prédécesseurs au fort Albany, il prônait l'engagement de trafiquants montréalais pour garnir ces postes, quoique, en 1791, tant lui-même que le comité de Londres fussent devenus moins favorables à cette idée. En 1792, son état de santé précaire le força à se retirer en Angleterre.

Jarvis fut réengagé par la compagnie en 1796 et nommé inspecteur en chef et surveillant des postes de la baie d'Hudson et de la baie de James. Cette nomination représentait un effort du comité de Londres pour concilier les aspirations parfois opposées de ses agents principaux dans Rupert's Land. Jarvis, connu pour être le champion des intérêts du fort Albany, fut reçu froidement lors de son arrivée à York Factory (Manitoba), en août. Sa mauvaise santé l'empêcha de compléter l'examen approfondi des postes de la compagnie et, en 1797, il prit sa retraite avec une pension annuelle de 50 guinées. Il mourut probablement quelque temps après mars 1800, la dernière fois où lui fut versée sa pension.

On ne connaît guère la vie privée de Jarvis, sinon qu'il avait un frère financièrement aux abois et un vieux parent, qu'il faisait tous deux vivre. La mère métisse de son fils, « fille d'un Anglais », avait « peu ou pas d'amis indiens ». Craignant pour son fils, advenant la mort de sa femme, Jarvis avait pensé ne pouvoir mieux faire que de l'envoyer en Angleterre, en 1784, pour qu'il y fût instruit.

F. PANNEKOEK

HBC Arch., A.1/43, f.116 ; A.1/47, ff.75, 108d ; A.1/140, f.79 ; A.6/16, f.34 ;sA.11/3, ff.197, 199 ; A.11/4, ff.23d, 162, 210 ; A.11/5, ff.102, 189d ; A.11/55, p.123 ; A.19/2, f.87 ; B.3/a/71–74 ; B.86/a/29, ff.2–14, 29 ; B.86/a/30–32. — *HBRS*, XVII (Rich et Johnson). — Morton, *History of Canadian west*. — Rich, *History of HBC*.

JAUTARD, VALENTIN, avocat et journaliste, né en France vers 1738, décédé à Montréal le 8 juin 1787.

Personnage vilipendé de l'histoire du Québec, Valentin Jautard est arrivé en Amérique à une date inconnue. Le 4 juin 1765, il achète à Jean-Baptiste Lagrange les biens de la mission de la Sainte-Famille des Tamarois de Cahokia (East St Louis, Illinois) [V. Jacques-François Forget* Duverger]. Quelque temps plus tard, le grand vicaire de l'évêque de Québec, Sébastien-Louis Meurin, réussit à l'empêcher de revendre les biens à un Anglais. Bien qu'absent, Jautard restera propriétaire jusqu'en novembre 1786, date à laquelle la question de la propriété des biens de la mission, qu'il avait laissés à l'abandon, est soumise à un arbitrage qui lui est défavorable.

Arrivé dans la province de Québec en 1767, Jautard est nommé avocat le 31 décembre 1768. Il devait posséder une bonne instruction et sans doute une personnalité sympathique pour obtenir un tel privilège si tôt après son installation au pays. La Révolution américaine l'enthousiasme si bien qu'il accueille l'armée d'invasion à Montréal en novembre 1775 par une adresse qu'il fait signer par quelques dizaines d' « habitants de trois faubourgs » : « nos chaînes sont brisées, une heureuse liberté nous rend à nous-mêmes [...] nous acceptons l'union ainsy que nous l'avons acceptée dans nos cœurs dès le moment que l'adresse du 26e Octobre 1774 nous est parvenue [lettre du premier Congrès continental adressée aux habitants de la province de Québec] ». Le général de brigade David Wooster, commandant à Montréal et l'officier américain de plus haut rang depuis la mort de Richard MONTGOMERY, nomme Jautard notaire au début de 1776, mais celui-ci ne semble pas avoir exercé, d'autant plus que les Américains quittent la ville en juin.

C'est vers cette époque que Jautard rencontre son compatriote imprimeur, Fleury MESPLET, arrivé en mai à Montréal. Lorsque ce dernier, en juin 1778, entreprend de publier *la Gazette du commerce et littéraire, pour la ville et district de Montréal*, il fait appel aux talents et à l'instruction de Jautard pour rédiger sa feuille. Au printemps de 1779, Jautard se permet de critiquer dans le journal, dont le nom est devenu *la Gazette littéraire pour la ville et district de Montréal*, certaines décisions du juge René-Ovide HERTEL de Rouville qui le concernaient en tant qu'avocat. Les juges Hertel de Rouville et Edward Southouse lui interdisent l'accès de la cour. Jautard et Mesplet s'y présentent quand même le 27 mai pour braver les juges et peut-être les forcer à commettre quelque impair. C'est du moins ce qu'écrit Hertel de Rouville au gouverneur HALDIMAND le jour même, lui demandant d'intervenir. Leur attitude pro-américaine n'ayant certes pas contribué à leur attirer les faveurs de l'administration, les deux amis sont arrêtés le 2 juin. Le journal cesse aussitôt de paraître. Jautard et Mesplet ne retrouveront leur liberté qu'en septembre 1782.

Le 23 août 1783, Jautard passe un contrat de mariage à Montréal avec Thérèse Bouat, veuve de Louis-Jean Poulin* de Courval puis de Jean-Baptiste de Gannes de Falaise, entrant ainsi dans une vieille famille canadienne tout en touchant des espèces sonnantes. Jautard peut penser que sa femme, âgée de 72 ans, le laissera bien doté, lui qui n'en compte que 45. Le contrat stipule que le mariage aura lieu « en face de l'église le plustôt que faire se pourra ». Un plaisantin s'empresse d'annoncer dans *la Gazette de Québec* que le mariage a été célébré dans l'église des récollets « sur les dix heures du soir », et, parlant de la mariée, vante « les graces et les attraits du jeune âge, qui semblent toujours refleurir en elle [...] persuadée par un homme aussi bon rhétoricien que galant ».

En août 1785, Fleury Mesplet commence la publication de *la Gazette de Montréal/The Montreal Gazette* dont Jautard assure la traduction en anglais. De plus, le 13 octobre, « l'ancien avocat ès Cour » Jautard avertit les lecteurs qu'il réside désormais chez Fleury Mesplet et offre ses services « pour Conseil, Mémoire, etc. ainsi que pour traduire de l'Anglais en Français ». Moins de deux ans plus tard, Valentin Jautard meurt. Sa veuve lui survit jusqu'en 1801, léguant ses biens à l'Hôpital Général, où elle s'était retirée.

Les historiens ont jugé sévèrement Valentin Jautard, non pas tant pour son enthousiasme envers les Américains que pour son « voltairianisme », affiché dans *la Gazette littéraire*. « Le Spectateur tranquille » – c'est son pseudonyme – aime certes Voltaire et ne s'en cache pas. Mais il donne autant de place aux écrits antivoltairiens qu'aux textes voltairiens ou de Voltaire lui-même dans ce premier journal. Ce que les érudits et les historiens n'ont pas suffisamment retenu, c'est que notre « premier critique littéraire » a surtout été l'animateur de l'intelligentsia montréalaise, l'homme des Lumières qui mène le combat de la philosophie dans l'officine de Fleury Mesplet. C'est dans ce contexte que se place la naissance de l'Académie de Montréal, qui ne peut malheureusement obtenir les statuts qu'elle a demandés au gouverneur Haldimand le 30 décembre 1778, parce qu'elle s'est attiré l'opposition du supérieur des sulpiciens, Étienne MONTGOLFIER. Citoyens éclairés luttant contre l'obscurantisme, contre la présence un peu lourde des sulpiciens qui prétendent détenir le gouvernement de l'intelligence à Montréal, ces intellectuels forment un groupe qui ressemble à ceux que l'on trouve dans les petites villes de province françaises. Lorsque la guerre américaine, qui avait privé le groupe de ses deux meilleurs hommes, est terminée, le cercle se reforme autour de Jautard et de Mesplet, cette fois par le truchement de *la Gazette de Montréal*.

Valentin Jautard était, comme l'a écrit l'historien Séraphin Marion, une fine mouche, un habile polémiste qui, loin d'avoir l'âme d'un valet ou d'un arriviste, fut un combattant d'avant-garde, dont le courage et l'indépendance d'esprit ne font aucun doute. Il est regrettable que de nombreux aspects de sa vie demeurent inconnus, entre autres ses origines et son éducation, ainsi qu'une partie notable de son activité à Montréal.

CLAUDE GALARNEAU

ANQ-M, Greffe de Louis Chaboillez, 18 mai 1799 ; Greffe de François Leguay, 23 août 1783 ; Greffe de P.-F. Mézière, 12 août 1783. — *Cahokia records, 1778–1790*, C. W. Alvord, édit. (Springfield, Ill., 1907). — Fabre, dit Laterrière, *Mémoires* (A. Garneau), 117s. — *Old Cahokia : a narrative and documents illustrating the first century of its history*, J. F. McDermott, édit. (St Louis, Mo., 1949), 24s., 83s. — *La Gazette de Montréal*, 25 août 1785–janv. 1794. — *La Gazette de Québec*, 25 sept. 1783. — *La Gazette littéraire pour la ville et district de Montréal*, 3 juin 1778–2 juin 1779. — Jules Léger, *Le Canada français et son expression littéraire* (Paris, 1938). — Séraphin Marion, *Les lettres canadiennes d'autrefois* (9 vol., Hull, Québec, et Ottawa, 1939–1958), II. — Camille Roy, *Nos origines littéraires* (Québec, 1909), 65–69. — J.-E. Roy, *Hist. du notariat*, II : 58s. — Robert Rumilly, *Histoire de Montréal*

(5 vol., Montréal, 1970–1974), II : 57, 70–72, 82. — Marcel Trudel, *L'influence de Voltaire au Canada* (2 vol., Montréal, 1945), I : 94–110. — Raymond Douville, La maison de Gannes, *Cahiers des Dix*, 21 (1956) : 119. — R. W. McLachlan, Fleury Mesplet, the first printer at Montreal, SRC *Mémoires*, 2e sér., XII (1906), sect. II : 197–309. — É.-Z. Massicotte, La famille Bouat (deuxième génération), *BRH*, XXX (1924) : 39–45 ; L'ultime aventure du journaliste Jautard, *BRH*, XLVII (1941) : 328–330.

JEANSON (Jeançonne), GUILLAUME (il porta aussi le nom de **William Johnson** ; il signait **Gilliom Shanson)**, soldat et colon, né en août 1721 à Annapolis Royal (Nouvelle-Écosse), fils de William Johnson, soldat écossais, et d'Isabelle Corporon, une Acadienne ; il épousa vers 1751 Marie-Josette Aucoin ; décédé après 1777, probablement à Tracadièche (Carleton, Québec).

Guillaume Jeanson passe pour avoir fait partie de la garnison à Annapolis Royal jusqu'à ce qu'on l'accusât de voler des approvisionnements et qu'on le congédiât. Il se joignit alors à la communauté acadienne, probablement à Rivière-aux-Canards (près de Canard, Nouvelle-Écosse) où naquit, en 1752, son fils Jean-Baptiste.

Lors de la déportation de 1755, Jeanson et sa famille s'enfuirent à Miramichi (Nouveau-Brunswick). Il semble avoir été actif parmi les réfugiés acadiens rassemblés là car, en 1758, on le disait à la tête des irréguliers acadiens qui harcelaient les Britanniques en Nouvelle-Écosse. Au printemps de cette année-là, il se trouvait à Annapolis Royal, encourageant les Acadiens mécontents à se joindre aux troupes de Charles DESCHAMPS de Boishébert à Miramichi. En juin 1762, cependant, avec sa famille, il faisait partie des Acadiens prisonniers au fort Edward (Windsor, Nouvelle-Écosse).

La fin de la guerre de Sept Ans en 1763 entraîna la mise en liberté des Jeanson qui, probablement, choisirent de s'installer dans la région de Windsor. En 1768, Jeanson était sur la liste des Acadiens consentants à prêter le serment de fidélité au roi britannique ; la même année, avec 37 autres habitants de Windsor, il adressa une requête au gouvernement afin d'obtenir des vivres et un prêtre résidant. De Windsor, il semble que Jeanson soit allé à la baie de Sainte-Marie. On ne connaît pas la date de son déplacement mais il se peut qu'il soit venu avec un certain nombre d'Acadiens qui arrivèrent à cette baie en 1769. Ce groupe obtint des concessions en 1775 ; cette année-là, Jeanson reçut un lot de 360 acres dans le village actuel de Grosses Coques. La tradition veut qu'il y ait installé une scierie et, parce qu'il parlait l'anglais, qu'il servit de porte-parole aux Acadiens.

Quelque temps après 1774, Jeanson quitta la baie de Sainte-Marie. Le recensement de 1777 pour Tracadièche le mentionne ainsi que sa femme et six de ses enfants. Urbain Johnson*, le législateur du Nouveau-Brunswick, est l'arrière-petit-fils de Jeanson.

J.-ALPHONSE DEVEAU

APC, MG 30, C20, 11, pp.2604s. ; 12, p.2613. — N.-É., Dept. of Lands and Forests, Crown Lands Office, Old book 12, ff.5–17 (mfm aux PANS). — Prisonniers acadiens du fort Edward, N.-É., 1763, et pétitions des Acadiens de cette région, avec les listes des signataires, 1764–1768 (papiers Deschamps), R. S. Brun, édit., Soc. historique acadienne, *Cahier* (Moncton, N.-B.), III (1968–1971) : 188–192. — Arsenault, *Hist. et généalogie des Acadiens*. — L.-C. Daigle, *Histoire de Saint-Louis-de-Kent : cent cinquante ans de vie paroissiale française en Acadie nouvelle* (Moncton, [1948]).

JOE, esclave noir, pressier, né vers 1760 en Afrique, *circa* 1771–1789.

C'est au mois d'août 1771, à titre d'esclave de William BROWN et de Thomas GILMORE, imprimeurs de *la Gazette de Québec*, que Joe apparaît pour la première fois dans l'histoire du Canada ; les associés déboursent alors les sommes nécessaires à sa sortie de prison. On ignore la date à laquelle Joe est devenu la propriété des imprimeurs, mais il semble que ces derniers possédaient des esclaves noirs depuis au moins 1769. Dans une lettre datée du 29 avril de l'année précédente, Brown se plaint à son ancien patron, William Dunlop, de Philadelphie, de l'embarras que lui causent les jeunes Canadiens engagés à l'imprimerie : impossible de les garder longtemps, sitôt qu'ils acquièrent quelque expérience, ils réclament de plus gros salaires et deviennent insolents. Aussi les deux associés ont-ils décidé d'acheter un esclave noir âgé de 15 à 20 ans, honnête et ayant déjà eu la petite vérole. Ils demandent à Dunlop de leur en acheter un – ils sont prêts à payer un bon prix – et de l'envoyer par bateau, en ayant soin de le faire assurer. Dunlop a peut-être envoyé ainsi plusieurs Noirs à ses deux anciens employés, et on peut supposer que Joe vint au Canada par son intermédiaire. Après le décès de Gilmore, en février 1773, et la dissolution de l'association, en janvier 1774, Brown reste propriétaire des esclaves noirs travaillant alors à l'imprimerie.

Brown fait emprisonner Joe, en août 1774, pour un vol de plus de £4. Après son séjour en prison, qui coûte au maître près de £3, l'esclave revient à l'atelier et y exerce le métier de « presseur » d'imprimerie. Il faut croire que ce travail lui plaît assez puisqu'il n'est plus question de lui avant sa fuite en avril 1777. Brown doit alors payer 17 « chelins » 9 pence pour le retrouver. En novembre, Joe récidive et, cette fois, Brown le remet en prison, ce qui lui occasionne encore quelques dépenses. Joe s'enfuit de nouveau le 25 janvier de l'année suivante, et Brown débourse 10 « chelins » pour récompenser ceux qui l'ont attrapé. Quelques jours avant la Noël de 1778, nouvelle désertion. Cette fois Brown ne se contente pas de mettre Joe en prison, il le fait fouetter par le bourreau, ce qui augmente les frais. En avril 1779, Joe se sauve après avoir volé une petite somme à son maître qui doit encore payer pour le retrouver. Joe reprend la clé des champs en septembre et on le retrouve à bord d'un navire en partance. Brown, qui en a sans doute assez, tente sans succès de vendre son esclave ; la réputation de Joe est connue, son nom apparaissant régulièrement dans *la Gazette* comme voleur ou fugitif. A la fin de 1785, nouvelle fugue de Joe et nouveau débours de Brown. Le 18 février suivant, le Noir, alors en prison, s'évade en compagnie du criminel John Peters. Le shérif offre £5 de récompense pour retrouver chacun des fugitifs ; Brown promet trois guinées à qui retrouvera son « presseur » que *la Gazette de Québec* du 4 mai décrit ainsi : « âgé de vint six ans, haut d'environ 5 pieds 7 pouces, un peu picoté, a[yant] plusieurs cicatrices sur les jambes, parl[ant] fluement François & Anglois ». Joe revient chez Brown au mois de juin et semble s'assagir. En 1788, toutefois, il vole de l'eau-de-vie que son propriétaire doit rembourser. Pour l'encourager dans la bonne voie, Brown lui donne de l'argent de poche chaque semaine.

On ne doit pas se surprendre de l'entêtement de Brown à retrouver Joe ; ce « bois d'ébène » (comme on appelait les esclaves noirs à l'époque) coûte cher, en moyenne £40 à £50, soit le double du prix d'un esclave indien. C'est une marchandise rare ; aucun négrier ne venant approvisionner le pays, on doit se procurer ces esclaves soit dans les colonies américaines, soit par l'intermédiaire de marchands qui font le commerce avec les Antilles ou quelquefois la Guinée. Les Noirs sont peut-être aussi plus efficaces puisque plusieurs apprennent un métier tandis que les Indiens se contentent d'être serviteurs ou canotiers.

Si l'on se reporte au contexte de l'époque, Joe n'est pas si mal chez Brown. Les livres de dépenses de l'imprimeur nous apprennent qu'il ne lésine ni sur la nourriture ni sur le vêtement pour son esclave. Les chaussures surtout lui coûtent fort cher ; ceci n'a rien d'étonnant quand on songe aux nombreuses escapades du Noir. En outre, Joe reçoit un cadeau en argent à chaque Nouvel An. Durant le siège de Québec à l'hiver de 1775–1776, Brown, enrôlé dans la milice, se fait parfois remplacer par Joe lors de son tour de garde et lui donne un shilling en guise de récompense. Mais la grande chance du Noir consiste surtout en ce que son maître se charge lui-même de le punir de ses forfaits en lui faisant goûter à la prison ou au fouet du bourreau. L'eût-il livré à la justice, Joe aurait pu être pendu dès son premier vol, puisqu'à l'époque un tel crime mérite la potence, et ceci tout aussi bien pour un homme libre que pour un esclave. Égaux devant la justice canadienne, tous deux comparaissent en effet devant les mêmes juges, peuvent en appeler à une cour supérieure et sont sujets aux mêmes châtiments.

A la mort de Brown, à la fin de mars 1789, Joe devient par testament la propriété de Samuel NEILSON. Il s'évade encore une fois au mois d'août. Fort de l'expérience de son oncle, Neilson n'insiste pas ; bien que ses maîtres le traitent avec humanité, Joe, de toute évidence, préfère la liberté. On perd toute trace de l'esclave à partir de ce moment.

THÉRÈSE P. LEMAY

Les volumes 47, 57, 59, 101–103 de la collection Neilson déposée aux APC (MG 24, B1) contiennent plusieurs références concernant les dépenses faites pour l'esclave Joe par les imprimeurs Thomas Gilmore et, en particulier, William Brown. En outre, de 1777 à 1789, *la Gazette de Québec*, alors propriété de Brown, a publié de nombreuses annonces, souvent reprises dans *la Gazette de Montréal*, se rapportant à la vente ou aux fuites de Joe. [T. P. L.]

M. Trudel, *L'esclavage au Canada français*. — Hubert Neilson, Slavery in old Canada before and after the conquest, Literary and Hist. Soc. of Quebec, *Trans.*, nouv. sér., 26 (1905) : 19–45.

JOHNSON, GUY, fonctionnaire du département des Affaires indiennes, né vers 1740 en Irlande, décédé à Londres, le 5 mars 1788.

Guy Johnson est peut-être le midshipman de ce nom qui servit sur le HMS *Prince* en 1755. A son arrivée en Amérique du Nord, il affirma que sir William JOHNSON, le surintendant britannique des Affaires des Indiens du Nord, était son oncle, mais leur parenté était probablement beaucoup plus lointaine. Malgré sa jeunesse, il servit pendant toute la guerre de Sept Ans comme officier dans les forces provinciales, et commanda une compagnie de *rangers*, sous les ordres d'AMHERST, en 1759 et en 1760. Il remplit les fonctions de secrétaire au département des Affaires des Indiens du Nord jusqu'en 1762, alors que sir William le nomma agent adjoint. En 1763, il épousa la fille cadette de ce dernier, Mary (Polly), et fixa sa résidence à Guy Park, près de ce qui est aujourd'hui Amsterdam, New York. En même temps qu'il accomplissait son travail à ce département, il se montrait actif dans les domaines militaire et politique : il atteignit le rang de colonel et d'adjudant général dans la milice de New York et fut élu à l'Assemblée de cette colonie pour la période de 1773 à 1775.

A la mort de sir William, en juillet 1774, Guy Johnson reçut du lieutenant général GAGE l'ordre d'assumer les fonctions de surintendant, sous réserve de confirmation par la couronne. Aux prises avec une poussée révolutionnaire, Johnson, son beau-frère sir John Johnson* et Christian Daniel CLAUS tentèrent d'organiser, dans la vallée de la Mohawk, la résistance à l'usurpation de l'autorité par le comité de sécurité du comté de Tryon. Au commencement de la rébellion armée, en 1775, il consacra toutes ses énergies à retenir la puissante ligue des Six-Nations dans l'allégeance à la couronne. Incapable d'y arriver dans le milieu de plus en plus hostile de la vallée de la Mohawk, il quitta ces lieux en mai 1775, avec quelques centaines de Loyalistes. A Oswego, New York, Johnson rencontra plus d'un millier d'Iroquois et leur fit promettre de protéger la route des ravitaillements, du Saint-Laurent au lac Ontario, si elle venait à être menacée par les rebelles. Cependant, il ne réussit point à obtenir leur collaboration active aux efforts de la couronne pour réprimer la rébellion alors en pleine expansion. A Oswego, sa jeune femme mourut le 11 juillet, lui laissant deux petites filles.

Johnson se rendit à Montréal où il s'assura l'aide des Indiens du Canada. Mais, y trouvant son autorité contestée par John CAMPBELL, l'agent nouvellement arrivé au département des Affaires indiennes de la province de Québec, il partit pour l'Angleterre en novembre, afin d'y être éclairé sur l'étendue de ses pouvoirs comme surintendant. Il ne réussit point à faire replacer sous sa juridiction les Indiens du Canada ; il accepta, toutefois, d'être nommé surintendant des Six-Nations et retourna en Amérique à l'été de 1776. Il rejoignit l'armée de sir William Howe à New York et, s'attendant à ce que la rébellion dans cette colonie fût écrasée pendant la campagne de 1777, il resta dans la ville tant que la défaite de BURGOYNE, près de Saratoga (Schuylerville), n'eût pas anéanti de semblables espoirs. Il chercha alors à se rendre au Canada par mer, mais la rareté des transports, l'activité de la flotte française et le mauvais temps ne lui permirent pas d'atteindre Montréal avant le printemps de 1779. Johnson fut critiqué pour avoir, durant les années cruciales de 1776 à 1779, laissé la direction de son département à deux subordonnés, John BUTLER, au fort Niagara (près de Youngstown, New York), et Christian Daniel Claus, à Montréal. Il soutint être resté en rapport avec ses adjoints et revendiqua même le mérite de la conception de raids dévastateurs contre les établissements des vallées de Wyoming en 1778 et de la Schoharie en 1780 [V. KAIEÑˀKWAAHTOÑ]. Toutefois, il ressort clairement de la correspondance de Claus, de celles de Butler, de sir John Johnson, du général HALDIMAND et d'autres, qu'il eut peu ou pas d'influence sur l'activité du département des Affaires indiennes de 1776 à la fin de 1779. Les circonstances ont peut-être justifié son long séjour à New York, mais les communications régulières entre cette ville et Montréal lui auraient permis de diriger la politique de son département. Sa négligence était inexcusable.

Johnson arriva au fort Niagara à l'automne de 1779. Ignorant les protestations de Haldimand relativement au coût de ces entreprises, il réussit à pourvoir aux besoins de milliers d'Iroquois expulsés de leurs foyers par la campagne américaine de 1779. Il organisa des raids d'envergure contre les établissements frontaliers, avec l'aide d'Indiens et de Loyalistes ; de grandes quantités de denrées, nécessaires à l'armée rebelle, furent ainsi détruites. En 1783, il céda sa place au département des Affaires indiennes à sir John Johnson qui était devenu, après 1778, le principal conseiller de Haldimand quant aux affaires indiennes. Il retourna en Angleterre pour obtenir la restitution de ses biens confisqués par les rebelles. Pendant qu'il en était encore à faire valoir ses revendications, il mourut à Londres le 5 mars 1788.

JONATHAN G. ROSSIE

Il existe un portrait de Guy Johnson peint par Benjamin West à la National Gallery of Art (Washington) et un autre, d'un peintre inconnu, au N.Y. State Hist. Assoc. Museum (Cooperstown).

APC, MG 19, F1 ; RG 10, A2. — BL, Add. MSS 21 766 ; 21 769–21 770 ; 24 323, ff.11, 14, 20, 22, 26. — Huntington Library, Loudoun papers, LO 683 ; LO 2 505. — PRO, Adm. 36/6 373, p.42. — *Johnson papers* (Sullivan *et al.*), I ; VIII ; XIII. — *The minute book of the committee of safety of Tryon County* [...], J. H. Hanson et S. L. Frey, édit. (New York, 1905). — *NYCD* (O'Callaghan et Fernow), VIII. — *DNB*. — Graymont, *Iroquois*.

JOHNSON, WILLIAM. V. JEANSON, GUILLAUME

JOHNSON, WILLIAM. V. TEKAWIROÑTE

JOHNSON, sir WILLIAM, surintendant du département des Affaires des Indiens du Nord, né vers 1715, fils aîné de Christopher Johnson, de

Smithstown (près de Dunshaughlin, République d'Irlande), et d'Anne Warren, sœur du vice-amiral sir Peter Warren*, décédé le 11 juillet 1774 à Johnson Hall (Johnstown, New York).

En 1736, William Johnson commença à remplir les fonctions d'agent de Peter Warren, encaissant le loyer des locataires irlandais de Warren. Au début de 1738, Johnson vint en Amérique pour surveiller une propriété que Warren avait acquise près de Fort Hunter, dans la vallée de la Mohawk, dans la colonie de New York. Il arrivait à un moment propice, car la lutte que la France et la Grande-Bretagne se livraient pour l'hégémonie de l'est de l'Amérique du Nord allait atteindre sa phase critique de son vivant. C'est à ce conflit et à ses suites que Johnson voua le reste de sa vie, conflit qui lui permit de bâtir sa fortune, une des plus vastes de l'Amérique coloniale.

Grâce à un gros capital que son oncle avait mis à sa disposition, Johnson devint, moins d'une décennie après son arrivée, l'homme d'affaires le plus important sur la rivière Mohawk. Employant de la main-d'œuvre blanche engagée à long terme et des esclaves noirs, il mit sur pied une ferme de 200 acres sur la rive sud de la rivière ; en 1739, il acheta une terre de 815 acres sur la rive nord, avec accès au King's Road, qui allait vers l'ouest jusqu'à l'Oneida Carrying Place (près du lac Oneida). Par l'intermédiaire d'un représentant, il se mit à faire le commerce de marchandises anglaises importées avec le village indien d'Oquaga (près de Binghamton). Il passa également des contrats avec des fermiers pour leurs surplus de blé et de pois. Avant 1743, il avait commencé à faire du commerce avec Oswego (ou Chouaguen ; aujourd'hui Oswego, New York), le poste principal de la traite des fourrures de l'Amérique britannique. Son magasin, situé sur le King's Road, servait de centre d'approvisionnement pour toutes ses transactions, concurrençant ainsi le monopole depuis longtemps établi des maisons hollandaises d'Albany. Il expédiait également ses propres marchandises dans la ville de New York où elles étaient vendues ou expédiées soit aux Antilles, soit à Londres.

Cette habileté et ce succès dans le commerce l'entraînèrent inévitablement dans les affaires publiques. En avril 1745, il était nommé juge de paix du comté d'Albany. Entre 1745 et 1751, il fut colonel des Indiens des Six-Nations, fonction détenue auparavant par un groupe de marchands de fourrures d'Albany. Son influence auprès des Six-Nations, en particulier ses voisins, les Agniers, prit de l'ampleur car il avait facilement accès aux fonds de la province pour payer régulièrement les services que rendaient les Indiens. Pendant la guerre de la Succession d'Autriche, il tenta d'organiser chez les Indiens des patrouilles de reconnaissance et des coups de main sur la frontière pour appuyer un plan d'attaque sur le fort Saint-Frédéric (près de Crown Point, New York) mais il ne réussit pas vraiment car les Six-Nations continuaient, d'une façon générale, à rester neutres. En février 1748, il fut nommé colonel des 14 compagnies de milice sur la frontière de New York et, en mai, colonel du régiment de milice de la ville et du comté d'Albany, postes qu'il occupa jusqu'à la fin de sa vie et qui offraient maintes occasions de favoritisme. Il fut nommé au Conseil de la colonie de New York en avril 1750 mais il assista rarement aux séances.

Pendant un intervalle de paix relative, de 1748 à 1754, il chercha surtout à améliorer sa situation financière. En avril 1746, il avait réussi à obtenir le contrat d'approvisionnement de la garnison d'Oswego et, en 1751, il avait fourni des biens et des services totalisant £7 773, cours de New York. Il prétendit avoir perdu environ 5 p. cent sur le contrat mais il est évident qu'il en tira profit en percevant des droits à Oswego et en gonflant ses comptes. A l'approche de la guerre de Sept Ans, il se trouva de nouveau très engagé dans les affaires provinciales. Membre de la délégation de la colonie de New York au congrès d'Albany en juin et juillet 1754, il préconisa l'augmentation des dépenses pour entretenir des garnisons chez les Indiens en des points stratégiques et exigea une véritable politique de paiement pour les services que rendaient les Indiens. Il réclamait que l'on envoyât de jeunes hommes chez les indigènes comme interprètes, maîtres d'école et catéchistes. Le congrès n'aboutit à aucun accord mais, un mois plus tard, le Board of Trade décida, de sa propre initiative, d'établir un organisme administratif permanent au service des Indiens, financé par le parlement. En avril 1755, Edward Braddock, commandant en chef de l'Amérique du Nord, désigna Johnson pour diriger les relations avec les Six-Nations et les tribus qui relevaient d'elles. Comme il l'expliquait au duc de Newcastle, Johnson était « une personne particulièrement qualifiée pour cela, vu sa grande influence sur ces Indiens ». En février 1756, Johnson reçut une commission royale le nommant « Colonel des [...] Six Nations unies d'Indiens, et de leurs confédérés, dans les parties septentrionales de l'Amérique du Nord », et « unique agent et surintendant desdits Indiens ».

En avril 1755, Braddock avait aussi nommé Johnson commandant d'une expédition, avec la commission provinciale de major général, pour prendre le fort Saint-Frédéric. Le plan projeté exigeait de plus une armée sous la conduite de Braddock pour s'emparer du fort Duquesne

(Pittsburgh, Pennsylvanie) et une autre sous celle de William Shirley pour prendre le fort Niagara (près de Youngstown, New York). Cette campagne fut un échec lamentable, à l'exception d'un engagement auquel fut mêlé Johnson au début de septembre. Au lac George (lac Saint-Sacrement), Johnson, avec une partie de ses troupes de quelque 300 Indiens, ayant à leur tête Theyanoguin*, et 3 000 Américains, apprit qu'une forte colonne française commandée par Dieskau* se dirigeait sur le fort Edward (aussi appelé fort Lydius ; aujourd'hui Fort Edward, New York), où campaient le reste de ses hommes. Le détachement de secours de Johnson fut pris dans une embuscade et les survivants furent talonnés par quelques réguliers français qui essayèrent témérairement de prendre d'assaut la position du lac George fortifiée à la hâte. Les Américains les taillèrent en pièces ; Dieskau fut blessé et fait prisonnier. Johnson, lui-même blessé au début de l'offensive, joua un faible rôle dans la bataille mais se vit accorder le mérite du résultat. En visite à New York à la fin de l'année, il fut accueilli en héros et reçut du roi le titre de baronnet. En 1757, le parlement lui fit un don de £5 000. Un combat aussi insignifiant ne reçut jamais une si généreuse récompense.

Johnson s'était démis de sa commission militaire vers la fin de 1755 ; par la suite, ses fonctions touchèrent surtout aux affaires indiennes. Comme les raids indiens semaient le trouble à la frontière de la Pennsylvanie, il obtint l'autorisation d'y nommer un adjoint, George Croghan. Ils essayèrent sans grand succès d'amener les Indiens à servir la cause britannique pendant les premières années de la guerre, qui furent marquées par de singuliers échecs britanniques. Le fort Bull (à l'est du lac Oneida) fut envahi par les troupes de Gaspard-Joseph CHAUSSEGROS de Léry en mars 1756. Oswego tomba aux mains de Montcalm* en août de cette année-là et fut détruit. Le fort William Henry (appelé aussi fort George ; aujourd'hui Lake George, New York) se rendit en août 1757, et German Flats (près de l'embouchure du ruisseau West Canada) fut attaqué en novembre. En 1758, une forte troupe commandée par ABERCROMBY ne réussit pas à s'emparer du fort Carillon (Ticonderoga). Les Indiens, pour une bonne part, restèrent neutres, malgré les nombreux entretiens qu'il eut avec eux et le prestige de Johnson déclina.

Or, cette situation changea grâce à une succession de victoires, à commencer par la prise de Louisbourg, île Royale (île du Cap-Breton), par AMHERST en 1758, et qui culmina avec la chute du fort Niagara et celle de Québec. L'attaque réussie du fort Niagara fut un engagement militaire d'importance pour Johnson. En effet, sous la conduite de John Prideaux, les Britanniques, ayant échappé à la vigilance de la garnison de Pierre Pouchot*, concentrèrent au fort Niagara, au début de juillet 1759, une force armée composée d'environ 3 300 réguliers et provinciaux. Johnson, commandant en second, était responsable d'un contingent de quelque 940 Indiens. Après moins de deux semaines de siège, Prideaux fut tué et Johnson assuma le commandement. Cinq jours plus tard, des forces françaises commandées par François-Marie Le Marchand* de Lignery, arrivant de la vallée de l'Ohio, s'approchèrent pour secourir la garnison. Johnson réussit tellement bien son guet-apens que l'ennemi, pris de panique, s'enfuit laissant derrière lui les morts et les prisonniers. Le jour suivant, le 25 juillet, le fort se rendait. Avec cette capture disparaissait le contrôle de ce portage, important du point de vue stratégique ; la route principale de la traite française des fourrures venait d'être coupée.

Lors de la dernière campagne de la guerre, Johnson accompagna Amherst à Montréal en 1760. Parti avec près de 700 Indiens, il ne lui en restait que 185 pour faire son entrée dans la ville ; le reste l'avait quitté après la reddition du fort Lévis (à l'est de Prescott, Ontario). Au bout de quelques jours passés à Montréal, il y nomma Christian Daniel CLAUS son adjoint résidant et retourna dans la vallée de la Mohawk.

La chute du Canada donna aux affaires indiennes une importance et des dimensions nouvelles. Des problèmes qu'il avait fallu traiter un à un au cours de la guerre exigeaient maintenant qu'on les envisage dans leur ensemble. Or, la politique de Johnson, qu'il n'avait jamais exposée dans tous ses détails malgré plusieurs invitations de Londres, contenait quatre points principaux : les achats des terres appartenant aux Indiens devaient être réglementés suivant le rythme auquel les tribus étaient prêtes à vendre ; le commerce devait être limité à des postes indiqués où les trafiquants, après avoir déposé une caution et reçu un permis, renouvelable chaque année, exerceraient ce commerce à des prix fixes ; pour surveiller l'administration, le surintendant aurait besoin non seulement d'adjoints mais aussi de commissaires-inspecteurs, d'interprètes et d'armuriers ; enfin, pour financer l'entreprise, il suggérait un droit de douane sur le rhum.

La réalité fut assez différente. Une grande partie de la structure administrative fut mise en place mais elle fut financée par le parlement. Les prix ne furent jamais fixés et les trafiquants ne se virent jamais limités complètement par les cautions et permis, ou aux postes de commerce indiqués. En outre, comme le gros du commerce des fourrures passait par le Canada, les gouverneurs émirent leurs propres permis et prirent des mesures pour réglementer le commerce sans se référer à Johnson ou à son adjoint à Montréal. Ce qui fut pire encore pour Johnson, étant donné que ses règlements n'eurent jamais force de loi, c'est qu'il se retrouva impuissant à punir ceux qui ne tenaient pas compte de ses sanctions. A partir de 1768, alors que Londres abandonna la centralisation de la surveillance des affaires indiennes, il ne resta à chaque colonie qu'à développer au mieux ses rapports avec les Indiens sur ses frontières. Cette décision coïncida avec une autre mesure d'économie que prit Londres, soit de retirer les garnisons des postes de l'Ouest. Il s'ensuivait que Johnson aurait dû avoir d'étroits rapports avec le gouvernement de New York et, pourtant, il ne fut pas consulté sur les affaires indiennes. Il ne prit pas non plus la peine de créer un groupe pour le soutenir au sein du conseil ou de l'Assemblée.

A titre de surintendant, Johnson était sous les ordres du commandant en chef de l'Amérique du Nord qui, jusqu'en 1763, était Amherst et avec lequel Johnson différait grandement d'opinion. Puisque l'instrument véritable de la puissance britannique en Amérique était l'armée, les opinions d'Amherst l'emportaient. Alors que Johnson voulait stimuler la fourniture d'armes et de munitions aux Indiens, Amherst, qui attachait peu de prix à leurs services, tenait à la restreindre. Tandis que Johnson usait toujours de diplomatie pour se concilier les Indiens, Amherst tenait à traiter énergiquement toute tribu opposée aux armées britanniques. Le soulèvement indien de 1763–1764 aurait sans nul doute abouti à un grave conflit entre Johnson et le commandant en chef, si Amherst, au plus fort de la crise, n'avait reçu autorisation de retourner chez lui, en Angleterre. Son successeur, GAGE, revint à la politique qu'avaient suivie lord Loudoun et Abercromby ; il ne donnait aucun ordre direct et laissait au surintendant le loisir de mettre au point les détails. De cette façon, la paix fut faite avec Pondiac* et ses alliés, et l'on infligea de légères sanctions pour la mort de près de 400 soldats et de peut-être 2 000 colons.

Après 1760, Johnson eut de fréquentes réunions avec les Indiens pendant lesquelles il réglait les doléances et renouvelait avec eux les pactes d'amitié au nom de la couronne. En 1766, il rencontra Pondiac à Oswego et, en 1768, au fort Stanwix (Rome, New York), il établit les nouvelles lignes de démarcation des terres indiennes avec KAIEÑˀKWAAHTOÑ et d'autres chefs. Par la suite, il se contenta pour une bonne part de réunir les Six-Nations chez lui. Ce fut au cours d'une de ces conférences, en juillet 1774, qu'il tomba malade « avec un évanouissement et une suffocation qui [...] l'emportèrent en deux heures ». Gage constata : « Le roi a perdu un serviteur fidèle et intelligent, parfaitement versé dans les affaires indiennes, dont on pouvait très difficilement se passer dans ces moments critiques ; ses amis [ont perdu] un homme intègre, digne et respectable qui méritait leur estime. » Historiens et biographes, dans l'ensemble, souscrivent à ce jugement.

En fait, Johnson se servit au moins aussi bien qu'il servit le roi. A partir d'avril 1755 jusqu'à sa mort, il reçut £146 546 en tant que surintendant, soit une moyenne annuelle de £7 700. Ce montant incluait son traitement ainsi que ceux de son fils John* et de ses gendres Guy JOHNSON et Christian Daniel Claus. Il prit des dispositions pour que la couronne louât son magasin et payât le salaire du garde-magasin ; de plus, il prélevait à la couronne une commission de 2 et demi p. cent sur toutes les marchandises qu'il fournissait aux Indiens en sa qualité de surintendant. Toujours par l'entremise de la couronne, il fit construire une école destinée aux Indiens et verser le salaire d'un maître d'école, tout en s'attribuant le mérite de l'une et l'autre de ces initiatives. D'autre part, le produit fourni aux Indiens qui avait peut-être le plus de valeur était le rhum ; les mêmes comptes débitaient à la couronne le coût de l'enterrement des Indiens tués en état d'ivresse. Johnson ne présentait jamais de pièces justificatives mais seulement des notes sèches qui, quoique non vérifiées, étaient toujours réglées.

Il y eut aussi un sérieux conflit d'intérêts dans ses transactions foncières avec les Indiens. Publiquement, il défendait une politique destinée à empêcher la spoliation de ces terres ; en privé, toutefois, il en arrangeait l'achat pour lui-même et pour d'autres. Ces étendues de terrain étaient sans valeur pour les Blancs à moins qu'ils ne s'y établissent et qu'ils les cultivent ; ce faisant, le genre de vie des Indiens, où la chasse jouait un grand rôle, était détruit. En tant que surintendant, Johnson négociait l'opération foncière entre l'acheteur éventuel et les Indiens ; à partir de 1771 du moins, il reçut la permission des Six-Nations de fixer le prix de leurs terres.

Le territoire dont il se rendit lui-même acquéreur n'était pas négligeable. Il accepta une concession de 130 000 acres des Agniers de Canajoharie (près de Little Falls, New York). Pour £300, cours de New York, il acheta environ 100 000 acres sur le ruisseau Charlotte, affluent de la rivière Susquehanna ; néanmoins, à la suite du traité de 1768 conclu au fort Stanwix, qui fixait les lignes frontalières, il se vit obligé d'abandonner son acquisition. En 1765, moins de trois mois après qu'on eut conclu avec Pondiac un traité dont l'un des buts était de dissiper les craintes des Indiens pour leurs terres, Johnson acheta quelque 40 000 acres aux Onneiouts. Dans tout ceci, il n'agissait pas autrement que des douzaines d'autres qui spéculaient sur les terres des Indiens. Il ne s'en distinguait que par les grands avantages qu'il tirait de sa fonction et de sa longue fréquentation des Indiens. Il fut à vrai dire l'un de leurs principaux exploiteurs ; mieux que tout ce qu'il a pu dire, ses actes parlent d'eux-mêmes. C'était le type même du fonctionnaire impérial, dans un domaine où il n'avait que peu de concurrents capables d'égaler son intelligence et son intérêt, combinaison qui était presque invincible au XVIIIe siècle.

Johnson avait une certaine curiosité intellectuelle : il amassa une collection considérable de livres et de revues et, à l'occasion, il acheta des instruments scientifiques. En janvier 1769, il fut élu membre de l'American Philosophical Society mais ne se rendit jamais aux réunions. Il appartenait aussi à la Society for the Promotion of Arts and Agriculture et au conseil d'administration de Queen's College (Rutgers University, New Brunswick, New Jersey) quoiqu'il n'assistât jamais aux séances.

Rien n'indique que Johnson se soit jamais marié. Dans son testament, il reconnaissait pour son épouse Catherine Weissenberg (Wisenberg), travailleuse au pair qui s'était enfuie de chez son employeur de New York. Il vécut avec elle à partir de 1739, et, lorsqu'elle mourut, en avril 1759, ils avaient trois enfants. On pense qu'il cohabita avec un bon nombre d'Indiennes mais la liaison qui compta le plus pour lui, pour des raisons personnelles et politiques, fut celle qu'il eut avec Mary Brant [KOÑWATSIˀTSIAIÉÑNI]. Huit de leurs enfants lui survécurent.

JULIAN GWYN

Le plus ancien portrait de Johnson, achevé vers 1751 et attribué à John Wollaston, se trouve à l'Albany Institute of History and Art (Albany, N.Y.). Pour leur part, les APC conservent une miniature. La N.Y. Hist. Soc. possède une copie, faite en 1837 par Edward L. Mooney, d'un portrait exécuté en 1763 par Thomas McIlworth. Un quatrième portrait, peint en 1772 ou 1773 par Matthew Pratt, est exposé au Johnson Hall, où l'on peut également voir une statue de bronze commémorative.

Johnson apparaît dans plusieurs ouvrages de fiction et, de l'avis du spécialiste de Johnson, Milton W. Hamilton, ce sont les romans de Robert William Chambers qui « ont donné aux Américains leur seule conception de sir William ». Johnson a fait l'objet de plusieurs biographies, dont aucune ne lui rend justice. Les erreurs de la première, W. L. [et W. L.] Stone, *The life and times of Sir William Johnson, bart.* (2 vol., Albany, N.Y., 1865), ont été souvent répétées. La plus récente, M. W. Hamilton, *Sir William Johnson, colonial American, 1715–1763* (Port Washington, N.Y., et Londres, 1976), apporte une information intéressante, mais comprend mal le trait dominant de la carrière de Johnson, ses relations avec les Indiens.

Le rôle de Johnson comme agent des Affaires indiennes ressort dans plusieurs monographies, dont les meilleures n'ont pas été publiées. Parmi les thèses, on peut noter, D. A. Armour, « The merchants of Albany, New York, 1686–1760 » (thèse de PH.D., Northwestern University, Evanston, Ill., 1965), en particulier le chap. IX ; C. R. Canedy, « An entrepreneurial history of the New York frontier, 1739–1776 » (thèse de PH.D., Case Western Reserve University, Cleveland, Ohio, 1967), en particulier les chap. II et III ; E. P. Dugan, « Sir William Johnson's land policy (1739–1770) » (thèse de M.A., Colgate University, Hamilton, N.Y., 1953) ; W. S. Dunn, « Western commerce, 1760–1774 » (thèse de PH.D., University of Wisconsin, Madison, 1971), en particulier le chap. V ; E. R. Fingerhut, « Assimilation of immigrants on the frontier of New York, 1764–1776 » (thèse de PH.D., Columbia University, New York, 1962) ; E. M. Fox, « William Johnson's early career as a frontier landlord and trader » (thèse de M.A., Cornell University, Ithaca, N.Y., 1945) ; F. T. Inouye, « Sir William Johnson and the administration of the Northern Indian Department » (thèse de PH.D., University of Southern California, Los Angeles, 1951) ; D. S. McKeith, « The inadequacy of men and measures in English imperial history : Sir William Johnson and the New York politicians ; a case study » (thèse de PH.D., Syracuse University, Syracuse, N.Y., 1971) ; Peter Marshall, « Imperial regulation of American Indian affairs, 1763–1774 » (thèse de PH.D., Yale University, New Haven, Conn., 1959).

La plupart des manuscrits de Johnson ont été publiés dans *Johnson papers* (Sullivan *et al.*), publicatibn dont le dernier éditeur, M. W. Hamilton, a également écrit un grand nombre de courts articles sur certains aspects de la vie de Johnson et sur diverses questions le concernant. D'autres collections de documents comportent un grand nombre de lettres de Johnson : *The documentary history of the state of New-York* [...], E. B. O'Callaghan, édit. (4 vol., Albany, N.Y., 1849–1851) et *NYCD* (O'Callaghan et Fernow), en particulier les vol. VI–VIII. Un bon nombre de ses livres de comptes conservés à la Clements Library, Thomas Gage papers, et au PRO, AO 1 et T 64, sont encore inédits.

Deux autres études traitent de certains aspects de la vie de Johnson : F. J. Klingberg, « Sir William Johnson and the Society for the Propagation of the Gospel (1749–1774) », dans *Anglican humanitarianism in colonial New York* (Philadelphie, [1940]), 87–120 ; et Julian Gwyn, *The enterprising admiral : the personal fortune of Admiral Sir Peter Warren* (Montréal, 1974), qui traite des relations de Johnson avec son oncle. [J. G.]

JOHNSTON, ALEXANDER, juge de la Cour de vice-amirauté et conseiller législatif, né vers 1737, décédé le 26 octobre 1778.

Il est difficile d'identifier Alexander Johnston. L'historien Francis-Joseph Audet* croyait « fort possible » qu'il fût cet Alexander Johnston qui, pendant le Régime militaire de 1760 à 1764, fut capitaine d'une compagnie dans le 46e d'infanterie, stationné à Saint-François-du-Lac, dans le gouvernement de Trois-Rivières. Cependant, Audet paraît s'être mépris, puisque ce Johnston était, en 1770, lieutenant-colonel du 70e d'infanterie alors aux Antilles. Nous savons qu'en novembre 1767 le futur juge et conseiller législatif était *barrister* dans la province de Québec. Il peut donc avoir été ce « conseiller Johnston » qui était à Québec ce même mois avec sa jeune épouse, que Francis Maseres* décrivait comme « une très belle femme ».

Le 2 mars 1769, Johnston fut nommé juge de la Cour de vice-amirauté de la province de Québec. En matière criminelle, cette cour avait pouvoir de juger, sans jury, tout crime et toute offense commis en mer. En matière non criminelle, elle avait juridiction sur les questions commerciales, soit maritimes, soit civiles, mettant aux prises des marchands et des propriétaires de navires. En présence d'un jury, sa juridiction s'étendait aux naufrages, aux biens non réclamés, aux trésors découverts et aux accidents maritimes. Le salaire de Johnston, quand les premiers versements furent finalement approuvés, quatre ans après sa nomination, représentait £200 par année – ce qui était généreux, pour cette tâche légère. Ainsi que l'admettait son prédécesseur, James Potts, « à cause de la situation de ce port [Québec], très peu d'affaires sont traitées dans la Cour de l'Amirauté, en comparaison avec ce qui se passe dans les ports plus rapprochés de la mer qui sont ouverts toute l'année ». Johnston obtint le poste d'examinateur à la Cour de la chancellerie en décembre 1769 et, vers le début de 1770, il devint aussi greffier de la couronne. Il débuta dans sa nouvelle fonction à titre intérimaire, en remplacement de Henry KNELLER, devenu procureur général, mais reçut probablement sa nomination permanente l'été suivant. Si cet emploi était moins rémunérateur que celui de juge, il lui demandait vraisemblablement plus de temps, Johnston ayant la responsabilité de préparer en détail la procédure et de consigner les procès-verbaux des audiences à la Cour du banc du roi, et son travail l'obligeait à séjourner plus souvent à Montréal.

En novembre 1775, William Gordon et Peter LIVIUS arrivèrent à Québec avec des mandements les nommant, entre autres, respectivement greffier et juge, postes occupés par Johnston. Gordon devint effectivement greffier, mais Johnston s'arrangea pour s'accrocher au poste le mieux payé, d'autant plus que Livius était nommé juge de la Cour de vice-amirauté pour Montréal seulement. Quelque temps après le 31 octobre 1777, Johnston quitta aussi son poste de juge. Entretemps, la perte de son salaire de greffier avait été compensée par sa nomination, en août 1775, au premier Conseil législatif formé selon les dispositions de l'Acte de Québec. Assistant fidèlement aux quelques séances tenues avant que la situation d'urgence causée par l'invasion américaine de 1775–1776 ne mît le conseil en veilleuse, il fut également présent aux fréquentes séances tenues pendant les quatre premiers mois de 1777, et il siégea au sein de la plupart des comités importants, en particulier celui qui rédigea les projets des ordonnances établissant des cours de justice [V. Adam MABANE]. Il est surprenant, dès lors, de voir disparaître entièrement son nom des procès-verbaux du conseil après qu'il eût assisté à une réunion du Conseil « privé » en juillet 1777. Cependant, il resta membre du conseil, comme l'indiquent les instructions du gouverneur HALDIMAND datées du 1er avril 1778. Sa mort prématurée laisse soupçonner que sa santé s'était détériorée pendant la dernière année de sa vie. Ceci peut être attribuable à ses tours de garde très fréquents et à la fatigue que ses devoirs de capitaine de milice lui occasionnèrent pendant le siège de l'hiver de 1775–1776 – de la même façon que la santé de William Gordon fut, à ce qu'on a dit, altérée dans l'exercice des mêmes tâches.

A. J. H. RICHARDSON

APC, MG 23, A1, sér. 1, 7, no 1767 ; GII, 3, 1 ; MG 24, B1, 46, p.3 ; RG 1, E1, 6, pp.1–49 ; 13, p.14 ; E15, A, 2 ; 8 ; 9 ; 10 ; 11 ; 13-3 ; 16 ; RG 4, A1, pp.6209, 6846, 6947. — ASQ, Polygraphie, XXXVII : 1. — BL, Add. MSS 9913, ff.186, 214 (copie aux APC). — PRO, CO 42/35, f.114 ; CO 217/19, p.171 (mfm aux APC). — *Doc. relatifs à l'hist. constitutionnelle, 1759–1791* (Shortt et Doughty ; 1921), I : 74 ; II : 685. — *Gentleman's Magazine*, 1763, 314s. ; 1765, 147. — Maseres, *Maseres letters* (Wallace), 64. — Orderly book begun by Captain Anthony Vialar of the British militia [...], F. C. Würtele, édit., Literary and Hist. Soc. of Quebec, *Hist. Docs.*, 7e sér. (1905) : 155–265. — *La Gazette de Québec*, 1er sept. 1768, 18 janv. 1770, 25 juill. 1771, 14 juill. 1774, 29 oct. 1778. — G.-B., WO, *Army list*, 1758–1760, 1763, 1766, 1768, 1770. — Turcotte, *Le Cons. législatif*, 3s., 21–43. — Neatby, *Administration of justice under Quebec Act*. — G. F. G. Stanley, *Canada invaded, 1775–1776* (Toronto, 1973), 160. — A. L. Burt, The quarrel between Germain and Carleton : an inverted story, *CHR*, XI (1930) : 205s.

JOHNSTON (Johnstone), JAMES, négociant, né vers 1724, probablement à Stromness, dans les Orcades, Écosse, décédé à Québec, le 8 avril 1800.

James Johnston, dont les origines et la carrière précanadienne nous sont inconnues, arrive à Québec à ou peu après la Conquête, vraisemblablement pour s'y établir comme négociant. Le 22 juin 1761, il loue, à raison de 1 000# par année, une maison située rue des Pauvres, avec l'assurance, si la colonie demeure possession britannique, de pouvoir s'en porter acquéreur pour la somme de 12 000#, dont 3 000# en espèces et le reste en lettres de change sur Londres. Quoique presbytérien, il appose sa signature, deux mois plus tard, à une pétition demandant que John BROOKE, aumônier anglican de la garnison, soit nommé missionnaire à Québec. Le 22 juillet 1762, Johnston s'associe à un autre marchand écossais, John Purss*, avec lequel il entretiendra, jusqu'à sa mort, de solides relations d'affaires et d'amitié.

En tant que membre de la communauté marchande britannique de la nouvelle colonie, Johnston participe aux revendications politiques de ce groupe. En 1764, il est nommé président du premier jury d'accusation par un adversaire du gouverneur MURRAY, Williams Conyngham, qui réussit à persuader le fonctionnaire responsable des nominations de lui confier cette tâche. Les 14 membres britanniques choisis faisaient partie, d'après le procureur général, George SUCKLING, « des mécontents qui n'avaient pas été nommés magistrats et de quelques autres que leur peu d'intelligence et leur situation économique prédisposaient à être manipulés » par Conyngham. Johnston lui-même avait été frustré par le gouverneur dans sa tentative d'obtenir une part du domaine public. Le jury, composé en majorité de marchands britanniques, s'oppose à l'ordonnance du 17 septembre 1764, jugée susceptible de rendre le système judiciaire onéreux, complexe, oppressif, voire même inconstitutionnel, en permettant aux catholiques d'agir comme jurés et avocats dans les causes civiles. Lors de ses assises du 16 octobre 1764, le jury d'accusation procède, en outre, à une dénonciation virulente de la politique économique et sociale du gouverneur Murray. La même année, une pétition des commerçants de Québec réclame le rappel du gouverneur, et Johnston compte parmi les signataires. Même si Guy Carleton* considère que Johnston « s'est ligué contre monsieur Murray avec trop de vigueur », il le recommande, en 1768, à lord Shelburne, secrétaire d'État pour le département du Sud, pour occuper un poste vacant au Conseil de Québec, le décrivant comme « un homme d'une excellente compréhension et très convenable ». Bien que réitérée l'année suivante, cette recommandation n'eut pas de suite.

En 1767, Johnston, probablement au nom de la société Johnston et Purss, et huit autres actionnaires prennent à bail les forges du Saint-Maurice ; toutefois, les deux Écossais se départissent de leurs actions en faveur de Christophe PÉLISSIER avant 1771. Depuis 1770 au moins, la maison Johnston et Purss exerce ses activités commerciales à partir d'un emplacement loué à même le quai du Roi, contigu au Cul-de-Sac, dans la basse ville de Québec. Les deux associés entretiennent de bonnes relations personnelles avec certains autres marchands de Québec dont George Allsopp*, Jacob JORDAN et Adam Lymburner*. De plus, John Johnston, l'un des frères de James, les représente à Londres et l'un de ses jeunes parents, David Geddes, aux Antilles à partir de 1772. Au cours des années 1780, tout au moins, Johnston et Purss s'occupent du commerce du blé ; mais une préparation nommée « essence d'épinette pour faire de la bière », dont ils attribuent la découverte à Henry Taylor, beau-frère de James Johnston et propriétaire d'une distillerie à Québec, semble constituer une part importante de leur commerce avec New York et les Antilles.

A partir de 1784, Johnston, à l'instar de la plupart des marchands britanniques réduits au silence pendant la Révolution américaine, revient à la charge contre le système judiciaire et revendique de nouveau une réglementation plus propice au commerce. Ainsi, en novembre, il signe une pétition à cet effet dans laquelle on réclame également une nouvelle constitution. Il soutient aussi le lieutenant-gouverneur Henry HAMILTON, favorable aux revendications des marchands, quand celui-ci est rappelé en Angleterre pour avoir accordé, en 1785, le bail des postes du roi à un groupe de ses partisans. Deux ans plus tard, il appuie la position du juge en chef William SMITH visant à angliciser le système judiciaire. De plus, Johnston fait partie du groupe de marchands qui, en 1789, assurent leur soutien au procureur général James Monk* – porte- parole de ces derniers qui protestent contre l'administration de la justice – destitué pour avoir mis en doute la compétence des juges.

Vers la fin des années 1780, Johnston reçoit des preuves tangibles de l'estime qu'il a méritée de la part de ses concitoyens. En 1787, dans une ordonnance prévoyant la construction de prisons et autres édifices publics, lord Dorchester [Carleton] le nomme parmi les commissaires chargés d'en établir les plans et les coûts, d'octroyer les contrats de vente de terrains ainsi que d'assurer la perception des taxes nécessaires à leur réalisation. Cependant, Johnston ne remplit pas cette fonction, puisque cette ordonnance, dont l'application avait été liée par le gouverneur à l'approbation des autorités britanniques, n'entra jamais en vigueur. Toujours en 1787, il devient, à l'âge de 63 ans, capitaine d'artillerie dans la milice britannique de la cité et banlieue de Québec, poste qu'il occupe jusqu'en 1794, année au cours de laquelle il est promu lieutenant-colonel. Par contre, à la même époque, la société Johnston et Purss paraît avoir connu une prospérité toute relative. Quoiqu'en 1800 elle accuse un déficit d'exercice de £756, elle possède des biens immobiliers évalués à £5 252 comprenant cinq maisons, dont celle de Johnston, dix hangars, deux quais ainsi qu'un lopin de terre de deux emplacements acquis en 1782 dans la paroisse de Beauport.

A l'automne de 1783, Johnston avait épousé une jeune Écossaise, Margaret Macnider, sœur des marchands Mathew et John* Macnider de Québec. Deux enfants naissent de cette union, John Purss et Ann. Imbu de l'esprit de famille, Johnston maintient des liens étroits avec sa parenté restée dans les Orcades. Par ailleurs, en tant que curateur de ses neveux John et Henry Taylor, de Québec, il envoie l'aîné en Angleterre à partir de 1779, afin de lui assurer « la meilleure éducation qui soit en Angleterre (quel qu'en puisse être le prix) pour en faire un homme honnête et un distillateur accompli ». Dans ce but, le jeune homme doit étudier le français, l'anglais, l'arithmétique, la tenue des livres, la géométrie, la trigonométrie, les sciences naturelles et la chimie, mais il « ne doit pas gaspiller son temps à apprendre le latin ou toute autre langue inutile en affaires ». Henry suit son frère en 1783.

En novembre 1798, James Johnston rédige son testament ; il meurt à Québec, dans sa maison de la rue Champlain, le 8 avril 1800. Avec son décès, la société Johnston et Purss se trouve dissoute et les biens immobiliers de cette société sont divisés par tirage au sort entre, d'une part, sa veuve et ses enfants mineurs et, d'autre part, son ancien associé.

ANDRÉ BÉRUBÉ

ANQ-Q, Greffe de M.-A. Berthelot d'Artigny, 17 août 1782 ; Greffe d'Alexandre Dumas, 2 août 1794, 9 sept. 1795 ; Greffe de J.-C. Panet, 22 juin 1761 ; Greffe de J.-A. Saillant, 4 avril 1771 ; Greffe de Charles Stewart, 17 juin 1793, 4 juin 1798 ; Greffe de Charles Voyer, 12, 16 mai, 8, 10 juin, 23 août 1800. — APC, MG 11, [CO 42] Q, 2, pp.233–249 ; 29, pp.534–539, 870–872 ; MG 23, GII, 19, 2, p.10 ; RG 4, A1, 6 053–6 058. — Archives civiles, Québec, Testament olographe de James Johnston, 17 nov. 1798 (V. P.-G. Roy, *Inv. testaments*, III : 64). — Orkney Archives, Orkney Library (Kirkwall, Écosse), D15/1/3 ; 3/1–3 ; 3/6 ; 3/10–11. — PRO, CO 42/28, ff.155–156 ; 42/29, f.31 ; 42/115, f.13. — USPG, C/CAN/Que, I, 29 août 1761. — APC *Rapport*, 1914–1915, app.C, 205–207. — Les dénombrements de Québec faits en 1792, 1795, 1798 et 1805 par le curé Joseph-Octave Plessis, ANQ *Rapport*, 1948–1949, 78, 80, 128, 131. — *Doc. relatifs à l'hist. constitutionnelle, 1759–1791* (Shortt et Doughty ; 1921), I : 187–191, 202–205. — *La Gazette de Québec*, 22 nov., 27 déc. 1764, 29 sept. 1766, 17 déc. 1767, 3 nov. 1785, 5, 26 juill. 1787, 11 déc. 1788, 12 nov. 1789, 28 oct. 1790, 28 avril, 16 juin, 18 août 1791, 28 nov. 1793, 13 févr., 3, 10, 24 juill., 23 oct. 1794, 11 juin 1795, 29 juin 1797, 16 juill. 1799, 10 avril 1800, 14 mai 1801, 5, 26 mai 1803. — Burt, *Old prov. of Que.* (1968), I : 99s. — Neatby, *Administration of justice under Quebec Act*, 344 ; *Quebec*, 37s.

JOHNSTONE, JAMES, dit le **chevalier de Johnstone** (il signait parfois **Johnstone de Moffatt**), officier, né le 25 juillet 1719 à Édimbourg, Écosse, fils de James Johnstone, commerçant ; sa mère appartenait à une branche cadette de la famille Douglas ; décédé après 1791, probablement à Paris.

Les relations de James Johnstone avec son père furent orageuses et il fut gâté par sa mère, mais on ne sait rien d'autre sur l'éducation qu'il reçut durant ses jeunes années. On l'a décrit comme étant mince et de courte taille. Il semble avoir vécu une jeunesse licencieuse. Après avoir rendu visite à deux oncles en Russie au cours de l'année 1738, il vécut à Londres mais fut forcé par son père de rentrer en Écosse en 1740. Quand, en 1745, on apprit à Édimbourg le débarquement en Écosse du prince Charles le Jeune Prétendant, Johnstone se hâta de se joindre à son armée. Grâce à des parents, il fut présenté à lord George Murray, commandant en second des rebelles, qui en fit son aide de camp. Johnstone suivit l'armée pendant le soulèvement jacobite et, de temps à autre, servit le prince en qualité d'aide de camp. Après la bataille de Prestonpans (Lothian), en septembre 1745, le prince Charles accorda à Johnstone une commission de capitaine. Le jeune officier recruta quelques hommes et entra dans le régiment du duc de Perth. A la suite de la déroute de Culloden, en 1746, il s'enfuit vers le nord et fut caché par une protectrice qui semble avoir été lady Jane Douglas, femme du colonel John Stewart. Johnstone voyagea jusqu'à Londres, sous le déguisement d'un colporteur, puis se rendit à Rotterdam, sous celui d'un valet de l'escorte de sa protectrice. A Paris, il fut présenté au marquis de Puysieux, ministre des Affaires étrangères, par des amis influents et reçut une pension à même les fonds accordés par Louis XV aux rebelles écossais exilés en France.

Malgré les promesses de Puysieux, le brevet de capitaine de Johnstone ne fut pas reconnu en France et il n'obtint qu'une commission d'enseigne dans les troupes de la Marine de l'île Royale (île du Cap-Breton). Bien que cette rétrogradation le vexât, il se rendit à Louisbourg en 1750. Il décrivit l'existence qu'il y mena comme un purgatoire ; il n'y vécut pas moins agréablement : son serviteur voyait à ses besoins matériels et il s'adonna à la lecture de l'histoire militaire. Dans la querelle qui opposa le gouverneur Jean-Louis de RAYMOND et le commissaire ordonnateur Jacques PREVOST de La Croix, Johnstone prit parti pour le premier. En récompense, il fut nommé interprète en langue anglaise en 1752 et promu lieutenant en 1754.

En juin 1758, au moment où Louisbourg fut attaquée par AMHERST, Johnstone était en poste à l'île Saint-Jean (Île-du-Prince-Édouard). Il s'enfuit en Acadie où on le chargea de conduire quelques prisonniers anglais de Miramichi (Nouveau-Brunswick) à Québec ; il y arriva en septembre. Il devint plus tard aide de camp de LÉVIS. Il servit également à titre d'interprète et aussi d'ingénieur volontaire lors de la construction par Lévis de retranchements entre le camp français et la rivière Montmorency. Au départ de Lévis pour Montréal, Johnstone resta toutefois à Québec, comme aide de camp de Montcalm*. Après le siège de la ville et la mort du général, il fit retraite avec l'armée. Stationné à l'île aux Noix d'avril à août 1760, il s'enfuit à Montréal au moment où les forces françaises furent contraintes d'abandonner le front du lac Champlain et de la rivière Richelieu. La ville ayant capitulé, il retourna à Québec, puis s'embarqua pour la France le 16 octobre 1760.

Le rôle de Johnstone, au cours des événements décisifs qui marquèrent le sort de la Nouvelle-France, fut de peu d'importance. Égocentrique, il était néanmoins d'un naturel timide ; il n'avait réussi à s'enfuir de Culloden, par exemple, qu'en faisant désarçonner un valet, par un officier plus jeune que lui, pour s'emparer de son cheval. Son apport principal reste les mémoires qu'il a composés ou à tout le moins terminés après son retour en France. Il y raconte dans un français peu grammatical ce qu'il a vu et entendu pendant ses campagnes en Écosse et en Nouvelle-France. Même s'il se trompe parfois sur des points de détail et s'il se lamente souvent sur son malheureux sort, Johnstone fait souvent montre, dans ses écrits, d'un esprit pénétrant et capable d'une réflexion philosophique.

Par la suite, la vie de Johnstone fut moins mouvementée. Mis à la retraite par le ministère de la Marine, avec une pension de 300#, en 1761, il fut fait chevalier de Saint-Louis l'année suivante. Il vécut à Paris, mais se rendit en Écosse en 1779 pour y régler des affaires personnelles. En 1790, sa pension avait été portée à 1 485# et, en 1791, il obtint de l'Assemblée, à laquelle il avait adressé une requête, 500# en compensation pour les pertes subies pendant le soulèvement jacobite. Les aventures de Johnstone inspirèrent à William McLennan et à Jean Newton McIlwraith le personnage de Maxwell dans le roman canadien *The span o'life : a tale of Louisbourg and Quebec*, publié à New York et à Toronto en 1899.

T. A. CROWLEY

Les mémoires de James Johnstone sont la source principale de renseignements sur sa vie. Les APC en possèdent une copie (MG 18, J10). Charles Winchester a publié une piètre traduction de ce manuscrit sous le titre de *Memoirs of the Chevalier de Johnstone* (3 vol., Aberdeen, Écosse, 1870–1871), et ces mémoires ont été publiés séparément : *Memoirs of the rebellion in 1745 and 1746* [...] (Londres, 1820 ; nouvelle éd., Brian Rawson, édit., 1958) ; « Mémoires de M. le Cher. de Johnstone », Literary and Hist. Soc. of Quebec, *Hist. Docs.*, 9e sér. (1915) – des parties de ces mémoires furent d'abord publiées en traduction par la Literary and Hist. Soc. of Quebec dans ses *Hist. Docs.*, 2e sér. (1868), et sous sa forme originale dans la *Coll. de manuscrits relatifs à la N.-F.*, III : 465–484 ; IV : 231–243, 245–265. [T. A. C.]

AN, Col., C11C, 13, p.162 (copie aux APC) ; E, 230 (dossier Johnstone). — McLennan, *Louisbourg*. — Stacey, *Quebec, 1759*. — Édouard Fabre Surveyer, Le chevalier Johnstone, *BRH*, LXI (1955) : 85–92. — William Howitt, Le chevalier Johnstone, *BRH*, VII (1901) : 56–58.

JONCAIRE DE CLAUSONNE, DANIEL-MARIE CHABERT DE. V. CHABERT

JONES, JOHN, soldat et ministre dissident de l'Église d'Angleterre, né dans le pays de Galles en 1737 de parents dissidents, décédé à St John's, Terre-Neuve, le 1er mars 1800.

John Jones s'engagea dans l'artillerie royale à l'âge de 20 ans. Si l'on en croit son biographe, « Jamais le bœuf ne but de l'eau plus avidement qu'il buvait l'iniquité », et sa conduite empira lorsqu'il fut muté avec sa compagnie à St John's en 1765. On peut penser que ce jugement est quelque peu exagéré, mais il demeure que le comportement de Jones n'était pas un exemple de probité chrétienne.

Jones changea de vie en 1770 à la suite, semble-t-il, d'un incident au cours duquel un soldat, qu'il avait entendu blasphémer contre Dieu, succomba à des blessures subies dans une querelle. Ce fut, dans une certaine mesure, l'encouragement de Laurence COUGHLAN – il le rencontra en

1771 et correspondit ensuite avec lui – qui lui permit de persévérer dans sa décision. Lorsque sa compagnie regagna l'Angleterre en 1773, il se joignit à un groupe de gens influencés par les idées du prédicateur dissident George Whitefield. Deux ans plus tard, devenu sergent-major, quartier-maître, officier payeur et commis de sa compagnie, il revint avec celle-ci à St John's où il se mit à suivre régulièrement les offices célébrés par Edward LANGMAN qui appartenait à l'Église d'Angleterre, la seule autorisée dans l'île. En même temps, toutefois, il fonda une congrégation dissidente qui, au début, comprenait un geôlier, un sergent et sa femme, et trois autres soldats. Durant l'hiver de 1775–1776, il obtint des autorités locales la permission de tenir des assemblées religieuses dans le palais de justice, mais il vit presque immédiatement Langman s'opposer à lui. Ce dernier, l'été suivant, parvint à convaincre le gouverneur John Montagu de faire respecter la loi anglaise hostile aux dissidents et d'interdire de leur louer des locaux pour leurs offices ; la congrégation de Jones fut obligée de se réunir en secret aux « Barrens », à l'extérieur de St John's, jusqu'au moment où Montagu quitta la colonie, à la fin de la saison de la pêche. Deux disciples de Jones érigèrent un temple pendant l'absence du gouverneur, mais à son retour, l'année suivante, celui-ci le fit fermer. Il menaça de faire démolir l'édifice et de muter Jones à Placentia, mais il s'en abstint, peut-être parce que Jones était un bon soldat et recevait l'appui de son commandant.

Jones retourna en Angleterre durant l'été de 1778. Peu après, ses fidèles le prièrent d'abandonner la vie militaire et de revenir exercer son ministère auprès d'eux. Il fut ordonné par un pasteur dissident et arriva à St John's en juillet 1779. L'un de ses premiers gestes fut de demander au gouverneur Richard EDWARDS l'autorisation de prêcher, mais cette requête et une deuxième furent repoussées. Le gouverneur subissait l'influence de Langman, mais il devait également tenir compte du fait que Jones était bien vu à Londres et, à la suite d'une recommandation faite par l'ingénieur en chef, Robert PRINGLE, il céda à une troisième pétition en 1780 et permit au ministre de prêcher. Le temple fut réouvert le 1er août ; quatre ans plus tard, le gouverneur John CAMPBELL rédigea une proclamation qui garantissait l'entière liberté de conscience et de religion à Terre-Neuve.

La congrégation connut des difficultés financières dès sa fondation, mais Jones parvint à ouvrir une école et il prit une partie de sa pension de l'armée pour aider à payer le salaire d'un professeur adjoint et les frais de scolarité des enfants trop pauvres. Une subvention accordée par Londres en 1790 corrigea cette situation et permit à Jones de fonder une école gratuite, ouverte à toutes les confessions. Un nouveau temple fut construit en 1789 et, en 1794, la congrégation comptait 400 fidèles. Jones, qui entretenait des relations cordiales avec les méthodistes, les presbytériens et les catholiques, vécut assez longtemps pour voir s'éteindre la vieille querelle avec les membres de l'Église d'Angleterre : ceux-ci utilisèrent son temple durant l'hiver de 1799 en attendant que la construction de leur nouvelle église fût terminée. Cette année-là, il eut une attaque et en 1800, à la Saint-David, fête du patron de son pays d'origine, il mourut ; John Harries*, le ministre de l'Église d'Angleterre, prononça l'oraison funèbre. Jones légua tous ses biens à son école. Il était resté célibataire.

FREDERIC F. THOMPSON

St David's Presbyterian Church (St John's, T.-N.), Journal of John Jones. — The life of the Rev. John Jones, late of St. John's, Newfoundland, *Evangelical Magazine* (Londres), VIII (1800) : 441–449. — J. S. Armour, John Jones and the early dissenter movement in Newfoundland (conférence lue devant la Nfld. Hist. Soc., St John's, 17 nov. 1975). — Prowse, *History of Nfld.* (1895), suppl., 49–51. — St David's Presbyterian Church, *The dissenting Church of Christ at St. John's, 1775–1975* [...] (St John's, 1975). — J. R. Thoms, Twenty-six notable men, *The book of Newfoundland*, J. R. Smallwood, édit. (6 vol., St John's, 1937–1975), VI : 177s.

JORDAN, JACOB, marchand, seigneur et député à la chambre d'Assemblée, né en Angleterre le 19 septembre 1741 ; il épousa à Montréal, le 21 novembre 1767, Ann Livingston qui donna naissance à dix enfants au moins et, en secondes noces, le 2 novembre 1792, à Montréal, Marie-Anne Raby, et ils eurent un fils ; décédé à Saint-Louis-de-Terrebonne (Terrebonne, Québec) le 23 février 1796.

Jacob Jordan arriva probablement au Canada avant août 1761, pourvu de lettres de créance d'un grand poids. Cette même année, à Montréal, il était distributeur de timbres, aux termes de la loi du Timbre, et agent de la très influente compagnie londonienne Fludyer and Drummond. Cette compagnie, qui jouissait d'appuis politiques et d'un capital de premier ordre, détenait un gros contrat pour le ravitaillement des troupes en Amérique et, en 1767, elle en obtint un autre pour la fourniture du numéraire destiné au paiement de la solde des militaires et des dépenses de l'armée dans les colonies. La part que Jordan prit à ce dernier contrat mit à sa disposition de l'argent liquide qui manquait à la plupart de ses concurrents, et il fut assez habile pour en profiter et se bâtir un empire personnel. En 1765 déjà, il détenait une concession de terre dans le Nouveau-Brunswick actuel, à titre de membre de la Saint John River Society [V. Beamsley Perkins GLASIER]. En 1770, conjointement avec Colin Drummond, frère de l'un des principaux associés de la compagnie londonienne et son agent à Québec, il signa une requête en vue de se faire octroyer un canton sur la rivière Winooski (Vermont). Dans chacune de ces entreprises, John Livingston, un des plus importants trafiquants de fourrures de Montréal, possiblement son beau-père, se joignit à lui.

Peut-être en vue d'aider son entreprise de ravitaillement des troupes, Jordan se lança dans le commerce des grains et, en 1767, il s'associa avec Drummond et John Halstead pour l'achat de blé et la cuisson de biscuits. Cette association dura deux ans ; par la suite, Jordan et Drummond restèrent dans le commerce des grains. Parmi les fournisseurs de Jordan, il y eut Jacques Cartier*, marchand important de la vallée du Richelieu et grand-père de George-Étienne Cartier*. En 1770, Jordan était créancier de Jean ORILLAT, de Montréal, et il avait remplacé Jean DUMAS Saint-Martin à titre d'agent montréalais des forges du Saint-Maurice.

Quand survint la guerre en 1775, Jordan put prendre d'autres affaires à son compte. Il obtint le contrat d'approvisionnement en bois de chauffage de la garnison de Montréal. Grâce à un autre contrat, il fournit les chevaux et les voitures nécessaires à l'expédition de John BURGOYNE, mais, dans ce cas, le gouvernement se montra lent à faire les arrangements et négligent le temps venu de payer. Le 5 juillet 1776, Jordan était nommé trésorier-payeur général adjoint et, la même année, le fils de Drummond succéda à son père à la fois comme trésorier-payeur général adjoint et commissaire général adjoint. Jordan et John Drummond étaient également, à cette époque, agents de la compagnie Harley and Drummond, de Londres, qui détenait alors le contrat de fourniture du numéraire pour la solde des militaires et les dépenses de l'armée. Prévenus, au printemps de 1779, du « prix stupéfiant du blé et de la farine dans d'autres parties de l'Amérique », ils se hâtèrent, avec plusieurs autres gros marchands, d'acheter du blé avant l'expiration de l'embargo sur l'exportation le 1er août. Ils accaparèrent la récolte de blé du Richelieu et furent en grande partie responsables de la hausse du prix de vente aux particuliers, qui doubla. Pour leurs achats de blé, Jordan et Drummond avaient apparemment employé £15 000 de fonds publics provenant du numéraire destiné à l'armée. Harley and Drummond les démit rapidement de leurs fonctions d'agents, mais ils conservèrent leurs postes officiels et, probablement, les profits réalisés dans l'affaire des blés. Trois ans plus tard, le gouvernement chargea Jordan d'achats de blé, en grandes quantités.

La guerre finie, Jordan continua d'étendre ses entreprises personnelles. En 1784, il s'assura la propriété des moulins de Terrebonne, en achetant cette seigneurie de Pierre-Paul Margane* de Lavaltrie. En 1788, ces moulins étaient, semble-t-il, au deuxième rang, quant à la production, au Canada, et la seigneurie était « renommée pour son *étonnante* production de blé ». Dans les années 1790, Jordan établit Samuel Birnie, son commis depuis au moins 1778, dans une affaire « très avantageuse » de boulangerie à Montréal, et, en 1792, il était l'associé de Birnie dans une manufacture de tabac, également à Montréal. Principal commanditaire canadien de la Montreal Distilling Company, Jordan avait envoyé Birnie acheter de la mélasse dans les Caraïbes en 1785. Cette combinaison de produits – rhum, tabac et biscuits – paraît avoir été réalisée en vue du vaste marché de la traite des fourrures. De 1791 à 1794, Jordan mit directement, pour la première fois, ses fonds à la disposition d'une compagnie de traite des fourrures, laquelle tentait de faire une percée dans le Nord-Ouest, alors que le Sud-Ouest était en train de se fermer aux Canadiens. Les associés connus de cette compagnie étaient le neveu de Jordan, William Oldham, et John Howard, fils d'un vétéran de la traite, Joseph HOWARD. Jordan acheta aussi des fourrures d'autres fournisseurs, et en particulier d'un trafiquant de Nipigon, Gabriel COTTÉ. Un courtier de Londres, John Brickwood, récemment éconduit par la North West Company, endossa financièrement Jordan et lui promit peut-être un solide appui. Une deuxième association, en 1792, la Jordan, Forsyth and Company, représente peut-être, elle aussi, une alliance avec d'autres trafiquants de fourrures mis de côté, Alexander Ellice* et ses associés. On tenta également de gagner Peter Pond* et Alexander Henry*, l'aîné, à ce mouvement d'opposition à la North West Company.

Mais presque toutes les entreprises de Jordan allaient rencontrer des difficultés. En ses dernières années, il lui manquait la disponibilité des fonds que lui avaient assurée ses anciennes fonctions de banquier. Le marché du blé fut généralement aléatoire de 1783 à 1793. En 1788, Jordan dut poursuivre la distillerie pour recouvrer les avances considérables qu'il lui avait consenties. Six ans plus tard, la boulangerie brûlait. La Révolution française perturba le marché des fourrures en Europe, causant bon nombre de faillites et donnant le coup de grâce à Jordan, qui perdit

£18 000 sur les fourrures expédiées en 1793. Ses misères furent accrues du fait de sa mauvaise santé et de ses réflexions amères sur les fausses promesses de Brickwood, semble-t-il, qu'il qualifia de « vile tromperie (pour ne pas dire plus) ». La notice nécrologique qu'on lui consacra laisse croire, cependant, que Jordan supporta ses difficultés avec dignité.

De 1792 à 1796, Jordan fut, à la chambre d'Assemblée, député du comté d'Effingham, au Bas-Canada. On songea à lui, à un moment donné, pour le poste d'orateur (président) de la chambre.

A. J. H. RICHARDSON

ANQ-M, Greffe de François Leguay, 25 oct. 1786 ; Greffe de Peter Lukin, 1er mai, 12 juill. 1794 ; Greffe de Pierre Panet, 2 juill. 1770 ; Greffe de Joseph Papineau, 31 mai 1794 ; Greffe de Simon Sanguinet, 10 mars 1784. — APC, MG 11, [CO 42] Q, 38, p.231 ; MG 19, A2, sér. 3, 18, 16 avril 1779 ; 54, 28 oct. 1778 ; 63, f.276 ; 76, pp.44, 46, 68–70, 72–76, 80–82, 84–87 ; 86, 22 déc. 1770 ; 143, ff.91, 95 ; F1, 14, p.317 ; MG 23, GIII, 5, 11 févr. 1790, 18 oct. 1791 ; 8, ff.2–3, 11–14, 17–18, 100–101, 103–105, 107–108 ; 25, sér. D, Jordan family papers, 17 févr. 1767, 3 nov. 1770, 22 mai 1777, 30 juill., 24 oct. 1784, 20 oct. 1785, 15 oct. 1786, 17 oct. 1787, 10 oct. 1788, 20 oct. 1789, 5 mars 1794, 16 oct. 1795 ; MG 24, L3, pp.3 804s., 3 810, 4 497, 4 506, 4 578–4 582, 26 295–26 305 ; RG 4, B17, 20 janv., 21, 26 févr. 1789. — AUM, P58, Doc. divers, G2, 17 août 1776. — BL, Add. MSS 21 714, f.121 ; 21 733, ff.80–81, 197 ; 21 734, ff.381, 489–492 ; 21 851, f.82 ; 21 854, ff.77–79, 172–173 ; 21 870, ff.117, 253 ; 21 873, f.272 (mfm aux APC). — PRO, CO 42/5, f.30. — APC *Rapport*, 1888, 979 ; 1889, 96, 105. — *Les bourgeois de la Compagnie du Nord-Ouest* (Masson), I : 46. — *The later correspondence of George III*, Arthur Aspinall, édit. (5 vol., Cambridge, Angl., 1962–1970), I : 42s., 47, 49, 89, 97, 105–108, 144s. — [John Watts], *Letter book of John Watts, merchant and councillor of New York, January 1, 1762–December 22, 1765* (New York, 1928), 344, 399. — *La Gazette de Montréal*, 29 févr. 1796. — *La Gazette de Québec*, 17 oct. 1765, 16 juin 1766, 15 oct., 17 déc. 1767, 29 juin 1769, 22 août 1771, 1er oct. 1795, 19 nov. 1807. — F.-J. Audet et Édouard Fabre Surveyer, *Les députés au premier parlement du Bas-Canada (1792–1796)* [...] (Montréal, 1946), 275–278, 282–285, 288–290. — *DNB*, VIII : 1 278, 1 283–1 287, 1 290. — G.-B., Hist. MSS Commission, *Report on American MSS*, I : 33, 339. — Massicotte, Répertoire des engagements pour l'Ouest, ANQ *Rapport*, 1942–1943, 317–344. — Raymond Masson, *Généalogie des familles de Terrebonne* (4 vol., Montréal, 1930–1931), 1 841. — N.Y., Secretary of state, *Calendar of N.Y. colonial manuscripts, indorsed land papers ; in the office of the secretary of state of New York, 1643–1803* (Albany, 1864), 506, 608. — P.-G. Roy, *Inv. concessions*, III : 220. — Hector Bolitho, *The Drummonds of Charing Cross* (Londres, 1967), 22s., 36, 56s., 110s. — Burt, *Old prov. of Que.* (1933), 308. — I. R. Christie, *The end of North's ministry, 1780–1782* (Londres et New York, 1958), 182, 258s. — E. B. De Fonblanque, *Political and military episodes* [...] *derived from the life and correspondence of the Right Hon. John Burgoyne* [...] (Londres, 1876), 234s. — Namier et Brooke, *House of Commons*, II : 341–344, 442–444, 586s. ; III : 194s. — Ouellet, *Hist. économique*, 115s., 127–131, 151. — Raymond, *River St. John* (1910), 356–380. — Rich, *History of HBC*, II : 190–196, 200s. — A brief account of the fur trade to the Northwest country, carried from Lower Canada, and of the various agreements and arrangements under which it was conducted, *Canadian Rev. and Literary and Hist. Journal* (Montréal), 1 (juill. 1824) : 155. — Édouard Fabre Surveyer, Notre Alexandre Dumas (1727–1802), député de Dorchester, SRC *Mémoires*, 3e sér., XLI (1947), sect. I : 4. — Panet vs Panet, *BRH*, XII (1906) : 120–123.

K

KAIEÑ?KWAAHTOÑ, un des principaux chefs de guerre des Tsonnontouans d'en bas ou de l'Est, membre du clan de la Tortue (dont le nom signifie fumée fuyante ou brume ; il apparaît le plus souvent dans la forme qu'il avait dans le langage des Agniers, **Sayenqueraghta** ou **Siongorochti** ; les tentatives pour reproduire la prononciation des Tsonnontouans ont donné, entre autres formes, **Gayahgwaahdoh**, **Giengwahtoh**, **Guiyahgwaahdoh**, et **Kayenquaraghton** ; il était aussi connu sous les noms de **Old Smoke**, **Old King**, **Seneca King** et **King of Kanadesaga**) ; né au début du XVIIIe siècle, décédé en 1786 au ruisseau Smoke, où se trouve aujourd'hui Lackawanna, New York.

Kaieñ?kwaahtoñ était le fils d'un éminent chef tsonnontouan de ce qui est maintenant l'ouest de l'état de New York et il vécut la plus grande partie de sa vie dans le village tsonnontouan de Ganundasaga (Geneva). Il se fit tôt une réputation militaire dans des expéditions contre les Cherokees et, en 1751, il avait apparemment atteint le rang de chef de guerre. Peu après, il commença à jouer un rôle actif dans la diplomatie avec les Blancs, étant présent aux négociations de Philadelphie en juillet 1754 et d'Easton (Pennsylvanie) quatre ans plus tard.

Il semble probable que Kaieñ?kwaahtoñ, comme la plupart des Tsonnontouans de l'Est, n'épousa pas la cause française au cours de la guerre de Sept Ans. A l'été de 1756, son frère proclama sa propre loyauté et celle de Kaieñ?kwaahtoñ envers les Britanniques. En janvier 1757, le surintendant des Affaires des Indiens du Nord, sir William JOHNSON, envoya des présents à Kaieñ?kwaahtoñ pour obtenir sa faveur. Le chef tsonnontouan et un certain nombre de guerriers servaient aux côtés de Johnson lors de la prise du fort Niagara (près de Youngstown, New York) en 1759.

La chute de la Nouvelle-France laissait la population indigène dans l'entière dépendance des Britanniques quant aux produits manufacturés. Les Indiens s'étaient habitués à la générosité des diplomates blancs à la recherche de leur allégeance, et ils espéraient encore de semblables libéralités. Les Britanniques devinrent parcimonieux, toutefois, et le résultat de ce changement d'attitude fut le soulèvement de 1763 [V. Pondiac* et KAYAHSOTA?]. Le rôle joué par Kaieñ?kwaahtoñ dans cet affrontement reste douteux. Le témoignage d'un Tsonnontouan, Thaonawyuthe* (Governor Blacksnake), qui le connaissait bien et qui était un jeune garçon à cette époque, le donne comme le chef des guerriers tsonnontouans qui infligèrent une rude défaite aux Britanniques au portage du Niagara. La mémoire de Blacksnake, bien qu'ordinairement fiable, peut l'avoir trompé ici, car, pendant que les Tsonnontouans se battaient contre les Britanniques au portage, Johnson rapportait que Kaieñ?kwaahtoñ, « qui a toujours été notre ami », avait été envoye par les Onontagués et autres Iroquois pour amener à la paix les Tsonnontouans en guerre. D'autres témoignages affirment aussi que Kaieñ?kwaahtoñ était un ami de la couronne pendant cette guerre.

Dans la diplomatie indienne, il était d'usage de remettre un prisonnier ou deux en guise d'amorce pour des pourparlers de paix. A la fin du soulèvement, Kaieñ?kwaahtoñ pressentit la famille tsonnontouan qui avait adopté une certaine Mary Jemison et affirma qu'il allait la rendre aux autorités du fort Niagara. La famille adoptive la cacha, cependant, et il s'en alla à Niagara les mains vides. Il trouva par la suite un autre prisonnier à remettre aux Britanniques, avec lequel il arriva, le 21 mars 1764, à Johnson Hall (Johnstown, New York). Quatre jours plus tard, il y prit la parole à une conférence, usant des métaphores habituelles pour déclarer que la paix était en vue. La hache de guerre fut enterrée et purifiée par une source qui la porterait jusqu'à l'océan où elle serait à jamais perdue, et les morts des deux côtés furent ensevelis, de sorte que Britanniques et Indiens pouvaient, les uns et les autres, oublier le conflit. Le nom de Kaieñ?kwaahtoñ apparaît en tête de la liste des chefs tsonnontouans au bas des articles préliminaires de la paix signée le 3 avril. Il joua également un rôle, au fort Stanwix (Rome, New York) en 1768, lors d'une conférence où l'on tenta de déterminer avec précision une frontière entre les établissements des Blancs et les terres des Indiens.

Entre le traité du fort Stanwix et le début de la Révolution américaine, Kaieñ?kwaahtoñ resta à l'arrière-plan. Il avait, apparemment, une assez grande influence chez les Tsonnontouans de l'Est, mais le centre de l'activité diplomatique dans les affaires indiennes était plus à l'ouest. Il parut au moins deux fois, en 1771, à Johnson Hall, apportant des nouvelles de l'ouest, et quand Guy JOHNSON prit la succession au poste de surintendant des Affaires des Indiens du Nord, il semble avoir cultivé spécialement l'amitié de Kaieñ?kwaahtoñ.

L'éclatement de la rébellion dans les colonies britanniques donna au chef vieillissant une autre occasion de faire montre de ses prouesses militaires. Quand les Tsonnontouans et la plupart des Six-Nations, réunis en conseil, décidèrent, à l'été de 1777, d'entrer en guerre aux côtés des Britanniques, lui et Kaiũtwah?kũ (Cornplanter) furent nommés pour commander les Tsonnontouans à la guerre. Et comme ils avaient à eux seuls autant de guerriers que le reste des Six-Nations ensemble, Kaieñ?kwaahtoñ allait jouer un rôle important dans le conflit. Bien que son grand âge l'obligeât à monter à cheval dans les expéditions militaires, il fut actif tout au long de la guerre. Les Indiens sous ses ordres, de même que les Britanniques et les Loyalistes avec lesquels ils collaborèrent, accumulèrent une impressionnante série de victoires sur la frontière nord.

Rempli d'énergie, Kaieñ?kwaahtoñ quitta immédiatement le conseil de 1777 pour harceler le fort Stanwix, poste alors aux mains des rebelles et qui gardait l'entrée occidentale de la vallée de la Mohawk. Il se passa plus d'un mois avant que Barrimore Matthew ST LEGER n'arrivât avec ses troupes et que le siège ne commençât pour de bon. Les Indiens avaient été invités à fumer leur calumet et à regarder leurs alliés blancs s'emparer du fort, mais le 5 août on reçut la nouvelle de la part de Mary Brant [KOÑWATSI?TSIAIÉÑNI] que le général de brigade Nicholas Herkimer et 800 miliciens de la vallée de la Mohawk étaient en marche pour lever le siège. La tâche de les intercepter fut confié aux Indiens et à un petit détachement loyaliste. Kaieñ?kwaahtoñ, Cornplanter et Joseph Brant [Thayendanegea*] étaient tous là pour commander les guerriers des Six-Nations. L'engagement, aux environs d'Oriskany, se révéla l'un des plus sanglants de la guerre, compte tenu des effectifs qui y furent engagés. Les rebelles perdirent entre 200 et 500 hommes, et les pertes des Indiens furent également d'importance. Bien que la troupe d'Herkimer fût presque exterminée, le manque d'artillerie de siège voua à l'insuccès la tentative des Britanniques de s'emparer du fort.

Kaieñ?kwaahtoñ était encore sur le sentier de la guerre à l'été de 1778. Cornplanter, John BUTLER et lui conduisirent une troupe d'environ 450 Indiens et 110 *rangers* à l'attaque de la vallée de Wyoming. Les deux premiers forts devant lesquels ils se présentèrent se rendirent, mais le troisième, le fort Forty, refusa de capituler. Le 3 juillet, plus de 400 de ses défenseurs firent une sortie pour défier les assiégeants. Après avoir tiré trois salves, les rebelles furent débordés par les Indiens et pris de panique. Leur retraite tourna à la déroute et plus de 300 d'entre eux furent tués. Les assiégeants, loyalistes et indiens, perdirent moins de dix hommes. Le lendemain, le fort Forty et les dernières palanques de la vallée se rendaient. Les huit forts et un millier de maisons furent brûlés, mais aucun civil ne fut molesté.

Kaieñ?kwaahtoñ semble avoir passé le mois de septembre à chasser une petite troupe de rebelles aux ordres du colonel Thomas Hartley hors de la région des Loups dans la vallée de la Susquehanna. Les rebelles brûlèrent deux villages indiens et les adversaires se battirent par la suite à Wyalusing, Pennsylvanie, avec peu de pertes. Le chef tsonnontouan ne prit pas part à l'autre action majeure de cette année-là, l'attaque sur Cherry Valley, New York [V. Walter BUTLER].

A la fin de l'été de 1779, plusieurs milliers de soldats américains sous les ordres de John Sullivan, appuyés par l'artillerie, envahirent le pays iroquois. Butler, Brant, Kaieñ?kwaahtoñ et d'autres rassemblèrent une petite troupe pour leur résister. Butler et Brant conseillèrent de harceler les envahisseurs tout en battant lentement en retraite. D'autres opinions, moins avisées, prévalurent, et une tentative fut faite de bloquer la route à l'ennemi. L'artillerie rebelle et une erreur stratégique de la part des Indiens menèrent à la déroute, et Sullivan se mit à se frayer une voie par l'incendie à travers le pays des Tsonnontouans et des Goyogouins, dévastant 40 villages dont Ganundasaga. Son armée détruisit 160 000 boisseaux de maïs, « une grande quantité » de légumes et d'immenses vergers, ravageant ainsi le fondement agricole de l'économie indienne. A l'approche de l'hiver, les Iroquois, et parmi eux Kaieñ?kwaahtoñ, s'enfuirent au fort Niagara pour subsister à même les rations britanniques.

La dévastation de leur terre natale ne brisa pas le moral des Tsonnontouans ni celui de leur vieux chef. Il était sur le sentier de la guerre, de nouveau, en juillet et en août 1780, comme chef de l'expédition qui détruisit le district de Canajoharie et de Normans Kill, ramenant 50 ou 60 prisonniers. En octobre, il était de nouveau sur le terrain, ralliant sir John Johnson* pour une razzia dans la vallée de la Schoharie. Il a peut-être partagé avec Brant le commandement de la troupe qui, pendant cette expédition, captura 56 rebelles partis du fort Stanwix pour opérer une sortie. On détruisit au cours de la razzia quelque 150 000 boisseaux de grains et on brûla 200 maisons.

Cette même année, Kaieñ?kwaahtoñ, sa famille et d'autres déménagèrent au ruisseau Buffalo. Ils visitèrent fréquemment les postes britanniques et, à l'une de ces occasions, Kaieñ?kwaahtoñ fit au Canada d'aujourd'hui sa seule visite dont les documents fassent état. On rapporta qu'après avoir reçu généreusement à boire et à manger de la part des officiers du fort Érié (Fort Erie, Ontario), il mit sa famille en danger alors qu'il essayait de manœuvrer son canot, au retour, à travers la rivière Niagara.

Pendant la guerre, Kaieñ?kwaahtoñ et ses guerriers avaient réussi à pousser la frontière des Blancs presque jusqu'à Albany, mais ils avaient en retour été chassés de leurs demeures et forcés de se regrouper aux environs du fort Niagara, des rives du lac Érié et de la rivière Allegheny. La Grande-Bretagne, en négociant la paix avec les Américains, choisit d'ignorer les Iroquois qui avaient combattu aux côtés de ses armées. Pour loger une partie des Six-Nations, Joseph Brant obtint un territoire sur la rivière Grand (Ontario). La plupart des Tsonnontouans ne suivirent pas le chef agnier, mais demeurèrent dans ce qui est maintenant l'état de New York et y firent la paix avec les Américains. Abandonnés par leurs alliés britanniques, ils affrontèrent un gouvernement américain agressif et cupide lors des négociations au fort Stanwix, en 1784. Kaieñ?kwaahtoñ n'était pas là ; il chassait. Peut-être avait-il choisi de ne pas assister à cette réunion.

Il mourut en 1786 au ruisseau Smoke. Des années plus tard, Governor Blacksnake se le rappelait : « il était passablement grand – plus de six pieds – et gros de taille, d'un port imposant. Son éloquence était d'une qualité supérieure, et en intelligence il dominait de beaucoup sur ses compatriotes ; il avait l'entière confiance de son peuple ».

THOMAS S. ABLER

Wis., State Hist. Soc. (Madison), Draper MSS, ser. F. ; ser. S. — *Colonial records of Pa.* (Hazard), V : 12 août 1751, 6 août 1754. — *Johnson papers* (Sullivan *et al.*), IX : 588 ; X : 514, 519, 830 ; XI : 113, 139s. ; XII :

626–628, 899, 912 ; XIII : 88. — *Journals of the military expedition of Major General John Sullivan against the Six Nations of Indians in 1779* [...], Frederick Cook, édit. (Auburn, N.Y., 1887). — *NYCD* (O'Callaghan et Fernow), VII : 623 ; VIII : 282, 484, 506, 559, 721. — *Pa. archives* (Hazard *et al.*), 1re sér., III : 558 ; VII : 508. — J. E. Seaver, *A narrative of the life of Mrs. Mary Jemison* [...], introd. par A. W. Trelease (New York, 1961), 68–70, 76. — *The Sullivan-Clinton campaign in 1779 : chronology and selected documents* [...] (Albany, N.Y., 1929). — [William Walton], *The captivity and sufferings of Benjamin Gilbert and his family, 1780–83*, F. H. Severance, édit. (Cleveland, Ohio, 1904), 110. — G. S. Conover, *Sayenqueraghta : king of the Senecas* (Waterloo, N.Y., 1885), 3. — Graymont, *Iroquois*, 167–172.

KALM, PEHR (baptisé **Petter**), auteur d'ouvrages d'histoire naturelle, né le 6 mars 1716 (nouveau style) dans la province d'Ångermanland, en Suède, fils de Gabriel Kalm, homme d'Église finlandais, et de Catherine Ross, d'ascendance écossaise ; il épousa en février 1750, à Philadelphie, Pennsylvanie, Anna Magaretha Sandin, née Sjöman ; décédé le 16 novembre 1779 à Åbo (Turku), en Finlande.

Pehr Kalm naquit en Suède mais fut emmené en Finlande, postérieurement à 1721. Élevé dans la pauvreté, il put quand même fréquenter l'école à Vaasa et être admis à l'université d'Åbo en 1735. Il y étudia sous la direction du minéralogiste utilitaire Herman Diedrich Spöring et de deux disciples du naturaliste Carl Linné, Johan Browallius et Carl Fredrik Mennander. Il donna des leçons dans plusieurs régions de la Finlande en 1738 et en 1739, tout en prenant des notes sur l'histoire naturelle du pays.

En 1740, Kalm attira l'attention du baron Sten Carl Bielke, un juge d'Åbo, membre de l'Académie royale des sciences de Suède. Devenant le protégé de Bielke, il partit pour le domaine du baron, en Suède, afin d'y diriger ses plantations expérimentales. En décembre, il entra à l'université d'Upsal, où il suivit les conférences du célèbre savant Anders Celsius. A partir de 1741, il fut l'élève et l'ami de Linné. Sous l'influence de Bielke et de Linné, Kalm fut pris d'un grand intérêt pour la botanique utilitaire, c'est-à-dire la botanique appliquée aux problèmes de l'agriculture et de l'industrie. Dès ce moment, Linné projeta de faire une expédition en Amérique du Nord, afin d'y colliger des renseignements sur des plantes d'intérêt pour l'industrie agricole et qui seraient viables en Scandinavie ; en 1747, Kalm fut choisi pour entreprendre le voyage. Juste avant son départ, il fut nommé professeur d'*œconomia* (aspects économiques de l'histoire naturelle), à Åbo.

Kalm s'embarqua pour l'Angleterre en novembre 1747 et y demeura pendant quelques mois ; il atteignit Philadelphie en septembre 1748. Il rencontra les principaux naturalistes américains et se mit en devoir d'apprendre tout ce qu'il put relativement à l'histoire naturelle des colonies britanniques. Les instructions qu'il avait reçues de l'Académie royale des sciences de Suède, toutefois, lui enjoignaient de passer le plus de temps possible au Canada, dont le climat, pensait-on, était semblable à celui de la Suède et de la Finlande ; aussi se dirigea-t-il vers le nord.

Le 2 juillet 1749, Kalm pénétrait en Nouvelle-France au fort Saint-Frédéric (près de Crown Point, New York). Le commandant général de la colonie, Roland-Michel Barrin* de La Galissonière, qui avait reçu ordre du ministre de la Marine d'assumer les dépenses de Kalm, fit en sorte que les officiers du fort l'attendissent. Kalm y apprit avec surprise que ces derniers recueillaient des spécimens minéralogiques et botaniques, sur les ordres de La Galissonière. Après trois semaines passées à herboriser, Kalm se rendit à Montréal, où il fut l'hôte du baron Charles Le Moyne* de Longueuil.

Arrivé à Québec le 5 août, Kalm rencontra La Galissonière, qui l'impressionna grandement. Il avait déjà apprécié les naturalistes américains, mais, dans le commandant général, il s'imagina voir le « grand Linné sous un autre visage », écrit-il. Accompagné du médecin et naturaliste Jean-François Gaultier*, Kalm recueillit les semences de plusieurs plantes d'intérêt, trouvées dans la région. Il jugea le climat de Québec plus extrême que celui de la Suède et eut le sentiment que plusieurs plantes canadiennes ne se développeraient pas bien dans son pays. Après son retour à Montréal le 26 septembre, il continua ses cueillettes. Il désirait retourner dans les colonies britanniques via les forts Frontenac (Kingston, Ontario), où, lui avait-on dit, il y avait d'importantes plantes à teinture et du riz sauvage, et Niagara (près de Youngstown, New York), mais sa demande en ce sens fut refusée par le nouveau gouverneur général, La Jonquière [Taffanel*], à cause de tensions qui existaient alors dans ces territoires frontaliers. Il fut obligé de retourner par le fort Saint-Frédéric.

Il atteignit Albany le 29 octobre. Au cours de l'hiver, il put obtenir l'autorisation de visiter Niagara, ce qu'il fit en août 1750. Les officiers l'y reçurent bien et l'aidèrent dans sa cueillette de semences. Sa description des chutes fut publiée par Benjamin Franklin et par John Bartram, mais le journal de son voyage à Niagara est malheureusement perdu, et le récit complet de ce voyage ne parut jamais. Ses voyages en Nouvelle-France lui permirent d'amasser une multitude de renseignements et quantité de semences de valeur, parmi lesquelles on retrouve celles de l'érable à sucre, du noyer et du maïs à maturation rapide, qu'il espérait beaucoup acclimater en Scandinavie.

Le journal des voyages de Kalm forme un ouvrage en trois volumes, *En resa til Norra America* (Stockholm, 1753–1761). Cet ouvrage fournit une précieuse description de la société canadienne, de ses institutions religieuses et sociales, de sa structure économique et politique, de ses mœurs et de ses traditions, de ses modes et de ses habitudes alimentaires. Les peuples indigènes l'intéressèrent beaucoup, et il consigna de nombreuses observations ou des rapports qu'on lui fit sur leurs manières de vivre, leur apparence et leurs origines. Son journal personnel montre qu'il fut beaucoup plus favorablement impressionné par les Canadiens que son livre ne le laisse voir. Dans le récit qu'il a publié, il parle en termes chaleureux de leurs qualités personnelles. Il vante la politesse et la gaieté qu'il rencontra à tous les niveaux de la société et met le caractère industrieux des canadiennes en opposition avec celui des femmes des colonies anglaises « qui se sont donné de fait la liberté de rejeter tout le fardeau des travaux domestiques sur leurs maris ». Dans ses manuscrits, il se montre encore plus favorable, disant que le Canada se compare aux colonies britanniques comme le ciel à la terre et le blanc au noir. A n'en pas douter, ce sentiment tient en partie au traitement royal qu'il reçut en Nouvelle-France, par suite de l'intervention de l'ambassadeur suédois à Paris. Kalm reconnut, toutefois, que des hommes comme La Galissonière étaient rares ; ce qu'il ne remarqua pas, cependant, c'est qu'il arriva en Nouvelle-France au moment où y culminait l'intérêt scientifique de la France.

Kalm s'embarqua pour l'Europe en février 1751 et atteignit Stockholm en mai ; à la fin de l'année, il rentra à Åbo pour y reprendre son enseignement. Il y demeura le reste de sa vie, enseignant et publiant, outre le récit de son voyage en Amérique du Nord, de nombreux articles dont plusieurs avaient rapport à l'histoire naturelle de cette région. Il manque beaucoup de renseignements concernant la botanique canadienne dans le récit publié par Kalm. Il espérait produire un « *Flora canadensis* » à son retour en Finlande, mais l'ouvrage ne prit jamais corps. Néanmoins, la plupart des renseignements qu'il avait glanés parurent dans des thèses rédigées sous sa direction.

Kalm fut l'un des botanistes utilitaires remarquables de l'école de Linné ; un genre et 90 espèces de plantes reçurent son nom. Son livre – son apport le plus important – stimula l'histoire naturelle en Suède et mit à la portée des Européens une description exacte et élargie des conditions de vie et des mœurs existant en Amérique du Nord. Les descriptions faites par Kalm de la vie et des mœurs du Canada comptent parmi les meilleures qu'a données la littérature de voyage concernant ce pays.

RICHARD A. JARRELL

La partie du récit de voyage de Pehr Kalm relative à l'Amérique du Nord parut en anglais sous le titre de *Travels into North America* [...], J. R. Forster, trad. (3 vol., Warrington, Angl., et Londres, 1770–1771) et fut rééditée, avec des documents nouveaux, sous le titre *The America of 1750 : Peter Kalm's travels in North America*, A. B. Benson, édit. (2 vol., New York, 1927 ; réimpr., 1966). Aussi traduit en français par L.-W. Marchand, *Voyage de Kalm en Amérique* (2 vol., Montréal, 1880), et en hollandais, l'ouvrage parut au complet en allemand. La description de la rivière Niagara est reproduite dans [John Bartram], *Observations on the inhabitants* [...] *and other matters worthy of notice, made by Mr. John Bartram, in his travels from Pensilvania to Onondago, Oswego and the Lake Ontario* [...] (Londres, 1751), ouvrage réimprimé sous le titre *Travels in Pensilvania and Canada* (Ann Arbor, Mich., 1966). Outre son livre, Kalm écrivit un grand nombre d'articles sur des plantes et des animaux propres à l'Amérique du Nord, qui parurent dans les publications de l'Académie royale des sciences de Suède. E. L. Larsen a traduit en anglais et publié huit de ces articles dans *Agricultural History* ([Baltimore, Md.]) de 1935 à 1950.

Parmi les monographies et les articles consacrés à Kalm, on peut énumérer les suivants : *Dictionary of scientific biography*, C. C. Gillispie *et al.*, édit. (14 vol., New York, 1970–1976), VII : 210s. ; Martti Kerkkonen, *Peter Kalm's North American journey ; its ideological background and results* (Helsinki, 1959) ; P.-G. Roy, « Le voyageur Kalm et les cloîtres de Québec », *BRH*, XXXV (1929) : 449–451 ; Carl Skottsberg, « Pehr Kalm : levnadsteckning », *Levnadsteckningar över Kungl. Svenska vetenskapsakademiens ledamöter* (Stockholm), 8 (1949–1954) : 219–505 ; Armand Yon, « Pour un IIe centenaire : du nouveau sur Kalm », *RHAF*, III (1949–1950) : 234–255. [R. A. J.]

KAYAHSOTA? (Gaiachoton, Geyesutha, Guyasuta, Kayashoton, Kiashuta, Kiyasuta, Quiasutha), chef tsonnontouan et diplomate, né vers 1725, probablement à la rivière Genesee, New York, mais sa famille déménagea dans la région de l'Ohio alors qu'il était jeune ; décédé probablement en 1794 à Cornplanter Grant (près de Corydon, Pennsylvanie). Son nom, écrit Kayahsota? selon les règles de l'orthographe phonémique de la langue actuelle des Tsonnontouans établies par Wallace L. Chafe, signifie « ce qui érige ou supporte la croix ».

Bien que depuis 1701 la confédération iroquoise fût engagée officiellement à garder la neutralité dans les guerres franco-britanniques, les Iroquois de la région de l'Ohio et les Tsonnontouans qui habitaient sur la Genesee poursuivaient en général une politique favorable aux Français. Ces derniers renforcèrent leurs positions dans la région au début des années 1750 en construisant une chaîne de forts à partir du lac Érié jusqu'à la bifurcation de l'Ohio [V. Paul Marin* de La Malgue]. Les Britanniques répliquèrent en 1753 en envoyant le jeune George Washington demander le retrait des Français de cette région que ces deux puissances revendiquaient. Des années plus tard, Washington rappelait la présence de Kayahsota? dans son escorte indienne lors de ce voyage infructueux. En 1755, le major général Edward Braddock tenta de s'emparer du fort Duquesne (Pittsburgh, Pennsylvanie), et Kayahsota? faisait partie de la troupe, composée de Français et d'Indiens, qui lui fit face et qui, sous les ordres de Jean-Daniel DUMAS, le mit en déroute. A l'automne, Kayahsota?, à la tête d'une délégation de 20 Tsonnontouans, alla conférer avec le gouverneur Vaudreuil [RIGAUD], à Montréal.

La fortune des armes tourna au désavantage des Français et de leurs alliés indigènes et, malgré l'aide de Kayahsota? et d'autres Tsonnontouans de l'Ouest, le fort Duquesne tomba aux mains des Britanniques sous les ordres de John Forbes* en 1758. Les Français se retirèrent effectivement de l'Ouest en 1759, mais les hostilités n'étaient pas terminées. L'attitude mesquine adoptée par AMHERST relativement aux présents à faire aux Indiens aggrava les difficultés entre la population aborigène et les Britanniques ; il en résulta l'insurrection généralement connue sous le nom de soulèvement de Pondiac*, bien qu'on l'ait aussi appelée la guerre de Kiyasuta et de Pondiac.

Les chefs politiques de ces sociétés égalitaires qu'on trouvait presque partout en Amérique du Nord antérieurement à sa conquête par les Blancs n'avaient pas l'autorité de forcer leurs mandants à agir et devaient plutôt compter sur la persuasion. Comme il n'avait pas le pouvoir de dicter la ligne de conduite de la collectivité et qu'il ne possédait que ses talents de diplomate pour former l'opinion publique, Kayahsota? ne paraît pas mériter une part importante du blâme, ou de la louange, en ce qui regarde le conflit qui éclata soudainement sur la frontière ouest en 1763. La population indigène était à peu près unanime à croire qu'il était désirable d'attaquer les « habits rouges », ces soldats qui, il y avait si peu de temps, avaient remplacé les Français dans cette région, mais Kayahsota? joua un grand rôle en donnant une orientation à l'amertume des siens et fut parmi les premiers à prôner l'usage de la force. Dès 1761, lui et son compatriote Tahahaiadoris faisaient circuler une grande ceinture de porcelaine rouge, connue sous le nom de la hache de guerre, parmi la population indigène rassemblée aux environs de Détroit. Selon l'adjoint de sir William JOHNSON, George Croghan, ils lui avouèrent privément que leur objectif était de déclencher un soulèvement général, de Détroit à la vallée de la Mohawk. Sir William lui-même vint à Détroit en septembre 1761 pour faire obstacle à leurs tentatives. Au cours de la conférence, Kayahsota? nia les accusations portées contre lui mais fut contredit par un Wyandot, et le vacarme qui s'ensuivit ne fut calmé que grâce aux efforts de Johnson. Plus tard, un orateur outaouais, Mécatépilésis, désigna publiquement Kayahsota? comme « le mauvais oiseau récemment [venu] parmi nous ». Johnson rencontra privément Kayahsota? et tenta de la convaincre de l'erreur qu'il faisait en recourant à ces moyens, mais sa démarche diplomatique n'obtint qu'un bref répit. En juin 1763, la guerre se propagea sur toute la région frontalière. La plupart des Six-Nations, y compris les Tsonnontouans de l'Est, gardèrent la paix, mais les Tsonnontouans de l'Ouest prirent les armes contre les Britanniques. Kayahsota? et quelques autres Tsonnontouans combattirent aux côtés des Loups (Delawares) au siège du fort Pitt (anciennement fort Duquesne) et contre le détachement de secours aux ordres du colonel Henry Bouquet. Le témoignage des indigènes laisse entendre aussi qu'il participa à la prise du poste britannique de Venango (Franklin, Pennsylvanie).

Quand les combats prirent fin, Kayahsota? fut au nombre de ceux qui signèrent l'accord préliminaire de paix, le 12 août 1764, et il se vit confier la tâche de communiquer les conditions de la paix aux groupes qui étaient encore sur le sentier de la guerre. A la fin d'octobre 1764, il se rendit à Tuscarawas (près de Bolivar, Ohio) avec des délégués des Loups, des Chaouanons et des Tsonnontouans pour y rencontrer Bouquet. La préoccupation principale de Bouquet, à ce moment, était la libération des prisonniers blancs encore aux mains des Indiens. Il rapporta que les négociations avaient réussi, même s'il avait été nécessaire de dépêcher Kayahsota? chez les Loups pour protester contre le meurtre d'un soldat britannique. Plus de 200 prisonniers blancs furent relâchés (bien que quelques-uns firent montre de tant de répugnance à rentrer dans la société des Blancs que Bouquet dut désigner des gardes pour les empêcher de retourner vers leurs ravisseurs indigènes). A la suite de la conférence, Bouquet envoya Kayahsota? chercher les prisonniers blancs détenus par les Wyandots.

Au printemps de 1765, George Croghan rencontra les Indiens de l'Ouest au fort Pitt, et de nouveau le retour des prisonniers fut au centre des discussions. Kayahsota? était présent et fut nommé délégué à une autre conférence, cette fois avec sir William Johnson à Johnson Hall (Johnstown, New York). Kayahsota? et d'autres Indiens de l'Ouest s'y réunirent du 4 au 13 juillet afin de négocier une paix définitive. Le dernier jour, Kayahsota? dessina un loup, d'où le clan tire son nom, au bas du traité.

Pendant la décennie suivante, Kayahsota? servit continuellement d'intermédiaire entre les autorités britanniques et les indigènes habitant la région de l'Ohio. Voyageant fréquemment entre Johnson Hall et l'Ohio, il portait les ceintures de porcelaine et les paroles de Johnson, au cours de tentatives pour maintenir la paix dans l'Ouest ou pour isoler diplomatiquement des groupes aussi peu coopératifs que les Chaouanons. Le surintendant des Affaires des Indiens du Nord le considérait comme un « chef très capable et d'une grande influence » et le trouvait « très utile dans de telles occasions ». Quand un groupe de Chaouanons firent leur apparition au fort Pitt au printemps de 1773, se plaignant des arpenteurs de la Virginie, ce fut Kayahsota? qui les reçut et qui leur fit présent d'une ceinture de porcelaine. D'autre part, les Indiens de l'Ouest faisaient souvent parvenir leurs griefs à Johnson par son intermédiaire. Par exemple, les participants à une conférence de première importance tenue au fort Pitt en octobre 1773 envoyèrent Kayahsota? porter leurs plaintes à Johnson Hall au sujet de l'absence de réglementation de la traite, et de celle des boissons alcooliques en particulier.

Kayahsota? ne fut jamais capable de mener à bien l'un des objectifs principaux de Johnson, qui était de retourner les Mingos, Iroquois ayant émigré dans la région de l'Ohio, à leurs anciennes demeures, dans ce qui est maintenant le nord de l'état de New York. Le surintendant craignait que ces guerriers, éloignés de l'influence modératrice du conseil d'Onondaga et même plus encore de Johnson Hall, et portant avec eux la réputation bien méritée dont jouissaient les Iroquois comme hommes de guerre, ne se joignissent peut-être à leurs voisins de langue algique contre les Britanniques. En 1765, Johnson avait une première fois demandé à Kayahsota? de persuader les Mingos de retourner chez eux, et, en 1773, le chef tsonnontouan tentait encore en vain de réaliser cet objectif.

En plus de son activité diplomatique, Kayahsota? trouva le temps de travailler pour divers Blancs dans la vallée de l'Ohio. Sa connaissance de la géographie et des habitants de la région lui permettait de servir de guide et d'intermédiaire aux voyageurs et aux trafiquants. Ses tâches l'amenèrent plusieurs fois au fort de Chartres (près de Prairie du Rocher), dans le pays des Illinois.

Quand éclata la Révolution américaine, Kayahsota? était déjà étroitement lié, sur le plan du travail, avec Guy JOHNSON, successeur de sir William à titre de surintendant du département des Affaires des Indiens du Nord. Les rebelles, cependant, recherchèrent activement la faveur du chef. Kayahsota? fut au nombre des meneurs indiens qui rencontrèrent les représentants du Congrès continental au fort Pitt en octobre 1775. Kayahsota? fut d'accord pour que les Chaouanons rendissent les prisonniers et le butin dont ils s'étaient emparés dans leur guerre avec la Virginie, qui venait tout juste de se terminer, et il consentit à se rendre dans leurs villages pour s'assurer que la restitution serait faite. En retour, il demanda l'assurance que les limites fixées à la colonisation blanche par le traité du fort Stanwix (Rome, New York), signé en 1768, seraient respectées. Il fit aussi remarquer avec finesse que les disputes des représentants rebelles entre eux pourraient bien empêcher que s'enflamme un brillant feu de conseil, si nécessaire à une communication réelle entre Indiens et Blancs.

Les Six-Nations conservèrent une position de neutralité pendant les premières années de la Révolution américaine. Kayahsota? voyagea librement entre le poste rebelle de fort Pitt et la place forte des Loyalistes à Niagara (près de Youngstown, New York). Aux commandants de l'un et l'autre poste, il affirma la détermination des Six-Nations de ne prendre part d'aucune façon à une quelconque guerre entre la Grande-Bretagne et les colonies. Au fort Pitt, le 6 juillet 1776, il fit valoir l'opposition des indigènes aux mouvements des troupes de l'un et l'autre belligérant à travers les terres des Indiens. Plus tard, il alla en ambassade chez les Mingos afin de les gagner à la position de neutralité adoptée par les autres tribus de l'Ouest. En reconnaissance de ses services, le Congrès continental lui décerna une commission de colonel et un hausse-col d'argent.

Mais, inévitablement, la population indigène devait, dans la querelle, prendre éventuellement le parti de la couronne. On avait trop de griefs au sujet des empiétements américains et, bien que la guerre interrompît le cours de la vie économique, un rôle actif dans le conflit promettait d'être largement récompensé sur le plan matériel. A partir de la décision des Six-Nations, à l'été de 1777, de sortir de la neutralité, Kayahsota? commença à travailler activement à la cause royale, et à celle des Indiens. Plus tard cet été-là, il était du fort groupe d'Indiens qui accompagnaient Barrimore Matthew ST LEGER dans son attaque contre les rebelles du fort Stanwix. Le siège de ce fort situé à l'extrémité ouest de la vallée de la Mohawk en était à ses débuts quand on apprit de Mary Brant [KOÑWATSIˀTSIAIÉÑNI] que 800 miliciens étaient en marche pour attaquer les assiégeants. Les Indiens furent principalement dépêchés à leur rencontre et ils repoussèrent les rebelles à la sanglante bataille d'Oriskany, situé tout près. De nouveau, Kayahsotaˀ fut bientôt sur le terrain ; en décembre 1777, Simon Girty* rapporta que le chef tsonnontouan ou des membres de son parti avaient tué quatre personnes près de Ligonier, Pennsylvanie. En 1779, quand une armée rebelle commandée par Daniel Brodhead partit du fort Pitt et remonta la rivière Allegheny, brûlant les villages tsonnontouans, Kayahsotaˀ arriva au fort Niagara, demandant 100 soldats pour aider à repousser les envahisseurs. Le commandant britannique, lui-même aux abois, refusa, et l'expédition dévastatrice de Brodhead rencontra bien peu de résistance.

Kayahsotaˀ fut envoyé du fort Niagara, en 1780, pour remplir une tâche diplomatique familière. Désireux de conserver l'alliance des Indiens de l'Ouest, Guy Johnson le chargea de faire la tournée de la région de l'Ohio afin de convoquer une conférence à Détroit. La plupart des chefs de la région étaient absents, étant en guerre dans le Kentucky avec l'expédition de Henry Bird ; aussi les messages furent-ils laissés aux Wyandots pour qu'ils les livrent plus tard durant l'été. Il y a quelques indications à l'effet que Kayahsotaˀ commanda alors un parti de 30 Wyandots qui firent des razzias près du fort McIntosh (Rochester, Pennsylvanie) en juillet. Au printemps de 1781, Kayahsotaˀ était de nouveau sur les sentiers de la diplomatie, mais la maladie l'arrêta quelque temps à Cattaraugus (près de l'embouchure du ruisseau Cattaraugus, New York). Le chef, alors âgé, alla en guerre une fois encore, dirigeant le parti qui, le 13 juillet 1782, brûla Hannastown, Pennsylvanie, et qui alla ensuite attaquer Wheeling (Virginie occidentale).

Quoi qu'il en soit, la Révolution américaine était terminée, et les Tsonnontouans firent bientôt la paix avec les États-Unis. Il y a un rapport qui veut que la nouvelle république ait essayé d'utiliser Kayahsotaˀ comme pacificateur dans la région de l'Ohio, mais ce rôle fut en grande partie dévolu à Kaiũtwahˀkũ (Cornplanter), probablement un neveu de Kayahsotaˀ. Les Indiens de l'Ohio, toutefois, s'obstinèrent dans un affrontement majeur avec les Américains, que la diplomatie des Tsonnontouans fut impuissante à arrêter. Comme les événements allaient atteindre leur point culminant, Kayahsotaˀ porta des messages tant personnels que publics au commandant américain, Anthony Wayne, à Pittsburgh, en 1792, et accompagna Cornplanter à une réunion avec Wayne en 1793. Wayne organisait et entraînait ses hommes de façon à pouvoir envahir la région de l'Ohio et dompter ses populations indigènes, et il allait y réussir à la bataille de Fallen Timbers (près de Waterville, Ohio) en août 1794.

Les efforts diplomatiques de Cornplanter lui valurent une terre en Pennsylvanie ; lui et ses fidèles tsonnontouans s'y rassemblèrent à la fin du siècle. Kayahsotaˀ y mourut et y fut enseveli, probablement en 1794.

THOMAS S. ABLER

BL, Add. MSS 21 767. — Wis., State Hist. Soc. (Madison), Draper MSS, ser. F ; ser. S. — *Anthony Wayne* [...] *the Wayne-Knox-Pickering-McHenry correspondence*, R. C. Knopf, édit. (Pittsburgh, Pa., 1960). — *Colonial records of Pa.* (Hazard), IX : 23 août, 5 déc. 1764, 4 juin 1765. — [George Croghan], George Croghan's journal, 1759–1763 [...], N. B. Wainwright, édit., *Pennsylvania Magazine of History and Biography* (Philadelphie), LXXI (1947) : 303–444. — *Frontier defense on the upper Ohio, 1777–1778* [...], R. G. Thwaites et L. P. Kellogg, édit. (Madison, 1912 ; réimpr., Millwood, N.Y., 1973). — *Frontier retreat on the upper Ohio, 1779–1781*, L. P. Kellogg, édit. (Madison, 1917). — John Adlum on the Allegheny : memoirs for the year 1794, D. H. Kent et M. H. Deardorff, édit., *Pennsylvania Magazine of History and Biography*, LXXXIV (1960) : 265–324, 435–480. — *Johnson papers* (Sullivan *et al.*), III : 488 ; IV : 607 ; V : 681 ; VIII : 615s., 641, 643, 679, 835, 1012 ; X : 347 ; XII : 994, 1016, 1034s., 1044–1061, 1090, 1095–1100, 1115 ; XIII : 233, 293–255, 666s., 681s., 686. — *NYCD* (O'Callaghan et Fernow), VII : 750–757 ; VIII : 315, 363s., 501, 503 ; X : 345–347. — *The revolution on the upper Ohio, 1775–1777* [...], R. G. Thwaites et L. P. Kellogg, édit. (Madison, 1908 ; réimpr., Port Washington, N.Y., et Londres, 1970). — W. L. Chafe, *Handbook of the Seneca language* (Albany, N.Y., 1963). — R. C. Downes, *Council fires on the upper Ohio : a narrative of Indian affairs in the upper Ohio valley until 1795* (Pittsburgh, 1940). — H. R. Schoolcraft, *Information respecting the history, condition and prospects of the Indian tribes of the United States* (6 vol., Philadelphie, 1851–1857), IV : 269–278. — N. B. Wainwright, *George Croghan, wilderness diplomat* (Chapel Hill, N.C., 1959).

KENDRICK (Kenwick, Kenwrick), JOHN, trafiquant de fourrures, né vers 1740 à Harwich, Massachusetts, fils de Solomon Kenwrick et d'Elizabeth Atkins ; il épousa en décembre 1767

Huldah Pease ; décédé le 12 décembre 1794 dans le port d'Honolulu, Oahu (Hawaii).

John Kendrick prit la mer alors qu'il était encore jeune et, à 20 ans, il était déjà engagé dans l'industrie baleinière du Saint-Laurent. Il servit pendant une campagne, au cours de la guerre de Sept Ans, mais retourna ensuite à la mer, s'introduisant dans le commerce côtier de la Nouvelle-Angleterre. Pendant la Révolution américaine, il commanda plusieurs navires armés en course qui s'attaquaient au commerce britannique.

Le troisième voyage de COOK dans le Pacifique révéla les prix élevés que rapporteraient en Chine les fourrures de loutre marine. Pendant que la nouvelle des possibilités de cette exploitation faisait son chemin dans le monde du commerce, des marchands réagirent en envoyant des expéditions sur la côte nord-ouest de l'Amérique du Nord ; James HANNA, faisant voile de Macao, Chine, en 1785, fut le premier à tirer parti de ce commerce. En 1787, Kendrick reçut le commandement d'une expédition de traite organisée par Joseph Barrell, un marchand de Boston, et composée de deux navires, le *Columbia Rediviva* et le *Lady Washington*, celui-ci aux ordres du capitaine Robert Gray*. Les navires portaient des cargaisons d'articles de traite, surtout des objets de cuivre et de fer, des médailles spéciales pour les Indiens, des passeports et des lettres du gouvernement américain et du Commonwealth du Massachusetts.

L'expédition quitta Boston en septembre 1787, mais Kendrick, selon Gray, n'était pas un « chef très preste ». Les navires flânèrent dans plusieurs ports en cours de route. L'un de ces arrêts, à l'île de Juan Fernández (Robinson Crusoe), au large des côtes du Chili, alerta les autorités espagnoles sur leur destination et suscita quelques inquiétudes concernant des empiétements possibles de la part des Américains à l'endroit de territoires revendiqués par les Espagnols sur la côte du Pacifique. Kendrick et Gray arrivèrent finalement à la baie de Nootka (Colombie-Britannique) en septembre 1788, ayant pris trois mois de plus que le temps normal de navigation, et décidèrent d'y passer l'hiver. Kendrick fit à MUQUINNA, un des principaux chefs des Indiens nootkas, une cour systématique. En mars 1789, quand son associé fit voile vers le sud, trafiquant le long de la côte jusqu'au détroit de Juan de Fuca, Kendrick conduisit son navire, en remontant le bras de mer, jusqu'à l'anse de Mawinna (baie de Marvinas, Colombie-Britannique), et construisit une maison et une batterie qu'il nomma fort Washington.

Le 5 mai, le navire de guerre espagnol *Princesa*, commandé par Esteban José MARTÍNEZ, arriva à la baie de Nootka. Martínez avait l'ordre d'établir un poste temporaire, en vue d'assurer la reconnaissance des revendications espagnoles sur la côte du Pacifique. Kendrick put persuader l'Espagnol que ses deux navires étaient à la baie de Nootka aux fins de réparations, et non pour la traite. Plusieurs navires britanniques, toutefois, dont l'*Argonaut*, commandé par James Colnett*, furent saisis par Martínez pour atteinte à la souveraineté espagnole. La saisie de ces navires fit éclater la crise de la baie de Nootka, qui allait conduire l'Angleterre et l'Espagne au bord de la guerre en 1790. Kendrick paraît avoir contribué à l'établissement de la présence espagnole à cet endroit : il présenta Martínez à Muquinna, pointa ses canons sur l'*Argonaut* quand il en fut requis, et donna l'ordre à son armurier de fabriquer les fers destinés aux prisonniers britanniques. Pendant ce séjour à la baie de Nootka, le fils de Kendrick, John, embrassa le catholicisme ; changeant son prénom en celui de Juan, il servit par la suite sur les navires espagnols.

Muni de deux bons navires et ses concurrents aux fers, Kendrick avait une chance de faire fortune tout en enrichissant ses employeurs. La côte nord-ouest était alors un paradis pour le trafiquant de fourrures ; dans un cas, l'expédition avait reçu 200 peaux de loutre marine évaluées à $8 000 pour un pareil nombre de ciseaux de fer valant à peu près $100. En juillet 1789, Kendrick changea de commandement avec Gray, et, pendant que le *Columbia Redivina* faisait voile vers la Chine, Kendrick trafiqua le long de la côte, sur le *Lady Washington*, depuis la baie de Nootka jusqu'aux îles de la Reine-Charlotte (Colombie-Britannique). Là il jeta l'ancre au large de ce qui est maintenant connu sous le nom d'île d'Anthony ; au cours de la traite avec les Haïdas, Kendrick soumit leur chef KOYAH à une vive humiliation en l'attachant à l'affût d'un canon jusqu'à ce que quelques morceaux de linge à blanchir, qui lui appartenaient et qui avaient été chapardés par les Indiens, lui fussent retournés.

Pendant son voyage vers la Chine, Kendrick visita les îles Sandwich (Hawaii) et fut l'un des premiers à voir la possibilité d'un commerce de perles et de bois de santal avec l'Orient. Il laissa trois hommes chargés de cueillir ces produits, mais pris ainsi de court ils n'avaient guère les moyens de mener leur mission à bien. Quand VANCOUVER les vit, en mars 1792, ils étaient sans ressources et avaient échoué dans leur tâche. Une fois en Chine, Kendrick passa tranquillement 14 mois à disposer de sa cargaison et à regréer le *Lady Washington* en brick. En mars 1791, il prit de nouveau la mer, en direction de la côte nord-ouest de l'Amérique du Nord, visitant le Japon sur sa route.

Le 13 juin 1791, le *Lady Washington* arriva au

chenal de Barrell (chenal de Houston Stewart, Colombie-Britannique). Trois jours plus tard, au large de l'île d'Anthony, les Haïdas, conduits par Koyah, attaquèrent le navire. Kendrick et son équipage repoussèrent les Indiens, en tuant un bon nombre. Comme il n'avait pas obtenu beaucoup de succès dans sa traite aux îles de la Reine-Charlotte, Kendrick mit le cap au sud, le long de la côte, et, le 12 juillet, il entrait dans la baie de Nootka. Non fixé sur les intentions des Espagnols, il s'en alla à son vieil ancrage de l'anse de Mawinna, où il obtint environ 800 peaux de loutre marine. Il réjouit les Indiens en leur payant des prix élevés pour leurs fourrures et en leur fournissant des fusils, contribuant par là aux violences qui allaient marquer par la suite la traite des fourrures. Kendrick acheta aussi de vastes portions de terre, obtenant des actes de cession signés des Nootkas et dûment constatés par des témoins. John Howell, un trafiquant américain, rapporta plus tard que Kendrick « disait un jour au commandant de la baie de Nootka qu'il achetait ses territoires, pendant que les autres nations les volaient, et que s'ils (les Espagnols) étaient impertinents il soulèverait les Indiens et les chasserait de leurs établissements ». Voguant en direction sud jusqu'à la baie de Clayoquot, Kendrick obtint d'autres fourrures, rencontra Gray, prit le temps de réparer ses navires, puis partit pour la Chine le 29 septembre.

Kendrick passa 14 mois à Macao, pendant que Gray s'exaspérait, avant de s'embarquer pour la côte nord-ouest, au printemps de 1793. Il passa l'été à trafiquer le long de la côte, puis hiverna dans les îles Sandwich. A la fin de 1794, après avoir passé l'été à faire la traite, il visita de nouveau les îles Sandwich, où une faction d'indigènes venaient tout juste de sortir victorieux d'une guerre entre les îles. Pendant que Kendrick, à l'ancre dans le port d'Honolulu, regardait les célébrations de la victoire, un compagnon de traite tira une bordée en manière de salut. Malheureusement, un de ses canons n'avait pas été déchargé, et son boulet perça le flanc du *Lady Washington*, tuant Kendrick et plusieurs membres de son équipage.

Fameux pour son esprit d'entreprise et sa bonne humeur, Kendrick était lent, néanmoins, et souvent il entretenait de véritables chimères. Selon Howell, deux « de ses plans favoris étaient de changer la prédominance des vents d'ouest dans l'océan Atlantique et de détourner le Gulf Stream dans le Pacifique en creusant un canal à travers le Mexique ». Persuadé de la possibilité de coloniser la terre qu'il avait achetée à la baie de Nootka, Kendrick écrivit à Thomas Jefferson, suggérant qu'elle fût colonisée sous la protection du gouvernement américain. En 1795, ses propriétaires firent de l'annonce à Londres en vue d'intéresser des immigrants à la région, mais personne ne se présenta. Les pétitions adressées par la suite au Congrès des États-Unis, au nom de la famille de Kendrick, en vue d'obtenir des titres pour cette terre, échouèrent en 1854, à cause d'un manque de documentation.

RICHARD A. PIERCE

Captains Gray and Kendrick ; the Barrel letters, F. W. Howay, édit., *Washington Hist. Quarterly* (Seattle), XII (1921) : 243–271. — Later affairs of Kendrick ; Barrell letters, N. B. Pipes, édit., Oreg. Hist. Soc., *Quarterly* (Eugene), XXX (1929) : 95–105. — Letters relating to the second voyage of the « Columbia », F. W. Howay, édit., Oreg. Hist. Soc., *Quarterly*, XXIV (1923) : 132–152. — Meares, *Voyages*. — G. Vancouver, *Voyage of discovery* (J. Vancouver). — *Voyages of « Columbia »* (Howay). — *DAB*. — Howay, *List of trading vessels in maritime fur trade*. — Walbran, *B.C. coast names*. — Cook, *Flood tide of empire*. — F. W. Howay, John Kendrick and his sons, Oreg. Hist. Soc., *Quarterly*, XXIII (1922) : 277–302 ; Voyages of Kendrick and Gray in 1787–90, Oreg. Hist. Soc., *Quarterly*, XXX (1929) : 89–94.

KERDISIEN. V. PICHOT

KERRIVAN, PETER. V. APPENDICE

KERSIDENT, VINCENT-FLEURI GUICHART DE. V. GUICHART

KIASHUTA. V. KAYAHSOTA?

KING, JAMES, officier de marine et explorateur, né en 1750 à Clitheroe, Lancashire, Angleterre, décédé à la fin d'octobre ou au début de novembre 1784 à Nice (France).

James King, second fils du vicaire de Clitheroe, s'engagea dans la marine royale en 1762. Il servit à la station de Terre-Neuve, sous les ordres du capitaine Hugh PALLISER, et en Méditerranée ; il fut promu lieutenant en 1771. Ensuite, il étudia les sciences, d'abord à Paris en 1774 puis à Oxford. Nommé lieutenant en second sur le *Resolution* en 1776, il participa au dernier voyage de COOK dans l'océan Pacifique, étant spécialement chargé des observations astronomiques. Il prit le commandement du navire d'escorte *Discovery*, lorsque Charles CLERKE mourut en août 1779, et il fut fait capitaine de vaisseau après le retour de l'expédition en Angleterre.

Au cours de ce périple, King rédigea un journal étonnamment complet et détaillé, dans lequel la narration des faits s'accompagne de réflexions personnelles. Source précieuse de renseignements par les observations précises qu'il contient en matière de navigation, d'astronomie, de météorologie, etc., le journal constitue également l'un des plus fidèles comptes rendus au jour le jour du fameux voyage de Cook et, notamment, des explorations de 1778 et 1779, alors que l'expédition chercha en vain le passage du Nord-Ouest en suivant le littoral des territoires qui sont devenus la Colombie-Britannique et l'Alaska et en empruntant le détroit de Béring. Ce document montre que King était mieux renseigné que tous ses collègues officiers, à l'exception de Cook lui-même, sur la géographie de la côte nord-ouest de l'Amérique du Nord, qui était l'objet de vives controverses, et sur les récits des explorations précédemment effectuées par les navigateurs russes. Il n'est donc pas surprenant qu'au retour de l'expédition, King (qui fut élu *fellow* de la Royal Society de Londres en 1782) ait été chargé de rédiger le troisième volume du récit officiel de ce voyage – volume dont le style cependant se ressent beaucoup du travail complaisant de l'éditeur John Douglas. Dans cet ouvrage, on découvre l'inquiétude de King devant la précipitation avec laquelle Cook avait parcouru le littoral de la côte ouest, au nord de la baie de Nootka (Colombie-Britannique). Il proposa une autre expédition afin de « faire le tracé de la côte avec une grande précision depuis le 56° de latitude jusqu'au 50°, secteur dont [ils avaient] été éloignés par des vents contraires hors de vue de la terre » ; il ajoutait qu'il serait possible de couvrir les dépenses en faisant la traite des peaux de loutre marine avec les Indiens. En rapportant que les hommes de Cook avaient vendu des fourrures de cette sorte à Canton (République populaire de Chine), à un prix dépassant $100 l'unité pour celles de meilleure qualité, King confirma officiellement la rumeur voulant que le commerce des fourrures avec la Chine fût rentable et il aida sans doute à réunir les fonds nécessaires aux expéditions privées qui commençaient à se diriger vers la côte nord-ouest [V. James Hanna ; John Kendrick].

King ne vécut pas longtemps après la parution, en juin 1784, du volume intitulé *A voyage to the Pacific ocean* [...]. Après avoir été affecté aux Antilles, il servit dans la flotte de la Manche, puis il se rendit au sud de la France pour raison de santé à la fin de l'été de 1784 et mourut de la tuberculose à Nice. Personnage quelque peu insolite dans le monde des officiers de marine, King s'intéressait aux sciences et à la politique, et il était un ami de la famille d'Edmund Burke et de l'homme politique réformiste John Cartwright. Parmi les hommages que lui rendirent ses amis et ses collègues, le plus impressionnant fut peut-être celui de James Trevenen, l'un des officiers de Cook. Ayant rencontré William Wilberforce, homme politique et philanthrope britannique, en 1785, Trevenen se déclara « très frappé de la ressemblance [qui existait] entre celui-ci et le capitaine King (dont [il] révère le nom) », les deux hommes possédant selon lui « la même vivacité dans [les] manières, la même aisance dans [le] comportement, la même douceur, la même bienveillance et le même pouvoir de persuasion ».

Glyndwr Williams

Les journaux de James King pour 1776–1779 se trouvent au PRO, Adm. 55/116 ; 55/122 ; des extraits sont publiés dans *Journals of Captain James Cook* (Beaglehole), III : 549–569, 582–591, 603–632, 650–654, 659–678, 1361–1455. Le journal de King couvrant les années 1779–1780, « Journal of the proceedings of his may sloop Discovery from Kamchakta to Cape of Good Hope [...] », a été découvert récemment (1973) aux archives de Hydrographer of the Navy, Ministry of Defence (Taunton, Angl.), et coté OD279. Des lettres concernant les droits d'auteur de King sur le troisième volume de James Cook et James King, *A voyage to the Pacific Ocean* [...] (3 vol. et atlas, Londres, 1784), sont à la BL, Egerton mss 2180. On peut trouver des informations supplémentaires dans *The correspondence of Edmund Burke*, T. W. Copeland *et al.*, édit. (10 vol., Cambridge, Angl., et Chicago, 1958–1978), III ; V ; dans *The Banks letters ; a calendar of the manuscript correspondence of Sir Joseph Banks* [...], W. R. Dawson, édit. (Londres, 1958), 486s. ; et dans le *DNB*. [g. w.]

KINGMINGUSE (baptisé **Peter**), Inuk du Labrador, *circa* 1776–1792.

Bien que les frères moraves eussent établi une mission à Nain, au Labrador, en 1771 [V. Jens Haven], les missionnaires n'y admirent officiellement aucun candidat au baptême avant octobre 1775. Le 19 février 1776, Kingminguse, jeune *angakok* (chaman) d'une bande des environs, renonçait à ses croyances traditionnelles et recevait le baptême. On lui donna le nom, approprié, de Peter, en souvenir du premier apôtre. L'événement fut cause d'émoi parmi les Inuit de l'endroit et souleva beaucoup d'intérêt pour la nouvelle religion, d'autant plus que Kingminguse se conduisit d'abord comme un converti modèle. Cet enthousiasme général s'évanouit au cours de l'été de 1776, si bien que Kingminguse trouva son isolement idéologique difficile à supporter. En août, il alla à l'intérieur des terres pour chasser le caribou et, quand sa femme (candidate au baptême) tomba malade, il fit appel à deux *angakut* pour la guérir. Il confessa sa faute aux missionnaires, et sa conduite, pendant l'hiver de 1776–1777, paraît les avoir satisfaits. Mais la longue chasse d'été au caribou, loin de l'influence de la mission, entraîna de nouveau sa chute. En novembre 1777, les missionnaires rapportèrent que Kingminguse s'était « pendant la saison de chasse [...] tout à fait égaré et s'était comporté de telle façon qu['ils furent] obligés de lui dire qu['ils] ne [pouvaient] pas le reconnaître comme [leur] frère ou l'admettre aux réunions des croyants ». Ce n'est qu'en août 1779 qu'on le crut suffisamment repenti pour lui permettre de se joindre à nouveau à la congrégation. Toutefois, l'histoire habituelle allait se renouveler. Pendant les étés de 1780 et de 1781, il recourut aux méthodes traditionnelles pour guérir les maladies. Il s'en confessa et obtint son pardon dans les deux occasions. En 1783, il fut gagné par l'énervement général que produisit chez les Inuit de Nain la nouvelle qu'on pouvait se procurer des fusils d'un trafiquant, à la baie des Châteaux, dans le sud du Labrador. Affirmant aux missionnaires qu'il avait perdu la foi, il partit pour le sud.

Kingminguse ne retourna pas à Nain avant l'été de 1785, époque à laquelle il avait apparemment repris son activité d'*angakok*. Les missionnaires firent de leur mieux pour le persuader de revenir à la congrégation, mais leurs plaidoyers furent sans résultat. La dernière mention de Kingminguse dans les registres de la mission (1792) le décrit comme ayant « sombré dans le paganisme » à Nukasusuktok, une île peu éloignée de Nain.

La position particulière de Kingminguse n'avait pas été facile. Si le baptême lui conférait d'abord un statut spécial, il le priva du respect qu'il avait mérité en tant qu'*angakok* et chasseur. Ses fréquents retours aux vieilles méthodes – typiques chez les premiers convertis – trahissent un effort non seulement pour retrouver le respect perdu, mais aussi pour briser l'isolement culturel qui résulte de la conversion. Aussi longtemps qu'il est proche de la mission, le converti peut supporter plus facilement cet isolement ; mais, quand il en est éloigné, ou quand il est dans un état d'anxiété, la tendance naturelle est de rejeter les nouvelles pratiques étrangères pour revenir aux anciennes. Si les hauts et les bas de Kingminguse n'étaient pas inhabituels, en revanche, son éloignement final de la mission le fut. La plupart des convertis, peu importe au reste la régularité de leur conduite, restaient dans l'orbite de la mission. Kingminguse, cependant, avait révélé aux missionnaires qu'il lui était impossible de revenir, parce que, voyant les autres, baptisés après lui, persévérer dans la foi, il avait honte.

J. K. HILLER

APC, MG 17, D1, Nain mission diaries, 1771–1893. — Hiller, Foundation of Moravian mission, 201–206.

KING OF KANADESAGA. V. KAIEÑ?KWAAHTOÑ

KIYASUTA. V. KAYAHSOTA?

KNAUT, PHILIP AUGUSTUS (quelquefois désigné sous le prénom de **George Philip** ou de **John Philip**), trafiquant de fourrures, marchand, fonctionnaire local, né en 1716 en Saxe électorale (République démocratique allemande) ; il épousa Anna Grob à Halifax, le 30 juillet 1750, et trois des enfants nés de ce mariage survécurent ; il se remaria à Jane Brimner à Lunenburg, Nouvelle-Écosse, le 15 juillet 1781 ; décédé à Lunenburg le 28 décembre 1781.

En 1749, Philip Augustus Knaut accompagna CORNWALLIS dans son expédition en Nouvelle-Écosse et il ne tarda pas à obtenir un laissez-passer l'autorisant à effectuer des voyages d'affaires dans toutes les régions de la province ; comme le document fut rédigé en français, on peut croire que Knaut faisait le commerce des fourrures avec les Acadiens. Bien qu'il ne fît pas partie du groupe des protestants étrangers qui immigrèrent à cette époque en Nouvelle-Écosse, Knaut se joignit en 1753 aux Allemands qui allèrent s'établir à Lunenburg, où il gagna rapidement la faveur du gouvernement de Halifax et occupa des fonctions officielles, d'importance secondaire, comme celles de juge de paix, d'officier dans la milice et de coroner. L'un des premiers marchands de Lunenburg, il exploita également un moulin à scier dans les environs dès 1754, et, pour alimenter celui-ci, il acquit plusieurs terres boisées. En 1755, le lieutenant-gouverneur Charles Lawrence* acheta tout le bois débité par le moulin pour marquer qu'il encourageait ce genre d'entreprise.

Comme il était de nationalité allemande et qu'il parlait l'anglais, Knaut jouissait de la confiance des habitants de Lunenburg ; en 1758, lors des élections à la première chambre d'Assemblée, il recueillit la presque totalité des voix des 44 francs-tenanciers portant des noms étrangers. Il fut élu dans le canton de Lunenburg et il demeura jusqu'à sa mort le représentant de ce canton ou du comté du même nom. A l'Assemblée, il estimait qu'il avait pour tâche à peu près unique d'être le porte-parole de ses commettants. Au cours des deux premières sessions, par exemple, il s'efforça d'obtenir un ministre du culte et un maître d'école anglophones pour la communauté allemande et d'y assurer la protection des colons isolés contre les Indiens.

Lorsque Benjamin GERRISH, un marchand de Halifax, eut obtenu en 1760 le quasi-monopole de la traite avec les Indiens, il engagea Knaut pour occuper, à Lunenburg, l'un des six postes salariés de fonctionnaires en charge du commerce avec les Indiens. Cependant, comme le marché passé avec Gerrish s'avérait désastreux pour le gouvernement, le lieutenant-gouverneur Jonathan BELCHER le résilia, sur ordre de Londres. Ce dernier reçut aussi instructions de prendre d'autres arrangements, lesquels devaient être néfastes à Gerrish et à son frère JOSEPH. Ceux-ci, voulant éviter l'exécution de semblables mesures, persuadèrent quelques députés de l'Assemblée de se mettre en grève et empêchèrent ainsi la chambre de se réunir à partir d'octobre 1761 jusqu'en mars 1762. Pour avoir participé à la grève, Knaut fut démis des charges qu'il détenait par commission. Sous le coup de l'indignation, semble-t-il, il refusa de prendre part aux réunions du comité chargé de la répartition des lots à Lunenburg et il remit finalement sa démission, en tant que membre de ce comité, « d'une manière disgracieuse ». Plus tard Knaut réintégra ses fonctions et il redevint juge de paix en novembre 1767. Bien qu'il fût, à ce moment-là, un député d'expérience, il ne joua qu'un rôle secondaire dans les débats de la chambre et dans les travaux en comités ; il n'en continua pas moins à exposer les griefs de ses électeurs, et, en 1774, il se présenta par deux fois devant le Conseil de la Nouvelle-Écosse afin de faire valoir leurs revendications à l'égard des terres.

Pendant ce temps, ses affaires avaient prospéré. Après sa mort, une dispute inconvenante, pour la possession de ses biens, éclata entre la seconde femme de Knaut, qui s'était remariée moins de six semaines après son décès, et les filles ainsi que les gendres de ce dernier. A la fin, John Newton, percepteur des impôts et des taxes d'accise à Halifax, qui avait épousé Catherine, la fille aînée de Knaut, fut celui qui obtint les lettres de régie et la tutelle de Benjamin, le troisième enfant du défunt. Les biens laissés par Knaut atteignaient une valeur nette d'environ £9 000, ce qui constituait une petite fortune au XVIIIe siècle et témoigne de l'une des premières réussites individuelles dans la région de Lunenburg.

J. MURRAY BECK

Halifax County Court of Probate (Halifax), K58 (inventaire des biens de Philip Augustus Knaut). — N.-É., House of Assembly, *Journal*, 1758–1781. — Bell, *Foreign Protestants*, 346, 483, 485n., 539s., 575n. — Brebner, *Neutral Yankees* (1937), 58–65. — M. B. DesBrisay, *History of the county of Lunenburg* (2e éd., Toronto, 1895), 110.

KNELLER, HENRY, avocat, procureur général, décédé en Angleterre en mars 1776.

Henry Kneller arrive au Canada peu après la Conquête, soit en 1763 ou l'année suivante. Nommé greffier de la couronne le 2 octobre 1764, il est assermenté comme sous-greffier du Conseil de Québec le 3 novembre, et, le 13, il est nommé registraire de la Cour de la chancellerie. Le 23 mars 1765, Kneller obtient une commission d'*attorney*, la plus ancienne que l'on connaisse au Québec avec celle de Williams Conyngham. Il semble même qu'il ait obtenu l'autorisation de pratiquer le droit avant cette date puisque dans *la Gazette de Québec* du 28 février 1765 on annonce qu'il a été admis comme praticien à la Cour du banc du roi, lors de la première séance de cette cour, en même temps que Conyngham, Jeremy Condy Russell et John Burke, et qu'il a prêté les serments requis. Alléguant ses nombreuses occupations, Kneller démissionne de son emploi de sous-greffier du conseil le 11 juin 1765. Il quitte le poste de registraire de la Cour de la chancellerie peu de temps après car sa signature n'apparaît plus sur les documents relatifs à cette cour après le mois d'août 1765. Le 22 juillet 1767, il reçoit une commission de *barrister*.

Kneller est grandement apprécié, tant par le gouverneur MURRAY que par Guy Carleton*. A l'automne de 1769, ce dernier accorde un congé d'un an à Francis Maseres*, afin de lui permettre de retourner en Angleterre, et il nomme Kneller procureur général intérimaire, c'est-à-dire avocat de la couronne intérimaire. Cette nomination est confirmée par le roi au début de l'année 1770. Carleton recommande de plus la nomination de Kneller au poste de procureur général en titre, s'il est impossible de trouver un juriste qualifié connaissant la langue française.

A la demande du conseil, Kneller rédige l'ordonnance pour rendre plus efficace l'administration de la justice et réglementer les cours civiles de la province. Cette ordonnance fait suite au rapport du comité chargé d'enquêter sur l'administration de la justice par les juges de paix, comité formé pour répondre aux nombreuses plaintes portant sur l'incompétence de ces juges et sur les abus commis par eux. Adoptée le 1er février 1770, l'ordonnance abolit la compétence des juges de paix en matière de propriété, crée, dans le district de Montréal, une Cour des plaids communs, indépendante de celle du district de Québec, décrète que ces cours siégeront à l'avenir durant toute l'année et adoucit les règles concernant l'exécution des jugements. Elle est très mal accueillie par les marchands anglais dont plusieurs sont juges de paix et se voient ainsi retirer leur compétence en matière de propriété privée. Les marchands lui reprochent aussi de permettre à leurs créanciers de les poursuivre durant toute l'année et d'accorder une trop grande protection à leurs débiteurs. Ces protestations n'eurent cependant aucun effet.

En octobre 1771, Kneller est nommé avocat général à la Cour de vice-amirauté, succédant à George Suckling. En 1772, il est nommé, d'après *la Gazette de Québec*, procureur général en titre. Kneller retourne en 1775 en Angleterre où il meurt au mois de mars de l'année suivante.

Jacques L'Heureux

APC, MG 11, [CO 42] Q, 7, p.1 ; 8, p.83 ; MG 23, GII, 1, sér. 1, 2, p.190 ; RG 1, E1, 1, p.56 ; 2, pp.9s. ; RG 4, B8, 28, p.86. — PRO, CO 42/2, pp.98, 100 ; 42/3, p.136 ; 42/6, p.213 (copies aux APC). — *Doc. relatifs à l'hist. constitutionnelle, 1759–1791* (Shortt et Doughty ; 1921), I : 376–396 ; II : 703. — *Rapports sur les lois de Québec, 1767–1770*, W. P. M. Kennedy et Gustave Lanctot, édit. (Ottawa, 1931). — *La Gazette de Québec*, 28 févr., 20 juin 1765, 1er oct. 1772. — P.-G. Roy, *Les avocats de la région de Québec*, 232. — Wallace, *Macmillan dictionary*, 373. — Brunet, *Les Canadiens après la Conquête*, 227–229. — Burt, *Old prov. of Que.* (1968), I : 156–158. — Neatby, *Quebec*, 97–99. — L'Heureux, L'organisation judiciaire, *Revue générale de droit*, 1 : 288–290, 294s., 314–316, 318, 322. — W. R. Riddell, The first court of chancery in Canada, *Boston University Law Rev.* (Boston), II (1922) : 241.

KNOX, JOHN, officier et auteur, troisième fils de John Knox, marchand à Sligo (République d'Irlande), décédé le 8 février 1778 à Berwick-upon-Tweed, Angleterre.

Selon certains rapports, John Knox servit comme volontaire dans l'armée britannique durant la guerre de la Succession d'Autriche. Il se distingua à la bataille de Laffeldt (Belgique) le 2 juillet 1747, ce qui lui valut d'être nommé enseigne en 1749 dans le 43e d'infanterie. Cinq ans plus tard, il acheta le grade de lieutenant dans ce régiment. En 1757, Knox quitta l'Irlande avec son unité pour se rendre à Halifax en vue de participer à l'expédition que lord Loudoun projetait contre Louisbourg, île Royale (île du Cap-Breton). L'attaque fut différée et le 43e régiment passa l'hiver en poste à la baie de Fundy ; quant à Knox, il fut affecté à Annapolis Royal. Lors de l'opération victorieuse dirigée par Amherst contre Louisbourg en 1758, on ne fit pas appel au régiment qui subit ce que Knox appela un « infamant exil » dans la région de la baie de Fundy jusqu'au printemps de 1759, alors qu'il fut incorporé à l'armée de Wolfe* qui se préparait à attaquer Québec. Knox était présent avec son régiment à la bataille des plaines d'Abraham ; il servit à Québec jusqu'à la fin de l'hiver de 1759–1760 sous les ordres de Murray et il participa à la bataille de Sainte-Foy le 28 avril 1760. Il accompagna l'armée de Murray qui remonta le Saint-Laurent et il assista à la capitulation de Montréal en 1760.

Pendant l'hiver de 1760–1761, alors qu'il se trouvait probablement en Angleterre, Knox fut nommé capitaine d'une des compagnies indépendantes récemment formées qui furent presque toutes fusionnées peu de temps après en vue de constituer de nouveaux régiments d'infanterie. La compagnie de Knox fut intégrée au 99e d'infanterie, mais ce régiment eut une brève existence : on le licencia en 1763, après la signature du traité de paix. Knox fut alors mis à la demi-solde. De toute évidence, ce repos forcé lui donna l'occasion de rédiger son ouvrage en deux volumes, *An historical journal of the campaigns in North-America for the years 1757, 1758, 1759 and 1760* [...] (Londres, 1769). Knox, qui habitait alors à Gloucester, reçut la permission de dédicacer l'ouvrage à Amherst. Malgré ses tentatives pour obtenir une promotion, il resta à la demi-solde jusqu'en février 1775, date à laquelle il fut nommé commandant de l'une des trois compagnies indépendantes d'invalides stationnées à Berwick-upon-Tweed. Il occupait encore ce poste quand il mourut.

Comme son nom l'indique, le *Historical journal* de Knox réunit des faits historiques et des notes personnelles. Certaines parties semblent avoir été extraites de son propre journal. Plusieurs événements dans lesquels il ne joua aucun rôle se présentent également sous la forme d'un journal, mais ils sont largement décrits à l'aide de documents contemporains. Les ordres relatifs aux opérations et les autres pièces reproduites par Knox confèrent une valeur particulière à l'ouvrage. Bien qu'il s'agisse d'une œuvre particulièrement dénuée de sens critique, le *Historical journal* constitue une riche source d'information sur le déroulement de la guerre de Sept Ans en Amérique du Nord. Un commentateur note avec raison dans la *Monthly Review ; or, Literary Journal* de Londres que la méthode de compilation de Knox l'amène à rapporter un grand nombre de choses futiles en même temps que les événements importants. Cependant, il ajoute : « Monsieur Knox paraît être un homme de bon sens, avec plus de talent littéraire qu'il n'en échoit généralement en partage aux officiers. » Knox indiqua dans son testament qu'il avait dressé un répertoire contenant de nombreuses « anecdotes additionnelles », lequel devait figurer dans l'œuvre de Tobias George Smollett, *The present state of all nations* [...] (8 volumes, Londres, 1768–1769), et qu'il avait préparé une version corrigée de son *Historical journal*, « très différente à bien des égards » de la première édition. Il semble que ces travaux ne furent jamais publiés. Lorsqu'il rédigea son testament, en avril 1777, une partie de la première édition du *Historical journal* n'avait pas été vendue, et il est certain que Knox n'en tira pas un gros bénéfice.

En 1751, Knox avait épousé Jane Carre, une dame de Cork dont les biens considérables avaient été dilapidés par un curateur, semble-t-il. Elle survécut à son mari avec de faibles moyens de subsistance. Ils eurent au moins un enfant, un garçon, déjà décédé lorsque Knox fit son testament.

C. P. Stacey

Arthur George Doughty*, dans sa préface éditoriale de l'*Hist. journal*, a réalisé le meilleur compte rendu sur John Knox. Quelques informations supplémentaires furent glanées dans le testament de Knox conservé au PRO, Prob. 11/1 040, daté du 12 avril 1777, aussi dans *The Monthly Review : or, Literary Journal* (Londres), XLI (1769), 2e partie : 395s., dans G.-B., WO, *Army lists*, et dans J. W. Fortescue, *A History of the British army* (13 vol. en 14, Londres, 1899–1930) II. [c. p. s.]

KOINTAGUETTEZ. V. Ohquandageghte

KOÑWATSIʔTSIAIÉÑNI (Gonwatsijayenni, qui signifie quelqu'un lui prête une fleur, **Mary Brant)**, Agnière, « capitainesse » des matrones des Six-Nations, née vers 1736, décédée à Kingston (Ontario) le 16 avril 1796.

On est peu renseigné sur la naissance et les parents de Mary Brant, de même que sur ses premières années. Elle naquit peut-être au village fortifié (celui d'en haut) de Canajoharie (près de Little Falls, New York), sur la Mohawk, d'où provenait sa famille ; ou, comme son frère puîné Joseph [Thayendanegea*], elle vit peut-être le jour à l'époque où ses parents résidaient dans la région de l'Ohio. Dans son *Journal* [...], John Norton* affirme que Joseph naquit à Cayahoga (près d'Akron, Ohio) et que, « tant du côté paternel que du côté maternel, il descendait de prisonniers wyandots adoptés par les Agniers ». William Allen, qui avait questionné Joseph, le fils de Joseph Brant, avançait, peut-être sur l'autorité de cet informateur, que le père de Brant était un chef onontagué. Cette allégation ne contredirait pas l'affirmation de Norton sur l'ascendance wyandotte et la nationalité agniére des Brant, puisque, dans la société matrilinéaire iroquoise, les enfants prenaient la nationalité de leur mère. Selon certaines sources, le père de Mary et de Joseph aurait été un sachem respecté ; au témoignage de Norton, il fut « un grand guerrier » et mourut alors que ses enfants étaient encore jeunes. Leur mère amena ensuite Mary et Joseph à Canajoharie, peu avant le début de la guerre de Sept Ans. Eleazar Wheelock, à l'école de mission duquel Joseph Brant étudia à un moment donné, dans le Connecticut, disait des Brant qu'ils étaient « une famille distinguée » parmi les Agniers.

Il y avait une tradition tenace, dans la vallée de la Mohawk, tant chez les Blancs que chez les Indiens, voulant que Mary et Joseph Brant fussent descendants de King Hendrick [Theyanoguin*]. Un historien et archiviste du XIXe siècle, Lyman Copeland Draper, qui fit de minutieuses recherches sur la généalogie des Brant, trouva confirmation de cette parenté. Une Agnière du nom de Katy Moses, âgée de 77 ans en 1879 et « parente éloignée de la dernière femme de Brant », affirma « avoir appris, il y a de cela bien des années, de vieillards agniers, que la mère de Brant était une fille du vieux King Hendrick ». Charlotte, petite-fille de Joseph Brant, dit à Draper, quant à elle, que la mère de Joseph était une petite-fille de Hendrick.

Mary, ou Molly ainsi qu'on appelait généralement Mary Brant, fréquenta peut-être une des écoles de mission de l'Église d'Angleterre de la vallée de la Mohawk. Ses lettres postérieures, si elles sont bien de sa main, montrent qu'elle possédait une belle calligraphie et un style anglais correct. Il y a quelques indices, cependant, qui laissent croire qu'elle n'était qu'à demi instruite et qu'elle dictait ses lettres à un secrétaire.

Manifestement elle accompagna la délégation de 12 notables agniers qui, sous la conduite de Hendrick, se rendit à Philadelphie pendant l'hiver de 1754–1755, afin de discuter avec des fonctionnaires de la Pennsylvanie de la vente frauduleuse de terres, dans la vallée de Wyoming, à un groupe de spéculateurs du Connecticut [V. John Hendricks Lÿdius]. Christian Daniel Claus, qui avait accompagné la délégation, raconta que, à Albany, pendant le voyage de retour, un capitaine anglais « tomba en amour avec Ms. Mary Brant, qui était belle alors, n'ayant vraisemblablement pas eu la petite vérole ».

D'après une tradition de la vallée de la Mohawk, Molly attira pour la première fois l'attention de sir William Johnson à une inspection de milice, alors qu'elle sauta sur le dos d'un cheval derrière un officier et se cramponna à lui pendant que le cheval courait à fond de train sur le terrain, au grand amusement des spectateurs. Leur premier enfant, Peter Warren Johnson, naquit en 1759, l'année même où mourut Catherine Weissenberg, la femme de Johnson. Molly et sir William eurent sept autres enfants qui dépassèrent la première enfance. Bien que, dans son testament, Johnson parle d'elle comme de « sa prudente et fidèle ménagère », et des enfants comme de ses enfants naturels, une tradition tenace veut qu'ils aient été mariés selon les rites indiens, mariage dont la légalité n'était pas reconnue par les membres de la communauté blanche. Johnson la traitait avec le plus grand respect et lui donnait, ainsi qu'à ses enfants, tout le confort et tout le luxe qui convenaient à une famille de la haute société, et, dans son testament, il les pourvut généreusement. Il permit aussi aux enfants de porter son nom. L'aîné, qui reçut le nom de l'oncle de Johnson, sir Peter Warren*, fit probablement ses premières classes dans la vallée de la Mohawk, mais en 1772 on l'envoya étudier à Montréal. En 1773, Johnson l'envoya à Philadelphie, où il fit son apprentissage chez un commerçant en mercerie, tissus et nouveautés. On a une indication de son éducation de gentleman dans les requêtes qu'il adressa à son père en vue d'obtenir une montre afin d'être à temps aux invitations à dîner et au travail, des livres français et anglais pour ses moments de loisir, un livre en agnier de façon à ne pas oublier sa langue maternelle, et dans la demande d'aide qu'il lui fit en vue d'acquérir un violon. De sa mère, il réclama certains objets curieux, d'origine indienne, qu'il pût montrer à ses amis de Philadelphie. Ses lettres laissent entrevoir les rapports étroits et affectueux qui existaient entre Johnson, son épouse agnière et leurs enfants.

Mary Brant dirigeait la maisonnée avec intelligence et compétence, de même qu'avec beaucoup de grâce et de charme, administrant effectivement les biens de Johnson pendant ses absences nombreuses et prolongées. Un auteur contemporain la caractérisait ainsi : « fille d'un sachem indien, d'un extérieur agréable comme il s'en voit peu, et d'une bonne intelligence ». A cause de ses importants liens de famille avec les Iroquois, elle se révélait aussi d'un secours inestimable pour sir William quand il avait à négocier avec les Indiens.

Après la mort de sir William, en 1774, elle alla avec ses enfants s'établir à Canajoharie, la propriété de Johnson Hall étant passée aux mains de John Johnson*, le fils blanc de sir William. A Canajoharie, on lui montra le plus grand respect, tant parce qu'elle était la veuve de sir William qu'à cause des qualités qu'elle possédait de par ses origines. Elle continua de vivre confortablement dans une maison bien meublée, vêtue à l'indienne, mais d'étoffe de première qualité. Par testament, sir William lui avait laissé un lot dans le Kingsland Patent (dans le comté actuel de Herkimer), une esclave noire et £200, cours de New York. Avec son héritage, elle ouvrit un magasin en milieu indien, y faisant surtout le commerce du rhum.

Quand éclata la guerre entre la Grande-Bretagne et ses colonies, les Brant devinrent résolument loyalistes. Dès le début du conflit, Mary Brant fit tout ce qu'elle put pour nourrir et aider les Loyalistes qui avaient trouvé refuge dans les bois ; elle fit aussi parvenir des munitions aux partisans du roi. En août 1777, elle posa l'un de ses gestes les plus dignes de remarque en dépêchant des courriers indiens auprès des troupes de Barrimore Matthew ST LEGER, qui assiégeaient alors le fort Stanwix (Rome, New York), pour les avertir de l'approche d'un fort groupe de miliciens américains. Cette information à point nommé permit aux Indiens et aux Loyalistes de tendre avec succès une embuscade aux Américains, tout près de là, à Oriskany.

Après la bataille, les Oriskas, Indiens de la nation des Onneiouts, laquelle avait soutenu les Américains dans cette campagne, se vengèrent des Agniers et en particulier de Mary Brant, en attaquant et en pillant Canajoharie et Fort Hunter, New York, village fortifié (celui d'en bas) de la Mohawk. Mary Brant et sa famille, qui avaient perdu la plupart de leurs biens lors de cette attaque, se réfugièrent à Onondaga (près de Syracuse), la capitale de la ligue des Six-Nations ; elle y exposa ses doléances au conseil de la ligue qui promit réparation.

Mary Brant déménagea ensuite à Cayuga (au sud de l'actuel Cayuga, New York), où elle avait des parents éloignés ; et, pendant la période de découragement qui dura des mois après l'attaque du fort Stanwix, alors que les Indiens évaluaient leurs pertes et qu'ils hésitaient à continuer d'appuyer le roi, elle rendit des services incalculables en les encourageant et en les affermissant dans leur alliance. Au cours d'une importante réunion du conseil, elle alla jusqu'à blâmer publiquement le vénérable KAIEÑˀKWAAHTOÑ, le grand chef de guerre de la ligue, pour avoir conseillé de faire la paix avec les Américains. Par ses instances elle rallia l'ensemble du conseil. Christian Daniel Claus rendit un compte exact de son influence sur les Iroquois : « un mot de sa bouche a plus de portée parmi eux qu'un millier de mots dans la bouche de n'importe quel Blanc, sans exception – lequel doit en général acheter leur intérêt à un prix élevé ».

Peu de temps après, le major John BUTLER convainquit Mary Brant d'aller vivre au fort Niagara (près de Youngstown, New York) où elle pourrait être d'une grande utilité aux Britanniques, qui y avaient une importante base militaire, en intercédant auprès des Indiens et en les conseillant. Comme capitainesse d'une société de matrones iroquoises particulièrement écoutée des jeunes guerriers, elle était très estimée au sein de la ligue. Elle arriva au fort Niagara à la fin de l'automne 1777, et, pendant les quelques mois qui suivirent, elle y rendit des services inestimables comme diplomate et femme d'État. Les Indiens la consultaient sur toute question d'importance, et souvent elle les mettait en garde contre des propositions peu judicieuses qu'ils voulaient faire au commandant du fort.

En juillet 1779, à la suggestion du commandant, qui jugeait qu'on faisait trop appel aux ressources du fort, elle y laissa à contrecœur sa vieille mère et, avec ses enfants, s'en alla à Montréal où elle mit deux de ses filles pensionnaires dans une école. A l'automne de la même année, quand elle apprit les destructions auxquelles se livrait dans le pays iroquois l'expédition Sullivan-Clinton [V. Kaieñ?kwaahtoñ], elle partit en hâte en direction du fort Niagara pour y faire ce qu'elle pourrait. Mais elle ne s'y rendit pas, ayant accepté de rester plutôt à l'île de Carleton, New York, où vivait une grande colonie d'Indiens des Six-Nations, mécontents et pleins de ressentiment, qu'elle put réconforter pendant l'hiver désespérant de 1779–1780. Le commandant, Alexander Fraser, apprécia hautement ses qualités de chef pendant ces mois ; il affirma : « la bonne conduite peu ordinaire [des Indiens] est dans une grande mesure attribuable à l'influence qu'a sur eux Miss Molly Brant, et qui est supérieure de loin à celle de tous leurs chefs mis ensemble ». Femme de courage et parfois de caractère, elle resta férocement loyale à sa famille et à la mémoire de sir William, et implacable envers les rebelles américains qui les avaient arrachés, elle et son peuple, à leur terre natale.

En 1783, quand se termina la guerre, elle déménagea à Cataracoui (Kingston, Ontario) où HALDIMAND donna ordre de lui construire une maison. Elle passa le reste de sa vie à Kingston, fort respectée de ses voisins. En 1783 encore, Haldimand fixa sa pension à £100 par an, la plus élevée qui fût versée à un Indien. En outre, elle fut dédommagée par le gouvernement britannique des pertes qu'elle avait subies pendant la guerre. Elle retourna dans la vallée de la Mohawk en 1785 et visita Schenectady où les Américains tentèrent de la convaincre de revenir avec sa famille. Plusieurs années après, les Américains lui offrirent un dédommagement en argent pour les terres qu'on lui avait confisquées, à la condition qu'elle retournât avec ses enfants dans son ancienne patrie pour s'y établir, – proposition qu'elle « repoussa avec le plus grand mépris ».

On est peu renseigné sur ses dernières années, même si certains rapports de voyageurs la mettent occasionnellement en lumière. Le 13 septembre 1794, madame John Graves Simcoe [Elizabeth Posthuma Gwillim*] permit à Mary Brant, qui était malade, de faire avec elle le voyage du fort Niagara à Kingston sur le *Mississauga*. « Elle parle bien l'anglais, note Mme Simcoe dans son journal, et c'est une vieille femme courtoise et très sensée. » Au mois d'avril de l'année suivante, Mary Brant prescrivit avec succès un remède favori des Indiens, la racine du jonc odorant (*acorus calamus*), au gouverneur Simcoe*, très malade et affligé d'une toux persistante. Le remède soulagea son mal « en très peu de temps ».

Mary Brant resta toujours une fervente anglicane ; elle assistait régulièrement aux offices à l'église St George de Kingston, où elle « s'assoyait dans un lieu honorable parmi les Anglais ». Elle mourut le 16 avril 1796 et fut inhumée dans le cimetière (actuel cimetière de l'église St Paul) au cours d'une cérémonie présidée par le pasteur John Stuart*, qui avait déjà été missionnaire auprès des Agniers du fort Hunter. Ses filles, sauf une qui resta célibataire, épousèrent des Blancs, tous gens distingués du Haut-Canada. Son fils George Johnson, connu parmi les Indiens sous le nom de Big George, exploita une ferme et enseigna dans un externat, près de Brantford, pendant plusieurs années. Peter mourut en 1777, à Philadelphie, alors qu'il servait dans le 26e d'infanterie.

Femme d'une grande intelligence et d'une remarquable compétence, possédant deux cultures, Mary Brant était une illustration de la dignité et de l'influence auxquelles les mères respectées pouvaient atteindre chez les Iroquois. Dans cette société où les mères choisissaient les sachems et agissaient sur les guerriers, Mary Brant joua un rôle unique. La noblesse de son ascendance, sa liaison avec sir William Johnson et ses talents personnels lui permirent d'exercer un pouvoir considérable pendant une période critique. Ce pouvoir, à ses dépens souvent, elle le mit au service d'une cause qu'elle croyait juste. Sa loyauté envers sa famille et son peuple, comme envers l'alliance traditionnelle des Iroquois avec la couronne, fut inébranlable et constante. Les représentants de l'armée que eurent le plus affaire aux Indiens pendant la Révolution américaine reconnurent à quel point son *leadership* fut essentiel au maintien du moral et de la loyauté des Iroquois. Par la suite, l'histoire ne l'a pas bien servie, en oubliant souvent ses efforts et ses succès. Sans conteste, elle fut une des plus fervents Loyalistes.

BARBARA GRAYMONT

APC, MG 19, F1 ; RG 1, L3, 186. — BL, Add. MSS 21 661–21 892 (copies aux APC). — Clements Library,

Sydney papers, secret service payments, 1782–1791 ; Nepean papers, compensation for Joseph and Mary Brant, 31 mars 1786. — New York Public Library, Manuscripts and Archives Division, American loyalist transcripts, XXI : 331 ; XLIV : 107, 118 ; Schuyler papers, Indian boxes, 14. — N.Y. Hist. Soc. (New York), Misc. MSS Haldimand, Haldimand à John Johnson, 27 mai 1783. — PRO, CO 42 (mfm aux APC). — Wis., State Hist. Soc. (Madison), Draper MSS, ser. F. — Canada, Dept. of Militia and Defence, General Staff, *A history of the organization, development and services of the military and naval forces of Canada from the peace of Paris in 1763, to the present time* [...] (3 vol., [Ottawa, 1919–1920]), II. — [C. D. Claus], *Daniel Claus' narrative of his relations with Sir William Johnson and experiences in the Lake George fight*, A. S. Walcott, édit. ([New York], 1904). — [A. MacV. Grant], *Memoirs of an American lady* [...] (2 vol., Londres, 1808). — [E. P. Gwillim (Simcoe)], *The diary of Mrs. John Graves Simcoe* [...], J. R. Robertson, édit. (Toronto, 1911 ; réimpr., 1973). — [S. A. Harrison], *Memoir of Lieut. Col. Tench Tilghman* [...] (Albany, N.Y., 1876 ; réimpr., New York, 1971). — *Johnson papers* (Sullivan *et al.*). — *Kingston before War of 1812* (Preston). — [John Norton], *The journal of Major John Norton, 1816*, C. F. Klinck et J. J. Talman, édit. (Toronto, 1970). — *NYCD* (O'Callaghan et Fernow), VIII. — *The Susquehannah Company papers*, J. P. Boyd, édit. (4 vol., Ithaca, N.Y., 1962), I. — Eleazar Wheelock, *A plain and faithful narrative of the original design, rise, progress, and present state of the Indian charity-school at Lebanon, in Connecticut* (Boston, 1763). — William Allen, *The American biographical dictionary* [...] (3e éd., Boston, 1857), 131s. — *Notable American women, 1607–1950 : a biographical dictionary*, E. T. James *et al.*, édit. (3 vol., Cambridge, Mass., 1971), I : 229s. — Graymont, *Iroquois*. — W. L. [et W. L.] Stone, *The life and times of Sir William Johnson, bart.* (2 vol., Albany, N.Y., 1865). — H. P. Gundy, Molly Brant – loyalist, *OH*, XLV (1953) : 97–108. — M. W. Hamilton, Sir William Johnson's wives, *New York History* (Cooperstown), XXXVIII (1957) : 18–28. — Jean Johnston, Ancestry and descendants of Molly Brant, *OH*, LXIII (1971) : 86–92.

KOTSINOGHYÂTÀ. V. HOTSINOÑHYAHTAʔ

KOUATEGETÉ. V. OHQUANDAGEGHTE

KOYAH (Coya, Coyour, Kower, Kouyer ; Koyah signifie corbeau et se prononçait xoʔya), éminent chef des Kunghit-Haïdas, division la plus au sud des Haïdas des îles de la Reine-Charlotte (Colombie-Britannique), décédé probablement le 21 juin 1795.

Le peu qu'on connaisse de la vie de Koyah provient des journaux de quelques marins de la Nouvelle-Angleterre, qui fournissent une documentation fragmentaire et partiale. Mais il apparaît que Koyah, « un petit bonhomme minuscule, à l'allure sauvage », fut mêlé à plus de conflits avec les vaisseaux de traite que tout autre chef de la côte nord-ouest de l'Amérique du Nord, et sa vie projette quelque lumière sur les origines de la violence qui troubla souvent la traite des fourrures dans le Pacifique.

A Red-Cod-Island-Town (Ninstints, île d'Anthony, Colombie-Britannique), le principal village des gens de Koyah, comme partout ailleurs sur la côte nord-ouest, la traite des fourrures commença d'une manière toute pacifique. L'établissement, que les trafiquants appelaient Koyah, suivant en cela l'usage de donner à chaque village le nom de son chef, avait été visité en 1787 par George DIXON et en 1788 par Charles DUNCAN. En juin 1789, arrivait le *Lady Washington*, sous le commandement de Robert Gray*. Comme Robert Haswell* le nota dans le journal de bord, « un commerce actif fut bientôt mis sur pied par Coya, le chef, qui fit le troc pour tous ses sujets, et quelques peaux de loutre marine furent acquises avant la nuit ». Les affaires étaient menées dans un esprit de « parfaite amitié ».

En juillet, Gray changea de navire avec son associé, John KENDRICK, et fit voile vers la Chine. Kendrick, qui n'avait pas, dans la traite, l'expérience de Gray, retourna chez Koyah. Il laissa monter à bord un trop grand nombre d'Indiens et s'emporta en constatant que certains articles de peu de valeur, dont son propre linge, avaient été chapardés. Se saisissant de Koyah et d'un autre chef, Skulkinanse, Kendrick leur enchaîna chacun une jambe à l'affût d'un canon, les menaçant de mort si tous les articles volés n'étaient point retournés et si toutes les fourrures du village ne lui étaient pas cédées en échange d'articles de traite. Selon ce que les Indiens en rapportèrent ensuite à Gray, Kendrick « prit Coyah, lui passa une corde au cou, le fouetta, lui peignit le visage, lui coupa les cheveux, lui enleva un grand nombre de peaux et le renvoya à terre ».

Koyah pouvait toujours compter sur la loyauté des siens, mais sa faculté de donner des ordres aux autres habitants du village tenait uniquement à son prestige. Le traitement que lui avait infligé Kendrick constituait, selon les conceptions des Haïdas, un affront révoltant pour un personnage noble. Aussi Koyah fut-il poussé à chercher vengeance à Kendrick quand il revint au village, le 16 juin 1791. On possède, sur cet épisode, un luxe inhabituel de détails, grâce à plusieurs récits de seconde main dans des journaux personnels et à un récit de première main qui nous est parvenu sous la forme d'une chanson, « The ballad of the bold northwestman ». Un jour où le commerce allait bon train, Kendrick, « sous l'effet des boissons », laissa de nouveau un trop grand nombre d'Indiens monter à son bord. Ils envahirent le navire et s'en emparèrent. On raconte que Koyah, montrant sa jambe, s'écria, triomphant : « Maintenant, attachez-moi donc à votre affût de canon ! » Après en être rapidement venu aux mains avec le capitaine, toutefois, Koyah, de même que ceux qui l'avaient suivi, fut jeté par-dessus bord, perdant une quarantaine d'hommes dans l'affaire. Parmi les morts, il y avait sa femme et deux de ses enfants, et lui-même était blessé. Pour Koyah, à l'humiliation subie précédemment, venaient s'ajouter une bataille perdue, des blessures et la perte d'êtres chers.

Cette deuxième rencontre avec Kendrick dut avoir des conséquences désastreuses sur le statut social de Koyah. Gray visita le village le 8 juillet (on lui avait raconté la première visite de Kendrick, mais non pas la seconde) et rapporta que Koyah « paraissait très effrayé, et tremblait sans arrêt durant toute la visite ». En outre, ainsi que le lui expliquèrent les Indiens, « Coyah n'était plus un chef, mais un « Ahliko », c'est-à-dire quelqu'un de rang social inférieur ; ils n'ont plus maintenant de grand chef, mais plusieurs chefs secondaires ».

Les événements subséquents montrent Koyah engagé dans des actions susceptibles de lui redonner un peu de son prestige. Le 27 août, le capitaine Joseph Ingraham, à l'ancre à l'inlet de Cumshewa (île de Moresby, Colombie-Britannique), vit Koyah et Skulkinanse menant 12 grands canots à la guerre contre un ennemi traditionnel, le chef Skidegate. On ne connaît pas le résultat de ce raid. Au cours de l'été de 1794, Koyah, en compagnie des chefs Cumshewa et Scorch Eye, s'empara à l'inlet de Cumshewa d'un brick américain monté par 11 hommes, qu'ils mirent tous à mort, sauf un qu'ils gardèrent un an en esclavage. Pendant l'hiver de 1794–1795, il s'empara d'un gros navire anglais qui était à l'ancre dans les environs pour remplacer ses mâts cassés. L'équipage au complet fut tué.

Le 21 juin 1795, le sloop bostonnais *Union*, sous les ordres de John Boit, jeta l'ancre au large du village de Koyah. Quarante canots, portant 300 hommes, entourèrent le navire, et huit des chefs, dont Koyah, montèrent à bord. Selon les propres mots de Boit, « Scorch Eye, le grand chef, déclencha l'attaque en se saisissant de M. Hudson, l'officier en second. Au même moment, les Indiens qui étaient sur nos côtés tentèrent de monter à bord, en hurlant de la manière la plus horrible [...] Jè tuai leur chef principal, Scorch Eye, dans les bras de l'officier en second, pendant qu'ils étaient à se battre. Le reste des chefs qui étaient à bord fut mis hors de combat et blessé, et nous en avons tué plus de 40 autres, de ceux qui étaient sur les bastingages et dans les canots sur nos flancs [...] Je suppose que, dans tout ce fracas, nous en avons tué et blessé 50 environ, mais les Indiens prétendirent que nous en avions tué 70. » Le lendemain, les Indiens payèrent la rançon des chefs qui étaient prisonniers, et qu'on avait mis aux fers. L'identification de Scorch Eye comme chef principal, faite par Boit, et le rapport de cet incident, rédigé par le capitaine Charles Bishop*, selon lequel « Koyer [...] attaqua le navire du capitaine Boyd », amenèrent les historiens à conclure que c'est Koyah, plutôt que Scorch Eye, qui fut tué dans cette affaire. A tout événement, on ne trouve plus mention de Koyah dans les documents de l'époque.

Les Kunghit-Haïdas survécurent pendant quelque temps, mais non point la dynastie de Koyah ; au cours de la décennie suivante, le chef du clan de l'Aigle, Ninstints, imposa son autorité. Diminués par les rencontres avec Kendrick et Boit, de même que par l'épidémie de petite vérole de 1862, les survivants de la tribu quittèrent leur village vers 1885, s'établirent à Skidegate (Colombie-Britannique) et embrassèrent le christianisme.

WILSON DUFF

Provincial Archives of B.C. (Victoria), *Hope* (ship), Journal of the voyage from Boston to the north west coast of America, 1790–1792, par Joseph Ingraham (photocopie de l'original) ; *Ruby* (ship), Commercial journal, copy's of letters and accts. of Ship Rubys voyage to N. Wt. coast of America and China, 1794.5.6, par Chas. Bishop. — *The sea, the ship, and the sailor : tales of adventure from log books and original narratives*, Elliot Snow, édit. (Salem, Mass., 1925). — *Voyages of « Columbia »* (Howay). — K. E. Dalzell, *The Queen Charlotte Islands, 1774–1966* (Terrace, C.-B., 1968) ; *The Queen Charlotte Islands, book 2, of places and names* (Prince Rupert, C.-B., 1973). — J. R. Swanton, *Contributions to the ethnology of the Haida* (New York, 1905). — Wilson Duff et Michael Kew, Anthony Island, a home of the Haidas, B.-C., Provincial Museum, *Report* (Victoria), 1957, 37–64. — F. W. Howay, The ballad of the bold northwestman : an incident in the life of Captain John Kendrick, *Washington Hist. Quarterly* (Seattle), XX (1929) : 114–123 ; Indian attacks upon maritime traders of the northwest coast, 1785–1805, *CHR*, VI (1925) : 287–309.

L

LABORDE (La Borde), JEAN, agent des trésoriers généraux de la Marine, procureur général du Conseil supérieur de l'île Royale (île du Cap-Breton), notaire royal et marchand, né le 21 novembre 1710 à Bidart, diocèse de Bayonne, France, fils de Martin Laborde (Borda) d'Aloperca et de Catherine Dechart (Duhart) ; il épousa le 2 février 1734, à Louisbourg, île Royale, Louise Milly, née Dupuy, une Canadienne et ils eurent huit enfants, dont seulement un fils et deux filles vivaient encore, à notre connaissance, en 1761 ; décédé le 3 septembre 1781 à Eysines, près de Bordeaux, France.

Il n'existe aucune preuve que Jean Laborde ait été apparenté aux célèbres familles de banquiers de la cour et de fermiers généraux de Bayonne, et on ne sait pas quels appuis lui permirent de partir du bon pied dans la vie. Il se rendit d'abord à l'île Royale en juin 1730, en qualité de commis du garde-magasin du roi, André Carrerot*, et, à la fin de 1733, il devint secrétaire du commissaire ordonnateur intérimaire, Sébastien-François-Ange LE NORMANT de Mézy. A la suite du départ de ce dernier pour la France, en 1737, Laborde continua de travailler pour le nouveau commissaire ordonnateur, François BIGOT, et pour le contrôleur de la Marine, Antoine Sabatier*, au salaire annuel de 900#. Il assuma aussi les fonctions de greffier du Conseil supérieur de Louisbourg à la mort du précédent greffier, Claude-Joseph Le Roy* Desmarest. Quand les troupes anglo-américaines sous les ordres de William Pepperrell* et de Peter Warren* s'emparèrent de Louisbourg, en 1745, les Laborde, en compagnie de Bigot, se retirèrent à Rochefort, où Laborde passa une partie des trois années suivantes à dresser les comptes de l'agent des trésoriers généraux de la Marine pour l'île Royale, Jacques-Philippe-Urbain Rondeau*, qui était décédé. Il passa aussi quelque temps en mer, comme agent des trésoriers généraux au sein de la flotte du duc d'Anville [La Rochefoucauld*].

A la fin de la guerre de la Succession d'Autriche, en 1748, Laborde partit pour le Canada avec Bigot et aida à liquider les affaires de l'ancien agent des trésoriers généraux, Thomas-Jacques Taschereau*. L'année suivante, Jacques PREVOST de La Croix, commissaire ordonnateur de l'île Royale, le fit nommer notaire royal et agent des trésoriers généraux dans cette colonie. Laborde partit à Louisbourg, où il devait rester jusqu'à la perte de la colonie aux mains d'AMHERST, en 1758. Bien qu'il travaillât sous la direction du commissaire ordonnateur, Laborde était en fait l'agent rémunéré, ou le commis, des trésoriers généraux de la Marine. De 1750 à 1771, on sépara le financement du service colonial de celui de la marine. On créa deux nouveaux postes de trésorier général pour les colonies, un pour les années paires et l'autre pour les années impaires, de sorte que des agents comme Laborde eurent à servir quatre trésoriers généraux, bien que la plus grande partie de leur travail avait trait au service colonial. Ces quatre trésoriers généraux étaient de grands financiers de Paris, avaient acheté leurs offices à hauts prix et détenaient tous les fonds royaux alloués au ministère de la Marine, et en disposaient, comme des banquiers, sur les ordres du ministre, à Versailles, ou d'un représentant local de la couronne, par exemple le commissaire ordonnateur de Louisbourg. Des tableaux de paiements autorisés, dressés au ministère, à Paris, étaient envoyés annuellement à Louisbourg, et le travail de Laborde consistait à payer au nom de la couronne les soldats, marins, officiers, marchands-fournisseurs et autres. Il payait soit en numéraire, quand il en avait, soit en billets de caisse ou en lettres de change tirés sur les trésoriers généraux, à Paris. Il s'agissait de formulaires imprimés, dûment remplis, à l'instar des reçus que Laborde devait conserver pour les envoyer aux trésoriers généraux avec ses comptes. Les comptes de Laborde, comme presque tous ceux du gouvernement français, étaient en retard de plusieurs années, parce que le système de comptabilité exigeait que l'on complétât toutes les transactions d'une année donnée avant d'établir et de soumettre les comptes de cette même année à la Chambre des comptes. Entre-temps, rien n'empêchait Laborde, ou tout autre agent des trésoriers généraux, d'utiliser les fonds royaux, ou des fonds empruntés grâce au crédit considérable que lui conférait son poste, pour des entreprises commerciales privées.

Laborde s'établit comme petit marchand-expéditeur pendant la guerre de la Succession d'Autriche. Sans doute commença-t-il bien avant à trafiquer, mais la guerre présentait de nouvelles occasions qu'il saisit, en association avec un marchand de la colonie, Jean Marguerie. En 1744, ils placèrent, par exemple, 1 000# dans un navire de course, le *Brador*, et une somme plus élevée dans un navire de 60 tonneaux, les *Trompes*, qu'on envoya à la Martinique. La chute de Louisbourg, l'année suivante, vint interrompre le commerce de Laborde, mais il était prêt à recommencer aussitôt que la France recouvra la colonie, à la fin de la guerre, chanceux d'avoir alors la protection du commissaire ordonnateur et la perspective d'un capital abondant, grâce aux fonds qu'il détenait en tant qu'agent des trésoriers généraux et grâce à son crédit. Sa position avantageuse encouragea bientôt deux importants marchands locaux à lier leur fortune à la sienne en épousant ses filles : en 1749, Antoine Morin, frère du futur garde-magasin du roi, Jean-Baptiste MORIN de Fonfay, et, en 1753, Michel Daccarrette*, qui apportait 4 000# à un mariage auquel Laborde ne contribuait que pour 1 500#. Laborde acheta des navires : entre autres, le *Hazard* en 1750, à titre d'agent de la firme martiniquaise Delatesserie et Guillemin, la *Grignette* en 1751, de Pierre Rodrigue, la *Charmante Polly* en 1752, de Bernard Decheverry. Il les utilisa comme goélettes pour la pêche et pour le commerce des Antilles. Il réussit si bien qu'en 1753 un groupe de marchands de Saint-Malo l'accusèrent formellement de monopoliser le marché de Louisbourg, avec les frères Morin et Nicolas LARCHER, et, en vendant illégalement des marchandises britanniques, de couper ainsi les prix aux dépens des marchands français. Mais Laborde était maintenant dans une position inattaquable et, l'année suivante, sans cesser d'être l'agent des trésoriers généraux, il devint procureur général du Conseil supérieur de l'île Royale, ce qui lui apporta du prestige et un autre 400# par année.

Laborde était prêt à saisir les occasions qui se présenteraient pendant la guerre de Sept Ans. Il commença de ravitailler les troupes françaises et, dans les années 1755–1758, il fit 165 000# au seul chapitre de la mélasse. Pas moins de cinq navires de course écumaient l'Atlantique à son profit, et le meilleur d'entre eux, le *Vigilant*, avec un équipage de plus de 50 hommes, lui rapporta 150 000# net, du moins selon ses affirmations. Encouragé par le fait que son protecteur Prevost consentait à louer ses vaisseaux pour le courrier du roi, Laborde entreprit de faire du transport transatlantique par l'intermédiaire de marchands aussi importants que Dominique Cabarrus à Bordeaux, Jean Lanne à Bayonne, et Yves-Augustin Bersolles à Brest. Au printemps de 1757, le *Dauphin* (60 tonneaux) quitta Bayonne avec une cargaison pour Laborde, composée de vin, d'eau-de-vie, d'oignons, d'échalottes, de bas, d'épingles et de poudre, valant 17 568#, et, tôt le même été, celui-ci dépêcha la *Victoire* (100 tonneaux) en France avec une cargaison de morue sèche, de graine de lin, de poivre, de cassonade, d'acajou, entre autres produits américains. Le courtage maritime, achat et vente de navires britanniques et français et de leurs cargaisons, vint naturellement s'ajouter à de si grandes entreprises, Laborde étant devenu l'un des commerçants de l'île qui avaient le mieux réussi. Un recensement de 1750 montre que, même alors, les Laborde avaient sept domestiques, et la famille débarqua en France, en 1758, avec quatre esclaves noirs. Laborde aurait pu s'enrichir assez vite pour s'établir en France, à l'instar de Denis GOGUET ou de Michel Rodrigue, mais, malheureusement pour lui, les Britanniques s'emparèrent de la *Victoire*, du *Dauphin*, du *Charmant* et, enfin, de l'île Royale. Laborde affirma plus tard avoir perdu un navire de course, le *Vigilant*, et sa cargaison, deux maisons à Louisbourg, « une des plus belles habitations de pêche dans le port », comprenant un entrepôt de 80 pieds sur 30 et un bâtiment assez grand pour loger 80 pêcheurs, ses intérêts dans deux autres pêcheries semblables et une propriété sur la rivière de Miré (rivière Mira), acquise en partie par concession officielle dès 1741, sur laquelle il y avait 12 vaches, un taureau et deux chevaux, et qui comptait trois métairies et une prairie.

Ce n'était là que le commencement des malheurs de Laborde. Quand les Britanniques le renvoyèrent en France, il pensait s'établir à Bordeaux, où les Daccarrette s'en allaient vivre, et il y acheta une grande maison, mais il décida de rester à La Rochelle pour régler ses comptes avec les trésoriers généraux. En 1760, pendant qu'il travaillait aux comptes des années 1750, Laborde découvrit – ou prétendit découvrir – qu'il avait laissé, dans un coffre-fort à Louisbourg, de l'argent et un lot de documents sans lesquels il ne pouvait rendre compte de plusieurs centaines de mille livres des fonds royaux. Le ministre, le soupçonneux et tenace Berryer, entendit bientôt parler de cette perte ; le 28 novembre 1760, il écrivit à l'intendant de la Marine, à Rochefort, pour lui demander de collaborer à la recherche des papiers manquants. Trois semaines plus tard, Laborde fit rédiger par-devant notaire une procuration autorisant quelqu'un de Louisbourg à tenter de les obtenir du gouverneur britannique de l'île. Pendant les quelques mois suivants, le fils de Laborde (probablement Sébastien-Charles) passa son temps à Londres, travaillant à cette affaire grâce aux bons offices de lord Holderness, et proposa même de se rendre à Halifax, en Nouvelle-Écosse. Laborde lui-même commença de faire pression sur Prevost, alors à Rochefort, relativement aux documents manquants. Tout cela n'aboutit à rien et, le 10 mars 1763, le ministre écrivit dans les différents ports de l'Atlantique, demandant qu'on recherchât Laborde, soupçonné d'essayer de fuir en Angleterre ou au Canada. Bientôt arrêté à Paris, où il s'était rendu le 19 février 1763, et emprisonné à la Bastille le 16 mars, Laborde y resta pendant 17 mois.

Laborde était-il sérieux ou avait-il décidé de monter un bateau en jouant l'innocence pour couvrir un usage frauduleux des fonds royaux ? De toute évidence, le gouvernement douta de sa sincérité, ne tardant pas à l'arrêter après son départ de La Rochelle. Soumis à un interrogatoire, en mars 1763, Laborde déclara, probablement pour se mettre hors de cause, que Prevost avait pris le coffre-fort, à Louisbourg, et qu'en septembre 1758 il l'avait débarqué à Santander, Espagne, où il avait transféré l'argent à un compte privé par l'intermédiaire de la firme de marchands français Darragory Frères et Cie. Laborde affirma n'avoir pas voulu rapporter cette perte avant de pouvoir la prouver, et c'est pourquoi il avait envoyé son beau-fils, Thomas Milly, à Santander, pour en recueillir la preuve auprès des commis de Darragory ; il pensa même envoyer Daccarrette à Madrid. L'un des juges écrivit au lieutenant général de police, Antoine de Sartine : « Je crois comme vous, Monsieur, que la tête tourne au pauvre Laborde. » Toutefois, les ministres prirent l'histoire de Laborde assez au sérieux pour arrêter Prevost et un de ses oncles et associé, Michel-Henri Fabus, homme d'affaires qui jouissait d'excellentes relations et qui avait acheté un office. Ils emprisonnèrent aussi Daccarrette et le fils de Laborde, Sébastien-Charles, à Bordeaux, car ils étaient déterminés à aller au fond de cette affaire et avaient l'autorité, en matière criminelle, d'arrêter et de détenir les gens sur simple soupçon ou même par anticipation.

On demanda à Sartine de faire enquête dans cette affaire. En février 1764, le lieutenant général de police en était venu à la conclusion que Laborde essayait malhonnêtement de dissimuler des dettes contractées envers la couronne, par suite de dépenses personnelles excessives à Louisbourg, Bordeaux, La Rochelle et Paris. On libéra Prevost en juin 1763 et on l'innocenta l'année suivante ; son oncle, Fabus, fit bientôt faillite, sans doute à la suite de ce scandale ; on relâcha Daccarrette en 1764, mais seulement après l'incendie de sa maison de Bordeaux, en décembre 1763, et après que les réclamations de ses créanciers l'eurent acculé aussi à la faillite. Pour sa part, Laborde se vit présenter un compte de 455 474#, en échange de sa libération. Il transféra, sous sa signature et devant notaire, tous ses biens à la couronne dans un document détaillé, daté du 12 juillet 1764, et, bien que la valeur n'en fût que de 336 104#, la couronne le relâcha le 25 août. Il alla vivre à Eysines, un village proche de Bordeaux, avec un revenu de 400# par année seulement, à titre d'ancien procureur général du Conseil supérieur de Louisbourg. Le curé de Saint-Martin-d'Eysines certifia, aux fins de cette pension, le 16 août 1779, que Laborde était encore en bonne santé, mais il mourut deux ans plus tard et fut enseveli sous le portique de l'église du village.

J. F. Bosher

AD, Charente-Maritime (La Rochelle), B, 230, 20 déc. 1758 ; 1 790, 12 juin 1759 ; 1 798, 18 avril 1763 ; Minutes Fredureaux-Dumas (La Rochelle), 20 déc. 1760 ; Minutes Laleu (La Rochelle), 11 avril 1749 ; Gironde (Bordeaux), État civil, Saint-Martin-d'Eysines, 4 sept. 1781. — AN, Col., C^{11A}, 125 ; E, 238 (dossier Laborde) ; Section Outre-mer, G^1, 406–409 ; 467/3 ; G^3, 2 041/1 ; Minutier central, XXXIII, n° 553, 12 juill. 1764. — Archives maritimes, Port de Rochefort (France), 1E, 172, Choiseul à Ruis-Embito, 10, 26 mars 1763 ; 417, Ruis-Embito à Berryer, 25 nov. 1760. — Bibliothèque de l'Arsenal, Archives de la Bastille, 12 200, ff.57–58, 72, 306–307, 350ss, 454–455, 473ss ; 12 145, f.256. — PRO, HCA, 32/180/1, *Dauphin* ; 32/254, *Victoire*. — Crowley, Government and interests.

LA BOULARDERIE, ANTOINE LE POUPET DE. V. Le Poupet

LA BROSSE, JEAN-BAPTISTE DE, prêtre, jésuite, missionnaire, professeur, né le 30 avril 1724 à Magnac, hameau de la paroisse de Jauldes (dép. de la Charente, France), fils de Jean de La Brosse, seigneur de La Chabrouillère et de Magnac, et de Louise Dubois-Cuvier, décédé à Tadoussac (Québec) le 11 avril 1782.

Après des études au collège des jésuites d'Angoulême, Jean-Baptiste de La Brosse entre au noviciat des jésuites de Bordeaux le 9 octobre 1740. Il prononce ses premiers vœux le 10 octobre 1742, étudie la philosophie pendant deux ans et enseigne dans divers collèges jusqu'en 1749. Il termine ensuite sa formation de jésuite par une troisième année de philosophie et quatre ans de théologie.

Ordonné prêtre au début d'avril 1753, La Brosse arrive au Canada l'année suivante avec plusieurs confrères jésuites. Il séjourne d'abord à Québec, puis à l'automne de 1755 il va rejoindre le père Charles Germain en Acadie où il dessert les Malécites, les Abénaquis et les Acadiens de la rivière Saint-Jean. Depuis le début de la déportation des Acadiens en juillet 1755 [V. Charles Lawrence*], ceux-ci étaient poursuivis et devaient se réfugier dans les bois ; sitôt arrivé parmi ses paroissiens acadiens, le père de La Brosse les accompagne, les aide et les encourage à fuir. Il échappe de justesse aux Anglais dans les premiers jours de mars 1756.

Revenu à Québec à l'automne, La Brosse réside au collège des jésuites jusqu'en 1758 et remplit les fonctions de procureur, de conseiller du recteur, de confesseur et de professeur de philosophie. Le 2 février 1758, il prononce ses vœux solennels en présence du père Claude-Godefroy Coquart*, puis il est chapelain de l'Hôpital Général de Québec jusqu'en avril. A l'été, il devient l'assistant du père Pierre-Joseph-Antoine ROUBAUD chez les Abénaquis de Saint-François-de-Sales (Odanak), tout en desservant régulièrement la paroisse Saint-Michel-d'Yamaska. La Brosse accompagne un détachement d'Abénaquis au siège de Québec en juillet 1759 ; il est fait prisonnier à Pointe-aux-Trembles (Neuville), puis libéré le lendemain en qualité d'aumônier militaire. Avec le père Roubaud, il échappe au raid du major Robert ROGERS contre les Abénaquis de Saint-François le 4 octobre 1759. L'année suivante, il s'intitule toujours « missionnaire des Abénakis » et dessert occasionnellement la paroisse Saint-Louis-de-Terrebonne. Au cours de son séjour chez ces Indiens, il perfectionne sa connaissance de leur langue et compose un dictionnaire des racines abénaquises, ouvrage terminé en 1760.

Depuis son arrivée au Canada, le père de La Brosse avait fait sienne la cause des Acadiens, des Malécites et des Abénaquis. En 1761 cependant, on lui confie la paisible paroisse Saint-Henri-de-Mascouche, et les Indiens de Saint-François ont beau réclamer son retour, il reste curé de cette paroisse jusqu'au milieu de 1766. Il est alors nommé missionnaire chez les Montagnais, dans un vaste territoire s'étendant de l'île aux Coudres à Sept-Îles et de Tadoussac à Chicoutimi. C'est à partir de cette époque que la grande œuvre de sa vie commence ; il accomplit là une besogne de géant que retiendra l'histoire et que glorifiera la légende. En 1770, Mgr BRIAND ajoute à sa tâche le ministère de la rive sud du Saint-Laurent, de Cacouna à Rimouski, ainsi que celui de l'Acadie, de l'île Saint-Jean (Île-du-Prince-Édouard) et de l'île du Cap-Breton. Cependant, Joseph-Mathurin BOURG le remplace en 1773 auprès des Acadiens et des Micmacs.

Les annales du père de La Brosse, dans lesquelles il résume ses activités annuelles de 1766 à 1776, deux registres où il inscrit ses actes, le « Miscellaneorum Liber » et le « Magnus Liber », sa correspondance et divers témoignages aident à situer son œuvre. Son souci principal est d'édifier une chrétienté montagnaise fondée sur des bases humaines solides. Dès 1767 il fait imprimer par William BROWN et Thomas GILMORE 3 000 abécédaires et 2 000 livres de prières en langue montagnaise, destinés, selon son expression, à « ceux qui savent lire et à ceux qui l'apprendront ». Il emploie ses hivers à l'instruction des Montagnais, leur montrant à lire et à écrire, leur enseignant le catéchisme, le cérémonial liturgique, le chant et les rudiments du solfège et formant des catéchètes qui poursuivront son œuvre pendant son absence et après sa mort. Il exerce également son apostolat auprès des Français des deux rives du Saint-Laurent et des Acadiens de la baie des Chaleurs, car on trouve des actes de lui dans les registres d'au moins 15 paroisses, mais c'est surtout auprès des Montagnais qu'il fait œuvre originale en implantant chez eux une Église qui respecte leur langue et peut se suffire à elle-même.

Les employés et les commis des postes de traite ne facilitent pas la tâche de La Brosse, ni par leur conduite ni par le commerce de l'eau-de-vie avec les Indiens. Le mandement que Mgr Briand adresse aux Montagnais, en 1769, nous donne un aperçu des difficultés rencontrées par le missionnaire. Pour sauver sa chrétienté montagnaise, le père de La Brosse ne craint pas d'écrire en 1780 au grand vicaire de Québec, Henri-François Gravé* de La Rive, pour reprocher aux autorités diocésaines leur mollesse et leur complaisance envers les Français qui vivent dans les postes. Malgré ces obstacles, sa forte personnalité lui permet de réaliser son œuvre, en bonne partie. Si on tient compte du nombre de livres de prières et d'abécédaires qu'il fait imprimer, de la quantité considérable de calendriers indiens qu'il achète chez Brown et Gilmore et surtout des actes qu'il inscrit dans les registres de Tadoussac, on discerne mieux l'envergure du travail accompli. A cela le « Catalogus generalis totius Montanensium gentis » de son successeur, l'abbé Jean-Joseph Roy, ajoute des précisions fort précieuses. Ce « Catalogus », rédigé vers 1785 et qui se trouve maintenant aux Archives de l'archidiocèse de Québec, n'est pas autre chose que la continuation de celui que le père de La Brosse fit tirer à 200 exemplaires chez Brown et Gilmore en 1767. Véritable recensement des chrétiens montagnais, la liste indique pour chacun d'eux un numéro, donne le nom des parents, la date de naissance, une appréciation de sa connaissance de la lecture et de sa pratique religieuse, la date de la première communion et celle du décès, s'il y a lieu.

Malgré ses immenses randonnées annuelles, le père de La Brosse réussit à accomplir un travail qui met en évidence ses qualités d'homme d'étude et de professeur. Partout où il passe, il utilise les travaux de ses prédécesseurs jésuites : il les approfondit, les annote, les corrige et les prolonge dans ses propres ouvrages. Il rédige son dictionnaire des racines abénaquises à partir du dictionnaire du père Joseph Aubery* et compose son livre de prières montagnaises en s'inspirant de celui du père Pierre-Michel Laure*, qu'il a annoté à plusieurs endroits. Les catéchèses du père Antoine Silvy* foisonnent des remarques et des annotations de La Brosse qui en tire les éléments d'une grammaire et d'un abécédaire montagnais. Il travaille pendant huit ans à la composition d'un dictionnaire montagnais et traduit certaines parties de la Bible en cette langue, les faisant copier à la main par ses élèves, faute d'argent pour les faire imprimer.

L'effort d'alphabétisation du missionnaire n'aura pas été inutile. Lorsque James McKenzie* passe à Tadoussac en 1808, donc 26 ans après la mort du père de La Brosse, il note que les Montagnais savent lire et écrire dans leur propre langue suffisamment pour leur permettre de correspondre entre eux, qu'ils excellent dans le chant des hymnes et que ceux qui chantent à l'église lisent suffisamment la musique pour chanter correctement.

La personnalité de La Brosse n'avait rien de banal, et la légende devait bientôt s'emparer de lui. Ses connaissances en médecine, ses dons de guérisseur, l'admiration, la sympathie et la vénération dont il était l'objet, le dévouement qu'il montrait envers ses Montagnais, tout cela s'amplifiera et fera de lui le héros de très nombreuses légendes, dont deux sont particulièrement connues. Selon la « légende des cloches », le père de La Brosse avait prédit le moment de sa mort et quand il mourut, à minuit, les cloches de toutes les chapelles et églises qu'il desservait se mirent à sonner d'elles-mêmes pour annoncer son décès. Selon l'autre légende, le missionnaire arrêta un incendie de forêt en traçant sur le sol une ligne avec un bâton. Ce dernier récit a été illustré, au début du XXe siècle, par un bronze du sculpteur Alfred Laliberté*.

LÉO-PAUL HÉBERT

On peut se faire une bonne idée de l'enseignement de Jean-Baptiste de La Brosse au collège des jésuites grâce aux notes de cours de l'un de ses étudiants, André Couillard, que l'on retrouve aux ASQ, MSS-M, 67. Pour connaître l'activité apostolique du père de La Brosse de 1766 à 1781, on peut consulter le troisième registre de Tadoussac, « Miscellaneorum Liber », et le quatrième, « Magnus Liber », qui se trouvent aux AAQ, U, Registre des postes du domaine du roy, A[1] ; B. Le « Miscellaneorum Liber » contient aussi les « Annales Missionis ab anno 1766 », ff.87v.–90, sorte de « relation » dans laquelle le jésuite consigne en latin ses allées et venues annuelles de 1766 à 1776. Une partie de ce texte a été publiée avec traduction française et annotations par Biblo [Philéas Gagnon], dans *l'Union libérale* (Québec), 24 août 1888, 3. Victor Tremblay, dans son *Hist. du Saguenay*, donne la traduction d'une grande partie du texte. Enfin, le texte intégral avec traduction et commentaires a paru dans « les Annales du père Jean-Baptiste de la Brosse, s.j. », L.-P. Hébert, édit., *Saguenayensia* (Chicoutimi, Québec), 16 (1974) : 75–94. La même revue a présenté dans son numéro 17 (1975) : 73–83 « les Lettres du père Jean-Baptiste de La Brosse », L.-P. Hébert, édit.

Le père de La Brosse a souvent signé ses ouvrages de son pseudonyme Jan-Batist Nudenans. Le musée d'Odanak conserve un dictionnaire des racines abénaquises, manuscrit relié, qui porte comme titre : « Radicum Wabanakaerum Sylvae Collecta a J. B. Nudenaus Anno 1760 ». On retrouve aux Archives historiques oblates, à Ottawa, les manuscrits d'un dictionnaire montagnais-latin commencé à Tadoussac en 1766 et terminé à l'Île-Verte en 1774–1775, d'une grammaire montagnaise de 1768 et d'un dictionnaire latin-montagnais daté de 1772. En plus, ce dépôt et les AAQ possèdent un alphabet montagnais intitulé *ABEGHJIKMNOPRSTU* (Uabistiguiatsh [Québec], 1767) imprimé à 3 000 exemplaires, tandis que la Bibliothèque nationale du Québec, à Montréal, conserve un alphabet abénaquis : *Akitami Kakikemesudi-Arenarag'Auikhigan* [...] (Kebek-Dari [Québec], 1770), signé Jan-Batist Nudenans, et publié à 600 exemplaires. Un recueil de prières et catéchisme montagnais, *Nehiro-Iriniui Aiamihe Massinahigan* [...] (Uabistiguiatsh, 1767 ; 2e éd., 1817 ; 3e éd., 1844), connut un tirage de 2 000 exemplaires à sa première édition ; on en retrouve des copies aux AAQ, aux Archives historiques oblates, à la Bibliothèque de l'Assemblée nationale et à la Bibliothèque de la ville de Montréal. [L.-P. H.]

AAQ, 12 A, C, 250v., 308 ; 22 A, IV : 83 ; 61 CD, Saint-Laurent, île d'Orléans, I : 6. — APC, MG 24, B1, 49–50 ; 52–53 ; 57 ; 59 ; 100–102. — Archives de l'archevêché de Rimouski (Rimouski, Québec), 355.106, lettre du père J.-B. de La Brosse à Mgr Gravé, 21 avril 1780. — Archives de l'évêché de Gaspé (Gaspé, Québec), casier des paroisses, Bonaventure, lettre du père J.-B. de La Brosse à Mgr Briand, 28 déc. 1771. — ASJCF, D-7,1. — *Les bourgeois de la Compagnie du Nord-Ouest* (Masson), II : 405–454. — *JR* (Thwaites). — *L'Oiseau-mouche* (Chicoutimi), I (1893) : 15, 19, reproduit en montagnais et en français le mandement de Mgr Briand aux Montagnais le 13 mai 1769. Ce mandement n'apparaît pas dans *Mandements des évêques de Québec* (Têtu et Gagnon). — H.-R. Casgrain, *Œuvres complètes* (4 vol., Montréal, 1884–1888), I. — Alexandre Chambre, *Un grand apôtre du Canada, originaire de l'Angoumois : le R. P. J.-B. de La Brosse, né à Jauldes (Charente), mort à Tadoussac (Saguenay)* (Jauldes, France, [1904]). — Antonio Dragon, *Trente robes noires au Saguenay*, Adrien Pouliot, édit. (Chicoutimi, 1971). — Rochemonteix, *Les jésuites et la N.-F. au XVIIIe siècle*. — A. E. Jones, Quelques notes sur le P. Jean-Baptiste de La Brosse, *L'Union libérale*,

23 nov. 1888, 3 ; 26 avril 1889, 3. — Yves Tremblay, Le père de La Brosse, sa vie, son œuvre, SCHÉC *Rapport*, 35 (1968) : 47–59.

LA CORNE, LUC DE, dit **Chaptes (Chap, Chapt) de La Corne** ou **La Corne Saint-Luc**, officier dans les troupes de la Marine, commerçant, interprète et conseiller législatif, né à Contrecœur (Québec) probablement à l'automne de 1711, fils de Jean-Louis de La Corne* de Chaptes et de Marie Pécaudy de Contrecœur, décédé à Montréal le 1er octobre 1784.

Issu d'une illustre et nombreuse famille, Luc de La Corne fut appelé à participer avec son frère Louis*, dit le chevalier de La Corne, à des activités militaires et commerciales qui les conduisirent sur les mêmes champs de bataille au sud du lac Champlain et sur les mêmes territoires d'exploitation des fourrures dans les postes de l'Ouest. Leurs noms furent ainsi souvent confondus dans la dernière décennie du Régime français ; cependant, contrairement au chevalier, La Corne Saint-Luc ne guerroya pas en Acadie.

La Corne Saint-Luc sut profiter de sa carrière militaire pour exercer, comme bien d'autres [V. Joseph Marin de La Malgue], une longue et fructueuse activité commerciale. Il tira avantage de la multiplication des postes de l'Ouest et de la poussée au delà du lac Supérieur de l'exploitation des fourrures à l'époque des explorations des La Vérendrye [V. Pierre Gaultier* de Varennes et de La Vérendrye]. Pour la période allant de 1738 à la fin du Régime français, on a relevé, le concernant, plus de 80 contrats d'engagement pour faire la traite à Détroit, à Michillimakinac (Mackinaw City, Michigan), à Sault-Sainte-Marie (Sault Ste Marie, Michigan), à Chagouamigon (près d'Ashland, Wisconsin), à Kaministiquia (Thunder Bay, Ontario) et à Nipigon. Tour à tour « marchand-équipeur » et traiteur, il s'associa, par deux fois au moins, pour prendre charge de l'un de ces postes. De 1742 à 1743, il exploita avec son frère François-Josué de La Corne* Dubreuil, qui en était le commandant, celui de Kaministiquia. Puis, le 18 février 1752, il signa un acte de société valable pour trois ans avec le chevalier Louis-Joseph Gaultier* de La Vérendrye pour exploiter le poste de Chagouamigon, au sud du lac Supérieur. La Vérendrye en prit le commandement, tandis que La Corne Saint-Luc servit de bailleur de fonds et d'« équipeur ». Il assuma les trois quarts des dépenses encourues, mais reçut en retour les trois quarts des bénéfices. En 1754–1755, on le dit associé dans des entreprises commerciales avec le capitaine Robert Stobo*.

Il semble que, dans toutes ces transactions, La Corne Saint-Luc se révéla habile commerçant. Ses trois contrats de mariage témoignent de son aisance, et, à la Conquête, le sieur de Courville [Aumasson] le classa parmi les Canadiens les plus fortunés, avec un avoir de 1 200 000#. A sa mort, ses débiteurs lui devaient plus de 152 000# et ses créances en « contrats du Canada » avec le négociant Lavallée à Paris se chiffraient à 241 314#. L'inventaire de ses biens nous renseigne sur son amour du faste et de l'apparat. Il possédait, en effet, une imposante et luxueuse garde-robe. Ses revenus substantiels lui permirent de s'entourer de nombreux esclaves qui lui servirent de domestiques. Fait typique du XVIIIe siècle, la majorité des esclaves en Nouvelle-France étaient des Indiens, principalement des Panis de la vallée du Mississippi. Les Noirs apparurent surtout sous le Régime anglais. Au total, il fut dénombré près de 4 000 esclaves aux mains de quelque1 500 propriétaires, dont une trentaine en possédaient plus de dix. Parmi ces « grands propriétaires », La Corne Saint-Luc se classait bon deuxième, immédiatement après le gouverneur Beauharnois*.

La Corne Saint-Luc sut se distinguer par une vie mouvementée où le courage et l'endurance étaient le lot quotidien. Engagé dans la carrière des armes, il attira l'attention du gouverneur Beauharnois qui le proposa comme enseigne en pied en 1742 pour la bravoure manifestée l'année précédente au fort Clinton (Easton, New York). Le 10 décembre de la même année, La Corne Saint-Luc épousa à Montréal Marie-Anne Hervieux. En dix ans de mariage – elle décédera en janvier 1753 – ils eurent quatre fils et trois filles. Seules ces dernières survécurent.

La longue fréquentation des Indiens familiarisa La Corne Saint-Luc avec « quatre ou cinq idiomes indiens » qu'il « parlait avec facilité ». Il assistera plus tard, à titre d'interprète, à deux importantes conférences entre le gouverneur Vaudreuil [Rigaud] et les Tsonnontouans en octobre 1755 et, avec une députation plus large d'Indiens, en décembre 1756. Ayant appris à gagner la confiance des autochtones, il fut mis à contribution pour une double tâche fort délicate : recruter des combattants parmi les nations indiennes alliées et les conduire au combat. Durant la guerre de la Succession d'Autriche, il commanda un détachement de 150 Canadiens et Indiens en route pour aller prêter main-forte à Jacques Legardeur* de Saint-Pierre au fort Saint-Frédéric (près de Crown Point, New York), considéré alors comme essentiel à la défense du Canada. Pendant quatre mois, de janvier à avril 1746, ils harcelèrent l'ennemi autour du lac Saint-Sacrement (lac George). Cependant, ce ne fut qu'à la fin de juin 1747 qu'un autre détachement composé d'environ 200 hommes, à la tête duquel se trouvait, entre autres, La Corne Saint-Luc, réussit à s'emparer d'une partie de la garnison du fort Clinton.

Entre différentes apparitions à Montréal ou à Québec pour rendre compte de ses expéditions, voir à ses affaires ou escorter des Indiens envoyés en députation des pays d'en haut, nous retrouvons La Corne Saint-Luc, devenu lieutenant en 1748, occupé à diriger un convoi vers Michillimakinac où l'entreprenant Jacques Legardeur de Saint-Pierre venait de succéder comme commandant au chevalier de La Corne.

Luc de La Corne continua de se distinguer dans la carrière militaire. Deux années de suite, en 1753 et en 1754, le gouverneur DUQUESNE le recommanda comme commandant d'une compagnie, soulignant que c'était « un homme brave et habile au recrutement ». Sa commission de capitaine lui fut octroyée le 15 mars 1755. Cette année-là, il servit comme un des « officiers attachés aux Sauvages », sous les ordres du baron de Dieskau*, dans une importante expédition destinée, selon le plan du gouverneur Vaudreuil, à conjurer la menace d'une avance anglo-américaine par la voie du lac Champlain – menace qui se concrétisa par la construction des forts Lydius (appelé aussi fort Edward ; aujourd'hui Fort Edward, New York) et George (aussi appelé fort William Henry ; aujourd'hui Lake George, New York). C'est contre ce dernier fort qu'en août 1757 Montcalm* remporta l'une des plus brillantes victoires françaises, à laquelle contribua La Corne Saint-Luc qui avait reçu le commandement des Indiens sur l'aile gauche. Malheureusement, le 10 août, le massacre, après la capitulation, de la garnison anglaise sur le chemin du fort Lydius par les Indiens alliés, vint ternir l'éclat de ce haut fait. On alla même jusqu'à rendre la cour de France responsable des cruels procédés utilisés par les Indiens. La Corne Saint-Luc, chargé avec d'autres officiers d'escorter le lieutenant-colonel George Monro et sa garnison, n'avait pu empêcher l'agression des Indiens.

Revenu à Montréal, La Corne Saint-Luc épousa en secondes noces, le 3 septembre, Marie-Joseph Guillimin, veuve de Jacques Legardeur de Saint-Pierre, tué deux ans auparavant et sous les ordres duquel La Corne Saint-Luc avait guerroyé à plusieurs reprises. Leur union dura 11 ans et ils n'eurent pas d'enfant.

En 1758, La Corne Saint-Luc se distingua dans un type d'action militaire qui cadrait parfaitement avec la stratégie de « petite guerre » préconisée par Vaudreuil. Il sut profiter de la victoire de Montcalm à Carillon (Ticonderoga, New York) pour se lancer, à la fin de juillet, avec un détachement de 400 Canadiens et Indiens, à l'attaque d'un convoi ennemi sur le chemin du fort Lydius. En plus de faire 64 prisonniers, ils levèrent 80 chevelures, massacrèrent de nombreux bœufs et gaspillèrent les vivres. Il fallait faire vite, de crainte d'un retour surprise de l'ennemi. Cette levée de trophées à la manière indienne souleva l'indignation de plusieurs contemporains de La Corne Saint-Luc, dont celle des Américains. Mais aux yeux du gouverneur Vaudreuil, cette action d'éclat lui méritait la croix de Saint-Louis. Ainsi en fit-il l'éloge dans son tableau apostillé, le 6 novembre 1758 : « Ce capitaine a très bien servi dans tous les tems. Il a fait toutes les campagnes depuis cette guerre et s'est toujours distingué, particulièrement cette dernière campagne à Carillon ayant été à la tête d'un détachement en embuscade sur le chemin du fort Lydius où il a entièrement défait un convoy ennemy. » Le 1er janvier suivant, il fut fait chevalier.

A la veille de la prise de Québec, en septembre 1759, La Corne Saint-Luc collabora aux plans de défense sur le lac Champlain. Vaudreuil approuva ses suggestions et celles de Louis-Joseph Gaultier de La Vérendrye. A la bataille de Sainte-Foy, en avril 1760, à titre de commandant des Indiens, il fit partie de l'avant-garde sous les ordres de François-Charles de Bourlamaque*. Il y fut même blessé.

La défaite consommée, La Corne Saint-Luc songea à passer en France. Le 15 octobre 1761, il partit à bord de l'*Auguste* avec bon nombre de représentants de la noblesse canadienne dont Louis-Joseph Gaultier de La Vérendrye. L'y accompagnaient son frère le chevalier, deux de ses enfants et deux de ses neveux qu'il devait malheureusement perdre un mois plus tard, lorsque le navire fit naufrage à proximité du cap North, sur l'île du Cap-Breton. Des 121 passagers et membres d'équipage, seuls sept échappèrent à la mort. La Corne Saint-Luc, un des heureux rescapés, publia le récit de ce voyage : il y raconte comment, après maintes péripéties, il réussit, malgré la saison froide, le manque de vivres et de moyens de transport, à trouver du secours pour ses infortunés compagnons et à parcourir 550 lieues, ayant dû traverser toute l'île du Cap-Breton jusqu'au détroit de Canso, longer la côte nord-ouest de la Nouvelle-Écosse jusqu'à la baie Verte (Nouveau-Brunswick), emprunter la rivière Saint-Jean jusqu'au portage de Témiscouata, puis de Kamouraska se rendre à Québec qu'il atteignit le 23 février 1762, après 100 jours de marche impossible.

Le sort en ayant décidé, La Corne Saint-Luc refit sa vie au Canada. Croyant la conquête anglaise provisoire, il chercha à user de son influence sur les Indiens pour entretenir leur mécontentement à l'égard des conquérants. Il alla même jusqu'à laisser croire qu'une flotte française viendrait reconquérir le territoire. Au moment du soulèvement de Pondiac*, le lieutenant-gouverneur de New York, Cadwallader Colden, dans une lettre datée du 19 décembre 1763, l'accusa d'inciter, depuis deux ans, les Indiens de l'Ouest à la conspiration et à l'insurrection.

Toutefois, la famille de La Corne Saint-Luc n'eut pas de difficultés à s'intégrer à la société coloniale issue du Régime anglais. Elle s'allia avec les meilleurs partis de la colonie. L'aînée des filles, Marie-Anne, épousa John Campbell vraisemblablement en 1763 ; le huitième enfant, Marie-Marguerite, née du troisième mariage de La Corne Saint-Luc, en 1774, avec Marie-Marguerite, fille du seigneur Pierre Boucher* de Boucherville, épousa le major John Lennox. Du côté de ses compatriotes, la famille s'unit à Jacques Viger*, second mari de Marie-Marguerite, Charles-Louis Tarieu* de Lanaudière, qui accompagna La Corne Saint-Luc en 1777 lors de la campagne sous John Burgoyne, et Georges-Hippolyte Le Comte Dupré, que Luc de La Corne n'appréciait guère puisqu'il s'opposa en décembre 1769 à ce qu'il épousa sa fille Marie-Louise-Charlotte. Le mariage eut néanmoins lieu au début de l'année suivante.

Au moment de l'invasion américaine, La Corne Saint-Luc joua un rôle assez suspect. A l'automne de 1775, craignant la prise imminente de Montréal, il prit l'initiative, avec l'assentiment de certains autres notables de Montréal, de faire acte de soumission à Richard Montgomery par l'entremise de ses amis iroquois de Sault-Saint-Louis (Caughnawaga, Québec). Après hésitation, se défiant de ces manœuvres, le général américain accepta de négocier sous certaines conditions. Mais, sur les entrefaites, le détachement du colonel Ethan Allen ayant été intercepté à Longue-Pointe (Montréal), La Corne Saint-Luc se ravisa. Pour éviter tout soupçon, ce dernier remit la réponse de Montgomery au gouverneur Guy Carleton* qui préféra clore l'incident en faisant solennellement brûler la lettre. Le général américain, jugeant La Corne Saint-Luc « un fieffé coquin aussi malin que le diable », lui défendit l'accès de Montréal, après sa capitulation en novembre 1775, et le relégua à Boucherville. Peu de temps après, La Corne Saint-Luc était ramené à Laprairie (La Prairie, Québec), sous les ordres du général David Wooster, remplaçant de Montgomery, qui le soupçonnait d'avoir ourdi un complot. En février suivant, Wooster, devenu le principal commandant de l'armée d'occupation américaine, l'envoya vers Philadelphie. La Corne Saint-Luc fut gardé pendant quelque temps à Kingston (aussi appelé Esopus, New York).

Cette épreuve n'avait pas refroidi l'ardeur militaire de La Corne Saint-Luc, alors âgé de 65 ans. Au cours d'entretiens qu'il eut, aussitôt après sa libération, avec l'ex-gouverneur loyaliste de New York, William Tryon, il lui confia qu'il fallait « lâcher les sauvages contre les misérables Rebels [américains] » pour en finir au plus tôt avec la guerre révolutionnaire et pour se venger de son incarcération. Convaincu qu'à son appel ses amis déterreraient la hache de guerre, il accepta de participer à la campagne du général Burgoyne qui lui confia le commandement des Indiens. La fin de cette grande opération militaire, qui devait marquer un point tournant dans la guerre révolutionnaire, fut lamentable. C'est sur les champs de bataille de Saratoga (Schuylerville, New York) qu'en octobre 1777, par suite de graves erreurs stratégiques, Burgoyne dut accepter la reddition de son armée que La Corne Saint-Luc considérait comme l' « une des plus belles [...] que [son] pays eut encore vue ».

Retourné à Londres, après ce désastre, Burgoyne s'employa de son mieux à justifier sa cuisante défaite devant l'opinion anglaise. Membre du parlement britannique, il accusa La Corne Saint-Luc, en pleine chambre des Communes, d'être responsable de la désertion des Indiens avant l'issue finale de sa campagne, après l'avoir taxé d'être « par nature, éducation et habitude, astucieux, ambitieux et courtisan ». C'était pourtant le même Burgoyne qui l'avait jadis qualifié de « gentil-homme canadien de valeur et d'honneur et l'un des meilleurs défenseurs de la Nouvelle-France durant la dernière guerre ». En réplique, lord Germain, qui avait à titre de secrétaire d'État des Colonies américaines la responsabilité des opérations militaires, ne manqua pas l'occasion d'exprimer son mécontentement en rapportant ce jugement qu'il tenait de La Corne luimême à propos de Burgoyne : « un brave homme, mais lourd comme un allemand ».

La Corne Saint-Luc avait trop le sens de l'honneur pour ne pas relever le gant. Il répondit publiquement aux accusations de Burgoyne dans une lettre datée du 23 octobre 1778 et adressée aux journaux londoniens. C'est sur le ton courtois mais fier d'un officier qui avait donné maintes preuves de son courage et de sa valeur militaire qu'il rétorqua avec beaucoup d'à-propos au général vaincu. Commençant par exprimer son étonnement de la façon d'agir de Burgoyne, il rétablit ensuite les faits pour montrer que ce dernier portait l'entière responsabilité de la fuite des Indiens qui avaient été non seulement indignés mais dégoûtés par son « indifférence » et son insensibilité à l'égard de leurs morts et de leurs blessés après la bataille de Bennington (Vermont), deux mois avant le désastre à Saratoga.

C'est à bon droit que La Corne Saint-Luc servit à Burgoyne cette leçon de civilité, considérant qu'il méritait d'être traité en gentilhomme. Non seulement avait-il été gratifié de la croix de Saint-Louis à la fin du Régime français, mais il était devenu, depuis l'Acte de Québec, membre du Conseil législatif formé en mai 1775. Carleton n'avait pas tardé à évaluer l'importance de ce notable et à le recommander au poste de conseiller sur la liste très sélective qu'il présenta au secrétaire d'État des Colonies américaines, lord Hillsborough, en mars 1769. Son choix s'était arrêté sur ceux qu'il classait parmi les « grands propriétaires et les hommes de distinction ». A ses yeux, La Corne Saint-Luc faisait partie de cette élite seigneuriale qui devait jouir des faveurs de la couronne britannique.

Mais ces faveurs, pour les sujets conquis, avaient des limites bien déterminées. Si le successeur de Carleton, le général HALDIMAND, accepta que La Corne Saint-Luc lui serve d'aide de camp, il n'était pas prêt pour autant à endosser sa demande de promotion dans la milice au rang militaire que lui octroyait sa commission de « colonel des Indiens ». Le nouveau gouverneur qui, depuis l'alliance franco-américaine de 1778, entretenait une méfiance quasi obsessive à l'endroit des anciens sujets du roi de France, déconseilla une telle promotion pour cet ex-officier des troupes de la Marine française.

Six mois avant sa mort, La Corne Saint-Luc eut l'occasion de faire valoir son credo politique en prenant l'initiative de proposer à ses collègues du Conseil législatif la présentation d'une adresse engageant le gouverneur Haldimand à témoigner au roi du « désir sincère » de ses conseillers de voir l'Acte de Québec « continué dans toute sa force » afin « de pouvoir le transmettre à la postérité comme une Chartre précieuse ». Cette motion, présentée en fin de session législative, le 21 avril 1784, fut accueillie favorablement par les membres du *French party*, qui regroupait une majorité de conseillers, et par le gouverneur lui-même qui, reprenant la formulation employée par La Corne Saint-Luc dans son adresse, réitéra auprès des autorités métropolitaines sa conviction personnelle que le maintien de la législation de 1774 constituait « le moyen le plus propre à attacher le peuple à la mère patrie et à le rendre heureux par la jouissance de sa religion, de ses lois et de ses libertés ».

Le 1er octobre 1784, La Corne Saint-Luc s'éteignit dans sa demeure de la rue Saint-Paul à Montréal. Il fut inhumé le 4, dans la chapelle Sainte-Anne de l'église Notre-Dame. Sa troisième épouse lui survécut 35 ans.

PIERRE TOUSIGNANT ET
MADELEINE DIONNE-TOUSIGNANT

[Luc de La Corne], *Journal du voyage de M. Saint-Luc de La Corne, Ecr. dans le navire l'Auguste, en l'an 1761* (Montréal, 1778 ; 2e éd., Québec, 1863) ; A letter from the Chev. St Luc de La Corne, colonel of the Indians, to Gen. Burgoyne, *Scots Magazine* (Édimbourg), XL (1778), 715s.

AN, Col., C11A, 85, pp. 110s., 115s. ; 87, pp. 166s. ; 99, pp.94–101 ; 103, f.438 ; 120, pp.84–91 ; D2C, 48, ff.56, 233, 236, 253, 315v., 316 ; F3, 13, ff.268–270 (les références en pages renvoient à des copies aux APC). — ANQ-M, État civil, Catholiques, Notre-Dame de Montréal, 10 déc. 1742, 3 sept. 1757, 9 avril 1774, 4 oct. 1784 ; Sainte-Trinité (Contrecœur), 1702–1719. La date de naissance de La Corne Saint-Luc demeure incertaine car les registres paroissiaux manquent pour l'année 1711 [P. T. et M. D.-T.]; Greffe de J.-B. Adhémar, 8 déc. 1742 ; Greffe de L.-C. Danré de Blanzy, 1er sept. 1757, 29 sept. 1784 ; Greffe d'Antoine Foucher, 18 févr. 1752, 29 sept. 1784 ; Greffe de Pierre Panet, 25 avril 1772, 17 mars 1774 ; Greffe de Simon Sanguinet, 6 déc. 1784. — APC, MG 8, A1, 9, pp.204–208 ; MG 11, [CO 42] Q, 6, pp.34–40 ; 23, pp.321s. ; RG 1, El, 7, pp.202–207. — ASQ, Fonds Viger-Verreau, Carton 9, no 6. — BL, Add. MSS 21714, pp.123–126 ; 21770, pp.54s. (copies aux APC). — *American archives* (Clarke et Force), 4e sér., III : 973, 1095s., 1098s. ; IV : 156s., 1482 ; VI : 609, 769. — John Burgoyne, *A state of the expedition from Canada* [...] (Londres, 1780). — *Docs. relating to constitutional history, 1759–1791* (Shortt et Doughty ; 1918), II : 594s. — [J. M. Hadden], *Hadden's journal and orderly books : a journal kept in Canada and upon Burgoyne's campaign in 1776 and 1777, by Lieut. James M. Hadden* [...], Horatio Rogers, édit. (Albany, N.Y., 1884 ; réimpr., Freeport, N.Y., [1970]), 134s., 517–537. — *Invasion du Canada* (Verreau). — Inventaire des biens de Luc Lacorne de Saint-Luc, J.-J. Lefebvre, édit., ANQ *Rapport*, 1947–1948, 31–70. — *Johnson papers* (Sullivan *et al.*). — Mémoire du Canada, ANQ *Rapport*, 1924–1925, 196. — M. Jean-Félix Récher, curé de Québec, et son journal, 1757–1760, Henri Têtu, édit., *BRH*, IX (1903) : 322s. — *NYCD* (O'Callaghan et Fernow), VII : 590 ; VIII : 707s. ; X : 32, 39s., 79s., 112, 183, 345, 500, 512, 607, 621, 629, 643, 750, 760, 801, 803, 817, 849, 913s., 1080, 1086. — *The parliamentary history of England from the earliest period to the year 1803*, William Cobbett et John Wright, édit. (36 vol., Londres, 1806–1820), XIX : 1181, 1195. — Procès de Robert Stobo et de Jacob Wambram pour crime de haute trahison, ANQ *Rapport*, 1922–1923, 314, 321s., 324. — Caron, Inv. de la corr. de Mgr Briand, ANQ *Rapport*, 1929–1930, 83, 116. — Æ. Fauteux, *Les chevaliers de Saint-Louis*. — Massicotte, Répertoire des engagements pour l'Ouest, ANQ *Rapport*, 1929–1930, 354–359, 366, 374, 383s., 417, 419, 433 ; 1930–1931, 419, 424, 451 ; 1931–1932, 243–249, 254, 275, 277, 279, 294s., 308–314, 326, 333. —

P.[-J.] Aubert de Gaspé, *Les anciens Canadiens* (Québec, 1863). — Burke, *Les ursulines de Québec* (1863–1866), III : 147. — Antoine Champagne, *Les La Vérendrye et le poste de l'Ouest* (Québec, 1968). — Frégault, *La guerre de la Conquête*, 218, 325. — A.-H. Gosselin, *L'Église du Canada après la Conquête*, II : 107s. — W. D. Lighthall, *La Corne St-Luc, the « General of the Indians »* (Montréal, 1908). — James Lunt, *John Burgoyne of Saratoga* (New York, 1975). — Stanley, *New France*, 28, 88, 101–104. — M. Trudel, *L'esclavage au Canada français*, 57–98, 156s. — Ægidius Fauteux, Le chevalier de La Corne, *BRH*, XXVI (1920) : 352. — Henri Têtu, M. Jean-Félix Récher, curé de Québec, et son journal, 1757–1760. *BRH*, IX (1903) : 322s.

LA CORNE DE CHAPTES, JOSEPH-MARIE (Jean-Marie) DE, prêtre, curé, conseiller clerc, doyen du chapitre et vicaire général ; né, semble-t-il, à Contrecœur (Québec), fils de Jean-Louis de La Corne* de Chaptes et de Marie Pécaudy de Contrecœur, il aurait été baptisé à Verchères, le 2 novembre 1714 ; décédé à Maubec (Méobecq, dép. de l'Indre, France), le 7 décembre 1779.

Joseph-Marie de La Corne de Chaptes entre le 1er mai 1730 au séminaire de Québec. Le 6 mai 1735, il reçoit la tonsure des mains de Mgr Dosquet. Trois ans plus tard, l'évêque étant absent de la colonie, La Corne doit se rendre dans la métropole pour y être ordonné ; il est reçu prêtre à Rennes à l'automne de 1738. De retour dans la colonie l'année suivante, il est aussitôt nommé curé de Saint-Michel (Saint-Michel-de-Bellechasse) où, avec l'accord de ses paroissiens, il construit un presbytère en pierres.

En juillet 1747, Mgr de Pontbriand [Dubreil*] nomme La Corne chanoine et songe à lui pour remplacer le conseiller clerc François-Elzéar Vallier* au Conseil supérieur. Selon l'évêque de Québec, « il a de l'esprit et du talent et il est homme de condition ». Le chanoine est nommé au conseil, le 25 août 1749. Cette expérience des choses juridiques, alliée à celle de trésorier du chapitre, fonction qu'il occupa quelque temps, lui servira beaucoup par la suite. En effet, en 1750, il est délégué en France par ses collègues du chapitre pour défendre leurs intérêts dans le procès qu'ils intentent au séminaire au sujet de la cure de Québec et pour lequel le chanoine René-Jean Allenou* de Lavillangevin joua un rôle primordial pour le chapitre [V. aussi Jean-Félix Récher*]. Ce long procès, qui ne prendra fin qu'après la Conquête, mobilisera toute l'ardeur et le talent du chanoine de La Corne.

A Paris, le chapitre de Québec est déjà représenté depuis plusieurs années par le chanoine Pierre Hazeur de L'Orme. La Corne croit que son séjour sera bref et espère qu'une fois l'affaire mise en route il pourra rentrer au Canada avant la fin de l'année 1751, laissant à de L'Orme le pouvoir d'agir comme procureur. Dès son arrivée, il consulte des avocats qui concluent au bien-fondé des requêtes du chapitre. Il assiège ensuite les bureaux de l'administration à Versailles et n'obtient finalement que très peu de chose. Cependant, croyant que sa présence n'est plus nécessaire à Paris, il décide de rentrer au Canada au printemps de 1751. Il passe par l'abbaye Saint-Pierre de Maubec, bénéfice du chapitre, pour juger de l'état des lieux. Il se rend ensuite à La Rochelle, où il apprend que le séminaire des Missions étrangères de Paris a entrepris de retarder le déroulement du procès en ne reconnaissant pas la procuration du chanoine de L'Orme. A son corps défendant, La Corne retourne dans la capitale où il recommence inutilement la ronde de ses démarches. Dans une lettre au chanoine de Lavillangevin le 19 juin 1751, il énumère ses relations et ses procédés visant à se concilier les faveurs des gens en place ; ces relations ne servent finalement à rien. Par ailleurs, le chanoine semble avoir usé modérément des sommes mises à sa disposition pour son entretien, mais les frais du procès qui s'enlise – notamment, en mai 1753, le rapporteur de la cause meurt de la petite vérole – seront lourds pour le chapitre de Québec. En raison de la mauvaise santé du chanoine Hazeur de L'Orme, La Corne s'occupe de l'administration de Maubec. Toutefois, il ne perd pas l'espoir de revenir au Canada, bien que du côté du séminaire de Paris on raconte qu'il prolonge le procès pour rester plus longtemps en France.

Dans une lettre datée du 26 février 1755, le chanoine de La Corne apprend à ses confrères qu'il a été nommé par le roi doyen du chapitre. L'année suivante, le chapitre lui confie officiellement l'administration de l'abbaye de Maubec et, en 1757, annule la procuration d'Hazeur de L'Orme en sa faveur. Le chanoine de L'Orme exprime quelques regrets au sujet de ces décisions : « je ne [le] crois pas encore aussi expérimenté que je le peux être ». Cependant, le chanoine de La Corne poursuit toujours la lutte, rédigeant mémoire sur mémoire. En 1759, le roi lui donne l'abbaye de l'Étoile, située dans le diocèse de Poitiers, à dix lieues de Maubec. A partir de cette année, marquée par le siège et la capitulation de Québec, La Corne tente dans la mesure du possible d'aider ses confrères de Québec ; il leur prête ses revenus de doyen et sa prébende de chanoine et il accepte qu'ils tirent sur lui une traite de 5 000#.

La perte du Canada donne une nouvelle orientation à la carrière du chanoine de La Corne, nommé vicaire général, le 30 septembre 1760. Jusque-là, l'hiver, il s'occupait à Paris du procès, et l'été, il faisait la navette entre ses abbayes. En 1762, il désirera être relevé de ses fonctions d'agent du chapitre ; deux chanoines de Québec réfugiés en France, à l'automne de 1759, Gilles-Louis Cugnet et Charles-Ange Collet*, seraient en mesure de lui succéder. Or, ses confrères de Québec, satisfaits de ses services, augmentent ses responsabilités. Ainsi, le 1er octobre 1761, le chapitre le nomme vicaire général pour la Louisiane et le Mississippi.

La mort de Mgr de Pontbriand, en juin 1760, survenue à un moment dramatique de l'histoire de l'Église canadienne, posait le problème de la succession épiscopale. Dès la signature du traité de Paris, en février 1763, le chanoine de La Corne se rend à Londres dans le but de solliciter le maintien de la religion catholique. Il rend d'abord visite à lord Shelburne, président du Board of Trade, et lui présente un mémoire dans lequel il conclut qu'un évêque élu par le chapitre serait la solution la plus acceptable pour le gouvernement britannique. Cette solution est adoptée en août 1763 ; dès lors, le chapitre de Québec s'empresse d'élire un évêque, le chanoine Étienne MONTGOLFIER, et nomme le chanoine de La Corne son « procureur Spécial pour nottifier la susditte élection » à la cour de Londres. Au printemps de 1764, la Grande-Bretagne décide de fermer les yeux sur la nomination de Montgolfier à condition qu'il porte le titre de « Supérieur du Clergé ». Mais le gouverneur MURRAY refuse catégoriquement cette nomination et propose le chanoine Jean-Olivier BRIAND. En mars 1766, Mgr Briand est sacré au château de Suresnes (dép. des Hauts-de-Seine, France) ; la négociation du chanoine de La Corne est enfin couronnée de succès. Mgr Briand avait reconnu le grand rôle joué par le chanoine dans l'heureuse conclusion de cette affaire : « s'il y a un évêque c'est à luy qu'on en sera redevable ».

Dans une lettre datée du 29 mars 1766, le chanoine de La Corne annonce cette bonne nouvelle à ses confrères de Québec. Il leur apprend également que le roi de France leur enlève l'abbaye de Maubec pour la lui donner personnellement, à charge de payer à ses confrères qui se trouvent en France, les chanoines Hazeur de L'Orme, Jean-Pierre de MINIAC, et Joseph-Ambroise Gaillard, une pension annuelle de 400 francs.

Cependant, le chanoine de La Corne continue de représenter le chapitre à Paris et s'occupe, en son nom, de diverses affaires financières. Le 21 septembre 1767, Mgr Briand le nomme vicaire général ; il le charge, en juillet 1770, de faire toutes les démarches nécessaires auprès du nonce papal à Paris afin d'obtenir des bulles pour Mgr Louis-Philippe MARIAUCHAU d'Esgly, le nouveau coadjuteur, ce que La Corne fait même si, cette année-là, sa santé n'est pas très bonne. Dans une lettre du 15 mars 1770, il offre sa démission de doyen, demandant de rester membre *ad honores* car il ne veut pas se séparer du chapitre. Cette offre de démission est cependant refusée. Ses dernières années, marquées par la maladie et les infirmités, se passent surtout dans le Berry. Il meurt à l'abbaye de Maubec le 7 décembre 1779 d'une pneumonie.

Homme d'une grande énergie, au caractère pas toujours facile, le chanoine de La Corne fut un agent très efficace pour l'Église canadienne tant à Londres qu'à Paris et l'un de nos grands diplomates.

JEAN-GUY PELLETIER

AAQ, 12 A, B, 312 ; C, 56 ; 20 A, I : 43, 44, 103, 153 ; 22 A, II : 688 ; 10 B, 167v., 168, 193, 193v., 194, 200, 218, 218v., 219, 220, 222, 227, 241, 241v., 244, 248v., 250, 261 ; 11 B, II : 453 ; V : 99, 101, 112 ; VI : 59 ; VII : 1–77, 87 ; VIII : 37, 48 ; X : 28, 49, 53 ; 1 CB, VI : 18, 19 ; CD, Diocèse de Québec, I : 58, 59 ; 91 CM, I : 102 ; 60 CN, V : 19 ; VI : 18, 22. — AD, Indre (Châteauroux), Archives de l'abbaye de Méobecq, H281–H324 ; État civil, Méobecq, 7 déc. 1779. — ASQ, Chapitre, 50, 85, 132, 258 ; Évêques, nos 88, 138, 146, 147 ; Fonds Viger-Verreau, Sér.O, 035, p.18 ; Lettres, M, 121, 122, 122a, 129 ; P, 24 ; S, 48, 92, 169 ; MSS, 13, 18 oct. 1779 ; Polygraphie, VII : 2, 3, 4, 9 ; XIII : 24 ; XVII : 4 ; Séminaire, 14/6, no 11 ; 14/7, nos 2, 3, 14 ; 75, no 58. — La Rue, Lettres et mémoires, ANQ *Rapport*, 1935–1936, 323, 331, 345, 388, 402 ; 1936–1937, 398, 414, 459 ; 1937–1938, 248–250. — Allaire, *Dictionnaire*, I : 289. — Caron, Inv. de la corr. de Mgr Briand, ANQ *Rapport*, 1929–1930, 47, 61, 63s., 71, 104, 106. — Le Jeune, *Dictionnaire*, II : 18–21. — P.-G. Roy, *Inv. jug. et délib., 1717–1760*, V : 125 ; *Inv. ord. int.*, II : 283. — Henri Têtu, *Notices biographiques : les évêques de Québec* (Québec, 1889), 272, 359. — A.-H. Gosselin, *L'Église du Canada après la Conquête*, I : 2, 64, 69, 72, 77, 79, 81, 83, 87, 95s., 115, 120s., 124, 127–132, 148, 151, 156, 158s., 194–196, 204, 208s., 403 ; II : 118, 246 ; *L'Église du Canada jusqu'à la Conquête*, II : 159, 330 ; III : 76, 106s., 124s., 168, 248, 253, 271s., 280, 290–292, 297–304, 350, 462. — Lemieux, *L'établissement de la première prov. eccl.*, 3–9. — M. Trudel, *L'Église canadienne*. — Lionel Groulx, Le conflit religieux au lendemain de 1760, SCHÉC *Rapport*, 7 (1939–1940) : 13, 18, 23. — Arthur Maheux, Difficultés religieuses après la cession, SCHÉC *Rapport*, 14 (1946–1947) : 20. — J.-E. Roy, Les conseillers au Conseil souverain de la Nouvelle-France, *BRH*, I (1895) : 182. — P.-G. Roy, Les conseillers clercs au Conseil souverain de la Nouvelle-France, *BRH*, XXII (1916) : 352. — Têtu, Le chapitre de la cathédrale, *BRH*, XIII–XVII.

LA COSTE (La Côte), PIERRE COURREAUD DE. V. COURREAUD

LA CROIX, JACQUES PREVOST DE. V. PREVOST

LA FOURCHE. V. NISSOWAQUET

LAGARDE (Delagarde), PIERRE-PAUL-FRANÇOIS DE, prêtre, sulpicien, missionnaire, né le 19 juillet 1729 à Séguret (dép. de Vaucluse, France), décédé le 3 avril 1784 à Montréal.

Entré comme clerc au séminaire Saint-Charles d'Avignon le 1er novembre 1743, Pierre-Paul-François de Lagarde poursuit ses études à Paris le 21 octobre 1746. Agrégé au séminaire de Saint-Sulpice à Paris le 22 mars 1754, il part pour le Canada, le 25 mai suivant, après avoir été ordonné diacre, et voyage en compagnie du sulpicien François PICQUET et de sa délégation d'Indiens qui reviennent au pays sur la frégate la *Gloire*. Le voyage de Rochefort à Québec dure jusqu'au 15 septembre.

Ordonné prêtre à Québec le 24 mai 1755, Lagarde rejoint Picquet à la mission de La Présentation (Oswegatchie ; aujourd'hui Ogdensburg, New York). Il s'y occupera tout spécialement des Iroquois, ce qui permettra à Picquet de réaliser des projets moins apostoliques durant la guerre de Sept Ans. Pendant cinq ans, secondé tantôt par François-Auguste MAGON de Terlaye tantôt par Jean-Claude MATHEVET, et souvent en l'absence de Picquet, Lagarde vaque au ministère de la mission auprès des Indiens et des Français. Il se familiarise aussi avec les problèmes de la langue indigène. Dans ses moments de loisir, il s'adonne à la botanique ; il aurait transformé, rapporte-t-on, le registre paroissial en herbier. Lagarde étudie, entre autres, le gingembre (*Asarum Canadense L.*), le nard sauvage (*Nardus Stricta L.*), la marguerite (*Chrysanthemum Leucanthemum L.*), l'œil de bœuf (*Anthemis Tinctoria L.*) et la pâquerette (*Bellis Perennis L.*).

Lorsque l'armée anglaise envahit la Nouvelle-France par l'ouest en 1760, Lagarde reste sur place pour prodiguer les soins spirituels aux défenseurs. Le 23 juillet, il signe son dernier acte à La Présentation, et, un mois plus tard, AMHERST le fait prisonnier au fort Lévis (à l'est de Prescott, Ontario). Libéré sur parole, Lagarde regagne Montréal et y fait du ministère de novembre 1760 à mai 1761. Après un séjour d'un an et demi à la mission du Lac-des-Deux-Montagnes (Oka, Québec), il est nommé, en janvier 1763, desservant de la paroisse rurale de Lachine. Jusqu'au 1er juin 1777, il fera chaque année une cinquantaine de baptêmes, autant de sépultures et une dizaine de mariages. En 1769, le feu détruit le presbytère qu'il fait reconstruire immédiatement. Après ce désastre, on suit dans un nouveau registre l'administration de la paroisse, les bilans de 1769 à 1776 montrant des surplus multipliés six fois dans ce laps de temps.

A la mort de Magon de Terlaye en 1777, Lagarde est rappelé à la mission du Lac-des-Deux-Montagnes comme économe et, après le départ de Mathevet en 1778, il devient supérieur. Ce poste comportait une double responsabilité. Représentant du séminaire de Saint-Sulpice, seigneur et propriétaire, le supérieur dispensait les emplacements dont les Indiens pouvaient jouir sans redevance mais sans en acquérir la propriété ; de plus, il était souvent appelé à distribuer des secours. De 1778 à 1783, Lagarde fait des règlements approuvés par les anciens des tribus, cherche à mettre de l'ordre dans la vie des Indiens et résiste à la prétention des Iroquois à la possession des terres. Son rôle de pasteur d'âmes se révèle par les écrits qu'il a laissés, catéchisme et sermons en français, et surtout par ses travaux en iroquois, grammaire iroquoise et sermons, malgré que ses connaissances de l'iroquois aient été éloignées du génie de cette langue.

Malade déjà en 1782, il reste à son poste jusqu'en février 1784. Il meurt à Montréal le 3 avril suivant et est inhumé sous le chœur de l'église Notre-Dame.

J.-BRUNO HAREL

ANQ-M, État civil, Catholiques, Notre-Dame de Montréal ; Saints-Anges (Lachine). — ASSM, 8, A ; 24, Dossier 2 ; Dossier 6. — Allaire, *Dictionnaire*. — Gauthier, *Sulpitiana*. — Louis Bertrand, *Bibliothèque sulpicienne, ou histoire littéraire de la Compagnie de Saint-Sulpice* (3 vol., Paris, 1900). — André Chagny, *Un défenseur de la « Nouvelle-France », François Picquet, « le Canadien » (1708–1781)* (Montréal et Paris, 1913). — J.-A. Cuoq, Anotc kekon, SRC *Mémoires*, 1re sér., XI (1893), sect. I : 137–179.

LAGROIX (La Groy, Lagroye, Lagrouais), JOSEPH HUPPÉ, dit. V. HUPPÉ

LAJEMMERAIS, MARIE-MARGUERITE DUFROST DE. V. DUFROST

LAJUS, FRANÇOIS (baptisé **Louis-François** et appelé aussi **François-Xavier**), chirurgien-major, né à Québec le 28 août 1721, fils de Jordain Lajus*, chirurgien, et de Louise-Élisabeth Moreau, dit Lataupine, décédé à Québec le 6 octobre 1799.

François Lajus s'initia à la chirurgie auprès de son père. Il devint ensuite chirurgien militaire et, le 11 janvier 1745, l'intendant HOCQUART lui octroyait une commission de chirurgien-major pour accompagner en Acadie un détachement commandé par Paul Marin* de La Malgue. Lajus devait retourner en Acadie quelques années plus tard, puisqu'il se trouvait à Louisbourg, île Royale (île du Cap-Breton), lors de la prise de la place par les Anglais en 1758 [V. Augustin de Boschenry* de Drucour]. En compagnie d'un guide indien, il revint immédiatement à Québec, apportant la nouvelle de la chute de la forteresse.

Durant le siège de Québec, au cours de l'été de 1759, Lajus soigna les nombreux blessés transportés à l'Hôpital Général. Après la Conquête, il pratiqua la chirurgie dans la ville et, bien qu'il ne fût attaché à aucun hôpital en particulier, il fut souvent appelé en consultation à l'Hôtel-Dieu. Comme son père, il fut chirurgien des récollets et marguillier de la paroisse Notre-Dame de Québec. Grand ami du seigneur de Lauson, Étienne CHAREST, il entretint une correspondance avec lui après le départ de Charest pour la France en 1765.

Une note, parue dans *la Gazette de Québec* du 29 mars 1770, montre que les chirurgiens n'étaient pas à l'abri des critiques ou des calomnies. L'auteur, William Laing, fait une mise au point sur les rumeurs voulant que le docteur François Lajus ait eu une « conduite blâmable » lors de l'accouchement de Mme Laing. Non seulement, écrit-il, ces rumeurs sont fausses, mais, selon son épouse, Lajus « a été l'Instrument qui lui a conservé la vie, par sa grande expérience et ses bons soins ; et qu'elle souhaite de lui en faire, par ce présent, ses Remerciements ; et qu'elle le préfereroit, dans une telle occasion, à qui que ce soit dans la ville ».

Il semble en effet que la réputation du docteur Lajus fut fort bonne et sa clientèle nombreuse. Ce n'était pas le cas de tous ceux qui se mêlaient de pratiquer la médecine ou la chirurgie. La profession n'était pas organisée à l'époque. Sous le Régime français il y avait bien eu, en 1750, une ordonnance de l'intendant BIGOT, qui obligeait tout étranger à passer un examen devant le médecin du roi avant de pouvoir pratiquer, mais elle était tombée en désuétude, et rien n'était venu la remplacer depuis la Conquête. Aussi, le nombre de charlatans se faisant passer pour médecins et causant de graves préjudices à la santé des habitants était beaucoup plus élevé que celui des médecins et chirurgiens qualifiés. Pour mettre fin à ces abus, le gouverneur lord Dorchester [Carleton*] promulgua, en 1788, une ordonnance qui défendait à quiconque, sous peine d'amende sévère, de pratiquer la médecine, la chirurgie et l'obstétrique sans d'abord se présenter devant le Bureau des examinateurs en médecine, soit à Québec, soit à Montréal. A cause de ses connaissances et de sa vaste expérience, Lajus fut choisi par le gouverneur pour faire partie de ce premier bureau à Québec.

Le chirurgien avait épousé à Québec, le 14 novembre 1747, Marguerite Audet de Piercotte de Bailleul, et ils eurent plusieurs enfants, tous morts en bas âge. Le 11 août 1776, il épousa en secondes noces Angélique-Jeanne Hubert, sœur du supérieur du séminaire et futur évêque de Québec, Jean-François HUBERT. L'aîné de leurs enfants, François-Marie-Olivier-Hubert, devait mourir tragiquement en 1795, à l'âge de 17 ans, d'une balle dans la tête. Le présumé assassin, Abel Willard, se suicida en prison et l'enquête conclut à un cas de « Phrénésie ». Les deux autres fils de Lajus, Jean-Baptiste-Isidore-Hospice et René-Flavien, furent ordonnés prêtres tandis que sa fille, Jeanne-Françoise-Louise-Luce, épousait, en 1796, Pierre-Stanislas Bédard*.

THÉRÈSE P. LEMAY

ANQ-Q, AP-P-1 106 ; État civil, Catholiques, Notre-Dame de Québec, 28 août 1721, 14 nov. 1747, 11 août 1776, 8 oct. 1799. — *La Gazette de Québec*, 29 mars 1770, 7 mai 1795. — P.-G. Roy, *Fils de Québec*, II : 16–18 ; *Inv. concessions*, V : 3 ; *Inv. contrats de mariage*, IV : 25 ; *Inv. jug. et délib., 1717–1760*, V : 245 ; VI : 26 ; *Inv. ord. int.*, III : 66, 150. — Tanguay, *Dictionnaire*, I : 339 ; V : 97. — Abbott, *History of medicine*. — M.-J. et G. Ahern, *Notes pour l'hist. de la médecine*, 325–331. — Heagerty, *Four centuries of medical history in Canada*, I : 226. — J.-E. Roy, *Histoire de la seigneurie de Lauzon* (5 vol., Lévis, Québec, 1897–1904), II. — P.-G. Roy, *A travers l'histoire de l'Hôtel-Dieu de Québec* (Lévis, 1939), 181 ; La famille Lajus, *BRH*, XL (1934) : 243–247.

LALANCETTE, LOUIS-NICOLAS LANDRIO, dit. V. LANDRIAUX

LA MADELEINE, FRANÇOIS-JEAN-DANIEL D'AILLEBOUST DE. V. AILLEBOUST

LAMALETIE, JEAN-ANDRÉ, marchand et greffier de la Maréchaussée de Québec, baptisé le 8 janvier 1718 à Bordeaux, France, fils de Louis Lamaletie, marchand et consul de la juridiction consulaire de Bordeaux, et de Marie-Anne Benet ; il épousa à Québec, le 14 novembre 1747, Marie-Thérèse, fille de François Foucault*, membre du Conseil supérieur, et ils eurent neuf enfants dont deux ou trois seulement parvinrent à l'âge adulte ; décédé en France après 1774.

Des sources contradictoires situent le premier voyage de Jean-André Lamaletie au Canada soit en 1739, soit en 1741, mais son contrat d'association avec le fournisseur bien connu de La Rochelle, Joseph-Simon Desherbert de Lapointe, en date du 14 juin 1744, est le plus ancien document qui donne des renseignements significatifs sur sa carrière. Lamaletie n'apportait dans cette association que « son travail, industrie, et application ». Lapointe acceptait de fournir des marchandises valant 60 000# à la société pour une période de trois ans, se réservant les trois quarts des profits et supportant seul les risques. En plus du quart des profits, Lamaletie devait recevoir 200# par année pour s'occuper de marchandises additionnelles, d'une valeur de 8 000#, venant d'un marchand de Louisbourg, île Royale (île du Cap-Breton), nommé Delort (possiblement Guillaume Delort*), et 500# pour prendre en charge une cargaison supplémentaire à titre d'agent de Lapointe. Le contrat de Lamaletie est un exemple de la dépendance au capital et aux relations d'affaires de la métropole, dans laquelle se trouvaient les marchands de la basse ville de Québec, généralement des jeunes gens cherchant à se tailler une place au soleil. Que ce fût comme commis à gages, agents à commission ou associés en second, ils étendaient l'influence des négociants français au Canada en fournissant des produits manufacturés, en gros ou au détail, à la colonie et en équipant les trafiquants de fourrures de Montréal. Ils rassemblaient ensuite les cargaisons de retour, composées surtout de fourrures et de lettres de change, les dirigeaient sur La Rochelle, Bordeaux ou Rouen, où elles étaient reçues par les fournisseurs que leurs mises de fonds et leurs patientes prolongations de crédits avaient fait les maîtres du commerce.

En 1746, le contrat de Lamaletie avec Lapointe fut prolongé jusqu'en décembre 1752 et la part de Lamaletie sur les profits portée à 50 p. cent. C'est donc un jeune homme heureux en affaires, dans la phase ascendante de sa carrière, qui entra dans l'éminente famille Foucault en 1747, même si le contrat de mariage révèle qu'il n'avait aucun actif en dehors de son entreprise commerciale. Les signatures distinguées au bas du contrat, incluant celles du gouverneur, de l'évêque et de l'intendant, indiquent bien l'importance sociale que lui conférait ce mariage. Il en va de même, tout probablement, pour la nomination de Lamaletie comme greffier de la Maréchaussée, poste qu'il conserva de juillet 1748 jusqu'en 1758. Catholique, Lamaletie n'eut pas à souffrir de ces empêchements sociaux et civils qui circonscrirent la vie de ses nombreux collègues huguenots de la basse ville.

En 1750, Lapointe mourut. Lamaletie passa l'hiver de 1751–1752 en France, s'y faisant de nouvelles relations d'affaires. Il revint à Québec assuré d'une nouvelle association avec un autre fournisseur de La Rochelle, Pierre-Gabriel Admyrauld. A Québec, il se lia avec Guillaume ESTÈBE et un autre commerçant, Jean Latuilière qui déménagea à Bordeaux en 1757. Cette même année, Lamaletie mit fin à son association avec Admyrauld et, en 1758, il retourna lui aussi à Bordeaux. La nouvelle raison sociale Lamaletie, Latuilière et Cie y apparut peu de temps après. Comme Estèbe revint également à Bordeaux en 1758, il est possible qu'il ait été lié de quelque façon à la firme. C'est probablement par l'intermédiaire d'Estèbe que Lamaletie entra en contact avec le munitionnaire général Joseph-Michel CADET, un client à qui Lamaletie, Latuilière et Cie envoya plusieurs navires durant les dernières années de la querre de Sept Ans. La rupture des liens avec La Rochelle et le déplacement du siège des opérations à Bordeaux se firent sans doute pour permettre à la compagnie d'être plus à même de remplir les contrats gouvernementaux.

Même si ses livres de comptes furent saisis, Lamaletie ne fut jamais arrêté comme profiteur de guerre, échappant au sort d'Estèbe et de Cadet. Les profits de Lamaletie souffrirent grandement de la suspension par l'État du paiement de ses lettres de change. La guerre et la perte du Canada, que Lamaletie jugeait une « perte irreparable pour l'Etat, & dont je ne me Consolleray Jamais », le laissèrent fort appauvri, mais Lamaletie, Latuilière et Cie ne mit pas fin à son activité commerciale. Dans les années 1760, Lamaletie représenta bon nombre de Canadiens qui réglaient leurs affaires en France, en particulier les questions relatives aux lettre de change et autres obligations de l'État. Après 1774, son nom n'est plus mentionné dans les sources canadiennes.

DALE MIQUELON

AN, Col., B, 87, f.3 ; 110, f.76. — ANQ-Q, Greffe de Claude Barolet, 16 sept., 11 nov. 1747, 11 juin 1748 ; Greffe de C.-H. Du Laurent, 26 oct. 1751 ; Greffe de Claude Louet, 24 oct. 1763, 9 août 1766 ; Greffe de J.-C. Panet, 28 avril 1749, 9, 14, 18, 21, 22, 23 oct., 4 nov. 1751, 19 oct. 1753, 23 sept. 1754, 28 févr., 16 déc. 1757, 1er avril, 22, 28 mai, 23 août, 18 sept. 1758, 30 août, 3 sept. 1762, 28 oct. 1763, 9 mars, 8 juill. 1768 ; Greffe de J.-A. Saillant, 13 oct. 1755, 4 nov. 1756 ; Greffe de Simon Sanguinet, 7 juill. 1766 ; NF 25, 56, nº 2 119. — APC, MG 24, L3. — *Archives de la Bastille, documents inédits*, François Ravaisson-Mollien, édit. (19 vol., Paris, 1866–1904), XVIII : 276, 362, 376. — P.-G. Roy, *Inv. ins. Cons. souv.*, 248, 277 ; *Inv. jug. et délib., 1717–1760*, V : 20, 75, 150, 165 ; VI : 76, 135, 137 ; *Inv. ord. int.*, III : 96. — Tanguay, *Dictionnaire*, V : 105. — Frégault, *François Bigot*, II : 138. — Jean de Maupassant, *Un grand armateur de Bordeaux, Abraham Gradis (1699?–1780)* (Bordeaux, 1917), 53s., 78. — J. F. Bosher, A Québec merchant's trading circles in France and Canada : Jean-André Lamaletie before 1763, *HS*, IX (1977) : 24–44.

LA MALGUE, JOSEPH MARIN DE. V. MARIN

LA MARRE, JEAN-VICTOR VARIN DE. V. VARIN

LA NAUDIÈRE, CHARLES-FRANÇOIS TARIEU DE. V. TARIEU

LANDRIAUX (Landrio, dit **Lalancette, Landriaux**, dit **Dusourdy), LOUIS-NICOLAS**, chirurgien, né vers 1723 à Luçon, France, fils de Louis Landriaux et de Marie-Louise Bourond, décédé à Montréal le 24 août 1788.

La présence au Canada de Louis-Nicolas Landriaux est signalée pour la première fois le 10 avril 1748 quand il comparaît comme témoin lors d'un procès tenu à Montréal. A cette époque, il est soldat sous les ordres de Louis de La Corne* et pratique la chirurgie à l'Hôtel-Dieu de Montréal, probablement comme assistant de Charles-Elemy-Joseph-Alexandre-Ferdinand FELTZ, qui était aussi chirurgien à l'Hôpital Général. Le 7 mai 1748, sur le point de quitter Montréal pour occuper le poste de chirurgien au fort Saint-Frédéric (près de Crown Point, New York), Landriaux nomme Feltz son procureur, le chargeant de toucher les 480 livres tournois accordées annuellement par le roi pour cette fonction. Il revient à Montréal quelques mois avant l'abandon du fort, en juillet 1759.

Les bons chirurgiens sont rares à Montréal au milieu du XVIIIe siècle et Landriaux, qui a acquis de l'expérience en soignant les malades et les blessés de la région du lac Champlain, se fait sans doute une clientèle assez rapidement. En septembre 1766, après le départ de Feltz pour la France, il devient chirurgien en chef de l'Hôpital Général, poste qu'il occupe jusqu'en août 1782, date à laquelle le docteur George Selby* le remplace. Au début, il reçoit pour ses services 300 livres tournois par année ; en 1780, les religieuses portent ses gages à 400#. Mère d'Youville [DUFROST] affirme être satisfaite de Landriaux. « Il se fait, dit-elle, beaucoup de pratique par sa sagesse et sa prudence. »

Louis-Nicolas Landriaux peut être considéré comme un notable de Montréal. Dès 1762, il habite une maison qui lui appartient, rue Saint-Pierre, près des récollets, et il y est toujours 20 ans plus tard. C'est à la suite d'une mauvaise lecture d'un texte paru dans *la Gazette de Québec* du 7 et du 21 mars 1782 que plusieurs historiens ont affirmé à tort qu'il demeurait à Québec. Il a quelques domestiques à son emploi et même un esclave, en plus de posséder « beaucoup de bonnes maisons en ville ». En 1773, avec plusieurs personnalités importantes de l'époque, il signe une pétition au roi George III lui demandant d'accorder aux « Canadiens » leurs anciennes lois.

Formé par Feltz, excellent chirurgien qui l'avait initié aux arcanes de son art – il lui avait transmis, entre autres, un procédé pour guérir les chancres – Landriaux sait s'attirer la confiance et la sympathie de ses patients. Entre 1770 et 1773, il reçoit une partie des biens que trois pensionnaires de l'Hôpital Général disent posséder en France. Encore faudrait-il que le chirurgien entreprenne les procédures à ses frais pour jouir de ces héritages hypothétiques. Pour compléter sa formation, Landriaux possède une bibliothèque médicale remarquable pour l'époque où les œuvres d'Ambroise Paré et les *Aphorismes* d'Hippocrate côtoient des traités sur la grossesse, les maladies vénériennes, l'anatomie, les médicaments.

Cet homme qui paraît avoir mené une vie aisée et confortable meurt criblé de dettes. En 1788, Landriaux doit à divers créanciers une somme dépassant les 30 000#. Sa femme refuse la succession et ses biens sont vendus aux enchères.

De son union avec Marie-Anne Prud'homme, célébrée dans la chapelle du fort Saint-Frédéric le 8 juin 1756, naissent 22 enfants, dont le premier, baptisé au fort, meurt quelques mois plus tard. Tous les autres naissent à Montréal et plusieurs de leurs descendants habitent aujourd'hui le Québec et l'Ontario.

GILLES JANSON

ANQ-M, Doc. jud., Registres des audiences pour la juridiction de Montréal, 10 avril 1748 ; État civil, Catholiques, Notre-Dame de Montréal, 21 juill. 1758, 16 mars 1784, 26 août 1788 ; Greffe de L.-L. Aumasson de Courville, 3 août 1770, 25 janv. 1772, 4 août 1773 ; Greffe de Louis Chaboillez, 9 sept. 1788 (contrat de mariage de Louis-Nicolas Landriaux et de Marie-Anne Prud'homme rédigé au fort Saint-Frédéric, 7 juin 1756), 15, 16 sept., 1er oct. 1788 ; Greffe de L.-C. Danré de Blanzy, 29 janv. 1760 ; Greffe de François Simonnet, 7 mai 1748. — APC, MG 8, G10. — ASGM, Corr. générale, n° 6 ; Maison mère, Historique, Médecins, 3 ; Registre des baptêmes et sépultures de l'Hôpital Général de Montréal, II : f.29 ; Registre des recettes et dépenses, II. — *Docs. relating to constitutional history, 1759–1791* (Shortt et Doughty ; 1907), 354s. — *La Gazette de Québec*, 23 juill. 1767, 7, 21 mars 1782. — M.-J. et G. Ahern, *Notes pour l'hist. de la médecine*. — [É.-M. Faillon], *Vie de Mme d'Youville, fondatrice des Sœurs de la Charité de Villemarie dans l'île de Montréal, en Canada* (Villemarie [Montréal], 1852). — Albertine Ferland-Angers, *Mère d'Youville, vénérable Marie-Marguerite Du Frost de Lajemmerais, veuve d'Youville, 1701–1771 ; fondatrice des Sœurs de la Charité de l'Hôpital-Général de Montréal, dites sœurs grises* (Montréal, 1945), 245, 256. — P. J. Robinson, *To-*

ronto during the French régime [...] (2e éd., Toronto, 1965). — P.-G. Roy, *Hommes et choses du fort Saint-Frédéric* (Montréal, 1946). — M. Trudel, *L'esclavage au Canada français*. — É.-Z. Massicotte, Le chirurgien Landriaux, *BRH*, XLVI (1940) : 148s. ; Les chirurgiens, médecins, etc., de Montréal, sous le Régime français, ANQ *Rapport*, 1922–1923, 143 ; Les médecins, chirurgiens et apothicaires de Montréal, de 1701 à 1760, *BRH*, XXVII (1921) : 79. — P.-G. Roy, La famille du chirurgien Landriaux, *BRH*, XLIII (1937) : 46–48.

LANDRIÈVE DES BORDES, JEAN-MARIE, écrivain principal du roi et commissaire de la Marine, né le 12 août 1712 à Aubusson, France, fils de Gabriel-Alexis Des Bordes Landriève, président au siège de Marche, et de Marguerite Mercier, inhumé à Artanes (dép. de l'Indre-et-Loire, France) le 21 mai 1778.

Arrivé au Canada vers la fin des années 1730, Jean-Marie Landriève Des Bordes se trouvait à Montréal au mois de mai 1740 où, en plus de se livrer au commerce, il était employé comme commis au contrôle dans les magasins du roi, tâche pour laquelle il obtint sa commission le 21 octobre 1741. Le 23 janvier 1748, le ministre Maurepas, satisfait de ses services, lui accordait un brevet d'écrivain ordinaire du roi. En 1751, après un voyage en France pour affaires personnelles, il revint au pays à la demande de l'intendant BIGOT afin de servir comme écrivain principal à Détroit. L'année suivante, Landriève reçut une commission de subdélégué de l'intendant pour ce même poste en remplacement de Robert NAVARRE. Ce dernier réintégra le poste, en 1754, quand Landriève fut rappelé à Québec où on lui donna la tâche du détail des troupes pour les gouvernements de Québec et Trois-Rivières à la place de Jacques-Michel BRÉARD. Il devint un des hommes de confiance de l'intendant qui le chargea de la visite et de la surveillance des forts des pays d'en haut depuis La Présentation (Oswegatchie ; aujourd'hui Ogdensburg, New York) jusqu'au fort Duquesne (Pittsburgh, Pennsylvanie), visite qu'il entreprit en 1755. En 1758, il exerçait les fonctions de commissaire au fort Carillon (Ticonderoga, New York).

A la Conquête, suivant l'article 20 de la capitulation de Montréal, Landriève fut choisi, par le gouverneur Vaudreuil [RIGAUD], pour assumer la fonction de commissaire chargé de veiller, dans la colonie, sur les affaires du roi. Il s'entendit très bien avec les autorités anglaises qui lui manifestaient beaucoup d'estime. D'ailleurs, le 23 juin 1761, GAGE, le gouverneur de Montréal, et sa femme, de même que les officiers militaires français, et Jacques-Joseph LEMOINE Despins avec qui, dans les dernières années du Régime français, Landriève avait fait des affaires, assistèrent à la signature de son contrat de mariage avec Marie-Gilles, fille cadette de Gaspard-Joseph Chaussegros* de Léry, ingénieur du roi en Nouvelle-France. Landriève déclara apporter à la communauté 200 000## « en deniers comptant », et sa femme 12 000##. A cette époque, selon l'auteur du « Mémoire du Canada », la fortune de Landriève était évaluée à 900 000##.

Quoi qu'il en soit, Landriève était accusé, devant le Châtelet de Paris, d'avoir participé aux prévarications commises par l'intendant Bigot et son entourage, plus particulièrement avec François Maurin*, Joseph-Michel CADET et Jean Corpron*, tous négociants associés. Le 10 décembre 1763, on déclarait la contumace bien instruite contre lui et il était reconnu coupable d'avoir reçu des présents de Cadet, signé de faux états, fabriqué ou signé de faux billets de Maurin, Corpron et Cadet pour achats de vivres non fournis et payés. Le tribunal du Châtelet le condamna au bannissement de la ville de Paris pour neuf ans, au versement d'une amende au roi de 500## et à la restitution à l'État de 100 000##. Landriève rentra en France en janvier 1765 sur le vaisseau le *Chevalier de Lévis*. Il se fit aussitôt donner un sauf-conduit de six mois, à charge de se constituer prisonnier lorsque ce délai serait expiré, afin de répondre à l'accusation qui pesait contre lui. Au mois de juin suivant, il réclama un nouveau procès et employa tout son temps à justifier sa conduite au Canada. Le 24 novembre 1766, le tribunal du Châtelet le déchargeait de toutes les accusations portées contre lui et le déclarait au-dessus de tout reproche dans l'Affaire du Canada. Réhabilité en France, Landriève est le seul des 55 fonctionnaires accusés à avoir tenu à se justifier pleinement aux yeux des Canadiens par des lettres et des messages qu'il fit paraître dans *la Gazette de Québec*. En 1769, il obtint du roi un brevet de commissaire de la Marine et une pension de 600##.

A l'été de 1770, Jean-Marie Landriève Des Bordes quitta Paris et se retira sur sa terre à Artanes, où il décéda en mai 1778. Selon son neveu, François-Joseph Chaussegros de Léry, il laissa à sa femme et à ses trois enfants « une fortune honnête ». Ses deux fils, Antoine-Gilles et Pierre-Paul, entrèrent au service du roi respectivement dans une compagnie des gardes du corps et dans les troupes de la Marine.

ANDRÉ LACHANCE

AD, Indre-et-Loire (Tours), État civil, Artanes, 21 mai 1778. — AN, Col., B, 71, f.43 ; 74, f.18v. ; 84, f.17 ; 87, ff.11, 11v. ; 89, f.15 ; 91, ff.32, 32v. ; 113, f.273 ; 164, f.347 ; C11A, 93, f.264 ; 96, ff.54, 54v. ; 105, ff.199, 382, 407, 409 ; E, 253 (dossier Landriève Des Bordes). —

ANQ-M, État civil, Catholiques, Notre-Dame de Montréal, 25 juin 1761 ; Greffe de Pierre Panet, 23 juin 1761. — APC *Rapport*, 1899, suppl., 182s. ; 1905, I, VIe partie : 72, 108, 130, 319, 359, 361, 364, 383. — [F.-J. Chaussegros de Léry], Lettres du vicomte François-Joseph Chaussegros de Léry à sa famille, ANQ *Rapport*, 1933–1934, 55. — *Inv. des papiers de Léry* (P.-G. Roy), II : 289 ; III : 54–56, 113, 135–141, 146–150, 157–160. — Mémoire du Canada, ANQ *Rapport*, 1924–1925, 174, 187, 197. — *La Gazette de Québec*, 14 mai, 26 juin 1767, 2 févr. 1769. — J.-E. Roy, *Rapport sur les archives de France*, 875, 884. — P.-G. Roy, *Inv. ord. int.*, III : 16, 169, 185, 189, 191. — Tanguay, *Dictionnaire*, V : 127. — P.-G. Roy, *Bigot et sa bande*, 168–172. — [P.-]P.-B. Casgrain, Landrieffe, *BRH*, II (1896) : 45s. — J.-E. Roy, Landriève, *BRH*, II (1896) : 89s. — Benjamin Sulte, Jean-Marie Landrieff, *BRH*, II (1896) : 50–53.

LANDRY, ALEXIS, commerçant, né à Grand-Pré, Nouvelle-Écosse, baptisé le 25 août 1721, fils de Jean Landry et de Claire Le Blanc, décédé à Caraquet, Nouveau-Brunswick, le 6 mars 1798.

Alexis Landry quitta Grand-Pré en 1743 pour aller s'établir dans la seigneurie de Beaubassin, à Aulac (Nouveau-Brunswick), où il épousa Marie Terriot, veuve de Jean Cormier ; ils eurent au moins 11 enfants. En 1755, il participa à la défense du fort Beauséjour (près de Sackville, Nouveau-Brunswick) et, après la capitulation du 16 juin aux mains de MONCKTON, il dut quitter Aulac, avec ses compatriotes, pour se réfugier au ruisseau des Malcontents, à Cocagne (près de Shediac), où ils demeurèrent jusqu'à la fin de l'hiver. Au printemps suivant, Landry, accompagné de plusieurs autres Acadiens, prit le parti de se rendre plus au nord, à Miramichi, espérant y vivre de la chasse et de la pêche, et échapper aux incursions des soldats britanniques. Cependant, ils connurent un hiver terrible, marqué par la guerre, la famine et la peste ; plus de 350 Acadiens périrent, parmi lesquels cinq des enfants de Landry. Il est fort probable qu'au printemps de 1757, accompagné de trois familles, Landry se dirigea vers Caraquet. La date de leur arrivée ne nous est pas connue, mais le recensement de juillet 1761, effectué par Pierre DU CALVET, mentionne la présence de Landry à cet endroit. En octobre 1761, le capitaine Roderick MacKenzie mena un raid contre les établissements de la baie des Chaleurs. Ses prisonniers acadiens devaient être amenés au fort Cumberland (ancien fort Beauséjour) mais, faute de place sur les bateaux, 157 furent laissés là, parmi lesquels se trouvaient Landry et sa famille. Peu de temps après, probablement par prudence, Landry quitta Caraquet pour Miscou et s'installa à l'endroit appelé maintenant Landrys River.

Au printemps de 1768, Landry ramena sa famille à Caraquet et, le 13 mars de l'année suivante, George Walker, magistrat de Népisiguit (Bathurst, Nouveau-Brunswick), lui permit officiellement de s'établir à l'endroit qu'il occupait en 1761, pourvu que ce terrain n'ait pas été concédé à d'autres. En 1784, Landry en recevra les titres officiels et, trois ans plus tard, le gouverneur Thomas Carleton* lui concédera « les prairies et platins situés le long de la rivière du Nord ». Depuis 1766, Landry s'adonnait à un commerce florissant de marchandises importées obtenues de négociants de Népisiguit, de Bonaventure et de Paspébiac contre de la morue. Il se fit même, en 1775, constructeur maritime ; l'année suivante, il livra à la compagnie Walker de Népisiguit un brigantin destiné à une compagnie de Londres.

En 1791, Landry entreprit des démarches pour la construction d'une chapelle à Caraquet ; le missionnaire Joseph-Mathurin BOURG désirait qu'elle soit érigée près du cimetière, et le 10 juillet 1793 Landry céda officiellement un terrain à cette fin, à la condition qu'il ait, ainsi que ses héritiers, l'usage gratuit d'un banc fermé de quatre places et que la fabrique assume le coût de son service dans cette chapelle et de son inhumation. Deux ans plus tard il écrivait à Pierre Denaut*, coadjuteur de l'évêque de Québec, exprimant l'espoir que Mgr HUBERT se souviendrait des gens de Caraquet et leur enverrait un prêtre résidant ; il mentionnait dans sa lettre qu'un feu avait détruit sa grange et une partie de son grain. De toute évidence, Landry s'occupait largement du bien spirituel de ses concitoyens puisqu'il suppléait le prêtre dans les fonctions du ministère pour les baptêmes, les mariages et les sépultures. Le 14 juillet 1794, Landry avait été nommé assesseur des taxes et commissaire des chemins pour la paroisse de Caraquet.

Alexis Landry mourut à Caraquet, âgé de 76 ans, et il fut enseveli dans le petit cimetière situé près du sanctuaire de Sainte-Anne-du-Bocage. Depuis 1961, un monument surplombe la sépulture de cet Acadien, l'un des rares survivants de l'époque de la grande dispersion, dont nous connaissons exactement le lieu d'inhumation.

ALBERT LANDRY

AN, Section Outre-mer, G^1, 466, n° 30. — Archives of the Archbishopric of Baton Rouge (Baton Rouge, La.), Registre des baptêmes, mariages et sépultures de Saint-Charles-des-Mines (Grand-Pré, N.-É.), 1707–1742. — Archives privées, Laura Cormier (Caraquet, N.-B.), Collection Livin Cormier (factures, états de comptes, lettres, reçus, documents officiels sur Alexis Landry et sa famille). — PRO, WO 34/239, ff.160–

164. — Soc. jersiaise (St Helier, Jersey), Journal de Charles Robin, 1767–1784 (des copies ou des mfm de tout ce qui précède sont disponibles au CÉA). — Papiers Amherst (1760–1763) concernant les Acadiens, R. S. Brun, édit., Soc. historique acadienne, *Cahier* (Moncton, N.-B.), III (1968–1971) : 257–320. — *Caraquet : quelques bribes de son histoire, 1967, année du centenaire*, Corinne Albert-Blanchard, compil. ([Caraquet, 1967]). — W. F. Ganong, *The history of Caraquet and Pokemouche*, S. B. Ganong, édit. (Saint-Jean, N.-B., 1948). — Placide Gaudet, Alexis Landry, *L'Évangéline* (Moncton), 12, 19 mai, 9 juin, 19 juill. 1927 (p.11 dans chacun des cas).

LANGLADE, CHARLES-MICHEL MOUET DE. V. Mouet

LANGLOISERIE, dite **Saint-Hippolyte, MARIE-MARGUERITE PIOT DE.** V. Piot

LANGMAN, EDWARD, ministre de l'Église d'Angleterre et fonctionnaire local, né en 1716, fils de John Langman, de Totnes, Angleterre ; marié et père d'une fille ; décédé en 1784 à St John's, Terre-Neuve.

Après avoir obtenu en 1739 un baccalauréat ès arts du Balliol College, Oxford University, Edward Langman reçut les ordres et fut nommé vicaire à St Ive, dans le comté de Cornwall. En 1750, il fit un voyage à St John's, probablement avec la flotte de pêche, et exerça le ministère à cet endroit durant l'été. Il fit bonne impression sur les habitants et, en décembre, ceux-ci obtinrent de la Society for the Propagation of the Gospel qu'il fût désigné pour succéder au précédent missionnaire, William Peaseley*. La Society for the Propagation of the Gospel lui accorda un traitement de £50 par année et les habitants de St John's donnèrent à entendre qu'ils lui verseraient également une aide financière.

Arrivé à St John's en mai 1752, Langman entreprit d'y desservir les 40 familles appartenant à l'Église d'Angleterre. Il officiait tous les dimanches, prêchant le matin et le soir ; il célébrait l'eucharistie quatre fois par année et en plus récitait des prières les mercredis et vendredis de carême. Il fit une série de tournées missionnaires, dont la première eut lieu en 1759 alors qu'il passa deux semaines à Placentia. L'année suivante, il visita Renews, Fermeuse et Ferryland, et il se rendit à la baie de Bulls et à celle de Witless en 1761. A ces deux derniers endroits, il constata avec une vive émotion que « les quelques protestants [étaient] menacés même dans leur vie », les catholiques n'étant empêchés de les attaquer que par la « crainte du pouvoir civil ».

L'invasion de Terre-Neuve par les Français en 1762 [V. Charles-Henri-Louis d'Arsac de Ternay] causa de lourdes pertes à Langman qui se fit dérober £130 durant l'occupation de la ville. Pour comble de malheur, sa femme mourut en couches à la même époque, et seul le fait qu'il était lui-même gravement malade lui permit de ne pas être chassé de la ville avec les autres protestants. Il fut incapable de rétablir sa situation financière ; comme ses paroissiens n'avaient pas mis de maison à sa disposition, il trouvait difficile de vivre « d'une manière passablement convenable » avec le peu d'argent qu'ils lui donnaient. Par deux fois en 1763, il demanda à la Society for the Propagation of the Gospel de le nommer ailleurs ; il poursuivit néanmoins ses visites de missionnaire en se rendant à Trinity pendant l'été de 1764. Cependant, tout le monde n'appréciait pas ses mérites : plusieurs marchands, lassés par ses demandes de secours financier, pourtant justifiées, et par la critique qu'il faisait de leurs agissements, adressèrent en 1765 une pétition à la Society for the Propagation of the Gospel afin de le dénoncer comme un homme « immoral, ivrogne, désagréable ». Le gouverneur Hugh Palliser et d'autres personnes réfutèrent ces accusations, mais Langman dut renoncer à l'espoir d'obtenir de ses ouailles une aide financière accrue. En 1768, il subit d'autres pertes lorsque toutes ses affaires, les vases sacrés et l'argenterie de l'église furent détruits par le feu. Il réussit à surmonter ces difficultés grâce aux fonds de la Society for the Propagation of the Gospel et à une concession de terrain que Palliser lui fit pour qu'il se construise une maison.

Langman estimait tout naturel que le protestantisme se rattache à l'Église d'Angleterre et il luttait contre tout ce qui était de nature à porter atteinte à cette unité. Il se montrait tout de même bienveillant envers les dissidents, les admettait à la communion et acceptait de baptiser leurs enfants. Toutefois, il n'accepta pas que s'établissent des ministres ou des congrégations de confession dissidente, craignant peut-être qu'ils ne fassent concurrence à son Église. Ainsi, en 1772, il protesta parce qu'un certain Garnett, qui se prétendait missionnaire de la Society for the Propagation of the Gospel, tenait des assemblées méthodistes ; en 1779, il se montra même hostile lorsque John Jones, « un simple soldat », tenta d'obtenir l'autorisation d'œuvrer en tant que ministre dissident.

En plus de ses fonctions religieuses, Langman joua un rôle actif au sein du système judiciaire qu'on était en train de mettre sur pied à St John's. Nommé juge de paix en 1754, il fut le premier pasteur à occuper un tel poste. Il devint également, dès 1762, l'un des commissaires de la Cour d'assises et, en 1773, on reconnut sa compétence en le désignant à l'importante fonction de *custos rotulorum* (juge de paix en chef) de St John's. Deux ans plus tard, il fut de nouveau impliqué dans une controverse quand il accusa de partialité et de parjure ses confrères de la magistrature. Lorsque ceux-ci s'en plaignirent au gouverneur John Montagu, Langman fut destitué, mais le gouverneur Robert Duff le rétablit dans ses fonctions l'année suivante.

En 1781, la nouvelle église anglicane de St John's, dont la construction avait été amorcée par Langman en 1758, possédait un vaste portique, un clocher pouvant loger cinq cloches, ainsi qu'une belle horloge que le gouverneur Richard EDWARDS avait donnée. Cependant, Langman était en mauvaise santé ; à cause du climat rigoureux et de ses longues années de travail missionnaire, il souffrait de la goutte. En 1784, plusieurs marchands déplorèrent encore son comportement. C'est à la suite de leurs protestations et des lettres dans lesquelles lui-même se plaignait de sa goutte que Langman fut relevé de ses fonctions en janvier 1784. Il semble que certains griefs des marchands étaient fondés, car le successeur de Langman, Walter Price, trouva la mission mal tenue ; il signala que les morts n'avaient pas été ensevelis et qu'il n'y avait pas de vases sacrés pour l'administration des sacrements. Langman mourut à St John's peu après sa mise en congé.

Durant les 32 années qu'il passa à Terre-Neuve en qualité de missionnaire, Edward Langman raffermit la présence de l'Église d'Angleterre à St John's, et ses fonctions de juge de paix lui permirent d'améliorer la position semi-officielle que l'Église occupait dans l'île. Il introduisit ainsi la doctrine panprotestante de l'érastianisme (subordination de l'Église à l'État) qui domina l'Église d'Angleterre dans l'île jusqu'à la nomination de l'évêque Edward Feild* en 1844.

FREDERICK JONES

USPG, B, 6, n°s 137, 141, 144, 147, 151, 152, 164, 171, 177, 188, 193, 201, 206, 214 ; Journal of SPG, 13 : pp.88–90, 199s. ; 14 : pp.18s., 120 ; 15 : pp.319s. ; 16 : pp.258–260, 505s. ; 17 : pp.62–64 ; 20 : pp.52–54 ; 22 : pp.188–200 ; 23 : pp.263s. — *Alumni Oxonienses ; the members of the University of Oxford, 1715–1886* [...], Joseph Foster, compil. (4 vol., Oxford et Londres, 1888). — [C. F. Pascoe], *Classified digest of the records of the Society for the Propagation of the Gospel in Foreign Parts, 1701–1892* (5e éd., Londres, 1895). — Prowse, *History of Nfld.*

LAPÉROUSE, JEAN-FRANÇOIS DE GALAUP, comte de. V. GALAUP

LA PISTOLE, JACQUES VARIN, dit. V. VARIN

LARCHER, NICOLAS, marchand, membre du Conseil supérieur de l'île Royale, né le 18 juin 1722 à Paris, fils d'Henri-Michel Larcher et de Marie-Anne Marinier, décédé le 27 décembre 1788, à Paris.

Nicolas Larcher arriva à Québec en 1747 en qualité d'agent de son père dans le commerce maritime, mais, en 1751, il était installé à Louisbourg, île Royale (île du Cap-Breton), qu'il avait déjà visitée auparavant. Son association avec Jacques PREVOST de La Croix, commissaire ordonnateur, s'y révéla une utile liaison d'affaires. Insatisfait de la qualité du matériel expédié des magasins royaux de Rochefort, Prevost commença à passer ses commandes directement aux Larcher. Il autorisa aussi Nicolas Larcher à se procurer des grains en Nouvelle-Angleterre quand l'île Royale fut en danger d'en manquer en 1752. En 1753, Larcher avait construit une maison, des magasins et un grand débarcadère sur une propriété qu'il possédait juste à l'extérieur des murs de la ville. Grâce à sa participation à une entreprise de pêche à Petit Degrat (île Petit-de-Grat, Nouvelle-Écosse), qui employait 39 pêcheurs basques en 1752, Larcher pouvait s'approvisionner en morue sèche pour l'exportation en Europe ou aux Antilles. Il se rendait en France presque tous les hivers, laissant la conduite de ses affaires à un commis.

L'aide que lui accordait Prevost rendit Larcher impopulaire parmi les nombreux ennemis du commissaire ordonnateur, en particulier le gouverneur, Jean-Louis de RAYMOND. Le succès financier rapide de Larcher et ses rapports commerciaux avec la Nouvelle-Angleterre lui valurent aussi des critiques. En 1753, Raymond affirma que le débarcadère et les magasins de Larcher pouvaient bien servir au commerce étranger, ce à quoi le ministre de la Marine, Antoine-Louis Rouillé, fit écho en 1754. Plus tard en 1753, des marchands de Saint-Malo citèrent Larcher comme l'un des marchands de Louisbourg qui essayaient de détourner le commerce maritime métropolitain de l'île Royale en coupant les prix grâce aux marchandises à meilleur marché en provenance de la Nouvelle-Angleterre.

Ni l'une ni l'autre de ces accusations ne paraît entièrement vraisemblable. En réalité, Raymond favorisait l'accroissement du commerce étranger que l'île Royale était autorisée à faire. Dans les années 1750, ce commerce avec les colonies de l'Amérique britannique, et en particulier avec le Massachusetts, représentait environ 20 p. cent de toute l'activité commerciale de l'île Royale et tous les principaux commerçants de Louisbourg y prenaient part. En s'attaquant à Larcher, Raymond a peut-être voulu donner libre cours aux soupçons de Rouillé sur les rapports avec l'étranger, aux dépens d'un associé de son rival Prevost. Quant à la plainte des marchands de Saint-Malo, elle était peut-être reliée à la concurrence sur le marché des Antilles entre les marchands de l'île Royale qui y exportaient de la morue et ceux de Saint-Malo qui y exportaient du bœuf salé de France et d'Irlande. Ces derniers n'abandonnèrent jamais leur activité à l'île Royale, toutefois, et ils n'y entrèrent pas en concurrence directe avec les commerçants de la Nouvelle-Angleterre. Saint-Malo envoyait à Louisbourg des conserves, des étoffes, des spiritueux, du vin, des objets manufacturés et du sel, alors que les colonies britanniques y envoyaient des navires, des matériaux de construction et de la nourriture fraîche. De toute manière, les plaintes précises des marchands de Saint-Malo sonnent faux. Comment Larcher, un immigrant de fraîche date et un membre d'une compagnie parisienne, aurait-il pu être considéré comme un colonial dont le but eût été de ruiner le commerce métropolitain ? En dépit de l'inquiétude qu'ils affichaient à l'égard des « pauvres habitants dans un dur esclavage », leur premier but était de promouvoir leurs propres intérêts en jetant le doute sur leurs concurrents.

En dépit de ses détracteurs et de son bref séjour à l'île Royale, Larcher fut l'un des quatre membres intérimaires nommés probablement par Prevost au Conseil supérieur en septembre 1754. Cette nomination, confirmée à titre permanent le 1er juin 1755, visait peut-être à renforcer la compétence juridique du conseil. Larcher fut fréquemment chargé d'examiner des causes civiles et criminelles compliquées, et ses dossiers détaillés permettent de constater chez lui une bonne connaissance du droit commercial et un esprit analytique.

Au milieu des années 1750, Larcher diversifia ses intérêts en ajoutant à son commerce d'importation et d'exportation des entreprises industrielles locales. Il ouvrit une scierie sur un affluent de la rivière de Miré (rivière Mira) et assuma le contrat pour la fourniture annuelle de 12 000 grandes barriques de charbon à la garnison de Louisbourg. Ces deux entreprises, de même qu'une petite ferme, furent dirigées par son associé Antoine RODRIGUE qui avait peut-être mis sur pied leur exploitation avant de les vendre à Larcher. En 1756 et en 1757, Larcher fournit la quantité requise de charbon, frétant plusieurs navires côtiers pour transporter le charbon de Glace Bay et de Mordienne (Port Morien) à Louisbourg. En 1758, plus de 16 000 grandes barriques avaient été extraites, selon les rapports, mais la guerre et le blocus empêchèrent leur livraison à Louisbourg. L'industrie, cependant, n'avait pas remplacé le commerce dans les affaires de Larcher qui continua à expédier des marchandises à Québec et en France, en partie pour remplir des contrats accordés par le gouvernement.

Lors de la capitulation de Louisbourg, le 26 juillet 1758, les activités de Larcher en Amérique du Nord prirent fin. Il avait remporté un succès remarquable. En 1752, ses pêcheries de Petit Degrat pouvaient produire de la morue pour probablement une valeur annuelle de 35 000# et les ventes de charbon rapportaient au minimum 50 000# par année. Le commerce maritime, l'industrie du bois, sa ferme et ses autres affaires ne peuvent être évalués, mais son affirmation à l'effet que la chute de l'île Royale lui fit perdre des entreprises d'une valeur de 250 000# ne paraît pas exagérée, et la variété de ses placements à l'île Royale était sans exemple. Larcher réintégra l'entreprise familiale à Paris, se maria et paraît avoir été relativement prospère, même s'il insista pour que sa pension de 300#, à titre d'ancien conseiller, continuât de lui être versée.

Le succès de Larcher à l'île Royale est attribuable à la disponibilité des capitaux de sa famille, qui lui permirent de se lancer dans d'audacieuses entreprises. Larcher différait encore de la plupart des commerçants français en ce qu'il voulait bien engager à la fois son argent et ses énergies à l'île Royale. En 1758, il était à tous égards un marchand local tant à cause de ses propriétés, de ses mises de fonds, de son poste au conseil, que de son lieu de résidence. Peut-être la chute de Louisbourg justifia-t-elle l'hésitation des marchands de la métropole à investir de l'argent à l'île Royale, mais Raymond avait fait remarquer, précédemment, combien la colonie eût été renforcée si l'on se fût davantage efforcé de mettre ses ressources terrestres en valeur.

CHRISTOPHER MOORE

AMA, Inspection du Génie, Bibliothèque, MSS *inf°*, 210d, n° 6. — AN, Col., B, 99, p.260 (copie aux APC) ; 101, f.5 ; C11B, 19, ff.283–284v. ; 32, ff.155, 180, 192 ; 33, f.79 ; 38, f.307 ; C11C, 9, ff.202–205 ; E, 256 (dossier Nicolas Larcher), ff.11–13 ; F5B, art.14, f.79 ; Section Outre-mer, Dépôt des fortifications des colonies, Am. sept., n° 139 ; G1, 466, n° 84, f.21 ; G2, 204, dossier 470, f.89 ; 212, dossiers 551, 576–582, 584 ; G3, 2041/1, 25 oct. 1749, 18 oct. 1750, 16 déc. 1751 ; 2044, 16 déc. 1756. — Archives de Paris, Reconstitution des actes de l'état civil de Paris, paroisse Saint-Jacques-de-la-Boucherie, 18 juin 1722 ; paroisse Merry, 27 déc. 1788. — APC *Report*, 1905, II, 1re partie : 32. — McLennan, *Louisbourg*. — Christopher Moore, Merchant trade in Louisbourg, île Royale (thèse de M.A., Université d'Ottawa, 1977).

LA ROCHETTE, ALEXANDRE-ROBERT HILLAIRE DE. V. HILLAIRE

LA RONDE, RENÉ BOURASSA, dit. V. BOURASSA

LAROSE, FRANÇOIS GUILLOT, dit. V. GUILLOT

LA SALLE, JOSEPH PERTHUIS DE. V. PERTHUIS

LA SIERRA, ESTEBAN JOSÉ MARTÍNEZ FERNANDEZ Y MARTÍNEZ DE. V. MARTÍNEZ

LATOUR, BERTRAND DE (plusieurs sources lui attribuent erronément le prénom **Louis** et le patronyme **Bertrand de Latour**), prêtre, sulpicien, grand vicaire, supérieur des communautés religieuses féminines du diocèse de Québec, conseiller clerc au Conseil supérieur, né à Toulouse, France, le 6 juillet 1701, fils de Pierre de Latour, avocat au parlement, et de Catherine de Jonquières, décédé à Montauban, France, le 19 janvier 1780.

Bertrand de Latour descendait d'une famille d'avocats anoblie par le capitoulat. Après des études dans sa ville natale il commença son droit puis décida d'entrer au séminaire de Saint-Sulpice, à Paris, le 12 juin 1724. Il y « montra autant de talents que de piété [et] fit sa licence avec distinction ». Il termina aussi ses études de droit puisque dès 1729 il portait le titre de docteur en droit.

Le 2 mai 1729, Latour, qui avait été cédé au séminaire des Missions étrangères, était nommé par Louis XV doyen du chapitre de Québec. Le 17, il devenait conseiller clerc au Conseil supérieur de la Nouvelle-France, remplaçant Jean-Baptiste Gaultier* de Varennes. C'est en considérant « les témoignages avantageux qui lui ont été rendus des bonnes mœurs capacité et bonne doctrine de cet ecclésiastique » que le roi avait nommé Latour à ces dignités, écrivait le ministre Maurepas au gouverneur Beauharnois*. Latour arriva à Québec le 2 septembre suivant. Le vaisseau du roi, la flûte *Éléphant*, qui l'amenait de France avec le nouvel évêque coadjuteur de Québec, Mgr DOSQUET, avait fait naufrage la nuit précédente sur la batture du cap Brûlé, à une dizaine de lieues de Québec. Ce contretemps offrit au jeune doyen du chapitre une occasion de choix de faire ses débuts à Québec. Les chanoines tenaient à ce que ce fût leur doyen et non l'archidiacre Eustache Chartier* de Lotbinière qui reçût le nouveau coadjuteur. Aussi envoyèrent-ils un canot quérir Latour, qui, arrivé à Québec quelques heures avant Mgr Dosquet, put l'accueillir officiellement, enlevant ainsi à Chartier de Lotbinière une nouvelle chance d'affirmer son autorité.

Quelques jours plus tard, le Conseil supérieur admettait dans ses rangs son nouveau conseiller clerc. Celui-ci étonna toute l'assemblée lorsqu'à l'invitation du président il refusa de prendre place au bout de la table des délibérations, à la suite des autres conseillers, tous plus anciens que lui. Le jeune docteur en droit protesta que là n'était pas sa place et que « conformément à ses provisions il devait avoir séance après le doyen des conseillers ». L'affaire fut portée devant le roi, et Latour eut gain de cause. Cette fermeté, autant que cette attitude légaliste, caractérisa son séjour à Québec et provoqua de vives oppositions. Grand vicaire de Mgr Dosquet avant la fin de l'année 1729, il fut nommé supérieur des communautés religieuses féminines le 7 mars 1730 et s'acquitta de sa tâche de façon très autoritaire, suscitant les protestations des religieuses [V. Marie-Thérèse Langlois*, dite de Saint-Jean-Baptiste]. Il provoqua une querelle au sein du chapitre en exigeant une augmentation de sa prébende que lui refusèrent la plupart de ses confrères. La situation s'envenima au point qu'en octobre 1730 les chanoines firent appel au Conseil supérieur qui donna tort à Latour. Au sortir de la séance celui-ci fut hué par ses confrères du chapitre.

Le 29 octobre 1731, Latour s'embarquait pour La Rochelle, chargé par le chapitre de Québec de contrôler les comptes de Pierre HAZEUR de L'Orme, dont la gérance de l'abbaye de Saint-Pierre de Maubec (Méobecq, dép. de l'Indre) – bénéfice qui appartenait au chapitre – ne satisfaisait ni le doyen ni les chanoines. Latour ne devait jamais revenir au Canada, bien que le séminaire des Missions étrangères l'eût nommé curé de la paroisse cathédrale de Québec le 3 octobre 1733. Il démissionna de cette cure le 8 mai de l'année suivante mais garda son titre de doyen du chapitre jusqu'en 1738, refusant toutefois d'en toucher le revenu.

En France, Bertrand de Latour devint un prédicateur prolifique, ayant un goût prononcé pour la polémique. Il prit part à diverses querelles théologiques et canoniques qui secouaient l'Église de France, entre autres à celle que provoqua la bulle *Unigenitus* [V. Dominique-Marie Varlet*], se faisant l'ardent défenseur de l'orthodoxie romaine contre le gallicanisme. En 1736, il était chanoine de la cathédrale de Tours, grand vicaire et official, en plus d'être supérieur des communautés religieuses féminines de la ville. Curé de Saint-Jacques de Montauban en 1740, il devint membre de l'Académie des belles-lettres de cette ville en décembre de la même année.

De 1739 à 1779, Latour publia une imposante somme de sermons, panégyriques, discours dogmatiques, mémoires liturgiques, canoniques et autres. En quittant le Canada, il avait emporté une copie manuscrite des « Annales de l'Hôtel-Dieu de Québec » rédigées par Jeanne-Françoise Juchereau* de La Ferté, dite de Saint-Ignace. Il fit paraître ce texte en 1752 à Montauban, sous le titre d'*Histoire de l'Hôtel-Dieu de Québec*. En 1761, il devenait le premier historien de Mgr de Laval* en publiant, à Cologne (République fédérale d'Allemagne), les *Mémoires sur la vie de M. de Laval, premier évêque de Québec*, texte qu'il rédigea pendant son séjour au Canada, alors qu'il avait pu consulter des documents de première main et interroger des personnes qui avaient connu l'évêque. Vigoureusement opposé au théâtre, il publia à Avignon, de 1763 à 1778, 20 volumes sous le titre de *Réflexions morales, politiques, historiques et littéraires sur le théâtre*.

Bertrand de Latour fut un homme peu ordinaire. La nature et l'éducation avaient rassemblé chez lui des qualités susceptibles de lui assurer une carrière également brillante en divers domaines. Prêtre par vocation, juriste par tradition familiale, intelligent et travailleur, il brûlait d'enthousiasme pour la défense du bien et de la justice. Partout où il passa, il suscita de l'intérêt, parfois de l'admiration et souvent de l'opposition. Bien qu'il eût gardé peu de contacts avec le Canada, il légua, à sa mort, une fondation de 225# sur le diocèse de Toulouse « en faveur des trois communautés de Québec et du dépôt de [leurs] pauvres ».

JULES BÉLANGER

Les *Œuvres complètes de La Tour, doyen du chapitre de la cathédrale de Montauban, réunies pour la première fois en une seule collection* [...], J.-P. Migne, édit. (7 vol., Paris, 1855), contiennent entre autres des sermons, discours, mémoires et monographies pieuses que l'auteur avait déjà publiés de son vivant, en plus de ses *Mémoires sur la vie de M. de Laval, premier évêque de Québec* (Cologne, République fédérale d'Allemagne, 1761) et de ses *Réflexions morales, politiques, historiques et littéraires sur le théâtre* (20 vol., Avignon, France, 1763–1778). [J. B.]

AAQ, 10 B, ff.70v.–71, 77v.–79, 83, 84 ; 11 B, V : 55, 10–13 ; VI : 27. — AD, Tarn-et-Garonne (Montauban), G, 238. — AN, Col., B, 53, f.573v. ; C11A, 51, f.186. — ANQ-Q, NF 11, 39, f.188v. ; 40, ff.7v., 68v. ; NF 12, 6, f.130v. — Archives de la Compagnie de Saint-Sulpice (Paris), Registre des entrées, 1713–1740, p.14. — Archives municipales de Toulouse (dép. de la Haute-Garonne, France), GG 278, f.74. — ASQ, MSS, 12, f.2 ; 208 ; Paroisse de Québec, 5. — Bibliothèque municipale de Montauban, MSS 5. — [J.-F. Juchereau de La Ferté, dite de Saint-Ignace, et M.-A. Regnard Duplessis, dite de Sainte-Hélène], *Histoire de l'Hôtel-Dieu de Québec*, Bertrand de Latour, édit. (Montauban, [1752]). — Jules Villain, *La France moderne ; grand dictionnaire généalogique, historique et biographique* (4 vol., Montpellier, France, 1906–1913), II : 1 029s. — Jules Bélanger, Bertrand de Latour et la querelle du théâtre au dix-huitième siècle (thèse de D. ès L., université de Rennes, France, 1969). — P.-J.-O. Chauveau, *Bertrand de La Tour* (Lévis, Québec, 1898). — Émerand Forestié, *La Société littéraire et l'ancienne Académie de Montauban ; histoire de ces sociétés et biographie de tous les académiciens* (2e éd., Montauban, 1888), 209s. — H.-A. Scott, Louis Bertrand de la Tour & son œuvre, SRC *Mémoires*, 3e sér., XXII (1928), sect. I : 113–140.

LAUBARA. V. OLABARATZ

LA VÉRENDRYE, FRANÇOIS GAULTIER DE. V. GAULTIER DU TREMBLAY

LAVIGNE, PAUL TESSIER, dit. V. TESSIER

LE BLANC, PIERRE, cofondateur de Pointe-de-l'Église (Church Point, Nouvelle-Écosse), né vers 1720 à Grand-Pré, Nouvelle-Écosse, fils de Jacques Le Blanc et d'Élisabeth Boudrot ; il épousa le 4 octobre 1745 Marie-Madeleine Babin et ils eurent au moins dix enfants ; décédé à Pointe-de-l'Église le 6 juillet 1799.

Peu après son mariage, Pierre Le Blanc s'établit sur les bords de la rivière aux Canards (rivière Canard) et, lors du grand dérangement des Acadiens de 1755, il possédait 3 chevaux, 5 bœufs, 7 vaches, 13 jeunes animaux, 18 porcs et 55 brebis. La famille Le Blanc, qui comptait alors quatre enfants, fut déportée à Boston où naquit sur le quai, le 25 novembre 1755, peu après leur arrivée, une quatrième fille. Les Le Blanc demeurèrent, semble-t-il, à Lynn, près de Boston, et ils y étaient encore en avril 1767 alors que naissait un dixième enfant. Ils durent y être à l'aise puisque, contrairement à la plupart des Acadiens exilés au Massachusetts, ils ne quittèrent pas cette colonie en 1766. Parmi les Acadiens qui s'en allèrent, plusieurs choisirent de revenir en Nouvelle-Écosse où les autorités britanniques, dans le but de développer davantage cette colonie, leur avaient accordé, depuis 1764, le droit de s'y établir à la condition de prêter le serment d'allégeance.

Ce n'est qu'en 1771 que Pierre Le Blanc et François Doucet, un compagnon d'exil, vinrent explorer en barque la côte du district de Clare, en Nouvelle-Écosse, où certains Acadiens avaient élu domicile depuis 1768. Accompagnés de leur famille, ils revinrent dans la même région en 1772 et s'installèrent en un lieu appelé plus tard Pointe-de-l'Église. La légende veut qu'à leur arrivée,

Madeleine, dite La Couèche, l'une des filles de Le Blanc, redonnât courage à ses aînés fatigués et abattus en saisissant une hache et en commençant de couper les arbres et les branches nécessaires à la construction d'un abri. Trois ans plus tard, en 1775, quelque 22 familles étaient installées dans la région, dont celle de Pierre DOUCET, fils de François.

Pierre Le Blanc reçut 200 acres de terre en 1775 et, dix ans plus tard, il acheta ou reçut 350 acres additionnelles. Les descendants de Le Blanc et de François Doucet forment aujourd'hui la majorité de la population de Church Point et de Little Brook. Un des fils de Pierre Le Blanc, Joseph, alla s'établir en 1778 à un endroit appelé de nos jours Wedgeport, où il fut un des pionniers ; il y laissa une nombreuse descendance.

J.-ALPHONSE DEVEAU

APC, MG 30, C20, 13. — Archives paroissiales, Sainte-Marie (Church Point, N.-É.), Registre des baptêmes, mariages et sépultures, 1799–1801. — N.-É., Dept. of Lands and Forests, Crown Lands Office, Index sheet n° 6. — Arsenault, *Hist. et généalogie des Acadiens*, 733. — P.-M. Dagnaud, *Les Français du sud-ouest de la Nouvelle Écosse* [...] (Besançon, France, 1905), 24s. — C. J. d'Entremont, *Histoire de Wedgeport, Nouvelle-Écosse* (s.l., 1967). — I. W. Wilson, *A geography and history of the county of Digby, Nova Scotia* (Halifax, 1900), 42.

LEBLANC, dit **Le Maigre, JOSEPH,** fermier, trafiquant, patriote acadien, né le 12 mars 1697 aux Mines (près de Wolfville, Nouvelle-Écosse), fils d'Antoine Leblanc et de Marie Bourgeois ; il épousa, le 13 février 1719, Anne, fille d'Alexandre Bourg*, dit Belle-Humeur, et Marguerite Melanson, dit La Verdure ; décédé le 19 octobre 1772 à Kervaux, dans la paroisse du Palais, Belle-Île, France. [V. *DBC*, III.]

AD, Morbihan (Vannes), État civil, Le Palais, 20 oct. 1772.

LE COMTE DUPRÉ, GEORGES-HIPPOLYTE, dit **Saint-Georges Dupré**, marchand, officier de milice, grand voyer substitut et homme politique, né à Montréal le 23 mars 1738, fils de Jean-Baptiste Le Comte* Dupré et de Marie-Anne Hervieux, décédé à Montréal le 26 novembre 1797.

Fils et petit-fils de commerçants prospères, Georges-Hippolyte Le Comte Dupré fit du commerce jusqu'en 1770 au moins. Toutefois, à l'instar de son frère aîné Jean-Baptiste*, ses goûts le portaient vers une carrière de militaire et de fonctionnaire ; les deux frères étaient de loyaux sujets de la couronne. Major de la milice canadienne à Montréal au début de l'invasion américaine en 1775, Georges-Hippolyte devint par la suite colonel, comme le devint son frère à Québec. Il fut l'un des six Canadiens parmi les 12 notables qui signèrent la capitulation de Montréal le 12 novembre 1775, et aussi l'un des dix Montréalais « reconn[us] pour de bons royalistes » qui furent désarmés par ordre du général américain, David Wooster. Le 6 février 1776, avec trois autres officiers de milice, dont Edward William Gray*, il fut emprisonné au fort Chambly pour avoir refusé de remettre sa commission. Le 25 juin 1776, après le départ des Américains, Le Comte Dupré fut avec Gray l'un des trois officiers chargés de recueillir, dans le district de Montréal, les armes et les commissions américaines aux mains des milices désaffectées, d'arrêter et de juger les espions et les sympathisants – expérience sans doute précieuse pour le rôle d'inspecteur de police qu'il assuma en temps de paix à Montréal, de 1788 à 1797.

De 1775 à sa mort, Le Comte Dupré fut commissaire de la milice pour les corvées et le transport des vivres et approvisionnements militaires dans le district de Montréal ; son fils, Pierre-Hippolyte, lui succéda à ce poste. Pendant la guerre, le transport vers les postes de l'Ouest – un arrière-pays étendu et difficile où la logistique était essentielle à la maîtrise militaire – avait été en grande partie sous sa responsabilité. L'arrière-pays constituait un rempart indispensable pour le Canada, et l'administration des transports dans cette région fut probablement sa réalisation la plus marquante. Pendant la campagne de 1777, il servit sur la « frontière », probablement en qualité de commissaire aux transports, sous les ordres de BURGOYNE et de William Phillips. On ne peut le blâmer pour l' « inactivité et la désertion des Canadiens de corvée », que déplorait Burgoyne, puisque Le Comte Dupré fut précisément empêché de les accompagner par le gouverneur sir Guy Carleton* qui jugea, qu'à titre de responsable, il ne pouvait « être dispensé du devoir de [les] recruter et de [les] envoyer » où ils étaient attendus. Le gouverneur HALDIMAND reconnut la compétence de Le Comte Dupré en le nommant, en 1783, grand voyer substitut du district de Montréal, sous les ordres du grand voyer de la province, François-Marie PICOTÉ de Belestre, qui considérait son poste comme une sinécure.

A l'instar de la plupart des gentilshommes canadiens des années 1780, Le Comte Dupré était opposé à l'idée d'une assemblée élective et à l'extension des lois anglaises. Toutefois, quand survinrent les changements, il s'assura, comme beaucoup d'autres, une place à l'Assemblée comme représentant du comté bas-canadien de Huntingdon, situé à l'ouest de la rivière Richelieu sur la rive sud du Saint-Laurent, de 1792 à 1796.

Sans doute gagna-t-il l'« affection » des électeurs grâce à la largeur de vue qu'il avait manifestée en dirigeant les corvées avec un esprit de justice et en traitant humainement les personnes soupçonnées de sympathies américaines pendant la guerre.

Les deux épouses de Le Comte Dupré moururent jeunes. Le 9 janvier 1764, il avait épousé à Montréal Marie-Charlotte, fille de Daniel-Hyacinthe-Marie Liénard* de Beaujeu, qui mourut en 1769 après la naissance de leur deuxième fils. Il se remaria le 22 mars 1770, à Saint-Vincent-de-Paul (Laval), sur l'île Jésus, avec Marie-Louise-Charlotte de La Corne. La jeune fille quitta le domicile familial avant le mariage, et son père, Luc de LA CORNE, fit « grand bruit » avant de se résigner à donner son consentement. Marie-Louise-Charlotte mourut en janvier de l'année suivante, à l'âge de 20 ans.

A. J. H. RICHARDSON

Un portrait à l'huile, conservé au château de Ramezay à Montréal, représenterait Le Comte Dupré. Il a été exécuté avant ou en 1799, après la mort de ce dernier, par Louis-Chrétien de Heer*. (A. J. H. R.)

ANQ-M, État civil, Catholiques, Notre-Dame de Montréal, 24 mars 1738, 9 janv. 1764 ; Saint-Vincent-de-Paul (Laval), 22 mars 1770. — APC, MG 24, L3, pp.116–122, 2 684–2 692, 2 952–2 954, 2 980s., 3 150s., 3 166, 3 180s., 3 200s., 3 215, 3 379–3 381, 3 790s., 3 832s., 3 871s., 3 898, 3 968, 4 139s., 4 187, 4 223–4 226, 4 233s., 4 245–4 247, 4 300s., 4 357–4 359, 4 432–4 434, 4 468–4 470, 4 533s., 4 571–4 574, 4 585–4 594, 4 648s., 4 656–4 658, 4 750–4 753, 4 762–4 764, 4 802–4 804, 4 841s., 4 878–4 880, 4 924s., 4 975–4 977, 4 994s., 5 008–5 010, 5 017s., 5 025s., 5 042s., 5 065–5 067, 5 083, 5 332–5 334, 5 371s., 5 381–5 383, 5 391s., 5 403–5 405, 5 440–5 448, 5 467s., 5 474s., 5 480, 5 484–5 486, 5 490s., 5 533–5 535, 5 566–5 568, 5 577–5 582, 5 585–5 591, 5 595–5 597, 5 675s., 5 737s., 5 760, 5 779–5 782, 5 795s., 5 903s., 5 923s., 6 477s., 6 537s., 6 746, 6 863, 6 893s., 7 100s., 7 141, 7 178–7 180, 7 191, 7 210s., 32 753s., 33 247–33 252 ; RG 8, I (C series), 201, p.118. — BL, Add. MSS 21 733, f.3 ; 21 789, ff.203, 204 (copies aux APC). — *American archives* (Clarke et Force), 4e sér., IV : 991, 1 004s. — APC *Rapport*, 1887, 332, 336. — *Invasion du Canada* (Verreau), 34, 37, 93, 96–98, 319. — Inventaire des biens de Luc Lacorne de Saint-Luc, J.-J. Lefebvre, édit., ANQ *Rapport*, 1947–1948, 33, 35, 88s. — *La Gazette de Montréal*, 10 juill. 1792. — *La Gazette de Québec*, 22 janv. 1789, 20 déc. 1792, 7 déc. 1797. — *Almanach de Québec*, 1788, 1795. — Caron, Inv. de la corr. de Mgr Briand, ANQ *Rapport*, 1929–1930, 83. — Burt, *Old prov. of Que.* (1933), 286s., 412. — E. B. De Fonblanque, *Political and military episodes* [...] *derived from the life and correspondence of the Right Hon. John Burgoyne* [...] (Londres, 1876), 239, 248. — Neatby, *Quebec*, 149, 164, 201–203, 251s. — P.-G. Roy, *La famille Le Compte Dupré* (Lévis, Québec, 1941).

LE COURTOIS DE SURLAVILLE (Le Courtois de Blais de Surlaville), MICHEL (il signait parfois **Achille-Michel-Balthasar**), officier, baptisé le 17 juillet 1714 à Bayeux, France, fils de Thomas Le Courtois et de Charlotte Le Blais, décédé célibataire le 8 janvier 1796 à Paris.

Le service de Michel Le Courtois de Surlaville en Amérique du Nord représente un bref intermède d'une carrière militaire longue et illustre. Fils d'avocat, il entra dans l'armée en 1734 comme lieutenant en second dans le régiment de Foix. Après avoir servi en Italie et en Allemagne, il acheta l'aide-majorité du régiment de La Couronne pour 2 000 écus en 1742. L'année suivante, il prit part à plusieurs sièges en Bohême et en Bavière, où il fut blessé, puis refit du service actif en Flandre en 1744. Il reçut le grade de capitaine en 1745 et, la même année, participa à la bataille de Fontenoy (Belgique) où sa vaillante conduite à la tête de la brigade de La Couronne, après que tous les autres officiers eurent été tués ou blessés, lui valut la croix de Saint-Louis. Au siège de Tournai (Belgique) en 1746, il dirigea une sortie de la forteresse ; à Bruxelles, peu après, il était blessé une seconde fois. Nommé major d'une brigade de milice en 1747, il reçut du maréchal de Saxe le commandement du village de Tubize (Belgique). Il se joignit au régiment nouvellement créé des Grenadiers de France, en 1749, comme aide-major.

A un certain moment de sa carrière, probablement lors de son service en Bavière, Surlaville avait rencontré Jean-Louis de RAYMOND, nommé gouverneur de l'île Royale (île du Cap-Breton) en 1751. Raymond désirait prendre Surlaville avec lui comme aide de camp, mais le ministre de la Marine, craignant que des gouverneurs d'autres colonies ne voulussent également de tels aides militaires, désigna Surlaville major des troupes de Louisbourg le 1er avril 1751 ; il le nomma en même temps colonel d'infanterie, grade demandé par Surlaville lorsqu'il avait accepté l'offre de Raymond. L'arrangement était peu habituel car les fonctions de major des troupes et de la ville avaient été jusque-là remplies par une seule personne, en l'occurrence Michel de Gannes* de Falaise. Cependant, le ministre de la Marine, Rouillé, décida qu'un officier pourrait améliorer l'état de la garnison et, à la suite de la nomination de Surlaville, les fonctions de Michel de Gannes de Falaise se bornèrent à régler les affaires de la ville.

La garnison de Louisbourg que Surlaville devait commander se composait d'une bande d'exilés, tapageurs et indisciplinés, ramassés en France et dans les pays avoisinants. En fait, deux facteurs contribuaient à abaisser la qualité des troupes. Contrairement aux soldats de l'armée, les troupes de la Marine étaient recrutées dans la France entière et ne possédaient pas la tradition de service d'un quelconque régiment. En outre, elles étaient souvent puisées dans une réserve commune, et les fonctionnaires du ministère de la Marine ne se préoccupaient pas de la qualité, comme un officier de recrutement l'aurait fait pour son propre régiment. Vu que la date limite de la plupart des engagements n'était pas précisée, les soldats se sentaient condamnés à l'exil à vie. D'autre part, la désertion représentait un problème de taille ; une amnistie royale de 1750 tenta d'en enrayer le taux élevé au sein de la colonie, sans grand effet toutefois. Pis encore, il y avait eu une révolte parmi les troupes à Louisbourg en 1744 [V. Louis Du Pont Duchambon], puis en 1750 une mutinerie dans un détachement à Port-Toulouse (près de St Peters, Nouvelle-Écosse) avait abouti à l'exécution de neuf soldats.

Avec vigueur, Surlaville se mit alors en devoir de corriger cet état de choses. Les soldats reçurent l'ordre de se faire couper les cheveux, les uniformes et l'équipement durent subir l'inspection, sinon il y avait sanctions, la garnison fit l'exercice régulièrement et l'on restreignit les mouvements de ses membres. La discipline était stricte mais la justice équitable. En effet, les excellents dossiers de Surlaville révèlent que les caporaux et les sergents qui maltraitaient leurs hommes se voyaient imposer les mêmes punitions que les soldats. Par suite de ces réformes, le taux de désertion tomba, et la garnison de Louisbourg se trouva être mieux ordonnée qu'elle ne l'avait jamais été.

Officier à l'esprit critique et au talent littéraire dépassant de beaucoup ceux de la plupart de ses contemporains, Surlaville saisit rapidement l'histoire et la valeur stratégique de la colonie, son commerce et son gouvernement. Il jugea sévèrement bon nombre d'actes du ministère de la Marine, critiqua les uniformes et les approvisionnements envoyés tous les ans de France aux troupes et fit enquête sur les manœuvres illicites de Jacques Prevost de La Croix, commissaire ordonnateur. Peu après son arrivée dans la colonie, Raymond envoya Surlaville à Halifax comme son représentant officiel ; le major fit un rapport sur l'établissement britannique nouvellement créé et retourna à Louisbourg. Avec Thomas Pichon, il évalua la faiblesse stratégique de la position française en Acadie et fit des recommandations pour l'améliorer. Pendant ses deux années à l'île Royale, Surlaville tint un journal dans lequel il nota les événements et manifesta tout son mépris pour Raymond qu'il était venu à détester. En outre, il transcrivit et annota quelques lettres du gouverneur d'un ton sarcastique et pleurnichard pour dévoiler à quel point la conduite de Raymond avait été absurde. Ainsi, lorsque Raymond pria le ministre de la Marine de le rappeler au bon souvenir du roi, Surlaville fit cette observation : « Son imagination, actuellement, l'a fortement persuadé qu'il est un personnage considerable qui mérite une partie de l'attention de Sa Majesté [...] Quelle extravagance ! »

On a appelé l'affectation de Surlaville à Louisbourg la nomination militaire la plus importante faite pendant les dix dernières années de la forteresse. Pourtant, on abandonna la plupart de ses réformes après son retour en France avec Raymond, à l'automne de 1753, apparemment pour cause de maladie. Les fonctions de major des troupes et de la ville furent réunies et confiées de nouveau à un officier des troupes de la Marine, Robert Tarride* Duhaget. Surlaville se vit octroyer, pour ses efforts, une pension de 800# du ministère de la Marine mais découvrit qu'il avait manqué une promotion dans les Grenadiers de France à cause de son absence ; aussi, en mars 1754, il échangea son aide-majorité contre un brevet de colonel réformé dans le régiment de La Couronne. En mars 1757, il fut nommé aide-major général de l'infanterie dans l'armée du Bas-Rhin et, deux ans plus tard, aide-major général des logis. Jusqu'à la chute de Louisbourg en 1758, il continua de correspondre avec des collègues officiers en Acadie. On a conservé ces lettres, son journal et d'autres écrits dont l'ensemble fournit une description approfondie de l'activité française dans cette région au cours des années 1750.

Promu brigadier en 1761, Surlaville servit de nouveau comme aide-major général des logis dans l'armée française en Allemagne et, en 1762, obtint le grade de maréchal de camp. Pendant cette période, il paraît s'être trouvé dans une situation financière plutôt difficile, dont on ignore les causes. En 1759, il déclarait qu'il avait environ 16 000# de dettes ; cependant, grâce à plusieurs pensions et gratifications – dont l'une de 12 000# – il semble s'en être acquitté dès 1763.

On sait peu de chose de la fin de sa vie, hormis son service en Picardie et en Boulonnais de 1763 à 1771, et sa promotion au grade de lieutenant général en 1781.

T. A. Crowley

AD, Calvados (Cæn), État civil, Saint-Sauveur de Bayeux, 1714 ; F, 1 894 (fonds Surlaville). — AMA, SHA, Mémoires historiques et reconnaissances militaires, art. 1 105, pièce 1 ; Y[2d], 1 170 (dossier Surlaville). — AN, Marine, C[7], 314 (dossier Surlaville). — ASQ, Polygraphie, LV, spécialement 41 ; LVI–LVIII (papiers Surlaville ; copies aux APC, MG 18, F30). — *Les derniers jours de l'Acadie* (Du Boscq de Beaumont). — Crowley, Government and interests, 103–189. — McLennan, *Louisbourg*, 191, 193, 329. — Stanley, *New France*. — J. C. Webster, *Thomas Pichon, « the spy of Beausejour », an account of his career in Europe and America* [...] ([Sackville, N.-B.], 1937).

LEDRU (Le Dru), JEAN-ANTOINE, prêtre, né en 1752 en France, décédé en 1796 ou après.

Il semble que Jean-Antoine Ledru ait prononcé ses vœux dans l'ordre des Frères prêcheurs à Arras, en France. En 1773, il alla dans leur couvent de Paris où il resta jusqu'à l'hiver de 1774. La date de son ordination n'est pas connue. Il est probable qu'il quitta l'ordre et qu'il passa au clergé séculier ; il se peut néanmoins qu'il y soit demeuré et qu'il rejoignît un groupe de missionnaires dominicains dans les Antilles. Pendant son séjour en Amérique du Nord c'est en tant que dominicain qu'il a été connu.

Ledru arriva en Nouvelle-Écosse à l'été de 1786 ; le vicaire général Joseph-Mathurin BOURG l'envoya desservir la baie de Sainte-Marie et le cap de Sable. Cet automne-là, il entreprit une vaste tournée missionnaire sans la permission de ses supérieurs. A Shelburne, on le pria d'aller à l'île Saint-Jean (Île-du-Prince-Édouard), où les catholiques se trouvaient sans prêtre depuis la mort de James MACDONALD en 1785. Après avoir visité Arichat et Pictou, Ledru alla sur l'île juste avant le jour de Noël 1786 et passa l'hiver à la baie de Fortune. Au printemps suivant, il se rendit aux îles de la Madeleine et à l'île du Cap-Breton. Sa longue absence de la baie de Sainte-Marie ne semble pas l'avoir inquiété car il rendit visite à Thomas-François LE ROUX à Memramcook, Nouveau-Brunswick, avant de regagner sa mission.

Après l'arrivée de Ledru en Nouvelle-Écosse, il y eut un échange de correspondance entre Bourg et l'évêque de Québec sur la validité de ses pouvoirs. Le fait qu'il était arrivé dans la région sans aucune lettre de recommandation de la part des dominicains avait soulevé quelques soupçons et, lorsque les paroissiens commencèrent à se plaindre de son irresponsabilité, la question se posa de savoir si c'était un imposteur. Quoique Bourg pût confirmer l'ordination en bonne et due forme de Ledru, Mgr Louis-Philippe MARIAUCHAU d'Esgly ordonna, en 1787, qu'il fût congédié immédiatement d'Acadie. L'évêque estimait en effet que l'on ne pouvait pas compter sur Ledru étant donné son incapacité de rester au même endroit, ainsi que son manque d'honnêteté puisque, « sous les apparences de la probité & du zèle, [il] a enlevé, en l'absence des missionnaires, de grandes sommes d'argent au peuple trop simple, pour se défier de la supercherie ». Sans doute dut-il paraître encore moins prudent de continuer de donner asile à Ledru, vu les soupçons que le gouvernement britannique entretenait à l'égard des prêtres français venus d'ailleurs.

Ledru resta néanmoins en Nouvelle-Écosse jusqu'à la fin du printemps de 1788 et fut la cause d'un différend qui devait durer plusieurs années. A son retour à la baie de Sainte-Marie en 1787, il avait découvert que ses ouailles ne le considéraient plus comme leur prêtre. Par vengeance peut-être, il présenta une requête au lieutenant-gouverneur John PARR demandant que certains vases sacrés que détenaient des particuliers fussent donnés à l'église du cap de Sable. Les habitants de la baie de Sainte-Marie qui avaient aussi besoin de vases sacrés furent courroucés ; cette controverse au sujet de la possession des vases ne prit fin qu'en 1806 lorsque l'évêque Joseph-Octave Plessis* donna officiellement gain de cause à la communauté de la baie de Sainte-Marie, où les fidèles étaient plus nombreux.

En 1789, Ledru accepta d'être nommé à Kaskaskia, au pays des Illinois. Il y arriva en septembre, et en l'espace de quelques mois il commença à inquiéter son évêque, John Carroll, de Baltimore. En effet, ce dernier n'avait reçu aucune lettre de France témoignant de la bonne vie et des mœurs de Ledru et autorisant son séjour en Amérique du Nord ; par contre, il avait reçu de troublantes nouvelles quant à son activité en Acadie. Pendant ce temps, Ledru, trouvant que la dîme à Kaskaskia n'était pas un moyen d'existence suffisant, avait accepté une offre plus tentante, celle d'aller à St Louis (Missouri), alors en Louisiane espagnole. De là il se vit forcé de partir, sans doute à l'automne de 1793, après s'être querellé avec le commandant, selon lequel Ledru avait « mecontenté Ces Paroissiens par un interest et un Commerce qui lui donnent proces avec tout le monde, de plus les vexant pour un Casuel outré dans toute les Ceremonies de son ministaire ». Vraisemblablement, Ledru passa l'hiver au fort Saint-Joseph (Niles, Michigan), avant de se rendre à Michillimakinac (Mackinac Island, Michigan) où il exerça son ministère sans autorisation et où son nom apparaît dans les registres de baptême de mai à juillet 1794. Il alla alors à Détroit, avec l'intention de continuer vers le fort Érié (Fort Erie, Ontario) mais le gouverneur général lord Dorchester [Carleton*] avait reçu des rapports peu rassurants sur ses sympathies républicaines et, en juin 1794, il recommanda au lieutenant-gouverneur Simcoe* du Haut-Canada de lui en refuser l'entrée. Ledru dut rester à Détroit où il fut contraint de compter sur les rations du commandant. Pendant la période délicate qui précéda la signature du traité Jay entre les États-Unis et la Grande-Bretagne, en novembre 1794, les Britanniques s'inquiétaient de l'agitation républicaine aux alentours des postes de l'Ouest, surtout ceux qui se trouvaient près de la frontière du Haut-Canada. Les autorités avaient l'intention de renvoyer Ledru à Michillimakinac mais, comme il n'y avait pas de bateau disponible, il fut envoyé au fort Érié. « S'il est mal intentionné ou si ses principes sont jugés républicains, écrivait le commandant à Détroit, ce n'est absolument pas l'endroit qu'il faut pour souffrir qu'il y reste. » En septembre, Dorchester s'assura le transfert du révérend Edmund Burke* à la rivière Raisin, au sud de Détroit, « expressément pour neutraliser les machinations des émissaires jacobins ». Bien que l'on ne sache pas clairement si Ledru se rendit dans la région de la rivière Raisin, le gouverneur général s'était peut-être ému de la requête des habitants voulant que Ledru soit leur prêtre.

En octobre 1794, Ledru reçut de Simcoe un ordre officiel de bannissement pour s'être comporté « d'une manière si malséante ». Il devait quitter le Haut-Canada en passant par Oswego, New York, et ne jamais revenir dans une province britannique, quelle qu'elle soit. Ses occupations ultérieures ne sont pas connues. Toutefois, dans une lettre à Mgr HUBERT, évêque de Québec, en mars 1796, l'évêque Carroll remarquait à propos d'Edmund Burke que « des gens malintentionnés, et surtout un Jacobin apostat nommé le Dru, ont trouvé les moiens d'inspirer à certains officiers des troupes Americaines postées dans le voisinage du Fort de Détroit, des preventions contre ce prêtre ». Ceci laisse entendre que Ledru avait trouvé le moyen de retourner à Détroit. Il n'existe plus d'autres traces de lui. L'image que l'on se fait en général des missionnaires français en Amérique du Nord britannique ne correspond pas à celle qu'il projette car, partout où il était passé, il était entré en conflit avec les autorités.

DELLA M. M. STANLEY

AAQ, 7 CM, I : 12. — Archivo General de Indias (Séville, Espagne), Sección, Papeles de Cuba, legajo 208A. — CÉA, Fonds Placide Gaudet, 1.54-15 ; 1.88-9 ; 1.88-12. — *Before Lewis and Clark : documents illustrating the history of the Missouri, 1785–1804*, A. P. Nasatir, édit. (2 vol., St Louis, Mo., 1952), I : 132, 203. — *Correspondence of Lieut. Governor Simcoe* (Cruikshank), II–V. — *Kaskaskia records, 1778–1790*, C. W. Alvord, édit. (Springfield, Ill., 1909). — The Mackinac register, R. G. Thwaites, édit., Wis., State Hist. Soc., *Coll.*, XIX (1910) : 97–102. — Allaire, *Dictionnaire*, I : 330. — Caron, Inv. de la corr. de Mgr Hubert et de Mgr Bailly de Messein, ANQ *Rapport*, 1930–1931, 199–351 ; Inv. de la corr. de Mgr Mariaucheau d'Esgly, ANQ *Rapport*, 1930–1931, 185–198. — Antoine Bernard, *Histoire de la survivance acadienne, 1755–1935* (Montréal, 1935), 241s. — P.-M. Dagnaud, *Les Français du sud-ouest de la Nouvelle Écosse* [...] (Besançon, France, 1905), 49s. — A.-H. Gosselin, *L'Église du Canada après la Conquête*, II : 164s., 289. — A. A. Johnston, *A history of the Catholic Church in eastern Nova Scotia* (2 vol., Antigonish, N.-É., 1960–1971), I : 120–132, 150, 170. — Émile Lauvrière, *La tragédie d'un peuple : histoire du peuple acadien de ses origines à nos jours* (2 vol., Paris, 1922), II : 343. — W. R. Riddell, *The life of John Graves Simcoe, first lieutenant-governor of the province of Upper Canada, 1792–1796* (Toronto, [1926]), 264s. — Placide Gaudet, Les premiers missionnaires de la baie Ste-Marie [...] *L'Évangéline* (Weymouth Bridge, N.-É.), 9 juill. 1891, p. [2] ; 16 juill. 1891, p. [3].

LEFEBVRE DE BELLEFEUILLE, FRANÇOIS, seigneur, baptisé le 4 mars 1708 à Plaisance (Placentia, Terre-Neuve), deuxième fils de Jean-François Lefebvre* de Bellefeuille et d'Anne Baudry ; il épousa le 17 mars 1749 Marie-Josephte Hertel de Cournoyer, et ils eurent 11 enfants ; décédé le 11 avril 1780 à Trois-Rivières.

François Lefebvre de Bellefeuille aida son père et ses frères Georges et Pierre à mettre en valeur la seigneurie familiale de Grand-Pabos, acquise en 1729. Cette seigneurie fut la seule, sur la côte de Gaspé, à avoir été colonisée d'une façon permanente sous le Régime français. En juin 1745, François fit en hâte le voyage de Pabos à Québec, apportant les premières nouvelles du siège de Louisbourg, île Royale (île du Cap-Breton). L'année suivante, Georges, qui était subdélégué de l'intendant de Québec depuis 1737, s'embarqua pour la France ; son titre de subdélégué fut transféré à François en 1749. Le rôle de François consistait à régler les différends parmi les pêcheurs sédentaires et les Français qui, chaque été, venaient pêcher le long de la côte de Gaspé.

Après la mort de son père vers 1744, François Lefebvre de Bellefeuille continua la mise en valeur des pêcheries de la seigneurie, aidé en cela par son jeune frère Pierre. Son actif le plus important consistait en d'excellentes graves pour le séchage de la morue qu'on pouvait pêcher à peu de distance de la côte. Outre les gains résultant de la vente de son poisson à Québec, Lefebvre de Bellefeuille tirait un certain revenu de la location d'une partie de ses graves aux pêcheurs saisonniers venus de France. Il semble avoir vécu à l'aise, et son manoir seigneurial était, selon un document datant de 1758, grand et bien meublé. Des nombreuses seigneuries de la côte de Gaspé, seule celle de Grand-Pabos avait un seigneur résidant ; c'était aussi la seule à être exploitée avec succès. Lefebvre de Bellefeuille devint prospère sans aucune aide gouvernementale.

Même si sa concession était limitée à la région entourant immédiatement l'embouchure de la rivière Grand-Pabos, Lefebvre de Bellefeuille étendit son autorité seigneuriale jusqu'aux bonnes graves de l'embouchure de la Grande Rivière, à quelques milles au nord-est. De fait, c'est à Grande-Rivière qu'il vivait avec sa famille. La côte de Gaspé était éloignée de Québec et le gouvernement ne se souciait guère que Lefebvre de Bellefeuille empiétât quelque peu sur les terres voisines. Dans les années 1750, il avait reçu le titre militaire peu précis de « Commandant pour le Roy dans toute la coste de Gaspée et la baye des Chaleurs ».

En septembre 1758, le général de brigade Wolfe* visita la côte de Gaspé avec une flottille de navires de guerre. Lefebvre de Bellefeuille n'était pas en position d'offrir une résistance, et les Britanniques dévastèrent toutes les installations de pêche françaises le long de la côte. A Grande-Rivière et à Pabos, ils détruisirent un sloop, plus de 100 chaloupes, environ 100 maisons, plus de 10 000 quintaux de morue, de même que toutes les marchandises et tous les vivres. Lefebvre de Bellefeuille partit pour ne plus jamais revenir à la côte de Gaspé, optant plutôt de vivre à Trois-Rivières, près de la famille de sa femme.

En 1765, Lefebvre de Bellefeuille vendit la seigneurie de Grand-Pabos au colonel Frederick HALDIMAND. Le produit de la vente l'aida à acheter une partie de la seigneurie de Cournoyer (près de Trois-Rivières) ; avec l'héritage de sa femme, il obtint la propriété de la plus grande partie du reste. Il mourut le 11 avril 1780 et son fils Antoine hérita de la seigneurie.

DAVID LEE

AN, Col., C^{11A}, 83, ff.94, 170, 175 ; F^3, 50, ff.361s. ; Marine, C^7, 24 (dossier Lefebvre de Bellefeuille). — ANQ-Q, NF 2, 36, ff.80v.–81. — APC, MG 9, B8, 1, Pabos ; MG 18, M, sér. 3, 24, n° 2. — BL, Add. MSS 21 726, pp.7s. (copies aux APC). — P.-G. Roy, *Inv. concessions*, IV : 98–101, 127–130. — Tanguay, *Dictionnaire*. — La Morandière, *Hist. de la pêche française de la morue*, II : 601–603. — David Lee, The French in Gaspé, 1534 to 1760, *Canadian Historic Sites : Occasional Papers in Archaeology and History* (Ottawa), n° 3 (1970) : 25–64. — A. C. de L. Macdonald, La famille Le Febvre de Bellefeuille, *Revue canadienne* (Montréal), XX (1884) : 168–176, 235–247, 291–302.

LE FOURREUR. V. FOUREUR

LEGARDEUR DE CROISILLE (Croizille) ET DE MONTESSON, JOSEPH-MICHEL, officier dans les troupes de la Marine et seigneur, baptisé le 30 décembre 1716 à Bécancour (Québec), fils de Charles Legardeur* de Croisille et de Marie-Anne-Geneviève Robinau de Bécancour, décédé vers 1776 en Pennsylvanie.

Joseph-Michel Legardeur de Croisille et de Montesson grandit dans la seigneurie de Bécancour où, côte à côte, vivaient en nombre égal Canadiens et Abénaquis chrétiens. Ce milieu explique probablement comment il acquit des connaissances linguistiques et de l'entregent qui lui permirent de servir de liaison entre les Canadiens et les Indiens pendant sa carrière militaire. En 1739, en qualité de cadet, Montesson fit partie d'une troupe de Canadiens et d'Indiens qui se rendirent dans la vallée du cours inférieur du Mississippi secourir la Louisiane dans ses guerres contre les Chicachas [V. Jean-Baptiste Le Moyne* de Bienville]. Promu enseigne en second en 1742, il participa, quatre ans plus tard, à l'expédition de Jean-Baptiste-Nicolas-Roch de RAMEZAY contre les Britanniques en Acadie. Il mena un raid contre un détachement britannique de ravitaillement à Port-La-Joie (Fort Amherst, Île-du-Prince-Édouard) en juillet. Les assaillants, surtout des Micmacs, tuèrent ou capturèrent près de 40 ennemis, sans grandes pertes, et on loua Montesson pour s'être distingué lors de son premier commandement autonome. En août, alors qu'il convoyait un chargement de vivres dans sa traversée de la baie Française (baie de Fundy), un navire britannique le prit en chasse et son petit bâtiment échoua et fit naufrage.

Par son mariage, le 25 octobre 1745 à Québec, avec Claire-Françoise Boucher de Boucherville, veuve de Jean-Baptiste Pommereau*, Montesson se trouva engagé dans la pêche des phoques à Gros Mécatina. En effet, Pommereau avait pratiqué cette activité en association avec Guillaume ESTÈBE et Daniel-Hyacinthe-Marie Liénard* de Beaujeu. Leur concession expira en 1747 mais fut renouvelée pour six ans à partir de 1748, Montesson agissant au nom de sa femme.

Nommé enseigne en pied le 15 février 1748, Montesson fut l'un des interprètes lors d'une négociation importante entre les Iroquois et les Canadiens à Montréal cet automne-là [V. Kakouenthiony*]. Quand le gouverneur DUQUESNE décida d'envoyer une expédition chargée de la construction d'un fort pour appuyer les revendications canadiennes sur la vallée de l'Ohio, Montesson fit partie de l'avant-garde aux ordres de Charles DESCHAMPS de Boishébert qui partit de Montréal en février 1753. Outré des rapports faisant état de querelles entre Montesson et Boishébert, le gouverneur songea à rappeler Montesson. Ignorant les sentiments de Duquesne envers Montesson, le ministre de la Marine promut ce dernier au grade de lieutenant le 1er avril 1753. Il demeura au sein de l'expédition et, au cours des mois d'août et de septembre, il dirigea plus particulièrement une escouade chargée de construire des pirogues creusées dans des troncs d'arbres. En 1754, il coordonna l'aide d'un groupe d'Abénaquis à l'expédition et il alla au moins une fois sur l'emplacement du fort Duquesne (Pittsburgh, Pennsylvanie) pour l'approvisionner. La même année, il acquit une île qui, à l'origine, faisait partie de la seigneurie de Bécancour et, en 1755, acheta de sa mère la seigneurie elle-même.

Pendant la guerre de Sept Ans, Montesson accomplit des tâches variées : il assura la liaison avec les alliés abénaquis en 1755, fit des reconnaissances de nuit autour du fort Carillon (Ticonderoga, New York) et garda le poste de signalisation de Kamouraska en 1758, retira les canons de l'île d'Orléans et dirigea des escouades que l'on déplaçait aux alentours de Québec en 1759, et recruta des habitants de la rive sud en vue du dernier grand effort en 1760.

Le 1er mai 1757, Montesson avait été promu capitaine. En 1761, il se rendit en France où il reçut la croix de Saint-Louis. Il se peut qu'il ait envisagé de s'y établir mais, dès le jour de l'An de 1764, il était de retour au Canada et échangeait des vœux avec le gouverneur MURRAY de Québec. L'une de ses belles-filles épousa John BRUYÈRES, secrétaire du gouverneur de Trois-Rivières, au cours d'une cérémonie protestante ; l'autre se maria avec un officier britannique. Néanmoins, le nouveau régime n'eut recours à ses services qu'en 1775, année pendant laquelle il se rallia, de concert avec d'autres seigneurs, au gouvernement pour le défendre contre l'invasion américaine ; la milice de Bécancour, quant à elle, refusa d'être appelée sous les armes. Montesson était volontaire civil à Saint-Jean lors de la prise du fort le 3 novembre 1775. On envoya les captifs en Pennsylvanie ; Montesson mourut avant l'entente de 1777 qui permit aux prisonniers de retourner chez eux.

Dans un écrit de 1753, le gouverneur Duquesne blâmait « Son esprit d'insubordination qui provient de son aisance » et le qualifiait de « tracassier, menteur avec impudence et très difficile à vivre ». Montesson ne fut peut-être pas un personnage très sympathique, mais, bien qu'il ait toléré des membres de la troupe d'occupation britannique au sein même du cercle familial, il se montra prêt à défendre le Canada contre tous les envahisseurs, aussi bien dans les années 1770 que dans les années 1750.

MALCOLM MACLEOD

AN, Col., C11A, 85 ; F3, 14 ; 15. — ANQ-Q, NF 6, 4, pp.300–305, 321–326 (copies aux APC). — APC, RG 4, D1, 7. — Library of Congress (Washington), George Washington papers, 9 ; 19–22 ; 34 ; 42. — [G.-J. Chaussegros de Léry], Journal de Joseph-Gaspard Chaussegros de Léry, lieutenant des troupes, 1754–1755, ANQ *Rapport*, 1927–1928, 365, 375. — *Coll. des manuscrits de Lévis* (Casgrain), VII ; VIII. — *Inv. de pièces du Labrador* (P.-G. Roy), I : 88s. — [D.-H.-M. Liénard de] Beaujeu, Journal de la campagne du détachement de Canada à l'Acadie et aux Mines, en 1746–47, *Coll. doc. inédits Canada et Amérique*, II : 16–75. — Mémoire du Canada, ANQ *Rapport*, 1924–1925, 154. — *NYCD* (O'Callaghan et Fernow), X : 186–188. — *Papiers Contrecœur* (Grenier). — Recensement du gouvernement de Trois-Rivières, 1760, 52s. — Une expédition canadienne à la Louisiane en 1739–1740, ANQ *Rapport*, 1922–1923, 181s. — Æ. Fauteux, *Les chevaliers de Saint-Louis*. — P.-G. Roy, *Inv. concessions*, I : 251–257. — P. E. LeRoy, Sir Guy Carleton as a military leader during the American invasion and repulse in Canada, 1775–1776 (thèse de PH.D., 2 vol., Ohio State University, Columbus, 1960). — Marcel Trudel, Les mariages mixtes sous le Régime militaire, *RHAF*, VII (1953–1954) : 7–31.

LEGARDEUR DE REPENTIGNY, LOUIS, officier dans les troupes de la Marine, né à Montréal le 5 août 1721, fils de Jean-Baptiste-René Legardeur de Repentigny et de Marie-Catherine Juchereau de Saint-Denis, décédé à Paris le 11 octobre 1786.

Louis Legardeur de Repentigny commença de servir dans l'armée à l'âge de 13 ans et reçut un brevet d'enseigne en second dans les troupes de la Marine en 1741. A ce titre, il demeura dans la région du fort Saint-Frédéric (près de Crown Point, New York) où on l'employa pour diverses tournées de reconnaissances et de découvertes sur la frontière. En 1745, il participa à l'expédition de Saratoga (Schuylerville, New York). Promu enseigne en pied en 1748, lieutenant en 1751 et capitaine en 1759, il prit part à presque toutes les campagnes qui se déroulèrent au Canada pendant cette période. Il servit principalement dans la région de Michillimakinac (Mackinaw City, Michigan), prenant le commandement du fort Saint-Joseph (Niles, Michigan) en 1750, puis du fort qu'il érigea sur sa seigneurie de Sault-Sainte-Marie en 1752, commandement qu'il conserva jusqu'en 1758 ou 1759. Entre-temps, Repentigny reçut des commissions particulières et servit en Acadie en 1746 et 1747 à la tête d'un détachement de 30 Canadiens [V. Jean-Baptiste-Nicolas-Roch de RAMEZAY] ; il participa, en 1757, à la bataille du fort George (appelé également fort William Henry ; aujourd'hui Lake George, New York) et à celle de Carillon (Ticonderoga, New York) en 1758. L'année suivante, et pendant toute la campagne de Québec, il commanda la réserve de l'armée. Le 31 juillet, au passage de la rivière Montmorency, il repoussa un débarquement britannique commandé par le général Wolfe*. Il participa à la bataille des plaines d'Abraham puis se replia en direction de Pointe-aux-Trembles (Neuville), où il commandait en novembre 1759. Commandant les milices de la colonie, Repentigny se distingua à la bataille de Sainte-Foy, le 28 avril 1760. Avec sa troupe, il joua un rôle déterminant en arrêtant le centre ennemi et en le repoussant à deux reprises. « Cette brigade fut la seule, écrivit le gouverneur Vaudreuil [RIGAUD], à qui l'ennemi ne fit pas perdre un pouce de terrain. » Il participa ensuite à la retraite vers Montréal ; puis, refusant la domination des Britanniques, il rentra en France après la capitulation. Il se dit ruiné car il avait laissé au Canada 278 000*#* en biens immobiliers. En 1762, à la tête d'un détachement de 200 hommes envoyé renforcer l'expédition du chevalier Charles-Henri-Louis d'ARSAC de Ternay, Repentigny se mit en route pour Terre-Neuve mais il fut pris par le vaisseau britannique le *Dragon*. Cette même année, il fut créé chevalier de Saint-Louis.

Bien que Repentigny se soit plaint, comme tous les anciens officiers des troupes de la Marine, de se voir préférer ceux des troupes régulières, il continua de servir dans les forces coloniales. En 1769, il commanda à l'île de Ré le dépôt des recrues des colonies et fut promu lieutenant-colonel l'année suivante ; en 1773, à titre de colonel, il se chargea du commandement du régiment de l'Amérique et de celui de la Guadeloupe quatre ans plus tard, recevant de plus, contre son gré, la charge du régiment de la Martinique, en juin 1780. Repentigny fut nommé gouverneur du Sénégal en 1783 et chargé de reprendre possession de cette colonie, rendue à la France par le traité de Versailles, avec comme principale tâche la protection du commerce de la gomme. Des difficultés survenues avec des négociants amenèrent son rappel dès octobre 1785. Malade, il quitta l'île de Gorée le 24 avril 1786 sur la *Bayonnaise* et ne regagna la France que pour y mourir.

Repentigny, qui avait à son actif 16 campagnes, 12 combats et 2 sièges, fut diversement apprécié par ses chefs. En 1759, le chevalier de LÉVIS loua ses talents et son zèle. Le comte de Genlis écrit, en 1774 : « sert le roi depuis 35 ans et a donné dans toutes les occasions des preuves de son zèle et de son exactitude ». A la Guadeloupe, en revanche, on lui reprocha de manquer de fermeté, de discernement et d'impartialité, et le bon du roi le nommant au Sénégal précise : « cet officier, peu propre au commandement d'un corps, a l'intégrité et le désintéressement en partage ».

Repentigny avait épousé à Québec, le 20 avril 1750, Marie-Madeleine, fille de Gaspard-Joseph Chaussegros* de Léry ; de ce mariage naquit au moins un fils, Louis-Gaspard, né à Québec le 10 juillet 1753, mort lieutenant de vaisseau et capitaine de port à la Pointe-à-Pitre (Guadeloupe) le 2 juillet 1808.

ÉTIENNE TAILLEMITE

AN, Col., C^{11A}, 105, f.12 ; D^{2C}, 7, f.152 ; 101, ff.153, 225 ; 204, f.2 ; 205, f.1 ; E, 72 (dossier Legardeur de Repentigny). — *Coll. des manuscrits de Lévis* (Casgrain), II : 257. — Æ. Fauteux, *Les chevaliers de Saint-Louis*, 191. — Le Jeune, *Dictionnaire*, II : 520. — Tanguay, *Dictionnaire*, V : 293. — Léonce Jore, Un Canadien gouverneur du Sénégal, Louis Le Gardeur de Repentigny (1721–1786), *RHAF*, XV (1961–1962) : 64–89, 256–276, 396–418. — P.-G. Roy, La famille LeGardeur de Repentigny, *BRH*, LIII (1947) : 238.

LEGARDEUR DE REPENTIGNY, PIERRE-JEAN-BAPTISTE-FRANÇOIS-XAVIER, officier dans les troupes de la Marine, né à Montréal le 24 mai 1719, fils de Jean-Baptiste-René Legardeur de Repentigny et de Marie-Catherine Juchereau de Saint-Denis, décédé à Pondichéry, Inde, le 26 mai 1776.

Fils d'officier militaire, Pierre-Jean-Baptiste-François-Xavier Legardeur de Repentigny s'enrôle dans les troupes de la Marine dès 1733. Promu enseigne en second à 15 ans, enseigne en pied en 1742, il devient lieutenant six ans plus tard. Affecté à l'île Royale (île du Cap-Breton) en 1750, il obtient le grade de capitaine la même année.

En 1757, Legardeur, revenu au Canada, est décoré de la croix de Saint-Louis. A cette époque, son frère LOUIS sert également dans les troupes de la Marine ; les mémoires du temps sur le déroulement de la campagne militaire désignent les frères, tous deux capitaines, sous le nom de M. de Repentigny. Toutefois, Louis fait surtout campagne du côté de la rivière Ohio avec Jean-Baptiste-Philippe TESTARD de Montigny et Joseph MARIN de La Malgue tandis que Pierre se distingue plus précisément dans la région de Québec. LÉVIS et Vaudreuil [RIGAUD] considèrent Legardeur comme un officier plein de zèle, de talent et d'intelligence, et Montcalm* le qualifie « d'homme de mérite ».

Après la Conquête, Legardeur passe en France et s'établit à Tours. En 1769, il entre au service de la Compagnie des Indes comme major général et commandant des troupes. En 1771, il est promu colonel d'infanterie, en 1774, commandant à Mahé, Inde, et, en 1775, colonel du régiment de Pondichéry où il décède l'année suivante.

Legardeur est surtout connu comme le meurtrier du négociant de Québec, Nicolas Jacquin*, dit Philibert. Cet homicide, commis en janvier 1748, aurait été motivé par le désir de Philibert de faire changer le billet de logement de Legardeur qui devait résider chez lui. Offusqué, l'officier injurie le négociant qui lui répond sur le même ton et le frappe. Finalement, Legardeur tue le marchand d'un coup d'épée. Condamné par la Prévôté de Québec à être décapité et à une amende de 8 000#, il se réfugie au fort Saint-Frédéric (près de Crown Point, New York). En faisant valoir ses services et son talent militaire, il demande des lettres de rémission au roi ; le commandant général Roland-Michel Barrin* de La Galissonière et l'intendant BIGOT lui accordent leur appui. Il obtient ses lettres de grâce en 1749. De retour à Québec, il se heurte à l'opinion publique qui ne pardonne pas aussi vite que le roi. Le gouverneur La Jonquière [Taffanel*] préfère le transfert à l'île Royale.

Ce meurtre est à l'origine de la célèbre légende du Chien d'Or [V. Nicolas Jacquin, dit Philibert] qui donna lieu à plusieurs interprétations. L'une d'elles prétend que Bigot, qui n'était même pas au pays à cette époque, serait l'instigateur du meurtre ; une autre y mêle l'intendant Michel Bégon* de La Picardière et un frère de Philibert qui aurait réussi à venger le négociant en tuant Legardeur en Inde. Legardeur et Philibert sont parmi les personnages principaux du roman de William Kirby*, *The Golden Dog*.

Legardeur avait épousé, le 30 janvier 1753 à Montréal, Catherine-Angélique, fille de Pierre-Jacques PAYEN de Noyan et de Chavoy ; décédée à Lachenaie (Québec), le 19 décembre 1757, elle avait eu deux enfants mort-nés. Le 26 juin 1766, il épousa en secondes noces à Saint-Vincent de Tours, France, Marguerite-Jeanne, fille de Philippe-Jean-Baptiste Mignon ; ils eurent deux enfants.

CÉLINE CYR

AN, Col., E, 272 (dossier Legardeur de Repentigny). — Archives paroissiales, Notre-Dame de Montréal, Registre des baptêmes, mariages et sépultures, 24 mai 1719. — *Coll. des manuscrits de Lévis* (Casgrain), I ; II ; V ; VII ; VIII. — Journal du siège de Québec (Æ. Fauteux), ANQ *Rapport*, 1920–1921, 137–241. — Claude de Bonnault, Le Canada militaire : état provisoire des officiers de milice de 1641 à 1760, ANQ *Rapport*, 1949–1951, 282s. — Æ. Fauteux, *Les chevaliers de Saint-Louis*, 163s. — Tanguay, *Dictionnaire*, V. — Léonce Jore, Pierre, Jean-Baptiste, François-Xavier Legardeur de Repentigny, *RHAF*, XV (1961–1962) : 556–571. — P.-G. Roy, La famille LeGardeur de Repentigny, *BRH*, LIII (1947) : 234–236 ; L'histoire vraie du Chien d'Or, *Cahiers des Dix*, 10 (1945) : 103–168.

LEGGE, FRANCIS, officier et administrateur colonial, né vers 1719, décédé le 15 mai 1783 près de Pinner (aujourd'hui dans le grand Londres).

On a peu de renseignements précis sur les origines et la vie privée de Francis Legge, de même que sur sa carrière militaire et sur ses activités après son rappel de la Nouvelle-Écosse en 1776. Seul un parent éloigné qui pouvait faire des nominations à des postes coloniaux et qui – la chose a de quoi surprendre – le recommanda en 1773 pour occuper le poste de gouverneur de la Nouvelle-Écosse lui épargna de vivre et de mourir dans l'anonymat. Legge fut en vedette pendant quelques brèves et fiévreuses années. Il ne réussit pas dans son rôle de gouverneur parce qu'il était, pour une bonne part, une émanation du népotisme et du favoritisme de la classe dirigeante britannique du XVIIIe siècle et, de ce fait, incapable de saisir les règles d'une société au sein de laquelle les hommes, pour assurer leur carrière, se voyaient forcés de faire flèche de tout bois. Le véritable conflit qui se développa entre Legge et l'oligarchie de la Nouvelle-Écosse, de 1774 à 1776, ne portait pas sur une opposition entre la vertu et la corruption, mais sur deux conceptions incompatibles de la façon dont on devait se débrouiller pour survivre et prospérer.

Legge connut des débuts sans éclat dans la carrière des armes. Il devint enseigne dans le 35e d'infanterie en mai 1741 et, le 16 février 1756, il obtint le grade de capitaine dans le 46e d'infanterie ; puis il servit en Amérique, pendant les campagnes de la guerre de Sept Ans, sans obtenir ni distinctions ni promotions. Il atteignit son sommet – le commandement de cinq compagnies à Trois-Rivières – en juillet 1761, et songeait à la retraite en 1765 à cause des difficultés qu'il éprouvait à obtenir de l'avancement. Ses espérances d'une carrière plus brillante s'éveillèrent, cependant, quand son parent éloigné, le comte de Dartmouth (on ne connaît pas leur degré exact de parenté), devint président du Board of Trade, en juillet 1765. Vers 1766, Dartmouth reçut le précis des demandes, tel qu'il était requis de chacun de ceux qui sollicitaient des faveurs, – « De la part du capitaine Legge, proposant une compagnie de 100 bûcherons pour construire et entretenir les routes à l'intérieur de l'Amérique du Nord » – et, peu après, une lettre de Legge sollicitant de l'aide pour l'achat du grade de major dans le 28e d'infanterie. Bien que Legge n'obtînt pas le poste désiré dans le 28e, il fut mystérieusement promu, le 13 avril 1767, major de son propre régiment.

Nommé secrétaire d'État des Colonies américaines en 1772, Dartmouth se souvint, à l'instar de tous les ministres du XVIIIe siècle, de ses clients, d'autant plus que la puissance des « grands hommes » se mesurait, selon eux, à leur habileté à s'attirer et à caser des partisans. Legge se vit offrir deux postes, non encore disponibles : celui de surintendant des Affaires des Indiens du

Sud, quand surviendrait la mort, attendue alors, du titulaire John Stuart, et celui de gouverneur de Pittsylvania, un établissement projeté sur la rivière Ohio. Il reçut aussi de l'aide dans ses efforts pour obtenir le grade de lieutenant-colonel, qu'il put acheter dans le 55e d'infanterie en 1773. Cette année-là, quand Dartmouth suggéra son nom comme successeur de lord William CAMPBELL, gouverneur de la Nouvelle-Écosse, Legge sauta sur l'occasion. C'était la première offre concrète qu'on lui faisait, et le type de vagues sinécures avec lesquelles on avait jonglé montre bien que le comte n'avait pas de grands projets pour son parent, ni grande confiance en lui. En Nouvelle-Écosse un poste s'ouvrait, bien qu'il ne fût pas l'un des plus appréciés dans l'Empire, et Legge était un client. Le rapprochement que fit Dartmouth n'était pas entièrement déraisonnable : d'un côté, Legge, un soldat, de l'autre, la Nouvelle-Écosse, une colonie « frontière » importante du point de vue militaire. Ne jouissant d'aucune influence personnelle, Legge dépendrait entièrement de son supérieur et serait, par conséquent, loyal. Malheureusement, comme l'un de ses chroniqueurs les plus sympathiques, John Bartlet Brebner*, en fera plus tard la remarque, Legge était, fondamentalement, un sot. Il ne comprit absolument rien aux courants qui orientaient la politique en Nouvelle-Écosse, ni à ce qu'on pouvait espérer de lui en sa qualité de gouverneur.

Un groupe peu nombreux et mal organisé de commerçants faisant affaire à partir de Halifax exerçait le pouvoir en Nouvelle-Écosse sous la direction du lieutenant-gouverneur Michæl FRANCKLIN et avec l'aide d'un représentant à Londres, Joshua MAUGER, l'un de ses anciens membres. Il se composait en majorité d'entrepreneurs, bretteurs au surplus, qui avaient, au départ, jeté leur dévolu sur la Nouvelle-Écosse en raison même de l'absence de règlements et de structures. Pas particulièrement policés ni distingués, ils devaient travailler dur pour atteindre à la réussite, compte tenu du peu de ressources publiques et privées de la province, pour lesquelles il y avait en conséquence une forte demande. Partout en bonne place dans les charges publiques (John BUTLER et Jonathan Binney* siégèrent au conseil ; John Newton et d'autres à la chambre d'Assemblée), les membres de cette clique s'accordaient mutuellement bon nombre des faveurs politiques. C'est le type même des personnages locaux qui dominèrent presque toutes les sociétés et les gouvernements de l'Amérique du Nord à l'époque coloniale. Les gouverneurs royaux, nommés de l'extérieur, avaient le choix ou de collaborer avec cette sorte d'oligarchie – ce que firent la plupart de ceux qui s'en tirèrent le mieux – ou de la combattre. Dans tout conflit, en tout temps, le gouverneur se trouvait véritablement dans une position désavantageuse ; cela fut particulièrement vrai au début des années 1770, quand plusieurs colonies américaines semblaient en train de basculer du côté de la rébellion, et encore plus en Nouvelle-Écosse où n'existait aucun autre groupe politique, tel un parti « *country* », qui eût défendu les intérêts de l'agriculture et avec lequel le gouverneur eût pu collaborer. Quoi que Dartmouth eût pu dire à Legge avant son départ pour l'Amérique sur la nécessité d'être indépendant et de ne pas céder aux sentiments, le gouvernement britannique désirait par-dessus tout la tranquillité politique, et cette exigence appelait une alliance entre le gouverneur et l'élite marchande locale dirigeant la province. Legge ne réalisa pas cette alliance, en partie parce qu'il s'estimait supérieur, socialement, à cette élite. En tant que soldat, il avait un emploi « honorable » pour un Anglais de la classe dirigeante ; en Grande-Bretagne, les liens de parenté et les relations étaient de beaucoup plus importants que la capacité ou l'énergie, et les gens adonnés au « négoce » arrivaient rarement à détenir le pouvoir politique. De surcroît, dans son opposition grandissante à l'oligarchie, il y avait plus qu'un soupçon de contradiction et de tentative d'intimidation, dont ses adversaires tirèrent rapidement parti.

Legge arriva à Halifax le 6 octobre 1773, à bord du brigantin *Adamant*. Peu après, la chambre d'Assemblée vota sur une question qui allait devenir déterminante dans la chute de Legge ; elle déclarait, le 21 octobre, que « la rétribution annuelle de £75 versée à Jonathan Binney, écuyer, en qualité de premier magistrat de Canso était et avait été à plusieurs reprises refusée par l'Assemblée ». L'Assemblée faisait valoir que les crédits requis pour le paiement de Binney avaient été assignés en 1764, pour une seule année, et qu'il avait déduit illégalement son salaire du revenu qu'il recevait des douanes. Legge n'était pas en mesure de démêler la complexité de la querelle relative à Binney, laquelle n'était qu'un épisode d'une longue dispute entre l'Assemblée et le conseil au sujet de la gestion des fonds de la province ; c'est ainsi que, dans une lettre à Dartmouth, il se porta à la rescousse de Binney, magistrat « serviable et nécessaire » qui semblait accomplir sa tâche à Canso. Il se mit alors à travailler avec acharnement pour tout découvrir sur sa province et sur la façon dont elle était gouvernée. Malheureusement pour lui, non content d'identifier les détenteurs du pouvoir local de façon à faire la paix avec eux, il voulut encore savoir qui abusait de ce pouvoir.

La première année du gouvernement de Legge

fut bien remplie. Il chercha un moyen de faire bénéficier la Nouvelle-Écosse du boycottage que les colonies du Sud avaient décrété sur les échanges avec la Grande-Bretagne, mais son espoir de voir la province remplacer la Nouvelle-Angleterre dans le commerce triangulaire avec les Antilles se révéla sans fondement. Bien plus, le gouvernement britannique refusa d'accéder à sa demande d'une subvention pour la construction de routes, projet qu'il désirait pousser en vue d'améliorer les communications et le commerce. Dans le domaine politique, Legge se chercha des amis dans le groupe des députés qui auraient pu former le parti *country*, des gens qui, à l'instar de Henry Denny DENSON et de Winckworth TONGE, représentaient des circonscriptions situées à l'extérieur de Halifax. Il sollicita aussi des avis juridiques de la métropole, de même qu'un conseiller juridique pour remplacer le procureur général William NESBITT, dont il soulignait l'incapacité et le relâchement quand il s'agissait de percevoir les sommes dues. Il prôna, en outre, des changements à des établissements provinciaux tels que le phare de l'île de Sambro et l'orphelinat de Halifax. Dans ce dernier cas, l'effort visant à s'assurer l'argent nécessaire à des réparations aboutit à un nouveau contrat réduisant les salaires des directeurs, Richard WENMAN et sa femme, et à l'élimination de la rémunération du visiteur de l'institution, le révérend John BREYNTON. Des changements apportés à de telles institutions étaient de nature à inquiéter à la longue l'oligarchie de Halifax, dont les membres insistèrent de plus en plus sur la menace que représentait le gouverneur pour leur système de favoritisme. Chaque démarche de Legge lui valait de nouveaux ennemis ; on pilla ses papiers dès le mois de mars 1774. Il acheva de s'aliéner l'élite en acquiesçant à la décision du Conseil de la Nouvelle-Écosse, en novembre, de nommer un comité chargé de vérifier la comptabilité de la province et en tentant d'influer sur les résultats de cette enquête.

La Nouvelle-Écosse avait une grosse dette à supporter depuis des années, et c'était un problème constant pour chaque gouverneur. Il n'y a pas lieu de se surprendre que le comité, dont faisaient partie John DAY, Charles MORRIS et le nouveau solliciteur général, James Monk*, n'ait trouvé que peu de documents restants ; il tenta de les reconstituer à partir d'autres sources gouvernementales, et cette façon de faire permit de constater des irrégularités et des trous sérieux dans les fonds publics [V. Benjamin GREEN]. Il y avait quelques explications légitimes à ces abus, et Legge aurait pu trouver là un appui considérable à la mise sur pied d'un meilleur système pour l'avenir. Au lieu de cela, Monk, épaulé par Legge, ouvrit la chasse aux scélérats et tenta de recouvrer les sommes manquantes en poursuivant les responsables. Cela s'avérait une entreprise difficile en l'absence d'une cour d'équité qui pouvait siéger sans jury, car il était notoire que les jurys, dans les colonies d'Amérique du Nord, prenaient le parti des résidants contre le gouvernement quand ce dernier s'efforçait de leur faire rendre compte de leur conduite. Legge avait cru nécessaire de s'assurer la composition favorable du jury devant éventuellement juger Binney et Newton. A cause de l'influence exercée « sur les gens ordinaires » par les deux défendeurs, annonça-t-il à Dartmouth, un « jury spécial » avait été formé, composé des habitants les plus dignes de confiance. Legge crut également nécessaire de suivre ce procès de près, siégeant ostensiblement, pendant tout son déroulement, dans la galerie de la cour de justice. On obtint des jugements contre les deux accusés. Binney refusa de fournir une caution pour sa mise en liberté et resta en prison avec sa famille, martyr de la persécution. Legge, de plus, prêta flanc à des comparaisons évidentes avec le « despotisme des Stuarts » en créant de sa propre autorité une Cour de l'échiquier avec une juridiction en équité pour juger d'autres cas de défaut de paiement.

Au printemps de 1775, au moment où un vent de rébellion soulevait les Américains, Legge s'était aliéné l'élite de Halifax au point qu'il avait virtuellement perdu la maîtrise du gouvernement, comme le démontrent les problèmes qu'il eut avec la législature de 1775 ; on interpréta ses gestes les plus conciliants comme des signes de faiblesse. L'Assemblée, qui jusque-là avait assez bien collaboré avec le gouverneur, décida d'adresser une pétition au Conseil privé « au sujet des injustices qui affligeaient le peuple de la province ». L'on ne peut qu'émettre des hypothèses sur les raisons de ce changement d'attitude, mais la manière dont Legge avait organisé le procès de Binney comptait sans doute pour beaucoup dans ce revirement. Le conseil se tourna aussi contre lui. Même si la majorité de ses membres voulaient connaître l'état des finances de la province, ils n'avaient pas l'intention de percevoir les sommes dues ou de traîner les responsables devant la cour.

Au cours de la session d'été, l'Assemblée disculpa plusieurs des fonctionnaires pris en défaut et réduisit le montant des remboursements réclamés à certains autres ; le conseil et l'Assemblée adressèrent aussi une pétition au gouvernement britannique, demandant la révocation de Legge, à cause du danger d'une rébellion s'il était maintenu à son poste. Heureusement pour la Grande-Bretagne, ceux qui critiquaient Legge cherchèrent de l'aide du côté de Whitehall plutôt que de Philadelphie : des liens économiques étroits avec la Grande-Bretagne garantissaient la loyauté de la plupart des marchands de Halifax. Heureusement également, les Américains jugèrent que, faute d'une force navale suffisante, il leur était impossible de seconder le groupe dirigé par Jonathan Eddy* dans le comté de Cumberland ou celui de Maugerville (Nouveau-Brunswick), qui, tous deux, demandaient une aide militaire pour rejeter le joug britannique. La décision des rebelles s'avéra particulièrement favorable, étant donné que le désir très répandu de rester neutre, à l'extérieur de Halifax, avait rendu difficile à Legge le recrutement des Loyal Nova Scotia Volunteers – un régiment provincial qu'on lui avait ordonné de mettre sur pied – ou le rassemblement de la milice provinciale. Aussi n'eut-il pas beaucoup à offrir, en hommes et en approvisionnements, au lieutenant général GAGE, à Boston.

Peu après la prorogation par Legge de la législature de 1775, les parties en conflit se tournèrent vers Whitehall pour y faire valoir leurs causes respectives. Malheureusement pour Legge, Mauger avait la confiance de l'un des sous-secrétaires permanents du Board of Trade, John Pownall, et Dartmouth avait été remplacé par lord George Germain, dont l'analyse de la situation – « la clameur universelle dénonce M. Legge, et [...] la province sera perdue, tout à fait perdue ; et, si je ne porte pas attention à ces questions, un contretemps devait-il survenir, encore que le gouverneur soit un si bon homme, [...] ils combattront délibérément ses mesures, dussé-je en répondre » – bien que gauchement exprimée n'en restait pas moins irréfutable à ce moment-là. Legge reçut en février 1776 l'ordre de rentrer dans la métropole pour répondre à des accusations, et il quitta la province en mai. Le Board of Trade, après l'avoir longuement entendu, décida de son sort en juillet. Il opina dans le même sens que lord Germain en refusant de sanctionner les accusations précises portées contre Legge mais en jugeant qu'il « manquait de ce comportement gracieux et conciliant que la délicatesse des temps et l'humeur des hommes sous le coup de l'agitation et de l'inquiétude exigeaient plus particulièrement ». Le Board of Trade ajouta qu'il n'y avait aucune preuve d'une « mauvaise conduite grave appuyée sur des faits sérieux » et qui pût lui faire perdre éventuellement la confiance du roi ; Legge, en effet, avait été chaleureusement accueilli par George III et par Germain le jour de son arrivée à Londres pour s'y défendre. Mais on ne lui permit pas de retourner en Nouvelle-Écosse, son rappel ayant donné si « grande satisfaction » à la province qu'on ne pouvait sûrement pas lui accorder l'autorisation d'y reprendre la barre. En récompense pour sa loyauté, l'élite de Halifax reçut la permission, sous une série de lieutenants-gouverneurs issus de la marine et peu intéressés aux questions locales, de gouverner elle-même jusqu'à ce que fût réglée la crise que constituait la rébellion. Legge ne perdit son poste de gouverneur que le 29 juillet 1782, à la nomination de John PARR. Il mourut dix mois plus tard.

La carrière de Francis Legge en Nouvelle-Écosse illustre les difficultés que durent affronter le premier Empire britannique et les représentants de son autorité dans les colonies de l'Amérique du Nord. Les problèmes de Legge ne furent en rien uniques, et la rapidité de son inévitable chute (seul aspect inhabituel) est surtout attribuable à ses déficiences personnelles.

J. M. BUMSTED

APC, MG 11, [CO 217] Nova Scotia A, 95, p.151 ; 96, pp.113, 153 ; [CO 220] Nova Scotia B, 15, pp.185, 190s ; MG 23, A1. — PANS, RG 1, 44, docs.1, 6, 33, 38. — *Gentleman's Magazine*, 1783, 453. — *Nova-Scotia Gazette and the Weekly Chronicle*, 12 oct. 1773, 29 mars 1774. — F.-J. Audet, Governors, lieutenant-governors, and administrators of Nova Scotia, 1604–1932 (copie dactylographiée, s.d. ; copie aux PANS). — B. D. Bargar, *Lord Dartmouth and the American revolution* (Columbia, S.C., 1965). — Brebner, *Neutral Yankees* (1969), 180–212, 215s., 222ss, 229–246, 270ss. — W. B. Kerr, *The maritime provinces of British North America and the American revolution* (Sackville, N.-B., [1941] ; réimpr., New York, [1970]), 62ss. — L. W. Labaree, *Royal government in America : a study of the British colonial system before 1783* (New Haven, Conn., 1930). — J. K. Martin, *Men in rebellion : higher governmental leaders and the coming of the American revolution* (New Brunswick, N.J., 1973). — V. F. Barnes, Francis Legge, governor of loyalist Nova Scotia, 1773–1776, *New England Quarterly* (Brunswick, Maine), IV (1931) : 420–427.

LE GUERNE (Guerne, De Guerne), FRANÇOIS, prêtre, spiritain et missionnaire, né le 5 janvier 1725 à Kergrist-Moëlou (dép. des Côtes-du-Nord, France), fils d'Yves Le Guerne, décédé le 6 décembre 1789 à Saint-François-de-Sales, île d'Orléans, Québec.

François Le Guerne, après quelques années passées au séminaire du Saint-Esprit à Paris, entre au séminaire des Missions étrangères, le 1er juillet 1749, où l'abbé de l'Isle-Dieu, vicaire général de l'évêque de Québec à Paris, paie sa pension. Au début de l'été de 1750, il rejoint à Rochefort la frégate *Diane* en partance pour Québec ; à ce moment, il n'est que clerc tonsuré. Après un séjour de plus d'une année à Québec, où il termine sa théologie, Le Guerne est ordonné prêtre, le 18 septembre 1751, par Mgr de Pontbriand [Dubreil*].

Le Guerne arrive en Acadie, probablement en 1752, afin d'y desservir les habitants de la région du fort Beauséjour (près de Sackville, Nouveau-Brunswick). Il s'occupe d'abord d'environ 80 familles à Tintemarre (Tantramar), mais au début de l'année 1754, avec le départ de l'abbé Le Guet (Du Guay), il dessert au moins 200 familles dispersées sur près de 40 lieues de pays le long des rivières Shepody, Petitcodiac et Memramcook. Comme il est appelé à se déplacer d'un poste à l'autre deux mois par année, il sollicite de l'évêque de Québec la venue d'un autre missionnaire afin de le soulager dans la lourde besogne. Il travaille de concert avec Jean-Louis LE LOUTRE, qui œuvre auprès des Indiens de la région.

Après la prise du fort Beauséjour, en juin 1755, par les troupes britanniques commandées par Robert MONCKTON, Le Guerne refuse d'obliger les Acadiens à résister à l'Anglais, car Louis DU PONT Duchambon de Vergor, l'ex-commandant du fort, et l'abbé Le Loutre « avoient dit en partant qu'il étoit de l'intérêt de l'habitant d'être bien soumis ». L'attachement des Acadiens à leur terre est tel que Le Guerne doute qu'ils acceptent de suivre une directive les invitant à la désobéissance ; de plus, il lui répugne d'endosser la responsabilité du malheur de ceux qui le feraient. Cependant, voyant le triste sort réservé de toute façon aux Acadiens – on emprisonne en vue de les déporter ceux qui se présentent au fort – Le Guerne se ravise et, accompagné d'un bon nombre d'entre eux, il se réfugie dans les bois au nord des rivières Shepody, Petitcodiac et Memramcook. Avec le concours de Charles DESCHAMPS de Boishébert, il tente de faciliter la fuite des familles toujours en liberté et d'organiser la résistance des Acadiens qui veulent continuer à harceler l'ennemi. Il doit continuellement se cacher puisque Monckton cherche à le faire arrêter. Près de 200 familles partagent son sort en vivant dans la plus grande pauvreté, sans farine, ni lard, ni graisse, ni mélasse, ou encore sans portions suffisantes de viande. En mars 1756, Le Guerne a déjà réussi à faire passer à l'île Saint-Jean (Île-du-Prince-Édouard) quelque 500 Acadiens [V. Gabriel ROUSSEAU de Villejouin]. Cependant, trop attachés à leur terre et espérant voir l'Acadie redevenir française, plusieurs fidèles de son ancienne mission n'écoutent point son appel.

Au mois d'août 1757, afin d'échapper aux Britanniques, Le Guerne quitte définitivement l'Acadie pour se rendre à Québec. Aussitôt arrivé, il écrit au gouverneur Vaudreuil [RIGAUD], pour solliciter de l'aide en faveur des Acadiens ; la situation étant trop critique dans la vallée du Saint-Laurent, le gouverneur rejette sa demande. Malgré le désir de l'abbé de l'Isle-Dieu d'envoyer Le Guerne à la mission des Tamarois (Cahokia, aujourd'hui East St Louis, Illinois), Mgr de Pontbriand préfère le garder à Québec dans l'espoir de le voir retourner en Acadie une fois la paix rétablie. Mais comme la guerre se prolonge, l'évêque lui confie alors, l'année suivante, la cure de Saint-François-de-Sales, sur l'île d'Orléans.

L'abbé Le Guerne termine sa carrière dans cette paroisse, s'absentant durant un an (1768–1769) pour donner un cours de rhétorique au petit séminaire de Québec. En octobre 1789, une cinquantaine de ses paroissiens, alléguant « l'état de langueur et d'infirmité » de leur pasteur, demandent son rappel à Mgr HUBERT, qui conseille au curé de se retirer. Ceux-ci se plaignent également d'être traités durement par Le Guerne, lui reprochent de refuser son ministère à un grand nombre de ses ouailles et de chercher à s'enrichir par tous les moyens. Il meurt deux mois plus tard. Dans son testament, Le Guerne lègue, entre autres, 360# au séminaire de Québec, 3 600# à celui du Saint-Esprit, à Paris, et 3 600# à ses parents en Bretagne.

GÉRARD FINN

AD, Côtes-du-Nord (Saint-Brieuc), État civil, Kergrist-Moëlou, 6 janv. 1725. — AN, Col., B, 92, ff.54, 86, 137v. ; C11A, 87, f.388 ; 96, ff.221, 245 ; 100, f.241. — ASQ, C 35 ; Lettres, P, 83 ; R, 14 ; S, 6Bis, C ; MSS-M, 225, f.6 ; Polygraphie, XXV : 21 ; Séminaire, 14/6, nº 14. — La Rue, Lettres et mémoires, ANQ *Rapport*, 1935–1936, 294–306 ; 1936–1937, 354–361, 395–408 ; 1937–1938, 197s., 202s., 235s., 246–248. — Le Jeune, *Dictionnaire*. — René Baudry, Un témoin de la dispersion acadienne : l'abbé LeGuerne, *RHAF*, VII (1953–1954) : 32–44.

LE LOUTRE, JEAN-LOUIS (il signait **LeLoutre**), prêtre, spiritain et missionnaire, né le 26 septembre 1709 dans la paroisse Saint-Matthieu de Morlaix, France, fils de Jean-Maurice Le Loutre Després, papetier et membre de la bourgeoisie locale, et de Catherine Huet, fille d'un papetier, décédé le 30 septembre 1772 dans la paroisse Saint-Léonard de Nantes, France.

En 1730, Jean-Louis Le Loutre, orphelin de père et de mère, entra au séminaire du Saint-Esprit à Paris. Sa formation complétée, il passa au séminaire des Missions étrangères en mars 1737, dans le but de servir l'Église en pays étranger. Aussitôt ordonné, il s'embarqua pour l'Acadie et on le retrouve à Louisbourg, île Royale (île du Cap-Breton), à l'automne de la même année. Le Loutre devait remplacer l'abbé Claude de La

Vernède de Saint-Poncy, curé d'Annapolis Royal, Nouvelle-Écosse, dont les relations avec le gouverneur britannique, Lawrence Armstrong*, étaient tendues [V. Claude-Jean-Baptiste Chauvreulx*]. Cependant, lorsque Le Loutre foula le sol du continent américain pour la première fois, les difficultés entre Saint-Poncy et Armstrong s'étaient aplanies et le gouverneur avait accepté que l'ecclésiastique garde sa cure. Pierre Maillard*, missionnaire à l'île Royale, en profita pour demander aux autorités françaises que Le Loutre remplace l'abbé de Saint-Vincent, missionnaire chez les Micmacs, et qu'il s'installe à la mission de Shubénacadie, sur la rivière du même nom, à 12 lieues de Cobequid (près de Truro, Nouvelle-Écosse). Avant de rejoindre ses ouailles, le missionnaire passa quelques mois à Maligouèche (Malagawatch), sur l'île Royale, afin d'apprendre la langue des Micmacs. Maillard le décrivit comme un missionnaire zélé et un étudiant très appliqué, bien que Le Loutre trouvât difficile l'apprentissage de cette langue sans grammaire ni dictionnaire.

Le 22 septembre 1738, Le Loutre quittait l'île Royale pour la mission de Shubénacadie, vaste territoire s'étendant depuis le cap de Sable jusqu'à la baie de Chédabouctou au nord et à l'actuel détroit de Northumberland à l'ouest. Outre les Indiens, Le Loutre devait desservir les postes français de Cobequid et de Tatamagouche – il y sera remplacé par l'abbé Jacques GIRARD en 1742 – et il s'occupa indirectement des Acadiens de la côte orientale de la Nouvelle-Écosse. Dès son arrivée, en collaboration avec les autorités de Louisbourg, il entreprit la construction de chapelles pour les Indiens. Même si ses rapports avec Armstrong furent d'abord tendus – le gouverneur avait protesté parce que Le Loutre ne s'était pas présenté à Annapolis Royal – dans l'ensemble, ses relations avec les autorités britanniques demeurèrent cordiales jusqu'en 1744.

Avec la déclaration de la guerre entre la France et la Grande-Bretagne, cette année-là, les autorités françaises distinguèrent, en Acadie, les missionnaires qui desservaient des paroisses peuplées de Français et ceux qui exerçaient leur apostolat auprès des Indiens. Aux premiers, on conseilla d'adopter la neutralité – tout au moins en apparence – afin d'éviter l'expulsion, tandis qu'aux autres on recommanda d'appuyer les vues du gouverneur de Louisbourg et d'engager les indigènes à faire, chez les Britanniques, toutes les incursions que les autorités militaires jugeraient nécessaires. Deux événements majeurs caractérisèrent cette période : le siège des Français à Annapolis Royal en 1744, sous le commandement de François DU PONT Duvivier, et, deux ans plus tard, l'arrivée en Acadie de l'escadre française commandée par le duc d'Anville [La Rochefoucauld*]. Contrairement au dire de plusieurs historiens, l'abbé Maillard accompagna l'expédition de Duvivier. Sa présence n'exclut toutefois pas pour autant celle de Le Loutre. De Canseau (Canso), Duvivier envoya en diligence une lettre à Le Loutre lui demandant de faire surveiller la route entre Annapolis Royal et les Mines, où ils devaient se rejoindre. Duvivier rapporta que la présence de Le Loutre s'avéra précieuse durant le siège d'Annapolis Royal en septembre.

En juin 1745, moins d'un an après l'échec du siège d'Annapolis Royal, Louisbourg tomba aux mains des forces anglo-américaines. Les nouveaux maîtres de l'île Royale tentèrent de s'emparer du missionnaire. Peter Warren* et William Pepperrell* invitèrent effectivement Le Loutre à se rendre à Louisbourg, à défaut de quoi sa vie était en danger ; Le Loutre préféra aller au Canada consulter les autorités. Arrivé à Québec le 14 septembre, accompagné de cinq Micmacs, il en repartit sept jours plus tard avec des ordres précis faisant de lui un chef, car désormais le gouvernement français ne pouvait diriger les Indiens de l'Acadie que par son intermédiaire. Il devait aussi surveiller les communications entre les Acadiens et la garnison britannique d'Annapolis Royal et, pour ce faire, il hiverna avec ses Micmacs près des Mines. Louisbourg aux mains des ennemis, Le Loutre devenait l'intermédiaire entre les colons et les expéditions terrestres et maritimes, et les autorités l'avaient chargé d'accueillir à la baie de Chibouctou (le havre de Halifax) l'escadre commandée par le duc d'Anville que la France devait envoyer l'année suivante dans le but de reconquérir l'Acadie. Il était le seul à connaître les signaux servant à identifier les navires de la flotte française, à part Maurice de La Corne, missionnaire à Miramichi (Nouveau-Brunswick), pressenti comme remplaçant éventuel de Le Loutre – les Britanniques ayant mis sa tête à prix. Le Loutre devait coordonner les activités de la force navale avec celles de l'armée de Jean-Baptiste-Nicolas-Roch de RAMEZAY, envoyée en Acadie par les autorités de Québec au début de juin 1746. Ramezay et son armée arrivèrent à Beaubassin (près d'Amherst, Nouvelle-Écosse), en juillet, alors que seulement deux frégates de l'escadre française étaient rendues dans la baie de Chibouctou. Sans avoir consulté les capitaines de ces deux navires, Le Loutre proposa à Ramezay d'attaquer Annapolis Royal sans attendre le reste de la flotte, mais sa suggestion n'eut pas de suite. En septembre, l'escadre arriva enfin, mais diminuée, car plusieurs navires avaient été coulés ou abîmés par des tempêtes et les équipages décimés et affaiblis par la maladie. Quant aux deux navires arrivés en juin, ils avaient pris le chemin du retour devant le retard de la flotte. Après la mort de d'Anville et la tentative de suicide de Constantin-Louis d'Estourmel*, La Jonquière [Taffanel*] devint commandant de l'escadre. Ramezay et Le Loutre se rendirent à Annapolis Royal, au rendez-vous avec la force navale, mais en vain ; l'escadre dut rentrer en France et Le Loutre en profita pour s'embarquer sur la *Sirène*.

Durant ce séjour en sol natal, le missionnaire s'occupa de l'avancement de son frère et du sort des religieuses de Louisbourg qui avaient été déportées en France après la chute de la forteresse [V. Marie-Marguerite-Daniel Arnaud*, dite Saint-Arsène], et se fit octroyer des gratifications ainsi qu'une pension de 800#, soustraite des bénéfices du diocèse de Lavaur, grâce à l'intermédiaire de l'abbé de l'Isle-Dieu, vicaire général de l'évêque de Québec à Paris. En 1749, le missionnaire revint en Acadie sur la *Chabanne*, en compagnie de Charles Des Herbiers* de La Ralière, nouveau gouverneur de l'île Royale rendue à la France l'année précédente par le traité d'Aix-la-Chapelle. Auparavant, il avait tenté par deux fois de revenir mais s'était retrouvé à chaque occasion dans des prisons britanniques d'où il fut libéré, ayant réussi à cacher son identité ; il avait utilisé les noms de Rosanvern et de Huet.

Depuis le départ de Le Loutre, la situation avait passablement changé en Acadie : Louisbourg était de nouveau française tandis que les Britanniques venaient de fonder Halifax. Le missionnaire reçut du ministère de la Marine l'ordre d'établir son quartier général non pas à Shubénacadie, trop près des autorités de Halifax qui réclamaient la tête du missionnaire, mais à Pointe-à-Beauséjour (près de Sackville, Nouveau-Brunswick). Les Français prétendaient que cet endroit était hors de l'ancienne Acadie, cédée à la Grande-Bretagne par le traité d'Utrecht en 1713, alors que les Britanniques affirmaient que celle-ci s'étendait jusqu'à la baie des Chaleurs. C'est dans ce territoire, aux frontières mal délimitées, où chacun des deux pays réclamait à l'autre des concessions territoriales, que devait se poursuivre la carrière de Le Loutre. Pendant que les commissaires chargés de régler la question des frontières discutaient à Paris, les Français adoptèrent une ligne de conduite visant à renforcer leurs prétentions sur la région située au nord de la Missaguash et sur l'île Saint-Jean (Île-du-Prince-Édouard) en utilisant les Indiens pour harceler les Britanniques et restreindre le nombre de leurs établissements, et en essayant de persuader le plus d'Acadiens possible de quitter le territoire ennemi pour s'installer dans la région sous domination française.

Le missionnaire révéla sa pensée, quant à l'utilisation des Indiens, dans une lettre au ministre de la Marine datée du 29 juillet 1749 : « comme on ne peut s'opposer ouvertement aux entreprises des anglois, je pense qu'on ne peut mieux faire que d'exciter les Sauvages à continuer de faire la guerre aux anglois, mon dessein est d'engager les Sauvages de faire dire aux anglois qu'ils ne souffriront pas que l'on fasse de nouveaux établissemens dans l'Acadie [...] je feray mon possible de faire paraître aux anglois que ce dessein vient des Sauvages et que je n'y suis pour rien ». Ces attaques indiennes amenèrent Edward CORNWALLIS, gouverneur de la Nouvelle-Écosse, à jurer la perte de Le Loutre, le décrivant en octobre 1749 comme « un bon à rien un scélérat comme il y en eut jamais ». Cornwallis tenta de le capturer mort ou vif en promettant une récompense de £50. En 1750, les tensions s'aggravèrent en Acadie avec le meurtre d'Edward How*, officier de milice du fort Lawrence, tué sur les bords de la Missaguash après une séance de négociations, sous la protection d'un drapeau parlementaire. Un certain nombre d'historiens ont accusé Le Loutre d'être l'instigateur de ce meurtre, mais il n'existe aucune preuve sûre à cet effet. Louis-Léonard AUMASSON de Courville, James JOHNSTONE, Jacques PREVOST de La Croix, La Jonquière, Pierre Maillard et La Vallière (probablement Louis Leneuf de La Vallière) ont décrit cet événement. Pour certains, Le Loutre aurait tramé le meurtre, mais leurs versions sont contradictoires. Sauf La Vallière, aucun de ces auteurs n'était présent sur la scène du crime, et certaines de ces relations furent écrites quelques années après l'événement. Il semble que le missionnaire doive porter une certaine responsabilité pour ce crime en tant qu'agent reconnu de la politique française, cherchant constamment à identifier dans l'esprit des Indiens les intérêts du catholicisme à ceux de l'État. Car ce meurtre s'avéra un acte d'hostilité de la part des Micmacs contre les autorités protestantes de Halifax et celles-ci y virent évidemment la complicité de Le Loutre et de Pierre-Roch de Saint-Ours Deschaillons, commandant à Beauséjour. Si ces derniers ne conspirèrent pas carrément, ils assistèrent en témoins passifs à ce crime.

Quant aux Acadiens, le missionnaire les croyait prêts à abandonner leurs terres et même à prendre les armes contre les Britanniques plutôt que de signer un serment d'allégeance inconditionnel au roi George II. Cependant, les Acadiens n'étaient peut-être pas aussi déterminés à émigrer que voulait bien le prétendre Le Loutre. Depuis

1713, ils s'étaient toujours accommodés du régime britannique, et il leur était difficile de laisser des terres fertiles, qu'ils avaient défrichées, pour aller s'établir sur le territoire français sans être assurés qu'il ne deviendrait pas, tôt ou tard, possession britannique. Le Loutre leur promit, au nom du gouvernement français, de les établir et de les nourrir pendant trois ans, et même de les indemniser de leurs pertes. Les habitants ne se laissaient pas convaincre facilement et le missionnaire employa, semble-t-il, des moyens discutables – les menaçant, entre autres, de représailles de la part des Indiens – pour les obliger à émigrer. Les Acadiens qui déménagèrent de gré ou de force se trouvèrent dans une situation peu enviable. Tant sur l'île Saint-Jean qu'aux environs du fort Beauséjour, il était difficile de produire suffisamment de nourriture pour répondre aux besoins des nouveaux arrivants. La correspondance de Le Loutre, de Des Herbiers et du gouverneur de la Nouvelle-France, La Jonquière, fait quotidiennement mention des problèmes d'approvisionnement en Acadie. Au printemps de 1751, le missionnaire décrivait la situation : les navires de ravitaillement n'étaient pas parvenus à la baie Verte, la consommation était plus importante que prévu, les habitants étaient à la veille de manquer de viande et n'avaient jamais reçu une seule goutte de vin. Le Loutre se vit contraint de détourner certains présents destinés aux Micmacs en faveur des Acadiens et de la garnison du fort Beauséjour. La situation, à l'île Saint-Jean, était aussi des plus désespérées et, face à ces problèmes, les Acadiens manifestèrent le désir de retourner à leurs anciennes possessions. Le missionnaire accusa François-Marie de Goutin*, garde-magasin et subdélégué du commissaire ordonnateur à l'île Saint-Jean, d'avoir laissé les habitants mourir de faim alors que les magasins regorgeaient de vivres. Après avoir demandé aux autorités de Louisbourg de remédier à la mauvaise administration de l'île Saint-Jean, Le Loutre se plaignit du commandant et du garde-magasin de Baie-Verte (Nouveau-Brunswick). En août 1752, il se rendit à Québec rencontrer l'intendant BIGOT et le gouverneur DUQUESNE mais, insatisfait des résultats de ses démarches, il revint en Acadie, confia ses Micmacs à l'abbé Jean Manach* et traversa l'Atlantique.

A la fin de décembre 1752, Le Loutre arrivait en France et, sitôt dans la métropole, il sollicita une audience à la cour. Rouillé, ministre de la Marine, le reçut le 15 janvier. Même si ce dernier et surtout l'abbé de l'Isle-Dieu auraient préféré voir le missionnaire en Acadie plutôt qu'en France – on lui avait suggéré de remettre son voyage – les relations entre les trois hommes devinrent vite cordiales. En collaboration avec le ministre, Le Loutre rédigea un mémoire à l'intention de Roland-Michel Barrin* de La Galissonière, responsable de la commission de négociation des frontières en Amérique du Nord, dans lequel il dénonçait les revendications britanniques. Il rédigea aussi, avec l'abbé de l'Isle-Dieu, des mémoires détaillés sur les Acadiens et le territoire qu'ils occupaient ou qu'ils pourraient occuper, avec un plan de cantonnement indiquant le terrain à conserver et celui à céder. Les deux hommes soumirent ces mémoires dans le but avoué de suggérer à la cour la conduite à tenir dans la négociation. Le Loutre insista auprès de la cour sur le fait que les Acadiens ne pouvaient pas continuer à vivre dans l'incertitude, ballottés entre deux pouvoirs ; il conseillait de négocier fermement afin de bien circonscrire les territoires cédés en 1713 et de s'en tenir aux articles du traité d'Utrecht, octroyant aux Britanniques seulement une lisière de terre située à l'extrémité sud-ouest de l'Acadie incluant l'ancien Port-Royal et sa région. Si, en dernière ressource, on devait céder un territoire plus vaste, le missionnaire proposait que la ligne de démarcation délimitant les possessions françaises et britanniques en Acadie soit tirée de Cobequid à Canso. La région de la baie des Chaleurs et celle de Gaspé, que Le Loutre incluait dans l'Acadie, devaient rester françaises, et le port de Canso devait devenir territoire neutre, avec droit de pêche réservé aux Français seulement. Le plan avait pour but d'éloigner les postes ennemis, d'encercler la Nouvelle-Écosse d'une solide ceinture de postes fortifiés, et d'assurer les communications par terre et par mer entre Louisbourg, les postes de l'Acadie française et Québec. Cette proposition impliquait l'évacuation de Beaubassin par les Britanniques et la destruction du fort Lawrence. Les Français regagneraient ainsi des terres très fertiles et les affrontements rendus inévitables par la proximité du fort Beauséjour et du fort Lawrence seraient éliminés. Si les Acadiens désiraient demeurer sujets du roi de France, ils devraient abandonner la région d'Annapolis Royal et des Mines. Selon Le Loutre, la France avait l'obligation de les reloger afin de les soustraire à la domination d'un peuple qui voulait anéantir le catholicisme. Il proposa qu'on les installe dans la région de Beaubassin et des rivières Shepody, Memramcook et Petitcodiac. Les autorités françaises devraient ériger des « aboiteaux » ou digues destinées à protéger les terres basses contre les hautes marées de la région. Selon le missionnaire, au bout de quatre ans les habitants pourraient produire plus que leur consommation, subvenir ainsi aux besoins de la garnison du fort Beauséjour et avoir même des excédents de blé et de bêtes à cornes exportables à Louisbourg. Il estimait le coût de construction des aboiteaux à 50 000#, montant que la cour lui accorda. Cependant, en pratique, cette somme fut largement dépassée ; en mars 1755, le missionnaire évaluait à 150 000# les dépenses à engager pour les aboiteaux et demandait à la cour un supplément de 20 000#, la différence devant être fournie par le travail et les matériaux des Acadiens. On peut se demander si Le Loutre dissimula le coût élevé de la construction afin de la faire accepter par la cour.

Pendant son séjour en France, Le Loutre discuta également avec ses supérieurs religieux de « certaines circonstances où il [pourrait] se trouver par rapport à la guerre de ses sauvages et même des français surtout ceux qui [étaient] encore sous la domination des anglais ». Il s'interrogea sur son action auprès des Acadiens. Quels moyens pouvait-il employer pour les persuader de quitter le territoire britannique ? Ces Acadiens qui avaient prêté le serment d'allégeance à la Grande-Bretagne, pouvait-il demander qu'on les prive de sacrements ? Avait-il le pouvoir de les menacer d'excommunication afin de les inciter à se réfugier en territoire réclamé par la France, ou encore pouvait-il demander à ses Micmacs de forcer les récalcitrants à abandonner leurs terres ? Le Loutre se demandait aussi s'il pouvait encourager les Indiens à attaquer et à scalper les colons britanniques en temps de paix. Parallèlement, il s'occupa d'obtenir certaines faveurs pour sa mission, ses confrères et lui-même. Il obtint, entre autres, que la pension annuelle de 1 200# versée par la cour aux missionnaires des Acadiens fût partagée avec les missionnaires s'occupant des Micmacs, comme c'était son cas. Le roi lui accorda aussi une gratification de 2 438# pour l'achat de farine à Louisbourg, 2 740# pour différents objets du culte et 600# pour des remèdes. Le Loutre recruta de nouveaux missionnaires pour l'Acadie, dont Pierre Cassiet*, et obtint pour chacun d'eux une gratification spéciale de 600#.

A la fin d'avril 1753, Le Loutre s'embarqua pour l'Acadie sur le vaisseau le *Bizarre* ; l'année suivante, Mgr de Pontbriand [Dubreil*] le nommera son grand vicaire pour l'Acadie. Dès son arrivée, il s'acharna à convaincre les Micmacs de rompre la paix signée avec les Britanniques durant son absence [V. Jean-Baptiste Cope*] et se servit d'eux pour harceler les colons britanniques. Il acheta le produit de leurs chasses et de leurs raids ; il paya entre autres 1 800# pour 18 scalps britanniques. Selon le sieur de Courville, arrivé au fort Beauséjour en 1754, – dont on ne peut ignorer le témoignage, comme le conseillent pourtant quelques auteurs en raison de l'anticléricalisme des Français de l'époque – Le Loutre menaçait les Acadiens de les abandonner, de retirer leurs prêtres, de faire enlever leurs femmes et leurs enfants et, si nécessaire, de faire dévaster leurs biens par les Indiens. On peut faire un rapprochement entre ce que rapporte Courville et les pétitions des Acadiens à Cornwallis, dans lesquelles ceux-ci se déclarent incapables de signer un serment sans condition à cause des Micmacs qui ne le leur pardonneraient pas. Cependant, tous les efforts de Le Loutre s'avérèrent inutiles. En juin 1755, les forces britanniques obligèrent Louis Du Pont Duchambon de Vergor à signer l'acte de capitulation du fort Beauséjour ; peu après commença dans cette région la déportation des Acadiens. Le missionnaire, se sachant en danger, se faufila hors du fort, sous un déguisement, et gagna Québec à travers bois. A la fin de l'été, il se rendit à Louisbourg d'où il s'embarqua pour la France. Le 15 septembre, le vaisseau sur lequel il voyageait tomba aux mains des Britanniques. Fait prisonnier, Le Loutre ne fut libéré, malgré les efforts du ministre de la Marine, que huit ans plus tard, le 30 août 1763, après la signature du traité de Paris.

Arrivé en France, Le Loutre se vit refuser l'hospitalité gratuite au séminaire des Missions étrangères de Paris à cause de ses revenus de 800# par année. Agissant conjointement avec Jean Manach et Jacques Girard qui avaient essuyé le même refus, il intenta un procès contre le séminaire. Il en appela des règles de cette institution et demanda que les missionnaires participent à sa direction. Le parlement de Paris trancha la question, estimant la requête de Le Loutre et de ses collègues non recevable sur tous les points. Cet échec ne découragea pas Le Loutre ; il s'adressa au duc de Choiseul, ministre de la Marine, afin d'obtenir une pension. Malgré l'insistance de ce dernier, l'évêque d'Orléans ne put la lui procurer et les caisses des colonies durent subvenir à ce besoin. La cour accorda à Le Loutre, en mai 1768, une pension annuelle de 1 200# rétroactive au 1er janvier 1767, traitement dont il pouvait jouir jusqu'à ce qu'il ait « été pourvu d'un bénéfice équivalent ». Ces gratifications n'empêchèrent pas le missionnaire de poursuivre ses démarches pour obliger le séminaire des Missions étrangères à subvenir à ses besoins.

Outre ces préoccupations d'ordre pécuniaire, le missionnaire s'occupa activement des déportés acadiens réfugiés en France. La cour avait plusieurs projets pour les établir, dont le plus sérieux était celui des états de Bretagne, proposé en octobre 1763, qui préconisait l'établissement à

Belle-Île de 77 familles acadiennes qui se trouvaient dans les régions de Morlaix et de Saint-Malo. Cependant les trois délégués acadiens qui visitèrent l'île en juillet 1764 éprouvèrent des difficultés à convaincre leurs compatriotes de venir s'y installer. Face à leur indécision, la cour fit appel à Le Loutre qui n'eut aucune difficulté à les persuader de s'y rendre. Après de nombreuses négociations et plusieurs voyages, faits par Le Loutre, entre Paris, Rennes et Morlaix, les Acadiens arrivèrent à Belle-Île à la fin de 1765, guidés par le missionnaire. On leur procura des terres, des maisons, des bâtiments de ferme, du bétail et des outils, et on leur octroya certains avantages financiers. Malgré cela, en 1772, après six ans de labeur, les Acadiens ne pouvaient produire l'équivalent de leur consommation et certains manifestèrent le désir de revenir en Acadie, ce qui ne pouvait que déplaire à l'ancien missionnaire qui s'était tant dévoué pour soustraire les Acadiens aux autorités britanniques. Dès 1771, Le Loutre s'était enquis des possibilités d'établir les Acadiens en Corse, mais l'île offrait peu d'avantages. Il continua de chercher des terres plus fertiles et, en 1772, il organisa une tournée dans le Poitou afin de visiter les terres que le marquis de Pérusse Des Cars désirait octroyer aux Acadiens dans la région de Châtellerault [V. Jean-Gabriel BERBUDEAU]. Le destin voulut que le missionnaire ne puisse s'y rendre ; au cours du voyage, qu'il fit accompagné de quatre Acadiens, il décéda à Nantes, le 30 septembre 1772.

Les historiens sont unanimes à reconnaître l'importance de l'action de Le Loutre en Acadie, mais diffèrent d'opinions quant à celle de son rôle de missionnaire. Plusieurs historiens, particulièrement ceux de langue anglaise, l'ont blâmé pour avoir agi plutôt comme agent de la politique française que comme missionnaire, et ils le tiennent largement responsable de la déportation des Acadiens de la Nouvelle-Écosse en 1755 car, en les menaçant de représailles, s'ils signaient le serment de fidélité, Le Loutre les condamnait à un exil forcé. Toutefois, avant de porter un jugement sur la carrière de Le Loutre en Acadie, il faut considérer trois points importants : au XVIIIe siècle la France se voulait le défenseur de la religion catholique ; l'Acadie était peuplée de catholiques français gouvernés par des Britanniques protestants ; le missionnaire était le seul représentant du gouvernement français toléré par la Grande-Bretagne auprès des Acadiens. D'après Le Loutre, presque tous les moyens pouvaient être utilisés pour soustraire les Acadiens, spirituellement en danger, à la domination britannique. Il employa les moyens à sa disposition : les arguments d'ordre religieux et les Indiens. La méthode du missionnaire était discutable, mais elle s'inscrivait dans la logique du siècle, alors qu'en France comme en Angleterre la religion était au service de l'État.

Le Loutre était un meneur d'hommes et la situation acadienne favorisa son action. C'était un missionnaire politiquement engagé, entêté et disposé à suppléer le gouvernement civil français en Acadie. Son action déplut au gouvernement de Halifax et même à certains officiers français. Il fit sans doute preuve de zèle excessif et sa conduite fut souvent équivoque, mais on ne peut douter de son dévouement sincère à la cause de l'Acadie française. Nous ne pouvons le rendre responsable de la déportation des Acadiens.

GÉRARD FINN

L'autobiographie de Le Loutre, dont l'original se trouve aux Archives du séminaire des Missions étrangères (Paris), 344, a été publiée par Albert David sous le titre de « Une autobiographie de l'abbé Le Loutre », *Nova Francia* (Paris), 6 (1931) : 1–34. Une traduction de ce texte a paru en appendice dans l'ouvrage de John Clarence Webster*, *The career of the Abbé Le Loutre in Nova Scotia* [...] (Shédiac, N.-B., 1933), 32–50. *Coll. de manuscrits relatifs à la N.-F.*, III, et *Coll. doc. inédits Canada et Amérique*, I, ont reproduit un certain nombre de lettres de Le Loutre. Pour connaître comment les historiens anglophones et francophones ont perçu Le Loutre, V. Gérard Finn, « Jean-Louis LeLoutre vu par les historiens », Soc. historique acadienne, *Cahiers* (Moncton, N.-B.), 8 (1977) : 108–147.

AD, Finistère (Quimper), État civil, Saint-Matthieu de Morlaix, 1687, 1703–1705, 1707–1711, 1716, 1720 ; Saint-Mélaine de Morlaix, 1706–1710 ; G-150-51, rolle de capitation ; Registres du contrôle des actes de notaires, 1720–1721 ; Loire-Atlantique (Nantes), État civil, Saint-Léonard de Nantes, 1er oct. 1772 ; Morbihan (Vannes), E, 1.457–1.464 ; Vienne (Poitiers), Cahier 3, n° 245. — AN, Col., B, 65 ; 68 ; 70–72 ; 76 ; 78 ; 81 ; 83–84 ; 88–89 ; 93 ; 95 ; 97–98 ; 100 ; 104 ; 110 ; 117 ; 120 ; 122 ; 125 ; 131 ; 134 ; 139 ; 143 ; C^11A^, 82 ; 83 ; 85 ; 87 ; 89 ; 93–96 ; 98–100 ; 102 ; 125 ; C^11B^, 20–22 ; 26–27 ; 29–30 ; 33 ; 34 ; C^11C^, 9 ; 16 ; C^11D^, 8 ; C^11E^, 4 ; E, 169 (dossier Duvivier [François Du Pont Duvivier]) ; 265 (dossier Joseph Le Blanc) ; 275 (dossier Le Loutre) ; F^3^, 16 ; F^5A^, 1 ; Section Outre-mer, Dépôt des fortifications des colonies, Am. sept., n° 34. — Archives du séminaire de la Congrégation du Saint-Esprit (Paris), Boîte 441, dossier A, chemise II. — Archives du séminaire des Missions étrangères, 25 ; 26 ; 28 ; 344. — ASQ, Lettres, M ; P ; R ; Polygraphie, IX. — PRO, CO 217/7–9 ; 217/11 ; 217/14–15 ; 218/3 ; SP 42/23. — Brebner, *New England's outpost*. — Gérard Finn, La carrière de l'abbé Jean-Louis LeLoutre et les dernières années de l'affrontement anglo-français en Acadie (thèse de doctorat, université de Paris I (Sorbonne), 1974). — M. D. Johnson, *Apôtres ou agitateurs : la France missionnaire en Acadie* (Trois-Rivières, 1970). — Ernest Martin, *Les exilés acadiens en France au XVIIIe siècle et leur établissement en Poitou* (Paris, 1936).

LE MAIGRE, JOSEPH LEBLANC, dit. V. LEBLANC

LE MERCIER (Mercier), FRANÇOIS-MARC-ANTOINE, officier d'artillerie, né le 29 décembre 1722 à Caudebec, France, fils de Nicolas-François Le Mercier, lieutenant-colonel d'infanterie dans le régiment d'Agenois, et de Charlotte Le Rebours ; il épousa Françoise Boucher de La Bruère (La Bruyère), à Sainte-Foy, près de Québec, le 15 novembre 1757, trois jours après s'être fait baptiser par Mgr de Pontbriand [Dubreil*] à l'église Notre-Dame de Québec ; décédé dans les environs de Lisieux, France, vers 1798.

Lieutenant de milice dès 1734, François-Marc-Antoine Le Mercier rejoint, l'année suivante, le régiment d'Agenois à Philippsburg (République fédérale d'Allemagne) avec le grade de sous-lieutenant. A la fin de la guerre de la Succession de Pologne, il est réformé et quitte l'armée peu après pour étudier les mathématiques à Strasbourg et à La Fère, en France. Il arriva au Canada en 1740 comme cadet dans les troupes de la Marine. Sérieux et ambitieux, Le Mercier se met à l'étude du génie et de l'artillerie ; il est nommé enseigne en second en 1743 et est attaché au service du commissaire d'artillerie Jean-Baptiste Dupin de Belugard.

Lorsque la guerre de la Succession d'Autriche s'étend à l'Amérique en 1744, Le Mercier se retrouve seul en charge de l'artillerie à Québec. Il dirige le travail de 500 ouvriers, faisant construire des batteries, établissant des lignes de défense près de la rivière Saint-Charles et réparant un corps de caserne. L'année suivante, il participe en tant qu'ingénieur et officier d'artillerie à la campagne d'Acadie sous les ordres de Paul Marin* de La Malgue. Après la reddition de Louisbourg, île Royale (île du Cap-Breton), en juin 1745, il est envoyé à Beaubassin (près d'Amherst, Nouvelle-Écosse), qui servait de lieu de rassemblement, et, en route, coule une chaloupe corsaire, puis retourne à Québec. Au début de 1746, il est chargé par le gouverneur Beauharnois* d'aller au fort Saint-Frédéric (près de Crown Point, New York) pour aider à en préparer la défense et faire l'inventaire des munitions et des vivres qui s'y trouvent. Durant son séjour au fort, il découvre le portage du lac Saint-Sacrement (lac George) et se rend jusqu'au fort Lydius (également appelé fort Edward ; aujourd'hui Fort Edward, New York). Rappelé à Québec après le dégel, Le Mercier part aussitôt pour l'Acadie avec la troupe que Jean-Baptiste-Nicolas-Roch de RAMEZAY mène à la rencontre du duc d'Anville [La Rochefoucauld*]. Au début de l'hiver suivant, il se trouve à Beaubassin et, en février 1747, par un froid extrême et après une marche forcée, il participe, avec 300 Canadiens et Indiens, à l'attaque dirigée par Nicolas-Antoine Coulon* de Villiers contre une troupe de la Nouvelle-Angleterre à Grand-Pré (Nouvelle-Écosse) [V. Arthur Noble*].

Le Mercier est nommé aide d'artillerie en 1748. La guerre finie, il est envoyé en France pour y étudier formellement le maniement de l'artillerie, la fabrication et la fonte des pièces ainsi que les notions élémentaires des fortifications et doit se soumettre à un examen. Il séjourne dans plusieurs villes et, pour acquérir de l'expérience, visite des forges, dont celles de Rancogne (dép. de la Charente) où l'on fond des canons. Au début de 1750, il est promu lieutenant et chargé du commandement d'une compagnie de canonniers-bombardiers, la première unité du genre à être envoyée au Canada ; de Rochefort il se rend à l'île de Ré, où il entraîne ses recrues. De retour au Canada avec sa compagnie, il impressionne fortement le gouverneur La Jonquière [Taffanel*] par la discipline qu'il obtient des artilleurs et le soin qu'il prend de l'artillerie. En 1751, Le Mercier dirige la fonte d'une centaine de pièces de canons et d'une douzaine de mortiers aux forges du Saint-Maurice, à Trois-Rivières, mais il semble que l'intendant BIGOT ait mis fin aux opérations militaires des forges après 1752, entre autres, à cause de l'absence de maîtres fondeurs spécialisés.

En 1753, le nouveau gouverneur de la colonie, DUQUESNE, décidé à assurer la suprématie française dans la région de l'Ohio, organise une vaste campagne [V. Paul Marin de La Malgue]. Le Mercier y participe, remplissant les fonctions d'ingénieur ; il est aussi mis en charge du détail des vivres. En avril, il quitte Montréal avec un petit détachement et se dirige vers le fort Niagara (près de Youngstown, New York). Il apporte au cours de l'été son aide à la construction des forts de la Presqu'île (Erie, Pennsylvanie) et de la rivière au Bœuf (Waterford, Pennsylvanie), érigés pour couper court aux prétentions des Anglais sur ce territoire. La même année, il est promu capitaine, mais n'obtient pas la croix de Saint-Louis que Duquesne a sollicitée pour lui. Le gouverneur lui confie cependant la direction du génie et de l'artillerie dans la colonie.

Le printemps suivant, Le Mercier retourne au fort de la rivière au Bœuf avec une troupe de 360 soldats et miliciens. Il est aussitôt chargé par Claude-Pierre PÉCAUDY de Contrecœur d'aller déloger les Anglais qui ont commencé la construction d'un fort sur la rivière Ohio ; il y réussit et continue la construction du fort auquel il donne le nom de fort Duquesne (Pittsburgh, Pennsylvanie). Au début de l'été, une expédition est organisée pour venger la mort de Joseph Coulon* de Villiers de Jumonville, tué le 28 mai 1754 au cours d'une embuscade organisée par George Washington. C'est Louis Coulon* de Villiers, frère de Jumonville, qui reçoit le commandement de 500 hommes, et Le Mercier le seconde. Ils chassent Washington et son détachement du fort Necessity (près de Farmington, Pennsylvanie) où ils s'étaient réfugiés et reviennent au fort Duquesne. A l'automne, Le Mercier est envoyé en France afin de rendre compte des opérations auxquelles il a participé pendant les deux dernières campagnes en Amérique. Il embarque à bord de la *Parfaite Union* le 15 octobre avec Bigot, Michel-Jean-Hugues PÉAN et son épouse, Angélique RENAUD d'Avène Des Méloizes.

Le Mercier revient à Québec au printemps de 1755. En septembre, il participe à la bataille du lac Saint-Sacrement au cours de laquelle il sert probablement de conseiller à Dieskau* – Montcalm*, qui n'a pas été témoin de l'événement, se permettra de dire plus tard que Le Mercier a « fait battre et prendre M. de Dieskau ». Durant la retraite de l'armée française il forme l'arrière-garde et réussit avec ses dix hommes à se tirer d'une embuscade tendue par 250 Anglais. L'été suivant, Le Mercier commande l'artillerie à la prise de Chouaguen (ou Oswego ; aujourd'hui Oswego, New York), la première opération militaire de Montcalm en Nouvelle-France, et son intrépidité vient à bout des tergiversations du général concernant l'emplacement et la mise en batterie des canons. Montcalm réussit en six heures à faire tomber Chouaguen avec une seule batterie de neuf canons à barbette, mais il ne pardonnera jamais à Le Mercier, qu'il considère comme « un ignorant et un homme foible », de lui avoir fait la leçon.

L'artillerie coloniale compte, en 1757, 8 officiers, dont Louis-Thomas JACAU de Fiedmont, et 180 artilleurs ; Le Mercier n'est toujours que capitaine mais reçoit un brevet de commandant d'artillerie et une pension de 400#. La même année, le roi lui accorde la croix de Saint-Louis. Durant les mois de février et mars 1757, Le Mercier participe à l'expédition menée par François-Pierre de RIGAUD de Vaudreuil contre le fort George (appelé aussi fort William Henry ; aujourd'hui Lake George, New York). L'attaque est contremandée, mais Rigaud, après avoir fait brûler les alentours du fort, envoie Le Mercier sommer le commandant anglais de se rendre. La sommation est toutefois refusée et le siège levé. Au mois de mai, Le Mercier se trouve à Québec et s'occupe de rassembler main-d'œuvre et vivres pour le fort Carillon (Ticonderoga, New York), où il se rend à la fin de juin. En août, il participe au siège du fort William Henry. Après avoir passé l'hiver dans la colonie, il retourne au fort Carillon à l'été de 1758. Le 8 juillet, c'est lui qui commande l'artillerie, distribue munitions et rafraîchissements durant l'attaque, conduite par ABERCROMBY, qui se solde par une insigne victoire pour Montcalm. Il passe le reste de l'année à Montréal, puis à Québec. Ses longues soirées d'hiver sont souvent passées en compagnie des membres de la Grande Société, dont faisait partie Bigot, avec lesquels il s'adonne au jeu.

A la fin de mars 1759, Le Mercier se rend aux Cèdres, en amont de Montréal, afin d'y assurer le transport des vivres jusqu'au fort Niagara. En avril, il est à Québec où il fait, semble-t-il, état des mesures défensives. Durant le siège de la ville, il commande l'artillerie tout en étant chargé de la distribution des vivres à l'armée qui est soumise à la ration comme la population. Il doit en outre pourvoir de poudre et de munitions quelque 300 canons et mortiers de différents calibres installés en batteries sur une longueur de dix milles et en assurer la sécurité, compromise par les bombardements et les incendies. Par ailleurs, Le Mercier doit faire face constamment à la confusion du commandement, s'accommodant des ordres et des contrordres de Montcalm et du gouverneur Vaudreuil [RIGAUD], de leurs sautes d'humeur et surtout de leur jalousie. A quelques occasions, il sert de parlementaire entre le gouverneur et l'amiral SAUNDERS. Le 23 juillet, il réussit par un feu d'artillerie bien dirigé à empêcher plusieurs vaisseaux anglais de forcer le passage en amont de la ville. Cette action retardera de cinq semaines l'exploit qui assurera la victoire aux Britanniques. Le 9 août, à la nouvelle de la chute du fort Niagara, Vaudreuil envoie Le Mercier avec LÉVIS et La Pause [Plantavit*] achever la construction du fort Lévis (à l'est de Prescott, Ontario). C'est Fiacre-François POTOT de Montbeillard qui le remplace dans ses fonctions de commandant d'artillerie.

Après la chute de Québec, Le Mercier se rend à Montréal où il voit à l'approvisionnement de l'armée. En octobre, craignant que le fort de l'île aux Noix, sur le Richelieu, ne soit attaqué, il s'y rend, puis revient à Montréal une fois le danger passé. Lorsqu'il embarque pour la France, le 25 novembre 1759, à bord du *Machault*, il est chargé d'aller renseigner la cour sur la situation et les besoins de la colonie, mission dont il s'acquitte avec maîtrise. Il se retrouve cependant au nombre des accusés lorsqu'une commission est mise sur pied pour juger des malversations commises dans la colonie avant la Conquête. Le

Mercier est arrêté et incarcéré à la Bastille, mais déchargé de toute accusation et relâché lorsque, en décembre 1763, le jugement dans l'Affaire du Canada est enfin rendu. Par la suite, il s'installe, semble-t-il, à Lisieux, en Normandie, où il vit encore en 1798, à l'aise mais dans l'oubli.

François-Marc-Antoine Le Mercier n'a pas joué un rôle de premier plan dans le drame de la perte de la Nouvelle-France. Il n'a jamais détenu le grade ni les pouvoirs qui lui auraient permis d'apporter de grands changements dans l'organisation et l'administration tant civile que militaire de la colonie. Il a certes profité du système pour s'enrichir, ce qui fit dire à Montcalm en 1759 : « cet officier venu simple soldat il y a vingt ans sera bientost riche d'environ 6 ou 700.000#. peut estre un million si ceci dure ». Le général, par ailleurs, ne cachait pas son inimitié pour Le Mercier et il laissa maints témoignages injustes à son égard, l'accusant de s'occuper surtout de ses finances et de négliger ses obligations militaires. « M. Mercier qui n'est jamais nulle part parce qu'il est partout, écrit-il, [...] ne néglige peut-être que la seule partie relative à son métier. » En fait, Le Mercier tenta toujours de s'acquitter du mieux qu'il put de toutes les responsabilités qui lui furent confiées, mais celles-ci, parfois trop nombreuses, l'empêchèrent de s'adonner pleinement à son métier d'officier d'artillerie.

JEAN PARISEAU

AN, Col., E, 276 (dossier Le Mercier). — Bibliothèque de l'Arsenal, 5 769 (papiers du comte d'Argenson), pp.298, 327, 330, 339 (copies aux APC) ; Archives de la Bastille, 12 128 ; 12 142–12 148 ; 12 501, ff.74, 78, 96, 115, 130, 138, 169, 174 ; 12 502, ff.4, 18, 23, 29–30, 69, 72, 77, 88, 117bis, 198, 201, 212, 232 ; 12 503, ff.224–225, 227, 231, 237, 242–243, 253, 262 ; 12 504, ff.8, 9, 71, 124, 139, 164, 170, 180, 209, 227, 259 ; 12 506, ff.23, 30, 31, 37, 42, 56, 81, 90. — *Coll. des manuscrits de Lévis* (Casgrain), *passim*. — *Doc. relatifs à la monnaie sous le Régime français* (Shortt), II : 894, 896, 898. — Journal du siège de Québec (Æ. Fauteux), ANQ *Rapport*, 1920–1921, *passim*. — Knox, *Hist. journal* (Doughty). — [A.-J.-H. de Maurès de Malartic, comte de Malartic], *Journal des campagnes au Canada de 1755 à 1760* [...], Gabriel de Maurès de Malartic et Paul Gaffarel, édit. (Dijon, France, 1890). — *Mémoires sur le Canada, depuis 1749 jusqu'à 1760*. — [Pierre] Pouchot, *Memoir upon the late war in North America, between the French and the English, 1755–60* [...], F. B. Hough, trad. et édit. (2 vol. Roxbury, Mass., 1866), I : 23–25, 27s., 31, 35s., 46, 65s., 69, 224. — Æ. Fauteux, *Les chevaliers de Saint-Louis*, 164s. — Le Jeune, *Dictionnaire*. — J.-E. Roy, *Rapport sur les archives de France*, 870, 873, 875. — Tanguay, *Dictionnaire*. — Thomas Chapais, *Le marquis de Montcalm (1712–1759)* (Québec, 1911), 113, 116, 120, 122–124, 139. — Frégault, *François Bigot*, II : *passim* ; *La guerre de la Conquête*. — P.-G. Roy, *Les petites choses de notre histoire* (7 sér., Lévis, Québec, 1919–1944), 1re sér. : 213–216 ; 3e sér. : 273 ; 7e sér. : 135, 193 ; *La ville de Québec sous le Régime français* (2 vol., Québec, 1930), II : 289, 385s. — Stanley, *New France*. — Tessier, *Les forges Saint-Maurice*. — Henri Têtu, M. Jean-Félix Récher, curé de Québec, et son journal, 1757–1760, *BRH*, IX (1903) : 141, 332, 344, 354.

LEMOINE DESPINS, JACQUES-JOSEPH, négociant, né à Boucherville (Québec) le 15 juillet 1719, fils de René-Alexandre Lemoine, dit Despins, et de Marie-Renée Le Boulanger, décédé à Montréal le 16 avril 1787.

C'est sans doute dans sa famille que Jacques-Joseph Lemoine Despins apprit la conduite des affaires ; son père était marchand et un de ses oncles, Alexis Lemoine*, dit Monière, avait bien réussi dans le commerce des fourrures. Dès 1743 ou 1744, Lemoine Despins s'associait à Jean-Baptiste-Grégoire Martel de Saint-Antoine, qui venait d'être nommé garde-magasin du roi à Montréal. Cette première association lui permit d'entrer au service du roi – il devint le commis de Martel – et par la suite de participer à des entreprises de plus en plus lucratives. Lors de la signature de son contrat de mariage, le 22 avril 1747, à Montréal, avec Marguerite, fille du marchand Jean-Baptiste Guillon (Guyon), une dizaine de marchands montréalais étaient présents. Lemoine Despins possédait alors, d'après son contrat, 16 000#, « tant en argent comptant qu'en marchandises », dont il se réservait environ les deux tiers en nature en propre, c'est-à-dire hors de la communauté de biens. Cette clause inhabituelle lui permettait d'affecter la plus grande partie de ses biens à son commerce sans entraves légales.

Les affaires de Lemoine Despins prospérèrent rapidement. En effet, en 1748, le commissaire de la Marine à Montréal, Jean-Victor VARIN de La Marre, se joignit à Despins et Martel. Cette « société de grand commerce », comme le rapportait Mme Bégon [Rocbert*] au mois de décembre de cette année, s'occupait de « toutes les fournitures » du roi ; elle vendait aussi au détail et possédait des intérêts dans les pays d'en haut. Un cousin par alliance de Lemoine Despins, Louis PENNISSEAUT, négociant qui sera lié à l'aide-munitionnaire François Maurin*, s'associa également à eux en 1755. En 1763, au cours de son procès au Châtelet, lors de l'Affaire du Canada, Martel déclarera que c'était Lemoine Despins qui administrait les affaires de la société – qui dura jusqu'en 1757 – et qu'il s'agissait d'une société en commandite.

Lemoine Despins s'intéressa également au

commerce des fourrures. Il engagea quelques voyageurs en 1751 et en 1752, puis s'associa à Louis de La Corne*, pour l'exploitation du poste de l'Ouest, à l'automne de 1752. Il eut par la suite des intérêts dans la traite des fourrures à Détroit et, dès 1755, au fort Témiscamingue (près de Ville-Marie, Québec).

En 1755, Lemoine Despins, dont la première épouse était décédée en 1752, convolait à Québec, le 6 novembre, avec la nièce de Mme Bégon, Marguerite-Charlotte, fille de Louis-Joseph Rocbert de La Morandière, ancien garde-magasin à Montréal. Comme Despins avait eu de son premier mariage deux fils, Jacques-Alexis et Jean-Baptiste, qui, au décès de leur mère, avaient droit à la moitié de la succession de leurs parents, il dut faire dresser, en septembre 1756, l'inventaire de ses biens. L'ampleur de son commerce y est clairement établie. Si le mobilier de la maison semble modeste, les marchandises stockées dans la voûte, le magasin et la cour, propriétés de la société que Lemoine Despins administrait pour Martel et Varin, furent évaluées à plus de 100 000# ; les créances de cette société s'élevaient à environ 200 000# contre seulement 30 000# de dettes. Il est difficile de savoir ce qui appartenait à Lemoine Despins en propre, mais celui-ci tenait de toute évidence, en plus des affaires de la société, un commerce à son compte : il possédait une boulangerie, des intérêts dans une goélette, et son correspondant québécois, le négociant Jacques PERRAULT, lui devait une somme de 50 000#.

A la fin de 1756, Lemoine Despins s'engageait envers le munitionnaire Joseph-Michel CADET « pour le Service du Roy ». Martel écrivit plus tard que « le Sr Lemoine avoit été chargé de faire par économie toutes les fournitures de farines de lards & de pois aux Troupes, & pour l'approvisionnement général des Forts ; ces fournitures étoient immenses », et il accusa Lemoine Despins d'avoir falsifié des factures. En 1758, ce dernier demandait à Jacques Perrault de faire « Entr[er] dans la depence ceux à Quis Sa est avantageux ». Ces pratiques peu recommandables, et les profits qui en découlaient, suscitèrent le ressentiment des Montréalais.

Après la Conquête, le nom de Lemoine Despins se trouva sur la liste des accusés dans l'Affaire du Canada, mais lorsque le jugement fut rendu, il fut simplement déclaré « qu'il sera plus amplement informé des faits mentionnés au Procès ». Selon Pierre-Georges Roy*, Lemoine Despins passa en Angleterre en 1765, puis en France où il obtint des lettres de réhabilitation, avant de revenir au Canada. Quoi qu'il en soit, Despins semble avoir eu peu de difficultés à remettre ses affaires en marche sous le Régime britannique. Il fut mis en relation avec les négociants Daniel et Antoine Vialars de Londres, qui servaient souvent de fournisseurs aux marchands canadiens, et avec lesquels il transigea par l'intermédiaire de Jacques Perrault de Québec. Il semble avoir continué en affaires jusqu'à sa mort. Lorsque ses fils devinrent majeurs, il leur accorda la part de l'héritage laissé par leur mère, soit 60 000# chacun. Ils reçurent des marchandises, des établissements et des fonds qui leur permirent de former une société pour le « commerce des marchandises propres pour ce pais ». Despins se mêla peu de politique sous le nouveau régime. A la suite de la demande des citoyens de Québec, en 1765, il vit à la nomination de huit députés montréalais « pour ce trouver a Quebec lorsquil Sera Convoqué une assamblé General pour le bien commun ». Il avait procédé discrètement, selon les conseils de son correspondant Perrault. En 1775, il fut de ceux qui effectuèrent les préparatifs de défense avant l'arrivée des Américains à Montréal.

Comme plusieurs autres marchands, Lemoine Despins avait été durant sa carrière marguillier et capitaine de milice. Sachant user de ses relations de famille et d'affaires, il érigea une fortune considérable qui provenait beaucoup plus de privilèges douteux que d'un commerce honnête, ce qui le séparait de la plupart des négociants de Montréal.

JOSÉ E. IGARTUA

AN, Col., E, 276 (dossier Le Mercier). — ANQ-M, État civil, Catholiques, Notre-Dame de Montréal, 16 juill. 1719, 24 avril 1747, 17 avril 1787 ; Greffe de J.-B. Adhémar, 9 mars 1752, 17 juin, 8 juill., 2 oct. 1753 ; Greffe de L.-C. Danré de Blanzy, 22 avril 1747, 28 sept. 1756, 22 mai 1759 ; Greffe de Pierre Panet, 24 sept. 1757, 13 juill. 1763, 25 mai, 7 juill., 14 nov. 1764, 7 juin, 20 sept. 1765, 27 avril 1767, 30 avril, 23 juill., 25 oct., 15 nov. 1768, 11 sept. 1769, 10 nov. 1770, 21 sept. 1771, 19 mai 1772 ; Greffe de François Simonnet, 6 déc. 1754. — ANQ-Q, État civil, Catholiques, Notre-Dame de Québec, 6 nov. 1755 ; Greffe de Claude Barolet, 5 nov. 1755. — APC, MG 18, H50. — Bégon, Correspondance (Bonnault), ANQ *Rapport*, 1934–1935, 17, 176. — J.-B.-J. Élie de Beaumont, *Observations sur les profits prétendus indument faits par la société Lemoine des Pins, Martel & Varin* (Paris, 1763). — État général des billets d'ordonnances [...], ANQ *Rapport*, 1924–1925, 246–342. — [J.-B. Martel de Saint-Antoine], *Mémoire pour Jean-Baptiste Martel, écuyer, ci-devant garde des magasins du roi à Montréal* (Paris, 1763). — *Mémoires sur le Canada, depuis 1749 jusqu'à 1760*. — *La Gazette de Québec*, 8, 29 déc. 1766, 1er sept. 1768, 19 déc. 1771, 12 mars 1772, 8 janv., 28 nov. 1778, 29 avril 1779, 18 mai, 15 juin 1780, 17 mai 1781, 20 juin 1782, 31 mars, 12 mai 1785, 29 juin, 19 oct. 1786. — Marguilliers de la paroisse de Notre-Dame de Ville-Marie de 1657 à 1913, *BRH*, XIX (1913) : 279. — É.-Z. Massicotte, Inventaire des actes de foi et hommage conservés aux Archives judiciaires de Montréal, ANQ *Rapport*, 1921–1922, 105 ; Répertoire des engagements pour l'Ouest, ANQ *Rapport*, 1930–1931, 421, 426, 429, 443 ; 1931–1932, 330, 337–340, 360. — J.-E. Roy, *Rapport sur les archives de France*, 871, 875. — Tanguay, *Dictionnaire*. — Frégault, *François Bigot*, II : 86, 89–91. — P.-G. Roy, *Bigot et sa bande*, 163–168. — Jacques Mathieu, Un négociant de Québec à l'époque de la Conquête : Jacques Perrault l'aîné, ANQ *Rapport*, 1970, 46, 56, 80.

LEMOINE DESPINS, MARGUERITE-THÉRÈSE, supérieure des Sœurs de la Charité de l'Hôpital Général de Montréal, née à Boucherville, près de Montréal, le 23 mars 1722, fille de René-Alexandre Lemoine, dit Despins, et de Marie-Renée Le Boulanger, décédée à Montréal le 6 juin 1792.

Marguerite-Thérèse Lemoine Despins reçoit, dès son jeune âge, une éducation fort soignée. Sa mère étant décédée, elle est confiée, le 2 juillet 1739, aux soins de Mme d'Youville [DUFROST], ayant elle-même manifesté le désir de vivre dans la maison de celle-ci en qualité de pensionnaire. C'est donc de l'intérieur que Marguerite-Thérèse Lemoine Despins voit grandir la communauté et l'œuvre auxquelles elle s'associera 12 ans plus tard.

Le 2 juillet 1751, elle est reçue comme première novice régulière au sein de la communauté des sœurs grises et se voit confier le même jour la charge de maîtresse des novices. Pendant 20 ans, elle travaille en étroite collaboration avec ses compagnes, ne ménageant ni santé ni fortune pour établir solidement l'œuvre qui lui tient à cœur. C'est en effet grâce à son riche patrimoine que la communauté peut se porter acquéreur de la seigneurie de Châteauguay pendant l'administration de Mme d'Youville.

Le 27 décembre 1771, quelques jours après la mort de la fondatrice, sœur Despins est choisie par la communauté pour occuper le poste de supérieure. Les quelque 30 années passées aux côtés de Mme d'Youville l'avaient bien préparée à cette tâche : elle avait été initiée très jeune aux pratiques de vie spirituelle chères à la fondatrice et elle connaissait, peut-être mieux que quiconque, l'esprit de charité dont celle-ci avait voulu imprégner sa communauté ; de plus, il y avait déjà 20 ans qu'elle prenait une part active dans le gouvernement de la communauté.

Dès son entrée en fonction, elle confie la responsabilité des affaires temporelles de la maison à Thérèse-Geneviève Coutlée*, qui devient ainsi économe, et s'applique à mener à bonne fin les projets laissés en plan par Mme d'Youville. Elle règle les problèmes suscités par les Indiens de Sault-Saint-Louis (Caughnawaga), qui réclamaient une partie de la seigneurie de Châteauguay, en leur cédant 16 arpents contre l'annulation du droit de quint que la communauté n'avait pas encore payé ; elle fait aussi reconstruire le manoir de l'île Saint-Bernard. C'est également elle qui voit à ce que les règles, les constitutions et le costume de la communauté soient fixés de façon plus définitive ; en 1781, le recueil des règles et des constitutions, rédigé par Étienne MONTGOLFIER, est complété. Sous son administration, les sœurs continuent leurs œuvres charitables auprès des pauvres et des déshérités et diversifient les travaux rémunérateurs qui leur permettent d'assurer la subsistance de leurs protégés.

Aux yeux de tous, sœur Despins incarne la douceur et la bonté ; ces qualités marquent les années pendant lesquelles elle dirige la communauté. Cependant, de pénibles souffrances viennent troubler la quiétude de ses dernières années ; la maladie s'aggravant au début de 1792, elle meurt quelques mois plus tard.

CLAUDETTE LACELLE

ASGM, Corr. générale, Supérieures, II : Maison mère, Historique ; Mère Despins, Personnel. — A. Fauteux et Drouin, *L'Hôpital Général de Montréal*, I.

LE MOYNE DE LONGUEUIL, PAUL-JOSEPH, appelé le **chevalier de Longueuil**, seigneur, officier dans les troupes de la Marine et gouverneur de Trois-Rivières, né le 17 septembre 1701 à Longueuil (Québec), fils de Charles Le Moyne* de Longueuil, premier baron de Longueuil, et de Claude-Élisabeth Souart d'Adoucourt, décédé le 12 mai 1778 à Port-Louis, France.

La famille de Paul-Joseph Le Moyne de Longueuil avait une solide tradition militaire et des liens étroits avec les nations indiennes. Tout jeune encore, Paul-Joseph passa apparemment une grande partie de son temps parmi les Iroquois, dont il parlait la langue et qui l'adoptèrent comme un frère de sang. Ces liens, de même que l'importante position sociale et politique de sa famille au sein de l'élite administrative et militaire de la colonie, allaient décider de l'orientation de sa vie.

En 1717 Longueuil entreprit sa carrière militaire en France et en 1719 il était lieutenant dans le régiment de Normandie. Il ne rentra au Canada qu'en 1726, année où il fut fait lieutenant dans les troupes de la Marine et commandant du fort Frontenac (Kingston, Ontario) ; peu après, en 1727, il devint capitaine de sa propre compagnie.

Ces promotions rapides furent sans doute facilitées autant par la position de son père, gouverneur de Montréal, que par ses qualités personnelles. Ses talents militaires furent bientôt mis à l'épreuve, du reste, car, en 1728, après avoir été remplacé comme commandant du fort Frontenac par le vieux René Legardeur* de Beauvais, il reçut l'ordre de partir pour l'Ouest, sous les ordres de Constant Le Marchand* de Lignery, dans une campagne contre les Renards qui tourna à l'échec. Apparemment, il mena un parti d'Iroquois, venant de Lac-des-Deux-Montagnes (Oka), contre les Renards en 1730 ; peut-être fut-il alors blessé à l'action, car un « M. de Longueuil », malade, traversa en France à l'automne de cette année-là, et sur un document daté de 1739 une main anonyme note que Longueuil « est en état de servir utilement », comme s'il ne l'avait pas été plus tôt.

Quelles qu'en soient les raisons, Longueuil semble s'être occupé davantage de ses affaires personnelles que de sa carrière militaire pendant les années 1730. Le 19 octobre 1728, il avait épousé Marie-Geneviève Joybert de Soulanges ; ils devaient avoir 11 enfants, dont quatre seulement survivraient à l'enfance. Par ce mariage, il acquit des droits de propriété dans les seigneuries de L'Islet-du-Portage, de Pointe-à-l'Orignal, sur l'Outaouais, et de Soulanges ; à cette dernière, il annexa en 1733 les terres originellement concédées à Gabriel et Pierre Hénault. L'année suivante, on lui concéda la seigneurie de Nouvelle-Longueuil, la plus à l'ouest des seigneuries concédées sur le Saint-Laurent avant la Conquête.

Longueuil fut rappelé à la vie militaire en 1739 et envoyé comme commandant au fort Saint-Frédéric (près de Crown Point, New York), mais en septembre 1740 il y était déjà remplacé. En 1743, il succéda à Pierre-Joseph Céloron* de Blainville à titre de commandant à Détroit, poste que le gouverneur Beauharnois* et l'intendant Gilles HOCQUART considéraient comme une récompense pour les officiers qui s'étaient distingués dans le service ; Longueuil y demeura pendant six années mouvementées. Détroit jouait un rôle important dans le système canadien d'alliances avec les Indiens de l'Ouest, parce qu'il alimentait la traite des fourrures vers l'ouest et le sud. Britanniques et Français se servaient les uns et les autres de la traite pour en arriver à utiliser les tribus indiennes à leurs fins : les Français, pour repousser les trafiquants et les colons britanniques qui empiétaient sur leur territoire ; les Britanniques, pour venir à bout de l'hégémonie française de l'intérieur du continent. Pendant le commandement de Longueuil à Détroit, la guerre de la Succession d'Autriche vint aggraver les difficultés qu'éprouvaient les Français dans l'Ouest, car les succès maritimes des Britanniques sur l'Atlantique et les besoins occasionnés par la guerre au pays provoquèrent une rareté de marchandises et de munitions parmi les trafiquants canadiens, provoquant du mécontentement chez les Indiens et privant les Français de moyens de défense.

En 1744, Longueuil fit échouer une tentative de conspiration des Indiens contre les Français [V. NISSOWAQUET] ; l'année suivante, il notait que les Indiens des alentours de Détroit quittaient tranquillement la région. En 1746, les trafiquants britanniques, déterminés à fomenter un soulèvement, accrurent leurs intrigues, et la crise survint au printemps de 1747, quand plusieurs tribus projetèrent de mettre à mort la garnison et les habitants de Détroit. Lorsqu'une Huronne lui eut révélé ce plan, Longueuil rappela tous les habitants à l'intérieur du fort et il fit ensuite savoir aux Indiens qu'il était au courant de ce qu'ils tramaient. Pendant tout l'été, les habitants ne s'aventurèrent pas trop loin du fort et l'on ne fit aucune semence. Quand les Hurons, dirigés par Orontony* et encouragés par Mikinak*, se révoltèrent contre les Français, des bâtiments des environs furent brûlés et du bétail abattu. Ailleurs, la situation n'était pas moins grave : au printemps, cinq Français avaient été tués à Sandusky (Ohio) et il y avait eu un soulèvement à Michillimakinac (Mackinaw City, Michigan). La position de Longueuil fut renforcée en septembre par l'arrivée d'un convoi accompagné de troupes, mais les vivres, le matériel de guerre et les marchandises de traite qu'il apportait étaient à peine suffisants pour la durée de l'hiver. Longueuil renforça immédiatement les détachements du fort Saint-Joseph (Niles, Michigan), d'Ouiatanon (près de Lafayette, Indiana) et du pays des Illinois. Les tribus envoyaient l'une après l'autre des délégations pour obtenir leur pardon et négocier la paix. Longueuil, préférant une attitude de conciliation aux punitions exemplaires prônées par Québec, relâcha un certain nombre de prisonniers indiens. Le gouvernement le blâma par la suite pour avoir agi ainsi, mais ce que Longueuil avait fait était sans aucun doute habile. Si des incidents isolés se produisirent dans l'Ouest pendant l'hiver, les Outaouais, les Potéouatamis, les Hurons et les Sauteux revinrent à l'allégeance française au cours d'une conférence générale, tenue à Détroit en avril 1748. L'arrivée, à l'été, d'un autre convoi, abondamment fourni, vint clore cette affaire.

Pendant son mandat comme commandant à Détroit, Longueuil prit probablement part à titre privé à la traite des fourrures, même si Beauharnois et Hocquart écrivirent prudemment, en 1744, qu'ils n'avaient pas été informés qu'il en fût ainsi. Vers 1725 le roi semble avoir accordé aux commandants des forts Frontenac et Niagara (près de Youngstown, New York), de même qu'à ceux de Détroit et de Michillimakinac, le droit exclusif d'acheter et de vendre des fourrures dans les pays d'en haut, dans l'espoir que les liens ainsi créés entre les officiers et les Indiens faciliteraient leur emprise sur les tribus. Ce privilège eût été fort lucratif, mais il semble peu probable qu'il fût encore valide à l'époque où Longueuil commandait à Détroit. Les seigneuries appartenant à Longueuil – Nouvelle-Longueuil, Pointe-à-l'Orignal et Soulanges – étaient toutes situées sur les routes du commerce des fourrures avec l'Ouest, et, en 1750, après son retour à Québec en provenance de Détroit, Longueuil reçut en concession une terre qu'il utilisa probablement comme comptoir de traite, près du village outaouais qui faisait face à Détroit. On disait aussi qu'il avait un certain nombre d'« engagés » travaillant pour lui dans divers postes.

Le mandat de Longueuil à Détroit avait été prolongé au delà des attentes des autorités de la métropole. Nommé major de Québec en 1748, il devint lieutenant de roi l'année suivante, avant son retour des pays d'en haut à l'été. Comparé au séjour à Détroit, son mandat comme lieutenant de roi à Québec paraît relativement calme. En 1754, toutefois, il commanda les Iroquois au sein de l'expédition de Claude-Pierre PÉCAUDY de Contrecœur dans la vallée de l'Ohio, et, trois ans plus tard, on le nomma commandant en second de François-Pierre de RIGAUD de Vaudreuil et il prit la tête des Indiens qui couvrirent les flancs lors de l'attaque du fort George (appelé aussi fort William Henry ; maintenant Lake George, New York). On lui confia aussi d'autres tâches administratives : le 1er mai 1757, il devenait gouverneur de Trois-Rivières, bien qu'il semble n'avoir assumé ses fonctions que plus tard. En 1758, le gouverneur Vaudreuil [RIGAUD] projetait d'envoyer une petite armée en direction de Corlaer (Schenectady, New York) pour contenir les Six-Nations, ou si possible obtenir leur appui, mais, quand il decouvrit l'importance des préparatifs britanniques en vue d'une attaque contre le fort Carillon (Ticonderoga, New York), il y dirigea le gros de ses troupes. Longueuil fut cependant envoyé, en juillet, à la tête d'un petit corps d'armée, dont faisaient partie Gaspard-Joseph CHAUSSEGROS de Léry et 300 soldats, en mission diplomatique à Cataracoui (Kingston, Ontario) et à Chouaguen (ou Oswego ; aujourd'hui Oswego, New York) pour inciter les Iroquois à donner leur appui aux Français. Cette expédition fut sa dernière opération importante, puisque, en 1759 et 1760, il consacra toutes ses énergies aux préparatifs de défense de Trois-Rivières. Toutefois, quand le général de brigade MURRAY remonta finalement le fleuve à partir de Québec, avec l'expédition britannique, en juillet 1760, il évita Trois-Rivières et avança directement sur Montréal, dont la chute amena la fin des hostilités.

Conformément à l'article 16 de la capitulation de Montréal, dans lequel il était nommément fait mention de lui, Longueuil fut transporté en France. On lui confia la responsabilité des officiers canadiens en Touraine ; en 1764, il reçut l'autorisation de retourner au Canada pour y régler ses affaires et persuader sa famille de partir pour la France. Si, en septembre, il vendit la seigneurie de L'Islet-du-Portage à Gabriel CHRISTIE, il quitta le Canada, pour la dernière fois, en septembre 1766, sans avoir complètement réglé ses affaires, et sans emmener sa famille. Longueuil passa le reste de sa vie à Tours, en France, mais mourut à Port-Louis, âgé et infirme, le 12 mai 1778. Les seigneuries de Soulanges, de Pointe-à-l'Orignal et de la Nouvelle-Longueuil passèrent à son fils Joseph-Dominique-Emmanuel*.

Ses supérieurs louèrent souvent Longueuil, officier intelligent, énergique et compétent, selon eux. Le 24 avril 1744, alors qu'il était à Détroit, on lui accorda la croix de Saint-Louis, avec le privilège exceptionnel de porter cette décoration avant d'être officiellement reçu dans l'ordre de Saint-Louis. Dans la cinquantaine avancée, il était encore suffisamment alerte, physiquement, pour entreprendre une difficile campagne, au beau milieu de l'hiver, et on put vérifier en plusieurs occasions sa compétence dans le domaine de la diplomatie indienne. Alors que les soulèvements des Indiens de l'Ouest atteignaient leur point culminant, en 1747, Beauharnois et Hocquart écrivaient qu'ils avaient « une grande confiance dans l'adresse de cet officier pour remettre les nations [indiennes] dans [leurs] intérêts ». Une décennie plus tard, le gouverneur Vaudreuil écrivait qu'il était « generalement aimé sur tout des Nations sauvages ». Il avait eu des intérêts dans la traite des fourrures, et probablement dans d'autres secteurs d'activité commerciale, et il avait acquis au Canada quatre seigneuries et des terrains urbains ; de même avait-il fait des placements, peut-être dans des rentes viagères, en France. La carrière militaire et administrative de Longueuil fut presque tracée à l'avance par la position de sa famille au Canada, et ses talents personnels ainsi que le sens de ses intérêts lui permirent de continuer la tradition familiale de service de l'État aillié au profit personnel.

ANDREW RODGER

AN, Col., B, 50, f.492v. ; 51, f.522 ; 115, f.137 ; C^{11A}, 53, p.107 ; 81, f.12 ; 89, p.219 ; 93, pp.121–123, 161 ; 103, p.159 ; 104, pp.128, 163 ; 116, f.157v. ; D^{2C}, 2, pp.36s., 48–50 ; 4, p.30 ; 47, ff.7, 529 ; 48, f.36v. ; 49, f.350 ; 57, ff.100v., 117 ; 61, ff.87v., 102v. ; 222 (les références en pages sont des copies aux APC) ; E, 203 (dossier Germaine) ; 290 (dossier Le Moyne de Longueuil). — ANQ-M, État civil, Catholiques, Saint-Antoine (Longueuil), 19 sept. 1701. — ANQ-Q, État civil, Catholiques, Notre-Dame de Québec, 19 oct. 1728. — APC, MG 8, F113. — *Coll. des manuscrits de Lévis* (Casgrain), VII : 172 ; XI : 74, 77, 79. — The French regime in Wisconsin – III, R. G. Thwaites, édit., Wis., State Hist. Soc., *Coll.*, XVIII (1908) : 38. — *JR* (Thwaites), LXIX : 258. — *NYCD* (O'Callaghan et Fernow), IX : 1099s. ; X : 83–86, 115s., 118s., 128, 138–141, 145, 148–151, 156, 161–163, 169, 450s. — *The Windsor border region, Canada's southernmost frontier* [...], E. J. Lajeunesse, édit. (Toronto, 1960), lxix, 40. — [F.-M.] Bibaud, *Dictionnaire historique des hommes illustres du Canada et de l'Amérique* (Montréal, 1857), 159s. — Æ. Fauteux, *Les chevaliers de Saint-Louis*, 139s. — Le Jeune, *Dictionnaire*. — P.-G. Roy, *Inv. concessions*, II : 143 ; IV : 176, 273. — Tanguay, *Dictionnaire*. — N. W. Caldwell, *The French in the Mississippi valley, 1740–1750* (Urbana, Ill., 1941 ; réimpr., Philadelphie, 1974), 86–100. — Alexandre Jodoin et J.-L. Vincent, *Histoire de Longueuil et de la famille de Longueuil* [...] (Montréal, 1889), 250–253. — C. M. Burton, Detroit rulers : French commandants in this region from 1701 to 1760, *Michigan Pioneer Coll.*, XXXIV (1905) : 334. — P.-G. Roy, Les commandants du fort Saint-Frédéric, *BRH*, LI (1945) : 324.

LE NORMANT DE MÉZY, SÉBASTIEN-FRANÇOIS-ANGE (il signait **Lenormant Demesi**), administrateur colonial, né le 20 novembre 1702 à Dunkerque, France, fils aîné de Jacques-Ange Le Normant* de Mézy et d'Anne-Marie Debrier, décédé le 3 février 1791, à Paris.

Sébastien-François-Ange Le Normant de Mézy appartenait à une famille de petits fonctionnaires royaux qui avait commencé à se faire connaître pendant le règne de Louis XIV, et sa carrière allait refléter le type de loyauté et de relations traditionnelles dans sa famille. Quand son père vint à Louisbourg, île Royale (île du Cap-Breton), à titre de commissaire ordonnateur, en 1719, Le Normant l'accompagnait ; il travailla officieusement dans les bureaux de Mézy, se familiarisant avec les rudiments de l'administration coloniale. A la fin de 1721, Le Normant porta en France des dépêches officielles et servit d'émissaire à son père auprès du Conseil de Marine. Il rentra en 1722 avec le titre d'écrivain de la Marine, chargé de tenir à jour les registres des concessions de terres à Louisbourg et les rôles des inscriptions maritimes, et de préparer des rapports détaillés sur les pêcheries et le commerce.

En 1724, Mézy choisit son fils pour régler certaines affaires judiciaires dans les régions éloignées ; en même temps, il le chargea de la préparation d'un recensement des établissements de pêche et de l'inspection des soldats en service dans les lieux isolés. Le Normant s'embarqua pour la France, plus tard cette même année, afin d'aller y présenter la défense de son père dont Maurepas, secrétaire d'État de la Marine, avait critiqué l'administration relâchée. Il retourna à Louisbourg en 1725, avec sa nomination de membre du Conseil supérieur, indice de la faveur de Maurepas, qui voyait le fils d'un bon œil, malgré qu'il fût insatisfait du père. En 1728, Le Normant devint écrivain principal et, du même coup, accéda au second rang dans la hiérarchie civile de la colonie. A ses responsabilités antérieures, s'ajoutèrent la tenue des rôles des soldats de la garnison et la surveillance des magasins généraux. A cette époque, son père, dont la carrière était sérieusement menacée, s'occupait surtout à revoir et à compléter ses documents comptables, et Le Normant prit graduellement la direction des opérations quotidiennes du gouvernement colonial. Quand, en 1729, on rappela Mézy en France pour y justifier son administration, Le Normant reçut le pouvoir d'ordonnancer. Mézy ne retourna que peu de temps à l'île Royale, et, au début des années 1730, Le Normant eut du mal à imposer son autorité, tant à cause des rumeurs qui mettaient en doute l'honnêteté de son père et de sa propre jeunesse que du fait qu'il n'avait pas le statut de commissaire ordonnateur, bien qu'il en exerçât les fonctions. Son père ne fut pas relevé de son poste avant 1733, et, même alors, on sembla hésiter quelque peu à nommer un jeune homme n'ayant jamais servi en France. Personne ne voulant accepter une affectation pour l'impopulaire Louisbourg, Le Normant resta dans la même situation ambiguë jusqu'en 1734, année où il s'embarqua pour la France. A son retour, l'année suivante, il détenait officiellement les charges de commissaire ordonnateur et de premier conseiller au Conseil supérieur.

Le séjour de Le Normant à Louisbourg, tout comme celui de son père, fut marqué par des querelles avec le gouverneur Saint-Ovide [Monbeton*], qui n'avait jamais appris à partager son autorité avec des fonctionnaires civils. Dès 1728, un conflit avait éclaté entre eux, au sujet de la responsabilité toute récente de Le Normant de tenir à jour le rôle des soldats. Pendant le séjour de Saint-Ovide en France, de 1729 à 1731,

Le Normant eut aussi maille à partir avec le gouverneur intérimaire, François Le Coutre* de Bourville, qui profita de la situation ambiguë de Le Normant pour obliger ce fonctionnaire plus jeune que lui à se soumettre à ses volontés. Après 1731, Saint-Ovide, de nouveau, dirigea l'attaque contre l'autorité de Le Normant et entreprit des démarches pour le faire remplacer. On a laissé entendre que les difficultés de Le Normant étaient une conséquence des conflits de son père avec le gouverneur, mais Le Normant s'en fit une affaire personnelle, défendant sa juridiction avec une résistance butée ; les affrontements se terminaient habituellement en sa faveur. Le ministre blâma Saint-Ovide et Bourville pour leurs prétentions, comme il le fera dans le cas de Le Normant en 1737.

Les frustrations de Le Normant, dues à l'ambiguïté de sa situation, s'exacerbèrent sans doute dans le climat économique difficile des années 1730, époque où la faiblesse de l'assiette économique de Louisbourg – constituée par la pêche, le commerce et l'apport artificiel des dépenses gouvernementales relatives à la construction de la forteresse – était mise en évidence par une disette de plus en plus marquée. La pêche, principal moteur de l'économie, s'était développée au détriment de l'agriculture, puisque les besoins saisonniers de main-d'œuvre coïncidaient dans ces deux secteurs d'activité. Malgré sa faible population, la colonie ne pouvait suffire à ses besoins alimentaires. En outre, après 1731, les dépenses relatives à la construction de la forteresse, qui avaient pour effet de mettre en circulation de l'argent liquide et de faciliter le commerce local avant que la France ne draine les profits, accusèrent une réduction d'environ 10 p. cent par rapport aux déboursés moyens des sept années précédentes. Plus lourd de conséquences encore fut le déclin de la pêche morutière. Les pêcheries dans les petits villages de la côte avaient atteint un sommet de 1729 à 1733, mais la valeur totale des pêches de l'île Royale baissa rapidement par la suite. Simultanément, la disette, les salaires élevés payés aux pêcheurs locaux et les piètres conditions du marché européen amenèrent les armateurs français à réduire le nombre des navires qu'ils envoyaient dans la colonie. L'île Royale passa de plus en plus sous l'emprise des marchands de la Nouvelle-Angleterre, qui révolutionnèrent les anciens modes du commerce entre l'Amérique et l'Europe, axé jusque-là sur les approvisionnements en provenance de la métropole. Le Normant fit remarquer au ministre de la Marine que, les conditions économiques de l'île étant ce qu'elles étaient, il eût été irréaliste de vouloir y appliquer les restrictions commerciales propres au mercantilisme français, et, pendant son mandat, Louisbourg devint de plus en plus un port libre.

La diminution des pêches s'avéra le problème économique le plus sérieux auquel Le Normant eut à faire face, et, bien qu'il n'y pût pas grand-chose, il manifesta, dans plusieurs analyses pénétrantes, l'inquiétude qu'il ressentait de cette situation. En 1738, en réponse à la pétition des marchands de Louisbourg, qui l'accusaient de favoriser les pratiques commerciales de François Du Pont Duvivier et de son frère Michel Du Pont de Gourville, lesquels visaient à établir un monopole, Le Normant, en congé en France, produisit un rapport dévastateur, qui révèle à la fois sa compréhension des problèmes de la pêche et son mépris pour les colons, qu'il décrit comme « ignorans, sans ordre dans leurs affaires, susceptibles dun desir ardent pour le guain, mais peur propres a prendre les mesures convenables pour en faire, sans industrie mais capables d'artifice ». Il prétendait qu'on pouvait remédier à l'insuffisance des investissements dans la colonie et aux faibles marges de profits dans l'industrie de la pêche en recourant à une structure d'oligopole semblable à celle de la traite des fourrures au Canada. Mais les marchands locaux, affirmait-il, s'opposaient aux tentatives faites pour surveiller ou réglementer leurs pratiques commerciales habituelles, lesquelles allaient jusqu'à débaucher les pêcheurs et les domestiques à leur emploi en les faisant boire à crédit, et à se mettre à l'abri de leurs créanciers de France grâce à des mesures spéciales contre la saisie de leurs biens pour dettes.

Les accusations de favoritisme portées par les marchands, ajoutées à la révélation d'autres irrégularités, amenèrent le ministre à procéder à des changements majeurs au sein du gouvernement de Louisbourg, à la fin des années 1730. Le dossier de Saint-Ovide s'était alourdi durant de nombreuses années, et on décida de le rappeler. En 1738, alors qu'il était en France, Le Normant apprit que lui-même recevrait un nouveau poste ailleurs. De son point de vue, les années passées à Louisbourg avaient été difficiles, assombries par les bruits persistents sur les méfaits de son père, empoisonnées par les attaques diffamatoires de Zacharie Caradec, un récollet autoritaire et emporté, et compliquées par les querelles suscitées par Saint-Ovide. Sur le plan professionnel, toutefois, ces années représentaient un bon départ pour une carrière qui commençait à peine. Compte tenu des limites que lui imposait une situation économique échappant à son action, Le Normant avait bien servi la colonie, et son successeur, Bigot, en témoigna. Tirant leçon des fautes de son père, il avait transformé les rapports financiers de l'île en des modèles d'exactitude, et ses analyses pénétrantes des changements survenus dans le commerce et la pêche constituèrent la base des mesures que le gouvernement adopta par la suite. La clarté de ses rapports et l'exactitude de ses comptes attirèrent sur lui l'attention de Maurepas. Mais, plus important que tout cela peut-être, son séjour à Louisbourg l'avait familiarisé avec tous les aspects de l'administration coloniale et représentait une préparation idéale pour le service au ministère de la Marine en tout autre endroit. Les conflits auxquels il fut mêlé lui apprirent à contenir son caractère fougueux, à conserver un calme imperturbable face à la provocation et à modérer l'expression de ses propres doléances quand il écrivait au secrétaire d'État de la Marine.

En avril 1739, on nomma Le Normant commissaire ordonnateur au Cap-Français (Cap-Haïtien), dans l'île de Saint-Domingue (Haïti) ; il partit pour cette colonie à l'automne. On l'avait choisi parce que Maurepas avait besoin d'un administrateur suffisamment habile et expérimenté, et capable d'être assez impitoyable pour forcer plusieurs anciens fonctionnaires aux finances de la colonie à rembourser pour plus de 2 000 000# de comptes impayés. Il passa au Cap-Français quatre années remarquables par les relations harmonieuses qu'il entretint avec le gouverneur de son district et par l'excellence de ses rapports avec l'intendant de l'île.

En 1744, sa difficile mission presque achevée à Saint-Domingue, Le Normant fut promu commissaire général et nommé ordonnateur en Louisiane. Il arriva à La Nouvelle-Orléans en octobre 1744, muni d'instructions sévères, de la part du roi, le chargeant de la mission, encore plus difficile que la précédente peut-être, de liquider l'argent de papier dévalué qui était en train de miner toute confiance dans l'économie de la Louisiane. Maintenant exécuteur expérimenté des œuvres ministérielles, Le Normant s'acquitta impitoyablement de la tâche draconienne dont il était chargé, sans considération spéciale pour les difficultés auxquelles le gouverneur Vaudreuil [RIGAUD] faisait face par suite de la situation explosive qui régnait parmi les Indiens de la vallée du bas Mississippi et de la reprise des hostilités franco-britanniques. Effectivement, Vaudreuil, en colère, n'eut connaissance des mesures adoptées par Le Normant qu'après leur promulgation par le Conseil supérieur, le 2 janvier 1745. Ayant modelé son attitude envers les gouverneurs militaires alors qu'il était à Louisbourg, il faut croire que, probablement, l'ordonnateur tira satisfaction de la gêne de Vaudreuil, et que, certainement, il ne porta aucune attention à la colère du gouverneur. En mars, il avait déjà confisqué 850 000#, et, six mois plus tard, il ne restait, selon son rapport, que 5 000# en circulation. En dépit des promesses qu'on lui avait faites qu'il succéderait à l'intendant de Saint-Domingue, le ministre ne put le remplacer en Louisiane pendant la guerre, de sorte qu'il dut y rester jusqu'au printemps de 1748. Il retourna alors au Cap-Français et y séjourna pendant un peu plus d'un an avant d'être nommé intendant à Rochefort. Il assuma ses nouvelles fonctions en mai 1750.

La principale tâche de Le Normant à Rochefort fut la réorganisation de l'arsenal. Au cours des quatre années qu'il y passa, il en augmenta le personnel, reconstruisit les locaux depuis longtemps négligés, et accrut considérablement les possibilités d'y construire et d'y armer des navires. A Paris, d'août à décembre 1751 et pendant la plus grande partie de 1753, il fut conseiller particulier auprès de Rouillé, ministre de la Marine, qui lui reconnaissait du talent pour l'administration. Promu intendant des armées navales en 1754, il entra en fonction en octobre, sous le nouveau ministre, Machault. Pendant des années, cette charge n'avait été qu'honoraire, mais la guerre et les changements apportés au sein du ministère amenèrent probablement la nomination de quelqu'un de la compétence administrative de Le Normant. Son nouveau rôle, qu'il conserva sous Peirenc, successeur de Machault, était en bonne partie consultatif et l'on n'a conservé que peu de documents décrivant ses fonctions ou le montrant à l'œuvre.

Ses propres capacités furent probablement un facteur aussi important que l'influence de Mme de Pompadour, dont il était, par alliance, un parent éloigné, dans sa nomination, en mai 1758, comme intendant général de la Marine (poste équivalent à celui de sous-ministre). On conçut cette charge spécialement pour Le Normant, parce que le nouveau secrétaire d'État et titulaire de la Marine, Massiac, était le premier membre de la noblesse d'épée à détenir cette charge et ne voulait pas se mêler d'administration. Pendant les cinq mois suivants, Le Normant veilla à la bonne marche quotidienne du ministère. Il eut peu à voir avec la direction des opérations militaires et navales, mais la chute de Louisbourg, la perte de l'île de Gorée (au large de la côte du Sénégal), les attaques britanniques le long de la côte de Bretagne, la performance déclinante de la France dans la guerre navale, autant que les batailles intestines du ministère de la Marine, exigeaient un bouc émissaire. A la fin d'octobre, Le Normant et Massiac furent démis de leurs fonctions. Le Normant partait avec la charge honoraire de conseiller d'État, le couronnement habituel d'une carrière d'intendant. Autorisé à conserver ce titre sa vie durant, il se vit, de plus, accorder une pension annuelle de 20 000#.

Le Normant se maria deux fois. Son premier mariage, en janvier 1744, avec Élisabeth Letellier, née Lescoffier, une riche veuve du Cap-Français, fut à l'origine de sa fortune. Elle possédait, en tout ou en partie, deux plantations. En 1745, l'intendant de Saint-Domingue fit remarquer à Maurepas que le mariage du cousin de Le Normant était l'un « des plus avantageux qu'il y ayt dans cette colonie, et qui va de pair avec celuy de M. Le Normant ». Il est possible que Le Normant ait acquis une autre plantation pendant son séjour à Saint-Domingue, en 1748–1749.

Élisabeth Le Normant mourut en 1754 et, le 5 mai 1760, Le Normant épousa Marie-Louise-Augustine de Salignac de La Mothe-Fénelon, petite-nièce du fameux archevêque de Cambrai, François de Salignac de La Mothe-Fénelon. Ce mariage s'avéra à l'opposé du premier : il usa de sa fortune pour entrer dans une vieille famille noble, éminente mais pauvre. En 1760, Le Normant possédait des biens et des valeurs chiffrés à 500 000# en France, et, à Saint-Domingue, trois plantations et 500 esclaves, que l'on estimait valoir 2 000 000#. Il accrut par la suite sa fortune, à la manière habituelle aux planteurs absentéistes, en exploitant à outrance ses plantations et en transformant en France les revenus qu'il en tirait en propriétés foncières, entre autres placements. Retraité, il vécut la vie d'un riche rentier parisien, accumulant des terres pour une valeur de près de 1 000 000# dans le Soissonnais et plaçant au moins 1 000 000# en rentes perpétuelles sur la maison royale d'Orléans. A sa mort, en pleine Révolution française, il possédait encore ses plantations, et ses biens en France atteignaient 3 000 000#.

Zélé, ambitieux et intelligent, Sébastien-François-Ange Le Normant de Mézy se porta à une défense sans merci de sa classe, de son administration et de la conception qu'il se faisait de son rôle au service du roi. Intendant de la Marine plutôt qu'intendant royal de province, il était néanmoins imbu des attributs et des préjugés de ces derniers, qui se voyaient comme les plus loyaux serviteurs du roi. Sa façon méticuleuse de s'acquitter des instructions royales et sa défense vigoureuse des prérogatives de son office illustrent bien sa propre affirmation que l'« Intendant [...] est l'homme du Roy, et l'homme de confiance ».

JAMES S. PRITCHARD

La correspondance ministérielle reçue par Le Normant de Mézy se trouve principalement aux AN, Col., B ; Marine, B^2. Le même dépôt conserve plusieurs documents concernant Le Normant : son dossier personnel, dans Marine, C^7, 180 ; sa correspondance officielle, dans Col., C^{9A}, 49–65 ; C^{11B} (Louisbourg), 4–21 (sa réponse à la pétition de 1738 se trouve dans le vol. 21, ff.297–304v.) ; C^{13A}, 28–32. Les AN, Minutier central, LXVIII, nº 474 ; CXIX, nº 509, fournissent des notes sur les mariages de Le Normant. En ce qui concerne ses dépêches, certains originaux sont déposés aux AN, Marine, B^3 ; toutefois, aux Archives maritimes, Port de Rochefort (France), 1E, 379–382, on en trouve la collection la plus complète. Parmi les nombreux documents importants conservés à la BN, deux méritent une attention particulière : MSS, Coll. Joly de Fleury, 1 726 ; MSS, NAF 126. Plusieurs registres aux AN, Minutier central, renferment de nombreuses informations sur les dernières années de sa vie. [J. S. P.]

LE POUPET DE LA BOULARDERIE, ANTOINE, officier dans les troupes régulières et dans les troupes de la Marine, colonisateur et fonctionnaire colonial, né le 23 août 1705 à Port-Royal (Annapolis Royal, Nouvelle-Écosse), fils de Louis-Simon Le Poupet* de La Boularderie et de Madeleine Melançon ; il épousa Éléonore-Jeanne de Beaugny (Beaunier), et de ce mariage naquirent six fils ; décédé à Paris le ou vers le 16 septembre 1771, jour où l'on arrêta le paiement de sa pension.

Antoine Le Poupet de La Boularderie jouissait de bonnes relations familiales, semble-t-il, puisqu'il devint bientôt page du duc d'Orléans et qu'il entra le 1er janvier 1724 au régiment de Richelieu, où il devait atteindre le rang de capitaine. Il semble que La Boularderie vendit sa compagnie, pour des raisons financières, antérieurement à la mort de son père en 1738. Il hérita alors d'une terre noble mais non seigneuriale (en franc-alleu noble) à l'île de Verderonne (île de Boularderie, Nouvelle-Écosse) et d'une installation de pêche à Niganiche (Ingonish). Par brevets royaux du 1er mars 1739, il succéda en outre à son père en tant que commandant militaire de Port d'Orléans (North Bay Ingonish, île du Cap-Breton), de l'île de Verderonne et de la rive est du passage de La Petite Brador (Little Bras d'Or, Nouvelle-Écosse). C'est un fait caractéristique de l'Ancien Régime qu'une fonction coûteuse comme celle de commandant était assumée par un particulier en retour d'avantages économiques : une concession, par exemple. Le commandement de La Boularderie l'obligeait à maintenir l'ordre public, et son autorité, bien qu'elle ne s'exerçât pas sur les officiers coloniaux, causa quelque inquiétude à Louisbourg.

La Boularderie se rendit à l'île Royale (île du Cap-Breton). C'était un jeune homme qui avait l'expérience tant de l'armée que de la cour et qui jouissait de hautes protections, en particulier de celle du duc de Richelieu. La Boularderie amena « des laboureurs de Normandie, des ouvriers, et touttes les ustencilles nécessaire pour la culture des terres. [Il eut], rajoute-t-il, à [son] service vingt-cinq personnes, pendant huit ans. » Il se consacrait à l'amélioration des propriétés de son père quand la guerre de la Succession d'Autriche vint détourner son attention de ses affaires personnelles. En 1744, il servit lors de la prise de Canseau (Canso) [V. François Du Pont Duvivier] et, en 1745, lors de la défense de Louisbourg [V. Pierre Morpain* ; Louis Du Pont Duchambon]. Fait prisonnier à cet endroit, il fut envoyé à Boston où il passa trois mois. Pendant le reste de la guerre, il servit au Canada à titre de capitaine réformé. En 1749, au même titre, La Boularderie fit partie de l'expédition qui reconquit Louisbourg, où il servit jusqu'à la fin d'août 1750. Sa propriété avait été entièrement détruite par « des flibustiers françois et sauvages » pendant que l'île Royale était aux mains des Anglais, et il commença à la reconstruire sur des bases plus modestes.

La correspondance officielle de cette époque contient plusieurs allusions à la pauvreté des La Boularderie. Ils reçurent quelques gratifications du ministre de la Marine, et les fonctionnaires locaux, apparemment, leur construisirent une maison, soit à Louisbourg, soit à La Petite Brador. La prise de l'île Royale par les troupes britanniques, en 1758, acheva la ruine de La Boularderie. Un voyage qu'il fit en Angleterre en 1758 ne lui permit pas d'obtenir une indemnisation pour la perte de ses biens, et, en 1759, il rentra définitivement en France.

Les témoignages qui apparaissent dans le dossier de La Boularderie au ministère de la Marine, touchant toutes les étapes de sa carrière militaire intermittente, indiquent qu'il fut un officier capable et courageux. Sa conduite au temps où il fut fait prisonnier, en 1745, lui gagna même l'estime de l'ennemi. A son départ de Boston, les autorités lui remirent un certificat attestant qu'il « s'est fort bien comporté et comme un gentilhomme avec lapprobation du gouvernement et a été aussy d'un grand service pour les prisonniers français ». Mais, en dépit de l'intervention de Richelieu et de bons états de service, La Boularderie ne reçut aucune promotion. Le 12 août 1760, Louis XV lui remit la croix de Saint-Louis, bien qu'il paraisse avoir été aussi sensible aux malheurs de La Boularderie qu'à son dossier militaire.

L'Ancien Régime voyait en La Boularderie un gentilhomme. Qu'il ne sût pas administrer son argent et que, en 1764, il fût endetté sans espoir chez les aubergistes de Versailles, cela était considéré comme – et était de fait – une conséquence naturelle de son appartenance à cette classe sociale. Un gouvernement paternaliste régla simplement ses dettes et l'exila en province où il pouvait vivre de sa pension. Mais La Boularderie n'alla pas plus loin que Paris où il eut la bonne fortune de trouver une protectrice, la princesse de Courtenay, marquise de Bauffremont (Beauffremont), qui lui fournit nourriture et logement. Après la mort de la princesse en 1768, il vécut au jour le jour, mourant comme un pauvre à l'hôpital des frères de Saint-Jean-de-Dieu, à Paris. De ses nombreuses suppliques adressées au ministre de la Marine et rédigées dans ce style geignard qu'on considérait alors devoir adopter en s'adressant à un supérieur dont on attendait des faveurs, ressort une image pathétique de cet homme dans les dernières années de sa vie : « couvert de blessures, profondes attaqué de la pierre qui me tourmente cruelment, une ulcere a la jambe provenue anciennement dun eclat de Bombe [...] je souffre de la vuë, lon ma volé mon linge dans mes maladies, il y a trois année que jay le mesme habit noire sur le corps ».

La femme de La Boularderie, qui trouvait elle aussi sa pension de la Marine insuffisante, vivait pendant tout ce temps dans un couvent de Niort. Il y a des indices de leur éloignement dès 1751, quand il lui remit les pêcheries de Niganiche et qu'elle promit de ne lui demander rien de plus « pour aucune raison ». Après la mort de son mari, elle déménagea à Tours, se plaignant de sa pauvreté dans une série de lettres aux fonctionnaires de la Marine, la dernière étant datée de 1784.

Dale Miquelon

AN, Col., B, 68, f.27 ; 70, ff.7, 32 ; 71, f.7 ; 72, ff.20–21 ; 78, f.15 ; 80, f.44 ; 89, ff.30, 63 ; 90, f.66 ; 94, f.4 ; 110, ff.208, 279½ ; 112, f.93½ ; 118, f.197 ; 130, f.88 ; 149, f.432 ; C11B, 20, ff.60, 118, 137 ; 21, f.307 ; 22, ff.31, 49, 274 ; 23, ff.21, 37, 225 ; 28, ff.38, 73 ; 33, f.97 ; E, 240 (dossier Le Poupet de La Boularderie [trois documents concernant le fils d'Antoine, « Le chevalier », ont été inclus par inadvertance dans le dossier : pièces 22, 36 et 37]) ; Section Outre-mer, G3, 2047/1, 8 oct. 1751. — APC, MG 9, B8, 24 (registres de Saint-Jean-Baptiste du Port-Royal), pp.50s. (les originaux pour 1702–1728 sont conservés aux PANS, RG 1, 26). — *Les derniers jours de l'Acadie* (Du Boscq de Beaumont), 287–292. — Le Jeune, *Dictionnaire*, II : 7s. — Clark, *Acadia*, 283s. — La Morandière, *Hist. de la pêche française de la morue*, II : 671s. — Régis Roy, Mr. Le Poupet de La Boularderie, *Le Pays laurentien* (Montréal), II (1917) : 91–94.

LE ROUX (Leroux), THOMAS-FRANÇOIS, prêtre et missionnaire, né le 15 janvier 1730, probablement dans le diocèse de Tours en France, décédé le 5 février 1794 à Memramcook, Nouveau-Brunswick.

Thomas-François Le Roux semble avoir été ordonné en 1756. Certains documents portent à croire qu'il fut membre de la Congrégation du Saint-Esprit. Hormis ce détail, rien ne nous renseigne sur son éducation ou sur ses activités religieuses en France. Il arriva au Canada tard en 1773 ou à l'été de 1774, répondant ainsi à l'invitation de Charles-François BAILLY de Messein qui, avec l'appui de l'évêque de Québec, Mgr BRIAND, avait écrit au séminaire des Missions étrangères à Paris demandant l'aide du clergé français pour les missions acadiennes.

Dès son arrivée, on envoya Le Roux desservir une quinzaine de familles acadiennes à Havre-Aubert, aux îles de la Madeleine. Il se partageait entre cet avant-poste et les établissements acadiens de l'île du Cap-Breton et de l'île Saint-Jean (Île-du-Prince-Édouard). Au bout de quelques années, Mgr Briand décida de l'envoyer à Memramcook, une mission sur la terre ferme. Il y arriva à l'automne de 1781 ou au printemps de 1782. Précédé dans la région par l'abbé Joseph-Mathurin BOURG, Le Roux, toutefois, est considéré comme le premier prêtre résidant à Memramcook. La paroisse fondée à cet endroit reçut le nom de son patron, saint Thomas.

Le climat de Memramcook était sans doute moins rigoureux que celui de Havre-Aubert, mais la mission n'en était pas moins exigeante. Elle couvrait une région d'une superficie d'environ 1 600 milles carrés dont Le Roux visitait une bonne partie en canot, et où vivaient de pauvres cultivateurs et pêcheurs acadiens réunis dans les petits villages de Barachois, Cocagne, Grande-Digue, Shédiac, Le Coude (Moncton), Saint-Anselme, Petitcodiac et Minudie. En 1785, sa paroisse comptait environ 160 familles ou 960 personnes. Bien qu'on l'eût proposé pour remplacer l'abbé Bourg à Tracadièche (Carleton, Québec) cette année-là, Le Roux resta à Memramcook, surtout à cause de son âge, mais aussi parce que ses paroissiens désiraient conserver ses services. Il semble, toutefois, avoir été sévère à leur égard. En 1789, il faisait savoir à Mgr HUBERT qu'il avait aboli « toutes les assemblées, les danses, les bals, les veillées, catéchisé deux et trois fois le jour, pendant l'hiver, jusqu'aux Pâques ». Pendant un certain temps, après son arrivée à Memramcook, Le Roux continua de desservir le village de Malpeque, sur l'île Saint-Jean, et, en 1788, il entra en conflit avec l'abbé William Phelan, missionnaire à Arichat, île du Cap-Breton, qui affirmait que l'île Saint-Jean relevait de sa juridiction. Il se peut que Le Roux ait continué à desservir l'île après 1788 mais, en 1791, il avait cessé d'y aller.

Au cours des années suivantes, Le Roux trouvait de plus en plus difficile de se rendre dans les villages de sa vaste mission. En 1791, Mgr Hubert l'invita à se retirer à l'Hôpital Général de Québec si son âge et ses infirmités ne lui permettaient plus de continuer son œuvre. Plus tard, sa vue commença de baisser et, en 1793, il pria son évêque de lui envoyer d'autres lunettes afin qu'il puisse dire la messe. Dans sa dernière lettre à Mgr Hubert, écrite de la main de l'abbé Bourg et datée du 17 juin 1793, il lui demande son remplacement. Il mourut alors qu'on l'invitait de nouveau à se retirer à Québec.

Le Roux fut enterré et exhumé deux fois avant que son corps reposât sous le sanctuaire de l'église Saint-Joseph, sur la rive ouest de la rivière Memramcook. Selon l'historien acadien Placide Gaudet*, il « avait la réputation d'un saint et on disait qu'il avait fait plusieurs miracles ». Thomas Power, un prêtre irlandais bilingue, lui succéda à Memramcook.

DELLA M. M. STANLEY

AAQ, 311 CN, III : 1–14 (copies au CÉA). — CÉA, Fonds Philias Bourgeois, 13.1–1 ; Fonds Placide Gaudet, 1.28–13 ; 1.51–14 ; 1.54–15 ; 1.66–5 ; 1.69–7 ; 1.72–5 ; 1.74–18 ; 1.75–5. — Allaire, *Dictionnaire*, I. — Caron, Inv. de la corr. de Mgr Hubert et de Mgr Bailly de Messein, ANQ *Rapport*, 1930–1931, 199–351 ; Inv. de la corr. de Mgr Mariaucheau D'Esgly, ANQ *Rapport*, 1930–1931, 185–198. — L.-C. Daigle, *Les anciens missionnaires de l'Acadie* ([Saint-Louis de Kent, N.-B., 1956]). — Tanguay, *Répertoire*. — Arsenault, *History of Acadians*. — [H.-R. Casgrain], *Mémoire sur les missions de la Nouvelle-Écosse, du Cap Breton et de l'île du Prince-Édouard de 1760 à 1820* [...] *réponse aux « Memoirs of Bishop Burke » par Mgr O'Brien* [...] (Québec, 1895). — Albert David, *Les missionnaires du séminaire du Saint-Esprit à Québec et en Acadie au XVIIIe siècle* (Mamers, France, 1926). — Père Pacifique de Valigny [H.-J.-L. Buisson], *Chroniques des plus anciennes églises de l'Acadie : Bathurst, Pabos et Ristigouche, Rivière Saint-Jean, Memramcook* (Montréal, 1944).

LÉRY, GASPARD-JOSEPH CHAUSSEGROS DE. V. CHAUSSEGROS

L'ESPÉRANCE (aussi Sivert de L'Espérance), CHARLES-GABRIEL-SÉBASTIEN DE, baron de L'ESPÉRANCE, baron du Saint-Empire Romain, officier dans les troupes régulières et dans les troupes de la Marine, administrateur colonial, né le 1er décembre 1725 à Louisbourg, île Royale (île du Cap-Breton), fils de Charles-Léopold-Ébérard de L'Espérance* et de Marguerite Dangeac, décédé le 5 janvier 1791, probablement à Versailles, France.

Comme son père, Charles-Gabriel-Sébastien de L'Espérance choisit de faire carrière dans l'armée. Alors qu'il avait dix ans, il s'enrôla comme cadet dans un détachement du régiment suisse de Karrer, à Louisbourg, et, en 1742, il fut promu enseigne en second. Il était présent au siège de la forteresse en 1745 et partit pour la France avec le reste de la garnison vaincue. Bien que, en 1747, il s'embarquât avec les troupes destinées au Canada, sur la flotte commandée par La Jonquière [Taffanel*], L'Espérance était chargé d'escorter deux détachements jusqu'aux Antilles. Promu lieutenant dans les troupes de la Marine à l'île Royale, en 1754, il servit sous les ordres de son oncle, le capitaine François-Gabriel d'ANGEAC. En 1755, L'Espérance épousa Anne-Claire Du Pont de Renon, petite-fille de Michel Du Pont* de Renon. Après la chute de Louisbourg en 1758, L'Espérance retourna en France.

Bien que les débuts de sa carrière ne fussent pas exceptionnels, L'Espérance reçut de l'avancement, grâce à ses relations de famille et à ses pouvoirs de persuasion. Promu capitaine en 1763, il accompagna d'Angeac au poste de pêche nouvellement acquis de l'île Saint-Pierre et fut envoyé pour prendre possession de l'île Miquelon. Il y fut stationné, avec 20 soldats environ, pendant neuf ans ; en 1770, il reçut la croix de Saint-Louis.

L'Espérance se vit confier le commandement de l'île Saint-Pierre lorsque son oncle rentra en France en 1772. Sur la recommandation de ce dernier, il lui succéda officiellement au poste de gouverneur des deux îles en 1773. Deux ans plus tard, il s'alliait à la communauté étroitement liée des marchands de l'île Saint-Pierre par son mariage à Jeanne-Françoise, fille d'Antoine RODRIGUE, âgée de 21 ans. Le recensement de 1776 évalue la population de l'île à 1 984 âmes ; l'été, quand la pêche était bonne, cette population s'augmentait d'un millier d'hommes. Les pêcheries sédentaires étaient concentrées sur l'île Saint-Pierre dont les habitants possédaient 2 brigantins, 67 goélettes et 225 chaloupes. Les colons acadiens, moins impliqués dans la pêche, préféraient vivre sur l'île Miquelon.

Quand la Grande-Bretagne et ses colonies américaines furent sur la voie de la guerre, les relations entre la colonie française et Terre-Neuve devinrent critiques. En 1776, un accord avec John Montagu, gouverneur de Terre-Neuve, régla deux longues disputes entre les deux colonies. Par la suite, les Français eurent la permission de couper du bois à Terre-Neuve et de pêcher dans le détroit qui séparait les deux territoires. Les relations commerciales entre l'île Saint-Pierre et la Nouvelle-Angleterre cessèrent cette année-là, mais la situation de l'île allait devenir plus précaire encore lors de l'alliance de la France avec les Américains en 1778. Ne disposant que de 31 soldats et six canons, L'Espérance ne put faire grand-chose quand, en septembre 1778, un escadron anglais aux ordres du commodore John Evans fit son apparition au large de l'île Saint-Pierre et somma les Français de se rendre. Toujours vaniteux, le gouverneur capitula en grande pompe, après s'être assuré les honneurs de la guerre. Après que ses officiers et lui eurent quitté pour la France, les Britanniques pillèrent et brûlèrent l'établissement.

Promu brigadier d'infanterie des colonies en 1778, L'Espérance fut gratifié d'une pension de 4 000#. Il avait projeté de s'établir en Alsace où il avait de la parenté, mais, en 1783, il fut rappelé au poste de gouverneur des îles Saint-Pierre et Miquelon, rétrocédées à la France par le traité de Paris. Parfois endetté et sollicitant fréquemment du gouvernement des avances et des gratifications, il fut sans nul doute heureux de voir son salaire passer de 10 000# à 15 000#. On tripla le nombre de soldats sous ses ordres et, en 1784, il fut promu général de brigade de l'infanterie de ligne.

La France tenait tellement aux pêcheries de l'Atlantique Nord que le gouvernement avait pourvu à la subsistance des réfugiés des îles Saint-Pierre et Miquelon pendant leur séjour en France de 1778 à 1783. Afin de donner un nouveau commencement à la colonie, la monarchie incita les pêcheurs à y retourner en leur offrant des rations pendant une période allant jusqu'à une année et demie, du matériel de pêche et des avances pour la reconstruction des édifices. Les Britanniques permirent aussi aux colons de couper du bois à Terre-Neuve et d'extraire du charbon de l'île du Cap-Breton. En moins d'un an, la population atteignit 1 204 âmes dont la moitié environ étaient des pêcheurs. L'Espérance insista pour que la colonie reçût plus de soldats et fût fortifiée.

En 1784, une commission composée de trois membres fut envoyée à Saint-Pierre pour déterminer si les îles pouvaient être mieux défendues. Après examen du rapport, le ministre de la Marine, Castries, décida de ne doter Saint-Pierre d'aucun ouvrage de défense parce que cela se révélait impraticable et trop coûteux. On relégua les îles au statut de simple poste de pêche et on réduisit le personnel civil et militaire. Le poste de gouverneur fut aboli et le commandement confié à un capitaine d'infanterie sous la juridiction du commandant de la station navale française qu'on envoyait chaque année dans les eaux de Terre-Neuve pour assurer la protection des pêcheries.

L'Espérance repassa l'Atlantique pour la dernière fois en 1785. Bien que touchant une pension de 6 000# en 1786, lui et sa femme harcelèrent le gouvernement dans l'espoir d'obtenir davantage. Promu maréchal de camp en 1788, L'Espérance prit officiellement sa retraite en avril 1789.

T. A. CROWLEY

AN, Col., E, 281 (dossier L'Espérance) ; Section Outre-mer, G[3], 2044, 23 août 1755. — Æ. Fauteux, *Les chevaliers de Saint-Louis*, 215. — La Morandière, *Hist. de la pêche française de la morue*, II : 810–816, 823–826. — J.-Y. Ribault, *Les îles Saint-Pierre et Miquelon des origines à 1814* (Saint-Pierre, 1962), 65–67, 80–86. — Henri Bourde de La Rogerie, Saint-Pierre et Miquelon : des origines à 1778, *Le Pays de Granville ; bull. trimestriel de la Soc. d'études historiques et économiques* (Mortain, France), 2e sér., nos 38–40 (1937). — J.-Y. Ribault, La population des îles Saint-Pierre et Miquelon de 1763 à 1793, *Revue française d'hist. d'outre-mer* (Paris), LIII (1966) : 43.

LETANCOUR. V. DECOSTE

LEVASSEUR (LeVasseur), FRANÇOIS-NOËL (généralement désigné sous le nom de **Vasseur**), maître sculpteur et statuaire, fils de Noël Levasseur* et de Marie-Madeleine Turpin, baptisé à l'église Notre-Dame de Québec le 26 décembre 1703 ; il épousa à Québec, le 18 août 1748, Marie-Geneviève Côté, veuve de Gilles Gabriel, et le couple n'eut pas d'enfant ; décédé à l'Hôpital Général de Québec le 29 octobre 1794.

Issu d'une célèbre famille d'artisans du bois, François-Noël Levasseur, aidé de son jeune frère Jean-Baptiste-Antoine LEVASSEUR, dit Delor, et intimement associé à lui, au point que les deux œuvres se confondent, assura la survivance de la tradition dans le domaine de la sculpture sur bois en Nouvelle-France tout au long du XVIIIe siècle. Bien avant lui, son arrière-grand-père, Jean Levasseur*, dit Lavigne, et Pierre Levasseur*, dit L'Espérance, frère de ce dernier, avaient monopolisé presque entièrement la menuiserie fine et la sculpture depuis le milieu du XVIIe siècle, époque de leur arrivée en Nouvelle-France.

François-Noël Levasseur exécuta ses premières commandes en 1740, à la mort de son père et maître, fournisseur attitré des paroisses et des communautés religieuses du début du XVIIIe siècle. Au moment de sa prise en charge de l'atelier, rue Saint-Louis, la concurrence était forte. Son oncle, Pierre-Noël Levasseur*, était au faîte de la gloire et réalisait des pièces de mobilier religieux d'importance et des statues d'une grande finesse dans lesquelles le mouvement baroque continuait de se faire sentir. Toutefois, les paroisses nouvellement créées, comme celles datant de la fin du XVIIe siècle, ne semblaient pas toutes en mesure de faire l'acquisition de ses œuvres. Il est possible que Pierre-Noël Levasseur ait été incapable de suffire à la tâche ou encore qu'il ait exigé un prix trop élevé pour ses réalisations. Le besoin de pièces sculptées plus simples, presque de série, et plus accessibles aux paroisses rurales se faisait donc sentir. C'est à cette tâche que se consacra François-Noël Levasseur.

Presque toutes les paroisses fondées avant 1775 dans le gouvernement de Québec commandèrent des pièces de mobilier ou des statues à l'atelier des Levasseur. La production de ces pièces sculptées s'étendait facilement aussi à l'intérieur du gouvernement de Trois-Rivières, tandis que celui de Montréal restait plus imperméable à l'influence des Levasseur, sauf dans le cas de la paroisse Saint-Sulpice. Le nombre des fabriques y était plus restreint et d'autres artisans, comme Paul-Raymond Jourdain*, dit Labrosse, offraient également leurs services. Les paroisses nées au cours du XVIIIe siècle devant parer au plus urgent, elles commandaient, pour les besoins immédiats, un tabernacle, des crucifix et des chandeliers. Puis, lorsque les locaux permanents du culte étaient construits, la décoration intérieure de l'église pouvait être complétée, en ajoutant, suivant les besoins ou les disponibilités financières, diverses pièces de mobilier qui permettaient aux paroissiens de n'avoir plus rien à envier à ceux des paroisses avoisinantes. Les livres de comptes des fabriques énumèrent alors de nombreux paiements pour l'achat de croix processionnelles, de statues, de piédouches, de reliquaires, de chaires et de tables de communion, de bancs d'œuvres, de cadres d'autel et de pots. Il semble que c'est presque un an avant la date de livraison prévue que le marché devait être conclu, et les sculpteurs ne fabriquaient rien qui n'avait été commandé expressément ou dont le dessin n'avait été approuvé préalablement. Les paiements s'effectuaient sur de très longues périodes après la livraison et pouvaient parfois être réglés en nature, suivant les besoins des sculpteurs : blé, tabac, produits du jardin.

Après la mort de leur père, François-Noël et Jean-Baptiste-Antoine continuèrent, dans un premier temps, à exécuter des pièces très proches parentes de la production paternelle. Sur un meuble de facture très simple, mais dont les proportions étaient très étudiées, ils appliquaient une ornementation pièce à pièce de type classique, principalement des feuilles d'acanthe formant rinceaux ou fleurons. Puis, avec l'acquisition d'une certaine dextérité, naquirent du ciseau des motifs de roses ou d'autres fleurs, où le relief se faisait sentir. La production connut une modification très importante par la découverte tardive du rococo. Fait cocasse, l'utilisation du motif rocaille, si caractéristique de la période terminale du rococo, se fit dans un esprit tout à fait contraire à celui dans lequel il avait été créé en France sous Louis XV. Fort de son habileté technique et imprégné d'une tradition devenue presque de la routine, François-Noël Levasseur n'avait pas compris que l'asymétrie était une des caractéristiques majeures de ce nouvel art de la décoration et il produisit des motifs de style rocaille appliqués à ses meubles suivant des critères classiques, comme si la fidélité aux modèles légués par les devanciers primait sur toute nécessité de changement. Ce tournant de l'histoire de l'atelier se situe autour de 1749 et est d'abord illustré par le tabernacle de l'église Sainte-Famille de l'île d'Orléans.

On serait peut-être tenté de croire que la Conquête entraîna une diminution de la production à l'atelier de sculpture : il n'en est rien. De nombreuses pièces de mobilier avaient été déplacées et cachées durant la guerre, quelques-unes étaient avariées et, la paix revenue, tout devait être remis en état. L'atelier Levasseur connut une activité plus grande que jamais et la production continua jusqu'en 1782, même après la mort de Jean-Baptiste-Antoine survenue en 1775. Aucun changement notable n'intervint alors dans la manière de procéder, et les grandes pièces de mobilier, comme les tabernacles, furent toujours ornées du même motif rocaille, alors que cette vogue était complètement passée en France.

Après le décès de Pierre-Noël Levasseur, survenu en 1770, il semble que François-Noël se soit consacré davantage à la production d'ouvrages en ronde-bosse. Les premières statues sorties de l'atelier avaient d'abord été destinées à figurer sur les tabernacles, dans des niches prévues à cet effet. Se distinguant par un hiératisme contrastant avec le mouvement représenté dans les œuvres de Pierre-Noël Levasseur, elles gardaient sous le traitement polychrome une facture plus grossière, presque paysanne. Mais, après la Conquête, sortent de l'atelier de la rue Saint-Louis des statues de toutes dimensions, notamment parce que les fabriques devaient remplacer celles des portails de leur église disparues au cours de la guerre ou fortement abîmées par le temps.

Malgré l'importance de l'atelier des Levasseur, il ne reste pas de traces de l'engagement des ouvriers ou des apprentis nécessaires à son bon fonctionnement. On sait cependant que les sculpteurs faisaient appel à des ouvriers d'expérience travaillant ailleurs dans la ville, dont un tourneur, pour compléter les travaux de commande. Les pièces créées à l'atelier furent dorées d'abord par les ursulines, puis, à la fin du Régime français et après la Conquête, par les augustines de l'Hôpital Général.

Vivant depuis le 28 septembre 1782 dans les appartements habituellement occupés par le chapelain de l'Hôpital Général, François-Noël Levasseur passa les 12 dernières années de sa vie auprès de sa nièce, sœur Marie-Joseph de Saint-François-d'Assise, qui, sans doute aidée du vieil artisan, réalisa quelques travaux de sculpture pour sa communauté à cette époque. Le dernier sculpteur important de la dynastie des Levasseur s'éteignit à l'âge de 90 ans. D'autres artisans du bois étaient toutefois prêts à prendre la relève, notamment les Baillairgé [V. Jean Baillairgé*].

Les historiens de l'art ont été plutôt complaisants à l'endroit de l'œuvre de François-Noël Levasseur. Bien sûr, les réalisations de son atelier ont été abondantes et elles ont été conservées en grand nombre, ce qui prédispose à un jugement favorable. Mais si on replace l'œuvre dans son contexte, on s'aperçoit que les pièces produites rue Saint-Louis marquent une sclérose des traditions de la sculpture sur bois. La simplification excessive des lignes et la tendance à la répétition des motifs décoratifs semblent indiquer une absence de recherche. Les artisans sont isolés des centres de création, Paris par exemple, et les grands modèles ne leur sont pas facilement accessibles. Cette situation entraîne une dégradation de leur créativité même s'ils conservent une dextérité à toute épreuve.

RAYMONDE GAUTHIER

AHGQ, Hôpital, Registre des décès, 30 oct. 1794. — ANQ-Q, État civil, Catholiques, Notre-Dame de Québec, 26 déc. 1703, 9 janv. 1775 ; Greffe de C.-H. Du Laurent, 18 août 1748. — ASQ, Polygraphie, XXVI : 17. — IBC, Centre de documentation, Fonds Morisset, Dossier F.-N. Levasseur. — Recensement de Québec, 1744, 10. — Labrèque, Inv. de pièces détachées, ANQ *Rapport*, 1971, 188. — Tanguay, *Dictionnaire*, V : 391. — Raymonde [Landry] Gauthier, *Les tabernacles anciens du Québec des XVIIe, XVIIIe et XIXe siècles* (Québec, 1974), 25s. — Morisset, *Coup d'œil sur les arts*, 27s. — Jean Palardy, *Les meubles anciens du Canada français* (Paris, 1963). — J. R. Porter, *L'art de la dorure au Québec, du XVIIe siècle à nos jours* (Québec, 1975), 105, 110, 116, 181. — Jean Trudel, *Un chef-d'œuvre de l'art ancien au Québec, la chapelle des ursulines* (Québec, 1972), 49s., 100s. — Marius Barbeau, Les Le Vasseur, maîtres menuisiers et statuaires (Québec, *circa* 1648–1818), *Les Archives de folklore* (Québec), 3 (1948) : 35–49. — Raymonde [Landry] Gauthier, Un art de vivre et de créer : la dynastie des Levasseur, *Critère* (Montréal), 12 (1975) : 127–139.

LEVASSEUR, RENÉ-NICOLAS, chef de la construction navale royale et inspecteur des bois et forêts au Canada, probablement né à Rochefort, France, en 1705 ou en 1707, décédé à Aubagne, France, le 2 août 1784.

René-Nicolas Levasseur appartenait à une famille liée à la marine depuis près d'un siècle. Certains membres de sa famille avaient rempli des charges d'intendant et de commissaire ordonnateur et son père s'était consacré à la construction navale. D'abord constructeur à Rochefort, il était devenu, en 1717, premier maître à Toulon. René-Nicolas allait suivre fidèlement les traces de son père, effectuant son apprentissage sous ses ordres, tandis qu'un de ses frères devenait ingénieur et l'autre, Louis-Armand, commissaire général ordonnateur de Rochefort. Il entra au service du roi en 1727 en qualité de sous-constructeur à Toulon. En 1733, il y dirigea la construction d'un navire de 40 canons, l'*Aquilon*. C'était un homme de confiance, déjà expérimenté, se piquant de sa probité, de son zèle et de son utilité, qui allait assumer toutes les tâches liées à l'entreprise royale dans la colonie.

Au printemps de 1738, le ministre de la Marine, Maurepas, donnait enfin une réponse favorable à la demande maintes fois répétée depuis plus de 20 ans par les autorités coloniales d'établir des chantiers royaux de construction navale à Québec. Il annonçait en même temps l'envoi de René-Nicolas Levasseur pour prendre la direction des opérations. Celui-ci s'embarqua aussitôt pour le Canada et s'installa à Québec avec son épouse, Angélique Juste, et leurs enfants dans une maison située rue Champlain, près du futur chantier de construction.

Dès l'automne suivant, l'intendant HOCQUART l'envoya dans les forêts afin de vérifier les informations recueillies au cours des explorations précédentes [V. David Corbin* ; Médard-Gabriel Vallette* de Chévigny], de préciser la quantité et la qualité des bois nécessaires aux chantiers et de choisir les régions à exploiter. Par la suite, le constructeur retourna presque chaque année en forêt à la recherche de bois convenant à la construction de bâtiments devant jauger 500 à 700 tonneaux. L'entreprise royale devait en effet répondre à la décision du ministre de construire des bâtiments de guerre destinés à augmenter la puissance de la flotte royale dans l'éventualité d'un conflit armé avec l'Angleterre. Or les prévisions antérieures, sauf celles de l'expert Vallette de Chévigny, s'étaient révélées trop optimistes : le bois requis pour la construction de bâtiments de grande taille se révélait rare, coûteux et de médiocre qualité. Les ressources forestières du Canada auraient plutôt convenu à la construction de bâtiments marchands jaugeant 250 à 300 tonneaux. Cette décision de la métropole causa des inquiétudes et créa des désagréments de toutes sortes. Il fallut abattre le bois dans la lointaine région du lac Champlain ; il revint plus cher que prévu et, pour obtenir des pièces de la dimension désirée, on dut utiliser du bois de pauvre qualité. L'entreprise coloniale en subit un discrédit d'autant plus néfaste que des bâtiments de grande taille, comme le *Caribou*, une flûte de 700 tonneaux lancée en 1744, pourrirent en moins de cinq ans.

L'organisation du travail ne laissait pratiquement aucun temps libre à Levasseur. Une fois les zones de coupe délimitées, il revenait à Québec pour préparer la saison d'été, tracer les plans de futurs bâtiments et assurer l'approvisionnement du chantier en fournitures nécessaires à la construction des vaisseaux. Malgré cela, il devait souvent retourner en forêt avant la fin de l'hiver pour surveiller la coupe du bois, s'assurer qu'il aurait toutes les pièces voulues et organiser le flottage du bois depuis le lac Champlain jusqu'à Québec. D'avril à novembre ou décembre, il devait également coordonner et surveiller le travail de tous les ouvriers dans les chantiers navals.

Les chantiers, d'abord situés sur la rivière Saint-Charles, à l'endroit où les particuliers avaient pris l'habitude de construire leurs bâtiments, furent déménagés au Cul-de-Sac, non loin de la place Royale, en 1746. Le fleuve, par sa profondeur, se prêtait mieux que la rivière au lancement des gros navires. L'été, quelque 200 hommes supervisés par une douzaine de contremaîtres venus de France s'affairaient, du petit matin à la tombée de la nuit, sur le chantier. Ce rythme de travail permettait de construire un navire en deux ans. Ainsi, de 1738 à la Conquête, Levasseur lança une dizaine de navires de guerre, plus quelques petits bâtiments de service. Il se chargea de la formation des aide-constructeurs, son fils Pierre et Louis-Pierre Poulin* de Courval Cressé, qui construisirent aussi des bâtiments de guerre légers pour la navigation sur les lacs à l'époque de la guerre de Sept Ans.

Ces succès ne furent pas remportés sans difficultés. Le prix de revient des constructions fut jugé excessif par les autorités métropolitaines. La recherche de pièces de bois de grande dimension coûtait cher. Il fallut l'imagination et la ténacité d'un Levasseur pour venir à bout de situations presque catastrophiques. L'établissement puis le déplacement des chantiers entraînèrent des déboursés considérables. Le constructeur eut même à se plaindre des exactions pratiquées par des administrateurs de la colonie. Certains d'entre eux, en effet, comme Jacques-

Michel BRÉARD, utilisaient à leur profit les services de contremaîtres payés par le roi et du bois destiné à la construction des vaisseaux du roi. En tout temps la rareté de la main-d'œuvre exigea le versement de salaires élevés. Il fallut d'abord faire venir de France des maîtres de métier qualifiés pour prendre en charge les divers ateliers. Par la suite, la main-d'œuvre canadienne se faisant rare, l'intendant sollicita du ministre, année après année, la venue de simples journaliers pour assurer la survie de l'entreprise.

Malgré la bonne volonté du constructeur et des autorités de la colonie, les difficultés nées du système et de la conjoncture économiques ne permirent pas à la construction navale d'atteindre les objectifs visés. L'entreprise ne joua que temporairement le rôle de pôle de croissance et d'appui à l'entreprise privée qu'avait souhaité Hocquart. Après un essor remarquable entre 1739 et 1742, les industries secondaires – brai et goudron pour le calfatage, lin et chanvre pour les cordages et les voiles, fer pour la clouterie et les agrès – périclitèrent rapidement. La crise agricole des années 1742 et 1743 entraîna une telle hausse des prix que les petits entrepreneurs dont la production était assujettie aux prix fixés par l'intendant abandonnèrent leur entreprise. A compter de 1744, Levasseur dut commander aux arsenaux français des pièces essentielles pour l'achèvement des vaisseaux. Quand la marine anglaise commença à bloquer l'entrée du Saint-Laurent, surtout à partir de 1756, la survie de l'entreprise fut sérieusement menacée. De plus, la tentaculaire entreprise royale accapara les ressources physiques et humaines dont l'entreprise privée avait besoin. La satisfaction des besoins de la métropole s'était faite au détriment du développement de la colonie. Du plan élaboré par Hocquart, il ne restait plus qu'une industrie métropolitaine implantée en milieu colonial pour mieux tirer profit de ses ressources.

Contrairement aux forges du Saint-Maurice où administrateurs, contremaîtres et ouvriers ne furent pas toujours qualifiés, la construction navale bénéficia en Levasseur des services d'un homme compétent et consciencieux. Son travail fut d'ailleurs l'objet d'éloges unanimes et constamment renouvelés, malgré certains échecs, comme la perte de l'*Orignal* qui se brisa le jour de son lancement en 1750. On eut recours à lui chaque fois que les difficultés étaient grandes. Il fut l'expert chargé de remédier aux problèmes posés par l'approvisionnement en bois. Il imagina des procédés de flottage du bois permettant de franchir sans péril les sauts des rivières. Il fut chargé de faire sauter, dans les cours d'eau, les écueils dangereux. C'est à lui plutôt qu'à l'ingénieur du roi, Gaspard-Joseph Chaussegros* de Léry, que l'on confia la construction des quais lorsqu'on déménagea les chantiers navals au Cul-de-Sac. Arrivé comme sous-constructeur avec un traitement annuel de 1 800#, il reçut un brevet de constructeur l'année suivante, et son traitement fut porté à 2 400# en 1743 ; il devint chef constructeur en 1749 et inspecteur des bois et forêts en 1752. Chaque lancement de navire lui valut en outre d'importantes gratifications. Au cours du siège de 1759, on eut recours à lui pour diriger les escouades d'ouvriers chargés de combattre les incendies consécutifs aux bombardements de la ville. La confiance de tous les administrateurs de la colonie envers les talents et l'efficacité de Levasseur ne se démentit jamais.

Les autorités françaises surent reconnaître ses mérites et utiliser ses aptitudes. Comme il avait à peu près tout perdu durant la guerre – lors de son retour en France en 1760, le vaisseau ayant fait relâche sur la côte d'Espagne, il dut laisser sa famille à Bayonne, près de la frontière espagnole, faute d'argent pour poursuivre le voyage – le ministre de la Marine lui accorda 1 200# par an pour son entretien. De plus, le ministre trouva rapidement le moyen d'utiliser sa compétence : il le chargea de l'exploitation du bois pour les mâts dans les Pyrénées afin d'approvisionner Bayonne. Pour relever ce défi auquel se butait l'administration depuis près de 30 ans, Levasseur perçut de nouveau un traitement de 2 400#. Il y réussit si bien – avec l'applaudissement de la cour, comme il est mentionné dans son dossier personnel – qu'on le nomma commissaire de la Marine le 21 mai 1764.

Quand il demanda sa mise à la retraite en mars 1766, il obtint une pension de 1 800#. Peu à peu, cependant, le souvenir de ses services exceptionnels s'estompa. On refusa à son fils Pierre, devenu écrivain de la Marine après le retour de la famille en France, un brevet de sous-commissaire. A la mort de Levasseur en 1784, son épouse eut beaucoup de mal à obtenir la pension minimale de 600# attribuée aux veuves de commissaires de la Marine. L'habile exécutant avait été oublié.

JACQUES MATHIEU

Les sources bibliographiques concernant René-Nicolas Levasseur sont citées dans notre ouvrage, *la Construction navale*. Le lecteur pourra également consulter le dossier personnel de Levasseur dans AN, Marine, C^7, 184 (copie aux APC). [J. M.]

LEVASSEUR (Le Vasseur), dit **Delor**, **JEAN-BAPTISTE-ANTOINE** (généralement désigné sous le nom de **Vasseur**), maître sculpteur et statuaire, baptisé à l'église Notre-Dame de Québec le 20 juin 1717, fils de Noël Levasseur* et de Marie-Madeleine Turpin, décédé à Québec le 8 janvier 1775.

Fils d'un sculpteur important de la Nouvelle-France, Jean-Baptiste-Antoine Levasseur connut une vie effacée à côté de son frère aîné, FRANÇOIS-NOËL, avec qui il partageait la direction d'un atelier fort actif dont la production se concentrait surtout sur le mobilier religieux. On ne sait pas précisément quelles tâches lui étaient confiées au sein de la petite société, ni comment les profits étaient répartis entre les deux frères car ils semblent avoir formé un tout indivisible, désigné sous le terme « Les Vasseurs ». Même si sa signature n'apparaît que rarement au bas des contrats notariés, Jean-Baptiste-Antoine Levasseur paraît avoir joui d'une certaine autorité. Il a ainsi signé, en l'absence de son frère, les reçus marquant la fin des transactions avec les paroisses et les communautés religieuses.

Le 10 avril 1747, Jean-Baptiste-Antoine Levasseur épousa à Notre-Dame de Québec Marie-Régis Cartier, et le couple s'installa avec François-Noël, rue Saint-Louis. Les deux frères partageaient cette maison depuis le début de leur carrière. Lors de la signature du contrat de mariage, la présence de René-Nicolas LEVASSEUR, « ingénieur de la marine Entretenue pour le service du Roy En ce Pays », sans lien de parenté avec Jean-Baptiste-Antoine, laisse croire que le sculpteur participait à l'ornementation des navires construits aux chantiers navals de Québec. De plus, on sait que René Cartier, le père de la mariée, était navigateur, et qu'il avait commandé au moins un navire, le *Saint-Joachim*, aux chantiers navals de Québec. Une liste des fournisseurs et ouvriers des chantiers du roi fait état de la présence de plusieurs Levasseur mais Jean-Baptiste-Antoine n'y est pas mentionné expressément. On imagine facilement cependant que les sculpteurs n'étaient jamais bien loin des chantiers les plus actifs et que, la compétence de la famille étant connue, on n'hésitait pas à faire appel aux services de l'artisan qui était disponible à l'intérieur de l'atelier. Des croquis non datés, conservés au séminaire de Québec, témoignent de la contribution de Jean-Baptiste-Antoine Levasseur et de son frère à la décoration des navires. Ces dessins représentent la sculpture de la poupe d'un bateau prévu pour le service du séminaire. Cette barque, sans doute destinée à porter le nom de *Sainte-Famille*, était agrémentée de motifs classiques dérivés de la feuille d'acanthe. Y figurent en bas-reliefs les personnages traditionnels : un enfant Jésus emmailloté, un saint Joseph et une Vierge aux traits plutôt frustes.

L'existence des artisans du bois au XVIIIe siècle se déroule dans un climat d'anonymat. Leur renommée suffisant sans doute à donner confiance à ceux qui font des commandes, la transaction est rarement officialisée par des actes notariés. Ce climat d'anonymat est encore accentué par la présence, au sein des familles élargies, de plusieurs individus du même nom. Ainsi, dans la famille Levasseur, le prénom de Noël est régulièrement en usage pour désigner les membres s'adonnant à la sculpture. Les historiens de l'art ont donc fort à faire pour identifier les œuvres de Jean-Baptiste-Antoine Levasseur et des autres.

Quand on progresse dans la découverte des sculpteurs du XVIIIe siècle et de leurs réalisations, il devient évident qu'il vaut mieux analyser la production de chaque atelier de façon globale et la replacer dans une perspective continue. D'ailleurs, Jean-Baptiste-Antoine Levasseur et les autres sculpteurs de son époque auraient sans doute jugé inconvenant de personnaliser une œuvre puisque, selon eux, celle qui est belle se reconnaît et s'attribue d'elle-même.

Jean-Baptiste-Antoine Levasseur fut inhumé à Québec le 9 janvier 1775. De son mariage à Marie-Régis Cartier, sept enfants étaient nés dont un seul survécut. Cet unique descendant de la famille du sculpteur Noël Levasseur ne semble pas avoir exercé son activité dans le secteur de la sculpture sur bois.

RAYMONDE GAUTHIER

ANQ-Q, État civil, Catholiques, Notre-Dame de Québec, 20 juin 1717, 10 avril 1747, 9 janv. 1775 ; Greffe de J.-N. Pinguet de Vaucour, 9 avril 1747. — ASQ, Polygraphie, VI : 37 ; XXVI : 17. — IBC, Centre de documentation, Fonds Morisset, Dossier J.-B.-A. Levasseur, dit Delor. — Recensement de Québec, 1744, 10. — Tanguay, *Dictionnaire*, II : 569 ; V : 390s. — Mathieu, *La construction navale*, 95–105. — Morisset, *Coup d'œil sur les arts*, 27s., 35, 162. — Jean Palardy, *Les meubles anciens du Canada français* (Paris, 1963). — Marius Barbeau, Les Le Vasseur, maîtres menuisiers et statuaires (Québec, *circa* 1648–1818), *Les Archives de folklore* (Québec), 3 (1948) : 35–49.

LE VERRIER DE ROUSSON, LOUIS, officier dans les troupes de la Marine, né le 11 avril 1705 à Montréal, fils de François Le Verrier* de Rousson et de Jeanne-Charlotte de Fleury Deschambault, décédé en France, en ou après 1789.

Comme son père, Louis Le Verrier de Rousson se joignit aux troupes de la Marine, servant tout d'abord à titre d'enseigne réformé jusqu'à ce que ce grade soit aboli en Nouvelle-France en 1722. Il devint ensuite enseigne en second, enseigne en pied en 1731 et lieutenant en 1739. Au cours de cette année, il accompagna le baron Charles

Le Moyne* de Longueuil dans la vallée du Mississippi lors de sa campagne contre les Chicachas.

Lorsque Vaudreuil [Rigaud] se mit à courtiser la mère de Le Verrier, veuve depuis 1732 – il l'épousera en 1746 –, ce dernier vit la fortune lui sourire. En 1742, Vaudreuil, nommé gouverneur de la Louisiane, obtint la permission de l'amener avec lui en qualité d'officier. Le Verrier devint capitaine en 1744 et, pendant la plus grande partie des dix années suivantes, il servit dans la garnison de La Nouvelle-Orléans.

Au début des années 1750, Le Verrier était l'un des capitaines les plus expérimentés en Louisiane ; néanmoins, il suivit Vaudreuil en France en 1753. Le 1er février 1754, il fut créé chevalier de Saint-Louis et reçut la croix de l'ordre de Vaudreuil lui-même. Et lorsque ce dernier accéda au poste de gouverneur général de la Nouvelle-France en 1755, Le Verrier obtint d'être muté dans les troupes de la Marine. Lors des premières campagnes de la guerre de Sept Ans, il servit avec Lévis au lac Champlain. Il souffrit de rhumatisme pendant l'été de 1756, et Vaudreuil, avec sollicitude, suggéra à Lévis que Le Verrier se rétablirait mieux dans le confort de Montréal.

De 1757 à l'été de 1759, Le Verrier, gratifié de 2 000# et chargé du contrôle du commerce local des fourrures, commanda le fort Saint-Joseph (Niles, Michigan). Il réussit à envoyer plusieurs contingents de guerriers indiens à Montréal ; cependant, une épidémie de petite vérole ainsi que l'action des agitateurs britanniques parmi les tribus entravèrent le bon fonctionnement du poste. Au début de 1758, Vaudreuil essaya de faire nommer Le Verrier major de Québec, pour succéder à Jean-Daniel Dumas, mais il se trouva gêné par ses propres dispositions, ayant déjà recommandé Pierre-Paul Margane de Lavaltrie. Il proposa en remplacement une pension pour Lavaltrie. On émit la commission en janvier 1759, et Le Verrier revint de l'Ouest cet été-là. Il dut être présent au moment du siège de la capitale par Wolfe*, mais son rôle lors de la défense de la ville et lors des opérations suivantes qui entraînèrent la chute du Canada est inconnu.

Après la Conquête, Le Verrier partit pour la France où il continua de chercher à obtenir de l'avancement par l'entremise de son beau-père. Mais Vaudreuil étant absorbé par ses propres difficultés à cette époque, il est peu probable que Le Verrier obtînt grand-chose. En 1767, il résidait à Paris. Il vivait encore en 1789, apparemment célibataire. Même s'il avait servi dans plusieurs régions et avait obtenu, de ce fait, un grade et une position, il semble avoir manifesté un talent médiocre. Sa réussite fut attribuable aux bonnes grâces du marquis de Vaudreuil.

Donald Chaput

AN, Col., D2C, 48 ; 58, f.23 ; 59 ; 222. — Huntington Library, Loudoun papers, LO 16 ; LO 36 ; LO 259 ; LO 261. — APC *Report*, 1905, I, vie partie : 283. — *Coll. des manuscrits de Lévis* (Casgrain), VIII : 31–33. — The French regime in Wisconsin – III, R. G. Thwaites, édit., Wis., State Hist. Soc., *Coll.*, XVIII (1908) : 184, 205, 210. — Notes sur MM. Leverrier, père et fils, *BRH*, XXXV (1929) : 288–291. — Æ. Fauteux, *Les chevaliers de Saint-Louis*, 156. — Le Jeune, *Dictionnaire*, II : 544. — Tanguay, *Dictionnaire*, V : 395. — P.-G. Roy, Les deux Leverrier, *BRH*, XXIII (1917) : 3–13.

LÉVESQUE, FRANÇOIS, marchand, juge de paix, conseiller législatif et exécutif, probablement né à Rouen, France, le 29 juin 1732, fils de François Lévesque et de Marie Pouchet ; il épousa devant un ministre anglican à Québec, le 16 août 1769, Catherine Trottier Desauniers Beaubien, et ils eurent neuf enfants ; décédé à Québec le 15 janvier 1787.

Nous ne possédons aucun renseignement sur la jeunesse de François Lévesque, si ce n'est qu'il était issu d'une famille huguenote de prospères tisserands, originaires de Bolbec, France. Nous ignorons, de plus, les raisons pour lesquelles il quitta son pays, ainsi que la date précise de son arrivée à Québec. Toutefois, il semble qu'avant 1756 il s'était joint à deux de ses cousins, François Havy* et Jean Lefebvre*, commerçants déjà établis dans cette ville. Puis la guerre de Sept Ans entraîna la séparation de ces deux associés : le premier se rendit à La Rochelle, cependant que le second restait à Québec. En 1760, lors du départ de Lefebvre pour la France, Lévesque fut chargé de récupérer les dettes contractées envers ses partenaires.

Lévesque put jouir assez tôt de la confiance des autorités en place et profiter des occasions qui lui étaient offertes de faire de bonnes affaires. Ainsi, le gouverneur Haldimand fit de Lévesque, en 1764, le seul dépositaire d'un lot de 87 poêles et de 310 000 livres de fer, en vue de la liquidation des forges du Saint-Maurice. Puis les responsables du séminaire de Québec passèrent avec lui de nombreuses transactions ; ainsi, il leur prêta 3 000# en 1761 et leur fournit, en 1774, 6 000 carreaux de pavage. Le 11 août 1781, Lévesque reçut, par ailleurs, du procureur du séminaire, Thomas-Laurent Bédard, la concession d'un terrain de 60 pieds de front, situé dans la basse ville de Québec.

Lévesque monta un important commerce de

blé qui contribua beaucoup à sa richesse et à sa respectabilité. Vers 1773, il aurait même possédé sa propre flotte de navires pour ses échanges avec l'Europe. Parallèlement à ses activités commerciales, il poursuivit une carrière de fonctionnaire. En 1769, on le qualifie de juge de paix dans son contrat de mariage. Puis, en 1772, il devint membre du Conseil et, en 1775, aux termes de l'Acte de Québec, conseiller législatif. Il s'opposa d'ailleurs, en tant que conseiller, à une fixation du prix du blé et de la farine, proposée au cours d'une séance en 1780.

Le 6 novembre 1786, lord Dorchester [Carleton*] annonça la composition du comité du Conseil relatif au commerce et à la police, chargé d'étudier la question « du commerce intérieur et extérieur et des règlements pour la police, ayant égard aux anciennes lois et coutumes de la province et de faire rapport ». Y furent nommés, Edward HARRISON, John COLLINS, William Grant* (1744–1805), George Pownall* et François Lévesque, autorisés à faire comparaître devant eux et à interroger les personnes, et à compulser les archives et documents s'y rattachant. Le comité se réunit pour la première fois le 13 novembre, et le rapport fut déposé peu de temps avant le décès de Lévesque survenu le 15 janvier 1787.

Une tradition solide veut que, sous l'influence de son épouse, Lévesque se soit converti au catholicisme. Toutefois, son acte de sépulture figure dans les registres de l'église anglicane de Québec. Son éloge funèbre, paru dans *la Gazette de Québec* le 18 janvier suivant, témoigne du respect que ses compatriotes lui portaient : « Ses vertus sociales et patriotiques, lui ont concilié de longuemain, l'estime, l'amitié et la reconnaissance de cette province, pour les intérêts de laquelle il a toujours montré son attachement, ce qui ne fait qu'augmenter les regrets du public et de ses amis en particulier. » Les importantes fonctions politiques qu'il assuma, ainsi que sa réussite sociale, en font un représentant typique de la bourgeoisie de son époque.

L'épouse de Lévesque mourut en 1807, à Saint-Denis, sur le Richelieu, où elle s'était retirée près de sa fille, Catherine, et de son neveu, Pierre-Guillaume Guérout.

JEAN-FRANCIS GERVAIS

ANQ-Q, État civil, Anglicans, Cathedral of the Holy Trinity (Québec), 16 août 1769, 17 janv. 1787 ; Greffe de Claude Barolet, 14 sept. 1748 ; Greffe d'André Genest, 11 juin 1775 ; Greffe de J.-C. Panet, 16 août, 10 oct. 1769. — ASQ, C 22, sept.-oct. 1761 ; S, Carton 10, n° 38 ; Séminaire, 82, n° 50 ; 121, n° 112 ; 152, n°s 28, 215, 236. — APC *Rapport*, 1890, 43, 51–53, 214. — *Doc. relatifs à l'hist. constitutionnelle, 1759–1791* (Shortt et Doughty ; 1921), II : 685, 703, 780, 802, 859, 885–887, 897, 900, 908. — *La Gazette de Québec*, 18 janv. 1787. — F.-J. Audet et Édouard Fabre Surveyer, *Les députés au premier parlement du Bas-Canada, 1792–1796* [...] (Montréal, 1946), 258. — Tanguay, *Dictionnaire*, VII : 358. — Liliane Plamondon, Une femme d'affaires en Nouvelle-France, Marie-Anne Barbel (thèse de M.A., université Laval, 1976), 79. — M. Trudel, *L'Église canadienne*, I : 189s. ; *Le Régime militaire*, 115s. — Turcotte, *Le Cons. législatif*, 28. — M.-F. Beauregard, L'honorable François Lévesque, son neveu Pierre Guérout, et leurs descendants, SGCF *Mémoires*, VIII (1957) : 13–16. — A.[-E.] Gosselin, François-Joseph de Vienne et le journal du siège de Québec en 1759, ANQ *Rapport*, 1922–1923, 413. — J.-J. Lefebvre, François Levêque (1732–1787), membre des Conseils législatif et exécutif, *BRH*, LIX (1953) : 143–145.

LÉVIS, FRANÇOIS (François-Gaston) DE, duc de LÉVIS, officier, né le 20 août 1719 au château d'Ajac, près de Limoux, France, fils de Jean de Lévis, baron d'Ajac, et de Jeanne-Marie de Maguelonne, décédé le 26 novembre 1787 à Arras, France.

François de Lévis appartenait à une branche appauvrie d'une des plus vieilles familles de la noblesse française. Entré dans l'armée alors qu'il était adolescent, il alla grossir le nombre des cadets pauvres de la Gascogne, mais il avait, lui, d'excellentes relations familiales ; il était cousin du duc de Lévis-Mirepoix qui allait être fait maréchal de France en 1751. Le 25 mars 1735, Lévis reçut une commission de lieutenant en second dans le régiment de la Marine ; le 3 juin, il fut promu lieutenant. Il servit lors de la campagne du Rhin, pendant la guerre de la Succession de Pologne, et, le 1er juin 1737, à l'âge de 17 ans, il fut élevé au grade de capitaine. En 1741, il servit dans le corps « auxiliaire » français au sein de l'armée bavaroise qui envahit la Bohême pendant la guerre de la Succession d'Autriche, et il participa à la prise puis à la défense de Prague, comme à la désastreuse retraite de 1742. Le 19 février 1743, il traversa le Rhin pour rentrer en France avec 73 hommes, restes de quatre régiments en lambeaux, libérés au cours d'un échange de prisonniers. Plus tard, la même année, il se battit à Dettingen (République fédérale d'Allemagne) puis servit avec son régiment en Haute-Alsace, sous les ordres du maréchal de Coigny, et se distingua au cours de nombreuses batailles et de plusieurs sièges dans le sud-ouest de l'Allemagne. Deux ans plus tard, il servit dans l'armée du Bas-Rhin sous les ordres du prince de Conti. En 1746, son régiment rallia l'armée d'Italie, dans laquelle il servit, avec le grade d'aide-major général des logis, au sein du corps commandé par son cousin. Alors que, en août 1747, son régiment prêtait main-forte aux défenseurs de la Provence, Lévis quitta sa compagnie en échange d'un brevet de colonel surnuméraire et continua jusqu'à la fin de la guerre de servir à titre d'aide-major général des logis.

Comme officier, Lévis s'était fait une solide réputation de bravoure et de compétence, et il était reconnu pour son sang-froid, mais il ne disposait pas des ressources financières qui lui eussent permis d'avoir son propre régiment. Aussi, quand on décida, en 1756, d'envoyer des renforts et un nouvel état-major, sous les ordres du marquis de Montcalm*, à l'armée du Canada, Lévis accepta-t-il le poste de commandant en second des troupes régulières françaises avec le grade de brigadier. A ce poste étaient attachés un salaire de 18 000#, un supplément annuel de 18 000# et une allocation de 9 000# pour couvrir ses frais d'équipement et de départ. Il reçut sous scellés des ordres secrets – à n'ouvrir qu'advenant la mort de Montcalm ou son incapacité de conserver le commandement – qui le nommaient commandant des troupes régulières françaises. Dans l'éventualité du décès du gouverneur Vaudreuil [RIGAUD], Montcalm lui succéderait automatiquement ; et dans le cas où ce dernier, par mort ou autrement, serait lui-même empêché d'exercer le gouvernement, Lévis était dès lors habilité à l'assumer lui-même. Accompagné de cinq serviteurs, il mit à la voile à Brest, en France, le 6 avril, et arriva à Québec le 31 mai.

Après avoir vu au débarquement des troupes, Lévis partit pour Montréal, où Vaudreuil et Montcalm préparaient la campagne de Chouaguen (ou Oswego ; aujourd'hui Oswego, New York). Le gouverneur l'accueillit avec courtoisie, puis l'envoya prendre le commandement à la frontière du lac Saint-Sacrement (lac George). Pendant que Montcalm avançait, d'une marche hésitante, en direction de Chouaguen, pour l'assiéger, Lévis prenait les dispositions nécessaires pour repousser une attaque contre le fort Carillon (Ticonderoga, New York). Il jugea que le meilleur endroit pour engager le combat avec une troupe d'envahisseurs serait à l'extrémité nord du lac Saint-Sacrement, où l'ennemi aurait à débarquer et où, par conséquent, il serait le plus vulnérable. Les différentes unités anglo-américaines qui, sous les ordres de lord Loudoun, étaient rassemblées autour du fort Edward (également connu sous le nom de fort Lydius ; aujourd'hui Fort Edward, New York) refusèrent cependant à Lévis l'honneur de leur visite ; ce dernier passa l'été à envoyer des partis, formés d'Indiens et de Canadiens, ravager les établissements frontaliers américains, de façon à les obliger à y laisser des effectifs, et à faire des prisonniers qui, peut-être, fourniraient des renseignements sur les dispositions et les intentions de l'ennemi.

En apprenant le succès de l'expédition contre Chouaguen, Lévis craignit que ses propres efforts passent inaperçus. Il écrivit au comte d'Argenson, ministre de la Guerre, disant qu'il lui serait bien désagréable, si Montcalm devait recevoir quelques marques de reconnaissance et de faveur, d'être lui-même oublié. Il ajouta, cependant, que si Montcalm devait ne rien recevoir, il ne désirait rien non plus. En fait, Lévis allait obtenir, en récompense, une pension de 1 000# tirée sur l'ordre de Saint-Louis.

Lévis était fort désireux d'avancer dans sa carrière ; aussi devait-il s'assurer qu'il ne perdait aucune occasion d'attirer sur lui l'attention et la faveur de ceux qui étaient au pouvoir. Mais, en même temps, il ne rechignait pas à faire valoir le mérite de ses collègues, le cas échéant. A la suite du raid mené à l'hiver de 1756–1757 par François-Pierre de RIGAUD de Vaudreuil contre le fort William Henry (également appelé fort George ; aujourd'hui Lake George, New York), il écrivit au ministre que si Vaudreuil lui eût offert le commandement, il l'eût volontiers accepté, « mais, poursuit-il, je n'aurois peu faire mieux qu'il a fait. Cette Entreprise a en tout le succes que l'on pouvoit en attendre. » Ce commentaire généreux contraste vivement avec le ton méprisant de Montcalm, qui s'employa à minimiser les résultats du raid et à dénigrer Rigaud.

A ce moment-là, les relations entre Vaudreuil et Montcalm étaient plus que tendues. Et quand le ministre de la Guerre l'avertit de maintenir de bons rapports avec le gouverneur général, Lévis répondit qu'il s'entendait fort bien avec Vaudreuil et qu'il entretiendrait avec lui des liens plus étroits encore, n'eût été le fait que Montcalm en prît ombrage. Lévis affirma détester l'intrigue, l'avoir évitée toute sa vie et vouloir continuer à le faire. Les preuves qu'il disait bien là le fond de sa pensée ne manquent pas.

A l'été de 1757, Lévis organisa le train d'artillerie de siège et les transports par eau en vue de l'attaque du fort William Henry. Il prit ensuite le commandement de l'avant-garde. A l'arrivée de Montcalm à la tête du lac Saint-Sacrement, avec l'artillerie de siège, Lévis et ses 3 000 hommes avaient déjà investi le fort. Après neuf jours de siège, la garnison se rendit. Les relations entre Vaudreuil et Montcalm atteignirent presque le point de rupture après que Vaudreuil eut sévèrement critiqué Montcalm pour avoir refusé de pousser son avantage en s'emparant du fort Edward, comme il lui en avait donné l'ordre. Quant à Lévis, Vaudreuil n'avait que du bien à dire de lui. Dans une dépêche au ministre, il plaida pour que celui-ci fût promu maréchal de camp, en faisant part de sa crainte que, ne progressant point dans sa carrière, Lévis demandât son rappel, ce qui, affirmait Vaudreuil, serait une perte grave pour la colonie.

L'année suivante fut le point tournant de la guerre. L'armée anglo-américaine reçut de grands renforts de soldats réguliers de Grande-Bretagne, et des attaques furent projetées contre Louisbourg, île Royale (île du Cap-Breton), qui seraient suivies d'entreprises contre Québec, contre les forts français des lacs Champlain et Ontario, et contre le fort Duquesne (Pittsburgh, Pennsylvanie), sur l'Ohio. Dans une tentative pour briser cette stratégie, Vaudreuil donna à Lévis le commandement de 3 000 hommes, – 400 des plus alertes parmi les troupes régulières françaises, 400 des troupes de la Marine et le reste formé de miliciens canadiens et d'alliés indiens. Lévis reçut l'ordre d'avancer jusqu'au pays des Agniers et de les forcer, si possible, à se joindre à lui dans une expédition contre les établissements britanniques de la Mohawk et de l'Hudson. Forcer les Agniers, la nation iroquoise la plus favorable aux Britanniques, à combattre du côté des Français eût été un dur coup porté aux Anglo-Américains. On avait un autre objectif, qui était d'empêcher la reconstruction et le réarmement de Chouaguen et du réseau des forts qui servaient à son approvisionnement. En outre, une poussée en direction de Schenectady et d'Albany (New York) eût anéanti les projets ennemis contre les positions françaises sur le lac Champlain et permis à Montcalm de manœuvrer, avec le gros des troupes françaises, contre les Anglo-Américains du lac Saint-Sacrement.

Ce plan hardi était bien conçu, à la condition que l'ennemi y concourût en attendant les événements, ce à quoi il se refusa. La troupe de Lévis n'était pas encore bien loin quand elle fut rappelée en toute hâte ; on avait appris que Britanniques et Américains préparaient une attaque contre le fort Carillon avec une armée que la rumeur évaluait à 25 000 hommes. Lévis et 400 de ses hommes d'élite prirent les devants et se dirigèrent en hâte sur Carillon. Ils y arrivèrent en fin de journée, le 7 juillet, pour trouver la garnison française – trois mille quelques cents hommes – en train de terminer un retranchement de troncs d'arbre et des abattis au sommet de la pente, en avant du fort. Quand les Britanniques, sous les ordres de James ABERCROMBY, attaquèrent, le lendemain, Lévis commandait le flanc droit, à découvert. Heureusement pour les Français, les Britanniques ne tentèrent pas de le contourner. La bataille fit rage jusqu'au coucher du soleil. Les colonnes britanniques subirent des pertes écrasantes, mais continuèrent à se reformer et à attaquer encore et encore. Lévis fit montre de son habituel sang-froid. Quand Bougainville*, qui commandait la gauche, fut momentanément étourdi par une balle morte, un officier cria à Lévis que Bougainville venait d'être tué. Lévis, qui avait une piètre opinion de Bougainville, aurait répondu, à ce qu'on dit : « Eh bien, on l'enter[re]ra demain avec beaucoup d'autres. »

Immédiatement après la victoire française, le ressentiment contenu de Montcalm à l'endroit de Vaudreuil éclata en un conflit ouvert. Vaudreuil adressa au ministre de la Marine un plaidoyer pour que la demande de rappel faite par Montcalm fût acceptée et pour que Lévis fût nommé pour lui succéder au commandement des troupes régulières françaises. Malheureusement pour tous ceux qui étaient intéressés dans l'affaire, cette requête fut rejetée, mais Lévis fut promu maréchal de camp. A la fin d'octobre il se retira dans ses quartiers d'hiver, à Montréal, bien à l'abri des intrigues de salon et des sauvages querelles qui occupaient à Québec officiers et fonctionnaires de haut rang.

Au milieu de mai 1759, on s'attendait à une nouvelle attaque de la part des Britanniques. Lévis exprima encore la confiance qu'il avait que les Français s'en tireraient, pourvu qu'ils fissent une guerre de manœuvres et ne s'enfermassent point dans les postes fortifiés. Montcalm fit savoir privément son amertume de voir les opinions de Lévis sur la conduite de la défense l'emporter sur les siennes auprès de Vaudreuil et des officiers des divers régiments. Heureusement qu'à cette occasion les plans de Lévis furent adoptés. A l'arrivée de Wolfe* et de son armée devant Québec, en juin, c'est sur l'insistance de Lévis que la rive de Beauport fut fortifiée, de la rivière Saint-Charles à la rivière Montmorency, et que les lignes de défense furent poussées vers le haut de cette dernière, quand on découvrit qu'elle pouvait être passée à gué au-dessus de la chute et les positions françaises prises à revers. Lévis reçut le commandement de ce flanc gauche, et quand, le 31 juillet, Wolfe lança une attaque de grande envergure à la Montmorency, il fut repoussé avec de lourdes pertes.

Ensuite de la prise du fort Niagara (près de Youngstown, New York), à la fin du mois de juillet [V. Pierre Pouchot*], et quand il apparut clairement que les Britanniques feraient une poussée jusqu'à Montréal à partir du lac Ontario, Montcalm se sentit obligé de détacher Lévis et

800 hommes pour détourner cette menace. Lévis quitta Québec le 9 août ; aussi n'était-il pas présent lors de la désastreuse journée du 13 septembre, sur les plaines d'Abraham. Vaudreuil déclara plus tard que, si Lévis eût été là, l'issue eût été bien différente, car il aurait sûrement retenu Montcalm de lancer son attaque précipitée, en colonne, contre les lignes britanniques.

Dès qu'il apprit ce qui avait transpiré des événements, Lévis brisa les scellés de ses ordres secrets et partit immédiatement pour Québec, ralliant l'armée française démoralisée à la rivière Jacques-Cartier, le 17 septembre. Il devint blanc de rage quand il apprit ce qui s'était passé, déclarant qu'il ne connaissait point d'exemple d'un désordre pareil à celui qu'il trouva parmi les troupes. Il déclara sans ambages que la défaite et la débandade qui s'ensuivit, juste au moment où l'on croyait terminer glorieusement cette campagne, étaient le résultat de la décision de Montcalm d'attaquer avant d'avoir réuni toutes ses forces. Cela dit, il ajouta que Montcalm avait pris le parti qu'il croyait être le meilleur. A Bourlamaque*, il écrivit qu'on devait tenter de faire voir les choses sous le meilleur jour possible. Quand Vaudreuil demanda de parcourir avec lui les papiers de Montcalm, qui devaient contenir beaucoup de choses concernant la colonie, Lévis refusa carrément, affirmant que lui seul avait droit de les examiner, puisqu'ils concernaient uniquement les troupes régulières françaises, et qu'il en était responsable devant le ministre de la Guerre et la famille de Montcalm. Il se mit alors au travail en vue de restaurer l'ordre dans les troupes, de renforcer Québec avant qu'elle ne dût capituler, et de préparer une attaque contre le camp britannique. Mais il était trop tard ; le 18, Jean-Baptiste-Nicolas-Roch de RAMEZAY rendait la ville. Tout ce qu'on pouvait faire était de maintenir une position défensive à la Jacques-Cartier et d'envoyer le reste de l'armée à ses quartiers d'hiver. La flotte britannique étant partie en octobre, les navires français qui restaient descendirent le fleuve, porteurs de plaidoyers pour l'obtention de gros renforts en hommes et en matériel à expédier dès l'ouverture de la navigation, de manière à devancer les Britanniques. Faute de quoi, faisait savoir Lévis, à moins que la paix ne fût conclue au printemps, il était improbable qu'on pût sauver la colonie.

Ces navires portaient aussi des dépêches de Lévis au ministre de la Guerre au sujet de ce qui était arrivé. Il était particulièrement inquiet que la responsabilité du désastre pût l'éclabousser et nuire à sa carrière. Il informa le ministre qu'en aucune manière il ne pouvait être tenu responsable des fautes commises pendant la dernière campagne, et, en conséquence, il demandait l'assurance d'une promotion au grade de lieutenant général s'il parvenait à faire voir à l'ennemi que la conquête finale du Canada ne serait point chose si facile qu'il semblait le croire. Mais cette promotion ne lui fut pas accordée.

Pendant l'hiver, Lévis et Vaudreuil firent des plans pour tenter désespérément de repousser les assauts qui ne manqueraient pas de venir avec le printemps. Heureusement, ils étaient demeurés en excellentes termes. Ils étaient d'accord que le seul espoir était de reprendre Québec le plus tôt possible, et ensuite de transférer l'armée entière sur les positions défensives du lac Champlain ou du haut Saint-Laurent, selon que l'une ou l'autre place serait menacée la première. On espérait, grâce à la rapidité des communications sur les voies fluviales, défaire une à une les armées d'invasion ennemies. Tout dépendait d'une première réussite à Québec et de l'arrivée des renforts de France.

A la fin de novembre, Lévis donna des ordres aux commandants de bataillon. La discipline devait être renforcée et les uniformes, de même que l'équipement, distribués équitablement. On ne manquait que de marmites, de capots, de culottes et de caleçons ; le bœuf se faisait rare, mais on avait assez de pain. Vaudreuil ordonna aux capitaines de milice de veiller à ce que les habitants chez qui des soldats avaient des billets de logement eussent toujours à leur disposition huit jours de ration, de façon qu'un détachement, ou l'armée entière, pût toujours être appelé et prêt à marcher au premier signe. De même, la milice devait être prête à s'ébranler au premier commandement. Lévis donna aussi instructions aux officiers de l'armée régulière d'avoir à collaborer avec les capitaines de milice, d'entretenir avec eux la bonne entente et de traiter les habitants avec douceur, les plaintes à ce sujet ayant été, dans le passé, trop nombreuses. Pour bien faire valoir ce dernier point, il répéta son ordre cinq jours plus tard, le 29 mars.

Lévis entretint aussi une correspondance polie avec James MURRAY concernant les blessés français laissés à l'arrière et hospitalisés à Québec, et concernant également un échange de prisonniers. Même s'ils ne purent s'entendre sur ces points, il est évident qu'ils avaient l'un pour l'autre un grand respect, en tant que soldats de carrière. Lévis envoya à Murray une petite quantité de remède contre le scorbut ; Murray répliqua en lui envoyant un fromage du Cheshire. Ils échangèrent aussi des journaux apportés par des prisonniers libérés et envoyés de New York en vertu d'une convention d'échange, et, sur le fait troublant qu'on n'y mentionnait point leur théâtre particulier d'opérations, Lévis fit le commentaire qu'on paraissait les avoir oubliés en Europe. Il ajouta, non sans aigreur, qu'il espérait apporter à Murray de plus intéressantes nouvelles dans un proche avenir.

Tout au long de l'hiver, les détachements canadiens tinrent la garnison de Murray étroitement investie, la privant de ravitaillements du côté de la campagne et lançant de sauvages attaques contre les avant-postes britanniques. Mais les pires ennemis des Britanniques furent le froid mordant et le scorbut. Au printemps, la garnison de Murray était tombée de 7 500 à 4 000 hommes valides.

Le 20 avril 1760, avant que le fleuve fût libéré de ses glaces, Lévis quitta Montréal avec son armée de 7 000 hommes, dont 3 000 miliciens. Huit jours plus tard, après une marche extrêmement difficile dans la neige fondante et la boue, ils étaient devant Québec. Averti de leur approche, Murray avait pu retirer ses troupes avancées, 1 500 hommes au total, de Sainte-Foy et de Lorette, avant que Lévis ne leur coupât la retraite. Au lieu de s'enfermer dans Québec, Murray décida de livrer bataille, en espérant éliminer, bataillon par bataillon, les forces françaises. Il disposa son armée, forte de 3 900 hommes et de 20 canons, sur les hauteurs des plaines d'Abraham – l'emplacement même où Montcalm s'était battu en septembre. Lévis ne répéta pas la faute, commise par Montcalm, d'attaquer en colonne. Il plaça en ligne ses bataillons, maintenant réduits à 5 000 hommes, et plus rapidement que Murray ne s'y attendait. Par suite de l'interprétation erronée d'un ordre, la brigade de la Reine et un corps de miliciens – plus de 1 400 hommes – allèrent se placer sur le mauvais flanc et restèrent en dehors de l'action. Les forces effectives en présence étaient donc à peu près égales en nombre.

Le plan de Murray était de tenir sa position sur les hauteurs et de pilonner les Français, pendant leur avance, avec ses canons. Quand l'armée de Lévis se lança à l'attaque, les unités de la droite devancèrent quelque peu le corps principal de l'armée. Murray tenta de saisir cette occasion et, abandonnant les hauteurs, s'avança dans un terrain marécageux pour attaquer. Lévis mit sa droite à l'abri dans les bois voisins et donna à sa gauche l'ordre de se replier ; elle s'était entre-temps laissé entraîner à disputer à l'ennemi la possession de quelques maisons. Jean d'Alquier* de Servian contremanda cet ordre et prit la tête de ses hommes dans une charge à la baïonnette qui arrêta court les Britanniques. Simultanément, Lévis fit un mouvement sur la droite et, contournant le flanc gauche britannique, menaça de lui couper la retraite. Les unités en danger reculèrent rapidement, suivies du centre, puis de la droite. La retraite tourna à la déroute. La brigade de la Reine eût-elle été à son poste de combat, l'armée de Murray eût été écrasée contre les murs de Québec et détruite. Mais, les choses s'étant passées autrement, les survivants retrouvèrent la sécurité de la ville, que Lévis dut assiéger bien qu'il ne disposât que d'un train de siège tout à fait insuffisant. Il avait remporté une retentissante victoire. Ses pertes étaient bien moins considérables que celles de Murray, mais les Britanniques tenaient toujours Québec. Le tout était maintenant de savoir quels navires arriveraient les premiers.

Le 9 mai, la frégate britannique *Lowestoft* entrait dans le bassin [V. Robert Swanton*]. La flotte, commandée par lord Colvill*, suivait de près. Lévis n'avait plus qu'à lever le siège et à se retirer à Montréal, pour un ultime combat. Trois armées britanniques convergeaient maintenant vers cette ville : Murray, à partir de Québec ; AMHERST, qui descendait le Saint-Laurent à partir du lac Ontario ; et le général de brigade William HAVILAND, qui avait emprunté le Richelieu. Murray ordonna de brûler toutes les fermes, de la Jacques-Cartier à Cap-Rouge, et de chasser les populations vers Montréal, pour qu'elles fussent à charge à l'ennemi. Sur les deux rives, au fur et à mesure qu'on remontait le fleuve, les habitants reçurent l'ordre de déposer les armes et de rentrer chez eux. Les fermes abandonnées furent livrées aux flammes. Les miliciens commençaient maintenant à déserter en masse, regagnant leurs demeures pour les sauver de la destruction en mettant bas les armes. Les soldats français de l'armée régulière, même les grenadiers d'élite, désertaient aussi par fournées. L'armée française fondait rapidement ; ses officiers étaient désespérés.

Aucun espoir ne pouvait justifier une plus longue résistance, et Lévis lui-même le croyait, mais il insistait pour que l'on combattît, à seule fin de sauver l'honneur des armes françaises. En mai 1759, il avait déclaré que l'armée défendrait la colonie « pied à pied » et qu'il « serait plus avantageux » de périr « les armes à la main que de souffrir une capitulation aussi honteuse que celle de l'île Royale ». Peut-être sa résolution fut-elle affermie par la directive du ministre de la Guerre, datée du 19 février 1759, qui enjoignait à Montcalm, à qui elle était adressée, de tenir jusqu'à la dernière extrémité plutôt que d'accepter des conditions aussi ignominieuses que celles qu'on avait acceptées à Louisbourg, et, par ce moyen, d'en effacer la mémoire.

Le 6 septembre, l'armée d'Amherst était à Lachine. Vaudreuil convoqua un conseil de guerre, et l'on tomba d'accord qu'il n'y avait plus rien à faire, sinon de rédiger les clauses de la capitulation de la colonie. Amherst accepta la plupart d'entre elles, mais il demanda que les troupes régulières ne servissent plus pendant cette guerre. Pis, du point de vue des officiers français, il leur refusa d'une façon fort incivile les honneurs accoutumés de la guerre. Là-dessus, Lévis demanda la rupture des négociations et un dernier combat pour sauver l'honneur de l'armée. Il serait impensable, déclara-t-il, de se soumettre à des conditions si humiliantes avant que l'ennemi ait été forcé de lancer une attaque contre la ville. Sur le refus de Vaudreuil de laisser détruire Montréal pour de simples pointilleries, Lévis demanda la permission de retirer, par bravade, les régiments français dans l'île Sainte-Hélène, où ils n'auraient pu que mourir de faim. De nouveau, Vaudreuil refusa. Il commanda à Lévis de se plier aux conditions de la capitulation et d'ordonner à ses troupes de déposer les armes. Il ne resta à Lévis que l'initiative de faire brûler les drapeaux des régiments pour les soustraire à l'ennemi, puis de refuser de rencontrer Amherst et d'échanger avec lui les politesses traditionnelles entre généraux.

Laissant ses officiers subalternes se débrouiller seuls, Lévis mit à la voile à Québec le 18 octobre et arriva à La Rochelle le 27 novembre, après une rude traversée. Le jour même, il écrivit au ministre de la Guerre pour l'informer, entre autres choses, que Vaudreuil avait, jusqu'à la fin, fait tout ce dont la prudence et l'expérience humaines étaient capables. Dans les circonstances, c'était faire preuve de générosité. Cinq jours plus tard, il était en route pour Paris. Il y présenta une requête demandant sa promotion au grade de lieutenant général, un supplément à la solde et aux indemnités qu'il touchait au Canada, de façon à les porter aux 48 000# dont bénéficiait Montcalm, et l'annulation de la clause qui, dans la capitulation, l'empêchait de servir encore pendant cette guerre. Ses trois demandes lui furent accordées. Le 6 février 1761, le trésorier général reçut instruction de payer à Lévis 23 598# ; le 18, il obtenait le grade de lieutenant général, et, le 24 mars, William Pitt écrivait de Whitehall pour informer Lévis que Sa Majesté Britannique avait été heureuse de lui permettre de servir n'importe où en Europe. Deux semaines plus tard, le duc de Choiseul, ministre de la Guerre, l'informait qu'il servirait dans l'armée du Bas-Rhin, sous les ordres du prince de Soubise. Lévis, cependant, ne se montra pas très impatient de retourner sur le champ de bataille et ce n'est qu'au début de décembre qu'il se rapporta au maréchal. La veille de Noël, il obtint la permission de rentrer à Paris, et il quitta Düsseldorf (République fédérale d'Allemagne) dans l'avant-midi. Ce départ précipité fut peut-être motivé par l'approche de son mariage, en mars, avec Gabrielle-Augustine, fille de Gabriel Michel de Danton, trésorier général de l'artillerie et l'un des administrateurs de la Compagnie des Indes. Lévis commanda par la suite l'avant-garde du prince de Condé à la bataille de Nauheim/Johannisberg (Hesse, République fédérale d'Allemagne) et se distingua en s'emparant des canons de l'ennemi.

A la fin de la guerre, en 1763, Lévis quitta le service actif et, en 1765, il fut nommé gouverneur de l'Artois. En 1771, il reçut la commission, hautement honorifique, de commandant de l'une des quatre compagnies des Gardes du Corps de Monsieur, nouvellement formées. Il semble avoir, par la suite, partagé son temps entre Paris, Versailles et Arras, qui était le siège des états provinciaux de l'Artois. Il fut très assidu à ses tâches et se préoccupa de l'amélioration des communications à l'intérieur de sa province, en particulier de la construction d'un canal entre Béthune et la Lys, et d'une route entre Boulogne-sur-Mer et Saint-Omer. Pendant la guerre d'Indépendance américaine, il correspondit amicalement avec son vieil adversaire James Murray, devenu gouverneur de Minorque. Il est évident qu'ils se tenaient encore l'un et l'autre en haute estime. Quand des officiers de la garnison de Minorque eurent à rentrer en Angleterre au cours de ces années, Murray écrivit à Lévis, lui demandant d'user de ses bons offices pour leur procurer des passeports qui leur permissent de rentrer par voie de terre, en traversant la France, plutôt que par mer ou que par la longue route qui traversait l'Italie, l'Autriche, l'Allemagne et les Pays-Bas. Lévis se faisait toujours un plaisir de rendre service, même après que le neveu de Murray, le capitaine Richard Johnston, eut abusé de sa bonté en prélevant sur sa bourse une somme atteignant 4 800#, par le moyen d'une lettre de change que ni la banque londonnienne, sur laquelle elle était tirée, ni le père du capitaine Johnston ne voulurent honorer. Murray se hâta de compenser cette perte. Lévis déclara que rien ne lui faisait plus plaisir que de rendre service à Murray. Il ajouta qu'il espérait voir bientôt finir la guerre et que Murray retournat en Angleterre via Paris, de façon qu'ils pussent rafraîchir leur vieille amitié.

Au cours de ces années, la carrière de Lévis continua de progresser. Il reçut le bâton de maréchal de France le 13 juin 1783 et, l'année suivante, il fut fait duc. Trois ans plus tard, dans sa 67e année, et en dépit de sa mauvaise santé, il insista pour faire le voyage d'Arras afin d'y présider l'ouverture des États de l'Artois. C'en était trop pour ses forces. Il mourut peu après son arrivée. Un monument à sa mémoire fut érigé par les États de l'Artois dans la cathédrale d'Arras. Il laissait un fils, Pierre-Marc-Gaston de Lévis, qui hérita du titre de duc et du commandement de la compagnie des Gardes du Corps de Monsieur, et qui poursuivit une carrière remarquable comme membre de l'Assemblée constituante, puis comme émigré, économiste, anglophile, auteur et membre de l'Académie. La veuve du maréchal et deux de ses trois filles furent moins heureuses : elles furent guillotinées en 1794.

La vie de François de Lévis est l'histoire d'une remarquable réussite sous l'Ancien Régime. Cadet pauvre de Gascogne à ses débuts, il termina sa carrière comme maréchal et duc. Personne ne pouvait aller plus loin. Au début de sa carrière, il eut l'appui, à l'armée et à la cour, de son parent, le puissant maréchal de Mirepoix, que Lévis regardait comme son père adoptif. Il vécut en un temps où le patronage était de première importance, où la capacité comptait peu, où l'intrigue était endémique. Il évita soigneusement de se faire des ennemis, mais refusa de jouer le sycophante. Il se tint éloigné des factions, en particulier dans ses relations avec Montcalm et Vaudreuil, et gagna le respect de l'un et l'autre, ce qui, en soi, n'était pas une mince réussite. Sa compétence comme commandant militaire ne fait aucun doute ; ses victoires de Montmorency et de Sainte-Foy en sont la preuve. Enfin, l'estime évidente que lui vouait son vieil adversaire Murray en dit long en sa faveur.

W. J. Eccles

La principale source de renseignements sur les années de service de Lévis au Canada est certainement la *Coll. des manuscrits de Lévis* (Casgrain), mais on trouvera un grand nombre de documents aux AN, Col., C[11A], ainsi qu'aux AMA, SHA, A[1] ; Y[1]d ; ces dernières possèdent en outre des documents sur les années de service de Lévis en Europe. Par ailleurs, des copies de la correspondance que Lévis entretint avec James Murray après 1760 sont conservées aux APC, MG 23, GII, 1, sér. 1, 5.

Mis à part l'ouvrage de Gustave de Hauteclocque, *le Maréchal de Lévis, gouverneur général de l'Artois (1765–1787)* (Arras, France, 1901), il n'existe pas de biographie exhaustive de Lévis ; par contre, des notices ou de courts articles lui sont consacrés dans plusieurs ouvrages de référence, tels l'*Almanach royal* (Paris), 1700–1792, L.-C. Waroquier de Méricourt de La Mothe de Combles, *Tableau historique de la noblesse militaire* [...] (Paris, 1784), et Le Jeune, *Dictionnaire*, ainsi que dans les mémoires de son fils, [P.-M.-G. de Lévis, duc] de Lévis, *Souvenirs et portraits, 1780–1789* (Paris et Londres, 1813).

Parmi les études qui relatent les différentes campagnes auxquelles Lévis participa durant la guerre de Sept Ans, retenons : Frégault, *la Guerre de la Conquête*, Stacey, *Quebec, 1759*, et Stanley, *New France*. Une bibliographie plus détaillée sur l'histoire militaire de cette période a été publiée dans le *DBC*, III : xxiv. [W. J. E.]

LEWIS, WILLIAM, imprimeur et journaliste, né dans le Kent, Angleterre ; son épouse, prénommée Elizabeth, mourut en juin 1782 ; *circa* 1777–1787.

Nous ne savons rien de précis sur la jeunesse de William Lewis, sauf qu'il avait déjà émigré en 1777 dans la province de New York. Il est possible qu'il ait fait son apprentissage dans la colonie sous James Robertson, éminent journaliste aux tendances royalistes. Lewis eut des démêlés avec les Américains pour ses publications probritanniques à Albany où Robertson était propriétaire de l'*Albany Gazette* ; en 1777, il était arrêté par le comité de sécurité publique de New York. Il fut remis en liberté surveillée à Kingston, New York, en octobre de la même année et « demeur[a] au service de M. [John] Holt imprimeur ». Quelque temps après, il dut sans doute se soustraire à ses surveillants et partir pour New York, car le vendredi 3 septembre 1779, il commençait, avec Samuel Horner, la publication du journal *The New-York-Mercury ; or, General Advertiser*, comblant ainsi le seul jour de la semaine où ne paraissait pas encore de journal britannique. En 1783, John Ryan* s'associa à Lewis et, conjointement, ils continuèrent à publier le *Mercury* jusqu'au 15 août, date à laquelle la Révolution américaine était déjà finie, et l'évacuation de New York sur le point de se terminer.

A son arrivée en Nouvelle-Écosse en tant que capitaine d'une compagnie loyaliste, Lewis reçut un terrain sur la rue Prince William à Parrtown (Saint-Jean, Nouveau-Brunswick). Il commença de publier presque immédiatement, ce qui ne laisse aucun doute sur le fait qu'il ait emporté avec lui la presse du *Mercury*. Le 12 décembre 1783, alors que Ryan était encore son associé, il lança un journal de quatre pages, *The Royal St. John's Gazette, and Nova-Scotia Intelligencer*, le premier à paraître dans ce qui est maintenant le Nouveau-Brunswick. Lewis et Ryan se présentaient comme « Imprimeurs pour le compte de la loyale colonie de Sa Majesté, rivière Saint-Jean, Nouvelle-Écosse, à l'imprimerie et au bureau de poste [...] rue King, où l'on exécute toutes sortes de travaux d'imprimerie avec précision et diligence ». Les travaux officiels leur permettaient de financer au premier chef la *Gazette* mais ils publiaient également d'autres travaux, y compris des almanachs et des livres.

Une des sections de la *Gazette* contenait des

nouvelles internationales, régionales et locales ; on trouvait parfois quelques tentatives littéraires ou humoristiques. Les vers de mirliton de Charles Loosley amusaient ou bien agaçaient les lecteurs de Saint-Jean car ils démasquaient « La faction vociférante et les guerres de parti, / La taverne bruyante et les scènes d'émeute ». Pendant les premières années, le chaos régna dans la colonie, et Lewis, que la rhétorique incendiaire de la Révolution américaine stimulait, ne manquait aucune occasion de révéler les malheurs et les souffrances des Loyalistes entre 1783 et 1785. Il fulminait contre l'incompétence et l'injustice des fonctionnaires, et exigea une « seconde Inquisition espagnole » à l'égard des agents des terres, qui « Ont réservé les étendues de choix pour certains, / Alors que ceux qui leur sont supérieurs doivent mourir de faim ». La création, en 1784, de la colonie séparée du Nouveau-Brunswick laissa de nombreux problèmes en suspens ; en juillet, la *Gazette* offrit par souscription un livre intitulé « An accurate history of the settlement of His Majesty's exiled loyalists », que sans aucun doute Lewis devait écrire, et qui promettait de dévoiler « la négligence sans précédent, ou la tromperie intentionnelle » perpétrée contre « des soldats en détresse et de pauvres réfugiés ». « Le rang ou la dignité » ne protégeront personne contre les attaques. Le livre en question ne devait jamais paraître.

Même si le gouvernement était mécontent de Lewis et de Ryan, il se voyait contraint de faire appel à leurs services puisque ces deux imprimeurs étaient les seuls de la province. C'est ainsi que la *Gazette* obtint le contrat d'impression de la charte de la ville de Saint-Jean en 1785. Cependant, les autorités se lassèrent. Christopher SOWER, ancien concurrent de Lewis à New York, fut nommé imprimeur du roi le 8 avril 1785, et il arriva de Londres avec sa presse à temps pour les premières élections du Nouveau-Brunswick en novembre. Lewis et Ryan, forcés d'appeler leur journal *Saint John Gazette and Weekly Advertiser* puisque Sower revendiquait le titre *The Royal Gazette and the New Brunswick Advertiser*, éreintèrent les fonctionnaires qui avaient accordé un traitement de faveur à quelqu'un n'ayant pas vécu les deux premières années douloureuses de la colonie. Les élections donnèrent l'occasion d'attaquer l'*establishment* ; ainsi, Lewis et Ryan, jouissant des pleins droits de citoyens de la nouvelle ville, se démenèrent pour assurer la défaite des candidats gouvernementaux. Le gouverneur Thomas Carleton* qui n'allait pas tolérer ce genre d'opposition, prit comme prétexte une émeute causée par les élections pour arrêter plusieurs critiques importants du gouvernement, y compris Lewis et Ryan. Il fit également annuler les élections de candidats inacceptables.

Contraints de se tenir à la disposition de la Cour suprême en mai 1786, et accusés d' « écrit diffamatoire criminel », Lewis et Ryan plaidèrent coupables, s'en remettant à la bienveillance de la cour. Chacun fut condamné à une amende de £20 et obligé de déposer un cautionnement de £50 en garantie de bonne conduite pendant six mois. L'autoritarisme, et non la liberté de presse, exerçait son empire alors – et cela pour le demi-siècle à venir.

Le 21 mars 1786, Lewis avait mis fin à son association avec Ryan ; ce dernier conserva l'entreprise et finit par devenir imprimeur du roi en remplacement de Sower. Lewis n'avait pu accepter les conventions d'une société non révolutionnaire. Il semble qu'il ait quitté Saint-Jean en 1786 ou en 1787 sans laisser de traces.

C. M. WALLACE

N.B. Museum (Saint-Jean), W. F. Ganong coll., papers relating to the Saint John election, 1785–1786. — N.Y. Hist. Soc., *Minutes of the committee and of the first commission for detecting and defeating conspiracies in the state of New York, December 11, 1776–September 23, 1778* [...] (2 vol., New York, 1924–1925). — *Royal Gazette and the New Brunswick Advertiser*, 21 mars 1786, 2 mai 1787. — *Royal St. John's Gazette, and Nova-Scotia Intelligencer* (Saint-Jean), 29 janv., 9 sept. 1784. — J. R. Harper, *Historical directory of New Brunswick newspapers* (Fredericton, 1961). — W. H. Kesterton, *A history of journalism in Canada* (Toronto, 1967). — Sidney Kobre, *The development of the colonial newspaper* (Pittsburgh, Pa., 1944 ; réimpr., Gloucester, Mass., 1960). — J. W. Lawrence, *The judges of New Brunswick and their times*, A. A. Stockton et W. O. Raymond, édit. ([Saint-Jean, 1907]). — MacNutt, *New Brunswick*. — E. C. Wright, *The loyalists of New Brunswick* (Fredericton, 1955). — J. R. Harper, Christopher Sower, king's printer and loyalist, N.B. Hist. Soc., *Coll.*, n° 14 (1955) : 67–109. — D. R. Jack, Early journalism in New Brunswick, *Acadiensis* (Saint-Jean), VIII (1908) : 250–265. — W. O. Raymond, Elias Hardy, councillor-at-law, N.B. Hist. Soc., *Coll.*, IV (1919–1928), n° 10 : 57–66.

LIDIUS. V. LYDIUS

LINCTOT, DANIEL-MAURICE GODEFROY DE. V. GODEFROY

LITTLE ABRAHAM. V. TEIORHÉÑHSERE?

LIVIUS, PETER, juge en chef de la province de Québec, né le 12 juillet 1739 à Lisbonne, Portugal, fils de Peter Livius, décédé le 23 juillet 1795 alors qu'il était en route pour Brighton, Angleterre.

Peter Livius était le sixième enfant d'un Allemand de Hambourg à l'emploi du comptoir anglais de Lisbonne. Sa mère, qui était Anglaise, l'envoya à l'école en Angleterre où, vers 1758, il épousa Anna Elizabeth, fille du colonel John Tufton Mason. Ce mariage fut à l'origine de sa fortune personnelle.

En 1763, Livius déménagea au New Hampshire, où la famille de sa femme possédait de grandes étendues de terre. Il s'installa somptueusement près de Portsmouth, montrant du premier coup une habileté marquée à créer de l'animosité autour de lui ; sa naissance portugaise et son style de vie fastueux ne s'oubliaient pas facilement. Il se fit du crédit dans la société coloniale grâce à un don de livres qu'il fit en 1764 au Harvard College, duquel il reçut, trois ans plus tard, une maîtrise ès arts, à titre honorifique. En septembre 1765, ses relations en Angleterre lui obtenaient une nomination au Conseil du New Hampshire, et, en 1768, il fut fait juge de la Cour inférieure des plaids communs. Il fut accusé de partialité dans ses fonctions, allant même jusqu'à conseiller les parties devant comparaître devant lui. Le gouverneur Benning Wentworth, avec qui Livius se querella à propos de concessions de terres, considérait sa conduite, dans le domaine politique, comme celle d'un factieux à la recherche de ses propres intérêts, et prétendait que Livius avait été « un des principaux fauteurs de troubles à l'époque de la loi du Timbre » et qu'il avait depuis lors recherché la popularité d'une manière incompatible avec sa qualité de juge. En 1772, Wentworth démit Livius de son poste.

Livius alla à Londres pour lutter contre sa destitution, en se présentant comme une victime du *family compact* de Wentworth. La presse coloniale fit largement écho à l'affaire. Le Board of Trade accepta le bien-fondé de ses accusations, mais le Conseil privé maintint la décision de Wentworth. Livius se mit à l'œuvre pour relever son crédit en Angleterre en faisant don de bois d'orignal à la Royal Society, qui l'agréa comme *fellow* en 1773, du fait de ses « connaissances dans divers domaines de la science ». Il étudia le droit au Middle Temple et fut inscrit au barreau en 1775 ; immédiatement après, l'Oxford University lui décernait un doctorat honorifique en droit.

Livius projetait encore de rentrer au New Hampshire la tête haute. Il convainquit le secrétaire d'État des Colonies américaines, lord Dartmouth, qu'il devait être nommé juge en chef avec un salaire payé directement par la couronne. Wentworth protesta avec véhémence et succès : Livius dut se résoudre à accepter les postes de juge de la Cour des plaids communs et de la Cour de vice-amirauté à Montréal. Dartmouth écrivit au gouverneur Guy Carleton* qu'un homme aussi capable que Livius méritait une place au Conseil de Québec et une seigneurie. Livius arriva à Québec le 4 novembre 1775, tout juste à temps pour être témoin du siège de la ville par les Américains [V. Richard MONTGOMERY]. Il écrivit plus tard qu'il servit « jour et nuit [...] un mousquet sur l'épaule comme un simple soldat ». Il reçut en récompense le poste de juge en chef en août 1776 ; il avait droit, *ex officio*, à un des sièges les plus anciens au conseil. Il tint une correspondance secrète avec le général rebelle John Sullivan, le pressant de remettre le New Hampshire aux armées du roi. La lettre fut interceptée et largement diffusée ; le nouvel état répondit en confisquant ses biens et en le bannissant à jamais.

Dans la province de Québec assiégée, l'histoire, une fois de plus, commença de se répéter. Livius souleva contre lui de fortes animosités. Carleton, qui avait un candidat en vue pour le poste de juge en chef, s'était plaint amèrement de ce que Livius avait été envoyé « pour rendre la justice à un peuple dont il ne compren[ait] pas les lois, les manières et les coutumes, non plus que la langue ». A la fin de l'été de 1777, Livius affronta au conseil le lieutenant-gouverneur Hector Theophilus CRAMAHÉ, qui remplaçait Carleton durant la visite de ce dernier dans l'ouest de la province. Plus tard, quand Cramahé arrêta un tanneur de Québec, Louis Giroux, et sa femme pour propos séditieux et qu'il les mit dans une prison militaire, Livius protesta fortement contre cet empiétement sur son autorité dans le domaine civil. Le gouverneur Carleton donna son appui au juge en chef, dans ce cas, mais, au début de 1778, ils se retrouvèrent eux aussi sur des voies divergentes. Désireux de maintenir le calme précaire qui régnait dans la province pendant la guerre, Carleton n'avait jamais révélé au conseil le contenu de ses instructions, lesquelles comportaient des concessions à la minorité anglaise et la mise en vigueur de l'*habeas corpus* avec des garanties contre l'emprisonnement arbitraire. Craignant anguille sous roche, Livius, d'abord, tenta privément de convaincre Carleton de dévoiler la teneur de ses instructions. Ayant échoué, il présenta publiquement une motion devant le conseil, en avril 1778, afin de faire produire ces instructions. La motion fut repoussée, et Livius se mit en frais de proposer une protestation contre l'habitude de Carleton de consulter, sur les affaires courantes, seulement quelques conseillers de son choix plutôt que le conseil au complet. A la fin du même mois, Livius, dans une poursuite civile mettant aux prises Jean-Louis BESNARD, dit Carignant, et Richard Dobie*, fit un vigoureux exposé qui persuada le conseil, siégeant en tant que cour d'appel, de se prononcer en faveur de Dobie. Carleton avait précédemment, et tout à fait contre la bonne règle, dit à Livius qu'à son avis Dobie était fautif. Le jour suivant la justification de Dobie, le 1er mai 1778, Carleton destitua le juge en chef Livius, sans lui donner aucune raison.

Le 31 juillet, Livius quittait la colonie pour aller plaider sa cause à Londres. Il était dans le même convoi que Carleton, mais non dans le même navire. Prié par le Board of Trade de donner les raisons de son geste, Carleton répondit qu'il jugeait Livius « turbulent et factieux », et que ce dernier, à son avis, constituait un danger pour la paix de la colonie. Réintégré dans son poste par un comité du Conseil privé en mars 1779, Livius montra beaucoup d'hésitations à retourner à Québec. Il craignait d'autres heurts, cette fois avec le nouveau gouverneur, HALDIMAND, qui avait la réputation d'être beaucoup moins soucieux des libertés civiles que ne l'avait été Carleton. Livius ne revit jamais Québec ; quand il se fut enfin embarqué, à l'automne de 1780, son navire fut repoussé loin de Terre-Neuve.

Au printemps de 1782, Livius engagea une poursuite en dommages contre Carleton. Il refusa d'aller à Québec si le gouvernement britannique ne lui donnait l'assurance qu'il ne pourrait être démis autrement que par ordre de la métropole. Il réclamait le paiement de ses arrérages de salaire, en plus des dépenses engagées pour sa défense, et il demandait, à titre de compensation supplémentaire, la seigneurie et les forges du Saint-Maurice. Le ministre de l'Intérieur (responsable aussi des colonies), lord Sydney, qui dut se défendre de ces demandes, trouva Livius suffisant et déplaisant : il « demande sa nomination comme conseiller du roi, et de l'argent, et Dieu sait quoi [...] il ne cesse pas de faire parade de ses connaissances, avec un curieux regard ».

En décembre 1784, Livius entendit pour la première fois des rumeurs au sujet de son remplacement éventuel, comme juge en chef, par l'ancien juge en chef de la colonie de New York, William SMITH. Il tenta de négocier avec Smith, par l'entremise du docteur Thomas Bradbury Chandler, affirmant qu'il préférait toucher £600 par année en Angleterre que £1 500 dans la province de Québec ; il oublia de dire qu'il était seulement à la demi-solde, puisque le reste de son salaire allait aux trois juges provinciaux commis pour tenir la place du juge en chef. L'absence prolongée d'un juge en chef affaiblissait sérieusement le système judiciaire de la province de Québec, à une époque difficile. Carleton choisit Smith pour ce poste et, en 1786, Livius perdit un emploi qui pendant huit ans n'avait été rien d'autre qu'un titre creux.

Dès lors, et jusqu'à sa mort, Livius vécut dans l'ombre, autre aspirant déçu à une fonction officielle. Il soumit à William Pitt une liste de 50 postes qu'il accepterait, mais, à plusieurs reprises, il refusa une pension. Il ne réclama aucune compensation pour ses pertes en tant que loyaliste et, comme aucun nouveau poste ne s'annonçait, il accepta enfin une pension en juin 1789.

Il est difficile de jauger un homme comme Livius. Lors des grandes crises qui marquèrent sa vie, comme les controverses au sujet des propriétés foncières de Wentworth et des instructions de Carleton, il avait, matériellement, raison, mais il fut d'une folle témérité. Il pouvait aussi recourir à des manœuvres politiques tortueuses : c'est ce qui fut clairement démontré au New Hampshire et qu'on laissa entendre dans la province de Québec. Par-dessus tout, Livius était un étranger qui cherchait à se faire accepter en se conformant aux normes de l'*establishment* anglais : mariage dans une famille située socialement près de l'aristocratie, diplômes honorifiques d'Oxford et de Harvard, appartenance à la Royal Society et au Middle Temple. Mais il ne fut jamais accepté comme un Anglais et ce fait donnait un tranchant particulier aux controverses dans lesquelles il s'engagea. Ironie du sort, ce fut un autre étranger au service de l'Angleterre, Frederick Haldimand, qui, mettant le comble au mépris, posa la question de savoir si un Portugais d'ascendance germanique pouvait exercer un quelconque emploi officiel sous l'autorité de la couronne sans être poursuivi selon la fantaisie du premier dénonciateur venu.

L. F. S. UPTON

The memorial of Peter Livius [...] *to the lords commissioners for trade and plantations ; with the governor's answer, and the memorialist's reply* [...] *also their lordships report thereon* [...] ([Londres], 1773). — *Proceedings between Sir Guy Carleton, K.B., late governor of the Province of Quebec, and Peter Livius, esquire, chief justice of the said province* [...] ([Londres], 1779). — *Proceedings in the case of Peter Livius* ([Londres, 1790]). — [William Smith], *The diary and selected papers of chief justice William Smith, 1784–1793*, L. F. S. Upton, édit. (2 vol., Toronto, 1963–1965), I : 166–168, 174s. ; II : 21, 115. — Shipton, *Sibley's Harvard graduates*, XIII : 261–270. — Burt, *Old prov. of Que.* (1933), 267–275. — Neatby, *Administration of justice under Quebec Act*, 66–86. — A. L. Burt, The tragedy of chief justice Livius, *CHR*, V (1924) : 196–212. — R. P. Stearns, Colonial fellows of the Royal Society of London, 1661–1788, *William and Mary Quarterly* (Williamsburg, Va.), 3e sér., III (1946) : 208–268.

LONG, JOHN, trafiquant de fourrures, né à Londres, *circa* 1768–1791.

John Long ne nous est connu que par son volume intitulé *Voyages and travels of an Indian interpreter and trader* [...], publié à Londres en 1791. S'il faut en croire ce récit, il était lié par un contrat d'apprentissage chez un marchand lorsqu'il arriva à Montréal en 1768. Il passa les sept années suivantes dans les environs, se familiarisant avec la traite des fourrures. Il connut particulièrement bien les Agniers de Sault-Saint-Louis (Caughnawaga) dont il apprit à parler couramment la langue. Au cours des premières années de la Révolution américaine, il accompagna des groupes d'Indiens qui menaient des expéditions de reconnaissance et il participa à plusieurs combats contre les envahisseurs dans la région de Montréal.

Comme il parlait la langue des Sauteux, langue d'usage de la traite des fourrures, Long fut engagé en 1777 par un marchand (dont il n'indique pas le nom) qui lui confia la direction d'un groupe de trafiquants devant se rendre dans la région située au nord du lac Supérieur. A Pays Plat (près de l'embouchure de la rivière Nipigon, Ontario), il fut adopté par le chef sauteux Madjeckewiss*. Les rites de l'adoption occasionnaient des souffrances physiques que les trafiquants supportaient en considérant les avantages commerciaux dont ils allaient bénéficier par la suite. Long et ses hommes s'enfoncèrent à l'intérieur des terres et se rendirent au lac Dead (à l'est du lac Nipigon) ; ils hivernèrent à cet endroit et obtinrent des fourrures en assez grande quantité. Quand vint l'été, ils retournèrent à Pays Plat où les agents de leur employeur prirent leurs fourrures et renouvelèrent leur provision de vivres et de marchandises. Les trafiquants pénétrèrent de nouveau à l'intérieur et passèrent l'hiver de 1778–1779 au lac Weed (peut-être le lac Nighthawk). Au printemps, Long abandonna cette rude existence pour retrouver une vie plus confortable à Michillimakinac (Mackinaw City, Michigan).

Les remous créés par la Révolution américaine affectaient le commerce des fourrures dans l'arrière-pays au sud de Michillimakinac. En juin 1780, le poste de traite fut informé que les trafiquants de cette région avaient laissé leurs fourrures de l'hiver précédent à Prairie du Chien (Wisconsin), aux soins de l'interprète Charles-Michel MOUET de Langlade, parce qu'ils estimaient risqué de les apporter eux-mêmes. Accompagné de 36 Renards et Sioux, dirigés par Wahpasha*, et de 20 trafiquants de Montréal (rattachés à une compagnie de Montréal), Long se rendit à Prairie du Chien afin de rapporter les fourrures.

A l'automne de 1780, Long entreprit une autre expédition qui lui fit remonter la rivière Saguenay (Québec). Il hiverna à Chicoutimi et, au printemps, il prit la direction de l'ouest et alla au lac Shaboomoochoine (peut-être le lac Matagami, Québec). Il revint à Québec en août 1781. Voyant qu'aucune perspective d'avenir ne s'offrait à lui au Canada, Long partit pour l'Angleterre en 1783. L'un de ses parents s'engagea à lui fournir des marchandises, et, en 1784, il était de retour au Canada. Toutefois, Long n'eut pas de chance : durant les trois années qui suivirent, il fut presque continuellement sans travail et endetté. Il passa quelque temps dans la province de New York et dans les nouveaux établissements loyalistes de la baie de Quinte (Ontario), mais il ne parvint pas à organiser un voyage dans la région où se faisait la traite des fourrures. Lorsqu'un ami lui envoya de l'argent en 1787, il décida de regagner l'Angleterre tandis qu'il le pouvait et il quitta le Canada en octobre.

On trouvait dans son livre « non pas les récits d'un prétendu *touriste*, disait-il, mais les observations d'un homme d'affaires qui se flatte d'intéresser le marchand et le philosophe ». L'intérêt de l'ouvrage tient aux descriptions détaillées et relativement objectives qu'il fournit de la vie des Indiens. Long y déplore les gestes posés par les Indiens en état d'ébriété, mais il reconnaît que, dans une large mesure, leurs difficultés étaient le résultat direct de l'influence et de l'exemple des Blancs. (Au cours d'une querelle d'ivrognes, il avait lui-même poussé le curé de Tadoussac (Québec) dans les eaux du Saint-Laurent.) L'ouvrage a également le grand mérite de présenter des listes détaillées de termes utilisés par les Inuit, les Agniers, les Algonquins, les Mohegans, les Chaouanons et les Sauteux.

CHARLES A. BISHOP

L'ouvrage de John Long, *Voyages and travels of an Indian interpreter and trader, describing the manners and customs of the North American Indians ; with an account of the posts situated on the River Saint Laurence, Lake Ontario, &c. to which is added a vocabulary of the Chippeway language, names of furs and skins in English and French, a list of words in the Iroquois, Mohegan, Shawanee, and Esquimeaux tongues, and a table shewing the analogy between the Algonkin and Chippeway languages* (Londres, 1791), a été traduit en allemand en 1791 et en français en 1794. R. G. Thwaites en publia une édition comme volume II des *Early western travels, 1748–1846* [...] (32 vol., Cleveland, Ohio, 1904–1907) ; M. M. Quaife publia une autre édition à Chicago en 1922. L'édition originale fut réimprimée à New York en 1968 et à Toronto en 1971.

LONG COAT. V. ANANDAMOAKIN

LONGUEUIL, PAUL-JOSEPH LE MOYNE DE LONGUEUIL, dit **le chevalier de.** V. LE MOYNE

LORING, JOSHUA, corsaire, officier de marine, né le 3 août 1716 à Roxbury (Boston), fils de Joshua Loring et de Hannah Jackson, et descendant de Thomas L. Loring, qui s'était établi au Massachusetts en 1634 ; il épousa en 1740 Mary Curtis, de Roxbury, et ils eurent quatre fils et une fille ; décédé le 5 octobre 1781 à Highgate (Londres).

Alors qu'il était encore un jeune garçon et apprenti tanneur, Joshua Loring décida de se faire marin. Pendant la guerre de la Succession d'Autriche, il devint patron d'un bâtiment armé en course ; en 1744, il fut pris par des Français et emprisonné pendant une courte période à Louisbourg, île Royale (île du Cap-Breton). Grâce à l'influence du gouverneur William Shirley, du Massachusetts, Loring fut nommé lieutenant dans la marine royale, le 23 mai 1745. Il servit jusqu'en 1749, puis fut admis à la demi-solde. En 1752, il acquit une impressionnante propriété à Roxbury, achetée probablement avec l'argent que lui avaient rapporté ses prises pendant la guerre.

A la suite de l'éclatement de la guerre de Sept Ans, Loring se rendit en Angleterre où, promu capitaine de vaisseau le 13 mars 1756, il reçut le commandement d'un brigantin et fut nommé agent des transports en partance des ports militaires d'Angleterre. Il arriva à New York avec quelques-uns des transports le 21 juin, mais ses énergiques préparatifs en vue des opérations sur les Grands Lacs mises au point par lord Loudoun furent rendus inutiles par suite de la prise d'Oswego (ou Chouaguen ; aujourd'hui Oswego, New York) par Montcalm*, ce qui écarta les marins britanniques du lac Ontario. Tout ce que Loring put organiser, ce fut une reconnaissance sur le lac George (lac Saint-Sacrement), en septembre. Il sollicita alors un commandement naval, mais ce ne fut que le 19 décembre 1757 qu'on lui accorda celui du *Squirrel* (20 canons). Selon les apparences, ce ne fut guère qu'une formalité destinée à lui donner le grade de capitaine de vaisseau chargé de toutes les constructions navales et des opérations sur les « lacs d'Amérique » en vue de la future campagne.

En 1759, Loring joua un rôle important dans l'acquisition de navires de toutes sortes, qu'il regroupa tant à Boston en vue de l'attaque contre Québec qu'à Ticonderoga, New York, en vue de la poussée d'AMHERST vers le bas de la vallée du Richelieu. En octobre, avec un brick et un sloop qu'il avait construits, il mit en déroute, sur le lac Champlain, le vieux corsaire français Joannis-Galand d'OLABARATZ. Mais Loring avait mis tant de temps à préparer les bâtiments qu'Amherst jugea qu'il était trop tard pour exploiter ses atouts contre le fort alors exposé de l'île aux Noix (dans la rivière Richelieu). En août de l'année suivante, Loring accompagna l'armée d'Amherst lors de son avance sur le haut Saint-Laurent, d'Oswego vers Montréal. Amherst se lança en avant avec ses canonnières à faible tirant d'eau, pendant que les deux bâtiments plus considérables de Loring, l'*Onondaga* (22 canons) et le *Mohawk* (18 canons), cherchant prudemment leur voie dans le lit difficile du fleuve, se retrouvèrent loin derrière le gros de l'expédition. Loring ne semble pas avoir apprécié pleinement son rôle tactique. Au fort Lévis, puissant poste avancé des Français sur l'île Royale (maintenant île Galop, à l'est de Prescott, Ontario), qui était sous le commandement de Pierre Pouchot*, les canonnières avaient capturé le navire français l'*Outaouaise* avant l'arrivée de Loring. Quand il fut sur place, il ne fit aucune tentative pour coordonner le bombardement naval avec le tir des batteries dressées sur les îles adjacentes. Tous ses navires dérivèrent hors de portée du tir ennemi, sauf l'*Onondaga*, qui subit le feu nourri des Français. Finalement, l'équipage amena ses couleurs dans des circonstances que Loring lui-même ne put expliquer, et il ne put empêcher la désertion complète de ses hommes qu'en les menaçant de tirer sur le premier qui s'y essaierait. Un des officiers d'état-major d'Amherst dépêcha un groupe de grenadiers pour arborer de nouveau le pavillon. A ce moment, Loring « eut le malheur d'avoir le mollet de [la] jambe droite emporté par un boulet de canon » et ne prit plus aucune part à la campagne. Les années suivantes, il fournit des navires pour les manœuvres sur le lac Érié pendant le soulèvement de Pondiac*, en 1763, et au cours des opérations visant à pacifier la région.

Loring ne reçut jamais de commandement actif sur mer. Après un congé de six mois en Angleterre, en 1766, il retourna dans sa propriété de Roxbury en 1767. Il y demeura jusqu'au « matin de la bataille de Lexington [19 avril 1775] », alors que, « enfourchant son cheval, il quitta sa maison et tout ce qui en faisait partie, pour n'y jamais retourner, et, pistolet en main, chevaucha à pleine vitesse vers Boston ». Il quitta vraisemblablement Boston pour l'Angleterre pendant l'évacuation de mars 1776 et, en 1778, il fut proscrit et banni de l'état du Massachusetts. Il fut alors réduit à ses propres ressources. Il mourut en Angleterre trois ans plus tard. Sa veuve lui survécut pendant huit ans. Parmi les enfants de son fils aîné, Robert Roberts Loring* devint secrétaire militaire du lieutenant général Gordon

Drummond*, gouverneur des Canadas pendant la guerre de 1812.

Loring accordait beaucoup d'importance à sa qualité d'officier de marine et sa carrière lui fut favorable. Tant comme officier de marine que comme exécutant des décisions d'Amherst, il joua un rôle dramatique, bien que mineur, dans la défaite de la France en Amérique du Nord. Mais c'est en tant que colon de la Nouvelle-Angleterre, opportuniste et plein de ressources, qu'il prit les plus importantes décisions de sa vie, et la dernière ne fit pas exception. « J'ai toujours mangé le pain du roi, dit-il en partant pour l'exil, et j'ai toujours l'intention de le faire. » A l'instar d'autres choix importants, celui-ci lui fut imposé par le hasard – et, comme les autres, il lui fut favorable en fin de compte.

W. A. B. Douglas

Un portrait médiocre de Joshua Loring fut vendu par Christie's à Londres en 1969. On en trouve une reproduction photographique en blanc et noir au National Maritime Museum, à Londres.

Quelques-unes des sources originales présentent des versions inconciliables des événements relatifs à l'*Onondaga*, le 22 août 1760. John Knox et Pouchot, tout comme Amherst, supposent que c'est Loring qui ordonna d'amener les couleurs. Loring, pour sa part, disait qu'elles avaient été amenées contre ses désirs. Qu'Amherst ait décidé de se rallier à cette interprétation, cela paraît évident du fait que Loring fut subséquemment réemployé. Le commandant en second de l'*Onondaga*, le capitaine Joshua Thornton, un officier provincial qui avait conduit un navire sur l'île Royale, fut renvoyé du service, même si Loring affirma l'avoir envoyé à terre par stratagème. En conséquence, il subsistera toujours quelque incertitude au sujet de cet épisode. [w. a. b. d.]

AMA, SHA, A[1], 3 574, n° 102. — APC, MG 18, L4, liasse 19. — PRO, Adm. 1/2 045–2 052 ; 3/64 ; 6/17–18 ; AO 13, bundle 47 ; Prob. 11/1 084, f.539 ; WO 34/64, ff.133–225 ; 34/65. — *Correspondence of William Shirley* (Lincoln). — Knox, *Hist. journal* (Doughty). — [Pierre] Pouchot, *Memoir upon the late war in North America, between the French and the English, 1755–60* [...], F. B. Hough, trad. et édit. (2 vol., Roxbury, Mass., 1866). — Charnock, *Biographia navalis*, VI : 259. — G.-B., Adm., *Commissioned sea officers*. — John Marshall, *Royal Navy biography* [...] (4 vol. en 6, et 2 vol. suppl., Londres, 1823–1835), II, 2e partie : 544–549. — Frégault, *La guerre de la Conquête*. — Stanley, *New France*. — J. H. Stark, *The loyalists of Massachusetts and the other side of the American revolution* (Boston, 1910).

L'ORME, PIERRE HAZEUR DE. V. Hazeur

LOTBINIÈRE, EUSTACHE CHARTIER DE. V. Chartier

LOTBINIÈRE, MICHEL CHARTIER DE LOTBINIÈRE, marquis de. V. Chartier

LŸDIUS (Lidius, Lydieus), JOHN HENDRICKS (baptisé **Johannes Hendricus**, aussi appelé **John Henry** et **Jean-Henri**), trafiquant et interprète, baptisé le 9 juillet 1704 à Albany, New York, fils de Johannes et d'Isabella Lÿdius ; il épousa à Montréal, le 13 février 1727, Geneviève Massé, et ils eurent neuf enfants ; décédé en mars 1791 à Kensington (maintenant partie de Londres).

Le père de John Hendricks Lÿdius servit, à titre de pasteur, ses coreligionnaires calvinistes d'Anvers (Belgique). Le 20 juillet 1700, il arrivait à Albany, où il allait être, pendant les dix années suivantes, ministre de l'Église hollandaise réformée d'Albany. Il fit aussi du ministère auprès des Iroquois. Le jeune Lÿdius semble avoir vécu une vie nomade dans le nord de la province de New York avant de faire son apparition à Montréal en 1725. Les dirigeants français crurent qu'il s'était enfui au Canada pour échapper à ses créanciers. Il se convertit au catholicisme et, en 1727, épousa une Canadienne, dont certains prétendent qu'elle avait du sang indien. Il gagna sa vie en trafiquant avec les Iroquois, entre autres.

En 1727, l'intendant Claude-Thomas Dupuy* commença de s'alarmer devant le nombre des artisans et des marchands de langue anglaise vivant à Montréal, et, deux ans plus tard, le ministre de la Marine donna l'ordre de publier en Nouvelle-France l'édit royal d'octobre 1727 qui interdisait aux étrangers de prendre part au commerce des colonies. Le gouverneur Beauharnois* et le commissaire ordonnateur Hocquart demandèrent au ministre de faire exception pour Lÿdius, d'autant qu'il était bien vu des Iroquois, dont il parlait la langue, et qu'il pouvait soulever des difficultés si on le contraignait à retourner dans les colonies britanniques. Ils suggérèrent en outre de le nommer interprète, au salaire de 300# par année. En mars 1730, le ministre accorda simplement la dispense désirée, « tant quil se conduira bien et fidelement ». Mais Lÿdius se vit bientôt privé de son immunité et fut poursuivi pour avoir contrevenu à l'édit. Toutefois, le véritable problème en cause, dans ce procès, était davantage le commerce illégal avec les colonies britanniques que le droit d'exercer, tout en étant étranger, une activité commerciale. Il semble peu vraisemblable que les activités de Lÿdius venaient tout juste d'être découvertes. Puisqu'il trafiquait avec les Indiens, on aurait dû savoir qu'il était mêlé à la traite illicite fort active entre Albany et Montréal. Au cours de l'audience, Lÿdius nomma d'autres Montréalais, même Pierre de Lauzon*, le missionnaire jésuite de Sault-

Saint-Louis (Caughnawaga), qui auraient participé à la contrebande. Apparemment, les missionnaires de Sault-Saint-Louis et du Lac-des-Deux-Montagnes s'étaient plaints aux autorités de ce que Lÿdius avait soudoyé leurs Indiens, attisé leur esprit belliqueux et ridiculisé les croyances catholiques. Il avait refusé le baptême pour son fils et présidé à l'inhumation d'un Anglais protestant. La cour jugea qu'il était relaps et contrebandier ; il fut emprisonné en août 1730.

Les Indiens des missions désiraient le relâchement de Lÿdius, mais, le 28 septembre, le Conseil supérieur le condamna à 3 000# d'amende et au bannissement. Il fut mis à bord du *Héros* en partance pour Rochefort et, si sa femme reçut l'autorisation de l'accompagner, leur fils nouveau-né fut gardé dans la colonie comme pupille de la couronne. Selon Beauharnois et Hocquart, ce bannissement ferait une vive impression « sur ceux qui sont dans l'habitude de faire le commerce étranger ou de le favoriser ». Même s'il n'avait pas payé son amende, Lÿdius ne resta pas longtemps en prison à Rochefort. En persuadant le Conseil de Marine qu'il était Hollandais et qu'il avait laissé à Montréal des biens évalués à 12 000#, il obtint la permission de partir pour les Pays-Bas, à condition de ne jamais retourner en Nouvelle-France. En 1731, Beauharnois et Hocquart eurent le désagréable devoir d'informer les autorités françaises qu'elles avaient été trompées : Lÿdius n'avait laissé aucun bien à Montréal.

Lÿdius fit route vers la province de New York, et, en 1732, les Iroquois lui donnèrent une terre sur la rivière à la Loutre (ruisseau Otter, Vermont) en reconnaissance des travaux apostoliques de son père. Toutefois, c'est sur la rivière Hudson, au grand portage entre la vallée de l'Hudson et le lac Champlain que Lÿdius construisit un établissement, appelé fort Lydius (Fort Edward, New York). Ce fort était situé sur la route de traite entre New York et La Nouvelle-France, ce qui en gêna plusieurs. En 1735, à la suite d'une réunion, des commerçants de langue hollandaise vivant à Albany firent savoir aux Indiens des missions françaises qu'ils ne toléreraient pas ce poste. Ce furent les Français, toutefois, qui passèrent à l'action. Après la déclaration de la guerre entre la Grande-Bretagne et la France en 1744, un petit établissement voisin du fort fut surveillé et, en novembre 1745, une expédition conduite par Paul Marin* de La Malgue l'incendia. Lÿdius s'échappa et fit plusieurs voyages à Boston, cet hiver-là, pour plaider en faveur de la destruction du fort Saint-Frédéric (près de Crown Point, New York), la forteresse française la plus rapprochée de son poste. Ayant échoué dans ses démarches, il essaya d'organiser lui-même une incursion contre le Canada. A titre de trafiquant et d'agent de la couronne, il fournit gratuitement des provisions à des Indiens amis en les encourageant à lancer des partis de guerre contre les Français.

Lÿdius fut ensuite attaqué par les commissaires des Affaires indiennes de la province de New York, qui le blâmèrent pour le peu de zèle des Iroquois envers la cause britannique. En 1747, au Conseil de la province de New York, il fut accusé d'avoir « abjuré sa foi protestante au Canada, d'y [avoir] épousé une catholique et de détourner l'amitié des Indiens pour les Anglais ». Même si on a pu le considérer comme un opportuniste peu fiable, Lÿdius était grandement estimé de certains pour sa connaissance des Iroquois. Il fut un conseiller de William JOHNSON, colonel des Six-Nations, qui semble l'avoir recommandé au poste de secrétaire des Affaires indiennes de la province de New York, en 1749. Mais, s'il pouvait s'accommoder de Lÿdius en tant que subordonné, il ne pouvait l'endurer en tant que rival. En 1755, Johnson se plaignit du fait que le gouverneur William Shirley utilisait Lÿdius comme son agent militaire auprès des Six-Nations. Ce trafiquant, écrivait-il, est « un homme extrêmement odieux au public en général et à moi en particulier [...] cet homme justement dont les Indiens se sont plaints vivement dans leur conseil public. C'est à cet homme qu'il a donné une commission de colonel [avec autorité] sur les Indiens et il l'a installé là-bas pour s'y opposer à mes intérêts et à mon administration. »

Le « conseil public » avait eu lieu à Mount Johnson (près d'Amsterdam, New York), et quand Lÿdius s'y introduisit, à la recherche de recrues en vue d'une expédition contre le fort Niagara (près de Youngstown, New York), un Onneiout le dénonça comme « un démon [... qui] a volé nos terres ». Ces terres étaient situées sur la Susquehanna, dans la vallée de Wyoming, en Pennsylvanie. Elles avaient été achetées par Lÿdius, en 1754, pour le compte de la Connecticut Susquehannah Company. Il avait déjà acquis des Indiens un territoire assez considérable, pour son propre usage, mais, dans ce cas, il avait traité séparément avec six sachems iroquois, plutôt qu'à l'occasion d'une conférence, comme le voulait l'usage [V. Karaghtadie*]. Lÿdius se rendit en Angleterre, via Québec, en 1764, afin d'y présenter sa version de l'affaire de la Susquehanna. Ses transactions foncières, son ancienne association avec les Français et le départ de Shirley firent de Lÿdius un personnage isolé dont on se méfiait.

En 1776, il retourna en Angleterre pour y solliciter une compensation, de la part du gouvernement, pour des dépenses engagées et des services rendus auparavant, et pour visiter les Pays-Bas. En Hollande, il attrapa un refroidissement qui le rendit impotent ; il fut alité pendant trois ans avant de s'établir, en 1788, à Kensington, Angleterre, où il donna un récit enjolivé de sa carrière, exagérant l'importance de ses propriétés foncières, de ses succès linguistiques, de ses ancêtres. Il prétendait être baron de Quade, portait une cocarde, une coiffure militaire et un complet noir parfois orné de la médaille de l'ordre prussien de l'Aigle rouge. On l'a décrit comme « un homme de grande taille, bien fait [...] un whig à toute épreuve », de religion calviniste. Il garda un vif intérêt pour les affaires courantes jusqu'à sa mort à l'âge de 91 ou 92 ans. Il laissait deux héritiers : une fille et une petite-fille.

PETER N. MOOGK

AN, Col., B, 54, ff.330v., 331, 393v. ; 55, ff.109, 482v. ; 81, f.283 ; C[11A], 51, pp.8s. ; 52, pp.20–24 ; 53, p.41 ; 54, pp.148–154 ; 55, p.181 ; 56, pp.6–12 (copies aux APC) ; 75, ff.113–146. — ANQ-M, État civil, Catholiques, Notre-Dame de Montréal, 13 févr. 1727 ; Greffe de Michel Lepallieur de Laferté, 12 févr. 1727. — ANQ-Q, Greffe d'Henri Hiché, 20 sept. 1735 ; NF 13, Matières criminelles, 3, ff.389–393. — Abstracts of unrecorded wills prior to 1790 on file in the surrogate's office, city of New York, vol. XI, N.Y. Hist. Soc., *Coll.*, [3e sér.], XXX (1902) : 174. — Abstracts of wills on file in the surrogate's office, city of New York, vol. II, 1708–1728, N.Y. Hist. Soc., *Coll.*, [3e sér.], XXVI (1893) : 166s. ; vol. III, 1730–1744, XXVII (1894) : 229s. ; vol. V, 1754–1760, XXIX (1896) : 17 ; vol. VII, June 6, 1766–November 29, 1771, XXXI (1898) : 456 ; vol. XII, June 17, 1782–September 11, 1784, XXXVI (1903) : 348. — The Colden letter books, vol. I, 1760–1765, N.Y. Hist. Soc., *Coll.*, [3e sér.], IX (1876) : 65, 238, 244. — *Coll. de manuscrits relatifs à la N.-F.*, III : 153, 176s., 276, 366, 488s. — Corrections : abstracts of wills, volumes I–IV, N.Y. Hist. Soc., *Coll.*, [3e sér.], XL (1907) : 76. — James Duane, State of the evidence and argument in support of the territorial rights and jurisdiction of New York against the government of New Hampshire [...], N.Y. Hist. Soc., *Coll.*, [3e sér.], III (1870) : 8. — *Édits ord.* (1854–1856), I : 519. — *Gentleman's Magazine*, 1791, 383–385. — The letters and papers of Cadwallader Colden, vol. II, 1730–1742, N.Y. Hist. Soc., *Coll.*, [3e sér.], LI (1918) : 52–54 ; vol. III, 1743–1747, LII (1919) : 115, 192, 366 ; vol. IV, 1748–1754, LIII (1920) : 127, 151, 186s., 203, 247 ; vol. V, 1755–1760, LIV (1921) : 286, 292 ; vol. IX, additional letters and papers, 1749–1775 and some of Colden's writings, LXVIII (1935) : 10, 46. — *NYCD* (O'Callaghan et Fernow), VI : 372, 385, 561, 569, 577, 603, 662, 664, 982, 984, 986, 994s. ; VII : 29, 174, 456 ; VIII : 624 ; IX : 1019–1021, 1101s. ; X : 42, 144, 146, 210, 215. — [John Sharpe], Rev. John Sharpe's proposals, etc., March 1713, N.Y. Hist. Soc., *Coll.* [3e sér.], XIII (1880) : 348. — The Susquehannah title stated and examined, Wyoming Hist. and Geological Soc., *Proc. and Coll.* (Wilkes-Barre, Pa.), XX (1925–1926) : 143, 148, 150–152. — *Appleton's cyclopædia of American biography*, J. G. Wilson *et al.*, édit. (10 vol., New York, 1887–1924), IV : 58. — Calendar of wills on file and recorded in the office of the clerk of the Court of Appeals, of the county clerk at Albany, and of the secretary of state, 1626–1836, Berthold Fernow, édit. (New-York, 1896). — N.Y. State, *Ecclesiastical records*, Hugh Hastings, édit. (7 vol., Albany, 1901–1916). — Jonathan Pearson, *Contributions for the genealogies of the first settlers of the ancient county of Albany, from 1630 to 1800* (Albany, N.Y., 1872), 76. — P.-G. Roy, *Inv. jug. et délib., 1717–1760*, II : 119, 141. — W. H. Hill, *Old Fort Edward before 1800 ; an account of the historic ground now occupied by the village of Fort Edward, New York* (Fort Edward, 1929).

LYON, JAMES, ministre presbytérien et compositeur, né le 1er juillet 1735 à Newark, New Jersey, fils de Zopher et de Mary Lyon ; il épousa d'abord, le 18 février 1768, Martha Holden de Cape May, New Jersey, et ils eurent neuf enfants, et, le 24 novembre 1793, à Boston, Sarah Skillen ; décédé le 12 octobre 1794 à Machias (Maine).

James Lyon fit ses études au College of New Jersey (Princeton) où il obtint son baccalauréat ès arts en 1759 et sa maîtrise ès arts trois ans après. Ordonné ministre par le consistoire de New Brunswick, New Jersey, le 5 décembre 1764, il accepta le pastorat en Nouvelle-Écosse ; arrivé l'année suivante, il occupa d'abord la chaire de ministre de la congrégation protestante dissidente de Halifax jusqu'en 1766. Il se rendit ensuite dans le canton d'Onslow où vivaient un certain nombre de familles du Massachusetts puis, en 1768, se rendit dans la région de Pictou. Ce dernier déplacement résultait de sa relation avec la Philadelphia Company, groupe de spéculateurs fonciers qui, se servant d'Alexander McNutt* comme agent, avait obtenu, en 1765, une concession – qui porta le nom de Philadelphia Grant – de 200 000 acres à Pictou. Lyon, membre de la compagnie, y était concessionnaire et, entre 1765 et 1775, il reçut plusieurs vastes concessions dans d'autres endroits de la province. Le consistoire de New Brunswick se vit contraint de le prévenir que sa réputation de « spéculateur en biens fonciers » saperait, craignait-on, son influence en tant que ministre du culte.

Seules quelques-unes du grand nombre de familles de Pennsylvanie qui devaient s'installer à Pictou s'y présentèrent et Lyon revint dans la région d'Onslow avec l'espoir d'y trouver suffisamment de familles pour faire vivre un pasteur. Le fait que son nom figure dans les recensements de Pictou et d'Onslow en 1770 suggère qu'il déménagea cette année-là. En 1770 également, à Halifax, il participa à l'ordination de Bruin Romkes Comingo*, à titre de ministre de l'Église calviniste allemande de Lunenburg. John SECCOMBE, James Murdoch, Benajah Phelps et Lyon, quatre ministres dissidents – qui n'appartiennent pas à l'Église d'Angleterre – de la Nouvelle-Écosse officièrent à l'ordination. Entre autres tâches, Lyon dut donner au candidat les recommandations d'usage.

En août 1771, Stephen Jones, de Machias, rencontra Lyon à Boston et lui offrit la chaire de l'église congrégationaliste de Machias. Lyon l'accepta et occupa ce poste, à part deux interruptions, jusqu'à sa mort. Pendant la Révolution américaine, il soutint les rebelles, fut aumônier de la milice et, en juin 1775, prit la tête d'un groupe qui captura quelques navires britanniques au large de Machias. Le 25 décembre de cette année-là, il écrivit à George Washington, lui soumettant son plan pour s'emparer de la Nouvelle-Écosse et lui offrant ses services à titre de chef de l'expédition.

James Lyon fut le premier compositeur américain à être publié. En 1761, paraissait un recueil de chants du psautier, *Urania*, qui comprenait au moins six de ses propres compositions. Il composa en outre la musique d'une œuvre intitulée Ode, à l'occasion de la collation de son diplôme en 1759 ; on pense qu'il composa également *The military glory of Great-Britain* pour la remise de son dernier diplôme en 1762. Bien qu'*Urania* demeure le seul recueil qu'il publia, il continua de composer après 1762 ; ses mélodies figurent dans d'autres recueils. Il est cependant étrange que l'on ne trouve dans son inventaire après décès ni partitions, ni instruments de musique, ni exemplaires d'*Urania*. En revanche, le vitrail commémoratif de l'église congrégationaliste actuelle de Machias, muet sur ce point, présente un témoignage d'une autre sorte : « A la mémoire du rév. James Lyon, noble patriote, ministre fidèle, honnête homme et pénétré de l'Esprit saint. »

TIMOTHY J. MCGEE

Aucune copie de la pièce intitulée Ode n'a pu être trouvée. [James Lyon et Samuel Davies], *The military glory of Great-Britain* [...] (Philadelphie, 1762 ; réimpr., Tarrytown, N.Y., 1925) ; *Urania, or a choice collection of psalm-tunes, anthems and hymns* [...], James Lyon, édit. (Philadelphie, 1761).

Archives privées, William Riddiough (Machias, Maine), papers. — PANS, MG 1, n° 742 (doc. du révérend George Patterson) ; MG 9, n° 31, p.5 ; RG 1, 37. — Presbyterian Hist. Soc. (Philadelphie), Presbyterian Church in the U.S.A., New Brunswick presbytery, minutes, vol. 2 (1756–1771). — Washington County Probate Court (Machias), Probate records, vol. 2, (1790–1801), p.205 (pétition pour l'administration des biens de James Lyon). — G. W. Drisko, *Narrative of the town of Machias, the old and the new, the early and the late* (Machias, 1904). — G. T. Edwards, *Music and musicians of Maine* [...] *1604–1928* (Portland, Maine, 1928). — I. F. Mackinnon, *Settlements and churches in Nova Scotia, 1749–1776* ([Montréal, 1930]). — O. G. [T.] Sonneck, *Francis Hopkinson, the first American poet-composer (1737–1791), and James Lyon, patriot, preacher, psalmodist (1735–1794) : two studies in early American music* (Washington, 1905 ; réimpr., 1967). — A. W. H. Eaton, The settling of Colchester County, Nova Scotia, by New England Puritans and Ulster Scotsmen, SRC *Mémoires*, 3e sér., VI (1912), sect. II : 221–265.

M

MABANE, ADAM, médecin, juge et membre du Conseil de Québec, né vers 1734, probablement à Édimbourg, Écosse, décédé célibataire le 3 janvier 1792 à Sillery, Bas-Canada.

On ne connaît guère les 26 premières années de la vie d'Adam Mabane. D'après une source, le nom de sa mère serait Wedel ; son père, bien que protestant, aurait refusé de jurer fidélité aux rois de la maison de Hanovre, et il aurait été apparenté à James Thomson, l'auteur de *The seasons*. Mabane semble avoir fréquenté l'University of Edinburgh, mais sans y obtenir de diplôme ; on ignore jusqu'à quel point il poussa son apprentissage de la médecine. Il arriva à Québec, venant de New York, à titre d'aide-chirurgien dans l'armée d'AMHERST, à l'été de 1760.

Il n'y a guère d'indices qu'à son arrivée Mabane ait eu quelques-uns de ces avantages que procurent la naissance ou les relations et qui l'auraient désigné pour de hautes fonctions : seule sa nomination comme adjoint au chirurgien de l'hôpital militaire de Québec l'éleva au rang d'officier. Il commença en même temps sa pratique privée, qu'il allait poursuivre toute sa vie et qui allait être pour une bonne part à l'origine de sa popularité. Son habileté comme médecin fut toujours l'objet de discussions entre ses amis et ennemis politiques ; ces derniers qualifiaient ses méthodes de dépassées à l'époque où il atteignait la trentaine, mais, chose assez surprenante, ils insistaient rarement sur les lacunes de sa formation première. La bonne grâce avec laquelle il sacrifiait ses aises, son indifférence au sujet du paiement de ses honoraires, sa sympathie envers ses patients, dont beaucoup étaient canadiens, lui firent une réputation de désintéressement, de dévouement et d'honnêteté à laquelle bon nombre de gens furent sensibles dans la colonie, en particulier certains qui détinrent des postes importants à Québec au cours des trois décennies qui suivirent la Conquête. Ces amis bien placés et, bien qu'il soit difficile d'en faire la preuve, cette estime populaire permirent à Mabane de faire une carrière politique et juridique pour laquelle il n'était aucunement préparé.

Cette carrière débuta en août 1764 quand le gouverneur MURRAY le nomma membre du Conseil de Québec ; le mois suivant, il devenait l'un des juges de la Cour des plaids communs du district de Québec. Au début, il n'y avait aucune rétribution attachée au poste de juge, et Mabane fit valoir les pertes qu'il encourait en réduisant une pratique médicale lucrative pour assumer d'autres responsabilités. Pendant les deux années du gouvernement de Murray, Mabane fut identifié comme un fidèle défenseur de ce dernier dans la querelle qui se développa entre le gouverneur, les marchands anglais et les chefs militaires de Montréal. Il est possible que Mabane lui-même ait exacerbé les sentiments d'hostilité par ses vues partisanes et son manque de tact quand il refusa à Ralph Burton*, brigadier du département du Nord, le droit d'enquêter sur ses propres dépenses à titre de chirurgien de la garnison de Québec ; Murray, cependant, voyait en Mabane la victime des conflits entre les chefs civils et militaires. Après le départ de Murray pour l'Angleterre le 28 juin 1766, Mabane, par suite de l'appui qu'il avait apporté au gouverneur, devint le symbole de l'attitude politique maintenue pendant son administration. Mais Murray n'était plus là pour le protéger.

Le lieutenant-gouverneur Guy Carleton* arriva dans la colonie le 22 septembre 1766, bien déterminé à se tenir à l'écart des querelles du régime précédent. Il décida d'exclure Mabane et quelques autres conseillers de la première séance du conseil, tenue le 9 octobre 1766. La part que prit Mabane à la remontrance qui s'ensuivit et le fait qu'il se fût manifesté de façon indiscrète lors de protestations contre le refus d'un cautionnement dans un procès célèbre amenèrent Carleton à le renvoyer du conseil. Par comparaison à Paulus Æmilius IRVING, destitué en même temps que lui et pour les mêmes raisons, Mabane était dans une situation extrêmement vulnérable, bien que Carleton, en dépit de ses menaces, n'allât pas jusqu'à le destituer de son poste de juge. Mabane continua donc à officier à la Cour des plaids communs, de même qu'à protester contre son expulsion du conseil. Il devint un grand propriétaire foncier par l'achat, à Sillery, près de Québec, d'une propriété ayant déjà appartenu à Mgr DOSQUET, et qui portait maintenant le nom de Woodfield. Au début des années 1770, alors que la menace d'un retour de Murray s'était dissipée, il semble y avoir eu quelque détente dans les relations entre le gouverneur Carleton et Mabane ; Carleton fut capable de voir, dans la position de Mabane au sein de la colonie, un appui éventuel à la sienne propre. L'acceptation par Mabane des principes politiques de l'Acte de Québec, son horreur pour l'agitation croissante des colonies américaines et son dévouement à la cause britannique, tout cela était également évident ; aussi ses convictions lui valurent-elles d'être nommé au nouveau Conseil législatif, en 1775. Plusieurs Canadiens furent, au même moment, nommés au conseil, et, bien que peu d'entre eux assumassent un rôle de premier plan, l'influence de Mabane bénéficia de leur appui. Ces conseillers augmentèrent la force du *French party*, un groupe dont Mabane était le chef et qui avait vu le jour pendant le gouvernement de Murray ; ce groupe prétendait parler au nom de la majorité canadienne et prendre la défense de ses droits contre les marchands anglais qui voulaient détruire les traditions françaises aussi bien que le pouvoir impérial britannique.

L'influence de Mabane dans les affaires judiciaires s'accrut également dans les années 1770. Le 26 avril 1775, quatre jours avant la mise en vigueur de l'Acte de Québec qui allait établir une nouvelle organisation judiciaire, Carleton renouvela la nomination des juges des cours existantes, en ajoutant les noms de Jean-Claude PANET et de René-Ovide HERTEL de Rouville. Selon l'opinion générale, ces deux derniers comptaient sur Mabane pour les guider. Avec son collègue John Fraser, à la fois juge et conseiller, Mabane était membre du comité du conseil qui préparait les projets d'ordonnances en vue de la création et de la réglementation des cours civiles et criminelles de la province. Aux fins de la justice criminelle, on créa une Cour du banc du roi, présidée par trois commissaires en l'absence d'un juge en chef ; du point de vue civil, la province fut divisée en deux districts, Québec et Montréal, dotés chacun d'une Cour des plaids communs. A une Cour d'appel, composée du gouverneur, du lieutenant-gouverneur ou du juge en chef et de cinq membres du conseil, ressortissaient les causes des deux districts. Ces ordonnances eurent force de loi au début de 1777, et, bien qu'elles dussent à l'origine n'être en vigueur que pour deux ans, le système allait être maintenu jusqu'en 1786.

Quand il prit la charge de juge en chef, Peter LIVIUS s'éleva en vain contre les procédés arbitraires de la Cour d'appel et le pouvoir incontesté du gouverneur et du conseil dans les affaires judiciaires. Cette voix qui cherchait à contrebalancer l'influence politique dans le domaine judiciaire se tut en 1778, Carleton ayant décidé, avec en l'occurrence l'appui enthousiaste de Mabane, de destituer Livius. Ce dernier gagna la cause qu'il entreprit pour sa réinstallation, mais il ne revint jamais au Canada. Pendant les huit années suivantes, Mabane assuma plusieurs des tâches du juge en chef et en vint à croire qu'il obtiendrait d'être nommé à ce poste.

La poursuite de la guerre d'Indépendance américaine, l'héritage de la politique de Carleton et le caractère de HALDIMAND, qui devint gouverneur en 1778, tout concourut à faire d'Adam Mabane un véritable maire du palais au cours de ces années. Haldimand s'appuyait sur Mabane comme sur l'homme le plus expérimenté de la colonie ; il trouvait agréable sa compagnie, aimables ses excentricités ; quant à sa situation financière, il la jugeait digne de sympathie et de cette sorte d'aide qu'un gouverneur pouvait dispenser. Le critique le plus passionné de l'association Haldimand-Mabane fut Pierre DU CALVET, accusé de trahison en 1780 et emprisonné pendant près de trois ans. Que Du Calvet, dont la culpabilité ne faisait aucun doute, se fût considéré comme une victime du gouverneur et de son conseil n'invalide pas toutes ses critiques à l'adresse du gouvernement. Son portrait moral de Mabane, à la « mine naturellement grimaçante », porte le sceau de la vérité, et nul n'a mieux décrit les lois de l'époque que Du Calvet, quand il les qualifie de « masquarade de la jurisprudence prétendue Françoise ».

Les dangers qu'il y avait à remettre les droits de tous les citoyens aux pouvoirs discrétionnaires du gouverneur et des juges furent puissamment illustrés dans la cause de Haldimand contre John Cochrane, où le demandeur était le gouverneur de la colonie, et le juge, Mabane, son plus intime conseiller. Pendant les années où Mabane eut le plus de pouvoirs, aucun principe directeur du droit, aucun système judiciaire connu en Angleterre ou en France ne fut appliqué ; seule prévalait l'idée personnelle que Mabane se faisait de la justice dans chacune des causes. Ses préjugés étaient bien connus : le pauvre obtenait plus de sympathie que le riche, et le seul crime impardonnable, peu importe au reste le rapport qu'il pouvait avoir à la cause portée devant les tribunaux, c'était un manquement, quel qu'il fût, à la loyauté envers la couronne, en particulier pendant l'invasion américaine de 1775–1776. De telles préventions prenaient d'autant plus d'importance que Mabane était très lié à d'autres juges, qui, pour la plupart, n'avaient pas son expérience, et avec quelques-uns des avocats, Alexander Gray, par exemple, qui plaidaient devant lui dans les années 1780. Seule l'intégrité personnelle du gouverneur et des juges empêcha cette absence de système de dégénérer en une intolérable tyrannie.

Au sein du Conseil législatif, toute tentative pour se défaire de l'emprise du *French party* avait bien peu de chances de succès avant 1784. Le gouverneur Haldimand prenait prétexte de la guerre américaine pour ne consulter, à l'occasion, qu'une partie de son conseil, même si le gouvernement britannique avait condamné cette pratique. Toute question relative à la révision des ordonnances sur la justice ou à l'examen de la situation des prisonniers détenus sans procès était aisément renvoyée à plus tard par les votes de Mabane et de ses partisans au sein du conseil, et leur avis était également déterminant quand il s'agissait de savoir quelles requêtes et quelles remontrances seraient portées devant le conseil pour y être examinées.

Aussitôt la paix signée avec les États-Unis, il devint évident que, en quelques matières au moins, le *French party* avait été sincère en affirmant que ces remises à plus tard étaient purement une mesure de guerre. En avril 1784, un des membres du parti présenta une motion, appuyée à l'unanimité par le conseil, en vue d'adopter la loi anglaise de l'*habeas corpus*. Mais, quand William Grant* (1744–1805) proposa que « le droit coutumier et le droit écrit d'Angleterre, dans la mesure où ils concernent la liberté des sujets » fussent mis en vigueur – résolution qui eût étendu l'*habeas corpus* aux matières civiles et criminelles – le groupe de Mabane s'opposa à cette motion, puisqu'elle contrevenait aux principes de l'Acte de Québec, et fit bloc pour la rejeter par neuf voix contre sept. A l'appui de cette forte minorité, il y eut le lieutenant-gouverneur Henry HAMILTON, qui devint responsable du gouvernement de la province au départ de Haldimand, quelques mois plus tard. Hamilton désapprouvait la position adoptée par le *French party* ; Mabane, de son côté, croyait que la mise en vigueur des décisions administratives de Hamilton signifierait la mise au rancart de l'Acte de Québec, qu'il considérait comme une charte, et l'introduction d'idées américaines dangereuses sur le gouvernement. Hamilton s'arrangea pour que fussent admises et débattues (et peut-être même en encouragea-t-il la présentation) des requêtes que Mabane eût pu écarter dans les années antérieures. Pour la première fois, on adopta des ordonnances à propos desquelles Mabane enregistra sa dissidence ; dans sa correspondance personnelle, il dénonça ses adversaires, qualifiés de « guêpes et [de] vipères », dans un style qui rappelle les dépêches du gouverneur Murray, deux décennies plus tôt.

A la fin de 1786, Carleton, élevé à la pairie sous le nom de lord Dorchester, commençait son second mandat comme gouverneur de Québec ; avec lui arriva un nouveau juge en chef, William SMITH. On s'aperçut vite que les tribulations du *French party* sous Hamilton n'avaient pas été une déconvenue passagère. L'année 1787 marqua le sommet des débats au sein du conseil, et les féroces batailles de cette année furent beaucoup plus lourdes de conséquences, dans leurs effets accumulés, que n'importe quelle mesure législative ou n'importe quel rapport de comité qu'on a pu adopter. Dans des engagements isolés, le *French party* pouvait encore grouper le plus grand nombre de votes, et, à une occasion au moins, les légistes de la couronne jugèrent l'argumentation juridique de Mabane plus convaincante que celle du juge en chef. Néanmoins, la puissance politique du *French party* s'écroulait. Dorchester divisa le conseil en comités chargés d'étudier des questions comme l'agriculture, la colonisation, le commerce et l'éducation. Comme plusieurs des adversaires de Mabane étaient plus anciens que lui au sein du conseil, il était rarement appelé à présider l'un ou l'autre de ces comités et à donner le vote prépondérant auquel on avait si souvent recours. Plus encore, le *French party* n'avait mis au point aucune politique nouvelle en ces domaines au cours de la décennie précédente ; ses membres avaient décidé de défendre l'Acte de Québec, qu'ils considéraient comme la charte de toutes les libertés, quel que fût le sujet particulier à débattre.

Le comité de loin le plus important, du point de vue de Mabane, fut celui qui enquêta sur l'administration de la justice depuis 1775. Au milieu d'un débat sur des motions contradictoires présentées devant le conseil, on avait attaqué si longuement et si publiquement la conduite des juges que, le 18 mai 1787, Dorchester avait ordonné au juge en chef quelque peu hésitant d'entreprendre l'enquête. On ne manquait pas de preuves relativement aux insuffisances et à la complexité du système judiciaire, mais l'attaque personnelle contre Mabane, ainsi que le ridicule et l'humiliation qui en découlaient pour lui, suscitèrent beaucoup de sympathie dans le peuple. Ni l'un ni l'autre des deux camps n'émergea de cette dispute politique avec un grand crédit, mais Mabane resta aussi fermement installé que jamais à la Cour des plaids communs et dans l'estime populaire. Quand vint le temps des nominations aux nouveaux conseils exécutif et législatif créés en conséquence de l'Acte constitutionnel de 1791, on ne pouvait pas l'ignorer. Il mourut, cependant, avant d'être assermenté. C'est alors seulement que ses adversaires purent procéder à de véritables changements, ainsi que le proposait clairement Smith, à l'annonce de sa mort : « M. Mabane ayant créé une vacance dans les deux conseils et à la Cour des plaids communs, le 3 de ce mois, je demande la permission de suggérer que sa mort, et la démission, attendue d'un moment à l'autre, de M. de Rouville, ouvriront la voie à une amélioration de la jurisprudence de la province sans qu'il soit porté préjudice aux individus. »

Faisant contraste avec la froideur de la lettre de Smith, il y eut la chaleureuse amitié que plusieurs portaient à Mabane et à sa sœur Isabell. John Craigie*, Henry Caldwell* et le docteur James Fisher*, au nom de cette dernière, réglèrent la succession du défunt. Ils apaisèrent jusqu'à un certain point ses créanciers par la vente de ses livres et de ses meubles, et par la location immédiate, et la vente éventuelle, du domaine de Woodfield. On découvrit, toutefois, que les biens du docteur ne suffiraient point à couvrir ses dettes.

Une carrière comme celle de Mabane provoque inévitablement de vives réactions. Les frustrations de Smith et les attaques exagérées de Du Calvet eurent leur écho dans les jugements sévères que l'on porta ultérieurement sur la carrière de Mabane. Près d'un siècle après sa mort, toutefois, l'abbé Louis-Édouard Bois* tenta de faire revivre sa mémoire et de venger sa réputation en le présentant comme une victime de la persécution de ses propres compatriotes, à cause de sa sympathie pour les Canadiens. Ces 30 années pendant lesquelles Mabane a défendu ce qu'il concevait être l'intérêt canadien apparaissent aujourd'hui d'importance car elles ont aidé à créer le cadre à l'intérieur duquel allaient œuvrer les premiers nationalistes canadiens-français. Sa carrière, au surplus, permet une meilleure compréhension de la société du XVIIIe siècle au Canada, tant par l'examen de son accession personnelle au pouvoir que par les conceptions sociales et politiques dont il s'est fait le défenseur.

ELIZABETH ARTHUR

APC, MG 23, GI, 5 ; GII, 1 ; 15 ; 23. — BL, Add. MSS 21 661–21 892. — *Docs. relating to constitutional history, 1759–1791* (Shortt et Doughty : 1918). — Pierre Du Calvet, *Appel à la justice de l'État* [...] (Londres, 1784). — E. [M.] Arthur, Adam Mabane and the French party in Canada, 1760–1791 (thèse de M.A., McGill University, Montréal, 1947). — [L.-É. Bois], *Le juge A. Mabane, étude historique* (Québec, 1881). — Neatby, *Administration of justice under Quebec Act ; Quebec*.

MACAULAY (McAulay, McCauley), ROBERT, marchand, né en 1744 près d'Omagh (Irlande du Nord), fils de William Macaulay et de Susan Gilliland ; il épousa le 13 février 1791, à Crown Point, New York, Ann Kirby*, et ils eurent trois fils, dont John* et William* ; décédé le 1er septembre 1800 à Kingston, Haut-Canada.

Selon une tradition familiale, les Macaulay, originaires d'Écosse, avaient vécu en Irlande pendant près de 100 ans quand le bail de leurs terres ne fut pas renouvelé et, en 1763, la famille de Robert émigra à Londres. L'année suivante, Robert Macaulay et ses frères allèrent à New York vivre avec leur oncle, William Gilliland. Ensemble ils exploitèrent des terres à Willsboro (au sud de Plattsburgh, New York) et Robert entreprit la mise en valeur d'une ferme tout en se lançant dans le commerce du bois. Au début de la Révolution américaine, sa ferme et son commerce de bois furent confisqués ou détruits par les rebelles. En 1776, fait prisonnier pendant que Benedict Arnold* battait en retraite à partir du Canada, il fut gardé pendant quelque temps à Crown Point, New York. Relâché, il fut de nouveau arrêté en 1778, pour avoir livré des renseignements aux Britanniques sur la garnison de Ticonderoga, New York. Emprisonné à Albany pendant six mois, puis libéré sous caution, il s'enfuit au Canada.

En avril 1780, Macaulay était installé comme marchand à l'île de Carleton (près de Kingston, Ontario). Il faisait commerce d'une variété de marchandises, telles que rhum, vin, couvertures, étoffes, thé, fusils et poudre à fusil, et, apparemment, pratiquait quelque peu la traite avec les Indiens. Selon les termes d'une requête qu'il présenta en 1797, il était également capitaine dans les Associated Loyalists de l'île et se vit accorder, à ce titre, 1 200 acres de terre.

En 1784, quand la garnison locale fut transférée à Cataracoui (Kingston, Ontario), les marchands l'y suivirent. Associé à Thomas Markland*, Robert Macaulay fut l'un des marchands transitaires, parmi lesquels on trouvait Peter Smith*, Richard Cartwright*, Robert Hamilton* et Joseph Forsyth*, qui avaient en grande partie la mainmise sur le commerce du lac Ontario. En avril 1788, Macaulay et Markland s'engagèrent par contrat à construire, avec Archibald Thomson, une maison de troncs d'arbres pour le compte de sir John Johnson*, leur entreprise devant fournir tous les matériaux. Ils furent aussi agents dans la collecte des souscriptions destinées à financer la construction de la première église St George (Église d'Angleterre), à Kingston, dont ils furent eux-mêmes des bienfaiteurs.

Une tradition familiale rapporte que Robert Macaulay visita l'état de New York en 1786 pour voir ce qu'il pouvait recouvrer de ses propriétés et qu'il y rencontra Ann Kirby. Il y retourna en 1791 pour l'épouser. A la fin de cette année-là, Macaulay mit fin à son association avec Markland et donna de l'expansion à son entreprise, construisant un quai et un magasin sur le lot qui faisait face à sa maison. En 1796, John Kirby*, le frère d'Ann, devint l'associé de Macaulay et dirigea l'entreprise avec Ann après la mort de son mari. Le testament de Macaulay fait état, parmi d'autres actifs, de six emplacements urbains, de deux résidences, d'une forge et de centaines d'acres de terre arable. Macaulay fut à l'origine d'une famille de marchands qui allaient nouer des liens avec des familles très en vue dans le Haut-Canada, telles les Hamilton, les Markland et les Kirkpatrick.

MARGARET ANGUS

APC, MG 23, HI, 1, sér. 3, livre 1, p.385 ; RG 1, L3 (index) ; RG 8, I (C series), 930, pp.64–67. — BL, Add. MSS 21 787, p.338 ; 21 818. — Metropolitan Toronto Library, John Ross Robertson coll., Account of the losses of Robert Macaulay [...] (1776). — PAO, Macaulay family papers ; RG 1, A-I-1, 1–2. — Queen's University Archives (Kingston, Ontario), Hon. Richard Cartwright papers, letterbook, 14 janv. 1798 ; Kirby Macaulay papers, William Macaulay à John Macaulay, 10 mai 1843. — St George's Anglican Cathedral (Kingston), Vestry minute book, 1791–1800. — *Kingston before War of 1812* (Preston). — PAO *Report*, 1904, 436. — S. W. Eager, *An outline history of Orange County* [...] *together with local traditions and short biographical sketches of the early settlers, etc.* (Newburgh, N.Y., 1846–1847). — W. C. Watson, *Pioneer history of the Champlain valley* [...] (Albany, N.Y., 1863), 178–184. — Margaret Angus, The Macaulay family of Kingston, *Historic Kingston* (Kingston), 5 (1955–1956) : 3–12.

McCARTY (McCarthy), CHARLES JUSTIN (James), prédicateur itinérant, né en Irlande à une date inconnue ; il épousa Catherine Lent, et ils eurent quatre enfants ; décédé vers 1790.

Charles Justin McCarty vivait dans la province de New York quand il devint un ardent disciple de l'évangéliste George Whitefield. Il vint au Canada en 1788 et prêcha avec beaucoup d'effet dans les maisons des Loyalistes de la région de la baie de Quinte. La tentative qu'il fit pour s'y établir échoua devant le conseil des terres de Mecklenburg, lequel écarta sa requête « faute de preuves nécessaires », bien que McCarty eût fait état de la persécution et de l'emprisonnement dont il avait été l'objet dans la vallée de l'Hudson pour sa loyauté envers la couronne. Sa prédication et sa personnalité avaient un effet de polarisation dans les cantons situés à l'ouest de Kingston. Le révérend John Stuart*, qui siégeait au conseil des terres avec Neil McLEAN et Richard Cartwright*, considérait McCarty comme « un Irlandais illettré [...] un homme d'un caractère personnel infâme », et faisait cette remarque : « Je pense que nous pourrons le bannir pour ses crimes d'une nature abominable. » En revanche, 41 résidents de la région signèrent une pétition pour qu'il « continue avec [eux] », en le recommandant pour sa sobriété, son honnêteté, sa piété et son esprit de religion.

En avril 1790, McCarty fut arrêté et poursuivi en justice ; on l'accusait de vagabondage et d'imposture, de même que d'avoir troublé la paix. La Cour des sessions trimestrielles, qui siégea à Kingston les 13 et 14 avril, sous la présidence de Cartwright, McLean et Archibald McDonell*, donna à McCarty l'ordre de quitter le district. Il partit, semble-t-il, mais revint, puisque le 13 juillet il était de nouveau devant la cour, qui ordonna sa déportation à Oswego, New York. On ne devait plus jamais le revoir vivant, et les récits de sa mort varient, allant de la mort par inanition sur une île, ce qui semble probable, jusqu'au meurtre, version fondée sur la découverte d'un cadavre criblé de coups de couteau.

McCarty n'avait aucun lien officiel avec les méthodistes, bien que ses disciples loyalistes se fussent recrutés en grand nombre parmi eux et que lui-même eût adopté leur style et leur attitude, si bien que des historiens méthodistes l'ont acclamé comme un martyr. Organisés officiellement aux États-Unis en 1785, les méthodistes, dénomination nouvelle et encore inconnue, étaient généralement méprisés par les Églises plus anciennes, qui les voyaient comme des exaltés et des dissidents. Nathanael Burwash* décrivit plus tard cette attitude de dérision comme « un esprit d'arrogante hostilité à l'égard de l'ensemble des méthodistes » et affirme que « l'exemple extrême » en fut la mort de McCarty, à la suite du geste des autorités civiles de Kingston. Deux autres prédicateurs dissidents, au moins, se trouvaient dans la région de Kingston à la même époque, mais ils n'eurent pas à subir semblable hostilité. Un maître d'école d'Adolphustown, du nom de Lyons, avait prêché la bonne nouvelle méthodiste sans opposition, et William Losee*, un diacre de l'Église méthodiste épiscopale aux États-Unis, qui était arrivé juste avant le procès de McCarty, put former des sociétés méthodistes durables auxquelles adhérèrent bon nombre des fidèles de McCarty.

D'autres écrivains ont pris la défense de la cour et de l'intégrité de sa décision, en soulignant qu'on avait même consulté un grand jury sur la sentence définitive et qu'au moins un des juges au second procès, Robert Clark*, était méthodiste ou allait bientôt le devenir. Au demeurant, sa loyauté étant mise en doute et sa requête en vue d'obtenir une terre ayant été repoussée, McCarty fut, à vrai dire, un errant, qui n'avait de racines nulle part, dans une période d'après-guerre où l'on était facilement soupçonneux à l'endroit des opportunistes et des survenants sans aveu.

Quatre ans après la mort de McCarty, sa veuve épousa John McDougall, d'Ernestown. Quelques-uns des enfants de McCarty s'établirent dans la région de Cobourg, et son fils cadet, John, devint l'un des membres du premier conseil d'administration de l'Upper Canada Academy, dont devait sortir Victoria University.

J. WILLIAM LAMB

APC, RG 1, L3, 281, 3232 A ; L4, 7, p.30 ; RG 31, A1, 1851 census, Hamilton Township (mfm aux PAO). — PAO, RG 1, C-IV, Hamilton Township papers, concession 5, lot 15 ; RG 21, A, Assessment rolls : Northumberland and Durham counties, Hamilton Township, 1808–1815. — United Counties of Northumberland and Durham Surrogate Court (Cobourg, Ontario), n° 1251, testament de John McCarty, 4 déc. 1877 (mfm aux PAO). — *Kingston before War of 1812* (Preston), 156–163. — Marriage register of St John's Church, Ernest Town, n° 2, *OH*, I (1899z : 20. — PAO *Report*, 1904. — *Encyclopedia Canadiana*, VI : 236. — *Illustrated historical atlas of the counties of Northumberland and Durham* (Toronto, 1878). — H. C. Burleigh, The fate of McCarthy the martyr (autocopie, 1974) (copie à l'United Loyalists' Assoc. of Canada, Toronto). — G. F. Playter, *The history of Methodism in Canada* [...] (Toronto, 1862), 18. — Thomas Webster, *History of the Methodist Episcopal Church in Canada* (Hamilton, Ontario, 1870), 36–39. — W. S. Herrington, The trial of Charles Justin McCarty, SRC *Mémoires*, 3e sér., XXI (1927), sect. II : 63–70. — C. B. Sissons, The martyrdom of McCarty - fact or myth ? *Canadian Journal of Religious Thought* (Toronto), IV (1927) : 12–18.

McCARTY (McCarthy), RICHARD, officier, avocat et trafiquant de fourrures, né dans le comté de Hartford, Connecticut ; il épousa Ursule Benoît en janvier 1765, probablement à Trois-Rivières ; décédé en mai ou en juin 1781 dans la vallée de l'Ohio.

Le Richard McCarty auquel nous nous intéressons est probablement celui qui était simple soldat dans la milice du Connecticut en août 1757, alors que le fort William Henry (appelé aussi fort George ; aujourd'hui Lake George, New York) fut pris par Montcalm*. Il se peut que McCarty ait fait partie de cette milice en 1760 à titre d'officier d'intendance dans les troupes qui marchèrent sur Montréal sous les ordres de William HAVILAND. Le 7 novembre 1765, en effet, son nom apparaît sur une liste de protestants du district de Montréal en tant qu'ancien préposé au ravitaillement (on ne précise pas s'il avait exercé cette fonction dans l'armée ou comme trafiquant de fourrures) devenu franc-tenancier et notaire à Chambly. Il reçut l'autorisation d'exercer comme *barrister* et *attorney* en 1768. Deux ans plus tard, le 11 avril, il obtint un congé de traite l'autorisant à quitter Montréal pour Michillimakinac (Mackinaw City, Michigan) avec des articles de traite d'une valeur de £100, pour lesquels il se porta lui-même garant. Il est possible qu'il se soit associé avec François Baby*, son oncle par alliance. Apparemment, durant les quelques années qui suivirent, McCarty aurait fait du commerce entre Michillimakinac et le pays des Illinois ; il se peut aussi qu'il ait établi très tôt des relations à Cahokia (East St Louis, Illinois). En 1775, il commença à jalonner un terrain sur la rive est du Mississippi, près de Cahokia, à un endroit qu'il nomma St Ursule et où il construisit par la suite un moulin à eau. Il semble qu'il poursuivit ses activités commerciales à partir de Michillimakinac. Une carte tracée de sa main représente les environs de l'actuel lac Winnipeg, la rivière Saskatchewan et la région située le long du cours supérieur de la rivière Churchill ; il la dessina vraisemblablement durant l'été de 1776, quand Alexander Henry*, l'aîné, passa par Michillimakinac en revenant du seul voyage qu'il accomplit dans cette région de l'arrière-pays. Rien n'indique que McCarty se soit joint à l'expédition.

De St Ursule, le 7 juin 1778, McCarty envoya au commandant de Michillimakinac une lettre contenant des renseignements sur les activités des Indiens et des rebelles dans le pays des Illinois. Il s'agissait apparemment d'informations sérieuses et importantes ; plus tard au cours de l'année, toutefois, McCarty fournit des marchandises et rendit des services aux troupes conjointes du pays des Illinois et de la Virginie. Le fait d'avoir saisi cette occasion d'affaires, à laquelle il était bien préparé par son expérience antérieure d'officier d'intendance, pourrait être interprété tout simplement comme le geste d'un homme qui était neutre dans le conflit. Cependant, au début de l'année suivante, McCarty dirigea un petit groupe de volontaires de Cahokia, principalement composé de francophones, qui participa à l'attaque des rebelles contre le fort Sackville (Vincennes, Indiana), au cours de laquelle Henry HAMILTON fut fait prisonnier. Par la suite, il fut nommé capitaine dans l'armée régulière de l'état de la Virginie (auquel le pays des Illinois avait été intégré en tant que comté). A sa femme, alors à Montréal, il expliqua qu'il avait changé d'allégeance dans le dessein de lui procurer une pension et d'assurer la prospérité de leurs enfants au cas où il décéderait.

Nommé commandant à Cahokia en août 1779, McCarty eut tôt fait d'assouplir l'attitude autocratique qu'il avait d'abord adoptée envers les civils et, dès le mois d'octobre, il critiqua la manière dont les Virginiens se conduisaient à leur endroit. Pour cette raison ou pour une autre, il fut arrêté et accusé de trahison, mais on ignore s'il subit un procès. En mai 1781, il quitta Kaskaskia (Illinois) pour aller présenter à la législature de la Virginie une pétition dans laquelle la population civile de cet endroit se plaignait d'être brimée par les fonctionnaires virginiens. On croit qu'il fut tué par des Indiens quelques jours plus tard. Joseph-François Perrault*, qui épousa à Montréal la fille de McCarty, Ursule, parvint finalement à obtenir au nom des héritiers 400 acres des terres auxquelles ceux-ci prétendaient avoir droit aux États-Unis.

Il semblerait que Richard McCarty fut un opportuniste dont les aspirations dépassaient le talent. Il se maria probablement au-dessus de son rang, et c'est peut-être dans l'espoir de bâtir une fortune qu'il abandonna la pratique du droit pour le commerce des fourrures. Un homme qui le connut assez bien, peut-on supposer, fut Arent Schuyler De Peyster qui commanda à Michillimakinac après 1774. En apprenant que McCarty était passé dans le camp des Virginiens, il écrivit : « jamais un être aussi vil n'était encore entré dans le service – pourtant, il fut l'un des personnages les plus éminents au fort Sackville ».

G. MALCOLM LEWIS

APC, MG 24, L3, pp.2 888–2 890, 3 177–3 179. — BL, Add. MSS 21 757, ff.7, 47, 106–107v. ; 21 842, ff.24–25. — Clements Library, Harmar papers, 12, f.122a. — Conn. State Library (Hartford), Connecticut archives, Colonial War, sér. 1, nº 21a. — Ill. State Archives (Springfield), J. Nick Perrin coll., Cahokia records, notarized statement, 11 janv. 1774. — Ind. Hist. Soc. Library (Indianapolis), Armstrong papers. — Wis., State Hist. Soc. (Madison), Canadian archives, abstracts of Indian trade licences in Canadian archives, 1767–1776. — APC *Report*, 1910, 17, 23. — *Cahokia records, 1778–1790*, C. W. Alvord, édit. (Springfield, Ill., 1907). — *George Rogers Clark papers* [...] *1771–1784*, J. A. James, édit. (2 vol., Springfield, 1909). — *The papers of Thomas Jefferson*, J. P. Boyd *et al.*, édit. (19 vol. parus, Princeton, N.J., 1950–), IV : 207s., 442 ; V : 494, 574. — *The St. Clair papers* [...], W. H. Smith, édit. (2 vol., Cincinnati, Ohio, 1882). — *Guide to the manuscript maps in the William L. Clements Library*, Christian Brun, compil. (Ann Arbor, Mich., 1959). — [P.-]P.-B. Casgrain, *La vie de*

Joseph-François Perrault, surnommé le père de l'éducation du peuple canadien (Québec, 1898).

MacDONALD, JAMES, prêtre et missionnaire, né en 1736 dans les West Highlands, Écosse, probablement à Moidart, décédé en 1785 à l'île Saint-Jean (Île-du-Prince-Édouard).

James MacDonald fit partie de ces brillants élèves que l'Église catholique d'Écosse aimait envoyer à l'étranger pour parfaire leur éducation. Il entra donc en 1754 au Jesuits' Scots College de Rome où il fut ordonné prêtre en 1765, après des études de philosophie, de théologie et de dogmatique. A son retour en Écosse, il travailla comme missionnaire jusqu'en 1772, attaché principalement à Drummond, près de Crieff (Tayside). En mai de cette même année, il quitta le port de Glasgow à bord de l'*Alexander*, en compagnie de plus de 200 catholiques des Highlands, à destination de l'île Saint-Jean. Ils faisaient partie de la première grande vague d'immigration de catholiques écossais vers l'Amérique depuis le soulèvement jacobite de 1745–1746.

Le groupe avait à sa tête deux laïcs (tous deux cousins de l'abbé MacDonald), John MacDonald* of Glenaladale, surnommé Fear-a-Ghlinne, et son frère Donald, mais le projet et son financement étaient l'œuvre de deux évêques catholiques d'Écosse, John MacDonald et George Hay. Craignant que les persécutions engagées par Colin MacDonald of Boysdale dans South Uist ne se répandent, mais ne disposant d'aucun moyen légal pour s'y opposer, Mgr MacDonald pensait que l'émigration pourrait alléger les souffrances des catholiques d'Uist en faisant peser sur les lairds des Highlands la menace de voir leurs terres se dépeupler. Mise au courant de l'existence de l'île Saint-Jean par James William Montgomery, procureur général d'Écosse, qui y possédait de vastes terres [V. William MONTGOMERY], l'Église avait jeté son dévolu sur cette île peuplée d'Acadiens catholiques, avec l'espoir que les Écossais « étant rassemblés sur une île [...] il serait plus facile de maintenir une communauté unie, favorable à l'épanouissement de la religion ». L'Église catholique d'Écosse espérait obtenir juridiction sur l'île, mais Rome décida qu'elle continuerait à dépendre de l'évêque de Québec, Mgr BRIAND. On choisit, pour accompagner les émigrants, l'abbé MacDonald, qui avait toujours manifesté de l'empressement à partir avec ses compatriotes. Candidat idéal pour plusieurs raisons, il avait, entre autres, le mérite de parler gaélique, anglais, latin et français.

Contrairement aux espoirs des évêques, seulement 11 des 36 familles du domaine Boysdale décidèrent de quitter le pays, et le gros des émigrants venait des terres de MacDonald of Clanranald situées à Arisaig et Moidart, sur la terre ferme. Après cinq semaines de mer, l'*Alexander* remonta la rivière Hillsborough jusqu'au lot 36 concédé à Glenaladale, où l'abbé MacDonald célébra une messe – la première sur l'île sous le Régime britannique. Étant le seul, les MacDonald of Glenaladale mis à part, à posséder des qualités de chef, il devint vite le porte-parole des dissidents du groupe, composé en grande partie de ses parents et de ses vieux amis. Il eut aussi à faire face à d'autres difficultés. Les Acadiens refusaient de se mêler aux Écossais et de former avec eux une seule communauté. Mgr Briand demanda donc à MacDonald de desservir les Acadiens de Malpeque ; il y passa le premier hiver. Mais étant le seul prêtre de l'île, il ne pouvait recevoir les sacrements et se sentait extrêmement isolé.

En juin 1773, l'abbé MacDonald se rendit à Québec pour voir s'il existait une possibilité de faire sortir de l'île ses « pauvres ouailles » ; en effet, arrivés un an plus tôt avec des outils et des vivres pour une année, il ne leur restait, comme il l'écrivit dans une lettre adressée en Écosse, « ni argent, ni vêtements, ni viande, à moins de payer quatre fois le prix, et cela lui fendait le cœur de voir ses pauvres amis, qui ne vivaient pas trop mal en Écosse, proches de la misère et du dénuement le plus complet ». A Québec, il rencontra l'abbé Bernard-Sylvestre Dosque, ancien curé de Malpeque, et on lui offrit des terres à Québec pour ses paroissiens. L'Église en Écosse n'appuyait pas ses démarches qu'elle considérait comme extrêmement dangereuses car la dispersion des établissements signifierait l'échec de l'entreprise. Or il fallait absolument réussir pour faire peur aux lairds des Hébrides et mettre fin aux persécutions. Heureusement les conditions de vie sur l'île s'améliorèrent juste à temps. L'arrivée de Glenaladale quelques mois plus tard, avec des vivres, en plus d'une meilleure récolte empêchèrent l'abbé de « faire presque échouer toute l'affaire », selon les termes mêmes de Mgr MacDonald. Les quelques immigrants qui avaient suivi ses conseils connurent « définitivement » la ruine et regrettèrent amèrement de s'être installés à Québec. Rien ne démontre cependant que le rôle de l'abbé MacDonald dans cet épisode ait compromis ses relations avec les Glenaladale et ses paroissiens.

Une fois surmontée, pour lui et ses fidèles, cette première crise d'adaptation à une nouvelle terre, l'abbé MacDonald s'installa dans la routine du service pastoral auprès de ses paroissiens highlanders et acadiens. On construisit une église à Scotchfort, mais l'abbé MacDonald officiait aussi très souvent dans des maisons privées, comme il l'avait fait en Écosse. Surmontant sa crainte de l'isolement, il refusa une invitation des Acadiens de la terre ferme qui lui demandaient de devenir leur pasteur, disant que ses ouailles avaient besoin de lui sur l'île. En 1776, il semblait s'être réconcilié avec son sort, et on sait même qu'il confessait des Indiens, avec l'aide d'interprètes, comme Dosque l'avait fait avant lui. Le courrier interrompu à cause de la guerre, on connaît malheureusement peu de chose de ses activités durant cette période. Ces années de ministère itinérant, avec, à l'occasion, des voyages en Nouvelle-Écosse, dans une région où les moyens de communication et de transport demeuraient très rudimentaires, firent payer un lourd tribut à sa santé et, en 1785, la grande crainte de l'abbé MacDonald se réalisa lorsque, en l'absence d'un autre prêtre, la fièvre l'emporta sans qu'il eût reçu les derniers sacrements. Il repose à Scotchfort, dans une tombe ne comportant aucune inscription. Après sa mort, l'île resta sans prêtre résidant, jusqu'à l'arrivée d'Angus Bernard MacEachern*, en 1790.

J. M. Bumsted

Scottish Catholic Archives (Édimbourg), Blairs letters, 11 nov. 1770, l'évêque George Hay à John Geddes ; 25 nov. 1771, Hay à Peter Grant ; 14 févr. 1772, l'évêque John MacDonald à Hay ; 23 avril 1772, l'évêque John MacDonald à Charles Cruickshank ; 19 janv. 1773, John MacDonald of Glenaladale à Hay ; 9 juin 1773, l'abbé James MacDonald à John Grant ; 25 oct. 1773, l'évêque John MacDonald à Hay ; 4 nov. 1776, l'abbé James MacDonald à Hay. — J. C. MacMillan, *The early history of the Catholic Church in Prince Edward Island* (Québec, 1905), 41–50. — J. M. Bumsted, Highland emigration to the Island of St. John and the Scottish Catholic Church, 1769–1774, *Dal. Rev.*, LVIII (1978–1979) : 511–527. — Ada MacLeod, The Glenaladale pioneers, *Dal. Rev.*, XI (1931–1932) ; 311–324.

MACÉ, PIERRE-JACQUES DRUILLON DE. V. Druillon

MACKAY, JOHN, chirurgien adjoint sur un navire, *circa* 1785–1787.

On connaît peu de chose de la vie de John Mackay avant la fin de 1785, époque où il s'embarqua pour une expédition qui mit à la voile à Bombay (Inde), sous la direction d'un marchand de Madras, James Charles Stuart Strange*, pour commercer avec les Indiens des côtes de l'actuelle Colombie-Britannique. Selon Alexander Walker*, qui participa à l'entreprise et qui plus tard s'entretint avec Mackay, ce dernier était né en Irlande et avait quelque peu étudié la médecine avant de s'engager au service de l'East India Company, à titre de simple soldat. On l'avait choisi pour ce voyage à cause de ses connaissances médicales, suffisantes pour qu'il servît comme chirurgien adjoint à bord du senau *Experiment*, qui accompagnait le *Captain Cook*, sur lequel se trouvait un chirurgien tout à fait compétent. Strange avait d'abord projeté de laisser une garnison de soldats à la baie de Nootka, mais, une fois sur les lieux, il se ravisa, à cause des coûts que pouvait représenter un tel établissement. Il n'y laissa plutôt qu'un seul homme, John Mackay.

Dans des rapports postérieurs fondés sur de maigres renseignements, on a eu tendance à exagérer la formation médicale de Mackay. Il ne fait point de doute que, dans son journal, Strange surestime les mérites, à cet égard, de Mackay ; il n'avait guère intérêt, du reste, à admettre que le seul individu qu'il laissa derrière, lors de son départ de la baie en juillet 1786, n'était pas particulièrement compétent. Selon Strange, Mackay était un jeune homme brillant qui s'était déjà acquis l'affection de Muquinna en guérissant l'enfant de ce chef nootka, qui avait les mains et les jambes galeuses, et « à mesure que sa pratique [médicale] s'étendait, son importance aux yeux de ces gens ne pouvait manquer de gagner chaque jour du terrain ». Néanmoins, Strange fit montre, par ailleurs, d'un manque certain de confiance en Mackay, notant qu'il n'avait mis à sa disposition que des remèdes ne contenant pas de poison. Il laissa aussi à Mackay tous les vivres nécessaires, de grandes quantités de semences, un couple de chèvres, de même que des livres, de l'encre et du papier, de façon qu'il pût noter « chaque fait, si banal fût-il, qui pût servir à élargir [la] connaissance jusque-là limitée des mœurs et coutumes, de la religion et du gouvernement de ces peuples ». C'était une occasion en or pour l'ethnographie.

Malheureusement, le choix de Mackay ne se révéla pas des plus heureux. Il accepta de rester à la baie de Nootka, en grande partie pour n'avoir pas à rentrer dans le rang en Inde, et, de l'avis d'Alexander Walker, c'était un homme sans « grande instruction ni grande intelligence ». Le capitaine George Dixon, qui rencontra Mackay en Chine en 1787, corrobore ce jugement en le décrivant comme un « jeune homme fort ignorant [...] doué d'une capacité qui n'est rien qu'ordinaire ». Les difficultés que rencontra Mackay ne furent pas, toutefois, entièrement son fait. Le premier problème fut l'insistance de Muquinna pour que Strange laissât à Mackay un mousquet et des munitions, car les indigènes voyaient principalement, dans leur hôte, quelqu'un qui pût frapper leurs ennemis. Ils demandèrent aussi qu'on laissât à Mackay un manteau rouge, parce qu'un tel vêtement jetterait à lui seul la terreur parmi leurs adversaires. Strange essaya de leur donner l'impression que l'arme à feu n'avait de pouvoirs qu'entre les mains d'un Blanc, mais Mackay négligea de tirer avantage de cette ruse. Un mois après le départ des navires de Bombay, le *Sea Otter*, dont le capitaine était James HANNA, relâcha à la baie de Nootka. On rapporta que Mackay était « en bonne santé et content, vêtu et vivant à la mode indigène » ; de fait, Mackay rappela plus tard qu'au temps de la visite de Hanna, il avait commencé « à savourer le poisson séché et l'huile de baleine », et qu'il était extrêmement « satisfait de son mode de vie ». Les Nootkas montrèrent fièrement le mousquet à l'équipage du *Sea Otter*, un geste que comprirent les Européens qui avaient les premiers utilisé des armes à feu contre eux l'année précédente. Les Indiens persuadèrent bientôt Mackay de les laisser examiner cette arme. Il en démonta même le verrou de percussion. Les pièces passèrent de main en main, furent admirées et disparurent promptement.

Malgré la perte de son arme, Mackay continua d'être bien traité jusqu'au jour où il enfreignit sans le savoir un tabou en enjambant le berceau de l'enfant de Muquinna, qu'on avait placé devant la porte. Le chef le chassa hors de sa maison et se livra sur lui à des voies de fait. Pendant quelques semaines, Mackay fut forcé de vivre à l'extérieur ; son bannissement fut prolongé par suite de la mort de l'enfant peu de temps après. Plus tard, on lui donna une hutte et on le nourrit, mais il ne regagna jamais la faveur de Muquinna. Tout ce qui lui servait à écrire fut détruit peu après par un autre chef ; négligées, les chèvres moururent. Quand le village se déplaça vers l'intérieur des terres pour y passer l'hiver, Mackay ne reçut aucune nourriture pendant le voyage ; il subsista en mangeant toutes ses semences céréalières et potagères. Sans son fusil, il était inutile à la chasse ; on le laissa derrière avec les femmes et les enfants, pendant que les hommes allaient faire provision de nourriture. Quelle que pût être son habileté en médecine, les femmes ne l'auraient point laissé exercer son art car elles avaient leurs propres remèdes. Naturellement, il fut atteint de dysenterie et passa un hiver misérable.

En juin 1787, l'*Imperial Eagle*, ayant comme capitaine Charles William Barkley*, mouilla dans l'anse Friendly et, selon le journal, aujourd'hui perdu, de Mme Barkley (Frances Hornby Trevor), Mackay parut bientôt à bord, vêtu seulement d'une peau de loutre marine et incroyablement sale. Même si le capitaine Dixon, qui arriva en août, rapporta que Mackay maîtrisait peu la langue nootka – ce qui n'était pas surprenant, puisqu'il avait passé la plus grande partie de son séjour en disgrâce – Mackay put aider Barkley à acquérir, des gens du village, un chargement de 700 peaux. Il était de toute évidence désireux de partir et, selon toute apparence, il s'embarqua avec Dixon, à bord du *King George*. A son arrivée à Canton (République populaire de Chine), Mackay affirma qu'il avait été ramené de force et que s'il eût pu « choisir librement, il n'aurait pas quitté son poste ». A l'époque de son retour en Inde, il buvait tellement qu'on avait du mal à le comprendre. Peu après son entretien avec Walker à Bombay (à un moment ou l'autre de l'année 1788, apparemment), Mackay disparut. Il mourut peu après, probablement. Quant à son expérience en Amérique, elle représente plus un fait curieux qu'une source importante de connaissances.

J. M. BUMSTED

National Library of Scotland (Édimbourg), Dept. of manuscripts, MSS 13 778, p.4 ; 13 780, pp.262–278, 313. — Provincial Archives of British Columbia (Victoria), G.B., India Office, East India Company, Madras records, 1785–1795, James Strange à Archibald Campbell, 22 févr. 1788 ; John Walbran, The cruise of the Imperial Eagle (copie dactylographiée). — [William Beresford], *A voyage round the world : but more particularly to the north-west coast of America* [...], George Dixon, édit. (Londres, 1789 ; réimpr., Amsterdam et New York, 1968), 232s. — [James Strange], *James Strange's journal and narrative of the commercial expedition from Bombay to the north-west coast of America* [...] (Madras, Inde, 1928 ; réimpr., 1929), 21, 23. — Cook, *Flood tide of empire*, 102. — F. W. Howay, The voyage of the « Captain Cook » and the « Experiment », 1785–86, *British Columbia Hist. Quarterly* (Victoria), V (1941) : 285–296. — W. K. Lamb, The mystery of Mrs. Barkley's diary : notes on the voyage of the « Imperial Eagle », 1786–87, *British Columbia Hist. Quarterly*, VI (1942) : 31–47.

McKEE, ALEXANDER, agent des Affaires indiennes, trafiquant de fourrures, fonctionnaire local, né vers 1735 dans l'ouest de la Pennsylvanie, fils d'un trafiquant irlandais, Thomas McKee, et d'une Chaouanon (ou, peut-être, d'une Blanche, captive chez les Indiens), décédé le 15 janvier 1799 sur la rivière Thames, Haut-Canada.

Jeune homme, Alexander McKee fut lieutenant dans les forces de la Pennsylvanie pendant les premières années de la guerre de Sept Ans. Entré au département des Affaires des Indiens du Nord en 1760, à titre d'adjoint de George Croghan, il y servit, tout en faisant la traite, jusqu'à l'éclatement de la Révolution américaine, acquérant un prestige considérable au sein des tribus habitant le nord de la rivière Ohio. Il avait épousé une Chaouanon et, au début des années 1770, il possédait une maison dans un des villages chaouanons de la rivière Scioto (Ohio).

Comme McKee était sympathique à la cause britannique au début de la Révolution américaine, il fut gardé sous surveillance. En mars 1778, en compagnie de Matthew Elliott*, de Simon Girty* et d'autres, il s'enfuit de la région du fort Pitt (Pittsburgh, Pennsylvanie) et se rendit dans la région de l'Ohio. Plus tard, la même année, il alla rejoindre les Britanniques, à Détroit. Les Américains considérèrent son départ comme une perte importante, vu la grande influence dont il jouissait auprès des Indiens. A Détroit, il devint capitaine et interprète au département des Affaires indiennes, et, pendant le reste de la révolution, il aida à diriger, parmi les Indiens de la vallée de l'Ohio, des opérations contre les Américains. Il prit part à plusieurs des principales actions qui se déroulèrent dans cette région, dont la prise de Vincennes (Indiana) par Henry HAMILTON en 1778, l'expédition de Henry Bird contre le Kentucky, alors un comté de la Virginie, en 1780 et l'attaque de Bryant's Station (près de Lexington, Kentucky) en août 1782.

Après la révolution, McKee obtint du terrain du côté canadien de la rivière Détroit, mais travailla à Détroit comme agent adjoint au département des Affaires indiennes, qui utilisait son influence sur les tribus des états actuels de l'Ohio et de l'Indiana pour encourager les Indiens à s'opposer à l'établissement d'Américains au delà de la rivière Ohio. Il trafiqua aussi le long de la rivière des Miamis (rivière Maumee) et fut l'un des leaders les plus en vue dans la région de la rivière Détroit. Il devint lieutenant-colonel de la milice locale à la fin des années 1780, juge de la Cour des plaids communs du district de Hesse (Ontario) en 1788, membre du conseil des terres du district en 1789 et lieutenant du comté d'Essex en 1792.

Au début des années 1790, quand éclatèrent les hostilités généralisées entre les Américains et les tribus indiennes, McKee et ses adjoints aidèrent à grouper et à approvisionner les Indiens qui résistaient aux expéditions américaines [V. EGUSHWA]. Avec Simcoe*, lieutenant-gouverneur du Haut-Canada, il essaya de concevoir un plan praticable pour la création d'un état indien qui servît de tampon entre les Américains et les possessions britanniques. McKee joua un rôle considérable en organisant les Indiens pour qu'ils puissent s'opposer à la progression des troupes du major général Anthony Wayne, en 1793 et en 1794, et fut présent à la bataille de Fallen Timbers (près de Waterville, Ohio) en août 1794, mais en observateur seulement. La victoire de Wayne et l'incapacité des troupes régulières britanniques d'appuyer les Indiens ternirent le prestige britannique au sein des tribus. McKee se vit confier une autorité officielle sur les questions indiennes dans le Haut-Canada à la fin de 1794, alors qu'il fut nommé surintendant adjoint et inspecteur général adjoint des Affaires indiennes.

Après le retrait des Britanniques de Détroit, en 1796, McKee vint résider sur le côté canadien de la rivière. A sa mort, trois ans plus tard, il vivait sur la rivière Thames. Dans le tumulte des années 1790, il avait été le plus important fonctionnaire à organiser la résistance indienne à l'avance américaine de l'autre côté de la rivière Ohio. A ses yeux, la politique britannique à cet égard n'était pas uniquement une affaire officielle, mais le point culminant de toute une vie passée en compagnie des Indiens de la vallée de l'Ohio. Son fils Thomas* travailla lui aussi pour le département des Affaires indiennes et devint agent à Amherstburg en 1801.

REGINALD HORSMAN

APC, MG 19, F1 ; RG 8, I (C series) ; RG 10, A1, 1–4 ; A2, 8–12. — BL, Add. MSS 21 661–21 892 (copies aux APC). — *Correspondence of Lieut. Governor Simcoe* (Cruikshank). — *Frontier defense on the upper Ohio, 1777–1778* [...] R. G. Thwaites et L. P. Kellogg, édit. (Madison, Wis., 1912 ; réimpr., Millwood, N.Y., 1973). — *Johnson papers* (Sullivan *et al.*), III ; VIII ; X ; XII. — *Michigan Pioneer Coll.*, IX (1886) ; X (1886) ; XIII (1888) ; XIX (1891) ; XX (1892). — PAO *Report*, 1905, 1928–1929, 1931. — *The Windsor border region, Canada's southernmost frontier* [...], E. J. Lajeunesse, édit. (Toronto, 1960). — R. C. Downes, *Council fires on the upper Ohio : a narrative of Indian affairs in the upper Ohio valley until 1795* (Pittsburgh, Pa., 1940). — Reginald Horsman, *Matthew Elliott, British Indian agent* (Détroit, 1964). — N. B. Wainwright, *George Croghan, wilderness diplomat* (Chapel Hill, N.C., 1959). — Frederick Wulff, Colonel Alexander McKee and British Indian policy, 1735–1799 (thèse de M.A., University of Wisconsin-Milwaukee, Milwaukee, Wis., 1969). — W. R. Hoberg, Early history of Colonel Alexander McKee, *Pennsylvania Magazine of History and Biography* (Philadelphie), LVIII (1934) : 26–36 ; A Tory in the northwest, LIX (1935) : 32–41.

MACKELLAR, PATRICK, ingénieur militaire, né en 1717 ; il épousa, probablement à l'île de Minorque, Elizabeth Basaline, et ils eurent deux fils ; décédé le 22 octobre 1778 à Minorque.

Patrick Mackellar entra au service du Board of Ordnance comme commis à Woolwich (Londres) en 1735 et fut promu, quatre ans plus tard, commis aux travaux et posté à Minorque. Il montra bientôt pour l'architecture et le génie militaires des aptitudes officiellement reconnues le 7 décembre 1742, alors qu'il obtint un certificat d'ingénieur exerçant. Dès lors, il fut employé à l'amélioration des défenses de Port Mahon (Mahón, Minorque). En juillet 1751, il était élevé au grade d'ingénieur ordinaire.

Rappelé en Angleterre en 1754, Mackellar fut promptement envoyé en Amérique du Nord où il fut d'abord mis en service actif : il participa à l'expédition du major général Edward Braddock contre le fort Duquesne (Pittsburgh, Pennsylvanie) en 1755 [V. Jean-Daniel DUMAS]. Grièvement blessé à la bataille de la Monongahéla, le 9 juillet, il se trouvait tout de même à Oswego (ou Chouaguen ; aujourd'hui Oswego, New York) le printemps suivant, comme ingénieur en chef des forts de la frontière. Mackellar reçut l'ordre de remplacer les fortifications désuètes d'Oswego, mais sa mission était loin d'être achevée lors de la prise de ce poste, du 13 au 14 août 1756, par une armée sous les ordres de Montcalm*.

Après avoir passé quelques mois comme prisonnier de guerre à Québec et à Montréal, Mackellar fut échangé et retourna en Grande-Bretagne au début de 1757 ; le 14 mai, il reçut une commission de capitaine dans le corps d'armée auquel il appartenait. Le 4 janvier suivant, il fut promu sous-directeur des ingénieurs et major, et nommé adjoint du colonel John Henry Bastide*, ingénieur en chef de l'expédition d'AMHERST contre Louisbourg, île Royale (île du Cap-Breton). Les forces britanniques débarquèrent près de la forteresse le 8 juin ; un mois plus tard, Mackellar succéda à Bastide après que celui-ci eut été blessé. Malgré l'impatience de Wolfe* devant la lenteur avec laquelle se déroulait le siège, il semble qu'une part non négligeable du mérite de la capitulation de Louisbourg, le 27 juillet, revenait à l'habileté professionnelle de Mackellar.

Quelques mois plus tard, Mackellar fut choisi pour servir comme ingénieur en chef de l'expédition contre Québec dont Wolfe devait prendre le commandement. Singulièrement qualifié pour ce nouveau poste, Mackellar était non seulement hautement respecté dans sa profession, mais, à la suite de sa libération comme prisonnier, il avait soumis au Board of Ordnance un rapport détaillé sur la topographie et les ouvrages de défense de Québec, de même qu'une carte de la région. Même si beaucoup de ces renseignements étaient inexacts ou périmés – l'original à partir duquel il avait fait sa carte avait été inclus par Pierre-François-Xavier de Charlevoix* dans son *Histoire et description générale de la Nouvelle France* [...] (3 vol., Paris, 1744) – ils constituèrent néanmoins, pour Wolfe, le seul ensemble substantiel qui lui permit de connaître son objectif, et Mackellar devint l'un de ses quelques conseillers de confiance. Il détermina le site des batteries britanniques et conduisit toutes les opérations préliminaires du siège, en dépit d'une sérieuse blessure subie pendant l'attaque de la côte de Beauport, le 31 juillet ; il mit au point et expérimenta des méthodes pour le débarquement de l'infanterie au moyen de plates-formes flottantes. Il se prononça aussi, auprès de Wolfe, contre une attaque frontale de la ville et accompagna le général dans sa reconnaissance finale des lieux.

Immédiatement après la victoire des plaines d'Abraham, le 13 septembre, Mackellar se mit aux préparatifs en vue du siège de Québec, mais la capitulation de la ville, cinq jours plus tard, rendit ces efforts inutiles. Pendant l'automne de 1759 et le printemps de 1760, il renforça les défenses de la ville en prévision d'une contre-attaque française ; il eut la direction de l'artillerie dans le corps d'armée commandé par le général de brigade James MURRAY, à la bataille de Sainte-Foy, le 28 avril. Très sérieusement blessé dans cette défaite britannique, il supervisa néanmoins la défense de Québec pendant sa convalescence et jusqu'à l'arrivée d'une escadre britannique en mai qui força les Français à lever le siège. Il participa aussi aux opérations qui complétèrent subséquemment la conquête du Canada.

En novembre 1760, Mackellar fut nommé ingénieur en chef à Halifax, où il commença d'importants travaux pour l'amélioration des défenses et consacra beaucoup de temps et d'énergie à entraîner les troupes aux opérations de siège. Il servit avec distinction comme ingénieur en chef au sein de l'expédition du major général MONCKTON contre la Martinique, l'année suivante, et dans l'expédition du comte d'Albemarle contre Cuba, en 1762. Grièvement blessé au siège du château Morro, à La Havane (Cuba), il ne se remit jamais complètement de cette blessure. La paix faite, Mackellar fut de nouveau envoyé à Minorque, où il travailla encore à l'amélioration des ouvrages de défense. Il fut promu lieutenant-colonel honoraire le 3 janvier 1762, lieutenant-colonel en titre le 2 février 1775 et directeur des ingénieurs et colonel le 29 août 1777. Son fils aîné, John, qui s'éleva jusqu'au grade d'amiral de l'escadre bleue, servit à Halifax de 1804 à 1810, à titre d'agent des prisonniers de guerre et des transports et de directeur de l'hôpital naval.

Il est curieux que Mackellar, en dépit de sa carrière des plus respectables et distinguées, ne reçut jamais d'honneurs particuliers. Ses promotions, cependant, démontrent qu'il fut l'un des ingénieurs militaires les plus estimés de sa génération, et certainement qu'il mérite d'être reconnu pour sa contribution aux succès britanniques au Canada pendant les dernières campagnes de la guerre de Sept Ans.

JOHN W. SPURR

Patrick Mackellar a laissé des comptes rendus intéressants et d'une bonne valeur documentaire des principales opérations auxquelles il a pris part, et en particulier un journal inestimable de l'expédition contre Québec. Ce journal, quand il fut publié pour la première fois dans les *Papers on subjects connected with the duties of the corps of Royal Engineers* (Londres), IX (1847), fut incorrectement attribué au major James Moncrieff. Les documents originaux de Mackellar, avec plusieurs cartes s'y rapportant, sont conservés à la BL, dans le fonds Cumberland de la Royal Library du château de Windsor, et au PRO ; plusieurs de ces documents peuvent être aisément consultés dans *Military affairs in North America, 1748–1765* (Pargellis). Des copies de ces documents, quand ils ont une relation directe avec le Canada, sont également disponibles aux APC. [J. W. S.]

Knox, *Hist. journal* (Doughty). — Frederic Boase, *Modern English biography* [...] (3 vol. et 3 suppl., s.l., 1892–1921 ; réimpr., Londres, 1965), II : 621s. — *DAB*. — *DNB*. — G.-B., WO, *Army list*, 1758–1836. — W. R. O'Byrne, *A naval biographical dictionary* [...] (Londres, 1849), 699s. — *Roll of officers of the corps of Royal Engineers from 1660 to 1898* [...], R. F. Edwards, édit. (Chatham, Angl., 1898), 4. — L. H. Gipson, *The British empire before the American revolution* (15 vol., Caldwell, Idaho, et New York, 1936–1970), VI ; VII. — Christopher Hibbert, *Wolfe at Quebec* (Londres et Toronto, 1959). — Porter, *History of Royal Engineers*, II : 386s. — Stacey, *Quebec, 1759*, 44–46, 107s., 129s.

McLANE (McLean, M'Lane), DAVID, marchand, peut-être originaire de l'Ayrshire, Écosse, pendu à Québec le 21 juillet 1797, à l'âge d'environ 30 ans.

De l'été de 1789 à avril 1793, la Révolution française est célébrée dans la presse à Québec et à Montréal, par les Canadiens aussi bien que par les Anglais, les uns comme adeptes des Lumières, les autres heureux de voir les Français se donner enfin un régime parlementaire. Bien qu'opposé à la Révolution, le clergé canadien n'en laisse rien paraître publiquement.

A partir du moment où la Révolution déclare la guerre à la Grande-Bretagne, la situation change radicalement et les autorités entreprennent de mener un combat avant tout psychologique. Proclamations contre la sédition, harangues, adresses, discours du gouverneur ou des autres administrateurs sont publiés chaque semaine par la presse de Québec et de Montréal. Plusieurs de ces textes sont ensuite réunis en brochures et distribués, aux frais du gouvernement, aux magistrats, capitaines de milice, juges de paix et autres notables, enjoignant à chacun de dénoncer ceux qui tiennent des propos séditieux. En même temps, la chambre d'Assemblée suspend l'*habeas corpus* le 2 mai 1797 et ordonne aux étrangers – surtout aux Français – de quitter la colonie. Le clergé dénonce de son côté les « horreurs » de la révolution parricide et satanique par ses mandements, ses lettres circulaires, ses prônes et ses sermons.

Dès l'automne de 1793, s'installe chez les Anglais la peur de voir arriver la flotte française de Saint-Domingue (île d'Haïti), peur qui renaîtra chaque automne jusqu'en 1797. Et durant ce temps, on pourchasse des émissaires français insaisissables. Le refus des Canadiens de s'inscrire sur les rôles de milice selon la nouvelle loi de 1794, par crainte d'être appelés loin de chez eux, et les incidents qui se produisent en 1796 contre la loi de voirie, qui oblige les habitants à payer de leur personne, de leurs attelages et de leurs outils pour la construction des chemins, portent les Anglais à croire que les Canadiens sont manipulés par des espions. Il fallait donc découvrir ces dangereux émissaires : on trouva David McLane, marchand de Providence, Rhode Island.

A Montréal, le 1er décembre 1796, William Barnard déclare sous serment qu'il a rencontré McLane au Vermont en juillet précédent, puis à Montréal, et que celui-ci a admis vouloir fomenter la révolution au Canada. A Québec, le 10 mai 1797, John Black*, constructeur de navires et député, déclare à un membre du Conseil exécutif qu'il a le jour même rencontré Charles Frichet, qui lui a confié qu'un général français caché dans les bois désirait le voir. Black a ainsi rencontré David McLane, qui lui aurait exposé son projet de subversion. Il proposait de renverser le gouvernement britannique en recrutant, en plus de sept ou huit personnes d'influence, dont Black, autant de Canadiens que possible qui, aidés d'hommes recrutés aux États-Unis, attaqueraient par surprise la garnison de Québec, armés de piques longues de huit pieds. Le soir même, McLane est arrêté dans la maison de Black qui avait dénoncé l'Américain aux autorités. Le 14 juin, la cour adjoint à McLane pour sa défense George Germaine Sackville Francklin, fils de Michæl FRANCKLIN, et George Pyke*, tous deux avocats depuis quelques mois seulement. Le 7 juillet, le procès s'ouvre devant 12 jurés anglais. Les avocats de la couronne sont le procureur général Jonathan Sewell* et Alexis Caron*. Six témoins à charge comparaissent, dont Charles Frichet et John Black, qui tous incriminent l'accusé. Celui-ci, dans sa déclaration, dit n'être venu au Canada que pour y vendre du bois. La défense n'ayant fait entendre aucun témoin, Pyke fait ressortir l'absurdité du projet prêté à McLane et l'absence de preuves. Francklin allègue pour sa part qu'il convient de se méfier de deux des témoins à charge, Frichet et Black, qui sont des complices. Le jury, après avoir délibéré une demi-heure, déclare McLane coupable. Les avocats de la défense demandent alors que le jugement soit cassé puisque McLane, en sa qualité d'étranger, ne peut être accusé de trahison. La demande est rejetée et le juge en chef de la province, William Osgoode*, condamne David McLane à être pendu et éviscéré vivant, pour avoir ensuite la tête et les membres séparés du corps. Il est exécuté le 21 juillet au milieu d'une grande foule, hors les murs de la ville, assisté de deux pasteurs protestants. Il était déjà mort lorsque le bourreau lui trancha la tête et l'éviscéra et son corps ne fut pas dépecé. Les témoins à charge auraient reçu des terres pour le prix de leur collaboration, en particulier John Black. Charles Frichet, illettré et peu doué, est condamné à la prison à vie pour avoir omis de dénoncer l'émissaire américain, mais il obtient son pardon et est aussitôt remis en liberté.

L'affaire McLane horrifia certes les populations et fit grand bruit. Le gouvernement fit imprimer 2 000 exemplaires des minutes du procès par William Vondenvelden* et apporta une aide financière à John Neilson* qui publia deux éditions du résumé du procès après y avoir consacré de longs articles dans *la Gazette de Québec*. Dès l'automne, une brochure relata aux Américains le procès et le châtiment barbare infligé à McLane. Le gouvernement américain, au courant de cette affaire, préféra ne pas intervenir afin de préserver ses relations avec la Grande-Bretagne. L'année suivante, l'abbé Augustin de Barruel, l'un des théoriciens français de la contre-révolution, entendait prouver par l'affaire McLane « l'universalité des succès de la secte, expliqué par l'universalité de ses complots ». Les procédures et les minutes du procès prirent même place en 1819 dans la collection des grands procès compilés par Thomas Bayly Howell, et la cause fit l'objet de débats chez les juristes anglais et américains du XIXe siècle.

Le projet prêté à McLane comporte de nombreuses invraisemblances et les historiens canadiens-anglais, sauf Douglas Brymner* et William Kingsford*, autant que les historiens canadiens-français, ont en général convenu que McLane était davantage un pauvre fou qu'un conspirateur. Cette affaire constitue un bel exemple de ce qui se passe en temps de guerre, lorsque la peur panique, l'action psychologique et la surenchère font perdre la tête aux uns et poussent les autres à la dénonciation payante.

CLAUDE GALARNEAU

Les minutes du procès, publiées par William Vondenvelden, forment un ouvrage de 127 pages intitulé *The trial of David McLane for high treason, at the city of Quebec, in the province of Lower-Canada ; on Friday, the seventh day of July, A.D. 1797 : taken in short-hand, at the trial* (Québec, 1797). John Neilson publia un résumé du procès en anglais et en français. La brochure en français comporte 22 pages et s'intitule *le Procès de David M'Lane pour haute trahison, devant une Cour spéciale d'oyer et terminer à Québec, le 7me juillet, 1797* (Québec, 1797). Quant à l'opuscule publié aux États-Unis, il a pour titre *The trial, condemnation and horrid execution of David M'Lean, formerly of Pennsylvania, for high treason* [...] (Windham, Ohio, 1797). On pourra consulter également [Augustin de] Barruel, *Abrégé des mémoires pour servir à l'histoire du jacobinisme* (Londres, 1798), et *A complete collection of state trials and proceedings for high treason and other crimes and misdemeanors from the earliest period to the year 1783*, T. B. Howell, compil. (33 vol., Londres, 1809–1826), XXVI : n° 622. [C. G.]

ANQ-Q, AP-P-1 061, 68s. — APC, MG 11, [CO 42] Q, 78, pp.135–144. — Archives du ministère des Affaires étrangères (Paris), Corr. politique, États-Unis, 49, ff.146, 155–165. — APC *Rapport*, 1891, xxxii–xli ; note D, 57–85. — T.-P. Bédard, *Histoire de cinquante ans (1791–1841), annales parlementaires et politiques du Bas-Canada, depuis la constitution jusqu'à l'Union* (Québec, 1869). — Thomas Chapais, *Cours d'histoire du Canada* (8 vol., Québec et Montréal, 1919–1934), II. — Robert Christie, *A history of the late province of Lower Canada, parliamentary and political, from the commencement to the close of its existence as a separate province* [...] (6 vol., Québec et Montréal, 1848–1855), I. — Galarneau, *La France devant l'opinion canadienne.* — F.-X. Garneau, *Hist. du Canada* (1845–1848), III. — William Kingsford, *The history of Canada* (10 vol., Toronto et Londres, 1887–1898), VII. — J.-F. Perrault, *Abrégé de l'histoire du Canada* [...] (5 parties en 4 vol., Québec, 1832–1836), II.

MACLEAN, ALLAN, officier, né en 1725 à Torloisk, dans l'île de Mull, Écosse, troisième fils du major Donald Maclean, cinquième laird de Torloisk, et de Mary Campbell ; le 4 février 1771, à Londres, il épousa Janet Maclean ; décédé sans postérité à Londres, le 18 février 1798.

Comme un grand nombre de Highlanders de son temps, Allan Maclean se joignit à l'armée jacobite en 1745. Il devint lieutenant dans le bataillon du clan des Maclean et prit part à la bataille de Culloden. Après la défaite du prince Charles le Jeune Prétendant, Maclean gagna les Provinces-Unies (Pays-Bas) et, en mai 1746, il s'enrôla dans la brigade écossaise de l'armée hollandaise. En même temps que Francis MCLEAN, un de ses parents, il fut capturé par les Français, en 1747, durant le siège de Bergen op Zoom (Pays-Bas). En 1750, il retourna en Grande-Bretagne, profitant de l'amnistie accordée par George II à tous les officiers jacobites qui acceptaient de prêter serment d'allégeance à la maison de Hanovre.

Nommé lieutenant dans le Royal American (62e, et par la suite le 60e d'infanterie) le 8 janvier 1756, Maclean servit en Amérique du Nord jusqu'en 1761. Il fut blessé au cours de l'attaque vainement menée par ABERCROMBY contre l'armée de Montcalm* au fort Carillon (Ticonderoga, New York) en 1758, puis une seconde fois alors qu'il commandait une compagnie indépendante de troupes provinciales de New York au siège du fort Niagara (près de Youngstown, New York) en 1759. Plus tard cette année-là, il se joignit aux forces de Wolfe* devant Québec. En 1761, il retourna en Grande-Bretagne où il recruta sa propre unité ; sa nomination au grade de major parut le 18 octobre de la même année : il devenait le commandant du 114e régiment (les Highlanders de Maclean). Il se rendit en Amérique du Nord avec ses hommes, mais son régiment fut licencié en 1763, et lui mis en demi-solde. Quelques-uns des militaires s'établirent dans l'île Saint-Jean (Île-du-Prince-Édouard). Conjointement avec plusieurs de ses parents, Maclean obtint plus tard une concession de terre, mais il ne semble pas s'être installé dans l'île.

Maclean toucha de nouveau pleine solde à partir de 1772 et, l'année suivante, il s'offrit à recruter un bataillon de Highlanders devant combattre au Bengale, mais l'East India Company rejeta sa proposition. Comme la situation politique dans les colonies américaines se détériorait, il soumit le projet de lever un régiment parmi les soldats des Highlands qui avaient été licenciés et vivaient en Amérique du Nord. Cette proposition acceptée, le lieutenant général GAGE chargea Maclean, le 12 juin 1775, de mettre sur pied « un corps de deux bataillons [...] qui seraient vêtus, armés et accoutrés de manière pareille au Royal Highland Regiment [42e d'infanterie] de Sa Majesté, et seraient appelés les Royal Highland Emigrants ». Le premier bataillon fut recruté au Canada et dans la colonie de New York, et le second en Nouvelle-Écosse et à l'île Saint-Jean. Nommé lieutenant-colonel et placé à la tête de l'ensemble de ces effectifs, Maclean assura lui-même le commandement du premier bataillon.

Durant la guerre d'Indépendance américaine, le deuxième bataillon ne prit aucune part aux opérations en tant qu'unité ; seuls quelques détachements furent envoyés dans les Carolines. Le premier bataillon, toutefois, joua un rôle important dans la défense du Canada pendant l'invasion américaine de 1775. Lorsque le gouverneur Guy Carleton* eut échoué dans ses efforts pour dégager le fort Saint-Jean, sur le Richelieu, Maclean, qui avait rassemblé sur la rivière une troupe de réguliers et de soldats des Royal Highland Emigrants, et tentait de recruter des partisans canadiens, se replia sur Québec. Il arriva à temps pour dissuader les éléments proaméricains de livrer la ville à Benedict Arnold*. Son énergie et la fermeté de ses instructions, s'ajoutant aux efforts du lieutenant-gouverneur, Hector Theophilus CRAMAHÉ, ranimèrent le courage des défenseurs. Même si Carleton, après la chute de Montréal, vint prendre en main le commandement suprême, Maclean fut responsable des préparatifs militaires devant mener à la défaite des Américains, le 31 décembre 1775, et à la mort de leur commandant, Richard MONTGOMERY. Les Américains, toutefois, poursuivirent le siège de la ville jusqu'en mai 1776, alors que les renforts britanniques arrivèrent.

Le 11 mai 1776, Allan Maclean fut nommé adjudant général de l'armée en Amérique du Nord, poste qu'il occupa jusqu'au 6 juin 1777 ; à cette date, il fut promu général de brigade et devint gouverneur militaire de Montréal. A la suite de la capitulation de BURGOYNE à Saratoga (Schuylerville, New York), Maclean, en tant qu'officier responsable de la défense de Montréal, fut forcé d'abandonner le fort Ticonderoga (l'ancien fort Carillon) et de concentrer ses troupes le long du Richelieu afin de parer plus efficacement à toute nouvelle invasion américaine. Sur les instances de Maclean, les Royal Highland Emigrants furent enfin constitués en régiment (le 84e) en 1778, et l'effectif de chaque bataillon passa de 700 à 1 000 hommes.

Maclean retourna en Grande-Bretagne après la conclusion du traité de paix de 1783. Il quitta l'armée en 1784 et vécut paisiblement à Londres jusqu'à sa mort, survenue en 1798.

G. F. G. STANLEY

Archives privées, J. N. M. Maclean of Glensanda, the younger (Édimbourg), Torloisk MSS and transcripts. — G.-B., Board of Trade, *JTP, 1764–67*, 404–414. — Boatner, *Encyclopedia of American revolution*. — *DNB*. — *Gentleman's Magazine*, 1798, 354s. — G.-B., WO, *Army list*, 1756–1784. — J. N. M. Maclean, *Reward is secondary ; the life of a political adventurer and an inquiry into the mystery of « Junius »* (Londres, 1963). — J. P. MacLean, *An historical account of the settlements of Scotch Highlanders in America prior to the peace of 1783* [...] (Cleveland, Ohio, et Glasgow, 1900 ; réimpr., Baltimore, Md., 1968) ; *Renaissance of the clan Maclean* [...] (Columbus, Ohio, 1913). — G. F. G. Stanley, *Canada invaded, 1775–1776* (Toronto, 1973).

McLEAN, FRANCIS, officier, né vers 1717, un des deux fils du capitaine William Maclean et d'Anne Kinloch, décédé le 4 mai 1781 à Halifax. Il semble ne s'être jamais marié.

Francis McLean servit avec son parent mieux connu, Allan MACLEAN, dans la brigade écossaise de l'armée hollandaise et fut fait prisonnier, en 1747, à Bergen op Zoom (Pays-Bas), où le maréchal Lowendal, commandant français, loua sa bravoure. En octobre 1758, McLean entra dans l'armée britannique comme capitaine du 2e bataillon du 42e d'infanterie et fut blessé lors de la prise de la Guadeloupe en 1759. Il passa au 97e d'infanterie en 1761, devint lieutenant-colonel en 1762 et fut admis à la demi-solde en 1763. De 1762 à 1778, il servit dans l'armée portugaise, obtint le rang de major général et fut nommé au gouvernement de Lisbonne. En même temps, il montra quelque intérêt pour des terres en Amérique du Nord. Il acquit un lot sur l'île Saint-Jean (Île-du-Prince-Édouard) et, en 1773, il était l'un des quelques requérants qui convoitaient 250 000 acres de terre au nord de la province de New York.

En 1777, on leva le 82e régiment pour servir en Amérique du Nord et McLean en fut nommé lieutenant-colonel. Il s'embarqua avec son régiment, à destination de la Nouvelle-Écosse, au printemps de 1778. Il remplaça le major général Eyre Massey comme commandant militaire à Halifax et fut nommé à titre temporaire au grade de général de brigade en Nouvelle-Écosse par sir Henry Clinton, commandant en chef pour l'Amérique du Nord. En plus de ses tâches militaires, McLean devait rendre compte à Clinton de la surveillance des affaires indiennes et du soin apporté aux immigrants loyalistes.

Le 16 juin 1779, sous les ordres de Clinton, McLean conduisit une expédition d'environ 650 hommes au fort Majebigwaduce (Castine, Maine), afin de trouver un refuge pour les Loyalistes et de prévenir une attaque contre la Nouvelle-Écosse par les troupes de la Nouvelle-Angleterre. A partir du 25 juillet, une force américaine de 2 000 à 3 000 soldats et marins, à bord d'environ 40 navires, sous le commandement de Dudley Saltonstall, l'y assiégea. McLean faisait face à une situation désespérée. Bien qu'il n'ait pas eu, tant s'en faut, le temps de compléter ses fortifications, il résolut de tenir pendant qu'il envoyait chercher de l'aide. Un grand vent repoussa une force de secours en partance de Halifax, mais sir George COLLIER mit à la voile à Sandy Hook (New Jersey) le 3 août et, le 14, engagea le combat avec les Américains, qu'il mit complètement en déroute. Les pertes de McLean s'élevaient à seulement 23 morts, 35 blessés et 11 disparus. Il retourna à Halifax à la fin de l'automne.

McLean fut certainement un soldat courageux et déterminé. John Moore, qui allait devenir un général fameux, servit sous lui, au fort Majebigwaduce, et se prit d'affection pour son supérieur. Il utilisait volontiers sa bibliothèque militaire, qu'il considérait comme l'une des meilleures en son genre, et plus tard il vanta la justesse de ses connaissances militaires.

Comme administrateur, McLean se révéla sujet à controverse. Le surintendant des Affaires indiennes Michæl FRANCKLIN affirmait qu'en 1781 McLean avait refusé de lui remettre des marchandises de traite sans un ordre explicite de Clinton. Quoi qu'il en soit, Francklin avait un motif personnel de se plaindre : jusqu'à l'automne de 1779, le gouvernement lui avait permis de tirer toutes les provisions nécessaires des magasins de l'armée, mais, en 1780, on exigea qu'il obtînt la permission du commandant en chef. Un autre contemporain, le révérend Jacob Bailey*, jugea McLean « opiniâtre et têtu », et « insensible à tout sentiment tant soit peu délicat ». Bailey affirma que McLean avait arbitrairement retiré leurs rations à 200 ou 300 réfugiés loyalistes, ne les autorisant qu'en faveur d'une vingtaine de personnes. Mais Clinton, qui vérifia de près les dépenses de McLean au chapitre des Loyalistes, approuva aussi de tout cœur quelques-unes des mesures administratives de ce dernier, comme par exemple la création d'hôpitaux régimentaires.

La santé de McLean se détériora à vue d'œil pendant l'hiver de 1780–1781. Il mourut à Halifax le 4 mai 1781 et y fut enterré le surlendemain.

FRANKLIN B. WICKWIRE

[Henry Clinton], *The American rebellion : Sir Henry Clinton's narrative of his campaigns, 1775–1782* [...], W. B. Willcox, édit. (New Haven, Conn., 1954), 135, 419s. — *The correspondence of King George the Third from 1760 to December 1783* [...], John Fortescue, édit. (6 vol., Londres, 1928), III : 531. — G.-B., Board of Trade, *JTP, 1764–67*, 402, 413 ; Hist. MSS Commission, *Report on American MSS*, I : 250s., 301 ; II : 14–17, 172, 371, 416, 460, 466 ; *Report on manuscripts in various collections* [...] (8 vol., Londres, 1901–1914), VI : 151 ; Privy Council, *Acts of P.C., col., 1766–83*, 63, 597 ; PRO, *CHOP, 1773–75*. — *NYCD* (O'Callaghan et Fernow), VIII : 757, 791. — H. M. Chichester et George Burges-Short, *The records and badges of every regiment and corps in the British army* (Londres, 1895). — *DNB* (biographie d'Allan Maclean). — J. B. M. Frederick, *Lineage book of the British army, mounted corps and infantry, 1660–1968* (Cornwallville, N.Y., 1969). — G. W. Allen, *A naval history of the American revolution* (2 vol., New York, 1913 ; réimpr., 1962), I : 420s. — W. S. Bartlet, *The frontier missionary : a memoir of the life of the Rev. Jacob Bailey* [...] (Boston,

1853), 165. — Brebner, *Neutral Yankees* (1937), 328s. — James Browne, *A history of the Highlands and of the Highland clans* (4 vol., Glasgow, 1843). — *A history of the Scottish Highlands, Highland clans, and Highland regiments* [...], J. S. Keltie, édit. (2 vol., Édimbourg et Londres, 1875), II : 452. — J. C. Moore, *The life of Lieutenant-General Sir John Moore* [...] (2 vol., Londres, 1834). — Murdoch, *History of N.S.*, II : 600s. — Carola Oman, *Sir John Moore* (Londres, 1953), 50, 94. — G. G. Patterson, *Studies in Nova Scotian history* (Halifax, 1940), 17–33.

McLEAN, NEIL (Neal), officier d'intendance, homme d'affaires et fonctionnaire local ; en secondes noces, il épousa Mary Herkimer, et ils eurent une fille ; inhumé, le 1er septembre 1795, à Kingston, Haut-Canada.

On ne possède aucun renseignement sur la première partie de la vie de Neil McLean. Il a été confondu avec d'autres personnages du même nom et c'est à tort qu'on le dit officier dans le 84e d'infanterie et père d'Archibald McLean*. Il entra probablement dans les services de l'Intendance de l'armée britannique en 1759. A l'époque, sauf quelques exceptions dans les effectifs coloniaux, les officiers d'intendance étaient recrutés parmi les civils pour la durée d'une campagne et avaient généralement l'expérience du commerce ou de la finance. Ils avaient le rang d'officier, mais non le pouvoir de commander, et on les soupçonnait souvent de s'enrichir aux dépens du gouvernement et des troupes.

McLean ayant affirmé, par la suite, qu'il avait continuellement été au service de l'Intendance, il faut croire qu'on l'a gardé dans les effectifs après la paix de 1763, peut-être en Amérique. En 1776, il reçut l'ordre de passer au Canada. Constamment affecté à des tâches dangereuses et désagréables, à son avis, il fut le « tâcheron » des services de l'Intendance. Nommé officier général adjoint d'intendance le 2 janvier 1777, il servit, à partir de 1778, dans « la division des transports » à l'île de Carleton, New York. Il expédia des approvisionnements et des renforts aux postes des lacs Supérieur, Huron et Michigan, et assuma quelques responsabilités relativement à la distribution des cadeaux aux Indiens. De temps à autre, il éprouva de la difficulté à se faire payer par le gouvernement sa solde et ses indemnités.

Quand les régiments loyalistes furent licenciés, en 1783, McLean vit sa solde réduite, mais il fut maintenu en service à titre d'officier adjoint d'intendance et de garde-magasin, dans l'établissement loyaliste de Cataracoui (Kingston, Ontario). L'un des premiers « habitants » de cette communauté, il en devint un des chefs, et, en juillet 1784, en même temps que John Ross, il fut nommé juge de paix. McLean devint un des inspecteurs adjoints des arpentages et des Loyalistes le 14 janvier 1786, et, le 10 septembre 1788, inspecteur en charge des demandes de terres faites par les Loyalistes et membre du conseil des terres du district de Mecklenburg. Le 14 juin 1788, il avait été nommé juge de la Cour des plaids communs, en compagnie de James Clark*.

McLean prospérait à Kingston. En 1788, lui et sa femme avaient déjà reçu 700 acres du gouvernement. Ses propriétés comprenaient des lots de choix sur le lac Ontario et d'autres sur les deux rives de la rivière Cataraqui. A cet endroit, il entretenait une ferme avec deux serviteurs noirs. En 1789, avec quelques-uns des principaux habitants de l'endroit, il signa sans succès une pétition pour entrer en possession des moulins de Kingston. En juillet 1793, il avait reçu 2 000 acres supplémentaires du gouvernement, et peut-être acheta-t-il des terres d'autres concessionnaires.

En 1790, McLean fut fait juge de la Cour des sessions trimestrielles et membre du conseil d'administration de l'hôpital de Kingston. A sa mort, en 1795, on l'ensevelit dans le cimetière de l'église St George (actuel enclos de l'église St Paul), dont il avait été un bienfaiteur. Sa veuve, qui épousa plus tard son « ami intime et associé » Robert Hamilton*, hérita de la plupart de ses biens. Le reste de la succession alla à sa fille Harriet, née de son premier mariage, qui épousa par la suite Allan MacLean*, premier avocat de Kingston. Elle obtint encore des terres en reconnaissance des services de son père, mais, en 1798, le Conseil exécutif du Haut-Canada raya le nom de Neil McLean du rôle des Loyalistes, alléguant qu'il s'y trouvait sans raison.

RICHARD A. PRESTON

BL, Add. MSS 21 661–21 892. — APC *Report*, 1884–1889. — PAO *Report*, 1905, 1917, 1928–1929, 1931. — *The parish register of Kingston, Upper Canada, 1785–1811*, A. H. Young, édit. (Kingston, Ontario, 1921), 25, 32, 37s., 49, 54, 155. — The probated wills of men prominent in the public affairs of early Upper Canada, A. F. Hunter, édit., *OH*, XXIII (1926) : 328–359.

MacLEOD, NORMAND, officier, fonctionnaire du département des Affaires indiennes et trafiquant de fourrures, né à Skye, Écosse ; il épousa Cécile Robert, probablement la fille d'Antoine Robert de Détroit ; décédé en 1796 à Montréal.

Normand MacLeod commença son service militaire en 1747 aux Pays-Bas. Il vint en Amérique en 1756 comme enseigne du 42e d'infanterie et, pendant la guerre de Sept Ans, fut muté au

80e d'infanterie de GAGE. Il atteignit le rang de lieutenant-capitaine puis, au début des années 1760, fut en garnison au fort Niagara (près de Youngstown, New York). A cette époque, il se familiarisa aussi avec la région de Détroit. Après la guerre, il fut mis à la demi-solde et, au milieu des années 1760, il vécut à New York. Il était un ami de sir William JOHNSON et des autres membres de son cercle ; Johnson devint son protecteur. MacLeod, qui appartenait à la même confrérie franc-maçonnique que Johnson, visita Johnson Hall (Johnstown) et s'acquitta de certaines tâches pour le compte de Johnson dans la région de New York.

Pendant l'été de 1766, MacLeod fut nommé commissaire des Affaires indiennes au fort Ontario (Oswego, New York). Cette année-là, il accueillit Pondiac* et son groupe lorsqu'ils vinrent au poste rencontrer Johnson. MacLeod devint commissaire au fort Niagara en 1767 mais perdit cette charge au printemps de 1769 à la suite d'une réduction générale des dépenses par le gouvernement britannique. Il se rendit alors à New York pour essayer, mais en vain, de gagner la faveur du général Gage. A l'été de 1770, cependant, il était installé sur une ferme à Caughnawaga (Fonda, New York), dans la vallée de la Mohawk, sous la protection de Johnson.

Nommé commandant au fort Ontario à l'automne de 1773, MacLeod demanda l'autorisation de n'occuper son poste qu'à l'été suivant. Johnson mourut en juillet 1774 ; ce fut probablement à ce moment que MacLeod alla vers l'ouest pour s'associer, comme trafiquant à Détroit, avec Gregor McGregor et William Forsyth. En octobre 1774, il y acheta des biens fonciers en association avec McGregor. A l'automne de 1778, en tant que capitaine de la milice de Détroit, MacLeod fit partie de l'expédition de Henry HAMILTON contre Vincennes (Indiana) dont les habitants s'étaient prononcés en faveur des rebelles. Il revint à Détroit au début de 1779 avant la capture de la garnison de Hamilton. Celui-ci avait tenté de nommer MacLeod major à Détroit, mais cette nomination ne fut pas confirmée car cette fonction n'avait pas été prévue pour les postes des pays d'en haut.

En 1779, MacLeod avait un nouvel associé, John Macnamara, négociant important de Michillimakinac (Mackinaw City, Michigan), mais à la fin de la Révolution américaine il s'associa avec John Gregory* de Montréal, formant la maison Gregory, MacLeod and Company. Cette société était le principal concurrent de la North West Company ; l'un de ses « hivernants » était Alexander Mackenzie*. MacLeod déménagea à Montréal à ce moment-là et quand, en 1787, la North West Company absorba sa société, il reçut une des 20 actions de la firme réorganisée. En 1790, il vendit son action et prit sa retraite. Il mourait six ans plus tard.

Toute sa vie, MacLeod fut estimé de ceux qui le connaissaient et qui l'employaient. Sir William Johnson avouait qu'il avait « une haute estime pour le capitaine MacLeod qui est un homme honorable et [qu'il était] toujours disposé à l'aider ». HALDIMAND parlait de lui comme d' « un gentilhomme pour qui [il avait] une estime particulière ».

REGINALD HORSMAN

Les bourgeois de la Compagnie du Nord-Ouest (Masson), I : 10s. — *Docs. relating to NWC* (Wallace), 11, 13, 82–84, 453, 474s. — *Henry Hamilton and George Rogers Clark in the American revolution, with the unpublished journal of Lieut. Gov. Henry Hamilton*, J. D. Barnhart, édit. (Crawfordsville, Ind., 1951), 104s., 150, 171, 222. — *Johnson papers* (Sullivan *et al.*), V–VIII. — [Alexander Mackenzie], *The journals and letters of Sir Alexander Mackenzie*, W. K. Lamb, édit. (Cambridge, Angl., 1970), 3, 6, 11, 447 ; *Voyages from Montreal on the River St. Laurence through the continent of North America to the Frozen and Pacific oceans in the years 1789 and 1793* [...] (Londres, 1801 ; nouv. éd., introd. par Roy Daniells, Edmonton, 1971), xix, xxii. — *Michigan Pioneer Coll.*, IX (1886) : 484, 633, 658 ; X (1886) : 283s., 316s., 374s., 456, 608 ; XI (1887) : 625 ; XIX (1891) : 31, 110, 320s., 588, 654s., 665s. ; XX (1892) : 206, 249. — *The new régime, 1765–67*, C. W. Alvord et C. E. Carter, édit. (Springfield, Ill., 1916), 513s. — *NYCD* (O'Callaghan et Fernow), VII : 854 ;sVIII : 228. — PAO *Report*, 1904, 370s. — *Trade and politics*, 1767–1769, C. W. Alvord et C. E. Carter, édit. (Springfield, 1921), 83. — *The Windsor border region, Canada's southernmost frontier* [...], E. J. Lajeunesse, édit. (Toronto, 1960), 316s. — Wis., State Hist. Soc., *Coll.*, XII (1892) : 28 ; XVIII (1908) : 234, 239s. — James Browne, *A history of the Highlands and of the Highland clans* ([nouv. éd.], 4 vol., Londres, 1848–1852), IV : 155. — Davidson, *NWC*, 62. — Innis, *Fur trade in Canada* (1956), 199s.

MACUINA. V. MUQUINNA

MAGON DE TERLAYE, FRANÇOIS-AUGUSTE, prêtre, sulpicien, missionnaire, né à Saint-Malo, France, le 10 juillet 1724, fils de Luc Magon de La Balluë et de Pélagie Porrée, décédé à la mission du Lac-des-Deux-Montagnes (Oka, Québec), le 17 mai 1777.

François-Auguste Magon de Terlaye entra à la Maison des philosophes à Paris en octobre 1748. Ordonné diacre en 1754, il fut agrégé au séminaire de Saint-Sulpice de Paris le 22 mars de la même année et se joignit, le 25 mai suivant, au groupe du sulpicien François PICQUET qui rentrait au Canada sur la frégate la *Gloire*. Ordonné prêtre le 24 mai 1755, Magon de Terlaye rejoint Picquet à La Présentation (Oswegatchie ; aujourd'hui Ogdensburg, New York), le secondant et dans ses activités apostoliques et dans ses démarches politiques. Pendant la guerre de Sept Ans, Picquet prend fait et cause pour la défense de la Nouvelle-France, largement assisté par Magon de Terlaye, le « Chevalier de Terlaye » comme l'appelle Bougainville* dans son journal. A son apostolat auprès des Iroquois, Magon de Terlaye joint le ministère auprès de la garnison. Le 6 mars 1756 il fait don à l'église de la mission de trois tableaux représentant la dernière Cène, la descente de la croix et la Vierge et l'Enfant avec Jean-Baptiste.

En mai 1758, il est nommé à la mission du Lac-des-Deux-Montagnes pour assister le supérieur, Hamon Guen*. Sous le successeur de Guen, Jean-Claude MATHEVET, Magon de Terlaye devient économe en plus d'être le missionnaire des Iroquois. A ce titre il fait construire des cabanes dont il cède l'usage aux Indiens ; quant aux terres, elles leur sont prêtées et, déjà en 1763, les plus sédentaires des Iroquois commencent à en réclamer la propriété. Ces réclamations entraîneront des procès, des abjurations, un incendie criminel de la mission en 1877 et ne seront réglées qu'en mars 1910 par un jugement de la Cour suprême [V. Nicolas Dufresne* ; Joseph Onasakenrat*].

Magon de Terlaye commanda une œuvre d'art remarquable, signe de son bon goût et de sa générosité. Il s'agit de reliefs en bois exécutés vers 1775–1776 par François Guernon*, dit Belleville, reliefs qui reproduisaient, pour les remplacer, les toiles achetées en France et placées dans les sept chapelles du Calvaire d'Oka.

Magon de Terlaye a laissé d'abondants manuscrits en iroquois (grammaire, dictionnaire onontagué et goyogouin-français, des sermons et une histoire du peuple de Dieu). Il se signala aussi par sa charité envers les religieuses de la Congrégation de Notre-Dame ; pendant plusieurs années, il leur fit des dons totalisant 12 000# qui servirent à constituer des dots pour les sœurs issues de familles de condition modeste. Il mourut à la mission du Lac-des-Deux-Montagnes le 17 mai 1777, emporté subitement par une maladie infectieuse.

J.-BRUNO HAREL

ASSM, 24, Dossier 2 ; Dossier 6 ; 8, A. — Louis Bertrand, *Bibliothèque sulpicienne, ou histoire littéraire de la Compagnie de Saint-Sulpice* (3 vol., Paris, 1900). — André Chagny, *Un défenseur de la « Nouvelle-France », François Picquet, « le Canadien » (1708–1781)* (Montréal et Paris, 1913). — Lemire-Marsolais et Lambert, *Hist. de la CND de Montréal*, V : 42, 140, 291–294. — J. R. Porter et Jean Trudel, *Le calvaire d'Oka* (Ottawa, 1974). — M. Trudel, *L'Église canadienne*, *passim*. — J.-A. Cuoq, Anotc kekon, SRC *Mémoires*, 1re sér., XI (1893), sect. I : 137–179. — Olivier Maurault, Quand Saint-Sulpice allait en guerre ..., *Cahiers des Dix*, 5 (1940) : 11–30.

MAGOUAOUIDOMBAOUIT. V. GILL, JOSEPH-LOUIS

MALARTIC, ANNE-JOSEPH-HIPPOLYTE DE MAURÈS DE MALARTIC, comte de. V. MAURÈS

MALEPART DE BEAUCOURT, FRANÇOIS (il signait généralement F. Beaucourt et parfois F.·. Beaucourt.·., les trois points en triangle constituant un signe franc-maçonnique), peintre, né à Laprairie (La Prairie, Québec) le 25 février 1740, fils du peintre Paul Malepart* (Mallepart) de Grand Maison, dit Beaucour, et de Marguerite Haguenier, décédé à Montréal le 24 juin 1794.

François Malepart de Beaucourt est surtout connu comme le premier peintre canadien à avoir étudié en Europe mais certaines périodes de sa vie demeurent obscures. Il y a lieu de penser que c'est son père qui l'initia à la peinture. En 1757, moins d'un an après la mort de celui-ci, sa mère se remarie avec Romain Lasselain, caporal dans le régiment de Guyenne. D'après le contrat de mariage, François, seul enfant vivant issu du précédent mariage de Marguerite Haguenier, devait être « nourry et entretenu au dépens delad. Communaute [...] jusques a l'age de Vint Cinq ans ». Il est possible qu'après la Conquête son beau-père, le caporal Lasselain, ait décidé de retourner en France avec sa famille. En tout état de cause, François Beaucourt se trouve, en 1773, à Bordeaux, où il épouse, le 12 juillet, Benoîte, fille de Joseph-Gaëtan Camagne, peintre décorateur de théâtre.

Beaucourt possédait vraisemblablement une certaine habileté dans son art puisqu'il tente, en 1775, de devenir membre de l'Académie de peinture, sculpture et architecture civile et navale de Bordeaux. Sa candidature, appuyée par les académiciens Richard-François Bonfin, architecte de la ville de Bordeaux, et l'un des frères Lavau, graveurs de renom, est néanmoins refusée.

Quatre ans plus tard, Beaucourt obtient de peindre, pour la somme de 2 000#, les draperies de loges et d'amphithéâtre de la salle du Grand-Théâtre de Bordeaux. A la même époque, il exécute plusieurs peintures dans la chapelle du monastère bénédictin de La Réole, ville située non loin de Bordeaux : six tableaux, relatifs à la vie de saint Pierre, ornant les panneaux du chœur, et six médaillons, représentant différents saints, décorant les voûtes de la nef.

Beaucourt soumet de nouveau en 1783 sa candidature à l'Académie de Bordeaux, cette fois avec succès, et est nommé académicien le 14 février 1784. La même année, à la demande de la ville de Bordeaux, il réalise deux transparents allégoriques à l'occasion des fêtes pour la publication des traités de Versailles. Toujours en 1784, il exécute pour l'église Saint-Genès-de-Fronsac (Fronsac, dép. de la Gironde) le *Martyre de saint Barthélemy*. En principe, les membres de l'académie exposaient leurs tableaux tous les deux ans, mais il n'y eut pas de salon en 1785. C'est pourquoi cinq tableaux de Beaucourt, dont sa pièce de réception à l'académie, *le Retour du marché*, ne furent exposés qu'au salon de 1787, en l'absence de l'artiste, qui n'était probablement plus en France à ce moment puisque le compte rendu de la réunion de l'académie pour le 18 décembre 1784 indique que « Mr. Beaucour étant Sur le point de partir pour L'amérique a pris congé de L'academie ». Toutes les œuvres de Beaucourt à Bordeaux sont aujourd'hui disparues, sauf le *Martyre de saint Barthélemy*, qui serait d'ailleurs trop abîmé pour qu'on puisse juger de son mérite.

On perd toute trace de l'artiste jusqu'en 1792. Il est possible que Beaucourt se soit embarqué pour les Antilles vers la fin de 1784. Son tableau le mieux connu, l'*Esclave à la nature morte* (1786), est d'inspiration antillaise comme le démontrent le madras dont est coiffée la jeune femme, son collier de grains et la corbeille de fruits exotiques qu'elle porte à la main. Par ailleurs, certains auteurs français affirment que Beaucourt est mort à la Guadeloupe. Quoiqu'il n'en soit rien, cela permet de penser que l'artiste y a séjourné. Une autre toile réalisée à la même époque, *Portrait de jeune fille* (1787), ne fournit pas d'indice sur le lieu de résidence du peintre.

Au cours des mois de janvier et février 1792, Beaucourt se trouve aux États-Unis, à Philadelphie, où il fait publier une annonce dans le *General Advertiser*. Il y décrit les spécialités de son art, offre ses services et propose de prendre quelques élèves. La même annonce, à cette différence que l'artiste s'y déclare non plus peintre français, mais peintre canadien, paraît le 14 juin 1792 dans *la Gazette de Montréal*. D'après celle-ci, l'artiste a exercé sa profession et « trouvé un encouragement considérable dans plusieurs villes de l'Europe ; sçavoir, Paris, Petersbourg, Nantes, Bourdeaux ». Selon une autre annonce, parue dans le même journal le 28 juin 1792, Beaucourt « Vient d'arriver en la patrie ».

A partir de ce moment, les œuvres de Beaucourt abondent dans la région de Montréal. Il peint plusieurs portraits dont ceux de la mère d'Youville [DUFROST] (daté de 1792, réplique d'un premier portrait non signé), de la mère Marguerite-Thérèse LEMOINE Despins (1792), de l'abbé Claude Poncin* (1792) et ceux d'Eustache-Ignace Trottier Desrivières-Beaubien (1792 ou 1793) et de son épouse, Marguerite-Alexis Malhiot (1792 ou 1793). La production religieuse de François Beaucourt est assez considérable. En 1792 et en 1793, il exécute plusieurs tableaux pour l'église Sainte-Anne-de-Varennes (Varennes) représentant saint Augustin, saint Jérôme, saint Ambroise et saint Grégoire. Deux tableaux peints au début de 1794 pour l'église Saint-Joseph-de-Lanoraie (Lanoraie), *la Nativité de la Vierge* et *Saint Jean-Baptiste au désert*, furent détruits par le feu en 1917. Les toiles *Marie, secours des chrétiens* (1793) et le *Miracle de saint Antoine* (1794) décoraient l'église Saint-Martin, île Jésus, qui fut la proie des flammes en 1942. On a pu sauver ces toiles, quoique la première n'existe plus aujourd'hui qu'en fragments dispersés dans diverses collections. On a en outre attribué à Beaucourt de nombreuses œuvres ne portant aucune signature. Il semble que ce soit à tort puisque l'artiste signait généralement ses œuvres.

Important historiquement, Beaucourt n'est cependant pas un grand peintre. Sa touche grasse et son modelé souvent mal défini lui enlèvent toute prétention à pareil titre. Comme peintre de scènes religieuses, il n'est essentiellement qu'un médiocre copiste d'œuvres européennes. Comme portraitiste toutefois, il fait preuve d'un certain talent et sait par ses couleurs chaudes animer ses personnages. Il semblerait que ce soit surtout dans la décoration d'appartements et de théâtres que l'artiste ait excellé, encore que la disparition de son œuvre dans ce domaine ne nous permette pas d'en juger.

François Malepart de Beaucourt est décédé à Montréal en 1794. Sa veuve épousa en 1810 Gabriel Franchère, père de Gabriel*, le célèbre voyageur ; elle mourut à Montréal en 1844.

MADELEINE MAJOR-FRÉGEAU

AD, Gironde (Bordeaux), C, 1 208 ; 3E, 20 338, 3 juin 1773 ; G, 3 108, f.40, 5 juin 1784. — ANQ-M, État civil, Catholiques, La Nativité-de-la-Très-Sainte-Vierge (Laprairie), 25 févr. 1740 ; Notre-Dame de Montréal, 25 juin 1794, 16 janv. 1844. — ANQ-Q, État civil, Catholiques, Notre-Dame de Québec, 16 juill. 1756, 7 févr. 1757 ; Greffe de Simon Sanguinet, 5 févr. 1757. — Archives municipales, Bordeaux, CC 311–312, 28 sept. 1779 ; DD 36e, 1er, 4 mars 1780 ; GG 105, 8 avril 1754 ;

806, 12 juill. 1773 ; MSS 331, ff.371, 379, 380 ; 332, ff.71, 187, 190, 191 ; 333, f.29 ; 334, ff.34, 35 ; 338, f.18. — ASGM, MS., Mémoire particulier, 1705–1857, ff.296, 297, n° I. — Bibliothèque municipale de Bordeaux, MSS 712, f.136 ; 1539, ff.96, 97, 217, 218, 226, 350. — IBC, Centre de documentation, Fonds Morisset, Dossier François Malepart de Beaucourt. — *La Gazette de Montréal*, 7, 14, 28 juin 1792. — *General Advertiser* (Philadelphie), 3 janv.–20 févr. 1792. — *Album d'objets d'art existant dans les églises de la Gironde*, J.-A. Brutails, compil. (Bordeaux, 1907). — J. R. Harper, *La peinture au Canada des origines à nos jours* (Québec, 1966), 29, 53–58, 70, 78, 115, 419. — C.-C. Marionneau, *Les salons bordelais, ou expositions des beaux-arts à Bordeaux au XVIIIe siècle (1771–1787), avec des notes biographiques sur les artistes qui figurèrent à ces expositions* (Bordeaux, 1883), xi, 71, 99, 117s. — Morisset, *Coup d'œil sur les arts*, 57s. ; *Les églises et le trésor de Varennes* (Québec, 1943), 18, 21, 34s. ; *La peinture traditionnelle au Canada français* (Ottawa, 1960), 55–58. — É.-Z. Massicotte, Le peintre Malepart de Beaucour, *BRH*, XLV (1939) : 42–44 ; Le peintre Malepart de Beaucours, *BRH*, XXVII (1921) : 187s. — Maurice [Meaudre de] Lapouyade, Essai de statistique archéologique : La Réole, Académie royale des sciences, belles-lettres et arts de Bordeaux, *Actes* (Bordeaux et Paris), 8 (1846) : 324s. — Robert Mesuret, Les premiers décorateurs du Grand-Théâtre de Bordeaux, Soc. de l'hist. de l'art français, *Bull.* (Paris), 1940, 119–126. — Gérard Morisset, Généalogie et petite histoire, le peintre François Beaucourt, SGCF *Mémoires*, XVI (1965) : 195–199 ; Saint-Martin (île Jésus) après le sinistre 19 du mai, *Technique* (Montréal), XVII (1942) : 597–605.

MAQUINNA (Maquilla). V. MUQUINNA

MARCHAND, ÉTIENNE, prêtre, grand vicaire, né à Québec le 26 novembre 1707, fils d'Étienne Marchand, charpentier, et de Marie-Anne Durand, décédé à l'Hôpital Général de Québec le 11 janvier 1774.

Étienne Marchand était l'aîné d'une famille de sept enfants. Ses parents, fervents chrétiens, appartenaient depuis 1715 à la confrérie de Sainte-Anne. Selon Jacques Viger*, Marchand se rendit en France pour faire sa théologie après ses études au collège de Québec. De retour après trois ans, soit en 1731, il fut ordonné prêtre par Mgr DOSQUET, le 21 octobre de la même année, dans la chapelle du palais épiscopal. L'année suivante, il succédait à Joseph Dufrost de La Gemerais comme curé de la paroisse de Champlain. En octobre 1735, Marchand devenait curé de la paroisse Sainte-Famille-de-Boucherville. Le 30 septembre 1740, peu après le décès de Mgr François-Louis de Pourroy* de Lauberivière, le chapitre de Québec le nommait grand vicaire pour le gouvernement de Montréal à la place du sulpicien Maurice Courtois qui s'était précédemment récusé. A la demande du seigneur et des habitants de Boucherville, le chapitre le reconnaissait en même temps comme titulaire de la paroisse et lui expédiait des lettres de curé inamovible. Il devait demeurer grand vicaire jusqu'au décès de Mgr de Pontbriand [Dubreil*] en 1760.

C'est à partir de 1764 que l'abbé Marchand fut appelé à jouer un rôle plus marquant dans l'Église canadienne. Devant les préjugés que MURRAY entretenait à l'égard du supérieur du séminaire de Montréal, Étienne MONTGOLFIER, celui-ci avait présenté sa démission comme grand vicaire du gouvernement de Montréal, le 9 septembre, et avait invité le chapitre à le remplacer par quelqu'un « qui ne fut pas même de la maison de St. Sulpice ». Deux jours plus tard, le choix du chapitre se portait sur Marchand. Murray se vanta d'avoir été l'instigateur de cette nomination. « Ce Marchand, écrivait-il, est un bon et brave garçon [...] avec suffisamment d'adresse, on peut le faire parler et l'utiliser à toutes sortes de fins. » Avec le retour de Mgr BRIAND, à l'été de 1766, Marchand se voyait confirmer dans ses fonctions. Le 25 juillet, le nouvel évêque lui expédiait ses lettres de provisions en même temps qu'il lui annonçait la nomination de Montgolfier comme deuxième grand vicaire pour Montréal, dans le but d'alléger son fardeau. Celui-ci était plus particulièrement chargé des « païs d'en haut » et de la « supériorité des religieuses », tandis que Marchand n'avait que la direction des paroisses situées au sud du Saint-Laurent.

Marchand jouit de l'estime et de la confiance de son évêque qui lui confia plusieurs tâches délicates et qui songea même, un moment, à le proposer comme coadjuteur. En juillet 1766, il approuva l'idée du grand vicaire du gouvernement de Québec, Joseph-François Perrault, de faire appel aux curés et aux communautés pour assurer, par une contribution annuelle, la subsistance de l'évêque. Seules les réticences de Mgr Briand, convaincu « que l'on ne retirerait rien des peuples ni des curés pour l'évêque », firent avorter ce projet.

En mai 1773, affaibli par la maladie, Marchand se retirait à l'Hôpital Général de Québec où il devait mourir le 11 janvier 1774. Selon Pierre-Georges Roy*, c'est durant ce séjour à l'hôpital que le grand vicaire composa un poème héroï-comique en deux chants intitulé « les Troubles de l'Église en Canada en 1728 », relatant les démêlés entre les autorités ecclésiastiques et civiles lors de l'inhumation de Mgr de Saint-Vallier [La Croix*] à l'Hôpital Général [V. Claude-Thomas Dupuy*]. Cet essai poétique « n'est pas un chef-d'œuvre mais compte des vers d'une verve satirique remarquable ».

Prêtre dévoué et effacé, Marchand servit l'Église canadienne avec zèle et amour. Sa pondération et sa prudence furent fort utiles à Mgr Briand à un moment où l'Église, disposant d'une liberté d'action très limitée, traversait des heures difficiles.

GILLES CHAUSSÉ

Jacques Viger a été vraisemblablement le premier à retranscrire l'essai poétique attribué à Étienne Marchand, à partir d'une source inconnue. On retrouve ce manuscrit aux ASQ, Fonds Viger-Verreau, Sér. O, 0181. Dans son *Dictionnaire historique des hommes illustres du Canada et de l'Amérique* (Montréal, 1857), François-Maximilien Bibaud* cite ce poème auquel il donne le titre de « la Querelle de l'Église », alors que dans *Bibliothèque canadienne, ou annales bibliographiques* (Montréal, [1858]) il l'intitule « les Troubles de l'Église du Canada en 1728 ». Pierre-Georges Roy a publié ce poème dans *BRH*, III (1897) : 114–121, 132–138. [G. C.]

AAQ, 10 B, 119v., 123v., 124, 253v., 254v. ; 1 CB, V : 16s., 20, 22s., 25–28. — ACAM, 901.004. — ANQ-Q, État civil, Catholiques, Notre-Dame de Québec, 27 nov. 1707. — APC, MG 23, GII, 1, sér. 1, 2, 206 ; GIV, 8. — ASQ, Fonds Viger-Verreau, Sér. O, 0181 ; 0227, pp. 22–24 ; Polygraphie, XXIX : 16, 460. — *Mandements des évêques de Québec* (Têtu et Gagnon), II : 180–182. — Allaire, *Dictionnaire*, I : 362. — Desrosiers, Corr. de cinq vicaires généraux, ANQ *Rapport*, 1947–1948, 76, 101–109. — P.-G. Roy, *Fils de Québec*, I : 171–173. — Tanguay, *Dictionnaire*, I : 409 ; V : 492 ; *Répertoire*, 108. — P.-G. Roy, Les troubles de l'Église du Canada, *BRH*, II (1896) : 141s., 173.

MARGUERITE (Margarett, Maria, Marie). V. WILLIAMS, EUNICE

MARIAUCHAU D'ESGLY (Esglis, Desglis, il signait **Desgly), LOUIS-PHILIPPE**, évêque de Québec, né à Québec le 24 avril 1710, fils de François Mariauchau* d'Esgly et de Louise-Philippe Chartier de Lotbinière, décédé le 4 juin 1788 à Saint-Pierre, île d'Orléans (Québec).

Tant du côté paternel que maternel, Louis-Philippe Mariauchau d'Esgly était issu de familles notables et, à son baptême, il eut comme parrain le gouverneur Philippe de Rigaud* de Vaudreuil. Sur son enfance et ses études, on sait seulement que d'Esgly entra le 15 octobre 1721 au séminaire de Québec. Le 18 septembre 1734, Mgr DOSQUET l'ordonna prêtre et le nomma aussitôt curé de Saint-Pierre, île d'Orléans. A cause de la pénurie de prêtres après la Conquête, d'Esgly dut exercer également son ministère dans la paroisse voisine de Saint-Laurent, presque sans interruption de 1764 à 1774.

Après la Conquête, se posait le problème de la succession épiscopale. L'évêque de Québec, Mgr BRIAND, souhaitant éviter les difficultés qui avaient entouré sa propre nomination, désirait la désignation d'un coadjuteur au plus tôt. Quoique Étienne MONTGOLFIER semblât être le candidat tout désigné, le gouverneur Guy Carleton*, préférant à ce poste une personne née au pays et pressé par la famille Lotbinière, imposa l'abbé d'Esgly qui avait, « entre autres mérites, celui de ne porter ombrage à personne ». Briand, un peu déçu de ce candidat plus âgé que lui et sourd de surcroît, se résigna tout de même à entériner ce choix qui présentait l'avantage d'être une sanction implicite de la part du gouvernement du principe de succession de l'évêque de Québec. Briand se hâta, dès le 28 juillet 1770, de demander les bulles nécessaires au Saint-Siège. Le gouverneur Carleton, devant repasser en Angleterre, désirait que cette question se réglât le plus rapidement possible et il pressa Briand de consacrer d'Esgly sans attendre l'autorisation de Rome. Les neveux du curé de Saint-Pierre s'en mêlèrent aussi et d'Esgly se moqua de leur empressement : ils veulent, disait-il, « avoir le plaisir de dire Monseigneur mon oncle ». Malgré ces pressions, Briand attendit que les bulles, signées par le pape Clément XIV le 22 janvier 1772, soient reçues à Québec. Le 12 juillet, il consacra son coadjuteur évêque *in partibus infidelium* de Dorylée. D'Esgly devenait ainsi le premier évêque d'origine canadienne. A cause du différend datant de 1766 entre l'évêque de Québec et les marguilliers de Notre-Dame sur l'usage de l'église paroissiale comme cathédrale [V. Jean-Félix Récher*], la cérémonie eut lieu « secrètement, quoique tout le monde le sût », dans la chapelle du séminaire de Québec, mais la proclamation publique et officielle du choix de d'Esgly fut retardée au mois de mars 1774. Même coadjuteur, d'Esgly tint à demeurer dans sa paroisse de Saint-Pierre où il continua d'assumer ses devoirs de curé, aidé par des vicaires. Comme coadjuteur, il publia un seul mandement, celui du 6 juin 1778, à l'occasion de sa visite pastorale des paroisses de l'île d'Orléans. Il y reprochait aux habitants leurs péchés et les invitait à profiter de sa visite pour revenir dans le droit chemin.

D'Esgly était plus âgé que Briand ; aussi, lorsque la santé de ce dernier déclina, la crainte de voir le principe de succession remis en cause amena l'évêque à démissionner le 29 novembre 1784. Dès le 2 décembre, d'Esgly signa l'acte de prise de possession de son évêché. Le même jour, il nomma ses grands vicaires, confirmant dans leurs fonctions les abbés Henri-François Gravé* de La Rive à Québec, Pierre GARREAU, dit Saint-Onge, à Trois-Rivières et Montgolfier à Montréal. A Paris, l'abbé François SORBIER de Villars reçut lui aussi le renouvellement de ses fonctions de grand vicaire. La seule nouveauté fut la nomination d'un grand vicaire à Londres, en la personne d'un prêtre irlandais, l'abbé Thomas Hussey, qui devait représenter l'évêque auprès du gouvernement britannique.

Le 4 décembre, le nouvel évêque publia son premier mandement. Il ne se faisait pas d'illusion : vu son âge et ses infirmités, il savait n'occuper cette place qu'en passant. Il informait ses fidèles qu'ils devaient continuer à s'adresser à Briand pour leurs affaires, et il ajoutait : « Si ses infirmités ne lui permettent pas de s'en occuper, notre Grand Vicaire à Québec les terminera ou nous les renverra. » D'Esgly retourna, le 6 janvier 1785, dans sa paroisse de Saint-Pierre, même si Briand s'était hâté de lui abandonner les appartements réservés à l'évêque en titre au séminaire de Québec.

L'une des premières préoccupations du nouvel évêque fut de se trouver un coadjuteur ; dès le 22 décembre 1784, il annonçait par lettre à l'abbé Jean-François HUBERT, alors missionnaire à Détroit, qu'il avait été choisi. Ce n'est qu'en novembre 1786 que Hubert fut sacré évêque, Rome et Londres ayant tardé à approuver cette nomination. L'année suivante, Hubert entreprit, au nom de l'évêque, la première visite pastorale depuis celle que Mgr Briand n'avait pu compléter en 1775, mise à part la visite de l'île d'Orléans faite par d'Esgly.

Évêque de transition, d'Esgly se contenta surtout d'administrer, plutôt que de gouverner le diocèse en adoptant des politiques à long terme. Ainsi il régla quelques conflits locaux quant au choix du site de nouvelles église, à Saint-Gervais, à Baie-du-Febvre (Baieville) et surtout à Yamachiche. Il eut à résoudre quelques problèmes de discipline ecclésiastique, comme le cas du sulpicien Pierre Huet* de La Valinière. Il dut aussi s'occuper du célèbre mal de la baie Saint-Paul et signa une circulaire pour annoncer la visite du docteur James BOWMAN dans les paroisses. Mais la principale question qui préoccupa d'Esgly, comme son prédécesseur et ses successeurs immédiats, fut le manque de prêtres. L'évêque voulait en faire venir d'Europe pour les missions et pour enseigner dans les collèges et séminaires, libérant ainsi les prêtres canadiens pour le ministère des paroisses. Quoique lui-même ne s'inquiétât pas de savoir si les prêtres étrangers étaient Français, Savoyards ou Irlandais sachant le français, l'opposition du gouvernement anglais aux Français et de Briand aux Savoyards l'obligea à faire appel aux prêtres irlandais et il chargea l'abbé Hussey du recrutement.

D'Esgly porta une attention particulière aux Maritimes, région un peu négligée depuis la Conquête, où la rareté de prêtres se faisait sentir de façon aiguë. En janvier 1785, il confirma la nomination de Joseph-Mathurin BOURG comme grand vicaire de cette région. Plus tard cette année-là, il plaça à Halifax James Jones*, venu d'Irlande, à qui il donna juridiction sur les prêtres que lui envoyait Mgr John Butler, évêque de Cork (République d'Irlande). Le 17 octobre 1787, il adressa aux catholiques des Maritimes une lettre pastorale dans laquelle il les félicitait d'avoir su persévérer dans la foi, même « confondus avec des religionnaires étrangers » et avec moins de secours spirituels que les Canadiens. Il les exhorta à recevoir avec générosité et soumission les missionnaires européens venus leur porter secours.

Durant ses derniers mois comme évêque de Québec, d'Esgly constata que son autorité, exercée de l'île d'Orléans, n'était pas assez respectée, et il chercha à la renforcer. Il reprocha à certains prêtres du séminaire de Québec, dont Thomas-Laurent BÉDARD et Gravé, leur insubordination, et enleva même à ce dernier ses pouvoirs de vicaire général. Il blâma Hubert, qui avait assez peu d'estime pour les capacités de son supérieur, de ne pas lui rendre compte de sa visite pastorale. Seule l'intervention de Briand, conseillant à Hubert l'obéissance, évita une crise.

Incapable de dire sa messe depuis mars 1788, d'Esgly devait mourir le 4 juin. Les funérailles, présidées par Gravé, eurent lieu deux jours plus tard dans l'église Saint-Pierre, où d'Esgly fut inhumé, comme il le demandait par testament. Près de deux siècles plus tard, le 8 mai 1969, ses restes furent transportés dans la crypte de la basilique Notre-Dame de Québec. Évêque sans l'avoir désiré, Mgr d'Esgly permit, en acceptant ses hautes fonctions, de régler le problème de la succession. Cependant, on peut lui reprocher, comme l'a fait l'historien Marcel Trudel, d'avoir compliqué sérieusement l'administration ecclésiastique en s'entêtant à vivre dans son île jusqu'à sa mort.

JEAN-GUY PELLETIER

AAQ, 12 A, D, 54v. ; 22 A, IV : 545 ; 30 A, III : 2 ; 10 B, 115v., 118, 123v. ; 1 CB, VI : 26, 39–41, 53, 55 ; 61 CD, Saint-Laurent, île d'Orléans, I : 1–6. — ANQ-Q, AP-P-1 385 ; 1 386 ; État civil, Catholiques, Notre-Dame de Québec, 25 avril 1710 ; Saint-Pierre, île d'Orléans, 1734–1788 ; QBC 28, Conseil militaire, 7, 4 mars 1761. — APC, MG 23, GV, 1. — ASQ, C 35, pp.240–247 ; Évêques, n° 125 ; Fonds Viger-Verreau, Sér.O, 081, p.11 ; Lettres, M, 136 ; P, 15 ; MSS, 13, 29 nov. 1787, 10 nov. 1791 ; Polygraphie, XVII : 42 ; Séminaire, 10, n° 56 ; 14/3, n° 2 ; 15, n°s 68a, 68b ; 34, n°

138. — APC *Rapport*, 1905, II, IIe partie : 346–349. — Lettres de noblesse de la famille Juchereau Duchesnay, *BRH*, XXVIII (1922) : 137. — *Mandements des évêques de Québec* (Têtu et Gagnon), II : 252–256, 297–299, 311–339, 349–351. — Caron, Inv. de la corr. de Mgr Briand, ANQ *Rapport*, 1929–1930, 85, 107 ; Inv. de la corr. de Mgr Mariaucheau D'Esgly, ANQ *Rapport*, 1930–1931, 185–198. — Hugolin Lemay, Bibliographie des ouvrages concernant la tempérance [...] depuis l'établissement de l'imprimerie [1764] jusqu'à 1910, *BRH*, XVI (1910) : 212 ; XVII (1911) : 251. — Papiers d'État, APC *Rapport*, 1890, 153s., 157, 164. — Henri Têtu, *Notices biographiques : les évêques de Québec* (Québec, 1889), 297–304, 357–379, 386–391. — Burke, *Les ursulines de Québec* (1863–1866), II : 351 ; III : 174–178. — A.-H. Gosselin, *L'Église du Canada après la Conquête*, I ; II. — P.-G. Roy, *La famille Mariauchau d'Esgly* (Lévis, Québec, 1908), 9s. — M. Trudel, *L'Église canadienne*, I : 94, 158, 349 ; La servitude de l'Église catholique du Canada français sous le Régime anglais, SCHÉC *Rapport*, 30 (1963) : 14, 22.

MARIE-ANNE DE LA NATIVITÉ. V. MIGEON

MARIE-FRANÇOISE DE SAINT-ANTOINE. V. GUILLIMIN

MARIE-JOSEPH DE L'ENFANT-JÉSUS. V. WHEELWRIGHT

MARIE-LOUISE DE SAINT-MARTIN. V. CUROT

MARIN DE LA MALGUE, JOSEPH (habituellement désigné sous le nom de Marin fils), officier dans les troupes de la Marine et explorateur, baptisé à Montréal le 5 février 1719, fils de Paul Marin* de La Malgue et de Marie-Joseph Guyon Desprez, décédé en 1774 à la baie d'Antongil, Madagascar.

Issu d'une famille de militaires qui se distinguèrent dans les guerres contre les Britanniques, dans les affaires indiennes et dans le commerce des fourrures, Joseph Marin de La Malgue entra très jeune « au Service du Roy ». Il avait à peine 13 ans lorsqu'il fut envoyé, en 1732, dans les pays d'en haut « pour y faire des découvertes » sous les ordres de son père et il passa la plus grande partie des 13 années suivantes dans cette région. Il explora la région de Michillimakinac (Mackinaw City, Michigan) en 1737. Bien que malade, il servit avec honneur pendant la campagne menée contre les Chicachas, en 1739–1740, par Pierre-Joseph Céloron* de Blainville. En 1740, il conclut un traité de paix et une entente commerciale avec les Sioux vivant à l'ouest de Baie-des-Puants (Green Bay, Wisconsin). Au cours de ces années, il se trouva le plus souvent au poste de Baie-des-Puants ; il se familiarisa à fond avec le système complexe de la traite des fourrures et il apprit à parler couramment le sioux ainsi que plusieurs dialectes algiques.

Marin et son père, comme de nombreux Français dans les pays d'en haut, furent rappelés en 1745 pour combattre les Britanniques en Acadie et à Louisbourg, île Royale (île du Cap-Breton). Le 1er août, Marin apporta à Montréal la nouvelle de la chute de la forteresse. Peu après, il se rendit à Québec où, le 20 septembre, il épousa Charlotte, fille de Joseph de Fleury* de La Gorgendière. Par ce mariage, il devenait beau-frère de François-Pierre de RIGAUD de Vaudreuil et neveu du futur gouverneur de la Nouvelle-France, Pierre de RIGAUD de Vaudreuil. A la fin de cette même année, il prit part, sous le commandement de son père, à l'expédition qui détruisit Saratoga (Schuylerville, New York).

En 1746, Marin était de nouveau en Acadie. Il prétendit plus tard avoir mené un raid à l'île Saint-Jean (Île-du-Prince-Édouard) contre un détachement de ravitaillement britannique, bien qu'un document de l'époque rapporte que c'est Joseph-Michel LEGARDEUR de Croisille et de Montesson qui était à la tête de ce coup de main. En 1747, Marin se trouvait à Grand-Pré, Nouvelle-Écosse, avec Nicolas-Antoine Coulon* de Villiers, puis, à la frontière de la province de New York avec François-Pierre de Rigaud de Vaudreuil. A l'été de 1748 il retourna en Acadie et, en septembre, se rendit à l'île Royale. Ignorant la fin des hostilités, il patrouilla la région avoisinant Louisbourg à la tête d'une petite troupe et fit quelques prisonniers qui essayèrent de le convaincre que la paix avait été conclue, mais ils n'y parvinrent qu'à moitié. Il relâcha un certain nombre d'entre eux qui rapportèrent l'incident au gouverneur britannique de Louisbourg, Peregrine Thomas Hopson*. Une fois la situation clarifiée, Marin libéra tous ceux qui restaient, sauf un, accusé de trahison par les Français. Cette même année, il reçut le grade d'enseigne en second.

En 1749, à la demande du gouverneur La Jonquière [Taffanel*], Marin fut nommé commandant à Chagouamigon (près d'Ashland, Wisconsin), au sud-ouest du lac Supérieur. Ce poste l'amenait à faire partie du réseau de traite qui relevait de son père, commandant à Baie-des-Puants, et de La Jonquière. Marin, père, surtout en raison de ses bons rapports avec le gouverneur et l'intendant BIGOT, était plus qu'un simple officier des troupes de la Marine affecté à un poste éloigné : il était, en fait, responsable de l'Ouest. Joseph Marin fut chargé de faire la paix avec les Sioux et les Sauteux, qui guerroyaient autant entre eux que contre les Français, et il rapporta que cette mission avait été couronnée de succès. En 1750, il fut promu enseigne en pied. Son père et La Jonquière tentèrent de le faire nommer commandant en second à Baie-des-Puants, mais ils durent y renoncer lorsque les fermiers de Chagouamigon, exigèrent, semble-t-il, qu'il fût maintenu à son poste. Il passa la plus grande partie de l'année 1751 en garnison à Québec.

En 1752, nanti d'une importante commission, Marin revint à Baie-des-Puants : il était chargé de remplacer son père au commandement du poste, de chercher une route menant à la mer de l'Ouest par le Missouri et de conclure des traités avec les diverses tribus indiennes. Jacques Legardeur* de Saint-Pierre, qui négocia une trève entre les Cris et les Sioux en 1752, affirma : « Monsieur Marin fils n'étoit pas moins occupé que moy de cette paix. » Un journal que Marin commença le 17 août 1753 à Michillimakinac nous renseigne sur ses occupations cette année-là et l'année suivante. Le 14 octobre, il se trouvait à l'embouchure de la rivière Wisconsin où il commença la construction du fort Vaudreuil et étouffa une querelle qui risquait d'éclater entre les Sauteux et les Sioux de l'endroit. Pendant l'hiver de 1753–1754, Marin et Louis-Joseph Gaultier* de La Vérendrye, qui lui avait succédé à Chagouamigon, se disputèrent au sujet des territoires de traite avoisinant l'actuelle frontière du Minnesota et du Wisconsin. Marin accusa La Vérendrye de s'ingérer dans les affaires de ses trafiquants et d'adopter à l'égard des Sauteux une attitude partiale qui ne pouvait qu'irriter les Sioux. Il fut incapable de mener à bien toute sa mission puisqu'il ne trouva pas de route allant au Pacifique ; son journal constitue néanmoins le compte rendu d'exploration le plus riche de cette époque en ce qui a trait au Minnesota : il renferme des observations non seulement sur les questions militaires, le commerce et les affaires indiennes, mais aussi sur La Vérendrye, Luc de LA CORNE et d'autres éminents personnages.

En 1754, Marin retourna à Québec, mais il fut de nouveau envoyé dans l'Ouest l'année suivante par le gouverneur DUQUESNE. Le 11 juillet 1756, ayant été rappelé pour participer aux campagnes contre les Britanniques, il arriva à Montréal avec un fort contingent de guerriers de la tribu des Folles Avoines qui venaient de Baie-des-Puants. Au cours des deux années suivantes, Marin – alors lieutenant – prit part à plusieurs engagements à la frontière de la colonie de New York. En 1756, il se battit près de Chouaguen (ou Oswego ; aujourd'hui Oswego, New York) où, avec sa bande de Folles Avoines, il remporta des succès contre des détachements britanniques supérieurs en nombre. Au mois d'août, près du fort George (appelé aussi fort William Henry ; aujourd'hui Lake George, New York), il prit la tête d'une troupe de 100 hommes et il infligea une défaite à un groupe de 65 hommes qui furent tous tués ou capturés, à l'exception de leur chef, que Marin présuma être Robert ROGERS. En décembre, il menait un groupe de 500 Français et Indiens à l'attaque des établissements situés le long de la rivière Connecticut ; lorsque ses guides hurons et iroquois s'opposèrent à ce projet, Marin décida d'obliquer vers Albany. Comme les Indiens protestaient de nouveau, la troupe marcha plutôt sur Saratoga.

Au mois de juillet 1757, Marin partit en reconnaissance dans la région du fort Lydius (également appelé fort Edward ; aujourd'hui Fort Edward, New York). Malgré la désertion d'une partie de ses hommes, Marin se rendit jusqu'au fort britannique où il anéantit une patrouille de 10 hommes, puis une garde de 50 hommes. Le petit détachement dut ensuite faire face à un corps d'armée assez nombreux auquel il tint tête pendant plus d'une heure avant de se retirer en bon ordre. Marin n'avait perdu que trois hommes. Ce fut, selon le commissaire ordonnateur des guerres André Doreil*, « l'Expedition la plus audacieuse ». Au début d'août 1758, Marin rencontra un détachement commandé par Rogers dans les bois voisins du lac Champlain. Il fit replier peu à peu ses troupes, affirmant qu'il aurait remporté une victoire décisive si la plupart des miliciens canadiens n'avaient pas déserté. Dans son rapport sur la bataille, Doreil indiqua que Marin était un « officier des troupes de la Colonie de grande réputation ».

Joseph Marin fut promu capitaine en janvier 1759. Il passa les premiers mois de l'année dans la région du fort Machault (Franklin, Pennsylvanie) et du fort britannique Cumberland (Cumberland, Maryland) où il harcela les établissements de la frontière. A l'été, il rallia la troupe de secours que François-Marie Le Marchand* de Lignery mena vers le fort Niagara (près de Youngstown, New York) en vue d'obliger les Britanniques à lever le siège. La troupe tomba dans une embuscade britannique alors qu'elle approchait du fort, et Marin fut fait prisonnier. C'était pour lui la fin de la gloire. Il écrivit par la suite : « Ils annoncèrent ma prise comme un triomphe leur gazette en fait foi. » Son séjour en prison fut une « horreur ». Durant la bataille qui décida du sort de la Nouvelle-France, sa maison de Québec fut pillée et brûlée par les Britanniques. Il estima ses pertes à plus de 60 000*#* et signala que tous les documents personnels et les papiers d'affaires de la famille avaient été détruits.

Avec d'autres prisonniers de marque, Marin fut envoyé en Angleterre ; plus tard, il fut relâché et transporté en France, la mère patrie qu'il n'avait jamais vue. En 1762, il faisait partie des renforts qui s'embarquèrent pour St John's, Terre-Neuve, à la suite de la prise de cette île par Charles-Henri-Louis d'ARSAC de Ternay ; mais il fut fait prisonnier de nouveau le 22 septembre quand les Britanniques prirent le *François-Louis*. Encore une fois, il fut rapatrié en France.

Ayant perdu ses biens et vivant d'une maigre pension que lui versait la couronne, Marin ne fut pas heureux en France. Il tenta d'obtenir de la cour la reconnaissance de sa condition de noble, affirmant qu'il descendait de la famille Marini de Toulon, Toulouse et Marseille. Il n'est pas exclu que les Marin aient appartenu à la petite noblesse du sud de la France. Paul et Joseph se considéraient comme des nobles et ils étaient certainement traités comme tels dans la colonie. En 1767, le lieutenant-gouverneur Guy Carleton* inscrivit le nom de Joseph Marin dans un rapport sur la noblesse canadienne. La cour de France reconnut en Marin « un homme de guerre courageux par tempérament, avide de gloire et désireux des occasions périlleuses d'en acquérir », mais ces qualités ne lui parurent pas suffisantes pour accéder à sa requête. Toutefois, Marin avait reçu la croix de Saint-Louis en 1761, alors que le roi cherchait à récompenser les officiers de la Nouvelle-France pour leurs services dans une cause perdue. En 1773, tout probablement, Marin fut nommé lieutenant-colonel dans les troupes qui tentèrent d'établir, sous la direction du comte de Benyovsky, une colonie française à la baie d'Antorgil, à Madagascar. L'année suivante, peu après leur arrivée sur l'île, Marin et son fils, qui l'accompagnait, succombèrent aux fièvres.

Les Marin furent parmi les quelques familles qui, avant 1760, dans les pays d'en haut, jouèrent un rôle prédominant dans les domaines de l'exploration, de la traite des fourrures et des affaires militaires. La mainmise que certaines familles exerçaient en permanence sur les meilleurs postes de traite a souvent été dénoncée et les Marin n'ont pas échappé à cette critique. Le revenu du trafic des fourrures est difficile à évaluer, mais il est certain que l'association des Marin avec La Jonquière, Bigot et Legardeur fut profitable. Nul doute que les liens qui unissaient Joseph Marin à la famille de Vaudreuil facilitèrent son travail dans l'Ouest. On pourrait conclure avec Louise Phelps Kellogg que La Jonquière et les Marin établirent un réseau de traite des fourrures qui, fondé sur « le favoritisme, la corruption et les profits excessifs, précipita la chute de la Nouvelle-France ». Cependant, pareille généralisation ne rend pas justice au succès obtenu par les Marin dans les régions éloignées. Ils maintinrent la paix dans l'Ouest, explorèrent de nouveaux territoires et, par leur diplomatie, ils attachèrent les tribus si étroitement à la cause des Français que les Indiens des pays d'en haut participèrent en grand nombre aux campagnes contre les Britanniques. Marin affirma qu'il avait amené au moins 20 tribus à se joindre aux Français.

L'un des chefs militaires français les plus habiles, Marin commanda avec succès, en diverses occasions, des détachements de réguliers, de miliciens et d'Indiens. Il était, bien sûr, un officier des troupes de la Marine, type de militaire méprisé par les réguliers. Montcalm*, qui préféra toujours son armée régulière et qui détestait le gouverneur Vaudreuil avec lequel Marin était parent, fut bien obligé de lui attribuer le mérite de quelques victoires, même s'il le qualifia de « brave, mais sot ». André Doreil, qui partageait le mépris de Montcalm pour les troupes de la Marine, loua toujours Marin comme un officier dynamique et compétent.

DONALD CHAPUT

[Joseph Marin de La Malgue], Journal de Marin, fils, 1793–1754, Antoine Champagne, édit., ANQ *Rapport*, 1960–1961, 235–308.

BN, MSS, NAF, 9286 (Margry), ff.273–279. — APC *Rapport*, 1886, clvii–clxiii ; 1888, note C, 35 ; 1905, I, VIe partie, 334s. — Bougainville, Journal (A.-E. Gosselin), ANQ *Rapport*, 1923–1924, 207–210, 288. — *Coll. de manuscrits relatifs à la N.-F.*, III : 217–219, 410–412, 418 ; IV : 110s., 188s. — *Coll. des manuscrits de Lévis* (Casgrain), VI : 35. — *Découvertes et établissements des Français dans l'ouest et dans le sud de l'Amérique septentrionale* [...] *mémoires et documents inédits* [1614–1754], Pierre Margry, édit. (6 vol., Paris, 1879–1888), VI : 648s., 653. — The French regime in Wisconsin – II, R. G. Thwaites, édit., Wis., State Hist. Soc., *Coll.*, XVII (1906) : 315, 430, 439s. ; – III, R. G. Thwaites, édit., XVIII (1908) : 63s., 133–136, 158, 192s., 196. — [D.-H.-M. Liénard de] Beaujeu, Journal de la campagne du détachement de Canada à l'Acadie et aux Mines, en 1746–47, *Coll. doc. inédits Canada et Amérique*, II : 16–75. — La mission de M. de Bougainville en France en 1758–1759, ANQ *Rapport*, 1923–1924, 37, 54. — *NYCD* (O'Callaghan et Fernow). — Robert Rogers, *Journals of Major Robert Rogers* [...] (Londres, 1765 ; réimpr., Ann Arbor, Mich., [1966]). — *Pennsylvania Gazette* (Philadelphie), 9, 23 août 1759. — Æ. Fauteux, *Les chevaliers de Saint-Louis*, 56s., 183s. — L.-P. et A.-M. D'Hozier, *Armorial*. — Le Jeune, *Dictionnaire*. — Massicotte, Répertoire des engagements pour l'Ouest, ANQ *Rapport*, 1929–1930, 426, 444 ; 1931–1932, 303. — Tanguay, *Dictionnaire*. — L. P. Kellogg, *The French régime in Wisconsin and the northwest* (Madison, Wis., 1925 ; réimpr., New York, 1968). — P. L. Scanlan, *Prairie Du Chien : French, British, American* (s.l., 1937), 29–46.

— Claude Bonnault de Méry, Les Canadiens en France et aux colonies après la cession (1760–1815), *Revue de l'hist. des colonies françaises* (Paris), XVII (1924) : 529. — E. W. H. Fyers, The loss and recapture of St. John's, Newfoundland, in 1762, Soc. for Army Hist. Research, *Journal* (Londres), XI (1932) : 179–215. — G. L. Nute, Marin versus La Vérendrye, *Minnesota History* (St Paul), 32 (1951) : 226–238. — Régis Roy, Les capitaines de Marin, sieurs de la Malgue, chevaliers de Saint-Louis, officiers canadiens, etc., en la Nouvelle-France, de 1680 à 1762, SRC *Mémoires*, 2e sér., X (1904), sect. I : 25–34.

MARRANT, JOHN, auteur noir américain et ministre de la Countess of Huntingdon's Connexion, né le 15 juin 1755 à New York, décédé à Islington (Londres), le 15 avril 1791.

Les premières années de John Marrant ont ceci d'exceptionnel qu'il put recevoir quelque instruction en dépit des dures restrictions dont étaient frappés les Noirs dans l'Amérique coloniale. Né libre, il fréquenta l'école jusqu'à l'âge de 10 ou 11 ans, d'abord à St Augustine, en Floride, où sa mère avait déménagé lors du décès de son mari en 1759, puis en Géorgie. Quand, plus tard, la famille s'installa à Charleston, en Caroline du Sud, il était entendu que John devait y apprendre un métier. Au lieu de cela, et selon son propre désir, il étudia la musique pendant deux ans avant de faire l'apprentissage, pendant plus d'un an, d'un métier qui ne nous est pas connu. A l'âge de 13 ans, il se convertit à une vie plus chrétienne lors d'une assemblée organisée par le prédicateur dissident George Whitefield ; sa famille n'étant point sympathique à sa nouvelle orientation, il quitta la maison pour aller vivre dans les territoires sauvages, au delà de Charleston. Découvert par un chasseur indien, il fut amené chez les Cherokees, où il vécut pendant deux ans avant de pouvoir retourner en Caroline du Sud.

Quand éclata la Révolution américaine en 1775, Marrant fut enrôlé d'office dans la marine royale, à titre de musicien ; il participa, en 1780, au siège de Charleston et, en 1781, à un engagement au large du Dogger Bank (mer du Nord), au cours duquel il fut blessé. Après son licenciement, il travailla pendant trois ans chez un marchand de coton de Londres et se joignit à un groupe évangélique connu sous le nom de Countess of Huntingdon's Connexion. A la suite de la réception d'une lettre de son frère, l'un des 3 500 Loyalistes noirs transportés en Nouvelle-Écosse après la révolution, qui exprimait le vif désir de ces derniers d'être instruits des vérités du christianisme, Marrant décida de s'y rendre comme missionnaire. Le 15 mai 1785, il fut ordonné ministre de la Countess of Huntingdon's Connexion à Bath, Angleterre.

L'instruction que reçut Marrant et sa conversion lui permirent les deux grandes réalisations pour lesquelles il est connu : la publication à Londres, en 1785, du récit des 30 premières années de sa vie et son ministère parmi les Loyalistes noirs de la Nouvelle-Écosse. De 1785 à 1835, *A narrative of the Lord's wonderful dealings with John Marrant, a black* [...] connut au moins 21 éditions différentes, dont une en gallois. Ce succès étonnant peut être attribué au fait que l'ouvrage constituait un apport marqué à trois genres littéraires : les récits d'esclaves américains, les récits de captivité chez les Indiens et les relations de conversions. Bien que Marrant ne fût jamais esclave, son *Narrative* est l'un des plus importants parmi les écrits anciens des Noirs, parce que le déroulement de sa vie rappelait celui, classique, de la vie de l'esclave, faite de souffrances et d'oppression, et se terminant éventuellement par la fuite et un long voyage vers la terre promise. Après sa mort, les éditeurs, peut-être pour éviter d'être mêlés à la controverse relative à l'abolition de l'esclavage et pour mettre l'accent sur les progrès de l'auteur dans la vie chrétienne, omirent la mention de son appartenance raciale dans le titre et allèrent même jusqu'à retoucher son portrait, en frontispice de l'ouvrage, afin d'en alléger les caractéristiques qui pouvaient révéler ses origines. Dans ces versions corrigées, tout l'intérêt de l'ouvrage, pour les lecteurs, tenait au récit du séjour de Marrant parmi les Cherokees ; effectivement, on classe son ouvrage parmi les trois récits les plus populaires de captivité chez les Indiens à avoir été publiés.

Pour Marrant lui-même, semble-t-il, l'importance de son ouvrage venait principalement du message chrétien dont il est le véhicule. Il soumet son lecteur au supplice en passant sous silence les détails de sa vie séculière, préférant décrire une série d'épreuves et de victoires spirituelles découlant souvent d'incidents symboliques à peine croyables pour des lecteurs d'aujourd'hui. Sa conversion et ses aventures subséquentes portent toutes la marque d'interventions miraculeuses, grâce auxquelles il échappe à des dangers divers, et de prières exaucées sur-le-champ. Il est évident que Marrant se considérait lui-même comme une prédication vivante. En menant son combat, comme chrétien noir dans un monde blanc, irréligieux et esclavagiste, qui faisait peu de différence entre un Noir de naissance libre et un esclave, il ne visait pas seulement à réveiller les Noirs, mais tout autant ses lecteurs blancs.

La prédication de Marrant en Nouvelle-Écosse contribua à un mouvement dont la portée peut être comparée à celle de son livre. Même s'ils vivaient dans la pauvreté et l'oppression, les

Loyalistes noirs surent se donner une culture vibrante, centrée sur leurs chapelles chrétiennes, et, dès lors, survivre en tant que communauté distincte. Après avoir mis sur pied une première congrégation à Birchtown, près de Shelburne, Marrant s'embarqua pour une tournée qui le conduisit dans la plupart des établissements des Loyalistes noirs. A l'occasion, il prêchait pour le bénéfice de congrégations blanches et visitait des villages micmacs. On peut se faire une idée de ses succès comme prêcheur quand on sait que plusieurs ministres blancs le condamnèrent, parce que leurs paroissiens noirs les désertaient pour entendre le message de Marrant et se regrouper dans les chapelles qu'il avait établies à l'usage exclusif des Noirs. L'une des conséquences notables de son ministère – et de ceux du prêcheur baptiste David George* et des méthodistes Moses Wilkinson, John Ball et Boston King – fut du reste la formation de groupes religieux exclusivement noirs, voués à la sauvegarde d'une expérience chrétienne unique.

En 1787, Marrant se rendit à Boston, où il adhéra à la première loge maçonnique noire fondée en 1784 par Prince Hall. Il devint aumônier de la loge, et plusieurs de ses sermons prononcés à Boston furent publiés tant en Angleterre qu'en Amérique. Il ne perdit pourtant pas contact avec son troupeau de la Nouvelle-Écosse, retournant dans cette province pour y épouser la loyaliste noire Elizabeth Herries, à Birchtown, le 15 août 1788. En 1789, estimant apparemment sa mission accomplie, il partit pour l'Angleterre. Il continua son ministère à la chapelle principale de la Countess of Huntingdon's Connexion à Islington et, à sa mort, fut enseveli dans le cimetière attenant à cette chapelle.

La courte carrière de John Marrant est moins importante par ses réalisations que par l'influence qu'elle eut sur les courants historiques et littéraires des Noirs tant en Amérique qu'en Afrique. Son message en était un de persévérance, et aussi un témoignage du succès qu'un Noir de foi chrétienne pouvait obtenir grâce à la foi en Dieu et en lui-même, et son *Narrative* servit de modèle à des générations d'écrivains américains noirs. Les disciples de Marrant se firent prêcheurs et instituteurs dans la communauté noire de la Nouvelle-Écosse, et, à la suite de la migration de quelque 1 200 Loyalistes noirs en Sierra Leone en 1792 [V. Thomas PETERS], son message fut diffusé parmi des milliers d'Africains. Son œuvre se perpétue parmi les descendants de ses congrégations noires.

JAMES W. ST G. WALKER

Les travaux suivants de John Marrant ont été publiés : *A journal of the Rev. John Marrant, from August the 18th, 1785, to the 16th of March, 1790* [...] (Londres, 1790) ; *A narrative of the Lord's wonderful dealings with John Marrant, a black* [...], Rev. Mr Aldridge, édit. (Londres, 1785) ; et *A sermon preached the 24th day of June, 1789* [...] (Boston, s.d.).

BL, Add. MSS 41 262A ; 41 262B ; 41 263 ; 41 642. — PANS, MG 1, 479 (Charles Inglis docs.), nº 1 (copies). — [John Clarkson], *Clarkson's mission to America, 1791–1792*, C. B. Fergusson, édit. (Halifax, 1971). — [David George], An account of the life of Mr. David George [...], *Baptist Annual Register* (Londres), I(1790–1793) : 473–484. — *Great slave narratives*, A. [W.] Bontemps, compil. (Boston, 1969). — *Held captive by Indians : selected narratives, 1642–1836*, Richard VanDerBeets, compil. (Knoxville, Tenn., 1973). — [Boston King], Memoirs of the life of Boston King, a black preacher [...], *Methodist Magazine* (Londres), XXI (1798) : 105–110, 157–161, 209–213, 261–265. — C. [H.] Fyfe, *A history of Sierra Leone* (Londres, 1962). — J. W. St G. Walker, *The black loyalists : the search for a promised land in Nova Scotia and Sierra Leone, 1783–1870* (Londres, 1976) ; The establishment of a free black community in Nova Scotia, 1783–1840, *The African Diaspora : interpretive essays*, M. L. Kilson et R. I. Rotberg édit. (Cambridge, Mass., et Londres, 1976). — R. W. Winks, *The blacks in Canada : a history* (Montréal, 1971). — C. [H.] Fyfe, The Countess of Huntingdon's Connexion in nineteenth century Sierra Leone, *Sierra Leone Bull. of Religion* (Freetown, Sierra Leone), 4 (1962) : 53–61. — D. B. Porter, Early American Negro writings : a bibliographical study, Bibliographical Soc. of America, *Papers* (New York), 39 (1945) : 192–268. — A. F. Walls, The Nova Scotian settlers and their religion, *Sierra Leone Bull. of Religion*, 1 (1959) : 19–31.

MARSTON, BENJAMIN, marchand, arpenteur et fonctionnaire, né le 22 septembre 1730, à Salem, Massachusetts, fils aîné de Benjamin Marston et d'Elizabeth Winslow ; il épousa, le 13 novembre 1755, à Marblehead, Massachusetts, Sarah Swett ; décédé le 10 août 1792, à Bolama, Guinée portugaise (Guinée-Bissau).

Benjamin Marston obtint en 1749 son baccalauréat ès arts du Harvard College et, plus tard, se mit en affaires avec deux de ses beaux-frères, à Marblehead, où il parvint à la prospérité et à la respectabilité. Dès le début de la Révolution américaine, Marston apparut carrément comme un loyaliste avéré. En novembre 1775, il s'enfuit à Boston après que sa maison eut été la cible d'une bande de patriotes ; sa femme, restée à l'arrière pour veiller sur ses biens, mourut peu après. En mars 1776, Marston accompagna la garnison britannique de Boston jusqu'à Halifax où il allait connaître une vie pleine de vicissitudes comme marchand et subrécargue, principalement dans le commerce des Antilles. Tombé trois fois aux mains de corsaires américains, il fut échangé à chaque occasion. En décembre 1781, au cours d'un voyage d'Annapolis Royal à Halifax, son navire, poussé par les vents, dévia de sa course et fut emprisonné dans les glaces près du cap Canso. Il fallut près de trois mois à Marston pour atteindre Halifax. Il y vécut dans la pauvreté jusqu'en avril 1783, alors qu'il fut nommé arpenteur du nouvel établissement loyaliste de Port Roseway (Shelburne).

Pendant les 15 mois qui suivirent, exacerbé par ce qu'il appelait « ce maudit esprit républicain de séances municipales » chez les réfugiés enclins à la chicane, Marston assuma une tâche difficile. Pendant l'été de 1784, il dut s'enfuir à Halifax quand les troupes licenciées en vinrent aux prises avec des Noirs affranchis [V. David George*]. Accusé, probablement à tort, de partialité dans l'arpentage et la distribution des terres, il fut démis de ses fonctions par le gouverneur John PARR.

Peu après, sur la recommandation de son cousin Edward Winslow*, Marston fut engagé par l'arpenteur général des forêts royales en Amérique du Nord, John Wentworth*, pour être son assistant dans la province nouvellement créée du Nouveau-Brunswick. En décembre 1784, il alla résider à Parrtown (Saint-Jean) où il partagea une maison avec Ward Chipman*. Nommé shérif du comté de Northumberland, Marston se rendit à la rivière Miramichi en juin 1785. Il y arpenta les bois, travailla comme arpenteur adjoint des terres de la couronne, exploita un moulin et, associé à John Mark Crank Delesderniers, trafiqua avec les Indiens et les colons. Il jugea, cependant, le salaire de shérif insuffisant et ses propres perspectives économiques peu reluisantes ; en mars 1786, il démissionna comme shérif et, en novembre, il retourna à Saint-Jean.

En mars 1787, Marston alla à Boston où il obtint des documents propres à aider les membres de la famille Winslow dans leurs demandes auprès du gouvernement britannique pour toucher une indemnisation en qualité de Loyalistes. Plus tard, à l'été de la même année, il partit pour Londres afin de faire valoir ses propres réclamations ; presque mourant de faim, parfois, il fit durer ses moyens de subsistance pendant quatre ans. A sa grande déception, on ne lui accorda que £105, moins du quart de ce qu'il réclamait et juste assez pour payer ses dettes. En 1792, il accepta un emploi comme arpenteur pour une compagnie privée qui projetait de coloniser Bolama, une île de l'Afrique occidentale. La plupart des colons, et Marston lui-même, moururent des fièvres peu après leur arrivée.

De 1776 à 1787, Benjamin Marston tint un journal qui constitue une source importante pour ce qui concerne l'histoire de la Nouvelle-Écosse et du Nouveau-Brunswick. Doué de nombreux talents, d'une personnalité attachante, tout d'une pièce et optimiste, plus libéral que d'autres Loyalistes dans ses conceptions politiques et loyal en amitié, Marston était une manière de poète et d'artiste. A l'instar de nombreux Loyalistes, il resta un patriote américain et il entretenait de grands espoirs pour le Nouveau-Brunswick.

WALLACE BROWN

PANB, RG 10, RS107, Letterbook of George Sproule, surveyor-general, 1785–1789. — University of N.B. Library, Archives and Special Coll. Dept. (Fredericton), Winslow papers, 20, 21, 22 ; Benjamin Marston, Diary, 1776–1787. — W. O. Raymond, Benjamin Marston of Marblehead, loyalist : his trials and tribulations during the American revolution, N.B. Hist. Soc., *Coll.*, III (1907–1914), n° 7 : 79–112 ; The founding of Shelburne : Benjamin Marston at Halifax, Shelburne and Miramichi, III, n° 8 : 204–277. — M. M. Vesey, Benjamin Marston, loyalist, *New England Quarterly* (Orono, Maine), XV (1942) : 622–651. — J. L. Watson, The Marston family of Salem, Mass., *New England Hist. and Geneal. Register*, XXVII (1873) : 390–403.

MARTEL, PIERRE-MICHEL (on trouve parfois **Philippe** ou **Philippe-Michel** mais il signait ordinairement Pierre-Michel), commissaire de la Marine, né à Québec le 2 mai 1719, fils de Jean Martel* de Magos et de Marie-Anne Robinau ; il épousa, en 1751, Marie-Agathe Baudoin ; décédé à Tours, France, le 29 septembre 1789.

La famille Martel semble avoir atteint un rang social assez élevé, ce qui peut expliquer que Pierre-Michel put jouir dès sa jeunesse de la protection des principaux personnages de la colonie. Il eut comme parrain François-Pierre de RIGAUD de Vaudreuil et, comme marraine, Jeanne-Élisabeth Bégon, fille de l'intendant. Il était le frère de Jean-Urbain Martel* de Belleville, directeur des forges du Saint-Maurice de 1742 à 1750. Dès 1738, Martel était au service de l'intendant HOCQUART puisque, cette année-là, le président du Conseil de Marine s'informait auprès de ce dernier des capacités du jeune homme qui sollicitait une place d'écrivain du roi. Hocquart fit l'éloge de son subordonné et reçut l'assurance que Martel serait nommé écrivain aussitôt que l'occasion se présenterait, ce qui ne survint que le 12 avril 1742. A cette époque, et jusqu'en 1749, il habitait avec sa mère rue Saint-Nicolas, à Québec, tout près de l'intendance.

Lorsque BIGOT succéda à Hocquart, en 1748, il prit Martel sous sa protection et le recommanda à plusieurs reprises au ministre et au Conseil de Marine. Jusqu'en 1754, Pierre-Michel Martel fut écrivain principal de la Marine, « ayant le détail de la construction des vaisseaux de Sa Majesté ». En 1755, il reçut une commission de l'intendant pour exercer les fonctions de contrôleur de la Marine en l'absence de Jacques-Michel BRÉARD et, le 10 août 1757, Bigot le nomma commissaire de la Marine à Montréal, à la place de Jean-Victor VARIN de La Marre, qui avait obtenu son congé en avril. Martel avait enfin la charge qu'il ambitionnait mais il aurait désiré que la commission provienne directement du roi. Malgré les nombreuses interventions du chevalier de LÉVIS, du gouverneur Pierre de RIGAUD de Vaudreuil, de Bigot et de son frère jésuite, Joseph-Nicolas Martel, alors à Moulins, France, il dut se contenter d'une simple commission, avec promesse du ministre de lui accorder la place demandée dès que possible. La Conquête devait anéantir ses ambitions.

Vers 1757, Martel s'était associé à Michel-Jean-Hugues PÉAN, Bigot, Pierre-Arnaud de Laporte, Jean Corpron*, François Maurin* et Louis PENNISSEAULT dans la Grande Société [V. Péan]. Aussi, lorsque le 30 janvier 1761 il fut nommé en France pour aider Charles-François PICHOT de Querdisien Trémais à régler les comptes du Canada, il se montra peu intéressé à participer à une enquête sur ses associés et ses protecteurs. Il trouva le moyen de demeurer dans la colonie, se soustrayant ainsi à cette tâche. Il fut appelé au nombre des accusés, comme son frère Jean-Baptiste-Grégoire Martel de Saint-Antoine, qui avait été garde-magasin à Montréal.

En 1764, croyant pouvoir s'en tirer à bon compte, Martel se décida à passer en France où il se livra aux autorités. Il fut incarcéré à la Bastille et, en avril 1765, après ce que Pierre-Georges Roy* appelle « un semblant de procès » devant le Châtelet, il fut déchargé de toute accusation. Il rejoignit alors sa famille à Tours, dans la paroisse Saint-Vincent, et y demeura jusqu'à sa mort.

MICHEL ROBERGE

AN, Col., C[11A], 100, f.128 ; 103, ff.23, 256. — ANQ-Q, AP-P-1 395 ; Greffe de P.-A.-F. Lanoullier Des Granges, 15 mars 1755 ; NF 2, 40, 20 sept. 1752 ; 42, 23 oct. 1755, 10 août 1757. — Les malignités du sieur de Courville, *BRH*, L (1944) : 114. — Recensement de Québec, 1744, 48. — Gustave Lanctot, L'affaire du Canada ; bibliographie du procès Bigot, *BRH*, XXXVIII (1932) : 8–17. — Le Jeune, *Dictionnaire*. — P.-G. Roy, *Inv. coll. pièces jud. et not.*, I : 123, 163 ; II : 362 ; *Inv. concessions*, II : 157, 160 ; IV : 131 ; *Inv. jug. et délib., 1717–1760*, VI : 92, 110 ; *Inv. ord. int.* — Tanguay, *Dictionnaire*, V : 533. — Frégault, *François Bigot*. — P.-G. Roy, *Bigot et sa bande* ; *La famille Martel de Magesse* (Lévis, Québec, 1934). — Guy Frégault, La guerre de Sept Ans et la civilisation canadienne, *RHAF*, VII (1953–1954) : 198. — Antoine Roy, Jean Martel, *BRH*, VI (1900) : 21–24. — P.-G. Roy, Les commissaires ordinaires de la Marine en la Nouvelle-France, *BRH*, XXIV (1918) : 54.

MARTEN (Martin), HUMPHREY, agent principal de la Hudson's Bay Company, né vers 1729 en Angleterre, décédé entre 1790 et 1792, probablement en Angleterre.

Humphrey Marten fut d'abord engagé par la Hudson's Bay Company en 1750, à titre de commis aux écritures à York Factory (Manitoba) ; le contrat couvrait une période de cinq ans, au salaire de £15 par année. Il dut donner satisfaction à ses supérieurs d'York, puisqu'on le suggérait en 1755 comme un des responsables possibles de Flamborough House, un poste dépendant d'York, et qu'il fut plus tard délégué comme agent principal intérimaire d'York pendant le séjour de James Isham* en Angleterre, en 1758–1759. Il estimait néanmoins que ses services n'étaient pas reconnus à leur juste valeur et, en 1759, il fit des pressions pour que son salaire fût augmenté à £50 par année. Il fut presque congédié pour sa témérité ; la compagnie, cependant, le nomma second à York et responsable d'un poste projeté, à l'embouchure de la rivière Severn (Ontario), pour faire obstacle à une pénétration possible des Canadiens.

A la suite de la mort d'Isham en avril 1761, Marten fut nommé agent principal intérimaire d'York par le conseil de ce poste. A son grand déplaisir, le comité de Londres ne donna pas un caractère permanent à cette nomination et, en septembre 1762, c'est Ferdinand JACOBS qui prit la direction du poste. Rappelé à Londres, Marten fut nommé second au fort Albany (Fort Albany, Ontario) ; il y arriva en août 1763 et en devint l'agent principal l'année suivante.

Tout au long de la carrière de Marten, la Hudson's Bay Company fut soumise à une pression croissante due à la concurrence des trafiquants de Montréal (rattachés à une compagnie de Montréal) à l'intérieur des terres. Après sa nomination au fort Albany, le principal objectif de Marten et du comité de Londres devint le rétablissement de Henley House (au confluent des rivières Albany et Kenogami), saccagé par Wappisis* en 1755. En l'absence d'employés de la compagnie qui, sur la rivière Albany, encourageraient les Indiens à descendre sur la côte, le système de traite du fort Albany passerait sous la direction des trafiquants montréalais. En dépit d'un ralentissement de la part des hommes de Marten, qui craignaient d'être scalpés, le nouveau poste fut finalement achevé en 1768.

En septembre 1775, Marten fut promu agent principal d'York. Le comité de Londres le pressa de pousser les opérations de la traite jusque dans la région de la Saskatchewan, afin d'y faire une concurrence directe aux trafiquants de Montréal. Marten seconda fortement les activités de William Tomison* et de Robert Longmoor* à Cumberland House (Saskatchewan), mais leurs entreprises eurent à souffrir du manque de canots, d'hommes et de marchandises de traite, et les trafiquants montréalais maintinrent leur suprématie. En 1780, néanmoins, les revenus de la traite dans cette région contribuaient à assurer le maintien d'York comme principal poste de la compagnie en Amérique du Nord, même si Samuel HEARNE, au fort Prince of Wales (Churchill, Manitoba), incitait sans cesse les Indiens d'York à venir traiter chez lui. La poussée de la compagnie vers l'intérieur fut arrêtée par l'épidémie de petite vérole de 1781–1782, qui décima les chasseurs de castors, et par la reddition d'York, alors aux ordres de Marten, devant les forces françaises du comte de Lapérouse [GALAUP], en août 1782. Amené prisonnier en France, Marten fut incapable de retourner à la baie d'Hudson avant septembre 1783. Sa reddition, à York, bien qu'elle ait été jugée par Edward UMFREVILLE comme un acte de lâcheté, geste d'un homme ivre, fut une décision réaliste, étant donné que ses hommes étaient largement inférieurs en nombre aux Français.

Les intérêts de Marten ne se limitèrent pas seulement à la traite des fourrures. Dans un effort pour s'insinuer dans les bonnes grâces des membres influents de la Royal Society de Londres, la compagnie lui avait donné l'ordre de recueillir des spécimens de la faune et de la flore de la baie. Il s'intéressa au projet en 1771, mais ses efforts, bien que prodigieux, restèrent entachés d'amateurisme et n'eurent pas l'importance de ceux d'Isham ou d'Andrew Graham*.

La vie privée de Marten est difficile à débrouiller. On sait qu'il avait au moins deux parents en Angleterre. Lors de son séjour dans Rupert's Land, il entretint de nombreuses liaisons avec les filles des principaux Indiens Home Guard (Cris). Au fort Albany, il partagea sa couche avec Pawpitch, fille de Questach, ou Cockeye, capitaine des chasseurs d'oies et personnage puissant autant que respecté à la baie. Pawpitch mourut le 24 janvier 1771, laissant un fils, John America, que son père envoya à l'école en Angleterre. En 1781, alors que Marten songeait à se retirer définitivement, un vieil Indien vint du fort Albany à York pour réclamer sa fille et les deux enfants de celle-ci, qui vivaient avec lui. A York, en 1786, la « vie familiale » de Marten s'était modifiée puisqu'il entretenait deux ou trois jeunes femmes. Des liaisons de ce genre étaient chose courante à la baie en partie parce qu'elles servaient à sceller les relations avec les Indiens qui étaient indispensables à la compagnie pour l'approvisionnement en vivres et en fourrures. On n'a aucune trace des dispositions prises par Marten en faveur de ses femmes et de ses enfants quand il prit sa retraite de Rupert's Land en 1786.

On a discuté du caractère de Marten, mais il est certain qu'il se révéla de plus en plus difficile à mesure que des afflictions variées – goutte, troubles de l'estomac, maladie du foie, cécité croissante, souffrances consécutives à de nombreux accidents – le frappèrent l'une après l'autre. Son corps torturé par la souffrance semble avoir aigri une humeur déjà instable, et dans les années 1780 il avait peu d'amis. Un jour, il lança sa nourriture au visage du chirurgien, essaya de le pousser au bas de l'escalier et l'exclut de sa table, tout cela par « mauvaise humeur ». C'est à peine si Tomison et Hearne communiquaient avec lui, et seulement par écrit, et le charpentier d'York, qui travaillait sous ses ordres, était sur le point de se rebeller ouvertement. En dépit de sa mauvaise santé et des pressions très grandes qu'exerçaient sur lui ses subordonnés, Marten, économe mais besogneux, n'aurait pas quitté Rupert's Land. Il était prêt à endurer bien des choses pour un salaire de £130 par année. En 1786, incapable de tolérer davantage ses souffrances et les insultes de ses subordonnés, il démissionna. On ne trouve plus trace de lui par la suite. Il vivait probablement encore en 1790 quand Umfreville, dans *The present state of Hudson's Bay* [...], le traita d'ivrogne, de brute et de lâche, mais sans le nommer, par crainte d'une poursuite en justice. Quoi qu'il en soit, peu de temps avant sa propre mort en 1792, Hearne, en révisant son journal en vue de la publication, faisait allusion à lui comme à feu Humphrey Marten.

F. PANNEKOEK

HBC Arch., A.5/1, f.36 ; A.11/3, ff.57, 69, 105, 114, 145, 166, 202d ; A.11/114, f.141 ; A.11/115, ff.24, 27, 63, 65, 106 ; A.11/116, ff.85, 180–181 ; A.14/12, f.70 ; A.16/13, f.62 ; B.3/a/60, f.10 ; B.3/a/63, f.19 ; B.198/a/1 ; B.239/a/37, f.7 ; B.239/a/78 ; B.239/a/79, f.45 ; B.239/a/81 ; B.239/a/87, f.2 ; B.239/b/37, f.9 ; B.239/b/39, ff.9d, 27d. — Hearne, *Journey from Prince of Wales's Fort* (Tyrrell). — *HBRS*, XIV (Rich et Johnson). — *Journals of Hearne and Turnor* (Tyrrell). — Edward Umfreville, *The present state of Hudson's Bay* [...] (Londres, 1790). — Rich, *History of HBC*.

MARTÍNEZ FERNÁNDEZ Y MARTÍNEZ DE LA SIERRA, ESTEBAN JOSÉ, officier de marine et explorateur, né le 9 décembre 1742 à Séville, Espagne ; il y épousa le 10 septembre 1770 Gertrudis González ; décédé le 28 octobre 1798 à Loreto (Baja California, Mexique).

Esteban José Martínez entra à l'âge de 13 ans au Seminario de San Telmo, une célèbre école de marine, et prit la mer moins de trois ans plus tard.

En 1773, il servait comme pilote en second dans le petit département naval de San Blas (état de Nayarit, Mexique), le port de ravitaillement pour les postes et missions de l'Espagne dans les Californies. Il devait par la suite jouer un rôle majeur dans les événements qui conduisirent l'Espagne et la Grande-Bretagne au bord de la guerre, en 1790.

A la suite du partage du Nouveau Monde entre l'Espagne et le Portugal par la bulle papale de 1493 et le traité de Tordesillas (1494), l'Espagne avait considéré la côte du Pacifique longeant les deux Amériques comme faisant partie de son empire. Ses revendications n'avaient pas empêché les empiétements de la part des autres pays et des trafiquants indépendants (*pedlars*). Dans les années 1770, les rumeurs d'une expansion russe vers le sud, à partir de l'Alaska, parvenaient à Madrid. Pour prévenir toute nouvelle atteinte à la souveraineté espagnole, on dépêcha un expédition en 1774, sous le commandement de Juan Joseph PÉREZ Hernández, avec instructions de naviguer au nord, le plus loin possible, à partir de San Blas. Martínez était de ce voyage, servant comme officier en second. Pérez atteignit ce qui est aujourd'hui la partie nord des îles de la Reine-Charlotte, Colombie-Britannique, le 16 juillet. Des conditions défavorables à la navigation empêchèrent l'expédition d'aller au delà du 55° 30′ de latitude nord et celle-ci mit le cap au sud, jetant l'ancre au large de Surgidero de San Lorenzo (baie de Nootka, Colombie-Britannique) le 8 août. Après s'être mise en rapport avec les Indiens nootkas, l'expédition retourna à San Blas.

En dépit des nombreuses expéditions espagnoles qui visitèrent la côte nord-ouest de l'Amérique du Nord après 1774, on fit bien peu d'efforts pour établir des postes ou pour exploiter les ressources naturelles de la région. Le relevé de la côte fait par COOK fit toutefois connaître les possibilités qu'elle offrait d'un riche commerce de fourrures avec la Chine, et, pendant les années 1780, des navires britanniques, naviguant souvent sous le drapeau portugais pour contourner les mesures restrictives du monopole des compagnies East India et South Seas, commencèrent à ouvrir le commerce des peaux de loutre marine [V. James HANNA].

De 1775 à 1778, Martínez avait été employé à l'approvisionnement des postes espagnols de la province de Sonora (Mexique) et de ceux de Loreto, Monterey (Californie), San Diego et San Francisco. En 1786, au cours d'une mission de routine à Monterey, il pilota l'expédition française du comte de Lapérouse [GALAUP] lors de son entrée dans le port. Interrogeant les Français sur leurs découvertes, Martínez resta sous la fausse impression, fidèlement rapportée au vice-roi de la Nouvelle-Espagne, que les Russes avaient établi un poste à la baie de Nootka. Ce rapport, ajouté à ceux qui concernaient l'expansion russe et qui provenaient des ambassadeurs de l'Espagne en Russie, amena Madrid à donner à Martínez, en 1788, l'ordre de naviguer au nord jusqu'au 61° de latitude au moins et de repérer complètement les activités russes. Partie de San Blas le 8 mars, l'expédition, formée de deux navires, visita les postes de traite russes des îles Kodiak et Unalaska dans les Aléoutiennes (Alaska). Alors qu'il ne découvrait aucune menace pesant sur les territoires espagnols, Martínez apprit que des frégates de Sibérie étaient attendues en 1789, en vue d'établir les Russes à la baie de Nootka. A son retour à San Blas le 5 décembre, il recommanda que l'Espagne élevât un poste à la baie, au plus tard en mai 1789, et se porta volontaire pour cette mission. Son rapport et l'arrivée aux îles de Juan Fernández, au large de la côte chilienne, de deux navires américains sous les ordres de Robert Gray* et de John KENDRICK, en route pour la côte du Pacifique Nord, persuadèrent finalement le vice-roi Manuel Antonio Flórez que l'Espagne ne pouvait se permettre d'ignorer plus longtemps les infractions à sa souveraineté dans ces régions.

Martínez était le seul officier que Flórez eût sous la main ; il reçut en conséquence le commandement de la nouvelle expédition, en dépit de son grade peu élevé et d'un dossier qui faisait état de conflits avec ses subordonnés lors du voyage de 1788. Craignant d'être devancé à la baie de Nootka par les Russes et n'ayant pas le temps de consulter Madrid, Flórez donna à Martínez instructions d'y construire un poste temporaire, suffisant pour garantir la souveraineté espagnole. L'expédition arriva à la baie le 5 mai 1789, pour découvrir plusieurs navires, et parmi eux celui de Kendrick, déjà dans le bras de mer. Martínez décida que les Américains ne constituaient pas une grande menace pour les revendications espagnoles ; à la vérité, il reçut une aide non négligeable de la part de Kendrick, qui l'introduisit auprès du chef nootka MUQUINNA. Cependant, un autre navire, l'*Efigenia Nubiana* fut facile à identifier comme navire britannique naviguant sous un drapeau portugais de pure convenance. Affirmant que ce navire portait des instructions en portugais pour la capture des vaisseaux étrangers plus faibles, Martínez le saisit, puis le relâcha plus tard.

Bien qu'il eût pour instructions la création d'un poste temporaire à la baie de Nootka, Martínez crut que l'Espagne devait s'intéresser plus activement à la côte nord-ouest. Pendant le voyage de 1774, il avait vu qu'elle n'était pas, comme on l'avait pensé, un désert froid et montagneux, et il envisagea de créer une société espagnole qui tirerait sa prospérité de la construction navale et d'autres industries. Quand un schooner qu'il avait dépêché de la baie de Nootka le 21 juin 1789 revint le 5 juillet avec des rapports sur l'entrée du détroit de Juan de Fuca, Martínez se persuada que ce détroit débouchait près de La Nouvelle-Orléans, sur le Mississippi. Même si peu de gens allaient accepter cette théorie, l'Espagne ne pouvait se permettre d'abandonner sa mainmise sur la région avant qu'une enquête complète fût terminée. Martínez était infatigable dans ses efforts pour convaincre son gouvernement que la base de la baie de Nootka devait être permanente. Il commanda une grosse cloche et des ornements complets pour une église qu'il projetait d'y construire, de même que des feuilles de cuivre pour la traite avec les Indiens. Il formula le plan, fondé sur la conquête et la colonisation des îles Sandwich (Hawaii), d'un système commercial triangulaire à travers le Pacifique, grâce auquel les produits mexicains seraient échangés sur la côte nord-ouest pour des peaux de loutre marine et du bois de construction, lesquels seraient à leur tour vendus en Chine contre l'achat de marchandises de luxe et du mercure nécessaire à l'industrie minière mexicaine.

Quand un navire britannique, l'*Argonaut*, commandé par James Colnett*, arriva de Macao (Chine), le 2 juillet, les hommes de Martínez avaient construit une petite batterie et quelques édifices, et avaient ensemencé des jardins sur le site du village indien de l'anse Friendly (Colombie-Britannique). Colnett, aussi peu habile diplomate que Martínez, affirma avoir des ordres de l'Angleterre pour créer un établissement permanent. Les relations polies entre les deux irascibles capitaines de vaisseau tournèrent bientôt en dispute. Lors de l'ultime confrontation, Colnett, selon Martínez, mit la main à son épée et lança « les mots mal sonnants et diffamants de *Gardem España* ». Martínez donna ordre d'arrêter Colnett et de capturer son navire. Un autre navire britannique, le *Princess Royal*, arriva le 12 juillet et fut également saisi ; les deux furent envoyés à San Blas.

Les événements de la baie de Nootka allaient créer un incident majeur entre la Grande-Bretagne et l'Espagne, en 1790. Cette année-là, John Meares*, un trafiquant britannique qui avait visité la baie de Nootka en mai 1788 et qui avait investi dans les navires capturés, publia à Londres un rapport biaisé de l'affaire, qui servit à fouetter le sentiment antiespagnol des Britanniques. Meares affirmait avoir acheté des Indiens une terre qui avait été prise par les Espagnols et blâma Martínez pour avoir tué un chef indien et avoir forcé les artisans chinois de Colnett à travailler dans les mines. Toutes ces affirmations étaient sans fondement : Muquinna nia par la suite avoir vendu la terre, le meurtre était un geste irréfléchi d'un soldat espagnol, et il n'y avait pas de mines. La politique espagnole de tenir tous les documents secrets, toutefois, amena les écrivains contemporains, y compris certains Espagnols, à accepter la version des événements de Meares.

Après avoir vainement attendu jusqu'à la fin d'octobre 1789 l'ordre de rendre la base de la baie de Nootka permanente, Martínez fit voile pour San Blas. Flórez, qui était sur le point de quitter le Mexique et désirait éviter toute responsabilité dans les événements de la baie de Nootka, porta toute l'affaire à son successeur, le comte de Revilla Gigedo. Celui-ci considéra que la conduite de Martínez dans cette situation avait été « imprudente, inopportune et mal fondée ». Malgré ses critiques, cependant, il fut consterné d'apprendre que la base de la baie de Nootka avait été abandonnée, et, en 1790, il envoya Francisco de Eliza* y Reventa, avec Martínez comme second, pour la rétablir. Une fois arrivé, Martínez reçut de Madrid un ordre, signifié à la requête de sa femme, de retourner en Espagne. A San Blas, en février 1791, il obtint un délai pour lui permettre de disposer de la ferme d'élevage qu'il avait acquise à Tepic (Mexique). En septembre, il mettait à la voile pour l'Espagne. Après quelques années de service en mer avec port d'attache à Cadix, ses pétitions, dans lesquelles il demandait de retourner à San Blas, furent agréées, à la condition que sa femme consentît à l'accompagner, et « non autrement, à cause de la longue période de temps qu'il a été séparé d'elle, depuis qu'il est allé dans ces royaumes ». Promu enseigne de frégate, il fut muté à San Blas en février 1795. En 1796, il était à Mexico avec de nouveaux plans pour la colonisation de la côte nord-ouest. Les dernières années de sa vie, il les passa probablement à commander des navires de ravitaillement entre San Blas et Alta California (aujourd'hui la Californie), car il mourut à Loreto au cours d'un semblable voyage.

Dans d'autres circonstances, Martínez aurait pu se faire la réputation d'un héros espagnol plutôt que celle d'un homme abrupt et d'une tête chaude. Il empêcha les Britanniques d'établir un poste dans les territoires revendiqués par l'Espagne et esquissa des plans qui auraient assuré la domination de l'Espagne sur la côte nord-ouest. Dans son esprit, il défendait les intérêts de sa nation, et ses lettres, écrites de la baie de Nootka, eurent quelque influence sur la politique espagnole. Mais, alors que des desseins d'empire se heurtaient à la baie de Nootka, il ne gagna que la réprobation des trafiquants de fourrures et la critique de plusieurs de ses propres supérieurs.

CHRISTON I. ARCHER

Le journal d'Esteban José Martínez pour 1789 a été publié : Espagne, Consejo Superior de Investigaciones Científicas, Instituto Histórico de Marina, *Colección de diarios y relaciones para la historia de los viajes y descubrimientos*, L. C. Blanco *et al.*, édit. (6 vol. parus, Madrid, 1943–), VI.

Archivo General de Indias (Séville, Espagne), Audiencia de México, legajo 1 529, n°s 702, 1 182 ; ldgajo 1 530, n° 244 ; Sección de Estado, legajo 43, n° 12. — Archivo General de la Nación (Mexico City), Sección de Historia, vol. 61, exp.14, Diario de la navegación y exploración del pigoto segundo don Esteban José Martínez – 17 déc. 1774 ; vol. 65, exp.2, Martínez à Flórez, 13 juill. 1789. — Archivo Histórico Nacional (Madrid), legajo 4 289, Martínez à Valdés, San Blas, 5 déc. 1788 ; legajo 4 290, Robert Gray et Joseph Ingraham à Juan Francisco de la Bodega y Quadra, Nootka Sound, 5 août 1792. — [James Colnett], *The journal of Captain James Colnett aboard the Argonaut from April 26, 1789, to Nov. 3, 1791*, F. W. Howay, édit. (Toronto, 1940). — Meares, *Voyages*. — J. M. Moziño Suárez de Figueroa, *Noticias de Nutka ; an account of Nootka Sound in 1792*, I. H. Wilson trad. et édit. (Seattle, Wash., 1970). — *Voyages of « Columbia »* (Howay). — Cook, *Flood tide of empire*. — W. R. Manning, *The Nootka Sound crisis* (Washington, 1905). — M. E. Thurman, *The naval department of San Blas : New Spain's bastion for Alta California and Nootka, 1767 to 1798* (Glendale, Calif., 1967). — Javier de Ybarra y Bergé, *De California á Alaska : historia de un descubrimiento* (Madrid, 1945). — C. I. Archer, The transient presence : a re-appraisal of Spanish attitudes toward the northwest coast in the eighteenth century, *BC Studies* (Vancouver), 18 (été 1973) : 3–32.

MATHEVET, JEAN-CLAUDE, prêtre, sulpicien, missionnaire, supérieur, né le 20 mars 1717 à Saint-Martin-de-Valamas (dép. de l'Ardèche, France), fils de Claude Mathevet et de Blanche Ranc, décédé le 2 août 1781 à Montréal.

Entré au grand séminaire de Viviers le 31 octobre 1736, Jean-Claude Mathevet fut tonsuré le 15 juin 1737, reçut les ordres mineurs le 21 décembre suivant et fut ordonné diacre le 23 mai 1739. L'année suivante, le 10 juin 1740, il s'embarquait pour le Canada à bord du *Rubis*, en compagnie de deux autres sulpiciens, Antoine Faucon et Jacques-Joseph Masson de Montbrac. Ils firent le voyage avec le nouvel évêque de Québec, Mgr François-Louis de Pourroy* de Lauberivière. Ce fut une traversée désastreuse, le quart des passagers succombant à une maladie inconnue. Le jeune sulpicien Masson de Montbrac fut du nombre des victimes ainsi que Mgr de Lauberivière qui mourut quelques jours après son arrivée à Québec.

Mathevet s'occupa de l'enseignement du latin à l'école que tenait le séminaire de Saint-Sulpice dans sa maison de Montréal et aida au ministère de l'église Notre-Dame. Le 5 mars 1747 il fut ordonné prêtre par Mgr de Pontbriand [Dubreil*], dans la chapelle des ursulines de Québec. Il avait commencé son apostolat auprès des Indiens de la mission du Lac-des-Deux-Montagnes (Oka) dès le 12 septembre de l'année précédente, alors qu'il n'était encore que diacre. Le ministère auprès des Algonquins d'abord, puis des Iroquois, devait remplir le reste de sa vie.

Durant la guerre de Sept Ans, lors de la campagne de Montcalm* au fort George (appelé aussi fort William Henry ; aujourd'hui Lake George, New York), en juillet 1757, Mathevet fut aumônier militaire des Indiens en compagnie de François PICQUET. Après un séjour d'un an à la cure de Sainte-Anne-du-Bout-de-l'île (Sainte-Anne-de-Bellevue), il se rendit à la mission de La Présentation (Oswegatchie ; aujourd'hui Ogdensburg, New York) au cours de l'année 1758 et, pendant deux ans, avec Pierre-Paul-François de LAGARDE, il seconda ou remplaça Picquet auprès des Amérindiens de ce bastion de la défense de la Nouvelle-France.

De retour à la mission du Lac-des-Deux-Montagnes, Mathevet en devint le quatrième supérieur, y exerçant un ministère fructueux de 1761 à 1778. Assisté de François-Auguste MAGON de Terlaye, il lutta vigoureusement contre l'ivrognerie qui faisait des ravages parmi les Indiens à qui les Blancs fournissaient illégalement de l'eau-de-vie. Mais Mathevet fut surtout le grand spécialiste de la langue algonquine ; en plus d'une grammaire datée de 1761 il écrivit des sermons en algonquin ainsi qu'une histoire sainte et une vie de Jésus-Christ. Ces deux dernières œuvres furent imprimées et rééditées au siècle dernier. Il connaissait très bien l'iroquois et l'on a conservé 11 cahiers de ses sermons rédigés en cette langue. Il avait aussi composé un lexique dans la langue des Loups. Bien que ce manuscrit soit conservé aux archives du séminaire de Saint-Sulpice à Montréal, il est impossible d'identifier de façon certaine le groupe indien qui parlait cette langue. Il s'agit peut-être des Pocumtucks, Indiens de langue algonquine originaires du sud de la Nouvelle-Angleterre

Frappé de paralysie en mars 1778, Mathevet dut se retirer au séminaire où il mourut le 2 août 1781. Il fut inhumé sous le chœur de l'église Notre-Dame. Mathevet, que les Algonquins appelaient Ouakoui, c'est-à-dire le ciel, laissa un excellent souvenir chez tous les Indiens.

J.-Bruno Harel

Deux manuscrits en algonquin de Jean-Claude Mathevet ont été édités au XIXe siècle. Il s'agit d'une vie de Jésus et d'une histoire sainte publiées à Montréal en 1861 en un volume intitulé *Ka titc tebeniminang Jezos, ondaje aking. Oom masinaigan ki ojitogoban ka ojitogobanen Aiamie tipadjimo8in masinaigan 8ak8i ena8indibanen*. Ces manuscrits furent réédités séparément à Montréal, l'histoire sainte paraissant en 1890 sous le titre : *Aiamietipadjimowin masinaigan ka ojitogobanen kaiat nainawisi mekatewikonaiewigobanen / L'histoire sainte en algonquin*, tandis que la vie de Jésus, publiée en 1892, s'intitulait : *Ka titc Jezos tebeniminang ondaje aking enansinaikatek masinaigan ki ojitogoban kaiat pejik kanactageng daje mekatewikonaietc / Vie de Notre-Seigneur Jésus-Christ*. Enfin, en 1975, G. M. Day a édité *The « Mots loups » of Father Mathevet* (Ottawa). [J.-B. H.]

Archives de l-évêché de Viviers (dép. de l'Ardèche, France), Registre des ordinations. — ASSM, 8, A ; 24, Dossier 2 ; Dossier 5. — Allaire, *Dictionnaire*. — Gauthier, *Sulpitiana*. — Louis Bertrand, *Bibliothèque sulpicienne, ou histoie littéraire de la Compagnie de Saint-Sulpice* (3 vol., Paris, 1900). — André Chagny, *Un défenseur de la « Nouvelle-France », François Picquet, « le Canadien » (1708–1781)* (Montréal et Paris, 1913). — Pierre Rousseau, *Saint-Sulpice et les missions catholiques* (Montréal, 1930). — M. Trudel, *L'Église canadienne*. — J.-A. Cuoq, Anotc kekon, SRC *Mémoires*, 1re sér., XI (1893), sect. I : 137–179. — Olivier Maurault, Quand Saint-Sulpice allait en guerre..., *Cahiers des Dix*, 5 (1940) : 11–30.

MATHEWS, DAVID, fonctionnaire, né à New York, fils de Vincent Mathews et de sa seconde femme, Catalina Abeel ; il épousa Sarah Seymour, et de ce mariage naquirent au moins deux fils et deux filles ; décédé en juillet 1800 à Amelia Point, île du Cap-Breton.

David Mathews obtint une maîtrise ès arts du College of New Jersey (Princeton University) en 1754. Après avoir occupé quelques postes secondaires dans l'administration de la ville de New York, il en fut nommé maire en février 1776. Un peu plus tard, accusé de « menées subversives contre les États d'Amérique » à cause du rôle qu'il avait joué, prétendait-on, dans le « complot de Hickey » visant à assassiner George Washington, il fut incarcéré à Litchfield, Connecticut. Toutefois, il réussit à s'évader et retourna à New York ; en 1779, le congrès de New York confisqua ses biens, entre autres 26 000 acres de terrain et deux maisons. Mathews continua d'exercer ses fonctions de maire mais les abandonna peu de temps avant l'évacuation de la ville par les troupes britanniques en novembre 1783.

Après avoir quitté New York, Mathews, à l'instar d'un grand nombre de Loyalistes, vint s'établir en Nouvelle-Écosse où il se vit refuser le poste de procureur général ; on ne sait trop s'il avait reçu une formation régulière d'avocat. En 1785, Abraham Cuyler*, ancien maire d'Albany devenu registraire de l'île du Cap-Breton, le persuada de s'installer à Sydney, la capitale de cette nouvelle colonie. Au mois de juillet, le lieutenant-gouverneur Joseph Frederick Wallet DesBarres* nomma Mathews procureur général et membre du Conseil exécutif.

Malgré les prévisions, on n'avait pas doté la colonie d'une chambre d'Assemblée. Il en résulta que les affaires locales furent débattues au conseil souvent divisé en factions et incapable de gouverner avec efficacité. Le premier conflit éclata en décembre 1785, alors que DesBarres négligea de consulter le conseil au sujet de la distribution des vivres aux habitants. Le présomptueux Mathews, qui s'irritait déjà de la mainmise exercée par DesBarres sur le conseil, eut tôt fait de démissionner en signe de protestation. DesBarres tenta alors de confisquer les ravitaillements militaires en vue d'approvisionner les colons ; le colonel John Yorke, du 33e d'infanterie, s'opposa à ce geste et, peu de temps après, se joignit à une faction qui, sous la direction de Mathews et avec l'appui de Cuyler et d'autres membres du conseil, s'efforçait d'obtenir la destitution du lieutenant-gouverneur. Le groupe fit parvenir au gouverneur John Parr de la Nouvelle-Écosse, supérieur immédiat de DesBarres, une pétition dénonçant la conduite de ce dernier. Le gouverneur la transmit au gouvernement britannique ; cette lettre de protestation et d'autres plaintes entraînèrent le rappel de DesBarres en novembre 1786.

A l'arrivée du lieutenant-gouverneur William Macarmick* en 1787, Mathews reprit sa place au conseil. Il ne tarda pas à faire destituer son principal adversaire, le juge en chef Richard Gibbons, et il devint par la suite l'homme de confiance de Macarmick dans la colonie. Quelque temps plus tard, toutefois, le lieutenant-gouverneur s'opposa à ce qu'il considérait comme une tentative de Mathews de lui imposer ses volontés. La mésentente s'aggrava en 1794 lorsque Mathews mit sur pied une association qui se proposait ouvertement de lutter contre « la naissance et la propagation des idées et des opinions menaçant l'heureuse quiétude qui régnait dans l'Église et l'État » et d'endiguer le flux de réfugiés des îles Saint-Pierre et Miquelon, en proie aux remous de la Révolution française. Macarmick déclara cependant que l'association regroupait « tous les gens importants » et qu'il pourrait donc « être obligé de suppléer aux vacances [en nommant des personnes] de cette société ». En persuadant la faction anti-Mathews du conseil, dirigée par le révérend Ranna Cossit*, de présenter une pétition soutenant que l'association allait « détruire le bon ordre de la société », Macarmick put interdire le groupe de Mathews au mois de juillet. Les partisans de ce dernier menacèrent de fomenter des troubles, et seule une sévère réprimande adressée à tous les intéressés par le duc de Portland, ministre de l'Intérieur (responsable aussi des colonies), permit d'éviter la catastrophe.

Macarmick quitta l'île du Cap-Breton en 1795, et Mathews, à titre de doyen des conseillers, devint l'administrateur de la colonie. Sans tarder, il prit avantage de cette situation : il nomma ses fils, David et William Tryon, respectivement procureur général suppléant et grand prévôt, et fit entrer au conseil le plus gros marchand de Sydney, Richard Stout*, envers qui il était lourdement endetté. De plus, il put attaquer ses adversaires au conseil. Il refusa à Cossit le droit de désigner un maître d'école et le fit emprisonner pour dettes ; il enleva à William McKinnon* son poste de secrétaire et registraire de la colonie et destitua le juge en chef Ingram Ball* qu'il remplaça par un vieil ami, Archibald Charles Dodd*. Plus tard, Ball et McKinnon furent également condamnés à la prison pour dettes. A la fin de juin 1798, le major général James Ogilvie* arriva à Sydney pour remplacer Mathews comme administrateur. Durant son année de service, il mena une enquête sur les agissements de Mathews. Toutefois, il quitta l'île sans avoir pu faire reconnaître Mathews coupable de quelque méfait que ce soit.

L'administrateur suivant, le général John Murray*, arrivé en juin 1799, tenta de refaire l'unité du conseil, mais Mathews refusa de se réconcilier avec ses adversaires. En outre, les deux hommes se querellèrent à propos de la nomination d'un maître d'école. A la suite de cette dispute et d'autres conflits, Murray releva Mathews de ses fonctions de procureur général en janvier 1800. Mathews s'allia rapidement à Edward Augustus*, duc de Kent, qui nourrissait une rancune personnelle contre Murray, lequel fut remplacé par le major général John Despard* en juin. Cependant, Mathews ne put savourer longtemps sa victoire, car il mourut à son domicile près de Sydney, le mois suivant. On ne saurait nier le caractère ambitieux et irascible de David Mathews, mais sa carrière permet également de constater combien il était difficile aux Loyalistes de s'adapter à la politique restrictive de l'Empire britannique d'après-guerre, surtout dans une colonie qui n'avait pas de chambre d'Assemblée.

R. J. Morgan

APC, MG 11, [CO 217] Cape Breton A, 3, pp.105–110 ; 12, pp.52s., 55, 89, 276s. ; Nova Scotia A, 108, pp.240–242 ; [CO 220], Cape Breton B, 1, pp.118–121. — PRO, CO 217/112, ff.2–4, 143–144, 176, 284–285 ; 217/113, ff.152–153, 275 ; 217/115, ff.1–2, 51, 106–108, 120–121, 148 ; 217/117, ff.21, 76, 143–148, 157, 195–196, 198–199, 291–292 ; 217/118, ff.19–20, 23. — Halifax County Court of Probate (Halifax), M60 (original du testament de David Mathews). — Sabine, *Biographical sketches of loyalists*, II : 51s. — G. N. D. Evans, *Uncommon obdurate : the several public careers of J. F. W. DesBarres* (Toronto et Salem, Mass., 1969). — A. C. Flick, *Loyalism in New York during the American revolution* (New York, 1901), 146s. — Lena Johnston, *Memories* (Sydney Mines, N.-É., 1931). — R. J. Morgan, Orphan outpost : Cape Breton colony, 1784–1820 (thèse de PH.D., Université d'Ottawa, 1972), 42–50, 102–115 ; Joseph Frederick Wallet DesBarres and the founding of Cape Breton colony, *Revue de l'université d'Ottawa*, XXXIX (1969) : 212–227.

MATONABBEE, agent indien (*leading Indian*), né vers 1737 de parents chipewyans au fort Prince of Wales (Churchill, Manitoba), décédé après la destruction du fort en août 1782.

Contrairement à la plupart des Chipewyans qui allaient rarement aux postes de la Hudson's Bay Company et n'y restaient que durant quelques jours, Matonabbee connaissait les Européens et la traite des fourrures depuis sa jeunesse ; sa mère, autrefois captive d'une bande de Cris, avait épousé un chasseur de la région de la rivière Churchill après que des trafiquants de la compagnie eurent acheté sa liberté. Matonabbee était encore un jeune garçon quand son père mourut, et Richard Norton*, agent principal au fort Prince of Wales, accepta de le prendre à sa charge. Quelque temps après 1741, des parents de son père le retirèrent du poste parce qu'il recevait peu d'attention de la part du nouvel agent, James Isham* ; toutefois, il fut de nouveau l'objet de soins particuliers quand Ferdinand Jacobs devint agent principal en 1752. Le séjour de Matonabbee au poste de la rivière Churchill lui donna l'occasion d'apprendre le cri et un peu d'anglais, tandis que les années passées au milieu des siens lui avaient permis de se familiariser avec la région et d'apprendre les moyens de vivre à même les ressources de la nature. Comme il connaissait, en outre, le commerce des fourrures, il était en mesure de rendre de précieux services à la compagnie.

Le conflit permanent qui existait entre les « Indiens Athapuscow » – des Cris vivant près du lac Athabasca – et les bandes de Chipewyans désorganisait la traite dans cette région. C'est probablement à la fin des années 1750 que Matonabbee, délégué par la compagnie, alla vivre parmi les Cris pour servir de médiateur entre les deux groupes. Il s'agissait d'une mission périlleuse car, à l'intérieur et à l'entour de leur territoire, les Cris du lac Athabasca pourchassaient encore et parfois même tuaient les petites bandes de Chipewyans. Si Matonabbee parvint à mettre un terme aux hostilités, ce fut sans aucun doute en raison de ses qualités personnelles et du grand prestige que lui conférait son association avec la Hudson's Bay Company.

A la fin des années 1760, Matonabbee avait fait au moins un voyage à la rivière Coppermine (Territoires du Nord-Ouest) ; c'est à la suite de son rapport et de l'intervention de Moses NORTON, agent principal au fort Prince of Wales, que la compagnie ordonna à Samuel HEARNE d'aller inspecter la région. Celui-ci tenta par deux fois, en 1769 et 1770, d'atteindre la Coppermine mais sans succès, et Matonabbee expliqua ces échecs par l'absence de femmes au sein de l'expédition. L'Indien accepta de guider Hearne dans son troisième voyage – de 1770 à 1772 – mais il insista pour que des femmes, y compris ses nombreuses épouses, accompagnent les voyageurs. Il en fallait, selon lui, pour faire la cuisine et la couture, et elles étaient « faites pour le travail ; l'une d'elles peut porter ou traîner autant que deux hommes », affirmait-il. Matonabbee mérita l'estime de Hearne pour la compétence avec laquelle il organisa le long et pénible voyage. Il eut recours aux méthodes que les Indiens utilisaient pour se déplacer et pour vivre, et l'expédition fut une réussite.

En plus d'être un ambassadeur et un guide, Matonabbee fut, jusqu'à la fin de sa vie, un agent indien au fort Prince of Wales. A ce titre, il recueillait les fourrures des Indiens qui hésitaient à entreprendre le difficile voyage pour descendre jusqu'au lointain poste de traite de la baie ; il formait des bandes d'Indiens qui, en échange d'une part des revenus, acceptaient de transporter les peaux à la baie et d'en rapporter des articles de traite ; enfin, il distribuait ces articles aux Indiens de l'intérieur. Il servit également d'intermédiaire auprès des Couteaux-Jaunes, le groupe chipewyan le plus éloigné, et auprès de quelques Platscotés-de-Chiens. Matonabbee apporta plus de fourrures au fort Prince of Wales que tout autre Indien ; pourtant, même à l'époque où il avait le plus de prestige aux yeux des trafiquants, son travail ne lui procurait pas que de la gloire. Hormis de brefs séjours au fort où on le traitait royalement et on lui fournissait des objets de luxe, il devait faire de nombreux voyages, souvent dans des conditions pénibles et toujours au risque de manquer de nourriture.

En 1772, les trafiquants de la compagnie reconnurent Matonabbee comme le chef des Chipewyans. Les gens de la Hudson's Bay Company s'imaginaient que les agents indiens étaient bien considérés en tout temps ; à la vérité, leur influence était souvent négligeable quand ils étaient loin du poste de traite. Ils ne remplaçaient pas les chefs traditionnels, auxquels ils ne ressemblaient pas, et ils étaient vus par les gens de leur tribu comme des éléments nécessaires dans le cadre des rapports que la bande entretenait avec les trafiquants. Matonabbee adoptait parfois, d'après Hearne, une attitude fanfaronne qui était tolérée en raison du succès qu'il obtenait en traitant avec la compagnie. Son rôle ne lui permettait pas d'échapper aux aléas du commerce des fourrures. Geste rare chez les Indiens, il se suicida, « accablé de chagrin, écrivit Andrew Graham*, quand les Français eurent détruit Churchill Factory, en l'an de grâce 1782 ».

BERYL C. GILLESPIE

Matonabbee est surtout connu pour avoir dirigé l'expédition de Samuel Hearne à l'embouchure de la rivière Coppermine en 1770–1772. Le récit de voyage de Hearne, *Journey from Prince of Wales's Fort* (Glover), contient plusieurs mentions et une courte biographie de Matonabbee (pp.222–228). Il est brièvement question de Matonabbee dans *HBRS*, XXV (Williams) : 201s. ; XXVII (Davies et Johnson). Ce dernier ouvrage contient également certaines informations sur le rôle de l'agent indien (pp.xxii–xxxvi). [B. C. G.]

MAUGENEST (Maugenest, dit **Saint-Auron, Saint-Horan, Saint-Jorand**, ou **Saint-Terone), GERMAIN**, trafiquant de fourrures indépendant et chef de poste de la Hudson's Bay Company, né en France, fils de François Maugenest et de Marie-Anne Saint-Horan (Saint-Jorand) ; il épousa, à Montréal, le 5 mars 1764, Rosalie Barrère, et, en secondes noces, à Montréal, le 12 janvier 1767, Louise Descary ; décédé le 10 novembre 1792, à Londres.

Germain Maugenest arriva à Montréal quelque temps avant 1763. Il trafiqua dans la vallée du Mississippi jusqu'en 1770 environ ; puis il se mit à commercer dans le pays qui s'étend du lac Nipigon (Ontario) au lac des Bois. Il s'endetta lourdement envers Ezekiel Solomons, entrepreneur et trafiquant de fourrures montréalais, et décida de fuir en se joignant à la Hudson's Bay Company. Le 22 juillet 1779, Maugenest, son assistant John Coates, et sept Canadiens, guidés par trois Indiens, arrivèrent au fort Albany (Fort Albany, Ontario) en provenance du lac Sturgeon (à l'est de Sioux Lookout, Ontario), où ils avaient fait la traite. Cette arrivée mit l'agent principal, Thomas HUTCHINS, dans l'embarras ; ses instructions permanentes lui enjoignaient d'ordonner à ces trafiquants indépendants (*pedlars*) de quitter le poste sur-le-champ, mais il se rendait compte que l'expérience de Maugenest pouvait être d'une valeur inestimable pour la compagnie, qui venait tout récemment de décider de pénétrer à l'intérieur des terres plutôt que d'attendre sur le bord de la baie la venue des Indiens [V. Ferdinand JACOBS]. Il suggéra donc que Maugenest se rendît en Angleterre et s'entendît avec le comité londonien de la compagnie. Pendant ce temps, Coates et les voyageurs, accompagnés de George SUTHERLAND, un employé de la Hudson's Bay Company, retourneraient hiverner au lac Sturgeon ; ils rencontreraient Maugenest à Gloucester House (lac Washi, Ontario) à l'automne de 1780 et retourneraient une fois encore à l'intérieur.

Muni d'une forte recommandation de Hutchins, Maugenest fit voile à destination de l'Angleterre et, le 24 novembre 1779, se présenta devant le comité de Londres. Celui-ci approuva sa proposition d'étendre le commerce de la compagnie à l'intérieur des terres et lui accorda un contrat, au salaire de £100 par année, avec la promesse de lui verser une commission sur les fourrures qu'il livrerait dans les postes situés en bordure de la baie. Il retourna au fort Albany en septembre 1780, mais ne se mit pas en route pour Gloucester House, parce que Sutherland et Coates y étaient presque morts de faim pendant l'hiver.

En mai 1781, toutefois, Maugenest remonta la rivière Albany muni d'une commission l'autorisant à agir à titre d'agent de la Hudson's Bay Company « à l'intérieur, passé la distance de 200 milles en amont de Gloucester ». Mais l'embarcation qui transportait la plus grande partie de la poudre à fusil fut perdue dans un rapide, et l'expédition ne dépassa pas ce poste. Le printemps suivant, Maugenest refusa d'aller plus avant vers l'intérieur, le niveau de l'eau étant trop bas et les hommes de la Hudson's Bay Company pas assez rompus au maniement des canots. En fait, ses hésitations tenaient peut-être aux rapports voulant qu'Ezekiel Solomons fût dans les environs. Quand on refusa de lui donner la direction de Gloucester House, qu'il avait demandée, il menaça de retourner au Canada. Peut-être ensuite de cette menace, il fut muté, en 1783, à Moose Factory (Ontario), loin des Indiens sur lesquels il avait de l'influence. Le comité de Londres lui donna l'ordre d'accompagner Philip TURNOR dans une expédition à l'intérieur, en notant que son « salaire [avait été] fixé en considération des efforts [qu'il devait] faire à l'intérieur des terres, en quoi la déception de la compagnie [avait] été complète ». Turnor écrivit qu'il « [s']attend[ait] à bien peu d'aide de la part de Mr. Maugenest ». Cette remarque résume bien les sentiments d'hostilité envers Maugenest au sein de la compagnie, et particulièrement parmi les employés, lesquels n'appréciaient pas de recevoir des ordres d'un Français qui, au dire de John Thomas, agent principal à Moose Factory, « [pouvait] à peine parler assez l'anglais pour être compris ».

Pendant tout le reste de sa carrière, Maugenest travailla à Moose Factory ou à l'un des postes qui en dépendaient. Il commanda à Brunswick House (près du point de jonction des rivières Opasatika et Missinaibi, en Ontario), de 1785 à 1789, et fut par la suite posté à New Brunswick House (sur le lac Brunswick). Pendant longtemps le comité de Londres attendit de grandes choses de lui, même si en 1789 il le menaçait de congédiement parce que son travail ne se traduisait pas par un accroissement significatif de la traite. Il ne s'entendit pas bien avec Thomas, qui trouvait que Maugenest donnait trop de présents aux Indiens et permettait aux employés de dépenser une trop grande portion de leurs salaires en objets de luxe. En 1792, après s'être plaint pendant plusieurs années du mauvais état de sa santé, Maugenest reçut l'autorisation d'aller en Angleterre. Il y mourut le 10 novembre, peu après son arrivée. Il était mort intestat, et le secrétaire de la compagnie à Londres, Alexander Lean, écrivit à la Todd, McGill and Company, à Montréal, pour demander de l'aide en vue d'y retrouver les traces des héritiers de Maugenest. On découvrit un héritier mâle à qui l'on remit l'héritage en 1793.

Les améliorations qu'il apporta à la traite des fourrures au point de vue du transport et du ravitaillement constituèrent le principal apport de Maugenest à la Hudson's Bay Company, et particulièrement à Albany, où les agents principaux avaient de grandes difficultés à ravitailler leurs avant-postes de Henley House (au point de rencontre des rivières Albany et Kenogami, Ontario) et de Gloucester. Il convainquit Hutchins que les marchandises devaient être emballées, soit dans des tonneaux ou des coffres, soit en ballots, d'un poids d'environ 90 livres chacun, et recouvertes d'une toile légère et imperméable. La viande, préalablement désossée, devait être placée dans de petits barils, plutôt que dans des tonneaux impossibles à portager. Bien que des bateaux fussent déjà utilisés sur la rivière Albany, Hutchins vit avec satisfaction les plans, dessinés par Maugenest, d'une embarcation destinée au transport à l'intérieur des terres, et il n'est pas impossible que ce fût là un prototype du futur *York boat*. Maugenest suggéra aussi l'utilisation, comme marchandises de traite, de bouilloires légères à couvercle en cuivre, et ce fut apparemment sur ses conseils que les couvertures marquées (*point blankets*) furent introduites parmi les marchandises de traite – les marques étant de courtes lignes parallèles sur une des bordures de la couverture, lesquelles exprimaient la quantité de peaux de castor équivalente à sa valeur. Ces deux articles devinrent des objets réguliers d'échange dans le commerce de la Hudson's Bay Company.

GEORGE E. THORMAN

ANQ-M, État civil, Catholiques, Notre-Dame de Montréal, 5 mars 1764 ; Saints-Anges (Lachine), 12 janv. 1767. — HBC Arch., A.1/47, ff.2, 22, 24 ; A.5/2, ff.94s., 114, 158, 195, 226, 259, 302 ; A.5/3, ff.105d., 106 ; A.6/12, ff.305–311 ; A.6/13, ff.2–126 ; A.6/14, ff.9–127 ; A.6/15, ff.19, 56 ; A.11/44, ff.158–187 ; A.11/45, ff.21–170 ; B.3/a/75–80 ; B.3/b/16–19 ; B.23/a/8–14 ; B.135/a/68–78 ; B.135/b/16–22. — *HBRS*, XVII (Rich et Johnson) : 354–365. — A. M. Johnson, Mons. Maugenest suggests [...], *Beaver*, outfit 287 (été 1956), 49–53.

MAUGER, JOSHUA (baptisé **Josué**, il signait cependant Joshua), capitaine au long cours, homme d'affaires et homme politique, baptisé le 25 avril 1725 dans la paroisse St John, île de Jersey, fils aîné de Josué Mauger et de Sarah Le Couteur ; il aurait épousé, croit-on, Elizabeth Mauger, sa cousine ; on lui connaît un seul enfant, Sarah, baptisée le 8 avril 1754 à Halifax ; décédé le 18 octobre 1788 à Warborne, près de Lymington, Hampshire, Angleterre.

On connaît peu de chose de la carrière de Joshua Mauger avant qu'il aille à Halifax en 1749. En décembre 1743, à l'âge de 18 ans, il était commandant du *Grand Duke*, mis en quarantaine dans un port britannique, au retour d'un voyage à Naples et à Livourne. Plus tard, il commanda quelque temps le bâtiment de transport le *Duke of Cumberland* jusqu'à ce que celui-ci soit désarmé à Londres en mars 1747. Mauger installa alors une base d'opérations à Louisbourg, île du Cap-Breton. Lorsque les Britanniques évacuèrent la forteresse en 1749, il y était devenu fournisseur de vivres de la marine royale, nomination qui laisse à penser qu'il avait déjà des amis influents à Londres. Il déménagea à Halifax cette année-là et, à part un voyage en Angleterre en 1749–1750, il y resta, semble-t-il, jusqu'en 1760.

Mauger entra bientôt en conflit avec les autorités de la Nouvelle-Écosse à propos de quelques-unes de ses transactions avec Louisbourg. D'après la preuve dont on dispose, les citoyens de Halifax qui résidaient à Louisbourg avaient la permission de rapatrier leurs biens, ou le montant de la vente de ceux-ci, pendant un an environ après la remise officielle de Louisbourg à la France. A l'automne de 1749, Mauger reçut « diverses marchandises et provisions » qu'il y avait laissées. Il semble toutefois que Mauger avait utilisé le recouvrement de ses biens de Louisbourg comme moyen d'éviter les restrictions commerciales du gouverneur CORNWALLIS qui tenait à décourager le contact avec les Français. En 1750, Mauger obtint la permission de décharger dix barriques de vin en provenance de Louisbourg mais il dut en importer une bien plus grande quantité car, en juillet et en août, Cornwallis lui ordonna d'en retourner plus de 22. Le gouverneur soutenait que l'on s'efforçait de faire de Halifax « un dépôt des marchandises de Louisbourg et ceci grâce surtout à l'appui et à l'intervention continuelle de M. Mauger ». En novembre 1751, il ordonna la saisie d'un sloop qui passait pour avoir débarqué de la contrebande de Louisbourg et, soupçonnant Mauger d'avoir reçu une partie de la marchandise, autorisa la perquisition de son entrepôt. Mauger soutint que la Cour de vice-amirauté n'avait aucune juridiction sur terre et s'opposa à la perquisition mais, sur les ordres du gouverneur, James Monk*, père, força l'entrepôt et saisit une certaine quantité de rhum. A la défense de Mauger, Isaac Deschamps* attesta que le rhum faisait partie de 100 tonneaux importés avec la permission du gouverneur en novembre 1750. Mauger expliqua que, lors de l'évacuation de Louisbourg, il avait dû se défaire de grandes quantités de marchandises et en avait fourni une partie à crédit aux résidents français de l'endroit. Sebastian ZOUBERBUHLER, qui représentait Mauger à Louisbourg, n'avait pu obtenir de traites acceptables ou d'argent comptant contre les marchandises et avait donc accepté le rhum et la mélasse qu'il avait expédiés à Halifax. La Cour de vice-amirauté accepta l'explication et ordonna que l'on rende le rhum à Mauger.

Cornwallis, manifestement mécontent, proposa au Board of Trade de destituer Mauger de sa fonction de fournisseur de vivres de la marine. Il était convaincu que la Nouvelle-Écosse deviendrait, à moins que les autorités n'usent de fermeté, « un rendez-vous de contrebandiers et de gens qui sont en constante relation avec Louisbourgh ». Tout en admettant que le commerce était « très nuisible », le Board of Trade faisait pourtant remarquer qu'il n'était défendu par aucun traité ou loi valides et qu'en conséquence, il n'était pas illégal. Les lords de l'Amirauté étaient prêts à mettre un terme au contrat de Mauger si Cornwallis croyait qu'il le fallait, mais d'autres, semble-t-il, demandèrent sa prorogation. Mauger garda apparemment son poste jusqu'à son départ pour l'Angleterre et il continua à recevoir des marchandises de Louisbourg jusqu'en 1754 au moins.

La plus grave, peut-être, des provocations envers le gouvernement dans lesquelles Mauger se trouva impliqué s'amorça en décembre 1752 par suite de l'insatisfaction d'un bon nombre d'habitants de Halifax envers leurs juges de paix. Quand Ephraim Cook, négociant et armateur en vue, venu d'Angleterre, perdit sa charge de juge de paix et de juge de la Cour inférieure des plaids communs et, subséquemment, se vit inculpé pour avoir émis un mandat sans autorisation, son avocat, David Lloyd, accusa les juges de paix de partialité dans l'accomplissement de leurs tâches. Mauger, prompt à venir à l'aide d'un confrère négociant, s'unit à 13 autres citoyens de Halifax, qui se qualifièrent de « Notables de cette Ville », pour appuyer la protestation de Lloyd. Au début de mars 1753, le Conseil de la Nouvelle-Écosse innocenta les juges de cette accusation mais, avant la fin du mois, le gouverneur Peregrine Thomas Hopson* avait nommé quatre nouveaux juges de paix « pour éviter dans l'avenir tout soupçon de partialité dans la magistrature ».

Pendant les 11 années que Mauger passa en Nouvelle-Écosse, ses affaires prirent de l'ampleur, et certaines, tel son commerce avec Louisbourg, aboutirent à des conflits avec les autorités locales. A l'été de 1751, il s'adressa à Cornwallis pour obtenir la permission d'installer une distillerie dans un « magasin spacieux » derrière chez lui. S'étant vu refuser cette permission sous prétexte que l'établissement constituerait un danger d'incendie, Mauger érigea des constructions à l'extérieur de la ville « grâce à un dur labeur et à grands frais, ayant dû déplacer presque une montagne ». Les travaux de construction étaient, semble-t-il, en cours dès le mois d'août 1751. En juillet, le gouvernement avait fixé un droit de trois pence par gallon sur le rhum et autres spiritueux, sauf sur les produits venant de la Grande-Bretagne et des Antilles britanniques, dans le but spécifique de promouvoir l'établissement d'une distillerie et en ayant, sans aucun doute, les intérêts de Mauger à l'esprit. A l'automne de 1752, Mauger expédiait de grandes quantités de rhum aux avant-postes, tels le fort Lawrence (près d'Amherst) et le fort Edward (Windsor) ; en 1766, sa distillerie produira 50 000 gallons par an. Lorsque William Steele sollicita, en 1754, la permission de construire une distillerie à l'intérieur de la ville, Mauger fit savoir que, si elle se trouvait à proximité de l'une quelconque de ses propriétés, il se verrait dans l'obligation de protester « publiquement », à cause du risque d'incendie, et le conseil rejeta la proposition de Steele. On ignore cependant si Mauger s'opposa à l'installation de la distillerie de John FILLIS en 1752, ou si ce dernier la fit construire à l'intérieur de la ville. Les deux hommes en vinrent à jouir du quasi-monopole du commerce de rhum dans la province, et Fillis et John BUTLER, représentant de Mauger, agirent conjointement au début des années 1760 pour persuader la chambre d'Assemblée d'augmenter les droits protecteurs. Parce que la Nouvelle-Écosse était gravement endettée et que les droits sur les spiritueux étaient le seul moyen éprouvé d'assainir les finances locales, ceux qui désiraient améliorer le crédit de la province eurent comme principal objectif d'en arriver à un arrangement qui permît des recettes fiscales maximales ; ils allaient impliquer Mauger et ses amis dans de nouveaux conflits avec les gouverneurs de la colonie dans les années 1760 et 1770.

William Steele aurait sans doute trouvé difficilement à ériger des constructions à Halifax sur un terrain qui ne se trouvât pas à proximité d'une quelconque terre de Mauger. Entre 1740 et 1760, Mauger prit part, dans cette ville, à quelque 52 transactions foncières. Il reçut des terres sous forme de concessions directes du gouvernement et acquit d'autres biens provenant de marchands en faillite ou de commerçants qui lui étaient redevables. En dehors de la ville, il possédait des terrains à Lunenburg, à Annapolis Royal et à Windsor, ainsi que des propriétés plus étendues dans le comté de Cumberland, le long de la rivière Saint-Jean et sur l'île Saint-Jean (Île-du-Prince-Édouard). Ces propriétés comprenaient une étendue de 20 000 acres dans le comté de Cumberland, que Mauger avait obtenue d'Alexander McNutt* à la suite d'un procès en 1769, ainsi qu'un domaine d'une dimension analogue sur l'île Saint-Jean, qui lui fut accordé en 1767 et dont il se départit en 1775. Mauger semble avoir joué un rôle très important dans le développement économique de Lunenburg où il s'occupait de construction navale et du commerce du bois. En 1754, le lieutenant- gouverneur Charles Lawrence* recommanda de décourager les habitants du village de chercher du travail à Halifax parce que « avec leurs terres à Lunenburg et l'emploi que M. Mauger leur procure, ils sont occupés à la limite de leurs possibilités ».

Or, l'activité commerciale de Mauger éclipsait en importance ses immenses propriétés. En sa qualité de plus grand armateur de Halifax pendant les années 1749–1760, il possédait, en tout ou en partie, 27 vaisseaux ; certains avaient été achetés en Nouvelle-Angleterre, d'autres obtenus aux enchères publiques après que la Cour de vice-amirauté de Halifax les eut confisqués pour trafic illicite, et d'autres encore achetés comme navires de prise. Mauger expédiait du poisson et du bois aux Antilles et obtenait en échange du rhum, de la mélasse et du sucre. Dans certains cas, le bois provenait sans aucun doute de ses scieries près de Lunenburg, et le poisson, peut-être de l'installation de pêche qu'il maintenait, dit-on, à Halifax. Ses navires transportaient du rhum de sa distillerie au magasin qu'il possédait à Annapolis Royal, ainsi qu'aux Mines et à Chignectou où il avait peut-être également des magasins. D'Angleterre, d'Irlande et de Nouvelle-Angleterre il importait une grande variété d'articles, allant de la bière et des raisins secs aux perles de verre, à la grenaille de plomb et aux meules à aiguiser. Il semble qu'il ait fait aussi le commerce d'esclaves. La guerre de Sept Ans lui fournit un nouveau champ d'activité : il fit des placements dans des navires corsaires et dans l'achat de vaisseaux de prise, et servit d'agent aux officiers et aux équipages des navires britanniques qui capturaient des bateaux français au large de l'île du Cap-Breton.

Les entreprises maritimes de Mauger ne furent pas toutes lucratives. En 1750, les Français détruisirent un de ses bateaux dans le fond de la baie Française (baie de Fundy). Trois ans après, il simula une vente de schooner à Matthew Vincent de Louisbourg afin de se rendre en Martinique faire du commerce, mais l'officier qu'il avait engagé s'enfuit avec le bateau. Les deux navires corsaires qu'il possédait avec John Hale, le *Wasp* et le *Musquetto*, firent chacun une capture, mais ni l'une ni l'autre ne se révéla avantageuse. Le vaisseau pris par le *Wasp* ne valait que £342 environ, cargaison comprise. La seconde prise dut être relâchée sur ordre de la Cour de vice-amirauté parce que le vaisseau était hollandais ; par la suite, son équipage accusa ses ravisseurs de les avoir torturés. La cour, que présidait John Collier*, donna ordre que le capitaine et l'équipage, ou leurs agents, payassent des dommages-intérêts aux parties lésées ainsi que les frais du procès qui avait duré un mois.

A titre de fournisseur de vivres de la marine, Mauger se procurait de grandes quantités de victuailles, à la fois en Grande-Bretagne et en Nouvelle-Angleterre, surtout pendant les années de guerre. On ne connaît pas les fournisseurs britanniques de Mauger ; par contre, sa source américaine était une association du Connecticut dirigée par Jonathan Trumbull, un des plus grands négociants en vivres de la colonie dans les années 1750, et qui plus tard en devint le gouverneur. Mauger usa du fait qu'il connaissait le révérend Aaron Cleveland* pour prendre contact avec Trumbull, et employa John Butler pour arranger la première expédition de marchandises à l'automne de 1752. Pour Trumbull et ses associés, ce commerce était précieux parce que, pendant quelques années, il leur fournit presque les seules lettres de change qu'ils pouvaient obtenir. Mauger, toutefois, n'était pas très satisfait. Les approvisionnements qu'il recevait ne correspondaient pas toujours à ses normes sévères, et, en 1754, il commença à se tourner vers l'Irlande pour se procurer du bœuf, du porc et du beurre. Il se plaignit à Trumbull qu'il avait perdu plus de £100, cours d'Angleterre, sur la viande expédiée du Connecticut. Au moins un lot de bœuf s'était révélé non comestible en dépit du fait que dès l'arrivée il l'avait fait saler à nouveau, mariner et remballer. Lorsque l'inflation du temps de guerre rendit les marchandises irlandaises moins dispendieuses que celles du Connecticut, Mauger cessa d'acheter chez Trumbull.

Mauger partit pour l'Angleterre en 1760, apparemment à l'été, mais il continua à s'intéresser vivement à la Nouvelle-Écosse. Sa participation soutenue aux affaires de la province s'explique évidemment par l'immense fortune qu'il y avait accumulée et qu'il fut capable de préserver et d'augmenter, même à une distance de 2 500 milles. Cependant, la raison précise pour laquelle il réussit à ce point dans son entreprise n'est pas tout à fait claire. D'après ses contemporains, un « parti » Mauger s'était créé avant les années 1770 à Halifax mais il n'est pas toujours facile d'identifier les membres de cette formation, ou de déterminer ce qui les liait à Mauger. Certains, tel Fillis, avaient des intérêts économiques analogues ; d'autres, comme Butler, étaient ses employés ; d'autres encore, tel Michæl FRANCKLIN, lui étaient devenus redevables. Ce qui importe peut-être davantage que des liens individuels, cependant, fut le fait que Mauger, en défendant ses propres intérêts, défendait une structure financière coloniale dont bénéficiait une bonne partie de l'élite commerçante de Halifax. Il avait donc des appuis à Halifax, ce qui, joint à sa connaissance de la Nouvelle-Écosse et à ses investissements appréciables dans la dette de la province, dut lui conférer une certaine autorité en Angleterre. Néanmoins, ces facteurs ne suffisent pas à expliquer son influence considérable auprès des différents gouvernements. Son élection comme député de Poole au parlement en 1768, siège qu'il occupa, avec seulement une brève interruption, jusqu'en 1780, augmenta sûrement son prestige, mais il ne paraît pas avoir été une personnalité politique importante. Toutefois, comme l'indique sir Lewis Bernstein Namier, « il semble avoir été écouté, même quand, au parlement, il se rangeait du côté de l'opposition ». Bref, ses rapports avec les autorités de la métropole demeurent en quelque sorte un mystère.

En avril 1762, la chambre d'Assemblée de la Nouvelle-Écosse choisit Mauger comme représentant de la colonie à Londres. En cette qualité, il mena une âpre campagne contre Jonathan BELCHER, juge en chef et lieutenant-gouverneur. A plusieurs occasions en 1762 et en 1763, il comparut devant le Board of Trade afin d'exiger que Belcher fût révoqué de ses fonctions administratives ; il lui reprochait, par exemple, de vouloir mettre fin au monopole de la fourrure dont Benjamin GERRISH était le principal bénéficiaire. Il lui reprochait encore sa répugnance à proroger la loi protégeant les colons qui avaient laissé des dettes derrière eux dans d'autres colonies (*Debtors' Act*), loi dont le maintien intéressait vivement bien des membres de la société commerçante de Halifax. Il se plaignit devant le Board of Trade de la « conduite impudente » de Belcher et accusa le lieutenant-gouverneur d'être « si peu versé et si inexpert dans l'exercice du gouvernement, et de s'être conduit d'une manière si malséante qu'il avait fait naître une commune aversion à son égard [...] et un dégoût pour ses mesures ». Ce qui importait davantage pour les intérêts de Mauger, c'était que Belcher, pendant un certain temps en 1762, avait refusé d'approuver deux projets de loi qui auraient modifié les droits sur les spiritueux de façon à favoriser les distillateurs de l'endroit. Le fait de ne pouvoir obtenir le paiement des lettres de change qu'il avait fournies au gouvernement de la Nouvelle-Écosse pendant le mandat de Belcher constituait une autre raison probable de son attaque. En mars 1763, Belcher fut remplacé par Montagu Wilmot*, et à la mort de ce dernier, trois ans plus tard, Michael Francklin fut nommé lieutenant-gouverneur. On ne sait pas vraiment si Mauger fut mêlé ou non à cette nomination, mais Francklin était l'un de ses protégés et, avec Butler et Isaac Deschamps, avait charge de défendre les intérêts de Mauger après le départ de celui-ci pour l'Angleterre. Il finit par s'endetter lourdement envers Mauger et il semble que ses dix années comme lieutenant-gouverneur n'avantagèrent que son protecteur.

Bien que Mauger, en décembre 1763, eût cessé de représenter la Nouvelle-Écosse à Londres, il demeura le porte-parole officieux de la colonie, jouissant d'une influence apparemment plus grande que celle des gouverneurs successifs. En 1763, il usa de cette influence pour procurer aux habitants de la Nouvelle-Angleterre, le long de la rivière Saint-Jean, des terres où ils s'étaient installés mais sur lesquelles des officiers britanniques avaient un droit antérieur ; leur colonie s'appela Maugerville en son honneur. Il prit également part aux revendications de particuliers de la Nouvelle-Écosse contre des décisions gouvernementales qui leur portaient préjudice. Toutefois, de toutes les questions débattues en Nouvelle-Écosse à cette époque, c'est celle des distilleries qui le touchait le plus. En 1767, la chambre d'Assemblée, en vue d'augmenter le revenu de la colonie et avec l'appui du gouverneur lord William CAMPBELL, adopta un projet de loi qui diminuait la taxe sur les spiritueux importés et augmentait le droit d'accise. Étant donné que Butler, Fillis et Francklin avaient été impuissants à faire échouer le projet de loi, ils cherchèrent de l'aide auprès de Mauger. Avec Brook Watson* et d'autres marchands londoniens qui s'intéressaient à la Nouvelle-Écosse, Mauger présenta une requête au Board of Trade s'opposant aux droits qui allaient, faisait-on valoir, « tendre à affaiblir le commerce et la pêche » de la province. Campbell soutint que Mauger et Fillis avaient joui injustement d'un monopole de commerce de rhum en Nouvelle-Écosse, « au détriment de tous les marchands, commerçants et de presque tout le monde dans la province », et que les nouveaux droits profiteraient à la colonie tout entière en permettant une diminution de la dette. Le *lobby* des marchands était si puissant cependant que le Board of Trade rejeta les arguments mercantilistes de Campbell comme étant « contraires à toute véritable politique », et les anciens taux des droits furent rétablis. Le fait que Mauger et ses amis détenaient une proportion substantielle des billets du trésor provincial (ce qu'ils ne manquèrent pas de signaler au Board of Trade) joua sans doute fortement en leur faveur. Comme Campbell continuait d'être gênant, Mauger et Butler commencèrent une campagne pour le faire révoquer. Bien que ce fussent des raisons de santé qui entraînèrent le déplacement du gouverneur en Caroline du Sud en 1773, les amis de Mauger attribuèrent à ce dernier le mérite de cette révocation.

Le conflit des droits sur les spiritueux révèle nettement ce que John Bartlet Brebner* décrit comme « tout le dispositif d'influence et de dépendance » qui assura « la soumission à Londres de la Nouvelle-Écosse ». Francis LEGGE, successeur de Campbell, signalait en 1775 que l'influence de Mauger était si considérable que le gouverneur de la Nouvelle-Écosse ne pouvait pas, sans s'exposer à des plaintes, « présenter quelque mesure que ce soit pour le bien public » qui était contraire aux intérêts des partisans de Mauger. Déjà en 1775 s'étaient élevées d'autres voix contre le « projet d'empire » de Mauger et contre la puissance « notoire » de son agent John Butler, mais l'opposition n'était pas forte. Legge désirait réformer les droits de douane et d'accise ; cela en soi aurait été suffisant pour s'attirer l'inimitié de Mauger, mais il s'attaqua à toute la structure des privilèges en Nouvelle-Écosse, ce qui décida de son sort. A l'aide des protestations que les ennemis de Legge, dans la colonie, avaient envoyées à Mauger, celui-ci mena à Londres une habile campagne contre le gouverneur. Legge fut rappelé en 1776, et les amis de Mauger se vantèrent qu'il était le troisième gouverneur à être révoqué grâce à leur influence.

Ses intérêts assurés, Mauger semble s'être contenté, pendant la Révolution américaine, de recueillir le profit de ses investissements. En fait, ces placements représentaient un des liens principaux entre la Nouvelle-Écosse et la Grande-Bretagne pendant les années de guerre. Ce ne fut qu'en 1779 qu'il commença à se dégager des affaires de la Nouvelle-Écosse. Cette année-là, il donna à son habile lieutenant, John Butler, une procuration lui permettant d'y vendre un nombre considérable de ses avoirs. Trois ans plus tard, le neveu de Butler, John Butler Dight* Butler, reçut le mandat de vendre tout ce qui restait de ses biens, sauf deux étendues de 20 000 acres sur la baie de Fundy (l'une d'elles étant apparemment la propriété qu'il avait obtenue d'Alexander McNutt), ainsi que sa distillerie de Halifax et les terres s'y rattachant. Enfin, en 1784, Mauger vendit également sa distillerie. Quoiqu'il soit impossible de l'affirmer, il se peut que Mauger ait connu des embarras financiers à la fin des années 1770. La liste des faillis dans le *Gentleman's Magazine* de 1777 cite un certain J. Mauger, courtier, mais on ne peut confirmer qu'il s'agissait bien de Joshua.

On sait peu de chose des affaires personnelles et commerciales de Mauger en Angleterre. A sa mort, il était l'un des administrateurs du French Hospital et un des maîtres de Trinity House (corporation chargée de l'entretien des phares, du balisage et du pilotage), deux organismes qui reflètent ses origines et ses antécédents. Il laissa la plupart de ses biens aux enfants de ses nièces. Ni sa femme ni sa fille ne sont citées dans son testament ; on présume qu'elles moururent avant lui.

DONALD F. CHARD

Conn. Hist. Soc. (Hartford), Jonathan Trumbull papers. — Halifax County Court of Probate (Halifax), Book 3, pp.47–51 (testament de Joshua Mauger) (mfm aux PANS). — Halifax County Registry of Deeds (Halifax), 1, p.136 ; 2, pp.110, 411 ; 18, p.97 ; 20, pp.193–195 (mfm aux PANS). — Hampshire Record Office (Winchester, Angl.), 84M70/PR2 (registre de la paroisse de Boldre), 24 oct. 1788. — PANS, RG 1, 29, n° 8 ; 35, n° 15 ; 164/2, pp.54, 57 ; 209, 31 juill. 1751, 29 déc. 1752, 1er mars 1753 ; 210, 28 févr. 1754 ; 491, pp.84–87, 90, 141 ; 492, pp.14, 31, 34 ; 493, pp.7, 8, 10, 13s., 28, 33, 46, 47–50, 182s., 191–193. — PRO, Adm. 106/275 ; CO 217/13, ff.8, 66, 83 ; 217/19, f.167 ; 217/20, ff.202, 203 ; 217/21, f.52 ; 217/22, ff.113, 122, 127 ; 218/7 ; 221/28, ff.4, 9, 11, 77, 80, 103, 110, 139, 209. — St John's Church (Jersey), Registre des baptêmes, 25 avril 1725. — St Paul's Anglican Church (Halifax), Registers of baptisms, burials, and marriages, 8 avril 1752 (mfm aux PANS). — G.-B., PRO, *CHOP, 1773–75*, 431s. ; *CTBP, 1742–45*, 387. — *Boston Evening-Post*, 12 août 1751. — *Boston Weekly News-Letter*, 8 nov. 1750. — Namier et Brooke, *House of Commons*, III : 119–120. — Brebner, *Neutral Yankees* (1969), 67 ; *New England's outpost*, 246. — J. G. Lydon, *Pirates, privateers, and profits* (Upper Saddle River, N.J., 1970), 237. — Glenn Weaver, *Jonathan Trumbull, Connecticut's merchant magistrate, 1710–1785* (Hartford, Conn., 1956), 50, 54, 70, 80.

MAUGUE-GARREAU, MARIE-JOSÈPHE, dite **de l'Assomption**, sœur de la Congrégation de Notre-Dame, supérieure de la communauté (supérieure générale), baptisée à Montréal le 30 décembre 1720, fille de Marie-Anne Maugue et de Pierre Garreau, dit Saint-Onge, décédée à Montréal le 16 août 1785.

Marie-Josèphe fut la première Maugue-Garreau au Canada. Son nom vient de l'alliance des patronymes de sa mère, fille de Claude Maugue*, greffier de Montréal, et de son père. Comme celui-ci avait eu plusieurs enfants de sa première femme, on distingua ceux qu'il eut de la seconde en les nommant Maugue-Garreau.

C'est en 1738 que Marie-Josèphe entra au noviciat de la Congrégation de Notre-Dame, à Montréal. Elle fit profession deux ans plus tard, sous le nom de sœur de l'Assomption qu'avait porté Marie Barbier*. A son contrat de profession passé le 22 décembre 1740, soit une vingtaine de jours après la mort de son père, sa mère promit de payer une dot de 2 000# à la congrégation. En 1766, après 26 ans de service à la communauté, sœur de l'Assomption en fut élue supérieure générale, remplaçant à ce poste Marie-Marguerite PIOT de Langloiserie, dite Saint-Hippolyte. Comme cette dernière, elle fut aux prises avec la misère du temps et dut s'efforcer de réorganiser la communauté sur le plan matériel. La correspondance de sœur de l'Assomption avec l'abbé de l'Isle-Dieu, vicaire général des colonies, et avec le nouveau procureur général de la communauté en France, Jean-Louis Maury, révèle les pertes financières subies par la congrégation. Lors de la liquidation du « papier de Canada », en 1763, les lettres de change furent réduites à la moitié de leur valeur et les ordonnances, cartes et certificats, au quart. La communauté perdit ainsi 7 700# pour les lettres de change, au delà de 12 500# pour les ordonnances et cartes déclarées en France et près de 20 000# pour les ordonnances et certificats déclarés au Canada. En 1770, une nouvelle réduction par décret royal fit passer l'intérêt de 4 à 2½ p. cent sur tous les biens du Canada, assimilés aux effets de France. Cette correspondance donne également la liste des titres et effets que possédait alors la congrégation en France, ainsi que le revenu annuel qu'elle en retirait. On constate que ce revenu décroissait constamment, ce qui était de nature à aggraver une situation que la guerre et la Conquête avaient déjà considérablement détériorée.

L'administration de sœur de l'Assomption fut rendue plus lourde encore par l'incendie du 11 avril 1768 qui détruisit une partie de Montréal, dont la maison et l'église de la congrégation construites après le feu de 1683. Les sœurs se réfugièrent alors à l'Hôtel-Dieu où l'on divisa la salle Royale « au moyen de rideaux et de couvertures, en diverses parties dont on fit dortoirs, classes, infirmerie, salle de communauté ». C'est là qu'elles continuèrent à enseigner aux élèves, pensionnaires et externes. Le 8 septembre, elles entraient dans leur maison, rebâtie et exhaussée d'un étage grâce à des dons multiples s'élevant à environ 50 000#. Pour compléter les sommes nécessaires à cette reconstruction et à l'organisation d'une école pour externes, les sœurs durent vendre quelques terres ainsi que des couverts, tasses et gobelets en argent. Elles renoncèrent également aux services d'un médecin, qu'elles payaient 200# par an, « jusqu'à ce que quelque maladie sérieuse vînt les surprendre ». La communauté se trouva bientôt devant un nouveau sujet d'inquiétude. A cause de l'appauvrissement du peuple, les pensionnaires se faisaient de moins en moins nombreuses. Pour éviter « que l'Institut ne se ralentisse », les sœurs durent se résigner à recevoir des demi-pensionnaires, solution pour laquelle elles avaient eu de la répugnance jusque-là. En 1769, la situation financière de la communauté était telle qu'elle ne put apporter aucune aide pécuniaire lors de la reconstruction de la mission de la basse ville de Québec, détruite pendant le siège de la ville [V. Marie Raizenne*, dite Saint-Ignace].

Ce sont sans doute ces difficultés qui inspirèrent à sœur de l'Assomption l'idée de réunir les biens-fonds de la communauté, afin de pouvoir les mieux exploiter. Elle vendit presque toutes les terres venues à la communauté comme héritage de certaines sœurs et résolut d'acquérir le fief de Saint-Paul qui était mis aux enchères. Ce fief, qui constituait les deux tiers de l'île Saint-Paul (île des Sœurs), avoisinait le fief de La Noue à la Pointe-Saint-Charles que les religieuses possédaient déjà par achat et par donation de Jeanne Le Ber*. Les sœurs agirent par un intermédiaire, Étienne AUGÉ, à qui fut adjugé le fief pour 832 louis, le 16 août 1769. Quelques personnes contestèrent auprès du gouverneur Guy Carleton* la vente qui suivit. Mais celui-ci, après avoir autorisé verbalement sœur de l'Assomption à acquérir le fief, ratifia son autorisation par un écrit signé de sa main et muni de son sceau. L'immense ferme de l'île Saint-Paul, jointe à la métairie de la Pointe-Saint-Charles, formait, avant la lettre, un véritable complexe agricole.

Durant le mandat de sœur de l'Assomption comme supérieure, la communauté continua à vivre, sur le plan spirituel, de l'élan acquis pendant son premier siècle d'existence. Par contre, les difficultés financières obligèrent la religieuse à porter tous ses efforts sur l'administration matérielle de la communauté. Elle le fit avec esprit d'initiative et sens des affaires.

ANDRÉE DÉSILETS

ACND, Fichier général ; Personnel, III ; Registre général. — ANQ-M, État civil, Catholiques, Notre-Dame de Montréal, 30 déc. 1720. — Tanguay, *Dictionnaire*, IV : 170 ; V : 578. — Galarneau, *La France devant l'opinion canadienne*. — Lemire-Marsolais et Lambert, *Hist. de la CND de Montréal*, V. — Claude Lessard, L'aide financière donnée par l'Église de France à l'Église naissante du Canada, *RHAF*, XV (1961–1962) : 171–188.

MAURÈS DE MALARTIC, ANNE-JOSEPH-HIPPOLYTE DE, comte de MALARTIC, officier dans les troupes régulières françaises, né à Montauban, France, le 3 juillet 1730, fils de Pierre-Hippolyte-Joseph de Maurès de Malartic, comte de Montricoux, officier aux gardes françaises, et d'Antoinette-Charlotte de Savignac, mort célibataire à Port-Louis, île de France (île Maurice), le 28 juillet 1800.

Après des études au collège de Nanterre, non loin de Paris, Anne-Joseph-Hippolyte de Maurès de Malartic entra dans l'armée en 1745 comme sous-lieutenant au régiment de la Sarre. Nommé lieutenant en second au régiment de Béarn le 8 août 1746 et promu capitaine le 1er novembre suivant, il fit campagne en Flandres, en Italie et en Provence et devint aide-major, le 30 octobre 1749, après la fin de la guerre de la Succession d'Autriche. En 1755, il suivit le régiment de Béarn au Canada. Débarqué à Québec le 19 juin, il fut envoyé au fort Frontenac (Kingston, Ontario) et commença dès lors à rédiger un compte rendu des déplacements de son régiment et des événements auxquels il participa. L'été suivant, Malartic prit une part active à l'expédition menée par Montcalm* contre Chouaguen (ou Oswego ; aujourd'hui Oswego, New York). Bien que défendu par plus de 1 700 hommes, Chouaguen dut capituler le 14 août, livrant un butin considérable. Trois jours plus tard, Montcalm écrivit à LÉVIS : « Je ne saurois trop me louer de mes aides de camp, de Lapause [Plantavit*], de Malartic ; j'eusse succombé à la besogne sans eux. » Par la suite, Malartic s'en fut dans la région du lac Champlain, au fort Saint-Frédéric (près de Crown Point, New York) ainsi qu'au fort Carillon (Ticonderoga, New York) où il se trouvait, à l'été de 1757, avec les troupes que Montcalm y avait réunies en vue d'assiéger le fort George (appelé aussi fort William Henry ; aujourd'hui Lake George, New York). Malartic participa à l'opération et assista, le 9 août, à la capitulation du fort. Au début de l'automne, il suivit les troupes à Montréal où il fut chargé de surveiller la distribution des vivres aux soldats qui, comme le peuple, étaient soumis au rationnement. Ce ne fut pas toujours tâche facile parce que les soldats refusaient de manger la viande de cheval qu'on leur présentait.

En juin 1758, Malartic partit pour le fort Carillon avec le régiment de Béarn et travailla à la préparation des abattis qui devaient protéger le fort contre l'assaut que les troupes du major général ABERCROMBY s'apprêtaient à donner. Attaquées le 8 juillet, les troupes françaises se défendirent avec énergie et, malgré leur nombre inférieur, forcèrent les Anglais à battre en retraite après avoir subi de sérieuses pertes. Malartic, qui avait été blessé au genou, revint à Montréal le 17 août et passa l'hiver à exercer les fonctions de major de son régiment et à en surveiller les cantonnements. Il avait été créé chevalier de Saint-Louis entre temps. Au cours de l'été suivant, il travailla à la défense de Québec, mal protégée par de piètres fortifications que l'on se hâtait de renforcer. Les Britanniques, sous le commandement de Wolfe*, avaient débarqué à la fin de juin avec des forces considérables sur l'île d'Orléans et commençaient l'investissement de la ville. Même s'ils subirent un échec le 31 juillet lors de l'attaque du camp de Montmorency, en aval de Québec, leur étreinte se resserra inexorablement pour aboutir à leur victoire du 13 septembre sur les plaines d'Abraham. Après le combat, au cours duquel il eut un cheval tué sous lui, Malartic se retira à Montréal pour organiser les quartiers d'hiver des troupes. Il prit une part très active à la dernière campagne et fut blessé à la poitrine lors de la bataille de Sainte-Foy, le 28 avril 1760. Il demeura à Québec jusqu'au 5 juin pour s'occuper des malades et des blessés restés à l'Hôpital Général et négocier leur évacuation avec le général MURRAY. Il se rendit ensuite à Montréal et tenta, avec Jean-Daniel DUMAS, de retarder l'avance anglaise, mais en vain.

Après la capitulation de Montréal au mois de septembre, Malartic quitta le Canada avec le régiment de Béarn et débarqua à La Rochelle en novembre. Réformé l'année suivante, il fut nommé, en avril 1763, major du régiment Royal-Comtois, puis, le 5 juin, colonel du régiment de Vermandois dont il conserva le commandement pendant 17 ans et avec lequel il servit successivement à la Guadeloupe, à la Martinique, à Saint-Domingue (île d'Haïti), et en Corse. Il fut promu brigadier d'infanterie en 1770 et nommé maréchal de camp dix ans plus tard.

Rallié avec modération aux idées nouvelles, Malartic devint lieutenant général des armées le 25 janvier 1792, commandant général des établissements français au delà du cap de Bonne-Espérance et, le 17 juin suivant, gouverneur général de l'île de France. Il arriva dans une colonie agitée par les théories révolutionnaires et réussit par ses sages dispositions à ramener le calme dans les esprits. En juin 1796, il renvoya en France les agents du Directoire venus appliquer le décret sur l'abolition de l'esclavage, ce qui évita à la colonie les désordres qui se produisirent aux Antilles. Quatre ans plus tard, il mourut à Port-Louis où on lui éleva en reconnaissance un superbe mausolée.

Malartic fut toujours très apprécié par ses chefs, étant considéré comme un « Officier instruit, zélé, ferme, [qui] a bien servi et bien fait servir son régiment ». Honnête et désintéressé, sans fortune, il est ainsi dépeint par un colon de l'île de France : « austère dans ses mœurs, réservé et assez froid dans ses manières, il s'était acquis l'attachement de toute la colonie qui, depuis longtemps, voyait en lui moins un gouverneur qu'un père [...] il offre probablement le seul exemple d'un général qui ait traversé avec honneur les temps les plus malheureux de la Révolution, inébranlable au poste où le Roi l'avait placé ».

ÉTIENNE TAILLEMITE

[A.-J.-H. de Maurès de Malartic, comte de Malartic], *Journal des campagnes au Canada de 1755 à 1760* [...], Gabriel de Maurès de Malartic et Paul Gaffarel, édit. (Dijon, France, 1890).

AMA, SHA, A[1], 3 498, 3 574 ; LG, 1 272/1. — AN, Col., C[11A], 105. — *Coll. des manuscrits de Lévis* (Casgrain), *passim*. — *Doc. relatifs à la monnaie sous le Régime français* (Shortt), II : 922, 924. — *NYCD* (O'Callaghan et Fernow), X : *passim*. — *Dictionnaire de biographie mauricienne*, Auguste Toussaint, édit. (2 vol. parus, [Port-Louis, île Maurice], 1941–). — Le Jeune, *Dictionnaire*. — Officiers du régiment de Béarn, *BRH*, LI (1945) : 354s.

MENNEVILLE, marquis DUQUESNE, ANGE DUQUESNE DE. V. DUQUESNE

MERCIER. V. LE MERCIER

MESPLET, FLEURY, imprimeur, éditeur et libraire, né à Marseille le 10 janvier 1734, fils de Jean-Baptiste Mesplet et d'Antoinette Capeau, décédé à Montréal le 24 janvier 1794.

Contrairement à ce que l'on avait toujours supposé, Fleury Mesplet n'est pas né à Lyon, mais à Marseille. Cependant, c'est bien à Lyon, où sa famille s'était établie, qu'il passa sa jeunesse. Son père était né à Agen et il était imprimeur, sans qu'on sache s'il était maître ou compagnon. On ignore donc si Fleury fit son apprentissage auprès de son père, qui mourut en 1760, ou chez un maître de Lyon. Rien jusqu'ici n'a permis d'expliquer son départ pour l'Angleterre en 1773, où il s'établit comme imprimeur à Londres, près de Covent Garden. Il est possible que la conjoncture économique de la France et la situation difficile où se trouvait l'imprimerie lyonnaise à ce moment lui aient donné envie de chercher fortune ailleurs.

On ne peut affirmer que Mesplet a rencontré Benjamin Franklin à Londres, mais il était certes au courant du conflit entre la métropole anglaise et ses colonies du continent américain. Qu'il ait décidé de tenter la chance outre-mer suffit à expliquer son départ pour l'Amérique. Ayant emporté avec lui son matériel d'imprimerie, il s'installe à Philadelphie avec sa femme, Marie Mirabeau, dès 1774, et s'y associe à un autre imprimeur. A l'exception de la *Lettre adressée aux habitans de la province de Québec, ci-devant le Canada*, que lui fait imprimer le premier Congrès continental, Mesplet ne reçoit guère de commandes ; mais il rencontre Charles Berger, un compatriote mieux nanti, qui va devenir son bailleur de fonds. La province de Québec, dont il a sans doute appris qu'elle ne possédait qu'une imprimerie, l'attire et il se met en route pour Québec au début de 1775. Cependant, à Philadelphie, Charles Berger doit dégager à ses frais les effets personnels et le matériel d'imprimerie de Mesplet que l'associé a fait saisir, et il doit aussi payer le loyer et les autres dettes. Sa visite l'ayant décidé à s'installer dans la province, l'imprimeur lyonnais rentre à Philadelphie, non sans passer par Montréal. Il ne lui manque plus désormais que des capitaux, et les événements politiques vont le servir.

Richard MONTGOMERY ayant conquis la ville de Montréal, en novembre 1775, Mesplet réussit à convaincre le deuxième Congrès continental qu'une imprimerie française est nécessaire à la révolution dans cette ville. Une très modeste somme de $200 lui est accordée pour le transport de sa famille et de son atelier à Montréal. Mesplet, qui avait dissous sa première association, en forme une autre avec son ami Charles Berger, à qui il emprunte $2 666 pour acheter de nouveaux caractères, du papier et autre matériel. Il engage un rédacteur, Alexandre Pochard, pour le journal qu'il compte créer dès son arrivée, deux compagnons imprimeurs, Jacques-Clément Herse* et John Gray, ainsi qu'un domestique. Muni d'une commission d'imprimeur du Congrès, Mesplet part de Philadelphie le 18 mars 1776 pour arriver à Montréal le 6 mai. C'est déjà la fin de l'équipée américaine dans la province : l'armée quitte Montréal le 15 juin, laissant Mesplet et son groupe à la vindicte de ceux qui sont restés fidèles à la couronne. Arrêté et mis en prison avec ses employés, Mesplet est vite relâché et il s'établit rue Capitale ; bien qu'Alexandre Pochard soit rentré en France, cinq ouvrages sont publiés en 1776.

Malgré l'état de guerre, Mesplet estime bientôt qu'il est en mesure de publier un hebdomadaire, dont l'avocat Valentin JAUTARD sera le rédacteur. Le premier numéro de *la Gazette du commerce et littéraire, pour la ville et district de Montréal* paraît le 3 juin 1778 ; le journal se nomme *la Gazette littéraire pour la ville et district de Montréal* à partir de septembre. Ce premier journal de langue française au Canada ne dure pourtant qu'une année. A cause de la guerre, Mesplet s'est engagé auprès de l'administration à ne pas critiquer les autorités civiles et religieuses, et Jautard, pourtant un fervent voltairien, donne beaucoup de place aux écrits antivoltairiens. Mais le supérieur des sulpiciens, Étienne MONTGOLFIER, n'aime pas du tout ces hommes qui lui disputent le gouvernement des intelligences. Lorsque Jautard fonde son académie et qu'il demande au gouverneur HALDIMAND de la reconnaître à la fin de décembre 1778, Montgolfier s'empresse d'écrire au gouverneur pour dénoncer cette académie ainsi que *la Gazette littéraire*. Au printemps de 1779, Jautard critique certains jugements du juge René-Ovide HERTEL de Rouville, qui le concernent en tant qu'avocat. Le juge à son tour se plaint à Haldimand, qui, cédant à toutes ces pressions, fait arrêter Jautard et Mesplet le 2 juin. Les deux hommes ne retrouveront leur liberté qu'en septembre 1782, avec la connivence des autorités qui, sans les élargir officiellement, les laissent quitter la prison.

Mesplet, dont le courage n'a pas faibli, retourne à son atelier. Mais sa situation est précaire. Criblé de dettes, il est pressé par ses créanciers, dont Charles Berger, qui avait été son associé jusqu'en septembre 1778 et à qui il doit $4 800. Berger vient à Montréal se faire rembourser en septembre 1784. L'affaire est si compliquée qu'il faut nommer quatre arbitres qui font appel aux conseils de Benjamin FROBISHER, l'un des gros négociants de Montréal. Berger accepte de régler pour $1 200, mais ne recevra que $460. De son côté, Mesplet, qui avait réclamé une indemnité de $9 450 du Congrès américain en juin 1784, n'en reçut que $426,50. Un autre gros créancier, le tailleur Joseph-Marie Desautels, à qui Mesplet devait $4 000, fait saisir les biens de ce dernier en novembre 1785, mais la vente ne rapporte que $600. Ironie du sort, l'acquéreur du matériel d'imprimerie, Edward William Gray*, est obligé de le louer à Fleury Mesplet, seul capable de l'utiliser.

Débarrassé de ses créanciers et, si l'on peut dire, libéré de la propriété de son atelier, Mesplet en profite pour reprendre l'idée d'un journal : le 25 août 1785 paraît la première édition de *la Gazette de Montréal/The Montreal Gazette*. Ses affaires semblent bien aller et il s'installe rue Notre-Dame deux ans après. Le 1er septembre 1789, Marie Mirabeau, sa fidèle compagne de Lyon qu'il avait épousée vers 1765, meurt à l'âge d'environ 43 ans. Mesplet se remarie six mois plus tard à une jeune Montréalaise de 23 ans, Marie-Anne, fille de son ami le perruquier Jean-Baptiste Tison. Depuis la fondation de sa gazette bilingue, Mesplet avait publié quelques livres et des brochures, mais on peut certes penser que les profits de son journal représentaient l'essentiel de son revenu. Le fait qu'en 1793 il ait fait venir de France de nouveaux caractères d'imprimerie – avec l'aide financière du marchand Jean-Baptiste-Amable Durocher* – est un signe certain de la bonne marche de l'entreprise. Ce qui n'empêche qu'à sa mort Mesplet laissera à sa jeune veuve une situation financière embrouillée.

L'imprimerie avait été établie dans les provinces Maritimes par des colons britanniques venus du sud [V. Bartholomew Green* ; John Bushell*]. Il en fut de même à Québec grâce à William BROWN et à Thomas GILMORE, imprimeurs de Philadelphie. Cette dernière ville servit également de point de départ au Lyonnais Fleury Mesplet pour Montréal. Le premier imprimeur à l'ouest de Québec n'a certes pas publié autant que William Brown, qui a laissé plus de 250 titres dont huit comptent plus de 100 pages, et qui est mort riche. Au contraire, Mesplet a connu d'énormes difficultés au cours de ses 20 années de travail à Londres, Philadelphie et Montréal. On lui attribue environ 80 titres, dont deux périodiques. Le quart de sa production est consacré aux ouvrages religieux, ce qui se comprend aisément dans une petite ville dont la population, en grande majorité catholique, est dirigée par une communauté de sulpiciens : ceux-ci possèdent un collège d'humanités tout en étant les seigneurs du territoire et c'est l'un d'eux qui remplit les fonctions de curé et de vicaire général. Les besoins du culte et de l'éducation fournissent donc le gros des commandes à l'atelier de Mesplet, comme c'est le cas en France au XVIIIe siècle dans les villes qui possèdent un atelier. Dix de ses livres comptent plus de 100 pages, tels les *Cantiques de l'âme dévote* [...], de Laurent Durand, connus sous le titre de *Cantiques de Marseilles* (610 pages), le *Formulaire de prières à l'usage des pensionnaires des religieuses ursulines* (467 pages) et un *Pseautier de David, avec les cantiques à l'usage des écoles* (304 pages), tous ouvrages parus en Europe et imprimés par Mesplet sans autorisation, comme cela se pratiquait couramment à l'époque. Le reste de sa production comprend des ouvrages touchant la justice et des brochures, comme celle sur le mal de la baie Saint-Paul. Son atelier a également imprimé en quatre langues, en français, en anglais, en latin et en iroquois. Tout cela prouve l'excellente qualité de Fleury Mesplet en tant qu'imprimeur.

Si sa production s'apparente à la production française, elle est aussi nord-américaine, notamment par la publication d'almanachs et de calendriers. On doit ainsi à Mesplet sept almanachs entre 1777 et 1784, comptant de 48 à 62 pages et contenant des renseignements divers comme la liste des prêtres et religieux du pays, celle des bureaux de poste, une table des poids et mesures, la nomenclature des monnaies utilisées, un répertoire des royaumes et républiques connus, le tout parsemé de fables et d'anecdotes. Mesplet s'identifie au type américain, qui est d'abord imprimeur-journaliste, contrairement à son homologue européen qui est imprimeur-libraire. C'est que le journal convient parfaitement aux besoins des Américains, qui vivent dans de petits centres, loin du pays qu'ils ont quitté, sans contact avec le monde. Le journal devient ainsi la source d'information du lointain et du proche, aussi bien que le truchement par lequel chacun peut offrir ses services. Ce rôle assure le revenu de base de l'atelier typographique, ce que Mesplet souhaitait avant d'arriver à Montréal et qu'il avait tenté une première fois sans succès. Sa *Gazette littéraire*, en effet, était une publication à caractère exclusivement littéraire, à peu près sans autres annonces que les siennes pour les livres qu'il imprime et le papier qu'il vend. C'est peut-être son rédacteur Valentin Jautard qui aurait incité l'éditeur à adopter ce parti. *La Gazette* publia durant son année d'existence des articles de nature philosophique, littéraire ou anecdotique, des vers et de la correspondance, matière qui prête à discussion mais qui ne rapporte rien en argent à l'imprimeur. C'est ce que semble avoir compris Mesplet lorsqu'il publie son second journal hebdomadaire en 1785. Sa *Gazette de*

Montréal – aujourd'hui *The Gazette* – paraît sur le modèle de *la Gazette de Québec*, c'est-à-dire en français sur la colonne de gauche, en anglais sur celle de droite, sur quatre pages consacrées pour moitié aux annonces publicitaires et aux communiqués de toutes sortes, qui font voir le développement rapide de la vie économique, sociale et culturelle de Montréal. L'autre moitié présente des nouvelles étrangères et locales, souvent reproduites de *la Gazette de Québec*, car *la Gazette de Montréal* n'a que des moyens limités, et des articles sur l'éducation, la religion, la littérature et la politique à partir de 1788, alors qu'elle revendique résolument la création d'une assemblée législative à Québec. La *Gazette* de Mesplet devient voltairienne et anticléricale, fustigeant l'ignorance des clercs qui s'occupent d'éducation, traitant l'évêque de Québec, Mgr HUBERT, de despote chrétien dans des articles consacrés aux trop nombreuses fêtes chômées ou dénonçant son obscurantisme quand il se prononce contre le projet, qu'il trouve prématuré, d'une université mixte, catholique et protestante.

Contrairement au journal de William Brown, la seconde *Gazette* de Mesplet est d'abord rédigée en français, puis traduite en anglais par Valentin Jautard qui en est sans doute le rédacteur jusqu'à sa mort en 1787. Tout comme à *la Gazette littéraire*, c'est dans l'officine de *la Gazette de Montréal* que se regroupe l'intelligentsia montréalaise de langue française, Jautard en tête. C'est là que le jeune Henry-Antoine Mézière* trouve sa voie en quittant le collège. *La Gazette de Montréal* mène le combat philosophique contre l'intolérance, contre les abus du clergé, contre la féodalité. Elle se déchaîne et triomphe à l'aube de la Révolution française, empruntant toujours des nouvelles à sa concurrente de Québec, mais aussi à des journaux français. Elle va encore plus loin en voulant appliquer les principes de la Révolution à la province de Québec. La guerre déclarée par la Révolution à la Grande-Bretagne, en 1793, arrête évidemment tout ce courant. Hélas ! c'est la seconde fois en 15 ans que la guerre empêche un groupe d'intellectuels d'âge mûr et de jeunes de se développer. Les deux gazettes de Mesplet ont été le centre des Lumières à Montréal. Les historiens comme les érudits ont surtout parlé de la première, pour condamner son « voltairianisme », et ont ignoré la seconde, qui a pourtant constitué le point de convergence de l'intelligentsia de Montréal durant huit ans en plus d'être un organe d'information important pour la population. La mort de Mesplet n'a suivi que de huit mois le changement obligé du ton de son journal.

Fleury Mesplet, comme on le faisait en France, se dit imprimeur-libraire, même s'il ne paraît pas vendre beaucoup de livres autres que ceux qu'il imprime. L'inventaire de la saisie de 1785 et celui qui suivit son décès n'indiquent en effet que peu de livres autres que ceux de son propre atelier. Par contre, son inventaire après décès révèle une grande quantité de papier de bonne qualité, d'encre et de plumes. En somme, Mesplet est, comme tous ses homologues du XVIIIe siècle, imprimeur-libraire, éditeur et imprimeur-journaliste. Mais il n'est pas rédacteur de ses journaux, comme il arrivait souvent en Amérique, car il n'est pas assez instruit. Les quelques lettres qu'on possède de lui montrent la difficulté qu'il a à s'exprimer. C'est pour cela qu'il engage Alexandre Pochard à Philadelphie puis Jautard à Montréal. Néanmoins, Mesplet est un imprimeur de première qualité. Si ses livres sont composés un peu vite, ils montrent qu'il connaît tous les secrets de son métier, qu'il travaille de main de maître. On ne lui connaît que peu d'ouvriers. Il avait emmené John Gray et Jacques-Clément Herse de Philadelphie. Herse l'aurait quitté dès 1785 pour devenir marchand. Or Mesplet n'a pris qu'un seul jeune en apprentissage, en décembre 1789, Alexander, fils d'un maître d'école de la ville, William Gunn. Ce qui tend à prouver que sa première femme, Marie Mirabeau, décédée au mois de septembre précédent, a sans doute joué le rôle d'un véritable compagnon auprès de son mari, comme cela se faisait en France.

Besogneux toute sa vie, victime de saisies et emprisonné, bon imprimeur et mauvais administrateur, Mesplet a montré une constance indéfectible et une aptitude extraordinaire à convaincre ses amis et bailleurs de fonds de ses succès à venir. Bien que sa succession fût embrouillée, il est exagéré d'affirmer qu'il a été dans la misère ; son inventaire après décès prouve qu'il possédait un mobilier et un appareil vestimentaire que bien des Montréalais de qualité pouvaient lui envier. Notable de la rue Notre-Dame par son officine et son journal, Mesplet s'est créé tout un cercle d'amis, intellectuels comme Valentin Jautard, Pierre DU CALVET et Henry-Antoine Mézière, petits-bourgeois du négoce comme les Jacques-Clément Herse, Jean-Baptiste-Amable Durocher, Joseph-Marie Desautels et Charles Lusignan*, ou des professions libérales comme les notaires Antoine Foucher*, François Leguay, père, Pierre-François Mézière, père d'Henry-Antoine, et Jean-Guillaume De Lisle*. C'est avec beaucoup d'exagération et d'anachronisme qu'on a fait de lui un « républicain » et un « révolutionnaire ». Mesplet fut un homme de métier doublé d'un esprit éclairé au sens du XVIIIe siècle.

CLAUDE GALARNEAU

AD, Bouches-du-Rhône (Marseille), État civil, Marseille, 13 janv. 1734. — ANQ-M, AP-199. — Fabre, dit

Laterrière, *Mémoires* (A. Garneau), 117s. — Some unpublished documents relating to Fleury Mesplet, R. W. McLachlan, édit., SRC *Mémoires*, 3e sér., XIV (1920), sect. II : 85–95. — *La Gazette de Montréal*, 25 août 1785–janv. 1794. — *La Gazette littéraire pour la ville et district de Montréal*, 3 juin 1778–2 juin 1779. — Tremaine, *Bibliography of Canadian imprints*. — Æ. Fauteux, *Introduction of printing into Canada*. — Galarneau, *La France devant l'opinion canadienne*. — H. P. Gundy, *Book publishing and publishers in Canada before 1900* (Toronto, 1965) ; *Early printers*. — Séraphin Marion, *Les lettres canadiennes d'autrefois* (9 vol., Hull, Québec, et Ottawa, 1939–1958), II. — Camille Roy, *Nos origines littéraires* (Québec, 1909), 62–69. — Marcel Trudel, *Louis XVI, le Congrès américain et le Canada, 1774–1789* (Québec, [1949]), xvi, 27, 70s. — Ægidius Fauteux, Fleury Mesplet : une étude sur les commencements de l'imprimerie dans la ville de Montréal, Bibliographical Soc. of America, *Papers* (Chicago), 28 (1934) : 164–193. — R. W. McLachlan, Fleury Mesplet, the first printer at Montreal, SRC *Mémoires*, 2e sér., XII (1906), sect. II : 197–309. — Victor Morin, Propos de bibliophile, *Cahiers des Dix*, 19 (1954) : 11–46.

MESSEIN, CHARLES-FRANÇOIS BAILLY DE. V. Bailly

MÉZY, SÉBASTIEN-FRANÇOIS-ANGE LE NORMANT DE. V. Le Normant

MIGEON DE BRANSSAT (Bransac), MARIE-ANNE, dite **de la Nativité**, ursuline, supérieure, baptisée à Montréal le 27 janvier 1685, fille de Jean-Baptiste Migeon* de Branssat et de Catherine Gauchet de Belleville, décédée à Québec le 31 août 1771.

Marie-Anne Migeon de Branssat entra chez les ursulines, à Québec, en 1702, versant les 3 000# de dot alors exigées, en plus de payer sa pension et de fournir ses meubles. Elle prononça ses vœux deux ans plus tard, en présence du grand vicaire Joseph de La Colombière*. Tour à tour maîtresse des pensionnaires puis des novices, elle fut assistante, et enfin supérieure pendant 19 ans. Élue pour la première fois en 1735, réélue en 1738, elle fut de nouveau supérieure de 1744 à 1750 et de 1753 à 1760.

Lors de sa première élection, Marie-Anne de la Nativité arrivait au pouvoir en des circonstances délicates et difficiles. Les ursulines avaient eu à souffrir des querelles qui sévissaient au sein de l'Église du Canada depuis la mort de Mgr de Saint-Vallier [La Croix*]. Elles s'étaient même plaintes au Conseil supérieur de la tyrannie du chapitre à leur égard. De plus, Mgr Dosquet avait nommé lui-même les deux supérieures qui précédèrent Marie-Anne de la Nativité, soit Anne Anceau, dite de Sainte-Thérèse, en 1732, et Marie-Louise Gaillard, dite de la Sainte-Vierge, en juin 1735. Cette dernière nomination ne semble pas avoir été très heureuse puisque, quatre mois plus tard, l'élection régulière appelait à ce poste Marie-Anne de la Nativité.

Elle se mit aussitôt à l'œuvre. Les documents sont remplis de faits qui prouvent sa compréhension et son savoir-faire dans tous les domaines. Elle fit terminer la chapelle qui servait au culte depuis 1723, faisant poser en 1736 le retable de l'autel, œuvre de Noël Levasseur*. En 1739, sur sa proposition, une partie des pièces d'argenterie de l'infirmerie, dont un bon nombre avaient appartenu à Mme de La Peltrie [Marie-Madeleine de Chauvigny*], furent données pour fondre la lampe du sanctuaire, au poinçon de Paul Lambert*, dit Saint-Paul. La même année, elle organisa les fêtes du centenaire de l'arrivée des ursulines au Canada, fêtes qui, d'après les annales, furent d'un éclat sans précédent.

Marie-Anne de la Nativité s'occupa activement des intérêts matériels de sa communauté par l'achat, la vente ou la concession de terres, la construction d'un dépôt et d'une petite aile pour les pensionnaires, et de moulins sur la seigneurie de Sainte-Croix et la baronnie de Portneuf. En 1739 elle fit réparer la classe des externes dans la maison de Mme de La Peltrie et, en 1755, le clocher abattu par la tempête et le tremblement de terre. Le 7 juin de la même année, après l'incendie de l'Hôtel-Dieu, elle recevait pendant trois semaines 49 religieuses hospitalières, heureuse de pouvoir rendre un peu ce que les ursulines avaient reçu de cette communauté en 1650 [V. Marie Guyart*, dite de l'Incarnation] et en 1686 [V. Jeanne-Françoise Juchereau* de La Ferté, dite de Saint-Ignace].

Marie-Anne de la Nativité fut supérieure durant toute la guerre de Sept Ans. Les 13 et 14 juillet 1759, en même temps que les hospitalières de l'Hôtel-Dieu, les ursulines se réfugièrent à l'Hôpital Général, sauf dix religieuses ainsi que trois prêtres, dont le chapelain Pierre-Joseph Resche*, restés à la garde du monastère. Le 21 septembre, quelques jours après la capitulation, les ursulines, réduites à la plus grande pauvreté, revinrent à leur cloître, inhabitable pour l'hiver. Le général Murray, qui voulait leur confier une partie de ses soldats blessés, vint visiter les lieux. Il leur fournit sur-le-champ de quoi vivre et, constatant l'impossibilité pour elles de payer des ouvriers, il décida de voir lui-même aux réparations du monastère. On commença par la chapelle, la seule qui put servir d'église paroissiale et où eurent lieu, tour à tour, les offices religieux, tant catholiques que protestants. Seules les réparations les plus urgentes furent effectuées, car dès le 4 octobre commença le transport des blessés au monastère, les religieuses dès lors vivant de la solde du roi d'Angleterre. Celles-ci prirent à cœur leur nouvelle fonction d'hospitalières, allant même jusqu'à tricoter, dès l'automne, de longs bas de laine pour les soldats écossais, dont le costume n'était guère en harmonie avec les hivers canadiens.

L'année 1759 marquait la fin du dernier mandat de Marie-Anne de la Nativité comme supérieure et, selon la coutume, elle devait être remplacée à ce poste. Mais Mgr de Pontbriand [Dubreil*], prévenu que la supérieure était fort considérée des Anglais, donna le pouvoir de l'élire pour une septième année si les ursulines le jugeaient à propos. Marie-Anne de la Nativité obtint plus des deux tiers des voix. Personne n'eut à regretter cet accroc à la règle puisque en plusieurs occasions, jusqu'au 15 décembre 1760, elle réussit à concilier les intérêts de sa communauté avec ceux des Anglais. Elle obtint, notamment, la grâce d'un jeune soldat anglais qui, pour voir passer les *nuns*, s'était glissé dans l'avant-chœur de la chapelle du cloître. Et, après le départ des blessés anglais au début de juin 1760, elle sollicita avec succès Murray afin qu'il poursuive son aide financière à la communauté.

Après un repos de trois ans, Marie-Anne de la Nativité fut élue, en décembre 1763, assistante de la supérieure Esther WHEELWRIGHT, dite de l'Enfant-Jésus. A la fin de son mandat, elle fut libérée de toute charge mais n'en continua pas moins de suivre tous les exercices religieux de la communauté. Après deux ans de séjour à l'infirmerie, elle mourut le 31 août 1771.

Après les fondatrices, aucune peut-être n'a mieux mérité de sa communauté. « Notre Seigneur, dit le Vieux Récit, lui ayant donné beaucoup d'esprit et des plus spirituelles, étant savante, parlant facilement, écrivant poliment et très bien, ayant une très belle voix qu'elle n'a point épargnée pour soutenir le chœur, elle a fait valoir tous ses talents au profit de sa chère maison. » Les faits prouvent que ces éloges sont bien fondés.

GABRIELLE LAPOINTE

ANQ-M, État civil, Catholiques, Notre-Dame de Montréal, 27 janv. 1685. — AUQ, Actes d'élection des supérieures ; Actes des assemblées capitulaires, 1 : 74, 215, 264s. ; Actes de professions et de sépultures, 1 : 61 ; Annales, 1 : 190, 217, 220, 223, 273 ; Conclusions des assemblées des discrètes, 1 : 78, 82 ; Libres de comptes, 1 ; Registre des entrées, vêtures, professions et décès des religieuses, 1. — Le Jeune, *Dictionnaire*. — É.-Z. Massicotte, Les actes de foi et hommage conservés à Montréal, *BRH*, XXVI (1920) : 93–96. — Tanguay, *Dictionnaire*. — Burke, *Les ursulines de Québec* (1863–1866), II ; III. — A.-H. Gosselin, *L'Église du Canada jusqu'à la Conquête*. — [Joséphine Holmes, dite de Sainte-Croix], *Glimpses of the monastery, scenes from the history of the Ursulines of Quebec during two hundred years, 1639–1839* [...] (2e éd., Québec, 1897). — Régis Roy, Migeon de Bransat, *BRH*, XXVI (1920) : 313–316.

MIGNAC (Mignaque). V. MINIAC

MIKAK (Micoc, Mykok), Inuk du Labrador, née vers 1740, fille du chef Nerkingoak ; elle épousa successivement le fils d'un chef inuit vers 1762, TUGLAVINA vers 1770, Serkoak en 1783 et fut mère d'au moins un fils et une fille ; décédée le 1er octobre 1795 à Nain, Labrador.

Mikak est l'un des premiers personnages inuit qui se détache en tant qu'individu dans l'histoire des rapports entre les Européens et les indigènes du Labrador. En 1765, les frères moraves envoyèrent quatre missionnaires en expédition de reconnaissance dans le but de prendre contact avec les Inuit du Labrador. A partir de la station britannique de la baie des Châteaux, dans le détroit de Belle-Isle, les missionnaires visitèrent des campements établis dans le voisinage par des Inuit venus au sud faire la traite pendant l'été. En septembre, une tempête soudaine obligea les missionnaires Jens HAVEN et Christian Larsen DRACHART à passer la nuit sous la tente d'un *angakok* (chef religieux indigène). Mikak, qui se trouvait là, apprit le nom des deux hommes et garda en mémoire une prière que Drachart lui enseigna.

C'est dans des circonstances moins heureuses que devait se produire ce qui fut, autant qu'on sache, la seconde rencontre de Mikak avec des Européens. En novembre 1767, une bande d'Inuit attaqua le poste de pêche que Nicholas DARBY possédait au cap Charles, au nord-est de la baie des Châteaux ; les assaillants tuèrent quelques hommes et volèrent des bateaux. Un détachement venu du fort York à la baie des Châteaux poursuivit les Inuit, tuant les hommes et capturant les femmes et les enfants. Mikak fut conduite à la baie des Châteaux avec les autres prisonniers et elle passa l'hiver au fortin. Son intelligence manifeste attira l'attention du commandant en second de la garnison, Francis Lucas*. Elle s'initia rapidement à l'anglais avec son aide et, en retour, elle lui enseigna quelques mots d'inuit. A l'automne de 1768, Hugh PALLISER, alors gouverneur de Terre-Neuve, prit les dispositions nécessaires pour que Mikak, son fils Tootac et un garçon plus âgé, Karpik, fussent envoyés en Angleterre. Il espérait que la puissance et la grandeur de ce pays allaient les impressionner et qu'une fois de retour parmi les leurs, ils se feraient les défenseurs de la coopération et du commerce avec les Anglais. En arrivant à Londres, Mikak rencontra de nouveau Jens Haven et apprit que les frères moraves désiraient obtenir une concession en vue de fonder une mission sur la côte du Labrador.

A cette époque où les « bons sauvages » étaient à la mode, Mikak bénéficia du patronage de la société londonienne. Elle reçut des cadeaux, dont une somptueuse robe chamarrée d'or qui lui fut donnée par Augusta, princesse douairière de Galles. Sur les instances du naturaliste Joseph Banks*, Mikak posa pour John Russell, peintre à la mode. Le tableau, qui fut exposé à la Royal Academy of Arts, à Londres, se trouve actuellement à l'Institut d'ethnologie de l'université de Göttingen (République fédérale d'Allemagne). Mikak est représentée vêtue de la robe qui lui avait été donnée, et on est frappé par son regard fin et pénétrant. A plusieurs reprises, Mikak plaida la cause des frères moraves auprès de ses protecteurs influents et c'est en partie grâce à elle qu'ils obtinrent, en mai 1769, la concession qu'ils avaient demandée. Les missionnaires, toutefois, n'approuvaient pas le voyage des Inuit en Angleterre, estimant que ce contact avec la société européenne risquait de leur faire perdre le goût de l'existence à laquelle ils devaient revenir.

A l'été de 1769, Francis Lucas, devenu lieutenant, débarqua Mikak dans une île située au nord-ouest de la baie de Byron (au nord de l'inlet de Hamilton), et, l'année suivante, les frères moraves y envoyèrent un bateau à la recherche d'un endroit où ils pourraient établir une mission. En juillet 1770, les missionnaires Drachart et Haven rencontrèrent Mikak et sa famille près de la baie de Byron. Elle les accueillit vêtue de sa robe brodée d'or, une médaille, que lui avait donnée le roi, sur la poitrine, et accompagnée de son nouvel époux, Tuglavina. En qualité d'*angakok*, Tuglavina exerçait une grande influence auprès de ses compatriotes ; son intelligence, son courage et son « caractère turbulent » inspiraient aux frères moraves un respect mêlé de crainte. Les missionnaires expliquèrent à Mikak qu'ils étaient venus dans le but de chercher un endroit convenable pour y bâtir une mission, si les Inuit le leur permettaient, ajoutant toutefois un sévère avertissement : le vol ou le meurtre seraient punis. Elle déclara avec une certaine vivacité être « désolée d'apprendre [qu'ils avaient] une si piètre opinion des gens de [son] pays », rapportèrent-ils ; elle fit observer qu'il arrivait aussi aux Anglais de voler puis elle finit par dire que les Inuit les « aimaient beaucoup et souhaitaient [qu'ils vinssent] vivre avec eux ». Par la suite, Mikak et Tuglavina guidèrent les missionnaires vers le nord et les aidèrent à choisir l'emplacement du premier poste de mission, qui fut appelé Nain.

Lorsque ce poste fut établi par les frères moraves en août 1771, Mikak et sa famille le visitèrent mais ils préférèrent ne pas y vivre. Mikak et Tuglavina prirent des leçons préparatoires au baptême, sans aller plus loin, toutefois. A compter de 1782, ils se joignirent à d'autres Inuit, et, contre l'avis des missionnaires, ils allèrent souvent trouver les trafiquants européens des environs de la baie des Châteaux, avec lesquels ils échangeaient des fanons de baleine et des fourrures contre des fusils, des munitions et des boissons alcooliques. Séduite par les manières sans façon de ces trafiquants, Mikak ne retourna à Nain qu'à la fin de sa vie, en 1795. Elle chercha alors un réconfort auprès des missionnaires, disant qu'elle n'avait pas oublié ce qu'elle avait appris au sujet du Sauveur ni ce qu'elle avait promis en devenant catéchumène.

En 1824, dans l'inlet de Hamilton, le missionnaire méthodiste Thomas Hickson rencontra deux Inuit, le père et le fils, qui avaient chacun deux femmes. Le plus âgé n'était nul autre que Tootac. L'une de ses épouses était vêtue de la robe brodée d'or que Mikak avait reçue bien des années auparavant, et Tootac lui-même portait le nom de Palliser en souvenir du gouverneur de Terre-Neuve qui leur avait manifesté de l'amitié.

Fort intelligente, Mikak avait un esprit observateur et apprenait rapidement. Elle savait être bonne et généreuse, comme lorsqu'elle défendit la cause des frères moraves à Londres et qu'elle les aida à s'établir au Labrador. Il semble qu'elle resta fidèle à elle-même : elle se montra réceptive aux enseignements des frères moraves, mais non sans une certaine réserve ; elle prit plaisir à la société européenne tout en demeurant consciente de son influence et de son rang dans la communauté des Inuit.

WILLIAM H. WHITELEY

APC, MG 17, D1, Voyage to Labrador, 1770. — Methodist Missionary Soc. (Londres), Wesleyan Methodist Missionary Soc. correspondence, T. Hickson's journal on the Labrador C. — PRO, Adm. 51/629 ; CO 194/16 ; 194/27 ; 194/28. — Account of the Esquimaux Mikak, *Periodical accounts relating to the missions of the Church of the United Brethren, established among the heathen* (Londres), II (1798) : 170s. — Daniel Benham, *Memoirs of James Hutton ; comprising the annals of his life, and connection with the United Brethren* (Londres, 1856). — Hiller, Foundation of Moravian mission. — *The Moravians in Labrador* (Édimbourg, 1833). — H. W. Jannasch, Reunion with Mikak, *Canadian Geographical Journal* (Ottawa), LVII (1958) : 84s.

MILLS, sir THOMAS, officier et fonctionnaire, décédé à Londres le 28 février 1793.

Thomas Mills entra dans l'armée, en qualité d'enseigne dans le 15e d'infanterie, le 26 avril 1759, et il fut promu lieutenant dans le 47e d'infanterie, le 11 mai 1760. On n'a pas réussi à établir la date de son arrivée en Amérique du Nord, mais il servit à Québec, pendant le Régime militaire, sous les ordres de MURRAY, à titre d'adjudant-major et ensuite de major. Bien que d'origine inconnue, il appartenait de toute évidence à une bonne famille ; il jouit de l'amitié de HALDIMAND et de la protection de l'influent lord Mansfield. (William SMITH prétendit, par la suite, que Mills était le fils illégitime de Mansfield.) Après avoir passé quelques années en Angleterre, il revint à Québec en juin 1766, muni des nominations aux postes de receveur général et de membre du Conseil de Québec, et pourvu du grade de major de brigade.

Le financement des colonies était une question fort débattue dans les années 1760. Les instructions de Murray, à titre de gouverneur civil, en 1763, lui interdisaient de lever des taxes sans le consentement d'une assemblée, et, en conséquence, il paraît avoir cessé de percevoir les droits de douane maintenus depuis la fin du Régime français. Les légistes de la couronne, cependant, émirent l'avis que ces droits pouvaient légalement être perçus par une personne dûment autorisée, ce qui amena la nomination de Mills au poste de receveur général, par commission royale du 10 juillet 1765.

Dès son entrée en fonction, Mills fit montre d'une vanité voisine de l'arrogance et d'une absence presque complète d'intégrité. L'administrateur de la colonie, Paulus Æmilius IRVING, le trouva tout à fait impropre à cette fonction. Selon Irving, il comprenait peu la question qu'il devait régler et il revendiquait des prérogatives complètement irréalistes. Le receveur général était responsable au bureau de la Trésorerie de la perception et de la dépense de fonds publics. Selon Mills, il n'était pas, dès lors, obligé de soumettre ses comptes au Conseil de Québec, ni requis d'avoir l'autorisation du gouverneur pour effectuer des paiements. En fait, le gouverneur et le conseil devaient simplement décider des choses à faire, et le receveur général attribuerait les contrats. Ces conceptions étaient inapplicables, vu la responsabilité personnelle du gouverneur d'administrer la colonie de manière à éviter le gaspillage. Face à l'opposition déterminée d'Irving, Mills battit vite en retraite.

Sur le plan politique, Mills fut l'un des premiers conseillers à abandonner le vulnérable gouverneur Murray, après l'arrivée de Guy Carleton*, en qualité de lieutenant-gouverneur, en septembre 1766. Murray avait la certitude que ce « corrompu de Mills » avait secrètement travaillé avec ses ennemis en vue d'obtenir son rappel. Mills se rangea du côté de Carleton, qui, au début, avait la faveur des ennemis de Murray. Quand Carleton, au mois d'octobre, décida de donner son appui à George Allsopp* et aux autres commerçants de fourrures qui sollicitaient le libre accès aux postes du roi, Mills alla dans son sens, en dépit du fait qu'il avait lui-même pris publiquement une position diamétralement opposée, en soutenant les prétentions à un monopole proposé par l'un des fermiers de ces postes, son ami intime, Thomas Dunn*.

Mills retourna à Londres en août 1767 ; pendant dix ans, ses fonctions furent remplies par intérim parce qu'il n'avait pas le pouvoir de se donner un adjoint. Carleton nomma d'abord Hector Theophilus CRAMAHÉ, et ensuite, en juillet 1770, Thomas Dunn. L'influence dont Mills jouissait à Londres suffit à lui obtenir le titre de chevalier en 1772 et une nouvelle commission de receveur général en 1777, avec droit, cette fois, de se nommer un adjoint. Il fit choix de William Grant* (1744–1805) et ce dernier fut contraint de se retirer en juillet 1784, à la suite de la découverte de ses malversations ; Haldimand le remplaça, un an plus tard, par Henry Caldwell*. Le 1er septembre 1787, Mills choisit George DAVISON comme successeur de Caldwell, mais, éprouvant des ennuis d'argent, il revint assumer lui-même ses fonctions deux mois plus tard.

Mills, de nouveau, fit figure de personnage éminent sur le plan social, grâce à ses vins de choix, à ses beaux fusils de chasse et à sa jument brune, Coquet, qu'il faisait courir sur les plaines d'Abraham. Mais, quand il se trouva dans l'incapacité de faire certains paiements, en 1789, le Conseil législatif examina ses comptes et découvrit qu'il avait utilisé plus de £3 000 des fonds publics pour acquitter ses dettes. Malgré ses tentatives pour mystifier le gouverneur Dorchester [Carleton], au moyen de chiffres laissant croire que la couronne lui devait de l'argent, il fut suspendu par le gouverneur, le 25 août, et se rembarqua pour l'Angleterre plus tard la même année. Il mourut insolvable à Londres, en 1793, l'année même où une vérification des comptes par le gouvernement révélait que ses adjoints et lui devaient à la couronne plus de £18 500.

Mills avait une remarquable capacité de s'en faire accroire. Il se donnait même le mérite d'avoir fait adopter l'Acte de Québec. Devant la déplorable ignorance de lord North, écrivait-il à Haldimand en juin 1774, son action personnelle dans les couloirs de la chambre des Communes avait remporté la victoire en faveur « du roi et du pays » et avait rendu « justice aux conquis ». Il ne trouva pas exagéré de dire : « la religion, les lois françaises et le conseil, ils me doivent tout cela ».

F. MURRAY GREENWOOD

APC, MG 23, A4, 64 ; GII, 1, sér. 1, 2 ; MG 55/14, 2. — BL, Add. MSS 21 687 ; 21 728 ; 21 858. — Greater London Record Office (Londres), P89/MRY1/314, 6 mars 1793. — PRO, CO 42/26 ; 42/66 ; 42/86. — [Frederick Haldimand], Private diary of Gen. Haldimand, APC *Report*, 1889, 123–299. — Maseres, *Maseres letters* (Wallace), 43. — [William Smith], *The diary and selected papers of Chief Justice William Smith, 1784–1793*, L. F. S. Upton, édit. (2 vol., Toronto, 1963–1965). — *La Gazette de Québec*, 21 févr. 1765, 3 juill., 11 août 1766, 21 sept., 1er oct., 12 nov. 1789, 13 juin 1793. — *Quebec Herald, Miscellany and Advertiser*, 21 sept. 1789. — Caron, Inv. de la corr. de Mgr Briand, ANQ *Rapport*, 1929–1930, 65. — G.-B., WO, *Army list*, 1760, 1763. — Burt, *Old prov. of Que*. — F.-J. Audet, Les législateurs de la province de Québec, *BRH*, XXXI (1925) : 484. — H. R. Balls, Quebec, 1763–1774 : the financial administration, *CHR*, XLI (1960) : 203–214. — A. L. Burt, Sir Guy Carleton and his first council, *CHR*, IV (1923) : 321–332.

MINIAC (Mignac, Mignaque, Minire, Deminiac), JEAN-PIERRE DE, prêtre, sulpicien, missionnaire, grand vicaire et archidiacre, né dans le diocèse de Rennes, France, vers 1691, décédé à Nantes, France, le 8 mai 1771.

Entré chez les sulpiciens le 23 décembre 1717, Jean-Pierre de Miniac, licencié *in utroque jure*, arrive au Canada le 5 juillet 1722 et se voit confier la paroisse Saint-Laurent dans l'île de Montréal qui dépend du séminaire de Saint-Sulpice. A la fin de 1724, il est envoyé à Sainte-Trinité-de-Contrecœur, paroisse à laquelle est rattachée la desserte de Saint-Ours. Miniac a probablement une fortune personnelle car il achète quelques terres, dont une de 17 arpents, dans sa paroisse. En septembre 1731, Mgr DOSQUET le fait venir à Québec et lui confie le poste de grand vicaire de la région de Québec pour succéder à Bertrand de LATOUR. Il ne reçoit toutefois ses lettres de nomination que le 4 septembre 1732. Ce choix surprend le chapitre car on s'attendait à ce que l'archidiacre Eustache Chartier* de Lotbinière, un Canadien, soit pourvu de cette charge importante, le clergé canadien estimant qu'il était temps qu'on l'invite à participer à l'administration de l'Église du Canada.

A partir de ce moment, Miniac loge au séminaire de Québec et assume des rôles de plus en plus importants dans l'administration ecclésiastique. Confesseur des ursulines de 1733 à 1736, il reçoit sa provision de chanoine le 10 septembre 1734 et est admis au chapitre de la cathédrale de Québec le 26 janvier suivant à titre d'official, succédant à Bernard-Joseph Boulanger, démissionnaire. Durant les absences prolongées de Mgr Dosquet, soit du 15 octobre 1732 au 16 août 1734, puis du 19 octobre 1735 jusqu'à la démission de l'évêque en mars 1739, il dirige en fait l'Église du Canada, et les autorités civiles n'ont qu'à se louer de « la sagesse et de la prudence » de son gouvernement. Le 5 février 1739, il devient archidiacre du chapitre de Québec par suite de la nomination de Chartier de Lotbinière à la dignité de doyen.

Le jour même de la mort de Mgr François-Louis de Pourroy* de Lauberivière, le 20 août 1740, Miniac est nommé par le chapitre, conformément au droit ecclésiastique, vicaire capitulaire du diocèse de Québec pour la durée de la vacance du siège. Cependant, dès le mois d'octobre suivant, il est impliqué dans un conflit avec le chapitre à propos de la cure de Château-Richer. Il prétend imposer à cette paroisse un de ses amis, l'abbé Roger-Chrétien Le Chasseur, alors que le chapitre soutient le curé en place, Louis-François Soupiran, qui est Canadien. La controverse remet à l'ordre du jour la question de la canadianisation du clergé de la Nouvelle- France. La cause est portée devant la Prévôté de Québec, et, au moment où Soupiran compte en appeler devant le Conseil supérieur, Miniac prend tout le monde par surprise en s'embarquant inopinément pour la France le 3 novembre 1740. Ce départ amène le chapitre à lui retirer à la fois ses pouvoirs de grand vicaire et de vicaire capitulaire. A Paris, Miniac rencontre plusieurs personnalités que préoccupe le sort de l'Église du Canada, et l'une d'elles, le chanoine Pierre HAZEUR de L'Orme, émet l'hypothèse, assez vraisemblable d'ailleurs, que Miniac espérait obtenir la succession de Mgr de Lauberivière. Après la nomination de Mgr de Pontbriand [Dubreil*], il hésite avant de revenir au Canada.

On l'y retrouve, cependant, en août 1742. Le clergé canadien semble s'être inquiété des informations que Miniac avait pu fournir au nouvel évêque sur la situation de l'Église au Canada. Quoi qu'il en soit, à l'automne, Miniac est nommé grand vicaire pour l'Acadie par Mgr de Pontbriand qui compte sur lui pour apaiser les conflits divisant cette mission lointaine. Un témoin important des difficultés que venait de traverser l'Église du Canada est ainsi adroitement éloigné.

Parti de Québec le 12 septembre 1742, Miniac arrive à Rivière-aux-Canards (près de Canard, Nouvelle-Écosse), après un voyage long et difficile. Paul Mascarene*, au nom du gouverneur de la Nouvelle-Écosse, Richard Philipps*, fait des difficultés à agréer sa nomination. Le missionnaire restera toujours très sensible au pénible état matériel de sa nouvelle condition. Il manifeste cependant beaucoup de générosité dans son exil et se donne entièrement à sa tâche. Au moment de la guerre de la Succession d'Autriche, il ne dissimule pas à ses correspondants la crainte que lui inspirent les expéditions militaires venues du Canada, conscient qu'il est du danger qu'elles représentent pour la population. « Je regarderais comme le dernier des malheurs, pour ces habitants, écrit-il le 23 septembre 1745, s'il venait encore un party de Canada. » Ce n'est donc pas étonnant que l'intendant HOCQUART et le ministre de la Marine Maurepas critiquent non seulement la conduite de Miniac mais aussi celle des autres missionnaires durant cet été-là, les accusant de sympathie envers les Anglais. Toutefois, Mgr de Pontbriand défend vivement le zèle patriotique de ses prêtres d'Acadie, dont le rôle est essentiellement ambigu à cette époque [V. Claude-Jean-Baptiste Chauvreulx*]. Ainsi, en échange de renseignements qu'il transmet aux troupes canadiennes, Miniac obtient la grâce d'un prisonnier anglais nommé Newton.

En septembre 1749, Miniac quitte son poste et retourne en France, vieilli, malade et presque aveugle. Après un bref séjour en Provence pour rétablir sa santé, il se retire à la communauté de Saint-Clément, à Nantes. C'est là qu'il passe les quelque 20 dernières années de sa vie, non sans rester en contact avec ses correspondants de Québec qui administrent pour lui les quelques biens qu'il a laissés au Canada. Il est d'ailleurs toujours archidiacre du chapitre de Québec. Il semble qu'on ait tenté de le forcer à démissionner en lui retirant sa prébende le 23 octobre 1751 mais elle lui est restituée le 30 avril 1753.

Jean-Pierre de Miniac meurt le 8 mai 1771. Celui que d'aucuns avaient jugé « dur dans sa conduite et dans les manières de s'exprimer » avait failli jouer un grand rôle dans l'Église du Canada. Les circonstances ont fait qu'il n'a pu jouer qu'un rôle effacé sur la scène bouleversée des missions acadiennes.

MICHELINE D. JOHNSON

AAQ, 12 A, A, 297v. ; B, 306v., 314, 315, 323, 325v. ; C, 170, 171 ; 22 A, II : 643 ; 10 B, 93v., 95v., 103v., 107, 110v., 126v., 127v., 144, 200v., 205v. ; 11 B, VI : 33 ; VII : 6 ; VIII : 58, 59, 60, 61 ; X : 13, 54 ; CD, Diocèse de Québec, II : 5, 172. — AN, Col., B, 66, f.36 ; 68, f.53 ; 70, ff.16v., 24, 30, 31v., 42 ; 71, f.42v. ; 72, f.7 ; 74, f.24 ; 76, f.6 ; 81, f.64 ; C11A, 59, ff.163–166 ; 61, ff.65–70 ; 65, ff.28–30 ; 67, ff.110–113 ; 73, ff.5–8 ; 78, ff.407, 423–429 ; 80, ff.340–353 ; 82, f.326 ; 86, f.140 ; 89, f.255. — ANQ-Q, NF 19, 80. — ASQ, C 8, pp.226–229, 518, 519 ; C 9, p.181 ; C 10, p.17 ; Lettres, M, 95 ; S, 7a–p ; T, 57, 59 ; Polygraphie, III : 61, 115 ; V : 26 ; VII : 2, 102, 102a, 103, 105–111, 113–119, 121, 122 ; IX : 29 ; XVII : 2, 112, 117 ; XXVI : 39b, 39g ; Séminaire, 3, nº 51 ; 4, nos 129b, 130, 131 ; 12, nos 29, 29a, 29b ; 14/6, nos 3, 7. — *Coll. doc. inédits Canada et Amérique*, I : 41–43 ; II : 10–75. — *Édits ord.* (1854–1856), II : 372. — La Rue, Lettres et mémoires, ANQ *Rapport*, 1935–1936, 276s., 301. — *Mandements des évêques de Québec* (Têtu et Gagnon), I : 550–552. — *N.S. Archives, I*, 319. — Gauthier, *Sulpitiana* (1926), 234. — Tanguay, *Répertoire*, 88 (exemplaire annoté à la main par les archivistes du séminaire de Québec). — H.-R. Casgrain, *Les sulpiciens et les prêtres des Missions-Étrangères en Acadie (1676–1762)* (Québec, 1897), 343–417. — A.-H. Gosselin, *L'Église du Canada jusqu'à la Conquête*, II : *passim* ; III : *passim*. — M.-A. Bernard, Sainte-Trinité de Contrecœur, *BRH*, IV (1898) : 193. — J.-E. Roy, Notes sur Mgr de Lauberivière, *BRH*, I (1895) : 4–11. — Têtu, Le chapitre de la cathédrale, *BRH*, XIV : 35, 76, 98, 105, 131s., 145 ; XV : 14, 293 ; XVI : 7, 98, 138.

MOFFATT, JAMES JOHNSTONE DE. V. JOHNSTONE

MONCKTON, ROBERT, officier et administrateur colonial, né le 24 juin 1726 dans le Yorkshire, en Angleterre, second fils de John Monckton, qui devint 1er vicomte Galway, et de lady Elizabeth Manners, décédé à Londres le 21 mai 1782. Bien qu'il ne fût pas marié, semble-t-il, il éleva trois fils et une fille qui lui survécurent.

En 1741, Robert Monckton, âgé de 15 ans, reçut une commission dans le 3e régiment des Foot Guards, qui s'embarqua pour les Flandres le printemps suivant en vue de participer à la guerre de la Succession d'Autriche. Monckton combattit à Dettingen, en Bavière (République fédérale d'Allemagne), et à Fontenoy (Belgique) ; il demeura dans les Flandres après que l'armée britannique eut été rappelée pour mater le soulèvement jacobite de 1745. Promu capitaine dans le 34e d'infanterie le 27 juin 1744, il accéda au grade de major le 15 février 1747/1748, puis de lieutenant-colonel dans le 47e d'infanterie le 28 février 1751/1752. Quand son père mourut, plus tard cette année-là, il entra au parlement britannique, où il occupa le siège de Pontefract qui était le fief électoral de sa famille, mais il fut bientôt affecté à la Nouvelle-Écosse.

Monckton assuma d'abord le commandement du fort Lawrence, qui faisait face au fort Beauséjour, occupé par les Français, de l'autre côté de la rivière Missaguash, près de la baie de Chignectou. Du moment de sa nomination en août 1752 au mois de juin suivant, le calme régna sur cette frontière militaire ; Monckton et Jean-Baptiste Mutigny de Vassan, qui commandait au fort Beauséjour, échangèrent des notes, des déserteurs et des chevaux échappés. Et des deux côtés, sans aucun doute, on accumulait des renseignements et on renforçait les préjugés. Nommé à Halifax en juin 1753 pour présider un conseil de guerre, Monckton demeura dans cette ville où il accepta de siéger au Conseil de la Nouvelle-Écosse.

Durant l'automne, les esprits s'échauffèrent chez les immigrants allemands du nouvel établissement de Lunenburg, sur la côte sud, et, lorsque le conseil apprit, le 18 décembre 1753, qu'un conflit armé avait éclaté entre les immigrants et la garnison locale, Monckton se porta volontaire pour restaurer la paix à la tête d'une troupe de 200 hommes. Le lieutenant-gouverneur Charles Lawrence* et son conseil l'invitèrent à se montrer prudent de manière, disaient-ils, que s'il était « obligé de recourir à des extrémités, ils [les immigrants] portent eux-mêmes la responsabilité de ce résultat ». Accueilli courtoisement à Lunenburg, Monckton négocia le retour à l'ordre au moyen de ce que Lawrence appela des « mesures modérées et fort judicieuses » [V. Jean Pettrequin* ; Sebastian ZOUBERBUHLER].

La suite des événements fit ressortir le contraste qui existait entre les conceptions humanitaires de Monckton et les vues plus rigides de son supérieur, Lawrence. Après avoir amené pacifiquement les immigrants à déposer les armes et avoir retracé l'origine des rumeurs qui avaient provoqué le conflit, Monckton recommanda la clémence. Lawrence n'était pas disposé à suivre un tel conseil et il le fit savoir à Monckton en ces termes plutôt inquiétants : « bien que l'indulgence soit toujours le procédé le plus agréable à adopter (particulièrement à l'égard des étrangers qui ne sont pas au courant de nos lois et coutumes) dans les désordres de cette nature, il reste qu'il est rarement le plus efficace ». Même si l'on emprisonna pour crimes et délits l'un de ceux qui participèrent aux troubles, après que Lawrence eut essayé en vain d'obtenir une accusation de haute trahison contre lui, on ignora la plupart des châtiments légaux que suggéra le lieutenant-gouverneur.

La plus mémorable opération militaire dirigée par Robert Monckton en Amérique du Nord fut l'expédition victorieuse qu'il mena dans la baie de Chignectou, en juin 1755, contre les forts Beauséjour et Gaspereau (près de Port Elgin, Nouveau-Brunswick). Durant l'hiver de 1754–1755, Lawrence se joignit au gouverneur du Massachusetts, William Shirley, en vue d'élaborer un plan d'action visant à mettre fin aux « empiétements » français, conformément à des instructions générales émanant des autorités britanniques. Monckton, qui connaissait bien le fort Beauséjour, passa l'hiver à Boston où il mit au point les détails de l'attaque. Il s'y querella avec John WINSLOW, un des commandants qui l'assistaient, et les deux hommes eurent du mal à s'entendre tout au long de la campagne. Un convoi formé de 31 bâtiments de transport et de trois vaisseaux de guerre quitta Boston le 19 mai 1755, avec près de 2 000 provinciaux de la Nouvelle-Angleterre et 270 réguliers britanniques ; le 2 juin, les navires mouillèrent non loin de l'embouchure de la rivière Missaguash. L'expédition ayant été soigneusement préparée et tenue secrète, les troupes de Monckton mirent pied à terre sans opposition et rencontrèrent une assez faible résistance lorsqu'elles s'avancèrent, deux jours plus tard, afin d'investir le fort Beauséjour. La garnison, aux ordres de Louis DU PONT Duchambon de Vergor, était en mesure de résister plus de deux semaines, même si les assaillants l'emportaient en nombre par plus de quatre hommes contre un. Monckton avait à peine amorcé une approche savante et circonspecte le long d'une crête s'élevant au nord-est du fort lorsque les défenseurs, démoralisés, capitulèrent le 16 juin. Il permit à la garnison de se rendre à Louisbourg, île Royale (île du Cap-Breton), et il fit grâce à la troupe irrégulière d'Acadiens qui avait pris les armes sous une menace de mort. Le lendemain, Benjamin Rouer* de Villeray, commandant du fort Gaspereau, accepta les mêmes conditions sans qu'aucun coup de feu n'ait été tiré. Monckton avait remporté la victoire en misant sur la surprise et sur des ressources supérieures qu'il avait déployées à bon escient.

L'effondrement précipité de la résistance française dans l'isthme de Chignectou laissa Monckton et Lawrence à la tête d'une armée de quelque 2 500 hommes dont la plupart s'étaient engagés pour une année complète et qui étaient tous payés et approvisionnés par le gouvernement britannique ; en fait, à l'insu de la Trésorerie, les fonds nécessaires au financement de la campagne étaient prélevés sur la subvention annuelle que le parlement britannique accordait pour l'administration de la Nouvelle-Écosse. Ayant reçu de nouvelles instructions, Monckton chargea un petit escadron d'aller étudier la situation à l'embouchure de la rivière Saint-Jean ; dès le 2 juillet, il savait que la garnison française s'était retirée après avoir fait sauter le fort qu'elle y occupait. Comme sa mission principale était déjà terminée, Monckton utilisa ses hommes et embaucha des Acadiens pour restaurer le fort Beauséjour (devenu le fort Cumberland) et améliorer les routes. Plusieurs habitants de l'endroit rendirent les armes, y compris le célèbre partisan Joseph Brossard*, dit Beausoleil. Mais les délégués acadiens qui négociaient avec Lawrence refusèrent de prêter le serment de fidélité sans réserve, attitude qu'ils maintenaient avec succès depuis plusieurs décennies ; la réplique de Lawrence, qui disposait d'une force militaire sans précédent, fut d'une rigueur également sans précédent : il ordonna l'expulsion des Acadiens. Monckton exécuta les ordres avec l'efficacité qui lui était propre mais sans montrer d'enthousiasme ; il s'occupa d'arrêter les habitants en les attirant dans un piège, de brûler leurs villages et de diriger la déportation des 1 100 personnes qu'il avait rassemblées à Chignectou.

Ayant remporté la seule victoire britannique en Amérique du Nord cette année-là, Monckton fut nommé lieutenant-gouverneur de la Nouvelle-Écosse en décembre 1755. Au cours des trois années qui suivirent, il fit office de gouverneur à deux reprises et il prit des dispositions en vue de mettre sur pied la première législature de la colonie. C'est à cette tâche qu'il se consacrait, pendant l'été de 1758, lorsque Louisbourg fut prise par AMHERST. A l'automne, il fut chargé de mener une expédition dans la région de la rivière Saint-Jean. Une force de quelque 2 300 hommes, parmi lesquels se trouvait le 2e bataillon du Royal American Regiment (60e d'infanterie) dont Monckton avait été nommé le colonel, formait la masse de manœuvre et l'avant-garde. Cette troupe procéda méthodiquement à la destruction des maisons, du bétail et des récoltes sur une distance d'environ 70 milles en amont de la rivière. Peu de gens furent capturés, mais le but de l'expédition était de forcer tous les Acadiens qui effectuaient des raids sur le territoire occupé par les Britanniques à regagner Québec avant l'arrivée du printemps. L'opération, entreprise le 11 septembre, se termina le 21 novembre. Au début de 1759, Monckton se rendit à New York où Amherst l'avait fait venir pour lui offrir le commandement des colonies du sud. Il s'y trouvait encore lorsque Wolfe* le désigna pour commander en second la campagne qui devait être menée contre Québec durant l'été.

Monckton allait jouer un rôle important dans la prise de cette ville. Peu après l'arrivée de la flotte britannique aux abords de Québec [V. Charles SAUNDERS], il dirigea les quatre régiments qui prirent le contrôle de la rive sud du Saint-Laurent en s'installant à Pointe-Lévy (Lauzon, Québec). D'abord destinée à protéger la flotte, cette position permit bientôt à Wolfe d'ériger de puissantes batteries en face de la ville. Monckton commandait le détachement qui tenta un débarquement sur les rives de Beauport le 31 juillet, opération qui se solda par un échec ; il s'était d'ailleurs montré sceptique à l'égard de ce projet. L'été passait, et Wolfe, sous l'effet de la contrariété, ordonna de traiter durement les villages sans défense. Il semble bien, d'après les documents, que Monckton, en sa qualité de commandant sur la rive sud, n'exécuta ces ordres qu'avec lenteur et modération. Il y eut une brève période de tension dans les rapports entre Monckton et Wolfe, mais cette situation n'atteignit pas la gravité des divergences opposant le général aux autres officiers supérieurs de son état-major. A la fin d'août, Wolfe pria ses généraux de brigade de lui indiquer par écrit leur avis sur trois plans de bataille, chacun proposant une façon particulière d'effectuer un débarquement à Beauport. Monckton, MURRAY et George Townshend* rejetèrent les trois plans et suggérèrent plutôt d'attaquer en amont de Québec, opération qui devait être couronnée de succès. A l'aube du 13 septembre, Monckton dirigea le débarquement décisif à l'anse au Foulon, et, plus tard dans la journée, il commanda l'aile droite de l'armée britannique sur les plaines d'Abraham ; il fut blessé à la poitrine au cours de la bataille. Il s'offensa de ce que Townshend l'exclut des pourparlers tenus lors de la capitulation de Québec et il se rétablit assez rapidement pour prendre le commandement de la ville et de la région avoisinante. A ce poste durant un mois, il se montra ferme en infligeant des peines aux soldats qui commettaient des crimes et il se soucia des intérêts de la population civile. Quand il donna l'un de ses derniers ordres, qui incitait les commandants à ne pas permettre le mariage de leurs hommes avec des jeunes filles de l'endroit, il se trouvait à admettre, malgré lui, que les rapports de l'armée avec les Canadiens s'amélioraient.

Le 26 octobre, Monckton quitta Québec et se rendit à New York. Il obtint des honneurs en même temps que de nouvelles charges. Après avoir été nommé colonel du 17e d'infanterie plus tôt au cours du même mois, il devint commandant des troupes britanniques dans les colonies du sud le 29 avril 1760. Promu major général en février 1761, il fut fait gouverneur et commandant en chef de la province de New York le 20 mars. L'hiver suivant, Monckton couronna une carrière militaire remplie de succès en commandant l'armée qui s'empara de la Martinique, dans les Antilles. Moins de trois semaines après avoir débarqué dans l'île avec des forces nettement supérieures, il se rendit maître de cette position française que l'on disait inexpugnable. La capitulation, établie sur le modèle de la reddition de la Guadeloupe en 1759, à quelques détails près, permet de constater que Monckton était un négociateur prudent et compétent. En juin 1762, il avait repris ses fonctions à New York. Le 28 juin

1763, il quitta l'Amérique du Nord pour se rendre en Angleterre, mais il conserva le poste de gouverneur de New York jusqu'au 14 juin 1765 ; il fut par la suite considéré comme un « ami de l'Amérique ». Après avoir été justifié par un tribunal militaire, en 1764, des accusations portées contre lui par un officier réformé, Monckton devint gouverneur de Berwick-upon-Tweed, le 14 juin 1765, et il fut promu lieutenant général en 1770.

De mauvais placements dans l'East India Company, qui traversait une période de difficultés, amenèrent Monckton à solliciter, par nécessité autant que par inclination, un poste en Inde. Il obtint d'abord l'assentiment royal, puis il fut désigné par la compagnie ; malgré cela, il ne fut pas nommé commandant en chef de l'armée dans cette colonie. Il déclina l'offre que lui fit à la place le gouvernement d'assumer le commandement de l'armée en Amérique lorsque ce poste devint vacant ; il accepta, toutefois, une riche concession de terre sur l'île Saint-Vincent, dans les Antilles. En 1774, il siégea de nouveau au parlement, durant une courte période, comme représentant de Pontefract, mais il ne participa aucunement, semble-t-il, à l'élaboration des *Coercive Acts* ni de l'Acte de Québec.

Monckton fut gouverneur de Portsmouth, en Angleterre, à partir de 1778, et député de cette ville avec l'appui de l'Amirauté ; il occupa ces postes jusqu'à son décès qui survint en 1782. Il fut inhumé en l'église St Mary Abbot, à Kensington (Londres).

I. K. STEELE

APC, MG 18, M. — BL, Add. MSS 21 638. — Huntington Library, Loudoun papers. — Library of Congress (Washington), Peter Force papers, VIII-D, Robert Monckton, correspondence, 1754–1763. — Newberry Library (Chicago), Edward E. Ayer coll., MS 341. — Northamptonshire Record Office (Northampton, Angl.), Monckton of Fineshade records. — PRO, PRO 30/8, bundle 98. — University of Nottingham Library (Nottingham, Angl.), Manuscripts Dept., Galway MSS, 11 599, 11 601–11 603, 11 611. — *Correspondence of William Pitt* (Kimball), II : 69, 163, 302. — *N.S. Archives, I*, 269s., 376, 393–400, 433s., 448. — *DAB*. — *DNB*. — D. H. Monckton, *A genealogical history of the family of Monckton* [...] (Londres, 1887). — J. C. Webster, *The forts of Chignecto ; a study of the eighteenth century conflict between France and Great Britain in Acadia* ([Shediac, N.-B.], 1930), 49s., 53–60, 110–116.

MONTBEILLARD, FIACRE-FRANÇOIS POTOT DE. V. POTOT

MONTESSON, JOSEPH-MICHEL LEGARDEUR DE CROISILLE ET DE. V. LEGARDEUR

MONTGOLFIER, ÉTIENNE, prêtre, supérieur des sulpiciens de Montréal et vicaire général, né le 24 décembre 1712 à Vidalon (dép. de l'Ardèche, France), fils de Raymond Montgolfier ; il était l'oncle de Joseph-Michel et de Jacques-Étienne de Montgolfier, célèbres inventeurs des aérostats ; décédé à Montréal le 27 août 1791.

Ayant opté à 20 ans pour le sacerdoce, Étienne Montgolfier se présenta au séminaire diocésain de Viviers, France, où il entreprit des études classiques et suivit des cours de philosophie et de théologie. Ordonné prêtre le 23 septembre 1741, il obtint de son évêque la permission de se joindre à la Compagnie de Saint-Sulpice. Il se rendit à Issy-les-Moulineaux pour y passer son année de solitude (l'équivalent d'un noviciat). Au cours des neuf années suivantes, il enseigna la théologie dans divers séminaires sulpiciens de France. Il accéda par la suite à la demande de son supérieur général, Jean Couturier, et quitta La Rochelle le 3 mai 1751 pour se joindre à ses confrères de Montréal, où il arriva au mois d'octobre de la même année.

Montgolfier eut rapidement un ascendant naturel sur les sulpiciens de Montréal. Dès janvier 1759, il fut nommé supérieur, en remplacement de Louis Normant* Du Faradon. Ce titre lui conférait automatiquement les responsabilités d'administrateur des seigneuries appartenant aux sulpiciens, de curé en titre de la paroisse de Montréal et de vicaire général de l'évêque de Québec pour le district de Montréal ; il résigna ce dernier poste en 1764. Jamais mandat de supérieur ne fut rempli dans des conditions aussi difficiles. Québec venait de capituler aux mains des Anglais, Mgr de Pontbriand [Dubreil*] se réfugia au séminaire de Saint-Sulpice où il allait mourir le 8 juin 1760, et Montréal se rendit à l'ennemi le 8 septembre suivant. Le major général AMHERST laissa tout de même à la population canadienne le libre exercice de la religion catholique, et Montgolfier put rester en relation avec le vicaire général de Québec, Jean-Olivier BRIAND, considéré, depuis la mort de l'évêque, comme le « premier grand-vicaire ».

Après la ratification de la cession du Canada par la France à la Grande-Bretagne, Montgolfier décida de se rendre en Europe, d'abord en France auprès de son supérieur général, puis à Londres auprès du gouvernement britannique. Son objectif était d'assurer aux sulpiciens la jouissance de leurs biens, en obtenant, d'une part, que leurs confrères français se départissent de ces derniers en leur faveur et, d'autre part, que son groupe ne fût pas identifié à une communauté religieuse comme celle des récollets ou celle des jésuites. Les sulpiciens évitèrent ainsi d'être spoliés par le nouveau gouvernement colonial. Montgolfier partit en octobre 1763, et le chapitre de Québec profita de ce voyage du sulpicien pour le charger de promouvoir la nomination d'un nouvel évêque en Amérique du Nord. Les chanoines, invoquant l'ancien droit selon lequel il leur appartenait d'élire un nouvel évêque lors de la vacance du siège, avaient pris les dispositions d'usage le 15 septembre précédent : messe du Saint-Esprit, assermentation et élection. Ils avaient confié au supérieur des sulpiciens le nom de celui qu'ils désiraient comme évêque ; il s'agissait de Montgolfier lui-même. Cette élection fut jugée nulle par la Sacrée Congrégation de la Propagande car, depuis la mise en vigueur des dispositions du concile de Trente, il appartenait au pape de choisir les évêques, quitte à ce que son choix fût fait parmi des candidats présentés par d'autres évêques ou même, dans les circonstances présentes, par les chanoines. Le pape Clément XIII n'en accepta pas moins le choix du chapitre, et personne ne s'y opposa à Rome, à Paris ou à Londres. Avant la date prévue pour le sacre épiscopal, en juin 1764, Montgolfier apprit que le gouverneur général du Canada, MURRAY, lui préférait le chanoine Briand. Le sulpicien ne s'obstina pas ; il revint au Canada et remit sa démission d'évêque élu au chapitre de Québec. Quand Briand fut devenu évêque, en 1766, il nomma Montgolfier deuxième grand vicaire de Montréal, afin d'alléger la tâche d'Étienne MARCHAND.

Plus tard, Montgolfier participa à une tentative de mise sur pied d'un évêché à Montréal. En effet, Mgr Briand et son coadjuteur, Mgr Louis-Philippe MARIAUCHAU d'Esgly, ne s'y rendaient pas souvent, surtout à cause de leur âge avancé et de l'état rudimentaire des moyens de transport à l'époque. Pourtant, la population de Montréal augmentait rapidement, et le besoin d'un évêque se faisait sentir. Deux délégués canadiens furent alors choisis pour aller porter à Londres un mémoire, rédigé avec l'aide de Montgolfier, en faveur de l'érection d'un siège épiscopal à Montréal et de la venue au Canada de prêtres européens parlant français. Jean-Baptiste-Amable ADHÉMAR et Jean De Lisle* de La Cailleterie s'y rendirent en 1783, mais ils trouvèrent suffisamment ardu de poursuivre le dernier de ces deux objectifs et ils s'y limitèrent. Quand il fut question, l'année suivante, d'adjoindre un coadjuteur à Mgr d'Esgly, lors de la démission de Mgr Briand, ces deux derniers et le gouverneur HALDIMAND songèrent à Montgolfier. Celui-ci s'y opposa en juillet 1785, car il se trouvait trop âgé et voulait continuer à porter plutôt ses efforts sur la venue de sulpiciens français à Montréal.

Entre-temps, Montgolfier s'était trouvé dans l'obligation de prendre position sur la situation politique du pays. Les occasions ne manquaient pas. Retenons par exemple l'incident survenu lors de l'érection d'un monument de reconnaissance envers le roi George III sur la place d'Armes à Montréal, le 7 octobre 1773. N'y étant pas invité et n'ayant pas l'habitude de participer aux cérémonies militaires ou civiles, Montgolfier resta à la maison des sulpiciens. Luc de LA CORNE proposa au commandant de joindre la sonnerie des cloches aux décharges de l'artillerie. Le militaire ne s'y opposa pas, mais le supérieur ecclésiastique, qui reçut à trois reprises la visite du Canadien, rétorqua : « Vous savez que nous regardons nos cloches comme des instruments de religion dont on ne s'est jamais servi dans les cérémonies militaires ou civiles. » Il finit par ajouter, sur les instances de l'importun : « Si M. le Commandant exige qu'on sonne, il est le maître d'ordonner au bedeau et je n'aurai rien à dire. » De fait, le commandant insistait moins que La Corne, et la sonnerie ne se fit point entendre.

L'invasion américaine [V. Richard MONTGOMERY] donna lieu à une intervention plus significative. A l'invitation de Mgr Briand, le sulpicien prépara une ébauche de sermon de circonstance et la transmit aux curés du district de Montréal. Il y démontrait en quatre points l'importance de favoriser le gouvernement britannique, à l'encontre de ce que la propagande américaine préconisait. Ces points étaient les suivants : comme patriote, le Canadien doit défendre sa patrie envahie ; comme sujet, ayant prêté un serment de fidélité au roi, le citoyen manque à la justice s'il refuse d'obtempérer aux ordres ; comme catholique, le Canadien doit montrer que sa religion lui enseigne d'obéir à son souverain ; enfin, les Canadiens ont un devoir de reconnaissance envers le roi qui les a si bien traités et envers le gouverneur Guy Carleton*, qui a défendu leur cause à Londres. Montgolfier concluait son modèle de sermon en rappelant ce qui était advenu aux Acadiens une vingtaine d'années plus tôt [V. Charles Lawrence*] ; n'était-ce pas plus prudent d'opter pour le pouvoir en place ?

On voit par sa correspondance avec Mgr Briand que Montgolfier était bien au courant des allées et venues des troupes rebelles américaines et des militaires britanniques. La présence de Carleton à Montréal en 1775 suscita des prises de position chez les Indiens et chez certains Blancs francophones ; de neutres qu'ils étaient, ils se déclarèrent favorables au roi. Montgolfier appuya d'ailleurs au même moment, par une lettre circulaire à toutes les paroisses de son district, la décision de Carleton de rétablir les milices. Durant tout le temps que les Américains se trouvèrent à Montréal, c'est-à-dire de novembre 1775 au printemps de 1776, le supérieur des sulpiciens évita d'avoir des rapports avec eux ; il les considérait comme des rebelles et comprenait difficilement la neutralité de la plupart des Canadiens. Une fois la ville libérée, il apprécia la tranquillité retrouvée grâce à « la protection d'un gouvernement équitable ; la probité est respectée et la vertu protégée », écrivait-il. Il assura Mgr Briand que les curés admettaient aux sacrements seulement ceux qui, parmi les pro-Américains, avaient reconnu leur faute et s'étaient rétractés publiquement par leur conduite ou dans leurs discours. Un petit nombre refusa cependant de se soumettre à ces conditions. Quant au clergé, il semblait tout à fait soumis à l'autorité légitime, excepté les jésuites Joseph HUGUET, missionnaire à Sault-Saint-Louis (Caughnawaga), Pierre-René FLOQUET, desservant à Montréal, et le sulpicien Pierre Huet* de La Valinière, curé à L'Assomption.

Les autres prises de position de Montgolfier se limitèrent à des cas particuliers, relevant le plus souvent de sa fonction de vicaire général : acceptations ou refus de mariages entre catholiques et anglicans, recrutement et formation de candidats au sacerdoce, rétablissement de l'ancienne chapelle Notre-Dame-de-Bon-Secours brûlée en 1775, nouvelle impression du petit et du grand catéchisme, nomination de prêtres, possibilité de culte anglican dans certaines églises catholiques. Ces sujets faisaient l'objet de sa correspondance avec l'évêque de Québec, lequel avait en dernier ressort la responsabilité des décisions prises par son vicaire général.

Montgolfier se préoccupa aussi de l'influence, à Montréal, des philosophes français du siècle des Lumières. Le premier poème publié en français dans un journal d'Amérique du Nord, *la Gazette de Québec*, fut une épître de Voltaire à un cardinal ; il y critiquait l'intolérance et le sectarisme de l'Église. Dix ans plus tard, en 1778, l'académie de Montréal se donna un organe officiel de diffusion : *la Gazette littéraire pour la ville et district de Montréal* [V. Fleury MESPLET]. On y vantait les écrits, la mentalité et l'esprit de Voltaire. Montgolfier pria Mgr Briand d'intervenir auprès des autorités compétentes, afin que le mal fût enrayé : « J'avais toujours espéré que cette gazette, en la méprisant comme elle le mérite, tomberait d'elle-même ; mais comme il m'a paru qu'on cherchait à lui ménager la protection du Gouvernement, j'ai cru qu'il était à propos d'aller au-devant des coups. » De fait, le journal dut être abandonné dès l'année suivante, en 1779. Il est vrai que l'engouement des académiciens pour les encyclopédistes français, surtout Voltaire, avait desservi leur cause, car les répliques des lecteurs furent vives et, finalement, plus influentes que leurs propos mal adaptés à la mentalité canadienne.

A la fin de sa vie, Montgolfier fut énormément préoccupé par la diminution des effectifs sacerdotaux. Ses nombreux efforts pour faire venir de France des sulpiciens ou d'autres prêtres n'obtinrent jamais les résultats escomptés. A l'automne de 1784, il tenta de rejoindre son supérieur général, Jacques-André Émery, par l'entremise de l'ancien gouverneur Carleton alors en Angleterre : « Ne pourriez-vous pas m'envoyer ici un sujet de confiance et choisi de votre main, pour me succéder dans la place que j'occupe à Montréal ; et le faire accompagner d'une ou deux personnes également sûres ? » Mais le gouverneur Haldimand tenait à ce que fussent respectées les instructions royales de 1764, selon lesquelles aucun Français ne pouvait entrer au pays. Par ailleurs, les sulpiciens faisaient peu de recrutement chez les Canadiens, entre autres raisons pour conserver une majorité aux Français à l'intérieur du groupe ; c'était un relent de colonialisme. De toute façon, les vocations sacerdotales étaient fort peu nombreuses à cette époque chez les Canadiens et Montgolfier termina sa vie dans l'appréhension de voir disparaître les sulpiciens du Canada. Il démissionna en 1787 de sa double charge de supérieur ecclésiastique et d'aumônier de la Congrégation de Notre-Dame, non sans avoir écrit *la Vie de la vénérable sœur Marguerite Bourgeois* [...], qui devait être publiée en 1818. En 1789, ses facultés étant affaiblies, ne pouvant plus lire ni écrire, il s'adjoignit son confrère Gabriel-Jean BRASSIER comme supérieur des sulpiciens et comme vicaire général de l'évêque de Québec. Il mourut à Montréal le 27 août 1791.

Homme digne, affable, de belles manières, Montgolfier a cherché à collaborer le mieux possible avec l'évêque de Québec dans l'organisation ecclésiastique de son pays d'adoption. Plus pragmatique que penseur, plus légiste et canoniste que théologien, il a voulu assurer la survie du catholicisme dans des circonstances inédites et délicates. Eût-il été évêque en titre, sa personnalité se serait peut-être manifestée avec plus d'éclat et Montgolfier aurait pu développer une mentalité canadienne. En effet, tout au long de son séjour à Montréal, il est resté Français et il a entretenu chez les sulpiciens une tournure d'esprit européenne par laquelle ils se sentaient plus près des nouveaux maîtres britanniques que des habitants du pays.

LUCIEN LEMIEUX

[Étienne Montgolfier], *La vie de la vénérable sœur Marguerite Bourgeois, dite du Saint-Sacrement, institutrice, fondatrice, et première supérieure des filles séculières de la Congrégation Notre-Dame, établie à Ville-Marie, dans l'isle de Montréal, en Canada, tirée de mémoires certains et la plupart originaux* (Ville-Marie [Montréal], 1818).

ACAM, 901.005, 763-2, 766-4, 768-5, -6, 769-1, -5, -6, 771-2, -6, 773-2, -3, -6, -7, 775-11 ; 901.115, 776-3, -5, 777-2, -3, -6, 779-1, -2, 780-2, -7, -8, -9, 781-1, -4, 782-6, -7, -8, -9, 783-2, -4, -7. — PRO, CO 42/16, ff.280–282. — *Mandements des évêques de Québec* (Têtu et Gagnon), II : 265s. — Allaire, *Dictionnaire*. — Louise Dechêne, Inventaire des documents relatifs à l'histoire du Canada conservés dans les archives de la Compagnie de Saint-Sulpice à Paris, ANQ *Rapport*, 1969, 149–288. — Desrosiers, Corr. de cinq vicaires généraux, ANQ *Rapport*, 1947–1948, 79–100. — Gauthier, *Sulpitiana* (1926), 234–236. — Lanctot, *Le Canada et la Révolution américaine*, 65. — Lemieux, *L'établissement de la première prov. eccl.*, 1–8, 18–23. — M. Trudel, *L'Église canadienne*, I : 260–296. — T.-M. Charland, La mission de John Carroll au Canada en 1776 et l'interdit du P. Floquet, SCHÉC *Rapport*, 1 (1933–1934) : 45–56. — Séraphin Marion, Le problème voltairien, SCHÉC *Rapport*, 7 (1939–1940) : 27–41. — É.-Z. Massicotte, Un buste de George III à Montréal, *BRH*, XXI (1915) : 182s. — Henri Têtu, L'abbé Pierre Huet de La Valinière, 1732–1794, *BRH*, X (1904) : 129–144, 161–175.

MONTGOMERY, RICHARD, officier, né le 2 décembre 1736 près de Swords (République d'Irlande), troisième fils de Thomas Montgomery, député de Lifford au parlement irlandais, et de Mary Franklyn (Franklin) ; il épousa le 24 juillet 1773 Janet Livingston ; décédé à Québec le 31 décembre 1775.

Richard Montgomery naquit dans une famille respectable de la petite noblesse irlandaise et, après ses premières classes, on l'envoya au Trinity College de Dublin, en 1754. Il n'y obtint point de diplôme, cependant, entrant plutôt dans l'armée, à titre d'enseigne dans le 17e d'infanterie, le 21 septembre 1756. Son régiment fut très actif outre-mer pendant la guerre de Sept Ans. Présent avec AMHERST au lac Champlain en 1759, le régiment participa avec William HAVILAND aux opérations qui menèrent à la conquête du Canada en 1760 ; en 1762, il prit part aux attaques contre la Martinique et contre La Havane, à Cuba. Au cours de ces années, Montgomery prit régulièrement du galon : lieutenant en juillet 1758, adjudant-major du régiment en mai 1760 et capitaine en mai 1762. Mais la carrière des armes, pendant la période de paix inaugurée en 1763, se révéla décevante par suite de l'incapacité de Montgomery d'obtenir de l'avancement, et, en avril 1772, il vendit sa commission et émigra en Amérique. Il y acheta une ferme près de New York, où il s'adonna à la « passion violente » qu'il s'était récemment découverte pour la culture de la terre. Son mariage, l'année suivante, au sein de la puissante famille Livingston, aux convictions fortement procoloniales, apparaissait assez extraordinaire, vu ses antécédents, mais il avait des liens d'amitié avec des hommes politiques libéraux d'Angleterre et était devenu sympathique à la cause américaine. Il s'établit, avec son épouse, sur la propriété de cette dernière, près de Rhinebeck, New York.

Les affrontements armés entre les troupes britanniques et les colons, à Lexington et à Concord, Massachusetts, en avril 1775, déclenchèrent des hostilités en d'autres lieux, et, en mai, Ethan Allen et Benedict Arnold* capturèrent les forts frontaliers de Crown Point et de Ticonderoga, New York. Ceux-ci poursuivirent leur avantage en lançant des raids contre le Canada, jusqu'à Saint-Jean (Québec), et la bonne chance relative qui marqua ces opérations les convainquit du succès d'une invasion de cette province. Le Congrès continental s'était inquiété depuis quelques mois du danger potentiel que représentaient pour les colonies du Nord les troupes britanniques, les Canadiens et les Indiens qui avaient leurs bases au Canada. Mais, à part quelques adresses à la population canadienne pour l'inciter à la solidarité avec les autres colonies, il n'avait jusque-là accordé que peu d'attention au Canada, et, en fait, le 1er juin, il en interdit toute invasion. Cependant, à la suite des rapports d'Allen et d'Arnold sur la faiblesse des défenses britanniques et sur leur conviction que les Canadiens seraient enclins à demeurer neutres si les Américains les envahissaient, et devant des renseignements qui allaient fortement dans le même sens, en provenance de sympathisants et d'émissaires américains au Canada, le Congrès changea sa politique. Le 27 juin, il ordonna au major général Philip John Schuyler, commandant de la colonie de New York, de rassembler une armée et de s'emparer de l'île aux Noix, sur la rivière Richelieu, de Saint-Jean et de Montréal, et d'infliger une défaite aux troupes britanniques du Canada « si cela se révélait possible et [...] non [...] désagréable aux Canadiens ». On devait presser les Canadiens et les Indiens du Canada de rester neutres et même d'adhérer à l'union des colonies ; on dépêcha des émissaires en vue de réaliser ces objectifs. En juillet et août, quelque 2 000 hommes commencèrent à se rassembler dans le nord de la colonie de New York. Montgomery était commandant en second de l'expédition. Son appui à la cause américaine avait amené son élection au Congrès provincial de New York, plus tôt en 1775, et, le 22 juin, on le nomma général de brigade dans l'armée continentale récemment formée, sans doute en considération de son expérience militaire antérieure. Mais Montgomery hésita d'abord à accepter ce grade. Il ne voulait pas quitter sa femme ni le confort de la vie civile, non plus que prendre les armes contre ses compatriotes ; il y consentit à la longue, en partie parce qu'il croyait que « la volonté d'un peuple opprimé [...] doit être respectée ».

Pendant ce temps, le gouverneur Guy Carleton*, de la province de Québec, éprouvait des difficultés considérables à lever une armée aux fins de la défense. Quand il fit appel à la milice, en juin, pour riposter aux raids américains, il rencontra dans la population une forte opposition à l'idée même de servir dans la milice et un sentiment fort répandu en faveur de la neutralité. Si la milice fut finalement organisée en août, Carleton resta convaincu qu'il serait « peu sage de tenter de rassembler un certain nombre [de miliciens], sauf en cas d'absolue nécessité ». Avec seulement 800 soldats de l'armée régulière britannique en garnison dans la province, le gouvernement se trouvait en situation de faiblesse.

Plusieurs raisons expliquaient la réaction de la population. Depuis la fin de 1774, des lettres, des adresses, des brochures et des rapports avaient circulé au Canada, en provenance des colonies américaines prônant la neutralité dans tout conflit ; ils avaient eu un retentissement considérable, d'autant qu'on avait présenté les clauses de l'Acte de Québec de 1774 sous un faux jour dans la province. Cette propagande avait été surtout le fait de marchands britanniques et américains, comme Thomas WALKER, qui, irrités du refus du gouvernement britannique de leur accorder, dans l'Acte de Québec, les lois anglaises et une chambre d'Assemblée, avaient accueilli avec sympathie la cause américaine. Ces marchands purent prôner un peu partout leurs idées au cours de l'été de 1775 et même après le début des hostilités. En outre, alors que les seigneurs, le clergé et la bourgeoisie étaient presque unanimement loyaux aux Britanniques, grâce aux garanties religieuses et juridiques de l'Acte de Québec, l'ensemble de la population, pour des raisons ayant trait à la langue et à la religion, à cause aussi du souvenir de la Conquête, était encore assez détachée pour prêter une oreille attentive aux demandes des Américains de rester neutre. Pendant la levée des milices, Carleton avait fait l'erreur, relativement à leur organisation, de confier trop de responsabilités aux seigneurs. Non seulement avaient-ils perdu de leur influence depuis la Conquête, pour des motifs économiques et par suite d'un sentiment accru d'indépendance à leur égard parmi les censitaires, mais ils avaient en plus fait preuve de favoritisme en choisissant les officiers de milice et s'étaient montrés hautains, si bien qu'ils avaient réussi à s'aliéner ceux même des habitants les plus enclins à la modération. De même les menaces de sanctions ecclésiastiques, de la part des autorités religieuses, à l'endroit des miliciens récalcitrants n'eurent pas beaucoup d'effets. La faiblesse même de la garnison britannique constituait une dernière explication ; la population pouvait raisonner ainsi : puisque les Britanniques paraissaient incapables de les défendre, il eût été peu raisonnable de s'aliéner les Américains. D'ailleurs, Carleton ne pouvait entretenir qu'un léger espoir d'obtenir des renforts de GAGE, à Boston ; comme il l'a dit lui-même, « chaque individu semblait conscient de notre situation actuelle d'impuissance ». Il y avait, à vrai dire, au sein de la population canadienne, certains courants de fond en faveur d'un appui aux Britanniques, qui eussent pu déboucher sur quelque aide au gouvernement, mais cette aide allait dépendre pour une bonne part de l'évolution de la situation.

Au début de septembre, les troupes de Schuyler s'installèrent sur le sol canadien, à l'île aux Noix. Schuyler proclama qu'il « recev[rait] de la manière la plus favorable tout habitant du Canada et tout ami de la liberté », qu'il protégerait leurs biens et leur assurerait la liberté de religion. Dès le début, nombre de Canadiens vinrent offrir leurs services. Les paroisses du Richelieu réagirent particulièrement vite à cet égard, elles qui s'étaient montrées spécialement réceptives à la propagande américaine, et James Livingston*, ancien marchand de grain de Sorel et parent de Montgomery, fut nommé commandant des volontaires. D'autres, en plus grand nombre, sans prendre une part active aux opérations, fournirent des vivres et des moyens de transport aux troupes américaines. On devait payer ces services en argent comptant, cependant, les Canadiens ayant encore à la mémoire la cuisante expérience de la monnaie de papier du Régime français.

Le premier objectif des envahisseurs était le fort Saint-Jean, où l'on conservait de grandes quantités de matériel militaire. La garnison se composait aussi d'environ 500 réguliers de l'armée britannique commandés par le major Charles Preston, aidés d'un groupe de volontaires canadiens sous les ordres de François-Marie PICOTÉ de Belestre. Schuyler, parce qu'il n'avait « pas joui d'un [seul] moment de santé » depuis quelque temps, passa le commandement à Montgomery le 16 septembre et rentra chez lui. Pendant le siège, gêné dans ses initiatives par le mauvais temps, la faiblesse de son artillerie et l'insuffisance de matériel militaire, de même que par la piètre discipline de ses hommes aux prises avec la maladie, Montgomery vint près de démissionner par déception. Jusqu'à la fin de septembre, seuls un blocus du fort et un bombardement par intermittence s'avérèrent possibles, ce « qui n'ennuya jamais l'ennemi le moins du monde ». A Montréal, Carleton n'avait pas encore pu lever une véritable troupe de miliciens. Mais, à la fin de septembre, la situation changea soudain. Le 25, un groupe rapidement rassemblé de soldats de l'armée régulière, de miliciens et d'Indiens, commandé par le major John CAMPBELL, infligea une défaite à Ethan Allen et à un corps d'armée constitué de Canadiens et d'Américains, qui avaient tenté de s'emparer de Montréal par surprise. L'effet de cette victoire fut tel que, selon l'avocat Simon SANGUINET, quelque 1 200 miliciens rallièrent Montréal en une semaine pour offrir leurs services, dont 300 de Varennes, menacée par les rebelles, qui arrivèrent « avec la meilleure volonté du monde ». Carleton pouvait maintenant rassembler une armée de 2 000 hommes, miliciens pour la plupart, et l'on espérait qu'il allait bientôt contre-attaquer.

Mais, pendant trois semaines, le gouverneur ne bougea pas, en partie par manque de confiance envers la milice pour ses hésitations de naguère et envers leurs chefs pour la perte de leur influence, et en partie par désir d'éviter de se battre davantage avec les Américains, dans l'espoir d'une réconciliation. Découragés et gagnés par l'ennui, les miliciens commencèrent à partir avec l'autorisation des autorités, ou à déserter, pour faire les moissons et pour protéger leurs maisons et leurs familles contre des représailles possibles. Puis, le 18 octobre, le fort Chambly se rendit à un corps d'armée américain largement composé de Canadiens, ce qui mit à la disposition des assiégeants de Saint-Jean des munitions et des ravitaillements en abondance. Ailleurs dans la province, les Canadiens persistèrent dans leur refus de servir une cause qu'ils considéraient maintenant en péril. Adam MABANE trouva devant lui 250 hommes armés de bâtons quand il essaya de recruter des miliciens dans l'île d'Orléans, et l'on rapporta que 15 hommes seulement vinrent des paroisses en aval de Québec pour aider le gouvernement. Plus loin, du côté ouest, d'autres Canadiens empêchèrent par la force Louis-Joseph GODEFROY de Tonnancour et Jean-Baptiste-Marie Blaise Des Bergères de Rigauville, à Berthier-en-Haut (Berthierville) et à Verchères, de rallier les troupes du gouvernement avec les miliciens qu'ils avaient rassemblés. Quand ils apprirent ces faits, de 30 à 40 miliciens commencèrent à déserter chaque nuit, à Montréal. Il devenait évident, dans ces circonstances, que Carleton devait organiser une contre-offensive ou voir fondre ses effectifs, mais il ne passa à l'action que le 30 octobre. Quelque 1 000 miliciens, Indiens et soldats de l'armée régulière devaient débarquer à Longueuil et se porter au secours de Saint-Jean, mais les Américains les en empêchèrent. Les défenseurs du fort devenaient à court de provisions ; Montgomery disposait de nouvelles batteries qui détruisaient les constructions, et la réserve de munitions était quasi épuisée. Ayant appris l'échec de la troupe de renfort, la garnison se rendit le 3 novembre. Quelque 2 000 Américains et plusieurs centaines de Canadiens s'opposaient maintenant, autour de Montréal, à environ 150 réguliers britanniques et à une milice canadienne en voie de disparition rapide. Carleton n'eut guère d'autre choix que d'évacuer Montréal le 11 avec ses troupes régulières et de mettre à la voile pour Québec. La menace des batteries américaines arrêta la flotte à Sorel et, si Carleton et son aide de camp Charles-Louis Tarieu* de Lanaudière s'arrangèrent pour s'échapper avec l'aide de Jean-Baptiste Bouchette*, le reste du corps d'armée dut se rendre le 19 novembre, ce qui, effectivement, laissait au gouvernement la seule ville de Québec comme point de résistance.

Montgomery avait débarqué des troupes dans l'île des Sœurs, près de Montréal, le 11 novembre, et, le lendemain, il recevait un comité de citoyens de Montréal, dont faisaient partie James McGill*, Jean-Louis BESNARD, dit Carignant, et Pierre-Méru Panet*. Tout en rejetant leur demande d'accepter une capitulation en forme, le général américain promit de ne pas obliger les Loyalistes à s'opposer ouvertement au gouvernement, de garantir la « paisible jouissance des biens » et d'autoriser le « libre exercice [...] de la religion ». Montréal fut occupée le 13, et Valentin JAUTARD présenta une adresse de bienvenue de la part de quelques habitants proaméricains. Peu après, Montgomery reçut une délégation de Trois-Rivières, dont faisait partie Jean-Baptiste BADEAUX, et il promit que l'on traiterait bien leur ville. Mais, même si la résistance britannique s'était effondrée dans presque toute la province et que les Canadiens observaient en général une neutralité bienveillante à l'endroit des Américains, Montgomery voulut s'assurer leur collaboration active. Croyant qu'il ne pourrait y arriver à moins de prendre Québec, il partit pour réaliser cet objectif avec 300 hommes, le 28 novembre, laissant une garnison de 500 hommes, sous les ordres du général de brigade David Wooster, à Montréal, Saint-Jean et Chambly.

A Québec, entre-temps, le lieutenant-gouverneur Hector Theophilus CRAMAHÉ tentait de défendre la ville, mais les sympathies proaméricaines d'une partie de la population le gênèrent lui aussi dans ses initiatives. Au début de novembre, les choses avaient empiré à la nouvelle qu'une seconde armée américaine se trouvait à proximité de Québec. Cette armée, commandée par Benedict Arnold, avait quitté Cambridge, Massachusetts, en septembre, avec l'ordre de George Washington lui-même de tenter de surprendre Québec ou, au moins, de rallier Montgomery. Sa marche à travers la forêt vierge, hors de tout sentier tracé, jusqu'à la rivière Kennebec (Maine) et, ensuite, par delà la hauteur des terres, jusqu'à la rivière Chaudière, avait été épuisante. Seulement 600 hommes environ des 1 100 au départ atteignirent Pointe-Lévy (Lauzon, Lévis) le 9 novembre. Les Américains traversèrent du côté des plaines d'Abraham dans la nuit du 13, mais six jours plus tard ils se replièrent en amont, à Pointe-aux-Trembles (Neuville), pour y attendre Montgomery. Malgré l'accueil que les habitants du lieu réservèrent aux rebelles mourant de faim, leur fournissant des vivres et des moyens de transport, les Américains étaient néanmoins « presque nus », disposaient de peu de munitions et craignaient une sortie des Britanniques. Montgomery arriva le 3 décembre et prit le commandement ; deux jours plus tard commençait le siège de Québec. Avec l'apport des Canadiens locaux [V. Maurice DESDEVENS de Glandon] et de l'unité de Livingston (promue au rang de régiment américain), les forces rebelles se composaient d'environ 1 000 Américains et 200 Canadiens, dispersés par groupes sur les plaines d'Abraham, en descendant jusqu'à la rivière Saint-Charles. La population locale les approvisionna en bois et en vivres (cette fois encore, contre espèces sonnantes) et le moral était élevé, même si on notait une forte baisse dans les approvisionnements. A l'intérieur de la ville de Québec, le moral était meilleur depuis l'arrivée, le 11 novembre, du lieutenant-colonel Allan MACLEAN avec 100 hommes de son régiment des Royal Highlands Emigrants, récemment recruté, et de Carleton lui-même, le 19. Le gouverneur expulsa immédiatement tous ceux qui refusaient de servir dans la milice et il fit faire des préparatifs pour une vigoureuse défense : on installa des canons sur les murs et les barricades, et on construisit des blockhaus. La garnison, de 1 800 hommes, composée de miliciens britanniques et canadiens, de soldats de l'armée régulière, de marins et de quelques artificiers, disposait de suffisamment de provisions pour nourrir la population de 3 200 habitants et se nourrir elle-même pendant huit mois, en plus d'un abondant matériel militaire.

Montgomery découvrit bientôt que l'artillerie britannique était de loin supérieure à la sienne, mais il n'avait jamais eu l'intention de bombarder Québec jusqu'à sa reddition. Les pressions de ses supérieurs de Boston et de Philadelphie, qui avaient un urgent besoin du matériel militaire de Québec, la petite vérole qui sévissait parmi ses hommes, l'expiration imminente de plusieurs contrats d'enrôlement et le peu de probabilité d'obtenir des renforts immédiats le convainquirent qu'il devait attaquer la ville plutôt que d'en faire le blocus jusqu'au printemps. On décida finalement de mener une attaque concentrique sur la basse ville, en espérant que la confusion et les collaborateurs forceraient Carleton à abandonner la haute ville, puissamment fortifiée, pour livrer bataille. On donna des ordres pour déclencher l'attaque à la première nuit sombre.

La nuit du 30 au 31 décembre répondait à cette condition. A cinq heures du matin environ, alors qu'une tempête faisait rage, Montgomery et 200 hommes avancèrent sur la rive, le long du fleuve, à partir du cap Diamant, en direction du district de Près-de-Ville. Au même moment, les 600 hommes d'Arnold avançaient, à partir du faubourg Saint-Roch, vers la rue Sault-au-Matelot, et en direction de Montgomery, avec qui ils devaient opérer leur jonction dans la basse ville. Les défenseurs, prévenus par des déserteurs et alertés par le capitaine Malcolm Fraser*, se préparèrent rapidement à l'action. A Près-de-Ville se trouvaient des marins britanniques sous les ordres du capitaine Adam Barnsfare et des miliciens canadiens sous les ordres de François Chabot et de Louis-Alexandre PICARD, accompagnés de John Coffin*. Eux-mêmes invisibles dans la poudrerie, ils surveillèrent jusqu'à ce que Montgomery et quelques autres bougeassent à la tête du groupe principal, puis firent une décharge générale qui les abattit. Les autres Américains firent rapidement retraite. Sur l'autre front, on évacua Arnold, blessé, mais ses hommes s'activèrent pour contourner une barricade, au Sault-au-Matelot, et faire quelques prisonniers. L'opiniâtre résistance de soldats réguliers et de miliciens aux ordres de Henry Caldwell*, au cours de laquelle John Nairne* et François Dambourgès jouèrent un rôle de premier plan, les arrêta. Informé de l'échec de Montgomery, Carleton opéra un transfert de troupes et entoura les hommes d'Arnold, qui capitulèrent vers huit heures. La prétention d'un officier britannique, à l'effet que la garnison avait remporté « une petite victoire aussi complète qu'il en fût jamais », était justifiée. De 60 à 100 rebelles avaient été tués ou blessés et quelque 400 autres faits prisonniers, tandis que dans l'autre camp on avait subi la perte de moins de 20 Britanniques et Canadiens.

Ce qui restait des Américains, maintenant

commandés par Arnold, craignait une contre-attaque britannique ; Carleton, incertain du moral de sa garnison, s'enferma prudemment à l'intérieur de Québec pendant le reste de l'hiver. La puissance des rebelles restait faible, en dépit des renforts, à cause de l'épidémie persistante de petite vérole et de l'expiration des contrats d'engagement des combattants. Aussi ne purent-ils maintenir le blocus de la ville qu'en ne la bombardant que par intermittence ; en quatre mois, ces bombardements « tuèrent [seulement] un garçon [et] une vache, blessèrent un marin et une dinde, et convulsèrent une vieille femme ». Le 1er avril 1776, Wooster remplaça Arnold, découragé, qui alla commander à Montréal ; un mois plus tard, le major général John Thomas succéda à Wooster. Thomas pouvait rassembler 1 900 hommes, dont seulement 1 000 aptes au combat ; de ceux-ci, 300 réclamaient leur licenciement en raison de l'échéance de la période de leur enrôlement.

Entre-temps, l'attitude des Canadiens avait changé. Un courant de loyalisme s'était maintenu dans beaucoup de régions, et, en mars, un groupe de Canadiens avait même tenté une attaque contre le camp américain de Pointe-Lévy [V. Charles-François BAILLY de Messein ; Michel BLAIS]. Si la majorité n'opta point pour une action aussi apparente, elle devenait néanmoins plus antiaméricaine, sinon probritannique. Le clergé, d'une loyauté inébranlable, exerçait une influence notable, de même que les classes supérieures de la société. En outre, la faiblesse continuelle des armées américaines amenait les habitants aux mêmes conclusions qu'ils avaient naguère tirées de la faiblesse des Britanniques. Les Canadiens ne désiraient plus se battre pour les rebelles : Moses Hazen* se plaignit que le recrutement d'un régiment qu'il effectuait pour le Congrès progressait peu et que les hommes ne convenaient point à la tâche, désertant à la première occasion. L'usage croissant que firent les Américains de la monnaie de papier et de billets à ordre pour le paiement des biens et services – ce qui apparut à la population comme un indice de la faillite financière de la cause américaine – s'avéra le plus grand facteur individuel de ce changement. Et si l'on considère que les Américains réquisitionnaient fréquemment aussi les vivres et approvisionnements, la désaffection croissante de la population à leur endroit est compréhensible. Montréal, en particulier, eut de bonnes raisons de regretter l'invasion. Wooster s'était lancé dans une série de mesures arbitraires et mal calculées, pendant l'hiver de 1775–1776, qui allaient à l'encontre de la plupart des promesses de Montgomery. Il ferma les « Maisons du culte » la veille de Noël, tenta d'arrêter des Loyalistes comme Simon Sanguinet et Georges-Hippolyte LE COMTE Dupré, et annonça l'arrestation pour trahison de tous ceux qui s'opposeraient aux désirs du Congrès. Non content de tout cela, il prit Edward William Gray* et René-Ovide HERTEL de Rouville comme otages pour s'assurer que trois faubourgs, jugés hostiles aux Américains, désarmeraient, et il arrêta Le Comte Dupré et Thomas-Ignace TROTTIER Dufy Desauniers après leur refus d'échanger leurs commissions de la milice britannique contre des commissions américaines. Au printemps de 1776, le prestige américain avait à ce point sombré que Benjamin Franklin, Charles Carroll et Samuel Chase, qui arrivèrent à Montréal en avril, à titre de commissaires nommés par le Congrès pour entreprendre la conversion politique des Canadiens, furent bientôt découragés et conseillèrent même l'abandon du pays.

Les Canadiens, cependant, dissimulaient encore en grande partie tout appui aux Britanniques, et seuls de grands renforts du côté britannique pouvaient réellement en faire des adversaires actifs des Américains. Le 6 mai 1776, une petite escadre sous les ordres de Charles DOUGLAS mouillait au large de Québec et y débarquait des troupes. Carleton fit une sortie le même jour. Se préparant à lever le siège, les Américains, qui n'étaient point sur leurs gardes, battirent en retraite « dans une hâte et une confusion extrêmes », ne s'arrêtant qu'à Sorel. Carleton refusa de les poursuivre et attendit plutôt les renforts massifs de soldats réguliers britanniques et allemands, sous les ordres de BURGOYNE, qui approchaient, en provenance de Grande-Bretagne. A la mi-mai, un détachement *ad hoc* de soldats réguliers, d'Indiens et de Canadiens des postes des lacs Supérieur, Huron et Michigan fit prisonniers 400 Américains aux Cèdres, à l'ouest de Montréal. Les troupes américaines ne tenaient plus alors que la région de Montréal et de la vallée du Richelieu, mais d'importants renforts rendus disponibles par la fin du siège de Boston permirent au général de brigade John Sullivan, qui commandait alors au Canada (Thomas était mortellement atteint de la petite vérole et Wooster avait été rappelé pour rendre compte de sa conduite à Montréal), de concentrer 5 000 hommes à Sorel, à la fin de mai. Comme première étape dans la contre-offensive projetée, Sullivan envoya le général de brigade William Thompson et 2 200 hommes attaquer Trois-Rivières, qu'on croyait faiblement défendue. Mais l'avance de Thompson fut ralentie [V. François GUILLOT, dit Larose] et, quand les Américains arrivèrent devant la ville, le 8 juin, ils la trouvèrent sous la protection de 7 000 soldats britanniques de l'armée de Burgoyne. Battus d'importance, les rebelles laissèrent sur place 200 prisonniers, dont Thompson lui-même. Par la suite, leur position au Canada se détériora rapidement. Quelque 10 000 soldats britanniques et allemands les pourchassèrent de près en aval du Saint-Laurent, près de 3 000 Américains tombèrent malades et les Canadiens commencèrent à se tourner ouvertement contre les envahisseurs. Le 18 juin, les armées d'Arnold, qui s'échappa de justesse de Montréal, et de Sullivan avaient reculé jusqu'à Saint-Jean, et, deux semaines plus tard, poursuivies de près par les Britanniques, elles s'étaient repliées au delà de la frontière. On ne fit aucune autre tentative, au cours de la guerre, pour envahir le Canada même si des rumeurs à cet effet maintinrent HALDIMAND dans l'inquiétude.

Pendant que les Américains effectuaient leur retraite, la province de Québec revenait à la vie normale. Carleton fit en général preuve d'indulgence envers les habitants qui avaient appuyé les rebelles, peut-être à cause de sa propre prédiction, faite avant l'invasion, que les Canadiens n'aideraient pas le gouvernement en grand nombre. On décerna tout de même certaines punitions. Le gouverneur nomma une commission, formée de Gabriel-Elzéar Taschereau*, de François Baby* et de Jenkin Williams*, pour enquêter sur la nature et l'étendue de la collaboration avec l'ennemi dans la région de Québec ; du 22 mai au 16 juillet, elle fit le tour des paroisses. La commission découvrit que beaucoup de paroisses avaient activement appuyé et encouragé les envahisseurs, que d'autres étaient restées neutres, et qu'un petit nombre avaient été sympathiques au gouvernement. Néanmoins, les seules représailles adoptées consistèrent, en général, à remplacer beaucoup d'officiers de milice, qui avaient été particulièrement favorables aux Américains, et à obliger les paroisses qui s'étaient montrées particulièrement déloyales à loger les soldats. Malgré la douceur des punitions, on se plaignit de leur distribution inéquitable, et, une fois l'invasion passée, Carleton adopta une attitude beaucoup plus dure envers les sympathisants américains et en emprisonna plusieurs. Il eut, dans ses efforts pour restaurer l'ordre, l'aide de l'Église qui conserva une attitude ferme à l'endroit des partisans et des relaps. Mgr BRIAND décréta qu'on refuserait les sacrements à ces sympathisants qui ne répareraient point leur faute par quelque pénitence publique, mais il s'écoula quelque temps avant qu'on se pliât d'une façon générale à cette directive, et beaucoup refusèrent de se repentir.

L'invasion du Canada fut une campagne de peu d'importance à l'intérieur de ce qui devint bientôt un conflit beaucoup plus étendu et beaucoup plus compliqué, et, à tout prendre, elle s'avéra inutile. Les Américains n'avaient aucune idée précise de leurs objectifs en envahissant le pays et, quand il devint évident qu'il devait être entièrement occupé et pacifié, leur organisation rudimentaire ne put soutenir un défi de cette envergure. En tout état de cause, il était à peu près inévitable que, tôt ou tard, les Britanniques auraient organisé une contre-offensive – la perte du Canada aurait été un coup sérieux porté à leurs espoirs d'écraser rapidement la rébellion – et que, compte tenu de leur suprématie navale incontestée, ils auraient pu concentrer assez de troupes pour reconquérir la province. Mais si les Canadiens s'étaient portés fortement d'un côté ou de l'autre, l'invasion aurait échoué, ou, si elle avait réussi, la reconquête aurait été plus sanglante et plus longue. Qu'ils aient choisi de conserver une neutralité changeante indique leur manque de sympathie pour l'un et l'autre côté et leur prise de conscience du fait que la pratique d'une neutralité souple constituait le parti qui pouvait le mieux servir leurs intérêts dans les circonstances fluctuantes et incertaines de l'invasion, et leur épargner la misère qui avait accompagné la Conquête, 15 ans plus tôt.

Après la défaite des Américains devant Québec, au matin du 31 décembre 1775, on découvrit sous un amoncellement de neige les corps gelés de Montgomery et de plusieurs de ses compagnons. Thomas Ainslie* nota que ceux qui, à Québec, avaient connu l'officier américain (il avait été promu major général le 9 décembre mais n'en reçut jamais la nouvelle) exprimèrent leurs sincères regrets de sa mort, et même Carleton pleura apparemment son « ami induit en erreur ». Cramahé fit « décemment enterrer » le corps de Montgomery, à ses propres frais. En 1818, on retournera le corps de Montgomery aux États-Unis. Ses compatriotes, qui le considéraient comme un officier populaire et prometteur, le regrettèrent. Le capitaine Simeon Thayer, de l'armée d'Arnold, laissa de lui ce portrait : « un homme d'une apparence distinguée, grand et svelte, [...] d'un caractère agréable, et un vertueux général ».

STUART R. J. SUTHERLAND

On a beaucoup écrit sur la Révolution américaine, mais peu sur Montgomery en raison de sa courte participation à l'événement. Il y a bien la biographie de A. L. Todd, *Richard Montgomery : rebel of 1775* (New York, 1966), mais la recherche superficielle sur laquelle s'appuie cet ouvrage et son style naïf en font une étude de peu de valeur. Montgomery a fait l'objet d'une biographie dans le *DAB* et le *DNB*. Les renseignements d'ordre biographique proviennent notamment des sources suivantes : G.-B., WO, *Army list*, 1756–1772 ; F. B. Heitman, *Historical register of officers of the Continental Army during the war of the revolution* [...] (Washington, 1893) ; et T. H. Montgomery, « Ancestry of Gen. Richard Montgomery », *New-York Geneal. and Biographical Record* (New York), II (1871) : 123–130. [S. R. J. S.]

[Thomas Ainslie], Journal of the most remarkable occurences in the province of Quebec from the appearance of the rebels in September 1775 until their retreat on the sixth of May 1776, F. C. Würtele, édit., Literary and Hist. Soc. of Quebec, *Hist. Docs.*, 7e sér. (1905) : 9–89. — *American archives* (Clarke et Force), 4e sér., III–VI. — APC *Report*, 1914–1915, app.B, 5–25. — [Henry Caldwell], The invasion of Canada in 1775 : letter attributed to Colonel Henry Caldwell, Literary and Hist. Soc. of Quebec, *Hist. Docs.*, 2e sér. (1868) : 1–19. — Canada, Dép. de la Milice et de la Défense, État-major général, *A history of the organization, development and services of the military and naval forces of Canada, from the peace of Paris in 1763, to the present time* [...] (3 vol., [Ottawa, 1919–1920]), I. — [Jacob Danford], Quebec under siege, 1775–1776 : the « Memorandums » of Jacob Danford, J. F. Roche, édit., *CHR*, L (1969) : 68–85. — *Docs. relating to constitutional history, 1759–1791* (Shortt et Doughty ; 1907), 450–459. — *Invasion du Canada* (Verreau). — Journal of the most remarkable occurences in Quebec since Arnold appear'd before the town on the 14th November 1775, Literary and Hist. Soc. of Quebec, *Hist. Docs.*, 7e sér. (1905) : 93–154. — Journal of the siege and blockade of Quebec by the American rebels, in autumn 1775 and winter 1776, Literary and Hist. Soc. of Quebec, *Hist. Docs.*, 4e sér. (1875) : 3–25. — Journal par Messrs Frans Baby, Gab. Taschereau et Jenkin Williams [...], Ægidius Fauteux, édit., ANQ *Rapport*, 1927–1928, 431–499. — *March to Quebec : journals of the members of Arnold's expedition*, K. L. Roberts, édit. (New York, 1938). — Orderly book begun by Captain Anthony Vialar of the British militia [...], F. C. Würtele, édit., Literary and Hist. Soc. of Quebec, *Hist. Docs.*, 7e sér. (1905) : 155–265. — [Rudolphus Ritzema], Journal of Col. Rudolphus Ritzema, of the First New York Regiment, August 8, 1775, to March 30, 1776, *Magazine of American History* (New York), I (1877) : 98–107. — Rôle général de la milice canadienne de Québec [...], Literary and Hist. Soc. of Quebec, *Hist. Docs.*, 8e sér. (1906) : 269–307. — State papers, APC *Report*, 1890. — Boatner, *Encyclopedia of American revolution*. — *The toll of independence : engagements and battle casualties of the American revolution*, H. H. Peckham, édit. (Chicago, 1974). — Allen French, *The first year of the American revolution* (Cambridge, Mass., 1934). — Lanctot, *Canada and American revolution*. — J. H. Smith, *Our struggle for the fourteenth colony : Canada and the American revolution* (2 vol., New York, 1907). — G. F. G. Stanley, *Canada invaded, 1775–1776* (Toronto, 1973).

MONTGOMERY, WILLIAM, officier, né le 25 janvier 1765 à Édimbourg, Écosse, fils de James William Montgomery et de Margaret Scott, décédé à Hounslow (Londres métropolitain), le 25 octobre 1800.

Fils aîné et héritier présomptif de la fortune familiale, William Montgomery, dès son jeune âge, fut préparé avec beaucoup de soin par son père à assumer un jour la gestion des biens des Montgomery. Procureur général d'Écosse de 1766 à 1775 et juge en chef de la Cour de l'échiquier d'Écosse de 1775 à 1801, le père, tant à cause de son mariage et de sa finesse en affaires que de son influence politique, fit l'acquisition de terres considérables dans le Peeblesshire et le Stirlingshire, en Écosse ; en 1775, il possédait également près de 100 000 acres dans l'île Saint-Jean (Île-du-Prince-Édouard).

En 1769, le père de William Montgomery avait commencé à mettre sur pied deux grandes entreprises dans l'île Saint-Jean : l'une dans les domaines des pêcheries et du commerce, en société avec David HIGGINS, sur le lot 59, l'autre consistant en une ferme où l'on cultivait le lin, en vue d'en faire du commerce, sur le lot 34. Grâce aux mises de fonds consenties par James William Montgomery pour une période de sept ans, sur une base de partage des profits, un spécialiste de la culture du lin, David Lawson*, du Perthshire, fut envoyé à l'île Saint-Jean en 1770, avec près de 50 engagés de la même région. La Révolution américaine ayant rompu les communications, Montgomery, père, fut incapable de régler ses comptes en 1777 et dut, cette année-là, faire de Lawson son agent général, avec pleins pouvoirs de procureur, et le charger de ses intérêts dans l'île Saint-Jean, de manière à maintenir une surveillance sur ses mises de fonds pendant la guerre. Celle-ci terminée, il demanda à Lawson un état financier, relatif à son activité sur la ferme de Stanhope Cove (Covehead Bay) et à son rôle d'agent général.

Constatant que Lawson était bien plus un travailleur agricole qu'un régisseur, James William Montgomery demanda au juge en chef Peter Stewart* d'apporter son aide à la préparation de cet état, qui allait devenir encore plus compliquée à la suite de la prise en charge, par Lawson, en 1783, de l'administration des biens de Higgins. A sa grande consternation, Montgomery, père, apprit que Lawson était un fervent adepte du gouverneur Walter PATTERSON et un adversaire résolu du juge en chef Stewart, chef des groupes d'opposition à Patterson. L'inimitié qui existait entre les deux hommes rendit toute collaboration impossible. En outre, il devenait de plus en plus évident, d'après les lettres de Stewart et devant le silence de Lawson, que celui-ci avait conservé bien peu de documents relatifs à ses opérations financières et qu'il craignait qu'une mise à jour des comptes ne lui laissât pas une rémunération suffisante pour les nombreuses années pendant lesquelles il s'était sacrifié dans l'île. Montgomery en vint finalement à soupçonner Lawson d'être devenu incapable de faire le départ entre ce qui lui appartenait en propre et ce qui appartenait à son associé, qui avait fourni les fonds, soit quelque £1 500 en argent liquide, à titre d'avance. Montgomery, père, ne put obtenir satisfaction avant 1788, année où son fils William, lieutenant dans le 4e d'infanterie posté à Halifax depuis l'année précédente, se vit accorder un congé de quatre mois, afin de se rendre à l'île Saint-Jean pour y régler les affaires paternelles.

A son arrivée, en juillet 1788, William Montgomery reçut de Lawson un certain nombre de contre propositions, toutes fort éloignées de la mise à jour complète des comptes. Dans une lettre adressée à William, Lawson s'élevait par la suite contre le fait que rien ne pourrait contenter celui-ci, sinon l'impossible, affirmant qu'« un état du travail de chaque jour pendant 18 ans, détaillant tout ce qui a été acheté pour la ferme et tout ce qui a été vendu jusqu'à ce jour des produits de la ferme, avec le nom de l'acheteur », constituerait « le plus long rapport comptable jamais vu dans l'île ». William, qui avait reçu de son père des instructions précises, interpréta sans aucun doute les efforts de Lawson pour en arriver à un accommodement comme ceux d'un homme aux abois, finalement mis en face de quelqu'un qui, sur les lieux mêmes, lui demandait de rendre des comptes, et il soupçonna que les délais continuels de Lawson étaient une tactique inspirée par le fait qu'il savait que, tôt ou tard, le jeune officier devait retourner à son régiment. Son congé tirait à sa fin et, Lawson continuant de tergiverser, William décida d'en venir aux grands moyens. A la fin d'octobre 1788, il se présenta, sans s'être fait annoncer, à Stanhope Cove, accompagné de trois assesseurs qui procédèrent à l'inventaire de la ferme : améliorations, animaux, et récoltes. Ils découvrirent, sans surprise, que la valeur des améliorations apportées à la ferme était de loin inférieure à celle des fortes avances faites par James William Montgomery. Lawson fut chassé sans formalités et remplacé par une famille loyaliste du nom de Bovyer.

De cet échec sortit quelque chose de bon : très satisfait du travail de l'un des assesseurs, le contrôleur des douanes James Douglas*, William le recommanda à son père pour le poste d'agent des Montgomery dans l'île. Quant à Lawson, il resta convaincu que William l'avait traité injustement, même après qu'un comité d'arbitrage composé de résidants de l'île Saint-Jean lui eut donné tort, sur ce point, en 1793. Mais Lawson avait certainement raison de croire que les gestes de William seraient entièrement approuvées par son père, quel qu'en fût le mérite. Pendant que son fils était à l'île Saint-Jean, James William Montgomery s'occupait avec succès de promouvoir la candidature de William comme représentant du Peeblesshire au parlement, et c'est sans opposition qu'il fut élu en 1790, à son retour en Écosse. Au cours des années pendant lesquelles il siégea au parlement, William assuma de plus en plus la responsabilité de protéger les intérêts des Montgomery à Whitehall, alors que son père se retirait de la vie politique. Le jeune député s'occupa, en coulisses, des procédures engagées contre le gouverneur Edmund Fanning* et d'autres fonctionnaires de l'île, ensuite de plaintes formulées contre eux, en 1791 et 1792, et, à plusieurs reprises, il apporta son aide à l'agent de Fanning, Robert Gray*. Il fit, aussi, régulièrement rapport à son père des discussions gouvernementales relatives à l'île Saint-Jean et à ceux qui y possédaient des terres.

Avec un siège de tout repos au parlement et, en 1799, une commission de lieutenant-colonel dans le 43e d'infanterie, la carrière de William était manifestement sur la voie ascendante quand il mourut inopinément en 1800, à la grande douleur de son vieux père. Les biens des Montgomery et leur gestion allèrent à un frère cadet de William, James (futur beau-frère du comte de Selkirk [Douglas*]), qui n'avait pas la préparation de son aîné, et ne connaissait pas l'île Saint-Jean.

J. M. Bumsted

APC, MG 23, E6, pp.30–32. — BL, Add. mss 35 541, f.158. — Public Archives of P.E.I. (Charlottetown), Ira Brown papers, item 122. — Scottish Record Office (Édimbourg), Montgomery estate papers in the muniments of Messrs. Blackwood and Smith, W. S., Peebles ; Estate papers, GD293/2/21/93 ; 293/2/78/6, 17, 55–56 ; 293/2/79/10, 16, 26, 30, 31, 38 ; 293/2/81/2 ; RH4/56. — University of B.C. Library (Vancouver), Special Coll. Division, Macmillan coll., James Montgomery à Edward Fanning, 30 avril 1798. — [William Drummond], Diary of William Drummond, David Weale, édit., *Island Magazine* (Charlottetown), 2 (1977) : 28–31.

MONTIGNY, JEAN-BAPTISTE-PHILIPPE TESTARD DE. V. Testard

MONTRESOR (Montrésor), JOHN, ingénieur militaire, né le 22 avril 1736 à Gibraltar, fils de James Gabriel Montresor et de Mary Haswell ; le 1er mars 1764, à New York, il épousa Frances Tucker, et six des enfants nés de ce mariage leur survécurent ; décédé le 26 juin 1799 à la prison de Maidstone, Angleterre.

John Montresor fut élevé à Gibraltar où son père, ingénieur en chef de cette colonie, lui enseigna probablement les rudiments du génie militaire. Il vint en Amérique du Nord en 1754 quand son père fut affecté au poste d'ingénieur en chef dans l'armée du major général Edward Braddock. Nommé enseigne dans le 48e d'infanterie en mars 1755 et ingénieur en juin, Montresor fut blessé au cours de la bataille du 9 juillet de la même année qui mit fin à la malheureuse expédition menée par Braddock contre le fort Duquesne (Pittsburgh, Pennsylvanie) [V. Jean-Daniel Dumas]. Durant la plus grande partie de l'année 1756, Montresor effectua des travaux au fort Edward (appelé parfois fort Lydius ; aujourd'hui Fort Edward, New York), et, l'année suivante, il se joignit à l'expédition que lord Loudoun dirigea en vain contre Louisbourg, île Royale (île du Cap-Breton). Montresor fut officiellement nommé ingénieur exerçant en mai 1758, mais il perdit ensuite son poste au sein du 48e régiment. Accompagnant l'expédition d'Amherst contre Louisbourg au mois de juin, il contribua à la prise de la forteresse. Il demeura sur place après la capitulation et, en mars 1759, il prit la tête d'une troupe d'éclaireurs qui se rendit aux lacs Bras d'Or afin de rechercher des fugitifs acadiens.

Plus tard au cours de la même année, Montresor fit partie de l'expédition menée par Wolfe* sur Québec. Durant le siège, il se lia d'amitié avec le général et il fit de lui un dessin de profil que l'on publia en 1783. Après la chute de Québec, il demeura dans cette ville sous le commandement de Murray et on l'employa à faire l'inventaire des ressources disponibles dans les campagnes, à désarmer les miliciens canadiens et à faire prêter le serment d'allégeance. En janvier 1760, il effectua un pénible voyage par voie de terre afin de remettre des dépêches au quartier général de l'armée dans les colonies américaines, et, à l'été, il accompagna l'avant-garde des troupes de Murray qui marchait sur Montréal.

Montresor resta quelque temps au Canada après la Conquête. En 1761, il visita la région inconnue qui s'étendait de Québec à la rivière Kennebec (Maine). Le récit qu'il fit de ce voyage tomba par la suite sous la main de Benedict Arnold* qui l'utilisa comme guide lors de son expédition contre Québec en 1775. Murray, contre qui il nourrissait une profonde antipathie et qu'il tenait pour « un fou », le fit travailler à la préparation d'une immense carte du Saint-Laurent qui fut connue sous le nom de « carte de Murray ». Le partage de la responsabilité et du mérite de cette œuvre provoqua des querelles entre Montresor et deux autres ingénieurs, Samuel Jan Holland* et William Spry.

En 1763, Montresor fut affecté à New York mais, au moment du soulèvement de Pondiac*, il revint au Canada quand il fut chargé par Amherst d'aller porter des dépêches au major Henry Gladwin qui subissait un siège à Détroit. L'année suivante, il fut affecté à l'expédition que le colonel Bradstreet conduisait à Détroit ; il fut alors nommé ingénieur en chef et commandant d'un détachement de volontaires canadiens, la première troupe de ce genre recrutée pour servir dans l'armée britannique. Les forces devaient se regrouper au fort Niagara (près de Youngstown, New York), où Montresor passa l'été à construire des fortifications le long de la rivière Niagara, y compris le premier fort Érié (Fort Erie, Ontario).

Au retour d'un voyage qu'il fit en Angleterre en 1766, Montresor fut promu lieutenant-capitaine et nommé premier maître de caserne du Board of Ordnance en Amérique. Il était à Boston lorsque la guerre d'Indépendance américaine éclata et, au cours des années qui suivirent, il servit plusieurs fois à titre d'ingénieur en chef en Amérique. Il fut promu capitaine en janvier 1776. En octobre 1778, il regagna l'Angleterre et quitta l'armée.

Montresor vécut assez longtemps pour voir plusieurs de ses fils accéder à de hautes fonctions dans l'armée, mais ses dernières années furent orageuses. Durant la dernière partie de sa carrière, il développa de l'animosité contre l'armée et le Board of Ordnance parce qu'ils ne lui avaient pas accordé le grade auquel ses réalisations et ses capacités, pensait-il, lui donnaient droit. Or, si son talent et l'importance de ses travaux ne peuvent être mis en doute, son journal révèle qu'il était d'une arrogance qui contribua sans doute à réduire ses chances d'avancement. Son amertume, la possibilité qu'il avait d'affecter d'énormes sommes d'argent à l'achat des matériaux de construction et le manque de rigueur du système de vérification des comptes l'amenèrent probablement à profiter de son poste d'ingénieur en chef pour amasser une petite fortune. Quatre ans après son retour en Angleterre, toutefois, ses comptes furent soumis à un examen très minutieux et les vérificateurs lui réclamèrent £50 000 du montant d'environ £250 000 qu'il avait touché pour ses dépenses. Montresor contesta cette décision, mais le gouvernement finit par recouvrer £48 000, après avoir saisi et vendu ses biens, dont une maison à Londres et des terres dans le comté de Kent. Il mourut en prison où il avait été mis, semble-t-il, parce qu'il devait encore de l'argent aux autorités.

R. Arthur Bowler

Il existe un portrait de John Montresor par John Singleton Copley au Detroit Institute of Arts. On connaît quatre copies de la carte du Saint-Laurent sur laquelle Montresor a travaillé. La Clements Library et les APC en possèdent chacune une et la BL, les deux autres.

John Montresor a laissé des archives privées utilisées par G. D. Scull dans sa préparation de « The Montresor journals » et par un descendant de Montresor, F. M. Montrésor, dans la préparation de son article pour la *CHR*. Il n'existe pas d'inventaire de ces documents et D. W. Marshall de la Clements Library rapporte que leur propriétaire ne leur en permit pas l'accès. La correspondance officielle de Montresor est éparse dans : Amherst papers (WO 34), War Office papers (WO 1), Ordnance Office papers (WO 44), Audit Office papers (AO 12) au PRO ; Haldimand papers (Add. MSS 21 661–21 892) à la BL ; Thomas Gage papers à la Clements Library. [R. A. B.]

[John Montresor], Journal of John Montresor's expedition to Detroit in 1763, J. C. Webster, édit., SRC *Mémoires*, 3e sér., XXII (1928), sect. II : 8–31 ; Lt. John Montresor's journal of an expedition in 1760 across Maine from Quebec, *New England Hist. and Geneal. Register*, XXXVI (1882) : 29–36. The Montresor journals, G. D. Scull, édit., N.Y. Hist. Soc., *Coll.*, [3e sér.], XIV (1881).

DAB. — *DNB*. — R. A. Bowler, *Logistics and the failure of the British army in America, 1775–1783* (Princeton, N.J., 1975), 175–178. — F. M. Montrésor, Captain John Montrésor in Canada, *CHR*, V (1924) : 336–340. — F. H. Severance, The achievements of Captain John Montresor on the Niagara and the first construction of Fort Erie, Buffalo Hist. Soc., *Pubs.* (Buffalo, N.Y.), V (1902) : 1–19. — J. C. Webster, Life of John Montresor, SRC *Mémoires*, 3e sér., XXII (1928), sect. II : 1–8.

MONTREUIL, PIERRE-ANDRÉ GOHIN, comte de. V. GOHIN

MOORE, FRANCES (Brooke), auteur, baptisée le 24 janvier 1724 à Claypole, dans le Lincolnshire, Angleterre, fille du révérend Thomas Moore, *curate* de Claypole, et de Mary Knowles ; elle épousa vers 1756 le révérend John BROOKE, et ils eurent un fils et probablement une fille ; décédée le 23 janvier 1789 à Sleaford, dans le Lincolnshire.

Frances Moore passa son enfance et son adolescence, à la campagne, dans divers presbytères dont le ministre lui était apparenté. En effet, à la mort de son père, en 1727, elle déménagea avec sa mère et sa sœur cadette, Sarah, dans le presbytère de ses grands-parents maternels, à Peterborough, et, après la mort de leur mère, les deux sœurs vécurent chez une tante et un oncle, dans le presbytère de ce dernier, à Tydd St Mary, Lincolnshire.

En 1748, Frances Moore avait quitté ce foyer, et, au cours des années 1750, elle écrivit de la poésie et des pièces de théâtre ; elle évoluait, semble-t-il, dans le cercle littéraire du romancier Samuel Richardson. Elle attira d'abord l'attention, dans le domaine littéraire, par la direction qu'elle assuma, sous le pseudonyme de « Mary Singleton, Spinster », d'un hebdomadaire, *The old maid*, qui parut du 15 novembre 1755 au 24 juillet 1756. Tout comme le *Spectator* d'Addison et Steele, le journal publiait, entre autres, des essais et des lettres, écrits dans un style vivant, sur des questions relatives au théâtre, à la politique, à la société et à la religion. *The old maid* devait être réimprimé à Londres, sous forme d'un livre, en 1764. En 1756, Frances Moore publia un bon nombre de poèmes et une pièce de théâtre, *Virginia*, jamais jouée. A l'été de cette année-là, elle était déjà mariée à John Brooke, *rector* de Colney, dans le Norfolk, et de plusieurs autres paroisses de Norwich ; Brooke partit pour l'Amérique du Nord en 1757, en qualité d'aumônier militaire.

Trois ans plus tard, Frances Brooke publiait, toujours à Londres, *The letters of the Lady Juliet Catesby, to her friend Lady Henrietta Campley*, une traduction du roman épistolaire de Marie-Jeanne Riccoboni, d'abord publié en français en 1759. Au moins six éditions de cette œuvre populaire parurent du vivant de Frances Brooke. Le premier roman de son cru, *The history of Lady Julia Mandeville*, roman épistolaire lui aussi, parut en 1763 et connut huit réimpressions du vivant de son auteur. Cet ouvrage se distingue du type de roman fondé sur la sensibilité en faisant, du personnage d'Anne Wilmot, l'amie de Julia, le portrait d'une féministe intelligente et pleine d'esprit. Il permet également de percevoir l'influence du mari de Frances Brooke, aumônier à Québec depuis 1760, en s'opposant à ce que les Britanniques laissent le Canada à la France en retour de la Guadeloupe, de même qu'en énonçant les principes qui devaient guider le gouvernement de cette colonie. « Le Canada, écrit-elle, du simple fait que sa possession apporte la sécurité à nos colonies, est pour nous d'une plus grande importance nationale que toutes les îles sucrières du globe ; et si ses habitants actuels sont encouragés à y rester, par la douceur de nos lois et par cette entière liberté de conscience à laquelle tout être raisonnable a droit ; si on leur apprend, par tous les moyens honnêtes, à aimer cette constitution qui les rend libres et à développer un attachement personnel pour le meilleur des princes ; s'ils sont attirés vers notre culte religieux en le voyant dans sa pure beauté, aussi éloignée de la surcharge de leurs futiles cérémonies que des formes trop dépouillées des dissidents ; si la population est stimulée et si les terres incultes sont colonisées, et si une industrie de pêche de la baleine est mise sur pied, nous le regarderons, à tous égards, comme une acquisition dépassant nos plus optimistes espoirs ! »

En 1763, Frances Brooke avait acquis quelque notoriété comme écrivain et elle appartenait à un cercle littéraire regroupé autour de Samuel Johnson. En juillet de cette année-là, elle fit voile vers Québec, pour y rejoindre son mari. Si elle a fait au moins un voyage en Angleterre en 1764, revenant à Québec à la fin de 1765, on pense qu'elle vécut à Québec jusqu'au départ de son mari pour l'Angleterre, trois ans plus tard. Frances Brooke et sa sœur Sarah, qui l'avait accompagnée au Canada, prirent part à la vie sociale de l'entourage du gouverneur MURRAY et d'hommes comme le procureur général Francis Maseres*, qui la décrivait en 1766 comme « une femme très sensée, agréable, d'un esprit très cultivé et sans aucune pédanterie ni affectation », Henry Caldwell*, l'agent des terres de Murray, plus tard receveur général du Bas-Canada, Adam MABANE, membre du Conseil de Québec, que l'on croit apparenté à James Thomson, l'auteur de *The seasons*, et George Allsopp*, l'un des chefs de file du groupe des marchands adversaires politiques de Murray. Le gouverneur, qui trouvait John Brooke irascible, porté à l'intrigue politique et sociale, avait espéré que la présence de sa femme et de sa belle-sœur « eût opéré un changement » chez l'aumônier, mais il jugea qu' « au contraire elles intriguaient plus que lui ».

Pendant son séjour au Canada, Frances Brooke écrivit *The history of Emily Montague*, publié en Angleterre en 1769. Ce roman, qui adopte également la forme épistolaire de *Julia Mandeville*, rend compte de l'expérience vécue par l'auteur à Québec et de ses observations sur la société, la politique, la religion et le milieu environnant. La plupart des lettres sont écrites par le colonel Ed Rivers, amant d'Emily Montague, et par l'amie et confidente de cette dernière, Arabella Fermor. On prétend que Henry Caldwell a fourni le modèle du colonel Rivers, et Anna Marie Bondfield, la femme de George Allsopp, celui d'Arabella Fermor qui est aussi le nom de la jeune femme à laquelle Alexander Pope dédicaça *The rape of the lock*. Belinda, le personnage central du poème de Pope, est une belle et frivole coquette ; l'Arabella de Frances Brooke est aussi une coquette, mais intelligente et spirituelle. L'intrigue d'*Emily Montague*, sentimentale et romantique, se résume tout entière dans la cour que se font deux êtres et à ses complications. La disparité des deux protagonistes – l'homme conventionnel, à la sensibilité plutôt prosaïque, et la femme spirituelle, pleine de vie et de finesse – contribue à imprimer au roman une certaine tension. L'action se déroule en grande partie à Sillery, plus particulièrement à Mount Pleasant, où les Brooke vivaient, dans une ancienne maison de la mission des jésuites. Le Canada est d'abord perçu par les personnages anglais comme un pays sauvage. Celui qui le domestiquera, cependant, participera à une création, car il « verra l'ordre et la beauté sortir graduellement du chaos ». La romancière donne des descriptions détaillées des chutes Montmorency en été et en hiver, de la débâcle sur les rivières au printemps, de l'immensité du Saint-Laurent, de Québec et de ses environs vus du fleuve. L'hiver est une saison de gaîté et de festivités, dont les bals, les promenades et les courses en carrioles sur la neige contrebalancent le froid piquant.

En général, les personnages anglais de Frances Brooke trouvent les Canadiennes belles, pleines de vie et charmantes, mais manquant plus ou moins de cette importante vertu anglaise qu'est la sensibilité – jusqu'à ce qu'une jeune veuve de Kamouraska démontre que la sensibilité n'est pas une vertu uniquement britannique. Les filles de la campagne sont, elles aussi, charmantes, mais les hommes sont souvent présentés comme « indolents », bien que courtois et hospitaliers. On note que les Indiens ont du dédain pour les distinctions de rang et les richesses, et, à un moment donné, la forme de gouvernement des Indiens et leur mode de vie sont longuement décrits. Les femmes indiennes sont traitées avec plus de sympathie que les hommes, et le rôle qu'elles jouent dans le choix des chefs est mis en opposition avec le manque d'influence des Européennes.

La religion des Canadiens est un sujet de grand intérêt pour les Britanniques ; on note aussi l'austérité respective des différents ordres religieux et le côté attrayant de leurs costumes. On admire grandement certains membres de ces ordres religieux. La supérieure des ursulines, un personnage rappelant la mère Esther-Marie-Joseph de l'Enfant-Jésus [Esther WHEELWRIGHT], est décrite par Rivers ; il dit d'elle : « l'une des femmes les plus aimables que j'ai jamais connues et d'une attitude si bienveillante qu'elle inspire de l'affection à tous ceux qui la voient ; j'aime beaucoup sa conversation, bien qu'elle ait soixante ans et qu'elle soit religieuse ».

Une série de 13 lettres, dans le roman, écrites par sir William Fermor à un membre important du gouvernement britannique, porte sur la religion, la politique et le caractère des Canadiens. Fermor prévoit et approuve leur assimilation grâce à l'enseignement de l'anglais et à une éducation libérale qui diminuerait l'influence d'une religion « superstitieuse ». Il recommande que, même si la liberté de culte leur était accordée, « les habitants soient doucement amenés par la raison à une religion qui non seulement est préférable parce qu'elle est celle du pays auquel ils sont maintenant annexés, mais qui est beaucoup plus propre à faire leur bonheur et leur prospérité comme peuple ». Les Brooke étaient eux-mêmes perçus comme adhérents au « parti des bureaucrates », composé majoritairement de marchands britanniques qui faisaient affaire depuis Québec et Montréal, et qui, dans l'intérêt de leur commerce, demandaient l'assimilation politique, sociale et économique de la colonie à l'Empire britannique. Frances Brooke observe, dans son roman, que la politique n'est pas du domaine des femmes ; selon Mabane, toutefois, le parti des bureaucrates « accorde une attention particulière à Mme Brookes, soit par crainte de sa mauvaise langue, soit par gratitude pour les bons offices » qu'elle pouvait rendre « autour des tables de thé de Londres ». Vraisemblablement, néanmoins, John Brooke s'avéra la principale source pour les renseignements contenus dans les lettres de William Fermor, comme des attitudes adoptées.

Les personnages anglais de Frances Brooke quittent le Canada avec regret. Arabella, qui en novembre voyait Québec « comme une ville de campagne de troisième ou de quatrième ordre en Angleterre », en avait décidé autrement en juin : « Je préférerais vivre à Québec, tout considéré, plutôt que dans n'importe quelle ville d'Angleterre, Londres exceptée ; la manière de vivre ici est agréable à un degré peu commun ; le paysage tout autour de nous est ravissant, et les façons de s'amuser nous le font goûter parfaitement. » Frances Brooke retourna en Angleterre avec son mari à la fin de 1768. Fanny Burney, un auteur contemporain de la romancière, plus jeune qu'elle et membre du cercle littéraire de Johnson, la rencontra en février 1774 ; elle note dans son journal sa première impression à savoir que Frances Brooke « est de très petite taille et grasse, qu'elle louche, mais a l'art de rendre la laideur agréable. Elle est très bien élevée et s'exprime avec beaucoup de modestie sur tous les sujets ; chez une femme auteur, d'une intelligence reconnue cela fait extrêmement plaisir. »

Pendant les 20 années qui suivirent son retour en Angleterre et la publication d'*Emily Montague*, Frances Brooke publia deux traductions, écrivit une tragédie et les livrets de deux opéras comiques, dont *Rosina* qui, représenté à Covent Garden en 1782, obtint un succès immédiat tant sur la scène que sous sa forme imprimée. Vers 1773, Frances Brooke était devenue, conjointement avec son amie intime, la grande tragédienne Mary Ann Yates, directrice de la Haymarket Opera House ; cette entreprise dura plusieurs années, mais semble n'avoir pas été, financièrement parlant, un franc succès. Frances Brooke publia au moins deux autres romans, *The excursion*, en 1777, sur un thème semblable à celui d'*Evelina* de Fanny Burney, qui paraîtra l'année suivante, et *The history of Charles Mandeville*, publié en 1790, après sa mort, et qui est une suite à *Julia Mandeville*. Peut-être est-elle aussi l'auteur de *All's right at last ; or the history of Miss West*, publié en 1774, un roman épistolaire dont l'action se passe en grande partie au Canada. Bien qu'écrit à la hâte et comportant plusieurs faits erronés, le roman présente des thèmes, des attitudes et des éléments stylistiques qui font penser à Frances Brooke comme auteur possible ; le roman contient un bon nombre de lettres, d'un style vivant, de correspondants du Canada, absents d'*Emily Montague*, et constitue une autre source de renseignements, qui inclut cette fois Montréal et Trois-Rivières, sur la haute société britannique du Canada au XVIIIe siècle. En 1787, Frances Brooke était installée à Sleaford avec son fils, John, alors *vicar* de Helpringham et *rector* de Folkingham. Elle y mourut le 23 janvier 1789, deux jours après son mari, apparemment « d'une maladie spasmodique ».

Frances Brooke fut un membre renommé du cercle littéraire de Londres, respectée pour ses talents de romancière, d'écrivain de théâtre, de traductrice et d'essayiste. Dans le domaine de la fiction, elle apporta une contribution au roman du XVIIIe siècle, fondé sur la sensibilité, et renouvela l'intérêt pour le roman épistolaire tout en collaborant au mouvement plus nouveau qui entraînait le roman vers un plus grand réalisme. Sa meilleure réussite dans le domaine de l'opéra, *Rosina*, conserve encore de l'intérêt et ses romans, *Julia Mandeville* et *Emily Montague*, ont été réimprimés au XXe siècle. Frances Brooke laisse voir ses convictions féministes à travers la finesse, l'humour et l'indépendance d'esprit des principaux personnages féminins de ces deux romans. Son apport le plus important à la littérature canadienne reste *Emily Montague*, le premier roman à être écrit en Amérique du Nord, qui exprime avec grâce, esprit et intelligence ce que cela représentait de vivre au Canada au XVIIIe siècle.

LORRAINE MCMULLEN

Frances Moore a écrit plusieurs romans publiés à Londres ; son ouvrage le mieux connu au Canada est *The history of Emily Montague, in four volumes, by the author of Lady Julia Mandeville* (1769). Il a été réédité à Londres en 1777, 1784 et 1800, et au Canada, d'abord à Ottawa en 1931, avec une introduction et des notes de Lawrence Johnston Burpee* et un appendice de Frederick Philip Grove*, puis à Toronto, en 1961, avec une introduction de Carl Frederick Klinck. Ce roman a aussi été publié sous le titre *Histoire d'Émilie Montague, par l'auteur de « Julie Mandeville »*, J.-B.-R. Robinet, trad. (4 tomes en 2 vol., Amsterdam, 1770), et *Historie van Emelia Montague, door den schryver van « Lady Julia Mandeville »* (2 vol., Amsterdam, 1783). A Paris, paraissait, en 1770, l'*Histoire d'Émilie Montague, par M. Brooke, imitée de l'anglois par M. Frenais*, suivie, en 1809, d'une nouvelle édition s'intitulant *Voyage dans le Canada, ou histoire de Miss Montaigu*, T. G. M., trad.

All's right at last ; or the history of Miss West (2 vol., Londres, 1774), un autre roman dont le récit se situe en grande partie au Canada, a été attribué à Frances Moore. Il a été traduit sous le titre *Histoire de Miss West, ou l'heureux dénouement, par Mme ***, auteur de « L'histoire d'Émilie Montagu »* (2 vol. en 1, Rotterdam, 1777).

ANQ-Q, AP-G-313/2, George Allsopp à A. M. Allsopp, 12 mars 1785. — APC, MG 23, GII, 1, sér. 1, 2, pp.21, 44–46, 184s. — AUQ, Journal, 2, avril–mai, août–sept. 1767 ; Livre des entrées et sorties des pensionnaires, 1766. — Lincolnshire Archives Office (Lincoln, Angleterre), Claypole, Bishop's transcript of the register of christenings, marriages and burials, 24 janv. 1724 ; Sleaford, Register of burials, 27 janv. 1789 ; Stubton Deposit, 3E/5/D6, F6. — QDA, 82 (D-1), mémoire de 1764 au sujet de John Brooke. — Anecdotes of Mrs Frances Brooke, *European Magazine and London Rev.* (Londres), XV (1789) : 99–101. — *Critical Rev. : or annals of Literature* (Londres), XVI (1763) : 41–45. — *The early diary of Frances Burney, 1768–1778 ; with a selection from her correspondence, and from the journal of her sisters Susan and Charlotte Burney*, A. R. Ellis, édit. (2 vol., Londres, 1889), I : 273. — *Gentleman's Magazine*, 1789, 90. — [William Johnson], *Lincolnshire church notes made by William Johnson, FSA, 1828–1840* [...], W. J. Manson, 9e baron Manson, édit. ([Hereford, Angl.], 1936), 316s. — *Literary anecdotes of the eighteenth century ; comprising biographical memoirs of William Bowyer and many of his learned friends* [...], John Nichols, édit. (9 vol., Londres, 1812–1815), II : 346s. — Maseres, *Maseres letters* (Wallace), 46. — Stubton strong room – stray notes (2nd series) ; Moore and Knowles families – two sisters, Edmund Royds, édit., Associated Architectural Societies of Lincoln, *Reports and Papers* (Lincoln), 38 (1926–1927) : 213–312. — *Theatre, Haymarket* (3 vol., s.l., [1757–1829]), Haymarket Theatre, 1765. — *La Gazette de Québec*, 8 nov. 1764, 14 juill. 1768. — *Public Advertiser* (Londres), 23 mai 1788. — *DNB*. — André Bernier, *Le Vieux-Sillery* ([Québec], 1977), 21s. — Bernard Dufebvre [Émile Castonguay], *Cinq femmes et nous* (Québec, 1950), 30. — John Genest, *Some account of the English stage from the restoration in 1660 to 1830* (10 vol., Bath, Angl., 1832), VI : 191s. — P.-A. Lamontagne et Robert Rumilly, *L'histoire de Sillery, 1630–1950* (Sillery, Québec, 1952), 27. — J. M. Le-Moine, *Maple leaves : history, biography, legend, literature, memoirs, etc.* (7 sér., Québec, 1863–1906), VII : 83. — G. S. Marr, *Periodical essayists of the eighteenth century, with illustrative extracts from the rarer periodicals* (New York, 1970), 162s. — C. S. Blue, Canada's first novelist, *Canadian Magazine* (Toronto), LVIII (1921–1922) : 3–12. — Desmond Pacey, The first Canadian novel, *Dal. Rev.*, XXVI (1946–1947) : 143–150.

MOORE, WILLIAM, acteur, imprimeur et journaliste ; il épousa Agnes McKay le 11 mars 1790 à Québec ; *circa* 1779–1798.

William Moore commença sa carrière d'acteur en Angleterre, se produisant au Liverpool Theatre Royal durant les années 1779 et 1780. Dès 1781, il se trouvait en Jamaïque avec l'American Company, troupe anglaise dirigée par Lewis Hallam qui s'y était réfugié pendant la Révolution américaine. En juillet 1782, Moore imprima sur les presses de la *Royal Gazette* un petit ouvrage intitulé *The elements of free-masonry delineated*, premier livre sur la franc-maçonnerie publié en Jamaïque. Après la guerre, les membres de l'American Company retournèrent peu à peu dans la nouvelle république. En 1785, Moore fit une tournée en Amérique du Nord britannique avec son spectacle individuel, *Fashionable raillery*, soit une série d'interprétations artistiques. En mai et en juin, il joua en Nouvelle-Écosse, d'abord à Shelburne puis à Halifax où son spectacle fut si bien reçu qu'il donna une représentation commandée par le gouverneur John PARR.

En juillet 1785, Moore avait rejoint Hallam qui était alors à Philadelphie à la tête d'une petite compagnie ; en août, ils ouvrirent le John Street Theatre à New York. Le 20 septembre, jour où les bénéfices de la représentation revenaient à Moore, la compagnie présentait la comédie d'Arthur Murphy, *The citizen*, première pièce jouée à New York après la révolution. Moore termina la soirée par son *Eulogy on freemasonry*. En novembre, Moore et Edward Allen formèrent leur propre compagnie et se mirent en route pour le Canada, passant par Albany où ils demeurèrent jusqu'au milieu de février 1786. La saison théâtrale de Montréal s'ouvrit dans la salle de réunions de M. Levy le 16 mars avec une représentation de *She stoops to conquer*. Le 7 juillet, la compagnie partit pour Québec après qu'Allen et Moore eurent pris des dispositions pour y louer une salle dans l'auberge que possédait un franc-maçon de marque, Miles Prentice. Cette salle d'environ 300 places fut convertie en un théâtre flanqué de loges et de deux galeries. Le premier spectacle à Québec eut lieu le 21 juillet. La disparition, après quelques semaines, de la publicité détaillée parue dans *la Gazette de Québec* s'explique probablement par son coût mais aussi par l'influence de l'Église catholique et celle du puritanisme de certains des protestants de la Nouvelle-Angleterre récemment établis à Québec. Au début de 1787, la plus grande partie de la compagnie retourna à Montréal pour quelques mois, mais Moore resta à Québec où il s'associa à une troupe des États-Unis. La compagnie Allen-Moore fit une deuxième saison d'été complète à Québec en 1787 et donna une représentation de *She stoops to conquer* en août, commandée par le prince William Henry. Dès novembre, les acteurs étaient de retour à Montréal pour leur dernière saison ensemble ; jouant dans la salle de Basile Proulx, ils reprirent leur programme de Québec. La première représentation eut lieu sous le patronage de lord Dorchester [Carleton*].

A Québec, tout comme en Jamaïque, Moore combina sa carrière théâtrale et son intérêt pour l'imprimerie. En décembre 1786, au terme de la première saison de sa compagnie dans cette ville, il avait essayé de trouver 40 souscripteurs pour publier ses *Elements of free-masonry* mais, apparemment, il n'eut pas de succès. Deux ans plus tard, en octobre, il annonça l'ouverture de son imprimerie, et le premier numéro de son *Quebec Herald and Universal Miscellany* parut le 24 novembre 1788. Le journal, un hebdomadaire, était imprimé *in quarto* et utilisait des caractères nouveaux achetés chez William Caslon, fils, de Londres ; on annonçait qu'« à l'expiration des douze mois, une page de titre et un index seraient ajoutés gratuitement pour former un volume annuel ». Le journal se vendait une guinée par an, à régler chaque semestre. L'édition française, *le Courier de Québec ou Héraut françois*, cessa après trois numéros seulement, « les abonnés n'étant pas en nombre suffisant pour payer le papier ». Moore continua de publier le *Herald* pendant plus de quatre ans, à une époque de changements constitutionnels importants au Canada, de guerre et de révolution ailleurs. Pour le contenu des nouvelles, il se fondait sur les journaux américains et européens de même que sur ceux des Antilles et des provinces Maritimes. Politiquement, son journal représentait les nouveaux idéaux qui inondaient alors le monde occidental : liberté de la presse, gouvernement démocratique et opposition à toute forme d'autorité arbitraire. Pour Moore, au Canada, ces idéaux s'exprimaient en une opposition aux seigneurs français et anglais, aux « réserves » du clergé et à toute tentative de censure, qu'elle vînt de l'Église ou de l'État. *La Gazette de Montréal* [V. Fleury MESPLET] et le *Herald* avaient beaucoup de choses en commun en matière de politique, et les deux journaux échangeaient souvent des articles. En novembre 1789, Moore décida d'imprimer le journal deux fois par semaine, le lundi et le jeudi, sous le titre de *Quebec Herald, Miscellany and Advertiser*. Quoique l'édition du jeudi ne se poursuivît pour constituer que deux volumes, l'autre continua jusqu'au début de 1793.

Outre son journal, Moore publia un grand nombre d'ouvrages d'un très grand intérêt. Son beau-père, Hugh McKay, *marshal* de la Cour de vice-amirauté, inspecteur intérimaire des cheminées et constable en chef, avait été délégué par le gouvernement pour recenser les habitants mâles de Québec ; en août 1790, il faisait imprimer sur les presses de Moore le premier annuaire d'une ville canadienne. Le deuxième, pour l'année 1791, donnait la liste de 1 347 chefs de famille, mais cette entreprise cessa faute de demande suffisante. En 1791, Moore imprima *The paper read at the bar of the House of Commons* [...] d'Adam Lymburner*, qui donnait les arguments des marchands de Montréal et de Québec en faveur d'une assemblée élue. A la fin de cette année, il imprimait le texte de l'Acte constitutionnel.

A cause de graves difficultés financières, Moore se vit forcé d'arrêter la publication régulière du *Herald* après juillet 1792. Il y notait qu'il avait été « déçu de la recette des publications diverses » et qu'une « grande quantité d'abonnements » au journal n'avaient pas été payés. En juin 1793, ses biens furent saisis pour défaut de paiement de dettes. Il partit immédiatement pour New York où il reprit ses activités théâtrales. Plus tard, il se joignit à la Harper Rhode Island Company à Newport et, le 3 octobre 1793, jour où les bénéfices de la représentation lui revenaient, il prononça de nouveau son *Eulogy on freemasonry* qui fut imprimée dans le *Newport Mercury*.

L'on ne sait rien de précis sur les activités de Moore pendant les quatre années suivantes. En 1798, John Durang, membre du cirque de Rickett, indiquait dans son journal intime qu'il avait rencontré Moore à Québec. Il se peut qu'il soit retourné à Québec en juillet de cette année-là à cause du décès de Hugh McKay, mais on ignore ce qu'il devint par la suite.

William Moore fut un des pionniers dans le domaine de l'imprimerie au Canada. Plusieurs brochures, qui demeurent encore précieuses du point de vue historique, sortirent de ses presses. Contrairement à *la Gazette de Québec* de William BROWN, qui contient peu de nouvelles d'intérêt local, son *Quebec Herald* donne des renseignements sur la vie politique et l'activité sociale dans la province. La colonne de son journal consacrée au courrier des lecteurs est pleine de vie et particulièrement intéressante. Moore fut le premier acteur canadien à diriger une troupe, et même si celle-ci peut, avec raison, être qualifiée de second ordre, il n'en reste pas moins que, pendant deux ans, elle se produisit tantôt à Montréal tantôt à

Québec pendant les saisons théâtrales. De plus, il était franc-maçon, membre de la Société du feu de Québec et l'un des fondateurs de la Société bienveillante de Québec. Pendant son bref séjour de sept ans au Québec, Moore s'intégra parfaitement, d'une part, à la vie politique de la ville en tant qu'imprimeur et, d'autre part, à la vie sociale par ses représentations théâtrales et sa participation à différentes associations.

DOROTHY E. RYDER

ANQ-Q, État civil, Presbytériens, St Andrews (Québec) (copie aux APC). — APC, MG 24, B1, 65 ; 71. — [John Durang], *The memoir of John Durang, American actor, 1785–1816*, A. S. Downer, édit. ([Pittsburgh, Pa., 1966]). — *La Gazette de Montréal*, 1786–1793. — *La Gazette de Québec*, 1786–1798. — *Port-Roseway gazetteer and the Shelburne advertiser* (Shelburne, N.-É.), 12 mai 1785. — *Quebec Herald, Miscellany and Advertiser*, 1788–1793. — *Royal Gazette* (Kingston, Jamaïque), 6–13 juill. 1782. — Tremaine, *Bibliography of Canadian imprints*. — Æ. Fauteux, *Introduction of printing into Canada*. — J. N. Ireland, *Records of the New York stage from 1750 to 1860* (2 vol., New York, 1866–1867 ; réimpr., 1966). — G. C. D. Odell, *Annals of the New York stage* (15 vol., New York, 1927–1949). — H. P. Phelps, *Players of a century : a record of the Albany stage, including notices of prominent actors who have appeared in America* (2e éd., Albany, N.Y., 1880 ; réimpr., New York, 1972). — G. O. Seilhamer, *History of the American theatre* (3 vol., Philadelphie, 1888–1891 ; réimpr., New York, 1968). — Lionel Vibert, *Rare books of freemasonry* ([Londres], 1923). — R. [L.] Wright, *Revels in Jamaica, 1682–1838* [...] (New York, 1937 ; réimpr., [1969]). — L.-P. Desrosiers, Le Quebec Herald, *Cahiers des Dix*, 16 (1951) : 83–94. — É.-Z. Massicotte, Recherches historiques sur les spectacles à Montréal de 1760 à 1860, SRC *Mémoires*, 3e sér., XXVI (1932), sect. I : 113–122. — Victor Morin, Syndicalisme et mutualité, *Cahiers des Dix*, 24 (1959) : 51–84. — R. [L.] Wright, Freemasonry on the island of Jamaica, American Lodge of Research, Freemasons, *Trans.* (New York), III (1938–1939) : 126–158.

MORIN DE FONFAY, JEAN-BAPTISTE (habituellement désigné sous le nom de Morin), officier colonial, né vers 1717 à Louisbourg, île Royale (île du Cap-Breton), fils aîné de Claude Morin et de Madeleine Lamouraux-Rochefort, il vivait encore en 1793.

En 1696, Claude Morin, de Chinon, en France, émigra à Plaisance (Placentia, Terre-Neuve), puis, en 1713, déménagea à l'île Royale. Son fils Jean-Baptiste entra au service du commissaire ordonnateur de Louisbourg en 1737, et il servit à titre de commis, sous les ordres d'André Carrerot*, jusqu'à la chute de la forteresse, en 1745. Jean-Baptiste Morin fut alors employé par l'administration du port de Rochefort (France), sauf pendant un intervalle de sept mois, au cours duquel il s'embarqua pour le Canada avec la désastreuse expédition du duc d'Anville [La Rochefoucauld*]. Pendant son exil en France, Morin épousa Marie-Charlotte Boschet de Saint-Martin, fille d'un commerçant de Louisbourg.

À son retour à Louisbourg, en 1749, Morin fut nommé notaire royal et greffier du Conseil supérieur ; il conserva ce dernier poste jusqu'en 1753. Il était aussi employé dans les bureaux du commissaire ordonnateur, Jacques PREVOST de La Croix. Quand, en 1752, Prevost révoqua le garde-magasin Pierre-Jérôme Lartigue, Morin lui succéda, sous réserve de l'approbation du ministre. L'année suivante, Séguin, le contrôleur, allié de Lartigue, contesta la nomination de Morin, affirmant que celui-ci et son frère Antoine étaient de connivence pour vendre au gouvernement les marchandises de leurs amis. Les Morin fournirent quelques approvisionnements, entre 1737 et 1757, mais il est difficile de dire si leurs méthodes furent plus malhonnêtes que celles de tout autre. Le ministre ordonna que l'on destituât Morin de son poste ; Prevost se porta à sa défense, et l'intendant BIGOT intervint en sa faveur. Morin, apparemment, répondit victorieusement aux accusations, puisqu'il se maintint à son poste, bien qu'il ne l'obtînt jamais à titre permanent.

Qu'il eût profité ou non de ses différentes fonctions, Morin était suffisamment prospère, dans les années 1750, pour susciter la jalousie et s'attirer des dénonciations. En 1753, une requête anonyme les accusait, lui et son frère, de même que Jean LABORDE et Nicolas LARCHER, de mettre en vigueur des prix inférieurs à ceux des fournisseurs de Saint-Malo en important des vivres des colonies américaines. Il est difficile de déterminer l'importance réelle de sa fortune ; on sait, toutefois, qu'il affirma avoir investi 10 500# provenant de ses épargnes dans des expéditions de corsaires en 1757.

Après le siège de 1758, au cours duquel il fut blessé, Morin passa en France, pour y connaître des moments difficiles. Ce n'est qu'en 1762 qu'il fut nommé garde-magasin des colonies à Rochefort ; même là, la surveillance de l'emballage du matériel fut soustraite à sa juridiction, de crainte que son honnêteté ne fût mise à l'épreuve. Ce poste fut éliminé, dans le cadre d'une réforme administrative, en 1771, mais Morin continua de travailler à la comptabilité jusqu'en 1773. Après un court mandat comme commissaire des classes, à Rochefort, il fut mis à la retraite en 1776, avec une pension annuelle de 2 000#.

Apparemment, Morin décida de réintégrer l'administration navale après que son fils aîné, officier dans les troupes de la Marine servant alors en Guadeloupe, se fut lourdement endetté. En 1781, avec l'appui du prince de Conti, il obtint un poste, de nouveau à titre de commissaire des classes, d'abord à Saintes, puis à Angers. En avril 1783, des employés de l'État découvrirent que Morin avait détourné 15 000# de la caisse des invalides pour honorer des lettres de change que son fils avait tirées sur lui. Il fut emprisonné jusqu'en octobre 1786. En dépit de suppléments de pension à sa femme et d'un emploi donné à son fils cadet dans l'administration navale, Morin fut réduit à la pauvreté. Ses demandes pour une pension furent rejetées, bien qu'en 1792 celle de sa femme fût de nouveau augmentée.

Dans ses requêtes au ministre, tout au long de sa carrière – la dernière est de 1793 – Morin prit soin de faire valoir les services qu'il aurait rendus à la couronne. Il prétendit que, pendant la mutinerie de 1744, il avait aidé Carrerot à regagner la confiance des troupes, qu'il avait vu à l'approvisionnement des soldats et des habitants pendant et après le siège de 1745, et qu'en 1749 il avait dirigé l'embarquement pour Louisbourg. Il insistait sur son efficacité dans la réorganisation du magasin après le renvoi de Lartigue, sur son désintéressement, qui lui fit tenir à ses frais les archives de l'île Royale après son retour à La Rochelle en 1758, sur la diligence avec laquelle il avait dirigé l'envoi de 150 navires de ravitaillement dans les colonies en 1763–1764 et sur son honnêteté, qui lui fit refuser une participation dans l'armement des navires. Jusqu'à quel point ces prétentions étaient-elles exactes ? Tout ce qu'on peut dire, c'est que le gouvernement contesta uniquement ses allégations au sujet des archives.

En dépit des accusations du contrôleur Séguin, qui paraissent avoir assombri sa carrière, Morin semble avoir été un employé de l'État compétent. Il profita, à l'instar de bien d'autres dans l'administration royale, de l'imprécision des frontières entre le domaine public et le domaine privé, de l'avancement dû à l'influence et au favoritisme, et des procédés comptables approximatifs qui étaient un encouragement aux serviteurs du roi à utiliser les fonds de l'État à leurs propres fins, comme à engager leur propre argent au service du roi avec l'espoir de futures récompenses. Comme certains autres, Morin devait être, un jour, victime de ce système.

T. J. A. Le Goff

AN, Col., C[8B], f.21 et F[2C], 4, ff.198, 227, détail des voyages de Jean-Baptiste Morin (Maurin) : deux fois de Louisbourg à la Martinique en 1752 et une fois à Saint-Domingue (île d'Haïti) en 1755. Les registres et les dossiers des occupants de la paroisse de la forteresse de Louisbourg laissent croire que ces voyages n'ont pu être faits par Morin de Fonfay. Un document aux AN, Section Outre-Mer, G[3], 2 047/2, 3 juill. 1753, confirme l'existence d'un Jean Maurin de Saint-Domingue qui mourut en 1753 et pour qui, Antoine, le frère de Morin de Fonfay, servit d'exécuteur testamentaire. [T.J.A.L.]

AN, Col., B, 97, f.316 ; 168, f.232 ; C[11B], 29, f.171 ; 33, ff.328, 424–425, 475 ; 34, f.122 ; 36, ff.28, 36, 145 ; C[11C], 11 ; 12 ; D[2C], 7, p.111 ; 101, p.186 ; E, 317 (dossier Jean-Antoine-Charles Morin) ; Marine, C[2], 42, pp.48–63 ; 43, p.120 ; 45, p.317 ; 48, p.155 ; 55, f.244 ; C[7], 220 (dossier Jean-Baptiste Morin de Fonfay) ; CC[7], dossier Morin de Fonfay ; Pierre-Louis-Joseph Morin ; Section Outre-mer, G[1], 408 ; 410 ; G[3], 2045, 21 oct. 1757 ; 2047/2, 21 juill. 1752 ; 2055, 15 janv. 1713.

MORRIS, CHARLES, officier, fonctionnaire et juge, né le 8 juin 1711 à Boston, fils aîné de Charles Morris, un voilier prospère, et d'Esther Rainsthorpe ; il épousa vers 1731 Mary, fille de John Read, procureur général du Massachusetts, et ils eurent 11 enfants ; inhumé le 4 novembre 1781 à Windsor, Nouvelle-Écosse.

En 1734, Charles Morris enseignait à l'école secondaire de Hopkinton, au Massachusetts, et vivait, avec sa femme, à la ferme de son père décédé. On ne connaît rien de son activité, depuis ce moment jusqu'en 1746. Cette année-là, il reçut du gouverneur William Shirley une commission de capitaine avec mandat de lever une compagnie de renfort pour la défense d'Annapolis Royal, en Nouvelle-Écosse [V. Paul Mascarene*]. Le 5 décembre, Morris et 100 hommes reçurent l'ordre de se rendre d'Annapolis Royal à la région des Mines (près de Wolfville), pour servir d'avant-garde au détachement du colonel Arthur Noble*. Morris assista à la bataille opposant les troupes de Noble aux Canadiens et aux Indiens, commandés par Nicolas-Antoine Coulon* de Villiers, à Grand-Pré, le 31 janvier 1746/1747.

Les renforts de la Nouvelle-Angleterre à Annapolis Royal reçurent l'ordre de rentrer chez eux, pour y être licenciés, en octobre 1747, mais Morris et les autres officiers continuèrent de servir et passèrent l'hiver au Massachusetts, à faire du recrutement pour la garnison d'Annapolis Royal. En octobre, Morris avait soumis à Shirley un mémoire dans lequel il faisait ressortir la nécessité d'un fort bien défendu chez les Acadiens des Mines ; profitant évidemment de l'intérêt de Morris pour la région, le gouverneur le chargea d'en faire l'arpentage. Morris arriva à Annapolis Royal au printemps de 1748, et, en mai, Mascarene, conformément aux ordres de Shirley, l'envoya arpenter la région des Mines. Un mois plus tard, il lui donna l'ordre de faire de même dans la région de Chignectou. Accompagné de 50 hommes, Morris traversa l'isthme de Chignectou et fit aussi l'arpentage de la baie de Fundy, « tout à fait inconnue des Anglais » à cette époque. Tout en effectuant ce travail, Morris nota, pour chaque district acadien, le nombre d'habitants et l'état de leurs établissements. Le mauvais temps l'empêcha de pousser ses travaux le long de la rive septentrionale de la baie jusqu'à celle de Passamaquoddy (Nouveau-Brunswick). En février 1749, Shirley fit parvenir au duc de Bedford, secrétaire d'État pour le département du Sud, le « plan de la baie de Fundy » de Morris et les « observations » de ce dernier « faites sur les lieux » ; il recommandait de confier à Morris d'autres fonctions d'arpenteur en Nouvelle-Écosse.

Les observations de Morris, contenues dans un manuscrit de 107 pages intitulé « A brief survey of Nova Scotia », ont amené Andrew Hill Clark* à voir en lui le premier géographe de la Nouvelle-Écosse à travailler sur le terrain. Le « Survey » comprend une « description générale de la Nouvelle-Écosse, de ses produits naturels, du sol, de l'air, des vents, etc. », reconnaît trois régions climatiques et décrit les Indiens. On y trouve aussi un exposé sur le commerce, l'agriculture, les établissements et la population des Acadiens ; sur ce dernier sujet d'ailleurs, il constitue une importante source de renseignements.

Dans son mémoire, Morris avait recommandé la construction d'un fort bien défendu sur la côte de l'Atlantique pour contrebalancer la présence de Louisbourg, île Royale (île du Cap-Breton), et pour protéger les pêcheries britanniques ; CORNWALLIS fonda Halifax en 1749, et Morris fut l'un des premiers colons à s'y installer. Il dressa le plan de la ville avec l'aide de John BREWSE. Sur la recommandation du comte de Halifax, président du Board of Trade, le gouverneur nomma Morris « arpenteur en chef des terres de cette province », le 25 septembre de la même année. En 1750, Cornwallis ordonna à Morris d'effectuer l'arpentage de la presqu'île de Halifax et de faire rapport sur sa superficie, à l'exclusion de la ville et de sa banlieue. Morris s'acquitta de cette tâche et suggéra de réserver 240 acres de terre, à titre de commune, pour le bois de chauffage et pour de futurs pâturages.

Morris dut certainement être déçu de la lente progression des nouveaux établissements britanniques de Halifax et de Dartmouth. Dans un rapport présenté en 1753, dans lequel il examinait leur faible taux de croissance, il décrivait ces nouvelles villes comme des établissements de garnison uniquement. Il attirait aussi l'attention sur le fait que bon nombre de colons, manquant d'emploi, quittaient la colonie, aussitôt épuisées les provisions reçues en prime. Selon lui, ces établissements ne pouvaient prospérer tant que des fermiers et des pêcheurs ne se seraient pas installés dans la région.

En 1751 et en 1752, Morris fit l'arpentage de la côte, de Port Rossignol (Liverpool) à la région de Chezzetcook, afin d'étudier les emplacements possibles d'un nouveau canton qui accueillerait les « protestants étrangers » alors regroupés à Halifax. Le gouverneur Peregrine Thomas Hopson* choisit le site de Mirligueche, à cause de son port, et accompagna, à la fin d'avril 1753, une expédition de Suisses et d'Allemands dans cette région. Morris et son assistant, James Monk*, l'aîné, secondés par dix colons qui leur taillaient un chemin dans les broussailles, s'affairèrent à dresser le plan du nouvel établissement de Lunenburg tout de suite après le premier débarquement de colons. Le 18 juin, Morris était à piqueter chacun des lots où seraient bâties les maisons des habitants. Il prépara aussi un plan pour la disposition des maisons et des casemates, sur lequel il indiqua les terres déjà défrichées. Pendant l'été, Morris et son équipe dessinèrent des « lots pour des jardins » et firent l'ébauche d'un « plan de lots de trente acres adjacents au bourg de Lunenburg et devant servir de fermes », qu'ils présentèrent au Conseil de la Nouvelle-Écosse le 15 septembre. L'arpentage des lots du bourg se poursuivit jusqu'à l'été de 1754. Comme il était impossible de faire les levés complets de centaines de lots dans le territoire fortement boisé environnant Lunenburg, les arpenteurs tirèrent les lignes principales, marquèrent les angles et jalonnèrent suffisamment les lignes mitoyennes pour indiquer leur orientation, laissant aux colons le soin de continuer le travail.

Nommé au Conseil de la Nouvelle-Écosse le 30 décembre 1755, Morris n'en était donc pas encore membre quand on avait décidé, au mois de juillet précédent, d'expulser les Acadiens. En 1751 cependant, Morris avait déjà fait l'importante suggestion de déraciner les Acadiens de la région de Chignectou dans le mémoire intitulé « Representation of the relative state of French and English in Nova Scotia », qu'il avait transmis à Shirley. Ce dernier partait alors pour l'Angleterre en sa qualité de membre de la commission britannique chargée de régler la dispute anglo-française au sujet des frontières de l'Acadie. De l'avis de Morris, la présence des Indiens et des Français sur la rive nord de la baie de Fundy et dans la région de Chignectou rendait impossible toute véritable colonisation britannique dans la province. Aussi recommanda-t-il le déplacement des Acadiens « par quelque stratagème [...] la manière la plus efficace [étant] de détruire tous [leurs] établissements en incendiant toutes les maisons, en faisant des brèches dans les digues et en détruisant tous les grains actuellement sur pied ». Au cours de ses délibérations concernant le sort des Acadiens, le conseil consulta Morris, alors le fonctionnaire le mieux renseigné sur eux. Les vues de Morris n'avaient pas changé, et le révérend Andrew Brown* jugea que son rapport au conseil faisait « peu honneur à son cœur » et que ses « avis [étaient] cruels et ses conseils barbares ».

En mars 1757, Morris et d'autres conseillers se plaignirent auprès du Board of Trade du retard du gouverneur Charles Lawrence* à convoquer une assemblée. Favorable à l'établissement dans la province de colons de la Nouvelle-Angleterre, Morris savait que le mouvement d'immigration ne se produirait pas, sans la garantie d'une assemblée aux éventuels colons. Les conseillers Morris et Benjamin GREEN assermentèrent les députés de l'Assemblée, lors de la réunion de la première législature, le 2 octobre 1758.

Au printemps de 1759, l'immigration des colons de la Nouvelle-Angleterre dans la province ne faisait encore que commencer, et, le 18 avril, des agents du Connecticut et du Rhode Island parurent devant le conseil pour discuter des offres de terres [V. John HICKS]. Il fut convenu que Morris les accompagnerait sur l'un des navires de la province et leur montrerait « les régions de la province les plus convenables à l'établissement de cantons ». Le conseil ayant décidé de faire le nécessaire pour établir un certain nombre de familles aux Mines, à Rivière-aux-Canards (près de Canard), à Pisiquid (Windsor) et à Grand-Pré, il est évident que les connaissances de Morris du nombre de familles acadiennes que chaque district avait pu faire vivre durent être précieuses. On élabora des avant-projets en vue de créer des cantons à Chignectou et à Cobequid (près de Truro), et, le 17 août, le conseil, se fondant sur une carte de la Nouvelle-Écosse préparée par Morris, procéda à la division de la province en cinq comtés.

Après la chute de Québec, on prit d'autres mesures, au printemps de 1760, en vue de l'arrivée de colons de la Nouvelle-Angleterre. Le 8 mai, Morris reçut l'ordre de « procéder en direction ouest, le long de la côte [...] pour tracer et mettre au point les limites des cantons ». Au cours de son voyage, il visita la nouvelle ville de Liverpool, où il laissa les habitants « pleins d'entrain [et] extrêmement heureux de leur situation » ; à Annapolis Royal il trouva 40 colons qui avaient déjà formé un comité chargé de délimiter les lots du canton de Granville. A Pisiquid, il découvrit que les six convois, arrivés à destination du canton des Mines, avaient « été 21 jours en route et [avaient] beaucoup souffert du manque de provende et de foin pour leur bétail ». Il demanda au conseil son avis sur la question d'envoyer ou non de nouveau des navires à New London (Connecticut) pour y prendre d'autres colons et sur celle de l'emplacement des établissements dans la région de Pisiquid ; en outre, il réclama des planches pour la construction de magasins et d'un abri pour les troupes. Le conseil laissa toutes ces questions au jugement de Morris et ordonna qu'on lui fît « crédit sur le trésor ici ou chez M. [Thomas] Hancock à Boston pour l'acquisition du bois de construction ou le paiement des travaux, selon les nécessités ». Morris passa les étés de 1760 à 1762 à s'occuper des nouveaux établissements, mais il assista aux séances du conseil en hiver. Il proposa des mesures aussi pratiques que l'acquisition de diverses sortes de semences, l'affectation de £25 à l'achat de sel pour les pêcheries fluviales des cantons de Horton, Cornwallis et Falmouth, et une distribution supplémentaire de porc et de farine aux colons de Liverpool.

Les nouveaux cantons avaient jusqu'à 100 000 acres de superficie, et « à [l'époque du] premier établissement » un « emplacement était projeté pour le village et le plan en était dessiné par l'arpenteur en chef, et les limites de l'ensemble du territoire fixées ». Pour pouvoir tirer les lignes dans les terres sauvages, Morris était aidé parfois de 30 ou 40 hommes payés à même les fonds publics. Chaque canton était concédé en sections à des colons dont le nombre pouvait atteindre plusieurs centaines ; une fois fixées les frontières du canton, les limites de chaque lot particulier, propriété d'un colon, étaient déterminées par des adjoints nommés par Morris et payés par les propriétaires des lots.

Le 3 novembre 1761, Jonathan BELCHER, administrateur de la province, envoyait au Board of Trade trois cartes exactes, préparées par Morris, des endroits habités dans le bassin des Mines et les baies de Cobequid et de Chignectou. Au mois de janvier suivant, Belcher transmit le rapport de Morris sur les nouveaux établissements et sa description de plusieurs villages. Le rapport de 1761 contenait une bonne description des ressources naturelles de chaque canton et de leur utilisation tant présente que future ; en outre, des remarques et des commentaires pénétrants de Morris donnaient de la Nouvelle-Écosse une image précieuse pour le gouvernement de son temps mais aussi pour les historiens, les géographes et les écologistes d'aujourd'hui. Morris décrivit également la migration des colons de la Nouvelle-Angleterre et fit remarquer que, pendant l'été, il y avait sur la côte sud « une bonne pêcherie de morue » et prédit que, dans quelques années, la pêche se « déplacerait de la Nouvelle-Angleterre vers cette côte ». Il affirma, de même, qu'un grand commerce de bois de construction pourrait être mis sur pied, si le gouvernement britannique imposait sur le bois de la Baltique des droits équivalents au coût du transport à partir de la Nouvelle-Écosse.

Au printemps et à l'été de 1762, Morris s'occupa d'établir des colons dans les cantons de Barrington, d'Yarmouth et de Liverpool, et de dresser la carte du littoral, du cap de Sable au cap Negro. L'année suivante, on l'envoya avec Henry Newton dans le comté d'Annapolis pour y faire enquête sur des querelles à propos de biens fonciers, et à la rivière Saint-Jean (Nouveau-Brunswick) pour informer les Acadiens vivant près de Sainte-Anne (Fredericton) qu'ils devaient déménager dans une autre partie de la province. Morris et Newton annoncèrent aussi aux colons originaires de la Nouvelle-Angleterre, installés à Maugerville, que leurs terres étaient réservées à l'établissement de militaires. Tous deux prirent toutefois la part de ces colons et écrivirent à Joshua MAUGER, l'agent de la province à Londres, pour lui demander d'user de son influence auprès du Board of Trade en vue de leur obtenir la permission de rester. Les colons reçurent effectivement, par la suite, confirmation de leurs droits de propriété. A l'été et à l'automne de 1764, on envoya Morris faire des levés dans les îles du Cap-Breton et Saint-Jean (Île-du-Prince-Édouard) et examiner la nature du sol, les rivières et les havres, mais le mauvais temps l'obligea à se limiter à l'île du Cap-Breton et à Canseau (Canso, Nouvelle-Écosse). L'année suivante, il fit les levés de la baie de Passamaquoddy et de la rivière Saint-Jean ; en 1766, il arpenta les cantons de Sunbury et de Gage sur la Saint-Jean.

La forte spéculation qui eut cours vers cette époque [V. Alexander McNutt*] entraîna quelques concessions d'une superficie considérable, en particulier celles de 750 000 acres sur la rivière Saint-Jean et d'autres qui couvrirent toute l'île Saint-Jean. En 1768, Morris prépara un plan et une description du port de Saint-Jean et des cantons de Burton, Sunbury, Gage et Conway, qu'il inséra dans une lettre à William Spry, l'un des concessionnaires sur la rivière. Il y décrivait le mascaret (*reversing-falls*) de la Saint-Jean ainsi que les petites plaines alluviales à l'embouchure de ses affluents (*intervales*), les conditions de navigation pour les navires de 100 tonneaux jusqu'à Sainte-Anne, les débordements de la rivière au printemps et les productions de la région. Plus tard, il recommanda qu'une bande de 25 milles au moins fût réservée à la couronne de chaque côté de la rivière, de manière à conserver à la marine royale les pins pouvant servir de mâts pour ses navires.

Le capitaine Samuel Jan Holland* avait arpenté l'île Saint-Jean en 1765–1766, mais aucun arpenteur n'y avait délimité des lots en vue de l'établissement éventuel de colons. Aussi, quand il fit des plans pour le gouvernement de l'île, en 1768, le lieutenant-gouverneur Michæl FRANCKLIN donna-t-il à Morris l'ordre d'y poursuivre les arpentages. Morris s'absenta de mai à octobre, tirant les lignes du « terrain sur lequel la ville de Charlotte Town » et autres établissements devaient être construits. Sur le chemin du retour, il était chargé de voir comment « les terres des cantons de Truro, d'Onslow et de Londonderry [avaient] été occupées ». En juin 1769, Morris reçut du gouverneur, lord William CAMPBELL, instructions « d'aller d'ici à New York pour fixer les limites et frontières des gouvernements de New York et du New Jersey ». Il s'absenta pendant un an environ pour compléter cette tâche qui paraît avoir été sa dernière entreprise d'envergure en tant qu'arpenteur. Par la suite, il ne s'absenta jamais assez longtemps du conseil pour qu'il lui fût possible d'entreprendre de semblables travaux.

Pendant les années 1770, l'inflation et les dépenses occasionnées par les nouveaux modes de concession des terres avaient rendu le salaire et les honoraires attachés au poste d'arpenteur général de plus en plus inadéquats. Selon les nouvelles directives concernant les terres, l'arpenteur général devait assumer les coûts de l'arpentage de chaque lot en particulier en plus de celui de l'ensemble de la région « puisqu'il n'existait aucune disposition préalable pour couvrir les frais que le gouvernement ou les concessionnaires payaient auparavant ». Le fils de Morris, Charles*, estimait en 1772 que, de 1749 à 1771, son père avait dépensé en frais d'arpentage, pour l'équipement et les instruments, par exemple, plus de £2 500 de ses propres deniers, non remboursées par le gouvernement. Comme les honoraires attachés à cet emploi ne rapportaient en moyenne que £15 par année, Morris demanda une hausse annuelle à même la subvention octroyée par le parlement. Le gouvernement britannique refusa d'accéder à cette demande, mais accepta de lui verser une certaine rémunération pour chaque tranche de 100 acres arpentées, le montant étant laissé à la discrétion du gouverneur. Le gouverneur Francis LEGGE seconda les efforts de Morris en vue d'obtenir une augmentation de ses honoraires, et la famille Morris resta fidèle à Legge lorsque ce dernier eut des difficultés avec le conseil et avec les marchands. Ainsi, Morris ne signa pas la pétition que le conseil adressa au roi pour se plaindre de Legge.

Morris fut nommé juge de paix de la ville et du comté de Halifax en décembre 1750 et juge de la Cour inférieure des plaids communs du comté de Halifax en mars 1752. En janvier 1753, un mémoire soumis au conseil accusa les juges de paix de préférer souvent à la loi et à la jurisprudence d'Angleterre celles du Massachusetts ; Morris fit alors valoir que ses décisions étaient fondées sur « les usages constants des tribunaux, tant ici qu'en Angleterre ». Bien que les juges eussent été confirmés dans leurs fonctions par Hopson, l'insatisfaction persistante influença la décision prise par le gouverneur de demander un juge en chef. Pour la première fois, en 1754, année où Belcher devint juge en chef, une personne ayant une formation juridique présida les tribunaux de la Nouvelle-Écosse.

En 1763, l'Assemblée présenta au lieutenant-gouverneur Montagu Wilmot* une requête l'exhortant, entre autres, à nommer deux juges adjoints au juge en chef. John Collier* et Morris furent nommés l'année suivante, au salaire annuel de £100 chacun. Dans la rédaction des commissions de ses subordonnés, Belcher leur laissa cependant si peu d'initiative qu'ils ne pouvaient entendre une cause que conjointement avec le juge en chef et qu'ils ne pouvaient même pas déclarer la cour ouverte ou en prononcer l'ajournement sans sa présence et son consentement. Il en résulta que Belcher pouvait les ignorer, et c'est ce qu'il fit. Richard GIBBONS décrivit un procès au cours duquel Belcher invita ses adjoints à adresser la parole au jury. Le juge en chef résuma ensuite la preuve, donna sa propre opinion, tout à fait différente de celle de ses adjoints, et demanda au jury de rendre son verdict dans le sens qu'il avait indiqué. Morris fut nommé, le 12 mai 1764, assistant du chancelier à la Cour de la chancellerie – cour où « les plaideurs [... étaient] si pauvres que les assistants du chancelier y donnaient pour rien leur temps et leurs efforts ».

Après la mort de Belcher, en mars 1776, Legge nomma Morris, en sa qualité de principal juge adjoint, au poste de juge en chef, en attendant la décision du gouvernement britannique relativement à la nomination d'un titulaire permanent. La plupart des causes civiles entendues par Morris concernaient des affaires de dettes et des contraventions, et il est évident qu'il avait beaucoup appris, dans le domaine du droit, en écoutant Belcher. Il jugea aussi, au criminel, des causes de vol, de faux et de meurtre, présida le procès de Malachy SALTER, accusé de propos séditieux, et le procès pour trahison des personnes impliquées dans le soulèvement de Jonathan Eddy* dans le comté de Cumberland. Le 15 avril 1778, Bryan Finucane assuma les fonctions de juge en chef et Morris retourna à son poste de premier juge adjoint, qu'il conserva jusqu'à sa mort. C'est de ce rôle de juge, qu'ils estimaient prestigieux socialement, que Morris et sa famille tiraient le plus de fierté.

Les membres de la famille Morris avaient en Nouvelle-Écosse la réputation d'être de bons administrateurs et de bons arpenteurs. Charles Morris fut arpenteur général des terres de la province pendant 32 ans, période au cours de laquelle on vit la fondation de Halifax et de Lunenburg et la venue des préloyalistes, et pendant laquelle on jeta les fondations de la colonie. Le conseil avait une entière confiance en ses décisions comme dans son action, et le chroniqueur de la Nouvelle-Écosse du XVIIIe siècle, John Bartlet Brebner*, célébra son honnêteté et son impartialité. Malgré les difficultés rencontrées au cours des premières années de la colonie, Charles Morris fut en effet « un fidèle serviteur de la couronne ».

PHYLLIS R. BLAKELEY

La BL et les archives du Ministry of Defence, Hydrographer of the Navy (Taunton, Angl.), conservent des plans de Morris, difficiles à identifier puisqu'il n'a pas signé tous ses travaux. Il existe de nombreuses références cartographiques au G.-B., PRO, *Maps and plans in the Public Record Office* (2 vol. parus, Londres, 1967–), II. Le PRO, sous la cote CO 221/38, conserve différents relevés, descriptions et notes préparés par Charles Morris (mfm aux APC). Plusieurs des documents conservés aux APC sont inventoriés dans le APC *Rapport* de 1912.

Un certain nombre des travaux de Morris ont été publiés : Judge Morris' remarks concerning the removal of the Acadians, N.S. Hist. Soc., *Coll.*, II (1881) : 158–160 ; Observations and remarks on the survey made by order of His Excellency according to the instructions of the 26th June last, on the eastern coasts of Nova Scotia and the western parts of the island of Cape Breton, PANS *Report* (Halifax), 1964, app.B, 20–28 ; The St. John River : description of the harbour and river of St. John's in Nova Scotia, and of the townships of Sunbury, Burton, Gage, and Conway, lying on said river [...] dated 25th Jan. 1768, *Acadiensis* (Saint-Jean, N.-B.), III (1903) : 120–128. Son rapport conjoint avec Richard BULKELEY, « State and condition of the province of Nova Scotia together with some observations &c, 29th October 1763 », se trouve dans le PANS *Report*, 1933, app.B, 21–27. [P. R. B.]

APC, MG 23, F1, sér. 5, 3, ff.421–461 (mfm aux PANS). — Halifax County Court of Probate (Halifax), M154 (testament de Charles Morris) (mfm aux PANS). — PANS, RG 1, 29, n° 4 ; 35 ; 36 ; 37, n°s 18, 20 ; 39, n°s 37–47, 62–63 ; 163/2, p.54 ; 164/1, pp.16–18, 33, 48–53, 73–75, 85 ; 164/2, pp.89–95, 260, 277, 302–304,

315 ; 165, pp.58s., 229, 269 ; 166 ; 166A ; 167 ; 168, pp.458–460 ; 169, p.6 ; 170, p.21 ; 209, 3 janv., 29 déc. 1752, 9 janv., 5 mars 1753 ; 210 ; 211, 18 avril, 17 mai, 17 août 1759, 5 juin 1760, 16 févr., 14 avril, 15, 22 mai 1761 ; 212, 22 oct. 1768, 16 juin 1769, 19 sept. 1770 ; 359 ; 361 ; 363, n°s 34, 35, 38 ; 374 ; RG 39, J, Books 1, 6 ; 117. — PRO, CO 217/19, ff.290–297 ; 217/20, ff.43–50 ; 217/29, f.49 ; 217/50, ff.85–87, 91–94 ; 217/51, ff.51–52, 59–61, 70–73, 190–193 ; 217/52, ff.116–117 ; 217/55, ff.196–199. — Royal Artillery Institution, Old Royal Military Academy (Woolwich, Angl.), A brief survey of Nova Scotia, with an account of the several attempts of the French this war to recover it out of the hands of the English. — St Paul's Anglican Church (Halifax), Registers for Windsor–Falmouth–Newport, 1774–1795, 4 nov. 1781 (mfm aux PANS). — APC *Report*, 1904, app.F, 289–300 ; 1912, app.H. — Boston, Registry Dept., *Records relating to the early history of Boston*, W. H. Whitmore *et al.*, édit. (39 vol., Boston, 1876–1909), [24] : *Boston births, 1700–1800*, 76. — Trials for treason in 1776–1777, N.S. Hist. Soc., *Coll.*, I (1878) : 110–118. — APC, *Catalogue of maps, plans and charts in the map room of the Dominion Archives* (Ottawa, 1912). — Bell, *Foreign Protestants*, 104n., 237n., 331n., 408, 425s., 428, 446, 468–474, 569–575. — Brebner, *Neutral Yankees* (1937), 82–84, 90s., 95s. ; *New England's outpost*, 131, 234–250, 254. — Clark, *Acadia*, 189n., 344n. — Raymond, *River St. John* (1910), 277s., 353, 375s., 473–479. — Ethel Crathorne, The Morris family – surveyors-general, *Nova Scotia Hist. Quarterly* (Halifax), 6 (1976) : 207-216. — A. W. H. Eaton, Eminent Nova Scotians of New England birth, number one : Capt. the Hon. Charles Morris, M.C., *New England Hist. and Geneal. Register*, LXVII (1913) : 287-290. — Margaret Ells, Clearing the decks for the loyalists, CHA *Report*, 1933, 43–58. — W. F. Ganong, A monograph of the cartography of the province of New Brunswick, SRC *Mémoires*, 2e sér., III (1897), sect. II : 313–425. — R. J. Milgate, Land development in Nova Scotia, *Canadian Surveyor, special edition ; proceedings of the thirty-ninth annual meeting of the Canadian Institute of Surveying* [...] *1946* ([Ottawa, 1946]), 40–52 ; Surveys in Nova Scotia, *Canadian Surveyor* (Ottawa), VIII (1943–1946), n° 10 : 11–14.

MOUET DE LANGLADE, CHARLES-MICHEL, trafiquant de fourrures, officier dans les troupes de la Marine et employé au département des Affaires indiennes, baptisé le 9 mai 1729 à Michillimakinac (Mackinaw City, Michigan), fils d'Augustin Mouet de Langlade, trafiquant en vue, et de Domitilde, sœur de NISSOWAQUET ; il épousa à Michillimakinac, le 12 août 1754, Charlotte-Ambroisine, fille de René BOURASSA, dit La Ronde, et ils eurent deux filles ; il avait également un fils, Charles, né d'une liaison antérieure avec une Outaouaise ; décédé au cours de l'hiver de 1800–1801 à La Baye (Green Bay, Wisconsin).

Durant toute sa longue et active carrière, Charles-Michel Mouet de Langlade se fit connaître par l'influence dont il jouissait auprès des Indiens. Son ascendant procédait de ses liens de parenté avec l'important chef Nissowaquet ainsi que de ses qualités personnelles, mais aussi d'un incident qui remontait à son enfance. Il avait dix ans lorsqu'il accompagna Nissowaquet dans une expédition contre les Chicachas, expédition qui fut couronnée de succès. Les Outaouais, qui avaient essuyé deux défaites auparavant, en conclurent que le jeune garçon était sans aucun doute habité par un esprit tutélaire.

En 1750, Langlade était cadet dans les troupes de la Marine. Ses premiers exploits militaires consignés eurent pour théâtre Pickawillany (Piqua, Ohio) en 1752. Britanniques et Français se livraient une chaude lutte pour la mainmise sur la vallée de l'Ohio et sa population indigène. Devant l'incapacité de Pierre-Joseph Céloron* de Blainville de convaincre les Miamis dirigés par Memeskia (La Demoiselle) de quitter Pickawillany qui était sous l'influence des Britanniques, on y délégua Langlade avec une petite armée de quelque 300 hommes, Indiens et Français. Ils attaquèrent le 21 juin, à un moment où la plupart des Miamis étaient partis à la chasse, et Langlade contraignit à se rendre les quelques habitants demeurés au village ainsi que les commerçants britanniques. Memeskia fut capturé, ébouillanté et mangé. Le gouverneur DUQUESNE écrivit de Langlade : « on luy accorde icy beaucoup de bravoure, beaucoup de crédit sur l'esprit des Sauvages, et beaucoup de zèle quand on le commande pour marcher ».

Promu enseigne le 15 mars 1755, Langlade participa activement à la guerre de Sept Ans. Il affirma avoir conçu le plan de l'embuscade qui amena la défaite d'Edward Braddock par Jean-Daniel DUMAS près du fort Duquesne (Pittsburgh, Pennsylvanie), en 1755. Il y retourna en mission de reconnaissance en août 1756, accompagné de ses fidèles Indiens. Ils demeurèrent dans l'Est tout au long de l'hiver et, le 21 janvier 1757, ils firent partie du détachement qui dressa l'embuscade dans laquelle tombèrent Robert ROGERS et ses *rangers* près du fort Carillon (Ticonderoga, New York). Langlade était à ce moment-là enseigne à la demi-solde. Pendant qu'il servait sous les ordres de Montcalm*, lors du siège du fort George (également connu sous le nom de fort William Henry ; aujourd'hui Lake George, New York), au cours de l'été de 1757, il contribua à la capture d'une flottille britannique. En septembre 1757, le gouverneur Vaudreuil [RIGAUD] le nomma commandant en second à Michillimakinac. Deux ans plus tard, Langlade était présent au siège de Québec. Si les renforts qu'il avait demandés à LÉVIS étaient arrivés à temps, avec ses Indiens il aurait peut-être anéanti le détachement dont Wolfe* avait pris la tête pour aller procéder à une reconnaissance en amont de la rivière Montmorency, le 26 juillet. Au lieu de cela, les deux corps se replièrent après une brève escarmouche. En 1760, Langlade quitta Michillimakinac pour se rendre à Montréal où il apprit qu'il avait été promu lieutenant avec demi-solde. Ayant reçu l'ordre de quitter la ville tout juste avant sa capitulation, il retourna à Michillimakinac dont il assuma le commandement jusqu'à l'arrivée des Britanniques, en septembre 1761.

Le service des armes n'avait toutefois pas absorbé toute l'énergie de Langlade. En octobre 1755, le commandant de Michillimakinac lui avait ordonné d'aller établir un poste de traite à l'embouchure de la Grande Rivière (Grand Haven, Michigan) et de l'utiliser pour chercher à maintenir l'emprise sur les Outaouais et les Potéouatamis le long de la rive ouest du lac Michigan. Langlade continua à se livrer à son commerce d'hiver à cet endroit jusqu'à la fin de 1790 ; jusqu'à 15 hommes travaillèrent pour lui.

A l'instar de bon nombre des habitants de Michillimakinac, il semble que Langlade se soit accommodé sans trop de difficulté de la domination britannique. Lorsqu'en 1763 lui parvinrent les rumeurs d'un soulèvement chez les Sauteux, il en prévint le commandant, George Etherington, mais celui-ci négligea l'avertissement et les Sauteux, ayant à leur tête Madjeckewiss*, s'emparèrent du fort. Au péril de sa vie, Langlade arracha Etherington et William Leslye au poteau de supplice. On l'a critiqué parce qu'il ne permit pas à Alexander Henry*, l'aîné, de trouver refuge dans sa maison, mais Langlade ne tenait pas à mettre en danger la sécurité de sa famille ; il vit toutefois à ce que Henry soit sauf : grâce à son aide et à celle des Outaouais de sa parenté, les survivants de l'attaque finirent par regagner Montréal. Langlade prit le commandement du fort jusqu'à ce que les Britanniques affirment de nouveau leur présence l'année suivante. Il alla ensuite élire domicile à La Baye où vivait déjà son père.

Au début de la guerre d'Indépendance américaine, le gouverneur Guy Carleton* disait de Langlade, alors capitaine au département des Affaires indiennes, qu'il était « un homme dont on avait tout lieu d'être satisfait et qui pouvait être très précieux en raison de son influence sur les Indiens de ce district ». Langlade conduisit les Indiens à Montréal en 1776 afin qu'ils participent à la défense de la ville puis, avec Luc de La Corne, il alla se joindre à Burgoyne au cours de l'été de 1777. Bon nombre des Indiens de Burgoyne partirent, mais Langlade et ses fidèles Outaouais demeurèrent jusqu'au moment de l'attaque de Bennington (Vermont). Lorsque Langlade quitta Montréal et retourna dans l'Ouest à l'automne de 1778, on lui demanda de mettre sur pied une troupe d'Indiens pour appuyer Henry Hamilton dans son attaque contre des partisans des rebelles à Vincennes (Indiana). Langlade n'y parvint pas au début parce que c'était l'automne et que les Indiens s'étaient retirés dans leurs territoires de chasse pour l'hiver, mais, au printemps, il réussit à former une troupe. Les Indiens refusèrent toutefois de bouger quand ils apprirent la capture de Hamilton aux mains de George Rogers Clark. Celui-ci détacha un agent, Daniel-Maurice Godefroy de Linctot, avec mission de saper l'influence de Langlade sur les Indiens, mais Langlade et son neveu, Charles Gautier de Verville, maintinrent leur position en faisant de généreux présents. En 1780, Langlade amena une troupe d'Indiens au pays des Illinois pour apporter du renfort à l'attaque de la ville espagnole de St Louis (Missouri), mais fut refoulé jusqu'au lac Michigan par les cavaliers de Linctot [V. Wahpasha*].

La guerre terminée, Langlade continua à travailler pour le département des Affaires indiennes. Il recela des marchandises que Gautier avait soustraites au magasin des Britanniques sur l'île de Mackinac ; Gautier fut découvert et déchu de son poste de magasinier et d'interprète en 1793, mais Langlade ne fut pas inquiété. Il demeura actif jusqu'à sa mort et il se plaisait à parler des 99 combats auxquels il avait pris part. Évoquant la conduite de Langlade, un de ses compagnons déclarait qu'il « n'avait jamais connu un homme aussi maître de soi et aussi intrépide sur le champ de bataille ».

Paul Trap

AN, Col., C[11A], 98, p.27 (copie aux APC). — APC, MG 25, 186 ; RG 10, A2, 1 824, pp.107–114, 487–493 ; 1 828, pp.8 021–8 024. — Newberry Library (Chicago), Edward E. Ayer coll., mss 490, 810. — Wis., State Hist. Soc., Benjamin Sulte, Origines de Langlade. — Bougainville, *Adventure in wilderness* (Hamilton), 81s. — John Burgoyne, *A state of the expedition from Canada* [...] (Londres, 1780 ; réimpr. New York, 1969), app.VIII, xxxvi–xxxix. — [A. S. De Peyster], *Miscellanies, by an officer*, J. W. De Peyster, édit. ([2e éd.], 2 vol. en 1, New York, 1888), 4–15. — Henry, *Travels and adventures*. — *John Askin papers* (Quaife), I : 136s., 352s. — [James Johnstone, dit le chevalier de Johnstone], A dialogue in Hades, Literary and Hist. Soc. of Quebec, *Manuscripts relating to the early history of Canada* (Québec, 1868 ; réimpr., 1927), 12–18. — John Long, *Voyages and travels of an Indian interpreter and trader* [...] (Londres, 1791 ; réimpr. New York, 1968, et Toronto, 1971), 148, 151. — *Michigan Pioneer Coll.*, VIII (1885) : 367s., 466s. ; IX (1886) : 361–363, 371–373, 377s., 380s., 383–386, 392, 545s.,

558–560 ; X (1886) : 270s., 275–278, 372s. ; XI (1887) : 419 ; XII (1887) : 42 ; XV (1889) : 112s. ; XIX (1891) : 366, 411, 425s., 448s., 455s. ; XX (1892) : 668s. ; XXVII (1896) : 631s., 665–670. — *NYCD* (O'Callaghan et Fernow), X : 245–251, 303s., 591–621. — Wis., State Hist. Soc., *Coll.*, I (1885) : 39 ; III (1857) : 195–295 ; VIII (1879) : 209–223, 227–230 ; XI (1888) : 97–125 ; XII (1892) : 39–41, 44–46, 97–99 ; XVIII (1908) : 128–131, 135–140, 149, 163, 209–211, 253–258, 278–279, 355s., 371–374, 391, 403s., 406–408, 415, 417–419, 443–446, 462–468, 475, 481s., 484, 486, 493–495 ; XIX (1910) : 3, 5, 9, 29, 37, 44, 48, 51, 54–56, 62s., 80, 82, 88s., 299s.

MOULTON, EBENEZER, ministre baptiste, né le 25 décembre 1709 à Windham, Connecticut, fils de Robert Moulton et de Hannah Grove ; il épousa la veuve de John Bound ; décédé en mars 1783 à South Brimfield (Wales, Massachusetts).

Après avoir été l'un des principaux responsables de la formation de la première congrégation baptiste de South Brimfield en 1736, Ebenezer Moulton fut ordonné ministre et nommé pasteur de cette congrégation le 4 novembre 1741. Comme il recevait peu d'aide financière de ses fidèles, il se lança dans des activités commerciales tout en exerçant son ministère. Afin d'échapper à ses créanciers, semble-t-il, il s'embarqua en 1761 pour la Nouvelle-Écosse où, s'étant fait prédicateur itinérant, il parcourait les villages de pêcheurs disséminés sur la côte sud de la colonie. Moulton œuvra principalement dans la région d'Yarmouth et il fut le premier pasteur qui prêcha aux colons préloyalistes de cet endroit. Ayant obtenu une concession de terre, il élut domicile au cap Fourchu. En 1761, il fut membre d'un comité chargé du lotissement des terres et de l'admission des colons dans le canton d'Yarmouth ; cette année-là, il reçut le mandat de faire prêter le serment d'office aux juges de paix. La conjoncture économique était si défavorable que Moulton ne pouvait s'attendre à une rémunération régulière pour ses fonctions de ministre ; il demeura dix ans prédicateur itinérant et il se rendit parfois aussi loin que Horton (dans l'actuelle région de Wolfville) et Cornwallis. Dans les années qui suivirent son arrivée, il était le plus éminent prédicateur de la région d'Yarmouth, et, même parmi les gens qui n'adhéraient pas à la foi baptiste, nombreux étaient ceux qui venaient entendre ses sermons et recouraient à lui pour la célébration d'un baptême ou d'un mariage.

Vers la fin des années 1760, toutefois, Moulton fut impliqué dans des disputes religieuses locales qui tournèrent à son désavantage. Il se trouvait dans une situation ambiguë. Presque tous les gens qui prenaient part aux activités religieuses, à Yarmouth, étaient des congrégationalistes *New Light*, et c'est par le caractère évangélique de sa prédication que Moulton s'attirait des sympathisants. En tant que baptiste, cependant, il était dans une position précaire, car les congrégationalistes, tout en subissant l'influence du Grand Réveil, ne voulaient pas se montrer infidèles envers leur Église. Cette situation dégénéra en un conflit qui l'opposa aux deux autres prédicateurs de la communauté, John Frost et Jonathan Scott*, lesquels devinrent tous deux ministres congrégationalistes. En 1769, lorsque Frost fut ordonné ministre par l'assemblée des fidèles de Chebogue, on ne sollicita ni l'aide ni les conseils de Moulton, bien qu'il fût le seul autre prédicateur de marque de la région. L'année suivante, Scott, qui avait remplacé Frost comme prédicateur congrégationaliste, refusa d'utiliser le même temple que Moulton. Un dimanche, avant l'ouverture de l'office, il critiqua publiquement Moulton et entraîna une grande partie des fidèles hors du temple, ne laissant au ministre baptiste qu'une poignée de gens à édifier par sa prédication. Si l'on songe que, au milieu des années 1760, Scott avait assisté de plein gré aux prêches de Moulton et qu'en 1768 il lui avait même demandé d'officier à son mariage, on peut constater le caractère âpre et personnel des querelles religieuses qui agitaient la communauté.

Au printemps de 1771, Moulton avait perdu la plupart de ses sympathisants et il cessa de prêcher. Après avoir exercé son ministère pendant une décennie dans la région d'Yarmouth, il n'avait plus de fidèles et plus de fonction. S'étant fait accorder, semble-t-il, un atermoiement par ses créanciers, il retourna à South Brimfield où il mourut 12 ans plus tard.

GORDON STEWART

PANS, MG 4, n° 12 (registres de l'église de Jebogue à Yarmouth). — Isaac Backus, *A history of New England with particular reference to the denomination of Christians called Baptists*, David Weston, édit. (2e éd., 2 vol., Newton, Mass., 1871 ; réimpr., 2 vol. en 1, New York, 1969). — [Jonathan Scott], *The life of Jonathan Scott*, C. B. Fergusson, édit. (Halifax, 1960). — M. W. Armstrong, *The Great Awakening in Nova Scotia, 1776–1809* (Hartford, Conn., 1948). — I. F. Mackinnon, *Settlements and churches in Nova Scotia, 1749–1776* ([Montréal, 1930]). — Gordon Stewart et G. [A.] Rawlyk, *A people highly favoured of God : the Nova Scotia Yankees and the American revolution* (Toronto, 1972). — M. W. Armstrong, « Elder Moulton » and the Nova Scotia Baptists, *Dal. Rev.*, XXIV (1944–1945) : 320–323.

MOUNIER, JEAN-MATHIEU, négociant, baptisé le 2 octobre 1715 dans l'église paroissiale de Saint-Pierre de Jarnac, près de Cognac, en

France, fils d'Adam Mounier et de Suzanne Liard, décédé en 1774 ou peu après.

Jean-Mathieu Mounier naquit dans une famille huguenote nombreuse et dispersée, qui avait de la parenté à Cognac, à Saint-Maixent (Saint-Maixent-l'École), à La Rochelle et à Limoges, entre autres lieux. De 1736 à 1758, il vécut à Québec en qualité d'importateur, y faisant affaire avec différentes compagnies huguenotes de La Rochelle et de Bordeaux, et en particulier avec les frères Jean et Pierre Veyssière, originaires de Limoges, avec qui il était en société. Des connaissements datant des années 1744 à 1756 indiquent que Mounier importait des chaussures et autres articles de cuir, des fusils, des miroirs, du papier, du coton, des draperies de Montauban, du savon, de l'huile et, bien sûr, du vin et de l'eau-de-vie. Au cours de ces années, il fut rejoint à Québec par plusieurs de ses parents huguenots qui brassaient aussi des affaires : trois neveux, Henry, Jean et François* Mounier, et deux cousins, Pierre Glemet et François Maurin*, tous deux de Jarnac. Au moment de la guerre de Sept Ans, Jean-Mathieu Mounier jouissait déjà d'une grande réputation, et c'est à lui qu'un marchand, banquier et expéditeur maritime de Paris, Pierre-François Goossens, expédia de Dunkerque, en 1758, trois chargements de vivres pour le compte du roi.

Cette même année, Jean-Mathieu Mounier retourna en France, via l'Espagne, et fit bientôt l'acquisition de plusieurs propriétés à La Rochelle, et en particulier, au prix de 15 000#, d'une maison située sur la place d'Armes, où il vécut avec une servante anglaise et un esclave noir. Possédant une fortune de 300 000# acquise au cours de sa carrière commerciale à Québec, il avait l'intention de continuer à trafiquer avec le Canada, mais ses espoirs furent annihilés par la conquête britannique. Après s'être vainement efforcé de s'établir comme commerçant en France, il fit faillite en 1773. Cette faillite fut causée en partie par les finasseries du gouvernement français à liquider les papiers du Canada, après sa propre déconfiture financière de l'automne de 1759, et en partie par les faillites de son cousin Pierre Glemet et de deux de ses frères, Michel, de Cognac, et Jean, de Limoges.

Il n'est que juste d'ajouter que Mounier ne partageait pas, avec les marchands français de son temps, leur culte exclusif pour les affaires. Il achetait des cartes géographiques, des microscopes, des télescopes, entre autres appareils scientifiques, et se monta une bibliothèque de quelque 1 500 volumes sur la science newtonienne, l'astronomie, la physique, la mécanique, la navigation, l'agriculture et l'histoire entre autres sujets. Quand il fit faillite et que ses livres furent mis en vente, on les évalua à 8 633#. Mounier, aussi, voyagea beaucoup en France pendant les années 1760 ; il passa deux ans à Paris où il s'intéressa à la vie intellectuelle de son temps. Il était, simultanément, en rapports d'affaires avec le banquier parisien Louis Jullien et avec divers marchands de Québec, de Montréal et des Antilles. Il est difficile cependant de préciser le caractère et l'étendue de cette activité commerciale, et la faillite de 1773 montre bien à quoi elle aboutit. Dans un bilan du 8 novembre 1773, intitulé « État à Peu Près des mes Malheureuses Affaires », présenté à une assemblée de ses créanciers, il déclara : « Les dépenses inutiles, frivoles & purement de plaisir auxquelles on se laisse si aisément entraîner dans un état d'aisance, tel que celui où je me trouvais avant mes grands revers, est je crois, le seul article que je dois me reprocher. J'entens par dépenses inutiles toutes cèles qui ont pour objet la dissipation, et malheureusement èles sont toujours trop nombreuses. Cèles du Spectacle, du Bal, des parties de Campagne, des petits jeux de Société sont de ce nombre. Je mets dans la même classe les dépenses que m'ont ocasioné mes expériences de fisique, d'agriculture &c. Ces dernières sont peut-être plus excusables : Je m'y suis livré par goût ou par le désœuvrement dans lequel m'ont laissé mes pertes acablantes dans les dernières années, en m'otant les moyens de faire aucune entreprise de comerce, après la perte du Canada qui avait fondé toutes mes espérances. »

Mounier fut un membre éminent de ce cercle de commerçants huguenots dont l'importance fut si grande dans l'économie canadienne des années 1750 ; comme d'autres, il fit faillite après la perte de la colonie, soit parce qu'il ne réussit pas à se lancer dans une autre entreprise après son retour en France, soit parce qu'il perdit tous ses capitaux au cours de la guerre et dans la malheureuse affaire des papiers du Canada. Mais, par ses préoccupations intellectuelles, le négociant Mounier se situait hors du commun.

J. F. Bosher

AD, Charente-Maritime (La Rochelle), B, 1754 (scellé de Mounier daté du 21 oct. 1773 au 15 janv. 1774) ; 1757 (bilan de la faillite de Mounier, signé le 8 nov. 1773 et remis aux autorités le 28 janv. 1774) ; Minutes Fleury, 14 janv. 1774 (inventaire des biens de Mounier comprenant une liste de ses livres). — Archives municipales, Jarnac (dép. de la Charente, France), État civil, Saint-Pierre, 2 oct. 1715. — PRO, HCA 32/253, *Vainqueur* (comprenant plusieurs lettres écrites ou reçues par la famille Mounier). — J. F. Bosher, French Protestant families in Canadian trade, 1740–1760, *HS*, VII (1974) : 179–201.

MUNRO, JOHN, soldat, commerçant et fonctionnaire, né en 1728 à Fyrish, dans la paroisse d'Alness (Highlands, Écosse), fils de Hugh Munro ; il épousa le 5 avril 1760, à Schenectady, New York, Mary Brower, et de ce mariage naquirent huit enfants ; décédé le 27 octobre 1800 à Dickinson's Landing (probablement Long Sault, Ontario).

John Munro, soldat dans le 48e d'infanterie, arriva en Amérique en 1756 et participa à la guerre de Sept Ans ; il obtint ensuite une concession de terre, en qualité de soldat licencié, et il s'établit dans la province de New York. Devenu commerçant à Albany, le jeune Munro ne tarda pas à connaître la réussite financière. Il acquit plus de 11 000 acres de terrain et, vers 1765, il alla s'installer dans une propriété près de Bennington (Vermont) où il exploita une ferme, des moulins, une fabrique de potasse et de perlasse et une fabrique de clous. Munro était l'un des conseillers presbytéraux de l' « Église presbytérienne anglaise » d'Albany et, à titre de magistrat du comté d'Albany, il prit une part active à la querelle qui opposa les provinces de New York et du New Hampshire au sujet du droit de propriété sur les « Hampshire grants » (qui font maintenant partie du Vermont) et de la compétence à laquelle ces concessions étaient assujetties.

Parce que Munro était un tory éminent, sa famille et ses biens furent attaqués durant la période qui précéda la Révolution américaine, et il fut emprisonné à deux reprises par les forces rebelles. De 1776 à 1784, il servit sous les ordres de sir John Johnson* en tant que capitaine dans le 1er bataillon du King's Royal Regiment de New York ; il mena, notamment, un raid victorieux sur Ballston (Ballston Spa, New York) en octobre 1780 et commanda la garnison de Coteau-du-Lac (près de Montréal) en 1781. A la demande de HALDIMAND, il entreprit en 1783 un voyage d'exploration au profit d'un groupe de Loyalistes qui avaient obtenu des concessions de terre en Nouvelle-Écosse ; cette expédition le conduisit de Québec à Halifax par la route du Témiscouata. Munro dressa un rapport sur l'état de la route et sur la qualité des terres de la Nouvelle-Écosse et de l'actuel Nouveau-Brunswick.

En 1784, John Munro fut mis à la demi-solde et il s'établit avec sa compagnie dans le futur district de Luneburg, Haut-Canada. De 1784 à 1787, il séjourna en Angleterre, empruntant de l'argent pour subvenir à ses besoins et à ceux de sa famille au Canada ; il tentait d'obtenir un juste dédommagement pour la perte de ses biens, dans l'état de New York, lesquels avaient selon lui une valeur dépassant £10 000. En fin de compte, il reçut moins de £300 et il revint au Canada déçu et presque sans le sou. Toutefois, il trouva au pays des compensations sous une autre forme. En 1788, il devint shérif et membre du conseil des terres du district de Luneburg. Dès 1791, il construisit et exploita des moulins à blé et des scieries sur le Saint-Laurent. Il était au nombre des leaders loyalistes qui obtinrent des cantons de colonisation en 1792 et 1793. Bien que ces concessions eussent été annulées par la suite, Munro et sa famille se virent attribuer de vastes terres dans le canton de Matilda, ainsi qu'en d'autres endroits du district d'Eastern. Le 12 juillet 1792, il fut nommé au premier Conseil législatif du Haut-Canada et, en décembre, il devint juge de la Cour des plaids communs du district. Munro occupa également un certain nombre de postes mineurs ou temporaires. Ainsi, il fut magistrat dans le district d'Eastern et, en 1794, il fit partie du comité qui rencontra des représentants du Bas-Canada à propos de la répartition des droits de douane, dans le but d'assurer au Haut-Canada une part des montants perçus sur les marchandises destinées à cette province. En 1797, il siégea au comité des héritiers et légataires, lequel était chargé d'entendre les réclamations faites à l'égard des terres des Loyalistes dont les titres de propriété n'étaient plus détenus par les premiers concessionnaires. Parlementaire et juge consciencieux, Munro se fit surtout remarquer dans sa carrière publique par son inébranlable loyauté envers l'autorité. En 1794, à la demande du lieutenant-gouverneur Simcoe*, il avait voté pour l'abolition de la Cour des plaids communs, appuyant les efforts accomplis par le gouverneur en vue de rendre le système judiciaire du Haut-Canada plus semblable à celui de la Grande-Bretagne.

Munro avait obtenu des terres et occupé des postes dans le Haut-Canada, mais il ne retrouva jamais l'aisance dont il avait joui avant la Révolution américaine et, à sa mort, il se trouvait dans une condition plutôt modeste.

J. K. JOHNSON

APC, MG 24, A6 ; RG 1, L3, 150, 177, 327, 328, 331 ; RG 68, General index, 1651–1841. — BL, Add. MSS 21 779, 21 826–21 829. — DPL, Burton hist. coll., John Munro papers (copies aux PAO). — PRO, AD 12/21, 12/101, 13/56 (copies aux APC). — [Patrick Campbell], *Travels in the interior inhabited parts of North America in the years 1791 and 1792*, H. H. Langton et W. F. Ganong, édit. (Toronto, 1937). — [François Daniel], *Nos gloires nationales ; ou, histoire des principales familles du Canada* [...] (2 vol., Montréal, 1867), II : 48. — [A.] E. Ryerson, *The loyalists of America and their times : from 1620 to 1816* (2e éd., 2 vol., Toronto, 1880), II : 261–264. — Grant Carr-Harris, Ancestry of Captain, the Honourable, John Munro (1728–1800), *Families*

(Toronto), 16 (1977) : 71–84. — E. A. Cruikshank, The King's Royal Regiment of New York, *OH*, XXVII (1931) : 193–323.

MUQUINNA (Macuina, Maquilla, Maquinna ; le nom, qui s'écrit mukʷina selon l'orthographe propre de ces autochtones, signifie possesseur de cailloux), chef nootka de ce qui est maintenant l'île de Vancouver, Colombie-Britannique, décédé probablement en 1795.

Muquinna était le nom d'une suite de chefs occupant un haut rang dans la hiérarchie des Moachats, un groupe d'Indiens nootkas. Ce groupe avait son principal village d'été à Yuquot, à l'entrée de la baie de Nootka, et son village d'hiver à Tahsis. Même si cela n'est pas absolument certain, il y a des preuves à l'effet que celui qui fait l'objet de cette biographie devint chef à la mort de son père, Anapā, en 1778, et qu'il mourut en 1795, ayant pour successeur un chef du même nom. La période pendant laquelle Muquinna exerça son autorité sur les Nootkas fut celle des premiers contacts avec les Européens sur la côte nord-ouest de l'Amérique du Nord et celle de l'expansion de la traite des fourrures. Cette période en fut une de rivalités sur la côte entre la Grande-Bretagne et l'Espagne, rivalités auxquelles les Indiens furent éventuellement mêlés. Au vrai, presque tout ce qu'on sait de Muquinna est rapporté dans les journaux des explorateurs et des trafiquants de fourrures européens ou doit en être déduit.

Bien que le navigateur espagnol Juan Josef PÉREZ Hernández se rendît dans la région de la baie de Nootka en 1774, le premier contact de quelque durée entre les Nootkas et les Européens eut lieu en 1778, quand le capitaine COOK passa près d'un mois à l'anse de Ship (anse Resolution) à radouber ses navires. Il est bien possible que le leader indien, qui eut plusieurs discussions et organisa des échanges avec lui, et que Cook ne nomme pas, ait été Muquinna. D'amicales relations commerciales furent établies avec les gens de Yuquot, et un grand nombre d'objets divers furent troqués, entre autres des peaux de loutre marine dont certains membres de l'équipage de Cook firent plus tard un très profitable commerce à Canton (République populaire de Chine). La publication des journaux relatant le troisième voyage de Cook révéla les profits qu'on pouvait réaliser grâce à la traite des fourrures avec la Chine. Dès le début, la baie de Nootka fut un port de relâche populaire parmi les trafiquants ; elle devint bientôt un important centre de traite. Muquinna apparaît comme le principal leader indien à la baie.

La première expédition sur la côte nord-ouest après celle de Cook fut menée par James HANNA en 1785. En août, Muquinna dirigea une attaque infructueuse contre son navire ; un récit espagnol postérieur rapporte que Muquinna aurait dit que cette attaque avait été provoquée par un mauvais tour que lui avait joué Hanna. Au début, la plupart des navires de traite qui relâchaient dans la baie de Nootka étaient britanniques, mais, au cours des années, les navires américains, surtout de Boston, prirent peu à peu la relève. Muquinna trafiqua avec le capitaine britannique John Meares* en 1788 et lui permit d'élever une petite construction sur un coin de terre de Yuquot – décision qui allait par la suite entraîner ses gens dans des complications politiques internationales. Meares décrivit Muquinna comme un homme « de taille moyenne, mais extrêmement bien fait et dont le visage éveille l'intérêt de tous ceux qui le voient ».

Le rythme croissant de la traite des fourrures plaça Muquinna dans une position stratégique. Les leaders indiens aussi avisés que lui pouvaient en effet exercer une grande influence sur la traite et la modeler de telle sorte qu'elle servît leurs fins. Ceux qui eurent la chance d'être au bon endroit au bon moment et qui eurent assez de sagesse pour tirer profit de leur situation, devinrent extrêmement riches.

D'un côté, Muquinna sut tirer avantage de la popularité de la baie de Nootka en mettant les trafiquants en situation de concurrence les uns envers les autres, ce qui fit monter les prix. D'un autre côté, il sut régler l'activité des autres Indiens de la région. Depuis l'époque de la visite de Cook, il était évident que les gens de Yuquot tentaient de prendre la direction des rapports entre les Européens et les autres groupes indiens, tactique qui se renforça sous Muquinna, grâce aux efforts qu'il fit pour s'assurer que toutes les fourrures trafiquées à la baie de Nootka passeraient par ses mains ou, à tout le moins, par celles de ses gens. En 1792, il avait la haute main sur un réseau de traite avec le groupe des Kwakiutls, à l'embouchure de la rivière Nimpkish (sur la côte est de l'île de Vancouver) ; ses agents utilisaient les routes commerciales bien établies pour traverser l'île et acheter des fourrures qui étaient ensuite vendues aux équipages qui s'arrêtaient à la baie. A l'instar des capitaines européens, Muquinna connaissait fort bien les écarts de prix, et le trafiquant John Hoskins rapporte que ses profits, en tant que courtier, étaient considérables.

Mais, entre temps, les rivalités internationales avaient commencé à créer des problèmes à Muquinna et à ses gens. L'Espagne, effarée par le nombre des navires britanniques qui croisaient maintenant au large de la côte du Pacifique, sur laquelle elle entretenait depuis longtemps des prétentions, avait envoyé une frégate au nord en 1789. Muquinna l'avait vue arriver à la baie de Nootka en mai, sous le commandement d'Esteban José MARTÍNEZ, qui revendiqua la propriété de la baie au nom de Charles III. Quand Martínez mit le trafiquant James Colnett* aux arrêts pour atteinte à la souveraineté espagnole, la menace que cela représentait pour la poursuite d'un commerce profitable fut perçue par les Indiens. Le 13 juillet, le frère de Muquinna, Callicum, se dirigeait vers la frégate dans une pirogue avec l'intention de réprimander sévèrement les Espagnols lorsqu'un marin le tua d'une balle. Là-dessus, Muquinna déménagea à Opitsat, le village de WIKINANISH, beau-père de Callicum, dans la baie de Clayoquot. A cause des rivalités entre les Indiens eux-mêmes, il devait toutefois suivre attentivement les événements à Yuquot ; un rival ayant rendu visite à Martínez le 1er août, il vint aussi le visiter. De nouveau à Yuquot le 1er septembre, il promit à Martínez, alors sur son départ, de veiller sur les constructions du petit poste qu'il y avait établi.

Beaucoup d'autres Espagnols allaient se présenter en 1790. Madrid ayant décidé d'occuper de nouveau la baie de Nootka, une expédition militaire, sous les ordres de Francisco de Eliza* y Reventa, arriva à Yuquot en avril et commença à y élever un petit établissement. Les Nootkas, se défiant des Espagnols, eurent tendance à éviter la baie, et leurs craintes ne diminuèrent pas quand Eliza pilla un village pour s'y approvisionner de madriers. En juin, Muquinna fit, à Opitsat, la rencontre d'une mission d'exploration dirigée par Manuel Quimper et fut suffisamment rassuré pour participer, en octobre, à la recherche des survivants d'un naufrage. Mais Colnett arriva à Yuquot en janvier 1791 et, avant de partir le 2 mars, il tenta de gagner Muquinna à la cause britannique ; Muquinna demanda « à voir un plus gros navire ». Il lui fallait rester en bons termes avec les Espagnols, car Eliza, qui avait entendu parler de scènes de cannibalisme rituel, avait menacé de détruire son village en cas de récidive. Muquinna demeura à Tahsis ; quand Alexandro Malaspina* l'y visita en août, il ratifia la cession d'une terre à Yuquot faite aux Espagnols en 1790.

L'Espagne et la Grande-Bretagne étaient au bord de la guerre, en 1790, à la suite de la capture de Colnett par Martínez en 1789 et de l'affirmation de Meares à l'effet qu'il était propriétaire, pour l'avoir achetée, de la terre alors occupée par les Espagnols à Yuquot. La querelle fut par la suite réglée diplomatiquement par les conventions de Nootka. En 1792, quand Juan Francisco de la BODEGA y Quadra arriva à Yuquot pour mettre en application les clauses des conventions, Muquinna lia avec lui d'étroites relations et fut souvent reçu à dîner par lui. Bodega se convainquit, en partie sur le témoignage de Muquinna, que les prétentions de Meares sur tout le territoire de Yuquot n'étaient pas fondées, et quand VANCOUVER arriva en août pour reprendre possession de la terre de Meares, Muquinna se vit fêté par les deux parties pendant les négociations. Il se révéla un maître dans l'art de la diplomatie, en régalant les émissaires étrangers à Tahsis. Quand Bodega quitta la baie de Nootka, en septembre, Yuquot était encore aux mains des Espagnols, et ce n'est qu'en mars 1795, après des négociations supplémentaires entre l'Espagne et la Grande-Bretagne, que les Européens abandonnèrent la baie. Les gens de Muquinna eurent bientôt abattu les édifices et réaffirmé leur domination sur la région qu'ils avaient abandonnée. En septembre, un visiteur, Charles Bishop*, rapportait qu'il y avait un village indien à Yuquot. On disait de Muquinna qu'il était « très malade de la fièvre », et, quelques semaines plus tard, Bishop apprit de Wikinanish, à la baie de Clayoquot, qu'il était mort.

Chef nootka au sens traditionnel, Muquinna fut aussi un leader dont le rôle était en constante évolution sous l'impact de la présence des Blancs. Il est presque certain qu'il s'était déjà, au temps de la visite de Cook, élevé à la position de leader selon les usages traditionnels des Indiens, et qu'il l'avait validée en pratiquant le *potlatch*, à l'exemple de ses prédécesseurs. Mais comme l'influence et le prestige d'un leader étaient en grande partie à la mesure des richesses qui passaient entre ses mains, sa position fut renforcée grâce aux profits qu'il réalisa en acquérant la maîtrise de la traite avec les visiteurs étrangers et en exploitant les relations commerciales déjà existantes avec d'autres groupes indiens. Aussi, grâce à la traite des fourrures, devint-il probablement plus puissant qu'il ne l'eût jamais été peut-être autrement, et cette nouvelle puissance de Muquinna et de ses gens se manifesta dans leurs relations avec les autres groupes indiens, dans la région de la baie de Nootka. Il est possible, néanmoins, que la position réelle de Muquinna ait été exagérée dans les journaux des visiteurs blancs, tout simplement à cause de l'importance qu'ils accordaient à la baie de Nootka à cette époque ; son voisin et allié par intermittence, le leader clayoquot Wikinanish, fut peut-être plus puissant que lui. Ni l'un ni l'autre, toutefois, ne fut le genre de chef que les capitaines de navires étaient portés à imaginer : ils gouvernaient par influence plutôt que par autorité, et en s'appuyant sur leur prestige plutôt que sur leur puissance [V. KOYAH]. Il n'y a pas de doute, au demeurant, que Muquinna ait été l'un des leaders indiens les plus éminents de cette région à l'époque des premiers contacts avec les Blancs, et son rôle pendant cette période de l'histoire de la côte nord-ouest est aussi important que celui de n'importe lequel de ces Blancs dont les navires pénétrèrent dans la baie de Nootka.

ROBIN FISHER

The journal and letters of Captain Charles Bishop on the north-west coast of America, in the Pacific and in New South Wales, 1794–1799, Michael Roe, édit. (Cambridge, Angl., 1967). — *Journals of Captain James Cook* (Beaglehole), III. — Meares, *Voyages*. — J. M. Moziño Suárez de Figueroa, *Noticias de Nutka ; an account of Nootka Sound in 1792*, I. H. Wilson, trad. et édit. (Seattle, Wash., 1970). — G. Vancouver, *Voyage of discovery* (J. Vancouver). — *Voyages of « Columbia »* (Howay). — Cook, *Flood tide of empire*. — Philip Drucker, *The northern and central Nootkan tribes* (Washington, 1951). — Robin Fisher, *Contact and conflict : Indian-European relations in British Columbia, 1774–1890* (Vancouver, 1977).

MURRAY, JAMES, officier et administrateur colonial, né le 21 janvier 1721/1722 à Ballencrieff (Lothian, Écosse), propriété de la famille Murray, cinquième fils et quatorzième enfant d'Alexander Murray, 4e baron Elibank, et d'Elizabeth Stirling ; il épousa le 17 décembre 1748 Cordelia Collier, décédée le 26 juin 1779, et, en secondes noces, le 14 mars 1780, à Minorque, Anne Witham (Whitham), décédée le 2 août 1784 (quatre des six enfants de ce mariage parvinrent à l'âge adulte) ; décédé le 18 juin 1794 à Beauport House, près de Battle, dans le Sussex, en Angleterre.

Le 6 décembre 1736, frais émoulu de l'école de William Dyce, à Selkirk, James Murray s'enrôla à titre de cadet dans le régiment de Colyear, qui faisait partie de la brigade écossaise au sein de l'armée hollandaise, alors stationnée à Ypres (Belgique). En février 1739/1740, il se joignit à l'armée britannique comme lieutenant en second du 4e Marines (Wynyard's), mais en novembre 1741 il fut muté, avec le grade de capitaine, au 15e d'infanterie, au sein duquel il devait rester jusqu'en 1759. En janvier 1749/1750, il acheta le grade de major et, l'année suivante, celui de lieutenant-colonel de son régiment. A partir d'octobre 1759, il commanda, avec le grade de colonel, le 2e bataillon des Royal Americans (60e d'infanterie), et, en juillet 1762, il fut promu major général. Nommé gouverneur de la garnison de Québec le 12 octobre 1759, il devint gouverneur du district de Québec le 27 octobre 1760 et gouverneur de toute la province le 21 novembre 1763.

Au cours de ses années dans la carrière des armes, Murray se retrouva souvent en campagne. De novembre 1740 à décembre 1742, il séjourna aux Antilles, où il participa à l'attaque contre Cartagena (Colombie) et aux opérations de Cuba ; de juillet à octobre 1745, il combattit en Flandre et reçut de sérieuses blessures lors de la défense d'Ostende (Belgique), et, en septembre 1746, il participa à l'expédition contre Lorient. Pendant la guerre de Sept Ans, il prit part, en septembre 1757, avec le 15e à l'offensive contre Rochefort, en France, et de 1758 à 1760 il servit en Amérique du Nord. Il combattit sous les ordres de Wolfe* au siège de Louisbourg, île Royale (île du Cap-Breton), en 1758, et l'année suivante, au siège de Québec, il commanda, sur les plaines d'Abraham, l'aile gauche de l'armée en formation de combat. En charge de Québec pendant l'hiver de 1759–1760, il dut se replier à l'intérieur des fortifications après la bataille de Sainte-Foy, le 28 avril 1760 ; toutefois, il s'arrangea pour tenir la ville jusqu'à l'arrivée d'une escadre britannique en mai [V. Robert Swanton*]. Le mois suivant, il entreprit de remonter le Saint-Laurent pour rallier William HAVILAND et AMHERST et forcer Montréal à capituler en septembre.

En sa qualité de commandant militaire, Murray a été critiqué : « emporté et impétueux, enclin à sous-estimer la puissance offensive de ses adversaires »; il a aussi été acclamé : « homme du plus ardent et intrépide courage, passionnément désireux de gloire ». Wolfe le tenait en haute estime, louant son « ardeur illimitée » et ses « grands services » pendant la campagne de Louisbourg, et le choisissant personnellement comme le cadet des généraux de brigade lors du siège de Québec. Selon Murray, toutefois, ce dernier siège ne remporta pas un franc succès. Bien qu'il se joignît à Robert MONCKTON et à George Townshend*, les autres généraux de brigade, pour demander d'une façon pressante l'établissement d'un corps d'armée à l'ouest de la ville, il ne recommanda pas, ainsi qu'il l'affirma par la suite, « l'endroit exact » où Wolfe débarqua. S'il soutint qu'une « autorité supérieure » fit échouer sa poursuite engagée contre le flanc droit français, on n'a trouvé aucune preuve pour corroborer cette affirmation par laquelle Murray rejette la responsabilité d'une coûteuse erreur tactique. Au demeurant, Murray fut mécontent à la fois du rapport que l'on fit de sa conduite et du mérite qu'on lui accorda pour cette victoire.

Sa défense de Québec donna lieu à plus de débats encore. Manquant de fonds suffisants, mal approvisionné en combustible et en vivres frais, disposant d'une garnison d'environ 6 000 hommes prêts au combat, mais que la maladie avait réduite à moins de 4 000 au cours de l'hiver, quand il dut faire face à la fin d'avril à une armée presque deux fois plus nombreuse que la sienne, il décida, à sa manière caractéristique, de passer à l'attaque. La bataille qui s'ensuivit a généralement été considérée comme une défaite pour les Britanniques, bien que cette fois encore Murray défendît non seulement sa conduite mais sa décision même de livrer bataille. Quoi qu'il en soit, et d'un point de vue stratégique, les jugements portés varient beaucoup. Notamment, on a affirmé que les pertes subies par Murray eussent pu inciter LÉVIS à attaquer la ville si la flotte britannique n'était point arrivée à temps. On a également acquis la conviction que l'officier français n'aurait pas couru le risque d'attaquer à moins que la flotte française ne fût arrivée la première. Enfin, on a aussi soutenu que Lévis étant trop affaibli pour pouvoir empêcher l'avance de Murray, la bataille de Sainte-Foy joua ainsi un rôle déterminant dans la conquête du Canada.

Ensuite de la capitulation de Montréal, le 8 septembre 1760, on soumit le Canada à un régime militaire. On divisa la colonie en trois districts – Québec, Trois-Rivières et Montréal – indépendants l'un de l'autre administrativement, placés respectivement sous les ordres de Murray, de Ralph Burton* et de Thomas GAGE, chacun de ces officiers étant personnellement responsable à Amherst, commandant en chef à New York. Lors du rétablissement du gouvernement civil, proclamé en Grande-Bretagne le 7 novembre 1763 et mis en vigueur au Canada le 10 août 1764, on réunit les trois districts pour former la province de Québec. On prit des dispositions pour que Murray, comme gouverneur, reçût l'assistance de deux lieutenants-gouverneurs, mais ces deux derniers postes furent supprimés après que Gage et Burton les eurent refusé.

Toutefois, Murray ne jouissait pas d'une autorité complète. La proclamation qui le nommait gouverneur sépara les juridictions civile et militaire. Plus tard en 1764, on confia le commandement de toutes les troupes de la province à Burton, qui, à titre de général de brigade du département du Nord relevait uniquement du commandant en chef d'alors, Gage. Le conflit fut-il causé par la jalousie de Burton, née de la nomination de Murray comme gouverneur, ou par celle de Murray devant l'indépendance à son égard de Burton, comme général de brigade, ou simplement par l'impossibilité de séparer, en pratique, les deux fonctions ? Il reste que des frictions de plus en plus fréquentes se produisirent entre les deux anciens amis, contribuant au rappel de l'un et l'autre en 1766. Murray avait certainement raison de soutenir que dans la province de Québec, qui n'était pas seulement un pays conquis, mais une colonie où le gouverneur avait toujours été le chef militaire, l'autorité ne pouvait être partagée, et les autorités britanniques adoptèrent ce point de vue quand, en 1766, ils accordèrent à Guy Carleton*, successeur de Murray, le double commandement.

Le manque de conseillers compétents et dignes de confiance constituait un autre obstacle pour Murray. Bien servi par son secrétaire civil, Hector Theophilus CRAMAHÉ, qu'il avait nommé membre du Conseil de Québec en 1764 avant de l'envoyer à Londres pour l'y représenter, Murray devait s'en remettre principalement à des officiers de l'armée active – en particulier Paulus Æmilius IRVING et Samuel Jan Holland*, qui devinrent conseillers – et à d'anciens militaires comme Adam MABANE (aussi conseiller), John Fraser et John Nairne*. Il en vint aussi à faire confiance à quelques commerçants, en particulier Thomas Ainslie*, Hugh Finlay*, Thomas Dunn*, James Goldfrap et Benjamin Price*, – les trois derniers étant aussi membres du conseil. Cependant, le « patronage », système en vertu duquel plusieurs postes coloniaux étaient dispensés en Angleterre, lui mit sur les bras un certain nombre de fonctionnaires peu faciles, dont le juge en chef William Gregory et le procureur général George SUCKLING prirent la tête. Si, apparemment, il changea d'idée au sujet de ce dernier, Murray commença par les considérer tous deux comme de « bien petits avocats », qui non seulement ignoraient « entièrement la langue des habitants », et « le monde », mais étaient « plus prêts à soulever et à susciter des difficultés qu'à les résoudre ». Et ils ne constituaient point des exceptions : Murray dut se chamailler avec le coroner Williams Conyngham, qu'il qualifia de « plus infâme coquin qui ait jamais existé » ; il existait un assortiment de détenteurs de brevets britanniques, dont certains ne pouvaient pas « lire un mot de français », et tant de juges de paix ineptes que cette fonction tomba dans le ridicule et que Carleton dut la réhabiliter. En outre, il devait affronter plusieurs officiers indisciplinés, tels ce Gabriel CHRISTIE, quartier-maître général adjoint au département du Nord, et cet Arthur Brown, commandant le 28e d'infanterie, de même qu'un tas de trafiquants mécontents, qui suivaient les George Allsopp*, William Grant* (1744–1805), Edward HARRISON, Eleazar Levy, James JOHNSTON et les frères Alexander et William Mackenzie.

Et comme si cela ne suffisait pas déjà, le département du Sud, le Board of Trade, le ministère de la Guerre et la Trésorerie, tous mêlés aux affaires coloniales, agissaient à l'occasion sans se consulter, et éludaient parfois les problèmes, faute de détenir une autorité bien définie. De surcroît, Murray obtint la confiance de seulement deux des quatre ministères qui dirigèrent le pays pendant son séjour à Québec : ceux du duc de Newcastle et du comte de Bute, dont les mandats durèrent de juin 1757 à avril 1763. Il perdit cet appui avec l'arrivée au pouvoir des Whigs : dès lors, Murray semble avoir souffert d'une certaine discrimination par suite de ses liens avec les « amis du roi ». Sous les ministères de George Grenville et de lord Rockingham, il dut rendre compte de son administration à des hommes politiques tels que lord Halifax, lord Shelburne et lord Dartmouth, qui, au mieux, ne lui étaient pas sympathiques. Si le duc d'Argyll, lord Egremont, lord Mansfield, lord North, lord George Sackville, Charles Jenkinson, William Pitt et Charles Townshend l'appuyèrent fidèlement, une liste de ses détracteurs, notamment le duc de Bedford, lord Albemarle, lord Camden, lord Northington, Isaac Barré, Welbore Ellis, Horace Walpole et John Wilkes, démontre que la situation politique ne lui était pas favorable.

La sécurité constitua la préoccupation fondamentale de Murray pendant tout le Régime militaire, de 1760 à 1763, car la possibilité d'un retour des Français ou d'une révolte des Canadiens ne pouvait être écartée. Déterminé à « ne laisser échapper aucune occasion de maintenir la crainte de nos armes », il donna en novembre 1759 l'avertissement que des représailles suivraient toute aide accordée à l'ennemi. Il sanctionna aussi les châtiments exigés à Pointe-Lévy (Lauzon), à Sorel et à Lorette en 1759 et en 1760. En juillet 1765 encore, il conseillait d'expulser les Acadiens de Bonaventure et de stationner des troupes à Gaspé et à la baie des Chaleurs. En revanche, il entendait les plaintes contre ses troupes, punissait quiconque, dans l'armée, exploitait les habitants, pressait Amherst de limiter les équipages des navires entrant à Québec et encourageait tant les marchands que les militaires à secourir les indigents. Murray révéla bien avant la chute de Montréal la stratégie qui motivait son attitude à la fois dure et humanitaire : les Canadiens, selon ses prévisions, « se laisseront difficilement persuader, désormais, de prendre les armes contre une nation qu'ils admireront, et qui sera toujours [en mesure] de semer l'incendie ou la destruction ». A vrai dire, il espéra bientôt plus que cela : « entretenir d'étroites relations avec tous ceux qui, à partir de maintenant, pourraient nous être utiles advenant une autre guerre ».

Mais de toute évidence on ne pourrait maîtriser les nouveaux sujets, encore moins les gagner aux nouveaux maîtres, si on méprisait leurs usages traditionnels ou leurs anciens fonctionnaires. Les articles de la capitulation n'avaient pas garanti la conservation des lois, coutumes et institutions françaises. Néanmoins, et à cause de cette lacune justement, Murray forma son conseil de district sur le modèle de l'ancien Conseil supérieur, permit l'usage des lois françaises dans des causes non introduites devant ce conseil, donna aux capitaines de milice de nouvelles commissions et nomma plusieurs Canadiens (comme Jacques de Lafontaine* de Belcour, qu'il fit procureur général et commissaire pour la rive sud) à des postes administratifs. On doit admettre, cependant, que ces mesures ne furent point uniques et qu'elles ne réussirent pas complètement non plus : Murray avaient pris ces dispositions conformément aux directives d'Amherst à tous les gouverneurs, et on adopta de semblables mesures à Trois-Rivières et à Montréal, mais des plaintes relatives à des emprisonnements injustifiés et à la ruine d'affaires familiales – souvent attribués à l'ignorance des usages français comme aussi de la langue française – furent adressées dans le district de Québec.

L'Église devint un autre sujet de préoccupation pendant le Régime militaire. Les articles de la capitulation signée à Québec garantissaient « le libre Exercice de la Religion Romaine », cependant que des clauses précises, ajoutées à Montréal, donnaient des assurances touchant le chapitre, les prêtres, les curés, les missionnaires et les communautés de femmes – mais non point les jésuites, récollets et sulpiciens. L'expérience de Murray, pendant la guerre, ne l'avait nullement prédisposé en faveur du clergé. Il voyait en lui « la source de toutes les calamités qui ont fondu sur les pauvres Canadiens », et il doutait que l'on pût tellement se fier aux serments d'allégeance quand « on peut si facilement tranquilliser sa conscience par l'absolution d'un prêtre ». Aussi intervint-il dans la nomination des curés, qu'il était déterminé à garder « dans un état de nécessaire sujétion », mit-il en garde les autorités de Londres contre les prêtres expatriés tels que l'abbé Le Loutre et le chanoine Joseph-Marie La Corne de Chaptes, et leur fit-il savoir sa profonde défiance à l'endroit des ordres religieux, des jésuites en particulier.

Mais, graduellement, son attitude changea. Commençant par promettre sa protection à tous les curés et desservants qui n'agiraient point en fauteurs de troubles, Murray en vint à s'en remettre à eux pour le maintien de l'ordre dans les paroisses. En retour, il les aida : le « prêtre charitable » Jean-Baptiste-Laurent Morisseaux se vit accorder le bénéfice du poste de Saint-Augustin, au Labrador ; les curés de Saint-Laurent, île d'Orléans, et de Sainte-Foy reçurent des subventions pour des restaurations ; Jean-Olivier BRIAND, vicaire général à Québec, toucha une gratification de £480 pour « son bon comportement ». De même, la gratitude de Murray envers les religieuses, pour les soins qu'elles avaient dispensés sans acception de nationalité pendant les hostilités, l'incita à les approvisionner en combustible et denrées diverses, à rémunérer leurs services et à appuyer la requête de l'Hôpital Général qui réclamait « une forte somme » due par le roi de France, et la demande visant l'abolition des dettes contractées envers le gouvernement français par l'Hôtel-Dieu et le monastère des ursulines de Québec [V. Marie-Louise CUROT ; Marie-Anne MIGEON de Branssat]. Les jésuites eux-mêmes finirent par avoir droit à une certaine considération : rejetant une requête visant à faire saisir leurs effets, Murray alla aussi loin que de recommander qu'on leur payât une pension advenant leur renvoi.

Il aida aussi à régler le problème de la succession épiscopale. La mort de Mgr de Pontbriand [Dubreil*], en juin 1760, posait le problème concernant la manière de faire ordonner des prêtres sans aller à l'encontre des lois britanniques, lesquelles, comme lord Egremont, secrétaire d'État pour le département du Sud, l'énonça, « prohibent absolument toute hiérarchie papiste dans quelque dominion que ce soit qui appartient à la couronne ». Opposé à la présence d'un évêque à Québec, Murray se disait néanmoins prêt à accepter un « surintendant de la religion romaine », élu par le chapitre de Québec et, après l'obtention de l'approbation du gouvernement britannique, consacré par le pape. Il désapprouva, cependant, le premier choix du chapitre, Étienne MONTGOLFIER, vicaire général à Montréal et supérieur des sulpiciens, et Briand dut en grande partie à l'influence de Murray son élection en remplacement de Montgolfier, en 1764. Avec la consécration de Briand, en mars 1766, la permanence du sacerdoce, et partant de l'Église, était assurée dans la province.

Ainsi qu'il le reconnut dès juillet 1763, l'attitude de Murray changea à cause de cette qualité qu'avait Briand d'agir, « dans les circonstances présentes, avec une candeur, une modération et une délicatesse qui méritaient la plus haute approbation » ; et il ajoutait : « à quoi je ne m'attendais guère, à la vérité, de la part d'un membre de sa profession ». Bien averti de la nécessité de se concilier les autorités britanniques et ayant une conscience aiguë des préjugés du gouverneur, Briand prit grand soin d'obtenir qu'il approuvât les nominations des curés, de publier de nombreux mandements et lettres circulaires que le gouverneur lui demandait de rédiger, et, en général, d'accepter le type même d'interventions gouvernementales qu'avait connues l'Église pendant le dernier siècle du Régime français. Il en résulta une sorte de concordat : en retour de la tolérance, d'un certain appui et – particulièrement important pour la formation de la société canadienne – de la permission de continuer à jouer son rôle dans le domaine de l'éducation, l'Église conseilla non point une simple soumission à l'État mais la collaboration. Cette collaboration reçut sa récompense dans l'Acte de Québec de 1774, qui confirmait les prétentions du clergé relativement aux droits qu'il touchait traditionnellement, et ensuite dans l'Acte constitutionnel de 1791, qui établissait effectivement l'Église catholique dans le Bas-Canada.

L'économie s'avéra la dernière grande préoccupation pendant le Régime militaire. Les moyens de production et les agences importatrices étant les uns et les autres paralysés, au point qu'il était impossible d'obtenir les ravitaillements nécessaires, Murray dut servir la population à même les magasins de l'armée. Problème plus grave, le déséquilibre entre les biens disponibles et la demande, pendant les dernières années du Régime français, avait provoqué un manque chronique de numéraire et induit par voie de conséquence les autorités à émettre pour plus d'un million de livres de monnaie de papier. La décision du gouvernement français, en 1760, de suspendre le remboursement de ces valeurs menaçait non seulement d'anéantir les épargnes et le capital de plusieurs Canadiens, mais aussi de priver Québec de ses principaux moyens d'échanges. Et, entre-temps, des spéculateurs accaparaient les biens pour faire monter les prix. Murray devait donc, pour faire face aux problèmes économiques immédiats, trouver une solution à la crise du numéraire et à l'inflation qui sévissait déjà.

Le premier problème soulevait deux questions : que faire au sujet de la monnaie de papier française et comment obtenir plus de numéraire ? Jugeant qu'il ne pouvait ni rendre obligatoire l'usage exclusif du numéraire ni persuader le gouvernement de Londres d'y substituer un équivalent britannique, Murray dut se contenter d'enregistrer la monnaie de papier en circulation. Il tenta aussi d'empêcher la spéculation sur ces effets négociables en en déconseillant la vente, du moins aussi longtemps que les rumeurs relatives à leur rachat possible ne seraient point confirmées. Mais il eut beau affirmer qu'il en résultait un accroissement de la valeur marchande, dont profitaient les Canadiens au prix de la désaffection des marchands britanniques à Québec, la spéculation alla bon train pendant la période du gouvernement civil. En outre, quand, en 1764, les autorités françaises décidèrent de rembourser leur dette sous forme d'obligations plutôt qu'en numéraire, et qu'ensuite, en 1771, elles renièrent globalement tous ces engagements, ceux qui avaient suivi le conseil de Murray furent bien attrapés. On a prétendu que leurs pertes, reliées à une série de faillites de 1764 à 1771, défavorisèrent les Canadiens, mis en difficulté, dans la lutte pour la prédominance commerciale.

Pour obtenir du numéraire, chacun des gouverneurs eut recours au palliatif traditionnel : la surévaluation des monnaies étrangères. Alors que Murray retenait l'étalon de cinq shillings de Halifax comme le taux de change le plus convenable à Québec pour évaluer la piastre espagnole, Gage et Burton préférèrent le taux de huit shillings, en usage à New York, colonie avec laquelle leurs districts entretenaient d'étroits rapports commerciaux. Cette différence encouragea naturellement la spéculation ; une fois chargé de l'administration de toute la province, Murray décida de faire un compromis en adoptant l'étalon de six shillings de la Nouvelle-Angleterre, lequel présentait, pour les Canadiens, l'avantage de donner au shilling une valeur équivalente à la livre française. Mais, en pratique, les trois taux de change figurèrent dans les comptes des hommes d'affaires jusqu'en 1777, année où Carleton retourna au premier choix de Murray, l'étalon de Halifax.

Le grand espoir était, cependant, d'augmenter les exportations et, bien que le soulèvement de Pondiac* empêchât la reprise de la traite des fourrures, les ressources du bassin du Saint-Laurent semblaient propres à ce dessein. Faisant rapport, en 1760, sur les quantités de poisson, de phoques, de baleines, de chanvre, de lin, de brai, de goudron à calfater et de potasse qu'il recelait, et notant que la région contenait « assez de fer pour fournir toute l'Europe », Murray prédisait qu'en peu d'années le Canada exporterait des denrées alimentaires. En particulier, il entreprit de populariser la pomme de terre, qui fut bientôt produite sur une base commerciale dans l'île d'Orléans, et il encouragea la culture du blé, pour lequel il espérait trouver des débouchés en Grande-Bretagne. La plupart de ses prévisions ne se fondaient, toutefois, que sur un développement futur, et le manque de capitaux, les coûts élevés de transport, la rareté de la main-d'œuvre, les techniques périmées, tout cela, combiné, retarda jusqu'aux années 1770 l'expansion de l'économie. Murray ne vit jamais s'établir la balance du commerce qui eût été le remède aux problèmes de numéraire que connaissait la province de Québec.

En revanche, le problème de l'inflation fut traité avec assez de succès. Constatant qu'une des grandes causes en était les pratiques d'accaparement et les ententes visant à constituer des monopoles, héritage de la Grande Société de Joseph-Michel CADET, Murray imposa un système de contrôle des prix que vint renforcer une réglementation des ventes : on ordonna aux juges de paix de fixer les prix en fonction des biens disponibles, les boulangers et les bouchers durent obtenir un permis pour la vente de leurs produits, et on surveilla les importateurs. On peut difficilement dire avec précision les effets de semblables mesures sur les intermédiaires, grands coupables dans le domaine de l'accaparement, mais la déflation a dû, à tout le moins, être hâtée. En tout cas, les prix tombèrent après 1760 – dans une proportion aussi élevée que 50 à 80 p. cent au cours des six années suivantes – et peut-être faut-il reconnaître à Murray une partie du mérite de cette réalisation.

Il conserva aussi quelques-unes des mesures auxquelles recouraient les Français pour accroître les revenus : parmi elles, des droits sur l'aliénation des seigneuries (droit de quint), une taxe sur les maisons de la ville de Québec (à laquelle il substitua, comme étant plus équitable, une taxe sur les chevaux dans les paroisses), les profits de l'affermage des postes de traite connus sous le nom de « postes du roi », et des droits de douane, de loin la source la plus lucrative, comme la plus contestée, de revenus. En arrivant à la conclusion que beaucoup de tarifs appliqués du temps des Français avaient été peu équitables et que celui qui frappait les textiles était inacceptable dans une colonie britannique, Murray, en 1761, les ramena tous à un seul impôt sur les spiritueux, dont « les Canadiens font une incroyable consommation ». Cette taxe rapporta £8 725 8 shillings 1 penny en un peu plus de quatre ans. Pourtant l'opposition des marchands britanniques de Québec causa éventuellement son abandon, et Murray dut, par la suite, se débrouiller au moyen de lettres de change tirées sur Londres. Cependant, les autorités de Londres, non seulement admirent la légalité de cet impôt, mais elles approuvèrent l'objectif général de Murray d'amener la province de Québec à contribuer aux coûts de son administration, quand elles lui reprochèrent plus tard de n'avoir pas remis en vigueur, de la même façon, quelques-uns des autres droits perçus en Nouvelle-France.

Le 10 février 1763, par le traité de Paris, la France céda officiellement le Canada à la Grande-Bretagne. A en juger par la proclamation subséquente du 7 octobre, on manifesta, au départ, l'intention d'angliciser la nouvelle colonie : des offres de terres selon un système de redevances allaient favoriser le peuplement britannique, pendant que l'application des lois civiles et criminelles anglaises et le recours à des dispositions visant la création d'une chambre d'Assemblée allaient imposer les usages britanniques. La commission de Murray comme gouverneur et les instructions qui l'accompagnaient faisaient état de cette politique : « Aussitôt que la situation et les circonstances » le permettraient, il devait convoquer une assemblée, élue à « la majorité des propriétaires fonciers ». Il devait aussi nommer un conseil, formé de quatre membres *ex officio* et de huit personnes choisies par eux « parmi les habitants les plus influents ou les propriétaires de notre dite province ». Pendant que l'on préparerait les lois « de l'avis et du consentement » de l'Assemblée et du conseil, des règles et règlements seraient publiés « sur l'avis » de ce conseil. Et on établirait des cours de justice, toujours avec le consentement et sur l'avis du conseil, mais le gouverneur seul pût nommer les juges et les officiers de justice.

Il subsistait certains doutes, toutefois, sur les implications de la situation de l'Église. L'article 4 du traité de Paris accordait aux catholiques de la province de Québec la liberté de religion « en tant que le permettent les lois de la Grande Bretagne ». Mais ces lois, comprenant le *Corporation Act* de 1661 et les *test acts* de 1673 et de 1678, excluaient les catholiques de toutes fonctions s'exerçant sous l'autorité de la couronne, les écartaient des tribunaux, les privaient du droit de vote et les bannissaient des deux chambres du parlement. Cela signifiait-il que les Canadiens se verraient interdire les emplois civils, la participation à l'administration de la justice, et le droit de voter ou de siéger à la chambre d'Assemblée projetée ? S'il devait en être ainsi, le gouvernement de Québec constituerait une oligarchie non seulement religieuse, mais raciale, en étant doté d'une législature au sein de laquelle une poignée de protestants britanniques – évalués par Murray, en octobre 1764, à au plus 200 propriétaires dans l'ensemble de la province – légiféreraient pour une population de quelque 700 000 catholiques canadiens.

Une fois de plus, Murray tenta un compromis. Dans son ordonnance du 17 septembre 1764, il créa deux districts, Québec et Montréal ; il annexa Trois-Rivières au district de Montréal, en attendant qu'il y eût assez de protestants pour qu'elle pût fournir ses propres officiers de justice. Il établit ensuite un système judiciaire à trois instances : au sommet, la Cour du banc du roi, avec droit d'appel en certains cas au gouverneur en conseil et de là au roi en conseil ; puis, à un degré inférieur, la Cour des plaids communs, avec droit d'appel en certains cas à la Cour du banc du roi ; tout au bas de la pyramide, les cours des juges de paix, des jugements desquelles on pouvait, dans des cas déterminés, appeler à la Cour du banc du roi. Seules les lois anglaises s'appliquaient à la Cour du banc du roi, comme du reste à celles des juges de paix. Seuls les hommes de loi étaient admis à la Cour du banc du roi et seuls des protestants pouvaient devenir juges de paix. Toutefois, devant la Cour des plaids communs – que Murray avait conçue « pour plaire aux Canadiens et pour les empêcher d'être la proie de nos honnêtes avocats » – les causes étaient réglées « conformément à l'*équity*, en tenant compte cependant des lois d'Angleterre ». Les lois et coutumes françaises y étaient « autorisées et admises » (pourvu que la cause en litige opposât des Canadiens et fût antérieure au 1er octobre 1764). Les avocats en droit civil étaient autorisés à y exercer leur profession, et l'une ou l'autre partie pouvait exiger un jugement par jury, les Canadiens étant habilités à servir comme jurés. En outre, trois hommes connus pour leur sympathie envers les Canadiens – Adam Mabane, François Mounier* et John Fraser – furent choisis pour être juges de la Cour des plaids communs. On créa un tribunal des successions et testaments pour faciliter les affaires testamentaires ; on y reconnaissait les concessions et droits d'héritage en vigueur avant le traité de Paris, de façon à mettre le « peuple en tranquille possession de ses biens », et l'on donna à la loi anglaise du droit d'aînesse un pendant en sanctionnant la coutume française du copartage, lequel, comme le soutint aussi Murray, « contribu[ait] à mieux cultiver et à mieux peupler le pays ».

Si elles purent aider à amadouer les Canadiens, ces concessions eurent un effet opposé sur beaucoup de Britanniques. A chaque brèche dans le rempart de leurs privilèges, leur inquiétude augmentait, et dès qu'il devint évident que Murray n'avait pas l'intention de convoquer une assemblée, leurs plaintes, spécifiques et sporadiques, donnèrent lieu à une campagne personnelle et sans pardon contre le gouverneur. Se donnant un agent permanent à Londres, Fowler Walker, et enrôlant, pour les appuyer, leurs associés, hommes d'affaires londoniens, les marchands britanniques de Québec se lancèrent dans une violente série de représentations, de remontrances et de pétitions.

Chose curieuse, vu ce qui se passait dans les colonies américaines, les autorités de Londres ne semblent avoir été alarmées ni par le refus de Murray de convoquer une assemblée ni par les prétentions du grand jury de 1764 qui, « comme seul corps représentatif de la colonie », réclama le droit d'être consulté avant qu'aucune ordonnance n'acquière force de loi et de voir les comptes publics déposés devant lui au moins une fois par année. On demanda à Murray ses raisons de se montrer récalcitrant, après son retour en Angleterre en 1766. Mais, en autorisant Carleton à continuer d'administrer en collaboration avec le conseil, le gouvernement britannique, implicitement, donna son aval à ce qui était peut-être l'écart le plus significatif par rapport au contenu de la proclamation de 1763 et de la commission de Murray.

Un autre grief des colons britanniques concernait l'aspect social de la politique d'anglicisation. En fonction du double objectif de promouvoir l'immigration britannique et de convertir les Canadiens, Murray avait reçu instructions de lever une carte du pays, de faire de la publicité en vue d'attirer des colons, d'accorder des terres et de prendre les mesures propres à assurer une église et une école protestantes dans chaque district, canton et agglomération. Il fit faire les arpentages et diffuser de la publicité, et il recommanda une baisse des redevances (pour que les terres de la couronne devinssent aussi alléchantes que les terres seigneuriales offertes à bail), et il accorda de grandes étendues de terre à deux colons, John Nairne et Malcolm Fraser*. Il engagea aussi un jésuite apostat, Pierre-Joseph-Antoine ROUBAUD, pour lui servir d'intermédiaire à Londres et sollicita de la Society for the Propagation of the Gospel des bibles, des livres de prières et des « missionnaires » francophones. Il espérait aussi que la nomination qu'il avait faite du huguenot Mounier tant à la Cour des plaids communs qu'au conseil « en inciterait plusieurs à embrasser notre religion, de façon qu'ils pussent être admissibles à de semblables avantages ».

Mais, comme s'en plaignaient les marchands britanniques, une grande partie de cette activité semblait faite par manière de respect seulement, sinon pour la forme. Croyant de toute évidence qu'il était encore plus important de rassurer les Canadiens qui n'étaient pas « tranquilles à cause de leurs appréhensions concernant l'avenir de leur religion », Murray continua de collaborer avec le clergé catholique, en particulier avec Joseph-François Perrault, vicaire général à Trois-Rivières, et Étienne MARCHAND, remplaçant de Montgolfier comme vicaire général à Montréal depuis septembre 1764. De même, sa façon de promouvoir le peuplement britannique pouvait difficilement être qualifiée d'enthousiaste. Doutant de la validité des concessions acquises par les Britanniques pendant le Régime militaire, il hésitait à en accorder de nouvelles et, à la fin de 1764, il en était resté aux deux consenties à Nairne et à Fraser. En outre, il autorisa l'arpentage privé de terres seigneuriales et il résulta de ces arpentages privés, selon l'arpenteur général adjoint de la province, John COLLINS, que beaucoup de ces propriétés foncières furent « étendues à une distance fort considérable au delà de leurs frontières réelles », et une réduction proportionnelle du nombre de terres disponibles pour le peuplement britannique.

Si on critiqua Murray pour n'avoir pas suivi d'assez près les lignes de conduite politiques et sociales énoncées dans la proclamation de 1763, on le fit plus sévèrement encore pour en avoir trop strictement respecté les directives économiques. Une ligne de démarcation qui isolait l'arrière-pays de l'Ouest, dont faisaient partie les Grands Lacs et la vallée de l'Ohio, donna aux Indiens la réserve promise, mais mettait les trafiquants de fourrures de la province de Québec dans une position intenable. Désormais obligés de se procurer des permis et de fournir des cautions avant d'entrer dans ces territoires et ensuite d'y mener leurs affaires de l'intérieur des postes militaires, ils devaient concurrencer les trafiquants du Mississippi, qui, eux, pouvaient y pénétrer et s'y déplacer librement. Murray put se rendre compte de leurs difficultés et recommanda la levée des restrictions, finalement supprimées en 1768. Il fut néanmoins victime de nombreuses calomnies, qui attirent l'attention sur la discorde caractérisant, en général, ses relations avec les marchands.

Effectivement, Murray trouva difficile de s'entendre avec les gens qui s'adonnaient au négoce, lesquels, à leur tour, le considéraient comme incapable de comprendre, et, encore moins, de favoriser leurs intérêts. Les droits d'entrée, le transport maritime, les pêcheries, les postes et les quais étaient des sujets sans cesse renaissants de disputes, et cela ne suffisait pas qu'il répondît qu'en plusieurs occasions il avait été de quelque secours : ainsi, quand il proposa un embargo sur les marchandises françaises, ou qu'il se fit le promoteur de la participation des Britanniques à la pêche aux phoques, ou qu'il appuya certaines des réclamations de Canadiens relatives à des postes où l'on recueillait l'huile de phoque. Selon les marchands, il lui manquait le sens commercial ; et ils convoitaient la chose qu'il leur refusait – le pouvoir politique. Si, malgré tout, certains hommes d'affaires obtinrent des postes administratifs, devenant en particulier membres du conseil, ils furent soigneusement sélectionnés ; ils avaient habituellement acquis des terres et ils restèrent toujours en minorité. Surtout, le gouverneur ne convoquerait pas une assemblée.

On explique ordinairement la conduite de Murray par les préjugés qu'il entretenait contre les marchands britanniques et par sa fascination pour les Canadiens. Il ne fit certainement aucun effort pour dissimuler son mépris pour les premiers : « les plus cruels, ignorants et rapaces fanatiques qui aient jamais existé », ces « oiseaux de passage » étaient « surtout des aventuriers sans éducation, ou de jeunes débutants, ou, s'ils étaient de vieux trafiquants, ils étaient de ceux qui avaient échoué dans d'autres pays ; tous avaient à faire fortune et ne regardaient guère aux moyens pourvu que la fin fût atteinte ». Au contraire, les Canadiens, « tous soldats », étaient « peut-être la race la meilleure et la plus brave de la terre, une race qui avait déjà surmonté complètement l'antipathie naturelle de ses conquérants et si on lui donnait seulement quelques privilèges, que les lois d'Angleterre ne permettent pas aux catholiques dans la métropole, ils pourraient devenir en très peu de temps le plus fidèle et le plus utile groupe d'hommes dans cet Empire d'Amérique ».

Mais, entre-temps, ils devaient être protégés. « Vous savez, Cramahé, écrivait Murray à la fin de 1764, j'aime les Canadiens mais vous ne pouvez concevoir combien je m'inquiète à leur sujet ; de les voir devenir la proie des plus licencieux des hommes, alors que je suis à leur tête, c'est ce que je ne peux endurer plus longtemps. » Ce n'était pas là rhétorique creuse. Quand Gage décida de lever des troupes canadiennes, pendant le soulèvement de Pondiac, Murray prôna qu'on le fît sur une base volontaire plutôt que de recourir à la conscription ; il réussit à réunir les effectifs désirés dans la région de Québec sans user de pressions et il insista pour que les Canadiens qui prendraient les armes se vissent accorder les mêmes conditions que les miliciens de New York. Son opposition au logement des hommes chez les habitants sans que ces derniers reçussent une juste rémunération, son refus de publier des mandats généraux comme moyen de recruter de force des ouvriers, son objection à l'enrôlement des bateliers et sa préférence marquée pour la signature de contrats plutôt que l'organisation de corvées, tout cela illustre encore son « affection infinie » pour cette « race valeureuse et brave » qu'il avait appris à « admirer et à aimer ».

Mais il est possible d'interpréter autrement le comportement de Murray. Il se peut, à vrai dire, que cette interprétation, essentiellement ethnique, ait été non seulement anachronique, mais inspirée par l'obscurantisme. Car, a-t-on dit, la distinction fondamentale, à cette époque, n'était point affaire de races, mais de classes – les « bourgeois » et les « propriétaires fonciers ». Au surplus, et dans une perspective moderne, les premiers – les bourgeois, représentaient l'élément progressif. Alors que le gouvernement britannique tentait d'insérer la province de Québec dans son système mercantiliste, orienté vers le commerce triangulaire de l'Atlantique, les marchands tentaient, eux, de créer un empire commercial à l'intérieur même du continent. L'Amérique du Nord était appelée à se développer non point en s'accrochant aux régions maritimes, mais en s'ouvrant sur l'Ouest. Peu importe à quel point ils aient pu sembler « ignorants, factieux, immoraux », les marchands auraient dû être aidés, parce qu'eux seuls avaient l'esprit d'initiative, l'énergie et l'habileté nécessaires à la réalisation de cette entreprise.

On a aussi fait valoir qu'une aide comme celle-là n'eût pas équivalu simplement à soutenir les Britanniques contre les Canadiens. Indépendamment de qui ils étaient et de la façon dont ils se tirèrent effectivement d'affaires, certains Canadiens participèrent à l'activité commerciale après la Conquête. En fait, cette rupture les libéra des restrictions mercantilistes imposées par les autorités françaises ; non seulement le système colonial britannique était-il plus libéral, mais la révolution industrielle, à ses débuts en Angleterre, et les progrès du capitalisme leur ouvraient des perspectives illimitées. L'intégration des cercles d'affaires canadiens à l'Empire britannique aurait dû leur apporter des chances sans précédent de progrès tant dans le domaine économique que dans le domaine social. Si seulement ils avaient eux aussi reçu des encouragements, ou si au moins certains obstacles avaient été supprimés, les conditions défavorables dans lesquelles ils travaillèrent eussent pu être améliorées et les relations entre les deux peuples fondateurs du Canada eussent pu s'amorcer et se continuer d'une façon plus harmonieuse.

Mais Murray aurait nié la possibilité, actuelle ou future, d'une telle association. Pour lui, ces Canadiens – « rares exceptions » – qui occasionnellement, et souvent par étourderie, appuyaient les marchands britanniques, étaient seulement « les petits marchands des villes de Québec et de Montréal, à la merci des négociants britanniques – leurs créanciers ». En même temps, il n'eût pas nié – en supposant qu'il pouvait penser en ces termes – que les considérations de classes constituaient un facteur puissant, sinon déterminant, dans son orientation. « Cela a été une de mes maximes, admit-il, d'éviter les adresses provenant des négociants ; ils désiraient se donner de l'importance par des adresses, pétitions et remontrances ; j'ai découragé de telles sornettes et, en toutes occasions, je consultais les propriétaires fonciers de la colonie. »

Ces propriétaires fonciers se partageaient en

deux groupes, sans tenir compte des origines ethniques : les partisans du gouvernement britannique et les seigneurs canadiens. Le premier groupe, formé en majorité de militaires, comprenant aussi quelques marchands (comme Benjamin Price, propriétaire de 20 000 acres), devait mettre la province de Québec à l'abri de cet « esprit égalitaire et turbulent » qui, selon le juge en chef William SMITH, s'exprimant après la Révolution américaine, avait été la cause de l'« abandon des Treizes Colonies à la démocratie ». Toutefois, ce *French party* en vint non seulement à soutenir le mode de gouvernement par conseil, qu'il opposait à un mode de gouvernement représentatif, mais à se faire aussi le défenseur des institutions, des lois et des coutumes canadiennes, qui paraissaient essentielles au maintien d'une société hiérarchisée. Ses membres trouvaient, partant, leurs alliés naturels non point parmi les personnes de leur propre race, mais dans l'autre groupe ethnique qui désirait « conserver » la province de Québec, parmi les seigneurs [V. Gaspard-Joseph CHAUSSEGROS de Léry ; Charles-François TARIEU de La Naudière].

Tant que la sécurité demeura son premier souci, Murray se méfia de ces seigneurs canadiens : « impécunieux, hautains, tyranniques, méprisant le commerce et l'autorité, attachés au Régime français », ils constituaient le seul groupe de Canadiens dont le départ était « plutôt à souhaiter qu'à regretter ». Puis il commença de noter, ou d'imaginer, le « sain » respect que leur témoignaient les paysans, la patience avec laquelle ils revendiquaient leurs droits et privilèges, de même que l'ordre et la stabilité qui semblaient découler de ces relations. Avant la fin de 1763, il avait décidé de ne pas conseiller « qu'ils fussent expulsés, parce que, écrivait-il, je prévois qu'ils peuvent nous être très utiles si nous les traitons convenablement ». Bientôt après, il recommandait qu'on employât d'anciens officiers des troupes de la Marine dans la campagne contre Pondiac, et, en mars 1764, il offrait le commandement du corps canadien à Pierre-Jean-Baptiste-François-Xavier LEGARDEUR de Repentigny. Dès 1766, il conseillait aux magistrats de Montréal d'éviter de loger les soldats chez les seigneurs, d'autant que ces derniers avaient « droit d'espérer cette considération, qu'exigent les convenances accordées aux gens de bonne famille dans tous les pays civilisés ».

L'incident qui précipita le rappel de Murray survint à Montréal le 6 décembre 1764. Les relations entre les militaires et les marchands avaient toujours été empreintes de rancœur dans cette ville où le logement des troupes chez les particuliers s'avérait une source particulière de problèmes, et où Burton avait son quartier général. Cette nuit-là, une bande de soldats du 28e d'infanterie, décidés à donner une leçon aux commerçants, entrèrent donc par effraction dans la maison d'un des principaux contrevenants, Thomas WALKER ; ils le rossèrent d'importance et lui coupèrent une oreille. La querelle qui s'ensuivit, à propos du lieu où devait se dérouler le procès et de qui le présiderait, permit aux détracteurs de Murray de faire la somme de leurs griefs, et, cette fois, leurs protestations auprès du gouvernement britannique furent effectives. En octobre 1765, on avertit Murray qu'il aurait à rendre compte à Londres tant des désordres de Montréal que de son administration de la province en général. Au mois d'avril suivant, il recevait son rappel ; il quitta le Canada le 28 juin 1766.

Murray fut accusé non seulement d'obstruction à la justice dans l'affaire Walker, mais aussi, entre autres fautes, d'avoir sans raison valable remis des amendes imposées par le juge en chef, d'avoir à tort saisi et retenu des navires et des marchandises, d'avoir sans nécessité et inéquitablement logé des soldats chez des particuliers, d'avoir imposé des droits et des taxes en contravention avec la loi, d'avoir créé une cour spéciale pour les Canadiens, d'avoir favorisé les seigneurs, d'avoir donné de l'éclat au catholicisme, d'avoir publié des ordonnances « inconstitutionnelles, vexatoires, oppressives, conçues pour servir des intérêts privés, absurdes et injustes », et, au lieu d'unir les deux races, d'avoir agi uniquement « de façon à exciter les animosités et à éveiller des jalousies entre elles, et à les maintenir dans la désunion ». Aucune de ces accusations ne pouvait être retenue, toutefois, et, le 13 avril 1767, les lords du Committee of Council les rejetèrent toutes, comme étant « sans fondement, scandaleuses et dérogatoires à l'honneur dudit gouverneur, qui a paru inattaquable devant le comité ».

Murray aurait pu, dès lors, retourner à Québec, où il avait souvent parlé de s'établir à demeure et où il avait obtenu de grandes propriétés foncières du côté du fleuve opposé à la ville et sur les lacs Champlain et Saint-Pierre. Mais, bien qu'il conservât officiellement le titre de gouverneur de la province jusqu'au 12 avril 1768, il ne revint jamais. On a proposé à ce fait plusieurs explications, dont son désir de ne point quitter sa femme, laquelle n'était pas encline à l'accompagner au delà des mers ; les pressions de son frère, lord Elibank, qui cherchait à obtenir son appui à la chambre des Communes, à laquelle Murray était considéré comme un candidat ; la crainte d'une renaissance des conflits, d'autant plus que Carleton, nommé lieutenant-gouverneur en septembre 1766, s'opposait à certaines des mesures préconisées par Murray et à plusieurs de ceux qu'il avait nommés à divers postes ; et une impression générale de désenchantement, dont on trouve peut-être un indice dans son peu d'empressement à participer à la rédaction de l'Acte de Québec en 1773.

Quoi qu'il en fût des raisons, Murray reprit sa carrière militaire peu après son retour en Angleterre. Servant au sein de l'état-major irlandais en 1766 et subséquemment à titre d'inspecteur général du district sud, il échangea, en décembre 1767, son grade de colonel dans le 60e d'infanterie pour celui de colonel dans le 13e, et, en mai 1772, il fut promu lieutenant général. Deux ans plus tard, il reçut une seconde affectation coloniale, à Minorque, où il allait rester huit ans. Le gouverneur en titre, le général John Mostyn, n'y résidant point, Murray, bien que désigné seulement comme lieutenant-gouverneur, y fut effectivement en charge dès le début. En avril 1779, il reçut finalement la nomination de gouverneur et obtint l'adjonction d'un lieutenant-gouverneur, sir William Draper, le mois suivant.

Pendant le siège du fort St Philip par une armée franco-espagnole, du mois d'août 1781 au mois de février 1782, Murray revécut sa défense de Québec. Réprimant cette fois l'impulsion qui lui eût fait lancer ses troupes, dont le nombre était tombé à la fin du siège à 600 combattants, de 2 000 qu'ils étaient au début, contre une armée de 16 000 hommes, il se comporta si bravement – au point de rejeter avec mépris une offre de £1 000 000 pour se rendre – qu'il mérita le titre honorifique d'« Old Minorca » avant d'être obligé de capituler. Un tribunal fut réuni par la suite pour examiner les diverses accusations portées par Draper, que Murray avait congédié pour insubordination et qui maintenant se vengeait en l'accusant de mauvaise conduite, allant de détournements de fonds à des actes de cruauté. Non seulement Murray fut-il acquitté entièrement, si l'on excepte deux accusations insignifiantes, mais encore eut-il la satisfaction d'être complimenté tant par ses juges que par le roi pour son « zèle, son courage et sa fermeté » lors de sa défense du fort St Philip. Il se retira ensuite dans sa propriété du Sussex où, devenu général en février 1783 et honoré du grade de colonel du 21e d'infanterie et du titre de gouverneur de Hull, il vécut les 12 dernières années de sa vie.

On ne doit pas passer sous silence ses faiblesses de caractère qui comptent pour beaucoup, si elles n'en rendent pas complètement compte, dans les antagonismes auxquels Murray eut à faire face tout au long de sa vie. Il était arrogant, irascible, autoritaire et affecté dans ses manières, et il pouvait se montrer dur, impétueux, inconstant et immodéré. Il est également impossible d'ignorer sa vaillance, sa détermination, sa force d'âme, sa compassion, sa générosité, son altruisme et son code de l'honneur. Bref, c'était véritablement un soldat et un aristocrate, et son comportement révélait aussi bien les défauts que les qualités – peut-être pas tout à fait inappropriés ou malencontreux pour le Canada, compte tenu de ce qu'il était à cette époque – inhérents à ce genre d'homme. Il ne manquait pas d'admirateurs, en particulier parmi les Canadiens, et les pétitions sollicitant son retour affirmaient hautement qu'« il s'acquit nos cœurs », que « ses lumières son Equitté sa prudence luy fournissaient toujours les moyens efficaces pour maintenir les peuples dans la tranquillité et l'obeissance », et déploraient la perte de « Notre Père, Notre Protecteur », sans lequel il faut se demander « que serions-nous devenus ». Mais l'épitaphe que Murray s'est peut-être choisie lui-même se trouve dans son rapport à Shelburne, du 20 août 1766 : « Je me glorifie d'avoir été accusé d'ardeur et de fermeté dans la protection des sujets canadiens du roi et d'avoir fait tout ce qui était en mon pouvoir pour gagner à mon royal maître l'affection de ce peuple brave et hardi, dont l'émigration, si jamais elle devait avoir lieu, serait une perte irréparable pour cet Empire, et je déclare à votre seigneurie que, pour la prévenir, je me soumettrais volontiers à des calamités et à des indignités plus grandes que celles que j'ai déjà subies si l'on peut en inventer. »

Du point de vue constitutionnel, le gouvernement de Murray fut remarquable, principalement à cause des modifications qu'il apporta à la politique d'anglicisation de 1763. Son refus de convoquer une assemblée et sa décision de s'en remettre à un conseil fournit à Carleton un précédent qui fut ratifié dans l'Acte de Québec de 1774. La structure administrative alors créée servit à son tour de modèle, en quelque sorte, pour l'institution d'une forme de gouvernement dans les colonies de la couronne et devint la solution qui permit d'écarter le gouvernement représentatif lors de la réorganisation de l'Empire britannique à la suite de la Révolution américaine. L'incorporation faite par Murray de la jurisprudence et des principes juridiques français dans le système judiciaire anglais constitua un autre précédent sur lequel Carleton put s'appuyer, et qui, également reconnu en 1774, a subsisté au Québec jusqu'à nos jours. Ainsi que l'a montré la conservation des lois et des institutions françaises à Saint-Domingue et à la Martinique, et des lois et institutions romano-hollandaises en Guyane britannique et dans la colonie du Cap, cette « politique de préservation » parut un choix préférable à la « politique d'anglicisation » au sein du second empire britannique.

Du point de vue économique, Murray fit sa marque en mettant un frein aux intérêts mercantiles. Les restrictions qu'il imposa dans l'arrière-pays de l'Ouest, les « entraves au commerce » dont les commerçants portèrent le poids dans la province, et, encore plus important, le fait d'avoir déjoué leurs tentatives de s'emparer du pouvoir politique dans la province par le moyen d'une assemblée, tout cela aida à transformer la province de Québec, région tout orientée vers la traite des fourrures et qui aurait pu devenir le cœur d'un empire commercial intérieur, en une zone agricole qui visait surtout l'exploitation de ses propres ressources et s'orientait vers l'Atlantique. Murray a conséquemment été tenu responsable, au moins en partie, du maintien de la province de Québec en une enclave quasi féodale, et, aussi, du retard qu'elle mit à se donner une économie de type capitaliste.

Enfin, du point de vue social, la plus grande influence de Murray résulta de ses efforts pour faire obstacle à la politique d'anglicisation. Que les Canadiens eussent pu ou non être complètement anglicisés sans une immigration britannique considérable, les effets possibles d'une complète subordination de l'Église catholique, d'une forte impulsion imprimée au peuplement britannique, de la mise en vigueur exclusive des lois et institutions britanniques, et de la transformation des marchands britanniques en une force politique dominante, ne devraient pas être écartés. En tout cas, l'aversion de Murray pour la bourgeoisie (britannique comme canadienne), de même que sa partialité en faveur des adversaires de cette bourgeoisie (le clergé, les seigneurs et le *French party*) le poussa à défendre la cause canadienne. Et c'est probablement ce qui se cache derrière une bonne partie des louanges et des blâmes formulés à son sujet. Pendant les années qui suivirent immédiatement la Conquête, un sérieux effort fut peut-être tenté pour convertir la province de Québec en une colonie anglaise. La réussite – ou l'échec – de Murray fut, en définitive, d'avoir contribué à empêcher la réalisation de cet objectif. Sa justification, ce faisant, c'est qu'il aida à prévenir l'assujettissement complet des Canadiens.

G. P. Browne

Il existe au moins deux portraits à l'huile de James Murray, exécutés par des peintres anonymes, l'un à la National Portrait Gallery, à Londres, et l'autre, aux APC. De plus, J. S. Neele et S. A. Cumberlege ont publié chacun une gravure, la première attribuée à James Gillray et la seconde, d'un artiste anonyme. La BL possède une copie de ces deux gravures et les APC, une de la dernière. James Murray est l'auteur de « Journal of the siege of Quebec, 1759–60 », Literary and Hist. Soc. of Quebec, *Hist. Docs.*, 3e sér. (1871), no 5 : 1–45, qui a aussi fait l'objet d'une publication distincte sous le titre *Governor Murray's journal of Quebec, from 18th September, 1759, to 25th May, 1760 : journal of the siege of Quebec, 1759–60* ([Québec et Montréal, 1871]) ; de *Report of the state of the government of Quebec in Canada, by General Murray, June 5, 1762* [...] (Québec, 1902) et *The sentence of the court-martial* [...] *for the trial of the Hon. Lieut. Gen. James Murray* [...] (Londres, 1783). [G. P. B.]

APC, MG 23, GII, 1. — BL, Add. MSS, 15491, ff.1–14 ; 21628, f.302 ; 21668, ff.1–57 ; 21686, ff.61, 81. — PRO, CO 42/1–7 ; 42/24–25. — Scottish Record Office (Édimbourg), GD 32/24. — *Annual Register* (Londres), 1759, 1760, 1763, 1782. — APC *Report*, 1918. — *Coll. of several commissions* (Maseres). — *Correspondence of William Pitt* (Kimball), IV. — *Docs. relating to Canadian currency during the French period* (Shortt), II. — *Docs. relating to constitutional history, 1759–1791* (Shortt et Doughty ; 1918). — William Draper, *Observations on the Honourable Lieutenant-General Murray's defence* (Londres, 1783). — John Entick, *The general history of the late war : containing it's rise, progress, and event, in Europe, Asia, Africa, and America* [...] (4e éd., 5 vol., Londres, 1779). — G.-B., Hist. MSS Commission, *Fifth report* (2 vol., Londres, 1876) ; *The manuscripts of the Marquess Townshend* (Londres, 1887), 315s. ; PRO, *CHOP, 1760–65* ; *CHOP, 1766–69*. — *Gentleman's Magazine*, 1759–1760, 1763–1766. — [James Johnstone], The campaign of 1760 in Canada, Literary and Hist. Soc. of Quebec, *Hist. Docs.*, 2e sér. (1868). — Knox, *Hist. journal* (Doughty), II. — Maseres, *Maseres letters* (Wallace). — [Horace Walpole], *The letters of Horace Walpole, fourth Earl of Orford* [...], [Helen] et Paget Toynbee, édit. (19 vol., Oxford, Angl., 1903–1925), IV : 396. — [John Wilkes], *The correspondence of the late John Wilkes with his friends, printed from the original manuscripts, in which are introduced memoirs of his life*, John Almon, édit. (5 vol., Londres, 1805). — *La Gazette de Québec*, 1764–1768. — *Lloyd's Evening Post and British Chronicle* (Londres), 7 nov., 24–26 déc. 1766, 2–5 janv. 1767. — *DNB*. — G. L. Beer, *British colonial policy, 1754–1765* (New York, 1922). — Brunet, *Les Canadiens après la Conquête*. — Burt, *Old prov. of Que*. — D. [G.] Creighton, *The empire of the St Lawrence* (Toronto, 1956). — A. [G.] Doughty et G. W. Parmelee, *The siege of Quebec and the battle of the Plains of Abraham* (6 vol., Québec, 1901), II : 8, 219, 222, 227, 266 ; III : 81, 161 ; IV : 288 ; V : 44s. ; VI : 50–52, 141. — Frégault, *La guerre de la Conquête*. — R. H. Mahon, *Life of General the Hon. James Murray, a builder of Canada* [...] (Londres, 1921). — A. C. Murray, *The five sons of « Bare Betty »* (Londres, 1936). — Neatby, *Quebec*. — Ouellet, *Hist. économique*. — M. Trudel, *L'Église canadienne*. — M. G. Reid, The Quebec fur-traders and western policy, 1763–1774, *CHR*, VI (1925) : 15–32. — S. M. Scott, Civil and military authority in Canada,

1764–1766, *CHR*, IX (1928) : 117. — Marcel Trudel, La servitude de l'Église catholique du Canada français sous le Régime anglais, CHA *Report*, 1963, 42–64.

MURRAY, WALTER, membre du Conseil de Québec, commissaire du port de Québec et juge de paix, né en Irlande en 1701 ou 1702, inhumé à Québec le 4 avril 1772.

Bien que né et éduqué en Irlande, Walter Murray faisait partie de la famille Elibank de Grande-Bretagne et se trouvait ainsi apparenté à James MURRAY. Il vécut longtemps dans les colonies anglaises d'Amérique où il aurait été comédien ambulant, si l'on en croit une lettre de Guy Carleton* datée de 1766. On ignore à quel moment et à quel titre Murray arriva à Québec. Certains auteurs affirment qu'il y vint comme officier dans l'armée de Wolfe*, mais il est plus probable qu'il se soit établi au pays seulement après la Conquête ; sa correspondance nous apprend en effet qu'il n'y serait jamais venu si des amis du Maryland ne l'avaient persuadé que son lien de parenté avec le gouverneur pourrait lui être utile, ainsi qu'à son fils Richard. De toute façon, il était à Québec lors de l'instauration du gouvernement civil, en août 1764, puisque Murray le nomma alors à diverses fonctions importantes, bien qu'il ne parlât pas français. Décrit par le gouverneur comme « un homme de bon sens et de bonne éducation [qui] connaissait bien les colonies pour y avoir vécu longtemps », Walter Murray fut assermenté comme membre du premier Conseil de Québec le 13 août 1764. Onze jours plus tard, il fut nommé juge de paix dans les districts de Québec et de Montréal et, le 14 septembre, receveur général de la province. Il délégua ses pouvoirs de receveur général à son fils. Cependant, comme la capacité de nommer le titulaire de cette importante charge ne relevait pas de la compétence du gouverneur, mais plutôt de celle des lords de la Trésorerie, Walter Murray dut céder sa place à Thomas MILLS. Il devait plus tard recevoir le titre de commissaire du port de Québec.

Après le départ de James Murray, en juin 1766, Walter demeura membre du conseil. Il signa avec Paulus Æmilius IRVING, Adam MABANE, François Mounier* et James CUTHBERT les remontrances du 13 octobre à Carleton, alors lieutenant-gouverneur de la province. Les signataires s'opposaient à la convocation d'une seule partie des membres du conseil par Carleton et à la préséance qu'il accordait aux conseillers nommés par le roi, comparativement à ceux choisis par Murray.

Walter Murray fut évidemment très déçu lorsqu'il apprit que son parent avait décidé de ne plus revenir. Il s'en expliqua dans une lettre à ce dernier en 1767 dans laquelle, se rappelant son ancien métier de comédien, il emprunte des paroles de Hamlet pour décrire sa situation et celle de son fils. Il aurait aimé que l'ancien gouverneur lui trouvât une charge qui lui aurait rapporté un bon salaire dans n'importe laquelle des colonies anglaises. Il ne semblait pas particulièrement heureux de vivre au Canada, « endroit dénué de tout ce qui rend la vie agréable ; un endroit bon seulement à y envoyer en exil ceux qui méritent un châtiment pour leur mauvaise vie passée ». Walter Murray demeura toutefois à Québec jusqu'à sa mort, assistant au conseil pour la dernière fois le 30 septembre 1771. Atteint de paralysie, il mourut au mois d'avril suivant.

JACQUES L'HEUREUX

APC, MG 11, [CO 42] Q, 2, p.300 ; 3, p.361 ; 4, p.60 ; 8, p.155 ; MG 23, GII, 1, sér. 1, 3, pp.203–207 ; RG 1, E1, 1, p.1 ; RG 4, A1, p.4374. — PRO, CO 42/1, p.397 ; 42/2, pp.38, 56, 80, 248 ; 42/3, pp.158, 163 (copies aux APC). — *Coll. of several commissions* (Maseres), 153. — *Doc. relatifs à l'hist. constitutionnelle, 1759–1791* (Shortt et Doughty ; 1921), I : 248–252, 277. — Burt, *Old prov. of Que.* (1968), I : 76, 119s. ; II : 186. — P.-G. Roy, *Toutes petites choses du Régime anglais* (2 sér., Québec, 1946), 1re sér. : 17. — F.-J. Audet, Les législateurs de la province de Québec, 1764–1791, *BRH*, XXXI (1925) : 439. — É.-Z. Massicotte, Les tribunaux de police de Montréal, *BRH*, XXVI (1920) : 181. — P.-G. Roy, Josephte Murray, *BRH*, XLV (1939) : 23s.

MYKOK. V. MIKAK

MYRICK, ELIZABETH. V. OSBORN

N

NATIVITÉ, MARIE-ANNE MIGEON DE BRANSSAT, dite **de la.** V. MIGEON

NAVARRE, ROBERT, notaire et subdélégué de l'intendant, né, dit-on, en 1709 à Villeroy (dép. de Seine-et-Marne, France), le plus jeune fils d'Antoine-Marie-François de Navarre et de Jeanne Plugette (Pluiette) ; il épousa le 10 février 1734 Marie Lothman de Barrois à Détroit, et six de leurs enfants atteignirent l'âge adulte ; décédé le 22 novembre 1791 à Détroit.

Descendant des rois de Navarre, Robert Navarre fait ses études à Paris. On ignore la date de son arrivée au Canada. Dès le 24 novembre 1729, il signe des actes notariés à Détroit et, en 1734, à sa majorité, reçoit sa commission de notaire royal. En 1736, il est nommé receveur des droits du Domaine d'Occident à Détroit, poste qui le rend responsable de la perception des taxes imposées par l'intendant. On lui confie le mandat de subdélégué de l'intendant en 1743 puis de nouveau en 1749. La charge, surtout judiciaire, lui donne pouvoir de s'occuper de questions concernant les individus ou les biens, de choisir les tuteurs à Détroit et de « faire généralement tous autres actes que les juges ordinaires sont en possession de faire, et qui demanderont célérite ». En 1749, Navarre est également nommé garde-magasin au même endroit et, à ce titre, il doit tenir un état des marchandises des magasins royaux. Il est remplacé comme subdélégué de l'intendant par Jean-Marie LANDRIÈVE Des Bordes en 1752 mais, en 1754, il est nommé de nouveau quand Landriève est rappelé à Québec. Cette fois, Navarre reste en fonction jusqu'en 1759. Durant ses années à Détroit, il se familiarise avec les langues indiennes locales, et, à l'occasion, sert d'interprète.

Quand l'administration britannique s'établit à Détroit en 1760, Navarre demeure notaire. Il se peut qu'il soit l'auteur du « Journal ou dictation d'une conspiration », récit du soulèvement de Pondiac* en 1763, dont se servit Francis Parkman comme base historique pour écrire *The conspiracy of Pontiac* [...] Vers la fin de sa vie, Navarre vécut à l'ouest du fort sur une terre qui lui avait été concédée en 1747. Il fut enterré à Détroit le 24 novembre 1791.

EN COLLABORATION AVEC L'ÉQUIPE DE LA BURTON HISTORICAL COLLECTION

Il semble que Robert Navarre soit l'auteur du *Journal of Pontiac's conspiracy, 1763*, édité par C. M. et M. A. Burton et traduit par R. C. Ford (Détroit, 1912).

DPL, Burton hist. coll., Journal ou dictation d'une conspiration ; Registre des baptêmes, mariages et sépultures de Sainte-Anne (Détroit, Mich.), 2 févr. 1704–30 déc. 1848 (5 vol. en 7, MS copie), I ; II ; Francis Navarre papers, 23 nov. 1791 ; Robert Navarre papers, 7 mai 1734. — APC *Report*, 1904, app.K, 238. — *City of Detroit, Michigan, 1701–1922*, C. M. Burton *et al.*, édit. (5 vol., Détroit, 1922), I : 165s. — *John Askin papers* (Quaife), I : 37. — *Navarre, or researches after the descendants of Robert Navarre, whose ancestors are the noble Bourbons of France* [...], Christian Denissen, compil. (Détroit, 1897). — Recensement de Détroit, 1779, 581–585. — Christian Denissen, *Genealogy of the French families of the Detroit River region, 1701–1911*, H. F. Powell, édit. (2 vol., Détroit, 1976). — Massicotte, Répertoire des engagements pour l'Ouest, ANQ *Rapport*, 1929–1930, 276. — P.-G. Roy, *Inv. coll. pièces jud. et not.*, III : 106, 218, 226 ; *Inv. ord. int.*, II : 165, 197, 208s., 277, 293 ; III : 9, 40, 124, 169s., 185, 211. — Francis Parkman, *The conspiracy of Pontiac and the Indian war after the conquest of Canada* (2 vol., Boston, 1910). — M. Trudel, *L'esclavage au Canada français*, 146s. — [P.-]P.-B. Casgrain, Landrieffe, *BRH*, II (1896) : 45s.

NEGUSHWA. V. EGUSHWA

NEILSON, SAMUEL, imprimeur, né en 1771 à Balmaghie (comté de Dumfries et Galloway, Écosse), fils de William Neilson et d'Isabel Brown, décédé, célibataire, le 12 janvier 1793 à Québec.

Samuel Neilson arriva très jeune à Québec, vers 1785, afin d'apprendre le métier de typographe à l'imprimerie de son oncle, William BROWN. Celui-ci mourut le 22 mars 1789, et Samuel, héritier en partie d'une somme considérable, fit l'acquisition de l'imprimerie et du journal *The Quebec Gazette/la Gazette de Québec*.

Fondé le 21 juin 1764, ce journal jouissait d'un statut privilégié, du fait que le gouvernement y faisait paraître tous ses avis officiels, pour une somme annuelle forfaitaire. Mais depuis quelques années, le nombre de ces avis avait augmenté considérablement, et William Brown devait réclamer des frais supplémentaires chaque fois qu'il y avait un surcroît de travail. Neilson continua de publier les avis officiels, mais le coût d'impression en fut dorénavant fixé par une liste de prix qu'il établit le 10 octobre 1789. Le 25 décembre suivant, son imprimerie, sise rue de la Montagne, fut endommagée par un incendie ; Neilson put toutefois poursuivre l'impression de son journal, grâce à l'aide de William MOORE, propriétaire du *Quebec Herald, Miscellany and Advertiser*.

Neilson améliora considérablement la qualité de *la Gazette de Québec*. Dès 1789, il consacra plus d'espace aux nouvelles et aux essais, et il ouvrit ses colonnes aux lecteurs, tant francophones qu'anglophones, qui désiraient exprimer leur opinion sur le projet d'Acte constitutionnel qui serait adopté à Londres en 1791. Articles de fond et nouvelles puisés à des sources européennes, concernant notamment les événements qui agitaient alors la France, connurent aussi une diffusion accrue. A l'édition hebdomadaire de quatre pages, Neilson ajouta presque régulièrement un supplément de deux à six pages.

Au cours des premiers mois de 1792, Neilson annonçait la parution prochaine d'une revue bilingue mensuelle, qui serait intitulée *Quebec Magazine/le Magasin de Québec* et qui se vendrait 15 pence l'exemplaire ou 3 piastres l'abonnement annuel. Neilson en confia la rédaction à Alexander Spark*, ministre de l'Église presbytérienne de Québec. Le premier numéro, de 64 pages, prévu pour le mois d'août, parut le 13 septembre 1792 et contenait une gravure de la ville de Québec réalisée par J. G. Hochstetter ; par la suite, la revue présenta d'autres gravures, devenant ainsi la première publication périodique illustrée de Québec. *Le Magasin de Québec* reproduisait de larges extraits d'ouvrages portant sur les sujets les plus divers : astronomie, hygiène, poésie, institutions politiques, histoire, agriculture, météorologie. Une rubrique, intitulée « registre provincial », était consacrée aux nouvelles du Bas et du Haut-Canada. La revue présentait enfin une chronique des naissances, mariages et décès, des tableaux météorologiques et des listes de prix à la consommation.

Samuel Neilson mourut à Québec, le 12 janvier 1793, victime de la tuberculose. Sa revue ne lui survécut pas longtemps, puisqu'elle cessa de paraître en mai 1794. Mais grâce à sa gestion dynamique, Neilson avait donné à son imprimerie, en moins de quatre ans, un essor plus considérable que son oncle, en 25 ans. Son entreprise échut à son jeune frère John*, âgé de 16 ans seulement, qui agira pendant quelque temps sous la tutelle de Spark. Ce dernier fut rédacteur de *la Gazette de Québec* jusqu'à la majorité de John Neilson qui en assuma alors la responsabilité.

JOHN E. HARE

ASQ, Polygraphie, XXXV : 6[d] ; Séminaire, 120, n[o] 259. — *La Gazette de Québec*, 12 mars 1789, 10 janv. 1793. — *Le Magasin de Québec*, 1792–1794. — Tremaine, *Bibliography of Canadian imprints*. — F.-J. Audet, John Neilson, SRC *Mémoires*, 3[e] sér., XXII (1928), sect. I : 81–97 ; William Brown (1737–1789), premier imprimeur, journaliste et libraire de Québec ; sa vie et ses œuvres, SRC *Mémoires*, 3e sér., XXVI (1932), sect. I : 97–112.

NESBITT, WILLIAM, avocat et fonctionnaire ; il épousa en secondes noces, le 24 août 1756, à Halifax, Rebecca Phelan, elle-même veuve ; décédé à Halifax, le 23 mars 1784, à l'âge de 77 ans.

On ne connaît rien des débuts de William Nesbitt. En 1749, n'amenant point de famille avec lui, il fit voile à destination de la Nouvelle-Écosse avec l'expédition de CORNWALLIS, à titre de greffier du gouverneur. A Halifax, Nesbitt travailla pendant quelque temps comme greffier de la Cour générale et fut confirmé dans sa charge de notaire en avril 1752. Au mois d'août de la même année, il fut démis de ses fonctions de greffier du gouverneur, à l'arrivée de Peregrine Thomas Hopson* ; il n'avait évidemment joui de ce poste que grâce à la protection de Cornwallis. En dépit du fait qu'il semble n'avoir reçu qu'une bien faible formation en droit, Nesbitt finit par se faire une clientèle importante et, en 1753, il succéda à Otis Little* comme avocat général à la Cour de vice-amirauté et comme procureur général. Cette dernière nomination était, selon les apparences, temporaire ; Hopson demanda que l'on nommât en Angleterre un candidat impartial et compétent, mais le Board of Trade refusa, en affirmant que le salaire offert était insuffisant pour allécher un candidat de qualité.

Élu à la première chambre d'Assemblée en 1758, Nesbitt en fut nommé le second président l'année suivante. En 1760, il reçut une commission de juge de paix et, en 1763, il fut nommé juge de la Cour d'enregistrement et d'examen des testaments. La même année, désigné pour un siège au Conseil de la Nouvelle-Écosse, il déclina cet honneur en alléguant des raisons personnelles.

Son salaire de procureur général constitua la principale difficulté de Nesbitt pendant cette période. Bien que le gouverneur Charles Lawrence* l'eût porté de £50 (montant auquel il avait été fixé en 1755) à £100 par année en 1758, Nesbitt se plaignait du manque d'honoraires supplémentaires attachés à ce poste, comme c'était le cas dans les autres colonies. Bien plus, et malgré les mémoires répétés de Nesbitt, le Board of Trade refusa de mettre son salaire sur la liste civile, sans compter qu'une allocation supplémentaire accordée par Lawrence, sur une base de *per diem*, fut discontinuée en 1764. Ces difficultés, sans doute, amenèrent Nesbitt à profiter du système de « patronage » ayant cours dans les colonies, ce qui le mit directement en conflit avec le gouverneur Francis LEGGE. En février 1774, celui-ci ordonna à Nesbitt de payer, à des exécuteurs testamentaires, plus de £200, somme que Nesbitt aurait retenue alors qu'il était juge. Trois mois plus tard, Legge, tentant d'éliminer la corruption au sein du gouvernement colonial, demanda la démission de Nesbitt ; il invoquait, outre la retenue de fonds appartenant à une succession, son peu de zèle à percevoir les montants dus à la couronne, son âge avancé et son incompétence générale dans le domaine du droit. Même si on refusa la demande de Legge, les fonctions de Nesbitt n'en furent pas moins assumées, pendant quelque temps, par son ancien protégé, le solliciteur général James Monk*, fils.

En 1775, la vérification des comptes de la province effectuée par Monk, John DAY et quelques autres, révéla des inexactitudes dans la comptabilité de Nesbitt. Monk le poursuivit en justice pour manquement à ses engagements, alléguant qu'il avait retenu le montant d'une amende versée en 1768. Charles MORRIS avait fait remarquer que Nesbitt « tenait toujours sa maison grande ouverte à l'armée et à la marine » et qu'il craignait que le procureur général ne « soulev[ât] grâce à ces relations un grand parti et une forte cabale contre l'actuel gouverneur », mais rien ne laisse penser que Nesbitt ait agi de la sorte. Il s'allia à d'autres sur qui pesaient de semblables accusations de détournements de fonds, comme Jonathan Binney* et John Newton, et, profitant de l'absence des députés ruraux, il usa de l'influence que lui conférait son poste de président de l'Assemblée pour mener les débats de la session d'été de manière à se disculper, ainsi qu'un grand nombre d'autres accusés. En 1776, on l'accusa de faire continuellement de l'opposition à Legge, de son fauteuil de président ; il signa, de plus, une pétition au Board of Trade critiquant le gouverneur. C'est surtout à cause de cette campagne assidue contre Legge qu'on se souvient de Nesbitt.

En 1779, Nesbitt résigna ses fonctions de procureur général, en faveur de James Brenton*, après avoir demandé et obtenu le versement de son salaire sa vie durant. Il se retira de l'Assemblée en novembre 1783 en affirmant : « l'obligation immuable que j'avais en tout temps envers mon Souverain et envers la prospérité et le succès de la province [...] m'incita à déployer les plus grands efforts pour leur bien ». En récompense de ses longs services, Nesbitt reçut une pension annuelle de £100. A sa mort, ses biens personnels étaient évalués à £168 seulement, si l'on fait exception d'une imposante bibliothèque ; l'argent qu'il avait placé dans des terres ne lui avait guère rapporté. Ses créanciers s'acharnèrent sur la succession et, quand la famille présenta une requête à l'Assemblée pour obtenir le premier versement de la pension de Nesbitt, de façon à les satisfaire, sa demande fut refusée.

LOIS KERNAGHAN

Halifax County Court of Probate (Halifax), N17 (inventaire des biens de William Nesbitt). — PANS, RG 1, 44, n° 34. — PRO, CO 217/50, ff.41–48. — *Directory of N.S. MLAs*, 265. — Brebner, *Neutral Yankees*. — John Doull, The first five attorney-generals of Nova Scotia, N.S. Hist. Soc., *Coll.*, XXVI (1945) : 33–48.

NICK?A?THU?TIN. V. PRIMEAU

NISSOWAQUET (Nosawaguet, Sosawaket, La Fourche, Fork), chef outaouais, dont le nom, apparemment, vient de Nassauaketon, qui signifie rivière fourchue, et qui servait à désigner l'une des quatre bandes outaouaises, né vers 1715, décédé en 1797.

Nissowaquet naquit au sein d'une bande de Nassauaketons dont le village était situé à côté du fort Michillimakinac (Mackinaw City, Michigan). En 1741, le sol étant épuisé en cet endroit, les Outaouais déménagèrent à L'Arbre Croche (Cross Village, Michigan), à 20 milles de là. Leur nouvel établissement, qui comptait environ 180 guerriers, s'étendait sur plusieurs milles le long du lac Michigan. Ses habitants y vivaient du printemps à l'automne, cultivant du maïs pour leurs propres besoins et pour la traite avec les Français qui pouvaient ainsi s'approvisionner sur place. A l'automne, ils se divisaient en groupes de familles et partaient en direction sud, vers les vallées de la St Joseph et d'autres rivières, pour chasser les animaux à fourrure pendant l'hiver et pour faire le sirop d'érable au printemps.

Vivant à proximité du fort Michillimakinac, la bande se lia avec les Français. L'attachement de Nissowaquet pour le fils de sa sœur, Charles-Michel MOUET de Langlade, encouragea son amitié à l'égard des Français et, plus tard, son association avec les Britanniques. En 1739, les Français levèrent un parti d'Outaouais pour appuyer Pierre-Joseph Céloron* de Blainville dans une expédition contre les Chicachas qui vivaient dans la vallée du bas Mississippi. Nissowaquet y participa avec d'autres chefs.

Il y avait beaucoup d'insatisfaction chez les Indiens des pays d'en haut pendant les années 1740 ; Nissowaquet et sa bande maintinrent néanmoins leur alliance avec les Français. On dit que cette bande fit avorter le projet d'un soulèvement des Indiens de l'Ouest, en 1744, par la révélation qu'ils en firent à Paul-Joseph LE MOYNE de Longueuil. Quand la guerre éclata entre les Français et les Anglais dans les années 1750, Nissowaquet et ses guerriers partirent avec Langlade pour combattre à l'est. En août 1757, un parti de 70 guerriers apporta son aide à Montcalm* dans la prise du fort William Henry (aussi appelé fort George ; aujourd'hui Lake George, New York). A leur retour à L'Arbre Croche, ils rapportaient non seulement leur part de butin, mais la redoutable petite vérole. Les conséquences furent désastreuses. La tradition outaouaise rapporte que, « l'une après l'autre, les cabanes furent complètement évacuées – seuls des cadavres y gisant ici et là – des familles entières étant emportées par cette terrible maladie ».

Les Britanniques occupèrent le fort Michillimakinac en 1761 ; Nissowaquet et les Nassauaketons, tout comme Langlade, acceptèrent le nouveau régime. En juin 1763, lorsque les Sauteux de Michillimakinac, organisés par Minweweh*, s'emparèrent du fort, les Indiens de Nissowaquet sauvèrent la plupart des survivants, soldats et trafiquants, qu'ils amenèrent à L'Arbre Croche et qu'ils protégèrent pendant plus d'un mois. En reconnaissance de ses services, Nissowaquet obtint des réfugiés une grande quantité de marchandises de traite et un esclave personnel. Il utilisa une partie de ces marchandises pour la rançon des prisonniers aux mains des Sauteux, mais une bonne quantité resta dans sa cabane. Un groupe d'Outaouais escortèrent les réfugiés à Montréal et promirent au général GAGE, gouverneur militaire du district de Montréal, d'être aussi bons amis des Anglais qu'ils l'avaient été des Français. L'année suivante, assistant à la conférence de paix de sir William JOHNSON, au fort Niagara (près de Youngstown, New York), Nissowaquet promit allégeance aux Britanniques et reçut en retour une commission de chef et une médaille.

Les années suivantes, Nissowaquet utilisa ces témoignages d'amitié pour obtenir en cadeaux du rhum, du tabac et des vêtements. Affirmant que les chefs des Outaouais « passent la plus grande partie de leur temps à servir les Anglais et à garder la paix parmi toutes les nations », il obtint des approvisionnements des commandants de Michillimakinac et en particulier de Robert ROGERS. Il était, selon un agent des Affaires indiennes, Benjamin ROBERTS, « l'Indien le plus riche qu'il ait jamais vu ». Toute cette richesse, la précieuse commission et une ceinture de porcelaine reçue de Gage furent consumées dans l'incendie de sa maison en 1767, mais Nissowaquet chercha immédiatement à réparer ses pertes.

En 1767–1768, alors que Nissowaquet hivernait sur les bords de la rivière Grand (Michigan), Rogers fut accusé de trahison et emprisonné à Michillimakinac. Des rumeurs circulèrent, à l'effet que Nissowaquet, « le grand chef des Outaouais », aiderait Rogers à s'enfuir. A son retour, au printemps, avec 40 de ses guerriers, Nissowaquet fut bouleversé par l'emprisonnement de Rogers, mais, bien que les chefs sauteux aient manifesté leur peine en lançant leurs drapeaux britanniques dans le lac, lui et sa bande rentrèrent paisiblement à L'Arbre Croche. Il entretint une certaine tension, toutefois, en rapportant au commandant du fort la découverte de traces laissées par un grand nombre d'Indiens munis de canots de guerre. Nissowaquet, une fois encore, tira habilement parti de la menace d'une attaque de la part d'autres Indiens pour bien asseoir sa propre valeur aux yeux des Britanniques, proclamant, au cours d'une conférence, en août 1768 : « tant que vous resterez ici, vous et votre garnison pourrez toujours dormir en sécurité, nous veillerons sur vous, et, si l'on apprend quelque mauvaise nouvelle au sein de n'importe lequel de nos villages, vous en serez immédiatement informés, car nous faisons échec à toutes les nations dont les cœurs ne sont pas fidèles envers les Anglais ».

Quand éclata la Révolution américaine, Nissowaquet se rangea du côté des Britanniques, et ses guerriers participèrent à plusieurs expéditions. Dans les années 1780, sa carrière active approchait de sa fin, bien qu'il restât le chef le plus important de L'Arbre Croche. Accompagné de sa bande, il faisait habituellement, pendant l'été, plusieurs visites à Michillimakinac pour y recevoir des présents et y faire réparer, par le forgeron du fort, leurs binettes et leurs fusils ; il s'y rendit en 1791, 1792 et 1793. Il décéda en 1797.

DAVID A. ARMOUR

AN, Col., C^{11A}, 77, ff.151, 156, 158, 160. — APC, RG 10, A2, 26, pp.14 967–15 076. — Clements Library, Thomas Gage papers, supplementary accounts, William Lesley's deposition, 18 févr. 1764 ; Henry Bostwick and Ezekiel Solomon's deposition, 25 avril 1764 ; Frederick Spiesmacher, journal, 6 déc. 1767–17 juin 1768 ; John Askin's blacksmith accounts, 1769 ; George Turnbull's Indian expenses, 25 mai 1770–25 nov. 1772. — Newberry Library (Chicago), MSS coll., George Etherington à Charles Langlade, 16, 18 juin, 14 juill. 1763. — Bougainville, *Adventure in wilderness* (Hamilton), 126, 143, 150s. ; Journal (A.-E. Gosselin), ANQ *Rapport*, 1923–1924, 266s., 272s., 282, 287s. — [A. S. De Peyster], *Miscellanies, by an officer* (Dumfries, Écosse, 1813), 31, 33 ; [2e éd.], J. W. De Peyster, édit. (2 vol. en 1, New York, 1888), xxxiv, xxxv. — Henry, *Travels and adventures*. — *Johnson papers* (Sullivan *et al.*), V : 714s. ; VI : 348s. ; X : 779–785 ; XI : 273s. ; XII : 491s. — *Michigan Pioneer Coll.*, X (1886) : 406 ; XII (1887) : 261–263. — *NYCD* (O'Callaghan et Fernow), IX : 1 053 ; X : 608. — [Robert Rogers], Rogers's Michillimackinac journal, W. L. Clements, édit., American Antiquarian Soc., *Proc.* (Worcester, Mass.), nouv. sér., 28 (1918) : 247–251, 253–255. — *Treason ? at Michilimackinac : the proceedings of a general court martial held at Montreal in October 1768 for the trial of Major Robert Rogers*, D. A. Armour, édit. (Mackinac Island, Mich., 1967), 41. — Wis., State Hist. Soc., *Coll.*, I (1855) : 43–48 ; III (1857) : 198s., 212s. ; VII (1876) : 125s. ; XVII (1906) : 372–375 ; XVIII (1908) : 67s., 253, 388, 390 ; XIX (1910) : 2s., 50–52, 153s. — A. J. Blackbird, *History of the Ottawa and Chippewa Indians of Michigan* [...] (Ypsilanti, Mich., 1887), 9s. — N. W. Caldwell, The Chickasaw threat to French control of the Mississippi in the 1740's, *Chronicles of Oklahoma* (Oklahoma City), XVI (1938) : 465–492.

NORTON, MOSES, agent principal de la Hudson's Bay Company, né vers 1735, fils de Richard Norton* et de Susannah Dupeer, décédé le 29 décembre 1773 au fort Prince of Wales (Churchill, Manitoba).

Norton

Moses Norton est un des personnages les plus controversés dans les annales de la Hudson's Bay Company. Les historiens de la traite des fourrures ne s'accordent pas à son sujet : Richard Glover le dénonce comme « un homme tout à fait sinistre », cependant qu'Edwin Ernest Rich le loue, spécialement pour son « énergie et sa perception peu communes ». La racine du conflit se trouve dans la crédibilité d'un portrait accablant de Norton écrit par Samuel HEARNE et publié pour la première fois en 1795. Hearne nourrissait une haine profonde pour Norton et plusieurs de ses allégations doivent être mises en doute.

L'origine de Norton demeure un mystère. Il n'était certainement pas « un Indien », comme le voulait Hearne, mais, en raison de l'affirmation de Hearne qu'il était né au fort Prince of Wales, on a généralement supposé que, né d'un père blanc, il était le fils d'une Indienne. Le testament de Norton, cependant, suggère que ses parents étaient européens, puisqu'il désigne sa mère sous le nom de Susannah Dupeer. Richard Norton ayant épousé Elizabeth McCliesh, il est possible que Moses soit né d'une union illégitime alors que son père était en congé en Angleterre dans les années 1730.

Le déroulement de la carrière de Norton renforce le caractère improbable d'une origine métissée. En 1744, Norton fut mis en apprentissage, en Angleterre, auprès d'un des capitaines de navire de la Hudson's Bay Company, George Spurrell*, pour une période de sept ans. Sa carrière dans la compagnie commença vraiment en 1753, alors qu'il signa un contrat pour servir comme second, pendant trois ans, sur le sloop du poste de la rivière Churchill, au salaire de £25 par année. En 1756, il devint comptable et assistant de l'agent principal du fort Prince of Wales, Ferdinand JACOBS, assumant temporairement le commandement du poste en 1759, avant de passer une année de congé en Angleterre. Il fut nommé agent principal en 1762 et conserva le commandement du fort Prince of Wales jusqu'à sa mort. Compte tenu de la politique officielle de la compagnie, qui interdisait toute relation intime entre ses employés et les Indiennes [V. Joseph ISBISTER], on peut douter que le comité de Londres eût nommé un Métis à la direction de l'un de ses postes les plus importants. Ce n'est qu'en 1794 que la permission fut officiellement accordée de prendre des garçons de sang mêlé au service de la compagnie. Si Norton était vraiment natif de la baie d'Hudson, il est pour le moins curieux que son avancement exceptionnel n'ait fait l'objet d'aucune mention dans les archives de la compagnie.

La correspondance échangée entre Norton et ses supérieurs révèle la foi que le comité de Londres avait en sa capacité de s'acquitter des lourdes responsabilités reliées au commandement du fort Prince of Wales. Norton avait à affronter trois tâches difficiles : reconstruire le fort de pierre, bien mal bâti, pousser l'exploration vers le nord et établir une pêcherie de baleine noire. Son incapacité de réussir nettement dans l'un ou l'autre de ces secteurs s'explique par des circonstances indépendantes de sa volonté plutôt que par son incompétence, comme le soutenait Glover. Les travaux du fort furent inévitablement paralysés par le manque de matériel et d'artisans habiles. De 1761 à 1764, Norton lui-même prit la tête d'expéditions à la recherche du fuyant passage du Nord-Ouest. Ses explorations le menèrent aussi loin au nord que l'inlet de Chesterfield (Territoires du Nord-Ouest), ce qui lui valut une gratification de £40 de la part du comité. Norton, dont les instructions annuelles à ses capitaines de sloop démontrent une bonne connaissance des affaires, améliora le commerce côtier avec les Inuit, en particulier après 1765, alors qu'il réussit à négocier la paix entre les Inuit et leurs ennemis, les Chipewyans. L'intérêt de Norton pour la fabuleuse mine de cuivre du nord, qui avait longtemps intrigué les dirigeants de la compagnie au fort Prince of Wales, fut avivé en 1767 quand deux Indiens, Idotliazee et probablement MATONABBEE, revinrent au fort, après une exploration de cinq ans, avec un morceau de minerai de cuivre et l'ébauche d'une carte. Pendant son congé, l'année suivante, Norton sut intéresser le comité à ses plans d'une exploration, qui par la suite amenèrent l'envoi de Samuel Hearne en 1769. Même si Norton a été tenu responsable de l'échec des deux premiers voyages de Hearne, on peut douter qu'il ait délibérément tenté de saboter une entreprise dont le succès lui tenait tellement à cœur. Norton a été sévèrement et injustement critiqué pour l'insuccès de la pêcherie de baleine noire, qui fut abandonnée en 1772. En effet, en dépit de beaucoup d'efforts et de dépenses, le projet avorta à cause du manque d'hommes expérimentés et de bateaux adéquats, et à cause de la saison trop courte.

En somme, le comité de Londres avait raison de considérer Moses Norton comme un employé de grande valeur, n'exprimant sa désapprobation que sur la manière dont il tentait de réprimer la traite privée. Bien que Hearne affirmât que Norton était « un contrebandier notoire », le problème de la traite à titre privé était bien pire dans les postes du fond de la baie qu'à la rivière Churchill. Norton avait adopté une attitude réaliste en vue de venir à bout de cet abus : il permettait à ses « principaux dirigeants et trafiquants » de traiter leurs fourrures avec les capitaines des navires contre la promesse de supprimer « le commerce et les pratiques illicites parmi la classe inférieure [des employés] ». En 1770, dans le cadre d'une tentative générale pour régler ce problème, le comité de Londres ordonna à Norton d'abandonner son plan. Pour corriger le penchant des agents principaux à faire la traite privée, le comité porta leur salaire à £130 par année et leur alloua une gratification de trois shillings sur chaque lot de fourrures équivalant à 20 peaux de castor qu'ils expédieraient en Angleterre. Norton fut réprimandé pour avoir cherché à gagner les faveurs de ses amis, membres du comité de Londres, en leur envoyant des fourrures en cadeau.

A l'intérieur des murs pleins de courants d'air du fort Prince of Wales, Norton entreprit de vivre la grande vie. Ses appartements étaient « non seulement commodes, mais élégants » ; il importa des livres, des peintures et un orgue d'Angleterre, et avait même un perroquet. Comme son père avant lui, Norton aimait d'une façon particulière la compagnie des Indiens qu'il admettait régulièrement dans ses quartiers. Rigide en matière de discipline, cependant, il s'attira l'inimitié de quelques-uns de ses hommes, et notamment de Hearne, en refusant de leur permettre quelque relation que ce fût avec les Indiennes [V. George ATKINSON]. Bien que Norton ait eu une famille indienne, rien ne paraît autoriser l'affirmation de Hearne qu'il menait une vie de débauche, entretenant cinq ou six des plus belles filles indigènes pour ses plaisirs et empoisonnant sans hésiter tout homme qui lui refusait sa femme ou sa fille. La seule descendance connue de Norton est une fille nommée Mary (Polly), née au début des années 1760 d'une Indienne crise. Aimant follement sa fille, Norton gâta à ce point l'enfant qu'elle devint tout à fait inapte à supporter les misères de la vie indienne ; bien qu'elle fût pourvue par son père d'une généreuse rente annuelle, Mary périt durant l'hiver difficile de 1782, après que Hearne eut remis le fort Prince of Wales aux Français sous les ordres du comte de Lapérouse [GALAUP]. A l'instar d'autres agents principaux de cette époque, Norton entretenait aussi une femme anglaise, Sarah, qu'il épousa probablement en 1753. Il lui versa régulièrement des sommes généreuses et la nomma son exécutrice testamentaire.

Norton mourut en décembre 1773 d'un désordre chronique des intestins. Les 21 coups de canon qui saluèrent ses funérailles auraient plu à Norton, car il voulait qu'on se souvînt de lui à sa mort. A ses amis et à ses hommes, il fit des legs pour des bagues-souvenirs et des vêtements de deuil et laissa « dix gallons de brandy anglais à diviser également entre toutes les mains ».

SYLVIA VAN KIRK

HBC Arch., A.1/39, 43 ; A.5/1 ; A.6/15 ; A.11/14 ; A.16/10 ; A.44/1. — PRO, Prob. 11/713, f.314 ; 11/1 002, f.374. — *HBRS*, XI (Rich et Johnson) ; XXV (Davies et Johnson). — Hearne, *Journey from Prince of Wales's Fort* (Glover). — Rich, *History of HBC*, II.

NOSAWAGUET. V. NISSOWAQUET

NOYAN ET DE CHAVOY, PIERRE-JACQUES PAYEN DE. V. PAYEN

O

OAKES, FORREST, marchand et trafiquant de fourrures, décédé à Montréal en 1783.

Forrest Oakes, un marchand anglais, vint au Canada au cours du Régime militaire. En 1761, il était associé dans l'entreprise MacKenzie and Oakes et, en septembre, il s'assura à Montréal le service d' « engagés » pour aller à Michillimakinac (Mackinaw City, Michigan) sous la conduite d'Ignace Pinsonneau, dit Lafleur. Oakes accompagna l'expédition ; on ne sait s'il resta à Michillimakinac ou s'il pénétra dans les terres. En 1762, il fut poursuivi pour dettes à Montréal par Joseph Lamoureux, dit Saint-Germain, qui avait été engagé comme guide en 1761. Ce fut Lawrence ERMATINGER, son associé de 1763 à 1766, qui le représenta à l'audience.

Il existe des documents qui révèlent la présence d'Oakes à différents endroits, de Montréal à Grand Portage (près de Grand Portage, Minnesota), sans qu'il soit pour autant facile de suivre ses activités. De 1763 à 1765, il faisait la traite des fourrures, probablement dans la région des Grands Lacs, mais rien ne prouve qu'il passa l'hiver dans les pays d'en haut. En 1766 et 1768, il semble s'être trouvé à Montréal ; en 1767, son nom apparaît sur la liste de congés de traite donnés à Michillimakinac : il était probablement à l'intérieur des terres à ce moment-là.

De 1767 à 1782, Oakes reçut des marchandises d'Ermatinger, son beau-frère et principal fournisseur. Pendant cette période, Ermatinger expédia de Montréal des approvisionnements à

Grand Portage, en quantités de plus en plus grandes, passant en 1767 d'un canot de marchandises d'une valeur de £241 à des chargements de £1 300 à £1 700 dans les années 1771–1773, au cours desquelles Oakes était associé à Charles Boyer. En 1774, Oakes s'associa avec Boyer et Peter Pangman* ; l'année suivante, des chargements considérables envoyés par Ermatinger furent divisés en quatre parties, chacun des ballots portant un code différent, ce qui donne à penser que le commerce se faisait dans quatre endroits distincts. Oakes vint à Montréal en 1776, mais passa les deux années suivantes à Grand Portage. Il se peut qu'il ait été parmi les trafiquants qui mirent leur stock en commun pour envoyer Peter Pond* dans la région de l'Athabasca en 1778. En 1779, lorsque son association avec Pangman et Boyer se termine, il devient l'un des associés qui constituèrent la première North West Company, au capital de 16 actions dont une appartenait à Oakes and Company. Ermatinger expédia encore deux canots à Oakes en 1780 et 1781, mais un seul en 1782. Ce ralentissement, dû peut-être au mauvais état des affaires d'Ermatinger, est probablement l'indice de la concurrence croissante de la part d'autres trafiquants de Montréal et de la Hudson's Bay Company. Quittant la région des Grands Lacs, Oakes retourna à Montréal à l'automne de 1782 et mourut entre le 17 avril et le 24 mai 1783.

Il est impossible de savoir jusqu'où Oakes s'enfonça à l'intérieur des terres à partir de Grand Portage. Il partagea son temps, semble-t-il, entre Michillimakinac, Sault-Sainte-Marie (Sault Ste Marie, Michigan) et Grand Portage, à faire parvenir à Ermatinger des réquisitions et des listes de provisions minutieusement préparées et à organiser des envois de maïs à partir de Détroit. De plus, il avait à surveiller les hivernants et à diriger l'emballage ainsi que l'expédition de marchandises diverses vers l'intérieur des terres et de fourrures vers Montréal. Il est possible qu'il ait passé confortablement ses hivers à Michillimakinac ou à Sault-Sainte-Marie avec son épouse indienne. Il se peut que son fils, John Meticamish Oakes, qui n'était pas majeur au moment de la mort de son père, soit devenu par la suite l'orfèvre John Oakes*. Le fait que Forrest Oakes laissait des biens à Handsworth (West Midlands), en Angleterre, donne à entendre qu'il était originaire de cet endroit.

George E. Thorman

ANQ-M, Chambre des milices., 5, f.16v. ; État civil, Anglicans, Christ Church (Montréal). — APC, MG 19, A2, sér. 3, 86, 88, 89. — BL, Add. MSS 35 915, f.232. — *Docs. relating to NWC* (Wallace), 62–66, 439, 489. — *John Askin papers* (Quaife), I : 51, 91, 141, 146, 149s., 156s. — Massicotte, Répertoire des engagements pour l'Ouest, ANQ *Rapport*, 1932-1933, 268. — Innis, *Fur trade in Canada* (1930), 195–219. — Daniel Morison, *The doctor's secret journal* (Mackinac Island, Mich., 1960), 12–22. — A. S. Morton, Forrest Oakes, Charles Boyer, Joseph Fulton, and Peter Pangman in the northwest, 1765–1793, SRC *Mémoires*, 3e sér., XXXI (1937), sect. II : 87–100.

OGILVIE, JOHN, ministre de l'Église d'Angleterre, né à New York en 1724, fils de William Ogilvie, lieutenant dans l'armée britannique ; le 15 septembre 1751, il épousa Susanna Catharine Symes, de New York, et cinq enfants naquirent de ce mariage, puis, en secondes noces, Margaret Marston, veuve de Philip Philipse, de New York, le 17 avril 1769 ; décédé à New York le 26 novembre 1774.

John Ogilvie s'inscrivit en 1745 au Yale College de New Haven, dans le Connecticut, et, avant la fin de ses études, il devint candidat à la prêtrise dans l'Église d'Angleterre ; il fut alors prédicateur laïque dans deux missions. Diplômé en 1748, il s'embarqua pour l'Angleterre après avoir été recommandé à la Society for the Propagation of the Gospel comme étant « un jeune gentleman fort doué [...] très pieux et zélé, et menant une existence vertueuse ». Ordonné diacre à Londres le 27 mars 1749, il fut élevé à la prêtrise le 2 avril. Le 30 juin, il fut autorisé à remplir les fonctions de missionnaire de la Society for the Propagation of the Gospel, et, le 30 novembre 1749, il était de retour à New York.

Ogilvie commença à faire du ministère le 31 mars 1750 à l'église St Peter à Albany, New York ; cette mission était chargée de s'occuper des Indiens qui vivaient à Fort Hunter, distant de quelque 40 milles à l'ouest. Pendant dix années d'agitation et de guerre, il exerça son ministère en anglais et en hollandais auprès de la société bigarrée de cette région frontalière. Il fut bientôt en mesure de lire le texte des offices dans la langue des Agniers, mais il recourait à un interprète pour prêcher aux Indiens. Des années plus tard, s'intéressant encore à la communauté de Fort Hunter, il dirigea la publication du second livre de prières écrit en agnier. Il s'agissait de la réédition d'une traduction parue en 1715. Révisé sous la direction d'un ancien missionnaire de Fort Hunter, Henry Barclay, le livre, mis sous presse en 1763, ne fut prêt qu'en 1769, par suite du décès de Barclay et de certaines difficultés relatives à la publication. Christian Daniel Claus, qui prépara une troisième édition en 1780, affirma par la suite que celle de 1769 était « remplie d'erreurs ».

Avant la guerre de Sept Ans, Ogilvie prêcha

occasionnellement aux militaires ; le 1er septembre 1756, sur la recommandation de sir William JOHNSON, il fut nommé aumônier d'un corps d'armée nouvellement constitué, le Royal American Regiment (62e, plus tard 60e). En cette qualité, il se joignit à l'expédition menée par Johnson et le général de brigade John Prideaux contre le fort Niagara (près de Youngstown, New York) à l'été de 1759, puis il revint passer quelque temps à Albany après la capture du fort. Il servit également en qualité d'aumônier des soldats d'AMHERST à Oswego, New York, et, après la chute de Montréal en 1760, il se rendit dans cette ville où il allait demeurer quatre ans. Ogilvie devint ainsi le premier ministre de l'Église d'Angleterre qui ait œuvré à Montréal. Il devint populaire auprès des militaires et des civils, et n'eut pas de mal à s'entendre avec les prêtres catholiques et les membres des ordres religieux. Comme il n'existait pas d'église anglicane, Ogilvie célébrait les offices dans la chapelle de l'Hôtel-Dieu. Il demeura en contact avec Albany et New York et visita probablement Québec. Il se rendit administrer le baptême à Sorel, à Chambly et à Boucherville, près de Montréal, et il s'efforça de faire adhérer les Agniers catholiques au culte anglican en leur montrant le livre de prières écrit dans leur langue. Les lettres qu'il envoya à la Society for the Propagation of the Gospel en 1760 et 1763 contiennent de prudentes allusions au fait que les vastes terres des sulpiciens et des jésuites pouvaient constituer une source de revenus pour financer le travail missionnaire auprès des Indiens et l'établissement de l'Église d'Angleterre au Canada. En parlant des biens des jésuites, il touchait là une question qui allait devenir l'un des problèmes politiques majeurs du siècle suivant [V. Jean-Joseph CASOT ; Antoine-Nicolas Braun*].

Ogilvie fut nommé, en septembre 1764, ministre adjoint à l'église Trinity de New York, où il œuvra jusqu'à son décès. En 1769, il reçut un doctorat honorifique en théologie du Marischal College (University of Aberdeen, Écosse). Un grand nombre des contemporains d'Ogilvie gardèrent de lui un bon souvenir ; l'un d'eux disait qu'il avait « des dehors particulièrement aimables, une attitude et des manières qui étaient tout à fait celles d'un gentleman ». Dans une lettre adressée en 1782 à la Society for the Propagation of the Gospel, Christian Daniel Claus, qui avait collaboré étroitement avec lui à titre de fonctionnaire au département des Affaires indiennes, le considérait comme « un honneur et une bénédiction pour l'Église à laquelle il appartenait ».

T. R. MILLMAN

Protestant Episcopal Church in the U.S.A., Archives and Hist. Coll. – Episcopal Church (Austin, Tex.), E. L. Pennington papers, The manuscript register and journal of the Reverend John Ogilvie, from April 22, 1750, to February 12, 1759 [...], E. L. Pennington, édit. (copie dactylographiée), sous la garde de la Hist. Soc. of the Episcopal Church (Austin) (copie à l'Anglican Church of Canada, General Synod Archives, Toronto). — Abstracts of wills on file in the surrogate's office, city of New York, vol. VIII, 1771–1776, N.Y. Hist. Soc., *Coll.*, [3e sér.], XXXII (1899) : 247s. — *Archives of the general convention : the correspondence of John Henry Hobart* [1757–1811], A. [E.] Lowndes, édit. (6 vol., New York, 1911–1912), IV : 72, 123–134. — [A. MacV.] Grant, *Memoirs of an American lady* [...] (New York et Philadelphie, 1846), 187. — Charles Inglis, *Sermon on II Corinth. V. 6 occasioned by the death of John Ogilvie, D.D., assistant minister of Trinity Church, New-York* (New York, 1774). — *Johnson papers* (Sullivan *et al.*). — F. B. Dexter, *Biographical sketches of the graduates of Yale College with annals of the college history* (6 vol., New York et New Haven, Conn., 1885–1912), II : 174–177. — *DAB*. — William Berrian, *An historical sketch of Trinity Church, New York* (New York, 1847), 127–134. — Joseph Hooper, *A history of Saint Peter's Church in the city of Albany*, introd. par W. W. Battershal (Albany, N.Y., 1900). — J. W. Lydekker, *The faithful Mohawks* (Cambridge, Angl., 1938). — W. B. Sprague, *Annals of the American pulpit* [...] (9 vol., New York, 1857–1869), V : 134–137. — A. H. Young, The Revd. John Ogilvie, D.D., an army chaplain at Fort Niagara and Montreal, 1759–60, *OH*, XXII (1925) : 296–337.

OHQUANDAGEGHTE (Atquandadeghte, Kointaguettez, Kouategeté, Otkwande, Otqueandageghte), guerrier onontagué de la région du haut Saint-Laurent ; il se maria le 10 mai 1760, à La Présentation (Oswegatchie ; aujourd'hui Ogdensburg, New York) ; *circa* 1757–1773.

En 1701, les Six-Nations déclarèrent leur neutralité dans le conflit qui opposait Français et Britanniques en Amérique du Nord, mais des rumeurs de conspiration et de double jeu de leur part coururent fréquemment parmi les Européens, particulièrement pendant les périodes de crise. La difficulté d'évaluer le bien-fondé de ces rapports n'a pas diminué avec le temps. Selon Pierre Pouchot*, Ohquandageghte fit de l'espionnage pour le compte des Britanniques et leur servit d'intermédiaire dans le trafic illégal qu'ils entretenaient avec les commandants français du fort Frontenac (Kingston, Ontario). L'amitié qu'on lui supposait à l'égard des Britanniques ne l'empêcha pas, cependant, d'accepter du gouverneur Vaudreuil [RIGAUD], en 1757, une commission de chef de guerre d'Oswegatchie, village de la mission de La Présentation, poste stratégique fondé par François PICQUET. En avril 1758, il mena une attaque sur German Flats, une partie de la vallée de la rivière Mohawk sise près de l'embouchure du ruisseau West Canada. Vers le même temps, sir William JOHNSON, le surintendant britannique des Affaires des Indiens du Nord, fut avisé qu'on avait trouvé le cadavre d'Ohquandageghte, avec un couteau portant une inscription : « Otqueandageghte le Camera [camarade] de Jeanson ». Le nom onontagué est écrit à l'anglaise, et les dessous de cette histoire restent obscurs ; le corps n'était pas celui d'Ohquandageghte.

Pouchot crut que la prise du fort Frontenac par BRADSTREET, en août 1758, avait à ce point choqué Ohquandageghte qu'il se donna à la cause française. L'enthousiasme du guerrier à combattre les Britanniques s'était cependant refroidi quand, en mars 1760, Pouchot vint prendre le commandement du fort Lévis (à l'est de Prescott, Ontario), à peu de distance de la mission. Ohquandageghte ne devait plus prendre part à des expéditions militaires, à cause, disait-il, de scrupules religieux qui lui venaient de sa récente conversion. « Il n'entendait aucune de nos distinctions », ajoutait Pouchot. Celui-ci ne paraît pas avoir pensé que la toute nouvelle attitude pacifique d'Ohquandageghte eût pu lui être dictée par les victoires britanniques de l'année précédente. Mais Ohquandageghte voulait bien agir comme informateur pour les Français. Tôt à l'été de 1760, il alla à Oswego, New York, pour chercher à savoir ce que les Six-Nations entendaient faire concernant la descente imminente des Britanniques sur le Saint-Laurent avec Montréal pour objectif. Là, il mit les Indiens en garde contre l'intention des Britanniques de les exterminer ; à son retour, il raconta à Pouchot qu'il avait parlé avec AMHERST, et lui fit un rapport sur l'importance des effectifs britanniques qui y étaient réunis.

En 1762, Ohquandageghte collabora à des projets de guerre contre les Britanniques. Sir William Johnson chargea son adjoint, Christian Daniel CLAUS, de le mettre en garde contre une telle attitude. On ignore si le message parvint à Ohquandageghte, mais, peu après qu'il fut envoyé, l'Onontagué alla voir le commandant du fort William Augustus (autrefois fort Lévis), Henry GLADWIN, l'entretint des tentatives des Français pour pousser les Indiens à la guerre et lui donna les noms des Indiens qui, à Oswegatchie, s'étaient prêtés à ces manœuvres. Il affirma regretter sa propre attitude, et renonça à la commission qu'il avait reçue de Vaudreuil. Plus tard, toutefois, quand le major général GAGE voulut examiner cette histoire plus à fond, Ohquandageghte se montra peu empressé à affronter les gens qu'il avait dénoncés.

A l'automne de 1763, selon certains rapports, il vivait à Cataracoui (Kingston, Ontario) et avait projeté, avec certains Mississagués et quelques autres Indiens, de paralyser le mouvement de troupes et de marchandises sur le Saint-Laurent. L'automne suivant, il fut fait prisonnier et envoyé à Montréal pour avoir tenté de passer, sans permis nécessaire, au poste de contrôle des Cèdres, situé près de Montréal – le soulèvement de Pondiac* en 1763 avait avivé, chez les Britanniques, la crainte d'une conspiration des Indiens. Il fut, semble-t-il, accusé de nouvelles intrigues en 1766, mais il nia toutes les allégations rapportées contre lui. « Abandonné par les Indiens Swegachy », il vivait en 1769 à Saint-Régis. Il reçut une commission britannique à titre de chef, de même qu'une médaille ; mais il était, au rapport de Claus, « si abattu et si conscient de ne pas la mériter qu'il ne voulait pas la porter ».

En 1773, Ohquandageghte se rangea du côté du missionnaire dans une bataille pour le pouvoir (dont on ne connaît pas la nature exacte) à Saint-Régis. Il alla voir Johnson au sujet de la dispute et, à son retour, il déforma la réponse de ce dernier, de manière à ce que lui-même et ses partisans parussent avoir l'appui du surintendant. Les chefs iroquois de Caughnawaga, qui avaient quelque autorité sur Saint-Régis, se plaignirent à Claus des gestes et prétentions d'Ohquandageghte. Ils affirmèrent ne pas approuver sa nomination comme chef, ajoutant que c'était « un Indien qui n'avait pas de domicile fixe ».

EN COLLABORATION

Inv. des papiers de Léry (P.-G. Roy), III : 10. — *Johnson papers* (Sullivan *et al.*). — [Pierre] Pouchot, *Memoir upon the late war in North America, between the French and the English, 1755–60* [...], F. B. Hough, trad. et édit. (2 vol., Roxbury, Mass., 1866). — W. L. Stone, *Life of Joseph Brant – Thayendanegea* [...] (2 vol., New York, 1838).

OLABARATZ (Laubara, Dolobarats), JOANNIS-GALAND D', marchand-pêcheur, corsaire et capitaine de port, né probablement à Saint-Jean-de-Luz, France, décédé en 1778 à Bayonne, France.

C'est la pêche de la morue qui attira d'abord Joannis-Galand d'Olabaratz à Louisbourg, île Royale (île du Cap-Breton). Dès 1722, il avait reçu une concession sur la rive nord du port où il put faire sécher ses prises, mais il ne paraît pas avoir résidé à l'intérieur de la forteresse avant le milieu des années 1730. On ne doit pas le confondre avec Jean Dolabaratz, un autre marchand-pêcheur qui fut également actif à Louisbourg à la même époque.

Quand survint la guerre, en 1744, d'Olabaratz espéra tirer profit de la course. Au mois de mai, il se joignit, avec son propre navire, à l'expédition menée avec succès par François DU PONT Duvivier contre Canseau (Canso, Nouvelle-Écosse). De retour à Louisbourg au début de juin, il signa deux contrats : l'un pour l'achat et l'armement du corsaire *Cantabre*, dont il était copropriétaire avec Duvivier, BIGOT et Jean-Baptiste-Louis Le Prévost* Duquesnel ; l'autre, passé avec un certain Leneuf de Beaubassin (probablement Philippe), capitaine du corsaire *Cæsar*, par lequel les deux parties s'entendaient pour partager également les revenus de la course, pendant une période d'un mois. Les deux navires firent voile de conserve en juin, mais furent bientôt séparés. Jouant de malchance, d'Olabaratz et les 93 hommes d'équipage du *Cantabre* furent faits prisonniers, à 15 lieues au large du cap Cod, par un navire de la garde côtière du Massachusetts commandé par Edward Tyng*. Détenu à Boston pendant plusieurs mois, d'Olabaratz retourna à Louisbourg en novembre avec des renseignements, peut-être divulgués intentionnellement par le gouverneur William Shirley, relatifs à une attaque britannique par terre et par mer contre Louisbourg, censément prévue pour le printemps. D'Olabaratz rédigea un rapport sur la Nouvelle-Angleterre, dans lequel il nota, avec sa vision de corsaire, que, grâce à sa richesse matérielle, Boston pourrait verser une belle somme pour échapper au pillage. Il porta son rapport en France, où il fut affecté à la flotte d'Antoine-Alexis Perier de Salvert. En 1746, il reçut le commandement d'une frégate dans la flotte commandée par le duc d'Anville [La Rochefoucauld*]. Pour ces services, entre autres, il eut l'honneur, en 1748, d'être élevé au grade de capitaine de brûlot.

D'Olabaratz retourna à Louisbourg après que la forteresse eut été rendue à la France en 1748 et, en 1750, il y devint capitaine de port, poste occupé auparavant par Pierre Morpain*. Pendant huit années consécutives, il conserva cette charge à la satisfaction de plusieurs gouvernements successifs à Louisbourg. En plus de ses tâches régulières, il entreprit des sondages dans le port et dans les eaux riveraines environnantes. Le 6 janvier 1758, époque où la navigation était habituellement considérée comme impossible, d'Olabaratz réussit à apporter des approvisionnements à Louisbourg qui avait été bloquée l'été précédent par les Britanniques [V. Augustin de Boschenry* de Drucour]. De retour en France en mars 1758, il reçut la croix de Saint-Louis et l'autorisation de se retirer avec une pension de 800#. Plus tard la même année, il rentrait au service du ministère de la Marine comme fonctionnaire au port de Bayonne.

Les rapports de d'Olabaratz avec la Nouvelle-France n'étaient cependant pas terminés. La requête de Bougainville* aux fins d'obtenir des capitaines marchands pour commander la petite flotte française de l'intérieur l'y ramena, alléché par l'espoir de profiter de la guerre. Quand l'armée d'AMHERST commença de descendre le lac Champlain, le 11 octobre 1759, en vue d'attaquer les Français commandés par François-Charles de Bourlamaque* à l'île aux Noix, d'Olabaratz, avec trois chébecs de piètre construction, attaqua une embarcation chargée de soldats, au point du jour le 12 octobre, près des îles aux Quatre Vents, et fit prisonniers 21 Highlanders du 42e d'infanterie. Faisant voile au nord, il fut aperçu, plus tard ce même jour, par un brigantin et un sloop britanniques. Le capitaine Joshua LORING lui donna la chasse, le poussant en direction de l'armée britannique, mais d'Olabaratz chercha refuge dans une baie de la rive ouest. Croyant la route coupée et ayant peut-être volontairement échoué l'un de ses navires, il réunit un conseil qui décida de saborder les navires et de partir à pied pour Montréal, avec les prisonniers.

Si Amherst n'avait pas abandonné sa campagne le 18 octobre, à l'annonce de la chute de Québec, d'Olabaratz eût peut-être été sévèrement réprimandé par ses supérieurs, en particulier parce que les Britanniques purent remettre à flot ses navires avec presque tous leurs canons intacts. Le gouverneur Vaudreuil [RIGAUD] accepta ses explications après qu'il eut atteint Montréal le 21 octobre. Toutefois, Bourlamaque, dont la position à l'île aux Noix avait été mise en danger par sa fuite, pensait que d'Olabaratz eût dû attaquer l'ennemi ou tenter de fuir en profitant de la nuit. Une note en marge dans le journal de Montcalm* prévient que d'Olabaratz était un « Sujet a ne plus employer en chef ».

On ne sait rien de d'Olabaratz après 1759. Comme corsaire, il avait servi les intérêts de la France en même temps que les siens. Pendant deux guerres, son expérience de la mer aida la cause française, même si son objectif personnel était de faire des profits, qu'il s'agisse du butin provenant de ses courses en haute mer ou d'autres raids. Une grande partie de l'effort maritime de la France en Amérique du Nord jusqu'en 1760 fut le fait d'hommes audacieux et habiles comme d'Olabaratz, Morpain et Jean VAUQUELIN. Le sabordage hâtif des navires de d'Olabaratz sur le lac Champlain montre toutefois que le corsaire manquait de la discipline et du jugement des officiers de marine réguliers.

D'Olabaratz avait épousé Catherine Despiaube. Ils eurent au moins un fils, Jean, qui devint enseigne de port à Louisbourg en 1743 et qui s'éleva par la suite au rang de brigadier des armées navales.

T. A. CROWLEY

AD, Charente-Maritime (La Rochelle), B, 266, ff.24v., 59v. ; 268, f.156 ; 275, ff.67–69, 72 ; 279, f.3v. — AMA, SHA, A[1], 3 393, n°s 29, 59, 60. — AN, Col., B, 91, f.330 ; 97, f.307 ; 108, f.123 ; C[11A], 104, ff.207–207v. ; C[11B], 26, f.32 ; 28, f.126 ; 30, f.250 ; 31, f.232 ; 32, ff.24, 210, 316 ; F[3], 50, ff.302, 495, 502 ; Marine, C[7], 229 (dossier Olabaratz) ; Section Outre-mer, G[1], 466/3, f.173 ; G[2], 192/1, ff.22, 34v. ; 192/2, ff.36, 48v. — ASQ, Polygraphie, V : 47. — Amherst, *Journal* (Webster). — APC *Rapport*, 1924, 1–70. — *Coll. de manuscrits relatifs à la N.-F.*, III : 213–215, 477. — *Coll. des manuscrits de Lévis* (Casgrain), V : 62, 65, 70s., 325–327, 343, 349s. ; VII : 525, 544 ; VIII : 125, 141 ; IX : 77–79. — Knox, *Hist. journal* (Doughty), III : 65, 73s. — *Mémoires sur le Canada depuis 1749 jusqu'à 1760*, 171. — *NYCD* (O'Callaghan et Fernow), X : 1 042, 1 056. — McLennan, *Louisbourg*. — Rawlyk, *Yankees at Louisbourg*. — Stanley, *New France*.

OLD KING (Old Smoke). V. KAIEÑ?KWAAHTOÑ

OLIVA, FRÉDÉRIC-GUILLAUME (Frederick William), médecin, né vers 1749, probablement d'origine allemande ; il épousa, le 30 janvier 1782, Catherine Couillard Des Islets, et ils eurent huit enfants ; décédé à Québec le 31 juillet 1796.

Pendant la guerre d'Indépendance américaine, Frédéric-Guillaume Oliva servit comme chirurgien-major dans l'un des régiments prêtés à la Grande-Bretagne par le duc de Brunswick et commandés par Friedrich Adolphus von Riedesel. L'expérience d'Oliva dans l'armée, bien qu'elle fût dure, dut lui être grandement bénéfique sur le plan professionnel, car les troupes allemandes eurent leur part de lésions et de blessures, comme aussi de maladies telles le scorbut, la petite vérole et la dysenterie. La guerre terminée, Oliva exerça la médecine à Saint-Thomas-de-Montmagny (Montmagny, Québec), mais en 1792 il déménagea à Québec avec sa famille et y pratiqua le reste de sa vie.

A l'instar de plusieurs soldats allemands qui s'établirent dans la province de Québec, Oliva était catholique. Il s'assimila à la société canadienne, et non à l'anglaise, en épousant la fille du coseigneur de la Rivière-du-Sud, Louis Couillard Des Islets. Avec plusieurs de ses concitoyens, il signa le Manifeste loyaliste de 1794, lequel, rédigé en opposition à la Révolution française et à « des personnes méchantes et mal intentionnées » qui suivraient cet exemple, exaltait la constitution britannique et condamnait ceux qui dirigeaient alors la France.

Oliva semble s'être entièrement dévoué au bien-être de ses patients, quelle que fût leur condition sociale. Il lui arriva de demander aux autorités de retarder la mise en application d'une sentence d'emprisonnement contre un habitant jusqu'à ce que ce dernier se fût entièrement remis d'une grave attaque de dysenterie. Quant à ses théories médicales, connues en grande partie grâce aux *Mémoires* de Philippe-Joseph Aubert* de Gaspé, elles paraissent avoir eu pour fondement un scepticisme de bon aloi face aux opinions généralement admises par la Faculté. Aubert de Gaspé, qui fut vacciné par le docteur Oliva contre la petite vérole à l'âge de cinq ans, écrit que le docteur fit œuvre de pionnier en prescrivant l'air frais et l'exercice quotidien à ceux qui étaient affligés de la maladie, ou qui étaient vaccinés contre elle, à une époque où le traitement habituel faisait appel à la chaleur et aux boissons alcooliques. Selon Aubert de Gaspé, Oliva dit un jour, pendant une épidémie de petite vérole : « Quel bonheur pour les malheureux attaqués de cette maladie, s'ils tombaient malades dans les forêts, près d'un ruisseau, sous un abri de sapin : quatre-vingt-dix sur cent recouvreraient probablement la santé. » Même si plusieurs le croyaient fou à cette époque, il prescrivait des bains glacés pour soigner le typhus et il réussit, dit-on, à sauver, de cette façon, la vie de son fils Frédéric-Godlip.

En 1788, Oliva fut nommé membre du premier Bureau des examinateurs en médecine du district de Québec, organisme créé par une loi votée cette même année et réglementant l'exercice de la médecine et de la chirurgie ; un bureau semblable fut créé en même temps à Montréal. Comme examinateur, il paraît avoir exploré les questions les plus fondamentales de la thérapeutique médicale. Nous savons, par exemple, qu'il demanda à Pierre Fabre*, dit Laterrière, non point de nommer les instruments nécessaires à la chirurgie, ni même de décrire la circulation du sang, mais d'exposer les différences entre le patient décrit dans les livres et le patient alité. En 1795, Oliva ainsi que James Fisher*, John Mervin Nooth* et George Longmore furent interrogés par la chambre d'Assemblée sur le problème des maladies contagieuses apportées dans la colonie par les navires océaniques. Cette même année, l'Assemblée vota une loi qui autorisait le gouverneur à mettre en quarantaine les navires soupçonnés de porter quelque maladie contagieuse.

Malgré ses nombreux succès, Oliva était, semble-t-il, un homme modeste. La complaisance avec laquelle, dans leurs annonces, les médecins se glorifiaient des études qu'ils avaient pu faire en Europe ne se retrouve aucunement dans l'annonce de l'ouverture de son cabinet, à Québec, et, pour un médecin, il était d'une humilité charmante devant les pouvoirs de guérison que possède la nature. Aubert de Gaspé écrit que sa mort « fut une perte irréparable pour la ville de Québec, où les bons médecins étaient bien rares ».

F. MURRAY GREENWOOD

APC, MG 24, L3, pp.5 027s. ; RG 4, B28, 47. — P.[-J.] Aubert de Gaspé, *Mémoires* (Ottawa, 1866), 17–25. — B.-C., chambre d'Assemblée, *Journaux*, 1795. — Max von Eelking, *Memoirs, and letters and journals, of Major General Riedesel, during his residence in America*, W. I. Stone, trad. (2 vol., Albany, N.Y., 1868). — Fabre, dit Laterrière, *Mémoires* (A. Garneau). — *La Gazette de Québec*, 10 août 1786, 23 avril 1789, 19 avril, 14 juin, 10 juill. 1794, 26 mars 1795. — Tanguay, *Dictionnaire*. — Abbott, *History of medicine*, 41–49. — M.-J. et G. Ahern, *Notes pour l'hist. de la médecine*, 217–223, 428s. — P.-G. Roy, Biographies canadiennes, *BRH*, XXI (1915) : 91–94.

OLIVIER DE VÉZIN (Vésin, Vézain), PIERRE-FRANÇOIS, maître de forges, directeur des forges du Saint-Maurice, grand voyer de la Louisiane, né le 28 avril 1707 à Aingoulaincourt (dép. de la Haute-Marne, France), fils d'Hugues Olivier et de Louise Le Roux, décédé en 1776 ou après.

Pierre-François Olivier de Vézin est maître de forges à Sionne (dép. des Vosges, France) lorsqu'il est engagé par le roi pour venir en Nouvelle-France examiner l'état des forges du Saint-Maurice ; depuis la mort en 1733 de leur premier propriétaire, François Poulin* de Francheville, les forges avaient été laissées presque à l'abandon. Ayant obtenu un salaire annuel de 2 400*#* et une gratification spéciale de 1 200*#*, Olivier de Vézin s'embarque sur le *Héros* et arrive à Québec le 3 septembre 1735. Après un périple de cinq semaines qui le conduit à Batiscan, Champlain et enfin à Saint-Maurice, en compagnie de Jean-Eustache Lanouillier* de Boisclerc, il rédige un mémoire, adressé au ministre Maurepas, dans lequel il évalue les avantages et désavantages de l'établissement de Poulin de Francheville, et y joint un « Projet des dépenses à faire pour l'établissement et exploitation des forges du fer en Canada » [V. François-Étienne Cugnet*]. Il offre de voir lui-même aux opérations, oubliant du coup sa forge de Sionne.

Deux anciens associés de Poulin de Francheville, Cugnet et Ignace GAMELIN, préparent avec Vézin un projet de société. Ils reçoivent, au printemps de 1736, l'appui du roi qui accepte l'offre de Vézin et consent à fournir une avance de fonds considérable. Lorsque la société est formée, le 16 octobre 1736, elle compte deux membres de plus : Thomas-Jacques Taschereau*, agent des trésoriers généraux de la Marine, et Jacques Simonet* d'Abergemont, maître de forges envoyé de France quelques mois auparavant pour aider Vézin à mettre les forges sur pied. Tous signent l'acte officiel instituant la « société et Compagnie pour L'Exploitation des [...] mines de fer » le 11 février 1737, mais, déjà en 1736, les travaux d'installation avaient été entrepris sous la direction d'un Vézin très enthousiaste. Il a la confiance des autorités de la colonie et bénéficie des largesses royales. Cependant, les travaux n'avancent pas aussi rapidement qu'il l'a promis et coûtent cher. L'intendant HOCQUART commence à mettre en doute la compétence du maître de forges. Vézin, il est vrai, s'est rendu coupable d'une erreur technique en surestimant le débit du ruisseau devant faire fonctionner la forge, erreur qu'il cherche à masquer lorsque l'intendant vient visiter les installations en juillet 1738. Il faut attendre le mois suivant pour assister au premier allumage réussi du fourneau.

Vézin passe en France à la fin de 1739 et revient l'année suivante avec son frère, le sieur Darmeville, et plusieurs ouvriers. Simonet d'Abergemont l'avait remplacé pendant son absence. De violents conflits, cependant, opposent Olivier de Vézin et ses associés. Ceux-ci lui reprochent des dépenses excessives, la mauvaise conduite des ouvriers, la faible rentabilité de l'entreprise. Ces difficultés prennent une ampleur telle que la faillite de l'entreprise devient inévitable en 1741. Olivier de Vézin remet sa démission le 13 octobre et repasse immédiatement en France sur le *Rubis* afin d'y plaider sa cause. Dès le 13 mars 1742, dans une lettre au roi, il offre de reprendre la direction des forges du Saint-Maurice. On lui accorde plutôt, l'année suivante, la commission de grand voyer en Louisiane.

Les mémoires rédigés par les intéressés après la faillite des forges s'accordent tous à accabler Olivier de Vézin. Maurepas avait pourtant affirmé, à propos du choix de Vézin, que ses qualités de maître de forges étaient reconnues, mais elles furent fréquemment mises en doute par ses associés. Il est indéniable qu'il y eut de nombreuses autres causes à cette faillite ; la difficulté de recruter des ouvriers spécialisés vraiment compétents, leur indiscipline, pour ne nommer que celles-là, interdisent aujourd'hui de rejeter le blâme uniquement sur Vézin. Les succès mitigés que connurent les administrateurs subséquents prouvent que les raisons du mauvais fonctionnement de l'entreprise ne résidaient pas entièrement dans l'administration du maître de forges champenois.

Quoi qu'il en soit, Olivier de Vézin se retrouve

en Louisiane en 1744. Ses nouvelles fonctions de grand voyer ne le comblent pas ; il manifeste très tôt le désir de relancer une entreprise de forges en exploitant les mines de fer de la Louisiane, mais ce projet n'a pas de suite. Il exerce les fonctions de grand voyer et celles d'arpenteur général de la Louisiane et, en 1749, il est de retour à Trois-Rivières où il épouse, le 14 juin, Marie-Joseph, fille de Jean-Baptiste Gastineau* Duplessis. Vézin n'a manifestement pas oublié ses premières attaches en Amérique : il fait inscrire dans son acte de mariage qu'il fut « Le premier Envoyé Par Le Roy En Ce Pais pour y Etablir Les forges Et fourneau de St Maurice dont il a Eté Le premier directeur ». Vézin regagne la Louisiane avec sa jeune épouse et, le 4 juillet 1754, il obtient la permission de passer en France sur le *Rhinocéros* afin de tenter lui-même de convaincre le roi de le disculper de toute responsabilité dans la faillite des forges du Saint-Maurice, dans lesquelles il a « perdu son temps, ses avances, sa jeunesse et ses appointements ». Il veut de plus avoir la certitude d'être libéré de toutes dettes.

Olivier de Vézin demeure en Louisiane, même après la cession de la colonie à l'Espagne en 1762. Vivant depuis près d'une vingtaine d'années dans ce pays où il a occupé des fonctions administratives importantes, il devait y avoir acquis une certaine notoriété ainsi que des avantages matériels satisfaisants. Il entre dans le nouveau gouvernement en 1769, lorsqu'est créé le *Cabildo*, conseil formé de six membres qui remplace le Conseil supérieur de l'ancienne colonie française, et occupe les fonctions de *regidor perpetual* (conseiller) et d'*alcalde mayor provincial* (juge de paix provincial en chef). En 1776, il démissionne en faveur de son fils, Charles-Honoré Olivier de Saint-Maurice.

On ne sait ce qu'il advint de Pierre-François Olivier de Vézin par la suite. Selon certaines sources, il serait mort lors d'un voyage en France. Son épouse devait être décédée depuis plusieurs années déjà puisque deux de ses fils, Pierre-Darmeville et Nicolas-Joseph-Godefroy, vécurent un certain temps à Trois-Rivières chez leur tante, Madeleine Duplessis, au cours des années 1760. Celle-ci leur laissa d'ailleurs un legs à sa mort, en 1768, ainsi qu'aux autres enfants du grand voyer. En janvier 1770, Olivier de Vézin fut élu tuteur de ses enfants restés au Canada, lors d'une assemblée de parents à La Nouvelle-Orléans. La même année, il se rendit une dernière fois à Trois-Rivières où il assista au mariage de son ami, Michel-Eustache-Gaspard-Alain Chartier* de Lotbinière. Il n'y retourna plus. C'est Jacques PERRAULT, dit Perrault l'aîné, qui s'occupa, en 1772 et en 1773, de vendre en son nom les legs de Madeleine Duplessis.

La famille Olivier était désormais implantée en Louisiane. Un des fils d'Olivier de Vézin, Nicolas-Joseph-Godefroy, acquit une vaste plantation de canne à sucre à St Bernard, non loin de La Nouvelle-Orléans. Plusieurs de ses descendants furent des hommes en vue dans leur milieu.

M.-F. FORTIER

AD, Haute-Marne (Chaumont), État civil, Aingoulaincourt, 29 avril 1707. — AN, Col., B, 62, p.56 ; 63/1, pp.237–239 ; C[11A], 63, pp.45, 58 ; 65, pp.154–157 ; 72, p.29 ; 76, pp.68s. ; 100, pp.207–210 ; 110 ; 111 ; 112 ; C[13A], 38, pp.8–11 ; 42, pp.81s. ; C[13C], 4, pp.238s. (copies aux APC). — ANQ-MBF, État civil, Catholiques, Immaculée-Conception (Trois-Rivières), 14 juin 1749, 13 déc. 1770 ; Greffe de Paul Dielle, 4, 28 nov. 1768, 3 avril 1772, 6 mars 1773 ; Greffe de C.-L. Maillet, 3 avril, 5 nov. 1772, 6 mars 1773 ; Greffe de H.-O. Pressé, 28 sept. 1737. — Archives maritimes, Port de Rochefort (France), 1E, 122, f.334 ; S, 162, liasse 131, pièce 225. — New Orleans Public Library (La Nouvelle-Orléans), Department of Archives, Cabildo, 1769–1803, I : 3, 139–143, 242. — J.-N. Fauteux, *Essai sur l'industrie*, I : 55–124. — Jouve, *Les franciscains et le Canada : aux Trois-Rivières*. — J. S. Kendall, *History of New Orleans* (3 vol., New York et Chicago, 1922), III : 1 069s. — E. E. Long, *Madame Olivier's mansion* (La Nouvelle-Orléans, 1965), 11–18. — Sulte, *Mélanges historiques* (Malchelosse), VI. — Tessier, *Les forges Saint-Maurice*.

ONONDAMOKIN. V. ANANDAMOAKIN

ORILLAT, JEAN, négociant, marchand, né à Barbezieux, France, en 1733, fils de Jean Orillat et de Marie Dupuy ; il épousa à Montréal, le 21 septembre 1761, Marie-Amable Filiau, dit Dubois, et, en secondes noces, le 27 août 1767, Thérèse-Amable Viger ; décédé à Montréal en 1779.

Jean Orillat arriva tout jeune au Canada et commença tôt à s'intéresser au commerce. On ignore s'il avait apporté son capital avec lui, mais, en 1757, il fit 16 engagements pour Michillimakinac (Mackinaw City, Michigan). La guerre ayant sans doute interrompu son commerce des fourrures, il s'y remit en 1761, y investissant par la suite des sommes plus ou moins élevées. Dès ses premières années au Canada, il possédait des fonds considérables : lors de son premier mariage, il se garda en propre les 20 000# de marchandises qu'il employait au commerce. Il se réserva, de la même façon, lors de la signature de son deuxième contrat de mariage, les biens de sa première communauté.

Les affaires d'Orillat prirent une nouvelle ampleur en 1763 ; en association avec Pierre Cardinal, il obtenait du négociant Benjamin Comte plus de 60 000# à investir dans la traite au poste de La Baye (Green Bay, Wisconsin). La société semble avoir duré au moins deux ans, car en 1765 de nombreux engagements pour Michillimakinac et La Baye furent signés. A l'automne de 1764, Orillat avait obtenu des autorités la permission de passer en France pour régler ses affaires.

En 1767, Orillat prenait comme partenaire dans le commerce des fourrures Jean-Gabriel Cerré*, traiteur au pays des Illinois. Le contrat stipulait qu'Orillat commanderait les marchandises de traite requises par Cerré chez les négociants Brook Watson* et Gregory Olive qui s'occuperaient de vendre peaux et fourrures sur le marché de Londres. Leur compagnie comptait parmi les plus grandes maisons londoniennes ayant des intérêts dans le commerce au Canada. Watson était d'une « probité connue » et avait représenté les marchands britanniques lors des négociations avec la cour de France concernant la liquidation des « papiers du Canada ». Il était, de plus, l'un des amis du gouverneur Guy Carleton*. Malgré cela, la deuxième compagnie créée par Orillat ne connut qu'un succès mitigé : à sa dissolution, en 1771, il ne fut question que de dettes.

On fonda, en 1774, une troisième société, réunissant cette fois Orillat et le négociant Pierre Foretier*. Les associés faisaient le commerce des fourrures ainsi que la vente de marchandises de traite à des voyageurs dont ils prenaient en garantie les expéditions de fourrures à destination de Londres. Cette façon de procéder leur permettait de faire des bénéfices sur les marchandises, sans courir les risques de la traite elle-même ou des fluctuations de prix sur le marché anglais, ce qui explique leur réussite. Lors de sa liquidation en 1780, après la mort d'Orillat, cette société faisait état de plus de 160 000# de créances garanties par des livraisons de fourrures en Angleterre.

En plus de cette compagnie formée avec Foretier, Orillat faisait le commerce des fourrures pour son compte et tenait magasin à Montréal, où il vendait en gros et au détail des marchandises de traite et des objets d'usage courant, comme c'était l'habitude chez les marchands de Montréal. Cet établissement se distinguait par sa taille – plus de 100 000# de stock au décès d'Orillat – et par la variété des articles qu'on pouvait y trouver. Sa clientèle était constituée en grande partie d'artisans de la ville et de la région de Montréal, auxquels se mêlaient à l'occasion certains autres commerçants, comme Edward Chinn, Pascal Pillet, Jean-Baptiste Lemoine Despins, John Porteous, John Askin* et Joseph Sanguinet, ou des traiteurs tels Jean-Étienne WADDENS, Christophe Sanguinet, Pierre-Louis et Charles-Jean-Baptiste* Chaboillez, Hypolite Desrivières, Jean-Marie* et Dominique* Ducharme, Nicolas Blondeau et Alexis Réaume, son futur gendre.

L'activité d'Orillat ne s'arrêtait pas là. Il prêtait aussi de l'argent sur obligation, achetait des créances, acquérait des terrains en ville et des terres à la campagne. Il engagea même un de ses débiteurs pour aider son fermier et, à une autre occasion, vendit le double du prix d'achat une terre achetée la journée même ! Il concluait aussi des marchés pour le bois et le blé. C'était la réussite.

Orillat semble avoir été très doué pour les affaires, et sa situation financière lui permettait un certain luxe. Ainsi, le mobilier de sa maison comprenait des chandeliers, des couverts en argent, une table d'acajou, rapportée d'Angleterre, et des tableaux représentant des paysages. Il possédait aussi des esclaves noirs. A sa mort, son coffre « servant de caisse » contenait 15 000# en or et en argent. Tout cela ne constituait qu'une infime partie de la valeur totale de sa succession qui s'élevait à près de 750 000#.

Comme certains autres marchands canadiens, Orillat se mêla un peu de politique, signant quelques pétitions adressées aux autorités au sujet de la traite des fourrures et de la valeur de la monnaie. Sa loyauté au nouveau régime était toutefois entière et lui occasionna même une pénible aventure. Lorsque les Américains envahirent la province de Québec en septembre 1775, certaines paroisses de la vallée du Richelieu passèrent du côté des Américains, et le gouverneur Carleton tenta de les ramener dans le rang par une offre d'amnistie. Le 14 septembre, il envoyait Orillat en compagnie d'un marchand du nom de Léveillé porter la proclamation d'amnistie. Arrivés à Saint-Denis au soir du 17, ils furent hébergés par le curé François Cherrier*. Tôt le lendemain matin, un groupe de rebelles canadiens investirent le presbytère et demandèrent qu'on leur livrât les deux visiteurs. C'est ainsi qu'Orillat et Léveillé furent faits prisonniers, amenés au camp rebelle de l'île aux Noix, puis dans la colonie de New York, à Ticonderoga et Albany. Ils passèrent ensuite au Connecticut, où on les garda sous surveillance, sans toutefois les emprisonner, par crainte des répercussions qu'un tel geste pourrait avoir sur l'attitude des Canadiens envers les Américains. Ces derniers avaient capturé un personnage important. Orillat écrivit d'Albany au Congrès provincial de New York pour obtenir sa libération ; la requête étant transmise au deuxième Congrès continental, les New-Yorkais demandèrent au comité de sécurité d'Albany de rendre sa captivité aussi douce que possible, tout en empêchant son évasion. En octobre 1775, le négociant britannique Brook Watson, arrivé au Canada à l'été, écrivait à des personnes influentes de Boston afin d'obtenir sa libération.

Orillat, qui avait offert une vive résistance lors

de sa capture, réussit à s'évader vers la fin de décembre 1775. On perd sa trace jusqu'en septembre 1776, date à laquelle la société formée par Foretier et Orillat obtint de Carleton le contrat d'approvisionnement des Indiens pour 1776 et 1777. L'année suivante, Orillat se faisait accorder un congé de traite pour Michillimakinac ; de plus, il se portait garant pour d'autres voyageurs, ce qui laisse soupçonner qu'il partait à la tête d'une expédition. Il fit un second voyage en 1778 et revint à Montréal au début d'octobre. Sa santé s'était détériorée et il mourut avant juillet 1779.

Orillat laissait dans le deuil sa deuxième épouse et une fille de 16 ans, Marie-Luce-Amable, nouvelle mariée. La succession revenait entièrement à sa fille, et son mari, le traiteur Alexis Réaume, en assuma la gestion. Le gendre avait sans doute moins de talent que son beau-père, car en 1786 tous les droits de la succession furent cédés à la firme Rashleigh and Co. de Londres. Ainsi s'évanouissait la plus considérable des fortunes de l'époque.

José E. Igartua

AN, Col., C11A, 108, f.172. — ANQ-M, État civil, Catholiques, Notre-Dame de Montréal, 1er juill. 1779 ; Greffe de P.-F. Mézière, 19 juill. 1779 ; Greffe de Pierre Panet, 8 mars, 30 mai, 7 juin 1757, 7 mars, 8 mai, 19 sept. 1761, 28 avril, 15, 20 sept., 13 nov. 1762, 14 janv., 11 févr., 3, 4, 26 mai 1763, 3, 15 mars, 3, 13 sept., 13, 15, 17 oct. 1764, 23 mars, 7, 16, 25 avril, 2, 8 mai, 11 juin, 13, 24, 29 août, 16 oct., 17 déc. 1767, 7 juin, 7, 30 juill., 23 sept., 31 oct. 1768, 4 févr., 25 mars, 8 mai, 20, 24 juin, 1er juill., 10 août, 13 sept., 8 nov., 5, 7 déc. 1769, 3 janv., 12, 14 févr., 10, 28 mars, 8 mai, 2, 5 juill., 25, 31 août, 18, 22 oct. 1770, 22 févr., 12 mars, 15 avril, 15, 27 mai, 4, 25 juin, 30 juill., 6, 28 août, 26, 28, 30 sept., 2, 9, 23 oct. 1771, 27 janv., 3 avril, 18 mai, 10 juin, 4, 17 sept., 12 oct., 2, 3 déc. 1772, 2 janv., 15, 30 mars, 21 avril, 1er mai, 25 août, 2 oct., 6 déc. 1773, 16 mai, 18 juin, 22 juill. 1774, 15 mars, 23 juin 1775, 24 janv. 1778 ; Greffe de François Simonnet, 14 août, 19 nov. 1771, 1er oct. 1773. — APC, MG 18, H28, 3 ; MG 24, L3, pp.26 208–26 210 ; RG 4, B28, 115 ; B58, 15. — BL, Add. MSS 21 757, ff.82–84v. ; 45 915, ff.228–233 (mfm aux APC). — McGill University Libraries, Dept. of Rare Books and Special Coll., New MS coll., Orilliat, Jean, 1733–1779, Inventaire des biens de la communauté d'entre feu Mr Jean Orilliat à dame Thérèse Viger son épouse, 19 juill. 1779. — PRO, CO 42/3, f.228 ; 42/5, ff.298–299 ; 42/24, ff.72–73v. ; 42/27, ff.140–145 ; 42/66, f.225 (mfm aux APC). — *American archives* (Clarke et Force), 4e sér., III : 1 285 ; IV : 917. — APC *Rapport*, 1904, app.I, 375s. — *Invasion du Canada* (Verreau). — Protêt des marchands de Montréal contre une assemblée des seigneurs, tenue en cette ville le 21 février, 1766, É.-Z. Massicotte, édit., *Canadian Antiquarian and Numismatic Journal* (Montréal), 3e sér., XI (1914) : 1–20. — *La Gazette de Québec*, 1er févr., 12 avril 1770, 28 févr., 18 avril, 25 juill. 1771, 23 juill., 26 nov. 1772, 7 sept. 1775, 15 avril, 9 nov. 1779, 6 avril 1780. — Massicotte, Répertoire des engagements pour l'Ouest, ANQ *Rapport*, 1931–1932 ; 1932–1933. — Tanguay, *Dictionnaire*, IV : 25 ; VI : 170. — A.-H. Gosselin, *L'Église du Canada après la Conquête*. — J. C. Webster, *Sir Brook Watson, friend of the loyalists, first agent of New Brunswick in London* (Sackville, N.-B., 1924). — F.-J. Audet, Jean Orillat, *BRH*, XL (1934) : 233s. — É.-Z. Massicotte, Le bourgeois Pierre Foretier, *BRH*, XLVII (1941) : 176–179 ; Orillia, Orilla et Orillat, *BRH*, XL (1934) : 160s. — Gabriel Nadeau, Jean Orillat, *BRH*, XLI (1935) : 644–684.

OSBORN, ELIZABETH (Myrick ; Paine ; Doane), sage-femme, née en 1715, probablement à Sandwich, Massachusetts, fille de Samuel Osborn et de Jedidah Smith, décédée le 24 mai 1798 à Barrington, Nouvelle-Écosse.

Elizabeth Osborn fit probablement ses études dans les écoles locales d'Eastham (Massachusetts) ainsi qu'avec son père, maître d'école en ce lieu et ministre de l'Église congrégationaliste. « Jeune lady d'une intelligence, d'une beauté et d'un caractère hors du commun », elle épousa le capitaine William Myrick, à Eastham, le 23 janvier 1733/1734. Le couple habitait Boston quand Myrick disparut en mer en 1742. Elizabeth devint l'administratrice de la succession, et une certaine somme lui fut allouée pour le loyer de sa maison, de même que pour son entretien et celui de ses trois enfants. Le 14 janvier 1744/1745, elle épousa William Paine, un marchand d'Eastham, âgé de 50 ans, qui était membre de l'Assemblée provinciale. Paine servit dans l'expédition de 1745 contre Louisbourg, sur l'île Royale (île du Cap-Breton), où il mourut à l'été de 1746, en lui laissant un fils, William. Elizabeth, qu'un ami d'enfance, Edmund Doane, avait déjà courtisée sans succès, se retrouvait, à 31 ans, veuve avec quatre enfants à sa charge ; de son propre aveu, elle crut que le sort avait décrété qu'elle devait épouser Edmund, et c'est ce qu'elle fit le 10 novembre 1749.

Quelques années plus tard, Doane décida de se joindre aux pêcheurs du cap Cod qui émigraient au cap de Sable, en Nouvelle-Écosse, endroit plus rapproché des fonds poissonneux, sans compter qu'on pouvait y obtenir des terres gratuitement par suite de la déportation des Acadiens [V. Charles Lawrence*]. En 1761, Doane fit démonter sa maison, en chargea la charpente et les madriers sur un bateau loué, en même temps que des meubles, des grains, des légumes et quelques animaux. Le jeune William Paine fut laissé sur place pour lui permettre de continuer ses études, et Elizabeth, accompagnée des sept enfants issus de son dernier mariage, s'embarqua pour la Nouvelle-Écosse. Un coup de vent jeta le navire sur la côte, et les Doane, sauvant ce qu'ils purent, durent s'embarquer sur un autre bateau.

Une tempête d'automne poussa leur navire au delà de Barrington, jusqu'à Liverpool, où il leur fallut passer l'hiver dans un entrepôt rudimentaire. Au printemps de 1762, ils firent voile jusqu'à The Passage (Barrington Passage, Nouvelle-Écosse). Dans la maison de bois qu'ils y construisirent près du port, ils ouvrirent un magasin, y vendant à quelque 50 clients des marchandises telles que farine, grains, sel, mélasse, rhum, sucre, drap, clous et souliers, que leur fournissait John Homer, beau-frère d'Elizabeth, marchand à Boston et propriétaire de navires. Mais, pour les habitants de Barrington, les temps étaient durs en ces premières années, et l'argent bien rare. Songeant à retourner au cap Cod, Edmund Doane vendit sa propriété.

Elizabeth avait cependant comblé une importante lacune parmi les pêcheurs dispersés de cet établissement. Comme il n'y avait pas de médecin et qu'elle était habile à tirer parti des racines et des herbes et à soigner les malades, elle agit bientôt comme infirmière, médecin et sage-femme. A la demande de ceux mêmes qui comptaient sur ses services, elle prit en 1770 la décision peu commune de s'adresser aux propriétaires de Barrington afin d'obtenir une « terre pour y construire une maison ». Sa requête fut endossée par 38 propriétaires mâles – « celle-ci étant une [...] sage-femme experte ainsi que cela est affirmé par les femmes [...] et [...] d'une habileté peu commune en médecine et en chirurgie ». On lui accorda une acre et demie, et les Doane restèrent en Nouvelle-Écosse. Elle exerçait encore son métier alors qu'elle avait dépassé ses 70, puis ses 80 ans ; requérait-on ses services à une certaine distance, des hommes accouraient qui, dans les endroits difficiles, la transportaient dans un panier.

Sur sa tombe, à Barrington, cette pionnière eut l'honneur d'une plaque commémorative, non pas à cause de son rôle dans le domaine de la médecine, mais parce qu'elle fut la grand-mère de John Howard Payne, l'auteur de *Home, sweet home*.

PHYLLIS R. BLAKELEY

Barrington Municipal Clerk's Office (Barrington, N.-É.), Barrington Township records, The proprietors book of records of their divisions and measurements of their lands and meadows, 1768–1803, pp.76s. ; A record of births & deaths pr. Samuel O. Doane. — Edwin Crowell, *A history of Barrington Township and vicinity* [...] *1604–1870* (Yarmouth, N.-É., [1923] ; réimpr., Belleville, Ontario, 1973). — *The Doane family* [...] *and their descendants* [...], A. A. Doane, compil. (2e éd., [Trenton, N.J.], 1960).

OSBORN (Osborne), HENRY, officier de marine et gouverneur de Terre-Neuve, baptisé le 27 août 1694, deuxième fils de sir John Osborn et de sa deuxième femme, Martha Kelynge ; il épousa Mary Hughes, et ils eurent deux fils et trois filles ; décédé le 4 février 1771 à Londres.

Henry Osborn s'engagea dans la marine royale et, en juillet 1717, fut promu lieutenant. Avant sa nomination comme commandant de son premier bateau, le *Squirrel*, le 4 janvier 1727/1728, il servit à bord de plusieurs vaisseaux célèbres. Sur l'un d'entre eux, le *Royal Oak*, il participa à la bataille du cap Passero, Sicile, en 1718. Sa nomination comme premier gouverneur de Terre-Neuve, en 1729, devait l'impliquer dans un conflit d'un tout autre genre.

Au cours du XVIIe siècle, pendant la saison de pêche, la concurrence n'avait fait qu'augmenter entre les pêcheurs de passage venus du sud-ouest de l'Angleterre et les habitants de Terre-Neuve pour s'accaparer les meilleures graves de l'île. Selon une loi adoptée en 1698 (10–11 William III, c.25) et qui tentait de remédier à ce problème, les pêcheurs de passage devaient, chaque année, entrer les premiers en possession des graves ; en outre, le règlement des litiges devait être assuré par des « amiraux » de la flotte de pêche, responsabilité échouant au premier pêcheur de passage qui, au début de la saison, entrait dans chaque port. Cette loi était fondée sur le principe implicite que la population de Terre-Neuve diminuerait lorsque les pêcheurs de passage auraient reçu des privilèges supplémentaires de pêche, mais la guerre de la Succession d'Espagne entrava les mouvements des flottes de pêche ; en fait, la population insulaire augmenta. Dans les années qui suivirent le traité d'Utrecht en 1713, non seulement les habitants ne respectèrent pas dans l'ensemble la loi, mais ce fut l'anarchie, surtout pendant l'hiver. Pour remédier à cette situation qui ne favorisait pas la pêche, le gouvernement décida, en avril 1729, d'établir dans l'île un poste de gouverneur. Cependant, au lieu de nommer une « personne versée en lois » suivant les recommandations, il désigna Osborn, ouvrant ainsi une ère de gouverneurs issus de la marine, qui allait durer jusqu'en 1841. L'autorité d'Osborn était loin d'être étendue : il avait reçu le pouvoir de nommer des magistrats civils mais il ne devait pas enfreindre la loi de 1698 et devait s'en remettre à lord Vere Beauclerk, le commodore de l'escadre qui venait tous les ans à Terre-Neuve, pour protéger la pêche.

La première initiative d'Osborn en tant que gouverneur, lors de la saison de pêche de 1729, fut de visiter tous les principaux endroits de l'île. Il divisa alors Terre-Neuve en six districts et pour chacun d'eux nomma des constables et des magistrats autorisés à exercer leur mandat pendant la saison d'hiver [V. William Keen*]. Personne dans l'île ne s'y connaissait en administration civile ; Osborn dut faire les meilleurs choix possible parmi un nombre limité de colons qui n'étaient pas toujours prêts à faire passer le devoir avant l'intérêt particulier. De plus, les amiraux de la flotte de pêche refusèrent de reconnaître l'autorité des magistrats qu'ils qualifiaient de « juges d'hiver ». Osborn, qui ne demeurait à Terre-Neuve comme gouverneur que pendant la saison estivale de pêche, fut consterné à son retour en 1730 de découvrir que l'agressivité des amiraux avait intimidé les magistrats au point de paralyser presque complètement leur action.

L'un des mandats d'Osborn l'habilitait à choisir les emplacements des tribunaux et des prisons mais il ne reçut pas l'argent nécessaire pour construire les édifices dont on avait besoin. C'est pourquoi, afin de réunir des fonds, il imposa une taxe sur le poisson pris par chaque vaisseau. Les pêcheurs de passage contestèrent la légalité de cette mesure mais, heureusement pour Osborn, ils ne le firent pas devant les cours britanniques car le gouverneur aurait alors fait face à des poursuites. Osborn et Beauclerk demandèrent au Board of Trade de trancher cette question. Cet organisme sanctionna l'initiative d'Osborn, seulement parce qu'il le fallait et également parce que l'on n'avait pas contesté la mesure devant les cours britanniques. Cette décision fut une piètre consolation étant donné les risques encourus. La meilleure façon de résoudre ce cas embarrassant était évidemment de doter l'île d'un véritable gouvernement civil ; cependant, la probabilité d'une forte opposition des parlementaires du sud-ouest de l'Angleterre rendait la chose inopportune sur le plan politique à l'époque.

A l'automne de 1730, le Board of Trade s'occupa de la requête d'Osborn en vue de régler les conflits de juridiction entre les amiraux de la flotte de pêche et les magistrats. Selon l'avis juridique obtenu, l'autorité des amiraux se limitait aux litiges concernant la propriété des graves et autres avantages en vertu de la loi de 1698, et il n'y avait pas contradiction entre leurs pouvoirs et ceux des magistrats ; en outre, il était reconnu que la création des charges de magistrats n'enfreignait pas la loi de 1698. Par suite de cet avis, le gouvernement fut davantage prêt à soutenir l'autorité du gouverneur face aux critiques des négociants du sud-ouest de l'Angleterre.

Osborn ne renonça pas à sa fonction de gouverneur avant juin 1731 parce que la nomination de son successeur, George Clinton*, avait tardé. Il retourna ensuite à ses fonctions ordinaires d'officier de marine ; cette période fut la plus réussie de sa carrière. Promu amiral de l'escadre bleue en février 1757, il commanda l'année suivante l'escadre qui captura le navire du marquis DUQUESNE et qui contraignit d'autres forces françaises à abandonner leur tentative d'atteindre Louisbourg, île Royale (île du Cap-Breton). L'incapacité des Français de renforcer la forteresse fut sans doute une des causes principales de sa chute aux mains d'AMHERST la même année. Osborn quitta le service actif de la marine en juillet 1758 à la suite d'une attaque d'apoplexie qui le laissa paralysé. Néanmoins, il fut promu vice-amiral d'Angleterre en janvier 1763, et représenta le Bedfordshire au parlement de 1758 à 1761. Selon l'opinion d'un contemporain, John Charnock, qui louait la bravoure et le dévouement d'Osborn à son pays, il était « d'âme sombre et glacée, peu habituée à la chaleur d'une amitié sincère ».

FREDERIC F. THOMPSON

National Maritime Museum, CAL/1-6. — Charnock, *Biographia navalis*, IV : 199–203. — *DNB*. — R. H. Bonnycastle, *Newfoundland in 1842 ; a sequel to « The Canadas in 1841 »* (2 vol., Londres, 1842), I : 88–103. — R. G. Lounsbury, *The British fishery at Newfoundland, 1634–1763* (New Haven, Conn., 1934 ; réimpr., New York, 1969), 275–283. — Prowse, *History of Nfld.* (1895), 286–289. — John Reeves, *History of the government of the island of Newfoundland* [...] (Londres, 1793 ; réimpr., New York et East Ardsley, Angl., 1967), 62–101.

OTKWANDE (Otqueandageghte). V. OHQUANDAGEGHTE

OTSINUGHYADA. V. HOTSINOÑHYAHTA?

OTTROWANA (Adrawanah, Atterwana, Dyaderowane, Gatrowani), chef goyogouin qui vécut dans ce qui est actuellement le nord de l'état de New York, *circa* 1746–1774.

Connu des Britanniques dès 1746, Ottrowana mena probablement plus d'un des détachements que le colonel new-yorkais des Six-Nations, William JOHNSON, équipait pour attaquer le Canada pendant la guerre de la Succession d'Autriche. Il fournit également à Johnson des renseignements comme, par exemple, la nouvelle, en 1747, suivant laquelle les Hurons avaient demandé la permission aux Six-Nations de détruire le fort français de Niagara (près de Youngstown, New York). Après la fin officielle des hostilités entre la Grande-Bretagne et la France en 1748, Ottrowana continua de donner des renseignements sur les activités françaises. En 1751, il signalait qu'il avait été à Cataracoui (Kingston, Ontario) « où ils construisaient un grand navire qui allait avoir trois mâts et que quelqu'un là-bas lui avait dit que, une fois armé, il était destiné à venir prendre cette place [Oswego (ou Chouaguen ; aujourd'hui Oswego, New York)]. Qu'il y avait vu six canons, destinés à ladite fin, trois verges de long, à grand calibre. » La guerre reprit au milieu des années 1750 ; le gouverneur Vaudreuil [RIGAUD] invita les chefs des Six-Nations à le rencontrer à Montréal. Lors d'une conférence avec ceux qui vinrent à l'été de 1756, il dénonça la conception iroquoise de la diplomatie : « Vous prétendez être amis des Français et des Anglais afin d'obtenir ce que vous voulez des deux côtés, ce qui vous fait inventer des mensonges auxquels un homme probe ne songerait jamais. » La délégation avertit en privé les Indiens de l'Ouest qui étaient venus à Montréal aider les Français en guerre que, « comme ils ne pouvaient pas encore savoir comment les choses tourneraient », ils devraient retourner chez eux et rester neutres. On ignore si Ottrowana assista à la conférence, mais il en fit rapport à Johnson, l'avertissant que les Français avaient déclaré qu'ils attaqueraient le fort Johnson (près d'Amsterdam, New York) à l'automne.

Au début de l'année 1758, les Français semblent avoir fait un effort particulier pour se gagner l'amitié des Six-Nations et des tribus qui en dépendaient. Daniel-Marie CHABERT de Joncaire de Clausonne partit de Montréal au printemps chargé d'une grande quantité de marchandises de traite et de cadeaux ; il était accompagné d'une douzaine de forgerons qui allaient vivre dans les villages indiens. Le bruit courut que les Français avaient l'intention de se concilier les chefs les plus favorables aux Britanniques ; Ottrowana en particulier fut l'un de ceux que l'on invita spécialement à se réunir au village tsonnontouan de Chenussio (Geneseo, New York). Quelques mois plus tard, il fit savoir à Johnson qu'une armée française se rassemblait à Oswego. En février 1759, lui et plusieurs autres chefs goyogouins se rendirent à la résidence de Johnson pour s'excuser du meurtre d'un Anglais par un de leurs jeunes hommes. La guerre terminée, les renseignements sur ses activités se font encore plus rares. Il se trouvait au fort Stanwix (Rome, New York) en 1768, lors de la signature d'un accord aux termes duquel les Indiens cédèrent une grande superficie de terre, et une ligne de démarcation fut établie entre les Blancs et les Indiens. En compagnie de HOTSINOÑHYAHTA?, de TEYOHAQUEANDE et d'autres, il assista au conseil tenu à Johnson Hall (Johnstown, New York) en vue de présenter des condoléances à la suite du décès de sir William Johnson en 1774.

Il est difficile d'estimer l'influence d'Ottrowana sur les siens. Johnson l'appela « un des hommes les plus influents chez les Goyogouins », mais il se peut que ce jugement ait été par trop optimiste du fait qu'Ottrowana était, semble-t-il, sincère partisan des Britanniques. Il ne fournit pas toujours des renseignements exacts, mais les rumeurs qu'il rapportait étaient d'ordinaire fondées sur des plans que les Français envisageaient sérieusement. Lorsque basés sur une information de première main, ses renseignements étaient sûrs. On peut toutefois douter de son sens politique. Une fois que les Français ne furent plus à Québec à se disputer leurs services, la puissance de négociation des Six-Nations s'affaiblit réellement, et leurs terres devinrent plus que jamais l'objet de la convoitise des colons britanniques.

EN COLLABORATION

Bougainville, Journal (A.-E. Gosselin), ANQ *Rapport*, 1923–1924, 319. — *Johnson papers* (Sullivan *et al.*). — *NYCD* (O'Callaghan et Fernow). — [J.-G.-C. Plantavit de Margon, chevalier de La Pause], Relation des affaires du Canada depuis l'automne dernière 57 [...], ANQ *Rapport*, 1932–1933, 347–350.

OUANGOTE. V. WILLIAMS, EUNICE

OUASSON (Ousson, Owasser). V. WASSON

OWEN, WILLIAM, officier de marine et fondateur d'un établissement à l'île Passamaquoddy (île de Campobello, Nouveau-Brunswick), né en 1737 à Glam Severn (Powys, pays de Galles), fils de David Owen, décédé en 1778 à Madras, Inde.

S'étant engagé dans la marine royale pendant sa jeunesse, William Owen avait le grade de lieutenant en 1759. Au cours de la guerre de Sept Ans, il fut affecté au soutien de l'East India Company ; en 1760, dans une bataille contre les Français au large de Pondichéry, il reçut une blessure qui, par la suite, lui fit perdre le bras droit.

La guerre terminée, Owen retourna en Angleterre et fut mis à la demi-solde. En 1766, insatisfait de sa « misérable pension », il écrivit à lord William CAMPBELL, avec lequel il avait servi en Inde, pour demander son aide en vue d'obtenir un emploi. Campbell, qui venait d'être nommé gouverneur de la Nouvelle-Écosse, lui offrit de devenir bénévolement secrétaire et aide naval. Owen accompagna Campbell à Halifax en novembre et passa l'été suivant non loin de là, à effectuer des travaux d'arpentage et de cartographie au lac Shubenacadie. Le 30 septembre 1767, Campbell lui accorda la concession de l'île Passamaquoddy ; trois neveux d'Owen furent nommés concessionnaires avec lui, car son grade ne lui donnait pas droit à un terrain de cette étendue. Peu de temps après, Owen s'embarqua pour l'Angleterre sans avoir visité l'île.

En 1768, mû par « le goût de voir du pays », Owen fit un voyage dans le Kent et sur le continent après que la maladie l'eut retenu à Londres durant le printemps. Au début de septembre, il s'installa à Shrewsbury, Angleterre, où il perdit l'usage d'un œil au cours d'une bagarre d'élections. Ce n'est qu'en août 1769, quand Owen rencontra des amis à Warrington, que des arrangements furent pris en vue de coloniser l'île néo-écossaise. Contrairement à ce qui se passait dans les autres régions de la Nouvelle-Écosse, où l'on donnait aux colons les titres de propriété des terrains qui leur avaient été concédés, Owen conserva ses droits fonciers en qualité de « maître du sol ou principal propriétaire ». Il devait recevoir de ses locataires les trois seizièmes de tous les bénéfices réalisés. Ses 12 associés s'attendaient à ce que les fonds investis dans l'entreprise rapportent des profits raisonnables grâce aux récoltes, à l'élevage du bétail, à l'exploitation de la forêt et des riches pêcheries. Au début de 1770, après plusieurs mois de préparatifs, Owen s'embarqua à Liverpool pour se rendre dans sa propriété en Amérique avec 38 travailleurs au pair – des gens de tous les métiers – qui devaient former le noyau du nouvel établissement. Le navire atteignit l'île Passamaquoddy le 4 juin. Presque immédiatement, Owen rebaptisa l'île « Campobello » en l'honneur de Campbell et parce que ce nom italien, signifiant « beau champ », lui semblait convenir à l'île.

On entreprit sans tarder la construction d'abris temporaires et la mise sur pied d'un établissement de colonisation. On dressa les plans d'un village, nommé New Warrington (Wilson's Beach), et on baptisa le havre du nom de Port Owen. Quelques familles de la Nouvelle-Angleterre, qui s'étaient installées dans une partie de l'île avant l'arrivée d'Owen, participèrent aux travaux de construction avec les travailleurs au pair. En juin 1771, d'importants progrès avaient été accomplis ; plusieurs champs avaient été clôturés et ensemencés, 15 bâtiments, dont une chapelle et un moulin, avaient été érigés et on avait même commencé à établir une réserve pour les cerfs. En tout, les colons étaient au nombre de 73 ; on avait exporté du bois, de la potasse et du bardeau. Peu après son arrivée, Owen avait été nommé juge de paix, et, de toute évidence, il était partisan d'une stricte discipline car, parmi les premières choses qui furent construites à New Warrington, il y eut deux piloris et un poteau pour les condamnés au fouet ; les ennuis ne furent pas nombreux.

En 1771, la guerre semblait imminente entre la Grande-Bretagne et l'Espagne pour la possession des îles Falkland, et, en juin, Owen partit pour l'Angleterre afin de reprendre son service dans la marine. Peu après son départ, 27 des engagés persuadèrent le capitaine Plato Denny, l'un des associés d'Owen, de les ramener en Angleterre. Toutefois, le navire qui les transportait se perdit en mer. Sur les 11 engagés qui restaient, il y en eut sept qui abandonnèrent l'île par la suite pour gagner la terre ferme, de sorte que les immigrants de la Nouvelle-Angleterre demeurèrent presque seuls. Owen ne retourna jamais à Campobello, mais il conserva les intérêts qu'il avait dans la colonie et, en février 1772, conjointement avec ses associés, il fit paraître une annonce demandant 10 ou 12 « fermiers industrieux » pour coloniser l'île. On ne possède guère de renseignements sur la vie qu'il mena après son retour en Angleterre. Il fut tué à Madras en 1778 alors qu'il transportait des dépêches de l'Inde vers l'Angleterre.

Owen eut deux fils, Edward Campbell Rich et William Fitz-William*. En 1835, celui-ci devint l'unique propriétaire de Campobello et s'établit dans l'île. Il se fit connaître par les études qu'il mena sur les Grands Lacs ; la ville d'Owen Sound, en Ontario, a été appelée ainsi en son honneur.

L. K. Ingersoll

William Owen est l'auteur de « The journal of Captain William Owen [...] », édité par W. F. Ganong, N.B. Hist. Soc., *Coll.*, I (1894–1897), nº 2 : 193–220 ; II (1899–1905), nº 4 : 8–27 ; « Narrative of American voyages and travels of Captain William Owen, R. N., and the settlement of the island of Campobello in the Bay of Fundy, 1766–1771 », édité par V. H. Paltsits, New York Public Library, *Bull.*, 35 (1931) : 71–98, 139–162, 263–300, 659–685, 705–758.

N.B. Hist. Resources Administration (Fredericton), The Owen House (rapport inédit de Louise Banville) ; Architect's report by Ross Anderson ; Final departmental recommendations by David Webber, 1971. — N.B. Museum (Saint-Jean), W. F. Owen, estate papers, 1839–1907. — PANB, RG 2, RS8, Attorney general, cases and opinions ; RG 7, RS63. — *DNB*. — G.-B., Adm., *Commissioned sea officers*, III. — John Marshall, *Royal naval biography* [...] (4 vol. en 6 et 2 vol. suppl., Londres, 1823–1835), suppl., II. — B. E. Barber, *A guide book to FDR's « beloved island », Campobello Island, New Brunswick, Canada* ([Vicksburg, Miss., 1962]). — Campobello Company, *Campobello* (Boston, Mass., [1882]). — Campobello Island, Board of Trade, *Campobello Island, N.B., a vacation para-*

dise ([Campobello Island, 1963]). — W. A. R. Chapin, *The story of Campobello* (s.l., 1960). — James Dugan, *The great mutiny* (New York, 1965), chap. V–IX. — M. [A.] Lewis, *The navy of Britain : a historical portrait* (Londres, 1948). — [C. B.] G. Wells, *Campobello : an historical sketch* (Boston, 1893). — L. K. Ingersoll, A chair with naval lineage, N.B. Museum, *Museum Memo* (Saint-Jean), 3 (1971), nº 2 : 4–8. — D. K. Parr, The principal proprietary of Campobello, *Atlantic Advocate* (Fredericton), 53 (1962–1963), nº 1 : 63.

P

PAINE, ELIZABETH. V. OSBORN

PALLISER (Pallisser), sir HUGH, officier de marine et gouverneur de Terre-Neuve, né le 22 février 1722/1723 à Kirk Deighton, (West Yorkshire, Angleterre), fils unique du capitaine Hugh Palliser et de Mary Robinson, décédé le 19 mars 1796 à Chalfont St Giles, Angleterre.

Hugh Palliser naquit dans une vieille famille de propriétaires fonciers qui possédait des domaines dans le Yorkshire et en Irlande. Ses parents moururent quand il était jeune ; lui et ses sœurs furent probablement élevés par leur famille maternelle. Il entra dans la marine royale à l'âge de 11 ans, à bord de l'*Aldborough*, commandé par son oncle Nicholas Robinson, et fut promu lieutenant en septembre 1741. Cinq ans plus tard, il devint capitaine du *Captain* et, pendant la guerre de la Succession d'Autriche, commanda plusieurs vaisseaux. Ce fut à bord de l'un d'eux, le *Sutherland*, qu'il fut grièvement blessé lorsqu'un coffre d'armes explosa sur le gaillard d'arrière et le laissa infirme, avec des douleurs à la jambe gauche jusqu'à sa mort.

Peu après le début de la guerre de Sept Ans, Palliser reçut le commandement de l'*Eagle* sur lequel il participa au blocus des ports français du nord. En 1757, il faisait partie de la flotte du vice-amiral Francis Holburne qui croisait au large de Louisbourg, île Royale (île du Cap-Breton) ; en 1759, commandant le *Shrewsbury*, il se trouva avec la flotte de SAUNDERS au siège de Québec. Lors de la reddition de la ville, le 18 septembre, Palliser eut l'honneur de débarquer avec un groupe composé de marins et de soldats d'infanterie de marine pour prendre possession de la basse ville. En 1762, quand la nouvelle de la prise de St John's par les Français [V. Charles-Henri-Louis d'ARSAC de Ternay] parvint en Angleterre, il fut envoyé à Terre-Neuve avec une escadre. Cependant, il arriva au large de la côte le 19 septembre, lendemain de la reddition française au lieutenant-colonel William Amherst. En avril 1764, Palliser fut nommé gouverneur de Terre-Neuve, prenant ainsi la succession de Thomas Graves*.

Palliser, alors commodore, arriva dans le port de St John's à bord du *Guernsey* le 18 avril 1764. Son escadre de sept navires ayant un équipage de 1 100 hommes attestait l'importance de la pêche de Terre-Neuve aux yeux du gouvernement britannique. Dès le début, Palliser fit preuve d'énergie en inspectant les différentes régions qui dépendaient de son gouvernement. En 1764, il alla sur la côte sud et à la baie des Îles sur la côte ouest. Il séjourna de nouveau sur la côte sud pendant plus d'un mois à l'été de 1765 et, par la suite, alla visiter la côte nord et la côte du Labrador, placée sous la juridiction du gouverneur de Terre-Neuve depuis 1763. En 1767, il passa une fois encore le début de la saison de pêche au large de la côte sud et se rendit une seconde fois au Labrador.

Pendant les premières années de son mandat, Palliser dut remplir une tâche particulièrement nécessaire et qui prenait beaucoup de temps, celle de maintenir l'ordre dans la pêche que les Français pratiquaient à Terre-Neuve. Le traité de Paris en février 1763 permettait à la France de garder les droits de pêche que le traité d'Utrecht lui avait accordés sur la côte dite française, bande de littoral s'étendant du cap Bonavista à la pointe Riche. En même temps, elle recevait les îles Saint-Pierre et Miquelon qui devaient servir de base à ses pêcheurs. Avant 1763 toutefois, les pêcheurs britanniques avaient fréquenté la côte française, estimant qu'il y avait concurrence de droits de pêche. De leur côté, les Français croyaient tout aussi fermement qu'ils en avaient l'exclusivité. A cause du peu de temps dont disposait le gouvernement britannique pour élaborer une réglementation détaillée en vue de la saison de pêche de 1763, de graves contestations s'élevèrent cette année-là entre les pêcheurs britanniques et français sur la côte française. D'après les instructions que le gouvernement britannique avait données à Palliser, ce dernier ne devait pas permettre aux sujets britanniques d'interrompre la pêche française mais il était tenu de maintenir les pêcheurs français rigoureusement en deçà des limites que le traité leur avait fixées. Palliser fit comprendre qu'il ne fallait pas importuner les pêcheurs français sur la côte visée par le traité mais que les pêcheurs britanniques y avaient aussi des droits ; il prit dès le début la décision importante d'exiger que toutes les contestations soient réglées par des fonctionnaires britanniques et qu'aucun navire de guerre français n'entre dans les eaux de Terre-Neuve. Ainsi quand en juillet 1764 il apprit qu'une escadre sous le commandement de François-Jean-Baptiste L'Ollivier de Tronjoly s'était réunie à Saint-Pierre pour inspecter la côte française, il fit voile à destination de l'île en question et Tronjoly dut annuler son projet après que Palliser lui eut carrément signifié qu'un tel acte violerait la souveraineté britannique. Le gouvernement français s'éleva alors contre l'intervention du gouverneur mais celui-ci justifia pleinement sa politique de fermeté portant sur les « points nationaux » devant ses supérieurs et il reçut l'appui de l'Amirauté et du Board of Trade.

Quand Palliser inspecta lui-même la côte française en 1765, il fit plusieurs proclamations destinées à limiter les Français strictement aux droits que leur avait fixés le traité. En vertu de celui-ci, il ne leur était pas permis de construire d'autres installations que celles qui étaient en usage dans les pêcheries, et il leur était interdit de rester au delà de la fin de la saison de pêche ; en outre, les Britanniques présumaient que l'on ne construirait pas de bateaux sur la côte française. Palliser occupait les officiers de son escadre à patrouiller les côtes, à saisir les bateaux construits sur place et à arrêter les Français qui avaient passé l'hiver à Terre-Neuve. Cependant, il ressentait de la sympathie pour les Français dont les cabanes et les bateaux étaient détruits pendant l'hiver, blâmant les habitants de Terre-Neuve de se livrer à de tels actes et déplorant de ne pouvoir les en empêcher. Le gouverneur s'attaqua aussi avec énergie aux questions du commerce illicite et de la pêche exercée par les Français sur la côte sud. Au début de la saison de 1765, il découvrit des bateaux français qui pêchaient tout le long de cette côte ; il saisit sur-le-champ ceux qu'il put et envoya aussitôt une vive protestation à François-Gabriel d'ANGEAC, gouverneur de Saint-Pierre et Miquelon. Il fut tout aussi sévère à l'égard des sujets britanniques coupables d'infractions. Les vaisseaux de la Nouvelle-Angleterre pris à faire du commerce à Saint-Pierre furent saisis et envoyés aux cours de vice-amirauté à St John's et à Placentia ; quant aux résidants de la côte sud reconnus coupables d'avoir trafiqué avec les Français, ils perdirent leurs maisons, leurs engins de pêche et se virent bannis de Terre-Neuve.

En essayant de limiter la pêche française selon les termes du traité, Palliser agissait conformément à l'intérêt qu'il portait aux pêcheurs de passage arrivant chaque année d'Angleterre, et non dans l'intérêt des habitants de Terre-Neuve. A la fois gouverneur et officier de marine, il considérait naturellement que les pêcheries de Terre-Neuve servaient avant tout de pépinières susceptibles de former des marins pour la marine marchande et la marine de guerre britanniques. Si Terre-Neuve devenait une colonie de peuplement, ni les bateaux ni les hommes employés à la pêche ne retourneraient alors chaque année en Grande-Bretagne, les vivres et l'attirail de pêche ne seraient qu'en partie britanniques et le revenu provenant de la vente du poisson à l'étranger ne serait pas réinvesti en Grande-Bretagne. Dans le but d'aider davantage les pêcheurs saisonniers, Palliser chercha à restreindre les droits de propriété des habitants, dans les lieux de pêche, et tenta de faire observer les dispositions de la loi de 1698 (10–11 William III, c.25). Il essaya sans arrêt de convertir la terre inoccupée, ou celle pour laquelle les résidants n'avaient pas de titre incontesté, en graves pour la pêche saisonnière. A l'automne de 1766, par exemple, il signala qu'un bon nombre de « sans travail » avaient construit des maisons et planté des jardins dans des graves de pêche saisonnière dans le port de St John's. Ils furent avertis de se retirer avant la saison suivante, alors que tout devait être démoli pour « recevoir les pêcheurs de passage qui ne [devaient] jamais être désappointés à cause du manque de graves ». Palliser essaya également d'appliquer les articles de la loi de 1698 en vertu desquels les propriétaires des bateaux de pêche devaient ramener tous leurs matelots dans les îles Britanniques à la fin de la saison. A maintes reprises, il réprimanda Andrew Pinson*, négociant du sud-ouest de l'Angleterre ; ce dernier avait l'habitude de laisser son équipage, sans argent, à St John's à la fin de la saison, ne fournissant aux matelots que de l'alcool et d'autres marchandises pour toute rétribution. En 1767, Palliser publia une proclamation détaillée destinée à débarrasser Terre-Neuve des milliers de pauvres pêcheurs abandonnés pour l'hiver ; les patrons devaient s'assurer que leurs hommes puissent retourner chez eux en ne leur remettant pas plus de la moitié de leur paye pendant la saison. Palliser ne réussit pas entièrement à faire appliquer cette mesure mais, pendant son mandat, le nombre de gens restant à Terre-Neuve l'hiver venu diminua. Les objectifs qu'il poursuivait pour la pêche à Terre-Neuve se reflétèrent dans une loi adoptée par le parlement en 1775 (*Act for the Encouragement of the Ship Fishery*). Elle était connue sous le nom de *Palliser's Act* car, comme le note l'historien de Terre-Neuve Daniel Woodley Prowse*,

« on retrouve la griffe de sir Hugh à chaque ligne ». La loi accordait des primes aux bateaux de pêche qui allaient au Grand-Banc, récapitulait les règlements de 1698 et incorporait le fond même de l'arrêté de Palliser de 1767.

Un des projets les plus chers de Palliser était de créer une pêcherie britannique saisonnière sur la côte du Labrador. Il espérait que la pêche avait des chances d'y prospérer, tout comme on l'avait espéré à Terre-Neuve dans les débuts, puisque la région avait peu de colons et qu'il suffisait d'établir des rapports amicaux avec la population autochtone et d'exclure les intrus des colonies et d'ailleurs. Lors de son voyage à Terre-Neuve en 1765, Palliser était accompagné de quatre missionnaires moraves, dont Christian Larsen DRACHART et Jens HAVEN, qui devaient aller au Labrador comme interprètes ; ils étaient chargés d'empêcher les Inuit de trafiquer avec les Français et de s'opposer aux pêcheurs britanniques. Lorsque le gouverneur en personne arriva à la baie des Châteaux en août, les missionnaires avaient rassemblé plus de 500 Inuit pour le rencontrer ; on noua des relations d'amitié, et l'on poursuivit un trafic lucratif de fourrures. Palliser traita les gens pris à faire du commerce illicite de façon à servir d'exemple aux autres. En 1765, un de ses officiers fit une descente dans le poste des marchands de Québec, Daniel Bayne* et William Brymer, au cap Charles ; il y découvrit des marchandises françaises. Palliser ordonna alors que le poste fût fermé et que le représentant de Bayne et de Brymer fût banni de la côte. Il publia aussi une proclamation interdisant aux habitants de Terre-Neuve et des colonies situées sur la terre ferme de fréquenter la côte. Cependant, il fut par la suite harcelé pendant des années de procès que les marchands courroucés avaient intentés pour se faire indemniser et qu'il finit par régler à l'amiable en 1770. A l'été de 1766, on construisit une casemate en bois à la baie des Châteaux pour protéger la propriété des pêcheurs britanniques de passage contre les Inuit et les équipages en provenance des colonies. Palliser lui-même passa une bonne partie de l'été de 1767 à la baie des Châteaux à cultiver de bonnes relations avec les Inuit et à encourager les pêcheurs de passage en leur assurant une sécurité accrue dans les nouveaux postes qu'ils occupaient. Ses efforts furent couronnés de succès : alors que pendant la saison de 1764 il n'y avait pas eu de bateau de pêche britannique sur la côte du Labrador, 23 s'y rendirent pendant la saison de 1768.

Même avant d'être nommé gouverneur, Palliser avait travaillé étroitement avec COOK qui avait été *master's mate* sur l'*Eagle* et qui, en 1763, fut désigné pour faire un relevé hydrographique des côtes de Terre-Neuve. Bien que Thomas Graves fût celui qui obtint la première nomination de Cook et lui fournit le vaisseau hydrographe *Grenville*, ce fut Palliser qui obtint que Cook fût nommé capitaine du navire avec son propre équipage. Toujours grâce à Palliser, on consigna sur les cartes manuscrites de Cook de nombreux renseignements utiles à la pêche : le gouverneur, désireux d'agrandir le rayon d'action des pêcheurs de passage, avait ordonné à Cook de saisir toutes les occasions pour indiquer les havres et les rivages susceptibles de devenir de nouvelles graves. Les relevés de Cook comprenaient les côtes où les Britanniques avaient le plus à craindre de la rivalité française. Étant donné les directives que Palliser avait reçues en 1764, la première instruction que celui-ci donna à Cook fut évidemment de faire l'étude systématique de l'hydrographie du large de la côte nord qui était vivement contestée. En 1765, il donna également ordre à Cook de dresser la carte de la côte près de Saint-Pierre et Miquelon pour aider les patrouilles de son escadre et inciter les pêcheurs britanniques à s'y rendre. Palliser obtint de l'Amirauté le permission que Cook publiât ses cartes et, en août 1766, il signala que la pêche britannique sur la côte sud était bien établie et qu'il était probable qu'elle se développerait rapidement, pêche « à laquelle les relevés pris récemment de cette côte et publiés sous les ordres de leurs Seigneuries contribuer[aie]nt grandement ».

Comme on pouvait s'y attendre, Palliser ne prisait guère la population locale de Terre-Neuve mais, en général, il administrait la justice avec bonté et impartialité et, à l'occasion, se montrait prêt à protéger les pêcheurs contre les marchands haut placés. Son attitude à l'égard de la population autochtone de Terre-Neuve et du Labrador fut celle de son temps : il voyait dans les Inuit du Labrador des barbares qu'il fallait convertir en bons sujets britanniques et en chrétiens. Mais, au moins, il avait adopté une politique de conciliation plutôt qu'une tactique d'extermination, et devant les attaques des équipages des baleinières contre les Inuit il se révoltait franchement. Il se méfiait des Micmacs catholiques qui venaient de la Nouvelle-Écosse chasser et pêcher sur la côte sud de Terre-Neuve car il croyait qu'ils étaient sous la domination des Français de Saint-Pierre et Miquelon. A plusieurs reprises, il confisqua aux Indiens les passeports que les autorités de la Nouvelle-Écosse et de l'île du Cap-Breton leur avaient remis et il avertit les fonctionnaires fautifs de ne plus en délivrer. Les Indiens de Terre-Neuve, les Béothuks, étaient en voie de disparition, et Palliser offrit des récompenses pour tout

Béothuk amené vivant : en 1768, on prit un petit garçon mais il était « tellement jeune qu'il ne pouvait servir à rien, pas même à en tirer un mot de leur langue ». Vers la fin de la même année, une petite expédition conduite par le lieutenant John Cartwright et son frère George* fut envoyée dans l'intérieur pour découvrir le principal établissement des Béothuks et créer des liens amicaux ; bien que le groupe eût remonté la rivière des Exploits jusqu'au lac Red Indian, les recherches restèrent vaines.

La période de 1764 à 1768, pendant laquelle Palliser fut gouverneur, amena des changements considérables à Terre-Neuve. Alors qu'en 1764, 238 bateaux britanniques seulement, ayant à bord un peu plus de 7 000 hommes, étaient venus dans les pêcheries de Terre-Neuve, il y en eut 389 en 1768, avec un équipage dépassant 12 000 hommes. En revanche, le total des pêcheurs résidants tomba d'un peu plus de 10 000 à quelque 7 000, et – donnée capitale – le nombre des matelots qui retournaient tous les ans dans les îles Britanniques fit plus que doubler, passant de 5 562 en 1764 à 11 811 en 1768. Quant à la pêche rivale française, le nombre des pêcheurs et la totalité de leurs prises se situaient bien en deçà des totaux atteints par les pêcheurs britanniques de passage et les habitants de Terre-Neuve.

Palliser quitta Terre-Neuve pour la dernière fois en novembre 1768. En février 1769, John BYRON fut nommé gouverneur et Palliser commença une carrière politique qui s'ajoutait à sa carrière navale. A titre de contrôleur de la Marine de 1770 à 1775, il mit sur pied et équipa plusieurs voyages d'exploration, y compris ceux de son vieil ami Cook. Le 6 août 1773, il fut créé baronnet et, à l'automne de 1774, fut élu député de Scarborough au parlement. L'année suivante, il fut promu contre-amiral et bientôt après devint un des lords de l'Amirauté ; en outre, il reçut le grade de lieutenant général des troupes de marine après la mort de Saunders. Quand les hostilités éclatèrent dans les colonies américaines, Palliser se vit confier l'organisation du transport et de l'intendance des troupes britanniques et prépara l'expédition de secours qui leva le siège de Québec en mai 1776 [V. sir Charles DOUGLAS].

En 1778, Palliser fut promu vice-amiral et devint commandant en troisième de la flotte métropolitaine sous les ordres de l'amiral Augustus Keppel. Lors d'un combat contre une flotte française au large de l'île d'Ouessant, France, le 27 juillet, il y eut soit un malentendu, soit un désaccord entre Palliser et Keppel à propos de tactique, ce qui contribua à l'indécision du résultat. L'incident fut relevé par des hommes politiques partisans, et les conseils de guerre devant lesquels furent ensuite traduits les deux amiraux qui avaient été des amis personnels divisèrent amèrement la marine. Lorsque Keppel fut exonéré de tout blâme en février 1779, la foule londonienne qui exultait pilla la demeure de Palliser. Il devint si impopulaire que le gouvernement fut forcé de le destituer et il renonça à son siège au parlement. Même lorsqu'il fut acquitté lui aussi, le comte de Sandwich, ministre de la Marine, n'osa pas le réintégrer dans ses fonctions mais affronta cependant les invectives des hommes politiques de l'opposition en le nommant gouverneur de Greenwich Hospital en 1780, confortable sinécure où Palliser mit une fin honorable à sa longue carrière. Il siégea de nouveau au parlement comme député de Huntingdon de 1780 à 1784 et fut promu amiral en 1787.

Palliser mourut dans son manoir du Buckinghamshire à l'âge de 73 ans. Il laissait le plus gros de sa fortune à son fils illégitime George Thomas ; ce fut son petit-neveu Hugh Walters qui hérita de la dignité de baronnet ainsi que de ses domaines en Irlande et qui prit le nom de Palliser. Dans son testament, Palliser léguait £30 par an pour éduquer et vêtir 40 enfants d'une école qu'il avait mise sur pied dans sa paroisse en 1780. Par ailleurs, Palliser était un inlassable collectionneur de documents ayant trait à la marine ; pourtant, ni ceux-ci ni ses papiers personnels, qu'il avait sûrement dû conserver, n'ont subsisté jusqu'à nos jours.

Hugh Palliser servit admirablement l'État. Tout en étant un officier de marine courageux et entreprenant, c'était un homme d'affaires méthodique et assidu. Prowse fait remarquer que son mandat à Terre-Neuve eut une durée inhabituelle de cinq ans – sans doute parce que le gouvernement britannique ne manquait pas d'approuver sa ligne de conduite – et que ses archives sont les plus volumineuses de celles ayant appartenu aux gouverneurs du XVIIIe siècle. Il est presque certain que, dans ce petit monde qu'étaient St John's et les petits villages de pêcheurs, la mesquinerie, les faux-fuyants et le désœuvrement l'irritaient ; ses lettres et ses ordres explosent parfois d'exaspération. S'il était sévère, il était cependant énergique et juste. Il tenta de préserver les Béothuks et les Inuit, et il se préoccupa vraiment des pêcheurs rémunérés en marchandises, dont la valeur était surestimée, et abandonnés sans ressources sur le rivage après une saison de dangereux labeur. Ami d'hommes tels que Cook, Saunders et Joseph Banks*, il ne pouvait être qu'intelligent et plein de zèle.

A Terre-Neuve, Palliser maintint la pêche française dans les limites du traité et les deux pêches – anglaise et française – sous sa ferme surveillance. Quant à sa tentative de conserver Terre-Neuve et le Labrador pour les pêcheurs qui étaient de passage tous les ans, elle n'eut qu'un succès mitigé malgré des gains substantiels à court terme. Essayer de faire observer les règlements de pêche de 1698 ainsi que les siens propres, c'était tenter l'impossible. On se rappelle peut-être plus et mieux Palliser à cause de l'appui qu'il donna à Cook. Pour sa part, ce dernier se souvint de son « estimable ami » en nommant en son honneur les îles Palliser du Pacifique Sud et le cap Palliser qui garde l'entrée ouest du détroit de Cook en Nouvelle-Zélande.

WILLIAM H. WHITELEY

Le dernier baron Palliser, à la fin du XIXe siècle, possédait un portrait de sir Hugh, par Nathaniel Dance. Une copie de ce portrait se trouve exposée dans le Painted Hall du Greenwich Naval College.

APC, MG 23, A1, sér. 1, 13 ; A4, 17. — BL, Add. MSS 33 030 ; 35 915 ; 38 219 ; 38 227 ; 38 310 ; 38 388 ; 38 396. — PANL, GN2/1, 3, 4. — PRO, Adm. 1/470, 1/2 291–2 294, 1/2 296, 1/2 299–2 301, 1/4 126–4 127, 1/5 313, 2/91–93, 2/236, 2/539, 2/541–542, 3/71–76, 8/40–44, 50/19, 51/4 210, 80/121 ; CO 194/16–18, 194/21, 194/26–28, 195/19, 324/41, 391/71–76 ; Prob. 11/1 274, f.206 ; SP 41/39, 42/43, 42/65, 42/136, 44/328. — *Gentleman's Magazine*, 1796, 439s. — G.-B., Privy Council, *Acts of P. C., col., 1766–83*. — *The private papers of John, Earl of Sandwich, first lord of the Admiralty, 1771–1782*, G. R. Barnes et J. H. Owen, édit. (4 vol., Londres, 1932–1938). — A. [C.] Valentine, *The British establishment, 1760–1784* [...] (2 vol., Norman, Okla., 1970), II : 674–675. — Charnock, *Biographia navalis*, V : 483–496. — *DNB*. — R. M. Hunt, *The life of Sir Hugh Palliser* [...] (Londres, 1844). — A. M. Lysaght, *Joseph Banks in Newfoundland and Labrador, 1766 : his diary, manuscripts and collections* (Londres et Berkeley, Calif., 1971). — Prowse, *History of Nfld.* (1895), 328, 344. — J. H. Broomfield, The Keppel-Palliser affair, 1778–1779, *Mariner's Mirror* (Cambridge, Angl.), 47 (1961) : 195–207 ; Lord Sandwich at the Admiralty Board : politics and the British navy, 1771–1778, *Mariner's Mirror*, 51 (1965) : 7–17. — G. O. Rothney, The case of Bayne and Brymer ; an incident in the early history of Labrador, *CHR*, XV (1934) : 264–275. — W. H. Whiteley, The establishment of the Moravian mission in Labrador and British policy, 1763–1783, *CHR*, XLV (1964) : 29–50 ; Governor Hugh Palliser and the Newfoundland and Labrador fishery, 1764–1768, *CHR*, L (1969) : 141–163 ; James Cook and British policy in the Newfoundland fisheries, 1763–7, *CHR*, LIV (1973) : 245–272.

PANET, JEAN-CLAUDE, notaire, avocat et juge, né dans la paroisse Saint-Germain-l'Auxerrois à Paris, probablement à la fin de décembre 1719, fils aîné de Jean-Nicolas Panet, commis des trésoriers généraux de la Marine, et de Marie-Madeleine-Françoise Foucher ; décédé à Québec le 28 février 1778.

Jean-Claude Panet eut sept frères et sœurs. L'un d'eux, Nicolas-Gabriel, devint greffier au parlement de Paris ; Pierre-Méru*, émigré en Nouvelle-France quelques années après son frère, fit aussi une carrière de notaire, d'avocat et de juge et devint l'ancêtre des Panet de Montréal pendant que Jean-Claude faisait souche à Québec.

C'est en tant que soldat dans les troupes de la Marine que Jean-Claude Panet, âgé de 20 ans, arriva au Canada. Parti de La Rochelle le 10 juin 1740 sur le *Rubis*, il débarqua à Québec le 12 août suivant, échappant à l'épidémie qui causa la mort d'une bonne partie de l'équipage et des passagers, dont l'évêque François-Louis de Pourroy* de Lauberivière. Panet avait sûrement reçu une instruction assez poussée, puisque, huit mois après son arrivée dans la colonie, il faisait fonction de praticien et, peu après, de procureur. Il fut apprécié : l'intendant HOCQUART le trouvait « intelligent et sage », tandis que le gouverneur Beauharnois* vantait sa « bonne conduite ». En dépit d'une demande faite par son père, à Paris, il ne put obtenir la charge de notaire à Québec laissée vacante par le retour en France à l'automne de 1741 de Jean de Latour. Cependant, la nomination de Nicolas BOISSEAU au poste de greffier en chef du Conseil supérieur causa la vacance qui lui permit de devenir, le 22 décembre 1744, notaire royal dans la Prévôté de Québec. Jean-Claude Panet avait obtenu son congé des troupes au début de l'année précédente, son père ayant versé les 150# nécessaires. Bien qu'il ait, au cours des années, exercé plusieurs autres fonctions, Panet devait pratiquer le notariat de façon continue de 1745 à 1775 et son greffe compte plus de 5 860 actes.

Pendant le siège de Québec, le 8 août 1759, un « pôt à feu » tiré par les Anglais tomba sur la maison de Jean-Claude Panet, dans la basse ville, provoquant un incendie qui détruisit 166 autres maisons. Panet relate tout ceci dans son journal, intitulé « Précis de ce qui s'est passé au Canada depuis la nouvelle de la flotte de M. Canon [Jacques Kanon*] ». Couvrant la période du 10 mai au 8 septembre 1759, le journal raconte les événements dans le détail et avec une grande précision. La dernière partie de ce manuscrit, qui contenait la relation des derniers jours du siège, a malheureusement disparu. Le 25 juillet, Panet fut nommé greffier d'une commission chargée de réprimer le pillage auquel se livraient certains matelots, soldats et miliciens. L'ordonnance du 19 juillet, qui créait la commission, autorisait François Daine*, lieutenant général civil et criminel de la Prévôté de Québec, à condamner à mort et à faire exécuter le jour même les pillards pris sur le fait. Panet aurait recommandé la sévérité à Daine et il rapporte que celui-ci fit arrêter et pendre deux hommes le 31 juillet. Après la défaite des plaines d'Abraham, le 13 septembre, Panet fut, en qualité de substitut du procureur du roi Jean-Baptiste-Ignace Perthuis*, un des 25 notables signataires de la demande de capitulation adressée au lieutenant de roi, Jean-Baptiste-Nicolas-Roch de RAMEZAY.

Le Régime militaire, en vigueur de 1760 à 1763, changea peu de chose dans la vie quotidienne des habitants de la Nouvelle-France. Pour être efficace, l'administration britannique se devait d'être en mesure de comprendre et d'être comprise des Canadiens et l'on fit appel à des francophones tels Jacques de Lafontaine* de Belcour et François-Joseph CUGNET. Lorsque MURRAY, le nouveau gouverneur du district de Québec, créa un tribunal de dernière instance qu'il baptisa Conseil supérieur, il nomma, le 2 novembre 1760, Jean-Claude Panet greffier en chef de cette cour. A la même époque, son frère Pierre-Méru était également nommé à des fonctions de greffier dans le district de Montréal. Lors du retour au régime civil, ces Canadiens compétents dans le domaine judiciaire ne furent pas affectés par l'obligation théorique faite aux hauts fonctionnaires de prêter le serment du Test et conservèrent leurs postes. En 1765, Murray chargea Jean-Claude Panet d'examiner les registres du Conseil supérieur de la Nouvelle-France pour inventorier les terres qui, sous le Régime français, avaient été réunies au Domaine d'Occident. Le gouverneur précisait que seul un juriste de langue française pourrait y parvenir et que Panet devait avoir libre accès aux documents.

La Cour des plaids communs ayant remplacé le Conseil supérieur, Jean-Claude Panet en devint greffier, avec William Kluck, en février de cette même année 1765. Les deux hommes étaient en même temps nommés dépositaires des minutes des notaires décédés du district de Québec. Mais Panet quitta ce poste l'année suivante et passa en France dans l'espoir d'obtenir une récompense pour les services rendus sous le Régime français et de trouver une meilleure situation. Il présenta un mémoire au ministre de la Marine, le duc de Choiseul, qui le transmit avec avis favorable au contrôleur général des Finances. Il semble que la demande de Panet ait été rejetée puisqu'il revint à Québec où il obtint, le 6 octobre 1767, une commission d'avocat. Ayant été praticien pendant plusieurs années, assesseur au Conseil supérieur de la Nouvelle-France en 1751, substitut du procureur du roi entre 1755 et 1759 et ayant même signé comme avocat en 1764, il était préparé depuis longtemps à cette profession. Sa nomination obtenue, Panet rentra dans l'ombre d'une carrière privée de notaire et d'avocat jusqu'en 1775.

Ce n'est en effet qu'à l'entrée en vigueur de l'Acte de Québec, qui allait établir une nouvelle organisation judiciaire, que Jean-Claude Panet occupa à nouveau des fonctions officielles. Le 26 avril 1775, le gouverneur Guy Carleton* renouvela la nomination des juges Thomas Dunn*, John Fraser, Adam MABANE et John Marteilhe, et nomma René-Ovide HERTEL de Rouville et Panet « gardiens de la paix » et commissaires, le premier, pour le district de Montréal, le second, pour le district de Québec, ce qui équivalait à une nomination de juge. Ils devenaient ainsi les deux premiers juges de langue française et catholiques sous le Régime anglais. Après le départ des troupes américaines, Dunn, Mabane et Panet furent nommés, le 13 juillet 1776, commissaires chargés d'étudier les dommages et les destructions causés lors de l'invasion de la province. Dix jours plus tard, Carleton les nommait « juges d'une cour de juridiction civile dans les limites du district de Québec ». En août, Panet devenait juge de paix et, le 6 mars 1777, obtenait le titre de juge de la Cour des plaids communs.

Jean-Claude Panet n'occupa pas longtemps ces différentes fonctions. Il mourut dans l'après-midi du 28 février 1778, à l'âge de 58 ans. Sa mort était-elle due à l'alcoolisme ? Une lettre anonyme écrite à Québec le 9 novembre 1775 permet d'émettre cette hypothèse : « la nomination comme juges, de Mr. de Rouville à Montréal, et à Québec, de Claude Panet (qui a sa dose tous les jours avant midi) avec des salaires, dit-on, de sept cents louis par année ; en un mot la profusion et l'audace qu'on mit dans la création des places pour les familiers et les sycophantes dont le gouverneur est continuellement entouré : tout cela a inspiré le plus grand dégoût à tout le monde ».

Jean-Claude Panet avait épousé, le 23 octobre 1747 à Québec, Marie-Louise, fille du notaire Claude Barolet*. En 1796, Carleton, devenu lord Dorchester, fit obtenir à Mme Panet une pension annuelle de £80, soit les quatre cinquièmes du salaire de son mari lorsqu'il était greffier de la Cour des plaids communs. Elle toucha cette rente jusqu'à sa mort en 1803. Quatorze enfants étaient nés entre 1749 et 1764, et 12 vivaient à la mort de leur père. Trois filles entrèrent chez les ursulines ; l'une d'elles en sortit deux ans plus tard, tandis que les deux autres passèrent chacune plus de 50 ans dans les ordres. Deux fils choisirent la prêtrise : Bernard-Claude*, qui devint évêque de Québec, et Jacques*, qui fut curé de la paroisse Notre-Dame-de-Bon-Secours de L'Islet de 1779 à 1829. Jean-Baptiste se fit notaire et décéda en 1808. Notaire, avocat et juge comme son père, Jean-Antoine* fut orateur (président) de la chambre d'Assemblée et l'une des figures politiques marquantes de son époque.

ANDRÉ FRENIÈRE

Le greffe de Jean-Claude Panet, 1745–1775, est déposé aux ANQ-Q.

AMA, SHA, A[1], 3 540, ff.84–84[2], 90–90[6] (mfm aux APC). — AN, Col., B, 76-1, pp.233–235 ; 77, p.15 ; 97, p.138 ; 125, pp.20s. (copies aux APC) ; C[11A], 73, pp.3–7, 46–49 ; 76 ; 77, pp.312–317. — ANQ-Q, AP-P-1 565. — APC, RG 4, A1, pp.4 659s., 5 726 ; RG 68, 89, pp.59s. ; 90, pp.11s., 22–24, 36–40, 51s., 84s. — ASQ, Doc. Faribault, n° 149 ; Lettres, M, 98 ; Polygraphie, II : 3 ; XXVII : 25 ; Séminaire, 14/5, n° 41 ; Université, carton 96, n° 71. — APC *Rapport*, 1905, I, VIe partie. — *Doc. relatifs à la monnaie sous le Régime français* (Shortt), II : 978. — *Doc. relatifs à l'hist. constitutionnelle, 1759–1791* (Shortt et Doughty ; 1921). — *Invasion du Canada* (Verreau). — J.-C. Panet, Siège de Québec en 1759, Literary and Hist. Soc. of Quebec, *Hist. Docs.*, 4e sér. (1875) : 1–31. — *La Gazette de Québec*, 5 mars 1778. — P.-G. Roy, *Les avocats de la région de Québec* ; *Inv. jug. et délib., 1717–1760*, IV ; V ; VI ; *Inv. ord. int.*, III : 65 ; *Les juges de la prov. de Québec*. — Tanguay, *Dictionnaire*. — Vachon, Inv. critique des notaires royaux, *RHAF*, IX : 551s. ; XI : 405. — Lanctot, *Le Canada et la Révolution américaine*. — J.-E. Roy, *Hist. du notariat*, I ; II. — P.-G. Roy, *La famille Panet* (Lévis, Québec, 1906). — Wade, *Les Canadiens français* (1966), I.

PARR, JOHN, officier et administrateur colonial, né le 20 décembre 1725 à Dublin (République d'Irlande), fils de John Parr et d'Eleanor Clements ; il épousa en 1761 Sara Walmesley, et ils eurent trois fils et deux filles ; décédé le 25 novembre 1791 à Halifax.

On ne connaît rien des premières années de John Parr. En avril 1745, il entra dans l'armée britannique comme enseigne du 20e d'infanterie. Après son baptême du feu à Fontenoy (Belgique), la même année, Parr accompagna son régiment en Écosse pour aider à réprimer le soulèvement jacobite et fut blessé à Culloden. Quand James Wolfe* fut nommé lieutenant-colonel intérimaire du 20e en 1749, Parr devint peut-être son adjudant-major ; de toute façon, il existait des liens entre les deux hommes, qui, plus tard, valurent à Parr des faveurs ministérielles. Promu capitaine en 1756, Parr prit part à plusieurs engagements au cours de la guerre de Sept Ans, notamment à la sanglante bataille de Minden (République fédérale d'Allemagne), en 1759, où il fut gravement blessé. Après sa promotion au rang de major en 1763 et six années de garnison à Gibraltar, Parr obtint de l'avancement en achetant le grade de lieutenant-colonel du 20e en 1770. Six ans plus tard, il démissionna de l'armée juste avant l'embarquement pour Québec de son régiment qui faisait partie de l'expédition malheureuse de BURGOYNE. En 1778, il mit à profit ses relations au sein du gouvernement pour obtenir la sinécure rémunératrice de major de la Tour de Londres.

En juillet 1782, grâce à l'influence de son protecteur, le comte de Shelburne, ministre de l'Intérieur (responsable aussi des colonies), Parr fut nommé gouverneur de la Nouvelle-Écosse, succédant à Francis LEGGE. Cependant, loin de trouver en ce poste une tranquille retraite, il dut immédiatement affronter la tâche immense et urgente de secourir et d'établir quelque 35 000 Loyalistes qui affluèrent en Nouvelle-Écosse à la fin de la Révolution américaine. La population ayant plus que doublé du jour au lendemain, d'intolérables tensions se créèrent dans la machine administrative rudimentaire de la Nouvelle-Écosse, de même que dans l'approvisionnement en marchandises et en vivres. Au cours de l'hiver de 1782–1783, 10 000 réfugiés arrivèrent à Halifax, impuissants et dépourvus de tout. On dut réquisitionner des entrepôts, des hangars et des églises, retenir les navires dans le port et construire des baraquements improvisés sur les emplacements vacants.

Une fois la première urgence passée, Parr eut à placer les bruyants Loyalistes et les soldats licenciés sur des terres partout dans la province. Avec l'aide de l'arpenteur général Charles Morris*, fils, et d'une équipe d'arpenteurs et d'ingénieurs militaires surchargés de travail, Parr encouragea les nouveaux venus à s'établir dans les régions inhabitées, comme celle de Port Roseway, que Parr rebaptisa Shelburne en l'honneur de son protecteur, la vallée de l'Annapolis, l'embouchure de la rivière Saint-Jean et les rives de la baie de Passamaquoddy. Le mécontentement et les querelles éclatèrent bientôt. Le mode de concession des terres était mal ordonné et inefficace avec, en plus, les problèmes soulevés par les procédures compliquées, les retards dans l'arpentage, la masse de titres antérieurs et l'abondance de terres improductives. Plusieurs requérants loyalistes ambitieux, comme les Fifty-Five Associated Loyalists [V. Abijah WILLARD], cherchèrent à améliorer leur pénible sort en demandant de vastes portions de terre, mais Parr résista à ces sortes de pressions intéressées. Le règlement de quelque 6 200 demandes de concessions pour des terres pouvant atteindre une superficie de 1 000 acres allait occuper les autorités de la Nouvelle-Écosse pendant plusieurs années.

Bien que l'immigration loyaliste apportât à Parr des responsabilités non recherchées, l'étendue de sa juridiction fut bientôt réduite de façon substantielle. Afin de satisfaire les aspirations des colons de la rivière Saint-Jean, la province du Nouveau-Brunswick fut détachée de la Nouvelle-Écosse, en 1784, et placée sous le gouvernement de Thomas Carleton*. La même année, l'île du Cap-Breton se vit accorder un gouvernement distinct sous la direction de Joseph Frederick Wallet DesBarres*, bien qu'il demeurât sous la direction générale de Parr. Deux ans plus tard, Parr n'eut plus que le rang de lieutenant-gouverneur à la suite de la nomination de lord Dorchester [Guy Carleton*] comme gouverneur général de l'Amérique du Nord britannique. Ces changements l'irritèrent beaucoup, même si les liens noués avec les frères Carleton, alors qu'il était dans l'armée, adoucirent quelque peu son ressentiment. De la même façon, la décision des autorités impériales de créer un évêché en Nouvelle-Écosse, en 1787, força Parr à se départir de quelques pouvoirs qu'il avait exercés jusque-là sur l'Église d'Angleterre, comme représentant de la couronne. Il conserva néanmoins suffisamment d'autorité sur les nominations aux bénéfices ecclésiastiques, l'affectation des postes missionnaires et les dispenses de bans pour causer, à l'occasion, des heurts avec l'évêque Charles Inglis*. Même si la longue controverse opposant Parr aux conseils de fabrique rivaux de Shelburne au sujet de l'érection de paroisses et du choix des ministres prit fin en 1787, Parr se querella avec Inglis l'année suivante à propos de la présentation d'un *rector* pour l'église St Paul de Halifax. Cette affaire ne se régla pas avant 1791.

Entre temps, la population de plusieurs des nouveaux établissements avait commencé à décliner en raison du départ des Loyalistes pour des territoires plus prometteurs de l'Amérique du Nord. Le changement le plus dramatique, à cet égard, survint à Shelburne : un canton passa de 8 000 âmes en 1784 à tout au plus une poignée d'habitants en quelques années. En 1792, 1 190 des 3 000 Loyalistes noirs quittèrent la province. Relégués au second rang dans le règlement de leurs demandes de terres, les Noirs entreprenants réagirent avec une sorte d'avidité à la mission de John Clarkson, envoyé par la Sierra Leone Company en 1791 pour faire du recrutement pour sa colonie d'Afrique occidentale. Parr n'apporta pas sa collaboration à cette mission, de crainte qu'à Londres on interprétât cet exode comme un signe de mécontentement à l'égard de son gouvernement. Ses craintes étaient justifiées car au cours des dernières années on avait blâmé ses attitudes et sa ligne de conduite face à l'établissement des Noirs en Nouvelle-Écosse. Thomas PETERS, l'un des chefs noirs, avait critiqué Parr et ses fonctionnaires à cause de leurs pratiques discriminatoires et de leurs longs retards à établir les Loyalistes noirs dans la province ; à son arrivée, Clarkson formula de semblables plaintes. Le gouvernement britannique ordonna une enquête sur ces faits, mais Parr était déjà mort au moment où les enquêteurs soumirent leur rapport qui l'exonérait de tout blâme.

Parr était particulièrement sensible à l'opinion de ses supérieurs depuis qu'il avait encouru leur censure, en 1786, pour avoir tenté d'établir une industrie de pêche à la baleine à Dartmouth. Par suite de l'exclusion de l'huile de baleine américaine du marché britannique après la guerre d'Indépendance, Parr avait accueilli comme colons des quakers de Nantucket, menacés par cette mesure ; les perspectives d'une pêche florissante lui avaient alors semblé excellentes. Cependant, le gouvernement britannique décida que l'initiative de Parr détournerait, en faveur des citoyens américains, une aide financière destinée aux Loyalistes, augmenterait la concurrence coloniale à l'endroit des producteurs britanniques et faciliterait l'entrée illégale d'huile américaine en Grande-Bretagne sous les couleurs d'un produit colonial. Bien que déçu de ce refus, Parr appuya la décision impériale, d'une plus grande portée, de maintenir les *navigation acts*, avec le vain espoir de voir les habitants de la Nouvelle-Écosse supplanter ceux de la Nouvelle-Angleterre dans le transport et l'approvisionnement des Antilles.

Vers la fin de son gouvernement, Parr fut désagréablement compromis dans les querelles incongrues entre Loyalistes et colons qui perturbèrent à tous égards la vie de la Nouvelle-Écosse. Après leur victoire électorale de 1785, les Loyalistes s'appuyèrent sur leur nouvelle majorité à la chambre d'Assemblée pour attaquer dans leurs retranchements les fonctionnaires et les conseillers ; les intrigues partisanes visant à acquérir des postes et de l'influence revêtaient souvent un caractère constitutionnel, comme dans ce qu'on a appelé l' « affaire des juges ». En 1787, deux aspirants avocats, Jonathan Sterns et William Taylor, accusèrent les juges puînés James Brenton* et Isaac Deschamps* d'incompétence et de partialité dans l'administration de la justice. L'Assemblée demanda une enquête, mais le conseil rejeta les plaintes comme étant « sans fondement et scandaleuses », et Parr repoussa les accusations sans hésitation. Personnage solitaire et isolé plutôt que partisan malléable, Parr, à cause de son expérience, de ses conceptions et de sa susceptibilité en ce qui regardait son autorité et sa dignité, était porté à prendre la défense du conseil et des fonctionnaires. Selon lui, les deux avocats cherchaient leur propre intérêt et étaient « fortement teintés d'un esprit républicain », et ils avaient pour seul objectif de remplacer les juges par leurs propres compères loyalistes. Dans une sortie typique, Parr déclara à Evan Nepean, sous-secrétaire d'État au ministère de l'Intérieur : « Je suis entouré d'une quantité de scélérats fanatiques, diaboliques, sans principes, exigeants, désappointés, trompeurs et menteurs qui vivent à même un parti de leur propre création et qui sont éternellement à la recherche de fautes et se plaignent sans arrêt de leurs supérieurs au gouvernement. » Pendant que les membres loyalistes de l'Assemblée tournaient leur colère contre le conseil pour avoir refusé l'enquête, les deux avocats, rayés sans plus de cérémonie de la liste des avocats à cause de leur conduite, partirent pour Londres afin d'y plaider leur cause. Mais, en dépit d'un long séjour en Angleterre, ils n'obtinrent pas satisfaction ; en fait, ils durent plutôt faire d'humiliantes excuses avant d'être réadmis au sein du barreau de la province. Après leur retour, l'affaire connut une nouvelle flambée en 1790, alors que l'Assemblée, revigorée sous la nouvelle direction de Thomas Barclay*, discuta de l'opportunité de mettre les juges en accusation devant une haute cour de justice. Le débat traîna sans résultat jusqu'à la mort de Parr, alors que la nomination du loyaliste John Wentworth* au poste de lieutenant-gouverneur vint modifier cette scène agitée.

Le gouvernement de Parr coïncida avec une période de graves bouleversements et déchirures qui auraient pesé lourd sur les talents et l'énergie de n'importe quel administrateur. Un homme plus faible eût montré plus d'hésitation et d'incompétence ; un homme plus fort aurait peut-être fait preuve de plus d'adresse et de ressources. Austère, brusque et habitué aux privations lors de son service militaire, Parr ne déploya pas toute la sollicitude et la sympathie auxquelles les Loyalistes croyaient avoir droit, bien que nombre de leurs critiques à son endroit aient manifesté leur accablement, leurs frustrations et leur colère devant des circonstances pénibles. Petit homme aux traits accentués, à la démarche alerte et fière, il était à cheval sur l'étiquette et montrait l'entêtement irritable d'un esprit indépendant mais étroit, habitué depuis longtemps à la discipline militaire. Il n'avait pas non plus les manières engageantes ni les finesses de la bonne société qui l'auraient rendu plus populaire comme gouverneur de la colonie où lui-même se trouvait quelque peu désagréablement exilé.

Peter Burroughs

PRO, CO 217/56–63 ; 218/9 ; 218/20 ; 218/25–27. — APC *Report*, 1921, app.C, 37–40 ; app.E, 1–12. — N.-É., House of Assembly, *Journal*, 1782–1791. — Le Jeune, *Dictionnaire*, II : 410s. — Judith Fingard, *The Anglican design in loyalist Nova Scotia, 1783–1816* (Londres, 1792), 173–180. — V. T. Harlow, *The founding of the second British empire, 1763–1793* (2 vol., Londres et New York, 1964), II : 295–297. — MacNutt, *Atlantic provinces*. — R. W. Winks, *The blacks in Canada : a history* (Londres et New Haven, Conn., 1971), 67–73. — Margaret Ells, Settling the loyalists in Nova Scotia, CHA *Report*, 1934, 105–109. — J. S. Macdonald, Memoir of Governor John Parr, N.S. Hist. Soc., *Coll.*, XIV (1909) : 41–78.

PASCAUD, ANTOINE, marchand, né à Bordeaux, France, le 18 avril 1729, fils de Guillaume Pascaud, marchand, et de Marie-Anne Baulos, décédé en janvier 1786.

Par ses grands-parents paternels, Jean Pascaud et Anne Puyperouse, Antoine Pascaud était apparenté à la famille bien connue d'Antoine Pascaud*, de La Rochelle. Le frère aîné de son père, Jean Pascaud, détenait un office royal, celui d'avocat au parlement de Paris. Les parents d'Antoine avaient apporté la somme de 42 000# à la communauté qu'ils formèrent en se mariant le 3 décembre 1726, et, alors qu'Antoine était encore enfant, son père était le principal représentant, à Bordeaux, de ses cousins de La Rochelle, qui faisaient un vaste commerce avec le Canada. Quand leur père connut les revers de fortune qui allaient le mener à la faillite en mai 1753, Antoine et son frère Jean partirent pour le Canada, où Jean épousa à Québec, le 10 avril 1752, Élisabeth de Cournoyer, de Louisbourg, île Royale (île du Cap-Breton). Entre-temps, un autre frère, Pierre, alla s'installer aux Antilles où il fit le commerce des esclaves.

On n'est pas sûr du moment exact où Antoine Pascaud vint au Canada, mais, au début des années 1750, il y était importateur de vivres. En février 1754, alors qu'on manquait de nourriture, il fit, par voie de terre, le voyage de Québec à New York pour s'y procurer environ 360 boisseaux de farine pour le Canada et l'île Royale. En allant si hardiment chercher des vivres à un moment aussi critique, Pascaud s'acquit la grande estime du gouverneur Duquesne et du commissaire ordonnateur de Louisbourg, Jacques Prevost de La Croix, entre autres hauts fonctionnaires.

Cette activité de Pascaud au Canada fut le début d'une longue carrière comme fournisseur de la marine française et comme négociant à son compte. Pendant la guerre de Sept Ans, il travailla aux Antilles ; puis, aussitôt la guerre finie, il ravitailla, comme marchand, la nouvelle colonie, vite disparue, de la Guyane française, que la cour de France espérait voir s'implanter et prospérer en remplacement des colonies perdues de l'île Royale et du Canada. Quand s'écroula ce beau rêve, Pascaud fut arrêté, en vertu d'un ordre signé le 18 septembre 1767, et emprisonné à la Bastille avec les fonctionnaires de la Guyane. Dans une cause qui rappelle l'Affaire du Canada [V. BIGOT], ils furent tous accusés d'avoir tiré des profits excessifs de leur poste et d'avoir fraudé la couronne. Pascaud, relâché le 9 août 1768, alla s'exiler sur une terre qu'il possédait près d'Aubeterre, en Angoumois (Aubeterre-sur-Dronne, dép. de la Charente). Il affirma alors avoir été ruiné ; mais, pendant la guerre d'Indépendance américaine, il approvisionnait de nouveau, sur une grande échelle, les colonies françaises, armant de nombreux navires et effectuant secrètement des paiements internationaux au nom de la couronne à son quartier général à Paris.

Antoine Pascaud est le type même du brasseur d'affaires qui œuvrait dans le domaine colonial français, et, en tant que membre de la famille Pascaud, il est particulièrement intéressant, en ce qu'il nous permet de situer les affaires canadiennes dans une perspective plus grande.

J. F. BOSHER

AD, Gironde (Bordeaux), Minutes Janeau (Bordeaux), 23 nov. 1726. — AN, Col., E, 330 (dossier Pascaud). — Archives municipales, Bordeaux, État civil, Saint-André, 20 avril 1729. — Bibliothèque de l'Arsenal, Archives de la Bastille, 12 324, ff.215ss. — Jean Tarrade, *Le commerce colonial de la France à la fin de l'Ancien Régime : l'évolution du régime de l'Exclusif de 1763 à 1789* (2 vol., Paris, 1972), II.

PATTERSON (Paterson), WALTER, officier, propriétaire foncier et administrateur colonial, né vers 1735 près de Rathmelton, comté de Donegal (République d'Irlande), fils aîné de William Patterson et d'Elizabeth Todd ; il épousa Hester Warren le 9 mars 1770, et ils eurent au moins quatre enfants ; décédé le 6 septembre 1798 à Londres.

La carrière de Walter Patterson est inextricablement liée à la question des terres, qui s'avéra la question politique primordiale, à l'Île-du-Prince-Édouard, avant la Confédération. Après le passage de l'île Saint-Jean, comme on l'appelait alors, aux mains des Britanniques en 1763, on la divisa en 67 cantons, ou lots, d'à peu près 20 000 acres chacun. On accorda ces lots, à la seule exception du n° 66, qui comprenait environ 6 000 acres, à des personnages influents de Grande-Bretagne, à l'été de 1767. Les conditions attachées à l'octroi de ces terres étaient irréalistes et, vers la fin du XVIIIe siècle, elles devenaient de plus en plus anachroniques. En particulier, dans chaque canton devait être établie, dans un délai de dix ans, une population équivalente à une personne par 200 acres de terre ; tous les colons devaient être des protestants, devaient venir du continent européen ou avoir vécu au moins deux ans en Amérique du Nord ; des redevances annuelles de £20 à £60 devaient être versées à la Trésorerie royale. Le défaut des propriétaires de se conformer à ces conditions entraînait la confiscation de leurs terres par la couronne. Tel était le plan ; en pratique, les propriétaires ne remplirent pas leurs obligations, mais s'arrangèrent pour conserver la propriété des terres. Pendant près d'un siècle, les habitants de l'île, en grande partie tenanciers de seigneurs absentéistes, demandèrent à grands cris qu'on leur octroie les terres, après confiscation. Cette question des terres, on peut la faire remonter pour une bonne part à l'échec de Walter Patterson qui, pendant son mandat de 17 ans comme gouverneur, ne se montra pas à la hauteur de ses responsabilités comme administrateur public d'une colonie appartenant à des intérêts privés.

On sait peu de chose des débuts de Patterson. Il s'enrôla dans l'armée britannique le 29 décembre 1757, à titre d'enseigne, dans le 80e d'infanterie de Thomas GAGE. Ce dernier avait servi en Irlande de 1744 à 1755, dans le 44e d'infanterie, et il n'est pas impossible que Patterson l'ait connu à cette époque. Le 80e, premier régiment britannique à recevoir, dès le début, un entraînement aux tactiques de la petite guerre, servit sous les ordres d'ABERCROMBY, en 1758, au fort Carillon (Ticonderoga, New York), et avec AMHERST, en 1759, au lac Champlain ; on l'utilisa pour les raids, les missions de reconnaissance, et comme avant-garde de l'armée, en compagnie des *rangers* de Robert ROGERS. Patterson reçut la promotion de lieutenant le 4 octobre 1760 et il obtint, le 26 octobre 1762, la permission de se rendre en Europe. Il resta en congé jusqu'au 24 novembre 1764, après quoi son nom cesse d'apparaître dans les rapports officiels de l'armée. Son régiment fut licencié le mois suivant.

Sa carrière militaire terminée, Patterson semble s'être tourné vers la spéculation foncière et les entreprises de colonisation dans la colonie de New York et sur l'île Saint-Jean. En juillet 1764, Patterson et Charles Lee – un ancien officier du

44e – s'entremirent pour assurer à lord Holland 66 000 acres de terre dans la colonie de New York. En récompense, Holland et le comte de Hillsborough, président du Board of Trade, promirent à chacun d'eux l'octroi de 20 000 acres. Le 29 novembre, Hillsborough présida une séance du Board of Trade, qui recommanda ces concessions à la sanction royale. Le mandement royal du 19 décembre prévoyait l'octroi de 20 000 acres « dans une étendue de terre contiguë, dans cette partie [...] de New York que lui [Patterson] [...] choisira » et fut approuvé par le Conseil de New York le mois suivant. Patterson choisit une terre sise aux bords de la rivière Connecticut, bien que des lettres patentes n'aient été délivrées qu'après le 15 novembre 1771. Le 16 décembre 1772, son nom venait en tête de liste d'une pétition pour un nouvel octroi de 24 000 acres situés le long de la rivière Connecticut devant servir à l'érection d'un canton. On ne sait pas si cette démarche des pétitionnaires fut couronnée de succès.

En 1764, Patterson était au nombre des 20 officiers réformés – dont Allan MACLEAN, Francis McLEAN, et Charles Lee – dont les noms apparaissent dans un mémoire du comte d'Egmont au Board of Trade, qui visait à obtenir la concession de toute l'île Saint-Jean. Le 23 juillet, 17 des officiers nommés dans le mémoire de 1764, dont Charles Lee, reçurent 10 000 acres de terre chacun dans les lots 18 à 26 inclusivement de l'île Saint-Jean. Patterson devenait copropriétaire du lot 19 avec son frère John, seul concessionnaire de ces neuf lots dont le nom n'apparaissait pas dans la liste de 1764. L'année suivante, Patterson prit une part active, avec l'appui d'une majorité de propriétaires, aux efforts déployés en vue de détacher l'île de la Nouvelle-Écosse, dont elle faisait alors partie, et pour lui donner un statut de colonie distincte. Le gouvernement britannique y consentit, à la condition que les propriétaires acceptassent d'assurer le financement de l'administration civile à même les fonds provenant des redevances. Nommé gouverneur le 14 juillet 1769, Walter Patterson arriva dans sa capitale, Charlottetown, le 30 août 1770.

Les problèmes qu'avait à affronter le gouverneur Patterson avaient de quoi décourager. La population de l'île – 300 colons seulement – se composait en grande partie d'Acadiens qui ne parlaient pas l'anglais. La capitale ne comptait que quelques maisons – des cabanes, plutôt – et pas d'édifice public. Les fonctionnaires civils formaient une bande d'affamés et d'oisifs sur lesquels on ne pouvait pas compter. A la recherche d'emplois et sans beaucoup d'expérience administrative – si encore ils en avaient – ils parvenaient à peine à survivre grâce à la perception des redevances. Les propriétaires, aux prises avec des conditions qui les eussent ruinés, à l'exception des plus riches, s'ils les avaient respectées, considéraient les propriétés qui leur étaient échues comme une aubaine, et leurs obligations comme autant d'inconvénients à éviter. En s'attaquant à une situation si difficile, le gouverneur d'une petite colonie sans importance stratégique ne pouvait espérer que bien peu d'attention et qu'une aide bien mince de la part du gouvernement britannique préoccupé de questions beaucoup plus vastes.

Patterson assuma ses nouvelles fonctions avec son énergie bien caractéristique. En septembre 1770, il prononça le serment d'office et forma un Conseil exécutif. Pendant les quelques années qui suivirent, on adopta un bon nombre d'ordonnances, qui visaient – entre autres objectifs fort divers – à protéger l'industrie de la vache marine (morse) et à empêcher les capitaines de navires de permettre aux colons endettés de quitter l'île en leur donnant un passage. C'est avec une certaine appréhension que Patterson adressa ces ordonnances à Hillsborough, devenu secrétaire d'État des Colonies américaines, et qu'il le pria d'excuser « quelque erreur que ce soit qu'on y pourrait trouver », d'autant qu'elles étaient « parmi les premiers documents de cette nature » qu'il produisait. Patterson obtint aussi l'autorisation de nommer un arpenteur général, Thomas Wright*, après s'être plaint que les frontières des cantons étaient « purement imaginaires, sauf sur la carte ». Malheureusement, il était bien plus facile d'adopter des ordonnances que de les faire respecter, et les « frontières imaginaires » ne convenaient que trop bien à une colonie où le plan de peuplement en son entier avait meilleure apparence sur le papier que dans la réalité.

De 1770 à 1775, environ 1 000 nouveaux colons arrivèrent dans la colonie, la plupart grâce aux efforts de quelques propriétaires et, plus particulièrement, de James William Montgomery [V. William MONTGOMERY], de Robert CLARK et de John MacDonald* of Glenaladale, connu sous le nom de Fear-a-ghlinne. Montgomery était procureur général d'Écosse, l'un des postes politiques les plus importants de Grande-Bretagne à cette époque. Il tenta de lancer une grande culture linière sur le lot 34 [V. David Lawson*] et une entreprise commerciale à Three Rivers (région qui entoure Georgetown) [V. David HIGGINS]. Robert Clark, marchand quaker de Londres, et son associé Robert Campbell envoyèrent quelque 200 personnes dans le secteur de New London du lot 21 en 1773 et 1774. John MacDonald acheta le lot 36 et son frère Donald accompagna un groupe de 210 Highlanders catholiques d'Écosse pour les y établir en 1772. Chacun de ces promoteurs dépensa, et perdit, des milliers de livres ; toutefois, à s'en tenir strictement aux termes des concessions originales, ils étaient exposés à voir leurs terres confisquées, car aucun n'avait peuplé la sienne de protestants venant de l'extérieur des îles Britanniques. L'immigration patronnée par les propriétaires cessa, en pratique, quand éclata la Révolution américaine, en 1775.

Peut-être ne faut-il pas se surprendre que Patterson n'ait pris aucune mesure publique pour faire respecter les conditions, du reste tout à fait déraisonnables, de la colonisation ; la perception des redevances, dont dépendait la survie de son gouvernement, était une préoccupation beaucoup plus pressante. Au début, Patterson lui-même assuma le poste, extrêmement important, de receveur général, avec un adjoint à Londres. En 1774, toutefois, William Allanby, membre du conseil de l'île, obtint le poste. Allanby se querella bientôt avec Patterson et partit pour l'Angleterre, ne laissant dans l'île ni la liste des propriétaires ni le montant de ce que chacun devait. La perception cessa bientôt, compromise par la résistance des propriétaires et l'incompétence de l'administration. En 1775, £3 000, en gros, avaient été payées, les arrérages s'élevaient à plus de £6 000, et les fonctionnaires civils en furent quittes pour vivre dans des conditions extrêmement pénibles, ne touchant qu'une fraction de leur salaire ; ces circonstances leur servirent à la fois de motif et de justification pour mettre la main sur les terres des propriétaires.

Tout au cours de son gouvernement, Patterson se préoccupa du problème de la perception efficace des redevances, par le moyen de textes législatifs. Le premier effort en ce sens, une ordonnance adoptée par le conseil en 1771, devint loi quand la première chambre d'Assemblée se réunit, en juillet 1773. Cette loi n'obtint pas l'assentiment royal et elle fut adoptée de nouveau par l'Assemblée en octobre 1774, de façon à corriger « deux inexactitudes manifestes ». Cette loi permettait, pour obtenir remboursement des redevances non acquittées, la saisie de marchandises, ou, à défaut, la vente aux enchères publiques d'une portion de terre suffisante pour éteindre la dette. Aucune clause expresse ne prévoyait l'envoi d'un avis préalable aux propriétaires touchés ou l'annonce des enchères en Grande-Bretagne. Pour des raisons plutôt compliquées, et surtout de commodité, la loi ne s'appliquait qu'à ces propriétaires qui avaient signé la requête visant à l'obtention d'un gouvernement séparé, en 1768, document que Patterson affectait de considérer comme « un contrat entre ses signataires et la couronne ». Environ 50 lots étaient ainsi susceptibles d'être vendus. Muni de cette loi, qui n'avait pas encore reçu l'assentiment royal, Patterson écrivit à lord Dartmouth, secrétaire d'État des Colonies américaines, le 2 septembre 1774, pour demander un congé de sept mois, en affirmant qu'il serait « plus utile à l'île en passant quelque temps parmi les propriétaires, dans la mère patrie, qu'[il] ne pouvai[t] l'être, pendant le même temps, en restant ici ». Il quitta Charlottetown le 2 août 1775.

Patterson resta en Angleterre pendant presque cinq ans. Il y déploya beaucoup d'habileté pour amener les propriétaires à servir ses propres intérêts, sous prétexte de promouvoir les leurs. Il entreprit une série de rencontres, qui aboutirent à un mémoire, appuyé par environ 20 propriétaires et adressé au Conseil privé, en février 1776. On y demandait que le gouvernement britannique pourvût à l'administration civile de l'île Saint-Jean, que le *Quit Rent Act* de 1774 (concernant les redevances) fût mis en vigueur et que quelques allégements fussent consentis aux propriétaires relativement au paiement de leurs redevances. Le 10 avril 1777, Patterson apprit que le parlement avait affecté £3 000 au gouvernement de l'île « pour la présente année » ; cette somme devint par la suite statutaire, à titre de subvention annuel. Ce fut peut-être la plus remarquable réussite de son gouvernement, car, sans elle, la réannexion à la Nouvelle-Écosse eût été à peu près certaine. Au début de 1776, le *Quit Rent Act* reçut l'assentiment royal et, le 7 août, une note fut adressée par la Trésorerie au receveur général, lui enjoignant de « prendre les mesures appropriées » pour que l'on procédât à la perception des arrérages, qui devaient être affectés au paiement des salaires encore dus aux fonctionnaires civils pour la période de 1769 à 1777. Loin d'obtenir des allégements, les propriétaires se virent imposer, en 1778, par ordre de la Trésorerie, l'inconvénient de payer désormais leurs redevances dans l'île seulement. Cette mesure avait apparemment été sollicitée par Patterson, et le receveur général William Allanby s'y était opposé.

Patterson retourna dans l'île à l'été de 1780. Il avait maintenant une chance, peut-être unique dans les débuts de l'histoire de l'île, de briser le monopole des propriétaires absentéistes sur les terres. Sa loi sur les redevances avait reçu l'approbation des fonctionnaires britanniques compétents, la majorité des propriétaires se montraient satisfaits ou se désintéressaient de la question, et, l'issue de la guerre dans les colonies étant encore incertaine, on ne reconnaissait pas grande valeur à la propriété foncière dans l'île. Il affermit rapidement sa position en nommant son beau-frère, William Nisbett, receveur général intérimaire des redevances et en concluant une entente avec son procureur général, Phillips CALLBECK, qui avait demandé la moitié du salaire de Patterson pour faire office de gouverneur de 1775 à 1779. Le 26 novembre 1780, il obtint l'accord du Conseil exécutif pour la mise en vigueur du *Quit Rent Act*. Afin de hâter la procédure, le conseil accepta, le 19 février 1781, de supprimer la formalité de la saisie des marchandises, pour s'en prendre à « la terre seulement », sauf les cas où les propriétaires étaient personnellement présents. Cette décision, illégale en ce qu'elle contrevenait aux dispositions de la loi de 1774, ne devait pas être un incident isolé.

Après bien des hésitations et des délais, on procéda finalement à la vente des terres, à la résidence du tavernier John Clark, à Charlottetown, le 13, le 14 ou le 15 novembre 1781. L'événement fut entouré de mystère, de confusion et de controverses. Les seuls acheteurs furent des fonctionnaires du gouvernement, et aucune somme d'argent ne fut effectivement versée, les terres étant réclamées à titre de compensation pour les arrérages de salaires. Patterson lui-même obtint trois cantons entiers et quatre demi-cantons, outre 70 000 acres inscrites aux noms de quatre Anglais de ses connaissances. Le juge en chef Peter Stewart*, qui avait fait, comme bien à propos, une entrée tempétueuse sur l'île à bord d'un vaisseau qui fit naufrage au large de la rive nord pendant un violent coup de vent à l'automne de 1775, acquit la moitié du lot 18, propriété de William Allanby. Le lieutenant-gouverneur Thomas Desbrisay*, un homme qui en voulait profondément au monde en général et à Patterson en particulier, réclama le lot 33. Phillips Callbeck, devenu principal fonctionnaire et complice de Patterson, enchérit sur le juge en chef Peter Stewart et obtint le lot 35, très convoité.

Après la vente des terres de 1781, Patterson passa le reste de sa vie politique sur la défensive. En orchestrant cette affaire, il avait fait, ou laissé faire, plusieurs erreurs graves. En réclamant pour lui-même une si grande part des dépouilles, il provoqua la rancune durable de ses collègues fonctionnaires, en particulier Stewart et Desbrisay, qui, tout en ayant eu part au gâteau, étaient restés sur leur faim. Des maladresses furent commises, aussi, dans le choix des lots qui seraient vendus parmi les quelque 50 susceptibles de l'être. Comme il l'avoua lui-même en 1783, Patterson s'écarta, illégalement, de sa propre ligne de conduite pour « sauver » des terres appartenant à plusieurs propriétaires influents, en particulier George, vicomte Townshend*, et James William Montgomery. Lui-même s'appropria une bonne part des meilleures terres de la colonie, dont le lot 49, propriété de Robert Clark. On savait que le lot 35, acquis par Phillips Callbeck, était très convoité par John MacDonald, propriétaire du lot adjacent, le 36. Les terres de quelques-uns des propriétaires inactifs eussent probablement pu être saisies impunément ; mais c'était folie de toucher aux lots des quelques propriétaires qui avaient fait des dépenses assez élevées pour y envoyer des colons.

Sur une querelle au sujet du lot 35 vint bientôt se polariser toute une bataille, aussi violente que prolongée. Peu après le début de la Révolution américaine, John MacDonald entra dans le Royal Highland Emigrants, devint capitaine et, de 1775 à 1781, passa la plus grande partie de son temps à Halifax. En étroites relations avec les fonctionnaires du gouvernement de l'île, il connaissait à l'avance le moment où les terres devaient être mises en vente. Il tenta vainement, par l'intermédiaire d'un émissaire, d'obtenir un droit officieux sur le lot 35 en payant les redevances. En 1782, il était à Londres, pétitionnant contre les ventes et croyant apparemment que les lots 35 et 36 avaient tous deux été vendus. Au début de 1783, avec quelques-uns des autres propriétaires, il réussit à éviter que l'assentiment royal soit donné à une loi de 1781, sur les redevances, adoptée par la législature de l'île, et qui eût touché les 67 lots, et à obtenir la rédaction d'une nouvelle loi sur les redevances prévoyant la rétrocession des lots vendus. Ce projet de loi fut envoyé au gouverneur Patterson par lord North, ministre de l'Intérieur (responsable aussi des colonies), le 24 juillet 1783, avec instructions explicites d'avoir à le déposer devant les membres de l'Assemblée et à leur recommander « avec toute la force possible [...] de l'adopter ».

Patterson reconnut plus tard avoir reçu ce projet de loi à l'automne de 1783. Mal avisé, il choisit de faire tout en son pouvoir pour le détourner de son objectif. Le projet de loi eût fourni une base solide, approuvée par le gouvernement britannique, pour la vente future des terres dont les redevances n'auraient point été acquittées. En outre, les conditions auxquelles les lots vendus eussent été rétrocédés – les anciens propriétaires se voyaient accorder un mois pour payer le prix d'achat de 1781, plus les intérêts et une compensation pour les améliorations – étaient telles que, à très peu d'exceptions près, leur possession n'eût point été disputée aux fonctionnaires. La tactique de Patterson fut de gagner du temps. Tout au long de l'hiver de 1783–1784, il tint secrète l'existence même du projet de loi de 1783. Puis, en mars 1784, il déclencha des élections générales, avec l'espoir de former une assemblée telle qu'il pût avoir confiance qu'elle repousserait le projet de loi. Phillips Callbeck démissionna de son poste de conseiller pour diriger la faction favorable au gouverneur. Callbeck dut affronter un groupe, qui le défit, et qui avait pour chef John Stewart*, jeune homme capable mais manquant de modération, dont l'animosité envers le gouverneur était d'autant plus grande qu'il savait que Patterson avait été l'amant de sa belle-mère, la femme du juge en chef. Plutôt que de remettre le sort du projet de loi à une telle assemblée, Patterson décida d'intéresser le conseil aux efforts déployés pour le rejeter. Le 20 mars, malgré les vives objections de Peter Stewart et de Thomas Desbrisay, le conseil adopta une motion statuant que le projet de loi serait suspendu en attendant la réaction du gouvernement britannique à une « humble pétition et remontrance » qui expliquerait pourquoi la rétrocession des terres vendues se ferait au détriment de la colonie.

La situation politique byzantine qui déjà prévalait dans l'île fut encore compliquée à l'été de 1784 par l'arrivée de plusieurs centaines de Loyalistes américains. Patterson avait fait, dès l'hiver de 1782–1783, des efforts pour solliciter la venue de colons loyalistes, alors qu'on se préparait à évacuer New York. Son frère, John Patterson, se rendit à Londres et s'arrangea pour persuader certains des propriétaires d'appuyer encore un autre mémoire, celui-ci daté du 29 juin 1783. Ces propriétaires convenaient de remettre aux Loyalistes un quart des terres désignées vis-à-vis de leurs signatures ; en retour, ils sollicitaient l'habituel allégement des redevances et demandaient au gouvernement britannique de fournir le transport et les vivres aux Loyalistes désireux de se rendre dans l'île. Le gouverneur Patterson reçut une approbation de principe pour ce projet, à la fin de 1783. Les Loyalistes qui allèrent dans l'île furent immédiatement mêlés à la controverse de la vente des terres. Comme la plupart furent placés sur les lots disputés, ils avaient intérêt à s'opposer à la rétrocession des terres à leurs premiers propriétaires, entre les mains desquels ils eussent pu craindre à bon droit d'être évincés.

A Londres, pendant ce temps, le groupe de pression des propriétaires devenait impatient. Au début de 1784, John Cambridge*, agent de Robert Clark, fut envoyé à Charlottetown, où il trouva la faction opposée au gouverneur regorgeant de renseignements et prête à parler. Désormais en possession d'un compte rendu détaillé des récents procédés auxquels on avait eu recours dans l'île, Robert Clark « et d'autres » signèrent le 27 août une pétition au Board of Trade pour obtenir réparation. Les lords exprimèrent leur surprise que le gouverneur et le conseil eussent pris « sur eux de désobéir à un ordre positif de Sa Majesté ». Ils firent aussi l'observation que la pétition et la remontrance promises dans le procès-verbal du conseil du 20 mars n'avaient point encore paru. En conséquence, un « aviso de guerre » reçut l'ordre de se rendre à l'île avec la mission expresse de rapporter « les papiers et les preuves que le gouverneur et le conseil devaient être naturellement si désireux de soumettre au plus tôt aux lords du comité ». Au retour du navire à Londres, en février 1785, les « faits et raisons » de Patterson furent jugés insatisfaisants. En outre, il était maintenant évident que les ventes avaient été accompagnées de beaucoup d'irrégularités. On informa, en conséquence, les anciens propriétaires qu'ils étaient « libres [...] de chercher [...] en recourant à la loi, à recouvrer leurs dits lots ». Enhardis par ce succès, les propriétaires poussèrent alors leur avantage et sollicitèrent la révision en leur faveur du projet de loi de 1783. Le retard occasionné par cette procédure donna à Patterson le temps de se livrer, en dernier recours, à quelques manœuvres désespérées.

Au printemps de 1785, Patterson suspendit le juge en chef et nomma, pour le remplacer, trois de ses propres partisans, interdisant ainsi, dans les faits, aux propriétaires qui étaient de ses adversaires tout recours aux tribunaux de l'île. Il organisa de nouvelles élections générales. Cette fois, la faction qui lui était favorable l'emporta, avec un fort appui des Loyalistes. Le 20 avril 1786, l'Assemblée adopta une loi ratifiant les ventes de terres de 1781, « nonobstant quelque manquement de forme que ce soit, du point de vue légal, ou autre irrégularité quelconque relative à de semblables procédés ». Dans sa dépêche à lord Sydney, ministre de l'Intérieur, dans laquelle il justifiait cette loi, Patterson fit remarquer que, n'ayant reçu aucune communication officielle récente touchant le projet de loi de 1783, il supposait que « les ministres de Sa Majesté, dans leur sagesse, avaient jugé bon de laisser tomber l'affaire ».

C'est Patterson, toutefois, qui tomba, en trois temps. D'abord, deux ans plus tôt, à la fin de 1784, ensuite de la réorganisation de l'Amérique du Nord britannique après le traité de Paris (1783), le gouvernement de l'île avait été placé, nominalement, sous la dépendance de celui de la Nouvelle-Écosse, les salaires des fonctionnaires avaient été réduits, et Patterson lui-même, comme administrateur en chef, avait été rétrogradé au rang de lieutenant-gouverneur. On lui dit alors : « pour ce qui est [...] de votre maintien dans cette île, l'affaire dépendra de vous et de votre décision ». Comme les protestations de ses adversaires continuaient de s'élever, en particulier après ses téméraires efforts de 1785 et du début de 1786 pour donner un caractère officiel à la vente des terres, le lieutenant-gouverneur Patterson reçut une dépêche datée du 30 juin 1786 lui ordonnant de rentrer en Angleterre « aussitôt que possible » pour répondre en personne aux accusations portées contre lui. Même si son successeur par intérim, Edmund Fanning*, arriva à Charlottetown le 4 novembre, prêt à assumer la direction de l'île, Patterson trouva moyen de rester en poste tout au long de l'hiver. Il se hâta de convoquer l'Assemblée, le 8 novembre, et lui soumit le projet de loi de 1783, qu'obligeamment, elle rejeta. Un nouveau projet de loi fut ensuite adopté, dix jours plus tard, d'une conception plus locale, pour « écarter et annuler » les ventes de terres. Le projet de loi ne visait que les lots sous la gestion directe de Patterson : il n'y était pas fait mention du lot 35, ni des terres réclamées par Peter Stewart et Thomas Desbrisay. Les premiers propriétaires avaient 12 mois pour rembourser le prix d'achat, plus les intérêts et la compensation pour les améliorations. Afin de protéger les colons loyalistes, on confirmait tous les actes par lesquels les propriétaires de 1781, et après, avaient cédé des terres. Une dernière communication en provenance de Whitehall fut très explicite : « Sa Majesté », informait-on Patterson dans une dépêche du 5 avril 1787, « n'a plus besoin de vos services comme lieutenant-gouverneur de l'île Saint-Jean. »

Forcé de laisser son poste de lieutenant-gouverneur à Edmund Fanning, Patterson resta néanmoins dans l'île pendant plus d'un an, se mêlant de politique, protégeant ses intérêts de propriétaire foncier et s'engageant dans le commerce. En 1789, il était de retour à Londres, y faisant une dernière et futile tentative pour regagner son influence auprès des propriétaires. Maintenant ruiné et réduit à l'impuissance devant ses nombreux ennemis, il fut apparemment emprisonné pour dettes, et ses vastes propriétés dans l'île, pour lesquelles il avait couru tant de risques, furent vendues pour satisfaire ses créanciers. Il mourut pauvre, dans son logement de Castle Street, Oxford Market, à Londres, le 6 septembre 1798.

Le 1er mai 1786, Patterson avait écrit à lord Sydney, alors ministre de l'Intérieur, l'implorant d'abandonner ses tentatives pour rétrocéder les terres vendues en 1781. « Le fait d'hier est la doctrine d'aujourd'hui », avait déclaré Patterson. La vérité de cette affirmation est démontrée par l'histoire subséquente des lots vendus, et en particulier du lot 35. Si les deux projets de loi controversés de 1786 et de 1787, préparés et pilotés par Patterson, n'obtinrent pas l'assentiment royal, celui de 1783, envoyé d'Angleterre, ne fut jamais adopté, ce qui eut pour effet de priver le capitaine MacDonald du secours législatif qu'il avait si longtemps cherché. Après avoir exercé beaucoup plus de pressions et dépensé beaucoup plus d'argent, ensuite même d'un procès devant un comité du Conseil privé en 1789, MacDonald réussit à faire perdre leurs postes à Callbeck, à Wright et à plusieurs autres partisans de Patterson et à faire redonner le sien au juge en chef. Même alors, il ne put acquérir le lot 35 qu'en l'achetant du premier propriétaire, le général Alexander Maitland – dont les grands efforts déployés par Patterson n'avaient réussi qu'à protéger le titre de propriété – au prix exorbitant de £1 200. Quel contraste avec l'astucieux Fanning, qui réussissait plutôt bien à convertir un « fait » en une « doctrine », et qui utilisa à fond sa grande expérience de l'administration coloniale et du droit pour acquérir quelque 60 000 acres des propriétés de Patterson à un prix que l'on dit d'à peine plus de £100. La possession de ces terres par Fanning permet d'expliquer pourquoi, comme le rapportait John Stewart en 1806, la majorité des lots vendus tendaient à rester « en la tranquille et paisible possession de ceux qui les revendiquaient en se fondant sur les ventes de 1781 ».

Longtemps Walter Patterson fut un personnage favori des historiens de l'île. Son sens de l'initiative et son audace l'ont certainement mis en relief parmi tout un groupe d'administrateurs coloniaux généralement sans éclat. Ces dernières années, quelques historiens ont eu tendance à faire un roman de sa carrière, le décrivant comme un patriote de l'île, qui combattait pour l'indépendance de l'île contre l'alliance peu édifiante d'avaricieux propriétaires absentéistes et un gouvernement britannique indifférent. Le capitaine John MacDonald le dépeignit un jour comme un homme « d'une étonnante intelligence [...] mêlée à une égale mesure de sottise et de démence », qui « s'éleva à partir de rien et qui aurait fait extrêmement bien s'il avait su où s'arrêter ». En même temps qu'un gouvernement colonial distinct qui fonctionnait – une réussite de première grandeur dans les circonstances – il laissait à ses successeurs une administration chaotique, un passé marqué d'intenses rivalités entre factions adverses et un système de propriété bien ancré, fondé sur l'absentéisme. Le défaut de Patterson d'apporter des réformes dès le début, pendant la période où les choses étaient encore malléables et les changements tout à fait possibles, et la manière particulière avec laquelle il chercha ses intérêts personnels au milieu des réclamations concurrentes des propriétaires absents, des fonctionnaires et des tenanciers, voilà qui détermina en grande partie les questions autour desquelles allait tourner, pendant 100 ans encore, la bataille pour les terres [V. Edmund Fanning ; William Cooper* ; George Coles*].

HARRY BAGLOLE

APC, MG 19, E2. — Clements Library, Thomas Gage papers, American ser., Patterson à Gage, 16 avril 1771 ; Gage à Patterson, 8 août 1771, 7 juin 1775 ; Germain papers, Walter Patterson, « Observations on the Island of St. John in the Gulf of St. Lawrence [...] » ; Patterson à Germain, [1778], Proposal for offering America a liberal constitution and for erecting coastal forts ; Shelburne papers, Patterson à Shelburne, « Mr. Paterson on the preservation of his majesty's timber in America » ; Patterson à Shelburne, 22 juin 1782. — PRO, BT 5/2, ff.21, 28, 124 ; 6/102, ff.112, 118, 126 ; CO 226/1, ff.11–13, 21, 45–46, 95–100, 102–112 ; 226/2, ff.21, 27–28, 33 ; 226/3, ff.15–17, 58–61, 62–71 ; 226/4, ff.32, 65 ; 226/5, ff.11–12 ; 226/6, ff.132–134, 142 ; 226/7, ff.82–83 ; 226/8, ff.72–80, 92–93, 270 ; 226/9, ff.147–149 ; 226/10, ff.1–2, 31–32, 94 ; 226/17, ff.108, 115–116 ; 228/1, ff.40–41 ; 228/2, ff.69–70, 73–75 ; 229/2, ff.48–63, 81–82 ; WO 17/1 490, f.3 ; 25/25 ; 25/209. — Public Archives of P.E.I. (Charlottetown), MacDonald papers, John MacDonald à Nelly MacDonald, 19 juill. 1783 ; John MacDonald à Nellie et Peggy MacDonald, 27 juin 1785, 27 mars, 12 sept. 1789 ; RG 5, Report of Richard Jackson to the Board of Trade on acts passed in 1773 dans « Proclamations and orders in Council relative to the allowance or disallowance of acts of Prince Edward Island », 1 ; RG 16, Conveyance registers, 1.7, ff.98–99. — Amherst, *Journal* (Webster). — APC *Report*, 1905, I, IIe partie : 6–10. — [J. P. Egmont], *To the king's most excellent majesty, the memorial of John, Earl of Egmont* [...] ([Londres, 1764]), 31. — *Gentleman's Magazine*, 1798, 815. — G.-B., Board of Trade, *JTP, 1764–67*, 116s. — *Johnson papers* (Sullivan *et al.*), IV : 133, 609 ; XIII : 328–330. — The Lee papers, vol. I, N.Y. Hist. Soc., *Coll.*, [3e sér.], IV (1871) : 48–52, 92, 96, 112–16. — [John MacDonald], *The criminating complaint of the proprietors of the Island of St. John whose lands were condemned and sold in 1781* (Londres, 1789) ; *Information for the officers of the navy and army, proprietors of land in the Island of St. John's in the gulph of St. Lawrence, and for the other now remaining proprietors thereof* (s.l.n.d.), 9s. ; *Remarks on the conduct of the governor and Council of the Island of St. John's, in passing an act of assembly in April of 1786 to confirm the sales of the lands in 1781* [...] (s.l., [1789]), 37, 81. — *British officers serving in North America, 1754–1774*, W. C. Ford, compil. (Boston, 1894), 80. — Calendar of [New York colony] Council minutes, 1668–1783, N.Y. State Library. *Annual report* (Albany), 1902, II : 520, 526, 571. — G.-B., WO, *Army list*, 1759, 133 ; 1760, 138 ; 1763, 144. — N.Y., Secretary of State, *Calendar of N.Y. colonial manuscripts, indorsed land papers; in the office of the secretary of state of New York, 1643–1803* (Albany, 1864), 354, 379, 571. — R. C. Archibald, *Carlyle's first love, Margaret Gordon, Lady Bannerman ; an account of her life, ancestry, and homes, her family, and friends* (Londres et New York, 1910 ; réimpr., New York, 1973), 6s., 10. — Duncan Campbell, *History of Prince Edward Island* (Charlottetown, 1875 ; réimpr., Belleville, Ontario, 1972), 30s. — Frank MacKinnon, *The government of Prince Edward Island* (Toronto, 1951 ; réimpr., [1974]), 11. — John Stewart, *An account of Prince Edward Island, in the gulph of St. Lawrence, North America* [...] (Londres, 1806 ; réimpr., East Ardsley, Angl., et New York, 1967), 201. — David Weale et Harry Baglole, *The Island and confederation : the end of an era* (s.l., 1973). — J. M. Bumsted, Sir James Montgomery and Prince Edward Island, 1767–1803, *Acadiensis*, VII (1977–1978), no 2 : 76–102.

PAULUS. V. SAHONWAGY

PAYEN DE NOYAN ET DE CHAVOY, PIERRE-JACQUES, officier dans les troupes de la Marine, seigneur et lieutenant de roi à Trois-Rivières, né à Montréal le 3 novembre 1695, fils de Pierre Payen* de Noyan et de Catherine-Jeanne Le Moyne de Longueuil et de Châteauguay, décédé à Paris, le 30 décembre 1771.

A l'exemple de son père, Pierre-Jacques Payen de Noyan entra dans les troupes de la Marine ; il fut promu enseigne en 1712, lieutenant en 1722 et capitaine en 1729. En 1721, il servit pendant une courte période comme commandant du fort Frontenac (Kingston, Ontario). Durant ces années, il fit plusieurs voyages dans les pays d'en haut, dont un en 1729, au cours duquel il dirigea, de Montréal à Michillimakinac (Mackinaw City, Michigan), le convoi d'approvisionnements destiné à l'offensive qu'on préparait contre les Renards [V. Kiala*]. Quelque temps avant 1724, il avait hérité du fief de Chavoy, près d'Avranches, en France ; cette même année, Maurepas, ministre de la Marine, avait fait le nécessaire pour retarder de deux ou trois ans l'obligation qu'il avait de rendre foi et hommage pour cette terre.

De 1730 à 1731, Noyan séjourna en France, où on l'avait fait venir pour qu'il présentât le projet d'une ligne de conduite à suivre à l'égard des Renards. Ses propositions, détaillées, étaient peut-être réalisables. En plus de suggestions sur la conduite d'une campagne militaire, il avait soumis des discours types à prononcer devant les chefs renards. L'aspect le plus intéressant de son plan avait trait au financement de cette campagne par la vente de permis de traite, ceci afin d'épargner tout déboursé à la couronne. Dans les faits, on n'eut pas à se servir de ce plan, puisque le gouverneur Beauharnois* battit les Renards alors que Noyan était encore en France. Celui-ci fit néanmoins impression sur Maurepas, et à partir de ce moment, on le considéra comme une autorité sur l'Ouest.

En 1733, Noyan devait aller prendre le commandement de Michillimakinac, mais la maladie l'en empêcha. L'année suivante, affecté à Pointe-à-la-Chevelure (près de Crown Point, New York), il ne put y séjourner que de façon intermittente, étant de nouveau malade. On dut le remplacer au cours de l'été. Beauharnois fit la remarque que cet officier était, « certes, sujet à la maladie à un point extraordinaire ». En 1738, Noyan fut nommé commandant à Détroit ; à la suite d'une opération au sein gauche, il partit rejoindre son poste le printemps suivant.

Noyan resta à Détroit jusqu'au milieu de l'année 1742. Il eut à affronter deux graves problèmes : le trafic excessif de l'eau-de-vie et une querelle entre les Outaouais et les Hurons. Pendant presque tout le temps de son commandement, il eut toute liberté pour tenter de régler ces problèmes et il correspondit directement avec Maurepas ; cette façon d'agir, inhabituelle dans les postes éloignés, résultait de ses bonnes relations avec le ministre. Bien qu'il fît plus d'efforts que la majorité des commandants pour restreindre la traite de l'eau-de-vie, ses pouvoirs n'en étaient pas moins limités et il n'y réussit pas. Afin de régler la querelle entre les Outaouais et les Hurons, Noyan recommanda d'envoyer vivre ces derniers, moins nombreux, près de Montréal et de les remplacer par les Chaouanons de la vallée de l'Ohio. Mais l'opposition d'Armand de La Richardie*, missionnaire chez les Hurons, empêcha ce déplacement. Malgré ce désaccord, Noyan et le missionnaire restèrent bons amis.

En 1746–1747, Noyan commanda au fort Saint-Frédéric (près de Crown Point, New York), où son influence sur les Iroquois, qui l'avaient antérieurement adopté, se révéla utile pendant la guerre sévissant en Amérique du Nord depuis 1744. Un rapport le décrit comme « un homme d'esprit ». A partir de cette époque et tout au cours des années 1750, Noyan assista à presque toutes les conférences du gouverneur avec les Iroquois. A une conférence en 1756, ces derniers demandèrent à Vaudreuil [Rigaud] d'« avoir la bonté de [leur] donner [leur] fils, Monsieur de Noyan, comme commandant du fort Frontenac ».

En mai 1749, Noyan devint major de Montréal et, en mars 1756, lieutenant de roi à Trois-Rivières. Alors qu'il exerçait encore cette dernière fonction, on le nomma de nouveau commandant au fort Frontenac. Centre de ravitaillement pour les garnisons de l'Ouest, ce poste se trouvait néanmoins dans un piètre état ; Montcalm* en parle comme « ne val[ant] rien », et de ses 60 soldats, comme d'une « foible Garnison ». Quand une troupe de 3 000 soldats britanniques et américains, sous les ordres du lieutenant-colonel Bradstreet, l'assiégea, en août 1758, le fort se rendit après trois jours. Bradstreet et Noyan firent une entente selon laquelle Noyan devait être échangé contre le colonel Peter Schuyler*, et Noyan reçut la permission de rentrer à Montréal, à cause de son mauvais état de santé. Vaudreuil rejeta sur lui le blâme de la défaite, en affirmant qu'il était trop vieux pour se battre. Blessé du manque de confiance du gouverneur, Noyan sollicita d'être mis à la retraite, ce qui lui fut accordé, en même temps qu'une pension, en janvier 1759. Après la reddition du Canada, Noyan partit pour la France. Emprisonné à la Bastille de mars 1762 à décembre 1763 à propos de l'Affaire du Canada, il paraît n'avoir été responsable que de négligence dans la vérification de l'inventaire des biens de Joseph-Michel Cadet au fort Frontenac ; le tribunal ne le condamna qu'à 6# d'amende. Il mourut huit ans plus tard.

Le 17 novembre 1731, à Montréal, Noyan avait épousé Louise-Catherine d'Ailleboust de Manthet, veuve de Jean-Baptiste Charly* Saint-Ange ; ils eurent deux fils et trois filles, dont l'une, Catherine-Angélique, épousa Pierre-Jean-Baptiste-François-Xavier Legardeur de Repentigny. En 1733, Noyan avait obtenu la concession d'une seigneurie sur la rivière Richelieu, qui fut connue sous le nom de Noyan, et, en 1740, une autre sur la rivière Outaouais, près de celle qui appartenait au séminaire de Québec. Sa femme vendit la première à John Campbell et à Gabriel Christie en 1764, et alla probablement rejoindre son mari en France.

Pierre-Jacques Payen de Noyan et de Chavoy fut l'un des meilleurs officiers coloniaux de la Nouvelle-France. Il servit avec distinction et, en 1741, reçut la croix de Saint-Louis. Comme major de Montréal, lieutenant de roi à Trois-Rivières et commandant de plusieurs postes de l'Ouest, il se montra efficace et désintéressé, et ses supérieurs le tinrent en haute estime. Ni sa défaite au fort Frontenac ni son implication dans l'Affaire du Canada ne doivent ternir cette réputation.

Donald Chaput

AN, Col., D^{2C}, 58, p.23ss ; 61, p.167 ; 222 (copies aux APC). — APC *Report*, 1904, app.K, 173s., 198, 252 ; 1905, I, pt.VI : 118s., 223. — The French regime in Wisconsin – II, R. G. Thwaites, édit., Wis., State Hist. Soc., *Coll.*, XVII (1906) : 73, 107s., 170–172, 284s., 326s., 348–350. — *Michigan Pioneer Coll.*, XXXIV (1905) : 113–115, 186–188, 340. — *NYCD* (O'Callaghan et Fernow), X : 83–88, 499–518, 825s., 831s., 835–855. — *DAB*. — *Dictionnaire national des Canadiens français (1608–1760)* (2 vol., Montréal, 1958), II : 1036. — Æ. Fauteux, *Les chevaliers de Saint-Louis*, 140. — Le

Jeune, *Dictionnaire*, II : 363s. — Tanguay, *Dictionnaire*, VI : 265. — Ægidius Fauteux, *La famille d'Aillebout : étude généalogique et historique* (Montréal, 1917), 128–131. — Les seigneuries de Noyan et de Foucault, *BRH*, XXXVIII (1932) : 399.

PEACHEY (Peachy, Pitchy), JAMES, arpenteur, dessinateur, officier et artiste, probablement d'origine britannique, décédé le 24 novembre 1797, vraisemblablement à la Martinique.

Les documents ne commencent à faire état de James Peachey qu'au moment du premier de ses trois séjours en Amérique du Nord. On n'a rien trouvé sur ses origines ni sur ses années de formation. En 1773 ou 1774, il commença à travailler dans le bureau bostonnais de Samuel Jan Holland*, arpenteur général de la province de Québec et du district nord de l'Amérique du Nord, qui, lui, travaillait sous les auspices du Board of Trade. Ce dernier voulait se doter de cartes générales, les plus à jour possible, de l'Amérique du Nord, en particulier à l'approche de la Révolution américaine. Il se peut que Peachey ait été engagé spécialement pour réaliser ce projet. Vers la fin de 1775, Holland l'envoya en Angleterre avec deux arpenteurs adjoints. Logés dans des appartements à Londres, ils devaient préparer des cartes en vue d'une publication qui ne fut jamais réalisée. Le Board of Trade apporta toutefois son aide financière à Joseph Frederick Wallet DesBarres* pour mettre au point un ouvrage rival, l'*Atlantic Neptune* [...], dans lequel les relevés de Holland furent incorporés. En 1777, Peachey, et il n'y a pas lieu de s'en étonner, avait disparu des listes de paye de Holland. Notant la similarité, sur le plan visuel, entre les relevés topographiques complémentaires de l'*Atlantic Neptune* et les travaux de Peachey, Michæl Bell a suggéré que peut-être on avait eu recours aux talents de ce dernier pour la réalisation de cet ouvrage.

En 1780, Peachey avait de nouveau traversé l'Atlantique. Il passa quelques années dans la région de Québec, comme le montrent les plus anciennes pièces datées de sa production artistique. Grâce à ses paysages à l'aquarelle, exécutés d'une façon exquise, où figuraient des personnages entourant le gouverneur HALDIMAND et des habitants dans le cadre idyllique de scènes locales, Peachey retint l'attention et s'attira la protection du gouverneur et de William Tryon, ancien gouverneur de New York. Dans ses lettres à ce dernier en 1784, Holland parle de Peachey comme étant « pour quelque temps dessinateur pour le général Haldimand » et « sur le pied d'un gentleman, ce dont il s'est lui-même rendu digne, aussi bien par sa conduite que par l'amélioration de son dessin et de sa peinture ».

En mai 1783, Peachey était employé à titre d'arpenteur adjoint sous les ordres de Holland. Ses tâches avaient trait à l'arpentage et au tracé des lots destinés aux soldats licenciés et aux réfugiés loyalistes dans le futur Haut-Canada. Peachey et ses collègues René-Hippolyte Pepin*, dit Laforce, et Lewis Kotte (Koth, Cotté) reçurent instructions d'examiner la rive nord du lac Ontario jusqu'au fort Niagara (près de Youngstown, New York). Peachey passa l'hiver dans les environs du fort Cataracoui (Kingston), où, en association avec Kotte jusqu'en 1784, il continua l'arpentage des cantons d'Adolphustown et de Fredericksburgh (maintenant North Fredericksburgh et South Fredericksburgh) commencé par John COLLINS l'année précédente. En novembre, Peachey accompagna Haldimand en Angleterre.

Entre autres œuvres, Peachey exécuta alors deux belles séries de paysages canadiens, souvent de sujets identiques. La première, représentée dans les collections des Archives publiques du Canada, consiste en plusieurs belles aquarelles à échelle réduite et comportant des renvois alphabétiques ; elles étaient probablement destinées, à un moment donné, à orner un plan à grande échelle de la vallée du Saint-Laurent qu'on se proposait peut-être de publier. Une deuxième série, datée de 1785 et maintenant dispersée, a peut-être été commandée par Haldimand. Peachey eut recours pour quelques œuvres, toutes d'un très beau fini, à la technique du ponçage pour reproduire les éléments de son ébauche. Parfois, il copiait les travaux de ses associés Kotte, James Hunter et Peter Couture.

Peachey chercha à tirer profit de son modeste succès à Londres en donnant à ses compositions des formats et des dimensions variés, et en utilisant divers matériaux. Il prépara des profils gravés à l'eau-forte de relevés topographiques rapportés de son deuxième voyage, puis il les coloria lui-même ou les fit colorier. Il fit aussi appel à des professionnels pour la production d'aquatintes qui furent publiées à Londres en 1785 et en 1786, et qui représentaient ses paysages canadiens. Vivant dans le district de Mayfair, il exposa des scènes de Montréal et de Québec à la Royal Academy en 1786 et trois autres sujets canadiens en 1787. Selon toute vraisemblance, son succès fut avivé par ses liens avec Haldimand. Ses œuvres ont pu influencer la conception que les Anglais se faisaient du Canada.

Peachey s'essaya aussi à illustrer des livres, en collaboration avec un imprimeur de Londres, C. Buckton. Il grava le frontispice de *A primer, for the use of the Mohawk children* [...] (2ᵉ éd.,

Londres, 1786) de Christian Daniel CLAUS, de même que le frontispice et 18 scènes bibliques de *The Book of Common Prayer* [...] *translated into the Mohawk language* [...] *to which is added the gospel according to St. Mark, translated into the Mohawk language by Captn. Joseph Brant* [...] (4e éd., Londres, 1787).

Le 3 octobre 1787, Peachey obtint une commission d'enseigne dans le 60e d'infanterie sous les ordres de Haldimand. Il arriva à Québec en août 1788 pour rallier le 1er bataillon, alors rassemblé au fort Niagara. Sa correspondance avec Haldimand mentionne une représentation des chutes Niagara et un portrait de Catharine Brant [Adonwentishon*], femme de Joseph Brant [Thayendanegea*], mais il ne nous reste aucune œuvre canadienne clairement datée de ce troisième séjour. En 1790, le 60e avait été transféré dans la région de Montréal, et Peachey exerça les fonctions d'arpenteur provincial adjoint sous les ordres de Holland. On lui demanda de corriger des plans et levés antérieurs et d'en faire de nouveaux, dont un arpentage des rives du Saint-Laurent et de l'Outaouais en amont de Repentigny en 1793 ; quelques-uns de ces travaux furent incorporés dans des plans plus généraux. Le 31 octobre 1793, il fut promu lieutenant et muté au 7e d'infanterie, alors stationné à Québec. Un an après, le régiment partit pour Halifax, puis retourna en Angleterre en 1795. Peachey fut promu capitaine le 29 juillet 1795 et transféré au 43e d'infanterie le 2 février 1797. Sa mort, la même année, fut vraisemblablement due à une épidémie qui décima le régiment stationné alors à la Martinique.

W. MARTHA E. COOKE et BRUCE G. WILSON

Les noms Wm Peachy et W. Peachy, inscrits sur deux aquatintes après l'inscription Peachey, sont probablement erronés. Des exemples représentatifs des ouvrages de Peachey se trouvent aux APC, aux ASQ, à la BL, à la Metropolitan Toronto Library, à la Galerie nationale du Canada (Ottawa), à la New York Public Library, aux PAO, au Royal Ontario Museum (Toronto) et dans des collections privées.

APC, RG 1, E15, A, 25, 2 ; 27, 2 ; 45, 1. — BL, Add. MSS 21 737, pp.183s. ; 21 784, pp.34–37 ; 21 892, ff.13–14 (copies aux APC). — PAO, RG 1, A-I-6, 1 (copie des instructions à M. James Peachey, 15 févr. 1793) ; Peachey à Holland, 28 févr. 1793 ; Holland à Peachey, 17 mars 1793. — PRO, AO 3/140, pp.52–57, 73, 81 ; CO 42/16, pp.230–233 ; CO 323/29, pp.20–22 ; WO 12/5 563, f.79 ; WO 17/1 500–1 505. — [Frederick Haldimand], Private diary of Gen. Haldimand, APC *Report*, 1889, 175, 243. — James Peachey (active/connu 1773–1797), B. G. Wilson, compil., *Archives Canada Microfiches* (Ottawa), 2 (1975–1976). — Mary Allodi, *Canadian watercolours and drawings in the Royal Ontario Museum* (2 vol., Toronto, 1974). — *Catalogue of the manuscript maps, charts, and plans, and of the topographical drawings in the British Museum* (3 vol., Londres, 1844–1861 ; réimpr., Bruxelles, 1962), III. — W. M. E. Cooke, *Catalogue of paintings, watercolours and drawings in the W. H. Coverdale collection of Canadiana* (à paraître). — G.-B., WO, *Army list*, 1788–1799. — Algernon Graves, *The Royal Academy of Arts : a complete dictionary of contributors and their works from its foundation in 1769 to 1904* (8 vol., Londres, 1905–1906 ; réimpr., 8 vol. en 4, East Ardsley, Angl., 1970). — *Image of Canada, documentary watercolours and drawings from the permanent collection of the Public Archives of Canada*, introd. par Michæl Bell ([Ottawa, 1972]). — *Landmarks of Canada* [...] *a guide to the J. Ross Robertson historical collection in the Public Reference Library, Toronto* [...] (2 vol., Toronto, 1917–1921 ; [nouv. éd.], 2 vol. en 1, 1967), I.

Les auteurs tiennent à remercier Michael Bell, Douglas Schoenherr, Mme J. M. White et Peter Winkworth pour leur aide. [W. M. E. C. et B. G. W.]

PÉAN, ANGÉLIQUE. V. RENAUD D'AVÈNE DES MÉLOIZES

PÉAN, MICHEL-JEAN-HUGUES, officier dans les troupes de la Marine et aide-major de Québec, né au manoir de Contrecœur et baptisé à Saint-Ours, Québec, le 18 mai 1723, fils de Jacques-Hugues Péan* de Livaudière et de Marie-Françoise, fille de François-Antoine Pécaudy* de Contrecœur, décédé à Cangey (dép. de l'Indre-et-Loire, France) le 21 août 1782.

Fils aîné d'un officier en vue de la colonie, Michel-Jean-Hugues Péan gravit assez rapidement les échelons de la hiérarchie militaire en Nouvelle-France. Entré dans les troupes de la Marine dès son jeune âge, il fut successivement nommé enseigne en second (1738), enseigne en pied (1742), aide-major (1745) et capitaine (1750) avant de se voir accorder la croix de Saint-Louis en 1756. Même si certains, comme Charles DESCHAMPS de Boishébert, son commandant alors qu'il servait en Acadie, ont vanté les qualités militaires de Péan, son principal mérite résidait dans son habileté à se gagner les faveurs des personnes occupant les plus hauts postes de l'administration coloniale. Son opportunisme et son sens peu commun de l'organisation lui permirent de devenir l'un des officiers préférés des gouverneurs La Jonquière [Taffanel*], DUQUESNE et Vaudreuil [RIGAUD]. Duquesne, notamment, dira de lui qu'il était « un prodige en talents, en capacité, en ressource et en zèle ».

Profitant de sa position privilégiée d'aide-major de la ville et gouvernement de Québec depuis 1745, de son mariage, en 1746, à Angélique RENAUD d'Avène Des Méloizes et de ses relations familiales et sociales, Péan commença de s'enrichir peu de temps après l'arrivée de l'intendant BIGOT en 1748. Il devint un véritable entremetteur pour les fournisseurs et l'intendant, participa à toutes les entreprises et à tous les contrats et influença les recommandations et les nominations faites par l'intendant.

Dès 1749, Péan s'associa avec Bigot, La Jonquière et Jacques-Michel BRÉARD pour l'exploitation et la fourniture des postes de la mer de l'Ouest et de la baie des Puants (baie Green, Michigan). Les associés touchaient des profits appréciables en faisant payer par l'État, à titre de présents aux Indiens, toutes les marchandises de traite. Péan administrait environ 2 p. cent de l'affaire, mais ses intérêts, disait-il, provenaient de cessions faites par les associés sur leur part.

Péan s'impliqua également dans le commerce du blé et la fourniture des farines à l'État. Au printemps de 1750, il n'eut pas de mal à obtenir le contrat de fourniture des farines, résilié par sa tante, Louise Pécaudy de Contrecœur, épouse de François Daine* ; il semble cependant que, pour cette opération, il utilisa un prête-nom. De plus, il reçut la commission de fournir les blés au roi et le Trésor lui avança les fonds nécessaires pour faire ses achats ; il acquit ainsi, à vil prix, d'énormes provisions de céréales. Par la suite, l'intendant taxa le blé à un prix plus élevé de sorte que Péan put réaliser des profits considérables sans avoir déboursé un sou. La mouture, s'effectuant dans son moulin, et le blutage, dans ses hangars, lui permirent de retirer respectivement un droit d'un douzième et de deux sous par minot. Péan perçut également des bénéfices intéressants de l'exportation des farines. D'après l'auteur anonyme du « Mémoire du Canada », les vastes hangars qu'il érigea dans sa seigneurie de Saint-Michel (Saint-Michel-de-Bellechasse) étaient le point d'embarquement du blé vers les Antilles.

Péan fit l'objet de nombreuses plaintes à la cour en raison de son rôle dans la fourniture des blés et dans l'approvisionnement des troupes. Répondant aux demandes réitérées de La Jonquière pour l'avancement de cet officier, le ministre Rouillé lui accorda, le 14 juin 1750, une commission de capitaine ; ce dernier ajouta toutefois que si les accusations d'abus, se rattachant aux approvisionnements et concernant Péan, s'avéraient exactes, il devrait retenir la commission ; le gouverneur rejeta toutes ces accusations. De tels soupçons refirent surface en 1756 lorsque l'intendant Bigot lui obtint la croix de Saint-Louis auprès du ministre Machault. Malgré ce rejet des plaintes, Jean-Victor VARIN de La Marre dénonça Péan lors de l'enquête du Châtelet. Il déclara avoir majoré d'un quart le prix des fournitures entre 1752 et 1757 à la sollicitation de Péan et avec le consentement de Bigot qui, l'un et l'autre, possédaient dans cette affaire 25 p. cent d'intérêts ; Bréard en détenait 20 p. cent, et lui-même, 30 p. cent. Avec ce même Varin, en 1756, Bigot et Péan auraient formé une société dans le but d'acquérir un fonds de commerce, appartenant à Guillaume ESTÈBE et Jean-André LAMALETIE, qui pouvait justement disposer de ce dont manquaient les magasins du roi. Les trois associés firent alors des bénéfices de 155 p. cent. Péan reconnut lors de son procès avoir joué un rôle dans cette affaire tout en se défendant d'en connaître les dessous.

En 1756, un groupe d'entrepreneurs, connu sous le nom de la Grande Société, monopolisa l'activité économique de la Nouvelle-France. Le résultat de cette concentration fut le « marché du munitionnaire » qui, par un contrat passé à Québec le 26 octobre 1756, permettait aux associés d'accaparer le commerce colonial. Si Joseph-Michel CADET dirigeait officiellement cette société, Péan en était le véritable protecteur. Incidemment, il n'eut rien à débourser ; il empocha tout simplement, au dire de Cadet, 50 puis 60 p. cent des profits que ce dernier réalisait grâce à sa protection. Par sa position d'aide-major et grâce à de nombreux voyages dans les pays d'en haut, Péan put fournir de précieux conseils à Cadet concernant la fourniture des forts, la composition et le prix des rations. La manipulation des inventaires d'approvisionnement des forts constituait une activité commerciale importante pour la Grande Société. Cadet devait acheter du roi les vivres déjà en magasin lors de la signature du contrat. En 1757 et 1758, Louis PENNISSEAUT, chargé de faire un tel inventaire, reçut de Péan l'ordre d'accommoder les états de façon « à en diminuer le montant jusqu'à concurrence de la moitié ». A la même occasion, Péan lui aurait donné une carte des rations fixant la quantité des vivres qu'il fallait ajouter dans chaque établissement à celles que les garnisons y auraient effectivement consommées. Le commis effectua cette besogne et gonfla les états en y inscrivant des additions notables à ce que le gouvernement devait acheter de Cadet.

En raison de son association avec Bigot à tous les niveaux du commerce colonial, Péan entretenait aussi des relations commerciales très étroites avec la famille Gradis de Bordeaux. Au cours des années 1757 et 1758, il aurait participé au ravitaillement du Canada en tant qu'associé des marchands bordelais, pour lesquels il servit d'intermédiaire auprès de Bigot. Il est en effet fort probable que ce dernier ait partagé la part de Péan qui, dans cette association, accumula une fortune que certains ont évaluée à près de 7 000 000# lors de la Conquête.

Alors qu'il était régulièrement en contact avec la métropole, Péan put profiter de la présence de son frère, René-Pierre, commissaire de la Marine au port et arsenal de Brest, pour favoriser certaines entreprises commerciales. Bien que Canadien d'origine, Péan était profondément attaché à la France et cela peut expliquer son désir de s'y installer. On peut même supposer que ses contacts en France l'ont aidé non seulement dans ses entreprises commerciales mais également lors de son procès. Il ne faut pas mésestimer les qualités personnelles de Péan et la valeur de ses relations familiales et sociales. Il ne fait aucun doute également que l'amitié de Mme Péan pour Bigot a permis à son mari d'occuper une place privilégiée au sein de la société coloniale et que cela a favorisé les affaires de ses proches.

Péan investit des sommes importantes dans l'acquisition de biens fonciers et immobiliers. Il obtint la totalité des seigneuries de Saint-Michel et de La Livaudière grâce à quelques ententes avec son frère, René-Pierre, qui lui cédait, le 16 juillet 1750, moyennant 12 000#, tous les droits qu'il pouvait prétendre y détenir ; il acquit, de la même façon, le 1er août 1757, tous les biens immobiliers de son frère, au Canada, pour la somme de 15 000#. Péan possédait également plusieurs maisons dans la ville de Québec dont sa résidence, la maison Arnoux, achetée au coût de 9 000# en 1751.

A la veille de la Conquête, Péan était l'un des hommes les plus en vue de la colonie. Lors de son voyage en France en 1758, entrepris sous prétexte de douleurs rhumatismales requérant le secours des eaux, le gouverneur Vaudreuil lui confia la mission de rendre compte au ministre de la dernière victoire de Montcalm* au fort Carillon (Ticonderoga, New York). Mais certains se méfiaient de Péan ; en effet, André Doreil*, qui chargea le lieutenant Jacques Kanon* de devancer Péan pour annoncer la victoire de Carillon, met le ministre Massiac en garde, dans une lettre du 12 août 1758, « à l'Egard de M. Pean [qui] est un officier vendu à M. de Vaudreuil Et a M. Bigot [...] [qui] a fait une fortune si rapide depuis huit ans quon luy donne deux millions ». Dans une autre lettre, du 31 août de la même année, il présente Péan « comme une des premières causes de la mauvaise administration Et de la perte de ce malheureux pays ». L'arrivée de Berryer, le 1er novembre 1758, au ministère de la Marine devait donner un tournant brusque à la carrière de Bigot et de Péan ; non seulement le ministre refusa d'écouter Péan, mais il envoya un délégué spécial au Canada, Charles-François PICHOT de Querdisien Trémais.

Après la capitulation de Montréal, Bigot, Péan et son épouse s'embarquèrent pour la France, en septembre 1760, à bord de la *Fanny*. A la suite des enquêtes faites sur l'administration du Canada, on recommanda que l'arrestation de Bigot, de Péan et de quatre autres suspects, Varin, Pennisseaut, Deschamps et François-Marc-Antoine LE MERCIER, se fasse le 15 novembre 1761. Amenés à la Bastille, les prisonniers furent traités selon leur rang ; Bigot avait droit à 20# par jour pour sa subsistance et ses besoins tandis que Péan devait se contenter de 15#. Au cours de leur séjour, ils s'achetèrent et se firent envoyer une foule de choses, dont des vêtements et des meubles. Toutes les semaines, Péan recevait des bouteilles de vin de Bordeaux. Après le 20 février 1762, les deux comparses obtinrent de prendre l'air une ou deux fois par semaine, mais séparément et sous bonne garde.

Le 12 décembre 1761, un arrêt du Conseil du roi avait constitué un tribunal pour juger les fonctionnaires de la Nouvelle-France. L'interrogatoire de Péan commença le 27 janvier 1762. La procédure avançait mais les prisonniers ne pouvaient pas encore recourir aux services d'un avocat. Au printemps, Mme Péan établit une correspondance clandestine avec son mari en insérant des lettres dans la doublure d'un habit et usa de ses relations pour empêcher son mari d'être déshonoré et de perdre sa fortune ; il y allait de son intérêt d'agir ainsi.

Même si Péan fut l'un des principaux responsables des abus de l'administration du Canada, il se tira fort bien des différentes accusations. Après l'avoir banni pour neuf ans, les juges revinrent sur leur décision et le soumirent à un « plus amplement informé de six mois ». Le 25 juin 1764, Péan fut mis hors de cour ; il dut restituer 600 000# – somme qu'il déposa sur-le-champ en lettres de change du Canada – mais il ne reçut pas la plus petite note d'infamie.

Après sa libération, Péan se retira dans son domaine d'Orzain, situé non loin de Blois, France, où il vécut comme un seigneur. En 1771, il obtenait la permission d'y faire venir en visite son ancien compagnon, Bigot. Quant à Mme Péan, elle préférait séjourner à Blois, où elle soutenait les familles canadiennes qui les avaient suivis en France. Péan mourut à Cangey en août 1782 ; son épouse lui survécut dix ans. Leur fille, Angélique-Renée-Françoise, née à Québec, avait épousé en septembre 1769 le marquis de Marconnay, colonel d'infanterie et grand prévôt du Pas-de-Calais, France ; elle était décédée sans postérité en mars 1779.

GUY DINEL

AD, Indre-et-Loire (Tours), État civil, Cangey, 23 août 1782. — ANQ-Q, AP-G-322 ; AP-P-1 607 ; Greffe de

Claude Barolet, 1731–1761 ; Greffe de C.-H. Du Laurent, 1734–1759 ; Greffe de P.-A.-F. Lanoullier Des Granges, 1749–1760 ; Greffe de J.-C. Panet, 1745–1775 ; Greffe de J.-A. Saillant, 1750–1776 ; Greffe de Simon Sanguinet, 1748–1771. — Les archives de la famille Gradis et le Canada, Claude de Bonnault, édit., ANQ *Rapport*, 1944–1945, 267–306. — Bégon, Correspondance (Bonnault), ANQ *Rapport*, 1934–1935, 1–277. — Bougainville, Journal (A.-E. Gosselin), ANQ *Rapport*, 1923–1924, 202–393. — [Charles Deschamps de Boishébert et de Raffetot], Mémoire de M. de Boishébert au ministre sur les entreprises de guerre contre les Sauvages, novembre 1747, *BRH*, XXII (1916) : 375–381. — *Doc. relatifs à la monnaie sous le Régime français* (Shortt). — Doreil, Lettres (A. Roy), ANQ *Rapport*, 1944–1945, 3–171. — Mémoire du Canada, ANQ *Rapport*, 1924–1925, 94–198. — [L.-G. de Parscau Du Plessis], Journal d'une campagne au Canada à bord de *la Sauvage* (mars–juillet 1756) par Louis-Guillaume de Parscau Du Plessix, enseigne de vaisseau, ANQ *Rapport*, 1928–1929, 211–226. — Archives Gradis, ANQ *Rapport*, 1957–1959, 3–52. — Æ. Fauteux, *Les chevaliers de Saint-Louis*. — Gustave Lanctot, L'Affaire du Canada ; bibliographie du procès Bigot, *BRH*, XXXVIII (1932) : 8–17. — Le Jeune, *Dictionnaire*. — P.-G. Roy, *Inv. concessions* ; *Inv. jug. et délib., 1717–1760* ; *Inv. ord. int*. — Frégault, *François Bigot*. — Jean de Maupassant, *Un grand armateur de Bordeaux, Abraham Gradis (1699?–1780)* (Bordeaux, 1917). — P.-G. Roy, *Bigot et sa bande* ; *Les petites choses de notre histoire* (7 sér., Lévis, Québec, 1919–1944), 3e sér. : 238s. — [P.-]P.-B. Casgrain, La maison d'Arnoux où Montcalm est mort, *BRH*, IX (1903) : 1–16. — Guy Frégault, La guerre de Sept Ans et la civilisation canadienne, *RHAF*, VII (1953–1954) : 183–206. — Juliette Rémillard, Angélique Des Méloizes, *RHAF*, XIX (1965–1966) : 513–534. — P.-G. Roy, La famille Renaud d'Avène des Méloizes, *BRH*, XIII (1907) : 161–181. — Benjamin Sulte, Les Saint-Michel, *BRH*, XX (1914) : 292–295. — Têtu, Le chapitre de la cathédrale, *BRH*, XVI : 262.

PÉCAUDY DE CONTRECŒUR, CLAUDE-PIERRE, officier dans les troupes de la Marine, seigneur, membre du Conseil législatif, né le 28 décembre 1705 à Contrecœur, fils de François-Antoine Pécaudy* de Contrecœur, seigneur et officier dans les troupes de la Marine, et de Jeanne de Saint-Ours, décédé à Montréal le 13 décembre 1775.

La carrière de Claude-Pierre Pécaudy de Contrecœur illustre bien les vicissitudes de la vie d'un officier militaire qui se dévoua presque entièrement au service du roi. Cadet à 16 ans, Pécaudy de Contrecœur reçoit une expectative d'enseigne dès l'âge de 20 ans. En 1729, il est enseigne en second puis, en 1734, enseigne en pied. Lieutenant en 1742, il dirige un parti au fort Saint-Frédéric (près de Crown Point, New York).

Le 2 mars 1746, le gouverneur Beauharnois* promet à Pécaudy de Contrecœur de faire valoir ses services ; il est promu capitaine en 1748. Entre temps, il s'occupe, comme il peut, de sa famille et de sa seigneurie de Saint-Denis. En 1749, il participe à l'expédition dirigée par Pierre-Joseph Céloron* de Blainville, à travers la vallée de l'Ohio, à titre de commandant en second, et son fils aîné Claude-François l'accompagne. Immédiatement après cette expédition, Pécaudy de Contrecœur est nommé commandant au fort Niagara (près de Youngstown, New York), emplacement stratégique dans la liaison entre les établissements du Saint-Laurent, d'une part, et les vastes régions encore peu occupées de l'Ouest et de l'Ohio, sur la route de la Louisiane, d'autre part. A l'automne de 1752, et pendant l'hiver suivant, le gouverneur DUQUESNE écrit plusieurs lettres à Pécaudy de Contrecœur pour l'informer, sous le sceau du secret, du départ, au printemps, d'une expédition de 2 000 hommes en vue de « s'emparer et s'établir dans la Belle-Rivière [rivière Ohio] que [les Français sont] à la veille de perdre ». L'expédition, sous le commandement de Paul Marin* de La Malgue, ouvre la route jusqu'à la ligne de partage des eaux de l'Ohio durant l'été et l'automne de 1753, et bâtit le fort de la rivière au Bœuf (Waterford, Pennsylvanie). Marin de La Malgue meurt à la fin d'octobre et est remplacé par Jacques Legardeur* de Saint-Pierre qui demande bientôt d'être relevé de ses fonctions. Le 25 décembre, Duquesne nomme Pécaudy de Contrecœur en charge des forces, et, le 27 janvier 1754, il lui ordonne d'occuper la vallée de l'Ohio. Par une lettre de son neveu Michel-Jean-Hugues PÉAN, on apprend que Pécaudy de Contrecœur, dont la femme se trouve au fort Niagara, n'est pas très emballé par cette décision qui va le forcer à vivre séparé de sa famille et, cela, en dépit des avantages consentis par Duquesne et « toutes les autres promesses ». Le 16 avril suivant, Pécaudy de Contrecœur, qui commande des forces importantes, s'empare d'un fort que les Anglais sont en train de construire à l'embouchure de la Monongahéla ; il somme l'enseigne Edward Ward et ses 41 hommes de se retirer. Après discussion, Ward accepte de quitter le 18 à midi, ce qui permet à Pécaudy de Contrecœur de dîner avec l'officier anglais le 17 au soir afin d'obtenir plus de renseignements sur les manœuvres des Anglais et, par la même occasion, de négocier l'achat de divers outils de charpentier. Il poursuivra la construction de ce fort qui prendra le nom du gouverneur Duquesne (aujourd'hui Pittsburgh, Pennsylvanie) et dont il assumera le commandement jusqu'en 1756. Le 3 juillet 1754, Louis Coulon* de Villiers livre une vive bataille au fort Necessity (près de Farmington, Pennsylvanie), forçant

George Washington à capituler le soir même. Au témoignage de Duquesne, ces événements, qui assurent enfin la présence française dans l'Ohio, sont attribuables à la « sage et prudente conduite du sieur de Contrecœur ».

Malgré plusieurs requêtes, Pécaudy de Contrecœur n'obtient pas les renforts requis, ni les vivres et l'équipement nécessaires pour assurer la consolidation des gains récents. A l'été de 1755, le gouverneur Vaudreuil [RIGAUD], qui a succédé à Duquesne, se plaint au ministre de la Marine, Machault, que le fort Duquesne est réellement menacé par les Anglais qui ont 3 000 hommes à six ou huit lieues alors que Contrecœur ne peut compter que sur 1 600 hommes, « y compris milices et Sauvages ». Le 9 juillet 1755 pourtant, les troupes françaises, commandées au tout début par Daniel-Hyacinthe-Marie Liénard* de Beaujeu, remportent l'importante bataille de la Monongahéla, qui se déroule à trois lieues du fort Duquesne. Dans une lettre du 20 juillet, Contrecœur signale au ministre de la Marine qu'un « accident fâcheux produit par les fatigues de la campagne dernière [le] mettra peut-être hors d'état de continuer [ses] services ». Le 28 novembre 1755, Pécaudy de Contrecœur sollicite auprès du ministre la croix de Saint-Louis, qu'il obtiendra en mars 1756, et l'avancement de ses deux fils, l'un enseigne, l'autre cadet. Sa carrière militaire est, à toutes fins utiles, terminée, mais il n'obtiendra officiellement sa retraite et sa pension avec demi-solde que le 1er janvier 1759.

Après la Conquête, Pécaudy de Contrecœur choisit de rester au Canada et peut enfin s'occuper de ses affaires et de sa seigneurie qui, en 1765, compte 371 habitants, 6 640 arpents en culture et 973 animaux. Dans une lettre à lord Hillsborough datée du 15 mars 1769, le gouverneur Guy Carleton* le mentionne au troisième rang parmi les hommes les plus influents du pays. Le 3 janvier 1775, Pécaudy de Contrecœur est nommé membre du Conseil législatif où il sera assermenté le 17 août. Sa carrière de conseiller est brève puisque, après avoir assisté à une seule réunion, il décède à Montréal le 13 décembre de la même année.

Claude-Pierre Pécaudy de Contrecœur avait épousé le 10 janvier 1729, à Boucherville, Marie-Madeleine, fille de René Boucher* de La Perrière, qui donna naissance à neuf enfants. Le 9 septembre 1768, il épousait en secondes noces, à Québec, Marguerite-Barbe Hingue de Puygibault, veuve d'Étienne Rocbert de La Morandière.

FERNAND GRENIER

Les principales sources manuscrites concernant Claude-Pierre Pécaudy de Contrecœur sont les papiers Contrecœur conservés aux ASQ, dans le fonds Viger-Verreau, cartons I à IV. Ce fonds contient également divers autres papiers, notamment ceux de Jacques Legardeur de Saint-Pierre et de Paul Marin de La Malgue. Plusieurs de ces documents ont été publiés dans les *Papiers Contrecœur* (Grenier) ; la bibliographie de cet ouvrage renferme l'état des sources manuscrites et imprimées et dresse la liste des ouvrages et articles sur le sujet. On pourra également consulter avec profit F.-J. Audet, *Contrecœur : famille, seigneurie, paroisse, village* (Montréal, 1940), et Hunter, *Forts on Pa. frontier*. [F. G.]

PÉLISSIER, CHRISTOPHE (on écrit parfois **Pellissier** mais il signait Pélissier), écrivain du roi, directeur des forges du Saint-Maurice, né le 29 avril 1728 à Lyon, France, dans la paroisse Saint-Pierre et Saint-Saturnin, fils de François-Christophe Pélissier, marchand, et d'Agathe Martaud La Rigaudière, décédé avant 1800.

Christophe Pélissier semble être arrivé à Québec vers 1752 pour y travailler comme écrivain du roi. C'est probablement en juin 1756 qu'il a son premier contact avec les forges du Saint-Maurice lorsqu'il achète la maison de Barthélemy Sicard, dit Marseille, à Trois-Rivières, en tant que procureur de Jacques Zorn, négociant de Québec. Le sieur Zorn s'absente cependant du pays avant d'avoir payé Pélissier et ce dernier revient à Trois-Rivières, en juin 1758 et février 1759, lors du procès concernant la remise en vente de cette maison et les sommes qui lui sont dues. Le 2 avril 1759, Jacques Zorn est condamné à payer à Pélissier la somme de 6 242# 10s., mais celui-ci ne récupère que 2 500#.

En mars 1767, Pélissier dresse l'inventaire des propriétés et de l'outillage des forges du Saint-Maurice, qu'il désire louer. De 1760 à 1764, les forges avaient été sous l'administration du gouvernement militaire et avaient produit des quantités appréciables de fer. Elles étaient tombées sous la juridiction du gouvernement civil en septembre 1764 ; Hector Theophilus CRAMAHÉ, envoyé du gouverneur MURRAY, avait fermé l'entreprise au printemps de 1765 et renvoyé le directeur, François Poulin de Courval, et les ouvriers, ne laissant sur les lieux que quelques militaires. Le 9 juin 1767, le lieutenant-gouverneur Guy Carleton* signe, au nom du roi, un bail d'une durée de 16 ans accordant à Christophe Pélissier ainsi qu'à Alexandre Dumas*, Thomas Dunn*, Benjamin Price*, Colin Drummond, Jean DUMAS Saint-Martin, George Allsopp*, James JOHNSTON et Brook Watson* la location d'une vaste superficie de terrain sur laquelle se trouvent les forges du Saint-Maurice, et qui inclut le fief et la seigneurie de Saint-Maurice, ainsi que d'autres terrains adjacents. Ils ont le privilège d'y couper du bois, d'y ériger tout édifice jugé nécessaire et d'y exploiter les mines de toutes sortes, sauf celles d'or et d'argent, contre la somme annuelle de £25, cours de la province de Québec (£18 15 shillings, cours de Grande-Bretagne). Les associés s'engagent à remettre en bon état les constructions déjà existantes, abandonnées depuis deux ans. Le 4 avril 1771, Pélissier achète les parts de Dunn, Drummond, Allsopp et Watson ; il avait acquis auparavant celles de Johnston, dont celui-ci avait fait l'acquisition au nom de la société qu'il avait formée avec John Purss*. Cette même année, la compagnie dépense plus de £4 500 dans les forges pour les relever de leur piètre état et réussit à fabriquer du fer de très bonne qualité. Toujours en 1771, Pierre Fabre*, dit Laterrière, est nommé agent des actionnaires, à Québec, chargé d'y vendre leurs produits. Quatre ans plus tard, il s'installe aux forges en tant qu'inspecteur. Dans ses *Mémoires* il décrit l'endroit comme « des plus agréables ». D'après lui les forges rapportaient de « 10 à 15 mille louis par campagne de 7 mois ; les frais en emportoient les deux tiers ; c'étoit donc le tiers net que les intéressés avoient annuellement à partager ». Sans doute y a-t-il beaucoup d'exagération dans cette affirmation puisque, d'après Francis Maseres*, « les profits [...] n'ont pas été ceux qu'espéraient les associés qui ont été à peine remboursés de leur frais ».

L'arrivée de Laterrière aux forges marque, en quelque sorte, le début des malheurs de Pélissier. Celui-ci avait épousé, le 16 octobre 1758, Marthe, fille du chirurgien Gervais Baudouin*, qui mourut en 1763. Veuf depuis plusieurs années, Pélissier désirait se remarier avec Marie-Catherine*, fille de son ami l'orfèvre Ignace-François Delezenne. Le mariage a lieu à Bécancour le 8 mars 1775, malgré, semble-t-il, la résistance de la jeune fille qui n'a pas encore 20 ans et qui est amoureuse de Laterrière. Lors de l'invasion américaine du Canada en 1775–1776, Pélissier, que Laterrière décrit comme un « grand partisan de John Wilkes et de son système de liberté, partant influencé [...] en faveur des Anglo-Américains, révoltés », collabore avec les Américains, fournissant entre autres des munitions, bombes et boulets pour le siège de Québec et écrivant au Congrès continental, le 8 janvier 1776, pour lui indiquer les mesures à prendre afin de réussir ce siège. La fortune des armées américaines tourne, et Pélissier, qui apprend le mécontentement de Carleton à son égard, croit préférable de s'enfuir. Le 7 juin 1776, il quitte Trois-Rivières emportant « tout son or et son argent et un compte des avances faites à l'armée du Congrès, se montant à 2 000 louis ». Il va aux États-Unis où il se fait rembourser et travaille quelque temps à Ticonderoga, New York, comme ingénieur avec le rang de lieutenant-colonel. Il retourne ensuite en France, à Lyon. Aux forges, la direction des travaux est prise en main par Laterrière, avec qui Marie-Catherine va vivre. Les amants auront une fille, Dorothée, en janvier 1778.

Au printemps de cette année-là, Pélissier envoie une procuration à M. Perras de Québec pour vendre les forges et retirer la part qui lui revient, et pour faire passer en France sa femme et les enfants qu'il avait eus de son premier mariage. Marie-Catherine refuse de quitter Laterrière et sa fille. Pélissier, qui a obtenu la permission de revenir au Canada, arrive en juillet pour réviser ses comptes et essayer de ramener sa femme. Alors qu'il s'occupe avec Laterrière de la liquidation de ses affaires aux forges, il fait enlever Marie-Catherine et la séquestre. Celle-ci réussit à s'évader et se cache sur l'île de Bécancour, propriété de Laterrière, jusqu'au départ de Pélissier, en octobre. Le mari jaloux, bien décidé à séparer les amants, réussit, avant son départ, à se venger de Laterrière en le faisant arrêter sous l'accusation de collaboration avec les Américains [V. Ignace-François Delezenne].

Pélissier ne devait jamais plus revenir au Canada. Le 18 décembre 1799, les jésuites lui retirent une concession située dans la seigneurie du Cap-de-la-Madeleine, qui lui avait été accordée le 29 avril 1767, « attendu l'absence du dit sieur Christophe Pélissier depuis plus de 20 ans ». Pélissier était déjà mort à ce moment-là puisque, le 10 octobre précédent, Pierre Fabre, dit Laterrière, et Marie-Catherine Delezenne s'étaient mariés, cette dernière « ayant produit des preuves suffisantes de la mort du dt Sieur Pélissier son premier époux ».

Malgré ses mésaventures, Pélissier ne laissa pas que des mauvais souvenirs au Canada. Il avait souvent fait preuve de générosité envers ses ouvriers lorsqu'il était directeur des forges du Saint-Maurice. Il cautionna parfois ses commis, en particulier Louis Bomer lors de l'achat d'un navire pour la somme de 1 200 shillings ; il accepta de prêter 900 shillings à un « garçon volontaire », engagé chez lui et qui désirait acheter un terrain ; il donna en dot la somme de 720 shillings à une jeune fille qui avait travaillé chez lui, « en considération de bons et fidelle servisse » ; enfin, il plaida la cause d'un de ses ouvriers à qui l'Église refusait le mariage. Il semble aussi qu'il eût longtemps la confiance des autorités du pays, comme d'ailleurs celle des dignitaires religieux et militaires, qu'il recevait à de somptueux soupers aux forges.

M.-F. Fortier

ANQ-MBF, État civil, Catholiques, La Nativité de Notre-Dame (Bécancour), 8 mars 1775 ; Greffe de J.-B. Badeaux, 22, 23 avril, 16 oct. 1771, 16 juin, 11 nov. 1772, 2 mai, 6 juill. 1773, 11 nov. 1774, 24 sept. 1778 ; Greffe de C.-L. Maillet, 14 mars 1772, 20 févr. 1775, 11 nov. 1780 ; Greffe de Louis Pillard, 4 juin 1756, 16 juin 1758, 27 juill. 1767. — ANQ-Q, Greffe de Claude Barolet, 13 oct. 1758 ; Greffe de J.-A. Saillant, 4 avril 1771 ; Greffe de Charles Voyer, 18 déc. 1799. — Archives municipales, Lyon (dép. du Rhône, France), État civil, Saint-Pierre et Saint-Saturnin, 30 avril 1728. — *Coll. of several commissions* (Maseres), 221–233. — Fabre, dit Laterrière, *Mémoires* (A. Garneau). — P.-G. Roy, *Inv. jug. et délib., 1717–1760*, VI : 89, 91. — Jouve, *Les franciscains et le Canada : aux Trois-Rivières*. — Sulte, *Mélanges historiques* (Malchelosse), VI. — Tessier, *Les forges Saint-Maurice*. — Catholics and the American revolution, *American Catholic Hist. Researches* (Parkesburg, Pa.), nouv. sér., III (1907) : 144–149, 193–196.

PELLEGRIN (Pelegrin), GABRIEL, marin et officier de marine, né le 16 juillet 1713 dans la paroisse Saint-Louis, à Toulon, France, fils de François Pellegrin et de Marie-Anne Bonnegrâce, décédé le 19 juin 1788 à Brest, France.

Gabriel Pellegrin vint au Canada en 1734, comme pilote dans la marine française. Déchargé, peu après son arrivée, des devoirs habituels de son emploi, il assista alors le capitaine de port à Québec, Richard Testu* de La Richardière, dans l'exécution des levés hydrographiques les plus considérables jamais entrepris sous le Régime français. En 1735, ils dressèrent la carte du détroit de Belle-Isle, surtout connu des pêcheurs à cette époque ; de 1738 à 1740, ils firent les levés de la côte sud de Terre-Neuve, du golfe du Saint-Laurent et des rives de ce qui est aujourd'hui l'Île-du-Prince-Édouard, le Nouveau-Brunswick et la Nouvelle-Écosse, depuis la baie des Chaleurs jusqu'au détroit de Canseau (Canso, Nouvelle-Écosse).

Le 18 novembre 1738, Pellegrin épousa Madeleine Boissy, à Québec, et deux enfants naquirent au cours des cinq premières années de ce mariage. Il semble que Pellegrin ait quitté la colonie pendant la guerre de la Succession d'Autriche, au cours de laquelle il fit peut-être du service dans la marine. La paix revenue, les Français tentèrent d'améliorer les conditions de la navigation sur le Saint-Laurent. Pendant plusieurs années, Québec n'avait pas eu de capitaine de port (fonctionnaire responsable de la navigation), mais Philippe-Marie d'AILLEBOUST de Cerry assuma ce poste en 1749 et, en 1751, Pellegrin se joignit à son personnel à titre de maître de port. Sa principale tâche consistait à piloter les vaisseaux de la marine royale, du Bic à Québec, mais sa grande connaissance du Saint-Laurent l'amena bientôt à remplir d'autres fonctions. En 1752, il fut promu lieutenant de port et, l'année suivante, ses appointements annuels furent augmentés de 200#.

Pellegrin attira particulièrement l'attention des autorités en 1755, année où il pilota jusqu'en France une grande escadre, via le détroit de Belle-Isle, parce qu'on croyait les Britanniques à l'affût sur la route habituelle, au sud de Terre-Neuve [V. Emmanuel-Auguste de Cahideuc*, comte Dubois de La Motte ; Edward Boscawen*]. Pour sa réussite, il reçut une gratification de 4 000#, une allocation annuelle de 600# et sa promotion au poste d'adjoint au capitaine de port à Québec. Pendant son séjour en France, il dressa deux cartes représentant le Saint-Laurent dans toute sa longueur et soumit une longue critique des cartes du fleuve récemment publiées en France. Au printemps de 1756, Montcalm*, le nouveau commandant, avec qui il fit voile pour le Canada, à bord de la *Licorne*, conçut de lui une impression favorable. On faisait peu appel aux services de Pellegrin, cependant, mais, à l'automne, on lui confia le commandement de l'*Abénaquise* et la mission de porter des dépêches en France. Il emprunta de nouveau la sortie nord du golfe Saint-Laurent et, après avoir atteint la France sain et sauf, il se vit accorder le grade modeste, mais effectif, de capitaine de brûlot dans la marine ; cette promotion souleva la jalousie du capitaine de port, Cerry, qui n'avait aucun grade dans la marine. En septembre 1757, Pellegrin revint à Québec et fut nommé hydrographe du roi, en remplacement du père Joseph-Pierre de BONNÉCAMPS. Pellegrin se plaignit à l'intendant BIGOT du petit nombre de personnes qui étudiaient la navigation et le pilotage, mais des affaires plus urgentes sollicitaient la colonie, si bien que le poste de Pellegrin devint une sinécure.

Peu après son retour au Canada, Pellegrin renoua connaissance avec Montcalm et, en octobre 1757, en compagnie du premier officier de l'artillerie, Fiacre-François POTOT de Montbeillard, et de Bougainville*, il inspecta la rive nord du Saint-Laurent, de Québec au cap Tourmente. A cet endroit, le groupe découvrit un emplacement propre à l'installation d'une batterie défensive, à l'abri d'une attaque et, à la fois, assez rapproché du chenal pour que les navires ennemis fussent sous le feu pendant près d'un quart d'heure. Pendant l'hiver, Pellegrin continua de développer, relativement à la défense du Saint-Laurent, des idées qui se distinguaient par leur côté pratique. Il fut probablement à l'origine des recommandations faites par Bougainville au ministre de la Marine au cours de l'hiver de 1758–1759, et qui insistaient sur le fait que la défense de la colonie devait commencer à Gaspé et à Sept-Îles. Aucun ennemi, écrivait Bougainville, ne pourrait passer à travers dix navires de guerre, bien placés, qui seraient stationnés dans le Saint-Laurent. Plusieurs de ces navires, advenant le cas où ils seraient en danger de couler après un engagement avec l'ennemi, seraient échoués et serviraient de batteries aux endroits indiqués par Pellegrin. On devrait ordonner aux autorités de la colonie de consulter Pellegrin et René-Nicolas LEVASSEUR, le maître constructeur de navires, sur tout ce qui touchait les défenses côtières. Pendant ce temps, Montcalm faisait parvenir à Vaudreuil [RIGAUD] un rapport semblable, signé par Pellegrin, auquel il donnait son approbation. Même si, en février 1759, le ministre de la Marine donna au gouverneur et à l'intendant l'ordre de recourir à Pellegrin, l'avis de ce dernier continua néanmoins d'être ignoré. Le fait de n'avoir pas mis en œuvre les recommandations de Pellegrin fut conséquent de la négligence ou de la pression d'autres intérêts, et il reste que la responsabilité en revient au gouverneur Vaudreuil.

Quand, en mai 1759, on apprit la présence dans le fleuve de navires britanniques, on proposa au conseil de guerre de couler dix des plus gros navires de la colonie dans la Traverse, le difficile passage situé au sud-est de l'île d'Orléans. Pellegrin, occupé à retirer les balises de la Traverse et à leur en substituer de fausses, pour tromper les pilotes, ne fut même pas invité à la réunion. A son retour, il fit rapport sur l'impossibilité de bloquer le passage. Six jours plus tard, le 1er juin, tous les navires, sauf quelques-uns qui transportaient des provisions et quelques frégates, furent envoyés, par mesure de sécurité, à Batiscan, à 50 milles en amont de Québec. Peu après, Pellegrin sonda le fleuve au large des battures de Beauport, afin de déterminer jusqu'à quel point les navires ennemis pourraient s'approcher pour bombarder la rive ; par la suite on refusa ses offres de service. Il ne prit aucune part, en juillet, à l'attaque des brûlots (V. François-Louis Poulin* de Courval), qui échoua, comme il l'avait prévu. Le 15 septembre, il fut parmi les signataires des articles de la capitulation de Québec.

Pellegrin retourna en France et reprit sa carrière dans la marine. En 1770, il fut créé chevalier de Saint-Louis, en reconnaissance de ses longs services et de son dévouement. Après plusieurs années passées en Orient, il fut stationné à Brest en 1773, et il y demeura jusqu'à sa retraite. Il reçut à cette époque la promotion de lieutenant de vaisseau.

Gabriel Pellegrin eut probablement, plus que quiconque en Nouvelle-France, une connaissance exacte du fleuve Saint-Laurent, mais il fut apparemment victime de son propre zèle et de sa probité, de la jalousie de son supérieur immédiat, et peut-être aussi d'autres personnes influentes possédant des droits acquis dans la marine. A la fin de juin 1759, l'auteur anonyme du « Journal du siège de Québec » notait : « cent et cent fois il a fait offre de ses services et de ses lumières, il paroit qu'on n'en veut pas absolument ; c'est cependant un parfait honneste homme ; si j'osois je dirois que c'est cette qualité qui l'empêche d'avoir de l'occupation ». La carrière canadienne de Pellegrin nous éclaire quelque peu, d'une façon indirecte mais néanmoins significative, sur la complexité des luttes intestines qui marquèrent les dernières années de la Nouvelle-France.

JAMES S. PRITCHARD

AN, Col., B, 67, f.111v. ; 97 ; 103, f.13 ; 109, f.66 ; C11A, 68, ff.90–93 ; 69, ff.20–21 ; 94, f.40 ; 95, f.80 ; 101, f.182 ; 103, f.234 ; E, 67 (dossier Cerry) ; Marine, B4, 68, f.215 ; C7, 240 (dossier Pellegrin) ; 3 JJ, 273 ; 4 JJ, 8, no 46 ; 6 JJ, 65, no 17 ; 126. — Bougainville, Journal (A.-E. Gosselin), ANQ *Rapport*, 1923–1924, 311. — *Coll. des manuscrits de Lévis* (Casgrain), IV : 91–94 ; VI : 24, 37, 39, 41, 307, 523–526, 535. — Journal du siège de Québec (Æ. Fauteux), ANQ *Rapport*, 1920–1921, 141, 160, 208. — Knox, *Hist. journal* (Doughty), III : 174–178. — La mission de M. de Bougainville en France en 1758–1759, ANQ *Rapport*, 1923–1924, 21–23, 27–29, 61. — *NYCD* (O'Callaghan et Fernow), X : 961s. — P.-G. Roy, *Inv. ord. int.*, II : 243s., 291s. ; III : 174, 206. — Tanguay, *Dictionnaire*.

PENNISSEAUT (Pénissault, Penisseau, Pennisseault), LOUIS (baptisé **Louis-André-Joachim**), négociant, né à Poitiers, France, le 20 mars 1724, fils de Charles Pennisseaut, avocat au présidial de Poitiers, et de Catherine Bry, décédé après le 12 septembre 1771.

Louis Pennisseaut arriva au Canada vers 1747 et s'y établit, déployant ses activités à Québec et à Montréal. D'un « caractère vif et entreprenant », il sut rapidement se lier d'amitié avec les gens en place. Le 2 mars 1753 il épousait à Montréal Marie-Marguerite, fille du marchand Alexis Lemoine*, dit Monière ; la veille, à la signature de son contrat de mariage chez le notaire Louis-Claude Danré* de Blanzy, s'étaient réunis le gouverneur DUQUESNE, l'intendant BIGOT et quelques-uns des marchands les plus en vue de Montréal. Si l'on en croit ses propres dires – selon le sieur de Courville [AUMASSON], il « étoit de mauvaise foi, et double dans toutes ses démarches » – Pennisseaut s'associa en 1754 à Brouilhet (Drouilhet), receveur général des Finances à Paris, et aux frères La Ferté, qui lui envoyaient des marchandises de France. Il semble qu'ils aient fait un commerce profitable.

Pennisseaut obtint également de son beau-père des droits de traite dans les pays d'en haut, entrant ainsi de plain-pied dans le réseau économique de la colonie.

En 1756, Joseph-Michel CADET fut nommé munitionnaire général des vivres en Nouvelle-France et il semble que Pennisseaut s'intéressa dès ce moment au ravitaillement des troupes de la région de Montréal et des pays d'en haut. De concert avec François Maurin*, que Cadet avait nommé aide-munitionnaire général, il s'occupa, jusqu'en 1759, de trouver blé, farine, lard, foin, attelages, bois de chauffage, planches, barils et tonneaux, avirons, perches et casse-tête. Le monopole de la Grande Société [V. Michel-Jean-Hugues PÉAN] devait bientôt s'étendre à toute la colonie puisque Maurin et Pennisseaut s'associèrent à Cadet au début de l'année 1757. D'après le contrat daté du 10 avril 1758 qui entérinait cet acte de société, Pennisseaut devait travailler « selon sa capacité », c'est-à-dire comme entrepreneur, tandis que Maurin était chargé de tenir les livres, chacun d'eux obtenant un quinzième des profits. De son propre aveu, Pennisseaut tira plus de 900 000# de profit de cette société – on est même allé jusqu'à citer le chiffre de 1 900 000# ; il reçut 1 062 000# en lettres de change de 1759. Lorsque l'intendant Bigot fut informé de ces chiffres, il fit dire à Pennisseaut et à ses acolytes « de ne pas se Venter de ces profits ». Cette discrétion fort compréhensible ne pouvait cacher que l'étendue des prévarications, non leur existence même.

En plus de ses talents d'entrepreneur, Pennisseaut pouvait compter sur les charmes de sa femme, qui passait pour fort jolie et qui devint la maîtresse de l'aide-major Péan, puis du chevalier de LÉVIS. Selon Pennisseaut, c'était Péan qui dirigeait les affaires de la Grande Société à Montréal, pendant que Bigot remplissait les mêmes fonctions à Québec auprès de la Grande Société, comme aussi auprès de Mme Péan [Angélique RENAUD d'Avène Des Méloizes].

Retourné en France à l'automne de 1760, Pennisseaut fut arrêté pour fraude et emprisonné à la Bastille le 16 novembre 1761. Il subit son procès au Châtelet avec tous les autres accusés dans l'Affaire du Canada et s'empressa de coopérer, tout en essayant de mettre ses escroqueries sur le compte de la naïveté. Il n'en fut pas moins reconnu coupable et condamné, le 10 décembre 1763, ainsi que François Maurin, à être banni de Paris, à payer une amende de 500# et à restituer la somme de 600 000#. Pendant ce temps, sa femme continuait à s'occuper de ses affaires et sut gagner les bonnes grâces du duc de Choiseul. Celui-ci, après avoir reçu un mémoire de Mme Pennisseaut, dans lequel elle décrivait son dénuement, suggéra, en juillet 1764, que l'on permît à son mari de quitter la Bastille et que l'on acceptât les lettres de change qu'il offrait pour payer les 600 000# de restitution. Le roi se rendit à cette demande et Pennisseaut fut libéré à la fin de l'année. Non seulement aucun intérêt ne fut exigé mais Mme Pennisseaut reçut même à la fin de 1765 une gratification de 4 000#.

Louis Pennisseaut obtenait en novembre 1769 des lettres de réhabilitation le déchargeant de l'amende et de sa peine de bannissement. La dernière mention que l'on ait de lui est une lettre du 12 septembre 1771 dans laquelle il demande un sauf-conduit et une surséance à toutes poursuites, ayant dû par suite des circonstances emprunter 24 000#. Il mourut sans doute peu après, puisque sa veuve se remaria deux fois, d'abord avec le marquis de Fresnoy, puis avec un M. de Fontanille, avant de s'éteindre le 22 décembre 1786.

JOSÉ E. IGARTUA

AN, Col., B, 115, f.168v. ; 118, f.58 ; 120, ff.253v., 310, 351 ; 122, ff.112, 353 ; 139, f.394 ; C[11A], 108, ff.1–90 ; 116, f.249 ; E, 92 (dossier Corpron, Maurin, Pénnisseaut) ; 332bis (dossier Pénissault. — ANQ-M, État civil, Catholiques, Notre-Dame de Montréal, 2 mars 1753 ; Greffe de L.-C. Danré de Blanzy, 1er mars 1753 ; Greffe de Gervais Hodiesne, 5 avril, 17 juin 1754, 25 juin 1758 ; Greffe de Pierre Panet, 14 juill. 1756–13 mai 1759. — ANQ-Q, NF 19, 40, pp.41s. (copies aux APC). — APC, MG 18, G8, 5, pp.199–230, 232s., 241. — Archives paroissiales, Saint-Paul (Poitiers, dép. de la Vienne, France), Registre des baptêmes, mariages et sépultures, 21 mars 1724. — Bibliothèque de l'Arsenal, Archives de la Bastille, 12 133–12 168, 12 501–12 506 (mfm aux APC). Ces documents contiennent surtout des détails sur la vie quotidienne des inculpés dans l'Affaire du Canada à la Bastille et ne révèlent que peu de chose sur Pennisseaut [J. E. I.]. — APC *Rapport*, 1905, I, VIe partie, 326, 344, 353, 355, 357s., 363, 367, 396. — *Mémoires sur le Canada, depuis 1749 jusqu'à 1760*. — *La Gazette de Québec*, 25 juill. 1765. — J.-E. Roy, *Rapport sur les archives de France*, 693, 860, 864, 868, 870, 873s., 880s. — Tanguay, *Dictionnaire*. — Frégault, *François Bigot*, II : *passim*. — P.-G. Roy, *Bigot et sa bande*, 98–105. — Les « millionnaires » de 1759, *BRH*, L (1944) : 19s.

PÉREZ HERNÁNDEZ, JUAN JOSEF, officier de marine et explorateur, né vers 1725 à Majorque (Espagne), mort en mer, au large de la Californie, le 2 novembre 1775.

On connaît peu la carrière de Juan Josef Pérez Hernández avant 1767. Cette année-là, il entra au département de San Blas (état de Nayarit, Mexique), quartier général de l'administration des postes de la côte ouest de la Nouvelle-Espagne situés au nord de San Blas. Pilote diplômé, il avait servi sur la route des galions de Manille ; on le jugea suffisamment important pour être admis dans la junte convoquée à San Blas, en 1768, par le *visitador* José de Gálvez. La junte, en réponse aux rapports relatifs à l'expansion des Russes vers l'est à partir des Aléoutiennes (Alaska), projetait de coloniser l'Alta California (actuel état de Californie). En février 1769, Pérez, au commandement du « paquebot » *Príncipe*, transporta un des premiers groupes de colons à San Diego et à Monterey, et, les années suivantes, il commanda des navires qui approvisionnèrent les nouveaux établissements. Bien qu'il ne fût qu'enseigne de frégate, Pérez fut, en 1774, choisi par Antonio María Bucareli y Ursúa, vice-roi de la Nouvelle-Espagne, pour diriger une expédition chargée de vérifier la direction du littoral au nord de l'Alta California et de reconnaître l'activité des Russes. Le commandement de l'expédition aurait dû incomber à un officier plus haut en grade que Pérez, mais à ce moment-là personne dans le département – l'une des bases les plus insalubres et les moins prisées de l'Amérique espagnole – n'avait préséance sur lui.

A bord de la frégate *Santiago*, Pérez fit voile de San Blas le 25 janvier et relâcha à San Diego et à Monterey. Il quitta ce dernier port en juin 1774, avec ordre de se rendre au moins au 60[8] de latitude nord, de prendre officiellement possession des terres situées au sud de ce point, de reconnaître les établissements étrangers, quels qu'ils fussent, et de se renseigner sur les Indiens de la côte. Après avoir navigué en direction nord-ouest, puis en direction nord, Pérez aperçut une terre près de l'actuelle frontière du Canada et de l'Alaska, le 15 juillet. Le lendemain, au large de l'extrémité nord de ce qu'on appelle aujourd'hui les îles de la Reine-Charlotte, Colombie-Britannique, les membres de l'expédition rencontrèrent des Haïdas et leur firent comprendre qu'ils étaient prêts à troquer des fourrures contre de l'étoffe, des perles de verroterie et des morceaux de cuivre. Pérez poursuivit sa route vers le nord, atteignant 55° 30′ de latitude nord le 30 juillet, mais il fut découragé d'aller plus loin par les vents défavorables, le brouillard, les courants et de redoutables vagues. Faisant voile au sud le long de ce qu'il croyait être le continent, et qui était en fait l'île de Vancouver, Pérez découvrit, le 8 août, une ouverture qu'il appela Surgidero de San Lorenzo (baie de Nootka). Le lendemain son équipage trafiqua avec les Nootkas et leur fit présent de coquillages « abalone » de la Californie. Les Nootkas volèrent à Esteban José MARTÍNEZ, l'officier de pont en second du navire, plusieurs cuillers d'argent que des membres de l'expédition du capitaine COOK devaient citer, quatre ans plus tard, comme preuve d'une présence antérieure des Espagnols dans cette région. Empêché par des vents contraires d'entrer dans la baie ou d'envoyer des hommes à terre, Pérez continua sa route au sud. Il ne vit qu'occasionnellement, par la suite, le littoral environné de brouillards. Le *Santiago* passa près de l'entrée du détroit de Juan de Fuca ; Martínez affirma plus tard en avoir indiqué l'ouverture à son commandant, mais Pérez aurait hésité à l'explorer. Ils virent une grande montagne, qu'ils nommèrent Sierra Nevada de Santa Rosalia (mont Olympus, Washington), et aperçurent la fumée de nombreux villages indiens. Le *Santiago*, dont l'équipage souffrait du scorbut, fit voile au sud, en direction de San Blas, sans faire aucune autre découverte notable.

Les résultats du premier voyage d'Européens sur la côte de l'actuelle Colombie-Britannique, dont on possède un compte rendu écrit, furent maigres. Pérez n'avait pas posé les gestes officiels de prise de possession nécessaires à l'Espagne pour qu'elle puisse revendiquer la souveraineté sur la côte nord-ouest de l'Amérique du Nord et il n'avait même pas mené une reconnaissance détaillée du littoral. L'expédition, néanmoins, fit croire aux fonctionnaires espagnols que l'Espagne avait un droit de découverte sur la baie de Nootka. Aujourd'hui les journaux de Pérez, de Martínez et des franciscains Juan Crespi et Tomás de la Peña Saravia sont appréciés pour leurs données ethnographiques sur les coutumes et la vie des Nootkas au moment où ils rencontrèrent les Blancs.

Déçu de l'échec de l'expédition, Bucareli donna à Pérez l'ordre de préparer un autre voyage au nord pour la saison suivante. Entre-temps arriva à San Blas un contingent de jeunes officiers de marine compétents, envoyés par Madrid expressément pour faire obstacle à la menace des empiétements russes sur la côte nord-ouest. Bruno de Hezeta reçut le commandement de l'expédition de 1775, et Pérez fut relégué au rang d'officier de pont en second sur le vaisseau amiral, le *Santiago*. Son nom apparaît rarement dans le récit des événements. Ces deux voyages altérèrent sa santé, d'autant que dans l'un et l'autre voyage la nourriture était de si piètre qualité que la plus grande partie des équipages furent atteints du scorbut avant le retour dans les ports de l'Alta California. Malgré deux mois de repos à Monterey, Pérez mourut peu après s'être embarqué pour San Blas à bord du *Santiago*. Il fut enseveli en mer, après qu'une messe eut été célébrée ; on lui fit l'honneur d'une mousqueterie et d'une canonnade.

WARREN L. COOK

Archivo General de la Nación (Mexico City), Sección de Historia, vol. 61, exp.14, Diario de la navegación y exploración del piloto segundo don Esteban José Martínez – 17 déc. 1774 ; Juan Pérez, Diario (1774). — Juan Crespi, Diario ; Tomás de la Peña Saravia, Diario, *The California coast, a bilingual edition of documents from the Sutro collection*, G. B. Griffin et D. C. Cutter, trad. et édit. (Norman, Okla., 1969), 203–278, 135–201. — Cook, *Flood tide of empire*, 52–56, 62–82, 121s. — M. E. Thurman, *The naval department of San Blas ; New Spain's bastion for Alta California and Nootka, 1767 to 1798* (Glendale, Calif., 1967), 78–80, 119–122, 125–140, 145s. — J. G. Caster, The last days of Don Juan Pérez, the Mallorcan mariner, *Journal of the West* (Los Angeles), II (1963) : 15–21. — D. C. Cutter, California, training ground for Spanish naval heroes, Calif. Hist. Soc., *Quarterly* (San Francisco), XL (1961) : 109–122. — R. F. Heizer, The introduction of Monterey shells to the Indians of the northwest coast, *Pacific Northwest Quarterly* (Seattle, Wash.), XXXI (1940) : 399–402. — F. W. Howay, The Spanish discovery of British Columbia in 1774, CHA *Report*, 1923, 49–55. — W. N. Sage, Spanish explorers of the British Columbia coast, *CHR*, XII (1931) : 390–406.

PERRAULT, JACQUES, dit **Perrault l'aîné**, négociant, né à Québec le 2 juin 1718, fils aîné de François Perrault* et de Suzanne Pagé, dit Carcy ; il épousa Charlotte, fille de Pierre Boucher* de Boucherville, le 20 octobre 1749 à Québec ; décédé à Québec le 20 mars 1775.

Presque tous les membres de la famille de Jacques Perrault s'occupèrent de commerce. Le père, François Perrault, s'était établi à Québec comme marchand vers 1714 et tous ses fils, à l'exception de Joseph-François, qui entra dans les ordres, œuvrèrent dans le monde des affaires : Guillaume-Michel se réfugia à La Rochelle, France, en 1760, puis s'établit à la Martinique pour y refaire sa fortune ; Jean-Baptiste travailla à l'exploitation des forges du Saint-Maurice avec l'un de ses oncles ; Louis-François seconda Jacques à Québec jusqu'en 1760 et se lia par la suite à HALDIMAND, qui étendit sa protection à toute la famille Perrault.

Jacques Perrault ne jouissait pas d'un statut social élevé à sa naissance, mais son travail, la richesse qu'il put acquérir et ses relations contribuèrent à son ascension. Ayant reçu une solide formation académique – l'examen de sa correspondance le prouve – il fut aidé par son père, qui l'associa en 1740 au bail à ferme du poste de la rivière Nontagamion (Nétagamiou), sur la côte du Labrador. Il fut favorisé par un mariage avantageux avec la fille du coseigneur de Boucherville, s'alliant à des personnages haut placés dans l'administration de la colonie et à des familles connues dans le monde des affaires. La haute société, le gouverneur La Jonquière [Taffanel*] et l'intendant BIGOT en tête, assista à la signature de son contrat de mariage. Il devint un intermédiaire de confiance, élargit le cercle de ses relations d'affaires et porta ses opérations commerciales à un niveau remarquable, traitant avec les plus grands personnages français puis britanniques du Canada entre 1750 et 1775. C'est de lui, par exemple, que MURRAY acheta une maison en 1764.

La recherche de la sécurité semble avoir guidé Perrault dans le choix de ses investissements. Il s'occupa de la traite des fourrures et de la pêche, tint un « magasin général » où il écoulait les marchandises qu'il importait de France et des Antilles, acheta des terres et des emplacements, se fit construire des bateaux, prêta de l'argent, sans négliger le lucratif commerce de l'eau-de-vie. La diversité de ces fonds, outre qu'elle créait plusieurs possibilités de profit, permettait l'interdépendance ou le cloisonnement des secteurs d'activité, au gré de l'homme d'affaires, selon les avantages ou les risques de la conjoncture économique. Ses principaux correspondants français résidaient à Paris, Bordeaux, La Rochelle, Nantes, Le Havre et aux Antilles.

Jacques Perrault eut à souffrir de la guerre et du siège de Québec : son commerce fut suspendu, sa maison détruite, et il dut se réfugier à Trois-Rivières avec sa famille. Au lendemain de la défaite militaire, Perrault, qui était greffier de la Maréchaussée et marguillier de la fabrique de Notre-Dame depuis 1758, hésita sur le parti à prendre. Il décida finalement de rester au Canada, car la vie s'annonçait plus aisée dans une colonie dirigée par les Anglais que dans une métropole ruinée et embarrassée par les « revenants ». Il n'eut pas à le regretter. Dès 1760, il put correspondre avec Denis GOGUET, son plus important associé en France, par la voie de la Nouvelle-Angleterre puis par Londres, où il trouva un nouvel associé digne de confiance. Plus d'une vingtaine d'émigrés lui confièrent à cette époque la gestion de leurs avoirs au Canada et il administra ainsi près de 150 000# de biens.

Grâce à un chiffre d'affaires annuel variant de 250 000# à 300 000#, Perrault accumula assez de biens pour laisser en héritage une fortune d'environ 150 000#, tous frais de succession et toutes dettes payés, incluant la maison de la rue Saint-Pierre à Québec qu'il tenait de son père, un lot de grève non loin de là, une maison et des terres dans la baronnie de Longueuil. Au commerçant actif succéda sa veuve, dame de la haute société, qui reçut la moitié du legs et transforma radicalement la nature des avoirs de la communauté en abandonnant toutes les entreprises et en laissant en valeurs mobilières plus de vêtements et d'argenterie que tout autre bien. Les enfants, pour leur part, ne tirèrent pas grand profit de l'héritage : alors au nombre de 11, ils se partagèrent l'autre moitié, ne recevant qu'un peu moins de 7 000# chacun. Les rigoureux principes égalitaristes de la Coutume de Paris en ce qui concerne le partage des biens touchèrent les héritiers Perrault comme tous les autres. Cette importante dispersion des capitaux à chaque génération – qui risquait d'être néfaste aux hommes d'affaires canadiens – incita les enfants de Jacques Perrault à se tourner vers l'administration ou vers la prêtrise plutôt que de tenter de suivre les traces de leur père dans les affaires : citons Jacques-Nicolas*, d'abord marchand, qui devint seigneur, député, puis membre du Conseil législatif ; Charles-François, décédé en 1794, et Charles, décédé en 1793, qui furent tous deux prêtres ; Jean-Olivier*, avocat, juge de la Cour du banc du roi, qui fut membre des conseils législatif et exécutif.

JACQUES MATHIEU

Le lecteur pourra consulter une bibliographie détaillée dans Jacques Mathieu, « Un négociant de Québec à l'époque de la Conquête : Jacques Perrault l'aîné », ANQ *Rapport*, 1970, 27–82. [J. M.]

PERTHUIS (on rencontre parfois **Perthuis de La Salle**), **JOSEPH**, négociant, conseiller au Conseil supérieur de Québec, commissaire des prisons royales et seigneur, né à Québec, le 29 août 1714, fils de Charles Perthuis* et de Marie-Madeleine Roberge, décédé à Poitiers, France, le 19 mars 1782.

Fils d'un riche marchand de Québec, Joseph Perthuis suivit les traces de son père et fit d'abord carrière dans le commerce. Toutefois, au début des années 1740, il semble que son négoce lui laissait suffisamment de temps pour assister régulièrement aux leçons de droit et de jurisprudence du procureur général Louis-Guillaume Verrier*. Cette assiduité lui valut d'être nommé, le 26 janvier 1743, conseiller assesseur au Conseil supérieur de Québec. Il s'acquitta si bien de son emploi que, dès l'année suivante, les autorités coloniales le proposaient au ministre Maurepas pour occuper la place laissée vacante par la mort du conseiller Louis Rouer* d'Artigny. Maurepas jugea que Perthuis devait encore demeurer conseiller assesseur un certain temps ; finalement, il lui accorda le poste le 1er janvier 1747.

« Très bon juge », selon l'intendant BIGOT, « le plus éclairé pour son métier », Perthuis fut appelé à remplir les fonctions de procureur général pendant les séjours de Verrier en France, en 1744–1745 et en 1749. Aussi, on lui demanda d'exercer, par intérim, ces mêmes fonctions à la suite du décès du titulaire, le 13 septembre 1758 ; il occupa ainsi cette charge jusqu'à la Conquête. Le 18 novembre 1754, Perthuis avait été nommé, par le Conseil supérieur, commissaire des prisons royales, fonction qu'il remplit jusqu'au 26 janvier 1756 alors qu'il céda son poste à Joseph-Étienne Nouchet*. Il aurait également reçu, à quelques reprises, une commission de subdélégué de l'intendant. Le 25 février 1747, l'intendant HOCQUART l'avait chargé de se rendre à Kamouraska pour y établir une saline afin de pouvoir approvisionner la colonie, advenant la capture en mer des cargaisons régulières expédiées de France. Son rapport fut peu encourageant, et la tentative d'établir des salines à Kamouraska s'arrêta là. Il participa également à l'établissement d'un poste d'observation à Cap-des-Rosiers (Québec) et traduisit certains documents militaires saisis.

Perthuis ne délaissa jamais son négoce pour son emploi dans l'administration malgré les conflits d'intérêts qui pouvaient en découler et, durant les années 1740 et 1750, il mena parallèlement les deux carrières. En 1755, il était à Québec un des fournisseurs importants des magasins du roi.

Le 16 septembre 1745, Perthuis avait épousé Marie-Anne Chasle, veuve de Guillaume Gouze, marchand de Québec. Sa femme lui apporta une dot de 6 000#, dont une maison située à la basse ville de Québec. A cette époque, Perthuis était un négociant à l'aise puisqu'il possédait à Québec une maison, rue Notre-Dame, et avait une domestique à son service. Il jouissait aussi de beaucoup de considération au sein de la société coloniale : les marchands de Québec le choisirent, en 1747, comme syndic pour les représenter auprès des autorités coloniales, et ses collègues du Conseil supérieur le nommèrent à plusieurs reprises membre de la députation officielle du conseil chargée de se présenter devant les gouverneurs et les intendants pour les accueillir ou leur souhaiter un bon voyage ou les introduire au conseil. Ce prestige social grandit encore lorsque le roi lui accorda, le 1er mai 1754, une seigneurie derrière celle de Portneuf.

Après la Conquête, Perthuis vendit les biens immobiliers qu'il possédait dans la colonie dont sa seigneurie, encore non peuplée, à Jean Mounier pour la somme de 300#, et s'embarqua pour la France avec sa famille. Il était à Paris au mois de novembre 1767, en même temps que son frère, Jean-Baptiste-Ignace*, ancien négociant et procureur au Canada. En 1774, Perthuis obtint une charge de conseiller secrétaire du roi à la chancellerie de Poitiers et une pension de 600# qui fut convertie, en septembre 1775, en une pension annuelle de 200# pour chacun de ses fils. Il décéda à Poitiers le 19 mars 1782. Des sept enfants issus de son mariage, une fille et deux fils (Joseph, qui fit carrière dans les armes, et Charles-Régis) lui survécurent.

André Lachance

AN, Col., B, 78, f.25 ; 81, ff.42, 60 ; 85, f.15 ; 87, f.34 ; 99, ff.11, 12 ; 109, f.6 ; 115, f.194 ; 164, f.379 ; C^{11A}, 81, ff.12, 15 ; 120, f.350 ; E, 335 (dossier Perthuis) ; F^3, 11, f.258. — ANQ-Q, AP-P-1 634 ; Greffe de C.-H. Du Laurent, 15 sept. 1745 ; NF 25, 56, n°s 2 108, 2 118. — APC *Rapport*, 1888, 36. — *Doc. relatifs à la monnaie sous le Régime français* (Shortt), II : 758s. — Recensement de Québec, 1744, 136. — Le Jeune, *Dictionnaire*. — P.-G. Roy, *Fils de Québec*, I : 183s. ; *Inv. concessions*, V : 83s. ; *Inv. jug. et délib., 1717–1760*, II : 169, 175, 177, 181 ; IV : 45, 117s. ; V : 37, 49, 52, 71, 84, 142, 169s., 174, 179, 193s., 238 ; VI : 15, 21, 34, 56, 122, 126, 172, 180, 285s. ; *Inv. ord. int.*, III : 36, 90, 203, 210. — Tanguay, *Dictionnaire*, VI : 324. — J.-N. Fauteux, *Essai sur l'industrie*, II : 403. — Cameron Nish, *Les bourgeois-gentilshommes de la Nouvelle-France, 1729–1748* (Montréal et Paris, 1968), 135. — P.-G. Roy, *Bigot et sa bande*, 281–284. — J.-F. Récher, La famille Perthuis, *BRH*, XLI (1935) : 452ss.

PETER. V. Kingminguse

PETERS, JOSEPH, soldat, instituteur et maître de poste, né le 11 décembre 1729 à Dedham, Massachusetts, fils aîné de William Peters et de Hannah Chenery ; il épousa Abigail Thompson, et trois enfants naquirent de ce mariage ; décédé le 13 février 1800 à Halifax.

Joseph Peters fut élevé à Medfield, dans le Massachusetts, et il apprit le métier d'armurier non loin de là, à Medway. Réquisitionné comme fantassin dans les troupes provinciales de la colonie en 1752, il n'obtint son licenciement en 1755 que pour être « aussitôt kidnappé dans le régiment de Shirley [le 50e d'infanterie] ». Par la suite, il fut muté au 1er d'infanterie ; c'est dans cette unité qu'il servit durant la guerre de Sept Ans en qualité de sous-officier et qu'il participa en 1758 à la prise de Louisbourg, île Royale (île du Cap-Breton). Il fut licencié en Nouvelle-Écosse en 1763. Entre cette date et le moment où il devint instituteur en 1773, on ne sait quelles furent ses activités si ce n'est qu'il vécut à Halifax où il s'assura d'un « revenu régulier » – peut-être en tant que commis du gouvernement – et consacra ses moments libres à l'astronomie et à ses devoirs de franc-maçon. En 1774, quelque temps après avoir quitté l'Église congrégationaliste de ses aïeux pour devenir membre de l'Église d'Angleterre et secrétaire de l'assemblée paroissiale de St Paul, à Halifax, il fut engagé par la Society for the Propagation of the Gospel à titre d'instituteur dans la capitale. Peters devait dispenser l'enseignement gratuit en plus de donner des cours privés, mais il trouva que les appointements versés par la société étaient un maigre dédommagement pour ses peines durant cette période d'inflation suscitée par la guerre d'Indépendance américaine. Il abandonna l'enseignement en 1785, et cette décision marqua la fin des efforts accomplis par la Society for the Propagation of the Gospel dans le domaine de l'éducation à Halifax. En 1782, il était devenu maître de poste de la Nouvelle-Écosse à titre officieux ; il fut nommé adjoint au maître général des Postes en 1785 et il conserva cette fonction jusqu'à son décès.

Très entier dans ses opinions et virulent dans ses critiques à l'endroit des dirigeants britanniques de l'*establishment* local, comme le révérend John Breynton et le gouverneur John Parr, Peters était favorable à ce que la Nouvelle-Écosse accueille, dans les années 1770 et 1780, d'autres habitants de la Nouvelle-Angleterre, cette fois en tant que réfugiés loyalistes. Il se mit à correspondre régulièrement avec son cousin de Hebron, Connecticut, alors réfugié à Londres, le révérend Samuel Andrew Peters, qui lui servit d'agent et fit jouer son influence pour lui obtenir une part des privilèges consentis aux Loyalistes par les autorités. Joseph Peters ne reçut pour tout privilège que cette nomination au département des Postes, et il rêva toujours – pour lui-même ou pour son fils aîné – d'une fonction plus prestigieuse comme celle de secrétaire provincial ou d'intendant du commerce maritime. En retour, il seconda les efforts que faisait son cousin en vue d'être nommé premier évêque de la Nouvelle-Écosse. Grâce aux relations qu'il entretenait, en Nouvelle-Écosse, au Nouveau-Brunswick et à l'île du Cap-Breton, avec des membres du clergé de l'Église d'Angleterre, dont un grand nombre venaient de la Nouvelle-Angleterre, et à la mainmise qu'il exerçait sur les voies officielles de communication, Joseph se trouvait fort bien placé pour inciter les fidèles des diverses paroisses de l'Église d'Angleterre à exiger qu'on les consulte sur le choix de leur évêque et à appuyer Samuel Andrew Peters dans ses prétentions à ce poste. Malheureusement, la campagne qu'il lança à cette fin ne remporta guère de succès auprès de la population locale, et l'arrivée, en 1787, de Charles Inglis*, évêque en titre, mit fin à l'espoir qu'il nourrissait d'avoir un protecteur influent dans la province.

La principale initiative de Peters en qualité de maître de poste fut d'instaurer un service postal régulier entre Halifax et Annapolis Royal, d'où le courrier était transporté par voie d'eau vers Digby, puis de l'autre côté de la baie de Fundy où il se trouvait alors sous la responsabilité de son homologue du Nouveau-Brunswick, Christopher Sower. Un service régulier en direction de Québec était établi en 1788 ; il coïncidait avec les visites à Halifax, durant huit mois de l'année, du navire transportant le courrier de New York à Falmouth [V. Hugh Finlay*]. Par suite des lenteurs, des dépenses à assumer et des frustrations inhérentes au service postal, Peters mena comme fonctionnaire une existence qui était loin de susciter l'envie. Les officiers de l'armée et de la marine refusaient de respecter les heures de bureau et le gouverneur Parr laissa grossir un compte de £70 qui ne fut réglé finalement que par ses exécuteurs testamentaires. Le General Post Office, à Londres, « cet impitoyable tyran », fit la sourde oreille aux suppliques du maître de poste désemparé qui demandait une augmentation de salaire et le remboursement des frais élevés qu'entraînait le fonctionnement de son bureau. Bien que son salaire, entre 1785 et 1792, fût passé de £50 à £250, il fut sans cesse tourmenté par l'insécurité financière comme il l'était par la goutte et par l'excessive lenteur de la carrière de ses deux fils. L'échec de ses efforts pour obtenir une place lucrative et confortable au sein de la fonction publique le remplit d'amertume et le confirma probablement dans les vues sarcastiques qu'il exprimait en 1785 : « Le soleil luit pour tout le monde mais il n'a pas encore lui pour moi jusqu'ici. »

Judith Fingard

Halifax County Court of Probate (Halifax), Book 3, pp.208–211 (testament de Joseph Peters, 22 déc. 1798) (mfm aux PANS). — PANS, MG 1, 93 (Jacob Bailey docs.), vol. 3. — Protestant Episcopal Church in the U.S.A., Archives and Hist. Coll. - Episcopal Church (Austin, Tex.), Samuel Peters papers, Joseph Peters letters, 1779–1799, sous la garde de la Hist. Soc. of the Episcopal Church (Austin) (mfm aux PANS). — St Paul's Anglican Church (Halifax), Registers of baptisms, burials, and marriages, 16 févr. 1800 (mfm aux PANS). — USPG, B, 25, n°s 184, 211, 221, 225, 242, 255, 269, 270 ; Journal of SPG, 20, pp.266, 268. — *Nova-Scotia Gazette and the Weekly Chronicle*, 19 déc. 1780. — *Royal Gazette and the Nova-Scotia Advertiser*, 18 févr. 1800. — Judith Fingard, *The Anglican design in loyalist Nova Scotia, 1783–1816* (Londres, 1972), 13–38. — C. M. Jephcott *et al.*, *The postal history of Nova Scotia and New Brunswick, 1754–1867* (Toronto, 1964), 13–43. — Judith Fingard, Attitudes towards the education of the poor in colonial Halifax, *Acadiensis*, II (1972–1973), n° 2 : 16.

PETERS, PAULY (Paulus Petersen). V. Sahonwagy

PETERS (Petters), THOMAS, soldat et leader noir, né vers 1738, décédé le 25 juin 1792 à Freetown, Sierra Leone.

Suivant la légende, Thomas Peters serait né de sang noble en Afrique occidentale où, jeune homme, il fut censément enlevé et emmené comme esclave dans les colonies américaines. Le premier document qui le mentionne le donne, en 1776, à Wilmington, Caroline du Nord, esclave âgé de 38 ans de William Campbell. Cette année-là, enhardi par la proclamation de 1775 du gouverneur lord Dunmore de Virginie promettant la liberté aux esclaves dont les maîtres étaient des insurgés, et qui se rallieraient aux troupes loyalistes, Peters s'enfuit de la plantation de Campbell et s'enrôla dans les Black Pioneers à New York. En 1779, en réponse à une nouvelle invitation faite aux esclaves des rebelles de se placer sous la protection britannique, s'ils voulaient ou non porter les armes pour la couronne, une femme de 26 ans nommée Sally, de Charleston en Caroline du Sud, se présenta dans un camp britannique et se joignit, elle aussi, aux Black Pioneers. Ce fut là qu'elle rencontra Peters qui, à cette époque, avait été promu sergent, et elle l'épousa.

Quand le traité de paix provisoire fut signé à Paris le 30 novembre 1782 entre la Grande-Bretagne et les États-Unis, les Peters se trouvaient à New York, attendant d'être évacués. Le bateau qui les emportait à l'abri du danger fit escale aux Bermudes en 1783 avant d'accoster à Annapolis Royal, Nouvelle-Écosse, où ils débarquèrent en mai 1784. Ils faisaient partie des 3 500 Loyalistes noirs libres amenés en Nouvelle-Écosse après la Révolution américaine. Peters fut chargé des Noirs du comté d'Annapolis et il s'établit avec plus de 200 anciens Black Pioneers à Brindley Town, près de Digby. Les Loyalistes avaient droit, pour trois ans, aux provisions nécessaires à leur subsistance pendant la construction de leurs maisons et l'établissement de leurs fermes ; néanmoins, ce que les Noirs du comté d'Annapolis reçurent n'était suffisant que pour 80 jours ; en outre, à la différence des Blancs, il leur fallut gagner leurs moyens d'existence en travaillant sur les routes.

Le 21 août 1784, Peters et un compagnon d'armes, le sergent Murphy Still (Steele), adressèrent une requête au gouverneur John Parr concernant les concessions auxquelles tous les Loyalistes avaient droit. En réponse, l'arpenteur du gouvernement, Charles Morris*, fils, donna ordre à Thomas Millidge* de tracer des emplacements d'une acre pour 76 familles noires à Brindley Town. Toutefois, lorsque les Noirs tentèrent de s'établir sur des parcelles agricoles plus grandes, ils en furent par deux fois délogés à cause de revendications foncières opposées. Sans provisions ni terres suffisantes pour l'exploitation agricole, ils subsistèrent grâce à des potagers, à la pêche dans la baie de Fundy, grâce aussi aux voisins blancs et aux bonnes œuvres anglaises. Rapidement ils constituèrent des groupes religieux méthodistes et anglicans et, en janvier 1785, les Associates of the Late Dr Bray financèrent une école. Une vie communautaire s'élaborait donc mais il manquait aux colons les moyens de subvenir à leurs propres besoins. N'ayant pas réussi une nouvelle fois à obtenir des terres en juillet 1785, Peters alla au Nouveau-Brunswick où, le 25 octobre, il présenta une requête au gouverneur Thomas Carleton* afin d'obtenir des fermes pour les Noirs du comté d'Annapolis. On lui fit savoir que ses compatriotes seraient traités de la même façon que les autres Loyalistes, mais sa demande échoua. En réalité, en dépit du fait qu'on avait promis aux esclaves qui s'étaient joints à la cause britannique des récompenses et des compensations analogues à celles des Loyalistes blancs, seulement un tiers environ de ceux qui allèrent en Nouvelle-Écosse et au Nouveau-Brunswick reçurent quelques lopins de terre.

En 1790, au bout de six ans d'attente stérile et après cinq requêtes différentes adressées aux fonctionnaires de la colonie, Peters décida d'en appeler directement au gouvernement britannique. Mandaté par plusieurs centaines de Noirs de la Nouvelle-Écosse et du Nouveau-Brunswick pour exposer leur cas, il réussit à se rendre à Londres en novembre « au prix de beaucoup de difficultés et de risques ». Il y rencontra l'abolitionniste Granville Sharp, qui fit en sorte qu'il puisse présenter sa requête au ministre de l'Intérieur (responsable aussi des colonies), Henry Dundas. L'un des documents que Peters adressa à Dundas esquissait les divers griefs des Noirs, et faisait remarquer qu'ils s'étaient vu refuser les droits des sujets britanniques libres, tels que ceux de voter, d'être jugés par un jury et d'avoir accès aux tribunaux. Un autre donnait un récit détaillé de leurs vains efforts pour obtenir des terres. Ce dernier document précisait que Peters avait été délégué pour procurer à ses compatriotes « une colonie quelconque où ils pourraient trouver des emplacements convenables », et signalait que, même si certains Noirs désiraient demeurer en Amérique du Nord, d'autres étaient « disposés à aller à n'importe quel endroit où la sagesse du gouvernement jugera[it] bon de répondre à leurs besoins de libres sujets de l'Empire britannique ». Cette possibilité était sans nul doute inspirée par les relations que Peters avait avec les administrateurs de la Sierra Leone Company dont la colonie d'esclaves affranchis d'Afrique occidentale avait été anéantie l'année précédente lors d'un raid d'indigènes. Peters accepta promptement l'offre que lui firent les administrateurs de mener son groupe dans la colonie, et ceux-ci réussirent, après négociations, à faire payer le coût du transport des Noirs en Sierra Leone par le gouvernement. Le lieutenant John Clarkson de la marine royale, frère de l'abolitionniste Thomas Clarkson, fut nommé pour recruter les émigrants et assurer leur traversée.

A la suite des accusations de Peters, le gouverneur Parr reçut l'ordre d'ouvrir une enquête sur la question agraire de la région d'Annapolis. Si la description de Peters se révélait exacte, les Noirs devaient être aussitôt installés sur de bonnes terres. Ceux qui choisiraient de ne pas accepter de concessions pourraient soit s'engager dans une unité militaire noire pour servir aux Antilles, soit partir pour la Sierra Leone. A l'automne de 1791, Peters se rendit à Annapolis Royal et à Saint-Jean pour promouvoir le projet de colonisation ; Clarkson qui arriva en octobre fit, dans le même but, le tour des établissements noirs dans les comtés de Halifax et de Shelburne. Au Nouveau-Brunswick, Peters rencontra une opposition résolue de la part des Blancs qui ne voulaient ni perdre leur main-d'œuvre bon marché ni voir corroborer ses accusations par une émigration massive. On forgea des créances et des contrats d'apprentissage ; des fonctionnaires harcelèrent Peters et ses recrues en exigeant des preuves de leur affranchissement, et la rumeur circula suivant laquelle Peters recevrait une rétribution pour tout Noir qu'il attirerait en Afrique afin d'y être vendu comme esclave. La situation au Nouveau-Brunswick n'était pas exceptionnelle. Des fonctionnaires nommés par les gouvernements des deux colonies pour faire connaître les possibilités offertes aux Noirs interprétèrent mal, délibérément, les intentions de la Sierra Leone Company. Cependant, les Noirs répondirent avec enthousiasme aux offres de terres gratuites, d'égalité raciale et de pleins droits britanniques en Sierra Leone. Quelque 1 200 émigrants s'assemblèrent à Halifax, dont près de 500 venaient des régions où Peters avait fait le recrutement.

En sa qualité d'auteur du projet et en tant que chef naturel de près de la moitié des émigrants, Peters devint, officieusement, le commandant en second de Clarkson. Ensemble ils inspectèrent les bateaux et firent les préparatifs du voyage. Dans le but de canaliser les plaintes individuelles, Clarkson nomma Peters ainsi que les prédicateurs David George* et John Ball surintendants des émigrants. Peters, naturellement, s'attendait à un statut particulier, et, selon Clarkson, il fut dépité de n'avoir pas reçu la charge exclusive de l'émigration. Il était moins disposé que les autres à accepter comme parole d'évangile tout ce que Clarkson disait ; un différend s'éleva entre les deux hommes. Il ne s'ensuivit pas toutefois de bouleversements d'importance et, le 15 janvier 1792, une flotte de 15 bateaux quittait Halifax pour l'Afrique occidentale.

Pendant ce temps, Parr avait nommé Alexander Howe* et Job Bennet Clarke commissaires ayant qualité pour examiner les accusations de Peters. Sans nul doute Dundas voulait-il que leur enquête comprît les griefs que Peters avait formulés au nom de tous les Noirs ; néanmoins les commissaires choisirent d'interpréter leur mandat de façon à étudier uniquement la situation de Peters, qui n'avait pas de terre. Après avoir entendu la déposition de Peters et des fonctionnaires que la distribution des terres concernait, ils confirmèrent les faits exposés dans la description de Peters mais conclurent que s'il n'avait pas obtenu de terre c'était à cause de son départ « précipité » pour le Nouveau-Brunswick en 1785. On ne tint aucun compte du fait que les Noirs qui étaient restés en Nouvelle-Écosse n'avaient pas reçu de terres, et l'on ne présenta aucune mesure de redressement.

Dès leur arrivée en Sierra Leone au début de mars, les Loyalistes noirs se mirent à défricher un emplacement, Freetown, pour s'y établir, mais la terre promise à laquelle ils s'attendaient ne devait pas se matérialiser. Pendant la mission de recrutement de Clarkson, la Sierra Leone Company avait fait adopter pour la colonie une constitution prévoyant un gouvernement composé de fonctionnaires blancs nommés par Londres. Clarkson fut fait surintendant et, plus tard, gouverneur. Pour ajouter à la déception des colons, les rations étaient maigres, la saison des pluies causa des fièvres entraînant des décès, et la distribution des terres fut retardée par la maladie, l'inexpérience du gouvernement et l'ingérence de la population indigène. Au lieu de devenir de libres propriétaires fonciers, les Loyalistes noirs se retrouvèrent simples salariés de la compagnie. Ils exprimèrent leur mécontentement lors d'une réunion le 7 avril, au cours de laquelle ils choisirent Peters pour faire valoir leurs revendications auprès de Clarkson. Celui-ci interpréta la démarche comme une tentative de remplacer son gouvernement par un gouvernement noir dirigé par Peters. Homme aux sentiments humanitaires et abolitionniste sincère, Clarkson était convaincu que la réussite d'une colonie dans la Sierra Leone profiterait aux Noirs du monde entier, et que l'anarchie et le désordre la détruiraient. Le lendemain, il rassembla la population tout entière et, s'adressant à Peters comme à un traître, il annonça que « l'un ou l'autre parmi [eux] serait pendu à cet arbre avant que ce palabre ne soit terminé ». Après qu'il eut mis les gens en demeure d'opter pour lui ou pour Peters, personne ne passa dans le camp de Peters. Afin de se dégager de cette confrontation, Clarkson choisit d'accepter l'explication de Peters suivant laquelle il avait agi uniquement dans le but de représenter les colons mais, dans le privé, il appréhendait les desseins de Peters et affecta des espions pour surveiller ses faits et gestes. De son côté, Peters continuait à rappeler aux gens, lors des assemblées méthodistes, les promesses qui leur avaient été faites et leur situation réelle.

Le 1er mai 1792, Peters fut accusé d'avoir volé quelque chose dans la malle d'un colon mort de la fièvre. Sa défense selon laquelle il n'avait fait que reprendre son dû ne fut pas acceptée, et il fut condamné à rendre la marchandise et à être blâmé publiquement. Cette humiliation ébranla la confiance que l'on avait placée en lui et qui ne se ranima pas avant qu'il ne tombât victime, lui aussi, de la fièvre dans la nuit du 25 juin 1792. Il mourut déshonoré, privé du respect de ceux qu'il avait conduits en Afrique.

La fin de la carrière de Peters, comme sa jeunesse, est enfouie dans la légende. D'après des histoires posthumes, il serait allé en Angleterre en 1793 porter les plaintes des colons devant les administrateurs de la compagnie, serait devenu le premier maire élu de Freetown, et aurait fait face même à la reine Victoria en lui présentant la trahison de ses compatriotes par les Britanniques. Ces embellissements ultérieurs, bien qu'erronés, correspondent davantage à l'héritage qu'a laissé Peters. Son image véritable n'était pas celle d'un chapardeur ni d'un chef déçu. Mieux vaut plutôt se le rappeler comme un adversaire courageux de l'injustice et de la discrimination, et comme une source d'inspiration pour les Noirs d'Amérique du Nord et d'Afrique occidentale en quête de leur affirmation et de leur autodétermination. Il reflète de précieuses valeurs dans la mosaïque des races qui constituent le Canada.

JAMES W. ST G. WALKER

BL, Add. MSS 41262A, 41262B, 41263, 41264. — PANB, RG 10, RS108, Land petitions, bundle 16, Thomas Peters, 18 mars 1789 ; sér. I, York County, nº 386, Thomas Peters, 18 avril [1789] ; sér. II, Thomas Peters, in Council, 25 oct. 1785. — PANS, RG 1, 359, nº 65 ; 376, pp.73–77. — PRO, CO 217/63 ; CO 267/9 ; FO 4/1 ; PRO 30/55, Book of Negroes (copie aux PANS). — USPG, Dr Bray's Associates, minute books, 3 ; unbound papers, box 7. — [John Clarkson], *Clarkson's mission to America, 1791–1792*, C. B. Fergusson, édit.

(Halifax, 1971) ; Diary of Lieutenant J. Clarkson, R.N. (governor, 1792), *Sierra Leone Studies* ([Freetown, Sierra Leone]), nº VIII (mars 1927). — A. M. Falconbridge, *Two voyages to Sierra Leone during the years 1791–2–3, in a series of letters* [...] (Londres, 1794). — F. W. Butt-Thompson, *Sierra Leone in history and tradition* (Londres, 1926). — C. [H.] Fyfe, *A history of Sierra Leone* (Londres, 1962). — E. G. Ingham, *Sierra Leone after a hundred years* (Londres, 1894). — J. W. St G. Walker, *The black loyalists : the search for a promised land in Nova Scotia and Sierra Leone, 1783–1870* (Londres, 1976) ; The establishment of a free black community in Nova Scotia, 1783–1840, *The African Diaspora : interpretive essays*, M. L. Kilson et R. I. Rotberg, édit. (Cambridge, Mass., et Londres, 1976). — R. W. Winks, *The blacks in Canada : a history* (Montréal, 1971). — [A. G.] Archibald, Story of deportation of Negroes from Nova Scotia to Sierra Leone, N.S. Hist. Soc., *Coll.*, VII (1891) : 129–154. — C. H. Fyfe, Thomas Peters : history and legend, *Sierra Leone Studies* (Freetown), nouv. sér., 1 (1953–1955) : 4–13. — A. F. Walls, The Nova Scotian settlers and their religion, *Sierra Leone Bull. of Religion* (Freetown), 1 (1959) : 19–31.

PICARD, LOUIS-ALEXANDRE, bijoutier, joaillier, orfèvre et lieutenant de milice, né dans la paroisse Saint-Eustache à Paris vers 1728, fils de Pierre-François Picard et de Marie-Jeanne Léger, décédé à l'Hôtel-Dieu de Montréal le 27 avril 1799.

Selon toute évidence, Louis-Alexandre Picard fait l'apprentissage de son métier à Paris puis, vers 1750, s'engage dans la cavalerie où il sert pendant deux ans. Son service terminé, il s'établit à Bordeaux où il séjourne deux ans et demi. Il arrive à Québec en 1755, s'installe rue de l'Escalier avec l'orfèvre Jacques TERROUX et se lie aussitôt avec le chef de file des orfèvres de la ville, Ignace-François DELEZENNE. Dès le mois d'octobre, « désirant S'établir en Son particulier », il propose à Terroux de dissoudre l'association qu'ils avaient conclue verbalement et de lui racheter sa part. Picard installe sa boutique rue Saint-Louis et travaille dès lors pour Delezenne.

Ce dernier a fort à faire avec les commandes d'orfèvrerie de traite qui lui viennent de BIGOT. Les sommes qu'il verse à Picard s'élèvent, à l'automne de 1756, en cette période de pénurie de numéraire, au total impressionnant de 2 729#, versées en or et en argent. Ces pièces seront utilisées pour la fabrication d' « effets d'argenterie d'orphevrerie et autres Bijoux de la dte profession ». A cette époque, Picard met au point de nouveaux outils qui lui permettent de produire plus rapidement tout en utilisant moins de matériau précieux. Il engage successivement trois apprentis : Amable Maillou en 1756, Jean-François Risbé en 1757 et Charles Diverny, dit Saint-Germain, en 1759. Vers 1758, il déménage rue de la Montagne où se trouve l'atelier de Delezenne ; son apprenti Risbé, qui demeurait chez lui l'année précédente, habite chez Delezenne en 1758. Son mariage, en mai 1759, avec Françoise Maufils, de qui il a eu une fille au mois de janvier précédent, nous fait connaître son cercle d'amis. Lors du témoignage de liberté au mariage, Delezenne, « qui a frequenté Le dit picart depuis [quatre ans] qu'il est en Canada », affirme savoir ce qu'il a « dans l'âme ». Quelques jours plus tard, Delezenne assiste à la signature du contrat de mariage en compagnie de Christophe PÉLISSIER et de Jacques Imbert*, agent des trésoriers généraux de la Marine, que l'on peut soupçonner d'avoir eu des accointances avec la Grande Société [V. Michel-Jean-Hugues PÉAN].

A l'été de 1759, l'activité bourdonnante de l'atelier de la rue de la Montagne est interrompue brutalement par le siège de Québec. La paix revenue, Picard se lance dans des activités immobilières intenses qui l'occuperont pendant plusieurs années. Il garde contact avec Delezenne qui poursuit ses activités d'orfèvre de traite avec de nombreux négociants. Ne tardant pas à se relancer en affaires, Picard acquiert de son ex-associé Terroux pour 1 000# d' « Effets, marchandises, et [...] pierreries dorphevrerie [...] pour estre Employées En son commerce ». Mais la crise économique sévit et les affaires ne semblent plus aussi prospères. Malgré des efforts répétés, Picard n'arrive pas à vendre sa maison de la rue de la Montagne, même « à très bon marché [selon] des conditions fort avantageuses pour l'acquereur ». A ces problèmes financiers s'ajoute celui des apprentis : Philippe Bélanger résilie son contrat en 1766, et Louis Migneau s'enfuit en 1772. Comble de malchance, son fils Pierre se noie en 1775 et une nouvelle guerre s'annonce. Picard reçoit au mois d'août une commission de lieutenant dans la milice canadienne de Québec. Le 31 décembre 1775, il était de garde au poste de Près-de-Ville lorsque celui-ci est attaqué par le major général Richard MONTGOMERY. A l'issue de l'engagement, non seulement les Américains ont perdu 36 hommes, dont Montgomery, mais leurs troupes sont mises en déroute.

La paix rétablie, Picard entreprend la construction d'une nouvelle maison, rue des Remparts, celle de la rue de la Montagne ayant été lourdement endommagée. Même si Picard s'obstine à demeurer à Québec, la capitale de l'orfèvrerie de traite est dorénavant Montréal. Bien qu'une certaine activité lui permette d'engager l'apprenti Michel Létourneau en 1783, Picard fait faillite : il ne peut acquitter des traites de 9 380# sur sa maison et est emprisonné. Libéré en 1785, il remonte lentement la pente. Il loge successivement rue Saint-Jean et place du Marché. En 1795, il signe avec six autres orfèvres de Québec une pétition demandant qu'une loi relative à l'utilisation des forges ne s'applique pas à eux, car elle leur porte préjudice à plusieurs égards [V. Michel Forton*]. Peu après il se résigne, malheureusement trop tard, à déménager à Montréal. Les Pierre Huguet*, dit Latour, Dominique Rousseau* et Robert Cruickshank* y dominent alors le marché.

L'œuvre de Picard est pratiquement inconnu. Seul un gobelet conservé au Musée du Québec, portant le poinçon AP dans un rectangle, lui a été attribué.

ROBERT DEROME

ANQ-M, État civil, Catholiques, Notre-Dame de Montréal, 28 avril 1799. — ANQ-Q, État civil, Catholiques, Notre-Dame de Québec, 7 mai 1759, 26 janv. 1762, 19 janv. 1769 ; Greffe de Claude Barolet, 13, 29 déc. 1756, 22 avril 1757, 6 mars, 6 mai 1759 ; Greffe de M.-A. Berthelot d'Artigny, 2 août 1777 ; Greffe de François Lemaître Lamorille, 16 déc. 1762 ; Greffe de J.-C. Louet, 2 oct. 1755, 17 janv. 1763 ; Greffe de J.-C. Panet, 9 juill. 1766 ; Greffe de J.-N. Pinguet, 13 janv. 1785, 1er mai 1786 ; Greffe de F.-D. Rousseau, 24 sept. 1783 ; Greffe de J.-A. Saillant, 15 mars 1757 ; QBC 26, 1, 1re partie, p.2. — ASQ, S, Carton 13, nº 51. — IBC, Centre de documentation, Fonds Morisset, Dossier L.-A. Picard. — Les dénombrements de Québec faits en 1792, 1795, 1798 et 1805 par le curé Joseph-Octave Plessis, ANQ *Rapport*, 1948–1949, 18, 83. — *Invasion du Canada* (Verreau), 121. — La milice canadienne-française à Québec en 1775, *BRH*, XI (1905) : 228. — Témoignages de liberté au mariage (15 avril 1757–27 août 1763), ANQ *Rapport*, 1951–1953, 49, 83s. — *La Gazette de Québec*, 27 déc. 1764, 3 janv. 1765, 17, 24 nov., 15 déc. 1766, 6 oct. 1768, 30 juill. 1772, 27 juill. 1775, 27 déc. 1792. — Derome, *Les orfèvres de N.-F.* — J. Trudel, *L'orfèvrerie en N.-F.*, 221. — Robert Derome, Delezenne, les orfèvres, l'orfèvrerie, 1740–1790 (thèse de M.A., université de Montréal, 1974). — Frégault, *François Bigot*. — Langdon, *Canadian silversmiths*. — Ouellet, *Hist. économique*. — Traquair, *Old silver of Que*. — Gérard Morisset, L'orfèvre Louis-Alexandre Picard, *La Patrie* (Montréal), 30 avril 1950, 37s.

PICHON. V. aussi PICHOT

PICHON, THOMAS, connu sous le nom de **Thomas Tyrell (Thirel, Tirel)**, fonctionnaire colonial, espion et auteur, né le 30 mars 1700 à Vire (dép. du Calvados, France), fils de Jean Pichon, modeste marchand, et de Marie Esnault, décédé le 22 novembre 1781, à Saint-Hélier, île de Jersey.

Thomas Pichon est l'un des personnages les plus énigmatiques des débuts de l'histoire canadienne. Nous disposons de documents autobiographiques pour une grande partie de sa vie, mais ce qui est rapporté des premières années de sa carrière présente souvent des contradictions. Selon Pichon lui-même, ses parents voulaient qu'il se fît prêtre, mais il laissa l'école à 14 ans et s'en alla à Paris pour y étudier la médecine. Quand son père lui retira ses allocations, Pichon dut travailler comme commis pour plusieurs avocats. Plus tard, il fut précepteur chez un seigneur dont il géra les affaires. Il abandonna cet emploi pour aider son père dans une poursuite compliquée qui mit six ans à se régler. Son père refusa de le dédommager et il reprit son travail de secrétaire juridique. En 1741, il obtint un emploi, probablement comme commis, dans le service d'ambulance des armées françaises en Bohême et en Bavière. D'après son propre récit encore, il devint inspecteur des fourrages pour l'armée en Haute-Alsace et, en 1745, il fut chargé d'organiser des hôpitaux sur le Rhin inférieur et dans les Pays-Bas, où il rencontra Jean-Louis de RAYMOND. En 1751, Raymond fut nommé gouverneur à Louisbourg, île Royale (île du Cap-Breton), et Pichon, alléché par des promesses d'avancement, devint son secrétaire.

On possède peu de renseignements sur ses deux premières années dans la colonie. En 1752, il accompagna Raymond dans sa tournée de l'île Royale et de l'île Saint-Jean (Île-du-Prince-Édouard) et acquit cette connaissance géographique approfondie de la région dont il fit montre dans son livre sur l'île du Cap-Breton, écrit huit ans plus tard. Il prépara aussi plusieurs rapports du gouverneur destinés aux autorités métropolitaines, dont il conserva soigneusement des copies en prévision de ses futurs ouvrages. Raymond ne donna pas suite à ses promesses, et Pichon fut de plus en plus déçu de la conduite impérieuse de ce gouverneur. Raymond le recommanda au ministre pour le poste de procureur du roi à la Cour de l'Amirauté, mais il essuya un refus. Pichon se rapprocha du commissaire ordonnateur de Louisbourg, Jacques PREVOST de La Croix, qui accordait ses faveurs à quiconque voulait bien se joindre à lui dans sa lutte contre le gouverneur. Quand Raymond rentra en France, en 1753, Pichon resta dans la colonie. Raymond lui donna une chaleureuse recommandation et demanda au ministre de l'envoyer au fort Beauséjour (près de Sackville, Nouveau-Brunswick) à titre de commissaire de la région de Chignectou, en soulignant que cette affectation serait approuvée par l'abbé LE LOUTRE. Mais ce fut Prevost qui dépêcha Pichon à Chignectou et qui demanda pour lui une commission d'écrivain et de subdélégué de l'intendant de la Nouvelle-France. Pichon arriva au fort Beauséjour le 3 novembre 1753. Pendant deux ans, il y travailla comme commis en chef et responsable des magasins, en dépit du fait que ses commissions ne vinrent jamais de France. Homme de lettres, familier des classiques, Pichon servit de secrétaire aux commandants, prenant leur correspondance qu'il corrigeait et dont il améliorait la grammaire. Pichon aida également l'abbé Le Loutre, quant à l'écriture, bien que sa défiance envers le catholicisme fût confirmée par ce missionnaire et qu'il en vînt à mépriser le prêtre qu'il était.

Le capitaine britannique George Scott*, commandant du fort Lawrence, situé à peu de distance du fort Beauséjour, avait déjà rencontré Pichon à Louisbourg. L'ennui de la vie de garnison sur la frontière acadienne mit en contacts fréquents Français et Britanniques, de sorte que personne ne fit de remarques lorsque Scott invita Pichon au fort Lawrence. Il lui offrit d'améliorer son sort en échange de renseignements sur l'activité déployée par les Français. Même si Pichon donna plus tard plusieurs raisons justifiant cette proposition, il semble n'avoir guère eu de motifs autres que pécuniaires.

Pendant plus d'un an, Pichon fit de l'espionnage et usa de subterfuges au détriment des Français, sous le nom supposé de Tyrell. Il envoya à Scott et à son successeur, le capitaine John Hussey, des récits détaillés de l'activité française à Québec et en Acadie, des plans des forts Beauséjour et Gaspereau (près de Port Elgin, Nouveau-Brunswick), des commentaires sur les fortifications de Louisbourg, des copies de documents officiels, des recensements de réfugiés acadiens, des racontars sur la cour française et, plus habituellement, des rapports sur les missionnaires français et des mises en garde au sujet d'attaques prévues de la part des Indiens et de leurs alliés acadiens. Antérieurement à l'assaut réussi des Britanniques contre les forts français de l'isthme de Chignectou, à l'été de 1755, Pichon remit à Scott un schéma des étapes à suivre en vue de s'en rendre maître, dont le lieutenant-colonel MONCKTON se servit lors de l'attaque. Pichon dissuada les Acadiens de se joindre aux Indiens et retarda le renforcement du fort Beauséjour en transmettant l'avis que les Britanniques n'attaqueraient pas au cours de l'année. Pendant le siège, il affaiblit encore la position des Français en conseillant aux colons acadiens de mettre fin à leurs épreuves en demandant au commandant, Louis DU PONT Duchambon de Vergor, de capituler. Pichon participa aussi à la rédaction d'une lettre envoyée par un habitant de l'Acadie au commandant du fort Gaspereau, Benjamin Rouer* de Villeray, réclamant une reddition immédiate. Au cours des engagements, il tint un journal, généralement exact et impartial, reproduit en partie dans son livre.

Avant la chute du fort Beauséjour, Pichon avait fait des arrangements avec les Britanniques pour la poursuite de son activité comme espion. Prisonnier à Halifax, il remit à Archibald Hinchelwood, secrétaire intérimaire de Charles Lawrence*, une partie de la correspondance et un plan préparé dans le dessein de se rendre maître de la ville que lui avait confiés un autre prisonnier, officier de la marine française. Quant au reste de cette correspondance, il l'emporta à Londres, à la fin de 1755.

A Londres, Pichon continua durant quelque temps à jouer son rôle d'espion auprès de quelques Acadiens et tenta de persuader Louis-Thomas JACAU de Fiedmont, l'officier d'artillerie du fort Beauséjour, de changer d'allégeance. Jouissant d'une pension de £100, il put consacrer beaucoup de son temps à la rédaction de son livre, *Lettres et mémoires pour servir à l'histoire naturelle, civile et politique du Cap Breton, depuis son établissement jusqu'à la reprise de cette isle par les Anglois en 1758*, paru en 1760. Fondé sur des écrits antérieurs et composé sous la forme de lettres à un ami, ce livre est une description, en général exacte mais inégale, des îles Royale et Saint-Jean. L'exposé que fait Pichon des coutumes et de la conduite des Micmacs et des Malécites est d'un réalisme frappant, mais ses considérations sur le rôle des missionnaires sont entachées de sarcasmes méprisants envers d'Église catholique, bien dans l'esprit du siècle des Lumières. Sa vision du gouvernement colonial est faussée parce qu'il suppose que les âpres divisions politiques et les factions qui marquèrent l'époque de Raymond et de Prevost furent une caractéristique commune à tous les gouvernements. Le reste de son livre, qui porte surtout sur les événements militaires dont il fut témoin, présente peu de choses nouvelles ou de révélations. Cet ouvrage demeure, néanmoins, l'une des rares sources fiables sur les Français en Acadie au XVIIIe siècle.

Pendant sa jeunesse, alors qu'il vivait à Paris, Pichon s'était fait la réputation équivoque d'être un séducteur de jeunes femmes. Après son arrivée à Londres, aucunement ébranlé par l'âge, il connut une série d'aventures galantes dont la plus compliquée fut celle qui le lia à Marie-Barbe de Beaumont, née Le Prince, romancière et directrice d'une revue pour enfants, dont le mariage avait été annulé. La passion de cette femme pour Pichon fut plus grande que l'attachement qu'il avait pour elle ; ils ne se marièrent pas, mais Pichon alla vivre dans son appartement en 1757 et continua d'y résider après qu'elle eut quitté l'Angleterre en 1760. Incapable de parler anglais, Pichon fréquenta un cercle restreint ; n'empêche que, dans les années 1760, il prit plusieurs maîtresses. Il se lia aussi d'amitié avec John Cleland, l'auteur de *Fanny Hill, or the memoirs of a woman of pleasure*. Peu après 1769, Pichon déménagea à Saint-Hélier. Il légua à sa ville d'origine, en Normandie, tous ses manuscrits et lettres, et une bibliothèque de plus de 3 000 volumes, composée principalement d'ouvrages d'histoire, de science et d'économie politique.

Les jugements sur Thomas Pichon ont été unanimement durs : son ton d'extrême suffisance, frappant dans sa correspondance, son ambition et son avarice, sa trahison et son comportement sexuel appelaient une condamnation. Pichon lui-même, toujours insatisfait de son sort, allait finir par se torturer l'esprit au sujet de sa trahison envers sa patrie. Il désirait être aimé, mais était incapable, pour sa part, d'aimer vraiment.

En ses dernières années, les péchés et les excès de sa vie passée accablèrent Pichon, qui sombra dans une profonde crise spirituelle. Seul et tourmenté, il était rebuté par sa dégénérescence physique, due à la vieillesse : « Quelle affreuse chose que la vieillesse ! Les ressorts de mes organes sont usés par l'âge, peut-être par la débauche et, comme on dit, pour avoir trop vécu. Mes infirmités augmentent à tout moment et me font passer les jours et les nuits dans des tourments insupportables. Mes jambes, autrefois mon ornement et l'admiration des bals et assemblées, sont étendues sans mouvement sur un tabouret ou sur une chaise et œdémateuses. Mes joues où l'on a vu briller l'embonpoint sont sèches et rétrécies par des rides. Il n'y a plus sur mes lèvres qu'une peau flétrie et livide ; j'ai perdu, non seulement le pouvoir de jouir des plaisirs, mais jusqu'au goût de la joie. »

Davantage encore, la pensée de la mort troubla et effraya Pichon. Ayant rejeté la religion, il trouva que la raison était une piètre consolation quand il s'agissait de faire face à cette fatalité dont il s'était une fois ri comme d'une illusion. « Je tremble malgré moi, écrivait-il, de quelque chose qui me menace et que je m'efforce en vain de ne pas croire. » Il songea au suicide et, dans son désespoir, se tourna vers Dieu. Il mourut protestant. Son angoisse ne pouvait être mieux exprimée que dans l'épitaphe qu'il composa pour lui-même : « Dieu d'amour, qui regardes ce monde et vois l'anxiété des hommes, aie pitié de mon âme ». Pichon espérait qu'à son exemple les autres apprendraient « s'il est d'un homme de bon sens de vivre dans un système où il n'oserait mourir ».

T. A. CROWLEY

Thomas Pichon est l'auteur de *Lettres et mémoires pour servir à l'histoire naturelle, civile et politique du Cap Breton, depuis son établissement jusqu'à la reprise de cette isle par les Anglois en 1758* (La Haye, Pays-Bas, 1760 ; réimpr., [East Ardsley, Angl.], 1966).

AD, Calvados (Cæn), F, 1 894 (fonds Surlaville) (mfm aux APC). — AN, Col., C[11B], 31, f.51v. ; 33, f.70 ; 34, f.167v. — Bibliothèque municipale de Vire (dép. du Calvados), Coll. Thomas Pichon, 1750–1762 (copies aux APC). — BL, Add. MSS 19 071, pp.141s. (copie aux APC). — PANS, RG 1, 341–341½ (papiers Thomas Pichon). — *Les derniers jours de l'Acadie* (Du Boscq de Beaumont). — [L.-T. Jacau de Fiedmont], *The siege of Beauséjour in 1755 ; a journal of the attack on Beauséjour* [...], Alice Webster, trad., J. C. Webster, édit. (Saint-Jean, N.-B., 1936). — *Military affairs in North America, 1748–65* (Pargellis). — Pierre Bagot, *Marie Le Prince de Beaumont, lettres à Thomas Pichon* (Vire, France, 1924). — J. C. Webster, *Thomas Pichon, « the spy of Beausejour », an account of his career in Europe and America* [...] ([Sackville, N.-B.], 1937). — Albert David, Le Judas de l'Acadie, *Revue de l'université d'Ottawa*, III (1933) : 492–513 ; IV (1934) : 22–35 ; Thomas Pichon, le « Judas » des Acadiens (1700–1781), *Nova Francia* (Paris), III (1927–1928) : 131–138. — Gustave Lanctot, Le traître Pichon, *BRH*, XXXVI (1930) : 328–340. — Régis Roy, Thomas Pichon, *BRH*, V (1899) : 92s.

PICHOT (Pichon) DE QUERDISIEN (Kerdisien de) TRÉMAIS, CHARLES-FRANÇOIS, commissaire de la Marine chargé d'enquêter dans l'Affaire du Canada, né aux environs de Brest, France, vers 1724, décédé à L'Acul (République dominicaine), le 9 août 1784.

Charles-François Pichot de Querdisien Trémais entre au service de la Marine en 1743 et est présent au siège de Louisbourg, île Royale (île du Cap-Breton), en 1758, où il sert à titre de commissaire. L'année suivante, il est écrivain principal à Brest et c'est sans doute à ce moment-là qu'on lui propose d'aller au Canada pour y surveiller l'administration des finances, puisque, au début de février 1759, il adresse un mémoire au ministre Berryer dans lequel il expose sa conception du travail qu'il aura à faire dans la colonie ; il suggère qu'on l'engage au « bureau des fonds » (bureau de la Marine), où l'intendant BIGOT demande de l'aide. A la suite de ce mémoire, que le ministre qualifie de « bien fait », Querdisien Trémais reçoit le titre de commissaire de la Marine et des instructions précises pour remplir sa mission. Tout en aidant « efficacement M. Bigot dans ses fonctions », il devra s'attacher à découvrir « tous les abus qui se sont introduits dans les parties quelconques du service de la colonie ». Pour ce faire, il devra surveiller les ravitaillements envoyés par le roi dans la colonie, vérifier les bénéfices des marchands privilégiés par l'intendant et surtout suivre de près l'activité du munitionnaire général Joseph-Michel CADET. Il verra à examiner la dépense faite par les hôpitaux et le loyer payé pour les magasins et bâtiments, à déclarer tout abus dans le traitement des officiers et des troupes dans les différents postes et à s'enquérir des prix des marchandises qui s'y trouvent. On insiste surtout pour qu'il se procure des preuves écrites de ces abus. Afin de faciliter sa tâche, il reçoit un code pour sa correspondance.

Bigot s'aperçoit rapidement de la vraie mission de Querdisien Trémais et, pour prouver son honnêteté, il force ses associés de la Grande Société à des restitutions partielles. L'envoyé du ministre doit travailler dans des conditions particulièrement défavorables, car à peine est-il arrivé à Québec que les Britanniques paraissent dans le Saint-Laurent, et l'intendant croit nécessaire de transporter à Trois-Rivières les documents du « bureau des fonds ». Querdisien Trémais ne peut donc en prendre connaissance et doit se contenter de recueillir des témoignages et les comparer avec ses observations personnelles. Malgré tout, son jugement sur Bigot et l'état-major des forces militaires amènera des poursuites en justice devant le Châtelet, à Paris. On le récompense de ses services en lui accordant une pension de 1 200#. En 1761, le ministre le propose pour régler en France les comptes du Canada. Il doit mener à bien cette tâche sans l'aide du commissaire ordonnateur, Pierre-Michel MARTEL, qui refuse de quitter la colonie.

En juillet de l'année suivante, aidé de l'intendant de Bordeaux, Charles-Robert Boutin, Querdisien Trémais enquête sur les opérations commerciales de Bigot avec le négociant juif Abraham Gradis, chez qui il saisit des documents révélant différents aspects de l'histoire de la Grande Société du Canada [V. Michel-Jean-Hugues PÉAN]. Puis, à La Rochelle, il enquête sur les activités de Denis GOGUET, facteur de Bigot, chargé d'écouler en Europe les fourrures que celui-ci avait acquises dans ses postes ou dans ceux du roi.

A la fin de décembre 1762, Querdisien Trémais reçoit la somme de 6 000#, prises sur le fonds des colonies, pour aller à Saint-Domingue remplir une mission semblable à celle dont il s'était habilement acquitté au Canada. Nommé subdélégué général de l'intendant, commissaire ordonnateur du Cap-Français (Cap-Haïtien ou Le Cap) et premier conseiller des conseils supérieurs du Cap-Français et de Port-au-Prince, il remplit les fonctions de commissaire général de Saint-Domingue à partir du 23 janvier 1769 et est nommé commissaire général de la Marine en 1771. Conseiller honoraire au Conseil supérieur du Cap-Français en 1780, il meurt quatre ans plus tard.

MICHEL ROBERGE

AN, Col., B, 109, ff.34, 63 ; 110, ff.40v., 46 ; 113, f.299v. ; 113, 2e partie, ff.11, 12, 80v. ; 115, f.147 ; C11A, 104, f.344. — ANQ-M, Greffe de Pierre Panet, 10 sept. 1760. — Dossier Charles-François Pichot de Querdisien Trémais, Antoine Roy, édit., ANQ *Rapport*, 1959–1960, 3–22. — Les malignités du sieur de Courville, *BRH*, L (1944) : 113. — Gustave Lanctot, L'affaire du Canada ; bibliographie du procès Bigot, *BRH*, XXXVIII (1932) : 8–17. — [M.-L.-É.] Moreau de Saint-Méry, *Description topographique, physique, civile, politique et historique de la partie française de l'isle de Saint-Domingue*, Blanche Maurel et Étienne Taillemite, édit. (3 vol., Paris, 1958), 272, 1 502. — Frégault, *François Bigot*. — P.-G. Roy, *La famille Martel de Magesse* (Lévis, Québec, 1934), 23. — Pierre de Vaissière, *Saint-Domingue ; la société et la vie créoles sous l'Ancien Régime (1629–1789)* (Paris, 1909), 149s. — M. Querdisien Trémais, *BRH*, LII (1946) : 349.

PICOTÉ DE BELESTRE, FRANÇOIS-MARIE, officier dans les troupes de la Marine, conseiller législatif et grand voyer, né à Lachine (Québec) le 17 novembre 1716, fils de François-Marie Picoté de Belestre et de Marie-Catherine Trottier Desruisseaux, décédé à Montréal le 30 mars 1793.

François-Marie Picoté de Belestre embrassa, comme son père, la carrière militaire. Un an après son mariage avec Marie-Anne Nivard Saint-Dizier, célébré le 28 juillet 1738, il participa à une campagne de répression contre les Chicachas, sous les ordres de Charles Le Moyne* de Longueuil et de Pierre-Joseph Céloron* de Blainville. Longuement préparée, cette vaste offensive permit au gouverneur de la Louisiane, Jean-Baptiste Le Moyne* de Bienville, d'obtenir une paix négociée avec cette tribu rébarbative. En avril 1742, le gouverneur Beauharnois* récompensa Picoté de Belestre en le recommandant comme enseigne en second. De juin à octobre 1746, ce dernier combattit en Acadie avec les troupes de Jean-Baptiste-Nicolas-Roch de RAMEZAY, et il se vit confier la tâche de solliciter auprès de Charles GERMAIN, missionnaire chez les Malécites de la rivière Saint-Jean, des pilotes capables de guider les vaisseaux français et de les soustraire à la flotte anglaise amarrée à Port-La-Joie (Fort Amherst, Île-du-Prince-Édouard). En 1747, avec Louis de La Corne*, dit le chevalier de La Corne, Luc de LA CORNE, et François-Josué de La Corne* Dubreuil, il fut délégué auprès des Indiens des pays d'en haut afin de les convier à Montréal. Sa popularité auprès des nations indiennes ne fut pas étrangère à sa nomination comme commandant au fort Saint-Joseph (Niles, Michigan), en août suivant.

Le traité d'Aix-la-Chapelle de 1748 n'empêcha pas la pression de la colonisation anglo-américaine de se faire sentir de plus en plus dans la vallée de l'Ohio. L'attrait de nouvelles alliances commerciales entraîna la défection d'un bon nombre de Miamis qui, sous la conduite du chef Memeskia (La Demoiselle, Old Britain), voulurent échapper à la surveillance franco-canadienne de Détroit en s'établissant plus au sud, sur la rivière à la Roche (rivière Great Miami, Ohio). Ils y fondèrent le village de Pickawillany (Piqua, Ohio), qui devint rapidement pour les Anglo-Américains « le principal centre d'échanges commerciaux et d'intrigues politiques dans la région de l'Ohio ». Dans le but de conjurer cette menace et de revendiquer les droits de la France sur cette région, le commandant général Roland-Michel Barrin* de La Galissonière y autorisa l'envoi, en 1749, d'une expédition militaire sous le commandement de Céloron de Blainville qui, faute de disposer d'une force de frappe suffisante, s'opposa à l'organisation d'une campagne de répression en vue de l'anéantissement des Miamis récalcitrants. A l'automne de 1751, le nouveau gouverneur La Jonquière [Taffanel*] recourut aux services de Picoté de Belestre, devenu lieutenant depuis avril, pour rendre compte en France, au ministre de la Marine, de la grave détérioration de la situation dans cette partie de l'Ouest.

Jusqu'à la veille de la Conquête, Picoté de Belestre connut, parallèlement à son activité militaire, des occupations commerciales assez florissantes. De 1749 à 1759, il signa près de 90 contrats d'engagement, en grande majorité pour Détroit, parfois pour Michillimakinac (Mackinaw City, Michigan) et pour le fort des Miamis (vraisemblablement à ou près de Fort Wayne, Indiana).

L'année 1756 marqua une recrudescence des engagements militaires contre les forts anglais en Pennsylvanie, en Virginie et dans les Carolines. C'est dans ces dernières provinces qu'au début de l'année, Picoté de Belestre, obéissant aux ordres du commandant du fort Duquesne (Pittsburgh, Pennsylvanie), Jean-Daniel DUMAS, tomba, avec l'aide de Miamis et de Chaouanons, sur un village d'une quarantaine de maisons et un fortin, y faisant 300 prisonniers et mettant tout à feu et à sac, à la satisfaction du gouverneur Vaudreuil [RIGAUD]. Puis, en août 1757, il participa à la victorieuse offensive de Montcalm* contre le fort George (appelé également fort William Henry ; aujourd'hui Lake George, New York). A l'automne, il fut chargé par Vaudreuil d'aller semer la terreur sur la rive nord de la Mohawk, au village des Palatins (appelé aussi German Flats, près de l'embouchure du ruisseau West Canada, New York). Le gouverneur désirait servir une leçon à ces émigrés allemands qui avaient refusé de se rallier aux Français. Le crime dont ils s'étaient rendus coupables en refusant de changer d'allégeance n'évoque-t-il pas, selon l'historien Guy Frégault*, celui des Acadiens ? [V. Charles Lawrence*.] L'expédition dura près de deux mois et se solda par 40 morts et 150 prisonniers. Vaudreuil pouvait être content. La facilité avec laquelle Picoté de Belestre avait pénétré en territoire ennemi par la Mohawk amena le gouverneur à penser, en 1758, à une stratégie de diversion de ce côté-là dans le but d'y attirer une partie des troupes du major général ABERCROMBY qui étaient concentrées sur l'Hudson en vue d'envahir le Canada par le lac Champlain.

A la mort de Jacques-Pierre Daneau* de Muy, survenue en mai 1758, Picoté de Belestre devint commandant de Détroit, faisant ainsi honneur à la mémoire de son père qui y avait jadis joué le rôle de commandant en second sous Alphonse de Tonty*. En janvier 1759, il fut fait chevalier de Saint-Louis et nommé capitaine, en même temps que son fils, François-Louis, était proposé comme enseigne en pied. Ce dernier contribua à rallier de nombreux clans indiens à la cause française. Fait prisonnier par les Cherokees, puis devenu un de leurs chefs, il réussit à les entraîner à guerroyer contre les Anglais du côté de la Virginie et des Carolines où ils firent d'importants ravages. François-Louis s'installa définitivement en Louisiane et sa famille s'y perpétua jusqu'à la fin du XIXe siècle.

A la Conquête, les nations indiennes des pays d'en haut étaient toujours acquises aux Français. A la veille de la reddition de Détroit, à l'automne de 1760, il y eut un conseil d'Indiens (Hurons, Ouiatanons, Potéouatamis, Sauteux) à la résidence de Picoté de Belestre, au cours duquel ils lui exprimèrent tout le « chagrin » que son départ leur causait et l'espoir qu'ils entretenaient de ne pas être abandonnés aux mains des Anglais. Ainsi, Picoté de Belestre, de passage à Paris en 1762, put-il rapporter au ministre de la Marine, le duc de Choiseul : « Ces nations sont dans la confiance que le Roy leur Maître les retirera de l'Esclavage. » Ce sont ces mêmes nations indiennes qui répondront, l'année suivante, à l'appel de Pondiac* cherchant à les soulever contre les Britanniques. Après la reddition, le 29 novembre 1760 [V. Robert ROGERS], le dernier commandant français de Détroit et sa garnison furent amenés au fort Pitt (Pittsburgh), puis dirigés sur New York où ils arrivèrent le 4 février 1761. C'est de là que Picoté de Belestre devait se rendre en Europe où, le 16 juin 1762, il adressait de Paris au duc de Choiseul une demande de compagnie en Louisiane pour son fils, François-Louis.

Outre ce fils aîné, issu de son premier mariage, Picoté de Belestre avait eu deux autres fils et trois filles. Trois ans après la mort de sa femme, il contracta un second mariage, le 29 janvier 1753, avec Marie-Anne Magnan, dit L'Espérance. Deux enfants naquirent de cette union. Durant l'absence de leur père retenu en Europe, les deux filles aînées causèrent des soucis à leur belle-mère, qui chercha à faire invalider leurs mariages contractés devant un ministre protestant et à s'opposer à leurs demandes de reddition de comptes. Les capitaines John Wharton et William Evans, ses nouveaux gendres, obtinrent cependant gain de cause devant la Chambre des milices de Montréal. Picoté de Belestre n'en tint pas, semble-t-il, rigueur à ses filles. En rédigeant son testament, le 8 juin 1791, il inscrivit ses deux aînées, ou à défaut ses petits-enfants, bénéficiaires d'une somme de £50 chacune.

Le retour de Picoté de Belestre au Canada ne s'effectua pas, vraisemblablement, avant 1764. A Montréal, il vécut assez retiré. En 1767, il fut mêlé aux insolites rebondissements de la célèbre affaire du marchand Thomas WALKER, par suite de la surprenante arrestation, en novembre 1766, de six de ses concitoyens, dont certains bien en vue, tels le juge John Fraser, Luc de La Corne, et le gendre de ce dernier, John CAMPBELL. Les inculpés furent soumis au verdict d'un grand jury où, parmi les nouveaux sujets canadiens, siégeaient Picoté de Belestre, Pierre-Roch de Saint-Ours Deschaillons, Claude-Pierre PÉCAUDY de Contrecœur et Joseph-Claude Boucher* de Niverville, tous chevaliers de Saint-Louis. Désireux d'innocenter leur compatriote Luc de La Corne, ils profitèrent de l'occasion pour prêter « allègrement » le serment d'allégeance à la couronne britannique, à l'encontre de l'engagement que leur imposait l'ordre de Saint-Louis « de ne jamais quitter le service du roi de France pour entrer à celui d'un prince étranger sans la permission et l'agrément écrit de Sa Majesté ». Cette rupture d'allégeance à leur ancien souverain leur valut d'être placés sur la liste de choix que le gouverneur Guy Carleton* présenta au secrétaire d'État des Colonies américaines, lord Hillsborough, en mars 1769, en prévision des futures nominations au Conseil législatif.

A peine Picoté de Belestre s'initiait-il à son nouveau rôle de conseiller législatif, en 1775, que l'invasion américaine le rappela sur les champs de bataille, dans la région du Richelieu cette fois-ci. Le fort Saint-Jean étant menacé, une centaine de volontaires canadiens, dont un bon nombre d'anciens officiers, se portèrent spontanément à sa défense, sous les ordres de l'ancien commandant de Détroit et de Joseph-Dominique-Emmanuel Le Moyne* de Longueuil. Picoté de Belestre fit figure de chef de file parmi les représentants de la noblesse canadienne. Le siège du fort dura 45 jours. Ses vaillants défenseurs durent capituler le 2 novembre, 15 jours après la reddition du fort Chambly. Prisonnier de guerre une seconde fois, Picoté de Belestre connut l'exil à Albany (New York) et au New Jersey. A son retour, Carleton le nomma grand voyer de la province de Québec, le 1er mai 1776. Il ne semble pas cependant avoir activement rempli son rôle, à cause de son « âge » et de ses « infirmités », comme le constata HALDIMAND, successeur de Carleton. Un dernier honneur vint couronner la carrière de Picoté de Belestre. Le 12 juillet 1790, il reçut le titre de lieutenant-colonel provincial, en reconnaissance pour les services rendus lors de l'invasion américaine.

La scène politique n'offrit pas à Picoté de Belestre l'occasion de se distinguer par des actions d'éclat comme celles qu'il avait eu la possibilité d'accomplir durant sa carrière militaire. Ayant été nommé membre du Conseil législatif alors qu'il approchait de la soixantaine, il exerça cette fonction dans un esprit de loyale et fidèle allégeance à Sa Majesté britannique, mais avec un sentiment de profond attachement aux valeurs socio-culturelles héritées de son ancienne mère patrie. C'est ce qui explique sa participation aux différentes démarches de ses compatriotes en vue de préserver ce précieux héritage tant sur le plan civil que religieux. Il se solidarisa avec les membres du *French party* au sein du Conseil législatif. Il s'intégra si bien au nouveau régime établi en vertu de l'Acte de Québec qu'il s'en fit un tenace défenseur face à la poussée du mouvement réformiste [V. Pierre DU CALVET] qui, ralliant les forces bourgeoises de la colonie, tant du côté anglo-écossais que du côté canadien, prônait l'établissement d'un mode de gouvernement représentatif, conformément aux droits et privilèges de sujets britanniques. L'avènement de la constitution de 1791 dut le rassurer, car il put conserver ses prérogatives de conseiller législatif.

Le 30 mars 1793, François-Marie Picoté de Belestre s'éteignit à l'âge « de 76 ans, 4 mois, 13 jours ». « Le convoi prodigieux », qui accompagna la dépouille mortelle, témoigna de la haute estime dans laquelle ses concitoyens le tenaient.

PIERRE TOUSIGNANT ET MADELEINE DIONNE-TOUSIGNANT

Tous les biographes de François-Marie Picoté de Belestre mentionnent à tort l'année 1719 comme étant celle de sa naissance. C'est le cas pour Æ. Fauteux, *les Chevaliers de Saint-Louis*, 170s. ; Le Jeune, *Dictionnaire*, I : 154 ; Turcotte, *le Cons. législatif*, 39. Mais certains documents indiquent qu'il serait né plutôt le 17 novembre 1716 : son premier acte de mariage et son acte de sépulture conservés aux ANQ-M, État civil, Catholiques, 28 juill. 1738, 2 avril 1793, ainsi qu'un éloge funèbre paru dans *la Gazette de Montréal* le 4 avril 1793. [P. T. et M. D.-T.]

AAQ, 1CB, V : 35. — AN, Col., C11A, 85, pp.147, 151s. ; 87/1, pp.45s., 68, 178s., 183s., 194 ; 87/2, pp.22, 35 ; 97, pp.217s. ; 101, pp.446–448, 461s. ; 102, pp.3–5 ; 103, pp.357–359 ; 105, pp.606–615 ; D2C, 48, pp.69, 139, 391, 403, 424–426, 439s. ; F3, 15, pp.86–92 (copies aux APC). — ANQ-M, Chambre des milices, 6, 9 févr. 1762, 6 déc. 1763 ; État civil, Catholiques, La Visitation-de-la-Bienheureuse-Vierge-Marie, Sault-au-Récollet (Montréal), 11 juin 1744 ; Notre-Dame de Montréal, 27 mai 1714, 4 déc. 1736, 28 juill. 1738, 11 avril 1739, 18 mars 1741, 15 sept. 1742, 2 déc. 1743, 10 sept. 1746, 9 juin, 20 août 1748, 29 janv. 1753, 16 mai 1754, 17 nov. 1758, 20 juin 1791, 2 avril, 31 oct. 1793 ; Saint-Antoine (Longueuil), 18 mars 1743 ; Saints-Anges (Lachine), 26 févr. 1731 ; Greffe de L.-C. Danré de Blanzy, 1749–1759 ; Greffe de Joseph Papineau, 8 juin 1791. — APC, MG 8, A1, 9, pp.220s. ; 10, p.98 ; MG 11, [CO 42] Q, 4, pp.1, 103, 105 ; 5/1, p.269 ; 6, pp.31–33 ; 11, pp.11–13, 161, 258–261, 284 ; 27/1, pp.63–67 ; MG 24, L3, pp.4 017–4 019. — BL, Add. MSS 21 727, ff.107, 133 (mfm aux APC). — *American archives* (Clarke et Force), 4e sér., II : 518s. — Amherst, *Journal* (Webster). — Bégon, Correspondance (Bonnault), ANQ *Rapport*, 1934–1935, 163. — *Coll. de manuscrits relatifs à la N.-F.*, III : 407 ; IV : 82. — *Coll. des manuscrits de Lévis* (Casgrain), XI : 127–142. — [Charles Deschamps de Boishébert et de Raffetot], Mémoire de M. de Boishébert au ministre sur les entreprises de guerre contre les Sauvages, novembre 1747, *BRH*, XXII (1916) : 378. — *Doc. relatifs à l'hist. constitutionnelle, 1759–1791* (Shortt et Doughty ; 1921), I : 491–494 ; II : 578s. — [Antoine Foucher], Journal tenu pendant le siège du fort Saint-Jean, en 1775, par feu M. Boucher, ancien notaire de Montréal, *BRH*, XL (1934) : 135–159, 197–222. — *Invasion du Canada* (Verreau), 24–26, 335s. — *Journal of Pontiac's conspiracy, 1763*, C. M. et M. A. Burton, édit., R. C. Ford, trad. (Détroit, 1912). — [Francis Maseres], *An account of the proceedings of the British, and other Protestant inhabitants, of the province of Quebeck, in North-America, in order to obtain an house of assembly in that province* (Londres, 1775). — La mission de M. de Bougainville en France en 1758–1759, ANQ *Rapport*, 1923–1924, 37s. — *NYCD* (O'Callaghan et Fernow), X : 49, 51, 85, 90, 115s., 118, 145, 151, 162, 182, 423s., 481s., 486, 672–674, 705, 992, 1 094. — Robert Rogers, *Journals of Major Robert Rogers* [...] (Londres, 1765 ; réimpr., Ann Arbor, Mich., [1966]). — Une expédition canadienne à la Louisiane en 1739–1740, ANQ *Rapport*, 1922–1923, 181, 189s. — *La Gazette de Québec*, 15 juill. 1790. — Massicotte, Répertoire des engagements pour l'Ouest, ANQ *Rapport*, 1930–1931, 393 ; 1931–1932, 251–259, 271–275, 279–282, 285s., 289–293, 305–311, 363–365 ; 1932–1933, 245s., 250, 256. — P.-G. Roy, *Inv. procès-verbaux des grands voyers*, V : 156s. — Stanley, *New France*, 20s., 37, 176, 219, 265s. — Tousignant, La genèse et l'avènement de la constitution de 1791. — Ivanhoë Caron, Historique de la voirie dans la province de Québec ; Régime anglais : les ordonnances de 1766 et de 1777, *BRH*, XXXIX (1933) : 283s. — Références biographiques canadiennes, *BRH*, LII (1946) : 227. — J.-E. Roy, La charge de grand voyer, *BRH*, II (1896) : 139s. — P.-G. Roy, Les grands voyers de 1667 à 1842, *BRH*, XXXVII (1931) : 451, 455.

PICQUET, FRANÇOIS, prêtre, sulpicien et missionnaire, né à Bourg-en-Bresse, France, le 4 décembre 1708, fils d'André Picquet et de Marie-Philippe Berthet, décédé le 15 juillet 1781 à Verjon (dép. de l'Ain, France).

Après des études au collège des jésuites de Bourg-en-Bresse, François Picquet entre au séminaire de Lyon en 1728 ; il poursuit sa formation au séminaire de Saint-Sulpice à Paris, où il est ordonné prêtre le 10 avril 1734. Arrivé à Montréal au cours du même été, il y exerce le ministère paroissial jusqu'en 1739, tout en s'initiant aux langues et coutumes des Amérindiens. De 1739 à 1749, il réside à la mission sulpicienne du Lac-des-Deux-Montagnes (Oka), fondée en 1721. Si on peut lui concéder à ce moment la paternité de quelques cantiques et textes catéchistiques en iroquois, il n'en est pas de même – contrairement à ce que veut une tradition trop généreuse à son égard – pour le calvaire d'Oka, que faisait construire son confrère Hamon Guen* de 1740 à 1742, ni pour diverses autres constructions de la mission, érigées bien avant son arrivée.

C'est à ce moment que semble se dessiner sa vocation principale qui consistera à tenter de rallier à la France l'ensemble des Amérindiens du sud des Grands Lacs. En 1745, Picquet se rend avec un certain nombre d'Iroquois à Québec – où l'intendant HOCQUART lui aurait alors décerné « le titre d'apôtre des Iroquois » – et rencontre ensuite le gouverneur Beauharnois* qui le félicite pour son rôle auprès de ceux-ci.

Le 5 octobre 1748, le commandant général de la Nouvelle-France, Roland-Michel Barrin* de La Galissonière, annonce à Maurepas le prochain départ de Picquet pour le fort Frontenac (Kingston, Ontario). Il a mission d'y trouver le meilleur emplacement pour y établir un village pour les Indiens voulant se convertir au christianisme. Il choisit un terrain au-dessous des Mille-Îles, dans un rétrécissement du fleuve stratégiquement avantageux. Le 1er juin 1749, avec 25 Français et 4 Indiens, il y fonde le poste de La Présentation (Oswegatchie ; aujourd'hui Ogdensburg, New York). Dès l'automne suivant, Picquet a fait terminer un fort palissadé avec redoute et habitations, abritant quelque 300 Iroquois, Hurons et autres Indiens. Mais le « Le Loutre » [Jean-Louis LE LOUTRE] des pays d'en haut se propose surtout de détacher les Cinq-Nations de l'alliance anglaise. C'est à ce titre qu'il se rend à Montréal avec « ses » Iroquois, au mois d'août 1752, pour qu'ils prêtent serment d'allégeance au nouveau gouverneur DUQUESNE. Les secours pour sa mission étant toutefois insuffisants à son gré, il s'embarque à l'été de 1753 sur l'*Algonkin* avec trois Iroquois pour demander à Louis XV de l'aider. Si l'aide est minime – 3 000#, quelques volumes et une statue – le spectacle, lui, est goûté. Ce qui permettra à l' « hagiographe » de Picquet, Joseph-Jérôme Lefrançois de Lalande, d'écrire : « La guerre ne fut pas plutôt déclarée en 1754, que les nouveaux enfans de Dieu, du Roi, et de M. Picquet ne songèrent qu'à donner des preuves de leur fidélité et de leur valeur. »

De retour en Nouvelle-France en 1754, et à défaut d'un confortable doyenné du chapitre qu'il postule en vain, le bouillant sulpicien se lance à corps perdu dans la mêlée finale qui oppose la France à la Grande-Bretagne en Amérique du Nord. A compter de 1755, on le retrouve partout, comme aumônier militaire, comme conseiller ou encore comme « armée », puisque, selon Lalande citant le gouverneur Duquesne, « l'abbé Picquet valoit mieux que dix régimens ». Pendant que Pierre-Paul-François de LAGARDE travaille à la mission, Picquet participe, en 1756, à l'expédition contre le fort Bull (à l'est du lac Oneida, New York) et à celle contre Chouaguen (ou Oswego ; aujourd'hui Oswego, New York). Montcalm* note que « les sauvages, suivant le rapport de l'abbé Piquet, disent que les Anglais ont mis sa tête à prix ». « Aussi, poursuit Lalande, les Généraux, les Commandans, les troupes lui marquoient, par des honneurs militaires, leur estime et leur reconnoissance d'une maniere extraordinaire [...]. Il recevoit ces honneurs, soit à l'armée, soit à Québec, à Montréal, aux trois rivières, dans tous les forts où il passoit. »

Gratifié d'une pension du roi en mars 1757, Picquet entreprend deux mois plus tard des négociations secrètes avec les Onneiouts, qui aboutissent à une alliance plus qu'éphémère. Mais avec l'intensification des combats, le gouverneur Vaudreuil [RIGAUD] décide d'installer un commandant militaire – Claude-Nicolas de Lorimier* de La Rivière – au fort de La Présentation. Insulté par un tel partage des pouvoirs, l'autocratique abbé se retire, en mars 1758, dans son ancienne mission du Lac-des-Deux-Montagnes. Il n'en reparaît que le 18 mai. « L'abbé Piquet, sorti du fond de sa retraite, a paru ce matin ; c'est un seigneur de la cour, mécontent, qui a passé deux mois sur ses terres » note Montcalm qui, en bon Français, lui donne raison contre le gouverneur.

« Très accrédité » auprès des Indiens, l'abbé Picquet les guide, le 8 juillet 1758, à la fameuse bataille de Carillon (Ticonderoga, New York), où, selon une chanson composée après la victoire, il aurait ainsi exhorté l'armée avant le combat :

Enfants, dit-il, animez-vous !
L'Bon Dieu, sa Mèr', tout est pour vous.

Reconnaissant, Vaudreuil remplace l'acariâtre Lorimier par l'affable commandant Antoine-Gabriel-François BENOIST. Et en mars 1759, en confiant à Pierre Pouchot* la mission d'assumer provisoirement le commandement de La Présentation, Vaudreuil lui enjoint « d'avoir pour l'abbé Piquet les égards dus à son caractère, et au crédit qu'il a dans les nations ». Mais de toute façon la résistance s'écroule. Même si Vaudreuil, LÉVIS, Montcalm et autres ne tarissent point d'éloges à l'égard de Picquet qui « a fait sa campagne en guerrier », celui-ci, après l'expédition ratée de Louis de La Corne* à Chouaguen en juillet 1759, sent bien l'imminence du dénouement. Conscient de l'insuffisance des fortifications de La Présentation, il décide d'emménager sa mission dans une île rapprochée, l'île Picquet. Mais les Indiens, « qui y crèvent de faim », commencent à s'enfuir. Picquet se rend à Montréal durant l'hiver de 1760 pour tenter d'obtenir des secours. Peine perdue ! Il ne lui reste plus qu'à revenir sur son île – ce qu'il fait en mars 1760 – regrouper les Indiens les plus démunis et les ramener au cours de l'été dans une capitale qui n'a pour tout empire qu'elle seule...

Refusant apparemment de se soumettre au nouveau maître, et peut-être parce que sa tête était mise à prix, Picquet, accompagné de 25 Français et de quelques Indiens, quitte subrepticement Montréal, sur le point de capituler, pour se diriger vers La Nouvelle-Orléans où il parvient en juillet 1761. Il y séjourne jusqu'en avril 1763, alors qu'il s'embarque, définitivement cette fois, pour la France.

Ses difficultés ne sont pas pour autant terminées, car on refuse maintenant une pension à celui qui, nous informe de façon toujours aussi objectivement pondérée son biographe Lalande, « avoit exposé mille et mille fois sa vie, sauvé souvent les sujets du Roi et la gloire de ses armes, et qui pouvoit même dire qu'il n'y avoit point eu d'actions glorieuses à la France pendant son séjour au Canada, auxquelles il n'ait eu grande part ». L'assemblée générale du clergé de France viendra toutefois à son secours en lui versant 1 200*#* à deux reprises, soit en 1765 et en 1770.

En 1772, Picquet décide de retourner dans sa Bresse natale, exerçant d'abord à Verjon le ministère paroissial jusqu'en 1775, et, cet abbé tout salpêtre, devient finalement aumônier des visitandines à Bourg-en-Bresse jusqu'en 1779. En mars 1777, il se rendit à Rome où Pie VI lui accorda une audience privée, tandis que « ses » visitandines le présentaient dans une circulaire comme « connu aux quatre coins du monde [...], étant aimé du peuple, respecté des sauvages, estimé des grands et surtout de Louis XV, qui lui avoit donné, de même que le pape, toute sorte d'autorité et de pouvoir ». C'en est assez pour qu'il prenne sa retraite, achetant champ et maison près de Cluny en 1779. Appelé à Verjon pour affaires en 1781, il y meurt le 15 juillet d'une hémorragie doublée d'hydropisie.

ROBERT LAHAISE

Le problème majeur, relativement à l'abbé Picquet, consiste à tenter de dégager la vérité d'un fatras d'hyperboles à panache. Le tout commence avec la publication de sa vie, à Paris en 1783, par son ami et concitoyen, l'astronome Joseph-Jérôme Lefrançois de Lalande. Sans fournir de références, le savant nous raconte que Picquet a littéralement tout fait, ralliant l'Iroquoisie tout entière – il faillit faire de même avec les « Nègres et Négresses de la Nouvelle-Angleterre » – faisant trembler l'Angleterre, prévoyant et dirigeant les guerres. D'ailleurs, lorsque AMHERST pénétra dans Montréal, il « s'informa d'abord du lieu où M. Picquet pouvoit s'être réfugié ».

Un peu plus d'un siècle après un aussi fulgurant départ, André Chagny, catholique et royaliste comme seul un Français du XIXe siècle savait l'être, décide de poursuivre l'épopée. Acceptant inconditionnellement le texte de Lalande, il comble de son cru en 600 pages les vides laissés par les trop minces 60 pages de son prédécesseur. On a conséquemment droit – entre autres – à une apologie de l'humilité de l'abbé Picquet, ainsi qu'à un chant du cygne digne des prémisses : « Grâce à tous ceux qui défendirent alors la Nouvelle-France, et en première ligne à l'abbé Picquet, on peut affirmer hardiment qu'il subsiste de l'autre côté de l'Atlantique quelque chose de la grande âme de la France. » Par la suite, Joseph Tassé*, Pierre Rousseau et Auguste-Honoré Gosselin* moduleront sur ce sujet des variations mineures. Un fait demeure toutefois indéniable : les nombreux éloges – qu'on retrouve dans la *Coll. des manuscrits de Lévis* – décernés unanimement à notre abbé par les dirigeants de la colonie. A partir de cela, et sans rêver d'un surhomme, on peut sans doute au moins songer à un Le Loutre de l'Ouest. Ce qui n'est déjà pas si mal... [R. L.]

Coll. des manuscrits de Lévis (Casgrain), I : 198 ; II : 187 ; V : 254s., 307 ; VII : 119, 206, 481 ; VIII : 97, 103 ; X : 189, 204. — J.-J. Lefrançois de Lalande, Mémoire sur la vie de M. Picquet, missionnaire au Canada, par M. de la Lande, de l'Académie des Sciences, *Lettres édifiantes et curieuses, écrites des missions étrangères par quelques missionnaires de la Compagnie de Jésus*, Y.-M.-M. de Querbeuf, édit. (nouv. éd., 26 vol., Paris, 1780–1783), XXVI : 1–63. — Les malignités du sieur de Courville, *BRH*, L (1944) : 69s. — [A.-J.-H. de Maurès de Malartic, comte de Malartic], *Journal des campagnes au Canada de 1755 à 1760* [...], Gabriel de Maurès de Malartic et Paul Gaffarel, édit. (Dijon, France, 1890). — Louise Dechêne, Inventaire des documents relatifs à l'histoire du Canada conservés dans les archives de la Compagnie de Saint-Sulpice à Paris, ANQ *Rapport*, 1969, 147–288. — André Chagny, *Un défenseur de la « Nouvelle-France », François Picquet, « le Canadien » (1708–1781)* (Montréal et Paris, 1913). — Frégault, *La guerre de la Conquête*. — Pierre Rousseau, *Saint-Sulpice et les missions catholiques* (Montréal, 1930). — M. Trudel, *L'Église canadienne*. — J.-G. Forbes, La mission d'Oka et ses missionnaires, *BRH*, VI (1900) : 147. — A.[-H.] Gosselin, Le fondateur de la Présentation (Ogdensburg) : l'abbé Picquet (1734–1760), SRC *Mémoires*, 1re sér., XII (1894), sect. I : 3–28. — Olivier Maurault, Quand Saint-Sulpice allait en guerre ..., *Cahiers des Dix*, 5 (1940) : 11–30. — J. R. Porter, Le calvaire d'Oka, *Vie des arts* (Montréal), XIX (1974–1975), n° 76 : 88s. — P.-G. Roy, Pierre Margane des Forêts de Lavaltrie, *BRH*, XXIII (1917) : 71–77. — Joseph Tassé, L'abbé Picquet, *Revue canadienne* (Montréal), VII (1870) : 5–23, 102–118. — Têtu, Le chapitre de la cathédrale, *BRH*, XV : 97–111.

PIER. V. SAINT-AUBIN

PIERRE-BENOÎT. V. BENOÎT

PIOT DE LANGLOISERIE (L'Angloiserie), MARIE-MARGUERITE, dite **Saint-Hippolyte,** sœur de la Congrégation de Notre-Dame, supérieure de la communauté (supérieure générale), née à Varennes, près de Montréal, le 11 février 1702, fille de Charles-Gaspard Piot* de Langloiserie et de Marie-Thérèse Dugué de Boisbriand, décédée à Montréal le 10 février 1781.

Marie-Marguerite Piot de Langloiserie appartenait à deux familles de l'élite de la société canadienne. Son père fut lieutenant de roi à Québec et chevalier de l'ordre de Saint-Louis, et son grand-père maternel, Michel-Sidrac Dugué* de Boisbriand, avait été l'un des premiers seigneurs de la région de Montréal. En 1721, Marie-Marguerite entra au noviciat de la congrégation à Montréal en même temps que Charlotte-Angélique, son aînée de six ans. Sous le nom de sœur Sainte-Rosalie, cette dernière fut membre de la communauté durant 23 ans et mourut le 1er mars 1744, sept ans avant l'élection de sa sœur comme supérieure de la communauté.

C'est sous des auspices favorables que s'ouvrit en 1751 le premier mandat de sœur Saint-Hippolyte à la direction de la congrégation. La santé des sœurs y était meilleure, aucun décès n'ayant été enregistré depuis près de deux ans, alors qu'il y en avait eu 19 au cours des quatre années précédentes. La paix et l'union régnaient dans la communauté, et les autorités religieuses et civiles, en France comme au Canada, soutenaient l'institut de maintes façons. Cependant les six premières années de sœur Saint-Hippolyte comme supérieure ne furent marquées par aucun événement majeur, vu la reprise des hostilités entre la France et l'Angleterre en Amérique. Quand sœur Saint-Hippolyte reprit le gouvernement de l'institut en 1763, succédant à Marie-Angélique Lefebvre* Angers, dite Saint-Simon, le traité de Paris était signé. Comme pour manifester sa volonté de poursuivre son œuvre malgré le changement définitif de régime, la congrégation jeta aussitôt les fondements d'une nouvelle mission à Saint-François-de-la-Rivière-du-Sud (Saint-François-de-Montmagny). A cette occasion, se manifesta la gêne extrême de la communauté. Mais, dès l'année suivante, les paroissiens de Saint-François et leur curé, Pierre-Laurent Bédard, firent donation aux sœurs d'un couvent bâti pour elles et leurs pensionnaires.

En fait, l'œuvre de Marguerite Bourgeoys* était sauvée. Pendant que la supérieure se préoccupait de régler les affaires de la congrégation en France, conformément aux ententes entre les couronnes française et anglaise, et qu'elle se résignait à vendre certaines terres pour améliorer la situation financière de la communauté, les sœurs continuaient à dispenser l'instruction aux petites filles à Montréal et dans les missions environnantes de Pointe-aux-Trembles, Lachine, Saint-Laurent, Boucherville, Laprairie (La Prairie) et du Lac-des-Deux-Montagnes (Oka). Dans la région de Québec, les religieuses étaient à l'œuvre dans les missions de Champlain, Sainte-Famille, île d'Orléans, et Pointe-aux-Trembles (Neuville). Elles n'avaient pas encore repris celle de la basse ville de Québec, tandis que la mission de Château-Richer, fondée par Marguerite Bourgeoys elle-même en 1689, ne devait jamais être rétablie. Quant à celle de Louisbourg, île du Cap-Breton, qui survivait à La Rochelle, France, depuis la déportation des missionnaires en 1758, elle s'éteignit avec la mort des deux dernières missionnaires, Marie-Marguerite-Daniel Arnaud*, dite Saint-Arsène, en 1764, et Marie Robichaud, dite Saint-Vincent-de-Paul, en 1766.

A la fin du second mandat de sœur Saint-Hippolyte comme supérieure, alors qu'elle fut remplacée par Marie-Josèphe MAUGUE-GARREAU, dite de l'Assomption, la communauté avait franchi la période de transition que connut toute institution canadienne après la Conquête. L'événement était d'importance. Désormais la Congrégation de Notre-Dame ne pouvait plus douter de son avenir.

ANDRÉE DÉSILETS

ACND, Fichier général ; Personnel, III ; Registre général. — ANQ-M, État civil, Catholiques, Sainte-Anne (Varennes), 11 févr. 1702. — Lemire-Marsolais et Lambert, *Hist. de la CND de Montréal*, IV ; V. — M. Trudel, *L'Église canadienne*, II : 333–349.

PITCHY. V. PEACHEY

PORLIER, PIERRE-ANTOINE, prêtre, né à Montréal le 19 mai 1725, fils de Claude-Cyprien-Jacques Porlier, marchand, et d'Angélique Cuillerier, décédé à Saint-Ours (Québec) le 15 août 1789.

Pierre-Antoine Porlier fit ses études classiques au petit séminaire de Québec et fut ordonné prêtre le 8 juin 1748. La même année, on lui confia la cure de Sainte-Geneviève-de-Batiscan. Dès l'année suivante, il devint le premier curé en titre de Sainte-Anne-de-la-Pocatière (La Pocatière, Québec) et conserva cette charge pendant 29 ans, soit de 1749 à 1778.

L'abbé Porlier, lorsqu'il succéda à Charles Lefebvre Duchouquet, desservant à Sainte-Anne-de-la-Pocatière, sembla un peu dépaysé, mais emballé et surtout bien décidé à organiser à sa manière cette paroisse. Notant un laisser-aller chez certains de ses paroissiens touchant le respect des lieux saints, il fit appel à l'intendant BIGOT qui publia, le 12 avril 1749, une ordonnance enjoignant aux « habitants et jeunes gens de La Pocatière de ne plus se quereller à la porte de l'église [...], ni commettre aucune irrévérence les jours de feste ». L'abbé Porlier eut un ministère bien rempli, jouissant de l'estime de ses confrères et, généralement, de son évêque, Mgr BRIAND. Toutefois, de très nombreuses disputes marquèrent son séjour à Sainte-Anne-de-la-Pocatière. Sa correspondance laisse entrevoir des divergences d'opinions avec son évêque, notamment sur la question des sommes d'argent perçues par le curé lui-même. L'évêque l'accusa à plusieurs reprises d'être trop exigeant. Ainsi lui écrivait-il en 1762 : « J'ai eu des exemples de plusieurs curés qui vivent et dont les revenus ne sont pas si forts que les vôtres. Tout le monde et même les plus aisés se nourrissent à présent bien simplement. Convient-il à des prêtres de ne vouloir se ressentir en rien de la misère publique ? » En 1771, Mgr Briand revenait à la charge et recommandait à l'abbé Porlier de pratiquer la mortification chrétienne.

Témoin de la Conquête, l'abbé Porlier soutint ses paroissiens et, loyaliste, prit position contre l'invasion des Bostonnais en 1775–1776 [V. Richard MONTGOMERY]. C'est à cette époque d'ailleurs que ses relations avec Mgr Briand semblent les meilleures. Sa correspondance est abondante et Porlier prend la peine de décrire à son évêque le comportement de ses paroissiens lors de l'invasion américaine dans un « Memoire d'observations sur la conduite des habitans des deux paroisses de Ste. Anne et de St. Roch au sujet de l'invasion des Bostonois rebels et de l'exécution des ordres de son excellence monsr. de Carleton pour les repousser de la pointe Levi sous les ordres de mr. de Beaujeu ». Dans le but de repousser l'invasion, il incita même ses paroissiens à s'engager dans les troupes recrutées par le seigneur de l'île aux Grues, Louis Liénard* de Beaujeu de Villemomble. Mais l'adhésion d'un certain nombre de ses paroissiens aux thèses républicaines [V. Clément Gosselin*] et le massacre des troupes de Liénard le touchèrent fortement.

Outre ces événements douloureux, le curé Porlier eut à faire face à de nombreuses difficultés au cours de ses 29 années de cure à Sainte-Anne-de-la-Pocatière. Ainsi, le 13 octobre 1766, un ouvrier négligent mit le feu à des copeaux de bois ; il en résulta un incendie désastreux qui ravagea l'église paroissiale. Toutefois, les murs restèrent intacts et, grâce à une quête dans les paroisses environnantes et au travail bénévole d'une dizaine de menuisiers, l'église fut reconstruite avant les grands froids de l'hiver. Abattu par le désastre, l'abbé Porlier aurait demandé une nouvelle cure dès cette époque.

Pierre-Antoine Porlier, attiré par la cure de Varennes et invoquant des raisons de santé, formula à plusieurs reprises, à partir des années 1760, des demandes de mutation. Mgr Briand lui offrit un poste de missionnaire chez les Tamarois, puis une cure à Québec ; mais, à chaque occasion, les exigences du curé outrepassaient les offres de son évêque. Devenu finalement curé de Saint-Ours en 1778, succédant à l'abbé François Cherrier*, Porlier croyait sans doute vivre désormais des jours plus calmes. Mais ses premières années de cure à Saint-Ours furent ponctuées de nombreuses querelles avec les membres de la fabrique et quelques-unes de ses ouailles. Tout semblait être matière à mésentente : amélioration des lieux, vente de bancs, répartition des dépenses, achat de nouveau matériel, construction d'un coffre-fort. Le moindre achat suscitait des controverses et, à de nombreuses reprises, le curé Porlier fit appel à Mgr Briand et au vicaire général, Étienne MONTGOLFIER, afin de trancher le litige. Affecté par cette situation, il tomba malade en février 1781. Ses demandes répétées pour obtenir l'assistance d'un vicaire furent exaucées en octobre 1787, alors que l'abbé Jean-Baptiste Boucher-Belleville*, celui-là même qui, à sa mort, devait lui succéder comme curé en titre, vint lui prêter main-forte.

Pierre-Antoine Porlier décéda le 15 août 1789 à Saint-Ours et fut inhumé deux jours plus tard. Les causes de sa mort nous sont inconnues et les documents demeurent muets sur ce point.

PIERRE MATTEAU

Archives du collège de Sainte-Anne-de-la-Pocatière (La Pocatière, Québec), CAC 1 038, n°s 726.3, 726.5. — Allaire, *Dictionnaire*, I : 442. — Caron, Inv. de la corr. de Mgr Briand, ANQ *Rapport*, 1929–1930, 51, 87. — Azarie Couillard-Després, *Histoire de la seigneurie de Saint-Ours* (2 vol., Montréal, 1915–1917), II : 118–161. — N.-E. Dionne, *Sainte-Anne de la Pocatière, 1672–1900* (Lévis, Québec, 1900). — Gérard Ouellet, *Histoire de Sainte-Anne-de-la-Pocatière, 1672–1972* (La Pocatière, 1973). — [P.-F.-X.-O.-M.-A.] Paradis, *Notes historiques sur la paroisse et les curés de Sainte-Anne de la Pocatière depuis les premiers établissements* (Sainte-Anne-de-la-Pocatière, 1869). — N.-E. Dionne, L'invasion de 1775–76, *BRH*, VI (1900) : 132s.

POTIER (Pottier, Pottié ou **Pothier), PIERRE-PHILIPPE**, prêtre, jésuite et missionnaire, baptisé à Blandain (province du Hainaut, Belgique), le 22 avril 1708, fils de Jacques Potier et de Marie Duchatelet, décédé à Notre-Dame-de-l'Assomption (Windsor, Ontario) le 16 juillet 1781.

De 1721 à 1727, Pierre-Philippe Potier fit ses études au collège de Tournai (Belgique) et, de 1727 à 1729, à Douai, France. Le 30 septembre 1729, il entra au noviciat de Tournai. Après une année de lettres (1731–1732) à Lille, France, il enseigna six ans au collège de Béthune. En 1738, il entreprit ses études de théologie au scolasticat de Douai, qu'il termina en 1742, puis il se rendit à Armentières pour le Troisième An et prononça ses derniers vœux à Tournai, le 2 février 1743.

Parti de La Rochelle sur le vaisseau du roi, *Rubis*, le 18 juin 1743, Potier atteignit Québec le 1er octobre, séjourna huit mois à la mission huronne de Lorette pour y apprendre la langue, quitta Québec le 26 juin 1744 et atteignit sa destination définitive, la mission huronne de l'île aux

Bois-Blancs, à l'embouchure de la rivière Détroit, le 25 septembre 1744. A ce moment, le supérieur en était le père Armand de La Richardie*, qui occupait ce poste depuis 1728. Deux ans plus tard, la maladie ayant forcé La Richardie à quitter la mission, Potier en garda seul la responsabilité. Il dressa la liste des 33 cabanes huronnes de sa mission, divisée en deux villages – le Petit Village (19 cabanes) et le Grand Village (14 cabanes) – en indiquant le nom des chefs de cabane et le nombre d'occupants. Il transcrivit une liste complète de tous les baptisés depuis l'année 1728 et incorpora quelques livres de comptes de la mission ainsi que des renseignements divers dans ses nombreux cahiers de notes.

Lorsque, au mois de mai 1747, la mission de l'île aux Bois-Blancs fut détruite par un parti de Hurons de la bande à Nicolas [Orontony*], La Richardie revint pour une courte période et décida de transférer le village huron et la mission à La Pointe de Montréal (qui fait aujourd'hui partie de Windsor, Ontario). De 1755 à 1759, Potier bénéficia de l'aide du père Jean-Baptiste de Salleneuve. Suivant la coutume, l'un des missionnaires accompagnait les bandes huronnes en hivernement, habituellement à Sandoské (Sandusky, Ohio), sur la rive sud-ouest du lac Érié.

Durant les années qui suivirent la Conquête, Potier prit également en charge les habitants français établis sur la rive gauche de la rivière Détroit. A partir de 1767, année de la fondation de la paroisse Notre-Dame-de-l'Assomption, jusqu'à sa mort en 1781, Potier exerça son ministère auprès des Hurons et des Français, comme curé de la paroisse, la plus ancienne en Ontario. Malgré l'isolement et les circonstances, son activité intellectuelle demeura intense. Il consacra beaucoup de temps à la lecture d'ouvrages divers, dont il transcrivit des parties considérables conservées dans des cahiers de notes personnels dont la moitié environ subsiste encore. Les 22 cahiers conservés aux archives du séminaire de Québec comprennent des notes de cours, des écrits divers, en latin ou en français, concernant la théologie, la philosophie, les sciences, l'histoire des religions, les conciles, des ouvrages de piété, des exercices du noviciat et un dictionnaire. Cinq manuscrits aux archives de la Compagnie de Jésus, province du Canada français (Saint-Jérôme), concernent la langue huronne : « Radices linguae huronicae » ; « Elementa grammaticae huronicae » ; « Sermons en langue huronne » ; « Extraits de l'Évangile » ; « De religione », auquels s'ajoutent divers fragments (cabanes huronnes, noms hurons, personnages, renseignements géographiques). Trois autres manuscrits traitent de matières diverses : l'un s'avère un précis élaboré du *Spectacle de la nature*, de Noël-Antoine Pluche, un second a trait aux affaires de la mission (registre de baptêmes, mariages, décès, livres de comptes), le troisième regroupe des notes personnelles sous le titre de « Gazettes » et comprend des itinéraires de voyage, des lettres reçues et expédiées, des chronologies. Enfin, aux archives de la Bibliothèque de la ville de Montréal, deux manuscrits ont trouvé refuge : « Façons de parler proverbiales, triviales, figurées, &c des Canadiens au XVIIIe siècle » et « Vocabulaire huron-français ».

Les notes recueillies par Potier dans « Façons de parler proverbiales », forment le premier et le seul lexique du français parlé en Nouvelle-France à la veille de la Conquête. De 1743 à 1758, Potier a consigné environ un millier de mots et d'expressions entendus au hasard des conversations même si la majorité des particularités relevées concernent le parler français, bon nombre d'amérindianismes émaillent aussi son recueil. Ce document s'avère donc, à cause de son ancienneté et de l'abondance des matériaux qu'il contient, une source d'une valeur inestimable pour l'étude de l'histoire de la langue au Québec.

ROBERT TOUPIN

[P.-P. Potier], Façons de parler proverbiales, triviales, figurées, etc. des Canadiens au XVIIIe siècle, *Bull. du parler français au Canada* (Québec), III (1904–1905) : 213–220, 252–255, 291–293 ; IV (1905–1906) : 29s., 63–65, 103s., 146–149, 224–226, 264–267 ; Huron manuscripts from Rev. Pierre Potier's collection, PAO *Report*, 1918–1919 ; Selections from the diary and gazette of Father Pierre Potier, S. J. (1708–1781), E. R. Ott, édit., *Mid-America* (Chicago), 18 (1936) : 199–207, 260–265.

Archives de l'État (Tournai, Belgique), État civil, Blandain, 22 avril 1708. — ASJCF, MSS Potier. — ASQ, MSS, 82–103. — Bibliothèque de la ville de Montréal, Salle Gagnon, père Potier. — *JR* (Thwaites), LXIX : 240–276 ; LXX : 20–70. — Marcel Juneau, *Problèmes de lexicologie québécoise ; prolégomènes à un trésor de la langue française au Québec* (Québec, 1977). — E. J. Lajeunesse, *Outline history of Assumption parish* (s.l., s.d.). — George Paré, *The Catholic Church in Detroit, 1701–1888* (Détroit, 1951). — Marcel Juneau, Un pionnier de la lexicologie québécoise : le père Pierre-Philippe Potier, S. J., *Langue et linguistique* (Québec), 1 (1975) : 51–68.

POTOT DE MONTBEILLARD, FIACRE-FRANÇOIS, officier d'artillerie, né le 23 décembre 1723 à Semur-en-Auxois, France, fils de François-Augustin Potot de Montbeillard et de Claude d'Orbigny ; il épousa en 1763 Marie-Claude Carlet de La Rozière ; décédé le 31 décembre 1778 à Semur-en-Auxois.

Fiacre-François Potot de Montbeillard entra

dans l'armée française en 1741 et, en 1756, parvint au grade de capitaine en second dans le corps royal d'artillerie et de génie. En 1757, la cour de Versailles approuva une recommandation du gouverneur de la Nouvelle-France, Vaudreuil [RIGAUD], suivant laquelle l'artillerie des troupes de la Marine passerait d'une à deux compagnies. Afin de contribuer à cette expansion, on envoya un détachement de six officiers et de 20 hommes de l'artillerie régulière au Canada. Montbeillard était l'officier le plus élevé en grade de ce groupe qui y parvint à l'été de 1757. Il devint le commandant de la seconde compagnie d'artillerie. Le commandant des deux compagnies était le capitaine François-Marc-Antoine LE MERCIER, officier aux qualités professionnelles limitées qui se trouvait dans le pays depuis de nombreuses années et que Montcalm*, commandant des troupes régulières françaises au Canada, considérait comme l'un des principaux concussionnaires de la colonie.

Montbeillard se vit immédiatement mêlé aux rivalités et aux tensions qui, dans le Canada de l'époque, séparaient le Français du Canadien, le soldat professionnel de l'irrégulier et Montcalm de Vaudreuil. On l'avait fortement recommandé à Montcalm qui, de plus, voyait clairement en lui un officier de haute compétence et de grandes connaissances professionnelles. Montcalm en fit son auxiliaire et son conseiller lorsqu'il dressa des plans pour la défense de Québec. Nul doute que cette association déplaisait à Vaudreuil. En tant qu'officier régulier affecté aux troupes de la Marine qui se trouvaient sous le commandement de Vaudreuil, Montbeillard était dans une situation équivoque. En 1758, le gouverneur tenta de subordonner Montbeillard à l'autre commandant de batterie, Louis-Thomas JACAU de Fiedmont, qui, selon Montbeillard, était moins ancien que lui. Montcalm appuya fortement Montbeillard et le différend semble avoir été réglé sans que la position de ce dernier en eût subi préjudice. Au début de 1759, il fut décoré de la croix de Saint-Louis. Cette année-là, son statut s'améliora beaucoup. En août, pendant que Wolfe* assiégeait Québec, on apprit que les Britanniques avaient pris le fort Niagara (près de Youngstown, New York) ; LÉVIS fut envoyé vers l'ouest avec un fort détachement des troupes de Montcalm à Québec pour se prémunir contre toute attaque provenant de cette direction. Le Mercier l'accompagnait, manifestement en qualité d'officier d'état-major, à la grande satisfaction de Montcalm. A partir de ce moment jusqu'à la capitulation l'année suivante, Montbeillard est mentionné comme commandant d'artillerie et en occupe la charge dans la région de Québec et dans toute la colonie.

Montbeillard dirigea l'artillerie française (cinq ou six canons) à la bataille des plaines d'Abraham. A ce moment-là, il était en relations étroites avec Montcalm et tenait le journal du général. C'est à lui que nous devons le seul compte rendu direct de l'appréciation par Montcalm de la situation avant la bataille, qui l'amena à effectuer l'attaque tragiquement prématurée de l'armée de Wolfe : « Si nous lui [l'ennemi] donnons le temps de s'établir, nous ne pourrons jamais l'attaquer avec l'espèce de troupes que nous avons. » Lors de l'attaque, Montbeillard se trouvait avec son détachement d'artillerie sur le flanc gauche des Français. Il le fit avancer avec circonspection ; la prudence de cette manœuvre se reflète dans le fait que, malgré la déroute complète de l'infanterie française, il ne perdit que deux de ses canons. Au printemps de 1760, il dirigea le bombardement pendant le siège de Québec par les Français et, plus tard dans la saison, il se trouva mêlé à la tentative infructueuse de contenir, ou du moins de retarder, l'avance de MURRAY qui remontait le Saint-Laurent sur Montréal. Il était membre du conseil de guerre qui, le 6 septembre 1760, conseilla à Vaudreuil d'entreprendre des pourparlers de capitulation. Cet automne-là, il retourna en France sur le même navire que Lévis.

Ayant repris du service dans le corps royal d'artillerie et de génie, Montbeillard se vit attribuer, en 1761, une pension de 400# pour avoir commandé l'artillerie au Canada. En 1766, il fut promu chef de brigade par brevet (confirmé en 1767) et, en 1769, atteignit son grade final de lieutenant-colonel. Il avait manifestement été nommé en 1761 (probablement en qualité d'inspecteur) à la manufacture royale de Charleville (Charleville-Mézières). On ne sait pas combien de temps il y resta mais ce fut apparemment une dame de Charleville qu'il épousa en 1763. En 1779, peu après sa mort, des pensions du Trésor royal furent accordées à sa veuve ainsi qu'à leurs deux enfants, Jean et Louise.

C. P. STACEY

AMA, SHA, A[1], 3498–3499 ; Y[d] (dossier Montbeillard). — AN, Col., B, 105, ff.50–52 ; 109, ff.30–33, 125 ; F[3], 16, ff.229–234 ; Marine, C[7], 216 (dossier Montbeillard). — APC, MG 18, K10, 2. — *Coll. des manuscrits de Lévis* (Casgrain), I : 192, 274 ; II : 386 ; III : 110 ; IV : 43, 212 ; VI : 44s., 66s., 107, 188, 227 ; VII : 243, 307 ; VIII : 115 ; X : 107, 172, 175 ; XI : 192, 240, 250. — Æ. Fauteux, *Les chevaliers de Saint-Louis*, 171. — Thomas Chapais, *Le marquis de Montcalm (1712–1759)* (Québec, 1911), 572–575. — Kennett, *French armies in Seven Years' War*. — Stacey, *Quebec, 1759*.

POULOUS (Powless). V. SAHONWAGY

PREISSAC DE BONNEAU, LOUIS DE, officier dans les troupes régulières françaises, né le 12 décembre 1724 à Maravat (dép. du Gers, France), fils de Paul de Preissac, seigneur de Cadeilhan, de Maravat et de Touron, et d'Anne de Dupré, décédé après 1789.

Issu d'une très ancienne famille de la Guyenne, Louis de Preissac de Bonneau choisit, tout comme ses frères, la carrière des armes. En 1743, il était enseigne dans le régiment de Guyenne ; il fut promu lieutenant en 1744 et capitaine dix ans plus tard. Au moment de la guerre de Sept Ans, quatre frères Preissac vinrent combattre en Nouvelle-France. Louis de Preissac ainsi que son frère Paul arrivèrent en 1755 avec le régiment de Guyenne et, en 1757, Lambert et Jean-Gérard de Preissac suivirent le régiment de Berry dans la colonie.

De 1755 à 1757, Preissac de Bonneau dut suivre avec son régiment les opérations militaires menées par Dieskau*, puis Montcalm*, dans la région du lac Champlain. Au cours de l'hiver de 1757–1758, il se trouvait à Québec où il fréquentait la bonne société et s'adonnait au jeu. L'été suivant, il était fait prisonnier par les Anglais au cours d'une escarmouche qui eut lieu le 6 juillet, deux jours avant la bataille de Carillon (Ticonderoga, New York), au portage des lacs Champlain et Saint-Sacrement (lac George). Quelques jours plus tard, l'aide-major Michel-Jean-Hugues PÉAN écrivait à LÉVIS : « Je regrette bien les officiers que vous avez perdus. Ma femme [Angélique RENAUD d'Avène Des Méloizes] va pleurer son ami Bonneau. » Le capitaine Bonneau se fit toutefois accorder par le major général ABERCROMBY l'autorisation de se rendre à Montréal pour y régler des affaires personnelles à condition d'aller ensuite se constituer prisonnier à New York. Il fut échangé à la fin de 1759 et prit part, le 28 avril 1760, à la bataille de Sainte-Foy qui vit la défaite de l'armée de MURRAY. L'artillerie anglaise fut prise et 22 officiers, dont un colonel, faits prisonniers. « Nous les avons poursuivis, écrit Bonneau, jusqu'aux portes de la ville, sans la grande fatigue qu'avoit essuyé notre armée, nous serions entrés avec les Anglois dans la ville. » Au cours de ce combat, un frère de Bonneau, le capitaine Jean-Gérard de Preissac, fut blessé grièvement et mourut à l'Hôpital Général le 9 mai suivant.

Preissac de Bonneau participa aux dernières opérations autour de Québec en mai 1760 et fit retraite avec l'armée vers Montréal. Comme Bonneau était déjà connu des officiers supérieurs anglais, c'est lui que choisit Lévis pour aller traiter de l'échange des prisonniers à New York à l'été de 1760. Il s'acquitta de cette tâche avant de rentrer en France, le 8 mars 1761. Quinze jours plus tard, il était créé chevalier de Saint-Louis et il se fit accorder, le 13 mai, la somme de 1 898# pour payer les dépenses que lui avait occasionnées sa mission à New York. En 1763, il fut incorporé dans le régiment du Dauphin et passa en 1775 dans celui du Perche. Lorsqu'il se retira du service en 1782, il était premier capitaine commandant du régiment du Perche et reçut une pension de 1 200#. Il était toujours vivant en 1789.

ÉTIENNE TAILLEMITE

AMA, SHA, X[b], 5. — AN, Col., E, 39 (dossier Bonneau). — BN, MSS, SR., Chérin, 162–3 299. — *Coll. de manuscrits relatifs à la N.-F.*, IV : 307s. — *Coll. des manuscrits de Lévis* (Casgrain), I : 289 ; II : 344s., 351 ; IV : 233–236, 239, 245–247, 250–254 ; V : 283 ; VI : 111 ; VII : 393 ; X : 86 ; XI : 164. — Ægidius Fauteux, Les quatre frères Preissac, *BRH*, XXXVIII (1932) : 136–148. — Les officiers du régiment de Guyenne, *BRH*, LI (1945) : 190.

PRESSART, COLOMBAN-SÉBASTIEN, prêtre, supérieur, grand vicaire, né au Faouët (dép. du Morbihan, France) le 30 septembre 1723, fils de François Pressart, marchand, et d'Angélique Lorans, décédé à Québec le 27 octobre 1777.

Colomban-Sébastien Pressart étudia au collège diocésain de Quimper et y reçut la tonsure ; on lui conféra ensuite les ordres mineurs et la prêtrise à Paris, le 23 décembre 1747. Il arriva au Canada au cours de l'été de 1748, avec Christophe de Lalane, un directeur du séminaire des Missions étrangères envoyé provisoirement à Québec comme supérieur, et fut bientôt admis au conseil du séminaire, nommé l'un des directeurs du petit séminaire (1748–1750), puis du grand séminaire (1750–1752). Il exerça alors les fonctions de procureur (1752–1756), assisté de Joseph-André-Mathurin JACRAU. Le supérieur, François SORBIER de Villars, devant repasser en France pour s'occuper des affaires du séminaire, les directeurs de Paris nommèrent Pressart pour le remplacer le 26 avril 1756, mandat qui fut renouvelé en 1759. Il eut donc la charge de la maison durant les années pénibles de la guerre et du siège de Québec. Durant l'été de 1759, avant les bombardements, les abbés Pressart et Henri-François Gravé* de La Rive, avec quelques élèves des classes avancées, se réfugièrent à Montréal chez les sulpiciens. Pressart y enseigna la théologie et revint à Québec l'été suivant.

En 1762, son mandat de supérieur prit fin et il fut remplacé par Urbain BOIRET. Le nombre d'étudiants en théologie étant très faible, Pressart reprit, selon toute apparence, la charge de procureur, assisté encore de Jacrau, devenu valétudinaire. C'était la période des restaurations et la besogne était vaste et lourde, tant au séminaire que dans les fermes et moulins de ses seigneuries. Le petit séminaire rouvrit ses portes en 1765 et il fallut prévoir des salles de classe, tout en accueillant aussi des externes, les jésuites devant abandonner tout espoir de reprendre l'enseignement classique. Cette nouvelle orientation de l'institution reçut l'approbation du séminaire de Paris, qui gardait un certain droit de regard sur les activités de celui de Québec, bien que le gouverneur MURRAY ne voulût plus accepter d'ingérence étrangère. Pressart, qui, de 1768 à sa mort, porta le titre de « premier assistant » du supérieur, démissionna librement de la procure le 1er juin 1770, pour assumer la direction du grand séminaire jusqu'en 1772. Durant l'exercice de ces diverses charges et même après, il a dû continuer d'enseigner, ce que ses lettres de grand vicaire, émises le 18 octobre 1774, laissent entendre, Mgr BRIAND l'appelant « professeur de théologie au séminaire de Québec ». Mais les santés s'usaient vite dans ces temps-là et l'on devenait vieillard à 60 ans. Durant le siège de Québec par les Américains (décembre 1775–mai 1776), Pressart subit « une attaque d'apoplexie et de paralysie » qui le laissa très affaibli. Dès la levée du siège, il obtint une chambre à l'Hôpital Général et y fit plusieurs séjours prolongés, ponctués d'attaques d'angine de poitrine, tout probablement. Il mourut au matin du 27 octobre 1777.

Pressart avait-il des connaissances juridiques ? Il aida, en tout cas, Jacrau à rédiger un abrégé de la Coutume de Paris. Cet abrégé, demandé par le gouverneur Guy Carleton* aux prêtres du séminaire de Québec en 1768, servit de base de travail pour la rédaction de l'un des cinq fascicules connus au Canada sous le nom d' « Extrait des Messieurs », publiés à Londres en 1772 et 1773 sous différents titres anglais. L'ancien procureur général de la province, Francis Maseres*, qui avait été chargé de surveiller la publication de ces fascicules, semble avoir apprécié le travail des prêtres du séminaire : dans sa correspondance, il exprime son admiration pour le « savant Mr. Jacrau [...] et le très intelligent Mr. Pressart [...] ».

HONORIUS PROVOST

AHGQ, Communauté, Journal, II. — ASQ, Lettres, M, 160 ; P, 120 ; R, 15 ; MSS, 12, ff.16, 28, 36, 38 ; Séminaire, 3 : 106–117. — *Le séminaire de Québec* (Provost), 450. — Philéas Gagnon, *Essai de bibliographie canadienne* [...] (2 vol., Québec et Montréal, 1895–1913), I : 2s. — A.-H. Grosselin, *L'Église du Canada après la Conquête*, I. — O'Reilly, *Mgr de Saint-Vallier et l'Hôpital Général*. — M. Trudel, *L'Église canadienne*, II. — Albert David, Les spiritains dans l'Amérique septentrionale au XVIIIe siècle, *BRH*, XXXV (1929) : 318. — Leland, François-Joseph Cugnet, *Revue de l'université Laval*, XVII : 448–456, 820–834. — P.-G. Roy, L'Extrait des Messieurs, *BRH*, III (1897) : 78.

PREVOST DE LA CROIX, JACQUES, administrateur colonial, né à Brest, France, le 6 mai 1715 et décédé en France le 9 octobre 1791.

En 1705, Robert Prevost, riche banquier parisien et grand-père de Jacques Prevost de La Croix, avait procuré à sa famille un titre de noblesse héréditaire en achetant l'office de secrétaire du roi. Le père de Jacques, Philippe, déménagé à Brest, y avait acquis les offices de directeur des vivres et de trésorier des fortifications de Bretagne. En 1714, qualifié d'écuyer, il épousait une fille de la noblesse, Marie-Gabrielle-Élisabeth L'Estobec de Langristain. Un des oncles de Jacques devint agent de banque et conseiller du roi. Sa propre carrière fut marquée par ses efforts déterminés en vue de son avancement personnel et du progrès, tant sur le plan de la richesse que du statut social, de sa famille.

Tout comme trois de ses quatre frères, Jacques Prevost entra au commissariat de la Marine, du fait que Brest était un port de première grandeur et que lui-même était apparenté à une importante famille de marins, les Le Febvre de Grivy. Ayant commencé sa carrière à la Marine, il fut promu écrivain en 1732. Deux ans plus tard, on l'envoya à Louisbourg, île Royale (île du Cap-Breton), avec le titre d'écrivain principal. Cette fonction, qui, au sein du commissariat, comportait la surveillance d'un secteur relevant de la juridiction de l'intendant, était souvent un tremplin vers le grade supérieur de commissaire. Prevost ne resta pas longtemps dans la colonie. Il gagna la confiance des administrateurs qui l'envoyèrent à Versailles, en 1737, pour y faire rapport sur le manque d'approvisionnements dont souffrait l'île. Tombé malade après son retour, il partit de nouveau pour la France en 1738 et ne revint dans l'île que lorsque BIGOT y fut nommé commissaire ordonnateur, en 1739. Prevost se vit alors confier les responsabilités du commissariat relatives aux troupes de la Marine et à l'inscription maritime.

Prevost devint le protégé de Bigot, et les carrières de ces deux hommes furent très liées dans les années 1740 et 1750. Bigot initia Prevost à l'administration coloniale, favorisa sa carrière et le défendit quand cela fut nécessaire. Le commissaire ordonnateur étant absent de Louisbourg en 1742, Prevost le remplaça, mais de telle manière qu'il amena le commandant Jean-Baptiste-Louis Le Prévost* Duquesnel à se plaindre en France des prétentions de ce jeune homme. Prevost fut blessé pendant le siège de 1745 et, après la capitulation, il rentra à Rochefort où il travailla aux comptes avec Antoine Sabatier*. Lorsque Bigot fut nommé intendant de la flotte du duc d'Anville [La Rochefoucauld*], en 1746, Prevost fut promu commissaire de la Marine, pour servir sous ses ordres. Une série de malchances le frappèrent alors. Deux navires sur lesquels il naviguait furent coup sur coup pris par les Britanniques, et ses biens se perdirent à bord d'un autre navire qui coula au large de l'île de Sable, Nouvelle-Écosse. En 1747, il fut nommé contrôleur de la Marine à Québec, en remplacement de Jean-Victor VARIN de La Marre, mais le navire qui devait le conduire à Québec fut repoussé au port par les Britanniques. Après la remise de Louisbourg à la France par le traité d'Aix-la-Chapelle, en 1748, Prevost y fut nommé commissaire ordonnateur, le 1er janvier 1749, sur la sollicitation de Bigot. Avec ce dernier, devenu intendant de la Nouvelle-France, Prevost remit sur pied l'administration civile à Louisbourg, plus tard cette même année.

Prevost devint le protecteur des hommes qu'il plaça dans les postes administratifs de Louisbourg, de 1749 à 1755, de la même façon que lui-même était un protégé de Bigot et de Pierre-Arnaud de Laporte, le puissant premier commis du bureau colonial de la Marine. Sa famille était sa première préoccupation, et elle reçut tout son appui. Par son mariage à Marguerite-Thérèse Carrerot, le 14 février 1745, Prevost était allié non seulement à l'importante famille de marchands et d'administrateurs de sa femme, mais aussi aux Delort [V. Guillaume Delort*]. Son beau-père, André Carrerot*, fut promu garde des sceaux au Conseil supérieur et écrivain principal, peu avant sa mort en 1749. Deux Delort obtinrent des sièges au Conseil supérieur et un autre fut employé par Prevost dans l'administration civile. En 1750, Prevost amena de France son frère cadet, Pierre-François, pour qu'il servît comme écrivain, et, après plusieurs années de sollicitations, il lui obtint une promotion. Deux des fils de Prevost et un Carrerot furent enrôlés dans les troupes de la Marine, l'un d'eux avant même l'âge de quatre ans.

Au cours des années où Prevost séjourna à Louisbourg, l'administration civile prit de l'expansion, et Michel LE COURTOIS de Surlaville soutenait que Prevost employait beaucoup plus de commis qu'il n'en pouvait occuper. Jean LABORDE, agent des trésoriers généraux de la Marine à Louisbourg, et le plus intime allié de Prevost, bénéficiait de leur association en recueillant des postes et des contrats du gouvernement, comme firent aussi ses parents par alliance, les Morin, les Daccarrette et les Milly. Le fils de Laborde fut engagé par Prevost à titre de greffier adjoint et, en 1749, Jean-Baptiste MORIN de Fonfay, ancien secrétaire de Prevost, devint notaire royal et greffier du Conseil supérieur. Le lieutenant de roi Charles-Joseph d'Ailleboust* et le major Robert Tarride* Duhaget étaient connus comme faisant partie du groupe des officiers qui devinrent les créatures du commissaire en retour des faveurs spéciales qu'il dispensait.

L'empire qu'il était à se construire et son caractère vindicatif valurent à Prevost une opposition qui se forma rapidement. Pierre-Jérôme Lartigue, garde-magasin du roi, et Séguin, contrôleur de la Marine, combattirent Prevost à cause des irrégularités qu'ils observèrent dans ses pratiques administratives. En 1749, les critiques de Séguin amenèrent Bigot à intercéder au nom de Prevost auprès du ministre et à lui demander le rappel du contrôleur. Le lieutenant général de l'Amirauté, Laurent de Domingué Meyracq, s'opposait aussi à Prevost, de même qu'Antoine LE POUPET de La Boularderie. En 1750, ce dernier demandait la permission d'aller à Versailles en compagnie de Lartigue pour faire rapport sur la « mauvaise foi » présumée du commissaire ; cependant il est reconnu que c'est Séguin qui traversa en France en 1751, à cause de sa mauvaise santé, et qui fit rapport à Versailles. A son retour, en 1752, il apportait des instructions visant à resserrer les procédures administratives de manière à assurer le contrôle des finances.

L'arrivée, en 1751, d'un nouveau gouverneur, Jean-Louis de RAYMOND, vint renforcer les éléments dissidents et provoqua une rupture irréparable au sein de l'administration. Tout à fait différents par leur formation, Raymond et Prevost étaient aussi volontaires et obstinés l'un que l'autre. Chacun en vint à détester l'autre au point que les conflits de personnalités dominèrent la politique pendant deux ans. La querelle s'envenima de telle sorte qu'à un moment donné Raymond songea à destituer Prevost et à le remplacer par Séguin. De son côté, Prevost menait une campagne concertée pour déplacer Lartigue [V. Jean-Baptiste Morin de Fonfay] et pour jeter le discrédit sur Meyracq en nommant des subdélégués judiciaires à seule fin de faire rapport sur l'activité de l'Amirauté dans les petits villages de pêcheurs. Les animosités personnelles prirent une telle ampleur que l'abbé Pierre Maillard* se sentit obligé, plus tard, d'écrire au nouveau gouverneur Augustin de Boschenry* de Drucour en lui disant qu' « il s'é[tait] passé des tristes choses » à Louisbourg.

Des intérêts matériels étaient à l'origine de cet affrontement des personnalités. Un rapport préparé par Surlaville et Raymond révéla la variété des moyens mis en œuvre par Prevost pour tenter de détourner une somme de 32 982#, ou d'en frauder la couronne, dans les comptes de 1752. On demandait des fonds pour des postes administratifs sans titulaires, on facturait à outrance le gouvernement pour les services rendus, et les approvisionnements étaient achetés à des prix supérieurs à leur valeur marchande. On accordait des contrats à des favoris, comme Jean Laborde, Nicolas LARCHER et les frères Rodrigue [V. ANTOINE], et parfois ils étaient arrangés de façon que le fournisseur fasse des profits inhabituellement élevés. Prevost s'éloignait des procédures normales en se passant du contrôleur dans plusieurs transactions financières où la présence de ce dernier était de rigueur. Il adjugea deux contrats pour les fortifications à Claude-Audet Cœuret, un associé des frères Rodrigue, mais le second reçut le veto de la France, vu ses coûts exorbitants.

Prevost était à tout le moins au courant, aussi, de la tentative de Bigot et de la Grande Société de monopoliser à leur profit la fourniture des approvisionnements en Nouvelle-France [V. Michel-Jean-Hugues PÉAN]. Quand l'un des navires utilisés par l'intendant, la *Renommée*, de Bordeaux, arriva à Louisbourg avec des provisions destinées à l'administration, Lartigue et Séguin trouvèrent la cargaison incomplète. Quand il en fit rapport à Prevost, Lartigue découvrit que le capitaine du navire l'avait précédé ; Prevost gronda Lartigue à cause de la farine mal pesée et déclara qu'il s'occuperait personnellement de l'affaire. En outre, Surlaville et Raymond affirmèrent qu'une somme de 20 000#, requise de la couronne pour le transport des réfugiés acadiens, en 1752, avait été détournée par Prevost en vue de financer un navire envoyé dans les colonies britanniques afin d'y acheter du bœuf pour Bigot.

Les plaintes logées contre Prevost furent neutralisées par la contre-offensive qu'il mena, dépêche après dépêche, et par la protection que lui assurait Pierre-Arnaud de Laporte. Extrêmement frustré, le gouverneur Raymond résigna son poste en 1753, renforçant ainsi la mainmise de Prevost sur l'administration. La voix d'un autre dissident se tut l'année suivante : Séguin, paralysé, dut retourner en France. Prevost destitua Lartigue de son poste de garde-magasin et le remplaça par Jean-Baptiste Morin de Fonfay, malgré une première opposition de la France due à la hausse croissante du coût des approvisionnements et aux critiques mettant en cause l'intégrité de Morin.

Prevost fut, après 1753, le maître incontesté du gouvernement à Louisbourg. Non seulement les contrats gouvernementaux de Laborde augmentèrent-ils, mais le gendre et le beau-fils de ce dernier, Michel Daccarrette* et François Milly, devinrent aussi des fournisseurs du gouvernement. Les dépenses pour la colonie et les fortifications atteignirent un sommet jusque-là inégalé, bien qu'elles fussent en partie attribuables aux préparatifs de guerre et à la présence de plusieurs milliers d'Acadiens qui avaient fui la Nouvelle-Écosse et cherché refuge, au début des années 1750, en territoire français [V. Jean-Louis LE LOUTRE].

A l'arrivée du gouverneur Drucour, en 1754, Prevost s'appliqua à cultiver son amitié, et le gouverneur en vint à se fier largement à ses avis. En quelques mois, Prevost avait obtenu l'accord de Drucour pour la nomination au Conseil supérieur de quatre conseillers assesseurs qu'il avait personnellement choisis. Quand, en 1755, des bataillons des troupes de terre furent envoyés dans les colonies, Prevost fut nommé par intérim commissaire des guerres, en attendant l'arrivée, l'année suivante, de La Grive Des Assises, quartier-maître en titre. L'affluence soudaine des soldats déborda les possibilités de la ville et amena les officiers des régiments réguliers, qui n'avaient pas l'expérience des conditions rigoureuses de l'Amérique du Nord, à se plaindre de la manière dont Prevost distribuait les billets de logement et le ravitaillement. Prevost se querella aussi avec La Grive, comme il l'avait fait avec Séguin, mais une fois de plus Bigot intervint, ordonnant au quartier-maître d'obéir aux ordres de Prevost, tout comme s'ils provenaient de l'intendant lui-même. En 1757, Prevost fut promu commissaire général, titre qui ne le cédait qu'à celui d'intendant, et obtint une augmentation de salaire.

Prevost exigeait de ses subordonnés une loyauté absolue et pour ses ennemis il était sans pitié. Un officier alla jusqu'à l'accuser, en 1754, d'avoir machiné l'évasion d'un prisonnier qui avait tenté d'assassiner La Boularderie, son farouche adversaire. Toutefois Prevost travailla énergiquement à réinstaller les réfugiés acadiens ; il fut à cet égard approuvé de tous côtés et en particulier par l'abbé de l'Isle-Dieu, qui fit son éloge à Mgr de Pontbriand [Dubreil*] et qui avait le sentiment que Prevost aurait été nommé intendant si Bigot avait été rappelé. Prevost avait combattu les imprudents projets de peuplement de Raymond, et il semble y avoir peu de fondement à l'affirmation de James JOHNSTONE, partisan de Raymond, voulant que Prevost ait retardé le développement économique de l'île Royale.

On a peu d'informations précises concernant les affaires privées de Prevost ou les profits qu'il a pu faire durant son séjour en Amérique du Nord, à part l'affirmation de Raymond à l'effet que l'évaluation de Prevost pour les comptes coloniaux de 1753 était gonflée d'au moins 33 000#. Thomas Pichon notait que Prevost et l'ingénieur Louis Franquet* « aim[aient] l'un et l'autre diablement l'argent » et que, pendant que les travaux de fortification de Louisbourg progressaient lentement dans les années 1750, « il fa[llait] pour quelqu'uns que l'ouvrage dur[ât] longtems ». Antérieurement à 1745, Prevost ne semble être que l'agent commercial d'André Carrerot. Sa maigre mise de fonds de 500# dans des navires de course en 1744 rend peu vraisemblable sa prétention ultérieure selon laquelle il avait laissé 50 000# en France à son retour dans la colonie en 1749, bien qu'il eût pu recevoir un héritage. Son personnel domestique, dans les années 1750, s'élevait à environ dix personnes, et il fit l'acquisition de deux maisons et d'une terre dans l'île Royale. Il louait ses propriétés à la couronne, en tirant 1 500# annuellement, et le coûteux agrandissement de sa maison, entrepris en 1754–1755, se fit aux dépens du gouvernement. Prevost aimait à jouer, semble-t-il, car le ministre de la Marine lui fit des remontrances, en 1758, pour avoir permis qu'on jouât dans sa maison, où se perdirent des sommes allant jusqu'à 20 000#. Jean Laborde affirma, en 1763, avoir prêté 10 000# au commissaire, à Louisbourg, mais Prevost, rentré en France, envisagea l'acquisition d'une terre évaluée à 85 000#, bien qu'il dît avoir eu l'intention d'emprunter pour réaliser cet achat.

Le rôle de Prevost, durant le siège de Louisbourg en 1758, fut limité, mais décisif. Il soutint constamment que la flotte française devait rester dans le port pour défendre la forteresse et que les navires ne devaient pas être abandonnés pour augmenter la garnison. Au cours d'une séance du conseil de guerre de Drucour, le 26 juin, il persuada les officiers d'accepter les termes rigoureux d'une reddition sans condition proposée par Amherst, en disant que les colons avaient souffert assez longtemps du fait des Britanniques. Même dans cette circonstance, on mit encore en doute la conduite de Prevost. Bougainville* soutint que Prevost, à l'instar de Bigot lors du siège de 1745, avait prôné la capitulation pour des motifs pécuniaires. Comme les magasins du roi étaient situés derrière l'un des points bombardés par les Britanniques, Prevost en avait transporté le contenu dans un endroit plus sûr. Quand on fit l'inventaire des marchandises françaises, après la reddition, Prevost, affirme Bougainville, omit de mentionner celles qu'il avait placées ailleurs. Ce butin tourna à son profit, comme à celui des résidants de Louisbourg.

Après la capitulation, Prevost rentra en France pour y attendre une nouvelle assignation. En même temps que le commissaire ordonnateur de Rochefort, il reçut l'ordre de se rendre à La Rochelle, à la fin de 1760, pour enquêter sur les comptes grandement déficitaires de Laborde, relatifs à Louisbourg. Le montant dû par Laborde était encore impayé quand Prevost démissionna officiellement, en mars 1762, avec une pension de 3 000#. L'année suivante, Laborde fut emprisonné à la Bastille, où il accusa Prevost d'avoir volé le coffre-fort dans lequel avaient été placés les fonds de l'armée à Louisbourg. Soupçonnant déjà Prevost pour des raisons qui restent obscures, le duc de Choiseul ordonna son arrestation le 28 avril 1763.

Prevost fit la preuve de son innocence et en convainquit le lieutenant général de police de Paris, Antoine de Sartine, qui demanda à Choiseul sa libération. Prevost fut remis en liberté le 14 juin, mais, toujours l'objet de soupçons, il ne reçut pas la permission de quitter Paris avant le mois d'avril suivant. Choiseul jugeait qu'il avait été négligent à Louisbourg et donna l'ordre que jamais plus on ne l'employât au ministère de la Marine. Mais Sartine devint un nouveau protecteur de Prevost et, en 1766, il persuada le successeur de Choiseul, le duc de Praslin, d'exonérer officiellement l'ancien commissaire général de toute implication dans l'affaire Laborde.

Vu la conduite douteuse de Prevost à l'île Royale et ses tribulations subséquentes, la façon dont il perça au cours de la seconde moitié de sa carrière apparaît remarquable, bien que sa montée fût en partie attribuable à Sartine, qui devint ministre de la Marine en 1774, et à son successeur à ce poste, Castries. De retour au service de la Marine comme adjoint aux archives à Rochefort en 1767, Prevost fut envoyé en Corse l'année suivante comme commissaire ordonnateur. En 1773, le parlement de Paris maintint la noblesse de sa famille, il devint commissaire ordonnateur à Lorient et fut fait chevalier de Saint-Louis, avec une pension de 2 000#. Trois ans plus tard, il réalisait l'ambition de sa vie en recevant de Sartine la nomination d'intendant à Toulon. Après y avoir servi cinq ans, Prevost se retira avec une pension de 16 000#. Ses 52 années au service de la Marine et des Colonies reçurent leur récompense quand, en 1782, il fut nommé conseiller du roi.

Jacques Prevost était animé par l'intense désir de faire valoir socialement le titre de noblesse acquis par son grand-père. Et même s'il passa près de 20 ans à l'île Royale, il resta Français, imbu des valeurs de sa patrie. Le service colonial fut un intermède dans une carrière consacrée à la promotion sociale au moyen de l'acquisition de richesses, d'une intendance dans le service de la Marine, d'une terre en France et de commissions militaires en faveur de ses fils. Son ambition et un certain caractère vindicatif, certes, le firent détester de plusieurs, tel Johnstone, dont les mémoires, publiés, diffament à ce point Prevost que la plupart des commentaires des historiens sur l'homme qu'il fut ont été négatifs.

La Révolution française vit la fin des aspirations que Prevost entretenait pour lui-même et pour sa famille. Son fils aîné, Jacques-Marie-André, un officier, avait péri sur le champ de bataille en 1783. Prevost lui-même mourut en 1791, et son second fils, Charles-Auguste, capitaine dans la marine, fut guillotiné l'année suivante. Le fils cadet, Louis-Anne, fut élu par la Gironde en 1795, mais son élection fut invalidée et il mourut quelques semaines après.

T. A. CROWLEY

AD, Charente-Maritime (La Rochelle), B, 275, ff.69, 72, 92v. — AMA, Inspection du Génie, Archives, art. 15, pièce 5 ; Bibliothèque, MSS in-4°, 66, pp.108, 134 ; MSS in-f°, 205[b], f.49 ; SHA, A[1], 3 457 ; 3 498, n° 174. — AN, Col., B, 89, f.207 ; C[11A], 93, f.352 ; C[11B], 23, f.19 ; 24, f.67 ; 25, f.169 ; 34, ff.22, 253 ; C[11C], 13, ff.106, 149v. ; 14, f.105 ; 16, ff.31–32 ; D[2C], 3, ff.19–19v. ; 48, f.305 ; 60, f.23 ; E, 258 (dossier Lartigue) ; F[2C], 4, f.198 ; F[3], 50, f.494 ; Marine, C[7], 261 (dossier Prevost de La Croix) ; Section Outre-mer, G[1], 466, n° 76 ; G[2], 192/3, pièces 7, 23 ; Minutier central, LII : 175. — APC, MG 18, G8 ; J10. — ASQ, Polygraphie, LI ; LIII ; LV ; LVI : 15 ; LVII. — Bibliothèque de l'Arsenal, Archives de la Bastille, 12 200 ; 12 480 ; 12 506. — BN, MSS, Fr., 29 989, f.10 ; 31 625, f.3 310. — *Coll. de manuscrits relatifs à la N.-F.*, III : 469, 484. — *Les derniers jours de l'Acadie* (Du Boscq de Beaumont), 126, 133. — [James Johnstone], *Memoirs of the Chevalier de Johnstone*, Charles Winchester, trad. (3 vol., Aberdeen, Écosse, 1870–1871). — La Rue, Lettres et mémoires, ANQ *Rapport*, 1936–1937, 400, 433. — [Thomas Pichon], *Lettres et mémoires pour servir à l'histoire naturelle, civile et politique du Cap Breton, depuis son établissement jusqu'à la reprise de cette isle par les Anglois en 1758* (La Haye, Pays-Bas, 1760 ; réimpr., [East Ardsley, Angl.], 1966). — Crowley, Government and interests. — McLennan, *Louisbourg*. — Marc Perrichet, Plume ou épée : problèmes de carrière dans quelques familles d'officiers d'administration de la marine au XVIIIe siècle, Congrès national des soc. savantes, Section d'hist. moderne et contemporaine, *Actes du quatre-vingt-onzième congrès, Rennes, 1966* (3 vol., Paris, 1969), II : 145–181.

PRIMEAU (Primault, Primo, Primot), LOUIS (Lewis) (Nick'a'thu'tin), trafiquant de fourrures, né à Québec, *circa* 1749–1800.

On ne sait rien des premières années de Louis Primeau, mais c'est probablement lui qui, sous le nom de Louis Primot, s'engagea en mai 1749 avec Joseph Coulon* de Villiers de Jumonville et Pierre Raimbault pour trafiquer dans la région de Nipigon (Ontario). Il était du nombre de ces trafiquants canadiens qui remontèrent la rivière Saskatchewan pendant la dernière décennie du Régime français, mais, contrairement à la plupart, il demeura dans l'Ouest durant la guerre de Sept Ans. Il vivait avec les Indiens, qui l'appelaient Nick'a'thu'tin, et prit sur eux beaucoup d'ascendant ; mais cette vie était si difficile qu'en 1765 il s'achemina jusqu'au poste de la Hudson's Bay Company à York Factory (Manitoba). Ferdinand JACOBS, l'agent principal, eut des doutes sur la fiabilité de Primeau, mais, se rendant compte que sa connaissance des langues indigènes et son expérience des voyages dans les contrées sauvages feraient de lui un employé de valeur pour la Hudson's Bay Company, il l'engagea spécifiquement à titre de trafiquant dans l'intérieur des terres. De 1765 à 1772, Primeau hiverna presque à chaque année parmi les Indiens. Il devait alors promouvoir les intérêts de la compagnie dont le commerce était de plus en plus menacé par les activités des trafiquants de Montréal (rattachés à une compagnie de Montréal). En 1768, cependant, il fut forcé de rester à York, souffrant d'une maladie vénérienne, un mal commun parmi les trafiquants et les Indiens à cause de la promiscuité dans laquelle ils vivaient.

Comme la concurrence avec les trafiquants de Montréal se faisait plus vive, Primeau fit valoir auprès des dirigeants de la Hudson's Bay Company, et d'Andrew Graham* en particulier, la nécessité absolue de construire des postes permanents à l'intérieur des terres. Mais la loyauté de Primeau commençait à fléchir. Matthew COCKING, qui voyagea dans l'arrière-pays en 1772 pour faire enquête sur la détérioration de la traite, soupçonna qu'il « avait une secrète bienveillance » envers les trafiquants de Montréal. Primeau fit défection, de fait, au mois de mai suivant, partant pour Québec via le rendez-vous des trafiquants à Grand Portage (près de Grand Portage, Minnesota). La Hudson's Bay Company mit fin à toutes ses obligations envers lui en 1774. La désertion de Primeau rendit la compagnie méfiante quant à l'engagement d'autres trafiquants montréalais, même si elle avait besoin d'hommes expérimentés à l'intérieur des terres.

Primeau retourna dans l'Ouest, au service de « Mr. Frobisher et Associés », en qualité de chef pilote et de chef de poste. En 1773–1774, il hiverna avec Joseph Frobisher* sur le lac Pine Island (lac Cumberland, Saskatchewan). Au printemps, Frobisher l'envoya intercepter un groupe d'Athapascans en route pour aller trafiquer au fort Prince of Wales (Churchill, Manitoba). Il réussit si bien dans cette entreprise, à Portage de Traite (sur le lac Primeau, Manitoba), que Samuel HEARNE rapporta, en août, que « peu d'Indiens de cette importante tribu sont descendus à Churchill cette année ». Primeau construisit un poste à Portage de Traite, y hiverna en 1775–1776, et l'année suivante en construisit un autre à l'Île-à-la-Crosse (Saskatchewan). Descendu à Montréal, à l'automne de 1777, il était de retour à ce dernier poste l'année suivante.

Primeau paraît avoir été un élément marquant dans les premiers succès des *Nor'Westers* en interrompant la traite de la Hudson's Bay Company à York et au fort Prince of Wales. On connaît peu sa carrière par la suite ; mais il était probablement ce Primeau qui avait la charge de Cumberland House (sur le lac Cumberland) pour le compte de la North West Company quand David Thompson* visita ce poste en 1798. Selon divers rapports, Primeau demeura dans la région de la Saskatchewan aussi tard qu'en 1800, et un Joseph Primeau qui servait comme interprète dans cette région au début du XIXe siècle était peut-être son fils.

SYLVIA VAN KIRK

HBC Arch., B.42/b/11, f.7. — [Matthew Cocking], An adventurer from Hudson Bay : journal of Matthew Cocking, from York Factory to the Blackfeet country, 1772–73, L. J. Burpee, édit., SRC *Mémoires*, 3e sér., II (1908), sect.II : 89–121. — *Docs. relating to NWC* (Wallace). — *HBRS*, XIV (Rich et Johnson) ; XV (Rich et Johnson). — *Journals of Hearne and Turnor* (Tyrrell). — Massicotte, Répertoire des engagements pour l'Ouest, ANQ *Rapport*, 1931–1932. — Morton, *History of Canadian west*. — Rich, *History of HBC*, II.

PRINGLE, ROBERT, ingénieur militaire ; il épousa le 29 juillet 1784 une Mlle Balneavis ; décédé à la Grenade le 17 juin 1793.

On ne connaît rien de Robert Pringle antérieurement à novembre 1760, alors qu'il reçut une commission d'enseigne dans le corps de génie, mais il a probablement été cadet à la Royal Military Academy de Woolwich, Angleterre. Il fut promu lieutenant en 1766 ; six ans plus tard, il fut envoyé à Terre-Neuve comme ingénieur en chef. Pringle surveilla la construction des nouvelles fortifications de St John's, qui remplaceraient les ouvrages délabrés qu'on y trouvait alors, et construisit également plusieurs routes et ponts pour relier les fortifications.

Malgré l'amélioration des ouvrages de défense, la garnison de la ville restait « vieille, faible » et « incapable de [...] résistance ». C'était le résultat d'années de négligence de la part du gouvernement métropolitain. L'éclatement de la Révolution américaine transforma cette faiblesse en un grave problème. L'apparition de nombreux corsaires américains au large des côtes et leurs attaques contre de petits villages de pêcheurs sans défense soulevèrent la crainte d'une incursion dirigée contre le port de St John's. Les ravitaillements dont l'île dépendait en hiver étaient entreposés dans la ville, et leur capture ou leur destruction eût été un désastre.

Peu de temps après son arrivée, Pringle, voyant la nécessité d'une garnison plus adéquate, avait recommandé au secrétaire d'État des colonies américaines la levée d'une force locale pour appuyer les troupes régulières en cas d'urgence. Durant l'hiver de 1777–1778, il fut assez inquiet pour enrôler, dans une petite force armée de secours, 120 ouvriers qui travaillaient aux fortifications, et cela sans attendre l'approbation officielle. A son arrivée, en 1779, pour assumer les fonctions de gouverneur, le contre-amiral Richard EDWARDS ratifia les mesures prises par Pringle et, sur le conseil de ce dernier, persuada les habitants de créer une troupe plus nombreuse, semblable à une milice. Les habitants de St John's qui se joignirent aux Newfoundland Volunteers, ainsi qu'on les appela, acceptèrent de suivre l'entraînement sous la direction de Pringle et convinrent de servir en cas d'attaque, à la condition de recevoir une gratification pour leur engagement ainsi que des provisions. La troupe des Volunteers devint vite populaire et, en mai 1780, elle était forte de quelque 400 hommes.

Les volontaires apprirent, toutefois, peu de temps après, que le gouvernement britannique refusait de sanctionner la gratification d'engagement. Rapidement, ils se débandèrent pour se disperser dans les pêcheries. Comme les ouvriers devaient rentrer sous peu en Grande-Bretagne et que l'escadre d'Edwards avait mis la main sur des renseignements qui laissaient croire à une attaque française imminente contre l'île, il était urgent de trouver, pour sa défense, quelques solutions de rechange. Sur l'avis, cette fois encore, de Pringle, Edwards autorisa, en septembre 1780, la création d'une unité provinciale, qu'on nommerait le Newfoundland Regiment. Pringle fut promu commandant, avec rang de lieutenant-colonel, en considération de ses services passés.

Bien que l'approbation officielle du régiment fût sur le point d'arriver, Pringle eut à affronter plusieurs problèmes relativement à la formation et au maintien de son unité. Le gouvernement britannique réduisit le nombre des compagnies de

6 à 3 ; on augmentait cependant de 55 à 100 le total des hommes par compagnie. Les officiers, qui devaient payer eux-mêmes les gratifications d'engagement, voyaient leur nombre diminué de moitié, ce qui doublait les coûts qu'ils devaient assumer. Le gouvernement diminua aussi la solde de Pringle et refusa au régiment certains privilèges accordés à d'autres unités provinciales. En outre, Pringle fut forcé de payer personnellement pour les besoins du régiment et fut souvent gêné par le manque de provisions et d'équipement. Le Newfoundland Regiment fut néanmoins bien accueilli dans l'île, et il contribua probablement à détourner les attaques contre St John's jusqu'à son licenciement en octobre 1783. La vie, brève et sans histoire, de ces forces diverses recrutées dans l'île témoigne cependant de la vision et de l'énergie de Pringle, à un moment critique de la guerre.

Pringle retourna probablement en 1783 en Europe, où il reprit ses tâches régulières. Il fut promu ingénieur en chef à Gibraltar en 1785, poste qu'il conserva au moins jusqu'en 1788. Deux ans plus tard, il était promu lieutenant-colonel et colonel en Amérique, et, en 1792, lieutenant-colonel du génie. Envoyé à la Grenade l'année suivante, il y mourut des fièvres peu après son arrivée.

STUART R. J. SUTHERLAND

APC, MG 23, A4, 66, pp.116–134. — PRO, Adm. 1/471, ff. 455–457 ; 1/472, f.12 ; 80/121, ff.75, 78, 106–107 ; CO 194/30, ff.114–116 ; 194/32, ff.76–78 ; 194/33, ff.5–6, 106–107, 115–116, 131–132, 138–139 ; 194/34, ff.3–6, 7–9, 25–28, 52, 57, 61–62, 75–76, 102–103 ; 194/35, ff.3–10, 36–39, 53–55, 64–72, 76–77, 82–83, 98–119, 125, 130, 133–136, 147–148, 153, 212, 222, 257, 300, 305–307, 310–311, 322–323 ; 195/12, ff.99, 106–108, 225–227, 228 ; 195/13, f.14 ; 195/14, ff.1–20 ; 195/15, ff.98, 102, 115, 155 ; WO 1/12, ff.207–210, 217–220 ; 1/13, ff.40–41 ; 55/1 557/2–4 ; 55/2 269, ff.2–9. — *Gentleman's Magazine*, 1784, 636 ; 1785, 838 ; 1788, 267 ; 1793, 768. — G.-B., WO, *Army list*, 1761–1793. — *Roll of officers of the corps of Royal Engineers from 1660 to 1898* [...], R. F. Edwards, édit. (Chatham, Angl., 1898), 8. — T. W. J. Connolly, *History of the corps of Royal Sappers and Miners* (2 vol., Londres, 1855), I : 47s. — G. W. L. Nicholson, *The fighting Newfoundlander ; a history of the Royal Newfoundland Regiment* (St John's, [1964]), 13–23, 582–591. — Porter, *History of Royal Engineers*, I : 215. — Prowse, *History of Nfld.* (1895), 341, 652.

Q

QUADRA, JUAN FRANCISCO DE LA BODEGA Y. V. BODEGA

QUERDISIEN TRÉMAIS, CHARLES-FRANÇOIS PICHOT DE. V. PICHOT

QUIASUTHA. V. KAYAHSOTA?

QUINTAL, AUGUSTIN (baptisé **Joseph**), prêtre, récollet et supérieur, né à Boucherville le 18 décembre 1683, fils de François Quintal et de Marie Gaultier, décédé vraisemblablement le 17 novembre 1776.

Issu d'une des familles qui fondèrent Boucherville, Joseph Quintal est ordonné prêtre le 8 octobre 1713 à Québec. Sa profession chez les récollets, sous le nom de frère Augustin, remonte au 20 novembre 1707, mais l'absence d'un évêque dans la colonie explique son retard à recevoir les ordres. En effet, Mgr de Laval* mourut le 6 mai 1708 et Mgr de Saint-Vallier [La Croix*], son successeur, fut retenu hors de la Nouvelle-France jusqu'en 1713. En décembre de cette année-là, Quintal exerce son premier ministère à Trois-Rivières. Puis, entre 1713 et 1716, il est chargé, en plus, de desservir des paroisses alors en formation : Saint-Antoine-de-Padoue, Rivière-du-Loup (Louiseville), Sainte-Anne, à Yamachiche, et Saint-Joseph, à Maskinongé. De 1720 à 1723, on lui confie la fonction de supérieur du couvent franciscain de Montréal. Puis, entre 1724 et 1727, il œuvre de nouveau à Yamachiche, à Rivière-du-Loup et à Maskinongé. De 1729 à 1735, de 1744 à 1753 et de 1755 à 1758, il est supérieur et curé à Trois-Rivières. Entre-temps, de 1735 à 1743, il travaille à l'établissement d'une paroisse à la mission des forges du Saint-Maurice. Par la suite, entre 1759 et 1763, il demeure à Trois-Rivières, où il est encore utile à la communauté.

Le nom d'Augustin Quintal revient fréquemment dans les ouvrages consacrés à l'histoire des arts anciens du Québec, et certains historiens lui ont décerné un peu trop rapidement le titre d'architecte et de sculpteur, lui attribuant quantité d'ouvrages réalisés au XVIIIe siècle, dans la région de Trois-Rivières, et le comparant à un autre récollet, Juconde Drué*. L'examen de ses œuvres présumées et surtout l'étude de ses déplacements permettent aujourd'hui de dire que la réputation d'Augustin Quintal est largement surfaite. Les réalisations effectuées au cours de la période où il a exercé son ministère dans la région trifluvienne indiquent que le père Quintal a eu le mérite de passer des commandes à des sculpteurs de grand talent, surtout pour l'ornementation de l'église de Trois-Rivières. Toutefois, son intervention n'a pu se résumer qu'à permettre à des sculpteurs déjà bien formés d'exercer leur art dans des conditions favorables. Sous son autorité, sont exécutés le tabernacle de l'église paroissiale, en 1730, la chaire et le banc d'œuvre, commencés en 1734. C'est probablement à Noël Levasseur* que revient la réalisation de ce tabernacle dont le style s'insère parfaitement dans l'évolution des œuvres sorties de son atelier établi à Québec. Et, d'autre part, cet ouvrage n'a aucune parenté de style avec les pièces de Gilles Bolvin* qui l'encadrent de chaque côté de l'église, le genre de ce sculpteur d'origine française étant beaucoup plus lourd et plus chargé, en tout cas tributaire d'influences différentes.

L'intervention d'Augustin Quintal à titre de prétendu architecte de l'église d'Yamachiche s'explique encore plus facilement. Il peut dans ce cas être qualifié de « curé-constructeur », qualificatif encore en usage de nos jours. Dès son arrivée dans la paroisse, celui-ci voit à la collecte des fonds nécessaires et organise les corvées. Il trace aussi des plans pour l'église, très sommaires parfois, le maître maçon se chargeant de tous les aspects techniques de la construction. Les plans de Quintal, qui n'a, semble-t-il, jamais séjourné en Europe, s'inspirent alors sans cesse d'un même modèle.

Au total, la réputation d'artiste faite à Augustin Quintal est erronée, son ministère dans les paroisses en formation ayant occupé la majeure partie de son temps. Cependant, il a laissé sur son passage la trace de son bon goût en matière d'art sacré, dans les paroisses où il œuvra, en commandant à des artisans de valeur les pièces dont ces dernières avaient besoin. Augustin Quintal s'éteignit vraisemblablement le 17 novembre 1776.

RAYMONDE GAUTHIER

ANQ-M, État civil, Catholiques, Sainte-Famille (Boucherville), 18 déc. 1683. — ANQ-Q, Greffe de Romain Becquet, 16 oct. 1678. — Archives de l'évêché de Trois-Rivières, Registres de la paroisse de l'Immaculée-Conception, Reddition des comptes de 1732. — Archives des franciscains (Montréal), Dossier Augustin Quintal. — ASN, AP-G, L.-É. Bois, Garde-notes, 1 : 218 ; 5 : 368s. ; 6 : 26, 405s., 431 ; 7 : 296s. ; 10 : 243, 311 ; 16 : 275. — ASQ, MSS, 425, f.361 ; Polygraphie, XVIII : 20. — Allaire, *Dictionnaire*, IV : 278. — Ivanhoë Caron, Inventaire de documents concernant l'Église du Canada sous le Régime français, ANQ *Rapport*, 1940–1941, 436–438. — Tanguay, *Dictionnaire*, VI : 486 ; *Répertoire*, 91. — Napoléon Caron *et al.*, *Histoire de la paroisse d'Yamachiche (précis historique)* [...] (Trois-Rivières, 1892), 29–40. — G.-R. Gareau, *Premières concessions d'habitations, 1673, Boucherville* (Montréal, 1973), 38–41. — Gowans, *Church architecture in New France*. — Jouve, *Les franciscains et le Canada : aux Trois-Rivières*. — Raymonde [Landry] Gauthier, *Les tabernacles anciens du Québec des XVIIe, XVIIIe et XIXe siècles* (Québec, 1974) ; *Trois-Rivières disparue ou presque* (Montréal, 1978). — Gérard Morisset, *L'architecture en Nouvelle-France* (Québec, 1949) ; *Coup d'œil sur les arts*, 11, 15, 27s., 30s., 52. — Luc Noppen, *Notre-Dame de Québec, son architecture et son rayonnement (1647–1922)* (Ottawa, 1974). — M. Trudel, *L'Église canadienne*, I : 99s., 120, 350 ; II : 184, 186, 202, 204s. — *Les ursulines des Trois-Rivières depuis leur établissement jusqu'à nos jours* (4 vol., Trois-Rivières, 1888–1911), I ; IV. — Gérard Morisset, Deux artistes récollets au XVIIIe siècle, *Le Droit* (Ottawa), 12 mars 1935, 2.

QUIQUINANIS. V. WIKINANISH

R

RABY, AUGUSTIN, capitaine de navire, né vers 1706, fils aîné de Mathieu Raby et de Marie-Françoise Poireaux (née Morin), inhumé à Québec le 19 décembre 1782.

Augustin Raby était déjà capitaine de navire lors de son mariage à Françoise Toupin, dit Dussault (née Delisle), le 23 avril 1731, à Québec. Fils d'habitants, il s'était manifestement élevé dans l'échelle sociale. Sa femme était la veuve du seigneur de Bélair, et Raby était en mesure de lui assurer un douaire de 1 000#. Pendant les années 1730, il travailla pour François Martel* de Brouague et Pierre Trottier* Desauniers, qui exploitaient des concessions sur la côte du Labrador ; il naviguait régulièrement sur le Saint-Laurent, portant des vivres au Labrador et en rapportant des peaux de phoque et de l'huile. En 1745, il était reconnu comme une autorité en pilotage sur le Saint-Laurent, et il vivait, avec sa femme, un enfant et un domestique, dans une confortable résidence sise sur le quai du Cul-de-Sac à Québec.

Au début de la guerre de Sept Ans, Raby fut fait prisonnier et conduit en Angleterre. En janvier

1759, on le mit à bord du *Neptune* (90 canons), vaisseau du vice-amiral Charles SAUNDERS, et on le persuada de servir comme pilote au cours de l'expédition imminente contre Québec. Une vieille connaissance, Théodose-Matthieu DENYS de Vitré, était aussi à bord du même navire, mais il fut transféré dans l'escadre de Durell avant qu'on fût entré dans le Saint-Laurent. Le *Neptune* passa quelque temps au large de l'île aux Coudres, pendant l'été, apparemment à cause des difficultés qu'on éprouvait à piloter un si gros navire ; il jeta finalement l'ancre à la hauteur de l'île Madame, le 4 août. James MURRAY, par la suite, parla de Raby comme du « principal pilote de [la] flotte [anglaise] en 1759 ». En octobre, après la chute de Québec, Raby fit voile à destination de l'Angleterre avec Saunders, mais il revint au Canada l'année suivante à titre de « pilote supplémentaire », à bord du *Kingston*. Il retourna de nouveau en Angleterre à la fin de la saison et continua de servir sur des navires de guerre jusqu'à son licenciement en août 1761. Il se rembarqua peu après pour Québec.

La maison de Raby avait été brûlée et pillée pendant le siège, et il se trouva réduit à l'indigence. L'hostilité de ses compatriotes et la crainte d'être sous le coup d'une accusation capitale s'il déménageait en France l'amenèrent à adresser à James Murray une pétition en vue d'obtenir protection et assistance. Le gouverneur, qui voulait rétablir aussi rapidement que possible les services de la colonie, donna, en avril 1762, à Raby et à un nommé Savard des commissions de pilotes sur le Saint-Laurent. Il envoya aussi à Londres la requête de Raby, en recommandant fortement que celui-ci fût récompensé : « Ce serait le sujet d'un grand découragement pour les autres, écrivit-il, si l'on oubliait ou qu'on négligeait de reconnaître ses services. » Une recommandation semblable fut transmise au Conseil privé par l'amiral Saunders. Au début de 1764, Raby obtint une pension à vie de 5 shillings par jour. Il passa le reste de sa vie comme premier pilote à Québec.

JAMES S. PRITCHARD

AN, Col., F^{2B}, 11. — ANQ-Q, Greffe de Claude Barolet, 21 avril 1731 ; Greffe de J.-É. Dubreuil, 6 mars 1714. — BL, Add. MSS, 11 813, f.72. — G.-B., Privy Council, *Acts of the P. C., col., 1745–66*, IV : 665. — *Inv. de pièces du Labrador* (P.-G. Roy), I : 253. — Recensement de Québec, 1744, 122. — P.-G. Roy, *Inv. ord. int.*, II : 145. — Tanguay, *Dictionnaire*, VI : 416, 490. — Burt, *Old prov. of Que.* (1968), I : 35s. — P.-G. Roy, Le pilote Raby, *BRH*, XIII (1907) : 124–126.

RAFFETOT, CHARLES DESCHAMPS DE BOISHÉBERT ET DE. V. DESCHAMPS

RAMEZAY (Ramsay, Ramesay, Ramesai), JEAN-BAPTISTE-NICOLAS-ROCH DE, officier dans les troupes de la Marine et lieutenant de roi, né à Montréal le 4 septembre 1708, fils cadet de Claude de Ramezay* et de Marie-Charlotte Denys de La Ronde, frère de LOUISE et de Marie-Charlotte*, dite de Saint-Claude de la Croix ; il épousa, le 6 décembre 1728 à Trois-Rivières, Louise, fille de René Godefroy* de Tonnancour, et de ce mariage naquirent six enfants, dont cinq moururent en bas âge ; décédé à Blaye, France, le 7 mai 1777.

Jean-Baptiste-Nicolas-Roch de Ramezay passe son enfance au château de Ramezay à Montréal. Le 7 mai 1720, âgé de 11 ans, il devient enseigne dans les troupes de la Marine et, après la mort de son frère, Charles-Hector, sieur de La Gesse, survenue en août 1725, sa mère demande et lui obtient la lieutenance du défunt. Promu lieutenant le 23 avril 1726, il est envoyé au fort Niagara (près de Youngstown, New York) sous le commandement de l'ingénieur Gaspard-Joseph CHAUSSEGROS de Léry, afin de renforcer ce fort pour le faire « servir de barrière » contre les entreprises des Britanniques venus s'établir dans la région de Chouaguen. Au printemps de 1728, il fait partie de l'expédition conduite par Constant Le Marchand* de Lignery contre les Renards au pays des Illinois et, en 1731, le gouverneur Beauharnois* lui confie la mission de pacifier les Sauteux de Chagouamigon (près d'Ashland, Wisconsin). Trois ans plus tard, il y est promu capitaine. En 1742, il est nommé commandant du fort La Tourette (aussi appelé La Maune, à l'embouchure de la rivière Onaman, Ontario).

En 1746, deux ans après l'entrée en guerre de la France et de l'Angleterre, le gouverneur Beauharnois et l'intendant HOCQUART lèvent, sur l'ordre du ministre de la Marine, un détachement de Canadiens et d'Indiens en vue de participer à la campagne d'Acadie. Ils donnent le commandement de l'expédition à Ramezay qui part de Québec le 5 juin avec 700 hommes répartis sur sept navires. Il débarque d'abord à Baie-Verte (Nouveau-Brunswick), le 10 juillet, d'où il envoie un détachement, sous les ordres de Joseph-Michel LEGARDEUR de Croisille et de Montesson, à Port-La-Joie (Fort Amherst, Île-du-Prince-Édouard), récemment pris par les Britanniques, puis il établit ses quartiers à Beaubassin (près d'Amherst, Nouvelle-Écosse).

Ramezay avait pour mission de rejoindre l'escadre française commandée par le duc d'Anville [La Rochefoucauld*] mais, en l'absence d'ordres précis de celui-ci, il devait répartir ses forces et attaquer à la fois Canseau (Canso, Nouvelle-Écosse) et Annapolis Royal (Nouvelle-

Écosse). Il apprend, le 22 septembre 1746, l'arrivée des débris de l'escadre française à Chibouctou (Halifax, Nouvelle-Écosse), la mort du duc d'Anville et son remplacement par La Jonquière [Taffanel*]. Ramezay se prépare donc à attaquer Annapolis Royal, où il arrive le 11 octobre. Mais, après avoir passé 23 jours à attendre La Jonquière, Ramezay, qui, faute d'effectifs suffisants, n'avait établi qu'un cordon dans le but d'empêcher toute communication entre la garnison et les habitants du village, doit se replier sur Beaubassin.

En décembre, un corps expéditionnaire de troupes coloniales de la Nouvelle-Angleterre, sous le commandement du lieutenant-colonel Arthur Noble*, s'installe à Grand-Pré (Nouvelle-Écosse), dans le but de mettre fin aux incursions des Canadiens et des Français en Nouvelle-Écosse. Apprenant cela, Ramezay décide de l'attaquer et confie le commandement d'un groupe d'attaque, parti le 9 février 1747, à son commandant en second Nicolas-Antoine Coulon* de Villiers. Après avoir été blessé, ce dernier sera remplacé par Louis de La Corne*, dit le chevalier de La Corne. Après quelques heures de combat, Benjamin Goldthwait* rend les armes et signe la capitulation le 12 février. Plus que tout autre, Ramezay bénéficiera de cet exploit ; il sera décoré de la croix de Saint-Louis le 15 février 1748.

Nommé major de Québec en 1749, en remplacement de Paul-Joseph LE MOYNE de Longueuil, Ramezay assume les fonctions de commandant en second du lieutenant de roi. Il remplit son poste « avec honneur et distinction » pendant neuf ans avant d'accéder, à l'âge de 50 ans, au poste de lieutenant de roi à Québec, avec un traitement de 1 800#.

Au printemps de 1759, Québec prépare sa défense contre une attaque présumée de la flotte anglaise. Aux alentours de la ville, des marins français, les troupes régulières coloniales et françaises, les milices des gouvernements de Montréal, Trois-Rivières et Québec et les alliés indiens sont assemblés, suivant en cela les instructions du gouverneur Vaudreuil [RIGAUD] et du marquis de Montcalm*. Ramezay, responsable de la défense de la haute ville, a sous ses ordres 700 soldats et marins, quelques canonniers ainsi que les bourgeois canadiens devenus miliciens pour la circonstance. La flotte britannique atteint l'île d'Orléans le 26 juin, mais l'été passe sans attaque directe de la ville si on excepte le bombardement destructeur venant de Pointe-Lévy (Lauzon). Au milieu d'août, la santé de Ramezay le force à se retirer à l'Hôpital Général et il doit alors abandonner ses fonctions à un subordonné. Il est toujours à l'hôpital quand les forces britanniques sous les ordres de Wolfe* atteignent les plaines d'Abraham, le 13 septembre. Apprenant la défaite de Montcalm, Ramezay revient dans la ville et reprend le commandement de ses troupes ; il demande des renforts à Pierre-André GOHIN, comte de Montreuil, l'aide-major général de Montcalm, et reçoit 150 soldats français et quelques canons. Le même soir, un conseil de guerre, tenu au quartier général de Vaudreuil à Beauport, décide de la retraite à la rivière Jacques-Cartier. Ramezay reçoit de Vaudreuil, par l'entremise de Montcalm qui les approuve sur son lit de mort, les termes de la capitulation ainsi qu'une instruction le prévenant « qu'il ne doit pas attendre que l'ennemi l'emporte d'assaut, ainsi si-tôt qu'il manquera de vivres, il arborera le drapeau blanc et enverra l'officier de la garnison le plus capable et le plus intelligent pour proposer sa capitulation ». Étonné, Ramezay fait appel à Montcalm qui, trop près de la mort, ne peut répondre. Le lendemain, 14 septembre, Ramezay fait la revue de ses troupes et constate qu'il a environ 2 200 hommes, incluant 330 membres des troupes régulières françaises ou coloniales, 20 artilleurs, 500 marins et des miliciens ; les rations pour ces hommes et 4 000 habitants suffisent à peine pour huit jours.

Le 15 septembre, Ramezay reçoit une « Requeste des Bourgeois de Québec » l'incitant à capituler honorablement [V. François Daine* ; Jean Taché*]. Surpris une fois de plus, il convoque alors un conseil de guerre réunissant les principaux officiers de la garnison auxquels il rapporte les instructions de Vaudreuil. Treize des 14 officiers proposent la capitulation ; Louis-Thomas JACAU de Fiedmont s'y oppose. Pendant ce temps, l'artillerie de la ville causait des dommages aux forces britanniques installées sur les plaines, de même qu'à leurs navires. Le chevalier de LÉVIS, revenu précipitamment de Montréal, rencontre Vaudreuil à la Jacques-Cartier, le 17 septembre, et décide de ramener les armées à Québec dans l'espoir d'empêcher l'ennemi d'y passer l'hiver. On tente d'acheminer des vivres vers la ville et Vaudreuil envoie de nouvelles instructions à Ramezay, lui enjoignant de tenir bon jusqu'à l'arrivée de Lévis. Mais ce même jour, à 15 heures, à la suite de la requête des marchands et des bourgeois, et de la décision du conseil de guerre, et devant le bombardement imminent de Québec par l'artillerie assemblée sur les plaines et par la flotte britannique, Ramezay fait hisser le drapeau blanc. Il envoie alors Armand de Joannès, major de Québec, discuter de la capitulation et de la reddition de la ville. A 23 heures, Joannès retourne au quartier général britannique avec un document signé par Ramezay.

C'est seulement à ce moment que les secondes instructions du gouverneur Vaudreuil parviennent à Ramezay.

Le matin du 18 septembre, Charles SAUNDERS et George Townshend* signent les articles de la capitulation ; le lendemain, Ramezay remet la ville à Townshend, tandis que les soldats de la garnison montent à bord des vaisseaux anglais. Quant à Ramezay et aux officiers, ils s'embarquent le 22 septembre mais leur départ est retardé jusqu'au 19 octobre.

Par une procuration signée avant son départ, Ramezay avait demandé à son épouse de vendre tous ses biens au Canada – ce qu'elle fit le 23 août 1763. En 1765, elle part avec sa fille, Charlotte-Marguerite, son gendre et leurs deux enfants rejoindre son époux à La Rochelle. Ramezay, doté d'une maigre pension de 800#, s'installe définitivement à Blaye où il meurt le 7 mai 1777.

On se demande encore si Ramezay a eu raison de capituler. Après lui avoir remis des instructions précises à cet effet, contremandées au tout dernier moment, Vaudreuil sera le premier à le blâmer. Joannès, qui, bien qu'avec certaines réserves, avait été du nombre des officiers à consentir à la capitulation, s'en prendra également à lui dans son mémoire sur la campagne. En Grande-Bretagne, on a tout de suite chanté la victoire de la prise de la ville, et Townshend fait état, dans son rapport au roi, de l'avantage qu'il y avait à signer une paix hâtive, même si les conditions accordées aux Français lui semblaient généreuses. Le nombre des malades et des blessés, le manque de vivres, les pressions exercées par les bourgeois et les officiers de la garnison, et la menace imminente de nouveaux bombardements ont grandement influencé la décision de Ramezay en annihilant l'esprit combatif qu'il avait démontré jusqu'alors. Par-dessus tout cela, la démission des miliciens et la fuite des troupes régulières avaient plus que tout autre facteur contribué à anéantir les derniers espoirs d'une victoire encore possible. Tout au cours de l'histoire, on trouve de nombreuses victimes d'un concours de circonstances ; Ramezay en est une sans plus.

JEAN PARISEAU

[J.-B.-N.-R. de Ramezay], *Mémoire du sieur de Ramezay, commandant à Québec, au sujet de la reddition de cette ville, le 18 septembre 1759* [...] (Québec, 1861) (comprend en 1re partie : « Évènements de la guerre en Canada durant les années 1759 et 1760 » ; « Relation du siège de Québec du 27 mai au 8 août 1759 », et, en 2e partie : « Mémoire du sieur de Ramezay »).

AMA, Bibliothèque du ministère de la Guerre, A^{2C}, 236, ff.222–224 ; 287 ; SHA, A^{1}, 3540 ; 3542–3546 (mfm aux APC). — AN, Col., C^{11A}, 120, ff.398, 405 ; C^{11E}, 13, ff.150, 257 ; D^{2C}, 49 ; 57 ; 58 ; 61 ; 222, f.673. — *Coll. des manuscrits de Lévis* (Casgrain), I : 215 ; II : 242s. ; IV : 162–164 ; V : 205, 230, 232, 293, 309, 356 ; VI : 106, 155, 174, 186, 228 ; VII : 64, 551–553, 616 ; VIII : 68, 78, 110 ; X : 111–113. — *Coll. doc. inédits Canada et Amérique*, II : 10–75. — *Doc. relatifs à la monnaie sous le Régime français* (Shortt), II : 740–742, 744, 750, 754, 794. — Journal du siège de Québec (Æ. Fauteux), ANQ *Rapport*, 1920–1921. — Knox, *Hist. journal* (Doughty), II : 108–110, 123 ; III : 267–295. — Mémoire du Canada, ANQ *Rapport*, 1924–1925, 151–167. — *Mémoires sur le Canada, depuis 1749 jusqu'à 1760*, 169–171. — Projet pour la défense du Canada pendant la campagne 1759, relativement à ses forces et aux projets que peuvent avoir les Anglois pour l'attaquer, ANQ *Rapport*, 1932–1933, 368–372. — [Nicolas Renaud d'Avène Des Méloizes], Journal militaire tenu par Nicolas Renaud d'Avène Des Méloizes, cher, seigneur de Neuville, au Canada, du 8 mai 1759 au 21 novembre de la même année [...], ANQ *Rapport*, 1928–1929, 76–78. — *Siège de Québec en 1759* [...] (Québec, 1836 ; réédité à Québec en 1972 dans *le Siège de Québec en 1759 par trois témoins*, J.-C. Hébert, édit.). — [F.-]M. Bibaud, *Le panthéon canadien ; choix de biographies*, Adèle et Victoria Bibaud, édit. (2e éd., Montréal, 1891), 243s. — Æ. Fauteux, *Les chevaliers de Saint-Louis*, 145. — Historic forts and trading posts of the French regime and of the English fur trading companies, Ernest Voorhis, compil. (copie ronéotypée, Ottawa, 1930), 98. — Le Jeune, *Dictionnaire*, II : 499s. — Lieutenants du roi à Québec, *BRH*, XVII (1911) : 381. — Les majors de Québec, *BRH*, XIX (1913) : 352. — J.-E. Roy, *Rapport sur les archives de France*. — P.-G. Roy, *Les officiers d'état-major des gouvernements de Québec, Montréal et Trois-Rivières sous le Régime français* (Lévis, Québec, 1919), 88–94. — Tanguay, *Dictionnaire*, I : 183 ; III : 351. — Wallace, *Macmillan dictionary*, 617s. — Antoine Champagne, *Les La Vérendrye et le poste de l'Ouest* (Québec, 1968), 138, 272. — A. [G.] Doughty et G. W. Parmelee, *The siege of Quebec and the battle of the Plains of Abraham* (6 vol., Québec, 1901), II : 79, 212s. ; III : 104, 132, 259s., 272s., 292 ; IV : 10, 149, 154, 163–217, 219–229, 239–278 ; V : 1–11, 111, 225–281, 283–301, 303–326. — Guy Frégault, *La civilisation de la Nouvelle-France, 1713–1744* (Montréal, 1944), 53s. ; *La guerre de la Conquête*. — Félix Martin, *Le marquis de Montcalm et les dernières années de la colonie française au Canada (1756–1760)* (Paris, 1898) (contient en appendice les délibérations du conseil de guerre du 15 sept. 1759, présidé par M. de Ramezay). — P.-G. Roy, *La famille de Ramezay* (Lévis, 1910). — Stacey, *Quebec, 1759*. — Stanley, *New France*. — La famille de Ramezay, *BRH*, XVII (1911) : 18–22, 33s., 44, 74, 103–110. — A.[-E.] Gosselin, Notes sur la famille Coulon de Villiers, *BRH*, XII (1906) : 198–203. — Victor Morin, Les Ramezay et leur château, *Cahiers des Dix*, 3 (1938) : 9–72. — P.-G. Roy, Le conseil de guerre tenu à Québec le 15 septembre 1759, *BRH*, XXII (1916) : 63s. ; M. de Ramesay, lieutenant de roi à Québec, après 1759, *BRH*, XXII : 355–364 ; Où fut signé la capitulation de Québec, le 18 septembre 1759 ? *BRH*, XXIX (1923) : 66–69.

RAMEZAY, LOUISE DE, seigneur, née à Montréal le 6 juillet 1705, fille de Claude de Ramezay*, gouverneur de Montréal, et de Marie-Charlotte Denys de La Ronde, décédée à Chambly (Québec) le 22 octobre 1776.

Louise de Ramezay reçut son éducation au couvent des ursulines de Québec. Demeurée célibataire, comme sa sœur Marie-Charlotte*, dite de Saint-Claude de la Croix, elle fut amenée, vers l'âge de 30 ans, à s'intéresser à l'administration d'une partie des biens de sa famille, plus précisément de la scierie que son père avait fait construire, au début du siècle, au bord de la rivière des Hurons, sur une terre relevant de la seigneurie de Chambly, non loin de sa propre seigneurie de Monnoir. Après la mort de Claude de Ramezay, survenue en 1724, Mme de Ramezay s'était d'abord associée avec Clément de SABREVOIS de Bleury pour l'exploitation de la scierie. Cependant, dès 1732 et jusqu'en 1737, un long procès, dont Louise de Ramezay suivit de près l'évolution, opposa les deux anciens associés. A cette époque, Mlle de Ramezay acquit sans doute les connaissances nécessaires à la gestion de la scierie familiale, ainsi que des autres entreprises dont elle devint plus tard propriétaire.

A compter de 1739 et pendant plus de 30 ans, Louise de Ramezay veilla constamment à ce que la scierie de la rivière des Hurons ne chôme pas, car l'entreprise devait verser, chaque année, 112# de rente aux seigneurs de Chambly et 600# aux sœurs de la jeune femme et à son frère JEAN-BAPTISTE-NICOLAS-ROCH, héritiers comme elle des biens paternels. Cette scierie était d'ailleurs fort bien située pour débiter le bois en provenance du haut Richelieu et du lac Champlain et fournir ainsi madriers, planches et bordages aux chantiers maritimes de Québec. Louise de Ramezay n'administra pas toujours personnellement la scierie ; à certains moments, elle surveillait de près la production, s'associant avec le contremaître et se rendant à Québec pour y vendre le bois ; à d'autres moments, elle se souciait avant tout de toucher sa part des revenus, après avoir affermé, avec la scierie, jusqu'au droit de concéder des terres et de percevoir des rentes dans la seigneurie de Monnoir. Lorsqu'elle confiait la scierie à un contremaître, elle préférait qu'il sache tenir les comptes ; un de ses contremaîtres étant analphabète, elle l'autorisa, dans son contrat, à « prendre chaque jour une heure pour apprendre à lire et à écrire, et se faire montrer par quelqu'un des engagés du moulin qui prendrait le même temps pour lui montrer ». Une telle clause n'était pas très courante mais, de cette façon, Louise de Ramezay pouvait espérer que les comptes seraient bien tenus.

Les contrats concernant la prise en charge de la scierie se succédèrent de cinq ans en cinq ans environ, jusqu'en 1765, preuve de réussite et d'un fonctionnement quasi ininterrompu. Toutefois, au cours de ses années de gestion, Louise de Ramezay dut faire face à quelques problèmes. Les deux fois où elle afferma la scierie, elle éprouva des difficultés à faire respecter les conditions du bail. En 1756, d'abord, un marchand de bois de Chambly, François Bouthier, lui devait plus de 12 000#, représentant deux ans de loyer et des marchandises avancées depuis longtemps. En 1765, elle tentait de nouveau l'expérience avec Louis Boucher de Niverville de Montisambert ; mais au bout de quelques années, les comptes n'étant pas réglés, des poursuites judiciaires furent entamées. Louise de Ramezay craignit sans doute, un moment, de se voir entraîner dans un long procès, à l'instar de sa mère, 40 ans auparavant. Elle convint bientôt avec Montisambert que, pour éviter les lenteurs et les frais d'un procès, il valait mieux faire arbitrer le différend par le curé de Chambly, Médard Petrimoulx ; en août 1771, celui-ci donna gain de cause à Louise de Ramezay et conclut que Montisambert devait lui payer 3 284#.

Louise de Ramezay s'occupa également de deux autres scieries, qui ne nous sont cependant connues que par des documents où se manifeste son intention de faire tourner des scieries, notamment des contrats de société et des marchés de construction. En 1745, elle entrait en société avec Marie-Anne Legras, épouse de Jean-Baptiste-François Hertel de Rouville, et les deux associées faisaient construire une scierie et un moulin à farine « sur la seigneurie de Rouville, sur le ruisseau nommé de Notre-Dame de Bonsecours, sur une terre appartenant à mondit sieur de Rouville ». Cette scierie et ce moulin eurent sans doute un rendement satisfaisant puisque l'association des deux femmes ne fut dissoute qu'en 1761, six ans avant l'échéance prévue. La deuxième scierie devait être située beaucoup plus au sud, dans la seigneurie de La Livaudière, à l'ouest du lac Champlain. Cette seigneurie, d'abord concédée à Jacques-Hugues Péan* de Livaudière, lui avait été retirée en 1741 et avait été rattachée au Domaine du roi. Toutefois, alors que la seigneurie lui appartenait, Péan avait concédé une terre à un habitant de Saint-Antoine-sur-Richelieu, Jean Chartier, avec l'autorisation de « prendre des bois de sciage sur toute l'étendue de ladite seigneurie où les terres n'étaient pas concédées ». De plus, un ruisseau, qui traversait la terre de Chartier et se jetait dans la rivière Chazy (probablement la Great Chazy River, New York) alimentant le lac Champlain, pouvait fournir l'énergie nécessaire au fonctionnement d'une scierie. Cet ensemble de circonstances favorables incita sans doute Louise de Ramezay à s'associer, en août 1746, avec Chartier et à faire aussitôt construire une scierie sur la terre de celui-ci, à proximité de la rivière Chazy. Par ailleurs, en 1749, elle obtenait des autorités coloniales la concession d'un domaine au lac Champlain, la seigneurie de Ramezay-La-Gesse, qui s'étendait de part et d'autre de la rivière aux Sables (probablement Ausable River, New York). Bien qu'aucune scierie ne semble y avoir été construite, l'intérêt de ce domaine résidait manifestement dans son abondance de ressources forestières.

Louise de Ramezay ne limita pas ses activités à la seule industrie du bois. En 1749, elle achetait de Charles Plessy, dit Bélair, la tannerie ayant appartenu à son père Jean-Louis* et située sur le coteau Saint-Louis, dans l'île de Montréal. En 1753, elle s'associa avec un maître tanneur, Pierre Robereau, dit Duplessis, auquel elle confia l'exploitation de la tannerie. Jusqu'à l'âge de 60 ans, semble-t-il, Louise de Ramezay vécut principalement à Montréal, tout en se rendant souvent à Chambly et Québec.

La documentation disponible ne nous permet pas d'évaluer avec précision l'importance de l'activité économique de Louise de Ramezay. Cependant, dans ses transactions relatives à l'industrie du bois ou à celle du cuir, elle semblait toujours en mesure d'avancer l'argent nécessaire aux travaux de construction, d'aménagement ou de réparation, aux gages du contremaître et des ouvriers, à l'acquisition de terrains, de pièces d'équipement, de marchandises, ou encore au remboursement de dettes contractées par tel associé ou tel « engagé ». Il s'agit là d'un indice additionnel du bon fonctionnement et du succès de ses entreprises. Ce succès, Louise de Ramezay le dut, pour une part, à ses propres capacités administratives, mais sans doute davantage encore à son appartenance sociale : descendante d'une grande famille, fille de gouverneur, la « très noble demoiselle », comme la désignent les documents de l'époque, jouissait de privilèges non négligeables. Outre son éducation, qui l'avait préparée aux réalités de sa condition, ses relations au sein de l'aristocratie coloniale lui ont certainement valu plus d'un conseil, renseignement ou recommandation utiles, voire quelques faveurs touchant l'industrie du bois, l'exploitation de réserves forestières, l'acquisition de domaines, ou encore ses propres ressources financières. Par exemple, après la mort de sa mère, survenue en 1742, elle bénéficia d'une pension annuelle, fort confortable, de 1 000#, car les autorités métropolitaines avaient décidé de continuer en sa faveur la pension versée à Mme de Ramezay, à titre de veuve de l'ancien gouverneur de Montréal. En outre, Mgr DOSQUET lui donna, en 1746, la moitié de la seigneurie de Bourchemin, enclavée dans celle de Ramezay, qu'elle réclamait au nom des prétentions de sa famille sur ce domaine ; à cette occasion, l'évêque lui écrivit : « Je suis charmé d'avoir cette petite occasion de témoigner mon attachement pour votre famille. » Ainsi, Louise de Ramezay possédait en propre la moitié de la seigneurie de Bourchemin de même que la seigneurie de Ramezay-La-Gesse ; en outre, conjointement avec ses frères et sœurs, elle avait hérité de son père, en 1724, les seigneuries de Ramezay, Monnoir et Sorel. Tout compte fait, les activités économiques de Louise de Ramezay pouvaient prendre appui sur une fortune foncière considérable, dont la colonie, au milieu du XVIIIe siècle, offrait peu d'exemples.

Avec la Conquête et le tracé de la frontière méridionale du Canada, Louise de Ramezay perdait sa seigneurie de Ramezay-La-Gesse et le moulin à scier de la rivière Chazy, si tant est qu'il lui appartînt encore. A la même époque, elle se départit également d'autres domaines. En 1761, elle céda à sa sœur Louise-Geneviève, veuve de Henri-Louis Deschamps* de Boishébert, ses droits sur la seigneurie de Sorel pour le prix de 3 580#. Cette seigneurie devait être vendue, trois ans plus tard, à un marchand de Québec, John Taylor Bondfield, en même temps que la seigneurie de Ramezay, sur la rivière Yamaska, dont Louise avait, jusque-là, conservé sa part. En 1774, deux ans avant sa mort, elle vendait également sa moitié de la seigneurie de Bourchemin. Enfin, la seigneurie de Monnoir est apparemment demeurée dans la famille jusqu'à la fin du siècle ; d'ailleurs, vers la fin de sa vie, Louise de Ramezay y concéda un bon nombre de terres, à la demande d'habitants de la vallée du Richelieu.

En somme, la vie de Louise de Ramezay fut celle d'une aristocrate célibataire administrant consciencieusement et avec une remarquable constance les biens dont elle avait la responsabilité, tout en tirant le meilleur parti possible de ses privilèges de classe.

HÉLÈNE PARÉ

Les sources imprimées traitant des activités économiques de Louise de Ramezay ont répandu certaines inexactitudes, fondées, semble-t-il, sur une interprétation un peu libre des documents d'archives. Ainsi, à la suite de Ovide-Michel-Hengard Lapalice, *Histoire de la seigneurie Massue et de la paroisse de Saint-Aimé* (s.l., 1930), 34, divers auteurs ont situé à tort la scierie de la rivière des Hurons, et même celle du ruisseau Notre-Dame de Bonsecours, dans la seigneurie de Monnoir. Par ailleurs, Édouard-Zotique Massicotte*, « Les Sabrevois, Sabrevois de Sermonville et Sabrevois de Bleury », *BRH*, XXXI (1925) : 79s., prête à Mlle de

Ramezay « une couple de boutiques » de tanneur, alors que les documents n'en indiquent qu'une seule ; en outre, Lapalice nous induit en erreur lorsqu'il affirme qu'« en 1735 Louise de Ramezay transportait tout le matériel de la tannerie à Chambly ». En ce qui a trait aux obligations contractées par diverses personnes en faveur de Louise de Ramezay, en 1751 et en 1756, Massicotte, « Une femme d'affaires du Régime français », *BRH*, XXXVII (1931) : 530, a multiplié par cinq les montants inscrits dans les documents (peut-être a-t-il songé à convertir ces montants en dollars, négligeant par la suite de le préciser ?), permettant ainsi à plusieurs auteurs de surestimer l'importance des transactions de Louise de Ramezay. Enfin, le titre de « femme d'affaires » que Lapalice et Massicotte attribuent à Mlle de Ramezay est tout à fait anachronique en ce qui a trait à cette aristocrate du XVIIe siècle. Notons que les passages relatifs à Louise de Ramezay dans la biographie de son père (*DBC*, II : 572) reprennent certaines de ces inexactitudes. [H. P.]

ANQ-M, État civil, Catholiques, Saint-Joseph (Chambly), 1776 ; Greffe d'Antoine Grisé, 6 août 1765, 8, 26 juill. 1768, 1er, 15 juill. 1769, 16 nov. 1770, 23 mai, 16, 30 août 1771, 24 oct. 1772, 25 août 1774 ; Greffe de Gervais Hodiesne, 14, 17 juin, 20 déc. 1745, 18 mars, 19 avril, 30 juin, 29 août 1746, 1er févr. 1749, 19 sept. 1751, 16, 30 avril 1753, 6 juill., 6 sept. 1754, 26 sept. 1756, 8 oct. 1758, 17 mars 1760, 5 mai, 1er déc. 1761 ; Greffe d'Antoine Loiseau, 2 sept. 1739 ; Greffe de François Simonnet, 26 mars 1746. — Archives paroissiales, Notre-Dame (Montréal), Registre des baptêmes, mariages et sépultures, 1705. — P.-G. Roy, *Inv. concessions*, II ; IV ; V. — J.-N. Fauteux, *Essai sur l'industrie*, I : 204–210. — Mathieu, *La construction navale*, 75s., 87–90.

RAYMOND, JEAN-LOUIS DE, comte de Raymond, officier et gouverneur de l'île Royale, né vers 1702 et décédé le 12 octobre 1771 dans la paroisse Saint-Antonin, à Angoulême, France.

On n'est guère renseigné sur les premières années de Jean-Louis de Raymond. Selon Michel LE COURTOIS de Surlaville, les Raymond étaient de petits seigneurs de province, probablement de l'Angoumois. Raymond entreprit sa carrière militaire à titre de lieutenant dans le régiment de Vexin. Il fut promu capitaine en 1725 et lieutenant-colonel en 1743. En 1731, Raymond s'assura la lieutenance de roi de la ville et du château d'Angoulême, poste qui s'avéra permanent et lui rapporta un revenu annuel à vie de 2 100#. Il était à la bataille de Dettingen (République fédérale d'Allemagne) en 1743 et servit avec les armées françaises sur le Rhin en 1744–1745, bien qu'il ne prît, à ce qu'il semble, aucune part directe au combat. En 1747, il obtint le grade non vénal de général de brigade (grade d'officier général) et, en 1749, fut muté aux Grenadiers de France avec le grade de lieutenant-colonel. Au cours de sa carrière dans l'armée, il avait appris à manipuler à son profit les ficelles du favoritisme officiel. Après avoir convaincu le ministre de la Guerre, Voyer d'Argenson, qu'ils étaient parents par le sang, celui-ci l'aida à obtenir sa promotion au grade de maréchal de camp en 1751, et, la même année, il intercéda avec le ministre de la Marine, Rouillé, pour que Raymond obtînt le poste de gouverneur de l'île Royale (île du Cap-Breton) en remplacement de Charles Des Herbiers* de La Ralière.

Sans qu'il l'ait sollicité, ce poste offrait à Raymond les deux choses qu'il désirait le plus : le prestige et l'argent. Son mode de vie fastueux l'avait appauvri, et Rouillé lui proposait des conditions généreuses : une gratification initiale de 10 000#, un salaire annuel de 9 000#, à quoi s'ajoutait l'allocation de 1 200# accordée chaque année au gouverneur et au commissaire ordonnateur pour leurs déplacements à l'intérieur de la colonie, et la permission de retourner en France à un an d'avis. Après que Pierre-Arnaud de Laporte, premier commis du bureau des Colonies au ministère de la Marine, eut bien flatté sa vanité, Raymond accepta volontiers le poste qu'on lui offrait, bien qu'il n'eût aucune expérience dans le service de la Marine non plus que des affaires coloniales.

La nomination de Raymond s'inscrit dans la tentative de Rouillé visant à améliorer la qualité du personnel au service des colonies. Raymond fut le dernier gouverneur d'une colonie canadienne, sous le Régime français, à avoir fait carrière dans les troupes de terre, et le seul, à Louisbourg, qui ne fût pas officier des troupes de la Marine. Il vint à Louisbourg avec des titres et des recommandations capables d'impressionner à première vue. Avant sa nomination, il avait acheté le minuscule fief d'Oyes (dép. de la Marne) et il fut le premier de sa famille à être qualifié de comte, bien que son cousin éloigné, Charles de Raymond Des Rivières (qui appartenait à une branche noble de la famille), et Surlaville doutassent de la légitimité de ce titre.

Raymond se montra le plus excentrique des gouverneurs du Canada, de Frontenac [Buade*] à lord Durham [Lambton*]. Avec Frontenac, il partageait une ambition effrénée et la passion pour un mode de vie extravagant. Pour ces deux hommes, le titre de gouverneur évoquait, comme l'écrivait Mme de Sévigné, « du bruit, des trompettes et des violons ». Et comme Durham, Raymond mettait sa gloire dans la pompe et les solennités. La fanfare qui salua son arrivée à Louisbourg, le 3 août 1751, était plus nombreuse que celle qui se fit entendre lors du débarquement de Durham à Québec, en 1838. Les célébrations qu'il organisa à l'occasion de la naissance du dauphin, en 1752, sont insurpassées dans les annales de la colonie.

Raymond arriva à Louisbourg avec le désir d'impressionner ses nouveaux supérieurs. Il était déterminé à ne laisser aucun domaine échapper à son attention, ni aucune de ses actions échapper à celle de ses supérieurs. Certains de ses gestes s'avérèrent des défis au bon sens. Il chercha à faire impression sur Rouillé en envoyant en France des animaux canadiens, et même des pâtés de perdrix qui étaient gâtés à l'arrivée. Quand on découvrit de la pyrite de fer (l'or des fous), Raymond annonça inconsidérément que l'île Royale était un nouveau Pérou. A cause de pareilles histoires, la rumeur courut dans les ports de France qu'il avait l'esprit dérangé. Avec l'aide de Surlaville et de Thomas PICHON, il écrivit une quantité énorme de mémoires sur plusieurs sujets. Il recommanda qu'on apportât des changements à la réglementation du commerce, à l'organisation religieuse, à l'administration de la justice et aux fortifications de Louisbourg. Il surveilla étroitement les Britanniques de la Nouvelle-Écosse et, en 1752, il fit une tournée tant de l'île Royale que de l'île Saint-Jean (Île-du-Prince-Édouard), rencontrant les Indiens alliés au cours de conférences bien orchestrées. Des rapports détaillés, mais exagérés, de ses déplacements furent adressés à Versailles.

Si certaines idées de Raymond étaient justes, toutes étaient de réalisation coûteuse. Même si le commissaire ordonnateur avait juridiction sur la colonie, Raymond, du fait qu'il était responsable tant de l'armée que du bon ordre au sein de la population civile, entreprit de rendre Louisbourg autosuffisante au point de vue nourriture. Il paya des militaires qu'il employa au défrichement de terres destinées à l'agriculture et chercha à renforcer la puissance défensive de l'île en établissant des soldats en des communautés agricoles semblables aux premières *coloniæ* romaines. En 1752, grâce à ses soins, 22 soldats mariés étaient établis dans un village obséquieusement nommé Rouillé, sur la rivière de Miré (rivière Mira). D'autres vivaient à Baie-des-Espagnols (Sydney), à Port-Toulouse (près de St Peters) et dans l'île Saint-Jean. Il conçut aussi un plan ingénieux pour la défense côtière de l'île et, sans l'autorisation de la France, paya des soldats pour la construction d'une route à peine passable de Port-Toulouse à Louisbourg, au coût de 100 000#. Son projet prévoyait une série de redoutes le long de la côte, afin d'aider au peuplement, d'écarter la contrebande et de donner l'alarme dans le cas d'une attaque ennemie. L'ingénieur Louis Franquet* s'opposa à ce plan, trop coûteux à son avis, que Rouillé finalement rejeta. Pour améliorer le groupe des officiers de la colonie, Raymond institua un enseignement formel des mathématiques et de l'artillerie, aussi bien que de la lecture et de l'écriture pour les analphabètes.

Dans la pensée de Raymond, son rôle comme gouverneur était de gouverner, dans le sens le plus large du terme. A cause de son inexpérience, de son ambition et des flatteries de Laporte, il ne se rendit pas compte que le gouvernement en Nouvelle-France était une dyarchie, au sein de laquelle le secteur militaire et le commissariat exerçaient chacun une autorité distincte et largement indépendante de l'autre : au premier revenaient les relations extérieures, les affaires indiennes et la discipline militaire ; au commissaire ordonnateur, la justice, les finances et l'approvisionnement ; ils avaient la responsabilité conjointe de l'ordre public. Le commissaire ordonnateur de Louisbourg, Jacques PREVOST de La Croix, n'était pas moins vaniteux ou d'esprit moins dominateur que Raymond. Surlaville disait à ce propos que « chacun [voulait] s'emparer de toute l'authorité, [et que] tous les deux [étaient] également entetés [...] vains et presomptueuses ». Les deux hommes s'affrontèrent souvent, sur de petites affaires de juridiction comme sur des questions de grande importance. Prevost s'opposait au gouverneur en toute occasion et usait de tous les moyens à sa disposition pour gagner des partisans. Non seulement se plaignait-il sans cesse à ses supérieurs de la conduite arbitraire de Raymond, mais il gratifiait de provisions supplémentaires les officiers qui l'appuyaient. Avec l'aide de Surlaville, Raymond se vengea en préparant un long mémoire démontrant comment Prevost gonflait les comptes de la colonie. Il en venait à la conclusion que Prevost avait, en un an, fraudé la monarchie d'une somme de 33 000#. Par malchance, il soumit ces renseignements au ministère en juillet 1754, alors que Rouillé avait quitté son poste, si bien qu'aucune suite n'y fut donnée.

Malheureux de sa situation de plus en plus intenable à Louisbourg, Raymond, en poste depuis moins d'un an, demanda sa mutation. A l'annonce de la nomination de DUQUESNE comme gouverneur général de la Nouvelle-France, Raymond déclara que sa dignité ne lui permettrait pas de servir sous un homme d'un grade inférieur. A l'automne de 1753, il quitta la colonie avec une pension de 4 000#. Charles-Joseph d'Ailleboust* assuma temporairement le commandement, en attendant l'arrivée du successeur de Raymond, Augustin de Boschenry* de Drucour.

De retour en France, Raymond fut réaffecté au ministère de la Guerre. Il devint en 1755 commandant au Havre. Obsédé d'une façon pathologique par le sentiment de sa propre importance, il essaya d'impressionner les autorités françaises par sa connaissance poussée des affaires coloniales. Après des demandes répétées, il obtint audience auprès des ministres à Versailles en 1755 et en 1757. En 1759, il demanda la nomination de commandant de l'Angoumois, qu'on lui accorda, mais il demeura lieutenant de roi et reçut seulement 2 000#, le quart du salaire additionnel qu'il avait demandé. Cette même année, Raymond touchait 8 400# de pension, sans compter la pension attachée à son nouveau poste : 2 100# comme lieutenant de roi, 800# comme ancien lieutenant-colonel du Vexin, 1 500# de l'ordre de Saint-Louis et 4 000# de la Marine.

Raymond resta toujours submergé par les dettes, qui furent la plaie de sa vie, bien que, selon Surlaville, ses revenus pendant son gouvernement, eussent été de 86 000#. Même la cantine du major, la seule officiellement autorisée à l'intérieur de la forteresse, à laquelle il donna une plus grande expansion et qu'il saigna à blanc pour en tirer un revenu personnel supplémentaire de 3 000#, fit faillite. Son argent lui vint en grande partie sous la forme de gratifications versées par Rouillé, car Raymond n'avait point porté atteinte à son rang en s'abaissant à faire du commerce. Le ministre effaça des dettes du gouverneur pour une somme de 20 000# mais, quand Raymond afficha assez de témérité pour demander une seconde gratification d'un égal montant, il refusa. La dernière mention de Raymond date de 1766, année où il adressa au ministre, le duc de Praslin, une requête pour qu'il payât au marchand David Gradis, de Bordeaux, une dette de 6 000# en souffrance depuis les années passées à Louisbourg. A sa manière bien typique, Raymond tentait de mettre les chances de son côté en exposant à grands traits ses liens de parenté avec le ministre, bien que ces liens remontassent à la cinquième génération, du côté maternel. Raymond n'eut jamais la touche du roi Midas, qui seule eût pu soutenir l'extravagance de son train de vie.

Vaniteux et égocentrique, Raymond força ses contemporains à être soit ses loyaux alliés, soit d'ardents adversaires. Plusieurs, dont Pichon, Franquet, Surlaville et Joannis-Galand d'OLABARATZ, se plaignirent de sa manière arbitraire de les traiter. Il faisait peu de cas des gens qu'il exploitait – il engrossa à Louisbourg la jeune fille qui le servait. Surlaville, qui par la suite annota, d'une manière mordante, sarcastique et souvent cynique, une grande partie de la correspondance de Raymond, fut peut-être très charitable en écrivant que celui-ci était inspiré d'« un enthousiasme qui ne lui permet[tait] pas de rien écouter ». Et le but qu'il visait énergiquement était son avancement personnel plutôt que le bien commun. Pichon observa qu'il savait « profiter des lumières d'autruy et les faire valoir pour lui seul ». Si plusieurs de ses projets n'étaient pas sans mérite, ils échouèrent par suite de son incapacité de concentrer ses énergies et de son manque de discernement, sans parler de l'opposition qu'il rencontra dans la colonie et en France. Ses communautés agricoles dépérirent, parce qu'il avait été incapable de juger de l'infertilité des terres où il avait choisi de les implanter ; son projet de routes fut refusé en France pour des raisons de coûts et de sécurité ; et, avant son départ de Louisbourg, ses écoles de mathématiques et d'artillerie avaient déjà commencé à s'affaisser. Les deux années que Raymond passa à l'île Royale furent tumultueuses, mais, en définitive, son influence fut négligeable.

T. A. CROWLEY

Certains inventaires de fonds d'archives, articles et études confondent la carrière de Raymond avec celle de son cousin Charles de Raymond Des Rivières parce que le dossier Raymond, déposé aux AN, Marine, contient des documents concernant ces deux personnages. [T. A. C.]

AMA, Inspection du Génie, Bibliothèque, MSS in-f°, 205b, f.47 ; SHA, A1, 3 393 ; 3 457 ; 3 461 ; 3 499 ; 3 526 ; 3 540 ; 3 577 ; 3 602 ; 3 631 ; Y3d, 2121. — AN, Col., B, 100, f.109v. ; C11B, 32, ff.39, 48, 61 ; 33, f.100 ; 34, f.24 ; C11C, 9 ; F3, 50 ; Marine, C7, 270 (dossier Raymond). — APC, MG 18, J10. — ASQ, Polygraphie, LV–LVII. — Bibliothèque municipale de Vire (dép. du Calvados), Coll. Thomas Pichon, 1750–1762 (copies aux APC). — PANS, RG 1, 341–341½ (papiers de Thomas Pichon). — *Les derniers jours de l'Acadie* (Du Boscq de Beaumont). — *Docs. relating to Canadian currency during the French period* (Shortt), II. — [Thomas Pichon], *Lettres et mémoires pour servir à l'histoire naturelle, civile et politique du Cap Breton, depuis son établissement jusqu'à la reprise de cette isle par les Anglois en 1758* (La Haye, Pays-Bas, 1760 ; réimpr., [East Ardsley, Angl.], 1966). — Groulx, *Hist. du Canada français* (1960), I : 70. — McLennan, *Louisbourg*.

RENAUD, JEAN (John), marchand, grand voyer, né vers 1734 et décédé à Québec le 16 mars 1794.

On ne connaît rien des origines et des premières années de la vie de Jean Renaud. Les plus anciennes traces de sa présence à Québec datent de 1768 alors qu'il épousa Martha Sheldon, le 1er octobre, devant le ministre de l'Église d'Angleterre David-François De Montmollin* ; c'est cette année-là qu'il acquit une propriété à la basse ville, rue Saint-Pierre, où il fit construire un quai, un hangar et une écurie ; en 1789, il vendra le tout £900. Entre-temps, en février 1775, il avait acheté une terre et des bâtiments à la rivière Saint-Charles, dans la paroisse de l'Ancienne-

Lorette, et s'y était installé. Puis, en 1790, les jésuites lui concédèrent 60 arpents de terre dans la seigneurie de Saint-Gabriel, près de Québec.

C'est d'abord pendant le siège de Québec par les Américains, à l'hiver de 1775–1776, que Renaud se signala alors qu'il faisait partie de la milice. Sa maison servit de lieu de rassemblement pour les miliciens de la basse ville jusqu'en mars. Promu enseigne le 2 décembre, il assurait son tour de garde, rue du Sault-au-Matelot, lorsque tôt le matin du 31 décembre suivant les Américains attaquèrent les barricades de la basse ville [V. Richard MONTGOMERY]. En témoignage de sa bonne conduite à cette occasion, le gouverneur HALDIMAND le nomma, le 10 décembre 1782, grand voyer du district de Québec en remplacement de Jean-Baptiste Magnan.

La charge de grand voyer était définie par l'ordonnance de voirie de 1777. Assisté des capitaines de milice et de leurs officiers, il devait voir à ce que les habitants entretiennent les routes traversant leur terre. Dès l'hiver de 1782–1783, Renaud se mit à l'œuvre et entreprit une tournée de son district qui commençait à Grondines, sur la rive nord du fleuve, et Deschaillons, en face sur la rive sud, et descendait le fleuve. Il s'intéressa aussi à l'autre volet de ses fonctions : le tracé de nouvelles routes. En 1784, il recommanda la construction, par les paroisses qui en bénéficieraient, d'une route entre Baie-Saint-Paul et Québec. En juillet 1792, il traça le chemin royal reliant Pointe-au-Père et Trois-Pistoles.

Haldimand donna à Renaud une nouvelle preuve de son estime lorsqu'il lui confia, le 30 mai 1783, la tâche d'ouvrir le chemin du portage de Témiscouata « reliant le Saint-Laurent au lac Témiscouata » , route qui devait servir à acheminer en toute sécurité le courrier royal vers le fort Howe (Saint-Jean, Nouveau-Brunswick). Le terrain était difficile, marécageux et entrecoupé de nombreuses fondrières. Renaud voulut terminer le travail rapidement et il prit les grands moyens. Il obtint une rémunération pour les miliciens de corvée et fit tirer des magasins royaux plus de nourriture que prévu, entre autres un supplément de lard pour les hommes. Un groupe de 185 miliciens commença la construction le 12 juin. Il fut remplacé le 30 par un autre groupe de 183 hommes, auxquels Renaud adjoignit 125 autres le 4 juillet. La route de « douze lieues et seize arpents [environ 30 milles] » , que seuls les chevaux pouvaient emprunter, fut terminée le 20 juillet. Cette rapidité d'exécution n'empêcha pas les critiques, en particulier celle d'Adam MABANE à propos des dépenses encourues.

Renaud chercha aussi les moyens d'améliorer l'état général des routes. En février 1785 et en décembre 1786, il présenta aux autorités coloniales des rapports dans lesquels il identifiait les problèmes et esquissait des solutions. Il aurait voulu que soient modifiés les véhicules, facteur important de détérioration des routes, et que soient clarifiés l'ordonnance de 1777 et les pouvoirs du grand voyer. Il s'en prenait au fait que les premiers intéressés, les habitants, s'opposaient souvent à la relocalisation de mauvaises routes. En décembre 1793, il fit remarquer au président du comité de la chambre d'Assemblée chargé d'étudier les questions de voirie que les routes du Canada se comparaient à celles d'Angleterre, « chemins à barrière » exceptés. Le grand voyer n'avait d'ailleurs pas prisé la convocation du comité qui, au lieu de mettre à contribution ses connaissances, voulait savoir pourquoi les routes n'étaient pas mieux entretenues. Cette « prétendue négligence » ne saurait caractériser le travail de Jean Renaud comme grand voyer. Depuis Jean-Eustache Lanoullier* de Boisclerc, personne ne s'était autant préoccupé de voirie. Ses rapports témoignent d'un début de réflexion sur l'ensemble de la question routière.

A sa mort, Jean Renaud laissait plus de £930, dont £500 en créances nettes et près de £280 en immeubles. Son unique héritière était sa femme puisque son fils, John Lewis, n'avait vécu que quatre mois. Martha Sheldon survécut longtemps à son époux : elle mourut en 1810.

GRATIEN ALLAIRE

ANQ-Q, État civil, Anglicans, Cathedral of the Holy Trinity (Québec), 1er oct. 1768 ; Greffe de P.-L. Descheneaux, 21, 23 févr. 1789 ; Greffe d'Alexandre Dumas, 28 mars, 8, 26 avril, 18 mai 1794 ; NF 10, 7 ; 8. — APC *Rapport*, 1913, app.E, 77–80 ; 1914, app.C, 78–83. — *Journal of the principal occurences during the siege of Quebec by the American revolutionists under generals Montgomery and Arnold in 1775–76*, W. T. P. Short, édit. (Londres, 1824) ; ce journal a été repris dans « Blockade of Quebec in 1775–1776 by the American revolutionists (les Bastonnais) » , F. C. Würtele, édit., Literary and Hist. Soc. of Quebec, *Hist. Docs.*, 8e sér. (1906 ; réimpr., Londres, 1970) : 55–101. — Orderly book begun by Captain Anthony Vialar of the British militia [...], F. C. Würtele, édit., Literary and Hist. Soc. of Quebec, *Hist. Docs.*, 7e sér. (1905) : 155–265. — *La Gazette de Québec*, 12 déc. 1776, 19 déc. 1782, 6 mars, 19 juin 1783, 8, 29 mai 1794. — P.-G. Roy, *Inv. concessions*, I : 230 ; V : 162 ; *Inv. procès-verbaux des grands voyers*, I : 196–261 ; IV : 76–79 ; V : 160. — Ivanhoë Caron, *La colonisation de la province de Québec* (2 vol., Québec, 1923–1927), I : 310, 315. — G. P. de T. Glazebrook, *A history of transportation in Canada* (2 vol., Toronto, 1964), I : 107–109. — Ivanhoë Caron, Historique de la voirie dans la province de Québec ; Régime anglais : les ordonnances de 1766 et de 1777, *BRH*, XXXIX (1933) : 278–300. — Léon Gérin, La seigneurie de Sillery, SRC *Mémoires*, 2e sér., VI (1900), sect. I : 73–115. — Frère Marie Victorin [Conrad Kirouac], Le portage du Témiscouata ; notes critiques et documents pour servir à l'histoire d'une vieille route coloniale, SRC *Mémoires*, 3e sér., XII (1918), sect. I : 55–93. — P.-G. Roy, Le grand voyer Jean Renaud, *BRH*, XLV (1939) : 319.

RENAUD, dit **Cannard, PIERRE**, maître maçon et entrepreneur, baptisé à Saint-Charles-de-Charlesbourg (Charlesbourg, Québec) le 3 octobre 1699, fils de Michel Renaud, dit Cannard, et de Marie-Renée Réaume, inhumé le 15 juin 1774 dans la même paroisse.

Pierre Renaud, dit Cannard, appartient à la seconde génération de maçons formés en Nouvelle-France qui se distinguèrent de leurs prédécesseurs par leur faculté d'adapter leur technique aux ressources et au climat du pays. Au XVIIIe siècle, l'industrie de la construction n'était pas des plus florissantes à Québec et les grands entrepreneurs ne pouvaient pas y être très nombreux. C'est à cette époque, où l'érection des bâtiments civils et conventuels d'importance était terminée, qu'œuvrèrent Renaud, dit Cannard, Jean-Baptiste Boucher, dit Belleville, Jacques DEGUISE, dit Flamand, et Girard-Guillaume Deguise*, dit Flamand.

Renaud commença sa carrière d'entrepreneur de bâtiments après son mariage avec Marie Gariépy, le 21 février 1729, à L'Ange-Gardien. Son œuvre la plus connue et la plus intéressante est la seconde église de Cap-Santé, un des temples les plus imposants de la Nouvelle-France. Immense structure de pierre flanquée de deux tours, elle fut commencée en 1754. Il semble que les plans de l'église aient été dessinés par Jean-Baptiste Maillou*, dit Desmoulins, le maître supposé de Renaud, dit Cannard. Les dimensions et le faste de cette église proviennent d'une certaine rivalité qui existait, à cette époque, entre les paroisses. Au début de 1763, la construction de l'église n'était pas encore tout à fait terminée et, le 17 mai, Renaud, dit Cannard, acceptait que le curé de la paroisse, Joseph Fillion, fasse achever son église par qui bon lui semblerait. En effet, les ouvriers de la construction avaient été distraits de leur chantier par la guerre de la Conquête qui avait nécessité, entre autres choses, la construction du fort Jacques-Cartier, à l'embouchure de la rivière du même nom. Au moment où ils reprirent le travail, il semble que le prix de la toise de maçonnerie avait grimpé et que Renaud, dit Cannard, n'ait pas été intéressé à poursuivre la construction aux conditions stipulées lors de la signature du contrat.

Dans le domaine de l'architecture domestique, l'œuvre majeure de Renaud, dit Cannard, est certainement la maison bâtie, en 1752, pour le marchand Jean-Baptiste Chevalier près des chantiers navals de la ville de Québec. Construite en pierre, elle comportait deux étages et s'ouvrait, à l'origine, sur la rue du Cul-de-Sac. Elle est aujourd'hui réunie aux deux maisons voisines, et l'ensemble est connu sous le nom de maison Chevalier. Le maçonnage de ce bâtiment fut fait à raison de « Vingt cinq Livres La Toise courante, et en outre deux chapeaux, pardessus Le marché ».

Les activités de Renaud, dit Cannard, après la Conquête restent inconnues. Aucun contrat de maçonnerie n'a encore été relevé, ce qui ne signifie pas cependant qu'il n'en existe pas sous seing privé. A sa mort, en 1774, l'entrepreneur laissait à ses héritiers trois terrains dans la ville de Québec, où il avait habité quelques années, en plus de ses terres au Gros-Pin (Charlesbourg, Québec) sur lesquelles n'était érigée qu'une maison de bois de 25 pieds sur 18 allongée d'un deuxième corps de bâtiment de 20 pieds sur 12. Sous le Régime français, les maîtres maçons ne pouvaient pas tous s'offrir le luxe de maisons de maçonnerie.

RAYMONDE GAUTHIER

ANQ-Q, État civil, Catholiques, Saint-Charles-Borromée (Charlesbourg), 15 juin 1774 ; Greffe de Gilbert Boucault de Godefus, 20 mars 1752 ; Greffe d'André Genest, 18 juill. 1774 ; Greffe de Joseph Jacob, 15 févr. 1729. — Archives paroissiales, Saint-Charles-Borromée (Charlesbourg), Registre des baptêmes, mariages et sépultures, 3 oct. 1699. — IBC, Centre de documentation, Fonds Morisset, Dossier Pierre Renaud, dit Cannard. — Tanguay, *Dictionnaire*, VI : 515, 542. — F.-X. Gatien *et al.*, *Histoire du Cap-Santé* (Québec, 1955), 64s. — Gowans, *Church architecture in New France*, 87s., 154 ; *Looking at architecture in Canada* (Toronto, 1958), 51s. — Raymonde Landry Gauthier, L'architecture civile et conventuelle à Québec, 1680–1726 (thèse de M.A., université Laval, 1976). — Gérard Morisset, *Le Cap-Santé, ses églises et son trésor* (Québec, 1944), 22s. — Jean Bruchési, De la maison Soulard à l'hôtel Chevalier, *Cahiers des Dix*, 20 (1955) : 91s.

RENAUD D'AVÈNE DES MÉLOIZES, ANGÉLIQUE (baptisée **Angélique-Geneviève**) **(Péan)**, née à Québec le 11 décembre 1722, fille de Nicolas-Marie Renaud* d'Avène Des Méloizes et d'Angélique Chartier de Lotbinière, décédée à Blois, France, le 1er décembre 1792.

Nous ignorons à peu près tout de l'enfance et de la jeunesse d'Angélique Renaud d'Avène Des Méloizes. Son nom figure parmi les élèves qui ont fréquenté le pensionnat des ursulines de Québec, entre 1700 et 1739, et l'annaliste de l'institution notera plus tard à son sujet : « la célèbre Dame Péan, épouse du Chevalier de Livaudière [Michel-Jean-Hugues PÉAN]. C'était une personne très remarquable pour sa beauté, ses agréments et son esprit. » Le portrait que nous conservons d'elle lui donne certes une expression de puissance qui la rend belle ; le nez, un peu coupant, traduit autant la volonté que ses yeux vifs et aigus. Le menton procède de la même vigueur.

Angélique épouse le 3 janvier 1746 Michel-Jean-Hugues Péan, aide-major à Québec. Toutes les qualités de l'époux « consistaient dans les charmes de sa femme », écrira narquoisement l'auteur anonyme du « Mémoire du Canada ». Cependant, Péan occupera un haut rang dans la société de Québec, car il deviendra l'homme de confiance de l'intendant BIGOT. Le couple habite la haute ville où, « après la maison de l'intendant, la meilleure de la ville est celle de Mr Péan [...] C'est chez lui que s'assemblent tous les gens du bel air ; on y vit à la mode de Paris. » L'hôtesse est jeune, sémillante, pleine d'esprit, d'un caractère assez doux et obligeant ; sa conversation est enjouée et amusante. Médiatrice et protectrice de ses parents et amis, elle est fort habile, ajoutent les chroniques du temps, et l'on ne manque point de faire la cour aux Péan.

L'arrivée de l'intendant Bigot à Québec, en 1748, influença la vie du couple Péan. A cette époque, Bigot avait 45 ans et Angélique 25 ans. Les mémoires du temps veulent que cette dernière ait été « la Pompadour » de l'intendant et que son facile époux ait délibérément accepté la situation qui lui offrait l'avantage d'amasser sa fortune plus rapidement. Les somptueux banquets et le jeu étaient alors à l'honneur dans l'entourage de l'intendant ; Mme Péan joue avec le haut magistrat et des fortunes changent de main. Le gouverneur Vaudreuil [RIGAUD], le sage Vaudreuil, céda au goût du jour puisqu'il « s'est mis en frais et a donné [...] une banque de pharaon chez lui », au dire de Montcalm*, qui fut, lui aussi, selon Guy Frégault*, « de la cour de la grande Sultane ». Sa correspondance montre qu'il est très intime avec « les dames de la société Péan [...] d'autant qu'on croit [qu'il a] des vues pour Lélie [abréviation d'Angélique] ».

Après la capitulation de Montréal, Angélique, accompagnant Bigot et son époux, s'embarque pour la France en septembre 1760, à bord de la *Fanny*. Leur vie scandaleuse avait eu des échos dans la métropole. Les accusations ne tardèrent pas à tomber sur la tête du triumvirat formé par Bigot, Péan et Joseph-Michel CADET, qu'on rendait responsable de la mauvaise administration et de la perte du pays. Le mari d'Angélique est arrêté en novembre 1761 et détenu au secret à la Bastille. Mme Péan établit toutefois une correspondance clandestine avec son mari et elle obtient même du ministre Choiseul la permission de le visiter, ce qu'elle fera 58 fois de mars 1764 à juin de la même année, date de sa libération.

Le couple Péan s'installe alors à Orzain, près de Blois, sur les terres dont Péan s'était porté acquéreur à son arrivée en France en 1758, et continue pour un certain temps sa vie mondaine. Mme Péan, qui deviendra veuve en 1782, consacrera les 20 dernières années de sa vie aux démunis et plus particulièrement aux familles canadiennes venues s'établir en Touraine. Sa fille unique, Angélique-Renée-Françoise, épousa, le 1er septembre 1769, Louis-Michel de Marconnay et elle n'eut pas de descendance. Mme Péan meurt le 1er décembre 1792, âgée de près de 70 ans.

Angélique Renaud d'Avène Des Méloizes, adulée des plus hauts fonctionnaires de la colonie, fut manifestement une femme redoutable. Les gens qui l'aimèrent n'ont point osé se montrer éloquents à son sujet. Aucun plaidoyer ni véhément éloge ne nous est parvenu. Seul le sieur de Courville [AUMASSON] voudrait qu'on fasse attention au revers de la médaille, « et que l'on voie qu'elle avoit beaucoup de mérite, surtout par son humeur bienfaisante ». Personnage controversé, elle fut l'héroïne du roman célèbre de William Kirby*, *The Golden Dog* (New York, 1877), où la fiction l'emporte trop facilement sur la vérité historique.

JULIETTE RÉMILLARD

AD, Loir-et-Cher (Blois), État civil, Blois, 1er déc. 1792. — Les archives de la famille Gradis et le Canada, Claude de Bonnault, édit., ANQ *Rapport*, 1944–1945, 273. — *Coll. des manuscrits de Lévis* (Casgrain), VI : 115 ; VII : 219 ; IX : 105. — Doreil, Lettres (A. Roy), ANQ *Rapport*, 1944–1945, 158. — Mémoire du Canada, ANQ *Rapport*, 1924–1925, 117s., 188s. — Burke, *Les ursulines de Québec* (1863–1866), II : 176. — H.-R. Casgrain, *Guerre du Canada, 1756–1760 ; Montcalm et Lévis* (2 vol., Québec, 1891 ; réimpr., Tours, France, 1899). — Frégault, *François Bigot*. — P.-G. Roy, *La ville de Québec sous le Régime français* (2 vol., Québec, 1930), II : 266. — Ægidius Fauteux, Le S... de C... enfin démasqué, *Cahiers des Dix*, 5 (1940) : 267s. — Juliette Rémillard, Angélique Des Méloizes, *RHAF*, XIX (1965–1966) : 513–534.

REPENTIGNY, LOUIS LEGARDEUR DE. V. LEGARDEUR

REPENTIGNY, PIERRE-JEAN-BAPTISTE-FRANÇOIS-XAVIER LEGARDEUR DE. V. LEGARDEUR

RETOR, CLAUDE DEVAU. dit. V. DEVAU

RIGAUD DE VAUDREUIL, FRANÇOIS-PIERRE DE, militaire et administrateur, né à Montréal le 8 février 1703, du mariage de Philippe de Rigaud* de Vaudreuil, gouverneur général de la Nouvelle-France, et de Louise-Élisabeth de Joybert* de Soulanges et de Marson ; décédé le 24 août 1779 au château de Colliers dans la commune de Muides (dép. de Loir-et-Cher, France).

Celui que les Canadiens appelaient « monsieur de Rigaud » appartenait à une vieille famille du Languedoc – l'*Armorial de France* dénombre 11 générations de Rigaud avant 1680, dont les rejetons se sont illustrés en terre canadienne. Le père de François-Pierre, débarqué à Québec en 1687, servit dans l'armée et assuma le poste de gouverneur général de la Nouvelle-France de 1703 à 1725. Ses six fils travailleront au service du roi, occupant des postes dans l'armée, la marine ou les colonies.

Cinquième fils de la famille, François-Pierre de Rigaud de Vaudreuil naît l'année où son père accède au poste de gouverneur général. On ignore tout de son enfance et de son éducation qui dut cependant être rudimentaire, car ses contemporains, s'ils le jugent brave, le disent aussi « borné » et « sans lumière ». Mettant à profit la protection du comte de Pontchartrain, son père le fait nommer à cinq ans dans la compagnie des gentilshommes gardes-marine, en dépit du règlement y exigeant 18 ans. Il lui obtient, en 1712, une enseigne dans les troupes de la Marine et une lieutenance, le 2 juin 1720 ; sa mère, qui réside à Versailles de 1709 à 1721, n'est également pas étrangère à ces nominations. Le jeune lieutenant s'initie au métier des armes en exerçant la fonction d'aide-major des troupes. En 1723, il fait un premier séjour en France et obtient une compagnie l'année suivante, toujours grâce au haut patronage dont jouissent les Vaudreuil à la cour. Rentré au Canada en 1726, il retourne en France deux ans plus tard, pour régler la succession de son père, et de nouveau en 1730 et 1731. Si l'on en croit le chanoine Pierre HAZEUR de L'Orme, à l'affût des potins de la colonie, Rigaud de Vaudreuil allait y rencontrer Louise, fille de Joseph de Fleury* de La Gorgendière et de Claire Jolliet, qui avait su lui plaire. Il revient à Québec en 1732, à bord du *Rubis*, et se marie l'année suivante, le 2 mai, à Québec. Le couple aura cinq enfants, tous décédés en bas âge.

Rigaud de Vaudreuil n'est pas de la génération qui s'est enracinée, mais de celle qui s'est canadianisée. Militaire, trafiquant, seigneur, il est un exemple de cette oligarchie canadienne qui, tout en travaillant pour le roi, s'efforce de servir le Canada et ses propres intérêts, amenant ainsi des heurts fréquents entre coloniaux et métropolitains. De 1724, année où il obtient une compagnie, à 1741, date de sa nomination au poste de major des troupes, Rigaud de Vaudreuil joue un rôle effacé, se préoccupant surtout de son avancement et de ses intérêts. Il obtient, en 1732, en copropriété avec son frère Pierre de RIGAUD de Vaudreuil de Cavagnial, la seigneurie de Rigaud, contiguë à leur seigneurie de Vaudreuil, le long de la rivière Outaouais. En 1736, il se fait concéder la seigneurie de Saint-Joseph-de-la-Nouvelle-Beauce, avec la charge de faire construire, avec les autres seigneurs de la région, « un grand chemin roulant de charette ». Ses obligations de seigneur ne lui pèsent point lourd ; Rigaud de Vaudreuil n'est pas un gentilhomme paysan.

Le poste de major qu'il obtient en 1741, puis la guerre de la Succession d'Autriche lui permettent enfin de faire valoir ses talents militaires. Si, en Europe, la guerre donne lieu à de grands déploiements des armées, en Amérique, les Canadiens s'en tiennent à la petite guerre – pas moins de 27 raids sèment la terreur en Nouvelle-Angleterre. Rigaud de Vaudreuil a mission de protéger le fort Saint-Frédéric (près de Crown Point, New York). Il s'y rend d'abord en août 1746 et, n'y trouvant point d'Anglais, longe la Kaskékoué (aujourd'hui rivière Hoosic) jusqu'au fort Massachusetts (Williamstown, Massachusetts), qu'il rase après une faible résistance. Sur le chemin du retour, il brûle les quelque 200 bâtiments construits en bordure de la Kaskékoué et rentre à Montréal le 26 septembre. En juin 1747, il retourne avec 780 hommes au fort Saint-Frédéric où il attend les Britanniques, mais en vain, et n'improvise aucune offensive.

En septembre de la même année, le nouveau commandant général, Roland-Michel Barrin* de La Galissonière, apporte la nouvelle de la fin des hostilités en Europe. Le traité d'Aix-la-Chapelle, en 1748, instaure la paix en Europe mais n'établit qu'une trêve en Amérique, où les frontières de l'Acadie et de la région de l'Ohio sont l'objet d'une âpre lutte marquée d'incessantes escarmouches ; La Galissonière s'efforce de consolider les points stratégiques aux frontières. Cette même année, Rigaud de Vaudreuil est nommé lieutenant de roi du gouvernement de Québec, poste prestigieux qui le met au centre de la société québécoise. En septembre, il obtient une seigneurie le long de la Yamaska, futur emplacement de la ville de Saint-Hyacinthe (Québec).

Le 1er mai 1749, Rigaud de Vaudreuil succède à Claude-Michel Bégon* de La Cour au poste de gouverneur de Trois-Rivières. Il se trouve alors en bonne position pour s'adonner à la traite des fourrures ; il se fait concéder, pour deux ans, le poste de Baie-des-Puants (Green Bay, Wisconsin), dont il obtiendra la concession permanente en 1759. Rigaud de Vaudreuil s'embarque pour la France en 1754. Au retour, l'année suivante, le navire *Alcide*, qui le ramène, s'écarte du convoi à la hauteur du cap Ray (Terre-Neuve) et des navires britanniques, commandés par le vice-amiral Edward Boscawen*, le forcent à baisser pavillon, à la suite d'une bordée « haute et basse à bout touchant ». Rigaud de Vaudreuil est fait prisonnier et amené à Halifax où, sans méfiance, il remet à un certain Thomas PICHON, un espion à la solde des Britanniques, de précieux documents sur la Louisiane. Emprisonné, par la suite, en Angleterre, il réussit à passer en France, puis à revenir à Québec le 4 mai 1756.

En juin, la France et l'Angleterre sont en guerre, officialisant ainsi l'état de guerre larvée existant aux frontières de la Nouvelle-France. Dès son arrivée, Rigaud de Vaudreuil est mis à contribution. Durant l'été, il commande l'avant-garde des forces de Montcalm* qui, le 11 août, cerne les forts de la région d'Oswego (New York). A la suite de bombardements et d'un court siège de trois jours, les Britanniques capitulèrent. Ce haut fait d'armes, dont Montcalm s'attribue les honneurs, assoit malgré tout la réputation des Canadiens et de Rigaud de Vaudreuil. En février et mars 1757, ce dernier commande un corps expéditionnaire de 1 500 hommes, dont, semble-t-il, 600 Canadiens et 300 Indiens, qui, par monts et par vaux, va ravager les alentours du fort George (aussi appelé fort William Henry ; aujourd'hui Lake George, New York), détruisant les entrepôts et les bateaux qui devaient soutenir l'armée d'invasion du Canada.

Depuis le décès du gouverneur de Montréal, Charles Le Moyne* de Longueuil, en janvier 1755, on lui cherchait un successeur. Traditionnellement, le gouverneur de Trois-Rivières remplaçait celui de Montréal, et c'est pourquoi Vaudreuil, le nouveau gouverneur général, propose son frère. Mais le ministre hésite, n'estimant pas que ce dernier ait assez de talent et de lumières pour remplacer, le cas échéant, le gouverneur général. Vaudreuil insiste, plaidant avec brio la cause de son frère et celle des Canadiens relégués à des postes de subalternes. Le 1er mai 1757, le ministre accepte. A compter de ce moment, Rigaud de Vaudreuil assume ses fonctions de gouverneur. Il doit loger les troupes, les ravitailler et assurer la défense de la région. En 1758, il effectue des manœuvres de diversion pendant que Montcalm, avec le gros des troupes, stoppe les envahisseurs à Carillon (Ticonderoga, New York). En 1759, lors de la campagne de Québec, le gouverneur de Montréal s'affaire à consolider la ligne de défense du Richelieu, dont les points d'appui sont Laprairie (La Prairie, Québec) et l'île aux Noix, à faire moissonner les récoltes, à tenir le rôle des hommes en état de porter les armes. Après la chute de Québec, Montréal devient la capitale du Canada ; Vaudreuil y installe, place Jacques-Cartier, son quartier général. Un gouverneur particulier de Montréal n'a plus sa raison d'être ; Rigaud de Vaudreuil entre dans l'ombre au moment où la Nouvelle-France entre dans l'histoire.

Alors commence la vie en exil. Un vaisseau anglais transporte en France messieurs de Vaudreuil et de Rigaud ainsi que leur suite. Liés par une solide amitié, les deux frères vivent à Paris et à Muides, au château de Colliers. En mars 1762, Rigaud de Vaudreuil, qu'on appelle en France monsieur le marquis de Rigaud, obtient une pension annuelle de 2 000# qu'il tente à plusieurs reprises de faire augmenter. Il meurt le 24 août 1779. Son épouse était décédée en février 1775, à Saint-Domingue (île d'Haïti) où elle accompagnait sa nièce.

JEAN HAMELIN ET JACQUELINE ROY

François-Pierre de Rigaud de Vaudreuil n'a point laissé d'archives personnelles. Sa correspondance et ses papiers sont éparpillés dans les grandes séries documentaires du Régime français. Pour reconstituer sa carrière, nous avons utilisé principalement les documents parus dans ANQ *Rapport*, APC *Rapport*, *BRH*, *Coll. des manuscrits de Lévis* (Casgrain) et *NYCD* (O'Callaghan et Fernow).

Personnage de second plan, Rigaud de Vaudreuil n'a guère retenu l'attention des historiens. Cependant, il a fait l'objet d'une thèse de maîtrise : Bernard Vinet, « François-Pierre Rigaud de Vaudreuil, 1703–1779 » (université de Montréal, 1954). Cette thèse a vieilli mais nous avons mis à contribution son cadre chronologique. De plus, Rigaud de Vaudreuil est présent dans certains ouvrages historiques : Æ. Fauteux, *Les chevaliers de Saint-Louis*, et Frégault, *La guerre de la Conquête*, consacrent des pages intéressantes à son rôle aux forts Oswego et George et à la question de la nomination des Canadiens à de hauts postes administratifs ; Ernest Gagnon, *Le fort et le château Saint-Louis (Québec) ; étude archéologique et historique* (Montréal, 1925) ; Francis Parkman, *A half-century of conflict* (5e éd., 2 vol., Boston, 1893) et Benjamin Sulte, « Les gouverneurs des Trois-Rivières », *BRH*, II (1896) : 66–72. [J. H. et J. R.]

RIGAUD DE VAUDREUIL DE CAVAGNIAL, PIERRE DE, marquis de Vaudreuil, officier dans les troupes de la Marine et dernier gouverneur général de la Nouvelle-France, né à Québec le 22 novembre 1698, quatrième fils de Philippe de Rigaud* de Vaudreuil, marquis de Vaudreuil, et de Louise-Élisabeth de Joybert* de Soulanges et de Marson, décédé à Paris le 4 août 1778.

Descendant d'une famille féodale de la noblesse languedocienne, le père de Pierre de Rigaud de Vaudreuil de Cavagnial servit dans les mousquetaires avant d'accepter sa nomination comme commandant des troupes de la Marine au Canada. Il devint, par la suite, gouverneur de Montréal et, en 1703, il succéda à Louis-Hector de Callière* comme gouverneur général de la Nouvelle-France. Il gouverna la colonie à une époque troublée mais s'attira le respect et l'estime des Canadiens. Pierre allait bénéficier largement de la réputation légendaire de son père.

A l'âge de dix ans, Pierre reçut une commission d'enseigne dans les troupes de la Marine ; le 5 juillet 1711, il fut promu lieutenant et, la même année, il se vit accorder dans la marine le grade de garde-marine. Deux ans plus tard, son père l'envoya porter à la cour les dépêches de l'année. Sa mère, qui y vivait depuis les quatre dernières années, avait obtenu le poste prestigieux de sous-gouvernante des enfants du duc de Berry. Elle fut en mesure d'influencer le ministre de la Marine relativement à la politique canadienne et, en même temps, de promouvoir les intérêts de sa famille. Pierre rentra à Québec en 1715 avec le grade de capitaine, bien au fait des mécanismes de l'administration coloniale et de la manière de s'y prendre avec les fonctionnaires qui prenaient les décisions importantes.

A Québec, sous la tutelle de son père, il apprit comment venir à bout de l'intrigue, phénomène endémique commun à toutes les colonies françaises. Plus important encore, il acquit une compréhension très poussée des mesures adoptées par son père pour la défense des intérêts de la Nouvelle-France contre les menaces que représentaient les colonies britanniques au sud et la Hudson's Bay Company au nord. En 1721, il accompagna un groupe d'officiers supérieurs dans une tournée d'inspection au lac Ontario. A partir du fort Frontenac (Kingston, Ontario), ils côtoyèrent la rive nord du lac, examinant les sites possibles de forts. Au fort Niagara (près de Youngstown, New York), ils conférèrent avec les chefs tsonnontouans et onontagués. Cette expérience de l'éloquence et de la diplomatie indiennes allait se révéler précieuse au jeune capitaine. Au retour, le parti longea la rive sud du lac ; ainsi Cavagnial acquit une connaissance de première main d'une zone vitale dans le système de défense étendu du Canada.

En 1725, le gouverneur général Vaudreuil mourait. Sa veuve traversa en France et, l'année suivante, elle réussit à obtenir pour son fils la nomination de major des troupes au Canada. Bien qu'il dût maintenant soutenir le fardeau de l'administration des affaires de sa famille au Canada, il se montra assidu dans l'accomplissement de ses tâches et mit de l'avant plusieurs réformes administratives depuis longtemps nécessaires.

En 1727, il obtint un congé pour aller en France, afin d'y aider sa mère à disposer de la succession de son père, mais il abandonna ce projet quand on apprit que les Renards avaient attaqué un détachement français sur le Missouri, tuant un officier et sept soldats. Le gouverneur général Beauharnois* jugea que ce geste exigeait une puissante riposte de la part des Français. Il donna au capitaine Constant Le Marchand* de Lignery le commandement d'un grand corps d'armée chargé d'écraser une fois pour toutes cette tribu. Cavagnial fit partie de l'expédition, qui n'accomplit pas grand-chose, mais qui représenta pour lui une expérience valable dans les questions de logistique et de difficultés inhérentes à la guerre dans les territoires sauvages et lointains.

Revenu à Québec en 1728, Cavagnial traversa en France avec son frère cadet, François-Pierre de RIGAUD de Vaudreuil. Il impressionna Maurepas, ministre de la Marine, et fut nommé au grade d'aide-major des troupes de la Marine. A partir de ce moment, il considéra Maurepas comme son protecteur. En 1730, il reçut la croix de Saint-Louis et une promotion dans la marine, au grade de lieutenant de vaisseau. Quand il devint évident que le poste de gouverneur de Montréal deviendrait vacant sous peu – le titulaire, Jean Bouillet* de La Chassaigne, étant presque moribond – Cavagnial présenta un plaidoyer au ministre pour qu'on lui en accordât la succession. Cette fois, ses aspirations furent déçues, mais, deux ans plus tard, en 1733, année où le gouverneur de Trois-Rivières, Josué Dubois* Berthelot de Beaucours, reçut le gouvernement de Montréal, Cavagnial fut nommé pour combler la vacance ainsi créée. Il apprit vite à dispenser avec sagesse les modestes faveurs dont il avait la libre disposition, se bâtissant un cercle de fidèles partisans. Sa réussite à ce poste peu important de gouverneur peut être évaluée d'une façon négative : les neufs ans qu'il passa à Trois-Rivières furent singulièrement dépourvus d'incidents fâcheux.

Quand sa mère mourut, en 1740, Cavagnial demanda un congé et, l'année suivante, il partit pour la France. Il y arriva à un moment des plus favorables. Jean-Baptiste Le Moyne* de Bienville, gouverneur de la Louisiane, brisé par quatre décennies de combats incessants pour établir solidement cette colonie, avait demandé son rappel. A l'heure même où Maurepas cherchait quelqu'un qui pût le remplacer convenablement, Cavagnial parut à la cour. En avril, le ministre prit sa décision et Cavagnial reçut sa nomination officielle le 1er juillet 1742. Cette nomination représentait une importante promotion dans le service du roi, mais le marquis de Vaudreuil (nouvelle désignation utilisée par Cavagnial lui-même) visait déjà plus haut. Il n'y vit qu'un marchepied vers la réalisation de sa grande ambition : accéder un jour prochain au gouvernement général de la Nouvelle-France.

Il mit à la voile à Rochefort le 1er janvier 1743, en compagnie de Jeanne-Charlotte de Fleury Deschambault, de 15 ans son aînée, la veuve appauvrie du lieutenant de roi à Québec, François Le Verrier* de Rousson. Ils durent être en relations avant de s'embarquer pour ce voyage, qui comportait des risques, mais la traversée leur fournit certainement l'occasion de se connaître beaucoup mieux l'un l'autre. Après une navigation de quatre mois, ils débarquèrent à La Nouvelle-Orléans le 10 mai. Que Vaudreuil ait été un homme prudent, qui n'aimait point la précipitation, cela se manifeste dans le fait qu'il attendit encore trois ans, jusqu'en novembre 1746, avant d'épouser Mme Le Verrier, alors âgée de 63 ans. Ils allaient rester profondément attachés l'un à l'autre pendant les 17 années qui suivraient.

Vaudreuil découvrit vite que son haut poste, accepté avec tant d'empressement, ne serait pas de tout repos. Il avait la responsabilité de maintenir la souveraineté française sur l'intérieur du continent, depuis les Appalaches et la Floride, à l'est, jusqu'à la Nouvelle-Espagne, à l'ouest, et du golfe du Mexique à la rivière des Illinois. Sauf pour les établissements agricoles échelonnés le long du Mississippi, du sud de la Nouvelle-Orléans à Natchez (Mississippi), et dans le pays des Illinois, la présence française n'était assurée parmi les diverses nations indiennes, dont beaucoup étaient hostiles, que par des postes de traite entourés de palissades, défendus par des garnisons formées d'un commandant et de quelques hommes des troupes régulières, qui désertaient à la première occasion. La population blanche de la colonie comptait, au total, moins de 6 000 personnes. La Nouvelle-Orléans, centre administratif de ce simulacre d'empire, se situait à l'extrémité de deux longues voies de communication, toutes deux vulnérables. L'une s'allongeait à travers le dangereux passage des Bahamas (détroit de Floride) et, par delà l'Atlantique, jusqu'à Rochefort ; l'autre remontait le Mississippi et, par delà les Grands Lacs, jusqu'à Québec. Il fallait des mois pour atteindre l'une ou l'autre destination. Une menace sérieuse à la sécurité de la colonie dût-elle surgir, le gouverneur aurait à se débrouiller du mieux qu'il pourrait pour faire face à la situation.

Vaudreuil savait aussi qu'un gouverneur de colonie n'était qu'un élément de l'administration coloniale, quelque important que fût cet élément. Théoriquement subordonné au gouverneur général de la Nouvelle-France, qui résidait à Québec, le gouverneur de la Louisiane, à cause de la distance et de la lenteur des communications, jouissait en fait d'une autorité propre, faisant rapport directement au ministre de la Marine et recevant ses ordres directement aussi. Au-dessus de lui, le ministre et son adjoint, le premier commis, devaient être cultivés avec soin, apaisés, influencés, convaincus et, surtout, favorablement impressionnés. Sous lui, des fonctionnaires subalternes et des officiers, qu'il devait maintenir dans leur devoir, dont il devait gagner la loyauté et l'appui, et déjouer l'hostilité. Le gouverneur devait trouver les moyens de se faire craindre et respecter d'eux. Il se trouvait dès lors, et de toutes sortes de manières, soumis aux pressions et aux jeux d'influence, souventes fois cachés. L'intrigue et la chicane faisaient rage partout au sein du gouvernement byzantin de Louis XV.

Tout gouverneur de la Louisiane devait se rappeler constamment le rôle assigné à cette colonie dans les desseins politiques de l'Empire français. La Louisiane n'avait d'abord été établie que pour des raisons purement politiques et militaires, soit freiner l'expansion des Anglo-Américains vers l'ouest. Aussi, on avait espéré qu'éventuellement l'économie de la colonie progresserait au point d'apparaître sous un jour favorable dans les bilans de l'Empire. La couronne, qui ne se relevait d'une crise financière que pour tomber dans une autre, chercha toujours à atteindre ses objectifs au moindre coût. Les besoins des colons étaient rarement pris en considération. Vaudreuil devait mettre en œuvre toutes les mesures requises, malgré des ressources invariablement insuffisantes. Étant lui-même né dans une colonie, il éprouvait une grande sympathie pour les colons et cherchait à les aider par tous les moyens possibles. Trop souvent ces deux objectifs – poursuite de la politique de l'Empire et amélioration des conditions de vie des Créoles – s'ils n'entraient pas en conflit, s'excluaient l'un l'autre.

Bienville, le prédécesseur de Vaudreuil, avait veillé aux intérêts de la colonie depuis la période de sa fondation. Il avait fait des prodiges, simplement pour éviter qu'elle échouât entièrement, mais il avait été incapable de faire des miracles. Il voulut – c'était humain – faire croire au ministre qu'en la quittant il laissait la colonie en sécurité et les nations indiennes solidement alignées sur les intérêts de la France, à la suite de sa récente campagne contre les redoutables Chicachas. Vaudreuil vit les choses d'un autre œil. Politiquement, il lui était de bonne guerre de décrire sous un mauvais jour la situation dont il avait hérité. Il informa le ministre qu'il restaurerait rapidement la discipline au sein des troupes et mettrait fin aux abus qui avaient cours tant parmi les civils que parmi les militaires. Sur l'état de l'économie, il se montra assez optimiste et judicieux. C'est la menace de l'extérieur qui l'inquiétait le plus, et il en tenait son prédécesseur responsable. Peut-être se sentirait-il plus enclin à l'indulgence, quelques années plus tard, après avoir bataillé pour faire face aux problèmes complexes qui avaient mis à l'épreuve les talents indiscutables de Bienville. Mais il n'exagérait pas en informant le ministre que l'influence française parmi les nations indiennes était au plus bas, en particulier chez les puissants Cherokees et Chicachas, et que les colons britanniques semaient la discorde au sein de toutes les tribus, grâce à leurs marchandises de traite à rabais, de manière à se les attacher l'une après l'autre.

Moins d'un an après son arrivée, la situation prit une acuité particulière, du fait de l'ouverture des hostilités entre la France et la Grande-Bretagne, marquant les débuts de la guerre de la Succession d'Autriche. Vaudreuil chercha à convaincre les Chactas d'attaquer les Chicachas, alliés des Britanniques. Les Chactas, d'allégeance française à un moment donné, s'y refusèrent. Une faction, au sein de la tribu, sous la direction du chef Matahachitoux (Soulier Rouge), avait été gagnée aux Britanniques de la Caroline et de la Géorgie par le moyen de riches cadeaux et de marchandises de traite à bon marché. Il y avait grand danger que la nation entière passât du côté britannique, laissant le sud de la colonie ouvert à des attaques dévastatrices auxquelles ses faibles défenses ne lui eussent pas permis de résister. La garnison de la Louisiane comprenait 835 hommes et officiers, dont 149 mercenaires suisses. La milice pouvait lever au plus 400 hommes, de 200 à 300 esclaves noirs pouvaient servir à des tâches diverses, sans combattre, et de 500 à 600 Indiens alliés pouvaient être recrutés dans les petites tribus. Pour empirer les choses, trop souvent les navires portant les ravitaillements de France n'arrivaient pas à destination. La situation se détériora à ce point, dans les avant-postes, que les officiers étaient durement pressés de donner à manger à leurs hommes, sur le bord de la mutinerie. L'attitude du commissaire général Sébastien-François-Ange LE NORMANT de Mézy, qui insistait pour qu'on respectât à la lettre les restrictions budgétaires imposées par le ministre, quelles qu'en fussent les conséquences politiques ou militaires, n'allégea en rien cette situation. Vaudreuil écrivit au ministre : « M^r^. Le Normant ne cherche qu'a se faire un Merite aupres de vous de tous ces arrangemens de finance et de ses Epargnes, Le principe en est bon, Mais il ne faut pas quil soit prejuduciable au bien du service et a la tranquilité de cete Colonie. »

Vaudreuil tint de fréquentes conférences avec des délégués des nations indiennes, dans ses efforts pour les tenir attachées à l'alliance française et les attirer loin de l'influence britannique. Tout cela ne passa pas inaperçu chez le ministre ; en 1746, Vaudreuil fut promu à l'important grade de capitaine dans la marine. Vaudreuil informa le ministre que la colonie pourrait se développer si les tribus indigènes étaient amenées à vivre en paix – une paix qui ne pourrait être obtenue qu'en éliminant l'influence des trafiquants de la Caroline. Pour y arriver, il fallait des marchandises de traite pour une valeur additionnelle de 100 000#, mais du fait que les approvisionnements assurés par la couronne ne paraissaient jamais suffisants et que Le Normant tenait serrés les cordons de la bourse, Vaudreuil, dans toutes ses rencontres, se trouvait entravé. Manquant à la fois d'effectifs militaires et de marchandises de traite nécessaires pour répondre à la menace britannique, Vaudreuil dut forcément recourir à d'autres moyens. L'influence de Matahachitoux sur les Chactas devait être contrée, d'une façon ou d'une autre, pour éviter la subversion de la nation entière. Vaudreuil mit à prix la tête du chef indien ; la récompense offerte était suffisamment alléchante pour que, cinq mois plus tard, le chef fût assassiné par quelques-uns de ses propres compatriotes. Vaudreuil réussit aussi à persuader les Chactas d'attaquer un parti de trafiquants de la Caroline et de piller leur convoi de 60 chevaux. Les gens de la Caroline ressentirent durement la perte de leurs marchandises et de leurs chevaux. Ils mirent du temps avant d'envoyer un autre convoi par delà les montagnes. Cet épisode, s'il ne termina pas la bataille entre les deux puissances, n'en écarta pas moins le danger de la domination des tribus de la Louisiane par les Britanniques.

En mars 1748, le départ de Le Normant pour Saint-Domingue (île d'Haïti) dut procurer une grande satisfaction à Vaudreuil. Mais son soulagement allait être de courte durée. Le successeur de Le Normant, Honoré Michel* de Villebois de La Rouvillière, qui s'était marié dans la puissante famille Bégon, se révéla beaucoup plus irritant pour Vaudreuil que ne l'avait été Le Normant. Cet homme, qui avait passé sa vie à se quereller, commença, quelques mois après son arrivée, à adresser au ministre des tirades féroces contre Vaudreuil. Malheureusement pour ce dernier, son vieux protecteur, Maurepas, avait été démis de ses fonctions en avril 1749 et remplacé par Antoine-Louis Rouillé, qui paraissait décidé à faire sentir aux fonctionnaires nommés par Maurepas qu'ils avaient un nouveau maître. Il accepta les accusations de Michel pour argent comptant, en particulier l'affirmation que les troupes dans la colonie faisaient preuve d'insubordination et que Vaudreuil protégeait ceux à qui il avait accordé des postes et qui se rendaient coupables de toutes sortes de crimes. Désormais, Vaudreuil se vit constamment réprimandé et forcé de se défendre contre les accusations les plus variées. Il le fit sans permettre que cette dispute n'éclatât en public. Avec Michel, il adopta une attitude distante et polie, qui rendit le commissaire général plus furieux encore. Dépité du refus de Vaudreuil de se quereller ouvertement et de sa propre incapacité de trouver un appui parmi les notables locaux, Michel fut en proie à une colère intérieure qui en vint à un point tel qu'à la mi-décembre 1752, une attaque d'apoplexie l'emporta. Vaudreuil envoya à Rouillé une note prudente, disant que la contribution de Michel au service colonial était bien connue du ministre et demandant que l'on fit quelque chose pour le fils du défunt, encore au collège.

Cet épisode, quoique ennuyeux, avait été somme toute de peu d'importance dans les affaires de la colonie. Vaudreuil avait à se préoccuper d'autres problèmes, beaucoup plus sérieux. A plusieurs centaines de milles au nord, le pays des Illinois s'avérait la source de constantes inquiétudes. Les colons y étaient peu nombreux, mais la région constituait la clé de voûte de l'Empire français d'Amérique. Officiellement sous la juridiction du gouverneur de la Louisiane, les établissements de l'Illinois étaient autant, sinon plus, sous la direction du gouverneur général de Québec. Ironiquement, le père de Vaudreuil avait fort mal accueilli le détachement de cette région des territoires sous sa juridiction, en 1717, en vue de renforcer la Compagnie des Indes de John Law. Colonisée par des Canadiens qui vivaient d'agriculture, de chasse et de la traite avec les Indiens [V. Antoine Giard* ; Jean-François Mercier*], la région entretenait des liens économiques tant avec Montréal qu'avec La Nouvelle-Orléans. Les marchands montréalais dominaient la traite des fourrures mais les surplus de farine de ce territoire, les peaux de gros animaux et le produit des mines de plomb locales étaient envoyés à La Nouvelle-Orléans.

Les établissements de l'Illinois étaient également vitaux pour la sécurité des voies de communication entre le Canada et la basse Louisiane. Les désordres des coureurs de bois canadiens renégats au sein des tribus illinoises et de celles qui habitaient le long du Missouri causaient l'un des plus graves problèmes, dans cette région. Ils créaient une situation que les trafiquants britanniques, comme le craignait Vaudreuil, ne tarderaient pas à exploiter à leur profit, si on n'y mettait point ordre. Le gouverneur alla plus loin, en soutenant que la traite dans toute la vallée du Mississippi appartenait de droit aux colons de la Louisiane, les Canadiens y étant des intrus.

Vaudreuil devait accepter le fait que le prix des marchandises de traite était moindre à Montréal qu'à La Nouvelle-Orléans et que la traite des fourrures au Canada connaissait une organisation plus efficace. Dans sa correspondance avec le gouverneur général Beauharnois, résidant à Québec, il proposa qu'on autorisât les Canadiens à trafiquer le castor et les fourrures fines dans la haute Louisiane, mais qu'on envoyât les peaux des cervidés et des bisons à La Nouvelle-Orléans. Il entreprit de mettre sur pied une compagnie formée de 20 des principaux trafiquants du pays des Illinois et proposa de leur octroyer le monopole de la traite sur le Missouri. La compagnie devait accepter de construire un fort et d'entretenir un détachement de soldats pour maintenir l'ordre dans la région. Pour Vaudreuil, ce projet paraissait si raisonnable et si bien conçu pour faire progresser les intérêts de l'Empire français en Amérique qu'il le mit en branle avant d'en informer Beauharnois, tout à fait confiant de recevoir l'appui tant du gouverneur général que du ministre. Or Beauharnois en prit ombrage, déclarant que c'était là une usurpation de son autorité, si bien que le district retourna par la suite sous la gouverne de Québec.

Vaudreuil chercha à éviter d'autres conflits avec Québec en obtenant une délimitation des juridictions territoriales tant du Canada que de la Louisiane. En 1746, La Jonquière [Taffanel*], nommé en remplacement de Beauharnois, reçut instructions de régler rapidement ce problème. Au même moment, le ministre commençait à être convaincu qu'il serait plus économique de placer le pays des Illinois sous la juridiction de Québec, d'autant que son éloignement de La Nouvelle-Orléans empêchait les autorités de la Louisiane de le gérer efficacement. Il jugea aussi que ce territoire grevait le budget de la Louisiane et que le détachement de deux compagnies des troupes régulières pour les envoyer à quelque mille milles au nord affaiblissait le pauvre système défensif du sud de la colonie. Quant aux aspects économiques, les fourrures de la région seraient dirigées sur Montréal, et le blé sur

La Nouvelle-Orléans, sans préjudice de la juridiction administrative.

C'est à Roland-Michel Barrin* de La Galissonière, provisoirement en poste en l'absence de La Jonquière, qu'il revint de régler le problème. En septembre 1749, il prépara un plan détaillé pour la défense de la souveraineté française en Amérique du Nord contre l'agression des Anglo-Américains. D'accord avec Vaudreuil sur l'importance vitale du pays des Illinois, il déclara toutefois que cette région devait dépendre du Canada tant pour sa défense que pour sa mise en valeur. La Galissonière ne se préoccupait que des grandes lignes de la politique de la métropole ; Vaudreuil, par ailleurs, était peu disposé à abandonner l'autorité qu'il détenait sur la haute Louisiane et les possibilités qu'elle lui offrait d'avoir plus de faveurs à distribuer. Aussi s'opposa-t-il fortement à l'annexion du pays des Illinois par le Canada.

Quand il fallut prendre une décision, en 1749, Rouillé fit un compromis. On laissa l'administration des établissements du pays des Illinois à la Louisiane, mais on plaça la vallée de l'Ohio et les postes de la Ouabache (Wabash) sous la dépendance du commandant de Détroit. Vaudreuil s'était depuis longtemps inquiété d'une menace possible, de la part des Britanniques, sur la région de l'Ohio. En 1744, il avait prôné la construction d'un fort sur l'Ohio, à quelque 30 milles de son embouchure, mais Maurepas avait tergiversé. Entre-temps, des trafiquants de la Pennsylvanie avaient commencé à s'infiltrer dans la vallée. Sans une forte présence française et une ample provision de marchandises de traite à un prix concurrentiel, Vaudreuil ne pouvait faire grand-chose pour mettre un frein à ces incursions. Il craignait que les Britanniques, après avoir bâti un fort sur l'Ohio, ne gagnassent l'allégeance de toutes les tribus et qu'il ne devînt impossible de les y déloger. L'expédition de Pierre-Joseph Céloron* de Blainville dans la vallée de l'Ohio, en 1749, révéla justement à quel point ce danger était devenu sérieux. Vaudreuil fit alors appel à La Jonquière pour qu'il recourût à l'armée afin de chasser les Britanniques, mais le gouverneur général s'y refusa. Tout ce que Vaudreuil pouvait faire, c'était de renforcer la garnison du pays des Illinois de six compagnies supplémentaires, d'envoyer des officiers de confiance pour tenter de retenir les alliés défaillants de passer du côté des Britanniques, et de faire des plans pour la restauration du fort de Chartres (près de Prairie du Rocher, Illinois), qui tombait en ruine.

En 1752, l'audacieuse attaque de Charles-Michel MOUET de Langlade, qui, à la tête de 200 ou 250 coureurs de bois, Outaouais et Sauteux de Michillimakinac (Mackinaw City, Michigan), fit irruption sur la base des trafiquants britanniques à Pickawillany (Piqua, Ohio), chez les Miamis, démontra l'efficacité qu'eût pu avoir l'action proposée par Vaudreuil. Ils tuèrent Memeskia (La Demoiselle, Old Britain), le chef de la faction dévouée aux intérêts britanniques, et 20 de ses compagnons, s'emparèrent de cinq ou six trafiquants britanniques et se retirèrent rapidement. L'influence des Britanniques s'écroula dans toute cette région. Certaines des bandes qui trafiquaient avec eux abandonnèrent leurs villages, par crainte d'un pareil traitement. Une demi-douzaine de nations, dont l'allégeance française était devenue douteuse, envoyèrent dès lors des partis de guerre contre les villages qui avaient fait alliance avec les trafiquants britanniques. Vaudreuil put affirmer, dans un rapport, que les tribus de la vallée de l'Ohio faisaient toutes des ouvertures aux Français, dans l'espoir de rentrer dans leurs bonnes grâces. Il lança, cependant, un avertissement : la situation restait encore fluctuante. Pour maintenir la domination française sur la région, il fallait un fort sur l'Ohio [V. Claude-Pierre PÉCAUDY de Contrecœur].

La plus grande réussite de Vaudreuil, en Louisiane, s'avéra peut-être sa contribution à l'établissement, pour la première fois dans l'histoire de cette colonie, d'une relative prospérité économique. En 1744, les colons avaient connu la famine ; les terres étaient négligées, et le manque de marchés extérieurs autant que de moyens d'expédier par mer les produits avait réduit les colons à une agriculture de pure subsistance. La solution de Vaudreuil à ce problème fut de trouver accès aux marchés des colonies espagnoles de Cuba et du Mexique. La marine britannique se fit sa complice inconsciente dans cette entreprise. Les administrateurs des colonies espagnoles, devant les graves pénuries causées par la guerre, durent accepter les propositions de Vaudreuil d'admettre les produits agricoles louisianais, qui apparaissaient en bonne partie sur leur liste de produits de contrebande. La Balise, à l'embouchure du Mississippi, devint un entrepôt où les navires espagnols prenaient en charge les vivres français en vue de leur transbordement à La Havane, à Saint-Domingue et à Veracruz (Mexique). Vaudreuil évaluait à 750 000# approximativement l'apport de ce commerce pendant les années 1742 à 1744. Quand la guerre prit fin, ce trafic tomba d'une façon dramatique, pour revivre peu après. Les colonies espagnoles jugèrent qu'elles ne pouvaient plus s'en passer.

En 1743, Vaudreuil acheta une plantation en pleine activité, avec 30 esclaves, sur la rive du lac Pontchartrain, au prix de 30 000#. Il l'améliora assidûment, de façon à accroître ses revenus, son salaire de 12 000# par année seulement étant tout à fait insuffisant pour soutenir son style de vie fastueux. Il avait aussi l'intention d'encourager, par son exemple, les autres planteurs. En quittant la colonie, il vendit cette propriété pour la somme de 300 000#, mais cette augmentation – dix fois le prix d'achat – est vraisemblablement attribuable, jusqu'à un certain point, à l'inflation occasionnée par la guerre.

Vaudreuil encouragea fortement la production de l'indigo, en Louisiane, et réussit à en accroître considérablement la qualité. De 1743 à 1750, le prix de ce produit doubla, et il était tellement en demande que le parlement britannique dut obligatoirement subventionner l'indigo de la Caroline. Cette subvention eut pour conséquence un florissant commerce de contrebande entre La Nouvelle-Orléans et Charleston (Caroline du Sud). Les Louisianais se retrouvèrent avec un marché supplémentaire, lucratif de surcroît, pour leur indigo, et les exportateurs de la Caroline empochèrent les subventions britanniques, les uns et les autres prospérant. On produisit aussi en vue de l'exportation, et en quantités de plus en plus grandes, le bois de construction, la poix, le goudron, la térébenthine, le tabac, le riz et les peaux. En 1750, une centaine de navires relâchèrent à La Balise, en provenance des Antilles françaises et espagnoles, du Mexique et de la France. En 1751, les exportations de la colonie s'élevaient à 1 000 000#. En 1753, la valeur en avait doublé. Vaudreuil pouvait s'attribuer en partie le mérite de ces réalisations.

Un autre apport de première grandeur à la prospérité de la colonie, dont Vaudreuil pouvait aussi s'attribuer le mérite, réside dans le fait que, de 1742 à 1752, le budget tripla, passant de 322 798# à 930 767#. La plus grande partie de cet argent était dépensée dans la colonie, pour la solde des troupes et le salaire des fonctionnaires, pour la construction de fortifications et les subventions au clergé, pour les présents distribués aux Indiens, le bien-être social et une multitude d'autres choses. La plus grande partie aboutissait dans les poches des colons, qui jouissaient désormais d'une honnête sécurité économique, quelques-uns d'entre eux étant relativement riches. Vaudreuil lui-même donna l'exemple, dans la colonie, des dépenses d'apparat. Il recevait avec faste, tenait table ouverte pour les officiers et les notables, et sut rendre fort désirable le fait d'avoir ses entrées dans le cercle qu'il présidait, et pernicieux de s'attirer son déplaisir et d'en être exclu.

Tout au long de ces années, Vaudreuil espéra qu'un jour prochain il serait nommé gouverneur général de la Nouvelle-France, et il vivait dans cette attente. Cela avait été, pendant longtemps, le but principal de sa vie. Apprenant que La Jonquière, et non pas lui, avait été nommé, en 1746, en remplacement de Beauharnois, il en éprouva une terrible déception. La Jonquière, toutefois, le rassura en disant qu'il n'avait accepté ce poste à Québec que pour un mandat de trois ans, et que Maurepas avait affirmé que Vaudreuil lui succéderait. Mais Maurepas fut ensuite démis de ses fonctions. En 1752, on nomma DUQUESNE pour remplacer La Jonquière, décédé. Vaudreuil commença à craindre que son tour ne fût définitivement passé. Sa famille s'en montra outragée. Son frère François-Pierre lui écrivit, disant qu'il était sûr, maintenant, que Vaudreuil abandonnerait le service. Il ajoutait que, même s'il ne devait avoir que 4 000# de pension annuelle, Vaudreuil pourrait vivre à l'aise dans le Languedoc, sans avoir de compte à rendre à personne. Quel immense soulagement dut lui apporter la lettre de Rouillé, datée du 8 juin 1752, qui l'informait de son remplacement, comme gouverneur de la Louisiane, par Louis Billouart de Kerlérec. Ordre lui était donné de rester à La Nouvelle-Orléans assez longtemps pour instruire Kerlérec des affaires de la colonie, puis de rentrer en France, d'où, en temps opportun, il partirait pour Québec.

Vaudreuil avait mérité les acclamations des colons de la Louisiane. Il laissait la colonie dans un état de sécurité et de prospérité bien plus grand que celui dans lequel il l'avait trouvée. Il avait acquis une expérience considérable et inestimable dans ses négociations avec les nations indiennes. Il avait aussi développé une conscience aiguë de la menace grandissante que représentaient les colonies britanniques. Le 24 janvier 1753, le navire de Kerlérec arriva à La Balise. Le 8 mai, Vaudreuil et sa suite quittaient La Nouvelle-Orléans. Débarqué à Rochefort le 4 août 1753, Vaudreuil élut ensuite domicile à Paris.

On n'émit la commission nommant Vaudreuil gouverneur général de la Nouvelle-France que le 1er janvier 1755. Pendant les quelque 20 mois qu'il passa en France, il y eut une échauffourée dans la vallée de l'Ohio entre le major George Washington, à la tête d'un parti de miliciens coloniaux, et un détachement de la garnison du fort Duquesne (Pittsburgh, Pennsylvanie) [V. Louis Coulon* de Villiers]. Cet accrochage marqua le début des hostilités, entre la Grande-Bretagne et la France, qui allaient s'étendre à quatre continents pendant les neuf années suivantes. Ni Vaudreuil ni le gouvernement français ne se faisaient d'illusions sur leur capacité de vaincre les Britanniques en Amérique. La tâche de Vaudreuil, dès lors, serait d'empêcher l'ennemi de s'emparer de la Nouvelle-France.

Pour renforcer les défenses de Louisbourg, île

Royale (île du Cap-Breton), et du Canada contre l'attaque prévisible des Britanniques, le gouvernement français détacha, en 1755, six de ses 395 bataillons d'infanterie du ministère de la Guerre et les plaça sous l'autorité du ministère de la Marine. Le maréchal de camp Jean-Armand de Dieskau* reçut le commandement des bataillons de l'armée au Canada. La rédaction de sa commission, qui serait émise le 1er mars 1755, fut entreprise avec le soin le plus minutieux. On en fit plusieurs projets, de façon à s'assurer que tous les concernés comprissent clairement et acceptassent que le commandant de ces bataillons était sous le commandement suprême du gouverneur général. On prévoyait la possibilité de conflits entre eux ; aussi Pierre Arnaud de Laporte, premier commis de la Marine, fit-il de très sincères efforts pour supprimer toutes les causes possibles de querelles en définissant, dans le détail, les sphères respectives d'autorité. A Dieskau, on demandait d'exécuter sans discuter les ordres du gouverneur général ; de celui-ci, on s'attendait qu'il consultât Dieskau au moment d'établir sa stratégie. Entre hommes sensés, l'arrangement eût fonctionné raisonnablement bien.

Vaudreuil, accompagné de sa femme, mit à la voile pour Québec à Brest, le 3 mai 1755, avec les navires qui portaient Dieskau et les six bataillons de l'armée. Le convoi échappa à l'escadre du vice-amiral Edward Boscawen*, dépêchée par l'Amirauté britannique, avant que la guerre eût été déclarée, pour l'intercepter et s'en emparer ou pour le couler ; il arriva à Québec le 23 juin. Une semaine plus tôt, les Britanniques aux ordres de Robert MONCKTON s'étaient emparés du fort Beauséjour (près de Sackville, Nouveau-Brunswick), et une armée commandée par le major général Edward Braddock avait traversé les Alleghanys, progressant lentement mais d'une façon régulière vers le fort Duquesne. D'autres effectifs anglo-américains se regroupaient en vue d'attaquer les forts français du Niagara et du lac Champlain.

En qualité de gouverneur général, Vaudreuil était responsable en dernier ressort de tout ce qui se passait à l'intérieur du vaste territoire sous sa juridiction. Les fonctionnaires qui lui étaient subordonnés, en particulier l'intendant, avaient la charge de l'administration civile, des finances et de la justice. Le grave problème de l'approvisionnement de l'armée et des populations civiles était aussi du ressort de l'intendant. BIGOT, doit-on dire, assumait cette tâche avec efficacité, bien qu'à des coûts accablants pour la couronne. Il s'arrangeait toujours pour fournir aux troupes ce qu'elles requéraient. Tout au cours de la guerre, les relations entre Vaudreuil et Bigot, un homme charmant, à n'en pas douter, demeurèrent bonnes. Après son amère déception en Louisiane avec Le Normant et Michel, qui l'avaient contrecarré en toute occasion, ce dut être un grand soulagement de travailler avec quelqu'un d'aussi complaisant et efficace que Bigot. Vaudreuil était bien au courant que l'intendant amassait une fortune personnelle, mais celui-ci faisait ce qu'il avait à faire, libérant le gouverneur de toute inquiétude relative aux problèmes de logistique. De toute manière, un gouverneur général n'était pas supposé se mêler des questions de finances.

Les affaires militaires et les relations avec les nations indiennes, sur l'appui desquelles il devait beaucoup compter au point de vue militaire, ressortissaient au gouverneur. Si quelque chose devait ne pas tourner rond dans ces domaines, il en serait tenu seul responsable. La principale préoccupation de Vaudreuil, à partir du moment où il mit pied à terre à Québec, devait être la conduite de la guerre.

Toute sa stratégie consistait à profiter au maximum des voies de communication intérieures : le Saint-Laurent, les Grands Lacs, le Richelieu et le lac Champlain. Les Anglo-Américains pouvaient, il le savait bien, grouper des forces bien supérieures en nombre à celles dont il disposait, mais il y avait une limite au nombre de celles qu'ils pouvaient utilement déployer le long des voies d'invasion. Le ravitaillement et son expédition, les routes et les moyens de transport constituaient autant de facteurs qui leur imposaient des limites. Il comptait aussi sur la désunion des coloniaux américains, sur leur inaptitude à faire la guerre et, au contraire, sur la capacité de ses troupes de frapper rapidement, été comme hiver, sur n'importe quel point de la frontière. Il pouvait transporter son armée par eau beaucoup plus rapidement qu'ils ne pouvaient faire avancer les leurs sur des routes ouvertes à travers les forêts. Ainsi il pouvait attaquer les ennemis, leur infliger une défaite sur un front et ensuite porter l'armée sur un autre point menacé, à temps pour les arrêter de nouveau. Il avait aussi recours aux miliciens canadiens et aux auxiliaires indiens pour semer la destruction dans les établissements américains, forçant l'ennemi à immobiliser d'importants effectifs aux fins de la défense. La férocité de cette petite guerre, à laquelle les Canadiens excellaient [V. Joseph MARIN de La Malgue ; Joseph-Michel LEGARDEUR de Croisille et de Montesson], terrorisait les Américains et affectait gravement leur moral. En outre, les prisonniers qu'on ramenait en ces occasions fournissaient à Vaudreuil des renseignements sur les intentions de l'ennemi et les dispositions prises par lui. Il pouvait alors organiser des attaques destructrices contre les bases et les convois de ravitaillement, rendant difficile l'organisation d'un assaut. Combien efficaces et dévastateurs pouvaient être les Canadiens et les Indiens, tant contre les unités de la milice américaine que contre les troupes régulières britanniques, on en a la preuve dans la destruction de l'armée de Braddock, à quelques milles du fort Duquesne, en juillet 1755 [V. Jean-Daniel DUMAS].

Au cours des trois années suivantes, Vaudreuil recourut avec beaucoup d'efficacité à ces tactiques. Le major général William JOHNSON, qui effectuait une avance vers le lac Champlain, fut repoussé en 1755, bien qu'avec moins de succès que Vaudreuil n'avait espéré. L'année suivante, les troupes de Montcalm* détruisirent la base américaine fortifiée de Chouaguen (ou Oswego ; aujourd'hui Oswego, New York), ce qui valut aux Français la maîtrise des Grands Lacs. En 1757, le fort George (également appelé fort William Henry ; maintenant Lake George, New York) fut capturé après un court siège et rasé – ce qui éliminait pour une autre année la possibilité d'une attaque ennemie à partir de ce quartier. Il ne fut jamais question de conserver les bases dont on s'emparait ainsi, les opérations étant purement défensives. Vaudreuil considérait l'attaque comme la meilleure défense.

Cette menace extérieure, si grave fût-elle, se révéla plus facile à affronter que les problèmes auxquels Vaudreuil avait à faire face au sein des bataillons français, et plus particulièrement parmi les officiers d'état-major. Pendant la campagne de 1755 contre l'armée de Johnson, Dieskau n'avait pas tenu compte des ordres de Vaudreuil de garder ses troupes groupées en un seul corps et avait tenté de surprendre l'ennemi avec moins de la moitié des hommes à sa disposition. C'était un risque calculé, et il ne réussit qu'en partie. Les Américains restèrent maîtres du champ de bataille et Dieskau fut fait prisonnier. Vaudreuil informa le ministre que les Canadiens avaient perdu confiance dans la compétence des officiers d'état-major français pour la conduite des opérations militaires sur le champ de bataille. Les conditions au Canada, insista-t-il, différaient sensiblement de celles auxquelles les troupes françaises étaient habituées, et leurs officiers ne voulaient pas tenir compte des conseils, ni même des ordres. En conséquence, il demandait au ministre de ne point envoyer d'officier général pour remplacer Dieskau. Cette requête fut repoussée.

En octobre 1755, André Doreil*, le commissaire des guerres, dans une dépêche au ministre de la Guerre, faisait le commentaire suivant sur les problèmes et sur le caractère de Vaudreuil : « C'est un général qui a les intentions bonnes, droittes, qui est doux bienfaisant, d'un abord facile et d'une politesse toujours prévenante, mais les circonstances et la besogne presente sont un peu trop fortes pour sa tête, il a besoin d'un Conseiller, dégagé des vues particulieres et qui luy suggere le courage d'esprit. » Doreil continuait en exprimant l'espoir que le commandant qu'on enverrait au printemps pour remplacer Dieskau fût « d'un esprit liant et d'un caractère doux », parce qu'une telle personne saurait « gouverner » le gouverneur. Doreil n'était certainement pas le meilleur juge des caractères, le sien même laissant beaucoup à désirer, mais il y avait du vrai dans ce qu'il écrivit.

Le ministre de la Guerre eût-il entrepris de trouver quelqu'un qui possédât les qualités exactement contraires à celles qu'énumérait Doreil, il n'eût pu mieux choisir que le marquis de Montcalm, qui n'avait jamais commandé plus d'un régiment avant d'être nommé commandant des bataillons français du Canada. Le ministre de la Marine écrivit à Vaudreuil : « M. le Mr de Montcalm n'a que les mêmes pouvoirs qu'avoit M. de Dieskau, et on luy a donné les mêmes instructions qu'a luy. Ce n'est que sous votre autorité qu'il peut exercer le commandement qui lui est confié. Et il vous sera subordonné en tout. » Montcalm reçut instructions d'avoir à établir et à maintenir de bonnes relations avec Vaudreuil, mais il fit rapidement voir que cela dépassait ses forces. Il avait un esprit vif et caustique, et plus encore un tempérament emporté qu'il ne parvenait pas à maîtriser. Si sa bravoure personnelle ne peut être mise en doute, il était un défaitiste invétéré, convaincu que chaque campagne dans laquelle il était engagé tournerait mal, et cherchait toujours à faire retomber le blâme sur d'autres épaules que les siennes. Il souffrait beaucoup d'être forcé de recevoir ses ordres d'un officier de la Marine, il était violemment en désaccord avec Vaudreuil sur les questions de stratégie et se montrait extrêmement critique devant la manière de combattre des Canadiens. Il ne se faisait pas scrupule de critiquer Vaudreuil en présence de ses subordonnés et de ses serviteurs, et ses paroles étaient, bien sûr, rapidement rapportées à Vaudreuil, qui tant bien que mal s'arrangeait encore pour se montrer poli à son endroit au vu et au su de tous.

Au delà des apparences, toutefois, l'état d'esprit de Vaudreuil était loin d'être bon. A la vérité, il n'en pouvait plus et il était sur le point de perdre son sang-froid. Quelques mois après son arrivée à Québec, il avait entièrement perdu ses illusions, devant la situation qu'il devait affronter. Au point, à vrai dire, que les premiers navires en partance pour la France, au printemps de 1756, portaient une requête urgente de sa part pour obtenir qu'on le rappelât. Il l'envoya vraisemblablement à son frère aîné Jean, vicomte de Vaudreuil, pour qu'il la présentât au ministre. Comme aucune communication de ce genre, ni aucune mention d'icelle, n'apparaît dans la correspondance officielle, il semble évident que le destinataire décida de ne pas y donner suite. L'eût-il fait, la carrière de Vaudreuil se fût sans doute terminée abruptement. Le 26 octobre 1756, sa santé étant mauvaise, il écrivit à son ami Calanne, à Saint-Domingue, une lettre, interceptée par les Britanniques, qui révélait à quel point son moral était bas. Après avoir mentionné la prise de Chouaguen, il ajoutait : « Le Canada est a present un chaos. Si je ne repasais pas en france je deviendrois fol. je n'ai pas eu un mot de reponse sur mon retour que jai demande fortement au commencement de lannée. Comme on ne mauroit pas plus dobligation si je devenois impotant dans ce pays ci et quon ne me dira seurement pas grand merci des services essentiels que jy rends je repasserai sans permission Si ma santé l'exige. on fait la guerre a present en Canada comme en france avec autant de suitte et dequipage il ny a que les pauvres Canadiens qui ne sont pas dans le Cas étant toujours en partie avec les sauvages et essuyant tout le feu. »

Dans ses dépêches au ministre de la Marine, que Montcalm trouva le moyen de faire intercepter et copier, Vaudreuil portait les Canadiens aux nues mais critiquait les bataillons français en général et le commandement de Montcalm en particulier. Il fut extrêmement irrité de ce que Montcalm n'eût pas obtempéré à ses ordres, en 1757, de poursuivre plus avant et d'aller détruire le fort Lydius (aussi appelé fort Edward ; maintenant Fort Edward, New York) après la chute du fort George. Il se plaignit que trop d'officiers français refusaient de servir dans les partis de guerre canadiens, sous prétexte qu'ils n'étaient pas venus au Canada pour mener cette sorte de guerre. Tout ce qu'ils consentaient à faire, c'était d'attendre que l'ennemi vînt à eux, en espérant alors éviter une défaite. Il rapporta aussi que les miliciens canadiens, chez qui les soldats français avaient des billets de logement pendant l'hiver, acceptaient mal d'être appelés à se joindre à des partis de guerre pendant que les soldats restaient à l'arrière, au coin du feu. Il accusa les officiers français de soutirer des rations en gonflant exagérément les effectifs de leurs régiments, de disposer de ces surplus et d'en empocher les revenus. D'autres sources apportent la preuve du fondement de ces accusations. A la fin de la guerre, plusieurs de ces officiers cherchèrent à convertir l'argent de papier de la colonie en lettres de change pour des montants qui excédaient de beaucoup la solde et les gratifications touchées. Vaudreuil affirma plus tard qu'il avait, de concert avec Bigot, émis des ordres – contre lesquels Montcalm avait vivement protesté – pour mettre fin à ces abus. Leurs efforts à cet égard obtinrent peu de succès. C'est l'attitude des officiers français à l'endroit des Canadiens qui provoqua le plus la colère de Vaudreuil. Lui, et d'autres aussi, rapportèrent que les troupes françaises se comportaient comme si elles eussent été en territoire ennemi, pillant les habitants et les maltraitant impunément. Il informa le ministre que rien ne ferait plus de bien à la colonie, dès la paix déclarée, que le rappel de ces troupes.

L'année 1758 marqua le point tournant de la guerre et vit le conflit qui couvait depuis longtemps entre Vaudreuil et Montcalm éclater au grand jour. Le gouvernement britannique était plus que jamais déterminé à éliminer la puissance française en Amérique du Nord. De nombreux renforts de troupes régulières britanniques traversèrent l'Atlantique, et des attaques furent préparées contre Louisbourg, Carillon (Ticonderoga, New York), les forts Frontenac (Kingston, Ontario) et Duquesne. Louisbourg tint assez longtemps pour empêcher l'armée d'AMHERST, qui en fit le siège, d'attaquer Québec cette même année. A Carillon, Montcalm, bien qu'il se battît presque à un contre quatre, remporta une étonnante victoire contre le major général ABERCROMBY. Un corps d'armée américain, sous les ordres du lieutenant-colonel BRADSTREET, détruisit le fort Frontenac au cours d'une attaque surprise. Vaudreuil s'était fié aux Iroquois qui devaient le tenir informé des mouvements de l'ennemi dans cette région, mais, n'ayant jamais accepté la présence de ce fort sur une terre qu'ils considéraient comme leur appartenant, ils omirent de le prévenir. La garnison du fort Duquesne, commandée par François-Marie Le Marchand* de Lignery, livra un brillant combat d'attente contre une troupe ennemie très supérieure en nombre, aux ordres du général de brigade John Forbes*, et lui infligea de lourdes pertes, mais dut finalement se retirer en haut de la rivière Allegheny. Le système défensif extérieur de Vaudreuil avait commencé de s'écrouler, mais l'ennemi était encore retenu bien loin du cœur de la colonie. Cependant, Vaudreuil savait que l'assaut serait renouvelé l'année suivante. Il informa le ministre que deux choses seulement pouvaient sauver la colonie : la fin hâtive de la guerre ou l'envoi de très importants renforts, en hommes et en matériel, au printemps. Il chargea le major Michel-Jean-Hugues PÉAN de porter ses dépêches à la cour, de façon à sensibiliser le ministre sur l'urgence de la situation. La décision, dès lors, ne lui appartenait plus.

Pour ce qui est du conflit avec Montcalm, il devait s'en occuper lui-même. Avant la campagne de Carillon, Montcalm avait critiqué les ordres de Vaudreuil et l'avait ridiculisé ouvertement. Après sa victoire, il porta de graves accusations, particulièrement féroces, contre le gouverneur général et les troupes canadiennes, accusations qu'aucun officier supérieur ne pouvait appuyer ni ignorer. Montcalm déclara aussi qu'il demanderait son rappel en France. Vaudreuil, trop heureux d'appuyer cette requête, envoya au ministre un vigoureux plaidoyer pour que Montcalm fût promu lieutenant général et qu'on employât ses incontestables talents en Europe. Il accorda à Bougainville* et à Doreil la permission de passer en France, à l'automne de 1758, pour y représenter les vues de Montcalm sur la situation du moment. A leur arrivée, ils trouvèrent un nouveau ministre de la Marine, Nicolas-René Berryer, le quatrième des cinq qui occupèrent ce poste pendant la guerre ; le maréchal de Belle-Isle, vieillard décrépit et vieil ami de Montcalm, était le nouveau ministre de la Guerre, le troisième depuis le début des hostilités. Le gouvernement français eût pu difficilement se trouver dans un plus grand désarroi.

Berryer refusa d'entendre Péan, mais la requête de Vaudreuil, demandant le remplacement de Montcalm par LÉVIS, avec raisons à l'appui, fut examinée avec soin et acceptée. Toutefois, la décision devait être soumise au roi, qui la rejeta, décrétant, pour des motifs non formulés, que Montcalm devait rester au Canada. Il fut promu lieutenant général le 20 octobre 1758, ce qui créait une situation anormale. Comme le fit valoir le ministre de la Marine en recommandant le rappel de Montcalm, un lieutenant général était, hiérarchiquement, au-dessus du gouverneur général d'une colonie. Montcalm, par conséquent, devait se voir confier le commandement de toutes les forces armées, encore que la responsabilité de la sécurité de la colonie incombât toujours à Vaudreuil, en tant que gouverneur général. Les modalités du commandement étaient dès lors désespérément confuses entre deux hommes qui ne pouvaient pas se sentir l'un l'autre.

Pendant ce temps, à Québec, Montcalm se disputait avec Vaudreuil sur la stratégie à employer en 1759. Il demandait qu'on incorporât les meilleurs hommes de la milice dans l'armée régulière et qu'on abandonnât les forts de l'ouest et du sud du lac Champlain, de façon à concentrer tous les effectifs disponibles pour la défense du cœur de la colonie. Il fit aussi des recommandations pour la défense du bas du fleuve. Vaudreuil accepta d'incorporer la milice dans l'armée régulière, mais il refusa d'abandonner les postes avancés. Il fit valoir que d'agir ainsi permettrait à l'ennemi de marcher sans opposition sur la colonie du Saint-Laurent, où le sort de la Nouvelle-France se déciderait en une seule bataille contre une armée jouissant d'une supériorité numérique écrasante. Son intention était de s'opposer pied par pied à l'avance de l'ennemi, de façon à le retarder le plus possible et dans l'espoir que les mères patries mettraient fin à la guerre avant l'envahissement du cœur de la colonie.

A la mi-mai 1759, Bougainville rentra à Québec, accompagné de neuf navires marchands, suivis de près d'un autre convoi de 17 navires [V. Jacques Kanon*]. Ces arrivages vinrent soulager la grave pénurie de vivres des mois précédents et apportèrent suffisamment de ravitaillement pour la prochaine campagne. Tout au cours de la guerre, la question des approvisionnements avait été une source d'ennuis. Des navires s'étaient toujours présentés devant Québec en nombre suffisant – plus de 40 en 1758 – pour répondre aux besoins de l'armée et de la population civile. Le véritable problème en était un de distribution. Une partie importante des approvisionnements disparaissait Dieu sait où, et les habitants hésitaient beaucoup à donner leurs produits en échange d'une monnaie de papier d'une valeur douteuse.

Montcalm se montra au comble de la joie en apprenant sa promotion et il promit des miracles. Vaudreuil ne pouvait qu'être déprimé. Il fut consterné aussi de ce que, sur l'avis de Montcalm, son plaidoyer en faveur de l'envoi de puissants renforts eût été repoussé. Seulement 336 misérables recrues débarquèrent à Québec. Et encore Vaudreuil recevait-il l'ordre de tenir l'ennemi en échec et de conserver la maîtrise de la plus grande partie possible de la colonie, de manière à renforcer le pouvoir de marchandage de la France quand le temps serait venu de négocier un règlement de paix. Le ministre, ayant déjà noté que Montcalm détenait un grade supérieur à Vaudreuil, continuait de s'adresser à celui-ci comme à l'officier responsable. Montcalm ne tenta pas de s'emparer du commandement, ni de la responsabilité inhérente de ce qui pouvait arriver par la suite. Il était bien content de laisser cela à Vaudreuil. Ce fut une piètre consolation pour ce dernier d'apprendre qu'on lui avait accordé la grand-croix de Saint-Louis, accompagnée d'une gratification de 10 000# ; il avait été nommé commandeur de l'ordre en 1757. Il n'eut, toutefois, guère le temps de s'apitoyer sur son sort, car, à la fin de mai 1759, on apprenait qu'une grande flotte britannique remontait le Saint-

Laurent. D'une façon inexplicable, les dispositifs de défense dont Montcalm et lui avaient discuté n'avaient pas été mis en place [V. Gabriel PELLEGRIN]. L'eussent-ils été, la flotte britannique eût pu subir des dommages considérables avant d'atteindre Québec. Vaudreuil doit être tenu responsable de cette omission.

Vaudreuil donna provisoirement le commandement de toutes les forces armées et de la ville elle-même à Montcalm, qui, fort bien secondé par Lévis, réussit à tenir l'armée de Wolfe* en échec pendant tout l'été. En septembre, les Britanniques étaient découragés, les Français et les Canadiens jubilaient, croyant que l'ennemi serait forcé de se retirer dans peu de jours et que la campagne se terminerait glorieusement. Alors, Wolfe fit rapidement passer le gros de son armée d'aval en amont de Québec, il la fit débarquer dans la nuit du 12 septembre et, au point du jour, il l'avait alignée à moins d'un mille des murs de la ville. On a dépensé beaucoup d'encre pour discuter qui devait être blâmé, du côté français, pour ce renversement de situation. En fait, Vaudreuil et Montcalm eussent-ils désiré tendre un piège à l'armée de Wolfe et la mettre en position d'être entièrement détruite, ils n'eussent pu espérer la voir dans un endroit plus convenable à leurs desseins que celui que Wolfe avait choisi. Montcalm, cependant, se laissa gagner par la panique. Sans prendre le temps d'évaluer la situation, de consulter Vaudreuil ou son propre état-major, il se lança, avec le tiers seulement des forces dont il disposait, dans une attaque mal conçue et encore plus mal dirigée. En moins d'une heure son armée taillée en pièces avait fui le champ de bataille, et lui-même était mortellement blessé.

Dans une dépêche au ministre, Vaudreuil affirma plus tard que, en apprenant la position des Britanniques, il avait envoyé une note à Montcalm, lui demandant de ne rien précipiter, d'attendre plutôt que toutes les troupes fussent rangées en ordre de bataille. A son arrivée sur les hauteurs, tout était terminé. Il soutint avoir vainement tenté de rallier les troupes en fuite. Seuls les Canadiens répondirent à son appel. Subissant de lourdes pertes, ils tinrent les Britanniques en échec sur le flanc droit, ce qui permit aux troupes régulières de traverser la Saint-Charles sans encombre. Ensuite Vaudreuil entreprit d'instaurer un certain ordre. Il fit remettre une note à Montcalm, qui était entre les mains des chirurgiens à Québec et n'en avait que pour quelques heures à vivre, lui demandant son idée sur ce qu'on pouvait faire. Montcalm répondit qu'il devait chercher à obtenir des conditions pour la capitulation de toute la colonie, ou lancer une nouvelle attaque, ou encore remonter le fleuve pour rallier la troupe d'élite de 3 000 hommes de Bougainville à la rivière Jacques-Cartier. Vaudreuil voulait lancer une autre attaque, à l'aurore, le lendemain. Les pertes britanniques avaient été aussi grandes que celles des Français, qui étaient encore supérieurs en nombre dans une proportion de trois contre un, et qui tenaient encore la ville fortifiée. Il convoqua un conseil de guerre, auquel assistèrent Bigot, Pierre-André GOHIN de Montreuil, Nicolas Sarrebource* Maladre de Pontleroy, Jean-Daniel Dumas et les commandants des corps d'armée. Les officiers n'avaient pas assez d'estomac pour se lancer dans une nouvelle bataille ; seul Bigot la désirait. Unanimement, les militaires votèrent pour la retraite sur la Jacques-Cartier. Vaudreuil dut s'y résoudre. On ne pouvait guère espérer une attaque victorieuse d'une armée vaincue commandée par de tels officiers, et une nouvelle défaite eût été fatale. Vaudreuil donna donc des ordres pour que l'on se repliât sur la Jacques-Cartier, à la faveur de la nuit. Les canons furent encloués, les tentes, l'équipement et les provisions, abandonnés. Vaudreuil envoya un mot à Montcalm, l'informant de sa décision et exprimant très sincèrement l'espoir qu'il se remettrait de ses blessures. Au commandant de la garnison de Québec, Jean-Baptiste-Nicolas-Roch de RAMEZAY, il envoya un ordre, rédigé plus tôt par Montcalm, lui demandant de tenir aussi longtemps qu'il pourrait, mais l'autorisant à rendre la ville plutôt que de soutenir une attaque qui eût amené les ennemis, selon les lois de la guerre, à ne point faire quartier à ses habitants. Il envoya aussi un mot, sur ces événements, à Lévis, qui se trouvait à Montréal. Lévis quitta Montréal à l'instant, arriva à la Jacques-Cartier le 17 et, immédiatement, entreprit de restaurer l'ordre au sein de l'armée démoralisée.

Vaudreuil et Lévis tombèrent d'accord que la situation pouvait encore être rétablie si on pouvait empêcher les Britanniques d'occuper Québec. Vaudreuil envoya à Ramezay un ordre, qui annulait le précédent, de tenir et de ne pas capituler, et l'informant que des approvisionnements et des renforts lui parviendraient dans les quelques heures suivantes. Ramezay ne tint pas compte de cet ordre et rendit Québec le 18. Sans cela, l'armée britannique eût dû lever le siège dans les jours suivants et partir avec la flotte, qui n'aurait osé courir le risque d'être bloquée sur le fleuve par l'arrivée soudaine de l'hiver. Vaudreuil envoya à Ramezay une note brève et acerbe, l'informant qu'il aurait à rendre compte au roi personnellement de son geste ; Vaudreuil, lui, ne le pouvait pas. Il n'y avait plus rien à faire, sinon d'envoyer un message en France, avec un plaidoyer désespéré pour l'envoi de puissants renforts tôt au début de l'année suivante, de façon qu'ils arrivassent avant que la flotte britannique ne transportât à Québec une nouvelle armée. Vaudreuil arriva à Montréal le 1er octobre, et, en novembre, Lévis se replia avec ses troupes abattues pour aller le rejoindre, pendant que trois armées britanniques se préparaient à marcher sur cette place non fortifiée, dernier reste de la puissance française en Amérique, à l'est du Mississippi.

Vaudreuil, qui avait toujours maintenu de bons rapports avec Lévis, lui laissa les préparatifs et la direction de la prochaine campagne, en lui apportant toute l'aide possible. Quand, en avril 1760, Vaudreuil ordonna aux miliciens canadiens de rallier l'armée pour marcher sur Québec, ils répondirent bien. Lévis remporta une brillante victoire sur l'armée britannique aux ordres de MURRAY, devant les murs de Québec, mais la flotte et les renforts attendus de France n'arrivèrent point. Les troupes françaises, et les grenadiers eux-mêmes, tout autant que les Canadiens des troupes de la Marine et de la milice, voyant toute résistance désormais inutile – elle ne pouvait mener qu'au vain sacrifice de leurs vies, qu'à la rapine et à la destruction d'un plus grand nombre encore de fermes et de récoltes, avec la perspective prochaine de l'hiver et de la famine – commencèrent à déserter en masse.

Quand les armées britanniques, qui avaient fait leur avance par le Saint-Laurent et le lac Champlain, se trouvèrent aux portes de Montréal, leurs canons pointés en direction de la ville, Vaudreuil, dans la nuit du 6 septembre 1760, convoqua un conseil de guerre auquel assistèrent les officiers supérieurs et Bigot. Ils s'accordèrent tous à juger la situation sans espoir et discutèrent des conditions à demander à Amherst pour la capitulation du Canada, de l'Acadie et des postes de l'Ouest, aussi éloignés au sud que le pays des Illinois. Vaudreuil en rédigea ensuite les clauses avec grand soin, ayant à l'esprit deux objectifs principaux : d'abord, la protection des droits des Canadiens concernant leur religion, leurs biens et leurs lois, même dans l'éventualité où le Canada ne serait pas rendu à la couronne française à la fin de la guerre ; puis, les traditionnels honneurs de la guerre aux troupes sous son commandement et leur passage, en toute sécurité, en France. Ensuite, on députa Bougainville auprès d'Amherst, au matin, pour demander une trève jusqu'au 1er octobre. Si, à cette date, on n'avait point reçu la nouvelle du rétablissement de la paix en Europe, les Français capituleraient. La journée entière du 7 septembre se passa en négociations. Amherst refusa de suspendre les armes jusqu'à la fin du mois. Il accepta la plupart des conditions proposées par Vaudreuil, répondit d'une façon équivoque à quelques-unes, la question de la religion en particulier ; il insista cependant pour que les soldats de l'armée régulière comme ceux des troupes de la Marine ne servissent plus au cours de cette guerre, et il leur refusa fort incivilement les honneurs de la guerre. Bougainville allait et venait d'un camp à l'autre, Vaudreuil essayant toujours d'obtenir d'Amherst des conditions plus généreuses, mais sans résultat.

A la fin de la nuit, quand Lévis et ses officiers supérieurs apprirent l'intransigeance d'Amherst, qui refusait de les obliger, ils protestèrent dans les termes les plus forts auprès de Vaudreuil, tant verbalement que par écrit. Lévis demanda la rupture des négociations et la permission de Vaudreuil de faire une sortie sur l'ennemi avec les 2 400 hommes qui leur restaient, ou à tout le moins l'autorisation de se retirer dans l'île Sainte-Hélène, près de la ville, pour y défier Amherst, plutôt que d'accepter des conditions qui priveraient la France de dix bataillons, sans mentionner la ruine de leurs propres carrières. Vaudreuil et Montcalm avaient antérieurement reçu des ordres de la cour à l'effet qu'ils devaient à tout prix sauvegarder l'honneur de l'armée. Les conditions auxquelles Augustin de Boschenry* de Drucour avait rendu Louisbourg avaient été jugées humiliantes, et le roi avait clairement laissé entendre qu'il ne souffrirait plus semblable affront.

Vaudreuil avait maintenant à prendre une cruelle décision. Donner le champ libre à Lévis sauverait l'honneur et plairait à Louis XV, mais au prix du massacre de ce qui restait des troupes régulières, de la destruction de Montréal, de souffrances incalculables du peuple canadien, qu'on abandonnerait ainsi à la merci de l'ennemi, lequel n'aurait nulle raison de faire quartier ou d'éprouver quelque scrupule. Les Britanniques avaient déjà prouvé, en Irlande, dans les Highlands d'Écosse et en Acadie, à quel point ils pouvaient être impitoyables sous la provocation. Faisant montre à la fois de sens commun et de force de caractère, Vaudreuil rejeta la demande de Lévis et lui ordonna de se soumettre aux conditions d'Amherst. Dans un dernier geste de défi, avant que ses troupes ne déposassent leurs armes sur le Champ de Mars, Lévis donna l'ordre de brûler les drapeaux des régiments. Plus tard ce même jour, 8 septembre, les Britanniques entraient à Montréal.

Le 18 octobre, Vaudreuil partit de Québec sur un navire britannique et débarqua à Brest le 28 novembre. Il savait bien que c'était au prix de sa carrière, qui ne pouvait maintenant se terminer que dans la honte, qu'il avait agi de façon à épargner les Canadiens. S'il eût quelques doutes à ce sujet, ils furent levés quand, au début de décembre, alors qu'il était encore à Brest, une missive du ministre l'informait de l'étonnement du roi en apprenant que sa colonie, le Canada, avait été rendue à l'ennemi. Les protestations de Lévis et de ses officiers étaient citées pour démontrer que, malgré la disproportion des combattants en présence, une dernière attaque ou, à tout le moins, la résistance à l'assaut de l'ennemi contre les positions françaises eût obligé Amherst à consentir des conditions plus honorables à l'armée de Sa Majesté.

Le vicomte de Vaudreuil fit immédiatement savoir au duc de Choiseul, ministre de la Marine, son vif dépit de voir son frère ainsi traité. Choiseul répliqua avec courtoisie, comme toujours, qu'il avait été obligé d'exprimer le déplaisir du roi au sujet de la capitulation de Montréal, que l'ancien gouverneur général ne devait pas prendre cette affaire trop à cœur, et qu'il serait toujours heureux de rendre justice au zèle et aux longues années de service du frère du vicomte. Cette réponse, toutefois, s'avéra une mince consolation pour Vaudreuil, puisqu'elle ne l'empêcha pas d'être impliqué dans l'Affaire du Canada.

Le gouvernement devait trouver un bouc émissaire pour la perte de son empire en Amérique du Nord et pour les factures énormes qu'il avait accumulées afin d'en assurer la défense. Les ministères de la Marine et de la Guerre, il fallait s'y attendre, ne prendraient point leur part de blâme. Montcalm était mort, et le roi ne permettrait pas que les bataillons de l'armée fussent tenus pour coupables. Restaient Vaudreuil et Bigot : le choix s'imposait. Le 17 novembre 1761, Bigot fut envoyé à la Bastille. Vaudreuil l'y suivit le 30 mars 1762, mais fut remis en liberté provisoire le 18 mai.

Pendant son long procès, interminable, une pénible maladie frappa son épouse. Ses souffrances durèrent six mois et ne se terminèrent qu'avec sa mort, à l'automne de 1763. Le frère de Vaudreuil, Louis-Philippe*, mourut aussi au cours de ces mêmes mois. Vaudreuil avoua que ces afflictions, ajoutées à tout ce qu'il avait eu à traverser depuis son arrivée en France, lui avaient fait penser que la vie ne valait plus guère la peine d'être vécue. Même si rien ne pouvait le consoler de la perte de sa femme, il se sentit revivre quand, le 10 décembre 1763, les juges du tribunal le disculpèrent. Le roi lui permit alors d'être investi de la grand-croix de l'ordre de Saint-Louis ; il lui accorda en outre un supplément de pension de 6000#, en compensation de tout ce qu'il avait souffert pendant qu'il était impliqué dans l'Affaire du Canada. Dans une lettre du 22 mars 1764, Vaudreuil rapporte que la noblesse, les ministres, les princes mêmes avaient manifesté le plaisir que leur causait sa justification. Pour couronner le tout, il avait dîné avec le duc de Choiseul, qui lui révéla n'avoir jamais ajouté foi aux accusations portées contre lui par un des ministres de la Marine du temps, Berryer, et qu'il était très heureux de voir son nom finalement blanchi.

Vaudreuil pouvait dès lors considérer avec plus de sérénité le déroulement de sa carrière. Il avait atteint le plus haut degré hiérarchique dans le service aux colonies et il touchait une pension qui lui permettait de vivre modestement, mais dignement. Pendant les 14 années qui suivirent, il connut le calme de la retraite, dans sa maison de Paris, rue des Tournelles, dans le quartier latin, où il mourut le 4 août 1778.

Pierre de Rigaud, marquis de Vaudreuil, était de toute évidence une personne nerveuse, au tempérament complexe, qui étouffait ses émotions et ne laissait quiconque dans son entourage soupçonner le trouble qui l'agitait intérieurement. Sa crise de nerfs de 1756, année où il demanda d'être rappelé, même si cela eût mis fin à sa carrière, en est la preuve. Les circonstances de ses longues fréquentations et de son mariage tardif avec une femme sans fortune, alors dans la soixantaine et de 15 ans son aînée, paraissent étranges aussi, même si l'on considère l'époque et l'ambiance.

Son rôle de commandant en chef de la Nouvelle-France, déjà compliqué par la longue et acerbe rivalité opposant les troupes régulières et celles de la Marine, fut empoisonné par la vendetta personnelle menée contre lui par Montcalm. Il ne pouvait pas être blâmé pour la défaite finale et la perte de la colonie. Il faut plutôt lui attribuer en bonne partie le mérite de la ténacité de la colonie qui résista aussi longtemps contre des forces très supérieures. Sa vraie mesure, cependant, il la donna quand, passant pardessus les sentiments de Lévis, il insista pour que Montréal capitulât, de façon à épargner au peuple canadien des morts et des destructions inutiles. Ce geste demandait une grande force de caractère, puisqu'il devait savoir, en agissant ainsi, qu'il mettait en péril sa carrière et tout ce pour quoi il s'était si longtemps battu. Lévis résuma honnêtement et brièvement cette affaire quand, à son arrivée à La Rochelle, le 27 novembre 1760, il écrivit au ministre de la Marine : « Sans chercher a donner des Eloges deplacées je crois pouvoir dire que M. le Mis de Vaudreuil a mis en usage jusqu'au dernier moment toutes les resources dont la prudence et l'Experience humaine peuvent estre capables. »

W. J. ECCLES

Les principales sources manuscrites relatives à la carrière de Vaudreuil se trouvent aux AN, Col., B ; C¹¹ᴬ ; C¹³ᴬ ; D² ; F³ ; AMA, SHA, A¹ ; APC, MG 18, G2 ; ses manuscrits sont déposés à la Huntington Library, Loudoun papers. L'ouvrage *The Vaudreuil papers : a calendar and index of the personal and private records of Pierre de Rigaud de Vaudreuil, royal governor of the French province of Louisiana, 1743–1753*, Bill Barron, compil. (La Nouvelle-Orléans, 1975), constitue un excellent catalogue, et pratiquement un inventaire analytique, de ces derniers papiers.

Une assez grande partie de la documentation manuscrite a été imprimée, comprenant la vaste *Coll. des manuscrits de Lévis* par l'abbé Henri-Raymond Casgrain* qui a aussi édité les *Extraits des archives de la Marine et de la Guerre*. Plusieurs documents pertinents ont été publiés au cours des années dans ANQ *Rapport*. On doit consulter la *Table des matières des rapports des Archives du Québec, tomes 1 à 42 (1920–1964)* ([Québec], 1965) sous les rubriques Guerre, Journaux, Mémoires, Capitulations, Siège de Québec. On doit consulter avec prudence les *NYCD* (O'Callaghan et Fernow), VI ; VII ; IX ; X ; on ne peut en effet se fier ni à la transcription ni à la traduction.

Guy Frégault* est l'historien qui a, et de loin, le mieux traité Vaudreuil jusqu'à maintenant dans ses trois ouvrages, *François Bigot*, *le Grand Marquis*, et *la Guerre de la Conquête*, mais son étude laisse beaucoup à désirer. L'auteur s'est senti obligé, particulièrement dans les deux derniers ouvrages, de s'occuper assez longuement des canards des historiens qui avaient avant lui présenté Vaudreuil sous un jour défavorable. Exaspéré par leur méconnaissance et leur mauvaise utilisation de la documentation historique, il manifesta, à l'occasion, une aigreur compréhensible à leur égard. Certains historiens anglophones préfèrent considérer son attitude comme une dérogation partisane à la sagesse de l'interprétation cléricale des historiens traditionnels. Des trois ouvrages déjà mentionnés, seul *le Grand Marquis* est consacré spécifiquement à Vaudreuil, mais ce volume porte seulement sur le début de sa carrière et la période où il occupa le poste de gouverneur de la Louisiane. Dans les deux autres ouvrages, Vaudreuil figure comme un personnage de premier plan, mais inévitablement débordé par les événements. Les trois ouvrages contiennent d'excellentes bibliographies donnant les sources manuscrites et imprimées concernant l'homme et son époque. Quant à l'*Almanach royal* (Paris), il fournit de brefs mais précieux renseignements sur la carrière militaire de Vaudreuil, comme ses nominations et ses promotions.

Pour les ouvrages généraux traitant brièvement de la guerre de Sept Ans en Amérique, on peut consulter les bibliographies annexées aux biographies de Wolfe et de Montcalm dans le *DBC* III. Une bibliographie beaucoup plus considérable se trouve dans Stanley, *New France*. [W. J. E.]

RITCHIE, JOHN, marchand et fonctionnaire, né en 1745 ou 1746 à Glasgow, Écosse, ou dans les environs, décédé le 20 juillet 1790 à Annapolis Royal, Nouvelle-Écosse.

En 1770, John Ritchie, accompagné de sa femme Jennet (Janet), déménagea d'Édimbourg à Boston, Massachusetts, où il dirigea une entreprise commerciale, avec l'aide de son oncle, Andrew Ritchie, qui y avait émigré en 1753. Peu avant 1775, peut-être pour voir aux affaires de son oncle, il alla s'installer à Annapolis Royal. L'année 1775 fut importante dans la vie de Ritchie : un premier fils lui naquit, sa femme mourut, et son oncle fut pris par les rebelles américains puis emprisonné au Massachusetts pendant un an. L'appui de John Ritchie à la mère patrie ne se démentit jamais, même si celui de certains de ses voisins de la Nouvelle-Écosse n'était pas aussi assuré. Craignant les desseins des rebelles sur la partie ouest de la province, il adressa une pétition à Halifax pour obtenir les moyens de défendre la région, de concert avec trois autres résidants d'Annapolis Royal, le révérend Thomas WOOD, William SHAW et Thomas Williams. A la fin de juillet 1775, le gouvernement leur accordait des armes, des munitions et quatre pièces de 6. Le mois suivant, quand on leva une compagnie de miliciens, Ritchie s'y joignit, et, le 22 mai 1779, il obtenait une commission de capitaine.

Les craintes d'une attaque américaine sur Annapolis Royal furent justifiées en 1781. Tôt, le matin du 29 août, deux navires rebelles pénétrèrent dans la rade d'Annapolis Royal et s'emparèrent de la ville endormie. La surprise fut si complète qu'aucune résistance ne fut possible. Les rebelles pillèrent la ville et prirent deux de ses citoyens les plus éminents, Ritchie et Williams, comme otages ; on les relâcha bientôt en échange d'un prisonnier rebelle détenu à Halifax. Les deux hommes durent jurer qu'ils ne porteraient pas les armes contre les rebelles dans l'avenir ; la carrière de Ritchie dans la milice était terminée.

La longue et illustre association de la famille Ritchie au domaine judiciaire commença modestement en 1779, alors que John Ritchie fut nommé juge de paix du comté d'Annapolis. En 1786, il devint l'un des juges de la Cour inférieure des plaids communs. Un fils et quatre petits-fils de Ritchie allaient être juges ; un petit-fils, William Johnstone Ritchie*, devint juge en chef du Canada en 1879.

Lors d'une élection partielle, en 1783, Ritchie se porta candidat dans le comté d'Annapolis et fut élu. Pendant deux ans, il représenta le comté à la chambre d'Assemblée. Aux élections générales de 1785, il fut mis de côté par les électeurs du canton d'Annapolis, qui lui préférèrent un loyaliste arrivé de fraîche date, Stephen De Lancey*. Il obtint une nomination politique de peu d'importance en 1787, devenant l'un des commissaires chargés de contrôler les dépenses publiques pour la nouvelle route reliant Shelburne à Annapolis Royal.

Les dernières années de John Ritchie furent troublées par la mauvaise tournure de ses affaires. Sa mort, à l'âge de 45 ans, laissait sa jeune famille presque dépourvue. En 1775 ou 1776, il avait épousé, à Annapolis Royal, Alicia Maria, fille de Francis Barclay Le Cain (Le Quesne), ancien officier préposé aux magasins militaires au fort Anne (Annapolis Royal). Au moment de la mort de Ritchie, l'âge de ses quatre enfants s'échelonnait de 5 à 15 ans. Sa veuve lui survécut jusqu'en 1817.

BARRY M. MOODY

PANS, RG 1, 168, pp.551, 564 ; 169, p.143 ; 222, nº 56. — *Nova-Scotia Gazette and the Weekly Chronicle*, 4 sept. 1781. — *Directory of N.S. MLAs*. — Calnek, *History of Annapolis* (Savary). — Savary, *Supplement to history of Annapolis*. — M. C. Ritchie, The beginnings of a Canadian family, N.S. Hist. Soc., *Coll.*, XXIV (1938) : 135–154. — C. St C. Stayner, John William Ritchie, N.S. Hist. Soc., *Coll.*, XXXVI (1968) : 183–277.

ROBERTS, BENJAMIN, officier et fonctionnaire du département des Affaires indiennes ; *circa* 1758–1775.

Ayant reçu une commission d'enseigne dans le 46e d'infanterie, le 23 juillet 1758, Benjamin Roberts servit en Amérique du Nord pendant la guerre de Sept Ans. Présent aux sièges du fort Carillon (Ticonderoga, New York), du fort Niagara (près de Youngstown, New York) et de La Havane, à Cuba, il paraît avoir été en garnison au fort Ontario (Oswego, New York) en 1765. Le 12 septembre 1762, Roberts avait reçu le grade de lieutenant, mais en 1766 il obtint par permutation un poste d'officier à la demi-solde, et sir William JOHNSON le nomma commissaire au département des Affaires indiennes.

Les années d'après-guerre furent trépidantes au département des Affaires des Indiens du Nord, d'autant que sa juridiction s'étendait maintenant au Canada. Une série de soulèvements liés à Pondiac* se produisirent parmi les Indiens, et des rumeurs coururent à propos d'intrigues de la part des Français et d'unions de tous les Indiens. Les courses des traiteurs indépendants, trafiquant surtout du whisky, et les maux accompagnant ce commerce compliquèrent encore la situation délicate dans les territoires de l'Ouest. Le gouvernement britannique, sur l'avis de Johnson, réagit en imposant de nouveaux règlements concernant le commerce avec les Indiens. Après 1764, les trafiquants de race blanche durent se munir d'un permis, on limita la traite à certains postes déterminés et on apporta des restrictions nouvelles au trafic de l'alcool. Ces changements vinrent accroître le rôle du département des Affaires indiennes. Il avait la responsabilité de la surveillance de la traite dans les postes, et Johnson plaça, dans les forts situés le long du périmètre des Grands Lacs, des commissaires qui y auraient, écrit-il, « la direction unique de la traite et des affaires indiennes ». Les relations de ces commissaires avec les commandants des postes n'étaient pas faciles, à cause de l'imprécision des limites de leurs juridictions respectives. De surcroît, certains commissaires, officiers à la demi-solde, ne pouvaient s'empêcher d'afficher leur autorité semi-indépendante devant des militaires d'un grade supérieur au leur. Benjamin Roberts, semble-t-il, donna prise à cette sorte de vanité de fonctionnaire.

Connu pour son caractère égocentrique, Roberts eut une violente querelle, en juillet 1766, avec le capitaine Jonathan Rogers, du fort Ontario. Plus tard cette même année, il se disputa âprement avec le capitaine John Brown, du fort Niagara, où il avait été mis en poste. En mars 1767, Johnson le nomma commissaire à Michillimakinac (Mackinaw City, Michigan), le plus important poste de traite des lacs Supérieur, Michigan et Huron. Des rumeurs voulaient que le commandant de ce poste, Robert ROGERS, se fût impliqué avec les Français et les Espagnols dans un coup d'État projeté des Bourbons dans l'Ouest. GAGE, commandant en chef, ordonna à Johnson de faire en sorte que les interprètes et les commissaires du département des Affaires indiennes exercent sur lui une étroite surveillance.

Roberts arriva à Michillimakinac tôt à l'été de 1767 et eut bientôt une scène orageuse avec Rogers au sujet de la garde d'une certaine quantité de rhum confisquée. Il semble avoir eu raison d'agir ainsi. Selon les trafiquants Jean-Baptiste Cadot* et Alexander Henry*, l'aîné, qui écrivirent à Johnson en faveur de Roberts, Rogers « permettait que l'on sortît le rhum de cette garnison, à minuit, afin de s'adonner à la contrebande ». Un conflit au sujet des locaux à fournir au forgeron du département des Affaires indiennes se termina par un ordre de Rogers à Roberts de partir pour Détroit, au début d'octobre. Cependant, Roberts avait déjà parlé à l'ancien secrétaire de Rogers, Nathaniel Potter. Ce dernier avait descendu à Montréal à la fin d'août et y fit une déposition assermentée par laquelle il accusait Rogers de trahison. Gage fit arrêter Rogers en décembre 1767 et le fit conduire à Montréal pour y être jugé au printemps suivant ; Roberts corrobora l'accusation, mais un conseil de guerre acquitta Rogers. La vive animosité ne se dissipa point entre les deux hommes. En mai 1769, ils se croisèrent dans une rue de Montréal, et Rogers proposa une rencontre, sans témoin, en duel. « Je ne pouvais pas me fier à un tel homme, dont j'avais entendu dire qu'ils n'avait ni honneur ni courage, raconte Roberts. Il m'a dit qu'il me ferait sauter la cervelle. »

La situation de Roberts n'avait alors rien d'enviable. Aucune preuve n'avait été produite pour soutenir l'accusation contre Rogers. On avait aboli le poste de commissaire après que le gouvernement britannique eut rejeté les nouvelles structures que Johnson avait commencé de donner au département des Affaires indiennes, en raison des coûts qu'elles représentaient. A la fin de 1769, Roberts avait décidé de solliciter un poste en Grande-Bretagne. Johnson lui fit une chaude lettre de recommandation et l'un des correspondants de Johnson à Londres, John Blackburn, décida lord Hillsborough, secrétaire d'État des colonies américaines, à lui trouver une place. Mais l'expérience n'avait pas amélioré le jugement de Roberts. Il vécut d'une façon extravagante et, de 1772 à 1774 au moins, il séjourna en prison pour dettes. En juin 1775, il était en liberté et il écrivait à lord Dartmouth, successeur de lord Hillsborough. Il y avait, comme le remarquait Blackburn, « une étonnante teinte de vanité dans tout ce qu'il fit ».

DOUGLAS LEIGHTON

Clements Library, Thomas Gage papers, American series. — PRO, CO 5/70, ff.39–41, 125 ; CO 323/30. — G.-B., Hist. MSS Commission, *The manuscripts of the Earl of Dartmouth* (3 vol., Londres, 1887–1896). — *Johnson papers* (Sullivan *et al.*). — G.-B., WO, *Army list*, 1758–1775. — J. R. Cuneo, *Robert Rogers of the rangers* (New York, 1959), 209–211, 223, 232s., 248. — R. S. Allen, The British Indian department and the frontier in North America, 1755–1830, *Lieux historiques canadiens : cahiers d'archéologie et d'histoire* (Ottawa), nº 14 (1975) : 5–125.

ROBICHAUX (Robichau, Robeshaw), LOUIS, marchand, né le 9 août 1704 à Port-Royal (Annapolis Royal, Nouvelle-Écosse), fils de Prudent Robichaux et d'Henriette Petitpas ; il épousa le 7 février 1730, à Annapolis Royal, Jeanne Bourgeois, et ils eurent dix enfants ; décédé le 20 décembre 1780 à Québec.

Le marchand Louis Robichaux entretenait de bonnes relations avec les troupes britanniques en garnison à Annapolis Royal, de loin sa plus importante clientèle. En plus de leur fournir des vivres, du bois de construction et de chauffage, il effectuait pour eux certains travaux de réparation. Il fut un des Acadiens qui, en janvier 1729/1730, prêtèrent le serment les engageant à demeurer « entierement Fidele » à George II [V. Richard Philipps*]. Au début de la guerre entre la France et la Grande-Bretagne en 1744, Robichaux et sa famille réparaient les fortifications d'Annapolis Royal ; en outre, certains membres de sa famille avertirent la garnison, en août, de l'attaque imminente des Français commandés par François DU PONT Duvivier. En conséquence, les Français, selon le témoignage de Robichaux, le dépouillèrent à deux reprises de son mobilier et de son bétail et, par deux fois, le firent prisonnier avec sa famille. Mais à chaque occasion ils réussirent à prendre la fuite.

Les Acadiens souffraient terriblement de cette guerre. En juin 1745, Robichaux et six autres délégués acadiens décrivirent au lieutenant-gouverneur Paul Mascarene* et au Conseil de la Nouvelle-Écosse la situation pénible dans laquelle vivaient leurs concitoyens : « Vous Scavez, Messieurs, en quel Etat nous réduisent, et les François et les Sauvages dans tout leurs Courses, ceux-cy nous Ravagent pillent tuent ceux-la nous accablent de peines et de traveaux ne nous donnant pas le temps de respirer, ét d'un autre Coté on nous fait entendre qu'on viendra de Boston pour nous Réduire entièrement, aquoy on auroit pas grand peine, étant déjà bien abbatus en toutes manière. » Ils soulignèrent que les Français les traitaient « d'Anglois » et que les Britanniques mettaient en doute leur loyauté bien qu'ils n'eussent « rien fait de ce qui peut avoir Raport aux Armes ».

Après la guerre, Robichaux réussit à refaire sa fortune, mais ses bonnes relations avec les Britanniques ne lui permirent pas d'éviter la dure épreuve de l'exil, en 1755. Tout au plus, le major John Handfield* lui accorda-t-il le privilège de choisir le lieu de sa déportation. Il opta pour la Nouvelle-Angleterre où, espérait-il, sa fidélité aux Britanniques serait reconnue et, par conséquent, il serait traité avec indulgence. A leur arrivée, Robichaux et sa famille se virent contraints de séjourner à Boston où ils demeurèrent jusqu'en septembre 1756, avant d'être transférés à Cambridge par le gouvernement du Massachusetts. Au cours du même mois, Robichaux adressa une requête au Conseil du Massachusetts afin d'obtenir la permission de retourner à Boston. Il y précisait que, s'il avait pu subvenir à ses besoins au cours des trois mois précédents à Boston, il ne pouvait trouver un emploi à Cambridge, et y promettait que lui et sa famille « se comporter[aient] en bons et paisibles sujets et voisins ». Craignant peut-être son influence sur les Acadiens, le conseil refusa sa demande mais lui fournit toutefois une maison et une aide financière occasionnelle pendant son séjour de 11 ans à Cambridge.

Durant son exil en Nouvelle-Angleterre, Robichaux se révéla le porte-parole à la fois de ses compagnons d'infortune et de leurs missionnaires, demeurés en Acadie, et devint leur homme de confiance. Dans une lettre du 17 septembre 1761, l'abbé Pierre Maillard*, vicaire général de l'évêque de Québec à Halifax, l'autorisa, en l'absence de prêtre, à recevoir le consentement mutuel des Acadiens en exil désireux de se marier, avec responsabilité de demander les dispenses requises et de faire un rapport sur chaque union célébrée. Dix ans plus tard, le 17 juillet 1771, l'abbé Charles-François BAILLY de Messein lui écrivit également, le confirmant dans sa délégation. Il lui spécifia, en outre, la procédure à suivre dans les cas où des mariages auraient lieu sans son autorisation.

L'exil fut, semble-t-il, moins pénible pour Robichaux que pour ses compagnons. En effet, sa bonne éducation, ses relations dans la société bostonnienne et le prestige dont il jouissait auprès des missionnaires et des Acadiens rendirent son séjour en Nouvelle-Angleterre plus agréable. C'est pourquoi, sans doute, son nom ne figure pas sur les listes des Acadiens qui demandèrent à passer en France, au Canada ou à Saint-Domingue (île d'Haïti). Alors que la plupart des familles acadiennes, qui le désiraient et le pouvaient, s'étaient établies au Canada en 1766, Robichaux ne s'y rendit qu'en 1775. Il quitta Boston, alors en pleine tourmente révolutionnaire, probablement avec des amis loyalistes de Cambridge, tels les colonels John et William Vassall et Edward Winslow*. Il alla vivre à Québec où il mourut le 20 décembre 1780, victime de la « picote ». Ses enfants s'établirent au Québec et au Nouveau-Brunswick ; Vénérande* devint l'agent à Québec de son frère Otho*, un important homme d'affaires du Nouveau-Brunswick.

DONAT ROBICHAUD

Placide Gaudet, Généalogie des familles acadiennes avec documents, APC *Rapport*, 1905, II, IIIe partie : 258–271. — *N.S. Archives, I*, 84s. — Pierre Belliveau, *French neutrals in Massachusetts* […] (Boston, 1972), 192–199. — Calnek, *History of Annapolis* (Savary), 66, 68, 73, 75s., 78.

ROBINSON, CHRISTOPHER, officier, avocat et fonctionnaire, né en Virginie en 1763, probablement le fils de Peter Robinson et de Sarah Lister ; il épousa en 1784 Esther Sayre, et ils eurent six enfants, dont Peter*, John Beverley* et William Benjamin* ; décédé le 2 novembre 1798 à York (Toronto).

Issu d'une famille qui joua un rôle marquant dans la vie publique de la Virginie, Christopher Robinson fut élevé dans la demeure de John Robinson, son oncle apparemment. Il fit ses études au College of William and Mary, à Williamsburg, mais il a peut-être quitté cette institution en 1780 ou en 1781 pour aller à New York apporter sa contribution à la cause des Loyalistes. Le 26 juin 1781, il fut nommé enseigne dans les Queen's Rangers sous le commandement de John Graves Simcoe*. Il servit dans ce régiment jusqu'à la reddition de Yorktown, en Virginie, le 19 octobre 1781, après quoi les Queen's Rangers furent envoyés au nord, en Nouvelle-Écosse – la plupart des hommes s'établissant dans ce qui est maintenant la paroisse de Queensbury, au Nouveau-Brunswick. Le régiment ayant été intégré dans les cadres réguliers de l'armée britannique en 1782, Robinson put se retirer en bénéficiant de la demi-solde.

C'est probablement l'absence de débouchés au Nouveau-Brunswick qui poussa Robinson à déménager dans la province de Québec, avec sa famille, en 1788 ; ils s'installèrent d'abord à L'Assomption, et plus tard à Berthier-en-Haut (Berthierville). Peut-être Robinson a-t-il commencé, à cette époque, son apprentissage en vue de devenir avocat. Il semble être resté en rapport avec Simcoe, qui fut nommé lieutenant-gouverneur du Haut-Canada en 1791. Simcoe s'occupait de trouver de l'emploi aux officiers licenciés des Queen's Rangers et, en 1792, peu après son arrivée dans le Haut-Canada, il y nomma Robinson arpenteur général des bois et forêts. Les Robinson déménagèrent à Kingston cette même année. Le travail de Robinson comme arpenteur général l'obligeait à de constants déplacements d'un bout à l'autre de la province pour examiner les « réserves », organiser le prélèvement des rentes sur celles qui étaient affermées, délivrer les permis de coupe et rechercher les bois susceptibles de servir à la construction navale.

En 1794, Robinson fut autorisé à exercer dans le Haut-Canada. Deux ans plus tard, il fut élu député du comté d'Ontario et Addington à la chambre d'Assemblée. On n'a conservé les comptes rendus des travaux de l'Assemblée, pendant la période où il y siégea, que pour la session de 1798. Il joua un rôle actif cette année-là et présenta un projet de loi « pour autoriser les personnes immigrant dans cette province à y amener leurs esclaves noirs », projet qui ne fut jamais adopté. Il avait, en 1797, collaboré à la création de la Law Society of Upper Canada, dont il devint membre du conseil.

Les problèmes d'argent hantèrent Robinson

pendant toute sa vie. Soit à cause de son train de vie, soit à cause d'une mauvaise santé persistante, ses revenus étaient toujours insuffisants. Il acquit beaucoup de terres, mais ce n'était pas un actif disponible. A l'époque de sa mort, en 1798, il était endetté envers William Willcocks* qu'il n'avait pu rembourser par suite des dépenses occasionnées par son déménagement à York plus tôt dans l'année.

De meilleure souche et plus instruit que la plupart des Loyalistes qui immigrèrent au Canada, Christopher Robinson, cependant, n'obtint de l'avancement dans les charges publiques que grâce à ses relations avec Simcoe. Il semble avoir été toujours déçu de ne pas atteindre le niveau de vie qu'auraient justifié, selon lui, sa naissance, son instruction et ses loyaux services. L'un des rares Robinson de la Virginie qui ait soutenu la cause des Loyalistes, il fut rejeté par la plupart des membres de la famille.

Robinson mourut subitement le 2 novembre 1798, à son retour à York, après un long voyage à dos de cheval. On ne connaît pas avec certitude la cause de sa mort ; son fils John Beverley devait l'attribuer plus tard à une attaque aiguë de goutte aggravée par le froid et les intempéries auxquels il avait été exposé.

R. E. SAUNDERS

PAO, Robinson (sir John Beverley) papers, Memoranda, pp.43–46. — University of Toronto Library, Thomas Fisher Rare Book Library, MS coll. 163, Robinson family papers. — *Correspondence of Lieut. Governor Simcoe* (Cruikshank). — PAO *Report*, 1929–1931. — Julia Jarvis, *Three centuries of Robinsons : the story of a family* ([Toronto], 1967). — C. W. Robinson, *Life of Sir John Beverley Robinson, bart., C.B., D.C.L., chief-justice of Upper Canada* (Toronto, 1904).

RODRIGUE, ANTOINE, capitaine de navire, négociant et officier colonial, né le 17 décembre 1722 à Louisbourg, île Royale (île du Cap-Breton), fils de Jean-Baptiste Rodrigue* et d'Anne Le Borgne de Belle-Isle, décédé le 2 mai 1789 à Port-Louis, en France.

Antoine Rodrigue et deux de ses frères, un cadet, Pierre, et un aîné, Joseph-Baptiste, se virent accorder un brevet de majorité, par décision d'un tribunal, à l'époque du remariage de leur mère, en 1738. En 1742 – et probablement plus tôt – Antoine avait déjà commencé sa carrière sur mer. Son activité dans le domaine des affaires jusqu'au siège de Louisbourg de 1745 reste peu connue, mais, pendant cette période, il fut copropriétaire, avec Michel de Gannes* de Falaise, de la goélette *Salamandre* et il reçut sa part des 5 000# payées par le commissaire ordonnateur BIGOT pour l'acquisition par le roi du terrain et de la maison des Rodrigue, sur le quai du port de Louisbourg.

En mai 1749, Antoine s'associa à son frère aîné, Michel, et cette association fut reconduite en avril 1751. Entre autres clauses de cette entente, Antoine devait être employé, au salaire de 1 000# par année, à titre d'agent de la compagnie à Louisbourg, pendant que son frère résiderait à La Rochelle. En 1749, 1750 et 1751, Antoine fut capitaine à bord du *Grand St Esprit*, armé par Michel. En 1752, il était établi à Louisbourg où il s'était fait construire une maison au coin des rues Saint-Louis et Orléans. Un esclave noir, qui lui appartenait, fut baptisé à l'église de Louisbourg le 9 février 1754. Son activité commerciale consista d'abord à ravitailler la ville et la garnison, et à louer les navires de la compagnie aux fonctionnaires locaux. Fort d'une avance de 6 000# provenant des fonds de Jean LABORDE, agent des trésoriers généraux de la Marine, il obtint en 1752, avec Beaubassin, Silvain et Compagnie, un contrat de trois ans pour la fourniture des viandes ; mais, incapable de remplir ses obligations, Antoine dut se retirer de cette entreprise. En 1753, il fournit une partie du foin nécessaire au bétail destiné à l'abattoir, mais l'inondation d'une prairie, à Miré (Mira), l'empêcha de fournir suffisamment de fourrage, de sorte que 11 têtes de bétail périrent au cours de l'hiver.

Déjà dépendant jusqu'à un certain point du crédit local, Antoine s'enlisa davantage dans les dettes quand son frère de La Rochelle ne put honorer des lettres de change, pour un montant de plus de 10 000#, qu'Antoine avait tirées sur lui au cours de l'hiver de 1752–1753. Même si Antoine fit des arrangements pour payer, s'il s'endetta et vendit deux de ses chaloupes, il fut incapable de satisfaire ses créanciers, à la tête desquels se trouvaient Nicolas Hamelin, Daniel Augier, Pierre Boullot et Tanguay Merven, qui s'unirent pour poursuivre les deux frères en novembre 1753. Les affaires d'Antoine étaient dans un si triste état en 1754 que son serviteur dut engager des procédures pour toucher des arrérages de 620# sur ses appointements. Antoine et Michel se brouillèrent bientôt, Antoine affirmant que Michel lui devait 150 925# ; les deux frères portèrent leur querelle devant les tribunaux de La Rochelle, dans une série de poursuites judiciaires qui se terminèrent en 1777 seulement. Alors que toutes ces questions restaient en suspens, Antoine exploita, à Louisbourg, une mine de charbon avec Nicolas LARCHER, en vertu d'un contrat d'approvisionnement pour les casernes et la forteresse ; il dirigea aussi une entreprise de pêche à

Louisbourg, géra la ferme et la scierie de Larcher à Miré, et possédait au moins un bateau, les *Deux Sœurs*, de 55 tonneaux, qui fut détruit après avoir été réquisitionné pour servir de brûlot, lors du second siège de Louisbourg. Il n'est pas impossible qu'il ait aussi été capitaine de port de Louisbourg, peu avant la chute de la forteresse.

Après la prise de la forteresse, en 1758, Rodrigue fut envoyé en France sur le *Duke of Cumberland*, un transport britannique dont l'équipage était en partie formé de marins français destinés à être échangés comme prisonniers de guerre. Le capitaine britannique refusant de donner à ses marins français des rations suffisantes, Rodrigue leur acheta, à ses propres frais, de la nourriture acquise de ses compagnons de voyage. Ce geste, les pertes qu'il avait encourues pendant le siège et le témoignage en sa faveur de François-Gabriel d'ANGEAC et de Jacques-François Barbel, respectivement gouverneur et commissaire ordonnateur à Saint-Pierre et Miquelon, de même que ses connaissances de la mer, lui valurent le poste de capitaine de port de ces îles, en 1765. Rodrigue s'y était déjà rendu en 1763, avait obtenu la concession d'un poste de pêche et avait commencé à monter sa maison ; son fils aîné, Antoine, y avait aussi un poste de pêche. En 1767, Rodrigue et l'autre grand entrepreneur des îles, Jean-Baptiste DUPLEIX Silvain, affirmèrent avoir consacré à eux deux, et avec l'aide de leurs bailleurs de fonds français, 80 000# à leurs établissements ; mais le piètre rendement des pêches au cours des années 1760 fut cause du lent développement de leurs entreprises, si bien que, pendant un certain temps, ils songèrent à émigrer en Louisiane. En 1777, toutefois, Rodrigue employait 61 pêcheurs. Avec les autres colons, il fut chassé des îles après que les Britanniques s'en furent emparés en 1778, mais, six ans plus tard, quand ils furent autorisés à y retourner, Rodrigue possédait encore, selon un relevé, un brick, une goélette, sept chaloupes, une « demi-chaloupe », deux canots et deux warys. Il ne revint probablement jamais en Amérique du Nord, restant plutôt en France. Brisé, dit-on, par l'âge, la goutte et le chagrin que lui causèrent ses échecs commerciaux, il avait résigné ses fonctions de capitaine de port en 1778.

Antoine Rodrigue avait épousé Jeanne-Françoise Jacau, sœur de Louis-Thomas JACAU de Fiedmont, de Port-Dauphin, le 19 mai 1750. Ils eurent au moins neuf enfants. L'aîné, Antoine, occupa quelque temps le poste de garde-magasin du roi à Saint-Pierre et Miquelon en 1783, mais retourna à l'entreprise de son père, en association avec son frère Claude, qui fut son représentant aux îles, pendant qu'un autre frère, Michel, travaillait à Port-Louis. Bientôt, Antoine, fils, partit lui aussi pour Port-Louis. Il y épousa le 20 juin 1783 Marie-Josèphe Ramondine et ils eurent six enfants. Pendant la Révolution française, les deux frères affirmèrent être les représentants des habitants de Saint-Pierre et Miquelon, et tentèrent de persuader les autorités françaises de leur consentir un prêt de 200 000#, pour dix ans, en vue de l'approvisionnement de la colonie en vivres. Ils essuyèrent un refus et firent faillite en 1792. Antoine s'orienta alors vers le ministère de la Marine, atteignant le rang de sous-commissaire au Havre, en 1796. La fille d'Antoine, père, Jeanne-Françoise, devint, en 1775, la seconde épouse de Charles-Gabriel-Sébastien de L'ESPÉRANCE, gouverneur de Saint-Pierre et Miquelon.

J. F. BOSHER et T. J. A. LE GOFF

AD, Charente-Maritime (La Rochelle), B, 1460, 1797 ; Minutes Chameau (La Rochelle) ; Minutes Fredureaux-Dumas (La Rochelle) ; Morbihan (Vannes), E[s], 186, État civil, Port-Louis, 13 mai 1789. — AN, Col., B, 65–68 ; C[12], 2 ; 6 ; 12, ff.95–98v. ; E, 356 (dossier Rodrigue) ; Marine, C[2], 44, 62 ; C[7], 281 (dossier Rodrigue) ; Section Outre-mer, G[1], 408, 414, 467 ; G[2], 185, 201 ; G[3], 2 041–2 042, 2 044, 2 046–2 047. — *Calendrier des armateurs de La Rochelle*, 1748–1751. — J.-Y. Ribault, *Les îles Saint-Pierre et Miquelon des origines à 1814* (Saint-Pierre, 1962) ; La pêche et le commerce de la morue aux îles Saint-Pierre et Miquelon de 1763 à 1793, Congrès national des soc. savantes, Section d'hist. moderne et contemporaine, *Actes du quatre-vingt-onzième congrès, Rennes, 1966* (3 vol., Paris, 1969), I : 251–292 ; La population des îles Saint-Pierre et Miquelon de 1763 à 1793, *Revue française d'hist. d'outre-mer* (Paris), LIII (1966) : 5–66.

ROGERS, ROBERT (il est possible qu'au début de sa carrière il ait signé **Rodgers**), officier et auteur, né le 8 novembre 1731 à Methuen, Massachusetts, fils de James et de Mary Rogers ; il épousa, le 30 juin 1761, Elizabeth Browne à Portsmouth, New Hampshire ; décédé le 18 mai 1795 à Londres.

Alors que Robert Rogers était tout jeune, sa famille déménagea dans le district de Great Meadow, dans le New Hampshire (près de l'actuel Concord), de sorte qu'il grandit dans un établissement de pionniers où l'on était en contact constant avec les Indiens et exposé à des raids en temps de guerre. Il fréquenta des écoles de village et apprit quelque part à écrire un anglais direct et vigoureux, bien que mal orthographié. Encore jeune garçon, il fit du service – sans toutefois participer à l'action – dans la milice du New Hampshire, au cours de la guerre de la Succession d'Autriche. Il dit dans ses *Journals* que, de

1743 à 1755, ses « poursuites » (mot qu'il ne précise pas) le familiarisèrent tant avec les colonies britanniques que françaises. On note avec intérêt qu'il savait le français. Il fut mêlé à une bande de faux-monnayeurs en 1754 ; on l'accusa, mais l'affaire n'alla jamais devant les tribunaux.

En 1755, commença la carrière militaire proprement dite de Rogers. Il recruta des hommes en vue de la levée de troupes de la Nouvelle-Angleterre qui devaient servir sous les ordres de John Winslow. Cependant, quand on eut autorisé la formation d'un régiment du New Hampshire, il les y incorpora ; lui-même fut nommé capitaine dans ce corps d'armée et reçut le commandement d'une compagnie. Le régiment fut envoyé sur le Hudson supérieur et mis sous les ordres du major général William Johnson. On recommanda Rogers à Johnson comme étant un soldat doué pour les tâches d'éclaireur ; aussi mena-t-il, avec de petits groupes, une série d'expéditions de reconnaissance dans la région des forts français de Saint-Frédéric (près de Crown Point, New York) et de Carillon (Ticonderoga). Quand son régiment fut licencié, à l'automne, il resta de service, et, tout au cours du dur hiver de 1755–1756, il continua de diriger des opérations de reconnaissance. En mars 1756, William Shirley, commandant en chef par intérim, lui ordonna de lever une compagnie de *rangers* en vue d'effectuer des missions de reconnaissance et de renseignements dans la région du lac Champlain. Si Rogers n'inventa pas ce type d'unité (une compagnie de *rangers* servait en Nouvelle-Écosse dès 1744 sous les ordres de John Gorham*), il finit par être identifié particulièrement avec les *rangers* de l'armée. Trois autres compagnies de *rangers* furent formées en 1756, dont l'une était commandée par le frère de Rogers, Richard (qui mourut l'année suivante).

Robert Rogers s'attira de plus en plus de renommée par sa conduite audacieuse, bien qu'on puisse soutenir qu'il rapporta parfois de ses expéditions des renseignements de nature à induire en erreur. En janvier 1757, avec 80 hommes, il entreprit d'aller reconnaître, à travers la neige, les forts français du lac Champlain. Il y eut à cette occasion de violents combats, au cours desquels les pertes furent élevées de part et d'autre ; Rogers lui-même fut blessé. On lui avait alors confié l'autorité sur toutes les compagnies de *rangers*, et, cette même année, il écrivit pour l'armée ce qu'on pourrait appeler un manuel sur l'art de combattre dans les bois, qu'on trouve dans l'édition de ses *Journals*. En mars 1758, une autre expédition, en direction du fort Saint-Frédéric, faite sur l'ordre du colonel William Haviland, malgré les avis défavorables de Rogers, aboutit à un grave échec pour les *rangers*. La haute réputation dont Rogers jouissait auprès du commandement britannique n'en souffrit pas, cependant, et, le 6 avril 1758, le major général Abercromby, nouveau commandant en chef, lui donna une commission officielle de capitaine d'une compagnie de *rangers*, en même temps que de « major des *rangers* au service de Sa Majesté ». Cet été-là, Rogers, avec quatre compagnies de *rangers* et deux compagnies d'Indiens, participa à la campagne du lac George (lac Saint-Sacrement) et du lac Champlain, qui se termina par la désastreuse défaite d'Abercromby devant le fort Carillon. Un mois plus tard, le 8 août, Rogers, à la tête d'une troupe de quelque 700 hommes formée d'éléments divers, fit face, au cours d'une violente escarmouche, près du fort Ann, New York, à un parti inférieur en nombre, formé de Français et d'Indiens, sous les ordres de Joseph Marin de La Malgue, et l'obligea à battre en retraite.

Les doutes qu'entretenaient les Britanniques sur l'efficacité des *rangers* et les fréquents écarts de discipline de ces derniers amenèrent, cette même année, la mise sur pied du 80e d'infanterie (l'infanterie légère de Gage), une unité de l'armée régulière destinée à la guerre d'embuscades. Les *rangers* n'en étaient pas moins considérés comme essentiels, du moins pour le moment, et le major général Amherst, qui devint commandant en chef à la fin de 1758, était, autant que ses prédécesseurs, convaincu de l'excellence de Rogers pour ce qui était de commander des irréguliers. Six compagnies de *rangers* accompagnèrent Wolfe* à Québec, en 1759, et six autres, commandées par Rogers lui-même, faisaient partie de l'armée d'Amherst, qui avait emprunté la route du lac Champlain. En septembre, Amherst donna à Rogers l'ordre d'entreprendre une expédition qui le mènerait loin à l'intérieur du Canada, et dont l'objectif était la destruction du village abénaquis de Saint-François-de-Sales (Odanak). Même si les habitants avaient été avertis de son approche, Rogers entra par surprise dans le village et l'incendia. Il affirma avoir tué « au moins deux cents » Indiens, mais les rapports de source française donnent des chiffres beaucoup moins élevés. Sa troupe se retira en empruntant la rivière Connecticut, pourchassée de près et souffrant de la faim. Rogers lui-même, faisant preuve de détermination et d'une grande énergie, descendit la rivière sur un radeau jusqu'au premier établissement anglais, pour envoyer des provisions à ceux qui le suivaient, mourant de faim. L'expédition coûta la vie à environ 50 hommes, officiers et soldats. En 1760, Rogers et 600 *rangers* formaient l'avant-garde de l'armée de Haviland qui marcha sur le Canada en suivant la ligne du lac Champlain. Il était présent à la capitulation de Montréal.

Immédiatement après que les Français se furent rendus, Amherst ordonna à Rogers d'aller avec deux compagnies de *rangers* prendre possession des postes français de l'Ouest. Rogers quitta Montréal le 13 septembre, avec ses hommes, dans des baleinières. Passant par les postes en ruine où seraient plus tard érigées Kingston et Toronto (ce dernier endroit étant « propre à l'établissement d'un comptoir », selon ce qu'il rapporta à Amherst) et se rendant au fort Pitt (Pittsburgh, Pennsylvanie) pour y recevoir les ordres du général de brigade MONCKTON, qui commandait dans l'Ouest, il atteignit Détroit, le seul fort qui eût une importante garnison française, à la fin de novembre. Après s'en être emparé, aux dépens de François-Marie PICOTÉ de Belestre, il tenta de se rendre à Michillimakinac (Mackinaw City, Michigan) et au fort Saint-Joseph (Niles), où se trouvaient de petites troupes françaises, mais il en fut empêché par les glaces du lac Huron. Il affirmera plus tard, dans *A concise account of North America* (mais non pas dans le rapport qu'il rédigea peu après ces événements), que dans le cours de sa marche dans l'Ouest il rencontra Pondiac*, qui le reçut amicalement et l'« escorta » à Détroit.

A la fin des hostilités en Amérique du Nord, les compagnies de *rangers* furent licenciées. Rogers fut nommé capitaine d'une des compagnies indépendantes de réguliers qui avaient été longtemps stationnées en Caroline du Sud. Par la suite, il échangea cette nomination pour une semblable dans une compagnie indépendante à New York ; mais les compagnies de New York furent licenciées en 1763, et Rogers fut mis à la demi-solde. Quand éclata le soulèvement de Pondiac, il rallia les troupes sous les ordres du capitaine James Dalyell (Dalzell), aide de camp d'Amherst, qui étaient envoyées en renfort à la garnison assiégée de Détroit [V. Henry GLADWIN]. Rogers y combattit les Indiens pour la dernière fois, avec un courage et une adresse dignes de sa réputation, dans la sortie de Détroit le 31 juillet 1763.

En 1764, Rogers connut de sérieux problèmes financiers. Il avait, au moins temporairement, fait face à des difficultés pour obtenir le remboursement des sommes qu'il avait dépensées pour ses *rangers* ; et l'échec d'une entreprise de traite en association avec John Askin*, à l'époque du soulèvement de Pondiac, empira sa situation. Selon GAGE, il perdit aussi de l'argent au jeu. En 1764, il fut arrêté pour dettes à New York, mais il s'échappa bientôt après.

Rogers se rendit en Angleterre en 1765, avec l'espoir d'obtenir de l'aide pour l'exploration et l'expansion en direction de l'Ouest. Il présenta une requête pour obtenir l'autorisation de mettre sur pied une entreprise de recherche d'un passage du Nord-Ouest par l'intérieur des terres. Cette dernière idée lui avait peut-être été mise en tête par le gouverneur Arthur Dobbs, de la Caroline du Nord. Pour lui permettre de poursuivre ce projet, il demanda d'être nommé commandant de Michillimakinac, et, en octobre 1765, Gage, qui commandait alors en Amérique, reçut instructions d'avoir à lui donner ce poste. Rogers devait aussi recevoir une commission de capitaine dans les Royal Americans, qu'il paraît n'avoir jamais eue.

Pendant son séjour à Londres, Rogers publia au moins deux livres. L'un fut ses *Journals*, un récit de ses campagnes qui reproduit un bon nombre de ses rapports et les ordres qu'il reçut, et qui est une contribution valable à l'histoire de la guerre de Sept Ans en Amérique du Nord. L'autre, *A concise account of North America*, est une sorte de géographie historique du continent, brève et vivante, qui doit beaucoup aux connaissances particulièrement étendues, et de première main, de Rogers. Ces deux ouvrages sont clairs et vigoureux, productions plutôt extraordinaires, au demeurant, pour un auteur de son niveau d'instruction. Sans doute obtint-il beaucoup d'aide, sur le plan éditorial, de son secrétaire, Nathaniel Potter, un diplômé du College of New Jersey (Princeton University), qu'il avait rencontré peu avant de quitter l'Amérique pour l'Angleterre ; l'image que donna de Rogers sir William Johnson, en 1767, en le décrivant comme « un homme très illettré », était probablement, et au mieux, une malicieuse exagération. Les deux livres de Rogers furent bien accueillis par les critiques de Londres. Un accueil moins amical attendait *Ponteach ; or the savages of America : a tragedy*, pièce en vers blancs publiée quelques mois plus tard. Anonyme, cette œuvre semble avoir été généralement attribuée à Rogers. John R. Cuneo a suggéré, d'une façon plausible, que les scènes d'ouverture, dépeignant des trafiquants et des chasseurs blancs en train de dépouiller des Indiens, pourraient bien être un reflet de l'influence de Rogers, cependant qu'il est difficile de le relier à la tragédie artificielle et ampoulée qui leur fait suite. Sans doute, pour reprendre les mots de Francis Parkman, il « eut quelque part » à la composition de la pièce. La *Monthly Review : or, Literary Journal* qualifie brutalement *Ponteach* d'« une des plus absurdes productions de ce genre que nous ayons vues » et dit du « réputé auteur » que, « en se faisant barde et en écrivant une tragédie, il fait tout juste aussi bonne figure qu'un rimailleur de Grubstreet qu'on mettrait à la tête de la troupe de *rangers* nord-américains de notre auteur ». On ne semble pas avoir tenté de jouer cette pièce au théâtre.

Sa mission à Londres ayant obtenu, dans l'ensemble, un succès remarquable, Rogers rentra en Amérique du Nord au commencement de 1766. Sa femme et lui arrivèrent à Michillimakinac en août, et il ne perdit pas de temps avant de faire partir deux groupes d'explorateurs, sous les ordres de Jonathan Carver et de James Tute, ce dernier ayant l'ordre précis de chercher le passage du Nord-Ouest. Rien de notable ne sortit de leurs tentatives.

Johnson, qui était devenu surintendant des Affaires des Indiens du Nord, et Gage, tout autant, détestaient manifestement Rogers, à qui ils ne faisaient pas confiance ; Gage, on n'en peut douter, lui en voulait d'avoir eu recours aux autorités de Londres par-dessus sa tête. En apprenant la nomination de Rogers, Gage écrivait à Johnson : « Il est sauvage, vain, de peu d'entendement, et aussi de peu de principes ; mais en même temps, il a une part de roublardise, n'a aucune modestie ou véracité, et pas de scrupules [...] Il mérite qu'on reconnaisse en quelque manière sa bravoure et sa promptitude au service, et si on l'avait placé sur la liste de paie régulière, pour lui donner un revenu qui lui permît de vivre, on aurait bien fait. Mais il n'est pas propre à cet emploi, et de plus il ne parle aucune langue indienne. Il a fait beaucoup d'argent pendant la guerre, qui a été dissipé à satisfaire sa vanité et à jouer, et il est endetté de quelques milliers de livres ici [à New York]. » Presque aussitôt, Gage reçut une lettre qu'on avait interceptée et qu'on pouvait interpréter comme une indication que Rogers était peut-être en train de comploter avec les Français. Rogers était ambitieux, certainement, et il est clair qu'il désirait se tailler une sorte de fief semi-indépendant dans l'Ouest. En 1767, il jeta sur le papier un plan selon lequel Michillimakinac et les territoires qui en dépendaient devraient être érigés en « gouvernement civil », avec gouverneur, lieutenant-gouverneur et un conseil de 12 membres choisis parmi les principaux marchands qui trafiquaient dans la région. Le gouverneur et le conseil relèveraient, en toutes matières civiles et indiennes, directement du roi et du Conseil privé d'Angleterre. Ce plan fut envoyé à Londres, et Rogers adressa au Board of Trade une requête par laquelle il demandait le poste de gouverneur. Un tel projet était bien fait pour échauffer davantage encore l'hostilité de Gage et de Johnson et il n'aboutit point. Rogers se querella avec son secrétaire, Potter, et celui-ci fit rapport que son ancien patron songeait à passer du côté des Français si ses plans pour un gouvernement séparé n'étaient pas approuvés. Fort d'un écrit sous serment de Potter à ce sujet, Gage ordonna que Rogers fût arrêté et accusé de haute trahison, ce qui fut fait en décembre 1767 ; au printemps, Rogers fut ramené dans l'Est, les fers aux pieds. En octobre 1768, il subit son procès devant un conseil de guerre, à Montréal, sous les accusations d'avoir formé le « dessein [...] de passer aux Français [...] et d'exciter les Indiens contre Sa Majesté et son gouvernement » ; d'« avoir entretenu une correspondance avec les ennemis de Sa Majesté » ; et d'avoir désobéi aux ordres en dépensant de l'argent dans « des intrigues et des projets coûteux » et parmi les Indiens. Bien que ces accusations eussent été appuyées par Benjamin ROBERTS, l'ancien commissaire du département des Affaires indiennes à Michillimakinac, Rogers fut acquitté. Il paraît vraisemblable qu'il n'ait été coupable d'aucun crime plus grave que d'avoir tenu des propos peu sérieux. Le roi approuva le verdict l'année suivante, mais en notant qu'il y avait eu « de bonnes raisons de soupçonner [...] une correspondance inconvenante et dangereuse ». Rogers ne fut pas remis en poste à Michillimakinac. Cet été-là (1769), il alla en Angleterre, cherchant à y obtenir réparation et à se faire rembourser diverses sommes qu'il affirmait lui être dues. Il n'obtint guère satisfaction et passa plusieurs périodes en prison pour dettes – la plus longue, de 1772 à 1774. Il poursuivit Gage pour l'avoir emprisonné à tort, entre autres préjudices ; plus tard, la poursuite fut retirée, et Rogers obtint la demi-solde de major. Il rentra en Amérique en 1775.

La guerre de la Révolution américaine faisait alors rage. Rogers, qui n'entendait rien à la politique, aurait pu combattre d'un côté ou de l'autre, mais pour lui la neutralité était impensable. Sa commission britannique lui attira la suspicion des rebelles. Il fut arrêté à Philadelphie, puis relâché sur sa promesse qu'il ne servirait pas contre les colonies. En 1776, il sollicita une commission du Congrès continental, mais le général George Washington, qui ne lui faisait pas confiance, l'emprisonna. Il s'échappa et offrit ses services au quartier général britannique à New York. En août, on le désigna pour lever et commander, avec le grade de lieutenant-colonel commandant, un bataillon qui paraît avoir été connu à ce moment comme le Queen's American Rangers. Le 21 octobre, cette unité sans expérience fut attaquée par les Américains près de Mamaroneck, New York. Un poste avancé de *rangers* fut débordé, mais le gros de la troupe de Rogers tint ferme, et l'ennemi dut se retirer. Au début de 1777, un inspecteur général, nommé pour faire rapport sur les unités loyalistes, trouva celle de Rogers dans une piètre condition, et celui-ci fut mis à la retraite avec demi-solde. Les Queen's Rangers, nom sous lequel cette unité finit par être connue, se conduisirent plus tard avec distinction sous les commandants de l'armée régulière, en particulier sous John Graves Simcoe*.

La carrière militaire de Rogers n'était pas encore terminée. A son retour d'une visite en Angleterre, en 1779, il reçut une commission du général sir Henry Clinton – qui y fut peut-être encouragé par Londres – pour la levée d'une unité formée de deux bataillons, à recruter dans les colonies américaines, mais à organiser au Canada, et connue sous le nom des King's Rangers. Les cadres du régiment ne furent jamais complétés, et il ne combattit jamais non plus. La lourde tâche du recrutement tomba en grande partie sur les épaules du frère de Rogers, James, également officier des *rangers* de la guerre de Sept Ans. Robert, devenu ivrogne et inefficace, n'était pas au-dessus de tout mensonge au sujet du nombre des hommes recrutés. Le gouverneur HALDIMAND écrivit, à son sujet : « il est une disgrâce pour le service et, à la fois, est incapable de faire en sorte qu'on lui fasse confiance ». Rogers était à Québec en 1779–1780. A la fin de 1780, faisant route vers New York sur un navire, il tomba aux mains d'un corsaire américain et fit un long séjour en prison. En 1782, il était de retour à l'arrière des lignes britanniques. A la fin de la guerre, il partit pour l'Angleterre, quittant peut-être New York avec l'armée britannique lors de l'évacuation finale de 1783.

Ses dernières années, Rogers les vécut en Angleterre, dans les dettes, la pauvreté et l'ivrognerie. Une partie de son temps se passa de nouveau en prison pour dettes. Il vivait de sa demi-solde, qui parfois était en partie réservée à des créanciers. Il mourut à Londres, « dans ses appartements du Borough [Southwark] », manifestement intestat ; des lettres pour l'administration de sa succession, évaluée à £100 seulement, furent accordées à John Walker, qu'on dit être son logeur. Sa femme avait obtenu le divorce par une loi de la législature du New Hampshire en 1778 ; elle avait affirmé que, lorsqu'elle le vit pour la dernière fois, une couple d'années auparavant, « il était dans une situation telle que, de même que sa tranquillité et sa sécurité la forcèrent *alors* à l'éviter et à fuir, de même la décence *maintenant* lui interdisait d'en dire plus sur un sujet si inconvenant ». Leur seul enfant, un garçon nommé Arthur, resta avec sa mère.

Cette extraordinaire carrière qui finissait ainsi, dans une sordide obscurité, avait atteint son sommet pendant la guerre de Sept Ans, avant que Rogers eût 30 ans. La légende américaine a quelque peu grossi ses exploits, car il a souvent connu des échecs aussi bien que des succès dans ses combats contre les Français et leurs alliés indiens dans la région du lac Champlain. Mais c'était un homme d'une grande énergie et d'un grand courage (et, on doit le dire, d'une grande cruauté), qui avait une sorte de génie pour la guerre d'embuscades. Aucun autre homme de la « frontière », dans les colonies américaines, ne réussit aussi bien à faire face aux formidables francs-tireurs de la Nouvelle-France. Que cet homme fût aussi l'auteur de livres à succès laisse entrevoir chez lui une combinaison tout à fait inhabituelle de qualités. Sa personnalité reste énigmatique. Une grande partie des faits cités contre lui viennent de ceux qui le détestaient ; mais il est assez évident que son caractère moral était loin d'être au niveau de ses aptitudes. L'eût-il été, cet homme aurait figuré comme l'un des Américains les plus remarquables d'une génération remarquable.

C. P. STACEY

Les ouvrages de Robert Rogers ont tous été réimprimés : les *Journals of Major Robert Rogers* [...] (Londres, 1765) l'ont été dans une édition de F. B. Hough (Albany, N.Y., 1883) avec en appendice les documents relatifs aux dernières années de la carrière de Rogers, dans une réimpression avec une introduction de H. H. Peckham (New York, [1961]), et en fac-similé (Ann Arbor, Mich., [1966]). Son ouvrage *A concise account of North America* [...] (Londres, 1765) a été réimprimé (East Ardsley, Angl., et New York, 1966) de même que la pièce de théâtre qu'on lui a attribuée, *Ponteach ; or, the savages of America : a tragedy* (Londres, 1766) ; celle-ci d'abord avec une introduction et une biographie de Rogers par Allan Nevins (Chicago, 1914) et ensuite dans *Representative plays by American dramatists*, édité par M. J. Moses (3 vol., New York, 1918–[1925]), I : 115–208. Une partie de cette pièce a paru dans l'ouvrage de Francis Parkman, *The conspiracy of Pontiac and the Indian war after the conquest of Canada* (2 vol., Boston, 1910), app.B.

Les manuscrits ou les copies de manuscrits concernant Rogers sont déposés aux APC, MG 18, L4, 2, pkt. 7 : MG 23, K3 : à la Clements Library. Thomas Gage papers, American series ; Rogers papers, et au PRO, Prob. 6/171, f.160 ; TS 11/387, 11/1069/4957.

Les ouvrages suivants contiennent des écrits de Rogers ou des écrits s'y rapportant : *The documentary history of the state of New-York* [...], E. B. O'Callaghan, édit. (4 vol., Albany, 1849–1851), IV ; *Gentleman's Magazine*, 1765, 584s. ; *Johnson papers* (Sullivan *et al.*) ; « Journal of Robert Rogers the ranger on his expedition for receiving the capitulation of western French posts », V. H. Paltsits, édit., New York Public Library, *Bull.*, 37 (1933) : 261–276 ; *London Magazine, or Gentleman's Monthly Intelligencer*, XXXIV (1765) : 630–632, 676–678 ; XXXV (1766) : 22–24 ; *Military affairs in North America, 1748–65* (Pargellis) ; *Monthly*

Review : or, Literary Journal (Londres), XXXIV (1766), 1re partie : 9–22, 79s., 242 ; *NYCD* (O'Callaghan et Fernow), VII ; VIII ; X ; « Rogers's Michillimackinac journal », W. L. Clements, édit., American Antiquarian Soc., *Proc.* (Worcester, Mass.), nouv. sér., 28 (1918) : 224–273 ; *Times* (Londres), 22 mai 1795 ; *Treason ? at Michilimackinac : the proceedings of a general court martial held at Montreal in October 1768 for the trial of Major Robert Rogers*, D. A. Armour, édit. (Mackinac Island, Mich., 1967).

K. L. Roberts, auteur d'un populaire roman historique intitulé *Northwest passage* (Garden City, N.Y., 1937 ; nouv. éd., 2 vol., 1937), serait en bonne partie responsable du grand culte que les Américains de la dernière génération ont voué à Rogers. On peut trouver des biographies de Rogers dans le *DAB* et le *DNB*. Le livre de J. R. Cuneo, *Robert Rogers of the rangers* (New York, 1959), constitue une excellente étude biographique qui s'appuie sur un large éventail de sources souffrant toutefois d'un manque de documentation précise sur Rogers. V. aussi : Luca Codignola, *Guerra e guerriglia nell'america coloniale : Robert Rogers e la guerra dei sette anni, 1754–1760* (Venise, 1977), qui contient une traduction en italien des *Journals* de Rogers ; H. M. Jackson, *Rogers' rangers, a history* ([Ottawa], 1953) ; Pargellis, *Lord Loudoun*, et « The four independent companies of New York », *Essays in colonial history presented to Charles McLean Andrews by his students* (New Haven, Conn., et Londres, 1931 ; réimpr., Freeport, N.Y., 1966), 96–123 ; J. R. Cuneo, « The early days of the Queen's Rangers, August 1776–February 1777 », *Military Affairs* (Washington), XXII (1958) : 65–74 ; Walter Rogers, « Rogers, ranger and loyalist », SRC *Mémoires*, 2e sér., VI (1900), sect. II : 49–59. [C. P. S.]

ROSS, JOHN, officier ; il est possible qu'il ait épousé la sœur de John McDonell* (1750–1809) ; *circa* 1762–1789.

John Ross fut nommé lieutenant dans le 34e d'infanterie le 31 juillet 1762. Après avoir participé à l'attaque contre les Espagnols à La Havane en 1762, le régiment servit dans l'ouest de la Floride de 1764 à 1768 et en Irlande en 1769. En décembre 1764, Ross avait été envoyé de la Louisiane au fort de Chartres (près de Prairie du Rocher), dans le pays des Illinois, où il fut accueilli par Louis GROSTON de Saint-Ange et de Bellerive, le commandant français. Premier officier anglais à se rendre dans cette région depuis la fin de la guerre avec la France, Ross avait pour mission de chercher à faire la paix avec les Indiens de l'endroit, mais ceux-ci s'opposèrent à ce que leurs terres fussent occupées par les Britanniques. Au bout de quelques mois, il retourna à La Nouvelle-Orléans. Au cours de cette expédition, il traça une carte de la route remontant le Mississippi jusqu'au fort de Chartres ; cette carte fut publiée plus tard dans *The American atlas* de Thomas Jefferys (Londres, 1778).

Ross fut promu capitaine dans le 34e régiment le 14 mars 1772. En 1776, le régiment fit partie de l'armée envoyée au Canada afin d'y repousser les Américains qui avaient envahi le pays, mais on ne sait trop quelles furent les premières activités militaires de Ross au pays. Toutefois, considéré en juillet 1780 comme un « officier aguerri et de grande réputation », il accéda au grade provisoire de major et il fut chargé de recruter, à Lachine, un deuxième bataillon du King's Royal Regiment de New York ; avec ses hommes, il eut pour tâche d'effectuer des travaux de construction à Coteau-du-Lac, à l'ouest de Montréal. En septembre, le gouverneur HALDIMAND prit des dispositions pour que Ross et le deuxième bataillon occupent l'île de Carleton (près de Cape Vincent, New York) afin de maintenir la liaison qui s'avérait indispensable entre Montréal et les postes situés à l'ouest. C'est le 30 novembre 1780 que Ross arriva sur place avec 100 hommes, car Haldimand avait appris que les Américains projetaient de s'emparer de l'île aussitôt que la glace allait permettre de franchir le fleuve. « Ingénieux et entreprenant », il s'occupa à fortifier l'île, profitant de ce que l'hiver était plus doux que de coutume. A l'ouverture de la navigation, le 2 avril 1781, il fit parvenir des vivres aux postes situés plus à l'ouest.

En octobre 1781, à la tête d'une troupe réunissant des hommes de sa garnison, des soldats du fort Niagara (près de Youngstown, New York) et quelques Indiens, Ross mena un raid sur la vallée de la rivière Mohawk. Passant par Oswego, New York, et par le lac Oneida, il fut gêné par le mauvais temps et l'aide insuffisante des Indiens. A Johnstown, New York, la troupe l'emporta sur une unité de miliciens américains mieux armés et supérieurs en nombre. Ross fut néanmoins forcé de battre en retraite avant la fin de la campagne. Pendant que la troupe se repliait en bon ordre sur l'île de Carleton, le commandant du détachement de *rangers*, Walter BUTLER, fut tué. Durant l'hiver, Ross fit construire le fort Haldimand afin de protéger les ports jumeaux de l'île. En février 1782, il reçut de Haldimand la mission d'occuper Oswego lorsque la navigation serait ouverte et il alla s'y installer le 15 avril. Ayant sous ses ordres environ 500 hommes venus de l'île de Carleton et du fort Niagara, il gagna l'admiration de Haldimand par la célérité avec laquelle il fortifia son nouveau poste. Il fut promu major dans l'armée, à titre permanent, le 12 juin 1782.

En juillet 1783, Ross fut envoyé à Cataracoui (Kingston, Ontario) où il devait s'occuper de l'installation des réfugiés loyalistes. Hivernant à cet endroit avec un groupe de l'avant-garde du King's Royal Regiment de New York, il édifia des casernes parmi les ruines de l'ancien fort Frontenac et il construisit des moulins et des scieries. Il recommanda d'acheter des terres des Indiens mississagués de la région et de bâtir un fort non loin de là, à Point Henry ; enfin il mit sur pied un chantier naval à Point Frederick.

Après l'arrivée du principal groupe des Loyalistes à Cataracoui en 1784 et le licenciement du King's Royal Regiment de New York, Ross s'occupa de la répartition des vivres, des fournitures et des terrains, et il construisit une scierie à l'endroit où se trouve actuellement Millhaven. Officier de l'armée en charge de la colonisation, Ross trouvait qu'il ne disposait pas des pouvoirs judiciaires nécessaires pour régler les problèmes d'ordre civil. Il fit état des nombreuses disputes qui éclataient « entre maître et serviteurs » et avoua qu'il ne se sentait pas en mesure d'empêcher l'imposition de peines sévères. En réponse à ses plaintes, le gouvernement le nomma magistrat en juillet 1784, en même temps que Neil McLean. Ross fut le principal artisan du succès de l'établissement des Loyalistes à Cataracoui. C'est lui plutôt que Michael Grass, capitaine de ce groupe, qui devrait être appelé le « fondateur de Kingston ».

En octobre 1784, Ross demanda l'autorisation de retourner en Angleterre afin de prendre soin de son père qui était vieux et infirme ; s'étant embarqué à Québec, il parvint à Londres le 23 avril 1785. Il fut promu major dans le 34e d'infanterie, le 20 mai. L'année suivante, à son retour au Canada, il fut traduit en justice par son commandant en second à Cataracoui, le lieutenant William Tinling, qu'il avait lui-même accusé d'avoir tenté de nuire à sa réputation. Innocenté, Ross obtint le commandement du 34e d'infanterie à Montréal, en août 1786. Le régiment regagna l'Angleterre en 1787.

John Ross quitta l'armée le 17 février 1789 et vendit sa commission d'officier. On ne possède pas de renseignements sur ses dernières années, son décès et sa postérité.

Richard A. Preston

BL, Add. mss 21 786. — PRO, CO 42/18, pp.148–151 (copies aux APC). — *Kingston before War of 1812* (Preston), xli–xlvii, lii–lv, 21–46, 69–71. — *Orderly book of Sir John Johnson during the Oriskany campaign, 1776–1777* [...], W. L. Stone, édit. (Albany, N.Y., 1882), 56. — *Scots Magazine* (Édimbourg), 1789, 155. — *The settlement of the United Empire Loyalists on the upper St Lawrence and Bay of Quinte in 1784, a documentary record*, E. A. Cruikshank, édit. (Toronto, 1934 ; réimpr., 1966). — G.-B., WO, *Army list*, 1788, 110. — William Canniff, *The medical profession in Upper Canada, 1783–1850 ; an historical narrative with original documents relating to the profession, with some brief biographies* (Toronto, 1894), 457. — Richard Cannon, *Historical record of the 34th or Cumberland Regiment of Foot* (Londres, 1844), 34–37. — Graymont, *Iroquois*, 247s. — J. R. Simms, *Trappers of New York ; or a biography of Nicholas Stoner and Nathaniel Foster ; together with anecdotes of other celebrated hunters, and some account of Sir William Johnson, and his style of living* (Albany, 1871), 94s. — E. A. Cruikshank, The King's Royal Regiment of New York, *OH*, XXVII (1931) : 231, 234s., 241s., 253, 266, 271–280, 293–318.

ROSS, MALCHOM (Malcolm, Malcholm), trafiquant de fourrures, né vers 1754 dans les Orcades (Royaume-Uni), probablement à South Ronaldsay, décédé à l'automne de 1799.

Malchom Ross s'engagea pour la première fois au service de la Hudson's Bay Company, en 1774, comme manœuvre à York Factory (Manitoba), au salaire annuel de £6. Moins de deux ans plus tard, il était en service à l'intérieur des terres, sous les ordres de William Tomison* et de Robert Longmoor*, à Cumberland House (Saskatchewan), poste dépendant d'York, et au delà. Le 5 octobre 1776, Ross se joignait à Longmoor pour remonter la rivière Saskatchewan à partir de Cumberland House ; de retour en février 1777, ils « rapport[aient] quatre traîneaux chargés de fourrures, tirés par des chiens », après 40 jours d'un voyage difficile à partir de « là où les Indiens qu'ils laissèrent (principalement des Assinnee Pœtuck [Assiniboines]) pilonnent les buffles [c'est-à-dire, en broient la viande pour en faire du pemmican] ». Quant à ses autres voyages, il en fit en été, alors qu'il portait des fourrures à York Factory, et il participa, en janvier et en mai 1778, à des expéditions dont l'objectif était de détourner les Indiens de l'intérieur de la traite avec les trafiquants de Montréal (rattachés à une compagnie de Montréal).

En 1778, Ross était reconnu comme « un excellent employé et un bon homme de canot, qui le cède à peine à quelque Indien que ce soit pour franchir une chute, etc. ». L'année suivante, Longmoor le laissa à Upper Hudson House (près de Wandsworth, Saskatchewan) pour qu'il en prît la direction. Longmoor écrivit : « c'est le meilleur homme en qui je peux mettre ma confiance ». La compagnie, qui avait souvent des problèmes de travail avec ses employés originaires des Orcades, appréciait le rendement de Ross. Bien qu'il fût encore classé comme manœuvre, elle porta son salaire à £15 par année en 1779 et, à partir de 1782, accorda à cet « homme de canot par excellence, très aimé des Indiens », un salaire annuel de £20.

Ross se trouvait à l'intérieur des terres quand

le comte de Lapérouse [Galaup] s'empara d'York et du fort Prince of Wales (Churchill, Manitoba) en 1782, évitant ainsi d'être fait prisonnier avec d'autres employés de la compagnie, dont, par exemple, Humphrey Marten, Samuel Hearne et Edward Umfreville. Il continua à servir la compagnie et, pendant les années 1780, assuma des fonctions comportant des responsabilités accrues. En plus de travailler comme faiseur de canots, chasseur et trafiquant, voire comme tailleur, à Lower Hudson House (près de Wandsworth, Saskatchewan) et à Cumberland House, il fut appelé à assumer temporairement les fonctions de chef de poste à Lower Hudson House en avril 1780 et à Cumberland House à l'été de 1783. En 1788, il était décrit comme « chef de poste occasionnel à l'un et l'autre endroit », et, pendant la saison de traite de 1790–1791, de chef de poste temporaire, étant « en tout point qualifié [...] impossible d'être meilleur ».

Entre 1790 et 1792, Ross fut un partenaire estimé de Philip Turnor et de Peter Fidler* au cours de leur voyage dans la région de l'Athabasca ; dans les livres de la compagnie, on l'avait inscrit comme « responsable des marchandises dans l'expédition vers le nord », au salaire annuel de £40. Ross avait emmené, en ces voyages, « sa femme et 2 enfants », écrivit Fidler, qui ajoutait qu' « une Indienne dans un poste est particulièrement utile quand il s'agit de faire des chaussures, des lanières, de tresser les raquettes, de nettoyer et de tendre les peaux de castor, etc., diverses techniques inconnues des Européens ».

Le voyage dans la région de l'Athabasca révéla au comité de Londres de riches possibilités en terme de fourrures. En mai 1793, le comité demanda à Ross, qui venait de passer « un pauvre hiver, bien coûteux » en haut de Cumberland House à intercepter les groupes d'Indiens portant leurs fourrures aux trafiquants montréalais rivaux, d'organiser une expédition vers l'Athabasca et d'y établir un poste de traite. Le projet n'obtint pas l'appui de William Tomison, alors agent principal, et l'expédition, embarrassée dans des problèmes logistiques, fut remise à plus tard. Au cours de la saison de 1794–1795, Ross choisit d'hiverner au lac Reed (Manitoba), au nord-est de Cumberland House ; il passa la saison suivante à Fairford House (près du lac Iskouatam, Saskatchewan), au nord-ouest. Le problème périodique des rivalités, au sein de la compagnie, au sujet du commerce des fourrures à l'intérieur des terres fut mis en lumière par ses activités dont se plaignit Thomas Stayner, chef d'York, qui avait envoyé des hommes dans la même région. En 1796–1797, Ross, en dépit de la lassitude qu'il éprouvait à changer fréquemment de quartiers d'hiver, fut amené par les circonstances à construire Bedford House, au lac Reindeer, à plus de 100 milles au nord de Fairford House. Les provisions prévues pour l'hiver baissèrent, compte tenu des « 15 Anglais [qu'ils étaient] et [des] deux femmes et [des] 3 enfants » ; en outre, les Indiens se montraient difficiles. Les choses empirèrent en avril quand le trafiquant montréalais Alexander Fraser* arriva pour faire la traite dans les environs et que l'adjoint de Ross, David Thompson*, déserta pour passer au « service des trafiquants de Montréal ».

Ross fit un voyage en Angleterre en 1798 et rencontra, le 28 novembre, le comité de Londres, lequel avait décidé, après bien des discussions, d'ouvrir la région de l'Athabasca à partir du fort Churchill (construit, en 1783, sur l'emplacement du fort Prince of Wales) plutôt que de York Factory. Ayant ordonné que York s'abstienne de toute concurrence dans cette région, le comité retint « pour trois ans à £80 par année » les services de Ross, qui voyagerait à partir du fort Churchill pour établir la traite dans la région de la rivière Athabasca. A l'été de 1799, Ross se rendit au conseil de la compagnie au fort Churchill. Le 6 septembre, il fit son testament dont les principaux bénéficiaires étaient un de ses frères, Charles, et un fils naturel, George, qui fut proposé comme apprenti à York, en 1801. Peu après cette formalité, il partit pour la région de l'Athabasca. Le 17 octobre, des Indiens firent savoir au fort Churchill que l'expédition dont on attendait tellement avait été arrêtée à 150 milles environ, en remontant la rivière, après que Ross, tombé de son canot, se fut noyé dans les rapides.

Ross fut l'un des plus estimés et des mieux récompensés parmi les nombreux employés de la compagnie originaires des Orcades. L'action combinée de son esprit d'entreprise, de sa facilité à assimiler les pratiques en usage à l'intérieur des terres, de sa loyauté et d'une modeste instruction l'éleva du rang de manœuvre à celui de fonctionnaire et lui permit de rendre de remarquables services à ses employeurs, en des temps difficiles. On regretta beaucoup la perte prématurée de son « expérience bien connue ».

Jennifer S. H. Brown

HBC Arch., A.1/47, ff.120, 122 ; A.6/13, f.41 ; A.6/16, ff.55–56, 127, 129 ; A.11/116, f.43 ; A.30/1, ff.22, 80 ; A.30/2, ff.32, 52, 72 ; A.30/3, f.38 ; A.30/4, ff.14, 45, 72 ; A.30/5, ff.16, 42 ; A.32/1, f.92 ; B.14/a/1, ff.21, 29, 33 ; B.24/a/1, f.32 ; B.42/b/42, pp.8, 15 ; B.42/b/44, ff.67, 74 ; B.49/a/19, ff.28, 40 ; B.239/b/56, ff.25–25d. — PRO, Prob. 11/1370, testament de Malchom Ross, homologué le 12 févr. 1802. — St John's Anglican Cathedral (Winnipeg), Red River register of baptisms, I, nº 400. —

HBRS, XIV (Rich et Johnson) ; XV (Rich et Johnson) ; XXVI (Johnson). — *Journals of Hearne and Turnor* (Tyrrell).

ROUBAUD, PIERRE-JOSEPH-ANTOINE, prêtre, jésuite, missionnaire, né à Avignon, France, le 28 mai 1724, fils de Pierre-Pascal Roubaud et de Marguerite Tressol, décédé à Paris, sans doute après 1789.

Fils aîné d'une famille pauvre et nombreuse, Pierre-Joseph-Antoine Roubaud entra au collège des jésuites d'Avignon à l'âge de 13 ans. Ses supérieurs notèrent chez lui un sérieux manque de prudence et de jugement, mais ils l'admirent néanmoins au noviciat en septembre 1739 car il démontrait une grande aptitude pour le professorat. Aussi enseigna-t-il pendant sept ans dans différents collèges avant de s'embarquer pour le Canada au printemps de 1756.

Roubaud fut assigné à la mission Saint-François-de-Sales (Odanak) et, malgré une santé délicate, il accompagna dès l'été les Abénaquis dans les nombreuses expéditions militaires de la guerre de Sept Ans. Après la destruction du village de Saint-François-de-Sales par les soldats du major Robert ROGERS, le 4 octobre 1759, le missionnaire se retira à Montréal et y passa l'hiver. Le 23 mars suivant, dans l'église paroissiale de cette ville, il prononça un sermon dans lequel il accusait les troupes françaises de mœurs dissolues et les tenait responsables de la défaite de Québec. Piqués au vif, les officiers voulurent lui faire un mauvais parti ; Roubaud dut se cacher dans le couvent de sa communauté puis s'enfuir à Sault-Saint-Louis (Caughnawaga, Québec).

En 1760, à l'approche des troupes britanniques, le gouverneur Vaudreuil [RIGAUD] lui demanda d'amener, près de Montréal, ses Abénaquis réfugiés à Saint-Régis. Le jésuite ne put s'exécuter car ceux-ci, craignant des représailles de la part des Britanniques, s'enfuirent à la mission du Lac-des-Deux-Montagnes (Oka). Devenu suspect aux yeux des autorités françaises, Roubaud profita de la capitulation de la ville pour informer AMHERST qu'il était disposé à le renseigner sur le Canada et à prêter le serment de fidélité à Sa Majesté britannique. Un mois plus tard, son supérieur, le père Jean-Baptiste de Saint-Pé*, le somma de quitter la mission Saint-François-de-Sales où il était revenu, et de se rendre incessamment à l'une des résidences jésuites. Roubaud s'en plaignit au gouverneur de Trois-Rivières, Ralph Burton*, qui s'opposa à tout déplacement du missionnaire. Plusieurs historiens ont affirmé qu'une affaire de mœurs était à l'origine de ce rappel, mais il semble plutôt qu'on cherchait à l'éloigner des Abénaquis à cause de son changement d'allégeance.

En octobre 1762, Roubaud, malade, se rendit à Québec et passa l'hiver chez les jésuites qui lui reprochèrent sa conduite et ses relations avec les Anglais, ce qui ne l'empêcha pas de devenir l'intime de MURRAY et d'aller vivre chez lui à l'été. Tout en le renseignant sur le pays, Roubaud distrayait le gouverneur par ses talents de causeur et de poète mais il l'effraya lorsqu'il voulut déclarer publiquement son attachement à la religion protestante. A l'été de 1764, Murray l'envoya en Angleterre renseigner les autorités gouvernementales sur leur nouvelle colonie. Les jésuites, croyant que Roubaud allait se retirer dans un couvent européen, payèrent les frais de son voyage et s'engagèrent à lui verser dix guinées par mois, durant cinq mois. Par la suite, Murray les obligea à prolonger cette pension durant 11 mois.

Arrivé à Londres en août 1764, Roubaud passa les premiers mois de son séjour à faire la cour aux belles dames. En novembre, il entra au service du comte de Halifax, secrétaire d'État pour le département du Sud, responsable des colonies, et rédigea à son intention plusieurs mémoires concernant les Indiens, l'affaire du papier-monnaie et la situation religieuse au Canada. Si ces mémoires n'eurent vraisemblablement pas d'effet marquant sur les décisions des ministres, celui sur la religion inquiéta beaucoup le chanoine BRIAND qui tentait, à Londres, d'obtenir du gouvernement britannique l'autorisation de se faire sacrer évêque. Dans ce mémoire, Roubaud prétendait que le meilleur moyen pour l'Angleterre de s'attacher les Canadiens était de les éloigner de leur religion en les privant d'un évêque catholique et en leur fournissant le moins de prêtres possible. Satisfait de ses services, lord Halifax présenta Roubaud au roi George III et lui obtint une pension de 20 guinées par mois. Le bénéficiaire envisageait une vie libre de soucis financiers lorsqu'au mois de juillet 1765 un changement de ministère lui fit perdre son emploi et sa pension. Il venait tout juste d'épouser une jeune fille de modeste origine du nom de Mitchell et ses besoins monétaires s'en trouvaient accrus. Les jésuites de Québec, se considérant libérés de toute obligation à son égard depuis son mariage, lui refusèrent leur aide et, pour se tirer d'embarras, Roubaud dut exercer plusieurs métiers dont celui de comédien.

A partir de septembre 1766, lord Shelburne qui venait de prendre la direction du département du Sud employa Roubaud. Ce dernier lui fit connaître ses vues concernant la concession située sur Baie-des-Puants (Green Bay, Wisconsin) que le roi de France avait cédée à vie à François-Pierre de RIGAUD de Vaudreuil et à son épouse, à l'automne de 1759. A cause de la Conquête, cette concession n'avait jamais été enregistrée au Conseil supérieur et, lorsqu'en janvier 1765 les Vaudreuil vendirent à William Grant* (1744–1805) ce territoire comportant des droits exclusifs sur la traite des fourrures, certains négociants anglais firent des pressions auprès du gouvernement pour faire invalider cette vente. Dans son mémoire, Roubaud se prononça contre la validité de la concession et son opinion eut peut-être quelque poids dans la décision du gouvernement anglais de ne pas reconnaître ce territoire comme propriété des Vaudreuil.

Lord Shelburne quitta son ministère au début de 1768 et Roubaud se retrouva encore sans emploi. Il s'endetta au point de faire plusieurs séjours en prison, bien qu'à la fin de 1769 il obtint une pension de £100 pour services rendus à l'État. En 1769, Amherst demanda au roi de lui accorder les biens des jésuites en guise de récompense pour son rôle dans la Conquête et, en 1770, Roubaud soumit au général un mémoire pour appuyer sa requête, espérant sans doute en tirer quelque profit. Amherst fut favorablement impressionné et fit siens les arguments du jésuite qu'il répéta point par point au colonel James Robertson, son agent au Canada. Cependant Amherst n'obtint jamais les biens convoités et Roubaud ne reçut sans doute rien pour ses services.

Fatigué des demandes d'argent de Roubaud, le comte de Dartmouth, secrétaire d'État des colonies, lui procura au mois de novembre 1773 un emploi de secrétaire auprès de sir Joseph Yorke, ambassadeur d'Angleterre en Hollande. Yorke, satisfait des services de l'ex-jésuite, conseilla à Dartmouth de solder ses dettes, de sorte qu'au début de janvier 1775 Roubaud revint dans la capitale anglaise. A l'été, M. de Sandray, secrétaire de l'ambassadeur de France à Londres, l'engagea pour recueillir tout renseignement qu'il pourrait découvrir concernant la guerre d'Indépendance américaine et pour lui rapporter les débats de la chambre des Communes. En novembre, Roubaud prépara un mémoire recommandant l'alliance de l'Angleterre et de la France afin de supprimer la rébellion des Treize Colonies. Il espérait que la réalisation d'un tel projet pourrait lui assurer un emploi car, pensait-il, on en confierait l'initiative à des agents obscurs et peu connus plutôt qu'à des chefs d'État. Mais, loin d'obtenir l'effet désiré, Roubaud s'attira des remontrances de la part des Anglais et une méfiance accrue des Français.

Voyant que les événements d'Amérique influaient sur la scène internationale, Roubaud conçut l'idée de forger des lettres prophétiques dans lesquelles Montcalm* prédisait à l'avance la prise du Canada par les Anglais et la rébellion des Treize Colonies. Ces lettres parurent à Londres en 1777 sous le titre de *Lettres de Monsieur le Marquis de Montcalm, gouverneur-général en Canada : à Messieurs de Berryer et de La Molé, écrites dans les années 1757, 1758, 1759* [...]. Certains historiens se sont donné beaucoup de mal pour établir que ces lettres étaient forgées de toutes pièces, mais les documents de l'époque démontrent clairement que les contemporains n'en étaient pas dupes et l'auteur lui-même en admit la fausseté.

En juin 1777, l'ambassade de France remercia Roubaud de ses services car ses comptes rendus n'étaient pas exacts et, de toute évidence, il était à la solde des ministres britanniques. En novembre 1778, le comte d'Almodóvar, ambassadeur d'Espagne à Londres, l'employa pour qu'il lui rapporte les débats de la chambre des Communes et plus tard pour faire de la traduction. Ce dernier emploi lui donnait accès à d'importants documents qui lui permirent de renseigner les ministres britanniques sur certains aspects de la guerre d'Indépendance américaine.

Au cours de l'année 1779, Roubaud se retrouva de nouveau sans emploi et descendit jusqu'aux plus bas échelons de l'espionnage, ce qui l'amena à fréquenter les pires milieux. Ce n'est qu'à l'été de 1783 qu'il exerça de nouveau un travail rémunérateur. Un grand nombre de Canadiens se trouvaient à Londres pour exposer aux ministres des projets de réforme ou pour régler des poursuites judiciaires. S'étant introduit dans leur milieu, Roubaud leur offrit sa plume pour la rédaction des mémoires qu'ils entendaient présenter aux ministres. Une fois de plus, il en profita pour arrondir ses revenus en rapportant tout ce qu'il apprenait d'eux au sous-secrétaire d'État au ministère de l'Intérieur, Evan Nepean. Il agit de même auprès de Pierre DU CALVET qui cherchait à obtenir justice contre le gouverneur HALDIMAND pour l'avoir incarcéré sous l'accusation de collaboration avec l'ennemi lors de l'invasion du Canada par les Américains en 1775–1776. Renseigné par Roubaud qui corrigeait les textes de Du Calvet, Haldimand apprenait au jour le jour les démarches de son adversaire.

Du Calvet quitta Londres au début de juillet 1785, laissant Roubaud sans gagne-pain. Comme à l'accoutumée quand il se trouvait dans l'embarras, l'ex-missionnaire tenta de convaincre les autorités britanniques qu'il avait droit à sa part des biens de la communauté des jésuites et que ses confrères s'étaient engagés à assurer sa subsistance pour la durée de son séjour à Londres.

Cette fois, il faillit réussir car lord Sydney, ministre de l'Intérieur (responsable aussi des colonies), lui donna raison, jusqu'à ce qu'il se soit rendu compte de l'absurdité de ces prétentions.

Malade et incapable d'assurer l'existence de sa femme et de son enfant, Roubaud partit pour la France au début de 1788 et fut accueilli au séminaire de Saint-Sulpice à Paris où il finit ses jours à une date inconnue. Dans son journal intime, en date du 17 décembre 1789, Haldimand le dit encore vivant.

AUGUSTE VACHON

[P.-J.-A. Roubaud], « Mr. Roubaud's deplorable case [...] », introd. par J. G. Shea, *Hist. Magazine* (Morrisania, N.Y.), 2e sér., VII (1870) : 282–291.

AAQ, 20 A, VI : 10 ; 1 CB, VI : 64. — AD, Vaucluse (Avignon), État civil, Saint-Pierre, 4 avril 1723, 28 mai 1724. — APC, MG 11, [CO 42] Q, 2, pp.243–245 ; 6, pp.111s. ; 25, pp.42s. ; 26, pp.89s., 126 ; 55, pp.253–255 ; MG 23, A1, sér. 1, 8, nº 2991 ; 9, nºs 2315, 2325, 2332 ; 10, nºs 2373, 2383 ; sér. 3, 5, f.22 ; GII, 1, sér. 1, 2, p.141 ; 3, p.264. — Archives du ministère des Affaires étrangères (Paris), Corr. politique, Angleterre, 461, f.192 ; 515, ff.64, 66, 70, 177, 189 ; 525, ff.158, 312 ; Mémoires et doc., Angleterre, 56, ff.187–199 (mfm aux APC). — Archivo General de Simancas (Simancas, Espagne), Secretaría de Estado, legajo 7021, atado 3, número 3, Roubaud à Almodóvar, 28 nov. 1778. — ASQ, Fonds Viger-Verreau, Carton 13, nº 35 ; Sér. O, 0116, pp.1–45 (copies aux APC). — BL, Add. MSS 21865s. (copies aux APC). — PRO, CO 42/15, p.225 ; 42/16, p.348 ; 42/17, p.233 ; 42/20, pp.52, 174s., 184 ; WO 34/6, ff.12s., 47–49, 220–267 ; 34/39, ff.321, 325–328 (copies aux APC). — APC *Rapport*, 1885, xiv–xxii. — Bougainville, Journal (A.-E. Gosselin), ANQ *Rapport*, 1923–1924, 202–393. — *Coll. des manuscrits de Lévis* (Casgrain), VI : 141. — *Doc. relatifs à la monnaie sous le Régime français* (Shortt). — *Doc. relatifs à l'hist. constitutionnelle, 1759–1791* (Shortt et Doughty ; 1921). — Pierre Du Calvet, *Appel à la justice de l'État* [...] (Londres, 1784) ; *The case of Peter Du Calvet, esq., of Montreal in the province of Quebeck* (Londres, 1784). — *JR* (Thwaites), LXX : 90–203. — Pièces relatives à la mission de MM. Adhémar et Delisle en Angleterre en 1783–1784, *BRH*, XII (1906) : 325–341, 353–371. — *Biographie universelle* (1854–1865), XXXVI : 577. — T.-M. Charland, *Hist. des Abénakis*. — R. C. Dalton, *The Jésuits' estates question, 1760–1888 : a study of the background for the agitation of 1889* (Toronto, 1968), 8–10, 22, 28. — A. [G.] Doughty et G. W. Parmelee, *The siege of Quebec and the battle of the Plains of Abraham* (6 vol., Québec, 1901), VI : 122. — Gustave Lanctot, *Faussaires et faussetés en histoire canadienne* (Montréal, 1948), 171–200. — Rochemonteix, *Les jésuites et la N.-F. au XVIIIe siècle*, II : 143–145. — M. Trudel, *L'Église canadienne*. — Les jésuites au Canada après la suppression de la Compagnie de Jésus, *BRH*, XXXVI (1930) : 752–758. — Gustave Lanctot, La vie scandaleuse d'un faussaire, SRC *Mémoires*, 3e sér., L (1956), sect. I : 25–48. — Arthur Maheux, Notes sur Roubaud et sur sa responsabilité dans la nomination de M. Briand comme évêque de Québec, SCHÉC *Rapport*, 6 (1938–1939) : 45–60. — É.-Z. Massicotte, Pierre Ducalvet inculpé en 1775, *BRH*, XXIX (1923) : 303–305.

ROUSSEAU DE VILLEJOUIN (Villejoin, Villejoint), GABRIEL, officier dans les troupes de la Marine, né le 24 avril 1709 à Plaisance (Placentia, Terre-Neuve), fils de Gabriel Rousseau de Villejouin, capitaine de vaisseau, et de Marie-Josephte Bertrand, décédé le 6 novembre 1781 à Saint-Jean-d'Angély (dép. de la Charente-Maritime, France).

Les renseignements sont rares relativement aux deux premières décennies de la carrière de Gabriel Rousseau de Villejouin. Il entra dans l'armée comme enseigne en second à l'île Royale (île du Cap-Breton) le 9 mai 1723, fut promu enseigne en mars 1730 et fait lieutenant deux mois plus tard. Il paraît assuré qu'il servit à Louisbourg jusqu'en 1737, alors qu'il reçut le commandement de Port-Toulouse (St Peters, Nouvelle-Écosse). En 1739, il retourna à Louisbourg pour succéder à son beau-frère, Robert Tarride* Duhaget, comme aide-major des troupes, avec commission de capitaine le 1er avril. Deux ans après, Villejouin reçut officiellement le commandement d'une compagnie. Il était à la tête de celle-ci lors de la défense du bastion du Roi, en 1745, quand les troupes de la Nouvelle-Angleterre sous la conduite de William Pepperrell* assiégèrent avec succès la forteresse.

Si elles restent maigres, les données sur ces 20 premières années permettent néanmoins de constater que Villejouin possédait une certaine compétence. Il n'avait pas encore 30 ans quand il fut nommé aide-major et, après avoir quitté cette fonction, il continua, semble-t-il, à consacrer une partie de son temps à l'administration militaire. Selon son propre témoignage, il se gagna l'estime de ses collègues officiers et des habitants de la ville en réussissant à pacifier les soldats qui se mutinèrent à Louisbourg en 1744 ; Louis DU PONT Duchambon, le commandant de l'île Royale, loua sa conduite valeureuse pendant le siège.

En 1747, Villejouin était du convoi commandé par La Jonquière [Taffanel*] que les Britanniques attaquèrent et défirent au large du cap Ortegal, en Espagne. Peut-être fut-il amené prisonnier en Angleterre ; de toute façon, il était à Rochefort le 28 février 1748, alors qu'il reçut la croix de Saint-Louis.

Le traité d'Aix-la-Chapelle, en 1748, remit l'île Royale à la France, mais l'attitude tant de la France que de l'Angleterre resta belliqueuse. La politique française requérait une forteresse nouvelle et plus forte à Louisbourg, et, par conséquent, des troupes plus nombreuses pour sa construction et sa défense ; Villejouin eut la responsabilité du recrutement de ces troupes à Rochefort. Il revint ensuite à l'île Royale. Quand Duhaget, le commandant de Port-Toulouse, fut blessé dans une mutinerie en juin 1750, Villejouin fut désigné pour le remplacer. Après la mort de Michel de Gannes* de Falaise en 1752, Duhaget devint major de Louisbourg, et, du 10 juillet 1753 au 1er avril 1754, Villejouin fut major des troupes, remplaçant Michel LE COURTOIS de Surlaville. Jusqu'en 1751 ces deux fonctions n'en faisaient qu'une ; en 1754 le ministre de la Marine les réunit à nouveau et en chargea Duhaget. Sur ce, Villejouin fut promu major et commandant de l'île Saint-Jean (Île-du-Prince-Édouard), le 1er avril 1754, en remplacement de Claude-Élisabeth Denys* de Bonnaventure.

Il y avait un an seulement que Villejouin commandait à l'île Saint-Jean quand, à la fin de l'été de 1755, la déportation des Acadiens de la Nouvelle-Écosse [V. Charles Lawrence*] amena une affluence de réfugiés quasi désastreuse. Destinée antérieurement, dans les plans français, à approvisionner l'île Royale en produits agricoles, l'île ne se suffisait même pas encore à elle-même. Villejouin fit face activement et énergiquement aux problèmes soulevés par l'arrivée des réfugiés et par la guerre. Il envoya à Québec les personnes malades ou inaptes, appuya du mieux qu'il put les activités de guérilla de Charles DESCHAMPS de Boishébert et, au moment où il était à établir 1 500 nouveaux colons, donna une nouvelle vigueur à l'agriculture de l'île. Il écrivit de Port-la-Joie (Fort Amherst) en septembre 1758 : « Je me voyais cet automne en scituation avec peu de secours de faire subsister toutte l'Isle. » La chute de Louisbourg, deux mois plus tôt, avait cependant scellé le sort de l'île Saint-Jean. Andrew Rollo* prit possession de l'île en août et les colons, à l'exception de 200 d'entre eux, isolés sur la côte ouest, furent plus tard déportés.

Rapatrié en France en 1759, Villejouin devint major des troupes à Rochefort. Le 23 mai 1760, il succéda à Denys de Bonnaventure comme inspecteur de toutes les troupes coloniales. Mais la perte par la France de toutes ses possessions d'Amérique du Nord rendit ce poste inutile. La nécessité de consolider ce qui restait de l'Empire français explique la nomination de Villejouin comme lieutenant-colonel et gouverneur de Désirade (dans les îles du Vent) le 1er janvier 1763. Dans cette petite île accidentée étaient envoyés plusieurs « fils de famille ». Afin d'améliorer la société de l'île, Villejouin obtint des commissions en faveur de trois de ses fils et de plusieurs membres de l'ancienne garnison de l'île Royale. Quand Désirade passa sous le gouvernement de la Guadeloupe en 1768, il retourna en France et fut fait brigadier des armées du roi le 12 novembre. Cette nomination marqua la fin de sa carrière militaire, car il semble avoir eu peu de tâches à accomplir, s'il en eut. Il se retira à Saint-Jean-d'Angély où il mourut le 6 novembre 1781.

Le 11 janvier 1733, Villejouin avait épousé à Louisbourg Anne, fille de Louis de Gannes* de Falaise et de Marguerite Leneuf de La Vallière et de Beaubassin. Le mariage fut conclu par nécessité : leur premier enfant naquit en février. Quatre de leurs six enfants vécurent jusqu'à l'âge adulte, dont Michel, qui participa à des combats d'arrière-garde en Acadie pendant la guerre de Sept Ans et qui tenta de secourir Louisbourg pendant le siège de 1758. Anne étant morte en 1751, Villejouin épousa le 30 décembre 1753, à Louisbourg, Barbe, fille de Michel Leneuf* de La Vallière et de Beaubassin et de Renée Bertrand. Deux seulement de leurs quatre enfants atteignirent l'âge mûr.

ANDREW RODGER

AMA, SHA, Y4d. — AN, Col., A, 1, p.5 ; B, 72, p.420 ; 72/2, p.440 ; 88/2, pp.280, 353 ; 99, p.222 ; 107, p.274 ; C11B, 10, ff.170–171v. ; 11, ff.61–68, 170v. ; 14, ff.188v., 190v. ; 15, f.40v. ; 20, f.95 ; 21, ff.63–64, 271 ; 28, ff.63–63v. ; 29, ff.66–71v. ; 32, f.242v. ; 33, ff.22–22v. ; 34, f.36v. ; 35, p.158 ; 36, pp.51, 181 ; 37, p.165 ; 38, ff.245v., 265v., p.269 ; C11C, 16, pièce 26 (2e sér.) ; D2C, 47 ; 48, ff.105, 108, 143, 168, 173, 184, 218, 240v., 369, 378, 404 ; 49, f.216 ; 60, ff.3, 11v., 12 ; 222 ; Marine, C7, 287 ; Section Outre-mer, G1, 406/2, p.301 ; 406/3, pp.366, 409, 489 ; 407, pp.133, 290 ; 408 ; 410 ; 411 ; G2, 201, dossier 243, pièces 1, 4 ; 202, dossier 295, pièce 1 ; 207, dossier 474, f.22v. (la pagination renvoie aux copies aux APC). — APC, MG 18, H13, no 100. — *Les derniers jours de l'Acadie* (Du Boscq de Beaumont). — Æ. Fauteux, *Les chevaliers de Saint-Louis*. — Harvey, *French régime in P.E.I.*

ROUSSON, LOUIS LE VERRIER DE. V. LE VERRIER

ROUVILLE, RENÉ-OVIDE HERTEL DE. V. HERTEL

ROY, LOUIS, imprimeur, né à Québec le 24 mai 1771, fils de François Roy, tailleur, et de Marie-Louise Lapérade, décédé à New York le 22 septembre 1799.

Louis Roy entre en 1786 comme apprenti chez William BROWN, imprimeur et propriétaire de la *Quebec Gazette/la Gazette de Québec*. A la mort de Brown, en 1789, il continue à y travailler, probablement comme compagnon imprimeur, pour le compte de Samuel NEILSON, le neveu de Brown. C'est toutefois à Montréal, dans l'atelier de Fleury MESPLET, semble-t-il, que le nouveau lieutenant-gouverneur du Haut-Canada, le colonel John Graves Simcoe*, le découvre et l'engage comme premier imprimeur du roi de cette province. Arrivé au début de l'automne de 1792 à Newark (Niagara-on-the-Lake), la capitale, Roy prépare le 4 novembre une première réquisition de l'équipement nécessaire à l'imprimerie. Mais sa commande à Londres semble avoir été faite à une date trop tardive, pour la navigation, pour qu'il ait pu recevoir le matériel avant le printemps de 1793. Il est alors probable qu'il ait acheté une partie de l'équipement chez son ancien patron Neilson, à Québec, dont une presse de seconde main qui lui permet d'effectuer certains travaux d'imprimerie dès le début de janvier 1793. Ainsi, un des premiers imprimés du Haut-Canada consiste en une brochure de huit pages intitulée *Speech of his excellency John Graves Simcoe, esq ; lieutenant governor of the province of Upper Canada &.&.&. upon opening the first session of the legislature* [...]. Puis, le 2 et le 7 février, il publie des proclamations officielles du lieutenant-gouverneur.

Le 18 avril 1793, Louis Roy lance l'*Upper Canada Gazette, or American Oracle*, journal hebdomadaire semi-officiel dont la publication se continuera jusqu'en 1845. Le journal, quatre pages de deux colonnes chacune, paraît en anglais seulement, sauf pour quelques documents officiels traduits en français. Les avis officiels et les annonces laissent peu de place aux nouvelles locales. Par contre, au moins une page de chaque numéro reproduit des articles de périodiques européens. C'est ainsi, par exemple, que la petite population du Haut-Canada peut se tenir au courant des événements de la Révolution française. Par sa qualité typographique, la feuille de Roy est supérieure à celle que publieront ses successeurs. Louis Roy aurait imprimé environ 45 numéros entre le 18 avril 1793 et le 31 juillet 1794. Le dernier numéro où son nom apparaît sort cependant le 29 août : il s'agit d'un supplément annonçant une victoire des forces navales de la Grande-Bretagne.

Entré officiellement en fonction le 1er octobre 1792, Roy quitte définitivement le Haut-Canada au début de l'automne de 1794. Le 29 octobre, un dernier billet à ordre est émis en sa faveur, et le salaire qu'on lui verse couvre la période allant jusqu'au 31 décembre 1794. Le montant est de £35 3 shillings $4\frac{1}{2}$ pence, incluant un supplément pour sa nourriture et autres besoins. Il semble que Roy jouissait de bonnes conditions salariales, mais un surplus de travail, une vie d'isolement et l'analphabétisme d'une partie de la population constituent vraisemblablement les facteurs qui auraient motivé son départ. Il retourne travailler à Québec, probablement à l'atelier de John Neilson*, dont le frère, Samuel, est mort en 1793. Dès le 8 juillet 1795, il est clair qu'il désire s'installer à Montréal. Il y a déjà acheté une imprimerie, dans l'intention de publier un journal. Il reçoit l'aide de son frère, Joseph-Marie, lui aussi imprimeur, et, le 17 août de la même année, sa *Gazette de Montréal/The Montreal Gazette* est lancée. Pendant près de deux ans, Montréal sera le théâtre d'une guerre de journaux. En effet, parallèlement au journal de Roy, paraît aussi celui d'Edward Edwards* portant le même titre. Ce dernier avait fait l'acquisition de l'imprimerie de Fleury Mesplet peu après la mort de celui-ci en 1794.

Edwards, en sa qualité de maître de poste, semble avoir plus facilement accès aux nouvelles internationales. A maintes reprises, il empêche la livraison de périodiques étrangers à son concurrent. Celui-ci se voit donc limité aux informations locales. De plus, Roy manque d'équipement et la clientèle est trop restreinte pour faire vivre deux imprimeries. En 1797, il est donc contraint de céder son journal à son frère Joseph-Marie et d'émigrer à New York. *La Gazette de Montréal* de Roy cesse sa parution en novembre de cette même année car les efforts de Joseph-Marie et de John Bennett, ancien maître imprimeur chez John Neilson, s'avèrent inutiles.

Le départ de Roy pour New York peut être aussi expliqué, semble-t-il, par la situation politique prévalant à Montréal à cette époque. Reconnu pour ses principes républicains, Roy n'est peut-être pas demeuré insensible aux avances des émissaires de la France républicaine. Ainsi, il est possible qu'il ait quitté Montréal pour échapper à des vexations, en espérant trouver un milieu de travail plus en accord avec ses idées politiques. A New York, il travaille à l'*Argus, Greenleaf's New Daily Advertiser*, journal fondé en mai 1795, dont il devient rapidement le prote. Il occupera cette fonction jusqu'à sa mort, des suites de la fièvre jaune, le 22 septembre 1799.

L'annonce de sa mort paraît dans ce journal et c'est en des termes élogieux qu'elle est rédigée : « Nous offrons nos condoléances à nos amis républicains à la suite de la perte de ce patriote véritable et homme d'une honnêteté à toute épreuve ; nous regrettons sincèrement d'avoir à signaler le décès d'un personnage si honorable. » Louis Roy laisse dans le deuil ses frères Joseph-Marie et Charles, ainsi qu'une sœur, Louise-Olive de Saint-Paul, religieuse chez les ursulines de Québec. Charles deviendra l'imprimeur du *Canadien* en 1806.

JOHN E. HARE

ANQ-Q, État civil, Catholiques, Notre-Dame de Québec, 25 mai 1771 ; Greffe de J.-A. Saillant, 3 sept. 1768. — P.-G. Roy, *Fils de Québec*, II : 154. — Tremaine, *Bibliography of Canadian imprints*. — Burke, *Les ursulines de Québec* (1863–1866), III : 336. — Gundy, *Early printers*. — *Canadian book of printing ; how printing came to Canada and the story of the graphic arts, told mainly in pictures*, Marie Tremaine, édit. (Toronto, 1940). — William Colgate, Louis Roy : first printer in Upper Canada, *OH*, XLIII (1951) : 123–142. — P.-G. Roy, L'imprimeur Louis Roy, *BRH*, XXIV (1918) : 77. — W. S. Wallace, The periodical literature of Upper Canada, *CHR*, XII (1931) : 5.

ROZINOGHYATA. V. HOTSINOÑHYAHTAʔ

S

SABREVOIS DE BLEURY, CLÉMENT DE, seigneur et marchand, baptisé à Boucherville (Québec) le 16 juillet 1702, fils de Jacques-Charles de Sabrevois* et de Jeanne Boucher, décédé à Montréal le 18 avril 1781.

Bien qu'issu d'une famille de militaires, Clément de Sabrevois de Bleury ne suivit pas les traces de ses frères, Charles de Sabrevois et Christophe de Sabrevois de Sermonville, qui entrèrent dans les troupes de la Marine. Il se tourna plutôt vers le commerce. Au début de 1726, il s'associa pour cinq ans avec la veuve de Claude de Ramezay*, Marie-Charlotte Denys de La Ronde, pour exploiter un moulin à scier, construit par Ramezay dans la seigneurie de Chambly. A cause de ses liens de parenté avec les Boucher et les Hertel, Bleury se mêla facilement à l'élite de la société montréalaise. La liste des témoins à la signature de son contrat de mariage avec Charlotte Guichard, à Montréal le 19 août 1728, prend l'allure d'un annuaire des grands noms de la ville dans le monde militaire, commercial et seigneurial. En 1731, Bleury était associé à Louis Lepage* de Sainte-Claire pour l'approvisionnement en bordages des chantiers maritimes de la colonie, et, à titre d'encouragement, l'intendant HOCQUART leur permit de couper 2 000 pieds cubes de chêne dans des seigneuries ne leur appartenant pas. En 1732, Bleury exploita une entreprise de bois de construction dans les seigneuries de Chambly et de Longueuil. Il s'essaya aussi au commerce intercolonial en construisant à Chambly, la même année et de concert avec son beau-père, Jean Guichard, un brigantin de 76 tonneaux qu'ils envoyèrent à la Martinique avec une cargaison de vivres. Toutefois, Bleury ne continua pas dans cette direction. Prudent, semble-t-il, il préférait garder ses entreprises près de lui, de manière à pouvoir constamment les mieux surveiller.

En avril 1733, son frère Charles et lui obtinrent des concessions sur la rivière Richelieu ; mais ils n'étaient intéressés qu'à en tirer du bois de construction. En 1741, les deux seigneuries de Bleury et de Sabrevois seront réunies au Domaine du roi, leurs propriétaires ayant négligé d'en promouvoir le peuplement. En 1734, Bleury s'associa pour une longue période à son oncle Jean-Baptiste Boucher* de Niverville dans la construction et l'exploitation d'une scierie dans la seigneurie de Chambly. Bleury convint d'avancer les fonds requis, tandis que son oncle fournirait l'emplacement et le bois pour alimenter la scierie. Quatre ans plus tard, Bleury passa avec Pierre Lupien*, dit Baron, un contrat pour la fourniture de bois de construction aux chantiers navals du roi à Québec. L'extrême prudence de Bleury en affaires se manifesta quand il entreprit de diversifier ses investissements, malgré la prospérité de ses entreprises de bois de construction.

Au cours des années 1740, il acheta des terres et des rentes et, de plus, il commença de fournir au gouvernement des approvisionnements et des services de transport. De 1740 à 1748, il acheta au moins cinq lots dans la seigneurie de Chambly, près de l'île Sainte-Thérèse. Il prêta aussi de l'argent et toucha des revenus de rentes annuelles et d'obligations. En 1743, il effectua, pour le gouvernement, des transports pour une valeur de 7 654# ; quatre ans plus tard, la valeur de ces transports atteignait 48 263#. En 1747 aussi, il fournit des marchandises au gouvernement pour un montant de 83 104#, soit plus de la moitié, en valeur, des achats faits par le roi à Montréal. Bref, Bleury était devenu un marchand extrêmement prospère.

Depuis son mariage il avait vécu à Chambly ; en 1746, il acheta un emplacement à Montréal, rue Saint-Gabriel, et y déménagea bientôt avec sa famille dans une maison neuve, afin de se rapprocher des bureaux du gouvernement. Quatre ans plus tard, son frère Charles et lui réussirent à rentrer en possession des seigneuries qu'ils avaient perdues neuf ans plus tôt. Afin d'éviter de les perdre de nouveau, ils allèrent en France où ils obtinrent du roi confirmation des nouvelles concessions. La montée de Bleury vers un statut social éminent connut son sommet en 1754, année où deux de ses enfants, Jean-Clément et Marguerite, se marièrent au cours d'une double cérémonie – magnifique – de mariage, à Montréal. Les principaux témoins étaient le gouverneur DUQUESNE et l'intendant BIGOT, et les autres invités comptaient parmi les membres des familles les plus importantes du Canada.

Quand éclata la guerre de Sept Ans et qu'on décida de fortifier la région du lac Champlain, qui donnait accès à la colonie, Bleury se trouva dans son élément. Il devint le chef des services de transport de l'intendant dans cette région. Son énorme flotte de bateaux, dont chacun était construit pour porter trois tonnes de marchandises, fit régulièrement la navette entre les forts Saint-Jean et Carillon (Ticonderoga, New York). En 1756, selon Bougainville*, l'« amiral sur le lac Champlain » recevait 18s. pour chaque livre de marchandises qu'il transportait pour le roi. Comme Bleury, du 22 septembre au 25 octobre 1756, envoya 179 bateaux à Carillon, ses revenus bruts potentiels, tirés du seul transport des marchandises, étaient immenses. En outre, les bateaux transportaient des vivres et des marchandises à vendre à son propre compte. On ne peut pas encore déterminer à quel degré Bleury tira profit de cette activité dont il se retira à un moment donné, en 1757, peut-être à cause d'une fièvre récurrente plutôt que par suite de difficultés commerciales. En 1749, il avait failli mourir d'une infection.

Après la Conquête, Bleury restreignit encore son activité. En 1764, il vendit les seigneuries de Bleury et de Sabrevois à Gabriel CHRISTIE et à Moses Hazen*. Ses revenus personnels semblent avoir été considérables, puisque, par la suite, il vécut dans une calme retraite, rue Saint-Gabriel. Bleury, s'il réussit comme marchand, ne fut pas un entrepreneur qui eut le goût du risque. Ses entreprises furent d'un caractère local, souvent menées en association avec des parents, et il obtint probablement ses plus grands succès grâce à ses liens avec les autorités gouvernementales.

JAMES S. PRITCHARD

AN, Col., C[11A], 60, ff.406–408 ; F[2B], 11. — Bégon, Correspondance (Bonnault), ANQ *Rapport*, 1934–1935, 1–277. — Bougainville, Journal (A.-E. Gosselin), ANQ *Rapport*, 1923–1924, 202–393. — *Coll. des manuscrits de Lévis* (Casgrain), IX. — P.-G. Roy, *Inv. concessions*, IV ; *Inv. jug. et délib., 1717–1760*, VI. — Tanguay, *Dictionnaire*, VII. — J.-N. Fauteux, *Essai sur l'industrie*. — Mathieu, *La construction navale*. — Cameron Nish, *Les bourgeois-gentilshommes de la Nouvelle-France, 1729–1748* (Montréal et Paris, 1968). — É.-Z. Massicotte, Les Sabrevois, Sabrevois de Sermonville et Sabrevois de Bleury, *BRH*, XXXI (1925) : 77–84.

SAHONWAGY (**Sahonwadi**, nom qui signifie probablement « celui qui est dans son bateau » – Shahûwà:ke selon l'orthographe de Floyd G. Lounsbury ; mais il signait Sahonwagy ; connu aussi sous le nom de **Paulus Petersen**, **Pauly Peters**, **Paulus**, **Poulous** et **Powless**), sachem et maître d'école agnier, né probablement à Fort Hunter, New York, fils de Theyanoguin*, décédé après 1787, probablement à l'établissement des Six-Nations sur la rivière Grand (Ontario).

En juillet 1753, le missionnaire John OGILVIE suggérait Sahonwagy à la Society for the Propagation of the Gospel comme maître d'école en remplacement de l'Agnier Paulus Petrus, mort quelque temps auparavant. Sahonwagy, disait-il, « peut simultanément faire office de lecteur et lire les prières aux Indiens en [... mon] absence ». En décembre, la Society for the Propagation of the Gospel acceptait de l'engager au salaire annuel de £7. Bien qu'Ogilvie l'ait décrit comme un Agnier de Fort Hunter, Sahonwagy s'établit à Canajoharie (près de Little Falls, New York) où, en 1755, il enseignait chaque jour à plus de 40 enfants.

Tant en sa qualité de sachem que de membre d'une influente famille agnière, Sahonwagy fut utile aux Britanniques pendant la guerre de Sept Ans. En mai 1756, il assista à un conseil où se rencontrèrent sir William JOHNSON et Canaghquiesa (Kanaghgwasea), sachem des Onneiouts ; cet été-là, il toucha une solde à titre de capitaine indien. Il était présent au fort Herkimer (Herkimer, New York) en mars 1758 lorsqu'il promit d'aller en éclaireur près d'Oswegatchie (Ogdensburg, New York). Cependant, ces activités se faisaient au détriment de son travail comme maître d'école et, en février 1759, Ogilvie suspendit le versement de son salaire « parce que plusieurs se plaignaient de ce qu'il était si pris par les partis de guerre qu'il avait grandement négligé d'instruire les enfants ».

De 1761 à 1763, Sahonwagy et les autres sachems de Canajoharie s'impliquèrent dans un conflit, au sujet de la propriété de certaines terres, avec George Klock, un meunier de l'endroit. Grâce à de copieuses rations de rhum, ce dernier avait obtenu des signatures d'Indiens sur des titres fonciers. En juillet 1763, Sahonwagy et Nicholas Brant écrivirent à Johnson pour se plaindre des menaces proférées par Klock de tuer

Brant et sa femme et pour demander l'intervention de Johnson afin de « prévenir les troubles, ou sinon, disaient-ils, il y aura des mauvais coups faits ici, d'un côté ou de l'autre ».

Sahonwagy fut réengagé comme catéchiste à Canajoharie par le missionnaire John Stuart* en 1775 mais, en 1777, la Révolution américaine fit partir pour le Canada un bon nombre d'Agniers de Canajoharie et de Fort Hunter. Christian Daniel CLAUS, à la sollicitation de ces Indiens, prépara une nouvelle édition en agnier du *Book of Common Prayer* en 1780, et Sahonwagy en revit les épreuves. L'année suivante, Claus raconta qu'il enseignait aux réfugiés agniers qui vivaient près de Montréal. Quelque temps après, il déménagea à l'établissement de la rivière Grand. Selon ce qu'il rapporta à Claus en août 1785, il était bien content du sol à cet endroit et « la récolte s'annonç[ait] splendide ». L'absence d'un instituteur à cet établissement était l'un de ses soucis, et il offrit d'en remplir les fonctions, moyennant qu'on lui fournît les provisions nécessaires. Il déconseilla le recours à un instituteur blanc, faisant remarquer que « s'il ne comprend pas notre langue, il ne peut les empêcher [les enfants] de mal agir ». En février 1787, lui, Joseph Brant [Thayendanegea*], Karonghyontye (David Hill), Kanonraron (Aaron Hill) et d'autres signèrent un document par lequel ils concédaient une certaine quantité de terre à quelques Blancs sur la rivière Grand. Le Paulus vivant au fort George (Niagara-on-the-Lake, Ontario) en août 1802 était probablement son fils.

GUS RICHARDSON

APC, MG 19, F1, 3, pp.49s. ; 4, p.79 ; 24, pp.24s. ; F6, 4, pp.555s. — USPG, Journal of SPG, 12, pp.307–309 ; 13, pp.182s. ; 14, p.186. — *Johnson papers* (Sullivan *et al.*), II : 589, 624, 780 ; IV : 54s., 165s. ; XI : 984 ; XIII : 175, 274s. — *NYCD* (O'Callaghan et Fernow), VII : 112 ; VIII : 816. — *The valley of the Six Nations* [...], C. M. Johnston, édit. (Toronto, 1964), 71. — J. W. Lydekker, *The faithful Mohawks* (Cambridge, Angl., 1938).

SAILLANT (Saillant de Collégien), JEAN-ANTOINE (Antoine-Jean), notaire royal, procureur au Conseil supérieur, avocat, né à Paris en 1720, fils de Jacques Saillant, notaire, et d'Anne Laurent, décédé à Québec le 9 octobre 1776.

Issu d'une famille française bien en vue – son père était avocat, conseiller du roi et contrôleur des rentes de l'hôtel de ville de Paris –, Jean-Antoine Saillant avait également des parents influents au Canada. C'est peut-être une des raisons qui l'y amenèrent vers 1745. Le 27 décembre 1749, il reçut une commission de notaire royal pour exercer dans tout le gouvernement de Québec. Sa clientèle comptait des noms aussi prestigieux que ceux de l'intendant BIGOT et des familles Péan, Duchesnay et Duchambon. Parfait notaire, il pratiqua de 1750 à 1776, rédigeant 2 817 actes.

En présence du gouverneur La Jonquière [Taffanel*], de l'intendant Bigot et de Charles Le Moyne* de Longueuil, Saillant épousait à Montréal, le 12 janvier 1750, Véronique, fille de Pierre Pépin, dit Laforce, arpenteur royal et ancien garde-magasin du roi au fort Niagara (près de Youngstown, New York), s'alliant ainsi à une famille notable de la colonie. Peu après, sans doute grâce à ses parents – il était le neveu de Nicolas BOISSEAU, greffier en chef au Conseil supérieur, le cousin de Nicolas-Gaspard Boisseau*, greffier de la Prévôté de Québec, et de Jacques PERRAULT, dit Perrault l'aîné, important négociant de Québec – on le nomma procureur au Conseil supérieur où ses services furent appréciés.

Saillant continua d'exercer comme notaire et procureur sous le Régime anglais. Le 29 décembre 1760, le gouverneur MURRAY lui accorda une commission de notaire royal dans toute l'étendue du gouvernement de Québec. Comme procureur, Saillant se fera l'ardent défenseur du séminaire de Québec (1762) et de la Corriveau [Marie-Josephte Corriveau*] lors de ses deux procès en 1763 ; ses plaidoiries à cette dernière occasion sont conservées intégralement. En 1765, Murray le chargea de la confection de l'aveu et dénombrement des fiefs et terres de sa seigneurie de Lauson. Saillant réclama des honoraires si élevés que le gouverneur refusa de le payer. Après arbitrage, on évalua son travail à 3 600# et on lui accorda trois mois pour délivrer copie des titres aux habitants. A cette occasion, pour la première fois au Canada, Saillant s'est servi de la typographie et ces actes notariés sont dressés sur des formules imprimées. Preuve de son bon renom, Saillant fut le quatrième Canadien à recevoir sa commission d'avocat des autorités anglaises, le 9 juillet 1766, même s'il avait déjà été autorisé à agir comme tel devant la Cour des plaids communs dès 1765.

Notaire, procureur et avocat, Saillant ne fut jamais un citoyen aisé en dépit d'un héritage de près de 6 000# laissé par ses parents. A son décès à Québec, le 9 octobre 1776, sa succession était à ce point grevée que sa veuve, Louise-Catherine Roussel, qu'il avait épousée en secondes noces à Québec en 1757, en refusa l'administration.

ROLAND J. AUGER

Le greffe de Jean-Antoine Saillant, 1750–1776, se trouve aux ANQ-Q.

ANQ-Q, NF 25, 56, n° 2 126 ; 58, n° 2 467. — PRO, WO 71/49, pp.213s. ; 71/137, p.60. — *La Gazette de Québec*, 21 mars, 27 juin, 15 août 1765, 23 mars 1775. — Cahier des témoignages de liberté au mariage commancé le 15 avril 1757, ANQ *Rapport*, 1951–1953, 52. — Labrèque, Inv. de pièces détachées, ANQ *Rapport*, 1971, 6, 324, 360, 369, 393. — P.-G. Roy, *Les avocats de la région de Québec*, 395s. ; *Inv. ord. int.*, III : 137 ; Les notaires au Canada sous le Régime français, ANQ *Rapport*, 1921–1922, 52. — J.-E. Roy, *Hist. du notariat*, I : 361 ; II : 17, 26, 29 ; *Histoire de la seigneurie de Lauzon* (5 vol., Lévis, Québec, 1897–1904), III : 12–15. — F.-J. Audet, Les députés du Barreau de la province de Québec, *Cahiers des Dix*, 2 (1937) : 213. — Luc Lacourcière, Le triple destin de Marie-Josephte Corriveau (1733–1763), *Cahiers des Dix*, 33 (1968) : 213–242. — Jacques Mathieu, Un négociant de Québec à l'époque de la Conquête : Jacques Perrault l'aîné, ANQ *Rapport*, 1970, 31, 58, 66.

SAINT-ANGE ET DE BELLERIVE, LOUIS GROSTON DE. V. GROSTON

SAINT-AUBIN, AMBROISE (Ambroise, Ambroise Bear, Ambroise Pier, Ambroise Var), chef malécite, décédé en octobre 1780.

Pendant la Révolution américaine, les gouvernements de la Nouvelle-Écosse et du Massachusetts se disputaient la maîtrise de la région devenue aujourd'hui le Nouveau-Brunswick et le Maine. A l'intérieur de ce vaste territoire encore sauvage, les Pentagouets, les Malécites et les Micmacs semblaient détenir la clé de la victoire. En maîtrisant ces tribus, les deux colonies croyaient pouvoir s'assurer les régions frontalières, tant sur leur territoire que sur celui de l'ennemi. Pour exercer une telle influence sur les Indiens, les gouvernements se mirent en campagne, alliant à la corruption, à la flatterie et à l'intimidation, des mesures visant à empêcher les Indiens de se pourvoir des approvisionnements essentiels et de fortes pressions sur les missionnaires catholiques qui les desservaient.

Ambroise Saint-Aubin était un chef des Malécites qui constituaient une puissance imposante dans la vallée de la rivière Saint-Jean. Il commença à jouer un rôle dans la Révolution américaine en septembre 1775 lorsque, en compagnie de Pierre TOMAH, un autre chef important des Malécites, il se présenta au poste de traite de la rivière Penobscot (Bangor, Maine) et se déclara en faveur du Massachusetts. En juillet 1776, Saint-Aubin mena une délégation de Malécites et de Micmacs à Watertown, Massachusetts, pour y tenir une conférence d'une semaine avec les chefs du gouvernement. Cette rencontre mena à un traité par lequel le Massachusetts promettait l'établissement d'un poste de traite à Machias (Maine) et les Indiens acceptaient de fournir 600 hommes à l'armée continentale.

Même si les chefs micmacs plus âgés rejetèrent la promesse de fournir 600 guerriers, les Malécites et quelques Micmacs conservèrent leur sympathie aux Américains. Saint-Aubin prit part à un certain nombre d'actions militaires entreprises par les Américains, dont l'attaque infructueuse de Jonathan Eddy* contre le fort Cumberland (près de Sackville, Nouveau-Brunswick) à l'automne de 1776, et il accorda son aide à John Allan*, devenu agent des Américains auprès des Malécites et des Micmacs en 1777. Au début de l'été de 1777, il devint évident qu'une rupture s'était produite dans la tribu des Malécites. Une troupe américaine aux ordres d'Allan s'établit sur la Saint-Jean, à Aukpaque (près de Fredericton), en juin ; elle fut chaudement accueillie par les Malécites. Mais, à l'arrivée de navires britanniques dans le cours inférieur de la rivière, plus tard le même mois, Pierre Tomah alla à bord du HMS *Vulture* pour y conférer. Saint-Aubin refusa d'y aller ; en compagnie de la majorité des membres de la tribu, il se hâta vers Machias, y arrivant à temps pour prêter main-forte à la garnison attaquée par des Britanniques envoyés par sir George COLLIER. Saint-Aubin continue de travailler avec Allan et passa beaucoup de temps à voyager entre Machias et la Nouvelle-Écosse, en tant que courrier et porte-parole des Américains auprès des Indiens. Bien qu'Allan ait noté qu'il était un « vieil homme » et « très infirme », il resta actif tout au long de l'été de 1780, mais mourut subitement en octobre. Les Indiens soupçonnèrent qu'il avait été empoisonné, mais Allan ignorait si cette allégation était fondée.

Grâce à son adhésion à leur cause, les Américains trouvèrent en Saint-Aubin un instrument utile pour les opérations militaires et les missions de reconnaissance ; néanmoins, les Malécites ne jouèrent qu'un rôle mineur dans la révolution. Appauvris par la négligence du gouvernement britannique depuis 1763, ils désiraient seulement tirer le plus grand profit possible du conflit sans se laisser entraîner dans les grandes entreprises militaires, malgré les incitations des deux parties en cause.

RICHARD I. HUNT

APC, MG 11, [CO 217] Nova Scotia A, 72, pp.44s. ;s78, pp.83–85 ; 83, pp.22, 303 ; 87, pp.123s. ; 100, pp.200s. ; [CO 220] Nova Scotia B, 12, pp.158s. ; 13, p.126 ; 14, pp.50, 90s. — *Documentary history of Maine* (Willis *et al.*), XIV–XVI ; XVIII ; XIX ; XXIV. — *Military operations in eastern Maine and N.S.* (Kidder). — J. H. Ahlin, *Maine Rubicon ; downeast settlers during the American revolution* (Calais, Maine, 1966). — R. I.

Hunt, British-American rivalry for the support of the Indians of Maine and Nova Scotia, 1775–1783 (thèse de M.A., University of Maine, Orono, 1973).

SAINT-AURON. V. MAUGENEST

SAINTE-MARIE, PHILIPPE-JOSEPH D'ALLARD DE. V. ALLARD

SAINT-FRANÇOIS, JOSEPH-HIPPOLYTE HERTEL DE. V. HERTEL

SAINT-GEORGES DUPRÉ, GEORGES-HIPPOLYTE LE COMTE DUPRÉ, dit. V. LE COMTE

SAINT-HIPPOLYTE, MARIE-MARGUERITE PIOT DE LANGLOISERIE, dite. V. PIOT

SAINT-HORAN (Saint-Jorand). V. MAUGENEST

ST LEGER, BARRIMORE MATTHEW (Barry), officier, baptisé le 1er mai 1733, probablement dans le comté de Kildare (République d'Irlande), fils de sir John St Leger et de Lavina Pennefather ; il épousa le 7 avril 1773 Mlle Bayly, veuve de sir Edward Mansel, et ils n'eurent qu'un fils ; décédé en 1789.

Après avoir étudié, en Angleterre, à Eton, puis à Cambridge où il devint membre du conseil d'administration de Peterhouse, Barrimore Matthew St Leger entra dans l'armée en avril 1756 comme enseigne dans le 28e d'infanterie. Il servit sous les ordres de ABERCROMBY en 1757 et il eut probablement l'occasion de se familiariser avec la guerre d'embuscades. En 1758, il prit part au siège de Louisbourg, île Royale (île du Cap-Breton), et à l'expédition menée par Wolfe* sur Québec en 1759. Nommé major de brigade en juillet 1760, St Leger participa en tant qu'officier d'état-major à la campagne dirigée contre Montréal par MURRAY. Le 16 septembre 1762, il fut promu major dans le 95e d'infanterie.

Lorsque la guerre d'Indépendance américaine éclata, St Leger était lieutenant-colonel dans le 34e d'infanterie. En 1776, il contribua aux opérations qui obligèrent les Américains à battre en retraite depuis Québec jusqu'à Ticonderoga, New York, en passant par le lac Champlain. Quand le major général BURGOYNE proposa une expédition ayant pour but de prendre Albany (New York), étape d'un plan pour diviser les colonies en deux, il suggéra que St Leger prît la tête d'un groupe auxiliaire qui allait partir du Canada et suivre la vallée de la rivière Mohawk.

Partie de Montréal le 23 juin 1777, la troupe de St Leger atteignit Oswego, New York, le 25 juillet. Après avoir traversé des lieux sauvages, les Britanniques et leurs alliés indiens parvinrent au fort Stanwix (Rome, New York), le 2 août. Comme le fort paraissait trop solide pour un assaut, on décida d'en faire le siège. Le principal combat de cette expédition de peu d'envergure se produisit lorsqu'un corps de miliciens aux ordres du général de brigade Nicholas Herkimer tenta de dégager le fort. Les Américains embusqués furent mis en déroute dans une rude bataille qui se déroula près d'Oriskany le 6 août [V. KAIEÑˀKWAAHTOÑ]. Au cours de l'engagement, toutefois, les assiégés firent un raid et saccagèrent les positions autour du fort laissées sans défense adéquate par les Britanniques. Par la suite, les Indiens désertèrent et St Leger, croyant que d'autres secours américains se trouvaient beaucoup plus près qu'ils ne l'étaient réellement, leva le siège le 22 août et battit en retraite par la même route qu'à l'aller.

De retour au Canada, il tenta encore une fois de rejoindre Burgoyne, mais à peine était-il rendu à Ticonderoga que le général anglais capitula à Saratoga (Schuylerville, New York). Pendant le reste de la guerre, St Leger commanda une unité de *rangers* cantonnée à Montréal. Il accéda au grade de colonel en 1780 et connut deux échecs en 1781. D'abord, il échoua dans sa tentative de capturer Philip Schuyler, général américain à la retraite et l'un des leaders new-yorkais de la cause révolutionnaire ; il connut son second échec lors d'une réunion tenue à Ticonderoga avec les représentants d'un groupe de citoyens du Vermont mécontents, ayant à leur tête Ethan Allen : cette réunion avait pour but de discuter des possibilités pour le Vermont de rétablir son allégeance à la couronne. Toutefois, ce complot fut découvert et, avant qu'on ait pu passer à l'action, le lieutenant général britannique Charles Cornwallis capitula à Yorktown, Virginie, mettant ainsi un terme à la guerre.

Après la Révolution américaine, St Leger continua de servir au Canada. Promu officiellement général de brigade, il fut quelque temps commandant des troupes britanniques lorsque HALDIMAND eut quitté la colonie en novembre 1784. Cependant, il fut incommodé par sa mauvaise santé et, en octobre 1785, il céda son poste de commandant à Henry HOPE. De plus, il semble avoir quitté l'armée à la même époque puisque son nom ne figure plus dans l'*Army list* à compter de 1785.

Les autorités considéraient généralement St Leger comme un soldat habile dans la guerre d'embuscades, mais ses états de service donnent à penser qu'il était plus apte à obéir qu'à commander ; « en tant que commandant, dit un peu trop sévèrement George Francis Gilman

Stanley, St Leger n'inspirait personne et n'était pas inspiré ». Sa principale faute, lors de la seule campagne qu'il avait menée lui-même, avait été de sous-estimer son adversaire mais toute l'armée britannique et le gouvernement commirent la même erreur.

JAMES STOKESBURY

« Colonel St. Leger's account of occurrences at Fort Stanwix » est publié comme l'appendice XIII dans [John Burgoyne], *A state of the expedition from Canada* [...] (Londres, 1780 ; réimpr., NewnYork, 1969). — Boatner, *Encyclopedia of American revolution*. — D. B. Chidsey, *The war in the north ; an informal history of the American revolution in and near Canada* (New York, 1967). — Duncan McArthur, Canada under the Quebec Act, *Canada and its provinces* (Shortt et Doughty), III : 107–138. — J. N. McIlwraith, *Sir Frederick Haldimand* (Londres et Toronto, 1926), 211s., 295s. — Hoffman Nickerson, *The turning point of the revolution, or Burgoyne in America* (2 vol., Boston et New York, 1928 ; réimpr., Port Washington, N.Y., 1967). — Stanley, *Canada's soldiers*. — W. L. Stone, *The campaign of Lieut. Gen. John Burgoyne and the expedition of Lieut. Col. Barry St. Leger* (Albany, N.Y., 1877 ; réimpr., NewnYork, 1970). — C. [L.] Ward, *The war of the revolution*, J. R. Alden, édit. (2 vol., New York, 1952).

SAINT-LUC, LUC DE LA CORNE, dit **LA CORNE**. V. LA CORNE

SAINT-MARTIN, JEAN DUMAS. V. DUMAS

SAINT-ONGE, PIERRE GARREAU, dit. V. GARREAU

SAINT-SAUVEUR, ANDRÉ GRASSET DE. V. GRASSET

SAINT-SIMON, ANTOINE-CHARLES DENIS DE. V. DENIS

SAINT-TERONE. V. MAUGENEST

SALTER, MALACHY (Malachi), marchand et fonctionnaire, né le 28 février 1715/1716 à Boston, Massachusetts, deuxième fils de Malachy Salter et de Sarah Holmes ; il y épousa le 26 juillet 1744 Susanna Mulberry, et ils eurent 11 enfants au moins ; décédé le 13 janvier 1781 à Halifax.

A la différence des autres entrepreneurs prospères de Halifax, Malachy Salter était né en Nouvelle-Angleterre et c'est avec cette région, plutôt qu'avec l'Angleterre, qu'il entretint des relations financières et affectives. Avant de s'installer à Halifax, peut-être dès 1749, il avait été tour à tour caboteur le long de la côte américaine, associé de ses oncles Nathaniel et George Holmes dans leur distillerie florissante de Boston, et principal associé d'une firme qui s'occupait de pêcheries et de commerce avec les Antilles. Selon une tradition bien ancrée, il venait souvent dans la baie de Chibouctou avant la fondation de Halifax en 1749.

Associé au début à John Kneeland, également de Boston, Salter s'établit comme « marchand général » à Halifax où le *Debtors' Act* le mit à l'abri des réclamations des créanciers de la Nouvelle-Angleterre qu'il avait fuis. En tant qu'agent de ses anciens associés, il négociait la vente de leurs cargaisons et réclamait en justice l'exécution des obligations qui leur étaient dues. En son propre nom, il se lança dans le transport par bateaux ; il importait à la fois des articles nord-américains et des articles européens. Ses activités financières comportaient aussi des prêts, des poursuites contre les débiteurs, des règlements de succession et des achats de propriétés à Halifax, souvent à des pauvres déjà endettés. Nul doute que ses créanciers n'étaient pas les seuls à le trouver « un homme désagréable et chicanier » « qui les avait traités d'une façon cruelle et barbare ». En 1754, Salter agrandit son registre d'activités en pénétrant dans le champ rémunérateur des contrats gouvernementaux ; il prit à ferme les droits d'entrée et de vente du rhum au détail et acheta des marchandises en Nouvelle-Angleterre pour approvisionner les Allemands de Lunenburg [V. Benjamin GREEN]. Par la suite, le gouvernement eut recours à lui pour certaines évaluations commerciales, mais il ne réussit pas à se tailler une place, à la façon de Joshua MAUGER et de Thomas Saul*, dans le domaine si lucratif des contrats d'approvisionnement.

Salter, qui avait été quelque temps constable et surintendant du marché à Boston, fut un des premiers membres du grand jury de Halifax, capitaine de milice (1761–1762), et directeur du Bureau de bienfaisance (1765–1766). En 1757, devant le refus persistant du gouverneur Charles Lawrence* de convoquer une assemblée représentative, il réagit en devenant un des leaders d'un comité de francs-tenanciers de Halifax. Ce comité s'attacha les services de l'avocat londonien Ferdinando John Paris pour déposer devant le Board of Trade les plaintes de la ville contre le gouverneur. Lorsque Lawrence fut forcé de convoquer une assemblée, en octobre 1758, Salter était un de ses 20 membres.

Cette Assemblée, où prédominaient les gens venus de la Nouvelle-Angleterre, voulut manifester sa force dès le départ : elle contrecarra donc les tentatives du Conseil exécutif en vue de limiter son pouvoir de favoritisme et nomma Salter et John Newton percepteurs des droits d'accise et des autres taxes ; ce poste procurait à ses titulaires une commission de 10 p. cent sur les sommes perçues. En 1759, comme autre faveur du gouvernement, Salter se vit accorder des terres près du fort Edward (Windsor) pour lui permettre d'y être électeur. Deux ans plus tard, il fut nommé juge de paix et percepteur des droits de phares, mais il perdit bientôt la première de ces charges incompatible avec ses autres postes, de l'avis général. Protégé au début par le lieutenant-gouverneur Jonathan BELCHER, né au Massachusetts, Salter tomba en disgrâce quand il s'aligna en chambre avec la faction dite de la Nouvelle-Angleterre qui s'opposait à ce que Belcher convoque l'Assemblée vers la fin de 1761 et annule, comme il l'entendait, le *Debtors' Act*. Il fut révoqué en septembre 1762. Réintégré à titre de percepteur des droits de phares et de juge de paix par Montagu Wilmot*, il semble n'avoir occupé le premier poste que peu de temps.

Salter siégea pendant 15 ans à la chambre d'Assemblée, représentant le canton de Halifax de 1759 à 1765 puis le canton d'Yarmouth de 1766 à 1772. Assidu en chambre jusqu'en 1769, il prit une part active à de nombreux comités d'importance. Par la suite, il ne participa qu'à une seule session, celle de 1772, à la fin de laquelle on déclara non valide son élection en 1770. Pour les gens venus de la Nouvelle-Angleterre, Salter fut à la fois un porte-parole en chambre et un avocat de leur congrégationalisme qui cherchait à s'implanter à Halifax comme à Boston [V. Benjamin GERRISH].

Pendant la guerre de Sept Ans, Salter fut propriétaire, conjointement avec d'autres entrepreneurs de Halifax, du bâtiment corsaire *Lawrence*. D'autre part, il mit sur pied une raffinerie de sucre à Halifax au milieu des années 1760 et ce faisant devint l'un des trois manufacturiers de la Nouvelle-Écosse avec Mauger et John FILLIS. Sa raffinerie, son amitié avec Fillis et ses relations commerciales américaines lui permirent de réaliser des profits à cause de l'embargo sur les marchandises britanniques décrété par les Treize Colonies à la fin des années 1760. Cependant, malgré la variété prometteuse de ses intérêts et en dépit de nouveaux contrats gouvernementaux sous l'éphémère gouvernement de Michæl FRANCKLIN à l'île Saint-Jean (Île-du-Prince-Édouard) en 1768, la situation financière de Salter à la fin de la décennie reflétait la stagnation économique ambiante après l'essor qu'avait connu la Nouvelle-Écosse. Salter avait toujours été en équilibre instable en affaires ; en 1768, il subit des pertes sérieuses, entre autres dans ses entreprises de transport maritime. Après avoir passé deux ans à régler ses dettes en Nouvelle-Écosse et en Nouvelle-Angleterre, il en fut réduit, au début des années 1770, à gérer lui-même sa raffinerie de sucre et, en 1773, à se faire construire un navire à Liverpool, Angleterre pour redevenir marin comme dans sa jeunesse et assurer la subsistance de sa famille.

Salter n'était pas homme à s'apitoyer sur son sort mais plutôt à se fier à « la Providence qui, disait-il, jusqu'à présent [l'avait] protégé et [l'avait] aidé ». Ses dernières années allaient durement éprouver sa foi. En 1776, comme il quittait Londres, on l'accusa de vouloir envoyer des marchandises anglaises à Boston plutôt qu'à leur destination apparente, Halifax ; au début de 1777, il fut jugé pour propos séditieux dans cette dernière ville, mais le jury conclut à l'absence de toute intention malveillante. Plus tard cette année-là, son brick, le *Rising Sun*, fut capturé par des corsaires de Salem et confisqué comme prise de guerre. Emprisonné en Nouvelle-Angleterre, Salter obtint la permission du gouvernement du Massachusetts d'y faire venir sa famille. Lorsqu'il retourna à Halifax plus tard dans l'année, on l'accusa d'avoir tenté de racheter des billets de la Trésorerie de la Nouvelle-Écosse au profit de ses associés de Boston et d'avoir entretenu une « correspondance secrète », de « nature dangereuse », avec les rebelles. Harcelé, il fit route vers l'Angleterre où il s'établit, afin de mettre de l'ordre dans ses affaires, du début de 1778 au début de 1780. Son absence fit suspendre les procédures judiciaires intentées contre lui mais, à partir de février 1778 jusqu'à sa mort, on reporta de session en session une caution personnelle engageant Salter à comparaître sous des accusations de délits mineurs. Les raisons pour lesquelles ces accusations ne furent pas maintenues après son retour d'Angleterre ne sont pas claires mais cette situation peut s'expliquer en partie par le fait que James Brenton*, son avocat en 1778–1779, était devenu procureur général en octobre 1779.

John Bartlet Brebner* place Salter parmi les entrepreneurs les plus importants des débuts de Halifax ; selon lui, seuls Mauger et Saul le surpassèrent. Ce fut le cas au début de sa carrière en Nouvelle-Écosse, mais, à la longue, ses 75 transactions foncières ainsi que ses innombrables procès ne lui procurèrent ni gain de capital ni avoirs liquides de quelque importance. Son commerce maritime n'eut jamais l'ampleur de celui de Mauger, de Francklin ou de ses associés de la Nouvelle-Angleterre. Il ne fut que peu de temps ce fonctionnaire mentionné par Brebner car, dans une ville qui dépendait du gouvernement tant dans le domaine civil que dans le domaine militaire, il ne réussit pas à s'implanter dans ce réseau lucratif. Ses efforts pour faire de la Nouvelle-Écosse une autre Nouvelle-Angleterre ne permirent pas, en définitive, de donner une véritable assiette à « la mainmise de Boston » dans la province.

Les relations de Salter avec Mauger et ses associés furent ambiguës. De nombreuses preuves permettent de penser qu'il n'était pas libéré de ses liens économiques ou politiques avec eux. Partenaire commercial de Mauger dans les années 1750 et un de ses alliés politiques dans les années 1760, il participa à l'installation d'un gouvernement sur l'île Saint-Jean en 1768 avec le groupe de Mauger. De plus, ses deux amis intimes, Fillis et Jonathan Prescott, ainsi que son gendre Thomas Bridge, étaient des hommes de Mauger. Pourtant, dans les années 1770, parmi les créanciers les plus pressants de Salter se trouvaient les représentants de Mauger, John BUTLER et Brook Watson* ; poursuivi en justice pendant la Révolution américaine, Salter fut le seul notable de Halifax que les associés de Mauger ne défendirent pas. Si les affaires de Salter furent un temps sous la coupe de Mauger, son scepticisme à l'égard de ce dernier, sa clientèle américaine étendue et sa volonté d'autonomie semblent avoir assuré son indépendance.

S. BUGGEY

APC, MG 11, [CO 217] Nova Scotia A, 84, pp.18ss ; [CO 220] Nova Scotia B, 17, pp.116, 118, 121. — BL, Add. MSS 19 069, pp.50–55 (copies aux APC). — Halifax County Registry of Deeds (Halifax), Deeds, 1753–1789 (mfm aux PANS). — Harvard College Library, Harvard University (Cambridge, Mass.), fMS AM 579, Bourn papers, I : 137, 144 ; VI : 8, 57. — Mass., Supreme Judicial Court (Boston), Records, 181, n° 20 931 (dossiers de la cour de Suffolk, octobre 1727–décembre 1727) ; 310, n° 47 231 (dossiers de la cour de Suffolk, juillet 1738–août 1738) ; 1 265, n° 170 914 (dossiers de la cour de Suffolk, 1751/1752–1753). — PANS, MG 9, n° 109 ; MS file, Malachy Salter, letters, 1766–1773 ; Salter family docs., 1759–1802 ; RG 1, 163–165 ; 342, n°s 77–85 ; RG 37, Halifax County, 1752–1771 ; RG 39, C, 1–39 ; J, 1. — PRO, CO 142/15 (mfm aux Dalhousie University Archives, Halifax) ; 217/16–27 ; 221/28–31 (mfm aux APC). — Congregational churches in Nova Scotia, Mass. Hist. Soc., *Proc.*, 2e sér., IV (1887–1889) : 67–73. — Perkins, *Diary, 1766–80* (Innis). — Brebner, *Neutral Yankees* ; *New England's outpost*, 254–257. — W. J. Stairs, *Family history, Stairs, Morrow ; including letters, diaries, essays, poems, etc.* (Halifax, 1906), 209–259.

SANGUINET, SIMON, négociant, notaire, avocat, juge de la Cour des plaids communs, né à Varennes (Québec) le 16 mars 1733, fils aîné de Simon Sanguinet et d'Angélique Lefebvre, dit Duchouquet, décédé à Montréal le 16 mars 1790.

Le père de Simon Sanguinet, originaire de France, exerça comme notaire royal à Varennes, près de Montréal, de 1734 à 1748, puis s'établit avec sa famille à Québec où il devait instrumenter jusqu'en 1771. On ne sait quelle formation reçut Simon ; à Québec, seul son frère Joseph fréquenta le séminaire. Lorsqu'il épouse Thérèse Réaume, le 15 janvier 1759 à Montréal, Simon se déclare négociant ; en avril de la même année, dans un acte notarié, il est dit : « Employé dans les Bureaux du Roy de cette ville ». Lentement, il apprend les méthodes financières avec de plus en plus de succès. Lors du contrat de mariage, les deux parties avaient apporté à la communauté la valeur de 10 000# chacune. L'année suivante, Simon achète de son beau-père, au prix de 22 000#, une maison située rue Saint-Louis à Montréal ; il en obtient 50 000# lorsqu'il la revend en 1764. Bien qu'il pratique également le prêt, il ne semble pas s'être associé au commerce des fourrures entrepris dans les années 1763–1765 par ses frères Christophe et Joseph. Au contraire, Sanguinet opte pour le monde juridique ; notaire en 1764, il se constitue rapidement une bonne clientèle. Comme plusieurs autres notaires des villes, il pratique également comme avocat, ayant obtenu sa commission en juillet 1768 – sa clientèle juridique devient bientôt aussi importante que celle de son étude. Secrétaire de la fabrique de Notre-Dame de Montréal à partir de 1765, membre d'une loge maçonnique depuis 1771, Sanguinet, très actif, est l'un des notables de la société montréalaise. L'invasion américaine de 1775–1776 va lui permettre de jouer un rôle important.

Fervent royaliste, il prend, sur le plan politique, une part active à la défense du pays, usant de ses relations et y consacrant temps et argent. C'est sur ses conseils, après avoir été chargé, avec sept autres Montréalais, de dresser le recensement et les rôles militaires, que le gouverneur Guy Carleton*, avec lequel il entretient des rapports amicaux, rétablit au début de juin 1775 la milice canadienne. Après l'arrivée des Américains à Montréal, le loyalisme de Sanguinet et de sa famille est source de tracas. Au début de janvier 1776, le général de brigade David Wooster décide l'arrestation – qui n'aura finalement pas lieu – de dix notables montréalais, dont Christophe, Joseph et Simon Sanguinet. En mars, Simon fait circuler une lettre virulente aux « Habitants du Canada », « peuple ingrat » qu'il invite à chasser les « brigands » américains. Il cherche également à informer Carleton de la situation qui prévaut à Montréal en lui envoyant des émissaires, notamment son jeune beau-frère, Charles Réaume, qui est fait prisonnier. Il finit par se rendre lui-même à Québec, à la mi-mai, en compagnie de sa belle-sœur Marguerite Réaume dont le mari, John Welles, s'enfuit, pendant ce temps, avec les Américains qui évacuent Montréal.

Sanguinet a laissé un témoignage complet et circonstancié de ces années mouvementées. L'essentiel du journal, intitulé « le Témoin oculaire de la guerre des Bastonnois en Canada dans les années 1775 et 1776 », couvre la période de février 1775 au 20 juin 1776, jour du retour de Carleton à Montréal. Le siège du fort Saint-Jean sur la rivière Richelieu, l'occupation de Montréal et le siège de Québec y sont abondamment décrits. Rapportant les faits avec un grand désir d'objectivité – « je suis impartial, je ne veux rien déguiser » – Sanguinet les commente tout au long de son récit, ne manquant jamais d'exprimer son opinion personnelle et n'épargnant personne. Ni les Américains dont il dénonce l'hypocrisie, ni l'administration coloniale – il stigmatise, entre autres, l'attentisme de Carleton et son absence de réactions devant les exactions commises par les troupes britanniques dans la province – ni les marchands britanniques, ni ses compatriotes – la population est taxée d'ignorance et une bonne partie de l'élite se voit reprocher sa course aux honneurs – n'échappent à ses critiques. La guerre, décrite dans un style très vivant, apparaît comme fort peu meurtrière. On se bat mais sans y mettre trop d'ardeur, et Sanguinet se demande si Carleton n'a pas reçu de Londres l'ordre de ne rien faire qui soit considéré comme irréparable, dans l'espoir d'une réconciliation avec les colonies révoltées.

De retour à ses activités professionnelles dès le départ des Américains, Sanguinet poursuit également ses transactions immobilières couronnées, en novembre 1782, par l'acquisition de la seigneurie de La Salle. Tout comme son frère Christophe, coseigneur de Varennes depuis 1776, Simon porte désormais le titre de seigneur. Mais ses transactions ne sont pas appréciées par tous. Sans essayer de prouver ses accusations, *la Gazette littéraire pour la ville et district de Montréal*, de Fleury MESPLET et de Valentin JAUTARD, qui avait déjà attaqué Sanguinet, le décrit en juin 1779 comme un homme méprisable qui, entre autres malhonnêtetés, a « usurpé une succession ».

L'ordonnance du 30 avril 1785 interdisant le cumul des professions d'avocat et de notaire impose un choix à Sanguinet. Lors de l'option, l'année suivante, il décide de rester avocat et signe son 2472e et dernier acte notarié, le 16 juillet 1786. Son minutier, d'une calligraphie nette et soignée, est entièrement conservé.

Les dernières années de Sanguinet furent sans doute douloureuses. Sa femme meurt en mars 1787 à l'âge de 45 ans. Sa santé se détériore rapidement et, lors de son second mariage avec Marie-Jeanne Hervieux en octobre 1788, sa signature tremblante trahit la maladie. Il abandonne la même année son poste de secrétaire de la fabrique de Notre-Dame. De plus, ses frères Christophe et Joseph traversent avec difficulté de graves problèmes financiers.

Le 24 décembre 1788, Simon Sanguinet est nommé juge de la Cour des plaids communs dans le district de Montréal, peut-être en reconnaissance des services rendus. Une de ses premières tâches est de participer à l'enquête dirigée par le juge en chef William SMITH sur le fonctionnement de cette cour. Ces occupations le tiennent éloigné du banc où il ne siège qu'occasionnellement jusqu'à son décès.

Le 14 mars 1790, Simon Sanguinet, qui n'a pas d'enfants, dicte ses dernières volontés au notaire Louis Chaboillez* et meurt le surlendemain à l'âge de 57 ans. Les journaux de l'époque lui dressent une nécrologie digne d'un bienfaiteur de l'humanité, rapportant que son testament comporte un legs estimé à £11 000, constitué par sa maison de Montréal et sa seigneurie de La Salle, partie importante d'une fortune d'environ £15 000, pour la création d'une université. Des espoirs naissent dans la province. Le 31 octobre, une pétition portant 175 signatures de Canadiens et de Britanniques, dont celles de Charles-François BAILLY de Messein et de David-François De Montmollin*, demande à Carleton, devenu lord Dorchester, qu'une suite soit donnée aux dernières volontés de Sanguinet. Dorchester lui-même, dans une lettre au ministre de l'Intérieur, responsable des colonies, concernant les questions d'éducation, se déclare en faveur du projet. Mais, dès le mois d'août, avait débuté un long et coûteux procès en annulation de testament. Tout au long de la procédure, les héritiers, dirigés par Christophe Sanguinet, s'appuyant sur un mémoire préparé par l'avocat Joseph-François Perrault*, insistent sur l'esprit débile et troublé de Simon dans ses derniers jours, sur l'incohérence de certaines dispositions du testament et sur le fait que quelques mots auraient été rayés après l'apposition des signatures. Le jugement en faveur des demandeurs est rendu en novembre 1792.

Il ne faut cependant pas croire que le projet de création d'une université échoua à cause de l'annulation du testament de Simon Sanguinet. Les résultats de l'enquête sur l'éducation instituée en

1787 ainsi que l'opposition de Mgr HUBERT pesèrent d'un poids autrement plus lourd que la décision rendue en faveur des héritiers Sanguinet. Il n'en reste pas moins que, près d'un quart de siècle avant James McGill*, un notable canadien léguait une partie de sa fortune pour la création d'une université dans la province de Québec.

YVES-JEAN TREMBLAY

« Le témoin oculaire de la guerre des Bastonnois en Canada dans les années 1775 et 1776 » a été publié par l'abbé Hospice-Anthelme-Jean-Baptiste Verreau* sous le titre de « Témoin oculaire de l'invasion du Canada par les Bastonnois : journal de M. Sanguinet » dans *Invasion du Canada*. La question de la validité du testament de Simon Sanguinet a été débattue par Ægidius Fauteux*, dans « Le testament Sanguinet », *la Patrie* (Montréal), 10 mai 1936, 44s., qui reprend l'argumentation développée par Joseph-François Perrault dans son *Mémoire en cassation du testament de Mr. Simon Sanguinet, écuyer, seigneur de la Salle, &c., précédé du testament*, publié par Fleury Mesplet à Montréal au début de l'année 1791. La même année que Fauteux, Francis-Joseph Audet* publie un article plus nuancé, « Simon Sanguinet et le projet d'université de 1790 », SRC *Mémoires*, 3e sér., XXX (1936), sect. I : 53–70. Le Jeune, *Dictionnaire*, et Tanguay, *Dictionnaire*, font erreur en écrivant que le grand-père de Simon Sanguinet vint au Canada. Signalons enfin que le greffe de Simon Sanguinet, 1764–1786, est déposé aux ANQ-M. [Y.-J. T.]

ANQ-M, Doc. jud., Contrats de shérif, 1767–1799, 10 sept. 1700, 31 déc. 1772, 11 mai 1773, 18 nov. 1782 ; Cour des plaidoyers communs, Registres, 14 août 1790, nov. 1792 ; État civil, Catholiques, Notre-Dame de Montréal, 15 janv. 1759, 1761, 1762, 10 mars 1787, 18 mars 1790 ; Sainte-Anne (Varennes), 16 mars 1733 ; Greffe de Louis Chaboillez, 22 oct. 1788, 3, 14 mars 1790 ; Greffe de L.-C. Danré de Blanzy, 14 janv. 1759, 15 sept. 1760 ; Greffe de J.-G. Delisle, 17 mars 1790 ; Greffe d'Antoine Foucher, 1er oct. 1788 ; Greffe de J.-P. Gauthier, 17 juin 1790, 12 mars 1792 ; Greffe de P.-F. Mézière, 7 sept. 1764 ; Greffe de Pierre Panet, 16 avril 1759 ; Greffe de Joseph Papineau, 23 mars, 12 avril 1790 ; Greffe de Simon Sanguinet, père, 1734–1747 ; Greffe de François Simonnet, 10 sept. 1764 ; Insinuations, Registres des insinuations, 23 mars 1790. — ANQ-Q, Greffe de Simon Sanguinet, père, 1748–1771. — *La Gazette de Montréal*, 25 mars 1790. — *La Gazette de Québec*, 25 mars 1790. — *La Gazette littéraire pour la ville et district de Montréal*, 2 juin 1779. — Audet, *Le système scolaire*, II. — J.-J. Lefebvre, Notes sur Simon Sanguinet, *BRH*, XXXIX (1933) : 83 ; Les premiers notaires de Montréal sous le Régime anglais, 1760–1800, *La Revue du notariat* (Québec), 45 (1942–1943) : 293–321 ; Les Sanguinet de LaSalle, SGCF *Mémoires*, II (1946–1947) : 24–49.

SAUER (Saur). V. SOWER

SAUNDERS, sir CHARLES, officier de marine et fonctionnaire, né vers 1715, fils de James Saunders ; il épousa, le 26 septembre 1751, une fille de James Buck, banquier londonien ; décédé à Londres le 7 décembre 1775.

On sait peu de chose des antécédents de Charles Saunders non plus que des premières années de sa vie. En 1727, il entra dans la marine royale grâce à la protection d'un membre de sa parenté et, en 1739, ayant obtenu le grade de lieutenant en premier, il prit du service sur le *Centurion*, vaisseau amiral du commodore George Anson avec qui il fit le tour du monde entre 1740 et 1744. Saunders contourna le cap Horn (Chili) à la barre d'un sloop et s'empara de cargaisons espagnoles dans le Pacifique ; il rentra en Angleterre avec le grade de capitaine de vaisseau. Jusqu'à la fin de la guerre de la Succession d'Autriche, il commanda avec succès plusieurs vaisseaux de ligne : en 1746, à bord du *Gloucester*, il contribua à la capture d'un galion qui faisait voile vers l'Espagne, et sa part du butin s'éleva à environ £40 000. L'année suivante, à bord du *Yarmouth*, il s'empara de deux vaisseaux ennemis à l'occasion de la victoire de l'amiral Edward Hawke sur l'amiral L'Étenduère au large du cap Ortegal, en Espagne, le 19 octobre.

La paix revenue, Saunders se retrouva à la demi-solde en 1749 et, à l'instar de nombre d'autres officiers ambitieux, il doubla sa carrière de marin d'une carrière d'homme politique. Il représenta Plymouth, l'un des bourgs de l'Amirauté, de 1750 à 1754, puis cette même année il devint député de Hedon, dans le Yorkshire, à la chambre des Communes, et le demeura jusqu'à sa mort. Ce « bourg pourri » était sous la coupe d'Anson, maintenant premier lord de l'Amirauté. A la mort d'Anson, en 1761, Saunders lui succédera comme grand patron de la circonscription et il y acquerra d'importants biens-fonds dans le voisinage. Saunders avait repris du service actif en mer en 1752 et il avait passé de juillet à octobre à Terre-Neuve comme commodore de l'escadre affectée à la protection des pêches. En avril 1754, il fut nommé trésorier de Greenwich Hospital, sinécure fort bien rétribuée, et, en décembre 1755, contrôleur de la marine ; ces deux postes, il les devait à la protection d'Anson.

Lorsque survint la guerre de Sept Ans, Saunders fut promu au grade de contre-amiral de l'escadre bleue en janvier 1756 et dépêché en toute hâte à Gibraltar pour y assumer, sous les ordres de Hawke, le commandement en second de la flotte de la Méditerranée. Il en prit le commandement lorsque Hawke rentra en Angleterre au début de l'année suivante. Toutefois, il ne put empêcher une force navale française, sous le commandement de Joseph-François de Noble Du Revest, d'échapper à son blocus pour aller se joindre à l'amiral Dubois de La Motte [Emmanuel-Auguste de Cahideuc*] qui cherchait à concentrer une flotte considérable dans le port de Louisbourg, île Royale (île du Cap-Breton). En mai 1757, l'amiral Henry OSBORN succéda à Saunders qui fut muté, l'année suivante, à la flotte de la Manche au large de Brest ; il y resta jusqu'en octobre.

L'accession de William Pitt au pouvoir, en 1757, donna plus de relief à l'aspect colonial et naval de la guerre avec la France. Pour l'Amérique du Nord, cette orientation eut comme conséquence la prise de Louisbourg en 1758 [V. AMHERST]. Cette victoire préparait la voie à une attaque de la ville de Québec par la route du Saint-Laurent coordonnée avec des avances via le lac George (lac Saint-Sacrement) et le lac Champlain. Saunders n'avait jamais commandé de flotte au cours d'une opération d'envergure, mais le 9 janvier 1759, sur la recommandation d'Anson, on lui confia le commandement de la flotte qui devait remonter le Saint-Laurent. Un mois plus tard, il était promu vice-amiral de l'escadre bleue ayant sous ses ordres, en qualité de commandant en second, le contre-amiral Philip Durell*, alors à la tête de l'escadre qui passait l'hiver en rade, à Halifax, et comme commandant en troisième, le contre-amiral Charles Holmes*. Le major général Wolfe*, commandant militaire de l'expédition, rejoignit Saunders le 13 février à bord du vaisseau amiral de ce dernier, le *Neptune*. Pitt avait bien averti les deux hommes que le succès de l'entreprise reposait « sur une entente parfaite entre les officiers de terre et de mer ». Saunders avait pour instructions de « couvrir » l'armée afin de la protéger contre toute intervention de la marine française et de garder la maîtrise de la ligne de communication. Il lui appartenait néanmoins de décider dans quelle mesure sa flotte prêterait directement main-forte à l'armée de Wolfe.

Saunders mit à la voile à Spithead le 17 février. Les glaces l'empêchèrent d'aborder à Louisbourg où il avait rendez-vous avec les transports d'Amérique et il dut gagner Halifax qu'il atteignit le 30 avril. Au grand mécontentement et à la consternation de Wolfe et, sans aucun doute, à la vive surprise de Saunders, l'escadre de Durell était toujours au port. Bien qu'ayant reçu l'ordre de s'engager le plus tôt possible dans le Saint-Laurent pour barrer la route aux renforts expédiés de France, un hiver particulièrement rigoureux l'avait retenu au port, et ce n'est que le 5 mai qu'il appareilla. Saunders lui-même partit pour Louisbourg dix jours plus tard et pendant près de trois semaines il s'y affaira à disposer et à organiser, au fur et à mesure de leur arrivée, les vaisseaux disparates qui formaient cette armada. Le gros de la flotte se mit enfin en branle le 4 juin, presque un mois plus tard que prévu. La flotte de combat comptait 49 navires de guerre, dont 22 vaisseaux de ligne de 50 canons ou plus, et était composée d'un équipage comptant en tout 13 500 hommes. Déjà, à peu près la moitié de la flotte avait pris la mer sous le commandement de Durell, et maintenant Saunders partait à sa suite avec 22 navires de guerre convoyant le corps principal des 119 bâtiments de transport, dont un bon nombre portaient des embarcations à fond plat en prévision d'opérations amphibies. Il avait la lourde responsabilité de mener, à travers les difficiles courants et marées du golfe et du fleuve Saint-Laurent, cette légion de navires difficile à manœuvrer. Pour faciliter la direction de l'expédition, il la partagea en trois divisions, chacune dirigée par une frégate et assistée par des bateaux-sondes et des baliseurs. Les différents types de bâtiments, transports, ravitailleurs, bateaux-sondes, bateaux de mouillage ou de matériel, bateaux-hôpitaux et bateaux-annexes, étaient identifiés chacun par un pavillon de couleur différente pour faciliter la signalisation. Saunders disposait de cartes du fleuve passablement au point et pouvait compter sur les bons offices de pilotes aussi bien français qu'anglais, parmi lesquels le vétéran canadien Augustin RABY et un pilote anglais compétent, John Veysey.

Le 18 juin, Saunders passa au large du Bic, à 170 milles en aval de Québec. Durell était déjà parvenu à l'île aux Coudres, à 50 milles en aval de Québec, où il avait appris que des renforts de France, bien informés des plans britanniques, l'avaient devancé. Les problèmes de la navigation sur le fleuve, y compris le redoutable et sinueux passage de la Traverse en aval de l'île d'Orléans, furent bientôt surmontés par des capitaines d'expérience, tel COOK, et à compter du 14 juin, les navires marchands et les bâtiments de guerre de l'escadre de Durell défilèrent sans interruption dans le passage.

En mars, pendant qu'il était encore en mer, Saunders avait écrit à Amherst, commandant des armées de terre en Amérique du Nord, qu'il espérait que les transports fourniraient des « pionniers » (manœuvres) à Wolfe, et il ajoutait : « la situation de mon escadre est de nature à rendre toute dépendance à mon endroit extrêmement précaire vu que je serai à une grande distance en aval de lui sur le fleuve et, vraisemblablement, dans la constante appréhension de voir surgir la flotte ennemie ». La nouvelle de l'arrivée des renforts de France communiquée par Durell réussit à convaincre Saunders que le risque d'une intervention de la marine française s'était dissipé et il décida d'appuyer étroitement l'armée avec presque toute la flotte sous son commandement. Le 20 juin, il donna donc l'ordre aux transports de troupes de remonter le fleuve et envoya à leur suite les bâtiments de sa division de combat. Une semaine plus tard, la flotte entrait dans le havre de Québec.

Saunders couvrit le débarquement de Wolfe sur l'île d'Orléans, le 27 juin, et après avoir paré une attaque des brûlots français, la nuit suivante, il fut en mesure d'ancrer sa flotte en sécurité dans le chenal sud entre Pointe-Lévy (Lauzon, Lévis) et la pointe de l'île d'Orléans. La flotte était à vrai dire un vaste train de ravitaillement pour l'armée, et un système de signaux convenus permettait une communication instantanée. La troupe à terre envoyait des signaux pour réclamer des renforts, des provisions, des munitions et des embarcations ; le jour, les messages étaient envoyés à l'aide de pavillons et le soir on avait recours aux fusées volantes et aux lanternes. Ce qui reste des lettres de Saunders aux commandants des armées montre que sa collaboration ne se démentit jamais, et son appui fut toujours prompt et sans réserve.

Au début de la campagne, Wolfe et Saunders s'étaient mis d'accord pour placer les vaisseaux et les troupes en amont de Québec pour menacer les routes de ravitaillement des Français ; néanmoins Saunders conseilla d'attendre que les batteries soient installées à Pointe-Lévy pour réprimer le tir des canons de la ville. Les batteries ouvrirent le bombardement le 12 juillet et, dans la nuit du 18 au 19, une flottille de transports et de petits vaisseaux de guerre, ayant à sa tête le *Sutherland* commandé par le capitaine John Rous*, réussit à passer. L'attaque de Wolfe près des chutes Montmorency le 31 juillet constitua sans doute le plus grand motif de tension entre les deux hommes. Wolfe attribua en partie l'échec de l'expédition à la faiblesse de la couverture fournie par le tir de l'artillerie navale. Saunders protesta, et Wolfe consentit à supprimer ce blâme du rapport qu'il adressa à Pitt, mais il lui avoua clairement qu'il persistait à croire que les faits correspondaient à ce qu'il avait écrit. En dépit des critiques à l'égard de la marine qui émaillaient ses lettres, Wolfe disait cependant de Saunders qu'il était « un officier courageux et plein de zèle » et il lui légua par testament son « service léger d'argenterie ».

C'est à la marine que revint une grande partie du mérite de la percée qui aboutit finalement à la victoire. A la fin d'août, Saunders fut en mesure de donner du renfort aux navires en amont de Québec en vue de l'attaque des vaisseaux ennemis plus haut sur le fleuve. A peu près en même temps, les généraux de brigade de Wolfe, MONCKTON, MURRAY et George Townshend*, après de longues consultations avec Saunders, suggérèrent de déplacer les opérations militaires en amont de la ville. Il tinrent sans doute compte de l'avis de Saunders dans l'élaboration de leur plan et l'importance de la force navale britannique en amont de Québec permettait désormais de mettre ce plan à exécution.

Le débarquement de Wolfe à l'anse au Foulon dans le clair-obscur de l'aube du 13 septembre mettait en œuvre des opérations amphibies d'une difficulté et d'une exigence peu communes. Il fallait, dans le plus grand secret, faire redescendre le fleuve à 1 800 hommes de troupe à bord d'embarcations, sur une distance de moins de dix milles depuis Cap-Rouge, et aborder à un point précis en tenant compte des courants et des marées. Les embarcations touchèrent terre à peu près à l'endroit prévu, et l'effet de surprise fut total. Pour reprendre les paroles toutes modestes de Saunders, ce fut « une opération extrêmement décisive, conduite comme il se doit, et couronnée de succès ».

Immédiatement après la bataille, l'amiral mit toute son énergie à consolider la victoire remportée par son homologue de l'armée qui y avait laissé sa vie. Toutes les nuits, les embarcations disponibles passaient devant la ville chargées de pièces d'artillerie, de munitions, de tentes, de bois, de provisions de toutes sortes à l'intention de l'armée dont Townshend avait maintenant pris le commandement. En moins d'une semaine, les marins hissèrent plus de 100 canons et mortiers sur les hauteurs, à l'ouest de Québec. Le 17 septembre, Saunders amena sept des vaisseaux de ligne à portée de canon de la basse ville pour agir de concert avec l'armée qui projetait d'attaquer la ville. Lorsque la garnison capitula le lendemain matin, Saunders et Townshend signèrent conjointement l'acte de reddition au nom de la Grande-Bretagne. Les dépêches de Saunders et Townshend annonçant la chute de Québec parvinrent à Londres le 16 octobre. Selon son habitude, Saunders s'y montrait modeste et concis. Il donnait à Charles Holmes le mérite qui lui revenait pour la conduite des opérations de débarquement et louait hautement l'armée pour son escalade de la falaise. Faisant écho aux instructions de Pitt, il assurait l'Amirauté qu'il y avait eu « parfaite entente entre l'armée et la marine ».

Saunders, malgré son impatience d'attaquer les vaisseaux ennemis toujours en amont de la ville, dut s'empresser de débarquer des provisions et du matériel à Québec avant d'être surpris par l'hiver dans le Saint-Laurent. Il dépêcha en outre un sloop à New York pour obtenir de l'argent et il recueillit au delà de £3 000 chez ses propres officiers à titre de prêt à l'armée, qui se trouvait fâcheusement à court de numéraire. Saunders commença à descendre le Saint-Laurent à bord du *Somerset* le 18 octobre ; il était accompagné de trois autres vaisseaux de ligne et de quelques bâtiments plus petits. Il avait laissé deux sloops et trois schooners armés pour appuyer la garnison, et avait envoyé à Halifax une puissante escadre sous le commandement de lord Colvill*, avec instructions de rallier Québec dès que possible au printemps prochain. Une grande réception accueillit Saunders à son arrivée à Londres le 26 décembre. Pitt l'avait fait entrer d'office dans la catégorie de ceux qui avaient vaincu les armadas, et la chambre des Communes lui témoigna son appréciation lorsqu'il reprit son siège après les vacances de Noël.

L'exploit de Saunders avait consisté à mettre sur pied une importante expédition, de la conduire dans sa remontée d'un fleuve plein d'embûches et de l'établir solidement à Québec. Le succès remporté témoignait non seulement de sa compétence professionnelle, mais aussi des progrès qu'avait accomplis la marine au cours des dernières années, notamment la mise au point d'instruments de navigation fiables, l'amélioration des relevés hydrographiques et des cartes marines, le perfectionnement des embarcations utilisées pour les opérations amphibies. La collaboration de Saunders ne se limita pas à la capture de la forteresse car sans l'artillerie, les munitions et les provisions qu'il avait fournies à la garnison avant de quitter Québec, et cela à même les précieux approvisionnements des navires, il se peut bien que les Français, sous les ordres de LÉVIS, eussent pu reprendre Québec le printemps suivant.

La campagne de Québec apporta en outre une contribution durable à la sécurité de la navigation sur le Saint-Laurent. Tous les sondages et relevés au compas effectués à ce moment furent communiqués au capitaine du vaisseau amiral pour la mise à jour des cartes existantes. Saunders fit savoir à l'Amirauté, en avril 1760, qu'il avait réuni la matière suffisante pour dresser une nouvelle carte marine détaillée du Saint-Laurent et on l'autorisa à la publier. La première édition parut le 1er mai, sous son nom.

Saunders reprit du service dans la flotte de la Méditerranée en avril 1760 et y demeura jusqu'à la fin de la guerre. Il réussit le blocus des flottes française et espagnole et, à cette occasion, s'empara de nombreux bâtiments dont le galion espagnol *Hermione* fut la prise de choix. On distribua plus de £500 000 en butin, et Saunders, pour sa part, put ajouter £65 000 à sa fortune déjà plus que respectable. En octobre 1762, il était promu vice-amiral de l'escadre blanche.

A la fin de la guerre, Charles Saunders (sir Charles depuis 1761) quitta le service actif et consacra davantage de son temps à la politique. Il fut plus ou moins entraîné dans les intrigues où s'embourbèrent d'autres amiraux de l'époque devenus hommes politiques. Nommé premier lord de l'Amirauté en septembre 1766, il donnait sa démission quelques mois plus tard à la suite d'un différend avec Pitt, maintenant lord Chatham. Il n'occupa pas d'autres fonctions politiques par la suite mais il conserva son siège aux Communes où ses interventions furent nombreuses sur les questions concernant la marine. En juin 1774, il s'attaqua au projet de loi qui allait devenir l'Acte de Québec parce qu'il soustrayait au gouverneur de Terre-Neuve la surveillance de la côte du Labrador. Il était convaincu qu'en rattachant le Labrador à la province de Québec, la pêche qui s'y faisait tomberait aux mains des Américains ou des Français et il servit cet avertissement : « Dieu sait combien vous ressentirez le manque de marins chaque fois qu'il sera nécessaire à notre pays d'équiper sa flotte ! » Le projet de loi fut adopté mais les objections de Saunders furent entendues et la pêche du Labrador resta sous la responsabilité du gouverneur de Terre-Neuve.

Sir Charles Saunders mourut à sa demeure londonienne en décembre 1775 des suites « d'une attaque de goutte à l'estomac » ; au moment de sa mort, il était amiral de l'escadre bleue, grade qui lui avait été accordé en 1770. Edmund Burke prononça son éloge aux Communes, et Saunders fut inhumé dans l'abbaye de Westminster au cours d'une cérémonie intime. Sa femme semble l'avoir précédé dans la tombe ; ils n'avaient pas eu d'enfants. Aux termes de son testament, Saunders faisait des legs importants au vice-amiral Augustus Keppel, un de ses amis intimes, et au contre-amiral sir Hugh PALLISER, un de ses capitaines à Québec, et il laissait une généreuse rente ainsi que son mobilier à Ann Clevett (Cleverley), « une jeune dame qui vivait avec lui ». Le gros de sa succession était dévolu à sa nièce préférée, Jane Kinsey, à la condition qu'elle et son mari adoptent le nom de Saunders de même que les armes de la famille. Il lui léguait également les tableaux qui ornaient les murs de la salle à manger de sa maison de ville, soit un portrait d'Anson et deux peintures illustrant des scènes des attaques essuyées par la flotte devant Québec de la part des brûlots et des plates-formes de tir.

Il est difficile de pénétrer le caractère d'un

homme aussi réservé que Saunders : il n'a laissé aucun journal et le libellé de ses dépêches était concis et impersonnel. C'était un marin de carrière coulé dans le moule des Anson, ardent à protéger les intérêts de la marine et à promouvoir le bien du pays. Il avait embrassé une carrière exigeante qui laissait peu de place à la vie de famille et à la culture de l'amitié ; aussi avait-il peu d'amis intimes hors du cercle de la marine. Bien que n'ayant jamais exercé le commandement lors de victoires en mer, il joua un rôle primordial au Canada à un moment décisif de son histoire. Outre l'été qu'il passa à Terre-Neuve, Saunders ne vécut qu'une saison au Canada, mais ce fut le point culminant de sa carrière.

WILLIAM H. WHITELEY

Il existe des portraits de sir Charles Saunders peints par sir Joshua Reynolds et Richard Brompton ; celui de Brompton se trouve au Painted Hall du Greenwich Naval College, Londres.

APC, MG 18, M, sér.1, 21. — PANL, GN2/1, 1, f.353. — PRO, Adm. 1/482, 1/2467, 2/524, 2/526, 2/1331 ; C 108, bundle 23 ; Prob. 11/1014 ; WO 34/42. — *Annual Register* (Londres), 1775, 27. — *Correspondence of William Pitt* (Kimball), II : 168. — G.-B., Parl., *Debates of the House of Commons in the year 1774, on the bill for making more effectual provision for the government of the province of Quebec, drawn up from the notes of Sir Henry Cavendish* [...] (Londres, 1839 ; réimpr., [East Ardsley, Angl. et New York], 1966), 197s. — Knox, *Hist. journal* (Doughty). — *The logs of the conquest of Canada*, William Wood, édit. (Toronto, 1909), 84, 86s., 97–99, 263s., 303s. — Horace Walpole, *Memoirs of the reign of King George the Second*, [H. R. V. Fox, 3e baron] Holland, édit. (2e éd., 3 vol., Londres, 1847), II : 230 ; *Memoirs of the reign of King George the Third*, Denis Le Marchant, édit. ([nouv. éd.], G. F. R. Barker, édit., 4 vol., Londres et New York, 1894), III : 255s., 282. — Robert Beatson, *Naval and military memoirs of Great Britain from 1727 to 1783* (2e éd., 6 vol., Londres, 1804), II : 345. — Charnock, *Biographia navalis*, V : 116–127. — *DNB*. — Namier et Brooke, *House of Commons*, I : 434 ; III : 405. — W. L. Clowes, *The Royal Navy ; a history from the earliest times to the present* (7 vol., Londres, 1897–1903), III : 206. — J. S. Corbett, *England in the Seven Years' War : a study in combined strategy* (2 vol., Londres, 1907), I : 401, 415, 471 ; II : 321. — A. [G.] Doughty et G. W. Parmelee, *The siege of Quebec and the battle of the Plains of Abraham* (6 vol., Québec, 1901), II : 1515–1554 ; V : 241 ; VI : 99–107, 137. — Christopher Lloyd, *The capture of Quebec* (Londres, 1959). — Robin Reilly, *The rest to fortune : the life of Major-General James Wolfe* (Londres, 1960). — Stacey, *Quebec, 1759*, 103.

SAYENQUERAGHTA. V. KAIEÑˀKWAAHTOÑ

SCHINDLER, JOSEPH (Jonas), « ingénieur » en instruments de mathématiques, orfèvre et marchand, né dans la paroisse Saint-Nicolas, à Glaris, Suisse, fils de Joseph Schindler et de Marguerite Gaspar, décédé à Montréal le 19 novembre 1792.

Joseph Schindler arrive à Québec en 1763, à bord du *Dauphin*, en provenance de Londres. Au début de novembre, Schindler et Jeann (?) George Meyer, « tout le deux ingenieur des instrument de Mathemadique », prennent pension chez Jean Roy, aubergiste et traiteur de la rue Saint-Pierre. Quelques mois plus tard, en mars 1764, les deux locataires sont endettés de 864# 16s., somme acquittée par le seigneur de Beauport, Antoine Juchereau* Duchesnay. Le 17 mai, Joseph Schindler épouse à Québec Geneviève Maranda ; les parents de la jeune fille hébergent, semble-t-il, le couple.

Lors du baptême de son fils Frédéric, en novembre 1766, Schindler est désigné comme « mathématicien ». Cependant, c'est comme orfèvre que, peu après, il engage trois apprentis : Louis-Alexandre Huguet, dit Latour, et Joseph Lucas en décembre, puis Jean-Nicolas Amiot en février. Cette brusque orientation vers l'orfèvrerie s'explique par une certaine similitude entre la formation et l'outillage requis par la fabrication d'instruments de mathématiques et l'orfèvrerie. Par contre, l'ampleur de cette activité ne peut être expliquée que par une importante commande d'orfèvrerie de traite. En effet, bijoux et colifichets constitueront la base de son négoce, même si, dès 1767, il fabrique occasionnellement quelques pièces d'orfèvrerie religieuse. En peu de temps, Schindler établit un important atelier côte de la Montagne, où il habite en 1769.

Au mois de mars 1775, Schindler projette avec un certain Monforton, « marchand-voyageur » alors à Montréal, de se rendre à Michillimakinac (Mackinaw City, Michigan) vers la fin d'avril. En tant que procureur de Monforton, Schindler engage quatre ouvriers et emmène également son apprenti, Michel Forton*. En 1776, il comparaît à Détroit devant le juge de paix Philippe Dejean* pour avoir fabriqué de l'argenterie d'un titre inférieur à l'usage. Pour sa défense, il explique qu'il n'a jamais fait d'apprentissage, qu'il est donc mauvais juge de la qualité du métal, d'autant plus qu'il n'utilise que le vieil argent qu'on lui apporte. Son apprenti Michel Forton témoigne en sa faveur. Bien qu'acquitté par le jury, le lieutenant-gouverneur Henry HAMILTON et Dejean le font expulser de la ville au son du tambour. Malgré cet humiliant départ, Schindler, installé à Montréal en 1777, poursuit son commerce auprès des négociants en pelleteries de Détroit.

Schindler est avant tout un négociant qui engage des apprentis pour fabriquer les pièces commandées, tout comme le feront Robert Cruickshank* et Pierre Huguet*, dit Latour ; son poinçon IS dans un rectangle – qu'il ne faut pas confondre avec celui de Joseph Sasseville – est, tout comme les leurs, davantage un poinçon d'atelier que d'artisan. Par ailleurs ses activités de marchand ne se limitent pas à l'orfèvrerie. Le 21 mai 1784, Schindler et Christy Cramer, « marchands de Montréal » établis rue Saint-Paul, signent une obligation devant le notaire Edward William Gray* envers Isaac Todd* et James McGill* « pour des articles variés et marchandises diverses provenant de l'ancienne société de Cramer et Lymes ».

A la même date, à Québec, la belle-mère de Schindler lui abandonne la jouissance de ses biens, consistant surtout en une propriété, dont il avait déjà reçu donation en 1781. Veuve depuis dix jours et trop âgée pour se suffire à elle-même, elle déménage chez sa fille à Montréal. La propriété, sise côte de la Montagne au coin de l'Escalier, est mise en vente une semaine plus tard par l'entremise du marchand John Justus Diehl.

Schindler demeura très actif jusqu'à sa mort en 1792 ; il avait engagé l'année précédente Joseph Normandeau comme apprenti pour cinq ans. Malgré les suppositions, il est peu probable que sa veuve ait fabriqué elle-même des pièces d'orfèvrerie. Elle dut liquider le fonds d'atelier de son mari, tout en respectant le contrat conclu avec Normandeau. Ainsi s'expliqueraient les divers paiements pour des pièces d'orfèvrerie de traite que lui versent les frères McGill, en 1797 et 1798. Geneviève Maranda décède le 11 janvier 1803, laissant une dette de £10 3 shillings 8 pence envers ces négociants.

ROBERT DEROME

ANQ-M, État civil, Anglicans, Christ Church (Montréal), 21 nov. 1792 ; Catholiques, Notre-Dame de Montréal, 21 août 1778, 13 janv. 1803 ; Greffe de J. G. Beek, 30 juill. 1781, 19 févr. 1783 ; Greffe de Louis Chaboillez, 29 sept. 1791 ; Greffe d'E. W. Gray, 21 mai 1784. — ANQ-Q, État civil, Anglicans, Cathedral of the Holy Trinity (Québec), 5 déc. 1774 ; Catholiques, Notre-Dame de Québec, 17 mai 1764, 17 nov. 1766, 3 avril, 27 mai 1769, 14 juill. 1770, 25 janv., 26 juill. 1773, 21 mai 1774 ; Greffe de C.-H. Du Laurent, 20 sept. 1752 ; Greffe de Claude Louet, 12 nov. 1763, 20 mars 1764, 20, 22 déc. 1766, 9 févr. 1767 ; Greffe de J.-A. Panet, 21, 23, 25 mars 1775 ; Greffe de F.-D. Rousseau, 17 août 1781, 21 mai 1784. — AUM, P 58, Doc. divers, Q1, 3 juill. 1763. — IBC, Centre de documentation, Fonds Morisset, Dossier Joseph Schindler. — *La Gazette de Québec*, 27 mai 1784. — Detroit Institute of Arts, *The French in America, 1520–1880* (Détroit, 1951), 199. — Tanguay, *Dictionnaire*. — Robert Derome, Delezenne, les orfèvres, l'orfèvrerie, 1740–1790 (thèse de M.A., université de Montréal, 1974). — Langdon, *Canadian silversmiths*, 126. — Gérard Morisset, *Évolution d'une pièce d'argenterie* (Québec, 1943), 12s., planches VI–VII. — Traquair, *Old silver of Que*. — F.-J. Audet, Les habitants de la ville de Québec en 1769–1770, *BRH*, XXVII (1921) : 124. — F. W. Robinson, Silversmiths of early Detroit, Detroit Hist. Soc., *Bull.*, IX (1952–1953), n° 2 : 5–8.

SCHWARTZ, OTTO WILLIAM (Otho Wilhelm), trafiquant de fourrures et fonctionnaire local, né le 12 mai 1715 près de Riga (Union des républiques socialistes soviétiques), décédé le 5 octobre 1785 à Halifax.

Otto William Schwartz, dont le père était portraitiste, semble être né au sein de la communauté allemande qui, pendant quelques siècles, domina Riga et ses environs. Il fit, à partir de 1732, un apprentissage de sept ans dans la traite des fourrures et entreprit plus tard des voyages auxquels il mit fin pour se joindre à l'expédition de CORNWALLIS, en vue de fonder Halifax, en 1749.

Quand Schwartz atteignit la baie de Chibouctou, le 27 juin, sur le *Canning*, il était âgé de 34 ans, célibataire, et avait assez de fonds de roulement pour s'établir à son compte dans la traite des fourrures. La plupart des colons amenés par Cornwallis étaient de pauvres gens de Londres, alléchés par l'offre d'une aide gouvernementale. Les quelques Suisses, Allemands et Français qui participèrent à l'expédition se révélèrent plus industrieux que leurs compagnons anglais, si bien que Cornwallis favorisa l'immigration d'autres « protestants étrangers ». De ceux qui arrivèrent dans les quelques années qui suivirent, certains se fixèrent dans la banlieue nord de Halifax, aménagée à leur intention, d'autres à Lunenburg et un certain nombre au sein de la communauté anglaise de Halifax.

Bien que par ses intérêts il fût lié aux Anglais et qu'il résidât parmi eux, Schwartz conserva une forte identité germanique. Le 4 décembre 1750, il épousa une veuve allemande, Anna Justina Liebrich, qui devait donner naissance à trois fils et deux filles. Il devint membre à vie du conseil presbytéral de la communauté religieuse allemande, laquelle, bien qu'elle nouât d'étroites relations avec l'Église d'Angleterre et qu'elle célébrât ses premiers offices à St Paul, se donna bientôt sa propre église, la petite église allemande (St George). Schwartz aida cette église de plusieurs manières : en 1758, il consentit à la congrégation un prêt sans intérêt pour la finition de l'intérieur de l'église ; en 1761 et en 1764, il en appela au gouverneur et au Conseil de la Nouvelle-Écosse au sujet des fonds promis par le gouverneur Charles Lawrence* pour l'érection d'un clocher. Enfin, il fut membre de la Funeral Fees or

Friendly Society, qui assumait les frais de sépulture des pauvres de la communauté allemande.

Cette aide financière que pouvait donner Schwartz laisse croire que ses affaires comme pelletier étaient florissantes. En 1760, il avait été nommé par le secrétaire de la province, Richard BULKELEY, « pelletier pour le commerce indien », une fonction mal définie mais probablement privilégiée et lucrative ; il était subordonné à Bulkeley, au commandant en chef et au commissaire du commerce avec les Indiens, Benjamin GERRISH. Schwartz plaça aussi de l'argent dans les biens-fonds. En 1782, il possédait 4 000 acres sur la rivière Saint-Jean, 1 000 sur le chemin Windsor, une ferme dans le canton de Falmouth, ainsi que des emplacements et des maisons tant à Halifax que dans sa banlieue nord.

Schwartz détint d'autres fonctions qui, si elles n'étaient pas lucratives, montraient bien le rang éminent qu'il occupait dans la société. Il fut membre du grand jury de Halifax en 1757, s'éleva dans la milice au rang de capitaine en 1774, et fut nommé l'un des commissaires aux égouts de Falmouth, en 1776. De 1773 à sa mort, il représenta le comté de Lunenburg à la chambre d'Assemblée. Si les journaux de l'Assemblée ne révèlent point ses idées politiques, d'autres documents montrent que, même si le succès de ses affaires dépendait en partie de faveurs et d'influences, il n'avait pas hésité, avant son élection, à critiquer le gouvernement local. En 1753, il avait signé une déposition accusant de partialité les juges de la Cour inférieure des plaids communs. Quatre ans plus tard, il signa une pétition dirigée contre le gouverneur Lawrence à cause de son retard à établir une assemblée représentative et de son attitude arrogante à l'endroit des notables. Une autre pétition, qu'il signa la même année, demandait de meilleures fortifications pour Halifax.

Les quelques indices qu'il nous reste sur le caractère de Schwartz le laissent entrevoir comme un homme perspicace, acharné au travail, très paternaliste dans ses relations tant avec sa famille qu'au sein de l'Église, et attentif à sa situation matérielle et spirituelle. Il était fier de compter parmi les fondateurs de l' « Église évangélique allemande », et l'un de ses derniers cadeaux fut un revêtement pour la table de communion et une chaire qui portait son nom « inscrit en lettres d'or ». Ses funérailles furent coûteuses, et une section du plancher de la petite église allemande fut enlevée pour permettre la construction de son tombeau.

Le testament de Schwartz révèle peut-être la vision qui inspira sa vie. Chacun de ses cinq enfants était généreusement pourvu, mais ils devaient garder en commun une grande étendue de terre, sur le chemin Windsor, qui serait « connue sous le nom de Schwartzburg ». Quiconque vendrait ou donnerait sa part à « une ou des personnes dont le nom de famille ne serait pas Schwartz » serait déchu de ses droits. Peut-être Otto William se voyait-il comme le fondateur d'une dynastie sur le sol encore vierge de la Nouvelle-Écosse.

CATHERINE PROSS

Halifax County Court of Probate (Halifax), S19 (testament d'Otto William Schwartz, homologué en 1799) (mfm aux PANS). — PANS, RG 1, 164, pp.120, 207 ; 166A, p.73 ; 168, pp.73, 383, 471 ; 211, 16 févr. 1761, 24 avril 1764 ; 411, docs.1½, 1B, 7. — St Paul's Anglican Church (Halifax), Registers of baptisms, burials, and marriages, 4 déc. 1750, 9 juin 1752 (mfm aux PANS). — Letters and other papers relating to the early history of the Church of England in Nova Scotia, N.S. Hist. Soc., *Coll.*, VII (1891) : 89–127. — *N.S. Archives, I*, 539, 659. — *Directory of N.S. MLAs*. — Akins, *History of Halifax City*, 38s., 49s., 55, 73, 253. — Bell, *Foreign Protestants*, 291n., 302, 307, 616, 625s., 633n. — Francis Partridge, The early history of the parish of St. George, Halifax, N.S. Hist. Soc., *Coll.*, VII (1891) : 73–87 ; Notes on the early history of St. George's Church, Halifax, N.S. Hist. Soc., *Coll.*, VI (1888) : 137–154.

SCOTT, JOSEPH, soldat, homme d'affaires et fonctionnaire ; il épousa, le 4 janvier 1763 à Halifax, Margaret Ramsey Cottnam ; décédé le 29 septembre 1800 à Sackville, Nouvelle-Écosse.

Joseph Scott fait partie de cette intéressante lignée d'hommes qui réussirent si bien à associer service public et intérêt privé dans la Nouvelle-Écosse du XVIIIe siècle. Sans être un chef éminent, il fut néanmoins un représentant caractéristique de l'élite commerçante et politique qui domina Halifax pendant la période préloyaliste.

On ne connaît pas les détails de sa naissance ni de ses jeunes années, et pourtant il y a peu de doute que Scott était encore jeune lorsqu'il descendit du navire *London*, en juillet 1749, comme membre de l'un des premiers groupes de colons de Halifax [V. CORNWALLIS]. On le décrivait alors comme ayant été quartier-maître dans les Shirley's American Provincials (67e d'infanterie). Au début des années 1750, il s'était établi comme « marchand général », « dans son magasin près du quai de M. *Fairbanks* », avec l'intention déclarée de vendre un grand assortiment de denrées « bon marché contre argent comptant ». Il s'ensuivit un certain nombre d'associations. Avec John DAY il fonda la maison Day and Scott, collaboration qui apparemment débuta à la fin des années 1760 et qui se prolongea jusqu'à la mort de Day en 1775. Scott construisit également une scierie à Sackville, près de Halifax, où il possédait une étendue de terre à bois.

Sa carrière publique commença en 1752, année où il fut nommé juge de paix et juge de la Cour inférieure des plaids communs à Halifax. En 1754, il devint inspecteur forestier, poste sans aucun doute important pour quelqu'un qui s'intéressait au commerce du bois. Il se joignit à un groupe de négociants influents qui insistaient pour créer une assemblée ; le gouverneur Charles Lawrence* consentit finalement à leurs réclamations en 1758. L'année suivante, Scott fut élu à la seconde chambre d'Assemblée comme un des deux premiers députés du comté de Kings. Bien qu'il ne siégeât à l'Assemblée que pendant une seule session, il fut à même d'user de son influence pour s'assurer un revenant-bon supplémentaire : la charge d'officier payeur à la garnison de Halifax de 1761 à 1763.

Pareil en cela à la très grande majorité des négociants et des fonctionnaires, Scott demeura fidèle à la couronne pendant la Révolution américaine. Sa fidélité néanmoins n'alla pas jusqu'à donner son appui au gouverneur Francis LEGGE. Il fut l'un des « principaux habitants de la Nouvelle-Écosse » qui signèrent une requête adressée au Board of Trade au début de 1776, l'implorant de rappeler cet infortuné gouverneur. Après la révolution, plusieurs membres de l'ancienne élite furent submergés par la marée montante des Loyalistes. On ignore quel effet cet afflux eut sur Scott personnellement. Il est certain cependant que, par la suite, il ne joua pas un grand rôle dans les affaires de la province, quoiqu'il reçût en 1784 la commission de *custos rotulorum* (juge de paix et gardien des registres dans un comté).

On sait peu de chose de la vie familiale de Scott mais il se peut qu'il fût le frère du colonel George Scott*. Ce dernier, dans son testament, laissait l'ensemble de ses biens en Nouvelle-Écosse à son frère à Halifax, un certain Joseph ; le fait que le Joseph de la présente biographie acquit sa propriété de Sackville en 1767, l'année de la mort de George, rend vraisemblable ce lien de parenté.

L. R. FISCHER

APC, MG 23, A1, sér. 1, 14, n°2 516. — N.-É., House of Assembly, *Journal*, 4 déc. 1759. — *Halifax Gazette*, 1752–1776. — *Directory of N.S. MLAs*.

SECCOMBE, JOHN (en Nouvelle-Écosse, il employa cette orthographe bien qu'auparavant il n'écrivait pas le « e » final), ministre congrégationaliste, né le 25 avril 1708 à Medford, Massachusetts, troisième fils de Peter Seccomb, marchand, et de Hannah Willis ; il épousa Mercy Williams le 10 mars 1736/1737 à Weston, Massachusetts, et ils eurent au moins cinq enfants ; décédé le 27 octobre 1792 à Chester, Nouvelle-Écosse.

Comme étudiant au Harvard College de Cambridge où il obtint son baccalauréat ès arts en 1728 et sa maîtrise en 1731, John Seccombe était mieux connu pour ses mauvais tours, ses démêlés avec les autorités et son esprit vif que pour son érudition. Parmi sa production littéraire de cette période, le texte le plus connu est « Father Abbey's will », vers amphigouriques de 15 strophes exaltant le balayeur du collège, Matthew Abdy. Publié tout d'abord dans le *Weekly Rehearsal* (Boston) le 3 janvier 1732, réimprimé à Londres la même année, ce texte paraît dans des feuilles satiriques et des revues jusqu'en 1850. Une réponse du balayeur du Yale College de New Haven, Connecticut, souvent imprimée en même temps, a parfois été attribuée incorrectement à Seccombe.

En 1732, Seccombe fut invité à s'établir en qualité de premier pasteur de la nouvelle ville de Harvard où il reçut les ordres le 10 octobre 1733. Son entrée dans le clergé de l'Église congrégationaliste et son mariage avec la fille de l'influent révérend William Williams de Weston contribuèrent à son ascension sociale. Sa splendide propriété à Harvard témoignait du rang auquel il était parvenu vers la fin des années 1730. Son ministère ne fut toutefois pas à l'abri de controverses. Bien qu'il fût en accord avec ses paroissiens sur l'acceptation des principes du Grand Réveil, ses rapports avec les associations pastorales étaient parfois tendues à ce propos. Ses années à Harvard furent également assombries par des rumeurs d'infidélité conjugale qui semblent l'avoir amené à offrir « une expiation chrétienne à son offense » en janvier 1738/1739 et qui l'entraînèrent, peut-être, à solliciter son congé en 1757.

L'un des premiers propriétaires de Chester, Seccombe y prêcha en 1761 et y installa sa famille en 1763. Ses paroissiens, de nouveaux colons, ne lui offrirent pas un grand soutien mais, grâce à l'argent apporté de Nouvelle-Angleterre, il exploita une ferme familiale. Sa « situation financière précaire » en 1769 se redressa grâce à un héritage de famille. Seccombe prêcha également à l'église Mather (St Matthew), à Halifax, dès 1761 et régulièrement par la suite pendant 25 ans. Nul ne sait pourquoi il ne se vit jamais offrir officiellement le pastorat de l'église Mather. Chaudement accueilli et y ayant prêché en 1771 bien plus souvent que n'importe quel autre ministre dissident, il trouva « si naturel d'être avec ces fidèles qu'il lui sembl[ait] presque [être] leur pasteur ». Il se peut qu'une certaine tendance au presbytérianisme à l'église Mather ou bien son propre esprit évangélique l'en aient exclu mais, étant donné qu'il était un homme cultivé, intelligent et un bon prédicateur, il est probable que ce soient ses difficultés à Harvard qui l'empêchèrent d'être accepté par une partie influente de la congrégation. Cette dernière revendiquait la prééminence parmi les églises dissidentes de la province et cherchait à disputer la position de l'église St Paul, congrégation de l'Église établie d'Angleterre. Dans les années 1780, l'instituteur Joseph PETERS estimait que l'on avait abusé des services de Seccombe, mais il lui reprochait d'être « trop facile ».

En juillet 1770, lorsque le premier consistoire presbytérien-congrégationaliste en Nouvelle-Écosse ordonna Bruin Romkes Comingo*, pêcheur de Lunenburg, comme pasteur d'une congrégation dissidente dans cette ville, Seccombe prêcha le sermon d'ordination sur le thème de la nécessité de la grâce sanctifiante pour les ministres. Ailleurs, dans ses homélies hebdomadaires comme dans ses oraisons funèbres, composées avec clarté, il suivait la doctrine calviniste de la foi. En dépit de son aversion pour la confusion doctrinale des disciples de Henry ALLINE, il salua en 1786 « le réveil et l'intérêt que certains parmi nous, disait-il, éprouvent ». Deux ans plus tard, il amena ses fidèles à accepter l'affiliation aux baptistes mais, quant à lui, il ne devint pas membre de l'Église réorganisée.

Le mandat de comparaître devant le Conseil de la Nouvelle-Écosse, que Seccombe reçut en décembre 1776 sous l'inculpation d'avoir prêché un sermon séditieux, le situe nettement dans les limites de la tradition congrégationaliste de la Nouvelle-Angleterre. Toutefois, ce mandat en dit davantage sur les craintes du gouvernement et sur le fait que Chester se trouvait proche de la capitale, que sur ses sympathies révolutionnaires. Non seulement lui fallut-il garantir sa bonne conduite future, mais il se vit interdire de prêcher avant d'avoir signé une rétractation dans les formes. Rien n'indique qu'il l'ait fait ; toutefois, on sait qu'il prêcha à Halifax en juin 1777. Après une visite en Nouvelle-Angleterre en 1769 et ayant une fois envisagé d'y retourner en cas de guerre, Seccombe demeura pourtant en Nouvelle-Écosse pendant la Révolution américaine, et y resta seul avec deux autres ministres congrégationalistes après la révolution.

« Très saint homme » pour les baptistes, « véritable ministre de l'Évangile [...] ne cherchant ni *pains* ni *poissons* » aux yeux d'un anglican, « la première personnalité de cette province » et « le père de toutes [... ses] Églises [dissidentes] » selon un presbytérien, Seccombe fut considéré comme « dévoué à l'amour des hommes de bonne volonté de tous âges, de tous rangs et de toutes confessions ». Les contrastes et les luttes qui marquèrent sa vie attestaient sa conviction que « le Christ est le seul fondement du pécheur assoiffé ».

S. BUGGEY

John Seccombe est l'auteur de *Father Abbey's will* [...] (Cambridge, Mass., 1854), publié pour la première fois dans le *Weekly Rehearsal* (Boston), 3 janv. 1732 ; « The diary of Rev. John Seccombe », C. B. Fergusson, édit., PANS *Report* (Halifax), 1959, app.B, 18–45 (l'original se trouve aux PANS, MG 1, 797C) ; *A sermon preached at Halifax, July 3d, 1770, at the ordination of the Rev. Bruin Romcas Comingoe to the Dutch Calvanistic Presbyterian congregation at Lunenburg* [...] (Halifax, 1770) ; *A sermon occasioned by the death of the Honorable Abigail Belcher, late consort of Jonathan Belcher, esq* [...] *delivered at Halifax* [...] *October 20, 1771* (Boston, 1772) ; *A sermon, occasioned by the death of Mrs. Margaret Green ; consort of the late Honourable Benjamin Green, esq ; delivered at Halifax, in the province of Nova-Scotia, February 1st, 1778* (Halifax, [1778]).

Acadia University (Wolfville, N.-É.), Atlantic Baptist hist. coll., [John Seccombe], A sermon on Isaiah 55 : 1 preached at Halifax, April 24, 1779 [...]. Une note sur la copie du sermon l'attribue, par erreur, au révérend James Munro [S. B.].

Beinecke Rare Book and Manuscript Library, Yale University (New Haven, Conn.), George Gilmore à Ezra Stiles, 12 nov. 1788. — PANS, MG 1, 797C (Rev. John Seccomb(e) docs.) ; RG 1, 212, 23 déc. 1776, 6 janv. 1777. — Protestant Episcopal Church in the U.S.A., Archives and Hist. Coll. - Episcopal Church (Austin, Tex.), Samuel Peters papers, I : n° 95 ; II : n°s 7, 56 ; III : n° 118, sous la garde de la Hist. Soc. of the Episcopal Church (Austin) (mfm aux PANS). — United Church of Canada, Maritime Conference Archives, Pine Hill Divinity Hall (Halifax), McGregor papers A, Seccombe-Comingoe letters. — Congregational churches in Nova Scotia, Mass. Hist. Soc., *Proc.*, 2e sér., IV (1887–1889) : 67–73. — Shipton, *Sibley's Harvard graduates*, VIII. — H. S. Nourse, *History of the town of Harvard, Massachusetts, 1732–1893* (Harvard, 1894), 178–195. — *Baptist Missionary Magazine of Nova-Scotia and New-Brunswick* (Saint-Jean et Halifax), I (1827–1829) : 317.

SENECA KING. V. KAIEÑ?KWAAHTOÑ

SHANSON, GILLIOM. V. JEANSON, GUILLAUME

SHAW, WILLIAM, officier et fonctionnaire local, probablement né en Écosse ; il épousa Jane, fille de Thomas WOOD, probablement en 1764, à Annapolis Royal, Nouvelle-Écosse, et ils eurent de nombreux enfants ; *circa* 1759–1789.

En 1759, William Shaw servit comme volontaire dans le 42e d'infanterie lors du siège de la Guadeloupe ; il est possible aussi qu'il ait été présent lors de la prise de Montréal par les Britanniques, en 1760. Il acheta une commission dans le 43e d'infanterie en octobre 1761 et participa aux sièges de la Martinique et de La Havane. S'étant signalé à La Havane, il fut promu lieutenant dans le 40e d'infanterie. En 1763, il suivit son régiment en Nouvelle-Écosse et, deux ans plus tard, en Irlande, où il vécut, en compagnie de sa femme, pendant plusieurs années. Ayant, dans sa jeunesse, fait des études théologiques, il se porta candidat à l'ordination pendant son séjour en Irlande, afin de devenir missionnaire pour la Society for the Propagation of the Gospel, mais malgré l'appui de son beau-père sa demande fut rejetée. Même si son régiment était toujours stationné en Irlande, Shaw reçut 500 acres de terre dans le canton de Granville, près d'Annapolis Royal, en juillet 1767, et il est recensé comme chef de famille dans ce canton en 1770. En 1772, il fut muté dans le 47e d'infanterie, au sein duquel il servit dans le New Jersey et à Boston. Pendant son séjour dans l'armée, il fit office, à différents moments, d'adjudant-major, d'officier payeur et de juge-avocat adjoint dans les tribunaux militaires. En 1774, il quitta l'armée, « par nécessité, non par choix ». Ses responsabilités familiales ont peut-être pesé plus lourdement dans la balance que le service actif, mais, quoi qu'il en soit des raisons, Shaw retourna en Nouvelle-Écosse et s'engagea dans le « commerce ».

En 1775, Shaw fut élu à la chambre d'Assemblée comme représentant du comté d'Annapolis. Quand il reçut, cette année-là, du gouverneur Francis LEGGE, une commission d'officier au sein des Loyal Nova Scotia Volunteers, il abandonna son activité commerciale ; mais il perdit plus tard sa commission, par l'influence d'un ancien commandant, sir William Howe.

Cette même année, les habitants du comté d'Annapolis, dans une requête adressée au major général Eyre Massey, commandant des troupes en Nouvelle-Écosse, demandaient que Shaw fût invité à lever une compagnie de milice en vue de la défense du district. Ayant obtenu, en janvier 1776, une commission de major dans la milice, Shaw avait recruté sa compagnie en juillet et il demanda à Massey d'accorder aux hommes leur salaire, leurs provisions et leur équipement, étant donné qu'ils avaient seulement ce qu'il leur avait lui-même fourni. En novembre, devenu colonel, il mit sa compagnie sur un pied d'alerte devant la menace d'une attaque des rebelles américains et la maintint en service tant que le danger ne fut pas écarté. Des accusations furent lancées, cependant : les hommes de Shaw n'auraient pas accompli les tâches dont Shaw avait fait état, et lui-même aurait gardé l'argent que le gouvernement destinait à sa compagnie. Des déclarations par écrit et sous serment, signées par ses hommes, le lavèrent de la première accusation, mais, après examen de la seconde, l'Assemblée lui ordonna de rembourser certaines sommes.

En janvier 1777, Shaw fut nommé juge de paix, et, en avril, il réussit à obtenir une nouvelle commission dans les Loyal Nova Scotia Volunteers. Peu après, toutefois, on lui demanda de retourner cette commission. En dépit de ses efforts, Shaw n'avait toujours pas la faveur des cercles militaires.

En 1781, Shaw occupait le poste de shérif du comté de Halifax. Deux ans plus tard, une enquête menée par l'Assemblée révéla que les shérifs omettaient de transmettre au trésor provincial l'argent provenant des amendes. On songea dès lors à un projet de loi pour régir les fonctions de même que le mode de nomination des shérifs. Une des clauses stipulait que le shérif du comté de Halifax devait posséder, dans le comté, une propriété foncière libre, d'une valeur d'au moins £1 000. En novembre 1783, Shaw avait perdu son poste. Un an plus tard, pour « avoir refusé d'assister [aux sessions de l'Assemblée] et de produire des pièces justificatives à l'appui de sa comptabilité, en sa qualité de fonctionnaire et à titre de shérif du comté de Halifax », on le déclara coupable d'avoir méprisé l'autorité de l'Assemblée ; son siège fut déclaré vacant et l'on donna ordre de l'emprisonner. Il s'arrangea toutefois pour éviter l'arrestation et, au début de l'année suivante, le major général John Campbell le nomma grand prévôt des troupes britanniques en Nouvelle-Écosse, le qualifiant d' « officier aux longs états de service et de bonne réputation ». Shaw affirma plus tard avoir épargné au gouvernement « jusqu'à £20 000 » en travaillant à « rassembler les Loyalistes, etc. ». On ne saurait dire combien de temps il conserva cette fonction, mais il était de retour en Angleterre en 1786 et y présentait une requête à lord Sydney, ministre de l'Intérieur (responsable aussi des colonies), sollicitant la demi-solde à titre de colonel dans les troupes provinciales, citant ses états de service et se plaignant de « se retrouver sans aucun emploi ni pension ». On ignore si sa requête fut exaucée. En 1789, Shaw était une fois encore de retour à Granville, mais les documents ne font plus mention de lui par la suite.

CATHERINE PROSS

PANS, RG 1, 168, no 492 ; 222, nos 56–63 ; 369, no 213 ; 443, nos 2–17. — PRO, CO 217/26 ; 217/36 ; 217/37, ff.42–43. — USPG, B, 25, nº 80. — N.-É., House of Assembly, *Journal*, 23 sept., 28 oct. 1780 ; 25 oct., 18 nov., 2 déc. 1783 ; 29 nov. 1784. — *Directory of N.S. MLAs*, 315. — *Service of British regiments* (Stewart). — Calnek, *History of Annapolis* (Savary), 162, 184, 207–210, 338. — H. M. Chichester et George Burges-Short, *The records and badges of every regiment and corps in the British army* (2e éd., Londres, 1900), 523ss, 558ss, 591ss. — A. W. Savary, *French and Anglican churches at Annapolis Royal* (Annapolis Royal, N.-É., 1910).

SHULDHAM, MOLYNEUX, 1er baron SHULDHAM, officier de marine et gouverneur de Terre-Neuve, né vers 1717, probablement en Irlande, second fils du révérend Lemuel Shuldham et d'Elizabeth Molyneux ; il épousa le 4 octobre 1790 Margaret Irene Sarney ; décédé le 30 septembre 1798 à Lisbonne.

Molyneux Shuldham entra dans la marine royale en 1732 comme ordonnance du capitaine sur le *Cornwall*. Il passa ses examens de lieutenant le 25 janvier 1739 et fut promu capitaine sept ans plus tard. En 1756, les Français capturèrent son navire, le *Warwick*, au large de la Martinique, et Shuldham passa deux ans en France comme prisonnier. Relâché, il reçut le commandement du *Panther* et participa à la prise de la Guadeloupe en 1759.

Après avoir exercé des commandements, en temps de paix, dans les eaux métropolitaines, Shuldham succéda, en février 1772, à John BYRON comme gouverneur de Terre-Neuve. A son arrivée, il examina les fortifications de St John's et de Placentia et les trouva fort délabrées. Subséquemment, le gouvernement britannique ordonna la contruction d'un nouveau fort à St John's, et Shuldham, après consultation avec l'ingénieur en chef, le lieutenant Robert PRINGLE, décida de le placer au sommet de la colline, à l'arrière de la ville. Une fois complété, en 1780, le fort Townshend devint le siège du gouvernement de l'île.

Pendant le XVIIIe siècle, l'administration de Terre-Neuve se caractérisa par l'absence de tout véritable gouvernement local ; avant son départ pour l'Angleterre, à l'automne de chaque année, Shuldham consacrait une grande partie de son temps à émettre des proclamations et à juger des querelles. Il faisait de son mieux aussi pour soutenir l'autorité parfois chancelante des fonctionnaires locaux. En 1772, les juges de paix de St John's se plaignirent que deux marchands avaient ignoré leurs mandats de comparution et avaient menacé de couper les oreilles aux premiers constables qui se frotteraient à eux. Shuldham répliqua avec douceur qu'il appuierait toujours les juges de toute son autorité, mais qu'on devait traiter les personnes dont on se plaignait avec la « décence et l'indulgence, auxquelles elles ont droit en qualité de gentlemen, de marchands et de sujets britanniques ».

En août 1773, Shuldham visita la côte du Labrador placée sous la juridiction du gouverneur de Terre-Neuve en 1763. A la baie des Châteaux, il émit une proclamation accordant aux entreprises de pêche britanniques une sécurité accrue dans leurs postes, et il envoya « un officier très sensé », le lieutenant Roger Curtis*, explorer la côte nord et visiter les missionnaires moraves dans leur toute nouvelle base de Nain [V. Christian Larsen DRACHART]. Dans ses interminables rapports, Curtis appréciait le progrès des frères moraves auprès des Inuit et s'enthousiasmait devant les perspectives alléchantes des pêcheries dans le nord. Shuldham envoya lui-même beaucoup de renseignements au gouvernement britannique relativement aux postes de pêche et aux facilités portuaires du sud du Labrador. Bien qu'il perdît toute autorité sur le Labrador lors de son annexion à la province de Québec en 1774, Shuldham n'en continua pas moins d'y superviser les pêcheries en qualité de commandant en chef des escadres détachées pour leur protection.

En février 1775, Shuldham fut remplacé comme gouverneur par le commodore Robert Duff. Promu contre-amiral le 31 mars, il devint, au mois de septembre suivant, commandant en chef de la station de l'Amérique du Nord. Ses effectifs n'étant cependant pas suffisants pour assurer la protection de toutes les colonies, il fut incapable d'envoyer au commodore Mariot ARBUTHNOT, en Nouvelle-Écosse, et à l'administrateur Phillips CALLBECK, dans l'île Saint-Jean (Île-du-Prince-Édouard), les navires qu'ils désiraient. Le 17 mars 1776, Shuldham procéda, à Boston, à l'évacuation de l'armée du lieutenant général sir William Howe et de plusieurs milliers de réfugiés loyalistes, arrivant sain et sauf à Halifax, avec les transports, le 2 avril. Il considéra alors que la Nouvelle-Écosse avait pris plus d'importance et pressa l'Amirauté de fournir des navires de guerre supplémentaires pour la défense de la province. Quand il transporta l'armée de Howe à New York, en juin, il laissa des navires dans la baie de Fundy et au large de l'île du Cap-Breton. Le mois suivant, remplacé soudainement par le vice-amiral Richard Howe, vicomte Howe, il éprouva un choc qui s'atténua quand il fut créé baron irlandais. La carrière active de Shuldham était effectivement parvenue à sa fin, même s'il servit comme amiral du chantier de construction navale de Plymouth de 1u77 à 1782 et représenta le comté de Fowey au parlement britannique, de 1774 à 1784. Il devint amiral en titre en 1787. Marié tardivement, il n'eut pas d'enfants.

A Terre-Neuve, Shuldham réussit raisonnablement bien dans une fonction exigeante et, s'il ne prit aucune initiative d'envergure, il se conforma consciencieusement à ses instructions. On doit les premiers renseignements détaillés sur la côte nord à son intérêt pour le Labrador. A la station de l'Amérique du Nord, il dirigea les opérations de son escadre avec compétence et se retira sans bruit quand on le remplaça par Howe. Même si la défense du Canada ne fut pas sa préoccupation majeure, il reconnut l'importance de Halifax et adopta, pour la défense de la Nouvelle-Écosse, toutes les mesures à sa portée.

WILLIAM H. WHITELEY

[Molyneux Shuldham], *The despatches of Molyneux Shuldham, vice-admiral of the blue and commander-in-chief of his Britannic majesty's ships in North America, January–July 1776*, R. W. Nesser, édit. (New York, 1913).

PANL, GN2/1, 27 juill., 2, 5, 15, 16 oct. 1772 ; 21 août, 13, 15 oct. 1773. — PRO, Adm. 1/470 ; 1/484 ; 2/550 ; CO 5/119 ; 5/205 ; 5/251 ; 194/30–32 ; 199/17 ; WO 1/2. — *Gentleman's Magazine*, 1798, 909. — [J.] B. Burke, *A genealogical history of the dormant, abeyant, forfeited and extinct peerages of the British empire* (3e éd., Londres, 1883). — Charnock, *Biographia navalis*, V : 505–508. — *DNB*. — A. [C.] Valentine, *The British establishment, 1760–1784* [...] (2 vol., Norman, Okla., 1970), II : 790.

SIERRA, ESTEBAN JOSÉ MARTÍNEZ FERNÁNDEZ Y MARTÍNEZ DE LA. V. MARTÍNEZ

SILVAIN (Sylvain), JEAN-BAPTISTE DUPLEIX. V. DUPLEIX

SIMONNET, FRANÇOIS, frère hospitalier de la Croix et de Saint-Joseph, instituteur, notaire royal et procureur du roi, né le 29 décembre 1701 à Niort, France, fils de Philippe Simonnet, marchand puis contrôleur des fermes du roi, et de Marie Boismenay, décédé à Montréal le 9 décembre 1778.

On ne sait rien de François Simonnet avant son arrivée en Nouvelle-France. Il semble bien qu'il ait été recruté par François Charon* de La Barre et qu'il ait traversé, en 1719, sur le *Chameau* avec cinq autres maîtres d'école. Sa présence est signalée pour la première fois le 14 septembre 1721 chez les Frères hospitaliers de la Croix et de Saint-Joseph, à l'Hôpital Général de Montréal, alors qu'il signe dans un registre « F. Simonnet de la Croix hospitalier et missionnaire », puis « maître d'école » ; il enseigne alors à l'école de Longueuil. Le 8 octobre 1723, Mgr de Saint-Vallier [La Croix*] approuve les règles des frères Charon, dont le texte a été merveilleusement calligraphié par Simonnet. Le 24 octobre 1724, ce dernier, après cinq ans de vie commune, tant à l'hôpital qu'aux missions, prononce des vœux simples de pauvreté, chasteté, obéissance et hospitalité envers les pauvres et la jeunesse. A compter de cette date et jusqu'en 1730, il enseigne à Trois-Rivières où il a la charge de l'école. Le 28 septembre 1731, toujours religieux, il enseigne cette fois-ci à Boucherville. Cette même année, le roi de France supprime la subvention annuelle de 3 000# accordée jusqu'alors aux maîtres d'école. Il est plausible que François Simonnet soit alors rentré dans le monde, car, suite à la décision royale, plusieurs frères Charon demandèrent la dispense de leurs vœux.

On retrouve Simonnet le 23 janvier 1736, au moment où il épouse à Boucherville la veuve de Léger Bourgy, Marguerite Bougret Dufort, infirme âgée de 52 ans qui meurt le 22 avril 1749. Après deux mois et demi de veuvage, il se mariera à Montréal, le 7 juillet 1749, avec Marguerite Neveu, fille de Jean-Baptiste Neveu*, seigneur de Lanoraie et Dautré et colonel de la milice du gouvernement de Montréal, et de Françoise-Élisabeth Legras ; de cette union naîtra un fils qui mourra en bas âge.

François Simonnet qui, dans certains actes de 1736, se dit marchand à Boucherville, reçoit le 1er juillet 1737 d'Honoré Michel* de Villebois de La Rouvillière, commissaire de la Marine, faisant office d'intendant en l'absence d'HOCQUART, une commission de notaire royal à Boucherville et dans toute l'étendue des côtes du gouvernement de Montréal. Le 25 février 1738, l'intendant Hocquart confirme cette commission mais la restreint à Varennes, cap Saint-Michel, Verchères, Contrecœur, Saint-Ours et Chambly. Cette restriction est cependant levée le 20 août 1738 et Simonnet obtient une nouvelle commission pour toute l'étendue du gouvernement de Montréal. A partir d'octobre 1738, il résidera à Montréal.

En 1756, Simonnet participe à titre d'expert vérificateur d'écriture au célèbre procès de l'otage Robert Stobo* à Montréal. De 1757 à 1760, il est substitut du procureur du roi, puis procureur en titre pour la juridiction de Montréal. Le 24 novembre 1759, les membres du Conseil supérieur, réunis à Montréal, l'avaient nommé commis-greffier d'office. Trois semaines après la capitulation de Montréal, soit le 20 octobre 1760, Thomas GAGE, gouverneur militaire, renouvelle la commission de notaire royal de Simonnet. Malgré le cumul des tâches, celui-ci devait instrumenter, presque sans interruption, jusqu'au 14 novembre 1778.

Sans être un grand homme d'affaires, Simonnet est devenu au cours des années un important propriétaire foncier. En plus d'hériter des seigneuries de Lanoraie et Dautré, il acquiert des terres dans les seigneuries de Belœil, Boucherville, Cournoyer et Prairie-de-la-Madeleine, ainsi que sur l'île de Montréal. Des travaux entrepris dans les seigneuries de Cournoyer et de Prairie-de-la-Madeleine en 1742 et 1743 restent sans lendemain. Mais dans la seigneurie de Boucherville et sur l'île de Montréal il met des terres en valeur et en partage le produit à parts égales avec ses fermiers. En plus de posséder tous les bâtiments, l'équipement et les animaux nécessaires à la mise en valeur de ses fermes, il s'adonne à l'élevage des moutons et à l'exploitation de quelques vergers.

Le 14 septembre 1768, René Cartier et son épouse, Angélique Sarasin Depelteau, seigneurs de La Salle, nomment François Simonnet procureur général et spécial de leur seigneurie et lui donnent le droit de régir tous leurs biens et leurs affaires. Par la même occasion, le seigneur Cartier, en guise de reconnaissance et de gratitude à l'endroit de Simonnet qui, par pure charité, a arrêté la vente à la criée de la seigneurie de La Salle, lui concède un arrière-fief. En réalité, on réglait ainsi un litige enregistré à la Cour des plaids communs, le 26 septembre 1766, à la requête de Simonnet qui se plaignait du seigneur Cartier, alors incapable de respecter ses obligations envers lui et certains créanciers.

François Simonnet décède le 9 décembre 1778, quelques semaines après son épouse Marguerite Neveu. Il lègue à sa sœur Marie-Louise la plus grande partie de ses biens évalués à plus de £53 000, dont £8 200 en pièces d'or et d'argent, et l'autre part à des indigents.

RAYMOND DUMAIS

Le greffe de François Simonnet (1737–1778) est conservé aux ANQ-M.

AD, Deux Sèvres (Niort), État civil, Saint-André de Niort, 1er janv. 1702. — AN, Col., C11A, 101, ff.254–291. — ANQ-M, AP-M-78-8 ; Chambre des milices, 5, 16 août 1763 ; Doc. jud., Cour des plaidoyers communs, Registres, 26 sept. 1766, 5, 19, 26 juin 1772, 14 janv., 11 févr., 22 mars, 15 avril, 18 nov. 1779 ; Pièces détachées, 30 juill. 1739 ; État civil, Catholiques, Notre-Dame de Montréal, 12 août 1746, 23 avril, 7 juill. 1749, 5 oct. 1751, 1er sept. 1752, 22 nov., 11 déc. 1778 ; Sainte-Famille (Boucherville), 23 janv. 1736 ; Greffe de J.-B. Adhémar, 10 août 1740, 18 févr., 26 mai 1741, 6 juin, 16 oct. 1742, 30 avril, 25 juill. 1743, 19 oct. 1744, 6 mars, 7 déc. 1745, 18 mars 1746, 9 sept. 1747, 28 mai, 1er juill. 1749, 2 mars 1753 ; Greffe de Louis Chaboillez, 29 mars 1793 ; Greffe de Jean Delisle, 24 oct. 1768, 19 janv. 1769, 28 mars, 18 oct. 1770, 19 janv., 16 févr. 1771, 14 févr. 1772, 24 sept. 1773, 8 mars, 4 avril, 10 août 1775, 30 sept., 12, 16 déc. 1778 ; Greffe d'Antoine Foucher, 15 févr. 1779 ; Greffe de Gervais Hodiesne, 1er déc. 1762, 17 janv. 1763 ; Greffe de J.-B. Janvrin Dufresne, 22 mars 1738, 31 déc. 1740 ; Greffe d'Antoine Loiseau, 21 janv., 13, 14 avril, 5 mai, 9, 15, 22 oct. 1736, 28 juill. 1739 ; Greffe de P.-F. Mézière, 24 mars 1763 ; Greffe de Pierre Panet, 6 janv. 1759, 21 oct. 1761, 18 nov. 1762, 7 févr. 1763, 30 juill., 11 août 1764, 30 juill. 1777 ; Greffe de C.-C.-J. Porlier, 4 mai, 18 août 1742, 11 oct., 6 déc. 1743 ; Greffe de J.-C. Raimbault, 28 sept. 1731 ; Greffe de Simon Sanguinet, 14 sept. 1768, 13 mars 1769, 26 juill. 1771, 12 mars 1774 ; Greffe d'André Souste, 2 janv. 1746, 9 janv., 30 avril, 10 juin 1765, 13 juill. 1767 ; Recensement, Compagnie des Indes, 1741, 40. — ANQ-MBF, Insinuations, 2, f.15. — ANQ-Q, NF 2, 25, f.35 ; 26, ff.55, 177. — ASGM, Frères Charon, 80 ; Registre des vêtures, professions, sépultures, etc., des frères Charon. — ASSM, 24, Dossier 6. — Les ordonnances et lettres de change du gouvernement de Montréal en 1759, ANQ *Rapport*, 1924–1925, 248. — Procès de Robert Stobo et de Jacob Wambram pour crime de haute trahison, ANQ *Rapport*, 1922–1923, 320–327. — Archives Gradis, ANQ *Rapport*, 1957–1959, 38s. — Labrèque, Inv. de pièces détachées, ANQ *Rapport*, 1971, 48s. — Hubert Létourneau, Inventaire analytique des taxes de dépens du Conseil supérieur (1703–1759), ANQ *Rapport*, 1973, 106. — É.-Z. Massicotte, Les frères Charon ou Frères hospitaliers de Saint-Joseph de la Croix, *BRH*, XXII (1916) : 365–370 ; Inventaire des documents et des imprimés concernant la communauté des frères Charon et l'Hôpital Général de Montréal sous le Régime français, ANQ *Rapport*, 1923–1924, 192 ; Les tribunaux et les officiers de justice de Montréal sous le Régime français, *BRH*, XXXVII (1931) : 307. — Les notaires au Canada sous le Régime français, ANQ *Rapport*, 1921–1922, 46. — Vachon, Inv. critique des notaires royaux, *RHAF*, XI : 99s. — Jouve, *Les franciscains et le Canada : aux Trois-Rivières*, 277–281. — J.-E. Roy, *Hist. du notariat*, I : 211. — P.-G. Roy, *Les mots qui restent* (Québec, 1940), 134s. — M. Trudel, *L'esclavage au Canada français*, 147. — É.-Z. Massicotte, Hospitalier, ecclésiastique, notaire et père de famille, *BRH*, XLII (1936) : 305. — J.-E. Roy, Les conseillers au Conseil souverain de la Nouvelle-France, *BRH*, I (1895) : 187.

SINGLETON, GEORGE, officier et marchand, né vers 1750 en Irlande, décédé le 21 septembre 1789 dans le canton de Fredericksburgh (North Fredericksburgh et South Fredericksburgh, Ontario).

George Singleton exerçait la profession de marchand, vraisemblablement dans la province de New York, lorsqu'il se joignit aux forces britanniques au début de la guerre d'Indépendance américaine ; il se peut qu'il ait participé à la défense de Québec quand la ville fut assiégée en 1775–1776. En juin 1776, il fut nommé lieutenant dans le King's Royal Regiment de New York, aux ordres de sir John Johnson*. Il prit part à la malheureuse expédition menée par Barrimore Matthew St Leger dans la vallée de la rivière Mohawk en 1777 ; il fut blessé et fait prisonnier durant le siège du fort Stanwix (Rome, New York). Certains récits locaux associent le nom de Singleton à un « acte de cruauté infâme » : il aurait incité ses alliés indiens à tuer des prisonniers. Au printemps de 1778, il obtint la permission de se rendre au Canada, mais il demeura en liberté conditionnelle à Montréal durant deux ans. Reprenant le service militaire en 1780, il fut nommé capitaine dans le 2e bataillon du King's Royal Regiment de New York, commandé par John Ross ; en octobre 1780, il se trouvait à l'île de Carleton, New York, probablement sa première visite dans la région de Cataracoui (Kingston, Ontario) et de la baie de Quinte. En juillet 1782, il se joignit à Joseph Brant [Thayendanegea*] pour effectuer une mission de reconnaissance dans la vallée de la Mohawk. L'expédition eut un succès raisonnable, et le journal de Singleton permet de constater qu'il avait de l'instruction et de l'habileté. Il sut maintenir de bonnes relations avec les Indiens ; Thayendanegea et lui obtinrent 224 têtes de bétail pour les Indiens et la garnison d'Oswego, New York.

A la fin des hostilités, Singleton reçut une concession de terre dans la région de Cataracoui et il s'établit dans le canton de Fredericksburgh. En juillet 1784, conjointement avec Edward Jessup* et John Stuart*, il demanda au gouvernement de ne pas effectuer immédiatement une réduction draconienne des rations distribuées aux Loyalistes, et cette requête fut agréée. Singleton se montra d'abord plus intéressé au commerce qu'à l'acquisition de vastes terres. Tout semble indiquer que, à l'été de 1785, il avait un poste de traite près de l'embouchure de la rivière Sagonaska (rivière Moira), dans le canton de Thurlow ; il fut donc l'un des premiers colons et le premier commerçant qui résida à l'endroit où se trouve actuellement Belleville, Ontario. Il avait comme associé Israel Ferguson, son beau-frère. Le poste de traite qui lui servait de résidence sur la Sagonaska était une construction de bois rond, primitive mais confortable. Il continuait aussi d'habiter de temps à autre sa résidence du canton de Fredericksburgh. En 1788, il fut nommé juge de paix du district de Mecklenburgh.

Cette année-là, qu'on appela justement « l'année de la famine », provoquée par la sécheresse et une maigre récolte et rendue plus pénible par un hiver rigoureux, entraîna des conséquences désastreuses pour Singleton. Ses clients étant incapables de le payer, il fut obligé d'hypothéquer ou de vendre des terres. Comme il n'avait jamais réclamé la concession maximale de 3 000 acres à laquelle les officiers avaient droit, il demanda au gouvernement, en août 1789, de lui accorder une terre de 2 100 acres située juste en face de son poste de traite, dans l'actuel comté de Prince Edward. Mais il ne devait jamais connaître la réponse des autorités. Au début de septembre, il partit en barque pour Kingston où il devait prendre des articles de traite et comparaître en tant que défendeur devant un tribunal civil. Il tomba malade en cours de route et, malgré les soins qu'il reçut des Agniers de Tyendinaga (près de Napanee, Ontario) et d'un médecin de Kingston, il mourut à son domicile du canton de Fredericksburgh. Singleton fut inhumé le 23 septembre 1789 par le révérend John Langhorn*. Il laissait derrière lui sa femme Nancy (dont le nom de famille était peut-être Ferguson) et son fils John.

L'endroit où demeurait Singleton et la rivière qui traversait cette région, dans le canton de Thurlow, furent connus sous le nom de Singleton jusqu'au milieu des années 1790, mais le décès prématuré de celui-ci, attribuable peut-être aux privations subies durant « l'année de la famine », eut pour conséquence que l'appellation de ces lieux ne tarda pas à changer, et on leur donna les noms qu'on leur connaît maintenant. Après 1810, la famille de George Singleton alla habiter le canton de Murray, dans le comté avoisinant de Northumberland, où son fils et ses petits-enfants comptèrent parmi les premiers et les plus éminents colons.

Gerald E. Boyce

APC, RG 1, L5, 34. — BL, Add. mss 21 785, 21 829. — Corby Public Library (Belleville, Ontario), Hastings County Hist. Soc. coll., Singleton family papers. — PAO, Canniff (William) papers, package 9, Notes concerning the early settlers of Belleville and Prince Edward County ; Cartwright family papers, Ezra Stephens à F. M. Hill, 23 nov. 1852 ; RG 1, C-IV, Fredericksburgh Township papers, abstract index ; Pittsburgh Township papers, abstract index ; Sidney Township papers, abstract index ; Thurlow Township papers, abstract index. — PRO, WO 17/1 574 ; 28/5, ff.5, 215 (mfm aux APC).

Orderly book of Sir John Johnson during the Oriskany campaign, 1776–1777 [...], W. L. Stone, édit. (Albany, N.Y., 1882), 13. — PAO *Report*, 1917, 203s. — Rev. John Langhorn's records, 1787–1813 : burials, *OH*, I (1899) : 59–63. — William Canniff, *History of the settlement of Upper Canada (Ontario) with special reference to the Bay Quinte* (Toronto, 1869 ; réimpr., Belleville, 1971). — Ontario, Dept. of Planning and Development, *Moira valley conservation report* (Toronto, 1950). — J. A. Scott, *Fort Stanwix (Fort Schuyler) and Oriskany* [...] (éd. du cent cinquantenaire, Rome, N.Y., 1927), 197. — E. A. Cruikshank, The

King's Royal Regiment of New York, *OH*, XXVII (1931) : 193–323. — R. V. Rogers, The first commission of the peace for the district of Mecklenburg, *OH*, VIII (1907) : 49–78.

SIONGOROCHTI. V. Kaieñˀkwaahtoñ

SIRIER. V. Cirier

SIVERT. V. L'Espérance

SLADE, JOHN, capitaine et propriétaire de navires, fonctionnaire et marchand, né en 1719 à Poole, Angleterre, l'un des huit enfants de John Slade, maçon, et de sa femme Ann ; il épousa Martha Haitor (Hayter), et de ce mariage naquit un fils ; décédé le 17 février 1792, à Poole.

Le père de John Slade vécut modestement et ne laissa à sa mort, en 1727, qu'une petite parcelle de terre, avec une maison, et un legs de £10 à trois de ses fils, John, Robert et Thomas. Même s'il devint orphelin à l'âge de huit ans, John reçut probablement une instruction élémentaire à la Free School et fit de bonne heure l'apprentissage de la mer, car, à Poole, les marins constituaient l'armature de la vie économique. Slade était encore enfant quand Daniel Defoe visita Poole, qu'il décrivit dans *A tour through the whole island of Great Britain* comme le plus grand port de mer du sud de l'Angleterre, ajoutant que la cause principale de la croissance de cette ville avait été « l'armement annuel de navires de pêche destinés à Terre-Neuve ». Du temps de Defoe, Poole n'avait pas encore atteint l'apogée de son activité commerciale avec Terre-Neuve. Au début du XVIIIe siècle, le trafic consistait surtout en des entreprises saisonnières, avec des équipes de pêche formées à même les membres de l'équipage du navire et divisées, pour la saison d'été, en deux groupes : ceux qui capturaient le poisson et ceux qui le préparaient. Par la suite, le trafic s'étendit rapidement, et les marchands de Poole trouvèrent avantageux d'équiper ceux de leurs employés qui désiraient s'installer à Terre-Neuve ; le commerce qui s'établit avec ces pêcheurs, à qui on fournissait les approvisionnements en échange de leurs stocks de poisson et autres produits, remplaça peu à peu la pêche saisonnière. C'est pendant ces années de croissance, de dynamisme et de changements profonds que John Slade commença de prendre part à ce commerce. Il en tira une respectable fortune, jouant, au sein de cette évolution, un rôle assez important, tant du point de vue économique que culturel, dans le progrès de la colonisation au nord-est de Terre-Neuve et au Labrador.

Les plus anciens documents relatifs à la carrière maritime de Slade remontent aux années 1740, époque où il fut capitaine à bord de plusieurs navires marchands de Poole, voyageant sur la Méditerranée ou se rendant aux îles Anglo-Normandes, en Irlande et à Terre-Neuve. C'est en 1748 qu'il fit son premier voyage à Terre-Neuve, du moins à notre connaissance ; il était maître à bord du *Molly*, un navire marchand qu'il commanda jusqu'en 1750, faisant la navette entre Poole, Terre-Neuve, Cork et Lisbonne. En 1750 seulement, il traversa trois fois l'Atlantique. A ce moment-là, il était apparemment à l'emploi de Joseph White, un quaker de Poole et le plus gros entrepreneur de cette ville engagé dans le commerce avec Terre-Neuve. En 1751, Slade prit le commandement du *Dolphin*, de 100 tonneaux, propriété de William Kittier, et, pendant deux ans, il suivit les routes familières qui reliaient Terre-Neuve, les marchés de poisson salé de la Méditerranée et Poole.

En 1753, Slade fit l'acquisition de son premier navire, le *Little John*, de 90 tonneaux, et se lança, à son propre compte, dans le commerce terre-neuvien. Ce pas fut sans aucun doute facilité par certaines ressources que lui apporta son mariage à Martha Haitor, la fille, apparemment, de John Hayter, marchand de Poole naguère intéressé dans ce commerce. Slade améliora son statut social à Poole, probablement grâce à l'héritage de sa femme, et alla vivre parmi les marchands de la rue Thames (les Spurrier, Lester et Weston), dans une maison qui, pendant des décennies, fut identifiée sur le rôle d'impôt de Poole comme étant « la maison de M. Hayter ».

L'expérience antérieure de Slade à Terre-Neuve, en particulier lorsqu'il travailla pour Kittier, lui avait donné une excellente connaissance personnelle d'une « frontière » en pleine expansion, qu'exploitaient les Anglais, soit la région située au nord de la baie de Bonavista et, en particulier, le secteur, vaste et varié, de la baie de Notre-Dame. Jusqu'en 1728, cette région avait fait partie des territoires de pêche exploités d'une façon saisonnière par les Français, lesquels par la suite se déplacèrent peu à peu au nord du cap St John, probablement à cause du maraudage des Béothuks et de la poussée en direction du nord des Anglais, qui avaient coutume d'hiverner dans l'île et d'usurper les emplacements les plus poissonneux. De 1728 à 1732, les pêcheurs saisonniers anglais, la plupart en provenance de Poole, commencèrent à occuper la région ; après 1738, elle devint un lieu de séjour régulier. Non seulement ce territoire représentait-il un apport de zones côtières riches en morue, mais aussi y trouvait-on le long des rivières et des estuaires, au fond de la baie de Notre-Dame, des réserves de bois de construction, des territoires à fourrures et à saumon parmi les plus beaux de l'île. Des havres comme ceux de Fogo et de Twillingate, qui eurent d'abord la préférence des Anglais, représentaient des abris sûrs d'où l'on partait pour pêcher la morue en été et chasser les phoques du Groenland en hiver et au printemps, et bien placés au surplus pour favoriser les courses en direction du nord, et même jusqu'au Labrador.

A la fin des années 1750, John Slade travaillait à augmenter son commerce dans les régions du nord, en concurrence avec d'autres petits propriétaires de navires, et à se tailler une place au sein de la communauté des marchands de Poole intéressés à Terre-Neuve. Il faisait partie des 30 « principaux marchands et trafiquants » de Poole qui, en 1758, demandèrent dans une requête que les pêcheurs fussent exempts du service naval et qu'on assurât une escorte pour la protection du trafic maritime entre Poole, Terre-Neuve et les marchés de poisson. Les registres portuaires de Poole montrent qu'en 1759 il exporta des approvisionnements divers à Terre-Neuve et en importa de l'huile de morue et des fourrures de castor, de renard, de loutre et de marte, de même que des peaux de phoque. Entreprenant et tenace, Slade avait, dans les années 1760, donné de l'essor à ses affaires. De 1764 à 1770, il était propriétaire de trois ou quatre navires (jaugeant de 40 à 80 tonneaux, la moyenne étant de 60) qu'il utilisait lui-même, envoyant des équipes de pêcheurs de morue à Twillingate, à Fogo et à Tilting Harbour. Occasionnellement, il s'aventurait au nord du cap St John, contrevenant aux ordres du gouverneur Hugh PALLISER de ne pas troubler les pêches françaises dans cette région. Slade, lui-même un intrus, alla jusqu'à saisir, en 1766, à Fleur-de-Lys Harbour, une grave construite par William Branscombe, capitaine de navire du Devon, qu'il considérait sans doute comme un trafiquant interlope. Vers la fin de la guerre de Sept Ans, d'autres marchands anglais avaient commencé à se déplacer au nord du cap St John ; seul Slade continua à fréquenter la région après la Révolution américaine. Au long des années, il devait y développer un commerce important et régulier avec les pêcheurs de l'endroit. Beaucoup plus que la plupart des marchands de Poole, nettement orientés vers la pêche de la morue, Slade diversifia ses intérêts à Terre-Neuve, y exploitant les fourrues, le saumon et les phoques. A cet égard, il fut un pionnier.

Pendant les années 1760, Slade commença aussi à trafiquer sur la côte du Labrador. Le gouverneur Palliser désirait grandement faire revivre les pêcheries, cette « pépinière de marins », et, en 1765, il encouragea les marchands anglais à étendre leur activité jusqu'au Labrador. Slade suivit les autres marchands, parmi lesquels se trouvaient Jeremiah COGHLAN, de Bristol, associé à Nicholas DARBY, de Londres, John Noble, de Bristol, et Andrew Pinson*, de Dartmouth, de même que George Cartwright*, de Londres, et y mit sur pied des établissements de pêche de la morue, des phoques et du saumon, de même qu'une affaire de fourrures. Le journal de Cartwright note la présence de Slade au Labrador, avec un équipage de chasseurs de phoques qui y hivernait en 1771, et signale le départ de Henley Harbour d'une autre équipe de Slade vers le nord, en septembre de l'année suivante.

Ses années les plus actives, John Slade les passa en partie dans son port d'attache et en partie dans ses établissements de Terre-Neuve, vivant habituellement en Angleterre en hiver et à Terre-Neuve en été, bien qu'il lui arrivât d'hiverner dans l'île. On est bien au fait de ses allées et venues grâce aux journaux d'Isaac Lester, qui habitait la maison voisine de la sienne à Poole, et du frère d'Isaac, Benjamin*. La compagnie des Lester tenait l'œil bien ouvert sur les affaires de Slade, et Benjamin, bien qu'il commerçât à partir de Trinity, travailla en étroite association avec lui à Terre-Neuve. Ces journaux font état du régime de vie saisonnier de Slade jusqu'en 1777, année où, apparemment, il se retira pour passer le reste de ses jours à Poole. Il était alors assez bien établi à Terre-Neuve pour remettre les aspects les plus exigeants de la gestion de ses affaires à des parents plus jeunes.

Quand éclata la guerre d'Indépendance américaine, Slade était solidement installé à Twillingate, sa base principale d'affaires, et disposait d'un système de fourniture de vivres et de ramassage de produits qui lui permettait de desservir les établissements et les postes d'exploitation écartés, tout le long de la baie de Notre-Dame et de la côte du Labrador. Plusieurs des apprentis et des engagés saisonniers recrutés par Slade dans le Dorset et l'ouest du Hampshire se fixèrent comme pêcheurs une fois familiarisés avec les techniques de base du pêcheur et du chasseur de fourrures ou de phoques. Slade avançait les marchandises, la nourriture, les vêtements et même de la main-d'œuvre aux pêcheurs, se remboursant à même leur production – de la morue et de l'huile, entre autres produits. Ainsi les pêcheurs dépendaient-ils de lui pour leur survie, et Slade disposait-il d'une unité de production assurée quand la main-d'oeuvre se faisait rare – en particulier pendant les années de guerre – en plus d'augmenter ses profits en agissant à titre de marchand détaillant. Si ce système était pratiqué ailleurs, c'était une innovation dans la région, et la stabilité qu'il lui assurait permit à Slade de résister aux incursions des Lester, dont l'établissement principal était situé, à partir des années 1760, à Trinity. Le nombre de ses navires, modeste si on le compare aux 15 ou 20 vaisseaux de la flotte des Lester, était maintenant de cinq, qui jaugeaient de 30 à 120 tonneaux (93 en moyenne). Les plus gros bricks sillonnaient l'Atlantique ; les schooners reliaient Twillingate aux divers petits villages de pêcheurs de Slade. A l'occasion, il envoyait un navire chercher des vivres à New York.

En 1774, Slade avait sollicité l'aide d'Isaac Lester pour obtenir sa nomination au poste d'intendant du commerce maritime (*naval officer*) à Twillingate. Il reçut sa commission en moins de cinq jours, et fut renommé l'année suivante. Ce fut apparemment le seul poste politique qu'il sollicita ou qu'il obtint. A Poole, sauf le fait de s'être rallié au groupe de pression modéré des marchands qui, sous la conduite des Lester, des Spurrier et des Weston, exprimaient leurs vues sur les affaires terre-neuviennes, il n'eut rien à voir avec la politique. Même au cours de ses années actives, à la baie de Notre-Dame, il resta, à Fogo, dans l'ombre de Jeremiah Coghlan, propriétaire de huit à dix navires, qui jouissait d'une influence notablement plus grande que la sienne dans les domaines économique et politique.

Les années de la guerre d'Indépendance américaine furent difficiles pour Slade. Des corsaires américains pillèrent ses navires et attaquèrent ses établissements. En août 1778, le corsaire John Grimes s'empara de l'un de ses navires à Charles Harbour, au Labrador. Tôt, le printemps suivant, un autre navire de course, armé de quatre canons seulement, s'aventura hardiment dans Twillingate, s'emparant d'un autre navire de Slade, chargé de poisson ; les magasins de celui-ci furent pillés et les marchandises distribuées aux « pauvres habitants du lieu ». Ce corsaire s'attaqua ensuite aux installations de Slade à Battle Harbour, au Labrador, s'empara d'un sloop chargé de 22 tonneaux d'huile de phoque et détruisit ses marchandises. Les caprices de la nature vinrent ajouter à ses problèmes. A l'automne de 1775, il perdit plusieurs navires et dix barques de pêche dans une tempête. Ses quais de Fogo furent détruits, à l'automne de 1782, par de forts vents qui emportèrent aussi ses échafauds de Twillingate, avec quelque 800 quintaux de poisson apprêté. Les conditions qui prévalurent à Poole, pendant la guerre, compliquaient beaucoup l'engagement de marins et d'employés, à cause des sergents recruteurs, et, à un moment donné, Slade fut assez désespéré pour souffler les hommes des Lester. En 1776, Isaac Lester nota : « John Slade, notre voisin, est assez mesquin pour embarquer nos gens sur ses navires, après qu'ils se sont entendus avec nous, et pour les y cacher. Lui ou son fils [en fait, son neveu, John] se tiennent tout le jour à la porte pour voir qui entre dans la maison et en sort et, se saisissant d'eux, les amène chez lui. » Pour toutes ces raisons, les affaires de Slade baissèrent sérieusement. En 1773, il était taxé, à Poole, sur la base d'un chiffre d'affaires annuel de £3 000 ; une décennie plus tard, il l'était sur une base de moitié inférieure.

Le fils unique de Slade, John Haitor, était naturellement destiné à succéder à son père. A l'âge de 15 ans, il commença de l'accompagner dans son voyage annuel à Terre-Neuve et, au bout de quelques années, durant les absences de son père, il le remplaçait en qualité d'agent en chef à Twillingate. Mais, en 1773, il mourut de la petite vérole. L'attention de Slade se porta alors sur ses neveux. Plusieurs d'entre eux, en particulier John, David, Robert et Thomas, avaient acquis une grande expérience avec lui à Terre-Neuve, comme mariniers et capitaines de navires. Selon Isaac Lester, il prit chez lui John Slade, fils aîné de son frère Robert, en 1776, et il aurait envisagé d'adopter un garçon que, selon la rumeur, il avait eu de la femme d'un pêcheur de Twillingate. De 1777 à 1792, le neveu de Slade, connu désormais sous le nom de John Slade, le jeune, fut l'agent en chef à Terre-Neuve de John Slade and Company, dont, en 1793, il devint le grand patron à Poole même. David Slade apporta son concours comme agent de la compagnie à Twillingate, Thomas Slade fut commandant à bord de navires et Robert Slade assuma le gros de la responsabilité des affaires du Labrador.

Le fait d'avoir ainsi établi ses neveux se révéla une sage mesure, car, après 1783, le commerce de Slade connut un tournant qui apporta à celui-ci les plus grands profits de sa carrière. Quand Coghlan s'écroula en 1782, Slade ouvrit à Fogo un deuxième établissement de première grandeur. Sa compagnie ne fut pas sans concurrents sur la côte nord-est, et ce jusqu'à sa mort, mais elle était la plus importante à y être installée en permanence. Dans son testament, il divisa également entre ses quatre neveux et son cousin, George Nickleson Allen, ses « graves, établissements de pêche, entrepôts, échafauds, rivières à saumon, ports d'où l'on partait pour chasser les phoques à Terre-Neuve et sur la côte du Labrador [...] avec toutes [ses] chaloupes et petites embarcations, et toutes [les] marchandises et [les] biens qu'il y possèdait » et « tous [ses] navires et vaisseaux ». Il était propriétaire de six navires, de 60 à 150 tonneaux (jaugeant en moyenne 90 tonneaux), et des postes de traite à

Fogo, Twillingate, l'île de Change, Conche et Wester Head, à Terre-Neuve, et à Battle Harbour, Hawke's Port, la baie de Hawkes, la baie de Lewis, l'anse de Matthews, Caribou Tickle et l'anse de Guy, au Labrador.

Le système commercial pratiqué par Slade favorisa l'émigration en provenance de Poole et du Dorset et le progrès de la colonisation à Terre-Neuve. Les noms de famille de plusieurs des résidants actuels de la région de Twillingate-Fogo sont ceux des colons qu'il recruta. C'est ainsi que l'aspect le plus important de sa carrière à Terre-Neuve fut le branle qu'il donna dans cette région à l'évolution de la pêche saisonnière vers l'occupation permanente ; ses héritiers et leurs successeurs allaient poursuivre cette œuvre. Comme le juge en chef John Reeves* le faisait remarquer en 1793, « les marchands [...] avaient été et étaient encore les principaux promoteurs de l'établissement permanent ». De fait, dans quelque district que ce soit, seuls les marchands qui avaient un négoce régulier, fondé sur l'approvisionnement des pêcheurs, survécurent. La persistance des marchands de Bideford et de Barnstaple à maintenir l'ancienne mode saisonnière, fut, a-t-on prétendu, la raison principale de la disparition de ces ports des pêcheries terre-neuviennes. La pêche pratiquée par les habitants assurait à des hommes comme Slade la source principale des produits qu'ils pouvaient mettre en marché pendant la guerre, et ceux qui survécurent à cette période furent en meilleure position pour étendre leurs affaires une fois la paix revenue.

Les livres de John Slade and Company à partir de 1783 montrent que, sous forme de crédit ou par le troc, la firme soutenait financièrement les entreprises de quelque 90 à 100 pêcheurs, au nord-est de Terre-Neuve, et employait directement de 150 à 200 hommes. En 1787–1788, Slade recueillit de ces pêcheurs et employés quelque 2 200 peaux de phoque, 200 tierçons de saumon, 400 paquets de cerceaux, 32 tonneaux d'huile de phoque, 2 000 gallons d'huile de morue, 3 000 quintaux de poisson, 24 000 douves de bois, 15 000 pieds de planches, 32 paires de rames, 30 livres de peaux de castor, 25 fourrures (renard, loutre et marte) et diverses choses de moindre importance. Dans son négoce, Slade fut aussi étroitement lié à des pionniers indépendants, comme John Peyton*, Henry Miller, William Hooper et William Cull*, lesquels, en tant que pêcheurs de saumon et trafiquants de fourrures, étaient amenés à entrer en contact et à avoir des conflits avec ce qui restait des malheureux Béothuks, dont le nombre allait décroissant.

Slade ne fit pas grand-chose, à Terre-Neuve, pour lequel on ne pourrait trouver d'exemples contemporains ou de précédents. Il appartenait à un groupe d'entrepreneurs dont chacun tentait d'avoir le dessus sur son concurrent en copiant les réussites des autres, que ce soit une innovation ou le fait de mettre l'accent sur une activité en particulier. Se disputant les mêmes ressources, les mêmes fournitures et les mêmes marchés, ils se haïssaient les uns les autres, mais formaient une communauté fortement unie quand il s'agissait de leurs intérêts communs et de leur survie comme groupe. C'est par sa ténacité et par la continuité de ses efforts que Slade se distingue ; l'attention exclusive qu'il portait à ses affaires explique sans doute pourquoi son entreprise se maintint alors que celle de Coghlan s'écroula en 1782. A sa mort, en 1792, sa succession fut évaluée, peut-être d'une façon trop modérée, à £70 000, provenant, selon les mots du *Western Flying Post ; or, Sherborne and Yeovil Mercury*, de « nombreuses années d'un commerce étendu et lucratif à Terre-Neuve et au Labrador ». Grâce à ses héritiers, sa compagnie continua d'être une force économique et sociale de première grandeur au nord-est de Terre-Neuve et au Labrador jusque dans les années 1860, époque où la famille s'en départit en la vendant.

W. Gordon Handcock

Archives privées, H. Johnstone (Poole, Angl.), Peter Thomson, Diary, 1762. — Dorset Record Office (Dorchester, Angl.), D365/F2–F10 ; P227/OV1. — Maritime History Group Archives, Memorial University of Nfld. (St John's), Hayter name file ; G. N. Horvath, Social and economic background of Fogo Island as interpreted from the Slade Fogo ledgers, 1783–1792 (copie dactylographiée, 1973) ; John Slade name file. — PANL, GN 2/1, vol. 4, 6 (1766, 1769, 1774–1775) ; Slade & Sons, Fogo, Ledgers, 1782–1784, 1784–1786, 1787–1788, 1789–1792. — PRO, Adm. 7/87 ; BT 6/87, pp.2, 84 ; CO 194/21, 30 ; E 190 ; Prob. 11, 1 239/618. — George Cartwright, *A journal of transactions and events, during a residence of nearly sixteen years on the coast of Labrador* [...] (3 vol., Newark, Angl., 1792), II : 361s., 459s. — Daniel Defoe, *A tour through the whole island of Great Britain*, Pat Rogers, édit. (Harmondsworth, Angl., et Baltimore, Md., 1971), 206. — The third report from the committee appointed to enquire into the state of the trade to Newfoundland, G.-B., House of Commons, *Reports from committees of the House of Commons* (16 vol., Londres, 1803–1820), X : 470. — *London Chronicle* (Londres), 24 juin 1782. — *Western Flying Post ; or, Sherborne and Yeovil Mercury* (Sherborne, Angl.), 27 févr. 1792. — *Register book of shipping* (Londres), 1741–1775. — C. G. Head, *Eighteenth century Newfoundland : a geographer's perspective* (Toronto, 1976), 57. — J. P. Howley, *The Beothucks or Red Indians : the aboriginal inhabitants of Newfoundland* (Cambridge, Angl., 1915 ; réimpr., Toronto, 1974). — Prowse, *History of Nfld.* — B. C. Short, *Poole : the romance of its later history* (Londres et Aylesbury, Angl., 1932), 155.

SMITH, WILLIAM, historien, juriste et homme politique, né le 18 juin 1728 à New York, premier-né de William Smith et de Mary Het ; il épousa le 3 novembre 1752 Janet Livingston, et ils eurent 11 enfants ; décédé à Québec le 6 décembre 1793.

Le grand-père de William Smith avait été marchand en Angleterre avant d'émigrer à New York en 1715. Son père, diplômé du Yale College en 1722, réussit comme avocat et fut nommé, en 1753, membre du Conseil de la province de New York ; sa mère appartenait au groupe huguenot de langue française établi à New Rochelle (New York). Smith obtint son diplôme au Yale College en 1745 et entra comme clerc dans l'étude de son père. Reçu *attorney* en octobre 1750, il se tailla rapidement une place lucrative dans l'exercice de sa profession. Il devint particulièrement habile dans les causes relatives aux biens fonciers, souvent mal délimités ; il s'illustra aussi par ses efforts pour élever les normes de sa profession, en prônant l'adoption des usages britanniques. En 1763, le gouverneur MONCKTON offrit à Smith, alors âgé de 35 ans seulement, le poste de juge en chef de la Cour suprême. Smith hésita, son père venant tout juste d'être nommé troisième juge de la même cour, et l'occasion passa. En 1767, il fut nommé au Conseil de la colonie, remplaçant son père qui se retirait.

Dès son jeune âge, Smith fut un écrivain prolifique. Après avoir tenté plusieurs aventures littéraires, il fut en 1753–1754 coauteur de l'*Independent Reflector*, la première revue de New York. Avec l'un de ses amis, William Livingston, il avait compilé le premier recueil des *Laws of New-York from the year 1691 to 1751, inclusive*, publié en 1752, acquérant ainsi la documentation de base pour *The history of the province of New-York* [...] qu'il publia à Londres en 1757. Cet ouvrage le servit bien au cours des années, lui apportant une grande réputation en tant qu'autorité concernant la colonie : on faisait souvent allusion à lui comme à « l'historien de New York ». Vingt ans plus tard, il entreprit un second volume, publié après sa mort. En 1757, il fut également coauteur, encore avec Livingston, d'un pamphlet intitulé *A review of the military operations in North-America* [...] dans lequel il condamnait la façon dont était menée la guerre de Sept Ans. C'est à l'occasion de cette polémique qu'il jeta pour la première fois les yeux sur son futur pays : « Le Canada doit être détruit – *Delenda est Carthago* – ou nous sommes perdus. » Poussé comme malgré lui à écrire, Smith tint son journal, de 1763 à 1787, qu'il conçut en partie comme une sorte de confident, mais plus encore comme une source de renseignements d'ordre historique. C'est à ce titre que les historiens de l'Empire britannique en Amérique du Nord se sont servis du journal de Smith depuis sa publication au milieu du XXe siècle.

Les talents d'écrivain de William Smith furent souvent mis au service de causes partisanes. La vie politique de New York était dominée par des groupes de familles qui luttaient pour s'assurer la maîtrise du « patronage » ; Smith épousa la vieille antipathie de son père pour le parti de Lancey. Presbytérien, il s'opposa à des entreprises anglicanes telles que la fondation, en 1754, du King's College (la future Columbia University) et l'établissement d'un évêque en Amérique. William Livingston, John Morin Scott et Smith furent bientôt connus comme « le triumvirat new-yorkais », dont l'objectif, selon un critique, était « d'abattre l'Église et l'État ». Au dire de John Adams, Smith avait « agi avec intrépidité, honnêteté et prudence » lors de la crise de la loi du Timbre en 1765 ; son rôle à cette occasion lui valut le surnom de « Patriotic Billy ». Après sa nomination au conseil, toutefois, Smith devint plus prudent et, alors que ses spéculations foncières prenaient de l'ampleur, il laissa tomber certains enthousiasmes de sa jeunesse. Il préféra s'opposer en secret au parti de Lancey et à l'Église d'Angleterre, et présenta de lui-même, aux gouverneurs successifs, l'image de l'homme « au-dessus des partis » auquel ils pouvaient avec confiance demander des avis désintéressés. Néanmoins, quand la colonie de New York commença à glisser vers la rébellion, les adversaires de la Grande-Bretagne, tant radicaux que conservateurs, se tournèrent vers lui pour obtenir de l'aide. En 1776, il déménagea dans sa maison de campagne, tentant, d'ailleurs inutilement, de se tenir à l'écart de la crise dans cette retraite rurale, et il refusa de prêter allégeance au nouvel État. Ayant passé deux ans en liberté surveillée à Albany, et finalement forcé de prendre position, il alla rejoindre les Britanniques à New York. Bien qu'il reconnût que les deux côtés avaient des torts dans le conflit, il croyait que rien ne pouvait faire pardonner aux révolutionnaires leur désir de briser l'unité de l'Empire, et il déclara son allégeance à la couronne en 1778. Pour les Britanniques, c'était une prise équivalente à celle d'un Samuel Adams repentant et une invitation pour les gentilshommes « qui s'étaient accordé un moment de répit », encore qu'il y eût quelques réserves : « peu d'hommes [étaient] aussi capables, si on [pouvait] lui faire confiance ». Deux ans plus tard, il recevait sa récompense : il était nommé juge en chef de New York.

L'arrivée de sir Guy Carleton* comme commandant en chef des forces britanniques, en 1782, détermina l'orientation que suivrait désormais la carrière de William Smith. Les deux hommes se mirent rapidement en rapport l'un avec l'autre, ayant de fréquents échanges d'idées sur l'Empire et sur la manière de le diriger. Smith s'était fait longtemps l'avocat de l'union des colonies américaines : de 1765 à 1775, il avait écrit plusieurs articles pour promouvoir une législature unie, formée d'un lord-lieutenant muni de vastes pouvoirs discrétionnaires, d'un conseil et d'une assemblée choisie par une élection indirecte. Chacun des gouvernements coloniaux serait resté tel qu'il était sous cette superstructure ; l'Assemblée continentale aurait disposé de toute réquisition royale relative aux impositions de taxes. Comme Carleton avait d'abord espéré exercer les pouvoirs vice-royaux à New York, et qu'il était dégoûté de la façon dont son commandement avait été entravé par la détermination du gouvernement britannique à accepter la défaite, il vit beaucoup d'avantages à la structure impériale proposée par Smith, surtout quand celui-ci laissa entendre que le commandant en chef était de toute évidence l'homme qu'il fallait pour en prendre la direction.

Les Britanniques évacuèrent New York en 1783. En décembre, Carleton et Smith s'embarquèrent pour l'Angleterre, sur le même navire : Carleton allait rencontrer un gouvernement qui n'appréciait pas son mérite réel ; Smith connaîtrait les froides démarches qu'exigeaient la recherche d'un emploi et la quête de compensations pour les pertes qu'il avait encourues. Mais Londres fut aussi, pour l'ancien juge en chef de New York, le lieu d'une expérience enrichissante : il y rencontra plusieurs des réformateurs dissidents du jour, avec lesquels il se sentit à l'aise. La destinée de Smith était inextricablement liée à celle de Carleton, qui avait recommandé sa nomination comme juge en chef de Québec, alors que tous deux étaient encore à New York. Bref, si Carleton devenait gouverneur de Québec, Smith y deviendrait juge en chef ; sinon, l'avenir de ce dernier restait une inconnue. Il apparut peu à peu que même l'obtention d'une compensation pour ses pertes en tant que loyaliste pouvait dépendre du succès de Carleton : Smith entendit dire que William Pitt lui-même avait des « doutes sur [les] principes » qui le guidèrent pendant la guerre récente.

Smith voyait Québec dans la perspective de ce qu'il espérait être une ferme détermination de la part des Britanniques de réunifier l'Empire en Amérique du Nord, et il eut à encourager un Carleton souvent maussade, décidé à accéder à la pairie avant d'accepter quelque poste que ce fût au Canada, en lui faisant entrevoir ce qui pourrait être fait. Si les colonies subsistant au sein de l'Empire étaient placées sous une direction centrale et si l'on faisait en sorte qu'elles donnent un brillant exemple de la sagesse supérieure des institutions britanniques, les Américains désorganisés se repentiraient dès lors d'avoir fait l'indépendance et, peut-être, « se rangeraient sous la même puissance tutélaire ». Carleton devrait être le gouverneur général de toutes les provinces et le capitaine général de la milice, et avoir également pleins pouvoirs sur la marine ; il devrait avoir toute l'autorité pour négocier et conclure des traités à l'intérieur de l'Amérique du Nord. Lui seul entretiendrait des rapports avec le gouvernement impérial, et tous les fonctionnaires de l'Amérique du Nord correspondraient avec lui. Il devrait approuver toutes les décisions dans le domaine exécutif, diriger les affaires indiennes et la défense des frontières, régler le commerce, octroyer les terres de la couronne, les chartes des cités, universités et autres institutions publiques, et choisir tous les fonctionnaires habituellement nommés par le gouvernement britannique. Il devrait également avoir le pouvoir de conférer, relativement à l'imposition des taxes générales, avec une assemblée qui comprendrait deux chambres et se recruterait dans toutes les colonies. Toutefois, les vues du gouvernement britannique sur ce qui était nécessaire à l'Amérique du Nord différaient de celles de Smith. Quand, finalement, Carleton reçut sa commission le 15 avril 1786, ce ne fut pas à titre de gouverneur général d'une fédération des colonies, mais à titre de gouverneur particulier pour chacune des trois provinces suivantes : Québec, Nouvelle-Écosse et Nouveau-Brunswick, sans aucun des pouvoirs quasi absolus que Smith avait imaginés. Anobli, avec le titre de baron Dorchester, Carleton fut envoyé à Québec avec la mission de s'y documenter et de conseiller les ministres sur les problèmes constitutionnels de la province.

Dorchester et Smith arrivèrent à Québec le 23 octobre 1786, et, le 2 novembre, Smith prononça les serments d'office comme conseiller et juge en chef. Frustré une fois encore d'une pleine mesure de pouvoirs, Carleton se retira de la scène politique et n'assista pas aux séances du Conseil législatif. Le lieutenant-gouverneur Henry Hope, deuxième dans la hiérarchie, était souvent absent ; aussi laissa-t-on Smith présider les séances ; sa position était encore renforcée du fait qu'il présidait aussi plusieurs comités du conseil. Ce dernier était profondément divisé, chaque parti affichant le nom d'un des deux groupes nationaux.

Le *French party*, majoritaire, vit en Smith une puissante menace d'anglicisation, et l'hostilité d'Adam MABANE, le leader de ce parti, à l'endroit de Smith était doublement acquise, du fait qu'il avait lui-même espéré devenir juge en chef. D'autres juges, Thomas Dunn* et Pierre-Méru Panet*, le regardaient avec méfiance, comme un nouveau venu et un Américain qui détenait de grandes propriétés foncières dans le Vermont et New York, et dont la réputation de conduite équivoque l'avait précédé à Québec. Mais, le « parti des bureaucrates » ou « parti anglais » n'ayant pas de leader de la taille de Mabane, des hommes comme Hugh Finlay* et Samuel Jan Holland* jetèrent d'abord les yeux sur Smith pour ce rôle.

Smith ne cachait pas son désir de voir des masses d'immigrants anglophones renforcer le Québec en venant augmenter sa population, et l'un des moyens par lesquels il souhaitait encourager cet afflux était l'anglicisation du système judiciaire de la colonie. Mabane et lui en vinrent bientôt à se dresser l'un contre l'autre au sein d'un comité du conseil formé pour faire rapport sur les cours de justice. Parmi les réformes proposées par Smith, il y avait de nouveaux districts judiciaires pour les établissements loyalistes et l'extension, à toutes les causes personnelles, de la faculté de choisir un procès avec ou sans jury, ce qui était permis depuis 1785 dans certaines causes civiles seulement. Mabane, toutefois, s'opposa à tout nouvel empiétement de la pratique judiciaire anglaise sur les procédures de droit civil français. Entre-temps, deux mois après son arrivée, Smith avait déclenché une controverse d'importance en modifiant l'interprétation coutumière de l'Acte de Québec. Il renversa la décision rendue par Mabane à la Cour des plaids communs dans une affaire mettant en cause William Grant*, de Saint-Roch, et Alexander Gray, en démontrant que les lois civiles françaises ne s'appliquaient pas aux sujets du roi de naissance britannique. Il faisait valoir que l'Acte de Québec, qui accordait expressément aux Canadiens l'usage des lois canadiennes, ne refusait pas expressément aux sujets du roi de naissance britannique le recours aux lois anglaises, et que ces derniers, par conséquent, n'étaient point déchus de leurs droits naturels. Bien qu'il existât des précédents propres à étayer cette opinion juridique, Smith choisit de ne pas en faire état, et il sembla qu'il fût en train de détruire à lui seul un système de lois que beaucoup considéraient comme une digue contre le flot envahissant de l'immigration britannique. Sa décision représentait un défi politique pour le *French party*, au sein du conseil. Quand il tenta de traduire son opinion dans une loi, Paul Roch* de Saint-Ours contre-attaqua en présentant un projet de loi visant à abolir le droit de choisir un procès avec ou sans jury, de même que la loi anglaise des preuves, en vigueur depuis 1777 dans les causes relatives au commerce. Le 22 mars 1787, le conseil décida, par un vote majoritaire, de renvoyer sans l'étudier en comité le projet de loi de Smith. Dans une manœuvre pour éviter une défaite complète, Smith saisit l'occasion d'une protestation, sous la forme d'une requête présentée par les marchands anglais, contre le projet de loi de Saint-Ours, pour l'enterrer. La protestation des marchands fut commentée devant le conseil, le 14 avril, par le procureur général James Monk*, qui condamna l'administration passée de la justice en des termes si forts qu'une enquête officielle était inévitable. Smith, seul juge à n'avoir pas été fustigé par Monk, eut la responsabilité principale de la conduite de l'enquête et trouva assez inconfortable d'être ainsi en vedette, alors que les parties en litige, déçues, dénonçaient, les unes après les autres, ses collègues. Les preuves accumulées furent envoyées à Londres, mais sans qu'on suggérât quoi que ce fût pour corriger la situation ; le système judiciaire était déconsidéré, mais il continuait de fonctionner comme auparavant. Tenu responsable de l'impasse dans laquelle on se retrouvait, Smith perdit des appuis au sein du parti des bureaucrates. En avril 1789, Monk fut relevé de ses fonctions et remplacé par Alexander Gray ; sentant qu'il avait été un bouc émissaire dans cette affaire, Monk devint un adversaire acharné du juge en chef.

Smith poursuivit ses efforts en vue de préparer les voies à l'immigration en appuyant, et peut-être en l'inspirant, la requête que présenta, en janvier 1788, Charles-Louis Tarieu* de Lanaudière, qui demandait l'autorisation de convertir sa seigneurie en franche-tenure. Sa démarche échoua, mais, en 1790, un comité du Conseil législatif, sous la présidence de Smith, recommanda la conversion volontaire. La tenure féodale, affirmait-il, avait été un obstacle à l'expansion de la vieille colonie française ; elle l'avait laissée dans un état de faiblesse tel qu'elle avait pu être conquise ; son maintien retarderait le progrès de la province de Québec maintenant qu'elle était devenue une colonie anglaise. Une tempête de protestations publiques accueillit le rapport du comité ; et, à l'ouverture de la session législative, en mars 1791, le conseil vota à l'unanimité l'abandon du projet de loi relatif à la conversion volontaire. (De nombreux membres du parti des bureaucrates étaient eux-mêmes seigneurs.)

Se sentant isolé, Smith affichait souvent son

mépris pour les hommes politiques de la province, qu'il trouvait débraillés, naïfs et inaptes à siéger dans une assemblée élective. Comme il l'écrivait au marchand londonien Brook Watson* : « ni protestant ni catholique papiste, ni Britannique ni Canadien, ni marchand ni propriétaire foncier » n'agréait ses vues. La seule initiative qui lui valut un appui presque unanime fut sa proposition, faite en 1789, en faveur d'un système provincial d'éducation couronné par une université et comprenant un conseil composé d'un nombre égal de Canadiens et d'Anglais. Mais, parce que Smith s'opposait à ce que le collège ait quelque lien que ce soit avec une quelconque dénomination religieuse, le projet fut enterré à Londres [V. Charles-François BAILLY de Messein ; Jean-François HUBERT].

Smith avait soulevé une âpre controverse politique autour de sa personne, ce qui contrastait avec la situation qu'il avait connue à New York, où il avait su influencer les gouverneurs et rester néanmoins dans l'ombre. Et, comme dans le cas des enquêtes judiciaires, à quoi cela servait-il ? Les décisions étaient prises à Londres, et non à Québec. Les avis de Dorchester, adressés au gouvernement de la métropole, sur les problèmes constitutionnels de la colonie étaient pour la plupart négatifs, et le juge en chef y souscrivait entièrement. En 1789, l'initiative de la réforme passa à William Wyndham Grenville, le nouveau ministre de l'Intérieur (responsable aussi des Colonies), qui élabora un projet tendant à diviser Québec en deux provinces distinctes. Il envoya à Dorchester une copie de ce document qui est à la base de l'Acte constitutionnel de 1791, en lui demandant ses commentaires ; Dorchester la transmit à Smith.

Le plan de Grenville marquait un recul par rapport aux glorieuses perspectives chères à Smith : une Amérique britannique de l'Atlantique au Pacifique et de l'Arctique au golfe du Mexique, en passant par la Louisiane. L'expansion de l'Amérique du Nord britannique supposait un gouvernement plus centralisé, et non point fragmenté plus qu'il ne l'était déjà. On devrait avoir, affirmait Smith, un gouvernement fédéral qui unifierait les colonies existantes en les plaçant sous l'autorité d'un gouverneur général et qui serait doté d'un conseil législatif et d'une assemblée générale. Le conseil serait formé de représentants de chaque province nommés à vie par le gouverneur général, et l'assemblée générale, de membres choisis par les assemblées particulières des diverses provinces. Pour être approuvé par l'assemblée générale, un projet de loi devrait non seulement recueillir un nombre majoritaire de votes, mais également un vote représentant la majorité des provinces. Cette double majorité ne serait pas nécessaire, cependant, au conseil. La législature se réunirait, sur l'ordre du gouverneur général, une fois au moins à tous les deux ans, et ne serait pas maintenue plus de sept ans entre deux élections. Il ne devrait pas y avoir d'empêchements à la nomination par le roi des membres du Conseil exécutif ou des fonctionnaires de la couronne. Dès lors, un système fédératif devrait être surajouté aux constitutions politiques des provinces. Le plan de Smith fut inclus dans la réponse de Dorchester à Grenville, mais quelques mots de Londres suffirent à dissiper le beau rêve : ce plan, écrivit Grenville, d'une plume quelque peu méprisante, est « susceptible de nombreuses objections ».

La constitution de 1791 était bien loin de rencontrer les idées de Smith, mais, désormais juge en chef du Bas-Canada, il résolut, en cette qualité, de faire de son mieux pour mettre la nouvelle province sur la bonne voie. Il était bien décidé à ce que le système politique de la province fût dirigé dans le respect des traditions parlementaires, et sa nomination comme président du Conseil législatif lui donna l'autorité dont il avait besoin à cette fin. Il rédigea des commissions pour le gentilhomme huissier de la verge noire et le sergent d'armes, qui reçurent des costumes copiés exactement sur ceux de Westminster. Sous sa direction, un comité du conseil décida que toute relation entre le conseil et l'assemblée devait « respecter strictement la pratique parlementaire », et il veilla à ce que les ordonnances destinées aux conseillers fussent des répliques exactes des assignations royales à la chambre des Lords. Il décida même de la disposition matérielle de la nouvelle législature.

La réforme du système judiciaire resta l'une des grandes préoccupations de Smith. En octobre 1792, dans une tentative pour uniformiser l'administration de la justice dans l'Amérique du Nord britannique, le successeur de Grenville, Henry Dundas, envoya un plan pour remplacer la structure judiciaire alors en vigueur au Bas-Canada (un juge en chef et six juges de la Cour des plaids communs) par deux cours du banc du roi établies l'une à Québec, l'autre à Montréal, chacune devant être sous la présidence d'un juge en chef. Smith s'opposa au changement qui menaçait sa position personnelle et, dans une ébauche de projet de loi, il exposa tout un système judiciaire qui, en vue de faire progresser l'autonomie de la province du Bas-Canada sous l'autorité de la couronne, aurait créé une réplique presque exacte du système judiciaire anglais. (Le projet de Dundas fut mis en vigueur, mais après la mort de Smith.) Smith joua également un grand rôle dans le choix d'une ligne de conduite administrative relativement aux terres de la colonie, comme président du comité chargé de faire rapport sur les clauses des instructions royales de 1791 concernant l'octroi des terres. Bien que la proclamation à laquelle donna lieu son rapport fût dans la ligne de pensée ministérielle, elle était sujette à bien des interprétations ; son zèle en faveur de l'immigration amena Smith à l'interpréter de manière à donner ouverture, au Bas-Canada, à la pire des spéculations. Des millions d'acres furent réclamées par voie de pétitions, surtout par des Américains qui n'avaient aucunement l'intention d'amener des colons. Des certificats d'arpentage de grandes étendues de terre furent promptement émis, qui furent vendus et revendus aux États-Unis, où ils étaient acceptés comme autant de preuves de l'existence de titres de propriété. Dans les faits, la ligne de conduite adoptée par Smith allait tout à fait à l'encontre de ses objectifs, et le problème de l'octroi des terres ne fut pas réglé de son vivant.

Smith mourut le 6 décembre 1793, à la suite d'une longue maladie. Le cortège funèbre fut conduit par Son Altesse Royale Edward Augustus* et suivi par les membres du Conseil législatif et de l'Assemblée, des fonctionnaires et des officiers, « et d'un concours des citoyens les plus respectables et les plus nombreux qu'on ait vus en pareille occasion ». Smith fut enseveli – étrange fin pour un adversaire de toujours – dans un cimetière anglican. Lui survivaient sa femme, Janet, et quatre enfants, dont Harriet, qui devint la femme de Jonathan Sewell*, et William*, futur historien et membre du Conseil exécutif.

William Smith reçut l'un des plus grands dons qu'un homme puisse espérer, une deuxième chance. Il fut l'un des rares Loyalistes à même de reprendre une carrière détruite par la Révolution américaine. Aussi sa vie ne se déroula-t-elle pas seulement dans deux colonies, mais aussi dans deux empires. C'est dans les perspectives du vieil empire qu'il sut prévoir le nouveau ; une Amérique britannique, fédérée, virtuellement autonome, mais ayant pour remparts les conceptions et les traditions politiques britanniques. Il sut, alors qu'il était fonctionnaire sous le second empire, adapter des idées qu'il avait formulées sous le premier. Toutefois, la carrière de Smith intéresse davantage par ce qu'il aurait pu réaliser que par ce qu'il a réellement accompli. Il paya très cher le fait de s'accrocher si longtemps à la vie politique. Trop de gens ont énoncé à son sujet trop de réserves ; trop nombreuses furent les accusations de duplicité, de cupidité et d'hypocrisie. Son portrait révèle un homme de taille moyenne, au front haut et au menton peu accentué. Il avait une allure d'ascète, des manières guindées, et paraissait sûr de lui ; c'était aussi un intellectuel qui avait le don des réparties dévastatrices. Il eut la malchance de vivre en des temps où il fallait prendre des positions bien tranchées ou, à tout le moins, donner les apparences de la rectitude. La devise de Smith avait toujours été *in medio tutissimus ibis*.

L. F. S. Upton

William Smith est l'auteur de *The history of the province of New-York, from the first discovery to the year M.DCC. XXXII. ; to which is annexed, a description of the country with a short account of the inhabitants, their religious and political state, and the constitution of the courts of justice in that colony* (Londres, 1757), ouvrage traduit par M.-A. Eidous sous le titre d'*Histoire de la Nouvelle-York* [...] (Londres, 1767) ; de *Continuation of the history of the province of New-York, to the appointment of Governor Colden, in 1762*, William Smith, Jr, édit. (New York, 1826) ; et de *A review of the military operations in North-America ; from the commencement of the French hostilities on the frontier of Virginia in 1753, to the surrender of Oswego, on the 14th of August, 1756* [...] (Londres, 1757). De plus, avec William Livingston, il est le compilateur de *Laws of New-York from the year 1691 to 1751, inclusive* (New York, 1752) et de *Laws of New-York from the 11th Nov. 1752, to 22d May 1762* (New York, 1762).

W. H. W. Sabine a édité, à New York en 1956, *Historical memoirs from 16 March 1763 to 9 July 1776 of William Smith* [...] et, en 1958, *Historical memoirs from 29 July 1776 to 28 July 1778* [...], tandis que L. F. S. Upton a préparé l'édition de *The diary and selected papers of Chief Justice William Smith, 1784–1793* (2 vol., Toronto, 1963–1965). Pour une liste plus complète des écrits de William Smith, ainsi qu'une biographie exhaustive, le lecteur consultera L. F. S. Upton, *The loyal whig : William Smith of New York & Quebec* (Toronto, 1969). [L. F. S. U.]

SOLOMONS, LUCIUS LEVY, marchand et trafiquant de fourrures, né en Angleterre en 1730 ; d'un premier mariage il eut un enfant, et il en eut 11 d'un second, ayant épousé Rebecca Franks le 31 mai 1775 ; décédé à Montréal le 18 mai 1792.

Dès 1755, Lucius Levy Solomons vivait dans la province de New York. Pendant la guerre de Sept Ans, il s'associa avec son cousin Ezekiel Solomons, Chapman Abraham, Benjamin Lyon et Gershom Levy en vue d'approvisionner l'armée britannique. Après la chute de la Nouvelle-France en 1760, le groupe se lança dans la traite des fourrures canadiennes ; l'établissement des Juifs dans la province de Québec étant légal sous la loi britannique, Solomons déménagea finalement le siège de son entreprise d'Albany à Montréal. Les associés avaient l'appui de financiers en Angleterre et ils étaient en rapport avec Hayman

Levy, de la ville de New York, qui faisait la traite des fourrures dans la vallée du fleuve Hudson. Avec des répondants de cette qualité, ils étaient en mesure de faire des affaires sur une plus grande échelle qu'on ne le pouvait en général à l'époque.

Ezekiel Solomons porta un chargement de marchandises de traite à Michillimakinac (Mackinaw City, Michigan) en 1761, y devançant même les troupes britanniques qui allaient, en septembre, prendre charge du poste alors sous le commandement intérimaire de Charles-Michel MOUET de Langlade. Levy Solomons était au fort Niagara (près de Youngstown, New York) en 1762. Pendant le soulèvement des Indiens, en 1763 [V. Pondiac*], quatre des associés, parmi lesquels se trouvait Levy Solomons, furent faits prisonniers, et de grandes quantités de marchandises leur furent enlevées. Tous s'en sortirent finalement sains et saufs, mais ruinés financièrement. Leurs pertes furent estimées à £18 000. En 1764, une vente de fourrures fut tenue au profit de leurs créanciers, mais ils restèrent endettés. Ils échouèrent dans leurs tentatives en vue d'obtenir une compensation gouvernementale, et quelques-uns de leurs créanciers refusèrent leur déclaration de faillite. Ils essayèrent de se prévaloir d'une loi anglaise qui leur aurait néanmoins permis d'y recourir, mais le gouvernement britannique décida que cette loi ne s'appliquait pas à la colonie [V. George SUCKLING].

On ne sait pas exactement comment les associés se sortirent de ces difficultés financières. Leur association fut rompue mais chacun continua de s'intéresser au commerce des fourrures. En 1767, quand la traite commença à se rétablir, Gershom Levy cautionna deux trafiquants canadiens de Michillimakinac. En 1769, Chapman Abraham détenait un congé de traite l'autorisant à porter dans les pays d'en haut des marchandises évaluées à £189 ; en 1770, Benjamin Lyon en avait un pour une valeur de £1 300. Les congés accordés à Ezekiel Solomons passèrent de £750 en 1770 à £2 050 en 1774. Pour sa part, Levy Solomons obtint, en 1771, des congés pour sept canots, d'une valeur excédant probablement £3 000 ; il se fit aussi acheteur de fourrures, qu'il acquérait de trafiquants indépendants (*pedlars*). Même si Benjamin Lyon, dans une lettre datée de 1770, a peut-être exagéré en affirmant que Levy Solomons reçut la plus grande partie des fourrures qui passèrent par Montréal cette année-là, il reste que Solomons était sans aucun doute un personnage important en ce domaine.

En 1773, Solomons signa une pétition en faveur de l'établissement d'une chambre d'Assemblée dans la province de Québec. Quand les Américains s'emparèrent de Montréal en 1775, il leur apporta sa collaboration, approvisionnant les troupes et mettant sur pied trois hôpitaux. L'envahisseur s'appropria en grande quantité des marchandises qu'il destinait à la traite des fourrures. Après que les Américains eurent été repoussés, Solomons demeura à Montréal, mais en grand discrédit. Les Britanniques le chassèrent de sa maison et menacèrent ceux qui l'aidaient. Il survécut à tout cela, cependant, et resta en affaires jusqu'en 1782. En 1784, toujours à Montréal, il s'adressa au Congrès avec l'espoir d'être remboursé de ses pertes, mais sans succès .

En décembre 1768, Levy et Ezekiel Solomons étaient au nombre des fondateurs de la Shearith Israel Congregation, à Montréal. Levy Solomons était, à ce qu'il semble, le chef laïque de la congrégation en 1782 ; il parut en cour, à titre de défendeur, cette même année, quand le lecteur, Jacob Raphael Cohen*, eut recours aux tribunaux pour obtenir le versement de son salaire. La cause alla en appel et fut finalement réglée en 1784. Solomons mourut à Montréal huit ans plus tard.

WALTER S. DUNN, JR

Pa. Hist. and Museum Commission, Division of Public Records (Harrisburg), Baynton, Wharton and Morgan coll. — Wis., State Hist. Soc. (Madison), Canadian archives, Abstracts of Indian trade licenses in Canadian archives, 1767–1776. — *Johnson papers* (Sullivan *et al.*), III : 671. — Maseres, *Maseres letters* (Wallace). — Mass. Hist. Soc., *Commerce of Rhode Island, 1726–1800* (2 vol., Boston, 1914–1915), II : 309–311. — Memorials presented to the Continental Congress, Herbert Friedenwald, édit., American Jewish Hist. Soc., *Pub.* ([New York]), II (1894) : 119–127. — A suit at law involving the first Jewish minister in Canada, B. G. Sack, édit., American Jewish Hist. Soc., *Pub.*, XXXI (1928) : 181–186. — Items relating to the Solomons family, New York, [J. J. Lyons, compil.], American Jewish Hist. Soc., *Pub.*, XVII (1920) : 376–378. — W. S. Dunn, Western commerce, 1760–1774 (thèse de PH.D., University of Wisconsin, Madison, 1971). — J. R. Marcus, *The colonial American Jew, 1492–1776* (3 vol., Détroit, 1970) ; *Early American Jewry* (2 vol., Philadelphie, 1951–1953). — Peckham, *Pontiac*. — Peter Wiernik, *History of the Jews in America, from the discovery of the New World to the present time* (2e éd., New York, 1931). — I. I. Katz, Chapman Abraham : an early Jewish settler in New York, American Jewish Hist. Soc., *Pub.*, XL (1950–1951) : 81–86. — Louis Rosenberg, Some aspects of the historical development of the Canadian Jewish community, American Jewish Hist. Soc., *Pub.*, L (1960–1961) : 121–142.

SORBIER DE VILLARS, FRANÇOIS, prêtre, supérieur, grand vicaire, né le 8 février 1720 dans l'ancien diocèse d'Uzès (dép. du Gard, France), décédé à Paris le 29 novembre 1788.

François Sorbier de Villars, qui avait fait une partie de ses études chez les sulpiciens, à Paris, fut envoyé au Canada en 1744 par le séminaire des Missions étrangères. Il arriva à Québec au début d'octobre et fut très vite considéré par les membres du séminaire comme « une excellente acquisition ». Au printemps de 1746, il était nommé l'un des directeurs du séminaire, en janvier de l'année suivante il succédait à François-Elzéar Vallier* à l'économat, puis, en novembre 1749, il devenait l'adjoint du procureur Joseph-André-Mathurin JACRAU. Au printemps suivant, le séminaire de Paris rappela Christophe de Lalane, alors supérieur du séminaire de Québec, et le remplaça par Sorbier de Villars. Celui-ci demeura en poste jusqu'en 1756 puis fut à son tour rappelé, son prestige et sa connaissance des faits l'ayant fait choisir pour plaider la cause, concernant la paroisse de Québec, du séminaire contre le chapitre, devant le Conseil d'État du roi [V. René-Jean Allenou* de Lavillangevin ; Jean-Félix Récher*].

Arrivé à Paris le 6 janvier 1757, Villars devait, en principe, n'y rester que deux ans, mais la guerre de la Conquête modifia ses prévisions et il ne revint jamais au Canada. Avant son départ, ses confrères du Québec l'avaient chargé d'une procuration pour gérer les biens et les intérêts du séminaire en France. Jusqu'à sa mort, Villars devait demeurer le procureur temporel et la véritable providence morale du séminaire de Québec, expédiant ponctuellement ses lettres et ses comptes, même durant le Régime militaire alors que le gouverneur MURRAY les passait à la censure pour s'assurer de la non-intervention de Paris dans les affaires de Québec. Une correspondance semblable s'établit entre Villars et les ursulines de Québec dont il avait été le chapelain de 1747 à 1755 et à qui il rendit aussi de nombreux services. Mgr BRIAND, qui l'avait nommé son grand vicaire à Paris le 17 octobre 1777, disait qu'il avait « beaucoup travaillé pour le diocèse de Québec auprès des évêques de France et autres seigneurs qu'il connaissait ».

Sorbier de Villars, dont le zèle et la compétence étaient reconnus, fut nommé membre de la direction du séminaire de Paris le 6 avril 1757. Il en devint secrétaire en 1761, procureur en 1763, supérieur en 1766 et 1769, assistant en 1772, puis de nouveau procureur de 1783 à sa mort. Sa dernière lettre, datée du 2 mai 1788, révèle qu'il était bénéficiaire du prieuré de Fontmoron, dans le diocèse de Poitiers, et qu'il venait de s'en démettre pour recevoir à la place une pension viagère du roi. Il mourut le 29 novembre suivant, d'une attaque de goutte. Cette mort créa un changement dans les relations entre le séminaire de Paris et celui de Québec ; de fraternelles qu'elles étaient restées, elles devinrent simplement amicales, avant de cesser pour longtemps après la Révolution.

HONORIUS PROVOST

Les ASQ possèdent certains documents écrits de la main de Sorbier de Villars : un récit de la prise du fort Chouaguen (Oswego, New York) avec un sommaire du butin rapporté (Lettres, R, 16), une liste des officiers anglais capturés (Polygraphie, VII : 98), une copie d'une lettre du commandant du fort Edward (aussi appelé fort Lydius ; aujourd'hui Fort Edward, New York) (Polygraphie, VII : 39), et deux manuscrits, « Observations utiles et curieuses touchant les forts, lacs et rivières du Canada » (1756, 10 pages) (Polygraphie, VII : 123) et « Observations sur le Canada, routes fluviales, distances, etc. » (Polygraphie, IX : 30). [H. P.]

ASQ, C 21, 17 oct. 1744 ; Évêques, 145 ; Lettres, P, 124 ; T, 156 ; MSS, 12, f.29 ; 13, 9 août 1789 ; Polygraphie, XVIII : 5, 6, 18, 50. — Burke, *Les ursulines de Québec* (1863–1866), II : 258–263 ; III : 188–194. — A.-H. Gosselin, *L'Église du Canada après la Conquête*, I ; *L'Église du Canada jusqu'à la Conquête*, III. — Adrien Launay, *Mémorial de la Société des Missions étrangères* (2 vol., Paris, 1912–1916), II : 631.

SOSAWAKET. V. NISSOWAQUET

SOUSTE, ANDRÉ, fabricant de bas, marchand, notaire royal, baptisé dans la paroisse Saint-Léger à Chambéry, Savoie, le 4 avril 1692, fils de Jean-Marie Souste, marchand, et de Marguerite Vulliermet ; il épousa à Montréal, le 28 novembre 1720, Marie-Louise, fille de Denis d'Estienne* Du Bourgué de Clérin ; décédé à Montréal le 12 février 1776.

Ouvrier, fabricant de bas de soie et de laine en France, André Souste vient au Canada à la fin de l'été 1719, engagé par le fondateur des Frères hospitaliers de la Croix et de Saint-Joseph, François Charon* de La Barre. Avec un compagnon, François Darles, il doit établir une manufacture de bas à l'Hôpital Général de Montréal. Le décès de Charon les oblige à signer un nouveau contrat d'association, le 13 décembre suivant, avec Louis Turc* de Castelveyre, nommé supérieur de la communauté. Les difficultés pour faire observer ce contrat ainsi que les obligations accrues des deux associés envers les hospitaliers amènent André Souste à se désintéresser peu à peu de son travail. Les querelles entre les deux ouvriers obligent l'intendant Michel Bégon* à intervenir et, le 9 juillet 1721, il ordonne que François Darles reste seul en charge de la manufacture. Souste proteste d'abord contre cette décision mais l'accepte finalement, le 8 mai 1722. Il cesse alors tout rapport avec son associé qui, déclare-t-il, lui est devenu antipathique.

Désormais, Souste se destinera au commerce à Montréal. Les affaires semblent bonnes puisque en juillet 1725 il se fait construire une maison de pierres de 50 pieds de long sur 24 de large, rue Saint-Pierre, et qu'au mois de novembre il engage un serviteur au salaire annuel de 130# en plus du gîte et de la nourriture. Il fait ainsi le commerce au détail de tissus et vêtements jusque vers 1740. Grâce à l'influence de son beau-frère, Louis-Claude Danré* de Blanzy, les jésuites le nomment alors notaire de leur seigneurie de Prairie-de-la-Madeleine (La Prairie). En 1745, il est nommé notaire royal de la seigneurie de Longueuil à la suite du décès de Guillaume Barette. Il reçoit sa commission de l'intendant HOCQUART pour exercer « depuis et compris la seigneurie de Longueuil en remontant jusques aux habitations des côtes du sud du gouvernement de Montréal ». Le 12 mars 1749, l'intendant BIGOT lui permet d'exercer dans toutes les côtes du nord et du sud du gouvernement de Montréal indistinctement puis, le 2 août 1750, sa juridiction est étendue à la ville même. Enfin, à la Conquête, GAGE renouvelle sa commission lui permettant ainsi d'exercer ses fonctions dans la ville et l'ensemble du gouvernement de Montréal pendant encore neuf ans. Durant sa carrière comme notaire, Souste rédige près de 1 200 actes dont plus de la moitié entre 1750 et 1759. Il s'agit surtout de contrats de vente, d'actes de concession de terre et de contrats de mariage, types d'actes que dressait traditionnellement un notaire de l'Ancien Régime.

A la fin de sa vie active, André Souste, devenu un homme aisé, possède, en plus de sa maison de la rue Saint-Pierre, une ferme d'un arpent et demi de front sur 20 de profondeur à la côte Saint-Laurent, près de Montréal. Son mariage, qui l'unit à une famille en vue de la colonie, n'est sans doute pas étranger au succès de cet homme qui, d'ouvrier spécialisé, parvient à se hisser au sein du monde judiciaire de la colonie.

ANDRÉ LACHANCE

Le greffe d'André Souste, 28 mars 1745 au 5 févr. 1769, est déposé aux ANQ-M.

AD, Savoie (Chambéry), État civil, Saint-Léger, 4 avril 1692. — ANQ-M, Doc. jud., Pièces détachées, 21 mars 1720 ; Registres des audiences pour la juridiction de Montréal, 9, ff.132, 138v. ; État civil, Catholiques, Notre-Dame de Montréal, 28 nov. 1720, 30 oct. 1758, 13 févr. 1776, 1er mai 1780 ; Greffe de J.-B. Adhémar, 5 juill., 21 nov. 1725 ; Greffe de F.-M. Lepallieur de Laferté, 28 mars 1737 ; Greffe de Michel Lepallieur de Laferté, 27 nov. 1720, 9, 27 juin 1725 ; Greffe de Pierre Panet, 28 oct. 1758, 20 févr. 1761. — ANQ-Q, NF 2, 7, 25 juin 1720, 9 juill. 1721 ; 8, 24 sept. 1722. — IBC, Centre de documentation, Fonds Morisset, Dossier André Souste. — APC *Rapport*, 1918, app. B, 24s. — Recensement de Montréal, 1741 (Massicotte), 54. — É.-Z. Massicotte, Inventaire des documents et des imprimés concernant la communauté des frères Charon et l'Hôpital Général de Montréal sous le Régime français, ANQ *Rapport*, 1923–1924, 179 ; Les tribunaux et les officiers de justice, à Montréal, sous le Régime français, 1648–1760, SRC *Mémoires*, 3e sér., X (1916), sect. I : 298. — Les notaires au Canada sous le Régime français, ANQ *Rapport*, 1921–1922, 49. — P.-G. Roy, *Inv. jug. et délib., 1717–1760*, II : 3, 35 ; III : 82 ; IV : 280 ; *Inv. ord. int.*, I : 183, 204, 229s. ; II : 99, 106, 170s. ; III : 77, 121. — P.-G. Roy *et al.*, *Inv. greffes not.*, XV : 71 ; XXIV : 1–161 ; XXV : 15, 65, 123, 132, 182, 191, 193. — Tanguay, *Dictionnaire*, VII : 208. — Vachon, Inv. critique des notaires royaux, *RHAF*, XI : 102. — J.-E. Roy, *Hist. du notariat*, I : 214. — J.-J. Lefebvre, Les premiers notaires de Montréal sous le Régime anglais, 1760–1800, *La Revue du notariat* (Québec), 45 (1942–1943) : 297–299.

SOWER (Sauer, Saur), CHRISTOPHER, imprimeur et fonctionnaire, né le 27 janvier 1754 à Germantown (Philadelphie, Pennsylvanie), fils aîné de Christopher Sower et de Catharine Sharpnack ; il épousa le 8 janvier 1775, à Philadelphie, Hannah Knorr et cinq enfants lui survécurent ; décédé le 3 juillet 1799 à Baltimore, Maryland.

Le grand-père de Christopher Sower, un baptiste allemand, avait fondé une imprimerie célèbre à Germantown, en 1738, et Christopher s'associa à son père dans cette firme en 1775. La publication d'articles antirévolutionnaires, en 1776, amena une suspension partielle de l'entreprise et, en 1778, Sower et sa famille durent s'enfuir à New York. Pendant plusieurs années, Christopher Sower travailla surtout comme agent secret au service du major John André. En 1781, il visita l'Angleterre, dans une vaine tentative de gagner des appuis aux propositions de paix des Loyalistes modérés ; il y retourna après la fin des hostilités. Avec l'aide du négociant Brook Watson*, il réclama avec succès une indemnisation pour ses pertes de même qu'un poste officiel dans une colonie de l'Amérique du Nord britannique. Il fut nommé imprimeur du roi (le premier en date) et assistant maître général des Postes de la nouvelle province du Nouveau-Brunswick.

Sower assuma ses nouvelles fonctions en 1785. Il acheta une presse qu'il fit venir d'Angleterre et commença à publier son journal hebdomadaire, la *Royal Gazette and the New Brunswick Advertiser*, à Saint-Jean, le 11 octobre. Sa nomination déplut à William LEWIS et à John Ryan*, deux Loyalistes qui dirigeaient un bureau de poste et imprimaient un journal à Saint-Jean depuis 1783, et une dispute acerbe en résulta. Ryan et Sower se réconcilièrent par la suite ; Ryan travailla sur la presse de Sower de 1790 à 1796 et lui succéda comme imprimeur du roi.

De son arrivée à 1798, Sower imprima aussi les journaux de la chambre d'Assemblée et les actes de l'Assemblée générale. En 1787 et en 1788, cependant, c'est Ryan qui obtint ce contrat, peut-être à la suite de querelles qui opposèrent Sower et la chambre d'Assemblée. En 1792, l'Assemblée exigea de Sower qu'il déménageât sa presse à Fredericton ; il entreprit alors les premiers travaux d'imprimerie réalisés dans la capitale. D'autres contrats d'imprimerie gouvernementaux portaient parfois sur des questions bien éphémères, telle cette affiche sur feuille volante qui interdisait aux députés de porter, dans les édifices gouvernementaux, des grappins (attaches munies de pointes de fer, fixées aux chaussures et utilisées pour marcher sur la glace). Sower imprima également des ouvrages aussi divers que la confession de deux criminels condamnés par la cour et un traité religieux, mais ses publications non officielles les plus intéressantes furent de nombreux almanachs annuels, qui s'inscrivaient dans une tradition inaugurée par son grand-père en 1739.

Comme assistant maître général des Postes, Sower fut sans cesse mêlé à des controverses. Il blâmait les courriers de la poste privée, fut lui-même accusé d'ouvrir le courrier officiel et mena une campagne violente, mais inutile, pour faire de Saint-Jean le terminus des communications postales avec les pays d'outre-mer. Facilement émotif, Sower vit dans les positions du groupe radical du Nouveau-Brunswick une menace semblable à celle des rebelles américains, en 1776. Mais, bien que fermement conservateur, il critiqua également le groupe au pouvoir. La seule fois qu'il tâta de la politique, il fut défait, alors qu'il misait sur un siège à la chambre d'Assemblée, en 1795.

Après avoir vécu à Saint-Jean jusqu'en 1790, Sower déménagea dans une propriété rurale, sur la rivière Hammond. Il avait eu des difficultés de santé, et ce qu'on rapportait sur les changements de conditions survenus aux États-Unis le rassura à ce point qu'il décida de retourner vers le climat plus clément du lieu de sa naissance. Il démissionna de son poste d'imprimeur du roi en mars 1799 et mourut subitement à Baltimore, alors qu'il était à négocier l'achat d'une presse.

J. RUSSELL HARPER

PRO, AO 12/38 ; 12/100 ; 13/102 ; 13/270. — *Royal Gazette and the New Brunswick Advertiser*, 1786–1798. — *Saint John Gazette and Weekly Advertiser* (Saint-Jean, N.-B.), 1786–1799. — *DAB*. — Tremaine, *Bibliography of Canadian imprints*. — James Hannay, *History of New Brunswick* (2 vol., Saint-Jean, 1909). — E. W. Hocker, *The Sower printing house of colonial times* (Norristown, Pa., 1948). — J. R. Harper, Christopher Sower, king's printer and loyalist, N.B. Hist. Soc., *Coll.*, nº 14 (1955) : 67–109. — J. O. Knauss, Christopher Saur the third, American Antiquarian Soc., *Proc.* (Worcester, Mass.), nouv. sér., 41 (1931) : 235–253.

STERLING (Stirling), JAMES, marchand et fonctionnaire local, né en Irlande ; il épousa Angélique Cuillerier, dit Beaubien, le 9 février 1765 à Détroit et des sept enfants qu'ils ont probablement eu, trois naquirent à cet endroit ; décédé après 1783.

Officier dans les troupes de la Pennsylvanie durant la première partie de la guerre de Sept Ans, James Sterling était officier d'intendance lors de l'attaque britannique au fort Niagara (près de Youngstown, New York) en 1759, et lors de l'expédition d'AMHERST contre Montréal l'année suivante. Par la suite, il devint le représentant, dans la région du fort Niagara, de l'entreprise commerciale Livingston, Rutherford, Duncan, Coventry and Syme de Schenectady (New York) qui, au printemps de 1761, obtint d'Amherst une concession temporaire de 10 000 acres juste en haut du portage du Niagara. En juillet, Sterling partit pour Détroit où il servit comme agent de l'Ouest pour l'entreprise. Il prospéra rapidement car il faisait preuve de sagacité dans ses affaires, et sa connaissance des langues indiennes et française lui attirait de la clientèle. Il devint, en 1763, propriétaire d'une maison à Détroit, d'où il vendait des marchandises et en expédiait à d'autres marchands aussi loin qu'au fort Miami (vraisemblablement à ou près de Fort Wayne, Indiana) et à Michilliamakinac (Mackinaw City, Michigan).

Certains ont prétendu que les relations sentimentales entre Sterling et Angélique Cuillerier, dit Beaubien, entraînèrent celle-ci à lui parler du projet de Pondiac* d'attaquer par surprise, en mai 1763, la garnison de Détroit ; cet avertissement aurait permis à Henry GLADWIN de déjouer ce plan. L'informateur de Gladwin n'a pas été identifié mais Angélique pouvait connaître ce qui se passait. Peu après leur mariage, Sterling écrivait qu'elle était « habituée à faire le commerce depuis sa plus tendre enfance et pass[ait] d'ordinaire pour être la meilleure interprète des diverses langues indiennes en ce lieu ; les Indiens, ajoutait-il, tiennent sa famille en haute estime, à un point tel qu'on les a soupçonnés d'avoir choisi son père pour prendre le commandement ici au cas où ils auraient réussi ».

Lorsque Pondiac assiégea la garnison au cours de l'été de 1763, les marchands et autres volontaires choisirent Sterling pour commander la milice locale. En 1764, il forma avec John Duncan une association, à laquelle John Porteous se joignit plus tard. Sterling devint également arpenteur et percepteur de taxes du roi.

A l'époque de la Révolution américaine, Sterling dénonça l'administration du lieutenant-gouverneur Henry HAMILTON et du juge Philippe Dejean* que Hamilton avait nommé. Ce dernier accusa Sterling de déloyauté et de prévarication, et l'envoya à Québec en 1777. La révision du dossier de Sterling permit sa libération ; il revint à Détroit en décembre. La rancune persistait toutefois entre les deux hommes et, en 1778, Sterling emmena sa famille à Québec, puis en Angleterre.

D'après la correspondance de Sterling en provenance de Londres en 1781, il poursuivit ses relations d'affaires avec John Porteous, alors à Little Falls, New York. D'autre part, des documents comptables nous renseignent également sur les transactions entre William Park, de Petite Côte (Windsor, Ontario), et Sterling jusqu'en 1783. On pense que Sterling se réinstalla en Pennsylvanie après la guerre mais la date et l'endroit de sa mort son inconnus.

ÉQUIPE DE LA BURTON HISTORICAL COLLECTION

Clements Library, James Sterling, letterbook, 1761–1765. — DPL, Burton hist. coll., C. M. Burton, The Beaubien or Cuillerier family of Detroit (copie dactylographiée, s.d.) ; John Porteous papers, Sterling à Porteous, 18 avril 1781 ; Registre des baptêmes, mariages et sépultures de Sainte-Anne (Détroit), 2 févr. 1704–30 déc. 1848 (5 vol. en 7, copie manuscrite), II : 628, 775, 842, 852, 862 ; James Sterling papers, account book, 1779–1783. — PRO, CO 5/116, pp.291–296 (copies aux APC). — *City of Detroit, Michigan, 1701–1922*, C. M. Burton *et al.* édit. (5 vol., Détroit, 1922), I : 202. — *John Askin papers* (Quaife), I : 46s., 108–110, 137. — *Johnson papers* (Sullivan *et al.*). — *Michigan Pioneer Coll.*, IX (1886) : 349 ; XIX (1891) : 310s. — *Remembrancer ; or Impartial Repository of Public Events* (Londres), 1778, 188–191. — *The revolution on the upper Ohio, 1775–1777* [...], R. G. Thwaites et L. P. Kellogg, édit. (Madison, Wis., 1908 ; réimpr., Port Washington, N.Y., et Londres, 1970), 148. — Christian Denissen, *Genealogy of the French families of the Detroit River region, 1701–1911*, H. F. Powell, édit. (2 vol., Détroit, 1976). — Silas Farmer, *The history of Detroit and Michigan* [...] (2e éd., 2 vol., Détroit, 1889). — [H. R. Howland], The Niagara portage and its first attempted settlement under British rule, Buffalo Hist. Soc., *Pubs.* (Buffalo, N.Y.), VI (1903) : 35–45.

STUDHOLME, GILFRED, officier et fonctionnaire, né en 1740, près de Dublin (République d'Irlande), mort célibataire le 10 octobre 1792, à Studville (Apohaqui, Nouveau-Brunswick).

Gilfred Studholme reçut une commission d'enseigne dans le 27e d'infanterie en novembre 1756, et, en mai de l'année suivante, il fut mis en poste à Halifax, Nouvelle-Écosse. En novembre 1761, il obtint le grade de lieutenant dans le 40e d'infanterie et servit dans ce qu'il décrivit comme « les campagnes coûteuses de la Martinique et de La Havane ». Quand le régiment retourna en Nouvelle-Écosse, en 1763, Studholme fut appelé à commander la compagnie stationnée au fort Frederick (Saint-Jean, Nouveau-Brunswick). A l'été de la même année, se conformant aux ordres du lieutenant-gouverneur Jonathan BELCHER, de la Nouvelle-Écosse, Studholme enjoignit à un groupe d'Acadiens vivant dans la région de Sainte-Anne (Fredericton) d'aller s'établir dans d'autres parties de la province. Il ne prit, cependant, aucune mesure pour forcer leur départ, et les Acadiens restèrent. En 1765, Studholme s'embarqua pour l'Irlande avec son régiment.

On ne sait pas au juste quand Studholme revint en Nouvelle-Écosse. En septembre 1771 il passait au 24e d'infanterie et, trois ans plus tard, se retirait du service actif. Lorsque la Révolution américaine éclata, il reprit sa carrière militaire. Promu au grade d'officier dans les Loyal Nova Scotia Volunteers, il servit plus tard, avec le grade de capitaine, dans les Royal Fencible Americans, et, en décembre 1775, devint major de brigade, grade qu'il conserva jusqu'à sa retraite en 1783. Quand les forces rebelles, aux ordres de Jonathan Eddy*, tentèrent de s'emparer du fort Cumberland (près de Sackville, Nouveau-Brunswick), à la fin de 1776 [V. Joseph GOREHAM], l'arrivée opportune de renforts, sous le commandement du major Thomas Batt et de Studholme, les força à battre en retraite. Des corsaires américains et des Indiens, à l'incitation du rebelle John Allan*, continuèrent, cependant, à menacer les colons de la rivière Saint-Jean, si bien que Studholme s'amena dans le port de Saint-Jean, en novembre 1777, avec ordre de réparer le fort Frederick ou d'en construire un nouveau.

A cause de la situation en contrebas du fort Frederick et des dommages qu'y avaient causés les rebelles l'année précédente, Studholme décida d'élever de nouvelles fortifications. Les 50 hommes qui l'accompagnaient, aidés des habitants du lieu, entreprirent la construction du fort Howe qui devait jouer – tout autant que son commandant Studholme – un rôle important à l'appui de la cause britannique dans les années qui suivirent l'achèvement du fort. La « sécurité relative » que le fort assurait aux habitants de la région de Saint-Jean était due, selon William Odber Raymond*, à « la compétence et au zèle » de Studholme. Le fort Howe se révéla utile, également, à la mise en œuvre de la diplomatie indienne complexe de Michæl FRANCKLIN, surintendant des Affaires indiennes en Nouvelle-Écosse. Studholme apporta son aide personnelle à l'exécution des programmes d'action de Francklin et joua un rôle de premier plan à la conférence indienne de juin 1780, au cours de laquelle les Micmacs et les Malécites furent neutralisés. Peu après, et non sans satisfaction, Studholme signalait à HALDIMAND, gouverneur de Québec, « l'amitié et la bonne conduite des Indiens dans ce district ». Studholme entretint avec le gouverneur une correspondance rendue nécessaire par une autre mission échue au fort Howe : le maintien des communications entre Halifax et Québec. Studholme portait une attention particulière à cette question et s'attira les éloges répétés de Haldimand pour son zèle et sa diligence.

Comme la guerre tirait à sa fin, Studholme s'adonna à plusieurs activités civiles. Il tenait déjà, à bail, des terres et des édifices appartenant à James Simonds* et situés à l'embouchure de la rivière Saint-Jean ; en août 1782, il reçut 2 000 acres à titre de vétéran de la guerre de Sept Ans. Peu après, il acquit 5 000 acres sur la rivière Kennebecasis, auxquelles il donna le nom de Studville. Au moment où la guerre prit fin, il s'occupait également de procurer des terres aux réfugiés loyalistes. En septembre 1783, John PARR, gouverneur de la Nouvelle-Écosse, lui confia « le soin et la direction » des colons loyalistes sur la Saint-Jean, lesquels, sous son autorité, reçurent « une cordiale bienvenue », se virent assigner des terres et remettre les matériaux pour la construction de leurs maisons. Il est étonnant de constater qu'en dépit des divisions qui existaient entre les colons et de leur antipathie à l'endroit de Parr, Studholme maintint de bonnes relations aussi bien avec les principaux Loyalistes qu'avec le gouverneur. Parr sollicita les avis de Studholme sur les communications entre Halifax et Québec, et la considération dont jouissait ce dernier auprès des chefs loyalistes devint évidente quand il fut nommé au premier Conseil exécutif de la nouvelle province du Nouveau-Brunswick. Même s'il n'y fut pas très actif, il siégea au conseil jusqu'à sa mort.

On aurait pu supposer que Studholme, officier respectable à la retraite, propriétaire de biens fonciers considérables, siégeant au conseil et possédant des amis influents, tels Ward Chipman* et Edward Winslow*, était assuré d'une existence tranquille et prospère. Mais ce ne fut pas le cas. En tant qu'agent de propriétaires fonciers absentéistes, il fut impliqué dans de nombreux litiges ; simultanément, il fut entraîné dans des disputes au sujet de ses propres terres et dut faire face à plusieurs factures impayées. Sa santé, qu'il décrivait comme « toujours précaire et facilement chancelante », se délabra et il fut fréquemment malade. Il devait constamment supplier ses créanciers de lui accorder des délais, en espérant que ses ventes de bois ou ses récoltes de chanvre amélioreraient sa situation financière. En 1790, « très durement contraint par des questions d'argent », il pouvait seulement espérer « venir à bout de [ses] dettes par la vente de [ses] terres ». Il conserva, cependant, ses propriétés de la Kennebecasis et y vécut jusqu'à sa mort, « sans femme ni enfant pour égayer sa solitude ». La notice nécrologique publiée dans la *Royal Gazette and the New Brunswick Advertiser* reconnut « ses manières aimables, sa bienveillance universelle et son esprit libéral [qui] le faisaient très justement aimer de tous ceux qui avaient le plaisir de faire sa connaissance ». Ses contemporains se rappelèrent et apprécièrent à juste titre les services qu'il rendit en temps de guerre et l'aide qu'il apporta aux Loyalistes, cependant qu'ils oublièrent ses échecs et ses difficultés de l'après-guerre.

WILLIAM G. GODFREY

APC, MG 23, D1, 3, ff.1 169–1 186 ; 6, ff.275, 296–297, 705, 727–729, 731–732, 738, 742 ; 18, ff.71–73, 108–109 ; 23, ff.76–110, 113–117 ; D5, ff.14–17, 19–24, 61–67. — BL, Add. MSS 21 723, pp.108s. ; 21 724, p.240 ; 21 809, pp.57, 67, 88, 113, 139, 144s., 160s., 179s., 186–189, 203, 209, 214s., 219–222, 226s., 230s., 233, 235s., 242–247, 259s., 284, 286, 288, 293, 306s., 309s. ; 21 810, pp.16, 31, 58, 76, 87, 107, 125, 134–136, 140s., 145s., 154s., 171, 176, 202, 208 (copies aux APC). — PANB, New Brunswick political biography, J. C. et H. B. Graves, compil. (11 vol., copie dactylographiée), IV : 40. — PRO, WO 1/6, pt.2, ff.344–346. — APC *Report*, 1894, 362. — Royal commission and instructions to Governor Thomas Carleton, N.B. Hist. Soc., *Coll.*, II (1899–1905), n° 6 : 406. — Sunbury County documents, N.B. Hist. Soc., *Coll.*, I (1894–1897), n° 1 : 100–118. — The James White Papers, W. O. Raymond, édit., N.B. Hist. Soc., *Coll.*, II (1899–1905), n° 4 : 45s., 64s. — *Winslow papers, A.D. 1776–1826*, W. O. Raymond, édit. (Saint-Jean, N.-B., 1901), 119, 147, 162, 204–206, 217, 346s., 379s.

James Hannay, *History of New Brunswick* (2 vol., Saint-Jean, 1909), I : 145s. — W. B. Kerr, *The maritime provinces of British North America and the American revolution* (Sackville, N.-B., [1941] ; réimpr. New York, [1970]), 80s., 91–94, 100–103. — MacNutt, *New Brunswick*, 34s., 52. — L. M. B. Maxwell, *An outline of the history of central New Brunswick to the time of confederation* (Sackville, 1937), 31–33, 64, 99, 120s. — Murdoch, *History of N.S.*, III : 19s. — Raymond, *River St. John* (1943), 133, 138, 191, 216–223, 228–230, 237, 248s., 254s., 279. — R. H. R. Smythies, *Historical records of the 40th (2nd Somersetshire) Regiment* [...] (Devonport, Angl., 1894), 553s. — E. C. Wright, *The Saint John River* (Toronto, 1949), 25, 35, 69s. — Garnet Basque, Major Studholm's treasure, *Canadian Treasure* (Vancouver), 2 (1974), nº 1 : 4–9. — Robert Fellows, The loyalists and land settlement in New Brunswick, 1783–1790 ; a study in colonial administration, *Canadian Archivist* (Calgary), II (1971) : 5–15. — Neil MacKinnon, Nova Scotia loyalists, 1783–1785, *HS*, nº 4 (nov. 1969) : 17–48. — W. G. Power, Fort Howe (1777–1821), N.B. Hist. Soc., *Coll.*, nº 19 (1966) : 7–16. — W. O. Raymond, Brigadier General Monckton's expedition to the River Saint John in September, 1758 [...], N.B. Hist. Soc., *Coll.*, III (1907–1914), nº 8 : 113–165.

SUCKLING, GEORGE, avocat, homme politique, premier procureur général de la province de Québec ; il épousa en secondes noces Frances Duport, le 8 septembre 1759 à Halifax, Nouvelle-Écosse ; *circa* 1752–1780.

En juillet 1752, George Suckling pratiquait le droit à Halifax où il avait immigré quelque temps auparavant. Il fut aussi marchand, de 1753 à 1758, en société avec William NESBITT. Greffier par intérim de la Cour générale en 1753, Suckling fut député de la première chambre d'Assemblée de la Nouvelle-Écosse en octobre 1758 et se fit bientôt remarquer, à Halifax et à Londres, quand il s'en prit violemment à John Collier*, juge de la Cour de vice-amirauté, qui refusait de divulguer à l'Assemblée la liste des droits perçus par cette cour. En février 1759, Suckling fut accusé de détournement de fonds et, bien qu'il fût exonéré par l'Assemblée, le gouverneur Charles Lawrence* demeura convaincu de sa culpabilité, le qualifiant d'« *attorney* fripon ».

Nous ne connaissons pas la date de l'arrivée de Suckling à Québec. Le 16 février 1764, le roi le nomma procureur général de la province, poste auquel l'avaient fortement recommandé les marchands de Londres faisant affaire avec le Canada. A ce titre, il devait donner des avis juridiques au gouverneur et au Conseil de Québec, et intenter des poursuites au nom de la couronne. Sa commission est datée du 24 août 1764. Un mois plus tard, il était également nommé avocat général à la Cour de vice-amirauté.

A la demande du conseil, Suckling rédigea, avec le juge en chef William Gregory, l'ordonnance établissant des cours civiles. Adoptée le 17 septembre 1764, cette ordonnance avait une importance exceptionnelle puisqu'elle créait l'organisation judiciaire de la province. Pourtant, elle montre très clairement l'incompétence juridique du juge en chef et du procureur général.

L'ordonnance divisait la province en deux districts, celui de Québec et celui de Montréal. Elle donnait compétence judiciaire à des baillis, à des juges de paix, à une Cour des plaids communs, à une Cour du banc du roi, à des cours d'assises, au gouverneur en conseil et au roi en Conseil privé. La compétence des baillis, tant au civil qu'au criminel, était très limitée. En première instance, les juges de paix avaient le pouvoir de juger, en matière civile, les litiges concernant la propriété jusqu'à une valeur de 30 « louis » (livres anglaises) ; en appel, ils avaient le pouvoir de juger des décisions des baillis. Quant à leur compétence en matière criminelle, elle était importante, mais elle découlait beaucoup plus de leurs commissions que de l'ordonnance. La Cour des plaids communs devait juger, en matière civile seulement, tout litige d'une valeur de plus de dix louis. La Cour du banc du roi avait autorité, en première instance, pour juger tout procès, tant en matière civile que criminelle ; en appel, sa compétence portait sur les jugements des juges de paix en matière civile, lorsque l'objet du litige avait une valeur de plus de dix louis, et sur ceux de la Cour des plaids communs, lorsque l'objet du litige avait une valeur de 20 louis ou plus. Les cours d'assises ne furent tenues que très rarement, même si elles possédaient un pouvoir important tant en matière civile que criminelle. L'ordonnance accordait au gouverneur en conseil le droit de maintenir ou de rejeter les appels des jugements de la Cour du banc du roi et de la Cour des plaids communs, en matière civile, lorsque l'objet du litige avait une valeur de plus de £300, tandis que le roi en Conseil privé pouvait faire de même pour les appels des jugements du gouverneur en conseil, lorsque l'objet du litige avait une valeur de £500 ou plus.

Le juge en chef et le procureur général crurent, à tort, que la Proclamation royale de 1763 introduisait les lois civiles britanniques dans la province. Voulant diminuer les effets de ce changement des lois et habituer les Canadiens aux lois de la Grande-Bretagne, ils créèrent la Cour des plaids communs qui devait appliquer l'*equity*, terme très vague, que les rédacteurs de l'ordonnance semblent avoir pris dans son sens courant de justice naturelle et non dans le sens technique qu'on lui donne en droit britannique. Les juges de cette cour appliquèrent le plus souvent les lois françaises ; la Cour des plaids communs favorisa ainsi le maintien de ces lois bien plus qu'elle n'habitua les Canadiens aux lois britanniques. D'ailleurs ce système judiciaire était parfaitement illogique. En première instance, lorsque l'objet du litige avait une valeur de plus de dix louis, le demandeur pouvait s'adresser à cette Cour des plaids communs ou à la Cour du banc du roi qui, selon l'ordonnance, devait appliquer les lois britanniques. Le demandeur avait donc le choix des lois qu'il désirait voir appliquer. En appel, la situation était encore pire puisqu'il y avait appel de la Cour des plaids communs à la Cour du banc du roi. En conséquence, un jugement de la Cour des plaids communs basé sur l'équité, selon les termes de l'ordonnance du juge en chef et du procureur général, devait, en vertu de la même ordonnance, être renversé en Cour du banc du roi si les lois britanniques n'avaient pas été appliquées. Une telle organisation, jointe à l'incompétence de la plupart des juges et des juges de paix, à l'unilinguisme anglais, sauf devant la Cour des plaids communs, à la lenteur et au coût exorbitant de la justice, engendra nécessairement l'anarchie dans le domaine judiciaire.

Le 1er novembre 1764, le gouverneur MURRAY établit une Cour de la chancellerie dans la province, se basant sur l'opinion juridique de Suckling. Conformément à l'opinion généralement admise à l'époque, le procureur général déclara que le gouverneur avait le pouvoir d'établir une telle cour parce que, ayant été nommé gardien du grand sceau par le roi, il avait été nommé par le fait même chancelier de la province.

Toutefois, Suckling n'avait pas les qualités requises pour remplir la charge importante de procureur général. Comme juriste, il était plutôt médiocre et ne connaissait ni la langue ni les lois françaises. Il s'entendait mal avec Gregory et fit même publier ses critiques à l'endroit du juge en chef dans un supplément de *la Gazette de Québec* du 23 mai 1765. Aussi Suckling fut-il destitué en 1766, à la demande de Murray, et remplacé par Francis Maseres*. Il conserva cependant son poste d'avocat général et pratiqua le droit dans la province.

L'ex-procureur général ne partageait pas les idées de son successeur, entre autres sur la question des lois britanniques concernant les faillites. Maseres conseilla au trafiquant de fourrures Lucius Levy SOLOMONS, qui avait été ruiné et désirait en arriver à un règlement final avec ses créanciers, de tirer parti des lois britanniques en matière de faillite – lois qu'il prétendait être en vigueur dans la province – et de faire demander par l'un de ses créanciers une commission nommant les personnes chargées de liquider ses biens et de régler sa faillite. L'octroi de la commission par le gouverneur Guy Carleton*, sur recommandation de Maseres et du juge en chef William HEY, inquiéta les marchands qui protestèrent vivement, prétextant que l'application de telles lois les ruinerait car elles étaient à double tranchant : si elles aidaient les marchands qui demandaient la faillite, elles pouvaient aussi mettre en faillite des marchands qui espéraient s'en sortir autrement. Pour défendre sa position et celle de Solomons, Maseres écrivit un résumé de ces lois qu'il envoya à Carleton, accompagné d'une réponse aux objections des marchands. William Grant* (1744–1805) fit publier ce résumé dans *la Gazette de Québec* des 10 et 17 décembre 1767, sous la signature d'« un Marchand ». D'après Maseres, Suckling et Thomas AYLWIN prirent la défense des intérêts des marchands dans un article paru les 24 et 31 décembre suivant, et signé « Un Ami de la Liberté Quoique non Marchand », y attaquant le nouveau procureur général en termes très durs.

En 1768, Suckling eut des démêlés avec Carleton ; en tant qu'avocat général, il avait intenté une poursuite en Cour de vice-amirauté, mais le gouverneur lui avait ordonné de suspendre la procédure. Suckling protesta auprès de Hillsborough, secrétaire d'État des Colonies américaines, et déclara que cet ordre constituait une violation des droits et de la juridiction de la Cour de vice-amirauté ainsi que de ceux de l'avocat général.

Après avoir disposé de ses biens, Suckling quitta la province en 1771, sans autorisation, et sans avoir laissé officiellement son poste d'avocat général. Il fut cependant remplacé par Henry KNELLER, en octobre de la même année. A Londres, le 25 février 1775, Suckling fit une requête au roi sollicitant une aide financière ou un emploi, et la fit paraître dans *la Gazette de Québec* du 7 septembre suivant. Il y déclarait s'être déjà adressé aux « Lords Commissaires du Trésor », à lord North et au comte de Dartmouth, secrétaire d'État des Colonies américaines, mais n'avoir pu obtenir qu'une petite somme d'argent. Le 12 mars 1776, il demanda à lord George Germain, successeur de Dartmouth, le poste de secrétaire de la Géorgie ou une aide financière pour sa subsistance jusqu'à ce qu'il trouve un emploi dans le domaine juridique, ou encore une somme d'argent pour lui permettre d'aller s'établir aux Antilles avec sa famille. Ses demandes répétées finirent par avoir du succès puisqu'en 1780 il était juge en chef des îles Vierges. La date de sa nomination à ce poste, comme d'ailleurs la date et le lieu de son décès, est inconnue.

JACQUES L'HEUREUX

APC, MG 11, [CO 42] Q, 2, p.378 ; 3, p.3 ; 8, p.83 ; MG 23, A4, 64, p.104 ; C17 ; GII, 1, sér. 1, 2, p.189 ; RG 1, E1, 1, p.13 ; 2, pp.10, 45 ; RG 4, A1, p.621. — PRO, CO 5/114, p.57 ; 5/115, p.227 ; 5/157, p.25 ; 42/2, pp.44,

74 (copies aux APC). — APC *Rapport*, 1944, xxvii, xxix. — *Doc. relatifs à l'hist. constitutionnelle, 1759–1791* (Shortt et Doughty ; 1921), I : 180. — Maseres, *Maseres letters* (Wallace). — *La Gazette de Québec*, 23 mai 1765, 10, 17, 24, 31 déc. 1767, 7 sept. 1775. — *Directory of N.S. MLAs*, 335. — Brebner, *New England's outpost*. — Burt, *Old prov. of Que.* (1968), I : 77s., 107–109, 129, 134. — A. [McK.] MacMechan, Nova Scotia under English rule, 1713–1775, *Canada and its provinces* (Shortt et Doughty), XIII : 104s. — Neatby, *Quebec*, 35. — L'Heureux, L'organisation judiciaire, *Revue générale de droit*, 1 : 266–331. — W. R. Riddell, The first court of chancery in Canada, *Boston University Law Rev.* (Boston), II (1922) : 234–236.

SURLAVILLE, MICHEL LE COURTOIS DE. V. LE COURTOIS

SUTHERLAND, GEORGE, chef de poste de la Hudson's Bay Company, né vers 1755, probablement à Wick (Highlands), Écosse, décédé après 1799.

En 1774, George Sutherland commença sa carrière dans la Hudson's Bay Company à titre d'employé personnel de Thomas HUTCHINS, agent principal au fort Albany (Fort Albany, Ontario) ; il s'engageait alors pour une période de cinq ans, au salair annuel de £10. Bien qu'il n'eût « guère reçu d'instruction », son maître jugea bientôt qu'il était un employé prometteur. Le 6 avril 1777, Hutchins nota qu'il l'avait envoyé « au nord [...] pour lui apprendre à faire des observations, au cas où [il devrait] l'envoyer à l'intérieur des terres ». Au mois de juin suivant, Sutherland s'était déjà rendu à l'intérieur avec un Indien du nom de Caupemartissue Winnekee. Eusebius Bacchus Kitchin, agent principal à Moose Factory (Ontario), pensait que cet Indien venait des environs de Basquia [Le Pas, Manitoba] ; au début de 1778, Hutchins exprimait l'espoir que, si c'était le cas, Sutherland pût, grâce à ce guide indien, « déterminer la distance d'ici à Cumberland House [Saskatchewan] ». C'était là une question importante touchant l'établissement éventuel de postes et de routes pour la traite à l'intérieur. Hutchins fut satisfait du travail et des observations de Sutherland au cours de cette année.

Inscrit comme manœuvre, au salaire annuel de £10, Sutherland passa l'hiver de 1779–1780 au lac Sturgeon (à l'est de Sioux Lookout, Ontario). En juillet 1779, il quitta le fort Albany avec quelques Canadiens que Germain MAUGENEST avait amenés au service de la compagnie. Passant par Gloucester House (lac Washi, Ontario) à la fin d'août, ils atteignirent le lac Sturgeon à la fin de septembre et découvrirent que les trafiquants de Montréal (rattachés à une compagnie de Montréal) y avaient incendié la maison de Maugenest. Ce dernier s'était en effet enfui avec des fourrures et devait encore 30 000# à Ezekiel Solomons, un marchand de Montréal qui, disait-on, avait assumé la direction de la traite locale [V. Lucius Levy SOLOMONS]. Pendant qu'il bâtissait un nouvel abri, Sutherland se renseigna autant qu'il put auprès de ses rivaux sur leur trafic et leurs méthodes, et sur la région éloignée où il se trouvait. Une fois par mois, il portait dans son journal un relevé détaillé des trafiquants et de ses misères – dont, à la fin de l'hiver, un régime composé de souris, de cuir bouilli et autres « saletés ». Trois des hommes de Maugenest moururent ; les autres rallièrent les trafiquants de Montréal. Sutherland trouvait qu'il avait appris la langue des Indiens « au moins cinq fois mieux que quiconque à la baie (à l'exception de [ses] Supérieurs », mais sa santé était ébranlée, et la présence des trafiquants rivaux « dans chaque trou et dans chaque coin » le rendait mélancolique.

De retour au fort Albany à l'été de 1780, Sutherland prit, semble-t-il, un congé de maladie d'un an. En 1781, il devint commis aux vivres au fort Albany, au salaire de £20 par année. A l'été de 1785, il se rendit à Severn House (Fort Severn, Ontario) avec des dépêches, y fut peu de temps remplaçant et y resta l'hiver suivant. En 1786–1787, il fut muté à York Factory (Manitoba) pour y aider Joseph Colen* à titre de « linguiste et [de] trafiquant », au salaire de £30 ; il se fit pour Colen compilateur de « A Short Vocabulary of [...] the Northern Indian Language ». En 1793, son salaire monta à £40.

Après avoir séjourné un an en Grande-Bretagne, Sutherland devint membre du conseil d'York, au salaire de £80. Il y assuma la direction du poste au cours de la saison de traite de 1794–1795, en l'absence de Colen alors en Angleterre pour y discuter avec ses employeurs des difficultés survenues entre lui et William Tomison*, agent principal pour les postes de l'intérieur. Résultat, sans doute, de l'appui de Colen, Sutherland obtint la direction de Cumberland House en 1795–1796 et succéda à Tomison à la tête de la région de la Saskatchewan supérieure en 1796–1797. Résidant à Edmonton House (près de Fort Saskatchewan, Alberta), il cherchait à établir avec son concurrent de Montréal, Angus Shaw*, de meilleures relations que ne l'avait fait Tomison. En décembre 1796, des Indiens, les Falls, visitèrent Edmonton House ; Sutherland et Shaw les réprimandèrent conjointement pour avoir saccagé les postes de Manchester House (près de Pike's Peak, Saskatchewan) et de South Branch House (près de Duck Lake), propriétés de la Hudson's Bay Company. Au milieu de l'année 1797, Sutherland fut le premier à utiliser de grandes embarcations au lieu de canots pour le transport sur la rivière Saskatchewan. On construisit deux barques, de 30 pieds chacune, qui se révélèrent aussi utiles que celles que Sutherland avait vues dans le district d'Albany.

Hostile à Colen et à Sutherland, de même qu'à leurs projets concernant ces grandes embarcations, Tomison s'était rendu en Angleterre et avait regagné l'appui du comité de Londres. A la fin de 1797, il reprit la direction d'Edmonton House et de la région de la Saskatchewan. Le comité blâma Sutherland pour avoir écrit une « lettre téméraire et inconsidérée » à Tomison. Il hiverna à Buckingham House (près de Lindbergh, Alberta) sur la rivière Saskatchewan-Nord, mais, à l'été de 1798, il refusa de rester à l'intérieur, comme le lui demandait Tomison, et retourna à York. Là, il découvrit que Tomison avait écrit sur lui une lettre « des plus mesquines », et il lui adressa une réponse publique qui mit fin à tout espoir de les voir, un jour, travailler ensemble. Une lettre du comité de Londres l'informait que son frère était mort à la Jamaïque en lui laissant « un bien considérable ». Il saisit cette occasion de se retirer.

Une fois à Londres, Sutherland convainquit le comité des avantages qu'il y avait à utiliser des embarcations, plutôt que des canots, tout au long de l'importante route de l'intérieur menant à Edmonton House. En mai 1799, Tomison et le conseil d'York reçurent la directive d'adopter le plan de Sutherland, de façon à « diminuer les dépenses considérables de la compagnie » et à atténuer le problème de la rareté de main-d'œuvre et les difficultés administratives qui en découlaient. Les embarcations, faisait observer le comité, « requerront moins de la moitié du nombre d'hommes actuellement affectés aux canots ».

Sutherland eut au moins deux enfants à la baie d'Hudson. Sa fille se noya en juillet 1799 à York Factory, et son fils, John, fit du service comme apprenti de 1795 à 1799 ; à cette dernière date, la compagnie agréa la requête de son père pour qu'il allât le rejoindre en Angleterre. Les gens de la grande prairie, un groupe de Cris des Plaines, de sang mêlé, vivant près de Duck Lake, en Saskatchewan, se disent aussi les descendants d'un George Sutherland qui travaillait pour la Hudson's Bay Company à cette période.

JENNIFER S. H. BROWN

HBC Arch., A.6/16, ff.34, 55, 59, 81 ; A.11/116, f.178 ; A.11/117, ff.142, 171 ; A.15/15, p.467 ; A.30/1, ff.16, 42, 55, 72–73 ; A.30/2, ff.4, 40 ; A.30/3, ff.57, 65, 91 ; A.30/4, ff.23, 49 ; A.30/5, ff.48, 80 ; A.30/9, f.39 ; A.32/3, f.57 ; A.32/4, f.43 ; B.135/b/5, ff.24, 35 ; B.135/b/6, f.23 ; B.198/z/1, ff.129–136 ; B.211/a/1 ; B.239/a/101, ff.97, 98 ; B.239/f/3, f.15 ; B.239/f/5, f.11 ; B.239/f/6, ff.12, 66. — *HBRS*, XXVI (Johnson). — D. G. Mandelbaum, The Plains Cree, American Museum of Natural History, *Anthropological Papers* (New York), XXXVII (1941) : 167.

SUTHERLAND, JAMES, trafiquant de fourrures et chef de poste de la Hudson's Bay Company, né probablement dans les Orcades (Royaume-Uni) vers 1751, décédé à Brandon House (Manitoba) le 29 avril 1797.

C'est à l'été de 1770, dans les Orcades, semble-t-il, que James Sutherland fut engagé par la Hudson's Bay Company en vue de travailler au fort Prince of Wales (Churchill, Manitoba) durant cinq ans au salaire de £8 par année. Il y œuvra sous la direction de Moses NORTON et rencontra probablement Samuel HEARNE. A l'expiration de son contrat, en 1775, il refusa de signer un nouvel engagement au même salaire, et le comité de Londres le rappela en Angleterre. Mais la compagnie, dans les années 1770, s'occupait activement d'élargir ses activités à l'intérieur des terres et elle avait un urgent besoin de trafiquants. Sutherland, qui s'était installé à Londres dans la paroisse St Martin-in-the-Fields, fut donc réengagé le 5 février 1777 au salaire annuel de £12 « afin de voyager entre [Albany] Factory [Ontario] et toute région de l'intérieur pour faire avancer la découverte du pays et pour améliorer le commerce ».

A partir de ce moment, Sutherland travailla sans interruption pour la compagnie et il obtint régulièrement de l'avancement. Après avoir passé neuf mois au fort Albany, il fut affecté en 1778 à Gloucester House (lac Washi, Ontario), un poste que commandait John Kipling et que la compagnie avait ouvert l'été précédent dans le cadre de son programme d'expansion. En 1784, devenu chef de poste en second, il explora la route menant au lac Nipigon et au lac Pishocoggan (lac St Joseph). Deux ans plus tard, il quitta Gloucester House avec John Richards et quelques Indiens pour se rendre au lac Seul, d'où il revint le 3 août 1786 après un pénible voyage de 53 jours. En 1789, il fut nommé chef de poste en second à Osnaburgh House (Ontario) et, en août 1790, il contribua au progrès de la compagnie vers l'ouest en allant établir un poste sur le lac Red (Ontario). Un compétiteur montréalais, Duncan (?) Cameron, arriva en octobre et construisit un poste à moins de 100 verges de celui de Sutherland. L'hiver fut agréable pour les deux trafiquants qui se visitèrent à tour de rôle et fêtèrent ensemble divers anniversaires. Quittant le lac Red au printemps de 1791, Sutherland rapporta à Osnaburgh un lot de fourrures équivalant à 2 400 peaux de castor, ce qui était un bon résultat pour un poste nouvellement ouvert et soumis à la concurrence.

Les efforts des trafiquants étaient soigneusement notés par le comité de Londres. En 1792, le comité fit savoir à l'agent principal au fort Albany qu'il était particulièrement satisfait de « la conduite et [de] l'assiduité » de Sutherland et qu'il le nommait membre du conseil de ce poste. Cette année-là, Sutherland touchait un salaire de £40 et une gratification de £10 ; il construisit Eschabitchewan House sur le lac Burdingno (lac Ball, Ontario). L'année suivante, il fonda Portage de l'Isle sur la rivière Winnipeg, près de l'embouchure de la rivière English (Ontario). Il assuma la direction d'Osnaburgh House en octobre 1794, recevant un salaire annuel de £70. Malgré la forte concurrence que lui livraient les trafiquants de Montréal (rattachés à une compagnie de Montréal), il parvint à obtenir une grande part de la traite. En 1796, il fut nommé chef de poste à Brandon House et il s'y rendit le 13 septembre. En avril de l'année suivante, toutefois, on signala qu'il était « très malade », et il mourut au cours de ce mois. Ses biens, sous la forme de rentes consolidées de la Bank of England, s'élevaient à £1 050.

James Sutherland fut à l'emploi de la compagnie durant une période où celle-ci, en concurrence avec les *Nor'Westers*, avait besoin de son adresse à diriger les canots, de sa débrouillardise à subsister avec les moyens du bord, de sa diplomatie dans ses relations avec les Indiens et de son abnégation quand il fallait se soumettre à des privations. Religieux, tolérant et sans préjugés, Sutherland pouvait donc vivre en paix avec des trafiquants rivaux. Il était tout à fait apte à travailler pour la compagnie durant la période de forte concurrence que celle-ci traversait.

Shirlee Anne Smith

HBC Arch., A.1/45, ff.34d–35 ; A.5/4, f.27 ; A.6/11, f.101d ; A.6/12, f.32d ; A.6/15, ff.14, 16d, 17, 52d ; A.11/4, f.68 ; A.11/14, f.136d ; A.11/15, ff.6, 16 ; A.16/6, p.58 ; A.16/11, ff.76d–77 ; A.30/2, f.21d ; A.32/3, f.14 ; B.3/a/74, ff.1d, 26 ; B.3/a/97, ff.46d–49 ; B.3/b/33, f.31 ; B.22/a/4, ff.12, 36d–37d ; B.42/a/80, f.4d ; B.64/a/1 ; B.78/a/2 ; B.78/a/11 ; B.78/a/14 ; B.155/a/1 ; B.155/a/3, f.35d ; B.155/a/10, ff.14, 15, 35 ; B.166/a/1 ; B.177/a/1. — *Five fur traders of the northwest* […], C. M. Gates, édit. ([2e éd.], Saint-Paul, Minn., 1965). — *Journals of Hearne and Turnor* (Tyrrell). — Morton, *History of Canadian west*. — Rich, *History of HBC*.

SYRIER. V. Cirier

T

TAGAWIRUNTE. V. Tekawiroñte

TARIEU DE LA NAUDIÈRE, CHARLES-FRANÇOIS (appelé aussi **Charles-François-Xavier**), officier dans les troupes de la Marine, seigneur, né le 4 novembre 1710 à Sainte-Anne-de-la-Pérade (La Pérade, Québec), fils de Pierre-Thomas Tarieu de La Pérade, seigneur de La Pérade, et de Marie-Madeleine Jarret* de Verchères, décédé à Québec le 1er février 1776.

Charles-François Tarieu de La Naudière servit durant plus de 30 ans dans les troupes de la Marine sans toutefois atteindre par les armes la gloire dont la légende entoura sa mère, la célèbre Madeleine de Verchères, à la suite de ses exploits de jeunesse au fort de Verchères. Celle-ci n'avait pourtant pas négligé la réputation de son fils en racontant qu'à l'âge de 12 ans, en 1722, il lui avait sauvé la vie alors qu'elle était attaquée par quatre sauvagesses.

Tarieu de La Naudière commença jeune une carrière bien classique, gravissant régulièrement les échelons, à l'instar des autres officiers, fils des grandes familles de la colonie. Nommé enseigne en second en 1727, il fut promu enseigne en pied en 1734, lieutenant en 1742 et choisi aide-major de Québec en 1743. La même année, il se liait à une famille éminente de la colonie en épousant à Québec, le 6 janvier, Louise-Geneviève, fille d'un ancien capitaine dans les troupes de la Marine, Henri-Louis Deschamps* de Boishébert. On ne connaît rien des activités militaires de Tarieu de La Naudière au cours de ses 20 premières années de service. Il semble qu'en 1746 il faisait partie de l'expédition dirigée par Jean-Baptiste-Nicolas-Roch de Ramezay en vue de bloquer Annapolis Royal, Nouvelle-Écosse, mais il ne prit pas part à l'attaque de Grand-Pré en février 1747 [V. Arthur Noble*]. Il fut chargé cette année-là de quelques missions par le gouverneur Beauharnois* et, au printemps de 1748, il fut envoyé chez les Miamis où il était important que la présence française soit bien assurée militairement, après les troubles provoqués dans l'Ouest par la bande d'Orontony*. Il semble qu'il ait assez bien rempli sa mission auprès des Indiens puisqu'à son retour à Québec, à l'été de 1749, le nouveau gouverneur, La Jonquière [Taffanel*], demanda pour lui une gratification de 2 000#, qui lui fut cependant refusée. Mais il avait obtenu le rang de capitaine au mois de mai.

Le début des années 1750 marque une pause dans la carrière militaire de Tarieu de La Naudière. Il reçut en concession, le 1er mars 1750, la seigneurie de Lac-Maskinongé, bientôt connue également sous le nom de Lanaudière. Mais il n'eut guère le goût ou le loisir de s'occuper de ses terres et se tourna plutôt vers le commerce. Possédant des intérêts dans un navire, il s'associa en 1753 au commissaire de la Marine, Jean-Victor VARIN de La Marre, pour faire venir des marchandises de France. L'année suivante, il formait une société avec son beau-frère Jean-François Gaultier* afin d'exploiter le poste de la baie des Châteaux (sur le détroit de Belle-Isle) dont ce dernier était concessionnaire. On sait aussi qu'il fut en relations avec les négociants Jean-Baptiste Amiot* et Pierre Révol* ; en octobre 1756, il participa à une réunion des créanciers de Révol qui venait de faire faillite et lui devait près de 3 000#.

Mais commençaient les années cruciales de la guerre de Sept Ans et Tarieu de La Naudière était de nouveau absorbé par ses activités militaires. Au printemps de cette même année 1756, il se trouvait en Acadie, chargé de distribuer des vivres aux nombreux habitants qui avaient dû se réfugier dans les bois. Il participa activement aux opérations de harcèlement que menait son beau-frère, Charles DESCHAMPS de Boishébert, contre les Anglais qui s'étaient établis le long de la rivière Saint-Jean. Sa présence, l'année suivante, au siège du fort George (appelé aussi fort William Henry ; aujourd'hui Lake George, New York) n'est pas certaine, mais il se trouvait à Carillon (Ticonderoga, New York) le 8 juillet 1758. Son comportement fut remarqué par Montcalm*, qui exprima sa satisfaction dans une lettre adressée au gouverneur Vaudreuil [RIGAUD] le lendemain de la bataille. C'est peut-être à cette appréciation que Tarieu de La Naudière doit la croix de Saint-Louis qui lui fut décernée en janvier 1759.

Le moins que l'on puisse dire, c'est que le nouveau chevalier n'accomplit pas de prouesses guerrières au cours des mois suivants. Il eut d'abord l'idée, puis la responsabilité, de construire des « cajeux », radeaux porteurs de canons, pour enrayer l'avance de la flotte anglaise qui remontait le Saint-Laurent. François-Louis Poulin* de Courval, qui fit changer les plans des cajeux, l'assista dans cette tâche. Parti le 22 mai pour l'île aux Coudres, Tarieu de La Naudière n'eut pas le temps de mener l'opération à bien. Dès le 27, les Anglais débarquèrent dans l' île et Tarieu de La Naudière battit peu glorieusement en retraite, faisant brûler les cajeux déjà construits et tout ce qui aurait pu être utilisé par l'ennemi. Il arriva à Québec le 1er juin. Des problèmes de vivres pour l'armée commençaient à se poser, les secours apportés de France par Jacques Kanon* étant insuffisants. Il fallut avoir recours à des expédients et, le 7 juin, Vaudreuil et l'intendant BIGOT chargèrent La Naudière de réquisitionner les bœufs et taureaux du gouvernement de Québec. A la fin de juillet, le gouvernement de Trois-Rivières tomba aussi sous le coup de l'ordonnance. C'était là une tâche peu héroïque, mais délicate et nécessaire, qui suscita l'ironie de l'auteur anonyme d'un journal du siège : « un coup de corne n'est pas si à craindre qu'un coup de canon ». Tarieu de La Naudière participa sans doute, à la tête de ses hommes, aux deux dernières grandes batailles de la guerre, sur les plaines d'Abraham en 1759 et à Sainte-Foy l'année suivante.

Ces années de guerre avaient aussi été des années de vie mondaine très active pour les officiers français et canadiens. La maison de Tarieu de La Naudière était, à Québec, un des lieux de rendez-vous de la bonne société. Sa compagnie et celle de sa femme étaient fort appréciées au cours des mois d'hiver, notamment par Montcalm qui avait beaucoup d'estime pour Mme de La Naudière et qui décrivit un jour M. de La Naudière à Bourlamaque* comme « le meilleur de [ses] amis ».

Au lendemain de la Conquête, Tarieu de La Naudière fit un séjour en France dont on ignore les raisons et la durée. Sa femme mourut pendant son absence, en juillet 1762. Il revint au pays l'été suivant et, le 12 janvier 1764, il épousa Marie-Catherine, fille de Charles Le Moyne* de Longueuil, deuxième baron de Longueuil, de beaucoup sa cadette, qui donna naissance à dix enfants. Au cours des dernières années de sa vie, Tarieu de La Naudière utilisa une partie de sa fortune à des acquisitions de seigneuries : en 1767, il acheta aux religieuses de l'Hôpital Général de Québec le fief et seigneurie de Saint-Vallier et, en 1769, la seigneurie de Saint-Pierre-les-Becquets, qui appartenait à Charles Levrard. Entre-temps, il avait cédé ses droits sur la seigneurie de Lac-Maskinongé à son fils Charles-Louis*, né de son premier mariage.

Ses rapports avec l'administration britannique furent excellents. En 1766, il signa, avec d'autres seigneurs du district de Québec, l'adresse destinée au gouverneur MURRAY à l'occasion de son départ. Lorsqu'en 1769 le gouverneur Guy Carleton* demanda à Londres que les membres de la noblesse canadienne puissent entrer au Conseil de Québec, il suggérait, parmi 12 noms, celui de Tarieu de La Naudière. Effectivement, ce dernier devint membre du Conseil législatif créé en 1775 par l'Acte de Québec, pour la première fois ouvert aux catholiques. Il n'eut guère le temps d'y siéger puisqu'il mourut le 1er février 1776 à l'Hôpital Général de Québec.

Issu d'une grande famille de la colonie, Tarieu de La Naudière eut une carrière sans éclat dans ce métier des armes auquel il s'était destiné. Il aurait même été, d'après un rapport rédigé en 1761 ou en 1762, un « Officier très médiocre », mais « riche ». Il avait su, comme d'autres, concilier la carrière militaire avec des activités plus lucratives de négociant et fit, après la Conquête, très bon ménage avec les nouveaux administrateurs de la colonie, chemin que ses enfants, notamment Charles-Louis et Xavier-Roch*, suivirent.

MARIE-CÉLINE BLAIS

ANQ-MBF, État civil, Catholiques, Sainte-Anne-de-la-Pérade (La Pérade), 5 nov. 1710. — ANQ-Q, Greffe de J.-C. Panet, 30 oct. 1756. — Accord entre M. de Lanaudière et M. Varin (16 octobre 1753), *BRH*, XXXVI (1930) : 395. — APC *Rapport*, 1899, suppl., 29 ; 1905, I, VIe partie : 131, 279, 339. — Charles-François-Xavier Tarieu de Lanaudière et la campagne de 1759, *BRH*, XXXII (1926) : 691–695. — *Coll. de manuscrits relatifs à la N.-F.*, IV : 170. — *Coll. des manuscrits de Lévis* (Casgrain), III : 114, 144 ; IV : 104s. ; V : 194, 277 ; VI : 94 ; VII : 67, 113, 422, 525, 527, 529. — *Découvertes et établissements des Français dans l'ouest et dans le sud de l'Amérique septentrionale* [...] *mémoires et documents inédits*, [1614–1754], Pierre Margry, édit. (6 vol., Paris, 1879–1888), VI : 667s. — *Doc. relatifs à l'hist. constitutionnelle, 1759–1791* (Shortt et Doughty ; 1921), II : 579. — *Inv. de pièces du Labrador* (P.-G. Roy), II : 100–103. — Journal du siège de Québec (Æ. Fauteux), ANQ *Rapport*, 1920–1921, 142–144, 149, 156, 163, 175, 208, 220. — *NYCD* (O'Callaghan et Fernow), X : 722, 894. — Æ. Fauteux, *Les chevaliers de Saint-Louis*, 168. — Le Jeune, *Dictionnaire*. — P.-G. Roy, *Inv. concessions*, III : 237, 268s. ; IV : 226 ; *Inv. jug. et délib., 1717–1760*, VI : 43. — Tanguay, *Dictionnaire*. — Thomas Chapais, *Le marquis de Montcalm (1712–1759)* (Québec, 1911), 352s., 495, 547. — Frégault, *La guerre de la Conquête*, 330. — P.-G. Roy, *La famille Tarieu de Lanaudière* (Lévis, Québec, 1922). — Henri Têtu, La rue Port Dauphin à Québec, *BRH*, II (1896) : 78.

TEIORHÉÑHSERE? (Tayorheasere, Teyarhasere, Tigoransera, Tiyerhasere, Tyorhansera, appelé **Little Abraham** par les Blancs), chef agnier, membre du clan du Loup, fils d'Old Abraham, un chef éminent, décédé en 1780 au fort Niagara (près de Youngstown, New York).

Teiorhéñhsere? était un chef dénommé *pine tree*, c'est-à-dire qu'il avait été choisi et élu pour son éloquence et son adresse à la guerre. Les documents font mention de lui pour la première fois en 1755. L'année suivante, à la fin du printemps, il participa à une conférence entre le surintendant des Affaires des Indiens du Nord, sir William JOHNSON, et des représentants des Six-Nations alors rassemblés au fort Johnson (près d'Amsterdam, New York). Pendant la guerre de Sept Ans, il mena au moins un raid contre les Français et il était avec AMHERST lors de la reddition de Montréal, en 1760. Il doit s'être distingué tôt dans sa carrière pour que sir William, un fin connaisseur d'hommes, l'appelât « le meilleur Indien de tous les Agniers ».

En plein milieu de la guerre, Teiorhéñhsere? trouva le temps d'utiliser ses puissants talents oratoires au profit d'une cause pour laquelle il lutta presque toute sa vie – la sauvegarde des territoires agniers contre les usurpations des Blancs. En sa qualité d'un des leaders de Fort Hunter (New York), le « village inférieur » des Agniers, Teiorhéñhsere? soutint, pendant les années 1760, la lutte pour conserver les terres des siens. Toutefois, durant la décennie suivante, cette lutte se compliqua du fait de l'éclatement de la Révolution américaine.

Au début, Teiorhéñhsere? affirma que les Six-Nations n'avaient « ni inclination ni dessein d'intervenir dans la querelle entre la Vieille Angleterre et Boston ». Selon lui, les Iroquois considéraient la révolution comme une « affaire de famille », ils n'auraient qu'à « se tenir tranquilles et à regarder [les antagonistes] vider la question ». La neutralité, cependant, se révéla impossible à observer. Pour plusieurs raisons, les Agniers étaient attirés du côté des Britanniques : leurs liens avec la famille Johnson, leur considération pour leur missionnaire, John Stuart*, leur ressentiment à l'endroit des Américains accapareurs de terres et – puisque les Américains étaient incapables de les approvisionner convenablement en produits essentiels – leur confiance dans le flux plus sûr des marchandises de traite britanniques. Il en résulta que les Agniers furent en général considérés comme amis de la couronne. Aussi, après la bataille d'Oriskany (près de Rome, New York), en août 1777, plusieurs durent abandonner leurs demeures pour chercher la sécurité à Montréal.

Cependant, Teiorhéñhsere? et quelques autres choisirent de rester en dépit du grand danger que représentaient les rebelles locaux qui s'accommodaient mal de leur présence. Cette décision peut être conséquente à la menace proférée par le major général Philip John Schuyler, un des commissaires américains auprès des Indiens, qu'advenant la désertion de leurs villages, les Agniers n'auraient plus l'autorisation d'y retourner. Teiorhéñhsere?, un des rares Agniers de quelque importance à demeurer en territoire hostile, a sans doute agi ainsi dans l'espoir d'empêcher la perte de la terre de son peuple.

Pendant qu'il était à Fort Hunter, le courageux chef essaya de prévenir toute effusion de sang entre les rebelles et les Loyalistes, tant indiens que blancs. Malheureusement pour Teiorhéñhsere?, sa conduite inspirée par la neutralité le fit considérer comme traître aux yeux des fonctionnaires britanniques. Quand, en février 1780, il se rendit au fort Niagara pour tenter de négocier un échange de prisonniers et lancer un appel pour mettre fin à l'engagement des Iroquois dans la guerre, il fut dénoncé par KAIEN?KWAAHTOÑ et Kanonraron (Aaron Hill) et arrêté par GUY JOHNSON, le successeur de sir William. Le chef vieillissant ne survécut pas à l'épreuve et mourut en prison. Conclusion heureuse, dans un sens, pour Teiorhéñhsere? à qui fut ainsi épargnée la souffrance de voir la perte irrévocable de la terre de son peuple.

RALPH T. PASTORE

APC, RG 10, A2, 1822–1826, 1829–1832. — National Archives (Washington), RG 360, M247, roll 172, item 153, vol. 1, ff.414–446, Philip Schuyler à J. Hancock, 23 janv. 1776 ; roll 173, item 153, vol. 3, ff.286–291, Philip Schuyler à H. Laurens, 15 mars 1778. — New York Public Library, Manuscripts and Archives Division, Schuyler papers, Indian boxes, box 13, Conference between commissioners for Indian Affairs and the Six Nations, 26 avril–10 mai 1776 ; box 14, Board of commissioners for Indian Affairs in the Northern Department, minutes, 9 janv. 1778 ; box 14, Jelles Fonda to the commissioners, 21 avril 1778. – *American archives* (Clarke et Force), 4e sér., III : 485, 487 ; 5e sér., I : 1 040, 1 045s. — *Johnson papers* (Sullivan *et al.*). — *NYCD* (O'Callaghan et Fernow), VII : 115 ; VIII : 658s., 725. — Graymont, *Iroquois*. — R. T. Pastore, The Board of Commissioners for Indian Affairs in the Northern Department and the Iroquois Indians, 1775–1778 (thèse de PH.D., University of Notre Dame, Notre Dame, Ind., 1972), 125–129, 151s., 165–177, 184, 200.

TEIYOQUANDE. V. TEYOHAQUEANDE

TEKAWIROÑTE (Tagawirunte, William of Canajoharie, William Johnson), guerrier agnier, dont le nom signifie « deux enfants en bas âge se font remarquer », né probablement au début des années 1750 à Canajoharie (près de Little Falls, New York), fils de William JOHNSON, futur surintendant des Affaires des Indiens du Nord, et d'une Agnière non identifiée, décédé probablement le 6 août 1777 à Oriskany (près de Rome, New York).

En 1764, le père de Tekawiroñte l'envoya à la Moor's Indian Charity School, à Lebanon, Connecticut. Eleazar Wheelock, le ministre congrégationaliste qui avait ouvert l'école, fut d'abord content de la conduite du garçon, mais se plaignit plus tard de son orgueil et de son caractère violent. Les étudiants devaient s'adonner au travail aussi bien qu'à l'étude, mais quand le fils de Wheelock ordonna à Tekawiroñte de seller son cheval, le garçon refusa, parce que, dit-il, il était fils d'un gentleman et que le fils de Wheelock ne l'était pas. Le 10 décembre 1766, Tekawiroñte fut renvoyé chez lui, « parce qu'il était trop chicanier ».

En 1767, son père le confia, pour la poursuite de ses études, à Thomas Barton, un ministre anglican de Lancaster, Pennsylvanie. Le jeune garçon se conduisait bien et commençait d'apprendre l'arpentage quand certains meurtres et d'autres gestes illégaux à l'endroit des Indiens, par des pionniers de la Pennsylvanie, l'attristèrent et lui firent perdre goût à son travail. En mars 1768, il dut retourner chez lui.

A la maison, Tekawiroñte suscitait souvent des ennuis avec les gens du voisinage, si bien que son père le menaça, en juin 1770, de « ne pas s'occuper plus longtemps de lui ». En 1774, cependant, quand sir William mourut, il laissa à Tekawiroñte 1 000 acres de terre, £100 et assez de bestiaux pour commencer à exploiter une ferme.

En mai 1775, à l'approche de la Révolution américaine, Guy JOHNSON, successeur de sir William au poste de surintendant des Affaires des Indiens du Nord, s'enfuit au Canada, en prenant avec lui plusieurs guerriers agniers dont Tekawiroñte. Celui-ci, apparemment, participa à la défense du Canada contre les envahisseurs américains, lors de la campagne de cet été-là, dans les environs du lac Champlain et dans le haut Saint-Laurent. Il se battit au fort Saint-Jean le 6 septembre 1775, où, par erreur, il fut porté au nombre des soldats tués au combat. Il revint chez lui plus tard le même automne, se vantant de ses exploits et affichant un air de bravade. Cette conduite ne plut pas à ses voisins, et il semble en être résulté quelques querelles. A la fin de 1775, il poignarda un homme à mort au cours d'une rixe dans une taverne et s'enfuit de chez lui pour toujours.

D'abord, Tekawiroñte s'en alla probablement dans le territoire indien et, de là, au fort Niagara (près de Youngstown, New York). Au printemps de 1776, John BUTLER, agent intérimaire des Affaires indiennes, envoya le jeune homme à un conseil des Six-Nations, à Onondaga (près de Syracuse, New York), dans une tentative pour empêcher les Onneiouts de rompre la ligue iroquoise et de se ranger du côté des Américains. Cette ambassade échoua. Les Onneiouts étaient profondément attachés à leur missionnaire rebelle, Samuel Kirkland, et les Américains firent de grands efforts tout au long de la guerre pour les approvisionner d'articles de traite en quantité suffisante pour qu'ils pussent en vivre.

Tekawiroñte mena un raid qui amena la capture de deux soldats rebelles près du fort Bull, à l'est du lac Oneida, New York, à l'automne de 1776. Au printemps de 1777, il se joignit à Joseph Brant [Thayendanegea*], qui lui était probablement apparenté, et à quelque 300 autres Indiens et Loyalistes, à Oquaga (près de Binghamton, New York). Quand Barrimore Matthew ST LEGER entreprit sa marche vers la vallée de la rivière Mohawk, le groupe de Brant le rejoignit à Oswego, New York, et prit part, cet été-là, au siège du fort Stanwix (Rome, New York) et à l'embuscade d'Oriskany au cours de laquelle un certain William Johnson fut tué. Il s'agissait probablement de Tekawiroñte.

ISABEL T. KELSAY

APC, MG 19, F1, 25, p.63. — Hamilton College Library (Clinton, N.Y.), Kirkland MSS, Dean à Kirkland, 22 mars 1776 ; Kirkland à Philip Schuyler, [8 juin 1776]. — N.Y. Hist. Soc. (New York), Tryon County committee of safety papers, 30 déc. 1775. — N.Y. State Library (Albany), Fonda papers, Jelles Fonda notebook, list of Indians killed at Oriskany. — *American archives* (Clarke et Force), 4e sér., III : 739, 1 245 ; 5e sér., III : 755. — *The documentary history of the state of New-York* [...], E. B. O'Callaghan, édit. (4 vol., Albany, 1849–1851), IV : 351, 367. — *Johnson papers* (Sullivan *et al.*). — N.Y., Secretary of state, *Calendar of historical manuscripts, relating to the war of the revolution, in the office of the secretary of state, Albany, N.Y.* (2 vol., Albany, 1868), I : 190. — *NYCD* (O'Callaghan et Fernow), VIII : 658–662, 719–721. — Proceedings of a general court martial [...] for the trial of Major General Schuyler [...], N.Y. Hist. Soc., *Coll.*, [3e sér.], XII (1879) : 103s.

TERLAYE, FRANÇOIS-AUGUSTE MAGON DE. V. MAGON

TERNAY, CHARLES-HENRI-LOUIS D'ARSAC DE. V. ARSAC

TERROUX, JACQUES, orfèvre et négociant, né à Genève, fils de François Terroux, *circa* 1725–1777. [V. *DBC*, III.]

ANQ-MBF, Greffe de L.-C. Maillet, 11 juill. 1777.

TESSIER (Texier), dit **Lavigne, PAUL** (il signait **Tesier**), maître maçon et entrepreneur, né à Montréal le 22 octobre 1701, fils de Jacques Tessier (Texier), dit Lavigne, et de Marie Adhémar, dit Saint-Martin, décédé le 20 octobre 1773 à Longue-Pointe (Montréal).

Paul Tessier, dit Lavigne, était fils d'un censitaire de l'île de Montréal et petit-fils d'un charpentier et scieur de long, ancêtre au Canada de la famille Tessier, dit Lavigne. En novembre 1719, le père de Paul le mit en apprentissage chez un taillandier de Montréal, Louis-Jean Denys, pour trois ans. Cet accord fut de courte durée, puisqu'au mois de mars suivant Tessier était lié pour trois ans, par un nouveau contrat d'apprentissage, à Jean Deguire, qui devait lui apprendre le métier de maçon. Un cousin de Tessier, Dominique Janson*, dit Lapalme, était aussi entrepreneur de maçonnerie à cette époque, comme l'avait été un autre cousin, Pierre Couturier*, dit Le Bourguignon.

Son apprentissage terminé, Tessier recourut, comme tant d'autres, à la traite des fourrures pour amasser le capital nécessaire à son établissement comme artisan indépendant et chef de famille. En avril 1726, avec son frère cadet Jacques, il s'engagea comme « voyageur » envers Constant Le Marchand* de Lignery, Jean Lemire Marsolet et François Augé. Jacques ne fit qu'un voyage aller et retour à Michillimakinac (Mackinaw City, Michigan), via la Grande Rivière (Grand River, Ontario), mais Paul, pour la somme de 300#, alla au delà de Michillimakinac et rentra l'année suivante. Ses gains lui permirent d'acheter un terrain voisin de la propriété de son père, sur la place d'Armes, du côté nord de la rue Saint-Jacques, en novembre 1727. Sur ce terrain, il eut une petite maison en bois d'un seul étage, qu'il avait peut-être construite lui-même, puisqu'il avait contractée, envers Pierre COURREAUD de La Coste, une dette substantielle au cours des deux années suivantes. Le brillant avenir qui s'ouvrait devant lui permit à Tessier d'épouser, le 19 avril 1728, la jeune veuve de Jean-Baptiste Descaris, Jeanne Lefebvre, mère d'une fille. Dans son contrat de mariage, Tessier se dit « Maitre Masson et tailleur de pierre ». Le couple eut six enfants, dont trois filles survécurent à la première enfance. Tout en assumant ses charges paternelles, Paul, en tant qu'aîné des fils encore vivants, agissait au nom de ses frères et sœurs dans les questions juridiques et prit soin de sa mère lorsqu'elle devint veuve en 1738.

En 1737, Tessier réussissait bien comme maître constructeur à Montréal : il avait à son emploi trois maçons et un apprenti. Le plus souvent il travaillait à des maisons privées, la plus fameuse d'entre elles étant le château de Ramezay, qu'il répara et agrandit en 1740–1741. En 1749, il entreprit la construction du « hangar du roi » près de la porte Beauharnois. Cette structure de pierre, de deux étages et demi, comportait une cave voûtée de 120 pieds sur 40. Elle constitue la plus grande réalisation de Tessier. En 1756, il s'engagea par contrat à restaurer et agrandir la résidence de la Compagnie des Indes, à Montréal, et à lui donner une entrée en pierre taillée, « pareille à celle de l'Intendance ». Pour chacun de ces projets, Tessier louait des maçons et des manœuvres, et passait des sous-contrats avec des fournisseurs de bois et des transporteurs de sable et de cailloux.

Son entreprise procura à Tessier une existence confortable, que révèle l'inventaire des biens de la communauté auquel on procéda en 1760, après la mort de sa femme. Sa maison était ornée d'horloges, de bustes en plâtre et de perroquets, et d'une peinture de la Vierge. Tessier dormait dans un lit luxueux, d'une valeur de 600#, et mangeait à une table sur laquelle apparaissaient des verres à vin, un service en argent, des tasses à café ainsi que des assiettes en porcelaine. Toutefois, ce constructeur, à demi illettré, ne possédait pas de livres. En soustrayant les aliments, surévalués à 2 417#, Tessier possédait en biens meubles 5 421# 9s., et il devait 3 300#. Pour son malheur, il possédait des lettres de change du gouvernement pour une valeur nominale de 18 720#. Qui pis est, il acquit davantage encore de ces papiers sans valeur, avant la cession du Canada à la Grande-Bretagne, et perdit une forte somme d'argent quand le gouvernement français refusa de faire honneur à ces effets. Comble de malheur, le feu détruisit la maison de Tessier en avril 1768, et on dut vendre plusieurs de ses biens restants lors d'une poursuite intentée par le marchand John Porteous, vraisemblablement pour dettes. Sa fortune envolée, Tessier semble être allé vivre chez les enfants de son oncle Paul Tessier, dit Chaumine, à Longue-Pointe, où il mourut.

PETER N. MOOGK

L'identification de Paul Tessier, dit Lavigne, pose un problème aux chercheurs, puisque trois personnages portent ce nom à Montréal au XVIIIe siècle. En plus de notre personnage, il y a son oncle et son cousin. [P. N. M.]

AN, Col., F³, Cartes et plans, 82, 85 (mfm aux APC). — ANQ-M, Doc. jud., Juridiction de Montréal, 11, ff.108, 218 ; Greffe de J.-B. Adhémar, 2 nov. 1719, 6 nov. 1724, 14 janv. 1725, 22 avril 1726, 1er févr., 7, 9 mars 1737, 6 mars 1740, 31 déc. 1743 ; Greffe de L.-C. Danré de Blanzy, 24 août 1756, 2 juin 1760 ; Greffe de Jacques David, 6 mars 1720 ; Greffe de N.-A. Guillet de Chaumont, 25 févr. 1729, 22 mai 1730 ; Greffe de J.-C. Raimbault, 9 oct. 1731 ; Greffe de François Simonnet, 26 sept., 7 oct. 1740, 29 mai 1741, 17 mars, 8 sept. 1749. — État général des billets d'ordonnances [...], ANQ *Rapport*, 1924–1925, 259. — *L'île de Montréal en 1731 : aveu et dénombrement des messieurs de Saint-Sulpice, seigneurs de Montréal*, Antoine Roy, édit. (Québec, 1943), 42s. — Procès-verbaux sur la commodité et incommodité dressés dans chacune des paroisses de la Nouvelle-France par Mathieu-Benoît Collet, procureur général du roi au Conseil supérieur de Québec, Ivanhoë Caron, édit., ANQ *Rapport*, 1921–1922, 296s. — Recensement de Montréal, 1741 (Massicotte), 42. — *La Gazette de Québec*, 24 janv. 1765, 28 avril, 12 mai 1768, 17 août 1769, 5 déc. 1771, 6 janv. 1774, 2 août 1781, 25 août 1785. — Massicotte, Répertoire des engagements pour l'Ouest, ANQ *Rapport*, 1929–1930, 251. — P.-G. Roy, *Inv. jug. et délib., 1717–1760*, V : 85. — Tanguay, *Dictionnaire*, I : 562 ; VII : 275. — Archange Godbout, Urbain Tessier, dit Lavigne, SGCF *Mémoires*, XI (1960) : 6–21. — É.-Z. Massicotte, Maçons, entrepreneurs, architectes, *BRH*, XXXV (1929) : 132–142. — Antoine Roy, Le coût et le goût des meubles au Canada sous le Régime français, *Cahiers des Dix*, 18 (1953) : 236.

TESTARD DE MONTIGNY, JEAN-BAPTISTE-PHILIPPE, officier dans les troupes de la Marine, né le 15 juin 1724 à Montréal, fils de Jacques Testard* de Montigny et de Marie-Anne de La Porte de Louvigny ; il épousa, le 27 octobre 1748 à Montréal, Marie-Charlotte Trottier Desrivières, et ils eurent neuf enfants ; décédé le 3 novembre 1786 à Blois, France.

Afin d'apprendre les langues et les coutumes des Indiens, Jean-Baptiste-Philippe Testard de Montigny alla probablement à Michillimakinac (Mackinaw City, Michigan) avec son père, commandant de ce poste de 1730 à 1732. En 1736, il devint cadet à la garnison du fort Saint-Frédéric (près de Crown Point, New York). Son père mourut l'année suivante et sa mère se retrouva avec cinq filles à charge pendant que Montigny continuait de servir d'éclaireur dans les régions limitrophes du Canada et de la colonie de New York. Le jeune soldat acquit une connaissance approfondie des forêts et apprit à diriger des bandes de soldats et d'Indiens au cours d'expéditions de reconnaissance. On apprécia l'enthousiasme et la compétence de Montigny qui fut récompensé en conséquence : le 1er avril 1742, on le nommait provisoirement enseigne en second et, le 31 mai 1743, il le devenait en titre.

Lors de la guerre de la Succession d'Autriche, Montigny servit sous les ordres de Paul Marin* de La Malgue pendant l'attaque réussie contre le poste fortifié de Saratoga (Schuylerville, New York) en novembre 1745. Ayant reçu par la suite un commandement indépendant, il mena plus de

30 raids contre les établissements frontaliers de New York et du Connecticut. Au début de 1748, il fut promu enseigne dans la compagnie de Louis Herbin. Montigny demeura au fort Saint-Frédéric jusqu'en 1751. Le 1er avril 1753, il fut nommé lieutenant ; le gouverneur DUQUESNE le signalait comme un « Officier qui est actif et qui a un zele admirable ».

Quand s'accrurent les tensions entre la France et la Grande-Bretagne à propos de la domination de la région de l'Ohio, Montigny fut affecté au transport des provisions à destination des postes de l'Ouest. Entre 1753 et 1755, il mena un grand nombre de convois de ravitaillement à Détroit, au fort des Miamis (probablement à Fort Wayne, Indiana, ou tout près) et au fort Niagara (près de Youngstown, New York). Au moment où les hostilités éclatèrent, Montigny prit la tête d'un contingent d'Indiens pour aller participer à la défense du fort Duquesne (Pittsburgh, Pennsylvanie) contre les troupes du major général Edward Braddock et, en cette qualité, il aida à la victoire sensationnelle du 9 juillet 1755. Après la bataille, il collabora à la récupération du matériel d'artillerie abandonné par les Britanniques ; il aida aussi à retrouver le corps de son commandant, Daniel-Hyacinthe-Marie Liénard* de Beaujeu, tué pendant les premiers échanges de coups de feu.

Au début de 1756, Montigny était commandant en second sous les ordres de Gaspard-Joseph CHAUSSEGROS de Léry lors de l'audacieux coup de main exécuté par voie de terre sur le fort Bull (à l'est du lac Oneida, New York). Montigny conduisit personnellement la charge contre les portes du fort ; après un vif combat, le poste britannique fut occupé puis détruit, et les Français se retirèrent en passant à travers bois. De retour à Montréal, Montigny mit sur pied une troupe de 62 hommes qui transportèrent, dans 12 canots, du ravitaillement en vue de l'attaque de Montcalm* contre le fort Chouaguen (ou Oswego ; aujourd'hui Oswego, New York). A la suite de la capture de ce poste en août, Montigny et ses hommes continuèrent sur Détroit et le fort des Miamis où il fit part aux Indiens de l'Ouest de la déclaration de guerre entre la Grande-Bretagne et la France et les exhorta à combattre pour le roi de France.

Promu capitaine le 1er mai 1757, Montigny passa l'année à escorter du ravitaillement à Détroit. Après un autre voyage à cet endroit au début de l'été de 1758, il prit la tête de 500 soldats pour renforcer le fort Niagara que menaçait une activité accrue des Britanniques dans l'Ouest. Pendant les quelques mois qui suivirent, il mena 600 autres hommes au fort Niagara et, le 1er juin 1759, on l'envoya, accompagné d'une troupe, capturer le fort Pitt que les Britanniques avaient construit pour remplacer le fort Duquesne, détruit l'année précédente. Cependant, peu après son départ du fort Niagara, les Britanniques, sous les ordres du général de brigade John Prideaux et du commandant en second sir William JOHNSON, assiégèrent inopinément le fort. Rappelé en hâte, Montigny se joignit à François-Marie Le Marchand* de Lignery, Louis LEGARDEUR de Repentigny, Joseph MARIN de La Malgue et leurs hommes pour les repousser. Le 24, en vue du fort, ils tombèrent dans une embuscade que Johnson avait soigneusement préparée. Leur troupe fut taillée en pièces ; Montigny, qui subit trois blessures – il eut, notamment, une main fracassée –, fut capturé. Vendu par les Indiens aux Britanniques, il passa les deux années suivantes prisonnier en Nouvelle-Angleterre. A la suite de son échange, il se trouvait apparemment à Paris au début de 1762. La même année, on l'envoya en renfort, sur la frégate *Zéphir* commandée par François-Louis Poulin* de Courval, à la garnison qui avait pris St John's, Terre-Neuve, en juin, sous les ordres de Charles-Henri-Louis d'ARSAC de Ternay. Cependant, les navires britanniques interceptèrent le *Zéphir*, et Montigny fut emprisonné quelque temps en Angleterre avant de retourner à Saint-Malo en novembre.

Pour couronner la longue et brillante carrière militaire de Montigny, on le décora de la croix de Saint-Louis en août 1762. A la fin de la guerre de Sept Ans, séduit par la pension qu'avait promise le duc de Choiseul, Montigny décida de rester en France plutôt que de vivre sous la domination britannique dans son Canada natal. Après être retourné au Canada pour vendre ses biens et chercher sa famille, il débarqua à Calais le 19 novembre 1764 et se retira à Blois où il vécut jusqu'à sa mort.

DAVID A. ARMOUR

AN, Col., D2C, 41, p.185 ; 48 (copies aux APC). — APC, MG 18, H7. — Bougainville, Journal (A.-E. Gosselin), ANQ *Rapport*, 1923–1924, 213s., 216, 363–367. — [G.-J. Chaussegros de Léry], Journal de Joseph-Gaspard Chaussegros de Léry, lieutenant des troupes, 1754–1755, ANQ *Rapport*, 1927–1928, 361s., 371, 381 ; Les journaux de campagnes de Joseph-Gaspard Chaussegros de Léry, A.[-E.] Gosselin, édit., ANQ *Rapport*, 1926–1927, 350, 354s., 358s., 364, 374, 376, 380, 391. — *NYCD* (O'Callaghan et Fernow), X. — *Papiers Contrecœur* (Grenier), 49, 60, 67–69, 73, 75, 348, 390, 400, 417. — [J.-G.-C. Plantavit de Margon, chevalier de La Pause], Continuation du journal de la campagne, 1759, ANQ *Rapport*, 1933–1934, 120 ; Mémoire et observations sur mon voyage en Canada, ANQ *Rapport*, 1931–1932, 23, 26, 29s. ; Les « mémoires » du chevalier de La Pause, ANQ *Rapport*, 1932–1933, 308–310. — Æ. Fauteux, *Les chevaliers de Saint-Louis*, 191. — Massicotte, Répertoire des engagements pour l'Ouest, ANQ *Rapport*, 1931–1932, 326–329, 333, 339, 342, 348s., 351s., 356, 358–363 ; 1932–1933, 250. — Tanguay, *Dictionnaire*, VII : 283s. — Gilbert Hagerty, *Massacre at Fort Bull, the de Léry expedition against Oneida Carry, 1756* (Providence, R.I., 1971). — F. H. Severance, *An old frontier of France : the Niagara region and adjacent lakes under French control* (2 vol., New York, 1917).

TEYARHASERE. V. TEIORHÉÑHSERE?

TEYOHAQUEANDE (Deiaquande, Diaquande, Teiyoquande, Tiahogwando, Tüyaguande), guerrier et sachem onontagué, *circa* 1756–1783.

Teyohaqueande, un des principaux chefs de guerre des Onontagués, faisait partie de la délégation envoyée à Montréal par les Six-Nations, à l'été de 1756. Le groupe conféra avec le gouverneur Vaudreuil [RIGAUD], et Teyohaqueande profita de ce voyage et de son séjour de quatre semaines pour recueillir des renseignements qu'il transmit par la suite à sir William JOHNSON, le surintendant britannique des Affaires des Indiens du Nord. Il devait revenir au Canada l'année suivante.

A l'été de 1759, au moment où plusieurs guerriers des Six-Nations se joignirent à Johnson pour attaquer les Français dans la région du fort Niagara (près de Youngstown, New York), Teyohaqueande participa à une expédition contre les Catawbas. A son retour, il rencontra Johnson à Oswego, New York, où le général de brigade GAGE projetait de mener une attaque contre La Galette (près d'Ogdensburg, New York), prochain obstacle sur la route de Montréal. Le 6 septembre 1759, Teyohaqueande retourna à son village avec l'intention de revenir dans six jours, accompagné de ses guerriers. Pendant qu'il était chez lui, un de ses enfants mourut ; mais il abrégea son deuil pour être à Oswego avant la fin du mois. Après beaucoup d'hésitations, les Britanniques décidèrent de remettre l'attaque à l'année suivante et la plupart des guerriers des Six-Nations s'en retournèrent dans leurs villages. Quand ils se regroupèrent à Oswego à l'été de 1760, Teyohaqueande était présent et, contrairement à un grand nombre de ses compatriotes qui rentrèrent dans leurs villages après la chute du fort Lévis, il accompagna AMHERST et Johnson jusqu'à Montréal.

En mars 1761, affligé par plusieurs décès au sein de sa famille, Teyohaqueande retourna les insignes de sa fonction, une médaille et un drapeau, qui lui avaient été décernés quand Johnson le reconnut comme sachem. Le surintendant les lui renvoya avec un message de condoléances et lui demanda de conserver ses fonctions. Teyohaqueande reprit ses responsabilités qu'il assuma pendant les années difficiles de l'après-guerre. Il était présent à Johnson Hall (Johnstown, New York), en mars 1763, pour discuter du meurtre de deux membres d'un parti de traite britannique dans le pays des Tsonnontouans. Johnson tentait d'obtenir des Six-Nations qu'elles livrassent les meurtriers pour que la justice britannique puisse prendre l'affaire en main ; elles répondirent « qu'il valait mieux accommoder les choses, déjà suffisamment dégradées, plutôt que de répandre encore plus de sang à leur propos ». Au cours de cette rencontre, les Onontagués annoncèrent la nomination de Teyohaqueande et de cinq de ses compatriotes qui, avec les sachems plus âgés, assumeraient la direction de la ligue. L'année suivante, ils informèrent Johnson du choix de Teyohaqueande et d'Onughranorum « pour aider au sein de leurs conseils ». L'importance de la nomination fut éloquemment signifiée par la remise du symbole traditionnel, deux colliers de porcelaine.

Le 28 avril 1765, Teyohaqueande prit la parole au nom des guerriers des Six-Nations qui avaient accompagné BRADSTREET, l'été précédent, dans son expédition contre les partisans de Pondiac*. Bradstreet, affirma-t-il, « les [avait] laissés souffrir grandement par le manque de choses nécessaires auxquelles ils s'attendaient [... et] un homme ivre aurait mieux parlé et agi que lui ». Les guerriers désiraient une compensation pour ces mauvais traitements. Teyohaqueande prit de nouveau la parole, en juillet, lors de la signature de traités entre les Britanniques et les Chaouanons, les Loups (Delawares) et les Mingos. Il mit en garde ces tribus – sur lesquelles la ligue exerçait quelque autorité – contre toute rupture de ces ententes : « l'Être suprême, dont notre grand Roi et Père est le fidèle serviteur, peut vous punir, toutes ces promesses et tous ces engagements ayant été entérinés en Sa présence ».

Après d'autres décès dans sa famille et celui de Karaghiagigo, un important guerrier onontagué, Teyohaqueande retourna à Johnson les insignes de sa charge, à l'automne de 1767. L'affliction n'était pas la seule raison de ce geste ; la perte de Karaghiagigo avait laissé les Onontagués divisés, et Teyohaqueande était à la tête d'une des factions. On connaît mal les raisons de ces divisions, mais il semble que Teyohaqueande ait douté que son peuple obtînt justice un jour au sujet de ses griefs contre les Britanniques. Une fois de plus, Johnson le rassura. Et, l'année suivante, il était présent aux négociations du traité du fort Stanwix (Rome, New York) qui délimitait les territoires indiens. Toutefois, tôt le premier matin d'une importante conférence à German Flats (près de l'embouchure du ruisseau West Canada, New York), en 1770, le Bunt [HOTSINOÑHYAHTA?] et l'orateur des Six-Nations informaient Johnson que Teyohaqueande avait de nouveau « refusé de prendre part aux délibérations » et qu'il était allé « camper avec une autre nation ». Comme il était le premier guerrier des Onontagués, son absence pouvait nuire considérablement à la tenue de la conférence ; aussi demandèrent-ils au surintendant de le convaincre de revenir sur sa décision. Johnson y parvint après avoir discuté avec lui. En 1773, au nom de Johnson, il alla enquêter sur le meurtre de quelques trafiquants survenu dans le pays des Tsonnontouans. Il revint à temps pour assister à la conférence de janvier 1774 à Johnson Hall, convoquée pour traiter des relations hostiles entre Blancs et Chaouanons.

Teyohaqueande prit la parole à une assemblée en septembre 1774 à Johnson Hall, exprimant ses regrets de la mort de Johnson survenue à l'été et souhaitant la bienvenue à son successeur, Guy JOHNSON. Dans le rapport de cette rencontre, Teyohaqueande est qualifié de « chef qui avait longtemps joui de la confiance particulière de sir William ». Sa fidélité envers les Britanniques et les Johnson se maintint. Il assista aux rencontres de 1775 au cours desquelles les Américains tentèrent de s'assurer la neutralité des Six-Nations dans le conflit qui s'annonçait. Dans sa réponse aux commissaires américains, il souleva la question de la vallée de Wyoming, où le débat sur la propriété des terres était depuis longtemps une cause de mécontentement pour les Iroquois [V. Karaghtadie*]. En janvier 1777, il était chez les Onneiouts, porteur d'un message de l'agent britannique John BUTLER les convoquant au fort Niagara. Les Onneiouts refusèrent de s'y rendre. La plupart d'entre eux, comme la plupart des Tuscarorens, favorisèrent les Américains pendant la guerre. Au sein d'autres nations de la ligue, la majorité fit alliance avec les Britanniques et souffrit de raids dévastateurs dans leurs établissements. Teyohaqueande passa six semaines à Québec, pendant l'été de 1779, comme membre d'une délégation qui tentait d'obtenir des secours accrus de la part des Britanniques. Le gouverneur HALDIMAND, qui s'adressa à la délégation le 20 août, dissipa les craintes des Iroquois relatives à une attaque en force de leurs villages par les Américains ; mais, au moment précis où il parlait, une armée de rebelles, aux ordres de John Sullivan, faisait route vers les territoires indiens. Ses missions diplomatiques, pendant le reste de la guerre, amenèrent Teyohaqueande à faire divers voyages, mais son quartier général était au fort Niagara avec les milliers de réfugiés iroquois. Haldimand, épouvanté par les dépenses occasionnées par l'assistance à ces familles sans foyer, faisait de constantes pressions pour qu'on les mît en mesure de se suffire à elles-mêmes. On envoya des groupes de familles semer du maïs afin de réduire la demande de vivres ; en mai 1781, Teyohaqueande apparaissait sur une liste comme le chef de 277 Onontagués partis cultiver sur les rives du ruisseau Buffalo, New York. En juillet 1783, il assista, au fort Niagara, à une conférence au cours de laquelle sir John Johnson*, surintendant général des Affaires indiennes, donna aux Iroquois l'assurance que le traité de paix entre les Britanniques et les Américains ne visait pas à priver les Six-Nations de leurs terres. Teyohaqueande dut l'écouter d'une oreille sceptique.

EN COLLABORATION

APC, MG 19, F1, 3, p.249 ; 25, p.169. — BL, Add. MSS 21 767, ff.181, 264. — *Johnson papers* (Sullivan *et al.*). — *NYCD* (O'Callaghan et Fernow). — Graymont, *Iroquois*. — L. H. Morgan, *League of the Ho-dé-no-sau-nee, or Iroquois* (nouv. éd., 2 vol., New York, 1901 ; réimpr., 2 vol. en 1, 1922). — S. F. Wise, The American revolution and Indian history, *Character and circumstance : essays in honour of Donald Grant Creighton*, J. S. Moir, édit. (Toronto, 1970), 182–200.

THIREL (Tirel), THOMAS. V. PICHON, THOMAS

TIAHOGWANDO. V. TEYOHAQUEANDE

TIGORANSERA (Tiyerhasere). V. TEIORHÉÑHSERE?

TOMAH (Tomas, Tomer, Tomma), PIERRE, chef malécite de la vallée de la rivière Saint-Jean (Nouveau-Brunswick), *circa* 1775–1780.

C'est pendant la Révolution américaine que, pour la dernière fois, les Malécites parurent importants aux yeux des conquérants européens de l'Amérique du Nord. Les gouvernements du Massachusetts rebelle et de la Nouvelle-Écosse loyale crurent l'un et l'autre que ces habitants de la vallée de la Saint-Jean, de même que les tribus voisines, détenaient la balance du pouvoir au nord de la baie de Fundy. Les chefs des deux colonies se rappelaient leurs luttes passées contre les Indiens et les Français, et, craignant des attaques aussi dévastatrices que celles qu'ils avaient connues, ils se disputaient l'appui de ces Indiens. Les Malécites, toutefois, hésitaient à se lancer dans la guerre. Depuis un siècle, ils avaient vu le Massachusetts détruire les tribus indiennes les unes après les autres. Démoralisés par ces défaites et économiquement affaiblis par le déclin de la traite des fourrures, ils cherchaient à préserver ce qui restait de leur mode de vie traditionnel. Diplomatiquement, la situation était difficile, car ils avaient à maintenir un certain équilibre entre le Massachusetts, dont les tactiques militaires menaient au génocide des Indiens, et les Britanniques de la Nouvelle-Écosse, dont la présence se renforçait sur la Saint-Jean. Les querelles à l'origine de la guerre ne concernaient pas cette tribu mais, après des années passées à se battre contre la négligence des autorités coloniales, elle avait un besoin vital des approvisionnements qu'elle obtiendrait des colonies belligérantes en retour de son appui.

Par suite des avances du Massachusetts en mai 1775, les Malécites vinrent à établir des relations plus étroites avec les Américains. Pierre Tomah et Ambroise SAINT-AUBIN, deux de leurs principaux chefs, arrivèrent au poste de traite de la rivière Penobscot (Bangor, Maine) en septembre, et firent parvenir une lettre d'appui au gouvernement rebelle. Ils demandaient qu'on leur envoyât des provisions et affirmèrent qu'ils n'avaient aucun autre endroit où trafiquer. Le gouvernement du Massachusetts répondit favorablement à cette requête et, pendant plus d'un an, une étroite collaboration se maintint entre eux. Tomah et Saint-Aubin prirent la direction d'un contingent malécite qui se joignit à Jonathan Eddy* lors de l'attaque du fort Cumberland (près de Sackville, Nouveau-Brunswick) à l'automne de 1776. En décembre, Tomah et quelques autres rencontrèrent George Washington sur les rives de la Delaware. Le Massachusetts fit de son mieux pour approvisionner la tribu. Au début de 1777, il tenta même d'établir un poste de traite sur la Saint-Jean, à Maugerville. Les Britanniques, cependant, chassèrent les Américains de la Saint-Jean en juillet. Les Malécites eurent là la preuve que les Américains étaient incapables de les protéger sur la terre de leurs ancêtres, et cela fut la cause de divisions parmi eux. Le groupe de Tomah voulait prêter le serment de fidélité aux Britanniques, de manière à prévenir toute mesure d'hostilité, et tenter d'en venir à des accommodements avec les deux parties. La majorité des membres de la tribu, toutefois, partit en hâte avec Saint-Aubin pour Machias (Maine).

A partir de ce moment, Tomah voyagea librement entre les Britanniques et les Américains, rendant à l'occasion des services aux uns et aux autres. Il porta des lettres destinées à l'agent américain John Allan* et, en 1778, il l'aida à éviter une scission parmi les Indiens de Machias. En effet, certains d'entre eux, excités par l'entrée en guerre de la France, désiraient lui apporter sans délai leur appui. Il conjura aussi la menace d'un mauvais parti que l'on voulait faire à James White, l'agent adjoint britannique des Affaires indiennes de cette région, lequel s'efforçait d'empêcher les Malécites d'attaquer les établissements situés près du fort Howe (Saint-Jean). En septembre 1778, lors d'une conférence d'une grande importance tenue à Menagouèche, près du fort Howe, Tomah signa un traité avec les Britanniques, de même qu'une lettre interdisant à Allan d'intervenir dans les affaires des Indiens vivant à l'est de Machias. Toutefois, un an plus tard, il était de retour à Machias, où il assura à Allan qu'il avait agi sous l'effet de la crainte. Il lui offrait de renoncer à tout lien avec les Britanniques si l'agent américain voulait bien assurer l'approvisionnement de sa tribu. Quand les Américains ne purent satisfaire à ses demandes, il mena les Malécites en direction est, à la baie de Passamaquoddy. Le 31 mai ou le 1er juin 1780, il dit à l'agent américain que la tribu appréciait ses efforts, mais que la pauvreté et le zèle pour la religion les obligeaient à rencontrer Michæl FRANCKLIN, le surintendant des Affaires indiennes en Nouvelle-Écosse, qui les attendait sur la Saint-Jean avec des approvisionnements et un prêtre acadien, Joseph-Mathurin BOURG. Même si le nom de Tomah disparaît par la suite des archives, il est probable qu'il dirigea les Malécites jusqu'après la fin de la guerre. En tous les cas, les orientations qu'il donna à leur action durent continuer de les guider, car ils « vécurent aux dépens de l'un et l'autre des partis ennemis ».

Les écrivains traditionnels, tant canadiens qu'américains, virent dans l'activité de Tomah la preuve de la manipulation des Malécites par l'un ou l'autre des deux gouvernements. Cette conception ethnocentrique nie aux Indiens la capacité de concevoir et de mettre en pratique une politique qui réponde à leurs propres visées, et conduit à blâmer chez les Malécites les « faiblesses de leur naturel indien » et leur échec à se rallier à la bonne cause. L'habileté avec laquelle Tomah protégea ses gens et sut utiliser la guerre à leurs fins suffit amplement, toutefois, à réfuter une opinion aussi peu flatteuse sur les capacités des Indiens.

RICHARD I. HUNT

APC, MG 11, [CO 217] Nova Scotia A, 72, pp.44s. ; 74, p.94 ; 75, pp.24s., 41s. ; 78, pp.83–85 ; 83, pp.19–24 ; 87, pp.123s. ; 97, pp.209, 228 ; 98, pp.180–183 ; 101, pp.134, 268s. ; 102, pp.16, 52s. ; [CO 220] Nova Scotia B, 12, pp.158s. ; 13, p.216 ; 14, pp.90s. — *Documentary history of Maine* (Willis *et al.*), XIV–XIX, XXIV. — *Military operations in eastern Maine and N.S.* (Kidder). —

J. H. Ahlin, *Maine Rubicon ; downeast settlers during the American revolution* (Calais, Maine, 1966). — R. I. Hunt, British-American rivalry for the support of the Indians of Maine and Nova Scotia, 1775–1783 (thèse de M.A., University of Maine, Orono, 1973). — R. H. Lord *et al.*, *History of the archdiocese of Boston in the various stages of its development, 1604 to 1943* (3 vol., New York, 1944), I. — Raymond, *River St. John*.

TONGE, WINCKWORTH, Officier, fonctionnaire et propriétaire foncier, né le 4 février 1727/1728 dans le comté de Wexford (République d'Irlande) ; il épousa Martha Cottnam, et de ce mariage naquirent quatre fils, dont William Cottnam* ; décédé le 2 février 1792 à Halifax.

Winckworth Tonge exerça le métier des armes durant sa jeunesse. Il servit tout d'abord en 1743 comme volontaire dans l'expédition du capitaine Charles Knowles contre les colonies hispano-américaines. Il devint par la suite enseigne du 45e d'infanterie et servit en garnison à Louisbourg, île du Cap-Breton, de 1746 à 1749, alors que son régiment fut envoyé aider à l'établissement de Halifax [V. CORNWALLIS]. Nommé lieutenant le 8 avril 1755, Tonge servit comme assistant ingénieur de John BREWSE lors de la capture, cette même année, du fort Beauséjour (près de Sackville, Nouveau-Brunswick) [V. MONCKTON]. Il servit sous les ordres d'AMHERST lors du siège de Louisbourg en 1758 et sous Wolfe* à Québec l'année suivante. Sa carrière militaire active prit fin avec la capitulation de Québec ; apparemment, il quitta l'armée entre 1763 et 1765.

Cependant, Tonge avait déjà commencé à acquérir de grandes étendues de terre en Nouvelle-Écosse. Peu après la chute du fort Beauséjour, il obtint une première concession d'environ 130 acres dans la région qui allait bientôt devenir le comté de Cumberland. En 1759 et 1760, il reçut quelque 5 000 acres dans le secteur qui devint par la suite le comté de Hants. Durant les 15 années qui suivirent, il consacra beaucoup de temps et d'argent à l'exploitation de ses propriétés ; le gouverneur Francis LEGGE écrivait en 1774 que Tonge avait dépensé plus de £3 000 pour l'amélioration de l'agriculture. Lorsque la Révolution américaine éclata, il s'engagea comme volontaire et, le 5 septembre 1781, fut nommé colonel dans la milice. Parce que ses fonctions le tenaient très occupé et qu'il subit de lourdes pertes aux mains des corsaires américains, il avait, à la fin de la guerre, « dépensé [ses économies] et contracté de fortes dettes ». Il fut incapable de rétablir sa situation financière ; en 1789, il avait dû vendre la plus grande partie de ses terres, y compris « Winckworth », sa propriété du comté de Hants.

Bien que ses affaires eussent pris mauvaise tournure, Tonge demeurait un homme politique en vue dans la colonie. Après avoir siégé à la chambre d'Assemblée comme député du comté de Cumberland en 1759–1760, il représenta le comté de Kings de 1765 à 1783, puis le comté de Hants de 1785 jusqu'à sa mort. Selon les mêmes écrits de Legge, Tonge était estimé de ses commettants et « très attaché aux intérêts du pays ». Il se consacra largement aux affaires de la province. En diverses occasions, il servit comme juge de paix, *custos rotulorum* (juge de paix et gardien des registres dans un comté) dans Hants, juge de la Cour inférieure des plaids communs dans ce même comté et arpenteur provincial ou surintendant des routes, ponts et travaux publics.

Tonge obtint son poste le plus prestigieux en 1773, alors qu'il fut assermenté comme intendant du commerce maritime (*naval officer*) de la colonie. Ayant pour tâche principale d'administrer le commerce maritime entre la Nouvelle-Écosse et l'Europe, l'Asie, l'Afrique et l'Amérique, il se trouva bientôt au centre d'une controverse politique qui allait durer plusieurs années. Quelques mois seulement après sa nomination, il se brouilla avec le gouverneur, lord William CAMPBELL, voulant désigner lui-même des représentants dans les diverses régions de la colonie, privilège exercé jusque-là par le gouverneur. Tonge chercha à diriger les activités de ces fonctionnaires et réclama la moitié de leurs redevances. Par ses interventions, il souleva l'indignation des milieux commerciaux et politiques, surtout quand il haussa le montant des redevances. Des demandes d'allégement furent envoyées d'urgence au Board of Trade. Lord Dartmouth, secrétaire d'État des Colonies américaines, indiqua que Tonge avait « le droit en vertu de sa commission [...] de nommer des représentants » et qu'il avait le pouvoir de percevoir des redevances. Il précisa, toutefois, que le Board of Trade s'opposait à la perception des redevances, estimant que le salaire de l'intendant suffisait à ses besoins : « Si monsieur Tonge, écrivait-il, juge bon de se prévaloir de la loi du parlement et reçoit des redevances, leurs Seigneuries ne le considéreront pas en droit de toucher son salaire. » Tonge choisit le salaire, car les redevances étaient peu élevées.

Le capital politique de Tonge semble s'être accru considérablement en 1774 quand le gouverneur Legge recommanda sa nomination au Conseil de la Nouvelle-Écosse en affirmant qu'il le tenait pour « un homme de bons caractère et réputation ». Cette manœuvre politique, visant à former une alliance entre le gouverneur et un des principaux membres d'une Assemblée hostile, subit un échec : Tonge se déroba aux avances de Legge et le gouverneur retira sa recommandation.

Comme intendant du commerce maritime, Tonge entra une nouvelle fois en conflit avec l'Assemblée et les marchands après la guerre d'Indépendance américaine. Dans le but de réduire l'activité, fort considérable, des contrebandiers, il s'efforça d'appliquer sévèrement les lois relatives à la navigation et il recommença à percevoir des redevances pour augmenter son revenu. La réaction ne se fit pas attendre. Le procureur général, Sampson Salter Blowers*, se plaignit, en 1786, que Tonge outrepassait ses pouvoirs et l'Assemblée alla jusqu'à débattre la possibilité d'abolir son poste. Attaqué de toutes parts, Tonge répliqua : « En vérité, je déclare et je puis prouver que je n'ai demandé en toutes circonstances rien d'autre que ce qui est pleinement autorisé par les lois du parlement [...] et que, loin d'être excessif dans mes demandes de redevances, celles-ci ne compensent en aucune façon les soucis et les frais occasionnés par la nécessité de tenir des bureaux. »

Le conflit opposant Tonge à l'Assemblée et aux marchands se poursuivit durant quelques années. En 1790, la question fut réglée et on établit un barème des redevances. On limita quelque peu les attributions de l'intendant du commerce maritime, mais le poste existait toujours lorsque Tonge, demeuré résolu malgré la fatigue, s'éteignit en 1792.

RONALD H. MCDONALD

PANS, MG 1, 250A (doc. de la famille Cunningham), 2, doc. 88–92 ; RG 1, 31–33, 40–48 ; RG 5, A, 2, 1786, 3, 25 mars 1790. — PRO, CO 217/26, pp.161, 165ss ; 217/35, pp.236ss ; 217/50, pp.3ss, 127ss ; 217/58, pp.318ss, 324ss ; 218/5–12 ; 218/14 ; 218/17–21 ; 218/25–27 (mfm aux PANS). — G.-B., WO, *Army list*, 1756, 1763, 1765. — N.-É., House of Assembly, *Journal*, 1759–1792. — *Directory of N.S. MLAs*. — Beck, *Government of N.S.* — Brebner, *Neutral Yankees*. — M. G. MacG. Morison, The evolution of political parties in Nova Scotia, 1758–1848 (thèse de M.A., Dalhousie University, Halifax, 1949). — Murdoch, *History of N.S.* — Porter, *History of Royal Engineers*, I : 171. — A. W. H. Eaton, Rhode Island settlers on the French lands in Nova Scotia in 1760 and 1761, *Americana* (New York), X (1915) : 1–43, 83–104, 179–197.

TONNANCOUR, CHARLES-ANTOINE GODEFROY DE. V. GODEFROY

TONNANCOUR, LOUIS-JOSEPH GODEFROY DE. V. GODEFROY

TOOSEY, PHILIP, ministre de l'Église d'Angleterre et agriculteur, baptisé le 18 mars 1744/1745, fils du révérend John Toosey, *rector* de Hessett (Hetheringsett), Suffolk, Angleterre ; il épousa Sarah Denton en 1770, et ils eurent trois enfants ; décédé le 14 septembre 1797 à Québec.

Philip Toosey fréquenta Winchester School et St Paul's School à Londres, et s'inscrivit à Cambridge (Trinity Hall) en 1762. Ordonné diacre en 1765 et ministre en 1769, il devint cette même année *rector* de Stonham, Suffolk, et il conserva toute sa vie ce revenu auquel s'en ajoutera un autre plus tard. En 1784, le révérend Lewis Guerry résigna en tant que titulaire de la paroisse de Sorel, province de Québec, d'où il était absent depuis 1775. Les prébendes de £200 versées annuellement par le gouvernement britannique à Guerry furent alors transférées à Toosey qui immigra à Québec avec sa famille en 1785. Comme il arrivait sans aucune nomination ecclésiastique précise et que le *rector* de Québec, le révérend David-François De Montmollin*, n'avait pas besoin de son aide, il put, en 1786, voyager jusqu'à Détroit où il baptisa des enfants indiens. Très attiré par la terre et le climat de Détroit, il demanda à la Society for the Propagation of the Gospel de l'y affecter comme missionnaire, mais sa requête fut refusée.

Ses manières et ses talents le firent valoir à lord Dorchester [Carleton*] et à l'évêque de la Nouvelle-Écosse, Charles Inglis*, qui, en 1789, autorisa Toosey à seconder Montmollin pour les offices célébrés en anglais à Québec et le nomma vicaire général du district de l'est du Canada. Lorsqu'on proposa un évêque de l'Église d'Angleterre pour Québec, Toosey retourna en Angleterre au printemps de 1792 afin de faire valoir ses prétentions au poste. Déçu dans cette tentative, il revint à Québec en 1794, reprit ses fonctions ecclésiastiques et fut nommé vicaire général du Bas-Canada par l'évêque Jacob Mountain*. De juillet 1796 au mois d'août 1797, il fut vicaire à la Christ Church de Montréal. Après sa mort, sa famille retourna en Angleterre. L'on sait qu'un de ses fils, James, qu'il avait éduqué, s'inscrivit à Cambridge en 1794.

Cependant, Toosey retient l'intérêt de l'historien davantage comme agriculteur qu'en tant que ministre du culte. Sa ferme de 70 acres située dans sa paroisse du Suffolk fut décrite par l'éminent agronome Arthur Young qui trouva en Toosey « un cultivateur très minutieux et très ingénieux ». Après son arrivée à Québec, il obtint, de concert avec Kenelm Chandler*, un titre pour une vaste étendue de terre à 18 milles de la capitale. Dans ce nouveau canton que Toosey appela Stoneham, du nom de sa paroisse anglaise, il se mit à créer un domaine dans la forêt. L'accès à sa propriété devait se faire par voie d'eau car il n'existait aucune route. En septembre 1791, il écrivit à Young, disant qu'il avait « érigé une étable très complète, suffisamment élevée pour donner tout autour de l'ombre à cinquante vaches ou bœufs, une écurie pour douze chevaux, et flanquée de bergeries et de porcheries ». Peu avant sa mort, il avait, selon Isaac Weld*, « une petite résidence planchéiée bien tenue », une cour de ferme « exactement dans le style anglais », une étable, « la plus grande de tout le Canada », et il avait bâti plusieurs maisons en rondins pour les gens qu'il avait amenés d'Angleterre afin d'aider à défricher la terre et à s'y établir. Il fut l'un des fondateurs, et directeur, de la Société d'agriculture du district de Québec en 1789.

Il semble que Toosey ait été un *squire* ecclésiastique éminent, du type du XVIIIe siècle. Il avait apparemment des ressources personnelles pour augmenter ses revenus professionnels modiques et lui permettre ainsi de prendre des risques financiers. Ses quelques lettres que l'on trouve dans les *Annals of agriculture and other useful arts*, éditées par Arthur Young, indiquent qu'il écrivait bien, tout en donnant dans le romantique, mais que c'était également un agriculteur pratique et intelligent ainsi qu'un fondateur d'établissements enthousiaste.

T. R. MILLMAN

APC, MG 11, [CO 42] Q, 2, p.678 ; 28, p.161 ; 49, p.343 ; 59/1, p.598 ; 61/1, p.203 ; 66, pp.271–276, 281, 304–306 ; 69/2, pp.236s., 402s., 485 ; 72/2, pp.403–413 ; 77, pp.307s. ; 79/2, p.343. — BL, Add. MSS 21 735/2, 82, 114. — QDA, 72 (C-1), 9, 14, 19, 23–26, 30–33, 129, 130 ; 84 (D-3), 20 mars, 19 avril, 25 juin, 26 nov. 1792. — USPG, Journal of SPG, 24, p.377. — Agricultural Soc. in Canada, *Papers and letters on agriculture recommended to the attention of the Canadian farmers* (Québec, 1790). — *Annals of Agriculture and Other Useful Arts* (Londres), 1784–1815 (cette revue était éditée par Arthur Young). — *Gentleman's Magazine*, 1791, 895, 979. — [E. P. Gwillim (Simcoe)], *The diary of Mrs. John Graves Simcoe* [...], J. R. Robertson, édit. (Toronto, 1911 ; réimpr., 1973). — Isaac Weld, *Travels through the states of North America, and the provinces of Upper and Lower Canada, during the years 1795, 1796, and 1797* (Londres, 1799). — *La Gazette de Québec*, 28 juill. 1785, 2 nov. 1797, 21 févr. 1799, 4 déc. 1833. — *Alumni Cantabrigienses* [...], John et J. A. Venn, compil. (10 vol. en 2 parties, Cambridge, Angl., 1922–1954), 2e partie, VI. — T. R. Millman, *Jacob Mountain, first lord bishop of Quebec, a study in church and state, 1793–1825* (Toronto, 1947). — H. C. Stuart, *The Church of England in Canada, 1759–1793 ; from the conquest to the establishment of the see of Quebec* (Montréal, 1893). — F.-J. Audet, Le clergé protestant du Bas-Canada de 1760 à 1800, SRC *Mémoires*, 2e sér., VI (1900), sect. I : 140s.

TRÉMAIS, CHARLES-FRANÇOIS PICHOT DE QUERDISIEN. V. PICHOT

TROTTIER DUFY DESAUNIERS, THOMAS-IGNACE (il signait aussi **Dufy Desauniers**), marchand et capitaine de milice, baptisé à Montréal le 21 décembre 1712, fils de Pierre Trottier Desauniers, négociant, et de Catherine Charest ; en 1747, il épouse à Québec Marie-Thomas, fille de Joseph de Fleury* de La Gorgendière, marchand ; décédé à Montréal le 21 mars 1777.

Allié à plusieurs familles importantes du Canada, dont les Charest, Thomas-Ignace Trottier Desauniers adopte le nom de Dufy – qui appartient aux Charest – et, par la suite, se fait connaître sous les noms de Dufy Desauniers. Son frère Pierre Trottier* Desauniers et son cousin Étienne CHAREST, seigneur de Lauson, possèdent des commerces florissants à Québec. Il n'est pas surprenant, dès lors, que Dufy Desauniers fasse carrière comme marchand. Comme tel, il participe activement aux délibérations de l'assemblée des « marchands-équipeurs » de Montréal. De plus, il est élu marguillier de Notre-Dame de Montréal en 1753 puis marguillier en charge, en 1775.

Cependant, c'est la carrière militaire de Dufy Desauniers qui nous est la plus connue. Entré au service du roi en 1729 ou 1737 (il donne lui-même ces deux dates), il devient capitaine d'une des compagnies de la bourgeoisie de Montréal en 1745. A ce titre, il participe à presque toutes les campagnes de la guerre de Sept Ans. Servant successivement sous les ordres de Vaudreuil [RIGAUD], Montcalm* et LÉVIS, il se mérite leurs éloges : « Cet officier est un de ceux qui se sont le plus distingués dans le corps des milices du Canada. »

En 1764, dans une lettre adressée au ministre de la Marine, le duc de Choiseul, Dufy Desauniers fait état de ses services, « ayant sacrifié, écrit-il, ses Propres intérêts pour le service du Roy, dont il n'a reçu pendant tout le tems qu'il a servi aucuns appointements, émolumens n'y Gratifications quelquonques ». Il demande la croix de Saint-Louis assurant qu'il n'attend que cette grâce pour passer du Canada en France avec sa famille et sa fortune évaluée par Vaudreuil à 12 000# de rente. La décoration lui est refusée parce que « sa Majesté est très décidée a n'en accorder a personne d'ici quelques tems ».

En 1772, Dufy Desauniers reçoit, non sans surprise, une lettre de France lui assurant que le roi est prêt à lui accorder la dite croix lorsqu'il sera établi en France. Habitué au nouveau régime et non disposé à quitter son pays pour le plaisir de porter une décoration, Dufy Desauniers confie son embarras au lieutenant-gouverneur de Québec, Hector Theophilus Cramahé. Ce dernier soumet le problème à lord Hillsborough, ministre des Colonies d'Angleterre, qui fait connaître au duc d'Aiguillon, ministre des Affaires étrangères de France, la surprise de la cour d'Angleterre et son espoir que ce ne soit là qu'une erreur parce que cet officier, étant devenu son sujet, ne peut plus être susceptible de cet honneur. Le président du Conseil de Marine, répondant aux représentations du duc d'Aiguillon, explique qu'il n'a été question de décorer le sieur Dufy qu'advenant son établissement en France. Dufy Desauniers ayant refusé, l'incident fut ainsi clos.

Depuis la Conquête, Dufy Desauniers s'entend très bien avec les autorités anglaises de Montréal. En 1775, lors de l'invasion américaine et du rétablissement de la milice canadienne par le gouverneur Guy Carleton*, il est nommé colonel des milices de Montréal. En 1777, le gouverneur décide de l'appeler au Conseil législatif mais Dufy Desauniers décède en mars.

Jacqueline Roy

AN, Col., E, 148 (dossier Desauniers). — ANQ-M, État civil, Catholiques, Notre-Dame de Montréal, 21 déc. 1712, 23 mars 1777. — ANQ-Q, État civil, Catholiques, Notre-Dame de Québec, 25 mai 1747. — Claude de Bonnault, Le Canada militaire : état provisoire des officiers de milice de 1641 à 1760, ANQ *Rapport*, 1949–1951, 439–441. — Æ. Fauteux, *Les chevaliers de Saint-Louis*, 81–83. — P.-G. Roy, Thomas-Ignace Trottier Dufy Desauniers, *BRH*, XXIV (1918) : 379s. — Une chambre de commerce à Montréal sous le Régime français, *BRH*, XXXII (1926) : 121s.

TUGLAVINA (Tuglawina, Tukelavinia, baptisé sous le prénom de **William)**, un des chefs inuit du Labrador, né vers 1738 ; il épousa, vers 1770, Mikak ; décédé le 4 octobre 1798 à Nain, au Labrador.

Tuglavina naquit et fut élevé alors qu'il n'y avait pas encore d'établissement européen dans la partie septentrionale du Labrador, et que les contacts entre les Européens et les Inuit de cette région étaient sporadiques et souvent hostiles [V. John Christian Erhardt*]. On connaît peu de chose de ses premières années ; la seconde partie de sa vie, toutefois, fait l'objet de maintes références dans les journaux des missions fondées, de son vivant, par les frères moraves à Nain (1771), à Okak (1776) et à Hoffenthal (Hopedale) (1782) [V. Jens Haven]. Quand les frères moraves firent mention de lui pour la première fois, en 1770, il était un *angakok* (chef religieux indigène) et le mari de Mikak, une Inuk bien connue des missionnaires en raison de son récent séjour en Angleterre. Mikak et Tuglavina servirent comme pilotes sur le sloop des frères moraves envoyé à la recherche d'un site convenable à l'établissement de la mission de Nain. Une fois celle-ci édifiée, il y fit de fréquentes visites. En 1775, il embarqua trois frères moraves sur son propre bateau, à la recherche d'un emplacement pour la mission de Hoffenthal ; cinq ans plus tard, il permit à l'un des missionnaires de l'accompagner dans son voyage aux camps de chasse au caribou, à l'intérieur des terres.

Dès le début de leur mariage, Tuglavina et Mikak eurent de fréquentes querelles. Ils se séparèrent par la suite, après que Tuglavina eut pris plusieurs autres épouses, dont la sœur de Mikak. En 1782, il se donna une quatrième femme, ce qui était une marque de prestige exceptionnelle à une époque où la polygamie était une forme de mariage commune et désirée chez les Inuit du Labrador, et alors que même les hommes les plus choyés par le succès n'avaient que deux ou trois femmes. Plus tard cette année-là, Tuglavina fit un voyage à la baie des Châteaux, dans le détroit de Belle-Isle, au sud du Labrador, y trafiquant dans quelques-uns des postes de pêche et de chasse aux phoques récemment ouverts dans cette région. Y ayant obtenu des mousquets et de la poudre, que les frères moraves n'avaient pas voulu fournir dans leurs propres magasins de traite, Tuglavina persuada plusieurs Inuit baptisés de quitter les missions moraves et de l'accompagner au sud dans ses voyages subséquents. Il devint un intermédiaire prospère, portant des marchandises de traite aux Inuit qui vivaient au nord des missions et redescendant, dans son grand sloop à deux mâts, de riches cargaisons de matières brutes, des fanons de baleine, par exemple. Malgré ses succès, plusieurs de ses compagnons l'abandonnèrent, et il devint obsédé par la crainte que ses ennemis ne complotent pour se venger de lui à cause de sa participation, dans le passé, aux meurtres de quelques Inuit.

Les voyages de Tuglavina vers le sud paraissent avoir cessé vers 1790, quand son sloop devint impropre à la navigation et qu'il n'eut plus qu'un chien pour tirer son traîneau. Cette année-là, avec la seule femme qui lui restât, il déménagea à la mission de Nain. Il avait été baptisé à la baie des Châteaux en 1783, alors qu'il était sérieusement malade, et, en 1793, il fut admis dans la congrégation de Nain. Il semble être devenu, dans ses dernières années, un puissant avocat du christianisme. Il mourut d'une pleurésie en 1798 et fut enseveli dans le cimetière de la mission.

J. Garth Taylor

Archiv der Brueder-Unitat (Herrnhut, République démocratique allemande), Hopedale diary, 1782–1784. —

Moravian Church Archives (Londres), Hopedale diary, 1784–1798 ; Journal of the voyage of the Jersey packet to Labrador and Newfoundland taken from the papers of Jens Haven and Christian Drachard, 1770 ; Nain diary, 1771–1798 ; Okak diary, 1776–1798. — J. G. Taylor, *Labrador Eskimo settlements of the early contact period* (Ottawa, 1974) ; William Turner's journeys to the caribou country with the Labrador Eskimos in 1780, *Ethnohistory* (Tucson, Ariz.), 16 (1969) : 141–164.

TURNOR, PHILIP, arpenteur de la Hudson's Bay Company, né vers 1751, décédé en 1799 ou 1800.

Lors de son premier engagement par la Hudson's Bay Company, le 30 avril 1778, Philip Turnor fut décrit comme un résidant de « Laleham Midd[lese]x, âgé de 27 ans, non marié et ayant été élevé sur une ferme ». Recommandé au comité de Londres par William WALES qui avait passé l'hiver de 1768–1769 au fort Prince of Wales (Churchill, Manitoba), Turnor s'engagea, contre un salaire annuel de £50, à servir la compagnie pendant trois ans à titre d'arpenteur dans les territoires de l'intérieur. Il s'embarqua pour York Factory (Manitoba) où il arriva le 24 août 1778.

Si la compagnie avait déjà encouragé certains de ses employés, comme Joseph Robson* et Anthony Henday*, à explorer et à arpenter ses possessions dans Rupert's Land, Turnor était le premier à être engagé spécifiquement à titre d'arpenteur. Il avait pour tâche de consigner sur des cartes « les latitudes et longitudes de tous [les] établissements [...] de même que les distances respectives de l'un à l'autre [qui devaient être] régulièrement ajustées ». Après avoir arpenté le terrain où s'élevait York, il reçut de Humphrey MARTEN, agent principal du poste, l'ordre de dresser la carte de la route menant à Cumberland House (Saskatchewan) et au poste nouvellement établi d'Upper Hudson House (près de Wandsworth, Saskatchewan). Ensuite, si possible, il devait se rendre jusqu'au fort Albany (Fort Albany, Ontario) et à Moose Factory (Ontario) « à travers les lacs de l'intérieur ». Il atteignit Cumberland House le 11 octobre 1778, et, en mars suivant, entreprit avec William WALKER, entre autres, un voyage de 280 milles sur les glaces avec un attelage de chiens à destination d'Upper Hudson House où il arriva le 19. La nouvelle voulant qu'une bande d'Indiens ait tué deux des trafiquants de Montréal (rattachés à une compagnie de Montréal) et pillé le poste l'empêcha de tenter l'arpentage de l' « établissement supérieur » de ces trafiquants dans les collines Eagle (au sud de Battleford, Saskatchewan). Turnor revint à York en canot, le 15 juillet, avec des renseignements qu'il incorpora plus tard à sa « Chart of the rivers and lakes falling into Hudsons Bay according to a survey taken in the years 1778 & 9 ».

Turnor participa ensuite au levé de la route allant du fort Albany à ses deux postes dépendants, Henley House (au confluent des rivières Albany et Kenogami, Ontario) et Gloucester House (lac Washi, Ontario). Après avoir passé le début de l'hiver de 1779 au fort Albany en compagnie de Thomas HUTCHINS, Turnor partit pour Henley House en février 1780 avec cinq compagnons. Onze jours plus tard, il y arrivait, atteint de la cécité des neiges et exténué. Il se reposa jusqu'à la mi-mars, mais ne pouvant continuer sa route vers Gloucester House à cause du manque de provisions, il retourna au fort Albany. En juin 1780, il se mit une fois de plus en route vers Gloucester, en canot, et y parvint le 8 juillet. De retour au fort Albany le 11 août, il s'embarqua pour Moose Factory en septembre, et, en décembre, retourna à pied au fort Albany « pour faire le tracé de la côte telle qu'elle apparaît en hiver ». Le 22 janvier 1781, il partit visiter la région de la rivière Rupert (Québec) et Eastmain House (à l'embouchure de la rivière Eastmain, Québec). Après avoir raté sa tentative de marcher jusqu'au lac Mesagamy (lac Kesagami, Ontario) en avril, Turnor voyagea en mai jusqu'à Wapiscogamy House (plus tard Brunswick House ; près du confluent des rivières Opasatika et Missinaibi, Ontario), nouveau poste dépendant de Moose Factory. Il passa le mois de juin à faire le levé de la route qui, de là, menait à Michipicoton House, un poste des trafiquants montréalais à l'embouchure de la rivière Michipicoten, sur le lac Supérieur. Il essaya ensuite d'atteindre le poste des trafiquants de Montréal du lac Abitibi (Ontario), mais jugea en cours de route les rivières trop peu praticables. Il était de retour à Moose Factory le 13 juillet. Une deuxième tentative pour atteindre le lac Abitibi en août échoua, mais Turnor accepta, lors du renouvellement de son contrat en septembre 1781, de trafiquer au lac Abitibi. Alors qu'il était à Moose Factory, il dressa en mars 1782 les plans d'un nouveau poste à Henley House. En mai, il partit pour le lac Abitibi d'où il revint le 2 août.

Bien qu'employé comme arpenteur, Turnor prit charge de Brunswick House le 14 octobre 1782. Pendant l'hiver, il souffrit si cruellement de rhumatisme qu'il fut incapable de descendre à Moose Factory en mars 1783 pour examiner la ligne de conduite de la compagnie à la suite de la prise d'York et du fort Prince of Wales par le comte de Lapérouse [GALAUP]. Turnor servit comme chef de poste à Brunswick House jusqu'au printemps de 1784, alors qu'il reçut l'ordre d'établir un nouveau poste « vers l'Abitibi ». Il quitta Moose Factory en juin avec six canots, deux grands et quatre petits, et deux embarcations neuves à fond plat. Toutes ces embarcations se révélèrent défectueuses, toutefois, et il fut forcé de s'arrêter à 80 milles du lac Abitibi. Ayant hiverné au confluent des rivières Abitibi et Frederick House, il se dirigea vers le sud, le printemps suivant, et construisit un poste sur la rive du lac Frederick House (Ontario). Il y servit comme chef de poste jusqu'en juillet 1787, alors qu'on l'envoya faire un relevé des postes des trafiquants montréalais de la région des lacs Abitibi et Témiscamingue. Il retourna ensuite à Moose Factory et s'embarqua pour l'Angleterre le 9 septembre, commandant le sloop *Beaver*.

A Londres, Turnor travailla à ses cartes et, en novembre 1788, il recevait 20 guinées de la Hudson's Bay Company en paiement de ses « dessins de plusieurs postes de l'intérieur appartenant à la compagnie ». De plus, on le consulta probablement sur l'idée d'établir une route de traite de la rivière Saskatchewan au lac Athabasca (Alberta) et, de là, au Pacifique. Peter Pond*, un trafiquant établi à Montréal, avait fait la traite au lac Athabasca en 1778–1779 ; en plus d'en tirer d'énormes profits, il avait tracé une carte qui semblait présenter comme réalisable une route jusqu'au Pacifique. La possibilité de trouver une route à travers Rupert's Land, en un temps où l'on espérait encore trouver au nord-ouest un passage vers la Chine, préoccupait Alexander Dalrymple, Samuel HEARNE, William Wales et le comité de Londres. Turnor, de nouveau en bonne santé, fut engagé le 16 mai 1789, surtout pour déterminer la position du lac Athabasca et pour trouver une route y menant à partir de la rivière Saskatchewan. Il arriva à York Factory le 27 août et partit pour Cumberland House qu'il atteignit le 7 octobre.

Pendant l'hiver de 1789–1790, à Cumberland House, Turnor enseigna l'arpentage à Peter Fidler* et à David Thompson*, lequel soignait une jambe cassée. En juin 1790, alors qu'il attendait l'arrivée des approvisionnements, Turnor rencontra Alexander Mackenzie* qui lui raconta sa descente du fleuve Mackenzie (Territoires du Nord-Ouest) jusqu'à la mer. Mackenzie « *pense qu'il s'agit de la mer hyperboréenne*, écrivit Turnor, *mais comme il ne semble pas familier avec les observations* [*astronomiques*], *je suis porté à croire qu'il n'était vraiment pas certain de l'endroit où il était allé* ».

L'expédition de deux canots qui partit pour le lac Athabasca le 13 septembre se composait de Malchom Ross, accompagné de sa femme indienne et de deux enfants, de Turnor, de Fidler et de quatre employés originaires des Orcades. Mal approvisionné, le groupe reçut constamment de l'aide des trafiquants montréalais. Ils hivernèrent à l'Île-à-la-Crosse (Saskatchewan) dans deux maisons que leur avait prêtées Patrick Small, un trafiquant de Montréal. Lors de leur départ en mai 1791, ce dernier leur fournit aussi des provisions. Turnor arriva au fort Chipewyan (Alberta), sur le lac Athabasca, le 28 juin. De là, il descendit en canot la rivière des Esclaves jusqu'au Grand lac des Esclaves (Territoires du Nord-Ouest). Jugeant qu'il était trop tard pour explorer plus au nord, il retourna au lac Athabasca. Il y passa la majeure partie du mois d'août à essayer de découvrir un chemin à partir de l'extrémité est du lac jusqu'à la rivière Churchill. Il retourna ensuite dans une maison que Ross construisait près du fort Chipewyan. Turnor, qui tenait un compte rendu méticuleux de la traite qui se pratiquait au fort Chipewyan, jugea que ce poste était « *le grand magasin de la région de l'Athapiscow* ». Il en conclut que les trafiquants de Montréal pourraient se permettre de concurrencer la compagnie à perte partout ailleurs aussi longtemps qu'ils conserveraient leur riche monopole de la traite dans la région de l'Athabasca. Persuadé que les Indiens feraient affaire avec un poste de la Hudson's Bay Company si on en construisait un à cet endroit, il entreprit les préparatifs de son voyage de retour en avril 1792, avant que la rivière Athabasca fût libérée de ses glaces. Il espérait arriver à York assez tôt pour y convaincre le conseil d'envoyer des provisions et de construire un poste. Même s'il arriva à York le 17 juillet, il ne fit pas valoir son point de vue, étant donné, à ce qu'il crut, que William Tomison*, agent principal pour les postes de l'intérieur, « s'était opposé résolument à toute entreprise du côté du nord ». Turnor rentra en Angleterre en octobre 1792.

A Londres, on passa outre à l'apathie du conseil d'York. En 1793, Ross reçut l'ordre d'organiser une expédition dans la région de l'Athabasca et d'y établir un poste. Si le projet rencontra des difficultés sans fin, il se révéla d'une importance déterminante pour les destinées de la compagnie. Entre temps, Turnor travaillait à ses cartes et, en 1795, la compagnie lui fit don de la montre qu'il avait utilisée au cours de ses voyages de même que de £100, « en considération des services qu'il a rendus en arpentant les nombreux établissements de la Compagnie et en explorant plusieurs nouvelles routes, et en les marquant avec exactitude sur une grande carte ».

Une fois à la retraite, Turnor vécut à Rotherhithe (qui fait maintenant partie de Londres) et enseigna la navigation. A part ses relations officielles avec la Hudson's Bay Company, on connaît peu de chose sur lui. De toute évidence un homme courageux et consciencieux, un voyageur et un arpenteur compétent aussi, il ne laissa pas de documents intimes ou de nature personnelle. Il doit être mort peu de temps après le 4 décembre 1799, date à laquelle il écrivit pour la dernière fois à la compagnie. En effet, le 26 mars 1800, le comité de Londres lisait « une requête d'Elizabeth Turnor, épouse de Philip Turnor, géographe à l'emploi de cette compagnie, récemment décédé, demandant quelque aide pécuniaire ».

Pour évaluer l'importance des travaux de Turnor, il faut les replacer dans le contexte général de l'effort fait par la Hudson's Bay Company, à partir de 1778, dans le domaine de l'arpentage. Cherchant à déterminer la position de ses différents postes à l'intérieur des terres et des routes fluviales les reliant, la compagnie accumula sur l'intérieur de l'Amérique du Nord une richesse de renseignements qui furent publiés en 1795 sous la forme d'une carte par Aaron Arrowsmith, cartographe londonien. Intitulée « A map exhibiting all the new discoveries in the interior parts of North America », la carte d'Arrowsmith fut souvent reproduite et constitua la base de beaucoup de cartes ultérieures du Canada. A vrai dire, ainsi que l'écrivait Arrowsmith en 1794, le travail des employés de la compagnie, dont Turnor, « avait jeté les fondements permanents de la géographie de cette partie du globe ».

E. E. Rich

HBRS, XIV (Rich et Johnson) ; XV (Rich et Johnson) ; XVII (Rich et Johnson). — *Journals of Hearne and Turnor* (Tyrrell). — [Alexander Mackenzie], *The journals and letters of Sir Alexander Mackenzie*, W. K. Lamb, édit. (Cambridge, Angl., 1970). — [David Thompson], *David Thompson's narrative, 1784–1812*, R. [G.] Glover, édit. (nouv. éd., Toronto, 1962). — Rich, *History of HBC*, II.

TÜYAGUANDE. V. Teyohaqueande

TYORHANSERA. V. Teiorhéñhsere?

TYRELL, THOMAS. V. Pichon, Thomas

U

UMFREVILLE, EDWARD, trafiquant de fourrures de la Hudson's Bay Company et de la North West Company, et auteur, né vers 1755, *circa* 1771–1789.

On ne sait rien de la vie d'Edward Umfreville avant 1771, alors qu'il était engagé par la Hudson's Bay Company à titre de commis aux écritures. Il débarqua à York Factory (Manitoba), mais fut bientôt muté à Severn House (Fort Severn, Ontario). Le chef de poste à cet endroit, pour la saison de traite de 1772–1773, Andrew Graham*, fut impressionné par Umfreville, écrivant qu'il était « un très bon comptable et qu'il fai[sait] très bien à Severn ». Les deux hommes travaillèrent ensemble à dresser une liste remarquablement détaillée des nécessités requises par les postes que la compagnie se proposait d'établir à l'intérieur des terres. Umfreville et Graham, qui venait tout juste de se convertir à ce projet, partageaient la conviction que le succès dépendait de l'utilisation d'employés canadiens et des grands canots d'écorce de bouleau mis au point par les trafiquants de fourrures indépendants (*pedlars*) de Montréal (rattachés à une compagnie de Montréal). Alors qu'il était à Severn House, en 1774, Umfreville rencontra Samuel Hearne qui était venu conférer avec lui et Graham sur les conditions requises pour l'établissement projeté d'un poste au lac Pine Island (lac Cumberland, Saskatchewan).

L'année suivante, Umfreville fut muté à York. Il n'y fut pas heureux car il travaillait sous les ordres de Humphrey Marten qui, en 1775, était un homme malade et irritable. Marten, quant à lui, décrivit Umfreville, en 1778, comme un homme diligent et sobre, mais d'un caractère violent ; au début de l'année suivante, il le bannit de la table des fonctionnaires, pour insolence. Umfreville reçut toutefois le commandement du poste lorsque Marten devint trop malade pour continuer de le diriger. Par la suite, il servit comme second de Marten jusqu'en 1782, alors que le comte de Lapérouse [Galaup] s'empara du fort, amenant les fonctionnaires et les employés prisonniers en France.

Après le traité de Paris de 1783, Umfreville se rendit à Londres. Son salaire ne lui avait pas été crédité pendant qu'il était prisonnier, et il était presque inévitable qu'après avoir touché le petit résidu qu'on lui devait, « quelque désaccord [...] au sujet du salaire » s'élevât entre lui et la compagnie. Il quitta la Hudson's Bay Company et écrivit probablement les lettres qui parurent en avril 1783 dans le *Morning Chronicle and London Ad-*

vertiser. Elles décrivaient la prise d'York en des termes qui constituaient une vive critique tant à l'égard de la compagnie que de Marten. Le même mois, il s'embarqua pour Québec où il arriva en juin. Umfreville, maintenant au service de la North West Company, s'occupait, en mai 1784, de trouver une route de remplacement pour le trajet du lac Supérieur au lac Winnipeg. Une partie de la route traditionnelle via le Grand Portage (près de Grand Portage, Minnesota) faisait partie du territoire américain depuis le récent traité. Bien qu'Umfreville eût réussi à trouver une route via le lac Nipigon (Ontario), les *Nor'Westers* continuèrent d'emprunter l'ancienne puisque les revendications américaines n'étaient pas mises en vigueur.

De 1784 à 1787, Umfreville servit la North West Company sur la Saskatchewan-Nord et il commanda à son poste le plus à l'ouest (près de Frenchman Butte, Saskatchewan). De là, il écrivit en 1785 à Edward Jarvis, agent principal de la Hudson's Bay Company au fort Albany (Fort Albany, Ontario). Il lui expliquait clairement que la capacité des *Nor'Westers* de concurrencer avec succès la Hudson's Bay Company reposait sur les provisions qui pouvaient être obtenues « du pays des feux », situé au nord et au nord-ouest de Kaministiquia (Thunder Bay, Ontario). Bien qu'à l'emploi de la North West Company, Umfreville pressa la Hudson's Bay Company de s'enfoncer dans cette région à partir de Gloucester House (lac Washi, Ontario), le plus méridional de ses postes. John Kipling, chef de poste à Gloucester House, ajouta à la crédibilité de cette suggestion en écrivant, en 1786, qu'Umfreville était capable de rester à l'intérieur des terres toute l'année et de diriger un bon commerce.

En conséquence de ces contacts personnels, Umfreville avait décidé, en 1788, de quitter le service de la North West Company. Il fit part de son désir de rentrer au service de la Hudson's Bay Company à William Tomison*, agent principal pour les postes de l'intérieur. Il laissa son poste en mai pour se rendre à Londres via le lac Supérieur, Montréal et New York. Il proposa ses services au comité de Londres dans des lettres du 23 janvier et du 22 avril 1789. En juillet 1788, Tomison l'avait recommandé comme étant « une personne apte à la traite des fourrures dans l'intérieur, courageuse et résistante, d'une stricte sobriété, et [qui avait] une connaissance approfondie de la manière dont les trafiquants du Canada menaient les affaires », mais Umfreville et la compagnie ne purent s'entendre sur les conditions de son réengagement. Cet échec marqua la fin de sa carrière de trafiquant de fourrures. Même si les conditions avaient été acceptées de part et d'autre, il est peu vraisemblable qu'il eût fait un employé dont on eût été satisfait, car il avait probablement écrit *The present state of Hudson's Bay* [...] avant que ses négociations avec la compagnie ne fussent rompues. Le livre, publié en 1790, révélait une connaissance du pays qui manquait à la plupart des écrivains traitant du Canada, à la fin du XVIIIe siècle. Il était aussi notable, à vrai dire, par d'importants plagiats des ouvrages d'autres fonctionnaires de la Hudson's Bay Company, en particulier d'Andrew Graham, et par d'aigres attaques contre eux et la compagnie. L'ancien ami d'Umfreville, Samuel Hearne, attribue le côté méchant du livre au désappointement de son auteur de n'avoir pas « réussi à obtenir un commandement à la baie, encore qu'il n'y ait pas eu de poste vacant pour lui ».

Umfreville s'était vu « dans la nécessité d'aller outre-mer » avant même la publication de son livre, mais on ignore où il alla, où il vécut par la suite, où et quand il mourut.

E. E. Rich

Edward Umfreville, *The present state of Hudson's Bay* [...] (Londres, 1790 ; nouv. éd., W. S. Wallace, édit., Toronto, 1954).

HBC Arch., A.6/10, ff.123, 126d ; A.11/115, f.161. — *HBRS*, XIV (Rich et Johnson) ; XXVII (Williams). — Hearne, *Journey from Prince of Wales's Fort* (Tyrrell). — *Nipigon to Winnipeg : a canoe voyage through Western Ontario by Edward Umfreville in 1784, with extracts from the writings of other early travellers through the region*, Robert Douglas, édit. (Ottawa, 1929). — [David Thompson], *David Thompson's narrative, 1784–1812*, R. [G.] Glover, édit. (nouv. éd., Toronto, 1962). — Morton, *History of Canadian west*. — Rich, *History of HBC*.

V

VANCOUVER, GEORGE, officier de marine et explorateur, né le 22 juin 1757 à King's Lynn, Angleterre, sixième et dernier enfant de John Jasper Vancouver, percepteur adjoint des douanes à King's Lynn et descendant d'une famille titrée parmi les plus anciennes de Hollande, les Van Coeverden, et de Bridget Berners, fille d'une vieille famille de l'Essex et du Norfolk qui descendait de sir Richard Grenville, le commandant fameux de la ballade de Tennyson, *The Revenge*, décédé le 12 mai 1798 à Petersham (dans la banlieue de Londres).

George Vancouver entra dans la marine royale en 1771. Quelqu'un d'influent, sans aucun doute, attira sur lui l'attention de COOK, qui préparait alors le deuxième de ses trois grands voyages de découverte, car, en janvier 1772, Cook affecta Vancouver à son propre navire, le *Resolution*. Bien qu'il eût le rang nominal de gabier breveté, Vancouver était en fait apprenti midship. Un astronome connu, William WALES, était à bord comme surnuméraire, et Vancouver eut la chance de profiter de ses enseignements. Le voyage, consacré à la recherche du légendaire continent austral, dura trois ans ; on atteignit le 71° 10′ de latitude sud.

En février 1776, Cook nomma Vancouver midship et l'affecta au *Discovery*, qui devait accompagner le *Resolution* au cours du troisième voyage de l'explorateur, à la recherche d'une sortie du fabuleux passage du Nord-Ouest sur le Pacifique. Les navires arrivèrent au large de la côte nord-ouest de l'Amérique du Nord en mars 1778. Parmi les compagnons de Vancouver, sur le *Discovery*, il y avait Joseph Billings*, George DIXON et Nathaniel Portlock*, qui devaient tous trois, par la suite, commander des navires de traite et visiter cette côte. Le 29 mars, Cook arriva à la baie de King George (baie de Nootka, Colombie-Britannique) et s'y arrêta pour réparer ses avaries ; Vancouver et ses compagnons du *Discovery* furent les premiers Européens connus à mettre le pied sur le rivage de ce qui est maintenant la Colombie-Britannique [V. Juan Josef PÉREZ Hernández]. Après avoir exploré la côte bien avant vers le nord, Cook fit voile vers les îles Sandwich (Hawaii) où il périt dans un affrontement avec les indigènes, le 14 février 1779. Vancouver avait de justesse échappé à pareil sort le jour précédent. L'expédition rentra en Angleterre en octobre 1780 ; le 19 du même mois, Vancouver passa l'examen de lieutenant. Ses huit années au service de Cook lui avaient donné une occasion incomparable de s'initier au métier de la mer et à l'observation hydrographique avec le plus grand navigateur de son temps.

La carrière de Vancouver se divise en trois périodes bien nettes : d'abord, ses années avec Cook ; puis neuf années sur des navires de combat ; enfin, son voyage de découverte. La seconde période, il la passa presque entièrement dans la mer des Caraïbes. Le 9 décembre 1780, il fut affecté au sloop *Martin*, qui partit pour les Antilles au début de 1782. En mai, il fut transféré sur le *Fame*, un navire beaucoup plus grand (74 canons). Il resta à son bord jusqu'à la proclamation de la paix et au retour du navire en Angleterre, en juillet 1783. La fin des hostilités amena le désarmement de beaucoup de navires, et Vancouver se retrouva à la demi-solde pendant les 15 mois suivants. En novembre 1784, il fut nommé sur l'*Europa* (50 canons), vaisseau de l'amiral Alexander Innes, le nouveau commandant en chef de la station de la Jamaïque. Le taux des décès dans les Antilles était effroyable, par suite de la fièvre jaune et d'autres maladies, mais les vides causés par la mort favorisaient souvent les promotions. Tôt au début de 1787 l'amiral Innes mourut ; lui succéda le commodore Alan Gardner, un officier énergique et ami du progrès, destiné à prendre rapidement du galon et à devenir membre du Board of Admiralty au début des années 1790. Il se lia d'amitié avec Vancouver et fut un protecteur influent ; les décès lui permirent de le promouvoir au poste de lieutenant en second de l'*Europa* en novembre 1787, et de lieutenant en premier (commandant en second) deux mois plus tard. En 1789, après cinq années passées en mer, l'*Europa* mit le cap sur l'Angleterre, où Vancouver fut licencié à la mi-septembre.

A cette époque, l'intérêt pour le Pacifique croissait tout à coup. La pêche à la baleine dans le Pacifique Sud retenait l'attention, et un établissement venait tout juste d'être créé dans la Nouvelle-Hollande (Australie). Mais c'est la côte nord-ouest de l'Amérique du Nord qui occupait davantage la Grande-Bretagne. Les peaux de loutre marine recueillies occasionnellement par les équipages de Cook avaient été vendues à haut prix en Chine et, quand cela fut connu, des navires de traite commencèrent à courir la côte [V. James HANNA; John KENDRICK]. La Grande-Bretagne s'intéressait aux possibilités commerciales que pouvait offrir le trafic des fourrures ; par ailleurs, elle n'était pas disposée à accepter la thèse de l'Espagne, qui proclamait ses titres exclusifs sur l'ensemble de la côte, depuis San Francisco jusqu'au détroit du Prince- Guillaume (Alaska). En outre, l'Amirauté désirait vivement être fixée, une fois pour toutes, sur l'existence – ou l'absence – d'un passage entre l'Atlantique et le Pacifique. Cook avait démontré qu'il n'y en avait aucun qui eût une valeur commerciale au nord du 55° de latitude nord. Restait, toutefois, la possibilité que l'Alaska fût une île immense, grâce à un passage dont l'entrée se trouverait plus au sud.

A l'automne de 1789, on décida d'envoyer une expédition pour vider la question. Un navire de 340 tonneaux, propre à cette destination, fut acheté, nommé *Discovery* et armé le 1er janvier 1790. On en donna le commandement au capitaine Henry Roberts qui, à l'instar de Vancouver, avait navigué avec Cook lors de ses deux derniers voyages. Grâce à l'influence de Gardner, Vancouver fut nommé commandant en second.

La mise en place du gréement du *Discovery* était bien avancée quand parvinrent à Londres des renseignements relatifs à la fameuse affaire de la baie de Nootka. On dénonça comme une insulte à la nation la saisie de plusieurs navires britanniques qu'y avait faite en temps de paix le commandant espagnol Esteban José MARTÍNEZ, de même que l'on refusa catégoriquement de reconnaître le droit, revendiqué par l'Espagne, d'empêcher les trafiquants étrangers d'entrer dans cette région. Une puissante escadre fut mobilisée et la Grande-Bretagne se prépara énergiquement à la guerre. L'Espagne, qui n'était pas en mesure de livrer bataille, dut accepter les termes de la convention de la baie de Nootka, signée à Madrid le 28 octobre 1790 : elle s'engageait à restituer aux sujets britanniques les biens saisis, et, clause plus importante, à abandonner toute prétention à la propriété comme à l'occupation exclusives de la côte.

La mobilisation avait arrêté les préparatifs du *Discovery*. En mai, ses officiers et son équipage avaient été affectés à des navires de combat. Roberts était parti pour les Antilles et Vancouver était à bord du *Courageux*, commandé par Gardner. Dès qu'arriva la nouvelle de la signature de la convention, au début de novembre, les préparatifs de l'expédition du Pacifique reprirent. Le 17, Vancouver fut rappelé à Londres, et le 15 décembre, sans doute sur la recommandation de Gardner, il fut nommé commandant du *Discovery*.

Ses instructions, datées du 8 mars 1791, traitent de deux questions, outre celle de l'étude hydrographique de la côte. D'abord, il devait se faire remettre, par les officiers espagnols de la baie de Nootka, « telles terres ou telles constructions qui doivent être restituées aux sujets britanniques » ; puis il devait hiverner dans les îles Sandwich et en compléter l'étude hydrographique. L'objectif principal du voyage était d'étudier la côte de près entre les 30° et 60° de latitude nord et de « se renseigner précisément sur la nature et l'étendue de toute voie de communication par eau » qui pourrait « dans une mesure sérieuse » servir de passage au nord-ouest « pour les fins du commerce ». Le *Discovery*, naviguant de conserve avec un petit ravitailleur armé de 131 tonneaux, le *Chatham*, mit à la voile à Falmouth, leur dernier port de relâche en Angleterre, le 1er avril 1791. Le voyage vers la côte nord-ouest devait durer plus d'un an, via Ténériffe (îles Canaries), le cap de Bonne-Espérance, la Nouvelle-Hollande, la Nouvelle-Zélande, Tahiti et les îles Sandwich. Vancouver avait espéré rencontrer le navire ravitailleur *Dædalus* aux îles Sandwich, mais le navire ne se présenta pas. Il mit le cap sur son objectif principal, la côte nord-américaine, qui fut en vue le 17 avril 1792. On mit pied à terre au 39° 27′ de latitude nord, soit quelque 110 milles au nord de San Francisco.

Naviguant au nord, Vancouver entreprit l'étude hydrographique de la côte, qu'il devait poursuivre, malgré toute la complexité de la ligne côtière, jusqu'à un point situé au delà du 60e parallèle. Le 29 avril, il atteignit le détroit de Juan de Fuca, qui devait, selon ses ordres, être l'objet d'une attention particulière. On a beaucoup critiqué Vancouver pour avoir omis d'entrer dans le fleuve Columbia, à l'embouchure duquel il passa en route vers le nord ; il est évident, toutefois, qu'il en soupçonna l'existence mais qu'il décida d'en remettre l'examen à plus tard. A la vérité, il porta peu d'attention aux rivières, les montagnes qu'il apercevait au loin lui laissant croire avec beaucoup de vraisemblance qu'elles ne seraient navigables que sur une courte distance à l'intérieur des terres. De plus, pour sauver du temps, on lui avait donné l'ordre « de ne remonter aucun inlet ou rivière plus loin qu'il n'apparaîtrait possible aux vaisseaux conçus pour naviguer sans danger sur l'océan Pacifique ».

Son plan, pour mener à bien l'examen de la côte, était simple : il dessinerait le tracé de chaque pied du rivage continental, de manière qu'aucun passage ne pût lui échapper. L'étude des côtes sans accidents particuliers des états actuels de l'Oregon et de Washington ne posa pas de problèmes, mais, au nord du détroit de Juan de Fuca, ce fut une autre affaire. Vancouver se rendit compte, tout d'abord, des difficultés de sa tâche, quand il explora le dédale des bras de mer se ramifiant au large du détroit de Puget (Washington). L'Amirauté avait envoyé le *Chatham* avec le *Discovery* en espérant que le plus petit navire pourrait explorer les passages étroits dans lesquels il aurait été imprudent que le *Discovery* s'aventurât. Mais Vancouver découvrit vite que les conditions de la marée et du vent, et souvent la profondeur de l'eau qui plaçait le fond hors d'atteinte des ancres, mettaient en péril le *Chatham* lui-même ; il fut forcé, après une expérience d'un mois, de recourir aux pinasses, aux canots et aux chaloupes, quelque dangereuse et difficile que fût l'utilisation d'embarcations non pontées. Le *Discovery* et le *Chatham* trouvaient-ils un ancrage convenable, les embarcations partaient explorer la ligne côtière adjacente. Chaque bras de mer fut exploré et dessiné, jusqu'où il se refermait, de crainte qu'il ne fût une section de ce passage du Nord-Ouest si longtemps recherché. Les embarcations apportaient généralement des provisions pour sept ou dix jours, mais les officiers, et les hommes de même, faisaient tout leur possible pour les faire durer davantage s'ils pouvaient par là faire progresser leur recherche. On fit grand effort pour traiter correctement les indigènes et établir des relations amicales avec eux. Toutefois, les embarcations, pas plus grandes que bien des canots indiens, constituaient une tentation à cause des armes et des provisions qu'elles portaient et, vers la fin de l'exploration, plusieurs attaques durent être repoussées.

Tant que sa santé le lui permit, Vancouver prit souvent part aux expéditions des barques. Le 22 juin 1792, à son retour aux navires après avoir exploré la baie de Howe, l'inlet de Jervis et ce qui est maintenant le port de Vancouver, il trouva les navires hydrographes espagnols *Sútil* et *Mexicana*, également en mission d'exploration sous le commandement de Dionisio Alcalá-Galiano*, ancrés au large de la pointe Grey. D'Alcalá-Galiano il apprit que des explorateurs espagnols l'avaient précédé aux détroits de Juan de Fuca et de Georgia, mais non point au détroit de Puget. Les relations furent cordiales et on s'entendit sur quelques formes de coopération, limitées cependant par l'affirmation de Vancouver à l'effet que ses instructions l'empêchaient d'accepter tout relevé de la rive continentale autre que le sien.

En août 1792, Vancouver avait navigué tout le long de ce qui est maintenant l'île de Vancouver, dont il avait obtenu la preuve de l'insularité au moment où ses navires entrèrent dans le détroit de la Reine-Charlotte, le 9 août. Il poussa jusqu'au détroit de Burke, au 52° de latitude nord, et de là fit voile en direction sud vers la baie de Nootka, sachant que son navire ravitailleur et le commandant espagnol Juan Francisco de la BODEGA y Quadra l'y attendaient.

Une chaleureuse amitié se développa entre Vancouver et Bodega, mais ils ne purent s'entendre sur les détails du transfert des propriétés prévu par la convention de la baie de Nootka. Vancouver s'attendait à recevoir un grand territoire et peut-être la baie entière ; mais, à la suite des informations qu'il avait recueillies, Bodega était convaincu que John Meares*, propriétaire en partie des navires saisis en 1789, n'avait occupé qu'un petit lopin de terre dans l'anse Friendly. Ils décidèrent tous deux d'en référer à leur gouvernement et d'attendre des instructions. Le navire ravitailleur apportait à Vancouver des instructions additionnelles datées du 20 août 1791, mais il ne reçut aucune autre communication de l'Amirauté pendant les trois dernières années de son voyage.

De la baie de Nootka, Vancouver fit voile au sud, en direction de San Francisco, puis de Monterey en Alta California (aujourd'hui la Californie), et enfin se dirigea vers les îles Sandwich, où il passa l'hiver. En mai 1793, il était de retour sur la côte et, en septembre, avait relevé la ligne côtière jusqu'au 56° de latitude nord. En juin, il explora le détroit de Dean ; quelques semaines plus tard, il aurait rencontré Alexander Mackenzie* qui y termina son voyage par terre jusqu'au Pacifique vers la fin de juillet.

A la fin de la saison de navigation de 1793, Vancouver visita de nouveau l'Alta California alors qu'il faisait voile vers ses quartiers d'hiver des îles Sandwich. Après avoir relâché à Monterey, il se rendit à San Diego, et ensuite, conformément à ses instructions, fit voile au sud, le long de la côte du Mexique, pour pousser son exploration à la limite fixée du 30e parallèle. En deux saisons, il avait ainsi fait un relevé de la côte depuis le 30° de latitude nord jusqu'au 56° de latitude nord, prouvant que le détroit de Juan de Fuca n'était pas l'entrée d'une grande mer intérieure, ainsi que Fuca* l'avait prétendu, et que les grands cours d'eau que Bartholomew de Fonte* disait avoir remontés au 53° de latitude nord n'existaient pas.

Au cours de son troisième et dernier séjour aux îles Sandwich, Vancouver acheva d'en faire le relevé du littoral et intervint même dans les affaires intérieures des insulaires. Afin de mettre un terme à leurs luttes civiles, il prôna leur unification politique sous le roi Kamehameha. Il persuada également ce dernier de céder l'île d'Hawaii à la Grande-Bretagne, avec l'espoir qu'une petite armée s'y installerait, qui assurerait la protection des îles, maintenant que les navires de nombreuses nations s'y arrêtaient. L'acte de cession fut signé le 25 février 1794, mais Londres ne fit rien pour en confirmer la teneur.

Le programme que s'était fixé Vancouver, pour la saison de 1794, était de faire voile directement vers l'inlet de Cook (Alaska), le point extrême de son étude hydrographique au nord, pour ensuite redescendre là où il s'était arrêté l'année précédente. Au dernier ancrage du *Discovery* et du *Chatham*, dans une baie de la côte sud-est de l'île de Baranof, Vancouver donna le nom bien approprié de Port Conclusion. Les embarcations revinrent de leur dernière sortie le 19 août, et on célébra la fin de l'exploration par « une ration additionnelle de grog amplement suffisante pour satisfaire tous les désirs de festivité à [cette] occasion ». Plus tard, Vancouver devait écrire dans son livre, *A voyage of discovery to the north Pacific ocean* [...] : « J'ai confiance que la précision avec laquelle l'étude hydrographique [...] a été menée à bien lèvera tout doute et fera mettre de côté toute croyance relativement à un *passage du Nord-Ouest* ou à toute autre voie de communication accessible aux navires entre le Pacifique Nord et l'intérieur du continent américain, dans les limites de nos recherches. »

Le relevé hydrographique avait été conduit avec une rigueur remarquable. Les latitudes de Vancouver diffèrent très peu de celles d'aujourd'hui ; ses longitudes, dont le calcul était encore plus difficile, accusent des variantes d'un tiers de degré à un degré seulement. Les résultats obtenus méritaient d'être comparés à ceux de Cook ; au reste, les références nombreuses au volume imprimé de ce dernier, *A voyage to the Pacific ocean* [...] (Londres, 1784), indiquent qu'il fut toujours le modèle idéal que Vancouver avait à l'esprit. John Cawte Beaglehole, le grand spécialiste de Cook, note que, de tous les hommes qui furent formés par lui, Vancouver fut « le seul que ses travaux comme hydrographe allaient placer dans la même classe que son commandant ».

Pour le long voyage de retour en Angleterre, Vancouver emprunta la route du cap Horn, en faisant relâche à Monterey, à Valparaíso (Chili) et à Sainte-Hélène. La Grande-Bretagne étant en guerre, le *Discovery* se joignit à un convoi à partir de Sainte-Hélène. Il arriva dans l'estuaire du Shannon, en Irlande, le 13 septembre 1795. Vancouver quitta immédiatement son navire pour se diriger vers Londres, mais le rejoignit à son arrivée sur la Tamise le 20 octobre. Alors prit fin une des plus longues expéditions de découverte de l'histoire – plus de quatre ans et demi. On avait parcouru quelque 65 000 milles, à quoi il faudrait ajouter quelque 10 000 milles qu'on estime devoir mettre au crédit des embarcations. Le soin que prit Vancouver de la santé de ses hommes est digne de remarque : un seul homme mourut de maladie ; un autre mourut des suites d'un empoisonnement et quatre se noyèrent.

La belle réussite de Vancouver ne fut guère reconnue de son temps, en grande partie à cause des accusations voulant qu'il eût été un commandant excessivement dur. Dès janvier 1793, Thomas Manby, *master's mate* du *Chatham*, écrivait privément que Vancouver était « devenu hautain, orgueilleux, mesquin et insolent, ce qui fit que lui et ses officiers furent continuellement à se quereller pendant tout le voyage ». Ses difficultés avec le botaniste et chirurgien Archibald Menzies* eurent des conséquences graves, vu que Menzies était un des protégés de sir Joseph Banks*, l'influent président de la Royal Society de Londres. Plus sérieux encore le cas de Thomas Pitt, héritier de lord Camelford, un des apprentis midships du *Discovery*. C'était un jeune homme difficile et déséquilibré dont la conduite jeta Vancouver dans une telle fureur qu'il le débarqua à Hawaii en 1794. Pitt était proche parent du premier ministre et du premier lord de l'Amirauté, John Pitt, et l'un des frères de lady Grenville, l'épouse du secrétaire d'État aux Affaires étrangères ; le mécontentement combiné de toutes ces personnalités pesa lourd sur l'explorateur. Il est évident que son état de santé – il souffrait probablement d'hyperthyroïdie – avait rendu Vancouver irritable et prompt à s'enflammer, mais ce n'était pas un commandant brutal. Il tenait son équipage fermement en main, ainsi que cela s'imposait sur un navire fort éloigné de toute autorité capable d'appuyer la sienne, et si ses officiers ne l'aimaient pas, du moins le respectaient-ils et admiraient-ils ses talents.

Vancouver prit sa retraite à la demi-solde en novembre 1795. Il s'établit à Petersham, près de Richmond Park, et s'occupa bientôt à revoir son journal en vue de la publication. Il mourut prématurément, à l'âge de 40 ans, alors qu'il manquait encore à son récit, qui comptait déjà 500 000 mots, une centaine de pages pour qu'il fût complet. La révision en fut terminée par son frère John, et le *Voyage* [...] parut en 1798 dans une belle édition en trois volumes *in quarto* et un atlas *in folio*.

La plupart des quelques centaines de toponymes choisis par Vancouver pour désigner les diverses réalités géographiques ont été conservés. Le plus important de ces toponymes est celui de l'île de Vancouver, d'abord nommée, en l'honneur de son ami le commandant espagnol, île de Quadra et de Vancouver. Les travaux et la mémoire de Vancouver ont suscité plus d'intérêt en ces récentes années, et sa tombe, dans le cimetière de St Peter, à Petersham, est chaque année la scène d'une cérémonie commémorative organisée par la Colombie-Britannique.

W. Kaye Lamb

On conserve à la National Portrait Gallery (Londres) un portrait qu'on a longtemps cru être celui de Vancouver, mais dont on doute maintenant de l'authenticité. On n'en connaît aucun autre. Les manuscrits des journaux de Vancouver, y compris les copies partielles qui en furent envoyées à l'Amirauté au cours de son voyage de découverte, sont aujourd'hui perdus. Ses journaux de bord en sa qualité de lieutenant sur le *Martin*, le *Fame* et l'*Europa* se trouvent au National Maritime Museum, ADM/L/M/16B, log of HMS *Martin*, 9 déc. 1781–16 mai 1782 ; ADM/L/F/115, log of HMS *Fame*, 17 mai 1782–3 juill. 1783 ; ADM/L/E/155, log of HMS *Europa*, 24 nov. 1787–23 nov. 1788. Ses lettres à l'Amirauté se trouvent au PRO, Adm. 1/2 628–2 630, et ses dépêches originales, au PRO, CO 5/187. Ses dessins et ses cartes relatifs au voyage sont conservés au Ministry of Defence, Hydrographer of the Navy (Taunton, Angl.), 226, 228–229, 523 (levés de la côte ouest de l'Amérique du Nord).

La plupart des journaux de bord des officiers de marine qu'on trouve au PRO sont peu détaillés et ne s'intéressent guère qu'aux mouvements des navires et aux affaires commerciales, mais deux d'entre eux sont riches de renseignements : le premier, Peter Puget*, PRO, Adm. 55/17 et Adm. 55/27, janv. 1791–mars 1794 (la BL, sous la cote Add. MSS 17 542–17 545, conserve des brouillons des journaux de Puget et des journaux de bord pour la période allant de janvier 1791 à décembre 1793), Add. MSS 17 552, documents relatifs au voyage du *Discovery* et du *Chatham*, 1790–1795, et, en particulier, quelques lettres de Vancouver et un récit de Puget dont une page a été décrite de façon erronée par G. S. Godwin comme étant le seul fragment connu du journal original de Vancouver ; le second, James Johnstone, PRO, Adm. 53/335, qui ne couvre malheureusement que la période de janvier 1791 à mai 1792. Il existe trois importants journaux privés : celui d'Archibald Menzies, pour la période allant de décembre 1790 à février 1794, conservé à la BL, Add. MSS 32 641, et du 21 févr. 1794 au 18 mars 1795, à la National Library of Australia (Canberra), MS 155 ; celui d'Edward Bell, « Journal of voyage in H.M.S. « Chatman » to the Pacific Ocean, 1er janv. 1791–26 févr. 1794 », conservé à la National Library of New Zealand, Alexander Turnbull Library (Wellington) ; et celui de Thomas Manby, « Journal of the voyage of H.M.S. Discovery and Chatham, under the command of Captain George Vancouver, to the northwest coast of America, 10 févr. 1791 au 30 juin 1793 », conservé à la Beinecke Rare Book and Manuscript Library, Yale University (New Haven, Conn.), Western Americana coll.

La University of B.C. Library (Vancouver) possède, dans sa Special Coll. Division, une photocopie d'une lettre de Thomas Manby au capitaine Barlow, du 9 janvier 1793. La State Library of New South Wales, Mitchell Library (Sydney, Australie), conserve dans les Banks papers, Brabourne coll., vol. 9, de la correspondance, des brouillons, etc., relatifs au voyage de Vancouver. On trouve d'autres papiers de Banks à la California State Library, Sutro Library (San Francisco), Sir Joseph Banks coll.

[George Vancouver], *A voyage of discovery to the north Pacific Ocean, and round the world* [...], [John Vancouver, édit.] (3 vol. et atlas, Londres, 1798 ; réimpr., Amsterdam et New York, 1967 ; nouv. éd., [John Vancouver, édit.], 6 vol., Londres, 1801). Une traduction fut publiée en français (3 vol. et un atlas, Paris, [1799–1800]), une en danois (2 vol., Copenhague, 1799–1802) et une autre en russe (6 vol., Saint-Pétersbourg [Leningrad], 1827–1838). Une version abrégée parut en allemand (2 vol., Berlin, 1799–1800), puis en suédois (2 vol., Stockholm, 1800–1801). Une édition abrégée du *Voyage* est également en cours de préparation pour le bénéfice de la Hakluyt Society. On trouvera une liste exhaustive des éditions antérieures dans *Navigations, traffiques & discoveries, 1774–1848 : a guide to publications relating to the area now British Columbia*, G. M. Strathern et M. H. Edwards, compil. (Victoria, 1970), 308–310. L'ouvrage de E. S. Meany, *Vancouver's discovery of Puget Sound : portraits and biographies of the men honored in the naming of geographic features of northwestern America* (New York et Londres, 1907 ; réimpr., 1915 ; Portland, Oreg., 1942 ; réimpr., 1949), reproduit une partie du *Voyage* pour la période d'avril à octobre 1792. [George Vancouver], *Vancouver in California, 1792–1794 : the original account*, M. [K.] E. Wilbur, édit. (3 vol., Los Angeles, 1953–1954), reproduit les sections relatives à 1792, 1793 et 1794 qui décrivent les visites en Californie.

Bern Anderson, *Surveyor of the sea : the life and voyages of Captain George Vancouver* (Seattle, Wash., 1960 ; réimpr., Toronto, 1966). — G. H. Anderson, *Vancouver and his great voyage : the story of a Norfolk sailor, Captain Geo. Vancouver, R.N., 1757–1798* (King's Lynn, Angl., 1923). — G. [S.] Godwin, *Vancouver ; a life, 1757–1798* (Londres, 1930 ; réimpr., New York, 1931). — J. S. et Carrie Marshall, *Vancouver's voyage* (2e éd., Vancouver, 1967). — C. F. Newcombe, *The first circumnavigation of Vancouver Island* (Victoria, 1914). — H. R. Wagner, *The cartography of the northwest coast of America to the year 1800* (2 vol., Berkeley, Calif., 1937) ; *Spanish explorations in the Strait of Juan de Fuca* (Santa Ana, Calif., 1933). — Glyndwr Williams, *The British search for the northwest passage in the eighteenth century* (Londres et Toronto, 1962). — Adrien Mansvelt, Vancouver : a lost branch of the Van Coeverden family, *British Columbia Hist. News* (Vancouver), 6 (1972–1973), no 2 : 20–23, et ses articles : « The original Vancouver in old Holland » (p.37), et « Solving the Captain Vancouver mystery », *Vancouver Sun*, 1er sept. 1973, 36. [W. K. L.]

VAR. V. SAINT-AUBIN

VARIN, dit La Pistole, JACQUES (il signait **Jacques Varin**), orfèvre et joaillier, baptisé à l'église Notre-Dame de Montréal le 3 octobre 1736, fils de Louis-Joseph Varin, dit La Pistole, et de Marie-Renée Gautier ; il épousa à Montréal le 27 janvier 1777 Marie-Josette Périnault ; décédé dans la même ville le 25 janvier 1791.

Plusieurs auteurs ont prétendu à tort que Jacques Varin, dit La Pistole, était issu d'une famille d'orfèvres ; son grand-père, Nicolas, ses oncles, Jacques et Nicolas, et son père furent tous tonneliers. Ce dernier – à qui on a faussement attribué le poinçon d'orfèvre LV dans un cartouche – était déjà tonnelier lors de son mariage en 1731 et plusieurs documents confirment qu'il exerça ce métier toute sa vie. Cependant, la sœur de Jacques, Marie-Louise, épousa en 1755 un orfèvre, Jean Joram Chappuis, dit Comtois. Ce dernier travaillait à Montréal depuis déjà un certain temps puisqu'il avait assisté en 1748 au mariage d'Ignace-François DELEZENNE, en compagnie de Jacques Gadois*, dit Mauger. Jacques Varin a certainement appris son métier auprès de son beau-frère, car Gadois était mort en 1750 et Delezenne avait déménagé à Québec en 1752. D'autre part, il est peu plausible que Varin ait appris son métier auprès des autres orfèvres montréalais réunis autour de Roland Paradis*, ses apprentis

Jean-Baptiste Legu, dit La Noue, et Jean-Baptiste Plante ou auprès du cousin de Paradis, Charles-François Delique, venu de France vers 1753. Comme l'apprentissage se terminait habituellement vers l'âge de 20 ou 21 ans, on peut supposer que Varin établit sa propre boutique vers 1756–1757.

Demeurant rue Saint-Paul en 1762, « jacque varin Mar Chan orffeuvre » achète un emplacement faubourg Saint-Joseph. En 1763, il loue pour un an, « pour lui et ses gens », une maison sise rue Capitale au prix de 250*#*. Trois indices confirment par la suite l'augmentation de sa fortune, de sa clientèle et de sa réputation : il devient propriétaire d'une maison rue Saint-Sacrement, où il habite en permanence ; il engage pour cinq ans, en mars 1769, Eustache Larivée comme apprenti orfèvre et joaillier et, clause exceptionnelle, le père du jeune homme, Charles Larivée, négociant de Montréal, doit verser 250*#* ou « shillings monnoyes de Cette province ». A l'expiration du contrat, Eustache Larivée ouvrira une boutique d'orfèvre rue Notre-Dame et engagera à son tour un apprenti, Jean Choisser. Puisque Varin exerçait le métier de joaillier, comme l'indique le contrat d'apprentissage avec Larivée, on peut être assuré qu'il s'intéressa au commerce lucratif des bijoux et colifichets pour la traite. Ceci peut expliquer le fait que l'on ne conserve qu'une vingtaine d'œuvres religieuses et domestiques portant son poinçon (une couronne, IV, un cœur [?]).

La domination anglaise amena à Montréal plusieurs orfèvres étrangers, dont Robert Cruickshank*. Curieusement, la soupière des sulpiciens, façonnée vers 1775 et conservée au musée de l'église Notre-Dame de Montréal, porte les poinçons de Varin et de Cruickshank. L'élégance sobre de ses proportions et la qualité de ses ciselures, caractéristiques de l'œuvre de Cruickshank, peuvent nous laisser croire que celui-ci a travaillé en association avec Varin. Cruickshank, probablement originaire d'Écosse, aurait pu apporter de Grande-Bretagne et transmettre à Varin le goût des antiquités grecques et romaines incarné dans la soupière par des têtes prophylactiques aux anses et des pieds anthropomorphes. (Les têtes prophylactiques étaient des effigies de divinités gréco-romaines dont le rôle consistait, sur les vases anciens, à surveiller les anses afin qu'elles ne se brisent pas et que le contenu chaud de la soupière ne brûle pas le porteur.) Par son paganisme et par l'habileté technique dont elle fait preuve, cette œuvre de fortes dimensions est l'une des plus importantes réalisations somptuaires d'orfèvrerie québécoise au XVIIIe siècle.

On relève dans les livres de comptes de fabriques plusieurs mentions de paiements faits à Varin durant les dernières années de sa vie. Il est dommage que l'on n'ait pas conservé l'instrument de paix (plaquette de métal ornée que l'on faisait baiser aux fidèles) de l'église Saint-Charles-de-Lachenaie pour lequel lui furent versées, en 1787, 66*#* pour le matériau et 28*#* pour la façon.

ROBERT DEROME

Les œuvres de Jacques Varin, dit La Pistole, sont conservées à Toronto, dans la collection Henry Birks, à Montréal, chez les Dames de la Congrégation de Notre-Dame, à l'Hôtel-Dieu et à l'église Notre-Dame, ainsi qu'à Québec, au Musée du Québec, et aux États-Unis, au Detroit Institute of Arts. [R. D.]

ANQ-M, État civil, Catholiques, La Nativité-de-la-Très-Sainte-Vierge (Laprairie), 31 mars 1723 ; Notre-Dame de Montréal, 30 avril 1731, 22 févr. 1735, 3 oct. 1736, 22 janv. 1738, 13 mars 1739, 2 oct., 11 déc. 1740, 3, 5 mars 1743, 8 janv. 1748, 30 juin 1755, 5 juin 1758, 24 avril 1760, 9 nov. 1772, 8 févr. 1773, 27 janv. 1777, 29 janv. 1791 ; Saint-Antoine (Longueuil), 16 juill. 1731 ; Greffe d'Antoine Adhémar, 20 mars 1709 ; Greffe de Guillaume Barette, 21 juill. 1720, 14 nov. 1722, 30 mars (acte non retrouvé), 26 juin 1723, 7 janv., 7 juin 1724, 25 juin 1731, 18 mai 1732, 24 mars 1733 ; Greffe de René Chorel de Saint-Romain, 15 juill. 1731 ; Greffe d'Antoine Foucher, 26 janv. 1777 ; Greffe de N.-A. Guillet de Chaumont, 9 juill. 1730, 29 avril 1731, 2 janv., 24 juill. 1733, 20 mars 1734 ; Greffe de Gervais Hodiesne, 24 juill. 1760, 31 mai 1763 ; Greffe de M.-L. Lepailleur, 28 févr. 1720 ; Greffe de J.-C. Raimbault, 9 avril 1731 ; Greffe de François Simonnet, 12 juin 1745, 31 juill. 1747, 29 janv. 1765, 2 mars 1769, 1er oct. 1774 ; Greffe d'André Souste, 10 sept. 1762, 27 juill. 1763. — ANQ-Q, Greffe de J.-C. Panet, 4 déc. 1755. — État général des billets d'ordonnances [...], ANQ *Rapport*, 1924–1925, 251. — Recensement de Montréal, 1741 (Massicotte), 52s. — *Les arts au Canada français* ([Vancouver], 1959), 73. — Derome, *Les orfèvres de N.-F.* — Tanguay, *Dictionnaire*. — J. Trudel, *L'orfèvrerie en N.-F.* — Robert Derome, Delezenne, les orfèvres, l'orfèvrerie, 1740–1790 (thèse de M.A., université de Montréal, 1974). — Langdon, *Canadian silversmiths*. — Traquair, *Old silver of Que.* — Gérard Morisset, L'instrument de paix, SRC *Mémoires*, 3e sér., XXXIX (1945), sect. I : 145.

VARIN DE LA MARRE, JEAN-VICTOR, commissaire et contrôleur de la Marine, subdélégué de l'intendant, conseiller au Conseil supérieur de Québec, né le 14 août 1699 à Niort, France, fils de Jean Varin de La Sablonnière, officier d'infanterie, décédé probablement à Malesherbes, France, entre 1780 et 1786.

Élève écrivain de la Marine à Rochefort, France, en 1721, puis écrivain ordinaire l'année suivante, Jean-Victor Varin de La Marre fut nommé le 22 mai 1729 écrivain principal assumant de plus les fonctions de contrôleur de la Marine au Canada, en remplacement de Jean-Eustache Lanoullier* de Boisclerc que le roi venait de relever. Parti de La Rochelle le 28 juin 1729 à bord du vaisseau du roi, *l'Éléphant*, en compagnie de son supérieur immédiat, le commissaire ordonnateur HOCQUART, il arriva à Québec au milieu de septembre après un naufrage près de l'île aux Grues à une trentaine de milles en aval de Québec.

A titre de contrôleur puis de commissaire, Varin de La Marre veilla à mettre de l'ordre dans les finances de la colonie. Son travail fut à ce point remarquable au cours des dix années suivantes que Hocquart en fit des éloges presque tous les ans. De plus, Varin veillait personnellement sur ses intérêts ; il sollicita constamment le ministre, demandant une rémunération additionnelle ou un rang plus élevé. Le 18 février 1733, il recevait des lettres de provision pour la charge de conseiller au Conseil supérieur de Québec où il siégea pour la première fois le 18 juillet, cumulant cette fonction avec ses autres emplois jusqu'en 1749. Le 13 avril 1734, il passait du grade d'écrivain principal à celui de commissaire contrôleur de la Marine à Québec avec un traitement annuel de 1 800#. Entre-temps, en présence des principaux représentants de la haute société du Canada de l'époque, Jean-Victor Varin de La Marre avait épousé à Québec, le 19 octobre 1733, Charlotte, fille de Louis Liénard* de Beaujeu, noble de vieille souche. Elle lui apportait une dot de 6 000# qui vint s'ajouter aux 12 000# qu'il possédait déjà.

A l'été de 1736, Varin fut envoyé à Montréal pour exercer les fonctions de subdélégué de l'intendant laissées vacantes lorsque Honoré Michel* de Villebois de La Rouvillière vint à Québec assurer l'intérim durant l'absence de Hocquart. En 1738, invoquant d'urgentes affaires personnelles à régler, Varin obtint du ministre l'autorisation de passer en France, mais Hocquart ne consentit à le laisser partir qu'à l'automne de 1740 car Varin était un fonctionnaire précieux. En plus de ses responsabilités habituelles, il contrôlait l'émission de la monnaie de cartes et avait la surveillance des forges du Saint-Maurice et de la construction navale du roi, charges pour lesquelles il produisit des rapports appréciés de ses supérieurs. Il revint au pays en avril 1741 avec une gratification extraordinaire de 1 200# obtenue du ministre Maurepas qui, deux ans plus tard, lui accordait la « haute paye », soit 2 400#, le salaire le plus élevé que pouvait toucher un fonctionnaire subalterne au Canada. Enfin, à la suite de la nomination de Michel de Villebois au poste de commissaire général et ordonnateur en Louisiane, le 1er janvier 1747, Maurepas, après avoir consulté l'intendant Hocquart, promut Varin à l'emploi de commissaire de la Marine et subdélégué de l'intendant à Montréal. Varin assuma ses fonctions dès l'automne de 1747. Il revint à Québec à l'été de 1749 pour remplacer l'intendant BIGOT pendant son séjour à l'île Royale (île du Cap-Breton). Au début de septembre 1749, Varin de La Marre se fixa définitivement à Montréal où il exerçait ses larges pouvoirs.

Pour un noble ambitieux comme Varin, qui aimait l'argent autant que les honneurs, l'occasion était trop belle pour ne pas procéder à des transactions commerciales où ses intérêts privés étaient nettement en conflit, et de façon abusive, avec les intérêts de l'État. En 1748, il avait formé une société de commerce avec Jean-Baptiste-Grégoire Martel de Saint-Antoine, garde-magasin du roi à Montréal, et Jacques-Joseph LEMOINE Despins, son commis. Cette société vendait au détail aux habitants et avait des intérêts dans les postes des pays d'en haut. De plus, Varin vendait personnellement au roi des marchandises qu'il achetait des négociants Guillaume ESTÈBE, Jean-André LAMALETIE et Antoine PASCAUD. Mais comme il ne pouvait en même temps acheter, vendre la fourniture et en déterminer le prix, il se dédoubla, et Lemoine Despins lui servit de prête-nom. Également, il avoua avoir, de 1752 à 1757, majoré d'un quart le prix des fournitures pour les magasins du roi. Enfin, entre 1755 et 1757, il s'associa avec Jacques-Michel BRÉARD, Michel-Jean-Hugues PÉAN et Bigot avec lesquels il commit d'autres malversations. Pressentant qu'on ne tarderait pas à découvrir toute la trame de ses opérations malhonnêtes, Varin chercha à s'éloigner de la colonie. Le 15 octobre 1754, il demandait au ministre de la Marine, Jean-Baptiste Machault d'Arnouville, de le placer soit au Cap-Français (Cap-Haïtien, République d'Haïti), soit en Louisiane. Machault ne semble pas avoir donné suite à sa requête puisque deux ans plus tard, le 15 octobre 1756, Varin revenait à la charge et demandait cette fois la permission de passer en France pour y rétablir sa santé. C'est à contrecœur que le ministre lui accorda son congé, le 1er avril 1757, tout en espérant qu'il ne s'en prévaudrait que si le bien de sa santé l'exigeait « indispensablement ». Varin de La Marre rentra en France à l'automne de 1757. Dès le printemps suivant, son état de santé ne s'étant pas amélioré, il prit sa retraite.

Durant ses 28 années de service au Canada, Varin de La Marre avait réussi à accumuler un capital estimé, selon l'auteur du « Mémoire du Canada », à 4 000 000# et, selon un inventaire dressé en France en 1763, à 1 320 000#. Accusé d'avoir « pendant une partie du temps qu'il a fait les fonctions de commissaire ordonnateur à Montréal, toléré, favorisé et commis des abus, malversations, prévarications et infidélités quant à l'approvisionnement des magasins du roi en marchandises », Varin fut arrêté, en rapport avec l'Affaire du Canada, et emprisonné à la Bastille au cours du mois de décembre 1761. Traduit devant le Châtelet, son instruction dura 15 mois. Le 10 décembre 1763, il était reconnu coupable des accusations portées contre lui et condamné au bannissement à perpétuité du royaume de France, à une amende de 1 000# et à la restitution au roi de 800 000#.

Après environ sept ans d'exil, Varin obtint du roi Louis XV, le 9 septembre 1770, la permission de s'établir en Corse, grâce à l'intervention d'un ami de la famille, le duc de Noailles. Finalement, en mars 1780, Louis XVI lui permit de rentrer en France et de s'établir à Malesherbes près de son fils Jean-Baptiste-François-Marie, dragon dans les troupes royales. C'est là que probablement il mourut quelque temps avant sa femme qui décédait à Sens, le 23 mai 1786.

Jean-Victor Varin de La Marre est le type du fonctionnaire ambitieux qui sut, par ses talents et ses alliances, accéder aux plus hauts emplois dans le service du roi au Canada mais dont la cupidité entraîna la perte.

ANDRÉ LACHANCE

AD, Deux-Sèvres (Niort), État civil, Notre-Dame de Niort, 14 août 1699. — AN, Col., B, 53, ff.153, 556 ; 58, ff.425, 431 ; 61, ff.515, 536 ; 63, ff.471, 494 ; 64, f.421 ; 66, ff.7, 31 ; 68, ff.29, 51 ; 71, ff.35, 42 ; 72, f.33 ; 74, ff.18, 89 ; 76, f.61 ; 78, ff.56, 62 ; 81, f.57 ; 83, ff.3, 20 ; 85, f.25 ; 87, f.2 ; 89, ff.58, 75 ; 91, ff.32, 59 ; 95, f.10 ; 99, ff.27, 33 ; 105, f.12 ; 106, f.147 ; 107, f.7 ; 108, f.127 ; 120, ff.6, 30, 67, 84, 158 ; 125, f.210 ; 127, ff.266, 291 ; 137, ff.153, 165 ; 172, f.60 ; C11A, 51, f.387 ; 70, f.96 ; 71, f.134 ; 73, ff.143, 417 ; 74, f.192 ; 77, f.332 ; 78, f.57 ; 80, ff.298, 304, 307, 310, 314 ; 81, f.398 ; 82, f.282 ; 87, f.159 ; 88, f.29 ; 89, ff.184–187 ; 92, ff.292–296 ; 93, f.299 ; 97, ff.219, 221 ; 98, f.158 ; 99, ff.493, 495 ; 100, f.143 ; 101, f.287 ; 103, ff.23, 256 ; E, 383 (dossier Varin de La Marre) ; F3, 10, ff.268, 369 ; 14, ff.171, 213, 215, 223, 257 ; 16, ff.257–258 ; Marine, C7, 337 (dossier Varin de La Marre). — ANQ-Q, État civil, Catholiques, Notre-Dame de Québec, 19 oct. 1733 ; Greffe de Jacques Barbel, 17 oct. 1733. — *Doc. relatifs à la monnaie sous le Régime français* (Shortt), II : 600s. — Mémoire du Canada, ANQ *Rapport*, 1924–1925, 197. — P.-G. Roy, *Inv. jug. et délib., 1717–1760*, VI : 271s. — Tanguay, *Dictionnaire*, VII : 428. — Frégault, *François Bigot*. — Cameron Nish, *Les bourgeois-gentilshommes de la Nouvelle-France, 1729–1748* (Montréal et Paris, 1968), 132, 135, 138s. — P.-G. Roy, *Bigot et sa bande*, 40s.

VASSEUR. V. LEVASSEUR

VAUDREUIL, FRANÇOIS-PIERRE DE RIGAUD DE. V. RIGAUD

VAUDREUIL, PIERRE DE RIGAUD DE VAUDREUIL DE CAVAGNIAL, marquis de. V. RIGAUD

VAUQUELIN, JEAN, officier de marine, né à Dieppe, France, en février 1728, décédé à Rochefort, France, le 10 novembre 1772.

Les débuts de la carrière de Jean Vauquelin demeurent obscurs. Fils d'un capitaine dans la marine marchande, il commença à naviguer très jeune avec son père et servit en qualité d'officier sur une frégate armée en course pendant la guerre de la Succession d'Autriche. Devenu à son tour capitaine dans la marine marchande vers 1750, il effectua 21 campagnes avant d'être recruté, au début de la guerre de Sept Ans, par le commandant de la marine au Havre pour servir comme officier bleu. C'est ainsi que l'on désignait dans la marine royale les officiers marchands ou les officiers mariniers qui servaient volontairement, à titre temporaire et sans brevet, en qualité d'officiers subalternes sur les bâtiments du roi. Vauquelin reçut, le 26 avril 1757, le commandement de la frégate *Tourterelle* et put entrer dans la marine royale, en février 1758, comme lieutenant de frégate. Il se vit aussitôt confier le commandement de la *Pèlerine*, une frégate de 30 canons récemment achetée par le roi à un armateur du Havre et rebaptisée *Aréthuse*. Envoyé à l'île Royale (île du Cap-Breton), Vauquelin réussit à entrer dans le port de Louisbourg, le 9 juin, malgré le blocus d'Edward Boscawen*, et prit une part très active à la défense de la place. L'*Aréthuse*, embossée près de l'anse du Barachois, gêna considérablement les opérations de débarquement des Anglais en les prenant à revers et en les tenant sous son feu ; son tir précis provoqua chez eux des pertes considérables et retarda de manière notable l'avancement des travaux du siège. Au début du mois de juillet, Vauquelin obtint du gouverneur Augustin de Boschenry* de Drucour l'autorisation de passer en France pour y porter des dépêches et informer le ministre de la Marine du triste état de la place. Il appareilla dans la nuit du 14 au 15 juillet, força une seconde fois le blocus anglais et parvint sans encombre en Europe après une traversée très rapide, puisque l'*Aréthuse* mouilla à Santander, en Espagne, le 2 août. Cette brillante campagne valut à Vauquelin une lettre de félicitations du ministre, qui écrivit le 15 août : « les témoignages qui m'ont été rendus de votre conduite à Louisbourg pendant le temps que vous y êtes resté vous sont entièrement favorables et je ne puis qu'être content de la célérité de votre navigation pour votre retour, surtout dans l'état où est la frégate ».

Vauquelin vint au Canada l'année suivante à bord de la frégate *Atalante* dont il avait reçu le commandement. Nommé capitaine de brûlot pour la campagne, il quitta Rochefort le 13 mars 1759 et, dès son arrivée dans la colonie, fut chargé par le gouverneur Vaudreuil [RIGAUD] de l'inspection des batteries dans le secteur de Québec ainsi que de tout ce qui concernait la marine. Vauquelin s'acquitta de sa mission avec l'activité qui lui était naturelle et LÉVIS fit « les plus grands éloges de la bravoure et de l'intelligence de cet officier ». Il est néanmoins certain que les forces navales furent mal utilisées au cours du siège de Québec. On eut bien l'idée de lancer des brûlots sur la flotte anglaise, mais l'opérationne fut pas confiée à des marins, de sorte qu'elle échoua lamentablement. La flotte anglaise sous la direction de Charles SAUNDERS put s'assurer sans peine la maîtrise du fleuve, donc la liberté de manœuvre. On envisagea, à la fin du mois d'août, d'attaquer les bâtiments anglais mouillés en amont de Québec mais il aurait fallu rappeler pour cela les matelots qui servaient sur les batteries ; on renonça donc à ce projet.

Au printemps de 1760, Vauquelin constitua, avec l'*Atalante*, la *Pomone*, la *Pie*, une flûte, et quelques unités légères, une petite division qui partit de Sorel vers Québec, le 20 avril, pour suivre l'armée de Lévis et la ravitailler. Il atteignit l'anse au Foulon le 28 avril, le jour même de la bataille de Sainte-Foy qui assura une victoire aux Français. Lévis continua le siège de la ville mais, le 9 mai, une frégate anglaise arriva devant Québec, bientôt rejointe par une autre frégate et un vaisseau [V. Robert Swanton*]. Pris en chasse, le 16 mai, par le *Lowestoft* et le *Diana*, Vauquelin les attira vers Cap-Rouge pour sauver les dépôts de l'armée et dut ensuite s'échouer à Pointe-aux-Trembles (Neuville). Il épuisa ses munitions, puis fit évacuer son équipage après avoir, sous le feu incessant de l'ennemi, cloué son pavillon au mât et jeté son épée dans le fleuve. Blessé, il fut fait prisonnier avec les trois officiers, l'écrivain, l'aumônier et les six matelots restés à bord. Le lendemain, les Anglais incendièrent l'*Atalante*, réduite à l'état d'épave. Vauquelin avait, semble-t-il, fortement impressionné ses ennemis par sa bravoure. Il fut rapidement libéré et put rentrer en France.

Grâce à ses états de service, Vauquelin obtint le grade de capitaine de brûlot le 5 novembre 1761 et celui de lieutenant de vaisseau le 1er octobre 1764. Cette année-là, il commanda la flûte *Bricole* et, l'année suivante, la *Coulisse* avec laquelle il effectua une mission de transport vers la Guyane où Choiseul, ministre de la Marine et des Colonies, s'efforçait de créer un établissement destiné à compenser la perte du Canada. Nommé ensuite commandant de la flûte *Garonne*, Vauquelin quitta Lorient, France, en avril 1767, pour une longue campagne dans l'océan Indien où son navire assura les missions d'un stationnaire, aux ordres du gouverneur général de l'île de France (île Maurice). En août 1768, il fut chargé de transporter Louis-Laurent de Féderbe, comte de Maudave, qui allait tenter de créer une colonie française à Madagascar. Vauquelin fit ensuite avec la *Garonne* des voyages de traite de Noirs et de bétail entre l'île de France, le Mozambique et Madagascar, qui donnèrent lieu à des conflits avec Pierre Poivre, intendant de l'île Bourbon (île de la Réunion) et de l'île de France. On l'accusa de commerce illicite et, à son retour en France en décembre 1769, un ordre du roi prescrivit son internement pour trois mois au château du Taureau, dans la baie de Morlaix ; comme sa santé ne pouvait supporter ce séjour, il fut transféré à Nantes, puis libéré le 1er mai 1770. Les soupçons portés contre lui se révélèrent sans doute peu fondés puisqu'il reçut, le 10 août 1772, le commandement du *Faune*, envoyé dans l'océan Indien. Sa santé était cependant gravement altérée. Il tomba malade et mourut à Rochefort trois mois plus tard. Certains ont prétendu qu'il avait été assassiné, mais il faudrait ajouter cette affirmation au lot d'inexactitudes qui ont été écrites sur Vauquelin.

La vie de Jean Vauquelin illustre bien la carrière d'un officier qui, d'origine roturière, est entré dans la marine royale non par les gardes-marine mais par des voies latérales et qui a réussi, grâce à ses talents, à se tailler une place honorable.

ÉTIENNE TAILLEMITE

AN, Col., B, 127, f.21 ; C4, 20 ; C11A, 104, ff.193, 270 ; F3, 50, ff.529–530 ; Marine, B3, 359, f.51 ; 533, f.124 ; 543, ff.94–96 ; B4, 80, f.284 ; 98, f.21 ; C1, 174, p.1 656 ; 180, p.228 ; C7, 341 (dossier Vauquelin). — *Coll. des manuscrits de Lévis* (Casgrain), I : 277 ; II : 305 ; III : 168 ; IV : 163, 183 ; VII : 540 ; VIII : 140, 152, 159, 171, 174, 177, 179s., 190, 195, 198 ; IX : 52, 57, 89 ; X : 224 ; XI : 263–271. — Knox, *Hist. journal* (Doughty), *passim*. — Le Jeune, *Dictionnaire*. — Jacques Aman, *Les officiers bleus dans la marine française au XVIIIe s.* (Paris, 1976), 124–126. — Gabriel Gravier, *Notice sur Vauquelain de Dieppe, lieutenant de vaisseau (1727–1764), d'après M. Faucher de Saint-Maurice* (Rouen, France, 1885). — Lacour-Gayet, *La marine militaire sous Louis XV*. — McLennan, *Louisbourg*, 278, 302. — Stanley, *New France*, 172, 244, 250. — N.-H.-É. Faucher de Saint-Maurice, Un des oubliés de notre histoire, le capitaine de vaisseau Vauquelain, SRC *Mémoires*, 1re sér., III (1885), sect. I : 35–47. — Ægidius Fauteux, Jean Vauquelin, SRC *Mémoires*, 3e sér., XXIV (1930), sect. I : 1–30.

VEAUX. V. Devau

VERGOR, LOUIS DU PONT DUCHAMBON DE. V. Du Pont

VEYSSIÈRE, LEGER-JEAN-BAPTISTE-NOËL (baptisé **Leger** et connu en religion sous le nom de père **Emmanuel**), prêtre, récollet, et, par la suite, ministre de l'Église d'Angleterre, né le 23 décembre 1728 à Tulle, en France, fils d'Étienne Veyssières et de Françoise Fraysse ; il épousa le 17 avril 1770 Elizabeth Lawrear (Chase ; Brookes) et, en 1790, la veuve Christiana Gotson (Godson) ; décédé à Trois-Rivières, Bas-Canada, le 26 mai 1800.

Après avoir terminé ses études théologiques en France, à Cahors, en 1750, Leger-Jean-Baptiste-Noël Veyssière arrivait à Québec le 15 août de la même année. Il étudia encore la théologie pendant deux ans au séminaire de Québec, avant d'aller exercer les fonctions de sous-économe du séminaire de Saint-Sulpice, à Montréal, où il enseigna aussi les humanités pendant deux ans. Après avoir passé 14 mois comme missionnaire auprès des Iroquois de La Galette (près d'Ogdensburg, New York), il entra, en 1756, chez les récollets, à Québec, y prenant le nom de père Emmanuel. Le 27 décembre 1758, il était ordonné prêtre, le dernier à l'être des mains de Mgr de Pontbriand [Dubreil*]. En 1760, le grand vicaire Briand le nommait confesseur et prédicateur à Québec, où, en juillet 1761, il prenait acte de l'abjuration du huguenot Antoine-Libéral Dumas*. L'année suivante, Briand l'envoyait desservir Saint-Michel de La Durantaye (Saint-Michel-de-Bellechasse) et, en février 1765, il lui confiait en outre la paroisse de Beaumont ; en janvier 1766, il le transférait à Saint-Nicolas.

En octobre 1762, Veyssière avait provoqué la colère de Briand en se plaignant au gouverneur Murray de ce que le grand vicaire réservait aux récollets toutes les paroisses aux plus faibles revenus. Quatre ans plus tard, il scandalisa l'Église catholique en passant au protestantisme. *La Gazette de Québec* affirma qu'il s'était converti, apparemment, « par des motifs de conscience ». L'espoir de Veyssière de devenir ministre à Québec fut contrarié, cependant, par le révérend John Brooke, aumônier de l'endroit, qui refusa de recevoir son abjuration. Brooke agissait ainsi sous les pressions du lieutenant-gouverneur Guy Carleton*, qui craignait de provoquer davantage l'Église catholique. Veyssière, néanmoins, reçut l'appui du procureur général huguenot Francis Maseres*, qui s'opposait à la ligne de conduite adoptée par Carleton relativement à la question religieuse. Maseres espérait que, si l'ancien récollet, qu'il dépeignait comme ayant « un peu de simple bon sens » et « une connaissance acceptable des questions disputées entre papistes et protestants », recevait un bon traitement, beaucoup d'autres prêtres pourraient suivre son exemple, ce qui marquerait le début d'un mouvement de conversion.

Rebuté à Québec, Veyssière partit pour Londres en octobre 1767, muni de lettres de recommandation de Maseres, d'habitants francophones et anglophones de Québec, et de 36 catholiques des paroisses qu'il avait desservies. Maseres attendait de Veyssière qu'il donnât au gouvernement britannique un « compte rendu exact et fidèle de l'état de la religion dans la province » et, en particulier, qu'il mît l'accent sur l'erreur faite en permettant aux Canadiens d'avoir un évêque, en la personne de Mgr Briand. Veyssière arriva à Londres au moment précis où l'Église d'Angleterre cherchait des ministres francophones pour Trois-Rivières et Québec, David Chabrand Delisle ayant déjà été nommé à Montréal. Veyssière chercha à obtenir sa nomination à Québec, mais on lui préféra David-François De Montmollin* ; on lui confia plutôt le ministère de Trois-Rivières, au salaire de £200 par année. Il était de retour au Canada à l'été de 1768, et Carleton protesta fortement contre sa nomination, vu « sa légèreté et sa conduite déraisonnable, tant avant qu'il eût renoncé aux erreurs de l'Église romaine qu'après son abjuration ». Craignant que les trois nouveaux ministres ne causassent des problèmes, Carleton rédigea leurs commissions de manière à leur « laisser le pouvoir de faire tout le bien qu'ils pourraient, ou qu'ils choisiraient de faire, sans les autoriser pour autant à faire le mal ».

En septembre 1768, à Trois-Rivières, Veyssière commença son ministère dans l'ancienne chapelle des récollets, au sein d'une congrégation largement composée de soldats jusqu'après la Révolution américaine. Tout le temps qu'il y fut ministre, sa paroisse, d'une grande étendue, compta un nombre relativement constant de protestants – de 150 à 200, environ – la plupart probablement dissidents, mais tous décidément indifférents.

En janvier 1775, Henry Caldwell*, qui allait être nommé au Conseil législatif de Québec l'année suivante, écrivait à lord Shelburne, un membre éminent de la chambre des Lords, que la religion protestante « s'en allait résolument à la mendicité dans ce pays », parce que la Society for the Propagation of the Gospel y avait envoyé les trois ministres francophones « qui, chaque dimanche, massacrent la pauvre liturgie anglaise de la manière la plus barbare ». Caldwell méprisait particulièrement l'ancien récollet, qu'il accusait de s'être converti uniquement pour éviter de faire pénitence pour « ses débauches notoires ». Quoi qu'il en soit, ce n'étaient pas les vieux habitants anglais, comme Caldwell, généralement bilingues, qui se plaignaient le plus effectivement, mais les Loyalistes unilingues qui envahissaient la colonie. Christian David CLAUS donna le coup d'envoi avec l'appui du révérend John Doty*. En 1785, un rapport adressé au gouvernement donnait l'avertissement que l'Église d'Angleterre pourrait bientôt être extirpée de la colonie, « par la fourberie et la persévérance des émissaires [ministres dissidents] de la Nouvelle-Angleterre, qui s'insinuent maintenant dans la province et empoisonnent les esprits des habitants sans défiance » ; à cause de leur désir d'obtenir des services religieux en langue anglaise, ces gens étaient ainsi instruits des principes des dissidents. En février 1786, Evan Nepean, commissaire du petit sceau, recevait un mémoire qui qualifiait de honteuse la situation de l'Église d'Angleterre, à Trois-Rivières, où « le ministre [...] est de cette sorte de personne qui serait une disgrâce pour la moins honorable des professions ».

Ces plaintes vinrent à la connaissance de Charles Inglis*, qui avait été nommé évêque de la Nouvelle-Écosse en 1787, avec juridiction sur toute l'Amérique du Nord britannique, et lui-même loyaliste. En juin 1789, Inglis, déjà déterminé à remplacer les ministres francophones, arriva à Québec pour entreprendre une visite pastorale. Le 26 juin, il trouva l'église de Trois-Rivières en ruines, le culte étant célébré dans la maison du ministre. « Mr. Veyssière, nota-t-il, est une pauvre petite créature – il ne mesure pas plus de 4 pieds 10 pouces », incapable de parler un anglais cohérent et bon seulement à avilir l'Église d'Angleterre. Il n'est pas surprenant, se plaignit-il, qu'avec des hommes comme Veyssière les conversions au catholicisme soient, dans la colonie, 20 fois plus nombreuses que les conversions au protestantisme. En août, il tenta en vain de convaincre Veyssière d'accepter un remplaçant anglais, qui lui eût enlevé la moitié de son salaire.

Veyssière se cramponna à son poste, isolé de sa congrégation et de l'Église d'Angleterre, jusqu'en 1794. Pendant une visite pastorale de Jacob Mountain*, évêque récemment nommé de Québec, Veyssière rapporta que le peuple ne donnait d'argent ni aux pauvres, ni à l'église, ni au ministre et que la cène avait été célébrée trois fois par année, « en présence parfois de trois ou quatre personnes, et souvent d'aucune ». De plus, les cours de catéchisme étaient annoncés, mais aucun enfant n'y venait jamais. Même si, dix ans plus tard, John Lambert*, auteur d'un récit de voyage, devait considérer l'indifférence des protestants de Trois-Rivières comme congénitale, l'évêque en jeta le blâme sur Veyssière, qu'il accusa d'« avoir allié à une incapacité complète de parler pour être compris, la débilité mentale et une conduite notoirement irrégulière ». Mountain nomma son frère, Jehosaphat*, comme assistant de Veyssière, qu'il releva de toutes ses responsabilités, tout en lui laissant le titre de *rector*, avec plein salaire.

Depuis 1777, Veyssière vivait dans une maison de bois voisine de celle du marchand Aaron HART. Il possédait aussi une terre boisée dans la seigneurie du Cap-de-la-Madeleine, considérée comme presque sans valeur. Sa bibliothèque contenait quelque 180 volumes, religieux pour la plupart, et tous en langue française. Quand ils furent mis aux enchères, peu avant sa mort, parmi les principaux acquéreurs se trouvèrent William Grant* (1743–1810), les Hart – Aaron, Ezechiel* et Benjamin* – et plusieurs prêtres, dont François-Xavier Noiseux*, grand vicaire à Trois-Rivières. La taille et la composition de sa bibliothèque sembleraient réfuter les accusations d'imbécillité et d'irréligion portées contre Veyssière.

Insignifiant comme ministre, Veyssière, cependant, par l'isolement dans lequel il vécut, révèle le sort qu'eût probablement connu tout prêtre catholique qui se fût converti au protestantisme après la Conquête. Ce qu'il eut à endurer de la part des protestants et des catholiques, de l'Église d'Angleterre et de l'État, a peut-être empêché de semblables conversions, qui eussent pu affaiblir sérieusement la position de l'Église catholique dans une période critique pour elle. Plus certainement encore, l'expérience que fit l'Église d'Angleterre avec Veyssière, et à un moindre degré avec ses collègues Chabrand Delisle et De Montmollin, la détermina à abandonner l'attitude de prosélytisme adoptée après la Conquête. A partir des années 1790, elle allait concentrer son attention, avec l'aide d'un clergé britannique, sur les protestants britanniques de la colonie.

JAMES H. LAMBERT

AAQ, 12 A, C, 109 ; 20 A, I : 94 ; 42 CD, I : 25. — AD, Corrège (Tulle), État civil, Saint-Julien, 24 déc. 1728. — ANQ-MBF, État civil, Anglicans, Église protestante (Trois-Rivières), 28 mai 1800 ; Greffe de Joseph Badeaux, 30 janv., 18 févr. 1800. — APC, MG 23, A4, 14, p.27 ; 16, p.113 ; 18, p.335 ; C6, sér. IV, Journals, juin–août 1789 ; Letterbooks, 27 août 1789 ; GII, 1, sér. 1, 2, pp.139s. ; RG 4, A1, pp.6 217s., 7 194. — Archives des franciscains (Montréal), Dossier Emmanuel Veyssière. — BL, Add. MSS 21 877, f.253. — Lambeth Palace Library (Londres), Fulham papers, 1, ff.116–121, 138, 147, 163–165 ; 33, f.3a ; 38, f.58. — PRO, CO 42/28, ff.387s., 390, 398 ; 42/49, ff.13, 15, 57 ; 42/71, ff.296s. ; 42/72, ff.231s. — QDA, 45 (A-7), 1er juill. 1768 ; 70 (B-24), 1794 ; 72 (C-1), 26, 34 ; 73 (C-2), 136 ; 83 (D-2), 15 janv. 1783, 18 sept. 1788, 27 août 1789. — Trinity Cathedral Archives (Québec), Registre des mariages, 1768–1795, p.6. — USPG, C/CAN/Que., I, 9 oct. 1782 (copie aux APC). — Charles Inglis, *A charge delivered to the clergy of the province of Quebec, at the primary visitation holden in the city of Quebec, in the month of August 1789* (Halifax, 1790). — Inventaire des biens de feu Sr Pierre Du Calvet, J.-J. Lefebvre, édit., ANQ *Rapport*, 1945–1946, 373, 381. — John Lambert, *Travels through Lower Canada, and the United States of North America in the years 1806, 1807, and 1808* [...] (3 vol., Londres, 1810), I : 24s. — Maseres, *Maseres letters* (Wallace), 24s., 57, 75, 86 ; *Occasional essays on various subjects chiefly political and historical* [...] (Londres, 1809), 364–411. — *La Gazette de Québec*, 27 oct. 1766, 8 oct. 1767, 13 août 1789, 13 juin 1799. — Kelley, Church and states papers, ANQ *Rapport*, 1948–1949, 310, 312–315, 320, 329, 336 ; 1953–1955, 79, 93, 95, 102s., 106s., 111–113. — R.-P. Duclos, *Histoire du protestantisme français au Canada et aux États-Unis* (2 vol., Montréal, [1913]), I : 34s. — A.-H. Gosselin, *L'Église du Canada après la Conquête*, I : 17, 251. — A. E. E. Legge, *The Anglican Church in Three Rivers, Quebec, 1768–1956* ([Russell, Ontario], 1956), 24–26, 28–30, 36s. — J. S. Moir, *The Church in the British era, from the conquest to confederation* (Toronto, 1972), 40, 45, 59, 66. — M.-A. [Roy], *Saint-Michel de la Durantaye [notes et souvenirs] : 1678–1929* (Québec, 1929), 81s. — H. C. Stuart, *The Church of England in Canada, 1759–1793 ; from the conquest to the establishment of the see of Quebec* (Montréal, 1893), 26. — É.-Z. Massicotte, Les mariages mixtes, à Montréal, dans les temples protestants, au 18e siècle, *BRH*, XXI (1915) : 86. — J.-E. Roy, Les premiers pasteurs protestants au Canada, *BRH*, III (1897) : 2. — A. H. Young, Lord Dorchester and the Church of England, CHA *Report*, 1926, 60–65.

VÉZIN (Vésin, Vézain), PIERRE-FRANÇOIS OLIVIER DE. V. OLIVIER

VIENNE, FRANÇOIS-JOSEPH DE, écrivain au bureau de la Marine, garde-magasin, auteur probable d'un journal relatant le siège de Québec en 1759, né à Paris vers 1711, fils de Jean de Vienne et de Françoise Perdrigean ; il épousa à Québec, le 20 août 1748, Marie-Ursule-Antoinette Vaillant ; décédé en France vers 1775.

Les motifs qui ont amené François-Joseph de Vienne à immigrer en Nouvelle-France sont inconnus. Arrivé à Québec vers 1738, il est enrégimenté comme soldat dans les troupes de la Marine et n'obtient son congé qu'en 1744, alors qu'il est déjà employé comme écrivain au bureau de la Marine. Parallèlement à son travail dans l'administration, de Vienne se livre à certaines activités commerciales. C'est ainsi qu'avec Pierre Glemet il exploite, à compter de 1753, la concession de François Martel* de Brouague à la baie de Phélypeaux (baie de Brador). La pêche y occupe une cinquantaine d'hommes entre le 20 juin et le 10 juillet et produit de 400 à 500 barriques d'huile de loup marin ainsi que 4 000 à 5 000 peaux.

De Vienne semble destiné à une carrière sans grand avenir jusqu'à l'arrivée en Nouvelle-France de son cousin Bougainville*, en mai 1756. Pendant son séjour à Québec, ce dernier se retire chez de Vienne, se prend d'amitié pour son parent et décide de lui procurer l'avancement qu'il croit lui être dû. Quelques jours après le décès de Pierre Claverie*, en août 1756, l'intendant BIGOT nomme de Vienne à la charge importante et lucrative de garde-magasin à Québec. Bougainville se réjouit, mais il voudrait que la nomination vienne de la cour, rendant ainsi le poste permanent. Cependant ni ses recommandations à son frère Jean-Pierre et à sa protectrice, Mme Héraut de Séchelles, ni ses pressions auprès de l'intendant ne portent fruit. De Vienne occupe le poste par intérim jusqu'à la Conquête. L'auteur anonyme du « Mémoire du Canada » écrit que « l'intendant n'a jamais fait remplir les places que par interim, afin d'avoir tous les sujets à dévotion ». C'est le cas de François-Joseph de Vienne. Au moment de l'Affaire du Canada, près du tiers des accusés sont des gardes-magasins et il est bien possible que de Vienne ait été mêlé à quelques irrégularités. Il ne semble pas toutefois avoir été inquiété ; tout au plus son nom apparaît-il à trois reprises dans les notes du procureur général Moreau.

Après la chute de Québec, de Vienne reste encore cinq ans au Canada, ce qui lui permet de régler ses affaires. Il vend sans doute à ce moment-là ses deux maisons de la rue des Pauvres (côte du Palais). Le 8 septembre 1764, il vend à William Grant*, futur seigneur de Saint-Roch, l'arrière-fief de la Mistanguienne – aussi connu sous les noms de Grandpré et de Montplaisir – dépendant de la seigneurie de Notre-Dame-des-Anges, qu'il avait acquis de Guillaume ESTÈBE en 1757. Quelques jours plus tard, il cède à un neveu sa maison de la rue de la Fabrique. Avant son départ pour la France, en cet automne de 1764, il remet une procuration à Colomban-Sébastien PRESSART. Installé avec sa femme et ses enfants à Saint-Servan, faubourg de Saint-Malo, de Vienne entretient une correspondance avec le supérieur du séminaire de Québec.

En 1775, ses débiteurs finissent de le payer et Pressart lui envoie l'état de compte final qui reste apparemment sans réponse. On perd sa trace à partir de ce moment.

Pierre-Georges Roy* et Amédée-Edmond Gosselin* ont attribué à de Vienne le manuscrit anonyme intitulé « Journal du siège de Québec du 10 mai au 18 septembre 1759 ». Écrit dans un style alerte, ce journal est un témoignage remarquable sur les événements survenus durant ces quelques mois et une source précieuse de renseignements sur la vie des assiégés. C'est en se basant sur des allusions de l'auteur à ses activités et à sa famille et en comparant l'écriture de de Vienne à celle du manuscrit que ces historiens ont identifié le garde-magasin à l'auteur de cette relation. Toutefois cette hypothèse ne fait pas l'unanimité. Ægidius Fauteux* ne s'y est pas rallié, trouvant ces preuves insuffisantes et faisant remarquer que l'auteur anonyme blâme l'attitude du garde-magasin lors de la reddition de la ville.

François Rousseau

Bougainville, Journal (A.-E. Gosselin), ANQ *Rapport*, 1923–1924, 245. — *Inv. de pièces du Labrador* (P.-G. Roy), I : 246–250. — Journal du siège de Québec (Æ. Fauteux), ANQ *Rapport*, 1920–1921, 137–241. — Mémoire du Canada, ANQ *Rapport*, 1924–1925, 96–198. — Les « papiers » La Pause, ANQ *Rapport*, 1933–1934, 218. — Recensement de Québec, 1744, 30. — Tanguay, *Dictionnaire*, III : 411 ; VII : 402. — P.-G. Roy, *Inv. concessions*, I : 23s. ; *Inv. jug. et délib., 1717–1760*, V : 245 ; *Inv. ord. int.*, III : 187s. — Frégault, *François Bigot*. — P.-G. Roy, *Bigot et sa bande*, 271–278, 330. — François-Joseph de Vienne, *BRH*, LIV (1948) : 259–263. — A.[-E.] Gosselin, François-Joseph de Vienne et le journal du siège de Québec en 1759, ANQ *Rapport*, 1922–1923, 407–416.

VILLARS, FRANÇOIS SORBIER DE. V. Sorbier

VILLEFRANCHE, ANTOINE GRISÉ, dit V. Grisé

VILLEJOUIN (Villejoin, Villejoint), GABRIEL ROUSSEAU DE. V. Rousseau

VILLIERS, FRANÇOIS COULON DE. V. Coulon

VITRÉ, THÉODOSE-MATTHIEU DENYS DE. V. Denys

VOX. V. Devau

VUADENS. V. Waddens

W

WABAKININE (Wabacoming, Wabicanine, Waipykanine), chef et guerrier mississagué, décédé en août 1796, près d'York (Toronto).

Paradoxalement, l'événement le plus important de la vie de Wabakinine fut sa mort. L'histoire de sa fin violente et des conséquences qu'elle entraîna contribue à détruire la croyance traditionnelle en l'existence de relations généralement harmonieuses entre les Blancs et les Indiens, dans le Haut-Canada.

Wabakinine signa, avec d'autres, plusieurs des premières cessions de terres faites dans ce qui est présentement le sud de l'Ontario. Dans celle en date du 9 mai 1781, les Mississagués (nom que les colons blancs donnaient aux Sauteux de la rive nord du lac Ontario) confirmèrent la cession antérieure d'une bande de terre de quatre milles de large le long de la rive ouest du Niagara. Dans l'acte daté du 22 mai 1784, où le nom de Wabakinine apparaît en tête d'une liste de dix signataires mississagués, la couronne se voyait concéder des terres situées à l'extrémité occidentale du lac Ontario. Les Mississagués abandonnaient environ la moitié de leurs territoires de chasse, ne se réservant que « la terre des Mississagués » située entre la baie de Burlington et la rivière Credit. Wabakinine assista à une conférence, en décembre 1792, qui précisa les frontières établies selon la convention de 1784, et signa, le 24 octobre 1795, un document cédant à la couronne 3 500 acres additionnelles. Des centaines d'immigrants américains commencèrent à cultiver les terres cédées, transformant la vie des Mississagués en un cauchemar : les fermiers les menaçaient de tirer sur eux pour « violation » de territoire ; des vandales profanèrent leurs sépultures ; des maladies épidémiques, contre lesquelles la bande n'était point immunisée, firent tomber ses effectifs de plus de 500 à 350 environ, entre 1787 et 1798.

A la fin d'août 1796, Wabakinine, sa femme, sa sœur et quelques autres, partant de la rivière Credit, se rendirent à York pour y vendre du saumon. Avec l'argent de la vente, ils achetèrent des boissons enivrantes et se mirent à boire. Profitant de la situation, un soldat du nom de

Charles McCuen approcha la sœur du chef. Pour « l'inciter à lui accorder certaines faveurs », il lui offrit du rhum et un dollar ; ce soir-là, 20 août, il se rendit au campement des Indiens. La femme de Wabakinine le vit et éveilla son mari en lui disant que les Blancs allaient tuer sa sœur. Le chef, à moitié endormi et à moitié ivre, s'avança en trébuchant vers le soldat. Dans la bousculade qui suivit, McCuen le frappa durement à la tête avec une pierre, le laissant inconscient. Wabakinine mourut des suites de ce coup.

Plusieurs semaines après, sa femme mourut aussi ; quand la nouvelle de sa mort due aux mauvais traitements infligés par les Blancs parvint aux Mississagués qui chassaient alors dans les environs du cours supérieur de la rivière Thames, ils crièrent vengeance. Le frère de Wabakinine, « qu'on disait être un chef important », assembla la bande et empêcha Augustus Jones*, un arpenteur provincial, de procéder à l'arpentage de la région de la rivière Grand.

La perspective d'un soulèvement des Indiens avait terrifié depuis toujours les autorités du Haut-Canada et les décès de Wabakinine et de sa femme survinrent dans une période particulièrement tendue. La rumeur voulait que les Français et les Espagnols de la vallée du Mississippi projetassent d'attaquer la province, et l'on craignait que Joseph Brant [Thayendanegea*] n'amenât les Indiens à se joindre à eux. Brant était, depuis plus d'une décennie déjà, en conflit avec les autorités coloniales parce qu'il revendiquait pour les Six-Nations le droit de vendre et de céder des terres n'importe où dans leur réserve de la rivière Grand, et il était en train de perdre patience. Dès qu'il apprit le meurtre de Wabakinine, Brant envoya une ceinture de porcelaine aux Indiens des lacs Supérieur, Michigan et Huron, invitant les chefs à se réunir à la rivière Grand l'été suivant. Pendant des semaines, à la fin de l'hiver de 1796–1797, il sembla que s'amorçaient les préparatifs d'une rébellion. L'acquittement de McCuen, faute de preuves, contribua sans doute au ressentiment des Indiens. Le 15 février 1797, Ningausim, « un des principaux chefs [venus] depuis peu du lac Huron », demanda à Augustus Jones, dont la femme était une Mississaguée, de se joindre à lui et à plusieurs Mississagués en vue d'une rencontre à York. Jones rapporta par la suite que Ningausim désirait « commencer une guerre contre les Anglais afin d'obtenir satisfaction pour ce qui avait été fait, disant qu'il avait, au lieu de sa résidence, un grand nombre de jeunes guerriers qu'il pouvait jeter dans la mêlée à son seul commandement ».

Aucune attaque franco-espagnole ne se produisit et la rébellion n'éclata point. Peter Russell*, l'administrateur du Haut-Canada, reconnut officiellement les ententes conclues par Brant avec plusieurs Blancs relativement à des ventes de terres. Ainsi fut écartée la possibilité pour les 400 guerriers iroquois de se joindre aux quelques centaines de Sauteux qui eussent été impliqués dans le soulèvement. Trop faibles pour agir seuls, ceux-ci renoncèrent à l'idée de venger la mort de Wabakinine.

DONALD B. SMITH

APC, RG 10, A6, 1834, p.197. — Ontario, Ministry of Natural Resources, Survey Records Office, surveyor's letters, 28, pp.137–139, Augustus Jones à D. W. Smith, 11 mars 1797. — PAO, RG 22, 7, affidavits and depositions, Home District, 1796–1835. — PRO, CO 42/340, f.51. — *Canada, Indian treaties and surrenders* [...] [1680–1906] (3 vol., Ottawa, 1891–1912 ; réimpr., Toronto, 1971), I : 5–9 ; III : 196s. — *Correspondence of Lieut. Governor Simcoe* (Cruikshank), III : 24. — *The correspondence of the Honourable Peter Russell, with allied documents relating to his administration of the government of Upper Canada* [...], E. A. Cruikshank et A. F. Hunter, édit. (3 vol., Toronto, 1932–1936), I : 49s., 117 ; II : 30, 41, 306. — *Upper Canada Gazette ; or, American Oracle* (West-Niagara [Niagara-on-the-Lake, Ontario]), 30 déc. 1797, 12 mai 1798. — *Handbook of Indians of Canada* (Hodge), 5, 7, 9. — [Kahkewaquonaby], *Life and journals of Kah-ke-wa-quo-na-by (Rev. Peter Jones), Wesleyan missionary* (Toronto, 1860).

WÄBER, JOHANN. V. WEBBER, JOHN

WABUNMASHUE. V. WAPINESIW

WADDENS (Vuadens, Wadins), JEAN-ÉTIENNE, parfois appelé le Dutchman, trafiquant de fourrures du Nord-Ouest, baptisé le 23 avril 1738 à La Tour-de-Peilz, canton de Vaud, Suisse, fils d'Adam Samuel Vuadens et de Marie-Bernardine Ormond (Ermon), décédé en mars 1782 au lac La Ronge (Saskatchewan).

Jean-Étienne Waddens vécut en Suisse au moins jusqu'en 1755. En 1757, il servait dans les troupes de la Marine en Nouvelle-France ; en mai de cette même année, il abjura à Montréal « l'hérésie de Calvin ». Il demeura à Montréal ou dans les environs après la capitulation de la ville en 1760, et, bien qu'il fût théoriquement un déserteur, il se sentait si bien en sécurité qu'il épousa à Saint-Laurent, le 23 novembre 1761, Marie-Josephte Deguire. En 1763, il devenait propriétaire à Montréal.

C'est comme petit trafiquant indépendant (*pedlar*) que Waddens apparaît pour la première fois dans les sources relatives à la traite des fourrures. Dès 1772, il était à Grand Portage (près de Grand

Portage, Minnesota) avec un parti de huit trafiquants. L'année suivante, il obtint un congé de traite pour deux canots, et la valeur de ses articles de traite et approvisionnements atteignait £750, une assez grosse somme pour ce type d'activité. Waddens paraît avoir accompagné les trafiquants à son emploi. De 1773 à 1778, il se déplaça du lac Winnipeg jusqu'à la vallée de la Saskatchewan ; en 1779, il était parvenu à la lisière sud de la région de l'Athabasca. Financièrement, il eut l'appui de Richard Dobie* et de John McKindlay, de Montréal, pendant au moins une partie de ce temps.

En 1779, pour éviter les inconvénients des « intérêts séparés [...] le poison de ce commerce », les groupes trafiquant dans le lointain Nord-Ouest fusionnèrent en une association [V. William HOLMES]. Waddens devint membre de cet « accord à neuf parties », un regroupement temporaire habituellement considéré comme l'ancêtre de la North West Company. Au lac La Ronge, Waddens fit un commerce lucratif avec « les Indiens du côté du Nord », venus du lac Athabasca. A la fin de 1781, il fut rejoint par Peter Pond*, lui-même en route pour l'Athabasca. Bien que représentant tous deux les intérêts de la compagnie, les deux hommes étaient en mauvais termes. En février 1782, ils eurent une querelle et, en mars, Waddens fut blessé à mort au cours d'un autre accrochage. On a décrit cet incident comme étant un meurtre. En 1783, Mme Waddens adressa une requête au gouverneur HALDIMAND, demandant l'arrestation de Pond et soumettant une déclaration assermentée d'un des hommes de Waddens. En 1785, alors qu'il était à Montréal, Pond fut interrogé mais, apparemment, il n'eut pas à subir de procès, probablement parce que le lac La Ronge, situé dans les terres de la Hudson's Bay Company, ne relevait pas de la juridiction des tribunaux de la province de Québec.

On ne connaît guère le caractère de Waddens ; la description qu'en a faite Alexander Mackenzie*, qui vit en lui un homme « d'une stricte probité et d'une sobriété reconnue », est peut-être quelque peu de circonstance. Au demeurant, Waddens grimpa avec succès dans l'échelle sociale : de simple soldat en 1757, il était devenu un bourgeois en 1782. Il ne s'éleva jamais, cependant, au rang de trafiquant-capitaliste comme le fit un James McGill*.

Nous avons peu de renseignements personnels sur Waddens. Les enfants issus de son mariage avec Marie-Josephte Deguire furent baptisés à Saint-Laurent ou dans les environs de Montréal, dont trois selon le rite anglican. Sa fille aînée, Véronique, épousa John Bethune*, le premier à faire office de ministre de l'Église presbytérienne à Montréal. D'une union avec une Indienne naquit Marguerite qui épousa d'abord Alexander McKay*, puis le docteur John McLoughlin*.

J. I. COOPER

Nous tenons à remercier J.-J. Lefebvre et G. F. G. Stanley pour leur aide [J. I. C.].

Archives cantonales vaudoises (Lausanne, Suisse), Eb 129/2, p.178 ; 129/5, p.12. — ANQ-M, État civil, Catholiques, Notre-Dame de Montréal, 1er mai 1757. — Archives paroissiales, Saint-Laurent (Montréal), Registre des baptêmes, mariages et sépultures, 23 nov. 1761. — APC, *Rapport*, 1885, note « A ». — *Docs. relating to NWC* (Wallace). — *HBRS*, XIV (Rich et Johnson) ; XV (Rich et Johnson). — Tanguay, *Dictionnaire*. — Davidson, *NWC*. — Morton, *History of Canadian west*. — H. R. Wagner, *Peter Pond, fur trader & explorer* ([New Haven, Conn.], 1955). — *CHR*, XIII (1932) : 205–207. — T. C. Elliott, Marguerite Wadin-McKay-McLaughlin, Oreg. Hist. Soc., *Quarterly* (Eugene), XXXVI (1935) : 338–347.

WAIPYKANINE. V. WABAKININE

WALES, WILLIAM, mathématicien et astronome, né vers 1734 de parents d'origine modeste, probablement dans le Yorkshire, Angleterre, décédé le 29 décembre 1798.

William Wales était l'un de ces hommes de science regroupés au sein de la Royal Society de Londres qui, ayant un intérêt commun pour les explorations, contribuèrent, pendant la seconde moitié du XVIIIe siècle, à faire connaître la baie d'Hudson au public. L'intérêt de Wales pour le Nord canadien remontait à 1768–1769, alors qu'il vécut un an dans un poste de la Hudson's Bay Company, le fort Prince of Wales (Churchill, Manitoba), pour y observer le passage de Vénus sur le disque du soleil. Premier homme de science à hiverner à la baie d'Hudson, en plus de consigner une série complète d'observations « sur l'état de l'air, des vents, du temps, etc. », il soumit à la Royal Society, à son retour, un journal, court mais pénétrant, de ses diverses expériences à la baie d'Hudson, et qui comportait, entre autres, des renseignements sur la dureté du climat, l'habillement et l'alimentation des hommes. Wales conserva son intérêt pour la région, et peut-être eut-il quelque chose à voir avec la requête adressée par la Royal Society à la Hudson's Bay Company, en 1770, afin que des spécimens d'histoire naturelle fussent expédiés de la baie. Il est certain, quoi qu'il en soit, qu'il conseilla les deux employés de la compagnie, Andrew Graham* et Thomas HUTCHINS, sur la façon de noter les observations météorologiques à York Factory (Manitoba) pendant la saison de traite de 1771–1772. Sa carrière semble avoir bénéficié de ses états de service comme astronome durant le second voyage de Cook dans le Pacifique, de 1772 à 1775 : à son retour, il fut engagé comme maître de l'école de mathématiques établie au Christ's Hospital, à Londres, pour la formation des jeunes gens à la navigation, et, en novembre 1776, il fut élu *fellow* de la Royal Society.

Wales continua de s'intéresser à l'Amérique du Nord, surtout grâce à son amitié avec George Samuel Wegg, vice-président et trésorier de la Royal Society depuis 1772 et, à partir de 1774, gouverneur adjoint, puis gouverneur de la Hudson's Bay Company. En 1778, la compagnie projetant de créer des postes d'arpenteur pour l'intérieur des terres, Wales suggéra Philip Turnor pour occuper le premier de ces postes – recommandation qui valait bien les cinq guinées que la compagnie versa à Wales « pour sa peine ». Au début des années 1780, Wales aida à mettre au point et à publier le rapport officiel du troisième voyage de Cook. En 1792, il intervint dans une affaire d'édition fort importante pour la connaissance du Nord canadien, en négociant la vente à MM. Strahan et Cadell du journal de l'exploration nordique, avec des données sur la géographie et l'histoire naturelle, de Samuel Hearne. Wales avait rencontré Hearne pendant son séjour au fort Prince of Wales, en 1768–1769. Les négociations aboutirent en octobre 1792, peu avant la mort de Hearne, alors que Wales servit de témoin au contrat qui garantissait pour 1795 la publication du journal, sous le titre de *A journey from Prince of Wales's Fort, in Hudson's Bay, to the northern ocean* [...].

Wales mourut en 1798, ayant été, jusqu'à la fin, actif au Christ's Hospital, où l'on garda de lui le souvenir d'un « homme bon, simple et modeste dans ses manières, d'un extérieur imposant et lourd, mais d'un visage doux ».

Glyndwr Williams

Dans une esquisse de la carrière de William Wales parue dans le *DNB*, on rapporte à tort que Wales accompagna Cook dans son troisième voyage dans le Pacifique, comme il l'avait fait dans le deuxième. On trouvera des détails biographiques supplémentaires, de même que des renseignements plus généraux sur Wales, dans Bernard Smith, « Coleridge's *Ancient Marines* and Cook's second voyage », Warburg and Courtauld Institutes, *Journal* (Londres), XIX (1956) : 117–154. Les observations consignées à Churchill par Wales et son assistant, Joseph Dymond, et le journal plus personnel de Wales, « Journal of a voyage, made by order of the Royal Society, to Churchill River, on the north-west coast of Hudson's Bay ; of thirteen months residence in that country ; and the voyage back to England, in the years 1768 and 1769 », ont été imprimés dans Royal Soc. of London, *Philosophical Trans.*, LX (1771) : 100–178. Le rôle de Wales dans la publication du journal de Hearne est rapporté sommairement dans le Strahan mss 2 180, de la BL ; des extraits des documents pertinents ont été publiés dans Hearne, *Journey from Prince of Wales's Fort* (Glover). D'autres renseignements relatifs aux rapports de Wales avec les employés de la Hudson's Bay Company se trouvent dans les *Journals of Hearne and Turnor* (Tyrrell), dans *HBRS*, XXVII (Williams), et aux HBC Arch., B.239/a/67, ff.1, 6d. [g. w.]

WALKER, THOMAS, marchand et fonctionnaire local, né en Angleterre, décédé le 9 juillet 1788 à Boston, Massachusetts.

Thomas Walker, qui avait émigré à Boston en 1752, vint à Montréal en 1763 et s'y installa comme marchand. Il fit l'acquisition d'une belle maison de pierres, rue Saint-Paul, près du château de Ramezay, et devint prospère dans le commerce de l'Ouest. A ce moment-là, les relations entre les populations civile et militaire étaient tendues ; Walker devint le principal porte-parole des marchands montréalais au cours de leurs querelles avec les autorités militaires. En septembre, peu après son arrivée, il ne tint aucun compte du verdict qu'un tribunal militaire avait prononcé contre lui lors d'un procès civil. Quand le gouvernement civil fut institué en 1764, le gouverneur Murray, croyant que l'ambitieux et combatif marchand pourrait être utile si on le traitait comme il fallait, le nomma juge de paix. Cependant, Walker profita de cette nomination pour donner libre cours à son animosité contre les militaires et se querella bientôt avec eux au sujet du cantonnement des troupes britanniques. Auparavant, en plus d'être logés chez des particuliers, les soldats bénéficiaient de la literie, du bois de chauffage et de l'usage de la cuisine. Maintenant, les magistrats, appliquant la loi à la lettre, leur interdisaient ces commodités. En novembre, Walker et quatre autres juges allèrent jusqu'à faire emprisonner le capitaine Benjamin Charnock Payne, du 28e d'infanterie, pour avoir refusé de libérer des logis qu'un marchand prétendait avoir loués à un autre.

Les relations entre les marchands et l'armée devinrent tellement tendues que Murray demanda à Walker et à trois autres juges de venir à Québec le 13 décembre 1764 pour expliquer leurs faits et gestes. Or, au cours de la nuit du 6, des hommes masqués s'introduisirent chez Walker, le rouèrent de coups et lui coupèrent une oreille. Murray écrivit dans son rapport qu'une vingtaine d'hommes avaient participé au coup de main et que l'on suspectait des soldats du 28e. On arrêta quatre hommes de ce régiment, et le gouvernement tenta de les faire passer en jugement à Québec où il aurait été facile de trouver un jury impartial. Cependant, Walker, qui voulait absolument un jury protestant, refusa d'y aller ou de porter témoignage. Il adopta une attitude semblable lorsque le gouvernement chercha un compromis en tenant l'audience à Trois-Rivières. Le procès, qui eut lieu le 1er juillet 1765, se termina par un acquittement et convainquit Walker que les autorités militaires avaient permis aux coupables d'échapper à la justice.

Les marchands montréalais et leurs alliés de Londres avaient critiqué la façon dont Murray s'acquittait de ses fonctions de gouverneur ; l'affaire Walker allait renforcer leur opposition. On avait utilisé à Londres, en avril 1765, les nouvelles de l'affaire pour appuyer la thèse des marchands suivant laquelle l'autorité militaire était incompatible avec la croissance économique de la colonie. Walker, que le Conseil de Québec avait destitué de sa charge de magistrat le 22 juin, porta sa cause à Londres. Il revint à la fin de mai 1766 porteur d'une note sèche de Henry Seymour Conway, secrétaire d'État pour le département du Sud, enjoignant à Murray de réintégrer Walker et de « l'aider dans le libre exercice du commerce auquel, en tant que sujet britannique, il a[vait] droit ». Peu de temps après, Murray, que l'on avait rappelé en vue de participer à une enquête sur les affaires de la colonie, fit voile vers l'Angleterre.

Le dossier de Walker fut rouvert en novembre 1766 lorsque George McGovock, ex-soldat de mauvaise réputation qui avait passé quatre mois chez Walker, accusa six habitants respectables de Montréal d'être responsables de l'attaque contre Walker. Contrairement au groupe d'accusés précédent que l'on avait dans l'ensemble estimés coupables, les nouveaux accusés – les capitaines John CAMPBELL et Daniel Disney, le lieutenant Simon Evans, John Fraser, juge de la Cour des plaids communs, le marchand Joseph HOWARD et Luc de LA CORNE – reçurent un solide appui du public. Sur l'insistance de Walker, William HEY, juge en chef de Québec, refusa d'accorder un cautionnement, ce qui provoqua des protestations, le 23 novembre, sous forme d'une pétition signée par tous les notables montréalais ou presque. Le procès de Disney en mars 1767 se termina par un acquittement, et on dissuada Walker d'intenter un procès contre les autres.

Le jugement de Disney démontra que la classe des marchands de Montréal s'était morcelée et que l'éloquent Walker était désormais à la tête d'un petit groupe radical. En novembre 1773, Walker, qui avait adressé au lieutenant-gouverneur Guy Carleton*, dès 1767, une requête traitant de l'avantage d'une assemblée élue, se rendit avec Zachary Macaulay* à Londres pour présenter une demande semblable à lord Dartmouth et solliciter l'aide des commerçants. Il s'opposa à l'adoption de l'Acte de Québec, fit de l'agitation en faveur de son abrogation et devint un adversaire de Carleton. En tant qu'acheteur de blé et spéculateur, Walker avait acquis de l'influence dans les régions rurales, ce qui lui permit de faire circuler, dans Montréal et son district et à Québec, l'appel à l'aide lancé par le Congrès continental de 1774. Dès 1775, Walker était un républicain consommé. En avril, il assista à une réunion de sympathisants américains au café de Montréal où il recommanda d'envoyer des délégués au congrès suivant. Il fournit des renseignements militaires à Benedict Arnold* et, plus tard, à Ethan Allen. En juin, il fit de l'agitation parmi les habitants de Repentigny et de Chambly, promettant argent, armes et poudre à ceux qui appuieraient les Américains.

Lorsque l'armée américaine envahit la colonie en septembre, [V. RICHARD MONTGOMERY], Walker, considéré, bien entendu, comme un ennemi et comme un traître, fut arrêté à L'Assomption où il possédait une ferme et une installation de potasse et où il s'était occupé de recruter des Canadiens pour combattre les Britanniques. Le 11 novembre, lorsque Carleton battit en retraite de Montréal vers Québec, Walker fut placé sur un vaisseau en partance pour Québec. Or, les Américains capturèrent le navire et Walker fut libéré. Il revint à Montréal et y hébergea Benjamin Franklin, Samuel Chase et Charles Carroll, les trois délégués du Congrès arrivés dans cette ville au début de 1776. Quand les Américains se retirèrent de la province plus tard cette année-là, Walker les accompagna et s'installa à Boston. Ce qu'il fit par la suite n'est pas clair, mais l'on sait qu'en janvier 1785 il pria le Congrès de l'indemniser pour les pertes qu'il avait subies en appuyant la Révolution américaine. En cette même année, il rendit également visite à Pierre DU CALVET à Londres.

LEWIS H. THOMAS

APC, MG 11, [CO 42] Q, 3, pp.5, 9, 29, 41, 122, 391 ; 4, pp.1–20, 44, 76, 79, 98, 103, 105s., 108, 129, 133 ; 10, p.8 ; 11, pp.11, 149, 167, 192, 267, 285, 301, 307 ; MG 23, A1, sér. 2, 1, pp.56–67 ; A4, 16, pp.86–88 ; I13, 1, pp.118–121, 169s. — BL, Add. MSS 21 668, pp.64, 68, 80, 82, 93, 101, 141–143, 146–148, 181 (copies aux APC). — Boston, Registry Division, Records of births, marriages and deaths, 9 juill. 1788. — Library of Congress (Washington), Continental Congress papers, nº 41, 10, p.665 (copie aux APC). — APC *Rapport*, 1888, xi–xiv, 1–14. — Maseres, *Maseres letters* (Wallace). — *The trial of Daniel Disney, esq.* [...] (Québec, 1767). — *La Gazette de Québec*, 13 déc. 1764, 13 juin, 4 juill., 12 sept. 1765, 5 juin, 29 sept., 24 nov., 29 déc. 1766, 26 janv., 9 févr., 16, 23 mars, 9 avril, 15 oct. 1767, 10 mars 1768. — Le Jeune, *Dictionnaire*, II : 808s. — Wallace, *Macmillan dictionary*. — Burt, *Old prov. of Que*. — Neatby, *Quebec*. — G. F. G. Stanley, *Canada invaded, 1775–1776* (Toronto, 1973). — A. L. Burt, The mystery of Walker's ear, *CHR*, III (1922) : 233–255.

WALKER, WILLIAM, chef de poste de la Hudson's Bay Company, né vers 1754, probablement en Angleterre, fils de Hannah Walker, décédé le 13 octobre 1792 à South Branch House (près de Duck Lake, Saskatchewan).

On ne sait rien de William Walker avant son engagement par la Hudson's Bay Company le 17 février 1768. Il signa un contrat d'apprentissage pour sept ans et, au printemps, il s'embarqua pour York Factory (Manitoba). Une fois son apprentissage terminé, Walker accompagna Samuel HEARNE à Cumberland House (Saskatchewan) en 1775 ; en octobre, il alla passer l'hiver avec les Cris, car « il souhaitait avoir l'occasion d'apprendre la langue des Indiens ». L'année suivante, il assuma temporairement la direction de Cumberland House pendant que le chef du poste, Matthew COCKING, transportait les fourrures à York. En 1778, le salaire de Walker passa de £15 à £25 par année.

Ce stade de la carrière de Walker fait ressortir les privations, les tensions et les rivalités qui étaient le lot des employés de la Hudson's Bay Company travaillant à l'intérieur des terres à partir de York. Les hommes sur qui comptait la compagnie pour ses gros travaux étaient originaires des îles Orcades (Royaume-Uni) ; peu instruits, ils s'offusquaient souvent d'avoir à travailler avec les Anglais, mieux éduqués. Cette animosité, qui avait incité Isaac BATT à se joindre aux trafiquants indépendants (*pedlars*) en 1775, fut probablement à l'origine des frictions entre le caustique William Tomison* et Walker. Venu des Orcades, Tomison avait été manœuvre avant d'accéder à un grade de fonctionnaire tandis que Walker avait une formation de fonctionnaire. Six mois après que Tomison eut remplacé Cocking comme chef de poste à Cumberland House en 1778, Walker menaça de se rallier aux trafiquants indépendants qui lui avaient offert un salaire annuel de £60. Deux ans plus tard, le conseil d'York et Humphrey MARTEN, agent principal de ce poste, refusèrent de reconnaître la décision prise par le comité de Londres de nommer Walker « assistant de [l']agent principal » à York, alléguant qu'il n'avait pas le tempérament que cette fonction exigeait. Cocking, qui avait connu Walker à York et à Cumberland House, n'était pas de cet avis. Il fit savoir au comité que Walker était « très assidu et appliqué » et que Marten et Tomison le détestaient « surtout en raison de [leurs] préjugés ». Affirmant que Walker était justifié de croire qu'il méritait une promotion, il ajoutait : « je regrette d'avoir à dire que la partialité prédomine ».

Walker passa six ans à Cumberland House et il parcourut la région afin de rencontrer les Indiens et de les convaincre d'apporter leurs fourrures au poste de traite. A l'automne de 1781, Walker prit la direction de Hudson House (près de Wandsworth, Saskatchewan) ; le chef de poste, Robert Longmoor*, fut envoyé dans un secteur situé en amont de la rivière Saskatchewan pour constituer une réserve d'aliments qui devait servir à l'établissement d'un poste dépendant de Hudson House. Walker connut une année difficile. Une épidémie de petite vérole fit rage parmi les Indiens, les laissant « étendus sans vie sur le sol nu comme des moutons atteints par les douves ». Il prit soin d'eux au fort du mieux qu'il put et il enterra ceux qui moururent. Comme il était bon tireur et que peu d'Indiens se trouvaient en état de chasser, Walker s'occupa de trouver de la nourriture pour tous les gens de l'établissement. En 1782, pour la première fois, il garda le poste ouvert pendant l'été. Cette décision permit aux hommes de faire une provision d'écorce de bouleau et de vivres et de recueillir les fourrures des Indiens qui n'avaient pu se rendre au poste durant l'hiver.

Pendant les cinq années suivantes, Walker demeura presque continuellement à Hudson House sous la direction de Tomison et de Longmoor. On lui confia souvent la tâche délicate d'intercepter les Indiens avant qu'ils ne prennent contact avec les *Nor'Westers* et le travail ardu de chasser du gibier durant l'hiver. En 1787, il fut nommé chef de poste à South Branch House. Au cours de l'hiver de 1788–1789, il recueillit un lot de fourrures équivalant à 6 297 peaux de castor, ce qui constituait un bon rendement pour un nouveau poste. La compagnie montra qu'elle appréciait ses services en le nommant au sein du conseil d'York en 1789.

En 1791, Walker se rendit à York avec l'intention d'obtenir un congé pour regagner l'Angleterre. Tomison, qui était alors agent principal pour les postes de l'intérieur, le persuada de retourner à South Branch House. Il lui promit qu'il allait recommander au comité de Londres de le désigner comme son successeur à l'expiration de son propre contrat en 1793. La nomination fut annoncée en mai 1793, mais Walker n'en sut rien. Il était décédé à South Branch House le 13 octobre 1792.

Walker s'était lié à une Indienne, on ne sait

trop à quel moment ; il eut un fils, William, qui naquit vers 1779 dans Rupert's Land. Celui-ci entra au service de la compagnie comme apprenti en 1797 et fut tué en 1807.

Tomison critiqua à quelques reprises la conduite de Walker, mais les jugements défavorables qu'il porta sur son travail sont sujets à caution en raison des différences de caractère qui séparaient les deux hommes. Confiant dans la maîtrise qu'il avait de son métier, plus instruit que ne l'étaient Tomison ou Longmoor et peu porté sur la boisson, Walker était indubitablement hors du commun. C'était un trafiquant avisé qui comprenait les Indiens, gagnait leur confiance et parlait leur langue. Il montra qu'il avait du jugement et les aptitudes qui lui auraient permis d'être un bon agent principal pour les postes de l'intérieur. Une fin prématurée l'empêcha malheureusement d'exercer son talent.

SHIRLEE ANNE SMITH

HBC Arch., A.1/45, f.19 ; A.1/138, p.100 ; A.5/3, f.110 ; A.6/11, f.33 ; A.6/12, f.133d ; A.6/14, f.77d ; A.6/32, f.100 ; A.6/116, f.19d ; A.11/115, ff.142, 167d ; A.11/116, ff.24d, 69, 71–72 ; A.11/117, ff.52–52d, 62, 134 ; A.16/32, f.101 ; A.16/33, f.37d ; A.30/5, f.72 ; A.30/10, f.38 ; B.49/a/3, f.8d ; B.49/a/4, f.27 ; B.49/a/6, ff.50d, 56d ; B.49/a/7, ff.16, 26, 38, 40d, 43d ; B.49/a/12 ; B.49/a/15, ff.29d, 49d, 51d, 52d, 55d, 61d, 62d, 63d ; B.49/a/16, f.2 ; B.60/a/7, ff.3d–4 ; B.87/a/4, ff.7, 12d, 19d ; B.87/a/5, f.5d ; B.87/a/6–8 ; B.205/a/1 ; B.205/a/2 ; B.205/a/3, f.36d ; B.205/a/6, f.41 ; B.205/a/7, ff.1, 4, 10 ; B.239/a/59, f.282 ; B.239/a/71, f.32d ; B.239/a/91, f.29. — *HBRS*, XIV (Rich et Johnson) ; XV (Rich et Johnson). — Morton, *History of Canadian west*. — Rich, *History of HBC*.

WAPINESIW (Wappenessew, Wabunmashue ; nom qui signifie oiseau blanc), agent indien (*leading Indian*) de nation crise, *circa* 1755–1772.

La première mention de Wapinesiw dans les documents date de 1755, année où Anthony Henday*, de la Hudson's Bay Company, le rencontra au cours de son expédition de York Factory (Manitoba) jusqu'aux prairies. Le 2 février, Henday, qui campait près du ruisseau Devil's Pine (ruisseau Ghostpine, Alberta), notait ceci : « nous [avons été] rejoints par un agent des Canadiens du nom de Wappenessew ». Comme un Indien, pour être éligible au rôle de capitaine de la traite, ou d'agent indien, devait avoir une famille et être reconnu pour sa compétence comme chasseur et trafiquant, il est vraisemblable que Wapinesiw fût à tout le moins au début de la trentaine quand il rencontra Henday.

Les agents indiens tenaient une position importante dans la traite des fourrures [V. MATONABBEE]. Ils servaient d'intermédiaires entre les trafiquants de fourrures et les Indiens qui cueillaient les peaux mais qui se refusaient à faire le voyage jusqu'aux postes côtiers de la baie pour y trafiquer. Selon Henday, Wapinesiw « exerç[ait] une grande influence sur les Indiens, command[ait] plus de 20 canots et [était] tenu en haute considération par les Canadiens du poste de Basquea [Le Pas, Manitoba], qu'il [avait] fréquenté assidûment ». Il reconnut que Wapinesiw, soit en encourageant les autres Indiens à venir trafiquer, soit en apportant lui-même les fourrures, pouvait rendre de grands services à la Hudson's Bay Company, cette dernière n'ayant pas encore admis l'idée d'établir des postes à l'intérieur des terres. Aussi Henday le détourna-t-il des Canadiens au moyen de marchandises de traite qu'il lui offrit en cadeau au nom de la compagnie. Plus tard en 1755, Wapinesiw se rendit à York et fut par la suite, pendant quelque 15 ans, un visiteur assidu à ce poste. Au début, il conduisait 20 canots des meilleures fourrures chaque année, mais, dans les années 1760, ce nombre passa à 30. En 1762, Humphrey MARTEN, agent principal à York, l'inscrivait au nombre des neuf capitaines cris, responsables de la traite, qui visitaient régulièrement le poste. Tous ces agents, disait-on, y amenaient 30 canots ou plus annuellement.

Quand les trafiquants indépendants (*pedlars*), qui envoyaient leurs fourrures à Montréal, envahirent l'arrière-pays d'York à la fin des années 1760, ils tentèrent de ramener Wapinesiw dans leur camp. Ils y réussirent en 1770 ; il commença à user de son influence pour inciter « les Indiens à faire affaire avec les trafiquants indépendants » et à protéger les canots, qui montaient à Michillimakinac (Mackinaw City, Michigan) ou en redescendaient, de toute intervention hostile de la part d'autres tribus. D'après ce qu'on en sut à York, il « pass[ait] tout l'hiver dans [...] la maison [de Thomas Corry], mange[ait] à la table du maître, et les membres de sa famille [y étaient] vêtus [...] et rien ne lui [était] refusé ». Il est possible qu'il ait continué à visiter York, quand ce ne serait que pour faire monter le prix de ses services par le jeu de la concurrence. Le 2 juin 1772, Corry écrivit de la région de la Saskatchewan à Andrew Graham*, agent principal intérimaire à York : Wapinesiw « ne va pas vous voir ce printemps, mais [...] ira au Grandportage [près de Grand Portage, Minnesota] avec moi » ; « il dit qu'il viendra vous voir le printemps prochain ». Au mois de juillet de la même année, on rapporta que Wapinesiw accompagnait Corry et sept de ses canots, en route pour « le Grand Fort ». Graham essaya de le persuader de retourner à la Hudson's Bay Company en lui envoyant du tabac en cadeau ; il était confiant d'y réussir pourvu que « le rhum de la Nouvelle-Angleterre » des trafiquants indépendants « n'[eût] pas sa préférence ». On ne trouve plus, par la suite, mention de Wapinesiw ; il mourut probablement dans les années 1770, à l'âge d'environ 50 ou 60 ans.

ARTHUR J. RAY

HBC Arch., B.239/a/66, p.55 ; B.239/b/23, pp.14s. ; E.2/4, p.53. — *Docs. relating to NWC* (Wallace). — *HBRS*, XXVII (Williams). — [Anthony Henday], York Factory to the Blackfeet country, the journal of Anthony Hendry, 1754–55, L. J. Burpee, édit., SRC *Mémoires*, 3ᵉ sér., I (1907), sect. II : 307–369.

WASSON (Ouasson, Ousson, Owasser, Warsong, Wassong), chef sauteux, né probablement vers 1730 dans la vallée de la Saginaw (Michigan), décédé après 1776. A l'époque du soulèvement de Pondiac*, Wasson avait plusieurs filles en âge d'être mariées ; c'est à peu près tout ce que l'on sait de sa famille.

Le 31 mai 1763, Wasson prit la tête de quelque 200 guerriers de la vallée de la Saginaw et rallia les forces de Pondiac au siège de Détroit. Après discussion, Wasson et Pondiac décidèrent de mettre fin aux attaques contre le fort et de concentrer plutôt leurs efforts pour en bloquer les voies d'accès, de manière que ni ravitaillements ni renforts n'y puissent arriver. Ce plan aurait pu réussir si les Britanniques n'étaient pas parvenus à forcer le blocus grâce aux navires construits sur la rivière Niagara par Charles Robertson*, en 1761 et 1762. Au début de juillet, le neveu de Wasson fut tué au cours d'une sortie des Britanniques ; par représailles, Wasson tua brutalement un officier britannique, Donald Campbell*, gardé comme otage dans le camp des Outaouais. Rendus furieux par la perte de leur prisonnier, les Outaouais s'entendirent pour exécuter John Rutherford, un prisonnier des Sauteux. Wasson intervint, prit Rutherford dans sa propre cabane et fut si bien impressionné par ce jeune Anglais qu'il lui offrit une de ses filles en mariage. En août, Wasson envoya une lettre au commandant, Henry GLADWIN, le sommant de capituler ; Gladwin ignora cette sommation. Comme l'hiver approchait, Wasson et les autres chefs commencèrent à reconsidérer leurs plans de campagne. En octobre, lui et les autres conférèrent avec Gladwin dans le fort, et le siège fut bientôt levé.

Wasson était de retour au fort l'été suivant, « demandant grâce de la manière la plus humble », selon Jehu HAY, et s'excusant de son absence au conseil de paix tenu au fort Niagara (près de Youngstown, New York) par sir William JOHNSON. Plusieurs semaines après, à Cedar Point (près de Toledo, Ohio), il rencontra l'expédition menée par BRADSTREET contre les tribus insoumises. Quand Bradstreet envoya, sous les ordres du capitaine Thomas Morris*, un parti dans le pays des Illinois, Wasson, apparemment, accepta d'accompagner Morris jusqu'au camp de Pondiac. Au début de septembre, Wasson était de retour à Détroit où il fut le principal orateur indien à la conférence de paix de Bradstreet, le 7 septembre 1764. Il affirma, devant les officiers et les chefs, que cette guerre n'avait pas été commencée par des jeunes gens à la cervelle brûlée. « Tout ce qui, l'an dernier, fut mal fait, dit-il, l'a été par les vieux guerriers, sans raison [...] En ce jour, les jeunes chefs révoqu[ent] tous leurs vieux chefs. » Fortement impressionné, Bradstreet accepta de faire la paix.

Wasson fut présent à un autre conseil de paix, à Détroit, en août 1765, mais on ne sait pas au juste quel rôle il y joua. Plus tard, après une décennie et plus, Wasson et plusieurs guerriers sauteux se réunirent au fort Pitt (Pittsburgh, Pennsylvanie) à l'été de 1776 avec les commissaires nommés par le Congrès continental. Le 19 mai 1790, un chef sauteux du nom de Wasson figurait parmi un groupe de chefs de Détroit, potéouatamis, hurons et outaouais, entre autres, qui négocièrent la cession de terres dans ce qui est aujourd'hui le sud-ouest de l'Ontario. Il est bien possible qu'il se soit agi du même Wasson, alors âgé d'environ 60 ans, mais aucune indication précise ne permet de l'assurer.

Pendant plusieurs années, le nom de Wasson fut en honneur parmi les Sauteux de Saginaw, mais les diverses bandes ne purent jamais, dans la suite, refaire l'unité qu'avait réalisée ce grand chef.

HARRY KELSEY

APC, RG 10, A2, 1825. — Clements Library, Jehu Hay, diary of the siege of Detroit, p.50. — National Archives (Washington), RG 75, Michigan Superintendency, Mackinac Agency, letters received, January–June 1838, 4, ff.387–388. — *American archives* (Clarke et Force), 5ᵉ sér., II : 511–518. — *Canada, Indian treaties and surrenders* [...] [1680–1906] (3 vol., Ottawa, 1891–1912 ; réimpr., Toronto, 1971), I : 1–3. — [Thomas Morris], Captain Morris' journal, H. [H.] Peckham, édit., *Old Fort News* (Fort Wayne, Ind.), VI (févr. 1941), 3–11 ; Journal of Captain Thomas Morris, of his majesty's XVII Regiment of Infantry, Detroit, September 25, 1764, *Early western travels, 1748–1846* [...], R. G. Thwaites, édit. (32 vol., Cleveland, Ohio, 1904–1907), I : 293–328. — [Robert Navarre], *Journal of Pontiac's conspiracy, 1763*, C. M. et M. A. Burton, édit., R. C. Ford, trad. (Détroit, 1912). — *The new régime, 1765–1767*, C. W. Alvord et C. E. Carter, édit. (Springfield, Ill., 1916), 56s. — *The revolution on the upper Ohio, 1775–1777* [...], R. G. Thwaites et L. P. Kellogg, édit. (Madison, Wis., 1908 ; réimpr., Port Washington, N.Y., et Londres, 1970), 201. — [John Rutherford], Rutherford's narrative – an episode in the Pontiac war, 1763 – an unpublished manuscript by Lieut. Rutherford of the « Black Watch », Canadian Institute, *Trans.* (Toronto), III (1891–1892) : 229–252. — Peckham, *Pontiac*.

WEBBER, JOHN (connu en Suisse sous le nom de **Johann Wäber**, mais il signait John Webber), artiste qui fit partie du troisième voyage de COOK dans le Pacifique, né le 6 octobre 1751 à Londres, décédé le 29 avril 1793 au même endroit.

Le père de John Webber, Abraham Wäber, sculpteur suisse, alla s'installer à Londres et changea son nom en celui de Webber ; en 1744, il épousa une certaine Mme Mary Quant. John, le deuxième de six enfants et probablement l'aîné des survivants, fut envoyé à Berne en 1757 ou 1758 pour y être élevé par une tante célibataire, Rosina Wäber. Encouragé dans ses dispositions précoces pour le dessin, il fut placé chez Johann Ludwig Aberli, paysagiste et portraitiste. En 1770, on l'envoya à Paris où il continua à s'instruire auprès de Johann Georg Wille. Ses dessins de cette époque dénotent une inclination pour le pittoresque champêtre.

Webber revint à Londres en 1775 et trouva une place comme décorateur d'intérieurs chez un entrepreneur de bâtiments. Sur l'insistance de son employeur, il présenta ses œuvres à l'exposition de 1776 de la Royal Academy of Arts. Ses tableaux des environs de Paris et un portrait de son frère attirèrent l'attention de Daniel Carl Solander, l'assistant du naturaliste Joseph Banks*. Ce fut probablement par l'intermédiaire de ce dernier que, suivant les termes de Cook, on « mit le grappin » sur Webber pour qu'il dessinât, lors du troisième voyage de l'explorateur dans le Pacifique, « les scènes les plus mémorables [des] opérations », qui suppléeraient aux « imperfections inévitables » du compte rendu écrit.

L'expédition partit en juillet 1776. Webber fit des croquis au cours de la traversée du Pacifique. Deux ans après, alors qu'on inspectait la côte nord-ouest de l'Amérique du Nord à la recherche d'un passage vers l'Atlantique, on dut passer quatre semaines dans la baie de Nootka (Colombie-Britannique) pour faire réparer les navires. Webber trouva que les Indiens nootkas étaient « misérables et sauvages, vivant principalement de la pêche et de la chasse, et le pays couvert de pins ». Dessinant « tout ce qui était curieux à l'intérieur comme à l'extérieur », il écrivit par la suite qu'il avait trouvé à Yuquot, un des villages de la baie de Nootka, « un intérieur qui [lui] fournirait matière suffisante à transmettre une parfaite notion du mode de vie de ces gens ». Il commençait d'esquisser les deux grandes figures sculptées et peintes de la pièce lorsqu'un homme à l'air visiblement contrarié s'approcha, un long couteau à la main, et plaça une natte « de façon qu'[il] ne puisse plus les voir. Étant certain de nulle autre occasion de finir [son] dessin et l'objet étant trop intéressant pour le laisser inachevé, [il] envisagea une légère corruption [...] et fit donc l'offre d'un bouton de [sa] veste, lesquels lorsqu'ils sont en métal, leur plaisent beaucoup. Ce qui produisit sur-le-champ l'effet désiré. » Il fallut tous les boutons de sa veste pour qu'il puisse finir.

Les efforts de Webber pendant l'expédition de Cook furent bien accueillis et récompensés. Après son retour à Londres en août 1780, il montra ses 200 esquisses au roi George III, au comte de Sandwich et à Fanny Burney, femme de lettres célèbre. En plus de la solde de gabier breveté que Cook lui avait glissée furtivement pendant le voyage, il toucha £187 pour frais de mess, un arriéré de salaire de 400 guinées et une commission pour surveiller la gravure de 61 de ses dessins destinés aux journaux officiels, au salaire annuel de £250. Le tirage était lent et George Nicol, le libraire du roi, accusa Webber de retard calculé ; ce revenu ne prit fin qu'en juin 1785.

Webber retourna en visite à Berne en 1787 ; il fit des esquisses dans le Derbyshire et dans le pays de Galles. Après avoir été nommé membre adjoint de la Royal Academy en 1785, il en fut élu membre titulaire en 1791. Il fit imprimer une série de ses propres eaux-fortes du voyage ; ce furent Francesco Bartolozzi et William Byrne qui gravèrent sa *Death of Cook*. Vers 1793, sa santé déclina, et il mourut dans sa demeure rue Oxford, à l'âge de 41 ans, d'une affection rénale.

Si aucun des tableaux de Webber n'atteint l'excellence, ils sont cependant, dans leur ensemble, d'une haute et constante qualité. Ses descriptions picturales de la baie de Nootka, dont il en existe apparemment encore 29, présentent environ 17 sujets différents qui vont du croquis du littoral à un cadavre de loutre marine. Les principaux dessins, ceux des Nootkas, de l'intérieur et de l'extérieur de leurs maisons, de leurs masques et de leurs sistres, sont d'une valeur ethnologique inestimable. Six de ces dessins furent gravés et publiés avec le journal de bord qui reçut un accueil très favorable et fut réédité plusieurs fois.

DOUGLAS COLE

BL, Add. MSS 33 977, ff.217–219 ; Egerton MSS 2 180, ff.112–113. — PRO, Adm. 17/7. — St George's Church (Londres), Registers of baptisms, burials, and marriages. — Staatsarchiv des Kantons Bern (Berne, Suisse), Nachlass Sigmund Wagner. — James Cook et James King, *A voyage to the Pacific Ocean* [...] (3 vol. et un atlas, Londres, 1784). — *Journals of Captain James Cook* (Beaglehole), III. — *DNB*. — Historischer Verein des Kantons Bern, Biographien-Kommission, *Sammlung Bernischer Biographien* (5 vol., Berne, 1887–1906), II : 295–307. — *Schweizerisches Künstler-Lexikon*, Carl Brun, édit. (4 vol., Frauenfeld, Suisse, 1905–1917 ; réimpr., Nendeln, Liechtenstein, 1967), III : 409s. — D. I. Bushnell, *Drawings by John Webber of natives of the northwest coast of America, 1778 (with 12 plates)* (Washington, 1928). — J. J. Horner et Sigmund Wagner, Leben Johann Webers von Bern, Künstler-Gesellschaft in Zürich, *Neujahrstück*, XVII (1821) : 1–13.

WENMAN (Winman), RICHARD, homme d'affaires et fonctionnaire, né en Angleterre, décédé dans sa soixante-dixième année à Halifax, Nouvelle-Écosse, le 28 septembre 1781.

Richard Wenman faisait partie du premier groupe de colons qui arriva à Halifax en juin 1749 à bord du *Charlton* ; il était accompagné de son épouse et de son fils, Amos. D'après la liste des immigrants, il avait été assistant du canonnier sur l'*Advice* de la marine royale. Le 27 juillet 1751, il épousa en secondes noces Ann Pyke (née Scroope), mère de John George Pyke*, qui était veuve depuis peu. Les Wenman dirigèrent ensemble l'orphelinat de Halifax. En plus de cette responsabilité et des devoirs civiques qui lui incombaient en tant que résidant, Wenman occupa un certain nombre de fonctions officielles et il lança diverses entreprises commerciales. Nommé juge de paix en 1762, il représenta le canton de Halifax à la chambre d'Assemblée de 1765 à 1770 et il devint capitaine dans la milice de Halifax en 1770. Il exploita une brasserie ainsi qu'une corderie établie en 1754 ; il obtint des contrats pour les fournitures de la prison et de l'asile des pauvres, et il fit le commerce des biens immobiliers dans la ville et la campagne.

Wenman possédait un grand nombre de terrains et, d'après l'évaluation faite en 1776, il était parmi les dix plus riches propriétaires de biens immeubles de Halifax. Il acquit ses terrains grâce à des concessions, des contrats privés, des adjudications et des hypothèques. Il fut au nombre des premiers concessionnaires de Lawrencetown en 1754 et, dix ans plus tard, il se fit concéder une terre de 500 acres (près de l'endroit où se trouve présentement Sackville) connue sous le nom de ferme Wenman Hall. Il donna à bail une grande partie des biens qu'il possédait en ville ; ces biens incluaient quelques terrains commerciaux avantageusement situés, notamment celui de Market House dont il fit l'acquisition en 1760 et pour lequel il versa près de £600 sur une période de 18 ans. L'une de ses maisons, attenante au terrain de l'orphelinat, servit de résidence provisoire au révérend Jacob Bailey* après sa fuite de Pownalborough (près de West Dresden, Maine), en 1779. Le révérend y appréciait particulièrement le jardin anglais planté d'aubépines, de saules et d'arbres fruitiers. Wenman possédait des esclaves, dont Cato, un domestique en livrée, que son maître estima suffisamment pour lui accorder sa liberté par testament, même s'il s'était enfui durant quelque temps en 1778.

Les entreprises de Wenman, variées et, semble-t-il, prospères, l'occupaient bien davantage que son rôle de gardien de l'orphelinat. Mais il s'était intéressé à l'établissement dès sa création en 1752 comme « œuvre de bienfaisance publique », et cet intérêt dura longtemps. Les fondateurs n'avaient pas prévu qu'il allait rester pendant 32 ans sous la dépendance du gouvernement britannique. Dans les années 1750, l'orphelinat était surtout considéré comme un instrument servant à former une main-d'œuvre dans une colonie dont la population était insuffisante. Le lieutenant-gouverneur Charles Lawrence* craignait, en outre, que sans un tel établissement les colons indigents seraient portés à vendre leurs enfants aux Acadiens qui, d'après lui, souhaitaient accueillir des personnes susceptibles d'être converties au papisme. Il y a lieu de croire, cependant, que l'orphelinat, jusqu'à sa fermeture dans les années 1780, et les locaux réservés aux enfants dans l'hospice jusqu'au milieu du XIXe siècle servaient avant tout à prendre soin de la progéniture illégitime des militaires et des marins, dans une ville qui pourvoyait servilement aux besoins de la garnison. Lorsque le Board of Trade déplora le fait que les Wenman retenaient en salaire plus d'argent qu'ils n'en dépensaient pour subvenir aux besoins des enfants, Jonathan BELCHER en profita pour réduire la dotation et le nombre des bénéficiaires : les £713 accordées pour 40 enfants en 1760 furent ramenées à £384 pour 25 enfants en 1762. Se montrant encore plus économe, le zélé gouverneur Francis LEGGE réduisit la dotation à £250 en 1774. L'orphelinat constituait néanmoins une bonne petite sinécure pour Wenman et une réserve de main-d'œuvre pour ses fabriques de cordages et de bière. Son épouse Ann se chargeait de la surveillance quotidienne à titre d'intendante – sous l'œil attentif du curateur, le révérend John BREYNTON – et elle vécut plus longtemps que l'établissement et son gardien, car elle ne mourut qu'en 1792. Dans l'intervalle, les filles de Wenman améliorèrent leur condition sociale par leur mariage : Susanna se maria avec Benjamin Green, fils, qui était trésorier provincial, et Elizabeth Susanna avec William Pringle, lieutenant dans le régiment des Royal Nova Scotia Volunteers.

JUDITH FINGARD

Halifax County Court of Probate (Halifax), Book 2, pp.296s. (testament de Richard Wenman, 26 sept. 1781) ; Book 3, pp.89s. (testament d'Ann Wenman, 18 févr. 1792) (mfm aux PANS). — Halifax County Registry of Deeds (Halifax), 2, pp.371, 381, 391, 406 ; 3, p.62 ; 4, pp.28, 101, 119, 121–123 ; 5, pp.22, 140, 248 ; 9, pp.128, 130 ; 10, pp.89–91, 184 ; 11, p.215 ; 12, p.62 ; 15, pp.300s. ; 18, pp.46–50 (mfm aux PANS). — PANS, RG 1, 29, nº 25 ; 30, nº 18 ; 32, nº 23 ; 164, p.195 ; 168, p.41 ; 397 ; 411, nº 7 ; 417. — PRO, CO 217/14, ff.186, 347 ; 217/16, f.237 ; 217/18, ff.63, 205–206, 216, 218–225 ; 217/19, ff.145, 151 ; 217/20, ff.26v.–27, 30 ; 217/50, ff.125–126 ; 218/4, ff.177v.–178 ; 218/5, f.49v. ; 218/6, ff.25v.–26, 72v., 96v., 186. — St Paul's Anglican Church (Halifax), Registers of baptisms, burials, and marriages, 27 juill. 1751, 30 sept. 1781 (mfm aux PANS). — N.-É., House of Assembly, *Journal*, 1765–1768. — *N.S. Archives*, I, 507. — *Halifax Gazette*, 7 juill. 1753, 29 juin 1754. — *Nova-Scotia Gazette and the Weekly Chronicle*, 6 oct. 1778, 2 oct. 1781. — W. S. Bartlet, *The frontier missionary : a memoir of the life of the Rev. Jacob Bailey* [...] (Boston, 1853), 168–171. — Brebner, *Neutral Yankees*. — Relief Williams, Poor relief and medicine in Nova Scotia, 1749–1783, N.S. Hist. Soc., *Coll.*, XXIV (1938) : 40–45.

WHEELWRIGHT, ESTHER (rebaptisée **Marie-Joseph**), dite **de l'Enfant-Jésus**, ursuline, supérieure, née le 10 avril 1696 (nouveau style) à Wells, Massachusetts (maintenant Maine), fille du colonel John Wheelwright et de Mary Snell, décédée le 28 novembre 1780 à Québec.

Le père d'Esther Wheelwright, de même que son grand-père, le juge Samuel Wheelwright, et son arrière-grand-père, le révérend John Wheelwright, étaient des notables de la ville de Wells. Ce fut là qu'Esther fut baptisée, le 14 juin 1701, dans l'Église congrégationaliste.

Le 21 août 1703, plusieurs centaines d'Abénaquis et quelques Canadiens sous les ordres d'Alexandre Leneuf* de La Vallière et de Beaubassin dévastèrent Wells et les établissements de pionniers non loin de là. Esther fut enlevée par les Abénaquis et emmenée dans la forêt entre les rivières Kennebec et Androscoggin. Des missionnaires français l'y instruisirent dans la religion catholique, la rebaptisèrent sous condition et lui donnèrent le nom de Marie-Joseph. Ses parents, qui avaient appris où elle se trouvait, usèrent de l'autorité du gouvernement de la baie de Massachusetts pour demander au gouverneur Philippe de Rigaud* de Vaudreuil d'obtenir sa libération. Ce dernier envoya le père Vincent Bigot*, jésuite vénéré par les Abénaquis, qui, après quelques négociations délicates, les persuada de libérer la petite fille. C'est ce qu'ils firent en hommage à Vaudreuil et en échange d'un jeune captif indien que le père d'Esther avait envoyé, de Boston à Québec.

Vers la fin de 1708, le père Bigot amena Esther à Québec où Vaudreuil la traita avec des égards particuliers en qualité de « fille du Gouverneur d'une petite place » ; ce malentendu résulta apparemment de comptes rendus sur l'influence du colonel Wheelwright à Wells et sur sa situation en tant que membre du conseil du gouverneur Joseph Dudley. Cependant, les conditions qui prévalaient pendant la guerre ne facilitèrent pas le retour immédiat d'Esther et, le 18 janvier 1709, elle fut placée au pensionnat des ursulines.

Après avoir été élève pendant 18 mois, elle demanda à devenir religieuse. Les ursulines, influencées par le père Bigot qui offrait de payer les frais de son entrée grâce à de l'argent envoyé de France, furent d'accord pour l'accepter. Or, Vaudreuil s'y opposa parce qu'il se sentait obligé de la retourner à sa famille. Il la retira de chez les ursulines à l'automne de 1710 et ce fut au château Saint-Louis, la résidence du gouverneur à Québec, qu'elle passa l'hiver suivant. En juin 1711, après qu'il eut reçu de Boston une autre demande de libération, Vaudreuil l'amena à Montréal, d'où il avait l'intention de l'envoyer chez elle. D'autres complications, doublées de la propre répugnance de la jeune fille, l'en empêchèrent. Pendant plusieurs mois, elle vécut à l'Hôtel-Dieu où elle fit la connaissance de prisonnières anglaises en ville, parmi lesquelles sa cousine, Esther Sayward, ainsi que Mary Silver*. Les deux cousines demeurèrent amies jusqu'à la mort d'Esther Sayward en 1770. A Montréal, Esther rencontra également le zélé sulpicien Henri-Antoine Meriel*, qui exerça une profonde influence sur les captives. Il fit en sorte qu'elle tînt sur les fonts baptismaux le 3 octobre 1711, avec Nicolas Lemoyne d'Assigny, Dorothée de Noyon, fille de Marguerite de Noyon [Abigail Stebbins] de Deerfield, Massachusetts.

Esther fut ensuite amenée à Trois-Rivières où les ursulines désiraient ardemment la recevoir dans leur communauté naissante. Toutefois, elle préférait les ursulines de Québec, et ce fut chez elles qu'elle devint postulante le 2 octobre 1712. Elle prit le voile, le 3 janvier 1713, sous le nom d'Esther-Marie-Joseph de l'Enfant-Jésus. A cette occasion, le père Bigot fit un sermon émouvant dont le manuscrit contient le peu que l'on sait de la vie d'Esther chez les Abénaquis.

Esther avait terminé un peu plus de la moitié de son noviciat quand, en 1714, après la signature du traité d'Utrecht, sa famille chercha de nouveau à la faire revenir. Conformément à la pressante requête de la postulante, Mgr de Saint-Vallier [La Croix*] avança la date de l'émission de ses vœux au 12 avril 1714, s'assurant ainsi qu'elle demeurerait au Canada. Mère de l'Enfant-Jésus et sa famille restèrent en contact grâce à des visites occasionnelles de neveux de la Nouvelle-Angleterre. Son père et sa mère lui firent des legs sous réserve qu'elle revînt du Canada, et l'on s'échangea des cadeaux. Désireuses de raffermir les bonnes relations établies avec les Britanniques pendant les années 1759 et 1760, au cours desquelles elles servirent d'infirmières aux troupes britanniques, et mère de l'Enfant-Jésus, d'assistante de la supérieure, les ursulines l'élirent supérieure le 15 décembre 1760. Sa fermeté sereine lui attira le respect de la communauté et en fit aussi la personne désignée pour la diriger, de 1760 à 1766 et de 1769 à 1772. Elle fut de nouveau assistante de la supérieure de 1772 à 1778, puis zélatrice de 1778 jusqu'à sa mort en 1780.

Usant d'une politique de souplesse, Esther-Marie-Joseph de l'Enfant-Jésus maintint de bonnes relations entre les ursulines et les autorités britanniques. Elle rétablit, non sans mal, les affaires de la communauté en France et lui donna une solide base financière en incitant les religieuses à se perfectionner dans la broderie d'écorce de bouleau, qui devint une entreprise extrêmement profitable. En 1764, la réouverture du noviciat, qui avait été fermé pendant neuf ans, avait garanti la survivance de la communauté que mère de l'Enfant-Jésus avait aidé à rétablir et à diriger pendant 20 des années les plus difficiles de son histoire.

GERALD M. KELLY

AN, Col., B, 34-1, p.113 (copie aux APC) ; C[11A], 30, ff.422–430 ; 32, ff.119–123, 156–158 ; 33, ff.15–37, 249–253 ; 34, ff.333–342. — ANQ-M, État civil, Catholiques, Notre-Dame de Montréal, 3 oct. 1711. — AUQ, Actes d'élection des supérieures, 63, 67–69 ; Actes des assemblées capitulaires, 1 : 111, 123s., 127, 275–278, 298, 328 ; Actes de professions et de sépultures, 1 : 70s. ; Annales, I : 127s., 216, 254, 259, 268, 277, 301, 331 ; Conclusions des assemblées des discrètes, 1 : 54s. ; Corr. des laïcs, Corr. de Miss C. A. Baker avec mère Sainte-Croix ; Lettres, pétitions, gouverneurs anglais, juin 1761, 6 mars. 1762, 2 janv. 1764, 23 avril 1767 ; Corr. des ursulines de Paris, 28 sept. 1747, 6 mai 1761, 31 août 1771, 20 sept. 1772, 22 août 1789 ; Fonds de la famille Wheelwright ; Fonds dots des religieuses ; Fonds sermons, Sermon du R. P. Vincent Bigot, s.j., 3 janv. 1713 ; Journal, 2 ; Livre des entrées et sorties des filles françaises et sauvages ; Registre de l'examen canonique des novices, 1 : 37s. ; Registre des entrées, vêtures, professions et décès des religieuses, 1 : 11. — Mass. Hist. Soc., Wheelwright family papers ; A journal of the proceedings of Nathaniel Wheelwright appointed and commission'd by his Excellency William Shirley Esquire Governour and Commander in Chief in and over His Majestys Province of the Massachusetts Bay in New England from Boston to Canada in order to redeem the captives belonging to this Government in the hands of the French and Indians. — Pocumtuck Valley Memorial Assoc. (Deerfield, Mass.), Papers of C. A. Baker. — *Coll. de manuscrits relatifs à la N.-F.*, II : 506. — *Maine wills, 1640–1760*, W. M. Sargent, édit. (Portland, Maine, 1887), 522–526, 769–772. — *Genealogical dictionary of Maine and New Hampshire*, Sybil Noyes *et al.*, compil. (Portland, Maine, 1928–1939). — C. A. Baker, *True stories of New England captives carried to Canada during the old French and Indian wars* (Cambridge, Mass., 1897). — E. E. Bourne, *The history of Wells and Kennebunk from the earliest settlement to the year 1820, at which time Kennebunk was set off, and incorporated, with biographical sketches* (Portland, Maine, 1875). — Coleman, *New England captives*. — M. Trudel, *L'Église canadienne*.

WHITE, JOHN, avocat et fonctionnaire, né vers 1761, fils unique de John White, de Hicks's Hall, paroisse St Sepulchre, Middlesex, Angleterre ; il épousa en 1784 Marrianne Lynne, de Horkesley, Essex, et ils eurent deux fils et une fille ; décédé le 4 janvier 1800 à York (Toronto).

John White fut admis comme étudiant au Inner Temple de Londres le 17 octobre 1777. En 1783, sa seule sœur, Elizabeth, épousa son compagnon d'études, Samuel Shepherd, qui allait devenir un juriste britannique distingué et qui, toute sa vie, resterait l'ami et le protecteur fidèle de White. Reçu au barreau en 1785, White se rendit en Jamaïque l'année suivante et y exerça le droit sans succès. En 1791, il vivait au pays de Galles avec sa famille, songeant à devenir ministre du culte. Shepherd le recommanda pour assumer les fonctions de procureur général du Haut-Canada auprès de William Osgoode*, choisi pour devenir juge en chef de la nouvelle colonie, qui transmit la recommandation à Evan Nepean, un commissaire du petit sceau ; White obtint le poste le 31 décembre 1791.

White s'embarqua pour le Canada au printemps de 1792 en compagnie d'Osgoode, de Peter Russell* et de sa sœur Elizabeth* qui allaient rester ses amis les plus intimes au pays. Après avoir siégé à Kingston pendant une courte période, le gouvernement se transporta à Newark (Niagara-on-the-Lake) en septembre 1792 ; White et Osgoode y vécurent ensemble jusqu'à ce que White acquît une maison l'année suivante. En 1797, White, qui ne vivait plus avec son épouse, déménagea à York. Mme White vint l'y rejoindre avec leurs enfants ; leur réconciliation aboutissant à un échec, elle rentra en Angleterre avec leur fille en 1799.

En sa qualité de premier procureur général du Haut-Canada, White s'occupait d'adapter les lois de la Grande-Bretagne aux conditions très différentes de la nouvelle colonie. De nombreux problèmes se posaient touchant la propriété des terres, surtout celles concédées avant l'adoption de l'Acte constitutionnel de 1791 ou cédées par le concessionnaire original avant la délivrance de son titre de propriété. Dans les poursuites intentées au nom de la couronne, White éprouvait des difficultés à obtenir des condamnations pour meurtre, même avec une forte preuve. A cause de l'absence de prisons, les délits de peu d'importance étaient punis par l'imposition d'amendes plutôt que par l'emprisonnement ; selon White, ces amendes étaient rarement payées.

Comme d'autres parmi les premiers procureurs généraux, White continua l'exercice privé de sa profession pour arrondir ses revenus. Il en résulta, à l'occasion, certaines irrégularités. En 1793, on rapporta au lieutenant-gouverneur Simcoe* que White, en sa qualité de procureur général, avait intenté une poursuite pour coups et blessures, s'était ensuite porté garant du défendeur, l'avait logé dans sa propre tente alors que le shérif était à sa recherche et l'avait défendu dans la poursuite subséquente engagée contre lui au civil. Simcoe ignora cette plainte, peut-être parce que le défendeur était officier dans les Queen's Rangers.

White participa à la fondation de la Law Society of Upper Canada en 1797. Premier trésorier, il en fut aussi le premier président du conseil. Il fut le seul parmi les avocats qui assistèrent aux réunions du début à se montrer favorable à la distinction entre *attorney* et *barrister*. On rejeta ses objections à combiner les deux fonctions 12 jours après sa mort.

Pendant son séjour à Kingston, en 1792, White avait été élu à la chambre d'Assemblée comme député de Leeds et Frontenac. L'arpenteur général, David William Smith*, et lui se firent les principaux défenseurs des lois proposées par le gouvernement à l'Assemblée, en particulier du projet de loi de 1793 prévoyant l'abolition éventuelle de l'esclavage dans la province. Personnellement, White se montrait plus intéressé au projet de loi créant la Cour du banc du roi et les cours de district, en 1794. Il ne fut pas député au deuxième parlement ; en 1799, toutefois, il se porta candidat lors d'une élection partielle dans Addington et Ontario. Après sa défaite, le gouvernement assuma ses dépenses électorales. En novembre 1799, il accepta de se présenter dans Lincoln, mais il mourut avant la tenue de l'élection.

Le salaire annuel de White, comme procureur général, était de £300, auquel s'ajoutaient des honoraires pour certaines tâches particulières dont la plus importante était la rédaction des titres de concession. Lourdement endetté envers Shepherd à sa venue au Canada, il continua d'y vivre au-dessus de ses moyens. Constamment à la recherche de situations mieux rémunérées, il réagissait violemment à toute menace de réduction de son revenu. Un combat ininterrompu se livra entre White, le secrétaire de la province, l'arpenteur général, le receveur général, le greffier du Conseil exécutif et le lieutenant-gouverneur qui se partageaient les droits provenant de la délivrance des titres fonciers. Cette querelle divisa profondément les fonctionnaires du gouvernement, diminua leur rendement et occasionna beaucoup d'aigreur.

Les premières impressions de White sur le Haut-Canada et sur Simcoe avaient été favorables, mais il perdit rapidement ses illusions sur le pays, sur Simcoe et plusieurs de ses collègues et sur ses propres perspectives d'avenir. Sa santé déclinant, il devint déprimé et irascible. Apparemment, il avait eu une brève aventure avec la femme du greffier du Conseil exécutif, John Small*. Mme Small fit un affront à Mme White lors d'une réunion à York ; White fit à David William Smith une remarque injurieuse sur la vertu de Mme Small. Ses propos vinrent éventuellement aux oreilles de Mme Small dont le mari provoqua White en duel. Atteint d'une balle, White mourut 36 heures plus tard. Mme Small fut rejetée par son milieu, la nomination de Smith au Conseil législatif fut remise indéfiniment et le scandale imprégna de malaise la société fermée d'York.

White mourut fortement endetté. Son exécuteur testamentaire, Peter Russell, envoya les fils de White à Shepherd et tenta de débrouiller sa succession. A la demande de White, le duc de Portland, ministre de l'Intérieur (responsable aussi des colonies), avait accepté qu'une concession de terre, équivalente à celles faites aux membres du Conseil exécutif, lui fût accordée ; la nouvelle arriva à York après la mort de White et on donna la terre à sa femme et à ses enfants. White avait tenté de pourvoir à l'entretien de sa maîtresse à York, Mme Susanna Page, et de leurs deux filles, mais on ne fit rien pour elles. Sa succession ne fut réglée qu'en 1837 par une loi privée.

White s'engagea profondément dans la création du système à la fois juridique et judiciaire du Haut-Canada. Cependant, il éprouvait de la difficulté à travailler avec les autres, et c'est surtout pour les circonstances qui entourèrent sa mort qu'aujourd'hui l'on évoque son souvenir.

EDITH G. FIRTH

Le journal de John White a été publié : « The diary of John White, first attorney general of Upper Canada (1791–1800) », William Colgate, édit., *OH*, XLVII (1955) : 147–170.

APC, MG 23, HI, 3 ; 5. — Metropolitan Toronto Library, John Elmsley letterbook ; Elizabeth Russell papers ; Peter Russell papers ; John Graves Simcoe, Wolford papers ; Sir David William Smith papers. — PAO, Russell family papers ; Simcoe (John Graves) papers. — PRO, CO 42/21, f.234, William Osgoode à Evan Nepean, 13 août 1791. — Canadian letters : description of a tour thro' the provinces of Lower and Upper Canada, in the course of the years 1792 and '93, *Canadian Antiquarian and Numismatic Journal* (Montréal), 3e sér., IX (1912) : 85–168 (tiré à part). — *Correspondence of Lieut. Governor Simcoe* (Cruikshank). — *The correspondence of the Honourable Peter Russell, with allied documents relating to his administration of the government of Upper Canada* [...], E. A. Cruikshank et A. F. Hunter, édit. (3 vol., Toronto, 1932–1936). — *Gentleman's Magazine*, 1760–1800. — [E. P. Gwillim (Simcoe)], *Mrs. Simcoe's diary*, M. Q. Innis, édit. (Toronto et New York, 1965). — [F.-A.-F. de] La Rochefoucauld-Liancourt, *Voyage dans les États-Unis d'Amérique, fait en 1795, 1796 et 1797* (8 vol., Paris, [1799]), II : 64. — The probated wills of men prominent in the public affairs of early Upper Canada, A. F. Hunter, édit., *OH*, XXIII (1926) : 335s. — *The town of York, 1793–1815 : a collection of documents of early Toronto*, E. G. Firth, édit. (Toronto, 1962). — W. R. Riddell, *The bar and the courts of the province of Upper Canada, or Ontario* (Toronto, 1928) ; The first attorney-general of Upper Canada – John White (1792–1800), *OH*, XXIII (1926) : 413–433.

WIKINANISH (Huiquinanichi, Quiquinanis, Wickananish, Hiyoua), chef nootka et trafiquant de fourrures, dont le nom, orthographié wikinaniš dans la langue originale, signifie « qui n'a personne en avant de lui dans le canot » et laisse entendre que, comme descendant d'une longue lignée de chefs qui eurent des garçons comme premiers-nés, il était, en qualité de chef, l'héritier direct de son père ; *circa* 1788–1793.

Wikinanish fut le chef le plus en vue de la baie de Clayoquot, sur la côte ouest de l'île de Vancouver, pendant la période marquée par les premiers contacts avec les Européens et par la traite des fourrures marines. Les journaux des capitaines européens qui visitèrent la région, de 1788 à 1818, font mention d'un certain Wikinanish. Il s'agit probablement de plusieurs individus qui, successivement, portèrent le même nom. On rapporta, par exemple, que Wikinanish, en 1792, donna son nom à son fils aîné et prit quant à lui le nom de Hiyoua (hayuˀa, dix [baleines] sur les rochers).

Moins bien connu que MUQUINNA, le chef de la baie de Nootka, Wikinanish, néanmoins, fut probablement plus riche et, partant, plus puissant que son voisin. Parce que les navires européens visitaient moins souvent la baie de Clayoquot que celle de Nootka et que la première ne fut pas au centre de la rivalité entre la Grande-Bretagne et l'Espagne, on accorda à Wikinanish moins d'attention qu'à Muquinna dans les récits relatifs à la côte nord-ouest de l'Amérique du Nord. Il semble aussi que les relations aient été souvent moins cordiales avec Wikinanish qu'avec Muquinna. Les situations tendues, parfois marquées de violence, n'étaient pas rares entre les trafiquants de fourrures et les Indiens de la baie de Clayoquot. En 1790, un des premiers visiteurs, James Colnett*, craignant qu'on eût attaqué sa chaloupe, tint en otage le frère de Wikinanish pendant qu'il enquêtait sur l'affaire. Naturellement, ce geste irrita les Indiens qui, quelques semaines plus tard, lancèrent une attaque contre le navire de Colnett. Ils attaquèrent de même, à l'occasion, d'autres navires de traite et, en février 1792, on brûla l'un de leurs villages en guise de représailles. Ces relations difficiles tendaient à décourager les visites d'Européens, malgré la puissance et l'influence de Wikinanish.

A l'instar d'autres leaders dans le domaine de la traite, Wikinanish avait déjà acquis, selon les normes traditionnelles, une situation éminente dans la société indienne ; à l'arrivée des Blancs, il put consolider et étendre sa domination, grâce à la mainmise sur la traite des fourrures dans cette région. Il put diriger la traite à la baie de Clayoquot, en tirant parti, en particulier, de la concurrence entre les navires étrangers, de manière à faire monter les prix des fourrures et à accroître du même coup sa fortune personnelle. Il agit aussi à titre d'intermédiaire entre les Européens et les autres groupes indiens des alentours. Des trafiquants arrivaient, remplis d'espoir, dans les autres villages, et découvraient que les agents de Wikinanish y étaient déjà passés et avaient raflé les fourrures. En empêchant, par la force quand c'était nécessaire, les Indiens d'autres groupes de traiter directement avec les équipages des navires, Wikinanish pouvait inclure son propre bénéfice dans le prix des fourrures. Les capitaines reconnurent sa puissance et son influence. Bien que sans doute exagérées, les estimations du nombre d'hommes que Wikinanish pouvait commander donnaient un chiffre aussi élevé que 4 000 à 5 000. Selon John Meares*, l'un des premiers Européens à avoir visité la côte, « le pouvoir de Wicananish et le territoire qu'il dominait étaient si grands qu'il était fort de [leur] intérêt de gagner son estime et de cultiver son amitié ».

Comme le laisse entendre Meares, dans sa remarque, Wikinanish exerçait son pouvoir sur les autres groupes nootkas de la côte ouest de l'île de Vancouver. En présentant Wikinanish comme « l'Empereur de toute la côte [...], des détroits de

Fuca aux îles Charlotte », Peter John Puget*, qui visita la côte avec VANCOUVER en 1792 et en 1793, exagère probablement. Mais Wikinanish avait défait plusieurs groupes indigènes de la région de la baie de Clayoquot, parfois en leur infligeant de nombreuses pertes de vie. Muquinna lui-même, au nord, jugeait nécessaire de se maintenir dans ses bonnes grâces. La fille de Muquinna, Apānas, fut promise au fils aîné de Wikinanish et, quand ses rapports avec les Espagnols, à la baie de Nootka, faillirent dégénérer en violence en 1789, Muquinna sollicita la protection de Wikinanish. Ces gestes, néanmoins, n'eurent pas entièrement raison de la rivalité existant entre les deux grands leaders.

ROBIN FISHER

PRO, Adm. 55/17. — *The journal and letters of Captain Charles Bishop on the north-west coast of America, in the Pacific and in New South Wales, 1794–1799*, Michael Roe, édit. (Cambridge, Angl., 1967). — *Journals of Captain James Cook* (Beaglehole), I ; II. — Meares, *Voyages*. — J. M. Moziño Suárez de Figueroa, *Noticias de Nutka : an account of Nootka Sound in 1792*, I. H. Wilson, trad. et édit. (Seattle, Wash., 1970). — Camille de Roquefeuil, *A voyage round the world between the years 1816–1819* (Londres, 1823), 28, 93–99. — G. Vancouver, *Voyage of discovery* (J. Vancouver). — *Voyages of « Columbia »* (Howay). — Cook, *Flood tide of empire*. — Philip Drucker, *The northern and central Nootkan tribes* (Washington, 1951). — Robin Fisher, *Contact and conflict : Indian-European relations in British Columbia, 1774–1890* (Vancouver, 1977).

WILKINS, JOHN, officier, *circa* 1748–1775.

John Wilkins entra dans l'armée britannique vers 1748. Le 18 juin 1753, il devint adjudant dans le 32e d'infanterie, probablement à titre d'enseigne. Le 29 octobre 1754, il fut promu lieutenant, tout en conservant le poste d'adjudant, peut-être pour arrondir sa solde. En 1755, il devint capitaine dans le 57e d'infanterie (devenu le 55e d'infanterie en 1757) qui vint en Amérique en 1758. Wilkins fut fait major dans le 60e d'infanterie (Royal Americans), le 9 juin 1762. Il commanda la garnison du fort Niagara (près de Youngstown, New York) à partir de juin ou juillet 1762, et conserva ce commandement tout au long du soulèvement de Pondiac*, en 1763–1764. Il fut sévèrement critiqué par AMHERST pour son manque de combativité et pour son « stupide aveuglement » en ne donnant pas une escorte au *Huron*, parti ravitailler Détroit, où Henry GLADWIN était assiégé par les Indiens de Pondiac. En septembre 1763, un convoi de ravitaillement et deux partis du 80e d'infanterie furent surpris dans une embuscade, au portage du Niagara, par une importante force indienne ; Wilkins aurait pu éviter ce désastre grâce à des patrouilles plus efficaces. En octobre, lui-même se mit en route avec une expédition de secours. Une tempête sur le lac Érié lui fit perdre 70 ou 71 hommes, des tonnes de marchandises et plusieurs embarcations avant que son groupe puisse atteindre Long Beach (Ontario) d'où il retourna au fort Niagara. En dépit de cette apparente incompétence, Wilkins reçut l'autorisation d'acheter la charge de lieutenant-colonel dans le 18e d'infanterie, au prix de £4 000 à ce qu'il affirma plus tard, soit £500 au delà du maximum permis par la loi. Il prit ce grade le 13 juin 1765, et partit pour l'Irlande afin d'aider son unité à passer en Amérique pour y servir éventuellement.

Après son retour en Amérique, Wilkins fut affecté, en mai 1768, au commandement du fort de Chartres (près de Prairie du Rocher, Illinois), dans le pays des Illinois, poste qu'il atteignit le 7 septembre. Il y demeura jusqu'à l'été de 1771, alors qu'il fut remplacé par le major Isaac Hamilton. Pendant les trois années de son commandement, Wilkins réussit à susciter l'antagonisme de la plupart des colons français, en partie à cause du caractère équivoque de ses rapports avec la compagnie de traite britannique Baynton, Wharton and Morgan, mais en partie, aussi, à cause de la haute main qu'il prit – probablement sans y être autorisé – sur l'administration des cours de justice de la région. Au départ de Wilkins, le lieutenant général GAGE lui conseilla de commencer à rassembler des preuves pour réfuter les accusations portées contre lui ; Wilkins, apparemment, s'embarqua aussitôt pour Londres afin de s'y consacrer. On ne connaît rien de plus sur sa carrière, si ce n'est qu'il quitta l'armée en 1775, vendant peut-être sa commission à Adam Williamson, qui le remplaça dans le 18e d'infanterie.

HARRY KELSEY

Huntington Library, Brock coll., BR Box 257 ; 80487, [G.-B., WO], All commissions in the Dragoons, and the field officers in the Foot, at ten years purchase. Captains and subalterns of Foot at nine years purchase (feuillet). — PRO, WO 34/49, Amherst à Gladwin, 1er août 1762, 6 oct. 1763. — Amherst, *Journal* (Webster). — *Correspondence of General Thomas Gage* (Carter), I : 4–6, 208–211, 309–312. — *Johnson papers* (Sullivan *et al.*), III : 903s. ; X : 815–818. — *Michigan Pioneer Coll.*, XIX (1891) : 27–295. — *Trade and politics, 1767–1769*, C. W. Alvord et C. E. Carter, édit. (Springfield, Ill., 1921). — *British officers serving in North America, 1754–1774*, W. C. Ford, compil. (Boston, 1894), 6, 105. — G.-B., WO, *Army list*, 1755, 1759, 1763, 1767–1769, 1771, 1773, 1775–1777. — L. W. G. Butler et S. W. Hare, *The annals of the King's Royal Rifle Corps* [...] (5 vol., Londres, 1913–1932), I : 20,

134–139. — Peckham, *Pontiac*. — Colton Storm, The notorious Colonel Wilkins, Ill. State Hist. Soc., *Journal* (Springfield), XL (1947) : 7–22.

WILLARD, ABIJAH, officier et fonctionnaire, né le 27 juillet 1724 à Lancaster, Massachusetts, second fils de Samuel Willard ; il épousa, le 2 décembre 1747, Elizabeth Prescott, de Groton, puis en secondes noces, en 1752, Anna Prentice, de Lancaster, et en troisièmes noces, en 1772, Mary, veuve de John McKown, de Boston ; décédé le 28 mai 1789 à Saint-Jean, Nouveau-Brunswick.

La famille Willard, du comté de Worcester, Massachusetts, combina la possession de terres avec de longs états de service dans les troupes provinciales. Par suite de ses activités militaires, Abijah Willard fut mêlé deux fois à l'histoire canadienne. La première fois, ce fut entre 1745 et 1760, alors que le Massachusetts appuyait les efforts des Britanniques pour chasser les Français de l'Amérique du Nord. En 1745, Willard servit au siège de Louisbourg, île Royale (île du Cap-Breton), à titre de capitaine dans le 4e régiment du Massachusetts, commandé par son père. Dix ans plus tard, il était capitaine dans le régiment provincial de William Shirley au siège du fort Beauséjour (près de Sackville, Nouveau-Brunswick). Pendant cette campagne, il tint un journal qui contient un compte rendu vivant de la déportation des Acadiens après la défaite française. Willard reçut du lieutenant-colonel MONCKTON l'ordre de rassembler les habitants français et de « brûler toutes les maisons qu'[il] trouve[rait] ». Il exécuta les ordres scrupuleusement, mais considérait les dommages causés par ses raids comme « quelque chose d'affreux ». Promu colonel après cette campagne, il commanda, en 1759 et 1760, un régiment sous les ordres du général Timothy Ruggles au fort Edward (aussi appelé fort Lydius ; aujourd'hui Fort Edward, New York) et au lac George (lac Saint-Sacrement, New York). La dernière année, son régiment faisait partie de la troupe de William HAVILAND qui contribua à la prise de Montréal.

Au retour de la paix, Willard se retira du service et, pendant 14 années, mena une existence tranquille en sa qualité d'un des propriétaires terriens les plus prospères de Lancaster. Toutefois, le débat de plus en plus acrimonieux, au Massachusetts, sur la politique coloniale britannique le ramena à la vie publique. Étiqueté comme tory à cause de ses longs états de service dans l'armée britannique, Willard devint naturellement la cible des injures publiques des opposants aux directives britanniques. En 1774, sa position devint plus difficile encore quand le gouverneur Thomas Hutchinson le nomma conseiller par bref de *mandamus*. Il fut arrêté par une bande d'émeutiers dans le Connecticut et emprisonné pendant cinq jours jusqu'à ce qu'il consentît à démissionner de son siège de conseiller. Mais la violence populaire ne put affaiblir l'engagement de Willard envers le gouvernement monarchiste en Amérique. Après la bataille de Lexington, Massachusetts, en avril 1775, il offrit ses services à l'armée britannique et reçut une commission de capitaine dans la 1re compagnie des Loyal American Associates. Quand les Britanniques évacuèrent Boston en mars 1776, Willard accompagna les troupes à Halifax, puis à New York. Le Massachusetts coupa officiellement ses liens avec ce fils loyaliste en incluant son nom dans le *Banishment Act* de 1778 et en confisquant ses biens en 1779.

Pour le reste de la guerre de la Révolution américaine, Willard agit comme assistant commissaire sur l'île Long, New York, mais ce n'est qu'en 1781, après un voyage en Angleterre, qu'il toucha un salaire régulier. Une fois l'indépendance américaine acquise en 1783, Willard se trouva mêlé à l'histoire canadienne pour une seconde fois ; il se prépara à émigrer en Amérique du Nord britannique et envoya son neveu Abel Willard en Angleterre pour défendre ses intérêts auprès des commissaires aux revendications des Loyalistes. Alors qu'il était encore à New York cet été-là, Abijah Willard, en compagnie d'autres personnes, tels Colin Campbell*, Ward Chipman*, Charles Inglis* et William Wanton*, signa la requête controversée des Fifty-Five Associated Loyalists. Cette requête, dans laquelle les signataires exigeaient pour eux-mêmes des octrois spéciaux de 5 000 acres de terre en Nouvelle-Écosse, fut très mal vue par d'autres Loyalistes, et le fait que la signature de Willard apparaissait en tête de liste le rendit particulièrement vulnérable à la critique. Le gouvernement britannique ne fut pas d'accord avec cette critique ; les commissaires aux revendications louèrent explicitement la manière scrupuleuse avec laquelle Willard avait tenu ses comptes en temps de guerre et lui accordèrent une compensation de £2 912, de même qu'une pension annuelle de £150. De plus, nommé au Conseil exécutif de la nouvelle province du Nouveau-Brunswick, il détint ce poste jusqu'à sa mort.

Willard arriva à Parrtown (Saint-Jean) à l'automne de 1784. En plus d'assister à des assemblées occasionnelles du conseil, il ne prit pas une part bien remarquable à la vie publique du Nouveau-Brunswick. Il acquit un bon nombre de propriétés sur le côté ouest du port de Saint-Jean

– la paroisse de Lancaster fut apparemment nommée d'après le lieu de sa naissance. Si les quelques documents personnels existant encore ne révèlent pas les raisons particulières pour lesquelles Willard devint loyaliste, sa position fut cependant assez typique des personnes au passé militaire et économique semblable au sien. Sa décision de devenir loyaliste lui causa de réelles difficultés financières, et il tint particulièrement rigueur à ses anciens voisins américains de ne pas avoir honoré leurs dettes d'avant la révolution. En conséquence de ces difficultés, il mourut insolvable. Sa troisième femme et trois enfants lui survécurent ; ils retournèrent tous au Massachusetts. On ne connaît pas de portrait de Willard, mais on l'a décrit comme un homme « gros et ventru », d'un « maintien majestueux et [aux] manières pleines de dignité ».

ANN GORMAN CONDON

Le journal d'Abijah Willard a été publié : « Journal of Abijah Willard of Lancaster, Mass., an officer in the expedition which captured Fort Beauséjour in 1755 », J. C. Webster, édit., N.B. Hist. Soc., *Coll.*, n° 13 (1930) : 3–75.

Huntington Library, HM 497, Abijah Willard, journal and orderly book, 1755–1756. — Worcester County Registry of Probate (Worcester, Mass.), Ser. A, n° 65 822, estate papers of Abijah Willard, 1816. — G. O. Dent, The loyalist Willards, *Acadiensis* (Saint-Jean, N.-B.), V (1905) : 157–165.

WILLIAM. V. TUGLAVINA

WILLIAM OF CANAJOHARIE. V. TEKAWIROÑTE

WILLIAMS, EUNICE (connue également sous le nom de **Marie, Maria, Marguerite, Margarett, Gannenstenhawi**, qui signifie « elle rentre le maïs », et **Ouangote, Aongote, Gon?aongote**, qui signifie « ils s'en emparèrent et la firent membre de la tribu », née le 17 septembre 1696 à Deerfield, Massachusetts, fille de John Williams* et d'Eunice Mather, décédée le 26 novembre 1785 à Sault-Saint-Louis (Caughnawaga, Québec).

Le 29 février 1703/1704, la ville de Deerfield fut détruite par les Français et leurs alliés, les Iroquois de Sault-Saint-Louis. Une cinquantaine de ses habitants furent tués et plus de 100, parmi lesquels Eunice Williams, furent faits prisonniers lors de ce raid exécuté sous le commandement de Jean-Baptiste Hertel* de Rouville. Eunice fut amenée à Sault-Saint-Louis où son ravisseur agnier la garda. Son père, que le gouverneur Philippe de Rigaud* de Vaudreuil avait fait libérer, essaya d'entrer en contact avec elle mais le jésuite en charge de la mission Saint-François-Xavier de Sault-Saint-Louis lui dit que les Agniers « se départiraient plutôt de leur cœur que de l'enfant ». Grâce à l'intercession de Vaudreuil, Williams obtint une entrevue avec sa fille, et le gouverneur tenta personnellement plusieurs fois de la racheter à ses ravisseurs. Johannes Schuyler*, d'Albany, New York, qui participa activement aux négociations en vue de la libération des prisonniers, écrivit le 18 février 1706/1707 : « nos espions [...] ont vu la fille de M. Williams [...] elle est en bonne santé, mais ne semble pas disposée à revenir et les Indiens ne semblent pas très disposés à s'en séparer ». Plusieurs autres tentatives pour la racheter se révélèrent infructueuses. En 1713, Schuyler vint au Canada et découvrit qu'Eunice avait été baptisée sous le nom de Marguerite, qu'elle avait épousé un Indien appelé Arosen (ou François-Xavier) et qu'elle avait adopté la langue et le mode de vie des Agniers. Schuyler lui demanda de revenir à Deerfield pour voir son père ; elle répondit par l'intermédiaire d'un interprète qu'elle n'irait pas. Son père se rendit de nouveau au Canada et, le 13 mai 1714, ils se rencontrèrent pour la dernière fois.

Bien plus tard, Eunice et son mari firent quelques voyages au Massachusetts pour voir les membres de sa famille. En août 1740, ils rencontrèrent deux des frères d'Eunice, Warham et Stephen, à Albany ; Stephen les persuada d'aller à Longmeadow, Massachusetts, où il était ministre du culte. La nouvelle de l'arrivée d'Eunice Williams, considérée comme une héroïne à la suite du récit de son père, *The redeemed captive returning to Zion* [...], attira à Longmeadow une foule en quête de curiosités. Joseph Kellogg* servit d'interprète lors de cette visite. L'été suivant, Eunice, son mari et deux de leurs trois enfants retournèrent de nouveau à Longmeadow ; ils y firent une autre visite en 1761. A cette dernière occasion, Stephen Williams essaya une fois de plus de persuader sa sœur de s'établir en Nouvelle-Angleterre mais, comme par le passé, elle refusa.

Les descendants d'Eunice Williams et d'Arosen gardèrent le nom de Williams suivant l'usage de la société matrilinéaire des Agniers. Thomas Williams [Tehoragwanegen*], un petit-fils, devint chef à Sault-Saint-Louis ; plus tard, il se rendit dans les prairies de l'Ouest en qualité de voyageur dans la traite des fourrures et il se fit remarquer comme chef de Saint-Régis. Aujourd'hui les descendants d'Arosen et d'Eunice Williams se retrouvent parmi les Iroquois de Caughnawaga et de Saint-Régis.

J. A. FRISCH

ANQ-M, État civil, Catholiques, Saint-François-Xavier (Sault-Saint-Louis, Caughnawaga). — John Williams, *The redeemed captive returning to Zion : or, a faithful history of remarkable occurrences in the captivity and deliverance of Mr. John Williams* [...] (6e éd., Boston, 1795), 3, 36, 108s. — C. A. Baker, *True stories of New England captives carried to Canada during the old French and Indian wars* (Cambridge, Mass., 1897), 128–154, 380–394. — Coleman, *New England captives*, I : 45 ; II : 54–63, 178s. — F. B. Hough, *A history of St. Lawrence and Franklin counties, New York, from the earliest period to the present time* (Albany, N.Y., 1853), 200–203. — Clifton Johnson, *An unredeemed captive ; being the story of Eunic Williams* [...] (Holyoke, Mass., 1897). — H. H. Peckham, *Captured by Indians ; true tales of pioneer survivors* (New Brunswick, N.J., 1954), 32–49. — Alexander Medlicott, Return to this land of light ; a plea to an unredeemed captive, *New England Quarterly* (Brunswick, Maine), XXXVIII (1965) : 202–216.

WILLIAMS, GRIFFITH, officier et écrivain ; en 1771, il était marié à Ann Fothersall, et ils eurent trois filles ; décédé le 18 mars 1790 à Woolwich (Londres).

Griffith Williams s'enrôla comme simple soldat de l'artillerie royale en janvier 1743 et devint cadet de la Royal Military Academy à Woolwich l'année suivante. On est mal renseigné sur les quelques années qui suivirent ; d'après une brochure qu'il rédigea plus tard, il se trouvait à Terre-Neuve à partir de 1744 environ ; une autre source indique cependant qu'il fut sous-ingénieur supplémentaire en Caroline du Sud et en Géorgie de 1744 à 1749. Quoi qu'il en soit, en octobre 1749, Williams, alors lieutenant artificier d'artillerie, était en garnison dans le petit village de pêcheurs de Carbonear, Terre-Neuve ; en 1750, il était muté à St John's. Chose plutôt inusitée pour un officier, Williams s'intéressa vivement à la pêche et à l'agriculture ; en fait, l'historien terre-neuvien Daniel Woodley Prowse* le considère comme un des pionniers de l'agriculture dans l'île. Lorsqu'il quitta Terre-Neuve, il avait obtenu et défriché une concession de terre à Quidi Vidi.

En 1758, Williams, devenu premier lieutenant, fut envoyé en Europe où il participa à la bataille de Minden (République fédérale d'Allemagne) l'année suivante. En 1763, il était capitaine d'une compagnie d'artillerie et fut affecté pendant deux ans à diverses garnisons de Londres. Il continua pendant ce temps à s'intéresser à Terre-Neuve. Il prétendit avoir perdu plus de £2 000 en bétail, bâtiments et récoltes au cours de l'attaque des Français à Terre-Neuve en 1762 [V. Charles-Henri-Louis d'ARSAC de Ternay] et, pendant plusieurs années, il adressa, en vain semble-t-il, des requêtes au gouvernement britannique pour se faire indemniser. Après le départ de Williams pour l'île en 1765, où il retournait en qualité de commandant d'artillerie, un de ses amis fit publier à Londres, durant la même année, ses notes sur la pêche dans une brochure intitulée *An account of the island of Newfoundland* [...]. Williams servit encore huit ans à Terre-Neuve et, pendant cette période, explora la presqu'île d'Avalon et défendit le missionnaire Edward LANGMAN de l'Église d'Angleterre contre les accusations de ses paroissiens. Williams et son épouse reçurent d'autres concessions de terre et poursuivirent leurs travaux de culture.

En juin 1773, Williams quitta Terre-Neuve et retourna en service de garnison en Angleterre. Promu major et envoyé avec les renforts destinés au Canada et commandés par BURGOYNE, Williams fit les campagnes de 1776 et 1777 et assuma *de facto* le commandement de l'artillerie au cours de l'expédition de Burgoyne jusqu'au moment où il fut fait prisonnier à la bataille de Bemis Heights (près de Schuylerville, New York), le 17 octobre 1777. Libéré en 1780, il fut, pendant un certain temps, major de brigade de la garnison de New York. En 1782, devenu lieutenant-colonel, Williams, envoyé à Gibraltar, assuma le commandement de l'artillerie au cours des dernières phases du siège. En décembre de la même année, il fut promu colonel. L'année suivante, il se vit confier le commandement de la garnison de l'artillerie royale de Woolwich, charge qu'il occupa jusqu'en 1786, puis de juillet 1789 jusqu'à sa mort.

L'importance de Williams dans l'histoire du Canada ne tient pas à sa carrière assez peu spectaculaire d'officier mais à sa brochure. C'est un document intéressant et une des rares sources non officielles de renseignements sur Terre-Neuve au XVIIIe siècle. Au moment de sa publication, les gouvernements britanniques et français se disputaient les droits de leurs pêcheurs sur la côte française du nord de Terre-Neuve et Williams souhaitait visiblement que sa brochure fasse valoir au public britannique la nécessité de garantir les droits de pêche de la Grande-Bretagne dans la région. S'appuyant sur des statistiques douteuses qui, de toute évidence, ne pouvaient être vérifiées, il prétendait que de 1745 à 1752 les pêcheries de Terre-Neuve avaient rapporté annuellement £1 000 000 à la Grande-Bretagne et seulement un sixième de ce montant au cours des années 1760. Williams attribuait cette diminution au manque de garnisons convenables, à partir de 1750, qui décourageait les négociants britanniques de faire la compétition aux Français sur la côte française parce qu'ils ne pouvaient compter sur un appui en cas de différends. Il est peu probable, cependant, que la présence de garnisons aurait pesé beaucoup dans l'attitude des négociants ; le déclin, noté par Williams, était probablement le résultat de l'appauvrissement des pêcheries attribuable aux pêches intensives des années 1740. De plus, au cours des années 1750 et 1760, les pêcheurs britanniques accordèrent moins d'importance à la côte septentrionale et entreprirent l'exploitation du Grand-Banc de Terre-Neuve, plus riche. Williams, pourtant, s'en prenait énergiquement aux gouverneurs maritimes ; il reprochait la négligence de leur estimation des prises saisonnières qu'ils évaluaient souvent au tiers de la réalité. Il proposait également des innovations intéressantes, dont l'institution d'un poste de gouverneur résidant, une modification à la loi qui permettrait aux pêcheurs de passer l'hiver sur l'île, et une diminution des prix de l'équipement et de la nourriture nécessaires aux pêcheurs. Tout compte fait, la brochure témoigne bien de certains aspects de la situation à Terre-Neuve au XVIIIe siècle.

STUART R. J. SUTHERLAND

Griffith Williams est l'auteur de : *An account of the island of Newfoundland* [...] (Londres, 1765).

Cathedral of St John the Baptist (Anglican) (St John's), parish registers, 1752–1800, 1, ff.2, 4. — PRO, Adm. 80/121, f.108 ; CO 194/12, ff.123–124, 196 ; 194/13, ff.31, 74, 137, 184, 207, 234 ; 194/14, ff.10, 28 ; 194/16, f.193 ; 194/20, f.19 ; 194/23, ff.325, 341 ; 194/28, ff.97, 118 ; 194/30, f.113 ; Prob. 11/1 190, f.176. — USPG, B, 6, n°s 165, 169. — *Gentleman's Magazine*, 1790, 373. — *Battery records of the Royal Artillery, 1716–1859*, M. E. S. Laws, compil. (Woolwich, Angl., 1952), 27–52. — G.-B., WO, *Army list*, 1756–1790. — *Officers of the Royal Regiment of Artillery*, John Kane, compil. (4e éd., Londres, 1900), 4, 4a, 169. — J. P. Baxter, *The British invasion from the north : the campaigns of generals Carleton and Burgoyne from Canada, 1776–1777* [...] (Albany, N.Y., 1887), 286s. — John Drinkwater [Bethune], *A history of the siege of Gibraltar, 1779–1783* [...] (10e éd., Londres, 1861), 155. — Francis Duncan, *History of the Royal Artillery, compiled from the original records* (2 vol., Londres, 1872–1873), I : 315, 330, 389. — C. G. Head, *Eighteenth century Newfoundland : a geographer's perspective* (Toronto, 1976). — Porter, *History of Royal Engineers*, I : 166. — Prowse, *History of Nfld.* (1895), 296s., 427.

WILLIAMSON, GEORGE, officier, né vers 1704, probablement en Angleterre ; il eut au moins un fils, Adam, qui, à titre d'officier du génie, servit en Amérique du Nord pendant la guerre de Sept Ans, et qui par la suite s'éleva jusqu'au grade de lieutenant général ; décédé le 10 novembre 1781 à Woolwich (Londres).

George Williamson entra dans le Royal Regiment of Artillery comme cadet le 1er février 1722 et reçut une commission d'enseigne le 1er novembre 1727, de lieutenant en second le 1er octobre 1731 et de lieutenant le 1er décembre 1737. Stationné à Minorque de 1731 à 1746, il fut promu capitaine le 1er juillet 1740. Williamson participa aux campagnes des Flandres de 1746 à 1748, devenant major le 22 juin 1747. Dix ans plus tard, il était promu lieutenant-colonel.

En 1756 ou au début de 1757, Williamson se porta volontaire pour servir en Amérique et, à cause de sa réputation d'« officier excellent et soigneux », il fut nommé commandant de l'artillerie dans l'armée de lord Loudoun, qu'on était à rassembler en vue d'une expédition contre Louisbourg, île Royale (île du Cap-Breton). Williamson arriva à Halifax, Nouvelle-Écosse, le 8 juillet 1757 avec 76 pièces d'artillerie ; grâce à ce renfort, l'armée disposait d'environ 100 canons, obusiers et mortiers, que servaient environ 300 hommes. Pendant l'été, Williamson éleva une batterie pour protéger l'entrée du port de Halifax.

Après que ses supérieurs eurent décidé, en août, de ne pas attaquer Louisbourg cette année-là, Williamson partit pour New York et Albany. Il passa l'hiver à ce dernier endroit à inspecter, à organiser et à réquisitionner armes, munitions, équipement et provisions pour la prochaine campagne. A l'instar d'autres officiers d'artillerie de son temps, il se trouvait dans une position plutôt difficile, car il relevait à la fois du commandant en chef pour l'Amérique du Nord et du Board of Ordnance d'Angleterre. Mais, officier de longue date bien au fait des habitudes de l'armée, Williamson agit diplomatiquement avec l'une et l'autre autorité, si bien qu'aucune difficulté inhabituelle ne se présenta. Dans sa manière de commander, il cherchait à la fois à maintenir une stricte discipline et à traiter ses officiers et ses hommes avec justice et impartialité. Une de ses préoccupations constantes, au cours de cette période, fut d'obtenir une promotion au poste de colonel commandant du nouveau bataillon qu'on était sur le point d'adjoindre au Royal Regiment of Artillery. Williamson fut toujours très sensible aux questions d'ancienneté, de préséance et d'éventuels profits ; il cherchait les promotions avec avidité, probablement parce qu'il paraît avoir été un peu plus âgé que d'autres officiers du même grade que lui.

A l'été de 1758, Williamson commanda l'artillerie au cours du siège de Louisbourg, effectué par AMHERST. Il disposait d'environ 300 hommes et de 145 pièces d'artillerie, dont 85 canons de gros calibre et mortiers. Technicien expert, tout à fait rompu aux nombreuses complexités de son arme, Williamson eut, semble-t-il, la responsabilité de préparer le principal bombardement de la forteresse, qui commença le 22 juillet. A la reddition de Louisbourg, cinq jours plus tard, il commanda le détachement qui hissa le drapeau britannique sur ses remparts. Il fit ensuite l'inventaire de l'artillerie, de l'équipement et des provisions, tant britanniques que français, en vue de la campagne projetée contre Québec, et travailla à remettre en état de défense les fortifications endommagées. Quand on eut décidé de ne pas attaquer Québec avant 1759, l'armée fut dispersée ; Williamson, pour sa part, reçut l'ordre de se rendre à Halifax afin de préparer la campagne suivante. Il y arriva au début de septembre mais, ayant trouvé les magasins et les casernes inadéquats, il se rendit à Boston. Il passa l'hiver aux préparatifs de l'expédition contre Québec. En février 1759, il était à New York ; il se rendit aussi à Newport (Rhode Island), Boston et Louisbourg, au printemps. Très occupé, il ne l'était pas assez toutefois pour ne point continuer à solliciter le commandement d'un bataillon, en même temps que sa promotion au grade de colonel en titre de l'armée (il avait été nommé au grade de colonel en Amérique à la fin de 1758). Le 4 juin 1759, il quittait Louisbourg avec l'armée de Wolfe*.

Au siège de Québec, cet été-là, Williamson commanda le détachement des 330 artilleurs. En juillet, sur les ordres de Wolfe, il mit en place trois batteries, formées de sept mortiers et de 12 canons de gros calibre, sur les hauteurs de Pointe-Lévy (Lauzon), face à la ville. Ces pièces tirèrent près de 4 500 obus et plus de 11 500 boulets, qui infligèrent à la haute comme à la basse ville de sérieux dommages. Au début de septembre, Williamson ajouta aux batteries huit canons ; et, en dépit de problèmes de santé continuels, il resta à son poste à Pointe-Lévy. Quand l'armée atteignit les plaines d'Abraham, au matin du 13 septembre, son chef artilleur commandait un petit détachement de canonniers, qui entretinrent un feu nourri tout au long de la bataille. Williamson affirma que Montcalm* avait été blessé à mort par la mitraille d'un canon. Bien qu'il ait dit qu'il y avait sur le champ de bataille six canons légers et deux petits obusiers, la plupart des récits ne font état que de deux canons légers ; il n'est pas impossible que Williamson ait cherché, en grossissant les chiffres, à attirer l'attention du Board of Ordnance sur la diligence dont il avait fait preuve. Il attribua le succès de cette journée à une combinaison de chance, de calcul et de persévérance, et il rapporta comme suit les derniers mots de Wolfe : « Je remercie Dieu pour [la victoire] et maintenant je meurs content. » Après la reddition de Québec, Williamson, de nouveau, dirigea l'installation des couleurs britanniques, puis, comme à Louisbourg, il s'occupa à évaluer l'équipement et les provisions tombés aux mains des Britanniques, et à remettre la ville en état de défense. Il reçut ensuite l'ordre de partir pour Boston. De là, il écrivit au marquis de Granby, commandant du contingent britannique en Allemagne, et au vicomte Ligonier, commandant en chef et maître général du Board of Ordnance, deux vieilles connaissances du temps des campagnes des Flandres, pour demander leur aide en vue d'obtenir le commandement d'un bataillon. Pendant que ses lettres voyageaient sur l'océan, il fut promu colonel commandant du nouveau troisième bataillon (20 novembre 1759), sans doute sur la recommandation d'Amherst. En apprenant sa promotion en février 1760, le nouveau colonel entreprit immédiatement une campagne pour obtenir le grade de général de brigade. Il passa un hiver affairé à préparer la prochaine campagne ; de janvier à août 1760, ses fonctions l'amenèrent à New York, Albany et Oswego.

Ayant reçu le commandement de l'artillerie dans l'armée d'Amherst, cet artilleur compétent et grand travailleur s'intéressa à la guerre navale pendant la remontée du Saint-Laurent, en août 1760. Il arma d'un canon, avec les hommes pour le servir, cinq embarcations à rames ou canots qui, le 17 août, attaquèrent l'*Outaouaise*, un navire français de 150 tonneaux, portant un équipage de 100 hommes et armé de 10 canons, dont ils s'emparèrent. Amherst fut si content de ce succès qu'il baptisa la prise la « Williamson Frigate ». De retour à une routine plus familière, le colonel commanda les batteries au siège du fort Lévis (à l'est de Prescott, Ontario), où un feu continuel de 60 heures, nourri par 16 canons, força le capitaine Pierre Pouchot* à se rendre. De nouveau, Williamson dirigea la pose du drapeau britannique.

Après la capitulation de Montréal, en septembre, Williamson partit pour New York. Il eut alors le commandement de détachements dispersés dans divers forts ; son temps était consacré à des questions de routine concernant l'administration, la discipline et l'approvisionnement. Au printemps de 1761, il entreprit la tâche difficile de tirer des forts et des garnisons des hommes, des canons, de l'équipement et des ravitaillements pour les diriger sur New York, où ils devaient être rassemblés en vue d'une expédition contre les Antilles françaises. Ce travail, qu'il mena surtout à partir d'Albany, comportait aussi une redistribution considérable des ressources parmi les postes. Williamson n'accompagna pas l'expédition du major général Robert MONCKTON, qui mit à la voile pour la Martinique en novembre ; il resta avec Amherst à New York. En octobre 1762, il fut remplacé, semble-t-il, comme commandant de l'artillerie en Amérique du Nord, puisqu'il devait rentrer en Angleterre ce même mois.

Le 20 novembre 1762, Williamson fut promu major général. Pendant tout le reste de sa carrière, il fut stationné au quartier général et dépôt du régiment, à Woolwich, où il resta le commandant actif de son bataillon. L'un des principaux informateurs de John KNOX dans la rédaction de son récit de la guerre en Amérique du Nord, il donna aussi son appui à William Congreve, un innovateur, qui travaillait à améliorer l'artillerie sur le plan technique. Le 25 mai 1772, il était promu lieutenant général. Commandant d'artillerie compétent, dont le travail fut un élément important dans les batailles décisives de Louisbourg et de Québec, George Williamson contribua d'une façon significative à la victoire britannique au cours de la guerre de Sept Ans.

PETER E. RUSSELL

Les APC conservent un portrait de George Williamson reproduit dans Knox, *Hist. journal* (Doughty), II.

APC, MG 18, N21. — PRO, WO 34/78 ; 34/82–83 ; 34/119–121 ; 34/127 ; 34/129 ; 34/135–136 ; 34/147 ; 34/153–154. — Knox, *Hist. journal* (Doughty), I : 7, 209 ; II : 541, 552s. ; III : 87, 339s. — G.-B., WO, *Army list*. — *Officers of the Royal Regiment of Artillery*, John Kane, compil. (4e éd., Londres, 1900), 2. — McLennan, *Louisbourg*, 262s.

WINMAN. V. WENMAN

WINNINNEWAYCAPPO (Captain Jecob), agent indien (*leading Indian*), probablement de la nation crise, décédé à l'automne de 1799 dans le district de Martin Falls (Ontario).

Winninnewaycappo – connu, par les trafiquants de la Hudson's Bay Company, sous le nom de Captain Jecob – paraît pour la première fois au fort Albany (Fort Albany, Ontario) pour y échanger des fourrures, à l'automne de 1769. Par la suite, il fut l'un des premiers arrivés au poste, à chaque mois de mai, descendant en canot la rivière Albany à partir de son territoire de chasse aux environs des lacs Eabamet et Makokibatan. Il semble que son influence atteignit son apogée pendant les années 1771 à 1784, alors que le nombre de ses canots de traite varia de 5 à 11, et que celui de ses gens s'éleva à 31.

A titre d'agent indien, Jecob rendit de précieux services aux trafiquants de la Hudson's Bay Company sur la côte [V. MATONABBEE ; WAPINESIW]. Excellente source de renseignements sur ce qui se passait dans l'arrière-pays du fort Albany, il se faisait aussi le promoteur des intérêts de la compagnie parmi les Indiens de l'intérieur des terres, au delà du poste de Gloucester House (lac Washi, Ontario). En 1777, il proposa de « rassembler des Indiens pour descendre au [fort] Albany » et, l'année suivante, au mois d'août, il avironna jusqu'à Gloucester House en compagnie d'un autre agent indien, Newaukeshickwab, et de 11 canots. Ravitaillant en esturgeons, caribous et oies sauvages ce poste nouvellement établi, Jecob joua un rôle décisif quant à la subsistance des hommes de la compagnie, qui tentaient de vivre à même les ressources de la région. En 1778, il avertit John Kipling, chef de poste à Gloucester House, que « Metawiss et son groupe [... devaient] venir ici pendant l'hiver pour [les] tuer ». Bien que cette attaque n'eût pas lieu, le rapport de Jecob est une indication de son alliance (non officielle, il est vrai) avec la Hudson's Bay Company.

Jecob était aussi un chaman doué de grands pouvoirs qui entrait en communication avec les esprits de la forêt. En 1786, il se brouilla avec Assup, un autre chaman que l'on « considérait comme un dieu », quand un des fils d'Assup abandonna une fille de Jecob. Elle fut trouvée « dans les bois, presque nue et gelée à mort ». Jecob jura de se venger : quatre ans plus tard, Assup fut « presque mis en pièces par un ours noir » – les ours agissant souvent sous l'influence des chamans.

En 1799, Jecob faisait la traite à Martin Falls. En mai 1800, des membres de sa famille, voyageant dans cinq canots, apportèrent la nouvelle qu'il était mort « l'automne précédent ». A Martin Falls, Jacob Corrigal qualifia sa mort de « grande perte ».

JAMES R. STEVENS

HBC Arch., B.3/a/62–65 ; B.78/a/2–4, 6–8, 13, 16–18, 21 ; B.123/a/5–6.

WINSLOW, JOHN, officier et fonctionnaire, né le 10 mai 1703 à Marshfield, Massachusetts, fils d'Isaac Winslow et de Sarah Wensley ; en 1725, il épousa Mary Little (ils eurent deux fils) et, en secondes noces, Bethiah Johnson, née Barker ; décédé le 17 avril 1774 à Hingham, Massachusetts.

John Winslow appartenait à l'une des familles les plus en vue de la Nouvelle-Angleterre. Son arrière-grand-père et son grand-père avaient tous deux été gouverneurs de la colonie de Plymouth Bay. Après avoir eu quelques positions de peu d'importance à Plymouth, Winslow reçut une commission de capitaine d'une compagnie de provinciaux lors de l'expédition ratée contre Cuba, organisée en 1740. Grâce, apparemment, à l'influence du gouverneur du Massachusetts, William Shirley, Winslow passa peu après dans l'armée britannique ; il servit comme capitaine dans le régiment (40e d'infanterie) de Richard Philipps* à Annapolis Royal, Nouvelle-Écosse, et à St John's, Terre-Neuve. En 1751, à la suite d'une permutation avec un capitaine à la demi-solde de l'ancien régiment de Shirley, il retourna au Massachusetts où il s'occupa de sa propriété et représenta Marshfield à la General Court of Massachusetts en 1752–1753. En 1754, promu par Shirley major général de la milice, on le choisit pour commander une troupe de 800 hommes qu'on envoyait à la rivière Kennebec (Maine) pour consolider les positions britanniques dans cette région et y empêcher les empiétements des Français. Winslow y conçut et construisit les forts Western (Augusta, Maine) et Halifax (Winslow, Maine). Cette expédition accrut beaucoup sa popularité, si bien qu'il était un candidat tout désigné au grade de lieutenant-colonel du régiment des provinciaux levé par Shirley en 1755 pour aider le lieutenant-gouverneur de la Nouvelle-Écosse, Charles Lawrence*, dans ses tentatives de soustraire cette province de l'influence française.

Winslow joua un rôle marquant lors de la prise du fort Beauséjour (près de Sackville, Nouveau-Brunswick) en juin 1755 et lorsqu'on mit fin aux ambitions françaises dans la région de Chignectou au cours de l'été ; ses journaux donnent un important compte rendu de ces événements. Tout au long de l'expédition, des incompatibilités de caractère lui amenèrent des conflits avec le lieutenant-colonel MONCKTON, l'officier britannique des troupes régulières qui commanda l'expédition contre le fort Beauséjour ; des problèmes relatifs à la solde et aux approvisionnements accrurent les tensions. Monckton semble avoir usé de peu de tact dans ses relations avec son ombrageux second, ordonnant, à un moment donné, que les drapeaux du régiment de Winslow fussent saisis par la force. Furieux, Winslow consigna dans son journal que « cette conduite causa un grand malaise tant chez les officiers que chez les soldats et souleva quelque peu [sa] colère ». Cependant, il est probable que, froissé de n'avoir pas reçu le commandement de l'expédition, Winslow ait été également à blâmer pour ces frictions.

Après la réduction des forts français des environs de Chignectou, Winslow reçut l'ordre de marcher sur Grand-Pré (Nouvelle-Écosse), le plus grand centre acadien de la région des Mines, où il procéda au déplacement de la population. Bien qu'on l'ait souvent cru l'unique responsable de la mise en œuvre de la déportation, Winslow n'avait la direction que d'une partie d'une opération beaucoup plus considérable. Le 5 septembre 1755, les Acadiens mâles de la région de Grand-Pré étant assemblés, il les informa qu'eux-mêmes, leurs familles et leurs biens mobiliers allaient être déménagés hors de la province. Winslow qualifia l'affaire de « très désagréable à [sa] nature et à [son] caractère », mais il exécuta les ordres avec soin et avec une précision toute militaire, faisant preuve d'autant de compassion que les circonstances le permettaient. À cause des délais occasionnés par la difficulté de se procurer des navires de transport, la déportation prit beaucoup plus de temps que prévu ; en novembre, toutefois, Winslow avait dirigé quelque 1 510 Acadiens vers la Pennsylvanie, le Maryland et d'autres colonies britanniques du sud. On avait antérieurement fait des plans pour qu'il servît comme agent en vue de l'occupation des terres agricoles maintenant vacantes, mais on n'y donna pas suite.

Winslow retourna au Massachusetts en novembre 1755. L'année suivante, il atteignit le sommet de sa carrière militaire, alors que Shirley le nomma commandant des troupes provinciales lors de l'expédition contre le fort Saint-Frédéric (près de Crown Point, New York). Cependant, il s'opposa âprement à lord Loudoun, le commandant en chef, qui proposait l'incorporation des troupes provinciales aux troupes régulières. Les provinciaux s'étaient enrôlés pour servir seulement sous leurs propres officiers ; d'autre part, ces derniers craignaient, advenant l'intégration, de perdre les grades qu'ils tenaient uniquement en vertu d'une commission coloniale. La question faillit prendre les proportions d'une mutinerie des provinciaux et d'une révolte de leurs officiers, mais Winslow finalement accepta l'intégration sous les menaces de Loudoun et sur les instances de Shirley. Toutefois, sur le plan militaire, rien de bien important ne fut réalisé pendant la campagne.

Cette expédition semble avoir marqué la fin de la carrière militaire de Winslow. Il rentra au Massachusetts en 1757 et représenta Marshfield à la General Court en 1757–1758 et de 1761 à 1765. En 1762, il fut membre de la commission pour la frontière de la rivière Sainte-Croix et, vers 1766, il déménagea à Hingham où il passa le reste de sa vie.

BARRY M. MOODY

Les journaux personnels de John Winslow ont été publiés : « Journal of Colonel John Winslow of the provincial troops, while engaged in removing the Acadian French inhabitants from Grand Pre [...] », et « Journal of Colonel John Winslow of the provincial troops, while engaged in the siege of Fort Beausejour, in the summer and autumn of 1755 [...] », N.S. Hist. Soc., *Coll.*, III (1883) : 71–196, et IV (1885) : 113–246.

APC, MG 11, [CO 217] Nova Scotia A, 30, pp.55–57. — Mass. Hist. Soc., Gay coll., Mascarene papers, II : 4 ; III : 133, 135s. ; Winslow papers, 61.E[1].31–33, 36, 38, 42, 60. — PANS, RG 1, 21, f. 148. — *Correspondence of William Shirley* (Lincoln), II : 492s., 495–498, 525–527. — *Military affairs in North America, 1748–65* (Pargellis), 54. — *N.S. Archives, I*, 396. — *DAB*. — Sabine, *Biographical sketches of loyalists*, II : 439–444. — H. E. Dunnack, *Maine forts* (Augusta, Maine, 1924), 234. — Murdoch, *History of N.S.*, II. — Pargellis, *Lord Loudoun*, 88–91. — G. A. Rawlyk, *Nova Scotia's Massachusetts : a study of Massachusetts-Nova Scotia relations, 1630 to 1784* (Montréal et Londres, 1973), 209–211. — J. A. Schutz, *William Shirley, king's governor of Massachusetts* (Chapel Hill, N.C., 1961), 175s., 178s., 187–189, 228, 234s. — G. A. Wood, *William Shirley, governor of Massachusetts, 1741–1756 ; a history* (New York, 1920), 96, 98.

WOOD, THOMAS, médecin, chirurgien et ministre de l'Église d'Angleterre, né à la fin de 1711 dans le New Jersey, probablement à New Brunswick, fils de Thomas Wood et descendant de quakers écossais ; il épousa avant 1752 Mary Myers, et ils eurent un fils et quatre filles ; décédé le 14 décembre 1778 à Annapolis Royal, Nouvelle-Écosse.

« Destiné » de bonne heure « à la médecine et à la chirurgie », Thomas Wood pratiqua de New York à Philadelphie, au début de sa carrière. Quand on recruta des troupes en Nouvelle-Angleterre pour relever les unités de provinciaux qui avaient participé au premier siège de Louisbourg, île Royale (île du Cap-Breton), Wood fut nommé chirurgien des Shirley's American Provincials qu'il accompagna à Louisbourg en mai 1746. Il y demeura jusqu'au licenciement du régiment, à la fin de 1748. Wood s'embarqua pour l'Angleterre en juin 1749, décidé à solliciter l'ordination dans l'Église d'Angleterre ; il fut ordonné diacre par l'évêque Thomas Sherlock, de Londres, le 24 septembre, et ordonné ministre cinq jours plus tard. Le rapport de la Society for the Propagation of the Gospel pour l'année 1749–1750 signale que les citoyens de New Brunswick, au New Jersey, avaient demandé que « M. *Wood*, un gentleman d'une vie excellente et d'un commerce agréable [...] puisse, s'il était trouvé digne des saints ordres, et s'il y était admis, être nommé missionnaire chez eux ». Wood partit à la fin de 1749 pour aller desservir les églises de New Brunswick et d'Elizabethtown (Elizabeth, New Jersey).

Apparemment, Wood finit par être déçu de sa mission puisque, dans des lettres datées du 9 novembre et du 6 décembre 1751, il sollicitait de la Society for the Propagation of the Gospel son transfert en Nouvelle-Écosse. L'année suivante, le 1er août, il demanda la permission de changer de mission avec Jean-Baptiste Moreau*, de Halifax. Sans avoir reçu l'autorisation de la société, mais avec l'approbation du gouverneur CORNWALLIS, de la Nouvelle-Écosse, Wood partit pour Halifax le même mois. Son espoir d'y succéder à William Tutty*, à titre de missionnaire, fut déçu par l'arrivée de John BREYNTON, au début d'octobre. Sur la recommandation de ce dernier, Wood allait par la suite être nommé assistant à l'église St Paul, parce que la population de Halifax avait à ce point augmenté qu'il y fallait deux missionnaires.

Prenant Halifax pour base, Wood fit plusieurs tournées de missions dans la partie ouest de la Nouvelle-Écosse et jusqu'en des districts aussi lointains que la frontière actuelle du Nouveau-Brunswick. En 1755, il fut nommé aumônier de la garnison du fort Cumberland (près de Sackville, Nouveau-Brunswick) et, en 1759, il devint l'aumônier de la première chambre d'Assemblée, à Halifax. La question de savoir lequel de Wood ou de Breynton avait réellement la direction de la paroisse provoqua une certaine rivalité entre les deux hommes, ce qui amena le gouverneur Charles Lawrence* à nommer Breynton *rector* et Wood *vicar* de l'église St Paul, le 24 septembre 1759. Wood y conserva ses fonctions jusqu'à son départ définitif pour Annapolis Royal, en 1764. On ne sait pas grand-chose du ministère qu'il y exerça, mais il semble avoir continué ses tournées missionnaires. En juillet 1769, il faisait état auprès de la société d'un voyage qui l'avait conduit, cet été-là, à Maugerville (Nouveau-Brunswick) et aux villages indiens de la rivière Saint-Jean.

Bien doué pour les langues, Wood pouvait prêcher en français, en allemand, en anglais et en micmac. Pendant ses années passées à Halifax, il s'était lié d'amitié avec l'abbé Pierre Maillard*, avec qui il avait étudié le micmac. Il apprit si bien la langue qu'en 1764 il commença à traduire les offices du *Book of Common Prayer* et entreprit une grammaire micmaque. Le 4 septembre 1766, il annonçait à la Society for the Propagation of the Gospel qu'en plus d'avoir terminé le premier volume de la grammaire, comprenant aussi les différentes formulations du Credo et l'oraison dominicale, il rédigeait le deuxième et dernier volume. Un an plus tard, il fut capable de lire aux Indiens les prières en micmac au cours d'un office auquel assistait le gouverneur, à l'église St Paul. On ignore tout de ses études du micmac après 1767.

Wood avait épousé Mary Myers avant son arrivée à Halifax. Elle mourut le 17 avril 1778, et quand Wood mourut, huit mois plus tard, il fut enseveli à ses côtés. Une de leurs filles épousa

William SHAW, et une autre, le chirurgien John Phillipps*.

C. E. THOMAS

USPG, B, 19, p.10 ; 20, pp.8, 97, 100 ; 25, n°s 2, 51, 80, 85, 88, 116, 179 (mfm aux PANS). — SPG [*Annual report*] (Londres), 1748–1749, 46. — J. B. Bell, Anglican clergy in colonial America ordained by bishops of London, American Antiquarian Soc., *Proc.* (Worcester, Mass.), 83 (1973) : 159. — G.-B., WO, *Army list*, 1758, 159. — S. A. Clark, *The episcopal church in the American colonies : the history of St. John's Church, Elizabeth Town, New Jersey, from the year 1703 to the present time* [...] (Philadelphie et New York, 1857), 62, 65. — [H. M. S. Clayton], *Smith's Cove and her neighbors : the story of Smith's Cove and her neighbors in the land of the bluenoses* (2 parties, [Smith's Cove, N.-É.], 1961–1962), 1re partie : 63. — R. V. Harris, *The church of Saint Paul in Halifax, Nova Scotia : 1749–1949* (Toronto, 1949), 26. — C. F. Pascoe, *Two hundred years of the S.P.G.* [...] (2 vol., Londres, 1901), 855. — Savary, *Supplement to history of Annapolis*.

WOOSTER, HEZEKIAH CALVIN, ministre méthodiste, né le 20 mai 1771, probablement dans le Massachusetts, fils d'Edward Wooster, décédé le 6 novembre 1798 aux États-Unis.

Hezekiah Calvin Wooster fut l'un des premiers prédicateurs itinérants de confession méthodiste qui, aux États-Unis, émergèrent de l'obscurité et prêchèrent, peu de temps mais avec une grande efficacité, dans le Haut-Canada. On ne connaît rien de ses premières années, sauf qu'il se convertit en 1791 et acheva sa « sanctification » l'année suivante. Mis à l'essai comme ministre par l'Église épiscopale méthodiste en 1793 et reçu de plein droit dans la secte en 1795, il accéda au presbytérat deux ans plus tard. En 1793–1794, il était inscrit sur le rôle des prédicateurs itinérants du « circuit » de Granville, Massachusetts, et, par la suite, il fut posté dans les états du New Jersey et de New York. En 1796, on l'affecta au circuit d'Oswegatchie, dans le Haut-Canada, de même qu'à toute la partie orientale de la province. Il semble qu'il y ait travaillé tant que sa santé le lui permit, soit jusqu'en juin 1798.

Pendant les deux années de son séjour au Canada, Wooster s'acquit la réputation d'un homme entièrement consacré à sa vocation. Pour lui, comme pour ses confrères méthodistes, rien n'était plus urgent que d'éveiller le peuple à son état de désolation spirituelle et de l'amener à la conversion et à la sanctification. Par ces termes, les méthodistes indiquaient que la vie chrétienne comprend deux phases : la rupture initiale avec un passé entaché de péché, et l'atteinte de la perfection chrétienne, étape où toute la vie doit être centrée sur le bien. John Wesley, fondateur de la société protestante des méthodistes, pensait que toute cette démarche était le résultat de l'intervention de l'Esprit-Saint dans une âme particulière, mais il était persuadé que l'état de sanctification ne pouvait être atteint que dans le contexte d'une préparation spirituelle et morale intensive. Pour les ministres moins « sophistiqués », du type de Wooster, la vie nouvelle et sainte avait pour point de départ une suite d'expériences émotives profondes qu'ils percevaient comme une conséquence du fait d'être touchés directement par la puissance de Dieu. Aussi leur prédication tendait-elle à amener les auditeurs à vivre une série d'expériences rappelant celles de la Pentecôte.

Homme d'une fervente piété, dont la prédication « n'était pas violente, mais solennelle, spirituelle, puissante », Wooster fut un évangéliste efficace. Quand il était épuisé par la fatigue et, plus tard, par la maladie, il chuchotait ou s'en remettait à un interprète qui communiquait ses paroles. Son exhortation « Frappez-les, Seigneur ; Seigneur, frappez-les » avait un effet dramatique sur son auditoire. Quelqu'un en témoigna ainsi : « Je sentis cela comme un tremblement qui courait sur mon âme, et dans chaque veine, de telle sorte que cela m'enleva toute force dans les membres. » Chez d'autres, ces mots déclenchaient une extase, suivie d'un sentiment de paix et d'un changement de vie. Ainsi, pour son contemporain Nathan Bangs*, « il fut l'heureux instrument qui alluma un tel feu dans le cœur des hommes, où qu'il allât, et particulièrement dans le Haut-Canada, que toutes les eaux de la contestation et de l'opposition ne sont pas parvenues à l'éteindre ». Selon ses confrères, Wooster « fut un homme rempli de zèle, de grâce et de compréhension, mais d'une faible constitution, et [il] ne pouvait endurer toutes les fatigues des voyages, ni les grands efforts demandés par la prédication, auxquels l'exposaient son zèle et un grand renouveau de l'œuvre de Dieu ».

Wooster apporta du réconfort et un sens nouveau de l'orientation à un grand nombre de personnes qui étaient isolées, craintives et écrasées par les exigences de la vie quotidienne loin de la civilisation. Ceux qui portèrent attention à ses paroles ont peut-être vécu ensemble dans une plus grande harmonie, et se sont peut-être préoccupés davantage les uns des autres. D'une façon plus générale, par son enseignement et son exemple, Wooster contribua un peu aux premiers progrès du méthodisme en Amérique du Nord britannique et spécialement à la formation du mythe héroïque qui lui permit d'orienter et de maintenir son expansion.

G. S. FRENCH

Methodist Episcopal Church, *Minutes of the Methodist conferences, annually held in America ; from 1773 to 1813 inclusive* (New York, 1813), 120, 149, 222. — Nathan Bangs, *A history of the Methodist Episcopal Church* (4 vol., New York, 1839–1841), II : 83–85. — J. [S.] Carroll, *Case and his cotemporaries* [...] (5 vol., Toronto, 1867–1877), I : 49s. — Abel Stevens, *History of the Methodist Episcopal Church in the United States of America* (4 vol., New York, 1864–1867).

Y

YORK, JACK, esclave noir, *circa* 1800.

N'était-ce d'un crime, on ne connaîtrait pas Jack York. En 1800, il était au nombre des quelques esclaves noirs qui vivaient à la ferme de James Girty, du canton de Gosfield, dans le district de Western au Haut-Canada. Pendant la Révolution américaine, Girty avait servi à titre de « partisan » au sein du département des Affaires indiennes avec son frère Simon* et ses compatriotes et amis loyalistes de Pennsylvanie, Matthew Elliott* et Alexander McKEE. Au cours de cette période, tous ces hommes devinrent propriétaires d'esclaves en considérant les esclaves capturés comme un butin personnel plutôt que comme des prisonniers de guerre. Peut-être Jack York a-t-il été acquis de cette façon et fut-il amené en 1788 dans le district de Hesse. Dès 1782, l'esclavage avait été chose commune dans cette région. En 1807, il devenait de plus en plus impopulaire, mais la fameuse loi antiesclavagiste de 1793 n'avait point changé le sort des esclaves tels que Jack York ; elle avait plutôt confirmé à leurs propriétaires leur droit de propriété sur eux. De fait, en 1798 encore, Christopher ROBINSON avait présenté à la chambre d'Assemblée un projet de loi qui eût étendu l'esclavage dans toute la province, mais, grâce aux efforts de Richard Cartwright* et de Robert Hamilton*, au Conseil législatif, ce projet de loi ne fut pas adopté. York semble avoir connu une vie relativement facile, soignant les animaux de son maître, ayant peut-être des enfants d'une esclave nommée Hannah et occupant ses loisirs à chasser. Ses rapports avec son maître paraissent n'avoir été marqués ni par la déférence ni par une discipline stricte.

A la fin d'août 1800, un brusque changement survint dans la vie d'York, quand il fut accusé d'effraction nocturne dans un but criminel. Il comparut le 12 septembre devant le juge William Dummer Powell* et un juge adjoint, Alexander Grant*. A la suite d'un court procès, un jury de jugement composé de 12 hommes ne délibéra que fort peu de temps avant de trouver York coupable. Mais l'accusation masquait la nature réelle du crime qu'on lui imputait, le viol d'une femme blanche, Ruth Tufflemier. L'accusation d'effraction suffisait aux fins de la poursuite et épargnait à la couronne la difficulté d'établir « la preuve technique habituelle qu'un viol avait été commis ».

Le seul compte rendu que l'on ait des témoignages des sept personnes entendues se trouve dans les notes du juge Powell. Ruth Tufflemier raconta que par une « nuit étoilée », vers le 20 août, elle se réveilla et vit York, en train de regarder dans sa cabane. Étant seule, elle prit le fusil de son mari et attendit. Environ 15 minutes plus tard, elle entendit un bruit et remarqua que le dispositif qui fixait la porte avait été enlevé. Craignant de laisser voir à York qu'elle l'avait reconnu, elle menaça de tirer s'il enfonçait la porte ; là-dessus il fit irruption à l'intérieur, la frappa avec un gros bâton, « la traita avec grande violence, la pénétra et ne se retira qu'une fois son désir satisfait ». Le fait d'avoir enlevé le dispositif qui fixait la porte constituait un point déterminant dans la preuve d'effraction. Powell questionna la femme, de façon à bien établir qu'elle était en mesure d'identifier positivement l'accusé et que la porte avait été fermée à clé de la manière habituelle. Contre-interrogée, elle dit « qu'elle pouvait faire la différence entre un Noir et un Blanc » et qu'« aucune querelle privée ni rancune » n'avait motivé son accusation.

A l'appui de ses dires il n'y eut qu'une preuve indirecte. Elle provenait d'une amie, Hannah Boyles, qui raconta que Mme Tufflemier s'était rendue chez elle le 20 août, en affirmant qu'« elle avait été maltraitée par Jack, le nègre de M. Girty » et que, une fois revenue de son état d'inconscience, elle avait découvert qu'« il l'avait violée ». Mme Boyles décrivit les marques que portait Mme Tufflemier et qui permettaient de croire que « cette femme avait été prise de force » – « Sa poitrine était égratignée, ses reins meurtris, et sa cuisse gauche, juste au-dessus du genou, était très contusionnée. »

D'une manière assez surprenante, le témoignage de Jacob Tufflemier fut ambivalent. Lors de l'inculpation d'York, affirma-t-il, sa femme n'avait « pas juré avec certitude que c'était le prisonnier, mais au meilleur de sa connaissance ». En outre, il évoqua la possibilité que la vengeance fût à l'origine de l'accusation portée contre York, en racontant une dispute qu'il avait eue avec ce dernier, « longtemps auparavant », au sujet des porcs de Girty, et qui avait dégénéré en un violent échange de menaces. Tufflemier était absent la nuit du viol présumé, mais il soutint aussi qu'elle fût « étoilée ».

Les autres témoignages, ceux des compagnons d'esclavage et du maître d'York, tendaient à faire croire qu'il ne pouvait pas avoir commis le viol au moment prétendu. Une Noire, Hannah, témoigna qu'elle avait été « au lit avec lui cette nuit-là, jusque vers 10 ou 11 heures ». Un autre esclave, James, dit avoir vu York « dévêtu et prêt à se mettre au lit » et l'avoir plus tard éveillé pour qu'il abattît un hibou, après quoi ils seraient retournés dans leurs huttes. Questionné par la poursuite, James dit ne pas savoir « si le prisonnier était attiré par les femmes blanches, ou s'il avait jamais exprimé le désir d'avoir des rapports sexuels avec la femme de Stofflemire ». Le témoignage de James Girty, « un noir », – peut-être le fils illégitime de Girty – vint confirmer l'impression que la seule activité d'York cette nuit-là avait été de tirer sur un hibou. Dans son témoignage, Girty lui-même corrobora cet incident ; il affirma en outre que la nuit était obscure et que York n'eût pu quitter sa hutte sans qu'il s'en aperçût. Girty répondit à la poursuite qu'il évaluait York à £121 et que le seul motif qu'il eût de se plaindre du caractère d'York était sa tendance à « parler librement mais seulement avec qui s'était montré libre avec lui ». Quand il témoigna à son tour, York fit valoir que Ruth Tufflemier et lui se connaissaient depuis longtemps. « Fréquemment » ils s'étaient rencontrés « seuls dans les bois et en d'autres endroits, et jamais [il] ne l'avait offensée ». Il admit avoir eu une querelle avec Jacob Tufflemier, à la suite de laquelle il fut banni de la propriété de ce dernier, et il proclama son innocence, affirmant avoir passé « toute la nuit dans son lit, chez M. Girty ».

Pendant le procès, Powell reçut des attestations personnelles de « la bonne conduite » d'York, de la part de trois citoyens éminents de la communauté locale, Thomas McKee*, le fils d'Alexander, George Ironside* et William Hands*, qui disaient le « connaître depuis longtemps ». McKee avait succédé à son père comme surintendant adjoint des Affaires indiennes, il était député de Kent à l'Assemblée et aussi gendre de l'un des hommes les plus puissants du district, John Askin*. McKee essaya d'attaquer le crédit de Ruth Tufflemier : « prisonnière des Indiens, elle avait été rachetée par son père à lui et avait vécu dans sa cuisine et il ne croyait pas qu'elle ait bonne réputation ». Manifestement parce que ces renseignements n'avaient pas été donnés sous serment, Powell décida de ne pas en tenir compte.

L'adresse de Powell au jury s'avéra le moment critique du procès. Rappelant que l'accusation en était une d'effraction, il déclara la preuve claire et consistante, sauf le point contesté du degré de visibilité possible cette nuit-là. Il fit remarquer au jury l'« intérêt notoire » de Girty « de sauver le prisonnier » et dit que « tout tenait à la crédibilité du témoin Ruth, que rien n'était venu mettre en doute au cours du procès ». Après le rapide verdict du jury, Powell condamna York à mort.

On peut s'interroger sur la façon de raisonner de Powell. Dans deux cas précédents d'effraction nocturne impliquant des esclaves noirs, les préjugés ne paraissent pas avoir faussé son jugement, et il n'y a aucune preuve qu'ils aient joué un rôle quelconque dans la cause de Jack York. Le procès de William Newberry nous incite à faire un parallèle. Powell l'avait condamné à mort un mois plus tôt, après qu'il eut été reconnu coupable d'effraction nocturne ; mais, persuadé que l'accusation était fausse (le « vrai crime » était une tentative de viol) et la peine de mort injuste, bien qu'il admît la légalité de la condamnation, Powell avait écrit au lieutenant-gouverneur Peter Hunter* pour demander une réduction de la sentence. Le père de Newberry, espion loyaliste, avait été exécuté « pour avoir pris les armes pour la cause royale », et peut-être cet antécédent a-t-il influencé Powell. Au contraire, la longue fréquentation de Powell avec des hommes de la « frontière » comme Simon Girty, qui travaillaient au département des Affaires indiennes, eut peut-être quelque chose à voir avec sa méfiance devant les témoignages, favorables à York, de Girty et de ses esclaves, et avec leur rejet pur et simple. Powell avait précédemment été le procureur de HALDIMAND dans une cause contre Girty, Alexander McKee et James Baby*, quand, en 1780, ces derniers avaient été accusés de s'être emparés d'esclaves pendant un raid dans le Kentucky, et, de 1789 à 1791, il s'était de nouveau trouvé en conflit avec certains d'entre eux alors qu'il siégeait au Conseil des terres du district de Hesse. Dans une note écrite en 1809, Powell, commentant l'entrée éventuelle de son fils au département des Affaires indiennes, déclare éprouver une « aversion personnelle » pour ce département, lequel, ajoute-t-il, « offre trop de tentations de [mal] honnêteté et s'il continue ainsi, n'aura plus de crédit aux yeux du monde ».

Mais, et quelle que fût l'opinion de Powell à leur sujet, ces hommes, et McKee en particulier, étaient gens puissants avec lesquels il fallait compter. McKee avait assumé les coûts de la défense d'York et avait fait connaître son intention de demander la grâce de l'accusé. Powell n'avait ni motif ni désir de différer l'exécution d'un criminel « convaincu du crime le plus atroce, sans aucune possibilité de doute ni circonstance atténuante ». Mais, dans un geste calculé pour éviter toute répercussion politique, il attendit pour signer le mandat d'exécution d'avoir pu consulter Hunter. Celui-ci approuva la décision de Powell, mais York ne fut pas exécuté. Le 1er novembre, le shérif du district de Western, Richard Pollard*, avait averti Powell de la fuite d'York. Quelques semaines plus tard, le 24 novembre, le fugitif n'ayant pas été repris, Powell, furieux, en informa Hunter. Il est évident que Powell soupçonnait quelque collusion, et il pressait Hunter d'ordonner la tenue d'une « enquête sérieuse », mais on ignore les démarches faites en ce sens.

Jack York ne réapparut plus après sa fuite. James Girty mourut en 1817 et son testament, rédigé en 1804, contient une indication qui n'est peut-être pas sans rapport avec le sort d'York après 1800. Parmi ses biens, Girty énumère, outre sa « jeune Noire Sall », six esclaves, dont James, Hannah et un dénommé Jack !

ROBERT LOCHIEL FRASER III

APC, RG 1, L3, 204a, n° 35; 496, nos 10, 18 ; RG 5, A1, pp.443–451, 474s., 502s., 506–511, 544s. RG 8, I (C series), 1 209, p.38. — PAO, Hiram Walker Museum coll., 20–224 ; RG 1, A-I-6, 4, Jacob Tufflemear au capitaine Elliott, 2 mai 1804 ; C-IV, Gosfield Township East, concession 1, lots 1–4 ; RG 8, I-3, index to land patents, 1790–1825, p.208 ; RG 22, sér. 3, 164, pp.80 (6 août 1800), 94 (12 sept. 1800) ; sér. 6-2, n° 145 (James Girty. — Metropolitan Toronto Library, William Dummer Powell papers, A27-1, Francis Gore à Powell, 13 mai 1809. — *Correspondence of Lieut. Governor Simcoe* (Cruikshank), II : 53. — *John Askin papers* (Quaife), I : 476 ; II : 582. — *Michigan Pioneer Coll.*, X (1886) : 601–613. — PAO *Report*, 1905, 20, 43, 60s., 76, 78, 90, 151, 272s. ; 1909, 67–72 ; 1910, 67, 69s. — *The Windsor border region, Canada's southernmost frontier* [...], E. J. Lajeunesse, édit. (Toronto, 1960), 54–56. — F. H. Armstrong, *Handbook of Upper Canadian chronology and territorial legislation* (London, Ontario, 1967), 26, 48, 192–194, 222. — C. W. Butterfield, *History of the Girtys* [...] (Cincinnati, Ohio, 1890), 65s., 315–319, 397–399. — Reginald Horsman, *Matthew Elliott, British Indian agent* (Détroit, 1964). — W. D. Reid, *The loyalists in Ontario : the sons and daughters of the American loyalists of Upper Canada* (Lambertville, N.J., 1973). 125. — W. R. Riddell, *The life of William Dummer Powell, first judge at Detroit and fifth chief justice of Upper Canada* (Lansing, Mich., 1924), 26–30, 60. — R. W. Winks, *The blacks in Canada : a history* (Montréal, 1971), 50s. — R. S. Allen, The British Indian department and the frontier in North America, 1755–1830, *Lieux historiques canadiens : cahiers d'archéologie et d'histoire* (Ottawa), n° 14 (1975). — John Clarke, The role of political position and family and economic linkage in land speculation in the Western District of Upper Canada, 1788–1815, *Canadian Geographer* (Toronto), XIX (1975) : 18–34. — Francis Cleary, Notes on the early history of the county of Essex, *OH*, VI (1905) : 73.

YOUVILLE, CHARLES-MARIE-MADELEINE D' (il signait régulièrement **Ch. Youville Dufrost** ou **Dufrost** pour se distinguer de son frère Joseph-François qui signait Youville), prêtre, curé et grand vicaire, né à Montréal le 18 juillet 1729, fils de François-Madeleine d'Youville et de Marie-Marguerite DUFROST de Lajemmerais, décédé à Boucherville, près de Montréal, le 17 mars 1790.

Charles-Marie-Madeleine d'Youville n'a qu'un an à peine quand son père meurt en 1730. Il entreprend ses études au séminaire de Québec à partir de 1742 et il est ordonné prêtre le 26 août 1752. Deux ans plus tard, il est affecté à la cure de Saint-Joseph-de-la-Pointe-de-Lévy. En juillet 1759, le major John Dalling le fait prisonnier lors d'une excursion de représailles contre les Canadiens qui pratiquent la guerre d'escarmouches et il est ainsi retenu jusqu'en septembre. Deux mois plus tard, il quitte sa paroisse pour se rendre dans le gouvernement de Montréal. Il avait refusé de collaborer avec le gouverneur MURRAY et, en février 1760, Mgr de Pontbriand [Dubreil*] confirme que d'Youville ne retournera pas dans sa paroisse. Ce dernier se réfugie chez son frère Joseph-François, curé de Saint-Ours, et, par la suite, il succède à Louis Lepage* de Sainte-Claire, comme curé de Sainte-Rose, sur l'île Jésus. En octobre 1761, il reprend son ancien poste à Saint-Joseph-de-la-Pointe-de-Lévy et, au printemps suivant, il fait la paix avec Murray. En 1774, Mgr BRIAND lui confie la paroisse de Boucherville ; pendant ces années, il assume également la charge de grand vicaire pour le district de Montréal.

Tout au long de son ministère, d'Youville jouit de la confiance constante de son évêque. Il n'a que 25 ans quand Mgr de Pontbriand lui confie sa première cure et, dès 1762, il est l'un des rares prêtres chargé d'accueillir chez lui un confrère récalcitrant dans le but de l'aider à reprendre le droit chemin. Mgr Briand le tient d'ailleurs en très haute estime de même que Mgr HUBERT qui lui accorde, en juin 1788, des lettres de grand vicaire.

Charles-Marie-Madeleine d'Youville est aussi connu comme étant le premier biographe de sa mère, fondatrice des Sœurs de la Charité de l'Hôpital Général de Montréal, dites sœurs grises. Il a vu naître et grandir l'œuvre à laquelle elle s'est vouée ; il était tout désigné pour en relater les diverses étapes. Le ton de la biographie est admiratif, mais il faut bien dire que la femme en question était assez exceptionnelle. Le document s'avère d'ailleurs fort intéressant par les détails qu'il apporte sur les pratiques religieuses de l'époque et donne de son auteur l'image d'un homme simple et sincère.

CLAUDETTE LACELLE

C.-M.-M. d'Youville est l'auteur de « la Vie de madame Youville fondatrice des Sœurs de la Charité à Montréal » et des « Mémoires pour servir à la vie de M[de] Youville et tirés pour la plupart des dépositions des sœurs Despins, Lasource, Rinville et de M[de] Gamelin, et d'une autre sœur » ; ces manuscrits, conservés aux ASGM, ont été publiés sous le titre de « la Vie de madame Youville, fondatrice des Sœurs de la Charité à Montréal » dans ANQ *Rapport*, 1924–1925, 361–374.

ASGM, Maison mère, Historique, Doc., 258, 259 ; Mère d'Youville, Famille, c/23-23.31 (certains de ces documents sont des copies dont l'original est déposé aux AAQ ou aux ACAM). — Allaire, *Dictionnaire*, I : 543. — Caron, Inv. de la corr. de Mgr Briand, ANQ *Rapport*, 1929–1930, 50, 52, 109 ; Inv. de la corr. de Mgr Hubert et de Mgr Bailly de Messein, ANQ *Rapport*, 1930–1931, 204, 209s., 227. — Desrosiers, Corr. de cinq vicaires généraux, ANQ *Rapport*, 1947–1948, 111s. (dix lettres du vicaire général Youville Dufrost à son évêque, Mgr Hubert). — A.-H. Gosselin, *L'Église du Canada après la Conquête*. — J.-E. Roy, *Histoire de la seigneurie de Lauzon* (5 vol., Lévis, Québec, 1897–1904), II : 268, 292, 302, 340–350, 360s., 391, 416 ; III : 36s. — M. Trudel, *L'Église canadienne*, *passim*.

YOUVILLE, MARIE-MARGUERITE D'. V. DUFROST DE LAJEMMERAIS

Z

ZOUBERBUHLER, SEBASTIAN, homme d'affaires et fonctionnaire, né en 1709 ou 1710, probablement en Suisse, décédé le 31 janvier 1773 à Lunenburg, Nouvelle-Écosse.

On sait que Sebastian Zouberbuhler se trouvait en Amérique du Nord dans les années 1730. Il travailla en Caroline du Sud et au Massachusetts comme agent de Samuel Waldo*, spéculateur foncier. En 1743, les deux hommes furent reconnus coupables par un comité de la General Court of Massachusetts d'avoir négligé les protestants d'origine allemande que Waldo avait installés depuis peu dans la partie est de la colonie (aujourd'hui dans le Maine). Zouberbuhler participa à la prise de Louisbourg, île Royale (île du Cap-Breton), en 1745, en qualité de capitaine dans l'unité de Waldo, le 2e régiment du Massachusetts. Pendant son séjour à la forteresse occupée, il fit le commerce du bois, du bétail et du charbon, autant pour son propre compte, semble-t-il, que pour celui de Waldo. Zouberbuhler alla s'établir à Halifax en 1749 ou 1750, après la restitution de Louisbourg à la France. En 1750, il obtint la permission d'importer à Halifax 1 440 boisseaux de charbon extraits durant l'occupation. A l'automne, il se trouvait à Louisbourg où il vendit trois bateaux à des résidents français. Il y travailla aussi comme représentant de Joshua MAUGER en 1749 ou 1750.

Homme intelligent et perspicace, connaissant l'anglais, le français et l'allemand, Zouberbuhler fut bientôt désigné comme un des agents du gouvernement qui devaient s'occuper des protestants étrangers de la Nouvelle-Écosse. En 1753, lui et John Creighton* reçurent du gouverneur Peregrine Thomas Hopson* la mission d'aller exercer les fonctions de magistrat à Lunenburg, nouvel établissement groupant des Allemands, des Français et des Suisses. Déjà méfiants à l'égard des autorités de Halifax, les habitants craignaient que leurs intérêts ne fussent mal défendus par des marchands et des fonctionnaires cupides. Ne parvenant pas à mettre un terme à la vaste contrebande de rhum qui envahissait le village, vraisemblablement alimentée par des gens de la Nouvelle-Angleterre, Zouberbuhler conseilla de réglementer ce trafic en autorisant l'ouverture de tavernes et la délivrance de permis pour la vente des boissons. Cette attitude déplut à un certain nombre de colons.

Zouberbuhler servit de bouc émissaire aux habitants lorsqu'ils donnèrent libre cours à leur mécontentement en décembre 1753. Le bruit courait à Lunenburg que Jean Pettrequin* possédait une lettre de Londres dans laquelle on demandait si les colons recevaient vraiment les approvisionnements que le gouvernement de la colonie avait reçu l'ordre de leur distribuer en abondance. Quelques colons, voulant s'emparer de la lettre et l'utiliser comme preuve de la corruption et de la négligence des fonctionnaires locaux, se saisirent de Pettrequin, mais celui-ci fut remis en liberté par le commandant de Lunenburg, Patrick Sutherland*, avec l'aide de Zouberbuhler et de quelques personnes. Ensuite, une bande d'émeutiers reprirent Pettrequin, l'enfermèrent dans une caserne et exigèrent le document. Effrayé, Pettrequin affirma que Zouberbuhler lui avait enlevé la lettre. Les émeutiers poursuivirent Zouberbuhler qui chercha refuge dans une autre caserne où il reçut la protection de quelques-uns des soldats de Sutherland.

Sutherland avait fait venir des renforts de Halifax ; à l'arrivée de la troupe, aux ordres de MONCKTON, on mena une enquête. Pettrequin déclara n'avoir jamais possédé la lettre mais en avoir reçu lecture de John William Hoffman qui l'invitait à répandre la nouvelle de son contenu. Hoffman avait occupé un poste de juge de paix auprès des protestants étrangers alors à Halifax, mais il avait été démis de ses fonctions et remplacé par Zouberbuhler. Traduit en justice à Halifax sous l'accusation d'avoir incité les gens de Lunenburg à l'émeute, Hoffman fut condamné à deux années de prison et à une amende de £100.

Si l'enquête sembla innocenter Zouberbuhler, elle ne fit peut-être pas disparaître le ressentiment dont il était l'objet. Il fut défait en 1758 lors des élections à la première chambre d'Assemblée, mais il se fit élire l'année suivante dans le canton de Lunenburg. Réélu en 1761, il fut nommé au Conseil de la Nouvelle-Écosse en 1763 par le lieutenant-gouverneur Montagu Wilmot*. Il ne participa que d'une façon irrégulière aux séances du conseil, spécialement après 1764 ; il jugeait moins important d'être assidu à cet organisme dominé par les gens de Halifax que de remplir ses fonctions de magistrat principal à Lunenburg et de s'occuper de ses propres affaires. Il fit le commerce du bois de chauffage et du bois d'œuvre dans le comté de Lunenburg. Des achats judicieux le rendirent propriétaire de plusieurs biens-fonds dans la ville de Halifax ainsi que dans le village et le comté de Lunenburg. En compagnie de l'étonnant spéculateur Alexander McNutt* et de quatre autres personnes, il obtint une concession de 125 000 acres entre le bassin d'Annapolis et la baie de Sainte-Marie, lors du boom des terres de 1765. Le Board of Trade en Angleterre rejeta un projet qui eût permis à Zouberbuhler et à d'autres conseillers de se faire concéder 20 000 acres de terre. Zouberbuhler n'obtint qu'une concession de 5 000 acres, à laquelle, d'ailleurs, il n'avait peut-être pas droit.

Ardent défenseur de l'Église établie, Zouberbuhler dirigea les efforts visant à faire nommer à Lunenburg un ministre anglican parlant l'allemand et il s'opposa à la venue des prédicateurs luthériens et calvinistes. S'intéressant aussi à l'éducation, il donna un « montant d'argent considérable » pour la construction d'une école à North West Range (North West, Nouvelle-Écosse), où s'étaient installés en grand nombre les Montbéliardais, des protestants français qui s'étaient intégrés à l'Église d'Angleterre.

Zouberbuhler mourut victime de la goutte, semble-t-il, à son domicile de Lunenburg, en 1773. Ses deux vastes concessions de terre avaient été cédées avant son décès à James Boutineau Francklin, fils de Michæl FRANCKLIN. Sa fille Catherine, Mme Silver, hérita du reste de ses biens. On annula un codicille stipulant un remboursement partiel d'une somme empruntée pendant son séjour en Caroline du Sud quand il fut jugé que le testateur, en le rédigeant, n'était pas sain d'esprit.

A. A. MACKENZIE

AN, Section Outre-mer, G[3], 2 041/1. — Halifax County Registry of Deeds (Halifax). — Mass., Office of the Secretary of the Commonwealth, Archives Division (Boston), Mass. archives, 15A. — Mass. Hist. Soc., Knox papers, 50 ; Waldo papers, 1743–1744. — PANS, MG 4, n° 103 (notes du chanoine E. A. Harris sur les familles du comté de Lunenburg) ; MG 7, Shipping registers, Halifax ; RG 1, 164. — PRO, CO 217/13, f.83. — *Royal Gazette* (Halifax), 16 févr. 1773. — *Directory of N.S. MLAs*. — Beck, *Government of N.S.* — Bell, *Foreign Protestants*. — Brebner, *Neutral Yankees* ; *New England's outpost*. — S. D. Clark, *Church and sect in Canada* (Toronto, 1948). — M. B. DesBrisay, *History of the county of Lunenburg* (2e éd., Toronto, 1895). — R. E. Kaulbach, *Historic saga of Lehève (Lahave)* (Lower Sackville, N.-É., 1971). — Murdoch, *History of N.S.* — H. L. Osgood, *The American colonies in the eighteenth century* (4 vol., New York, 1924), II.

Appendice

DU PONT DUVIVIER, JOSEPH (il signait et était connu sous le nom de **chevalier Duvivier**), officier dans les troupes de la Marine, baptisé le 12 novembre 1707 à Port-Royal (Annapolis Royal, Nouvelle-Écosse), fils de François Du Pont* Duvivier et de Marie Mius d'Entremont de Pobomcoup, décédé le 24 novembre 1760.

A la suite de la mort de leur père en 1714, Joseph Du Pont Duvivier, son frère aîné FRANÇOIS et son cadet Michel Du Pont de Gourville entrèrent dans l'armée à l'île Royale (île du Cap-Breton). François s'enrôla en 1716 et partit ensuite, temporairement, pour la France ; Joseph et Michel restèrent à Louisbourg où ils s'engagèrent en 1717. Cette même année, les autorités françaises avaient expressément défendu au gouverneur de la colonie d'enrôler les fils d'officiers âgés de moins de 14 ans, mais on fit exception pour Joseph et Michel. Ce ne fut qu'en 1732, cependant, lors de la mise sur pied officielle de l'institution des cadets de la Marine, que Joseph reçut une commission d'enseigne en second dans la compagnie nouvellement créée de Michel de Gannes* de Falaise ; en 1738, devenu enseigne en pied, il fut muté dans la compagnie de Pierre-Paul d'Espiet de La Plagne. Bien que, au cours de ces années, ses frères commencèrent à édifier un empire commercial, fondé en partie sur le favoritisme gouvernemental, rien dans les archives ne relie Joseph à leur activité. Peut-être avait-il avec eux une entente privée, qui ne fit point l'objet d'un acte notarié, mais il est significatif qu'en 1738 la pétition publique des maîtres pêcheurs et des marchands de Louisbourg, qui condamnaient les pratiques de ses frères, ne mentionnait pas son nom.

Au début des années 1740, Duvivier alla trouver son oncle Louis DU PONT Duchambon à l'île Saint-Jean (Île-du-Prince-Édouard). Le 6 août 1744, en compagnie de deux cousins (fils de Duchambon), d'un autre enseigne et de 18 soldats, il se joignit à l'expédition de son frère François contre Annapolis Royal. Pendant le siège, il servit comme émissaire auprès du commandant de la garnison, Paul Mascarene*. Duvivier retourna plus tard à l'île Saint-Jean et on le laissa à la tête d'un détachement symbolique de 20 soldats à Saint-Pierre (St Peters) ; il déménagea avec ses hommes à Port-La-Joie (Fort Amherst). Quand, en mai 1745, un corps expéditionnaire aux ordres de William Pepperrell* et de Peter Warren* alla assiéger Louisbourg, deux corsaires américains attaquèrent le poste et forcèrent ses défenseurs à battre en retraite vers le haut de la rivière du Nord-Est (rivière Hillsborough). S'assurant le concours des résidants et des Indiens de ces lieux, Duvivier repoussa les envahisseurs et leur infligea des pertes considérables. L'île Saint-Jean fut incluse dans le traité de capitulation de Louisbourg, et, peu après, Duvivier et ses hommes firent voile pour Québec avec leurs prisonniers et y arrivèrent le 18 août 1745.

En avril 1746, le gouverneur Beauharnois* ordonna à Duvivier de se rendre sur le cours inférieur de la rivière Saint-Jean (Nouveau-Brunswick), pour servir d'avant-garde à l'expédition de Jean-Baptiste-Nicolas-Roch de RAMEZAY. Il avait pour mission de recevoir des approvisionnements de Québec en l'absence du père Charles GERMAIN et de les distribuer aux Indiens alliés. Le mois suivant, il reçut l'ordre de se rendre au quartier général de Ramezay à Beaubassin (près d'Amherst, Nouvelle-Écosse) avec tous les Indiens qu'il pourrait rassembler. Par la suite, ses allées et venues nous sont inconnues, mais on sait qu'il fut promu lieutenant en 1747. Duvivier et son frère Michel retournèrent à Louisbourg, après que les Français eurent réoccupé la forteresse en 1749, devinrent capitaines en 1750, et y vécurent modestement. Le 24 octobre 1750, Duvivier contracta un mariage avantageux avec sa cousine Marie-Josephe Le Borgne de Belle-Isle, veuve de Jacques-Philippe-Urbain Rondeau*, l'ancien agent des trésoriers généraux de la Marine. Un seul de leurs deux enfants atteignit l'adolescence.

Duvivier servit à l'île Royale jusqu'à la chute de Louisbourg aux mains d'AMHERST en 1758. Il ne se distingua pas pendant le siège. Étant rentrés en France, lui et son frère Michel reçurent la croix de Saint-Louis en 1760. Plus tard, cette même année, Duvivier fut nommé capitaine de la troisième des quatre compagnies envoyées en renfort au Canada sous le commandement de François-Gabriel d'ANGEAC. Cette expédition se vit forcée par la marine britannique de chercher refuge à l'embouchure de la rivière Restigouche, et, dans le combat qui s'ensuivit, Joseph servit bravement jusqu'à ce que d'Angeac se rendît. Il mourut de la petite vérole le 24 novembre 1760, au cours de son voyage de retour en France.

T. A. CROWLEY et BERNARD POTHIER

AN, Col., B, 39, ff.287–295v. ; 66, f.14½ ; 83, f.19 ; C[11A], 83, ff.173, 177v. ; C[11B], 20, f.304 ; 26, ff.70–76 ; D[2C], 47, f.483 ; 48, ff.24, 180, 374–377v. ; E, 169 (dossier Duvivier [François Du Pont Duvivier]), Journal conténant le detail de la conduite qui a tenu Monsieur Dupont Duvivier capitaine a l'isle Royalle [...] ; Section Outre-mer, G[1], 408/1, ff.121–122 ; 408/2, ff.65–66 ; 409/2, f.42 ; G[2], 209, dossier 509 ; G[3], 2 041/1, 2 nov. 1750, 4 nov. 1752 ; 2 042, 21 juin 1754. — PANS, RG 1, 26 (mfm aux APC). — Knox, *Hist. journal* (Doughty), III : 369, 375, 389s. — *NYCD* (O'Callaghan et Fernow), X : 40, 43. — Ægidius Fauteux, Les Du Pont de l'Acadie, *BRH*, XLVI (1940) : 232.

KERRIVAN, PETER. Dans toute sa dimension littéraire, la légende de Peter Kerrivan se présente ainsi : aux environs de 1750, arriva sur les hautes terres infertiles de la péninsule d'Avalon, à Terre-Neuve, dans l'arrière-pays immédiat du village de Ferryland, un Irlandais, déserteur de la marine royale, du nom de Peter Kerrivan, accompagné d'une petite bande d'hommes fuyant la vie difficile des postes de pêches des alentours. Ils vivaient de la chasse dans la lande, habitaient de grossières cabanes faites de troncs d'arbres à proximité d'un monticule donnant sur la côte et connu des gens de l'endroit sous le nom de Butter Pot. De nombreux jeunes gens en provenance des établissements – la plupart des engagés irlandais sans expérience au service des marchands anglais et des pêcheurs qui géraient les opérations de pêche – les rejoignirent bientôt. Ils se donnèrent le nom de « *Society of the Masterless Men* » (Société des hommes libres) et leur réputation s'étendit au loin, jusqu'à ce qu'ils devinssent un danger et un objet de scandale intolérable pour les marchands et les fonctionnaires qui avaient la direction des affaires. La marine royale reçut l'ordre d'agir contre ces hors-la-loi.

Mais il y eut des délais, et les *Masterless Men*, dirigés par Kerrivan, devenu un homme des bois expert – le Robin des Bois de Butter Pot – aménagèrent habilement des pistes cachées partout dans le territoire sauvage qu'ils occupaient. Quand, enfin, un détachement d'infanterie de marine avança sur les collines, les oiseaux disparurent tranquillement ! Trois fois les autorités lancèrent des expéditions pour disperser les hors-la-loi, les faire prisonniers ou les tuer, et pour brûler leur repaire, et trois fois, prestement, les *Masterless Men* leur échappèrent, quoique, une fois, quatre nouveaux venus dans la société furent pris et pendus sans grandes formalités à la vergue de la frégate britannique la plus rapprochée. Ainsi, pendant plus d'un demi-siècle (100 ans, d'après une autre version littéraire), les membres de la société vécurent en hors-la-loi, subsistant grâce aux fruits sauvages et à la viande de caribou, comme les Indiens, trafiquant de temps en temps, à la dérobée, avec des pêcheurs amis de la côte, jusqu'à ce qu'un temps meilleur leur permît de retourner un à un sur la côte, de se marier et de terminer leur vie en paix. Quant à Kerrivan, il ne retourna jamais à la civilisation. Véritable patriarche de Butter Pot, il vécut jusqu'à un âge très avancé. Il y eut néanmoins plusieurs descendants de son nom (ou de l'une de ses variantes, Kerwin et Caravan) dans les petits établissements de pêcheurs de la rive sud et dans les baies des Trépassés et de Sainte-Marie.

La légende ainsi racontée possède toutes les caractéristiques d'« un conte porté sur les ailes de la tradition », bien que, d'une façon plutôt surprenante, il semble n'avoir été transmis que par une seule famille de la région à laquelle il se rapporte. Mais, pour l'essentiel, ce conte trouve un fondement historique tant dans les conditions socio-économiques des établissements de la rive sud de l'île, entre autres, à la fin du XVIIIe siècle, que dans plusieurs documents relatifs à des événements survenus à Ferryland et sur lesquels la légende elle-même brode librement.

Les faits démontrés se présentent ainsi. On possède d'abord une pétition non datée et adressée à Son Excellence John Elliot, écuyer, contre-amiral de la flotte rouge et gouverneur de Terre-Neuve, de la part de Robert Carter, juge de paix, Thomas Pyne, John Baker, Henry Sweetland et d'autres, des magistrats, des marchands et des trafiquants, qui font état des « difficultés rencontrées dans la poursuite des opérations de pêche, en particulier dans le havre de Ferryland, à cause de l'assemblée séditieuse et illégale de gens pendant l'hiver dernier, 1788 » et qui sollicitent la construction d'une prison à Ferryland et la mise à leur disposition de militaires pour les protéger pendant l'hiver suivant. Le gouverneur envoya une lettre, datée du 8 octobre 1789, au capitaine Edward Pellew, le priant de lui dire ce qu'il pensait de la pétition et, en particulier, des conditions qui prévalaient dans la région de Ferryland, selon ce qu'il avait pu y observer pendant ses patrouilles estivales. Le même jour, Pellew répondit à Elliot, affirmant qu'en effet, « on pouvait appréhender de grands dangers » et recommandant qu'un navire de guerre fût stationné à Ferryland pour la durée de l'hiver. Le 9 octobre, le gouverneur donnait réponse aux signataires de la pétition, autorisant la construction d'une prison, dont le coût serait payé à même les amendes imposées aux séditieux, les plans de la prison devant être approuvés par un comité formé d'habitants protestants de Ferryland. Le 20 octobre, les magistrats de Ferryland offrirent une remise de peine à tous les séditieux qui voulaient se rendre pour être « renvoyés chez eux », en Irlande, et on annonça l'imposition d'une amende de £50 à quiconque serait reconnu coupable d'avoir aidé ou caché des séditieux. Une note, datée du 25 octobre, mentionne que quatre hommes se rendirent. Le 24 mars 1791, le tribunal des successions et tutelles de Ferryland, sous la présidence d'Edward Pellew, de Robert Carter et de Henry Sweetland, trouva 137 hommes, aux noms irlandais, coupables de s'être assemblés d'une façon séditieuse et illégale pendant l'hiver de 1788, et les condamna à des amendes variant de £2 à £20, au rapatriement ou au fouet. La liste comprend un certain Thomas Kervan, condamné à une amende de £7, à 39 coups de fouet et au rapatriement. La présence de tous ces condamnés devant le tribunal demeure incertaine car le document porte la note suivante : « la sentence sera exécutée advenant leur retour » ; en outre, devant plusieurs noms, apparaissent les mots : « en fuite ». Le 23 juin 1791, on convoqua une assemblée à Ferryland, pour l'approbation des plans de la prison et la nomination d'un geôlier.

La preuve documentaire précitée reflète les tensions dont s'accompagna à Terre-Neuve la période de transition marquant le passage des pêches saisonnières, qui faisaient appel à des employés non résidants, à un type d'entreprises permanentes, établies sur les côtes, et qui requéraient des immigrants, de même qu'elle rappelle la bataille qu'y livra une population permanente de plus en plus nombreuse pour l'obtention d'un statut colonial. A la fin du XVIIIe siècle, les pêcheries traditionnelles organisées à partir du sud-ouest de l'Angleterre, menées grâce à des milliers d'apprentis pêcheurs envoyés à Terre-Neuve pour deux étés et un hiver, étaient en pleine décadence. L'immigration, irlandaise surtout, remplaçait de plus en plus la vieille habitude des migrations saisonnières d'une main-d'œuvre excédentaire [V. John SLADE], et, pendant l'hiver, l'oisiveté, le froid et la faim étaient souvent la cause de troubles. Des archives officielles contemporaines se dégage partout l'anxiété ressentie par les autorités ; les administrateurs navals et une autorité civile embryonnaire, qui dirigèrent l'île pendant une période presque continuellement marquée de guerres étrangères, réagissaient sévèrement à ce qu'ils percevaient comme une menace au bon ordre, et cette réaction apparaît dans la réponse rapide que l'on donna aux événements de Ferryland, en 1788–1791, même si l'on doit noter que les amendes, le rapatriement et le fouet étaient, à l'époque, des sentences bénignes.

Quant à la légende toujours bien vivante de Peter Kerrivan et des *Masterless Men*, elle est intéressante en ce qu'elle est un reflet durable de la version populaire de l'histoire terre-neuvienne au XVIIIe siècle, qui donne généralement le mauvais rôle aux tyranniques marchands du sud-ouest de l'Angleterre, aux amiraux de la flotte de pêche et aux gouverneurs navals britanniques dans la lutte populaire pour l'obtention d'institutions et d'un gouvernement représentatifs, qui furent heureusement mis en place dans les premières décennies du XIXe siècle.

G. M. STORY

Harold Horwood a présenté la tradition orale dans « The Masterless Men of the Butter Pot barrens », *Newfoundland Quarterly* (St John's), LXV (1966–1967), n°2 : 4s., et dans *Newfoundland* (Toronto, 1969), 113–121 ; Farley Mowat a fait de même dans *The boat who wouldn't float* ([Toronto, 1969]), 32–34. Horwood et Mowat avaient recueilli le conte d'un marchand de poisson connu de Ferryland, Howard Morry, dont la famille était établie depuis longtemps sur la côte sud de Terre-Neuve. Morry tenait cette tradition de sa grand-mère. Au point de vue des sources imprimées, Charles Pedley* dans *The history of Newfoundland from the earliest times to the year 1860* (Londres, 1863) et Daniel Woodley Prowse* dans *History of Nfld.* font brièvement mention d'une « grave émeute survenue à Ferryland » en 1788 mais sans plus de précisions. Cela est surprenant à tout le moins chez Prowse qui avait le goût du pittoresque et connaissait à fond la côte sud. La pétition des magistrats de Ferryland, la correspondance concernant cette pétition, ainsi que le procès-verbal de l'assemblée convoquée pour approuver les plans de la prison de Ferryland sont conservés aux PANL, GN2/1, 12 (documents concernant les troubles survenus à Ferryland). Le texte de la Ferryland Surrogate Court se trouve également aux PANL, GN/5/1/C/1, 24 mars 1791. Le géographe historien, John Mannion, et l'historien des pêcheries du sud-ouest de l'Angleterre à Terre-Neuve, Keith Matthews, ont rédigé des ouvrages, non publiés, étudiant le contexte général de la période à laquelle la légende de Kerrivan se rapporte. L'anthropologue T. F. Nemec est celui qui a traité de la façon la plus claire la collectivité irlandaise de la côte sud dans « The Irish emigration to Newfoundland », *Newfoundland Quarterly*, LXIX (1972–1973), n° 1 : 15–24 ; « Trepassey, 1505–1840 A.D. : the emergence of an Anglo-Irish Newfoundland outport », n° 4 : 17–28 ; « Trepassey, 1840–1900 : an ethnohistorical reconstruction of Anglo-Irish outport society », LXX (1973–1974), n° 1 : 15–24 ; et « The Irish emigration to Newfoundland : a critical review of the secondary sources » (conférence, non publiée, prononcée devant la Nfld. Hist. Soc., St John's, 1978). [G. M. S.]

Complément

CRAMAHÉ, HECTOR THEOPHILUS (baptisé **Théophile-Hector de Cramahé**), officier, secrétaire civil des gouverneurs MURRAY, Guy Carleton* et HALDIMAND, juge, lieutenant-gouverneur de la province de Québec puis nommé lieutenant-gouverneur de Détroit, né à Dublin (République d'Irlande), le 1er octobre 1720, fils de Hector-François Chateigner de Cramahé et Des Rochers et de Marie-Anne de Belrieux de Virazel, décédé en Angleterre vers le 9 juin 1788.

Dixième et dernier enfant d'une famille huguenote, Hector Theophilus Cramahé fut baptisé à l'église française Saint-Patrick de Dublin. Son père avait quitté la France vers la fin du XVIIe siècle, pour des raisons religieuses. Passé au service de l'Angleterre, pour laquelle il guerroya, il s'était réfugié en Irlande. Hector Theophilus garda le patronyme de Cramahé qui était attaché à un fief et à un château que les Chateigner possédaient près de La Rochelle.

Suivant les traces de son père, Cramahé embrassa la carrière militaire dès 1740. Nommé enseigne en janvier 1741, il fut assigné trois mois plus tard au 15e régiment avec le grade de lieutenant. Il servit à Cartagena (Colombie) et à Cuba (1741–1742), dans les Flandres, à Ostende (Belgique) (1745), et en Bretagne, à Lorient (1746), puis à Rochefort (1757). Capitaine depuis le 12 mars 1754, il suivit son régiment en Amérique, en 1758, où il participa au siège de Louisbourg, île Royale (île du Cap-Breton), et à celui de Québec, l'année suivante.

Arrivé à Québec en juin 1759, Cramahé devait y demeurer plus de 22 ans et renoncer à sa carrière proprement militaire. Dès le 22 septembre, peu après la capitulation de la capitale, il entra au service du colonel Murray, à titre de secrétaire. Le fait d'avoir combattu dans le même régiment et sur les mêmes champs de bataille depuis 1741 ne fut sans doute pas étranger à la solide amitié qui lia très tôt les deux hommes. Cramahé devint indispensable au premier gouverneur de Québec et, comme il avait renoncé à son commandement militaire depuis 1761 pour demeurer aux côtés de Murray, celui-ci n'hésita pas a user de son influence pour lui obtenir, en 1764, le poste de secrétaire civil que Cramahé conservera jusqu'en 1780.

A la fin de 1764, avant même d'être définitivement fixé sur son avenir, Cramahé fut envoyé en toute hâte à Londres par Murray, sans que soit averti le major général GAGE, alors commandant en chef des forces britanniques en Amérique du Nord. Comme le gouverneur s'en expliquait dans une lettre datée du 27 octobre, « la situation dans la colonie [l']oblige[ait] » à se départir de son secrétaire parce qu'il n'y avait « personne de plus qualifié pour renseigner parfaitement » les ministres sur tout ce qui concernait la province. Cramahé, espérait-il, ferait disparaître « les doutes et les faux rapports », démasquerait les « intrigues » et donnerait tous les renseignements voulus, étant « aussi parfaitement renseigné que [lui]-même ». Aux membres du Board of Trade, Murray dépeignait son secrétaire comme « l'homme le plus intègre, le plus diligent et celui ayant le plus à cœur le bien de la colonie » ; « l'un des meilleurs que je connaisse », précisait-il à lord Halifax, secrétaire d'État pour le département du Sud.

Dès son arrivée en Angleterre, en décembre 1764, Cramahé sollicita des audiences auprès des principaux ministres susceptibles de hâter l'étude des affaires canadiennes et de remédier aux problèmes sans délai, comme le souhaitait Murray. Ceux-ci étaient de cinq ordres. D'abord, il fallait convaincre les autorités métropolitaines de la nécessité d'accorder le commandement militaire au gouverneur de Québec et, dans ce but, faire inscrire Murray comme « général de brigade extraordinaire ». En cela, Murray prenait à partie le commandant des troupes de la province de Québec, le général de brigade du département du Nord, Ralph Burton*, qui refusait de reconnaître l'autorité militaire dont le gouverneur se croyait investi par sa commission. Les esprits en étaient à ce point échauffés qu'un clan anti-Murray s'était formé à Londres. En ce qui concerne les affaires civiles, Cramahé expliqua qu'il était trop tôt pour songer à convoquer une assemblée, comme le réclamaient les marchands britanniques. L'administration de la justice s'avérait un domaine où le gouverneur prêtait davantage flanc aux critiques. Les représentations du grand jury, où, libéralement, Murray avait permis l'admission des nouveaux sujets catholiques, offraient suffisamment de matière à exploitation par la minorité protestante pour mettre le gouverneur dans une situation embarrassante. Les revenus constituaient une autre cause de litiges. La Trésorerie, qui, faute de temps, n'avait pu étudier ce problème, se plaignait de ne pas avoir reçu de rapport, alors que le gouverneur soutenait avoir écrit à maintes reprises à ce propos sans jamais avoir obtenu de réponse. La lenteur à établir les revenus freinait l'administration coloniale. Cramahé accepta de dresser « de mémoire » pour le chancelier de l'Échiquier, George Grenville, un relevé des revenus et dépenses depuis la Conquête jusqu'à son départ pour l'Angleterre et Murray se montra heureux du rapport financier fourni par son secrétaire.

Dernier sujet et non le moindre à débattre avec les autorités : l'épineux problème d'accorder un évêque au clergé canadien. Murray, convaincu de cette nécessité, privilégiait le vicaire général de Québec, le chanoine Jean-Olivier BRIAND, qui avait agi en toutes circonstances « avec une candeur, une modération et une délicatesse qui méritaient la plus haute approbation ». « Personne parmi le clergé, écrivait-il à lord Shelburne, ne mérite aussi justement [que lui] la faveur royale. » Ainsi « recommandé par le gouverneur », l'élu du chapitre de Québec prit le chemin de Londres à l'automne de 1764. Arrivé à peine un mois après Briand, Cramahé suivit avec intérêt les démarches de ce dernier en vue d'obtenir la permission de se faire sacrer évêque. Le secrétaire du gouverneur constata rapidement que le moment n'était pas favorable. Ne prétendait-on pas que les soulèvements récemment fomentés en Irlande l'avaient été par des prêtres ? Bien plus, l'ex-jésuite Pierre-Joseph-Antoine ROUBAUD, que le gouverneur de Québec avait lui-même envoyé en Angleterre à titre de protégé, fit obstacle à la nomination d'un évêque pour la province, notamment par la rédaction d'un mémoire sur l'Église du Canada. Briand dut se défendre contre les allégations avancées par Roubaud. Cramahé chercha, mais en vain, à intervenir auprès de ce dernier. En février 1766, au chanoine Briand qui lui demandait conseil, le secrétaire du gouverneur se contenta de recommander « toute la discrétion et le secret possible ». Cramahé se montra en cela aussi prudent que les ministres qui n'osaient, selon lui, approuver officiellement le projet de Briand, de crainte de soulever une forte opposition parlementaire. Est-il raisonnable, connaissant cette attitude réservée du secrétaire de Murray, d'accréditer les dires du procureur général, à Québec, Francis Maseres*, qui prétendit que Cramahé avait « abusé de la bonne foi des gens » en soutenant que le futur prélat canadien « ne prendrait pas le titre d'évêque et n'afficherait pas en public sa dignité épiscopale » ?

La mission de Cramahé à Londres devait se prolonger une vingtaine de mois. Le changement de ministère, en juillet 1765, l'obligea à recommencer ses sollicitations. Consciencieusement, il consigna par écrit, pour le gouverneur, toutes ses démarches. S'il était timide « au point de paraître gauche au premier abord », comme le soulignait Murray, Cramahé n'en possédait pas moins un bon jugement et un esprit clairvoyant dont il faisait montre dans ses lettres. A Murray qui continuait de solliciter son avis et qui ne prenait de décisions qu' « en attendant que [son secrétaire] puisse faire mieux », Cramahé donna de judicieux conseils. Aucun résultat éclatant ne vint cependant couronner les efforts du secrétaire du gouverneur dont « la probité, la modestie, le bon sens et la parfaite connaissance » des affaires canadiennes n'avaient pu disposer les ministres britanniques à l'écouter. Au contraire, Murray fut rappelé en Angleterre pour rendre compte de son administration. Exaspéré, las, soupçonnant Cramahé de s'être peut-être montré trop prudent dans ses exposés et sollicitations, le gouverneur en vint à lui écrire, non sans amertume : « votre silence vous a gagné l'estime de mes ennemis, les seuls désormais capables de rendre justice à votre mérite ». Murray aurait pourtant eu besoin du soutien de son ami à un moment aussi critique pour lui. Carleton, son successeur, saura reconnaître la valeur de Cramahé et se l'attacher.

De retour au Canada le 12 septembre 1766, Cramahé se dévoua au service du nouveau lieutenant-gouverneur et futur gouverneur. Bientôt il dut cumuler la charge de receveur général intérimaire, à laquelle Carleton le désigna le 15 août 1767, et celle de juge de la Cour des plaids communs, en juillet 1769, à la suite de la mort de François Mounier* ; pour peu de temps cependant, puisqu'en juillet 1770, Cramahé abandonna ces deux postes à Thomas Dunn* pour devenir administrateur de la province pendant l'absence de Carleton qui quitta la colonie le 1er août suivant afin de se rendre en Angleterre. Étant donné l' « opinion favorable qu'on avait de Cramahé » en haut lieu, le gouverneur n'avait pas eu à plaider la cause de « l'aîné des conseillers, dont le bon sens, la modération, le désintéressement aussi bien que la [parfaite] connaissance des affaires publiques » étaient déjà connus du secrétaire d'État des Colonies américaines, lord Hillsborough. L'administration de Cramahé devait se prolonger quatre ans. Le 6 juin 1771, dix mois après le départ de Carleton, il reçut une commission de lieutenant-gouverneur de « cette très importante colonie », à la grande satisfaction des membres du Conseil de Québec qui l'assurèrent « que l'union et l'harmonie régneraient au sein du conseil aussi longtemps qu'[il] le présider[ait] ». Il devait conserver ce poste jusqu'en avril 1782.

Bien des problèmes se posaient au lieutenant-gouverneur Cramahé et demandaient d'être minutieusement exposés aux autorités métropolitaines, ce à quoi il s'employa. D'abord et avant tout, Cramahé se fit défenseur des droits des Canadiens. En envoyant à Carleton, le 9 octobre 1770, une pétition de ces derniers demandant que les lois et coutumes qui régissaient leurs biens fonciers soient rétablies, Cramahé en souligna l'importance pour eux. Non content des instructions royales supplémentaires (juillet 1771) confirmant le maintien de la tenure seigneuriale, lesquelles « devaient convaincre les nouveaux sujets des bonnes intentions de Sa Majesté » envers eux, Cramahé en profita, l'année suivante, pour presser l'application des anciennes lois concernant la propriété qui demeuraient toujours en suspens. Il soulignait que « l'incertitude des lois », les frais élevés, les procédés dilatoires et la « désagréable nécessité » d'entendre dans les cours de justice « une langue qu'ils ne compren[ai]ent pas » étaient les principaux sujets de plaintes de Canadiens. Il ira même jusqu'à attribuer à « la confusion des lois » l'influence que la France pourrait encore avoir sur ses anciens sujets. La nécessité d'établir au plus tôt un gouvernement stable pour la province apparaît comme un leitmotiv dans presque toutes les lettres de Cramahé au ministre. Son insistance s'expliquait d'autant plus que lord Hillsborough l'avait prévenu que le retard était inévitable, étant donné la complexité et l'importance des décisions à prendre.

Une autre question préoccupait Cramahé au plus haut point : favoriser le plus possible la liberté religieuse des Canadiens, afin, prétendait-il, « de gagner [leur] affection ». Cramahé éprouvait de la sympathie à l'égard du clergé autochtone qui « était grandement intéressé à empêcher tout changement », contrairement au clergé français et à la noblesse canadienne qu'il soupçonnait de désirer un retour à l'ancien régime. Dans le but d' « encourager [la bonne] disposition » des prêtres canadiens, il avait permis à Mgr Briand, le 12 juillet 1772, de consacrer son coadjuteur, l'abbé Louis-Philippe MARIAUCHAU d'Esgly, à la grande stupéfaction de lord Dartmouth, nouvellement promu secrétaire d'État des Colonies américaines. Permettre et souhaiter l'existence d'un « clergé entièrement canadien » supposait l'acceptation d'un évêque pour ordonner les prêtres et celle d'un coadjuteur pour assurer la succession du pouvoir épiscopal ; c'est ce dont Cramahé s'efforça de convaincre les autorités métropolitaines. Lord Dartmouth jugea d'abord la permission accordée par le lieutenant-gouverneur « de la plus grande importance » étant donné qu'aucun pouvoir épiscopal n'avait jamais été sanctionné par instructions royales. L'adoption d'un tel précédent demandait « d'être mûrement réfléchie ». Cinq mois après la consécration du coadjuteur, le secrétaire d'État se radoucissait ; la tolérance de la religion catholique, telle qu'accordée par le roi, pouvait rendre nécessaire « la reconnaissance d'une certaine autorité épiscopale restreinte ». Un an plus tard, en décembre 1773, Dartmouth faisait valoir « la justice et l'opportunité » d'accorder aux Canadiens « la plus grande satisfaction possible » selon la garantie reconnue par le traité de Paris, en s'assurant cependant que tous leurs besoins en matière de pratique religieuse seraient satisfaits à l'intérieur même de la colonie et sans avoir à recourir à une juridiction étrangère. C'était se rallier aux idées mêmes de Cramahé.

Cramahé ne manquait pas une occasion de rassurer la métropole sur l'état d'esprit des Canadiens. La tournée de la province qu'il effectuait chaque année lui permettait de prendre contact avec la population et de découvrir ses besoins et ses sentiments. C'est ainsi qu'il s'insurgea contre la rumeur répandue par les journaux londoniens, au printemps de 1771, selon laquelle « la perspective d'une guerre prochaine » avec l'Espagne aurait éveillé chez les Canadiens « une insolence inhabituelle » : aucun signe d' « agitation » n'apparaissait dans la colonie. Les relations des Canadiens avec les Indiens des Six-Nations semblaient aussi exemptes de soupçon ; il n'avait pu découvrir aucune confirmation d'un échange suspect de correspondance entre eux. Autre sujet de confiance, les Canadiens étaient opposés à la chambre d'Assemblée réclamée par la minorité protestante de la colonie. Les efforts faits pour les gagner à cette cause s'étaient révélés infructueux, au grand soulagement de Cramahé qui expliquait fort judicieusement que les Canadiens, soupçonnant les marchands anglophones de ne vouloir que leurs signatures pour appuyer cette demande « sans avoir réellement l'intention de les faire participer aux privilèges [des sujets britanniques] », avaient refusé de se joindre à eux. Si la docilité des nouveaux sujets le rassurait, l'effervescence des Britanniques de Montréal et de Québec qui avaient envoyé quatre pétitions et deux mémoires à Londres, à la fin de 1773, inquiétait Cramahé, d'autant plus que ces derniers avaient communiqué certains de leurs projets directement à l'ancien procureur général, Maseres, sans les lui soumettre auparavant. Il essaiera de « les convaincre de l'illégalité de leur conduite » et du « mauvais exemple » qu'ils donnaient à leurs concitoyens canadiens, dont pareil agissement serait à craindre, « étant donné leur nombre » ; mieux valait les garder « dans [leurs] habitudes de respect et de soumission ». En juillet 1774, Cramahé voyait dans le projet de loi sur le revenu de la province – destiné à imposer des droits sur les spiritueux en vue de couvrir les frais de l'administration coloniale – une autre raison pour les Britanniques de pétitionner en faveur de l'obtention d'une chambre d'Assemblée. « En matière de taxation », alertait-il lord Dartmouth, ils faisaient leurs « les idées des Américains » !

La fixation des frontières de la province de Québec, constituée par la Proclamation royale de 1763 à même le Canada de jadis amputé des pays d'en haut, s'avéra un autre sujet pour lequel Cramahé se révéla un précieux conseiller auprès de la métropole. Le problème était de taille et ne faisait que s'envenimer depuis qu'en 1768, à la suite de l'abandon du contrôle impérial dans l'Ouest, les colonies avaient été laissées libres de réglementer le commerce des fourrures avec les Indiens. Les rivalités entre marchands donnaient lieu à toutes sortes de désordres contre lesquels aucun gouvernement civil ne pouvait sévir. En 1771, la tentative de réunir les commissaires des différentes colonies à New York en vue d'en arriver à une réglementation commune sembla éveiller une lueur d'espoir. Cramahé s'y prêta avec diligence, correspondant avec le gouverneur de la Virginie, lord Dunmore, afin de fixer la date et les modalités de cette réunion. Malheureusement, la rencontre, fixée au 1er décembre, n'eut pas lieu. Le projet échoua non seulement parce que la métropole opposa son veto à la tenue d'un congrès, mais parce que, selon l'opinion même de Cramahé, « les intérêts des deux provinces [New York et Québec] relativement au commerce des fourrures différ[ai]ent dans une trop large mesure pour espérer qu'elles [pussent] jamais s'entendre parfaitement au sujet d'une réglementation générale ». Restait une autre solution, celle envisagée, dès le 8 avril 1769, par le comité du Conseil de Québec nommé pour prendre en considération les nombreuses plaintes des marchands britanniques de Montréal. Cramahé avait fait partie de ce comité en compagnie du juge en chef William HEY et de Thomas Dunn. Ils en étaient venus à la conclusion que, tant au point de vue géographique qu'économique, seule l'extension de la juridiction de la province de Québec sur l'Ouest pouvait y rétablir l'ordre. Cette recommandation s'avérait d'autant plus juste que, depuis 1770, de nouveaux trafiquants de fourrures étaient venus s'établir à Montréal, annonçant ainsi la suprématie de la vallée du Saint-Laurent. Et Cramahé pouvait, le 1er octobre 1773, recommander à lord Dartmouth de songer, avant de fixer les frontières de la province, à la traite des fourrures où l'activité commerciale de la colonie se concentrait : « Si on laissait les frontières telles quelles », ce commerce échapperait aux marchands montréalais au profit de ceux d'Albany, leurs principaux rivaux, ce que les premiers jugeaient d'autant plus « déraisonnable » que les colonies du Sud jouissaient déjà du commerce avec les Antilles, alors que celle du Nord ne pouvait prétendre qu'à celui de l'Ouest, limitée qu'elle était, par sa situation géographique et climatique, à une navigation intérieure d'à peine six mois par année. Deux mois plus tard, lord Dartmouth confirmait à Cramahé la nécessité d'étendre les frontières de la province de Québec aux anciennes limites du Canada, compte tenu de multiples considérations que la métropole ignorait au moment de la Proclamation royale de 1763.

L'administration de Cramahé se termina le 18 septembre 1774 avec le retour du gouverneur Carleton. Il se confina à son rôle de secrétaire civil et de président du conseil où il était d'ailleurs très influent, militant au sein du groupe connu sous le nom de *French party*. Le siège de Québec par les Américains en 1775 [V. Richard MONTGOMERY] remit cependant Cramahé au premier plan pendant quelques semaines. Carleton ayant établi son quartier général à Montréal au début de septembre, la responsabilité de mettre, autant que faire se pouvait, la ville de Québec en état de défense devant l'approche des rebelles américains retomba sur Cramahé. La tâche n'était guère facile et Cramahé ne l'ignorait pas. Faute de soldats, Carleton n'avait pu affecter aucune troupe régulière à la garnison de Québec. La défense de la capitale dépendait d'une milice « rétablie » et formée à la hâte, « amenée avec difficulté à monter la garde et sur laquelle on ne pouvait par conséquent guère se fier », comme l'écrira Cramahé. Les marchands britanniques de la ville tout autant que les paysans canadiens dans les campagnes répugnaient à prendre les armes. Aux premiers Cramahé reprochait leurs « damnés comités qui avaient plongé la province dans un [tel] état » d'indifférence. Contre la défection des seconds, il se voyait incapable de sévir « faute d'une force militaire suffisante ». Par contre, le lieutenant-gouverneur pouvait compter sur « la fidélité » du clergé, de la noblesse et de la bourgeoisie canadienne dont le zèle n'avait pu malheureusement vaincre les résistances des paysans. L'ennemi menaçait les assiégés autant de l'intérieur que de l'extérieur, à tel point que Cramahé souhaitait que « tous ceux qui étaient sympathiques à la cause [des rebelles] les aient rejoints » et aient quitté la ville. Malgré cette situation désespérée, Cramahé se mit à l'œuvre. Avec le peu d'hommes qu'il avait sous la main, il s'efforça d'abord de « réparer les brèches » des murailles et de prévoir l'installation de l'artillerie le long des fortifications. Le 16 septembre, pour contrer l'espionnage et la propagande proaméricaine, il publia une proclamation visant à connaître en moins de deux heures les intentions de tout visiteur nouvellement entré dans la ville. Le 28 septembre, il mit un embargo sur toute navigation en vue « de constituer les équipages des vaisseaux armés » qui devaient « surveiller le fleuve ». C'est ainsi qu'il put retenir cinq transports venus de Boston. L'arrivée du sloop de guerre *Hunter*, le 12 octobre, et celle de la frégate *Lizard*, au début de novembre, le comblèrent de joie car c'était autant de combattants recrutés pour la défense de la ville. D'autres nouvelles étaient moins encourageantes : le 2 novembre, il apprenait que les commandants de l'armée et de la flotte britanniques, le général sir William Howe et le vice-amiral Samuel Graves, seraient incapables d'envoyer du secours de Boston ; le lendemain, le fort Saint-Jean, sur le Richelieu, se rendait au général de brigade Montgomery. En même temps qu'elle confirmait ses soupçons de trahison à l'intérieur même des murs, l'interception d'une lettre de Benedict Arnold* à John Dyer Mercier, marchand de Québec, lui révélait, à son grand désespoir, l'avance secrète de l'armée du colonel américain le long de la Kennebec et lui faisait présager sa présence prochaine sur la Chaudière et à Pointe-Lévy (Lauzon, Lévis). Rapidement, en vue d'empêcher l'ennemi de franchir le fleuve, le lieutenant-gouverneur fit enlever toutes les embarcations de la rive sud et de l'île d'Orléans. Le 12 novembre, devant la précarité de la situation, des notables de la ville de Québec réunis en assemblée auraient recommandé la reddition ; fort heureusement, l'arrivée providentielle, le même jour, du lieutenant-colonel Allan MACLEAN venu de Sorel avec du renfort faisait renaître l'espoir. Malgré l'occupation des abords de la ville par les rebelles le lendemain et leur téméraire défilé le 14 devant ses remparts, les assiégés ne répondirent pas à la menaçante demande de reddition du colonel Arnold. Au contraire, l'envoyé des rebelles américains fut par deux fois éconduit devant les portes de la ville. Les 11 et 16 novembre, Cramahé tenait un conseil de guerre composé d'officiers de terre et de mer qui participaient conjointement à la défense de Québec auxquels s'étaient joints les deux conseillers et juges, Adam MABANE et Thomas Dunn. Non seulement votèrent-ils la défense inconditionnelle de la ville, mais également « l'absolue nécessité » de maintenir l'embargo et de retenir les vaisseaux du roi et leurs équipages, et une requête en ce sens fut adressée aux capitaines de navires. On sanctionnait ainsi les sages décisions prises par le lieutenant-gouverneur en prévision du siège de Québec. Grâce à Cramahé, à Maclean à la tête des Royal Highland Emigrants et au capitaine John Hamilton, commandant les marins, la première phase critique de l'invasion à l'automne de 1775 avait été surmontée à l'avantage des Britanniques. Le lendemain de son retour, le 20 novembre, le gouverneur Carleton pouvait écrire à Londres qu'étant donné les tristes circonstances, « tout avait été fait en [son] absence pour la défense de la [ville] ». Plus loquace, Thomas Ainslie*, capitaine dans la milice britannique, en donnera le mérite à Cramahé. Il écrira dans son *Journal* que « le lieutenant-gouverneur était infatigable [cherchant] à mettre la ville dans un état de défense convenable ».

Dans l'exercice de ses fonctions, Cramahé fut amené à poser des gestes qui n'eurent pas tous l'heur de plaire. Ses démêlés avec le juge en chef Peter LIVIUS méritent d'être rappelés. En août 1777, ce dernier eut maille à partir avec les membres de la Cour d'appel que présidait Cramahé. Voulant étendre le pouvoir de cette cour sur les cours inférieures, Livius chercha à innover et à faire accepter « de nouvelles preuves » en appel. Il essuya un refus de la part de ses collègues. En octobre suivant, le juge en chef entra personnellement en conflit avec Cramahé, l'accusant « d'usurpation et d'abus de pouvoir ». En l'absence de Carleton, le lieutenant-gouverneur avait fait arrêter de sa propre autorité deux civils, un tanneur et sa femme, les envoyant à la prison militaire sous l'inculpation d'avoir tenu des propos séditieux. Livius s'en prit aux « procédés extraordinaires » de Cramahé, l'accusant « d'illégalité, de violence et d'oppression ». Blessé dans sa dignité de juge en chef, Livius ne pouvait supporter « l'obstruction et l'intervention » du lieutenant-gouverneur dans « l'administration de la justice criminelle » qui lui revenait tout spécialement, de par sa fonction. Se disant chargé de protéger la liberté des individus, Livius soutenait que le droit à l'*habeas corpus* existait dans la colonie depuis que la loi criminelle anglaise y était en force, alors que Cramahé prétendait que le risque de rébellion justifiait son geste de répression, même si la lettre de la loi ne l'y autorisait pas. Tout comme Pierre DU CALVET, dont il se fera l'ardent défenseur, Livius s'opposa violemment aux empiétements de l'autorité militaire sur l'autorité civile. Fort de sa fonction de juge en chef, il nia non seulement tout pouvoir légal au lieutenant-gouverneur, tant que Carleton était dans la province, mais aussi toute autorité officiellement reconnue à Cramahé qui ne pouvait, selon lui, agir qu'à titre de simple juge de paix. A hauts cris, le juge en chef réclama un procès pour tous les civils emprisonnés illégalement par le lieutenant-gouverneur : il exigeait qu'ils soient amenés devant lui afin d'en disposer « comme de droit » et de ramener l'administration de la justice à son cours normal. Malgré ses violences verbales, Livius en référa, avant d'agir, au gouverneur auquel il demanda protection et assistance. Ce dernier temporisa dès son retour à Québec. Pour peu de temps, puisque quelques mois plus tard, le 1er mai 1778, il destituait le juge en chef.

L'arrivée du nouveau gouverneur, Haldimand, le 27 juin 1778, devait bouleverser la vie de Cramahé et le priver du rôle influent qu'il avait pu jouer auprès des deux gouverneurs précédents. L'inimitié, semble-t-il, naquit assez rapidement entre les deux hommes, puisque, dès novembre 1779, Cramahé proposait de démissionner de sa charge de secrétaire civil. Les sollicitations de Haldimand le convainquirent sans doute de patienter. Leurs rapports s'envenimèrent bientôt et se polarisèrent autour de la question du blé. Le gouverneur privilégia deux projets d'ordonnances auxquels Cramahé s'opposa vivement : l'un pour fixer le prix du blé, l'autre pour rendre obligatoire le battage du grain. En janvier 1780, alarmé par la mauvaise récolte de l'année précédente et par un danger de disette, le gouverneur demanda au Conseil législatif de voter une ordonnance en vue de forcer la vente du blé à un prix fixé. Ce projet, soutenu par le *French party*, ne fut défait qu'à une voix de majorité, Cramahé s'étant joint aux marchands pour s'y opposer. Il expliquera sa position dans deux longues missives adressées au gouverneur les 10 et 20 février suivants. Assimilant la fixation du prix du blé à une « taxe » imposée aux propriétaires de cette denrée, il niait au conseil le pouvoir de taxer, l'Acte de Québec ne l'y autorisant pas. Pas plus qu'en 1775, il ne croyait à la soumission et à l'obéissance des habitants : ou ils cacheraient leur blé, ou ils se révolteraient et passeraient à l'ennemi. La région la plus riche en blé, celle de la rivière Chambly, dans la vallée du Richelieu, n'était-elle pas aussi celle sur laquelle on pouvait le moins se fier ? Pour une « chétive taxe », fallait-il risquer de perdre la colonie comme on avait perdu les 13 autres ? Mieux valait payer le blé et la farine au prix courant et profiter du bon effet de cette libéralité sur l'esprit du peuple canadien. Cramahé justifiait d'autant plus cette dépense qu'il attribuait « la crise présente » à la Trésorerie britannique qui avait trop escompté de la province pour fournir en farine l'armée de BURGOYNE en 1776. Haldimand rétorqua que ses instructions ne pouvaient l' « empêcher de passer une loi » pour « mettre un prix raisonnable au blé ». Il blâma le conseil de ne pas user de son autorité pour soulager les pauvres et mettre fin aux monopoles et à la cupidité. Ultime argument : face aux considérables besoins en vivres de l'armée, la logistique exigeait la fixation du prix du blé afin d'empêcher le libre jeu de l'offre et de la demande. Haldimand devra se contenter d'une ordonnance défendant l'exportation des vivres et réduisant par ce moyen « le haut prix [...] du bled et des Farines ». Cette ordonnance du 9 mars 1780 s'apparente étrangement à celle suggérée par Cramahé dans sa lettre du 10 février précédent.

Le 5 janvier 1781, Cramahé revenait à la charge au sujet d'un projet d'ordonnance visant cette fois à rendre obligatoire le battage du grain. Jugeant cette mesure inconvenante et impolitique, propre à alarmer les habitants, à susciter des cabales et à donner le temps aux ennemis du gouvernement de lui nuire, Cramahé suggérait de sillonner le pays pour acheter le blé et d'ordonner ensuite, de plein droit, de le battre et de le transporter aux magasins de l'armée. Ainsi empêcherait-on les partisans de la cause américaine d'amasser du blé pour leurs amis. Il brandissait la crainte que les habitants cachent et même détruisent leur récolte de blé si l'impopulaire obligation de battre le grain était perçue comme devant être suivie d'une « taxe » qui en fixerait le prix de vente – cette fameuse taxe déjà débattue au conseil et qui n'avait été rejetée que par une voix de majorité. Par ailleurs, en cas d'invasion, il ne voyait que le recours à la loi martiale pour tenir la province en état de soumission. Haldimand objecta, non sans raison, que, les habitants ne vendant leur blé qu'en mars, il serait impardonnable de perdre un temps précieux en essayant d'appliquer la méthode suggérée par le lieutenant-gouverneur. On ne pourrait de toute façon éviter d'alarmer les habitants par le mouvement des troupes, la défense même de Montréal exigeant leur déplacement prochain. A tout prix, le gouverneur voulait empêcher la destruction du blé, ce que la loi martiale, appliquée seulement alors que l'ennemi était déjà dans la place, rendait inévitable. Avec plus de réalisme, Haldimand jugeait qu'il importait davantage d'obtenir, au sein du conseil et chez les officiers du gouvernement, un appui unanime pour adopter de vigoureuses mesures susceptibles de maintenir l'ordre. L'expérience démontrait, ajoutait-il, qu'en Amérique l'état de sujétion et d'obéissance n'était plus guère possible. Haldimand craignit-il une autre rebuffade de la part du conseil ? Abandonnant l'idée d'une ordonnance, il publia une proclamation décrétant le battage du blé.

Incapable de faire accepter ses vues, Cramahé démissionna de son poste de secrétaire civil le 5 janvier 1781, alléguant des raisons de santé. Loin de manifester du ressentiment, il se dit prêt à donner son avis en tout temps si on le sollicitait et à servir à titre de subalterne si la situation le demandait. Deux mois plus tard, le même sir Thomas MILLS qui, en septembre 1779, avait conseillé à Haldimand de « se débarrasser de Cramahé si celui-ci ne coopérait pas » pressait lord Germain de convoquer le lieutenant-gouverneur en Angleterre pour y répondre devant la Trésorerie des comptes de la province. Cet ordre ne semble avoir été qu'un prétexte pour lui faire quitter la colonie. Ni lord North ni la Trésorerie ne se préoccuperont de faire comparaître Cramahé devant eux, comme ce dernier le soulignera à lord Shelburne, ministre de l'Intérieur (responsable aussi des colonies), trois mois après son arrivée à Londres, en avril 1782. Trop heureux de ce départ, Haldimand avait, dès le 8 juillet 1781, suggéré Henry HAMILTON pour succéder à Cramahé. Le 27 avril suivant, lord Shelburne confirmait le choix de Hamilton et motivait la mise à l'écart de Cramahé en ces termes : « son caractère et son âge sont mieux faits pour d'autres emplois que pour ceux qu'il remplit maintenant ». Avant de quitter le Canada, le 23 octobre 1781, Cramahé reçut un vibrant témoignage de reconnaissance, d'estime et d'affection, auquel Haldimand lui-même n'aura pas droit lors de son propre départ en 1784. « L'adresse [était] signée par tous les principaux Citoiens François et Anglois » de la capitale, contrairement, selon *la Gazette de Québec*, à l'habitude qu'avaient les anciens et nouveaux sujets de se distinguer dans leurs manifestations publiques. Réduit à ses honoraires de juge-avocat au tribunal militaire, Cramahé sollicita la protection de son ancien supérieur, Carleton. Nommé lieutenant-gouverneur de Détroit en 1786, il ne devait détenir cette commission que « seize mois », comme le précisera sa femme, Margaret, en sollicitant une pension après sa mort. Vers le 9 juin 1788, en effet, il décédait à sa résidence située près d'Exeter, dans le Devonshire. Cramahé a entouré ses 22 ans de séjour au Canada de tant de discrétion qu'il nous a été impossible de découvrir qui il avait épousé, ni s'il eut des enfants.

PIERRE TOUSIGNANT ET
MADELEINE DIONNE-TOUSIGNANT

AAQ, 20 A, VI : 10 ; 60 CN, I : 16. — APC, MG 11, [CO 42] Q, 2, pp.81–88, 233–235 ; 6, pp.34s., 127 ; 7, pp.192, 253, 266 ; 8, pp.18, 43–45, 47, 53–56, 74–76, 79–83, 97s., 160–164, 168, 217–219, 221 ; 9, pp.34, 51s., 91–95, 157s. ; 10, pp.8, 22, 44s., 53, 76–80 ; 11, pp.249s., 256s., 264s., 285s., 297s., 319s., 325, 328–330, 332, 339, 342, 345 ; 12A, pp.70, 119 ; 14, pp.233–236, 243, 245, 247–249, 251s., 257s., 260 ; 18, pp.22, 26s., 216–218 ; 26, p.73 ; 26A, p.517 ; MG 23, GII, 1, sér. 1, 2, pp.25–28, 82s., 109s., 130–134, 170–178, 183–185, 188s., 269s., 293 ; 3, pp.256, 258–261, 263s. ; RG 68, 89, ff.161–162, 231–233 ; 93, f.66. — ASQ, Fonds Viger-Verreau, Sér. O, 040A, pp.12, 17 ; 0280, p.49. — BL, Add. MSS 21 705, f.46 ; 21 714, ff.151, 284, 354 ; 21 732, f.44 ; 21 755, ff.79–87, 89, 91, 94–101 ; 21 890–21 892 (mfm aux APC). — PRO, CO 42, 29, ff.70v.–77 ; 32, f.60. — [Thomas Ainslie], *Canada preserved ; the journal of Captain Thomas Ainslie*, S. S. Cohen, édit. (New York, 1968). — *American archives* (Clarke et Force), 4e sér., IV : 170. — APC *Rapport*, 1914–1915, app.C, 103–106. — *Docs. relating to constitutional history, 1759–1791* (Shortt et Doughty ; 1918), I : 419–421, 713. — *Invasion du Canada* (Verreau), 111s., 235. — [Francis Maseres], *Additional papers concerning the province of Quebeck : being an appendix to the book entitled*, An account of the proceedings of the British and other Protestant inhabitants of the province of Quebeck in North America, [in] order to obtain a house of assembly in that province (Londres, 1776), 101 ; *Maseres letters* (Wallace), 47, 54. — *La Gazette de Québec*, sept., 12, 18 oct. 1775, 18 oct. 1781, 25 sept. 1788. — The Irish pensioners of William III's Huguenot regiments, 1702, W. A. Shaw, édit., Huguenot Soc. of London, *Proc.* ([Aberdeen, Écosse]), VI (1898–1901) : 295–326. — C. E. Lart, *Huguenot pedigrees* (2 vol., Londres, 1924–1928). — Registers of the French Conformed churches of St. Patrick and St. Mary, Dublin, J. J. Digges La Touche, édit., Huguenot Soc. of London, *Pub.* (Dublin), VII (1893) : 40, 124, 220. — Burt, *Old prov. of Que.* — D. [G.] Creighton, *The empire of the St Lawrence* (Toronto, 1956). — A.-H. Gosselin, *L'Église du Canada après la Conquête*. — R. J. Jones, *A history of the 15th (East Yorkshire) Regiment (the Duke of York's Own), 1685 to 1914* (Beverley, Angl., 1958). — Neatby, *Administration of justice under Quebec Act* ; *Quebec*. — P. C. Phillips, *The fur trade* (2 vol., Norman, Okla., 1962). — G. F. G. Stanley, *Canada invaded, 1775–1776* (Toronto, 1973). — M. Trudel, *L'Église canadienne* ; *Le Régime militaire*. — A. L. Burt, The tragedy of Chief Justice Livius, *CHR*, V (1924) : 196–212. — S. S. Cohen, Lieutenant John Starke and the defence of Quebec, *Dal. Rev.*, XLVII (1967–1968) : 57–64. — S. M. Scott, Civil and military authority in Canada, 1764–1766, *CHR*, IX (1928) : 117–136. — Têtu, Le chapitre de la cathédrale, *BRH*, XV : 354s. ; XVI : 5.

HALDIMAND, sir FREDERICK (baptisé **François-Louis-Frédéric**), officier et administrateur colonial, né le 11 août 1718 à Yverdon, Suisse, second des quatre fils de François-Louis Haldimand, receveur municipal, et de Marie-Madeleine de Treytorrens, décédé célibataire à Yverdon le 5 juin 1791.

Frederick Haldimand fut attiré très tôt,

semble-t-il, par la carrière des armes et il entra dans l'armée prussienne en 1740, apparemment à titre d'officier ; il servit activement durant la guerre de la Succession d'Autriche. En 1750, il était passé à l'armée hollandaise, et, cette même année, il devint capitaine commandant dans le régiment des gardes suisses, au grade de lieutenant-colonel. En 1755, on le recruta pour faire partie d'un régiment d'infanterie britannique levé en vue d'aller faire du service dans les colonies et qui devait être composé en partie d'Allemands et de Suisses. En janvier 1756, il devint lieutenant-colonel du second bataillon de cette unité, appelée Royal Americans (62e, puis, plus tard, 60e d'infanterie), et, durant la guerre de Sept Ans, il participa étroitement aux opérations militaires en Amérique du Nord. Présent lors de l'attaque du fort Carillon (Ticonderoga, New York) par ABERCROMBY en 1758, il défendit Oswego (New York) contre Louis de La Corne* en 1759 et prit part à la campagne d'AMHERST contre Montréal en 1760.

De septembre 1760 jusqu'au printemps de 1762, Haldimand fut commandant en second à Montréal aux ordres de GAGE, après quoi il remplaça par intérim Ralph Burton* comme gouverneur militaire de Trois-Rivières. D'octobre 1763 à septembre de l'année suivante, il occupa le poste de gouverneur en titre. Au cours de son mandat, il opéra quelques changements dans l'administration de la justice et s'intéressa vivement aux forges du Saint-Maurice, dont la production augmenta sensiblement durant le Régime militaire. Les changements apportés par l'instauration d'un gouvernement civil en 1764 ayant réduit le rôle de Haldimand à celui de commandant des troupes à Trois-Rivières, il partit en congé en 1765. Le 12 décembre de cette année, il passa du grade de colonel, qu'il détenait depuis le 19 février 1762, à celui de général de brigade et, lorsqu'on démit Burton de son poste de brigadier (commandant en chef) du département du Nord, on envisagea au début de le confier à Haldimand. C'est cependant Guy Carleton* qui fut nommé et Haldimand devint brigadier (commandant en chef) du département du Sud (les colonies de la Floride orientale et occidentale). Il y séjourna de mars 1767 jusqu'au printemps de 1773 et, dans l'intervalle, on le promut au grade de major général (25 mai 1772) et de colonel commandant du second bataillon du 60e d'infanterie (25 octobre 1772). En 1773, Gage partant pour l'Angleterre en congé, Haldimand devint commandant en chef intérimaire des forces armées britanniques en Amérique et, au retour de son supérieur en 1774, il fut nommé commandant en second de l'armée à Boston. Au printemps de 1775, il fut remplacé et retourna en Angleterre, où il reçut la sinécure d'inspecteur général des troupes aux Antilles et fut promu au grade de lieutenant général. Il resta sans commandement actif pendant les deux années qui suivirent, puis, à l'été de 1777, il fut nommé gouverneur de la province de Québec, à la suite de la démission de Carleton. Le mauvais temps, au printemps de 1778, l'empêcha d'atteindre Québec avant juin.

En tant que gouverneur, Haldimand se préoccupa naturellement avant tout de la situation militaire et cela jusqu'en 1783. Il consacra beaucoup de temps et d'efforts à renforcer les défenses de la colonie contre une éventuelle invasion américaine et organisa des raids, menés par des troupes britanniques et des Indiens sympathisants, contre les établissements de l'arrière-pays de New York et de la Pennsylvanie, contrant ainsi les préparatifs d'invasion de l'ennemi, éloignant leurs troupes du théâtre des opérations militaires et détruisant leurs ravitaillements [V. John BUTLER ; Walter BUTLER ; KAIEÑ?KWAAHTOÑ ; John Ross]. Le gouverneur eut aussi pour tâches, par l'intermédiaire du département des Affaires indiennes, de maintenir de bonnes relations avec les Indiens alliés [V. John CAMPBELL ; Christian Daniel CLAUS], et de s'occuper des postes éloignés et de ce qu'on appelait à l'époque le Nord-Ouest [V. EGUSHWA ; Henry HAMILTON]. Tout en s'occupant des opérations militaires, il eut aussi à prévenir l'action des éléments dissidents parmi la population. Après l'entrée en guerre de la France en 1778, Haldimand craignit que la loyauté des Canadiens envers la Grande-Bretagne s'émousserait et qu'ils favoriseraient une invasion de la province par les Français. Aussi fut-il particulièrement attentif à ne négliger aucun soupçon de déloyauté [V. Pierre DU CALVET ; Charles HAY].

Pour ce qui est du gouvernement civil, Haldimand imita Carleton. Il maintint le « conseil privé », groupe de conseillers composé de ses partisans, dont le chef était Adam MABANE. Haldimand convint avec ce dernier et ses amis du *French party*, dont Luc de LA CORNE, que l'Acte de Québec représentait la charte du gouvernement dans la province, et se buta à l'opposition systématique des conseillers, tels Hugh Finlay*, William Grant* (1744–1805) et d'autres, qui croyaient que les institutions anglaises, telles le droit commercial et l'*habeas corpus*, devaient être introduites au pays. Haldimand réussit à empêcher l'adoption de ces mesures pendant presque tout son mandat de gouverneur ; en 1784, cependant, sa position était devenue de plus en plus difficile à tenir et l'opposition ne cessait de monter.

Le traité de paix conclu en 1783 posa plusieurs problèmes à Haldimand, et un des plus délicats consista à faire accepter aux Six-Nations la perte de leurs terres ancestrales, et à voir à leur réinstallation ailleurs en Amérique du Nord britannique. Le problème d'établir les milliers de Loyalistes qui avaient gagné le Canada au cours de la guerre ne fut guère plus facile à régler. Rejetant l'idée de les mêler aux Canadiens, Haldimand décida plutôt de les établir sur le haut Saint-Laurent et il leur fournit une base solide à leur future implantation.

En novembre 1784, Haldimand quitta Québec à destination de Londres où il allait en congé. Pendant son séjour dans la métropole, le gouvernement le consulta sur les affaires de la province de Québec. En 1786, cependant, il était remplacé comme gouverneur par Carleton, devenu à ce moment lord Dorchester. En septembre 1785, il avait été créé chevalier. Il passa les cinq dernières années de sa vie dans une paisible retraite à Londres et en Suisse.

Cette brève esquisse de la vie de sir Frederick Haldimand a été présentée en vue de tracer au bénéfice du lecteur les faits saillants de sa carrière. Comme on l'a expliqué dans l'introduction, une biographie complète de ce personnage, suivie d'une bibliographie, apparaîtra au volume V. [DBC/DCB.]

SIGLES ET BIBLIOGRAPHIE GÉNÉRALE

Sigles

AAQ Archives de l'archidiocèse de Québec
ACAM Archives de la chancellerie de l'archevêché de Montréal
ACND Archives de la Congrégation de Notre-Dame
AD Archives départementales
AHGQ Archives de l'Hôpital Général de Québec
AMA Archives du ministère des Armées
AMHDQ Archives du monastère de l'Hôtel-Dieu de Québec
AN Archives nationales
ANQ Archives nationales du Québec
ANQ-M Archives nationales du Québec, dépôt de Montréal
ANQ-MBF Archives nationales du Québec, dépôt de la Mauricie et des Bois-Francs
ANQ-Q Archives nationales du Québec, dépôt de Québec
APC Archives publiques du Canada
ASGM Archives des sœurs grises, Montréal
ASJCF Archives de la Compagnie de Jésus, province du Canada français
ASN Archives du séminaire de Nicolet
ASQ Archives du séminaire de Québec
ASSM Archives du séminaire de Saint-Sulpice, Montréal
AUM Archives de l'université de Montréal
AUQ Archives du monastère des ursulines, Québec
BL British Library
BN Bibliothèque nationale
BRH *Le Bulletin des recherches historiques*
CCHA Canadian Catholic Historical Association
CÉA Centre d'études acadiennes
CHA Canadian Historical Association
CHR *Canadian Historical Review*
DAB *Dictionary of American biography*
DBC *Dictionnaire biographique du Canada*
DBF *Dictionnaire de biographie française*
DNB *Dictionary of national biography*
DOLQ *Dictionnaire des œuvres littéraires du Québec*
DPL Detroit Public Library
HBC Hudson's Bay Company
HBRS *Hudson's Bay Record Society*
HS *Histoire sociale*
IBC Inventaire des biens culturels
JR *Jesuit relations and allied documents*
NYCD *Documents relative to the colonial history of the state of New-York*
OH *Ontario History*
PANB Provincial Archives of New Brunswick
PANL Provincial Archives of Newfoundland and Labrador
PANS Public Archives of Nova Scotia
PAO Archives of Ontario
PRO Public Record Office
QDA Quebec Diocesan Archives
RHAF *Revue d'histoire de l'Amérique française*
SCHÉC Société canadienne d'histoire de l'Église catholique
SGCF Société généalogique canadienne-française
SRC Société royale du Canada
USPG United Society for the Propagation of the Gospel

Bibliographie générale

La bibliographie générale fait état des sources les plus fréquemment citées dans les bibliographies particulières du volume IV du *Dictionnaire*, mais elle ne fournit pas une liste exhaustive de la documentation disponible sur l'histoire du Canada au XVIIIe siècle.

La section I décrit les fonds d'archives de différents dépôts, distribués selon les pays. La section II est divisée en deux parties. La partie A contient les sources imprimées et la partie B fournit une liste descriptive des journaux les plus importants. La section III contient des dictionnaires, diverses listes de noms, des répertoires et des inventaires de documents. Dans la section IV se trouvent des études, écrites pour la plupart au XXe siècle, de même que certains ouvrages d'histoire générale, les collections les plus importantes et les thèses. La section V, enfin, donne les principaux périodiques et les publications de certaines sociétés offrant de la documentation sur le XVIIIe siècle.

SECTION I : ARCHIVES ET SOURCES MANUSCRITES

CANADA

ARCHIVES CIVILES. V. QUÉBEC, MINISTÈRE DE LA JUSTICE

ARCHIVES DE LA CHANCELLERIE DE L'ARCHEVÊCHÉ DE MONTRÉAL. Ces archives, dont on peut consulter les documents jusqu'en 1896 inclusivement, contiennent environ 900 photographies, quelque 500 cartes et plans, 634 registres répartis en 17 séries (comprenant, notamment, la correspondance des évêques de Montréal), et quelque 500 000 dossiers contenant des pièces détachées au sujet des diocèses, du clergé, des laïcs, des institutions, des missions, des communautés religieuses, etc. V. *RHAF*, XIX (1965–1966) : 652–655 ; SCHÉC *Rapport*, 30 (1963) : 69s. On trouvera un inventaire détaillé de plusieurs registres et dossiers dans *RHAF*, XIX (1965–1966) : 655–664 ; XX (1966–1967) : 146–166, 324–341, 669–700 ; XXIV (1970–1971) : 111–142.

Sont cités dans le vol. IV :

Dossiers
- 350 : Paroisses
  - 355.114 : L'Assomption.
- 901 : Fonds Lartigue-Bourget
  - .001 : Évêques de Québec.
  - .004 : Étienne Marchand, vicaire général et curé de Boucherville.
  - .005 : Étienne Montgolfier, vicaire général.
  - .012 : Gabriel-Jean Brassier, p.s.s., vicaire général.
  - .115 : Lettres de M. Montgolfier, p.s.s.
  - .137 : Notre-Dame et Saint-Sulpice.

ARCHIVES DE LA COMPAGNIE DE JÉSUS, PROVINCE DU CANADA FRANÇAIS, Saint-Jérôme. Fondées en 1844 par le père Félix Martin*, premier recteur du collège Sainte-Marie de Montréal, ces archives ont d'abord été connues sous le nom d'Archives du collège Sainte-Marie [V. *DBC*, I : 702s.]. Elles furent transportées à Saint-Jérôme en 1968 et ne forment plus qu'une partie des ASJCF. Elles avaient été enrichies, dès l'année de leur fondation, d'un don précieux des religieuses de l'Hôtel-Dieu de Québec, qui avaient conservé une petite partie des archives du vieux collège des jésuites de Québec (1635–1800).

En plus de milliers de photographies, de mini-peintures, de 500 cartes et plans (non encore numérotés), les ASJCF possèdent de nombreux documents, sous forme d'originaux (256 antérieurs à 1800) ou de copies authentifiées, concernant l'histoire des missions de la Compagnie de Jésus en Acadie, en Nouvelle-France, au Canada et aux États-Unis, de 1608 à 1930 environ, date à laquelle les jésuites de langue française laissèrent leurs missions auprès des Indiens des Grands Lacs et de l'Ontario aux jésuites de langue anglaise, et des documents relatifs à l'histoire de l'Église catholique au Canada au XIXe siècle. Tous les documents antérieurs à 1800 ont été publiés, V. *DBC*, II : 727, *The Jesuit relations* [...]. Enfin, les ASJCF regroupent les papiers, déjà organisés en partie, de dépôts différents et respectent leur numérotation première.

Séries et fonds cités dans le vol. IV :

Cahier des vœux. Liste de ceux qui ont prononcé

leurs vœux dans les limites de la Nouvelle-France ou du Canada, 1715–1772.

Fonds général. Constitué de 6830 pièces numérotées, ce fonds comprend, entre autres, les anciennes archives du collège Sainte-Marie, les documents originaux des XVIIe et XVIIIe siècles, la documentation relative aux luttes politico-religieuses du XIXe siècle, dont l'affaire des biens des jésuites.

573 : P. Charles Germain, s.j., Notes biographiques par le P. Arthur Jones.

583 : P.-R. Floquet, 1716–1782, Notes biographiques.

595 : O. H. Marshall, De Céloron's expedition to the Ohio in 1749.

596 : Voyage (journal) du P. J.-P. de Bonnecamps à l'Ohio, Québec, 17 oct. 1750.

597 : P. J.-P. de Bonnecamps, s.j., Notes biographiques.

675 : Lettre de M. l'abbé Le Guerne, missionnaire de l'Acadie.

708 : Lettres des missionnaires chez les Acadiens, 1759–1760.

727 : Lettre du P. L.-A. de Glapion à Hugh Finlay, 10 sept. 1788, Québec.

740 : Concession par messire P.-J.-L. Desjardins, ptre, fondé de pouvoir du P. Joseph Casot, 1798–1800.

741 : Testament (supposé) du P. Joseph Casot ; notes biographiques et gravure.

779 : Correspondance d'archiviste du P. Jones, 26 oct. 1888–10 mars 1899.

808-3 : Lettre du P. Germain, s.j., adressée de la rivière Saint-Jean à un habitant de la rivière Annapolis en Nouvelle-Écosse, 19 déc. 1753.

856-16 : Extrait de la lettre de la mère Marie L. de Saint-Martin, supérieure, au P. Floquet, supérieur des jésuites à Montréal, 15 oct. 1768.

4001-4028 : Papiers Rochemonteix. Comprend 28 cahiers qui ont servi à la rédaction des œuvres de Camille de Rochemonteix, *les Jésuites et la Nouvelle-France au XVIIe siècle* (3 vol., Paris, 1895–1896) et *les Jésuites et la N.-F. au XVIIIe siècle* [V. section IV].

Fonds Immaculée-Conception. Comprend 4285 pièces numérotées ; il s'agit surtout de correspondance diverse.

4244.43 : Note sur le soi-disant testament du P. de Glapion, 1887.

Série BO. Comprend les papiers laissés par les pères jésuites. Numérotés de 1 à 154, ces papiers sont classés par ordre chronologique de décès et, à l'intérieur de chaque dossier, par ordre chronologique.

80 : P. François Lemercier, Notes biographiques.

Série D-7. Contient les papiers des pères jésuites qui n'ont laissé que très peu de documentation ; le classement est identique à la série précédente.

1 : P. Félix Martin, Biographie du P. Énémond Massé, missionnaire au Canada.

ARCHIVES DE LA CONGRÉGATION DE NOTRE-DAME, Montréal. Ce dépôt d'archives, dont le classement est établi, contient 300 pieds de documents de 1658 à nos jours et quelque 200 cartes et plans. Les documents ont trait à l'administration de la congrégation, à ses différents offices et aux différentes maisons (environ 200) encore existantes ou fermées, aux possessions et aux sœurs de la congrégation.

Séries citées dans le vol. IV :

Administration générale

Documents du dépôt général, 1693–1922. 74 vol.

13 : Recettes et dépenses de la communauté ; comptes des serviteurs et des fabriques, 1722–1766.

Documents se rapportant au personnel de la Congrégation de Notre-Dame

Fichier général des sœurs, 1698 à nos jours.

Personnel, 1653–1900. 7 vol.

III : 1768–1807.

Registre général des sœurs, 1653 à nos jours.

Maisons

312.640 : Neuville

/1 : Historique de la fondation, 1713–1899.

/2 : Historique suivi des Annales, 1713–1897.

ARCHIVES DE L'ARCHIDIOCÈSE DE QUÉBEC. Ce dépôt contient quelque 1200 pieds de documents de 1638 à nos jours, environ 5000 photographies (de 1855 à nos jours), 400 cartes et plans depuis le XVIIIe siècle, un fichier analytique pour tous les documents antérieurs à 1930 et un répertoire général des registres officiels de l'archevêché en 6 vol., de 1659 à nos jours. On trouve un guide de ces archives dans SCHÉC *Rapport*, 2 (1934–1935) : 65–73.

Séries citées dans le vol. IV :

A : Évêques et archevêques de Québec

10 A : Mandements et lettres pastorales.

12 A : Registres des insinuations ecclésiastiques.
20 A : Lettres manuscrites des évêques de Québec.
210 A : Registres des lettres expédiées. On trouve l'inventaire de la correspondance de plusieurs évêques de Québec dans le ANQ *Rapport*. Correspondance de Mgr Briand pour les années 1741 à 1794 : 1929–1930, 45–136 ; celle de Mgr L.-P. Mariauchau d'Esgly pour les années 1740 à 1788 : 1930–1931, 185–198 ; celle de Mgr Hubert pour les années 1768 à 1797 : 1930–1931, 199–351 (contient aussi la correspondance de Mgr C.-F. Bailly de Messein à titre de coadjuteur) ; celle de Mgr Pierre Denaut* pour les années 1794 à 1806 : 1931–1932, 129–242 ; et celle de Mgr J.-O. Plessis*, à titre de coadjuteur de Mgr Denaut, pour les années 1797 à 1806 : 1927–1928, 213–240 ; 1932–1933, 1–21.
22 A : Copies de lettres expédiées.
30 A : Registre des actes de sépulture, oraisons funèbres, testaments, etc.

B : Chapitre de la cathédrale de Québec
10 B : Registre des délibérations.
11 B : Correspondance.

C : Secrétairerie et chancellerie
CB : Structures de direction
1 CB : Vicaires généraux.
CD : Discipline diocésaine
42 CD : Abjurations.
515 CD : Séminaire de Nicolet.
516 CD : Séminaire de Québec.
61 CD : Paroisses.
66 CD : Registre des abjurations.
81 CD : Congrégations religieuses féminines.
Diocèse de Québec (en cours de reclassement).
CM : Église universelle
10 CM : Correspondance de Rome.
7 CM : États-Unis.
90 CM : Angleterre.
91 CM : France.
CN : Église canadienne
311 CN : Nouveau-Brunswick.
60 CN : Gouvernement du Canada.
CP : Église du Québec
26 CP : District de Montréal.
CR : Province ecclésiastique de Québec
33 CR : Diocèse de Trois-Rivières.

U : Archives des missions, paroisses et institutions
Registres des postes du Domaine du roy.

W : Copies d'archives étrangères
1 W : Église du Canada.

ARCHIVES DE L'HÔPITAL GÉNÉRAL DE QUÉBEC. Ce dépôt conserve les archives de la communauté des Augustines de la Miséricorde de Jésus (Hospitalières de Saint-Augustin) et les archives de l'hôpital. Les premières comprennent 57 pieds de documents originaux de 1645 à nos jours, 3 000 photographies et 85 cartes et plans. Les secondes ont trait aux archives médicales proprement dites.

Séries citées dans le vol. IV :

Communauté
Journal, 1693 à nos jours. 20 vol.
II : 1743–1793.

Hôpital
Registre des décès, 1728 à nos jours.
Registre des prêtres malades, 1745–1935
50 : Thomas-Laurent Bédard.

ARCHIVES DE L'UNIVERSITÉ DE MONTRÉAL. Le Service des archives de l'université de Montréal, créé en 1966, est responsable depuis 1977 de l'ensemble des fonds d'archives, institutionnels et privés, conservés à l'université. Les fonds institutionnels se composent des documents administratifs de l'université et des archives imprimées de cette même institution. Actuellement au nombre de 83, les fonds privés se regroupent sous les rubriques suivantes : les fonds reliés à l'histoire de l'université, ceux de professeurs, ceux de documents anciens et les fonds spécialisés. Le Service des archives a préparé une série de publications portant sur les fonds et collections dont il a la garde.

Collection citée dans le vol. IV :

P 58 : Collection Baby. Cette collection, qui fait partie des fonds de documents anciens, réunit une masse importante de manuscrits originaux, colligés par François-Louis-Georges Baby* qui les légua à l'université de Montréal. On y compte plus de 20 000 pièces couvrant presque tous les sujets de l'histoire canadienne, de 1602 à 1905. A partir de 1942, M. Camille Bertrand inventoria ce fonds et reclassa les manuscrits dans deux grandes séries. Le chercheur peut consulter avec profit le *Catalogue de la collection François-Louis-Georges Baby*, rédigé par Camille Bertrand, préface de Paul Baby et introduction de Lucien Campeau (2 vol., Montréal, 1971). La majeure partie de la collection Baby est conservée sous forme de copies manuscrites aux APC.

Correspondance générale. Classée alphabétiquement sous les noms des signataires des lettres, cette série renferme environ 12 000 lettres originales, contenues dans 120 boîtes.

Documents divers. En pièces détachées pour la

plupart, ils sont classés sous 20 titres généraux, cotés au moyen de lettres, A à S.
B : Documents seigneuriaux
B1 : Tenure seigneuriale.
C : Colonisation
C2 : Ventes et échanges.
G : Commerce et finance
G2 : Commerce, finance, affaires.
Q1 : Documents hors séries.

ARCHIVES DES SŒURS GRISES, Montréal. Les documents qui se trouvaient à l'Hôpital Général de Montréal lorsque Mme d'Youville [DUFROST] y entra comme administratrice en 1747 constituent le fonds Charon et sont à l'origine de ce dépôt d'archives. Par la suite, on y ajouta les pièces nécessaires à l'administration générale de la communauté. Ce dépôt, dont la classification est selon l'ordre alphabétique pour les dossiers et chronologique à l'intérieur de chaque dossier, contient 55 pieds de documents originaux de 1692 à 1904, plusieurs centaines de photographies et environ 100 cartes et plans.

Séries et documents cités dans le vol. IV :
Ancien journal, 1688–1877. 3 vol.
I : 1688–1857.
II : 1857–1867.
III : 1867–1877.
Correspondance générale.
Frères Charon
80 : Constitutions pour les Frères hospitaliers de la Croix et de Saint-Joseph.
Table des articles de la règle de Saint-Augustin.
Laïcs.
Maison mère
Historique
Documents.
Médecins.
MY/D : Mère d'Youville et ses contemporains.
Mémoires de mère Élisabeth McMullen.
Mère Despins
Personnel.
Mère d'Youville
Correspondance.
Famille.
MS
Mémoire particulier, 1705–1857.
Registre des baptêmes et sépultures de l'Hôpital Général de Montréal, 1725–1901. 7 vol.
II : 1759–1776.
Registre des recettes et dépenses, 1718–1854. 5 vol.
I : 1718–1746.
II : 1747–1779.
Registre des vêtures, professions, sépultures, etc., des frères Charon, 1701–1748. 1 vol.

ARCHIVES DU MONASTÈRE DE L'HÔTEL-DIEU DE QUÉBEC. Outre 2 000 photographies et 150 cartes et plans, ce dépôt d'archives conserve environ 200 pieds linéaires de documents (de 1637 à nos jours) relatifs à l'établissement, au gouvernement et à l'administration de l'Hôtel-Dieu de Québec (hôpital et monastère). Pour une description plus complète de ce dépôt, V. Claire Gagnon et François Rousseau, « Deux inventaires des archives de l'Hôtel-Dieu de Québec », *Archives* (Québec), 73-1, 62–82.

Séries citées dans le vol. IV :
Actes capitulaires, 1700–1947. 2 vol.
I : 1700–1922.
Annales, 1636 à nos jours. 12 vol.
II : 1755–1774.
Bienfaiteurs, 1641–1964. 30 cartons
Papiers Curot, 1784–1887.
Chroniques, 1639–1930. 3 vol.
III : Dots et pensions.
Correspondance
Anciennes mères, 1697–1769. 7 cartons.
Évêques, 1676–1947. 50 cartons
J.-F. Hubert, 1767–1791.
Procureurs, 1654–1791. 14 cartons
B.-L. Villars, 1757–1788.
Élections triennales et annuelles, 1683–1966. 3 vol.
I : 1683–1806.
Notices biographiques, 1641 à nos jours
M.-L. Curot.
Papier terrier, 1639 à nos jours. 115 registres
Quartier Saint-Sauveur.
Registre des comptes du monastère, 1691–1953. 29 vol.
Recettes (brouillons), 1691–1860. 6 vol.
IV : 1733–1789.
V : 1789–1813.
Registre des malades, 1689–1907. 20 vol.
V : 1740–1751.

ARCHIVES DU MONASTÈRE DES URSULINES, Québec. Ce dépôt d'archives conserve 60 pieds de documents originaux de 1609 à nos jours, environ 1 500 photographies, 30 daguerréotypes et 200 cartes et plans. Bien que la majorité des documents aient trait aux ursulines, un certain nombre concernent des laïcs.

Séries et fonds cités dans le vol. IV :
Actes d'élection des supérieures, 1688–1941.
Actes de professions et de sépultures, 1639–1966. 2 vol.
1 : 1639–1867.
Actes des assemblées capitulaires, 1686 à nos jours. 4 vol.
1 : 1686–1842.
Annales, 1639 à nos jours. 8 vol.

I : 1639–1822.
Conclusions des assemblées des discrètes, 1687 à nos jours. 4 vol.
I : 1687–1865.
Correspondance des laïcs (sera reclassée prochainement)
Correspondance de Miss C. A. Baker avec mère Sainte-Croix.
Lettres, pétitions, gouverneurs anglais, 1760–1843.
Correspondance des ursulines de Paris, 1640–1792.
Fonds construction, 1642 à nos jours.
Fonds de la famille Wheelwright.
Fonds dots des religieuses, 1648–1865.
Fonds sermons
Sermon du R. P. Vincent Bigot, s.j., le 3 janvier 1713.
Journal (recettes et dépenses), 1715 à nos jours. 38 vol.
2 : 1747–1781.
Livre des entrées et sorties des filles françaises et sauvages, 1647–1720. 1 vol.
Livre des entrées et sorties des pensionnaires, 1720 à nos jours (en cours de classement).
Livres de comptes, 1672 à nos jours. 6 vol.
I : 1672–1750.
Registre de l'examen canonique des novices, 1689–1967. 4 vol.
I : 1689–1807.
Registre des entrées, vêtures, professions et décès des religieuses, 1647 à nos jours. 4 vol.
I : 1647–1862.

ARCHIVES DU SÉMINAIRE DE NICOLET. Ce dépôt d'archives contient près de 300 pieds de documents ; même si le plus ancien est antérieur à 1638, la majorité se rapporte aux XIXe et XXe siècles. Les ASN comptent en outre une collection de photographies et reproductions (200 albums plus quelque 20 000 autres photographies), de gravures, de peintures, de cahiers musicaux, de timbres anciens et de monnaies, et conservent des plans et devis du collège, des cartes de certaines seigneuries et de la province. Actuellement en cours de classement, ce dépôt renferme les archives officielles du séminaire ainsi que d'importants fonds privés comme les archives de la seigneurie de Nicolet et de l'abbé Louis-Édouard Bois*. Un répertoire (catalogue index) et des fichiers thématiques et onomastiques sont à la disposition des chercheurs.

Sont citées dans le vol. IV :
AO : Archives officielles
Polygraphie. 16 vol.
I : Succession Louis-Marie Brassard.
Séminaire. Contient des documents sur le séminaire antérieurs à sa fondation, en 1803, et jusqu'à nos jours. Outre 13 volumes, numérotés de I à XIII, cette série renferme de nombreux volumes classés dans des sections à rayons totalisant 117 pieds linéaires ; ces volumes sont en cours de classement.
IX : Succession Paradis ; université Laval ; séminaire.
Titres divers et contrats de l'abbé Louis-Marie Brassard (section 3, rayon 3).
AP : Archives privées
G : Grandes collections
L.-É. Bois. 69 vol., 3 boîtes et 3 spicilèges de notes et de documents historiques. La collection Jean-Baptiste Meilleur* aux APC (MG 24, B26) contient des copies de cette série.
Garde-notes. 19 vol.
Succession. 20 vol.

ARCHIVES DU SÉMINAIRE DE QUÉBEC. Un des plus importants dépôts privés d'archives de l'Amérique du Nord. Il remonte à la fondation du séminaire en 1663, mais on peut considérer Mgr Thomas-Étienne Hamel* et Mgr Amédée-Edmond Gosselin* comme les fondateurs des ASQ, à la fin du XIXe siècle et au début du XXe. On y trouve quelque 1 172 pieds de documents (papiers du séminaire et papiers privés dont les plus anciens datent de 1636 et la majorité de 1675 à 1950), 2 800 cartes et plans, et 5 000 gravures et photographies. Des fichiers analytique et chronologique sont à la disposition des chercheurs.

Séries citées dans le vol. IV :
C. Livres de comptes du séminaire, 1674–1934. 110 cahiers manuscrits
C 8 : 1730–1747.
C 9 : 1748–1768.
C 10 : 1730–1735.
C 11 : 1749–1777.
C 21 : 1740–1748.
C 22 : 1748–1770.
C 35 : 1753–1780.
Chapitre, 1670–1974. 7 cartons.
Documents Faribault, 1557–1943. 3 cartons.
Évêques, 1657–1920. 2 cartons.
Fonds H.-R. Casgrain. 147 cahiers manuscrits classés dans la Série O (0400–0547) et quelques cartons.
Série O
0423 : Lettres de Duperon Baby, 1765–1788.
0475–0476 : E.-A. Baby, Mémoires de famille par Mme C.-E. Casgrain.
Fonds A.-H. Gosselin. 35 cartons (non inventorié).

Fonds Viger-Verreau. Collections de l'abbé H.-A.-J.-B. Verreau* et de Jacques Viger* composées de 102 cartons et de 300 cahiers manuscrits. Ces derniers sont réunis sous la Série O et contiennent, entre autres, la collection « Ma Saberdache » de Viger (095–0125 ; 0139–0152) (V. Fernand Ouellet, « Inventaire de la Saberdache de Jacques Viger », ANQ *Rapport*, 1955–1957, 31–176). Ce fonds comprend en outre un cahier de photos, l' « Album Gaspé », et 15 registres de copies des papiers HALDIMAND, 1757–1786.

Série O

035 : Album Verreau, I.

040A : Commissions, instructions et livre de comptes (recettes et dépenses du gouvernement civil de Québec) [...], 1772.

081 : Jacques Viger, Notices sur la vie de plusieurs « Prêtres du Canada », avant 1834.

0181 : Les troubles de l'Église du Canada, 1728.

0227 : H.-A. Verreau, Histoire du Canada, I.

Lettres. 36 cartons

I : non inventorié.
M : 1685–1789.
P : 1685–1887.
R : 1686–1946.
S : 1663–1871.
T : 1731–1875.
Y : 1742–1881.

Missions. 2 cartons.

MSS. 870 cahiers manuscrits divers dont le journal du séminaire

2 : A.-J.-M. Jacrau, prêtre, Annales du petit séminaire de Québec, 1700.

12 : Grand livre du séminaire de 1733–1856.

13 : Plumitif du Conseil du séminaire commencé en 1678. 5 vol.

82–103 : Pierre Potier, s. j. (22 cahiers), 1739–1749.

146 : Emmanuel Crespel, prêtre, Relations des voyages du R. P. Emmanuel Crespel, 1792.

191b : Louis Crespel, Voyages et naufrage du R. P. Emmanuel Crespel, 1742.

208 : Pierre Hazeur, Extraits de correspondance entre Mr. Pierre Hazeur et son frère Thierry, 1730–1757.

424 : A.-E. Gosselin, prêtre, États de service des officiers du Canada.

425 : A.-E. Gosselin, prêtre, Répertoire du clergé canadien, Régime français.

433 : A.-E. Gosselin, prêtre, Officiers et professeurs du séminaire de Québec, 1663–1860.

437 : A.-E. Gosselin, prêtre, Prêtres du séminaire de Québec (notices) du début à nos jours.

MSS-M. 1 120 cahiers de cours manuscrits

67 : André Couillard, Cours de philosophie par le père J.-B. de Labrosse, 1757.

122 : Charles Chauveau, Éclipse de soleil ; Éclipse de lune ; Cours de mathématiques (tous de l'abbé Thomas Bédard), 1775.

199–202 : Arnault Dudevant, Cours de théologie (4 cahiers), 1774.

225 : Bertrand, Cours de rhétorique par l'abbé François Leguerne et Urbain Boiret, 1770.

228 : Antoine Lapommerai, Cours de rhétorique par l'abbé Charles-François Bailly de Messein, 1774.

251 : T.-L. Bédard, prêtre, Cours d'astronomie, 1792.

726 : Cours de théologie par l'abbé T.-L. Bédard, 1790.

Paroisse de Québec, 1652–1877. 2 cartons.

Polygraphie. 324 cartons.

S. 70 cartons et 327 cahiers manuscrits (identifiés par S-) concernant les seigneuries du séminaire.

S-184A : Aveu et dénombrement, 11 juillet 1781, par le séminaire de Québec.

Séminaire. 256 cartons.

Université. 369 cartons concernant l'administration et la correspondance de l'université et 75 cahiers manuscrits (Série U) touchant l'administration et les sociétés.

ARCHIVES DU SÉMINAIRE DE SAINT-SULPICE, Montréal. Important dépôt d'archives pour l'histoire de la région de Montréal depuis les débuts. Ce dépôt, divisé en 67 sections, contient 500 pieds de documents pour les années 1586 à 1978, environ 1 600 cartes et plans, et 500 photographies.

Sections utilisées dans le vol. IV :

Section 8 : Seigneuries, fiefs, arrière-fiefs, domaines, 1658–1930

A: Seigneurie du Lac-des-Deux-Montagnes, 1660–1930.

Section 11 : Enseignement, 1654–1960.
Section 14 : Successions, 1653–1958.
Section 15 : Testaments, 1692–1968.
Section 19 : Statistiques, 1643–1886.
Section 21 : Correspondance générale, 1670–1920.

Section 24 : Histoire et géographie, biographies, divers, 1600–1920
Dossier 2 : Biographies, 1642–1850.
Dossier 5 : Catalogue des prêtres de Saint-Sulpice, etc., 1657–1900.
Dossier 6 : Cahiers Faillon.
Section 27 : Le séminaire, les évêchés et les paroisses, 1654–1938.

ARCHIVES JUDICIAIRES. V. QUÉBEC, MINISTÈRE DE LA JUSTICE

ARCHIVES NATIONALES DU QUÉBEC. A la Conquête, les articles 43, 44 et 45 de la capitulation de Montréal, contrairement aux usages du droit international de l'époque, permirent aux administrateurs de la Nouvelle-France de rapporter en France les documents concernant le gouvernement de la colonie. Seules les archives ayant une valeur légale pour les individus demeurèrent au pays et connurent bien des infortunes avant que soit créé, en 1920, le Bureau des archives de la province de Québec – maintenant les Archives nationales du Québec – (V. Gilles Héon, « Bref historique des Archives du Québec », ANQ *Rapport*, 1970, 13–25). Depuis 1971, les ANQ, dont la direction générale est à Québec, ont entrepris d'ouvrir des centres régionaux dans chacune des régions administratives du Québec. En plus du dépôt de Québec, on compte aujourd'hui ceux de la Mauricie/Bois-Francs (Trois-Rivières), de Montréal, de l'Outaouais (Hull), du Saguenay/Lac-Saint-Jean (Chicoutimi). Ceux du Bas-Saint-Laurent (Rimouski) et des Cantons de l'Est (Sherbrooke) sont actuellement en cours d'organisation. En outre, on prévoit l'ouverture de dépôts sur la Côte-Nord et dans le Nord-Ouest. Tous ces dépôts renferment, d'une part, les archives privées et les archives des collectivités locales constituées de documents provenant, entre autres, des paroisses, des municipalités et des commissions scolaires de chacune de ces régions administratives. D'autre part, ils contiennent les documents qui leur sont confiés par les Archives civiles et les Archives judiciaires de ces régions administratives. C'est ainsi que les minutiers (greffes) des notaires, les procès-verbaux des arpenteurs, les registres de l'état civil (il existe sur place des listes, mises à jour, de ces documents) et les documents des différentes cours de justice se retrouveront, à un moment ou l'autre, dans les centres régionaux des ANQ (V. section I, Québec, ministère de la Justice).

MAURICIE/BOIS-FRANCS, Trois-Rivières

Sont cités dans le vol. IV :

État civil.
Insinuations, 1675–1911. 133 cahiers.
Minutiers (greffes).
Procès-verbaux des arpenteurs.

MONTRÉAL

Pour plus de renseignements concernant les documents conservés dans ce centre régional, on consultera l'« État sommaire des Archives nationales du Québec à Montréal », ANQ *Rapport*, 1972, 1–29.

Sont cités dans le vol. IV :

AP : Archives privées
199 : Fleury Mesplet.
M-78-8 : Charles Phillips.
Chambre des milices (anciennement les vol. 1 à 6 de QBC 28 aux ANQ-Q), 1760–1764. 6 vol.
Documents judiciaires
Contrats de shérif
1767–1799. 3 vol.
Cour des plaidoyers communs
Registres, 1765–1816. 48 vol.
Sentences, 1765–1767. 1 vol.
Juridiction de Montréal (anciennement NF 21 aux ANQ-Q), 1676–1760. 17 vol.
Pièces détachées de documents judiciaires, classées par ordre chronologique, 1651–1760. 164 vol.
Registres des audiences pour la juridiction de Montréal, 1665–1760. 32 registres.
État civil.
Insinuations
Registres des insinuations, 1722–1866. 49 vol.
Livres de comptes.
Minutiers (greffes).
Procès-verbaux des arpenteurs.
Recensement, Compagnie des Indes, 1741. 1 registre.
Testaments
Testaments olographes, 1658–1875. 17 vol.
Tutelles et curatelles
1658–1852. 250 vol.

QUÉBEC

Pour plus de renseignements concernant les documents conservés dans ce dépôt, on consultera l'*État général des archives publiques et privées* (Québec, 1968). On notera que les registres de l'état civil, conservés à la section de la Généalogie, 1 180, rue Berthelot, les documents officiels, postérieurs à 1867, les cartes, plans et illustrations, déposés au 115, côte de la Montagne, les documents officiels, antérieurs à 1867, et la collection des archives privées, se trouvant au parc des Champs de bataille, seront réunis sous un même toit sur le campus de l'université Laval au début de 1980.

Sont cités dans le vol. IV :

AP : Archives privées

G : Grandes collections
- 208 : Port de Québec, 1779–1922.
- 229 : Renaud d'Avène Des Méloizes, Nicolas, 1783–1811.
- 313 : Allsopp, George, 1765–1804.
- 322 : Affaire du Canada, 1761–1763.
- 323 : Agriculture Society, 1789–1795.
- 398 : Baillargé, François, 1784–1800.

P : Petites collections
- 11 : Adhémar, dit St-Martin, famille, 1689–1844.
- 84 : Bailly, Charles, 10 mars 1651.
- 86 : Bailly, Mlle, 5 juin 1739.
- 378 : Lotbinière, famille, 1761–1810.
- 526 : Delzenne, monsieur, 1763 et 1772.
- 545 : Deschambault, sieur, 1755–1756.
- 659 : Dupont, famille, 1580–1866.
- 753 : Fournel, J.-Ls et Mme Vve, 1725–1765.
- 997 : Hubert, famille, 1797.
- 1 061 : Labadie, Louis, 1796–1797.
- 1 106 : Lajus, François, 1757–1776.
- 1 385 : Mariaucheau d'Esgly, famille, XVIIIe siècle.
- 1 386 : Mariaucheau d'Esgly, Mgr Louis-Philippe, 1788.
- 1 395 : Martel, Michel, 1749.
- 1 565 : Panet, monsieur, 1744–1769.
- 1 607 : Péan, famille, 1575–1730.
- 1 634 : Perthuis, Joseph, 31 janv. 1743.
- 2 213 : Laterrière, Pierre de Sales, 1789.

État civil.

Minutiers (greffes).

NF : Nouvelle-France
- 2 : Ordonnances des intendants, 1666–1760. 46 vol.
- 4 : Registres d'intendance, 1672–1759. 4 vol.
- 6 : Foi et hommage, 1667–1759. 5 vol.
- 7 : Aveux et dénombrements, 1723–1758. 5 vol.
- 8 : Déclarations des censitaires du roi, 1750–1758. 4 vol.
- 10 : Procès-verbaux des grands voyers, 1668–1780. 9 vol.
- 11 : Registres du Conseil supérieur, 1663–1760. 69 vol.
- 12 : Insinuations du Conseil supérieur, 1663–1758. 16 vol. (les vol. 11 à 16 sont des copies des six premiers volumes).
- 13 : Dossiers du Conseil supérieur, 1663–1759. 11 vol.
- Matières criminelles, 1665–1759.
- 19 : Registres de la Prévôté de Québec, 1666–1759. 113 vol.
- 20 : Documents de la Prévôté de Québec, 1668–1759. 17 vol.
- 21 : V. ANQ-M, Documents judiciaires, Juridiction de Montréal
- 25 : Collections de pièces judiciaires et notariales, 1638–1759. 125 vol.

QBC : Québec et Bas-Canada
- 16 : Seigneuries, 1766–1862. 10 vol.
- 26 : Armée et milice, 1770–1871. 8 vol.
- 28 : Cours de justice, 1760–1880. 61 vol.
- Chambre des milices. V. ANQ-M, Chambre des milices

Conseil militaire, Québec, 1760–1764.

ARCHIVES OF ONTARIO, Toronto. Ces archives ont la responsabilité d'acquérir, de préserver et de classer tous les documents importants du gouvernement ontarien. Elles conservent en outre des manuscrits, des cartes, des photographies, des peintures et des journaux relatifs à l'histoire de la province. Des inventaires, des cadres de classements, des catalogues, des guides et d'autres instruments de recherche, tous inédits, sont disponibles aux archives.

Sont cités dans le vol. IV :

Baby family papers, 1759–1866.
Canniff (William) papers, 1778–1900.
Cartwright family papers, 1779–1913.
Hiram Walker Museum collection, 1749–1971.
Macaulay family papers, 1781–1921.
Reive (W. G.) collection.
Robinson (sir John Beverley) papers, 1803–1905.
Russell family papers, 1720–1810.
Simcoe (John Graves) papers, 1665–1934.
Street (Samuel) papers, 1791–1880.
Upper Canada, Lieutenant governor, Letterbook, 1799–1800.

RG 1 : Records of the Ministry of Natural Resources
- A : Offices of surveyor general and commissioner of crown lands
  - I : Correspondence
    - 1 : Letters received, surveyor general, 1766–1913.
    - 6 : Letters received, surveyor general and commissioner.
  - II : Reports and statements
    - 1 : Surveyor general's reports, 1788–1857.
- CB-1 : Survey diaries, field notes, and reports
- C : Lands Branch
  - IV : Township papers.

RG 8 : Records of the Department of the Provincial Secretary
- I-3 : Recording Office.

RG 21 : Municipal records
- A : Records of municipalities and townships, 1790 à nos jours.

RG 22 : Court records
- 3 : Supreme Court of Ontario.
- 6-2 : Records of the Surrogate Court of Ontario.

7 : Courts of General Quarter Sessions of the Peace.

ARCHIVES PAROISSIALES. Les archives paroissiales du Québec conservent plus particulièrement les registres des baptêmes, mariages et sépultures dont une copie est déposée aux Archives civiles du district judiciaire où se trouve la paroisse. Les Archives civiles gardent ces registres pendant 100 ans avant de les confier aux ANQ. Les archives paroissiales renferment habituellement beaucoup d'autres documents dont les livres de comptes et de délibérations de la fabrique, les registres des confréries de la paroisse, etc.

ARCHIVES PUBLIQUES DU CANADA, Ottawa. La Division des manuscrits ou la Division des archives fédérales ont publié les inventaires généraux et provisoires suivants qui ont servi à la préparation du vol. IV :

Inventaire général, manuscrits, volume 1, MG 1–MG 10 (1971).

Inventaire général, manuscrits, volume 2, MG 11–MG 16 (1976).

Inventaire général, manuscrits, volume 3, MG 17–MG 21 (1974).

Inventaire général, manuscrits, volume 4, MG 22–MG 25 (1972).

Inventaire général, manuscrits, volume 7, MG 29 (1975).

Inventaire général, manuscrits, volume 8, MG 30 (1977).

Collection de l'inventaire général, n° 1, Archives ayant trait aux Affaires indiennes (RG 10) (1975).

Collection de l'inventaire général, n° 6, Archives de Statistiques Canada (RG 31) (1977).

Les inventaires préliminaires suivants ont été remplacés avantageusement par des inventaires inédits disponibles aux APC seulement :

Record Group 1, Executive Council, Canada, 1764–1867 (1953).

Record Group 4, civil and provincial secretaries' offices, Canada East, 1760–1867 ; Record Group 5, civil and provincial secretaries' offices, Canada West, 1788–1867 (1953).

Record groups, n° 14 : Records of parliament, 1775–1915 ; n° 15 : Department of the Interior ; n° 16 : Department of National Revenue (1957).

Des *addenda* pour ces inventaires, des inventaires inédits d'autres fonds de manuscrits et d'archives fédérales, et des instruments de recherche pour les collections privées peuvent être consultés aux APC.

Ont été utilisés dans le vol. IV :

MG 8 : Documents relatifs à la Nouvelle-France et au Québec (XVIIe–XXe siècles)

C: District de Montréal

10 : Cour des plaidoyers communs. Originaux, 1783–1791 ; transcriptions, 1765–1767.

F: Documents relatifs aux seigneuries et autres lieux

51 : Longueuil. Originaux et transcriptions, 1701–1870.

113 : Soulanges. Originaux, 1739, 1756.

G: Archives paroissiales

10 : Fort Saint-Frédéric ou fort Beauharnois (Crown Point) (église catholique). Transcriptions, 1732–1760.

14 : Illinois (église catholique). Transcriptions, 1695–1834.

17 : Michilimackinac, Saint-Ignace (église catholique). Transcriptions, 1695–1799.

MG 9 : Documents relatifs aux provinces, aux territoires et aux municipalités

A: Nouveau-Brunswick

5 : Crown Lands Department. Transcriptions, 1784–1787 ; copies dactylographiées, 1763–1860 ; photocopies, 1783–1833.

B: Nouvelle-Écosse

1 : Executive Council. Originaux, 1770–1775, 1841–1842.

3 : Legislature. Originaux, 1749–1753, 1768–1782 ; photocopies, 1749–1750.

8 : Archives paroissiales.

9 : Archives locales.

MG 11 : Public Record Office, Londres, Colonial Office papers

[CO 42]. Q series. Transcriptions, 1760–1841. Les transcriptions de la série Q ont été effectuées par les APC avant la réorganisation du PRO en 1908–1910. Elles comprennent la majeure partie des documents que l'on trouve maintenant dans CO 42 et certains documents de CO 43 ainsi que des documents en provenance d'autres séries. Les documents couvrant la période du vol. IV ont été catalogués dans APC *Rapport*, 1890, 1891 et 1892.

[CO 217]. Nova Scotia A ; Cape Breton A. Transcriptions et photostats, 1603–1865. Jusqu'en 1801 ces séries se composaient de copies de documents provenant de différents dépôts en Grande-Bretagne, plus particulièrement du PRO. Lorsque le travail de transcription atteignit l'année 1802, le PRO avait établi la série CO 217. A partir de 1802, les transcriptions proviennent de CO 217 seulement. Les documents de la série Nova Scotia A pour la période du vol. IV ont été catalogués dans APC *Rapport*, 1894, et ceux de la série Cape Breton A dans le *Rapport*, 1895.

[CO 220]. Nova Scotia B (minutes of the Executive Council, 1720–1785) ; Nova Scotia C (minutes of the Legislative Council, 1758–1807). Transcriptions. Série de documents variés provenant principalement de sources faisant maintenant partie du PRO, CO 217 ou CO 220. Un classement de la série Nova Scotia B a été publié dans APC *Rapport*, 1949.

MG 17 : Archives religieuses
- A : Église catholique
  - 7-2 : Séminaire de Saint-Sulpice, Montréal. Original, 1828 ; transcriptions, 1635–1899 ; mfm, 1556–1945.
  - 15 : Hôpital général de Montréal. Originaux, 1908 ; transcriptions, 1692–1773.
- D : Frères moraves
  - 1 : Moravian Brethren. Originaux, 1827–1955 ; transcriptions, 1752, 1770–1779 ; mfm, 1749–1944.

MG 18 : Documents antérieurs à la cession
- D : Baie d'Hudson
  - 5 : Graham, Andrew. Transcriptions, s.d.
- E : Documents religieux
  - 15 : Crespel, Emmanuel. Original, 1742.
- F : Acadie et Terre-Neuve
  - 37 : Vergor, Louis Du Pont Du Chambon de. Original, 1755.
- G : Gouverneurs et intendants, Canada
  - 2 : Vaudreuil, famille. Originaux, 1718–1831 ; photocopie, 1786 ; transcriptions, 1758–1759.
  - 8 : Bigot, François. Originaux, 1746–1752 ; photocopies, 1756–1763 ; transcriptions, 1748–1765.
- H : Nouvelle-France
  - 7 : Testard de Montigny, famille. Transcriptions, *circa* 1659–1863.
  - 13 : Denys, famille. Original, 1710 ; photocopies, 1658, 1724 ; transcriptions, 1655–1787 ; mfm, 1654–1870.
  - 28 : Morin, Pierre-Louis. Originaux, 1836–1884 ; transcriptions, 1504–1763.
  - 50 : Lemoine Despins, famille. Originaux, 1755–1851.
- I : Détroit
  - 5 : Détroit, registres de notaires de. Originaux, 1786–1792 ; transcriptions, 1737–1796.
- J : Mémoires et récits de voyages
  - 10 : Johnstone, James, dit le chevalier de. Transcriptions, 1745–1760.
- K : Officiers français
  - 3 : Chartier de Lotbinière, Michel-Eustache-Gaspard, marquis de. Originaux, 1683–1832 ; photocopies, 1663–1792 ; transcriptions, 1778–1788 ; mfm, 1750–1787.
  - 4 : Benoist, Antoine-Gabriel-François, dit le chevalier. Originaux, 1706–*circa* 1776.
  - 10 : Bougainville, Louis-Antoine de. Original, 1760 ; photocopies, 1756–1763 ; transcriptions, 1756–1763.
- L : Officiers britanniques
  - 4 : Amherst family. Photocopies, 1758–1854 ; transcriptions, 1758–1836 ; mfm, 1758–1763.
- M : Collection Northcliffe.
- N : Documents militaires et navals
  - 15 : Seven Years' War. Originaux, 1758–1760 ; transcriptions, 1754–1759.
  - 21 : Williamson family. Photocopie, 1760 ; mfm, 1757–1776.
  - 25 : Nova Scotia : British garrisons. Transcriptions, 1754–1756.
- O : Documents divers
  - 6 : Couagne, famille. Originaux, *circa* 1761–1769.

MG 19 : Documents relatifs aux Indiens et au commerce des fourrures
- A : Commerce des fourrures
  - 2 : Ermatinger estate. Originaux, 1758–1874 ; photocopies, 1766–1966.
- B : Commerce des fourrures, compagnies et associations
  - 3 : Beaver Club. Transcription, 1807–1827.
- E : Établissement de la Rivière-Rouge
  - 2 : Red River Settlement, 1814–1830. Originaux, 1822–1830 ; transcriptions 1814–1818.
- F : Indiens
  - 1 : Claus family. Originaux, 1755–1866.
  - 2 : Johnson family. Photocopies, 1763–1807 ; originaux, 1778–1827 ; transcriptions, 1764, 1770, 1937.
  - 6 : Brant family. Originaux, 1774–1889 ; photocopies, 1786, 1793, 1799.

MG 23 : Documents de la fin du dix-huitième siècle
- A : Hommes d'État britanniques
  - 1 : Dartmouth, William Legge, 2nd Earl of. Originaux, transcriptions, 1688–1798.
  - 4 : Shelburne, William Fitzmaurice Petty,

2nd Earl of, 1st Marquis of Lansdowne. Copies dactylographiées, 1663–1782 ; transcriptions, 1698–1795.
B : Révolution américaine
3 : Continental Congress. Transcriptions, 1776–1788.
C : Nouvelle-Écosse
17 : Suckling, George. Original, 1759–1760.
D : Nouveau-Brunswick
1 : Chipman, Ward, Sr and Jr. Originaux, 1751–1844 ; mfm, 1783–1839.
5 : Crannell, Bartholomew. Originaux, 1783–1818.
E : Île-du-Prince-Édouard
6 : Montgomery, sir James William. Originaux, 1792 ; photocopies, 1791–1798.
F : Cap-Breton
1 : Desbarres, Joseph Frederick Wallet. Originaux, 1762–1894 ; photocopies, 1774–1925 ; transcriptions, 1903–1917.
GI : Québec et Bas-Canada : gouvernement
1 : Murray, James. Originaux, 1757–1778 ; photocopies, 1765–1793 ; transcriptions, 1731–1780.
5 : Quebec : administration of Justice. Originaux, 1782, 1787.
GII : Québec et Bas-Canada : hommes politiques
1 : Murray, James. Originaux, 1757–1778 ; photocopies, 1765–1793 ; transcriptions, 1734–1792.
3 : Gray, Edward William. Originaux, 1767–1826.
12 : Hope, Henry. Originaux, 1781–1786 ; photocopies, 1779, 1789.
15 : Gray, Alexander. Originaux, 1784–1787.
19 : Monk, James and family. Originaux, 1735–1888.
21 : Price, Benjamin. Originaux, 1767.
22 : Haldimand, sir Frederick. Originaux, 1779–1791.
23 : Mabane, Adam. Originaux, 1783–1790.
GIII : Québec et Bas-Canada : marchands et colonisateurs
5 : Lindsay-Morrison papers. Photocopies, 1716–1860.
7 : Porteous, John. Mfm, 1765–1862 ; transcription, 1780–1800.
8 : Birnie, Samuel. Originaux, 1785–1794.
11 : Fraser, Alexander. Originaux, 1791–1810.
25 : Antiquarian and Numismatic Society of Montreal. Mfm, 1712–1930.
29 : Augé, Étienne. Mfm, 1750–1780.
GIV : Québec et Bas-Canada : documents religieux et maçonniques
8 : Marchand, Étienne. Original, 1765.
GV : Québec et Bas-Canada : documents divers
1 : Boisseau, Nicolas-Gaspard. Originaux, 1784–1789.
HI : Haut-Canada : hommes politiques
1 : Simcoe, John Graves. Mfm, 1765–1860 ; photocopies, 1768–1805 ; transcriptions, 1724–1824.
3 : Jarvis family. Originaux, 1767–1901.
5 : White, John. Originaux, 1780–1840 ; photocopies, 1792–1797.
8 : Murray, George W. Original, 1789.
I : Colonies en général
13 : Sharpe, Joshua. Originaux, 1760–1772.
K : Documents militaires
3 : Gage, Thomas. Photocopies, 1765, 1768.
MG 24 : Documents du dix-neuvième siècle antérieurs à la Confédération
A : Personnalités politiques et officiels britanniques
6 : Hunter, Peter. Originaux, 1799, 1802 ; photocopie, 1800 ; transcription, 1799–1805.
B : Personnalités politiques et événements nord-américains
1 : Neilson collection. Originaux, 1666–1912 ; transcriptions, 1804–1837 ; photocopies, 1763–1768.
D : Industrie, commerce et finance
3 : Collection Gamelin. Originaux, 1766–1858.
4 : Goring, Francis. Originaux, 1776–1833.
E : Transport
1 : Merritt papers. Originaux, 1775–1897 ; mfm, 1780–1873.
F : Personnalités de l'Armée et de la Marine
3 : Bell, William. Originaux, 1800–1836.
L : Divers
3 : Collection Baby. Originaux, 1855–1879 ; transcriptions, 1629–1907 ; mfm, 1691–1836.
MG 25 : Généalogie
47 : Gorham family. Transcription, 1927.
186 : Collection Gérard Jalbert. Originaux, s.d.
MG 28 : Archives de collectivités postérieures à la Confédération
III : Business establishments
18 : Robin, Jones and Whitman, Ltd. Originaux, 1784–1953.
MG 29 : Manuscrits du dix-neuvième siècle postérieurs à la Confédération
A : Domaine économique
26 : Goodwin, E. G.[?]. Original, *circa* 1946.
E : Carrières professionnelles et publiques
74 : Campbell, John Colin Armour, collection. Originaux, s.d., 1903.
MG 30 : Manuscrits de la première moitié du vingtième siècle

C : Domaine social
20 : Gaudet, Placide. Originaux, *circa* 1900 ; transcriptions, *circa* 1900 ; photocopies, 1897–1914.
D : Domaine culturel
1 : Audet, Francis-Joseph. Originaux, 1888–1942.
E : Carrières professionnelles et publiques
66 : Cruikshank, Ernest Alexander. Originaux, 1903–1940.
MG 55 : Documents divers.
RG 1 : Conseil exécutif, Canada, 1764–1867
E : State records
1 : Minute books, 1764–1867.
15 : Board of Audit, 1759–1867.
L : Land records
3 : Upper Canada and Canada, petitions, 1791–1867.
3[L] : Quebec and Lower Canada, petitions, 1764–1842.
4 : Upper Canada, land board records, 1764–1804.
5 : Upper Canada, records of the Heir and Devisee Commission, 1777–1854.
RG 4 : Archives des bureaux des secrétaires civils et provinciaux, Bas-Canada, 1760–1867.
A : Civil secretary's correspondence, 1760–1841
1 : Series, 1760–1841.
B : Office records, 1763–1867
6 : Statistical returns from public officers, 1791, 1806, 1808–1840.
8 : Petitions for notaries' and advocates' commissions, 1760–1841.
17 : Suits, 1765–1791, 1798–1827.
28 : Bonds, licences, and certificates, 1763–1867.
32 : Shipping returns for the port of Quebec, 1766–1819.
43 : Miscellaneous records relating to the St Paul's Bay disease, 1785–1791.
58 : Customs records, 1772–1852.
D : *Montreal Gazette*, janv.–déc. 1798
1 : *Quebec Gazette*, 1764–1850, 1854–1855, 1864.
RG 5 : Bureaux des secrétaires civils et provinciaux, Haut-Canada
A : Civil secretary's correspondence, 1791–1840
1 : Upper Canada sundries, 1766–1840.
RG 8 : Archives militaires et navales britanniques
I : C series (British military records).
RG 10 : Affaires indiennes
A : Archives administratives du gouvernement impérial, 1677–1864
1 : Archives du gouverneur général et des lieutenants-gouverneurs, 1787–1850
1–7 : Haut-Canada, contrôle civil, 1796–1816, 1829–1830, 1841–1843.
486–487 : Bas-Canada, contrôle civil, 1801–1815.
2 : Archives du bureau du surintendant, 1755–1830
8–21 : Bureau du surintendant général, 1791–1828.
26–46 : Bureau du sous-surintendant, correspondance, 1789–1830.
1 822–1 826, 1 829–1 832 : Procès-verbaux des Affaires indiennes, 1755–1790.
6 : Archives générales, 1717–1864
659, 785, 1 833 : Archives de l'administration générale, Québec et Bas-Canada, 1717–1849.
1 834, 1 835 : Archives de l'administration générale, Six-Nations et Niagara, 1763–1810.
RG 14 : Archives du parlement, 1775–1972
A : Legislative Council, Quebec and Lower Canada, 1775–1841
1 : Records of the clerk, 1775–1791, 1807–1837.
RG 31 : Archives de Statistique Canada
A : Division du recensement, 1825–1971
1 : Recensements, 1825–1881.
RG 68 : Registraire général du Canada, *circa* 1651–1978. Les APC ont converti récemment le système de numérotation des volumes de RG 68 en une série continue de 1 à 1 142. Les références paraissant dans le *DBC* se rapportent aux nouveaux numéros de volumes. Toutefois, puisque les chercheurs sont tenus de consulter RG 68 sur microfilm, où paraissent exclusivement les anciens numéros, ils devront recourir à une table de concordance disponible aux APC afin de retrouver ces nouveaux numéros.

CENTRE D'ÉTUDES ACADIENNES, université de Moncton, N.-B. Le CÉA, mis sur pied en 1969, conserve les documents déposés antérieurement aux Archives acadiennes. Ces dernières les avaient hérités du collège Saint-Joseph qui les avait accumulés depuis sa fondation en 1864. La collection du CÉA se compose de manuscrits, de livres, de documents folkloriques, de cartes et de journaux. Ce dépôt conserve des copies de plusieurs séries se rapportant à l'histoire acadienne ; les documents transcrits en France dans les Archives nationales et les Archives départementales sont particulièrement intéressants pour l'étude du XVIIIe. Pour de plus amples renseignements concernant les collections, V. CÉA, *Inventaire général des sources* *documentaires sur les archives* (1 vol. paru, Moncton, N.-B., 1975–).

Séries citées dans le vol. IV :

1 : Fonds d'archives privées
A : Fonds personnels
Bourgeois, Philias (1855–1913).
Gaudet, Placide (1850–1930).
C : Généalogies acadiennes
Fonds Patrice Gallant.

HUDSON'S BAY COMPANY ARCHIVES, Winnipeg. Ces archives ont été instituées, selon leur organisation actuelle, en 1932, et conservent des documents datant de 1670. La Hudson's Bay Record Society publie des documents de ce dépôt depuis 1938 [V. section II]. En 1974, les archives de la HBC, conservées à Londres, ont été déménagées à Winnipeg et déposées aux Provincial Archives of Manitoba. Le PRO et les APC possèdent des microfilms de ces archives pour les années 1670 à 1870. Pour plus de renseignements concernant les copies conservées aux APC et les instruments de recherche, V. *Inventaire général, manuscrits, 3*.

Sont cités dans le vol. IV :

Section A : London office records
A.1/ : London minute books.
A.5/ : London correspondence outwards – general.
A.6/ : London correspondence outwards – official.
A.11/ : London inward correspondence from HBC posts.
A.14/ : Grand ledgers.
A.15/ : Grand journals.
A.16/ : Officers' and servants' ledgers and account books.
A.19/ : Cash books.
A.30/ : Lists of servants.
A.32/ : Servants' contracts.
A.36/ : Officers' and servants' wills.
A.43/ : Transfer book (book of assignments of stock).
A.44/ : Register book of wills and administrations of proprietors, etc.
Section B : North America trading post records
B.3/a : Albany journals.
B.3/b : Albany correspondence.
B.14/a : Bedford House (Reindeer Lake) journals.
B.22/a : Brandon House journals.
B.23/a : Brunswick House journals.
B.24/a : Buckingham House journals.
B.42/a : Churchill journals.
B.42/b : Churchill correspondence books.
B.42/d : Churchill account books.
B.49/a : Cumberland House journals.
B.59/a : Eastmain journals.
B.59/b : Eastmain correspondence books.
B.60/a : Edmonton House journals.
B.64/a : Escabitchewan journals.
B.78/a : Gloucester House journals.
B.86/a : Henley House journals.
B.87/a : Hudson House (Upper) journals.
B.121/a : Manchester House journals.
B.123/a : Martin Fall journals.
B.135/a : Moose journals.
B.135/b : Moose correspondence books.
B.155/a : Osnaburgh House journals.
B.166/a : Portage de l'Île journals.
B.177/a : Red Lake journals.
B.198/a : Severn journals.
B.198/d : Severn account books.
B.198/z : Severn miscellaneous items.
B.205/a : South Branch House journals.
B.211/a : Sturgeon Lake (Albany River) journals.
B.239/a : York Factory journals.
B.239/b : York Factory correspondence books.
B.239/d : York Factory account books.
B.239/f : York Factory lists of servants.
Section C : Records of ships owned or chartered by the HBC
C.1/ : Ships' logs.
Section E : Miscellaneous
E.2/ : « Observations on Hudson's Bay ». Les pièces 1–3 sont de James Isham, 4–13 d'Andrew Graham.
Section F : Records relating to companies connected with or subsidiary to the HBC
F.3/1 : North West Company correspondence.
Section Z : Miscellaneous items
Z.4/1 : Deeds referring to lands in Stapleford, Abbots, England.

INVENTAIRE DES BIENS CULTURELS, Québec. Le centre de documentation de l'IBC contient une bibliothèque principalement axée sur l'histoire, l'histoire de l'art, l'anthropologie, l'archéologie et l'architecture, une cartothèque rassemblant des copies de cartes anciennes et contemporaines du Québec, et des copies de plans d'architecture, une photothèque et une masse importante de dossiers manuscrits.

Fonds cité dans le vol. IV :

Fonds Morisset. Lorsqu'en 1940 Gérard Morisset* mit sur pied le service de l'Inventaire des œuvres d'art, il faisait reconnaître par l'État un travail de recensement et de localisation des œuvres d'art entrepris personnellement depuis plus de dix ans. Jusqu'en 1967, secondé par un personnel qu'il forma lui-même, il photographia des œuvres d'architecture, de peinture et d'orfèvrerie, dépouilla des livres de comptes de paroisses, des journaux, des actes notariés et accumula des dizaines de milliers de documents tant sur les artisans que sur leurs œuvres. Ce fonds documentaire impressionnant (environ 70 000 photographies, 40 000 fiches biographiques, 20 000 diapositives, 5 000 photographies anciennes) prenait déjà une valeur exceptionnelle à cause de la disparition de plusieurs pièces. Les deux principales sections de ce fonds comprennent les dossiers traitant des artistes et artisans du Québec (section 2) et les dossiers regroupant la documentation sur l'architecture et les œuvres d'art par localités (section 5). De plus, de nombreux dossiers traitant de l'architecture, des œuvres d'art et de l'ethnographie du Québec, ont été ajoutés au fonds Morisset et en constituent la section 3. Les photographies et les diapositives prises par Gérard Morisset ou par le personnel de l'IBC ont fait l'objet d'une analyse et d'une classification à la pièce, de façon à en rendre l'accessibilité plus facile au chercheur (photothèque).

McGILL UNIVERSITY LIBRARIES, DEPARTMENT OF RARE BOOKS AND SPECIAL COLLECTIONS, Montréal. Ce dépôt, fondé en 1965, conserve 350 pieds de documents originaux canadiens de 1664 à nos jours, environ 670 gravures et quelque 1 900 cartes et plans. On y trouve des documents relatifs à McGill University et un large éventail de papiers d'hommes de sciences et d'explorateurs, d'hommes de lettres et d'auteurs, d'hommes d'affaires, de personnalités diverses, de certaines familles, de différents organismes et associations. En plus des manuscrits canadiens, les McGill University Libraries possèdent une collection importante de manuscrits européens depuis le IXe siècle. Pour une description plus complète, V. Richard Pennington, *McGill University Library, special collections : European and American manuscripts* (Montréal, 1962) ; John Andreassen, *A preliminary guide to the manuscript collection, McGill University* (Montréal, 1969).

Sont citées dans le vol. IV :

Manuscript collection
  Chartier de Lotbinière family
    CH243.S221b : Miscellaneous documents, 1787–1819.
  Cugnet, François Joseph
    CH9.S44 : Loix municipales de Quebec divisées en trois traités [...], 1771–1773.
    CH191.S169 : Three letters to Mr. Justice Blackstone, 1773 ; A. L. S. to Chartier de Lotbinière via Monsieur de Longueuil [...], 1788.
  Fleury Deschambault, Joseph
    CH218.S196 : [Contient différents mémoires écrits par Joseph Fleury Deschambault et autres documents le concernant], 1765–1777.
  Frobisher, Joseph
    CH132.S2 : Letter book of the North West Company [...], 1787–1788.
  Hubert, Jean François
    CH193.S171 : A. L. S. to M. Dufrost, 1789.
New manuscript collection
  Orilliat, Jean, 1733–1779, Inventaire des biens de la communauté d'entre feu Mr Jean Orilliat à dame Thérèse Viger son épouse, 19 juillet 1779.

PROVINCIAL ARCHIVES OF NEW BRUNSWICK, Fredericton. Organisées en 1968, les PANB conservent des séries de documents officiels remontant à 1784 de même que des collections privées de manuscrits. Les documents officiels et les manuscrits que conservait la bibliothèque législative du Nouveau-Brunswick ont été transférés aux PANB. Pour plus d'informations sur les manuscrits déposés dans ces archives, V. *A guide to the manuscript collections in the Provincial Archives of New Brunswick*, A. B. Rigby, compil. (Fredericton, 1977).

Sont cités dans le vol. IV :

« New Brunswick political biography », J. C. et H. B. Graves, compil. 11 vol. Copie dactylographiée.
RG 2 : Records of the central executive
  RS6 : Minutes and orders-in-council of the Executive Council.
  RS7 : Executive Council records, Ottawa series.
  RS8 : Executive Council records, New Brunswick series
    Appointments and commissions.
    Attorney General, cases and opinions.
    Indians.
RG 4 : Records of the New Brunswick Legislative Assembly
  RS24 : Legislative Assembly sessional papers.
RG 5 : Records of the Superior Courts.
RG 7 : Records of the Probate Courts
  RS63 : Charlotte County Probate Court records.
RG 10 : Records of the Department of Natural Resources
  RS107 : Crown Lands and Lands Branch records.

RS108 : Land petitions.
RG 18 : Records of the Department of Municipal Affairs
RS153 : Northumberland County Records
Minutes of the Inferior Court of Common Pleas and General Sessions of the Peace.

PROVINCIAL ARCHIVES OF NEWFOUNDLAND AND LABRADOR, St John's. Créées par une loi de la chambre d'Assemblée de Terre-Neuve en 1959, les PANL prirent la relève de la Memorial University of Newfoundland pour recueillir et conserver les documents officiels ; cet établissement avait rempli cette tâche durant les trois années précédentes. Les PANL conservent des documents officiels et privés, tant imprimés que manuscrits. Les principaux groupes de documents officiels ont été complétés par la correspondance du Colonial Office en provenance du PRO et sont disponibles en copies ou sur microfilm. Quant aux archives privées, elles contiennent les papiers des gouverneurs, des hommes politiques, des fonctionnaires, des personnalités militaires et navales, des hommes d'affaires, etc., en plus des papiers de diverses corporations. Pour plus de renseignements, V. *Preliminary inventory of the holdings* [...] et *Supplement* [...] (2 n[os], St John's, 1970–1974).

Documents utilisés dans le vol. IV :
Government records–Newfoundland
GN 2 : Department of the Colonial Secretary
1 : Outgoing correspondence, 1749–1864, 1867–1934.
2 : Incoming correspondence.
GN 5 : Court records
1 : Surrogate Court
C : Southern District
1 : Minutes.
P : Private records
N. C. Crewe collection.
Slade & Sons, Fogo, records, 1782–1878.

PUBLIC ARCHIVES OF NOVA SCOTIA, Halifax. Créées en 1857, les PANS conservent des documents officiels du gouvernement, des documents des cours judiciaires et des municipalités, des papiers de famille et d'affaires, des documents de sociétés, telle la Nova Scotia Historical Society, des registres paroissiaux et municipaux, des microfilms d'actes et de testaments conservés dans les bureaux d'enregistrement de comté et les cours d'enregistrement, et une collection de journaux de la Nouvelle-Écosse. Pour plus de renseignements, V. C. B. Fergusson, *The Public Archives of Nova Scotia* (Halifax, 1963). On trouve une description des collections dans *Inventory of manuscripts in the Public Archives of Nova Scotia* (Halifax, 1976).

Séries citées dans le vol. IV :
MG 1 : Papers of families and individuals.
MG 4 : Churches and communities.
MG 7 : Log books, ships and shipping
Shipping registers, Halifax.
MG 9 : Scrapbooks.
RG 1 : Bound volumes of Nova Scotia records for the period 1624–1867
5–26 : Documents relating to the governing of Nova Scotia under British rule while the governor resided at Annapolis Royal.
28–185 : Documents relating to the governing of Nova Scotia, 1748–1867
Dispatches, letterbooks, and commission books.
186–214½H : Council, minutes, 1749–1867.
215–218 : Legislative Council, journals.
219–285 : Miscellaneous documents, 1748–1870.
286–300 : Legislative Council, selections from the files.
341–396c : Special subjects.
410–418 : City of Halifax.
430–432 : Indians.
443–454 : Census and poll tax.
491–498 : Court of Vice-Admiralty, records, 1749–1794, 1813.
RG 5 : Records of the Legislative Assembly of Nova Scotia
A : Assembly papers, 1758–1815.
RG 20 : Lands and forests.
RG 37 : Inferior Court of Common Pleas.
RG 39 : Supreme Court
C : Civil and criminal cases.
J : Judgement books.

QUÉBEC, MINISTÈRE DE LA JUSTICE. Les Archives civiles et les Archives judiciaires du Québec, qui relèvent du ministère de la Justice, constituent maintenant deux dépôts distincts, résultant d'une reclassification des anciennes Archives judiciaires.

ARCHIVES CIVILES. Au palais de justice du chef-lieu des différents districts judiciaires du Québec se trouve le dépôt des Archives civiles dans lequel on conserve, pour les 100 dernières années, le registre de l'état civil, les minutiers (greffes) des notaires et les procès-verbaux des arpenteurs ayant exercé dans ce district ; les documents antérieurs sont confiés aux ANQ.

ARCHIVES JUDICIAIRES. Les nouvelles Archives judiciaires conservent, quant à elles, les documents des différentes cours de justice : les documents actifs, soit ceux des cinq dernières années, se trouvent au palais de justice ; pour leur part, les documents semi-actifs, ceux des 25 années précédentes, seront déposés dans un des 13 centres de préarchivage (en cours d'organisation) du ministère de la Justice ; les documents de plus de 30 ans seront confiés aux centres régionaux des ANQ.

QUEBEC DIOCESAN ARCHIVES, Québec. Les révérends H. C. Stuart, au début du siècle, et A. R. Kelley, dans les années 1930 et 1940, ont rassemblé et ordonné la documentation de ces archives dont une partie est déposée aux ANQ-Q et l'autre à la Church Society du diocèse de Québec. Ces archives comprennent des documents originaux sur l'histoire du diocèse anglican de Québec, depuis ses débuts en 1793, dont les lettres patentes, les registres de consécration et les papiers des évêques, la correspondance relative aux paroisses et aux différentes associations et corporations du diocèse, et un nombre important de documents divers en pièces détachées. Ces archives possèdent en outre des copies de lettres et de documents concernant le diocèse (1759–1864) dont les originaux se trouvent en Angleterre, et deux importantes sections de sources imprimées. Pour une description plus complète de ces archives, V. Kelley, The Quebec Diocesan Archives, ANQ *Rapport*, 1946–1947, 181–298 [V. Section III] ; A. M. Awcock, « Catalogue of the Quebec Diocesan Archives » (copie ronéotypée disponible aux archives, Shawinigan, Québec, 1973).

Documents utilisés au vol. IV :

Section A : Letters patent and records of consecration of bishops, 1793–1935
- 45 (A-7), Copies of various letters patent, proclamations.

Section B : Parishes of the Diocese of Quebec, 1793–1885
- 70 (B-24), Three Rivers.

Section C : Correspondence of Right Reverend Jacob Mountain, 1792–1845
- 72 (C-1), 1792–1796.
- 73 (C-2), 1796–1799.

Section D : Copies of letters and papers referring to Diocese of Quebec, 1759–1864
- 82 (D-1), 1759–1780.
- 83 (D-2), 1781–1788.
- 84 (D-3), 1789–1793.

ÉTATS-UNIS

DETROIT PUBLIC LIBRARY, BURTON HISTORICAL COLLECTION, Détroit, Mich. Créée à partir de la bibliothèque privée de Clarence Monroe Burton, cette collection concerne l'histoire de Détroit et du Michigan depuis le XVIIe siècle jusqu'à nos jours. Son contenu est décrit dans *The national union catalog of manuscript collections* [...] (Ann Arbor et Washington, 1962–   ).

Documents cités dans le vol. IV :

Munro (John) papers.
Navarre (Francis) papers.
Navarre (Robert) papers.
Pontiac papers, Journal ou dictation d'une conspiration faite par les sauvages contre les anglais, et du siege du Fort le Detroix, 1763.
Porteous (John) papers.
Registres des baptêmes, mariages et sépultures de Sainte-Anne (Détroit), 2 févr. 1704–30 déc. 1848. Copie manuscrite, 5 vol. en 7.
Sterling (James) papers.

HUNTINGTON LIBRARY, San Marino, Calif. Cette bibliothèque conserve des collections s'échelonnant du XIe au XXe siècle. Pour les documents concernant l'histoire canadienne au XVIIIe siècle, V. *Guide to American historical manuscripts at the Huntington Library* (San Marino, 1979). V. aussi S. M. Pargellis, « Loudoun papers : (a) Colonial, 1756–58 », et N. B. Cuthbert, « Loudoun papers : (b) French colonial, 1742–53 », *Huntington Library Bulletin* (Cambridge, Mass.), 3 (1933) : 97–103, 104–107.

Collections citées dans le vol. IV :

Abercromby papers, 1674–1787.
Brock collection, 1639–1800.
Loudoun papers
- English colonial manuscripts (papiers personnels et officiels de John Campbell, 4e comte de Loudoun).
- French colonial manuscripts (papiers personnels et officiels de Pierre de RIGAUD de Vaudreuil de Cavagnial, marquis de Vaudreuil). Ces papiers ont été inventoriés sous le titre de *The Vaudreuil papers : a calendar and index of the personal and private records of Pierre de Rigaud de Vaudreuil, royal governor of the French province of Louisiana, 1743–1753*, Bill Barron, compil. (La Nouvelle-Orléans, 1975).

MASSACHUSETTS HISTORICAL SOCIETY, Boston, Mass. Près de la moitié des documents conservés par cette société sont des manuscrits et des copies. Pour plus de renseignements concernant ces collections, V. S. T. Riley, *The Massachusetts Historical Society, 1791–1959* (Boston, 1959) ; « The manuscript collections of the Massachusetts Historical Society : a brief listing », *M.H.S. Miscellany* (Boston), 5 (déc.

1958) ; *Catalog of manuscripts of the Massachusetts Historical Society* (7 vol., Boston, 1969).

Collections citées dans le vol. IV :
Andrews-Eliot papers.
Belknap papers.
Gay collection
 Mascarene papers.
Thomas Hancock papers.
Jeffries family papers.
Knox papers.
Louisbourg papers.
Parkman collection.
St John's Society collection.
Waldo papers.
Wheelwright family papers.
Winslow papers.

WILLIAM L. CLEMENTS LIBRARY, University of Michigan, Ann Arbor. Les collections manuscrites de la Clements Library ont surtout rapport aux années 1740 à 1865 et plusieurs concernent l'activité politique anglo-américaine de la deuxième moitié du XVIIIe siècle et du début du XIXe. Les manuscrits ont été inventoriés et sont brièvement décrits dans *The national union catalog of manuscript collections* [...] (Ann Arbor et Washington, 1962–), et dans le *Guide to the manuscript collections in the William L. Clements Library*, A. P. Shy et B. A. Mitchell, compil. (3e éd., Boston, 1978).

Documents utilisés dans le vol. IV :
Sir Henry Clinton papers, 1750–1812.
Thomas Gage papers, 1754–1783.
George Sackville Germain, Viscount Sackville, papers, 1683–1785.
Josiah Harmar papers, 1681–1855.
Jehu Hay diary, 1763–1765.
William Petty, Earl of Shelburne, papers, 1663–1797.
Robert Rogers papers, 1759–1832.
James Sterling letterbook, 1761–1765.
Sydney family papers, 1685–1829.
Sir John Vaughan papers, 1779–1781.

FRANCE

ARCHIVES DÉPARTEMENTALES. Pour la liste des inventaires analytiques, on consultera les publications de la Direction des archives de France : *État des inventaires des archives nationales, départementales, communales et hospitalières au 1er janvier 1937* (Paris, 1938) ; *Supplément, 1937–1954* [par R.-H. Bautier] (Paris, 1955) ; *Catalogue des inventaires, répertoires, guides de recherche et autres instruments de travail des archives départementales, communales et hospitalières* [...] *à la date du 31 décembre 1961* (Paris, 1962). Pour les copies des documents que les APC possèdent, V. *Inventaire général, manuscrits, 1*, 87–99. On utilise le même système de classification dans tous les dépôts d'archives départementales. On trouve la liste des différentes séries dans le *DBC*, II : 715.

Séries citées dans le vol. IV :
B : Cours et juridictions.
C : Administrations provinciales (Intendances).
E : Titres de famille, états civils, notaires [les registres de l'état civil sont souvent plus complets dans les archives municipales].
F : Fonds et collections divers.
G : Clergé séculier.

ARCHIVES DU MINISTÈRE DES ARMÉES, Paris.

INSPECTION DU GÉNIE. Le Dépôt des fortifications passa sous la juridiction de la Direction des officiers du Génie en 1791 et, plus tard, sous celle du Comité technique du Génie. Il dépend aujourd'hui de l'Inspection du Génie. Il existe deux dépôts :

Archives du Génie. Conservées au château de Vincennes, ces archives se divisaient, à l'origine, en 23 articles. Depuis, un certain nombre ont été cédés à d'autres dépôts d'archives, notamment l'article 9 (Colonies françaises) qui est maintenant conservé aux AN, Section Outre-mer, Dépôt des fortifications des colonies, et l'article 16 (Cartes), déposé à la BN. Toutefois, les Archives du Génie conservent plusieurs registres ou cartons concernant d'anciennes colonies françaises.

Articles utilisés dans le vol. IV :
Article 3 : Personnel.
Article 8 : Places françaises.
Article 14 : Places étrangères : Amérique septentrionale, possessions anglaises, États-Unis, Louisbourg, île Royale [...].
Article 15 : Histoire militaire, campagnes et sièges.

Bibliothèque du Génie, 39, rue de Bellechasse. Le ministère de la Guerre a répertorié les manuscrits déposés dans cette bibliothèque dans le *Catalogue général des manuscrits des bibliothèques publiques de France : bibliothèques de la Guerre* (Paris, 1911).

Manuscrits utilisés dans le vol. IV :
mss *in 4°*, 66 : Collection Lafitte (mémoires divers sur les sièges et campagnes).

mss *in f*°, 205[b] : « Registres des lettres écrites de rapport au service des fortifications de l'Isle Royale et du Canada ». 1750–1755.

mss *in f*°, 210[d] : Mémoires et dessins : Canada et île Royale.

SERVICE HISTORIQUE DE L'ARMÉE. Logées au château de Vincennes, ces archives étaient connues, avant 1919, sous l'appellation d'Archives de la Guerre. Pour une description de l'organisation de ces archives, V. Madeleine Lenoir, « la Documentation historique militaire en France », *Revue de défense nationale* (Paris), n° hors série (déc. 1952) ; J.-E. Roy, *Rapport sur les archives de France* [V. section III]. Ces archives se divisent en deux collections, les archives historiques et les archives administratives. Les APC possèdent un inventaire inédit : Louise Dechêne, « Inventaire analytique des documents relatifs à l'histoire du Canada conservés en France au Service historique de l'Armée ».

Les séries suivantes, ont été utilisées pour la préparation du vol. IV :

Archives historiques

A : Archives antérieures à 1789

A[1] : Correspondance générale, opérations militaires. Pour l'inventaire, V. Archives de la Guerre, *Inventaire sommaire des archives historiques (archives anciennes : correspondance)* [...], Félix Brun, compil. (Paris, 1898–1930).

M : Mémoires historiques et reconnaissances militaires. Pour l'inventaire, V. Louis Tuetey, *Catalogue général des manuscrits des bibliothèques publiques de France : Archives de la Guerre* (3 vol., Paris, 1912–1920).

Archives administratives

X : Corps des troupes

X[b] : Régiments d'infanterie.

Y : Documents individuels

Y[b] : Contrôles « officiers » ; classés pour les années 1715–1790 seulement.

Y[d] : Dossiers individuels ; ne sont pas encore classés

Y[1d] : Maréchaux de France.

Y[2d] : Lieutenants généraux.

Y[3d] : Maréchaux de camp.

Y[4d] : Brigadiers.

Les sous-séries X[b], Y[b] et Y[d] ont été inventoriées par les Archives de la Guerre, *Inventaire des archives conservées au Service historique de l'État-major de l'Armée, château de Vincennes (archives modernes)*, M.-A. Fabre *et al.*, édit. (2[e] éd., Paris, 1954).

ARCHIVES MUNICIPALES. On trouvera une liste des inventaires de ces archives sous la rubrique Archives départementales. Pour les copies de documents que les APC possèdent, V. *Inventaire général, manuscrits, 1*, 100–102. On utilise le même système de classification dans toutes les archives municipales et on peut trouver une liste des séries antérieures à 1790 dans le *DBC*, II : 684.

Séries citées dans le vol. IV :

CC : Impôts et comptabilités.

DD : Biens communaux.

GG : Cultes, instruction et assistance.

ARCHIVES NATIONALES, Paris. Pour les inventaires de base, on consultera les publications de la Direction des archives : *Inventaire sommaire et tableau méthodique des fonds conservés aux Archives nationales, 1re partie, régime antérieur à 1789* (Paris, 1871) ; *État sommaire par séries des documents conservés aux Archives nationales* (Paris, 1891) ; *Catalogue des manuscrits conservés aux Archives nationales* (Paris, 1892). Guides de recherche récents : *État des inventaires des archives nationales, départementales, communales et hospitalières au 1er janvier 1937* (Paris, 1938), et *Supplément, 1937–1954* [par R.-H. Bautier] (Paris, 1955), publiés par la Direction des archives ; Gilles Héon, « Fonds intéressant le Canada conservés en France : quelques instruments de recherche, *Archives* (Québec), 73-1 : 40–50. J.-E. Roy, *Rapport sur les archives de France* [V. section III], et H. P. Beers, *The French in North America : a bibliographical guide to French archives, reproductions, and research missions* (Baton Rouge, La., 1957), donnent des esquisses de l'histoire et de l'organisation des archives. Pour ce qui a trait aux copies des documents des AN conservés aux APC, V. *Inventaire général, manuscrits, 1*, 5–48.

La classification générale des AN est la suivante :

I : Section ancienne (comprenant le Fonds des Colonies et le Fonds de la Marine).

II : Service des Sceaux.

III : Section moderne.

IV : Section contemporaine.

V : Section Outre-mer.

VI : Département des activités scientifiques, culturelles, et techniques.

Des documents des sections I, V et VI ont été utilisés dans la préparation du vol. IV :

I : Section ancienne

T : Séquestre

V[1] : Grande chancellerie

Y : Châtelet de Paris.

Fonds des Colonies. Pour une description des séries et des sous-séries, V. Étienne Taillemite, « Les Archives des colonies françaises aux Archives nationales », *Gazette des Archives* (Paris), XLVI (1964) : 93–116.

A : Actes du pouvoir souverain, 1669–1782.

B : Correspondance envoyée, 1663–1815. Pour le XVIIe et le XVIIIe siècle, V. Étienne Taillemite, *Inventaire analytique de la correspondance générale avec les colonies, départ, série B (déposée aux Archives nationales), I, registres 1 à 37 (1654–1715)* (Paris, 1959), et APC *Rapport*, 1899, suppl., 245–533 ; 1904, app.K, 1–312 ; 1905, I, VIe partie : 3–441.

C : Correspondance générale, lettres reçues
- C^{4} : Île de France, 1714–1810.
- C^{8} : Martinique
  - C^{8A} : 1663–1815. Pour l'inventaire analytique de cette série, V. Étienne Taillemite, *Inventaire de la série Colonies C^{8A}, Martinique (correspondance à l'arrivée)* (2 vol., Paris, 1967–1971). [Articles 1 à 121].
- C^{9} : Saint-Domingue
  - C^{9A} : 1664–1789.
- C^{11} : Canada et colonies d'Amérique du Nord
  - C^{11A} : Canada, 1458–1784. On trouve un inventaire dans APC *Rapport*, 1885, xxix–lxxix ; 1886, xli–cl ; 1887, cvi–ccx. V. aussi Parker, *Guide*, 227ss [V. section III]. Les APC possèdent un index non publié de cette série.
  - C^{11B} : Île royale, 1712–1762. Les volumes 1 à 38 sont inventoriés dans Parker, *Guide*, 241–245, et APC *Rapport*, 1887, ccliii–ccclxv.
  - C^{11C} : Amérique du Nord, 1661–1898. Documents concernant Terre-Neuve, les îles de la Madeleine, l'île Royale et Gaspé. Inventoriés dans Parker, *Guide*, 246, et APC *Rapport*, 1887, ccclxv–ccclxviii. Un index non publié pour C^{11B} et C^{11C} est disponible à la forteresse de Louisbourg et, sur microfilm, aux APC.
  - C^{11D} : Acadie, 1603–1788. Documents inventoriés dans Parker, *Guide*, 238–240, et APC *Rapport*, 1887, ccx–ccxxxiv. Le CÉA a publié en 1975 un [...] *Index des noms propres avec un choix de thèmes*, Noël Dupuis et Valéda Melanson, compil.
  - C^{11E} : Canada, divers, 1651–1818. Lettres, etc., traitant des frontières. Documents inventoriés dans Parker, *Guide*, 240s., et APC *Rapport*, 1887, ccxxxiv–ccliii.
- C^{12} : Saint-Pierre et Miquelon, 1763–1819.
- C^{13} : Louisiane
  - C^{13A} : 1678–1803.
  - C^{13B} : 1699–1803.
  - C^{13C} : 1673–1782.
- C^{14} : Guyane.

D : Matricules des troupes
- D^{1} : Correspondance relative aux troupes des colonies.
- D^{2C} : Troupes des colonies, 1627–1885. Certains volumes choisis ont été inventoriés dans APC *Rapport*, 1905, I, VIe partie : 509–515.
- D^{2D} : Personnel militaire et civil, 1685–1789.

E : Personnel individuel.

F : Documents divers
- F^{1} : Commerce aux colonies
  - F^{1A} : Fonds des colonies, 1670–1789. Documents financiers.
- F^{2} : Commerce aux colonies
  - F^{2A} : Compagnies de commerce, 1623–1773.
  - F^{2B} : Commerce des colonies, 1663–1790.
  - F^{2C} : Colonies en général, 1704–1789.
- F^{3} : Collection Moreau de Saint-Méry, 1540–1806. Les APC ont copié et microfilmé les papiers concernant le Canada, la Louisiane, l'île Royale, les îles Saint-Pierre et Miquelon ; ces documents sont inventoriés dans APC *Rapport*, 1899, suppl., 36–193 ; 1905, I, VIe partie : 442–502 ; Parker, *Guide*, 249–253.
- F^{5} :
  - F^{5B} : Passagers.

Fonds de la Marine. Les documents les plus récents de ce fonds datent de 1870. Pour la description de ces archives, V. Didier Neuville, *État sommaire des Archives de la Marine antérieures à la Révolution* (Paris, 1898) ; J.-E. Roy, *Rapport sur les archives de France*, 157–243 ; Étienne Taillemite, *Les Archives anciennes de la Marine* (Paris, [1961]).

B : Service général. Documents inventoriés dans Didier Neuville *et al.*, *Inventaire des Archives de la Marine, série B : service général* (8 vol., Paris, 1885–1963).
- B^{2} : Correspondance, lettres envoyées, 1662–1789.
- B^{3} : Correspondance, lettres reçues, 1660–1789. Pour un index des noms propres et des matières traitées de ces deux dernières sous-séries, V. Étienne Taillemite *et al.*, *Tables de noms de lieux, de personnes, de matières et de navires (sous-séries B^{1}, B^{2} et B^{3})* (Paris, 1969).
- B^{4} : Campagnes, 1640–1789.

C : Personnel
- C^{1} : Officiers militaires de la Marine, 1400–1789.
- C^{2} : Officiers civils de la Marine, 1663–1770.

C[7] : Personnel individuel, 1651–1789.

Service central hydrographique

3JJ : Journaux, mémoires, correspondance, 1679–1849.

4JJ : Journaux de bord, [1594]–1789, 1815–1871. Pour un inventaire analytique de cette sous-série, V. Georges Bourgin et Étienne Taillemite, *Inventaire des archives de la Marine, service hydrographique, sous-série 4 JJ (journaux de bord)* [...] (Paris, 1963).

6JJ : Cartes.

V : Section Outre-mer. La section Outre-mer fut créée le 1er janv. 1961 lorsque le ministère de la France d'Outre-mer fut supprimé. Cette section devait conserver les documents postérieurs à 1815, tandis que la section ancienne conservait déjà, sous le nom de Fonds des Colonies, les documents antérieurs à 1815. Pourtant, deux séries importantes concernant l'ancienne période et utilisées pour la préparation du vol. IV se trouvent dans la section Outremer.

Dépôt des fortifications des colonies. Les séries L'Amérique septentrionale et Saint-Pierre et Miquelon ont été utilisées pour la préparation du vol. IV. Un inventaire manuscrit de ces différentes séries est disponible aux AN. V. APC *Rapport*, 1905, I, IIIe partie : 1–44 ; J.-E. Roy, *Rapport sur les archives de France*, 535–559.

G : Dépôt des papiers publics des colonies

G[1] : Registres d'état civil, recensements et documents divers.

G[2] : Greffes des tribunaux.

G[3] : Notariat.

VI : Département des activités scientifiques, culturelles, et techniques

Minutier central des notaires de Paris et du département de la Seine.

BIBLIOTHÈQUE DE L'ARSENAL, Paris. Pour une courte description de la Bibliothèque de l'Arsenal, V. J.-E. Roy, *Rapport sur les archives de France* [V. section III] ; W. G. Leland *et al.*, *Guide to materials for American history in the libraries and archives of Paris* [...] (2 vol., Washington, 1932–1943), I : *Libraries*. V. aussi : H.-M.-R. Martin et Frantz Funck-Brentano, *Catalogue des manuscrits de la Bibliothèque de l'Arsenal* (9 vol., Paris, 1885–1899). Le volume IX, écrit par Funck-Brentano, présente une histoire et un inventaire des Archives de la Bastille. Des suppléments ont été publiés dans le *Catalogue général des manuscrits des bibliothèques publiques de France* [...] (Paris), XLIII (1904) ; XLV (1915). Pour les copies des documents que les APC possèdent, V. *Inventaire général, manuscrits, 1* ; un inventaire plus à jour est disponible aux archives.

Ont été utilisés dans le vol. IV :

5 768–5 769 : Papiers du comte d'Argenson, 1756–1762.

Archives de la Bastille

12 110–12 168 : Affaire du Canada, 1761–1772.

12 200, 12 480 : Affaire de l'île Royale, 1758–1766.

12 324 : Affaire des colonies de la Guyane, 1767–1774.

12 501–12 509 : Affaire du Canada et Affaire de la Louisiane, 1760–1766.

BIBLIOTHÈQUE NATIONALE, Paris. La Bibliothèque nationale est divisée en plusieurs départements déterminés par la nature des documents conservés : Cartes et plans ; Estampes ; Imprimés ; Manuscrits ; Médailles ; Musique ; Périodiques. Pour des recherches biographiques concernant les personnages canadiens, le département des Manuscrits est le plus important ; ce département comprend des documents classés selon la langue ou à titre de collections particulières. Les manuscrits français sont les plus nombreux et divisés ainsi : Fonds français (Fr.) ; Nouvelles acquisitions françaises (NAF) ; collection Clairambault ; collection Colbert (Cinq-cents et Mélanges) ; collection Joly de Fleury et collection Moreau. Pour une description plus complète de la BN, V. : J.-E. Roy, *Rapport sur les archives de France* [V. section III] ; W. G. Leland *et al.*, *Guide to materials for American history in the libraries and archives of Paris* [...] (2 vol., Washington, 1932–1943), I : *Libraries*. V. aussi les catalogues suivants pour les manuscrits français (des index alphabétiques sont disponibles) : J.-A. Taschereau *et al.*, *Catalogue des manuscrits français* (5 vol., Paris, 1868–1902) [Fr. 1–6 170] ; H.-A. Omont *et al.*, *Catalogue général des manuscrits français* (13 vol., Paris, 1895–1918) [Fr. 6 171–33 264 ; NAF 1–11 353, 20 001–22 811] ; BN, Dép. des MSS, *Nouvelles acquisitions françaises, 1946–1957* (Paris, 1967) [NAF 13 005–14 061, 24 219–25 100] ; Auguste Molinier, *Inventaire sommaire de la collection Joly de Fleury* (Paris, 1881). Pour d'autres guides et catalogues, V. *Les catalogues imprimés de la Bibliothèque nationale : liste établie en 1943 suivie d'un supplément (1944–1952)* (Paris, 1953) ; *Catalogues et publications en vente* (Paris, 1973 ; nouv. éd., 1978). Un guide révisé pour les catalogues est en préparation : *Les catalogues du département des Imprimés* (Paris, 1970) ; *Les catalogues du département des Manuscrits : manuscrits occidentaux* (Paris, 1974).

GRANDE-BRETAGNE

BRITISH LIBRARY, Londres. Pour s'initier aux répertoires des collections manuscrites, V. T. C. Skeat, « The catalogues of the British Museum, 2 : manuscripts », *Journal of Documentation* (Londres), VII (1951) : 18–60 ; réédité sous le titre de *British Museum : the catalogues of the manuscript collections* (Londres, 1962). Au sujet des copies des documents de la BL conservées aux APC, V. *Inventaire général, manuscrits, 3*.

Les Additional et les Egerton manuscripts ont été cités dans le vol. IV :

Add. MSS 9913–9914 : Royal Artillery muster rolls, 1721–1760.
Add. MSS 11 813 : Captain William Parry papers, 1747–1761.
Add. MSS 17 542–17 551 : Log-books, journals and astronomical observations of the *Discovery*, Capt. Vancouver, and the *Chatham*, Lieut. Broughton, 1791–1795.
Add. MSS 19 069–19 070 : Letters and papers of Paul Mascarene, commander-in-chief of Nova Scotia, 1713–1757.
Add. MSS 19 071–19 073, 19 075–19 076 : Papers relating to Nova Scotia collected by Dr Andrew Brown, 1720–1791.
Add. MSS 21 631–21 660 : Henry Bouquet papers, 1757–1765.
Add. MSS 21 661–21 892 : Official correspondence and papers of Sir Frederick Haldimand, 1758–1785.
Add. MSS 23 678 : Narrative and remarks on the siege of Havana by Sir Charles Knowles in 1761 and 1762, includes journal of the siege by Patrick Mackellar.
Add. MSS 24 323 : Letters to John Blackburn from Sir William Johnson, Sir John Johnson, and Colonel Guy Johnson, 1770–1780.
Add. MSS 32 641 : Journal of Archibald Menzies, surgeon, botanist on the *Discovery*, déc. 1790–16 févr. 1794.
Add. MSS 32 686–32 992 : Official correspondence of Thomas Pelham Holles, Duke of Newcastle, 1697–1768.
Add. MSS 33 028–33 030 : Papers relating to American and West Indian colonies which passed through the Duke of Newcastle's hands, 1701–1768 (quelques documents sont ultérieurs à 1768).
Add. MSS 33 977–33 982 : Letters addressed to Sir Joseph Banks, 1765–1821.
Add. MSS 35 349–36 278 : Hardwicke papers.
Add. MSS 38 190–38 489 : Liverpool papers.
Add. MSS 41 262–41 267 : Clarkson papers.
Egerton MSS
  2 177–2 180 : Papers relating to Captain James Cook's 2nd and 3rd voyages and the publication of his journals, 1776–1784.
  2 591 : Journal of David Samwell, surgeon of *Discovery*, in Captain Cook's voyage to the Pacific, 10 févr. 1776–29 nov. 1779.

NATIONAL MARITIME MUSEUM, Londres. La collection des manuscrits du National Maritime Museum comprend des archives publiques, des documents d'affaires et des papiers privés concernant toutes les facettes de l'histoire navale et de la marine marchande, et couvrant la période du milieu du XVIIe siècle au XXe siècle. Pour plus d'informations, V. *Guide to the manuscripts in the National Maritime Museum, volume I : The personal collections*, R. J. B. Knight, édit. ([Londres], 1977). Le volume II, qui décrira le reste de la collection, « Public records, business records and artificial collections », est en préparation et paraîtra en 1980.

Collections citées dans le vol. IV :

Archives publiques
  ADM : Admiralty Board.
  ADM/L : Lieutenants logs, 1678–1809.
  HAL : Halifax Dockyard records.
Collections privées
  CAL : Caldwell papers.
  SAN : Sandwich papers.
Collections artificielles
  HIS : History and biography.
  JOD : Journals and diaries.
  RUSI : Royal United Services Institution.

PUBLIC RECORD OFFICE, Londres. Pour un aperçu du contenu et du classement de ces archives, V. *Guide to the contents of the Public Record Office* (3 vol., Londres, 1963–1968). Au sujet des copies disponibles aux APC, V. *Inventaire général, manuscrits, 2*.

Séries citées dans le vol. IV :

Admiralty
  Accounting departments
    Ship's musters
      Adm. 36 : Series I, 1688–1808.
  Admiralty and Secretariat
      Adm. 1 : Papers, 1660–1962.
      Adm. 2 : Out-letters, 1656–1859.
      Adm. 3 : Minutes, 1657–1881.
  Registers, returns and certificates
      Adm. 6 : Various, 1673–1859.
      Adm. 7 : Miscellanea, 1563–1871.
      Adm. 8 : List books, 1673–1893.
  Log books
      Adm. 50 : Admirals' journals, 1702–1916.
      Adm. 51 : Captains' logs, 1669–1852.
      Adm. 52 : Masters' logs, 1672–1840.
      Adm. 53 : Ships' logs, 1799–1952.

Adm. 55 : Supplementary, series II : explorations, 1757–1861.
Greenwich Hospital
Adm. 80 : Various, 1639–1957.
Navy Board
Adm. 106 : Navy Board records, 1659–1837.
Adm. 107 : Passing certificates, 1691–1848.
Colonial Office [V. R. B. Pugh, *The records of the Colonial and Dominions offices* (Londres, 1964).]
America and West Indies
CO 5 : Original correspondence, [1606]–1807.
Canada
CO 42 : Original correspondence, 1700–1922.
CO 47 : Miscellanea, 1764–1925.
Jamaica
CO 142 : Miscellanea, 1658–1945.
Newfoundland
CO 194 : Original correspondence, 1696–1922.
CO 195 : Entry books, 1623–1867.
CO 199 : Miscellanea, 1677–1903.
Nova Scotia and Cape Breton
CO 217 : Original correspondence, 1710–1867.
CO 218 : Entry books, 1710–1867.
CO 221 : Miscellanea, 1730–1866.
Prince Edward Island
CO 226 : Original correspondence, 1769–1873.
CO 227 : Entry books, 1769–1872.
Sierra Leone
CO 267 : Original correspondence, 1664–1949.
Colonies General
CO 323 : Original correspondence, 1689–1952.
CO 324 : Entry books, series I, 1662–1872.
Board of Trade
CO 388 : Original correspondence, 1654–1792.
CO 391 : Minutes, 1675–1782.
Court of Bankruptcy
B 4 : Commissions, docket books (registers), 1710–1849.
B 6 : Registers, 1733–1925.
Court of Chancery
Judicial proceedings (equity side)
C 108 : Masters' exhibits : Farrar, *circa* 1180–1845.
Exchequer – King's Remembrancer
E 190 : Port books, 1565–1798.
Exchequer and Audit Department
AO 1 : Declared accounts, 1536–1828.
AO 3 : Accounts, various, 1539–1886.
Claims, American loyalists
AO 12 : Series I, 1776–1831.
AO 13 : Series II, 1780–1835.
Foreign Office [V. *Records of the Foreign Office, 1782–1939* (Londres, 1969).]
FO 4 : America, United States of, series I, 1782–1792.
High Court of Admiralty
Instance and prize courts
HCA 32 : Prize papers, 1655–1855.
Prerogative Court of Canterbury (antérieurement à la Somerset House)
Prob. 6 : Act books : administrations, 1559–1858.
Prob. 11 : Registered copy, wills, 1384–1858.
Privy Council Office
PC 2 : Registers, 1540–1972.
Public Record Office
Documents acquired by gift, deposit or purchase
PRO 30/8 : Chatham papers, George II–George III.
PRO 30/55 : Carleton papers, 1747–1783.
State Paper Office
Domestic
SP 41 : Military, 1640–1782.
SP 42 : Naval, 1689–1782.
SP 44 : Entry books, 1661–1828.
Board of Trade
BT 5 : Minutes, 1784–1850.
BT 6 : Miscellanea, 1697–1921.
Treasury
T 64 : Various, 1547–1905.
Treasury Solicitor
TS 11 : Treasury solicitor and king's proctor, papers, 1584–1856.
War Office
Correspondence
WO 1 : In-letters, 1732–1868.
Returns
WO 12 : Muster books and pay lists : general, 1732–1878.
WO 17 : Monthly returns, 1759–1865.
WO 24 : Establishments, 1661–1846.
WO 25 : Registers, various, 1660–1938.
WO 28 : Headquarters' records, 1746–1901.
Private collections
WO 34 : Amherst papers, 1712–1786.
Ordnance Office
WO 44 : In-letters, 1682–1873.
WO 47 : Minutes, 1644–1856.
WO 55 : Miscellanea, 1568–1923.
Judge Advocate General's Office
Courts martial
WO 71 : Proceedings, 1668–1967.

UNITED SOCIETY FOR THE PROPAGATION OF THE GOSPEL, Londres. Pour les copies des documents des archives de la USPG conservées aux APC, V. *Inventaire général, manuscrits, 3.*

Des documents des séries suivantes ont été utilisés dans le vol. IV :

A : Contemporary copies of letters received, 1701–1738.

B : Original letters received from the American colonies, the West Indies, Newfoundland, Nova Scotia, 1701–1786.

C/CAN : Unbound letters from Canada, 1752–1860. Des lettres reçues de Terre-Neuve, de la Nouvelle-Écosse et du Québec ont été utilisées ; il existe à la USPG un index nominatif. La réorganisation et la reclassification, non complétées, de cette section ont amené une certaine confusion. C'est ainsi que la classification utilisée par les auteurs canadiens, ayant en leur possession des microfilms de cette section, ne correspond pas à celle des archives originales.

Dr Bray's Associates, minute books and unbound papers.

Journal of proceedings of the Society for the Propagation of the Gospel. Ce journal comprend des volumes reliés, accompagnés d'un index, qui contiennent les procès-verbaux des assemblées générales tenues à Londres depuis 1701, et quatre appendices, A, B, C, D (1701–1860).

SECTION II : SOURCES IMPRIMÉES

A : DOCUMENTS

American archives : consisting of a collection of authentick records, state papers, debates, and letters and other notices of publick affairs, the whole forming a documentary history of the origin and progress of the North American colonies [...]. Matthew St Clair Clarke et Peter Force, compil. Washington, 1837–1853 ; réimpr., [New York, 1972]. 9 vol. en 2 séries. Il a été prévu six séries qui doivent couvrir les années 1688–1787, mais seules les séries 4 et 5 (1774–1776) ont été publiées.

[AMHERST, JEFFERY.] *The journal of Jeffery Amherst, recording the military career of General Amherst in America from 1758 to 1763.* John Clarence Webster, édit. Toronto et Chicago, [1931].

ARCHIVES DU SÉMINAIRE DE QUÉBEC, Québec

PUBLICATIONS

I : *Papiers Contrecœur* (Grenier).

II : *Le séminaire de Québec* (Provost).

ARCHIVES NATIONALES DU QUÉBEC, Québec

PUBLICATIONS [V. aussi section III]

Inv. de pièces du Labrador (P.-G. Roy).

Inv. des papiers de Léry (P.-G. Roy).

Lettres de noblesse (P.-G. Roy).

Rapport. Québec. De 1920–1921 à 1975. 53 vol. Il existe un index pour les 42 premiers volumes : *Table des matières des rapports des Archives du Québec, tomes 1 à 42 (1920–1964)* ([Québec], 1965).

ARCHIVES OF ONTARIO, Toronto

Report. 1903–1933. 22 vol.

Atlas de la Nouvelle-France/An atlas of New France. Marcel Trudel, compil. [Édition révisée.] [Québec], 1968.

ARCHIVES PUBLIQUES DU CANADA, Ottawa

BOARD OF HISTORICAL PUBLICATIONS

Doc. relatifs à la monnaie sous le Régime français (Shortt).

Doc. relatifs à l'hist. constitutionnelle, 1759–1791 (Shortt et Doughty ; 1921).

Docs. relating to Canadian currency during the French period (Shortt).

Docs. relating to constitutional history, 1759–91 (Shortt et Doughty ; 1918).

Docs. relating to currency in N.S., 1675–1758 (Shortt *et al.*).

PUBLICATIONS NUMÉROTÉES [V. aussi : section III]

AUTRES PUBLICATIONS [V. aussi section III]

Doc. relatifs à l'hist. constitutionnelle, 1791–1818 (Doughty et McArthur).

Docs. relating to constitutional history, 1791–1818 (Doughty et McArthur).

Rapports ; *Reports*. 1881– . Parution annuelle et, à partir de 1952, irrégulière.

BÉGON. V. La Morandière

[BOUGAINVILLE, LOUIS-ANTOINE DE.] *Adventure in the wilderness : the American journals of Louis Antoine de Bougainville, 1756–1760.* Edward Pierce Hamilton, trad. et édit. Norman, Okla., [1964].

——— Le journal de M. de Bougainville, A.[-E.] Gosselin, édit., ANQ *Rapport*, 1923–1924, 202–393.

Les bourgeois de la compagnie du Nord-Ouest : récits de voyages, lettres et rapports inédits relatifs au Nord-Ouest canadien. Louis-[François-]Rodrigue Masson, édit. Québec, 1889–1890 ; réimpr., New York, 1960. 2 vol.

CHAMPLAIN SOCIETY, Toronto

PUBLICATIONS

50 vol. parus, sans compter la série Hudson's Bay Company [V. *HBRS*], la série Ontario [*q.v.*], et les séries non numérotées. Seuls des membres choisis et peu nombreux reçoivent les publications de cette société.

III : *Docs. relating to seigniorial tenure* (Munro).

VI : Hearne, *Journey from Prince of Wales's Fort* (Tyrrell).

VIII–X : Knox, *Hist. journal* (Doughty).

XVI : *Journals and letters of La Vérendrye* (Burpee).

XXI : *Journals of Hearne and Turnor* (Tyrrell).

XXII : *Docs. relating to NWC* (Wallace).

XXIX : Perkins, *Diary, 1766–80* (Innis).

XXXVI : Perkins, *Diary, 1780–89* (Harvey et Fergusson).

XXXIX : Perkins, *Diary, 1790–96* (Fergusson).

XLIII : Perkins, *Diary, 1797–1803* (Fergusson).

L : Perkins, *Diary, 1804–12* (Fergusson).

ONTARIO SERIES

10 vol. parus. Cette série est accessible à tous.

II : *Royal Fort Frontenac* (Preston et Lamontagne).

III : *Kingston before War of 1812* (Preston).

Charts & views drawn by Cook and his officers [...]. Raleigh Ashlin Skelton, édit. (Publication de la Hakluyt Society.) Cambridge, Angl., 1955.

Collection de documents inédits sur le Canada et l'Amérique. [Henri-Raymond Casgrain, édit.] Québec, 1888–1890. 3 vol. Publié dans *le Canada français* (Québec), 1re sér., I–III.

Collection de manuscrits contenant lettres, mémoires, et autres documents historiques relatifs à la Nouvelle-France [...]. Québec, 1883–1885. 4 vol.

Collection des manuscrits du maréchal de Lévis. Henri-Raymond Casgrain, édit. Québec, 1889–1895. 12 vol.

A collection of several commissions, and other public instruments, proceeding from his majesty's royal authority, and other papers, relating to the state of the province in Quebec in North America, since the conquest of it by the British arms in 1760. Francis Maseres, compil. Londres, 1772 ; réimpr., [East Ardsley, Angl., et New York], 1966.

[*Colonial records of Pennsylvania*.] Samuel Hazard, édit. Harrisburg, Pa., 1838–1853. 16 vol. ; vol. I–III, réimpr., Philadelphie, 1852. *Colonial records* en est le titre officiel, quoi qu'il ne fût pas utilisé sur la page de titre ; les volumes I–X portent le titre de *Minutes of the provincial council of Pennsylvania, from the organization to the termination of the proprietary government* [1683–1775]. Cette collection de documents est complétée par *Pa. archives* (Hazard *et al.*) [*q.v.*].

The correspondence of General Thomas Gage with the secretaries of state, 1763–1775. Clarence Edwin Carter, édit. New Haven, Conn., et Londres, 1931–1933 ; réimpr., [Hamden, Conn.], 1969.

The correspondence of Lieut. Governor John Graves Simcoe, with allied documents relating to his administration of the government of Upper Canada. Ernest Alexander Cruikshank, édit. (Publication de l'Ontario Historical Society.) Toronto, 1923–1931. 5 vol.

Correspondence of William Pitt, when secretary of state, with colonial governors and military and naval commissioners in America. Gertrude Selwyn Kimball, édit. New York et Londres, 1906. 2 vol.

Correspondence of William Shirley, governor of Massachusetts and military commander in America, 1731–1760. Charles Henry Lincoln, édit. New York, 1912. 2 vol.

Les derniers jours de l'Acadie (1748–1758), correspondances et mémoires : extraits du portefeuille de M. Le Courtois de Surlaville, lieutenant-général des armées du roi, ancien major des troupes de l'île Royale. Gaston Du Boscq de Beaumont, édit. Paris, 1899.

DETROIT PUBLIC LIBRARY, Détroit

BURTON HISTORICAL RECORDS

I, II : *John Askin papers* (Quaife).

Documentary history of the state of Maine. William Willis *et al.*, édit. (Publication de la Maine Historical Society.) Portland, Maine, et Cambridge, Mass., 1869–1916. 24 vol.

Documents relatifs à la monnaie, au change et aux finances du Canada sous le Régime français/Documents relating to Canadian currency, exchange and finance during the French period. Adam Shortt, édit. (APC, Bureau des publications historiques.) Ottawa, 1925. 2 vol.

Documents relatifs à l'histoire constitutionnelle du Canada [...]. Adam Shortt *et al.*, édit. (Publication des APC.) Ottawa, 1907–1935. 3 vol.

[I] : *1759–1791*. Adam Shortt et Arthur George Doughty, édit. 2e éd. (APC, Bureau des publications historiques.) 1921. 2 vol.

[II] : *1791–1818*. Arthur George Doughty et Duncan A. McArthur, édit.

Documents relating to currency, exchange and

finance in Nova Scotia, with prefatory documents, 1675–1758. Adam Shortt *et al.*, édit. (APC, Bureau des publications historiques.) Ottawa, 1933.

Documents relating to the constitutional history of Canada [...]. Adam Shortt *et al.*, édit. (Publication des APC.) Ottawa, 1907–1935. 3 vol.
[I] : *1759–1791*. Adam Shortt et Arthur George Doughty, édit. 2e éd. (APC, Bureau des publications historiques.) 1918. 2 vol.
[II] : *1791–1818*. Arthur George Doughty et Duncan A. McArthur, édit.

Documents relating to the North West Company. William Stewart Wallace, édit. (Publication de la Champlain Society, XXII.) Toronto, 1934.

Documents relating to the seigniorial tenure in Canada, 1598–1854. William Bennett Munro, édit. (Publication de la Champlain Society, III.) Toronto, 1908.

Documents relative to the colonial history of the state of New-York ; procured in Holland, England and France, by John Romeyn Brodhead [...]. Edmund Bailey O'Callaghan et Berthold Fernow, édit. Albany, N.Y., 1853–1887. 15 vol.

[DOREIL, ANDRÉ.] Lettres de Doreil, Antoine Roy, édit., ANQ *Rapport*, 1944–1945, 3–171.

Édits, ordonnances royaux, déclarations et arrêts du Conseil d'état du roi concernant le Canada. [2e éd.] Québec, 1854–1856. 3 vol. [II] : *Arrêts et règlements du Conseil supérieur de Québec, et ordonnances et jugements des intendants du Canada* ; [III] : *Complément des ordonnances et jugements des gouverneurs et intendants du Canada, précédé des commissions des dits gouverneurs et intendants et des différents officiers civils et de justice* [...]. Ces trois volumes forment une nouvelle édition de la première publiée, en 2 volumes, à Québec en 1803–1806.

Extraits des archives des ministères de la Marine et de la Guerre à Paris ; Canada, correspondance générale : MM. Duquesne et Vaudreuil, gouverneurs-généraux, 1755–1760. Henri-Raymond Casgrain, édit. Québec, 1890. Ne contient que la correspondance de 1755.

[FABRE, dit LATERRIÈRE, PIERRE.] *Mémoires de Pierre de Sales Laterrière et de ses traverses.* [Alfred Garneau, édit.] Québec, 1873.

Gentleman's Magazine. Londres. 1731–1907. Mensuel.

GRANDE-BRETAGNE, BOARD OF TRADE. *Journal of the commissioners for Trade and Plantations* [...] [1704–1782]. Londres, 1920–1938. 14 vol.

——— HISTORICAL MANUSCRIPTS COMMISSION. *Report on American manuscripts in the Royal Institution of Great Britain.* [Benjamin Franklin Stevens, compil., H. J. Brown, édit.] Londres, 1904–1909. 4 vol.

——— PRIVY COUNCIL. *Acts of the Privy Council of England : colonial series* [1613–1783]. William Lawson Grant et James Munro, édit. Hereford et Londres, 1908–1912. 6 vol.

HAKLUYT SOCIETY, Londres
WORKS, EXTRA SERIES
XXXIV–XXXVII : *Journals of Captain James Cook* (Beaglehole *et al.*).
AUTRES PUBLICATIONS
Charts & views drawn by Cook and his officers (Skelton).

HEARNE, SAMUEL. *A journey from Prince of Wales's Fort, in Hudson's Bay, to the Northern Ocean* [...] *in the years 1769, 1770, 1771, & 1772.* Londres, 1795 ; réimpr., Edmonton, [1971] ; nouv. éd., Joseph Burr Tyrrell, édit. (Publication de la Champlain Society, VI.) Toronto, 1911 ; réimpr., New York, 1968. Autre éd., Richard [Gilchrist] Glover, édit. Toronto, 1958 ; réimpr., [1972].

HENRY, ALEXANDER. *Travels and adventures in Canada and the Indian territories, between the years 1760 and 1776.* New York, 1809 ; nouv. éd., James Bain, édit. Toronto, 1901 ; réimpr., Edmonton, [1969], et St Clair Shores, Mich., 1972. La première partie du manuscrit a aussi été publiée sous le titre de *Attack at Michilimackinac* [...], D. A. Armour, édit. Mackinac Island, Mich., 1971.

HUDSON'S BAY RECORD SOCIETY, Winnipeg
PUBLICATIONS
31 vol. parus. Éditeur général pour les vol. I–XXII, Edwin Ernest Rich ; vol. XXIII–XXV, Kenneth Gordon Davies ; vol. XXVI–XXX, Glyndwr Williams ; vol. XXXI– , Hartwell Bowsfield. Vol. I–XII ont été publiés en collaboration avec la Champlain Society [*q.v.*] et réimprimés en 1968 à Nendeln, Liechtenstein.
XIV, XV : *Cumberland House journals and inland journal, 1775–82.* Edwin Ernest Rich et Alice Margaret Johnson, édit. Londres, 1951–1952. 2 vol.
XVII : *Moose Fort journals, 1783–85.* Edwin Ernest Rich, édit., introd. par George Parkin de Twenebrokes Glazebrook. Londres, 1954.
XXI, XXII : Rich, *History of HBC* [V. section IV].
XXIV : *Northern Quebec and Labrador*

journals and correspondence, 1819–35. Kenneth Gordon Davies et Alice Margaret Johnson, édit. Londres, 1963.

XXV : *Letters from Hudson's Bay, 1703–1740*. Kenneth Gordon Davies et Alice Margaret Johnson, édit., introd. par Richard [Gilchrist] Glover. Londres, 1965.

XXVI : *Saskatchewan journals and correspondence : Edmonton House, 1795–1800 ; Chesterfield House, 1800–1802*. Alice Margaret Johnson, édit. Londres, 1967.

XXVII : [Graham, Andrew.] *Andrew Graham's observations on Hudson's Bay, 1767–91*. Glyndwr Williams, édit., introd. par Richard [Gilchrist] Glover. Londres, 1969.

XXX : *Hudson's Bay miscellany, 1670–1870*. Glyndwr Williams, édit. Winnipeg, 1975.

Invasion du Canada. [Hospice-Anthelme-Jean-Baptiste] Verreau, édit. Montréal, 1873. Cinq brochures publiées séparément entre 1870 et 1872 ; une seule des brochures prévues a été publiée par la suite. V. *Bibliography of Canadiana* (Staton et Tremaine) [section III].

Inventaire de pièces sur la côte de Labrador conservées aux Archives de la province de Québec. Pierre-Georges Roy, édit. (Publication des ANQ.) Québec, 1940–1942. 2 vol.

Inventaire des papiers de Léry conservés aux Archives de la province de Québec. Pierre-Georges Roy, édit. (Publication des ANQ.) Québec, 1939–1940. 3 vol.

The Jesuit relations and allied documents : travels and explorations of the Jesuit missionaries in New France, 1610–1791, the original French, Latin, and Italian texts, with English translations and notes[...]. Reuben Gold Thwaites, édit. Cleveland, Ohio, 1896–1901. 73 vol.

The John Askin papers. Milo Milton Quaife, édit. (DPL, « Burton historical records », I, II.) Détroit, 1928–1931. 2 vol.

Johnson papers (Sullivan *et al.*). V. *The papers of Sir William Johnson*

Journal du siège de Québec du 10 mai au 18 septembre 1759, Ægidius Fauteux, édit., ANQ *Rapport*, 1920–1921, 140–241. Un tiré à part Québec, 1922.

Journals and letters of Pierre Gaultier de Varennes de La Vérendrye and his sons, with correspondence between the governors of Canada and the French court, touching the search for the Western Sea. [William Dawson Le Sueur, trad.] Lawrence Johnstone Burpee, édit. (Publication de la Champlain Society, XVI.) Toronto, 1927.

The journals of Captain James Cook on his voyages of discovery. John Cawte Beaglehole *et al.*, édit. (Hakluyt Society, « Works, extra series », XXXIV–XXXVII.) Cambridge, Angl., et Londres, 1955–1974. 4 vol. en 5 tomes. Pour le portefeuille, V. *Charts & views* [...].

Journals of Samuel Hearne and Philip Turnor. Joseph Burr Tyrrell, édit. (Publication de la Champlain Society, XXI.) Toronto, 1934 ; réimpr., New York, 1968.

Kingston before the War of 1812 : a collection of documents. Richard Arthur Preston, édit. (Publication de la Champlain Society, « Ontario series », III.) Toronto, 1959.

KNOX, JOHN. *An historical journal of the campaigns in North-America, for the years 1757, 1758, 1759, and 1760* [...]. Londres, 1769. 2 vol. [Nouv. éd.] Arthur George Doughty, édit. (Publication de la Champlain Society, VIII–X.) Toronto, 1914–1916 ; réimpr., New York, 1968. 3 vol.

[LA RUE, PIERRE DE.] Lettres et mémoires de l'abbé de l'Isle-Dieu, ANQ *Rapport*, 1935–1936, 275–410 ; 1936–1937, 331–459 ; 1937–1938, 147–253.

LATERRIÈRE. V. Fabre

Lettres de noblesse, généalogies, érections de comtés et baronnies insinuées par le Conseil souverain de la Nouvelle-France. Pierre-George Roy, édit. (Publication des ANQ.) Beauceville, Québec, 1920. 2 vol.

LITERARY AND HISTORICAL SOCIETY OF QUEBEC/SOCIÉTÉ LITTÉRAIRE ET HISTORIQUE DE QUÉBEC, Québec

PUBLICATIONS

Historical Documents. 12 vol. (en 9 séries). 1838–1915. Par la suite numérotés consécutivement D. 1, D. 2, etc., sans tenir compte du fait que la première série comprend quatre volumes, tandis que les huit autres séries ne comptent qu'un seul volume.

[D.1] : *Mémoires sur le Canada, depuis 1749 jusqu'à 1760*.

[D.4] : *Mémoire du sieur de Ramezay*.

Transactions. [1re série.] De 1824–1829 à 1861–1862. 5 vol. [Nouv. série.] De 1862–1863 à 1924. 30 vol.

Pour de plus amples informations, V. *Index to the archival publications* [...] *1824–1924*

(1923) ; *Index of the lectures, papers and historical documents published by the Literary and Historical Society of Quebec* [...] *together with a list of unpublished papers read before the society* [1829–1927], F. C. Würtele et J. W. Strachan, compil. (1927).

MAINE HISTORICAL SOCIETY, Portland
PUBLICATIONS
Documentary history of Maine (Willis *et al.*).

Mandements, lettres pastorales et circulaires des évêques de Québec. Québec, 1887–19 . 18 vol. parus dont les six premiers édités par Henri Têtu et Charles-Octave Gagnon ; par la suite, il n'y a pas d'éditeur nommé. La tomaison de ces volumes est très imprécise : [1re série], I–IV ; nouvelle [2e] série, I–V ; nouvelle [3e] série, I–III ; à partir du vol. V de la nouvelle [2e] série, commence une nouvelle tomaison parallèle, tenant compte des volumes déjà parus.

[MASERES, FRANCIS.] *The Maseres letters, 1766–1768*. William Stewart Wallace, édit. Toronto, 1919.

MASSACHUSETTS HISTORICAL SOCIETY, Boston
PUBLICATIONS
Collections. 7 séries de 10 volumes chacune et 11 autres volumes parus. 1792–19 .
79 : *Voyages of « Columbia »* (Howay).
Proceedings. 3 séries de 20 volumes chacune, index pour chaque série et 29 autres volumes parus. 1859–19 .
Shipton, *Sibley's Harvard graduates* [V. section III].
Comme guide des matières contenues dans cette collection et pour les index, V. *Handbook of the publications and photostats, 1792–1935* ([2e éd.], 1937).

[MEARES, JOHN.] *Voyages made in the years 1788 and 1789, from China to the north west coast of America* [...]. [William Combe, compil.] Londres, 1790 ; réimpr., Amsterdam et New York, [1967].

Mémoire du Canada, ANQ *Rapport*, 1924–1925, 96–198.

Mémoire du sieur de Ramezay, commandant à Québec, au sujet de la reddition de cette ville, le 18 septembre 1759 [...]. (Literary and Historical Society of Quebec, « Historical Documents », 1re sér., [D.4].) Québec, 1861. Le « Mémoire du sieur de Ramezay » et les documents qui l'accompagnaient constituent la seconde partie de cet ouvrage.

Mémoires sur le Canada, depuis 1749 jusqu'à 1760 [...]. (Literary and Historical Society of Quebec, « Historical Documents », 1re sér., [D.1].) Québec, 1838 ; réimpr., 1873.

Michigan Pioneer Collections. Lansing. De 1874–1876 à 1929. 40 vol. Afin d'éviter la confusion, la Michigan Historical Commission, Department of State, Lansing, a uniformisé les titres de ces volumes, publiés à l'origine par différents organismes sous des titres différents. Les volumes sont habituellement identifiés par la date apparaissant au dos de la couverture. Nous avons utilisé plus particulièrement :
IX–XI : qui contiennent The Haldimand papers. 1886–1887.
XIX : qui contient Bouquet papers, et Haldimand papers. 1891.
XX : qui contient Haldimand papers, et Indian affairs. 1892.
Un *Index* a été publié pour les volumes I–XV (1904) et les volumes XVI–XXX (1907) ; le volume XXXIX contient un index pour les volumes I–XXXIX.

Military affairs in North America, 1748–1765 : selected documents from the Cumberland papers in Windsor Castle. Stanley [McCrory] Pargellis, édit. New York et Londres, [1936] ; réimpr., [Hamden, Conn.], 1969.

Military operations in eastern Maine and Nova Scotia during the revolution, chiefly compiled from the journals and letters of Colonel John Allan, with notes and a memoir of Col. John Allan. Frederic Kidder, édit. Albany, N.Y., 1867.

NEW BRUNSWICK HISTORICAL SOCIETY, Saint John
PUBLICATIONS
Collections. 4 vol. (12 tomes) et 9 autres tomes parus. 1894– .

NEW YORK HISTORICAL SOCIETY, New York
PUBLICATIONS
Collections. [1re sér.] 1809–1930. 5 vol.
2e sér. 1841–1859. 4 vol.
[3e sér.] 1868–19 . 85 vol. parus.

NOUVELLE-ÉCOSSE, HOUSE OF ASSEMBLY, *Journal* (Halifax), 1760–19 . Les journaux pour 1758–1760 sont sous forme de manuscrit. Les originaux sont conservés à la Legislative Library of Nova Scotia (Halifax) ; une copie est disponible aux PANS. Pour les différents titres, V. : O. B. Bishop, *Publications of the governments of Nova Scotia, Prince Edward Island, New Brunswick, 1758–1952* (Ottawa, 1957).

[*Nova Scotia Archives, I* :] *Selections from the public documents of the province of Nova Scotia*. Thomas Beamish Akins, édit., Benjamin Curren, trad. (Publication des PANS.) Halifax, 1869.

——— *II : A calendar of two letter-books and one*

commission-book in the possession of the government of Nova Scotia, 1713–1741. Archibald McKellar MacMechan, édit. (Publication des PANS.) Halifax, 1900.
——— *III : Original minutes of his majesty's council at Annapolis Royal, 1720–1739*. Archibald McKellar MacMechan, édit. (Publication des PANS.) Halifax, 1908.
——— *IV : Minutes of his majesty's council at Annapolis Royal, 1736–1749*. Charles Bruce Fergusson, édit. (Publication des PANS.) Halifax, 1967.

ONTARIO HISTORICAL SOCIETY, Toronto
PUBLICATIONS
Correspondence of Lieut. Governor Simcoe (Cruikshank).
The papers of Sir William Johnson. James Sullivan *et al.*, édit. Albany, N.Y., 1921–1965. 14 vol.
Papiers Contrecœur et autres documents concernant le conflit anglo-français sur l'Ohio de 1745 à 1756. Fernand Grenier, édit. (Publication des ASQ, I.) Québec, 1952.
Pennsylvania archives [...]. Samuel Hazard *et al.*, édit. Philadelphie et Harrisburg, Pa., 1852–1935. 119 vol. (9 sér.). Les *Colonial records of Pa.* (Hazard) [*q.v.*]. complètent cette collection. Comme guide des matières contenues dans cette collection et pour les index, V. : H. H. Eddy, *Guide to the published archives of Pennsylvania, covering the 138 volumes of colonial records and Pennsylvania archives, series I–IX* (Harrisburg, 1949).

[PERKINS, SIMEON.] *The diary of Simeon Perkins* [...]. Harold Adams Innis *et al.*, édit. (Publication de la Champlain Society, XXIX, XXXVI, XXXIX, XLIII, L.) Toronto, 1948–1978. 5 vol.
[I] : *1766–1780*. Harold Adams Innis, édit.
[II] : *1780–1789*. Daniel Cobb Harvey et Charles Bruce Fergusson, édit.
[III] : *1790–1796* ; [IV] : *1797–1803* ; [V] : *1804–1812*. Charles Bruce Fergusson, édit.
PUBLIC ARCHIVES OF NOVA SCOTIA, Halifax
PUBLICATIONS [V. aussi section III]
N.S. Archives, I (Akins).
N.S. Archives, II (MacMechan).
N.S. Archives, III (MacMechan).
N.S. Archives, IV (Fergusson).

RECENSEMENTS
NOUVELLE-FRANCE
1716 : *Recensement de la ville de Québec pour 1716*. Louis Beaudet, édit. Québec, 1887.
1741 : Un recensement inédit de Montréal, en 1741, É.-Z. Massicotte, édit., SRC *Trans.*, 3e sér., XV (1921), sect.I : 1–61.
1744 : Le recensement de Québec, en 1744, ANQ *Rapport*, 1939–1940, 3–154.
PROVINCE DE QUÉBEC
1760 : Recensement des habitants de la ville et gouvernement des Trois-Rivières tel qu'il a été pris au mois de septembre mil sept cent soixante, ANQ *Rapport*, 1946–1947, 5–53. Contient aussi des données démographiques jusqu'en 1763.
1762 : Le recensement du gouvernement de Québec en 1762, A.[-E.] Gosselin, édit., ANQ *Rapport*, 1925–1926, 2–143.
1765 : Le recensement des gouvernements de Montréal et des Trois-Rivières, ANQ *Rapport*, 1936–1937, 2–121.
1779 : Recensement de Détroit, 1779, Lucien Brault, édit., *RHAF*, V (1951–1952) : 581–585.
[ROCBERT DE LA MORANDIÈRE, MARIE-ÉLISABETH.] Correspondance de Madame Bégon, née Rocbert de La Morandière, Claude de Bonnault, édit., ANQ *Rapport*, 1934–1935, 5–277.
Royal Fort Frontenac. Richard Arthur Preston, compil. et trad., Léopold Lamontagne, édit. (Publication de la Champlain Society, « Ontario series », II.) Toronto, 1958.
Le séminaire de Québec : documents et biographies. Honorius Provost, édit. (Publication des ASQ, II.) Québec, 1964.
[VANCOUVER, GEORGE.] *A voyage of discovery to the north Pacific Ocean, and round the world* [...]. [John Vancouver, édit.] Londres, 1798 ; réimpr., Amsterdam et New York, [1967]. 3 vol.
Voyages of the « Columbia » to the northwest coast, 1787–1790 and 1790–1793. Frederic William Howay, édit. (Massachusetts Historical Society, *Collections*, 79.) [Boston], 1941 ; réimpr., Amsterdam et New York, [1969].
WISCONSIN, STATE HISTORICAL SOCIETY, Madison
PUBLICATIONS
Collections. 1855–1931. 31 vol.

B : JOURNAUX

Nous avons utilisé plus particulièrement, pour la préparation du volume IV, les journaux contenus dans la liste ci-dessous. Pour plus d'information concernant l'éditeur, la périodicité et les changements de titre de ces journaux, on consultera : Beaulieu et Hamelin, *La presse québécoise, I*, et Tremaine, *Bibliography of Canadian imprints* [V. : section III].

La Gazette de Montréal/Montreal Gazette. 1785–1824. Hebdomadaire. Ce journal succède à *la Gazette littéraire pour la ville et district de Montréal.* Depuis 1824, sous différents titres, il ne paraît qu'en anglais.

La Gazette littéraire pour la ville et district de Montréal. 1778–1779. Hebdomadaire. Ce journal devient *la Gazette de Montréal/ Montreal Gazette.*

La Gazette de Québec/Quebec Gazette. 1764–1832. Hebdomadaire, 1764–1817 ; bihebdomadaire, 1818–1832. Ce journal est bilingue et publie deux éditions séparées de 1832 à 1842, alors que seule l'édition anglaise continuera de paraître, sous différents titres, jusqu'en 1874.

Halifax Gazette. 1752–1766. Hebdomadaire. Ce journal devient la *Nova-Scotia Gazette and the Weekly Chronicle.*

Nova-Scotia Gazette and the Weekly Chronicle. Halifax. 1770–1789. Hebdomadaire. Ce journal est né de la fusion de la *Nova-Scotia Gazette* (Halifax, 1766–1770) et du *Nova Scotia Chronicle and Weekly Advertiser* (Halifax, 1769–1770). Il succède à la *Halifax Gazette* et devient, plus tard, la *Royal Gazette and the Nova-Scotia Advertiser.*

Quebec Herald, Miscellany and Advertiser. 1788–1793. Hebdomadaire, 1788–1789, 1791–1793 ; bihebdomadaire, 1789–1791.

Royal Gazette and the New Brunswick Advertiser. Saint-Jean. 1785–1815. Hebdomadaire.

Royal Gazette and the Nova-Scotia Advertiser. Halifax. 1789–1800. Hebdomadaire. Ce journal succède à la *Nova-Scotia Gazette and the Weekly Chronicle.*

SECTION III : OUVRAGES DE RÉFÉRENCE

ALLAIRE, JEAN-BAPTISTE-ARTHUR. *Dictionnaire biographique du clergé canadien-français.* Montréal, 1908–1934. 6 vol.
- [I] : *Les anciens.* Montréal, 1910.
- [II] : *Les contemporains.* Saint-Hyacinthe, Québec, 1908.
- [III] : [*Suppléments.*] Montréal, 1910–1919. 1 vol. (6 parties).
- [IV] : *Le clergé canadien-français : revue mensuelle* ([Montréal]), I (1919–1920). Un seul volume de cette revue a été publié.
- [V] : *Compléments.* Montréal, 1928–1932. 1 vol. (6 parties).
- [VI] : Sans titre. Saint-Hyacinthe, 1934.

Almanach de Québec. Québec. 1780–1841. À partir de 1792, le titre varie, utilisant une forme française ou anglaise, ou les deux à la fois [V. *DBC*, IX : 983].

ARCHIVES NATIONALES DU QUÉBEC, Québec
PUBLICATIONS [V. aussi section II]
- P.-G. Roy, *Inv. coll. pièces jud. et not.*
- ——— *Inv. concessions.*
- ——— *Inv. contrats de mariage.*
- ——— *Inv. ins. Cons. souv.*
- ——— *Inv. ins. Prév. Québec.*
- ——— *Inv. jug. et délib., 1717–1760.*
- ——— *Inv. ord. int.*
- ——— *Inv. procès-verbaux des grands voyers.*
- ——— *Inv. testaments.*
- ——— *Les juges de la prov. de Québec.*
- ——— *et al., Inv. greffes not.*

ARCHIVES PUBLIQUES DU CANADA, Ottawa
PUBLICATIONS NUMÉROTÉES
- 1 : *Index to reports of Canadian archives.*
- 6 : J.-E. Roy, *Rapport sur les archives de France.*
- 10 : Parker, *Guide to documents at PAC.*

AUTRES PUBLICATIONS [V. aussi section II]
- *Catalogue collectif* (Gordon *et al.* ; Maurice).
- *Catalogue collectif, suppl.* (Maurice et Chabot).
- *Guide des rapports des APC* (Caron-Houle).
- *Inventaires* du contenu de la Division des manuscrits [V. section I].

[AUBERT] DE LA CHESNAYE-DESBOIS, [FRANÇOIS-ALEXANDRE], ET ——— BADIER. *Dictionnaire de la noblesse, contenant les généalogies, l'histoire & la chronologie des familles nobles de la France* [...]. 2e éd. Paris, 1770–1786. 15 vol. 3e éd. 1863–1876 ; réimpr., Nendeln, Liechtenstein, 1969. 19 vol. La première édition fut préparée par La Chesnaye-Desbois seul, sous le titre de *Dictionnaire généalogique, héraldique, chronologique et historique contenant l'origine et l'état actuel des premières maisons de France* [...] (7 vol., 1757–1765).

BEAULIEU, ANDRÉ, ET JEAN HAMELIN. *La presse québécoise des origines à nos jours.* [2e éd.] Québec, 1973– . 3 vol. parus. La première édition : *Les journaux du Québec de 1764 à 1964* (Université Laval, Institut d'histoire, « Cahiers », 6, 1965).

BÉLISLE, LOUIS-ALEXANDRE. *Références biographiques, Canada-Québec.* [Jean-Jacques Lefebvre, édit.] Montréal, [1978]. 5 vol.

A bibliography of Canadiana, being items in the Public Library of Toronto, Canada, relating to the early history and development of Canada. Frances Maria Staton et Marie Tremaine, édit. Toronto, 1934 ; réimpr., 1965.

A bibliography of Canadiana : first supplement [...]. Gertrude Mabel Boyle et Marjorie Colbeck, édit. Toronto, 1959 ; réimpr., 1969.

Biographie universelle, ancienne et moderne [...]. [Joseph-François et Louis-Gabriel Michaud, édit.] Paris, 1811–1862. 85 vol. [vol. 1–52, « A » jusqu'à « Z » ; vol. 53–55, *Partie mythologique*, « A » jusqu'à « Z » ; vol. 56–85, *Supplément*, « A » jusqu'à « Vil »]. Nouv. éd. [Louis-Gabriel Michaud et Eugène-Ernest Desplaces, édit.] [1854–1865] ; réimpr., [Graz, Autriche, 1966]. 45 vol.

BOATNER, MARK MAYO. *Encyclopedia of the American revolution*. New York, [1966].

BURKE, JOHN. *A general and heraldic dictionary of the peerage and baronetage of the United Kingdom*. Londres, 1826. 105e éd. Peter Townend, édit. 1970.

CARON, IVANHOË. Inventaire de la correspondance de Mgr Jean-François Hubert, évêque de Québec et de Mgr Charles-François Bailly de Messein, son coadjuteur, ANQ *Rapport*, 1930–1931, 199–351.

——— Inventaire de la correspondance de Mgr Jean-Olivier Briand, évêque de Québec, ANQ *Rapport*, 1929–1930, 47–136.

——— Inventaire de la correspondance de Mgr Louis-Philippe Mariaucheau D'Esgly, évêque de Québec, ANQ *Rapport*, 1930–1931, 185–198.

——— Inventaire de la correspondance de Mgr Pierre Denaut, évêque de Québec, ANQ *Rapport*, 1931–1932, 129–242.

Catalogue collectif des manuscrits des archives canadiennes/Union list of manuscripts in Canadian repositories. Robert Stanyslaw Gordon *et al.*, édit. (Publication des APC.) Ottawa, 1968. Nouv. éd. E. Grace Maurice, édit. 1975. 2 vol. *Supplément/Supplement*. E. Grace Maurice et Victorin Chabot, édit. 1976.

CHARLAND, PAUL-VICTOR. Notre-Dame de Québec : le nécrologe de la crypte ou les inhumations dans cette église depuis 1652, *BRH*, XX (1914) : 137–151, 169–181, 205–217, 237–251, 269–280, 301–313, 333–347.

CHARNOCK, JOHN. *Biographia navalis ; or, impartial memoirs of the lives and characters of officers of the navy of Great Britain, from the year 1660 to the present time ; drawn from the most authentic sources, and disposed in a chronological arrangement*. Londres, 1794–1798. 6 vol.

COLLEDGE, JAMES JOSEPH. *Ships of the Royal Navy : an historical index*. Newton Abbot, Angl., [1969–1970]. 2 vol.

DEROME, ROBERT. *Les orfèvres de Nouvelle-France : inventaire descriptif des sources*. Ottawa, 1974.

DESROSIERS, LOUIS-ADÉLARD. Correspondance de cinq vicaires généraux avec les évêques de Québec, 1761–1816, ANQ *Rapport*, 1947–1948, 73–133.

Dictionary of American biography. Allen Johnson *et al.*, édit. New York, 1928–1958. 20 vol., index, 2 compléments [à 1940] ; réimpr., 11 vol. (22 tomes) et index, [1946–1958]. 2 autres compléments [à 1950]. Edward James Topping *et al.*, édit. [1973– .] *Concise DAB*. [1964.]

Dictionary of national biography. Leslie Stephen et Sidney Lee, édit. Londres, 1885–1903. 63 vol., 3 compléments, un index et un abrégé [à 1900]. 6 autres compléments [à 1960]. Sidney Lee *et al.*, édit. Londres, 1912– . *Concise DNB*. Londres, [1952]–1961. 2 vol. *Corrections and additions to the* Dictionary of national biography. Boston, Mass., 1966.

Dictionnaire de biographie française. Jules Balteau *et al.*, édit. Paris, 1933– . 13 vol. et 3 fascicules [« A » jusqu'à « Fouret »].

Dictionnaire des œuvres littéraires du Québec. Maurice Lemire *et al.*, édit. Montréal, [1977]– . 1 vol. paru [à 1900].

A directory of the members of the Legislative Assembly of Nova Scotia, 1758–1958. Introd. par Charles Bruce Fergusson. (Publication des PANS, « Nova Scotia series », II.) Halifax, 1958.

Encyclopædia Britannica. Warren E. Preece *et al.*, édit. 23 vol. Chicago et Toronto, [1966]. 23 vol. et index ; 15e éd. [1977.] 30 vol.

Encyclopedia Canadiana. John Everett Robbins *et al.*, édit. Ottawa, [1957–1958]. 10 vol. [Nouv. éd.] Kenneth H. Pearson *et al.*, édit. Toronto, [1975]. 10 vol.

FAUTEUX, ÆGIDIUS. *Les chevaliers de Saint-Louis en Canada*. Montréal, 1940.

GAUTHIER, HENRI. *Sulpitiana*. s.l., 1912. [2e éd.] Montréal, 1926.

GODBOUT, ARCHANGE [ALDÉRIC]. Nos ancêtres au XVIIe siècle, ANQ *Rapport*, 1951–1953, 449–544 ; 1953–1955, 445–536 ; 1955–1957, 379–489 ; 1957–1959, 383–440 ; 1959–1960, 277–354 ; 1965, 147–181. « A » jusqu'à « Brassard » inclusivement. La dernière livraison est annotée par R.-J. Auger.

Grand Larousse encyclopédique. Paris, [1960]– . 10 vol. et 2 compléments parus.

GRANDE-BRETAGNE, ADMIRALTY. *The commissioned sea officers of the Royal Navy,*

1660–1815. [David Bonner Smith, édit. ; le Royal Naval College, en collaboration avec le National Maritime Museum, continua ce projet.] s.l., [1954]. 3 vol.

——— PUBLIC RECORD OFFICE. *Calendar of Home Office papers of the reign of George III* [1760–1775]. Joseph Redington et Richard Arthur Roberts, édit. Londres, 1878–1899. 4 vol.

——— PUBLIC RECORD OFFICE. *Calendar of state papers, colonial series, America and West Indies* [...]. William Noel Sainsbury *et al.*, édit. Londres, 1860–19 . 44 vol. parus [1574–1738].

——— PUBLIC RECORD OFFICE. *Calendar of Treasury books and papers* [...] [1729–1745]. William Arthur Shaw, édit. Londres, 1897–1908. 5 vol.

——— WAR OFFICE. *A list of the general and field officers as they rank in the army* [...]. [Londres, 1754–1868.] La première liste officielle connue fut publiée en 1740 et a été réimprimée dans *The army list of 1740* [...] *with a complete index of names and of regiments* (Soc. for Army Hist. Research, « Special no. », III, Sheffield, Angl., 1931).

Guide des rapports des Archives publiques du Canada, 1872–1972. Françoise Caron-Houle, compil. (Publication des APC.) Ottawa, 1975.

Handbook of American Indians north of Mexico. Frederick Webb Hodge, édit. Washington, 1907–1910 ; réimpr., New York, 1971. 2 vol. Les documents relatifs à l'histoire du Canada dans cet ouvrage ont été révisés et publiés en appendice au 10e rapport du Geographic Board of Canada, sous le titre de *Handbook of Indians of Canada* (Ottawa, 1913 ; réimpr., New York, 1969). La Smithsonian Institution prépare actuellement un ouvrage révisé, « Handbook of North American Indians », sous la direction de W. C. Sturtevant, qui remplacera le *Handbook*.

HOWAY, FREDERIC WILLIAM. *A list of trading vessels in the maritime fur trade, 1785–1825*. Richard Austin Pierce, édit. Kingston, Ont., 1973. D'abord publié dans SRC *Trans.*, 3e sér., XXIV (1930)–XXVIII (1934) [V. section V].

HOZIER, LOUIS-PIERRE D', *et al.* *Armorial général de la France* [...]. Paris, [1865–1908] ; réimpr., Paris, [1970]. 7 vol. (13 tomes). Les six premiers volumes (ou registres) sont la réimpression de l'ouvrage original : L.-P. d'Hozier et A.-M. d'Hozier de Sérigny, *Armorial de la France* (6 vol. en 10 tomes, Paris, 1738–1768), ouvrage qui fut poursuivi par A.-L.-M. et A.-C. d'Hozier, *Armorial général d'Hozier* [...] (1 vol. en 2 parties, Paris, 1847–1848).

Index to reports of Canadian archives from 1872 to 1908. (Publication des APC, 1.) Ottawa, 1909.

KELLEY, ARTHUR READING. Church and state papers for the years 1759 to 1786, being a compendium of documents relating to the establishment of certain churches in the province of Quebec, ANQ *Rapport*, 1948–1949, 293–340.

——— The Quebec Diocesan Archives, ANQ *Rapport*, 1946–1947, 181–298.

LABRÈQUE, LUCILE. Inventaire de pièces détachées de cours de justice de la Nouvelle-France (1638–1760), ANQ *Rapport*, 1971, 5–50.

LA CHESNAYE-DESBOIS. V. Aubert

[LANGELIER, JEAN-CHRYSOSTOME.] *Liste des terrains concédés par la couronne dans la province de Québec de 1763 au 31 décembre 1890*. Québec, 1891. Publié en anglais : *List of lands granted by the crown in the province of Quebec from 1763 to 31st December 1890* (1891).

LEBŒUF, JOSEPH-[AIMÉ-]ARTHUR. *Complément au dictionnaire généalogique Tanguay*. (Publication de la Société généalogique canadienne-française, 2, 4, 6.) Montréal, 1957–1964. 3 vol.

LEFEBVRE, JEAN-JACQUES. Engagements pour l'Ouest, 1778–1788, ANQ *Rapport*, 1946–1947, 303–369.

LE JEUNE, LOUIS[-MARIE]. *Dictionnaire général de biographie, histoire, littérature, agriculture, commerce, industrie et des arts, sciences, mœurs, coutumes, institutions politiques et religieuses du Canada*. Ottawa, [1931]. 2 vol.

LÉTOURNEAU, HUBERT, ET LUCILE LABRÈQUE. Inventaire de pièces détachées de la Prévôté de Québec, ANQ *Rapport*, 1971, 55–413.

MARION, MARCEL. *Dictionnaire des institutions de la France aux XVIIe et XVIIIe siècles*. Paris, 1923 ; réimpr., 1968 et 1969.

MASSICOTTE, ÉDOUARD-ZOTIQUE. Répertoire des engagements pour l'Ouest conservés dans les Archives judiciaires de Montréal [...] [1670–1821], ANQ *Rapport*, 1929–1930, 195–466 ; 1930–1931, 353–453 ; 1931–1932, 243–365 ; 1932–1933, 245–304 ; 1942–1943, 261–397 ; 1943–1944, 335–444 ; 1944–1945, 309–401 ; 1945–1946, 227–340.

[MÉLANÇON, ARTHUR.] *Liste des missionnaires-jésuites : Nouvelle-France et Louisiane, 1611–1800*. Montréal, 1929.

MORICE, ADRIEN-GABRIEL. *Dictionnaire historique des Canadiens et des Métis français de l'Ouest*. Kamloops, C.-B., 1908 ; Québec, 1908. 2e éd. Québec, 1912.

NAMIER, LEWIS [BERNSTEIN], ET JOHN BROOKE. *The House of Commons, 1754–1790*. Londres, 1964 ; New York, 1964. 3 vol. V. aussi Sedgwick, *House of Commons*.

Les notaires au Canada sous le Régime français, ANQ *Rapport*, 1921–1922, 1–58. Présente quelque 200 biographies de notaires.

PARKER, DAVID WILLSON. *A guide to the documents in the manuscript room at the Public Archives of Canada*. (Publication des APC, 10.) Ottawa, 1914.

Place-names and places of Nova Scotia. (Publication des PANS, « Nova Scotia series », III.) Halifax, 1967 ; réimpr., Belleville, Ont., 1976.

PUBLIC ARCHIVES OF NOVA SCOTIA, Halifax
NOVA SCOTIA SERIES
II : *Directory of N.S. MLAs*.
III : *Place-names of N.S.*
AUTRES PUBLICATIONS [V. section II]

RAYBURN, ALAN. *Geographical names of Prince Edward Island*. Ottawa, 1973.

A register of the regiments and corps of the British army : the ancestry of the regiments and corps of the regular establishment. Arthur Swinson, édit. Londres, [1972].

ROY, JOSEPH-EDMOND. *Rapport sur les archives de France relatives à l'histoire du Canada*. (Publication des APC, 6.) Ottawa, 1911.

ROY, PIERRE-GEORGES. *Les avocats de la région de Québec*. Lévis, Québec, 1936.

——— *Fils de Québec*. Lévis, Québec, 1933. 4 vol.

——— *Inventaire des concessions en fief et seigneurie, fois et hommages et aveux et dénombrements, conservés aux Archives de la province de Québec*. (Publication des ANQ.) Beauceville, Québec, 1927–1929. 6 vol.

——— *Inventaire des contrats de mariage du Régime français conservés aux Archives judiciaires de Québec*. (Publication des ANQ.) Québec, 1937–1938. 6 vol.

——— *Inventaire des insinuations de la Prévôté de Québec*. (Publication des ANQ.) Beauceville, Québec, 1936–1939. 3 vol.

——— *Inventaire des insinuations du Conseil souverain de la Nouvelle-France*. (Publication des ANQ.) Beauceville, Québec, 1921.

——— *Inventaire des jugements et délibérations du Conseil supérieur de la Nouvelle-France de 1717 à 1760*. (Publication des ANQ.) Beauceville, Québec, 1932–1935. 7 vol.

——— *Inventaire des ordonnances des intendants de la Nouvelle-France conservées aux Archives provinciales de Québec*. (Publication des ANQ.) Beauceville, Québec, 1919. 4 vol.

——— *Inventaire des procès-verbaux des grands voyers conservés aux Archives de la province de Québec*. (Publication des ANQ.) Beauceville, Québec, 1923–1932. 6 vol.

——— *Inventaire des testaments, donations et inventaires du Régime français conservés aux Archives judiciaires de Québec*. (Publication des ANQ.) Québec, 1941. 3 vol.

——— *Inventaire d'une collection de pièces judiciaires, notariales, etc., etc., conservées aux Archives judiciaires de Québec*. (Publication des ANQ.) Beauceville, Québec, 1917. 2 vol.

——— *Les juges de la province de Québec*. (Publication des ANQ.) Québec, 1933.

——— et al. *Inventaire des greffes des notaires du Régime français*. (Publication des ANQ.) Québec, [1942]– . 23 vol. parus.

SABINE, LORENZO. *Biographical sketches of loyalists of the American revolution, with an historical essay*. [2e éd.] Boston, Mass., 1864. 2 vol. La première édition : *The American loyalists, or biographical sketches of adherents to the British crown in the war of the revolution* [...] (1847).

SEDGWICK, [RICHARD] ROMNEY. *The House of Commons, 1715–1754*. Londres, 1970 ; New York, 1970. 2 vol. V. aussi Namier et Brooke, *House of Commons*.

The service of British regiments in Canada and North America [...]. Charles Herbert Stewart, compil. Ottawa, 1962. [2e éd.] 1964.

SHIPTON, CLIFFORD KENYON. *Sibley's Harvard graduates* [...]. (Publication de la Massachusetts Historical Society.) Cambridge et Boston, Mass., 1933– . 17 vol. parus [1690–1771]. Cet ouvrage fait suite à J. S. Sibley, *Biographical sketches of graduates of Harvard University, in Cambridge, Massachusetts* [1642–1689] (3 vol., Cambridge, 1873–1885), à partir duquel commence la numérotation.

TANGUAY, CYPRIEN. *Dictionnaire généalogique des familles canadiennes depuis la fondation de la colonie jusqu'à nos jours*. [Montréal], 1871–1890 ; réimpr., New York, 1969. 7 vol. V. aussi Lebœuf, *Complément*.

——— *Répertoire général du clergé canadien par ordre chronologique depuis la fondation de la colonie jusqu'à nos jours*. Québec, 1868.

TREMAINE, MARIE. *A bibliography of Canadian imprints, 1751–1800*. Toronto, 1952.

TRUDEL, JEAN. *L'orfèvrerie en Nouvelle-France : une exposition organisée par la Galerie nationale du Canada*. Ottawa, 1974.

TURCOTTE, GUSTAVE. *Le Conseil législatif de Québec, 1774–1933*. Beauceville, Québec, 1933.

VACHON, ANDRÉ. Inventaire critique des notaires

royaux des gouvernements de Québec, Montréal et Trois-Rivières (1663–1764), *RHAF*, IX (1955–1956) : 423–438, 546–561 ; X (1956–1957) : 93–103, 257–262, 381–390 ; XI (1957–1958) : 93–106, 270–276, 400–406.

WALBRAN, JOHN THOMAS. *British Columbia coast names, 1592–1906, to which are added a few names in adjacent United States territory : their origin and history* [...]. Ottawa, 1909 ; réimpr., Vancouver, 1971.

WALLACE, WILLIAM STEWART. *The Macmillan dictionary of Canadian biography*. 4e éd. William Angus McKay, édit. Toronto, [1978]. La première édition : *The dictionary of Canadian biography* (1926).

WATTERS, REGINALD EYRE. *A check list of Canadian literature and background materials, 1628–1950*[...]. Toronto, [1959]. 2e éd. [*1628–1960*]. Toronto et Buffalo, [1972].

SECTION IV : ÉTUDES (LIVRES ET THÈSES)

ABBOTT, MAUDE ELIZABETH [SEYMOUR]. *History of medicine in the province of Quebec*. Toronto, 1931 ; 2e éd., Montréal, 1931.

AHERN, MICHAEL-JOSEPH ET GEORGE. *Notes pour servir à l'histoire de la médecine dans le Bas-Canada depuis la fondation de Québec jusqu'au commencement du XIXe siècle*. Québec, 1923.

AKINS, THOMAS BEAMISH. *History of Halifax City*. Belleville, Ontario, 1973. D'abord publié dans N.S. Hist. Soc., *Coll.*, VIII (1895) [V. section V].

ARSENAULT, BONA. *Histoire et généalogie des Acadiens*. Québec, 1965. 2 vol. Le vol. I a été traduit en collaboration avec Brian M. Upton et John G. McLaughlin sous le titre de *History of the Acadians* (Québec, 1966).

AUDET, LOUIS-PHILIPPE. *Le système scolaire de la province de Québec* [1635–1840]. Québec, 1950–1956. 6 vol.

BECK, JAMES MURRAY. *The government of Nova Scotia*. Toronto, 1957.

BELL, WINTHROP PICKARD. *The « foreign Protestants » and the settlement of Nova Scotia : the history of a piece of arrested British colonial policy in the eighteenth century*. Toronto, 1961.

BREBNER, JOHN BARTLET. *The neutral Yankees of Nova Scotia, a marginal colony during the revolutionary years*. New York, 1937 ; réimpr. avec une introduction de William Stewart MacNutt, Toronto et Montréal, 1969 ; réimpr. de l'édition de 1937, New York, 1970.

——— *New England's outpost : Acadia before the conquest of Canada*. New York et Londres, 1927 ; réimpr., Hamden, Conn., 1965, et New York, 1973.

BRUNET, MICHEL. *Les Canadiens après la Conquête, 1759–1775 : de la Révolution canadienne à la Révolution américaine*. Montréal, 1969.

[BURKE, CATHERINE, DITE DE SAINT-THOMAS.] *Les ursulines de Québec, depuis leur établissement jusqu'à nos jours*. Québec, 1863–1866. 4 vol. ; 2e éd., les deux premiers volumes seulement. 1878.

BURT, ALFRED LEROY. *The old province of Quebec*. Toronto et Minneapolis, Minn., 1933 ; réimpr. avec une introduction de Hilda [Marion] Neatby, Toronto, 1968. 2 vol. ; réimpr., de l'édition de 1933, New York, 1970.

CALNEK, WILLIAM ARTHUR. *History of the county of Annapolis, including old Port Royal and Acadia, with memoirs of its representatives in the provincial parliament, and biographical and genealogical sketches of its early English settlers and their families*. Édité et complété par Alfred William Savary. Toronto, 1897 ; réimpr., Belleville, Ontario, 1972. V. aussi Savary, *Supplement to history of Annapolis*.

CAMPBELL, ROBERT. *A history of the Scotch Presbyterian Church, St. Gabriel Street, Montreal*. Montréal, 1887.

Canada and its provinces : a history of the Canadian people and their institutions. Adam Shortt et Arthur George Doughty, édit. Toronto, 1913–1917. 23 vol.

Canada's smallest province : a history of P.E.I. Francis William Pius Bolger, édit. Charlottetown, 1973.

CANADIAN CENTENARY SERIES. William Lewis Morton, édit. en chef ; Donald Grant Creighton, édit.-conseiller.
5 : Stanley, *New France*.
6 : Neatby, *Quebec*.
9 : MacNutt, *Atlantic provinces*.

CASGRAIN, HENRI-RAYMOND. *Histoire de l'Hôtel-Dieu de Québec*. Québec, 1878.

CHARLAND, THOMAS-MARIE. *Histoire des Abénakis d'Odanak (1675–1937)*. Montréal, 1964.

CLARK, ANDREW HILL. *Acadia : the geography of early Nova Scotia to 1760*. Madison, Wis., 1968.

COLEMAN, EMMA LEWIS. *New England captives carried to Canada between 1677 and 1760 during the French and Indian wars.* Portland, Maine, 1925. 2 vol.

COOK, WARREN LAWRENCE. *Flood tide of empire : Spain and the Pacific northwest, 1543–1819.* New Haven, Conn., et Londres, 1973.

CROWLEY, TERENCE ALLAN. Government and interests : French colonial administration at Louisbourg, 1713–1758. Thèse de PH.D., Duke University, Durham, N.C., 1975.

D'ALLAIRE, MICHELINE. *L'Hôpital-Général de Québec, 1692–1764.* Montréal, 1971.

DAVIDSON, GORDON CHARLES. *The North West Company.* Berkeley, Calif., 1918 ; réimpr., New York, 1967.

ECCLES, WILLIAM JOHN. *The Canadian frontier, 1534–1760.* New York et Toronto, 1969.

——— *France in America.* New York, 1972.

FAUTEUX, ÆGIDIUS. *The introduction of printing into Canada : a brief history.* Montréal, 1930 ; réimpr., 6 parties en 1 vol., 1957. Paru en français sous le titre de *l'Introduction de l'imprimerie au Canada : une brève histoire* (6 parties en 1 vol., Montréal, 1957).

[FAUTEUX, ALBINA, ET CLÉMENTINE DROUIN.] [*L'Hôpital Général de Montréal* :] *L'Hôpital Général des sœurs de la Charité (sœurs grises) depuis sa fondation jusqu'à nos jours.* Montréal, 1916– . 3 vol. parus [1692–1877].

FAUTEUX, JOSEPH-NOËL. *Essai sur l'industrie au Canada sous le Régime français.* Québec, 1927. 2 vol.

FRÉGAULT, GUY. *Le XVIIIe siècle canadien : études.* Montréal, 1968 ; réimpr., 1970.

——— *François Bigot, administrateur français.* (Institut d'histoire de l'Amérique française, « Études ».) [Montréal], 1948. 2 vol.

——— *Le grand marquis : Pierre de Rigaud de Vaudreuil et la Louisiane.* (Institut d'histoire de l'Amérique française, « Études ».) Montréal et Paris, 1952. 2e éd., [1962].

——— *La guerre de la Conquête.* Montréal et Paris, [1955]. Réimpr. comme le vol. IX de l'*Histoire de la Nouvelle-France*, Marcel Trudel, édit. (3 vol. [I ; II ; IX], Montréal et Paris, [1963–1966]. Traduit par Margaret M. Cameron sous le titre de *Canada : the war of the conquest* (Toronto, 1969).

GALARNEAU, CLAUDE. *La France devant l'opinion canadienne (1760–1815).* (Université Laval, Institut d'histoire, « Cahiers », 16.) Québec et Paris, 1970.

GARNEAU, FRANÇOIS-XAVIER. *Histoire du Canada depuis sa découverte jusqu'à nos jours.* Québec et Montréal, 1845–1848. 3 vol., et un suppl. en 1852 ; 3e éd., 1859. 3 vol ; 5e éd., Hector Garneau, édit., Paris, 1913–1920. 2 vol. ; 8e éd., Hector Garneau, édit., Montréal, 1944–1946. 9 vol. Andrew Bell a traduit et édité la 3e édition sous le titre de *History of Canada, from the time of its discovery till the union year (1840–1)* (3 vol., Montréal, 1860 ; 3e éd., 1866).

GAUMOND, MICHEL. *Les forges de Saint-Maurice.* (Société historique de Québec, « Textes », 2.) Québec, 1968.

GOSSELIN, AMÉDÉE[-EDMOND]. *L'instruction au Canada sous le Régime français (1635–1760).* Québec, 1911.

GOSSELIN, AUGUSTE[-HONORÉ]. *L'Église du Canada après la Conquête* [1760–1789]. Québec, 1916–1917. 2 vol.

——— *L'Église du Canada depuis Monseigneur de Laval jusqu'à la Conquête.* Québec, 1911–1914. 3 vol.

GOWANS, ALAN [WILBERT]. *Church architecture in New France.* Toronto, 1955.

GRAYMONT, BARBARA. *The Iroquois in the American revolution.* Syracuse, N.Y., 1972.

GROULX, LIONEL. *Histoire du Canada français depuis la découverte.* [Montréal], 1950–1952. 4 vol. ; 4e éd., Montréal et Paris, 1960. 2 vol. ; réimpr., 1962.

GUNDY, HENRY PEARSON. *Early printers and printing in the Canadas.* Toronto, 1957 ; 2e éd., 1964.

HAMELIN, JEAN. *Économie et société en Nouvelle-France.* (Université Laval, Institut d'histoire, « Cahiers », 3.) [Québec, 1960] ; réimpr., 1970.

HARRIS, RICHARD COLEBROOK. *The seigneurial system in early Canada : a geographical study.* Madison, Wis., et Québec, 1966.

HARVEY, DANIEL COBB. *The French régime in Prince Edward Island.* New Haven, Conn., et Londres, 1926.

HEAGERTY, JOHN JOSEPH. *Four centuries of medical history in Canada and a sketch of the medical history of Newfoundland.* Toronto, 1928. 2 vol.

HILLER, JAMES K. The foundation and the early years of the Moravian mission in Labrador, 1752–1805. Thèse de M.A., Memorial University of Newfoundland, St John's, [1968].

L'Hôpital Général de Montréal. V. : A. Fauteux et Drouin.

HUNTER, WILLIAM ALBERT. *Forts on the Pennsylvania frontier, 1753–1758.* Harrisburg, Pa., 1960.

INNIS, HAROLD ADAMS. *The fur trade in Canada : an introduction to Canadian economic history.* New Haven, Conn., et Londres, 1930 ; édition révisée [Mary Quayle Innis, Samuel Delbert Clark et William Thomas Easterbrook, édit.], Toronto, 1956 ; édition abrégée basée sur l'édition révisée avec préface de Robin William Winks, [1962] ; édition révisée (réimpr. de l'édition de 1956 avec préface de 1962 révisée), [1970].

INSTITUT D'HISTOIRE DE L'AMÉRIQUE FRANÇAISE, Montréal.
ÉTUDES
Frégault, *François Bigot*.
——— *Le grand marquis*.
AUTRES PUBLICATIONS
M. Trudel, *L'Église canadienne*.

JOUVE, ODORIC-MARIE. *Les franciscains et le Canada : aux Trois-Rivières*. Paris, 1934.

KENNETT, LEE. *The French armies in the Seven Years' War : a study in military organization and administration*. Durham, N.C., 1967.

LACOUR-GAYET, GEORGES. *La marine militaire de la France sous le règne de Louis XV*. Paris, 1902 ; 2e éd., 1910.

——— *La marine militaire de la France sous le règne de Louis XVI*. Paris, 1905.

LA MORANDIÈRE, CHARLES DE. *Histoire de la pêche française de la morue dans l'Amérique septentrionale*. Paris, 1962–1966. 3 vol.
I–II : *(Des origines à 1789)*.
III : *(De la Révolution à nos jours)*.

LANCTOT, GUSTAVE. *Le Canada et la Révolution américaine*. Montréal, 1965. Traduit par Margaret M. Cameron sous le titre de *Canada & the American revolution, 1774–1783* (Toronto et Vancouver, 1967).

——— *Histoire du Canada*. Montréal, 1959–1964. 3 vol.
[I] : *Des origines au Régime royal*.
[II] : *Du Régime royal au traité d'Utrecht, 1663–1713*.
[III] : *Du traité d'Utrecht au traité de Paris, 1713–1763*.
Traduit par Josephine Hambleton et Margaret M. Cameron sous le titre de *A history of Canada* (3 vol., Toronto et Vancouver, 1963–1965).

LANGDON, JOHN EMERSON. *Canadian silversmiths, 1700–1900*. Toronto, 1966.

LEMIEUX, LUCIEN. *L'établissement de la première province ecclésiastique au Canada, 1783–1844*. Montréal et Paris, 1968.

[LEMIRE-MARSOLAIS, DARIE-AURÉLIE, DITE SAINTE-HENRIETTE], ET THÉRÈSE LAMBERT, DITE SAINTE-MARIE-MÉDIATRICE. *Histoire de la Congrégation de Notre-Dame de Montréal*. Montréal, 1941– . 11 vol. en 13 parus et un index. Avant sa mort en 1917, sœur Sainte-Henriette avait complété neuf volumes de son histoire ainsi qu'un index ; seulement deux volumes avaient été publiés en 1910. En 1941, on publia son œuvre complète et on réimprima les deux premiers volumes. En 1969, en plus de l'index compilé jadis par sœur Sainte-Henriette pour les neuf premiers volumes, deux autres tomes, couvrant la période de 1855 à 1900, rédigés par sœur Thérèse Lambert, furent publiés.

MCLENNAN, JOHN STEWART. *Louisbourg from its foundation to its fall, 1713–1758*. Londres, 1918 ; réimpr. sans les appendices, Sydney, N.-É., 1957.

MACNUTT, WILLIAM STEWART. *The Atlantic provinces : the emergence of colonial society, 1712–1857*. (« Canadian centenary series », 9.) Toronto, 1965.

——— *New Brunswick, a history : 1784–1867*. Toronto, 1963.

MATHIEU, JACQUES. *La construction navale royale à Québec, 1739–1759*. (Société historique de Québec, « Cahiers d'histoire », 23.) Québec, 1971.

[MONDOUX, MARIA.] *L'Hôtel-Dieu, premier hôpital de Montréal* [...] *1642–1763*. Montréal, 1942.

Monseigneur de Saint-Vallier. V. O'Reilly

MORISSET, GÉRARD. *Coup d'œil sur les arts en Nouvelle-France*. Québec, 1941 ; réimpr., 1942.

MORTON, ARTHUR SILVER. *A history of the Canadian west to 1870–71, being a history of Rupert's Land (the Hudson's Bay Company's territory) and of the North-West Territory (including the Pacific slope)*. Londres et Toronto, 1939 ; 2e éd., Lewis Gwynne Thomas, édit., Toronto et Buffalo, N.Y., 1973.

MURDOCH, BEAMISH. *A history of Nova-Scotia, or Acadie*. Halifax, 1865–1867. 3 vol.

NEATBY, HILDA MARION. *The administration of justice under the Quebec Act*. Londres et Minneapolis, Minn., 1937.

——— *Quebec : the revolutionary age, 1760–1791*. (« Canadian centenary series », 6.) Toronto, 1966.

[O'REILLY, HELENA, DITE SAINT-FÉLIX.] *Monseigneur de Saint-Vallier et l'Hôpital Général de Québec : histoire du monastère de Notre-Dame des Anges* [...]. Québec, 1882.

OUELLET, FERNAND. *Histoire économique et sociale du Québec, 1760–1850 : structures et conjoncture*. Montréal et Paris, 1966.

PARGELLIS, STANLEY MCCRORY. *Lord Loudoun in North America*. New Haven, Conn., et Londres, 1933 ; réimpr., [Hamden, Conn.], 1968.

PECKHAM, HOWARD HENRY. *Pontiac and the Indian uprising*. Princeton, N.J., 1947 ; réimpr., Chicago, 1961.

PORTER, WHITWORTH, ET CHARLES MOORE WATSON. *History of the corps of Royal Engineers*. Londres et New York, 1889–1915. 3 vol. Réimpr. comme les trois premiers volumes de Whitworth Porter *et al.*, *History of the corps of Royal Engineers* (9 vol., Chatham, Angl., 1951–1958).

PROWSE, DANIEL WOODLEY. *A history of Newfoundland from the English, colonial, and foreign records*. Londres et New York, 1895 ; 2ᵉ éd., Londres, 1896 ; 3ᵉ éd., James Raymond Thoms et Frank Burnham Gill, édit., St John's, 1971 ; réimpr. de l'édition de 1895, Belleville, Ontario, 1972.

RAWLYK, GEORGE ALEXANDER. *Yankees at Louisbourg*. Orono, Maine, 1967.

RAYMOND, WILLIAM ODBER. *The River St. John, its physical features, legends and history from 1604 to 1784*. Saint John, N.-B., 1910 ; 2ᵉ éd., John Clarence Webster, édit., Sackville, N.-B., 1943 ; réimpr., 1950.

RICH, EDWIN ERNEST. *The history of the Hudson's Bay Company, 1670–1870*. (Publication de la HBRS.) Londres, 1958–1959. 2 vol. ; autre éd., Toronto, 1960. 3 vol. Une copie de cet ouvrage est disponible aux APC et contient des notes et des renseignements bibliographiques non publiés.

ROCHEMONTEIX, CAMILLE DE. *Les jésuites et la Nouvelle-France au XVIIIᵉ siècle* [...]. Paris, 1906. 2 vol.

ROY, JOSEPH-EDMOND. *Histoire du notariat au Canada depuis la fondation de la colonie jusqu'à nos jours*. Lévis, Québec, 1899–1902. 4 vol.

ROY, PIERRE-GEORGES. *Bigot et sa bande et l'affaire du Canada*. Lévis, Québec, 1950.

SAVARY, ALFRED WILLIAM. *Supplement to the history of the county of Annapolis* [...]. Toronto, 1913 ; réimpr., Belleville, Ontario, 1973. V. Calnek, *History of Annapolis* (Savary).

SHY, JOHN [WILLARD]. *Toward Lexington : the role of the British army in the coming of the American revolution*. Princeton, N.J., 1965.

SOCIÉTÉ HISTORIQUE DE QUÉBEC, Québec

CAHIERS D'HISTOIRE

23 : Mathieu, *La construction navale*.

TEXTES

2 : Gaumond, *Les forges de Saint-Maurice*.

SOCIÉTÉ HISTORIQUE DU SAGUENAY, Chicoutimi, Québec

PUBLICATIONS

3 : Tremblay et Angers, *L'hist. du Saguenay*.

21 : Tremblay, *Hist. du Saguenay*.

STACEY, CHARLES PERRY. *Quebec, 1759 : the siege and the battle*. Toronto, 1959.

STANLEY, GEORGE FRANCIS GILMAN. *New France : the last phase, 1744–1760*. (« Canadian centenary series », 5.) Toronto, 1968.

——— ET HAROLD MCGILL JACKSON. *Canada's soldiers, 1604–1954 : the military history of an unmilitary people*. Toronto, 1954 ; 2ᵉ éd., 1960 ; 3ᵉ éd., 1974.

SULTE, BENJAMIN. *Histoire des Canadiens-français, 1608–1880* [...]. Montréal, 1882–1884. 8 vol.

——— *Mélanges historiques* [...]. Gérard Malchelosse, édit. Montréal, 1918–1934. 21 vol. Cette série de volumes contient des articles et des études.

TESSIER, ALBERT. *Les forges Saint-Maurice, 1729–1883*. Trois-Rivières, 1952 ; réimpr., [Montréal, 1974].

TOUSIGNANT, PIERRE. La genèse et l'avènement de la constitution de 1791. Thèse de PH.D., université de Montréal, 1971.

TRAQUAIR, RAMSAY. *The old silver of Quebec*. Toronto, 1940.

TREMBLAY, VICTOR. *Histoire du Saguenay depuis les origines jusqu'à 1870*. (Publication de la Société historique du Saguenay, 21.) Nouv. éd., [Chicoutimi, Québec], 1968 ; une première édition, rédigée par Victor Tremblay et Lorenzo Angers, a été publiée en 1938 à Chicoutimi sous le titre de *l'Histoire du Saguenay depuis l'origine jusqu'à 1870*. (Publication de la Société historique du Saguenay, 3.)

TRUDEL, MARCEL. *L'Église canadienne sous le Régime militaire, 1759–1764*. (Publication de l'Institut d'histoire de l'Amérique française.) [Montréal et] Québec, 1956–1957. 2 vol.

——— *L'esclavage au Canada français : histoire et conditions de l'esclavage*. Québec, 1960.

——— *Le Régime militaire dans le gouvernement des Trois-Rivières, 1760–1764*. Trois-Rivières, 1952.

UNIVERSITÉ LAVAL, INSTITUT D'HISTOIRE, Québec

CAHIERS

3 : Hamelin, *Économie et société*.

6 : Beaulieu et Hamelin, *Les journaux du Québec* [V. section III].

16 : Galarneau, *La France devant l'opinion canadienne*.

Les ursulines de Québec. V. Burke

VACHON, ANDRÉ. *Histoire du notariat canadien, 1621–1960*. Québec, 1962.

WADE, MASON. *The French Canadians, 1760–1945*. Toronto, 1955 ; réimpr., 1956. Éd. révisée [... *1760–1967*]. Toronto, 1968. 2 vol. Une édition française couvrant la période 1760–1963 et traduite par Adrien Venne et Francis Dufau-Labeyrie a paru sous le titre de *les Canadiens français de 1760 à nos jours* (2 vol., Ottawa, 1963 ; 2ᵉ éd., 1966).

SECTION V : PÉRIODIQUES

Acadiensis : Journal of the History of the Atlantic Region/Revue de l'histoire de la région atlantique. Fredericton. Revue publiée par le département d'histoire de l'université du Nouveau-Brunswick. I (1971–1972)– .

Beaver : a Magazine of the North. Winnipeg. Revue publiée par la HBC. I (1920–1921)– . *Index* pour I (1920–1921)–*outfit* 284 (juin 1952–mars 1954).

Le Bulletin des recherches historiques. Publié le plus souvent à Lévis, Québec, par la Société des études historiques, il devint en mars 1923 l'organe du Bureau des archives de la province de Québec (maintenant les ANQ). I (1895)–LXX (1968). *Index* : I (1895)–XXXI (1925) (4 vol., Beauceville, Québec, 1925–1926). Pour les années suivantes, V. l'index manuscrit aux ANQ-Q.

Les Cahiers des Dix. Montréal et Québec. Revue publiée par les Dix. I (1936)– .

Canadian Historical Review. Toronto. I (1920)– . *Index*, I (1920)–X (1929) ; XI (1930)–XX (1939) ; XXI (1940)–XXX (1949) ; XXXI (1950)–LI (1970). L'université Laval a aussi publié un index : Canadian Historical Review, *1950–1964 : index des articles et des comptes rendus de volumes*, René Hardy, compil. (Québec, 1969). Suite de la *Review of Historical Publications relating to Canada*, I (1895–1896)–XXII (1917–1918). *Index*, I (1895–1896)–X (1905) ; XI (1906)–XX (1915).

Dalhousie Review. Halifax. Publication de la Dalhousie University. I (1921–1922)– .

GANONG, WILLIAM FRANCIS. A monograph of historic sites in the province of New Brunswick, SRC *Mémoires*, 2ᵉ sér., V (1899), sect. II : 213–357.

Histoire sociale, revue canadienne/Social History, a Canadian review. Ottawa. Revue publiée sous la direction d'un groupe interdisciplinaire d'universitaires canadiens. 1 (avril 1968)– .

LELAND, MARINE. François-Joseph Cugnet, 1720–1789, *La Revue de l'université Laval* (Québec), XVI (1961–1962) : 3–13, 129–139, 205–214, 411–420, 618–629, 929–936 ; XVII (1962–1963) : 64–73, 145–155, 445–456, 820–841 ; XVIII (1963–1964) : 337–360, 717–733 ; XIX (1964–1965) : 144–157, 254–265, 658–671 ; XX (1965–1966) : 143–150, 267–274, 359–365, 832–844, 923–933 ; XXI (1966) : 178–191, 378–396.

L'HEUREUX, JACQUES. L'organisation judiciaire au Québec de 1764 à 1774, *Revue générale de droit* (Ottawa), 1 (1970) : 266–331.

New England Historical and Genealogical Register. Publié le plus souvent à Boston par la New England Historic Genealogical Society. I (1847)– . *Index* pour I (1847)–L (1896) (5 vol., Boston, 1907–1911 ; réimpr., 4 vol., Baltimore, Md., 1972).

NOVA SCOTIA HISTORICAL SOCIETY. Halifax. *Collections*. I (1878)– . *Index* pour I (1878)–XXXII (1959).

Ontario History. Toronto. Revue publiée par l'Ontario Historical Society, I (1899)– . Un index des volumes I (1899)–LXIV (1972) a été publié dans : *Index to the publications of the Ontario Historical Society, 1899–1972* (Toronto, 1974). Jusqu'en 1946, elle fut publiée sous le titre de *Papers and Records*.

Revue d'histoire de l'Amérique française. Montréal. Publication de l'Institut d'histoire de l'Amérique française. I (1947–1948)– . *Index*, I (1947–1948)–X (1956–1957), XI (1957–1958)–XX (1966–1967), XXI (1967–1968)–XXX (1976–1977).

SOCIÉTÉ CANADIENNE D'HISTOIRE DE L'ÉGLISE CATHOLIQUE/CANADIAN CATHOLIC HISTORICAL ASSOCIATION. Ottawa. Elle publie simultanément un *Rapport* en français, et un *Report* en anglais, entièrement différents l'un de l'autre, 1 (1933–1934)– . *Index* pour 1 (1933–1934)–25 (1958). Après 1965, la société publia non plus des *Rapports* mais des *Sessions d'étude* et des *Study Sessions*.

SOCIÉTÉ GÉNÉALOGIQUE CANADIENNE-FRANÇAISE. Montréal. Elle publie des *Mémoires*, I (1944–1945)– , et des études dont les numéros 2, 4, 6, Lebœuf, *Compléments* [V. section III].

SOCIÉTÉ HISTORIQUE DU CANADA/CANADIAN HISTORICAL ASSOCIATION. Ottawa. Elle publie des rapports annuels, 1922– , dont le titre devint, en 1966, *Communications historiques/Historical Papers*. *Index* pour les rapports annuels : 1922–1951 ; 1952–1968.

SOCIÉTÉ ROYALE DU CANADA/ROYAL SOCIETY OF CANADA. Ottawa. Elle publie des *Mémoires et comptes rendus/Proceedings and Transactions*. 1ʳᵉ série : I (1882–1883)–XII (1894). 2ᵉ série : I (1895)–XII (1906). 3ᵉ série : I (1907)–LVI (1962). 4ᵉ série : I (1963)– . *Index*.

TÊTU, HENRI. Le chapitre de la cathédrale de Québec et ses délégués en France : lettres des chanoines Pierre Hazeur de L'Orme et Jean-Marie de La Corne, 1723–1773, *BRH*, XIII (1907) : 225–243, 257–283, 289–308, 321–338, 353–361 ; XIV (1908) : 3–22, 33–40, 65–79,

97–109, 129–146, 161–175, 193–208, 225–239, 257–270, 289–298, 321–337, 353–364 ; XV (1909) : 3–16, 33–48, 65–79, 97–111, 129–142, 161–176, 193–211, 225–241, 257–274, 289–301, 321–328, 353–360 ; XVI (1910) : 3–10, 33–44, 65–75, 97–109, 129–141, 161–175, 193–206, 225–240, 257–274, 289–302, 321–330, 353–364.

Collaborateurs

ABLER, THOMAS S. Associate professor of anthropology, University of Waterloo, Ontario.
Kaieñ?kwaahtoñ. Kayahsota?.

ALLAIRE, GRATIEN. Edmonton, Alberta.
Jean Renaud.

ANGUS, MARGARET SHARP. Writer, Kingston, Ontario.
Robert Macaulay.

ARCHER, CHRISTON I. Professor of history, University of Calgary, Alberta.
Esteban José Martínez Fernández y Martínez de la Sierra.

ARMOUR, DAVID ARTHUR. Assistant superintendent, Mackinac Island State Park Commission, Michigan, U.S.A.
René Bourassa, dit La Ronde. Laurent Ducharme. Pierre Du Jaunay. Nissowaquet. Jean-Baptiste-Philippe Testard de Montigny.

ARMSTRONG, FREDERICK H. Professor of history, University of Western Ontario, London, Ontario.
Alexander Aitken.

ARTHUR, M. ELIZABETH. Professor of history, Lakehead University, Thunder Bay, Ontario.
Henry Hamilton. Paulus Æmilius Irving. Adam Mabane.

AUGER, ROLAND-J. Responsable des publications de généalogie, Archives nationales du Québec, Québec.
Étienne Charest. Jean-Antoine Saillant.

BAGLOLE, HARRY. Writer, Belfast, Prince Edward Island ; editor, *The Island Magazine.*
Walter Patterson.

BAILLARGEON, NOËL, PTRE. Historien, Séminaire de Québec, Québec.
Thomas-Laurent Bédard.

BARRY, FRANCINE. Québec.
Guillaume Estèbe.

BECK, J. MURRAY. Professor of political science, Dalhousie University, Halifax, Nova Scotia.
Edward Cornwallis. Philip Augustus Knaut.

BÉLANGER, JULES. Professeur de littérature, Collège de la Gaspésie, Gaspé, Québec.
Bertrand de Latour.

BÉRUBÉ, ANDRÉ. Région du Québec, Parcs Canada, Québec, Québec.
James Johnston.

BISHOP, CHARLES A. Professor of anthropology, State University of New York, Oswego, New York, U.S.A.
John Long.

BLAIS, MARIE-CÉLINE. Pigiste dans le domaine de l'édition, Québec, Québec.
Michel Blais [en collaboration avec J. Morin]. *Charles-François Tarieu de La Naudière.*

BLAKELEY, PHYLLIS R. Associate provincial archivist, Public Archives of Nova Scotia, Halifax, Nova Scotia.
Richard Bulkeley. Benoni Danks. Shubael Dimock. Charles Morris. Elizabeth Osborn (Myrick ; Paine ; Doane).

BOSHER, J. F. Professor of history, York University, Downsview, Ontario.
François Bigot [en collaboration avec J.-C. Dubé]. *Jacques-Michel Bréard. Joseph-Michel Cadet. Philippe-Antoine de Cuny Dauterive. Alexandre-Robert Hillaire de La Rochette. Jean Laborde. Jean-Mathieu Mounier. Antoine Pascaud. Antoine Rodrigue* [en collaboration avec T. Le Goff].

BOUCHARD, RENÉ. Centre d'études sur la langue, les arts et les traditions populaires des francophones en Amérique du Nord, Université Laval, Québec, Québec.
André Corbin.

BOWLER, R. ARTHUR. Associate professor of history, State University of New York at Buffalo, New York, U.S.A.
John Butler [en collaboration avec B. Wilson]. *John Montresor.*

BOWSFIELD, HARTWELL. Associate professor of history, York University, Downsview, Ontario.
Cuthbert Grant.

BOYCE, GERALD E. Writer ; teacher of history, Moira Secondary School, Belleville, Ontario.
George Singleton.

BROWN, JENNIFER S. H. Publications editor, Middle American Research Institute, Tulane University, New Orleans, Louisiana, U.S.A.
George Atkinson. Isaac Batt. Malchom Ross. George Sutherland.

BROWN, WALLACE. Professor of history, University of New Brunswick, Fredericton, New Brunswick.
Benjamin Marston.

BROWNE, G. PETER. Professor of history, Carleton University, Ottawa, Ontario.
James Murray.

BUGGEY, SUSAN. Head, Construction history, Research Division, Parks Canada, Ottawa, Ontario.
Jonathan Belcher. Malachy Salter. John Seccombe.

BUMSTED, J. M. Professor of history, Simon Fraser University, Burnaby, British Columbia.
Henry Alline. Henry Denny Denson. David Higgins. Francis Legge. James MacDonald. John Mackay. William Montgomery.

BURROUGHS, PETER. Professor of history, Dalhousie University, Halifax, Nova Scotia.
John Parr.

BURTON HISTORICAL COLLECTION STAFF. Detroit Public Library, Detroit, Michigan, U.S.A.
Robert Navarre. James Sterling.

CAISSIE, FRANCES. Historienne, Québec, Québec.

Louis-Joseph Godefroy de Tonnancour [en collaboration avec P. Lahoud].

CASTONGUAY, JACQUES. Doyen de la faculté des Arts, Collège militaire royal de Saint-Jean, Québec.
Ignace-Philippe Aubert de Gaspé.

CERBELAUD SALAGNAC, GEORGES. Directeur littéraire des Éditions Tequi, Paris, France.
Charles-Henri-Louis d'Arsac de Ternay. Jean-Gabriel Berbudeau.

CHAMPAGNE, ANTOINE. Professeur à la retraite, Winnipeg, Manitoba.
François Gaultier Du Tremblay.

CHAPUT, DONALD. Senior curator of history, National History Museum, Los Angeles, California, U.S.A.
Alexandre Dagneau Douville. Daniel-Maurice Godefroy de Linctot. Louis Groston de Saint-Ange et de Bellerive. Louis Le Verrier de Rousson. Joseph Marin de La Malgue. Pierre-Jacques Payen de Noyan et de Chavoy.

CHARD, DONALD F. Historic park planner, Atlantic Region, Parks Canada, Halifax, Nova Scotia.
Mariot Arbuthnot. Benjamin Green. Joshua Mauger.

†CHARLAND, THOMAS-M., O.P. Bibliothécaire et archiviste, Couvent des dominicains, Montréal, Québec.
Joseph-Louis Gill. Joseph-Hippolyte Hertel de Saint-François.

CHARTERS, DAVID. Formerly manuscript editor, *Dictionary of Canadian biography/Dictionnaire biographique du Canada*, University of Toronto Press, Ontario.
Walter Butler. Joseph Goreham [en collaboration avec S. R. J. Sutherland].

CHAUSSÉ, GILLES, S.J. Chargé de cours, Département d'histoire, Université de Montréal, Québec.
Jean-François Hubert. Étienne Marchand.

COGHLAN, FRANCIS A. Chairman, Department of history, University of New Brunswick, Fredericton, New Brunswick.
Lord William Campbell.

COLE, DOUGLAS. Historian, Simon Fraser University, Burnaby, British Columbia.
John Webber.

COLTHART, JAMES M. Academic relations officer, Canadian Embassy, Washington, District of Columbia, U.S.A.
Robert Ellice.

CONDON, ANN GORMAN. Assistant professor of history, University of New Brunswick, Saint John, New Brunswick.
Elias Hardy. Abijah Willard.

COOK, WARREN L. Professor of history and anthropology, Castleton State College, Castleton, Vermont, U.S.A.
Juan Francisco de la Bodega y Quadra. Juan Joseph Pérez Hernández.

COOKE, W. MARTHA E. Ottawa, Ontario.
James Peachey [en collaboration avec B. Wilson].

COOPER, JOHN IRWIN. Professor emeritus of history, McGill University, Montréal, Québec.
Jean-Étienne Waddens.

COSSETTE, JOSEPH, S.J. Archiviste, Archives de la Compagnie de Jésus, Saint-Jérôme, Québec.
Joseph-Pierre de Bonnécamps. Jean-Joseph Casot. Pierre-René Floquet. Joseph Huguet.

CÔTÉ, PIERRE-L. Saint-Félicien, Québec.
Ange Duquesne de Menneville.

CROWLEY, TERENCE ALLAN. Assistant professor of history, University of Guelph, Ontario.
François-Gabriel d'Angeac. Louis Du Pont Duchambon [en collaboration avec B. Pothier]. *François Du Pont Duvivier* [avec B. Pothier]. *Joseph Du Pont Duvivier* [avec B. Pothier]. *James Johnstone. Michel Le Courtois de Surlaville. Charles-Gabriel-Sébastien de L'Espérance. Joannis-Galand d'Olabaratz. Thomas Pichon. Jacques Prevost de La Croix. Jean-Louis de Raymond.*

CYR, CÉLINE. Assistante, *Dictionnaire biographique du Canada/Dictionary of Canadian biography*, Les Presses de l'université Laval, Québec, Québec.
Pierre-Jean-Baptiste-François-Xavier Legardeur de Repentigny.

DAY, GORDON M. Eastern Canada ethnologist, Canadian Ethnology Service, National Museum of Man, National Museums of Canada, Ottawa, Ontario.
Glossaire des noms de peuples autochtones.

DEGRÂCE, ÉLOI. Archiviste-historien, Shippagan, Nouveau-Brunswick.
Joseph-Mathurin Bourg.

DEROME, ROBERT. Conservateur intérimaire de l'art canadien ancien, Galerie nationale du Canada, Ottawa, Ontario.
Ignace-François Delezenne. Louis-Alexandre Picard. Joseph Schindler. Jacques Varin, dit La Pistole.

DÉSILETS, ANDRÉE. Professeur titulaire d'histoire, Université de Sherbrooke, Québec.
Marie-Josèphe Maugue-Garreau, dite de l'Assomption. Marie-Marguerite Piot de Langloiserie, dite Saint-Hippolyte.

DESJARDINS, ÉDOUARD, M.D. Rédacteur en chef, *l'Union médicale du Canada*, Montréal, Québec.
James Bowman.

DESROSIERS, RENÉ, F.C. Conseiller pédagogique en documentation, Commission scolaire régionale Saint-François, Drummondville, Québec.
Joseph Deguire, dit Desrosiers.

DEVEAU, J.-ALPHONSE. Directeur du Centre acadien, Université Sainte-Anne, Church Point, Nouvelle-Écosse.
Pierre Doucet. Guillaume Jeanson. Pierre Le Blanc.

DINEL, GUY. Division des archives, Bibliothèque, Université Laval, Québec, Québec.
Charles Hay. Michel-Jean-Hugues Péan.

DIONNE-TOUSIGNANT, MADELEINE. Recherchiste, Montréal, Québec.
Hector Theophilus Cramahé. François-Joseph Cugnet. Pierre Du Calvet. René-Ovide Hertel de Rouville. Luc de La Corne. François-Marie Picoté de Belestre. [Articles écrits en collaboration avec P. Tousignant.]

DOUGLAS, W. A. B. Director, Directorate of history,

National Defence Headquarters, Ottawa, Ontario.
John Byron. Sir Charles Douglas. Joshua Loring.

DOUVILLE, RAYMOND. Ex-sous-secrétaire et ex-archiviste du gouvernement du Québec, Québec.
Jean-Baptiste Badeaux [en collaboration]. *John Bruyères* [en collaboration]. *Pierre Garreau, dit Sainte-Onge. Conrad Gugy* [en collaboration]. *Marie-Françoise Guillimin, dite de Saint-Antoine. François Guillot, dit Larose.*

DUBÉ, JEAN-CLAUDE. Professeur titulaire d'histoire, Université d'Ottawa, Ontario.
François Bigot [en collaboration avec J. Bosher].

†DUFF, WILSON. Professor of anthropology, University of British Columbia, Vancouver, British Columbia.
Koyah.

DUMAIS, RAYMOND. Archiviste, Archives nationales du Québec, Centre régional de Montréal, Québec.
Ignace Gamelin. Pierre-Joseph Gamelin. François Simonnet.

DUNLOP, ALLAN C. Research assistant, Provincial Archives of Nova Scotia, Halifax, Nova Scotia.
John Butler.

DUNN, WALTER S., JR. Director, Buffalo & Erie County Historical Society, Buffalo, New York, U.S.A.
Daniel-Marie Chabert de Joncaire de Clausonne [en collaboration]. *Lucius Levy Solomons.*

ECCLES, W. J. Professor of history, University of Toronto, Ontario.
François Coulon de Villiers. François de Lévis. Pierre de Rigaud de Vaudreuil de Cavagnial.

EDMUNDS, R. DAVID. Professor of history, Texas Christian University, Fort Worth, Texas, U.S.A.
Glikhikan.

EINHORN, ARTHUR. Associate professor of anthropology, Jefferson Community College, Watertown, New York, U.S.A.
Hotsinoñhyahta? [en collaboration].

ELLIOTT, SHIRLEY B. Legislative librarian, Nova Scotia Legislative Library, Halifax, Nova Scotia.
Robert Fletcher.

FELLOWS, JO-ANN. Graduate student in public administration, Carleton University, Ottawa, Ontario.
Abraham De Peyster.

†FERGUSSON, CHARLES BRUCE. Archivist emeritus of Nova Scotia, Public Archives of Nova Scotia, Halifax, Nova Scotia ; associate professor of history, Dalhousie University, Halifax, Nova Scotia.
John Doggett.

FINGARD, JUDITH. Associate professor of history, Dalhousie University, Halifax, Nova Scotia.
Joseph Peters. Richard Wenman.

FINN, GÉRARD. Chef, Recherches historiques, Région de l'ouest, Parcs Canada, Calgary, Alberta.
François Le Guerne. Jean-Louis Le Loutre.

FIRTH, EDITH G. Head, Canadian history department, Metropolitan Toronto Library, Ontario.
John White.

FISCHER, L. R. Assistant professor of history, Memorial University of Newfoundland, St John's, Newfoundland.
Michael Francklin. Joseph Scott.

FISHER, ROBIN A. Associate professor of history, Simon Fraser University, Burnaby, British Columbia.
Glossaire des noms de peuples autochtones. *Muquinna. Wikinanish.*

FORTIER, MARIE-FRANCE. Trois-Rivières, Québec.
Pierre-François Olivier de Vézin. Christophe Pélissier.

FRASER, ROBERT L. Hamilton, Ontario.
Jack York.

FRENCH, GOLDWIN SYLVESTER. President, Victoria University, Toronto, Ontario.
Hezekiah Calvin Wooster.

FRENIÈRE, ANDRÉ. Chef du service de la Gestion des Documents, Ministère des Travaux publics et de l'Approvisionnement, Québec, Québec.
Jean-Claude Panet.

FRISCH, JACK A. Executive director, Clearfield Co. Area Agency on Aging, Clearfield, Pennsylvania, U.S.A.
Eunice Williams.

GAGNON, CLAIRE, A.M.J. Archiviste, Archives des Augustines, Monastère de l'Hôtel-Dieu de Québec, Québec.
Marie-Louise Curot, dite de Saint-Martin.

GALARNEAU, CLAUDE. Professeur titulaire d'histoire, Université Laval, Québec, Québec.
Charles-François Bailly de Messein. Arnauld-Germain Dudevant. Valentin Jautard. David McLane. Fleury Mesplet.

GAUMOND, MICHEL. Direction de l'archéologie, Ministère des Affaires culturelles, Québec, Québec.
François Jacquet [en collaboration].

GAUTHIER, RAYMONDE. Professeur d'histoire de l'art, Université du Québec à Montréal, Québec.
Jacques Deguise, dit Flamand [en collaboration avec M. Lacombe]. *François-Noël Levasseur. Jean-Baptiste-Antoine Levasseur, dit Delor. Augustin Quintal. Pierre Renaud, dit Cannard.*

GÉRIN-LAJOIE, MARIE. Ottawa, Ontario.
Jean-Louis Besnard, dit Carignant [en collaboration avec J. Igartua].

GERVAIS, JEAN-FRANCIS. Maître de conférences, Université du Maroc, Maroc.
William Brown [en collaboration]. *Thomas Gilmore. François Lévesque.*

GIGUÈRE, GEORGES-ÉMILE, S.J. Historien, Montréal, Québec.
Augustin-Louis de Glapion.

GILLESPIE, BERYL C. Research assistant, University of Iowa City, Iowa, U.S.A.
Matonabbee.

GODFREY, WILLIAM G. Associate professor of history, Mount Allison University, Sackville, New Brunswick.
John Bradstreet. Alexander Fraser. Gilfred Studholme.

GOUGH, BARRY MORTON. Associate professor of history, Wilfrid Laurier University, Waterloo, Ontario.
George Dixon. Charles Duncan.

GRAHAM, JANE E. Associate editor, *Dictionary of*

Canadian biography/Dictionnaire biographique du Canada, University of Toronto Press, Ontario.
Jean-Baptiste de Couagne.

GRAYMONT, BARBARA. Professor of history, Nyack College, Nyack, New York, U.S.A.
Glossaire des noms de peuples autochtones. *Koñwatsi?tsiaiéñni.*

GREENWOOD, FRANK MURRAY. Assistant professor of history, University of British Columbia, Vancouver, British Columbia.
Sir Thomas Mills. Frédéric-Guillaume Oliva.

GREER, ALLAN R. Graduate student in history, York University, Downsview, Ontario.
George Davison.

GRENIER, FERNAND. Directeur général, Télé-université, Université du Québec, Québec.
Claude-Pierre Pécaudy de Contrecœur.

GRIFFITHS, N. E. S. Dean of arts, Carleton University, Ottawa, Ontario.
Étude préliminaire: *Les Acadiens.*

GWYN, JULIAN. Professor of history, University of Ottawa, Ontario.
Sir George Collier. Sir Charles Hardy. Sir William Johnson.

HAMELIN, JEAN. Directeur général adjoint, *Dictionnaire biographique du Canada/Dictionary of Canadian biography*, Les Presses de l'université Laval ; professeur d'histoire, Université Laval, Québec, Québec.
François-Pierre de Rigaud de Vaudreuil [en collaboration avec J. Roy].

HANDCOCK, GORDON. Assistant professor of geography, Memorial University of Newfoundland, St John's, Newfoundland.
John Slade.

HARE, JOHN E. Professeur agrégé d'histoire, Université d'Ottawa, Ontario.
Samuel Neilson. Louis Roy.

HAREL, J.-BRUNO, P.S.S. Archiviste, Séminaire de Saint-Sulpice de Montréal, Québec.
Jean-Baptiste Curatteau. Jacques Degeay. Vincent-Fleuri Guichart. Pierre-Paul-François de Lagarde. François-Auguste Magon de Terlaye. Jean-Claude Mathevet.

HARPER, JOHN RUSSELL. Professor of fine arts, Concordia University, Montréal, Québec.
Christopher Sower.

HAY, DOUGLAS. Associate professor of history, Memorial University of Newfoundland, St John's, Newfoundland.
Glossaire des noms de peuples autochtones.

HAYWARD, ROBERT J. Archives branch, Public Archives of Canada, Ottawa, Ontario.
John Collins.

HÉBERT, LÉO-PAUL. Professeur d'histoire, Collège d'enseignement général et professionnel de Joliette, Québec.
Jean-Baptiste de La Brosse.

HENDERSON, SUSAN W. Claims representative, Social Security Administration, Portland, Maine, U.S.A.
Jean-Baptiste d'Aleyrac. François-Prosper Douglas. Pierre-André Gohin.

HICKERSON, HAROLD. Associate professor of anthropology, Simon Fraser University, Burnaby, British Columbia.
Glossaire des noms de peuples autochtones.

HICKS, FRANKLYN H., M.D. Ottawa, Ontario.
John Hicks.

HILLER, JAMES K. Associate professor of history, Memorial University of Newfoundland, St John's, Newfoundland.
Christian Larsen Drachart. Jens Haven. Kingminguse.

HOLMAN, HARRY TINSON. Assistant archivist, Public Archives of Prince Edward Island, Charlottetown, Prince Edward Island.
Phillips Callbeck. Robert Clark.

HORSMAN, REGINALD. UWM distinguished professor of history, University of Wisconsin-Milwaukee, Wisconsin, U.S.A.
Egushwa. Alexander McKee. Normand MacLeod.

HORTON, DONALD J. Assistant professor of history, University of Waterloo, Ontario.
Guillaume Guillimin. Gilles Hocquart.

HUNT, RICHARD I. Staff associate, Canadian-American Center, University of Maine at Orono, Maine, U.S.A.
Ambroise Saint-Aubin. Pierre Tomah.

HUNTER, WILLIAM A. Formerly chief, Division of history, Pennsylvania Historical and Museum Commission, Harrisburg, Pennsylvania, U.S.A.
Glossaire des noms de peuples autochtones. *Anandamoakin.*

IGARTUA, JOSÉ E. Assistant professor of history, University of Western Ontario, London, Ontario.
Étienne Augé. Jean-Louis Besnard, dit Carignant [en collaboration avec M. Gérin-Lajoie]. *Pierre Courreaud de La Coste. Jean Dumas Saint-Martin. Jacques-Joseph Lemoine Despins. Jean Orillat. Louis Pennisseaut.*

INGERSOLL, L. K. Director, Museums branch, Historical Resources Administration, Fredericton, New Brunswick.
William Owen.

JANSON, GILLES. Archiviste, Université du Québec à Montréal, Québec.
Charles-Elemy-Joseph-Alexandre-Ferdinand Feltz. Louis-Nicolas Landriaux.

JARRELL, RICHARD. Associate professor of natural science, Joseph E. Atkinson College, York University, Downsview, Ontario.
Pehr Kalm.

JARVIS, RUTH RICHEY. Formerly high school science teacher ; history researcher and writer, Findlay, Ohio, U.S.A.
Gabriel Cotté.

JOHNSON, J. K. Professor of history, Carleton University, Ottawa, Ontario.
John Munro.

JOHNSON, MICHELINE D. Professeur adjoint d'histoire, Université de Sherbrooke, Québec.
Charles Germain. Jacques Girard. Jean-Pierre de Miniac.

JOHNSTON, BASIL H. Lecturer in American Indian history, Royal Ontario Museum, Toronto, Ontario.
Glossaire des noms de peuples autochtones.

JONES, FREDERICK. Senior lecturer in history, Dorset Institute of Higher Education, England.
Edward Langman.

KELLY, GERALD M. Port Chester, New York, U.S.A.
Esther Wheelwright, dite de l'Enfant-Jésus.

KELSAY, ISABEL T. Freelance historian, Media, Pennsylvania, U.S.A.
Tekawiroñte.

KELSEY, HARRY. Chief curator of history, Los Angeles County Museum of Natural History, Los Angeles, California, U.S.A.
Wasson. John Wilkins.

KERNAGHAN, LOIS KATHLEEN. Historical researcher, Boutilier's Point, Nova Scotia.
William Nesbitt.

KRUGLER, JOHN DAVID. Associate professor of history, Marquette University, Milwaukee, Wisconsin, U.S.A.
William Haviland.

LACELLE, CLAUDETTE. Division des recherches, Parcs Canada, Ottawa, Ontario.
Marie-Marguerite Dufrost de Lajemmerais (Youville). Marguerite-Thérèse Lemoine Despins. Charles-Marie-Madeleine d'Youville.

LACOMBE, MARTHE. Direction de l'archéologie, Ministère des Affaires culturelles, Québec, Québec.
Jacques Deguise, dit Flamand [en collaboration avec R. Gauthier].

LACHANCE, ANDRÉ. Directeur, Département d'histoire, Université de Sherbrooke, Québec.
Nicolas Boisseau. Jean-Baptiste Decoste. Claude Devau, dit Retor. André Grasset de Saint-Sauveur. Jean-Marie Landriève Des Bordes. Joseph Perthuis. André Souste. Jean-Victor Varin de La Marre.

LAFLEUR, JEAN. Professeur d'histoire, École secondaire M.S.C., Beauport, Québec.
Thomas Aylwin.

LAHAISE, ROBERT. Professeur d'histoire, Université du Québec à Montréal, Québec.
François Picquet.

LAHOUD, PIERRE. Historien, Québec, Québec.
Louis-Joseph Godefroy de Tonnancour [en collaboration avec F. Caissie].

LAMB, J. WILLIAM. United Church minister, Islington, Ontario.
Charles Justin McCarty.

LAMB, WILLIAM KAYE. Formerly dominion archivist and national librarian, Vancouver, British Columbia.
George Vancouver.

LAMBERT, JAMES. Assistant, *Dictionnaire biographique du Canada/Dictionary of Canadian biography*, Les Presses de l'université Laval, Québec, Québec.
John Brooke. David Chabrand Delisle. Leger-Jean-Baptiste-Noël Veyssière.

LANDRY, ALBERT, O.F.M. CAP. Fraternité des capucins, Bathurst, Nouveau-Brunswick.
Alexis Landry.

LAPOINTE, GABRIELLE, O.S.U. Monastère des ursulines, Québec, Québec.
Marie-Anne Migeon de Branssat, dite de la Nativité.

LEBLANC, PHYLLIS E. Recherchiste, Centre d'études acadiennes, Université de Moncton, Nouveau-Brunswick.
Charles Deschamps de Boishébert et de Raffetot.

LEE, DAVID. Historian, Research Division, Parks Canada, Ottawa, Ontario.
Nicholas Cox. François Lefebvre de Bellefeuille.

LEFEBVRE, JEAN-JACQUES. Ex-archiviste en chef, Cour supérieure, Montréal, Québec.
Antoine Grisé. Claude Hantraye.

LE GOFF, T. J. A. Associate professor of history, York University, Downsview, Ontario.
Jean-Baptiste Dupleix Silvain. Bertrand Imbert. Jean-Baptiste Morin de Fonfay. Antoine Rodrigue [en collaboration avec J. Bosher].

LEIGHTON, DOUGLAS. Assistant professor of history, Huron College, University of Western Ontario, London, Ontario.
John Campbell. Joseph Chew. Christian Daniel Claus. Benjamin Roberts.

LEMAY, THÉRÈSE P. Assistante, *Dictionnaire biographique du Canada/Dictionary of Canadian biography*, Les Presses de l'université Laval, Québec, Québec.
Joseph Brassard Deschenaux. Joe. François Lajus.

LEMIEUX, LUCIEN. Professeur agrégé, Faculté de Théologie, Université de Montréal, Québec.
Gabriel-Jean Brassier. Étienne Montgolfier.

LESSARD, CLAUDE. Professeur et directeur des archives, Université du Québec à Trois-Rivières, Québec.
Louis-Marie Brassard.

LEWIS, G. MALCOLM. Senior lecturer in geography, University of Sheffield, England.
Richard McCarty.

L'HEUREUX, JACQUES. Professeur de droit, Université d'Ottawa, Ontario.
Henry Kneller. Walter Murray. George Suckling.

LOCHHEAD, DOUGLAS. Director of Canadian studies, Mount Allison University, Sackville, New Brunswick.
Anthony Henry.

MACBEATH, GEORGE. Historical resources administrator, Province of New Brunswick, Fredericton, New Brunswick.
Joseph Godin, dit Bellefontaine, dit Beauséjour.

MCDONALD, RONALD H. Historian, Atlantic Region, Parks Canada, Halifax, Nova Scotia.
Winckworth Tonge.

MCGEE, TIMOTHY J. Professor of music, University of Toronto, Ontario.
James Lyon.

MACKENZIE, A. ANTHONY. Assistant professor of history, St Francis Xavier University, Antigonish, Nova Scotia.
John Fillis. Sebastian Zouberbuhler.

MACKINNON, CLARENCE STUART. Assistant professor of history, University of Alberta, Edmonton, Alberta.
Samuel Hearne.

MACLEAN, TERRENCE D. Senior historian, Fortress of Louisbourg National Historic Park, Nova Scotia.
Philippe-Joseph d'Allard de Sainte-Marie.

MacLeod, Malcolm. Associate professor of history, Nova Scotia Teachers College, Truro, Nova Scotia.
Joseph-Michel Legardeur de Croisille et de Montesson.

McMullen, Lorraine. Associate professor of English, University of Ottawa, Ontario.
Frances Moore (Brooke).

†MacNutt, William Stewart. Professor emeritus of history, University of New Brunswick, Fredericton, New Brunswick.
Charles Newland Godfrey Jadis [en collaboration].

Major-Frégeau, M. Agent de recherche historique, Section des tableaux, dessins et estampes, Archives publiques du Canada, Ottawa, Ontario.
François Malepart de Beaucourt.

Marcil, Eileen. Historian, Orsainville, Québec.
Patrick Beatson.

Marshall, Peter. Professor of American history and institutions, University of Manchester, England.
William Hey.

Mathieu, Jacques. Professeur d'histoire, Université Laval, Québec, Québec.
René-Nicolas Levasseur. Jacques Perrault.

Matteau, Pierre. Professeur d'histoire, Collège de Sainte-Anne-de-La-Pocatière, La Pocatière, Québec.
Pierre-Antoine Porlier.

Middleton, Richard. Lecturer in history, Queen's University, Belfast, Northern Ireland.
James Abercromby.

Miller, Virginia P. Assistant professor of anthropology, Dalhousie University, Halifax, Nova Scotia.
Glossaire des noms de peuples autochtones. *Nicholas Akomápis. Jean-Baptiste Arimph. Philip Bernard.*

Millman, Thomas R. Formerly archivist, Anglican Church of Canada, Toronto, Ontario.
John Ogilvie. Philip Toosey.

Mimeault, Mario. Professeur d'histoire, École Camille-Pouliot, Gaspé, Québec.
Raymond Bourdages.

Miquelon, Dale. Professor of history, University of Saskatchewan, Saskatoon, Saskatchewan.
Jacques Baby, dit Dupéront. Marie-Anne Barbel (Fornel). Denis Goguet. Jean-André Lamaletie. Antoine Le Poupet de La Boularderie.

Mitchell, Elaine Allan. Toronto, Ontario.
James Grant.

Momryk, Myron. Ottawa, Ontario.
Lawrence Ermatinger.

Moody, Barry M. Assistant professor of history, Acadia University, Wolfville, Nova Scotia.
John Ritchie. John Winslow.

Moogk, Peter N. Associate professor of history, University of British Columbia, Vancouver, British Columbia.
John Burch. Barthélemy Cotton. Joseph Huppé, dit Lagroix. John Hendricks Lÿdius. Paul Tessier, dit Lavigne.

Moore, Christopher. Formerly staff historian, Fortress of Louisbourg National Historic Park, Nova Scotia.
Pierre-Antoine Castaing. Nicolas Larcher.

Morgan, Robert J. Director, Beaton Institute, College of Cape Breton, Sydney, Nova Scotia.
Richard Gibbons. David Mathews.

Morin, Jacques. Rimouski, Québec.
Michel Blais [en collaboration avec M.-C. Blais].

Nicolini-Maschino, Sylvette. Historienne, New York, New York, U.S.A.
Michel Chartier de Lotbinière [en collaboration avec F. Thorpe].

O'Flaherty, Patrick. Professor of English, Memorial University of Newfoundland, St John's, Newfoundland.
Laurence Coughlan.

Ouellet, Fernand. Professeur titulaire d'histoire, Université d'Ottawa, Ontario.
Gabriel Christie. Benjamin Frobisher.

Pannekoek, Frits. Chief, Historical research, Prairie Region, Parks Canada, Winnipeg, Manitoba.
Edward Jarvis. Humphrey Marten.

Paquette, Normand. Collège d'enseignement général et professionnel de Trois-Rivières, Québec.
Charles-Antoine Godefroy de Tonnancour.

Paré, Hélène. Chercheur en histoire, Montréal, Québec.
François-Jean-Daniel d'Ailleboust de La Madeleine. Louise de Ramezay.

Pariseau, Jean. Historien en chef, Service historique, Défense nationale, Ottawa, Ontario.
François-Marc-Antoine Le Mercier. Jean-Baptiste-Nicolas-Roch de Ramezay.

Pastore, Ralph T. Associate professor of history, Memorial University of Newfoundland, St John's, Newfoundland.
Teiorhéñhsere?.

Patterson, Stephen E. Professor of history, University of New Brunswick, Fredericton, New Brunswick.
Benjamin Gerrish. Joseph Gerrish.

Pelletier, Jean-Guy. Ministère des Affaires intergouvernementales, Québec, Québec.
Jean-Baptiste-Amable Adhémar. Emmanuel Crespel. Pierre-Herman Dosquet. Joseph-Marie de La Corne de Chaptes. Louis-Philippe Mariauchau d'Esgly.

Pierce, Richard A. Professor of history, Queen's University, Kingston, Ontario.
James Hanna. John Kendrick.

Poirier, Jean. Archiviste, Archives nationales du Québec, Centre régional de Montréal, Québec.
James Cuthbert.

Porter, John R. Conservateur adjoint de l'art canadien ancien, Galerie nationale du Canada, Ottawa, Ontario ; chargé de cours, Université Laval, Québec, Québec.
Jean-Antoine Aide-Créquy. Antoine Cirier. Louis Foureur, dit Champagne.

Pothier, Bernard. Historian, Canadian War Museum, National Museums of Canada, Ottawa, Ontario.
Joseph Dugas. Louis Du Pont Duchambon [en collaboration avec T. A. Crowley]. *Louis Du Pont*

Duchambon de Vergor. François Du Pont Duvivier [avec T. A. Crowley]. *Joseph Du Pont Duvivier* [avec T. A. Crowley].

PRESTON, RICHARD ARTHUR. Director, Canadian Studies Center, Duke University, Durham, North Carolina, U.S.A.
Neil McLean. John Ross.

PRITCHARD, JAMES S. Associate professor of history, Queen's University, Kingston, Ontario.
Philippe-Marie d'Ailleboust de Cerry. Théodose-Matthieu Denys de Vitré. Sébastien-François-Ange Le Normant de Mézy. Gabriel Pellegrin. Augustin Raby. Clément de Sabrevois de Bleury.

PROSS, CATHERINE A. Lunenburg County, Nova Scotia.
Otto William Schwartz. William Shaw.

PROVOST, HONORIUS, PTRE. Archiviste, Séminaire de Québec, Québec.
Urbain Boiret. Eustache Chartier de Lotbinière. Joseph-André-Mathurin Jacrau. Colomban-Sébastien Pressart. François Sorbier de Villars.

RAY, ARTHUR J. Professor of geography, York University, Downsview, Ontario.
William Holmes. Wapinesiw.

RÉMILLARD, JULIETTE. Directeur du secrétariat, Institut d'histoire de l'Amérique française ; secrétaire de la Fondation Lionel-Groulx, Outremont, Québec.
Angélique Renaud d'Avène Des Méloizes (Péan).

RICH, EDWIN ERNEST. Emeritus Vere Harmsworth professor of imperial and naval history, University of Cambridge, England.
John Cole. Philip Turnor. Edward Umfreville.

RICHARDSON, A. J. H. Formerly chief of research, Parks Canada, Ottawa, Ontario ; formerly chief, National Map Collection, Public Archives of Canada, Ottawa, Ontario.
Thomas Busby. Edward Harrison. Henry Hope. Joseph Howard. Alexander Johnston. Jacob Jordan. Georges-Hippolyte Le Comte Dupré.

RICHARDSON, GUS. Formerly manuscript editor, *Dictionary of Canadian biography/Dictionnaire biographique du Canada*, University of Toronto Press, Ontario.
Sahonwagy.

ROBERGE, MICHEL. Analyste, Archives nationales du Québec, Direction, Québec, Québec.
Michel Fortier. Pierre-Michel Martel. Charles-François Pichot de Querdisien Trémais.

ROBICHAUD, DONAT, PTRE. Beresford, Nouveau-Brunswick.
Louis Robichaux.

RODGER, ANDREW. Archivist, National Photography Collection, Public Archives of Canada, Ottawa, Ontario.
Jean-François Bourdon de Dombourg. Joseph Fleury Deschambault. Paul-Joseph Le Moyne de Longueuil. Gabriel Rousseau de Villejouin.

ROSSIE, JONATHAN G. Professor of history, St Lawrence University, Canton, New York, U.S.A.
Guy Johnson.

ROUSSEAU, FRANÇOIS. Étudiant gradué en histoire, Université Laval, Québec, Québec.
Louis-Léonard Aumasson de Courville. François-Joseph de Vienne.

ROY, JACQUELINE. Assistante, *Dictionnaire biographique du Canada/Dictionary of Canadian biography*, Les Presses de l'université Laval, Québec, Québec.
François-Pierre de Rigaud de Vaudreuil [en collaboration avec J. Hamelin]. *Thomas-Ignace Trottier Dufy Desauniers.*

RUSSELL, PETER E. Graduate student in history, University of Michigan, U.S.A.
James Abercrombie. Henry Gladwin. Jehu Hay. George Williamson.

RYDER, DOROTHY E. Reference collection development specialist, National Library of Canada, Ottawa, Ontario.
William Moore.

SAUNDERS, ROBERT E. Education officer, Ontario Ministry of Education, Toronto, Ontario.
Christopher Robinson.

SMALE, RUTH GARIÉPY. Archiviste, Archives nationales du Québec, Centre régional de Montréal, Québec.
Maurice Desdevens de Glandons.

SMITH, DONALD B. Associate professor of history, University of Calgary, Alberta.
Glossaire des noms de peuples autochtones. *Wabakinine.*

SMITH, SHIRLEE ANNE. Archivist, Hudson's Bay Company Archives, Winnipeg, Manitoba.
Ferdinand Jacobs. James Sutherland. William Walker.

SPRAY, WILLIAM ARTHUR. Professor of history, St Thomas University, Fredericton, New Brunswick.
William Davidson.

SPRY, IRENE M. Professor emeritus of economics, University of Ottawa, Ontario.
Matthew Cocking.

SPURR, JOHN WHEELOCK. Chief librarian emeritus, Royal Military College of Canada, Kingston, Ontario.
Patrick Mackellar.

STACEY, CHARLES P. Emeritus professor of history, University of Toronto, Ontario.
Jeffery Amherst. John Knox. Fiacre-François Potot de Montbeillard. Robert Rogers.

STANLEY, DELLA M. M. Graduate student in history, University of New Brunswick, Fredericton, New Brunswick.
Jean-Baptiste-Marie Castanet. Jean-Antoine Ledru. Thomas-François Le Roux.

STANLEY, GEORGE F. G. Professor emeritus of Canadian studies, Mount Allison University, Sackville, New Brunswick; formerly dean of arts, Royal Military College of Canada, Kingston, Ontario.
Allan Maclean.

STEELE, IAN K. Professor of history, University of Western Ontario, London, Ontario.
Robert Monckton.

STEVENS, JAMES R. Writer ; folklorist, Confederation College, Thunder Bay, Ontario.
Winninnewaycappo.

STEWART, GORDON. Associate professor of history, Michigan State University, East Lansing, Michigan, U.S.A.
Ebenezer Moulton.

STOKESBURY, JAMES. Professor of history, Acadia University, Wolfville, Nova Scotia.
John Burgoyne. Barrimore Matthew St Leger.

STORY, G. M. Professor of English, Memorial University of Newfoundland, St John's, Newfoundland.
Peter Kerrivan.

SUTHERLAND, MAXWELL. Chief historian, Research Division, Parks Canada, Ottawa, Ontario.
John Brewse. Robert George Bruce.

SUTHERLAND, STUART R. J. Manuscript editor, *Dictionary of Canadian biography/Dictionnaire biographique du Canada*, University of Toronto Press, Ontario.
Joseph Goreham [en collaboration avec D. Charters]. *Richard Gridley. Richard Montgomery. Robert Pringle. Griffith Williams.*

TAILLEMITE, ÉTIENNE. Inspecteur général des Archives de France, Direction des Archives de France, Paris, France.
Antoine-Gabriel-François Benoist. Antoine-Charles Denis de Saint-Simon. Jean-Daniel Dumas. Jean-François de Galaup. Louis-Thomas Jacau de Fiedmont. Louis Legardeur de Repentigny. Anne-Joseph-Hippolyte de Maurès de Malartic. Louis de Preissac de Bonneau. Jean Vauquelin.

TAYLOR, J. GARTH. Head, Urgent Ethnology Programme, Canadian Ethnology Service, National Museum of Man, Ottawa, Ontario.
Glossaire des noms de peuples autochtones. *Tuglavina.*

THÉRIAULT, FIDÈLE. Historien, Caraquet, Nouveau-Brunswick.
Bonaventure Carpentier.

THOMAS, CHRISTMAS EDWARD. Research assistant, Public Archives of Nova Scotia, Halifax, Nova Scotia.
John Breynton. Thomas Wood.

THOMAS, LEWIS HERBERT. Professor of history, University of Alberta, Edmonton, Alberta.
Thomas Walker.

THOMPSON, FREDERICK FRASER. Professor and head, Department of history, Royal Military College of Canada, Kingston, Ontario.
Francis William Drake. Richard Edwards. John Jones. Henry Osborn.

THORMAN, GEORGE E. Formerly principal, Parkside Collegiate, St Thomas, Ontario.
Germain Maugenest. Forrest Oakes.

THORPE, FREDERICK J. Chief, History Division, National Museum of Man, National Museums of Canada, Ottawa, Ontario.
Michel Chartier de Lotbinière [en collaboration avec S. Nicolini-Maschino]. *Gaspard-Joseph Chaussegros de Léry. Michel de Couagne. Jean-Nicolas Desandrouins. Pierre-Jacques Druillon de Macé.*

THORPE, WENDY L. Research assistant, Public Archives of Nova Scotia, Halifax, Nova Scotia.
John Day.

TOUPIN, ROBERT, S.J. Professeur d'histoire, Université Laurentienne, Sudbury, Ontario.
Pierre-Philippe Potier.

TOUSIGNANT, PIERRE. Professeur agrégé d'histoire, Université de Montréal, Québec.
Hector Theophilus Cramahé. François-Joseph Cugnet. Pierre Du Calvet. René-Ovide Hertel de Rouville. Luc de La Corne. François-Marie Picoté de Belestre. [Articles écrits en collaboration avec M. Dionne-Tousignant.] Étude préliminaire : *L'incorporation de la province de Québec dans l'Empire britannique, 1763–1791.* Ire partie : *de la Proclamation royale à l'Acte de Québec.*

TRAP, PAUL. Teacher, Grand Haven Public Schools, Grand Haven, Michigan, U.S.A.
Charles-Michel Mouet de Langlade.

TRATT, GERTRUDE E. N. Teacher, Halifax, Nova Scotia.
John Eagleson.

TREMBLAY, YVES-JEAN. Archiviste, Archives nationales du Québec, Centre régional de Montréal, Québec.
Jean-Baptiste Barsalou. François-Pierre Cherrier. Simon Sanguinet.

TRIGGER, BRUCE G. Professor of anthropology, McGill University, Montréal, Québec.
Glossaire des noms de peuples autochtones.

TURNBULL, JAMES R. Historian, Peterborough, Ontario.
Benoît-François Bernier.

UPTON, L. F. S. Professor of history, University of British Columbia, Vancouver, British Columbia.
Pierre Benoît. Joseph Claude. Peter Livius. William Smith.

VACHON, ANDRÉ. Historien, Québec, Québec.
Jean-Olivier Briand.

VACHON, AUGUSTE. Chef, Section des médailles, de l'héraldique et du costume, Archives publiques du Canada, Ottawa, Ontario.
Pierre-Joseph-Antoine Roubaud.

VAN KIRK, SYLVIA. Assistant professor of history, University of Toronto, Ontario.
Joseph Isbister. Moses Norton. Louis Primeau.

VAUGEOIS, DENIS. Historien ; éditeur, Trois-Rivières, Québec.
Aaron Hart. Samuel Jacobs.

VOISINE, NIVE. Professeur agrégé d'histoire, Université Laval, Québec, Québec.
Pierre Hazeur de L'Orme.

WALKER, JAMES. Associate professor of history, University of Waterloo, Ontario.
John Marrant. Thomas Peters.

WALLACE, CARL MURRAY. Associate professor of history, Laurentian University, Sudbury, Ontario.
William Lewis.

WHITELEY, WILLIAM HENRY. Professor of history, Memorial University of Newfoundland, St John's, Newfoundland.
Jeremiah Coghlan. Nicholas Darby. Mikak. Sir Hugh Palliser. Sir Charles Saunders. Molyneux Shuldham.

WICKWIRE, FRANKLIN. Professor of history, Univer-

sity of Massachusetts, Amherst, Massachusetts, U.S.A.
Francis McLean.

WILLIAMS, GLYNDWR. Professor of history, Queen Mary College, University of London, England.
Charles Clerke. James Cook. Thomas Hutchins. James King. William Wales.

WILSON, BRUCE G. Archivist, Public Archives of Canada, Ottawa, Ontario.
John Butler [en collaboration avec R. A. Bowler]. *James Peachey* [avec W. M. E. Cooke].

WISE, SYDNEY FRANCIS. Professor of history, Carleton University, Ottawa, Ontario.
Thomas Gage.

YOUNG, D. MURRAY. Professor and former chairman, Department of history, University of New Brunswick, Fredericton, New Brunswick.
Beamsley Perkins Glasier.

Identification des personnages

Le tableau ci-dessous, à l'instar du système de renvois à l'intérieur des biographies, a été conçu dans le but d'aider le lecteur à retrouver rapidement les sujets qui l'intéressent dans ce volume. Il n'a aucune prétention scientifique et se veut avant tout un guide décrivant le contenu du volume IV. Autant que possible, les personnages ont été regroupés selon leurs occupations et, dans certains cas, selon leur condition ou leur secteur d'activité au Canada. Ce découpage ne pouvait toutefois s'appliquer aux peuples autochtones, possédant une organisation et des structures bien particulières, et nous avons décidé d'identifier leurs représentants en les rattachant à la tribu à laquelle ils appartenaient.

Certaines entrées demandent explication. Ainsi, sous AGRICULTURE apparaissent, outre les Seigneurs, une variété de gens engagés dans le développement agricole, que nous avons appelés des « Promoteurs » ; il s'agit principalement d'agents des terres, de colonisateurs et de gentlemen-farmers. La distinction entre ARTISTES et ARTISANS fut difficile à faire ; nous avons finalement classé les orfèvres avec les artistes et les potiers avec les artisans, suivant en cela la tradition. Sous la rubrique EMPLOYÉS DE L'ÉTAT figurent les Administrateurs coloniaux, c'est-à-dire les fonctionnaires de haut rang : gouverneurs, lieutenants-gouverneurs, administrateurs et intendants. Les MARINS comprennent les capitaines de vaisseaux du secteur privé, les pilotes, les navigateurs et les corsaires ; les officiers de marine constituent un sous-groupe des FORCES ARMÉES. Les TRAFIQUANTS DE FOURRURES auraient pu être groupés sous FEMMES ET HOMMES D'AFFAIRES, mais nous les avons classés à part étant donné leur grand nombre. Enfin, nous n'avons pu éviter l'entrée DIVERS pour certains personnages qui échappaient au classement. Là où cela a semblé utile, les groupes ont été subdivisés selon une base géographique.

Bien que le DBC/DCB tente d'encourager la recherche, dans des secteurs nouveaux autant que familiers, il est évident qu'il demeure tributaire, dans le choix des personnages devant avoir une biographie, de la documentation existante et des recherches en cours. Ce tableau, par conséquent, ne saurait être utilisé pour une analyse quantitative du XVIIIe siècle ; il décrit avant tout le contenu du volume IV.

AFFAIRES INDIENNES

Baby, dit Dupéront, Jacques
Butler, John (mort en 1796)
Campbell, John
Chabert de Joncaire de Clausonne, Daniel-Marie
Chew, Joseph
Claus, Christian Daniel
Couagne, Jean-Baptiste de
Dagneau Douville, Alexandre
Francklin, Michæl
Godefroy de Linctot, Daniel-Maurice
Godin, dit Bellefontaine, dit Beauséjour, Joseph
Goreham, Joseph
Hay, Jehu
Hertel de Saint-François, Joseph-Hippolyte
Johnson, Guy
Johnson, sir William
La Corne, Luc de
Lÿdius, John Hendricks
McKee, Alexander
MacLeod, Normand
Mouet de Langlade, Charles-Michel
Roberts, Benjamin

AGRICULTURE

« **Promoteurs** »

Clark, Robert
Davidson, William
Davison, George
Denson, Henry Denny
Glasier, Beamsley Perkins
Hicks, John
Higgins, David
Le Poupet de La Boularderie, Antoine
Owen, William
Tonge, Winckworth
Toosey, Philip

Seigneurs

Aubert de Gaspé, Ignace-Philippe
Blais, Michel
Brassard Deschenaux, Joseph
Bruyères, John
Charest, Étienne
Chartier de Lotbinière, Michel, marquis de Lotbinière
Chaussegros de Léry, Gaspard-Joseph
Christie, Gabriel

Cugnet, François-Joseph
Cuthbert, James
Deguire, dit Desrosiers, Joseph
Delezenne, Ignace-François
Du Calvet, Pierre
Estèbe, Guillaume
Fraser, Alexander
Godefroy de Tonnancour, Charles-Antoine
Godefroy de Tonnancour, Louis-Joseph
Goguet, Denis
Gugy, Conrad
Harrison, Edward
Hart, Aaron
Howard, Joseph
Jordan, Jacob
Lefebvre de Bellefeuille, François
Legardeur de Croisille et de Montesson, Joseph-Michel
Le Moyne de Longueuil, Paul-Joseph
Payen de Noyan et de Chavoy, Pierre-Jacques
Pécaudy de Contrecœur, Claude-Pierre
Perthuis, Joseph
Ramezay, Louise de
Sabrevois de Bleury, Clément de
Simonnet, François
Tarieu de La Naudière, Charles-François

ARPENTEURS

Aitken, Alexander
Collins, John
Cook, James
Desdevens de Glandons, Maurice
Marston, Benjamin
Morris, Charles
Peachey, James
Turnor, Philip
Vancouver, George

ARTISANS

Brown, William
Cirier, Antoine
Corbin, André
Cotton, Barthélemy
Deguise, dit Flamand, Jacques
Devau, dit Retor, Claude
Fletcher, Robert
Foureur, dit Champagne, Louis
Gilmore, Thomas
Henry, Anthony
Huppé, dit Lagroix, Joseph
Jacquet, François
Joe
Lewis, William
Mesplet, Fleury
Moore, William
Neilson, Samuel
Renaud, dit Cannard, Pierre
Roy, Louis
Schindler, Joseph
Souste, André
Sower, Christopher
Tessier, dit Lavigne, Paul

ARTISTES

Aide-Créquy, Jean-Antoine
Alline, Henry
Cirier, Antoine
Delezenne, Ignace-François
Foureur, dit Champagne, Louis
Levasseur, François-Noël
Levasseur, dit Delor, Jean-Baptiste-Antoine
Lyon, James
Malepart de Beaucourt, François
Moore, William
Peachey, James
Picard, Louis-Alexandre
Schindler, Joseph
Varin, dit La Pistole, Jacques
Webber, John

AUTEURS

Alline, Henry
Aumasson de Courville, Louis-Léonard
Badeaux, Jean-Baptiste
Burgoyne, John
Crespel, Emmanuel
Gilmore, Thomas
Guichart, Vincent-Fleuri
Hearne, Samuel
Jautard, Valentin
Johnstone, James, dit le chevalier de Johnstone
Kalm, Pehr
Knox, John
La Brosse, Jean-Baptiste de
Latour, Bertrand de
Lewis, William
Magon de Terlaye, François-Auguste
Marrant, John
Mathevet, Jean-Claude
Moore, Frances (Brooke)
Moore, William
Ogilvie, John
Pichon, Thomas
Potier, Pierre-Philippe
Rogers, Robert
Sanguinet, Simon
Smith, William
Umfreville, Edward
Vienne, François-Joseph de
Williams, Griffith

CLERGÉ

Anglicans

Breynton, John
Brooke, John
Chabrand Delisle, David
Coughlan, Laurence
Eagleson, John
Langman, Edward
Ogilvie, John
Toosey, Philip
Veyssière, Leger-Jean-Baptiste-Noël
Wood, Thomas

Baptistes

Dimock, Shubael
Moulton, Ebenezer

Catholiques

congrégation de Notre-Dame
Maugue-Garreau, Marie-Josèphe, dite de l'Assomption
Piot de Langloiserie, Marie-Marguerite, dite Saint-Hippolyte

dominicains
Ledru, Jean-Antoine (présumément)

frères hospitaliers de la Croix et de Saint-Joseph
Simonnet, François

hospitalières de l'Hôtel-Dieu de Québec
Curot, Marie-Louise, dite de Saint-Martin

jésuites
Bonnécamps, Joseph-Pierre de
Casot, Jean-Joseph
Du Jaunay, Pierre
Floquet, Pierre-René
Germain, Charles
Glapion, Augustin-Louis de
Huguet, Joseph
La Brosse, Jean-Baptiste de
Potier, Pierre-Philippe
Roubaud, Pierre-Joseph-Antoine

récollets
Carpentier, Bonaventure
Castenet, Jean-Baptiste-Marie
Chartier de Lotbinière, Eustache
Crespel, Emmanuel
Quintal, Augustin
Veyssière, Leger-Jean-Baptiste-Noël

séculiers
Aide-Créquy, Jean-Antoine
Bailly de Messein, Charles-François
Bédard, Thomas-Laurent
Boiret, Urbain
Brassard, Louis-Marie
Briand, Jean-Olivier
Dudevant, Arnauld-Germain
Garreau, dit Saint-Onge, Pierre
Girard, Jacques
Hazeur de L'Orme, Pierre
Hubert, Jean-François
Jacrau, Joseph-André-Mathurin
La Corne de Chaptes, Joseph-Marie de
Le Roux, Thomas-François
MacDonald, James
Marchand, Étienne
Mariauchau d'Esgly, Louis-Philippe
Porlier, Pierre-Antoine
Pressart, Colomban-Sébastien
Sorbier de Villars, François
Youville, Charles-Marie-Madeleine d'

sœurs de la Charité de l'Hôpital Général de Montréal (sœurs grises)
Dufrost de Lajemmerais, Marie-Marguerite (Youville)
Lemoine Despins, Marguerite-Thérèse

spiritains
Bourg, Joseph-Mathurin
Le Guerne, François
Le Loutre, Jean-Louis

sulpiciens
Brassier, Gabriel-Jean
Curatteau, Jean-Baptiste
Degeay, Jacques
Dosquet, Pierre-Herman
Guichart, Vincent-Fleuri
Lagarde, Pierre-Paul-François de
Latour, Bertrand de
Magon de Terlaye, François-Auguste
Mathevet, Jean-Claude
Miniac, Jean-Pierre de
Montgolfier, Étienne
Picquet, François

ursulines
Guillimin, Marie-Françoise, dite de Saint-Antoine
Migeon de Branssat, Marie-Anne, dite de la Nativité
Wheelwright, Esther (Marie-Joseph), dite de l'Enfant-Jésus

Congrégationalistes

Jones, John
Seccombe, John

Évangélistes

Alline, Henry

Frères moraves

Drachart, Christian Larsen
Haven, Jens

Méthodistes

Coughlan, Laurence
McCarthy, Charles Justin
Marrant, John
Wooster, Hezekiah Calvin

Presbytériens

Eagleson, John
Lyon, James

DIVERS

Kerrivan, Peter
Renaud d'Avène Des Méloizes, Angélique (Péan)
Williams, Eunice

ÉDUCATEURS

Brassier, Gabriel-Jean
La Brosse, Jean-Baptiste de
Peters, Joseph
Sahonwagy
Simonnet, François

EMPLOYÉS DE L'ÉTAT

RÉGIME FRANÇAIS

Administrateurs coloniaux

Angeac, François-Gabriel d'

Bigot, François
Duquesne de Menneville, Ange, marquis Duquesne
Hocquart, Gilles
Le Moyne de Longueuil, Paul-Joseph
L'Espérance, Charles-Gabriel-Sébastien de, baron de L'Espérance
Raymond, Jean-Louis de, comte de Raymond
Rigaud de Vaudreuil, François-Pierre de
Rigaud de Vaudreuil de Cavagnial, Pierre de, marquis de Vaudreuil

Fonctionnaires

Adhémar, Jean-Baptiste-Amable
Ailleboust de Cerry, Philippe-Marie d'
Aumasson de Courville, Louis-Léonard
Berbudeau, Jean-Gabriel
Bernier, Benoît-François
Boisseau, Nicolas
Brassard Deschenaux, Joseph
Bréard, Jacques-Michel
Cadet, Joseph-Michel
Castaing, Pierre-Antoine
Cotton, Barthélemy
Cugnet, François-Joseph
Cuny Dauterive, Philippe-Antoine de
Decoste, Jean-Baptiste
Du Calvet, Pierre
Dupleix Silvain, Jean-Baptiste
Du Pont Duchambon, Louis
Estèbe, Guillaume
Fleury Deschambault, Joseph
Gamelin, Ignace
Gamelin, Pierre-Joseph
Godefroy de Tonnancour, Louis-Joseph
Goguet, Denis
Grasset de Saint-Sauveur, André
Guillimin, Guillaume
Hantraye, Claude
Hertel de Rouville, René-Ovide
Hillaire de La Rochette, Alexandre-Robert
Laborde, Jean
La Corne, Luc de
Lamaletie, Jean-André
Landriève Des Bordes, Jean-Marie
Larcher, Nicolas
Le Normant de Mézy, Sébastien-François-Ange
Le Poupet de La Boularderie, Antoine
Levasseur, René-Nicolas
Martel, Pierre-Michel
Morin de Fonfay, Jean-Baptiste
Navarre, Robert
Olabaratz, Joannis-Galand d'
Olivier de Vézin, Pierre-François
Payen de Noyan et de Chavoy, Pierre-Jacques
Pélissier, Christophe
Perthuis, Joseph
Pichon, Thomas
Pichot de Querdisien Trémais, Charles-François
Prevost de La Croix, Jacques
Ramezay, Jean-Baptiste-Nicolas-Roch de
Rodrigue, Antoine
Saillant, Jean-Antoine
Varin de La Marre, Jean-Victor
Vienne, François-Joseph de

RÉGIME BRITANNIQUE

Administrateurs coloniaux

Arbuthnot, Mariot
Belcher, Jonathan
Bradstreet, John
Byron, John
Campbell, lord William
Cornwallis, Edward
Cox, Nicholas
Cramahé, Hector Theophilus
Drake, Francis William
Edwards, Richard
Francklin, Michæl
Gage, Thomas
Goreham, Joseph
Haldimand, sir Frederick
Hamilton, Henry
Hardy, sir Charles
Hay, Jehu
Hope, Henry
Irving, Paulus Æmilius
Legge, Francis
Monckton, Robert
Murray, James
Osborn, Henry
Palliser, sir Hugh
Parr, John
Patterson, Walter
Shuldham, Molyneux, 1er baron Shuldham

Fonctionnaires

COLONIES DE L'ATLANTIQUE

Bulkeley, Richard
Butler, John (mort en 1791)
Callbeck, Phillips
Coghlan, Jeremiah
Danks, Benoni
Day, John
Denson, Henry Denny
De Peyster, Abraham
Doggett, John
Francklin, Michæl
Gerrish, Benjamin
Gerrish, Joseph
Green, Benjamin
Higgins, David
Knaut, Philip Augustus
Landry, Alexis
Langman, Edward
Marston, Benjamin
Mathews, David
Morris, Charles
Nesbitt, William
Peters, Joseph
Ritchie, John
Salter, Malachy
Schwartz, Otto William
Scott, Joseph
Shaw, William
Slade, John
Sower, Christopher

Studholme, Gilfred
Suckling, George
Tonge, Winckworth
Wenman, Richard
Willard, Abijah
Zouberbuhler, Sebastian

QUÉBEC ET LES CANADAS

Baby, dit Dupéront, Jacques
Bruyères, John
Burch, John
Busby, Thomas
Butler, John (mort en 1796)
Chaussegros de Léry, Gaspard-Joseph
Collins, John
Cox, Nicholas
Cramahé, Hector Theophilus
Cugnet, François-Joseph
Cuthbert, James
Davison, George
Fleury Deschambault, Joseph
Gugy, Conrad
Harrison, Edward
Hertel de Rouville, René-Ovide
Irving, Paulus Æmilius
Johnston, Alexander
Kneller, Henry
La Corne, Luc de
Le Comte Dupré, Georges-Hippolyte
Lévesque, François
Mabane, Adam
McKee, Alexander
McLean, Neil
Mills, sir Thomas
Munro, John
Murray, Walter
Pécaudy de Contrecœur, Claude-Pierre
Picoté de Belestre, François-Marie
Renaud, Jean
Robinson, Christopher
Simonnet, François
Smith, William
Sterling, James
Suckling, George
Tarieu de La Naudière, Charles-François
Walker, Thomas
White, John

ESCLAVES

Joe
York, Jack

EXPLORATEURS

Bodega y Quadra, Juan Francisco de la
Clerke, Charles
Cocking, Matthew
Cook, James
Duncan, Charles
Gaultier Du Tremblay, François
Hearne, Samuel
King, James
Marin de La Malgue, Joseph
Martínez Fernández y Martínez de la Sierra, Esteban José
Pérez Hernández, Juan Josef
Turnor, Philip
Vancouver, George

FEMMES ET HOMMES D'AFFAIRES

RÉGIME FRANÇAIS

ACADIE ET ÎLE ROYALE

Castaing, Pierre-Antoine
Dugas, Joseph
Dupleix Silvain, Jean-Baptiste
Du Pont Duchambon, Louis
Du Pont Duvivier, François
Imbert, Bertrand
Laborde, Jean
Larcher, Nicolas
Morin de Fonfay, Jean-Baptiste
Olabaratz, Joannis-Galand d'
Rodrigue, Antoine

CANADA

Ailleboust de Cerry, Philippe-Marie d'
Ailleboust de La Madeleine, François-Jean-Daniel d'
Augé, Étienne
Barbel, Marie-Anne (Fornel)
Barsalou, Jean-Baptiste
Bréard, Jacques-Michel
Cadet, Joseph-Michel
Charest, Étienne
Cherrier, François-Pierre
Courreaud de La Coste, Pierre
Deguise, dit Flamand, Jacques
Delezenne, Ignace-François
Dumas Saint-Martin, Jean
Estèbe, Guillaume
Fleury Deschambault, Joseph
Fortier, Michel
Gamelin, Ignace
Godefroy de Linctot, Daniel-Maurice
Godefroy de Tonnancour, Louis-Joseph
Goguet, Denis
Grasset de Saint-Sauveur, André
Guillimin, Guillaume
La Corne, Luc de
Lamaletie, Jean-André
Lemoine Despins, Jacques-Joseph
Lÿdius, John Hendricks
Mounier, Jean-Mathieu
Pascaud, Antoine
Pennisseaut, Louis
Perrault, Jacques
Ramezay, Louise de
Renaud, dit Cannard, Pierre
Sabrevois de Bleury, Clément de
Sanguinet, Simon
Souste, André
Tessier, dit Lavigne, Paul
Trottier Dufy Desauniers, Thomas-Ignace
Vienne, François-Joseph de

RÉGIME BRITANNIQUE

COLONIES DE L'ATLANTIQUE

Bourdages, Raymond
Bradstreet, John
Butler, John (mort en 1791)
Clark, Robert
Coghlan, Jeremiah
Darby, Nicholas
Davidson, William
Day, John
Doggett, John
Doucet, Pierre
Fillis, John
Fletcher, Robert
Francklin, Michæl
Gerrish, Benjamin
Gerrish, Joseph
Godin, dit Bellefontaine, dit Beauséjour, Joseph
Green, Benjamin
Gridley, Richard
Henry, Anthony
Higgins, David
Jadis, Charles Newland Godfrey
Knaut, Philip Augustus
Landry, Alexis
Marston, Benjamin
Mauger, Joshua
Ritchie, John
Robichaux, Louis
Salter, Malachy
Scott, Joseph
Slade, John
Wenman, Richard
Zouberbuhler, Sebastian

QUÉBEC ET LES CANADAS

Adhémar, Jean-Baptiste-Amable
Augé, Étienne
Aylwin, Thomas
Beatson, Patrick
Besnard, dit Carignant, Jean-Louis
Busby, Thomas
Campion, Étienne-Charles
Cotté, Gabriel
Cuthbert, James
Davison, George
Delezenne, Ignace-François
Du Calvet, Pierre
Dumas Saint-Martin, Jean
Ellice, Robert
Ermatinger, Lawrence
Fortier, Michel
Frobisher, Benjamin
Gamelin, Pierre-Joseph
Godefroy de Tonnancour, Louis-Joseph
Guillot, dit Larose, François
Harrison, Edward
Hart, Aaron
Hay, Charles
Howard, Joseph
Jacobs, Samuel
Johnston, James
Jordan, Jacob
Le Comte Dupré, Georges-Hippolyte
Lemoine Despins, Jacques-Joseph
Lévesque, François
Macaulay, Robert
McLane, David
McLean, Neil
MacLeod, Normand
Mesplet, Fleury
Mounier, Jean-Mathieu
Munro, John
Oakes, Forrest
Orillat, Jean
Pélissier, Christophe
Perrault, Jacques
Renaud, Jean
Sanguinet, Simon
Schindler, Joseph
Singleton, George
Solomons, Lucius Levy
Sterling, James
Walker, Thomas

FORCES ARMÉES AMÉRICAINES

Armée : officiers

McCarty, Richard
Montgomery, Richard
Pélissier, Christophe

FORCES ARMÉES BRITANNIQUES

Armée : officiers

Abercrombie, James
Abercromby, James
Amherst, Jeffery, 1er baron Amherst
Bradstreet, John
Brewse, John
Bruce, Robert George
Bruyères, John
Burgoyne, John
Butler, John (mort en 1796)
Butler, Walter
Campbell, John
Christie, Gabriel
Claus, Christian Daniel
Cornwallis, Edward
Cox, Nicholas
Cramahé, Hector Theophilus
Cuthbert, James
Danks, Benoni
De Peyster, Abraham
Fraser, Alexander
Gage, Thomas
Gerrish, Joseph
Gladwin, Henry
Glasier, Beamsley Perkins
Goreham, Joseph
Gridley, Richard
Gugy, Conrad
Haldimand, sir Frederick
Hamilton, Henry
Haviland, William

Hay, Jehu
Hope, Henry
Irving, Paulus Æmilius
Jadis, Charles Newland Godfrey
Johnson, Guy
Knox, John
Legge, Francis
Mackellar, Patrick
Maclean, Allan
McLean, Francis
McLean, Neil
MacLeod, Normand
Mills, sir Thomas
Monckton, Robert
Montgomery, Richard
Montgomery, William
Montresor, John
Morris, Charles
Munro, John
Murray, James
Parr, John
Patterson, Walter
Peachey, James
Pringle, Robert
Roberts, Benjamin
Robinson, Christopher
Rogers, Robert
Ross, John
St Leger, Barrimore Matthew
Shaw, William
Singleton, George
Studholme, Gilfred
Tonge, Winckworth
Wilkins, John
Willard, Abijah
Williams, Griffith
Williamson, George
Winslow, John

Armée : soldats

Busby, Thomas
Henry, Anthony
Jones, John
Munro, John
Peters, Joseph
Peters, Thomas
Scott, Joseph

Marine : officiers

Arbuthnot, Mariot
Byron, John
Campbell, lord William
Clerke, Charles
Collier, sir George
Cook, James
Dixon, George
Douglas, sir Charles
Drake, Francis William
Duncan, Charles
Edwards, Richard
Hardy, sir Charles
King, James
Loring, Joshua
Osborn, Henry
Owen, William
Palliser, sir Hugh
Saunders, sir Charles
Shuldham, Molyneux, 1er baron Shuldham
Vancouver, George

Milice : officiers

Adhémar, Jean-Baptiste-Amable
Baby, dit Dupéront, Jacques
Blais, Michel
Butler, John (mort en 1791)
Butler, John (mort en 1796)
Callbeck, Phillips
Danks, Benoni
Denson, Henry Denny
Doggett, John
Doucet, Pierre
Fleury Deschambault, Joseph
Gerrish, Benjamin
Godefroy de Tonnancour, Louis-Joseph
Guillot, dit Larose, François
Harrison, Edward
Hay, Jehu
Johnston, Alexander
Johnstone, James
Knaut, Philip Augustus
Le Comte Dupré, Georges-Hippolyte
McKee, Alexander
Picard, Louis-Alexandre
Ritchie, John
Shaw, William
Trottier Dufy Desauniers, Thomas-Ignace

FORCES ARMÉES ESPAGNOLES

Marine : officiers

Bodega y Quadra, Juan Francisco de la
Martínez Fernández y Martínez de la Sierra, Esteban José
Pérez Hernández, Juan Josef

FORCES ARMÉES FRANÇAISES

Armée : officiers

Ailleboust de La Madeleine, François-Jean-Daniel d'
Aleyrac, Jean-Baptiste d'
Allard de Sainte-Marie, Philippe-Joseph d'
Angeac, François-Gabriel d'
Aubert de Gaspé, Ignace-Philippe
Benoist, Antoine-Gabriel-François
Bernier, Benoît-François
Bourdon de Dombourg, Jean-François
Chabert de Joncaire de Clausonne, Daniel-Marie
Chartier de Lotbinière, Michel, marquis de Lotbinière
Chaussegros de Léry, Gaspard-Joseph
Couagne, Michel de
Coulon de Villiers, François
Dagneau Douville, Alexandre
Denis de Saint-Simon, Antoine-Charles
Desandrouins, Jean-Nicolas
Deschamps de Boishébert et de Raffetot, Charles
Douglas, François-Prosper, chevalier de Douglas

Druillon de Macé, Pierre-Jacques
Dumas, Jean-Daniel
Du Pont Duchambon, Louis
Du Pont Duchambon de Vergor, Louis
Du Pont Duvivier, François
Du Pont Duvivier, Joseph
Godefroy de Linctot, Daniel-Maurice
Gohin, Pierre-André, comte de Montreuil
Groston de Saint-Ange et de Bellerive, Louis
Hertel de Saint-François, Joseph-Hippolyte
Jacau de Fiedmont, Louis-Thomas
Johnstone, James, dit le chevalier de Johnstone
La Corne, Luc de
Le Courtois de Surlaville, Michel
Legardeur de Croisille et de Montesson, Joseph-Michel
Legardeur de Repentigny, Louis
Legardeur de Repentigny, Pierre-Jean-Baptiste-François-Xavier
Le Mercier, François-Marc-Antoine
Le Moyne de Longueuil, Paul-Joseph
Le Poupet de la Boularderie, Antoine
L'Espérance, Charles-Gabriel-Sébastien de, baron de L'Espérance
Le Verrier de Rousson, Louis
Lévis, François de, duc de Lévis
Marin de La Malgue, Joseph
Maurès de Malartic, Anne-Joseph-Hippolyte de, comte de Malartic
Mouet de Langlade, Charles-Michel
Payen de Noyan et de Chavoy, Pierre-Jacques
Péan, Michel-Jean-Hugues
Pécaudy de Contrecœur, Claude-Pierre
Picoté de Belestre, François-Marie
Potot de Montbeillard, Fiacre-François
Preissac de Bonneau, Louis de
Ramezay, Jean-Baptiste-Nicolas-Roch de
Raymond, Jean-Louis de, comte de Raymond
Rigaud de Vaudreuil, François-Pierre de
Rigaud de Vaudreuil de Cavagnial, Pierre de, marquis de Vaudreuil
Rousseau de Villejouin, Gabriel
Tarieu de La Naudière, Charles-François
Testard de Montigny, Jean-Baptiste-Philippe

Armée : soldats

Gaultier Du Tremblay, François
Guillot, dit Larose, François
Jeanson, Guillaume

Marine : officiers

Arsac de Ternay, Charles-Henri-Louis d'
Duquesne de Menneville, Ange, marquis Duquesne
Galaup, Jean-François de, comte de Lapérouse
Pellegrin, Gabriel
Vauquelin, Jean

Milice : officiers

Blais, Michel
Charest, Étienne
Cirier, Antoine
Deguire, dit Desrosiers, Joseph
Dugas, Joseph
Gamelin, Ignace
Gamelin, Pierre-Joseph
Godin, dit Bellefontaine, dit Beauséjour, Joseph
Trottier Dufy Desauniers, Thomas-Ignace

HOMMES POLITIQUES

RÉGIME BRITANNIQUE

BAS-CANADA

Jordan, Jacob
Le Comte Dupré, Georges-Hippolyte

HAUT-CANADA

Robinson, Christopher
White, John

ÎLE SAINT-JEAN (ÎLE-DU-PRINCE-ÉDOUARD)

Callbeck, Phillips
Higgins, David

NOUVEAU-BRUNSWICK

Davidson, William
Hardy, Elias

NOUVELLE-ÉCOSSE

Butler, John (mort en 1791)
Danks, Benoni
Day, John
Denson, Henry Denny
Doggett, John
Fillis, John
Francklin, Michæl
Gerrish, Benjamin
Gerrish, Joseph
Gibbon, Richard
Glasier, Beamsley Perkins
Hicks, John
Knaut, Philip Augustus
Nesbitt, William
Ritchie, John
Salter, Malachy
Schwartz, Otto William
Scott, Joseph
Shaw, William
Suckling, George
Tonge, Winckworth
Wenman, Richard
Zouberbuhler, Sebastian

JOURNALISTES

Brown, William
Gilmore, Thomas
Henry, Anthony
Jautard, Valentin
Mesplet, Fleury
Moore, William

JURISTES

Avocats

Aumasson de Courville, Louis-Léonard
Gibbons, Richard
Guillimin, Guillaume

Hardy, Elias
Jautard, Valentin
Kneller, Henry
McCarty, Richard
Nesbitt, William
Panet, Jean-Claude
Robinson, Christopher
Saillant, Jean-Antoine
Sanguinet, Simon
Suckling, George
White, John

Juges

Belcher, Jonathan
Butler, John (mort en 1791)
Butler, John (mort en 1796)
Cramahé, Hector Theophilus
Cugnet, François-Joseph
Denson, Henry Denny
Doggett, John
Gamelin, Ignace
Gerrish, Joseph
Gibbons, Richard
Green, Benjamin
Guillimin, Guillaume
Hertel de Rouville, René-Ovide
Hey, William
Johnston, Alexander
Langman, Edward
Livius, Peter
Mabane, Adam
McKee, Alexander
McLean, Neil
Morris, Charles
Munro, John
Nesbitt, William
Panet, Jean-Claude
Ritchie, John
Sanguinet, Simon
Smith, William
Tonge, Winckworth

Juges de paix

Adhémar, Jean-Baptiste-Amable
Aylwin, Thomas
Baby, dit Dupéront, Jacques
Badeaux, Jean-Baptiste
Brassard Deschenaux, Joseph
Burch, John
Cotté, Gabriel
Coughlan, Laurence
Cuthbert, James
Danks, Benoni
Davidson, William
Davison, George
Day, John
Doggett, John
Du Calvet, Pierre
Dumas Saint-Martin, Jean
Fillis, John
Gamelin, Pierre-Joseph
Gerrish, Benjamin
Gerrish, Joseph
Green, Benjamin
Gugy, Conrad
Hicks, John
Knaut, Philip Augustus
Langman, Edward
Lévesque, François
McLean, Neil
Morris, Charles
Munro, John
Murray, Walter
Owen, William
Panet, Jean-Claude
Ritchie, John
Salter, Malachy
Shaw, William
Tonge, Winckworth
Walker, Thomas
Wenman, Richard
Zouberbuhler, Sebastian

Notaires

Aumasson de Courville, Louis-Léonard
Badeaux, Jean-Baptiste
Boisseau, Nicolas
Cherrier, François-Pierre
Grisé, Antoine
Guillimin, Guillaume
Hantraye, Claude
Laborde, Jean
Navarre, Robert
Nesbitt, William
Panet, Jean-Claude
Saillant, Jean-Antoine
Sanguinet, Simon
Simonnet, François
Souste, André

MARINS

Ailleboust de Cerry, Philippe-Marie d'
Beatson, Patrick
Darby, Nicholas
Denys de Vitré, Théodose-Matthieu
Dixon, George
Doggett, John
Doucet, Pierre
Dugas, Joseph
Duncan, Charles
Fortier, Michel
Hanna, James
Higgins, David
Kendrick, John
Loring, Joshua
Mauger, Joshua
Olabaratz, Joannis-Galand d'
Pellegrin, Gabriel
Raby, Augustin
Rodrigue, Antoine
Slade, John

MÉDECINE

Berbudeau, Jean-Gabriel
Bourdages, Raymond
Bowman, James

Day, John
Feltz, Charles-Elemy-Joseph-Alexandre- Ferdinand
Hutchins, Thomas
Lajus, François
Landriaux, Louis-Nicolas
Mabane, Adam
Mackay, John
Oliva, Frédéric-Guillaume
Osborn, Elizabeth (Myrick ; Paine ; Doane)
Wood, Thomas

PEUPLES AUTOCHTONES

Abénaquis

Gill, Joseph-Louis

Agniers

Koñwatsi?tsiaiéñni (Mary Brant)
Sahonwagy
Teiorhéñhsere?
Tekawiroñte

Cris

Wapinesiw
Winninnewaycappo

Goyogouins

Ottrowana

Haïdas

Koyah

Inuit

Kingminguse
Mikak
Tuglavina

Loups (Delawares)

Anandamoakin
Glikhikan

Malécites

Akomápis, Nicholas
Benoît, Pierre
Saint-Aubin, Ambroise
Tomah, Pierre

Micmacs

Arimph, Jean-Baptiste
Bernard, Philip
Claude, Joseph

Mississagués

Wabakinine

Nootkas

Muquinna
Wikinanish

Onontagués

Hotsinoñhyahta?
Ohquandageghte
Teyohaqueande

Outaouais

Egushwa
Nissowaquet

Sauteux

Matonabbee
Wasson

Tsonnontouans

Kaieñ?kwaahtoñ
Kayahsota?

TRAFIQUANTS DE FOURRURES

BAIE D'HUDSON – RÉGION DES PRAIRIES

Atkinson, George
Batt, Isaac
Cocking, Matthew
Cole, John
Grant, Cuthbert
Hearne, Samuel
Holmes, William
Hutchins, Thomas
Isbister, Joseph
Jacobs, Ferdinand
Jarvis, Edward
Long, John
Marten, Humphrey
Maugenest, Germain
Norton, Moses
Ross, Malchom
Sutherland, George
Sutherland, James
Turnor, Philip
Umfreville, Edward
Waddens, Jean-Étienne
Walker, William

COLONIES DE L'ATLANTIQUE

Knaut, Philip Augustus
Schwartz, Otto William

CÔTE DU PACIFIQUE

Dixon, George
Duncan, Charles
Hanna, James
Kendrick, John

RÉGION DES GRANDS LACS

Ailleboust de La Madeleine, François-Jean-Daniel d'
Baby, dit Dupéront, Jacques
Bourassa, dit La Ronde, René
Campion, Étienne-Charles
Cotté, Gabriel
Couagne, Jean-Baptiste de
Dagneau Douville, Alexandre
Ducharme, Laurent
Grant, James
Howard, Joseph
McCarty, Richard
McKee, Alexander
MacLeod, Normand
Mouet de Langlade, Charles-Michel
Oakes, Forrest
Primeau, Louis

Index

L'index qui suit comprend les noms des personnes mentionnées dans le volume IV. L'inscription tient compte des noms de famille, suivis des titres et des prénoms. Les femmes mariées sont citées sous leur nom de célibataire suivi, entre parenthèses, du nom de famille de leur (et parfois de leurs) époux. Dans la mesure du possible, on s'est efforcé d'identifier en entier les désignations apparaissant dans le texte courant sous une forme incomplète. L'astérisque indique que le personnage a une biographie dans les volumes déjà publiés ou qu'il l'aura probablement dans les volumes subséquents, et la date du décès ou la dernière date inscrite entre parenthèses, dans quel volume elle apparaîtra. Les chiffres de référence en caractère gras renvoient aux pages où se trouve la biographie. De nombreux renvois secondaires tiennent compte des titres, des surnoms, des épellations différentes, des alliances matrimoniales et des noms de religion.

AARON. V. Kanonraron
Abbadie* de Saint-Castin, Jean-Vincent d' (1652–1707), xviii
Abbott, Edward, 346, 347
Abdy, Matthew, 764
Abeel, Catalina (Mathews), 564
Abercrombie, James, **3–4**; 106
Abercromby, Alexander, 4
Abercromby, Helen. V. Meldrum
Abercromby, James, **4–5**; 3, 4, 24, 25, 37, 92, 93, 125, 127, 141, 189, 229, 300, 320, 361, 427, 428, 496, 517, 544, 574, 656, 686, 695, 725, 736, 752, 860
Abercromby, James (fils de JAMES), 4
Abercromby, James (frère de sir Ralph), 4
Abercromby, Jemmy, 4
Abercromby, Mary. V. Duff
Abercromby, sir Ralph, 4
Abergemont. V. Simonet
Aberli, Johann Ludwig, 828
Abraham (Abram), Chapman, 358, 779, 780
Aché de Serquigny, Anne-Antoine, comte d'Aché, 142
Ackmobish. V. Akomápis
Adams, John, 775
Adams, Robert, 166
Adams, Samuel, 775
Addison, Joseph, 598
Adhémar, Catherine. V. Moreau
Adhémar*, Jean-Baptiste (mort en 1754), 5, 38, 217, 291
Adhémar, Jean-Baptiste-Amable, **5–9**; 587
Adhémar, Marguerite. V. Lemoine Despins
Adhémar, dit Saint-Martin, Marie (Tessier, dit Lavigne), 794
Adié, comte d'. V. Jadis
Admyrauld, Pierre-Gabriel, 468
Adonwentishon* (Catharine Brant) (1759–1837), 665
Adoucourt. V. Souart
Adrawanah. V. Ottrowana
Agashawa. V. Egushwa
Agmabesh. V. Akomápis
Aide-Créquy, Jean-Antoine, **9–10**
Aide-Créquy, Louis, 9
Aide-Créquy, Marie-Hélène. V. Lefebvre
Aiguillon, duc d'. V. Vignerot
Ailleboust*, Charles-Joseph d' (mort en 1761), 697, 710
Ailleboust d'Argenteuil, Louis d', 10
Ailleboust d'Argenteuil, Marie-Louise d'. V. Denys de La Ronde
Ailleboust* d'Argenteuil, Pierre d' (1659–1711), 10
Ailleboust de Cerry, Marie-Madeleine d'. V. Chéron
Ailleboust de Cerry, Philippe-Marie d', **10–11**; 671
Ailleboust de La Boulasserie, Jean-Baptiste-Alphonse d', 12
Ailleboust de La Madeleine, François-Jean-Daniel d', **11–12**
Ailleboust de La Madeleine, Marie-Charlotte d'. V. Godefroy de Linctot
Ailleboust de Manthet, Louise-Catherine d' (Charly Saint-Ange ; Payen de Noyan et de Chavoy), 663
Ailleboust de Manthet, Pierre-Joseph d', 12
Ailleboust de Périgny, Ignace-René d', 12
Ailleboust de Saint-Vilmé, Hector-Pierre d', 10
Ailleboust Des Muceaux, Anne d'. V. Le Picard
Ailleboust* Des Muceaux, Jean-Baptiste d' (1666–1730), 11
Ailleboust Des Muceaux, Nicolas-Marie d', 12
Ainslie*, Thomas (mort en 1803), 81, 594, 617, 857
Ainsse*, Joseph-Louis (1744–1802), 260
Aitken, Alexander, **12–13**
Aitken, Catherine (?) (mère d'ALEXANDER), 12
Aitken, David, 12, 13
Ajac, baron d'. V. Lévis
Ajac, baronne d'. V. Maguelonne
Akins*, Thomas Beamish (1809–1891), xvii
Akomápis, Nicholas, **13–14**
Albemarle, comte d'. V. Keppel
Alby, comte d'. V. Sartine
Alcalá-Galiano*, Dionisio (1762–1805), 810
Aldridge, Mary (Bradstreet ; Bradstreet), 90
Alexander*, William, comte de Stirling (mort en 1640), xvii
Aleyrac, Jean-Baptiste d', **14–15**
Aleyrac, Jeanne-Marie d'. V. Vernhes
Aleyrac, Noé d', 14
Aliés, Joseph, 136

Allaire*, Jean-Baptiste-Arthur (1866–1943), 95
Allan*, John (1746/1747–1805), 14, 33, 86, 88, 212, 297, 751, 784, 799
Allanby, William, 658, 659
Allard, Thomas, 220
Allard de Sainte-Marie, M., dit le chevalier de Sainte-Marie, 16
Allard de Sainte-Marie, Angélique d'. V. Carrerot
Allard* de Sainte-Marie, Jean-Joseph d' (mort en 1730), 15, 17
Allard de Sainte-Marie, Jeanne d'. V. Jacau
Allard de Sainte-Marie, Marie-Anne d'. V. Tour de Sourdeval
Allard de Sainte-Marie, Philippe-Joseph d', **15–17**; 68, 268, 412
Allemewi (Salomon), 29, 30
Allen, Abigail (Belcher), 54
Allen, Edward, 601
Allen, Ethan, 131, 141, 462, 589, 591, 752, 824
Allen, George Nickleson, 773
Allen, Isaac, 60
Allen, William, 450
Allenou de Grandchamp, Marie, 104
Allenou* de Lavillangevin, René-Jean (mort en 1753), 103, 104, 464
Alliés, Marie-Geneviève (Couillard), 78
Alline, Henry, **17–22**; 235, 370, 765
Alline, Rebecca. V. Clark
Alline, William, 17
Allsopp, Anna Marie. V. Bondfield
Allsopp*, George (mort en 1805), 112, 113, 206, 348, 398, 409, 415, 431, 581, 599, 617, 669, 670
Almodóvar del Río, duc de. V. Luján
Aloperca. V. Laborde
Alquier* de Servian, Jean de (*circa* 1710–1761), 519
Alymph. V. Arimph
Amboise. V. Bergeron
Ambroise. V. Saint-Aubin
Ambroise, père, 145
Ameau, Marguerite (Godefroy de Tonnancour), 327
Amherst, Elizabeth, baronne Amherst. V. Cary
Amherst, Elizabeth. V. Kerrill
Amherst, Jane, lady Amherst. V. Dalison
Amherst, Jeffery (grand-père), 22
Amherst, Jeffery, 1er baron Amherst, **22–29** ; xxviii, xxxv, xxxvi, xxxvii, 3, 5, 34, 58, 87, 93, 101, 118, 125, 127, 177, 229, 246, 300, 301, 302, 303, 320, 321, 322, 332, 338, 339, 357, 361, 398, 410, 424, 427, 428, 433, 441, 449, 455, 466, 519, 520, 526, 527, 530, 541, 585, 586, 589, 597, 616, 618, 635, 636, 637, 644, 656, 690, 699, 725, 728, 736, 737, 743, 744, 758, 783, 792, 797, 800, 834, 838, 839, 849, 860
Amherst, Jeffery (fils), 28
Amherst, Sackville, 27
Amherst, William, 26, 28, 34, 241, 647
Amherst, William Pitt, 1er comte Amherst, 28
Amiot*, Jean-Baptiste (*circa* 1720–1763), 260
Amiot*, Jean-Baptiste (1717–1769), 134, 284, 791
Amiot, Jean-Nicolas, 761
Amiot*, Laurent (1764–1839), 223
Amiot, Marie-Anne. V. Cadet
Amiot, Pierre, 134
Amiot, dit Villeneuve, Étienne, 39
Amiot, dit Villeneuve, Marie-Anne (Aumasson de Courville), 39
Anandamoakin, **29–30**
Anapā, 614
Anceau, Anne, dite de Sainte-Thérèse, 578
Anderson, John, 294
André, 405
André, John, 782
André* de Leigne, Louise-Catherine (Hertel de Rouville) (1709–1766), 370
André* de Leigne, Pierre (1663–1748), 370
Angeac, François-Gabriel d', **30–32** ; 87, 133, 166, 190, 241, 258, 508, 648, 735, 849
Angeac, Gabriel d', 30
Angeac, Geneviève d'. V. Lefebvre de Bellefeuille
Angeac, Marguerite d'. V. Bertrand
Angélique de Saint-Martin. V. Viger
Angerville, Moufle d', 75
Angulo. V. Flórez
Anna (épouse de GLIKHIKAN), 325
Anne, reine de Grande-Bretagne et d'Irlande, xxi
Anne de Sainte-Thérèse. V. Anceau
Anondounoakom. V. Anandamoakin
Anson, George, 1er baron Anson, 16, 132, 412, 757, 760, 761
Antill, Edward, 233
Antonèlli, Leonardo, 47
Antrobus*, John (mort en 1820), 356
Anville, duc d'. V. La Rochefoucauld
Aongote. V. Williams, Eunice
Apānas, 834
Apostolos Valerianos. V. Fuca, Juan de
Apsley, baron. V. Bathurst
Arblay, Frances d'. V. Burney
Arbuthnot, Mariot, **32–33** ; 88, 120, 175, 296, 767
Ardilliers, François-Paul, 84
Ardouin, Jeanne (Badeaux), 44
Argenson. V. Voyer
Argenteuil. V. Ailleboust
Argyll. V. Campbell
Argyll, duchesse d'. V. Bellenden
Arimph, Jean-Baptiste, **33**
Arlens. V. Preissac
Armitinger. V. Ermatinger
Armstrong*, Lawrence (1664–1739), xxiii, xxvi, 329, 490
Arnaud, Marie. V. Willis
Arnaud*, Marie-Marguerite-Daniel, dite Saint-Arsène (1699–1764), 691
Arnold*, Benedict (1741–1801), 124, 131, 154, 233, 241, 291, 354, 534, 544, 589, 592, 593, 594, 597, 824, 857
Arnoldi, Johann Peter, 223
Arnoldi*, Michael (1763–1807), 222, 223
Arnoult, maître, 138
Arnouville. V. Machault
Arosen (François-Xavier), 836
Arouet, François-Marie, dit Voltaire, 47, 100, 253, 422, 588
Arran, comte d'. V. Butler
Arrowsmith, Aaron, 806
Arsac, Charles-François d', marquis de Ternay, 33
Arsac, Louise d', marquise de Ternay. V. Lefebvre de Laubrière

Arsac de Ternay, Charles-Henri-Louis d', **33–35** ; xxviii, 26, 57, 241, 304, 484, 555, 796
Arsenault, Pierre, xxi
Arseneau, Louise (Dugas), 258, 259
Artaguiette d'Itouralde, Pierre d', lvi
Arteaga, Ignacio de, 80
Artigny. V. Berthelot ; Rouer
Askin*, John (mort en 1815), 641, 737, 845
Assigny. V. Le Moyne
Assomption. V. Barbier ; Maugue-Garreau
Assup, 840
Aston, Salusbury (Haviland), 360, 361
Atia?tawì?tshera?. V. Anandamoakin
Atkins, Elizabeth (Kenwrick), 443
Atkinson, George, **35–36**
Atkinson, George (Sneppy), 36
Atquandadeghte. V. Ohquandageghte
Atterwana. V. Ottrowana
Auberi. V. Aubery
Aubert de Gaspé, Catherine. V. Tarieu de Lanaudière
Aubert de Gaspé, Ignace-Philippe, **36–38**
Aubert de Gaspé, Madeleine-Angélique. V. Legardeur de Tilly
Aubert de Gaspé, Marie-Anne. V. Coulon de Villiers
Aubert* de Gaspé, Philippe-Joseph (1786–1871), 37, 638, 639
Aubert de Gaspé, Pierre, 36
Aubert* de Gaspé, Pierre-Ignace (1758–1823), 37
Aubert* de La Chesnaye, Charles (1632–1702), 37
Aubert* de La Chesnaye, François (mort en 1725), 286
Aubert de La Chesnaye, Marie-Angélique (Goutin), 45
Aubert de La Chesnaye, Marie-Ursule (Le Marchand de Lignery ; Feltz), 286
Aubery*, Joseph (1673–1756), 459
Aubuchon, dit L'Espérance, Marguerite (Courreaud de La Coste), 193
Aucoin, Marie-Josette (Jeanson), 423
Audet*, Francis-Joseph (1867–1943), 250, 430
Audet de Piercotte de Bailleul, Marguerite (Lajus), 467
Audette, dit Lapointe, Marie-Josette (Jacobs ; Rieutord), 416
Augé, Antoinette. V. Barabé
Augé, Étienne, **38–39** ; 573
Augé, François, 794
Augé, Louis, 38
Augé, Louise-Françoise. V. Dalgueuil, dit Labrèche
Augé, Michel, 38
Auger de Marillac, Charles-François, 15
Augier, Daniel, 734
Augooshaway. V. Egushwa
Augusta, princesse (mère du roi George III), 580
Auldjo*, George (mort en 1846), 52
Aulnay. V. Menou
Aulneau* (de La Touche), Jean-Pierre (1705–1736), 259
Aumasson de Courville, Charles-Léonard, 39
Aumasson de Courville, Claude, 39
Aumasson de Courville, Judith. V. Chevreau
Aumasson de Courville, Louis-Léonard, dit sieur de Courville, **39–40** ; 269, 270, 271, 460, 491, 493, 672, 714
Aumasson de Courville, Marie-Anne. V. Amiot, dit Villeneuve
Aureil. V. Doreil
Auterive. V. Cuny
Auzon, Françoise, 254
Avène. V. Renaud
Avet Forel, Gabrielle (Desdevens de Glandons), 232
Ayen, comte d'. V. Noailles
Aylwin, Lucy. V. Cushing
Aylwin, Thomas, **40–42** ; 787
Aylwin*, Thomas Cushing (1806–1871), 41
Ayotte, Pierre, 78
Ayres. V. Eyre

BABIN, Marie-Madeleine (Le Blanc), 476
Baby, Antoine, 42
Baby*, François (1733–1820), xlii, 42, 43, 79, 159, 214, 349, 371, 536, 594
Baby*, François-Louis-Georges (1832–1906), 867
Baby*, James (Jacques Duperron) (1762–1833), 43, 845
Baby, Louis, 42
Baby, Raymond, 42
Baby, Thérèse. V. Le Comte Dupré
Baby, Véronique (Corbin), 182
Baby, dit Dupéront, Jacques, **42–43**
Baby, dit Dupéront, Susanne. V. Réaume, dit La Croix
Baby de Ranville, Jacques, 42
Bachaddelebat, Marie (Druillon), 245
Bachand, dit Vertefeuille, Joseph, 164
Badeaux, Antoine-Isidore, 44
Badeaux, Catherine. V. Loisy
Badeaux, Charles, 43
Badeaux, Jacques, 44
Badeaux, Jean-Baptiste, **43–45** ; 118, 328, 344, 591
Badeaux, Jeanne. V. Ardouin
Badeaux*, Joseph (1777–1834), 44, 358
Badeaux, Marguerite. V. Bolvin
Badeaux, Marguerite. V. Pratte
Badelard*, Philippe-Louis-François (1728–1802), 90, 114
Bailey*, Jacob (1731–1808), 102, 545, 829
Baillairgé*, François (1759–1830), 53
Bailleul. V. Audet
Baillie, Jane (Douglas, lady Douglas), 241
Bailly de Messein, Anne. V. Bonhomme
Bailly de Messein, Anne. V. Marsain
Bailly de Messein, Charles-François, **45–48** ; 79, 88, 97, 401, 402, 403, 404, 507, 733, 756, 867
Bailly de Messein, Félicité-Élisabeth (Le Moyne de Martigny), 47
Bailly de Messein, François-Augustin, 45
Bailly de Messein, Marie-Anne. V. Goutin
Bailly de Messein, Michel, 45
Bailly de Messein, Nicolas, 45
Baker, John, 850
Ball*, Ingram (1752–1807), 565
Ball, John, 557, 679
Balneavis, Mlle (Pringle), 701
Baltimore, baron. V. Calvert
Bangs*, Nathan (1778–1862), 843
Banks*, sir Joseph (1743–1820), 169, 235, 236, 580, 650, 811, 828
Baptiste. V. Maisonnat
Bar (Barre), François. V. Bigot, François
Barabé, Antoinette (Augé), 38
Barbel*, Jacques (mort en 1740), 48, 284

Barbel, Jacques-François, 735
Barbel, Marie-Anne. V. Le Picard
Barbel, Marie-Anne (Fornel), **48–49** ; 73, 417
Barbequière, Jeanne (Dudevant), 252
Barbequière, Louis-Hyacinthe, 250
Barbier*, Marie, dite de l'Assomption (morte en 1739), 572
Barçalo. V. Barsalou
Barclay, Henry, 634
Barclay, John, 308
Barclay, Robert, 308
Barclay*, Thomas (1753–1830), 655
Barette, Guillaume, 782
Barker, Bethiah (Johnson ; Winslow), 840
Barker, Jacob, 420
Barkley*, Charles William (1759–1832), 539
Barkley, Frances Hornby. V. Trevor
Barlow, M., 812
Barlow, Richard, 323
Barnard, William, 542
Barnsfare, Adam, 592
Barolet*, Claude (mort en 1761), 652
Barolet, Marie-Louise (Panet), 652
Baron. V. Lupien
Barre, sieur de, 77
Barré, Isaac, 618
Barrell, John, 314
Barrell, Joseph, 444
Barrère, Rosalie (Maugenest), 566
Barrin* de La Galissonière, Roland-Michel, marquis de La Galissonière (1693–1756), 69, 84, 155, 157, 159, 184, 202, 245, 276, 312, 394, 439, 440, 485, 492, 686, 688, 715, 721
Barrington, William Wildman, 2e vicomte Barrington, xxxix
Barrois. V. Lothman
Barron. V. Lupien
Barruel, Augustin de, 543
Barsalou, Élisabeth. V. Urtebise
Barsalou, Geneviève. V. Bouchard, dit Dorval
Barsalou, Gérard, 49
Barsalou, Jean-Baptiste, **49–50**
Barsalou, Jean-François, 50
Barsalou, Joseph (grand-oncle), 50
Barsalou, Joseph, 50
Barsalou, Marie-Catherine. V. Legras
Barsalou, Marie-Jeanne. V. Becquet
Barthe, Charles, 221
Bartolozzi, Francesco, 828
Barton, Thomas, 793
Bartram, John, 439
Basaline, Elizabeth (Mackellar), 540
Bastide*, John Henry (*circa* 1711–1770), 101, 338, 541
Bathurst, Henry, 1er baron Apsley, 377
Batt, Isaac, **50–52** ; 170, 173, 825
Batt, Sarah. V. Fowler
Batt, Thomas, 333, 784
Batts, Elizabeth (Cook), 177
Baudart de Vaudésir, Claude, baron de Sainte-James
Baudoin, Françoise (Blais), 78
Baudoin*, Jean (mort en 1698), xxiv
Baudoin, Marie-Agathe (Martel), 558
Baudoin, Marthe (Pélissier), 670
Baudouin*, Gervais (mort en 1700), 670
Baudouin, Marie-Anne (Hertel de Rouville), 370
Baudry, Anne (Lefebvre de Bellefeuille), 481
Bauffremont, marquise de. V. Courtenay
Baulos, Marie-Anne (Pascaud), 655
Bayard, Gertrude (Kemble), 300
Bayly, Mlle (Mansel, lady Mansel ; St Leger), 752
Bayne*, Daniel (mort en 1769), 210, 211, 649
Beaglehole, John Cawte, 181, 811
Bear. V. Saint-Aubin
Beardsley, Samuel, 116, 117
Beaton. V. Bethune
Beatson, Elizabeth. V. Bruce
Beatson, John (père), 52
Beatson, John, 52, 53
Beatson, Patrick, **52–53**
Beatson, William, 52, 53
Beaubassin. V. Hertel ; Leneuf
Beaubien. V. Cuillerier ; Trottier
Beauchamp, vicomte. V. Seymour
Beauclerk, Vere, 1er baron Vere, 643, 644
Beaucour ; Beaucourt. V. Malepart
Beaucours. V. Dubois
Beaudéduit, Alexandre-René, 31
Beauffremont, marquise de. V. Courtenay
Beaugny (Beaunier), Éléonore-Jeanne de (Le Poupet de La Boularderie), 505, 506
Beauharnois* de La Boische, Charles de, marquis de Beauharnois (mort en 1749), 12, 61, 83, 155, 166, 192, 239, 255, 285, 306, 312, 329, 343, 383, 384, 386, 388, 390, 391, 392, 393, 405, 406, 460, 475, 495, 500, 501, 527, 528, 651, 662, 668, 685, 688, 704, 717, 720, 722, 790, 849
Beauharnois* de La Chaussaye, François de, baron de Beauville (mort en 1746), 382
Beaujeu. V. Liénard
Beaulieu. V. Le Gay
Beaumont. V. Couillard
Beaumont, Marie-Barbe de. V. Le Prince
Beaune (Bône), Marie-Anne (Cirier), 163
Beaunier. V. Beaugny
Beauséjour. V. Godin
Beausoleil. V. Brossard
Beauvais. V. Legardeur
Beauville, baron de. V. Beauharnois
Bécancour. V. Robinau
Becquet, Marie-Jeanne (Barsalou), 50
Bédard, Jeanne-Françoise-Louise-Luce. V. Lajus
Bédard, Marie-Angélique. V. Fiset
Bédard, Pierre-Laurent, 46, 691
Bédard*, Pierre-Stanislas (1762–1829), 467
Bédard, Thomas, 53
Bédard, Thomas-Laurent, **53–54** ; 514, 552
Bedford, duc de. V. Russell
Bégon, Jeanne-Élisabeth (Lorgeril), 558
Bégon* de La Cour, Claude-Michel (1683–1748), 715
Bégon de La Cour, Marie-Élisabeth. V. Rocbert de La Morandière
Bégon* de La Picardière, Michel (1667–1747), 45, 383, 485, 558, 781
Bélair. V. Plessy
Bélanger, Philippe, 681
Belcher, Abigail. V. Allen

Belcher, Jonathan (père), 54, 55
Belcher, Jonathan, **54–59** ; xxviii, 62, 119, 258, 278, 288, 295, 313, 314, 337, 448, 571, 606, 608, 754, 784, 829
Belcher, Mary. V. Partridge
Belcour. V. Lafontaine
Belestre. V. Picoté
Belet. V. Blet
Bell, Edward, 812
Bell*, Mathew (1769–1849), 214
Bellair. V. Gautier
Bellecour (Bellecourt). V. Lafontaine
Bellefeuille. V. Lefebvre
Bellefontaine. V. Godin
Belle-Humeur. V. Bourg
Belle-Isle. V. Le Borgne
Belle-Isle, duc de. V. Fouquet
Bellenden, Mary (Campbell, duchesse d'Argyll), 142
Bellerive. V. Groston
Bellerose. V. Jourdain
Belleville. V. Boucher ; Boucher-Belleville ; Gauchet ; Guernon ; Martel
Bellot, Charlotte-Marguerite. V. Ramezay
Belrieux de Virazel, Marie-Anne de (Chateigner de Cramahé et Des Rochers, 853
Belugard. V. Dupin
Belzunce, Armand de, vicomte de Belzunce, 331
Beman, Esther. V. Sayre
Benet, Marie-Anne (Lamaletie), 467
Bennett, John, 747
Bennett, Samuel, 151
Benoist, Antoine-Gabriel-François, **59–60** ; 208, 689
Benoist, Claude, 221
Benoist, Françoise. V. Trevet
Benoist, Gabriel, 59
Benoist, Geneviève (Dupleix Silvain), 264, 265
Benoist, Joseph, 285
Benoist, Marie-Louise. V. Le Ber de Senneville
Benoît, Pierre, **60–61**
Benoît, Ursule (McCarty), 535, 536
Bentinck. V. Cavendish
Bentley, Thomas, 399
Benyovszky, Móric, comte de Benyovszky, 555
Berbudeau, M., 61
Berbudeau, Jean, 61
Berbudeau, Jean-Gabriel, **61–62**
Berbudeau, Marie-Anne. V. Duvivier
Berbudeau, Marie-Gervaise. V. Paris
Berbudeau, Marie-Reine (Texier de La Touche), 61
Beresford, William, 236
Berey Des Essarts, Félix (baptisé Charles), 47, 250
Berger, Charles, 575
Bergeron d'Amboise, Marie-Anne (Godin, dit Bellefontaine et dit Beauséjour), 328, 329
Bergeron d'Amboise, Michel, 329
Beridge (Berridge), Frances (Gladwin), 319
Bering, Vitus Jonassen, 179, 180
Berkeley, Frances (Byron, baronne Byron ; Hay), 132
Bernard, sir Francis, 315
Bernard, Marie-Joseph. V. Daveine
Bernard, Philip, **62**
Bernard, Pierre-Joseph, 134
Berners, Bridget (Vancouver), 807
Bernier, Benoît-François (Joseph-Pierre), **62–63**
Bernier, François, 62
Bernier, Marie. V. Malen
Bernis, M., 76
Berrichon. V. Bottier
Berridge. V. Beridge
Berry, duc de. V. France, Charles de
Berry, Ann (Clark), 164, 165
Berry, Walter, 380
Berryer, Nicolas-René, comte de La Ferrière, 75, 76, 203, 336, 456, 667, 684, 726, 729
Bersalou. V. Barsalou
Bersolles, Yves-Augustin, 456
Berthelot. V. Dubois
Berthelot* d'Artigny, Michel-Amable (1738–1815), 97, 201
Berthet, Marie-Philippe (Picquet), 688
Berthiaume, Jean-Jacques, 9, 47
Bertier*, Michel (1695–1740), 220, 285
Bertin, Louis, 61
Bertrand (Bertrend), Laurent, 415
Bertrand, Marguerite (Angeac), 30
Bertrand, Marie-Josephte (Rousseau de Villejouin), 745
Bertrand, Renée (Leneuf de La Vallière et de Beaubassin), 746
Besnard, dit Carignant, Charlotte. V. Brebion
Besnard, dit Carignant, Félicité. V. Pillet
Besnard, dit Carignant, Jean-Baptiste, 63
Besnard, dit Carignant, Jean-Louis, **63–65** ; 523, 591
Besnard, dit Carignant, Marie-Joseph. V. Gervaise
Besné. V. Du Chaffault
Bethune*, John (1751–1815), 822
Bethune, Véronique. V. Waddens
Bettez, Jacob, 40
Bezellon. V. Bisaillon
Bibaud*, François-Maximilien (1823–1887), 551
Bielke, Sten Carl, baron Bielke, 439
Biencourt* de Poutrincourt et de Saint-Just, Jean de (1557–1615), xix, xxi
Biencourt* de Saint-Just, Charles de (mort en 1623 ou en 1624), xix
Bienville. V. Le Moyne
Bigeau, Marie-Joseph. V. Dumouchel
Bigot, Bonaventure, 65
Bigot, Étienne, 65
Bigot, François, **65–78** ; 39, 49, 61, 83, 96, 99, 100, 135, 136, 157, 160, 203, 208, 218, 221, 223, 232, 255, 256, 267, 268, 269, 270, 272, 273, 274, 276, 277, 278, 284, 285, 292, 308, 330, 336, 361, 371, 380, 393, 455, 467, 470, 485, 492, 495, 496, 503, 553, 555, 558, 559, 603, 637, 666, 667, 671, 672, 673, 675, 676, 681, 684, 685, 691, 696, 697, 698, 699, 714, 723, 725, 727, 728, 729, 734, 749, 750, 782, 791, 814, 819
Bigot, Joseph-Amable, 65
Bigot, Louis, 65
Bigot, Louis-Amable, 65
Bigot, Louis-Joseph, 65
Bigot, Marguerite. V. Lombard
Bigot, Marie. V. Renard
Bigot, Marie-Louise (Brulart de Sillery), 65
Bigot*, Vincent (1649–1720), 830
Billeron, dit Lafatigue, Jeanne. V. Dalgueuil, dit Labrèche

Billings*, Joseph (1758–1806), 808
Billopp*, Christopher (1737–1827), 353
Billouart de Kerlérec, Louis, 722
Binney*, Jonathan (1723/1724–1807), 119, 120, 126, 216, 294, 296, 313, 486, 487, 630
Birch. V. Burch
Bird, Henry, 280, 443, 540
Birnie, Samuel, 435
Bisaillon*, Peter (mort en 1742), 188
Bishop*, Charles (mort vers 1810), 454, 615
Bissot, Charlotte (Lafontaine de Belcour), 339
Bissot*, François-Joseph (1673–1737), 339
Bissot de Vincenne (Vinsenne), Marie-Louise (Boisseau), 83
Bissot* de Vinsenne, François-Marie (1700–1736), 340
Bissot* de Vinsenne, Jean-Baptiste (1668–1719), 83
Bizaillon. V. Bisaillon
Black*, John (*circa* 1784–1819), 542, 543
Black*, William (1760–1834), 20, 279
Blackbird. V. Siginakee
Blackburn, John, 732
Blacksnake. V. Thaonawyuthe
Blackstone, sir William, 199, 201
Blainville. V. Céloron
Blais, Françoise. V. Baudoin
Blais. Joseph, 78
Blais, Louis, 79
Blais, Marguerite, dite de Saint-Pierre, 79
Blais, Marie-Françoise. V. Lizot
Blais, Marie-Joseph, dite de Saint-Michel, 79
Blais, Michel, **78–79**
Blais, Michel (fils), 79
Blais, Pierre (père), 78
Blais, Pierre, 78
Blais de Surlaville. V. Le Courtois
Blaise Des Bergères de Rigauville, Charles-Régis, 104
Blaise Des Bergères de Rigauville, Jean-Baptiste-Marie, xlvi, 591
Blaise Des Bergères de Rigauville, Marie-Joseph (Denys de Vitré), 226
Blake*, Charles (mort en 1810), 90
Blake, Sarah (Gridley), 338
Blake, William, 20, 21
Blakeney, William, lord Blakeney, 360
Blanchard, Joseph-Henri, xxiii
Blanchon, Marie-Charlotte (Carpentier), 145
Blanzy. V. Danré
Blay. V. Blais
Blet (Belet, Blette), Jeanne (Deguire, dit Desrosiers), 218
Bleury. V. Sabrevois
Blondeau*, Angélique (Cotté) (1755–1837), 186, 187
Blondeau, Catherine-Apolline (Godefroy de Linctot), 326
Blondeau, Joseph-Barthélemy, 395
Blondeau*, Maurice-Régis (1734–1809), 5, 186, 299
Blondeau, Nicolas, 641
Blondeau, Suzanne (Hertel de Saint-François), 374
Blondin, Joseph, 357
Blowers*, Sampson Salter (1742/1743–1842), 801
Boddington, John, 102
Bodega, Francisca de Mollineda de la. V. Mollineda
Bodega y de las Llanas, Tomás de la, 79
Bodega y Quadra, Juan Francisco de la, **79–81** ; 615, 810
Bodquín. V. Flórez
Boehme, Jacob, 20, 21
Boiret, Denis, 82
Boiret, René, 81
Boiret, Urbain, **81–82** ; 418, 695
Bois*, Louis-Édouard (1813–1889), 533, 869
Boisbriand. V. Dugué
Boisclerc. V. Lanoullier
Boishébert. V. Deschamps
Boismenay, Marie (Simonnet), 768
Boisseau, Marguerite. V. Gérin
Boisseau, Marie-Anne. V. Pagé, dit Carcy
Boisseau, Marie-Louise. V. Bissot de Vincenne
Boisseau, Nicolas, **82–83** ; 284, 651, 750
Boisseau*, Nicolas-Gaspard (1726–1804), 82, 750
Boisseau, Pierre, 82
Boissy, Madeleine (Pellegrin), 671
Boit, John, 454
Bolman, Jane. V. Brimner
Bolvin*, Gilles (mort en 1766), 44, 217, 703
Bolvin, Marguerite (Badeaux), 44
Bomer, Louis, 670
Bonaventure. V. aussi Denys
Bonaventure, François, 146
Bondfield, Anna Marie (Allsopp), 599
Bondfield, John Taylor, 113, 708
Bondy. V. Douaire
Bône. V. Beaune
Boneval. V. Benoît
Bonfin, Richard-François, 548
Bonfoy*, Hugh (mort en 1762), 244
Bonhomme, Anne (Minet ; Bailly de Messein), 45
Bonnaventure. V. Denys
Bonneau. V. Preissac
Bonnécamps, Anne de. V. Muerel
Bonnécamps, Joseph-Pierre de, **83–84** ; 321, 671
Bonnécamps, Nicolas de, 83
Bonnegrâce, Marie-Anne (Pellegrin), 671
Bonwah. V. Benoît
Borda. V. Laborde
Borsalou. V. Barsalou
Boscawen*, Edward (1711–1761), xxvii, 23, 24, 352, 716, 723, 815
Boschenry* de Drucour, Augustin de (mort en 1762), 24, 231, 232, 270, 697, 698, 699, 710, 728, 815
Boschet de Saint-Martin, Marie-Charlotte (Morin de Fonfay), 603
Bossuet, Jacques-Bénigne, 100
Bostwick, Henry, 398
Bottier, dit Berrichon, Nicolas, 272
Bouat, Thérèse (Poulin de Courval ; Gannes de Falaise ; Jautard), 422
Boucault*, Nicolas-Gaspard (*circa* 1719–1755), 343, 388
Boucault* de Godefus, Gilbert (*circa* 1709–1756), 292, 417
Bouchard, Marie-Josephte. V. Corriveau
Bouchard, dit Dorval, Geneviève (Forestier ; Barsalou), 50
Boucheau. V. Pouchot
Boucher, Jeanne (Sabrevois), 748
Boucher, Lucie-Angélique. V. Cotté

Boucher, Marie (Gaultier de Varennes), 253
Boucher*, Pierre (mort en 1717), 253
Boucher, Pierre-François, 76, 138
Boucher, dit Belleville, Jean-Baptiste, 219, 713
Boucher-Belleville*, Jean-Baptiste (1763–1839), 692
Boucher de Boucherville, Charlotte (Perrault), 675
Boucher de Boucherville, Claire-Françoise (Pommereau ; Legardeur de Croisille et de Montesson), 118, 482
Boucher de Boucherville, Marie-Marguerite (La Corne), 462
Boucher* de Boucherville, Pierre (1689–1767), 462, 675
Boucher* de Boucherville, René-Amable (1735–1812), 373
Boucher de La Bruère (La Bruyère), Françoise (Le Mercier), 495
Boucher de La Perrière, François-Clément, 154
Boucher de La Perrière, Marie-Madeleine (Pécaudy de Contrecœur), 669
Boucher* de La Perrière, René (1668–1742), 669
Boucher de Montbrun, Jacques-Timothée, 326
Boucher de Niverville, Jean-Baptiste, 163
Boucher* de Niverville, Jean-Baptiste (1673–1748), 748
Boucher* de Niverville, Joseph-Claude (1715–1804), 357, 687
Boucher de Niverville de Montisambert, Louis, 707
Boucher de Niverville (Nebourvele) Grandpré, François, 231, 258
Boucherville. V. Boucher
Bouchette*, Jean-Baptiste (1736–1804), 591
Boudet, Anne (Du Calvet), 246
Boudrot, Élisabeth (Le Blanc), 476
Bougainville, Jean-Pierre de, 819
Bougainville*, Louis-Antoine de, comte de Bougainville (1729–1811), 59, 74, 84, 224, 231, 361, 517, 548, 637, 671, 672, 699, 726, 727, 728, 749, 819
Bougret Dufort, Marguerite (Bourgy ; Simonnet), 768
Bouillet* de La Chassaigne, Jean (1654–1733), 717
Boulanger, Bernard-Joseph, 582
Boullot, Pierre, 734
Boumois. V. Gaultier
Bound, John, 611
Bouquet, Henry, 27, 42, 93, 94, 320, 374, 441
Bourassa, dit La Ronde, Agnès. V. Gagné
Bourassa, dit La Ronde, Charlotte-Ambroisine (Mouet de Langlade), 85, 609
Bourassa, dit La Ronde, François, 84
Bourassa, dit La Ronde, Ignace, 85
Bourassa, dit La Ronde, Marie. V. Le Ber
Bourassa, dit La Ronde, Marie-Catherine. V. Leriger de La Plante
Bourassa, dit La Ronde, René, **84–85** ; 609
Bourassa, dit La Ronde, René (fils), 85
Bourbon, Louis-François de, prince de Conti, 515, 604
Bourbon, Louis-Joseph de, prince de Condé, 371, 520
Bourdages, Esther. V. Leblanc
Bourdages*, Louis (1764–1835), 86
Bourdages, Marie-Anne. V. Chevalier
Bourdages, Pierre, 86
Bourdages, Raymond, **85–86**
Bourdon de Dombourg, Jean-François, **86–87**
Bourdon de Dombourg, Marguerite. V. Gautier
Bourdon de Dombourg et de La Pinaudière, Jean-François, 86
Bourdon de Dombourg et de La Pinaudière, Madeleine. V. Poirel
Bourg, Anne. V. Hébert
Bourg, Joseph-Mathurin, **87–89** ; 14, 148, 166, 458, 471, 480, 507, 552, 799
Bourg, Michel, 87
Bourg*, dit Belle-Humeur, Alexandre (1671–1760), 87, 477
Bourg, dit Belle-Humeur, Anne (Leblanc, dit Le Maigre), 477
Bourg, dit Belle-Humeur, Marguerite. V. Melanson, dit La Verdure
Bourgeois*, Jacques (Jacob) (mort en 1701), xx
Bourgeois, Jeanne (Robichaux), 732
Bourgeois, Marie (Leblanc), 477
Bourgeois de Boynes, Pierre-Étienne, 77
Bourgeoys*, Marguerite, dite du Saint-Sacrement (1620–1700), 691
Bourget, Élisabeth (Jacquet), 417
Bourgmond. V. Véniard
Bourgy, Léger, 768
Bourgy, Marguerite. V. Bougret Dufort
Bourlamaque*, François-Charles de (1716–1764), 25, 229, 374, 412, 413, 461, 518, 637
Bournicat, Marie (Degeay), 217
Bouron, Henri, 291
Bourond, Marie-Louise (Landriaux), 469
Bourville. V. Le Coutre
Bouthier, François, 707
Boutin, Charles-Robert, 685
Boutineau, Susannah (Francklin), 294
Bove, M., 173, 174
Bowman, James, **89–90** ; 552
Bowman, Whitney, 89
Boyer, Charles, 283, 634
Boyle, John, 288,
Boyles, Hannah, 844
Boynes. V. Bourgeois
Boysdale. V. MacDonald
Braco, baron. V. Duff
Braddock, Edward, 91, 224, 277, 300, 304, 326, 426, 441, 541, 597, 609, 723, 724, 796
Bradstreet, Agathe. V. Saint-Étienne de La Tour
Bradstreet, Edward, 90
Bradstreet, John (cousin), 90
Bradstreet, John, **90–95** ; xx, 5, 127, 320, 374, 597, 636, 663, 725, 797, 827
Bradstreet, Mary. V. Aldridge
Bradstreet, Simon, 90
Bradt, Catalyntje, dite Catharine Bratt (Butler), 127, 131
Bransac (Branssat). V. Migeon
Branscombe, William, 772
Brant, Catharine. V. Adonwentishon
Brant, Charlotte (Smith), 450
Brant, Joseph. V. Thayendanegea
Brant, Joseph, 450
Brant, Mary (Molly). V. Koñwatsiˀtsiaiéñni
Brant, Nicholas, 749, 750
Brasen, Christoph, 360
Brassard, Jean-Baptiste, 95

Brassard, Louis-Marie, **95–96**
Brassard, Marie-Françoise. V. Huppé, dit Lagroix
Brassard Deschenaux, Charles, 96
Brassard* Deschenaux, Charles-Joseph (1752–1832), 97
Brassard Deschenaux, Joseph, **96–97** ; 76, 136
Brassard Deschenaux, Madeleine. V. Vallée
Brassard Deschenaux, Marie-Joseph. V. Hébert
Brassard* Deschenaux, Pierre-Louis (1759–1802), 97
Brassard Deschenaux, Suzanne-Élisabeth. V. Filion
Brassier, Gabriel-Jean, **97–99** ; 293, 588
Bratt, Catharine. V. Bradt, Catalyntje
Brault. V. Bro
Braun, Antoine-Théodore, 342
Bréard, Jacques, 99
Bréard, Jacques-Michel, **99–101** ; 72, 73, 139, 284, 470, 512, 559, 666, 814
Bréard*, Jean-Jacques (1751–1840), 100
Bréard, Marcellin-Nicolas, 99, 100
Bréard, Marie. V. Chasseriau
Bréard, Marie-Anne. V. Marcellin
Breault. V. Bro
Brebion, Charlotte (Besnard, dit Carignant), 63
Brebner*, John Bartlet (1895–1957), xvii, xxiii, xxviii, 33, 216, 294, 486, 571, 608, 754
Brehm, Dietrich, 43
Brenton*, James (1736–1806), 121, 630, 654, 754, 829
Brenton, Mary (Gerrish), 315
Brethous, Jeanne. V. Picot
Brethous, Léon, 265
Brewse, John, **101–102** ; 605, 800
Brewse, Mary (épouse de JOHN), 101
Brewse, Mary (Kesterman), 102
Breynton, Elizabeth (épouse de JOHN), 103
Breynton, John (père), 102
Breynton, John, **102–103** ; 32, 278, 315, 487, 677, 842
Breynton, Mary. V. Cradock
Briand, Mlle, 104
Briand, Catherine-Anne-Marie, 103, 104, 107, 110, 111
Briand, François, 103
Briand, Jean-Joseph, 103
Briand, Jeanne. V. Burel
Briand, Jeanne. V. Desbois
Briand, Jean-Olivier, **103–111** ; xlv, 6, 7, 9, 45, 46, 47, 53, 88, 118, 145, 146, 153, 154, 204, 205, 218, 222, 291, 292, 309, 310, 319, 321, 322, 328, 399, 400, 401, 402, 418, 458, 465, 507, 537, 550, 551, 552, 586, 587, 594, 619, 691, 692, 696, 743, 781, 817, 846, 854, 855, 867
Briand, Yves, 103
Briault, Antoine, 285
Bricault* de Valmur, Louis-Frédéric (mort en 1738), 307, 384
Brickwood, John, 435, 436
Bridge, Thomas, 755
Brimner, Jane (Knaut ; Bolman), 447
Bro*, Jean-Baptiste (1743–1824), 88
Brodhead, Daniel, 443
Brompton, Richard, 761
Brooke, Frances. V. Moore
Brooke, John, **111–113** ; 431, 598, 599, 600, 817
Brooke, John Moore, 598, 600
Brookes, Elizabeth. V. Lawrear
Brossard*, dit Beausoleil, Joseph (1702–1765), xxvi, 584
Brouague. V. Martel
Broudou, Louise-Éléonore (Galaup, comtesse de Lapérouse), 304
Brouilhet, M., 672
Brouillan. V. Monbeton
Browallius, Johan, 439
Brower, Mary (Munro), 613
Brown*, Andrew (mort en 1833 ou 1834), xxxii, 606
Brown, Arthur, 617
Brown, Isabel (Neilson), 628
Brown, John (officier), 731
Brown, John (père de WILLIAM), 114
Brown, Mary. V. Clark
Brown, William, **114–116** ; 200, 201, 317, 318, 423, 458, 576, 577, 602, 628, 746, 747
Browne, Elizabeth (Rogers), 735, 738, 739
Bruce. V. Brewse
Bruce, Elizabeth (Beatson), 52
Bruce, Margaret. V. Hay
Bruce, Robert George, **116–117**
Brulart de Sillery, Marie-Louise. V. Bigot
Brunet (Brunnet), Jean-Jacques, 147
Brunswick, duc de. V. Charles Guillaume Ferdinand
Bruslart, Louis-Philogène, marquis de Puysieux, 432
Bruyères, Anne-Françoise (Pothier), 118
Bruyères, Catherine-Élisabeth. V. Pommereau
Bruyères, Janet. V. Dunbar
Bruyères, Jeanne-Marie-Catherine (Kennelly ; O'Sullivan), 118
Bruyères, John, **117–118** ; 341, 483
Bruyères, Marguerite (Burton), 118
Bruyères*, Ralph Henry (mort en 1814), 118
Bry, Catherine (Pennisseaut), 672
Brymer, Alexander, 120
Brymer, William, 210, 211, 649
Brymner*, Douglas (1823–1902), 250, 543
Buade*, comte de Frontenac et de Palluau, Louis de (1622–1698), xvii, 709
Bucareli y Ursúa, Antonio María, 180, 674
Buck. V. Burch
Buck, Mlle (Saunders, lady Saunders), 757, 760
Buck, James, 757
Buckton, C., 664
Buhl, Anna Maria (Ermatinger), 282
Bulkeley, Elizabeth, lady Bulkeley. V. Freke
Bulkeley, James Michael Freke, 121
Bulkeley, John, 120
Bulkeley, sir Lawrence, 119
Bulkeley, Mary. V. Burgess
Bulkeley, Mary. V. Rous
Bulkeley, Richard, **118–122**; 278, 369, 608, 763
Bullingbrooke, Edward, 55
Bunt. V. Hotsinoñhyahta?
Burbidge, Rebecca. V. Dudley
Burch, John, **122–123**
Burch, Martha (Ramsey ; épouse de JOHN), 122
Burchett, Elizabeth (Hardy, lady Hardy), 351
Burel, Jacquette. V. Quémar
Burel, Jeanne (Briand), 103, 107, 110
Burel, Mathurin, 103
Burgess, Mary (Bulkeley), 119
Burgoyne, Anna Maria. V. Burnestone
Burgoyne, lady Charlotte. V. Stanley
Burgoyne, John (père), 123

Burgoyne, John, **123–125** ; 3, 128, 131, 141, 168, 405, 425, 435, 462, 463, 477, 544, 593, 594, 610, 653, 752, 837, 858
Burke, Edmund, 98, 361, 446, 760
Burke*, Edmund (1753–1820), 47, 481
Burke, John, 448
Burnestone, Anna Maria (Burgoyne), 123
Burney, Frances (Arblay), 600, 828
Burpee*, Lawrence Johnston (1873–1946), 600
Burrow, James, 420
Burt*, Alfred Leroy (1888–1970), 301, 304, 346, 362, 377
Burton. V. aussi Christie
Burton, Marguerite. V. Bruyères
Burton*, Ralph (mort en 1768), xxxvii, 93, 117, 118, 204, 301, 302, 312, 323, 341, 357, 398, 409, 531, 617, 620, 624, 743, 853, 860
Burwash*, Nathanael (1839–1918), 535
Busby, Thomas, **125–126**
Busby*, Thomas (1768–1836), 125
Bushell*, John (mort en 1761), 369, 370
Bute, comte de. V. Stuart
Butler, Andrew, 129
Butler, Catalyntje. V. Bradt
Butler, lady Charlotte (Cornwallis, baronne Cornwallis), 183
Butler, Deborah. V. Dennison
Butler, Mgr John, 552
Butler, John (mort en 1791), **126–127** ; 58, 120, 122, 143, 216, 287, 294, 296, 486, 569, 570, 571, 572, 755
Butler, John (mort en 1796), **127–131** ; 131, 168, 425, 438, 451, 793, 798
Butler, John Butler. V. Dight
Butler, Rachel (Wall ; épouse de JOHN, mort en 1791), 126
Butler, Richard, 1er comte d'Arran, 183
Butler, Thomas, 127
Butler, Walter (grand-père), 127
Butler, Walter, **131–132** ; 127, 128, 740
Buttar, William, 415
Butterworth, Mary (Haven), 359
Byng*, John (mort en 1757), 185
Byrne, William, 828
Byron, Frances, baronne Byron. V. Berkeley
Byron, George Gordon, 6e baron Byron, 133
Byron, John, **132–133** ; 30, 87, 169, 171, 191, 211, 305, 650, 765
Byron, John (fils), 133
Byron, Sophia. V. Trevannion
Byron, William, 4e baron Byron, 132
Byssot* de La Rivière, François (mort en 1673), 198

CABARRUS, Dominique, 456
Cadell, M., 823
Cadet, Angélique. V. Fortier
Cadet, Angélique (Rossay), 135
Cadet, Augustin, 134
Cadet, Françoise (Esprit de Vantelon), 135
Cadet (Caddé), François-Joseph, 134
Cadet, Joseph-Michel, **134–139** ; 5, 70, 72, 73, 75, 96, 100, 285, 336, 408, 468, 470, 498, 620, 663, 666, 673, 685, 714
Cadet, Louise (Rouffio), 134
Cadet, Marie-Anne (Amiot), 134
Cadet, Marie-Joseph. V. Daveine
Cadet, Marie-Joseph (Vignau), 134
Cadet, Michel-François, 134
Cadet Deschamps, Joseph, 135
Cadot*, Jean-Baptiste (né en 1723 ; mort après 1803), 731
Cahideuc*, Emmanuel-Auguste de, comte Dubois de La Motte (1683–1764), 304, 352, 758
Cahouet, Marie-Anne. V. Maisonnat, dit Baptiste
Cairns, Catherine (Cuthbert), 205
Calanne, M. de, 725
Caldwell*, Henry (1738–1810), 159, 162, 533, 581, 592, 599, 817, 818
Callbeck, Ann. V. Coffin
Callbeck, Phillips, **139–141** ; 380, 659, 660, 661, 767
Callicum, 615
Callière*, Louis-Hector de (1648–1703), lvii, 717
Calquieres, Marie (Dumas), 262
Calvert, Frederick, 7e baron Baltimore, 91
Calvet, Pierre, 246, 247
Camagne, Benoîte (Malepart de Beaucourt ; Franchère), 548, 549
Camagne, Joseph-Gaëtan, 548
Cambridge*, John (mort en 1831), 165, 660
Camden, comte de. V. Pratt
Camelford. V. Pitt
Cameron, Duncan (?), 789
Campbell, Agathe. V. Saint-Étienne de La Tour
Campbell*, Colin (mort avant 1805), 835
Campbell*, Donald (mort en 1763), 827
Campbell, John, **141–142** ; 127, 161, 163, 168, 280, 317, 425, 434, 462, 591, 663, 687, 824
Campbell, John (général), 766
Campbell, John (gouverneur), 172
Campbell, John, 4e duc d'Argyll, 142, 618
Campbell, John, 5e duc d'Argyll, 141
Campbell, John, 4e comte de Loudoun, 3, 4, 22, 63, 92, 125, 300, 304, 320, 332, 338, 352, 360, 361, 428, 449, 516, 526, 597, 838, 841, 880
Campbell, Marie-Anne. V. La Corne
Campbell, Mary, duchesse d'Argyll. V. Bellenden
Campbell, Mary (Maclean), 543
Campbell, Robert, 657
Campbell, Sarah. V. Izard
Campbell, William, 678
Campbell, lord William, **142–144** ; 45, 120, 126, 287, 295, 337, 486, 571, 607, 645, 646, 800
Campion, Étienne-Charles, **144–145**; 252
Campion, Madeleine. V. Gautier
Campion, Marie-Josephte. V. Maillet
Campion, dit Labonté, Charlotte. V. Pepin
Campion, dit Labonté, Étienne, 144
Canaghquiesa (Kanaghgwasea), 749
Cannard. V. Renaud
Cannon (Canon). V. Kanon
Capeau, Antoinette (Mesplet), 575
Capel, Antoine, 6
Captain Jecob. V. Winninnewaycappo
Captain John. V. Deserontyon
Captain Pipe. V. Konieschguanokee
Caradec, Zacharie, 503
Carbonnel, Jean, 136
Carcy. V. Pagé

Cardeneau, Marie-Anne. V. Guérin
Cardinal, Pierre, 640
Carignant. V. Besnard
Carlet de La Rozière, Marie-Claude (Potot de Montbeillard), 693, 694
Carleton*, Guy, 1er baron Dorchester (1724–1808), xl, xliv, xlv, xlvi, xlvii, xlviii, xlix, l, li, 6, 7, 13, 27, 41, 45, 46, 54, 64, 79, 88, 90, 94, 106, 109, 110, 112, 113, 115, 124, 127, 128, 130, 141, 142, 146, 150, 151, 156, 158, 159, 161, 162, 166, 168, 176, 186, 195, 198, 199, 200, 201, 204, 206, 214, 218, 219, 233, 247, 250, 252, 290, 293, 297, 298, 303, 304, 321, 322, 327, 328, 345, 346, 349, 353, 355, 356, 371, 372, 373, 374, 376, 377, 396, 400, 401, 402, 404, 405, 409, 410, 419, 431, 448, 462, 463, 467, 477, 480, 481, 515, 523, 524, 531, 532, 533, 544, 551, 555, 573, 581, 587, 590, 591, 592, 593, 594, 602, 610, 617, 620, 622, 624, 625, 627, 641, 642, 652, 654, 669, 670, 687, 696, 755, 756, 776, 778, 787, 791, 801, 803, 817, 824, 853, 854, 855, 856, 857, 858, 859, 860, 861
Carleton*, Thomas (mort en 1817), 148, 162, 228, 248, 354, 471, 522, 654, 679
Carlton, Jane (Cochin), 170
Caron*, Alexis (1764–1827), 542
Carpentier, Bonaventure (baptisé Étienne), **145–146**
Carpentier, Étienne, 145
Carpentier, Marie-Charlotte. V. Blanchon
Carre, Jane (Knox), 450
Carrerot*, André (mort en 1749), 266, 268, 272, 328, 455, 603, 604, 697, 699
Carrerot, Angélique (Allard de Sainte-Marie), 15
Carrerot, Barbe-Blanche (Du Pont Duchambon Dumaine), 268
Carrerot, Louise (Godfroy de Tonnancour), 327, 328
Carrerot, Marguerite-Thérèse (Prevost de La Croix), 697
Carrerot, Marie-Thérèse. V. Gaultier
Carrerot*, Philippe (mort en 1745), 15, 66
Carroll, Charles, 291, 593, 824
Carroll, John, 291, 401, 480, 481
Carter, Robert, 850, 851
Cartier, Angélique. V. Sarasin Depelteau
Cartier*, sir George-Étienne (1814–1873), 435
Cartier*, Jacques (1750–1814), 435
Cartier, Marie-Régis (Levasseur, dit Delor), 513
Cartier, René (navigateur), 513
Cartier, René (seigneur), 351, 769
Cartland, Elizabeth. V. Denson
Cartland, George, 225
Cartwright*, George (1739–1819), 171, 172, 211, 650, 772
Cartwright, John, 446, 650
Cartwright, Richard, 131
Cartwright*, Richard (1759–1815), 534, 535, 844
Carver, Jonathan, 738
Cary, Elizabeth (Amherst, baronne Amherst), 28
Cary, George, 28
Cary*, Thomas (1751–1823), 114, 116
Casgrain, Henri-Raymond (1831–1904), 730
Caslon, William (père), 114, 317
Caslon, William, 602
Casot, Jacques, 146
Casot, Jean-Joseph, **146–147**; 321, 322
Casot, Jeanne. V. Dauvin
Cassaignolles, Blaise, 273
Cassera. V. Castera
Cassiet*, Pierre (1726–1809), 493
Castaing, Antoine, 147
Castaing, Charlotte-Isabelle. V. Chevalier
Castaing, Isabau. V. Sareillier
Castaing, Jean, 147
Castaing, Pierre-Antoine, **147–148**
Castaing, Rose (Rodrigue), 148
Castaing, Willobe (Olive). V. King
Castanet, Jean-Baptiste-Marie, **148–149**; 89
Castelli, Joseph-Marie, 105
Castelveyre. V. Turc
Castera (de Cassera), Saubade (Imbert), 408
Castonguay, Émile, 113
Castries, marquis de. V. La Croix
Cathcart, Robert, 379
Cato (esclave), 829
Cauchois, Madeleine (Curot), 204
Caulfeild*, Thomas (mort en 1716/1717), xxii
Caulfield, Susan, 124
Caupemartissue Winnekee, 788
Cavagnial. V. Rigaud
Cavelier* de La Salle, René-Robert (1643–1687), lvi, lviii
Cavendish Bentinck, William Henry, 3e duc de Portland, lii, 565, 832
Cavilhe, Louis, 97
Cébet, Étienne, 138
Céloron* de Blainville, Pierre-Joseph (1693–1759), 83, 85, 157, 230, 260, 276, 500, 553, 609, 630, 668, 685, 686, 721
Celsius, Anders, 439
Cerré*, Jean-Gabriel (1734–1805), 326, 641
Cerry. V. Ailleboust
Cerry d'Argenteuil. V. Ailleboust de Cerry
Chabert* de Joncaire, Louis-Thomas (mort en 1739), 149, 202
Chabert de Joncaire, Madeleine-Thérèse (Cuny Dauterive), 202, 203
Chabert de Joncaire, Marie-Madeleine. V. Le Gay de Beaulieu
Chabert* de Joncaire, Philippe-Thomas (*circa* 1707–1766), 149
Chabert de Joncaire de Clausonne, Daniel-Marie, **149–150**; 203, 645
Chabert de Joncaire de Clausonne, Marguerite-Élisabeth-Ursule. V. Rocbert de La Morandière
Chaboillez*, Charles-Jean-Baptiste (mort en 1808), 64, 641
Chaboillez*, Louis (1766–1813), 204, 756
Chaboillez, Louis-Joseph, 64
Chaboillez, Pierre-Louis, 641
Chabot, François, 592
Chabrand, David, 150
Chabrand, Marguerite. V. Roussel
Chabrand Delisle, David, **150–152**; 113, 817, 818
Chabrand Delisle, Margaret. V. Henry
Chagny, André, 690
Chalet, François, 388
Chambers, Robert William, 429
Champagne. V. Foureur

Champlain. V. Dupéré
Chandler*, Kenelm (1737–1803), 801
Chandler, Thomas Bradbury, 524
Chantal. V. Rabutin-Chantal
Chapais*, sir Thomas (1858–1946), 199
Chappell*, Benjamin (1740–1825), 165
Chappuis. V. Joram
Chaptes. V. La Corne
Chaptes (Chap, Chapt) de La Corne. V. La Corne, Luc de
Charest. V. Dufy
Charest, Anne-Thérèse. V. Duroy
Charest, Catherine (Trottier Desauniers), 802
Charest, Étienne (père), 152, 153
Charest, Étienne, **152–153**; 321, 467, 802
Charest, Marguerite. V. Trottier Desauniers
Charest, Marie-Catherine. V. Trottier Desauniers
Charles Ier, roi d'Angleterre, d'Écosse et d'Irlande, xix
Charles II, roi d'Angleterre, d'Écosse et d'Irlande, xvii
Charles III, roi d'Espagne, 615
Charles IV, roi d'Espagne, 80
Charles le Jeune Prétendant, 432, 543
Charles Guillaume Ferdinand, duc de Brunswick, 638
Charlevoix*, Pierre-François-Xavier de (1682–1761), 541
Charlier, M., 76
Charlton, Edward, 145
Charly Saint-Ange, Jacques, 153
Charly* Saint-Ange, Jean-Baptiste (1668–1728), 663
Charly* Saint-Ange, Louis (né en 1703; mort en 1767 ou en 1768), 384, 388
Charly Saint-Ange, Louise-Catherine. V. Ailleboust de Manthet
Charnock, John, 644
Charon* de La Barre, François (1654–1719), 255, 256, 768, 781
Chartier, Jean, 707, 708
Chartier de Lotbinière, Angélique (Martin de Lino; Renaud d'Avène Des Méloizes), 713
Chartier* de Lotbinière, Eustache (1688–1749), 153, 154, 155, 156, 239, 475, 582
Chartier de Lotbinière, Eustache (baptisé François-Louis), **153–155**
Chartier de Lotbinière, Eustache (frère d'EUSTACHE), 154
Chartier de Lotbinière, Louise-Madeleine. V. Chaussegros de Léry
Chartier de Lotbinière, Louise-Philippe (Mariauchau d'Esgly), 551
Chartier de Lotbinière, Marie-Charlotte (De Bonne; MacKay), 155
Chartier de Lotbinière, Marie-Françoise. V. Renaud d'Avène de Desmeloizes
Chartier de Lotbinière, Michel, marquis de Lotbinière **155–157**; 154, 395
Chartier* de Lotbinière, Michel-Eustache-Gaspard-Alain (1748–1822), 155, 201, 640
Chase, Elizabeth. V. Lawrear
Chase, Samuel, 291, 593, 824
Chasle, Marie-Anne (Gouze ; Perthuis), 676
Chasseriau, Marie (Bréard), 100
Châteauguay. V. Le Moyne
Châteauvieux. V. Gamelin
Chateigner de Cramahé et Des Rochers, Hector-François, 853
Chateigner de Cramahé et Des Rochers, Marie-Anne. V. Belrieux de Virazel
Chatham. V. Pitt
Chatillon. V. Godin
Chaufour, Jean-Baptiste, 405, 406
Chaumine. V. Tessier
Chaumont. V. Guillet
Chaussegros de Léry, François-Joseph, vicomte de Léry, 470
Chaussegros* de Léry, Gaspard-Joseph (1682–1756), 155, 157, 159, 189, 219, 220, 470, 484, 512
Chaussegros de Léry, Gaspard-Joseph, **157–160**; xlvi, 97, 163, 427, 501, 704, 796
Chaussegros de Léry, Josephte-Antoinette, dite de Sainte-Marie, 220
Chaussegros de Léry, Louise. V. Martel de Brouague
Chaussegros de Léry, Louise-Madeleine (Chartier de Lotbinière), 155, 156
Chaussegros de Léry, Marie-Gilles (Landriève Des Bordes), 470
Chaussegros de Léry, Marie-Madeleine (Legardeur de Repentigny), 484
Chaussegros de Léry, Marie-Renée. V. Legardeur de Beauvais
Chauvigny*, Marie-Madeleine de (Gruel de La Peltrie) (1603–1671), 578
Chauvreulx*, Claude-Jean-Baptiste (mort vers 1760), xxvi, 319
Chavoy. V. Payen
Chawchinahaw, 366
Chenard de La Giraudais, François, 30, 87, 224
Chenery, Hannah (Peters), 677
Chenughiyata. V. Hotsinoñhyahta?
Chéron, Charles, 11
Chéron, Marie-Madeleine (Ailleboust de Cerry), 10, 11
Chéron, Marie-Ursule, dite des Anges, 205
Cherrier, Benjamin-Hyacinthe-Martin, 161
Cherrier*, Côme-Séraphin (1798–1885), 161
Cherrier, François, 160
Cherrier*, François (1745–1809), 160, 161, 641, 692
Cherrier, François-Pierre, **160–161**; 291
Cherrier, Joseph-Marie, 161
Cherrier, Joseph-Marie-Simon, 160
Cherrier, Marie. V. Dubuc
Cherrier, Marie-Charlotte (Lartigue), 160, 161
Cherrier, Périne-Charles (Viger), 161
Cherrier, Rosalie (Papineau), 161
Cherrier, Séraphin, 161
Chevalier, Charlotte-Isabelle (Castaing), 147
Chevalier, Jean-Baptiste, 713
Chevalier*, Jean-Baptiste (mort en 1746 ou 1747), 85
Chevalier, Joseph, 357
Chevalier, Marie-Anne (Bourdages), 86
Chevenaux. V. Chauvreulx
Chevigny. V. Choiseul
Chévigny. V. Vallette
Chevreau, Judith de (Aumasson de Courville), 39
Chevrières. V. La Croix
Chevry, marquis de, xxv
Chew, John, 162
Chew, Joseph, **161–162**

Chew, William Johnson, 162
Chiniquy*, Charles (1809–1899), 47
Chinn, Edward, 398, 641
Chinn, John, 398
Chinoniata. V. Hotsinoñhyahta?
Chipman, Thomas Handley, 20
Chipman*, Ward (1754–1824), 60, 354, 355, 558, 785, 835
Choiseul, Étienne-François, duc de Choiseul, comte de Stainville, 34, 75, 76, 277, 493, 520, 652, 673, 686, 687, 699, 714, 729, 796, 802, 816
Choiseul-Chevigny, César-Gabriel de, duc de Praslin, 699, 711
Choisser, Jean, 813
Cholmondeley, Robert, 112
Chrétien, frère. V. Turc de Castelveyre
Christie. V. Plenderleath
Christie, Catherine. V. Napier
Christie, Catherine, 163
Christie, Gabriel, **162–163**; 159, 290, 300, 501, 617, 663, 749
Christie, Gabriel (fils), 163
Christie, George, 163
Christie, James (grand-père), 162
Christie, James, 163
Christie, Sarah. V. Stevenson
Christie, Sarah (Tunstall), 163
Christie, William, 163
Christie Burton, Napier, 163
Churchill, John, 1er duc de Marlborough, 28
Ciquard*, François (mort en 1824), 6
Cirier, Antoine, **163–164**
Cirier, Marguerite. V. Desroches
Cirier, Marie-Anne. V. Beaune
Cirier, Marie-Joseph. V. Lenoir
Cirier, Martin, 163
Clarina, baron. V. Massey
Clark*, Andrew Hill (mort en 1975), xxiii, xxiv, xxviii, 605
Clark, Ann. V. Berry
Clark, Elizabeth (épouse de ROBERT), 164
Clark, George Rogers, 326, 346, 347, 350, 363, 610
Clark*, James (mort en 1807), 546
Clark, John, 659
Clark, Mary (mère de ROBERT), 164
Clark, Mary (Brown), 114
Clark, Rebecca (Alline), 17
Clark, Robert, **164–165**; 140, 657, 659, 660
Clark*, Robert (1744–1823), 535
Clark, Wotherton, 164
Clarke. V. Clerke
Clarke*, sir Alured (mort en 1832), 47, 142
Clarke, Ann (Hicks), 378
Clarke, Job Bennet, 680
Clarke*, John (1781–1858), 36
Clarkson, John, 121, 654, 679, 680
Clarkson, Thomas, 679
Claude, Joseph, **165–167**; 195
Claus, Adam Frederic, 167
Claus, Ann. V. Johnson
Claus, Anna Dorothea (mère de CHRISTIAN DANIEL), 167
Claus, Christian Daniel, **167–168**; 64, 114, 127, 128, 130, 131, 141, 151, 161, 398, 425, 427, 428, 450, 451, 634, 635, 636, 665, 750, 818
Claus*, William (1765–1826), 168
Clausonne. V. Chabert
Claverie, Jeanne. V. La Barthe
Claverie*, Pierre (1719–1756), 73, 136, 284, 819
Cleaskina, 350
Cleland, John, 684
Clément XII, 238
Clément XIII, 107, 587
Clément XIV, 551
Clements, Eleanor (Parr), 653
Clérin. V. Estienne
Clerke, Charles, **168–169**; 80, 180, 445
Cléron d'Haussonville, Joseph-Louis-Bernard de, comte d'Haussonville, 34
Cleveland*, Aaron (1715–1757), 570
Cleveland, Sarah. V. Rudduck
Clevett (Cleverley), Ann, 760
Clignancour. V. Damours
Clinton*, George (mort en 1761), 188, 644
Clinton, sir Henry, 3, 545, 739
Clinton, James, 131
Clive, Robert, 1er baron Plassey, 123
Coates, John, 566, 567
Cobb*, Silvanus (1709/1710–1762), 209, 237
Cochin. V. aussi Cocking
Cochin, Jane. V. Carlton
Cochin, Richard, 170
Cochrane, John, 201, 532
Cockeye. V. Questach
Cocking, Matthew, **169–171**; 51, 299, 367, 414, 700, 825
Codman, Richard, 294
Codner, John, 172
Cœuret, Claude-Audet, 698
Coffin, Ann (Callbeck), 139
Coffin*, John (1729–1808), 592
Coffin*, John (1756–1838), 324, 354
Coghlan, Jeremiah, **171–173**; 772, 773, 774
Coghlan, Joanna (épouse de JEREMIAH), 171
Cohen*, Jacob Raphael (mort en 1811), 780
Coigny, duc de. V. Franquetot
Colbert, Jean-Baptiste, 382, 383
Colden, Cadwallader, 462
Cole, John, **173–174** ; 395
Colen*, Joseph (mort en 1818), 788, 789
Collégien. V. Saillant
Collet*, Charles-Ange (né en 1721 ; mort après 1800), 465
Collier, Christiana, lady Collier. V. Gwyn
Collier, Cordelia (Murray), 616
Collier, Elizabeth, lady Collier. V. Fryer
Collier, George, 174
Collier, sir George, **174–175** ; 545, 751
Collier*; John (mort en 1769), 58, 570, 608, 786
Collins, Hallet, 279
Collins, John, **175–176** ; 13, 166, 515, 622, 664
Collins, Margaret (épouse de JOHN), 176
Collins, Mary (Rankin), 176
Collins, Sophia Augusta. V. Pernette
Colnett*, James (1752–1806), 236, 263, 264, 444, 562, 615, 833

Colvill*, Alexander, 7e baron Colvill (1717/1718–1770), 34, 177, 241, 519, 760
Combes (Combles). V. Lombard
Comingo*, Bruin Romkes (1723–1820), 530, 765
Commeau, Pierre, xx
Compain*, Pierre-Joseph (1740–1806), 286
Comte, Benjamin, 640
Comtois. V. Dextreme ; Joram
Condé, prince de. V. Bourbon
Conflans, Hubert de, comte de Conflans, 304
Congreve, sir William, 840
Conneequese, 366
Constantin*, Pierre (*circa* 1666–1750), 99
Conti, prince de. V. Bourbon
Contrecœur. V. Pécaudy
Conway, Henry Seymour, 824
Conyngham, Williams, 431, 448, 617
Cook, Elizabeth. V. Batts
Cook, Ephraim, 569
Cook, Grace. V. Pace
Cook, James (père), 176
Cook, James, **176–182** ; lx, 31, 80, 169, 235, 236, 241, 305, 350, 367, 368, 444, 445, 446, 561, 614, 615, 649, 650, 651, 674, 758, 808, 809, 811, 823, 828
Copley, John Singleton, 315, 598
Coquart*, Claude-Godefroy (1706–1765), 260, 458
Corbin, André (père), 182
Corbin, André, **182**
Corbin, Charlotte. V. Rainville
Corbin, Louise. V. Petit
Corbin, Véronique. V. Baby
Coré, Catherine (Decoste), 216
Cormier, Jean, 471
Cormier, Marie. V. Terriot
Cornplanter. V. Kaiūtwahʔkū
Cornwallis, Charles, 4e baron Cornwallis, 182, 183
Cornwallis, Charles, 1er marquis et 2e comte Cornwallis, 132, 752
Cornwallis, Charlotte, baronne Cornwallis. V. Butler
Cornwallis, Edward, **182–186** ; xxv, xxvi, 56, 101, 119, 122, 269, 318, 319, 337, 447, 491, 568, 569, 605, 629, 762, 842
Cornwallis, Frederick, 183
Cornwallis, Mary. V. Townshend
Corporon, Isabelle (Johnson), 423
Corpron*, Jean (*circa* 1729–1765), 73, 136, 139, 470, 559
Corrigal, Jacob, 840
Corriveau, Joseph, 322
Corriveau*, Marie-Josephte, dite la Corriveau (Bouchard ; Dodier) (1733–1763), 322, 750
Corry (Curray, Currie), Thomas, 51, 173, 298, 826
Cort, John, 211, 212, 213
Cosme, père, xxiv
Cossit*, Ranna (1744–1815), 565
Côté. V. Cotté
Côté, Marie-Geneviève (Gabriel ; Levasseur), 509
Cotté. V. Kotte
Cotté, Agathe. V. Roy-Desjardins
Cotté, Angélique. V. Blondeau
Cotté, Gabriel, **186–187** ; 435
Cotté (Côté), Lucie-Angélique (Boucher ; Laframboise), 186
Cotté, Marianne, 186
Cotté, Marie-Catherine-Émilie (Larocque), 187
Cotté, Marie-Claude. V. Levasseur
Cotté, Marie-Josephte (Quesnel), 186
Cotté, Nicolas, 186
Cotté, Pierre-Gabriel, 186
Cotterell, William, 119
Cottnam, George, 216
Cottnam, Henrietta Maria (Day), 215
Cottnam, Margaret Ramsey (Scott), 763
Cottnam, Martha (Tonge), 800
Cotton. V. aussi Couton
Cotton, Barthélemy, **187–188** ; 405, 406
Cotton, Jean-François, 188
Cotton, Marguerite, 188
Cotton, Marie. V. Willis
Cotton*, Michel (né en 1700 ; mort après 1747), 188
Couagne, François-Marie de, 289
Couagne, Jean-Baptiste de, **188–189**
Couagne*, Jean-Baptiste de (1687–1740), 189
Couagne, Jeanne de. V. Loppinot
Couagne, Louise de. V. Pothier
Couagne, Marguerite-Madeleine de. V. Gannes de Falaise
Couagne, Michel de, **189–190** ; 31
Couagne*, René de (mort en 1767), 188
Coughlan, Mme (épouse de LAURENCE), 191
Coughlan, Betsey, 191
Coughlan, Laurence, **190–192** ; 433
Couillard, André, 459
Couillard, Jean-Baptiste, 78
Couillard, Marie-Geneviève. V. Alliés
Couillard de Beaumont, Charles, 78
Couillard Des Islets, Catherine (Dambourgès ; Oliva), 638
Couillard Des Islets, Louis, 638
Coulaud (Couleau), Catherine (Courreaud de La Coste), 193
Coulon de Villiers, Angélique. V. Jarret de Verchères
Coulon de Villiers, Élisabeth. V. Groston de Saint-Ange
Coulon de Villiers, François, **192–193**
Coulon de Villiers, Jumonville, 193
Coulon* de Villiers, Louis (1710–1757), 37, 192, 277, 496, 668
Coulon de Villiers, Marie (Dagneau Douville), 207, 208
Coulon de Villiers, Marie-Anne (Aubert de Gaspé), 37
Coulon de Villiers, Marie-Geneviève. V. Énault de Livaudais
Coulon de Villiers, Marie-Madeleine. V. Marin
Coulon* de Villiers, Nicolas-Antoine (1683–1733), 37, 192, 207, 553
Coulon* de Villiers, Nicolas-Antoine (1708–1750), 192, 495, 604, 705
Coulon* de Villiers de Jumonville, Joseph (1718–1754), 37, 192, 193, 245, 496, 700
Coundo. V. Est
Cournoyer. V. Hertel
Cournoyer, Élisabeth de (Pascaud), 655
Courreaud de La Coste, Catherine. V. Coulaud
Courreaud de La Coste, Élie, 193
Courreaud de La Coste, Marguerite. V. Aubuchon, dit L'Espérance

Courreaud de La Coste, Marie-Anne. V. Massé
Courreaud de La Coste, Marin, 194
Courreaud de La Coste, Pierre, **193–194** ; 794
Courregeolles, Jeanne. V. Dinarre
Court de La Bruyère, Claude-Élisée de, 276
Courtemanche. V. Legardeur
Courtenay, princesse de, marquise de Bauffremont (Beauffremont), 506
Courtois, Maurice, 550
Courval. V. Poulin
Courville. V. Aumasson
Coutlée*, Thérèse-Geneviève (1742–1821), 499
Couton. V. aussi Cotton
Couton, Barthélemy, 187
Couton, Jeanne. V. Le Rouge
Couture, Peter, 664
Couturier, Jean, 97, 256, 586
Couturier, dit Le Bourguignon, Michel-Étienne, 221
Couturier*, dit Le Bourguignon, Pierre (mort en 1715), 794
Coux, Anne de. V. Du Pont Duchambon de Mézillac
Coux, Louis de, 268
Cox, Deborah (épouse de NICHOLAS), 194
Cox, John Henry, 350
Cox, Nicholas, **194–196** ; 166
Coya (Coyour). V. Koyah
Cozer, Françoise-Marie (Guichart), 342
Cradock, Mary (Gerrish ; Breynton), 103, 315
Craigie*, John (mort en 1813), 533
Cramahé. V. Chateigner
Cramahé, Hector Theophilus, **853–859** ; xli, xlix, li, 109, 115, 118, 205, 248, 348, 523, 544, 581, 591, 617, 623, 669, 803
Cramahé, Margaret (épouse de HECTOR THEOPHILUS), 859
Cramer, Christy, 762
Creighton*, John (1721–1807), 847
Créquy. V. Aide-Créquy
Crespel, Emmanuel (baptisé Jacques-Philippe), **196–197**
Crespel, Louise-Thérèse. V. Devienne
Crespel, Sébastien, 196
Crespi, Juan, 674
Crespin, Jean, 284
Cressé. V. Poulin
Crevier, Marguerite (Fournier ; Gamelain de La Fontaine ; Renou, dit La Chapelle ; Groston de Saint-Ange), 340
Croghan, George, 427, 441, 442, 539
Croisille (Croizille). V. Legardeur
Crokatt, Charles, 355
Cromwell, Oliver, lord-protecteur d'Angleterre, d'Écosse et d'Irlande, xvii
Crowne*, William (1617–1682), xxv
Cruickshank*, Robert (mort en 1809), 222, 682, 762, 813
Cruzat, Francisco, 326
Cuadra. V. Bodega
Cugnet, Mme, 138
Cugnet, Antoine, 198
Cugnet*, François-Étienne (1688–1751), 49, 70, 73, 182, 197, 198, 201, 284, 307, 370, 386, 387, 388, 389, 390, 639
Cugnet, François-Joseph, **197–202** ; xlix, 114, 158, 339, 376, 419, 652
Cugnet, Gilles-Louis, 198, 201, 465
Cugnet, Jacques-François, 198, 200, 201
Cugnet, Jean (Jean-Baptiste), 197
Cugnet, Jean-Baptiste, 197
Cugnet, Louise-Madeleine. V. Dusautoy
Cugnet, Marie-Josephte. V. Lafontaine de Belcour
Cugnet, Thomas-Marie, 198, 201
Cuillerier, Angélique (Porlier), 691
Cuillerier, dit Beaubien, Angélique (Sterling), 783
Cuillerier, dit Beaubien, Marie-Catherine. V. Trottier Desruisseaux
Cull*, William (*circa* 1803–1823), 774
Cumberland, duc de. V. William Augustus
Cumberlege, S.A., 626
Cumshewa, 454
Cuny, Élisabeth. V. Dupont
Cuny, Philippe-Antoine, 202
Cuny Dauterive, Madeleine-Thérèse de. V. Chabert de Joncaire
Cuny Dauterive, Philippe-Antoine de, **202–203**
Curatteau, Claude, 203
Curatteau, Jean-Baptiste, **203–204** ; 98
Curatteau, Jeanne. V. Fonteneau
Curatteau, Pierre (père), 203
Curatteau, Pierre, 203
Curatteau, René, 203
Curaux. V. Curot
Curchot, Jacques, 327
Cureux, dit Saint-Germain, Marie-Anne (Fortier), 292
Curot, Madeleine. V. Cauchois
Curot, Marie-Louise, dite de Saint-Martin, **204–205**
Curot, Martin, 204
Curray (Currie). V. Corry
Curtis, Mary (Loring), 526
Curtis*, sir Roger (1746–1816), 767
Curtius, Charles, 415
Cushing, Lucy (Aylwin), 40
Cusson, Catherine, 254
Cuthbert, Alexander (grand-père), 205
Cuthbert, Alexander, 206, 207
Cuthbert, Beatrix (Cuthbert), 205
Cuthbert, Catherine. V. Cairns
Cuthbert, James, **205–207** ; 409, 627
Cuthbert*, James (1769–1849), 206, 207
Cuthbert, Margaret. V. Mackenzie
Cuthbert, Rebecca. V. Stockton
Cuthbert*, Ross (1776–1861), 206, 207
Cuyler*, Abraham (1742–1810), 315, 316, 564
Cyrier. V. Cirier

DABLON*, Claude (1619–1697), lx
Daccarrette*, Michel (mort en 1745), 264, 265, 273, 456, 457
Daccarrette*, Michel (1730–1767), 698
Dagneau Douville, Alexandre, **207–208** ; 59
Dagneau Douville, Alexandre-René, 208
Dagneau Douville, Marie. V. Coulon de Villiers
Dagneau Douville, Marie. V. Lamy
Dagneau Douville, Michel, 207
Dagneau Douville de Lamothe, Guillaume, 208
Dagneau Douville de La Saussaye, Philippe, 207, 208
Dagneau* Douville de Quindre, Louis-Césaire (mort en 1767), 208
Dahon, Laurens-Alexandre, 135

Daine*, François (mort en 1765), 73, 82, 284, 651, 666
Daine, Louise. V. Pécaudy de Contrecœur
Dakeyne, Mary (Gladwin), 319
Dalard. V. Allard
Dalgueuil (Delguiel), dit Labrèche, Jeanne (Billeron, dit Lafatigue), 38
Dalgueuil (Delguiel), dit Labrèche, Louise-Françoise (Augé), 38
Dalison, Jane (Amherst, lady Amherst), 28
Dalling, sir John, 846
Dalrymple, Alexander, 236, 263, 264, 351, 367, 805
Dalyell (Dalzell), James, 320, 332, 737
Dambourgès, Catherine. V. Couillard Des Islets
Dambourgès, François, 417, 592
Dame, George, 327
Damours de Clignancour, Mathieu-Benjamin, 405
Damours de Freneuse, Joseph, 196
Dance, Nathaniel, 651
Dandonneau Du Sablé, Marguerite. V. Sabrevois de Bleury
Dandonneau Du Sablé, Marie-Anne (Gaultier de Varennes et de La Vérendrye), 311
Daneau* de Muy, Jacques-Pierre (mort en 1758), 686
Dangeac (Danjaique). V. Angeac
Dangeac, Marguerite (L'Espérance), 507, 509
Daniel, François, 371
Daniélou*, Jean-Pierre (1696–1744), 312
Danks, Benoni, **208–210**
Danks, Lucy (épouse de BENONI), 208
Danks, Mary. V. Morris
Danks, Rebecca. V. Rust
Danks, Robert, 208
Danré* de Blanzy, Louis-Claude (né en 1710 ; mort après 1769), 291, 672, 782
Danton. V. Michel
Darby, George, 245
Darby, Hatty. V. Vanacott
Darby, Mary, dite Perdita (Robinson), 210, 211
Darby, Nicholas, **210–211** ; 579, 772
D'Arcy, Robert, 4e comte de Holderness, 456
Darles, François, 781
Darles de Lignières, M., 203
Darmeville. V. Olivier
Darouet, Simon, 357
Dartmouth, comte de. V. Legge
Dasilva*, dit Portugais, Nicolas (1698–1761), 284
Daulé*, Jean-Denis (1766–1852), 148
Dauterive. V. Cuny
Dauvin, Jeanne (Casot), 146
Daveine, Gabriel, 134
Daveine (Davenne, Davesne), Marie-Joseph (Cadet ; Bernard), 134
David. V. Karonghyontye
David, Lazarus, 358, 416
Davidson. V. Davison
Davidson*, Arthur (mort en 1807), 318
Davidson, Hugh, 185
Davidson, James, 90, 318
Davidson, Jane. V. Fraser
Davidson, Sarah. V. Nevers
Davidson*, Walter (1790–1825), 298
Davidson, William (grand-père), 211
Davidson, William, **211–214** ; 354
Davis, George, 190
Davison, Alexander, 214
Davison*, Alexander (1750–1829), 214, 342, 345, 349
Davison, Dorothy. V. Neal
Davison, George, **214–215** ; 349, 581
Davys, Samuel, 211
Dawson, Mary (Hamilton), 346
Day, George, 215
Day, Henrietta Maria. V. Cottnam
Day, John, **215–216** ; 126, 487, 629, 763
Day, Sarah (Mercer ; épouse de JOHN), 215
Deair. V. Heer
Dease, John, 130
Déat*, Antoine (1696–1761), 255
De Bonne, Marie-Charlotte. V. Chartier de Lotbinière
Debrier, Anne-Marie (Le Normant de Mézy), 502
Debuire, Marie-Marguerite (Hantraye), 351
Decaraffe, Jean-Baptiste, 223
D'echambault (Déchambault). V. Fleury
Dechart (Duhart), Catherine (Laborde), 455
Decheverry, Bernard, 273, 456
Decoste, Catherine. V. Coré
Decoste, Jean-Baptiste, **216–217**
Decoste, Jean-Christophe, 217
Decoste, Louis, 216
Decoste, Marie-Joseph. V. Dumouchel
Decoste, Marie-Renée. V. Marchand
Decous (Decoust). V. Descouts
Defoe, Daniel, 771
Deganawidah. V. Dekanahwideh
Degeay, Henri, 217
Degeay, Jacques, **217–218**
Degeay, Marie. V. Bournicat
Degonnor, Nicolas, 291
Degoutin. V. Goutin
De Guerne. V. Le Guerne
Deguire, Jean, 794
Deguire, Marie-Josephte (Waddens), 821, 822
Deguire, dit Desrosiers, Angélique. V. Pepin
Deguire, dit Desrosiers, Jeanne. V. Blet
Deguire, dit Desrosiers, Joseph, **218–219**
Deguire, dit Desrosiers, Marie (Leverrier), 219
Deguire, dit Desrosiers, Pierre, 218
Deguise, dit Flamand, Élisabeth. V. Laisné, dit Laliberté
Deguise, dit Flamand, Élisabeth (Falardeau), 220
Deguise, dit Flamand, François, 220
Deguise*, dit Flamand, Girard-Guillaume (mort en 1752), 219, 220, 713
Deguise, dit Flamand, Guillaume, 219
Deguise, dit Flamand, Jacques, **219–220** ; 713
Deguise, dit Flamand, Marie-Anne. V. Morin
Deguise, dit Flamand, Marie-Françoise. V. Jourdain, dit Bellerose
Deguise, dit Flamand, Thérèse. V. Rinfret, dit Malouin
Dehaire. V. Heer
Deiaquande. V. Teyohaqueande
Dejean*, Philippe (né en 1734 ; mort vers 1809), 346, 761, 784
Dekanahouideh* (*circa* 1451), lxii
Delagarde. V. Lagarde
Delage, maître, 138
De Lancey*, Stephen (1738–1809), 730
Delannes, Pierre, 135
Delaunay*, Charles (1648–1737), 50

Delesdernier*, Moses (mort en 1811), xxxi
Delesderniers, John Mark Crank, 558
Delezenne, Ignace-François, **220–224** ; 670, 681, 812
Delezenne*, Joseph-Christophe (mort en 1820), 222
Delezenne, Marie-Catherine. V. Janson, dit Lapalme
Delezenne*, Marie-Catherine (Pélissier ; Fabre, dit Laterrière) (1755–1831), 222, 670
Delezenne, Marie-Christine. V. Jacquemart
Delezenne, Martin, 220
Delezenne, Michel, 222
Delguiel. V. Dalgueuil
Delique, Charles-François, 813
Delisle. V. Chabrand
Delisle, Françoise (Toupin, dit Dussault ; Raby), 703
De Lisle*, Jean-Guillaume (1757–1819), 577
Delisle, Joseph-Nicolas, 84
De Lisle* de La Cailleterie, Jean (mort en 1814), 6, 7, 204, 587
Delor. V. Levasseur
Delort, Barbe. V. Leneuf de La Vallière et de Beaubassin
Delort*, Guillaume (*circa* 1706–1749), 468
Demay de Termont, Charles-Gilbert, 107
Demers Dessermont, Marie-Catherine, 254
Demesi. V. Le Normant
Demeule, Joseph-Étienne, 46
Deming, Hannah (Gridley), 338
Deminiac. V. Miniac
Demoiselle, La. V. Memeskia
De Montmollin*, David-François (mort en 1803), 113, 151, 152, 711, 756, 801, 817, 818
Denaut*, Pierre (1743–1806), 146, 404, 471, 867
Denis. V. aussi Denys
Denis de Saint-Simon, Antoine-Charles, **224–225**
Denison*, Robert (1697–1765), 234, 378
Dennison, Deborah (Ely ; Butler), 127
Denny, Plato, 646
Denson, Edith (épouse de HENRY DENNY), 225
Denson, Elizabeth (Cartland), 225
Denson, Henry Denny, **225–226** ; 18, 32, 234, 235, 487
Denton, Sarah (Toosey), 801
Denys. V. aussi Denis
Denys, Louis-Jean, 794
Denys* de Bonaventure, Simon-Pierre (1659–1711), 10
Denys* de Bonnaventure, Claude-Élisabeth (1701–1760), 61, 86, 258, 746
Denys* de Fronsac, Richard (mort en 1691), 212
Denys* de La Ronde, Louis (1675–1741), 386, 387
Denys de La Ronde, Marie-Charlotte (Ramezay), 45, 704, 707, 708, 748
Denys de La Ronde, Marie-Louise (Ailleboust d'Argenteuil), 10
Denys* de Saint-Simon, Charles-Paul (1688–1748), 224
Denys de Saint-Simon, Marie-Joseph. V. Prat
Denys* de Saint-Simon, Paul (1649–1731), 226
Denys de Vitré, Guillaume-Emmanuel-Théodose, 226
Denys de Vitré, John, 227
Denys de Vitré, Marie-Joseph. V. Blaise Des Bergères de Rigauville
Denys de Vitré, Théodose-Matthieu, **226–227** ; 704
Depelteau. V. Sarasin
De Peyster, Abraham, **227–228**
De Peyster, Arent Schuyler, 252, 325, 326, 363, 399, 536
De Peyster, Catherine. V. Livingston
De Peyster, James (Jacobus), 227
De Peyster, Sarah. V. Reade
Depin, Joseph, 218, 219
Derby, comte de. V. Stanley
Desandrouins, Benoît-Nicolas, 228
Desandrouins, Jean-Nicolas, **228–230**
Desandrouins, Marie-Scholastique. V. Hallot
Des Assises. V. La Grive
Desauniers. V. Trottier
Desautels, Joseph-Marie, 576, 577
Desbarats*, Pierre-Édouard (1764–1828), 116, 327
Desbarres, François. V. Bigot, François
DesBarres*, Joseph Frederick Wallet (1721–1824), 225, 315, 316, 564, 654, 664
Des Bergères. V. Blaise
Desbois, Jeanne (Briand), 103
Desbois, Olivier, 103
Des Bordes. V. Landriève
Des Bordes Landriève, Gabriel-Alexis, 470
Des Bordes Landriève, Marguerite. V. Mercier
Desbrisay*, Thomas (mort en 1819), 140, 659, 660, 661
Descaris, Jean-Baptiste, 794
Descaris, Jeanne. V. Lefebvre
Des Cars. V. Pérusse
Descary, Gabriel, 194
Descary, Louise (Maugenest), 566
Deschaillons. V. Saint-Ours
Deschambault. V. Fleury
Deschamps. V. Cadet
Deschamps*, Isaac (1722–1801), 121, 126, 568, 571, 654
Deschamps* de Boishébert, Henri-Louis (1679–1736), 230, 708, 790
Deschamps de Boishébert, Louise-Geneviève. V. Ramezay
Deschamps de Boishébert, Louise-Geneviève (Tarieu de La Naudière), 790, 791
Deschamps de Boishébert et de Raffetot, Charles, **230–232** ; 86, 87, 136, 184, 312, 329, 423, 482, 489, 665, 667, 746, 791
Deschamps de Boishébert et de Raffetot, Charlotte-Élisabeth-Antoinette (Deschamps de Boishébert et de Raffetot), 230
Deschenaux. V. Brassard
Desclaux, Pierre, 135, 136, 137, 138
Descombes. V. Lombard
Descouts*, Martin (*circa* 1682–1745), 61
Desdevens de Glandons, Gabrielle. V. Avet Forel
Desdevens de Glandons, Joseph, 232
Desdevens de Glandons, Marie-Thérèse. V. Mathon
Desdevens de Glandons, Maurice, **232–233**
Desenclaves. V. Gay
Deserontyon* (mort en 1811), lvi
Des Essarts. V. Berey
Desforges, Anne-Céleste (Foureur), 293
Desglis (Desgly). V. Mariauchau
Desgoutins. V. Goutin
Desherbert de Lapointe, Joseph-Simon, 272, 284, 467, 468
Des Herbiers, Henri-François, marquis de L'Étenduère, 757
Des Herbiers* de La Ralière, Charles (mort en 1752), 275, 491, 492, 709

Des Islets. V. Couillard
Desjardins. V. Roy-Desjardins
Desjardins*, Philippe-Jean-Louis (1753–1833), 98, 148
Desjardins* (Desjardins de Lapérière), dit Desplantes, Louis-Joseph (1766–1848), 89, 148
Deslauriers. V. Normandeau
Desmarest. V. Le Roy
Desmarets, Jean-Baptiste-François, marquis de Maillebois, 197
Desmeloizes ; Des Méloizes. V. Renaud
Desmoulins. V. Maillou
Des Muceaux. V. Ailleboust
Despard*, John (1745–1829), 565
Despeiroux (Desperoux). V. Lestage
Despiaube, Catherine (Olabaratz), 637
Despins. V. Lemoine
Desplantes. V. Desjardins
Després. V. Le Loutre
Desprez. V. Guyon
Desrivières. V. Trottier
Desrivières, Hypolite, 641
Desrivières-Beaubien. V. Trottier
Des Rochers. V. Chateigner
Desroches, Marguerite (Cirier), 163
Desrosiers. V. Deguire
Desruisseaux. V. Trottier
Dessermont. V. Demers
Détailleur, Joseph, 89, 90
Devarenne. V. Gaultier
Devau, Benoît, 233
Devau, Marie. V. Potier
Devau, dit Retor, Claude, **233–234**
Devau, dit Retor, Marie-Madeleine. V. Gendron
Devienne, Louise-Thérèse (Crespel), 196
Dextreme, dit Comtois, Pierre, 362
Deyohninhohhakarawenh. V. Theyanoguin
Diaquande. V. Teyohaqueande
Dickinson, Tertullus, 353, 354
Diehl, John Justus, 762
Dielle, Paul, 44, 357
Dièreville*, M. (*circa* 1699–1711), xx
Diesbach, comte de, 77
Dieskau*, Jean-Armand, baron de Dieskau (1701–1767), 62, 63, 73, 242, 331, 380, 427, 461, 496, 695, 723, 724
Digby, Sarah. V. Moore
Dight* Butler, John Butler (mort en 1834), 572
Dijean. V. Dejean
Dillon, Peter, 305
Dimock, Abigail. V. Doane
Dimock, Daniel, 234, 235
Dimock, Eunice. V. Marsh
Dimock*, Joseph (mort en 1846), 235
Dimock, Percilla. V. Hovey
Dimock, Sarah. V. Knowlton
Dimock, Shubael, **234–235**
Dimock (Dimmick), Timothy, 234
Dinarre, Jeanne (Courregeolles), 137
Dinwiddie, Robert, 245
Discombe, Reece, 305
Disney, Daniel, 824
Diverny, dit Saint-Germain, Charles, 222, 681
Dixon, George, **235–237** ; 181, 263, 264, 351, 453, 538, 539, 808
Doane, Abigail (Dimock), 234
Doane, Edmund, 642, 643
Doane, Elizabeth. V. Osborn
Dobbs, Arthur, 737
Dobie*, Richard (mort en 1805), 64, 298, 335, 355, 523, 524, 822
Dodd*, Archibald Charles (mort en 1831), 565
Dodier, Marie-Josephte. V. Corriveau
Doggett, Abigail. V. House
Doggett, Ebenezer, 237
Doggett, Elizabeth. V. Rickard
Doggett, John, **237–238**
Doggett, Samuel, 237
Dolabaratz, Jean, 636
Dolbec, Romain, 135
Dolobarats. V. Olabaratz
Dombourg, V. Bourdon
Dominqué Meyracq, Laurent de, 697
Don Jacque. V. Angeac
Dorchester, baron. V. Carleton
Doreil*, André (Jean-Baptiste) (*circa* 1749–1759), 63, 74, 331, 380, 554, 667, 724, 726
Dorrill*, Richard (mort en 1762), 279
Dorset, duc de. V. Sackville
Dorval. V. Bouchard
Dosque, Bernard-Sylvestre, 537, 538
Dosquet, Anne-Jeanne. V. Goffar
Dosquet, Laurent, 238
Dosquet, Pierre-Herman, **238–240** ; 383, 418, 464, 475, 531, 550, 551, 578, 582, 708
Doty*, John (1745–1841), 151, 818
Douaire de Bondy, Cécile. V. Gosselin
Douaire de Bondy, Charles-Dominique, 286
Doucet, François, 240, 476, 477
Doucet, Marguerite. V. Petitot, dit Saint-Sceine
Doucet, Marie-Marguerite. V. Le Blanc
Doucet, Olivier, 240
Doucet, Pierre, **240–241** ; 477
Doughty*, sir Arthur George (1860–1936), xlvii, 450
Douglas, Charles, comte de Douglas, 242
Douglas, sir Charles, **241–242** ; 31, 593
Douglas, Charles-Luc, 243
Douglas, Charlotte. V. La Corne
Douglas, François-Prosper, chevalier de Douglas, **242–243** ; 261
Douglas*, sir Howard (1776–1861), 242
Douglas, James, 4e comte de Morton, 242
Douglas*, James (mort en 1803), 596
Douglas, Jane, lady Douglas. V. Baillie
Douglas, lady Jane (Stewart), 432
Douglas, John, 191, 368, 446
Douglas, Louis-Archambaud, comte de Douglas, 243
Douglas, Lydia. V. Schimmelpinck
Douglas, Marie-Anne, comtesse de Douglas. V. Lilia
Douglas, Sarah, lady Douglas. V. Wood
Douglas*, Thomas, 5e comte de Selkirk (1771–1820), 596
Douville. V. Dagneau ; Jérémie
Douville, Joseph-Antoine-Irénée, 95
Dover, baron. V. Yorke

Dowset. V. Doucet
Drachart, Christian Larsen, **243–244** ; lviii, 359, 360, 579, 649
Drake*, sir Francis (mort en 1595/1596), 244
Drake, sir Francis Henry, 244
Drake, Francis William, **244–245**
Draper, Lyman Copeland, 450
Draper, sir William, 625
Drouet de Richerville, Jean, 357
Drouilhet, Gratien, 72, 73, 136, 672
Drucour (Drucourt). V. Boschenry
Drué*, Juconde (né en 1664 ; mort après 1726), 702
Druillon, Marie. V. Bachaddelebat
Druillon, Pierre-Jacques, 245
Druillon de Macé, Marie-Anne. V. Petit de Thoizy
Druillon de Macé, Pierre-Jacques, **245–246**
Drummond, Colin, 435, 669, 670
Drummond*, sir Gordon (1772–1854), 527
Drummond, John, 435
Duaime. V. Le Maître
Dubois. V. Filiau
Dubois* Berthelot de Beaucours, Josué (Jean-Maurice-Josué) (mort en 1750), 45, 717
Duboiscuvier, Louise (La Brosse), 457
Dubois de La Motte, comte. V. Cahideuc
Du Bourgué. V. Estienne
Dubreil* de Pontbriand, Henri-Marie (1708–1760), 70, 95, 104, 105, 154, 164, 217, 238, 255, 256, 277, 310, 312, 318, 319, 328, 344, 399, 418, 464, 465, 489, 493, 495, 550, 563, 579, 582, 583, 586, 619, 698, 817, 846
Dubreuil. V. La Corne
Dubuc, Marie (Cherrier), 160
Dubuc, Michel, 160
Duburon. V. Feré
Duburon, Joseph, 219
Du Calvet, Anne. V. Boudet
Du Calvet, Guy, 250
Du Calvet, Marie-Louise. V. Jussaume, dit Saint-Pierre
Du Calvet, Pierre, **246–251** ; xlviii, 7, 362, 371, 471, 532, 577, 744, 824, 857
Du Calvet, Pierre (neveu), 248
Du Calvet, Pierre (baptisé John), 250
Du Chaffault, Louis-Charles, comte Du Chaffault de Besné, 304
Duchambon. V. Du Pont
Ducharme*, Dominique (1765–1853), 641
Ducharme*, Jean-Marie (1723–1807), 64, 641
Ducharme, Laurent, **251–252**
Ducharme, Louis, 251, 289
Ducharme, Marguerite. V. Métivier
Ducharme, Marie. V. Picard
Duchatelet, Marie (Potier), 692
Duchesnay. V. Juchereau
Duchouquet. V. Lefebvre
Du Coigne. V. Couagne
Du Cosnier. V. Michelet
Dudevant, Arnauld-Germain (baptisé Arnaud), **252–253**
Dudevant, Jacques, 252
Dudevant, Jeanne. V. Barbequière
Dudley, Joseph, 830
Dudley, Rebecca (Gerrish ; Burbidge), 313, 314
Du Faradon. V. Normant
Dufebvre, Bernard. V. Castonguay, Émile
Duff, Mary (Abercromby), 4
Duff, Robert, 473, 767
Duff, William, 1er comte Fife, baron Braco, 4
Dufort. V. Bougret
Dufresne, Nicolas, 289
Dufrost, Charles. V. Youville, Charles-Marie-Madeleine d'
Dufrost de La Gemerais, Charles, 253
Dufrost de La Gemerais, François-Christophe, 253
Dufrost de La Gemerais, Joseph, 253, 550
Dufrost de La Gemerais, Marie-Clémence (Gamelin Maugras), 253
Dufrost de La Gemerais, Marie-Louise (Gamelin), 253, 306
Dufrost de La Gemerais, Marie-Renée. V. Gaultier de Varennes
Dufrost* de La Jemerais, Christophe (1708–1736), 253
Dufrost de Lajemmerais, Marie-Marguerite (Youville), **253–257** ; 286, 306, 469, 499, 549, 846, 868
Dufy. V. Trottier
Dufy Charest, Joseph, 153
Dugas, Abraham, xxi
Dugas, Joseph (père), 257, 258
Dugas, Joseph, **257–259** ; 272
Dugas, Louise. V. Arseneau
Dugas, Marguerite. V. Richard
Dugas, Marguerite. V. Leblanc
Du Gua* de Monts, Pierre (mort en 1628), xvii, xix, xx
Du Guay. V. Le Guet
Dugué de Boisbriand, Marie-Thérèse (Piot de Langloiserie), 690
Dugué* de Boisbriand, Michel-Sidrac (mort en 1688), 690
Duhaget. V. Tarride
Duhart. V. Dechart
Du Jaunay, Pierre, **259–261**
Du Laurent*, Christophe-Hilarion (mort en 1760), 96
Du Lescöat. V. Le Pape
Dumaine. V. Du Pont Duchambon
Dumas*, Alexandre (mort en 1802), 222, 262, 263, 669
Dumas, Anne. V. Martin
Dumas*, Antoine-Libéral (mort en 1816), 263, 817
Dumas, Jean-Daniel, **261–262** ; 242, 326, 441, 514, 574, 609, 686, 727
Dumas, Marie. V. Calquieres
Dumas, Michel, 263
Dumas, Pierre, 262
Dumas, Samuel, 261
Dumas Saint-Martin, Jean, **262–263** ; 246, 250, 435, 669
Dumas Saint-Martin, Madeleine. V. Morisseau
Dumergue, François, 217
Dumont d'Urville, Jules-Sébastien-César, 305
Dumouchel, Marie-Joseph (Bigeau ; Decoste), 217
Dunbar, Janet (Bruyères), 118
Dunbar, Thérèse-Josèphe. V. Fleury Deschambault
Dunbar, Thomas, 304
Dunbar, William, 290
Duncan, Charles, **263–264** ; 236, 453
Duncan*, Henry (mort en 1814), 242
Duncan, John, 281, 784
Dundas, Henry, 1er vicomte Melville, 679, 778
Dunière, Louis, 52, 53

Dunk, George Montagu, 2e comte de Halifax, xxxviii, xxxix, xli, xliii, xliv, xlvi, 183, 247, 605, 618, 743, 853
Dunlop (Dunlap), William, 114, 317, 318, 423
Dunmore, comte de. V. Murray
Dunn*, Thomas (1729–1818), 40, 214, 263, 349, 581, 617, 652, 669, 670, 777, 854, 856, 857
Dupaul, Pierre, 345
Dupeer, Susannah, 631, 632
Dupéré, dit Champlain, Jean-Baptiste-François-Xavier, 223
Dupérié (Duperier), Anne. V. Le Borgne de Belle-Isle
Dupéront (Dupéron, Duperron). V. Baby
Dupin de Belugard, Jean-Baptiste, 495
Duplaix, Catherine. V. Gonillon
Duplaix (Duplex Silvain), Claude, 264
Dupleix, Joseph-François, 137
Dupleix Silvain, Geneviève. V. Benoist
Dupleix Silvain, Jean-Baptiste, **261–264** ; 31, 735
Duplessis. V. Gastineau ; Lefebvre ; Regnard ; Robereau
Du Plessis. V. Vignerot
Duplessis, Madeleine, 640
Duplessis de Mornay, Louis-François, 238, 239
Duplex. V. Duplaix
Dupont, Élisabeth (Cuny), 202
Dupont, Étienne-Claude, 76
Du Pont de Gourville, Michel, 66, 271, 272, 273, 275, 503, 849
Du Pont de Renon, Anne-Claire (L'Espérance), 508
Du Pont* de Renon (Du Pont de Saint-Pierre), Michel (mort en 1719), 266, 271, 508
Du Pont de Renon, Philippe-Michel, 266
Du Pont Duchambon, Charles-François-Ferdinand, 268
Du Pont Duchambon, François, 266, 268
Du Pont Duchambon, Jean-Baptiste-Ange, 268
Du Pont Duchambon, Jeanne. V. Mius d'Entremont de Pobomcoup
Du Pont Duchambon, Louis, **266–268** ; 16, 31, 66, 68, 258, 268, 271, 272, 274, 745, 849
Du Pont Duchambon, Marguerite-Josephe. V. Rodrigue
Du Pont Duchambon, Marie-Anne. V. Roma
Du Pont Duchambon de Mézillac, Anne (Coux), 268
Du Pont Duchambon de Vergor, Joseph, 271
Du Pont Duchambon de Vergor, Louis, **268–271** ; xxvii, 31, 39, 40, 66, 266, 268, 489, 493, 584, 683
Du Pont Duchambon de Vergor, Marie-Joseph. V. Riverin
Du Pont Duchambon Dumaine, Barbe-Blanche. V. Carrerot
Du Pont Duchambon Dumaine, Mathieu, 268
Du Pont* Duvivier, François (1676–1714), 266, 271, 849
Du Pont Duvivier, François, **271–275** ; xxvi, 31, 66, 67, 68, 258, 266, 269, 490, 503, 637, 732, 849
Du Pont Duvivier, Hugues, 266
Du Pont Duvivier, Joseph, **849–850** ; 266, 271, 275
Du Pont Duvivier, Marie. V. Hérauld de Gourville
Du Pont Duvivier, Marie. V. Mius d'Entremont de Pobomcoup
Du Pont Duvivier, Marie-Josephe. V. Gautier
Du Pont Duvivier, Marie-Josephe. V. Le Borgne de Belle-Isle
Duport, Frances (Suckling), 786
Duport, John, 139, 288
Dupré. V. Le Comte
Dupré, M., 160
Dupré, Anne de (Preissac), 695
Dupré de Saint-Maur, Nicolas, 60
Dupuy*, Claude-Thomas (1678–1738), 382, 383, 384, 387, 527
Dupuy, Jean-Patrice, 76
Dupuy, Louise (Milly ; Laborde), 455
Dupuy, Marie (Orillat), 640
Duquesne, Abraham, 276
Duquesne, Ursule-Thérèse V. Possel
Duquesne de Menneville, Ange, marquis Duquesne, **276–278** ; 230, 231, 461, 482, 483, 492, 495, 554, 609, 644, 655, 665, 668, 669, 672, 689, 710, 722, 749, 796
Duquesnel. V. Le Prévost
Durand, Jeanne (Féré Duburon), 329
Durand, Laurent, 576
Durand, Marie-Anne (Marchand), 550
Durang, John, 602
Durell*, Philip (1707–1766), 177, 227, 704, 758
Durell, Thomas, 183
Du Revest. V. Noble
Durham, comte de. V. Lambton
Durocher*, Jean-Baptiste-Amable (1754–1811), 576, 577
Duroy, Anne-Thérèse (Charest), 152
Du Sablé. V. Dandonneau
Dusautoy (Dusaultoir), Louise-Madeleine (Cugnet), 197, 198, 201
Dusourdy. V. Landriaux
Dussault. V. Toupin
Du Tremblay. V. Gaultier
Duval*, Charles (*circa* 1767–1828), 222, 223
Duvergé, Bertrand, 408
Duvivier. V. Du Pont
Duvivier, Marie-Anne (Berbudeau), 61
Dyaderowane. V. Ottrowana
Dyce, William, 616
Dymond, Joseph, 823
Dysan. V. Dejean

EAGLESON, John, **278–279**
Eagleson, Sophia Augusta. V. Pernette
Eddy*, Jonathan (1726/1727–1804), 14, 32, 174, 209, 279, 333, 488, 608, 751, 784, 799
Edward Augustus*, duc de Kent et Strathearn (1767–1820), 47, 159, 206, 565, 779
Edwards*, Edward (mort en 1813), 747
Edwards, Richard, **279–280** ; 172, 434, 473, 701
Edwards, Richard, 279
Eghohund, 29
Egmont, comte de. V. Perceval
Egremont, comte d'. V. Wyndham
Egushwa, **280–281** ; lx
Elibank, baron. V. Murray
Eliza* y Reventa, Francisco de (1759–1825), 562, 615
Ellice*, Alexander (1743–1805), 43, 156, 281, 282, 435
Ellice, James, 282
Ellice, Mary. V. Simpson
Ellice, Robert, **281–282**
Ellice, William, 281

Elliot, John, 850
Elliot*, Robert (*circa* 1740–1765), 30, 87
Elliott*, Matthew (mort en 1814), 325, 540, 844
Ellis, Henry, 56
Ellis, Welbore, 362, 618
Elmsley*, John (1762–1805), 13
Ely, Deborah. V. Dennison
Embito. V. Ruis-Embito
Émery, Jacques-André, 98, 588
Emmanuel, père. V. Veyssière, Leger-Jean-Baptiste-Noël
Énault de Livaudais, Marie-Geneviève (Fontenelle ; Coulon de Villiers), 193
Entremont. V. Mius
Érasmus, 190
Ermatinger, Anna Maria. V. Buhl
Ermatinger*, Charles Oakes (1776–1833), 283
Ermatinger*, Frederick William (mort en 1827), 283
Ermatinger, Jemima. V. Oakes
Ermatinger, Laurenz, 282
Ermatinger, Lawrence, **282–283** ; 355, 633, 634
Ermatinger, Lawrence Edward, 283
Ermon. V. Ormond
Erskine. V. Askin
Escourre, Pierre, 134
Esgly (Esglis). V. Mariauchau
Esnault, Marie (Pichon), 682
Espiet de La Plagne, Pierre-Paul d', 849
Espiet* de Pensens, Jacques d' (mort en 1737), 15, 266
Esprit de Vantelon, François, 135
Esprit de Vantelon, Françoise. V. Cadet
Est*, dit Coundo, François (mort en 1838), 166
Estaing, Jean-Baptiste-Charles d' (baptisé Charles-Henri), comte d'Estaing, 166, 305
Estèbe, Arnaud (Armand), 284
Estèbe, Élisabeth. V. Garde
Estèbe, Élisabeth-Cécile. V. Thibierge
Estèbe, Guillaume, **284–285** ; 73, 99, 226, 292, 390, 468, 482, 666, 814, 819
Estienne* Du Bourgué de Clérin, Denis d' (mort en 1719), 781
Estienne Du Bourgué de Clérin, Marie-Louise d' (Souste), 781
Estourmel*, Constantin-Louis d' (1691–1765), 491
Etherington, George, 251, 260, 610
Étioles. V. Le Normant
Evans, John, 174, 508
Evans, Simon, 824
Evans, William, 687
Eveleth, Sarah (Glasier), 322
Exmouth, vicomte. V. Pellew
Eyre*, William (mort en 1765), 322

FABER (Fabert). V. Lefebvre
Fabre, dit Laterrière, Dorothée (Lehoulier), 670
Fabre, dit Laterrière, Marie-Catherine. V. Delezenne
Fabre*, dit Laterrière, Pierre (mort en 1815), 222, 223, 310, 362, 638, 670
Fabus, Michel-Henri, 457
Fairbanks, Joseph, 763
Falaise. V. Gannes
Falardeau, Élisabeth. V. Deguise, dit Flamand
Falardeau, Joseph, 220
Falcon, Mary. V. Grant
Falcon*, Pierre (1793–1876), 334
Falconer, Thomas, 323
Faneuil, Peter, 273, 294
Fanning*, Edmund (1739–1818), 140, 596, 661
Farmer, Ferdinand. V. Steinmeyer, Ferdinand
Faucon, Antoine, 563
Fauteux*, Ægidius (1876–1941), 37, 39, 40, 116, 757, 820
Fauteux, Joseph-Noël, 406
Fear-a-Ghlinne. V. MacDonald of Glenaladale, John
Féderbe, Louis-Laurent de, comte de Maudave, 816
Feild*, Edward (1801–1876), 473
Fels. V. Feltz
Feltz, Cécile. V. Gosselin
Feltz, Charles-Elemy-Joseph-Alexandre-Ferdinand, **285–287** ; 469
Feltz, Elemy-Victor, 285
Feltz, Marie-Ursule. V. Aubert de La Chesnaye
Feltz, Marie-Ursule. V. Mouthe
Feré Duburon, Jean-Joseph, 134, 329
Feré Duburon, Jeanne. V. Durand
Feré Duburon, Louise-Élisabeth (Goguet), 134, 329
Ferguson, Nancy (Singleton), 770
Ferguson, Israel, 770
Ferguson, Patrick, 228
Fernández. V. Martínez
Ferrand, Élisabeth-Françoise. V. Levasseur
Ferrand, Laurent-René, 381
Feuille, La. V. Wahpasha
fforbes. V. Forbes
Fidler*, Peter (1769–1822), 174, 334, 742, 805
Fiedmont. V. Jacau
Fiennes, marquis de. V. Fontanieu
Fife, comte. V. Duff
Filiau, dit Dubois, François, 293
Filiau, dit Dubois, Jean-Baptiste, 293
Filiau, dit Dubois, Marie-Amable (Orillat), 640
Filion, Suzanne-Élisabeth (Brassard Deschenaux), 97
Fillion, Joseph, 713
Fillis, Elizabeth. V. Stoddard
Fillis, John (père), 287
Fillis, John (fils), **287–288** ; 126, 143, 569, 570, 571, 754, 755
Fillis, John (petit-fils), 288
Fillis, Sarah. V. Rudduck
Finlay*, Hugh (1732–1801), 348, 350, 617, 777, 860
Finucane, Bryan, 354, 608
Fiott, Nicholas, 192
Fiset, Marie-Angélique (Bédard), 53
Fisher, Cuthbert, 102
Fisher*, James (*circa* 1776–1816), 116, 533, 638
Fitzgerald, lord Edward, 172
Fitzgerald, Pamela. V. Simms
Flamand (Flamant). V. Deguise
Flat Button, 281
Fletcher, Alexander, 140
Fletcher, Robert, **288–289** ; 56, 369, 370
Fleuriau, Charles-Jean-Baptiste de, comte de Morville, 65
Fleurimont. V. Noyelles
Fleury, André-Hercule de, cardinal de Fleury, 383, 386
Fleury de La Gorgendière, Charlotte de (Marin de La Malgue), 553
Fleury de La Gorgendière, Claire de. V. Jolliet

Fleury* de La Gorgendière, Joseph de (1676–1755), 289, 553, 715, 802
Fleury de La Gorgendière, Louise de (Rigaud de Vaudreuil), 715, 716, 744
Fleury de La Gorgendière, Marie-Thomas de (Trottier Dufy Desauniers), 802
Fleury Deschambault, Catherine. V. Véron de Grandmesnil
Fleury* Deschambault, Jacques-Alexis (mort en 1715), 289
Fleury Deschambault, Jeanne-Charlotte de (Le Verrier de Rousson ; Rigaud de Vaudreuil de Cavagnial, marquise de Vaudreuil), 308, 513, 514, 718, 723, 729
Fleury Deschambault, Joseph, **289–291**
Fleury Deschambault, Marie-Anne-Catherine (Le Moyne de Longueuil, baronne de Longueuil ; Grant), 289, 290
Fleury Deschambault, Thérèse-Josèphe (Dunbar), 290
Floquet, Pierre-René, **291–292** ; 588
Flórez Maldonado Martínez de Angulo y Bodquín, Manuel Antonio, 561, 562
Fonblanche. V. Quesnel
Fonds (Fond), Jean de. V. Rodrigue, Jean-Baptiste
Fonfay. V. Morin
Fontanieu, Gaspard-Moïse-Augustin de, marquis de Fiennes, 381
Fontanille, M. de, 673
Fontanille, Marie-Marguerite de. V. Lemoine, dit Monière
Fonte*, Bartholomée de (*circa* 1640), 179, 810
Fonteneau, Jeanne (Curatteau), 203
Fontenelle, Marie-Geneviève. V. Énault de Livaudais
Forant*, Isaac-Louis de (mort en 1740), 16, 66, 273
Forbes*, John (1707–1759), 5, 193, 441, 725
Forcade, Pierre de, 386
Forel. V. Avet
Forestier, Geneviève. V. Bouchard, dit Dorval
Forestier, Pierre, 50
Foretier*, Pierre (1738–1815), 64, 152, 641, 642
Fork. V. Nissowaquet
Fornel*, Joachim (né en 1697 ; mort après 1753), 48
Fornel*, Louis (mort en 1745), 48, 73
Fornel, Marie-Anne. V. Barbel
Forsyth*, John (1762–1837), 282
Forsyth*, Joseph (1764–1813), 534
Forsyth, William, 547
Forsyth*, William (mort en 1814), 213
Fort, Claude, 135
Fortescue, sir John William, 28
Fortier, Angélique, V. Manseau
Fortier, Angélique (Cadet), 134, 138, 139
Fortier, Marie-Anne. V. Cureux, dit Saint-Germain
Fortier, Michel (père), 134, 292
Fortier, Michel, **292–293**
Fortier, Pierre-Michel, 292
Forton*, Michel (1754–1817), 761
Foster, Thomas, 237
Fothersall, Ann (Williams), 837
Foucault*, François (1690–1766), 343, 387, 388, 390, 467
Foucault, Marie-Geneviève (Guillimin), 343
Foucault, Marie-Thérèse (Lamaletie), 467
Foucher*, Antoine (1717–1801), 577
Foucher*, François (1699–1770), 12, 384
Foucher*, Louis-Charles (1760–1829), 372, 373
Foucher, Marie-Madeleine-Françoise (Panet), 651
Fouquet, Charles-Louis-Auguste, duc de Belle-Isle, 331
Fourche, La. V. Nissowaquet
Foureur, Anne-Céleste. V. Desforges
Foureur, Pierre, 293
Foureur, dit Champagne, Catherine. V. Guertin
Foureur, dit Champagne, Charlotte (Rousseau), 293
Foureur*, dit Champagne, Jean-Louis (1745–1822), 164, 293
Foureur, dit Champagne, Louis, **293–294**
Foureur, dit Champagne, Pierre, 293
Fourier, Louis, 217
Fournel. V. Fornel
Fournier, Marguerite. V. Crevier
Fournier, Pierre, 417
Fowler, Sarah (Batt), 50, 51
Fox, Charles James, 377
Fox, Henry, 1er baron Holland, 63, 657
France, Charles de, duc de Berry, 717
Franceway. V. Jérôme, dit Latour, François
Franchère, Benoîte. V. Camagne
Franchère, Gabriel, 549
Franchère*, Gabriel (1786–1863), 549
Francheville. V. Poulin
Francklin, Edith. V. Nicholson
Francklin, George Germaine Sackville, 542
Francklin, James Boutineau, 848
Francklin, Michæl (père), 294
Francklin, Michæl, **294–297** ; 14, 32, 88, 120, 126, 143, 212, 278, 313, 314, 315, 323, 332, 337, 338, 379, 486, 542, 545, 570, 571, 607, 754, 785, 799, 848
Francklin, Susannah. V. Boutineau
François, dit Saint-François, Joseph, 417
François-Xavier. V. Arosen
François-Xavier, 14
Franklin, Benjamin, 114, 249, 291, 439, 575, 593, 824
Franklyn (Franklin), Mary (Montgomery), 589
Franks, Abraham, 358
Franks, David Salisbury, 358
Franks, John, 358
Franks, Rebecca (Solomons), 779
Franquet* Louis (mort en 1768), 70, 74, 189, 328, 371, 699, 710, 711
Franquetot, François de, duc de Coigny, 515
Fraser, Alexander (militaire), 141, 159, 452
Fraser, Alexander, **297–298**
Fraser*, Alexander (1763–1837), 742
Fraser, Jane. V. McCord
Fraser, Jane (Davidson), 298
Fraser, John, 247, 290, 372, 373, 531, 617, 621, 652, 687, 824
Fraser*, Malcolm (mort en 1815), 116, 163, 592, 622
Fraser, Margaret, 298
Fraser, Simon, 206
Fraysse, Françoise (Veyssières), 817
Frédéric II, roi de Prusse, 74
Frederick Augustus, duc d'York, 28
Freeman, Elisha, 237
Frégault*, Guy (1918–1977), xxvi, 66, 75, 77, 78, 95, 383, 686, 714, 730
Freke, Elizabeth (Bulkeley, lady Bulkeley), 119
Frémont, Jean-Louis, 327

Frémont, Reine (Godefroy de Tonnancour), 327
Freneuse. V. Damours
Fresnoy, marquis de, 673
Fresnoy, Marie-Marguerite de. V. Lemoine, dit Monière
Frichet, Charles, 542, 543
Frobisher, Benjamin, **298–300** ; 282, 575
Frobisher, Joseph, 298
Frobisher*, Joseph (1740–1810), 51, 144, 151, 298, 299, 300, 700
Frobisher*, sir Martin (mort en 1594), lviii
Frobisher, Rachel. V. Hargrave
Frobisher, Thomas, 298, 299
Fronsac. V. Denys
Frontenac, comte de. V. Buade
Frost, John, 611
Fryer, Elizabeth (Collier, lady Collier), 174
Fuca*, Juan de (1536–1602), 179, 264, 810
Fuller, Amos, 378

GABRIEL, Gilles, 509
Gabriel, Marie-Geneviève. V. Côté
Gadois*, dit Mauger, Jacques (mort en 1750), 221, 222, 812
Gage, Benedicta Maria Theresa, vicomtesse Gage. V. Hall
Gage, Margaret. V. Kemble
Gage, Thomas, **300–304** ; xxxvii, xxxix, xlii, 3, 4, 18, 39, 93, 94, 123, 150, 160, 203, 204, 287, 320, 323, 324, 357, 363, 399, 404, 425, 428, 470, 488, 544, 547, 590, 617, 620, 631, 636, 656, 731, 737, 738, 768, 782, 797, 834, 853, 860
Gage, Thomas, 1er vicomte Gage, 300
Gagné, Agnès (Bourassa, dit La Ronde), 84
Gagnon, Jacques (Joseph), 165, 166
Gaiachoton. V. Kayahsota?
Gaillard, Joseph-Ambroise, 465
Gaillard, Marie-Louise, dite de la Sainte-Vierge, 578
Gainsborough, Thomas, 28
Galaup, Jean-François de, comte de Lapérouse, **304–306** ; 171, 263, 368, 395, 414, 560, 561, 633, 742, 804, 806
Galaup, Louise-Éléonore de, comtesse de Lapérouse. V. Broudou
Galaup, Marguerite de. V. Rességuier
Galaup, Victor-Joseph de, 304
Galiano. V. Alcalá-Galiano
Galles, prince de. V. George IV
Gálvez, José de, 674
Galway, vicomte. V. Monckton
Galway, vicomtesse. V. Manners
Gambier, James, 175
Gamelain de La Fontaine, Marguerite. V. Crevier
Gamelin, Angélique. V. Giasson
Gamelin*, Ignace (1663–1739), 306, 309
Gamelin, Ignace, **306–308** ; 12, 50, 253, 309, 390, 639
Gamelin, Joseph, 308
Gamelin, Marguerite. V. Le Moyne
Gamelin, Marie-Anne. V. Lemaître-Lamorille
Gamelin, Marie-Louise. V. Dufrost de La Gemerais
Gamelin, Marie-Louise. V. Lorimier
Gamelin, Pierre-Joseph, **308–309**
Gamelin, dit Châteauvieux, Antoine, 317
Gamelin, dit Châteauvieux, Laurent-Eustache, 85
Gamelin, dit Châteauvieux, Suzanne (Gill), 317
Gamelin Maugras, Marie-Clémence. V. Dufrost de La Gemerais
Gamelin* Maugras, Pierre (1697–1757), 253, 309
Ganiodaio (Handsome Lake), lxiii
Gannenstenhawi. V. Williams, Eunice
Gannes de Falaise, Anne de (Rousseau de Villejouin), 746
Gannes de Falaise, Jean-Baptiste de, 422
Gannes* de Falaise, Louis de (1658–1714), 746
Gannes de Falaise, Marguerite de. V. Leneuf de La Vallière et de Beaubassin
Gannes de Falaise, Marguerite-Madeleine de (Couagne), 189
Gannes* de Falaise, Michel de (mort en 1752), 15, 274, 478, 734, 746, 849
Gannes de Falaise, Thérèse. V. Bouat
Gannett, Caleb, 278
Garaud, M., 73
Garaut. V. Garreau
Garde (Gardes), Élisabeth (Estèbe), 284
Gardner, Alan, 1er baron Gardner, 808, 809
Gariépy, Marie (Renaud, dit Cannard), 713
Garneau*, François-Xavier (1809–1866), xxxvi, 251, 345
Garnett, M., 472
Garreau, dit Saint-Onge, Marie-Anne. V. Maugue
Garreau, dit Saint-Onge, Pierre (père), 310, 572
Garreau, dit Saint-Onge, Pierre, **310** ; 551
Garrick, David, 123
Gaspar, Marguerite (Schindler), 761
Gaspar Soiaga. V. Kondiaronk
Gaspé. V. Aubert
Gastineau de Sainte-Marie, Louis, 12
Gastineau* Duplessis, Jean-Baptiste (1671–1750), 388, 640
Gastineau Duplessis, Marie-Joseph (Olivier de Vézin), 640
Gates, Horatio, 119, 124
Gatrowani. V. Ottrowana
Gaubert, Mathurin, 104
Gauchet de Belleville, Catherine (Migeon de Branssat), 578
Gaudet*, Placide (1850–1930), 507
Gaultier*, Jean-François (1708–1756), 49, 99, 439, 791
Gaultier, Marie (Quintal), 702
Gaultier (Gauthier), Marie-Thérèse (Carrerot ; Hertel de Rouville), 15
Gaultier* de La Vérendrye, Jean-Baptiste (1713–1736), 85
Gaultier de La Vérendrye, Louise-Antoinette. V. Mézières de Lépervanche
Gaultier* de La Vérendrye, Louis-Joseph (1717–1761), 311, 460, 461, 554
Gaultier* de La Vérendrye de Boumois, Pierre (1714–1755), 306, 311, 388
Gaultier* de Varennes, Jean-Baptiste (mort en 1726), 311, 475
Gaultier de Varennes, Marie. V. Boucher
Gaultier de Varennes, Marie-Renée (Dufrost de La Gemerais ; Sullivan), 253
Gaultier* de Varennes, René (mort en 1689), 253

Gaultier de Varennes et de La Vérendrye, Marie-Anne. V. Dandonneau Du Sablé.
Gaultier* de Varennes et de La Vérendrye, Pierre (1685–1749), 84, 85, 194, 253, 306, 311
Gaultier Du Tremblay, François, **311–312**
Gaustrax, 150
Gautier, Antoine, 345
Gautier, Jean-Jacques, 135
Gautier, Madeleine (Campion), 144
Gautier, Marie-Josephe (Du Pont Duvivier), 272
Gautier, Marie-Renée (Varin, dit La Pistole), 812
Gautier*, dit Bellair, Joseph-Nicolas (1689–1752), xxvi, 86, 272
Gautier, dit Bellair, Marguerite (Bourdon de Dombourg), 86
Gautier de Verville, Charles, 326, 610
Gauvreau, Marie (Martel de Saint-Antoine), 160
Gayahgwaahdoh. V. Kaieñ?kwaahtoñ
Gay* Desenclaves, Jean-Baptiste de (né en 1702 ; mort après 1764), xxvi, 274
Gazan, François, 136
Geanneau. V. Jeanneau
Geddes, David, 431
Gendron, Marie-Madeleine (Devau, dit Retor), 234
Genest, André, 406
Genlis, comte de, 484
George I, roi de Grande-Bretagne et d'Irlande, xxii
George II, roi de Grande-Bretagne et d'Irlande, 23, 118, 491, 543, 732
George III, roi de Grande-Bretagne et d'Irlande, xliii, xlix, lii, 27, 42, 45, 106, 115, 158, 175, 194, 303, 328, 348, 469, 488, 587, 743, 828
George IV, roi de Grande-Bretagne et d'Irlande, 211, 249
George*, David (mort en 1810), 557, 679
Gergy. V. Languet
Gérin, abbé, 82
Gérin (Guérin), Marguerite (Boisseau), 82
Germain. V. Langlois
Germain, Charles, **312–313** ; 87, 231, 457, 685, 849
Germain (Sackville), George, 1er vicomte Sackville, 6, 24, 25, 27, 303, 377, 462, 488, 618, 787, 859
Gerrard*, Samuel (1767–1857), 335
Gerrish, Benjamin, **313–314** ; 56, 57, 126, 287, 295, 314, 447, 448, 571, 763
Gerrish, Elizabeth (Green), 337
Gerrish, John, 313, 314
Gerrish, Joseph, **314–315** ; 56, 57, 103, 295, 313, 314, 448
Gerrish, Mary. V. Brenton
Gerrish, Mary. V. Cradock
Gerrish, Rebecca. V. Dudley
Gerrish, Sarah. V. Hobbes
Gervaise, Marie-Joseph (Besnard, dit Carignant), 63
Geyesutha. V. Kayahsota?
Giasson, Angélique (Gamelin), 308
Giasson, Jacques, 289
Gibault*, Pierre (mort en 1802), 186, 326
Gibbon, Edward, l
Gibbons, Richard (père), 315
Gibbons, Richard **315–316** ; 287, 296, 564, 608
Gibbons, Richard Collier Bernard DesBarres Marshall, 316
Gibbons, Suzanna. V. Sheperd
Gibbons, Susannah (mère de RICHARD), 315
Giengwahtoh. V. Kaieñ?kwaahtoñ
Gill, Antoine, 316, 317
Gill*, Ignace (1808–1865), 317
Gill, Joseph-Louis, dit Magouaouidombaouit, **316–317** ; 312
Gill, Marie-Jeanne. V. Nanamaghemet
Gill, Rosalie. V. James
Gill, Samuel, 316
Gill, Suzanne. V. Gamelin, dit Châteauvieux
Gill, Xavier, 316
Gilliland, Susan (Macaulay), 534
Gilliland, William, 534
Gillray, James, 626
Gilmore, Mary. V. Lillicoe
Gilmore, Thomas, **317–318** ; 114, 115, 423, 458, 576
Gimbal, Madeleine. V. Morisseau
Girard, Jacques, **318–319** ; 490, 493
Girouard*, Antoine (1762–1832), 88, 89
Giroux, Louis, 523
Giroux, Louise (Jacquet), 417
Girty, James (esclave), 845
Girty, James (frère de Simon*), 844, 845, 846
Girty*, Simon (1741–1818), 443, 540, 844, 845
Gladwin, Frances. V. Beridge
Gladwin, Henry (père), 319
Gladwin, Henry, **319–320** ; 260, 363, 597, 636, 783, 827, 834
Gladwin, Mary. V. Dakeyne
Glandons. V. Desdevens
Glapion, Augustin-Louis de, **321–322** ; 146, 402
Glasier, Ann (Stevens ; épouse de BEAMSLEY PERKINS), 322
Glasier, Beamsley Perkins, **322–324**
Glasier, Benjamin, 323
Glasier, Sarah. V. Eveleth
Glasier, Stephen, 322
Glaude. V. Claude
Glemet, Pierre, 136, 292, 612, 819
Glenaladale. V. MacDonald
Glenie*, James (1750–1817), 355
Glikhikan (Glickhican), **324–326**
Godefroy de Linctot, Catherine-Apolline. V. Blondeau
Godefroy de Linctot, Daniel-Maurice, **326–327** ; 610
Godefroy de Linctot, Hyacinthe, 326
Godefroy de Linctot, Louis-René, 326
Godefroy de Linctot, Marie-Charlotte (Ailleboust de La Madeleine), 11
Godefroy de Linctot, Maurice-Régis, 326
Godefroy de Tonnancour, Charles-Antoine, **327** ; 357
Godefroy de Tonnancour, Louise. V. Carrerot
Godefroy de Tonnancour, Louise (Ramezay), 704, 706
Godefroy de Tonnancour, Louis-Joseph, **327–328** ; 201, 327, 341, 591
Godefroy de Tonnancour, Marguerite. V. Ameau
Godefroy de Tonnancour, Marguerite-Renée, dite de la Croix, 344
Godefroy de Tonnancour, Marie-Geneviève, dite de Sainte-Hélène, 344
Godefroy de Tonnancour, Mary. V. Scamen
Godefroy de Tonnancour, Reine. V. Frémont
Godefroy* de Tonnancour, René (mort en 1738), 327, 328, 344, 704

Godefus. V. Boucault
Godin, dit Bellefontaine et dit Beauséjour, Joseph, **328–329**
Godin, dit Bellefontaine et dit Beauséjour, Marie-Anne. V. Bergeron d'Amboise
Godin, dit Chatillon et dit Bellefontaine, Gabriel, 328, 329
Godin, dit Chatillon et dit Bellefontaine, Marie-Angélique. V. Robert Jasne
Godsman, John. V. Davidson, William
Godsman, William, 211
Godson. V. Gotson
Goffar, Anne-Jeanne (Dosquet), 238
Goforth, William, 344
Goguet, Denis (père), 329
Goguet, Denis, **329–330** ; 38, 73, 76, 134, 137, 139, 198, 390, 456, 675, 685
Goguet, Louise-Élisabeth. V. Feré Duburon
Goguet, Marguerite-Thérèse-Sibylle (mère de DENIS), 329
Gohin, Pierre-André, comte de Montreuil, **330–331** ; 705, 727
Gohin de Montreuil, Monique-Françoise. V. Petit
Gohin de Montreuil, Nicolas, 330
Goldfrap, James, 617
Goldsmith, Eliza (Small), 832
Goldthwait*, Benjamin (1704–1761), 705
Gonˀaongote. V. Williams, Eunice
Góngora. V. Luján
Gonillon, Catherine de (Duplaix), 264
Gonwatsijayenni. V. Koñwatsiˀtsiaiéñni
González, Gertrudis (Martínez), 560
Goossens, Pierre-François, 612
Gordan, Antoine, 405
Gordon, George, 28
Gordon, William, 430
Goreham, Anne. V. Spry
Goreham, Elizabeth (Hunter ; épouse de JOSEPH), 332
Goreham, Joseph, **332–333** ; 120, 174, 209
Gorham*, John (1709–1751), 183, 332, 736
Gorham, Mary. V. Thacter
Gorham, Shobal (Shubael), 332
Gosselin*, Amédée-Edmond (1863–1941), 820, 869
Gosselin*, Auguste-Honoré (1843–1918), 690
Gosselin, Cécile (Douaire de Bondy ; Feltz), 286
Gotson (Godson), Christiana. V. Veyssière
Gould, sir Charles, 91, 92, 93
Gould, King, 90, 91
Gourville. V. Du Pont ; Herauld
Goutin*, François-Marie de (mort en 1752), 45, 61, 492
Goutin, Marie-Angélique de. V. Aubert de La Chesnaye
Goutin, Marie-Anne de (Bailly de Messein), 45
Gouze, Guillaume, 676
Gouze, Marie-Anne. V. Chasle
Governor Blacksnake. V. Thaonawyuthe
Gradis, Abraham, 74, 76, 100, 226, 685
Gradis, David, 711
Graham*, Andrew (mort en 1815), 170, 173, 174, 367, 407, 560, 700, 806, 807, 822, 826
Granby, marquis de. V. Manners
Grandchamp. V. Allenou
Grand Maison. V. Malepart
Grandmesnil. V. Véron
Grandpré. V. Boucher
Grand Sauteux, Le. V. Minweweh
Grant, Alexander, 57, 313
Grant*, Alexander (1734–1813), 844
Grant, Charles, 416
Grant, Cuthbert (marchand de Québec), 334
Grant, Cuthbert (marchand de Trois-Rivières), 334
Grant, Cuthbert, **334–335**
Grant*, Cuthbert (1793–1854), 334
Grant, David, 334
Grant, David Alexander, 290
Grant, James, **335** ; 145
Grant, James (fils de CUTHBERT), 334
Grant, John, 186
Grant, Margaret (Grant), 334
Grant, Marie-Anne-Catherine. V. Fleury Deschambault
Grant, Marie-Charles-Joseph. V. Le Moyne de Longueuil
Grant, Mary (Falcon), 334
Grant, Robert, 394, 395
Grant*, William (1744–1805), 138, 214, 339, 349, 515, 532, 581, 617, 744, 777, 787, 819, 860
Grant*, William (1743–1810), 144, 327, 335, 818
Grantley, baron. V. Norton
Grass, Michael, 741
Grasset de Saint-Sauveur, André, **335–337**
Grasset de Saint-Sauveur, André (fils), 336
Grasset de Saint-Sauveur, Jacques, 336
Grasset de Saint-Sauveur, Jean, 335
Grasset de Saint-Sauveur, Louise. V. Roussel
Grasset de Saint-Sauveur, Marie-Anne. V. Nolan Lamarque
Grasset de Saint-Sauveur, Marie-Joseph. V. Quesnel Fonblanche
Gravé* de La Rive, Henri-François (1730–1802), 7, 46, 47, 54, 81, 109, 400, 401, 403, 458, 551, 552, 695
Graves, Booty, 174, 394
Graves, Samuel, 857
Graves*, Thomas, 1er baron Graves (1725–1802), 178, 647, 649
Gravier, Charles, comte de Vergennes, 156, 336
Gravois, Joseph, 240
Gray, Alexander, 41, 532, 777
Gray, Ann (épouse d'Alexander), 41
Gray*, Benjamin Gerrish (1768–1854), 314
Gray*, Edward William (1742–1810), 64, 283, 416, 477, 576, 593, 762
Gray, John, 575, 577
Gray*, John (mort en 1829), 41
Gray, Joseph, 313
Gray*, Robert (1755–1806), 80, 236, 444, 445, 453, 454, 561
Gray*, Robert (mort en 1828), 596
Gray, Robert Don Quadra, 80
Gray, Thomas, 294
Green, Benjamin, **337–338** ; 56, 183, 215, 295, 606
Green, Benjamin (fils), 209, 337, 829
Green, Elizabeth. V. Gerrish
Green, John, 337
Green, Joseph (père), 337
Green, Joseph, 337

Green, Margaret. V. Pierce
Green, Susanna. V. Wenman
Greese, Margaret. V. Miller
Gregory*, John (mort en 1817), 396, 547
Gregory, William, 377, 617, 786, 787
Grenville, Anne, baronne Grenville. V. Pitt
Grenville, George, xxxvi, xxxix, 618, 854
Grenville (Greynvile), sir Richard, 808
Grenville, William Wyndham, 1er baron Grenville, 373, 778
Grey, William de, 1er baron Walsingham, xxxv, xliv, l
Gridley, Hannah. V. Deming
Gridley, Rebecca (mère de RICHARD), 338
Gridley, Richard (père), 338
Gridley, Richard, **338–339**
Gridley, Samuel, 339
Gridley, Sarah. V. Blake
Grignon, Pierre, 186
Grimes, John, 172, 773
Gripière de Moncroc, Joseph de, marquis de Laval, 225
Grisé, Antoine (père), 339
Grisé, Antoine, **339–340** ; 291
Grisé, Catherine. V. Lévesque
Grisé, Françoise. V. Marcoux
Grisé, Françoise. V. Poyer
Grisé, Jean-Baptiste, 340
Grob, Anna (Knaut), 447
Groot, Hugo de, dit Grotius, 249
Groston de Saint-Ange, Élisabeth (Coulon de Villiers), 192
Groston de Saint-Ange, Louis, 340
Groston de Saint-Ange, Louis-Daniel, 340
Groston de Saint-Ange, Marguerite. V. Crevier
Groston* de Saint-Ange, Robert (mort vers 1740), 340
Groston de Saint-Ange et de Bellerive, Louis, **340–341** ; 740
Grotius. V. Groot
Groulx*, Lionel (1878–1967), 251, 406
Grove*, Frederick Philip (1872–1948), 601
Grove, Hannah (Moulton), 611
Gruel de La Peltrie, Marie-Madeleine. V. Chauvigny
Güemes Pacheco Horcasitas Padilla, Juan Vicente de, 2e comte de Revilla Gigedo, 562
Guen*, Hamon (1687–1761), 548, 688
Guérin, Marie-Anne (Jacquin, dit Philibert ; Cardeneau), 73
Guerne. V. Le Guerne
Guernon*, dit Belleville, François (mort en 1817), 164, 217, 548
Guérout, Pierre-Guillaume, 515
Guerry, Lewis, 801
Guertin, Catherine (Foureur, dit Champagne), 293
Gugi, Hans George, 341
Gugi, Thérèse. V. Reis
Gugy, Barthélemy, 342
Gugy, Conrad, **341–342** ; 345
Gugy*, Louis (1770–1840), 342
Guichard, Charlotte (Sabrevois de Bleury), 748
Guichard, Jean, 748
Guichart, Françoise-Marie. V. Cozer
Guichart, Sylvestre, 342
Guichart (Guichart de Kersident), Vincent-Fleuri, **342–343**
Guillaume III, roi d'Angleterre, d'Écosse et d'Irlande, xxv
Guillaume IV, roi de Grande-Bretagne et d'Irlande, 602
Guillet de Chaumont, Marie-Catherine. V. Legras
Guillet* de Chaumont, Nicolas-Auguste (mort en 1765), 50
Guillimin*, Charles (1676–1739), 343, 344
Guillimin, Françoise. V. Lemaître-Lamorille
Guillimin, Guillaume, **343–344**
Guillimin, Marie-Françoise, dite de Saint-Antoine, **344–345**
Guillimin, Marie-Geneviève. V. Foucault
Guillimin, Marie-Joseph (Legardeur de Saint-Pierre ; La Corne), 461
Guillon (Guyon), Jean-Baptiste, 497
Guillon (Guyon), Marguerite (Lemoine Despins), 497, 498
Guillot, Jacques, 345
Guillot, Marguerite. V. Loiseleur
Guillot, dit Larose, François, **345** ; 341
Guillot, dit Larose, Marie. V. Rateau
Guiyahgwaahdoh. V. Kaieñˀkwaahtoñ
Gunn, Alexander, 577
Gunn, William, 577
Guy*, Pierre (1701–1748), 221
Guy*, Pierre (1738–1812), 38, 64
Guyasuta. V. Kayahsotaˀ
Guyon. V. Guillon
Guyon Desprez, Marie-Joseph (Marin de La Malgue), 553
Gwillim*, Elizabeth Posthuma (Simcoe) (1766–1850), 452
Gwyn, Christiana (Collier, lady Collier), 174
Gyard. V. Girard

HACKENWELDER (Heckewelder), John Gottlieb Ernestus, 325
Haguenier, Marguerite (Malepart de Grand Maison, dit Beaucour ; Lasselin), 548
Hains. V. Ainsse
Hair. V. Heer
Haitor (Hayter), Martha (Slade), 771
Hake, Samuel, 353
Haldimand, sir Frederick, **859–861** ; li, lvi, lxii, 4, 6, 7, 8, 43, 44, 54, 118, 129, 130, 131, 141, 142, 159, 168, 176, 195, 197, 200, 201, 206, 214, 222, 248, 249, 250, 298, 299, 301, 302, 303, 311, 312, 317, 322, 327, 328, 341, 346, 347, 348, 349, 356, 357, 362, 363, 374, 380, 396, 399, 400, 416, 422, 425, 430, 452, 463, 477, 482, 514, 524, 532, 547, 575, 581, 587, 594, 613, 664, 665, 675, 687, 712, 739, 744, 745, 752, 785, 798, 822, 845, 853, 858, 859, 870
Haldimand, François-Louis, 859
Haldimand, Marie-Madeleine. V. Treytorrens
Hale, John, 570
Halevear. V. Olivier
Half-King. V. Pomoacan
Halifax, comte de. V. Dunk
Hall, Benedicta Maria Theresa (Gage, vicomtesse Gage), 300
Hall, Prince, 557
Hallam, Lewis, 601

Hallé, Marie-Joseph, dite de Saint-François d'Assise, 510
Hallot, Marie-Scholastique (Desandrouins), 228
Halstead, John, 435
Hamel*, Thomas-Étienne (1830–1913), 869
Hamelin, Nicolas, 734
Hamilton, Elizabeth. V. Lee
Hamilton, Henry (père), 346
Hamilton, Henry **346–350** ; 41, 54, 90, 214, 280, 363, 396, 400, 431, 532, 536, 540, 547, 610, 761, 784, 859
Hamilton, Isaac, 834
Hamilton, John, 857
Hamilton, Mary. V. Dawson
Hamilton, Mary. V. Herkimer
Hamilton*, Robert (1749–1809), 534, 546, 844
Hamond, sir Andrew Snape, 120
Hamond, Marie (Hantraye), 351
Hancock, John, 156, 157
Hancock, Thomas, 606
Handfield*, John (*circa* 1719/1720–1760), xxviii, 732
Hands*, William (1755–1836), 845
Handsome Lake. V. Ganiodaio
Hanna, James, **350–351** ; 444, 539, 614
Hannah (esclave) (*circa* 1800), 844, 845
Hannah (esclave) (*circa* 1804), 846
Hannay*, James (1842–1910), xxii
Hantraye, Claude, **351**
Hantraye, Marie. V. Hamond
Hantraye, Marie-Françoise. V. Viger
Hantraye, Marie-Marguerite. V. Debuire
Hantraye, Noël, 351
Harboard, William, 60, 61
Harcourt, Margaret Irene. V. Sarney
Hardwicke, comte de. V. Yorke
Hardy, Catherine, lady Hardy. V. Stanyan
Hardy, sir Charles (père), 351
Hardy, sir Charles, **351–353** ; 92
Hardy, Elias, **353–355** ; 213
Hardy, Elizabeth, lady Hardy. V. Burchett
Hardy, Emma. V. Huggeford
Hardy, Mary, lady Hardy. V. Tate
Hargrave, Rachel (Frobisher), 298
Harismendy, Jean, 72
Harries*, John (1763–1810), 434
Harris, Jonathan, 378
Harrison, Edward, **355–357** ; 515, 617
Hart, Aaron **357–359** ; 44, 415, 818
Hart, Alexandre, 358
Hart*, Benjamin (mort en 1855), 358, 818
Hart, Catherine, 358
Hart, Charlotte, 358
Hart, Dorothée. V. Judah
Hart, Élisabeth, 358
Hart*, Ezechiel (mort en 1843), 358, 818
Hart, Henry, 357
Hart, Lemon, 357
Hart, Moses, 357, 358
Hart*, Moses (1768–1852), 358
Hart, Sarah, 358
Hartley, Thomas, 438
Hastings, Susanna. V. Willard
Hastings, Warren, 124
Haswell, Mary (Montresor), 596
Haswell*, Robert (1768–1801), 453
Haudebourg. V. Volant
Haussonville, comte d'. V. Cléron
Hautraye. V. Hantraye
Haven, Jens, **359–360** ; lviii, 243, 244, 579, 580, 649
Haven, Mary. V. Butterworth
Haviland, Caroline. V. Lee
Haviland, Peter, 360
Haviland, Salusbury. V. Aston
Haviland, William, **360–362** ; 26, 155, 519, 536, 589, 616, 736, 835
Havy*, François (1709–1766), 49, 137, 385, 514
Hawke, Edward, 1er baron Hawke, 136, 304, 352, 757
Hay, Charles, **362**
Hay*, lord Charles (mort en 1760), 3
Hay, Frances. V. Berkeley
Hay, George, 537
Hay, Jehu (John), **362–364** ; 347, 827
Hay, Julie-Marie. V. Réaume
Hay, Margaret (Bruce), 116
Hay, Mary (épouse de CHARLES), 362
Hay, Udney, 362
Hayenwatha. V. Hiawatha
Hays (Hayes), Andrew, 358
Hayter. V. Haitor
Hayter, John, 771
Hazen*, Moses (1733–1803), 163, 248, 290, 292, 329, 345, 593, 749
Hazen*, William (1738–1814), 212, 419
Hazeur, Anne. V. Soumande
Hazeur*, François (mort en 1708), 364
Hazeur, François, 365, 384
Hazeur*, Joseph-Thierry (1680–1757), 154, 308, 364, 365
Hazeur de L'Orme, Pierre, **364–365** ; 154, 238, 464, 465, 475, 582, 715
Hearne, Diana (mère de SAMUEL), 365
Hearne, Samuel (père), 365
Hearne, Samuel, **365–369** ; 51, 170, 179, 180, 264, 305, 414, 560, 566, 632, 633, 701, 742, 789, 805, 806, 807, 823, 825
Hébert, Anne (Bourg), 87
Hébert, Marie-Joseph (Brassard Deschenaux), 96
Heckewelder. V. Hackenwelder
Heer*, Louis-Chrétien de (mort avant 1808), 478
Heineman, Pines (Phineas), 358
Heinrich (Henrich), Anton. V. Henry, Anthony
Heire. V. Heer
Hénault, Gabriel, 500
Hénault, Pierre, 500
Henday*, Anthony (*circa* 1750–1762), 804, 826
Hendrick. V. Theyanoguin
Henley, Robert, 1er comte de Northington, xlv, 618
Henri IV, roi de France, xvii
Henry*, Alexander (1739–1824), 144, 299, 394, 395, 420, 435, 536, 610, 731
Henry, Anthony, **369–370** ; 20, 121, 288
Henry, Barbara (Spring ; épouse d'ANTHONY), 370
Henry, Margaret. V. Miller
Henry, Margaret (Chabrand Delisle), 150
Hérauld de Gourville, Marie (Du Pont Duvivier), 266
Hérault, Mme. V. Moreau de Séchelles
Herbault. V. Phélipeaux

Herbin, Louis, 796
Herkimer, Mary (McLean ; Hamilton), 546
Herkimer, Nicholas, 437, 752
Hernández. V. Pérez
Heron*, Patrick (*circa* 1709–1752), 68, 273
Herries, Elizabeth (Marrant), 557
Herse*, Jacques-Clément (*circa* 1740–1816), 575, 577
Hertel de Beaubassin, Catherine. V. Jarret de Verchères
Hertel de Beaubassin, Pierre-Joseph, 374
Hertel de Cournoyer, Marie-Josephte (Lefebvre de Bellefeuille), 481, 482
Hertel* de La Fresnière, Joseph-François (mort en 1722), 370
Hertel de Rouville, Charlotte-Gabrielle. V. Jarret de Verchères
Hertel* de Rouville, Jean-Baptiste (1688–1722), 370, 836
Hertel de Rouville, Jean-Baptiste-François, 370, 707
Hertel* de Rouville, Jean-Baptiste-Melchior (1748–1817), 370
Hertel de Rouville, Louise-Catherine. V. André de Leigne
Hertel de Rouville, Marie-Anne. V. Baudouin
Hertel de Rouville, Marie-Anne. V. Legras
Hertel de Rouville, Marie-Thérèse. V. Gaultier
Hertel de Rouville, René-Ovide, **370–374** ; 182, 247, 248, 328, 341, 422, 531, 533, 575, 593, 652
Hertel de Saint-François, Joseph, 374
Hertel de Saint-François, Joseph-Hippolyte, **374–375**
Hertel de Saint-François, Louis-Hippolyte, 374
Hertel de Saint-François, Marie-Anne. V. Le Comte Dupré
Hertel de Saint-François, Pierre-Antoine, 375
Hertel de Saint-François, Suzanne. V. Blondeau
Hertford, comte de. V. Seymour
Hervé, Marie. V. Le Ber
Hervieux, Jacques, 289
Hervieux*, Louis-François (1711–1748), 289
Hervieux, Marie-Anne (La Corne), 460
Hervieux, Marie-Anne (Le Comte Dupré), 374, 477
Hervieux, Marie-Jeanne (Sanguinet), 756
Het, Mary (Smith), 775
Hey, Elizabeth (veuve Markham ; veuve Palmer ; mère de WILLIAM), 375
Hey, Thomas, 375
Hey, Mme William. V. Paplay
Hey, William, **375–378** ; xlv, xlvii, xlviii, xlix, 199, 247, 346, 787, 824, 856
Hezeta, Bruno de, 79, 674
Hiawatha (Hayenwatha), lxii
Hicks, Ann. V. Clarke
Hicks, Elizabeth. V. Russell
Hicks, John, **378–379**
Hicks, Thomas, 378
Hickson, Thomas, 580
Higgins, David, **379–380** ; 595
Higgins, Elizabeth. V. Prince
Hill, Aaron. V. Kanonraron
Hill, David. V. Karonghyontye
Hill, John, 243
Hill, Wills, 1er comte de Hillsborough, xxxviii, xxxix, xl, xli, xlvi, xlvii, xlviii, xlix, l, 219, 247, 332, 379, 463, 657, 669, 687, 732, 787, 803, 854, 855
Hillaire de La Rochette, Alexandre-Robert (d'), **380–381** ; 63, 99
Hillaire de La Rochette, Barbe-Madeleine (Martin), 381
Hillaire de La Rochette, Marie-Anne. V. Levasseur
Hillaire de Moissacq et de La Rochette, Charles-Robert, 380
Hillaire de Moissacq et de La Rochette, Élisabeth. V. Martin
Hillsborough, comte de. V. Hill
Hinchelwood, Archibald, 683
Hingue de Puygibault, Marguerite-Barbe (Rocbert de La Morandière ; Pécaudy de Contrecœur), 669
Hippocrate, 469
Hiriart, Jean, 76
Hiyoua. V. Wikinanish
Hobbes (Hobbs), Sarah (Gerrish), 313, 314
Hochstetter, J. G., 629
Hocquart, Anne-Catherine. V. La Lande
Hocquart, Gilles, **381–394** ; 49, 66, 67, 68, 70, 82, 83, 96, 104, 135, 155, 182, 216, 226, 239, 255, 273, 284, 285, 307, 312, 343, 371, 405, 406, 466, 500, 501, 511, 512, 527, 528, 558, 583, 639, 651, 676, 688, 704, 748, 768, 782, 814
Hocquart, Jean-Hyacinthe (père), 381, 382
Hocquart, Jean-Hyacinthe, 382
Hocquart, Jean-Hyacinthe-Louis-Emmanuel, 382
Hocquart, Marie-Françoise. V. Michelet Du Cosnier
Hodges, Charles Howard, 33
Hodiesne*, Gervais (1692–1764), 217
Hoffman, John William, 848
Holburne, Francis, 352, 647
Holden, Martha (Lyon), 529
Holderness, comte de. V. D'Arcy
Holland, baron. V. Fox
Holland*, Anthony Henry (1785–1830), 370
Holland*, Samuel Jan (1728–1801), 86, 175, 176, 177, 597, 607, 617, 664, 665, 777
Holles. V. Pelham-Holles
Holmes*, Charles (mort en 1761), 758, 759
Holmes, George, 753
Holmes, Nathaniel, 753
Holmes, Sarah (Salter), 753
Holmes, William, **394–396**
Holt, John, 521
Homer, John, 643
Hood, Samuel, 1er vicomte Hood, 365
Hooper, William, 774
Hope, Charles, 1er comte de Hopetoun, 396
Hope, Henry, **396–397** ; 349, 350, 356, 752, 776
Hope, Sarah. V. Jones
Hope Weir, Anne. V. Vane
Hope Weir, Charles, 396
Hopetoun, comte de. V. Hope
Hopson*, Peregrine Thomas (mort en 1759), xxvi, 55, 119, 183, 185, 337, 553, 569, 605, 608, 629, 847
Horcasitas. V. Güemes
Horner, Samuel, 521
Hoskins, John, 614
Hotham, William, 1er baron Hotham, 174
Hotsinoñhyahtaˀ, **397–398** ; 645, 798
Houdin, Antoine-Pierre, 138
Houdin*, Jean-Michel, dit père Potentien (né en 1706 ; mort vers 1766), 112

House, Abigail (Doggett), 237
Hovey, Percilla (Dimock), 235
How*, Edward (mort en 1750), 491
Howard, John, 399, 435
Howard, Joseph, **398–399** ; 375, 435, 824
Howard, Marguerite. V. Réaume
Howard, William, 85
Howe*, Alexander (1749–1813), 680
Howe, George Augustus, 3e vicomte Howe, 5, 93, 300
Howe*, John (1754–1835), 370
Howe, Richard, 4e vicomte Howe, 767, 768
Howe, William, 5e vicomte, Howe, 3, 102, 124, 174, 425, 766, 767, 857
Howell, John, 445
Howell, Thomas Bayley, 543
Hoyt, Munson, 354
Hubert, Angélique-Jeanne (Lajus), 467
Hubert, Jacques-François, 399
Hubert, Jean-François, **399–404** ; 8, 46, 47, 79, 89, 98, 110, 148, 206, 253, 310, 342, 396, 467, 471, 481, 489, 507, 552, 577, 757, 846, 867
Hubert, Marie-Louise. V. Maranda
Huck-Saunders, Jane. V. Kinsey
Hudson, M., 454
Huet, M. V. Le Loutre, Jean-Louis
Huet, Catherine (Le Loutre Desprès), 489
Huet* de La Valinière, Pierre (1732–1806), 552, 588
Huggeford, Martha (Hardy), 353, 355
Huggeford, Peter, 355
Hughes*, James (mort en 1825), 125
Hughes, Mary (Osborn), 643
Hughes*, sir Richard (mort en 1812), 32, 88, 120, 212
Huguet, Jean, 404
Huguet, Joseph, **404–405** ; 588
Huguet, Scholastique-Geneviève. V. Verhoune
Huguet, dit Latour, Louis-Alexandre, 761
Huguet*, dit Latour, Pierre (1749–1817), 682, 762
Huiquinanichi. V. Wikinanish
Hume, David, 4
Hunter, Elizabeth. V. Goreham
Hunter, James, 664
Hunter*, Peter (mort en 1805), 845, 846
Huppé, dit Lagroix, Antoine, 154
Huppé, dit Lagroix, Charlotte. V. Jérémie, dit Lamontagne et dit Douville
Huppé, dit Lagroix, Jacques, 405
Huppé, dit Lagroix, Joseph, **405–406** ; 187
Huppé, dit Lagroix, Marie-Françoise (Brassard), 95
Huppé, dit Lagroix, Michel, 405
Huppé, dit Lagroix, Suzanne. V. Le Normand
Hurtebise (Hurtubise), Marin, 194
Hussey, John, 683
Hussey, Thomas, 6, 552
Hutchins, Margaret (épouse de THOMAS), 406
Hutchins, Thomas, **406–408** ; 421, 566, 567, 788, 804, 822
Hutchinson, Thomas, 323, 835

IDOTLIAZEE, 365
Ignace, 405
Imbert, Anne-Louise. V. Lagrange
Imbert, Bertrand, **408–409**
Imbert, Catherine-Agathe, 139
Imbert*, Jacques (mort en 1765), 73, 96, 99, 139, 202, 203, 221, 380, 381, 681
Imbert, Jean-Simon, 203
Imbert, Marie-Anne. V. Maisonnat, dit Baptiste
Imbert, Pierre, 408
Imbert, Saubade. V. Castera
Inglis*, Charles (1734–1816), 103, 151, 263, 279, 353, 654, 677, 801, 818, 835
Ingraham, Joseph, 454
Innes, Alexander, 808
Ironside*, George (mort en 1831), 845
Irumberry* de Salaberry, Édouard-Alphonse d' (1792–1812), 47
Irumberry* de Salaberry, Ignace-Michel-Louis Antoine d' (1752–1828), 47
Irving, Judith. V. Westfield
Irving, Paulus Æmilius, **409–410** ; 531, 581, 617, 627
Irving, sir Paulus Æmilius, 410
Irving, William, 409
Isaac. V. Glikhikan
Isambart, Joseph, 160
Isambart, Périnne, 160
Isbister, Adam, 410
Isbister, George, 35
Isbister, Helen. V. MacKinlay
Isbister, Joseph **410–412** ; 36, 413, 414
Isbister, Judith. V. Middleton
Isbister*, William (*circa* 1739–1751), 411
Isham*, Charles (Price) Thomas (mort en 1814), 36, 51, 170
Isham*, James (mort en 1761), 50, 51, 414, 559, 560, 565
Isle-Dieu, abbé de l'. V. La Rue
Itouralde. V. Artaguiette
Izard, Sarah (Campbell), 143

JACAU, Anne. V. Melanson, dit La Verdure
Jacau, Jeanne (Allard de Sainte-Marie), 15
Jacau, Jeanne-Françoise (Rodrigue), 735
Jacau (Jacault, Jacob), Thomas, 412
Jacau de Fiedmont, Louis-Thomas, **412–413** ; 15, 39, 270, 496, 683, 694, 705, 735
Jack (esclave), 846
Jackson, Hannah (Loring), 526
Jacob. V. Jacau
Jacobs, Abraham, 416
Jacobs, Angélique, 416
Jacobs, Baptist Samuel, 416
Jacobs, Ferdinand, **413–415** ; 51, 170, 406, 559, 565, 632, 700
Jacobs, John Baptist, 416
Jacobs, John Levy, 416
Jacobs, Marie-Josette. V. Audette, dit Lapointe
Jacobs, Mary Geneviève, 416
Jacobs, Mary Marianne, 416
Jacobs, Samuel, **415–417** ; 40, 356, 357, 358
Jacobs, Samuel (fils), 416
Jacobs, Samuel (fils de FERDINAND), 414
Jacobs, Thomas, 416
Jacquelin*, Françoise-Marie (Saint-Étienne de La Tour) (1602–1645), xxiv
Jacquemart, Marie-Christine (Delezenne), 220
Jacquerault (Jacquero). V. Jacrau
Jacques VI, roi d'Écosse, xvii, xix

Jacquet, Élisabeth. V. Bourget
Jacquet, François, **417–418** ; 49
Jacquet, Joseph, 417
Jacquet, Louise. V. Giroux
Jacquin, dit Philibert, Marie-Anne. V. Guérin
Jacquin*, dit Philibert, Nicolas (1700–1748), 73, 484, 485
Jacrau, Joseph-André-Mathurin, **418–419** ; 81, 109, 199, 695, 696, 781
Jadis, Charles Newland Godfrey, **419–420**
Jadis, Elizabeth. V. Newland
Jadis, John Godfrey Maximilian, comte d'Adié, 419
Jadis, Margaret (épouse de CHARLES NEWLAND GODFREY), 419
James (esclave) (*circa* 1800), 845
James (esclave) (*circa* 1804), 846
James(?), Rosalie (Gill), 316
Janot. V. Jeanneau
Janson*, dit Lapalme, Dominique (1701–1762), 221, 794
Janson, dit Lapalme, Marie-Catherine (Delezenne), 221
Jarret de Verchères, Angélique (Coulon de Villiers), 192
Jarret de Verchères, Catherine (Hertel de Beaubassin), 374
Jarret de Verchères, Charlotte-Gabrielle (Raimbault de Saint-Blaint ; Hertel de Rouville), 371
Jarret* de Verchères, Marie-Madeleine (Tarieu de La Pérade) (1678–1747), 790
Jarvis, Edward, **420–421** ; 36, 807
Jasne. V. Robert Jasne
Jautard, Thérèse. V. Bouat
Jautard, Valentin, **421–423** ; 40, 247, 248, 362, 575, 576, 577, 591, 756
Jeanneau*, Étienne (mort en 1743), 78
Jeanne-Françoise de Saint-Ignace. V. Juchereau de La Ferté
Jeanson. V. Janson
Jeanson, Guillaume, **422–423**
Jeanson, Jean-Baptiste, 423
Jeanson, Marie-Josette. V. Aucoin
Jefferson, Thomas, 326, 347, 363, 445
Jefferys*, Charles William (1869–1951), 130
Jefferys, Thomas, 740
Jemison, Mary, 437
Jenkinson, Charles, 1er comte de Liverpool, 618
Jensen, Stephen, 360
Jérémie, dit Lamontagne et dit Douville, Charlotte (Huppé, dit Lagroix), 406
Jérôme, dit Latour, François (Franceway), 394
Jessup*, Edward (1735–1816), 770
Joannès, Armand de, 705, 706
Jobert, Jean-Baptiste, 90
Joe, **423–424** ; 318
Johnson, Ann (Nancy) (Claus), 168
Johnson, Anne. V. Warren
Johnson, Bethiah. V. Barker
Johnson, Catherine. V. Weissenberg
Johnson, Christopher, 425
Johnson, George, 452
Johnson, Guy, **424–425** ; 127, 128, 129, 130, 141, 161, 168, 332, 398, 428, 437, 442, 443, 793, 798
Johnson, Isabelle. V. Corporon
Johnson*, sir John (1742–1830), 129, 142, 162, 356, 425, 428, 438, 451, 534, 613, 770, 798
Johnson, Mary (Polly) (Johnson), 424
Johnson, Mathew, 346
Johnson, Peter Warren, 450, 452
Johnson, Samuel, 599, 600
Johnson, Susanna. V. Willard
Johnson*, Urbain (1824–1918), 423
Johnson, William. V. Jeanson, Guillaume ; Tekawiroñte
Johnson, William (père de Guillaume JEANSON), 423
Johnson, William (soldat), 794
Johnson, sir William, **425–429** ; xxxviii, xl, xli, lxii, 25, 26, 29, 62, 92, 94, 127, 130, 141, 149, 150, 161, 167, 168, 188, 189, 260, 301, 302, 304, 320, 322, 331, 333, 338, 363, 374, 397, 398, 405, 424, 437, 441, 442, 450, 451, 452, 528, 547, 631, 635, 636, 644, 645, 724, 731, 732, 736, 737, 738, 749, 750, 792, 793, 796, 797, 798, 826
Johnston, M. (conseiller), 430
Johnston, Alexander (capitaine), 430
Johnston, Ann, 432
Johnston, James, **431–432** ; 41, 318, 617, 669, 670, 698, 699
Johnston, John, 431
Johnston, John Purss, 432
Johnston, Margaret. V. Macnider
Johnston, Richard, 520
Johnstone, James (officier de marine), 812
Johnstone, James (père de JAMES), 432
Johstone, James, dit le chevalier de Johnstone, **432–433** ; 491
Jolliet, Claire (Fleury de La Gorgendière), 289, 715
Jolliet*, Louis (mort en 1700), 289
Jollivet, Louis, 118, 309
Joncaire. V. Chabert
Jones*, Augustus (mort en 1836), 13, 821
Jones*, James (mort en 1805), 88, 552
Jones, John, **433–434** ; 472
Jones*, Robert (mort en 1805), 90
Jones, Sarah (Hope), 396, 397
Jones, Stephen, 530
Jonquières, Catherine de (Latour), 475
Joram Chappuis, dit Comtois, Jean, 812
Joram Chappuis, dit Comtois, Marie-Louise. V. Varin, dit La Pistole
Jordan, Ann. V. Livingston
Jordan, Jacob, **434–436** ; 64, 263, 309, 431
Jordan, Marie-Anne. V. Raby
Joseph (potier), 417
Joseph-Claude. V. Claude
Josephte-Antoinette de Sainte-Marie. V. Chaussegros de Léry
Jouet, Louis, 272
Jourdain, dit Bellerose, Marie-Françoise (Deguise, dit Flamand), 220
Jourdain, dit Bellerose, Pierre, 220
Jourdain*, dit Labrosse, Paul-Raymond (mort en 1769), 509
Jouve, Odoric-Marie, 154
Jouy, comte de. V. Rouillé
Joybert de Soulanges, Marie-Geneviève (Le Moyne de Longueuil), 500

Joybert* de Soulanges et de Marson, Louise-Élisabeth de (Rigaud de Vaudreuil, marquise de Vaudreuil) (1673–1740), 717
Joyer, René-Pierre, 148
Juchereau* de La Ferté, Jeanne-Françoise, dite de Saint-Ignace (1650–1723), 476
Juchereau de Saint-Denis, Marie-Catherine (Legardeur de Repentigny), 483, 484
Juchereau* Duchesnay, Antoine (1740–1806), 371, 761
Judah, Dorothée (Hart), 357
Judah, Isaac, 358
Judah, Joseph, 358
Judah, Samuel, 357, 358, 416
Judah, Uriah, 357, 358
Jugier, Jérôme, 308
Jullien, Louis, 612
Jumonville. V. Coulon
Jussaume, dit Saint-Pierre, Marie-Louise (Du Calvet), 250
Jussaume, dit Saint-Pierre, Pierre, 247, 250
Just, Madeleine (Le Gay de Beaulieu ; You de La Découverte), 254
Juste, Angélique (Levasseur), 511, 512

KAIEÑˀKWAAHTOÑ, **436–439** ; lxiii, 128, 428, 451, 793
Kaigwiaidosa. V. Madjeckewiss
Kaiũtwahˀkũ (Cornplanter), lxiii, 128, 437, 443
Kalm, Anna Magaretha. V. Sjöman
Kalm, Catherine. V. Ross
Kalm, Gabriel, 439
Kalm, Pehr, **439–440**
Kalogg. V. Kellogg
Kamehameha, 810
Kanaghgwasea. V. Canaghquiesa
Kanon*, Jacques (*circa* 1756–1761), 136, 651, 667, 791
Kanonraron (Aaron Hill), 750, 793
Karaghiagigo, 797
Karonghyontye (David Hill), 750
Karpik, 244, 579
Kayahsotaˀ (Kayashoton), **440–443**
Kayenquaraghton. V. Kaieñˀkwaahtoñ
Kellogg*, Joseph (1691–1756), 836
Kelynge, Martha (Osborn, lady Osborn), 643
Kemble, Gertrude. V. Bayard
Kemble, Margaret (Gage), 300
Kemble, Peter, 300
Kendrick, Huldah. V. Pease
Kendrick, John, **443–445** ; 453, 454, 561
Kendrick, John (fils), 444
Kennelly, David Thomas, 118
Kennelly, Jeanne-Marie-Catherine. V. Bruyères
Kent et Strathearn, duc de. V. Edward Augustus
Kenwick (Kenwrick). V. Kendrick
Kenwrick, Elizabeth. V. Atkins
Kenwrick, Solomon, 433
Keppel, Augustus, 1er vicomte Keppel, 279, 352, 650, 760
Keppel, George, 3e comte d'Albemarle, 618
Keppel, William Anne, 2e comte d'Albemarle, 300
Kerdisien. V. Pichot
Kerlérec. V. Billouart
Kerr, Charles, 40
Kerrill, Elizabeth (Amherst), 22
Kerrivan, Peter, **850–851**
Kersident. V. Guichart
Kervan, Thomas, 851
Kesterman, Mary. V. Brewse
Kesterman, William, 102
Kiala* (*circa* 1733–1734), lxi
Kiashuta. V. Kayahsotaˀ
Kilby*, Thomas (1699–1746), 337
King, Boston, 557
King, James, **445–446** ; 169, 181
King, William, 53
King, Willobe, dite Olive Le Roy (Castaing), 147
King Hendrick. V. Theyanoguin
Kingminguse, **446–447**
King Newcomer. V. Netwatwees
King of Kanadesaga. V. Kaieñˀkwaahtoñ
Kingsford*, William (1819–1898), lii, 543
Kinlock, Anne (Maclean), 545
Kinsey, Jane (Huck-Saunders), 760
Kipling, John, 789, 807, 840
Kirby*, Ann (Macaulay) (1770–1850), 534
Kirby*, John (1772–1846), 534
Kirby*, William (1817–1906), 485, 714
Kirkland, Samuel, 127, 398, 794
Kitchin, Eusebius Bacchus, 35, 36, 788
Kittier, William, 771
Kiyasuta. V. Kayahsotaˀ
Klingancourt. V. Damours de Clignancour, Mathieu-Benjamin
Klock, George, 749
Kluck, William, 652
Knaut, Anna. V. Grob
Knaut, Benjamin, 448
Knaut, Catherine (Newton), 448
Knaut, Jane. V. Brimner
Knaut, Philip Augustus, **447–448** ; 57, 313
Kneeland, John, 753
Kneller, Henry, **448–449** ; 430, 787
Knight*, James (mort en 1719 ou en 1720), 365
Knorr, Hannah (Sower), 782
Knowles, sir Charles, 91, 102, 183, 800
Knowles, Mary (Moore), 598
Knowlton, Sarah (Masters ; Dimock), 235
Knox, Jane. V. Carre
Knox, John (père), 449
Knox, John, **449–450** ; 527, 840
Knox, William, xliii, xlix, li, lii
Kointaguettez. V. Ohquandageghte
Kondiaronk* (mort en 1701), lvii
Konieschguanokee (Captain Pipe), 325
Koñwatsiˀtsiaiéñni, **450–453** ; 130, 429, 437, 443
Kotsinoghyâtà. V. Hotsinoñhyahtaˀ
Kotte (Koth, Cotté), Lewis, 664
Kouategeté. V. Ohquandageghte
Koyah, **453–454** ; 236, 444, 445

LA BALLUË. V. Magon
La Barre. V. Charon
La Barthe, Jeanne (Claverie), 136
La Barthe, Jean-Pierre, 73, 136
La Boische. V. Beauharnois
Labonté. V. Campion

Laborde, Catherine. V. Dechart
Laborde, Jean, **455–457** ; 137, 603, 697, 698, 699, 734
Laborde, Louise. V. Dupuy
Laborde, Sébastien-Charles, 456, 457
Laborde (Borda) d'Aloperca, Martin, 455
La Boularderie. V. Le Poupet
La Boulasserie. V. Ailleboust
Labrèche. V. Dalgueuil
La Bretonnière. V. Neveu
Labrosse. V. Jourdain
La Brosse, Jean de, 457
La Brosse, Jean-Baptiste de, **457–460** ; 114, 317, 318
La Brosse, Louise de. V. Duboiscuvier
La Bruère. V. Boucher
La Bruyère. V. Boucher ; Court
La Cailleterie. V. De Lisle
La Chapelle. V. Chabrand ; Renou
La Chassaigne. V. Bouillet
La Chaussaye. V. Beauharnois
La Chesnardière. V. Ruis-Embito
La Chesnaye. V. Aubert
La Colombière*, Joseph de (1651–1723), 578
Lacombe, Jacques-Joseph, 233
La Corne, Charlotte de (Douglas), 243
La Corne, Élisabeth de. V. Ramezay
La Corne, Louis de, dit La Corne l'aîné, 243
La Corne*, Louis (Jean-Louis, Louis-François, Louis-Luc, Pierre) de, dit le chevalier de La Corne (1703–1761), 60, 184, 460, 469, 498, 685, 689, 705, 860
La Corne, Luc de, dit Chaptes de La Corne ou La Corne Saint-Luc, **460–464** ; xlvi, 45, 64, 141, 161, 168, 311, 478, 554, 587, 610, 686, 687, 824, 860
La Corne, Marie-Anne. V. Hervieux
La Corne, Marie-Anne (Campbell), 141, 462
La Corne, Marie-Joseph. V. Guillimin
La Corne, Marie-Louise-Charlotte (Le Comte Dupré), 462, 478
La Corne, Marie-Marguerite. V. Boucher de Boucherville
La Corne, Marie-Marguerite (Lennox ; Viger), 462
La Corne, Maurice de (baptisé Jean-Louis), 490
La Corne* de Chaptes, Jean-Louis de (1666–1732), 460, 464
La Corne de Chaptes, Joseph-Marie (Jean-Marie) de, **464–465** ; 105, 364, 365, 618
La Corne de Chaptes, Marie. V. Pécaudy de Contrecœur
La Corne* Dubreuil, François-Josué de (1710–1753), 460, 686
La Corne Saint-Luc. V. La Corne, Luc de
La Coste (La Côte). V. Courreaud
La Cour. V. Bégon
La Croix. V. Milly ; Prevost ; Réaume
La Croix, Charles-Eugène-Gabriel de, marquis de Castries, 699
La Croix* de Chevrières de Saint-Vallier, Jean-Baptiste de (1653–1727), 196, 238, 240, 364, 418, 550, 578, 702, 768, 831
La Découverte. V. You
La Demoiselle. V. Memeskia
Lafatigue. V. Billeron
La Fayette, Marie-Joseph de, marquis de La Fayette, 248
La Ferrière, comte de. V. Berryer
La Ferté. V. Juchereau
La Feuille. V. Wahpasha
Lafleur. V. Pinsonneau
Lafleur, dit Plamondon, Ignace, 153
La Fontaine. V. Gamelain
Lafontaine de Belcour, Antoine de, 339
Lafontaine de Belcour, Charlotte de. V. Bissot
Lafontaine* de Belcour, Jacques de (1704–1765), 198, 412, 618, 652
Lafontaine de Belcour, Marie-Josephte de (Cugnet), 198, 339
Laforce. V. Pépin
Laforge. V. Sageot
La Fourche. V. Nissowaquet
Laframboise, Lucie-Angélique. V. Cotté
Laframboise*, Maurice (1821–1882), 186
La Fresnière. V. Hertel
La Galissonière, marquis de. V. Barrin
Lagarde, Pierre-Paul-François de, **466** ; 342, 563, 689
La Gauchetière. V. Migeon
La Gemerais. V. Dufrost
La Gesse. V. Ramezay
La Giraudais. V. Chenard
Lagoanere, Blaise, 265
La Gorgendière. V. Fleury
Lagrange, Anne-Louise (Imbert), 408, 409
Lagrange, Jean-Baptiste, 421
Lagrange, Jean-Baptiste-Martin, 408
La Grive Des Assises, M., 698
Lagroix (Lagrouais, La Groy, Lagroye). V. Huppé
Lahaille*, Jean-Baptiste (1750–1809), 252
Laing, Mme (épouse de William), 467
Laing, William, 114, 467
Laisné, dit Laliberté, Marie-Élisabeth (Deguise, dit Flamand), 220
La Jemerais ; Lajemmerais. V. Dufrost
La Jonquière, marquis de. V. Taffanel
Lajus, Angélique-Jeanne. V. Hubert
Lajus, François, **466–467**
Lajus, François-Marie-Olivier-Hubert, 467
Lajus, Jean-Baptiste-Isidore-Hospice, 467
Lajus, Jeanne-Françoise-Louise-Luce (Bédard), 467
Lajus*, Jordain (1673–1742), 466
Lajus, Louise-Élisabeth. V. Moreau, dit Lataupine
Lajus, Marguerite. V. Audet de Piercotte de Bailleul
Lajus, René-Flavien, 467
Lalancette. V. Landriaux
Lalande. V. Lefrançois
La Lande, Anne-Catherine de (Hocquart), 381
Lalane, Christophe de, 418, 695, 781
Lalanne, Pierre, 291
Laliberté. V. Laisné
Laliberté*, Alfred (1878–1953), 459
Lally, Thomas-Arthur, baron de Tollendal, comte de Lally, 137
La Madeleine. V. Ailleboust
Lamaletie, Jean-André, **467–468** ; 73, 137, 666, 814
Lamaletie, Louis, 467
Lamaletie, Marie-Anne. V. Benet
Lamaletie, Marie-Thérèse. V. Foucault
La Malgue. V. Marin
Lamarche. V. Périnneau

La Marche*, Dominique de (baptisé François) (mort en 1738), xxii
La Marche, Jean-François de, 148, 403
La Marque. V. Marin
Lamarque. V. Nolan
La Marre. V. Varin
Lamb, William, 411
Lambert*, John (*circa* 1775–1816), 818
Lambert*, dit Saint-Paul, Paul (1691–1749), 578
Lambton*, John George, 1er comte de Durham (1792–1840), 709
Lamontagne. V. Jérémie
La Morandière. V. Rocbert
Lamorille. V. Lemaître
Lamorinie*, Jean-Baptiste de (*circa* 1725–1764), 260
Lamothe. V. Dagneau
Lamothe Cadillac. V. Laumet
La Mothe-Fénelon. V. Salignac
La Motte. V. Cahideuc
La Motte (La Motte-Picquet). V. Picquet
Lamouline. V. Landriève
Lamouraux-Rochefort, Madeleine (Morin), 603, 604
Lamoureux, dit Saint-Germain, Joseph, 633
Lamy, Marie (Dagneau Douville), 207
Lanaudière ; La Naudière. V. Tarieu
Lanctot*, Gustave (1883–1975), 250
Landriaux, Louis, 469
Landriaux, Louis-Nicolas, **469–470** ; 286
Landriaux, Marie-Anne. V. Prud'homme
Landriaux, Marie-Louise. V. Bourond
Landriève. V. Des Bordes
Landriève Des Bordes, Antoine-Gilles, 470
Landriève Des Bordes, Jean-Marie, **470–471** ; 160, 628
Landriève Des Bordes, Marie-Gilles. V. Chaussegros de Léry
Landriève Des Bordes, Pierre-Paul, 470
Landriève Lamouline, Pierre, 136
Landrio. V. Landriaux
Landron, M., 345
Landry, Alexis, **471–472** ; xxx, 86, 259
Landry, Claire. V. Le Blanc
Landry, Jean, 471
Landry, Marie. V. Terriot
Lange, André de, 136
Langevin*, Edmond (1824–1889), 82
Langhorn*, John (mort en 1817), 770
Langlade. V. Mouet
Langlois, dit Germain, Louis, 48, 318
Langloiserie (L'Angloiserie). V. Piot
Langman, Edward, **472–473** ; 210, 434, 837
Langman, John, 472
Langristain. V. L'Estobec
Languet de Gergy, Jean-Joseph, 318
Lanne, Jean, 456
Lannelongue*, Jean-Baptiste (1712–1768), 273, 408, 409
Lanogenu, M., 137
La Noue. V. Legu ; Robutel
Lanoullier* de Boisclerc, Jean-Eustache (mort en 1750), 220, 328, 387, 389, 639, 712, 814
Lanoullier* de Boisclerc, Nicolas (mort en 1756), 96, 384
La Oja. V. Wahpasha
Lapalice, Ovide-Michel-Hengard, 708, 709
Lapalme. V. Janson
La Pause, chevalier de. V. Plantavit
Lapeire, Joseph-Guillaume, 147
La Peltrie. V. Gruel
La Pérade. V. Tarieu
Lapérade, Marie-Louise (Roy), 746
Lapérière. V. Desjardins
Lapérouse, comte de. V. Galaup
Lapérouse, comtesse de. V. Broudou
La Perrière. V. Boucher
La Picardière. V. Bégon
La Pinaudière. V. Bourdon
La Pistole. Varin
La Plagne. V. Espiet
La Plante. V. Leriger
Lapointe. V. Audette ; Desherbert
Laporte, Pierre-Arnaud de, 386, 559, 697, 698, 709, 710, 723
La Porte de Louvigny, Marie-Anne de (Testard de Montigny), 795
La Ralière. V. Des Herbiers
Larche, Charles, 64
Larcher, Henri-Michel, 473
Larcher, Marie-Anne. V. Marinier
Larcher, Nicolas, **473–474** ; 456, 603, 698, 734, 735
La Richardie*, Armand de (1686–1758), 663, 693
La Richardière. V. Testu
La Rigaudière. V. Martaud
La Rive. V. Gravé
Larivée, Charles, 813
Larivée, Eustache, 813
La Rivière. V. Byssot ; Le Mercier ; Lorimier
La Rochefoucauld* de Roye, Jean-Baptiste-Louis-Frédéric de, marquis de Roucy, duc d'Anville (1709–1746), 37, 68, 87, 455, 490, 491, 495, 603, 637, 697, 704, 705
La Rochette. V. Hillaire
Larocque*, François-Antoine (1784–1869), 187
Larocque, Marie-Catherine-Émilie. V. Cotté
La Ronde. V. Bourassa ; Denys
La Roque* de Roquebrune, Robert (1889–1978), 291
Larose. V. Guillot
La Rouvillière. V. Michel
La Rozière. V. Carlet
Lartigue, Jean-Jacques, 160
Lartigue*, Jean-Jacques (1777–1840), 161
Lartigue, Marie-Charlotte. V. Cherrier
Lartigue, Pierre-Jérôme, 603, 604, 697, 698
Larue*, Francois-Xavier (mort en 1855), 46, 47
La Rue, Pierre de, abbé de l'Isle-Dieu, 87, 104, 105, 254, 256, 312, 319, 488, 489, 491, 492, 572, 698
La Sablonnière. V. Varin
La Salle. V. Cavelier ; Perthuis
La Saudrais, Girard de, 266
La Saussaye. V. Dagneau
Lascoret, Jean-Baptiste, 273
La Source. V. Thaumur
Lasselin, Marguerite. V. Haguenier
Lasselin, Romain, 548
Lataupine. V. Moreau
Laterrière. V. Fabre
Latham, John, 407, 408

La Touche. V. Aulneau ; Texier
Latouche* MacCarthy, Charles (1706–1765), 11
Latour. V. Huguet ; Jérôme
La Tour. V. Saint-Étienne
Latour, Bertrand de, **475–476** ; 364, 582
Latour, Catherine de. V. Jonquières
Latour, Jean de, 153, 651
Latour, Jean-Baptiste, 194
Latour, Pierre, 194
Latour, Pierre de, 475
Latuilière, Jean, 468
Laubara. V. Olabaratz
Lauberivière. V. Pourroy
Laubrière. V. Lefebvre
Laughton, sir John Knox, 133
Laumet*, dit de Lamothe Cadillac, Antoine (1658–1730), lxi
Laure*, Pierre-Michel (1688–1738), 459
Laurent, Anne (Saillant), 750
Lauvrière, Émile, xxii, xxviii
Lauzon*, Pierre de (mort en 1742), 527
La Vaivre, Jacques de, 148
Laval, marquis de. V. Gripière
Laval*, François de (1623–1708), 364, 476, 702
La Valinière. V. Huet
Lavallée, M., 460
La Vallière. V. Leneuf
Lavaltrie. V. Margane
Lavau, M., 548
La Verdure. V. Melanson
La Vérendrye. V. Gaultier
La Vernède de Saint-Poncy, Claude de, 490
Lavigne. V. Levasseur ; Tessier
Lavillangevin. V. Allenou
Law, Henry, 353
Law, John, 720
Law, William, 21
Lawrear, Elizabeth (Chase ; Brookes ; Veyssière), 817
Lawrence*, Charles (mort en 1760), xxvi, xxvii, xxviii, 17, 23, 56, 57, 101, 102, 119, 120, 184, 185, 234, 236, 237, 313, 314, 378, 379, 447, 569, 584, 606, 629, 683, 753, 762, 763, 764, 786, 829, 841, 842
Lawson*, David (mort vers 1803), 380, 595, 596
Lazarus, David, 358
Lean, Alexander, 567
Lebé, Françoise. V. Lemaître-Lamorille
Le Ber*, Jeanne (1662–1714), 573
Le Ber, Marie (Bourassa, dit La Ronde ; Hervé), 84
La Ber de Senneville, Jacques, 59
La Ber de Senneville, Jean, 286
Le Ber de Senneville, Marie-Louise (Benoist), 59
Le Berre, Charles-Joseph, 418
Le Blais, Charlotte (Le Courtois), 478
Leblanc, Antoine, 477
Leblanc, Benjamin, 86
Le Blanc, Claire (Landry), 471
Leblanc, Daniel, xx
Le Blanc, Élisabeth. V. Boudrot
Leblanc, Esther (Bourdages), 86
Le Blanc, Jacques, 476
Leblanc, Jean-Baptiste, 86
Le Blanc, Joseph, 477
Leblanc, Marguerite (Dugas), 257
Leblanc, Marie. V. Bourgeois
Le Blanc, Marie-Madeleine. V. Babin
Le Blanc, Marie-Marguerite (Doucet), 240
Le Blanc, Pierre, **476–477**; 240
Leblanc, René, xx, 86
Le Blanc, dite La Couèche, Madeleine, 477
Leblanc, dit Le Maigre, Anne. V. Bourg, dit Belle-Humeur
Leblanc, dit Le Maigre, Joseph, **477**; xxvi, 257, 259
Le Borgne de Belle-Isle, Anne (Rodrigue; Duperié), 734
Le Borgne de Belle-Isle, Marie-Josephe (Rondeau; Du Pont Duvivier), 849
Le Boulanger, Marie-Renée (Lemoine, dit Despins), 497, 499
Le Bourguignon. V. Couturier
Le Cain (Le Quesne), Alicia Maria (Ritchie), 731
Le Cain (Le Quesne), Francis Barclay, 731
Lecarulier. V. Sareillier
Lecavelier, Toussaint, 64
Le Chasseur, Roger-Chrétien, 582
Le Chauvreulx. V. Chauvreulx
Le Chevalier Roome, John, 354
Leclerc, Ignace, 98
Leclerc*, Michel-Félicien (1762–1813), 342, 343
Le Comte Dupré, Georges-Hippolyte, dit Saint-Georges Dupré, **477–478**; 462, 593
Le Comte* Dupré, Jean-Baptiste (mort en 1765), 374, 477
Le Comte* Dupré, Jean-Baptiste (1731–1820), 477
Le Comte Dupré, Marie-Anne. V. Hervieux
Le Comte Dupré, Marie-Anne (Hertel de Saint-François), 374
Le Comte Dupré, Marie-Charlotte. V. Liénard de Beaujeu
Le Comte Dupré, Marie-Louise-Charlotte. V. La Corne
Le Comte Dupré, Pierre-Hippolyte, 477
Le Comte Dupré, Thérèse (Baby), 42
Le Courtois, Charlotte. V. Le Blais
Le Courtois*, François-Gabriel (mort en 1828), 148
Le Courtois, Thomas, 478
Le Courtois de Surlaville, Michel, **478–480**; 697, 698, 709, 710, 711, 746
Le Couteur, Sarah (Mauger), 568
Le Coutre* de Bourville, François (*circa* 1690–1744), 16, 267, 503
Ledru, Jean-Antoine, **480–481**
Lee, Caroline (Haviland), 360
Lee, Charles, 656, 657
Lee, Elizabeth (Hamilton), 346
Lee, Thomas, 203
Lees*, John (mort en 1807), 342, 345
Lefebvre*, Jean (1714–1760), 49, 514
Lefebvre, Jeanne (Descaris; Tessier, dit Lavigne), 794, 795
Lefebvre, Marie-Hélène (Aide-Créquy), 9
Lefebvre, dit Duchouquet, Angélique (Sanguinet), 755
Lefebvre* Angers, Marie-Angélique, dite Saint-Simon (1710–1766), 691
Lefebvre de Bellefeuille, Anne. V. Baudry
Lefebvre de Bellefeuille, Antoine, 482
Lefebvre de Bellefeuille, François, **481–482**; 31
Lefebvre de Bellefeuille, Geneviève (Angeac), 31

Lefebvre de Bellefeuille, Georges, 481
Lefebvre* de Bellefeuille, Jean-François (né en 1670; mort vers 1744), 481
Lefebvre de Bellefeuille, Marie-Josephte. V. Hertel de Cournoyer
Lefebvre de Bellefeuille, Pierre, 481
Lefebvre de Laubrière, Louise (Arsac, marquise de Ternay), 33
Lefebvre-Duchouquet, Charles, 691
Lefebvre* Duplessis Faber, François (1689–1762), 84
Le Fourreur. V. Foureur
Le Franc, Marin-Louis (Marie-Louis), 260
Lefrançois de Lalande, Joseph-Jérôme, 689, 690
Legardeur de Beauvais, Marie-Renée (Chaussegros de Léry), 157
Legardeur* de Beauvais, René (mort en 1742), 500
Legardeur de Courtemanche, Jacques-François, 208
Legardeur de Courtemanche, Marie, 208
Legardeur* de Croisille, Charles (1677–1749), 482
Legardeur de Croisille, Marie-Anne-Geneviève. V. Robineau de Bécancour
Legardeur de Croisille et de Montesson, Claire-Françoise. V. Boucher de Boucherville
Legardeur de Croisille et de Montesson, Joseph-Michel, **482–483**; 118, 230, 553, 704
Legardeur de Repentigny, Catherine-Angélique. V. Payen de Noyan et de Chavoy
Legardeur de Repentigny, Jean-Baptiste-René, 483, 484
Legardeur de Repentigny, Louis, **483–484**; 484, 796
Legardeur de Repentigny, Louis-Gaspard, 484
Legardeur de Repentigny, Marguerite-Jeanne. V. Mignon
Legardeur de Repentigny, Marie-Catherine. V. Juchereau de Saint-Denis
Legardeur de Repentigny, Marie-Madeleine. V. Chaussegros de Léry
Legardeur de Repentigny, Pierre-Jean-Baptiste-François-Xavier, **484–485**; 624, 663
Legardeur* de Saint-Pierre, Jacques (1701–1755), 73, 277, 392, 460, 461, 554, 555, 668, 669
Legardeur de Saint-Pierre, Marie-Joseph. V. Guillimin
Legardeur* de Tilly, Charles (mort en 1695), 37
Legardeur de Tilly, Madeleine-Angélique (Aubert de Gaspé), 36
Le Gay de Beaulieu, Madeleine. V. Just
Le Gay de Beaulieu, Marie-Madeleine (Chabert de Joncaire), 149
Léger, Marie-Jeanne (Picard), 681
Legge, Francis, **485–488**; 32, 58, 120, 126, 226, 287, 296, 315, 333, 420, 571, 572, 607, 608, 629, 630, 653, 764, 766, 800, 801, 829
Legge, William, 2e comte de Dartmouth, xli, xlii, xlviii, l, li, 144, 190, 191, 296, 303, 333, 346, 376, 377, 485, 486, 487, 488, 523, 618, 658, 732, 744, 787, 800, 824, 855, 856
Le Grand Sauteux. V. Minweweh
Legras, Françoise-Élisabeth (Neveu), 768
Legras, Jean, 50
Legras, Marie-Anne (Hertel de Rouville), 707
Legras, Marie-Catherine (Barsalou; Guillet de Chaumont), 49
Legu, dit La Noue, Jean-Baptiste, 813
Leguay, François, 577
Le Guerne, François, **488–489**
Le Guerne, Yves, 488
Le Guet (Du Guay), abbé, 489
Lehoulier, Dorothée. V. Fabre, dit Laterrière
Leigne. V. André
Le Loutre, Jean-Louis, **489–494**; xxv, 39, 40, 68, 101, 184, 273, 276, 277, 312, 489, 618, 682, 683, 689
Le Loutre Després, Catherine. V. Huet
Le Loutre Després, Jean-Maurice, 489
Le Maigre. V. Leblanc
Lemaire, dit Saint-Germain, Venance, 299
Le Maistre*, Francis (mort en 1805), 196
Le Maître Duaime, François, 342
Lemaître-Lamorille, Françoise (Lebé; Guillimin), 343, 344
Lemaître-Lamorille, Marie-Anne (Gamelin), 308
Le Marchand* de Lignery, Constant (mort en 1731), 196, 500, 704, 717, 794
Le Marchand* de Lignery, François-Marie (1703–1759), 427, 554, 725, 796
Le Marchand de Lignery, Marie-Thérèse. V. Migeon de La Gauchetière
Le Marchand de Lignery, Marie-Ursule. V. Aubert de La Chesnaye
Le Mercier, Charlotte. V. Le Rebours
Le Mercier, Françoise. V. Boucher de La Bruère
Le Mercier, François-Marc-Antoine, **495–497**; 228, 229, 245, 412, 413, 667, 694
Le Mercier, Nicolas-François, 495
Le Mercier de La Rivière de Saint-Médard, Pierre-Paul, 71
Lemire Marsolet, Jean, 794
Lemoine, dit Despins, Marie-Renée. V. Le Boulanger
Lemoine, dit Despins, René-Alexandre, 5, 497, 499
Lemoine*, dit Monière, Alexis (1680–1754), 12, 497, 672
Lemoine, dit Monière, Marie-Marguerite (Pennisseaut; Fresnoy; Fontanille), 672, 673
Lemoine Despins, Jacques-Alexis, 498
Lemoine Despins, Jacques-Joseph, **497–499**; 5, 73, 136, 160, 470, 814
Lemoine Despins, Jean-Baptiste (oncle), 8, 136, 641
Lemoine Despins, Jean-Baptiste, 498
Lemoine Despins, Marguerite. V. Guillon
Lemoine Despins, Marguerite (Adhémar), 5
Lemoine Despins, Marguerite-Charlotte. V. Rocbert de La Morandière
Lemoine Despins, Marguerite-Thérèse, **499**; 257, 549
Le Moyne, Marguerite (Gamelin), 306
Le Moyne d'Assigny, Nicolas, 830
Le Moyne* de Bienville, Jean-Baptiste (mort en 1767), lvi, 59, 149, 340, 685, 717, 718, 719
Le Moyne* de Longueuil, Charles, baron de Longueuil (mort en 1729), 45, 254
Le Moyne* de Longueuil, Charles, baron de Longueuil (1687–1755), 160, 255, 276, 286, 289, 319, 439, 499, 500, 514, 685, 716, 750, 791
Le Moyne de Longueuil, Charles-Jacques, baron de Longueuil, 289, 290
Le Moyne de Longueuil, Claude-Élisabeth. V. Souart d'Adoucourt
Le Moyne* de Longueuil, Joseph-Dominique-Emmanuel (1738–1807), 373, 374, 501, 687

Le Moyne de Longueuil, Marie-Anne-Catherine, baronne de Longueuil. V. Fleury Deschambault
Le Moyne de Longueuil, Marie-Catherine (Tarieu de La Naudière), 791
Le Moyne* de Longueuil, Marie-Charles-Joseph, baronne de Longueuil (Grant) (1756–1846), 290
Le Moyne de Longueuil, Marie-Geneviève. V. Joybert de Soulanges
Le Moyne de Longueuil, Paul-Joseph, dit le chevalier de Longueuil, **499–502**; 158, 163, 397, 630, 705
Le Moyne de Longueuil et de Châteauguay, Catherine-Jeanne (Payen de Noyan), 662
Le Moyne de Martigny, Félicité-Élisabeth. V. Bailly de Messein
Le Moyne de Martigny, Jacques, 47
Leneuf de Beaubassin, M., 637
Leneuf de Beaubassin, Philippe, 31, 265, 637
Leneuf de La Vallière, Louis, 491
Leneuf de La Vallière, Michel, 272
Leneuf* de La Vallière et de Beaubassin, Alexandre (1666–1712), 830
Leneuf de La Vallière et de Beaubassin, Barbe (Delort; Rousseau de Villejouin), 746
Leneuf de La Vallière et de Beaubassin, Marguerite (Gannes de Falaise) 746
Leneuf* de La Vallière et de Beaubassin, Michel (mort en 1740), 746
Leneuf de La Vallière et de Beaubassin, Renée. V. Bertrand
Lennox, John, 462
Lennox, Marie-Marguerite. V. La Corne
Lenoir, Marie-Joseph (Cirier), 163
Lenoir, Vincent, 163
Lenoir de Rouvray, Laurent-François, 203
Le Normand, Suzanne (Huppé, dit Lagroix), 405
Le Normant de Mézy, Anne-Marie. V. Debrier
Le Normant de Mézy, Élisabeth. V. Lescoffier
Le Normant* de Mézy, Jacques-Ange (mort en 1741), 502, 503, 504
Le Normant de Mézy, Marie-Louise-Augustine. V. Salignac
Le Normant de Mézy, Sébastien-François-Ange, **502–505**; 66, 74, 272, 273, 274, 275, 455, 719, 723
Le Normant d'Étioles, Jeanne-Antoinette. V. Poisson
Lent, Catherine (McCarty; McDougall), 534, 535
Leonard*, George (1742–1826), 354
Lepage* de Sainte-Claire, Louis (1690–1762), 11, 384, 386, 387, 389, 748, 846
Le Pape* Du Lescöat, Jean-Gabriel-Marie (1689–1733), 254
Lépervanche. V. Mézières
Le Picard, Anne (Oriol ; Ailleboust Des Muceaux), 11
Le Picard, Marie-Anne (Barbel), 48
Le Picart, Pierre, 364
Le Poupet de La Boularderie, Antoine, **505–506**; 697, 698
Le Poupet de La Boularderie, Éléonore-Jeanne. V. Beaugny
Le Poupet* de La Boularderie, Louis-Simon (mort en 1738), 272, 505, 506
Le Poupet de La Boularderie, Madeleine. V. Melançon
Le Prévost* Duquesnel, Jean-Baptiste-Louis (mort en 1744), 61, 66, 67, 68, 91, 267, 273, 274, 637, 696
Le Prince, Marie-Barbe (Beaumont), 683
Le Quesne. V. Le Cain
Le Rebours, Charlotte (Le Mercier), 495
Leriger de La Plante, Marie-Catherine (Bourassa, dit La Ronde), 84
Le Rouge, Jeanne (Couton), 187
Leroux*, Laurent (mort en 1855), 334
Le Roux, Louise (Olivier), 639
Le Roux, Thomas-François, **506–507**; 88, 480
Le Roy, Jacques, 272
Le Roy, Olive. V. King, Willobe
Le Roy* Desmarest, Claude-Joseph (mort en 1737), 455
Léry. V. Chaussegros
Le Saulniers*, Candide (1756–1830), 98
Lescöat. V. Le Pape
Lescoffier, Élisabeth (Letellier; Le Normant de Mézy), 505
Leslye, William, 610
L'Espérance. V. Aubuchon ; Levasseur ; Magnan
L'Espérance, Anne-Claire de. V. Du Pont de Renon
L'Espérance, Charles-Gabriel-Sébastien de, baron de L'Espérance, **507–509**; 31, 735
L'Espérance*, Charles-Léopold-Ébérard de (mort en 1738), 507
L'Espérance, Jeanne-Françoise de. V. Rodrigue
L'Espérance, Marguerite de. V. Dangeac
Lesseps, Jean-Baptiste-Barthélemy de, baron de Lesseps, 305
Lestage, Esther de. V. Sayward
Lestage*, Pierre de (1682–1743), 384, 385, 388
Lester*, Benjamin (1724–1802), 173, 771, 772, 773
Lester, Isaac, 173, 771, 772, 773
L'Estobec de Langristain, Marie-Gabrielle-Élisabeth (Prevost), 696
Le Sueur*, Pierre (1684–1752), 217
Letancour, sieur de. V. Decoste, Jean-Baptiste
Letellier, Élisabeth. V. Lescoffier
L'Étenduère, marquis de. V. Des Herbiers
Letourneau. V. Siginakee
Létourneau, Jean, 187
Létourneau, Marie. V. Rateau
Létourneau, Michel, 681
Leuduger, Jean, 103, 104
Levasseur, Angélique. V. Juste
Levasseur, Élisabeth-Françoise (Ferrand), 381
Levasseur, François-Noël, **509–510**; 513
Levasseur, Guillaume, xvii
Levasseur, Louis-Armand, 381, 511
Levasseur, Marie-Anne (Hillaire de La Rochette), 380
Levasseur, Marie-Claude (Cotté), 186
Levasseur, Marie-Geneviève. V. Côté
Levasseur, Marie-Madeleine. V. Turpin
Levasseur*, Noël (1680–1740), 509, 513, 578, 703
Levasseur, Pierre, 511, 512
Levasseur*, Pierre-Noël (1690–1770), 509, 510
Levasseur, René-Nicolas, **511–512**; 381, 389, 513, 672
Levasseur, dit Delor, Jean-Baptiste-Antoine, **512–513**; 509, 510
Levasseur, dit Delor, Marie-Régis. V. Cartier
Levasseur*, dit Lavigne, Jean (1622–1686), 509
Levasseur*, dit L'Espérance, Pierre (né en 1629; mort après 1681), 509
Léveillé, M., 641

Leverrier, Marie. V. Deguire, dit Desrosiers
Leverrier, Pierre, 219
Le Verrier* de Rousson, François (mort en 1732), 513, 718
Le Verrier de Rousson, Jeanne-Charlotte. V. Fleury Deschambault
Le Verrier de Rousson, Louis, **513–514**
Lévesque, Catherine. V. Trottier Desauniers Beaubien
Lévesque, Catherine (Grisé), 515
Lévesque, François (père), 514
Lévesque, François, **514–515**; 248
Lévesque, Marie. V. Pouchet
Lévis, François de, duc de Lévis, **515–521**; 14, 15, 26, 37, 69, 149, 156, 198, 229, 232, 331, 433, 484, 497, 514, 559, 574, 609, 617, 673, 689, 694, 695, 705, 726, 727, 728, 729, 760, 802, 816
Lévis, Gabrielle-Augustine de, duchesse de Lévis. V. Michel de Danton
Lévis, Jean de, baron d'Ajac, 515
Lévis, Jeanne-Marie de, baronne d'Ajac. V. Maguelonne
Lévis, Pierre-Marc-Gaston, duc de Lévis, 521
Lévis-Mirepoix, Gaston-Charles-Pierre de, duc de Lévis-Mirepoix, 515, 521
Levrard, Charles, 791
Levy, M., 601
Levy, Eleazar, 357, 358, 415, 617
Levy, Gershom, 358, 416, 779, 780
Levy, Hayman, 780
Levy, Isaac, 358, 416
Levy, Simon, 358
Lewis, Elizabeth (épouse de WILLIAM), 521
Lewis, William, **521–522**; 783
L'Huissier, Christophe, 219
Liard, Suzanne (Mounier), 612
Lidius. V. Lÿdius
Liébert*, Philippe (mort en 1804), 164, 217
Liebrich, Anna Justina. V. Schwartz
Liénard de Beaujeu, Charlotte (Varin de La Marre), 814, 815
Liénard* de Beaujeu, Daniel-Hyacinthe-Marie (1711–1755), 224, 261, 478, 482, 669, 796
Liénard* de Beaujeu, Louis (1683–1750), 814
Liénard de Beaujeu, Marie-Charlotte (Le Comte Dupré), 478
Liénard* de Beaujeu de Villemomble, Louis (1716–1802), 45, 79, 692
Lignery. V. Le Marchand
Lignières. V. Darles
Ligonier, John (Jean-Louis), 1er comte Ligonier, 3, 22, 23, 24, 92, 839
Lilia, Marie-Anne de (Douglas, comtesse de Douglas), 242
Lillicoe, Mary (Gilmore), 318
Linctot. V. Godefroy
Linnaeus (Linné, von Linné), Carl (Carolus), 439, 440
Lino. V. Martin
Lister, Sarah (Robinson), 733
Little, Mary (Winslow), 840
Little*, Otis (né en 1711/1712 ; mort en ou après 1754), 629
Little Abraham. V. Teiorhéñhsere?
Little Beard. V. Sequidonquee
Livaudais. V. Énault
Livaudière. V. Péan
Liverpool, comte de. V. Jenkinson
Livingston, Ann (Jordan), 434
Livingston, Catherine (De Peyster), 227
Livingston*, James (1747–1832), 154, 590, 592
Livingston, Janet (Montgomery), 589, 590
Livingston, Janet (Smith), 775, 779
Livingston, John, 434
Livingston, Philip John, 323
Livingston, William, 775
Livius, Anna Elizabeth. V. Tufton Mason
Livius, Peter (père), 522
Livius, Peter, **522–524**; 64, 249, 250, 377, 430, 532, 857, 858
Lizot, Joseph, 78
Lizot, Marie-Françoise (Blais), 78
Llanas. V. Bodega
Lloyd, David, 569
Locke, John, 249
Loewendahl (Løvendal). V. Lowendahl
Loiseau, Antoine, 160
Loiseleur, Marguerite (Guillot), 345
Loisy, Catherine (Badeaux), 43
L'Ollivier de Tronjoly, François-Jean-Baptiste, 84, 648
Lombard, Marguerite (Bigot), 65
Lombard* de Combles, Jean-Claude-Henri de (1719–1756), 228
Long, John, **524–525**
Long Coat. V. Anandamoakin
Longfellow, Henry Wadsworth, xx, xxiv
Longmoor*, Robert (*circa* 1771–1812), 170, 395, 560, 741, 825, 826
Longmore, George, 638
Longueuil. V. Le Moyne
Longueuil, baronne de. V. Fleury Deschambault
Loosley, Charles, 522
Loppinot, Jeanne (Couagne), 189, 190
Lorans, Angélique (Pressart), 695
Lord. V. Delort
Lorgeril, Jeanne-Élisabeth de. V. Bégon
Lorimier*, Claude-Nicolas-Guillaume de (1744–1825), 405
Lorimier, Marie-Louise de (Gamelin), 308
Lorimier* de La Rivière, Claude-Nicolas de (mort en 1770), 59, 689
Lorimier de Verneuil, Marguerite. V. Sabrevois de Bleury
Loring, Hannah. V. Jackson
Loring, Joshua (père), 526
Loring, Joshua, **526–527** ; 3, 25, 26, 637
Loring, Mary. V. Curtis
Loring*, Robert Roberts (mort en 1848), 526
Loring, Thomas L., 526
L'Orme. V. Hazeur
Lort. V. Delort
Losada. V. Mollineda
Losee*, William (mort en 1832), 535
Lotbinière. V. Chartier
Lothman de Barrois, Marie (Navarre), 627
Loudoun, comte de. V. Campbell
Loughborough, baron. V. Wedderburn
Louis XIII, roi de France, xix

Louis XIV, roi de France, xxi, 383
Louis XV, roi de France, 69, 72, 246, 383, 432, 475, 506, 510, 690, 718, 728, 729, 815
Louis XVI, roi de France, 815
Louise-Olive de Saint-Paul. V. Roy
Louvigny. V. La Porte
Lovaine, baron. V. Percy
Lowendahl (Løvendal, Loewendahl), Ulrich-Frédéric-Valdemar (Ulrik Frederick Woldemar), comte de Lowendahl, 545
Lucas*, Francis (mort en 1770), 171, 359, 579, 580
Lucas, Joseph, 761
Lucciniani*, Carolo. V. Lusignan, Charles
Ludlow*, Gabriel George (1736–1808), 355
Ludlow, George Duncan, 60
Luján Silva y Góngora, Pedro Francisco, duc d'Almodóvar del Río, 744
Lupien*, dit Baron, Pierre (mort en 1744), 391, 748
Lusignan*, Charles (1718–1825), 8, 577
Lÿdius, Geneviève. V. Massé
Lÿdius, Isabella (mère de JOHN HENDRICKS ; Staats), 527
Lÿdius, Johannes, 527, 528
Lÿdius, John Hendricks, **527–529** ; 188
Lymburner*, Adam (mort en 1836), 64, 431, 602
Lynch, Isidore, 38
Lynne, Marrianne (White), 831, 832
Lyon (Lyons), Benjamin, 358, 779, 780
Lyon, James, **529–530**
Lyon, Martha. V. Holden
Lyon, Mary (mère de JAMES), 529
Lyon, Sarah. V. Skillen
Lyon, Zopher, 529
Lyons, M., 535
Lyons, Barnett, 358
Lyttleton, sir Richard, 91, 92, 93

MABANE, Mme. V. Wedel
Mabane, Adam, **530–534** ; 6, 112, 299, 348, 349, 372, 396, 397, 409, 410, 591, 599, 600, 617, 621, 627, 652, 712, 777, 857, 860
Mabane, Isabell, 533
Macarmick*, William (1742–1815), 316, 564
Macátepilesis. V. Mécatépilésis
Macaulay, Ann. V. Kirby
Macaulay*, John (1792–1857), 534
Macaulay, Robert, **534**
Macaulay, Susan. V. Gilliland
Macaulay, William, 534
Macaulay*, William (1794–1874), 534
Macaulay*, Zachary (1739–1821), 824
McBeath*, George (mort en 1812), 335
MacCarthy. V. Latouche
McCarty, Catherine. V. Lent
Maccarty, Charles, 266
McCarty, Charles Justin (James), **534–535**
McCarty, John, 535
McCarty, Richard, **535–537**
McCarty, Ursule. V. Benoît
McCarty, Ursule (Perrault), 536
McCauley. V. Macaulay
McCleish, Elizabeth (Norton), 632
McCord, Jane (Fraser), 297, 298
McCormick, Caesar, 246
McCuen, Charles, 821
MacDhomhaill, Seumas. V. MacDonald, James
Macdonald, Donald (serviteur), 47
MacDonald, Donald (cousin de JAMES), 537, 657
MacDonald, James, **537–538** ; 480
MacDonald, John, 537
McDonald*, John (mort en 1866), 334
MacDonald of Boysdale, Colin, 537
MacDonald* of Glenaladale, John, dit Fear-a-Ghlinne (1742–1810), 140, 165, 537, 657, 659, 661
McDonell*, Archibald (mort en 1830), 535
McDonell*, John (1750–1809), 740
Macdonell*, John (1768–1850), 334
McDougall, Catharine. V. Lent
McDougall, John, 535
Macé. V. Druillon ; Massé
MacEachern*, Angus Bernard (mort en 1835), 538
McGill*, James (1744–1813), 6, 64, 298, 299, 344, 591, 757, 762, 822
McGill, John, 52
McGillivray*, Duncan (mort en 1808), 334
McGovock (McGovack), George, 824
McGregor, Gregor, 547
Machault d'Arnouville, Jean-Baptiste de, 96, 261, 270, 271, 277, 278, 330, 504, 666, 669, 814
Machikeweece (Machiquawish). V. Madjeckewiss
McIlworth, Thomas, 429
McIlwraith, Jean Newton, 433
McKay, Agnes (Moore), 601
McKay*, Alexander (mort en 1811), 822
MacKay, Donald, 334
McKay, Hugh, 602
Mackay, John, **538–539**
McKay, Marguerite. V. Waddens
MacKay, Marie-Charlotte. V. Chartier de Lotbinière
McKee, Alexander, **539–540** ; 129, 280, 363, 844, 845
McKee, Thomas, 539
McKee*, Thomas (mort en 1815), 540, 845
Mackellar, Elizabeth. V. Basaline
Mackellar, John, 541
Mackellar, Patrick, **540–542** ; 101
McKenna, John, 292
Mackenzie, Alexander (brasseur), 415
Mackenzie, Alexander (marchand), 617
Mackenzie*, sir Alexander (1764–1820), 334, 547, 805, 810, 822
McKenzie, James, 327
McKenzie*, James (mort en 1849), 459
Mackenzie, Margaret (Cuthbert), 205
MacKenzie, Roderick, 166, 258, 471
Mackenzie, William, 617
McKindlay, John, 822
MacKinlay, Helen (Isbister), 410
McKinnon*, William (mort en 1811), 565
McKown, John, 835
McKown, Mary. V. Willard
McLane, David, **542–543**
Maclean, Allan, **543–544** ; 248, 333, 362, 545, 592, 657, 857
MacLean*, Allan (1752–1847), 546
Maclean, Anne. V. Kirloch
McLean*, Archibald (1791–1865), 546

Maclean, Donald, 543
McLean, Francis, **544–546** ; 175, 543, 657
McLean, Harriet (McLean ; Walker), 546
Maclean, Janet (Maclean), 543
Maclean, Mary. V. Campbell
McLean, Mary. V. Herkimer
McLean, Neil, **546** ; 535, 741
Maclean, William, 544
McLennan, William, 433
MacLeod, Cécile. V. Robert
MacLeod, Normand, **546–547**
McLoughlin*, John (1784–1857), 822
McLoughlin, Marguerite. V. Waddens
MacMechan*, Archibald McKellar (1862–1933), 183, 185
Macnamara, John, 547
Macnider*, John (1760–1829), 432
Macnider, Margaret (Johnston), 432
Macnider, Mathew, 432
McNutt*, Alexander (né en 1725 ; mort vers 1811), 529, 569, 848
McTavish*, Simon (1750–1804), 52, 282, 299, 335
Macuina. V. Muquinna
Madeleine (esclave), 251
Madjeckewiss* (mort vers 1805), 260, 525, 610
Magesse. V. Martel
Magnan, Jean-Baptiste, 712
Magnan, dit L'Espérance, Marie-Anne (Picoté de Belestre), 687
Magon de La Balluë, Luc, 547
Magon de La Balluë, Pélagie. V. Porrée
Magon de Terlaye, François-Auguste, **547–548** ; 466, 563
Magos. V. Martel
Magouaouidombaouit. V. Gill, Jean-Louis
Maguelonne, Jeanne-Marie de (Lévis, baronne d'Ajac), 515
Mahan, Alfred Thayer, 133
Mahiet, Michel, 135
Maillard*, Pierre (mort en 1762), 45, 81, 86, 87, 232, 312, 318, 490, 491, 697, 733, 842
Maillebois, marquis de. V. Desmarest
Maillet, Marie-Josephte (Campion), 144
Maillou, Amable, 681
Maillou*, dit Desmoulins, Jean-Baptiste (1668–1753), 219, 713
Mailloux*, Benjamin-Nicolas (1753–1810), 310
Mailloux, Élie, 9
Maisonnat, dit Baptiste, Marie-Anne (Cahouet ; Imbert), 408
Maisonnat*, dit Baptiste, Pierre (né en 1663 ; mort en ou après 1714), 408
Maitland, Alexander, 661
Maladre. V. Sarrebource
Malarctic. V. Maurès
Malaspina*, Alexandro (1754–1810), 615
Maldonado. V. Flórez
Malen (Mallen), Marie (Bernier), 62
Malepart de Beaucourt, Benoîte. V. Camagne
Malepart de Beaucourt, François, **548–550**
Malepart de Grand Maison, dit Beaucour, Marguerite. V. Haguenier
Malepart* de Grand Maison, dit Beaucour, Paul (mort en 1756), 548
Malhiot, Guillaume, 193
Malhiot*, Jean-François (1692–1756), 307
Malhiot, Marguerite-Alexis (Trottier Desrivières-Beaubien), 549
Malhiot, Marie-Anne. V. Massé
Mallen. V. Malen
Mallepart. V. Malepart
Malouin. V. Rinfret
Manach*, Jean (Jacques) (mort en 1766), 87, 232, 258, 319, 492, 493
Manby, Thomas, 811, 812
Mann, Edward Isaac, 166
Mann*, Gother (1747–1830), 117
Manners, lady Elizabeth (Monckton, vicomtesse Galway), 583
Manners, John, marquis de Granby, 839
Manseau, Angélique (Fortier), 292
Mansel, Mme, lady Mansel. V. Bayly
Mansel, sir Edward, 752
Mansfield, comte de. V. Murray
Manthet. V. Ailleboust
Manuel, Emmanuel, 358
Maquet, Alexis, 146, 321
Maquilla (Maquinna). V. Muquinna
Maranda, Geneviève (Schindler), 761, 762
Maranda, Marie-Louise (Hubert), 399
Marcellin, Marie-Anne (Bréard), 99
Marchand, Étienne (orfèvre), 221
Marchand, Étienne (père d'ÉTIENNE), 550
Marchand, Étienne, **550–551** ; 108, 109, 587, 622
Marchand*, Jean-Baptiste (1760–1825), 98, 204
Marchand, Marie-Anne. V. Durand
Marchand, Marie-Renée (Decoste), 216
Marchand, Nicolas, 216
Marconnay, Angélique-Renée-Françoise. V. Péan
Marconnay, Louis-Michel de, dit marquis de Marconnay, 667, 714
Marcoux, Françoise (Grisé), 339
Margane* de Lavaltrie, François (1685–1750), 99
Margane de Lavaltrie, Pierre-Paul, 514
Margane* de Lavaltrie, Pierre-Paul (1743–1810), 207, 435
Margon. V. Plantavit
Marguerie, Jean, 455
Marguerite, 38
Marguerite de Saint-Pierre. V. Blais
Marguerite-Renée de la Croix. V. Godefroy de Tonnancour
Mariauchau* d'Esgly, François (mort en 1730), 551
Mariauchau d'Esgly, Louise-Philippe. V. Chartier de Lotbinière
Mariauchau d'Esgly, Louis-Philippe, **551–553** ; 46, 88, 95, 109, 110, 154, 322, 400, 401, 465, 480, 587, 855, 867
Marie II, reine d'Angleterre, d'Écosse et d'Irlande, xxv
Marie-Andrée de Sainte-Hélène. V. Regnard Duplessis
Marie-Anne de la Nativité. V. Migeon de Branssat
Marie-Charlotte de Saint-Claude de la Croix. V. Ramezay
Marie-Françoise de Saint-Antoine. V. Guillimin
Marie-Geneviève de Sainte-Hélène. V. Godefroy de Tonnancour
Marie-Joseph de l'Enfant-Jésus. V. Wheelwright
Marie-Joseph de Saint-François d'Assise. V. Hallé
Marie-Joseph de Saint-Michel. V. Blais

Marie-Josephte de la Nativité. V. Paquet
Marie-Louise de la Sainte-Vierge. V. Gaillard
Marie-Louise de Saint-Martin. V. Curot
Marie-Ursule des Anges. V. Chéron
Marillac. V. Auger
Marin, Marie-Madeleine (Coulon de Villiers), 192
Marin de La Malgue, Charlotte. V. Fleury de La Gorgendière
Marin de La Malgue, Joseph, **553–556** ; 484, 736, 796
Marin de La Malgue, Marie-Joseph. V. Guyon Desprez
Marin* de La Malgue, Paul (mort en 1753), lvi, 59, 69, 231, 258, 268, 276, 277, 289, 466, 495, 528, 553, 554, 555, 668, 669, 795
Marinier, Marie-Anne (Larcher), 473
Markham, Elizabeth. V. Hey
Markland*, Thomas (1757–1840), 534
Marlborough, duc de. V. Churchill
Marr, John, 116, 117
Marrant, Elizabeth. V. Herries
Marrant, John, **556–557**
Marriott, sir James, l
Marsain, Anne (Bailly de Messein), 45
Marseille. V. Sicard
Marsh, Eunice (Dimock), 235
Marsolet. V. Lemire
Marson. V. Joybert
Marsters. V. Masters
Marston, Benjamin (père), 213, 557
Marston, Benjamin, **557–559**
Marston, Elizabeth. V. Winslow
Marston, Margaret (Philipse ; Ogilvie), 634
Marston, Sarah. V. Swett
Martaud La Rigaudière, Agathe (Pélissier), 669
Marteilhe, John, 652
Martel, Joseph-Nicolas, 559
Martel, Marie-Agathe. V. Baudoin
Martel, Pierre-Michel (Philippe-Michel), **558–559**, 685
Martel* de Belleville, Jean-Urbain (né en 1708, mort en ou avant 1764), 371, 558
Martel* de Brouague, François (né en 1692 ; mort vers 1761), 157, 292, 703, 819
Martel de Brouague, Louise (Chaussegros de Léry), 157
Martel* de Magos, Jean (mort en 1729), 558
Martel de Magos, Marie-Anne. V. Robinau
Martel de Saint-Antoine, Jean-Baptiste-Grégoire, 160, 497, 498, 559, 814
Martel de Saint-Antoine, Marie. V. Gauvreau
Marten, Humphrey, **559–560** ; 36, 51, 171, 421, 742, 804, 806, 807, 825, 826
Marten, John America, 560
Martigny. V. Le Moyne
Martin, Anne (Dumas), 261
Martin, Barbe-Madeleine. V. Hillaire de La Rochette
Martin*, Barthélemy (*circa* 1749–1765), 135, 137, 381
Martin, Charles-Bruno, 381
Martin, Élisabeth (Hillaire de Moissacq et de La Rochette), 380
Martin*, Félix (1804–1886), 865
Martin, Jean-Baptiste-Tropez, 135, 137, 138, 381
Martin, Nicolas, 76
Martin, Vincent, 381
Martin de Lino, Angélique. V. Chartier de Lotbinière
Martínez. V. Flórez
Martínez, Gertrudis González de. V. González
Martínez Fernández y Martínez de la Sierra, Esteban José, **560–563** ; 80, 305, 350, 444, 615, 674, 809
Martissans, Pierre, 273
Mascarene*, Paul (mort en 1760), xxiii, xxvi, 183, 258, 274, 318, 582, 604, 732, 849
Maseres*, Francis (1731–1824), xlv, xlvii, xlix, lii, 7, 41, 112, 151, 163, 198, 199, 200, 247, 249, 250, 318, 375, 376, 419, 430, 448, 599, 670, 696, 787, 817, 854, 856
Mashipinashiwish. V. Madjeckewiss
Mason. V. Tufton
Massé, Geneviève (Lÿdius), 527, 528
Massé (Macé), Marie-Anne (Malhiot; Courreaud de La Coste), 193
Massey, Eyre, 1er baron Clarina, 545, 766
Massiac, Claude-Louis de, dit marquis de Massiac, 504, 667
Massicotte*, Édouard-Zotique (1867–1947), 290, 708, 709
Massignon, Geneviève, xix, xxiv
Masson de Montbrac, Jacques-Joseph, 563
Massot, Joseph, 136
Massot, Nicolas, 135
Masters (Marsters), Abraham, 235
Masters, Sarah. V. Knowlton
Matahachitoux (Soulier Rouge), 719
Matchekewis (Matchikuis). V. Madjeckewiss
Mather, Eunice (Williams), 836
Mathevet, Blanche. V. Ranc
Mathevet, Claude, 563
Mathevet, Jean-Claude, **563–564** ; 466, 548
Mathews, Catalina. V. Abeel
Mathews, David, **564–565** ; 315, 316
Mathews, David (fils), 565
Mathews, Sarah. V. Seymour
Mathews, Vincent, 564
Mathews, William Tryon, 565
Mathon, Marie-Thérèse (Desdevens de Glandons), 232, 233
Matonabbee, **565–566** ; 51, 365, 366, 368, 414, 632
Maudave, comte de. V. Féderbe
Maufils, Françoise (Picard), 681
Maugenest, François, 566
Maugenest, Germain, **566–568** ; 788
Maugenest, Louise. V. Descary
Maugenest, Marie-Anne. V. Saint-Horan
Maugenest, Rosalie. V. Barrère
Mauger. V. Gadois
Mauger, Elizabeth (Mauger), 568
Mauger, J., 572
Mauger, Joshua, **568–572** ; 57, 58, 126, 143, 287, 294, 295, 296, 313, 486, 607, 753, 754, 755, 847
Mauger, Josué, 568
Mauger, Sarah. V. Le Couteur
Mauger, Sarah, 568
Maugras. V. Gamelin
Maugue*, Claude (mort en 1696), 572
Maugue, Marie-Anne (Garreau, dit Saint-Onge), 310, 572
Maugue-Garreau, Marie-Josèphe, dite de l'Assomption, **572–573** ; 691
Maupas. V. Pouchot
Maurault*, Joseph-Pierre-Anselme (1819–1870), 316

Maurepas, comte de. V. Phélypeaux
Maurès de Malartic, Anne-Joseph-Hippolyte de, comte de Malartic, **573–574**
Maurès de Malartic, Antoinette-Charlotte de, comtesse de Montricoux. V. Savignac
Maurès de Malartic, Pierre-Hippolyte-Joseph de, comte de Montricoux, 573
Maurin*, François (*circa* 1756–1765), 136, 139, 470, 497, 559, 612, 673
Maurin, Jean, 604
Maury, Jean-Louis, 572
Mavit, Aymare, 308
Mayar (Mayard). V. Maillard
Meares*, John (mort en 1809), 236, 264, 351, 562, 614, 615, 810, 833
Mécatépilésis, 441
Meckinac. V. Mikinak
Medoux, Jean, 272
Medoux, Louis, 272
Meilleur*, Jean-Baptiste (1796–1878), 869
Melançon, Madeleine (Le Poupet de La Boularderie), 505
Melanson, Anne (Saint-Étienne de La Tour), xx
Melanson*, Charles (né en 1643 ; mort avant 1700), xix, xx
Melanson, dit La Verdure, Anne (Jacau), 412
Melanson, dit La Verdure, Marguerite (Bourg, dit Belle-Humeur), 477
Meldrum, Helen (Abercromby), 4
Melville, vicomte. V. Dundas
Memeskia (La Demoiselle, Old Britain), lix, 609, 686, 721
Menehwehna. V. Minweweh
Mennander, Carl Fredrik, 439
Menneville. V. Duquesne
Mentor, Dominique-François, 221
Mény, Marie-Madeleine. V. Péan
Menzies*, Archibald (1754–1842), 811, 812
Mequinac. V. Mikinak
Mercer, Sarah. V. Day
Mercier. V. Le Mercier
Mercier, John Dyer, 857
Mercier, Marguerite (Des Bordes Landriève), 470
Mercure, M., 161
Meriel*, Henri-Antoine (1661–1713), 830
Merven, Tanguay, 734
Mésaiger*, Charles-Michel (mort en 1766), 312
Mesplet, Antoinette. V. Capeau
Mesplet, Fleury, **575–578** ; 116, 247, 248, 362, 373, 403, 422, 747, 756, 757
Mesplet, Jean-Baptiste, 575
Mesplet, Marie. V. Mirabeau
Mesplet, Marie-Anne. V. Tison
Messayé, Gabriel, 417
Messein. V. Bailly
Metawiss, 840
Métivier, Marguerite (Ducharme), 251
Meulan. V. Meriel
Meulles*, Jacques de (mort en 1703), xviii
Meurin, Sébastien-Louis, 292, 421
Meyer, Jeann (?) George, 761
Meyracq. V. Domingué
Mézière*, Henry-Antoine (*circa* 1771–1819), 577
Mézière, Pierre-François, 6, 291, 577
Mézières de Lépervanche, Louise-Antoinette de (Gaultier de La Vérendrye), 311
Mézillac. V. Du Pont Duchambon
Mézy. V. Le Normant
Michaud, Louis, 135
Michel de Danton, Gabriel, 520
Michel de Danton, Gabrielle-Augustine (Lévis, duchesse de Lévis), 520, 521
Michel* de Villebois de La Rouvillière, Honoré (1702–1752), 387, 719, 720, 723, 768, 814
Michelet Du Cosnier, Marie-Françoise (Hocquart), 381
Michipichy* (*circa* 1695–1706 ou 1748), lvii
Micoc. V. Mikak
Middleton*, Christopher (mort en 1770), 236, 365, 407, 410
Middleton, Judith (Isbister), 410, 412
Migeon de Branssat, Catherine. V. Gauchet de Belleville
Migeon* de Branssat, Jean-Baptiste (1636–1693), 578
Migeon de Branssat, Marie-Anne, dite de la Nativité, **578–579**
Migeon de La Gauchetière, Marie-Thérèse (Le Marchand de Lignery), 194
Mignac (Mignaque). V. Miniac
Migneau, Louis, 681
Mignon, Marguerite-Jeanne (Legardeur de Repentigny), 485
Mignon, Philippe-Jean-Baptiste, 485
Mikak, **579–580** ; 803
Mikinak* (mort en 1755), 500
Miller, Henry, 774
Miller (?), Margaret (Greese; Henry), 370
Miller, Michael, 210
Millidge*, Thomas (mort en 1816), 678
Mills, sir Thomas, **581–582** ; 214, 627, 859
Milly, François, 698
Milly*, François (mort avant 1749), 273
Milly, Louise. V. Dupuy
Milly, Thomas, 457
Milly, dit La Croix, Jean, 258
Milnes*, sir Robert Shore (1746–1837), 146
Minavavana. V. Minweweh
Minet, Anne. V. Bonhomme
Miniac, Jean-Pierre de, **582–583** ; 318, 418, 465
Minweweh* (mort en 1770), lxii, 85, 251, 260, 630
Mirabeau, Marie (Mesplet), 575, 576, 577
Mitchell, Mlle, 743, 745
Mitchikiweese. V. Madjeckewiss
Mius* d'Entremont, Philippe, baron de Pobomcoup (mort vers 1700), 266
Mius d'Entremont de Pobomcoup, Jeanne (Du Pont Duchambon), 266, 268
Mius d'Entremont de Pobomcoup, Marie (Du Pont Duvivier), 271, 849
Moffatt. V. Johnstone
Mogé. V. Gadois
Moissacq. V. Hillaire
Mollineda y Losada, Francisca de (Bodega), 79
Molyneux, Elizabeth (Shuldham), 767
Monbeton* de Brouillan, dit Saint-Ovide, Joseph de (1676–1755), 16, 266, 272, 273, 388, 502, 503
Monckton, Elizabeth. V. Manners

Monckton, John, 1er vicomte Galway, 583
Monckton, Robert, **583–586** ; xxvii, xxx, 24, 39, 101, 153, 209, 231, 270, 312, 361, 412, 471, 489, 541, 616, 683, 723, 737, 759, 775, 835, 839, 841, 848
Moncrieff, James, 542
Moncroc. V. Gripière
Monforton, M., 761
Monière. V. Lemoine
Monk*, James (mort en 1768), 248, 568, 605
Monk*, sir James (1745–1826), 200, 296, 337, 372, 431, 487, 629, 777
Monro*, David (1765–1835), 214
Monro, George, 461
Monson, Lewis, 1er baron Sondes, 375
Montagu, John, 172, 173, 279, 434, 473, 508
Montagu, John, 4e comte de Sandwich, 179, 650, 828
Montbeillard. V. Potot
Montbrac. V. Masson
Montbrun. V. Boucher
Montcalm*, Louis-Joseph de, marquis de Montcalm (1712–1759), 5, 15, 25, 37, 59, 69, 74, 92, 96, 105, 155, 158, 228, 229, 232, 242, 243, 261, 277, 331, 336, 374, 380, 412, 427, 433, 461, 484, 496, 497, 516, 517, 518, 519, 520, 521, 526, 535, 541, 544, 555, 563, 573, 574, 609, 630, 637, 663, 667, 671, 672, 686, 689, 694, 695, 705, 714, 716, 724, 725, 726, 727, 728, 729, 730, 744, 791, 796, 802, 839
Montesson. V. Legardeur
Montgolfier, Étienne, **586–589** ; 6, 97, 98, 107, 204, 218, 255, 256, 292, 309, 343, 400, 422, 465, 499, 550, 551, 575, 619, 622, 692
Montgolfier, Jacques-Étienne de, 586
Montgolfier, Joseph-Michel de, 586
Montgolfier, Raymond, 586
Montgomery, sir James, 596
Montgomery, sir James William, 379, 380, 537, 595, 596, 657, 659
Montgomery, Janet. V. Livingston
Montgomery, Margaret, lady Montgomery. V. Scott
Montgomery, Mary. V. Franklyn
Montgomery, Richard, **589–595** ; 44, 233, 248, 283, 293, 362, 372, 374, 422, 462, 544, 575, 681, 857
Montgomery, Thomas, 589
Montgomery, William, **595–596**
Montigny. V. Testard
Montisambert. V. Boucher
Montresor, Frances. V. Tucker
Montrésor, Frank Montrésor, 598
Montresor, James Gabriel, 596, 597
Montresor, John, **596–598**
Montresor, Mary. V. Haswell
Montreuil. V. Gohin
Montricoux, comte de. V. Maurès
Montricoux, comtesse de. V. Savignac
Monts. V. Du Gua
Moody*, James (mort en 1809), 240
Mooney, Edward L., 429
Moore, Agnes. V. McKay
Moore, Frances (Brooke), **598–601** ; 111, 113
Moore, sir John, 545
Moore, Mary. V. Knowles
Moore, Sarah (Digby), 598, 599
Moore, Thomas (capitaine de navire), 35
Moore, Thomas (père de Frances), 598
Moore, William, **601–603** ; 116, 628
Moras. V. Peirenc
Mordaunt, sir John, 185
Moreau, M., 819
Moreau, Catherine (Adhémar), 5
Moreau*, Jean-Baptiste (mort en 1770), 842
Moreau, dit Lataupine, Louise-Élisabeth (Lajus), 466
Moreau de Séchelles, Mlle (Hérault), 84, 819
Morgann*, Maurice (1726–1802), xlix, 375, 376
Morhouse, Abraham, 40
Morimé. V. Lamorinie
Morin, Antoine (frère de Jean-Baptiste Morin de Fonfay), 31, 456, 603, 604
Morin, Antoine (pêcheur), 135
Morin, Claude, 603
Morin, Claude-Marie-François, 221
Morin, Joseph, 220
Morin, Madeleine. V. Lamouraux-Rochefort
Morin, Marie-Anne (Deguise, dit Flamand), 219
Morin, Marie-Françoise (Poireaux ; Raby), 703
Morin de Fonfay, Jean-Baptiste, **603–604** ; 456, 697, 698
Morin de Fonfay, Marie-Charlotte. V. Boschet de Saint-Martin
Morisseau, Madeleine (Gimbal ; Dumas Saint-Martin), 263
Morisseaux, Jean-Baptiste-Laurent, 618
Morisset*, Gérard (1898–1970), 223, 877, 878
Mornay. V. Duplessis
Morpain*, Pierre (mort en 1749), 267, 273, 637
Morris, Charles (père de Charles), 604
Morris, Charles, **604–609** ; 58, 101, 119, 122, 295, 323, 337, 378, 487, 630
Morris*, Charles (1731/1732–1802), 323, 607, 653, 678
Morris, Esther. V. Rainsthorpe
Morris, Mary. V. Read
Morris, Mary (Danks), 208
Morris*, Thomas (mort en 1818), 827
Morris, William, 44
Morrison, James, 355
Morville, comte de. V. Fleuriau
Moses, Katy, 450
Mostyn, John, 625
Mostyn, Savage, xxvii
Mouet de Langlade, Augustin, 609, 610
Mouet de Langlade, Charles, 609
Mouet de Langlade, Charles-Michel, **609–611** ; lix, 85, 326, 525, 630, 721, 780
Mouet de Langlade, Charlotte-Ambroisine. V. Bourassa, dit La Ronde
Mouet de Langlade, Domitilde (Villeneuve; mère de Charles-Michel), 609
Mouisset, David, 418
Moulton, Ebenezer, **611**
Moulton, Hannah. V. Grove
Moulton, Robert, 611
Mounier, Adam, 612
Mounier*, François (mort en 1769), 136, 203, 409, 612, 621, 627, 854
Mounier, Henry, 612
Mounier, Jean (frère de Jean-Mathieu), 612
Mounier, Jean (neveu de Jean-Mathieu), 612, 676
Mounier, Jean-Mathieu, **611–612** ; 136, 139

Mounier, Michel, 612
Mounier, Suzanne. V. Liard
Mountain*, Jacob (1749–1825), 111, 401, 801, 818
Mountain*, Jehosaphat (1745–1817), 818
Mouthe, Marie-Ursule (Feltz), 285
Mudjekewiss. V. Madjeckewiss
Muerel, Anne (Bonnécamps), 83
Muis. V. Mius
Mulberry, Susanna (Salter), 753
Munn*, Alexander (mort en 1812), 53
Munro. V. Monro
Munro, Henry, 378
Munro, Hugh, 613
Munro, John, **613–614**
Munro, Mary. V. Brower
Muquinna, **614–616** ; lx, 80, 350, 444, 538, 561, 562, 833, 834
Murdoch, James, 530
Mure, Hutcheson, 379
Murphy, Arthur, 601
Murray*, Alexander (mort en 1762), xxvii
Murray, Alexander, 4e baron Elibank, 616, 624
Murray, Anne. V. Witham
Murray, Cordelia. V. Collier
Murray, Elizabeth, baronne Murray. V. Stirling
Murray, lord George, 432
Murray, James, **616–627** ; xxxvii, xl, xliii, xliv, xlvi, liii, 26, 40, 41, 78, 81, 105, 106, 107, 112, 113, 114, 115, 118, 141, 145, 150, 151, 153, 158, 162, 175, 198, 205, 206, 227, 246, 247, 262, 263, 286, 297, 301, 302, 312, 321, 322, 344, 349, 361, 371, 374, 375, 400, 409, 410, 412, 415, 431, 448, 449, 465, 483, 501, 518, 519, 520, 521, 531, 533, 541, 550, 574, 578, 580, 581, 585, 587, 597, 599, 627, 652, 669, 675, 694, 695, 696, 704, 728, 743, 750, 752, 759, 781, 786, 791, 817, 823, 824, 846, 853, 854
Murray*, John (mort en 1824 ou en 1825), 565
Murray, John, 4e comte de Dunmore, xli, lvi, 325, 678, 856
Murray, Patrick, 5e baron Elibank
Murray, Richard, 627
Murray, Walter, **627** ; 409
Murray, William, 1er comte de Mansfield, xliv, 581, 618
Mutchikiwish. V. Madjeckewiss
Mutigny de Vassan, Jean-Baptiste, 583
Muy. V. Daneau
Myer, Joseph, 246
Myers, Hyam, 358, 415
Myers, Mary (Wood), 842
Mykok. V. Mikak
Myrick, Elizabeth. V. Osborn
Myrick, William, 642

NAIRNE*, John (1731–1802), 298, 592, 617, 622
Namier, sir Lewis Bernstein, 570
Nanamaghemet, Marie-Jeanne (Gill), 316
Napier, Catherine (Christie), 162
Napier*, Duncan Campbell (mort en 1865), 167
Nathan, Simon, 416
Navarre, Antoine-Marie-François de, 627
Navarre, Jeanne de. V. Plugette
Navarre, Marie. V. Lothman de Barrois
Navarre, Pierre, 281
Navarre, Robert, **627–628** ; 470
Neal, Dorothy (Davison), 214
Neatby*, Hilda (1904–1975), 64, 301, 304, 377
Nebourvele. V. Boucher
Necushin, 36
Neele, J. S., 626
Negushwa. V. Egushwa
Neilson, Isabel. V. Brown
Neilson*, John (1776–1848), 47, 543, 629, 747
Neilson, Samuel, **628–629** ; 46, 116, 424, 747
Neilson, William, 628
Nelson, David, 60, 61
Nelson, Horatio, 1er vicomte Nelson, 53
Nepean, sir Evan, 214, 236, 250, 350, 655, 744, 818, 831
Nepveu. V. Neveu
Nerkingoak, 579
Nesbitt, Rebecca (Phelan ; épouse de WILLIAM), 629
Nesbitt, William, **629–630** ; 226, 487, 786
Nestichio, 52
Netwatwees, lviii
Neuville, Jean-Baptiste de, 404
Nevers, Phineas, 211
Nevers, Sarah (Davidson), 211
Nevet, comte de, 344
Neveu, Françoise-Élisabeth. V. Legras
Neveu* (Neveu de La Bretonnière), Jean-Baptiste (mort en 1754), 50, 768
Neveu, Marguerite (Simonnet), 768, 769
Newaukeshickwab, 840
Newberry, William, 845
Newcastle-upon-Tyne, duc de. V. Pelham-Holles
Newland, Elizabeth (Jadis), 419
Newton (enseigne), 583
Newton, Catherine. V. Knaut
Newton, Henry, 607
Newton, John, 216, 448, 486, 487, 630, 754
Nicholson, Edith (Francklin), 294
Nicholson*, Francis (1655-1727/1728), xxi, xxii, 271
Ninākon. V. Minweweh
Ningausim, 821
Ninstints, 454
Nisbett, William, 659
Nickʔaʔthuʔtin. V. Primeau, Louis
Nicol, George, 828
Nicolas. V. Orontony
Nissowaquet, **630–631**; 324, 609
Nitachinon. V. Chabert de Joncaire, Philippe-Thomas
Nivard Saint-Dizier, Marie-Anne (Picoté de Belestre), 685, 687
Niverville. V. Boucher
Noailles, Adrien-Maurice de, comte d'Ayen, duc de Noailles, 815
Noble*, Arthur (mort en 1746/1747), 230, 314, 604, 705
Noble, John, 772
Noble Du Revest, Joseph-François de, 757
Nodowance, 281
Noël, Jean-Baptiste, 146, 321
Noiseux*, François-Xavier (1748–1834), 154, 818
Nolan* Lamarque, Charles (1694–1754), 50, 306, 307, 336
Nolan Lamarque, Marie-Anne (Grasset de Saint-Sauveur), 336
Nooth*, John Mervin (mort en 1828), 638

Normand, Charles, 220
Normandeau, Joseph, 762
Normandeau, dit Deslauriers, Marie-Madeleine. V. Sasseville
Normant* Du Faradon, Louis (1681–1759), 217, 254, 255, 256, 586
North, Frederick, lord North, xlv, xlvii, l, li, 6, 28, 140, 280, 303, 376, 581, 618, 659, 787, 859
Northington, comte de. V. Henley
Northumberland, duc de. V. Percy
Norton, Elizabeth, V. McCliesh
Norton, Fletcher, 1er baron Grantley, xlv
Norton*, John (mort en 1831), 450
Norton, Mary (Polly), 633
Norton, Moses, **631–633** ; 36, 365, 366, 566, 789
Norton*, Richard (1701–1741), 413, 565, 631, 632
Norton, Sarah (épouse de MOSES), 633
Nosawaguet. V. Nissowaquet
Nouchet*, Joseph-Étienne (1724–1758), 676
Noyan. V. Payen
Noyelles* de Fleurimont, Nicolas-Joseph de (1695–1761), 37, 311
Noyon, Abigail de. V. Stebbins
Noyon, Dorothée de, 830
Noyon*, Jacques de (1668–1745), 188
Nutimus, 29

OAKES, Forrest, **633–634** ; 282, 283
Oakes, Jemima (Ermatinger), 283
Oakes*, John (mort en 1832), 222, 223, 634
Oakes, John Meticamish, 634
Obwandiyag. V. Pondiac
Ogilvie*, James (mort en 1813), 565
Ogilvie, John, **634–635** ; lv, 151, 749
Ogilvie, Margaret. V. Marston
Ogilvie, Susanna Catharine. V. Symes
Ogilvie, William, 634
Ohquandageghte, **635–636**
Oja, La. V. Wahpasha
Olabaratz, Catherine d'. V. Despiaube
Olabaratz, Jean d', 638
Olabaratz, Joannis-Galand d', **636–638** ; 25, 66, 267, 273, 526, 711
Old Abraham, 792
Old Britain. V. Memeskia
Oldham, William, 399, 435
Old King; Old Smoke. V. Kaieñ?kwaahtoñ
Oliva, Catherine. V. Couillard Des Islets
Oliva, Frédéric-Godlip, 638
Oliva, Frédéric-Guillaume, **638–639**
Olive, Gregory, 641
Olivier*, Abel (mort en 1768), 219
Olivier, Hugues, 639
Olivier, Louise. V. Le Roux
Olivier, Nicolas-Joseph-Godefroy, 640
Olivier Darmeville, M., 639
Olivier de Saint-Maurice, Charles-Honoré, 640
Olivier de Vézin, Marie-Joseph. V. Gastineau Duplessis
Olivier de Vézin, Pierre-Darmeville, 640
Olivier de Vézin, Pierre-François, **639–640** ; 182, 307, 391
Ollivier, Jacques-David, 76
Onkiswathetami. V. Swatana
Onondamokin. V. Anandamoakin
Onslow, George, 245
Onughranorum, 797
Orbigny, Claude d' (Potot de Montbeillard), 693
Oreil. V. Doreil
Orford, comte d'. V. Walpole
Orillat, Jean (père), 640
Orillat, Jean, **640–642** ; 64, 435
Orillat, Marie. V. Dupuy
Orillat, Marie-Amable. V. Filiau, dit Dubois
Orillat, Marie-Luce-Amable (Réaume), 642
Orillat, Thérèse-Amable. V. Viger
Oriol, Anne. V. Le Picard
Orléans, Philippe, duc d', régent de France, 505
Orme, Robert, 304
Ormond (Ermon), Marie-Bernardine (Vuadens), 821
Orontony* (Orontondi) (*circa* 1739–1750), lvii, lix, 500, 693, 790
Osborn, Elizabeth (Myrick ; Paine ; Doane), **642–643**
Osborn, Henry, **643–644** ; 277, 758
Osborn, Jedidah. V. Smith
Osborn, Mary. V. Hughes
Osborn, Samuel, 642
Osborne, sir John, 643
Osborne, Martha, lady Osborne. V. Kelynge
Osgoode*, William (1754–1824), 543, 831
O'Sullivan, Jeanne-Marie-Catherine. V. Bruyères
O'Sullivan*, Michael (1784–1839), 118
Otis, Joseph, 378
Otkwande (Otqueandageghte). V. Ohquandageghte
Otsinughyada. V. Hotsinoñhyahta?
Ottrowana, **644–645**
Ouabache (Oubachas). V. Wahpasha
Ouangote. V. Williams, Eunice
Ouasson (Ousson, Owasser). V. Wasson
Owen, David, 645
Owen, sir Edward Campbell Rich, 646
Owen, William, **645–647**
Owen*, William Fitz-William (1774–1857), 646

PACE, Grace (Cook), 176
Pacheco. V. Güemes
Packnake, 325
Padilla. V. Güemes
Page, Mme Susanna, 832
Pagé, dit Carcy, Marie-Anne (Boisseau), 82
Pagé, dit Carcy, Suzanne (Perrault), 675
Pain*, Félix (1668–1741), xxii
Paine, Elizabeth. V. Osborn
Paine, Thomas, 353
Paine, William (père), 642
Paine, William, 642
Palliser. V. Tootac
Palliser, Hugh, 647
Palliser, sir Hugh, **647–651** ; 31, 133, 171, 172, 177, 210, 243, 359, 360, 445, 472, 579, 760, 772
Palliser, Mary. V. Robinson
Palliser Walters, sir Hugh, 650
Palluau, comte de. V. Buade
Palmer, Elizabeth. V. Hey
Paludy, baron de. V. Tonty
Panet*, Bernard-Claude (1753–1833), 652

Panet*, Jacques (1754–1834), 652
Panet*, Jean-Antoine (1751–1815), 97, 653
Panet, Jean-Baptiste, 653
Panet, Jean-Claude, **651–653** ; 82, 135, 138, 262, 371, 531
Panet, Jean-Nicolas, 651
Panet, Marie-Louise. V. Barolet
Panet, Marie-Madeleine-Françoise. V. Foucher
Panet, Nicolas-Gabriel, 651
Panet*, Pierre-Méru (1731–1804), 201, 591, 651, 652, 777
Pangman*, Peter (mort en 1819), 174, 395, 634
Panneton, Théodore, 357
Papineau*, Joseph (1752–1841), 161
Papineau*, Louis-Joseph (1786–1871), 161
Papineau, Rosalie. V. Cherrier
Paplay, Mlle (Hey), 375
Paquet, Marie-Josephte, dite de la Nativité, 344
Paradis*, Roland (mort en 1754), 221, 812, 813
Paré, Ambroise, 469
Parent, Marie-Madeleine. V. Sasseville
Paris, Ferdinando John, 753
Paris, Marie-Gervaise (Berbudeau), 61
Park, William, 784
Parkman, Francis, xxii, 27, 628, 737
Parr, Eleanor. V. Clements
Parr, John (père), 653
Parr, John, **653–656** ; 62, 120, 121, 242, 315, 353, 354, 420, 480, 488, 558, 564, 601, 677, 678, 679, 680, 785
Parr, Sara. V. Walmesley
Partridge, Mary (Belcher), 54
Pascal, Blaise, 100
Pascaud, Anne. V. Puyperouse
Pascaud*, Antoine (mort en 1717), 330, 385, 655
Pascaud, Antoine, **655–656** ; 814
Pascaud, Élisabeth. V. Cournoyer
Pascaud, Guillaume, 655
Pascaud, Jean (grand-père), 655
Pascaud, Jean (oncle), 655
Pascaud, Jean, 655
Pascaud, Marie-Anne. V. Baulos
Pascaud, Pierre, 655
Pastour* de Costebelle, Philippe (1661–1717), xxii
Paterson, Charles, 298, 299, 394
Patterson, Elizabeth. V. Todd
Patterson, Hester. V. Warren
Patterson, John, 657, 660
Patterson, Walter, **656–662** ; 139, 140, 165, 379, 595
Patterson, William, 656
Paulmy d'Argenson, marquis de. V. Voyer
Paulus. V. Sahonwagy
Paulus, 750
Paulus Petrus, 749
Paumereau. V. Pommereau
Pawpitch, 560
Paxinosa, 29
Payen de Noyan, Catherine-Jeanne. V. Le Moyne de Longueuil et de Châteauguay
Payen* de Noyan, Pierre (1663–1707), 662
Payen de Noyan et de Chavoy, Catherine-Angélique (Legardeur de Repentigny), 485, 663
Payen de Noyan et de Chavoy, Louise-Catherine. V. Ailleboust de Manthet
Payen de Noyan et de Chavoy, Pierre-Jacques, **662–664** ; 93, 485
Payne, Benjamin Charnock, 823
Payne, John Howard, 643
Payzant*, John (1749–1834), 20
Peachey, James, **664–665**
Péan, Angélique. V. Renaud d'Avène Des Méloizes
Péan, Angélique-Renée-Françoise (Marconnay), 667, 714
Péan, Marie-Madeleine (Mény), 107
Péan, Michel-Jean-Hugues, **665–668** ; 72, 73, 75, 77, 96, 97, 99, 135, 136, 496, 559, 668, 695, 714, 725, 726, 814
Péan, René-Pierre, 667
Péan* de Livaudière, Jacques-Hugues (1682–1747), 339, 665, 707
Péan de Livaudière, Marie-Françoise. V. Pécaudy de Contrecœur
Pease, Huldah (Kendrick), 444
Peaseley*, William (né en 1714 ; mort après 1756), 472
Pécaudy de Contrecœur, Claude-François, 668
Pécaudy de Contrecœur, Claude-Pierre, **668–669** ; xlvi, 277, 495, 501, 687
Pécaudy* de Contrecœur, François-Antoine (mort en 1743), 665, 668
Pécaudy de Contrecœur, Jeanne. V. Saint-Ours
Pécaudy de Contrecœur, Louise (Daine), 73, 666
Pécaudy de Contrecœur, Marguerite-Barbe. V. Hingue de Puygibault
Pécaudy de Contrecœur, Marie (La Corne de Chaptes), 460, 464
Pécaudy de Contrecœur, Marie-Françoise (Péan de Livaudière), 665
Pécaudy de Contrecœur, Marie-Madeleine. V. Boucher de La Perrière
Peck, Kendrick, 317
Pedley*, Charles (1820–1872), 851
Peirenc de Moras, François-Marie de, 504
Pelham-Holles, Thomas, 4e duc de Newcastle-upon-Tyne, 23, 63, 426, 618
Pélissier, Agathe. V. Martaud La Rigaudière
Pélissier, Christophe, **669–671** ; 221, 222, 263, 310, 431, 681
Pélissier, François-Christophe, 669
Pélissier, Marie-Catherine. V. Delezenne
Pélissier, Marthe. V. Baudoin
Pellegrin, François, 671
Pellegrin, Gabriel, **671–672** ; 11, 292
Pellegrin, Madeleine. V. Boissy
Pellegrin, Marie-Anne. V. Bonnegrâce
Pellew, Edward, 1er vicomte Exmouth, 850, 851
Pellissier. V. Pélissier
Peña Saravia, Tomás de la, 674
Pénissault (Penisseau). V. Pennisseaut
Pennant, Thomas, 368, 407, 408
Pennefather, Lavina (St Leger, lady St Leger), 752
Pennisseaut, Catherine. V. Bry
Pennisseaut, Charles, 672
Pennisseaut, Louis, **672–673** ; 73, 136, 139, 497, 559, 666, 667
Pennisseaut, Marie-Marguerite. V. Lemoine, dit Monière
Pensens. V. Espiet
Pepin, Angélique (Deguire, dit Desrosiers), 218, 219

Pepin, Charlotte (Campion, dit Labonté), 144
Pépin, dit Laforce, Pierre, 750
Pepin*, dit Laforce, René-Hippolyte (1728–1802), 664
Pépin, dit Laforce, Véronique (Saillant), 750
Pepperrell*, sir William (1696–1759), 16, 68, 91, 183, 230, 258, 267, 274, 322, 337, 338, 392, 455, 490, 745, 849
Perceval, John, 2e comte d'Egmont, 657
Percy, Algernon, 2e baron Lovaine, 214
Percy, Hugh Smithson, 1er duc de Northumberland, 214
Perdita. V. Darby, Mary
Perdrigean, Françoise (Vienne), 819
Pérez Hernández, Juan Josef, **673–675** ; lix, 79, 180, 561, 614
Perichon, Noël-Mathurin-Étienne, 380
Perier de Salvert, Antoine-Alexis, 267, 274, 637
Périgny. V. Ailleboust
Périnault*, Joseph (1732–1814), 152
Périnault, Marie-Josette (Varin, dit La Pistole), 812
Périnneau, dit Lamarche, François, 293
Perkins*, Simeon (1734/1735–1812), 126, 237, 241
Perkins, Thomas, 171, 172
Pernette, Sophia Augusta (Eagleson ; Collins), 278, 279
Perny, Nicolas, 134
Perras, M., 670
Perrault, M., 161
Perrault, Charles, 676
Perrault, Charles-François, 676
Perrault, Charlotte. V. Boucher de Boucherville
Perrault*, François (mort en 1745), 675
Perrault, Guillaume-Michel, 675
Perrault, Jacques, dit Perrault l'aîné, **675–676** ; 160, 330, 498, 640, 750
Perrault*, Jacques-Nicolas (1750–1812), 676
Perrault, Jean-Baptiste, 328, 341, 675
Perrault*, Jean-Olivier (1773–1827), 676
Perrault, Joseph-François, 310, 550, 622, 675
Perrault*, Joseph-François (1753–1844), 536, 756, 757
Perrault, Louis-François, 675
Perrault, Marie. V. Willis
Perrault, Suzanne. V. Pagé, dit Carcy
Perrault, Ursule. V. McCarty
Perrault l'aîné. V. Perrault, Jacques
Perrot*, François-Marie (1644–1691), xviii
Perthuis*, Charles (1664–1722), 676
Perthuis, Charles-Régis, 677
Perthuis*, Jean-Baptiste-Ignace (né en 1716 ; mort après 1767), 652, 676
Perthuis, Joseph, **676–677**
Perthuis, Joseph (fils), 677
Perthuis, Marie-Anne. V. Chasle
Perthuis, Marie-Madeleine. V. Roberge
Pérusse Des Cars, marquis de, 61, 494
Peter. V. Kingminguse
Peters, Abigail. V. Thompson
Peters, Hannah. V. Chenery
Peters, Hendrick. V. Theyanoguin
Peters, John, 424
Peters, Joseph, **677–678** ; 765
Peters, Pauly. V. Sahonwagy
Peters, Sally (épouse de THOMAS), 678
Peters, Samuel Andrew, 677
Peters, Thomas, **678–681** ; 654
Peters, William, 677
Petersen, Paulus. V. Sahonwagy
Petit, Émilion, 74
Petit, Louise (Corbin), 182
Petit, Marguerite. V. Véron de Grandmesnil
Petit, Monique-Françoise (Gohin de Montreuil), 330
Petit*, Pierre (mort en 1737), 182
Petit de Thoizy, Marie-Anne (Druillon de Macé), 245
Petitot, dit Saint-Sceine (Sincennes), Marguerite (Doucet), 240
Petitpas, Henriette (Robichaux), 732
Petrimoulx, Médard, 707
Petters. V. Peters
Pettrequin*, Jean (mort en 1764), 847, 848
Petty, William, 2e comte de Shelburne, xxxvii, xliii, xlv, 199, 321, 362, 431, 465, 618, 625, 653, 654, 743, 744, 817, 859
Peyton*, John (1749–1829), 774
Phelan, Rebecca. V. Nesbitt
Phelan, William, 507
Phélipeaux d'Herbault, Georges-Louis, 60
Phelps, Benajah, 530
Phélypeaux, Jean-Frédéric, comte de Maurepas, 61, 68, 83, 134, 182, 258, 306, 343, 365, 382, 383, 384, 386, 387, 389, 392, 393, 406, 470, 475, 502, 503, 504, 505, 511, 512, 583, 639, 662, 663, 676, 688, 717, 718, 719, 720, 721, 722, 814
Phélypeaux, Jérôme, comte de Pontchartrain et de Maurepas, xxii, 715
Philibert. V. Jacquin
Philipps*, John (mort en 1801), 843
Philipps*, Richard (mort en 1750), xxiii, xxvi, 90, 184, 582, 841
Philipse, Margaret. V. Marston
Philipse, Philip, 634
Phillips, William, 477
Phips*, sir William (1650/1651–1694/1695), xx
Phokus Valerianatos. V. Fuca, Juan de
Phyn, James, 281, 282
Picard, Françoise. V. Maufils
Picard, Louis-Alexandre, **681–682** ; 221, 223, 592
Picard, Marie (Ducharme), 251
Picard, Marie-Jeanne. V. Léger
Picard, Pierre, 681
Picard, Pierre-François, 681
Pichon. V. Pichot
Pichon, Jean, 682
Pichon, Marie. V. Esnault
Pichon, Thomas, **682–684** ; 269, 270, 479, 699, 710, 711, 716
Pichot de Querdisien Trémais, Charles-François, **684–685** ; 75, 559, 667
Pickersgill, Richard, 179
Picot, Jeanne de (Brethous), 265
Picoté de Belestre, François-Louis, 686, 687
Picoté de Belestre, François-Marie (père), 685
Picoté de Belestre, François-Marie, **685–688** ; xlvi, 373, 374, 478, 590, 737
Picoté de Belestre, Marie-Anne. V. Magnan, dit L'Espérance
Picoté de Belestre, Marie-Anne. V. Nivard Saint-Dizier
Picoté de Belestre, Marie-Catherine. V. Trottier Desruisseaux

Picquet, André, 688
Picquet, François, **688–690** ; 40, 466, 547, 548, 563, 635
Picquet, Marie-Philippe. V. Berthet
Picquet de La Motte, Toussaint-Guillaume, comte Picquet de La Motte, dit La Motte-Picquet, 305
Pie VI, 690
Pier. V. Saint-Aubin
Pierce, Margaret (Green), 337
Piercotte. V. Audet
Piernas, Pedro Josef, 340
Pierre, 405
Pierre-Benoît. V. Benoît
Pierre-Thomas. V. Tomah
Pigot, Hugh, 241
Pilgrim*, Robert (mort en 1750), 36, 410, 413
Pillard, Louis, 357
Pillet, Antoine, 64
Pillet, Félicité (Besnard, dit Carignant), 63
Pillet, Ignace, 64
Pillet, Pascal, 63, 641
Pillon, Boyer, 248
Pinson*, Andrew (1728–1810), 648, 772
Pinsonneau, dit Lafleur, Ignace, 633
Piot* de Langloiserie, Charles-Gaspard (mort en 1715), 690
Piot de Langloiserie, Charlotte-Angélique, dite Sainte-Rosalie, 690
Piot de Langloiserie, Marie-Marguerite, dite Saint-Hippolyte, **690–691** ; 572
Piot de Langloiserie, Marie-Thérèse. V. Dugué
Pitchy. V. Peachey
Pitt, Anne (Grenville, baronne Grenville), 811
Pitt, John, 2e comte de Chatham, 811
Pitt, Thomas, 1er baron Camelford, 811
Pitt, Thomas, 2e baron Camelford, 811
Pitt, William, 80, 124, 524, 776
Pitt, William, 1er comte de Chatham, xxxv, 3, 23, 24, 25, 28, 91, 92, 93, 115, 520, 618, 758, 759, 760
Plamondon. V. Lafleur
Plamondon*, Antoine (1804–1895), 9
Plantavit* de Margon, Jean-Guillaume-Charles de, chevalier de La Pause (1721–1804), 331, 496, 574
Plante*, Charles (1680–1744), 418
Plante, Jean-Baptiste, 813
Plassey, baron. V. Clive
Plenderleath, Rachel, 163
Plenderleath* Christie, William (1780–1845), 163
Plessis*, Joseph-Octave (1763–1825), 46, 105, 106, 109, 110, 111, 148, 159, 480, 867
Plessy, dit Bélair, Charles, 708
Plessy*, dit Bélair, Jean-Louis (1678–1743), 708
Pluche, Noël-Antoine, 693
Plugette (Pluiette), Jeanne (Navarre), 627
Pobomcoup. V. Mius
Pochard, Alexandre, 575, 577
Poinsu, François, 258
Poireaux, Maire-Françoise. V. Morin
Poirel, Madeleine (Bourdon de Dombourg et de La Pinaudière), 86
Poisson, Jeanne-Antoinette, marquise de Pompadour (Le Normant d'Étioles), 381, 504
Poivre, Pierre, 262, 816
Pollard*, Richard (1752–1824), 128, 846
Polonceau, Henry, 223
Pommereau, Catherine-Élisabeth (Bruyères), 118
Pommereau, Claire-Françoise. V. Boucher de Boucherville
Pommereau*, Jean-Baptiste (1702–1742), 99, 118, 284, 482
Pomoacan (Half-King), 325
Pompadour, marquise de. V. Poisson
Poncin*, Claude (1725–1811), 549
Pond*, Peter (né en 1740 ; mort vers 1807), 264, 282, 334, 394, 435, 634, 805, 822
Pondiac* (mort en 1769), xxxvii, xxxix, liii, lvi, lviii, lix, lx, lxi, lxii, 26, 27, 42, 93, 162, 189, 260, 280, 317, 320, 325, 340, 363, 374, 414, 428, 429, 441, 462, 526, 547, 597, 620, 623, 624, 628, 636, 686, 731, 737, 783, 784, 797, 827, 834
Pontbriand. V. Dubreil
Pontchartrain, comte de. V. Phélypeaux
Pontiac (Pontiak, Ponteack, Pontiague). V. Pondiac
Pontleroy. V. Sarrebource
Pope, Alexander, 599
Porlier, Angélique. V. Cuillerier
Porlier, Claude-Cyprien-Jacques, 291, 691
Porlier, Pierre-Antoine, **691–692** ; 109
Porrée, Pélagie (Magon de La Balluë), 547
Porteous, John, 64, 281, 335, 784, 795
Portland, duc de. V. Cavendish
Portlock*, Nathaniel (mort en 1817), 181, 235, 236, 263, 808
Portneuf. V. Robinau
Portugais. V. Dasilva
Possel, Ursule-Thérèse (Duquesne), 276
Potentien, père. V. Houdin, Jean-Michel
Pothier, Anne-Françoise. V. Bruyères
Pothier*, Jean-Baptiste-Toussaint (1771–1845), 118
Pothier, Louise (Couagne), 188
Potier, Jacques, 692
Potier, Marie. V. Duchatelet
Potier, Marie (Devau), 233
Potier, Pierre-Philippe, **692–693** ; 400
Potot de Montbeillard, Claude. V. Orbigny
Potot de Montbeillard, Fiacre-François, **693–694** ; 262, 413, 496, 671
Potot de Montbeillard, François-Augustin, 693
Potot de Montbeillard, Jean, 694
Potot de Montbeillard, Louise, 694
Potot de Montbeillard, Marie-Claude. V. Carlet de La Rozière
Potter, Nathaniel, 732, 737, 738
Pottié (Pottier). V. Potier
Pottle, Thomas, 192
Potts, George, 50
Potts, James, 430
Pouchet, Marie (Lévesque), 514
Pouchot* (Pouchot de Maupas), Pierre (1712–1769), 26, 29, 60, 229, 427, 526, 527, 635, 636, 689, 839
Pouget*, Jean-Baptiste-Noël (1745–1818), 206
Poulin, Guillot, 417
Poulin*, Pierre (né en 1684; mort après 1744), 307
Poulin de Courval, François, 669
Poulin* de Courval, François-Louis (1728–1769), 35, 791, 796
Poulin* de Courval, Louis-Jean (1696–1743), 284, 422

Poulin de Courval, Thérèse. V. Bouat
Poulin de Courval Cressé, Jean-Baptiste, 357
Poulin* de Courval Cressé, Louis-Pierre (1728–1764), 511
Poulin* de Francheville, François (1692–1733), 182, 307, 386, 639
Poulous. V. Sahonwagy
Pound, Arthur, 94
Pourchaut. V. Pouchot
Pourroy* de Lauberivière, François-Louis de (1711–1740), 239, 550, 563, 582, 651
Poutrincourt. V. Biencourt
Powell*, Henry Watson (1733–1814), 53
Powell*, William Dummer (1755–1834), 6, 7, 176, 248, 844, 845, 846
Power, Thomas, 507
Powless. V. Sahonwagy
Pownall*, sir George (1755–1834), 515
Pownall, John, 488
Poyer, Françoise (Grisé), 339
Praslin. V. Choiseul-Chevigny
Prat, Marie-Joseph (Denys de Saint-Simon), 224
Pratt, Charles, 1er comte de Camden, 618
Pratt, Matthew, 429
Pratte, Marguerite (Badeaux), 44
Preissac, Anne de. V. Dupré
Preissac, Lambert de, 695
Preissac, Paul de, 695
Preissac d'Arlens, Jean-Gérard de, 695
Preissac d'Arlens, Paul de, 695
Preissac de Bonneau, Louis de, **695**
Prentice, Anna (Willard), 835
Prentice, Miles, 601
Prescott, Elizabeth (Willard), 835
Prescott, Jonathan, 755
Pressart, Angélique. V. Lorans
Pressart, Colomban-Sébastien, **695–696** ; 199, 399, 418, 819
Pressart, François, 695
Preston, Charles, 590
Prevost, Marie-Gabrielle-Élisabeth. V. L'Estobec de Langristain
Prevost, Philippe, 696
Prevost, Robert, 696
Prevost de La Croix, Charles-Auguste, 700
Prevost de La Croix, Jacques, **695–700** ; 61, 66, 432, 455, 456, 457, 473, 474, 479, 491, 603, 655, 682, 683, 710
Prevost de La Croix, Jacques-Marie-André, 700
Prevost de La Croix, Louis-Anne, 700
Prevost de La Croix, Marguerite-Thérèse. V. Carrerot
Prevost de La Croix, Pierre-François, 697
Price*, Benjamin (mort en 1768), 263, 617, 624, 669
Price, Walter, 473
Prideaux, John, 25, 427, 635, 796
Primeau, Joseph, 701
Primeau, Louis, **700–701** ; 51, 173
Prince, Elizabeth (Higgins), 379, 380
Prince, Job, 379, 380
Pringle, Mme. V. Balneavis
Pringle, Elizabeth Susanna. V. Wenman
Pringle, Robert, **701–702** ; 279, 434, 767
Pringle, William, 830
Proulx, Basile, 602
Prowse*, Daniel Woodley (1834–1914), 648, 650, 837, 851
Prud'homme, Marie-Anne (Landriaux), 469
Pufendorf, Samuel, baron von Pufendorf, 249
Puget*, Peter John (mort en 1822), 812, 834
Purss*, John (1732–1803), 431, 670
Puygibault. V. Hingue
Puyperouse, Anne (Pascaud), 655
Puysieux, marquis de. V. Bruslart
Pyke, Ann. V. Scroope
Pyke*, George (1775–1851), 542
Pyke*, John George (mort en 1828), 829
Pyne, Thomas, 850

QUADRA. V. Bodega
Quaife, Milo Milton, 347
Quant, Mary. V. Webber
Quarante Sols. V. Michipichy
Quémar, Jacquette, 103
Quémar, Jacquette (Burel), 103
Querdisien. V. Pichot
Quesnel*, Jules-Maurice (1786–1842), 186
Quesnel, Marie-Josephte. V. Cotté
Quesnel Fonblanche, Jacques, 336
Quesnel Fonblanche, Marie-Joseph (Grasset de Saint-Sauveur), 336
Questach (Cockeye), 560
Quiala. V. Kiala
Quiasutha. V. Kayahsota?
Quimper, Manuel, 615
Quindre. V. Dagneau
Quintal, Augustin (baptisé, Joseph), **702–703**
Quintal, François, 702
Quintal, Marie. V. Gaultier
Quiquinanis. V. Wikinanish

RABELAIS, François, xxiv
Rabutin-Chantal, Marie de, marquise de Sévigné, 709
Raby, Augustin, **703–704** ; 227, 758
Raby, Françoise. V. Delisle
Raby, Marie-Anne (Jordan), 434
Raby, Marie-Françoise. V. Morin
Raby, Mathieu, 703
Racsenagate, 397
Raffetot. V. Deschamps
Raimbault, Pierre, 700
Raimbault de Saint-Blaint, Charlotte-Gabrielle. V. Jarret de Verchères
Raimbault de Saint-Blaint, Pierre-Marie-Joseph, 371
Rainsthorpe, Esther (Morris), 604
Rainville, Charlotte (Corbin), 182
Raizenne, Amable-Simon, 203
Rameau* de Saint-Père, François-Edme (1820–1899), xviii, xx, 258
Ramezay, Charlotte-Marguerite de (Bellot), 706
Ramezay*, Claude de (1659–1724), 45, 254, 704, 707, 708, 709, 748
Ramezay, Élisabeth de (La Corne), 243
Ramezay, Jean-Baptiste-Nicolas-Roch de, **704–706** ; 11, 37, 69, 155, 230, 318, 343, 390, 413, 482, 490, 491, 495, 518, 652, 685, 707, 727, 790, 849
Ramezay, Louise de. V. Godefroy de Tonnancour

Ramezay, Louise de, **707–708** ; 704
Ramezay, Louise-Geneviève de (Deschamps de Boishébert), 230, 708
Ramezay, Marie-Charlotte de. V. Denys de La Ronde
Ramezay*, Marie-Charlotte de, dite de Saint-Claude de la Croix (1697–1767), 704, 707
Ramezay de La Gesse, Charles-Hector de, 704
Ramondine, Marie-Josèphe (Rodrigue), 735
Ramsey, Martha. V. Burch
Ranc, Blanche (Mathevet), 563
Randall, Benjamin, 21
Rankin, James, 176
Rankin, Mary. V. Collins
Ranville. V. Baby
Ranvoyzé*, Étienne (1776–1826), 358
Ranvoyzé*, François (1739–1819), 222, 223
Rashleigh, Robert, 64
Rastel* de Rocheblave, Philippe-François (1727–1802), 347
Rateau, Marie (Létourneau ; Guillot, dit Larose ; Sicard), 345
Raymond, Jean-Louis de, comte de Raymond, **709–711** ; 30, 433, 473, 474, 478, 479, 682, 683, 697, 698, 699
Raymond*, William Odber (1853–1923), 785
Raymond Des Rivières, Charles de, 709, 711
Read, John, 604
Read, Mary (Morris), 604
Reade, Sarah (De Peyster), 227
Réaume, Alexis, 641, 642
Réaume, Charles, 756
Réaume, Julie-Marie (Hay), 362
Réaume, Marguerite (Howard), 398
Réaume, Marguerite (Welles), 756
Réaume, Marie-Luce-Amable. V. Orillat
Réaume, Marie-Renée (Renaud, dit Cannard), 713
Réaume, Thérèse (Sanguinet), 755, 756
Réaume (Rhéaume), dit La Croix, Susanne (Baby, dit Dupéront), 42
Rêche (Reiche, Reische). V. Resche
Récher*, Jean-Félix (1724–1768) 108, 109, 418
Reeves*, John (mort en 1829), 774
Regnard* Duplessis, Marie-Andrée, dite de Sainte-Hélène (1687–1760), 205
Reid, John, 416
Reis, Thérèse (Gugi), 341
Renard, Marie (Bigot), 65
Renaud, Jean, **711–713**
Renaud, John Lewis, 712
Renaud, Martha. V. Sheldon
Renaud, Paul-Émile, 406
Renaud, dit Cannard, Marie. V. Gariépy
Renaud, dit Cannard, Marie-Renée. V. Réaume
Renaud, dit Cannard, Michel, 713
Renaud, dit Cannard, Pierre, **713** ; 219
Renaud d'Avène de Desmeloizes, Marie-Françoise (Chartier de Lotbinière), 153, 155
Renaud d'Avène Des Méloizes, Angélique. V. Chartier de Lotbinière
Renaud d'Avène Des Méloizes, Angélique (Péan), **713–714** ; 72, 496, 665, 667, 673, 695
Renaud* d'Avène Des Méloizes, Nicolas (1729–1803), 97
Renaud* d'Avène Des Méloizes, Nicolas-Marie (1696–1743), 188, 386, 713
Renon. V. Du Pont
Renou, dit La Chapelle, Marguerite. V. Crevier
Repentigny. V. Legardeur
Resche*, Pierre-Joseph (1695–1770), 578
Rességuier, Marguerite de (Galaup), 304
Retor. V. Devau
Reventa. V. Eliza
Revilla Gigedo, comte de. V. Güemes
Révol*, Pierre (mort en 1759), 262, 417, 791
Reynolds, sir Joshua, 28, 133, 761
Rhéaume. V. Réaume
Riccoboni, Marie-Jeanne, 598
Richard, Marguerite (Dugas), 257
Richardie. V. La Richardie
Richards, John, 789
Richards*, William (mort en 1811), 36
Richardson*, John (mort en 1831), 43, 282
Richardson, Matthew, 120
Richardson, Samuel, 598
Richelieu. V. Vignerot
Richelieu, duc de. V. Vignerot
Richerville. V. Drouet
Rickard, Elizabeth (Doggett), 237
Riddell*, William Renwick (1852–1945), 248
Riedesel, Friedrich Adolphus von, baron von Riedesel, 638
Rieutord*, Jean-Baptiste (mort en 1818), 416
Rieutord, Marie-Josette. V. Audette, dit Lapointe
Rigaud de Vaudreuil, François-Pierre de, **715–716** ; 59, 157, 158, 261, 276, 286, 392, 496, 501, 516, 553, 558, 717, 722, 744
Rigaud de Vaudreuil, Jean de, vicomte de Vaudreuil, 262, 725, 729
Rigaud de Vaudreuil, Louise de. V. Fleury de La Gorgendière
Rigaud de Vaudreuil, Louise-Élisabeth de, marquise de Vaudreuil. V. Joybert de Soulanges et de Marson
Rigaud de Vaudreuil, Louis-Philippe de, marquis de Vaudreuil, 326
Rigaud* de Vaudreuil, Louis-Philippe de, marquis de Vaudreuil (né en 1691 ; mort vers 1763), 276, 729
Rigaud* de Vaudreuil, Philippe de, marquis de Vaudreuil (mort en 1725), 254, 551, 715, 717, 720, 830, 836
Rigaud de Vaudreuil de Cavagnial, Jeanne-Charlotte de, marquise de Vaudreuil. V. Fleury Deschambault
Rigaud de Vaudreuil de Cavagnial, Pierre de, marquis de Vaudreuil, **716–730** ; xxxv, 3, 25, 26, 29, 30, 60, 63, 69, 83, 87, 96, 136, 149, 155, 158, 159, 198, 218, 224, 239, 245, 261, 262, 270, 276, 277, 286, 289, 308, 312, 331, 336, 397, 413, 441, 461, 470, 484, 489, 496, 501, 504, 514, 516, 517, 518, 519, 520, 521, 553, 559, 609, 635, 636, 637, 645, 663, 665, 667, 669, 672, 686, 689, 694, 705, 706, 714, 715, 716, 743, 791, 797, 802, 816, 880
Rigauville. V. Blaise
Rinfret, dit Malouin, Thérèse (Deguise, dit Flamand), 219
Risbé, Jean-François, 222, 681
Rising, John, 33
Ritchie, Alicia Maria. V. Le Cain

Ritchie, Andrew, 730
Ritchie, Jennet (Janet) (épouse de JOHN), 730
Ritchie, John, **730–731**
Ritchie*, sir William Johnstone (1813–1892), 730
Riverin*, Joseph (1699–1756), 268
Riverin, Marie-Joseph (Du Pont Duchambon de Vergor), 268, 271
Rivington, James, 114
Robaille, Jean, 221
Robereau, dit Duplessis, Pierre, 708
Roberge, Marie-Madeleine (Perthuis), 676
Robert, Antoine, 546
Robert, Cécile (MacLeod), 546
Robert, Nicolas-François, 217
Robert Jasne, Marie-Angélique (Godin, dit Chatillon et dit Bellefontaine), 328, 329
Roberts, Benjamin, **731–732**; 631, 738
Roberts, Henry, 236, 809
Roberts, Hugh, 191
Roberts, Kenneth Lomax, 740
Robertson*, Charles (mort en 1763), 827
Robertson, James (journaliste), 521
Robertson, James (officier), 744
Robeshaw. V. Robichaux
Robichaud, Marie, dite Saint-Vincent-de-Paul, 691
Robichaux, Henriette. V. Petitpas
Robichaux, Jeanne. V. Bourgeois
Robichaux, Louis, **732–733**
Robichaux*, Otho (1742–1824), 733
Robichaux, Prudent, 732
Robichaux*, Vénérande (1753–1839), 733
Robin*, Charles (1743–1824), 86, 195
Robin, Jacques, xxviii
Robinau, Marie-Anne (Martel de Magos), 558
Robinau de Bécancour, Marie-Anne-Geneviève (Legardeur de Croisille), 482, 483
Robinau* de Portneuf, Philippe-René (mort en 1759), 81
Robinau* de Villebon, Joseph (1655–1700), xxv, 328, 329
Robinson, Christopher, **733–734**; 844
Robinson, Esther. V. Sayre
Robinson, John, 733
Robinson*, sir John Beverley (1791–1863), 733, 734
Robinson, Mary. V. Darby
Robinson, Mary (Palliser), 647
Robinson, Nicholas, 647
Robinson, Peter, 733
Robinson*, Peter (1785–1838), 733
Robinson, Sarah. V. Lister
Robinson, Thomas, 128
Robinson*, William Benjamin (1797–1873), 733
Robson*, Joseph (*circa* 1733–1763), 804
Robuchau. V. Robichaux
Robutel de La Noue, Marie-Anne, 257
Rocbert de La Morandière, Étienne, 669
Rocbert de La Morandière, Louis-Joseph, 45, 387, 498
Rocbert de La Morandière, Marguerite-Barbe. V. Hingue de Puygibault
Rocbert de La Morandière, Marguerite-Charlotte (Lemoine Despins), 498
Rocbert de La Morandière, Marguerite-Élisabeth-Ursule (Chabert de Joncaire de Clausonne), 149
Rocbert* de La Morandière, Marie-Élisabeth (Bégon de La Cour) (1696–1755), 269, 286, 289, 497, 498
Rochambeau, comte de. V. Vimeur
Roch* de Saint-Ours, Paul (1747–1814), 777
Rocheblave. V. Rastel
Rochefort. V. Lamouraux
Rochemore, Vincent de, 71
Rockingham, marquis de. V. Watson-Wentworth
Rodgers. V. Rogers
Rodney, George Brydges, 1er baron Rodney, 241, 244, 305
Rodrigue, Anne. V. Le Borgne de Belle-Isle
Rodrigue, Antoine, **734–735**; 31, 265, 474, 508
Rodrigue, Antoine (fils), 735
Rodrigue, Claude, 735
Rodrigue*, Jean-Baptiste (mort en 1733), 734
Rodrigue, Jeanne-Françoise. V. Jacau
Rodrigue, Jeanne-Françoise (L'Espérance), 508, 735
Rodrique, Joseph-Baptiste, 734
Rodrigue, Marguerite-Josephte (Du Pont Duchambon), 268
Rodrigue, Marie-Josèphe. V. Ramondine
Rodrigue, Michel (oncle), 139, 268, 456, 734
Rodrigue, Michel, 735
Rodrigue, Pierre (frère d'ANTOINE), 147, 734
Rodrigue, Pierre (marchand), 456
Rodrigue, Rose. V. Castaing
Rogers, Arthur, 739
Rogers, Elizabeth. V. Browne
Rogers, James (père), 735
Rogers, James, 739
Rogers, Jonathan, 731
Rogers, Mary (mère de ROBERT), 735
Rogers, Richard, 736
Rogers, Robert, **735–740**; lv, 3, 189, 260, 300, 316, 320, 333, 360, 458, 554, 609, 631, 656, 731, 732, 743
Rohan, Charles de, prince de Soubise, 520
Rollo*, Andrew, 5e baron Rollo (1703–1765), 24, 746
Rollo, Cecilia. V. Johnstone
Roma*, Jean-Pierre (*circa* 1715–1757), 268
Roma, Jean-Pierre-Michel, 268
Roma, Marie-Anne (Du Pont Duchambon), 268
Rondeau*, Jacques-Philippe-Urbain (mort vers 1749), 66, 455, 849
Rondeau, Marie-Josephe. V. Le Borgne de Belle-Isle
Rondoenie. V. Orontony
Roome. V. Le Chevalier
Roquebrune. V. La Roque
Rosanvern, M. V. Le Loutre, Jean-Louis
Ross, Catherine (Kalm), 439
Ross, Charles, 742
Ross, George, 742
Ross, John, **740–741**; 132, 546, 770
Ross, Malchom, **741–743**; 170, 805
Ross, William, 78
Rossay, Angélique. V. Cadet
Rossay, Jérôme, 135
Roubaud, Marguerite. V. Tressol
Roubaud, Pierre-Joseph-Antoine, **743–745**; 7, 107, 250, 317, 321, 322, 458, 622, 854
Roubaud, Pierre-Pascal, 743
Roucy, marquis de. V. La Rochefoucauld
Rouer* d'Artigny. Louis (1667–1744), 676
Rouer* de Villeray, Benjamin (1701–1760), 270, 584, 683

Rouffio*, Joseph (né en 1730, mort après 1764), 134
Rouffio, Louise. V. Cadet
Rouillard, Jean-Baptiste, 220
Rouillé, Antoine-Louis, comte de Jouy, 71, 74, 158, 269, 275, 276, 277, 278, 473, 474, 478, 479, 492, 504, 666, 709, 710, 711, 720, 721, 722
Rous*, John (mort en 1760), 119, 230, 262, 269, 759
Rous, Mary (Bulkeley), 119
Rousseau, Charlotte. V. Foureur, dit Champagne
Rousseau*, Dominique (1755–1825), 223, 293, 682
Rousseau, François-Dominique, 78
Rousseau, Jean-Jacques, 47, 100
Rousseau, Pierre, 690
Rousseau de Villejouin, Anne. V. Gannes de Falaise
Rousseau de Villejouin, Barbe. V. Leneuf de La Vallière et de Beaubassin
Rousseau de Villejouin, Gabriel (père), 745
Rousseau de Villejouin, Gabriel, **745–746**
Rousseau de Villejouin, Marie-Josephte. V. Bertrand
Rousseau de Villejouin, Michel, 746
Roussel, Louise (Grasset de Saint-Sauveur), 335
Roussel, Louise-Catherine (Saillant), 750
Roussel, Marguerite (Chabrand), 150
Rousson. V. Le Verrier
Rouville. V. Hertel
Rouvray. V. Lenoir
Roux*, Jean-Henri-Auguste (1760–1831), 98
Roy, Charles, 747, 748
Roy, François, 746
Roy, Jean, 761
Roy, Jean-Joseph, 458
Roy, Joseph-Marie, 747
Roy, Louis, **746–748**
Roy, Louise-Olive, dite de Saint-Paul, 747
Roy, Marie-Louise. V. Lapérade
Roy, Michel, 223
Roy*, Pierre-Georges (1870–1953), 498, 550, 551, 559, 820
Roy-Desjardins, Agathe (Cotté), 186
Roye. V. La Rochefoucauld
Rozinoghyata. V. Hotsinoñhyahta?
Rudduck, Sarah (Cleveland ; Fillis), 288
Ruggles, Timothy, 835
Ruis-Embito de La Chesnardière, Charles-Claude de, 100
Russell, Elizabeth (Hicks), 378
Russell*, Elizabeth (1754–1822), 831
Russell, Jeremy Condy, 448
Russell, John, 580
Russell, John, 4e duc de Bedford, 183, 605, 618
Russell*, Peter (1733–1808), 13, 821, 831, 832
Rust, Rebecca (Danks), 208
Rutherford, John, 827
Ryall, George, 91
Ryan*, John (mort en 1847), 521, 522, 783

SABATIER*, Antoine (mort en 1747), 66, 455, 697
Sabatis. V. Gill, Antoine
Sabrevois, Charles de, 748
Sabrevois*, Jacques-Charles de (mort en 1727), 748
Sabrevois, Jeanne de. V. Boucher
Sabrevois de Bleury, Charlotte de. V. Guichard
Sabrevois de Bleury, Clément de, **748–749** ; 391, 707
Sabrevois de Bleury, Jean-Clément de (baptisé Jean), 749
Sabrevois de Bleury, Marguerite de (Dandonneau Du Sablé ; Lorimier de Verneuil), 749
Sabrevois de Sermonville, Christophe de, 748
Sackville, vicomte. V. Germain
Sackville, Lionel Cranfield, 1er duc de Dorset, 22
Sageot, dit Laforge, Marie-Madeleine V. Sasseville
Sahonwagy (Sahonwadi), **749–750**
Saillant, Anne. V. Laurent
Saillant, Jacques, 750
Saillant (Saillant de Collégien), Jean-Antoine, **750–751**
Saillant, Louise-Catherine. V. Roussel
Saillant, Véronique. V. Pépin, dit Laforce
Saint-Ange. V. Charly ; Groston
Saint-Antoine. V. Martel
Saint-Arsène. V. Arnaud
Saint-Aubin, Ambroise, **751–752** ; 14, 33, 799
Saint-Auron. V. Maugenest
Saint-Blaint. V. Raimbault
Saint-Castin. V. Abbadie
Saint-Denis. V. Juchereau
Saint-Dizier. V. Nivard
Sainte-Claire. V. Lepage
Sainte-James, baron de. V. Baudart
Sainte-Marie. V. Allard ; Gastineau
Sainte-Rosalie. V. Piot de Langloiserie
Saint-Étienne* de La Tour, Agathe de (Bradstreet ; Campbell) (née en 1690 ; morte après 1739), xx, 90
Saint-Étienne de La Tour, Anne de. V. Melanson
Saint-Étienne* de La Tour, Charles de (mort en 1666), xviii, xix, xxiv
Saint-Étienne* de La Tour, Claude de (*circa* 1609–1636), xix
Saint-Étienne de La Tour, Françoise-Marie de. V. Jacquelin
Saint-Étienne de La Tour, Jacques de, xx
Saint-François. V. François ; Hertel
Saint-Georges Dupré. V. Le Comte Dupré, Georges-Hippolyte
Saint-Germain. V. Cureux ; Diverny ; Lamoureux ; Lemaire
Saint-Hippolyte. V. Piot de Langloiserie
Saint-Horan (Saint-Jorand). V. Maugenest
Saint-Horan (Saint-Jorand), Marie-Anne (Maugenest), 566
Saint-Just. V. Biencourt
St Leger, Mme. V. Bayly
St Leger, Barrimore Matthew, **752–753** ; 124, 128, 131, 168, 348, 349, 396, 437, 443, 451, 770, 794
St Leger, sir John, 752
St Leger, Lavina, lady St Leger. V. Pennefather
Saint-Luc. V. La Corne
Saint-Martin. V. Adhémar ; Boschet ; Dumas
Saint-Maur. V. Dupré
Saint-Maurice. V. Olivier
Saint-Médard. V. Le Mercier
Saint-Onge. V. Garreau
Saint-Ours. V. Roch
Saint-Ours, Jeanne de (Pécaudy de Contrecœur), 668
Saint-Ours Deschaillons, Pierre-Roch de, xlvi, 491, 687
Saint-Ovide. V. Monbeton
Saint-Paul. V. Lambert

Saint-Pé*, Jean-Baptiste de (1686–1770), 259, 321, 743
Saint-Pierre. V. Du Pont ; Jussaume ; Legardeur
Saint-Poncy. V. La Vernède
Saint-Sacrement. V. Bourgeoys
Saint-Sauveur. V. Grasset
Saint-Sceine. V. Petitot
Saint-Simon. V. Denis ; Denys ; Lefebvre Angers
Saint-Simon, Claude-Anne de, duc de Saint-Simon, 225
Saint-Terone. V. Maugenest
Saint-Vallier. V. La Croix
Saint-Vilmé. V. Ailleboust
Saint-Vincent, abbé de, 490
Saint-Vincent, Henri-Albert de, 284
Saint-Vincent-de-Paul. V. Robichaud
Salaberry. V. Irumberry
Salignac de La Mothe-Fénelon, François de, 505
Salignac de La Mothe-Fénelon, Marie-Louise-Augustine de (Le Normant de Mézy), 505
Sall (esclave), 846
Salleneuve, Jean-Baptiste de, 693
Salomon. V. Allemewi
Salomon, Elias, 358, 416
Salter, Malachy (père), 753
Salter, Malachy, **753–755** ; 32, 57, 119, 126, 295, 313, 314, 337, 608
Salter, Sarah. V. Holmes
Salter, Susanna. V. Mulberry
Saltonstall, Dudley, 545
Salvert. V. Perier
Sanderson, Robert, 337
Sandin, Anna Magaretha. V. Sjöman
Sandray, M. de, 744
Sandwich, comte de. V. Montagu
Sanguinet, Angélique. V. Lefebvre, dit Duchouquet
Sanguinet, Christophe, 641, 755, 756
Sanguinet, Joseph, 641, 755, 756
Sanguinet, Marie-Jeanne. V. Hervieux
Sanguinet, Simon (père), 221, 755
Sanguinet, Simon, **755–757** ; 79, 402, 591, 593
Sanguinet, Thérèse. V. Réaume
Sarasin Depelteau, Angélique (Cartier), 769
Saravia. V. Peña
Sareillier (Sarcelié, Lecarulier), Isabau (Élisabeth) (Castaing), 147
Sarney, Margaret Irene (Harcourt; Shuldham, baronne Shuldham), 767
Sarrazin, Claude-Michel, 365
Sarrazin, Joseph-Michel, 365
Sarrazin*, Michel (1659–1734), 365, 384
Sarrazin, Nicolas, 84
Sarrebource* Maladre de Pontleroy, Nicolas (1717–1802), 155, 156, 158, 229, 727
Sartine, Antoine de, comte d'Alby, 75, 262, 457, 699
Sasseville, Joseph, 762
Sasseville, Marie-Madeleine (Normandeau, dit Deslauriers ; Sageot, dit Laforge ; Parent), 221
Sastaretsi. V. Kondiaronk
Sauer. V. Sower
Saul*, Thomas (*circa* 1750–1760), 753, 754
Saunders, Mme, lady Saunders. V. Buck
Saunders, sir Charles, **757–761** ; 177, 227, 241, 270, 496, 647, 650, 704, 706, 816
Saunders, James, 757
Saur. V. Sower
Savard, M., 704
Savignac, Antoinette-Charlotte de (Maurès de Malartic, comtesse de Montricoux), 573
Savoye, Marie, 89
Saxe, Maurice de, comte de Saxe, dit le maréchal de Saxe, 478
Sayenqueraghta. V. Kaieñ?kwaahtoñ
Sayer. V. Sayward
Sayer, John (mort en 1818), 399
Sayre, Esther (Robinson; Beman), 733
Sayward (Sayer), Esther (rebaptisée Marie-Joseph) (Lestage), 830
Scamen (Scammon), Mary (rebaptisée Marie) (Godefroy de Tonnancour), 328
Scarroyady, lvi
Scatts Eye. V. Scorch Eye
Schank*, John (1740–1823), 250
Schimmelpinck, Lydia (Douglas), 241
Schindler, Frédéric, 761
Schindler, Geneviève. V. Maranda
Schindler, Joseph (père), 761
Schindler, Joseph (Jonas), **761–762**
Schindler, Marguerite. V. Gaspar
Schmid, Luc, 317
Schuyler*, Johannes (1668–1747), 836
Schuyler*, Peter (1710–1762), 663
Schuyler, Philip John, 589, 590, 752, 792
Schwartz, Anna Justina (Liebrich ; épouse d'OTTO WILLIAM), 762
Schwartz, Otto William, **762–763** ; 119
Scorch Eye, 454
Scott*, George (mort en 1767), 23, 209, 332, 683, 762
Scott, John Morin, 775
Scott*, Jonathan (1744–1819), 19, 21, 611
Scott, Joseph, **763–765** ; 216
Scott, Margaret (Montgomery, lady Montgomery), 595
Scott, Margaret Ramsey. V. Cottnam
Scott*, Thomas (mort en 1810), 97
Scroope, Ann (Pyke; Wenman), 829
Scull, Gideon Delaplaine, 598
Seabury, Samuel, 353
Seccomb, Hannah. V. Willis
Seccomb, Peter, 764
Seccombe, John, **764–765** ; 530
Seccombe, Mercy. V. Williams
Séchelles. V. Moreau
Séguin, M., 603, 604, 697, 698
Selby*, George (1759–1835), 90, 469
Selkirk, comte de. V. Douglas
Seneca King. V. Kaieñ?kwaahtoñ
Senneville. V. Le Ber
Sequidonquee (Little Beard), 131
Séré. V. Cerré
Serkoak, 579
Sermonville. V. Sabrevois
Serquigny. V. Aché
Servian. V. Alquier
Sévigné, marquise de. V. Rabutin-Chantal
Sewall, Stephen, 55
Sewell, Harriet. V. Smith
Sewell, Jonathan (père), 315
Sewell*, Jonathan (1766–1839), 542, 779

Seymour, Francis, vicomte Beauchamp et comte de Hertford, 159
Seymour, Sarah (Mathews), 564
Shanks. V. Schank
Shanson, Gilliom. V. Jeanson, Guillaume
Sharp, Granville, 679
Sharpnack, Catharine (Sower), 782
Shaw*, Angus (mort en 1832), 788
Shaw, Jane. V. Wood
Shaw, William, **765–767** ; 730, 843
Sheehan, Walter Butler, 129
Shelburne, comte de. V. Petty
Sheldon, Martha (Renaud), 711, 712
Sheperd, Suzanna (Gibbons), 315, 316
Shepherd, Elizabeth. V. White
Shepherd, sir Samuel, 831, 832
Sherlock, Thomas, 842
Sherwood*, Justus (1752–1836), 166
Shikellimy. V. Swatana
Shirley, William, 57, 91, 92, 304, 338, 427, 526, 528, 584, 604, 605, 637, 736, 835, 840, 841
Shortt*, Adam (1859–1931), xlviii, 139
Shuldham, Elizabeth. V. Molyneux
Shuldham, Lemuel, 767
Shuldham, Margaret Irene, baronne Shuldham. V. Sarney
Shuldham, Molyneux, 1er baron Shuldham, **767–768** ; 133, 192
Sicard, Augustin, 345
Sicard, Marie. V. Rateau
Sicard, dit Marseille, Barthélemy, 669
Sierra. V. Martínez
Siginakee (Blackbird; Letourneau), 252
Sigogne*, Jean-Mandé (1763–1844), xxxi, 88
Sillery. V. Brulart
Silva. V. Luján
Silvain. V. Dupleix
Silvain, Timothée. V. Sullivan, Timothy
Silver, Catherine. V. Zouberbuhler
Silver*, Mary (baptisée Adélaïde) (1694–1740), 830
Silvy*, Antoine (1638–1711), 459
Simcoe, Elizabeth Posthuma. V. Gwillim
Simcoe, John, 177
Simcoe*, John Graves (1752–1806), 13, 129, 214, 281, 480, 481, 540, 613, 733, 734, 739, 747, 832
Simms, Pamela (Fitzgerald), 172, 173
Simonds*, James (1735–1830), 354, 419, 785
Simonet* d'Abergemont, Jacques (mort en 1742), 307, 390, 639
Simonin, Maurice, 135
Simonnet, François, **768–769** ; 160, 291
Simonnet, Marguerite. V. Bougret Dufort
Simonnet, Marguerite. V. Neveu
Simonnet, Marie. V. Boismenay
Simonnet, Marie-Louise, 769
Simonnet, Philippe, 768
Simons, Levy, 358
Simpson, Mary (Ellice), 281
Sincennes. V. Petitot
Singleton, George, **769–771**
Singleton, Henry, 242
Singleton, John, 770
Singleton, Mary. V. Moore, Frances
Singleton, Nancy, V. Ferguson
Siongorochti. V. Kaieñ?kwaahtoñ
Sirier. V. Cirier
Sivert. V. L'Espérance
Sjöman, Anna Magaretha (Sandin; Kalm), 439
Skatzi. V. Scorch Eye
Skidegate, 454
Skillen, Sarah (Lyon), 529
Skulkinanse, 453, 454
Slade, Ann (mère de JOHN), 771
Slade, David, 773
Slade, John (père), 771
Slade, John, **771–774**
Slade, John, dit John Slade, jeune, 773
Slade, John Haitor, 773
Slade, Martha. V. Haitor
Slade, Robert (oncle), 771, 773
Slade, Robert, 773
Slade, Thomas (oncle), 771
Slade, Thomas, 773
Small, Eliza. V. Goldsmith
Small*, John (1746–1831), 832
Small, Patrick, 395, 805
Smith, Charlotte. V. Brant
Smith*, sir David William (1764–1837), 832
Smith, Harriet (Sewell), 779
Smith, Janet. V. Livingston
Smith, Jedidah (Osborn), 622
Smith*, Joseph (mort en 1765), 50, 51
Smith, Mary. V. Het
Smith*, Peter (mort en 1826), 534
Smith, William (marchand), 287
Smith, William (père de WILLIAM), 775
Smith, William, **775–779** ; 41, 46, 322, 349, 372, 373, 396, 402, 431, 524, 533, 581, 624, 756
Smith*, William (1769–1847), 779
Smollett, Tobias George, 449
Smyth. V. Smith
Snell, Mary (Wheelwright), 830, 831
Sneppy. V. Atkinson, George
Solander, Daniel Carl, 828
Solomon, 62
Solomons, Ezekiel, 358, 566, 567, 779, 780, 788
Solomons, Lucius Levy, **779–780** ; 358, 787
Solomons, Rebecca. V. Franks
Sondes, baron. V. Monson
Sononchiez. V. Chabert de Joncaire, Louis-Thomas
Sorbier de Villars, François, **780–781** ; 205, 253, 552, 695
Sosawaket. V. Nissowaquet
Souart d'Adoucourt, Claude-Élisabeth (Le Moyne de Longueuil), 499
Soubise, prince de. V. Rohan
Soulanges. V. Joybert
Soulard, Pascal, 260
Soulier Rouge. V. Matahachitoux
Soumande, Anne (Hazeur), 364
Souoias. V. Kondiaronk
Soupiran, Louis-François, 582
Soupiran*, Simon (1670–1724), 193
Sourdeval. V. Tour
Souste, André, **781–782**
Souste, Jean-Marie, 781

Souste, Marguerite. V. Vulliermet
Souste, Marie-Louise. V. Estienne Du Bourgué de Clérin
Southouse, Edward, 247, 372, 422
Sower, Catharine. V. Sharpnack
Sower, Christopher (père), 782
Sower, Christopher, **782–783** ; 522, 678
Sower, Hannah. V. Knorr
Spark*, Alexander (1762–1819), 629
Spence, James, 52
Spöring, Herman Diedrich, 439
Spragge, William Prosperous, 167
Spring, Barbara. V. Henry
Sproule*, George (1743–1817), 88
Spry, Anne (Goreham), 332
Spry, William, 116, 117, 597, 607
Spurrell*, George (mort en 1770), 632
Squash Cutter. V. Yaghkaposin
Staats, Isabella. V. Lÿdius
Stainville, comte de. V. Choiseul
Stanley, lady Charlotte (Burgoyne), 123, 124
Stanley, Edward, 11e comte de Derby, 123
Stanley, James, dit lord Strange, 123
Stanser*, Robert (1760–1828), 103
Stanton, William, 125
Stanyan, Catherine (Hardy, lady Hardy), 351, 352
Stayner, Thomas, 742
Stebbins, Abigail (rebaptisée Marguerite) (Noyon), 830
Steele. V. Still
Steele, Richard, 598
Steele, William, 569
Steinmeyer, Ferdinand, dit Ferdinand Farmer, 291
Steinner, Jacob, 417
Sterling, Angélique. V. Cuillerier, dit Beaubien
Sterling, James, **783–784**
Sterling (Stirling), Thomas, 340
Sterns, Jonathan, 654
Stevens, Ann. V. Glasier
Stevenson, Sarah (Christie), 163
Stewart, Jane. V. Douglas
Stewart, John, 432
Stewart*, John (mort en 1834), 140, 595, 660, 661
Stewart*, Peter (1725–1805), 140, 659, 660, 661
Still (Steele), Murphy, 678
Stirling. V. Sterling
Stirling, comte de. V. Alexander
Stirling, Elizabeth (Murray, baronne Murray), 616
Stobo*, Robert (1726–1770), 245, 460, 768
Stockton, Rebecca (Cuthbert), 205
Stoddard, Elizabeth (Fillis), 288
Stofflemire. V. Tufflemier
Stout*, Richard (*circa* 1791–1817), 565
Strachan, James, 355
Strahan, M., 823
Strange*, James Charles Stuart (1753–1840), 350, 538
Strange, lord. V. Stanley
Strange*, sir Thomas Andrew Lumisden (1756–1841), 121
Street*, Samuel (1750–1815), 123, 129
Stretton, John, 192
Stuart, Charles. V. Charles le Jeune Prétendant
Stuart, John, xl, 486
Stuart, John, 3e comte de Bute, 618
Stuart*, John (1740–1811), 452, 535, 750, 770, 792
Stuart, Peter, 116, 349
Studholme, Gilfred, **784–785** ; 88, 174
Suckling, Frances. V. Duport
Suckling, George, **786–788** ; 41, 431, 449, 617
Sullivan, John, 128, 438, 523, 593, 594, 798
Sullivan (Silvain), Marie-Renée. V. Gaultier de Varennes
Sullivan* Timothy, dit Timothée Silvain (mort en 1749), 253
Sulte*, Benjamin (1841–1923), 182, 250
Surlaville. V. Le Courtois
Sutherland*, Daniel (mort en 1832), 335
Sutherland, George (employé de la HBC), 789
Sutherland, George, **788–789** ; 567
Sutherland, James, **789–790**
Sutherland, John, 789
Sutherland*, Patrick (mort vers 1766), 847, 848
Swanton*, Robert (mort en 1765), 227
Swatana* (mort en 1748), lvi
Sweetland, Henry, 850, 851
Swett, Sarah (Marston), 557
Swiggett, Howard, 131
Sydney, vicomte. V. Townshend
Sym, Robert, 90
Symes, Susanna Catharine (Ogilvie), 634
Syrier. V. Cirier

TACHÉ*, Jean (1698–1768), 74, 329, 390
Taffanel* de La Jonquière, Jacques-Pierre de, marquis de La Jonquière (1685–1752), 16, 39, 40, 49, 69, 72, 87, 99, 158, 188, 189, 218, 230, 255, 256, 275, 276, 292, 311, 335, 336, 412, 439, 485, 491, 492, 495, 508, 553, 554, 555, 665, 666, 675, 686, 705, 720, 721, 722, 745, 750, 791
Tagawirunte. V. Tekawiroñte
Tahahaiadoris, 441
Talon*, Jean (mort en 1694), 383, 389
Tarieu de Lanaudière, Catherine (Aubert de Gaspé), 37
Tarieu de La Naudière, Charles-François, **790–792** ; xlvi, 99
Tarieu* de Lanaudière, Charles-Louis (1743–1811), 47, 54, 462, 591, 777, 791, 792
Tarieu de La Naudière, Louise-Geneviève. V. Deschamps de Boishébert
Tarieu de La Naudière, Marie-Catherine. V. Le Moyne de Longueuil
Tarieu* de Lanaudière, Xavier-Roch (1771–1813), 792
Tarieu de La Pérade, Marie-Madeleine. V. Jarret de Verchères
Tarieu de La Pérade, Pierre-Thomas, 234, 790
Tarride* Duhaget, Robert (mort en 1757), 15, 479, 697, 745, 746
Taschereau*, Gabriel-Elzéar (1745–1809), 79, 594
Taschereau*, Thomas-Jacques (1680–1749), 305, 387, 390, 391, 392, 455, 639
Tassé*, Joseph (1848–1895), 690
Tatamy, Tunda (baptisé Moses), 29
Tate, Mary (Hardy, lady Hardy), 351
Tawmaugh, 62
Taylor, Henry (père), 431
Taylor, Henry, 432
Taylor, John, 432

Taylor, Nathaniel, 97
Taylor, William, 654
Tayorheasere. V. Teiorhéñhsere?
Teedyuscung, 29
Tee Yee Neen Ho Ga Row. V. Theyanoguin
Tehoragwanegen* (mort en 1849), 836
Teiorhéñhsere?, **792–793**
Teissier, Jean, 417
Teiyoquande. V. Teyohaqueande
Tekawiroñte, **793–794**
Temple*, sir Thomas (1613/1614–1674), xvii, xxv
Teoniahigarawe. V. Theyanoguin
Terlaye. V. Magon
Termont. V. Demay
Ternay, V. Arsac
Ternay, marquise de. V. Lefebvre de Laubrière
Terrick, Richard, 113
Terriot, Marie (Cormier; Landry), 471
Terroux, François, 794
Terroux, Jacques, **794** ; 681
Tessier, dit Chaumine, Paul, 795
Tessier (Texier), dit Lavigne, Jacques (père), 794
Tessier, dit Lavigne, Jacques, 794
Tessier, dit Lavigne, Jeanne. V. Lefebvre
Tessier, dit Lavigne, Marie. V. Adhémar, dit Saint-Martin
Tessier, dit Lavigne, Paul, **794–795**
Testard* de Montigny, Jacques (1663–1737), 795
Testard de Montigny, Jean-Baptiste-Philippe, **795–797** ; 484
Testard de Montigny, Marie-Anne. V. La Porte de Louvigny
Testard de Montigny, Marie-Charlotte. V. Trottier Desrivières
Testu* de La Richardière, Richard (1681–1741), 11, 388, 671
Têtu*, Henri (1849–1915), 103
Texier. V. Tessier
Texier de La Touche, Marie-Reine. V. Berbudeau
Texier de La Touche, Pierre-Alexis, 61
Teyarhasere. V. Teiorhéñhsere?
Teyohaqueande **797–798** ; 645
Teyoninhokarawen. V. Norton, John
Thacter, Mary (Gorham), 332
Thaonawyuthe* (mort en 1859), 437
Thaumur de La Source, Marie-Louise, 254
Thayendanegea* (mort en 1807), lvi, lx, lxii, lxiii, 129, 130, 131, 132, 141, 161, 168, 437, 438, 450, 665, 750, 770, 794, 821
Thayer, Simeon, 594
Theyanoguin* (mort en 1755), lxii, 167, 427, 450, 749
Thibierge, Élisabeth-Cécile (Estèbe), 284
Thibierge, Étienne, 284
Thiollière, Simon-Pierre, 329
Thirel. V. Pichon
Thoizy. V. Petit
Thomas, George, 650
Thomas, Isaiah, 369, 370
Thomas, John (employé de la HBC), 567
Thomas, John (général), 593
Thomey, Arthur, 192
Thompson, Abigail (Peters), 677
Thompson*, David (1770–1857), 701, 742, 805
Thompson, William, 345, 593, 594
Thomson, Archibald, 534
Thomson, J., 318
Thomson, James, 530, 599
Thornton, Joshua, 527
Thurlow, Edward, l
Tiahogwando. V. Teyohaqueande
Tigoransera. V. Teiorhéñhsere?
Tilly. V. Legardeur
Ting. V. Tyng
Tinling, William, 741
Tirel. V. Pichon
Tison, Jean-Baptiste, 576
Tison, Marie-Anne (Mesplet), 576
Tiyanoga. V. Theyanoguin
Tiyerhasere. V. Teiorhéñhsere?
Todd, Elizabeth (Patterson), 656
Todd*, Isaac (mort en 1819), 200, 298, 299, 762
Tofflemire. V. Tufflemier
Tollendal, baron de. V. Lally
Tomah, Pierre, **798–800** ; 14, 33, 212, 419, 751
Tomison*, William (1739–1829), 51, 52, 395, 560, 741, 742, 788, 789, 805, 807, 825, 826
Tonge, Martha. V. Cottnam
Tonge*, William Cottnam (né en 1764 ; mort en ou après 1825), 800
Tonge, Winckworth, **800–801** ; 101, 487
Tonnancour. V. Godefroy
Tonty*, Alphonse de, baron de Paludy (mort en 1727), 686
Toosey, James, 801
Toosey, John, 801
Toosey, Philip, **801–802**
Toosey, Sarah. V. Denton
Tootac (Palliser), 579, 580
Tortue, La. V. Mikinak
Tottenham, Synge, 419
Toupin, dit Dussault, Françoise. V. Delisle
Tour de Sourdeval, Marie-Anne de (Allard de Sainte-Marie), 15
Tournois*, Jean-Baptiste (né en 1710 ; mort après 1761), 40
Townshend, Charles, 91, 159, 618
Townshend, Charles, 2e vicomte Townshend, 183
Townshend*, George, 4e vicomte et 1er marquis Townshend (1723/1724–1807), 118, 159, 332, 585, 616, 659, 706, 759
Townshend, Mary (Cornwallis), 183
Townshend, Thomas, 1er vicomte Sydney, 6, 7, 249, 315, 396, 400, 524, 660, 661, 745, 766
Trémais. V. Pichot
Tressol, Marguerite (Roubaud), 743
Trevannion, Sophia (Byron), 132
Trevenen, James, 446
Trevet, Françoise de (Benoist), 59
Trevor, Frances Hornby (Barkley), 539
Treytorrens, Marie-Madeleine de (Haldimand), 859
Tronjoly. V. L'Ollivier
Trottier Desauniers, Catherine. V. Charest
Trottier Desauniers, Marguerite (Charest), 153
Trottier Desauniers, Marie-Catherine (Charest), 153

Trottier Desauniers, Pierre, 10, 802
Trottier* Desauniers, Pierre (né en 1700 ; mort après 1747), 153, 390, 703, 802
Trottier Desauniers Beaubien, Catherine (Lévesque), 514, 515
Trottier Desrivières, Julien, 194
Trottier Desrivières, Marie-Charlotte (Testard de Montigny), 795
Trottier-Desrivières, Pierre-Julien, 306
Trottier Desrivières-Beaubien, Eustache-Ignace, 343, 549
Trottier Desrivières-Beaubien, Marguerite-Alexis. V. Malhiot
Trottier Desruisseaux, Marie-Catherine (Cuillerier, dit Beaubien ; Picoté de Belestre), 685
Trottier Dufy Desauniers, Marie-Thomas. V. Fleury de La Gorgendière
Trottier Dufy Desauniers, Thomas-Ignace, **802–803** ; 593
Trudelle, Charles, 10
Trumbull, Jonathan, 570
Trye, James, 283
Tryon, William, 462, 664
Tucker, Frances (Montresor), 596
Tufflemier (Tofflemire, Tufflemear), Jacob, 844, 845
Tufflemier (Stofflemire), Ruth (épouse de Jacob), 844, 845
Tufton Mason, Anna Elizabeth (Livius), 523
Tufton Mason, John, 523
Tuglavina (Tuglawina, Tukelavinia), **803–804** ; 579, 580
Tunstall*, James Marmaduke (1760–1840), 151, 163
Tunstall, Sarah. V. Christie
Turc* de Castelveyre, Louis, dit frère Chrétien (1687–1755), 255, 781
Turgeon, Jean, 70
Turnor, Elizabeth (épouse de PHILIP), 806
Turnor, Philip, **804–806** ; 334, 395, 420, 567, 742, 823
Turpin, Marie-Madeleine (Levasseur), 509, 513
Tute, James, 738
Tutty*, William (mort en 1754), 102, 842
Tüyaguande. V. Teyohaqueande
Twatt, Magnus, 395
Tyng*, Edward (1683–1755), 637
Tyorhansera. V. Teiorhéñhsere?
Tyrell, Thomas. V. Pichon
Tyrrell*, Joseph Burr (1858–1957), 369

UMFREVILLE, Edward, **806–807** ; 299, 560, 742
Ungquaterughiathe. V. Swatana
Ursúa. V. Bucareli
Urtebise, Élisabeth (Barsalou), 50
Urville. V. Dumont

VAILLANT, Marie-Ursule-Antoinette (Vienne), 819
Valentine, Thomas, 175
Vallée, Madeleine (Brassard Deschenaux), 97
Vallette* de Chévigny, Médard-Gabriel (*circa* 1712–1754), 511
Vallier*, François-Elzéar (1707–1747), 418, 464, 781
Vallière, Louis-Florent de, marquis de Vallière, 225
Valmur. V. Bricault
Vanacott, Hatty (Darby), 210
Van Braam, Jacob, 245
Vanbrugh, Philip, 244
Vancouver, Bridget. V. Berners
Vancouver, George, **807–812** ; 80, 81, 181, 236, 264, 351, 444, 615, 834
Vancouver, John, 811
Vancouver, John Jasper, 807
Vandeput, George, 121
Vane, lady Anne (Hope Weir), 396
Van Felson, William, 86
Van Schaick, Goose, lx
Vantelon. V. Esprit
Var. V. Saint-Aubin
Varennes. V. Gaultier
Varin, dit La Pistole, Jacques (oncle), 812
Varin, dit La Pistole, Jacques, **812–813**
Varin, dit La Pistole, Louis-Joseph, 812
Varin, dit La Pistole, Marie-Josette. V. Périnault
Varin, dit La Pistole, Marie-Louise (Joram Chappuis, dit Comtois), 812
Varin, dit La Pistole, Marie-Renée. V. Gautier
Varin, dit La Pistole, Nicolas (père), 812
Varin, dit La Pistole, Nicolas, 812
Varin de La Marre, Charlotte. V. Liénard de Beaujeu
Varin de La Marre, Jean-Baptiste-François-Marie, 815
Varin de La Marre, Jean-Victor, **813–815** ; 72, 73, 74, 99, 203, 234, 286, 384, 387, 497, 498, 559, 666, 667, 697, 791
Varin de La Sablonnière, Jean, 813
Vassall, John, 733
Vassall, William, 733
Vassan. V. Mutigny
Vasseur. V. Levasseur
Vaudésir. V. Baudart
Vaudive, Nicolas-Félix, 76
Vaudreuil. V. Rigaud
Vaudreuil, marquise de. V. Fleury Deschambault
Vaudreuil, marquise de. V. Joybert de Soulanges et de Marson
Vaughan*, William (1703–1746), 91
Vauquelin, Jean, **815–817** ; 23, 637
Vause. Edward, 215
Veaux. V. Devau
Véniard* de Bourgmond, Étienne de (*circa* 1695–1725), 340
Verchères. V. Jarret
Vere, baron. V. Beauclerk
Vergennes, comte de. V. Gravier
Vergor. V. Du Pont
Verhoune, Scholastique-Geneviève (Huguet), 404
Verneuil. V. Lorimier
Vernhes, Jeanne-Marie (Aleyrac), 14
Véron de Grandmesnil, Catherine (Fleury Deschambault), 289
Véron* de Grandmesnil, Étienne (1679–1743), 289
Véron de Grandmesnil, Marguerite (Petit), 182
Verreau*, Hospice-Anthelme-Jean-Baptiste (1828–1901), 44, 757, 870
Verrier*, Étienne (1683–1747), 15, 16, 68, 268, 273
Verrier*, Louis-Guillaume (1690–1758), 198, 201, 343, 370, 387, 676
Vertefeuille. V. Bachand

Verville. V. Gautier
Vésin. V. Olivier
Veyrac. V. Chabrand
Veysey, John, 758
Veyssière, Christiana (veuve Gotson ; épouse de LEGER-JEAN-BAPTISTE-NOËL), 817
Veyssière, Elizabeth. V. Lawrear
Veyssière, Jean, 612
Veyssière, Leger-Jean-Baptiste-Noël, dit père Emmanuel, **817–819** ; 112, 113, 151, 152
Veyssière, Pierre, 612
Veyssières, Étienne, 817
Veyssières, Françoise. V. Fraysse
Vézin (Vézain). V. Olivier
Vialars, Antoine, 38, 498
Vialars, Daniel, 38, 308, 498
Victoria, reine de Grande-Bretagne et d'Irlande, 680
Vienne, Françoise de. V. Perdrigean
Vienne, François-Joseph de, **819–820** ; 284, 292
Vienne, Jean de, 819
Vienne, Marie-Ursule-Antoinette de. V. Vaillant
Viger, Angélique, dite de Saint-Martin, 205
Viger*, Denis (1741–1805), 161
Viger*, Denis-Benjamin (1774–1861), 161
Viger*, Jacques (1787–1858), 462, 550, 551, 870
Viger, Marie-Françoise (Hantraye), 351
Viger, Marie-Marguerite. V. La Corne
Viger, Périne-Charles. V. Cherrier
Viger, Thérèse-Amable (Orillat), 640, 642
Vignau, Jean-Raymond, 134
Vignau, Marie-Joseph. V. Cadet
Vigneault, Stanislas, 416
Vignerot Du Plessis, Louis-François-Armand de, duc de Richelieu, 506
Vignerot Du Plessis de Richelieu, Emmanuel-Armand de, duc d'Aiguillon, 803
Villars. V. Sorbier
Villebois. V. Michel
Villebon. V. Robinau
Villefranche. V. Grisé
Villejouin (Villejoin, Villejoint). V. Rousseau
Villemomble. V. Liénard
Villeneuve. V. Amiot
Villeneuve, Domitilde. V. Mouet de Langlade
Villeray. V. Rouer
Villers, Jean de, 135
Villiers. V. Coulon
Vimeur, Jean-Baptiste de, comte de Rochambeau, 35, 229
Vincenne ; Vinsenne. V. Bissot
Vincent, Matthew, 570
Virazel. V. Belrieux
Vitally, Antoine, 308
Vitré. V. Denys
Volant d'Haudebourg, Jean-Louis, 196
Voltaire. V. Arouet, François-Marie
Vondenvelden*, William (mort en 1809), 166, 543
Von Wallmoden, Amalie Sophie Marianne. V. Von Wendt
Von Wendt, Amalie Sophie Marianne, comtesse d'Yarmouth (Von Wallmoden), 23
Vox. V. Devau
Voyer, Antoine-René de, marquis de Paulmy d'Argenson, 709
Voyer, Marc-Pierre de, comte d'Argenson, 190, 516
Voyer, Michel, 136
Vuadens. V. aussi Waddens
Vuadens, Adam Samuel, 821
Vuadens, Marie-Bernardine. V. Ormond
Vulliermet, Marguerite (Souste), 781

WABAKININE (Wabacoming), **820–821**
Wabasha (Wabashar). V. Wahpasha
Wabbicommicot (Wabacumaga)* (mort en 1768), 189
Wäber. V. Webber
Wäber, Rosina, 828
Wabicanine. V. Wabakinine
Wabunmashue. V. Wapinesiw
Waddens, Jean-Étienne, **821–822** ; 641
Waddens, Marguerite (McKay ; McLoughlin), 822
Waddens, Marie-Josephte. V. Deguire
Waddens, Véronique (Bethune), 822
Waggoner, Joseph, 50
Waggoner*, Rowland (mort en 1740), 410
Wahpasha* (mort en 1805 ou en 1806), 525
Waipykanine. V. Wabakinine
Waldo*, Samuel (1695–1759), 847
Wales, William, **822–823** ; 366, 368, 407, 804, 805, 808
Walker*, Alexander (1764–1831), 538, 539
Walker, Fowler, 621
Walker, George, 471
Walker, Hannah (mère de WILLIAM), 825
Walker, Harriet. V. McLean
Walker, John (marchand), 739
Walker, John (propriétaire de navires), 177
Walker, Thomas, **823–825** ; 141, 200, 291, 318, 372, 375, 398, 399, 409, 410, 590, 624, 687
Walker, William, **825–826** ; 170, 804
Walker, William (fils), 826
Wall, Rachel. V. Butler
Walmesley, Sara (Parr), 653
Walpole, Horatio (Horace), 4e comte d' Orford, 124, 618
Walsingham, baron. V. Grey
Walters. V. Palliser
Wanduny. V. Orontony
Wanton*, William (mort en 1816), 835
Wapackcamigat (Wapaumagen). V. Wabbicommicot
Wapasha. V. Wahpasha
Wapinesiw (Wappenessew), **826–827** ; 51
Wappisis* (mort en 1755), 411, 559
Ward, Edward, 668
Warren, Anne (Johnson), 426
Warren, Hester (Patterson), 656
Warren*, sir Peter (mort en 1752), 68, 91, 183, 258, 267, 392, 426, 451, 455, 490, 849
Washington, George, 37, 192, 193, 245, 248, 277, 347, 441, 496, 530, 564, 592, 669, 722, 738
Wasson (chef Sauteux), 827
Wasson (Warsong, Wassong), **827** ; lxii
Watson*, sir Brook (1735–1807), 58, 62, 64, 121, 263, 294, 337, 398, 571, 641, 669, 670, 755, 778, 782
Watson-Wentworth, Charles, 2e marquis de Rockingham, xlv, 618

Wawenesse, 145
Wayne, Anthony, 281, 443, 540
Webb*, James (mort en 1761), 279
Webber (Wäber), Abraham, 828
Webber, John, **828–829**
Webber, Mary (Quant ; mère de JOHN), 828
Wedderburn, Alexander, 1er baron Loughborough, xlviii, l, li, lii, 376
Wedel, Mlle (Mabane), 530
Wegg, George Samuel, 823
Weir. V. Hope Weir
Weiser, Johann Conrad, 167
Weissenberg (Weisenburg, Wisenberg), Catherine (Johnson), 168, 421, 450
Weld*, Isaac (1774–1856), 802
Well, Bernard, 146, 322
Welles, John, 152, 298, 756
Welles, Marguerite. V. Réaume
Wellesley, Arthur, 1er duc de Wellington, 28
Wenman, Amos, 829
Wenman, Ann. V. Scroope
Wenman, Elizabeth Susanna (Pringle), 830
Wenman, Richard, **829–830** ; 487
Wenman, Susanna (Green), 829
Wensley, Sarah (Winslow), 840
Wentworth. V. aussi Watson-Wentworth
Wentworth, Benning, 121, 523, 524
Wentworth*, sir John (1737–1820), 121, 122, 558, 655
Wesley, John, 20, 190, 191, 192, 843
West, Benjamin, 425
Westfield, Judith (Irving), 409
Westfield, William, 409
Wharton, John, 687
Wheelock, Eleazar, 450, 793
Wheelwright, Esther (rebaptisée Marie-Joseph), dite de l'Enfant-Jésus), **830–831** ; 579, 599
Wheelwright, John (grand-père), 830
Wheelwright, John, 830, 831
Wheelwright, Mary. V. Snell
Wheelwright, Samuel, 830
Whitcomb, Benjamin, 317
White, Elizabeth (Shepherd), 831
White, James, 212, 419, 799
White, John (père), 831
White, John, **830–833**
White, Joseph, 771
White, Marrianne. V. Lynne
White Eyes, 325
Whitefield, George, 434, 534, 556
Whitefield, Mme Martha, 225
White Head. V. Theyanoguin
Whitham. V. Witham
Whitmore*, Edward (mort en 1761), 23, 24
Wikinanish (*circa* 1788–1818), 833
Wikinanish (Wickananish), **833–834** ; lx, 264, 615
Wilberforce, William, 446
Wilkes, John, 618, 670
Wilkins, John, **834–835**
Wilkinson*, Elizabeth (*circa* 1783–1806), 342
Wilkinson, Moses, 557
Willard, Abel (neveu d'ABIJAH), 835
Willard, Abel (prisonnier), 467
Willard, Abijah, **835–836**
Willard, Anna. V. Prentice
Willard, Elizabeth. V. Prescott
Willard, Mary (McKown ; épouse d'ABIJAH), 835, 836
Willard, Samuel, 835
Willard, Susanna (Johnson ; Hastings), 316
Willcocks*, William (1736–1813), 734
Wille, Johann Georg, 828
William. V. Tuglavina
William Augustus, duc de Cumberland, 22
William Henry, prince. V. Guillaume IV
William of Canajoharie. V. Tekawiroñte
Williams, Ann. V. Fothersall
Williams. Eunice. V. Mather
Williams, Eunice (Marie, Marguerite), **836–837**
Williams, Griffith, **837–838**
Williams*, Jenkin (mort en 1819), 79, 594
Williams*, John (1664–1729), 836
Williams, Mercy (Seccombe), 764
Williams, Stephen, 836
Williams Thomas. V. Tehoragwanegen
Williams, Thomas, 730
Williams, Warham, 836
Williams, William, 764
Williamson, sir Adam, 834, 838
Williamson, David, 325
Williamson, George, **838–840** ; 23
Willis, Hannah (Seccomb), 764
Willis, Marie (Arnaud ; Perrault ; Cotton), 187, 188
Wilmot*, Montagu (mort en 1766), xxviii, 56, 120, 143, 209, 295, 314, 332, 337, 571, 608, 754, 848
Winchester, Charles, 433
Winman. V. Wenman
Winnekee. V. Caupemartissue
Winninnewaycappo, **840**
Winslow, Bethiah. V. Barker
Winslow*, Edward (1746/1747–1815), xxix, 60, 354, 558, 733, 785
Winslow, Elizabeth (Marston), 557
Winslow, Isaac, 840
Winslow, John, **840–842** ; xxx, 338, 584, 736
Winslow, Mary. V. Little
Winslow, Sarah. V. Wensley
Wisenberg (Wisenburg). V. Weissenberg
Witham (Whitham), Anne (Murray), 616
Wolfe*, James (1726/1727–1759), 3, 15, 23, 24, 25, 37, 40, 101, 118, 121, 145, 177, 183, 209, 242, 270, 300, 301, 332, 338, 341, 352, 358, 409, 449, 482, 484, 514, 517, 541, 544, 574, 584, 597, 610, 616, 627, 653, 694, 705, 727, 730, 736, 752, 758, 759, 800, 839
Wollaston, John, 429
Wood, Jane (Shaw), 765, 766
Wood, Mary. V. Myers
Wood, Sarah (Douglas, lady Douglas), 241
Wood, Thomas (père), 842
Wood, Thomas, **842–843** ; 102, 730, 765, 766
Woodbee. V. Wappisis
Wooster, David, 372, 421, 462, 477, 591, 593, 755
Wooster, Edward, 843
Wooster, Hezekiah Calvin, **843–844**
Woudby. V. Wappisis
Wraxall, sir Nathaniel William, 28

Wright*, Thomas (mort en 1812), 140, 657, 661
Wyndham, Charles, 2e comte d'Egremont, xxxv, xxxviii, xli, 618, 619

XAVIER, François, 14

YAGHKAPOSIN (Squash Cutter), 29, 30
Yarmouth, comtesse d'. V. Von Wendt
Yates, Mary Ann, 600
York, duc d'. V. Frederick Augustus
York, Jack, 844, 846
Yorke, Charles, xxxv, xliv, xlv, l, 375
Yorke, John, 315, 564
Yorke, Joseph, 1er baron Dover, 744
Yorke, Philip, 1er comte de Hardwicke, 55, 375
You de La Découverte, Madeleine. V. Just
You* de La Découverte, Pierre (1658–1718), 253
Young, Arthur, 801, 802
Young, Walter, 179
Youville, Charles-Marie-Madeleine d', **846–847** ; 254, 257
Youville, François d', 254, 257
Youville, François-Madeleine d', 253, 846
Youville, Joseph-François d', 846
Youville, Marie-Marguerite d'. V. Dufrost de Lajemmerais
Youville Dufrost, Charles. V. Youville, Charles-Marie-Madeleine d'

ZEISBERGER*, David (1721–1808), 280, 325
Zorn, Jacques, 669
Zouberbuhler, Catherine (Silver), 848
Zouberbuhler, Sebastian, **847–848** ; 568